매튜 헨리주석

디모데전서~계시록

저자 매튜 헨리 Matthew Henry 1662-1714

성경 주석가. 영국국교회의 복음주의 목사의 아들인 그는 통일령으로 아버지가 성직에서 쫓겨난 직후에 태어났다. 학문을 좋아하는 소년이었으며 1672년에 회심하였다. 옥스퍼드와 케임브리지의 학문성이 차츰 떨어지므로 1680년 런던 이슬링턴 대학에서 신학 교육을 받았다. 그 대학은 신앙을 저버린 시대에 높은 학문을 유지해왔다. 그 대학의 학장은 케임브리지에서 온 토머스 두리틀이었고, 부학장은 옥스퍼드에서 온 토머스 빈센트였다. 그 후에는 그레이 법학원에서 법률을 공부하였다. 그는 국교회 목사가 되려고 생각하였지만, 비국교도가 되기로 결심하였고, 개인적으로 장로교 목사 안수를 받았다. 첫 목회지는 체스터(1687-1712)였으며 그 뒤에 런던의 해크니(1712-1714)로 옮겼다. 청교도들에게서 크게 영향을 받은 그는 성경 해설을 목회의 중심으로 삼았다. 날마다 4시 또는 5시에 일을 시작하였던 그는 시간을 최대한 사용하는 것을 목적으로 삼았다. 1704년에 「성경 주석」을 집필하기 시작하였는데, 그는 사도행전까지 탈고하였으며, 그의 사후 목회 동역자들이 그의 노트와 저서들을 참고하여 신약성경 주석을 완성하였다. 그 주석은 성경에 대한 자세하고 종종 대단히 영적인 해설 양식을 취하였는데, 그 양식은 그 이후의 복음주의적 목회의 형태를 결정하였다. 스펄전은 자신이 매튜 헨리에게 큰 도움을 받았다는 사실을 인정하였다.

역자 김영배

총신대학 신학과와 신학대학원을 졸업하였다. 미국 시카고의 루스벨트대학원을 수료하였다. 대한예수교장로회총회(합동) 출판국장과 전도국장을 역임하였다. 대한신학대학원에서 가르쳤으며, 역서로 「기독교 대백과 사전」(기독교문사), 「중근세 기독교 교리사」(제베르크), 「복음을 지키라」(존 스토트), 「그리스도인의 확신」(존 스토트; 이상 엠마오), 「전도하지 않은 죄」(존 스토트;CLC), 「성경의 제사법」(생명의말씀사) 등이 있다. 현재 바이블리더스 대표이다.

매튜
헨리
주석
전집

21

매튜헨리주석

김영배 옮김

디모데전서 ~ 계시록

Matthew Henry

크리스챤
다이제스트사

디모데전서

서론

이제까지 바울은 서신들을 교회들에 보냈다. 그런데 그는 다음 몇 편의 서신들은 특정한 사람들에게 보냈다. 즉 두 편은 디모데에게, 한 편은 디도에게, 그리고 다른 한 편은 빌레몬에게 보냈다. 세 사람 모두 성직자들이었다. 디모데와 디도는 에베소서 4장 11절에 어떤 사람은 사도로 어떤 사람은 선지자로 어떤 사람은 복음 전하는 자로 말씀하고 있듯이 사도보다 낮은 복음 전하는 자들이었다. 그들의 임무와 사역은 교회들을 세우고 세운 교회들을 양육하는 사도와 거의 같았다. 따라서 그들은 디모데에게서 알 수 있듯이 순회 설교자들이었다. 바울이 디모데를 처음 회심시킨 사람이었기에 그를 믿음 안에서 참 아들이라고 부른다. 디모데의 회심은 사도행전 16장 3절에 나온다.

이 두 서신의 목적은 디모데가 에베소에서 자신의 의무를 다하는 방법을 그에게 가르쳐주는 것이다. 에베소는 디모데가 지금 있는 곳이고 바울이 그 곳에서 시작했던 선한 일을 더 머물며 이루라고 그에게 지시한 곳이었다. 에베소 교회의 평범한 목회 의무에 대해서는 바울이 사도행전 20장 28절에서 아주 엄숙하게 감독자에게 언급했었다. 그 말씀에서 그는 하나님이 자기 피로 사신 교회를 보살피라고 감독자들에게 당부한다.

제
— 1 —
장

개요

인사(1, 2절)를 한 뒤 다음의 내용을 언급한다. I. 디모데에게 하는 부탁(2-4절). II. 율법의 참 목적(5-11절). 바울은 이 구절에서 율법이 복음과 완전히 일치한다고 말한다. III. 그는 사도가 된 자신의 소명을 언급하고 그것을 감사한다(12-16절). IV. 찬송(17절). V. 디모데에게 부탁을 새롭게 함(18절). 후메내오와 알렉산더에 대한 교훈(19, 20절).

¹우리 구주 하나님과 우리의 소망이신 그리스도 예수의 명령을 따라 그리스도 예수의 사도된 바울은 ²믿음 안에서 참 아들 된 디모데에게 편지하노니 하나님 아버지와 그리스도 예수 우리 주께로부터 은혜와 긍휼과 평강이 네게 있을지어다 ³내가 마게도냐로 갈 때에 너를 권하여 에베소에 머물라 한 것은 어떤 사람들을 명하여 다른 교훈을 가르치지 말며 ⁴신화와 끝없는 족보에 몰두하지 말게 하려 함이라 이런 것은 믿음 안에 있는 하나님의 경륜을 이룸보다 도리어 변론을 내는 것이라

I. 본 서신의 인사. 본 서신을 보낸 사람은 우리 구주 하나님과 주 예수 그리스도의 명령을 따라 사도로 세움받은 예수 그리스도의 사도 바울이다. 그의 신임장은 확실했다. 바울은 우리 구주 하나님뿐만 아니라 예수 그리스도에게서도 위임장과 동시에 명령도 받았다. 그는 그리스도 복음의 전파자이고 그리스도 왕국의 장관이었다. 하나님이 우리 구주이시고 우리의 소망이신 그리스도를 주목하라. 예수 그리스도가 그리스도인의 소망이심을 주목하라. 우리의 소망은 그리스도 안에 있다. 영생에 대한 우리의 모든 소망은 그리스도 위에 세워져 있다. 그리스도는 영광의 소망을 우리 안에 두신다(골 1:27). 바울이 디모데를 참 아들이라고 부르는 까닭은 그가 디모데를 회심시켰고 디모데가 자식이 아버지에게 함 같이 바울과 함께 복음을 위하여 수고하였기 때문이다(빌 2: 22). 디모데는 바울에게 아들의 의무를 감당하는 데 모자람이 없었다. 바울도 디모데에게 아버지의 보살핌과 배려를 베풂에 모자람이 없었다.

Ⅱ. 하나님 아버지께로부터 은혜와 긍휼과 평강이 네게 있을지어다라는 축복. 교회들에 보내는 모든 서신들에서 사도의 축복이 은혜와 평강인데 반하여 디모데와 디도에게 보내는 두 서신들에서는 그것이 은혜와 긍휼과 평강인데 주목하는 사람도 있다. 아무래도 목회자들이 누구보다 하나님의 긍휼을 더 필요로 할 것 같기에 말이다. 목회자들은 자신의 의무를 성실히 수행하기 위해서 누구보다 은혜를 더 필요로 한다. 목회자들은 자신의 잘못을 용서받기 위해서 누구보다 긍휼을 더 필요로 한다. 아주 뛰어난 목회자인 디모데가 하나님의 긍휼을 신세져야 하고, 그리고 그것을 나날이 더 많이 계속적으로 필요로 한다면 디모데의 뛰어난 정신에 훨씬 못 미치는 오늘날의 우리와 같은 목회자들에게는 얼마나 더 많이 필요로 하겠는가!

Ⅲ. 바울은 디모데에게 내가 너를 권하여 에베소에 머물라 한 일의 목적이 무엇인지를 이야기한다. 디모데는 바울과 같이 갈 생각이었다. 그는 바울의 그늘에서 벗어나고 싶지 않았다. 그러나 바울은 디모데를 그의 그늘에서 벗어나게 하려고 했던 것 같다. 그것은 공적인 일을 위해 필요했다. 그래서 바울은 내가 너를 권하여라고 말하고 있다. 그가 디모데에게 명령할 권위를 가지고 있을지라도 사랑을 위하여 권하는 형식을 취하고 있다. 그런데 디모데의 일은 그 교회의 사역자들과 신자들을 조심스럽게 바로잡는 것이었다. 그들이 받은 것 이외의 다른 교훈을 가르치지 말게 하는 것이었다. 그들이 나아지게 한다거나 모자란 것을 채운다는 빌미로 그리스도교 교리를 더하거나 바꾸지 못하게 하는 것이었다. 즉 그들이 전달받은 대로 굳게 지키게 하는 것이었다. 우리는 다음의 사실들을 발견할 수 있다.

1. 목회자들은 복음의 참 교훈을 전파해야 할 의무도 있지만 다른 교훈을 전파해서는 안 될 의무도 있다. 혹은 하늘로부터 온 천사라도 우리가 너희에게 전한 복음 외에 다른 복음을 전하면 저주를 받을지어다(갈 1:8).

2. 사도 시대에 그리스도교를 혼잡하게 만들려는 시도들이 있었다. 우리는 수많은 사람들처럼 하나님의 말씀을 혼잡하게 하지 아니하고(고후 2:17). 그렇지 않으면 디모데에게 하는 이 권면이 번거로운 것이 되었을 것이다.

3. 디모데는 어떤 다른 교훈을 전파해서는 안 된다는 그 권면을 이해해야 했다. 그리고 더 나아가 그는 다른 사람들이 복음에 그들 자신의 어떤 것을 더하거나 빼지 말고 순전하고 혼잡하지 않게 복음을 전하도록 그들에게 권면해야

함을 알아야 했다. 또한 그는 그들이 신화와 끝없는 족보와 변론에 몰두하지 않게 마음을 써야 했다. 이것이 디도서에서처럼 이 두 서신에서도 종종 되풀이 된다 (딤전 4:7; 6:4; 딤후 2:23). 유대인들 가운데에는 유대교 사상을 그리스도교에 들여오는 사람도 있었다. 마찬가지로 이방인들 가운데에도 이교도 사상을 그리스도교에 들여오는 사람도 있었다. 바울은 말한다. "이런 것들을 조심하고 그들을 경계하라. 그들이 너희 가운데에서 종교를 혼잡하게 하고 파멸시킬 것이다. 왜냐하면 그들이 믿음 안에 있는 하나님의 경륜을 이룸보다 도리어 변론을 내기 때문이다." 목회자들이 변론을 내는 것은 덕을 세우지 못한다. 의심스러운 논란의 기회를 제공하는 변론은 교회를 세우기보다 무너뜨린다. 그래서 나는 여러 가지 비슷한 점을 미루어서 하나님의 경륜과 경건한 덕을 세우기보다 변론을 내는 것은 무엇이든지 부인하고 무시해야 마땅하다고 생각한다. 이를테면 사도 시대부터 지금까지 내려오는 목사직의 끊임없는 계승, 감독의 성직수여의 절대적 필요성, 목회자가 시행하는 성례들의 유효성과 정당성에 대한 목회자의 의도 등과 같은 것들에 논쟁을 하는 것이 그렇다. 이런 것들은 유대인의 신화와 끝없는 족보만큼이나 나쁘다. 왜냐하면 그것들이 우리를 헤어날 수 없는 어려움들에 빠뜨리고, 그리스도인의 소망의 근거를 뒤흔들고 마음을 혼란스러운 의심들과 두려움으로 채우게 하는 성향만 있기 때문이다.

그리스도인들이 좀 더 경건해지고 찬양받으실 하나님을 더욱 닮아가게 할 수 있는 경건한 덕은 목회자들이 그들의 모든 설교들에서 지향해야만 하는 목표이다. 더욱이 하나님의 경륜을 이루는 경건한 덕은 믿음 안에 있어야만 함을 명심하라. 즉 복음은 우리를 세우는 기반이다. 먼저 믿음으로 우리는 하나님께 나아간다(히 11:6). 우리는 같은 길과 믿음의 같은 원리 안에서 덕을 세워야 한다. 또한 목회자들은 할 수 있다면 논쟁이 일어날 빌미를 피해야만 한다. 목회자는 논쟁의 여지가 있을 수 없는 종교의 중요하고 실제적인 요점들에 근거하여 주장을 펴나가야 할 것이다. 심지어는 진리의 중요하고 필수적인 논쟁조차도 다음의 결과들을 낳기 때문이다. 즉 믿을 뿐만 아니라 실천하고 순종하는 신자의 마음을 그리스도교의 본래 목적에서 벗어나게 하고 종교의 활력을 빼앗아가기 때문이다. 그래서 우리는 순전한 양심 안에서는 믿음의 신비를 간직할 수 있지만 불의 안에서는 진리를 지킬 수 없는 것이다.

⁵이 교훈의 목적은 청결한 마음과 선한 양심과 거짓이 없는 믿음에서 나오는 사랑
이거늘 ⁶사람들이 이에서 벗어나 헛된 말에 빠져 ⁷율법의 선생이 되려 하나 자기가
말하는 것이나 자기가 확증하는 것도 깨닫지 못하는도다 ⁸그러나 율법은 사람이 그
것을 적법하게만 쓰면 선한 것임을 우리는 아노라 ⁹알 것은 이것이니 율법은 옳은
사람을 위하여 세운 것이 아니요 오직 불법한 자와 복종하지 아니하는 자와 경건
하지 아니한 자와 죄인과 거룩하지 아니한 자와 망령된 자와 아버지를 죽이는 자
와 어머니를 죽이는 자와 살인하는 자며 ¹⁰음행하는 자와 남색하는 자와 인신매매
를 하는 자와 거짓말하는 자와 거짓 맹세하는 자와 기타 바른 교훈을 거스르는 자
를 위함이니 ¹¹이 교훈은 내게 맡기신 바 복되신 하나님의 영광의 복음을 따름이니
라

　　　　여기서 사도 바울은 디모데에게 유대교 율법 선생들이나, 복음에 신
화와 끝없는 족보를 뒤섞는 다른 사람들을 경계하는 방법을 가르쳐 준다. 그는
율법의 용도와 복음의 빛을 설명한다.

　I. 바울은 율법의 목적과 용도를 설명한다. 율법은 사랑을 장려하기 위
하여 계획된 것이다. 그래서 사랑은 율법의 완성이다(롬 13:10).

　1. 율법의 목적은 인자와 사랑이다(롬 13:8). 하나님의 율법의 주요한 범위와
흐름은 우리가 하나님을 사랑하고 서로 사랑하게 해주는 것이다. 하나님에 대
한 우리의 사랑이나 형제에 대한 사랑을 약화시키는 성향이 있는 것은 무엇이
든 율법의 목적을 소멸시키는 경향이 있다. 우리가 원수를 사랑하게 하고 우리
를 미워하는 사람들에게 잘 해주게 하는 복음은(마 5:44) 확실히 그 목적이 사
랑인 율법을 제쳐 놓거나 소용없게 할 뜻으로 만들어지지 않았다. 오히려 그
반대로 우리가 모든 것을 가졌지만 사랑이 없다면 소리 나는 구리와 울리는 꽹
과리일 뿐이라고(고전 13:1) 말한다. 너희가 서로 사랑하면 이로써 모든 사람이 너
희가 내 제자인 줄 알리라(요 13:35). 그러므로 율법의 지식을 자랑하지만 그것을
복음 전파의 방해 구실로만 사용하는 사람들은(율법을 위한 열정이라는 빌미
로 교회를 가르고 흩어놓으면서) 율법의 참 목적을 무효화시켰다. 율법과 교훈
의 목적은 청결한 마음과 선한 양심과 거짓이 없는 믿음에서 나오는 사랑이다. 거룩
한 사랑을 늘 간직하기 위하여 우리 마음에서 모든 죄의 사랑을 씻어내야 한
다. 우리의 사랑은 죄가 없는 선한 양심에서 나와야 한다. 거짓이 없는 믿음을 요

구하는 하나님의 말씀의 진리를 믿는 참된 신앙에서 우러난 선한 양심을 간직하려고 조심하는 사람들은 율법의 목적을 따른다. 여기서 우리는 뛰어난 은혜의 사랑에 대한 세 가지 부수 사항들을 발견하게 된다.

(1) 청결한 마음: 선한 양심은 청결한 마음에 자리잡아야 하고 거기에서 나와야 한다.

(2) 우리는 청결한 마음을 얻을 뿐만 아니라 간직하기 위해서도 날마다 선한 양심 안에서 실천하며 살아야 한다(행 24:16).

(3) 거짓이 없는 믿음도 선한 양심을 동반해야 한다. 왜냐하면 사랑이란 가장이나 꾸밈이 없기 때문이다. 사랑으로 역사하는 믿음은 자연스럽고 순수하고 진지한 속성을 지니고 있어야 한다. 그런데 율법 선생이라고 내세우는 어떤 사람들이 교훈의 참 목적에서 벗어났다. 그들은 논쟁자들이라고 자처하지만 그들의 논쟁은 헛된 말임이 드러났다. 그들은 선생이라고 자처하지만 자기가 말하는 것이나 확증하는 것도 깨닫지 못하고 가르치는 척을 했다. 그런 선생들이 교회를 어지럽힌다고 해서 하등 이상할 게 없다. 왜냐하면 우리가 처음부터 그 사실을 알았기 때문이다. 우리는 다음의 사실들을 발견하게 된다. [1] 사람들이 특별히 목회자들이 교훈의 목적인 사랑의 위대한 율법에서 벗어날 때 헛된 말에 잘못 빠지게 될 것이다. 사람이 자신의 목적과 시야를 잃어버리게 될 때 그가 내딛는 걸음마다 길에서 벗어난 헛걸음이 되리라는 것은 불을 보듯 뻔한 일이다. [2] 특별히 종교에서 말다툼이나 헛된 말은 쓸데가 없다. 그것은 모든 선한 것에 유익이 없고 쓸모가 없다. 그것은 아주 파괴적이고 유해하다. 그럼에도 많은 사람의 신앙생활이 하찮은 것에 대한 헛된 말이나 쓸데없는 말다툼으로 이루어져 있다. [3] 쓸데없는 말다툼이나 헛된 말을 많이 하는 사람들은 다른 사람의 선생이 되기를 좋아하고 열망한다. 그들은 선생 직분을 갈망하고 즐긴다. [4] 그들이 자기가 말하는 것들에 대해 전혀 모른다면 목회 직분에 끼어들 수 없다는 것은 너무도 자명한 일이다. 그들은 말하는 것이나 확증하는 것에 대해 전혀 깨닫지 못한다. 확실히 그들은 그러한 학문적인 무지를 통해 그들의 말을 듣는 사람들에게 아주 많은 교훈을 주고 있다!

2. 율법의 용도: 율법은 사람이 그것을 적법하게만 쓰면 선한 것이다(8절). 유대인들은 율법을 적법하지 않게 사용했다. 그들은 교회를 가르는 무기와 그리스도의 복음에 대해 저지른 악의에 찬 반대의 구실로 율법을 사용했다. 그들은

그것을 칭의를 위한 도구로 내세우고 불법적으로 사용했다. 그러므로 우리는 율법을 제쳐 놓으려고 할 게 아니라 죄의 억제를 위해 적법하게 사용하려고 생각해야 한다. 어떤 사람들이 율법을 잘못 사용해왔다고 해서 그것이 율법의 쓰임새를 없애지는 못한다. 그러나 신성한 직분이 잘못 사용되어 왔다면 그것을 올바른 쓰임새로 되돌리고 남용을 없애도록 하라. 그 까닭은 율법은 생활의 규칙으로서 아직도 대단히 유용하기 때문이다. 비록 우리가 행위 언약처럼 율법 아래 있지 않다고 하더라도 죄와 의무가 무엇인지를 우리에게 가르쳐주는 데는 율법이 유효하다. 다시 말해 율법은 의로운 사람을 위해 만들어진 것이 아니라 그것을 지켜야 할 사람들을 위해 만들어진 것이다. 왜냐하면 우리가 율법을 지킬 수 있었다면 의가 율법으로 말미암았을 것이다(갈 3:21). 그러나 그것은 악한 사람들을 억제하고 저지하고, 악덕과 불경(신성모독)을 막기 위해 만들어진 것이다. 사람의 마음을 바꾸는 것은 하나님의 은혜이다. 그러나 율법의 두려움들은 악인들의 손을 묶고 혀를 억제하는데 사용될 수가 있다. 정의로운 사람은 악한 사람에게 필요한 이러한 억제들을 원하지 않는다. 최소한 율법의 주 대상은 정의로운 사람이 아니라 크든 작든 온갖 종류의 죄인이다(9, 10절). 죄인들의 이 어두운 명부에서 바울은 특별히 우리의 이웃에 대한 의무들이 새겨진 십계명의 두 번째 돌판의 위반을 언급한다. 제오계명과 제육계명에 대한 언급은 아버지를 죽이는 자와 어머니를 죽이는 자와 살인하는 자이다. 제칠 계명에 대한 언급은 음행하는 자와 남색하는 자이다. 제팔계명에 대한 언급은 인신매매를 하는 자이다. 제구계명에 대한 언급은 거짓말하는 자와 거짓 맹세하는 자이다. 그런 뒤 바울은 다음의 말로 본문을 마무리하고 있다. 기타 바른 교훈을 거스르는 자를 위함이다. 이 말씀을 위에서 상술한 그런 악독한 죄인들을 막기 위한 법을 만들고 그 법의 집행을 살피는 시민 관리의 권력 제도를 만들게 된 기반으로 이해하는 사람도 있다.

Ⅱ. 그는 복음의 영광과 은혜를 설명한다. 바울의 통칭은 표현이 풍부하고 의미가 함축적이다. 종종 모든 게 한 문장에 들어있다. 복되신 하나님의 영광의 복음을 따름이니라(11절)처럼 말이다. 이 말씀에서 다음의 교훈을 얻을 수 있다.

1. 하나님을 복되신 하나님으로 부르는 것은 하나님 자신과 그의 완전한 속성들을 향유하는 것이 이루 말할 수 없이 행복하기 때문이다.

2. 복음을 영광의 복음이라고 부르는 것은 복음이 그렇기 때문이다. 하나님의 영광이 창조와 섭리의 사역에서 많이 나타나지만 예수 그리스도의 얼굴에서 빛나는 복음에서 더 많이 나타난다. 바울은 이 영광의 복음이 자기에게 맡겨진 것이 자기에게 주어진 큰 명예이고 자기에게 행해진 큰 호의로 여겼다. 다시 말해 복음을 세우기 위한 복음의 전파가 세상의 어떤 사람이나 일단의 사람들에게 맡겨지지 않고 바울에게 맡겨졌기 때문이다. 구원의 조건을 정하는 것은 하나님께서 하실 일이다. 그러나 세상에 복음을 전파하는 일은 사도들과 목사들에게 맡겨진 일이다. 여기서 다음을 주목하라. (1) 목회는 일종의 신탁이다. 왜냐하면 복음이 바울 사도에게 맡겨졌기 때문이다. 그것은 신탁의 직분이기도 하지만 권능의 직분이기도 하다. 그리고 신탁의 직분은 권능의 직분보다 훨씬 중요하다. 이 까닭에 목사들이 청지기와 일꾼으로 부름받은 것이다(고전 4:1). (2) 복음 전파는 영광스러운 신탁이다. 왜냐하면 목사들에게 위임된 복음은 영광의 복음이기 때문이다. 그것은 아주 중요한 신탁이다. 하나님의 영광은 그것에 아주 많은 관심을 기울이고 있다. 우리에게 맡겨진 신탁은 바로 주님이시다! 이 위대한 신탁에서 우리가 신실하다고 인정받게 되는 일이야말로 우리가 바라는 얼마나 큰 은혜인가!

[12]나를 능하게 하신 그리스도 예수 우리 주께 내가 감사함은 나를 충성되이 여겨 내게 직분을 맡기심이니 [13]내가 전에는 비방자요 박해자요 폭행자였으나 도리어 긍휼을 입은 것은 내가 믿지 아니할 때에 알지 못하고 행하였음이라 [14]우리 주의 은혜가 그리스도 예수 안에 있는 믿음과 사랑과 함께 넘치도록 풍성하였도다 [15]미쁘다 모든 사람이 받을 만한 이 말이여 그리스도 예수께서 죄인을 구원하시려고 세상에 임하셨다 하였도다 죄인 중에 내가 괴수니라 [16]그러나 내가 긍휼을 입은 까닭은 예수 그리스도께서 내게 먼저 일체 오래 참으심을 보이사 후에 주를 믿어 영생 얻는 자들에게 본이 되게 하려 하심이라 [17]영원하신 왕 곧 썩지 아니하고 보이지 아니하고 홀로 하나이신 하나님께 존귀와 영광이 영원무궁하도록 있을지어다 아멘

여기서 사도는 다음의 사실들을 말한다.

I. 바울에게 그 직분을 맡겨주신 예수 그리스도에게 감사를 돌린다. 다음을 주목하라.

1. 사람들에게 직분을 맡기는 것은 그리스도께서 하시는 일이다(행 26:16,17). 하나님께서, 이 선지자들은 내가 보내지 아니하였어도 말을 잘하며 내가 그들에게 이르지 아니하였어도 예언하였다(렘 23:21)는 말씀으로 유대인들의 거짓 선지자들을 비난하셨다. 바로 말하건대 목사가 목사를 만들 수 없다. 하물며 사람이 목사를 더더욱 만들 수 없는 노릇이다. 왜냐하면 그것은 그리스도의 교회의 왕과 머리가 되시고 선지자와 스승이 되시는 주님이 하시는 일이기 때문이다.

2. 그리스도께서 목사로 세우시는 사람들은 그 일에 맞는 사람이다. 주님은 자격이 되는 사람을 부르신다. 그들의 사역에 전혀 맞지도 않고 능력도 없는 목회자들은 그리스도께서 그 목사 직분을 맡기신 게 아니다. 그들이 은사와 은혜에 관한 다른 자격들을 지녔다고 할지라도 말이다.

3. 그리스도께서는 직분을 맡긴 사람들에게 능력뿐만 아니라 충성심도 주신다. 주께서 나를 충성되이 여기셨다. 주께서 세운 사람들이 아니고는 어느 누구도 충성되고 신실하다고 여김을 받을 수 없다. 그리스도의 사역자들은 신실한 사역자들이고 또 그들에게 아주 중요한 신탁이 맡겨져 있기에 그래야 마땅하다.

4. 목사직의 소명은 아주 큰 은혜이다. 그래서 부름받은 사람들은 예수 그리스도에게 감사를 돌려야 한다. 그리스도 예수 우리 주께 내가 감사함은 나를 충성되이 여겨 내게 직분을 맡기심이니.

Ⅱ. 바울에게 직분을 맡기신 그리스도의 은혜를 더욱 크게 부각시키기 위해 그는 자신의 회심에 관해 설명한다.

1. 회심하기 이전의 바울의 과거 행적은 비방자요 박해자요 폭행자였다. 사울이 주의 제자들에 대하여 여전히 경고와 살기가 등등했다(행 9:1). 사울이 교회를 잔멸했다(행 8:3). 그는 하나님을 욕되게 하는 사람이었고 성도들을 박해하는 사람이었고 양쪽 모두에게 해를 끼치는 사람이었다. 종종 크고 뛰어난 일을 위해 준비된 사람들은 회심하기 전에 아주 큰 사악함에 빠지게 된다. 그래서 그들의 죄를 용서하는 하나님의 긍휼과 그들을 회심시키는 하나님의 은혜가 아주 크게 영광을 드러내게 된다. 참 회개를 하기만 하면 우리의 죄가 아무리 커도 하나님께서 우리를 받아들이지 못하게 하는 장애가 되지도 못하고 하나님을 위한 우리의 헌신을 막지도 못한다. 여기서 다음의 것들을 주목하라.

　(1) 비방과 박해와 폭행은 아주 크고 해로운 죄이다. 그래서 그러한 죄들을 저지른 사람들은 하나님 앞에서 심히 큰 죄인들이다. 하나님을 비방하는 것은 하나님을 대놓고 바로 치는 것이다. 하나님의 백성을 박해하는 것은 그들 쪽을 통해서 하나님께 상처를 입히려고 애쓰는 것이다. 해를 입히는 것은 이스마엘의 손이 모든 사람을 치고 모든 사람이 이스마엘을 치는 경우처럼 된다. 그러한 행위는 하나님의 특권을 침범하는 것이고 그들 동료 인간들의 자유를 침해하는 것이다.

　(2) 선한 목적을 섬기기 위해 회심한 참된 회개자들은 하나님께로 돌아오기 이전의 상태로 돌아가려고 하지를 않을 것이다. 이 훌륭한 사도는 자신의 이전 생활이 어떠했는지를 종종 고백한다(행 22:4; 26:10,11)

　2. 바울에게 베푼 하나님의 큰 호의. 그러나 내가 긍휼을 입었다. 이것은 악명 높은 반역자가 그의 군주에게 불쌍히 여김을 받는 긍휼을 입어야 하는 것처럼 복되고 큰 은혜이다.

　(1) 바울이 그리스도인들을 하나님의 백성으로 알면서도 고의적으로 박해했다면 내가 알고 있는 한에서는 그는 용서받을 수 없는 죄를 범했다. 그러나 그는 그것을 전혀 몰랐고 믿음이 없는 상태에서 저질렀기 때문에 긍휼을 얻을 수 있었다. 여기서 다음의 사실들을 주목하라. [1] 우리가 모르고 하는 것은 알고 하는 것보다 죄가 덜하다. 그러나 모르고 한 죄도 죄이다. 그래서 자기 주인의 뜻을 몰랐지만 매를 맞을 일을 행한 종은 적게 맞으리라(눅 12:48). 모른 것은 어떤 경우들에 있어서 범죄를 경감시키긴 하지만 그것을 없애지는 못한다. [2] 죄인들이 모르고 죄를 짓는 것은 그 밑바닥에 불신앙이 깔려 있어서이다. 그들은 하나님의 경고들을 믿지 않는다. 그렇지 않았으면 그들이 그렇게 할 수는 없었을 것이다. [3] 이러한 이유들 때문에 바울은 긍휼을 입었다. 도리어 긍휼을 입은 것은 내가 믿지 아니할 때에 알지 못하고 행하였음이라. [4] 비방자와 박해자와 폭행자에게 긍휼이 있었다. 내가 전에는 비방자였으나 도리어 긍휼을 입었다.

　(2) 여기서 바울은 예수 그리스도의 풍성한 은혜를 주목한다(14절). 큰 죄인들의 회심과 구원은 그리스도의 풍성한 은혜의 덕이다. 그리스도의 은혜는 그의 영광의 복음 안에서도 나타난다(15절). 미쁘다 모든 사람이 받을 만한 이 말이여. 여기서 우리는 그리스도 예수께서 세상에 임하셨다는 전체 복음의 요약을 발견하게 된다. 우리의 본성을 입으신 하나님의 아들께서 육신이 되어 우리 가운

데 거하셨다(요 1:14). 그리스도께서 세상에 오신 것은 의인을 부르러 온 것이 아니요 죄인을 불러 회개시키기 위한 것이었다(마 9:13). 세상에 오신 주님의 목적은 잃어버린 자를 찾아 구원하려 함이었다(눅 19:10). 미쁘다 모든 사람이 받을 만한 이 말에서 이 사실이 실증되고 있다. 그것은 모든 사람이 받을 가치가 있는 좋은 소식이다. 게다가 그것은 좋기도 하지만 진실하기도 하다. 그 이유는 복음이 믿을 수 있는 말이기 때문이다. 그것이 믿을 수 있는 말이기에 믿음의 도구로 받아들일 만하다. 그것이 모든 사람이 받을 만하기에 앞의 절에서 언급하는 거룩한 사랑과 함께 받아들여져야 한다. 앞 절에서 그리스도의 은혜가 믿음과 사랑과 함께 넘치도록 풍성하다고 언급되고 있다.

본 구절을 마감하면서 바울은 그것을 자기 자신에게 적용한다. 죄인 중에 내가 괴수니라. 바울은 일급 죄인이었다. 그래서 그는 자신이 그랬노라고 인정하고 있다. 왜냐하면 그는 주의 제자들에 대하여 여전히 경고와 살기가 등등했기 때문이다(행 9:1,2). 박해자들은 죄인들 가운데 가장 나쁜 부류에 속한다. 바울이 바로 그런 부류의 사람이었다. 또한 죄인 중에 내가 괴수니라는 말은 바로 용서받은 죄인들 가운데 내가 괴수라는 것이다. 그것은 바울을 아주 낮춘 표현이다. 다른 곳에서도 그는 자신을 모든 성도 중에 지극히 작은 자보다 더 작은 자라고 부른다(엡 3:8). 여기서 그는 자신을 죄인 중에 괴수라고 부른다. 다음의 것들을 주목하라. [1] 그리스도 예수께서 세상에 임하셨다. 주의 오심에 관한 예언들이 이제 이루어졌다. [2] 그는 죄인들을 구원하려고 오셨다. 그는, 스스로 구원할 수 없고 도울 수 없는 사람들을 구원하려고 오셨다. [3] 비방자들과 박해자들은 죄인들 가운데 괴수이다. 바울이 그들을 그렇게 생각했다. [4] 죄인들 가운데 괴수는 성도들 가운데 우두머리가 될 수도 있다. 바로 사도 바울이 그랬다. 왜냐하면 그는 지극히 크다는 사도들보다 조금도 부족함이 없는 사도였기 때문이다(고후 11:5). 왜냐하면 그리스도께서 죄인들의 괴수를 구원하려 오셨기 때문이다. [5] 이것은 아주 중요한 진리이고 믿을 만한 말이다. 이것들은 신뢰할 수 있는 참되고 믿을 수 있는 말씀이다.[6] 그것은 우리의 위로와 격려를 위해 우리 모두가 받고 믿을 만한 가치가 있다.

(3) 바울이 회심하기 전에 심히 악했음에도 불구하고 하나님께 입은 긍휼에 대해 말한다.

[1] 그는 그것을 회개하고 믿을 다른 사람들을 위해 말한다(16절). 그러나 내가

긍휼을 입은 까닭은 예수 그리스도께서 내게 먼저 일체 오래 참으심을 보이사 후에 주를 믿어 영생 얻는 자들에게 본이 되게 하려 하심이라. 그것은 그리스도께서 아주 도발적인 사람에게 아주 많이 참는 것을 보여주는 그리스도의 오래 참으심의 본보기이다. 그리고 그것은 아주 큰 죄인들일지라도 하나님의 긍휼에 대해 실망할 필요가 없음을 모든 다른 사람에게 보여주기 위한 본보기의 목적을 지니고 있다. 여기서 우리는 다음과 같은 것을 살펴볼 수 있다. 첫째, 사도 바울은 그리스도교로 개종한 가장 큰 죄인들 가운데 한 사람이었다. 둘째, 그는 회심하고 자신뿐만 아니라 다른 사람들을 위해서도 긍휼을 입었다. 셋째, 주 예수 그리스도께서 큰 죄인들의 회심을 아주 오래 참으신다. 넷째, 긍휼을 입은 사람들은 주 예수 그리스도를 믿는다. 왜냐하면 믿음이 없이는 하나님을 기쁘시게 할 수 없기 때문이다(히 11:6). 다섯째, 그리스도를 믿는 사람들은 영생을 얻기 위해 주님을 믿는다. 그들은 영혼을 구원하는 믿음을 갖는다(히 10:39).

[2] 그는 하나님께 입은 긍휼을 이야기하면서 하나님의 영광을 언급한다. 그는 자신에게 베풀어진 하나님의 선하심에 대한 감사를 인정하지 않고는 계속 글을 써내려 갈 수 없었다. 영원하신 왕 곧 썩지 아니하고 보이지 아니하고 홀로 하나이신 하나님께 존귀와 영광이 영원무궁하도록 있을지어다. 아멘. 여기서 다음의 사실들을 살펴볼 수 있다. 첫째, 우리가 하나님의 위로를 받게 된 그 은혜는 하나님의 영광이 수반되어야 한다. 하나님의 긍휼과 은혜에 대해 책임을 느끼는 사람들은 그들의 마음이 주님을 찬양하는 데까지 커져야 할 것이다. 본문에서 바로 영원하신 왕 곧 썩지 아니하고 보이지 아니하는 말씀과 같은 것이 주님에게 돌리는 찬양이다. 둘째, 우리가 하나님의 선하심을 알게 될 때 우리는 주님의 위대하심에 대한 전파를 잊어서는 안 된다. 우리에 대한 하나님의 친절하신 생각들이 하나님에 대한 우리의 높은 생각들을 조금이라도 낮추게 해서는 결코 안 되고 오히려 더 높이고 늘려야 할 것이다. 하나님께서 바울을 특별하게 인정하시고 긍휼을 베푸시고 하나님과 교제를 나누게 하셨다. 그래서 바울은 하나님을 영원하신 왕으로 부른다. 우리를 위한 하나님의 은혜로운 섭리가 그의 영광의 속성들을 우리 마음이 넘치도록 존경하고 감탄하게 해야 한다. 하나님은 영원하시기에 날의 시작이나 생명의 끝이나 시간의 변화가 없으시다. 그는 옛적부터 계신 분이시다(단 7:9). 그는 불멸하시고 불멸의 원천이시다. 오직 그에게만 죽지 아니함이 있다(딤전 6:16). 왜냐하면 그는 죽을 수 없으시기 때문

이다. 그는 보이지 아니하신다. 왜냐하면 그는 아무도 접근할 수도 없고 본 적도 없고 볼 수도 없는 빛에 거하시기에 죽을 수밖에 없는 인생의 눈으로 그를 볼 수가 없다(딤전 6:16). 하나님만이 오직 지혜로운 신이시다(딤전 1:17; 유 25; 개역 성경이나 개역개정판에는 없지만 흠정역 KJV에는 '지혜로운' 이란 구절이 들어있음). 그분만이 무한히 지혜로우시고 모든 지혜의 원천이시다. 하나님께 존귀와 영광이 영원무궁하도록 있을지어다. 수많은 피조물이 하듯이 그에게 존귀와 영광을 세세토록 돌릴지어다(계 5:12,13).

[18]아들 디모데야 내가 네게 이 교훈으로써 명하노니 전에 너를 지도한 예언을 따라 그것으로 선한 싸움을 싸우며 [19]믿음과 착한 양심을 가지라 어떤 이들은 이 양심을 버렸고 그 믿음에 관하여는 파선하였느니라 [20]그 가운데 후메내오와 알렉산더가 있으니 내가 사탄에게 내준 것은 그들로 훈계를 받아 신성을 모독하지 못하게 하려 함이라

여기서 바울이 디모데에게 확고하게 자신의 사역을 계속하라고 명하고 있다(18절). 우리는 여기서 다음의 사실들을 발견할 수 있다. 복음은 그것의 사역자들에게 맡겨진 교훈과 책무이다. 복음이 목회자에게 맡겨진 것은 복음의 목적과 의미, 그리고 그것을 지으신 위대한 창조자의 의도에 따라 적절하게 적용되고 있는지를 살피기 위한 것이다. 디모데에 관한 예언들이 있었던 것 같다. 그것은 디모데가 목회를 해야 하고 그 목회 사역에서 뛰어남을 입증해야 하는 것이었다. 이것이 바울을 고무시켜 디모데에게 이 책무를 맡기게 했다. 우리는 여기서 다음의 사실들을 발견할 수 있다.

1. 목회는 전투이다. 그것은 죄와 사탄에 맞서는 선한 싸움이다. 우리 구원의 대장(창시자, 히 2:10)이신 주 예수의 깃발 아래 주의 뜻을 위하고 주의 대적들에 맞서기 위해 목회자들은 특별한 방식으로 전투를 한다.

2. 목회자들은 이 선한 싸움을 싸워야 하고 반대와 실망에도 불구하고 부지런히 용기 있게 자신의 직무를 수행해야 한다.

3. 전에 디모데를 지도한 예언들은 그의 임무를 열정적이고 양심적인 실행을 촉구하는 동기로 언급되고 있다. 그러므로 다른 사람들이 우리에 관해 받아들인 선한 소망들이 우리의 의무를 수행하도록 우리를 고무시켜야 한다. 그것

으로 선한 싸움을 싸우라.

4.우리는 믿음과 양심을 다 굳게 가져야 한다. 믿음과 착한 양심을 가지라(19절). 착한 양심을 저버리는 사람들은 얼마 안 있어 믿음에 관하여 파선할 것이다. 새롭게 교화된 양심의 지시를 따라 살도록 하고 거리낌이 없는 양심을 가지도록 하라(행 24:16). 어떤 악이나 죄로 타락하지 않은 양심을 가지도록 하라. 이 양심이 우리가 믿음 안에서 바르게 살도록 지켜주는 수단이 될 것이다. 우리는 믿음뿐 아니라 양심도 살펴보아야 한다. 왜냐하면 깨끗한 양심에 믿음의 비밀을 가져야 하기 때문이다(3:9).

믿음에 관하여 파선한 사람들에 대하여 바울은 이름을 들어 두 사람을 언급하고 있다. 그들은 후메내오와 알렉산더인데 그리스도교를 믿기로 신앙을 고백했지만 그 고백을 취소한 사람들이었다. 바울은 그 두 사람을 사탄에게 넘겨주고 그들이 사탄의 왕국 사람이라고 선포했다. 그래서 어떤 사람들이 생각하듯이 어떤 뛰어난 능력이 그들을 사탄에게 넘기고 사탄이 그들을 경고하고 괴롭히게 했다. 그것은 그들로 훈계를 받아 신성을 모독하지 못하게 하기 위한 것이었다. 다시 말해 그리스도의 교훈과 주님의 선한 길을 부정하고 욕하지 못하게 하기 위한 것이었다. 초대 교회 안에서의 가장 심한 징계의 주요한 의도는 더 이상 죄를 짓지 못하게 하고 죄인을 교화시키기 위한 것이었다. 이 경우에 그것은 육신은 멸하고 영은 주 예수의 날에 구원을 얻게 하기 위한 것이었다(고전 5:5). 여기서 다음의 사실들을 발견할 수 있다.

(1) 사탄을 섬기고 사탄을 위해 일하기를 좋아하는 사람들은 사탄의 권세에 당연히 넘어가게 된다. 내가 그들을 사탄에게 내어 주었다.

(2) 하나님께서는 원하시기만 하면 정반대로 작용하실 수도 있다. 다시 말해 후메내오와 알렉산더를 사탄에게 내준 것이 그들로 훈계를 받아 신성을 모독하지 못하게 하는 것일 수도 있다. 어떤 사람은 그들이 오히려 사탄에게서 신성모독을 더 많이 배울 수도 있을 것이라고 생각하기도 하겠지만 말이다.

(3) 착한 양심을 버리고 믿음에 관하여 파선한 사람들은 신성모독을 제외한 그 어떤 것에도 충실히 매달리지 못할 것이다.

(4) 그러므로 신성모독을 가까이 하지 않으려면 믿음과 착한 양심을 굳게 지키도록 하라. 왜냐하면 우리가 믿음과 양심에서 손을 놓아버리면 우리가 어디까지 갈지 모르기 때문이다.

제
— 2 —
장

개요

본 장에서 바울은 다음의 것들을 다룬다. Ⅰ. 기도를 위한 많은 이유들과 더불어 기도에 관해 다룬다(1-8절). Ⅱ. 여성의 의상에 대해 다룬다(9,10절). Ⅲ. 여러 이유들과 더불어 여성의 순종에 대해 다룬다(11-14절). Ⅳ. 아이를 낳는 여성의 해산을 위한 격려의 약속(15절).

¹그러므로 내가 첫째로 권하노니 모든 사람을 위하여 간구와 기도와 도고와 감사를 하되 ²임금들과 높은 지위에 있는 모든 사람을 위하여 하라 이는 우리가 모든 경건과 단정함으로 고요하고 평안한 생활을 하려 함이라 ³이것이 우리 구주 하나님 앞에 선하고 받으실 만한 것이니 ⁴하나님은 모든 사람이 구원을 받으며 진리를 아는 데에 이르기를 원하시느니라 ⁵하나님은 한 분이시요 또 하나님과 사람 사이에 중보자도 한 분이시니 곧 사람이신 그리스도 예수라 ⁶그가 모든 사람을 위하여 자기를 대속물로 주셨으니 기약이 이르러 주신 증거니라 ⁷이를 위하여 내가 전파하는 자와 사도로 세움을 입은 것은 참말이요 거짓말이 아니니 믿음과 진리 안에서 내가 이방인의 스승이 되었노라 ⁸그러므로 각처에서 남자들이 분노와 다툼이 없이 거룩한 손을 들어 기도하기를 원하노라

여기서 우리는 다음의 사실들을 발견할 수 있다.

Ⅰ. 일반적으로 모든 사람과 특별히 높은 지위에 있는 모든 사람을 위하여 기도하라고 그리스도인들에게 하는 권면이 있다. 디모데는 이것이 시행되도록 살펴야 한다. 바울은 어떤 정해진 기도 형식을 보내지 않았다. 바울이 그러한 기도의 방식에 목회자들이 매이게 해야 한다고 의도했다면 그랬을 것이라고 생각할 수 있는 여지는 있지만 말이다. 그러나 일반적으로 목회자들은 간구와 기도와 도고와 감사를 해야 한다. 다시 말해 악을 피하기 위한 간구와 선을 얻기 위한 기도와 다른 사람들을 위한 도고와 이미 받은 긍휼을 위한 감사를 해야

한다. 바울은 그들에게 기도에 대한 일반적인 표제(제목)들을 주는 것으로 충분하다고 생각했다. 그 까닭은 그들이 기도에 있어서 그들을 지시하는 성서가 있고 그들에게 부어진 기도의 영이 있기에 어떤 더 이상의 지시가 필요하지 않다고 생각했기 때문이다. 여기서 다음의 사실들을 주목할 필요가 있다. 그리스도교의 목적은 기도를 장려하기 위한 것이다. 그래서 그리스도의 제자들은 기도하는 사람들이 되어야 한다. 모든 기도와 간구를 하되 항상 성령 안에서 기도하라(엡 6:9). 먼저 우리 자신들을 위한 기도하는 사람들이 되어야 한다. 이 사실이 본문에 암시되어 있다.

또한 우리는 모든 사람을 위해서도 기도해야 한다. 다시 말해 일반적으로 세상의 인류와 우리의 기도를 필요로 하거나 바라는 특별한 사람들을 위해 기도해야 한다. 그리스도교가 널리 퍼지는 사랑을 사람들에게 가르칠 때 그것이 어떤 한 종파에 머무는 것과는 거리가 멀다. 그리스도교는 같은 길을 걷는 사람들뿐만 아니라 모든 사람을 위해 기도하도록 가르친다. 임금들을 위하여 하라(2절). 그 당시의 임금들이 이교도였고 그리스도교에 대적했고 그리스도인들을 박해했을지라도 그들을 위해 기도해야만 한다. 왜냐하면 그것이 공익을 위한 것이기 때문이다. 시민 정부의 행정을 맡은 사람들이 바른 사람들이어야 한다. 그러므로 우리가 그들에게 핍박을 받을지라도 그들을 위하여 기도해야 한다. 임금들과 높은 자리에 있는 모든 사람 즉 관리들을 위하여 기도해야 한다. 우리는 그들을 위하여 감사해야 하고 그들의 안녕과 그들의 왕국의 안녕을 위하여 기도해야 한다. 그러므로 우리는 그들을 거스르는 모의를 하지 말아야 한다. 그들의 평화 속에서 우리가 평화를 누릴 수 있기에 그들을 위하여 감사해야 한다. 그리고 우리는 그들의 정부 치하에서 누리는 이익을 위하여 감사해야 한다. 이는 우리가 모든 경건과 단정함으로 고요하고 평안한 생활을 하려 함이라. 우리는 여기서 다음의 사실들을 발견할 수 있다.

우리는 하나님께서 그들의 마음을 돌리시고 그들을 인도하시고 이용하시어 우리가 고요하고 평안한 삶을 살 수 있도록 해주시기를 갈망해야 한다. 바울은 우리가 그들 치하에서 승진하고 부자가 되고 명예와 권세를 얻을 수 있을 것이라고 말하지 않는다. 오히려 선한 그리스도인이 갖는 큰 뜻의 꼭대기는 고요하고 평안한 삶을 보내고 낮은 평민의 상황 속에서 평생을 살지라도 박해당하지 않고 사는 것이다. 우리와 다른 사람들이 모든 경건과 단정함으로 평안한 생활을 보낼 수 있기를 열망해야 한다. 만일 우리가 모든 경건함과 단정함을 유지할 수 없다면 고요함과 평안함의 유지를 기대할 수 없음을 본문이 암시해주고 있다.

우리의 의무를 명심하자. 그런 뒤에 우리가 하나님과 정부의 보호를 기대할 수 있다. 모든 경건과 단정함으로. 그리스도인들로서의 우리의 의무가 이 두 단어에 요약되어 있다. 다시 말해 경건은 하나님에 대한 올바른 경배를 말하고, 단정함은 모든 사람들에 대한 선한 행위를 나타낸다. 이 둘은 함께 있어야 한다. 우리가 경건하지 않고 하나님을 정당하게 공경하지 않는다면 우리는 참으로 단정하거나 정직해지지 못할 것이다. 그리고 우리가 단정하고 정직해지지 않는다면 우리는 참으로 경건해지지 못할 것이다. 왜냐하면 하나님은 번제를 위한 도둑질을 미워하시기 때문이다. 여기서 우리는 다음의 사실들을 발견할 수 있다.

1. 그리스도인들은 기도를 많이 하는 사람들이 되어야 한다. 그들은 기도 속에 묻혀 살아야 하고, 기도와 간구와 감사의 습관에 젖어 살아야 한다.

2. 우리가 기도할 때 우리 자신뿐 아니라 다른 사람을 위한 일반적인 관심도 가져야 한다. 우리는 모든 사람을 위하여 기도하고, 모든 사람을 위하여 감사해야 한다. 우리는 우리의 기도나 감사를 그리스도인들이나 가족에 국한시켜서는 안 된다.

3. 기도는 간구와 도고와 감사와 같은 여러 요소들로 이루어져 있다. 왜냐하면 우리가 이미 받은 긍휼들을 위해서 감사해야 될 뿐 아니라 우리가 받기를 원하는 긍휼들을 위해서도 기도해야 되기 때문이다. 우리는 우리 자신의 죄나 다른 사람의 죄가 받아 마땅한 심판을 받지 않게 해달라고 간구해야 한다.

4. 임금들과 높은 지위에 있는 모든 사람을 위하여 기도해야 한다. 그들은 우리의 기도를 원한다. 왜냐하면 그들은 부닥치는 많은 위험들과 그들의 고귀한 지위와 신분이 그들을 노출시키는 많은 올가미들을 가지고 있기 때문이다.

5. 통치자들을 위하여 기도할 때 우리는 고요하고 평안한 생활을 살 수 있는 가장 유망한 진로를 택한 것이다. 바벨론에서의 유대인들은 여호와께서 사로잡혀 가게 한 그 성읍의 평안을 구하고 그를 위하여 여호와께 기도하라고 명령을 받았다. 왜냐하면 그 성읍이 평안함으로 그들도 평안할 것이기 때문이다(렘 29:7).

6. 우리가 고요하고 평안한 생활을 살려고 한다면 모든 경건과 단정함으로 살아야 한다. 다시 말해서 우리는 하나님과 사람에 대한 우리의 의무를 다해야 한다. 생명을 사랑하고 좋은 날 보기를 원하는 자는 혀를 금하여 악한 말을 그치며 그 입술로 거짓을 말하지 말고 악에서 떠나 선을 행하고 화평을 구하며 그것을 따르라 (벧전 3:10,11). 그런데 바울이 이것을 위해 제시하는 이유는 이것이 우리 구주 하나님 앞에 선하고 받으실 만한 것이기 때문이다. 다시 말해 그리스도의 복음이 이것을 요구한다는 것이다. 우리 구주 하나님 보시기에 인정받을 수 있는 것을 우리가 행해야 하고 그런 것이 많아야 한다는 것이다.

II. 우리가 기도할 때 모든 사람에게 관심을 가져야 되는 한 이유로 바울은 전체 인류에 대한 하나님의 사랑을 제시하고 있다(4절).

1. 모든 사람이 기도의 대상이 되어야 하는 이유는 한 하나님이 계시고 하나님은 모든 인류에게 좋은 뜻을 가지고 계시기 때문이다. 하나님은 한 분이시요(5절). 오로지 한 하나님만이 계실 뿐이다. 다른 신은 없고 있을 수도 없다. 왜냐하면 한 조물주만이 계실 수 있기 때문이다. 이 한 하나님께서 모든 사람이 구원받기를 원하신다. 하나님은 어떤 사람의 죽음이나 파멸을 원하시는 것이 아니라(겔 33:11) 모든 사람의 안녕과 구원을 원하신다. 그러나 하나님이 모든 사람의 구원을 정하신 것은 아닐지라도 모든 사람이 구원받기를 바라실 것이다. 하나님은 모든 사람의 구원을 바라고 아무도 멸망당하지 않기를 바라는 좋은 뜻을 지니고 계시지만 사람들이 자기 잘못으로 구원을 바라지 않는다(마 23:37). 하나님은 모든 사람이 구원을 받고 진리를 아는 데에 이르기를 원하신다. 사람이 구원에 이르는 것은 하나님이 정하신 길을 통해서이지 다른 방법으로는 안 된다. 우리는 진리를 알고 있을 필요가 있다. 왜냐하면 그 진리가 구원에 이르는 길이기 때문이다. 그리스도는 길이요 진리이시므로 그는 생명이시니라.

2. 한 중보자가 계시고 그 중보자께서 모든 사람을 위하여 자기를 대속물로 주셨다. 하나님의 긍휼이 모든 일에 미치는 것처럼 그리스도의 중보가 모든 사람의 자녀들에게까지 미친다. 그리스도께서 모든 사람의 구원에 값하는 대가를 지불하셨기 때문이다. 그리스도께서 인류를 하나님과 새로운 관계를 맺게 해주셨다. 그래서 인류가 이제는 행위 언약인 율법 아래 있지 아니하고 생명의 규칙인 새 언약 아래 있게 된 것이다. 그는 자기를 대속물로 주셨다. 여기서 다음의 사실들을 발견할 수 있다. 그리스도의 죽으심은 대속물, 다시 말해 반대 급

부이셨다. 우리는 죽을 만했다. 그리스도께서 죽음과 지옥에서 우리를 구원하기 위하여 우리를 대신해 죽으셨다. 그는 자발적으로 자기를 대속물로 주셨다. 그것은 모든 사람을 위한 대속물이었다. 그래서 모든 인간이 마귀의 환경보다 훨씬 좋은 환경 속에서 살게 된 것이다. 그는 공통의 구원을 이루기 위하여 죽으셨다. 서열상 여기서 그는 하나님과 인간 사이의 중보자의 직분을 스스로 맡으셨다. 중보자라는 것은 다툼을 전제로 한다.

죄가 하나님과 사람 사이에 분쟁을 만들었다. 예수 그리스도는 하나님과 사람을 함께 화해하게 하는 심판자와 중재자의 성질을 가진 중보자이시다. 우리 사이에 손을 얹을 판결자도 없구나(욥 9:33). 그리스도는 기약이 이르러 주신 증거가 되셨던 대속자이시다. 다시 말해 구약 시대에 그 받으실 고난과 후에 받으실 영광을 미리 증언한 것이었다(벧전 1:10,11). 그것은 마지막 때에 계시될 것들이었다. 따라서 바울이 전파하는 자와 사도로 세움을 입은 사실이 계시되고 있는 것은 이방인들에게 예수 그리스도로 말미암은 대속과 구원의 복음을 전하기 위한 것이다. 바울은 그리스도의 중보 교리를 모든 사람에게 전파하는 직분을 맡았다(막 16:15). 그는 이방인들의 스승으로 임명받았다. 사도직에 대한 그의 일반적인 소명 이외에도 그는 특별히 이방인들에게 믿음과 진리 안에서 또는 신실하고 참되게 전파하도록 위임을 받았다. 여기서 다음의 사실들을 명심하라.

(1) 우리가 임금들과 모든 사람들을 위하여 기도하고 고요하고 평안한 생활을 하는 것이 하나님 보시기에 좋고 인정받을 만하다. 바로 이것이 우리가 고요하고 평안한 생활뿐 아니라 모든 사람을 위하여 기도해야 되는 아주 합당한 이유이다.

(2) 하나님은 모든 사람의 구원을 원하신다. 그러므로 사람들을 구원하기 위한 하나님의 뜻이 부족하기보다는 오히려 하나님의 방법으로 구원받고자 하는 사람들 자신의 의지가 부족하다. 우리의 복되신 주께서 그 잘못을 나무라신다. 너희가 영생을 얻기 위하여 내게 오기를 원하지 아니하는도다(요 5:40). 내가 너희를 모으려고 했지만 너희들이 원하지 않았다.

(3) 구원받은 사람들은 진리를 아는 데에 이르러야 한다. 왜냐하면 이것이 죄인들을 구원하기 위한 하나님의 정해진 방법이기 때문이다. 알지 못하면 마음이 좋아질 수 없다. 우리가 진리를 모른다면 진리가 우리를 다스릴 수 없을 것

이다.

(4) 하나님의 유일성이 주장되고 중보자의 유일성과 결합되고 있는 것은 주목할 만하다. 그러나 로마 교회는 중보자의 복수성뿐만 아니라 신의 복수성도 주장한다.

(5) 신약의 의미에서 중보자가 되시는 그리스도는 자기를 대속물로 주셨다. 그러므로 대속의 중보자는 한 분이시지만 중재는 여럿일 수 있다는 로마 가톨릭의 구실은 공허하다. 왜냐하면 바울에 따르면 그리스도께서 자기를 대속물로 내어주심은 중보자의 직분에 필요 요소였다. 참으로 이것이 그의 중보의 기초가 된다.

(6) 바울은 이것을 이방인들에게 전파하기 위하여 사도로 세움받았다. 다시 말해 그리스도는 모든 사람을 위하여 자기를 대속물로 주신 하나님과 사람 사이의 한 분 중보자이심을 전파하기 위하여 사도로 세움을 입은 것이다. 바로 이 사실은 모든 목회자들이 세상 끝날까지 전파해야 될 복음의 내용과 실체이다. 바울은 이방인의 사도가 된 그의 직분을 영광스럽게 생각했다(롬 11:13).

(7) 목회자들은 자기가 그렇다고 확실하게 납득한 진리를 전파해야 하고 그것을 스스로 믿어야 한다. 목회자들은 바울 사도와 같이 믿음과 진리 안에서 전파해야 하고 충성되고 진실해야 한다.

III. 기도하는 방법에 대한 지침(8절).

1. 이제 복음을 따르는 기도는 어떤 특정한 장소나 집에 제한을 두어서는 안 된다. 사람들이 어디에서나 기도를 할 수 있어야 한다. 기도하기에 적합하지 않은 장소란 없다. 어디에서든 하나님이 받아들이시는 기도를 할 수가 있다(요 4:21). 어디에서나 기도하라. 우리는 골방에서도 기도해야 하고 가정에서도 기도해야 하고 식탁에서도 기도해야 하고 여행할 때도 기도해야 하고 엄숙한 모임들에서도 기도해야 한다. 그것이 공적이든 사적이든 언제 어디서나 기도해야 한다.

2. 기도할 때 거룩한 손을 들어 기도하는 것은 하나님의 뜻이다. 거룩한 손을 들거나 또는 죄로 오염되지 않은 깨끗한 손을 들거나 죄와 더러움을 위한 샘에서 씻은 손을 들어 기도해야 한다. 내가 손을 씻으리라(시 26:6).

3. 우리는 사랑으로 기도해야 한다. 다시 말해 분노가 없이 기도해야 한다. 어떤 사람에 대한 미움이나 화가 없이 기도해야 한다.

4. 우리는 조금도 의심하지 않고 믿음으로 기도해야 한다(약 1:6). 또한 다툼이 없이 기도해야 한다. 기도는 사랑이 우선되어야 한다.

[9]또 이와 같이 여자들도 단정하게 옷을 입으며 소박함과 정절로써 자기를 단장하고 땋은 머리와 금이나 진주나 값진 옷으로 하지 말고 [10]오직 선행으로 하기를 원하노라 이것이 하나님을 경외한다 하는 자들에게 마땅한 것이니라 [11]여자는 일체 순종함으로 조용히 배우라 [12]여자가 가르치는 것과 남자를 주관하는 것을 허락하지 아니하노니 오직 조용할지니라 [13]이는 아담이 먼저 지음을 받고 하와가 그 후며 [14]아담이 속은 것이 아니고 여자가 속아 죄에 빠졌음이라 [15]그러나 여자들이 만일 정숙함으로써 믿음과 사랑과 거룩함에 거하면 그의 해산함으로 구원을 얻으리라

I. 여기서 그리스도교를 믿는 여자들은 자기 신분에 걸맞게 정숙하고 단정하고 조용하고 순종적이어야 한다고 권면하고 있다.

1. 여자들은 차림새가 야하거나 요란하거나 사치스럽지 않아야 한다. 왜냐하면 여자들이 더 좋은 장신구들을 가지고 있기 때문이다. 여자들은 정절과 선행으로 자기를 단장해야 한다. 여기서 우리는 다음의 사실들을 발견할 수 있다. 선행이 가장 좋은 장신구이다. 이것이 하나님 보시기에 가장 값비싼 장신구이다. 경건을 고백하는 사람들은 다른 것들과 마찬가지로 옷차림이 자기 신앙 고백에 어울려야 한다. 그들은 좋은 옷에 돈을 쓰기보다는 선행이라고 하는 경건과 자선의 행위들에 돈을 투자해야 한다.

2. 여자들은 교리를 배우고 그리스도를 배우고 성서를 배워야 한다. 여성이라고 구원에 필요한 그 배움에서 면제된다고 생각해서는 안 된다.

3. 여자들은 조용하고 순종하고 권위를 침해하지 말아야 한다. 아담이 먼저 지음을 받고 하와가 그 후에 아담에게서 나왔기 때문이라는 이유가 제시되고 있다. 그것은 남자에 대한 여자의 복종과 의지를 나타낸다. 여자가 남자를 위하여 지음받았다는 것은 여자가 남자의 돕는 배필이 되어야 함을 의미한다. 여자가 창조 때 마지막에 지음받았다는 것이 여자의 순종에 대한 한 이유가 되는 것처럼 여자의 변절이 먼저라는 것이 또 다른 이유가 되기도 한다. 아담이 속은 것이 아니고 즉 아담이 먼저 속임을 당한 것이 아니라는 것이다. 바로 그것이 너는 남편을 원하고 남편은 너를 다스릴지니라(창 3:16)는 징벌의 심판과 관계가 있다. 그

러나 계속 정숙함을 지키는 사람들이 해산함으로 구원을 얻을 것이라고 하는 것
은 위로의 말씀이다(15절). 여자에게서 태어나신 메시야께서 뱀의 머리를 상하
게 하실 것이다(창 3:15). 여자들이 만일 정숙함으로써 믿음과 사랑과 거룩함에 거
하면, 여자들이 죄 아래 있다는 판결이 그들의 그리스도를 받아들이는 데 전혀
장애가 되지 않을 것이다.

II. 우리는 여기서 다음의 사실들을 다음의 사실들을 발견할 수 있다.

1. 그리스도교 규례의 범위는 남자뿐 아니라 여자에게도 미친다. 그리고 그
것은 자기 성에 어울리는 인격뿐 아니라 의복에도 미친다. 그것은 그들의 외적
인 처신과 행위에도 미치므로 일체 순종함으로 조용히 있어야 한다.

2. 여자들도 남자들과 마찬가지로 하나님을 경외하기로 고백해야 한다. 왜냐
하면 여자들도 세례를 받고 그것으로 그들 스스로 하나님의 경외를 실천하기
로 약속한 것이 되기 때문이다. 그것은 여자들에게 명예가 된다. 사도행전이 알
려주고 있듯이 사도 시대에도 여자들 가운데 그리스도교의 뛰어난 신앙고백자
가 많이 있었다.

3. 여자들은 복장에서 정도가 지나칠 위험을 더 많이 안고 있다. 그러므로 여
자들은 이 점에 있어서 더 많은 주의가 필요하다.

4. 하나님을 경외하기로 고백한 신자들의 가장 좋은 장신구는 선행이다.

5. 바울에 따르면 여자는 학습자가 되어야지 교회에서 공적으로 가르치는 선
생이 되어서는 안 된다. 왜냐하면 가르치는 것은 권위를 지닌 직분이고 여자가
남자의 권위를 침해해서는 안 되기 때문이다. 그래서 여자는 조용히 있어야 한
다. 그러나 이러한 금지에도 불구하고 훌륭한 여성들은 교리를 집에서 자녀들
에게 가르칠 수 있고 마땅히 가르쳐야 한다. 디모데는 어려서부터 성경을 알았
다. 디모데의 어머니와 할머니가 아니면 누가 그를 가르쳤겠는가(딤후 3:15)?
아굴라와 그의 아내 브리스길라는 아볼로에게 하나님의 도를 더 정확하게 풀
어주었다. 그러나 그들은 그것을 개인적으로 했다. 왜냐하면 그들이 그를 집에
데려다가 그랬기 때문이다(행 18:26).

6. 여자에 대한 남자의 권위와 남자에 대한 여자의 순종을 지지하는 두 가지
좋은 이유가 여기서 제시되고 있다(13절, 14절). 아담이 지음받은 뒤에 하와가
지음받았다. 남자가 여자를 위하여 지음을 받지 아니하고 여자가 남자를 위하
여 지음을 받았다(고전 11:9). 그리고 여자가 속아 남자를 죄에 빠지게 했다. 해

산의 어려움과 위험이 많고 크긴 할지라도 그것은 하와의 범죄 때문에 여성에게 가해진 징벌의 주요 부분이다. 그럼에도 불구하고 여기에는 여성의 지지와 격려를 위한 요소가 많이 있다. 해산함으로 구원을 받으리라. 고통스럽긴 하지만 여자는 해산을 하고 산 아이의 산 어머니가 된다. 여자들이 정숙함으로 믿음과 사랑과 거룩함에 거하면 이라는 조건부이기는 하지만 말이다. 여자들은 해산의 상황에 놓이게 되면 어려울 때 여성을 도와주려고 한 이 약속을 믿음으로 굳게 붙잡아야 할 것이다.

제 3 장

개요

본 장에서 사도 바울은 교회 직분자들에 대해 다룬다. 그는 하나하나 이름을 들어 설명한다. I. 감독의 직분을 허락받은 사람의 자질(1-7절). II. 집사의 자질과(8-10절) 그 아내들의 자질(11절), 다시 집사의 자질(12,13절). III. 디모데에게 글을 보내는 이유들을 말하고 그 위에 바울은 교회와 그 안에서 고백된 진리의 기조에 대해 말한다(14-16절).

¹미쁘다 이 말이여 곧 사람이 감독의 직분을 얻으려 함은 선한 일을 사모하는 것이라 함이로다 ²그러므로 감독은 책망할 것이 없으며 한 아내의 남편이 되며 절제하며 신중하며 단정하며 나그네를 대접하며 가르치기를 잘하며 ³술을 즐기지 아니하며 구타하지 아니하며 오직 관용하며 다투지 아니하며 돈을 사랑하지 아니하며 ⁴자기 집을 잘 다스려 자녀들로 모든 공손함으로 복종하게 하는 자라야 할지며 ⁵사람이 자기 집을 다스릴 줄 알지 못하면 어찌 하나님의 교회를 돌보리요 ⁶새로 입교한 자도 말지니 교만하여져서 마귀를 정죄하는 그 정죄에 빠질까 함이요 ⁷또한 외인에게서도 선한 증거를 얻은 자라야 할지니 비방과 마귀의 올무에 빠질까 염려하라

디모데에게 보내는 두 서신과 디도에게 보내는 서신은 교회 행정의 성서적 초안과 목회자들에 대한 지침들을 담고 있다. 디모데는 에베소에 남은 전도자였다고 우리는 추측한다. 그것은 성령께서 에베소의 감독들로 세우셨던 사람들을 디모데가 돌보기 위한 것이었다. 사도행전 20장 28절에 나와 있듯이 교회를 돌보는 것이 장로들에게 맡겨졌고 그들을 감독이라고 불렀다. 에베소 감독들이 바울과 헤어지는 게 아주 싫었던 것 같다. 왜냐하면 바울이 그들이 바울의 얼굴을 다시 보지 못하리라고 말했기 때문이다(행 20:38). 그들은 새로 세워진 교회를 돌보는 일을 맡는 것이 걱정스러웠다. 그러므로 바울은 그들이 규율을 지키도록 하기 위하여 그들과 함께 디모데를 에베소에 남겨두었다. 여기서 우리는 복음을 전하는 목회자의 특성을 발견하게 된다. 감독으로서의 직

분은 그리스도인들의 어떤 특정한 모임을 주관하는 일이다. 사람이 감독의 직분을 얻으려 함은 선한 일을 사모하는 것이라(1절). 우리는 여기서 다음의 사실들을 발견할 수 있다.

I. 목회는 일이다. 감독의 직무를 오늘날에는 훌륭한 고위직이라고 생각할 수 있지만 그 옛날에는 그것을 선한 일이라고 생각했다.

1. 성서의 감독 직분은 하나님이 임명한 직분이지 인간이 의도한 것이 아니다. 목사직은 국가의 산물이 아니다. 어느 때든 성직자가 국가의 도구가 되어야 한다면 그것은 애석한 일이다. 목사직은 행정 장관이 그리스도교를 후원하기 이전에 교회 안에 있었다. 왜냐하면 이 직분은 그리스도께서 교회에 주신 중요한 은사들 가운데 하나이기 때문이다(엡 4:8-11).

2. 이 그리스도인 감독직은 부지런함과 열심을 필요로 하는 일이다. 사도 바울은 그것을 일의 개념과 특성으로 설명하고 있다. 큰 명예와 이익이 있는 것으로 말하지 않는다. 왜냐하면 목사는 항상 자기 직분의 명예와 이익보다 자기 일을 더 많이 돌아봐야 하기 때문이다.

3. 그것은 선한 일이다. 그것은 아주 큰 중요성을 지니고 있고 아주 큰 선을 위하여 계획된 일이다. 목사직은 죽지 않는 영혼들의 생명과 행복보다 더 낮은 관심사에는 전혀 관련이 없다. 목사 직분은 선한 일이다. 왜냐하면 그것은 많은 자녀들이 영광에 이르도록 하나님의 이상을 설명하고 전하기 위하여 계획된 일이기 때문이다. 목사직은 사람들의 눈을 열어 주고 사람들을 어둠에서 빛으로 돌아서게 하고 사탄의 권세에서 하나님께로 돌아오게 하기 위하여 임명받은 직분이다(행 26:18).

4. 감독직을 맡고자 하는 사람들에게는 그 직분에 대한 진지한 사모가 있어야 한다. 어떤 사람이 사모한다면 그는 하나님께 좀 더 큰 영광을 돌리고 그 직분으로 사람들의 영혼에 아주 큰 선을 행하겠다는 기대를 가지고 감독직을 진심으로 사모해야 한다. 다음의 물음은 영국 국교회의 목사직을 신청한 사람들에게 제안한 질문이다. "당신은 이 직분을 받기 위하여 성령의 감동을 받았다고 생각하십니까?"

II. 이 직분을 이행하고 이 일을 행하기 위하여 일꾼은 정당한 자격을 갖추어야 한다.

1. 목사는 책망할 것이 없어야 한다. 목사는 어떤 추문도 있어서는 안 된다.

목사는 할 수 있는 대로 책망거리를 거의 제공해서는 안 된다. 왜냐하면 이것이 그의 목회에 손해를 끼치게 되고 그의 직무에 비난을 초래할 것이기 때문이다.

2. 목사는 한 아내의 남편이어야 한다. 이혼 증서를 아내에게 건네주고 다른 아내를 얻거나 한 번에 여러 아내들을 데리고 살거나 해서는 안 된다. 그것이 그 당시에는 유대인들과 이방인들 사이에 아주 흔한 일이었다. 특히 이방인들에게 더 심했다.

3. 목사는 간교한 적인 사탄을 부단히 경계해야 한다. 목사는 자신을 살피고 자기에게 맡겨진 사람들의 영혼을 지켜 주어야 한다. 그들을 관리하기 위하여 목사는 그들에게 유익이 되는 모든 기회를 활용해야 한다. 목사가 부지런해야 하는 까닭은 우리의 대적 마귀가 우는 사자 같이 두루 다니며 삼킬 자를 찾기 때문이다(벧전 5:8).

4. 목사는 그의 모든 행동과 육체적인 쾌락을 주는 의식주 같은 특히 음식물을 취하는 데 있어서 절제하고 신중하고 단정해야 한다. 절제와 신중이 성서에 함께 자주 나온다. 그 이유는 그들이 서로 상호적으로 보완해주기 때문이다. 절제하며 신중하라.

5. 목사는 선행을 하고 침착하고 견실해야 하고 가볍고 공허하고 천박하지 않아야 한다.

6. 목사는 나그네 대접을 잘 하고 인색하지 않아야 한다. 목사는 세상의 부에 마음을 두지 않고 자기 형제를 참으로 사랑하는 사람처럼 자기 능력에 따라 나그네를 맞이할 준비가 되어 있어야 한다.

7. 목사는 가르치기를 잘 해야 한다. 그러므로 바울이 설명하는 이 사람은 설교하는 감독이다. 이 사람은 하나님께서 자기에게 주신 지식을 다른 사람들에게 전달할 수 있고 전달하고 싶은 마음이 있는 사람이다. 그리고 이 사람은 가르칠 자질을 갖추고 있고 교훈을 줄 수 있는 모든 기회들을 활용할 자세와 준비가 되어 있는 사람이다. 이 사람은 자신이 하나님 나라의 일들을 잘 배우고 자기가 아는 것을 다른 사람들에게 잘 전하는 사람이다.

8. 목사는 술을 마시지 않아야 한다. 성직자는 술을 마시고 법을 어기지 않기 위하여 목회를 할 때 포도주나 독주를 마셔서는 안 된다(레 10:8,9).

9. 목사는 구타해서는 안 된다. 목회자는 다투지 말아야 하고 누구에게든지

폭력을 사용하기를 좋아해서는 안 되고 온유함과 사랑과 친절함으로 대해야한다. 주의 종은 마땅히 다투지 아니하고 모든 사람에 대하여 온유해야 한다(딤후 2:24).

10. 목사는 부정 이익에 욕심을 내서는 안 된다. 목사는 어떤 세속적인 목적이나 이득을 위해 자신의 목회를 굽혀서는 안 된다. 목사는 돈을 얻기 위한 야비하고 비열하고 지저분한 방법을 사용해서는 안 된다. 목사는 세상의 부에 대해 죽고 그것을 뛰어넘어 살고 마땅히 그런 사람으로 보여야 한다.

11. 목사는 참을성이 있고 말다툼하지 않고 온유한 성격이어야 한다. 영혼의 위대한 목자와 감독이신 그리스도께서 그러하시다. 화내거나 다투지 말아야 한다. 마찬가지로 손으로 때려서도 안 되고 혀로 다투어서도 안 된다. 왜냐하면 자기 혀도 다스리지 못하면서 어떻게 다른 사람들에게 혀를 다스리라고 떳떳하게 가르치겠는가?

12. 목사는 탐욕스러워서는 안 된다. 어떤 사람에게나 탐욕은 나쁘지만 목사에게는 가장 나쁘다. 목사의 소명은 정반대로 사람을 다른 세계로 이끄는 것이기에 그렇다.

13. 목사는 자기 가정을 잘 다스려야 한다. 자기 집을 잘 다스리는 것은 다른 가장들에게도 좋은 본보기가 되고 하나님의 돌보는 목사의 능력을 보여주는 증거가 될 수 있다. 사람이 자기 집을 다스릴 줄 알지 못하면 어찌 하나님의 교회를 돌보리요. 우리는 여기서 다음의 사실들을 발견할 수 있다. 목사의 가정은 다른 가정의 좋은 본보기가 되어야 한다. 목사는 자녀를 공손함으로 복종하게 해야 한다. 자녀들이 가르침 받는 교훈들에 모든 공손함으로 복종하는 것은 목사 자녀들의 의무이다. 복종하게 하는 가장 좋은 방법은 자녀들을 아주 진지하고 공손하게 대하는 것이다. 자녀를 복종시키는 것은 모든 엄격함이 아니라 모든 공손함이다.

14. 목사는 그리스도교에 새로 들어왔거나 갓 믿은 사람이 되어서는 안 된다. 또한 그리스도교를 조금밖에 배우지 못했거나 겉으로만 아는 사람이 목사가 되어서는 안 된다. 왜냐하면 그런 사람은 곧 교만해지기 쉽기 때문이다. 사람은 무식할수록 더 교만해진다. 새로 입교한 자도 말지니 교만하여져서 마귀를 정죄하는 그 정죄에 빠질까 함이요. 마귀들은 교만 때문에 타락했다. 바로 그것이 우리가 교만을 조심해야 되는 합당한 이유이다. 천사들이 마귀들로 바뀌는 것도 바

로 교만의 죄 때문이다.

15. 목사는 이웃들 사이에서도 평판이 좋아야 하고 옛날의 행동과 생활에서도 비난거리가 있어서는 안 된다. 그 이유는 마귀는 다른 사람들을 유혹하기 위해서 그런 것들을 이용하기 때문이다. 그리고 마귀는 평판이 좋지 않은 목사가 전하는 그리스도의 교리를 다른 사람들이 혐오하게 만들기 위해 그런 흠들을 활용하기 때문이다.

Ⅲ. 복음을 전하는 감독의 자질을 전체적으로 간략하게 살펴보고 우리는 다음과 같은 결론을 얻을 수 있다.

1. 바울처럼 누가 이 일을 감당하리요? (고후 2:16)라고 외칠 수 있는 아주 큰 이유를 우리는 가지고 있다. 복음을 전파하는 것은 정말 일이다. 우리 자신, 우리의 욕망, 식욕, 정욕을 다스리기 위한 경건, 신중함, 열정, 용기, 신실함, 경계 등이 아주 많이 필요하다. 무엇보다 우리가 책임 맡은 교회를 돌보는 일들에 이런 것들이 필요하다. 그러므로 복음을 전하는 이 일에 아주 경건한 경계가 필요하다고 나는 말하고 싶다.

2. 아주 훌륭한 자격을 갖추고 아주 신실하고 양심적인 목사조차도 자격 부여를 위한 필요조건이 너무 많고 해야 할 일이 너무 많다고 하소연하지 않겠는가? 더군다나 최고의 목사조차도 그러기 위하여 마땅히 되어야 하고 당연히 해야 하는 것에서 얼마나 턱없이 부족한가 말이다!

3. 목사들은 하나님께 찬양과 감사를 드려야 한다. 주께서 목사에게 능력을 주고 신실하게 여기고 직분을 맡겨주셨기 때문이다. 하나님께서 어떤 목사를 어느 정도 능력 있고 신실하게 만들기를 기뻐하신다면, 그는 하나님께 영광과 찬양을 돌려야 될 것이다.

4. 모든 신실한 목사들을 위한 그리스도의 은혜로운 약속이 있다. 볼지어다 내가 세상 끝날까지 너희와 항상 함께 있으리라(마 28:20). 주께서 우리와 함께 해주신다면 주께서 우리를 우리의 일에 어느 정도 맞게 해주고, 그 일의 어려움들을 위로를 통해 헤쳐 나가게 해주고, 우리의 모자람을 은혜롭게 용서해주고, 우리의 충성을 영원히 시들지 않는 영광의 면류관으로 보상해주실 것이다(벧전 5:4).

⁸이와 같이 집사들도 정중하고 일구이언을 하지 아니하고 술에 인박히지 아니하고

더러운 이를 탐하지 아니하고 ⁹깨끗한 양심에 믿음의 비밀을 가진 자라야 할지니 ¹⁰ 이에 이 사람들을 먼저 시험하여 보고 그 후에 책망할 것이 없으면 집사의 직분을 맡게 할 것이요 ¹¹여자들도 이와 같이 정숙하고 모함하지 아니하며 절제하며 모든 일에 충성된 자라야 할지니라 ¹²집사들은 한 아내의 남편이 되어 자녀와 자기 집을 잘 다스리는 자일지니 ¹³집사의 직분을 잘한 자들은 아름다운 지위와 그리스도 예수 안에 있는 믿음에 큰 담력을 얻느니라

　　　본문에서 집사의 특성을 발견하게 된다. 집사는 교회의 현실적인 일을 돌보았다. 즉 목사의 생활비나 가난한 사람의 양식을 맡았다. 집사는 목사나 감독이 기도하는 일과 말씀 사역에만 힘쓰도록 접대를 담당했다(행 6:2,4). 집사직의 제정에 대하여는 사도행전 6:1-7에 말씀하고 있다. 집사는 좋은 성격을 지녀야 되는 것이 필수 조건이었다. 그 이유는 집사는 목사를 돕고, 공적으로 나서서 활동하고 신뢰를 받았기 때문이다. 집사는 정중해야 한다. 그리스도인은 다 정중해야 되지만 특별히 교회의 직분을 맡은 사람은 더 정중해야 한다. 일구이언을 하지 아니하고 라는 것은 이해관계에 따라 이 사람에게는 이렇게 말하고 다른 사람에게는 다르게 말하지 말라는 것이다. 일구이언하는 두 혀는 두 마음에서 나온다. 아첨꾼과 모함하는 사람은 일구이언하는 두 혀를 지니고 있다. 술에 인박히지 아니하고. 술에 찌들어 인박힌다는 것은 누구에게나 명예롭지 못한 일이지만 특별히 그리스도인과 직분자에게는 더욱 그러하다. 술에 중독되면 사람이 일을 못하게 되고 많은 유혹에 쉽게 넘어가기 때문이다. 더러운 이를 탐하지 아니하고. 집사가 더러운 이를 탐하면 특별히 나빴을 것이다. 집사는 교회의 돈을 맡고 있었다. 집사가 더러운 이를 욕심내거나 탐하게 되면 공적인 봉사를 위해 준비된 교회 돈을 횡령해서 자기 자신을 위해 유용하려는 시험에 빠지게 될 것이다.

　깨끗한 양심에 믿음의 비밀을 가진 자라야 할지니(9절). 깨끗한 양심이 믿음의 비밀을 가장 잘 간직한다. 진리를 실제로 사랑하는 것이 잘못과 마음의 헛갈림을 가장 잘 막아준다. 우리가 깨끗한 양심을 지키면(양심을 더럽히고 우리를 하나님에게서 멀어지게 하는 모든 것을 조심하면) 이것이 우리의 영혼에 믿음의 비밀을 간직하게 해줄 것이다. 이에 이 사람들을 먼저 시험하여 보고(10절). 먼저 검증하고 그 일을 맡겨도 된다고 판명되기 전에 어떤 사람에게 공적인 책임

을 맡기는 것은 적합하지가 않다. 교회 안에서 공적인 책임을 맡을 사람들은 그들의 건전한 판단, 그리스도를 향한 열정, 흠이 없는 생활을 검증받아야 한다. 그들의 아내들도 좋은 성품을 지니고 있어야 한다(11절). 여자들은 정숙하고 모함하지 아니하고, 손해를 끼치고 불화하게 하는 말을 옮기는 고자질쟁이가 되지 않아야 한다.

그들은 절제하며 모든 일에 충성된 자라야 한다. 그들은 어떤 일에든 지나침이 없어야 하고 맡은 모든 일에 신실하고 충성해야 한다. 목사와 관계가 있는 사람들은 모두 그리스도의 복음에 어울리게 행동을 갑절이나 조심해야 한다. 그들이 어떤 일에 무질서하게 행동하면 목사가 욕을 얻어먹게 될 것이다. 바울이 앞서 감독이나 목사에 대해 말했듯이 여기서도 집사에 대해 한 아내의 남편이되어야 한다고 말한다. 싫다고 자기 아내를 내어버리고 다른 여자와 결혼해서는 안 된다. 집사들은 자녀와 자기 집을 잘 다스려야 한다. 집사들의 가족들은 다른 가족들에게 본보기가 되어야 한다. 집사들이 이러한 자격들을 갖추어야 하는 이유는(13절) 집사직이 낮은 서열이기는 할지라도 더 높은 서열로 올라가는 단계이기 때문이다. 접대하는 식사 당번으로 교회를 잘 섬기던 사람들이 나중에 그 일에서 벗어나 말씀을 전파하거나 기도하는 더 나은 봉사를 하게 될 수도 있기 때문이다. 또는 그가 집사 직분에 충성한 것이 자기에게 좋은 평판을 가져다줄 수도 있다. 집사 직분을 잘한 자들은 아름다운 지위와 그리스도 예수 안에 있는 믿음에 큰 담력을 얻느니라.

우리는 여기서 다음과 같은 사실들을 발견할 수 있다.

1. 초대교회에서는 목사와 직분자 즉 감독과 집사 두 서열만 있었다(빌 1:1). 세월이 지나 다른 직분이 제정되었다. 감독, 장로, 담임 목사, 목사 등의 직무는 기도와 말씀 전하는 일에 한정되었다. 그러나 집사의 직무는 주로 음식을 접대하는 일과 관련이 있었다. 클레멘스 로마누스(Clemens Romanus)는 그리스도인들에게 보내는 그의 서신에서(cap. 42,44) 이 사역을 아주 자세하고 분명하게 이야기하고 있다. 그리스도교 교회 안에서 감독직 명칭에 대한 논쟁이 일어날 것을 우리 주 예수 그리스도를 통해 미리 안 사도들이 앞서 언급한 서열들 즉 감독과 집사를 임명했다고 클레멘스는 말하고 있다.

2. 성서에 언급된 집사의 주요 임무는 말씀을 전하거나 세례를 주는 일이 아니라 음식을 접대하는 일이었다. 빌립 집사가 사마리아에서 말씀을 전파하고

세례를 준 것도 확실히 사실이다(행 8장). 그러나 빌립이 전도자이기도 했기에 (행 21:8) 말씀을 전하고 세례를 주고 목사 직무의 다른 역할을 집사 자격으로 수행할 수 있었다. 어쨌든 집사 직무의 목적은 목사의 생활비를 책임지고 가난한 사람을 돌보는 일과 같은 교회의 물질적인 일들을 담당시키기 위한 것이었다.

3. 이들 낮은 직분자들에게도 몇 가지 자격은 아주 필요했다. 이와 같이 집사들도 정중하고 일구이언을 하지 아니하고.

4. 그들은 교회 직분을 맡거나 어떤 책임을 맡기 전에 몇 가지 시험을 거쳐 인격적인 자격 요건을 검증받아야 한다. 먼저 이 사람들을 시험하여 보아라.

5. 낮은 서열 직분자의 성실함과 정직함은 교회의 더 높은 서열의 직분으로 올라가는 통로가 된다. 집사의 직분을 잘한 자들은 아름다운 지위를 얻느니라.

6. 또한 이것은 사람을 믿음 안에서 아주 담대하게 만들어 줄 것이다. 반면에 성실함과 정직함의 결여는 사람을 소심하게 만들고 자기 그림자를 보고도 언제나 놀라게 될 것이다. 악인은 쫓아오는 자가 없어도 도망하나 의인은 사자 같이 담대하니라(잠 28:1).

[14]내가 네게 속히 가기를 바라나 이것을 네게 쓰는 것은 [15]만일 내가 지체하면 너로 하여금 하나님의 집에서 어떻게 행하여야 할지를 알게 하려 함이니 이 집은 살아 계신 하나님의 교회요 진리의 기둥과 터니라 [16]크도다 경건의 비밀이여 그렇지 않다 하는 이 없도다 그는 육신으로 나타난 바 되시고 영으로 의롭다 하심을 받으시고 천사들에게 보이시고 만국에서 전파되시고 세상에서 믿은 바 되시고 영광 가운데서 올려지셨느니라

　　　　바울은 본 장을 디모데에게 하는 특별한 지시로 마감하고 있다. 바울은 디모데에게 속히 가서 그의 일에 더 많은 지시와 도움을 주기를 희망했다. 그리고 바울은 그리스도교가 에베소에 잘 심기고 잘 뿌리를 내렸는지를 보고 싶어했다. 그래서 바울은 디모데에게 아주 간략하게 편지를 썼다. 바울이 이것을 디모데에게 쓰는 것은 바울이 지체하면 디모데가 하나님의 집에서 어떻게 행하여야 할지를 알게 하려 함이었다. 다시 말해 사도를 대신해 전도자가 되어 어떻게 행동해야 될지를 알려주기 위한 것이었다. 우리는 여기서 다음의 사실들을

발견할 수 있다.

I. 하나님의 집에서 일하는 사람들은 자기들이 하나님의 집이 욕을 먹지 않게 점잖게 행동하고 그 고귀한 이름이 자기들을 불렀다는 사실을 깨달아야 한다. 목사들은 점잖게 행동해야 한다. 그들은 기도와 설교뿐 아니라 행동도 신경을 써야 한다. 그들의 직무가 그들을 그들의 좋은 행동과 단단히 묶어놓는다. 그 이유는 목사의 경우에 아무 행위나 할 수는 없기 때문이다. 디모데는 얼마 동안 머물도록 지시받은 특정 교회에서 뿐만 아니라 전도자가 되어 다른 교회들에서 어떻게 행하여야 하는지를 알아야 한다. 그러므로 여기서 살아 계신 하나님의 교회인 하나님의 집이라고 하는 것은 에베소 교회가 아니라 세계 교회인 보편 교회를 말하는 것이다. 우리는 여기서 다음의 사실들을 발견할 수 있다.

1. 하나님은 살아 계신 하나님이시다. 하나님은 생명의 원천이시고 하나님 자신이 생명이시다. 하나님께서 그의 피조물들에게 생명과 호흡과 모든 것을 주시고 하나님을 힘입어 우리가 살고 움직이고 존재한다(행 17:25,28).

2. 교회는 하나님의 집이다. 하나님께서 거기 머무신다. 주께서 시온을 택하시고 거기 머무신다. 이것은 내가 쉴 곳이다. 내가 택하였으니 거기 거하리라. 그것은 우리가 하나님의 권능과 영광을 볼 수 있도록 하기 위한 것이다(시 63:2).

II. 교회의 가장 큰 버팀목은 그것이 살아 계신 하나님의 교회라는 사실이다. 교회는 거짓 신들과 귀먹고 죽은 우상들과 다른 참되신 하나님의 교회이다.

1. 하나님의 교회는 진리의 기둥과 터이다.

(1) 교회 자체는 진리의 기둥과 터이다. 교황주의자들이 거짓말하듯이 성서의 권위가 교회의 권위에 의존하지 않는다. 그 이유는 진리가 교회의 기둥과 터이기 때문이다. 마치 선언문이 붙어 있는 기둥이 선언문을 발표하고 있듯이 교회도 그리스도의 성서와 교리를 전파한다. 이는 이제 교회로 말미암아 하늘에 있는 통치자들과 권세들에게 하나님의 각종 지혜를 알게 하려 하심이니(엡 3:10).

(2) 진리의 기둥과 터를 디모데로 이해하는 사람들도 있다. 바울 자신뿐만 아니라 전도자로서의 디모데와 다른 신실한 목사들도 진리의 기둥과 터이다. 교회에서 그리스도의 진리를 주장하고 지지하고 전하는 것이 그들의 일이다. 사도들에 관해 기둥같이 여긴다고 말씀하고 있다(갈 2:9).

[1] 진리를 추구하는 일에 부지런하고 한 쪽으로 치우침이 없어야 한다. 진리

를 사라. 그리고 진리를 찾는데 어떤 고통과 대가를 치르더라도 많다고 생각하지 말라.

[2] 진리를 지키고 보존하는 일에 조심스러워야 한다. 진리를 사되 팔지 말라(잠 23:23). 어떤 이유로도 진리를 손에서 놓아서는 안 된다.

[3] 진리를 전파하기를 좋아하고 후손에게 안전하고 온전하게 전해주기를 좋아해야 한다.

[4] 교회가 진리의 기둥과 터가 되지 못할 때 우리는 그 교회를 포기해야 한다. 그 이유는 진리에 대한 우리의 관심이 교회에 대한 우리의 관심보다 훨씬 크기 때문이다. 교회가 진리의 기둥과 터로 계속 머무는 동안 우리도 그 교회에 계속 머물러야 한다.

2. 그런데 교회들과 목사들은 어떤 진리의 기둥과 터인가? 사도 바울은 16절에서 크도다 경건의 비밀이여 그렇지 않다 하는 이 없도다 말해주고 있다. 학문적인 카메로(Camero)는 앞의 말씀과 뒤의 말씀을 연결시켜 다음과 같이 해석하고 있다. 다시 말해 "진리의 기둥과 터와 경건의 비밀이 크지 않다고 말하는 이가 없도다." 카메로는 이 비밀이 기둥과 터가 된다고 추측한다. 우리는 여기서 다음의 사실들을 발견할 수 있다.

(1) 그리스도교는 이성이나 자연의 빛으로 찾을 수 없고 이성으로 이해할 수 없는 비밀과 신비이다. 그 까닭은 이성이 진리에 반하지는 않을지라도 진리가 이성을 초월하기 때문이다. 진리는 철학이나 사색의 대상이 아니라 비밀이고 신비이다. 그러나 경건의 비밀은 경건을 장려하기 위한 것이다. 이에 비추어 보아 경건의 비밀은 이방인들의 모든 비밀을 능가한다. 또한 경건의 비밀은 밀폐되거나 봉인된 비밀이 아니라 계시되고 드러난 비밀이다. 그러나 경건의 비밀이 여전히 비밀인 까닭은 지금은 부분적으로 계시되고 드러났기 때문이다.

(2) 경건의 비밀은 무엇인가? 경건의 비밀은 그리스도이다. 본문에 경건의 비밀을 이루고 있는 그리스도에 관해 여섯 가지 사실이 언급되고 있다.

[1] 그리스도는 육신으로 나타나신 하나님이시라는 사실이 언급되고 있다. 즉 그는 육신으로 나타난 바 되셨다. 이 사실은 그리스도께서 하나님이시고 육신이 되시고 육신으로 나타나신 영원한 말씀이셨음을 증명한다. 하나님께서 사람에게 나타나셨을 때 하나님께서는 자신의 아들이 성육신으로 나타나게 되는 것을 좋아하시고 원하셨다. 말씀이 육신이 되셨다(요 1:14).

[2] 그리스도께서는 영으로 의롭다 하심을 받으신다. 그리스도께서 죄인으로 정죄당하시고 악인으로 죽임당하신 반면 성령에 의해 부활하시고 그리스도께서 짊어지신 모든 비방들에서 벗어나 영으로 의롭게 되셨다. 그리스도께서는 우리를 대신하여 죄를 짊어지셨고 우리의 범죄를 대신 담당하셨다. 그러나 부활하심으로 영으로 의롭게 되셨다. 다시 말해서 그리스도의 희생이 받아들여진 것으로 나타났다. 예수는 우리가 범죄한 것 때문에 내어줌이 되고 우리를 의롭다 하시기 위하여 살아나셨다(롬 4:25). 그리스도는 육체로는 죽임을 당하시고 영으로는 살리심을 받으셨다(벧전 3:18).

[3] 그리스도께서는 천사들에게 보이셨다. 천사들이 그리스도를 경배했다(히 1:6). 천사들이 그리스도의 성육신과 시험과 고뇌와 죽음과 부활과 승천을 시중들었다. 이 사실은 그리스도에게 큰 영광이 된다. 천사들이 그리스도를 시중들고 섬겼다고 하는 것은 하늘나라에서 그리스도에게 큰 관심을 가지고 있다는 사실을 나타낸다. 그 이유는 그리스도께서는 천사들의 주이시기 때문이다.

[4] 그리스도께서는 이방인들과 만국에 전파되셨다. 그리스도께서 이방인들에게 구속주와 구세주로 나타나신 것은 경건의 비밀의 중요한 요소이다. 이전에는 구원이 유대인의 것이었지만 지금은 선민과 이방인을 분리하는 벽이 허물어지고 이방인들도 구원을 받게 되었다. 내가 너를 이방의 빛으로 삼아 너로 땅 끝까지 구원하게 하리라(행 13:47).

[5] 그리스도께서 세상에 믿은 바 되셨다는 것은 주님이 전파된 것이 헛되지 않았다는 것이다. 많은 이방인들이 유대인이 배척한 복음을 받아들였다. 악에 빠진 세상 사람들이 하나님의 아들을 믿고 예루살렘에서 십자가에 못 박혀 돌아가신 그리스도를 그들의 구세주로 받아들이게 될 줄을 누가 알았겠는가? 그러나 세상 사람들이 꾀하는 모든 편견들에도 불구하고 그리스도께서는 믿은 바 되셨다.

[6] 그리스도께서는 승천하실 때 영광 가운데에서 올려지셨다. 이것은 참으로 그리스도께서 세상 사람들이 믿은 바 되시기 이전에 이루어진 일이었다. 영광 가운데 올려지신 것은 그리스도의 높아지심의 면류관이기 때문에 마지막에 이루어진 일이다. 그리고 영광 가운데 올려지신 것은 주님의 승천을 의미할 뿐만 아니라 하나님 오른편에 주님의 앉아 계심도 의미하기 때문에 마지막에 이루어진 일이다. 그리스도께서는 하나님 오른편에 앉아 계시면서 영원히 사시고

하늘과 땅의 모든 권세를 쥐고 중보를 하신다. 그리스도를 제단 위의 축성된 성체 속으로 끌어내리는 주장(가톨릭)을 주제넘게 하는 사람들이 그리스도가 하늘에 계심을 부인하기에 세상 사람들이 믿은 바 되기 이전에 이루어진 것이었다.

다음 장에서 사도 바울이 다루게 될 배교에서 이 문제가 언급된다. 우리는 여기서 다음의 사실들을 발견할 수 있다. 첫째, 육신으로 나타나신 그는 하나님이셨다. 그는 실제로 참 하나님이셨고 본래 하나님이셨다. 그뿐 아니라 그는 직분으로도 하나님이셨다. 왜냐하면 이 사실이 그것을 비밀이 되도록 만들기 때문이다. 둘째, 하나님께서 육신으로 즉 실제로 몸으로 나타나셨다. 자녀들은 혈과 육에 속하였으매 그도 또한 혈과 육을 함께 지니셨다(히 2:4). 더욱 놀라운 사실은, 그리스도 자신이 태로부터 거룩하셨음에도 불구하고 모든 육신이 타락했던 그 방식을 따라서 육신으로 나타나셨다는 것이다. 셋째, 경건은 처음부터 마지막까지, 그리스도의 성육신부터 승천까지 그 모든 부분들과 가지들에 있어서 비밀이다. 넷째, 경건은 큰 비밀이다. 그러므로 우리는 호기심으로 경건의 비밀을 엿보기보다는 그것을 겸손하게 경배하고 경건하게 믿어야 한다. 또한 성서가 우리에게 그것을 계시해주는 것보다 더 호기심 많게 그것을 해석하고, 그것에 관해 결정을 내리는 일에 지나쳐서는 안 된다.

제
— 4 —
장

개요

바울은 여기서 다음의 사실들을 예언한다. Ⅰ. 무서운 배교(1-3절). Ⅱ. 바울은 그리스도인의 자유를 다룬다(4-5절). Ⅲ. 바울은 디모데에게 디모데 자신과 그의 가르침과 그가 돌보는 사람들에 관한 몇 가지 지시들을 한다(6-16절).

¹그러나 성령이 밝히 말씀하시기를 후일에 어떤 사람들이 믿음에서 떠나 미혹하는 영과 귀신의 가르침을 따르리라 하셨으니 ²자기 양심이 화인을 맞아서 외식함으로 거짓말하는 자들이라 ³혼인을 금하고 어떤 음식들은 먹지 말라고 할 터이나 음식들은 하나님이 지으신 바니 믿는 자들과 진리를 아는 자들이 감사함으로 받을 것이니라 ⁴하나님께서 지으신 모든 것이 선하매 감사함으로 받으면 버릴 것이 없나니 ⁵하나님의 말씀과 기도로 거룩하여짐이라

우리는 여기서 나중에 일어날 배교에 대한 예언을 발견하게 된다. 바울은 배교를 그리스도인들 가운데에서 예정되고 당연히 일어날 일로 말했다(살후 2장).

Ⅰ. 앞 장이 끝나는 데서 우리는 경건의 비밀이 요약된 것을 보았다. 그러므로 본 장을 시작하면서 아주 적절하게 우리는 불법의 비밀이 요약되는 것을 보게 된다. 성령이 밝히 말씀하시기를 후일에 어떤 사람들이 믿음에서 떠나 미혹하는 영과 귀신의 가르침을 따르리라. 바울이 여기서 구약의 성령을 의미하든지 또는 신약의 예언자들의 영을 의미하든지 또는 둘 다 의미하는 것일 수 있다. 그리스도에 관한 예언들과 마찬가지로 적그리스도에 관한 예언들도 성령에게서 나왔다. 신약과 구약 둘 다에서 성령은 그리스도의 믿음과 하나님의 순수한 예배에서 떠나는 일반적인 배교에 관해 분명하게 말씀했다. 이 배교는 후일에 그리스도교 시대에 일어날 것이다. 왜냐하면 이러한 시대를 마지막 날이라고 하기 때문이다. 불법의 비밀이 교회의 다음 세대에서 움직이기 시작했기 때문이다.

어떤 사람들이 믿음에서 떠날 것이다. 또는 믿음에서 떠나는 배교가 일어날 것이다. 그러나 일부이지 다는 아니다. 왜냐하면 최악의 때에도 하나님께서는 은혜의 선택에 따라서 남은 자를 준비해 두실 것이기 때문이다. 그들이 믿음에서 떠나리라. 이것은 성도가 받은 믿음이다. 그것은 단번에 주신 믿음이었고 복음의 건전한 가르침이었다(유 3). 미혹하는 영을 조심하라는 말씀은 성령을 받은 체하지만 실제로는 성령의 인도를 받지 않았던 사람들을 의미한다(요일 4:1). 사랑하는 자들아 영을 다 믿지 말라는 것은 성령을 받은 체하는 모든 사람을 조심하라는 것이다. 우리는 여기서 다음의 사실들을 발견할 수 있다.

1. 배교의 중요한 예증들 가운데 하나는 마귀의 가르침이나 마귀에 관해 귀를 기울이고 빠지는 것이다. 다시 말해서 이러한 가르침들은 성자들과 천사들을 숭배하라고 가르친다. 성자들과 천사들은 불멸하신 하나님과 죽을 수밖에 없는 인간 사이의 중간 종류의 신성 같은 것들이다. 이교도가 마귀라고 부르고 그러한 개념으로 숭배하는 것들이 그러한 종류였다. 이것은 분명히 로마 교회와 일치한다. 큰 배교의 첫 번째 단계들 가운데 하나가 바로 순교자들의 유물들을 모셔놓고, 그것들을 숭배하고 제단들을 세우고, 분향하고, 성상들과 사당들을 신성시하고, 죽은 성자들의 명예를 의지해 기도하고 찬양하는 행위들이다. 이러한 마귀 숭배는 첫 번째 짐승의 형상, 다시 말해 이교의 부활을 의미한다.

2. 이 배교와 미혹을 장려하고 전파하는 도구들.

(1) 거짓말을 하는 사람들의 외식이 배교와 미혹의 도구가 될 것이다. 사탄의 대리인들과 대사들인 그들은 거짓말들과 사기들과 거짓 이적들로 이러한 미혹들을 장려한다(2절). 그들의 외식은 그리스도에게 영광을 돌린다고 고백하는 동시에 그리스도의 모든 구별되고 신성한 직무들에 반대하는 싸움을 벌이고, 그리스도의 모든 규례들을 굽게 하거나 세속화시키는 일을 저지른다. 또한 화인 맞은 양심을 가진 사람들의 외식도 그리스도의 일을 반대하는 일을 일삼는다. 그들은 그리스도교의 아주 기본적인 원리들인 덕과 도덕적 정직함을 완전히 상실한 사람들이다. 사람들이 뜨거운 인두로 지진 것처럼 그들의 양심이 낙인이 찍히지 않았다면 그들이 가톨릭의 주장을 위하여 믿음의 서약들을 필요 없게 만드는 세력을 결코 지지하거나 옹호할 수 없을 것이다. 그리고 교회의 유익을 위한다는 빌미로, 사람들이 이단들과 잘 지낼 수 있는 신앙은 하나도

없다는 주장을 하거나, 사람들에게서 인정과 동정의 모든 잔재를 스스로 다 박탈하거나 아주 야만스러운 잔인성을 절대로 가지게 할 수는 없을 것이다.

(2) 외식하는 사람의 성격이 지닌 다른 요소는 결혼을 금하고 성직자의 결혼을 금하는 것이다. 그들은 결혼이 하나님의 규례임에도 불구하고 결혼을 아주 심하게 비난한다. 그리고 그들은 어떤 음식물을 먹지 말라고 명령하고 사람의 의식을 억누르기 위해서만 사용하는 금욕에다 종교를 집어넣으려고 한다.

3. 전체적으로 여기서 다음의 사실들을 발견할 수 있다.

(1) 후일의 배교가 우리를 놀라지 않게 하는 까닭은 성령께서 그것을 분명하게 예언하셨기 때문이다.

(2) 성령은 하나님이시다. 그렇지 않으면 성령께서 그렇게 멀리 떨어진 사건들을 확실하게 예언할 수 없었을 것이다. 우리 인간들은 기질과 기분과 욕망에 의지하기 때문에 불확실하고 우발적이다.

(3) 성령의 예언들과 이교도의 신탁들의 다른 점은 뚜렷하다. 성령께서는 분명하게 말씀하시지만 이교도의 신탁들은 언제나 의심스럽고 확실하지가 않다.

(4) 그러한 일반적인 배교들에 모든 사람이 다 빠지는 것이 아니라 일부만 빠진다는 사실이 위로가 된다.

(5) 미혹하는 사람들과 속이는 사람들이 성령을 받은 것처럼 꾸미는 것은 일반적이다. 그것이 정말 성령이 있는 것 같이 보여서 모든 사람이 믿게 된다. 성령을 받은 것처럼 속이는 것이 아주 그럴듯해서 우리의 동의를 얻게 된다.

(6) 사람들이 마음이 굳어지고 양심이 화인을 받아야 믿음에서 떠날 수 있고 다른 사람들을 자기들 편으로 끌어들일 수 있다.

(7) 사람들이 하나님께서 하지 말라고 하신 것, 이를테면 성자 숭배나 천사 숭배나 마귀 숭배 따위를 억지로 시킬 때 믿음에서 떠나는 표시가 된다. 그리고 하나님께서 허락하시거나 명령하신 것, 이를테면 결혼과 음식 같은 것을 금하는 것도 믿음에서 떠나는 표시이다.

II. 사도 바울은 양심이 화인 맞은 사람들의 외식적인 금식을 언급하면서 그리스도인의 자유의 교리를 기술할 기회로 삼고 있다. 그리스도인의 자유는 우리가 복음에 의거하여 하나님께서 선하게 지으신 것들을 누리는 것이다. 다시 말해서 율법 아래에서는 음식에 정한 것과 부정한 것(먹을 수 있는 고기와 먹을 수 없는 고기의 종류들)의 구별이 있었다. 그러나 이제는 이런 구별이 모두 없어졌다. 이제는 우리가 속되다고 하거나 깨끗하지 않다고 할 것이 아무것도 없다(행 10:15). 우리는 여기서 다음의 사실들을 발견할 수 있다.

1. 우리는 음식물을 하나님께서 창조하신 것으로 생각해야 한다. 우리가 음식물을 하나님께서 받으므로 그것을 하나님을 위하여 사용해야 한다.

2. 하나님께서는 이런 것들을 만드심에 있어서 믿는 자들과 진리를 아는 자들을 특별히 고려하셨다. 다시 말해서 하나님께서는 피조물들에 대한 언약의 권리를 가진 선한 그리스도인들을 특별히 고려하셨다. 반면에 다른 사람들은 단지 일반적인 권리만 가지고 있을 따름이다.

3. 하나님께서 창조하신 것은 감사함으로 받아야 한다. 우리는 하나님이 베풀어주시는 은혜의 선물들을 거부해서는 안 된다. 또한 하나님께서 전혀 만드신 적이 없는 차별들을 만드는 일에 신중하지 않으면 안 된다. 그러나 하나님의 선물들을 받고 그것들을 만드신 하나님의 권능과 베풀어주신 하나님의 은혜를 인정함으로써 감사해야 한다. 하나님께서 지으신 모든 것이 선하매 감사함으로 받으면 버릴 것이 없나니(4절). 이것은 우리를 의식법이 규정하는 음식물들의 모든 차별들에서 분명하게 자유롭게 해준다. 예를 들어, 특별히 돼지고기를 유대인들은 먹는 것을 금하고 있지만 그리스도인들은 허용하고 있다. 이것은 하나님께서 지으신 모든 것이 선하매 라는 말씀의 규칙에 근거해 이루어진 것이다. 우리는 여기서 다음의 사실들을 발견할 수 있다. 하나님의 선한 피조물들을 감사함으로 받으면 선하고, 그 다음에 우리에게 아주 유익하다. 그것은 하나님의 말씀과 기도로 거룩하여지기 때문이다(5절). 우리가 음식물을 거룩하게 사용하는 것이 바람직하다.

(1) 하나님의 말씀으로는 이러한 것들을 사용하는 자유를 허용하는 하나님의 허락뿐만 아니라 우리에게 유익한 음식물로 우리를 먹이겠다고 하신 하나님의 약속도 포함한다. 이것은 우리가 음식물을 거룩하게 사용하도록 허용한다.

(2) 기도로 우리는 우리의 음식물을 축복한다. 하나님의 말씀과 기도가 우리의 일반적인 행동들과 일들에 수반되어야 한다. 그런 뒤에 우리는 모든 것을 믿음으로 해야 한다. 우리는 여기서 다음의 사실들을 발견할 수 있다.

[1] 모든 피조물은 하나님의 것이다. 그 이유는 하나님께서 모든 것을 만드셨기 때문이다. 이는 삼림의 짐승들과 뭇 산의 가축이 다 내 것이며 산의 모든 새들도 내가 아는 것이며 들의 짐승도 내 것임이로다(시 50:10,11).

[2] 하나님이 만드신 것은 다 선하다. 찬양 받으실 하나님께서 만드신 것들을 전부 살펴보셨을 때 하나님께서 만드신 것이 모두 보시기에 아주 좋다고 하셨다(창 1:31).

[3] 하나님께서 우리에게 자양분을 주는 모든 피조물을 축복하셨다. 사람이 떡으로만 살 것이 아니요 하나님의 입에서 나오는 모든 말씀으로 살 것이라(마 4:4). 그러므로 아무것도 거부해서는 안 된다.

[4] 그러므로 우리는 기도로 하나님의 축복을 요청해야 하고 피조물들을 거룩하게 하기 위하여 우리가 기도로 하나님의 축복을 받아야 한다.

⁶네가 이것으로 형제를 깨우치면 그리스도 예수의 좋은 일꾼이 되어 믿음의 말씀과 네가 따르는 좋은 교훈으로 양육을 받으리라 ⁷망령되고 허탄한 신화를 버리고 경건에 이르도록 네 자신을 연단하라 ⁸육체의 연단은 약간의 유익이 있으나 경건은 범사에 유익하니 금생과 내생에 약속이 있느니라 ⁹미쁘다 이 말이여 모든 사람들이 받을 만하도다 ¹⁰이를 위하여 우리가 수고하고 힘쓰는 것은 우리 소망을 살아 계신 하나님께 둠이니 곧 모든 사람 특히 믿는 자들의 구주시라 ¹¹너는 이것들을 명하고 가르치라 ¹²누구든지 네 연소함을 업신여기지 못하게 하고 오직 말과 행실과 사랑과 믿음과 정절에 있어서 믿는 자에게 본이 되어 ¹³내가 이를 때까지 읽는 것과 권하는 것과 가르치는 것에 전념하라 ¹⁴네 속에 있는 은사 곧 장로의 회에서 안수 받을 때에 예언을 통하여 받은 것을 가볍게 여기지 말며 ¹⁵이 모든 일에 전심 전력하여 너의 성숙함을 모든 사람에게 나타나게 하라 ¹⁶네가 네 자신과 가르침을 살펴 이 일을 계속하라 이것을 행함으로 네 자신과 네게 듣는 자를 구원하리라

사도 바울은 유대교에 물든 선생들이 사람들을 유혹하는 것을 막을 수 있는 그리스도인의 생각을 디모데에게 주입시키려 하고 있다. 우리는 여기서 다음의 사실들을 발견할 수 있다. 자기 일에 부지런한 예수 그리스도의 좋은 일꾼들은 새로운 개념을 발전시키기 위하여 애를 쓰는 것이 아니라 형제를 깨우치기 위해 노력한다. 그러므로 너희가 이것을 알고 이미 있는 진리에 서 있으나 내가 항상 너희에게 생각나게 하려 하노라(벧후 1:12). 그리고 다른 곳에서도 이렇게 언급하고 있다. 너희의 진실한 마음을 일깨워 생각나게 한다(벧후 3:1). 그리고 유다 사도도 이렇게 말하고 있다. 내가 너희로 다시 생각나게 하고자 하노라(유

5). 사도들과 사도 시대의 사람들은 그들의 말을 듣는 사람들에게 생각나게 하는 것이 그들의 사역의 주요한 요소였다. 왜냐하면 우리는 하나님의 일들을 잊어버리기는 쉽고, 배우고 기억하기는 더딘 성향을 지니고 있기 때문이다. 믿음의 말씀과 네가 따르는 좋은 교훈으로 양육을 받으리라. 여기서 우리는 다음의 사실들을 발견할 수 있다.

1. 목사 자신들도 그리스도를 아는 지식과 그의 교훈을 자라게 하고 늘려야 할 필요가 있다. 목사들도 믿음의 말씀들로 양육을 받아야 된다.

2. 목사들의 지식과 믿음이 성장하기 위한 가장 좋은 방법은 형제들을 깨우치고 생각나게 하는 것이다. 우리는 다른 사람들을 가르치면서 우리 자신들을 가르치게 된다.

3. 목사들이 가르치는 사람들은 형제들이다. 그리고 목사들은 가르치는 사람들을 형제처럼 대해야 한다. 그 이유는 목사들이 하나님의 선택을 받은 그리스도인들의 주인들이 아니기 때문이다.

I. 여기서 디모데와 다른 사람들에게 경건을 강조하고 있다. 망령되고 허탄한 신화를 버리라(7절). 사람들의 머리에 가득 들어 있는 유대교의 전통들은 그리스도인들과 아무런 관련이 없다. 경건에 이르도록 네 자신을 연단하라. 다시 말해 실제적인 신앙생활에 마음을 쓰라는 것이다. 경건해지려고 하는 사람들은 경건에 이르도록 자신들을 연단해야 한다. 경건은 끊임없는 연단과 연습을 필요로 한다. 그 까닭은 경건을 통해 얻는 유익이 있기 때문이다. 육체의 연단은 약간의 유익이 있으나 그것은 오래가지 않는다. 음식물과 결혼을 금하는 그런 것들이 금욕과 자기 부정의 행위들로 인정되기는 할지라도 약간의 유익이 있을 뿐이지 큰 이용 가치가 없다. 우리가 죄를 억제하지 않는다면 육체를 억제하는 것이 우리에게 무슨 유익이 있겠는가? 여기서 다음의 사실들을 주목하라.

1. 경건을 통해 얻는 것이 아주 많다. 경건은 우리 생활 전체에 걸쳐 활용이 될 수 있다. 왜냐하면 경건은 범사에 유익하니 금생과 내생에 약속이 있기 때문이다.

2. 경건의 유익은 주로 약속에 많이 있다. 경건한 사람들에게 주어진 약속들은 지금 현재 생활과도 관련이 있지만 특별히 앞으로 다가올 내세와 관련이 있다. 구약 시대의 약속들은 현세적인 축복들이 대부분이었지만 신약 시대의 약속들은 영적이고 영원한 축복들이 대부분이다. 경건한 사람들이 지금 현세의

삶의 좋은 것들이 아직 별로 없다고 할지라도 다가올 내세의 삶에서는 좋은 것들을 많이 누리게 될 것이다.

3. 사도 시대에도 망령되고 허탄한 신화가 있었다. 디모데가 뛰어난 사람이었을지라도 그러한 권면의 말에서 자유로울 수 없었다.

4. 우리가 허탄하고 망령된 신화를 거부하는 것만으로는 충분하지가 않고 우리 스스로 경건을 연습해야 한다. 우리는 악한 행실을 버리고 악행을 그쳐야 할 뿐 아니라 선행을 배워야 한다(사 1:16, 17). 그래서 우리는 경건에 이르는 연습의 습관을 가져야만 한다.

5. 진실로 경건해지는 사람들은 결국 손해를 보는 일은 없을 것이다. 육체의 연습으로 사람들이 만족하는 것이 무엇이든 간에 경건은 금생과 내생의 약속을 지니고 있기 때문이다.

II. 우리가 어려움을 겪고 실망을 하게 되더라도 경건의 길로 나아가고 경건에 이르도록 연습해야 한다는 격려.   사도 바울은 경건은 범사에 유익하니 금생과 내생에 약속이 있느니라 말했다(8절). 그러나 문제는 이익이 손해를 상쇄해주겠느냐는 것이다. 잃는 것이 얻는 것보다 많으면 그것은 이익이 아니기 때문이다. 그렇다. 우리는 반드시 그렇게 된다고 확신할 수 있다. 본문에 모든 사람이 받을 만한 바울 사도의 신실한 말이 또 있다. 우리가 하나님을 섬기는 일과 믿음의 사역에서 치르는 수고와 손실들은 풍성하게 보상받게 되리라는 것이다. 우리가 그리스도를 위하여 잃는 것이 있을지라도 우리는 그리스도로 말미암아 잃는 것이 없게 될 것이다. 이를 위하여 우리가 수고하고 힘쓰는 것은 우리 소망을 살아 계신 하나님께 둠이니 곧 모든 사람 특히 믿는 자들의 구주시라(10절). 우리는 여기서 다음의 사실들을 발견할 수 있다.

1. 경건한 사람들은 수고해야 하고 욕을 얻어먹을 각오를 해야 한다. 경건한 사람들은 선행을 해야 하는 동시에 어려움을 겪어야 한다. 우리는 이 세상에서 사는 동안의 수고와 고통을 인간으로서만이 아니라 성도로서도 당연히 겪을 각오를 해야 한다.

2. 하나님을 섬기는 일과 믿음의 사역에 수고하고 욕을 먹는 사람들은 그 일로 손해를 보지 않기 위하여 살아계신 하나님을 의지할 수 있다. 우리가 수고하고 힘쓰는 것은 우리 소망을 살아 계신 하나님께 둠이니 하는 말씀으로 그들을 격려하자. 영원히 살아계시고 그를 섬기는 모든 사람들에게 생명의 원천이 되시

는 그 하나님께서 그를 위한 우리의 모든 섬기는 일들과 우리의 모든 고난들 가운데에서 우리를 격려하시고 위로하신다는 사실을 생각하도록 하자. 특별히 그 하나님께서 모든 사람 특히 믿는 자들의 구주시라는 사실을 잊지 않도록 하라. 여기서 다음의 사실들을 주목하라.

(1) 하나님께서는 그의 섭리를 통해 사람들을 보호해주시고 사람들의 자녀들 생명을 연장시켜주신다.

(2) 하나님께서는 이제까지 모든 사람들의 영원한 구원을 바라시는 선한 뜻을 지니고 계시다. 하나님께서는 어떤 사람도 멸망당하기를 바라지 않고 모든 사람이 회개하기를 원하고 계신다. 하나님께서는 죄인들의 죽음을 바라지 않으신다. 이제까지 하나님께서는 어떤 사람도 타락한 천사들이 처해 있는 것과 같은 절망적인 상황에 처하도록 내버려 두지 않는 모든 사람들의 구세주이시다. 그러므로 하나님께서 이렇듯 모든 사람들의 구세주이시라면 하물며 하나님을 찾고 섬기는 사람들에게 상 주시는 분이심을 미루어 알 수 있을 것이다. 하나님께서 그의 모든 피조물들을 위한 그런 선한 뜻을 가지고 계신다면 하물며 하나님께서 거듭나 새로운 피조물이 된 사람들에게 더 좋은 은혜를 베풀어 주시지 않겠는가. 하나님께서는 모든 사람들의 구주이시지만 특히 믿는 자들의 구주다. 하나님께서 믿는 사람들을 위하여 마련해 두신 구원은 그들의 섬김과 고난을 보상하기에 충분한 것이다. 우리는 여기서 다음의 사실들을 발견할 수 있다.

[1] 그리스도인이 사는 것은 수고하고 힘쓰고 아픔을 겪는 삶이다. 우리가 수고하고 힘쓴다.

[2] 현재의 삶에서 우리가 힘쓰는 삶으로 기대할 수 있는 최상의 것은 우리의 선행과 믿음의 사역과 사랑의 수고에 대해 비난을 받는 일이다.

[3] 진실한 그리스도인들은 살아계신 하나님을 믿는다. 왜냐하면 살아계신 하나님이 아니라 사람이나 어떤 다른 것을 믿는 것은 저주받은 것이기 때문이다. 살아계신 하나님을 믿는 사람들은 절대로 부끄러움을 당하지 않게 될 것이다. 언제든지 그를 의뢰하라.

[4] 하나님은 모든 사람들의 보편적인 구주이시다. 하나님은 모든 사람들을 구원받을 수 있는 상태에 이르게 해주시기 때문이다. 그러나 하나님은 특별한 방법으로 참된 믿는 사람들의 구주가 되신다. 그렇기 때문에 일반 구속과 특별

구속이 있는 것이다.

Ⅲ. 사도 바울은 본 장을 디모데에 대한 권면으로 마무리를 한다.

1. 너는 이것들을 명하고 가르치라 권면한다. 이것은 사도 바울이 디모데를 가르치고 있던 다음과 같은 사실을 말한다. "신자들에게 경건을 연습하라고 명하고 그들에게 경건의 유익을 가르쳐라. 그리고 그들이 하나님을 섬긴다면 그들은 그들에게 반드시 증거를 보여주시는 분을 섬기고 있다는 사실을 가르치라."

2. 나이가 젊을지라도 디모데가 존경을 얻을 수 있게 진중하고 신중하게 행동하라고 권면한다. 누구든지 네 연소함을 업신여기지 못하게 하라. 다시 말해서 어느 누구도 디모데의 나이 어림을 업신여길 빌미를 주지 말라는 것이다. 젊은 사람들이 젊은이의 허영과 젊은 기분의 어리석음으로 자신들을 우습게 만들지 않는다면 사람의 젊음이 멸시받을 일은 없을 것이다. 그래서 젊은 사람들도 노련하게 행동할 수 있고 업신여김을 받을지라도 스스로 감사하며 낮출 수 있는 것이다.

3. 좋은 본을 보여 디모데의 가르침을 확증하라고 권면한다. 믿는 자에게 본이 되라. 여기서 다음의 사실들을 주목하라. 가르침을 행하는 사람들은 자신의 삶으로 가르쳐야 한다. 그렇지 않으면 자기가 한 손으로 세운 것을 다른 손으로 허물어버리게 될 것이다. 가르치는 사람들은 말과 행실에 있어서 다같이 본이 되어야 한다. 가르치는 사람들의 말은 덕스러워야 한다. 그리고 이것이 좋은 본보기가 될 것이다. 가르치는 사람들은 행실이 엄격해야 한다. 이것이 좋은 본보기가 될 것이다. 가르치는 사람들은 자애로움이나 하나님과 모든 선한 사람들에 대한 사랑에 있어서 본보기가 되어야 한다. 그들은 영적인 면에 있어서도 본이 되어야 한다. 다시 말해 영적인 마음과 영적인 예배에 있어서 본이 되어야 한다. 가르치는 사람들은 믿음에 있어서도 본이 되어야 한다. 다시 말해 그들은 그리스도교 신앙 고백에 있어서 본이 되어야 한다. 그리고 가르치는 사람들은 정결함이나 정절에 있어서도 본이 되어야 한다.

4. 사도 바울은 디모데에게 열심히 공부하라고 권면한다. 내가 이를 때까지 읽는 것과 권하는 것과 가르치는 것에 전념하라(13절). 디모데가 뛰어난 능력과 은사를 지녔다고 할지라도 그는 평범한 수단들을 활용해야 한다. 또는 그것이 공중 앞에서의 성경 읽기를 의미하는 것일 수도 있다. 디모데는 읽고 권면해야 한다. 다시 말해 그는 읽고 해석해야 한다. 그는 교인들에게 읽어준 말씀을 힘 있게

주장해야 한다. 디모데는 읽은 말씀을 권면의 방법과 교훈의 방법으로 설명해야 한다. 디모데는 무엇을 행하고 무엇을 믿을지를 교인들에게 가르쳐야 한다. 우리는 여기서 다음의 사실들을 발견할 수 있다.

(1) 목사들은 자신들이 행하도록 배우고 명령받은 것들을 가르치고 명령해야 한다. 목사들은 그리스도께서 명하신 것들은 무엇이든지 사람들이 지키도록 가르쳐야 한다(마 28:20).

(2) 목사들이 업신여김을 받지 않을 수 있는 가장 좋은 방법은 자신들에게 맡겨진 것들을 가르치고 실천하는 것이다. 목사들이 자신들에게 맡겨진 것들을 가르치지 않는다거나 신자들에게 좋은 본보기가 되는 대신에 자신들이 설교하는 가르침들에 정면으로 반대되는 행동들을 한다면 업신여김을 받는다고 해서 하등 이상할 것이 없을 것이다. 왜냐하면 목사들은 자기들 양 무리의 본보기가 되어야 하기 때문이다.

(3) 자기 사역에 아주 훌륭한 성취를 이룬 목사들일지라도 지식의 성숙을 이룰 수 있기 위하여 계속해서 공부에 전념해야 한다. 목사들은 읽는 것과 권면하는 것과 가르치는 일에 계속 주의를 기울여야 한다.

5. 사도 바울은 디모데에게 태만하거나 소홀하지 말 것을 권면하고 있다. 네 속에 있는 은사를 가볍게 여기지 말라(14절). 은사를 가볍게 여긴다면 하나님의 은사들은 시들고 말 것이다. 이 은사는 디모데가 맡은 직분을 의미하는 것일 수도 있고, 그 직분의 자질을 의미하는 것일 수도 있다. 만일 그것이 직분을 의미한다면 일상적인 방법으로 직분을 수여받은 안수를 의미하는 것일 수 있다. 그렇지 않고 자질을 의미하는 것이라면 그것은 특별한 것을 의미할 것이다. 그런데 그것은 직분을 수여받은 안수를 의미하는 것 같다. 왜냐하면 그것은 안수함으로써 받은 것이었기 때문이다. 여기서 우리는 안수의 성경적 방식을 발견하게 된다. 다시 말해 안수는 손을 얹어 하는 것이었다. 장로의 회에서 손을 얹어 안수를 했다. 디모데는 직분을 맡은 사람들의 안수를 받았다는 사실을 주목하자. 사도 바울이 디모데에게 안수하여 직분을 수여하는 것을 다른 곳에서 발견하게 되는데 그것은 특별한 것이었다. 그러나 디모데가 목사의 직분을 받은 것은 장로의 회의 안수를 통해서였다.

(1) 우리는 여기서 다음의 사실들을 주목할 수 있다. 목사의 직분은 하나의 은사이다. 그리고 그것은 그리스도의 은사이기도 하다. 그리스도께서 하늘로

올라가실 때 그는 사람들에게 베풀 은사를 받으셨다. 그리스도께서는 그 은사로 어떤 사람은 사도로, 어떤 사람은 목사로, 어떤 사람은 교사로 세우셨다(엡 4:8-12). 이것은 주의 교회에 주신 아주 친절한 은사였다.

(2) 목사들은 그들이 수여받은 은사를 가볍게 여겨서는 안 된다. 그 은사가 목사의 직분을 의미하는 것이든 그 직분을 위한 자질을 의미하는 것이든 소홀히 여겨서는 안 될 것이다.

(3) 디모데의 경우에 그 은사가 예언에 의해 주어졌다는 예언이 있었다고 할지라도 많은 장로들의 회의 안수가 수반되었다. 디모데는 그 직분을 이렇게 받았다. 여기서 장로들이 안수하는 것은 충분한 근거가 있다고 나는 생각한다. 왜냐하면 디모데가 안수 받는 일에 바울이 관계한 것 같지가 않기 때문이다. 사도 바울이 디모데에게 직접 안수함으로써 특별한 은사들이 디모데에게 전달되었던 것은 사실인 것 같다(딤후 1:6). 그러나 바울이 디모데의 안수에 관여했다고 할지라도 장로의 회가 배제되지 않았을 것이다. 왜냐하면 장로의 회가 안수했다는 것이 특별히 언급되고 있기 때문이다. 그러므로 장로의 회가 성직수임 안수식의 고유한 권한을 가지고 있었음이 아주 분명한 것 같다.

6. 이 사역을 위임받은 디모데는 그 일에 전심전력해야 했다. 이 모든 일에 전심전력하여 너의 성숙함을 모든 사람에게 나타나게 하라. 디모데는 지혜로운 사람이었지만 계속해서 성숙해져야 하고 지식이 발전하고 있음을 나타내야 했다. 여기서 다음의 사실들을 주목하라.

(1) 목사들은 묵상을 많이 해야 한다. 목사들은 어떻게 말해야 하고 무엇을 말해야 될지를 미리 생각해야 한다. 목사들은 자기에게 맡겨진 큰 책임과 영원히 죽지 않을 영혼들의 귀중함과 가치를 묵상해야 한다. 그리고 목사들은 마지막 날에 제출해야 될 보고서도 묵상해야 한다.

(2) 목사들은 이 일들에 전심전력해야 한다. 목사들은 자신들의 주요 사역과 일에 마음을 기울여야 한다. 이 모든 일에 전심전력하여라.

(3) 이렇게 함으로써 그들의 성숙함이 모든 일들에서 뿐만 아니라 모든 사람들에게서도 나타날 것이다. 이렇게 하는 것이 목사들이 지혜와 은혜에 있어서 유익을 얻고 다른 사람들에게도 유익을 주는 방법이다.

7. 사도 바울은 디모데에게 아주 조심하라고 강하게 주장한다. 네가 네 자신과 가르침을 살펴라. 네가 전파하고 설교하는 것을 깊이 생각하여라. 이 일을 계속하

여라. 다시 말해 네가 받은 책임들을 계속 수행하여라. 그리고 이렇게 하는 것이 네 자신과 네게 듣는 자를 구원하리라. 우리는 여기서 다음의 사실들을 발견하게 된다.

(1) 목사들은 그것을 선한 사역으로 만드는 구원 사역에 종사하게 된다.

(2) 목사들의 관심은 우선적으로 자신들을 구원해야 될 것이다. 네 자신을 우선 구하고 네게 듣는 자를 구원하는 도구가 되어라.

(3) 목사의 설교는 먼저 자기의 영혼을 구원한 다음에 그들에게 듣는 사람들의 구원에 목표를 두어야 한다.

(4) 이러한 목적에 부합하는 가장 좋은 방법은 우리 스스로 먼저 주의하고 자신을 살펴보는 것이다.

— 제 5 장 —

개요

여기서 사도 바울은 디모데를 이렇게 가르친다. Ⅰ. 교인을 타이르는 방법(1,2절).
Ⅱ. 과부와 노인과 젊은이에 대한 가르침(3-16절). Ⅲ. 장로들의 치리에 대한 가르침(17-19
절). Ⅳ. 사람들 앞에서의 꾸짖음에 대한 가르침(20절). Ⅴ. 안수에 대하여 엄숙하게 경고
를 한다(21,22절). Ⅵ. 디모데의 건강을 언급하고(23절) 결과가 아주 다르게 나타나는 사
람들의 죄를 진술한다(24,25절).

¹늙은이를 꾸짖지 말고 권하되 아버지에게 하듯 하며 젊은이에게는 형제에게 하듯
하고 ²늙은 여자에게는 어머니에게 하듯 하며 젊은 여자에게는 온전히 깨끗함으로
자매에게 하듯 하라

여기서 사도 바울은 디모데와 다른 목사들에게 권면하는 규칙들을 가
르쳐 주고 있다. 목사들은 직책상 권면하는 사람들이다. 즐겁게 해주는 역할은
아주 작고, 권면하는 것이 목사들의 직책이 지닌 역할이다. 목사들은 말씀을 전
파하고 경책하고 경계해야 한다(딤후 4:2). 우리가 해야 될 권면에 있어서 경책
을 받는 사람들의 나이와 성격과 여타 상황들에 따라 큰 차이가 난다. 그러므
로 나이가 연장자이거나 직책이 높은 사람의 경우에는 아버지처럼 대해야 한
다. 어떤 의심하는 자들을 긍휼히 여겨라(유 22). 그런데 그 규칙은 다음과 같다.
　1. 나이 든 사람들을 꾸짖을 때는 아주 부드럽게 해야 한다. 나이가 연장자이
거나 직책이 높은 사람의 경우에 그 나무람이 아주 공손해야 한다. 그들의 나
이와 지위가 지닌 권위를 존중해야 한다. 그러므로 그들을 날카롭거나 거만하
게 나무라서는 안 된다. 디모데가 복음 전도자일지라도 나이 든 사람들을 아버
지처럼 대해야 한다. 왜냐하면 이렇게 하는 것이 그들에게 영향을 미치고 그들
을 얻는 가장 효과적인 방법이기 때문이다.
　2. 젊은이는 형제를 대하듯이 사랑과 온유함으로 꾸짖어야 할 것이다. 잘못

을 찾아내거나 말다툼거리를 집어낼 생각으로 하지 말고 그들이 아주 잘 되게 해줄 마음으로 타일러야 할 것이다. 야단을 맞아야 할 사람들을 나무람에 있어서도 아주 온유하게 해야 할 필요가 있다.

3. 나이 든 여자들은 나무랄 경우가 있을 때 어머니처럼 대해야 할 것이다. 너희 어머니에게 부탁하고 부탁해라(호 2:2 개역개정판에는 부탁이 아니라 논쟁하라고 번역되어 있음).

4. 젊은 여자들은 온전히 깨끗함으로 자매에게 하듯 나무라야 할 것이다. 디모데가 이 세상과 육체와 정욕에 대해 그토록 금욕적인 사람이 이렇게 주의를 해야 한다면 하물며 우리는 더 말해 무엇하겠는가.

³참 과부인 과부를 존대하라 ⁴만일 어떤 과부에게 자녀나 손자들이 있거든 그들로 먼저 자기 집에서 효를 행하여 부모에게 보답하기를 배우게 하라 이것이 하나님 앞에 받으실 만한 것이니라 ⁵참 과부로서 외로운 자는 하나님께 소망을 두어 주야로 항상 간구와 기도를 하거니와 ⁶향락을 좋아하는 자는 살았으나 죽었느니라 ⁷네가 또한 이것을 명하여 그들로 책망 받을 것이 없게 하라 ⁸누구든지 자기 친족 특히 자기 가족을 돌보지 아니하면 믿음을 배반한 자요 불신자보다 더 악한 자니라 ⁹과부로 명부에 올릴 자는 나이가 육십이 덜 되지 아니하고 한 남편의 아내였던 자로서 ¹⁰선한 행실의 증거가 있어 혹은 자녀를 양육하며 혹은 나그네를 대접하며 혹은 성도들의 발을 씻으며 혹은 환난 당한 자들을 구제하며 혹은 모든 선한 일을 행한 자라야 할 것이요 ¹¹젊은 과부는 올리지 말지니 이는 정욕으로 그리스도를 배반할 때에 시집 가고자 함이니 ¹²처음 믿음을 저버렸으므로 정죄를 받느니라 ¹³또 그들은 게으름을 익혀 집집으로 돌아 다니고 게으를 뿐 아니라 쓸데없는 말을 하여 일을 만들며 마땅히 아니할 말을 하나니 ¹⁴그러므로 젊은이는 시집 가서 아이를 낳고 집을 다스리고 대적에게 비방할 기회를 조금도 주지 말기를 원하노라 ¹⁵이미 사탄에게 들어간 자도 있도다 ¹⁶만일 믿는 여자에게 과부 친척이 있거든 자기가 도와 주고 교회가 짐지지 않게 하라 이는 참 과부를 도와 주게 하려 함이라

여기서는 교회가 고용하고 부양하는 사람들의 명부에 과부들을 넣어주는 문제에 관한 지시들을 하고 있다. 참 과부인 과부를 존대하라. 과부들을 존대하라는 것은 그들을 부양하고 그들에게 직무를 맡기라는 것이다. 그 시대에

는 교회가 과부들을 고용해 과부들이 병자들과 노인들을 돌보게 하는 일이 있었다. 과부들은 집사의 지시를 받아 그 일들을 했다. 초대 교회 때 과부들이 돌보는 일인 구제를 맡고 있었음을 우리는 읽을 수 있다(행 6:1). 초대 교회의 헬라파 교인들이 헬라인 과부들이 가난한 과부들을 위하여 만들어진 매일의 구제와 식량 지급에서 소홀히 여김을 받고 있다고 불평했다(행 6:1). 일반적인 규칙은 진짜 혼자가 된 과부들을 존대하고 부양해주고 존경과 온화함으로 어려움을 덜어주는 것이다.

I. **교회가** 향락을 좇아 사는 방탕한 과부들이 아니라 하나님께 소망을 두고 기도와 간구에 힘쓰는 **경건한 과부들을 사랑과 자선으로 구제해야 한다고 명하고 있다**(5,6절). 하나님께 소망을 두는 그러한 여자가 참 과부로 인정받아야 되고 교회의 부양을 받기에 합당하다. 여기서 다음의 사실들을 주목하라. 외롭게 된 사람들의 의무와 위안은 하나님을 믿고 의지하는 것이다. 그러므로 하나님께서 때때로 아무도 의지할 데가 없는 그러한 어려움 속으로 그의 백성을 인도하시어 하나님을 더욱 확실하게 믿고 의지하게 하신다. 과부의 처지는 외로운 형편이다. 그러나 과부들은 하나님을 의지해야 하고(렘 49:11) 믿고 의지할 하나님이 있다는 사실을 기뻐해야 할 것이다.

또한 하나님을 믿는 사람들은 기도를 계속해야 한다. 우리가 믿음으로 하나님을 신뢰한다면 우리가 기도로 하나님께 영광을 돌려야 하고 우리 자신을 하나님의 인도하심에 맡겨야 할 것이다. 안나는 참 과부였는데 이 사람이 성전을 떠나지 아니하고 주야로 금식하며 기도함으로 섬겼다(눅 2:37). 그러나 향락을 좋아하거나 방탕하게 사는 여자는 참 과부가 아니다(6절). 몸가짐이 가벼운 과부는 참 과부가 아니고 교회가 돌보아야 할 자격이 없다. 향락을 좋아하는 자는 살았으나 죽었느니라고 하는 것은 그러한 과부는 결코 교회의 살아 있는 회원이 아니라 시체와 같은 교회 회원이거나 부끄러운 회원이라는 것이다. 이 문제를 더 일반적으로 적용해볼 수가 있다. 쾌락을 즐기며 사는 사람들은 사실은 그들이 살아 있으나 죽은 사람들이다. 다시 말해 그러한 사람들은 영적으로 죽고 허물과 죄로 죽은 사람들이다. 그러한 사람들은 세상을 아무런 목적이 없이 사는 사람들이요 삶의 위대한 목적에 관하여 산 채로 매장당한 사람들이다.

II. **사도 바울이 말하는 또 다른 규칙은 그들을 부양해줄 수 있는 친척들을 가진 과부들을 부양하는 책임을 맡아서는 안 된다는 것이다.** 이것이 여러 번 언급되고 있다(4절). 만일 믿는 여자에게 과부 친척이 있거든 다시 말해서 과부들에게 자녀나 손자나 가까운 친척이 있다면 그 사람들이 그 과부들을 도와주고 교회에 짐을 지우게 해서는 안 된다는 것이대16절). 이것을 자기 집에서 효를 행하여 부모에게 보답하는 것이라고 한다(4절). 여기서 다음의 사실들을 주목하라. 자녀들의 자기 부모에 대한 공경과 효도는 경건이라고 할 만하다. 자녀들이 부모를 받들고 모시는 것은 당연한 것이다. 자녀들이 부모를 모시고 받드는 것이 부모가 자녀들을 돌보고 온갖 고생을 그들을 위하여 한 것에 비하면 절대로 충분히 보답한다고 할 수 없기 때문이다. 그러므로 자녀들은 부모에게 효도하려고 노력하고 애써야 한다. 부모가 어려운 가운데 있고 자녀들이 그 어려움을 덜어줄 수 있는 능력이 있다면 힘을 다해 효를 행하는 것이 자녀의 마땅한 도리와 의무일 것이다. 왜냐하면 이것이 하나님 앞에 받으실 만한 것이기 때문이다. 바리새인들은 가난한 부모에게 효를 행하기보다는 제단에 제물을 바치는 것이 하나님 앞에 더 받으실 만한 것이라고 가르쳤다(마 15:5). 그러나 여기서는 부모에게 효를 행하는 것이 번제와 희생 제물보다 더 낫고 하나님 앞에 받으실 만한 것이라고 말씀하고 있다.

사도 바울은 이것을 거듭 말하고 있다(8절). 누구든지 자기 친족 특히 자기 가족을 돌보지 아니하면 믿음을 배반한 자요 불신자보다 더 악한 자니라. 만일 어떤 남자나 여자가 자기 자신의 가난한 친척을 돌보아 주지 않으면 그 사람은 결과적으로 믿음을 배반하고 부정한 것이 될 것이다. 왜냐하면 그리스도께서 오신 뜻은 모세의 율법을 확증하시기 위한 것이었기 때문이다. 특별히 그리스도의 뜻은 네 부모를 공경하라는 제오계명을 확실히 세우시기 위한 것이었다. 그러므로 제오계명을 순종하지 아니하고 더구나 자기 지체들인 자기 아내나 자녀를 돌보지 않는 사람들은 믿음을 배신한 사람들이다. 만약 자기의 가족을 돌보아야 할 일에 힘을 기울이지 않고 정욕에 자기 힘을 낭비한다면 그 사람은 불신자보다 더 악한 사람이다. 부유한 사람들이 자기의 가난한 친척들을 돌보아 주어야 되고 교회에 짐을 지우지 않아야 되는 한 가지 이유는 그것이 참 과부를 도와주는 일이 되기 때문이다. 여기서 다음의 사실들을 주목하라. 잘못 사용된 자선은 참된 자선에 아주 큰 장애가 된다. 자선을 베풀 대상을 선정함에 있어서 신중해야만 하는 것은 자선을 받지 않아도 될 사람은 제외시키고 마땅히 받아야 될 진짜 어려운 사람에게 자선의 혜택이 돌아가도록 하기 위한 것이다.

III. 사도 바울은 교회의 자선 명부에 들어갈 과부들의 성격에 관해 권면하고 있다. 나이가 예순 살 아래로는 안 되고 남편과 이혼했거나 다시 결혼한 사람들도 안 된다. 그리고 명부에 들어갈 과부는 한 남자의 아내였던 자로서 가정 주부였고 자녀를 양육하고 나그네를 접대하고 어려운 사람을 구제한 선한 일의 증거가 있어야 한다. 여기서 다음의 사실들을 주목하라. 돈이 있을 때 선한 일을 기꺼이 했던 사람들이 늙고 힘이 없을 때 특별한 돌봄을 받는 것은 당연하다. 여기에 선한 아내들이 행한 선행들의 실례가 나와 있다. 혹은 자녀를 양육하며. 바울은 그녀가 자녀를 낳았으며(자녀는 주님이 주시는 유산이다)라고 말하지 않는다. 바울은 그녀가 자신의 자녀를 갖지 않았을지라도 자녀를 양육했으며 라고 말하고 있다. 혹은 나그네를 대접하며 혹은 성도들의 발을 씻으며. 과부가 선한 그리스도인들과 선한 목사들이 복음을 전하기 위해 여행을 할 때 그들을 기꺼이 대접했다면 선한 일의 증거가 있는 것이다. 친구들의 발을 씻어주는 일은 그들의 손님을 대접하는 한 방법이었다. 과부가 능력이 있을 때 환난 당하는 자를 구제했다면 이제 그녀가 구제를 받아야 될 것이다. 어려울 때 자비를 받고 싶은 사람들은 자신들이 잘될 때 자비를 베풀어야 할 것이다.

IV. 사도 바울은 신용할 수 없는 사람들을 명부에 올리는 일을 주의하라고 말하고 있다(11절). 젊은 과부는 올리지 말지니. 젊은 과부들은 교회 일을 싫증을 내고 마땅히 해야 할 교회 규칙을 따라 사는 일을 싫어할 것이다. 그러므로 우리는 첫 사랑을 저버렸다는 말씀을 읽게 된다(계 2:4). 반면에 여기서는 첫 믿음을 저버린 경우를 대하게 된다. 다시 말해서 첫 믿음이란 그들이 처신을 잘하고 맡은 일도 잘하기로 교회에 서약한 것을 말하는 것이다. 그들의 첫 믿음이 결혼을 하지 않겠다는 서약인 것 같지는 않다. 왜냐하면 성경이 그 주제에 대해서는 침묵으로 일관하기 때문이다. 이외에도 사도 바울은 여기서 젊은 과부들이 결혼할 것을 권면하고 있다(14절). 바울은 그들이 서약을 깨뜨려야 한다면 결혼을 해야 한다고 말하고 있지 않다. 이 점에 대해 휘트비(Dr. Whitby) 박사가 잘 말해주고 있다. "이 믿음이 결혼하지 않기로 교회에 한 서약을 언급한 것이라면 그것을 그들의 첫 믿음이라고 할 수 없을 것이다."

그들은 게으름을 익혀 집집으로 돌아 다니고 게으를 뿐 아니라 쓸데없는 말을 하여 일을 만들며 마땅히 아니할 말을 하나니(13절). 게으른 사람들이 게으르기만 하는 경우는 극히 드물다. 그런 사람들은 쓸데없는 말을 하여 일을 만들고 이웃들 사이를 갈라놓고 형제들 가운데 불화를 심어놓는다. 여집사직을 맡기에 적합한 신중한 마음을 갖지 못한 사람들(또는 교회의 가난한 사람들에 속한 과부들)은 결혼을 하거나 자녀를 양육하게 하라(14절). 주부들이 자기 일에 신경을 쓰는 것이 아니라 수다쟁이 노릇이나 일삼는다면 그리스도교의 대적들에게 그리스도인의 이름을 욕되게 하는 빌미를 제공하게 될 것이다. 몇 가지 실례가 본문에 나와 있다(15절). 우리는 여기서 다음과 같은 사실을 깨달을 수 있다.

1. 초대 교회에서 불쌍한 과부들을 돌보아 주고 그들에게 양식을 주었다. 요즘의 그리스도의 교회들도 할 수 있는 한 당시의 좋은 본보기들을 따라야 할 것이다.

2. 교회의 자선이나 구제를 베풀 때 공적인 자금이 가장 필요하고 그것을 받기에 가장 적합한 사람들에게 나누어지도록 아주 세심하게 처리를 해야 할 것이다. 부양할 친척들이 있거나 선행을 잘 하지 못하거나 제멋대로 쾌락을 쫓아 산 사람들을 초대 교회가 받아들이지 않았다. 그러므로 젊은이는 시집 가서 아이를 낳고 집을 다스리고 대적에게 비방할 기회를 조금도 주지 말기를 원하노라.

3. 종교의 신용과 그리스도교 교회의 평판은 교회에서 일하는 사람들의 성격과 행동에 많이 좌우된다. 집사와 같은 낮은 직분의 일이나 교회의 구제들일지라도 교회의 평판에 많은 영향을 끼친다. 그들이 잘 처신하지 못하거나 여기저기 말이나 전하는 수다쟁이가 되거나 바쁘게 일을 만드는 사람들은 교회를 반대하는 사람들에게 교회를 욕하는 빌미를 제공하게 될 것이다.

4. 그리스도교는 신자들이 그들의 곤궁한 친구를 구제하고 특별히 가난한 과부들을 도와주게 하여 그런 사람들이 교회의 짐이 되지 않게 해야 한다. 그래서 교회가 참 과부들을 구제할 수 있게 해야 한다. 부유한 사람들이 그들의 가난한 친척들을 교회의 짐이 되게 하면 부끄러운 일이다. 부양해 줄 자녀나 조카가 없는, 즉 도움을 줄 힘이 있는 손자가 없는 사람들이 어려움에 처했을 때 잘 사는 사람이 도움을 주지 않으면 참으로 부끄러운 일이다.

[17]잘 다스리는 장로들은 배나 존경할 자로 받되 말씀과 가르침에 수고하는 이들에게는 더욱 그리할 것이니라 [18]성경에 일렀으되 곡식을 밟아 떠는 소의 입에 망을 씌우지 말라 하였고 또 일꾼이 그 삯을 받는 것은 마땅하다 하였느니라 [19]장로에 대한 고발은 두세 증인이 없으면 받지 말 것이요 [20]범죄한 자들을 모든 사람 앞에서 꾸짖

어 나머지 사람들로 두려워하게 하라 ²¹하나님과 그리스도 예수와 택하심을 받은 천사들 앞에서 내가 엄히 명하노니 너는 편견이 없이 이것들을 지켜 아무 일도 불공평하게 하지 말며 ²²아무에게나 경솔히 안수하지 말고 다른 사람의 죄에 간섭하지 말며 네 자신을 지켜 정결하게 하라 ²³이제부터는 물만 마시지 말고 네 위장과 자주 나는 병을 위하여는 포도주를 조금씩 쓰라 ²⁴어떤 사람들의 죄는 밝히 드러나 먼저 심판에 나아가고 어떤 사람들의 죄는 그 뒤를 따르나니 ²⁵이와 같이 선행도 밝히 드러나고 그렇지 아니한 것도 숨길 수 없느니라

여기에는 다음과 같은 지시들이 있다.

I. 목사들을 돕는 일에 관한 지시. 목사들을 갑절로 대우하는 배려가 있어야 한다(17절). 잘 다스리는 장로들은 배나 존경할 자로 받되(즉, 그들이 지금까지 받아온 생활비의 갑절이거나 다른 사람이 받는 것의 갑절) 말씀과 가르침에 수고하는 이들에게는 더욱 그리할 것이니라. 이들은 다른 사람들보다 더 많이 일하고 수고하는 사람들이다. 장로가 다스렸다. 그리고 말씀과 가르침에 수고하는 장로도 다스리는 장로와 마찬가지였다. 그들이 말씀 전하는 사람이 따로 있고 치리하는 사람이 따로 있었던 것이 아니라 일은 한 사람에 의해 이루어졌다. 잘 다스리는 장로들이 다스리기는 하지만 가르치지는 않는 평신도 장로를 사도가 의미하고 있다고 생각하는 사람들도 있다. 다시 말해서 그들이 교회 치리에 관여했지만 말씀과 성례 집행에는 관계하지 않았다는 것이다. 성경 본문을 아주 단순하게 보면 그런 의견이 타당한 것처럼 보일 수 있음을 나도 인정한다. 그러나 단순히 다스리기만 하는 장로들이 배로 존경을 받는다고 하는 것은 좀 이상한 것 같다. 사도 바울이 설교를 세례 베푸는 것보다 더 위에 두었고 더욱이 설교를 다스리는 것보다 훨씬 위에 두었기 때문이다. 사도 바울이 교회 직분자들을 다룰 때 다스리는 장로에 대해 전혀 언급하지 않았다는 사실은 더욱 이상하다. 그러나 앞에서 암시해주고 있듯이 초대교회에 설교하는 사람과 치리하는 사람이 따로 있었던 것이 아니라 다스리는 것과 가르치는 것이 같은 한 사람에 의해서 수행되었다. 다만 말씀을 전하고 가르치는 일이 다른 일들보다 좀 더 힘이 들었을 수는 있다. 여기서 우리는 다음과 같은 사실들을 발견할 수 있다.

1. 목사의 사역: 그것은 주로 두 가지 일로 이루어져 있다. 잘 다스리는 일과 말씀과 가르침에 수고하는 일이었다. 이것이 사도 시대의 장로들의 주된 일이

었다.

2. 이 일을 태만히 하지 않고 애를 쓰고 수고하는 사람들을 마땅히 존경해야 한다. 그들은 배나 존경을 받고 대우를 받을 가치가 있었다. 바울은 우리가 낯설게 생각할 수도 있는 목사의 생활비 대우에 관한 권면을 확증하기 위하여 성서를 인용한다. 그러나 그 성경 말씀은 모세의 율법에서 여러 번 나오고 있는 의미심장하고 익숙한 말씀이다. 곡식을 밟아 떠는 소의 입에 망을 씌우지 말라(신 25:4). 곡식을 떠는데 사용된 짐승들은 일하는 동안에는 널려 있는 곡식을 먹는 것이 허용되었다. 그러므로 짐승들이 일을 많이 하면 할수록 더 많이 먹었다. 그러므로 말씀과 가르침에 수고하는 장로들을 잘 대우하고 잘 모시도록 해라. 일꾼이 자기의 먹을 것 받는 것이 마땅함이라(마 10:10). 그러므로 목사가 그것을 받는 것이 아주 타당한 것이다. 우리는 여기서 다음의 사실들을 발견할 수 있다.

(1) 하나님께서는 율법 시대나 복음 시대나 하나님의 일꾼들이 공궤를 잘 받도록 배려하셨다. 하나님께서는 황소를 돌보아 주시는데 하물며 하나님 자신의 일꾼들을 돌보아 주시지 않겠는가? 황소는 사라지는 빵을 만드는 곡식만을 떨 뿐이다. 그러나 하나님의 종 목사들은 영원히 사라지지 않을 생명의 양식을 갈고 있다.

(2) 목사의 충분한 생계유지는 하나님의 정하신 약속이다. 하나님께서는 복음 전하는 자들이 복음으로 말미암아 살리라 명하셨다(고전 9:14). 그것은 일꾼이 자기 보수를 받는 것처럼 목사도 보수를 받는 것이 아주 정당한 것이다. 목사를 굶주리게 하거나 편안하고 충분하게 공궤하지 않는 사람들은 하나님께서 그들에게 언젠가 그 책임을 물으실 것이다.

II. 목사들을 고발하는 것에 대한 지시.　장로에 대한 고발은 두세 증인이 없으면 받지 말 것이요(19절). 여기에는 장로가 어떤 범죄로 고발을 당했을 때 고소 절차에 대한 성서적 방법이 나와 있다. 우리는 여기서 다음의 사실들을 발견할 수 있다.

1. 반드시 고발이 있어야 한다. 허무맹랑한 불확실한 보고가 아니라 확실한 죄과가 명시된 고발이 이루어져야 한다. 더 나아가서 그 고발을 당한 사람을 심문하는 방법으로 소송을 진행해서는 안 된다. 이것은 현대의 심문 관행을 따른 것이다. 현대의 심문은 사람의 범죄 혐의를 벗어나게 하거나 기소하기 위하여 조서를 꾸민다. 사도 바울의 권면에 따르면 장로에 대한 고발이 먼저 있어

야 한다.

2. 이 고발은 믿을 만한 두세 사람의 증인의 진술이 없다면 받아들여져서는 안 될 것이다. 그리고 고발은 반드시 증인들 앞에서 받아들여져야 한다. 다시 말해서 피고는 직접 고발자들을 면대해야 한다. 왜냐하면 목사의 평판은 어떤 의미에서는 다루기 어려운 민감한 사안이기 때문이다. 그러므로 최소한일지라도 그 평판에 흠집을 낼 수 있는 어떤 일이 이루어지기 전에 피고에 대한 잘 입증된 증거가 채택되도록 아주 조심을 해야 할 것이다. 피고는 확실하지 않은 추측으로 비난을 받아서는 안 된다.

범죄한 자들을 모든 사람 앞에서 꾸짖어(20절). 다시 말해서 당신은 다른 사람들을 신경쓰지 말고 공개적으로 죄를 범한 사람을 꾸짖어야 한다. 또는 모든 사람 앞에서 죄를 지은 사람들은 모든 사람 앞에서 비난을 받아야 한다. 그것은 상처가 난 자리에 아주 넓게 고약을 바르는 것과 같다. 그리고 비난받는 사람들의 타락의 본보기가 죄에 빠질 위험에 처한 사람들에게 경고가 될 수 있다. 나머지 사람들로 두려워하게 하라. 우리는 다음의 사실들을 발견할 수 있다.

(1) 공개적인 추문을 일으킨 죄인들은 공개적으로 비난을 받아야 한다. 그들의 죄가 공개적으로 이루어졌고 많은 사람 앞에서 범죄했고 또한 최소한 모든 사람에게 알려진 것처럼 그들의 비난도 공개적으로 모든 사람 앞에서 이루어져야 할 것이다.

(2) 공적인 비난은 다른 사람들의 유익을 위한 것이다. 그것은 비난받는 당사자뿐만 아니라 다른 사람들도 두려워할 수 있도록 하기 위한 것이다. 그래서 공개적인 범죄자들이 공개적인 징벌을 받도록 율법이 명령했다. 모든 이스라엘이 이를 듣고 두려워하고 더 이상 악을 행하지 않게 하기 위함이었다.

Ⅲ. 목사의 안수에 관한 지시. 아무에게나 경솔히 안수하지 말고(22절). 이것이 사람들에게 목사 직분을 주기 위한 사람들의 안수를 의미하는 것일 수도 있다. 그것은 갑작스럽거나 생각 없이 이루어져서는 안 된다. 안수 받을 사람들의 은사와 은혜와 능력과 자질에 대한 정당한 시험을 거치기 전에 경솔하게 안수를 해서는 안 될 것이다. 이것을 죄를 용서하는 안수로 이해하는 사람도 있다. 다시 말해서 아무에게나 너무 서둘러 안수하지 말라는 것은 다른 사람의 죄에 간섭하지(끼여들지) 않는다는 회개의 증거가 먼저 나타나기까지는 교회의 징계를 용서하지 말라는 뜻이라는 것이다. 이것은 교회의 징계를 너무 쉽게 용서하는

사람들은 다른 사람들이 이렇게 눈감아 주고 묵인하는 죄들을 짓도록 부추기고 실제로 그로 말미암아 범죄를 행하게 만든다는 것을 암시한다. 우리는 다른 사람의 죄에 간섭하고 끼여드는 사람이 되지 않기 위해서 언제나 우리 자신을 살펴야 될 필요가 있다. "스스로 깨끗하게 하라. 다른 사람들의 죄와 같은 죄를 범하지 말고 그것을 묵인하지도 말고 어떤 방식으로든 그 죄의 공범이 되지 않도록 하라." 우리는 여기서 다음의 사실들을 발견할 수 있다.

1. 목사들의 성급한 안수와 교회 징계를 받은 사람들의 사면에 대한 주의. 아무에게나 경솔히 안수하지 말라.

2. 깨끗해지려면 우리는 스스로 깨끗함을 유지해야 한다. 하나님의 은혜가 우리를 깨끗하게 해주고 유지시켜 주시지만 그것은 우리 자신의 노력에 달려 있다.

IV. 사면에 관한 지시(24,25절).   본문은 죄의 사면을 언급하고 있는 것 같다. 어떤 사람들의 죄는 밝히 드러나 먼저 심판에 나아가고 어떤 사람들의 죄는 그 뒤를 따르나니(24절). 목사들은 자신들이 다룰 때가 있는 다양한 범죄들과 범죄자들에 자신들을 적응시키는 방법을 알기 위하여 많은 지혜를 필요로 한다. 어떤 사람들의 죄는 그들을 교회가 징계하는데 논란의 여지가 없을 정도로 너무도 솔직하고 분명하다. 반면에 은밀하게 조사를 해도 발견이 되지 않는 죄를 짓는 사람도 있다. 범죄한 사람들은 재판을 받게 하고 교회의 권징을 받게 해야 한다. 어떤 사람들의 죄는 그 뒤를 따르나니. 다시 말해서 그들의 악함이 현재는 드러나지 않는다. 또한 정당한 조사가 그 죄에 관해 이루어진 뒤에도 드러나지 않는다. 또는 그들이 권징을 받은 뒤에도 계속 죄를 짓는 사람이 있다는 뜻으로 본문을 이해하는 사람도 있다. 꾸짖음으로 개선되지 않는 사람들이 있다. 그러한 경우에 교회가 죄의 사면을 베풀어서는 안 될 것이다. 회개의 증거들에 대해서도 범죄의 경우와 마찬가지이다. 이와 같이 선행도 밝히 드러나고 그렇지 아니한 것도 숨길 수 없느니라(25절). 선행이 나타나지 않고 악을 감출 수 없는 사람들이 있다. 그러므로 누구를 사면하고 누구를 사면하지 않아야 될지를 판별하는 것은 어렵지 않을 것이다. 여기서 다음의 사실들을 주목하라.

1. 은밀한 죄가 있고 드러난 죄가 있다. 어떤 사람들의 죄는 미리 알려지고 드러나 먼저 재판을 받게 된다. 반면에 어떤 사람의 죄는 드러나지 않고 계속 이어진다.

2. 교회는 죄를 범한 사람들을 각기 개별적으로 다루어야 한다.

3. 교회의 권징이 미치는 영향과 결과는 각기 다르다. 어떤 사람들은 겸손해지고 회개를 하므로 그들의 선행이 알려지게 된다. 반면에 그 반대의 아주 다른 경우도 있다.

4. 그러나 뿌리 깊은 상습적인 죄는 감출 수가 없다. 왜냐하면 하나님께서 어둠 속에 감춰진 일들을 밝히시고 모든 마음의 계획들을 드러내실 것이기 때문이다.

V. 디모데 자신에 관한 지시.

1. 여기서 바울은 디모데에게 자신의 직무를 신중하게 수행하라고 명하고 있다. 그 명령은 엄한 명령이다. 하나님과 그리스도 예수와 택하심을 받은 천사들 앞에서 내가 엄히 명하노니 너는 편견이 없이 이것들을 지켜 아무 일도 불공평하게 하지 말며(21절). 우리는 여기서 다음의 사실들을 발견할 수 있다. 목사들이 어떤 세속적인 이유로 편견을 가지고 일을 불공평하게 처리한다든지, 사람을 차별하고 존중한다든지, 이 사람보다 저 사람을 더 낫게 여긴다든지 하는 것은 어울리지 않는다. 사도 바울은 하나님과 그리스도 예수와 택하심을 받은 천사들 앞에서 디모데에게 편견이 없이 공평하게 일을 처리하라고 있는 힘을 다해 명하고 있다. 목사들은 자신들에게 맡겨진 모든 일들을 잘 준행했는지의 여부와 방법을 하나님께 보고를 드려야 한다. 만일 목사들이 세상적인 견해나 정치적인 이유로 그들의 목회 사역들을 편벽되이 불공평하게 수행한다면 화를 당하게 될 것이다.

2. 바울은 디모데에게 건강에 주의하라고 명하고 있다. 이제부터는 물만 마시지 말라. 디모데는 육체적인 쾌락을 삼가는 금욕적인 사람이었던 것 같다. 디모데는 물만 마시고 강한 체질의 몸을 지니고 있지 않은 사람이었다. 이런 이유 때문에 바울은 디모데에게 위장을 돕고 약한 체질을 북돋아주기 위해 포도주를 쓰도록 권하고 있다. 포도주를 조금 쓰라는 말을 주목하도록 하라. 목사들이 포도주를 많이 마시는 일이 있어서는 안 되기 때문이다. 몸의 건강을 위하여 포도주를 쓰라는 것이지 병들게 하기 위하여 마시라는 것이 아니기 때문이다. 왜냐하면 하나님께서 인간의 마음을 즐겁게 하기 위하여 포도주를 만드셨기 때문이다. 우리는 여기서 다음의 사실들을 발견할 수 있다.

(1) 사람들이 자신의 몸을 언제나 적절하게 돌보아야 하는 것은 하나님의 뜻

이다. 우리는 우리 몸의 주인이 되어서는 안 되는 것처럼 몸의 노예가 되어서도 안 될 것이다. 그러나 우리가 하나님을 섬기는 일에 몸이 우리에게 도움이 될 수 있도록 몸을 활용해야 할 것이다.

(2) 포도주는 병이 있고 약한 사람들에게 아주 괜찮다. 특별히 위가 종종 탈이 나고 허약한 체질로 일을 하는 사람들에게 좋다. 독주는 죽게 된 자에게 포도주는 마음에 근심하는 자에게 줄지어다(잠 31:6).

(3) 우리는 포도주를 우리의 일과 유익을 위한 도움의 도구로 사용해야지 해로움의 도구로 사용해서는 안 될 것이다.

제
— 6 —
장

개요

    I. 바울은 종들의 의무에 대해 다룬다(1, 2절). II. 거짓 교사들에 대해 다룬다(3-5절). III. 경건과 탐심에 대해 다룬다(6-10절). IV. 디모데가 피해야 될 것과 따라야 될 것에 대해 다룬다(11. 12절). V. 엄중한 명령(13-16절). VI. 부자들에 대한 권고(17-19절). 그리고 디모데에 대한 마지막 부탁(20-21절).

¹무릇 멍에 아래에 있는 종들은 자기 상전들을 범사에 마땅히 공경할 자로 알지니 이는 하나님의 이름과 교훈으로 비방을 받지 않게 하려 함이라 ²믿는 상전이 있는 자들은 그 상전을 형제라고 가볍게 여기지 말고 더 잘 섬기게 하라 이는 유익을 받는 자들이 믿는 자요 사랑을 받는 자임이라 너는 이것들을 가르치고 권하라 ³누구든지 다른 교훈을 하며 바른 말 곧 우리 주 예수 그리스도의 말씀과 경건에 관한 교훈을 따르지 아니하면 ⁴그는 교만하여 아무 것도 알지 못하고 변론과 언쟁을 좋아하는 자니 이로써 투기와 분쟁과 비방과 악한 생각이 나며 ⁵마음이 부패하여지고 진리를 잃어 버려 경건을 이익의 방도로 생각하는 자들의 다툼이 일어나느니라

    I. 여기서 종들의 의무를 다룬다. 사도 바울은 교회 관계에 대해 말을 하기에 앞서 가족 관계에 대해 언급하고 있다. 여기서 종들이 멍에 아래 있다고 언급되고 있다. 멍에 아래 있다는 것은 예속과 노동을 해야 한다는 것을 나타내 주고 있다. 종들이란 노동을 하기 위하여 멍에를 지고 있는 것이지 게으름을 피우기 위한 것이 아니다. 그리스도교가 멍에 아래 있는 종들을 발견한다면 계속 그대로 두어야 할 것이다. 왜냐하면 복음은 자연법이나 상호 계약을 통해 짊어진 어떤 의무 관계를 무효화시키지 않기 때문이다. 종들은 자기 상전들을 범사에 마땅히 공경할 자로 알아야 한다(왜냐하면 상전들은 그들의 주인이기 때문이다). 그러므로 종들이 자기 주인에게 마땅히 표시해야 될 존경과 법 준수와 공손함과 복종을 모두 바쳐야 한다. 종들이 모두 그렇게 생각하지는 않았겠

지만 그 중에는 그렇게 주인을 공경하지 않아도 된다고 생각하는 사람들도 있었다.

그러나 종들은 마땅히 자기 상전들에게 그들이 받아 마땅한 존경을 드려야 한다. 그것은 하나님의 이름과 교훈으로 비방을 받지 않게 하기 위한 것이다. 만일 그리스도교를 받아들인 종들이 자기 상전들에게 점점 무례하게 굴고 불순종하게 된다면 그리스도의 가르침이 그들을 그렇게 만들었다고 생각하게 될 것이다. 마치 종들이 복음을 받아들이고 믿기 전보다 복음이 그들을 생활이 더 나쁜 사람으로 만든 것처럼 보일 것이다. 여기서 다음의 사실들을 주목하라. 만일 신앙을 고백한 사람들이 잘못 행동하게 된다면 하나님의 이름과 교훈이 비방을 받을 위험에 처하게 될 것이다. 다시 말해서 신자들이 잘못하면 일컫는 바 그 아름다운 이름을 비방하고자 하는(약 2:7) 꼬투리를 찾는 사람들이 하나님의 이름과 교훈을 욕하게 될 것이다. 그래서 우리가 처신을 잘 해야 되는 이유가 바로 이것 때문이다. 그렇게 하면 그리스도교 진리와 가르침을 비방하려고 많은 사람들이 찾는 빌미를 제공하지 않게 될 것이다. 그리고 우리 때문에 그리스도교를 비방하려고 하는 사람들을 붙잡기가 아주 쉬울 것이다. 주인도 그리스도인이고 종도 그리스도인이라고 하더라도 처신을 잘해야 되는 데는 변명의 여지가 없다. 왜냐하면 그리스도 안에서는 매인 자도 없고 자유하는 자도 없기 때문이다. 예수 그리스도께서는 사회적 관계의 계약을 해체시키기 위하여 오신 것이 아니라 그것을 더 강화시키기 위하여 오셨다. 믿는 상전이 있는 자들은 그 상전을 형제라고 가볍게 여기지 말라. 왜냐하면 이 형제애는 영적인 권리들뿐만 아니라 외적인 위엄이나 유익과도 관련이 있기 때문이다(자신이 관련되어 있는 관계들의 의무들을 부정하기 위한 구실로 신앙이나 종교를 이용하는 사람들은 자신들의 종교를 잘못 알고 잘못 사용하는 것이다).

더 잘 섬기게 하라 이는 유익을 받는 자들이 믿는 자요 사랑을 받는 자임이라. 종들은 상전들을 더욱 잘 섬겨야 된다는 것을 명심해야 한다. 왜냐하면 사람들에게 나타나는 그리스도인들의 믿음과 사랑은 사람들에게 베푸는 의무적인 선행이기 때문이다. 바로 그것이 그리스도인들의 봉사가 존재하는 근거의 전부이다. 여기서 다음의 사실들을 주목하도록 하자. 만일 우리가 그들이 믿는 사람이고 사랑을 받는 사람이고 유익을 받는 자들 즉 그리스도교의 유익에 참여하는 사람이라고 생각할 이유가 있다면 우리의 관계들에 대한 우리의 의무를 행함에 있어서 우리에게 큰 위로와 격려가 될 것이다. 또한 믿는 주인들과 종들은 형제들이고 유익을 함께 나누고 받는 사람들이다. 왜냐하면 그리스도 예수 안에는 매임도 없고 놓임도 없다. 그 이유는 당신들이 모두 그리스도 예수 안에서 하나이기 때문이다(갈 3:28). 디모데는 이것들을 가르치고 권하라 지시를 받고 있다. 목사들은 모든 사람들의 일반적인 관계들뿐만 아니라 특별한 관계들의 의무들도 설교해야 한다.

Ⅱ. 바울은 여기서 디모데에게 그리스도의 가르침을 왜곡시키고 그것을 논쟁거리와 다툼거리로 만드는 사람들을 멀리하라고 경고한다. 누구든지 다른 교훈을 하면(3절). 다시 말해 그가 중대한 경건을 장려하기 위한 것을 전파하지 않고 가르치지 않고 권면하지 않는다면, 또는 그 사람이 영혼을 치료하는 직접적인 특성을 지닌 유익하고 건전한 말씀들에 동의하지 않는다면 그런 사람은 가까이 하지 말라는 것이다. 더욱이 그 사람이 바른 말 곧 우리 주 예수 그리스도의 말씀과 경건에 관한 교훈을 따르지 아니하면 그런 사람을 멀리하라는 것이다. 우리는 우리 주 예수 그리스도의 말씀을 제외하고는 어떤 유익한 말일지라도 다른 교훈의 말에 동의를 해서는 안 된다는 사실을 주목하도록 하라. 우리는 우리 주 예수 그리스도의 말씀에 거짓 없는 동의와 순종을 해야 하고 경건에 관한 교훈에 따라야 한다. 우리 주 예수 그리스도의 교훈은 경건에 관한 가르침과 교훈이다. 그 가르침은 사람을 경건하게 만드는 분명한 특성을 지니고 있다.

그러나 그리스도의 말씀에 따르지 않는 사람은 교만하고 투기와 분쟁을 일삼고 아무것도 모르면서 교회에 많은 손해를 끼친다. 일반적으로 아주 교만한 사람들은 아는 건 사실 아주 적다. 다시 말해 가장 무식한 사람이 가장 교만하다. 왜냐하면 그들의 모든 지식으로도 그들은 자기 자신들이 누구이고 무엇인지를 전혀 모르기 때문이다. 그러면서 그런 사람들은 질문을 지나치게 좋아하고 변론과 언쟁을 일삼는다. 그리스도교의 분명하고 실제적인 가르침과 교훈들을 따르지 않는 사람들이 논쟁이나 밝히게 된다. 그러한 논쟁과 변론은 종교의 생명과 힘을 갉아 먹는다. 그리고 그들은 교회에 많은 해를 끼치는 변론과 언쟁을 지나치게 좋아한다. 이로써 투기와 분쟁과 비방과 악한 생각이 일어나는 빌미가 된다. 사람들이 주 예수 그리스도의 말씀에 따르지 않고 경건에 관한 교훈을 따르지 않으면 그들은 그들 자신의 생각을 만들어 사람들에게 전하게 될 것이다.

다시 말해 그들은 성령께서 가르치시는 말로 아니하고 사람의 지혜가 가르치는 그들 자신의 말로 사람들을 가르칠 것이다(고전 2:13). 그리고 그들은 교회 안에 모든 해악의 씨앗을 뿌릴 것이다. 이로써 사람의 마음이 부패하여지고 다툼이 일어나게 된다(5절). 이러한 다툼과 변론들은 아주 미묘한 것들이라 뜻을 파악하기가 어렵고 확실성이 전혀 없는 것들이다. 마음이 부패하여지고 진리를 잃어버리게 된다는 것을 주목하라. 사람들의 마음이 어지러워지게 되는 이유는 예수 안에 있는 진리에 매달리지 않기 때문이다. 다시 말해 사람들이 종교를 그들의 세속적인 이익의 수단으로 만들어 경건을 이익의 방도로 생각하기 때문이다. 그러므로 바울은 디모데에게 이러한 일들에서 물러나라고 경고하고 있는 것이다. 우리는 여기서 다음과 같은 사실을 발견할 수 있다.

1. 우리 주 예수의 말씀은 유익한 말씀이고 교회의 상처를 예방하고 치료할 뿐만 아니라 상처 받은 양심을 치료하는 데도 가장 적합하다. 왜냐하면 그리스도께서 학자들의 혀를 가지고 계시고 곤고한 자에게 시의적절한 말씀으로 위로하시기 때문이다(사 50:4). 그리스도의 말씀은 교회 안의 불화를 예방하는 데 가장 좋다. 왜냐하면 예수님을 믿는 신앙을 고백하는 사람은 누구든지 자신의 주와 선생이 되시는 그리스도의 말씀의 적절성과 권위를 결코 왈가왈부하지 않을 것이기 때문이다. 그리고 사람의 말이 그리스도의 말씀과 동등한 사항이 있다거나 어떤 경우에는 더 위대하다고 주장하는 것 때문에 그러한 인간의 말이 절대로 교회와 융화를 이루지 못하는 것이다.

2. 다른 것을 가르치고 이 유익한 말씀을 따르지 않는 사람은 누구든지 교만하고 아무것도 모르는 자다. 왜냐하면 교만과 무지는 항상 같이 다니기 때문이다.

3. 바울은 우리 주 예수 그리스도의 말씀을 따르지 않는 사람들뿐만 아니라 경건에 관한 가르침을 따르지 않는 사람들에게도 낙인을 찍는다. 그들은 교만하고 아무것도 모른다. 또한 그들은 더 유익한 다른 말씀도 전혀 모르는 자들이다.

4. 우리는 변론과 언쟁을 좋아하는 것의 슬픈 결과들을 보았다. 변론과 언쟁을 일삼는 것은 투기와 분쟁과 비방과 악한 생각이 일어나게 한다. 사람들이 우리 주 예수 그리스도의 유익한 말씀을 떠날 때 그들은 그들 자신의 것이든 다른 사람들의 꾸며낸 이야기이든 어떤 다른 말에도 따르지 못하고 끊임없이

논쟁과 말다툼만 벌이게 될 것이다. 그리고 그들이 믿기로 작정한 말씀보다 다른 말을 더 좋아하게 될 때 그것이 질투와 투기를 일으킬 것이다. 이로 말미암아 본문에서 악한 생각이라고 하는 서로 간의 투기와 의심이 일어나게 될 것이다. 이것은 잘못된 분쟁으로 발전하게 될 것이다.

5. 잘못된 분쟁을 미친듯이 좋아하는 그러한 사람들은 마음이 부패하여지고 진리를 잃어버리게 되는 것 같다. 그리고 그러한 사람들은 경건을 큰 유익으로 생각하는 사도 바울의 판단과는 달리 경건을 이익을 얻기 위한 수단으로 생각한다.

6. 선한 목사들과 그리스도인들은 그런 것들을 스스로 멀리할 것이다. 그러므로 너희는 그들 중에서 나와서 따로 있고 부정한 것을 만지지 말라고 주님께서 말씀하신다(고후 6:17).

⁶그러나 자족하는 마음이 있으면 경건은 큰 이익이 되느니라 ⁷우리가 세상에 아무것도 가지고 온 것이 없으매 아무것도 가지고 가지 못하리니 ⁸우리가 먹을 것과 입을 것이 있은즉 족한 줄로 알 것이니라 ⁹부하려 하는 자들은 시험과 올무와 여러 가지 어리석고 해로운 욕심에 떨어지나니 곧 사람으로 파멸과 멸망에 빠지게 하는 것이라 ¹⁰돈을 사랑함이 일만 악의 뿌리가 되나니 이것을 탐내는 자들은 미혹을 받아 믿음에서 떠나 많은 근심으로써 자기를 찔렀도다 ¹¹오직 너 하나님의 사람아 이것들을 피하고 의와 경건과 믿음과 사랑과 인내와 온유를 따르며 ¹²믿음의 선한 싸움을 싸우라 영생을 취하라 이를 위하여 네가 부르심을 받았고 많은 증인 앞에서 선한 증언을 하였도다

종교와 신앙을 자신들의 세속적 이익의 도구로 삼으려는 어떤 사람들의 믿음을 잘못 사용하는 것에 대한 언급에서 사도 바울은 다음과 같은 권면을 하고 있다.

I. 자족하는 마음의 장점과 탐욕의 해로움을 권면한다.

1. 자족하는 마음의 장점(6-8절).

그리스도교를 세속적인 이익 집단으로 생각하는 사람들도 있다. 그러한 의미에 있어서는 그들이 의미하는 바는 잘못된 것이다. 그러나 그리스도교가 가장 나쁜 장사이기는 할지라도 가장 좋은 직업이기도 하다. 단지 이 세상을 위

한 자신들의 이윤 추구를 위해 그리스도교를 이용해 장사하는 사람들은 실망을 할 것이고 별 재미를 못 볼 것이다. 그러나 그리스도교를 자신의 소명과 직업으로 생각하고 그것으로 거래하고 사업하는 사람들은 그것이 이익이 되는 소명이고 직업이라는 사실을 발견하게 될 것이다. 왜냐하면 그리스도교는 지금 세상에서 뿐만 아니라 장차 올 다음 세상에서도 생명의 약속을 지니고 있기 때문이다.

(1) 바울이 진술하는 진리는 자족하는 마음이 있으면 경건은 큰 이익이 된다는 것이다. 이것을 얼마간의 자산을 가진 경건으로 해석하는 사람도 있다. 다시 말해 만일 어떤 사람이 이 세상에서 가진 것이 얼마 없지만 그걸로 생활을 유지한다면 그는 더 바랄 것이 없고 그것을 가진 그의 경건은 그의 큰 이익이 될 것이다. 의인의 적은 소유가 악인의 풍부함보다 낫도다(시 37:16). 우리는 이 말씀을 자족하는 마음이 있는 경건으로 해석할 수 있다. 경건은 그 자체가 큰 이익이다. 경건은 범사에 유익하다. 그리고 참 경건이 있는 곳은 어디든지 자족하는 마음이 있기 마련이다. 그러나 자신의 경건으로 자족의 최고 경지에 이른 사람들은 이 세상에서 분명히 가장 행복한 사람들이다. 자족하는 마음이 있는 경건은, 즉 그리스도인의 자족은 큰 이익이다(자족은 반드시 경건의 원리들을 통해 나와야 한다). 그것은 이 세상에 있는 모든 부이다. 경건한 사람은 분명히 내세에서도 행복할 것이다. 게다가 경건한 사람이 자족으로 이 세상에서 자신의 형편에 적응할 수 있다면 그는 충분히 가진 사람이 될 것이다. 우리는 여기서 다음의 사실들을 발견할 수 있다.

[1] 그리스도인의 이익은 자족하는 마음을 지닌 경건이다. 바로 이것이 이익을 얻을 수 있는 참된 길이요 방법이다. 더 나아가서 자족하는 마음의 경건은 이익 그 자체이다.

[2] 그리스도인의 이익은 크다. 그것은 세상 사람들의 시시한 이익과 같은 것이 아니다. 세상 사람들은 시시한 세속적인 이익을 아주 좋아한다.

[3] 경건은 크든 작든 언제나 자족하는 마음을 수반한다. 모든 참된 경건한 사람들은 어떠한 형편에 있든지 자족하는 바울에게서 깨우침을 받아왔다(빌 4:11). 경건한 사람들은 하나님께서 그들을 위하여 분배해주신 것에 만족한다. 그들은 이것이 그들에게 가장 좋은 것임을 아주 잘 안다. 이제 우리 모두 자족하는 마음이 있는 경건을 따르도록 노력하자.

(2) 바울이 자족의 경건을 권면하는 이유는 다음과 같다. 우리가 세상에 아무 것도 가지고 온 것이 없으매 아무것도 가지고 가지 못하리니(7절). 이것이 우리가 적은 것으로도 만족해야 되는 한 가지 이유이다.

[1] 우리는 이 세상에 벌거벗고 왔기에 우리에게 마땅히 갚으라고 할 빚으로 감히 요구할 수 있는 것이 아무것도 없다. 우리가 지금까지 가지고 있는 것이 무엇이든지 그것은 하나님의 섭리 덕분이다. 그러나 주신 하나님께서 원하실 때 원하시는 것을 가져갈 수 있으시다. 우리가 이 세상에 올 때 벌거벗고 아무 것도 가지지 않고 왔음에도 불구하고 우리가 지금 우리의 본성과 몸과 생명(이 것들은 음식과 의복보다 훨씬 더 중요한 것들이다)을 소유하게 되었다. 그런데 우리가 우리의 존재와 생명을 계속 지니고 있음에도 불구하고 모든 것을 가지 지 못했다고 자족을 못할 수 있단 말인가? 우리는 이 세상에 아무것도 가지고 오지 않았지만 하나님께서 우리를 위해 마련해주셨고 우리를 돌보아 주셨고 오늘날까지 우리 모든 생명들을 먹여주셨다. 그러므로 우리가 아주 큰 어려움 에 빠졌을 때 우리는 이 세상에 왔을 때보다 더 가난해질 수 없을 것이다. 게다 가 그 때에도 하나님께서 우리를 보살펴주셨다. 그러므로 우리의 순례의 남은 기간을 위해서도 하나님을 의지하고 믿도록 하자.

[2] 우리는 이 세상에서 아무것도 가지고 가지 못할 것이다. 세상에서 가장 부 유한 사람일지라도 그의 수많은 재산에서 가질 수 있는 것이라고는 고작 수의 와 관과 무덤뿐이다. 그런데 우리가 많은 것을 탐내야 할 이유가 무엇인가? 왜 우리는 적은 것에 만족하지 않으면 안 되는 것일까? 그 이유는 우리가 아무리 많은 것을 가지고 있다고 할지라도 우리는 그것을 우리 뒤에다 남겨놓아야만 하기 때문이다. 그가 모태에서 벌거벗고 나왔은즉 그가 나온 대로 돌아가고 수고하 여 얻은 것을 아무것도 자기 손에 가지고 가지 못하리니 이것도 큰 불행이라 어떻게 왔든지 그대로 가리니 바람을 잡는 수고가 그에게 무엇이 유익하랴(전 5:15,16).

(3) 그러므로 바울은 이렇게 넌지시 말하고 있다. 우리가 먹을 것과 입을 것이 있은즉 족한 줄로 알 것이니라(8절). 먹을 것과 입을 것은 의식주를 다 내포하고 있 다는 뜻이다. 여기서 다음의 사실들을 주목하라. 만일 하나님께서 생활의 필요 한 도움들을 우리에게 베풀어주신다면 우리는 그것이 화려하고 즐거운 것이 아닐지라도 그것으로 만족해야만 할 것이다. 만일 자연이 적은 것으로 만족을 시켜준다면 은혜는 더 적은 것으로 만족을 시켜줄 것이다. 비록 우리에게 맛좋

은 음식이 없고 값비싼 의복이 없다고 할지라도 우리에게 필요한 먹을 것과 입을 것이 있다면 우리는 자족해야만 될 것이다. 아굴은 이렇게 기도했다. 나를 가난하게도 마옵시고 부하게도 마옵시고 오직 필요한 양식으로 나를 먹이시옵소서(잠 30:8). 여기서 우리는 다음의 사실들을 발견할 수 있다.

[1] 우리가 이 세상에 아무것도 가지고 오지 않았고 마찬가지로 이 세상을 아무것도 가지고 떠날 수 없음에도 우리가 이런 세상 것들에 우리의 행복의 가치를 둔다는 것은 어리석은 일이다. 죽음이 세상 사람들의 행복과 재산을 벗겨가고 그들이 그렇게 미치도록 좋아하던 모든 세상적인 것들과 영원한 작별을 해야만 할 때 그들은 무엇을 할 것인가? 그들은 가난한 미가의 말을 말할지도 모르겠다. 내가 만든 신들과 제사장을 빼앗아 갔으니 이제 내게 오히려 남은 것이 무엇이냐(삿 18:24).

[2] 참된 그리스도인들이 바라는 것의 한계는 생필품들이다. 그리스도인은 이런 것들로 자족하도록 노력해야 할 것이다. 그리스도인이 바라는 것들은 만족할 수 없는 것들이 아니다. 오히려 이 세상의 아주 적거나 얼마 안 되는 생필품들이 그에게 제공된다고 할지라도 그는 즐거워할 수 있을 것이다. 즉 우리가 먹을 것과 입을 것이 있은즉 만족할 것이다.

2. 탐욕의 해악. 부하려 하는 자들은(이 세상의 부에 마음을 두고 옳든 그르든 세상의 부를 가지려고 하는 사람들은 그것을 가지려 할 것이다) 시험과 올무와 여러 가지 어리석고 해로운 욕심에 떨어지나니(9절). 본문은 현재 부자들을 말하고 있는 것이 아니라 부자가 되려고 하는 사람들을 말하고 있다 다시 말해서 행복의 가치를 세상적인 부에 두고 부당하게 부를 탐하고 열심히 맹렬하게 부를 뒤쫓는 사람을 말하고 있다. 그러한 사람들은 필연적으로 시험과 올무에 빠지게 될 것이다. 왜냐하면 마귀가 그들의 욕망이 그들을 어디로 데리고 가고 있는지를 알면 마귀는 낚싯바늘에 그들이 바라는 미끼를 걸고 그들을 낚아챌 것이다. 마귀는 아간이 금덩이를 얼마나 좋아하는지를 알고 아간 앞에 그 미끼를 던졌던 것이다. 그런 사람들은 어리석고 해로운 욕심에 떨어질 것이다. 다음의 사실들을 주목하라.

(1) 사도 바울은 다음과 같은 전제를 한다.

[1] 어떤 사람들은 부유해질 것이다. 다시 말해서 그런 사람들은 부해지려고 단단히 결심했기에 아주 크게 풍부하지 않고는 전혀 만족을 얻지 못할 것이다.

[2] 그러한 부는 안전하지도 않고 깨끗하지도 않을 것이다. 왜냐하면 그들은 자신을 영원히 파멸시킬 위험에 빠지게 될 것이기 때문이다. 그들은 시험과 올무에 빠지게 될 것이다.

[3] 세속적인 욕망들은 어리석고 해롭다. 왜냐하면 그러한 욕망들은 사람들을 파멸과 멸망 속으로 빠뜨리기 때문이다.

[4] 세속적인 육체의 욕망들을 헤아려 살피는 것이 우리에게 좋다. 그러한 욕망들은 어리석기에 그것들로 말미암아 우리가 수치를 당하게 되고 상처를 입게 될 것이다. 그러므로 우리는 그 욕망들을 두려워해야만 할 것이다. 특별히 그 욕망들의 해로움이 얼마나 심한지를 생각해야 할 것이다. 왜냐하면 그 욕망들이 파멸과 멸망에 사람들을 빠지게 하기 때문이다.

(2) 사도 바울은 돈을 사랑함이 일만 악의 뿌리가 된다는 사실을 확언한다(10절). 돈을 사랑하는 것이 사람들을 어떤 죄에 빠뜨리는 것일까? 특별히 많은 사람들이 그리스도의 믿음에서 떠나게 한 배교의 밑바닥에는 이 돈을 사랑하는 것이 있었다. 사람들이 돈을 탐했기에 미혹을 받아 믿음에서 떠나게 되었고 그리스도교를 버리게 되었고 많은 근심으로써 자기를 찔렀다. 여기서 다음의 사실들을 주목하라.

[1] 무엇이 악의 뿌리인가. 그것은 돈을 사랑하는 것이다. 사람들이 돈을 가질 수는 있지만 그것을 사랑해서는 안 된다. 그러나 만일 사람들이 그것을 부적절하게 사랑한다면 그것이 사람들을 모든 악으로 몰아넣게 될 것이다.

[2] 탐욕적인 사람들은 그것이 돈을 얻을 수 있는 방법이라면 믿음도 서슴없이 버릴 것이다. 이것을 탐내는 자들은 미혹을 받아 믿음에서 떠났다. 데마는 이 세상을 사랑하여 나를 버렸다(딤후 4:10). 데마는 그리스도교보다 세상을 더 사랑했기 때문이다. 믿음에서 떠나는 사람들은 많은 근심으로 자기를 찌르게 된다. 하나님을 떠난 사람들은 단지 자신들을 찌르는 슬픔과 근심들을 쌓을 따름이다.

II. 그러므로 사도 바울은 디모데에게 주의를 주고 하나님의 길과 디모데의 의무를 지키도록 권면한다. 그는 특별히 하나님께서 목사로서의 디모데에게 맡기신 직무를 완수하라고 말하고 있다. 바울은 디모데를 하나님의 사람으로 부르고 있다. 목사들은 하나님의 사람들이므로 모든 일에 거기에 어울리게 행동해야 할 것이다. 목사들은 하나님을 위하여 고용된 사람들이다. 그러므로 그들은 더욱 직접적으로 앞장서서 하나님의 영광을 위하여 헌신해야 한다. 구약 시대의 선지자들을 하나님의 사람이라고 불렀다.

1. 바울은 디모데에게 많은 사람들에게 해를 끼치는 돈을 사랑하는 것을 조심하라고 명령한다. 이것들을 피하라. 돈을 사랑하는 것이 어떤 사람에게나 어울리지 않지만 특별히 하나님의 사람들에게는 더욱 어울리지 않는다. 돈을 사랑하는 것은 마음을 이 세상의 것들에 쏠리게 한다. 그러므로 하나님의 사람들은 하나님의 것들에 마음을 쏟고 소유하려고 노력해야만 한다.

2. 디모데에게 세상을 사랑하는 것에 대한 무장을 시키기 위하여 바울은 선한 것을 따르라고 디모데에게 지시한다. 의와 경건과 믿음과 사랑과 인내와 온유를 따르라. 사람들과 나누는 대화에서의 의, 하나님을 향한 경건, 의와 경건을 실천하도록 그를 도와주는 살아 있는 원칙들로서의 믿음과 사랑을 따르라고 바울은 지시한다. 믿음과 사랑에서 나온 의와 경건을 따르는 사람들은 인내와 온유를 덧입을 필요가 있다. 다시 말해 섭리의 징계와 사람들의 비난을 참기 위하여 인내가 필요하고, 반대자들을 교훈하고 우리에게 가해지는 모욕과 손해를 못 본 체하기 위하여 온유가 필요하다. 여기서 다음의 사실들을 주목하라. 하나님의 사람들이 이런 것들을 피하는 것만으로는 충분하지가 않고 그것에 반대되는 것들을 따라가야만 한다. 더욱이 의를 따르는 하나님의 사람들은 얼마나 뛰어난 인물들인가! 그들은 세상의 뛰어난 사람들이고 하나님이 받으실 만한 사람들이기에 사람들도 그들을 인정해야만 할 것이다.

3. 바울은 디모데에게 군인의 본분을 행하라고 권면한다. 믿음의 선한 싸움을 싸우라. 하늘나라에 가려고 하는 사람들은 거기까지 가는 길에 싸움을 해야만 한다. 타락과 유혹과 싸워야 하고 어두운 세력의 반대와 싸워야 한다. 여기서 다음의 사실들을 주목하라. 그 싸움은 선한 싸움이다. 그 싸움은 선한 주장이다. 그 싸움은 선한 논쟁이다. 그 싸움은 믿음의 싸움이다. 우리는 육체를 따라 싸우지 않는다. 왜냐하면 우리가 싸우는 무기들은 육체적인 것이 아니기 때문이다(고후 10:3,4).

4. 사도 바울은 영생을 취하라고 디모데에게 권면한다. 우리는 다음의 사실들을 발견할 수 있다.

(1) 영생은 우리를 위해 준비된 면류관이다. 왜냐하면 영생은 우리의 믿음의 선한 싸움을 하는 우리에게 격려가 되기 때문이다.

(2) 우리가 영생에 이르지 못하거나 영생을 잃어버릴까 두려워하는 사람들처럼 영생을 붙잡아야만 한다. 당신이 붙잡은 것을 놓치지 않도록 조심하며 꼭 붙잡도록 하라. 내가 속히 오리니 네가 가진 것을 굳게 잡아 아무도 네 면류관을 빼앗지 못하게 하라(계 3:11).

(3) 우리는 믿음의 선한 싸움을 싸우고 영생을 취하기 위해 부름을 받았다.

(4) 디모데와 모든 신실한 목사들이 많은 증인들 앞에서 하는 신앙 고백은 선한 신앙 고백이다. 왜냐하면 그들은 신앙을 고백하고 믿음의 선한 싸움을 싸우고 영생을 취하기 때문이다. 그들의 소명과 그들 자신의 신앙 고백이 그들에게 그 싸움을 하게 만든다.

¹³만물을 살게 하신 하나님 앞과 본디오 빌라도를 향하여 선한 증언을 하신 그리스도 예수 앞에서 내가 너를 명하노니 ¹⁴우리 주 예수 그리스도께서 나타나실 때까지 흠도 없고 책망 받을 것도 없이 이 명령을 지키라 ¹⁵기약이 이르면 하나님이 그의 나타나심을 보이시리니 하나님은 복되시고 유일하신 주권자이시며 만왕의 왕이시며 만주의 주시요 ¹⁶오직 그에게만 죽지 아니함이 있고 가까이 가지 못할 빛에 거하시고 어떤 사람도 보지 못하였고 또 볼 수 없는 이시니 그에게 존귀와 영원한 권능을 돌릴지어다 아멘 ¹⁷네가 이 세대에서 부한 자들을 명하여 마음을 높이지 말고 정함이 없는 재물에 소망을 두지 말고 오직 우리에게 모든 것을 후히 주사 누리게 하시는 하나님께 두며 ¹⁸선을 행하고 선한 사업을 많이 하고 나누어 주기를 좋아하며 너그러운 자가 되게 하라 ¹⁹이것이 장래에 자기를 위하여 좋은 터를 쌓아 참된 생명을 취하는 것이니라 ²⁰디모데야 망령되고 헛된 말과 거짓된 지식의 변론을 피함으로 네게 부탁한 것을 지키라 ²¹이것을 따르는 사람들이 있어 믿음에서 벗어났느니라 은혜가 너희와 함께 있을지어다

사도 바울은 여기서 디모데에게 흠도 없고 책망 받을 것도 없이 이 명령을 지키라고 명하고 있다. 다시 말해서 이 명령은 디모데의 모든 목회 사역, 그에게 맡겨진 모든 책임, 그에게서 기대되는 모든 봉사를 의미한다. 디모데는 그의 목회 사역에 있어서 어떤 비난을 받거나 어떤 흠을 일으키지 않도록 행동해야만 한다. 디모데가 이렇게 하도록 해주는 동기들은 무엇일까?

I. 바울은 디모데에게 엄숙한 명령을 한다. 만물을 살게 하신 하나님 앞과 본

디오 빌라도를 향하여 선한 증언을 하신 그리스도 예수 앞에서 내가 너를 명하노니. 바울은 우리 모든 사람을 살피시는 하나님께서 마지막 날에 우리의 본성과 우리의 한 일을 심판하실 때 디모데가 보고하는 것처럼 하라고 그에게 명령한다. 만물을 살게 하시는 하나님은 그 자신 속에 생명을 지니고 계시고 생명의 원천이시다. 이 사실이 만물을 살게 하시는 하나님을 섬기도록 우리의 기운을 북돋아주고 되살려준다. 바울은 특별한 방식으로 주의 복음을 전파하신 사역자로서셨던 예수 그리스도 앞에서 디모데에게 명령한다. 본디오 빌라도를 향하여 선한 증언을 하신 그리스도 예수 앞에서 내가 너를 명하노니. 여기서 다음의 사실들을 주목하라. 그리스도께서는 희생 제물로 죽으셨을 뿐만 아니라 순교자로서도 죽으셨다. 그래서 그리스도께서는 빌라도 앞에서 심문을 받으셨을 때 선한 증언을 하셨다. 그리스도께서 이렇게 말씀하셨다. 내 나라는 이 세상에 속한 것이 아니니라 내가 이를 위하여 세상에 왔나니 곧 진리에 대하여 증언하려 함이로라(요 18:36,37). 내 나라는 이 세상에 속한 것이 아니라는 빌라도 앞에서의 주님의 선한 증거가 그리스도의 제자들 즉 목사들과 신자들에게 영향을 미쳐 이 세상을 사랑하는 것에서 떠나게 해야 할 것이다.

II. 바울은 디모데 자신이 했던 증언과 고백을 디모데에게 상기시킨다. 네가 많은 증인 앞에서 선한 증언을 하였도다(12절). 다시 말해서 디모데가 장로회에서 안수 받을 때 증언하고 고백했던 것을 상기시킨다. 그 증언을 지킬 의무가 계속해서 디모데에게 지워져 있다. 그러므로 그는 그 증언을 되살리고 그것으로 다시 살아나고 기운을 얻어 그의 목회 사역을 수행해야 하는 것이다.

III. 바울 사도는 디모데에게 그리스도의 다시 오심을 상기시킨다. 우리 주 예수 그리스도께서 나타나실 때까지 흠도 없고 책망 받을 것도 없이 이 명령을 지키라. 다시 말해 네가 살아있는 한 이 명령을 지키라는 것이다. 그리스도께서 네가 죽어 네 의무를 면제해주실 때까지 이 명령을 디모데가 지켜야 한다는 것이다. 우리가 맡은 직무와 달란트를 다 계산하는 주님의 재림 때까지 한 눈 팔지 말고 이 명령을 지켜야 할 것이다(눅 16:2). 여기서 다음의 사실들을 주목하라. 주 예수 그리스도께서 처음 오실 때의 낮아지신 모습의 나타나심이 아니라 영광스러운 모습의 나타나심으로 다시 나타나실 것이다. 목사들은 그들의 모든 목회 사역에서 주 예수 그리스도의 이 영광스러운 모습과 나타나심에서 눈을 떼어서는 안 될 것이다. 그리고 목사들은 그리스도께서 다시 오실 때까지 흠도 없고 책망 받을 것도 없이 이 명령을 지켜야 할 것이다. 그리스도의 오심을 사모하는 바울은 그리스도의 다시 오심을 언급하면서 재림을 말하기도 좋아하고 그 때 나타나실 주님에 대해 말하기도 좋아한다. 그리스도의 나타나심은 더딜지라도 확실하다. 그러나 우리가 그 시와 그 때는 알지 못한다. 그것은 하나님 아버지께서 그의 권능 안에 두셨기 때문이다. 하나님께서 때가 됐다고 생각하실 때 그리스도께서 나타나실 것이라는 정도로 만족하도록 하자. 여기서 다음의 사실들을 주목하라.

1. 그리스도와 하나님 아버지에 관하여 사도 바울은 본문에서 중요한 사실들을 이야기한다.

(1) 하나님께서 유일한 주권자이시라는 사실을 이야기한다. 세상 군주들의 권력들은 모두 하나님에게서 나오고 하나님을 의지한다. 현존하는 권력들은 하나님께서 정하시고 허락하신 것들이다(롬 13:1). 하나님만이 절대적이고 주권적이고 완전히 독립적인 유일한 전능자이시다.

(2) 하나님은 복되시고 유일한 주권자이시고 무한히 행복하시고, 하나님의 행복을 아주 조금이라도 손상시킬 수 있는 것은 아무것도 없다.

(3) 하나님께서는 만왕의 왕이시고 만주의 주이시다. 세상의 모든 왕들이 하나님에게서 그들의 권력을 받는다. 하나님께서 그들에게 그들의 왕관들을 씌워주셨고 그들의 왕권들이 하나님 치하에서 유지된다. 그래서 하나님께서 세상의 왕들을 절대적으로 지배하신다. 그리스도의 옷과 다리에 쓰여진 칭호가 바로 이 만왕의 왕이요 만주의 주이다(계 19:16). 왜냐하면 주님께서는 세상의 왕들보다 훨씬 높은 이름을 지니고 계시기 때문이다.

(4) 하나님만이 불멸성을 지니고 계시다. 하나님만이 스스로 불멸하시고 생명의 원천이신 불멸성을 지니고 계시다. 왜냐하면 천사들과 영들의 불멸성이 하나님에게서 나오는 것이기 때문이다.

(5) 하나님은 우리가 가까이 가지 못할 빛에 거하신다. 그 빛은 어느 누구도 접근할 수 없는 빛이다. 하나님께서 하늘나라로 데려가기를 좋아하시고 허락하시는 사람들을 제외하고는 아무도 하늘에 갈 수가 없다.

(6) 죽을 수밖에 없는 인간의 눈이 하나님의 영광의 빛과 밝음을 본다는 것은 불가능하다. 하나님을 보고 살 수 있는 사람은 아무도 없다.

2. 이 영광스러운 속성들을 언급하면서 사도 바울은 찬송으로 마무리한다. 그

에게 존귀와 영원한 권능을 돌릴지어다 아멘. 하나님께서는 모든 권능과 존귀를 자신에게 돌리신다. 하나님께 모든 권능과 존귀를 돌리는 것은 우리의 의무이다.

(1) 복되시고 유일하신 주권자이신 하나님께 죄를 짓는 것은 얼마나 나쁜 일인가! 그러한 죄의 악함은 대적하는 대상의 권위에 비례하여 증가한다.

(2) 우리와 같은 비천하고 하찮은 피조물들을 마음 써주시는 하나님의 너그러우심은 참으로 크시다. 그러면 우리가 무엇이기에 만왕의 왕이시며 만주의 주이신 복되신 하나님께서 우리를 찾으셔야 하는가?

(3) 이 위대하시고 복되신 주권자와 함께 거할 수 있도록 허락받은 사람들은 복이 있도다. 스바의 여왕이 솔로몬 왕에게 말한다. 복 되도다 당신의 이 신하들이여 항상 당신 앞에 서서 당신의 지혜를 들음이로다(왕상 10:8). 만왕의 왕 앞에 서 있을 수 있도록 허락받은 사람들은 더욱 복된 사람들이다.

(4) 위대하신 하나님을 사랑하고 경배하고 찬양하도록 하자. 주여 누가 주의 이름을 두려워하지 아니하며 영화롭게 하지 아니하오리이까 오직 주만 거룩하시나이다(계 15:4).

Ⅳ. 사도 바울은 추신 형식으로 부자들을 위한 교훈을 덧붙이고 있다(17-19절).

1. 디모데는 부유한 사람들에게 유혹들을 조심하고 그들의 부유한 재산을 선용할 기회들로 삼으라고 권면해야만 한다.

(1) 디모데는 교만을 주의하라고 그들에게 경고해야 한다. 교만은 세상이 그들에게 미소지으며 그들을 유혹할 때 부자들이 쉽게 걸려드는 죄이다. 부한 자들을 향하여 마음을 높이지 말고 자신들을 분수 이상으로 생각하지 말고 자신들의 부를 자랑하지 말라고 명령해야 한다.

(2) 디모데는 자신들의 부에 대한 헛된 자만을 조심하라고 부자들에게 명령해야 한다. 부자들이 불확실한 재산을 신뢰하지 말도록 그들에게 주의를 주어야 한다. 이 세상의 부보다 더 불확실한 것은 이 세상에서 아무것도 없다. 많은 사람들이 그것을 어느 날 많이 가지게 되었다가 그 다음에 다 빼앗기게 된다. 네가 어찌 허무한 것에 주목하겠느냐 정녕히 재물은 스스로 날개를 내어 하늘을 나는 독수리처럼 날아가리라(잠 23:5).

(3) 디모데는 부자들에게 살아 계신 하나님을 믿으라고 권면해야 한다. 그리

고 디모데는 그들에게 재물에 소망을 두지 말고 오직 우리에게 모든 것을 후히 주사 누리게 하시는 하나님께 두라고 권면해야 한다. 부유한 사람들은 그들에게 부를 주고 그것을 풍성하게 누리게 해주신 하나님을 바라보아야 한다. 왜냐하면 많은 사람들이 부를 가지고 있지만 그것을 활용하는 마음을 가지고 있지를 못해서 그 부를 변변치 않게 누린다.

(4) 디모데는 부자들이 가진 것을 선용하도록 권면해야 한다. 사람에게 더 많은 선을 베푸는 기회로 삼는 것보다 더 가치 있는 재산이 있겠는가? 네가 이 세대에서 부한 자들에게 명하여 선을 행하고 선한 사업을 많이 하는 자가 되게 하라. 진짜 부자는 선한 사업을 많이 하는 사람들이다. 그런 부자들은 나누어 주기를 좋아하고 기꺼이 서로 통용한다. 다시 말해서 그 일을 해야 될 뿐만 아니라 기꺼이 그 일을 해야 된다. 왜냐하면 하나님께서는 즐겨 내는 자를 사랑하시기 때문이다.

(5) 디모데는 부자들이 내세를 생각하고 자선을 함으로써 내세를 준비하도록 권면해야 한다. 부자들이 영생을 취할 수 있도록 장래에 자기를 위하여 좋은 터를 쌓으라는 것이다.

2. 우리는 여기서 다음의 사실들을 다음의 사실들을 발견할 수 있다.

(1) 목사들은 부자를 두려워해서는 안 된다. 목사들은 언제나 부자답게 살라고 부자들에게 말해야 하고 명령해야 한다.

(2) 목사들은 부자들에게 그들의 부에 대한 교만과 헛된 자만심을 조심하라고 그들에게 경고해야 한다. 네가 이 세대에서 부한 자들을 명하여 마음을 높이지 말고 정함이 없는 재물에 소망을 두지 말고 부자들이 경건과 자선의 일에 힘쓰도록 격려해야 한다. 선을 행하고 선한 사업을 많이 하게 하라.

(3) 이것이 부자들이 장래에 자기를 위하여 선행을 쌓아 두어 영생을 얻을 수 있게 하는 방법이다. 우리는 영광과 존귀와 썩지 아니함을 구해야 한다. 그러면 영생을 결국 얻게 될 것이다(롬 2:7).

(4) 디모데에게 주어진 명령 속에 목사들을 위한 교훈이 있다. 네게 부탁한 것을 지키라. 모든 목사는 청지기이다. 목사에게 맡긴 보물을 목사는 지켜야 한다. 하나님의 진리와 하나님의 규례들을 지키라. 망령되고 헛된 말과 거짓된 지식의 반론을 피함으로 네게 부탁한 것을 지키라. 사도 바울이 헛된 말이라고 하는 인간적인 웅변에 영향을 받지 말고 또는 종종 하나님의 진리를 반대하는 인간적인

학식에 영향을 받지 말고 기록된 말씀을 가까이에 두고 지키라는 것이다. 왜냐하면 바로 그것을 우리에게 지키라고 맡겼기 때문이다. 거짓된 지식이라고 하는 자신의 학식을 아주 자랑스러워하는 사람들은 그것으로 말미암아 그들의 원칙들을 저버리게 되고 그리스도의 믿음에서 멀어지게 되었다. 바로 이것이 우리가 복음의 단순한 말씀을 지키고 그 말씀에 따라 살거나 죽기를 결심해야 하는 좋은 이유가 된다. 여기서 다음의 사실들을 주목하라.

[1] 목사들은 그들에게 맡기고 부탁한 것을 지키라고 아주 진지한 권면을 아무리 들어도 부족함이 없을 것이다. 왜냐하면 그들에게 맡겨진 것은 아주 중요한 부탁이기 때문이다. 디모데야 네게 부탁한 것을 지키라. 이 말은 마치 바울이 이렇게 말했던 것과 같다: 나는 너에게 거듭 이 말을 명하지 않고는 말을 마칠 수가 없다. 네가 무엇을 하든지 이것을 반드시 지키도록 해라. 왜냐하면 그것이 너무 중요한 부탁이라 도저히 저버릴 수가 없기 때문이다.

[2] 목사들은 자신에게 맡겨진 것을 지키려면 수다를 피해야 할 것이다. 왜냐하면 수다는 헛된 말이고 세속적인 말이기 때문이다.

[3] 복음의 진리를 반대하는 지식은 거짓된 것이다. 그것은 참된 지식이 아니다. 왜냐하면 그것이 참되다면 복음을 인정하고 복음을 따를 것이기 때문이다.

[4] 그러한 지식을 아주 좋아하는 사람들은 믿음에 관해 잘못을 범할 큰 위험에 빠지게 될 것이다. 믿음 위에 이성을 내세우는 사람들은 믿음을 떠날 위험에 빠지게 될 것이다.

V. 사도 바울은 엄숙한 기도와 축복으로 말을 마무리 한다. 은혜가 너희와 함께 있을지어다 아멘. 여기서 다음의 사실들을 주목하라. 이것은 친구들을 위한 짧지만 함축적인 기도이다. 왜냐하면 은혜는 그 속에 좋은 것은 다 함축하고 있고, 은혜는 영광의 어떤 조짐 내지는 시작이기 때문이다. 하나님께서 은혜를 주시는 곳은 어디든지 하나님께서 영광을 주시고, 바르게 걷는 사람에게서 어떤 좋은 것을 거두어 가지 않으실 것이기 때문이다. 너희 모두에게 은혜가 있을지어다. 아멘.

디모데후서

서론

이 두 번째 서신을 바울은 로마에서 디모데에게 썼다. 그 때 바울은 로마에서 감옥에 있었고 생명이 경각에 달려 있었다. 이 사실은 다음의 말에서 분명하게 드러난다. 전제와 같이 내가 벌써 부어지고 나의 떠날 시각이 가까웠도다(4:6). 바울 자신의 생각에 이 세상에서 떠나는 그의 하직이 얼마 안 남았던 것 같다. 특별히 그를 박해하는 사람들의 분노와 증오를 생각해볼 때 더욱 그러했던 것 같다. 네로 황제가 바울을 재판하기 위해 출두시켰다. 바울은 그 때를 이렇게 말하고 있다. 내가 처음 변명할 때에 나와 함께 한 자가 하나도 없고 다 나를 버렸으나 그들에게 허물을 돌리지 않기를 원하노라(4:16). 성경 주석가들은 이것이 바울이 썼던 마지막 서신이라는 사실에 동의한다. 그 당시 디모데가 있었던 곳은 확실하지가 않다. 이 서신의 목적은 전자의 서신과 어느 정도 다르다. 이 서신은 전도자로서의 디모데의 직무에 관해 진술하기보다는 디모데의 개인적인 처신과 행동을 진술하고 있다.

제
— 1 —
장

개요

서론(1,2절). Ⅰ. 디모데에 대한 바울의 진지한 사랑(3-5절). Ⅱ. 디모데에게 하는 다양한 권고들(6-14절). Ⅲ. 바울은 다른 사람들과 함께 빌레도와 후메내오에 대해 말하고 오네시보로를 언급하고 마무리한다(15-22절).

[1]하나님의 뜻으로 말미암아 그리스도 예수 안에 있는 생명의 약속대로 그리스도 예수의 사도 된 바울은 [2]사랑하는 아들 디모데에게 편지하노니 하나님 아버지와 그리스도 예수 우리 주께로부터 은혜와 긍휼과 평강이 네게 있을지어다 [3]내가 밤낮 간구하는 가운데 쉬지 않고 너를 생각하여 청결한 양심으로 조상적부터 섬겨 오는 하나님께 감사하고 [4]네 눈물을 생각하여 너 보기를 원함은 내 기쁨이 가득하게 하려 함이니 [5]이는 네 속에 거짓이 없는 믿음이 있음을 생각함이라 이 믿음은 먼저 네 외조모 로이스와 네 어머니 유니게 속에 있더니 네 속에도 있는 줄을 확신하노라

여기서 우리는 다음의 사실들을 발견할 수 있다.

Ⅰ. 본 서신의 헌사에서 바울은 자신을 하나님의 뜻으로 말미암아 사도된 사람이라고 부른다. 바울은 자격이 없는 무가치한 사람임에도 단지 하나님의 기뻐하시는 뜻과 은혜로 말미암아 사도가 되었다고 고백한다. 그리스도 예수 안에 있는 생명의 약속대로 또는 복음을 따라 바울은 사도가 되었다. 복음은 예수 그리스도 안에 있는 생명의 약속이다. 생명이 그 목적이고 그리스도는 그 길이시다(요 14:6). 생명은 약속 안에 들어있고 생명과 약속은 신실하신 증인이신 그리스도 예수 안에서 다같이 보장이 된다. 하나님의 약속은 얼마든지 그리스도 안에서 예가 된다(고후 1:20). 바울은 디모데를 사랑하는 아들이라고 부른다. 바울은 디모데에게 아주 따뜻한 애정을 느꼈다. 왜냐하면 바울은 디모데를 회심시키는 도구가 됐었고 디모데는 복음 안에서 바울을 자기 아버지처럼 섬겼기 때문이다. 여기서 다음의 사실들을 주목하라.

1. 바울은 하나님의 뜻으로 말미암아 예수 그리스도의 사도가 되었다. 그것은 바울이 사람의 복음을 받은 것도 아니요 배운 것도 아니요 오직 예수 그리스도의 계시로 말미암은 것이었다(갈 1:12). 즉 그가 사도로 위임을 받게 된 것은 사람의 뜻이 아니라 하나님의 뜻을 따른 것이었다. 앞의 편지에서 바울은 사도가 된 것이 우리 구주 하나님의 명을 따라 되었다고 말하고 여기서는 하나님의 뜻을 따라 되었다고 말한다. 하나님은 바울을 불러 사도가 되게 하셨다.

2. 우리는 생명의 약속을 소유하게 되었으니 그것을 감사해 하나님을 찬양하도록 하자. 이 영생은 거짓이 없으신 하나님이 영원 전부터 약속하신 것이다(딛 1:2). 그것은 영생의 자유로움과 확실함을 발견하기 위한 약속이다.

3. 모든 다른 약속들과 마찬가지로 이 약속도 예수 그리스도 안에 있고 예수 그리스도를 통하여 소유할 수 있다. 이 약속들은 모두 그리스도 안에서 하나님의 자비하심을 통해 나온다. 그리고 이 약속들은 확실한 것이어서 우리가 그것들을 안심하고 믿고 의지할 수 있다.

4. 바울이 극진히 사랑하는 아들 디모데조차도 필요로 했던 은혜와 자비와 평화는 하나님 아버지와 우리 주 그리스도 예수에게서 나온다. 그러므로 하나님과 마찬가지로 그리스도 예수도 이러한 축복들을 베풀어 주시는 분이시다. 따라서 우리는 그리스도 예수에게 이 복들을 위해 빌어야 한다.

5. 가장 선한 사람들이 이 축복들을 받기를 원한다. 그리고 이 축복들은 우리의 아주 사랑하는 친구들을 위해 요청할 수 있는 가장 좋은 축복들이다. 그래서 우리의 친구들이 어려울 때 그들을 도와줄 은혜와 잘못을 용서해줄 자비를 받을 수 있을 것이다. 마찬가지로 우리의 사랑하는 친구들이 하나님 아버지 및 우리 주 예수 그리스도와 평화를 누릴 수 있을 것이다.

Ⅱ. 사도 바울이 디모데의 믿음과 거룩함을 위하여 하나님께 감사드린다. 바울은 기도를 할 때마다 디모데를 기억하는 것을 하나님께 감사드린다. 여기서 다음의 사실들을 주목하라. 우리가 우리의 친구들을 위하여 어떤 선을 행하고 어떤 선한 직책을 수행하든 하나님께서 그 일에 대한 영광을 받으셔야 하고 우리는 하나님께 감사를 드려야 한다. 우리가 기도할 때 그것을 생각나게 하시고 우리의 마음이 그것을 기억하게 해주시는 분은 바로 하나님이시다. 바울은 기도를 많이 하는 사람이었다. 바울은 밤낮으로 기도했다. 그의 모든 기도들에서 바울은 그의 친구들을 생각했다. 바울은 특별히 좋은 목사들과 사역자들을 위

하여 기도했다. 바울은 디모데를 위하여 기도했다. 그리고 바울은 밤낮 간구하는 가운데 쉬지 않고 디모데를 생각했다. 바울은 이것을 쉬지 않고 했다. 기도야말로 바울이 쉬지 않고 끊임없이 수행하는 일이었다. 바울은 기도할 때마다 자신의 친구들을 잊어본 적이 한 번도 없었다. 바울은 그의 조상 때부터 깨끗한 양심을 가지고 하나님을 섬겼다. 바울은 자신이 하나님을 섬기는 가정에서 태어났고 하나님을 섬기는 사람들의 자손이 되었다는 사실이 그에게 위로가 되었다. 마찬가지로 바울은 가장 밝은 하나님의 빛을 따라 깨끗한 양심으로 하나님을 섬겨 왔다. 바울은 하나님과 사람에 대하여 거리낌이 없는 양심을 가지고 그것을 지키려고 항상 노력했다(행 24:16).

바울은 디모데와 어떤 대화를 나누고 싶어 디모데를 간절히 보고 싶어했다. 그것은 바울이 디모데에게 지닌 애정의 발로였다. 바울과 디모데가 마지막으로 헤어질 때 많이 울었다. 디모데는 바울과 헤어지는 것이 안타까워서 헤어질 때 많이 울었다. 그러므로 바울은 디모데를 다시 볼 수 있기를 간절히 원했다. 왜냐하면 바울은 그 보고싶은 마음이 디모데에 대한 바울의 참된 애정에서 나오는 것임을 깊이 알고 있었기 때문이다. 바울은 디모데가 그의 조상들의 종교와 신앙을 지키고 있음을 하나님께 감사를 드리고 있다(5절). 여기서 다음의 사실들을 주목하라. 디모데는 신앙의 상속을 어머니 쪽에서 물려받았다. 디모데는 좋은 어머니를 두었고 좋은 할머니가 계셨다. 디모데의 아버지는 믿지 않았지만 어머니와 할머니는 믿음을 가진 사람들이었다(행 16:1). 자녀들이 경건한 부모의 믿음과 거룩함을 닮고 그들의 발자취를 따른다는 사실은 기쁘고 위로가 되는 일이다. 내가 내 자녀들이 진리 안에서 행한다 함을 듣는 것보다 더 기쁜 일이 없도다(요삼 4).

이 믿음은 먼저 네 외조모 로이스와 네 어머니 유니게 속에 있더니 네 속에도 있는 줄을 확신하노라. 바울은 그의 친구들에게 아주 너그러운 생각을 지니고 있었다. 바울은 그들에 관한 소망이 아주 잘 이루어지기를 간절히 바랐다. 진실로 바울은 디모데를 믿을 수 있는 아주 합당한 이유를 가지고 있었다. 왜냐하면 디모데처럼 뜻을 같이 할 사람이 전혀 없었기 때문이다(빌 2:20). 여기서 다음의 사실들을 주목하라.

1. 우리도 사도 바울을 따라서 청결한 양심으로 하나님을 섬겨야 할 것이다. 바울의 조상과 우리의 경건한 선조들이 그랬던 것처럼 말이다. 이것은 다음과

같은 의미이다. 우리가 마음에 뿌림을 받아 악한 양심으로부터 벗어나고 몸은 맑은 물로 씻음을 받았으니 참 마음과 온전한 믿음으로 하나님께 나아가자(히 10:22).

2. 우리가 기도할 때마다 끊임없이 우리의 친구들을, 특별히 그리스도의 신실한 목사들을 기억하고 생각해야 한다. 바울은 밤낮으로 기도하는 가운데 그의 극진히 사랑하는 아들 디모데를 기억했다.

3. 진실한 신자들 속에 있는 믿음은 거짓된 것이 아니다. 그것은 위선이 없는 믿음이다. 그 신앙은 시련을 견디는 믿음이고 살아 있는 원리로 그들 속에 살아 있는 믿음이다. 디모데가 어머니 유니게와 할머니 로이스의 믿음을 물려받았다는 사실을 하나님께 감사드렸다. 그러므로 우리도 그런 경우를 발견하게 될 때가 언제든 그것을 감사하도록 해야 할 것이다. 우리도 하나님의 은혜를 발견하는 곳이 어디든 그것을 기뻐해야 할 것이다. 바나바가 그렇게 했던 사람이다(행 11: 23,24). 너의 자녀들 중에 우리가 아버지께 받은 계명대로 진리를 행하는 자를 내가 보니 심히 기쁘도다(요이 4).

[6]그러므로 내가 나의 안수함으로 네 속에 있는 하나님의 은사를 다시 불일듯 하게 하기 위하여 너로 생각하게 하노니 [7]하나님이 우리에게 주신 것은 두려워하는 마음이 아니요 오직 능력과 사랑과 절제하는 마음이니 [8]그러므로 너는 내가 우리 주를 증언함과 또는 주를 위하여 갇힌 자 된 나를 부끄러워하지 말고 오직 하나님의 능력을 따라 복음과 함께 고난을 받으라 [9]하나님이 우리를 구원하사 거룩하신 소명으로 부르심은 우리의 행위대로 하심이 아니요 오직 자기의 뜻과 영원 전부터 그리스도 예수 안에서 우리에게 주신 은혜대로 하심이라 [10]이제는 우리 구주 그리스도 예수의 나타나심으로 말미암아 나타났으니 그는 사망을 폐하시고 복음으로써 생명과 썩지 아니할 것을 드러내신지라 [11]내가 이 복음을 위하여 선포자와 사도와 교사로 세우심을 입었노라 [12]이로 말미암아 내가 또 이 고난을 받되 부끄러워하지 아니함은 내가 믿은 자를 내가 알고 또한 내가 의탁한 것을 그 날까지 그가 능히 지키실 줄을 확신함이라 [13]너는 그리스도 예수 안에 있는 믿음과 사랑으로써 내게 들은 바 바른 말을 본받아 지키고 [14]우리 안에 거하시는 성령으로 말미암아 네게 부탁한 아름다운 것을 지키라

바울은 본문에서 디모데에게 그의 의무에 대한 권면을 하고 분발을

촉구하고 있다. 내가 너로 생각하게 하노니(6절). 아주 훌륭한 사람들도 기억과 생각을 일깨워주는 사람을 필요로 한다. 우리가 알고 있는 것을 우리는 기억하고 생각해야 한다. 사랑하는 자들아 내가 이 둘째 편지를 너희에게 쓰노니 이 두 편지로 너희의 진실한 마음을 일깨워 생각나게 하리라(벧후 3:1).

 I. 바울은 디모데에게 그의 속에 있는 하나님의 은사를 일깨우라고 권면하고 있다. 그것을 불씨를 살리듯이 일으키라고 권면한다. 그것은 하나님께서 디모데에게 주신 모든 은사와 은혜를 의미한다. 이 은사는 복음 전도자의 사역을 위한 자격 부여를 위해 디모데에게 주어진 것이다. 이 은사는 성령의 은사들이었고 사도 바울의 손으로 안수해 디모데에게 수여된 특별한 은사들이었다. 디모데는 이 은사들을 일깨워야 한다. 다시 말해서 디모데는 이 은사들을 발휘해야 하고 증진시켜야 한다. 은사들을 사용하면 은사들을 소유하게 된다. 무릇 있는 자는 받아 풍족하게 된다(마 25:29)는 말씀대로 이다. 디모데는 기회가 있을 때마다 이 은사들을 사용해야 한다. 마찬가지로 기회가 있을 때마다 이 은사들을 일깨워야 한다. 왜냐하면 그렇게 하는 것이 은사들을 증진시키는 가장 좋은 방법이기 때문이다. 디모데 속에 있는 은사가 평범한 것이든 특별한 것이든(내 생각에 특별한 은사 같지만) 상관없이 그는 그것들을 다시 불이 일어나듯 일어나게 해야 한다. 그렇지 않으면 그 은사들이 소멸되고 말 것이다. 더욱이 이 은사가 바울 사도의 안수를 통하여 디모데에게 생겨났다는 사실을 여러분들이 알고 있다. 이 바울의 손으로 행한 안수는 디모데가 임직을 위해 장로회의 손으로 안수를 받은 것과는 다르다고 나는 생각한다(딤전 4:14). 사도 바울이 그의 손을 디모데에게 안수함으로써 받게 된 디모데의 특별한 은사들과 은혜들에 성령이 임했을 가능성이 있다(왜냐하면 나는 사도만이 성령을 받게 할 수 있는 능력을 소유했을 것이라고 생각하기 때문이다). 그리고 디모데는 목회 사역을 위한 은사를 이렇듯 풍성하게 받은 뒤에 장로회의 안수를 받고 직분을 받게 되었을 것 같다. 여기서 다음의 사실들을 주목하도록 하라.

 1. 우리의 은사들을 사용해 늘리는 것을 가로막는 상당히 큰 장애물은 바로 노예근성의 두려움이다. 그러므로 바울은 다음의 사실들을 주의하라고 디모데에게 경고한다. 하나님이 우리에게 주신 것은 두려워하는 마음이 아니다(7절). 악한 종이 달란트를 땅에 묻어두고 그것으로 장사하지 않은 이유도 바로 이런 비열한 두려움 때문이었다(마 25:25). 그러므로 하나님께서 두려워하지 말라고 우

리에게 종종 말씀하심으로써 두려워하는 마음에 대항하여 우리를 무장시켜 오셨다. "인간의 얼굴을 두려워하지 말라. 네 의무를 행하는 도중에 만나게 될 위험을 두려워하지 말라." 하나님이 우리를 두려워하는 마음에서 구원해주시고 능력과 사랑과 절제하는 마음을 주셨다. 능력의 마음이나 용기의 마음이나 결단의 마음은 어려움과 위험들을 이기게 해준다. 하나님을 사랑하는 마음은 우리가 만날 수 있는 반대를 뚫고 나갈 수 있게 해준다. 마치 야곱이 라헬을 위하여 해야 했던 고된 노동을 참고 견디게 해주었던 것처럼 말이다. 하나님을 사랑하는 마음은 우리가 사람에 대한 두려움을 넘어서게 해주고 인간이 우리에게 줄 수 있는 모든 상처를 낫게 해줄 것이다. 그리고 절제하는 마음이나 조용한 마음은 평안함을 누리게 해준다. 왜냐하면 우리는 종종 우리 자신의 공상이나 상상의 산물들로 우리의 가는 길과 하는 일에서 좌절하고 실망하게 되기 때문이다. 건전하고 견고하게 생각하는 마음이 그런 것들을 미연에 막아주고 쉽게 해결을 해줄 것이다.

2. 하나님이 그의 사역자들에게 주시는 영과 마음은 두려운 것이 아니라 용감한 마음이다. 그 마음은 사랑하는 마음이다. 왜냐하면 하나님을 사랑하고 사람을 사랑하는 것이 목사들의 모든 사역에서 목사들을 불붙게 해야 할 것이다. 그리고 그 마음은 절제하는 마음이다. 왜냐하면 목사들은 진리와 건전함을 말해야 하기 때문이다.

II. 바울은 디모데에게 고난들을 염두에 두고 준비하라고 권면하고 있다. 그러므로 너는 내가 우리 주를 증언함과 또는 주를 위하여 갇힌 자 된 나를 부끄러워하지 말고 오직 하나님의 능력을 따라 복음과 함께 고난을 받으라(8절). 이것은 복음을 부끄러워하지 말고 복음을 증거하는 일을 감당하라는 말씀이다. 우리는 여기서 다음의 사실들을 발견할 수 있다.

1. 그리스도의 복음에는 우리가 부끄러워해야 할 이유가 하나도 없다. 우리는 그리스도의 복음을 위하여 고통당하는 사람들을 부끄러워해서는 안 될 것이다. 비록 바울이 지금은 매인 몸일지라도 디모데가 선한 노인 바울을 부끄러워해서는 안 된다. 바울이 고난받는 것을 두려워하지 않아야 하는 것처럼 그리스도의 뜻을 위하여 고난당하는 사람들을 인정하기를 두려워해서는 안 될 것이다.

(1) 복음은 우리 주의 증거이다. 이 복음 안에서와 이 복음을 통해 그리스도

는 우리에게 주님 자신을 증거하시고 우리가 그 증거를 따르겠다는 신앙 고백을 통해 우리는 그리스도를 증거하고 그를 위하여 견디게 될 것이다.

(2) 바울은 그리스도에게 매인 주님의 죄수였다(엡 4:1). 왜냐하면 그리스도를 위하여 바울은 사슬에 매였기 때문이다.

(3) 우리는 우리 주님을 증거하거나 주님의 죄수가 되거나 어떤 경우에도 부끄러워할 하등의 이유가 없다. 만일 우리가 지금 어느 것 하나라도 부끄러워한다면 그리스도도 나중에 우리를 부끄러워하실 것이다. 오직 하나님의 능력을 따라 복음과 함께 고난을 받으라. 다시 말해서 복음을 위하여 고난을 염두에 두고 고난을 받을 준비를 하라는 것이다. 우리는 고난을 미리 생각하고 이 세상에서 고난당하는 성도들과 더불어 기꺼이 운명을 같이 할 각오를 해야 할 것이다. 복음과 함께 고난을 받으라는 말씀을 복음으로써 고난을 당하라는 뜻으로 해석할 수도 있다. 다시 말해서 복음을 위하여 고난당하는 사람들을 동정해야 될 뿐만 아니라 그들과 함께 고난을 받고 그들처럼 고난을 받을 준비를 해야 한다. 언젠가 복음이 어려움에 처하게 될 때 복음으로 말미암아 영생과 구원을 얻기를 바라는 사람들은 복음과 함께 고난받게 될 것도 만족해야 할 것이다. 여기서 다음의 사실들을 주목하도록 하라.

[1] 우리가 고난들을 견딜 수 있는 힘과 능력을 하나님에게서 받게 될 때 우리가 고난들을 잘 받을 수 있을 것이다. 하나님의 능력을 따라 복음과 함께 고난을 받으라.

[2] 모든 그리스도인들 특별히 목사들은 복음을 위하여 고난과 박해를 예상해야 한다.

[3] 고난은 우리에게 임하는 하나님의 능력에 따라 많아지기도 하고 적어지기도 하는 균형 관계를 이룬다(고전 10:13).

2. 하나님과 복음을 언급하면서 바울은 하나님이 우리를 위하여 복음을 통해 행하시는 큰 일들이 무엇인지를 지적하고 있다(9,10절). 디모데가 고난을 받도록 격려하기 위해 바울은 두 가지 사항을 강조하고 있다.

(1) 영광스러운 복음의 속성과 목적과 계획. 바울은 복음을 위해 고난받으려고 부름받았다. 바울이 그리스도와 그리스도의 복음을 언급할 때 그의 주제에서 벗어나 그 주제들을 확대시키는 것은 통상적인 일이다. 그리스도의 복음이 우리 모두의 구원이 되고 우리 모두의 소망이 되어야 한다는 생각으로 바울은

가득 찼다. 여기서 다음의 사실들을 주목하라.

[1] 복음의 목표는 우리의 구원이다. 하나님이 우리를 구원하셨다. 우리가 복음을 위해 고난받는 것을 대단하게 생각해서는 안 된다. 우리는 복음으로 구원받기를 소망한다. 하나님이 우리의 구원을 시작하셨고 정하신 때에 구원을 이루실 것이다. 왜냐하면 하나님이 없는 것들을(아직 이루어지지 않은 것들) 있는 것으로 부르신다(롬 4:7). 그러므로 바울은 하나님이 우리를 구원하셨다고 말하고 있다.

[2] 복음은 우리의 성화를 위해 계획된 것이다. 거룩하신 소명으로 부르심은 우리를 성결하고 성화시키기 위하여 부르셨다는 뜻이다. 그리스도교는 소명 즉 거룩한 소명의 종교이다. 우리가 소명에로 부름받는 것은 소명 가운데 일하기 위해서이다. 여기서 다음의 사실들을 주목하도록 하라. 나중에 구원받을 사람들은 모두 지금 성화가 되고 있다. 복음의 부르심이 효과적인 부르심이 되고 있는 곳에서는 어디든지 효과적으로 부르심을 받은 사람들을 거룩하게 만드는 거룩한 부르심을 발견할 수 있다.

[3] 복음의 기원은 그리스도 예수 안에서의 하나님의 자유로운 은혜와 영원한 목적에 있다. 우리가 복음에 합당한 공로가 있었다면 우리가 복음을 위하여 고난을 받기가 어려웠을 것이다. 그러나 복음에 의한 우리의 구원은 거저 주시는 은혜를 힘입은 것이지 우리의 행위를 따른 것이 아니다. 그러므로 우리는 복음을 위하여 고난받는 것을 대단하게 여겨서는 안 된다. 이 은혜는 세상이 시작되기 전인 영원 전부터 우리에게 주어졌다고 한다. 다시 말해 이 은혜는 영원부터 하나님의 목적과 계획 속에 있었다. 영원 전부터 그리스도 예수 안에 있었다. 왜냐하면 하나님이 죄인들에게 베푸는 모든 은사들은 그리스도 예수 안에서 그리스도 예수를 통하여 나오는 것이다.

[4] 복음은 하나님의 구원의 목적과 은혜의 표현이다. 우리 구주 예수 그리스도의 나타나심으로 말미암아 복음의 목적이 알려졌다. 그리스도는 영원부터 하나님 아버지의 속생각을 알고 계셨고 하나님의 은혜로운 목적들을 완전히 알고 계셨다. 그러므로 그리스도의 나타나심으로 이 은혜로운 목적이 우리에게 알려지게 되었다. 예수 그리스도가 복음을 위하여 고난을 받으셨는데 우리가 복음을 위하여 고난을 받는 것을 대단하다고 생각할 것인가?

[5] 그리스도의 복음으로 말미암아 죽음이 폐지되었다. 그는 사망을 폐하시고

라는 말씀이 의미하는 것은 죽음의 힘을 약화시켰을 뿐만 아니라 죽음을 아주 못쓰게 결딴냈다는 것이다. 다시 말해 그리스도가 우리를 지배하는 죽음의 세력을 깨뜨려 버리셨다는 것이다. 죽음의 소유가 바뀌고 죽음의 세력이 깨졌다. 죄를 없이함으로써 그리스도는 사망을 폐지하셨다. 왜냐하면 사망의 쏘는 것이 죄이기 때문이다(고후 15:56). 원수의 죽음이 이제는 친구가 되었다. 죽음은 이제 괴롭고 귀찮고 죄스러운 세상에서 완전한 평화와 청결한 세상으로 들어가려고 통과하는 문이다. 그래서 죽음의 세력이 깨졌다. 왜냐하면 죽음이 복음을 믿는 사람들을 이기는 것이 아니라 신자들이 죽음을 이기기 때문이다. 사망아 너의 승리가 어디 있느냐 사망아 네가 쏘는 것이 어디 있느냐(고전 15:55).

[6] 그는 복음으로써 생명과 썩지 아니할 것을 드러내신지라. 그리스도는 이전의 어떤 세대에 발견된 것보다 더 분명하게 또 다른 세상을 우리에게 보여주셨다. 그리고 그는 믿음에 의한 우리의 순종의 확실한 보상인 저 세상의 행복을 우리에게 보여주셨다. 우리 모두는 거울로 보는 것처럼 얼굴을 마주하고 하나님의 영광을 보게 될 것이다. 그리스도는 복음으로써 그것을 드러내심으로 우리 앞에 그것을 두셨을 뿐만 아니라 우리에게 그것을 제공해주기도 하셨다. 무엇보다 복음을 귀하게 여기도록 하자. 그것으로 말미암아 생명과 썩지 아니할 것이 드러나기 때문이다. 이 점으로 미루어 보건대 복음은 이전의 다른 모든 계시들보다 뛰어난 탁월함을 지니고 있다. 그래서 그것이 생명과 썩지 아니할 것의 복음이 되는 것이다. 복음이 생명과 영생을 우리에게 드러내고 그것으로 인도하는 준비된 길을 우리에게 지시해준다. 또한 복음은 영광과 존귀와 썩지 아니할 것, 즉 영생을 찾는 우리의 노력을 촉구하는 가장 강력한 동기들을 제공해준다.

(2) 축복받은 바울의 본보기를 생각해보자(11,12절). 바울은 복음을 전파하도록 세움을 받았다. 특별히 그는 이방인들을 가르치는 교사로 세움을 받았다. 바울은 그것을 위하여 고난받을 만한 가치가 있는 주장이라고 생각했다. 하물며 디모데가 그렇게 생각하지 못할 이유가 무엇이겠는가? 복음의 대의를 위하여 고난받는 것을 두려워하거나 부끄러워할 필요가 있는 사람은 아무도 없다. 그러므로 바울은 말한다. 이로 말미암아 내가 또 이 고난을 받되 부끄러워하지 아니함은 내가 믿은 자를 내가 알고 또한 내가 의탁한 것을 그 날까지 그가 능히 지키실 줄을 확신함이라(12절). 여기서 다음의 사실들을 주목하라.

[1] 선한 사람들은 세상의 가장 좋은 대의를 위하여 종종 많은 고난을 당한다. 이로 말미암아 내가 이 고난을 받는다. 다시 말해서 내가 복음을 전파하고 신봉하는 것 때문에 고난을 당한다는 것이다.

[2] 선한 사람들은 부끄러워할 필요가 없다. 그 대의가 그들의 말을 뒷받침해 줄 것이기 때문이다. 그러나 그것을 반대하는 사람들은 부끄러움을 당하게 될 것이다.

[3] 그리스도를 믿는 사람들은 그들이 누구를 믿고 있는지를 알고 있다. 사도 바울은 거룩한 승리와 기쁨에 차 말하고 있다. 내가 믿는 자를 내가 알고 또한 내가 의탁한 것을 그 날까지 그가 능히 지키실 줄을 확신함이라. 바울은 확신한다고 말하고 있다. 우리는 그리스도에게 무엇을 맡겨야 하는가? 우리 영혼의 구원과 하늘나라로 가기까지 그 영혼이 지켜지기를 그리스도에게 위임하고 맡겨야 할 것이다. 그러면 우리가 그리스도에게 맡긴 것을 그가 지켜주실 것이다. 우리의 영혼이 이렇게 질문을 받게 될 날이 올 것이다. "남자와 여자여, 너희는 너희에게 맡긴 영혼을 가지고 있었다. 그런데 그 영혼을 어떻게 했느냐? 누구에게 그것을 맡겼느냐? 하나님께 맡겼느냐 아니면 사탄에게 맡겼느냐? 그 영혼을 죄를 섬기기 위해 사용했느냐 아니면 그리스도를 섬기기 위해 사용했느냐? 그것을 어떻게 사용했느냐?" 한 날이 다가올 것이다. 그 날은 아주 엄숙하고 무서운 날이 될 것이다. 그 때 우리는 우리의 청지기 직무를 계산해야 되고(눅 16:2) 우리의 영혼을 계산해야 될 것이다. 이제 능동적인 순종하는 믿음으로 우리가 우리의 영혼을 예수 그리스도에게 맡기면 그리스도가 우리의 영혼을 지켜주실 수 있음을 확신할 수 있을 것이다. 그리고 그 확신이 그 날에 우리를 위로해주는 데 도움이 될 것이다.

Ⅲ. 사도 바울은 내게 들은 바 바른 말을 본받아 지키라고 디모데에게 권면하고 있다(13절).

1. 바른 말을 본받아 지키라는 말씀은 성서에 따라서 신앙의 중요한 원리들을 요약한 요리문답을 의미하는 것일 수 있다. 그것은 바른 말의 개요이고 그리스도교 믿음의 간략한 요약이다. 그것은 사도 자신이 사용하기 위하여 성경에서 인용하여 적절한 방법으로 작성한 것일 수도 있다. 나는 이 바른 말의 형식을 성경 그 자체로 이해하고 있다.

2. 본받아 지키라는 것은 그 말을 기억하고 그 말을 계속 사용하고 그 말을 지

키라는 것이다. 그리스도교 신앙을 왜곡하는 모든 이단들과 거짓 가르침에 반대하여 바른 말을 고수하라. 너는 내게 들은 바 바른 말을 굳게 지키라. 바울은 성령의 감동을 받았다. 왜냐하면 이 말들이 성령의 감동을 받은 것으로 우리가 확신하기 때문이다. 그것은 책망할 것이 없는 바른 말이다(딛 2:8). 우리가 성서에서 발견하는 바른 말들의 이런 형식들을 고수하는 것은 좋은 일이다. 그러나 그 말을 어떻게 본받아 굳게 지킬 수 있는가? 믿음과 사랑으로 지켜야 한다. 다시 말해서 우리는 그 말을 미쁘신 말씀으로 받아들여야 한다. 그리고 우리가 그 말을 모든 사람이 받을 만한 온전한 말씀으로 인정해야 한다. 그 말을 좋은 마음속에 굳게 간직하라. 이것은 그 속에 율법과 복음의 돌판들이 아주 안전하고 유익하게 들어있는 언약궤이다(시 119:11). 믿음과 사랑은 함께 있어야 한다. 바른 말을 믿고 동의하는 것만으로는 충분하지가 않다. 우리는 바른 말씀들을 사랑해야 하고 말씀의 진리를 믿어야 하고 말씀의 선함을 사랑해야 한다. 그리고 우리는 바른 말씀의 형식을 사랑으로 전파해야 한다. 오직 사랑 안에서 참된 것을 전해야 한다(엡 4:15). 그리스도 예수 안에 있는 믿음과 사랑. 이 말은 그리스도인의 믿음과 사랑은 예수 그리스도를 붙드는 믿음과 사랑이 되어야 한다는 것이다. 하나님은 예수 그리스도 안에서 그를 통하여 우리에게 말씀하신다. 그리고 우리도 하나님께 예수 그리스도 안에서 그를 통하여 말한다. 목사로서 디모데는 다른 사람들의 유익을 위하여 바른 말을 본받아 지켜야 한다. 본문의 바른 말을 치료하는 말씀으로 해석할 수도 있다. 하나님의 말씀에는 치료의 힘이 있다. 그가 그의 말씀을 보내어 그들을 고치셨다(시 107:20). 우리 안에 거하시는 성령으로 말미암아 네게 부탁한 아름다운 것을 지키라(14절)는 말씀도 동일한 의미로 해석될 수 있다. 아름다운 것은 바른 말과 그리스도교 가르침의 형식이다. 디모데는 한 사람의 그리스도인으로서는 세례와 교육을 받을 때와 한 사람의 목사로서는 안수를 받을 때 그것을 맡게 되었다. 여기서 다음의 사실들을 주목하라.

(1) 그리스도교 가르침은 우리에게 맡겨진 위탁물이다. 그것이 그리스도인들에게 일반적으로 맡겨졌지만 목사들에게는 특별하게 즉 개별적으로 맡겨졌다. 그것은 말로 다할 수 없는 가치를 지닌 아름다운 것이다. 그것은 우리에게 이루 형용할 수 없는 유익이 될 것이다. 그것은 참으로 좋은 것이다. 그것은 값을 매길 수 없는 보석이다. 왜냐하면 그것은 그리스도의 측량할 수 없는 풍성함을

우리에게 계시해주기 때문이다(엡 3:8). 그것이 우리에게 맡겨진 것은 순수하고 온전하게 보존하여 우리 뒤를 이을 사람들에게 전달되게 하기 위한 것이다. 그래서 우리는 그리스도교의 가르침을 지켜야 하고, 그 순수성을 왜곡시키고 그 힘을 약화시키고 그 완전성을 감소시켜서는 안 될 것이다. 우리 안에 거하시는 성령으로 말미암아 네게 부탁한 아름다운 것을 지키라. 여기서 다음의 사실을 주목하라. 아주 잘 배운 사람들조차도 성령의 도우심을 받지 않고는 그들이 배운 것을 지킬 수가 없고 그들이 처음에 배울 수 있었던 것보다 더 발전시킬 수 없다. 우리가 그것을 우리 자신의 힘으로 지킬 수 있다고 생각해서는 안 된다. 우리는 그것을 성령으로 말미암아 지킬 수 있다.

(2) 성령은 모든 선한 목사들과 그리스도인들 속에 거하신다. 그리스도인들은 성령의 전이다. 성령은 그들이 복음을 순수하고 왜곡되지 않게 지킬 수 있게 해준다. 그러나 그들은 아름다운 것을 지키기 위하여 최선의 노력을 다 기울여야 한다. 왜냐하면 성령의 도우심과 내재하심이 사람들의 노력을 배제하지 않기 때문이다. 더구나 성령과 우리의 노력은 아주 잘 조화를 이루고 협력한다.

[15]아시아에 있는 모든 사람이 나를 버린 이 일을 네가 아나니 그 중에는 부겔로와 허모게네도 있느니라 [16]원하건대 주께서 오네시보로의 집에 긍휼을 베푸시옵소서 그가 나를 자주 격려해 주고 내가 사슬에 매인 것을 부끄러워하지 아니하고 [17]로마에 있을 때에 나를 부지런히 찾아와 만났음이라 [18]원하건대 주께서 그로 하여금 그 날에 주의 긍휼을 입게 하여 주옵소서 또 그가 에베소에서 많이 봉사한 것을 네가 잘 아느니라

13절과 14절에서 디모데에게 본받아 지키라고 권면한 뒤에 바울은 자신을 버린 사람들과 자신에게 충성한 사람들에 대해 진술한다. 여기서 다음의 사실들을 주목하라.

I. 바울은 그리스도의 가르침을 저버린 많은 사람들의 배교를 언급한다(15절). 교회가 가장 좋고 가장 순수했던 시대에서도 그리스도교 신앙을 받아들인 사람들이 나중에 그것을 배반했던 것 같다. 아니 그런 사람들이 많았던 것 같다. 바울은 그런 사람들이 그리스도교 가르침을 저버렸다고 말하지 않고(그

들이 그렇게 했음에도 불구하고) 자기를 저버렸다고 말하고 있다. 다시 말해서 그들이 바울에게 등을 돌렸고 그의 어려울 때에 그에게 저버렸다고 말한다. 그런데 바울보다 훨씬 더 훌륭한 분 즉 그리스도에게도 등을 돌리는 사람들이 많은데 사실 바울을 저버렸다는 일은 하등 이상할 것도 없는 일이다(요 5:66).

Ⅱ. 바울은 항상 자기를 따른 한 사람을 언급하고 있다. 그는 오네시보로이다. 그가 나를 자주 격려해 주고 내가 사슬에 매인 것을 부끄러워하지 아니했다(16절). 여기서 다음의 사실들을 주목하라.

1. 오네시보로는 바울에게 아주 친절하게 대했다. 그는 바울을 자주 격려하고 원기를 북돋워 주었다. 그리고 그는 바울을 편지로 의논과 위로로 격려했다. 그는 바울이 감옥에 갇혀 있는 것을 부끄러워하지 않았다. 오네시보로는 바울이 지금 당하고 있는 불명예에도 불구하고 바울을 부끄럽게 생각하지 않았다. 그는 바울에게 한두 번 친절을 베푼 것이 아니고 자주 그렇게 했다. 그는 바울이 에베소에서 친구들과 함께 있었을 때뿐만 아니라 오네시보로가 로마에 있을 때에도 그렇게 했다. 오네시보로는 바울을 로마에서 부지런히 찾아 만나서 뒷바라지를 했다(17절). 선한 사람은 선을 행할 기회들을 찾고 선행을 베풀 어떤 기회도 피하지 않는다. 에베소에서 그는 바울을 도왔고 아주 친절하게 바울을 대했다. 디모데도 그 사실을 알고 있었다.

2. 오네시보로의 친절을 갚는 바울의 방법(16-18). 선지자를 대접하는 자는 선지자의 상을 받을 것이다. 바울은 그에게 기도로 갚는다. 원하건대 주께서 오네시보로의 집에 긍휼을 베푸시옵소서. 오네시보로가 바울과 함께 있느라고 지금 집에 없었을 수가 있다. 그러므로 바울은 오네시보로의 집을 그가 없을 때 지켜달라고 기도를 한다. 그런데 이것을 가지고 교황주의자들은 오네시보로가 지금 죽었다고 우긴다. 그리고 긍휼을 입게 해달라는 오네시보로를 위한 바울의 기도에서 교황주의자들은 죽은 사람을 위해 기도하는 것이 정당하다는 근거를 이끌어낸다. 그렇지만 어느 누가 오네시보로가 죽었다고 교황주의자들에게 말을 했단 말인가? 그토록 중요한 교리와 관행의 근거를 단순한 추측과 아주 얼토당토않은 불확실한 것에다 놓아서야 어떻게 그것이 안전한 것이 될 수 있겠는가?

Ⅲ. 바울은 오네시보로의 집만 아니라 오네시보로 자신을 위해서도 기도한다. 원하건대 주께서 그로 하여금 그날에 주의 긍휼을 입게 하여 주옵소서. 그리스

도가 모든 선한 직분자들이 주님 자신에게 한 것처럼 주의 불쌍한 지체들에게 행한 것을 계산하실 죽음의 날과 심판의 날에 오네시보로로 하여금 긍휼을 받게 하여 달라는 것이다. 여기서 다음의 사실들을 주목하라.

1. 죽음의 날과 심판의 날은 무서운 날이다. 그래서 그날에 라고 강조해서 부를 수 있다.

2. 긍휼을 베풀지 않은 사람들이 긍휼을 받지 못하고 심판을 받게 될 때가 올 것이다. 바로 그날에 우리가 주님의 긍휼을 입는 것보다 우리를 행복하게 해줄 것으로 무엇을 더 바랄 수 있겠는가?

3. 가장 선한 그리스도인들은 그날에 긍휼을 입기를 원할 것이다. 우리 주 예수의 긍휼을 기다리라(유 21).

4. 당신이 그 때에 긍휼을 입으려면 당신은 지금 그것을 위해 주님의 긍휼을 구해야 할 것이다.

5. 우리가 받아야 하는 긍휼은 주님의 것이어야 하고 주님에게서 나오는 것이어야 한다. 왜냐하면 주님이 우리에게 긍휼을 베푸시지 않으면 사람들이나 천사들의 동정과 연민은 헛된 것이 될 것이다.

6. 우리는 긍휼을 주시고 수여하시는 주님에게 긍휼을 구하고 요청해야 할 것이다. 왜냐하면 주 예수 그리스도가 공의를 대속하셨기에 긍휼이 나타날 수 있었기 때문이다. 우리는 어려울 때에 도움을 받을 수 있는 긍휼을 얻고 은혜를 찾을 수 있기 위하여 은혜의 보좌로 나아가야 할 것이다.

7. 우리가 우리 자신이든 친구들이든 위하여 구할 수 있는 가장 좋은 것은 그날에 그들이 주의 긍휼을 입을 수 있게 주님이 허락해주시라는 것이다. 그날에 그들은 시간에서 영원으로 들어가고 현세를 내세로 바꾸고 그리스도의 심판대 앞에 서야 했을 때 주님의 긍휼을 입는 것이 그들에게 가장 좋은 일일 것이다. 주님은 그 때 우리 모두에게 주님의 긍휼을 받을 수 있게 은혜를 베풀어 주실 것이다.

제 2 장

개요

본 장에서 바울은 디모데에게 많은 권면과 지시를 한다. 그 권면과 지시들은 디모데 뿐만 아니라 다른 사람들 즉 목사들과 그리스도인들에게 큰 유익이 될 수 있는 것들이다. 왜냐하면 바울은 디모데뿐만 아니라 그들도 염두에 두고 편지를 썼기 때문이다. I. 바울은 디모데에게 어디서 도움을 받아야 되는지를 설명하면서 그의 사역을 격려한다(1절). II. 디모데는 자신의 직분이 자기 대에 끝나지 않도록 목회 사역의 계승에 관심을 기울여야 한다(2절). III. 바울은 디모데에게 목회 사역의 일관성과 인내를 권면한다. 군인과 농부가 자기의 수고의 결과를 바라보고 인내하는 것처럼 견디라고 권면한다(3-15절). IV. 디모데는 망령되고 헛된 말들을 삼가야 한다(16-18절). 왜냐하면 그런 말들은 파괴적이고 유해하기 때문이다. V. 바울은 하나님의 견고한 터에 대해 말한다(19-21절). VI. 바울은 피해야 할 것들을 디모데에게 지시한다. 그것들은 청년의 정욕과 무식한 변론이다. 마지막으로, 해야 할 것을 지시한다(22-26절).

¹내 아들아 그러므로 너는 그리스도 예수 안에 있는 은혜 가운데서 강하고 ²또 네가 많은 증인 앞에서 내게 들은 바를 충성된 사람들에게 부탁하라 그들이 또 다른 사람들을 가르칠 수 있으리라 ³너는 그리스도 예수의 좋은 병사로 나와 함께 고난을 받으라 ⁴병사로 복무하는 자는 자기 생활에 얽매이는 자가 하나도 없나니 이는 병사로 모집한 자를 기쁘게 하려 함이라 ⁵경기하는 자가 법대로 경기하지 아니하면 승리자의 관을 얻지 못할 것이며 ⁶수고하는 농부가 곡식을 먼저 받는 것이 마땅하니라 ⁷내가 말하는 것을 생각해 보라 주께서 범사에 네게 총명을 주시리라

여기서 바울은 디모데에게 그의 사역의 일관성과 인내를 가지라고 격려한다. 그리스도 예수 안에 있는 은혜 가운데서 강하라(1절). 하나님을 위해 할 일을 가지고 있는 사람들은 그 일을 하기 위하여 스스로 분발해야 하고 그 일을 위해 자신을 강하게 해야 한다. 그리스도 예수 안에서 강해진다고 하는 것은 은

혜가 약하지 않다는 것으로 이해할 수도 있다. 은혜의 진리가 있는 곳에는 은혜의 힘을 따라서 일하는 수고가 있어야 할 것이다. 우리의 시련이 증가하는 만큼 우리는 좋은 은혜 안에서 더욱더 강해질 필요가 있다. 다시 말해서 우리의 믿음이 더 강해지고 우리의 결단이 더 강해지고 하나님과 그리스도에 대한 우리의 사랑이 더 강해질 필요가 있다. 또는 이것을 우리 자신의 힘 안에서 강해지지 않는 것으로 이해할 수도 있다. "강해져라. 네 자신의 자부나 능력을 신뢰하지 말고 예수 그리스도 안에 있는 은혜를 믿으라." 에베소서 6장 10절은 주 안에서와 그 힘의 능력으로 강건하여라고 말하고 있다. 사도 베드로가 그리스도를 부인하느니 차라리 죽겠다고 약속했을 때 그는 그 자신의 힘 안에서 강했다. 그리스도 예수 안에 있는 은혜 안에서 베드로가 강했다면 그는 자신의 입지를 더 잘 지킬 수 있었을 것이다. 여기서 다음의 사실들을 발견할 수 있다.

1. 그리스도 예수 안에 은혜가 있다. 율법은 모세로 말미암아 주어진 것이요 은혜와 진리는 예수 그리스도로 말미암아 온 것이다(요 1:17). 예수 그리스도 안에 우리 모두를 위한 은혜가 충만히 있다.

2. 우리는 이 은혜 안에서 강해져야 한다. 우리는 우리 자신이나 우리 자신의 힘이나 우리가 이미 받은 은혜 안에서가 아니라 그리스도 안에 있는 은혜 안에서 강해져야 한다.

3. 아버지가 아들에게 권면하듯이 바울도 디모데를 대단한 온유함과 애정을 가지고 권면한다. 내 아들아 그러므로 너는 그리스도 예수 안에 있는 은혜 가운데서 강하여라. 여기서 다음의 사실들을 주목하라.

I. 디모데는 피를 흘릴지라도 고난을 염두에 두고 있어야 한다. 그러므로 그는 복음 사역에 있어서 그의 뒤를 이을 다른 사역자들을 훈련시켜야 한다(2절). 디모데는 다른 사람을 가르치고 목회 사역을 위하여 그들을 훈련시켜야 한다. 그리고 디모데는 자신이 들었던 것을 그들에게 위임해야 한다. 또한 그는 목회 사역을 위해 그들을 성직에 임명하고 복음을 위탁물로 그들의 손에 맡기고 그가 들은 것들을 그들에게 위임해야 한다. 그가 목사들을 안수해 세우는 일에는 두 가지를 잘 봐야 했다. 그 하나는 신실함 또는 성실함("신실한 사람들에게 맡겨라. 그들은 하나님의 영광과 그리스도의 명예와 영혼들의 안녕과 사람들 사이에 있는 구세주의 왕국의 발전을 위해 노력할 것이다")이고, 다른 하나는 목회적인 능력이다. 목사들은 자신을 알아야 될 뿐만 아니라 다른 사람들도 가

르쳐야 하고 가르치기를 좋아해야 한다. 우리는 여기서 다음의 사실들을 발견할 수 있다.

1. 디모데가 다른 사람들에게 맡겨야 하는 것들은 그가 많은 증인들 가운데에서 사도 바울에게서 들은 것이었다. 디모데는 어떤 다른 것들을 전해서는 안되고, 바울이 그에게 전달해주었고 디모데가 주 예수 그리스도에게서 받았던 것을 전해야 했다.

2. 디모데는 바울에게서 들은 것을 위탁물과 신성한 담보물로 그들에게 전달해야 했다. 그것은 그들이 지키고 다른 사람들에게 순전하고 손상되지 않게 전달해야 하는 것이었다.

3. 디모데가 이것들을 맡겨야 될 사람들은 신실한, 즉 믿음직한 사람들이었다. 그리고 그들은 다른 사람들을 가르치는데 능숙해야 했다.

4. 사람들이 신실하고 다른 사람들을 가르칠 수 있을지라도 디모데는 이것들을 사역자들에게 맡겨야 했다. 왜냐하면 아무도 사람들의 목회 사역을 방해하지 않겠지만 이미 목사 직분을 맡은 사람들인 그들에게 이것들을 맡겨야 했다.

II. 디모데는 고난을 견뎌야 한다(3절). 너는 그리스도 예수의 좋은 병사로 나와 함께 고난을 받으라.

1. 모든 그리스도인들은, 특별히 목사들은 예수 그리스도의 병사들이다. 그들은 그리스도의 깃발 아래 그리스도의 대의 안에서 그리스도의 적에 맞서 싸운다. 왜냐하면 그리스도는 구원의 대장이시기 때문이다(히 2:10).

2. 예수 그리스도의 병사들은 자신들을 대장에게 충성하고 그리스도의 대의를 실현할 결의가 굳건한 좋은 병사임을 증명해야 한다. 그리고 그들은 그들을 사랑하시는 이로 말미암아 그들이 넉넉히 이길 때까지 싸움을 그만두어서는 안 된다.

3. 예수 그리스도의 좋은 병사들로 자신을 증명한 사람들은 고난을 인내해야 한다. 다시 말해서 우리는 고난을 기대하고 현세에서 그것을 염두에 두고 있어야 한다. 우리는 고난을 인내하고 그것에 자신을 적응시키고 고난이 올 때 참을성 있게 견디고 고난으로 말미암아 우리의 순결함이 흔들려서는 안 된다.

III. 디모데는 이 세상의 일들에 얽매여서는 안 된다(4절). 병사로 복무하는 사람은 대장의 명령을 수행할 수 있도록 개인적인 소명과 그것에 관련된 모든 업무에서 벗어나야 한다. 우리가 그리스도의 병사가 되기 위하여 자신을 포기한다면 우리는 이 세상에 대해 냉담해져야 될 것이다. 그리고 해결책이 전혀 없지는 않지만, 이 세상에 있는 동안 자기 생활에 관계된 일들을 안 할 수 없기는 하다(우리가 이 세상에서 해야 할 어떤 일이 있기는 하다). 그럴지라도 우리는 하나님에 대한 우리의 의무와 그리스도교에 대한 우리의 큰 관심에서 멀어지지 않기 위해서 이 세상의 잡다한 일들에 얽혀 허덕여서는 안 될 것이다. 선한 싸움을 싸울 사람들은 이 세상에 초연해야만 한다. 이는 병사로 모집한 자를 기쁘게 하려 함이라. 여기서 다음의 사실들을 주목하라.

1. 병사의 큰 관심은 자신의 상관을 기쁘게 하기 위한 것이 되어야 한다. 그리스도인은 그리스도를 기쁘시게 하고 그리스도의 인정을 받기 위하여 온통 마음을 쏟아야 할 것이다.

2. 우리를 병사로 뽑은 분을 기쁘게 하는 방법은 자기 생활에 얽매이는 것이 아니라 우리의 거룩한 싸움을 방해하는 자기 생활의 얽매이는 일들에서 벗어나는 것이다.

IV. 디모데는 영적 전쟁을 수행함에 있어서 규칙대로 해야 하고 전쟁의 법을 준수해야 한다는 사실을 이해해야 한다(5절). 이기기를 다투는 자마다 법대로 다투지 아니하면 상을 받지 못할 것이다. 우리는 이기기 위하여 싸우고 있다. 우리는 우리의 정욕과 타락을 이기고 선한 일에 뛰어나기 위해 다투고 있지만 법을 따르지 아니하면 상을 기대할 수 없을 것이다. 선을 행할 때 우리는 그것을 올바른 태도로 하고 있고 우리의 선행이 욕을 먹게 되지는 않을지를 신경써야만 할 것이다. 여기서 다음의 사실들을 주목하라.

1. 그리스도인은 이기기 위하여 싸워야 한다. 그리스도인은 자기 정욕과 타락을 이기기 위하여 노력해야 한다.

2. 그러나 그리스도인은 자신이 받은 법을 따라 싸워야 한다. 그리스도인은 법대로 다투어야 할 것이다.

3. 법대로 다투는 사람들은 완전한 승리를 얻은 뒤 마지막에 면류관과 상을 받을 것이다.

V. 그는 보상을 당연히 기대해야 한다(6절). 수고하는 농부가 곡식을 먼저 받는 것이 마땅하니라. 수고하는 농부가 곡식을 먼저 받아야 한다는 것은 야고보서 5장 7절의 농부가 땅에서 나는 귀한 열매를 바라고 길이 참는다는 말씀과 비교해볼 때 보상의 기대는 기다림을 수반해야 한다는 사실이다. 우리가 곡식

을 받는 사람이 되려면 우리는 노력하고 수고해야 한다. 우리가 상을 받으려면 경주를 해야만 한다. 더욱이 농부가 하듯이 곡식을 받기 전에 부지런하고 끈기 있게 먼저 수고해야 한다. 우리는 하나님의 약속을 받기 전에 하나님의 뜻을 따르고 행해야 한다. 그렇기 때문에 우리는 인내를 필요로 한다(히 10:36).

더 나아가서 사도 바울은 자기가 말했던 것을 디모데가 명심할 것을 권면하면서 디모데에게 거는 자신의 갈망과 소망을 말하고 있다. 내가 말하는 것을 생각해 보라 주께서 범사에 네게 총명을 주시리라(7절). 여기서 다음의 사실들을 알 수 있다.

1. 바울은 디모데에게 권면한 것들을 생각해 보라고 말한다. 디모데는 자신의 생각하는 기능을 활용하여 하나님의 일들에 대해 상기하고 기억해야 한다. 생각은 좋은 대화에서 필요한 것처럼 건전한 회심에서도 필요하다.

2. 바울은 그를 위해 기도한다: 주께서 범사에 네게 총명을 주시리라. 총명을 주시는 분은 하나님이다. 아주 지성적인 사람도 이 생각하는 은사를 더욱더 필요로 한다. 만일 말씀 안에서 계시를 주셨던 분이 마음에 이해와 총명을 주시지 않는다면 우리는 아무것도 아니다. 주님이 범사에 이해와 총명을 베풀어 주시라고 다른 사람들을 위해 비는 우리의 기도와 함께 우리가 말한 것을 생각해 보라고 그들을 권면하고 일깨워야 한다. 왜냐하면 생각하는 것은 우리가 듣거나 읽은 것을 이해하고 기억하고 실천하는 방법이기 때문이다.

[8]내가 전한 복음대로 다윗의 씨로 죽은 자 가운데서 다시 살아나신 예수 그리스도를 기억하라 [9]복음으로 말미암아 내가 죄인과 같이 매이는 데까지 고난을 받았으나 하나님의 말씀은 매이지 아니하니라 [10]그러므로 내가 택함 받은 자들을 위하여 모든 것을 참음은 그들도 그리스도 예수 안에 있는 구원을 영원한 영광과 함께 받게 하려 함이라 [11]미쁘다 이 말이여 우리가 주와 함께 죽었으면 또한 함께 살 것이요 [12]참으면 또한 함께 왕 노릇 할 것이요 우리가 주를 부인하면 주도 우리를 부인하실 것이라 [13]우리는 미쁨이 없을지라도 주는 항상 미쁘시니 자기를 부인하실 수 없으시리라

I. 디모데에게 고난당하는 것을 격려하기 위하여 사도 바울은 그리스도의 부활을 그에게 상기시켜 준다(8절). 내가 전한 복음대로 다윗의 씨로 죽은 자 가운

데서 다시 살아나신 예수 그리스도를 기억하라. 그리스도의 부활은 디모데의 신성한 사명의 중요한 증거이다. 그러므로 이것은 그리스도교의 진리에 대한 중요한 확증이다. 그리스도의 부활에 대한 생각은 우리를 그리스도인 신앙 고백에 충실하게 해준다. 그리고 특별히 그 생각은 그것을 위하여 고난당하는 우리를 마땅히 격려해준다. 고난당하는 성도들은 이것을 기억하도록 하자. 여기서 다음의 사실들을 주목하라.

1. 우리는 우리 믿음의 주요 또 온전케 하시는 이인 예수를 바라보아야 할 것이다. 예수님은 주님 앞에 놓인 기쁨을 위하여 십자가를 참으사 부끄러움을 개의치 아니하시고 지금은 하나님의 보좌 우편에 앉아 계신다(히 12:2).

2. 예수 그리스도의 성육신과 부활은 진심으로 믿고 올바르게 생각할 때 현재 삶에서 모든 고난당하는 그리스도인을 도와줄 것이다.

Ⅱ. 고난을 당하는 디모데를 격려해주는 또 다른 것은 그에게 본보기로 바울 사도가 있었다는 사실이다. 여기서 다음의 사실들을 주목하라.

1. 바울이 고난당한 방법(9절). 복음으로 말미암아 내가 죄인과 같이 매이는 데까지 고난을 받았다. 이 말은, 아들 디모데야 아버지 바울보다 더 나은 대접을 기대하지 말라는 뜻이다. 바울은 선을 행한 사람이었지만 악을 행한 사람처럼 고난을 받았다. 선을 행한 사람들이 이 세상에서 나쁜 대접을 받고 가장 좋은 사람들이 가장 나쁜 취급을 당한다고 할지라도 하등 이상하다고 생각해서는 안 될 것이다. 그러나 하나님의 말씀은 매이지 아니한다는 사실이 디모데의 위로가 되었다. 박해하는 세력이 목사들을 침묵시킬 수 있고 억누를 수 있지만 박해자들이 사람들의 마음과 양심에 작용하는 하나님의 말씀을 막을 수는 없다. 어떤 인간의 세력도 하나님의 말씀을 매이게 할 수는 없다. 이 사실이 예수의 증거를 위하여 당하는 매임을 디모데가 두려워하지 않게 격려해주었다. 왜냐하면 디모데에게 자유나 생명 그 자체보다 그리스도의 말씀이 더 귀중한데다 이러한 매임들이 요컨대 아무런 고난도 줄 수 없기 때문이다. 우리는 여기서 다음의 사실들을 이해할 수 있다.

(1) 선한 사도의 세상에서의 대접은 고난을 받는 것이었다. 이것을 위해 사도 바울은 부름을 받고 임명을 받았다.

(2) 바울이 고난당하는 빌미와 구실은 악을 행하는 사람이라는 것이었다. 그러므로 유대인들이 빌라도에게 그리스도에 관해 이렇게 말했다. 이 사람이 행악

2장 8절 - 13절

자가 아니었더라면 우리가 당신에게 넘기지 아니하였겠나이다(요 18:30).

(3) 바울이 행악자로 고난당한 진짜 원인. 복음으로 말미암아 ─ 이것이 고난을 당하게 된 진짜 이유였다. 다시 말해서 이 말은 복음 안에서나 복음을 위하여 고난을 받게 되었다는 뜻이다. 사도 바울은 매이기까지 고난을 당했다. 그는 나중에 죄와 싸우되 피 흘리기까지 대항했다(히 12:4). 말씀의 전파자들이 종종 매이지만 말씀은 절대로 매이지 않는다.

2. 바울이 즐겁게 고난당한 이유. 내가 택함 받은 자들을 위하여 모든 것을 참는다(10절). 여기서 다음의 사실들을 주목하라.

(1) 좋은 목사들은 아주 어려운 섬김과 아주 어려운 고난 속에서 하나님이 그의 교회의 선과 택함 받은 사람들의 유익을 반드시 주신다는 것을 알고 자신들을 격려해야 할 것이다. 그들도 그리스도 예수 안에 있는 구원을 영원한 영광과 함께 받게 하려 함이라. 우리 영혼의 구원 다음으로 우리는 다른 사람들의 영혼의 구원을 장려하기 위하여 어떤 일이라도 하고 고난도 기꺼이 받아야 할 것이다.

(2) 선택받은 사람들은 구원을 받도록 계획되어 있다. 하나님이 우리를 세우심은 노하심에 이르게 하심이 아니요 오직 우리 주 예수 그리스도로 말미암아 구원을 받게 하심이라(살전 5:9).

(3) 이 구원은 그리스도 예수 안에 있다. 구원은 그것의 원천과 대속자와 수여자이신 그리스도 안에 있다. 구원은 영원한 영광을 수반한다. 영원한 영광이 없다면 그리스도 예수 안에도 구원이 전혀 없을 것이다.

(4) 사도 바울의 고난은 택함받은 사람들을 위한 것이다. 다시 말해 택함받은 사람들의 확신과 격려를 위한 것이다.

III. 바울이 디모데를 격려하는 또 다른 사실은 미래 상태의 전망이다.

1. 그리스도와 그의 진리와 길을 신실하게 따르는 사람들은 그것을 위한 그들의 대가가 무엇이든지 간에 내세에서 반드시 그 대가의 이익을 받게 될 것이다. 우리가 주와 함께 죽었으면 또한 함께 살 것이요(11절). 그리스도를 따라서 우리가 이 세상과 그것의 쾌락과 이익과 명예에 대해 죽으면 우리는 더 나은 세상에서 주님과 살아갈 수 있고 주님과 함께 영원히 같이 있게 될 것이다. 오히려 우리가 그리스도를 위하여 고난받으려고 부르심을 받았다고 할지라도 우리가 그것으로 손해 보거나 잃을 것은 없을 것이다. 참으면 또한 함께 왕 노릇 할 것이요(12절). 땅에서 그리스도를 위하여 고난을 받은 사람들은 하늘에서 그리스

도와 함께 다스리게 될 것이다. 다윗이 어려울 때 함께 고난받았던 사람들은 등용을 받게 되었다. 다윗의 자손 예수 그리스도와 함께 고난을 받은 사람들도 그렇게 될 것이다.

2. 우리가 그리스도에게 충성하지 않으면 위험에 처하게 될 것이다. 우리가 주를 부인하면 주도 우리를 부인하실 것이라. 우리가 사람 앞에서 그리스도를 부인하면 그리스도도 하나님 아버지 앞에서 우리를 부인하실 것이다(마 10:33). 그리고 그리스도를 부인함으로 결국 그리스도와 관계가 없게 된 사람은 그리스도의 버림을 받아 영원히 비참하게 될 것이다. 우리가 믿든지 안 믿든지 이것은 반드시 문제가 될 것이다. 우리는 미쁨이 없을지라도 주는 항상 미쁘시니 자기를 부인하실 수 없으시리라. 그리스도는 그의 경고들에도 언제나 신실하시고 그의 약속들에도 신실하시다. 경고들이든 약속들이든 실패할 리가 없고 최소한 경고들과 약속들의 명부에서 빠지는 일이 없을 것이다. 우리가 그리스도에게 신실하면 그리스도도 반드시 우리에게 신실하실 것이다. 우리가 그리스도를 배신할지라도 그리스도는 그의 경고들에 신실하실 것이다. 그리스도는 자기를 부인하실 수 없으시고 그가 말씀하신 어떤 말씀도 철회하시지 않으신다. 왜냐하면 그리스도는 예와 아멘이시고 신실한 증인이시기 때문이다. 여기서 다음의 사실들을 주목하라.

(1) 우리가 그리스도와 함께 죽는 것이 우리가 그리스도와 함께 사는 것보다 우선하고 서로 연관이 되어 있다. 그리스도와 함께 죽는 것은 그리스도와 함께 살기 위한 것이다. 그러므로 그리스도를 위한 우리의 고난은 그리스도와 함께 왕 노릇 하기 위한 길이요 과정이다. 예수께서 이르시되 내가 진실로 너희에게 이르노니 세상이 새롭게 되어 인자가 자기 영광의 보좌에 앉을 때에 나를 따르는 너희도 열두 보좌에 앉아 이스라엘 열두 지파를 심판하리라(마 19:28).

(2) 이것은 의지할 수 있고 믿어야 하는 신실한 말씀이다.

(3) 그러나 우리가 두려움에서 또는 수치심에서 또는 어떤 세속적인 이익을 위하여 그리스도를 부인하면 그리스도도 우리를 부인하시고 우리와 관계를 끊으시고 자기를 부인하지 않으실 것이다. 그리스도는 약속하실 때든지 경고하실 때든지 그의 말씀에 언제나 신실하시고 미쁘실 것이다.

¹⁴너는 그들로 이 일을 기억하게 하여 말다툼을 하지 말라고 하나님 앞에서 엄히 명

하라 이는 유익이 하나도 없고 도리어 듣는 자들을 망하게 함이라 ¹⁵너는 진리의 말씀을 옳게 분별하며 부끄러울 것이 없는 일꾼으로 인정된 자로 자신을 하나님 앞에 드리기를 힘쓰라 ¹⁶망령되고 헛된 말을 버리라 그들은 경건하지 아니함에 점점 나아가나니 ¹⁷그들의 말은 악성 종양이 퍼져나감과 같은데 그 중에 후메내오와 빌레도가 있느니라 ¹⁸진리에 관하여는 그들이 그릇되었도다 부활이 이미 지나갔다 함으로 어떤 사람들의 믿음을 무너뜨리느니라

디모데에게 고난을 받으라고 격려한 뒤에 바울은 그의 사역에 대해 지시를 한다. 여기서 다음의 사실들을 주목하라.

I. 디모데는 일을 함에 있어서 책임 맡은 사람들에게 그들이 이미 알고 있는 이 일들을 기억하게 하여 교화시켜야만 한다. 왜냐하면 바로 이것이 목사들이 해야 할 일이기 때문이다. 사람들이 예전에 전혀 몰랐던 것을 사람들에게 말하지 말고 그들이 알고 있는 것을 기억하게 해주어야 한다. 말다툼을 하지 말라고 하나님 앞에서 엄히 명하라. 여기서 다음의 사실들을 주목하라. 일반적으로 말다툼을 하기를 좋아하는 사람들은 그다지 중요하지 않은 아주 사소한 문제들을 가지고 논쟁을 한다. 말다툼은 하나님의 일들에 아주 파괴적이다. 사역자들은 유익이 하나도 없는 말을 가지고 승강이를 해서는 안 된다. 만일 사람들이 신앙에 관한 논쟁들이 대개가 별 유익이 없다는 사실을 알기만 한다면 듣는 자들을 망하게 하는 말다툼에 그렇게 열을 올리지 않을 것이다. 말다툼은 듣는 사람들이 하나님의 중요한 일들에서 멀어지게 하고, 그리스도인답지 않은 분노와 증오를 가지게 하고, 그리고 실제로 신앙을 잃어버리는 위험에 종종 빠지게 만든다. 여기서 다음의 사실들을 주목하라.

사람들은 말다툼을 하기를 아주 좋아하는 성향이 있다. 그런데 그러한 말다툼들이 사람들의 마음을 동요시키거나 믿음을 무너뜨리게 하는 것 말고는 어떤 목적에도 결코 해결책이나 유익을 제공해 주지 못한다. 말다툼은 쓸모가 없을 뿐만 아니라 아주 해롭다. 그러므로 목사들은 사람들이 말다툼을 하지 못하게 엄히 명령해야 한다. 그리고 목사들이 주 앞에서 즉 주의 이름과 주의 말씀 안에서 사람들에게 명령할 때 존경을 받을 수 있을 것이다. 목사들이 자기가 말한 것을 보증하기 위해서는 하나님께 인정된 자로 자신을 하나님 앞에 드리기를 힘써야 할 것이다. 목사들의 관심사가 하나님께 그들 스스로 인정을 받게 해

야 하고 하나님께 받아들여져야 하고, 그리고 하나님께 인정을 받은 것을 나타
내야 할 것이다. 그러기 위해서는 언제나 조심하고 근면해야 할 것이다. 진리의
말씀을 옳게 분별하며 부끄러울 것이 없는 일꾼으로 인정된 자로 자신을 하나님 앞에
드리기를 힘쓰라. 목사들은 일꾼들이 되어야 한다. 목사들은 할 일이 있다. 목사
들은 그 일로 수고를 해야 한다. 서투르거나 불성실하거나 게으른 일꾼들은 부
끄러움을 당해야 할 필요가 있다. 그러나 자신의 업무에 마음을 쏟고 자신의
일을 지키는 사람들은 부끄러움을 당해야 할 필요가 없다. 그러면 목사들의 일
은 무엇인가? 진리의 말씀을 옳게 분별하는 것이 목사의 일이다. 새로운 복음을
고안하거나 창안하는 것이 아니라 그들에게 위탁물로 맡겨진 복음을 옳게 분
별하여 나누는 것이다. 두려움에 속해 있는 사람들에게는 두려움을 말하고 위
로를 받아야 될 사람에게는 위로를 말하는 것이 목사들의 일이다. 즉 때를 따
라 각 사람에게 각자의 몫을 나눠주는 것이 목사의 일이다(마 24:45). 여기서
다음의 사실들을 발견할 수 있다.

1. 목사들이 전하는 말씀은 진리의 말씀이다. 왜냐하면 그 말씀의 저자가 진
리의 하나님이시기 때문이다.

2. 목사의 일은 이 진리의 말씀을 올바르게 분별하고 나누기 위하여 큰 지혜
와 연구와 주의를 필요로 한다. 디모데는 이것을 잘 수행하기 위하여 연구해야
만 한다.

II. 디모데는 그의 사역에 방해가 될 일을 조심해야만 한다(16절). 디모데는
잘못하지 않도록 조심해야 한다. 망령되고 헛된 말을 버리라. 자신들의 사상과 논
증을 자랑하는 이단들은 자신들의 행위들이 호감을 살 수 있는 것으로 생각을
했다. 그러나 사도 바울은 그것들을 망령되고 헛된 말이라고 한다. 사람들이 이
런 것들을 한번 좋아하게 되면 그들은 경건하지 아니함에 점점 나아가게 될 것이
다. 잘못의 길은 내리막 언덕이다. 한 가지 어리석음을 인정하거나 주장하면 일
천 가지 어리석음이 뒤를 이을 것이다. 그들의 말은 악성 종양이 퍼져나감과 같다.
잘못된 사상이나 이단이 교회 안에 들어오면 한 사람의 감염이 종종 많은 사람
의 감염이 되고 만다. 또는 같은 사람이 한 가지 잘못된 사상에 감염되면 많은
잘못된 사상에 감염이 되고 만다. 이런 경우에 대해 사도 바울은 잘못된 가르
침들을 최근에 주장했던 어떤 사람들을 언급하고 있다. 그들은 후메내오와 빌레
도였다. 바울은 이 타락한 선생들의 이름을 말한다. 그렇게 함으로써 바울은 그

들에게 영원한 오명을 안겨주고 그들의 말을 듣지 못하게 모든 사람들을 경고하기 위하여 그들에게 낙인을 찍고 있다. 진리에 관하여는 그들이 그릇되었도다. 그들은 그리스도교의 기본적인 신조들에 관하여 잘못된 사상을 가지고 있었다. 죽은 자의 부활은 그리스도의 중요한 가르침들 가운데 하나이다. 이제 뱀의 간교함과 그 뱀의 자손을 보라. 후메내오와 빌레도는 부활을 부인하지는 않았다. 왜냐하면 그것은 그리스도의 말씀에 정면으로 맞서는 것이었기 때문이다. 그러나 그들은 부활이 이미 지나간 과거사가 되었다고 말하면서 그리스도교의 참된 가르침과 교리를 왜곡되게 해석했다. 그러한 해석은 그리스도가 부활에 관해 말씀하신 것을 신비적이고 비유적인 방법으로 해석을 해서 단지 영적인 부활로만 이해하려고 했음이 분명하다. 영적인 부활이 있다는 것은 사실이긴 하다. 그러나 그러한 해석은 마지막 날에 몸의 참된 실제 부활이 없다고 주장하는 것이다. 그러한 행위는 그리스도의 진리를 다른 사상으로 산산이 때려 부수려는 것이다. 이것으로 그들은 어떤 사람들의 믿음을 무너뜨렸다. 그들은 어떤 사람들에게서 죽은 사람의 부활을 믿는 신앙을 빼앗아갔다. 그리고 만일 죽은 자의 부활도 없고, 내세도 없고, 내세에서 우리의 섬김과 고난에 대한 보상도 없다면 모든 사람 가운데 우리가 더욱 불쌍한 자이리라(고전 15:19). 내세에 관한 가르침을 왜곡하는 것이 무엇이든 그것은 그리스도인들의 믿음을 무너뜨린다. 사도 바울은 이러한 그릇된 사상을 폭넓게 논박했다(고전15장). 그러므로 바울 사도는 여기서 그 그릇된 사상을 반박하는 논증에 들어간다. 여기서 다음의 사실들을 주목하라.

1. 디모데가 피해야 되는 허튼 소리는 망령되고 속되고 헛된 것이다. 허튼 소리는 공허한 그림자이고 신성을 모독하는 망령을 낳게 된다. 왜냐하면 그들은 경건하지 아니함에 점점 나아가기 때문이다.

2. 그릇된 이단 사상은 전염성이 아주 강하다. 바로 그 이유 때문에 그것은 더욱 위험하다. 그들의 말은 악성 종양이 퍼져나감과 같다.

3. 사람들이 진리에 관해 잘못을 범할 때 그들은 언제나 그것에 대한 그럴듯한 어떤 구실을 갖다 붙이려고 애를 쓴다. 후메내오와 빌레도가 부활을 부인하지는 않았지만 부활이 이미 지나갔다고 핑계를 댔다.

4. 특별히 그리스도교의 기반에 영향을 미치는 그릇된 사상은 어떤 그리스도인들의 믿음을 무너뜨릴 것이다.

[19]그러나 하나님의 견고한 터는 섰으니 인침이 있어 일렀으되 주께서 자기 백성을 아신다 하며 또 주의 이름을 부르는 자마다 불의에서 떠날지어다 하였느니라 [20]큰 집에는 금 그릇과 은그릇뿐 아니라 나무 그릇과 질그릇도 있어 귀하게 쓰는 것도 있고 천하게 쓰는 것도 있나니 [21]그러므로 누구든지 이런 것에서 자기를 깨끗하게 하면 귀히 쓰는 그릇이 되어 거룩하고 주인의 쓰심에 합당하며 모든 선한 일에 준비함이 되리라

여기서 우리는 그릇된 사상과 관련하여 위로받을 수 있는 것을 발견하게 된다. 그리고 교회에 전염되어 기생하면서 해를 끼치는 작은 잘못들과 이단 사상들을 발견하게 된다. 여기서 다음의 사실들을 주목하라.

I. 사람들의 불신앙이 하나님의 약속에 전혀 어떤 영향을 끼칠 수 없다는 사실이 우리에게 큰 위로를 준다. 어떤 특정한 사람들의 믿음이 무너지기는 할지라도 그러나 하나님의 견고한 터는 섰다(19절). 잘못된 사상이나 이단 사상이 선택받은 사람들을 속일 수 있는 가능성은 없다. 또한 그들이 비난하는 하나님의 터가 진리 그 자체를 의미하는 것일 수도 있다. 어둠의 세력들이 그리스도의 가르침에 대해 행해온 모든 공격들이 진리와 터와 하나님의 터를 흔들 수가 없다. 하나님의 터는 견고하게 서 있고 그것에 대해 일어나는 모든 폭풍우들을 견디고 거슬러 나아간다. 선지자들과 사도들은, 즉 구약과 신약은 계속해서 견고하게 서 있다. 그리고 구약과 신약은 인침을 받았다. 확인과 보증을 위해 도장을 찍는 것처럼 구약은 신약을 인치고, 그리고 신약은 구약을 인쳤다.

1. 주께서 자기 백성을 아신다는 말씀은 우리의 위로가 된다. 다시 말해서 주의 백성인 사람들과 주의 백성이 아닌 사람들을 주가 아신다는 것이다. 자기 백성을 아신다는 것은 그리스도가 그들을 소유하고 계시다는 것이다. 그러므로 그리스도는 자기가 그들을 결코 잃어버리지 않으실 자기 백성을 아신다. 믿음이 무너지는 사람도 있긴 하지만 주는 의인의 길을 아신다고 말씀하고 있다(시 1:6). 하나님이 택하신 사람의 믿음은 그것이 누구의 것이 되었든 어느 누구도 무너뜨릴 수 없다.

2. 우리의 의무가 1절 하반절에 선포되고 있다. 그것은 주의 이름을 부르는 사람은 다 불의에서 떠나야 한다는 것이다. 특권이 주는 편안함을 누릴 사람들은 의무가 주는 양심을 지켜야 한다. 그리스도의 이름을 우리가 부른다면 우리

는 불의에서 떠나야 할 것이다. 그렇지 않으면 그리스도가 우리를 버리실 것이다. 그리스도는 그 날에 우리에게 말씀하실 것이다. 내가 너희를 도무지 알지 못하니 불법을 행하는 자들아 내게서 떠나가라(마 7:23). 여기서 다음의 사실들을 주목하라.

(1) 교회에 들어온 그릇된 사상이 무엇이든지 하나님의 터는 굳게 서 있고 하나님의 뜻을 꺾을 수는 결코 없다.

(2) 하나님은 교회 안에 하나님의 백성을 가지고 계시고 그들이 자기 것임을 아신다.

(3) 그리스도인들이 그리스도의 이름을 부르며 신앙을 고백하는 것은 그리스도의 이름으로 부름받기 때문이다. 그러므로 그리스도인들은 불의에서 떠나야 한다. 왜냐하면 그리스도가 우리를 대신하여 자신을 주심은 모든 불법에서 우리를 속량하시고 깨끗하게 하시기 때문이다(딛 2:14).

II. 우리를 위로하는 또 다른 것은, 믿음이 무너지는 사람도 있지만 믿음의 순전함을 지키고 그것을 굳게 붙드는 사람도 있다는 사실이다(20절). 큰 집에는 금 그릇과 은그릇뿐 아니라 나무 그릇과 질그릇도 있어 귀하게 쓰는 것도 있고 천하게 쓰는 것도 있다. 그리스도의 교회는 가구를 잘 갖춘 큰 집이다. 이제 이 집의 가구 가운데 어떤 것은 금 그릇과 같은 귀한 것도 있고 나무 그릇과 질그릇과 같은 싼 것이 있어 천하게 쓰는 것도 있다. 하나님의 집에서도 그것은 마찬가지이다. 교회에는 나무 그릇과 질그릇 같은 신자들이 있는데 그들은 천하게 쓰는 그릇들이다. 그와 동시에 교회에는 다 천하게 쓰는 그릇들만 있는 것은 아니다. 교회에는 귀하게 쓰는 금 그릇과 은그릇도 있다. 귀하게 쓰는 그릇은 거룩하고 주인이 쓰기에 합당한 그릇이다. 우리가 어떤 사람의 악함을 통해 실망하게 될 때 우리는 다른 사람의 선함을 생각함으로써 격려를 받아야 될 것이다. 이제 우리는 귀하게 쓰는 그릇이 되어야 한다는 것으로 이 말씀의 뜻을 이해해야 할 것이다. 우리는 이런 잘못된 생각과 사상들에서 자기를 깨끗하게 하면 귀히 쓰는 그릇이 되어 거룩하고 주인의 쓰심에 합당하여 모든 선한 일에 준비함이 될 것이다. 여기서 다음의 사실들을 주목하라.

1. 교회에는 귀하게 쓰는 그릇도 있고 천하게 쓰는 그릇도 있다. 교회에는 금 홀의 그릇도 있고 진노의 그릇도 있다(롬 9:22,23). 자기의 그릇되고 타락한 생각과 사악한 생활로 교회를 수치스럽게 만드는 천하게 쓰임받는 그릇도 있다.

그리고 자기의 모범적인 언행으로 교회를 명예롭게 하고 교회의 면목을 세워주는 귀하게 쓰임받는 그릇도 있다.

2. 누구든지 자기가 귀하게 쓰임받는 그릇이 되고 주인이 쓰기에 합당한 그릇이 되기 위해서는 그 전에 이런 잘못된 생각과 행동들에서 자신을 깨끗하게 해야 한다.

3. 모든 그릇이 주인이 쓰기에 합당한 그릇이 되어야 한다. 교회에서 하나님이 인정하시는 사람은 누구나 자기 주인을 섬기고 주인이 쓰기에 합당한 사람이 되기 위하여 헌신해야 한다.

4. 마음속의 성화는 모든 선행을 위한 우리의 준비가 되어야 할 것이다. 좋은 나무가 되어야 좋은 열매를 맺게 될 것이다.

²²또한 너는 청년의 정욕을 피하고 주를 깨끗한 마음으로 부르는 자들과 함께 의와 믿음과 사랑과 화평을 따르라 ²³어리석고 무식한 변론은 버리라 이에서 다툼이 나는 줄 앎이라 ²⁴주의 종은 마땅히 다투지 아니하고 모든 사람에 대하여 온유하며 가르치기를 잘하며 참으며 ²⁵거역하는 자를 온유함으로 훈계할지니 혹 하나님이 그들에게 회개함을 주사 진리를 알게 하실까 하며 ²⁶그들로 깨어 마귀의 올무에서 벗어나 하나님께 사로잡힌 바 되어 그 뜻을 따르게 하실까 함이라

I. 바울은 여기서 청년의 정욕을 조심하라고 디모데에게 권면하고 있다(22절). 디모데는 거룩한 좋은 사람이고 세상적인 것에 아주 금욕적인 사람이었다. 그럼에도 불구하고 바울은 디모데에게 청년의 정욕을 조심하라고 주의를 줄 필요가 있다고 생각했다. "이것들을 피하고 네 자신을 정결하게 지키도록 모든 가능한 수고와 노력을 다하라." 육체의 정욕은 청년의 정욕들이다. 젊은 사람들은 그것들을 아주 조심하여 경계해야 한다. 아무리 훌륭한 사람도 육체의 정욕에 대해 결코 안전하지 못하다는 사실을 명심해야 한다. 바울은 청년의 정욕을 다스리는 아주 좋은 해결책을 처방해주고 있다. 그것은 의와 믿음과 사랑과 화평을 따르는 것이다. 여기서 다음의 사실들을 주목하라.

1. 청년의 정욕은 아주 위험하다. 그렇게 때문에 아무리 전도가 양양한 젊은 사람들일지라도 그 정욕들을 조심해야 한다. 왜냐하면 청년의 정욕들은 영혼을 거슬러 싸우기 때문이다(벧전 2:11).

2. 은혜의 감동은 우리의 타락을 소멸시켜줄 것이다. 우리가 선한 것을 따르면 따를수록 악한 것에서 더 빠르고 더 멀리 피하게 될 것이다. 의와 믿음과 사랑은 청년의 정욕을 억제하는 뛰어난 해독제가 될 것이다. 거룩한 사랑은 불순한 정욕을 치료해줄 것이다. 주를 깨끗한 마음으로 부르는 자들과 함께 의와 믿음과 사랑과 화평을 따르라. 성도의 교제를 유지하는 것이 어둠의 무익한 일들과 나누는 모든 친교에서 우리를 벗어나게 해줄 것이다. 그리스도인들의 특성을 살펴보자. 그리스도인들은 주 예수 그리스도를 깨끗한 마음으로 부르는 자들과 같은 사람들이다. 그리스도에게 기도를 드려야 된다는 것을 주목하라. 모든 그리스도인들의 특성은 그들은 누구나 주를 부르는 사람들이라는 것이다. 그러나 하나님과 그리스도에게 드리는 우리의 기도는 깨끗한 마음에서 나오지 않으면 받아들여질 수도 없고 이루어질 수도 없다.

II. 바울은 디모데에게 싸움에 대해 주의를 준다. 싸움을 막기 위하여 그는 디모데에게 어리석고 무식한 변론을 버리라고 주의를 주고 있다(23절). 그것은 아무런 유익이 없고 말다툼만 낳는 성향이 있다. 이러한 변론들을 주장하고 막무가내로 좋아하는 사람들은 스스로 똑똑하고 유식하다고 생각했다. 그러나 바울은 그들을 어리석고 무식하다고 한다. 이러한 사람들의 해악은 다툼을 일으키는 것이다. 그들은 그리스도인들과 목사들 사이에 논쟁과 말다툼을 일으킨다. 사도 바울이 디모데에게 신앙 논쟁에 대하여 얼마나 심각하고 얼마나 자주 주의를 주고 있는지 주목할 만하다. 이것은 이와 같은 신앙 논쟁이 어떤 의도가 없는 것은 아닐지라도 종교는 난해한 논쟁을 하기보다는 하나님께서 요구하시는 것을 믿고 실천하는 데 있음을 보여주기 위한 것이다. 주의 종은 마땅히 다투지 아니하고(24절). 이 말씀은 다투지도 아니하며 들레지도 아니하지만(마 12:19) 모든 사람에게 온유와 부드러움의 모범이 되신 주 예수의 종에게 싸움과 말다툼보다 더 나쁜 것은 없다는 교훈을 준다. 주의 종은 마땅히 모든 사람에 대하여 온유해야 한다. 주의 종은 그것을 통해 설교하고 전파하기 위하여 거룩한 종교의 명령권에 복종하고 있음을 보여주어야 한다. 가르치기를 잘하며. 잘 가르치지 못하는 사람들은 다투기를 잘하고 성질이 사납고 고집이 세다. 목사들은 악을 견디고 참아야 하고 자신들에게 순종하는 사람들뿐만 아니라 반대하는 사람들에게도 온유함으로 훈계해야 한다(25절). 여기서 다음의 사실들을 주목하라.

1. 진리에 반대하는 사람들을 훈계해야 한다. 왜냐하면 훈계는 그릇된 사람들을 다루는 성경적인 방법이기 때문이다. 그 방법이 그릇된 사람들을 가르치고 납득시키는 데는 화형보다는 훨씬 나은 것 같다. 바울 사도는 그릇된 사람들의 영혼을 구원한다는 구실로 그들의 몸을 죽이라고 명령하고 있지 않다.

2. 거역하는 사람들을 온유함으로 훈계해야 한다. 왜냐하면 우리 주님의 마음이 온유하고 겸손하시기 때문이다(마 12:29). 그리고 이 온유함이 주의 종의 성격에 잘 맞는다. 주의 종은 마땅히 다투지 아니하고 모든 사람에 대하여 온유하며 가르치기를 잘하며 참아야 한다(24절). 이것이 진리의 빛과 능력 안에서 진리를 전달하고 선으로 악을 이기는 방법이다(롬 12:21).

3. 목사들은 거역하는 사람들을 훈계할 때 잘 살피고 보살펴주는 것이 그들을 되돌리기 위한 것이 되어야 할 것이다. 혹 하나님이 그들에게 회개함을 주사 진리를 알게 하실까 하여 그들을 훈계하고 살펴야 할 것이다. 여기서 다음의 사실들을 주목하라.

(1) 회개는 하나님의 선물이고 은사이다.

(2) 거역하는 사람들의 경우의 회개는 혹시 라는 단서가 붙는 은사이다. 그러므로 우리가 하나님의 은혜를 실망시켜서도 안 되겠지만 또 한편으로 우리가 하나님의 은혜에 대해 주제넘게 되지 않도록 조심해야 될 것이다. 그것은 진리를 알게 하고 인정하게 하기 위한 것이다.

(3) 우리가 진리를 발견하게 해주시는 바로 그 하나님이 그의 은혜로 우리가 그 진리를 알게 해주신다. 그렇지 아니하면 우리가 계속 진리를 거역했을 것이다. 왜냐하면 우리는 마음으로도 믿고 입으로도 고백하고 시인을 해야 하기 때문이다(롬 10:9,10). 이렇게 하여 죄인들이 마귀의 올무에서 벗어나 회개하게 될 것이다. 여기서 다음의 사실들을 발견할 수 있다.

[1] 죄인들의 비참함. 죄인들은 마귀의 올무에 빠져있고 마귀에게 사로잡혀 그 뜻에 따라 살고 있다(26절). 죄인들은 최악의 노예 주인에게 매여 있는 노예들이다. 마귀는 불순종의 자녀들 속에서 역사하는 영이다(엡 2:2). 죄인들은 올무에 걸려도 최악의 올무에 걸려 있다. 왜냐하면 그 올무가 마귀의 것이기 때문이다. 죄인들은 사악한 그물에 걸린 고기들 같고 올무에 걸린 새들 같은 신세이다. 더욱이 죄인들은 종의 종이 되어야 하는 함의 저주 아래 놓인 자들이다(창 9:25). 죄인들은 노예와 부하인 자의 노예들이다.

[2] 회개하는 사람들의 행복. 회개하는 사람들은 새잡이의 올무에서 벗어난 새처럼 마귀의 올무에서 벗어나게 된다. 그 올무가 부서지고 그들은 탈출하게 된다. 위험이 커질수록 구원도 더 커진다. 죄인들이 회개할 때 이전에 마귀에게 사로잡혀 마귀가 부리는 대로 종살이 하던 사람들은 하나님의 영광스러운 자녀의 자유 속으로 이끌림을 받게 되고 그들의 의지가 주 예수 그리스도의 뜻 안으로 녹아들어 그 뜻을 따르게 된다. 선하신 주님이 우리 모두를 마귀의 올무에서 건져주신다.

제 3 장

개요

I. 사도는 디모데에게 말세에 일어날 일과 그 이유를 곁들여 미리 주의를 준다(1-9절). II. 말세에 일어날 일에 대한 여러 가지 대비책을 제시한다(10절에서 마지막 절까지). 특별히 바울 자신의 본보기(그러나 네가 나의 교훈을 보고 알았거니와, 10, 11절)와 성경을 아는 지식을 대비책으로 들고 있다. 성경을 아는 것은 우리를 지혜와 구원에 이를 수 있게 해주고 우리가 살아가는 시대를 이기는 가장 좋은 해독제가 될 것이다. 본 장에서 바울은 다른 사람들이 아무리 나빠도 디모데는 선해야 할 것을 디모데에게 말하고 있다. 우리는 우리의 선을 이용하여 다른 사람의 악을 이겨야 한다. 그럼으로써 우리는 자신의 정직함과 선함을 더욱 굳게 붙잡을 수 있게 된다.

¹너는 이것을 알라 말세에 고통하는 때가 이르러 ²사람들이 자기를 사랑하며 돈을 사랑하며 자랑하며 교만하며 비방하며 부모를 거역하며 감사하지 아니하며 거룩하지 아니하며 ³무정하며 원통함을 풀지 아니하며 모함하며 절제하지 못하며 사나우며 선한 것을 좋아하지 아니하며 ⁴배신하며 조급하며 자만하며 쾌락을 사랑하기를 하나님 사랑하는 것보다 더하며 ⁵경건의 모양은 있으나 경건의 능력은 부인하니 이 같은 자들에게서 네가 돌아서라 ⁶그들 중에 남의 집에 가만히 들어가 어리석은 여자를 유인하는 자들이 있으니 그 여자는 죄를 중히 지고 여러 가지 욕심에 끌린 바 되어 ⁷항상 배우나 끝내 진리의 지식에 이를 수 없느니라 ⁸얀네와 얌브레가 모세를 대적한 것 같이 그들도 진리를 대적하니 이 사람들은 그 마음이 부패한 자요 믿음에 관하여는 버림받은 자들이라 ⁹그러나 그들이 더 나아가지 못할 것은 저 두 사람이 된 것과 같이 그들의 어리석음이 드러날 것임이라

교회에 나쁜 사람들이 있다고 할지라도 디모데는 그것을 이상하게 생각해서는 안 된다. 왜냐하면 복음의 그물은 좋은 고기와 나쁜 고기를 다 같이 잡기 때문이다(마 13:47, 48). 예수 그리스도가 미혹자들과 거짓 선지자들이 있

을 것이라고 예언하셨다(마 24장). 그러므로 우리는 그것 때문에 기분이 상해서도 안 되고 종교나 교회에 대해 아주 나쁘게 생각해서도 안 될 것이다. 심지어 금광석 속에도 찌꺼기가 있고 타작마당에 내놓은 밀 가운데에도 많은 왕겨가 섞여 있다. 여기서 다음의 사실들을 주목하라.

I. 디모데는 말세에, 복음 시대에 고통하는 때가 있음을 알아야 한다 (1절). 복음 시대가 많은 면에서 개혁의 시대였지만 복음 시대에서도 고통당하는 시대가 있을 것이라는 사실을 알아야 할 것이다. 그것은 외부의 박해 때문에도 오지만 내부의 타락 때문에도 온다. 이러한 때는 어려운 시기가 될 것이다. 고통 하는 때에 선한 양심을 지킨다는 것이 어려울 것이다. 바울은 "유대인들과 이방인들이 그리스도교를 뿌리뽑기 위하여 힘을 합쳤으니 고통하는 때가 올 것이다" 라고 말하고 있는 것이 아니라 "경건의 모양을 가진 것들이 교회를 타락시키고 사악하게 만들고 교회에 많은 해를 끼치게 될 고통하는 때가 올 것이다" 라고 말하고 있다 성을 지키는 수비대 안의 두 명의 배신자들이 성 밖의 이천 명의 포위군들보다 더 많은 해를 끼칠 수 있다. 사람들이 악해져서 고통하는 때가 올 것이다. 여기서 다음의 사실들을 주목하라.

1. 죄가 때를 고통스럽게 만든다. 관습의 일반적인 타락과 사람들의 성질의 타락이 있을 때 이 타락이 시대를 살아가기에 어렵고 위험하게 만든다. 왜냐하면 일반적인 타락의 와중에 우리의 정직과 선함을 지키기란 쉽지 않을 것이다.

2. 고통하는 때의 닥침은 성경에서 예언하는 것들이 이루어지는 증거가 된다. 만일 이 점에서 그 사건이 성경의 예언에 부합하지 않는다면 우리는 성경의 신성을 의심하는 유혹에 빠지게 될 것이다.

3. 우리는 고통하는 때를 보게 될 때 놀라지 않도록 하기 위하여 이 사실을 알고 믿고 생각하는 데 깊은 관심을 기울여야 할 것이다. 너는 이것을 알라.

II. 바울은 어떤 일이 고통하는 때를 만드는 이유와 그 때 나타날 표시와 표징들을 말하고 있다 (2절). 여기서 다음의 사실들을 주목하라.

1. 자기를 사랑하는 것이 고통하는 때를 만든다. 자기를 사랑하지 않을 사람이 그 때 누가 있겠는가? 그러나 이것은 비정상적인 죄의 자기 사랑을 의미한다. 사람들은 영적인 자아보다 육적인 자아를 더 사랑한다. 사람들은 자신의 정욕을 만족시키기를 사랑하고, 하나님을 기쁘시게 하고 자신의 의무를 행하기보다는 자기 배를 채우기를 더 좋아한다. 다른 사람들의 선을 위하여 돌보는

그리스도인의 자비를 베풀기보다는 사람들은 자기 자신만을 생각하고 교회의 덕을 세우는 일보다는 자신의 만족을 먼저 채우기를 좋아한다.

2. 돈을 사랑하는 탐심. 여기서 다음의 사실들을 주목하라 자기 사랑은 죄와 불행의 긴 행렬을 이루게 한다. 사람들이 자기를 사랑하는 사람들이 될 때 그들에게서 어떤 선도 기대할 수가 없게 될 것이다. 마치 마음을 다해 하나님을 사랑하는 사람들에게서 모든 선을 기대할 수 있는 것처럼 말이다. 탐심이 일반적으로 만연하게 될 때, 다시 말해서 사람들이 얻을 수 있고 가진 것을 지킬 수 있는 것에만 신경을 쓸 때 이러한 현상이 사람들로 하여금 서로를 어렵고 고통스럽게 하고 모든 사람이 자기 이웃을 경계하게 만든다.

3. 자기 자랑과 교만. 사람들이 교만하게 되어 **자랑하며 거룩하지 아니하게** 되는 그 때가 고통하는 때이다. 그 때는 사람들이 사람들 앞에서 하나님과 그의 이름을 멸시하고 비방하고 모독하게 된다. 사람들이 하나님을 두려워하지 않게 될 때 그들은 사람을 존중하지 않게 되고 역으로 하나님도 그들을 존중하시지 않게 될 것이다.

4. 자녀들이 부모에게 거역하고 그들에게 지워진 감사와 의무를 저버리게 되고 서로에게서 기대할 수 있고 의지할 수 있는 이해관계를 깨뜨리게 될 때 그들이 시대를 고통스럽게 만들 것이다. 도대체 어떤 사악함이 그들 자신의 부모를 학대하고 거역하게 만드는가?

5. 감사하지 아니하고 거룩하지 아니한 것이 세대를 고통스럽게 만든다. 그리고 이들 두 가지는 대체로 함께 짝을 지어 나타난다. 사람들이 거룩하지 아니하고 하나님을 두려워하지 아니하고 하나님의 자비에 감사하지 않는 이유는 무엇인가? 감사하지 아니하는 것과 경건하지 아니한 것도 짝을 지어 같이 다닌다. 어떤 사람을 감사가 없는 사람이라고 부른다면 그보다 더 나쁜 이름은 있을 수 없을 것이다. 감사하지 아니하고 순수하지 아니한 것은 육체적인 정욕으로 오염되어 있기 때문이다. 그것은 우리의 몸이 잘 되도록 양식을 공급해주시는 하나님에 대한 감사가 없는 큰 무례함의 실례가 될 것이다. 우리가 하나님이 주시는 양식과 도움을 우리의 정욕을 위한 음식과 연료로만 쓴다면 우리는 하나님의 은사들을 남용하는 것이 될 것이다.

6. 시대가 고통스러워지는 것은 사람들이 자연 계약이나 일반적인 정직함을 지키지 않을 때이다. 그 때 사람들은 **무정하며 배신하며** 살아간다(3절). 모든 사

람에게 자연적인 애정이 당연히 있어야 할 것이다. 인간의 본성의 살아있는 곳에는 동일한 본성을 지닌 사람들에 대한 인정이 있기 마련이다. 특별히 인간관계 사이에 인간애가 있어야 할 것이다. 시대가 고통스러워지는 것은 자녀들이 부모를 거역하고(2절) 부모들이 자녀에게 자연적인 애정이 없을 때이다(3절). 무엇이 자연적인 죄의 타락이고, 어떻게 그 타락이 자연이 사람들에게 그들의 종족 보존을 도와주기 위하여 심어준 것조차도 빼앗아가는지를 보도록 하라. 왜냐하면 자기 자녀에 대한 부모의 자연적인 애정이 땅 위의 인류의 보존을 위하여 아주 많이 기여하기 때문이다. 그리고 자연적인 애정에 얽매이지 않는 사람들은 가장 엄숙한 동맹과 언약에도 얽매이지 않는다는 사실은 전혀 놀랄 만한 일이 못된다. 그런 사람들은 배신하는 사람들이다. 다시 말해서 그들은 계약을 어기는 사람들이다. 그들은 감당해야 할 약속을 지킬 양심을 전혀 가지고 있지 않다.

7. 사람들이 서로 모함할 때 시대가 고통스럽게 된다. 마귀들은 서로를 모함하게 만든다. 사람들이 다른 사람의 유익을 전혀 생각하거나 존중하지 않고 맹세한 종교적인 의무들도 전혀 존중하지 않게 된다. 더구나 마귀들은 사람들이, 우리는 자유니 말하고 싶은 것을 마음대로 말하고 하고 싶은 대로 할 수 있다고 생각하게 만든다(시 12: 4).

8. 사람들이 자기 자신과 욕구를 다스리지 못하고, 즉 절제하지 못할 때 고통하는 때가 온다. 사람들이 자제하지 못하기 때문에 욕구가 절제가 안 된다. 사람들이 성질이 사납기 때문에 자신의 열정을 다스리지 못한다. 사람들이 자신의 정신을 다스리지 못할 때 무너지고 벽이 없는 성처럼 되고 말 것이다. 그래서 그런 사람들은 아주 조그만 충동질에도 확 달아오르고 말 것이다.

9. 선하고 귀하게 여김을 받아야 될 것이 일반적으로 무시되고 멸시를 당할 때 고통하는 때가 오게 된다. 선한 사람들이 자기 이웃들보다 훨씬 뛰어나고 좋음에도 불구하고 박해자들이 선한 사람들을 괴롭히는 것은 박해자들의 교만 때문이다.

10. 사람들이 일반적으로 배신하고 고집을 부리며 조급하고 교만할 때 고통하는 때가 오게 된다(4절). 다시 말해서 사람들이 배신자들이 되고 무모해질 때 고통하는 때가 닥치게 된다. 우리의 구세주는 형제가 형제를 배신하여 죽이고 아버지가 자식을 죽는데 내어준다고 예언하셨다(마 10:21). 이러한 사람들이야

말로 가장 나쁜 종류의 배신자들이다. 자신들이 믿는 성경을 박해자들에게 넘겨준 사람들을 초대교회에서 배교자들이라고 불렀다. 왜냐하면 그들이 자기에게 맡긴 위탁물인 신앙을 배신하고 저버렸기 때문이다. 사람들이 자기 주변의 모든 사람들에게 비웃으며 화를 잘 내고 까다롭고 거만하게 굴고 이러한 성질이 일반적으로 만연할 때 고통하는 때가 이르게 된다.

11. 사람들이 쾌락을 사랑하기를 하나님 사랑하는 것보다 더하게 될 때 고통하는 때가 이르게 된다. 참된 그리스도인들보다 쾌락주의자들이 세상에 더 많아질 때 시대가 참으로 악하게 될 것이다. 하나님을 어떤 것보다 사랑해야 한다. 하나님보다 어떤 다른 것을, 특별히 쾌락과 같은 천한 것을 더 좋아하는 것은 육에 속한 마음을 가지고 있고 하나님에 대한 적의로 가득 차있기 때문이다.

12. 이러한 모든 것에도 불구하고 그런 사람들도 경건의 모양은 가지고 있다 (5절). 이런 사람들을 명목상의 그리스도인이라고 부른다. 그들은 그리스도교 신앙으로 들어오는 세례를 받고 신앙을 겉으로 표현하긴 한다. 그러나 아무리 그럴듯한 경건의 모양을 가지고 있을지라도 그들은 경건의 능력을 부인한다. 그들이 경건의 모양을 가졌으면 마땅히 경건의 능력도 함께 가져야 함에도 불구하고 그들은 하나님이 함께 결합해놓은 것도 갈라놓고 말 것이다. 다시 말해서 그들은 비난을 받지 않으려고 경건의 모양은 있는 척 하는 것이다. 그러나 그들은 자신들의 죄를 없애기 위하여 경건의 능력은 받아들이지 않는다. 여기서 다음의 사실들을 주목하라.

(1) 사람들이 신앙을 고백하고도 아주 나쁘고 사악해질 수 있다. 그들은 자기를 사랑하는 사람들이다. 그럼에도 그들이 경건의 모양은 가지고 있다.

(2) 경건의 모양은 경건의 능력과 아주 다른 것이다. 사람들이 경건의 모양을 가질 수는 있지만 경건의 능력은 전혀 없을 수 있다. 그렇다. 그들은 최소한 그들의 삶 속에서라도 경건의 능력을 실제로 부인한다.

(3) 선한 그리스도인들은 그러한 사람들에게서 돌아서야 한다.

III. 여기서 바울은 디모데에게 어떤 유혹자들을 조심하라고 경고한다. 디모데는 그런 유혹자들을 스스로 멀리해야 될 뿐만 아니라 그가 책임 맡고 있는 사람들이 그런 유혹자들에게 넘어가지 않도록 무장시켜야 한다. 여기서 다음의 사실들을 주목하라.

1. 바울은 그들이 얼마나 부지런히 개종자들을 만들려고 유혹하고 돌아다니

는지를 보여준다(6절). 그 유혹자들은 감히 공개적으로는 못하고 어느 특정한 사람들을 찾아다니는 일에 정력을 쏟았다. 왜냐하면 악을 행하는 사람들은 빛을 싫어하기 때문이다(요 3:20). 유혹자들은 선한 그리스도인들이 박해 때문에 종종 그렇게 했듯이 그 집들을 억지로 들어갔던 것이 아니다. 그들은 사람들의 애정과 환심을 교묘히 사서 자신들의 당으로 끌어들이기 위하여 선택해서 가만히 들어갔다. 그런 유인하는 자들이 유혹해 개종시킨 사람들이 어떤 종류의 사람들인지를 보라. 그들에게 넘어간 사람들은 어리석은 여자들과 같은 약한 사람들이었다. 그리고 그런 사람들은 죄를 중히 지고 여러 가지 욕심에 끌린 바 된 악한 사람들이었다. 어리석은 머리와 더러운 마음은 사람들을, 특별히 여자들을 유혹자들의 손쉬운 먹잇감이 되게 한다.

2. 바울은 그들이 항상 배우지만 끝내 진리를 아는 지식에 이르지 못하고 얼마나 멀리 떨어져 있는지를 설명한다(7절). 어떤 의미에서 우리는 항상 배워야 한다. 다시 말해서 주님을 따라 앞으로 나아가는 지식이 계속 자라야 한다. 하지만 이러한 사람들은 지식을 발전시킨다는 구실로 모든 새로운 사상을 다 받아들이기를 좋아하는 경솔하고 불안정한 회의론자들이다. 그렇지만 그들은 예수 안에 있는 진리를 결코 올바르게 깨닫지 못한다.

3. 바울은 그들의 발전이 결국 끝나게 되고 마는 어떤 멈춤을 예언한다(8,9절). 바울은 그런 사람들을 본문에서 그 이름들이 얀네와 얌브레로 언급되고 있는 모세를 대적했던 애굽인 술객들과 비교해 이야기하고 있다. 그 이름들이 구약 성서 속에서는 발견되지 않지만 옛날 유대인 저자들의 글에는 나타나고 있다. 모세가 이스라엘 백성을 애굽에서 데리고 나오라는 하나님의 명령을 받고 애굽에 갔을 때 이 술객들이 모세를 대적했다. 이와 같이 이단들도 진리를 대적했다. 그 마음이 부패한 자들처럼 그들은 진리에 대해 왜곡되고 편향되고 편견을 가진 이해력을 지닌 사람들이었다. 그리고 그들은 믿음에 관하여는 버림받은 자들이었다. 또한 그들은 참된 그리스도인이 되는 것과는 아주 거리가 먼 사람들이었다. 그러나 그들이 더 나아가지 못할 것이다. 여기서 다음의 사실들을 주목하라.

(1) 유혹자들은 사람 눈에 띄지 않는 곳을 찾고 어두운 곳을 좋아한다. 왜냐하면 그들은 대중 앞에 나타내기를 두려워하므로 집들을 몰래 찾아다닌다. 더욱이 그들은 최소한의 자기 방어도 할 수 없는 사람들, 즉 어리석고 사악한 여

자들을 공략한다.

(2) 유혹자들은 어느 시대나 아주 똑같다. 그들의 성격도 같다. 다시 말해서 그들은 그 마음이 부패한 자요 믿음에 관하여는 버림받은 자들이라. 그들의 행위도 아주 똑같다. 그들은 얀네와 얌브레가 모세를 대적한 것 같이 진리를 대적했다. 그들은 그들의 좌절에 있어서도 똑같을 것이다.

(3) 진리를 대적하는 사람들은 어리석은 죄를 범하는 사람들이고 엄청나게 어리석다. 왜냐하면 진리가 위대하고 승리할 것이기 때문이다.

(4) 그릇된 영이 잠시 놓여날 수는 있지만 하나님이 그 영을 사슬로 묶어버리신다. 사탄이 나라들과 교회들을 하나님이 그에게 허락한 것 이상으로 이제는 더 이상 속일 수 없다. 그들의 어리석음이 드러날 것임이라. 그들이 사기꾼들이라는 사실이 드러날 것이고 모든 사람이 그들을 버릴 것이다.

[10]나의 교훈과 행실과 의향과 믿음과 오래 참음과 사랑과 인내와 [11]박해를 받음과 고난과 또한 안디옥과 이고니온과 루스드라에서 당한 일과 어떠한 박해를 받은 것을 네가 과연 보고 알았거니와 주께서 이 모든 것 가운데서 나를 건지셨느니라 [12]무릇 그리스도 예수 안에서 경건하게 살고자 하는 자는 박해를 받으리라 [13]악한 사람들과 속이는 자들은 더욱 악하여져서 속이기도 하고 속기도 하나니 [14]그러나 너는 배우고 확신한 일에 거하라 너는 네가 누구에게서 배운 것을 알며 [15]또 어려서부터 성경을 알았나니 성경은 능히 너로 하여금 그리스도 예수 안에 있는 믿음으로 말미암아 구원에 이르는 지혜가 있게 하느니라 [16]모든 성경은 하나님의 감동으로 된 것으로 교훈과 책망과 바르게 함과 의로 교육하기에 유익하니 [17]이는 하나님의 사람으로 온전하게 하며 모든 선한 일을 행할 능력을 갖추게 하려 함이라

여기서 사도 바울은 자신이 따랐던 방법으로 디모데에게 확증해주고 있다. 여기서 다음의 사실들을 주목하라.

I. 바울은 디모데가 자기를 오래 수행하며 목격했던 자신의 본보기를 디모데에게 제시해준다(10절). 네가 나의 교훈을 알았다. 우리가 그리스도와 사도들의 교훈을 충분히 알면 알수록 우리가 더욱 그 교훈에 가까워지게 된다. 많은 사람들이 그 교훈에 느슨해지는 이유는 그것을 자세히 모르기 때문이다. 그리스도의 사도들은, 그 교훈들을 모르거나 그것들을 자세히 모르는 사람들을 빼

놓고는 적이 결코 없었다. 그 교훈들을 아주 잘 아는 사람들은 그것들을 아주 사랑하고 귀하게 여겼다. 그러면 디모데가 바울을 통해 자세히 안 것이 무엇인가?

1. 그것은 바울이 전했던 교훈이었다. 바울은 그의 청중들에게 꺼리는 것이 아무것도 없었고 하나님의 모든 뜻을 그들에게 전하였다(행 20:27). 그러므로 듣는 청중이 잘못하지만 않았다면 그 교훈과 가르침을 자세히 알 수 있었을 것이다. 디모데가 바울과 같은 선생 밑에서 훈련을 받고 바울이 전파한 교훈을 전달받았다고 하는 것은 아주 큰 유익이었다.

2. 디모데는 바울의 생활양식을 잘 알았다. 네가 나의 교훈과 행실을 보고 알았느니라. 바울의 생활양식 즉 행실은 그의 교훈의 일부분이었고 그 교훈에 모순되지 않았다. 바울은 자신의 설교로 세운 것을 자신의 삶으로 무너뜨리지 않았다. 이러한 사역자들은 선을 행하기를 좋아하고 그들의 수고의 열매를 오래 가게 하고 그들의 생활양식은 그들의 교훈과 일치한다. 반대로 사람들에게 전혀 유익을 줄 수 없는 사역자들은 설교는 잘 하고 생활은 나쁘게 산다.

3. 디모데는 바울이 그의 설교와 행실을 통해 보여주었던 위대한 것을 잘 알았다. "너는 내가 지향하는 나의 목적과 의향이 세속적이고 육체적인 것과는 아주 거리가 멀고 내가 목적하는 하나님의 영광과 사람들의 영혼의 유익을 위하여 얼마나 진지하게 추구했는지를 보고 알았다."

4. 디모데는 바울의 좋은 성품을 잘 알았다. 디모데는 그것을 바울의 교훈과 행실과 목적을 통해서 얻은 정보를 취합해 알았다. 왜냐하면 바울은 믿음(즉 그의 순전함과 충성, 그리스도를 믿는 신앙, 내세에 관한 그의 신앙)과 그가 설교하고 맡았던 교회들에 대한 오래 참음과 모든 사람들을 향한 사랑과 인내의 증거들을 보여주었다. 이것들은 바울의 특출한 은혜들이었다. 디모데는 그것을 잘 알고 있었다.

5. 디모데는 바울이 박해를 받았음을 알았다(11절). "너는 내가 당한 일과 어떠한 박해를 받은 것을 잘 알았다." 바울은 디모데와 같이 있었을 때 일어났던 일뿐만 아니라 안디옥과 이고니온과 루스드라에서 겪었던 일도 언급한다. 그러므로 네가 고난을 겪게 되리라는 것은 전혀 놀랄 일이 못된다. 그것은 내가 이전에 겪었던 고난보다 더하면 더했지 못하지 않을 것이다.

6. 디모데는 하나님이 바울을 얼마나 돌보아주시고 관심을 기울여 주셨는지

를 알았다. 주께서 이 모든 것 가운데서 나를 건지셨느니라. 바울은 하나님의 뜻을 한 번도 저버리지 않았듯이 그의 하나님도 바울을 한 번도 저버리지 않으셨다. 너는 나의 박해를 잘 알았다. 우리가 선한 사람들이 받는 고난들을 알고 있다. 그러나 얼마간은 그들이 그것을 위하여 고난당하는 대의명분을 내려놓으라는 유혹을 받게 된다. 우리가 단지 그리스도를 위하여 그들이 당하는 어려움들을 피상적으로 알 때는 우리가 이렇게 말할 수도 있을 것이다. "우리가 그 주장을 소유하기 위하여 너무 많은 대가를 지불하는 것 같아서 그 주장을 포기하겠습니다." 그러나 우리가 선한 사람들이 어떻게 고난을 당하는지와 그 때 어떻게 도움을 받는지를 잘 알게 되면 실망하는 대신에 우리는 그것으로 생기를 되찾게 될 것이다. 특별히 우리가 고난을 염두에 두고 살아야 한다는 사실을 생각하면 더욱 그러하다(12절). 무릇 그리스도 예수 안에서 경건하게 살고자 하는 자는 박해를 받으리라. 그것이 언제나 똑같은 것은 아니다. 사람들이 그리스도를 믿는 신앙을 고백하는 바로 그 때가 다른 때보다 더 박해를 받게 된다. 그러나 다소간의 차이는 있을지라도 언제나 그리스도 예수 안에서 경건하게 살고자 하는 사람들은 박해를 받게 될 것이다. 그들은 멸시를 받아야 되고 그들의 신앙이 그들의 승진을 가로막게 될 것이다. 경건하게 사는 사람들은 고난을 기대해야 할 것이다. 특별히 그리스도교의 엄격한 규례들을 따라서 사는 사람들은 십자가에 달리신 구세주의 제복을 입고 그리스도의 이름을 견디는 사람들이 될 것이다. 그들의 생활양식에서 그들의 신앙을 나타내는 모든 사람들은 경건해져야 될 뿐만 아니라 경건하게 살아야 한다. 경건한 사람들은 고난을 기대하라. 특별히 그들이 그렇게 살기로 결심했을 때 고난을 기대해야 할 것이다. 여기서 다음의 사실들을 주목하라.

(1) 사도 바울의 삶은 세 가지 것들에 대해 아주 모범적이었다. 즉 그는 하나님의 뜻에 따른 그의 교훈, 그의 교훈에 일치하는 그의 행실, 그의 고난과 박해들에 대해 아주 모범적이었다.

(2) 바울의 삶이 아주 유익한 삶이었음에도 그것은 큰 고난들을 겪는 삶이었다. 어느 누구도 뛰어난 봉사와 큰 고난들을 위하여 바울보다 주님에게 더 가까이 나아가지 못했다고 나는 믿는다. 바울은 거의 모든 곳에서 고난을 당했다. 성령이 바울이 당한 매임과 고난들을 증언하셨다(행 20:23). 본문에서 바울은 다른 곳에서 당한 고난은 제외하고 안디옥과 이고니온과 루스드라에서 당한

박해들과 고난들을 언급하고 있다.

(3) 사도 바울은 고난당하는 디모데와 우리를 격려하기 위하여 주님이 바울을 건져주셨던 것에 대해 언급한다.

(4) 우리는 참 그리스도인들의 습관과 대우를 가지고 있다. 다시 말해 참 그리스도인들의 습관은 예수 그리스도 안에서 경건하게 사는 것이다. 참 그리스도인들의 대우는 박해를 당할 것이라는 것이다. 이것이 그들이 이 세상에서 기대할 수 있는 대우이다.

Ⅱ. 바울은 유혹자들의 치명적인 결말에 대해 디모데에게 경고한다. 그것은 디모데가 예수 안에 있는 진리에 착념해야 되는 이유로 제시되고 있다. 악한 사람들과 속이는 자들은 더욱 악하여져서 속이기도 하고 속기도 하나니(13절). 선한 사람들이 하나님의 은혜로 더욱더 선해지는 반면에 나쁜 사람들은 사탄의 간교함과 나쁜 사람들 자신의 타락한 힘에 의해 더욱더 악해진다. 죄의 길은 내리막이다. 왜냐하면 악한 것에서 나온 그러한 사람은 더욱 악하여지고 속기도 속이기도 하기 때문이다. 다른 사람들을 속이는 사람들은 스스로를 속이는 것일 뿐이다. 다른 사람들을 그릇된 길로 끌어들이는 사람들은 스스로 더욱더 실수하게 된다. 결국에 그들은 혹독한 대가를 치르게 될 것이다.

Ⅲ. 바울은 좋은 교육을 더 가까이 하고 디모데가 특별히 성경에서 배운 것에 착념하라고 디모데에게 지시한다(14,15절). 너는 배우고 확신한 일에 거하라. 여기서 다음의 사실들을 주목하라. 좋은 것을 배운 것만으로 충분하지가 않다. 우리는 그 안에 계속 있어야 하고 그 안에서 마지막까지 견디어야 한다. 그 때 우리는 그리스도의 참 제자들이 될 것이다(요 8:31). 이는 우리가 이제부터 어린아이가 되지 아니하여 사람의 속임수와 간사한 유혹에 빠져 온갖 교훈의 풍조에 밀려 요동하지 않게 하려 함이라(엡 4:14). 마음은 은혜로써 굳게함이 아름답다(히 13:9). 그리고 이러한 이유 때문에 우리는 성경에서 배운 것들에 계속 거해야 한다. 그것은 어렸을 때와 젊었을 때 빠질 수 있었던 잘못들과 실수들에 계속 머물게 하지 않도록 하기 위한 것이다. 이런 것들 때문에 우리는 공평한 연구와 완전한 확신을 버려야 했다. 그러나 이러한 유혹이 성경이 분명하게 주장하는 것들에 우리가 계속 거하고 성경을 계속 읽는 사람을 결코 막지 못한다. 디모데가 진리를 배웠던 대로 진리에 착념한다면 디모데가 유혹자들의 올무와 간교함에 맞서게 무장시켜 줄 것이다. 디모데가 너는 배우고 확신한 일에 거해야

한다는 사실을 주목하라.

1. 우리가 배운 것들을 확실하게 안다는 것은 큰 행복이다(눅 1:4). 진리가 무엇인지를 알아야 될 뿐만 아니라 그 진리가 의심할 수 없는 확실한 것이라는 사실을 알아야 한다. 우리는 우리가 배운 것을 더욱더 확실히 알도록 노력해야 한다. 그리하여 진리의 터 위에 굳게 서서 우리가 잘못을 막고 지킬 수 있어야 할 것이다. 왜냐하면 신앙의 확실성은 아주 중요하고 큰 유익이 되기 때문이다. 여기서 다음의 사실들을 알라.

(1) 좋은 선생을 모시고 있다는 것을 알라. 너는 네가 누구에게서 배운 것을 알라. 그들은 악한 사람들이나 유혹자들이 아니라 좋은 사람들이다. 그들은 진리의 능력을 체험하고 그 진리를 위하여 고난을 받을 각오와 준비가 되어 있고 그것을 통해 이 진리들에 대한 자신들의 신앙의 아주 확실한 증거를 보여준 사람들이다. 그 선생들이 너를 가르쳤다는 사실을 알라.

(2) 네가 그 위에 세운 확실한 기반을 알라. 즉 성경에 대해 확실히 알라. 어려서부터 성경을 알았나니(15절).

2. 하나님의 일들을 잘 알고 확신하는 사람들은 성경을 알아야만 한다. 왜냐하면 성경은 하나님의 계시의 요약이기 때문이다.

3. 어려서부터 성경을 안다는 것은 큰 행복이다. 어려서가 성경을 배우기에 알맞다. 아이들의 시기는 배움의 시기이다. 참된 배움을 얻고자 하는 사람들은 성경에서 얻어야 한다.

4. 우리가 알고 있는 성경은 거룩한 책이다. 성경은 거룩하신 하나님께서 나왔다. 성경은 거룩한 사람들에 의해 전달되고 거룩한 계명들을 담고 있고 거룩한 것들에 대해 다룬다. 성경은 우리를 거룩하게 만들기 위하여 계획되었고 우리를 행복에 이르는 거룩한 길로 인도하기 위하여 기록되었다. 성경이라고 부르는 것은 모든 종류의 세속적인 책들과 구별되기 때문이다. 세속적인 책들은 도덕과 정의와 정직을 다루고 있지만 거룩함은 전혀 다루지 않는다. 우리가 성경을 알려고 한다면 고상한 베뢰아 사람들이 했던 것처럼 날마다 성경을 읽고 찾아야 할 것이다(행 17:11). 우리는 성경을 방치해 두어서도 안 되고, 가끔 읽거나 전혀 읽지 않거나 해서도 안 될 것이다. 이제 여기서 다음의 사실들을 주목하라.

(1) 왜 성경은 탁월한가. 성경은 하나님의 감동으로 된 것이다(16절). 그러므로

성경은 하나님의 말씀이다. 성경은 하나님의 계시이다. 우리는 그 계시를 잘못이 없는 진리로 믿고 의지할 수 있다. 우리에게 이성을 주었던 동일한 영이 우리에게 계시를 준다. 예언은 언제든지 사람의 뜻으로 낸 것이 아니요 오직 성령의 감동하심을 받은 사람들이 하나님께 받아 말한 것임이라(벧후 1:21). 선지자들과 사도들은 자기에게서 나오는 말을 하지 않았다. 그들은 주님에게서 받은 것을 우리들에게 전달해주었다. 성경이 하나님의 감동으로 되었다는 것은 그 문체의 위엄에서 드러난다. 그 속에 담긴 교훈들의 진리와 순수함과 장엄함에서 하나님의 감동이 나타난다. 그리고 성경의 여러 부분들의 조화에서, 말씀으로 많은 사람들과 이야기하는 성경의 권능과 효력에서, 모든 인간의 통찰력을 넘어서는 것들과 관련된 많은 예언들의 성취에서, 그리고 하나님의 기원을 증명하기 위해 일어나는 놀라운 기적들에서 하나님의 감동이 나타난다. 하나님도 표적들과 기사들과 여러 가지 능력과 및 자기의 뜻을 따라 성령이 나누어 주신 것으로써 그들과 함께 증언하셨느니라(히 2: 4).

(2) 성경이 우리에게 어떤 유익을 주는가.

[1] 성경은 능히 너로 하여금 구원에 이르는 지혜가 있게 하느니라. 다시 말해서 성경은 영생에 이르는 우리의 길의 확실한 안내자이다. 참으로 지혜로운 사람들은 구원에 이르는 지혜가 있는 사람들이다. 성경은 우리가 참으로 지혜롭게 될 수 있게 해주고 우리의 영혼과 내세를 위해 지혜롭게 해줄 수 있다. 믿음으로 말미암아 구원에 이르는 지혜가 너희에게 있게 해준다. 성경은 믿음과 결합되면 우리가 구원에 이르는 지혜를 가질 수 있게 해준다. 그러나 믿음과 결합되지 않으면 그렇게 될 수 없다. 들은 바 그 말씀이 그들에게 유익하지 못한 것은 듣는 자가 믿음과 결부시키지 아니함이라(히 4:2). 왜냐하면 우리가 성경의 진리와 선을 믿지 않으면 성경은 우리에게 아무런 유익을 주지 못할 것이기 때문이다.

[2] 성경은 그리스도인의 삶의 모든 목적들을 위하여 우리에게 유익을 줄 수 있다. 즉 성경은 교훈과 책망과 바르게 함과 의로 교육하기에 유익하다. 성경은 하나님의 계시의 모든 목적들에 답을 준다. 성경은 우리에게 성경 속의 진리를 가르쳐주고 성경에 대해 잘못 빗나간 것은 나무라고 우리를 선한 것으로 인도해준다. 성경은 모든 사람에게 유용하다. 왜냐하면 우리 모두가 교훈받고 고침받고 책망받을 필요가 있기 때문이다. 성경은 교훈과 책망과 바르게 함에 목사들에게 특별히 유용하다. 그러므로 목사들이 그렇게 유용한 것을 성경이 아

닌 어디에서 가져올 수 있겠는가?

[3] 이는 하나님의 사람으로 온전하게 하며(17절). 그리스도인과 목사는 하나님의 사람이다. 이 세상에서 하나님의 사람으로 완성시키는 것은 성경이다. 성경으로 말미암아 우리는 모든 선한 일을 행할 능력을 갖추게 된다. 성경 속에 들어있는 것은 모든 경우에 맞는다. 우리가 해야 할 의무가 무엇이든, 우리에게 요구되는 봉사가 무엇이든 그것을 위해 우리가 갖추어야 될 모든 것이 성경 속에 충분히 들어있다.

(3) 우리는 여기서 전반적으로 다음의 사실들을 발견할 수 있다.

[1] 성경은 다양한 용도를 가지고 있고 여러 가지 목적들에 대답을 해준다. 다시 말해서 성경은 교훈과 책망과 판단과 실행에서의 모든 잘못들을 바르게 함과 의로 교육하기에 유익하다.

[2] 성경은 믿음과 실천의 완전한 규칙이고 하나님의 사람 즉 하나님께 헌신하는 목사뿐만 아니라 그리스도인을 위해 계획된 것이었다. 왜냐하면 성경은 교훈에 유익하기 때문이다.

[3] 우리가 하나님의 감동으로 된 성경과 의논하고 성경의 지시들을 따른다면 우리는 선한 일을 행할 능력을 갖춘 하나님의 사람들로 만들어질 것이다.

[4] 철학자들의 저술이나 랍비 문학의 우화들이나 가톨릭의 전설들이나 기록되지 않은 전승들에는 우리를 하나님의 온전한 사람으로 만들어 줄 수 있는 근거가 전혀 없다. 왜냐하면 성경이 이런 모든 목적들에 대답을 제시해주기 때문이다. 우리는 이전보다 성경을 더욱 사랑하고 더욱 가까이 하도록 하자. 그러면 우리는 성경을 통해 계획된 유익을 발견하게 되고 결국에는 성경에서 우리에게 약속되고 확증된 행복을 얻게 될 것이다.

제 4 장

개요

본 장에서 바울은 다음의 사실들을 다루고 있다. Ⅰ.바울은 아주 엄숙하고 진지하게 디모데에게 복음 전도자로서 그의 사역과 직분을 근면하고 양심적으로 수행하라고 명령한다. 디모데가 받은 명령들은 목사들에게도 필요한 것들이다(1-5절). Ⅱ. 이 경우에 디모데가 관심을 가져야 할 이유. 왜 디모데는 때를 얻든지 못 얻든지 특별한 방식으로 지금 당장 복음을 전파해야 되는가? 그 이유는 에베소 교회가 바울 사도가 떠날 날이 가까워와 그의 수고를 더 이상 받지 못할 것이기 때문이다(6-8절). Ⅲ. 구리 세공업자 알렉산더에 관한 암시와 주의와 함께 여러 특별한 문제들을 언급한다(9-15절). Ⅳ. 바울은 법정에서 처음 변명할 때 자기에게 닥친 일을 디모데에게 알려준다. 비록 사람들이 바울을 버렸을지라도 주가 바울 곁에 서 계셨고 이 사실이 미래의 구원의 소망을 가질 수 있도록 바울을 격려해 주었다(16-18절). 그런 뒤 바울은 인사와 축복으로 마무리를 하고 있다(19-22절).

¹하나님 앞과 살아 있는 자와 죽은 자를 심판하실 그리스도 예수 앞에서 그가 나타나실 것과 그의 나라를 두고 엄히 명하노니 ²너는 말씀을 전파하라 때를 얻든지 못 얻든지 항상 힘쓰라 범사에 오래 참음과 가르침으로 경책하며 경계하며 권하라 ³때가 이르리니 사람이 바른 교훈을 받지 아니하며 귀가 가려워서 자기의 사욕을 따를 스승을 많이 두고 ⁴또 그 귀를 진리에서 돌이켜 허탄한 이야기를 따르리라 ⁵그러나 너는 모든 일에 신중하여 고난을 받으며 전도자의 일을 하며 네 직무를 다하라 ⁶전제와 같이 내가 벌써 부어지고 나의 떠날 시각이 가까웠도다 ⁷나는 선한 싸움을 싸우고 나의 달려갈 길을 마치고 믿음을 지켰으니 ⁸이제 후로는 나를 위하여 의의 면류관이 예비되었으므로 주 곧 의로우신 재판장이 그 날에 내게 주실 것이며 내게만 아니라 주의 나타나심을 사모하는 모든 자에게도니라

여기서 다음의 사실들을 주목하라.

I. 아주 엄숙하게 명령이 소개되고 있다(1절).   하나님 앞과 살아 있는 자와
죽은 자를 심판하실 그리스도 예수 앞에서 그가 나타나실 것과 그의 나라를 두
고 엄히 명한다(1절). 아주 훌륭한 사람들일지라도 두려움을 가지고 자신의 의
무를 수행할 필요가 있다. 목사의 사역은 아무래도 좋은 일이 아니라 절대적으
로 필요한 일이다. 만일 복음을 전하지 아니하면 내게 화가 있을 것이로다(고전
9:16). 디모데를 설득하여 성실해지게 하기 위해서 바울은 다음의 사실들을 고
려해야만 한다.

1. 하나님과 예수 그리스도의 눈이 디모데를 보고 있다. 하나님 앞과 그리스도
예수 앞에서 엄히 명한다. 다시 말해서 이 말씀은 이런 뜻이다. "네가 하나님과
예수 그리스도의 은총을 구하라고 명령한다. 자연 종교와 계시 종교의 의무들
을 지킴으로써 하나님과 예수 그리스도에게 네 자신을 인정받기 위해 드리라
고 명령한다. 너를 만드신 하나님과 너를 구속하신 주 예수 그리스도에게 마땅
한 답례를 드리라고 명령한다."

2. 바울은 큰 심판 날에 그것을 대답할 것으로 디모데에게 명한다. 그것은 주
예수에게 맡겨진 다가올 심판을 디모데에게 상기시켜주기 위한 것이었다. 그가
나타나실 것과 그의 나라가 임할 때 산 자와 죽은 자를 심판하실 것이다. 즉 그리
스도가 그의 나라에 나타나실 때 그는 심판하실 것이다. 그 때 그리스도가 목
사들과 신자들에게 맡긴 모든 위탁물에 대해 예수 그리스도에게 짤막하게 해
야 되는 보고를 진지하게 생각하는 것은 목사와 신자 모두에게 중요한 일이다.
그리스도는 산 자와 죽은 자를 심판하실 것이다. 다시 말해서 주님은 마지막
날에 살아있는 사람들과 무덤에서 부활할 사람들을 심판하실 것이다. 여기서
다음의 사실들을 주목하라.

(1) 주 예수 그리스도는 산 자와 죽은 자를 심판하실 것이다. 하나님이 아들
에게 모든 심판을 맡기시고 살아 있는 자와 죽은 자의 재판장으로 그를 임명하
셨다(행 10:42).

(2) 그리스도는 나타나실 것이다. 그리스도는 재림하실 것이다. 그의 나타나
심은 에피파네이아라는 헬라어 단어가 의미하듯이 영광스러운 나타나심이 될
것이다.

(3) 그 때 그리스도의 나라가 영광 가운데 나타날 것이다. 그가 나타나실 것과
그의 나라가 임할 때. 왜냐하면 그리스도는 보좌에 앉아 세상을 심판하시기 위하

여 그의 나라에 나타나실 것이다.

II. 명령의 내용(2-5절). 디모데가 받는 명령의 내용은 다음과 같다.

1. 말씀을 전파하라. 이것은 목사의 일이다. 목사들에게 맡겨진 것은 말씀을 분배하는 것이다. 목사들이 전파해야 되는 것은 그들 자신의 사상과 환상들이 아니라 하나님의 순수하고 분명한 말씀이다. 목사들은 말씀을 왜곡시켜서도 안 되고 하나님께 받은 것 같이 하나님 앞에서와 그리스도 안에서 진지하게 말씀을 전해야 한다(고후 2:17)

2. 그(디모데)가 전한 것을 열심히 권하고 그의 말을 듣는 사람들에게 아주 진지하게 그것을 재촉하라. 때를 얻든지 못 얻든지 항상 힘쓰라 범사에 오래 참음과 가르침으로 경책하며 경계하며 권하라. 이 일을 열과 성의를 다해서 하라. 네가 맡은 사람들에게 죄를 조심하라고 하고 그들의 의무를 행하라고 부탁하라. 회개하고 믿고 거룩한 삶을 살라고 그들에게 부탁하라. 그리고 이 일을 때를 얻든지 못 얻든지 하라. 때를 얻든지 라는 것은 사람들이 디모데의 말을 들을 수 있는 한가한 때를 말한다. 다시 말해서 사람들에게 말하기에 유리한 특별한 기회가 생기는 때를 말한다. 때를 얻지 못해도 말씀을 전해라. 사람들이 어떤 것에 집중할 가능성이 희박할 때에도 말씀을 전해라. 왜냐하면 성령이 그들에게 어떻게 역사하실지 모르기 때문이다. 바람은 임의로 불기에 우리가 바람의 길을 알 수 없는 것처럼 하나님의 일을 알지 못하기 때문이다. 너는 아침에 씨를 뿌리고 저녁에도 손을 놓지 말라 이것이 잘 될는지 저것이 잘 될는지 혹 둘이 다 잘 될는지 알지 못함이라(전 11:6). 때를 얻을 때 말씀을 전하고 어떤 기회도 놓치지 말라. 때를 못 얻을 때도 말씀을 전하고 그것이 가능성이 없다는 구실로 말씀을 전하는 의무를 회피하지 말라.

3. 디모데는 사람들에게 그들의 잘못을 말해야 한다. 경책하라. 다시 말해 사람들을 꾸짖으라. 악한 사람들에게 악에 대해 깨닫게 하고 그들이 걷고 있는 길의 위험에 대해 납득시켜라. 그들에게 분명하게 대함으로써 그들이 회개하도록 권하라. 그리스도의 이름으로 엄중하고 권위 있게 악한 사람들을 꾸짖으라. 그것은 악한 사람들에 대한 하나님의 불쾌하심을 나타내듯이 그들에 대한 목사의 불쾌함을 그들이 알아차릴 수 있도록 하기 위한 것이다.

4. 디모데는 믿음의 시작이 좋은 사람들을 지도하고 격려하고 북돋워 주어야 한다. 믿음을 굳게 붙잡고 끝까지 믿음을 지키도록 그들을 권하라. 그리고 이

일을 범사에 오래 참음과 가르침으로 행하라.

(1) 디모데는 아주 참을성 있게 말씀을 전하는 일을 해야 한다. 즉 오래 참음으로 해야 한다. 당신이 현재 당신의 행한 수고의 결과를 보지 못한다고 하더라도 그 주장을 결코 포기하지 말라. 그들에게 말씀 전하다가 지치고 낙심하지 말라. 하나님이 그들에게 오래 참으시듯이 목사들도 그들에게 오래 참음으로 권하도록 하라.

(2) 디모데는 말씀 전하는 일을 이성적으로 해야 한다. 다시 말해서 그 일을 열정으로 하는 것이 아니라 가르침으로 해야 한다. 다시 말해서 사람들을 권하여 좋은 습관을 심어주기 위해서 좋은 원리들을 그들에게 넣어주어야 한다. 예수 안에 있는 진리로 그들을 가르치고 그 진리를 확고하게 믿게 하라. 그러면 이것이 그들이 악에서 떠나 회개하고 그들을 선으로 인도할 수 있는 수단이 될 것이다. 여기서 다음의 사실들을 주목하라.

[1] 목사의 일은 여러 요소들로 이루어져 있다. 다시 말해서 목사는 말씀을 전파하고 경책하고 경계하고 권해야 한다.

[2] 목사는 아주 부지런하고 신중해야 한다. 목사는 때를 얻든지 못 얻든지 항상 힘쓰는 사역자가 되어야 한다. 목사는 수고도 아끼지 말아야 하고 노력도 아끼지 말아야 한다. 목사는 사람들의 영혼과 그들의 영원한 관심사를 돌보는 일에 절박해야 한다.

5. 목사는 범사에 조심해야 한다. 다시 말해서 목사는 모든 일에 마음을 쓰고 살펴야 한다. 그들에게 친절을 베풀 기회를 찾아라. 게으름으로 좋은 기회를 놓치지 말라. 네 일을 살펴라. 네 관심을 돌려놓을 수 있는 사탄의 유혹들을 경계하라. 네가 맡은 사람들의 영혼들을 살펴라.

6. 디모데는 고난을 염두에 두어야 하고 그것을 견뎌야 한다. 끈기 있게 참고 견뎌내야 한다. "네가 만나는 어려움들로 실망하지 말고 평온한 마음으로 그 어려움들을 견뎌라. 스스로 곤경에 단련되도록 해라."

7. 디모데는 자신의 직무를 기억하고 그 의무들을 수행해야 한다. 전도자의 일을 하며 네 직무를 다하라. 전도자의 직무는 사도들의 대리인들로서 사도들이 심은 교회들에 물을 주는 것이다. 즉 사도들이 세운 교회들을 돌보는 일이다. 담임 목사가 그 교회를 안정시킬 때까지 전도자는 교회를 돌보아야 한다. 전도자들은 고정된 담임 목회자들이 아니었다. 전도자들은 사도들이 세운 교회들에

얼마 동안 머물면서 교회를 맡아 관리했다. 이것이 디모데의 일이었다.

8. 디모데는 자신의 목회 사역을 완수해야 한다. 네 직무를 다하라. 디모데가 맡은 것은 중요한 위탁물이었다. 그러므로 디모데는 그 일을 완수해야 한다. 그는 부지런하고 신중하게 자신의 직무의 모든 부분들을 실행해야 한다. 여기서 다음의 사실들을 주목하라.

(1) 목사는 자신의 의무를 신실하게 이행할 때 고난들을 예상해야 한다.

(2) 목사는 그리스도인 영웅처럼 그 고난들을 인내로 견뎌야 한다.

(3) 이 고난들이 목사의 사역에 좌절감을 안겨 주어서는 안 된다. 왜냐하면 목사는 자신의 일을 해야 하고 자신의 목회 사역을 완수해야 되기 때문이다.

(4) 우리의 목회 사역을 완전히 입증하는 가장 좋은 길은 그것을 이행하고 목회 사역의 모든 부분들을 적절한 일로 채우는 것이다.

III. 그 명령을 지켜야 될 이유들.

1. 잘못된 사상들과 이단들이 교회로 잠입해서 많은 그리스도인들의 마음을 타락시키고 왜곡시키기 때문이었다(3,4절). 때가 이르리니 사람이 바른 교훈을 받지 아니하리라. 그러므로 그들이 신앙을 받아들이고 견디고 있는 때인 현재를 활용하라. 지금 바쁘게 움직여라. 왜냐하면 지금은 씨를 뿌릴 때이기 때문이다. 들이 추수할 때가 되어 누렇게 된 지금 낮을 들이대라. 왜냐하면 지금 강풍이 일고 있는 기회는 곧 사라지고 끝날 것이기 때문이다. 사람이 바른 교훈을 받지 아니하리라. 귀가 가려워서 자기의 사욕을 따를 스승을 많이 두고 또 그 귀를 진리에서 돌이킬 사람들이 많이 있을 것이다. 그러므로 할 수 있는 대로 많은 사람들을 안전하게 지키도록 하라. 이러한 폭풍과 사나운 비바람이 일어날 때 그들이 흔들리지 않고 그들의 배교를 막을 수 있도록 그들을 지켜라. 그것들이 지금은 괜찮지만 나중에 일어날 수 있는 불행과 해악들이 올 때를 대비해 사람들은 들어야 하고 목사들은 전파해야 한다. 그렇지 않으면 사람들은 그들의 귀를 진리에서 돌이킬 것이다. 사람들은 점점 그리스도의 오랜 평범한 복음에 싫증을 내게 되고 허탄한 이야기와 우화들에 마음이 쏠리게 될 것이다. 사람들은 자기들을 즐겁게 해줄 것에 욕심을 내게 되고 하나님이 그들을 강한 망상들에 빠지게 버리실 것이다. 왜냐하면 그들이 진리를 믿지 않고 불의를 좋아했기 때문이다 (살후 2:11,12). 여기서 다음의 사실들을 주목하라.

(1) 사람들이 자신의 것으로 신이 나서 쌓아 올린 것들은 거짓 선생들의 것이

지 하나님이 보내신 사람들의 것이 아니었다. 그렇지만 사람들은 자신의 정욕을 만족시키고 자신의 가려운 귀를 즐겁게 하기 위하여 거짓 선생들을 선택했다.

(2) 사람들은 바른 교훈을 받아들이지 않을 때 그들은 그렇게 한다. 바른 교훈이 추구하는 것을 전하고 그 목적을 전하는 것은 평범하기에 사람들은 거짓되고 허황된 것들을 선택한다.

(3) 하나님의 말씀과 거짓 선생들의 말 사이에는 큰 차이가 있다. 하나님의 말씀은 바른 교훈이고 진리의 말씀이다. 그러나 거짓 선생의 말은 단지 허탄한 이야기와 우화에 지나지 않을 뿐이다.

(4) 허탄한 이야기에 빠지는 사람들은 먼저 그들의 귀를 진리에서 돌이킨다. 왜냐하면 사람들은 진리와 허탄한 이야기를 함께 들을 수 없기 때문이다. 사람들은 두 주인을 섬길 수 없기에 어느 것 하나를 더 좋아하기 마련이다. 더욱이 이렇게 말씀이 되고 있다. 그 귀를 진리에서 돌이켜 허탄한 이야기를 따르리라. 하나님은, 점점 진리에 싫증을 내고 허탄한 이야기들로 마음을 돌리는 사람들을 당연히 방치하시고 진리에서 떨어져 나와 허탄한 이야기에 이끌리게 하신다.

2. 디모데가 그 명령을 지켜야 되는 이유는 바울로서는 자기의 일을 거의 다 행하였기 때문이다. 전제와 같이 내가 벌써 부어지고 나의 떠날 시각이 가까웠도다(6절).

(1) "그러므로 이제 네게 더 많은 기회가 생길 것이다." 일꾼들이 포도원에서 떠날 때가 됐을 때 뒤에 남아 돌아다닐 시간이 전혀 없을 것이다. 오히려 갑절로 힘을 내 부지런히 일을 더하려고 할 것이다. 일할 사람이 적을수록 더 부지런히 일을 해야 할 것이다.

(2) "나는 나의 일을 다 마쳤다. 너는 나의 본을 받아 네게 맡겨진 일을 완수하도록 하라."

(3) 마지막 떠날 때가 다 된 바울의 위로와 쾌활한 태도는 디모데에게 더욱 열심히 부지런히 일하도록 격려를 주었다. 바울은 예수 그리스도의 늙은 병사였고 디모데는 새로 뽑힌 병사였다. 바울은 말한다. "나는 주님의 친절과 그 뜻의 선함을 알았다. 나는 나의 싸움을 아주 즐겁고 만족스럽게 회상할 수 있다. 그러므로 네가 만나게 되는 어려움들을 두려워하지 말라. 생명의 면류관이 네 머리에 씌워진 것처럼 확실하게 너를 위하여 예비되어 있다. 그러므로 고난들

을 견디고 네 목회 사역을 다 완수해라." 죽어가는 성도들과 목사들의 위로와 용기, 그리고 특별히 죽어가는 순교자들의 용기와 위로는 그리스도교의 진리를 아주 크게 확증해주고 살아 있는 성도들과 목사들이 일을 하는데 큰 격려가 된다. 이제 사도 바울은 다가오고 있는 자신의 죽음을 바라보고 있다. 전제와 같이 내가 벌써 부어지고 나의 떠날 시각이 가까웠도다. 성령이 각 성에서 내게 증언하여 결박과 환난이 나를 기다린다 한다(행 20:23). 바울은 지금 로마에 있다. 그런데 바울은 자기 피로 진리를 확증해야 한다는 특별한 암시들을 성령으로부터 받았던 것 같다. 그래서 그는 지금 그것이 임박한 것으로 바라보는 것 같다. 전제와 같이 내가 벌써 부어졌다. 이 말은 내가 이미 고난받는 순교자가 되었다는 뜻이다. 전제와 같이 부어졌다는 것이 그것을 암시한다. 왜냐하면 순교자의 피는 그것이 대속의 희생 제사는 아니었을지라도 하나님의 은혜와 그의 진리의 영광에 답례하는 희생 제사였다. 여기서 다음의 사실들을 주목하라.

[1] 바울 사도는 죽는 것을 아주 즐겁게 이야기한다. 그는 죽음을 떠나는 것이나 풀려나는 것으로 말한다. 바울은 자신이 격렬한 피흘림의 죽음을 죽을 것이라고 예언했다. 선한 사람에게 죽음은 이 세상의 감옥 생활에서 풀려나는 것이고 내세의 즐거움을 향해 떠나는 것이다. 바울은 존재하기를 멈추는 것이 아니라 단지 이 세상에서 저 세상으로 옮겨갈 따름이다.

[2] 바울은 자신이 살아온 삶을 아주 즐겁게 회상한다. 나는 **선한 싸움을 싸우고 나의 달려갈 길을 마치고 믿음을 지켰다**(7절). 바울은 죽음을 두려워하지 않았다. 왜냐하면 바울은 하나님의 은혜로 그가 삶의 목적에 어느 정도 응답을 받았노라고 양심껏 증언했기 때문이다. 한 사람의 그리스도인과 한 사람의 목사로서 바울은 선한 싸움을 싸웠다. 바울은 군대 복무를 마쳤고 싸움의 어려움들을 극복했다. 그리고 바울은 어둠의 세력을 이기신 귀하신 구세주의 영광스러운 승리를 전하는 도구와 종으로 봉사했다. 바울의 삶은 하나의 행로였고 이제 그는 그 행로를 마쳤다. 바울의 싸움이 끝났듯이 그의 경주도 다 달렸다. 내가 **믿음을 지켰다.** 이 말은 내가 복음의 교훈들을 지켰고 그 가운데 어떤 것도 어긴 적이 없었다는 뜻이다. 여기서 다음의 사실들을 주목하라. **첫째**, 그리스도인의 삶은, 특별히 목사의 삶은 싸움이고 경주이다. 성경에서 싸움으로 비유될 때도 있고 경주로 비유될 때도 있다. **둘째**, 목사의 삶은 선한 싸움이요 선한 전투이다. 우리가 계속 신실하고 용감하면 그 주장은 선하고 승리는 확실한 것이다.

셋째, 우리는 이 선한 싸움을 싸워야 한다. 우리는 그 싸움을 끝내고 행로를 마쳐야 한다. 우리는 우리를 사랑하시는 이로 말미암아 이길 때까지 싸움을 끝내서는 안 된다(롬 8:37). 넷째, 죽어 가는 성도가 자신의 과거 삶을 회상할 때 사도 바울처럼 나는 선한 싸움을 싸우고 나의 달려갈 길을 마치고 믿음을 지켰다고 말할 수 있다면 그것은 죽어 가는 성도에게 큰 위로가 될 것이다. 다시 말해 나는 믿음을 지켰고 그리고 믿음의 교훈과 믿음의 은혜를 지켰다고 말할 수 있다면 말이다. 우리의 날이 끝날 무렵에 이렇게 말할 수 있다면 그것은 이루 말할 수 없는 위로를 줄 것이다. 하나님의 은혜로 우리가 달려갈 길을 기쁨으로 마칠 수 있도록 끊임없이 노력하도록 하자(행 20:24).

[3] 바울은 나중에 자기가 살게 될 삶을 아주 즐겁게 바라본다. 이제 후로는 나를 위하여 의의 면류관이 예비되었으므로 주 곧 의로우신 재판장이 그 날에 내게 주실 것이며 내게만 아니라 주의 나타나심을 사모하는 모든 자에게도니라(8절). 바울은 그리스도를 위하여 모든 것을 잃어버렸지만 그가 그리스도로 말미암아 잃어서는 안 될 것을 확신했다. 또한 모든 것을 해로 여김은 내 주 그리스도 예수를 아는 지식이 가장 고상하기 때문이라(빌 3:8). 우리 앞에 생명의 면류관이 있고 우리의 현재 싸움의 모든 수고와 어려움을 풍성하게 갚아줄 그 면류관의 영광과 기쁨을 바라보고 예수 그리스도의 좋은 군사로서 고난을 견디라고 디모데를 격려한다. 여기서 다음의 사실들을 주목하라. 의의 면류관이라고 하는 이유는 그것이 우리의 섬김을 보상해줄 것이기 때문이다. 하나님은 불의하지 아니하사 … 섬기고 있는 것을 잊어버리지 아니하시니라(히 6:10). 그리고 우리의 거룩함과 의가 하늘나라에서 완전하게 되고 우리의 면류관이 될 것이기 때문이다. 하나님은 그로 말미암아 어떤 것도 잃어버리게 하지 않으실 의로우신 재판장으로서 면류관을 주실 것이다. 그리고 이 의의 면류관이 마치 사도들과 유명한 목사들과 순교자들에게만 속하거나 한 것처럼 바울에게 특별히 주어지는 것이 아니라 주의 나타나심을 사모하는 모든 자에게도 주어지는 것이다. 여기서 다음의 사실들을 주목하라. 예수 그리스도의 나타나심을 사모하는 것은 모든 성도들의 특성이다. 성도들은 그리스도가 자기를 단번에 제물로 드려 죄를 없이 하시려고 나타나신 그의 첫 번째 나타나심도 사모했다(히 9:26). 성도들은 주님의 나타나심을 생각하는 것도 사모한다. 성도들은 심판 날에 두 번째 나타나심도 사모한다. 주의 나타나심을 사모하고 주의 나타나심을 갈망하라. 그리고 예수 그

리스도의 나타나심을 사모하는 사람들에게는 그리스도가 그들의 기쁨이 되시기 위하여 나타나실 것이다. 거기에는 그들을 위하여 예비된 의의 면류관이 있다. 그 면류관은 그 때 그들에게 주어질 것이다(히 9:28). 우리는 여기서 다음과 같은 사실을 배울 수 있다. 첫째, 주는 의로운 재판장이시다. 왜냐하면 그의 심판은 진리에 따르기 때문이다. 둘째, 신자들의 면류관은 의의 면류관이다. 그것은 그리스도의 의로 값을 주고 산 것이고 성도들의 의의 보상으로 주어질 것이다. 셋째, 신자들이 쓸 이 면류관은 그들을 위해 예비되어 있다. 신자들이 현재 그 면류관을 가지고 있지 않다. 왜냐하면 여기서는 그들이 단지 상속자들이기 때문이다. 넷째, 의로우신 재판장은 그의 나타나심을 사모하고 준비하고 갈망한 모든 성도들에게 그 면류관을 주실 것이다. 내가 진실로 속히 오리라. 아멘 주 예수여 오시옵소서(계 22:20).

⁹너는 어서 속히 내게로 오라 ¹⁰데마는 이 세상을 사랑하여 나를 버리고 데살로니가로 갔고 그레스게는 갈라디아로 디도는 달마디아로 갔고 ¹¹누가만 나와 함께 있느니라 네가 올 때에 마가를 데리고 오라 그가 나의 일에 유익하니라 ¹²두기고는 에베소로 보내었노라 ¹³네가 올 때에 내가 드로아 가보의 집에 둔 겉옷을 가지고 오고 또 책은 특별히 가죽 종이에 쓴 것을 가져오라 ¹⁴구리 세공업자 알렉산더가 내게 해를 많이 입혔으매 주께서 그 행한 대로 그에게 갚으시리니 ¹⁵너도 그를 주의하라 그가 우리 말을 심히 대적하였느니라

　　　이제 본 서신의 말미에서 바울이 디모데에게 여러 가지 특별한 문제들을 언급하고 있다. 여기서 다음의 사실들을 주목하라.
　1. 바울은 가능하다면 서둘러 그에게 오라고 디모데에게 부탁한다. 너는 어서 속히 내게로 오라(9절). 왜냐하면 디모데는 어떤 한 장소에 고정된 담임 목사가 아닌 전도자였기에 교회의 터를 세우기 위하여 돌아다니는 사도들을 수행했기 때문이다. 바울은 디모데의 교제와 도움을 원했다. 바울이 디모데가 와야 할 이유로 제시하는 것은 몇 사람이 바울을 떠났기 때문이다(10절). 한 사람이 나쁜 동기에서 바울을 떠났는데 그는 데마였다. 그것 때문에 데마는 계속해서 악명으로 남아있다. 데마는 이 세상을 사랑하여 나를 버렸다. 데마는 바울과 그의 관심을 저버렸다. 그것이 고난에 대한 두려움 때문이었을 수도 있다. 왜냐하면 지금

바울은 죄수이기에 데마는 바울 때문에 어려움을 당할까봐 두려워했기 때문이다. 또는 데마가 얽히게 된 세속적인 일들 때문에 그의 사역을 그만두었을 수도 있다. 데마는 그리스도와 복음에 대한 그의 첫사랑을 저버리고 잊어버리고 세상을 사랑하게 되었다. 여기서 다음의 사실들을 주목하라. 이 세상에 대한 사랑은 예수 그리스도의 진리와 길에서 떠나는 배교의 원인이 된다. 데마는 데살로니가로 떠나버렸다. 거기에서 데마는 장사나 어떤 세속적인 일을 하려고 떠났다. 그레스게는 갈라디아로 떠났고 디도는 달마디아로 갔다. 그러나 누가는 바울과 함께 있었다(11,12절). 그러나 누가만으로는 충분하지가 않았던 것일까? 바울은 그렇게 생각하지 않았다. 바울은 친구들하고 나누는 교제를 사랑했다.

2. 바울은 마가에 관해 사려 깊게 이야기하고 있다. 마가를 데리고 오라 그가 나의 일에 유익하니라. 이 마가는, 그를 놓고 바울과 바나바가 말다툼을 했던 바로 그 당사자였던 것 같다(행 15:30). 바울은 선교 사역에 자기와 함께 마가를 데리고 가려고 하지를 않았다. 왜냐하면 마가는 예전에 선교 여행을 하다가 꽁무니를 빼고 돌아간 적이 있었기 때문이다. 그러나 지금 바울은 마가를 데리고 오라 말하고 있다. 이 말로 미루어 보건대 바울은 이제 마가와 회해를 했고 예전보다 마가에 대해 더 좋은 견해를 가졌던 것 같다. 이 사실은 용서하는 정신에 대한 교훈을 준다. 우리는 그들이 잘못한 적이 있었다고 할지라도 유익이 되고 유용한 사람들을 활용하는 것을 영원히 포기해서는 안 될 것이다.

3. 바울은 디모데에게 자기에게 오라고 명하고 올 때 드로아의 집에 들러 바울이 두고 온 것들을 가지고 오라고 부탁한다(13절). 그가 드로아의 집에 두고 온 겉옷은 추운 감옥에서 아주 요긴한 것이었을 수 있다. 바울은 평범한 복장을 했던 것 같다. 그 겉옷을 드로아의 집에 두고 온 양피지 두루마리로 해석하는 사람도 있고, 두고 온 책상으로 해석하는 사람도 있다. 바울은 하나님의 감동을 받아 인도를 받았지만 책들도 가지고 다녔다. 바울이 디모데에게 책 읽기를 힘쓰라고 권면했지만 마찬가지로 바울 자신도 책 읽기를 힘썼다. 바울이 이제 전제로 드려질 날이 얼마 안 남았음에도 불구하고 말이다. 우리는 사는 한 계속 배워야 할 것이다. 또 책은 특별히 가죽 종이를 바울 서신들의 원본으로 생각하는 사람도 있고 바울이 생계 수단으로 삼았던 장막 만드는 일에 사용했던 가죽들이라고 생각하는 사람도 있다.

4장 16절 - 22절 137

4. 바울은 알렉산더를 언급하는데 그는 바울에게 해를 많이 입힌 사람이다 (14,15절). 사도행전 19장 33절에서도 그에 관해 언급하고 있다. 알렉산더는 그리스도교를 믿는 고백자였던 것 같다. 그는 제멋대로이고 뻔뻔한 신자였던 것 같다. 왜냐하면 달의 여신 아데미의 숭배자들이 바울을 특별히 비방했지만 알렉산더가 바울에게 더 많은 해를 끼쳤기 때문이다. 바울은 공개적인 적들에게서 뿐만 아니라 거짓 형제들에게서도 위험을 당했다. 여러 번 여행하면서 강의 위험과 강도의 위험과 동족의 위험과 이방인의 위험과 시내의 위험과 광야의 위험과 바다의 위험과 거짓 형제 중의 위험을 당하고 또 수고하며 애쓰고 여러 번 자지 못하고 주리며 목마르고 여러 번 굶고 춥고 헐벗었노라(고후 11:26-27). 바울은 하나님이 알렉산더에게 그 행한 대로 갚아주실 것이라고 예언한다. 그것은 하나님이 그에게 내리실 하나님의 공의로운 심판에 대한 예언적인 탄핵과 고발이다. 주께서 그 행한 대로 그에게 갚으실 것이다. 바울은 디모데에게 그를 조심하라고 주의를 준다. 너도 그를 주의하라. 이 말은 그가 친구가 아니면서 우정을 가장하고 너를 배반하고 해를 끼칠 것이라는 뜻이다. 바울과 같은 사람에게 대적하는 사람들과 어떤 관계를 갖는다는 것은 위험한 일이다. 여기서 다음의 사실들을 주목하라.

(1) 바울의 말을 듣고 바울을 존경하는 사람들 가운데에는 바울이 그들을 아주 기쁘게 기억할 근거를 주지 않은 사람들도 있었다. 왜냐하면 한 사람은 바울을 버렸고 또 다른 사람은 그에게 많은 악을 행하고 그리고 바울의 말에 심하게 대적하였다.

(2) 동시에 바울은 어떤 사람은 기쁘게 언급한다. 바울이 어떤 사람의 악 때문에 다른 사람의 선을 잊어버리지는 않았다. 디모데와 디도와 마가가 바로 그러한 사람들이다.

(3) 사도 바울은 두 사람의 이름들과 기억에 낙인을 찍었다. 한 사람은 바울을 버리고 떠난 데마였다. 데마는 세상을 사랑했다. 또 다른 사람은 알렉산더이다. 그는 바울의 말들을 심하게 대적했다.

(4) 하나님은 악행자들 특별히 배교자들을 그 행한 대로 갚아주실 것이다.

(5) 알렉산더의 정신과 성질을 가진 사람은 우리가 조심해야 한다. 왜냐하면 그런 사람들은 우리에게 유익은 전혀 주지 않으면서 그들이 할 수 있는 해악과 손해는 있는 대로 기를 쓰고 우리에게 다 행할 것이기 때문이다.

¹⁶내가 처음 변명할 때에 나와 함께 한 자가 하나도 없고 다 나를 버렸으나 그들에게 허물을 돌리지 않기를 원하노라 ¹⁷주께서 내 곁에 서서 나에게 힘을 주심은 나로 말미암아 선포된 말씀이 온전히 전파되어 모든 이방인이 듣게 하려 하심이니 내가 사자의 입에서 건짐을 받았느니라 ¹⁸주께서 나를 모든 악한 일에서 건져내시고 또 그의 천국에 들어가도록 구원하시리니 그에게 영광이 세세무궁토록 있을지어다 아멘 ¹⁹브리스가와 아굴라와 및 오네시보로의 집에 문안하라 ²⁰에라스도는 고린도에 머물러 있고 두로비모는 병들어서 밀레도에 두었노니 ²¹너는 겨울 전에 어서 오라 으블로와 부데와 리노와 글라우디아와 모든 형제가 다 네게 문안하느니라 ²²나는 주께서 네 심령에 함께 계시기를 바라노니 은혜가 너희와 함께 있을지어다

바울은 이제 자신의 재판 받을 때의 형편을 담담하게 진술한다. 여기서 다음의 사실들을 주목하라.

I. 바울은 자신의 현재 형편을 디모데에게 알려준다.

1. 바울은 로마 황제에게 자신의 무죄를 주장하는 상소를 했다. 그런데 그는 이제 황제 앞에 출두하라는 소환을 받았다. 그 때 나와 함께 한 자가 하나도 없었다(16절). 다시 말해서 바울의 주장을 옹호하고 그를 위한 증언을 해주고 바울의 체면을 세워주는 사람이 없었다. 모든 사람이 그를 버렸다. 많은 그리스도인들이 있었고 그들의 믿음이 로마를 통하여 온 세상에 전파되었던(롬 1:8) 로마에서조차 바울과 같이 그렇게 선한 사람을 옹호하고 지지해줄 사람이 한 사람도 없었다는 것은 이상하다. 그러나 사람은 사람일뿐이다. 즉 사람이란 다 그런 것이다. 로마의 그리스도인들은 바울을 영접했다(행 28:). 그런데 사태가 어려워지고 그들이 바울과 함께 고난을 함께 받을 위험에 처하게 되자 로마의 그리스도인들은 바울을 버렸다. 바울은 그러한 일이 큰 잘못이고 하나님이 그들에게 당연히 화를 내셔야 될 일이지만 하나님이 그들에게 허물을 돌리지 아니하시기를 기도한다. 바울은 그들을 용서해달라고 하나님께 기도한다. 주제넘어 저지르는 죄와 의지가 약해 저지르는 죄가 얼마나 차이가 나는지를 보라. 바울을 악하게 반대하고 주제넘게 굴었던 구리 세공업자 알렉산더에 대해 바울은 이렇게 기도한다. 주께서 그 행한 대로 그에게 갚으시리라. 그러나 바울이 어려울 때 의지가 약해서 바울에게서 겁을 내고 움츠러든 약한 그리스도인들에 관해서는 주님이 그들에게 허물을 돌리지 않기를 원한다고 말한다. 여기서 다음의 사

실들을 주목하라.

(1) 바울은 적들의 반대뿐만 아니라 위험에 처한 바울을 떠나는 친구들의 저버림도 당하는 시련을 겪었다. 모든 사람이 그를 버렸다.

(2) 선한 사도 바울이 처음 변명할 때 그를 위하여 법정에 나오지 않은 것은 로마 그리스도인들의 죄였다. 그러나 그 죄는 약해서 저지른 죄였다. 그래서 그 죄는 변명의 여지가 있고 더욱 용서받을 만했다.

(3) 그러나 하나님은 그들에게 그 허물을 돌릴 수 있으시지만 바울은 그렇게 되지 않게 해달라고 진지하게 기도한다. 주께서 그들에게 허물을 돌리지 않기를 원한다.

2. 그럼에도 불구하고 주께서 바울 곁에 서 계셨다(17절). 주께서 바울에게 힘을 주시는 것은 그에게 뛰어난 지혜를 주어 더 잘 말할 수 있게 하기 위한 것이었다. 바울의 체면을 세워주는 사람이 아무도 없을 때 하나님이 그의 얼굴을 빛나게 해주셨다. 나로 말미암아 선포된 말씀이 온전히 전파되어 모든 이방인이 듣게 하려 하심이다. 다시 말해서 이 말의 뜻은 다음과 같다. "하나님이 나의 일인 복음을 전파하도록 어려움에서 나를 건져주셨다." 오히려 그것은 바울이 그 때에도 복음을 전파할 수 있도록 하기 위한 것 같다. 왜냐하면 바울은 설교 강단에서만 아니라 법정에서도 복음을 전파하는 방법을 알고 있었기 때문이다. 모든 이방인이 듣게 하려 하심이다. 바울이 그들 앞에 끌려오지 않았더라면 복음을 전혀 듣지 못했을 로마 황제 자신과 높은 사람들에게 바울은 말씀을 전했다. 내가 사자의 입에서 건짐을 받았느니라. 다시 말해서 사자라는 말은 네로 황제나 어떤 다른 재판관을 의미한다. 어떤 사람은 이 말을 바울이 임박한 위험을 암시하기 위하여 사용한 잠언 형식의 말이라고 이해하기도 한다. 주께서 나를 모든 악한 일에서 건져내셨다. 바울이 자신의 경험들을 어떻게 활용했는지를 보라. "구원해주신 주가 지금 구원해주시고 장차 구원해주실 것을 우리가 믿는다. 그 주님이 나를 모든 악한 일에서 건져내실 것이고 다른 사람들의 악행에서 건져내실 것이다. 또 그의 천국에 들어가도록 구원하실 것이다." 이 구원을 위하여 바울은 하나님의 영광을 바라는 소망으로 즐거워하며 하나님께 영광을 돌린다. 여기서 다음의 사실들을 주목하라.

(1) 만일 주가 우리 곁에 서 계신다면 어려움과 위험의 때에 주가 우리에게 힘을 주실 것이고 주의 임재는 모든 사람의 부재를 채워주시는 것보다 더 많이

채워주실 것이다.

(2) 주가 크고 임박한 위험에서 그의 종들을 보호하실 때 그것은 훌륭한 사역과 봉사를 위한 것이다. 바울이 보호를 받게 된 것은 그로 말미암아 선포된 말씀이 온전히 전파되게 하기 위한 것이었다.

(3) 과거의 구원들이 미래의 소망들을 북돋워야 할 것이다.

(4) 주가 그의 복음을 증거하고 고난당한 신실한 종들을 보호해주실 천국이 있다.

(5) 우리는 과거와 현재와 미래의 모든 구원들을 위하여 하나님께 영광을 돌려야 할 것이다. 주께서 네 심령에 함께 게시기를 바라노니 은혜가 너희와 함께 있을지어다. 아멘.

II. 바울은 브리스가와 아굴라와 및 오네시보로의 집에 문안한다(19절). 바울은 드로비모는 병들어서 밀레도에 두었다(20절)고 말한다. 이것으로 미루어 알 수 있는 것은 사도들이 모든 형태의 질병들을 그들이 전하는 교훈의 확증을 위하여 기적적으로 고쳤던 것 같다. 그러나 사도들은 자신의 친구들과 동료들에게는 그 치료의 능력을 행사하지 않았다. 그것은 사도들이 짜고 그런다는 오해를 받지 않기 위해서였다.

III. 바울은 디모데에게 그에게 겨울 전에 어서 오라고 재촉한다(21절). 왜냐하면 바울은 디모데를 간절히 보고 싶어했기 때문이다. 그리고 그는 겨울의 여행이나 항해가 더 위험하다는 사실을 염두에 두고 있었다.

IV. 바울은 으불로와 부데와 리노와 글라우디아와 모든 형제의 문안을 디모데에게 전한다. 그 당시의 이방인 저술가 가운데 한 사람이 부데와 그의 아내 글라우디아에 대해 언급하고 있다. 그 저술가는 글라우디아는 브리튼 사람이었다고 말한다. 거기에서 어떤 사람은 추론하기를, 바로 그 사람이 이 부데였고 본문의 글라우디아가 그의 아내였고 그리고 그들이 로마의 훌륭한 그리스도인들이었다고 주장한다.

V. 바울은 기도를 마친다. 나는 주께서 네 심령에 함께 하시기를 바라노니 은혜가 너희와 함께 있을지어다(22절). 우리는 주 예수 그리스도가 우리의 심령에 함께 하시는 것보다 우리를 더 행복하게 하는 것은 아무것도 없어야 할 것이다. 왜냐하면 그리스도 안에 모든 축복들이 쌓여 있기 때문이다. 그래서 우리가 우리의 친구들을 위하여 할 수 있는 가장 좋은 기도가, 주 예수 그리스도가 그

들의 심령들에 함께 해주시기를 비는 것이다. 그 기도는 그들을 성화시키고 구원하고 최종적으로 그리스도를 그들에게 받아들이게 해줄 것이다. 최초의 순교자 스데반은 주 예수여 내 영혼을 받으시옵소서(행 8:9)라고 기도했다. "주 예수여, 주가 함께 하시고 몸과 연합되어 있는 내 영혼을 받으소서. 이제 그것을 따로따로 내버려두지 마소서." 은혜가 너희와 함께 있을지어다. 아멘. 이것은 바울 사도의 모든 서신에 나타나는 상징 구절이었다. 그는 이렇게 기록했다. 주 예수 그리스도의 은혜가 너희 무리에게 있을지어다(살후 3:18). 그리고 만일 은혜가 여기서 우리를 회개시키고 변화시키고 거룩하게 하고 겸손하게 하고, 마지막까지 우리를 보호해주시기 위하여 우리와 함께 해주시면 우리는 나중에 영광의 면류관을 받게 될 것이다. 여호와 하나님은 해요 방패이시라 여호와께서 은혜와 영화를 주시며 정직하게 행하는 자에게 좋은 것을 아끼지 아니하실 것임이니이다. 만군의 여호와여, 주께 의지하는 자는 복이 있나이다(시 84:11,12). 영원하신 왕 곧 썩지 아니하고 보이지 아니하고 홀로 하나이신 하나님께 존귀와 영광이 영원무궁하도록 있을지어다. 아멘(딤전 1:17).

디도서

서론

디도에게 보내는 이 바울 서신은 디모데에게 보낸 서신들과 성격이 같은 것이 아주 많다. 두 사람 다 바울이 회심시킨 사람들이었다. 또한 바울과 수고와 고난을 함께 한 동역자들이었다. 두 사람 다 전도자의 직분이었다. 전도자들의 일은 사도들이 세운 교회들에 물을 주고 부족한 질서를 세워주는 것이었다. 그들은 사도들처럼 주의 일을 힘쓰는 이를테면 부(副)사도들이었다. 전도자는 전제적이거나 임의적으로 일을 하지 못하고 대부분 사도들의 지시를 받고 사도들 자신의 분별과 판단에 따라서 일을 했다(고전 16:10,12).

우리는 여러 곳에서 이 디도의 호칭과 성격과 실제적인 유용함에 관한 것을 많이 읽게 된다. 디도는 헬라인이었다(갈 2:3). 바울은 디도를 내 아들(딛 1:4), 내 형제(고후 2:13), 나의 동료와 동역자(고후 2:13), 바울 자신과 같은 심령으로 같은 길을 가는 사람이라고 불렀다. 디도는 바울 사도들과 더불어 예루살렘 교회에 올라갔고(갈 2:1) 고린도 교회에 대해 잘 알고 있었다. 왜냐하면 그는 그 교회에 대한 간절함을 지니고 있었기 때문이다(고후 8:16). 바울은 고린도 교회에 보내는 두 번째 서신과 아마 그의 첫 번째 서신도 디도를 통해 보냈다(고후 8:16-18,23; 9:2-4; 12:18). 디도는 바울 사도와 같이 로마에 있다가 달마디아로 갔다(딤후 4:10). 그 뒤로 디도는 더 이상 성경에서 나타나지 않는다. 그러므로 그러한 정황으로 미루어 보건대 디도는 한 곳에 머무는 담임 감독이 아니었던 것 같다. 만약 그 당시 디도가 담임 감독이었다면 그는 고린도 교회에서 아주 열심히 일을 했을 것이고 그 교회 감독직은 그에게 가장 적합한 직위였을 것이다.

그레데는 지금은 칸디아라고 하고 옛날에는 그 곳에 일백 개의 도시가 있다고 해서 헤카톰폴리스라고 불렸던 에게해 입구에 있는 큰 섬이다. 그런데 그레데에 복음의 기초가 있었다. 바울과 디도가 여행 중에 이곳에 들려 복음의 씨를 뿌렸기 때문이다. 그러나 모든 교회들을 돌보고 있던 이방인들을 위한 사도 바울은 이 곳에 오래 머물 수가 없었다. 그러므로 바울은 그 곳에 디도를 남겨 두고 시작된 교회의 사역을 디도가 수행하게 했다. 그 곳에서 디도는 아마 평상적이 아닌 큰 어려움을 겪었던 것 같다. 그래서 바울은 이 서신을 디도에게 보냈다. 그렇지만 아마도 이 서신은 디도 개인을 위해서라기보다는 그레데 사람들을 위해 썼던 것 같다. 이 서신은 사도의 권면과 권위에 힘입은 디도의 사역이 그 곳 사람들에게 더 의미 있고 효과 있게 하기 위한 것이었다. 바울 사도는 좋은 목회자들이 있는 모든 도시들을 돌며 권면하고 격려해야 하고, 바른 교훈을 가르치기에 부적당하고 가치 없는 선생들을 거부하고 쫓아내야 하고, 그리고 목회자들의 모든 종류의 의무들을 가르쳐야 했다. 게다가 바울 사도는 하나님을 믿고 하나님으로부터 영생의 소망을 받은 사람들이 선행을 계속해야 할 필요성의 모범을 보여주어야 했다.

제 1 장

개요

본 장은 다음의 것들을 다룬다. Ⅰ. 이 서신의 머리말. 이 서신을 누가 쓰고 누구에게 보내는지를 보여준다. 사도 바울의 인사와 모든 축복이 디도에게 임하기를 바라는 바울의 기도가 나온다(1-4절). Ⅱ. 디도를 그레데에 남겨둔 이유를 말함으로 본론에 들어감(5절). Ⅲ. 좋은 목사와 나쁜 목사에 관하여 언급하면서 추구해야 될 것의 방법을 권면한다(6-16절).

[1]하나님의 종이요 예수 그리스도의 사도인 나 바울이 사도된 것은 하나님이 택하신 자들의 믿음과 경건함에 속한 진리의 지식과 [2]영생의 소망을 위함이라 이 영생은 거짓이 없으신 하나님이 영원 전부터 약속하신 것인데 [3]자기 때에 자기의 말씀을 전도로 나타내셨으니 이 전도는 우리 구주 하나님이 명하신 대로 내게 맡기신 것이라 [4]같은 믿음을 따라 나의 참 아들 된 디도에게 편지하노니 하나님 아버지와 그리스도 예수 우리 구주로부터 은혜와 평강이 네게 있을지어다

본 서신의 머리말은 여기서 다음의 사실들을 보여준다.

Ⅰ. 본 서신의 저자는 이방인의 사도로 택함을 받은 이방인 이름을 가진 바울이다(행13:9, 46, 47). 목사들은 자신의 사역이 더 인정을 받으려면 아주 작은 문제들조차도 절제하고 조심해야 한다. 유대인들이 복음을 거절하고 이방인들이 복음을 받아들였을 때 우리는 바울 사도가 그의 유대인 이름인 사울을 이 서신에서 사용하지 않고 그의 로마인 이름인 바울을 사용하고 있음을 발견할 수 있다. 하나님의 종이요 예수 그리스도의 사도인 나 바울이라고 그는 자신을 소개하고 있다. 이 말에서 바울은 그의 관계와 직분을 설명한다. 하나님의 종은 한 사람과 한 그리스도인으로의 일반적인 의미에서 뿐만 아니라 그의 아들의 복음 안에서 하나님을 섬기는(롬 1:9) 한 목사로서의 특별한 의미도 지니고 있다. 하나님을 섬기는 일은 높은 명예이다. 모든 천사들은 섬기는 영으로서 구원받을 상속

자들을 위하여 섬기라고 보내심을 받은 것은 천사들의 영광이다(히 1:14). 바울은
예수 그리스도의 사도라고 하면서 섬기는 목사로 특별하게 서술하고 있다. 바울
은 주님을 보았었다. 그는 주를 통해 직접 부름을 받고 위임을 받고 주님에게
서 교훈을 받았다. 여기서 다음의 사실들을 주목하라. 교회 안에서 가장 높은
직분자들도 종일 따름이다. (종종 경건과 믿음이 서신의 헌사에 포함이 되곤
한다.) 예수 그리스도의 믿음을 퍼뜨리고 전파하기 위해 사용이 되었던 예수
그리스도의 사도들도 바로 그 점에서 하나님의 종들이었다. 사도들은 자연 종
교의 진리들과 의무들에 부합되지 않는 것들은 어떤 것도 내세우지 않았다. 사
도들이 전파한 그리스도교는 이러한 자연적인 원리들을 분명하게 하고 강화시
켜주었을 뿐만 아니라 그 원리들을 향상시키기도 했다. 그리스도교는 인간의
타락하고 반항적인 상태에 적합하고 필요한 것을 덧붙여 주었다. 그러므로 예
수 그리스도의 사도들은 하나님이 택하신 자들의 믿음과 경건함에 속한 하나님의
종들이었다. 그들의 교훈은 세상의 시작부터 똑같은 교훈을 전파하고 장려하
는 모든 택함받은 자들의 믿음과 일치했다. 하나님의 택하심을 받은 자들이 있
다는 것을 주목하라(벧전 1:2). 이 택하심을 받은 사람들 속에서 성령이 고귀하
고 신성한 믿음을 일으키신다. 이 믿음은 영생을 얻도록 선택받은 사람들의 고
유한 것이다. 주께서 사랑하시는 형제들아 우리가 항상 너희에 관하여 마땅히 하나
님께 감사할 것은 하나님이 처음부터 너희를 택하사 성령의 거룩하게 하심과 진리를
믿음으로 구원을 받게 하심이니 이를 위하여 우리의 복음으로 너희를 부르사 우리 주
예수 그리스도의 영광을 얻게 하려 하심이니라(살후 2:13,14). 믿음은 성화의 첫
번째 원리이다. 경건함에 속한 진리의 지식. 복음은 진리이다. 다시 말해 복음은
위대하고 확실한 구원의 진리이다. 바울이 골로새 교회에 보내는 서신에서는
그것을 복음 진리라고 말씀한다. 너희를 위하여 하늘에 쌓아 둔 소망으로 말미암음
이니 곧 너희가 전에 복음 진리의 말씀을 들은 것이라(골 1:5).
　거룩한 믿음은 틀릴 수 있는 이성이나 있음직한 의견에 근거하는 것이 아니
라 경건함에 속한 진리이고 진리 그 자체인 잘못이 없는 말씀에 근거한다. 그
믿음은 경건한 본성과 성향을 지니고 있고 신자의 마음을 청결하게 순화시켜
준다. 이 표시로 교훈들과 영들을 판단한다. 다시 말해 그것이 하나님께 속한
것인지 아닌지를 믿음의 표시로 판단하는 것이다. 참된 경건과 실천적인 신앙
생활에 대해 순수하지 않고 편견적인 것은 거룩한 원래의 것에 속한 것이라고

할 수 없다. 모든 복음 진리는 경건함에 속한 진리이고 하나님을 공경하고 두려워하며 하나님께 순종한다. 그것은 알려진 진리일 뿐만 아니라 알고 인정해야 하는 진리이기도 하다. 다시 말해 그것이 말과 실천에서 나타나야만 할 것이다(빌 2:15,16). 사람이 마음으로 믿어 의에 이르고 입으로 시인하여 구원에 이르느니라(롬 10:10). 진리를 가지고 있다고 할지라도 불의 속에 있는 사람들은 사실 진리를 알지도 못하고 있고 그들이 행해야 할 것을 믿지도 않는다. 이 지식과 믿음을 가지게 하고 경건함에 속한 진리를 인정하고 고백하게 하는 것이 복음 사역의 중요한 목적이다. 다시 말해 그것이 가장 높은 차원의 복음의 목적이다. 목사들의 가르침들은 영생의 소망을 믿게 하고 확증하게 하는 것이 주요한 목적이 되어야 할 것이다(2절).

믿음뿐만 아니라 소망도 가지게 하는 것이 복음의 더 발전된 목적이다. 복음은 마음과 심령이 세상에서 벗어나 하늘을 향하고 위의 것들을 사모하게 만든다. 그리스도인들의 믿음과 경건함은 영생에 이르게 하고 소망을 가지게 하고 영생에 대해 기초가 단단한 기대를 가지게 해준다. 왜냐하면 이 영생은 거짓이 없으신 하나님이 영원 전부터 약속하신 것이기 때문이다. 하나님은 거짓말을 하시거나 속이실 수 없다는 것이 하나님의 명예이다. 그러므로 이것은 보물을 하나님의 미쁘신 약속들에 쌓아둔 신자들의 위로가 된다. 그런데 어떻게 세상이 시작되기도 전에 하나님이 약속을 하신다는 것인가? 하나님의 섭리를 약속으로 이해하는 사람도 있다. 하나님은 그의 영원하신 뜻 가운데 그 약속을 계획하시고 예정하셨다. 이를테면 하나님의 약속이 태아 속에 있었던 것 같다. 어떤 사람은 창세기 3장 15절에서 희미하게 전달된 약속을 언급하면서 그 약속이 고대 이전에 또는 많은 세월 이전에 계획된 것이라고 생각하기도 한다. 본문에서는 성도들을 위한 영생의 약속이 지닌 그것의 안정성과 고대성 즉 오래됨을 서술하고 있다. 거짓이 없으신 하나님이 세상이 있기 전 즉 영원 전에 약속하셨다. 그러므로 하나님의 약속이 그렇게 일찍부터 주어진 복음은 얼마나 뛰어난 것인가! 우리가 있기 이전에 계획된 특권을 가지게 되었음을 얼마나 감사하고 경배 드려야 하겠는가! 그것을 보는 네 눈은 복되도다! 그것을 경멸하고 무시해서 심하게 벌을 받게 된다면 그것은 하등 놀랄 일이 아니다. 왜냐하면 이 영생은 거짓이 없으신 하나님이 영원 전부터 약속하신 것인데 자기 때에 자기의 말씀을 전도로 나타내셨기 때문이다. 다시 말해서 옛날에 아주 희미하게 전달된 하나님의 약속이 하나님의 정하신 때에 전도를 통해 아주 분명하게 이루어질 것이다. 그러므로 전도의 어리석음이 존경을 받는 것이다. 믿음은 들음에서 나고 들음은 하나님의 말씀으로 말미암는다. 그 말씀은 전파된 말씀이다. 내게 맡기신 것이라. 목회 사역은 하나의 위탁이다. 아무도 이 명예를 빼앗아가지 못한다. 그것을 맡기시고 임명하신 분만이 그러실 수 있다. 임명받고 부름받은 사람은 누구든지 말씀을 전해야만 한다. 만일 복음을 전하지 아니하면 내게 화가 있을 것이로다(고전 9:16). 전도하지 않는 목사들은 결코 사도들의 계승자들이 아니다. 우리 구주 하나님이 명하신 대로 복음을 전해야 한다. 전도하는 것은 구주 하나님이 맡겨주신 사역이다. 여기서 그리스도의 신성의 증거가 나타남을 보라. 왜냐하면 바울이 회심할 때 바울에게 맡겨진 복음은 그리스도로 말미암은 것이었기 때문이다(행 9:15, 17, 그리고 22:10, 14, 15). 그리고 다시 그리스도가 바울에게 나타나셨을 때도 바울에게 복음이 맡겨졌다. 그러므로 이 구주가 바로 그리스도이시다. 그러나 구주 안에 삼위일체가 다 함께 안 계신 것은 아니다. 성부는 성령을 통하여 성자가 구원하게 하신다. 그리고 목사들을 보내는 데도 성삼위가 다 함께 하신다. 그러므로 하나님의 부르심이 없이는 아무도 사람들의 부름에 의지하지 못하게 하라. 하나님이 일할 자격을 주시고, 마음을 주시고, 권위를 주시고, 기회를 주신다.

II. 편지를 받는 사람이 서술되고 있다.

1. 그의 이방인 헬라인식 이름으로 미루어 생각하건대 디도는 믿음의 신자와, 동시에 목회 사역을 위한 하나님의 종으로 하나님의 부르심을 받았다. 하나님의 은혜는 거저 베풀어지지만 강력하다. 한 이방인의 보존과 교육에 어떤 가치와 준비가 있었는가?

2. 바울 사도와 디도의 영적인 관계가 서술되고 있다. 나의 참 아들은 자연적인 출생 관계를 말하는 것이 아니라 초자연적인 중생의 출생 관계를 말하는 것이다. 고린도전서 4장 15절에서 내가 복음으로써 너희를 낳았음이라 말씀하고 있다. 목사들은 자신들이 회심시킨 사람들에게 영적인 아버지들이다. 그래서 목사들은 그들을 온유하게 사랑하고 보살펴줌으로써 그들의 존경을 답례로 받아야 될 것이다. 같은 믿음을 따라 나의 참 아들 된 이라는 말씀은 모든 중생한 사람들에게 공통되고 우리가 진리 안에서 가지게 되고 영생에 이르게 하는 것이 믿음이라는 사실을 말해준다. 이 믿음이 디도를 위선자들과 거짓 선생들과 구별

시켜주고 그레데 사람들의 관심과 존경을 위해 디도를 칭찬하게 한다. 바울은 디도를 믿음과 생활과 하늘나라의 가르침에 있어서 바울 자신의 살아 있는 분신으로 그레데 사람들에게 추천한다. 사도 바울에게 이토록 사랑스럽고 귀한 디도에게 다음과 같은 내용의 편지를 보내고 있다.

Ⅲ. 디도에게 모든 축복이 있기를 비는 인사와 기도. 하나님 아버지와 그리스도 예수 우리 구주로부터 은혜와 평강이 네게 있을지어다. 이 말씀에서 우리는 여기서 다음의 사실들을 발견할 수 있다.

1. 바울이 비는 축복들은 은혜와 자비와 평강이다. 은혜는 하나님의 거저 주시는 호의이며, 인정이다. 자비는 죄 사함을 통해 나타나는 하나님의 호의의 열매들이다. 자비는 현세와 내세에서의 모든 불행과 비참함에서 벗어나게 해준다. 평강은 자비의 실제적인 영향과 열매이다. 우리의 평강이 되시는 그리스도를 통하여 하나님과의 평화를 누리게 되고 우리 자신과 다른 피조물들과도 평화를 누리게 된다. 그것이 무엇이든 모든 좋은 것을 내포하는 외적인 평화와 내적인 평화는 현세와 내세에서 우리를 행복하게 해준다. 여기서 다음의 사실들을 주목하라. 은혜는 모든 축복의 원천이다. 자비와 평화와 모든 좋은 것이 바로 이 자비에서 나온다. 하나님의 호의를 받도록 하라. 그러면 만사가 형통할 것이다.

2. 사람들이 비는 이 축복들은 누구에게서 나오는가. 그것은 하나님 아버지로부터 나온다. 하나님 아버지는 모든 선한 것의 원천이시다. 우리가 받는 모든 축복과 모든 위로는 아버지이신 하나님으로부터 나온다. 하나님은 창조를 통해 모든 피조물의 아버지가 되신다. 그러나 하나님이 모든 선한 것의 원천이 되시는 것은 입양과 중생을 통해서이다. 하나님 아버지와 그리스도 예수 우리 구주가 축복의 획득과 전달의 길과 수단이 되신다. 모든 것이, 자연의 주인이시고 만물의 상속자이시고 우리의 주 구세주가 되시고 그리스도의 지체들을 명령하시고 다스리시는 머리가 되시는 성자 하나님으로부터 나온다. 만물이 그리스도의 지배 아래 있다. 우리는 포로처럼 그리스도에게 붙잡혔다. 그러므로 우리는 예수 그리스도시요 기름부음 받은 구세주이신 주님에게 복종해야 하고 굴복해야 한다. 그리스도는 특별히 그를 믿는 사람들을 죄와 지옥에서 건져주시고 우리를 천국과 행복으로 인도해주시는 구세주이시다.

여기까지가 본 서신의 머리말이다. 그 다음에 디도를 그레데에 남겨둔 목적을 넌지시 말하면서 본론으로 들어간다.

⁵내가 너를 그레데에 남겨 둔 이유는 남은 일을 정리하고 내가 명한 대로 각 성에 장로들을 세우게 하려 함이니

바울 사도는 이 서신을 보낸 목적을 말하고 있다. 여기서 다음의 사실들을 주목하라.

Ⅰ. 본 서신의 일반적인 목적. 내가 너를 그레데에 남겨 둔 이유는 남은 일을 정리하고 내가 명한 대로 각 성에 장로들을 세우게 하려 함이니. 이 말씀은 전도자들의 일이 사도들이 세운 교회를 발전시키고 완성시키기 위하여 사도들이 심은 교회에 물을 주는 것이었다(고전 3:6). 다시 말해서 질서를 세운다는 의미를 지니고 있다. 디도는 사도 바울이 그레데에서의 짧은 체류로 교회를 자리잡게 할 시간이 없었기에 교회를 자리잡게 하는 일을 계속해야 했다. 여기서 다음의 사실들을 주목하라.

1. 복음을 전하는 일에 바울은 아주 근면했다. 바울은 어느 한 곳에서 일을 보기 위해 갔다가 마치면 서둘러 다른 곳으로 갔다. 바울은 헬라인들과 이방인들에게 빚진 사람이었다. 그래서 그는 할 수 있는 한 그들 모두에게 복음을 전하기 위하여 애를 썼다.

2. 바울은 신실하고 신중했다. 바울은 그가 가는 곳에서 게으름을 피우는 법이 없었다. 바울은 막 세운 교회를 성장시키는 일은 다른 사람에게 맡기고 다른 교회를 또 세우는 일을 계속했다.

3. 바울은 겸손했다. 바울은 일을 할 때 도움을 받는 것을 싫어하지 않았다. 그는 도움을 받을 때 교회 안의 서열의 높고 낮음을 가리지 않고 또한 자기처럼 큰 은사와 자질이 있건 없건 그 누구를 막론하고 도움 받기를 주저하지 않았다. 다시 말해서 바울은 복음이 더 널리 전파되고 사람들의 유익이 더 장려될 수 있도록 하기 위하여 다른 사람들의 손과 도움을 기꺼이 활용하였다. 바울은 신자들의 열정과 근면을 일으키고, 신자들을 신실하게 돌보는 일에 적절한 모본을 보였다. 바울은 신자들이 교회에 출석하든 안 하든, 산 사람이든 죽은 사람이든 가리지 않고 신자들과 목사들에게 영적인 덕을 끼치고 위로하기 위하여 솔선수범을 했다. 우리는 여기서 다음의 사실들을 발견할 수 있다.

4. 바울 사도보다는 못할지라도 디도는 따로 정해진 교회를 고정적으로 맡고 있는 일반 담임 목사들이나 감독들보다는 훨씬 뛰어난 사역자였다는 사실이다. 디도는 더 넓은 영역에서 일을 했다. 그는 목사를 필요로 하는 교회들에 목사를 안수해 세우고 그 교회의 일차적인 상태와 형식의 문제들을 해결해주고 다른 곳으로 옮겨 봉사를 했다. 디도는 보편 교회 즉 전체 교회의 한 사람의 목사였을 뿐만 아니라(다른 모든 목사들도 마찬가지이지만) 한 사람의 보편 목사였다. 다른 목사들은 한 곳에 정주할 권리가 있었다. 즉 그들은 청빙과 기회에 따라 어느 곳이든 목회할 수 있었다. 그러나 디도와 같은 그런 전도자들은 정주하지 않고 그들이 가는 곳 어디서나 목회를 할 수 있고 교회에서 생활비를 요구할 수 있었다. 전도자들은 실제로 어디나 그들의 교구나 관할 구역이었고 다른 일반 목사들과 목회자들을 지시하고 관리할 권한이 있었다. 사도가 사도로서 활동할 수 있었던 곳에서 전도자는 전도자로서 활동할 수 있었다. 왜냐하면 그들은 마찬가지로 주의 일을 힘쓰는 사람들이었기 때문이다(고전 16:10). 그것이 마찬가지로 고정되지 않고 순회하는 방식으로 주의 일을 한다는 점에서 그러했다.

그레데에서 지금 디도는 잠깐 머무는 것이었다. 바울은 자기가 말끔하게 다 처리하지 못하고 남겨둔 일을 디도가 신속하게 처리하기를 바랐다. 그리고 디도가 니고볼리에 있는 바울에게 급히 오기를 희망했다. 니고볼리는 바울이 겨울을 나려고 계획하고 있는 곳이었다. 이 후에 디도는 고린도로 보내졌다가 바울과 같이 로마에 있었다. 로마에서 디도는 달마디아로 또 파송되었다. 여기까지가 우리가 성경에서 디도에 대해 읽을 수 있는 마지막이다. 이후로 성서 어디에서도 디도가 고정되어 감독직을 수행하고 있다는 언급을 전혀 발견할 수 없다. 디도는 그레데를 떠났다. 그리고 디도가 그레데로 돌아오지는 않았겠지만 우리는 디도를 더 이상 찾을 수 없다. 그런데 바울이나 디도는 그레데에서 어떤 힘을 가지고 있었을까? 그들이 사회 지도자들의 권리를 침해했을까? 어떤 종류의 권리도 전혀 침해하지 않았다. 그들은 어떤 종류의 시민 권리들에 간섭하기 위해 온 것이 아니었다. 누가복음 12장 14절에 누가 나를 너희의 재판장이나 물건 나누는 자로 세웠느냐 라고 그리스도가 말씀하시고 있다. 그들의 일은 영적인 것이었다. 복음 사역자들인 바울과 디도는 복음을 믿게 하고 죄를 회개시키기 위하여 설득하는 일을 수행하기 위하여 그레데에 왔다. 그들은 결코 세상 통치자들의 권력에 간섭하거나 손상을 주거나 약화시키는 것이 아니라 오히려 그것을 안전하게 해주고 강화해주는 일을 했다. 필요한 것은 세속 통치자들이 원천과 창조자인 것 같은 그런 것들이 아니다. 필요한 것은 신성하고 영적인 규례와 영적인 목적을 위한 지정들이었다. 그것들은 교회의 왕이시요 머리이신 그리스도에게서 나온다. 바로 이러한 것들을 자리잡게 하기 위하여 디도를 남겨두었다. 여기서 다음의 사실들을 주목하라. 교회를 세우고 양육하고 완성하는 일은 결코 쉬운 일이 아니다. 바울은 그레데에서 몸소 열심히 일을 했음에도 불구하고 아직도 필요하고 부족한 일들이 있었다. 일들이 모양이 제대로 갖춰지지 않아 많이 깎아 다듬고 맞추어 바른 모양으로 만들어주어야 했다. 그리고 그 일들이 정리되면 잘 보존하고 지키게 하는 일이 필요했다. 아주 좋은 것들은 부패하기 쉽고 고장나기 쉬운 성향이 있다. 목사들은 이러한 부패와 고장을 막기 위해 도움이 되어야 하고, 잘못된 것을 바로잡아 주어야 하고, 그리고 부족한 것을 보충해 주어야 할 것이다. 이런 일이 디도가 그레데에서 일반적으로 해야 할 일이었다.

Ⅱ. 디도가 해야 할 특별한 일. 각 성에 장로들을 세우게 하려 함이니. 다시 말해서 목사들은 대체로 장로 가운데에서 나오거나 아주 총명하고 경험이 많은 그리스도인들에게서 나온다. 그렇지 않으면 나이가 어린 사람 가운데에서 행동과 태도가 신중하고 야무진 사람들을 세웠다. 큰 마을이나 도시에서 대체로 그랬던 것처럼 어느 정도 신자들의 숫자가 되는 곳에서는 이러한 사람들을 세워야 할 것이다. 촌락일지라도 신자들 수만 충분하면 그렇게 해야 될 것이다. 이들 장로들은 교회의 일상적이고 정해진 보살핌과 관리를 했다. 다시 말해 장로들은 교인들을 말씀으로 먹이고 다스려야 하고, 그리고 교회들 안에서의 모든 목회 사역과 의무를 수행해야 했다. 장로라는 말이 교회 안에서 성직을 맡은 사람들에게 아주 폭넓게 사용되는 경우가 종종 있다. 그래서 사도들도 장로들이라고 했다(벧전 5:1). 그러나 여기서는 일반적인 정주하는 담임 교역자를 의미하고 있다. 그들은 주 안에서 교회를 다스리고 말씀과 교훈을 위하여 수고하는 사람들이다. 그러한 것이 본 장 전체에 걸쳐 서술되고 있다. 장로라는 말이 제사장이라고 번역되기도 한다. 제사장이라는 말은 복음을 전하는 사역자들에게 주어지는 용어는 아니다. 하나님의 백성을 기도와 찬양과 구제의 영적 희생 제사를 드리기에 하나님 앞에 왕 같은 제사장이라고 하는데 그렇게 비유

적이거나 암시적인 방법이 아니라면 그 말은 목사들에게 적합한 말은 아닐 것이다. 그러나 적절하게 말한다면 우리는 복음 시대에는 제사장이 없다. 단 우리가 믿는 도리의 대제사장이신 그리스도를 제외하고는 없다(히 3:1). 그리스도는 우리를 위하여 자신을 단번에 하나님께 희생 제물로 드리셨고 그 공로로 우리를 중보하시기 위하여 영원히 살아계신다. 그러므로 여기서 사용된 장로라는 말이 그것이 비유적이든 실제적이든 간에 희생 제사를 드리는 제사장에 맞지 않는다. 오직 복음을 전하는 목사들은 그리스도의 규례들을 시행하고 성령이 그들을 감독자로 세우신 하나님의 교회를 돌보아야 할 것이다. 여기서 다음의 사실들을 주목하라.

1. 일정한 담임 목사가 늘 시무하지 않는 교회는 불완전한 교회이다.

2. 적절한 수의 신자들이 있는 교회는 장로가 반드시 있어야 한다. 장로들의 교회 상주는 그들을 장로로 세운 첫 번째 지켜야 할 약속이다. 이는 성도를 온전하게 하여 봉사의 일을 하게 하며 그리스도의 몸을 세우려 하심이라. 우리가 다 하나님의 아들을 믿는 것과 아는 일에 하나가 되어 온전한 사람을 이루어 그리스도의 장성한 분량이 충만한 데까지 이르리라(엡 4:12,13). 목사의 교회 상주는 세상 끝날까지 해야 되고 하게 될 일이다. 그러므로 이것을 위한 필요하고 약속된 수단도 지속되어야 할 것이다. 이러한 제도를 제정해주신 하나님께 당연히 찬양을 올려야 하지 않겠는가! 그것을 누리는 사람들에게서 얼마나 많은 감사가 나와야 하겠는가! 그것이 없는 사람들은 얼마나 불쌍하고 얼마나 많은 기도를 올려야 하겠는가! 그러므로 추수하는 주인에게 청하여 추수할 일꾼들을 보내 주소서 하라(마 9:38; 눅 10:2). 믿음은 들음에서 나고 또한 들음을 통해 믿음이 보존되고 유지되고 열매를 맺게 된다. 무지와 타락을 낳고 선한 것을 쇠퇴하게 하고 모든 악을 증가시키는 것은 가르치고 소생시키는 목회 사역의 결핍에서 비롯된다. 그러므로 이러한 이유들 때문에 디도를 그레데에 남겨 두게 되었다. 그것은 부족한 일들을 정리하고 바울이 명한 대로 각 성에 장로들을 세우게 하려 한 것이었다. 그러나 이 일을 함에 있어서 디도는 자기 자신의 의지나 상상에 따르는 것이 아니라 사도의 지시를 따라 해야 했다.

III. 디도의 행동 규칙은 바울 사도가 명한 대로 따르는 것이었다. 아마도 디도가 바울에게서 떠나려고 했을 때 바울이 지금 말하는 것이 디도만 아니라 다른 사람들에게도 유익한 것이라 다른 사람들도 듣는 데서 말을 한 것 같다. 그것은 사람들이 디도가 하는 일은 사도의 명령과 권위의 보증과 지원을 받는다는 사실을 알게 되고 목격하게 됨으로써 사람들이 디도의 말을 더 잘 듣고 순종하게 하기 위한 것이었을 수도 있다. 율법 시대에는 시내 산에서 모세에게 나타난 양식대로 모든 일들이 처리되었다. 그렇듯이 복음 시대에는 모든 것이 그리스도와 주님의 인도를 받아 잘못이 없는 주의 종의 지시에 따라 명령되고 처리되어야 한다. 인간의 전통들과 생각들이 교회 안으로 들어올 수는 없다. 말씀의 일반적인 규칙들을 따라 그리스도의 약속들의 목적들을 수행하기 위하여 신중하게 처리되어야 할 것이다. 그러나 어느 누구도 교회의 믿음이나 예배의 본질, 또는 질서와 치리의 본질에 대한 것을 절대 바꿀 수 없다. 만일 복음 전도자가 지정된 대로가 아니면 어떤 일도 할 수 없다면 하물며 다른 사람들은 말해 무엇하겠는가. 교회는 하나님의 집이다. 교회의 직분자들을 임명하고 질서와 서열을 세우는 일은 하나님께 속한 일이다. 하나님이 원하시는 대로 해야 하는 것이 교회의 일이다. 여기서 바울이 명한 대로 디도가 안수해서 세워야 할 장로들의 자질과 성격에 대해 언급하고 있다. 내가 명한 대로 각 성에 장로들을 세우게 하려 함이니 라는 말씀은 바울이 전에 설명을 해주었고 이제 다시 너에게 더 자세히 조목조목 지적해 말해 주겠다는 뜻이다. 바울은 그것을 6절에서 9절까지에 걸쳐 총괄적으로 이야기하고 있다.

[6]책망할 것이 없고 한 아내의 남편이며 방탕하다는 비난을 받거나 불순종하는 일이 없는 믿는 자녀를 둔 자라야 할지라 [7]감독은 하나님의 청지기로서 책망할 것이 없고 제 고집대로 하지 아니하며 급히 분내지 아니하며 술을 즐기지 아니하며 구타하지 아니하며 더러운 이득을 탐하지 아니하며 [8]오직 나그네를 대접하며 선행을 좋아하며 신중하며 의로우며 거룩하며 절제하며 [9]미쁜 말씀의 가르침을 그대로 지켜야 하리니 이는 능히 바른 교훈으로 권면하고 거슬러 말하는 자들을 책망하게 하려 함이라 [10]불순종하고 헛된 말을 하며 속이는 자가 많은 중 할례파 가운데 특히 그러하니 [11]그들의 입을 막을 것이라 이런 자들이 더러운 이득을 취하려고 마땅하지 아니한 것을 가르쳐 가정들을 온통 무너뜨리는도다 [12]그레데인 중의 어떤 선지자가 말하되 그레데인들은 항상 거짓말쟁이며 악한 짐승이며 배만 위하는 게으름뱅이라 하니 [13]이 증언이 참되도다 그러므로 네가 그들을 엄히 꾸짖으라 이는 그들로 하여금 믿음을 온전하게 하고 [14]유대인의 허탄한 이야기와 진리를 배반하는 사

람들의 명령을 따르지 않게 하려 함이라 ¹⁵깨끗한 자들에게는 모든 것이 깨끗하나 더럽고 믿지 아니하는 자들에게는 아무것도 깨끗한 것이 없고 오직 그들의 믿음과 양심이 더러운지라 ¹⁶그들이 하나님을 시인하나 행위로는 부인하니 가증한 자요 복종하지 아니하는 자요 모든 선한 일을 버리는 자니라

바울은 여기서 성직 수임에 대해 디도에게 지시한다. 바울은 안수해 세워야 될 사람과 그렇게 해서는 안 될 사람들을 제시하고 있다. 여기서 다음의 사실들을 주목하라.

I. 디도가 장로로 세워야 될 사람들에 대한 지시. 바울은 장로들의 자격과 덕에 대해 지적한다. 그들의 생활과 태도에 대한 지적들은 6절, 7절, 8절, 그리고 그들의 가르침에 대한 지적은 9절에 나와 있다.

1. 장로들의 생활과 태도에 관한 그들의 자격들은 다음과 같다.

(1) 좀 더 일반적인 자격. 책망할 것이 없고. 이 말씀의 뜻은 절대적으로 잘못이 없다는 것이 아니다. 그런 사람은 하나도 없다. 왜냐하면 살면서 죄를 짓지 아니하는 사람은 하나도 없기 때문이다. 또한 책망할 것이 없다는 것도 아주 희귀하고 어려운 일이다. 그리스도 자신과 그의 사도들은 합당하지 않을지라도 비난을 당했다. 그리스도에게는 분명히 책망당하실 것이 아무것도 없었다. 그리고 그의 사도들도 그들의 적들이 그들을 책망할 만한 그런 것이 없었다. 그러나 그 의미는 다음과 같다. 장로로 세움을 받는 사람은 나쁜 성격을 가진 사람이어서는 안 된다. 또한 외인에게서도(딤전 3:7) 선한 증거와 좋은 평을 들어야 할 것이다. 창피스럽고 추문을 일으킬 만한 범죄를 저질러 거룩한 직분에 비난을 받게 해서도 안 될 것이다. 장로는 그런 비난을 받는 사람이 되어서는 안 될 것이다.

(2) 좀 더 개별적인 자격.

[1] 특별한 자격에는 장로의 가족 관계의 특성이 있다. 장로 자신의 개인적인 면에서 장로는 혼인 관계의 순결을 지킨 사람이어야 할 것이다. 다시 말해 한 아내의 남편이어야 한다. 로마 교회는 아내가 없는 남편에 대해 이야기하고 있지만 태초부터 그것은 그렇지 않았다. 결혼은 성직이나 소명에 장애가 되지 않는 규례이다. 바울은 고린도전서 9장 5절에서 우리가 다른 사도들과 주의 형제들과 게바와 같이 믿음의 자매 된 아내를 데리고 다닐 권리가 없겠느냐 라고 말하고 있

다. 혼인을 금하라고 하는 것은 적그리스도 교회의 잘못된 가르침들 가운데 하나이다(딤전 4:3). 그러나 목사들이 반드시 결혼을 해야만 된다는 것은 아니다. 이것은 그런 의미가 아니다. 한 아내의 남편이어야 한다는 말씀은 자기 아내와 이혼하지 말라는 것을 의미하는 것일 수도 있고, 또는 아내를 두고 또 다른 여자와 결혼하지 말라는 것을 의미하는 것일 수도 있다(이런 현상이 할례받은 유대인들 가운데 대수롭지 않게 아주 흔했다). 또는 목회자는 한 아내의 남편이어야 한다. 다시 말해서 동시에 중혼자가 되어서는 안 된다는 의미이다. 장로가 한 아내와 더할 나위 없는 성공적인 결혼 생활을 할 수 없다는 것이 아니라 결혼을 했으면 장로는 한 번에 한 아내만 가져야지 두 아내나 그 이상을 가져서는 안 된다는 것이다. 그렇지 않고 족장들을 그릇되게 모방한 그 당시의 아주 일반적인 잘못된 관습을 따라 여러 아내를 거느리지 말라는 것이다. 우리의 주님은 그런 악한 관습을 바꾸라고 가르치셨다. 일부다처의 복혼은 어떤 경우이든 수치스러운 일이다. 또한 자신의 합법적인 아내와 함께 창녀나 첩을 데리고 사는 것도 마찬가지이다. 그러한 죄나 방탕하고 호색한 처신을 한 사람은 성직에 세우는 일에서 아주 멀리 떨어뜨려 놓아야 할 것이다. 그리고 자녀들에 대하여는 장로는 믿는 자녀를 둔 자라야 한다. 장로의 자녀들은 방탕하다는 비난을 받거나 불순종하는 일이 없어야 할 것이다. 그들은 순종적이고 착하고 그리스도인의 믿음으로 양육되고 그 믿음을 따라 살아야 할 것이다. 최소한 그들의 부모들도 힘이 닿는 한 그렇게 되도록 노력해야 할 것이다. 자녀가 신실하고 경건하고 신앙을 가졌다면 그것은 목사들의 영예이다. 제 고집대로 하지 아니하며 급히 분내지 아니하며, 비난받을 빌미를 주어 비난을 받아서는 안 된다. 그렇지 아니하면 아주 무죄한 사람일지라도 그릇되게 비난을 받게 될 것이다. 그러므로 장로들은 그런 비난을 받을 만한 어떤 기미가 아주 없는지 늘 살펴야 할 것이다. 신실하고 순종하고 절제하는 자녀들은 그들을 그렇게 가르치고 교육한 부모의 신실함과 근면함을 나타내는 좋은 증거가 될 것이다. 그리고 작은 일에 충성한 그의 신실함에서 드러난 그 증거가 그에게 더 큰 것을, 다시 말해 하나님의 교회를 다스리고 관리하는 일을 맡기게 되는 격려가 될 수도 있다. 이 자격의 근거는 그의 직분의 본성에서 나타난다. 감독은 하나님의 청지기로서 책망할 것이 없고. 장로라는 명칭으로 불리는 사람들이 이 구절(7절)에서는 감독이라고 불리고 있다. 감독들은 그들보다 높은 일반 상근 사역자들이 없었던 것 같다. 여기서 디도의 사역이 단지 일시적인 임시직이었다는 사실이 앞에서 살펴보았던 것처럼 분명하게 드러난다. 장로들을 세우고 정해진 형식에 따라 일들을 처리한 뒤에 디도는 바울 사도가 본문에서 감독과 하나님의 청지기라고 부르는 장로들에게 모든 일을 맡기고 떠났다. 우리는 디도가 그레데에 세운 후계자에 대한 어떤 것도 성경에서 읽을 수 없다. 그러나 디도는 이들 장로들과 감독들에게 그들의 양 떼를 먹이고 다스리고 살피는 일을 완전히 맡겼다. 그들은 신앙을 전파하고 교인들을 섬기고 그 일을 다음 세대들로 계승시키기 위하여 어떤 권력도 원하지 않았다. 그런데 양 떼의 감독이 된 사람들은 교인들에게 모범이 되어야 한다. 하나님의 집의 일들을 돌보는 하나님의 청지기들은 교인들에게 필요한 것들을 마련해주고 나누어 주어야 한다. 바로 이러한 일의 특성 때문에 장로들의 성격이 단정하고 선해서 책망 받을 것이 없어야 하는 것이다. 그렇게 하는데 어떻게 신앙생활이 고통을 당해야 하고 그들의 일이 방해를 받게 되고 그들이 구원해야 될 영혼들이 오해를 받게 되고 위험에 빠지게 될 수 있겠는가? 이러한 것들이 장로들을 세우는 근거가 되는 가족 관계의 자격들이다.

[2] 더 구체적인 자질들이 다음과 같이 명시되고 있다.

첫째, 해서는 안 될 부정적인 자질들을 언급한다. 장로나 감독들이 해서는 안 될 자격들이 명시된다. 제 고집대로 하지 아니하며. 이 금지 조항은 아주 넓은 범위를 지니고 있다. 자기 의견, 역할과 능력에 대한 거들먹거리는 자만, 너무 감정적인 것, 이기심, 모든 것을 자기중심으로 생각하는 자아 추구, 자만과 자신, 타인을 배려하는 게 적은 자기만족, 고집, 교만, 방종, 변덕, 다윗을 박대한 나발 같은 사람의 인색함과 치사함 등을 배제하는 것이 장로들이 피해야 될 금지 조항이다. 이상의 것들은 주석자들이 고집이라는 용어에 첨부해 해석한 의미이다. 이러한 것들에 영향을 받지 않는 목사들은 아주 명예로운 사람들이다. 신자들에게 기꺼이 묻고 조언하고, 기꺼이 다른 사람들의 생각과 뜻에 이성적으로 따를 준비가 되어 있고, 기꺼이 모든 일들을 모든 사람들에게 되도록이면 맞추려고 하는 목사들은 많은 유익을 얻게 될 것이다.

급히 분내지 아니하며. 이것은 너무 빨리 쉽게 화를 내는 것을 말한다. 자기 자신이나 몹시 거칠고 걷잡을 수 없는 감정들을 다스리지 못하는 사람들이 교회를 다스린다는 것은 아주 부적절한 일이다. 목사들은 모든 사람들을 대하여 온유하고 친절하고 인내해야 할 것이다. 술을 즐기지 아니하며. 목사가 술 마시기를 사랑하는 술고래가 되고, 자신을 심한 방종에 빠지게 하는 독주를 마시고 포도주에 취하는(사 5:11) 사람이 된다면 목사에게 그것보다 더 심한 비난은 없을 것이다. 하나님의 다른 선한 피조물들과 마찬가지로 술의 적절하고 알맞은 사용은 법에 크게 어긋나는 것은 아니다. 바울은 디모데에게 디모데전서 5장23절에서 네 위장과 자주 나는 병을 위하여는 포도주를 조금씩 쓰라고 말했다. 그러나 그것이 지나치게 되면 모든 사람이 창피를 당하게 되고 특별히 목사는 더하다. 술은 마음을 빼앗고 사람을 거칠게 만든다. 이에 대한 아주 적절한 권면을 바울이 에베소서 5장18절에서 해주고 있다. 술 취하지 말라 이는 방탕한 것이니 오직 성령으로 충만함을 받으라. 성령의 충만함에 있어서는 전혀 지나침이 없지만 술 취함에 있어서는 아주 쉽게 그 도를 넘을 수가 있다. 그러므로 술에 취해 아슬아슬한 벼랑의 가장자리까지 너무 가까이 가서 실족하거나 망신당하는 일이 없도록 조심해야 할 것이다. 구타하지 아니하며. 다툼을 일삼는 태도로 잔인하고 거칠게 상처를 주거나 복수를 해서는 안 될 것이다. 더러운 이득을 탐하지 아니하며. 이 말은 디모데전서 3장3절에서 말하고 있듯이 돈을 사랑하지 않아야 한다는 것이다. 그러나 돈을 사랑하지 말라는 것이 필요한 생활비와 생활의 편안함을 위한 목사들의 수고에 대한 정당한 보상을 거부하라는 의미가 아니다. 다만 이익을 목사들의 첫 번째나 주요 목적으로 삼지 말라는 것이다. 또한 이 말은 세속적인 천한 생각을 가지고 목회를 시작하지 말아야 하고 또한 목회를 해서도 안 된다는 것이다. 자기 자신과 다른 사람이 내세를 바라보아야 한다고 설교하는 목사가 이 세상일에 지나치게 여념이 없다면 그것보다 더 목사답지 않은 일은 세상에 없을 것이다. 그것을 더러운 이득이라고 하는 것은 그것이 영혼을 더럽게 오염시킨다고 해서 비롯된 것이다. 그것은 영혼이 터무니없이 돈을 사랑하고 탐욕스럽게 바라고 따라다니게 만든다. 마치 그것을 선하고 합법적인 사용을 하기보다는 다른 것이 더 바람직하기라도 하듯이 욕심을 부리게 된다. 이러한 것들이 감독과 목회 사역자들이 그 성격 속에 지녀서는 안 될 부정적인 요소들이다.

둘째, 감독과 장로의 긍정적인 자질들은 다음과 같다. 감독은 오직 나그네를 대접하기를 좋아해야 한다(8절). 이것은 감독이 더러운 이득을 탐하지 않는다는 증거가 된다. 그가 다른 사람의 유익을 위하여 자선을 베풀지 못하게 할 정도로 자신을 위하여 재물을 쌓아놓지 않고 가장 좋은 목적을 위하여 기꺼이 사용하고 있다는 증거가 된다. 나그네를 대접하는 것은 특별히 고난과 어려움의 때에 나그네를 대접하는 사랑을 나타내는 중요하고 필요한 일이다. 그리스도인들이 박해와 적들에게서 안전을 지키기 위하여 방랑하던 어려운 시기에 도움을 주고 대접을 한다는 것은 참으로 중요한 일이다. 오늘날처럼 여행자들을 위한 자선 기관이 없고 또한 가난한 많은 성도들을 대접할 만한 여유가 넉넉하지 못하던 시기에 나그네들을 받아들이고 환대한다는 것은 좋은 일이고 하나님을 기쁘시게 하는 일이었다. 능력과 형편에 따라 행하는 그러한 정신과 관행은 선행의 좋은 본보기가 된다. 선행을 좋아하며. 선한 사람을 좋아하거나 선행을 좋아하는 것은 목사들이 둘 다 본이 되어야 할 것이다. 이것은 목사들의 드러난 경건함을 증명하고 하나님과 주 예수 그리스도를 닮은 모습을 드러나게 해줄 것이다. 그러므로 우리는 기회 있는 대로 모든 이에게 착한 일을 하되 더욱 믿음의 가정들에게 할지니라(갈 6:10). 믿음의 사람들은 이 땅의 뛰어난 사람들이고 그들에게 우리의 기쁨을 두어야 할 것이다. 신중하며. 그 말이 의미하듯이 감독은 신중해야 한다. 신중함은 목회와 인격의 태도와 관리를 위해 목사에게 필요한 은혜이다. 목사는 지혜로운 청지기가 되어야 하고 성급하거나 어리석거나 무모한 사람이 되어서는 안 될 것이다. 목사는 자신의 감정을 잘 다스릴 수 있어야 한다. 의로우며. 시민 생활의 일들에 있어서 공정하고, 도덕적으로 의롭고, 거래에 있어서 공정하고, 모두 마땅한 값을 치러야 한다. 신앙생활에 있어서는 거룩해야 한다. 하나님을 공경하고 숭배하는 사람은 영적이고 신성한 대화와 행동을 한다. 절제하며. 절제는 힘을 의미하는 말에서 나왔다. 그것은 자신의 식욕과 감정을 지배하는 힘을 가진 것을 의미한다. 또는 합법적인 일들을 행할 때 선한 목적을 위하여 감정을 억제할 수 있는 것을 의미한다. 이와 같은 일들은 목사에게 아주 어울린다. 신중하며 의로우며 거룩하며 절제하며. 자신에 대해 신중하고, 모든 사람들에 대해 공정하고 의로우며, 하나님에 대하여 거룩해야 한다. 이제까지 목사의 생활과 태도에 관하여 상대적인 것과 절대적인 것, 부정적인 것과 긍정적인 것, 해야 할 것과 하지 말아야 할 것을 살펴보았다.

2. 바울 사도는 가르침에 대하여 다음과 같이 설명하고 있다.

(1) 디도의 의무. 미쁜 말씀의 가르침을 그대로 지켜야 하리니. 그리스도의 가르침 즉 은혜의 말씀을 계속 가까이하라는 것이다. 디도가 받은 가르침들에 따라

그것을 고수하고 자신의 신념과 신앙 고백을 굳게 지키고 다른 사람을 가르치는 일에도 그리스도의 가르침을 고수하라. 여기서 다음의 사실들을 주목하라.

[1] 성서에 계시된 하나님의 말씀은 진실하고 잘못이 없는 말씀이다. 하나님의 말씀은 아멘이요 진실하고 신실한 증거가 된다. 그리고 성령이 말씀의 기록자를 인도하셨다. 하나님의 거룩한 사람들은 성령의 감동을 받았다.

[2] 목사들은 그들의 가르침과 생활 속에서 하나님의 말씀을 지키고 전해야 한다. 나는 믿음을 지켰다는 것은 바울의 위로였다(딤후 4:7). 나는 꺼리지 않고 하나님의 뜻을 전했다(행 20:27). 바울은 신실하게 말씀을 지키고 전했다.

(2) 가르침의 목적이 서술되고 있다. 이는 능히 바른 교훈으로 권면하고 거슬러 말하는 자들을 책망하게 하려 함이라. 목사의 가르침의 목적은 다른 사람들을 설득해 참된 신앙으로 인도하고 거슬러 말하는 고집 센 사람을 납득시키기 위한 것이다. 그런데 목사 자신이 불확실하고 불안정하다면 어떻게 이 일을 할 수 있겠는가? 다시 말해서 목사가 이 가르침의 본질이고 진리를 반대하는 사람들을 납득시키는 수단과 기반이 되는 미쁘신 말씀과 바른 교훈을 굳게 지키지 않으면서 어떻게 그것을 전할 수 있겠는가? 우리는 여기서 목회 사역의 중요한 일을 압축해서 보게 된다. 즉 자신의 의무를 알고 행하려고 하는 사람들을 권면하고, 거슬러 말하는 사람들을 납득시키는 두 가지 일은 목회 사역의 아주 중요한 부분이다. 두 가지 다 바른 가르침을 따라 행해야 한다. 다시 말해서 합리적인 교훈 방법 안에서 성경의 논증들과 증거들을 통해 권면하고 납득시켜야 할 것이다. 성경의 논증들과 증거들은 진리의 무오한 말씀들이다. 그 말씀 안에서 모든 사람이 안식하고 만족을 얻을 수 있고 얻어야 하고, 말씀을 통해 결단할 수 있고 결단해야 한다. 이러한 것들이 디도가 세워야 할 장로들의 자격들이다.

Ⅱ. 사도의 인명록은 디도가 거절하거나 피해야 될 사람이 누구인지를 보여준다. 즉 또 다른 성격의 사람들을 설명한다. 그들에 대한 언급은 바울이 목사들의 자격에 대해 권고했던 것을 돌아볼 이유로 제시되고 있다. 다시 말해 왜 그들이 그러해야만 했는지를 설명한다. 바울은 나쁜 선생들과 듣는 사람들에게서 그 이유들을 찾아 보여준다(10-16절).

1. 나쁜 선생들을 피해야 되는 이유.

(1) 거짓 선생들이 서술된다. 그들은 불순종한다. 그들은 완고하고, 권력욕이

강하고, 고집이 세고, 다루기가 까다롭다. 그들은 교회 안의 필요한 질서나 치리에 순응을 하지 못한다. 그들은 선한 다스림과 바른 가르침을 참지 못한다. 헛된 말을 하며 속이는 자라는 것은 그들이 지혜로운 듯이 스스로 으스대지만 실제로는 어리석다. 그들은 잘못과 실수투성이고 그런 것들을 좋아하는 지독한 허풍쟁이들이다. 그리고 그들은 다른 사람들을 같은 처지로 끌어들이려고 혈안이 된 사람들이다. 그런 사람들이 많은데 할례파 가운데 특히 그러하다. 그들은 유대인들에게서 떠난 개종자들인 척하지만 실제로는 그렇지 않다. 당시의 유대인들은 유대교와 그리스도교를 뒤섞어 믿는 오염되고 뒤틀린 잡동사니들이었다. 이러한 사람들이 바로 거짓 선생들이었다.

(2) 거짓 선생들을 대처하는 방법을 사도 바울이 제시하고 있다(11절). 그들의 입을 막을 것이라. 외적인 힘으로 거짓 선생들에 대처하는 것이 아니라(디도는 그런 권력도 없었지만 그것은 복음적인 방법도 아니었다) 논박과 설득으로 그들의 잘못을 보여줌으로써 그들에게 한시도 복종하지 아니하였음을(갈 2:5) 나타내야 할 것이다. 참으로 교회의 평화를 깨뜨리고 다른 교회들까지 오염시킬 정도로 끈질기게 완강한 경우에는 잘못을 바로잡고 더 이상의 상처를 막기 위하여 마지막 수단을 사용해야 한다. 그 수단은 책망하는 것이다. 여기서 다음의 사실들을 주목하라. 신실한 목사들은 평소에 유혹자들을 막아야 한다. 그것은 그들의 어리석음이 드러나 그들이 더 나아가지 못하게 하기 위한 것이다(딤후 3:9).

(3) 이러한 수단을 사용해야 되는 이유들이 제시된다.

[1] 거짓 선생들의 치명적인 영향들 때문에 그렇다. 이런 자들이 더러운 이득을 취하려고 마땅하지 아니한 것을 가르쳐 가정들을 온통 무너뜨리는도다. 그들은 할례를 받아야 한다느니 모세의 율법을 지켜야 한다느니 하면서 복음과 사람들의 영혼을 뒤엎어 놓고 파괴한다. 그들은 몇 사람 정도만 그렇게 하는 것이 아니라 온 가족들을 파괴시킨다. 천하를 어지럽게 했다는 비난을 사도들에게 부당하게 퍼부었다(행 17:6). 그러나 그 반대로 이들 거짓 선생들이 많은 사람을 참된 신앙에서 이끌어내 파멸시켰다는 비난을 정당하게 퍼부어야 할 것이다. 그러한 거짓된 사람들의 입을 당연히 막아야 할 것이다. 특별히 여기서 다음의 사실들을 숙고하라.

[2] 거짓 선생들의 야비한 목적은 그들이 하려고 하는 것에서 드러난다. 더러운 이득을 취하려고 그들은 종교를 가장하여 세속적인 이익을 추구하고 있다. 돈

을 사랑함이 일만 악의 뿌리가 되나니(딤전 6:10). 그런 사람들을 바른 교훈들과 성경의 근거들을 통해 거부하고, 논박하고, 수치스럽게 만드는 것은 아주 당연한 일이다. 이런 것들이 거짓 선생들에 대한 배척의 근거들이다.

III. 거짓 선생들을 따르고 그들의 말을 듣는 사람들에 대해 설명해주는 옛날의 증언을 통해 서술되고 있다.

1. 본문에 그 증언이 있다(12절). 그레데인 중의 어떤 선지자가 말하되. 다시 말해 유대인이나 헬라 시인 에피메니데스의 증언이 아니라 그레데인 가운데 한 사람이 그들에 대해 증언하고 있다. 이 증언은 그들을 비방하려고 한 것 같지는 않고 그들에 대해 알리려고 한 것 같다. 그레데인 중의 어떤 선지자라는 것은 시인들을 신탁을 받은 작가들로 여겼음을 보여준다. 이들이 종종 사람들의 악에 대해 증언을 했다. 헬라인들 가운데에는 아라투스, 에피메니데스 같은 작가들이 있었다. 라틴인들 가운데에는 호라티우스, 유베날리스, 페르시우스 같은 작가들이 있었다. 그들은 아주 세련된 문장으로 여러 가지 악들에 대해 날카롭게 지적했다.

2. 증언의 내용. 그레데인들은 항상 거짓말쟁이며 악한 짐승이며 배만 위하는 게으름뱅이라. 속담에도 그레데인들은 거짓말과 속임수로 악명이 높았다. 그레데인과 논다는 것은 거짓말한다는 뜻과 같다. 그들은 악한 짐승에 비유되고 있다. 그 이유는 그들이 간교한 해로움과 야만적인 본성을 가지고 있었기 때문이다. 그들을 배만 위하는 게으름뱅이라고 한 것은 어떤 정직한 직업을 통해 일하고 먹고 살기보다는 먹는 것만 더 좋아했기 때문이다. 여기서 다음의 사실들을 주목하라. 그러한 창피스러운 악덕들은 그리스도인들과는 거리가 먼 이방인들이 비난받아야 하는 것들이었다. 기만과 거짓말하는 것, 사악한 간교함과 잔인함, 아주 동물적이고 정욕적인 습관들, 그에 더하여 게으름과 나태함 등은 자연의 빛에 비추어서도 비난받아 마땅한 죄들이다. 이러한 것들 때문에 그레데인들은 그레데 시인들에게서도 책망을 받았다.

3. 사도 바울 자신도 이것을 확증하고 있다. 그레데인 중의 어떤 선지자가 말하되 그레데인들은 항상 거짓말쟁이며 악한 짐승이며 배만 위하는 게으름뱅이라 하니 이 증언이 참되도다 그러므로 네가 그들을 엄히 꾸짖으라 이는 그들로 하여금 믿음을 온전하게 하고(12-13절). 이 증언이 참되다고 하는 말은 바울 사도가 그러한 성격의 근거를 아주 잘 간파했다는 사실을 드러내준다. 사실 다른 민족에 비해

어떤 악들을 더 잘 행하는 성향과 기질을 가진 민족들이 있다. 그레데인들은 본문에서 설명되고 있듯이 게으르고 성질이 나쁘고 거짓되고 불성실한 것이 아주 일반적이었던 것 같다. 이러한 것들을 바울 자신이 확증해주고 있다.

4. 바울은 디도에게 그들을 처리하는 방법을 가르쳐준다. 그러므로 네가 그들을 엄히 꾸짖으라. 바울이 디모데에게 편지를 썼을 때 그는 온유함으로 사람들을 가르치라고 명했다. 그런데 지금 바울은 디도에게 편지를 쓸 때 그는 디도에게 그들을 엄히 꾸짖으라고 명하고 있다. 차이가 나는 이유는 디모데와 디도가 다른 성격을 가진 것 때문에 그랬을 수도 있다. 다시 말해서 디모데는 그 성격이 더 날카로웠을 수 있었다. 그래서 디모데는 야단을 칠 때 따뜻하고 온유하게 하는 것이 적당할 것이다. 그러므로 사도 바울은 온유함으로 책망하라고 디모데에게 명했다. 그러나 디도는 아주 온유한 성질의 사람이었을 수 있다. 그래서 바울은 디도를 북돋아 주어 그들을 엄히 꾸짖으라고 명한다. 그보다는 오히려 사람들과 경우가 달라서 그랬을지도 모른다. 디모데가 대하는 사람들은 더 예의바른 사람들이었을 수 있다. 그러므로 디모데는 사람들을 온유하게 책망해야 했을 것이다. 그러나 디도가 대하는 사람들은 훨씬 거칠고 교양이 없는 사람들이었을 수 있다. 그러므로 디도는 사람들을 엄히 꾸짖어야 했을 것이다. 사람들의 타락이 많아지고 심해지고, 아무런 부끄러움이나 조심성이 전혀 없이 잘못들을 저질렀다. 그러므로 그런 사람들은 거기에 맞게 처리를 해야 마땅할 것이다. 책망할 때 죄들 사이에도 차이를 두고 해야 할 것이다. 어떤 죄는 본질적으로 더 심하고 악독하다. 그런가하면 죄를 범하는 태도가 내놓고 대담해서 하나님의 영광을 크게 가리고 사람들을 위험하게 하고 상처 받게 하는 죄도 있다. 죄인들 사이에도 차이를 두어야 한다. 어떤 사람은 성질이 훨씬 부드럽고 유순해서 온유함으로 나무라도 효과가 있을 수 있다. 그러나 그런 사람에게 거칠고 혹독하게 야단을 치면 마음이 가라앉아 좌절하게 될 수도 있다. 그러나 아주 배짱이 좋고 고집이 센 사람들은 날카로운 말로 책망을 해야 수치를 느끼고 뉘우치게 할 수 있을 것이다. 그러므로 책망을 바르게 조절하고 시행하기 위해서는 지혜가 절대적으로 필요하다. 그래야 좋은 효과를 거둘 수 있을 것이다. 유다서 22절과 23절에 이렇게 말씀하고 있다. 어떤 의심하는 자를 긍휼히 여기라 또 어떤 자를 불에서 끌어내어 구원하라 또 어떤 자를 그 육체로 더럽힌 옷까지도 미워하되 두려움으로 긍휼히 여기라. 그레데인들의 죄와 타락은 많고, 심하고,

습관적이었다. 그러므로 그들을 엄히 꾸짖어야 했다. 그러나 그러한 지시가 오해의 소지가 없다고 볼 수는 없을 것이다.

5. 책망하는 목적이 진술되고 있다. 이는 그들로 하여금 믿음을 온전하게 하고 유대인의 허탄한 이야기와 진리를 배반하는 사람들의 명령을 따르지 않게 하려 함이라(13,14절). 다시 말해서 타고난 상태로 사는 그레데인들 같은 악한 성질과 태도에서 벗어나 실제로 변화를 받아 참되게 되고 그것을 보여줄 수 있도록 하기 위하여 책망하는 것이다. 또한 그것은 그들이 유대교의 전통들과 바리새인들의 미신적 관습들을 따르거나 존경하지 않도록 하기 위한 것이다. 그런 것들이 그레데인들로 하여금 복음과 거기에 담겨 있는 바르고 온전한 진리들을 싫어하게 만들었을 것이다. 여기서 다음의 사실들을 주목하라.

(1) 아주 날카로운 책망들은 책망받는 사람들의 유익에 초점이 맞춰져야 할 것이다. 그 책망에는 원한이나 미움이나 적의가 아니라 다만 사랑만 있어야 할 것이다. 책망하는 것은 책망자의 교만과 욕망을 만족시키거나 악한 감정을 풀기 위한 것이 아니라 잘못을 범한 사람들과 죄를 범한 사람들을 회개시키고 선도하기 위한 것이어야 한다.

(2) 가장 필요하고 바람직스러운 것은 믿음의 온전함이다. 이것이 하나님을 기쁘시게 하고 그리스도인에게 위로를 주는 영혼의 건강과 활기이다. 영혼의 건강과 활기가 변함없이 즐겁게 의무를 감당할 수 있게 해준다.

(3) 믿음을 온전하게 하는 특별한 수단은 신화와 사람들의 지어낸 이야기들에서 귀를 돌리는 것이다. 신화와 끝없는 족보에 몰두하지 말게 하려 함이라 이런 것은 믿음 안에 있는 하나님의 경륜을 이룸보다 도리어 변론을 내는 것이라(딤전 1:4). 디모데전서 4장 7절에서는 이렇게 말씀하고 있다. 망령되고 허탄한 신화를 버리고 경건에 이르도록 네 자신을 연단하라. 하나님을 예배할 때 사람들이 지어낸 이야기들은 진리와 경건을 거스르게 된다. 유대교의 의식들과 예식들은 처음에 하나님의 약속들에 근거했지만 시간이 지남에 따라 그 본질이 변하게 되었다. 그것들이 인간의 보증할 수 없는 계율들로 바뀌었다. 그것들은 그리스도의 순수한 복음의 진리와 영적 예배로부터 변질되게 되었다. 영적인 예배는 율법 아래에서 드리는 육체적인 예식이 아니라 그리스도에 의해 세워진 것이다.

(4) 진리에서 돌아서고, 모세를 섬기기 위하여 그리스도를 떠나고, 율법의 육적인 규례들을 위하여 복음의 영적인 예배를 떠나고, 또는 인간의 고안물과 약

속들을 위하여 참된 하나님의 제도들과 교훈들을 떠나는 것은 무서운 심판을 받게 될 것이다. 사도 바울이 갈라디아서 3장 1절과 3절에서 이렇게 말했다. 어리석도다 갈라디아 사람들아 예수 그리스도께서 십자가에 못 박히신 것이 너희 눈 앞에 밝히 보이거늘 누가 너희를 꾀더냐? 너희가 이같이 어리석으냐 성령으로 시작하였다가 이제는 육체로 마치겠느냐? 이와 같이 타락하고 악한 그레데인들을 엄히 책망하는 것을 보여주는 목적은 믿음이 온전해지게 하고 유대교의 허탄한 이야기들과 사람들의 명령을 듣지 않게 하려는 것이다.

6. 바울은 이 책망의 이유들을 우리가 율법의 준수에서 복음에 의해 갖게 되는 자유에서, 그리고 그리스도교 시대에서 나타나는 유대교 정신의 악과 해로움에서 제시하고 있다. 이것을 마지막 두 구절에서 언급한다. 믿음이 온전하고 그것으로 깨끗하게 된 선한 그리스도인들에게는 모든 것이 깨끗하다. 율법 아래에서는 금지된 것들로 고기와 술과 여타의 것들이 있었다(지금도 이런 것들을 지켜야 한다고 주장하는 사람도 있다). 그러나 지금은 이러한 것들에 있어서 전혀 구별이 없다. 모든 것이 깨끗하다(모든 것의 사용이 합법적이고 자유이다). 그러나 더럽고 믿지 아니하는 자들에게는 아무것도 깨끗한 것이 없다. 그들이 합법적이고 선한 것들을 남용하고 죄로 바꾼다. 그들은 다른 사람들은 꿀을 얻는 데서 독을 빨아들인다. 그들의 주요한 기능들인 마음과 양심이 더러워졌기에 그들이 하는 모든 일에 얼룩이 튀게 된다. 악인의 제사는 여호와께서 미워하신다(잠 15:8). 눈이 높은 것과 악인이 형통한 것은 다 죄니라(잠 21:4). 형통한 것 자체가 죄가 아니라 악인에 의해 행해질 때 죄이다. 정신과 마음의 세속성은 손의 모든 수고를 망쳐놓는다.

반론. 신앙을 고백하고 하나님과 그리스도와 의로운 생활을 시인하는 이들 유대화주의자들이 그렇게 심하게 책망을 받아서야 되겠는가?

그들이 하나님을 시인하나 행위로는 부인하니 가증한 자요 복종하지 아니하는 자요 모든 선한 일을 버리는 자니라(16절). 말과 혀로는 하나님을 안다고 고백하지만 그들의 생활과 행위로는 하나님을 부인하고 거절하는 사람들이 많이 있다. 그들의 생활 습관은 그들의 신앙 고백과 모순된다. 백성이 모이는 것 같이 네게 나아오며 내 백성처럼 네 앞에 앉아서 내 말을 들으나 그대로 행하지 아니하니 이는 그 입으로는 사랑을 나타내어도 마음으로는 이익을 따름이라(겔 33:31). 복종하지 아니하는 자요 모든 선한 일을 버리는 자니라. 디도에게 엄히 꾸짖으라고 가르치면서 사도 바울은 그 자신도 엄히 꾸짖고 있다. 바울은 그들에게 아주 심한 말을 하고 있다. 그러나 확실히 그는 그들의 비난받아 마땅한 경우보다는 더 심하지 않게 나무라고 있다. 가증한 자요. 하나님과 선한 사람들이 구역질나고 불쾌한 것들에 그러는 것처럼 그들에게서 눈을 돌리는 것이 마땅하다. 복종하지 아니하는 자요. 그들은 여러 가지 일들을 할 수도 있다. 그러나 그것은 믿음의 순종이 아니었고 명령 받은 대로 따른 것도 아니었고 따른다고 해도 명령을 제대로 따르지도 않았다. 모든 선한 일을 버리는 자니라. 이것은 무슨 일이든 바르게 행할 수 있는 기술이나 판단력이 없는 것을 의미한다. 경건의 모양은 있으나 능력은 없는 사람들과 같은 위선자들의 비참한 형편을 보도록 하라. 다른 사람들에 대한 이 비난이 우리들 자신에게 생기지 않도록 조심하도록 하자. 그러므로 우리 속에 살아계신 하나님께서 떠난 불신앙의 악한 마음을 가지지 않도록 하자. 오히려 우리는 이 말씀처럼 진지해지도록 하자. 너희로 지극히 선한 것을 분별하며 또 진실하여 허물 없이 그리스도의 날까지 이르고 예수 그리스도로 말미암아 의의 열매가 가득하여 하나님의 영광과 찬송이 되기를 원하노라(빌 1:10,11).

제 2 장
— 2 —

개요

　　본 장에서 바울은 디도에게 맡은 일반적인 직무를 성실히 수행하라고 지시한다(1절). 그리고 그는 몇 종류의 사람들에 대한 특별한 직무를 수행하라고 지시한다(2-10절). 바울은 이 지시와 다른 지시들의 근거를 설명한다(11-14절). 마지막에 그 지시들을 요약한다(15절).

¹오직 너는 바른 교훈에 합당한 것을 말하여 ²늙은 남자로는 절제하며 경건하며 신중하며 믿음과 사랑과 인내함에 온전하게 하고 ³늙은 여자로는 이와 같이 행실이 거룩하며 모함하지 말며 많은 술의 종이 되지 아니하며 선한 것을 가르치는 자들이 되고 ⁴그들로 젊은 여자들을 교훈하되 그 남편과 자녀를 사랑하며 ⁵신중하며 순전하며 집안 일을 하며 선하며 자기 남편에게 복종하게 하라 이는 하나님의 말씀이 비방을 받지 않게 하려 함이라 ⁶너는 이와 같이 젊은 남자들을 신중하도록 권면하되 ⁷범사에 네 자신이 선한 일의 본을 보이며 교훈에 부패하지 아니함과 단정함과 ⁸책망할 것이 없는 바른 말을 하게 하라 이는 대적하는 자로 하여금 부끄러워 우리를 악하다 할 것이 없게 하려 함이라 ⁹종들은 자기 상전들에게 범사에 순종하여 기쁘게 하고 거슬러 말하지 말며 ¹⁰훔치지 말고 오히려 모든 참된 신실성을 나타내게 하라 이는 범사에 우리 구주 하나님의 교훈을 빛나게 하려 함이라

　　여기서는 본 서신에서 다루는 세 번째 문제가 서술되고 있다. 앞 장에서 사도 바울은 다스리는 문제와 교회의 필요한 일들을 처리하는 방법에 대해 디도에게 지시했다. 그리고 그는 이제 디도에게 다음과 같은 권면을 하고 있다.

I. 바울은 디도에게 그의 직무를 성실히 수행하라고 일반적인 권면을 한다 (1절). 디도가 말씀을 전할 다른 사람들을 안수하여 세우는 것이 디도 자신의 말씀 전파 의무를 면제하는 것이 아니다. 또한 그의 목회 사역에서 목사들과 장로들만 돌보고 살피는 것이 아니라 그리스도인들 개개인에게 그들의 의무를

감당하라고 가르치는 일도 해야 한다. 여기서 오직이라는 부사는, 허탄한 신화들과 헛되고 망령되고 무익한 이야기들을 꾸며낸 거짓 선생들을 상기시키기 위하여 사용하고 있다. 거짓 선생들에 대하여 바울은 이렇게 말하고 있다. 오직 너는 바른 교훈에 합당한 것을 말하라. 이 말씀은 영생으로 인도하는 순전하고 썩지 아니하고, 온전하고 영혼을 살찌게 하는 말씀에 따르라는 것이다. 여기서 다음의 사실들을 주목하라.

(1) 복음의 참된 교훈들은 형식으로나 실제로 바른 교훈이다. 그 교훈들은 그 자체로 선하고 거룩하고, 신자들이 하나님을 섬기게 해주고 활기를 가지게 해준다.

(2) 목사들은 그러한 진리들만 가르치기 위하여 마음을 써야 한다. 만일 그리스도인들의 일상적인 말이 오직 덕을 세우는데 소용되는 대로 선한 말을 하여 듣는 자들에게 은혜를 끼치게(엡 4:9) 하려고 한다면 목사들의 설교는 더더욱 그렇게 되어야 할 것이다. 이와 같이 일반적인 권면을 디도에게 한 뒤 바울은 특별하고 개별적인 권면을 하고 있다.

II. 바울은 디도에게 이 바른 교훈을 몇 종류의 사람들에게 특별하게 그리고 개별적으로 적용하라고 권면하고 있다(2-10절). 목사들은 일반적이고 전체적인 목회 사역을 해야 하지만 각 신자의 나이나 지위나 생활 상태에 따른 개별적이고 특별한 목회 사역도 감당해야 한다. 다시 말해서 목사들은 신자들에게 그들의 일반적인 의무를 가르쳐야 하면서 동시에 각 신자들의 개별적인 특별한 의무에 대해서도 가르쳐야 할 것이다. 지금 본문에 나이든 사람과 젊은 사람 모두에게 적용되는 그리스도인의 의무를 위한 뛰어난 지침이 제시되고 있다. 이 지침은 남자들과 여자들과 설교자 자신과 종들에 대한 행동 지침이다.

1. 늙은 남자들에 대한 행동 지침(2절). 여기서 늙은 남자들을 교회 직분을 맡은 장로들이나 집사들로 이해하는 사람도 있다. 그러나 이것은 나이의 관점에서 나이를 먹은 사람으로 해석하는 것이 더 나은 것 같다. 그리스도의 나이든 제자들은 매사에 그리스도교의 교훈에 맞추어 처신해야만 한다. 늙은 남자로는 절제하며 라는 것은 그들이 나이 먹은 것을 느끼게 되는 자연적인 쇠퇴를 생각하지 않고 어떤 지나침이나 무절제함을 자행하면서 회복할 수 있다고 자만하거나 자신을 정당화해서는 안 된다는 것이다. 늙은 남자들은 건강과 합리성을 지켜 젊은 사람들을 권면하고 그들의 모본이 되기 위하여 매사에 정도를 지

키고 절제해야 할 것이다. 신중하며 라는 말은 조심스러운 태도를 의미한다. 경솔함은 어떤 일에서든 부적당하지만 특별히 나이든 사람들에게 더욱 어울리지 않는다. 그들은 침착하고 안정적이어야 한다. 그들은 습관과 말과 행동이 무겁고 조심스러워야 한다. 즉 그들은 매사에 신중해야 한다. 복장이 야하고 행동이 경솔하고 허풍스럽다면 그들 나이에 얼마나 꼴불견이겠는가! 그리고 늙은 남자들은 자신의 욕정과 감정을 잘 다스릴 줄 아는 온건함과 조심스러움을 가져야 할 것이다. 그래야 악하거나 상스러운 어떤 일에 서둘러 빠지는 일이 없게 될 것이다. 믿음에 온전하게 하고 라는 말은 복음의 진리를 항상 고수하고 지키는 진지함과 견고함을 지니는 것을 의미한다. 그것은 늙은 남자들이 새로운 이야기들을 좋아하지 않고 그릇된 의견들이나 당파들에 서둘러 빠지지 않아야 된다는 것을 의미한다. 또한 그들은 유대교의 신화나 전통들이나 랍비들의 망령들에 휩쓸려서는 안 될 것이다. 나이가 가득 찬 사람들은 은혜와 선함으로 가득 차 있어야 할 것이다. 그리고 나이든 남자들은 겉사람이 쇠퇴할수록 속사람이 더욱더 새로워져야 할 것이다.

사랑에 온전하게 하고 또는 자선에 온전하게 하고 라는 말은 모든 일에 믿음으로 역사하는 사랑이 나타나야 한다는 것이다. 사랑은 언제나 믿음과 결합되어야 적당하다. 믿음으로 행함으로써 그 결과 하나님을 향한 사랑과 사람들을 향한 사랑이 나타나야 하고 그 속에 바름과 건전함이 배어 있어야 할 것이다. 그것은 꾸밈 없는 진실한 사랑이어야 한다. 다시 말해서 그것은 사람을 위한 하나님의 사랑이어야 하고 하나님을 위한 사람들의 사랑이어야 한다. 십계명의 두 번째 돌판의 의무들은 사람들을 위하여 행해져야 할 것이다. 즉 사람이 사람을 위하고 지상의 뛰어난 성도들을 위한 사랑을 해야 한다. 성도들에게는 특별한 기쁨이 있다. 그리고 어려울 때나 잘될 때나 언제나 사랑을 해야 한다. 이와 같이 자선이나 사랑에 온전함이 있어야 할 것이다. 인내함에 온전하게 하고 라는 말은 매사에 잘 참아야 한다는 것이다. 늙은 사람들은 투정부리고, 성마르고, 감정적이 된다. 그러므로 그들은 그러한 의지 박약과 유혹들을 경계해야 한다. 그리스도인의 세 가지 주요한 은혜들은 믿음과 사랑과 인내이다. 그리고 이 은혜들을 온전하게 하는 것은 복음을 완전히 숙지하고 숙달하는 데 많이 달려 있다. 인내에는 견디는 인내와 기다리는 인내가 있다. 우리는 둘 다 추구해야 할 것이다. 우리가 은혜에 어울리게 되고 은혜가 우리에게 알맞게 될 때까지

적당하게 악을 참고 불평 없이 선을 원해야 한다. 믿음과 오래 참음으로 말미암아 약속들을 기업으로 받는 자들을 본받는 자 되어야 할 것이다(히 6:12). 이 정도까지가 나이든 남자들에 관한 행동 지침이다.

2. 늙은 여자들에 대한 행동 지침(3절). 이것들도 가르치고 경고해야 한다. 이 늙은 여자들을 여집사들로 이해하는 사람도 있다. 여집사들은 대개가 가난한 사람들을 돌보고 병자들을 간호하는 일을 위해 고용된 사람들이었다. 그러나 여기서는 신앙을 고백한 모든 나이든 여자들로 보는 게 타당할 것이다. 그들은 행실이 거룩해야 한다. 남자들이고 여자들이고 다같이 그들의 행동과 처신을 그들의 신앙 고백에 맞추어야만 한다. 앞서 언급한 덕들 다시 말해서 나이든 남자들에게 권장한 절제하며 경건하며 신중하며 믿음과 사랑과 인내함이 남자들에게만 해당되는 것이 아니라 여자들에게도 적용될 수 있다. 여자들은 남자들과 마찬가지로 말씀에서 자신들의 의무를 듣고 배워야 할 것이다. 구원은 한 성(性)이나 한 부류에만 적용되는 일방통행이 아니다. 나이든 사람과 그리스도인으로서 남성과 여성이 다같이 동일한 것들을 배우고 실천해야 한다. 다시 말해서 덕들과 의무들은 공통이다. 늙은 여자로는 이와 같이(남자들과 마찬가지로) 행실이 거룩하며. 이것은 거룩한 사람들의 신앙 고백에 어울리게 되거나 적당하게 되는 것을 말한다. 그들은 의복과 몸짓에, 모습과 말에, 그리고 그들의 모든 행동에 있어서 품위와 단정함을 지킴으로써 자신들의 신앙 고백에 어울리게 처신하고 또 그렇게 되어야 한다. 거룩함의 내적인 원리와 습관에서 비롯된 이러한 처신이 언제나 외적인 행동에 영향을 미치고 바르게 해준다. 여기서 다음의 사실들을 주목하라. 성경에 말이나 모양이나 옷매무새에 대해 세세하게 분명히 말하고 있지는 않을지라도 일반적인 규칙에 따라서 모든 것이 고린도전서 10장 31절의 말씀처럼 정리되어야 할 것이다. 그런즉 너희가 먹든지 마시든지 무엇을 하든지 다 하나님의 영광을 위하여 하라. 그리고 빌립보서 4장 8절에서도 이렇게 말씀하고 있다. 무엇에든지 참되며 무엇에든지 경건하며 무엇에든지 옳으며 무엇에든지 정결하며 무엇에든지 사랑 받을 만하며 무엇에든지 칭찬 받을 만하며 무슨 덕이 있든지 무슨 기림이 있든지 이것들을 생각하라. 그러므로 그것이 무엇이든지 간에 거룩함에 어울리느냐 어울리지 않느냐가 나타나는 행동의 척도와 규칙이 될 것이다.

모함하지 말며. 이웃을 중상하거나 험담해서 중상자가 되거나 불화를 심는 사람이 되어서는 안 된다. 이것은 심각하면서도 너무도 일반적인 잘못이다. 그것은 말하기를 좋아하는 것일 뿐만 아니라 사람들에 대해 험담하고 아주 친한 친구들을 이간시키기를 좋아하는 것이다. 중상하거나 모함하는 사람은 지옥에서 불타고 있는 혀를 가진 사람이다. 이러한 사람들은 아주 많이 아주 직접적으로 마귀의 일을 하는 사람들이다. 그렇기 때문에 그러한 사람들에게는 마귀의 이름을 붙여주는 것이 당연하다. 이것은 서로 간의 사랑과 공정함과 평등을 거스르는 죄이다. 그러한 죄는 악의와 미움과 시기심에서 나온다. 그 결과뿐 아니라 그와 같은 악한 원인들도 피해야 된다.

많은 술의 종이 되지 아니하며. 이 말은 술의 지배를 받는 중독성을 나타낸다. 이것은 어떤 모양으로든지 특별히 남녀의 성과 나이를 떠나 모양이 좋지 않고 악하다. 그런데 이러한 현상이 당시의 헬라 사회에서는 아주 흔한 일이었다. 이것은 얼마나 단정하지 못하고 수치스러운 일인가! 그리고 얼마나 몸과 마음의 순전함을 타락시키고 파괴하는 일인가! 술의 노예가 된다는 것은 나이든 여자들의 적극적인 의무인 선한 것을 가르치는 자들이 되는 것에 어울리지 않는 얼마나 나쁜 본보기와 성향인가! 고린도전서 14장 34절에 여자들은 교회에서 말하는 것이 허락함이 없다고 말한다. 그러므로 여자들은 공적인 선생이 되지를 못했다. 그러나 여자들이 본보기와 좋은 생활을 통해 가르칠 수 있고 가르쳐야 했다. 여기서 다음의 사실들을 주목하라. 행동과 처신이 거룩한 사람들은 그것을 통해 선한 것들을 가르치는 선생들이 된다. 이외에도 그들은 집에서나 개인적인 방법으로 교훈을 가르칠 수 있고 가르쳐야 한다. 잠언 31장 1절과 26절은 이렇게 말하고 있다. 르무엘 왕이 말씀한 바 곧 그의 어머니가 그를 훈계한 잠언이라. 이러한 여자는 칭찬을 받아야 한다. 입을 열어 지혜를 베풀며 그의 혀로 인애의 법을 말한다. 선한 것을 가르치는 선생들은 그릇된 것을 가르치는 선생들과 반대된다. 거짓 선생들은 사소하고 헛된 것을 가르치거나 아무런 선한 용도나 성향도 없거나 허탄한 신화나 미신적인 이야기들과 규례들을 가르친다. 이러한 거짓 선생들의 일과 반대로 나이든 여자들의 일은 선한 것들을 가르치는 선생들이 되어야 하고 그렇게 불려야 할 것이다.

3. 젊은 여자들을 위한 가르침도 있다(4,5절). 늙은 여자들은 젊은 여자들에게 그들의 나이에 맞는 신앙생활의 의무들을 가르치고 권면해야 한다. 젊은 여자들에게 그러한 것들을 가르치는 데는 늙은 여자들이 남자들보다 심지어 목

사들보다도 훨씬 접근하기가 쉬울 수 있다. 그러므로 늙은 여자들이 젊은 여자들과 특별히 젊은 부인들을 가르치는데 활용되어야 할 것이다. 왜냐하면 바울은 젊은 여자들의 남편들과 아이들에 대한 그들의 의무를 말하고 있기 때문이다. 나이를 더 먹은 여자가 젊은 여자에게 다음과 같은 것들을 가르쳐야 한다.

(1) 좋은 인격을 갖추도록 가르쳐야 한다. 신중하며 순전하며. 이것은 젊은 사람들이 빠지기 쉬운 허영과 무모함에 반대된다. 그들은 판단의 신중함과 그들의 감정과 행동에 순전함을 지녀야 한다. 신중함과 순전함은 함께 잘 어울린다. 많은 사람들이 단지 신중하지 못한 것만으로 유혹과 시험에 노출된다. 잠언 2장 11절에서 이렇게 말하고 있다. 근신(신중함)이 너를 지키며 명철이 너를 보호하리라. 순전함과 집을 지키는 것과 잘 어울린다. 야곱의 딸 디나는 그 땅의 딸들을 보러 나갔을 때 그녀의 순전함과 정절을 잃었다. 집을 감옥으로 생각하는 사람들은 가정이 두렵게 생각되고 그들의 순전함과 정절이 그들의 족쇄로 느껴질지도 모른다. 그런 사람들은 환락과 사교를 즐기기 위하여 밖으로 나갈 기회가 있으면 뛰쳐나갈 것이다. 그런 나다니기 좋아하는 성질을 가진 사람들은 가정 일을 소홀히 하거나 자신의 처지를 답답하게 여긴다. 그러한 성향은 악을 꾀하게 되고 다른 악들을 따라다니게 된다. 디모데전서 5장 13절과 14절에서 이렇게 말하고 있다. 또 그들은 게으름을 익혀 집집으로 돌아다니고 게으를 뿐 아니라 쓸데없는 말을 하여 일을 만들며 마땅히 아니 할 말을 하나니 그러므로 젊은이는 시집 가서 아이를 낳고 집을 다스리고 대적에게 비방할 기회를 조금도 주지 말기를 원하노라. 나이든 여자들의 일은 그러한 집을 바른 길로 인도하고 적이 비난할 빌미를 전혀 주지 말아야 할 것이다. 일반적인 의미로 선은 모든 악과 반대된다. 특별한 의미로 선은 자기의 처지에서 친절하고 도움이 되고 자선을 베푸는 것이다. 그런 여인은 선행과 구제하는 일이 심히 많은 도르가와 같은 사람이다. 이것을 좀 더 특별한 의미로 생각하는 사람도 있다. 즉 온유하고 쾌활하며, 모질거나 무뚝뚝하지 않고, 성내지 않고 초조해하지 않고, 다른 사람에게 부담을 주거나 수다스럽지 않고, 선한 성품과 즐거운 대화로 조언을 하고, 그녀의 조언과 수고로 다른 사람을 도와주는 여자라는 것이다. 그리하여 그녀의 집안을 세우고 평생 사는 날 동안 남편에게 선을 행하고 악을 행하지 말아야 할 것이다. 이와 같이 그들의 인격 속에 신중하며 순전하며 집안 일을 하며 선한 성품이 들어 있어야 할 것이다.

(2) 상호 관계 속에서의 그들의 능력들에 대한 권면. 그 남편을 사랑하며 자기 남편에게 복종하게 하라. 참된 사랑이 있는 곳에는 복종하기가 어려운 명령이란 없을 것이다. 하나님은 본래 그의 뜻으로 이 복종을 만드셨다. 바울은 디모데전서 2장 12절에서 이렇게 말하고 있다. 여자가 남자를 주관하는 것을 허락하지 아니하노라. 그리고 바울은 이어서 디모데전서 2장 13절과 14절에서 그 이유를 이렇게 말하고 있다. 이는 아담이 먼저 지음을 받고 하와가 그 후며 아담이 속은 것이 아니고 여자가 속아 죄에 빠졌음이라. 여자가 먼저 유혹에 빠지고 남편을 유혹하는 도구가 되었다. 여자가 돕는 배필로 지음을 받았지만 아주 심한 방해자가 되고 말았다. 그녀는 심지어 남편의 타락과 파멸의 도구가 되었다. 이것 때문에 복종의 계약이 확증되었고 더 굳어지게 되었다(창 3:16). 너는 남편을 원하고 남편은 너를 다스릴 것이니라. 전보다 조금 더 거북해졌을 것이다. 그러므로 여기에 두 가지 의미가 내포되어 있다. 처음에는 아무 죄가 없었다. 자연이 복종하게 되었을 때 아담이 먼저 지음받고 다음에 하와가 만들어졌다. 여자는 남자에게서 취함을 받았다. 그 다음에 타락하게 되자 여자가 먼저 범죄를 저지르고 남자를 유혹하였다. 여기서 쉽지 않고 편안하지 않은 복종이 시작되게 되었다. 여자의 경우에 그것은 벌을 받을 행위였다. 그러나 이것이 그리스도를 통하여 죄 씻음을 받고 성화의 상태가 되었다. 에베소서 5장 22절과 23절에서 이렇게 말하고 있다. 아내들이여 자기 남편에게 복종하기를 주께 하듯 하라 이는 남편이 아내의 머리됨이 그리스도께서 교회의 머리됨과 같으니 그가 바로 몸의 구주시니라. 이것은 그리스도의 형상을 닮은 남편들에게 그리스도의 권위가 있음을 인정하는 것이다. 이는 남편이 아내의 머리됨이 그리스도께서 교회의 머리됨과 같으니 그가 친히 몸의 구주시니라. 하나님이 교회를 다스리시는 그리스도의 권위를 닮으신 것이 아내에 대한 남편의 다스림 속에 나타난다. 그리스도는 교회의 머리가 되시어 교회를 보호하고 구원하시고, 교회에 모든 선한 것으로 공급해주시고, 그리고 악으로부터 교회를 안전하게 지켜주고 건져주신다. 남편도 아내에 대해 그와 같다. 남편은 아내를 상처들로부터 지켜주고, 그의 능력에 따라 아내를 편안하게 해주어야 한다. 그러므로 교회가 그리스도에게 복종하듯이 아내들이여 남편에게 복종하라 이는 주 안에서 마땅하니라(골 3:18). 이것은 그리스도의 법을 따라 행동하는 것이듯이 그리스도와 하나님의 영광을 위한 것이기도 하다. 그러므로 그것은 절대적이거나 무제한적인 것이 아니다. 또한 그것은 노예

적인 복종이 요구되는 것도 아니다. 그것은 무질서나 혼란을 방지하고 더 나아가서 관계의 모든 목적들을 증진시키기 위한 사랑의 복종이다. 이와 같이 남편들에 관련하여 아내들은 그들에 대한 사랑과 복종의 의무들을 가르침 받아야 될 것이다.

그 자녀를 사랑하며. 이것은 자연적인 애정뿐만 아니라 말씀으로 거룩하게 성화되고 조절된 마음에서 우러나오는 영적인 사랑으로 해야 됨을 의미한다. 악에 빠져 탐닉하게 내버려두고, 필요할 때 책망하고 바로잡아 주기를 소홀히 하는 분별 없는 맹신적인 우매한 사랑이 아니라 절도가 있는 그리스도인의 사랑으로 자녀를 돌보아야 할 것이다. 그러한 사랑을 경건한 가르침 속에서 나타내고, 자녀들의 생활과 태도를 바로잡아 주고, 그들의 몸과 마찬가지로 영혼도 돌보아주고, 그들의 세상적인 행복뿐 아니라 영적인 행복도 돌보아주고, 그리고 영혼을 우선적으로 생각하도록 사랑으로 키워야 할 것이다. 그렇게 해야 되는 이유가 덧붙여지고 있다. 이는 하나님의 말씀이 비방을 받지 않게 하려 함이라. 그러한 관계적인 의무들에 대한 실패들이 그리스도교를 심하게 비난받게 만들 것이다. 믿지 않는 사람들은 말할 것이다. 도대체 이 사람들이 새 종교를 믿는 신앙을 가졌다고 하는데 더 나은 게 무엇이냐? 하나님의 말씀과 그리스도의 복음은 순수하고 탁월하고 영광스럽고 찬양받을 만하다. 그러므로 말씀과 복음의 우수성이 신앙을 고백한 믿는 사람들의 생활과 행위에서와 특별히 가족 관계의 의무들에서 나타나야 할 것이다. 이러한 것들에서의 실패들은 수치를 당하게 될 것이다. 로마서 2장 24절에 이렇게 말씀하고 있다. 하나님의 이름이 너희 때문에 이방인 중에서 모독을 받는도다. 불신자들은 말할 것이다. "어떤 신인지를 판단하려면 그의 종들을 보고 판단해라. 하나님의 말씀과 가르침과 신앙이 어떤 것인지를 알려면 그의 제자들을 보라." 따라서 그리스도가 그의 친구들 집에서 상처를 받으시게 될 것이다. 이상이 젊은 여자들의 의무이다.

4. 젊은 남자들의 의무(6절). 젊은 남자들은 진지하고 뜨겁고 생각 없고 덤벙대는 성향이 있다. 그러므로 그들은 사려 깊고 무모하지 않도록 진지한 권면을 받아야 될 것이다. 그들은 제멋대로이고 고집불통이 아니라 충고를 받아들일 수 있고 순종적이 되도록 가르침을 받아야 된다. 그리고 그들은 거만하고 으스대는 것이 아니라 겸손하고 온유해지도록 가르침을 받아야 된다. 왜냐하면 젊은 사람들이 망하게 되는 것은 어떤 다른 죄보다도 바로 교만하기 때문이다.

젊은 사람들은 행동과 태도가 신중하고 견고해야 할 것이다. 그들은 젊음의 활기와 활력에 나이의 진지함이 더해져야 한다. 이러한 성향이 젊은 시절을 좋은 목적을 바라고 보낼 수 있게 해줄 것이고, 어려움이 닥치면 충분한 성찰을 통해 문제를 해결할 것이다. 그들의 신중함과 진지함이 많은 죄와 슬픔을 예방해 주고 많은 선을 행하고 누릴 수 있게 해주는 기초를 다지게 될 것이다. 그러한 성격은 죽을 때조차도 결국 애통해하지 않게 될 것이고 평화와 위로를 받게 될 것이고, 그리고 죽은 뒤에는 생명의 면류관을 얻게 될 것이다.

5. 다른 사람들에게 무엇을 가르쳐야 될지에 대하여 디도에게(디도 자신도 이 시기에는 젊었을 수도 있다) 하는 교훈들과 더불어 바울은 디도 자신을 위한 권면을 삽입하고 있다. 디도가 언행과 설교를 다 잘할 수 없다면 다른 사람들을 잘 가르칠 수 있을 것이라고 기대할 수 없었다.

(1) 디도의 언행을 위한 지시. 범사에 네 자신이 선한 일의 본을 보이며(7절). 이것이 없이는 한 손으로 세운 것을 다른 손으로 허무는 것이 될 것이다. 여기서 다음의 사실들을 주목하라. 선한 일들을 전하는 설교자들은 선한 일들의 모본도 되어야 할 것이다. 선한 가르침과 선한 생활은 병행되어야만 한다. 네가 다른 사람은 가르치면서 네 자신은 가르치지 못하느냐? 이러한 결점은 큰 흠이 되고 큰 장애물이 될 것이다. 범사에. 모든 일들 위에, 또는 모든 사람들 위에로 해석하는 사람도 있다. 다른 사람들을 개별적으로 그들의 의무를 가르치는 것이 필요하다. 그러나 무엇보다도 교사 자신들이 본이 되어야 할 필요가 있다. 빛과 영향력은 늘 병행하는 것 같다. 다른 사람들에게 있어야 될 이러한 덕들과 은혜들의 살아 있는 모습이 당신의 삶 속에서 나타나 그들이 볼 수 있게 하라. 모본이 가르칠 것들을 가르치고 영향을 미칠 수 있게 하라. 다른 사람들이 순수함과 신중함과 건전함과 모든 선한 생활을 당신에게서 발견하게 되면 그들을 아주 쉽게 얻을 수 있고 그들을 그 덕들로 이끌 수 있을 것이다. 그리고 그들이 당신처럼 경건하고 거룩해지고 온전하고 의로워질 수 있을 것이다. 목사는 양 떼에게 모본이 되어야 한다. 그러면 사람들이 그리스도의 사람들인 그들을 따를 것이다.

(2) 디도의 생활뿐만 아니라 그의 가르침과 교훈을 위한 지시. 범사에 네 자신이 선한 일의 본을 보이며 교훈에 부패하지 아니함과 단정함과 책망할 것이 없는 바른 말을 하게 하라(7-8절). 목사들은 그들의 설교의 목적이 그리스도와 그의 나

라를 위하여 순전히 하나님의 영광을 드높이고 신자들의 영혼의 복지와 행복을 향상시키기 위한 것임을 분명하게 밝혀야 한다. 이 목사의 직분을 세속적인 관점에서 시작해서도 안 되고 사용해서도 안 된다. 또한 야망이나 탐심에서 시작해서도 안 된다. 다만 성직을 세운 제도의 영적인 목적을 추구하는 순수한 목적에서 출발해야 할 것이다. 그러므로 설교를 할 때 재치나 인간적인 학식이나 수사학의 과시가 영향을 미쳐서는 안 될 것이다. 단지 책망할 것이 없는 바른 말을 사용해야 할 것이다. 할 수 있는 한 성서를 전하는 언어는 성서의 진리를 나타내는 것이어야 할 것이다. 우리는 목사의 이러한 의무들을 여러 번 성경에서 보아왔다. 디모데전서 4장 16절에서 이렇게 말하고 있다. 네가 네 자신과 가르침을 살펴라. 같은 장 12절에서 이렇게 말하고 있다. 누구든지 네 연소함을 업신여기지 못하게 하고 오직 말과 행실과 사랑과 믿음과 정절에 있어서 믿는 자에게 본이 되게 하라. 그리스도인으로서 네 말을 신중하고 진지하게 하라. 그리고 덕을 세우는데 본이 되도록 하라. 그리고 설교를 할 때 하나님의 말씀에 일치하고 그 위에 기초한 하나님의 순수한 말씀을 전하도록 하라. 이와 같이 말씀에서 본을 보여주어야 한다. 그리고 언행에 있어서는 교훈에 합당한 생활이 드러나야 한다. 이렇게 할 때 네가 네 자신을 구원하고 네 말을 듣는 사람들을 구원하리라. 디모데후서 3장 10절에서 이렇게 말씀하고 있다. 나의 교훈과 행실과 의향과 믿음과 오래 참음과 사랑과 인내를 네가 과연 보고 알았다. 이러한 덕들에 얼마나 부합하는 말씀인가! 다른 사람들에게도 그것은 마찬가지여야 한다. 그들의 가르침은 말씀에 일치해야 한다. 그리고 그들의 삶은 그들의 가르침과 일치해야 한다. 이러한 사역자가 진실하고 좋은 목사이다. 데살로니가전서 2장 9절과 10절에 이렇게 말씀하고 있다. 밤낮으로 일하면서 너희에게 하나님의 복음을 전하였노라 우리가 너희 믿는자들을 향하여 어떻게 거룩하고 옳고 흠 없이 행하였는지에 대하여 너희가 증인이요 하나님도 그러하시도다. 이것을 바라보아야 한다. 그 이유를 다음의 말씀에서 보여준다.

(3) 목사의 생활이 엄격해야 하고 설교를 신중하고 바르게 전해야 하는 이유. 이는 대적하는 자로 하여금 부끄러워 우리를 악하다 할 것이 없게 하려 함이라. 대적자들은 헐뜯을 기회를 노릴 것이다. 그리고 그들이 교훈이나 생활에서 빗나간 어떤 것을 발견하면 비난을 할 것이다. 그러나 바르고 선하다면 목사들은 그러한 비난과 중상을 무시할 수 있을 것이다. 목사들이 정당하게 말한 것에 악한

2장 1절 - 10절 **179**

것을 가지고 있지 않다면 그들의 적들이 수치를 당하게 될 것이다. 여기서 다음의 사실들을 주목하라. 신실한 목사들은 그들을 좌절시키기 위해 호시탐탐 노리고 있는 적들을 만나게 될 것이다. 적들은 목사들의 가르침이나 행동에 흠을 잡기 위해 혈안이 되어 있다. 그러므로 그들이 찾으면 찾을수록 목사들을 반대할 정당한 빌미를 결코 찾지 못할 것이다. 반대와 중상은 피할 수 없을 것이다. 타락하고 그릇된 정신을 가진 사람들은 진리를 거스를 것이다. 그리고 그들은 진리에 속한 목사들과 신앙 고백자들을 종종 비난할 것이다. 그러나 적들에게 목사들이 선행으로 어리석은 사람들의 무지를 잠잠하게 만드는 것을 보여주도록 하자. 즉 적들이 그들을 악행자로 비방을 할 때 그리스도 안에 있는 그들의 선한 행실을 욕하는 자들로 그 비방하는 일에 부끄러움을 당하게 하자. 다시 말해서 책망할 것이 없는 바른 말을 하게 하라 이는 대적하는 자로 하여금 부끄러워 우리를 악하다 할 것이 없게 하려 함이라. 이것이 디도 자신에 대한 지시이다. 또한 이것은 남녀노소를 망라한 모든 자유인들의 의무이기도 하다.

6. 종들에 관한 지시(9-10절). 종들은 자신들의 비천하고 낮은 신분이 그들을 하나님 관심 밖에 있게 하거나 하나님의 법을 지키지 아니 해도 된다고 생각해서는 안 된다. 다시 말해서 그들은 사람들의 종이기 때문에 하나님을 섬기는 것을 면제받았다고 생각해서는 안 된다. 그렇지 않다. 종들은 그들의 땅에서의 주인들에 대한 의무를 알고 행해야 하지만 동시에 그들의 하늘의 주인도 바라보아야 한다. 그래서 디도는 땅의 주인들에게 그들의 의무들에 대해 가르치고 경고해야 할 뿐만 아니라 종들에게도 그들의 의무들에 대해 가르치고 경고해야 한다. 그는 그것을 공적인 설교와 개인적인 권면들을 통해 했다. 종들은 그들의 주인들과 마찬가지로 하나님의 규례들을 교훈과 위로를 받기 위하여 지켜야 한다. 디도에게 한 이 지시 속에 그 의무들이 들어있다. 디도는 종들에게 그 의무들을 권면해야 하고 그들을 격려하기 위하여 깊은 관심을 기울여야 한다.

(1) 그 의무들은 다음과 같다.

[1] 종들은 자기 상전들에게 범사에 순종하여(9절). 이것은 주요한 의무이다. 범사에 순종하는 것이 종들의 특성이다. 로마서 6장 16절에 이렇게 말씀하고 있다. 너희 자신을 종으로 내주어 누구에게 순종하든지 그 순종함을 받는 자의 종이 되는 줄을 너희가 알지 못하느냐. 마음과 생각 속에는 내적인 복종과 공손한 존경

과 경외가 있어야 한다. "내가 주인이라면 두려워할 것이 어디 있으랴? 그리고 내가 네게 명한 일을 할 때 내게 충성된 사랑을 보여주었고 그 사랑을 외적인 적절한 의미와 표현으로 나타내었다." 이러한 태도가 종들에게 있어야 할 것이다. 종들의 의지는 주인들의 의지에 순종해야 한다. 그리고 종들의 시간과 수고는 주인의 처분과 명령에 따라야 한다. 베드로전서 2장 18절에 이렇게 말씀하고 있다. 사환들아 범사에 두려워함으로 주인들에게 순종하되 선하고 관용하는 자들에게만 아니라 또한 까다로운 자들에게도 그리하라. 그 의무는 하나님의 뜻과 하나님의 섭리로 맺어진 관계에서 비롯된다. 그 의무는 사람의 성질에서 비롯되는 것이 아니다. 만일 하나님이 주인이시라면 종의 의무들을 그에게 바쳐야 될 것이다. 그러므로 종들은 그들 자신의 주인들에게 순종해야 된다고 권면을 받아야 될 것이다.

[2] 종들은 자기 상전들에게 범사에 기쁘게 하고. 이것은 모든 합법적인 일들에서, 명령받은 그들의 일에서, 또는 최소한 그들의 위대하시고 초월하신 주 하나님의 뜻에 거스르지 않는 일들에서 자신의 주인들을 기쁘게 해야 한다는 것을 의미한다. 우리는 이것을 어떤 제한이 없이 주인들에게 절대적으로 복종하거나 기쁘게 해야 되는 것으로 이해해서는 안 될 것이다. 다만 어떤 경우에도 침해할 수 없는 하나님의 권리는 언제나 유보해두어야 한다. 만일 하나님의 명령과 지상의 주인의 명령이 배치된다면 우리는 사람보다는 오히려 하나님께 순종해야 됨을 배워야 될 것이다. 그러나 종들은 의견의 불일치가 있을 경우에 하나님을 의지해야 한다. 그렇지 않으면 그들은 하나님께 용서받을 수 없게 될 것이다. 종들의 순종하는 척도가 하나님의 뜻이 되어야 할 뿐 아니라 그 이유도 되어야 할 것이다. 모든 것이 하나님의 권위에 의거하여 하나님을 경외하고 무엇보다 하나님을 기쁘시게 해드리기 위하여 행해져야 한다. 그리스도의 뜻에 따라 지상의 주인을 섬기는 것을 통하여 그리스도가 섬김을 받게 될 것이다. 종들아 모든 일에 육신의 상전들에게 순종하되 사람을 기쁘게 하는 자와 같이 눈가림만 하지 말고 오직 주를 두려워하여 성실한 마음으로 하라 무슨 일을 하든지 마음을 다하여 주께 하듯 하고 사람에게 하듯 하지 말라 이는 기업의 상을 주게 받을 줄 아나니 너희는 주 그리스도를 섬기느니라(골 3:22-24). 따라서 보상도 주님이 해주실 것이다. 그런데 어떻게 종들이 모든 일에서 그들의 주인을 기쁘게 할 수 있으며 또 결국 사람을 기쁘게 하는 자가 되지 아니겠는가? 그 대답은 이렇다.

사람을 기쁘게 하는 자들은, 비난받을 의미로 그들이 하는 무슨 일에서나 하나님은 제쳐두고 하나님을 사람 밑에 종속시키고 사람만을 주로 바라보면서 일을 하는 그런 사람을 말한다. 사람의 의지가 하나님의 뜻을 거슬러 실행되거나 또는 인간의 기쁨이 하나님의 기쁨보다 더 존중될 때가 바로 인간을 기쁘게 하는 사람의 일이 되는 것이다. 다시 말해서 하나님의 것보다 인간의 것에 더 관심을 기울이고 더 충족시키려고 할 때 그것은 하나님을 기쁘시게 해드리기보다는 사람을 기쁘게 하는 것이 될 것이다. 사람을 기쁘게 하는 이것은 죄이다. 그러므로 모든 사람이 그것을 주의해야 될 것이다. 에베소서 6장 5절에서 7절은 이렇게 말씀하고 있다. 종들아 두려워하고 떨며 성실한 마음으로 육체의 상전에게 순종하기를 그리스도께 하듯 하라 눈가림만 하여 사람을 기쁘게 하는 자처럼 하지 말고 그리스도의 종들처럼 마음으로 하나님의 뜻을 행하고 기쁜 마음으로 섬기기를 주께 하듯 하고 사람들에게 하듯 하지 말라. 매인 종이든 자유인이든 모든 사람은 주로 사람들이 아니라 그리스도에게 하듯 모든 일을 해야 한다. 그리스도는 의무를 요구하시고 어떤 선한 일에도 상을 주신다. 그러므로 그리스도인의 자유는 시민의 노역과 복종에 잘 어울린다. 사람들이 사람을 섬길 수는 있지만 그리스도의 종들이 되어야 한다. 사람을 섬기는 것이 그리스도의 뜻을 따르고 그리스도를 위한 것이라면 이들이 서로 모순되지 않고 종속적인 것이 된다. 그리스도는 시민의 질서와 차이들을 파괴하러 오신 것이 아니었다. 고린도전서 7장 21절에서 이렇게 말씀하고 있다. 네가 종으로 있을 때에 부르심을 받았으나 염려하지 말라. 이 말은 네가 종이라는 사실을 괴로워하지 말라는 것이다. 마치 그것이 그리스도인에게 합당하지 않은 조건처럼 생각하거나 또는 종의 신분으로는 사람이 하나님을 덜 기쁘시게 하기라도 하는 것처럼 생각하지 말라는 것이다. 왜냐하면 주 안에서 부르심을 입은 자는 종일지라도 주의 자유인이기 때문이다. 그러나 그는 그 섬김으로부터 자유로운 것이 아니라 그 섬김 안에서 자유롭다. 그것은 시민적인 의미의 자유가 아니라 영적으로 자유롭다는 것이다. 마찬가지로 부르심을 입은 사람은 자유하지만 그리스도의 종이다. 그가 어느 누구에게도 시민적인 예속이 되어 있지 않을지라도 그리스도에게 매여 있다. 그러므로 매인 자이든 자유로운 자이든 모두가 그리스도 안에서 하나이다. 따라서 종들은 그들의 처지를 후회하거나 괴로워해서는 안 된다. 오히려 그들은 범사에 그들의 주인들을 기쁘게 하려고 애쓰면서 하나님이 그들에게 예비해주신 상황 안에서 신실하고 즐겁게 지내야 할 것이다. 다윗을 푸대접한 나발과 같은 인색한 주인 밑에서 일하는 것이 아무리 힘들지라도 할 수 있는 대로 최대한 주인을 기쁘게 하려고 노력해야 할 것이다.

[3] 거슬러 말하지 말며. 이 말은 주인에게 말대꾸하지 말고 또 주인과 옥신각신 따지지 말라는 것이다. 다시 말해서 종은 주인에게 무례하게 굴어서도 안 되고 말다툼을 해서도 안 된다. 욥은 자기 종들이 불러도 대답하지 않는다고 불평했다. 그것은 또 다른 식의 잘못이다. 대답이 없는 침묵은 멸시라는 말이 있다. 그러나 본문에서 말하는 것은 존경의 표시로 그렇게 하라는 것이다. 주인의 타이름이나 꾸지람에 겸손한 침묵으로 대하는 것은 오히려 주인에 대한 존경을 나타내는 태도이다. 이러한 겸손한 침묵은 주인에게 거만한 태도를 보이지 않고 무례한 대답을 하지 않는 것이다. 잘못을 깨달았을 때 그것을 변명하거나 구구한 설명을 늘어놓는 것은 그 잘못을 배가시킬 뿐이다. 지금 여기서 말대꾸하지 않는 것이 때와 상황이 허락할 때 온순하게 해명하는 일까지 배제하는 것은 아니다. 선하고 지혜로운 주인들은 언제든지 듣고 바르게 하고자 하는 준비가 되어 있다. 그러나 얼토당토않게 대답하거나 마땅하지 않은 태도로 말대꾸하거나 상황이 허락하지 않는데 자신만만한 건방진 태도로 변명을 늘어놓는 것은 그러한 신분 관계에 필요한 겸손함이나 온유함이 결여된 태도를 보이는 것이다.

[4] 훔치지 말고 오히려 모든 참된 신실성을 나타내게 하라. 이 태도는 선한 종들의 또 다른 중요한 요소이다. 이것은 주인의 것을 자신의 용도로 결코 전용하지 않고 또한 맡은 물건들을 낭비하지 않는 정직한 태도를 말한다. 다시 말해 주인의 것을 훔치지 않는 것이다. 종들은 바르고 진실해야 하고 마땅히 힘을 다해 주인을 위하여 일해야 한다. 잠언 28장 24절은 이렇게 말씀하고 있다. 부모의 물건을 도둑질하고서도 죄가 아니라 하는 자는 멸망 받게 하는 자의 동류니라. 이런 종은 멸망 받게 하는 자와 언제라도 함께 할 것이다. 이와 같이 부모나 주인의 것에서 정당한 것 이상으로 취하는 것을 대수롭지 않게 생각하게 되면, 양심이 점점 더 굳어지게 될 것이다. 어떤 경우이든 그런 짓은 악하고, 더 심해지는 성향을 지니고 있다. 그러므로 종들에게 충분한 양식을 주지 않는 인색하고 엄격한 주인 밑에서 그렇게 될 수 있을 것이다. 그럼에도 불구하고 종들은 주인의 것을 자기의 것인 양 떼어내 전용해 쓰거나 도둑질해서는 안 될 것이

다. 종들은 자기에게 주어지는 급료에 만족해야 한다. 하나님께 맡기고 하나님을 위하여 바르게 살아야 한다. 나는 지금 극단적인 경우를 말하고 있는 것이 아니다. 살기 위해서는 종들도 생활의 필수품들을 소유할 권리를 가지고 있기 때문이다. 훔치지 말고 오히려 모든 참된 신실성을 나타내게 하라는 것은 종은 도둑질하거나 낭비하지 말아야 될 뿐만 아니라 최대한 아껴서 자기 주인의 재산과 소유를 늘려주어야 한다는 것을 의미한다. 주인의 달란트를 늘리지 않은 종은 불성실하다고 책망을 받게 된다. 주인의 것을 맡은 종은 그 위탁물들을 잘 돌보아야 하고 힘을 다해서 손실을 막아야 한다. 이것이 축복을 받는 비결이다. 이러한 태도는 완전한 파멸에 이르게 하는 것을 막아준다. 누가복음 16장 12절은 이렇게 말씀하고 있다. 너희가 만일 남의 것에 충성하지 아니하면 누가 참된 것으로 너희에게 맡기겠느냐. 이와 같이 종들의 의무들을 바울이 권면하고 있다.

(2) 여기서는 디도가 교인들을 강하게 권해야 될 사항에 대해 고찰하고 있다. 이는 범사에 우리 구주 하나님의 교훈을 빛나게 하려 함이라. 다시 말해서 그들이 복음과 그리스도의 거룩한 신앙에 대해 믿음이 없는 사람들이 잘 말하도록 권면하기 위한 것이다. 그 권면은 그들의 온유하고, 겸손하고, 순종적이고, 신실한 행위를 통해서 이루어지게 된다. 종들은 자신들이 비천하고 낮은 처지에 있기에 그리스도교에 명성을 가져오거나, 그리스도의 교훈을 빛나게 하거나 그리스도의 진리와 길의 우수함을 드러내는 일을 별로 할 수 없다고 생각할 수도 있다. 그러나 그들이 자신의 의무를 성실히 수행하면 그것이 하나님의 영광과 그리스도교의 명예를 높이게 될 것이다. 믿음이 없는 주인들은 그들의 그리스도인 종들이 하는 일들이 그들의 다른 종들보다 더 낫다는 사실을 알게 되면 여기저기에서 그리스도교에 대해 경멸적으로 나쁘게 말하는 것을 더 좋게 생각할 것이다. 즉 그리스도인 종들이 다른 종들에 비해 더 순종적이고, 더 바르고, 더 충성스럽고, 더 부지런하다는 사실을 믿지 않는 주인들이 알게 되면 그리스도교에 대해 호의적인 생각을 가지게 될 것이다. 참된 종교는 그것을 믿는 신자들에게 명예가 된다. 그리고 그 주인들은 종들이 그 종교에 욕이 되지 않게 하는 것이 아니라 오히려 그들이 하는 모든 일에서 그 종교가 빛나는 것을 보게 될 것이다. 우리 그리스도인의 빛은 우리의 선행들을 보고 사람들이 하늘에 계신 우리 아버지 하나님을 영화롭게 하기 위하여 사람들 가운데에서 빛나야 할 것이다. 이와 같이 사도 바울은 몇 종류의 사람들에 관련하여 디도가 수

행해야 할 일에 대한 지시들을 하고 있다.

[11]모든 사람에게 구원을 주시는 하나님의 은혜가 나타나 [12]우리를 양육하시되 경건하지 않은 것과 이 세상 정욕을 다 버리고 신중함과 의로움과 경건함으로 이 세상에 살고 [13]복스러운 소망과 우리의 크신 하나님 구주 예수 그리스도의 영광이 나타나심을 기다리게 하셨으니 [14]그가 우리를 대신하여 자신을 주심은 모든 불법에서 우리를 속량하시고 우리를 깨끗하게 하사 선한 일을 열심히 하는 자기 백성이 되게 하려 하심이라

여기서 우리는 앞의 모든 지시들에 대한 근거들과 고려할 사항들을 발견하게 된다. 그것들은 복음의 속성과 계획과 그리스도의 죽으심의 목적들에서 나온 것들이다.

I. 복음의 본질과 계획. 남자들과 여자들과 노인들과 젊은이들과 주인들과 종들과 디도 자신도 포함한 모든 종류의 사람들이 각기 자신의 의무들을 수행해야 한다. 왜냐하면 이것이 그리스도교의 참된 목적과 일이기 때문이다. 이 일은 사람들을 모든 지시들과 관계들을 통해 바른 태도와 행실을 가질 수 있도록 교훈하고 도와주고 만들어주기 위한 것이다. 이것을 위해 여기서 다음의 사실들을 주목하라.

1. 하나님의 은혜의 경륜 아래 살아야 한다. 그래서 복음이라고 한다(엡 3:2). 복음은 은혜의 원천이다. 은혜는 피조물의 어떤 공로와 가치를 따지지 않고 하나님의 거저 주시는 자유로운 호의와 좋은 뜻이다. 다시 말해서 복음은 이 하나님의 좋은 뜻을 어떤 뛰어나고 상징적인 방식으로 나타내고 선포하는 것이다. 그리고 복음은 신자들의 마음속에 은혜를 전달하고 역사하는 수단이 된다. 그러므로 은혜는 선을 위해 의무를 지우고 강요한다. 로마서 6장 14절에서 사도 바울은 이렇게 말하고 있다. 죄가 너희를 주장하지 못하리니 이는 너희가 법 아래에 있지 아니하고 은혜 아래에 있음이라. 그리스도의 사랑이 자신을 위하여 살지 않고 오직 다시 살아나신 그리스도를 위하여 살라고 강권한다(고후 5:14,15). 이러한 결과를 낳지 않으면 은혜를 헛되이 받은 것이다.

2. 이 복음의 은혜는 구원을 전달한다. 복음은 죄인들에게 구원을 계시하고 제공하고 신자들에게는 구원을 확보해준다. 이 구원은 죄와 진노와 죽음과 지

옥으로부터의 구원이다. 그래서 그것을 생명의 말씀이라고 부른다. 복음은 믿음을 주고 현세에서의 생명과 거룩한 삶을 주고 내세에서의 행복한 삶을 준다. 율법은 죽음의 사역이지만 복음은 생명과 평화의 사역이다. 그러므로 복음을 구원으로 받아야 된다. 그래서 복음의 목적인 영혼의 구원을 받을 수 있게 될 것이다. 그리고 이 구원을 주는 하나님의 은혜를 소홀히 여기는 사람들은 더욱 용서를 받을 수 없게 될 것이다. 그 이유는 다음과 같다.

3. 복음은 이전의 그 어느 때보다도 더 분명하고 찬란하게 나타나고 빛을 발하고 있다. 옛날 경륜은 비교적 어둡고 그늘졌었다. 그러나 이 복음은 분명하고 빛나는 빛이다. 그리고 그 빛이 갈수록 더 빛나고 그 범위가 더 퍼지고 더 넓어지고 있다.

4. 복음은 모든 사람들에게 나타났다. 복음은 유대인들뿐만 아니라 모든 다른 민족들에게도 나타났다. 하나님의 영광이 시내 산에서 특별한 민족인 유대인에게 나타났을 때 그 영광이 다른 민족에게는 보이지 않았다. 그러나 복음의 은혜는 모두에게 공개되고 모든 사람들이 복음의 유익을 받고 누리는 참여자가 되도록 오게 하고 초청이 되고 있다. 복음은 유대인들에게도 나타났고 이방인들에게도 나타났다. 복음의 전파는 자유롭고 일반적이다. 다시 말해서 모든 민족을 제자로 삼아라. 모든 족속에게 복음을 전해라. 울타리가 무너졌다. 지금은 이전처럼 그러한 경계와 장벽이 없어졌다. 로마서 16장 25절과 26절에서 이렇게 말씀하고 있다. 나의 복음과 예수 그리스도를 전파함은 영세 전부터 감추어졌다가 이제는 나타내신 바 되었으며 영원하신 하나님의 명을 따라 선지자들의 글로 말미암아 모든 민족이 믿어 순종하게 하시려고 알게 하신 바 그 신비의 계시를 따라 된 것이니. 복음에 의한 은혜와 구원의 교훈은 모든 지위와 신분의 사람들을 위한 것이다. 노예들과 종들과 주인들을 위한 것이다. 그러므로 모든 사람이 복음을 받아들이고 믿도록 격려하고 힘써야 할 것이다. 그리고 모든 사람들이 복음에 맞도록 살고 모든 일들에서 복음이 빛나도록 해야 할 것이다.

5. 이 복음 계시는 선생들이 학생들을 가르치듯이 정보와 가르침의 방식으로 가르쳐야 할 뿐만 아니라 왕이 그의 신민들에게 법을 내리듯이 계명과 명령의 방법으로 명령해야 할 것이다. 복음은 피해야 될 것과 따라야 될 것, 하지 말아야 될 것과 해야 될 것을 지시한다. 복음은 주로 사색만을 위한 것이 아니라 생활의 실천과 바른 질서 세우기를 위한 것이다. 왜냐하면 복음이 우리에게 다음

의 것들을 가르치기 때문이다.

(1) 죄를 버리라고 가르친다. 경건하지 않은 것과 이 세상 정욕을 다 버리고. 이런 것들을 다 버리고 더 이상 관계를 갖지 말라는 것이다. 옛 행실을 벗어버리고 썩을 옛사람을 버려라. 다시 말해서 본문에서 경건하지 않은 것과 이 세상 정욕이라고 하는 죄로 가득한 몸을 버리고 새롭게 태어나라는 것이다. 불경건과 반(反)종교, 모든 불신, 게으름, 신을 존중하지 않는 것, 무정한 것, 사랑하지 않는 것, 하나님을 두려워하지 않는 것, 그리스도를 믿지 않는 것, 우리가 마땅히 해야 될 그리스도를 경배하지 않는 것, 그리스도의 규례들을 태만히 하는 것, 그리스도의 이름이나 주일을 무시하는 것을 버려라. 경건하지 않은 것을 버려라, 이 세상 정욕을 버려라. 이 세상 정욕은 세상 사람들에게 만연한 모든 타락하고 악한 욕망들과 감정들을 말한다. 그리고 그것은 세상적인 것들을 사랑하고 즐기는 것을 의미한다. 즉 육체와 눈이 바라는 정욕들과 생활의 교만, 모든 관능과 더러움, 탐욕과 야망, 그리고 하나님보다 사람들의 칭찬을 더 찾고 귀하게 여기는 것을 부인하고 버려라. 이것들을 다 버려라. 세상의 감각적인 언행은 하늘나라의 부르심에 어울리지 않는다. 그리스도께 속한 사람들은 정욕과 탐욕을 육신과 함께 십자가에 못 박았다. 그리스도인들은 복음의 약속을 믿음으로 그 일을 수행하였다. 그들은 실제로 그것을 주도적으로 실행해왔다. 그들은 그 일을 계속하고 있고 육체와 정신의 모든 불결함에서 자신을 더욱더 깨끗하게 하고 있다. 이와 같이 복음은 악한 행위를 버리라고 가르치는 것이 아니라 먼저 죄를 버리라고 가르친다.

(2) 선한 양심에 따라 살라고 가르친다. 신중함과 의로움과 경건함으로 이 세상을 살라고 가르친다. 신앙생활은 부정적인 것들로만 이루어진 것은 아니다. 악을 피하기도 해야 하지만 선도 행해야 한다. 이러한 것들이 혼합된 속에서 진지함이 입증되고 복음이 빛을 발하게 된다. 우리는 우리 자신에 대해 신중하게 살아야 된다. 그리고 우리는 우리의 식욕과 욕망들을 적절히 다스리며 살아야 하고, 모든 부적절한 지나침을 피하면서 중용과 절제의 한계를 지키면서 살아야 한다. 그리고 우리는 모든 사람들에게 의롭게 대하고, 모든 사람들을 정당하게 대우하고, 아무에게나 상처를 주지 않고 살아야 한다. 그리고 우리는 우리의 능력과 그들의 필요에 따라 다른 사람들에게 선을 행하며 살아야 한다. 이것이 정의와 의의 한 부분인 것 같다. 왜냐하면 우리는 우리 자신만을 위하여 태어

2장 11절 - 14절 187

난 것이 아니기 때문이다. 그러므로 우리 자신만을 위하여 살아서는 안 될 것이다. 우리는 서로 지체들이다. 우리는 다른 사람의 유익을 구해야 한다(고전 10:24; 12:25). 특별히 모든 사람의 이익이 포함되어 있는 공적인 일은 모든 사람을 고려하고 배려해야만 한다. 이기심은 일종의 불의이다. 그것은 다른 사람의 정당한 몫을 우리의 몫으로 빼앗는다. 정당하고 의로운 행위는 얼마나 사랑스러운 행위인가! 그러한 행위는 모든 사람의 이익을 구한다. 그것은 특별한 개인적인 이익도 증진시킬 뿐만 아니라 일반적이고 공적인 이익도 구한다. 그러므로 그러한 행위는 세상의 평화와 행복에 기여한다. 그러므로 온전하고 신중할 뿐만 아니라 의롭게 살도록 하라. 그리고 하나님을 예배하고 섬기는 의무를 감당하며 경건하게 살도록 하라. 진실로 하나님을 공경하는 것이 만사를 잘되게 해줄 것이다. 그런즉 너희가 먹든지 마시든지 무엇을 하든지 다 하나님의 영광을 위하여 하라(고전 10:31). 개인적이고 상호적인 의무들은 하나님의 명령들에 복종하는 가운데 행해져야 할 것이다. 그 의무들은 하나님을 기쁘시게 해드리고 영화롭게 하기 위한 것이어야 한다. 이것은 하나님에 대한 거룩한 사랑과 경외의 원리들에서 나온다. 그러나 우리가 하나님께 돌려 드려야 되는 즉각적이고 직접적인 의무도 있다. 그것은 하나님의 존재와 완전하심에 대한 믿음과 인정, 하나님에 대한 내적이고 외적인 예배와 숭배, 하나님에 대한 사랑과 두려움과 믿음 등이다. 우리는 하나님을 의지하고 그에게 헌신하고 하나님이 정하신 모든 신앙적인 의무들과 규례들을 지켜야 한다. 우리는 하나님께 기도드리고, 하나님을 찬양하고, 그리고 하나님의 말씀과 행하신 일들을 묵상해야 한다. 바로 이것이 하나님이 그리스도 안에서 나타내신 것처럼 우리의 모습 그대로 하나님을 바라보고 나아가는 경건이다. 복음도 그렇게 지시하고 요구한다. 하나님께 어떤 다른 길로 가는 것은 마땅하지 않다. 다시 말해서 하나님께 천사나 성인들을 통하여 간다면 그것은 아무 소용이 없는 일이다. 그러한 방법은 복음의 규례와 보증에 배치되는 것이다. 하나님께서 우리에게 전달되는 모든 대화들은 성자 그리스도를 통한 것이다. 그리고 우리의 회답도 그리스도를 통해 이루어져야 한다. 우리는 우리의 소망과 예배의 대상으로 하나님을 그리스도 안에서 바라보아야 한다. 이와 같이 우리는 경건을 연습해야 한다. 경건이 없이는 경건에 일치하는 복음을 빛나게 할 수가 없다. 복음은 그러한 행위를 가르치고 요구한다. 복음의 언행은 경건한 언행이어야 할 필요가 있다. 그것은 하나님에 대한 우리의 사랑과 두려움과 경배, 하나님 안에서의 우리의 소망과 믿음과 확신을 표현하는 경건한 언행이다. 그것은 하나님의 아들 예수 그리스도 안에서 나타나는 것과 같은 것이다. 하나님의 성령으로 봉사하며 그리스도 예수로 자랑하고 육체를 신뢰하지 아니하는 우리가 곧 할례파라(빌 3:3). 우리의 의무를 이루는 범위가 얼마나 작은지 보라. 그것은 몇 마디 말로 요약이 된다. 다시 말해 그것은 경건하지 않은 것과 이 세상 정욕을 다 버리고 신중함과 의로움과 경건함으로 이 세상에 살고라는 말로 압축되고 있다. 복음은 우리에게 잘 믿고 소망하는 방법을 가르쳐줄 뿐만 아니라 잘 사는 법도 가르쳐준다. 그것은 현세에서의 믿음과 소망에 어울리는 것이고, 더 잘 살게 되는 내세를 기대하는 사람들에게 어울리는 삶이다. 지금 있는 현세가 있고 장차 올 내세가 있다. 현세는 우리가 시련을 겪는 때와 장소이다. 복음은 우리에게 우리의 마지막 나라 현세에서 잘 살라고 가르치는 것이 아니라 우리의 눈을 주로 미래에 두라고 가르친다. 왜냐하면 복음은 우리에게 모든 것을 가르치기 때문이다.

(3) 또 다른 세계의 영광을 바라며 현세에서의 온전하고 의롭고 경건한 삶은 예비적인 것이다. 복스러운 소망과 우리의 크신 하나님 구주 예수 그리스도의 영광이 나타나심을 기다리게 하셨으니. 소망이 환유적인 의미로 사용되고 있다. 소망은 바라는 것을 나타낸다. 다시 말해서 소망은 하늘나라와 그 나라의 지복들로 환유될 수 있다. 여기서는 소망이 강조적으로 사용되고 있다. 왜냐하면 우리가 바라보고 소망하고 기다리는 것이 큰 것이기 때문이다. 복스러운 소망은 우리가 그것을 획득하게 될 때 우리가 영원히 완전하게 행복하게 될 것을 나타낸다. 우리의 크신 하나님 구주 예수 그리스도의 영광이 나타나심을 기다리게 하셨으니. 이것은 우리의 소망이 이루어지는 때와 그것의 확실성과 큼을 나타낸다. 그것은 그리스도의 두 번째 나타나심에서 이루어질 것이다. 그 때 그리스도는 아버지와 거룩한 천사들의 영광 가운데 오실 것이다(눅 9:26). 그 자신의 영광은 그리스도가 세상이 있기 전에 가지셨던 것이다. 그리고 그의 아버지의 것은 그의 인격의 분명한 형상이다. 신과 인간으로서 그리스도는 대리 통치자와 재판장이셨다. 그리고 거룩한 천사들은 그의 사역자들과 영광스러운 시종들이었다. 그리스도의 초림은 비천함 가운데 이루어졌다. 그것은 공의를 만족시키고 행복을 얻기 위한 것이었다. 그리스도의 재림은 위엄 가운데 이루어질 것이다. 그것은 위엄 속에서 하나님의 백성에게 상을 수여하고 임명을 하기 위한 것이다.

히브리서 9장 28절은 이렇게 말하고 있다. 이와 같이 그리스도도 많은 사람의 피를 담당하시려고 단번에 드리신 바 되셨고 구원에 이르게 하기 위하여 죄와 상관없이 자기를 바라는 자들에게 두 번째 나타나시리라.

크신 하나님 구주 예수 그리스도. 이것은 주어가 둘이 아니라 하나이다. 고린도 전서 15장 24절은 이렇게 말한다. 그 후에는 마지막이니 그가 모든 통치와 모든 권세와 능력을 멸하시고 나라를 아버지 하나님께 바칠 때라. 그리스도는 그 때 마치 왕들을 신이라고 부르듯이 비유적이 아니라 실제로 크신 하나님이시다. 그리스도는 절대적으로 참된 하나님(요일 5:20), 전능하신 하나님(사 9:6)이시다. 그는 근본 하나님의 본체시나 하나님과 동등됨을 취할 것으로 여기지 아니하신다(빌 2: 6). 그의 두 번째 오심에서 그는 그의 종들에게 상을 주실 것이고, 그들에게 그와 함께 영광을 받게 해주실 것이다. 여기서 다음의 사실들을 주목하라.

[1] 내세에서 모든 참된 그리스도인들을 위한 일반적이고 복된 소망이 있다. 만일 그리스도 안에서 우리가 바라는 것이 다만 이 세상의 삶뿐이면 모든 사람 가운데 우리가 더욱 불쌍한 자이리라(고전 15:19). 소망으로 의미하는 것은 무엇을 바라는 것이다. 다시 말해 우리의 소망이신 그리스도를 바라는 것이고(딤전 1:1), 그 안에서 그를 통하여 우리에게 넘치게 하시는(엡 1:18) 복을 바라는 것이다. 그러기에 여기서 복스러운 소망이라고 하고 있는 것이다.

[2] 복음의 계획은 이 복스러운 소망으로 모든 사람이 선한 생활을 하도록 격려하는 것이다. 베드로전서 1장 13절은 이렇게 말씀하고 있다. 그러므로 너희 마음의 허리를 동이고 근신하여 예수 그리스도께서 나타나실 때에 너희에게 가져다주실 은혜를 온전히 바랄지어다. 여기서도 같은 의미의 주장을 하고 있다. 우리를 양육하시되 경건하지 않은 것과 이 세상 정욕을 다 버리고 신중함과 의로움과 경건함으로 이 세상에 살고 복스러운 소망과 우리의 크신 하나님 구주 예수 그리스도의 영광이 나타나심을 기다리게 하셨으니(12,13절). 이것을 용병으로서가 아니라 충성되고 감사하는 그리스도인들로서 수행하는 것이다. 그러므로 베드로후서 3장 11절과 12절에서 이렇게 말씀하고 있다. 이 모든 것이 이렇게 풀어지리니 너희가 어떠한 사람이 되어야 마땅하냐 거룩한 행실과 경건함으로 하나님의 날이 임하기를 바라보고 간절히 사모하라 그 날에 하늘이 불에 타서 풀어지고 물질이 뜨거운 불에 녹아지려니와. 우리는 그 날을 바라보고 서두르고 기대하고 부지런히 준비해야 할 것이다.

[3] 그리스도가 영광 가운데 나타나실 때 그리스도인들의 복스러운 소망이 이루어질 것이다. 그들이 충성했기에 이렇게 될 것이다. 요한복음 17장 24절에 이렇게 말씀하고 있다. 내게 주신 나의 영광을 그들로 보게 하시기를 원하옵나이다. 크신 하나님과 우리 구주의 영광이 그 때 해처럼 빛나게 될 것이다. 그리스도의 심판의 권세를 행사하실 때 그가 인자의 모습으로 오실지라도 그는 하나님의 아들이심을 강력하게 선포하실 것이다. 땅에서 많이 가려졌던 그리스도의 신성이 그 때 강력한 해처럼 빛을 발하게 될 것이다. 그러므로 복음의 사역과 계획은 그리스도의 이 두 번째 오심을 기다리고 소망하는 신자들의 마음을 양육하고 북돋아주기 위한 것이다. 우리를 거듭나게 하사 산 소망이 있게 하시어(벧전 1:3) 살아계신 하나님을 섬기고 그의 아들이 하늘에서 강림하실 것을 기다리게 하신다(살전 1:9,10). 그리스도인들은 그들의 주인의 오심을 기대하고 기다리고(눅 12:36), 그의 나타나심을 사랑하고(딤후 4:8) 그리워하는 특성을 지니고 있다. 그러므로 이 소망을 바라보고 사모하자. 우리의 허리를 동이고, 우리의 등에 불을 켜고, 종이 자기 주인을 기다리듯이 우리의 주님을 기다리자. 주님이 오실 그 날과 그 시는 우리가 모르지만 잠시 잠깐 후면 오실 이가 오시리니 지체하지 아니하실 것이다(히 10:37).

[4] 그리스도인들의 위로와 기쁨은 그들의 구주가 크신 하나님이시고 두 번째 오실 때 영광스럽게 자신을 나타내실 것이라는 사실이다. 권능과 사랑, 위엄과 자비가 다같이 휘황찬란한 빛 가운데 나타날 것이다. 이것이 악인들에게는 두려움과 혼란스러움이 되겠지만 경건한 사람들에게는 영원한 승리와 기쁨이 될 것이다. 이처럼 그리스도가 크신 하나님이 아니시고 그냥 인간이시기만 했다면 그는 경건한 사람들의 구주와 소망이 되실 수 없었을 것이다. 이와 같이 복음의 본질과 계획으로부터 모든 종류의 사람들에게 그들 각자의 의무들에 대한 지시들을 강권하는 사항들을 살펴보았다. 이제 이에 더하여 또 다른 근거를 제시해주고 있다. 그것은 다음과 같다.

II. 그리스도의 죽으심의 목적.　그가 우리를 대신하여 자신을 주심은 모든 불법에서 우리를 속량하시고 우리를 깨끗하게 하사 선한 일을 열심히 하는 자기 백성이 되게 하려 하심이라(14절). 우리에게 거룩함과 행복을 주기 위한 것이 그의 교훈의 영향이기도 하고 그리스도의 죽으심의 목적이기도 하다. 우리는 여기서 다음의 사실들을 발견하게 된다.

1. 구원의 대속자. 우리의 크신 하나님 구주 예수 그리스도는 단순히 하나님으로서만 우리를 구원하신 것이 아니고, 더욱이 인간으로서만 우리를 구원하신 것도 아니다. 그는 한 인격 속에 두 본성을 동시에 지니신 하나님과 인간으로서 우리를 구원하셨다. 그는 인간으로서 인간을 대신하여 복종하고, 고난받고, 죽으시고, 인간을 위하여 인간의 문제를 해결하셨다. 그리고 그는 하나님으로서 인간을 돕고, 그의 일들에 가치와 효력을 부여하고, 신성의 권리와 명예에 어울리는 정당한 존경을 받게 하셨다. 그리고 그는 하나님으로서 그의 피조물에게 유익도 끼치고 그의 피조물에게 하나님의 영광을 주시기 위하여 우리를 구원하셨다. 그러한 하나님이 우리와 같은 인간이 되셨던 것이다.

2. 우리의 구속의 대가. 그가 우리를 대신하여 자신을 주심. 그리스도는 우리를 대신하여 죽으셨다. 성부 하나님이 그를 주셨지만 그는 자신을 주셨다. 그가 자신을 거저 자발적으로 주심으로 그의 희생을 큰 제사가 되게 하셨을 뿐 아니라 그것을 인정받고 가치가 있게 하셨다. 요한복음 10장 17절과 18절에서 이렇게 말씀하고 있다. 내가 내 목숨을 버리는 것은 그것을 내가 다시 얻기 위함이니 이로 말미암아 아버지께서 나를 사랑하시느니라 이를 내게서 빼앗는 자가 있는 것이 아니라 내가 스스로 버리노라. 요한복음 17장 19절에서도 이렇게 말씀하고 있다. 또 그들을 위하여 내가 나를 거룩하게 하오니 이는 그들도 진리로 거룩함을 얻게 하려 함이니이다. 이것은 인간들의 죄를 대속하기 위하여 하나님께 바치는 제사장과 희생 제물이 되기 위하여 이 일에 자신을 구별하여 바치는 것이다. 인성은 희생 제물이고 신성은 제단이다. 거룩하게 하는 것은 선물이고 전체는 인격의 행위이다. 디모데전서 2장 6절에 이렇게 말씀하고 있다. 그가 모든 사람을 위하여 자기를 대속물로 주셨다. 세상 마지막에 그가 나타나시면 자신을 바치신 희생 제사로 죄를 없이 하실 것이다. 그리스도는 제사장과 동시에 희생 제물이기도 하셨다. 너희가 알거니와 너희 조상이 물려준 헛된 행실에서 대속함을 받은 것은 은이나 금 같이 없어질 것으로 된 것이 아니요 오직 흠 없고 점 없는 어린 양 같은 그리스도의 보배로운 피로 된 것이니라(벧전 1:18,19). 사도행전 20장 28절에서 하나님이 자기 피로 사신 것이라고 말하는 것은 하나님이신 그리스도의 피를 의미한다.

3. 누구를 위한 죽음인가. 우리를 위한 죽음이다. 다시 말해서 하나님을 떠나고 하나님을 배반한 우리를 위하여 죽으신 죽음이다. 그리스도는 우리를 위하

여 자신을 주셨다. 그것은 우리의 선을 위한 것일 뿐만 아니라 우리를 대신하신 것이기도 하다. 메시야는 자신을 위해서가 아니라 우리를 위하여 찢겨 죽임을 당하셨다. 베드로전서 3장 18절에 말씀하고 있다. 그리스도께서도 단번에 죄를 위하여 죽으사 의인으로서 불의한 자를 대신하셨으니 이는 우리를 하나님 앞으로 인도하려 하심이라. 고린도후서 5장 21절에 말씀하고 있다. 하나님이 죄를 알지도 못하신 이를 우리를 대신하여 죄로 삼으신 것은 우리로 하여금 그 안에서 하나님의 의가 되게 하려 하심이라. 얼마나 놀라운 겸손과 은혜인가! 그리스도가 우리를 사랑하시고 우리를 위하여 자신을 주셨다. 우리가 어찌 그리스도를 사랑하고 우리 자신을 포기하지 않을 수 있겠는가? 특별히 여기서 다음의 사실들을 생각해보자.

4. 그가 자신을 우리를 위하여 주신 목적.

(1) 모든 불법에서 우리를 속량하시기 위함이다. 이 목적은 경건하지 않은 것과 이 세상 정욕을 다 버리라는 첫 번째 교훈에 합치한다. 그리스도는 이런 것들에서 우리를 속량하고 건지시기 위하여 자신을 주셨다. 그러므로 그러한 것들을 버려야 한다. 죄를 사랑하고 죄 안에서 사는 것은 구속의 피를 발로 짓밟는 것이고, 대속의 가장 큰 유익들 가운데 하나를 멸시하고 거부하는 것이고, 그리고 그 대속의 목적을 거스르는 행위이다. 그런데 그리스도의 잠시잠깐 겪으신 고난들이 우리를 모든 불법에서 속량해줄 수 있는 것인가? 그 대답은 이렇다. 그리스도의 인격의 무한하신 위엄을 통하여 그렇게 될 수 있다. 하나님이신 그리스도가 고난을 당하셨다. 그러나 그것은 하나님으로서 고난을 받으셨다는 것을 말하는 것이 아니다. 어느 본성의 행위와 속성이든 그것은 그리스도의 것이다. 하나님이 그 자신의 피로 자기 교회를 사셨다(행 20:28). 그리스도가 단번에 대속하셨기에 우리는 영원히 고난을 받을 필요가 없다. 그냥 사람이 유한한 본성을 가지고 이런 일을 할 수는 없고 하나님이면서 동시에 인간이신 그리스도만이 가능한 일이었다. 우리의 크신 하나님 구주 예수 그리스도가 우리를 위하여 자신을 주셨다. 이 말씀이 바로 그 뜻이다. 그가 거룩하게 된 자들을 한 번의 제사로 영원히 온전하게 하셨느니라(히 9:25, 26; 10:14). 그리스도는 그가 그 일을 하실 때 단번에 실행하셨으므로 자신을 자주 드리실 필요가 없었고, 죽음에 사로잡히실 필요도 없었다. 그리스도의 죽으심의 복되신 목적과 열매는 모든 불법한 것에서 우리를 속량하는 것이다. 그리스도는 이것을 위하여 죽으셨다.

(2) 우리를 깨끗하게 하사 … 자기 백성이 되게 하려 하심이다. 이것이 두 번째 가르침 즉 신중함과 의로움과 경건함으로 이 세상에 살라는 지시를 강화시킨다. 그리스도는 죄의 용서뿐 아니라 깨끗하게 하기 위해서 죽으셨다. 다시 말해서 그리스도는 범죄와 저주에서 벗어나게 할 뿐 아니라 사람들이 은혜를 받게 하고 본성을 치료하려고 죽으셨다. 그리스도는 자기 교회를 깨끗하게 하기 위하여 자신을 주셨다. 이와 같이 그리스도는 사람들을 깨끗하게 하심으로써 그들을 자신의 특별한 백성으로 삼으려고 자신을 주셨다. 그러므로 그들이 사악한 세상에서 벗어나 구별되게 된다. 그들은 하나님의 사람으로 다시 태어나게 되고, 그들은 하나님과 동화되게 되고, 그의 형상을 닮게 되고, 그리고 하늘에 계신 하나님 아버지가 거룩하신 것 같이 거룩해지게 된다. 여기서 다음의 사실들을 주목하라. 죄로부터의 구속과 본성의 성화는 병행한다. 그리고 둘 다 사람들을 하나님의 구별된 백성이 되게 한다. 죄와 정죄로부터의 자유, 정욕의 권세로부터의 자유, 그리고 성령으로 말미암은 영혼의 성화는 병행한다. 이러한 사람들이 선민이고, 왕 같은 제사장이고, 거룩한 민족이고, 그리고 구별된 백성이다.

(3) 선한 일을 열심히 하게 하려 하심이다. 은혜로 깨끗하게 된 이 구별된 백성은 선한 일을 열심히 해야 한다. 여기서 다음의 사실들을 주목하라. 복음은 방종의 가르침이 아니라 거룩함과 선한 생활의 가르침이다. 우리가 우리의 헛된 언행에서 속량받은 것은 거룩함과 의로움 속에서 하나님을 우리 평생 섬기게 하기 위한 것이다. 우리는 선한 일을 해야 하고 그 속에 열정이 있어야 한다. 그 열심과 열정은 지식의 인도를 받고, 사랑의 영감을 받고, 하나님의 영광에 이르게 되어야 할 것이다. 그리고 어떤 선한 일을 하든지 그 속에는 열정이 담겨 있어야 할 것이다.

¹⁵**너는 이것을 말하고 권면하며 모든 권위로 책망하여 누구에게서든지 업신여김을 받지 말라**

사도 바울은 본 장을 디도에게 한 지시를 요약함으로 마무리한다. 이 요약에서 바울은 목사들의 가르침의 내용과 태도를 제시하고 디도에게 그 자신과 관련하여 특별한 지시를 하고 있다.

I. 목사들의 가르침의 내용. 이것을 즉 앞서 언급한 것들을 말한다. 목사들이

가르쳐야 할 내용은 유대인들의 신화와 전승들이 아니라 복음의 진리들과 의
무들, 피해야 될 죄, 이 현재 세상에서 온전하고, 의롭고, 경건하게 사는 생활에
대한 것이다. 여기서 다음의 사실들을 주목하라. 목사들은 설교를 할 때 하나님
의 말씀을 항상 가까이 해야 한다. 베드로전서 4장 11절에서 이렇게 말씀하고
있다. 만일 누가 말하려면 하나님의 말씀을 하는 것 같이 하라. 다시 말해서 설교를
할 때 목사 자신의 머리에서 지어내거나 꾸며낸 이야기를 하지 말아야 한다.

　Ⅱ. 목사들의 가르침의 방법.　모든 권위로 교훈과 권면과 경책을 통하여 한다.
디모데후서 3장 16절에서 이렇게 말씀하고 있다. 모든 성경은 하나님의 감동으로
된 것으로 교훈과 책망과 바르게 함과 의로 교육하기에 유익하니. 다시 말해서 바른
교훈을 가르치고, 죄를 깨닫게 하고, 잘못을 꾸짖고, 생활을 바로잡고, 의롭고
선한 것을 향해 앞으로 나아가게 하는 것이다. 이는 하나님의 사람으로(그리스도
인이나 목사) 온전하게 하며 모든 선한 일을 행할 능력을 갖추게 하려 함이라. 목사
들은 이렇게 되도록 스스로 연습을 해야 하고 다른 사람들을 가르쳐 지키게 해
야 할 것이다. 여기에 목사가 갖추어야 될 의무의 모든 요소들과 그것들의 바
른 실천이 들어있다. 이것을 말하라는 것은 가르치라는 것이다. 다시 말해서 하
나님의 온전한 권면을 전하고 선포하는 것을 피하지 말라는 것이다. 복음의 중
요하고 필요한 진리들과 의무들을 전하라. 특별히 이것들을 아주 진지하게 말
하고 권하라. 목사들은 천국의 교훈과 계명들을 전할 때 냉담하거나 활기가 없
어서는 안 된다. 마치 그들이 무심하거나 별 관심이 없는 것 같은 태도를 취해
서는 안 될 것이다. 목사들은 사람들의 본성과 중요성에 걸맞게 진지하게 복음
의 진리들을 권해야 한다. 목사들은 사람들이 듣기만 하고 스스로를 속이지 않
게 마음을 써야 한다. 그리고 목사들은 사람들이 말씀을 실천해 복을 받도록
권면해야 한다. 책망하라. 이것은 그들이 마땅히 믿어야 할 진리를 거스르고 부
정하거나, 소홀히 여기고 받아들이지 않거나, 진리를 불의 속에 담고 있는 잘
못과 죄를 깨닫게 하고 책망해야 된다는 것이다. 다시 말해서 진리를 순종하는
마음으로 믿지를 않고 고집과 불순종을 나타내고 모든 선한 일을 배척하며 오
히려 진리에 대해 반대로 사는 것을 책망해야 한다. 모든 권위로 책망하여. 하나
님의 이름으로 하는 것처럼 주의 위협과 징벌로 무장하고, 진리를 무시하는 사
람은 누구든지 위험에 빠지게 될 것이라고 책망해야 한다. 목사들은 길거리의
책망하는 사람들이다.

III. 디도 자신에 관련한 특별한 가르침. 누구에게서든지 업신여김을 받지 말라. 다시 말해서 업신여김을 받을 빌미를 주지 말라는 것이다. 또한 업신여기는 자는 사람을 업신여기는 것이 아니라 하나님을 업신여기는 것이라는 사실을 생각하고, 책망 없이 그것 때문에 괴로움을 당하지 않도록 하라. 이것을 말하고 권하라. 모든 사람이 공손히 관심을 기울일 수 있게 그것을 그들에게 강권하라. 담대하고 신실하게 죄를 책망하고 조심스럽게 너 자신과 네 행위를 살펴보라. 그러면 아무도 너를 업신여기지 않게 될 것이다. 목사들이 업신여김을 당하지 않을 가장 효과적인 방법은 그리스도의 교훈을 계속 가까이 하고 주의 본을 따르는 것이다. 다시 말해서 그것은 잘 전하고 잘 살고, 신중하고 담대하게 의무를 행하는 것이다. 이렇게 하는 것이 목사들의 평판과 처신과 행동을 가장 잘 보존해줄 것이다.

아마 여기서의 권면 역시 교인들을 위한 것일 수도 있다. 디도가 젊기는 하지만 사도의 대리인이기에 교인들의 업신여김을 받아서는 안 되었다. 오히려 디도는 그리스도의 신실하고 충성된 목사로 교인들의 존경을 받아야 되고 사역과 직무를 수행함에 있어서 격려와 도움을 받아야 했다. 데살로니가전서 5장 12절과 13절에 이렇게 말씀하고 있다. 형제들아 우리가 너희에게 구하노니 너희 가운데서 수고하고 주 안에서 너희를 다스리며 권하는 자들을 너희가 알고 그들의 역사로 말미암아 사랑 안에서 가장 귀히 여기며 너희끼리 화목하라. 이것은 교인들이 목사들의 가르침을 명심하고, 그들의 인격을 존중하고, 그들의 직무를 도와주고, 어떠한 처지에서든 하나님의 영광과 영혼의 구원을 위하여 애쓰는 목사들의 노력을 도와 발전시키라는 것이다.

제 3 장

개요

그리스도인에게 관련된 의무들 가운데 좀 더 일반적인 것들과 그 이유들(1-8절). 가르칠 때 디도가 피해야 할 것, 그리고 다른 지시들과 함께 이단을 다루는 방법(9-14절), 마무리의 인사(15절).

¹너는 그들로 하여금 통치자들과 권세 잡은 자들에게 복종하며 순종하며 모든 선한 일 행하기를 준비하게 하며 ²아무도 비방하지 말며 다투지 말며 관용하며 범사에 온유함을 모든 사람에게 나타낼 것을 기억하게 하라 ³우리도 전에는 어리석은 자요 순종하지 아니한 자요 속은 자요 여러 가지 정욕과 행락에 종 노릇 한 자요 악독과 투기를 일삼은 자요 가증스러운 자요 피차 미워한 자였으나 ⁴우리 구주 하나님의 자비와 사람 사랑하심이 나타날 때에 ⁵우리를 구원하시되 우리가 행한 바 의로운 행위로 말미암지 아니하고 오직 그의 긍휼하심을 따라 중생의 씻음과 성령의 새롭게 하심으로 하셨나니 ⁶우리 구주 예수 그리스도로 말미암아 우리에게 그 성령을 풍성히 부어 주사 ⁷우리로 그의 은혜를 힘입어 의롭다 하심을 얻어 영생의 소망을 따라 상속자가 되게 하려 하심이라 ⁸이 말이 미쁘도다 원하건대 너는 이 여러 것에 대하여 굳세게 말하라 이는 하나님을 믿는 자들로 하여금 조심하여 선한 일을 힘쓰게 하려 함이라 이것은 아름다우며 사람들에게 유익하니라

여기에는 본 서신의 네 번째 주제가 진술되고 있다. 사도 바울은 디도에게 몇 종류의 사람들에 대한 개별적이고 특별한 의무들에 관련한 지시들을 했었다. 이제 사도 바울은 그들과 관련된 좀 더 일반적인 의무들을 권하라고 명한다. 그것들은 통치자들에게 온순하게 복종하고, 언제나 선을 행하고, 그리고 모든 사람에게 공정하고 온유하게 대하라는 것이다. 즉 신앙생활에 어울리고 빛나게 하는 덕이 되는 일들을 하라는 것이다. 그러므로 디도는 신자들의 마음에 그것들을 심어주어야 한다. 목사들은 사람들에게 그들의 의무를 기억

시켜 주어야 한다. 목사들은 사람들이 기도할 때 하나님이 기억나게 해야 한다
(사 62:6). 그렇듯이 목사들은 그들의 설교에서도 교인들에게 하나님이 기억나
게 해야 한다. 베드로후서 1장 12절에 이렇게 말씀하고 있다. 그러므로 너희가
이것을 알고 이미 있는 진리에 서 있으나 내가 항상 너희에게 생각나게 하려 하노라.
의무를 잊어버리는 것은 일반적인 약점이다. 그러므로 그 의무들을 그들에게
기억나게 하고 되살아나게 하는 것이 필요하다. 그 의무들과 그 이유들은 다음
과 같다.

I. 그들이 기억하고 상기해야 할 의무들.

1. 너는 그들로 하여금 통치자들과 권세 잡은 자들에게 복종하며 순종하며(1절).
통치자들은 모든 사람의 유익을 위한 하나님의 규례이다. 그러므로 모든 사람
이 그들을 존경하고 그들에게 복종해야 한다. 진노나 힘이 무서워 그렇게 해야
될 뿐만 아니라 양심에 비추어 자발적으로 통치자들에게 복종해야 한다. 통치
자들과 권세 잡은 자들은 모든 시민의 권력자들을 말한다. 그것이 높든 낮든 어
떤 형태의 권력이든 신자들은 그 권세에 복종하고 합법적이고 정직한 일들을
통해 순종해야 한다. 그리고 신자들이 맡은 직분이 요구하는 일들에도 복종해
야 한다. 그리스도교가 통치자들의 권리와 권력에 편파적이고 해가 되는 것으
로 그리스도교 반대자들에 의해 오해를 받고 있다. 그리고 그리스도교가 당파
와 소요를 일으키고 합법적인 권위에 저항하는 성향이 있는 것으로 비쳐졌다.
그러므로 어리석은 사람들의 무지를 잠잠하게 하고 사악한 원수들의 입을 틀
어막기 위하여 그리스도인들은 그들을 다스리는 권력과 정부에 정당한 복종을
하는 본을 보여야 한다. 자유를 바라는 자연적인 갈망은 이성과 성경으로 안내
를 받고 제한을 받아야 한다. 성서적 특권들은 시민의 의무들에 대한 그리스도
인의 복종을 약화시키지 않고 확증하고 강화시켜 준다. 너는 그들로 하여금 통치
자들과 권세 잡은 자들에게 복종하며 순종하게 하라.

2. 모든 선한 일 행하기를 준비하게 하며. 이 말을 통치자들이 요구하고 그들의
영역 내에서 필요한 선한 일로 해석하는 사람도 있다. 선한 질서에 이바지하고
공동의 평온과 평화를 증진시키고 안전하게 하는 것은 무엇이든지 뒤로 물러
서지 말고 앞장서 증진시켜야 한다. 이러한 의미가 처음의 의도는 아닐지라도
이러한 일을 억제해서는 안 될 것이다. 이 명령은 모든 종류의 선을 행하는 것
과 선을 제공할 수 있는 모든 기회를 중시한다. 그것이 하나님을 위한 것이든

우리 자신을 위한 것이든 선을 행하는 일이라면 말이다. 다시 말해 이 명령은 세상에서 그리스도교를 높일 수 있는 일은 기꺼이 앞장서 행하라는 것이다. 무엇에든지 참되며 무엇에든지 경건하며 무엇에든지 옳으며 무엇에든지 정결하며 무엇에든지 사랑 받을 만하며 무엇에든지 칭찬 받을 만하며 무슨 덕이 있든지 무슨 기림이 있든지 이것들을 생각하라(빌 4:8). 이러한 일들을 행하고 따르고 증진시켜야 한다. 선행이 없이 단순히 해나 끼치지 않고 선한 말을 하고 선한 의도를 가지는 것만으로는 충분하지가 않다. 하나님 아버지 앞에서 정결하고 더러움이 없는 경건은 곧 고아와 과부를 그 환난 중에 돌보고 또 자기를 지켜 세속에 물들지 아니하는 그것이니라(히 1:27). 선행을 행할 기회를 얻으려고만 할 것이 아니라 찾기도 해야 한다. 그리고 선행을 행하기 위한 적절한 자세와 준비도 갖추고 있어야 한다. 그것을 다른 사람들에게 미루지 말고 네 자신이 그것을 붙잡고 그 안에서 기뻐하라. 그리고 이것을 항상 마음에 간직하고 지키려고 하라.

3. 아무도 비방하지 말며(2절). 이것은 아무도 욕하지 말고 저주하지 말라는 것이다. 지금의 번역은 좀 더 일반적이다. 아무도 비방하지 말라는 것은 들리지 않는 곳에서 부당하고 그릇되고 불필요하게 다른 사람을 욕하지 말라는 것이다. 그리고 당사자나 어떤 다른 사람에게 유익은 없고 해를 주게 된다면 그 사람이 없는 곳에서 험담을 해서는 안 될 것이다. 좋은 말을 할 수 없다면 차라리 불필요하게 나쁜 말을 하기보다는 아무 말도 하지 않는 것이 더 나을 것이다. 우리는 다른 사람들을 결코 나쁘게 말해서는 안 된다. 또한 어떤 것에 대해 가장 나쁜 것을 말하지 말고 우리가 할 수 있는 가장 좋은 것을 말해야 될 것이다. 우리는 말을 이리저리 옮기는 말쟁이들처럼 이웃의 명예에 해를 끼치고 형제애를 깨뜨리는 나쁜 이야기들을 하고 다니지 말아야 할 것이다. 나쁜 의도를 지닌 그릇된 설명이나 암시나 위선이나 우리의 이해를 벗어난 일들은 우리가 금해야 될 것이다. 이러한 악이 아주 보편적이긴 하지만 그 해악은 아주 크다. 야고보서 1장 26절은 이렇게 말씀하고 있다. 누구든지 스스로 경건하다 생각하여 자기 혀를 재갈 물리지 아니하고 자기 마음을 속이면 이 사람의 경건은 헛것이라. 아주 무절제하고 사랑이 없는 말은 하나님을 기쁘시게 하지 못하고 사람들에게 상처를 준다. 잠언 17장 9절은 이렇게 말씀하고 있다. 허물을 덮어주는 자는 사랑을 구하는 자요 그것을 말하는 자는 친한 벗을 이간하는 자니라. 그러한 사람은 자기 친구와 다른 사람들로부터 자신을 소외시키게 한다. 이것은 버려야 할 죄

가운데 속한다. 너희는 모든 악독과 노함과 분냄과 떠드는 것과 비방하는 것을 모든 악의와 함께 버리고 서로 친절하게 하며 불쌍히 여기며 서로 용서하기를 하나님이 그리스도 안에서 너희를 용서하심과 같이 하라(엡 4:31). 왜냐하면 이런 잘못에 빠져들면 이 세상의 그리스도인 공동체나 하늘나라의 복 받은 자들의 모임에 맞지 않게 되고 들어가지 못하게 될 것이다(고전 6:10). 그러므로 이것을 피하라고 교인들에게 상기시켜라.

4. 다투지 말며. 손으로나 말로나 그 어떤 것으로도 싸우는 사람이 되어서는 안 된다. 선하고 중요한 문제를 위하여 싸우는 거룩한 싸움도 있다. 그러나 그러한 싸움도 분노나 해를 끼치는 폭력으로 싸워서는 안 될 것이다. 그리스도인들은 거칠고 상해적인 방법이 아니라 적절하고 어울리는 방법으로 평화와 사랑을 전하는 하나님의 종으로서 평화에 기여하는 일들을 따라야 할 것이다. 로마서 12장 19절은 이렇게 말씀하고 있다. 내 사랑하는 자들아 너희가 친히 원수를 갚지 말고 하나님의 진노하심에 맡기라. 이것이 그리스도인의 지혜와 의무이다. 인간의 영광은 죄를 범하지 않는 것이다. 그것이 인간의 합리적인 의무이다. 그러므로 확실히 그리스도인의 이성은 신앙생활에 의해 향상이 되어야 하고 발전이 되어야 한다. 그러므로 그리스도인은 자기에게 해를 끼친 사람에게 앙갚음하지 말고 하나님 같이 노하기를 더디하고 기꺼이 용서할 수 있어야 할 것이다. 다툼과 분쟁은 사람들의 정욕에서 일어난다. 그것들은 다스릴 수 없는 불 같은 감정에서 비롯된다. 그러한 감정에 빠지지 말고 재갈을 물리고 절제해야 할 것이다. 그리스도인들은 이러한 것들을 기억하고 명심해서, 하나님을 기쁘시게 못하고 불명예스럽게 하고 그리스도교에 욕이 되게 하는 분노에 차 다투는 정신과 행위를 버려야 할 것이다. 그러한 행위는 그들이 사는 곳에 불화와 반목을 일으키게 될 것이다. 노하기를 더디하는 자가 용사보다 낫고 마음을 다스리는 자가 성을 빼앗는 자보다 낫다. 그러므로 다음의 것들을 따르도록 하자.

5. 관용하며(gentle). 에피에이케이스, 이것은 모든 일에 공평하고 공정하라는 것이다. 다시 말해 일들을 처리할 때 정직하고 공정해야 함을 의미한다. 아주 나쁜 의미의 말이나 행동을 해서는 안 될 것이다. 때로는 평화를 위하여 어느 정도 아주 엄해져야 할 때도 있기는 하다.

6. 범사에 온유함을 모든 사람에게 나타낼 것을 기억하게 하라. 우리는 부드러운 성질을 가져야 한다. 마음속에 온유함이 있을 뿐만 아니라 그것을 우리의 말과

행위 속에 나타내야 할 것이다. 범사에 온유함을 나타내라는 것은 친구들만 아니라 모든 사람에게 지혜롭게 나타내야 한다. 야고보 사도가 야고보서 3장 13절에 이렇게 권면하고 있다. 너희 중에 지혜와 총명이 있는 자가 누구냐 그는 선행으로 말미암아 지혜의 온유함으로 그 행함을 보일지니라. 사람과 죄를 구별하라. 사람을 불쌍히 여기고 죄를 미워하라. 여러 죄를 구별하라. 티와 들보를 똑같이 여기지 말라. 여러 죄인도 구별하라. 유다서 22절과 23절에서 이렇게 말씀하고 있다. 어떤 의심하는 자들을 긍휼히 여기라 또 어떤 자를 불에서 끌어내어 구원하라 또 어떤 자를 그 육체로 더럽힌 옷까지도 미워하되 두려움으로 긍휼히 여기라. 이것을 명심하라. 오직 위로부터 난 지혜는 첫째 성결하고 다음에 화평하고 관용하고 양순하며 긍휼과 선한 열매가 가득하고 편견과 거짓이 없나니(약 3:17). 온유한 정신과 처신은 신앙생활을 호감이 가게 해준다. 그것은 우리의 위대한 모범이 되시는 그리스도를 의무적으로 닮는 것이다. 그것은 우리에게 보상을 준다. 편안하고 부드러운 성격과 축복은 병행하기 때문이다. 이러한 것들이 기쁨과 즐거움이 되어야 할 것이다. 그러한 길로 가르침 받고 안내를 받으면 일용할 양식으로 만족하게 되고 구원의 빛으로 빛나게 될 것이다. 이러한 것들이 디도가 사람들에게 기억나게 하고 지키게 해야 할 의무들이다.

II. 바울은 다음의 사실들에 근거한 이유들을 제시한다.

1. 그들 자신의 과거 상황에서 나온 이유. 인간의 자연적인 상황을 생각해보면 그러한 처지에 놓인 사람들에 대한 공평함과 온유함의 중요한 수단과 이유들을 발견하게 된다. 이것은 교만을 낮추게 해주고 아직도 회심하지 않은 사람들에 대한 동정과 소망을 일깨워준다. 우리들도 타락하고 죄를 범하는 그렇고 그런 다 마찬가지의 사람들이니 과거의 우리 처지에 놓인 사람들에게 성마르게 대하고 혹독하고 인색하게 대해서는 안 될 것이다. 그 때에 우리도 멸시당하고 혹독하게 대접을 받아야 했던가? 그렇지 않다. 온유함과 인정으로 대접을 받았다. 그러므로 우리도 아직 회심하지 못한 사람들을 평등과 공평의 규칙에 따라 온유함과 사랑으로 대접해야 할 것이다. 네가 당하고 싶지 않은 것을 다른 사람에게 행하지 말라. 그들의 과거 자연적 상태가 여러 가지 항목들로 설명되고 있다. 우리도 종종 저지르는 일들이다.

(1) 우리도 전에는 어리석은 자요(3절). 영적인 참된 이해와 지식이 없으면 어리석은 사람이 된다. 하늘나라에 속한 일들에 무지한 것은 지혜가 없는 사람이다.

3장 1절 - 8절 201

다음의 사실에 주목하라. 과거 자신의 잘못들을 많이 생각나게 해주는 다른 사람들의 어리석음들을 인내해야 할 것이다. 우리도 전에도 어리석은 자들이었기에 동일한 대접을 필요로 하는 다른 사람들에게 온유하게 대하고 인내해야 할 것이다. 우리도 종종 어리석은 사람들이었다.

(2) 순종하지 아니한 자요. 이것은 말씀을 거역하고 하나님의 자연법들도 거스르고 인간 사회가 요구하는 것들도 어기는 고집 세고 완고한 사람을 말한다. 어리석음과 불순종은 늘 잘 어울린다. 왜냐하면 어리석은 것과 마찬가지로 불순종하는 것도 하나님과, 자연적인 것이든 계시된 것이든 그의 법을 어기기 때문이다. 이것은 바른 이성을 거스르고 인간의 참되고 가장 중요한 이익들을 반대한다. 그러니 이러한 것들을 어기고 반대하니 얼마나 어리석은가?

(3) 속은 자요. 또는 방황하는 자요. 다시 말해서 진리와 거룩함의 길에서 벗어나 헤매고 방황한 사람이다. 이렇게 방황하는 상태에 있는 사람은 길 잃어버린 한 마리 양에 비유할 수 있다. 그러한 사람은 방황하고 떠도는 성향을 지니고 있다. 이러한 사람을 찾아 회개시켜 올바른 길로 인도해야 한다(시 119:176). 그러한 사람은 사탄의 간계와 술수에 넘어가기 쉬운 사람이고 그를 유혹하고 타락시키려고 노리는 사람들의 쉬운 먹잇감이 될 수 있다.

(4) 여러 가지 정욕과 행락에 종 노릇 한 자요. 즉 쾌락의 부하와 노예들이다. 여기서 다음의 사실들을 주목하라. 속아 사는 사람들은 쉽사리 위험에 빠지고 올가미에 걸리게 된다. 그들이 여러 가지 정욕들과 쾌락들에 빠져 허우적거리는 것은 그들이 정욕과 쾌락에 눈이 멀고 속아 살기 때문이다. 여기서 감각적이고 육체적인 삶에 대해 세상 사람들이 일반적으로 가지고 있는 생각과 아주 다른 개념의 말을 하고 있다. 육체적인 사람들은 자신들이 쾌락을 즐긴다고 생각한다. 그러나 성경 말씀은 그러한 것을 노예 생활과 종 노릇 하는 것이라고 부르고 있다. 다시 말해서 그들은 단조롭고 힘든 일을 쉬지 못하고 매달려 일하고 있고 노예상태로 묶여 살고 있는 것이다. 이제까지 그들은 자유와 기쁨이 없이 쾌락에 사로잡혀 그것을 공사장 감독이나 폭군처럼 섬기고 산 것이다. 여기서 다음의 사실들을 더 고찰해보자. 죄의 노예들의 불행은 그들이 여러 주인을 섬겨야 한다는 것이다. 한 정욕이 그를 어느 길로 가라고 재촉하면 또 다른 정욕이 그를 또 다른 길로 가라고 재촉한다. 교만이 한 가지 일을 명령하면 탐심이 또 다른 일을 명령한다. 그리고 종종 그 반대가 되기도 한다. 죄인들은 아주 수

치스러운 노예들이면서도 자신들이 자유롭다고 자만하고 뻐긴다. 그들을 유혹하는 정욕들이 그들에게 자유를 약속한다. 그러나 결국 그들은 타락의 노예들이 되고 만다. 왜냐하면 누구든지 진 자는 이긴 자의 종이 되기 때문이다(벧후 2:19).

(5) 악독을 일삼은 자요. 그들을 지배하는 정욕들 가운데 하나가 악독이다. 악독함은 다른 사람을 해치려고 갈망하고 그것을 즐긴다.

(6) 투기를 일삼은 자요. 투기는 다른 사람이 잘 되는 것을 싫어하고 불평하고 배아파한다. 어떤 일에서 다른 사람의 번성과 성공을 못마땅해한다. 이것은 많은 악이 샘솟는 쓴 뿌리가 된다. 나쁜 생각들과 말들은 지옥에서 타는 불과 같은 혀이다. 그것은 다른 사람들의 정당하고 마땅한 칭찬을 왜곡시키고 손상시킨다. 투기하는 사람들의 말은 그들의 이웃의 명성과 명예를 손상시키고 죽이는 칼이다. 바로 이것이 사탄의 죄였다. 그리고 이것은 동생을 죽인 가인의 죄이기도 했다. 왜냐하면 가인이 동생을 죽인 것은 그가 악독과 투기를 일삼은 사람이기 때문이었다. 요한일서 3장 12절은 이렇게 말씀하고 있다. 가인 같이 하지 말라 그는 악한 자에게 속하여 그 아우를 죽였으니 어떤 이유로 죽였느냐 자기의 행위는 악하고 그의 아우의 행위는 의로움이라. 이러한 것들이 우리가 자연 상태에서 사는 가운데 저지르는 죄들이다.

(7) 가증스러운 자요. 또는 미움을 받을 만하다.

(8) 피차 미워한 자였으나. 죄 가운데 살며 죄로 가득 찬 사람들은 하나님과 모든 선한 사람들에게 미움을 받게 된다. 그들의 성질과 생활 방식은 그들의 인격이 그렇지 않을지라도 서로 미워하고 미움을 받는다. 죄인들은 서로 미워하는 것이 그들의 불행이다. 성도들의 의무와 행복은 서로 사랑하는 것이다. 인간들이 서로 싸우고 다투는 것은 타락했기 때문이다. 그러한 사람들이 회심하면 그 본성 속에 선한 것이 들어서게 된다. 그러나 그들이 회심하지 않은 상태에서는 격렬한 야수들처럼 서로에게 달려들어 물어뜯고 싸움을 일삼게 된다. 이러한 것들을 고려해서 우리의 정신을 절제해야 하고 그러한 사람들에 대하여 더욱 공정하고 부드럽고 온유하게 대하도록 해야 할 것이다. 여기서 그들 자신의 과거 형편에서 유추한 논증이 제시되고 있다. 바울은 다음과 같이 설득하고 있다.

2. 그들의 현재 상태에서 유추한 논증. 우리는 우리 자신의 공로나 힘에 의해

서 우리의 비참한 상황에서 구원받은 것이 아니다. 우리가 구원받게 된 것은 하나님의 거저 주시는 은혜와 그리스도의 공로와 성령의 역사하심을 통해서이다. 그러므로 우리는 우리 자신에 관하여 생각해볼 때 아직 회심하지 못한 사람들을 멸시할 아무런 근거가 없다. 오히려 우리는 그들을 불쌍히 여기고 그들에 대한 소망을 품을 필요가 있을 것이다. 다시 말해서 그들이 옛날의 우리처럼 가치가 없고 부적당했을지라도 현재의 우리처럼 그들도 하나님의 자비를 받을 수 있다는 그들에 대한 소망을 가져야 할 것이다. 이것을 근거로 사도 바울은 우리의 구원의 원인들을 다시 설명한다(4-7절).

(1) 우리는 여기서 우리의 구원의 대표 창시자이신 하나님 아버지를 만나게 된다. 그래서 본문에서 그분을 우리 구주 하나님이라고 부르고 있다. 고린도후서 5장 18절에서 이렇게 말씀하고 있다. 모든 것이 하나님께로서 났으며 그가 그리스도로 말미암아 우리를 자기와 화목하게 하시고 또 우리에게 화목하게 하는 직분을 주셨으니. 모든 것들이 새 피조물이고 타락한 인간의 생명과 행복으로의 회복이다. 사도 바울은 모든 이러한 것들이 하나님 아버지의 것이라고 설명하고 있다. 하나님 아버지는 이 일의 창시자이시다. 일의 시작과 관리에는 순서가 있다. 아버지가 시작하시고, 아들은 관리하시고, 그리고 성령은 모든 것을 역사하시고 마무리하신다. 하나님 아버지는 그리스도께서 성령을 통하여 구주가 되게 하신다. 요한복음 3장 16절은 이렇게 말씀하고 있다. 하나님이 세상을 이처럼 사랑하사 독생자를 주셨으니 이는 그를 믿는 자마다 멸망하지 않고 영생을 얻게 하려 하심이라. 하나님은 그리스도의 아버지이시고 그리스도를 통하여 자비를 베풀어 주시는 아버지가 되신다. 모든 영적인 축복들은 그리스도에 의해 하나님으로부터 나온다(엡 1:3). 로마서 5장 11절은 이렇게 말씀하고 있다. 이제 우리로 화목하게 하신 우리 주 예수 그리스도로 말미암아 하나님 안에서 또한 즐거워하느니라. 또한 로마서 15장 5절은 이렇게 말씀하고 있다. 이제 인내와 위로의 하나님이 너희로 그리스도 예수를 본받아 서로 뜻이 같게 하여 주사.

(2) 구원의 기원과 발생. 구원의 기원은 하나님의 사람 사랑하심이다. 다시 말해서 그것은 우리 구주 하나님의 자비와 사람 사랑하심이 나타나는 것이다. 우리가 구원받는 것은 처음부터 끝까지 은혜에 의해서이다. 이것이 구원의 근거이고 동기이다. 불행한 인간에 대한 하나님의 불쌍히 여기심과 자비가 모든 것을 시작하게 하고 계속 움직이게 하는 첫 번째 바퀴였다. 하나님은 그 자신이 아니

고서는 그 어떤 것도 하나님을 움직이시게 못하고 움직이시게 할 수도 없다. 구원의 기회와 원인은 인간에게 있다. 다시 말해 인간의 불행과 비참함이 구원의 원인이 된다. 불행을 가져오는 죄는 연민보다는 진노를 오히려 발생시킬 수 있다. 그러나 하나님은 모든 것을 그 자신의 영광과 완전하심을 위해 조정하는 방법을 아시므로 멸망보다는 긍휼히 여기시고 구원하실 것이다. 하나님은 자비를 기뻐하신다. 그러므로 로마서 5장 20절은 이렇게 말씀하고 있다. 죄가 더한 곳에 은혜가 더욱 넘쳤나니. 그에 더하여 우리는 로마서 2장 4절과 에베소서 2장 7절에서 하나님의 인자하심과 선하심의 풍성함에 대해 읽게 된다. 이제 방황하지 말고 감사와 순종으로 하나님의 구원을 인정하고 하나님께 영광을 돌리도록 하자.

(3) 여기서 구원의 수단이 제시되고 있다. 복음 속에는 이 하나님의 사랑과 은혜가 빛난다. 하나님의 자비와 사람 사랑하심이 복음 즉 말씀 속에서 나타났다. 성령을 통하여 사랑과 은혜가 나타나는 것은 하나님께 부드러워지게 되고 변화되게 되고 돌아서게 된다. 로마서 1장 16절에 이렇게 말씀한다. 이 복음은 모든 믿는 자에게 구원을 주시는 하나님의 능력이 됨이라. 이와 같이 하나님은 구원의 창시자가 되시고, 그의 거저 주시는 은혜의 원천이시다. 그리고 이 은혜가 구원의 수단인 복음 속에 나타난다. 그러므로 모든 구원의 명예는 하나님께 돌려야 마땅할 것이다.

(4) 구원의 그릇된 근거와 동기가 제거되고 있다. 우리를 구원하시되 우리가 행한 바 의로운 행위로 말미암지 아니하고 오직 그의 긍휼하심을 따라 중생의 씻음과 성령의 새롭게 하심으로 하셨나니(5절). 다시 말해서 우리가 구원받은 것은 우리의 보이는 행위들로 말미암은 것이 아니고 오직 하나님 자신의 거저 주시는 은혜와 긍휼하심에 의한 것이다. 행위가 구원받은 사람 속에 있어야 되지만 구원의 원인들이 되지는 못한다. 행위가 천국으로 가는 수단이 되기는 하지만 천국에 들어갈 수 있는 공로의 가치를 지니고 있지는 않다. 모든 구원은 처음부터 마지막까지 거저 주시는 은혜와 긍휼하심의 원리에 달려 있다. 선택은 은혜에 의한 것이다. 우리가 거룩하도록 구별되게 선택을 받은 것은 우리가 그렇게 되도록 창세 전에 우리의 공로가 나타났기 때문이 아니다(엡 1:4). 구원은 선택의 열매이지 원인이 아니다. 데살로니가후서 2장 13절은 이렇게 말씀하고 있다. 하나님이 처음부터 너희를 택하사 성령의 거룩하게 하심과 진리를 믿음으로 구원을

받게 하심이니. 그러므로 유효한 부르심에서 선택이 발생하고, 그것(부르심)이 처음으로 나타나게 된다. 디모데후서 1장 9절은 이렇게 말씀하고 있다. 하나님이 우리를 구원하사 거룩하신 소명으로 부르심은 우리의 행위대로 하심이 아니요 오직 자기의 뜻과 영원 전부터 그리스도 예수 안에서 우리에게 주신 은혜대로 하심이라. 다시 이렇게 말씀하고 있다. 하나님의 은혜로 값 없이 의롭다 하심을 얻은 자 되었느니라(롬 3:24). 우리는 은혜로 성화 받고 구원을 받는다. 그러므로 에베소서 2장 8절에서 이렇게 말씀하고 있다. 너희는 그 은혜에 의하여 믿음으로 말미암아 구원을 받았으니 이것은 너희에게서 난 것이 아니요 하나님의 선물이라. 믿음과 모든 구원의 은혜들은 하나님의 값없는 선물과 그의 역사이다. 영광 속에 은혜들의 시작과 증가와 완성은 모두가 하나님에게서 나오는 것이다. 사람을 하나님의 거룩한 성전이 되도록 세움에 있어서 처음부터 마지막까지, 즉 기초부터 꼭대기까지 우리는 오직 은혜만을 부르짖어야 한다. 그러므로 에베소서 2장 9절은 이렇게 말씀하고 있다. 행위에서 난 것이 아니니 이는 누구든지 자랑하지 못하게 함이라. 이와 같이 구원의 참된 원인이 제시되고 그릇된 것은 제거되고 있다.

(5) 여기서 구원의 형식적인 원인이 제시된다. 형식적인 원인에는 구원의 시작이 최소한 있다. 여기서는 그것을 중생과 성령의 새롭게 하심으로 부르고 있다. 옛 것이 지나가고 이제 새 것이 되었다는 것은 육체적이고 자연적인 의미가 아니라 도덕적이고 영적인 의미에서이다. 그것은 같은 사람이지만 다른 성질과 습관들을 가지게 된다. 현재 악한 것들이 만연되어 있지만 중생한 사람은 악한 것들을 다 버렸다. 그리고 남아 있는 것들은 때가 되면 다 없어지게 될 것이다. 그 일은 천국에서 이루어질 것이다. 은혜와 거룩함의 새로운 충만 원리가 발생하게 된다. 그 원리가 사람의 마음을 열게 하고 흔들고 지배한다. 그래서 그 사람을 새 사람과 새 피조물이 되게 한다. 그 사람은 새 생각과 새 소망과 새 감정을 소유하게 된다. 그의 삶이 새롭고 거룩한 삶과 행위들로 변화된다. 그 사람 속에 하나님의 생명이 거하게 된다. 그는 특별한 방식으로 하나님에게서 은혜를 받게 될 뿐만 아니라 하나님을 닮아가고 하나님께 기울게 된다. 여기서 구원이 시작되고 완전해질 때까지 자라게 되고 늘어나게 될 것이다. 그러므로 그가 우리를 구원하셨다고 성경이 말씀한다. 그렇게 시작된 것은 때가 되면 확실히 이루어질 것이지만 이미 이루어진 것처럼 표현이 되고 있다. 그러므로 지체하지 말고 이 구원을 바라보도록 하라. 우리는 중생함으로 지금 구원을 받

아야 한다. 만일 좋은 근거 위에 선 것이라면 우리는 천국의 완전한 구원을 기대할 수 있을 것이다. 따라서 그 변화는 정도에 있지 종류에 있는 것이 아니다. 영광이 은혜의 완성인 것처럼 은혜는 영광의 시작이다. 이것을 마음에 두는 사람이 얼마나 적은지! 대부분 그 때가 되기 전에 행복해지는 것이 두렵기라도 한 것처럼 행동한다. 그들은 결국 천국을 소유할 것이라고 주장한다. 그러나 지금 거룩해지는 것에 대해서는 전혀 관심을 기울이지 않는다. 다시 말해서 그들은 시작이 없는 끝을 가진 셈이다. 죄인들은 그토록 어리석다. 그러나 중생이 없이는 즉 첫 번째 부활이 없이는 의인이 부활하는 두 번째 영광스러운 부활에 결코 도달하지 못할 것이다. 따라서 여기서 복음에 의해 발생하는 새로운 신성한 삶 속에 형식적인 구원이 제시된다.

(6) 여기서는 세례에서 나타나는 구원의 외적인 표지와 인이 제시된다. 그것을 중생의 씻음이라고 한다. 중생의 일 자체는 내적이고 영적이다. 그러나 이 세례 규례에서 외적으로 나타나는 표지와 인이 있다. 물은 씻어내고 정화시키는 본성을 지니고 있고, 육체의 더러움을 없애준다. 그래서 물은 그리스도의 피와 영이 범죄와 죄의 오염을 씻어주는 것의 상징으로 사용된다. 그리스도의 죄 씻음의 세례 규례가 없이는 물의 그 성질만으로는 죄를 씻어내는 것이 충분하지는 않을지라도 말이다. 하나님 편에서 이 씻음이 의미하는 것은 할례처럼 믿음에 의한 의의 인침을 나타낸다. 우리 편에서는 우리가 주 그리스도의 것이 되는 약속의 표징이 된다. 이와 같이 세례는 그것이 바르게 사용되는 곳에서 비유적으로 성례적으로 구원을 발생시킨다. 사도행전 22장 16절에서 이렇게 말씀한다. 이제는 왜 주저하느냐 일어나 주의 이름을 불러 세례를 받고 너의 죄를 씻으라. 마찬가지로 에베소서 5장 26절에서도 이렇게 말씀한다. 이는 곧 물로 씻어 말씀으로 깨끗하게 하사 거룩하게 하시고. 그러므로 이 세례가 그리스도의 약속에 따라 시행되는 곳에서는 이 세례의 외적인 표지와 인을 가볍게 여기지 말라. 그러나 외적인 씻음으로 만족하지 말고 선한 양심의 간구(벧후 3:21)를 바라보라. 선한 양심의 간구가 없이는 외적인 씻음은 아무런 소용이 없을 것이다. 세례를 통해 인증되는 언약은 유익들과 특권들도 나타내고 전달하지만 의무들도 부과한다. 만일 의무들을 유념하지 않는다면 유익들과 특권들의 기대도 헛된 것이 될 것이다. 하나님이 결합시키신 것을 갈라놓지 말라. 외적인 부분과 내적인 부분의 결합에서 세례는 완전해진다. 마치 할례를 받은 사람이 율법 전체를

행할 의무를 지게 되었던 것처럼(갈 5:3) 세례를 받은 사람도 그리스도가 명하신 모든 계명들과 규례들을 준수하기 위하여 복음에 빚진 자가 된다. 마태복음 28장 19절과 20절에서 이렇게 말씀한다. 그러므로 너희는 가서 모든 민족을 제자로 삼아 아버지와 아들과 성령의 이름으로 세례를 베풀고 내가 너희에게 분부한 모든 것을 가르쳐 지키게 하라 볼지어다 내가 세상 끝날까지 너희와 항상 함께 있으리라. 바로 이것이 여기서 중생의 씻음이라고 부르는 세례 곧 구원의 외적인 표지와 인이다.

(7) 여기서는 구원의 근본적인 원인 곧 하나님의 영이 제시된다. 그것은 성령의 새롭게 하심이다. 이것이 모든 일들을 함께 하시는 성부 하나님과 성자 하나님을 배제시키는 것이 아니다. 말씀과 성례들의 사용을 배제하지도 않는다. 말씀과 성례들을 통해 성령이 역사하신다. 성령의 작용과 역사를 통하여 말씀과 성례들이 구원의 효력을 지니게 된다. 구원의 경륜에 있어서 구원을 적용하고 효력을 거두는 부분은 특별히 성령의 몫이다. 우리는 성령으로 거듭나게 되고, 성령으로 원기를 얻고 성화되고, 성령에 의해 인도를 받고, 성령으로 힘을 얻고 도움을 받게 된다고 한다. 성령으로 우리는 죄를 죽이고, 의무를 행하고, 하나님의 길을 따라 걷게 된다. 우리 속의 거룩한 생활의 모든 행위들과 실행들과 우리 밖의 의의 역사들과 열매들은 모두 이 복되신 성령으로 말미암은 것이다. 그러므로 성령을 생명의 영, 은혜의 영, 거룩의 영으로 부르는 것이다. 모든 은혜는 성령으로부터 나온다. 그러므로 우리는 성령을 진지하게 간구해야 되고, 성령의 거룩한 동기와 역사들을 소멸시키지 않도록 지극히 조심해야 하고, 성령이 역사하실 때 성령을 거스르거나 반대하지 말아야 할 것이다. 영은 부드러운 것이다. 우리가 성령을 바라고 행동하면 성령이 우리를 위해 역사하실 것을 기대할 수 있을 것이다. 만일 우리가 성령의 역사를 무시하고, 거스르고, 반대한다면 성령은 그의 역사들을 느슨하게 하실 것이다. 만일 우리가 성령을 계속 노여우시게 한다면 성령은 물러가실 것이다. 에베소서 4장 30절에 이렇게 말씀한다. 하나님의 성령을 근심하게 하지 말라 그 안에서 너희가 구원의 날까지 인치심을 받았느니라. 성령은 그의 새롭게 하심과 깨끗하게 하심과 증거하심과 확신 주심을 통해 우리를 인치신다. 성령은 구원을 위해 구별하시고 표시를 주시고, 구원에 어울리게 해주신다. 그것이 성령의 역사이다. 우리는 우리 자신의 어떤 힘으로도 하나님께 돌아설 수가 없다. 또한 우리는 우리 자신의 어떤 의로도

의롭게 될 수 없다.

(8) 여기서 하나님이 은사들과 은혜들을 통해 성령과 교통하시는 방식이 진술된다. 은사들과 은혜들을 부족하거나 인색하게 베푸시는 것이 아니라 값없이 풍성하게 주신다. 우리에게 그 성령을 풍성히 부어 주사. 그 은사들과 은혜들에 있어서 율법 아래에서보다도 복음 아래에서 성령이 더 많이 부어졌다. 그래서 이것을 고린도후서 3장 8절에서 영의 직분이라고 뛰어나게 표현하고 있다. 어느 시대나 교회는 일정량의 성령을 소유하고 있었다. 그러나 그리스도가 오신 이래로 이전의 어떤 시대보다 복음 시대가 성령을 더 많이 소유하고 있다. 율법은 모세를 통해 왔지만 은혜와 진리는 그리스도를 통해 왔다. 다시 말해서 구약의 약속들과 예언들을 이루기 위하여 은혜가 더 풍성하게 부어져야 하기 때문이다. 이사야 44장 3절에 이렇게 말씀한다. 나는 목마른 자에게 물을 주며 마른 땅에 시내가 흐르게 하며 나의 영을 네 자손에게 나의 복을 네 후손에게 부어 주리니. 이 축복들 가운데 가장 중요하고 가장 좋은 축복은 은혜의 부어주심과 성령의 깨끗하게 하는 은사들의 부어주심이다. 요엘서 2장 28절에 이렇게 말씀한다. 내가 내 영을 만민에게 부어주리라. 이것은 유대인뿐만 아니라 이방인들에게도 성령을 부어주시겠다는 것이다. 이것이 복음 시대에 이루어졌다. 따라서 부활하시고 승천하신 그리스도에 관해 이렇게 말씀한다(행 2:17, 18, 33). 아버지에게 성령의 약속을 받으신 그는 너희가 지금 보고 듣는 이것을 위하여 피를 흘리셨다. 그리고 사도행전 10장 44절과 45절에서 이렇게 말씀한다. 베드로가 이 말을 할 때에 성령이 말씀 듣는 모든 사람에게 내려오시니 베드로와 함께 온 할례 받은 신자들이 이방인들에게도 성령 부어 주심으로 말미암아 놀라니. 유대인들만 아니라 이방인들에게도 성령이 내려오셨다. 이것은 성령의 놀라운 은사들이었다. 그리고 모두는 아닐지라도 성령의 성화의 은사들이 많은 사람들에게 수반되었다는 사실도 놀라운 일이었다. 그 때 외적인 부르심과 신앙 고백과 일반적인 믿음과 같은 계시의 일반적인 은사들이 아주 풍성했고, 그리고 믿음과 소망과 사랑, 그리고 성령의 다른 은사들과 같은 성화의 특별한 은사들도 아주 풍성했다. 이 은사들을 우리가 같이 나누도록 하자. 우리를 위하여 많은 피가 흘려졌는데도 우리는 아직도 메마른 상태로 있다면 도대체 그게 말이 되겠는가? 우리가 은혜 시대에 살면서도 아직도 은혜를 받지 못하고 있다면 우리가 받을 저주만 더 심해질 것이다. 사도 바울은 성령 충만하라고 말하고 있다. 그것은 특권이기도 하

지만 의무이기도 하다. 왜냐하면 하나님이 복음 안에서 축복하려고 하시고 실행하려고 하시는 수단이 바로 성령 충만이기 때문이다. 바로 이것이 복음 시대에 하나님의 교통하시는 은혜와 모든 영적인 축복들이 풍성하게 부어지는 수단이다. 그러나 하나님이 우리에게 그 마음을 좁히시는 것이 아니라 우리가 하나님께 마음을 좁히고 우리 자신들 안에서도 좁히고 있다.

(9) 모든 은사를 얻게 하는 원인은 그리스도이시다. 우리 구주 예수 그리스도로 말미암아(6절). 그리스도는 성령과 그의 구원의 은사들과 은혜들을 사셨다. 모든 것이 그리스도로 말미암는다. 구주이신 그리스도를 통하여 모든 것이 이루어진다. 그리스도의 하시는 일은 은혜와 영광을 전달해 주시는 것이다. 그리스도는 우리의 의와 평화이시고 우리의 머리이시다. 우리는 그리스도로부터 모든 영적인 생명과 영향들을 받는다. 그리스도는 우리에게 지혜와 의와 거룩함과 구속을 주시는 하나님이시다. 무엇보다 그리스도를 위하여 하나님께 찬양을 드리자. 그리스도를 통하여 하나님 아버지에게 나아가자. 그리고 그리스도를 이용하여 모든 성화와 구원의 목적들을 얻도록 하자. 우리가 은혜를 받았는가? 받았으면 그것을 위하여 그리스도와 하나님 아버지와 성령께 감사를 드리자. 모든 것을 해로 여김은 내 주 그리스도 예수를 아는 지식이 가장 고상하기 때문이라 내가 그를 위하여 모든 것을 잃어버리고 배설물로 여김은 그리스도를 얻고 그 안에서 발견되려 함이다(빌 3:8,9). 그러므로 그리스도를 아는 지식 안에서 더욱더 성장하도록 하자.

(10) 여기에는 왜 우리가 새로운 영적 상태의 은혜들을 받아야 되는지에 대한 목적들이 제시된다. 그 은혜들은 칭의와 상속권과 영생의 소망이다. 우리로 그의 은혜를 힘입어 의롭다 하심을 얻어 영생의 소망을 따라 상속자가 되게 하려 하심이라(7절). 복음적 의미의 칭의는 죄인의 거저 받는 죄 사함이다. 그리고 그것은 믿음으로 받은 그리스도의 의를 통하여 죄인을 의롭다 여기는 것이다. 칭의로 말미암아 징벌을 받아야 할 죄가 용서되고 하나님 보시기에 죄인이었던 사람을 이제는 의로운 사람으로 인정하고 대우하는 것이다. 이것을 하나님은 그리스도의 희생과 의의 중재를 통하여 우리에게 값없이 베풀어 주신다. 그 의는 행위가 아니라 믿음으로 받을 수 있다. 로마서 3장 20절은 이렇게 말씀한다. 그러므로 율법의 행위로 그의 앞에 의롭다 하심을 얻을 육체가 없나니 율법으로는 죄를 깨달음이니라. 그리고 로마서 3장 24절은 25절까지 이어서 이렇게 말씀한다. 그

리스도 예수 안에 있는 속량으로 말미암아 하나님의 은혜로 값없이 의롭다 하심을 얻은 자 되었느니라. 이 예수를 하나님이 그의 피로써 믿음으로 말미암는 모든 믿는 자에게 미치는 하나님의 의니 차별이 없느니라. 곧 이때에 자기의 의로우심을 나타내사 자기도 의로우시며 또한 예수 믿는 자를 의롭다 하려 하심이라. 하나님은 죄인을 복음의 방법으로 의롭게 하시는 데 있어서 죄인에게 은혜로우시지만 하나님 자신과 그의 법에는 공의로우시다. 그리고 하나님은 완전한 의를 통해 용서하시고, 죄를 화해시키고 주를 의롭게 하는 그리스도의 대속을 통해 죄인에게 구원의 은혜를 베푸신다. 그리스도 예수 안에 있는 속량으로 말미암아 하나님의 은혜로 값없이 의롭다 하심을 얻은 자 되었다(롬 3:24). 구원의 은혜에 죄인의 공로는 없다. 그러므로 여기서 이렇게 말씀하고 있다. 우리를 구원하시되 우리가 행한 바 의로운 행위로 말미암지 아니하고 오직 그의 긍휼하심을 따라 중생의 씻음과 성령의 새롭게 하심으로 하셨나니 우리 구주 예수 그리스도로 말미암아 우리에게 그 성령을 풍성히 부어 주사 우리로 그의 은혜를 힘입어 의롭다 하심을 얻어 영생의 소망을 따라 상속자가 되게 하려 하심이라(딛 3:5-7). 다시 말해서 구원의 발생은 은혜를 통해 이루어진다는 것이다. 그것으로 하나님의 법과 공의가 만족되고 믿음에 의해 구원이 적용되게 된다. 사도행전 13장 39절은 이렇게 말씀한다. 또 모세의 율법으로 너희가 의롭다 하심을 얻지 못하던 모든 일에도 이 사람(그리스도)을 힘입어 믿는 자마다 의롭다 하심을 얻는 이것이라. 그러므로 사도 바울은 율법에 속한 그 자신의 의가 아니라 그리스도 안에서 발견되기를 바란다. 그 의는 그리스도를 믿음으로 얻게 된다. 믿음으로 얻는 그 의는 하나님의 것이다. 그러므로 우리 자신의 의나 선행의 공로를 의지하지 말고 그리스도의 의만 믿고 의지하도록 하자. 믿음으로 받는 그 의는 하나님의 의롭다 하심과 인정을 받게 해준다. 우리는 본래의 의를 소유해야 한다. 의의 열매들은 순종을 통해 나타나야 한다. 그러나 그것이 하나님 앞에서의 우리의 정당한 의가 아니라 우리의 의롭다 하심을 받은 열매가 되어야 한다. 그것은 그리스도 안에서 우리의 유익들의 증거로 나타나고, 생명과 행복을 위한 조건이 되어야 한다. 바로 그것이 의의 참 시작이고 본질이다. 그러나 이 모든 것을 획득하는 것은 그리스도를 통해서이다. 그것은 우리로 그의 은혜를 힘입어 의롭다 하심을 얻어 영생의 소망을 따라 상속자가 되게 하기 위한 것이다. 여기서 다음의 사실들을 주목하라.

우리의 의롭다 하심은 하나님의 은혜를 힘입은 것이다. 그리고 그 은혜에 의한 우리의 의롭다 하심은 우리가 영생의 상속자가 되기 위하여 필요하다. 그러한 의롭다 하심이 없이는 양자결연에 의한 자녀 신분이 없으므로 상속권도 있을 수 없다. 요한복음 1장 12절에 이렇게 말씀한다. 영접하는 자 곧 그 이름을 믿는 자들에게는 하나님의 자녀가 되는 권세를 주셨으니. 영생은 약속 가운데 우리에게 제시되고, 성령은 우리 안에 믿음과 영생의 소망을 일으키신다. 우리는 그 영생의 상속자가 되었으므로 그것을 이를테면 지금 소유한 것이나 다름없다. 믿음과 소망은 그것에 가까이 다가가게 해주고 그것을 확고하게 바라며 기쁨으로 충만하게 해준다. 가장 낮은 신자조차도 중요한 상속자이다. 지금 그가 손에 자기 몫을 가진 것이 없을지라도 그는 은혜로 말미암아 좋은 소망을 가지고 모든 어려움들을 견딜 수 있을 것이다. 앞으로 상태가 더 나아지게 될 것이다. 썩지 않고 더럽지 않고 쇠하지 아니하는 유업을 잇게 하시나니 곧 너희를 위하여 하늘에 간직하신 것이라(벧전 1:4). 가장 낮은 신자가 이것을 기다리고 있는 것이다. 이 말씀으로 신자들이 얼마나 위로를 받겠는가! 이제 이 모든 것이 왜 우리가 모든 사람에게 온유하게 되어야 하는 좋은 이유를 제시해준다. 왜냐하면 우리는 우리를 위한 하나님의 은혜와 사랑을 통해 아주 많은 유익과 축복을 체험했기 때문이다. 그러므로 우리는 그들이 하나님의 때가 되면 우리와 같은 은혜를 받고 믿음의 동반자들이 될 것이라는 소망을 가질 수 있을 것이다. 바로 이와 같은 이유들 때문에 우리가 다른 사람들을 공평하고 친절하고 온유하고 부드럽게 대해야 하는 것이다. 그들도 그들 자신의 어떤 공로가 아니라 우리가 받은 동일한 은혜로 말미암아 과거의 비참한 상태에서 현재의 행복한 상태로 바뀔 수 있을 것이다.

Ⅲ. 사도 바울은 **그리스도인들의 일반적인 의무들에 관하여** 그 이유들과 더불어 사람들에 대한 그리스도인들의 선함과 유용함에서 추론된 또 다른 이유들을 덧붙인다.   여기서 다음의 사실들을 주목하라. 바울이 우리를 위한 하나님의 은혜를 이야기하기 시작할 때 그는 즉각적인 선행의 필요성을 강조한다. 왜냐하면 우리가 우리의 의무를 힘쓰지 않는다면 하나님의 자비로운 은혜를 기대할 수 없기 때문이다. 이 말이 미쁘도다 원하건대 너는 이 여러 것에 대하여 굳세게 말하라 이는 하나님을 믿는 자들로 하여금 조심하여 선한 일을 힘쓰게 하려 함이라 이것은 아름다우며 사람들에게 유익하니라(8절). 이 말씀은 참된 그리스도인들이 따라야 할 아주 중요한 교훈이며, 그리고 목사들이 아주 진지하고 끊임

없이 되풀이하여 가르쳐야 할 교훈이다. 하나님을 믿는 사람들은 있어야 할 것이 없이 겨우 명맥만 유지하는 신앙이 그들을 구원할 것이라고 생각해서는 안된다. 구원의 신앙은 실천하는 신앙이 되어야 할 것이다. 구원의 믿음은 의의 열매를 낳는다. 그리스도인들은 계속 조심하여 선한 일을 행하도록 힘써야 할 것이다. 하나님을 믿는 사람들은 선행을 가끔 한다거나 선행을 할 기회가 오면 마지못해 해서는 안 되고 언제나 그 기회를 찾고 열심히 선한 일을 행해야 할 것이다. 이것은 아름다우며 사람들에게 유익하니라. 이것은 선한 일 즉 선행을 뜻한다. 이 구절을 이 일들의 가르침이라고 해석하는 사람도 있다. 이러한 해석은 근거 없는 생각인 것 같다. 본문에서의 이것은 그 자체로 선한 것이고 모든 사람에게 유익한 것이다. 이것은 사람들로 하여금 그들의 처지에서 일반적인 선을 행하도록 해준다. 여기서 다음의 사실들을 주목하라. 목사들은 가르칠 때 그 가르침 속에 온전하고 선한 것이 들어있는지, 그리고 듣는 사람들에게 유익이 되는 것을 전달하고 있는지를 반드시 살펴야 한다. 다시 말해서 모든 가르침이 사람들과 사회에 다같이 유익을 주고 덕을 세워야 할 것이다.

[9]그러나 어리석은 변론과 족보 이야기와 분쟁과 율법에 대한 다툼은 피하라 이것은 무익한 것이요 헛된 것이니라 [10]이단에 속한 사람을 한두 번 훈계한 후에 멀리하라 [11]이러한 사람은 네가 아는 바와 같이 부패하여 스스로 정죄한 자로서 죄를 짓느니라 [12]내가 아데마나 두기고를 네게 보내리니 그 때에 네가 급히 니고볼리로 내게 오라 내가 거기서 겨울을 지내기로 작정하였노라 [13]율법교사 세나와 및 아볼로를 급히 먼저 보내어 그들로 부족함이 없게 하고 [14]또 우리 사람들도 열매 없는 자가 되지 않게 하기 위하여 필요한 것을 준비하는 좋은 일에 힘쓰기를 배우게 하라 [15]나와 함께 있는 자가 다 네게 문안하니 믿음 안에서 우리를 사랑하는 자들에게 너도 문안하라 [16]은혜가 너희 무리에게 있을지어다

　　　여기에 본 서신의 마지막이자 다섯 번째 주제가 진술된다. 바울 사도는 디도가 가르칠 때 피해야 할 것과 이단을 다루는 법을 다른 지시들을 곁들여 진술하고 있다. 여기서 다음의 사실들을 주목하라.
　　I. 사도 바울이 뜻하는 바가 더 분명하고 충분해졌을 수 있다. 특별히 그레데에서 있었을 때와 형편보다 유대 사상에 물든 사람들이 더 많은 상황에 그의

말하는 것이 더 적합했을 수도 있다. 바울은 디도에게 가르칠 때 피해야 될 것을 이야기한다(9절). 가르침에는 논의해야 하고 해결해야 할 필요한 변론들이 있다. 그러한 것은 유용한 지식을 개선하기 위한 것들이다. 그러나 하나님의 영광이나 인간의 유익에 아무런 도움이 되지 않는 피해야 될 무익하고 어리석은 변론들이 있다. 어떤 사람들은 지식을 과시할 수도 있지만 그것은 헛된 것이다. 나중에 학교 선생들이 된 유대인 학자들 가운데 그런 사람이 많았다. 그들은 믿음이나 선행의 실천에 어떤 계기나 유익을 전혀 주지 못하는 지식을 많이 가지고 있다. 이런 것들을 피하라. 족보 이야기. 이방인 시인들 가운데 신들의 족보에 대해 떠들썩하게 이야기하는 사람들이 더러 있다. 유대인들은 족보 이야기를 아주 좋아하고 몰두했다. 합법적이고 유익한 변론들 가운데에도 피해야 될 것들이 있을 수 있다. 그러므로 그러한 변론들이 성경에 일치하고 말씀에 도움이 되는지 살펴야 하고, 특별히 구세주 그리스도의 계보를 따지는지를 살펴야 한다. 그러나 그러한 긴 족보 이야기는 겉은 그럴듯하고 화려한 것 같지만 아무런 유익이 없다. 그런데도 유대인 선생들은 그러한 쓸데없는 변론에 분주하고 그것을 듣는 사람들의 생각을 번거롭게 만들 뿐이다. 그들은 그리스도가 오신 이후 어떤 지파와 족속이 어떻게 되고 어떻게 사라졌는지에 대해 골몰한다. 마치 그들이 지금은 없어지고 없는 것들을 다시 세울 수 있기라도 하는 것처럼 말이다. 이러한 것들을 디도는 어리석고 헛된 것으로 알아 피해야 한다.

분쟁과 율법에 대한 다툼은 피하라. 모세의 율법의 의식들과 규례들을 지지하는 사람들이 있었다. 그들은 교회 안에서 그 의식들을 계속 지키려고 했다. 복음과 그리스도의 계명이 그것들을 대체하고 폐지했음에도 불구하고 말이다. 디도는 이러한 것들에 전혀 관심을 두지 말아야 하고 피하고 반대해야 했다. 왜냐하면 이것은 무익한 것이요 헛된 것이기 때문이다. 분쟁과 율법에 대한 다툼뿐만 아니라 이러한 모든 어리석은 변론과 족보 이야기는 조심해야 될 것이다. 그러한 것들은 경건을 가르치고 세우기는커녕 오히려 장애물들이다. 계속 지켜야 할 그리스도인의 신앙생활과 선한 일들이 이런 것으로 말미암아 약화되고 왜곡되고, 교회의 평화가 흔들리게 되고 복음의 전파가 방해를 받게 된다. 여기서 다음의 사실들을 주목하라. 목사들은 선하고 유익한 것들을 가르쳐야 될 뿐만 아니라 반대로 믿음을 타락시키고 경건과 선행을 가로막는 것들을 피하고 반대해야 한다. 또한 사람들의 귀나 즐겁게 하는 이야기나 들려주지 말고, 덕을 세우기에 유익한 온전한 가르침을 사랑하게 하고 받아들이게 해야 할 것이다.

II. 그러나 결국 교회 안에 이단에 속한 사람이 생길 것이기 때문에 사도 바울은 디도가 그러한 경우에 해야 할 일들과 대처 방법을 지시한다(10절). 그리스도 예수 안에 있는 진리를 저버리고, 그릇된 가르침을 제창하고, 믿음을 중요한 점에서 왜곡시키는 사상을 유포시키고, 그리고 교회의 평화를 깨뜨리는 사람은 그를 교화시키는 적절한 조치들을 취한 뒤에 멀리해야 할 것이다. 한두 번 훈계하라는 것은 혹시 그가 돌아올 수도 있고, 네 형제를 얻을지도 모르기에 그렇다. 그러나 이러한 조치가 그 사람에게 별 효험이 없다면 다른 사람이 해를 받지 않도록 그를 공동체에서 내보내고 모든 그리스도인들에게 그를 피하도록 경고해야 할 것이다. 이러한 사람은 네가 아는 바와 같이 부패하여 스스로 정죄한 자로서 죄를 짓느니라. 부패했다는 것은 진리의 기본에서 떠난 것을 의미하고 스스로 정죄했다고 하는 것은 죄를 크게 짓고 있음을 말한다. 권면으로 마음을 돌리지 않을 사람들은 그들의 죄와 잘못에 있어서 고집을 부리고 부패하고 스스로 정죄를 하게 된다. 그러한 사람들은 교회의 치리자들이 그들에게 가해야 될 징벌들을 스스로 자신에게 가해 고통을 받는다. 그들은 스스로 교회를 나가고, 스스로 교회의 교제를 끊고, 그리고 스스로 정죄를 한다. 여기서 다음의 사실들을 주목하라.

1. 이단의 악이 실제로 아주 크므로 그것이 어떤 것이든 가볍게 다루어서는 안 된다. 그래야 모든 사람이 이단에 대해 경계하고 조심하게 될 것이다. 그런 사람이 부패하고 타락한 것은 마치 건물이 파괴되어 복구나 수리가 불가능한 상태에 이른 것을 말한다. 실제로 이단에 빠진 사람들이 참 신앙으로 돌아온 경우는 아주 드물다. 그러한 타락과 부패의 현상으로는 판단의 결여, 타락한 의지, 교만, 탐심, 고집 등이 나타난다. 그러므로 그러한 것들을 조심해야 한다. 다시 말해 그렇게 되지 않으려면 겸손하고, 진리를 사랑하고, 그리고 진리를 실천해야 할 것이다. 그러면 저주 받을 이단을 피하게 될 것이다.

2. 아주 심하게 잘못된 사람들에게는 고통과 인내가 사용되어야 한다. 그들이 쉽사리 곧 그들의 잘못을 버리거나 포기하지 않을 것이다. 그러므로 적절한 때에 적절한 조치가 그들을 참 믿음으로 회복시키기 위하여 시도되어야 할 것이다.

3. 이단에 빠진 사람들에 대한 교회의 조치조차도 설득력 있고 이성적이고

합리적이어야 할 것이다. 그래야 그들이 권면을 받고, 교훈을 받고, 그리고 경계를 받게 될 것이다. 이것은 아주 중요한 의미를 지니고 있다.

4. 계속 고집을 부리고 도저히 교화시킬 수 없을 때 교회는 그런 타락한 교인을 잘라낼 권한을 가지고 있고, 또 그렇게 함으로써 교회의 순수성을 보존할 수 있을 것이다. 오히려 하나님의 축복이 될 수도 있는 교회의 그러한 징계가 범죄자를 교화시키는 영향을 미칠 수 있다. 그렇게 되지 않으면 그는 더욱 용서 받을 수 없는 정죄에 빠지게 될 것이고 또 그렇게 내버려 둘 수밖에 다른 도리가 없을 것이다.

Ⅲ. 사도 바울은 다른 지시를 덧붙여 말한다(12, 13절). 두 개의 개인적인 일들이 부가된다.

1. 디도는 아데마나 두기고를 그레데로 보내자마자 급히 바울을 만나러 니고볼리로 오라는 지시를 받는다. 아데마나 두기고가 디도를 대신해서 디도가 떠나 있는 동안 그레데에 있는 교회들을 돌보게 될 것이다. 사도 바울은 교회를 지도하고 도울 수 있는 충분한 자질의 사역자가 없이 아직 어리고 약한 상태의 교회를 내버려 두지 않았다. 디도는 그 교회들의 통상적인 정주하는 감독이나 목사가 아니라 전도자이었던 것 같다. 그렇지 않았으면 바울이 디도를 그의 임지에서 그렇게 자주 불러내지 않았을 것이다. 아데마에 대한 기록을 우리가 별로 읽지 못하지만 두기고는 여러 차례 언급이 되고 있다. 바울이 두기고를 사랑을 받은 형제요 주 안에서 진실한 일꾼으로 부르고 있다(엡 6:21). 그러므로 두기고는 그 일을 잘 아는 적합한 사역자였을 것이다. 바울이 디도에게 말할 때 그 때에 네가 급히 니고볼리로 내게 오라 내가 거기서 겨울을 지내기로 작정하였노라고 말하는 것으로 보아 바울이 이 서신을 니고볼리에서 보내지 않았음이 분명하게 드러난다. 본 서신의 추신도 그 사실을 말해 주고 있다. 왜냐하면 바울이 그 때 내가 여기가 아니라 거기서 겨울을 보내기로 작정했다고 말하고 있기 때문이다.

2. 디도에게 말한 다른 개인적인 부탁은 바울의 친구들 가운데 두 사람 세나와 아볼로를 먼저 서둘러 보내고 그들이 부족한 것이 없게 도와주라고 한 것이다. 이 부탁은 행해졌을 것이다. 그것은 일종의 일반적인 공손함에서 뿐만 아니라 그리스도인 경건의 한 의무로서도 이행되었을 것이다. 다시 말해서 그들에게 부족함이 없게 하는 것은 그 두 사람에 대한 존경과 그들을 보내는 업무

차원에서도 필요한 배려였을 것이다. 업무 차원이라고 하는 것은 아마도 복음을 전파하고 교회에 유익한 어떤 일에 그들이 필요했을 수도 있다. 그것이 로마법과 관련된 것이든 아니면 모세 율법에 관련된 것이든 율법교사라고 부르는 세나는 종종 그의 신앙 고백이 언급된 것으로 미루어 신빙성이 없는 사람이다. 반면에 아볼로는 뛰어나고 신실한 사역자였다. 그 여행길에 그러한 사람들을 동행하고 그들의 일과 여행에 그들을 수발하는 역할은 경건하고 없어서는 안 될 봉사였다. 이러한 부탁에 더하여 사도 바울은 디도에게 전에 가르치라고 권했던 것을(8절) 지금 다시 되풀이하고 있다. 또 우리 사람들도 열매 없는 자가 되지 않게 하기 위하여 필요한 것을 준비하는 좋은 일에 힘쓰기를 배우게 하라(14절). 하나님을 믿는 그리스도인들은 좋은 일에 힘쓰기를 배워야 할 것이다. 그리스도인들은 특별히 복음을 전파하고 퍼뜨리는 일을 돕는 사역자들이 되기를 힘써야 하고 그렇게 함으로써 진리를 위하여 함께 일하는 자가 되어야 할 것이다(요삼 5-8). 열매 없는 자가 되지 않게 하기 위하여 힘써야 할 것이다. 그리스도교는 열매 없는 신앙 고백이 아니다. 그리스도교를 믿기로 고백한 사람들은 예수 그리스도로 말미암아 의의 열매가 가득하여 하나님의 영광과 찬송이 되기를(빌 1:11) 힘써야 할 것이다. 그리스도인들은 해를 끼치지 않는 사람들이 되는 것만으로는 충분하지가 않다. 그들은 악을 피해야 될 뿐만 아니라 이익이 되고, 선한 일에 힘쓰는 사람이 되어야 한다. 다시 말해서 우리는 정직한 노동과 일을 열심히 하여 자신과 가족을 부양하고 무익한 짐이 되지 않도록 힘써야 할 것이다. 본문의 말씀을 이렇게 이해하는 사람도 있다. 그리스도교가 신앙 고백자들에게 의무 면제 명령서를 전달한다고 생각해서는 안 된다. 오히려 그리스도교는 신자들의 의무로 정직한 노동과 직업에 열심히 종사하고 그것을 통해 하나님과 함께 거할 것을 요구한다. 이러한 의무는 좋은 평판을 낳을 것이고, 그리스도교의 명예를 높여줄 것이고 인류에게 유익을 줄 것이다. 그들은 몸의 지체 곧 교회의 무익한 교인들이 안 될 것이고 또한 다른 사람들에게 짐스러운 존재들이 안 될 것이다. 게다가 그들은 필요한 사람들에게는 유능한 조력자들이 될 것이다. 필요한 것을 준비하는 좋은 일에 힘쓰기를 배우게 하라. 이것은 꿀벌 가운데 수벌처럼 다른 사람의 노동과 수고에 기대어 빈둥거리며 살라는 것이 아니라 공동의 유익을 위하여 열매가 풍성한 삶을 살라는 것이다.

IV. 사도 바울은 인사와 축도로 마무리하고 있다(15절). 개인적으로는 알려져 있지 않지만 바울과 함께 있는 자가 다 곧 함께 있는 모든 사람이 디도에게 그들의 사랑과 좋은 소원을 전한다. 그들은 그 문안을 통해 디도의 일을 인정하고 디도가 일을 계속 수행하도록 격려한다. 큰 위로와 격려는 우리와 함께 해주고 우리를 위해주는 다른 그리스도인들의 마음과 기도를 얻는 일이다. 믿음 안에서 우리를 사랑하는 자들에게 너도 문안하라. 이러한 사람들이 바로 사랑하는 우리의 동료 그리스도인들이다. 어떤 사람 안의 거룩함이나 하나님의 형상이 모든 다른 인연들을 강하게 해주는 가장 사랑스러운 것이고 그 자체로 가장 좋은 것이다. 은혜가 너희 무리에게 있을지어다. 아멘. 이것은 디도만 아니라 바울과 함께 한 모든 신자들에게 한 마지막 축도이다. 그것은 본 서신이 표제에서 디도에게 보내는 편지라고 말을 하고 있기는 하지만 교회들의 사용을 위한 것이기도 하다. 편지를 쓰는 사도 바울의 눈에 그 교회들이 아른거렸고 사도의 마음에 사무쳤다. 은혜가 너희 무리에게 있을지어다. 이것은 필요에 따라 그 은혜의 열매들과 결과들과 함께 하나님의 사랑과 은총이 특별히 영적인 사람들에게 있고 그 영혼에 하나님의 사랑과 은총이 점점 더 늘어나고 체험하기를 비는 축도이다. 이 축도는 사도의 소원과 기도이다. 이것은 그들을 향한 바울의 사랑, 그들의 유익을 비는 그의 소망, 그리고 하나님의 사랑과 은총을 얻는 방법, 하나님께 요구하는 것을 그들에게 임하게 하는 방법을 제시해주는 사도의 축도이다. 여기서 다음의 사실들을 주목하라. 은혜는 우리 자신과 다른 사람들을 위하여 소망하고 구해야 될 중요한 것이다. 한 마디로 그것은 모두 좋은 것이다. 아멘(한글 개역개정 본문에는 생략됨)은 갈망과 소망을 나타내는 기도의 맺음말이다. 그것은 그렇게 될 것이다 또는 그렇게 이루어지이다 는 뜻이다.

빌레몬서

서론

빌레몬에게 보내는 이 서신은 바울의 이름으로 보낸 서신들 가운데 마지막 것이다. 그 이유는 이 서신이 아마도 가장 짧은 편지이고 모든 다른 서신들과 다른 독특한 논증을 다루고 있기 때문일 것이다. 그러나 바울이 사용한 하나님의 영과 같은 표현은 본질적으로 교회들에 아주 교훈적이고 유용하다. 다음과 같은 것이 그러한 경우이다. 브루기아의 골로새 교회의 유명한 목사였을 빌레몬은 오네시모란 이름의 종을 소유하고 있었다. 오네시모는 빌레몬의 물건을 훔쳐 달아났다. 오네시모는 이리저리 돌아다니다가 로마에 오게 되었다. 그 당시 그 곳에서 바울이 복음을 위하여 죄수로 지내고 있을 때였다. 그런데 하나님의 섭리로 오네시모가 바울의 설교를 듣게 되었다. 더욱 놀라운 사실은 오네시모가 하나님의 축복을 받아 바울을 통해 회심하게 되었다. 그 뒤 오네시모는 갇혀 있는 사도를 잠시 시중을 들었다. 그리고 그가 바울에게 아주 쓸모가 있었던 모양이다. 그러나 오네시모가 다른 사람의 노예라는 것을 알게 된 바울은 그의 주인의 동의가 없이는 오네시모를 붙들어 둘 수가 없었다. 그래서 바울은 추천장을 써서 오네시모에게 주고 주인에게 돌려보낸다. 그 편지에서 바울은 오네시모를 용서하고 친절하게 받아달라고 진지하게 간청한다. 여기서 다음의 사실들을 주목하라.

I. 그의 은혜로우신 섭리를 통해 한 불쌍한 방황하는 죄인에게 베풀어진 하나님의 선하심과 긍휼이 그를 회심하게 해주었다. 나는 나를 구하지 아니하던 자에게 물음을 받았으며 나를 찾지 아니하던 자에게 찾아냄이 되었으며(사 65:1)라는 말씀처럼 오네시모는 하나님에 의해 찾아냄을 받게 되었다.

II. 참된 회심자와 회심의 도구로 하나님이 사용하신 바울 사이에 크고 귀한 사랑이 역사했다. 바울은 이 불쌍한 도망자를 이제 믿음 안에서 얻은 아들처럼 사랑하고 존중하며 자신의 동역자라고까지 한다. 오네시모는 이미 감옥에 갇힌 바울을 섬기고 있다. 그래서 오네시모는 계속 봉사하는 것을 좋아했을 것이다. 그러나 다른 사람의 종이므로 그는 주인에게 돌아가서 주인에게 복종하고 주인의 처분을 따라야 했다.

III. 이 복 있는 사도 바울의 온유하고 선한 정신이 본 서신에서 드러난다. 바울은 이 불쌍한 노예에게 아주 간절한 관심과 배려를 베풀고 있다. 이제 바울의 설교와 전도를 통하여 하나님과 오네시모를 화해시킨 바울은 오네시모와 그의 주인을 화해시키기 위하여 애를 쓴다. 바울이 본 서신에서 오네시모를 위하여 쓰고 있는 글이 얼마나 애처롭고 감동적인가! 이런 경우의 주장은 누구라도 잊기가 어려울 것이다. 그래서 모두가 감동받을 수밖에 없는 어조로 그 종에 대해 가장 큰 호의와 배려를 베풀어 달라고 바울은 강하게 간청하고 있다.

IV. 특정한 개인에게(디모데, 디도, 가이오 및 택함받은 여인 등에게 보낸 것처럼) 보낸 서신이면서 특정한 개인적인 문제 즉 불쌍한 도망자 노예를 다시 그 주인의 집에서 호의를 베풀어 받아 달라고 하는 내용을 이 서신은 담고 있다. 그런데 교회에 대해 크게 관심을 기울일 수 없는 이 짧막한 서신 속에 하나님의 놀라운 섭리가 나타나고 있다. 이 서신에는 일반적인 구원에 대해 어떤 내용이 제시되고 있는가? 여기에는 특별한 하나님의 보살핌이 담겨 있다. 이 짧은 서신도 다른 성서와 마찬가지로 하나님의 감동으로 된 것으로 교훈과 책망과 바르게 함과 의로 교육하기에 유익하다(딤후 3:16). 하나님은 그의 긍휼과 용서하심을 바라는 아주 비천하고 악한 죄인들을 위로하고 격려하시기 위하여 베푸시는 그의 풍성하고 거저 주시는 은혜의 증거와 실례를 남기셨다. 그리고 하나님은 비참한 상태에 있는 사람들을 완전히 버림받은 사람인 것처럼 판단하지 말고 그들이 구원받을 수 있다는 소망을 가지고 그것을 그들의 회심의 기회로 삼고 누구라도 멸시하지 않도록 목회자들과 다른 사람들을 교훈하시기 위한 증거로 이 서신을 남겨두셨다. 또한 그러한 사람들을 다루는 방법이 본 서신에 제시되고 있다. 한 사람의 죄인이 회개하면 하늘에서도 기쁘고 땅에서도 기뻐야 한다. 그런 죄인들이 이제는 사랑받게 되고, 도움을 받게 되고, 선을 확증하게 되고, 그리고 그 선을 더 발전시키는 사람들로 변화된다. 그리고 그들의 외적인 용건들에 있어서도 그들의 생활과 복지가 가능한 한 많이 배려되고 향상되어야 할 것이다. 그리고 그들 편에서 해야 할 일은 하나님과 그들이 받은 은혜를 위해 사용된 하나님의 도구들을 인정하고 감사하는 것이다. 그리고 그들은 언제라도 그 은혜를 모든 적절한 방법으로 갚으려고 하고, 그들이 손해를 입힌 것에 대해서는 최대한 보상을 하려 하고, 그리고 감사와 순종의 삶을 살려고 해야 할 것이다. 그러한 목적들을 위하여 본 서신이 기록되고 보존되었다.

V. 본 서신에 이 모든 것에 더하여 어떤 다른 것이 있을 수 있다. 최소한 암시를 통해서 불쌍한 죄인들을 위한 그리스도의 명상과 중보기도에 적용될 수 있는 것이 있을 수 있다. 우리들도 오네시모처럼 하나님을 섬기기를 거부하고 하나님의 권리를 침해하고 손해를 끼쳤었다. 그런데 예수 그리스도가 우리를 발견하시고, 그의 은혜로 우리를 변화시키시고, 우리를 위하여 하나님 아버지에게 중보해주신다. 그것은 우리가 하나님의 은총을 받고 다시 하나님의 가족이 되고, 그리고 과거의 죄들이 용서받을 수 있게 하기 위한 것이다. 우리는 하나님 아버지가 언제나 그리스도의 기도를 들으시는 줄 확신한다. 그러므로 사도 바울이 빌레몬을 설득해 오네시모를 용서하고 받아들이게 했으리라는 것을 의심할 이유가 전혀 없다. 하나님 아버지에 대한 그리스도의 중보가 모든 경우에 다 받아들여졌다는 사실을 확신할 수 있는 이유를 우리는 더 많이 가지고 있다. 이 전체적인 고찰을 통해 우리는 본 서신의 본질을 발견하고 깨닫게 된다.

제 1 장

개요

이 서신에서 우리는 다음의 사실들을 발견하게 된다. Ⅰ. 머리말(1-7절). Ⅱ. 본 서신의 요지(8-21절). Ⅲ. 결론(22-25절).

¹그리스도 예수를 위하여 갇힌 자 된 바울과 및 형제 디모데는 우리의 사랑을 받는 자요 동역자인 빌레몬과 ²자매 압비아와 우리와 함께 병사 된 아킵보와 네 집에 있는 교회에 편지하노니 ³하나님 우리 아버지와 주 예수 그리스도로부터 은혜와 평강이 너희에게 있을지어다 ⁴내가 항상 내 하나님께 감사하고 기도할 때에 너를 말함은 ⁵주 예수와 및 모든 성도에 대한 네 사랑과 믿음이 있음을 들음이니 ⁶이로써 네 믿음의 교제가 우리 가운데 있는 선을 알게 하고 그리스도께 이르도록 역사하느니라 ⁷형제여 성도들의 마음이 너로 말미암아 평안함을 얻었으니 내가 너의 사랑으로 많은 기쁨과 위로를 받았노라

바울은 본 서신의 머리말을 통해 자신의 현재 형편과 글을 쓴 목적을 밝히고 있다. 여기서 다음의 사실들을 주목하라.

Ⅰ. 머리말의 첫 두 절에서 본 서신의 발신자와 수신자가 누구인지를 발견하게 된다. 그것을 병기된 언급이나 호칭으로 알 수 있다. 이것은 다소나마 본 서신의 목적을 암시해준다.

1. 발신자. 그는 바울이다. 그는 자신을 그리스도 예수를 위하여 갇힌 자로 부르고 있다. 단순히 갇힌 자가 된다는 것은, 다시 말해 죄수가 된다고 하는 것은 안심할 일도 아니고 전혀 명예로운 일도 아니다. 바울과 같은 사람에게 그것은 믿음과 복음의 전파를 위한 것이었다. 그러한 처지의 사람이 빌레몬에게 오네시모를 위하여 간청하는 것은 참된 영광과 적절한 것이었다. 그리스도와 그의 복음을 위하여 고난당하는 사람의 간청은 분명히 그리스도교 신자와 사역자의 무시할 수 없는 존중을 받았을 것이다. 그리고 교회의 유명한 지도자이고 바울

이 종종 믿음의 아들이라고 부르고 지금은 세월이 좀 더 지나 형제라고 부르는 디모데와 함께 협력하여 힘을 쓴다면 더 설득력이 있었을 것이다. 누가 그러한 두 청원자들을 거절할 수 있었겠는가? 바울은 불쌍한 회심자를 섬기는 일을 무시하지 않는다. 바울은 그 일에 자신이 할 수 있는 모든 도움을 아끼지 않는다.

　2. 수신자들은 빌레몬과 자매 압비아와 그들과 함께 있는 아킵보와 빌레몬의 집에 있는 교회이다. 오네시모의 주인 빌레몬이 대표 수신자이다. 그는 본 서신의 표제로 사용되고 있다. 그는 그 집안의 대표이고 집안의 모든 일을 관장하는 권위와 권한을 가지고 있고 오네시모도 그의 재산의 일부였다. 그러므로 모든 일의 책임자는 빌레몬이었다. 우리의 사랑을 받는 자요 동역자인 빌레몬. 그는 좋은 사람이고 아마 목회자였던 것 같다. 바울은 그 두 가지 이유로 빌레몬을 극진히 사랑했던 것 같다. 선한 사람들을 사랑하는 것은 선한 목회자의 한 특성이다(딛 1:8). 특별히 복음 사역을 감당하는 사람들과 신자들에게는 그러한 사랑이 있어야 한다. 그리스도인들의 일반적인 소명은 그리스도인들과 함께 결합하여 잘 지내면 된다. 그러나 목사들의 특별한 소명이 관련이 될 때는 더욱더 사랑이 있어야 될 것이다. 가장 높은 차원의 목회 사역을 하는 바울이 디모데를 전도자와 형제로 부르고 있다. 그러나 그는 평범한 목회자인 빌레몬을 그의 사랑하는 동역자라고 부르고 있다. 그것은 겸손과 정중함을 나타내는 본보기이다. 그것은 교회의 가장 높은 지위에 있는 사람이 동일한 하늘나라의 소명을 위하여 같이 일하는 사람들에게 나타낼 수 있는 모든 애정어린 관심사들 가운데 하나이다. 빌레몬과 함께 힘을 합하여 일하는 압비아는 아마 그의 배우자였을 것이다. 그래서 가사 일에 관해서는 사도 바울이 그녀에게 지시하고 있는 것 같다. 그녀도 오네시모로 말미암아 상처를 받은 사람의 무리에 속했을 것이다. 그래서 화해와 용서를 위해 편지에서 그녀를 언급하는 것이 적절한 배려였을 것이다. 공정함과 신중함이 바울로 하여금 그의 편지의 선한 목적을 이루는 데 도움을 줄 수 있는 그녀를 분명하게 언급하게 했을 것이다. 그녀가 아킵보 앞에 제시되고 있다. 그것은 그녀에게 더 많은 관심을 기울인 것으로 보인다. 가사 일들에 있어서 남편과 아내 사이에 친절한 협력이 이루어진 것으로 보인다. 그들의 관심은 하나이고 그들의 애정과 행위가 일치를 했음이 분명하다. 빌레몬과 압비아가 주요 수신자들이다. 덜 중요한 수신자들은 아킵보와 빌레몬 집에 있는 교회이다. 아킵보는 골로새 교회의 목회자이었다. 그는 빌레몬의 친

구이고 아마 빌레몬과 함께 사역한 공동 목회자였을 것이다. 바울은 아킵보가 빌레몬이 함께 의논할 사람이고, 그리고 화해시키고 용서하는 선한 일을 진전시킬 수 있는 사람으로 생각했을 수도 있다. 그러므로 바울은 우리와 함께 병사 된이라는 수식어구와 함께 아킵보의 이름을 본 서신의 머리말에 넣는 것이 좋다고 생각했을 수도 있다. 바울은 빌레몬을 동역자로 불렀다. 목사들은 자신들을 일꾼들과 병사들로 생각해야 한다. 그러므로 목사들은 고난을 감내해야 하고 어려움을 견뎌야 한다. 그들은 경계해야 하고 위치를 잘 지켜야 한다. 그리고 그들은 동역자들로서 서로를 살펴주어야 한다. 그들은 병사들로서 함께 싸워야 하고 서로 도와야 한다. 그들은 그들의 거룩한 직능과 소명의 일은 어떤 것이든 마음을 함께 하여야 한다. 그들은 영적인 무기들을 공급 받는지를 살펴야 하고 그 무기들을 사용할 수 있는 기술을 가지고 있는지 살펴야 한다. 일꾼들로서 그들은 말씀과 성례와 치리를 섬겨야 한다. 그리고 그들은 영혼을 위하여 경성하기를 자신들이 청산할 자인 것 같이 해야 한다(히 13:17). 그리고 병사들로서 주의 싸움을 싸워야 한다. 병사로 복무하는 자는 자기 생활에 얽매이는 자가 하나도 없나니 이는 병사로 모집한 자를 기쁘게 하려 함이라(딤후 2:4). 이것들에 더하여 네 집에 있는 교회에, 다시 말해서 그의 전체 가족이 하나님의 집에서 예배를 드려야 한다. 여기서 다음의 사실들을 주목하라.

(1) 가족은 그 가운데 한두 사람이 경건하지 않거나 악할 수는 있지만 일반적으로 아주 경건해야 한다. 불행하게도 그 가족의 경건이 오네시모의 죄를 변화시켜주지 못했다. 그는 그 곳에서 더 잘 배울 수 있었고 당연히 그랬어야 했다. 그러나 오네시모는 도망해서 드러날 때까지 자신의 잘못된 행위를 몰래 감추고 있었던 것 같다. 죄의 행위들이 공개적으로 드러날 때까지는 마음속의 죄들이 사람들에게 알려지지 않는다. 그러나 하나님께는 그렇지 않다.

(2) 이 한 사람의 악한 종이 빌레몬의 집이 가진 교회의 명예를 가로막지 못했다. 왜냐하면 교회에서는 신앙적인 예배와 질서가 계속 지켜졌기 때문이다. 모든 가족들이 신앙적이 되어야 할 것이다. 다시 말해서 집과 가정이 신앙생활의 양성소, 하나님이 찾아오시는 공동체, 하나님의 말씀을 읽는 곳, 하나님의 안식일을 지키는 곳, 하나님을 아는 지식을 교육받는 곳, 그리고 하나님에 대한 의무를 교육받는 곳이 되어야 할 것이다. 이런 것들을 무시하면 그 가정은 다 무지와 타락에 빠지게 되고 말 것이다. 선한 가족이 천국 양성소가 되는 것처

럼 악한 가족은 지옥 양성소가 될 것이다.

(3) 가족의 가장과 다른 사람들이 그들의 개인적인 능력들에서 각기 혼자나 개별적으로 선해지는 것만으로는 충분하지가 않고 구성원이 다 선해져야 할 것이다. 여기서 빌레몬의 집이 교회였던 것처럼 말이다. 바울은 이 오네시모의 문제에 모든 사람이 애정과 관심을 가지기를 지시한다. 그 지시는 빌레몬과 오네시모의 애정이 서로를 위해 다같이 회복될 수 있고, 그리고 그들이 서로 화해할 수 있도록 하기 위한 것이다. 한 가족 모두가 개인적인 복지와 공동의 유익을 위하여 서로에게 좋은 영향을 미치는 것은 바람직한 일이다. 바울이 그의 편지에서 여러 사람들의 이름을 일일이 언급하고 있는 것은 바로 그러한 이유 때문이었을 것이다. 그것은 모든 사람들이 이 불쌍한 회심자 오네시모를 기꺼이 받아들이게 하고 그에게 애정을 베풀도록 하기 위한 것이다.

II. 이름을 말하고 있는 사람들에 대한 인사(3절). 하나님 우리 아버지와 주 예수 그리스도로부터 은혜와 평강이 너희에게 있을지어다. 이 인사는 바울이 쓰는 모든 서신의 상징이다. 바울은 그의 모든 친구들이 잘되기를 진심으로 바라는 사람이다. 그는 그들을 위해 가장 좋은 것을 소원한다. 그가 그들을 위하여 우선적으로 바라는 것은 금이나 은 같은 지상의 것들이 아니라 하나님 우리 아버지와 주 예수 그리스도로부터 나오는 은혜와 평강이다. 바울은 그의 친구들에게 직접 줄 수 없지만 그들에게 베풀어주실 수 있는 분에게 그들을 위하여 기도할 수 있다. 은혜는 하나님의 거저 주시는 은총과 호의이다. 그것은 모든 축복의 근원이다. 평강은 은혜의 열매와 결과로 나타나는 것으로 모든 사람에게 좋은 것이다. 너희에게, 다시 말해서 너희에게 베풀어진다는 말이다. 이것은 편안한 느낌과 의미를 주기 위해 사용이 되고 있다. 하나님 우리 아버지와 주 예수 그리스도로부터. 이 말씀이 암시하는 바는, 이름이 언급되고 있지는 않지만 성령으로 이해되고 있다. 왜냐하면 피조물들에 대한 모든 행위들은 전체 삼위일체의 역사이기 때문이다. 그리스도 안에서 우리의 아버지이신 하나님 아버지로부터, 곧 자존하시고 역사하시는 서열상 제일위이신 하나님으로부터 은혜와 평강이 나온다. 그리스도로부터 하나님이신 그의 은총과 호의가 나온다. 그리고 중보자이시고 하나님과 사람이신 그리스도를 통하여 은혜의 열매들이 나온다. 우리가 받아들여지는 것은 사랑하는 그리스도 안에서이다. 그리고 그리스도를 통하여 우리는 평화와 모든 선한 것들을 받게 된다. 그리스도는 성부와 성령과 함께 계시며 모든 사람이 바라보아야 하고 감사해야 되고 찬양해야 된다. 그리고 그리스도는 예수와 그리스도뿐만 아니라 주님으로도 인정받으셔야 한다. 고린도후서 13장 13절에서 사도의 축도가 완전하게 표현되어 있다. 주 예수 그리스도의 은혜와 하나님의 사랑과 성령의 교통하심이 너희 무리와 함께 있을지어다. 여기서 다음의 사실들을 주목하라. 영적인 축복들은 우리가 우리 자신과 다른 사람들을 위하여 특별히 먼저 구해야 할 것들이다. 하나님과 그와의 평화의 은총은 그 자체로 가장 좋고 가장 바람직스러운 선한 것이다. 마찬가지로 하나님의 은총은 모든 다른 것의 원인이다. 그리고 그것은 모든 지상적인 것들이 부족할 때조차도 행복할 수 있게 해준다. 비록 무화과나무가 무성하지 못하며 포도나무에 열매가 없으며 감람나무에 소출이 없으며 밭에 먹을 것이 없으며 우리에 양이 없으며 외양간에 소가 없을지라도 나는 여호와로 말미암아 즐거워하며 나의 구원의 하나님으로 말미암아 기뻐하리로다(합 3:17, 18). 여러 사람의 말이 우리에게 선을 보일 자 누구뇨 하오니 여호와여 주의 얼굴을 들어 우리에게 비추소서 주께서 내 마음에 두신 기쁨은 그들의 곡식과 새 포도주가 풍성할 때보다 더하니이다(시 4: 6,7). 그리고 민수기 6장 26절에 이렇게 말씀하고 있다. 여호와는 그 얼굴을 네게로 향하여 드사 평강 주시기를 원하노라. 이 평강 안에서 모든 선한 것이 요약되고 이 한 원천에서 곧 성부 하나님과 성자와 성령으로부터 모든 것이 나온다. 빌레몬과 그의 친구들과 가족에게 보내는 인사를 마친 뒤에 사도 바울은 빌레몬이 더 잘 되기를 비는 간구를 그를 위해 한다.

III. 바울은 감사와 그를 위하여 하나님께 드리는 기도를 통하여 빌레몬에 대한 각별한 사랑을 표현한다. 그리고 바울은 자신이 알고 있고 빌레몬에 관하여 들은 많은 선한 일들에 대하여 큰 기쁨을 나타낸다(4-7절). 빌레몬에 대한 감사와 기도의 목적과 상황과 문제를 바울은 여기서 진술하고 있다. 그것을 통해 바울이 빌레몬의 선함에 대해 많이 알게 되었다.

1. 빌레몬에 대한 바울의 칭찬과 기도가 진술되고 있다. 내가 항상 내 하나님께 감사하고 기도할 때에 너를 말함은(4절). 여기서 다음의 사실들을 주목하라.

(1) 그것이 어느 곳에 있든 누가 행한 것이든 모든 선한 것의 창조자는 하나님이시다. 나로 말미암아 열매를 얻으리라(호 14:8). 그러므로 하나님께 모든 찬양을 마땅히 돌려야 한다. 역대상 29장 13절과 14절에서 이렇게 말씀하고 있다. 우리 하나님이여 이제 우리가 주께 감사하오며 주의 영화로운 이름을 찬양하나이

다 나와 내 백성이 무엇이기에 이처럼 즐거운 마음으로 드릴 힘이 있었나이까 모든 것이 주께로 말미암았사오니 우리가 주의 손에서 받은 것으로 주께 드렸을 뿐이니이다. 우리는 마음과 뜻을 다해 하나님께 바쳐야 한다. 이것 때문에 우리가 하나님께 감사하고 하나님의 영광스러운 이름을 찬양해야 한다.

(2) 감사와 기도를 통해 그들의 하나님이신 하나님께 나아가는 것은 선한 사람들의 특권이다. 우리의 하나님이시여, 우리가 당신에게 감사드리나이다 하고 다윗은 말했다. 바울은 내가 나의 하나님께 감사드리나이다 하고 말했다.

(3) 우리의 기도와 감사를 우리 자신뿐만 아니라 다른 사람들을 위해서도 하나님께 드려야 한다. 개인적인 기도가 개인적인 영혼만을 위한 것이 되어서는 안 될 것이다. 그것은 우리 자신의 일들만 생각하는 것이 아니라 다른 사람들도 기억하는 것이 되어야 할 것이다. 우리는 우리가 아는 한 그들 속에 있는 것이나 그들이 행한 것이나 그들이 받은 것에 어떤 선한 것이 있다면 그것을 기뻐하고 감사해야 할 것이다. 그리고 우리는 그들이 필요로 하는 것을 그들을 위하여 간구해야 할 것이다. 이러한 기도에는 성도의 교통이 적지 않은 자리를 차지한다. 바울은 개인적인 감사와 기도를 할 때 그의 친구들을 기억하는데 종종 각별했다. 내가 항상 내 하나님께 감사하고 기도할 때에 너를 말함. 때로 이름을 거명하는 것으로 나타나거나 그들을 각별하게 생각하는 것으로 나타났다. 하나님은 이름을 말하지 않아도 누구를 의미하는지를 아신다. 이것은 사랑을 나타내는 수단이 되고 다른 사람들에게 좋은 것을 얻게 해주는 수단이 된다. 너희 기도에 나와 힘을 같이하여 나를 위하여 하나님께 빌라(롬 15:30)고 바울은 말했다. 바울이 자신을 위하여 바라는 것은 그가 다른 사람들을 위하여 습관적으로 기도하는 것이었다. 모든 사람도 그렇게 해야 할 것이다. 야고보서 5장 16절에서 이렇게 말씀한다. 서로 기도하라.

2. 바울의 기도의 상황이 제시된다. 항상 너를 말한다. 항상 곧 한두 번이 아니라 언제나 자주 기도한다는 것이다. 그러므로 우리는 그리스도인 친구들을 항상 마음과 생각 속에 담아두고 그들의 처지가 필요로 할 때마다 하나님 앞에서 자주 기억하고 기도해야 할 것이다.

3. 빌레몬과 관련하여 바울의 감사와 기도의 내용이 제시된다.

(1) 바울의 감사의 내용.

[1] 바울은 빌레몬이 주 예수에게 나타낸 사랑을 듣고 그것을 하나님께 감사

드린다. 주 예수 그리스도는 하나님으로 최상의 사랑을 받으셔야 한다. 그것은 그리스도의 완전한 신성이 요구하는 것이다. 우리와 관련하여 주님이시요, 우리의 주님이시요, 우리의 창조주이시요, 구속주이시요, 우리의 구주이신 그리스도는 우리를 사랑하셨고 우리를 위하여 주님 자신을 주셨다. 바울은 빌레몬의 사랑의 표시와 표현을 듣고 그것을 하나님께 감사드린다.

[2] 그는 그리스도를 믿는 빌레몬의 신앙을 감사드린다. 그리스도에 대한 사랑과 믿음은 그리스도인의 주요한 은혜들이다. 왜냐하면 믿음은 하나님께 감사드려야 할 중요한 근거가 되기 때문이다. 바울은 로마서 1장 8절에서 이렇게 말한다. 내 하나님께 감사함은 너희 믿음이 온 세상에 전파됨이로다. 골로새 교인들에 관련하여 바울은 골로새서 1장 3절과 4절에서 이렇게 말한다. 우리가 너희를 위하여 기도할 때마다 하나님 곧 우리 주 예수 그리스도의 아버지께 감사하노라 이는 그리스도 예수 안에 너희의 믿음과 모든 성도에 대한 사랑을 들었음이요. 이것이 구원의 은혜이고 그리스도인의 생활과 모든 선한 일들의 참된 원리이다.

[3] 바울은 모든 성도들에게 보인 빌레몬의 사랑을 하나님께 감사드린다. 이 두 가지는 항상 함께 있어야 한다. 그 이유는 예수께서 그리스도이심을 믿는 자마다 하나님께로부터 난 자니 또한 낳으신 이를 사랑하는 자마다 그에게서 난 자를 사랑하느니라(요일 5:1) 말씀하고 있기 때문이다. 사도 바울은 이것들을 곧 기도와 감사와 사랑을 골로새서 1장 3절과 4절에서 결합시킨다. 우리가 너희를 위하여 기도할 때마다 하나님 곧 우리 주 예수 그리스도의 아버지께 감사하노라 이는 그리스도 예수 안에 너희의 믿음과 모든 성도에 대한 사랑을 들었음이요.

이것들은 모든 그리스도인들이 사랑해야 할 그리스도의 형상을 지니고 있다. 필수적인 것이 아닌 다른 감정들과 방법들이 진리에 대한 사랑을 다르게 만들지 않을 것이다. 그 형상이 관계되는 많거나 적으냐에 따라 사랑의 정도가 차이가 날 수도 있지만 말이다. 단순한 외적인 차이들은 아무것도 아니다. 바울은 한 불쌍한 회심한 노예를 그의 심복으로 부르고 있다. 우리는 하나님이 그렇게 하시는 것처럼 모든 성도들을 사랑해야 한다. 바울은 그가 편지를 보내는 교회들뿐만 아니라 특정한 개인들에게서 나타나는 좋은 일을 위하여 하나님께 감사드렸다. 이러한 일을 바울이 들어서 안 것일지라도 감사를 드렸다. 주 예수와 및 모든 성도에 대한 네 사랑과 믿음이 있음을 들음이니. 이것은 바울이 그의 친구들, 진리, 성장, 그들의 은혜의 충만, 그리스도 안의 믿음, 그리스도와 모든 성도들에 대한 사랑 등에 관하여 간구했던 감사와 기도였다. 성도들에 대한 사랑은 그것이 진실한 것이라면 모든 성도들을 위한 보편적이고 우주적인 사랑이 되어야 할 것이다. 그러나 믿음과 사랑이 마음속에 감추어져 있는 것일지라도 그 결과와 열매들은 나타나야 될 것이다.

(2) 사도는 기도를 감사와 연결시킨다. 빌레몬의 신앙과 사랑의 열매들이 더욱더 두드러졌을 수 있다. 그래서 그리스도 예수에 대한 빌레몬과 그의 집에 있는 모든 선한 것들을 다른 사람들이 인정하지 않을 수 없었을 것이다. 마태복음 5장 16절에 말씀한다. 이같이 너희 빛이 사람 앞에 비치게 하여 그들로 너희 착한 행실을 보고 하늘에 계신 너희 아버지께 영광을 돌리게 하라. 이러면 사람들이 마음에 이것을 본받고 싶은 감동을 받게 될 것이다. 하나님의 역사하시는 일들은 겉으로 드러나는 헛된 영광이 아니라 하나님의 영광과 사람들의 유익으로 나타나게 될 것이다.

4. 바울은 그의 기도와 감사에 한 가지 이유를 덧붙인다. 형제여 성도들의 마음이 너로 말미암아 평안함을 얻었으니 내가 너의 사랑으로 많은 기쁨과 위로를 받았노라(7절). 이 말씀은 네가 행한 것과 지금 행하고 있는 선한 일이 나와 다른 사람들에게 많은 기쁨과 위로를 준다는 것이다. 그러므로 나와 다른 사람들이 네가 계속 하나님의 영광과 그리스도교의 명예를 위하여 선한 열매들이 더욱더 많아지도록 바라고 기도하고 있다. 고린도후서 9장 12절은 말씀한다. 이 봉사의 직무가 성도들의 부족한 것을 보충할 뿐 아니라 사람들이 하나님께 드리는 많은 감사로 말미암아 넘쳤느니라.

[8]이러므로 내가 그리스도 안에서 아주 담대하게 네게 마땅한 일로 명할 수도 있으나 [9]도리어 사랑으로써 간구하노라 나이가 많은 나 바울은 지금 또 예수 그리스도를 위하여 갇힌 자 되어 [10]갇힌 중에서 낳은 아들 오네시모를 위하여 네게 간구하노라 [11]그가 전에는 네게 무익하였으나 이제는 나와 네게 유익하므로 [12]네게 그를 돌려 보내노니 그는 내 심복이라 [13]그를 내게 머물러 있게 하여 내 복음을 위하여 갇힌 중에서 네 대신 나를 섬기게 하고자 하나 [14]다만 네 승낙이 없이는 내가 아무것도 하기를 원하지 아니하노니 이는 너의 선한 일이 억지 같이 되지 아니하고 자의로 되게 하려 함이라 [15]아마 그가 잠시 떠나게 된 것은 너로 하여금 그를 영원히 두게 함이니 [16]이 후로는 종과 같이 대하지 아니하고 종 이상으로 곧 사랑 받는 형제로

둘 자라 내게 특별히 그러하거든 하물며 육신과 주 안에서 상관된 네게랴 [17]그러므
로 네가 나를 동역자로 알진대 그를 영접하기를 내게 하듯 하고 [18]그가 만일 네게
불의를 하였거나 네게 빚진 것이 있으면 그것을 내 앞으로 계산하라 [19]나 바울이 친
필로 쓰노니 내가 갚으려니와 네가 이 외에 네 자신이 내게 빚진 것은 내가 말하지
아니하노라 [20]오 형제여 나로 주 안에서 너로 말미암아 기쁨을 얻게 하고 내 마음이
그리스도 안에서 평안하게 하라 [21]나는 네가 순종할 것을 확신하므로 네게 썼노니
네가 내가 말한 것보다 더 행할 줄을 아노라 [22]오직 너는 나를 위하여 숙소를 마련
하라 너희 기도로 내가 너희에게 나아갈 수 있기를 바라노라 [23]그리스도 예수 안에
서 나와 함께 갇힌 자 에바브라와 [24]또한 나의 동역자 마가, 아리스다고, 데마, 누
가가 문안하느니라 [25]우리 주 예수 그리스도의 은혜가 너희 심령과 함께 있을지어
다

　　　우리는 여기서 다음의 사실들을 발견하게 된다.
**I. 본 서신의 주요한 업무는 빌레몬에게 오네시모를 받아주고 화해하도록
오네시모를 위하여 간청하는 것이었다.** 　바울은 이 목적을 위하여 많은 논증
들을 주장한다(8-21절).
　첫 번째 논증은 앞서 언급했던 것에서 취하고 있고 다음과 같은 추론적인 이
유를 이끌어낸다. "특별히 모든 성도들에 대한 네 사랑이 네게 아주 많이 있음
을 듣고 있다. 그러니 이제 새롭고 더 발전된 사랑의 예를 내게 보여다오. 오네
시모를 용서하고 받아주므로 그와 내 마음을 기쁘게 해다오. 오네시모는 이제
회심자이고 진실한 성도가 되었다. 그러니 네 호의와 사랑을 베풀어다오." 여기
서 다음의 사실들을 주목하라. 선행의 습관과 성향을 가진 사람에게 과거의 그
실례들을 들어 말하는 것은 더 많은 선행을 하도록 하는 좋은 방법이 될 것이
다. "너희는 선을 행하다가 낙심하지 말라(살후 3:13). 할 수 있는 대로 계속 선을
행하라. 새로운 대상과 기회들이 생기는 대로 마찬가지로 계속 선을 행하라."
　두 번째 논증은 사도의 권위에서 나왔다. 바울은 사도의 권위로 다음과 같이
명할 수 있었다. 내가 그리스도 안에서 아주 담대하게 네게 마땅한 일로 명할 수도
있다(8절). 사도들은 가르침과 인도를 위하여 신자들뿐 아니라 일반 목회자들
에 대해 교회 안에서 그리스도의 큰 힘을 지니고 있었다. 사도들은 그들에게
마땅한 일의 순종을 요구할 수 있었다. 명령하면 빌레몬도 따라야 했다. 지금

이 일도 바울의 힘이 미치고 명령할 수 있는 영역 안에 있는 일이었다. 이 경우에 바울이 그 권한을 행사하고 있지는 않을지라도 말이다. 여기서 다음의 사실들을 주목하라. 목사들은 교회 안에서 그들의 권한이 무엇이든 신중하게 행사해야 된다. 목사들은 그들의 권한과 힘을 적절하지 않거나 필요 이상으로 사용해서는 안 된다. 다시 말해 그 힘을 알맞고 적절하게 행사해야 한다. 모든 일에 목사들은 지혜와 분별력을 경건하고 신앙적으로 사용해야 한다.

세 번째 논증은 권한의 자제이다. 바울은 마땅히 요구할 수 있는 권위와 권한의 사용을 자제하고 빌레몬에게 간청하는 방법을 택하고 있다. 도리어 사랑으로써 간구하노라(9절). 여기서 다음의 사실들을 주목하라. 상대방보다 월등히 높은 권한을 가진 사람들이 명령할 수 있는 위치에서 간청할 때가 있다는 것이 전혀 부끄럽거나 무시당할 일이 아니다. 바울이 지금 그렇게 하고 있다. 그는 사도임에도 빌레몬에게 간구하고 있다. 다시 말해 명령할 수 있는 위치에서 권위가 아니라 사랑에 의지해 부탁하고 있다. 그 권위는 확실히 명령을 실행시키는 영향력을 가지고 있음에도 불구하고 사랑에서 우러나온 간구를 하고 있다.

네 번째 논증. 청원하는 사람의 어떤 형편이 여기서처럼 자신의 청원에 어떤 부가적인 힘을 더해준다면 더 설득력이 있을 것이다. 나이가 많은 나 바울은 지금 또 예수 그리스도를 위하여 갇힌 자 되어(9절). 세월이 존경을 가져다준다. 합법적이고 적절한 그러한 조치들은 존중을 받아야 한다. 나이가 많은 사도의 간청과 그리스도와 복음을 위하여 당하는 그의 고난은 부드러운 대접을 받아야 마땅할 것이다. "만일 네가 불쌍한 늙은 죄인을 위하여 어떤 일을 해줄 마음이 있다면 갇힌 나를 위로해주고, 사슬에 묶인 나를 좀 더 가볍게 해주고, 내가 바라는 이것을 허락해다오. 그렇게 해줌으로써 너는 그리스도의 종으로서 고난당하는 늙은 사람을 통하여 그리스도에게 영광을 돌리게 될 것이다. 그리스도가 너의 그 수고를 그리스도 자신에게 해준 것으로 여기실 것이다."

다섯 번째 논증. 오네시모와 바울 자신의 영적 관계에서 비롯된 간구를 한다. 갇힌 중에서 낳은 아들 오네시모를 위하여 네게 간구하노라(10절). "오네시모가 권리와 사회적인 면에서 네 종이긴 하지만 영적인 의미에서 그는 이제 내게는 아들이다. 하나님이 나로 하여금 그를 회심하게 하는 도구로 사용하셨다. 내가 지금 그리스도를 위하여 갇힌 몸임에도 그렇게 할 수 있었다." 이와 같이 하나님은 그의 고통당하는 종들을 높이시고 위로하실 때가 있다. 하나님은 그들의 고난들을 통해 그들이 받은 은혜들을 익히고 발전시키게 함으로써 그들에게 유익되게 역사하신다. 그뿐만 아니라 하나님은 그의 고난당하는 종들을 다른 사람들에게 많은 영적인 선을 끼치는 도구가 되게 하신다. 그것이 여기 오네시모의 경우처럼 회심의 도구이든지 또는 빌립보서 1장 14절의 말씀처럼 다른 사람들의 신앙을 확증시키거나 강화시키는 도구이든지 하나님은 그의 고난당하는 종들을 선한 도구로 사용하신다. 형제 중 다수가 나의 매임으로 말미암아 주 안에서 신뢰함으로 겁 없이 하나님의 말씀을 더욱 담대히 전하게 되었느니라. 하나님의 종들이 매일 때 하나님의 말씀과 영은 매이지 않는다. 그 때 영적인 자녀들이 고난당하는 주의 종들에게 태어날 수 있다. 사도 바울은 이 점을 강조해 말하고 있다. 갇힌 중에서 낳은 아들(10절). 오네시모는 바울에게 사랑스러웠다. 바울도 오네시모에게 그렇게 되기를 바랐을 것이다. 감옥에서 생기는 좋은 일이나 행운은 달콤하고 몹시 귀하다. 바울은 이제 오네시모와 바울 사이에 맺어진 이 사랑스러운 관계에서 비롯된 간구를 빌레몬에게 한다. 오네시모는 바울이 갇힌 가운데 낳은 그의 아들이었다.

여섯 번째 논증. 이것은 빌레몬 자신의 이익에서 비롯된 간구이다. 그가 전에는 네게 무익하였으나 이제는 나와 네게 유익하므로(11절). 여기서 다음의 사실들을 주목하라.

(1) 성화되지 않은 사람들은 무익한 사람들이다. 성화되지 않은 사람들은 그들의 존재와 관계들의 중요한 목적을 충족시키지 못한다. 은혜가 어느 정도 좋게 만든다. 전에는 무익하였으나 지금은 유익하다. "이제는 유익하게 될 성향과 자질을 가지게 되었고 그의 주인인 네게 유익하게 될 것이다. 네가 오네시모를 받아들이면 그가 회심한 이후로 감옥에 갇힌 나를 섬기면서 내게 했듯이 너에게도 잘 하고 잘 섬길 것이다." 오네시모라는 이름의 뜻이 유익하다는 것을 암시적으로 사용하고 있는 것 같다. 앞으로 오네시모는 그 이름값을 하게 될 것이다. 바울 사도가 이 문제에 대해 어떻게 말하고 있는지를 눈여겨 볼 필요가 있다. 그는 오네시모의 예전의 경우와 행위가 보증할 수 있는 것으로 말하지 않는다. 오네시모는 그의 주인에게 잘못을 저질렀고, 주인에게서 도망쳤고, 그리고 그가 주인의 것이 아니고 자신의 것인 것처럼 살았다. 그러나 하나님이 참회자들의 죄를 덮어주시고, 용서해주시고, 그리고 심하게 야단치지 않으시는 것처럼 사람들도 그렇게 해야 될 것이다. 바울은 지금 얼마나 부드럽게 말하고

있는가! 오네시모의 죄가 작다는 것은 아니고, 또한 그가 어떤 것을 가지게 되었다는 것도 아니다. 그러나 오네시모는 그것 때문에 겸손해지고 수치를 당했을 것이다. 이제 바울은 빌레몬에게 계속 짐을 지우고 부담을 줌으로써 빌레몬의 정신을 가라앉히려고 하지를 않는다. 오히려 바울은 빌레몬에게 부탁과 청원을 할 때 부드럽게 말한다. 그것은 그의 종의 잘못을 가슴 아프게 회상하지 않게 하고 그의 종을 용서시키기 위한 것이다.

(2) 악한 사람이 선한 사람으로 바뀌는 회심의 변화는 얼마나 행복한 것인가! 무익한 사람이 유익하고 유용한 사람으로 바뀌는 것이 얼마나 축복받은 일인가! 신앙심을 가진 종들은 그 가정의 보물이다. 그러한 종들은 그들의 시간과 맡은 일들을 양심에 따라 처리하고, 그들이 섬기는 사람들의 이익을 증진시키고, 그들이 할 수 있는 모든 일을 최선을 다해 노력하고 관리할 것이다. 그러므로 이것은 다음과 같은 요지의 간청이다. "오네시모를 받아들이는 것이 네게 유익이 될 것이다. 이제 그는 변했다. 그가 책임감 있고 충성되고 신실한 종이 될 것이라고 네가 기대해도 좋다. 과거에는 그가 그렇지 않았어도 그것은 이제 지나간 일이다."

일곱 번째 논증. 바울은 오네시모에 대한 강한 사랑에서 나온 부탁을 빌레몬에게 한다. 바울은 앞서 영적인 관계를 말한 바 있다. 갇힌 중에서 낳은 아들 오네시모를 위하여 네게 간구하노라(10절). 이제 바울은 오네시모가 자신에게 얼마나 사랑스러운 존재인가를 12절에서 이렇게 표현하고 있다. 네게 그를 돌려보내노니 그는 내 심복이라. 이것은 다음과 같은 뜻이다. "나는 오네시모를 나 자신을 사랑하듯이 사랑한다. 나는 네가 그를 받아주기를 바라고 네게 돌려보낸다. 그러므로 나를 보아서라도 그를 받아주고 내가 그를 사랑하는 것처럼 그를 사랑해다오." 여기서 다음의 사실들을 주목하라. 선한 사람들도 자신의 감정과 분노를 억누르고 자신에게 손해를 입히고 상처를 준 사람들을 용서해달라고 아주 간절하게 부탁해야 될 때가 있다. 이것을 바울이 그토록 동정적이고 간절한 것은 자신이 요청한 것을 얻기 위하여 많은 청원과 간구들을 집중해서 하고 있는 것으로 생각하는 사람들도 있다. 브루기아 사람 빌레몬이 본래는 거칠고 까다로운 사람이었을 수 있다. 그렇기 때문에 그에게 솟구치는 감정들을 다 누르고 용서하고 화해한다는 게 보통 어려운 일이 아니고 적지 않은 고통을 겪어야 했을 것이다. 그럼에도 불구하고 우리 역시도 하나님처럼 되려고 노력해야 할 것이다. 여호와는 긍휼이 많으시고 은혜로우시며 노하기를 더디 하시고 인자하심이 풍부하시도다(시 103:8).

여덟 번째 논증. 이 간구는 바울이 오네시모를 돌려보내는 일에 자신의 이익을 포기하는 생각에서 나온다. 바울이 오네시모를 자기 곁에 더 머물게 두더라도 빌레몬이 허락할 것이지만 바울은 그렇게 하지 않았다(13, 14절). 바울은 이제 감옥에 갇혀 있기 때문에 그를 도와줄 친구나 종이 필요했다. 그리고 바울은 오네시모가 적합하다고 생각했다. 그러므로 그는 빌레몬이 아니라 자신을 수발해줄 수 있는 오네시모를 곁에 더 두고 싶었을 것이다. 그리고 바울이 개인적으로 그러한 목적을 위하여 빌레몬을 자기에게 오라고 요청했어도 빌레몬은 거절하지 않을 것임을 바울은 알고 있었다. 하물며 바울이 자신을 위해 이러한 일을 해줄 수 있는 그의 종을 빌레몬이 꺼려할 것이라고 생각할 수 있었겠는가. 그럼에도 불구하고 바울은 자신의 형편과 처지가 그것을 절실히 필요로 했지만 이 자유를 사용하지 않았다. 네게 그를 돌려보내노니. 다시 말해 네게 그를 기꺼이 보내는 것은 나를 위한 너의 어떤 선한 일이 그를 필요로 하고 유익하기 때문이다. 여기서 다음의 사실들을 주목하라. 선한 행위들이 아주 자유롭게 행해질 때 하나님과 사람에게 가장 잘 인정받을 수 있게 된다. 바울은 여기서 그의 사도적인 권한이 있음에도 불구하고 시민의 권리를 존중하는 태도를 보여주었다. 그리스도교가 결코 시민 권리를 넘어서거나 약화시켜서는 안 된다. 오히려 그리스도교는 그것을 확증하고 강화시켜주어야 한다. 바울은 오네시모가 빌레몬의 종임을 알았다. 그래서 그는 빌레몬의 허락이 없이는 오네시모를 자기 곁에 머물게 할 수 없었다. 오네시모는 회심하지 않은 상태에서 그 권리를 어기고 주인에게 손해를 끼쳤다. 그러나 이제 오네시모는 자신의 죄를 깨닫고 회개했다. 그러므로 이제 그는 기꺼이 자신의 의무로 돌아가려고 하고 그러기를 갈망했다. 바울은 이것을 막을 마음이 없었고 더 나아지게 하려고 했다. 바울은 참으로 빌레몬의 자발적인 희생과 봉사를 기대할 수도 있었다. 그리고 그의 절실한 필요성에도 불구하고 바울은 그렇게 하기보다는 자신의 것을 포기했다.

아홉 번째 논증. 이제 오네시모에게 일어난 그러한 변화는 빌레몬이 오네시모가 예전처럼 도망가거나 그에게 손해를 끼치는 일을 더 이상 걱정하거나 두려워할 필요가 없었다. 아마 그가 잠시 떠나게 된 것은 너로 하여금 그를 영원히 두게 함이리니(15절). 솔로몬은 이런 사람들에 대해 잠언 19장 19절에서 이렇게 말하고 있다. 네가 그를 건져 주면 다시 그런 일이 생기리라. 그러나 오네시모에게 일어난 변화는 다시 그를 위하여 중재할 필요가 결코 없는 그런 확실한 변화였다. 자비는 그렇게 되기를 소망할 것이고 판단은 그렇게 되기를 믿고 해야 할 것이다. 그러나 사도 바울은 아무도 아무리 은혜로운 목적을 위해서일지라도 그런 실험을 대담하게 다시 시도하려고 하지 않을 것이라고 조심스럽게 말한다. 여기서 다음의 사실들을 주목하라.

(1) 나쁘게 될 경우의 일들에 있어서 목사들은 신중하게 말해야 한다. 그것은 죄인들에 대한 하나님의 친절하신 섭리가 죄를 더 짓게 하거나 죄를 더 좋아하게 되지 않도록 하기 위한 것이다. 아마 그가 잠시 떠나게 된 것은 너로 하여금 그를 영원히 두게 함이리니(15절).

(2) 바울은 참회자들의 죄에 대해 아주 부드럽게 이야기하고 있다. 바울은 그것을 죄에 합당한 용어를 사용해 말하는 대신에 잠시 떠나게 된 것이라고 말한다. 그것은 하나님의 지배를 받은 상태에서 떠나는 것이다. 본질적으로 그 행위의 성격상 그것은 죄에서 떠나는 것이었다. 우리가 하나님에 대한 어떤 죄나 잘못의 본성을 이야기할 때 그것의 해악성이 줄어들어서는 안 될 것이다. 그러나 참회하는 죄인의 인격에 대해서는 하나님이 그것을 덮어주시듯이 우리도 그렇게 해야 할 것이다. 이 권면은 이런 뜻을 지니고 있다. "아마 그가 잠시 떠나게 된 것은 너로 하여금 그를 영원히 두게 함이리니. 이제 그가 회심했다. 그러므로 그는 네게 돌아가 살아 있는 한 신실하고 유익한 종이 될 수 있을 것이다." 미련한 자를 곡물과 함께 절구에 넣고 공이로 찧을지라도 그의 미련은 벗겨지지 아니하느니라(잠 27:22). 그러나 참된 회개자들은 그렇지 않다. 그들은 다시 그 어리석음으로 돌아가지 않을 것이다.

(3) 여기서 다음의 사실들을 주목하라. 하나님의 지혜와 선하심과 능력이 아주 악하게 시작되고 얼마 동안 계속된 일을 아주 좋게 끝맺게 해주시는 원인이 된다. 이와 같이 하나님은 아주 낮은 지위와 처지에 있고, 사람들이 아주 무시하는 한 불쌍한 종까지도 존중하신다. 그래서 하나님은 나쁜 길로 아주 멀리 갔던 사람을 아주 선하고 아주 다르게 변화시켜 주셨다. 그는 아주 좋은 주인에게 잘못을 범했고 아주 경건한 가정에서 도망을 쳤다. 그는 그의 집 안에 있는 은혜의 통로인 교회에서 도망을 쳤다. 그러므로 그는 도망쳤던 구원의 길로

다시 인도를 받아야 했고 골로새에서는 별 효력을 보지 못했던 은혜의 수단을 로마에서 효력 있게 발견하게 되었다. 여기서 나타나는 하나님의 은혜가 얼마나 풍성한가! 완전히 실망하고 좌절하는 것처럼 낮고 비천하고 사악한 것은 아무것도 없다. 하나님은 그에게서 도망가고 있을 때도 그들을 만나실 수 있다. 하나님은 다른 곳에서는 효과가 없었던 때와 장소에서 효과를 거두는 수단을 베풀어 주실 수 있다. 바로 이 오네시모의 경우가 그랬다. 하나님께로 돌아가게 되자 오네시모는 이제 자신의 주인에게 돌아가게 된다. 그의 주인은 예전보다 그에게서 더 많은 봉사를 받게 될 것이고 그를 더 좋게 생각하게 될 것이다. 그의 의무의 양심과 신실함으로 평생 봉사와 수고를 아끼지 않을 것이다. 그러므로 이제 그를 받아들이는 것이 빌레몬의 유익이 될 것이다. 그러므로 하나님은 종종 그의 백성에게 그들의 손실에서 이익을 보게 해주신다.

열 번째 논증은 능력에서 비롯된 것이다. 그것은 오네시모를 돌아가게 하고 빌레몬이 그를 받아들이게 한 능력이다. "이 후로는 종과 같이 대하지 아니하고 종 이상으로 곧 사랑 받는 형제로 둘 자라(16절). 사랑 받는 형제란 그리스도 안에서 형제로 인정된 사람을 의미한다. 그 사람에게 일어난 거룩한 변화 때문에 그러한 사람은 형제로 사랑을 받아야 할 것이다. 그러므로 그러한 사람은 이전보다 더 나은 원칙들과 더 나은 태도로 너에게 유익을 줄 것이다. 그는 네 가족 안에서 가장 좋은 것들을 사랑하고 증진시킬 것이다. 그리고 그는 그 가정에 축복이 될 것이고 그리고 네 집에 있는 교회를 유지하고 발전시키는 데 도움이 될 것이다." 여기서 다음의 사실들을 주목하라.

(1) 모든 진실한 신자들 간에는 영적인 형제애가 있다. 사회와 외적인 점들에서 차이가 있을지라도 형제애가 있다. 그들은 같은 하나님 아버지의 자녀들이다. 그들은 같은 영적인 특권들과 유익들에 대한 권리를 가지고 있다. 그들은 형제들로서 서로 사랑해야 하고 모든 선한 일들을 서로를 위해 해야 한다. 그들이 부름받은 그 지위와 형편과 처지에서 서로 사랑해야 한다. 그리스도교는 그리스도인 개개인의 사회적 의무들을 무효화시키거나 깨뜨리지를 않고 오히려 그 의무들을 강화시켜주고 그 의무들을 이행할 권리가 있음을 지시한다.

(2) 신앙생활을 하는 종들이 단순한 일반 종들보다 더 낫다. 그들은 마음속에 은혜를 간직하고 있다. 그들은 하나님 보시기에 은혜를 받고 있다. 신앙을 가진 주인들이 보기에도 그들은 그럴 것이다. 시편 101편 6절에서 이렇게 말씀한

다. 내 눈이 이 땅의 충성된 자를 살펴 나와 함께 살게 하리니 완전한 길에 행하는 자가 나를 따르리로다. "이제 이렇게 변한 오네시모를 같은 신앙을 가진 사람으로 받아들이고 존중하라. 그리고 그를 사랑 받는 형제로 둘 자라 내게 특별히 그러하다. 내가 그의 회심의 도구였다." 좋은 목사들은 신자들이 행하는 외적인 선함에 따라 교인들을 사랑하기보다는 오히려 교인들이 받는 영적인 선함과 은혜에 따라서 교인들을 사랑한다. 바울은 오네시모를 자신의 심복이라고 부르고 다른 회심자들을 자신의 기쁨과 면류관이라고 부른다. "이 후로는 종과 같이 대하지 아니하고 종 이상으로 곧 사랑 받는 형제로 둘 자라 내게 특별히 그러하거든 하물며 육신과 주 안에서 상관된 네게랴"(16절). 그러므로 오네시모는 이중적 관계 즉 사회적 관계와 종교적 관계로 맺어진 네 종이다. 다시 말해 그는 네 소유이고, 네 집과 가족의 한 사람이고, 그리고 이제는 영적으로 그리스도 안에서 네 형제이다. 이것이 계약의 관계를 더 높여준다. 그는 하나님의 종이면서 또한 네 종이다. 그는 내 밑에 있는 것보다 네 밑에서 더 좋은 관계들을 가지게 될 것이다. 그러므로 네가 아주 기꺼이 그를 네 가족의 한 사람과 참된 신앙의 소유자와 네 집에 있는 교회의 일원으로 받아들이도록 하라." 이 간구가 또 다른 간구를 통해 강화되고 있다.

열한 번째 논증. 이것은 성도의 교제에서 비롯된다. 그러므로 네가 나를 동역자로 알진대 그를 영접하기를 내게 하듯 하고(17절). 성도들 사이의 교제가 있다. 그들은 서로의 유익을 구하고 그것에 따라서 사랑하고 행동해야 한다. "이제 네 사랑을 나에게 보여주고 내가 네게서 얻을 유익을 나에게 보여다오. 그것을 내게 아주 가깝고 사랑스러운 사람을 내게 대하듯 사랑하고 받아들여줌으로써 보여다오. 네가 나에게 하듯이 아마 똑같은 정도로 사랑은 못할지라도 비슷할 정도의 기꺼움과 진실함으로 그를 받아들이고 대접해다오." 그런데 그토록 잘못을 범했던 한 비천한 종을 위하여 그토록 간절한 관심과 배려를 베푸는 이유는 무엇일까? 그 대답은 이렇다. 이제 오네시모가 참회자가 되었기 때문이다. 그러한 관심과 배려가 오네시모가 남용하고 잘못을 범했던 주인에게 돌아가면서 가지게 될 두려움을 부식시키고, 낙담과 실의에 빠지지 않게 해주고, 그의 의무를 충실히 감당하도록 그를 격려하고 도와줄 것이다. 슬기롭고 좋은 목사들은 젊은 회심자들을 아주 부드럽게 돌보아 줄 것이다. 그 반대는 이렇다. 그러나 오네시모가 자신의 주인에게 잘못했을 뿐만 아니라 마음도 상하게 했다.

이것에 대한 대답은 다음과 같다.

열두 번째 논증. 이것은 빌레몬에 대한 상환의 약속에서 비롯된다. 그가 만일 네게 불의를 하였거나 네게 빚진 것이 있으면 그것을 내 앞으로 계산하라 나 바울이 친필로 쓰노니 내가 갚으려니와 네가 이 외에 네 자신이 내게 빚진 것은 내가 말하지 아니하노라(18,19절). 여기에는 우리가 고찰해야 할 세 가지 사실들이 있다.

(1) 빌레몬에게 진 오네시모의 빚의 고백. 그가 만일 네게 불의를 하였거나 네게 빚진 것이 있으면. 있으면 이라는 말은 빚이 있는지 없는지 잘 모르겠다는 의심의 뜻이 아니라 그 빚을 인정하는 뜻이다. 다시 말해 그가 네게 빚진 것을 내가 알고 있으니 그것으로 이제 내가 너에게 빚진 자이다. 여기서의 가정법의 사용은 골로새서 3장 1절과 베드로후서 2장 4절에서의 경우와 같다. 여기서 다음의 사실들을 주목하라. 참된 회심자들은 자신의 잘못들을 인정하는데 순수할 것이다. 확실히 오네시모가 바울에게 그렇게 했었을 것이다. 그는 자신의 잘못을 깨닫고 회개했을 것이다. 특별히 이러한 회개는 다른 사람들에게 끼친 손해들의 경우들에 있어서도 이루어져야 했을 것이다. 오네시모는 그 잘못을 바울을 통해 인정하고 있는 것이다.

(2) 바울은 이제 상환을 약속한다. 그가 만일 네게 불의를 하였거나 네게 빚진 것이 있으면 그것을 내 앞으로 계산하라 나 바울이 친필로 쓰노니 내가 갚을 것이다. 여기서 다음의 사실들을 주목하라.

[1] 성도의 교제가 재산의 차별을 파괴하지 않는다. 이제 회심하고 사랑 받는 형제가 된 오네시모는 여전히 빌레몬의 종이고 그가 범했던 잘못들로 빌레몬에게 빚진 자이다. 그리고 그는 자발적으로 거저 주는 죄 사함을 받았지만 그로 말미암아 빚어진 손해에 대한 배상과 상환이 면제된 것은 아니다. 그래서 그 빚을 오네시모를 대신하여 자신이 갚겠다고 나선 것이다.

[2] 보증인 제도는 모든 경우에 비합법적인 것은 아니다. 그것이 어떤 경우에는 선하고 자비를 베푸는 일이 되기도 한다. 타인을 위하여 보증이 되지 말라(잠언 11:15)는 말은 능력을 넘어서서 보증서지 말라는 것이다. 공정하고 신중하게 처신할 수 있는 한 네가 친구를 도울 수 있어야 할 것이다. 그리스도가 우리를 위하여 더 좋은 언약의 보증이 되셨다는(히 7:22) 사실은 얼마나 행복한 일인가! 그리스도는 우리를 위하여 죄를 대신 담당하셨다. 하나님이 죄를 알지도 못하신 이를 우리를 대신하여 죄로 삼으신 것은 우리로 하여금 그 안에서 하나님의 의

가 되게 하려 하심이라(고후 5:21).

[3] 말과 약속으로 하는 것과 마찬가지로 문서로 하는 정식 보증서는 구속력이 있다. 그러나 사람이 죽거나 말을 잊어버리거나 실수할 수 있다. 그러나 문서나 증서로 약속하는 것은 권리와 평화를 더 잘 지켜줄 수 있을 것이다. 좋은 사람들이 그것을 사용하면 언제나 통용이 된다(렘 32:9; 눅 16:5-7). 헌금에 의지해 살아온 바울이 악한 종이 주인에게 끼친 모든 손해를 대신 갚아주겠다고 하는 것은 대단한 일이었다. 그러나 이것을 통해 바울은 오네시모에 대한 자신의 진실하고 큰 사랑을 표현하고 있다. 그리고 바울은 오네시모의 회심의 진실성을 완전히 확신하는 태도를 나타내주고 있다. 바울은 이러한 관대한 제안에도 불구하고 빌레몬이 그것을 주장하지 않고 모든 것을 그냥 용서해줄 것을 기대했을 수 있다. 그 이유는 다음과 같다.

(3) 바울과 빌레몬 사이의 일들로 말미암은 이유. "나 바울이 친필로 쓰노니 내가 갚으려니와 네가 이 외에 네 자신이 내게 빚진 것은 내가 말하지 아니하노라. 다시 말해 너는 내가 너에게 상기시켜 주지 않아도 네가 이것보다 나에게 더 많은 빚을 지고 있음을 기억할 것이다." 자기를 칭찬할 때 겸손이 참된 칭찬이 된다. 바울은 자신이 빌레몬에게 베푼 유익들을 일별한다. "네가 하나님의 은혜를 받고 인정을 받게 되고 그것을 바르고 편안한 방법으로 누리고 있는 것은 하나님을 통한 나의 사역과 봉사에 힘입은 것이다. 네가 받은 모든 영적인 은혜와 유익은 하나님이 내 손을 통해 이루셨다. 이것들에 대하여 네가 나에게 지고 있는 너의 의무를 생각하기를 바란다. 나를 위하여 내 부탁을 들어주어 불쌍한 참회자의 금전적인 빚을 탕감해주기를 바란다. 그러나 그것이 어려우면 내가 대신 보증을 서고 갚겠다. 이것은 그렇게 큰 일이 아니다. 네 자신이 내게 빚진 것은 내가 말하지 아니하노라." 여기서 다음의 사실들을 주목하라. 목사들과 회심자들 사이에 아주 큰 사랑이 나타나고 있다. 목사들이 그들의 회심이나 교화를 위하여 기울인 노력들은 복 받을 일이다. 갈라디아서 4장 15절에 이렇게 말씀한다. 너희의 복이 지금 어디 있느냐 내가 너희에게 증언하노니 너희가 할 수만 있었더라면 너희의 눈이라도 빼어 나에게 주었으리라. 그런 반면 그는 그들을 그리스도가 그들 속에서 완성될 때까지 그가 다시 낳은 수고를 한 그의 자녀들이라고 부른다. 데살로니가전서 2장 8절에 이렇게 말씀한다. 우리가 이같이 너희를 사모하여 하나님의 복음뿐 아니라 우리의 목숨까지도 너희에게 주기를 기뻐함은 너희가

우리의 사랑하는 자 됨이라. 이것은 암시의 방법으로 우리를 위한 그리스도의 보증을 예증한다. 우리는 하나님을 거역했고, 죄로 하나님께 잘못을 범했다. 그러나 그리스도는 우리를 대속해주시기 위하여 보증을 서신다. 베드로전서 3장 18절에 이렇게 말씀한다. 그리스도께서도 단번에 죄를 위하여 죽으사 의인으로서 불의한 자를 대신하셨으니 이는 우리를 하나님 앞으로 인도하려 하심이라 육체로는 죽임을 당하시고 영으로는 살리심을 받으셨으니. "만일 죄인이 무언가 네게 빚진 게 있다면 그 채무를 내게 돌려라. 내가 대신 그 빚을 갚아 줄 것이다. 그 죄인의 잘못을 내게 돌려라. 내가 그 형벌을 대신 받을 것이다."

열세 번째 논증은 빌레몬과 오네시모로 인하여 받게 되는 기쁨과 위로에서 비롯된다. 오네시모의 일은 빌레몬의 신앙과 순종의 합당하고 인정받을 만한 열매였다. 오 형제여 나로 주 안에서 너로 말미암아 기쁨을 얻게 하고 내 마음이 그리스도 안에서 평안하게 하라(20절). 빌레몬은 믿음 안에서 낳은 바울의 아들이었다. 그럼에도 불구하고 바울은 그를 형제의 입장에서 간청한다. 바울은 불쌍한 노예 오네시모를 위하여 바울 자신을 위하여 어떤 큰 일을 구하기라도 하는 것처럼 간청하고 있다. "오 형제여 나로 주 안에서 너로 말미암아 기쁨을 얻게 하고 내 마음이 그리스도 안에서 평안하게 하라. 너는 내가 지금 주를 위하여 주 안에서 죄인이 된 것을 알고 있다. 그래서 내가 그리스도 안의 내 친구들이 내게 줄 수 있는 모든 위로와 도움을 필요로 한다는 사실을 네가 알고 있다. 그러므로 이제 이것이 내 기쁨이 될 것이다. 내가 주 안에서 너로 말미암아 기쁨을 얻게 될 것이다. 그 기쁨은 네 자신에게서 그리스도인의 믿음과 사랑이 열매로 나타나는 것을 보게 될 때 생기게 될 것이다. 오네시모의 일로 인하여 위로와 평안함을 얻게 될 것이다." 여기서 다음의 사실들을 주목하라.

(1) 그리스도인들은 서로의 마음을 기쁘게 할 수 있는 일들을 해야 하고, 서로 주고받으며 섬기는 사이가 되어야 하고, 그들의 형제들을 돕는 사람들이 되어야 한다. 세상으로부터 그들은 고난을 기대할 수 있다. 그렇다면 그리스도인들 서로에게서가 아니라면 그들은 어디에서 위로와 기쁨을 구할 수 있겠는가?

(2) 사람들의 믿음과 순종의 열매들은 목사의 가장 큰 기쁨이다. 특별히 그들에게서 그리스도와 그의 지체들에 대한 많은 사랑이 나타날 때 기쁨이 더욱 크다. 그 사랑이 상처들을 용서하고, 동정을 나타내고, 하나님 아버지가 자비로우신 것처럼 자비로 나타나야 할 것이다. "내 마음이 그리스도 안에서 평안하게 하

라. 이것은 나를 충동하는 어떤 육체의 이기적인 사항이 아니라 그리스도를 기쁘시게 하는 것이다. 그리고 그리스도가 그것을 통해 영광을 얻으실 수 있다." 다음의 사항을 주목하라.

[1] 주를 영광스럽게 하고 섬기는 것은 모든 일에서 그리스도인의 주요한 목표이다.

[2] 사람들이 선한 일을 즐거워하고 열성적인 것을 보는 것은 좋은 목사에게 음식이 된다. 특별히 기회가 있을 때마다 자선과 선행을 좋아하고 열성적일 때 그러하다. 그리고 상처들을 용서하고, 자신의 권리를 다소라도 억제하는 등등의 행위들을 보게 될 때 즐겁다. 다시 한 번 더 바울의 마지막 논증은 다음과 같다.

열네 번째 논증은 바울이 빌레몬에게 표현하는 선한 소망과 의견에 있다. 나는 네가 순종할 것을 확신하므로 네게 썼노니 네가 내가 말한 것보다 더 행할 줄을 아노라(21절). 우리에 대한 좋은 생각들과 기대들은 우리에게서 기대되는 일들을 행하도록 우리를 아주 강하게 움직이게 하고 시작하게 한다. 사도 바울은 빌레몬이 선한 사람이라는 것을 알고 있었다. 그래서 바울은 인색하거나 쩨쩨한 태도가 아니라 값없이 넉넉한 손으로 선행을 베푸는 빌레몬의 자발성을 확신하고 있었다. 여기서 다음의 사실들을 주목하라. 선한 사람들은 언제라도 선행을 행할 준비가 되어 있을 것이다. 그들은 선행을 인색하지 않고 풍성하게 베풀 것이다. 이사야서 32장 8절에서 이렇게 말씀한다. 존귀한 자는 존귀한 일을 계획하나니 그는 항상 존귀한 일에 서리라. 마게도냐 사람들은 먼저 그들 자신을 주님에게 바쳤고, 그 다음에 하나님의 뜻에 따라 사도들에게 바쳤다. 그것은 그들이 기회가 주어지는 대로 그들이 가진 것으로 할 수 있는 선행을 하기 위한 것이었다. 이제까지 다룬 것이 본 서신의 본론이다.

II. 결론.

1. 바울은 교인들의 기도를 통한 구원을 표시한다. 그는 빌레몬에게 자신을 위한 숙소를 마련해달라고 부탁하면서 얼마 안 있어 그들을 만나게 될 것이라고 말한다. 오직 너는 나를 위하여 숙소를 마련하라 너희 기도로 내가 너희에게 나아갈 수 있기를 바라노라(22절). 바울은 다른 것을 이야기한다. 그러나 그것이 바울이 다루었던 문제와 관련이 없는 것 같지는 않다. 바울은 이 암시를 통해 더 발전된 이야기를 하고 있을 수 있다. 즉 그는 곧 뒤따라가서 자기 편지의 결과를

알 수 있기를 바라고 있었다. 그러므로 빌레몬이 더 분발해서 바울의 만족을 채워주기를 소망했다.

(1) 요청한 일. 너는 나를 위하여 숙소를 마련하라. 이 숙소 마련에는 나그네에게 필요한 모든 것들이 포함되어 있다. 바울은 빌레몬이 그렇게 해주기를 바란다. 그는 그것이 자기 목적이라도 되는 듯이 빌레몬의 손님이 되려는 의도를 말하고 있다. 여기서 다음의 사실들을 주목하라. 손님 대접은 그리스도인의 중요한 의무이다. 특별히 목사들에 대한 대접은 더욱 그러하다. 더욱이 그리스도와 그의 복음을 위하여 그러한 위험과 고난에서 나온 사도 바울과 같은 사역자들에 대한 대접은 더 말할 필요가 없을 것이다. 어느 누가 그러한 종에게 최상의 사랑을 나타내지 않겠는가? 바울은 가이오에게 그러한 명예로운 칭호를 부여하고 있다. 바울은 그를 나와 온 교회를 돌보아 주는 가이오(롬 16:23)라고 부르고 있다. 오네시보로도 이러한 이유로 바울이 애정을 가지고 기억하고 있는 사람이다. 사도는 디모데후서 1장 16절에서 18절에 이렇게 말한다. 원하건대 주께서 오네시보로의 집에 긍휼을 베푸시옵소서 그가 나를 자주 격려해 주고 내가 사슬에 매인 것을 부끄러워하지 아니하고 로마에 있을 때에 나를 부지런히 찾아와 만났음이라.

(2) 사도가 요청하는 근거는 다음과 같다. 너희 기도로 내가 너희에게 나아갈 수 있기를 바라노라(22절). 바울은 하나님이 그를 어떻게 처리하실지 몰랐다. 그러나 그는 종종 기도의 유익을 체험했기에 다시 구원을 받고 그들을 만나러 갈 수 있는 자유를 얻을 수 있을 것이라는 소망을 가지고 있었다. 여기서 다음의 사실들을 주목하라.

[1] 생명과 자유와 봉사의 기회를 위하여 우리는 하나님을 의지해야 한다. 모든 것은 하나님의 뜻에 달려있다.

[2] 이러한 것들이나 어떤 다른 자비들을 요약해서 말한다면 우리의 신앙과 소망은 하나님께 있어야만 할 것이다. 그리고 우리의 사정에 따라 그 신앙과 소망이 약해지거나 없어져서는 안 될 것이다.

[3] 신앙은 은혜의 수단들의 사용과 함께 있어야 한다. 특별히 지금 아무런 다른 대책이 없을지라도 기도의 수단은 반드시 신앙과 함께 사용되어야 한다. 이것이 하늘 문을 열게 하고 닫힌 감옥 문들을 열게 해준다. 야고보서 5장 16절은 이렇게 말씀한다. 의인의 간구는 역사하는 힘이 큼이니라.

[4] 목사들을 위한 교인들의 기도는 목사들이 어려움과 위험에 처했을 때 반드시 수행해야 할 교인들의 중요한 의무이다. 목사들은 교인들의 기도가 필요하고 요청해야 한다. 바울은 사도일지라도 언제나 아주 진지하게 그렇게 기도를 요청했다. 롬 15: 30; 고후 1: 11; 엡 6: 18, 19; 살전 5 : 25. 이렇게 기도하는 최소의 노력이 최대의 열매를 얻는 데 도움이 될 수 있다.

[5] 기도의 도움으로 얻는다고 할지라도 그것이 얻은 것들을 자랑할 수는 없다. 왜냐하면 그것은 하나님의 은사 곧 선물이고 그리스도의 값 주고 사신 공로이기 때문이다. 너희 기도로 내가 너희에게 나아갈 수 있기를 바라노라(22절). 이 말은 내가 너희의 기도를 통하여 너희에게서 거저 받게 될 것을 믿는다는 것이다. 하나님이 무엇을 주신 것을 하나님이 계속해서 살피시는 것은 베푼 자비들이 더욱 가치 있게 되고, 그것들이 어디에서 왔는지를 알게 하고, 그리고 하나님이 찬양을 받으시기 위한 것이다. 목사들의 생활과 수고들은 교인들의 유익을 위한 것이다. 목사직은 교인들을 위하여 제정되었다. 에베소서 4장 8절과 11절과 12절에서 이렇게 말씀한다. 그가 어떤 사람은 사도로, 어떤 사람은 선지자로, 어떤 사람은 복음 전하는 자로, 어떤 사람은 목사와 교사로 삼으셨으니 이는 성도를 온전하게 하여 봉사의 일을 하게 하며 그리스도의 몸을 세우려 하심이라. 목사들의 은사들과 수고들과 생활들은 성도들의 유익을 위한 것이다. 그런즉 누구든지 사람을 자랑하지 말라 만물이 다 너희 것임이라 바울이나 아볼로나 게바나 세계나 생명이나 사망이나 지금 것이나 장래 것이나 다 너희의 것이요(고전 3:21,22).

[6] 신실한 목사들을 위하여 기도할 때 신자들은 사실 그들 자신들을 위한 것이다. 내가 너희에게 나아갈 수 있기를 바라노라 하는 것은 그리스도 안에서 너희의 봉사와 위로와 교화를 위하여 그러기를 바란다는 것이다. 고린도후서 4장 15절에서 이렇게 말씀한다. 이는 모든 것이 너희를 위함이니 많은 사람의 감사로 말미암아 은혜가 더하여 넘쳐서 하나님께 영광을 돌리게 하려 함이라.

[7] 사도의 겸손을 주목하라. 사도가 얻게 될 자유는 그 자신의 기도를 통한 것이기도 하지만 그보다는 성도들의 기도에 힘입은 바가 더 크다고 말하고 있다. 바울은 많은 사람들의 기도에 대해 가지고 있는 높은 생각들과 하나님의 기도하는 백성들에게 보여주시는 하나님의 관심을 통해서만 교인들에게 말을 한다. 이상으로 사도 바울의 결론 가운데 첫 번째 것을 살펴보았다.

2. 바울은 그의 동료 죄수와 그의 네 동역자들의 인사를 보낸다. 그리스도 예

수 안에서 나와 함께 갇힌 자 에바브라와 또한 나의 동역자 마가, 아리스다고, 데마, 누가가 문안하느니라(23, 24절). 인사나 문안은 건강과 평안을 비는 것이다. 그리스도교는 예의를 반대하거나 무시하지를 않고 오히려 예의를 지킬 것을 명령한다. 베드로전서 3장 8절과 9절은 이렇게 말씀한다. 마지막으로 말하노니 너희가 다 마음을 같이하여 동정하며 형제를 사랑하며 불쌍히 여기며 겸손하며 악을 악으로, 욕을 욕으로 갚지 말고 도리어 복을 빌라 이를 위하여 너희가 부르심을 받았으니 이는 복을 이어받게 하려 하심이라. 문안은 사랑과 관심의 단순한 표현이고 그것들을 보존하고 키우는 수단이 된다.

그리스도 예수 안에서 나와 함께 갇힌 자 에바브라가 문안하느니라. 에바브라는 골로새 사람이었고 빌레몬과 같은 고향의 동료였다. 에바브라는 직분이 전도자였던 것 같다. 그리고 그는 골로새의 첫 번째 회심자가 아니라면 골로새 교인들 속에서 일을 했던 것 같다. 왜냐하면 바울이 에바브라에 대해 각별한 애정을 가지고 있었기 때문이다. 이와 같이 우리와 함께 종 된 사랑하는 에바브라에게 너희가 배웠나니 그는 너희를 위한 그리스도의 신실한 일꾼이요(골 1: 7). 그리스도 예수의 종인 너희에게서 온 에바브라가 너희에게 문안하느니라 그가 항상 너희를 위하여 애써 기도하여 너희로 하나님의 모든 뜻 가운데서 완전하고 확신 있게 서기를 구하나니 그가 너희와 라오디게아에 있는 자들과 히에라볼리에 있는 자들을 위하여 많이 수고하는 것을 내가 증언하노라(골 4:12, 13). 바로 이 사람은 아주 뛰어난 사람이었다. 그는 로마에서 바울과 함께 있었던 것 같다. 그 역시 복음을 전하고 전파하는 일을 같이 힘써 하다가 같은 이유로 바울과 함께 감옥에 갇혔던 것 같다. 두 사람 다 그리스도 예수 안에서 함께 갇힌 자로 지칭되고 있다. 그것은 그들이 감옥에 갇히게 된 근거를 암시해주고 있다. 그것은 어떤 범죄나 악함 때문이 아니라 그리스도를 믿는 신앙과 그리스도를 섬기는 것 때문이었다. 그리스도의 이름을 위하여 수치를 당하는 것은 영광스러운 일이다. 그리스도 예수 안에서 나와 함께 갇힌 자 라는 표현은 그리스도의 영광과 사도의 평안으로 언급되고 있다. 다시 말해서 그가 죄수이므로(이것은 고난의 문제였다) 그리스도의 일을 방해했다는 게 아니다. 그러나 하나님이 이런 식으로 바울이 고난받도록 허용하고 부르셨다고 한다면 하나님의 섭리가 바울과 에바브라가 함께 고난받도록 정하셨고, 서로의 기도를 통해 유익과 평안을 얻게 하셨고, 어떤 일에서는 도움이 될 수 있게 하셨다는 것이다. 이것이 인자였다. 그러므로 하나님은 종종 성도의 교제를 통하여 그의 종들이 당하는 고난들을 가볍게 해주신다. 다시 말해 그들은 갇혀 있으면서도 즐거운 교제를 서로 나누게 된다. 하나님을 위하여 그들이 함께 고난받을 때 누리게 되는 즐거움보다 하나님에 대한 더 큰 즐거움을 결코 찾을 수가 없다. 그러므로 바울과 실라가 그들의 발이 차꼬에 묶여 있을 때 그들의 혀는 자유로웠고 그들의 마음은 하나님을 찬양하였다.

나의 동역자 마가, 아리스다고, 데마, 누가. 이들에 대한 언급은 어떤 의미로는 그들에게 누가의 일에 관심을 가지게 하려고 하는 것 같다. 이러한 고귀한 여러 사람들의 요청을 무시한다는 것은 얼마나 그 모양새가 안 좋겠는가! 바나바의 조카 마가는 마리아의 아들이었다. 마리아는 예루살렘에 있는 성도들을 잘 대접하는 여인이었다. 그녀의 집은 기도와 하나님을 예배하는 처소로 사용이 되었다(골 4:16; 행 12:12). 바울과 마가가 헤어질 때 어떤 불협화음이 좀 있었던 것 같다. 마가는 바나바와 함께 선교를 하고 있었다. 그런데 이제는 바울과 마가가 서로의 불편했던 감정을 씻어버리고 화해한 것 같다(딤후 4:11). 바울은 네가 올 때에 마가를 데리고 오라 그가 나의 일에 유익하니라 하고 디모데에게 명령하고 있다. 마가 역시 전도자이다. 아리스다고가 마가와 함께 언급되고 있다(골 4:10). 바울은 골로새서에서 아리스다고를 그리스도 예수 안에서 나와 함께 갇힌 자라고 부른다. 바나바의 생질 마가에 대해 골로새서에서 말하면서 바울은 다음의 말을 덧붙이고 있다. 이 마가에 대하여 너희가 명을 받았으매 그가 이르거든 영접하라. 이 말은 바울 자신도 마가를 영접했고 화해했다는 사실을 나타내주는 증거가 된다. 그 다음에 데마가 언급되고 있다. 데마는 이 세상을 사랑하여 바울을 버리고 떠난 것으로 비난을 받고 있기는 하지만 지금까지로 봐서는 잘못은 없었던 것 같다(딤후 4:10). 그러나 데마가 바울을 버리고 떠난 것이 어느 정도까지인지 알 수 없다. 다시 말해서 데마가 그의 사역과 신앙에서 완전히 떠난 것인지 아니면 부분적인 것인지, 그리고 그가 회개하고 그의 본분으로 돌아왔는지 돌아오지 않았는지를 성경은 침묵하고 있지만 우리는 데마가 돌아왔으리라고 믿어야 할 것 같다. 왜냐하면 지금 빌레몬서에서는 데마에 대한 비난거리나 망신거리가 전혀 발견되지 않고 있기 때문이다. 오히려 데마는 신실한 다른 사람들의 일원으로 언급되고 있다. 그 사실은 그 역시도 신실하다는 사실을 드러낸다(골 4:14). 마지막으로 사랑을 받는 의사로 언급되는 누가는 전도자였다. 그는 바울과 동행해 로마에 왔었다(골 4:14; 딤후 4:11). 누가는 바울이 아주 큰 위험에 처했을 때도 함께 하는 바울의 동역자였다.

복음 사역은 육체적인 편안함이나 즐거움을 주는 일이 아니라 고통과 고난을 수반하는 일이다. 그러나 누구든지 그 일을 태만히 하면 그는 자신의 부르심에 부응하고 있지 못한 것이다. 그리스도는 마태복음 9장 38절에서 그의 제자들에게 이렇게 명령하신다. 그러므로 추수하는 주인에게 청하여 추수할 일꾼들을 보내 주소서 하라. 주님은 빈둥거리며 어슬렁거리는 사람이 아니라 열심히 일하는 일꾼을 보내달라고 기도하라고 말씀하고 있는 것이다. 교인들은 데살로니가전서 5장 12절과 13절에서 이렇게 권면을 받고 있다. 형제들아 우리가 너희에게 구하노니 너희 가운데서 수고하고 주 안에서 너희를 다스리며 권하는 자들을 너희가 알고 그들의 역사로 말미암아 사랑 안에서 가장 귀히 여기며 너희끼리 화목하라. 사도 바울이 나의 동역자라고 말한다. 이 말은 목사들은 진리를 위하여 함께 돕는 사람들이 되어야 한다는 것을 의미한다. 그들은 같은 주를 섬긴다. 그들은 같은 거룩한 일과 임무에 종사한다. 그리고 그들은 같은 영광스러운 보상을 기대하는 사람들이다. 그러므로 목사들은 그들의 위대하시고 모든 사람의 주 되시는 그리스도의 유익을 위하여 서로 돕는 협력자들이 되어야 한다.

3. 이제 사도 바울은 마지막 기도와 축복으로 마친다. 우리 주 예수 그리스도의 은혜가 너희 심령과 함께 있을지어다(25절). 여기서 다음의 사실들을 주목하라.

(1) 기원과 기도의 내용은 은혜이다. 그것은 하나님이 거저 주시는 호의와 사랑이다. 모든 선한 일들에서의 은혜의 열매들과 결과들은 영혼과 육체, 현세와 내세를 위한 것이다. 은혜는 우리 자신들과 모든 다른 사람들을 위한 가장 좋은 기원이라는 사실을 유념하라. 사도 바울은 이 은혜로 시작하고 이 은혜로 마친다.

(2) 은혜는 그리스도에게서 나온다. 다시 말해서 은혜는 삼위일체의 제이위이신 하나님의 아들 우리 주 예수 그리스도로 말미암는다. 그리스도는 본래 모든 만물의 주인이시다. 만물이 그에게서 창조되되 하늘과 땅에서 보이는 것들과 보이지 않는 것들과 혹은 왕권들이나 주권들이나 통치자들이나 권세들이나 만물이 다 그로 말미암고 그를 위하여 창조되었다(골 1:16; 요 1:1-3). 그리스도는 만물의 상속자이시다. 그는 하나님이신 동시에 인간이시고 우리를 위하여 자기 피로 우리를 값 주고 사신 중보자이시다. 아버지 하나님이 우리 구주 예수 그리스도를 우리에게 주셨다. 이것은 그가 자기 백성을 그들의 죄에서 구원하시기 위한 것

이었다(마 1:21). 우리는 잃어버리고 모자라고 부족한 사람들이었다. 그러나 그리스도가 우리를 회복시켜 주시고 파멸의 원인을 제거하고 치료해주신다. 그리스도는 그의 공로로 우리를 구원해주신다. 그는 우리를 위하여 죄 사함과 영생을 얻게 해주신다. 그리스도는 그의 권능으로 우리를 죄와 사탄과 지옥에서 건져주시고 우리를 새롭게 하여 그리스도를 닮게 해주시고, 우리가 하나님의 은혜를 누리게 해주신다. 그런 까닭에 그는 우리의 구주 예수이시다. 그러므로 그는 그리스도, 메시야, 기름부음 받은 자, 신성한 왕, 신성한 제사장, 그리고 그의 교회를 위한 선지자이시다. 이러한 모든 직분들은 다 기름 부어 세우라는 법을 따라 기름 부음을 받았다. 그러므로 그 법을 이루기 위하여 구세주는 성령을 통해 영적으로 기름 부음을 받으셨다(행 10:38). 시편 45편 7절은 이렇게 말씀한다. 하나님 곧 왕의 하나님이 즐거움의 기름을 왕에게 부어 왕의 동료보다 뛰어나게 하셨나이다. 이 주 예수 그리스도가 본래의 칭호를 통해 우리의 주가 되시고, 복음을 통해 은사를 주시고, 그의 대속을 통해 우리를 구원해주시고, 그를 힘입어 하나님께 받아들여지게 해주시고, 주에게 복종하게 해주시고, 주와 신비로운 연합을 하게 해주신다. 그런 까닭으로 그는 우리 주 예수 그리스도가 되신다. 여기서 다음의 사실들을 주목하라. 우리에게 베풀어지는 모든 은혜는 그리스도에게서 나온다. 그리스도가 그것을 값 주고 사셨다. 그리고 그가 그것을 우리에게 거저 베풀어 주신다. 요한복음 1장 16절은 이렇게 말씀한다. 우리가 다 그의 충만한 데서 받으니 은혜 위에 은혜러라. 에베소서 1장 23절은 이렇게 말씀한다. 교회는 그의 몸이니 만물 안에서 만물을 충만하게 하시는 이의 충만함이니라.

(3) 은혜의 수혜자. 너희 심령. 다시 말해서 너희에게 있는 영혼이나 심령이 은혜를 받으라는 것이다. 바로 그 곳이 은혜가 머무는 곳이다. 그 곳으로부터 은혜가 전인에 영향을 미치고 은혜롭고 거룩한 행위들이 흘러나온다. 여기서 문안을 받고 있는 모든 가족이 마지막 축사에 포함이 되고 있다. 그것은 모든 사람을 더 많이 기억하게 하고 활기를 불어넣어 주어 본 서신의 목적을 더 진전시키기 위한 것이다.

(한글역본에는 빠져 있지만) 축사 끝에 아멘이 덧붙여지고 있다. 이 말은 기도와 기원을 요약해주는 그렇게 되기를 빈다는 뜻을 지닌 아주 강한 애정이 담긴 말이다. 또한 이 말은 그렇게 될 것이다라는 뜻을 지닌 믿음의 표현이기도 하

다. 그러므로 우리의 행복에 우리 주 예수 그리스도의 은혜가 우리 심령과 함께 있는 것 말고 무엇이 더 필요하겠는가? 이것은 통상적인 축사이긴 하다. 그러나 이 축사가 그 곳의 상황 탓으로 어떤 특별한 의미를 지닌 것으로 해석될 수도 있다. 그리스도의 은혜가 그들의 심령에 함께 함으로써 특별히 빌레몬과 그의 가족의 마음을 달래주고 누그러지게 해주었을 것이다. 그리고 그것이 그들의 상처들에 새겨져 있고 남아 있는 깊고 쓰라린 분노의 감정들을 벗어버리게 해주고, 하나님이 그리스도를 위하여 우리를 용서해주신 것처럼 그들이 다른 사람들을 용서해주고 싶은 마음이 들게 해주었을 것이다.

히브리서

서론

본 서신에 관하여 우리는 다음과 같은 물음을 가져야 할 것이다.

I. 히브리서의 신적인 권위에 대하여 물어야 한다. 왜냐하면 이것을 의심하는 사람도 있기 때문이다. 그러한 사람의 이상한 눈은 히브리서의 빛을 견딜 수가 없었다. 히브리서는 그러한 사람의 잘못들을 논박해 아무 소리 못하게 만들었다. 그러한 부류로 아리우스주의자들이 있다. 그들은 그리스도의 신성과 자존 즉 스스로 존재하심을 부인한다. 또 다른 부류로는 그리스도의 대속을 부인하는 소치니주의자(16세기 중반 이탈리아를 중심으로 소치니 지도 아래 삼위일체와 그리스도의 신성을 부인하고 이성적인 교리들을 주장한 일파)들이 있다. 그러나 결국 그러한 사람들의 모든 시도들은 본 서신을 비방하고 깔보기 위한 것이다. 히브리서의 신적 기원은 아주 강하고 밝은 빛으로 드러난다. 그래서 히브리서를 대충 읽기만 하는 사람도 히브리서가 정경 가운데 주요한 부분에 속하고 있음을 알 수 있을 것이다. 주제의 신성함, 문체의 장엄함, 구상의 뛰어남, 본 성서와 다른 성서들의 조화, 그리고 모든 세대의 하나님 교회 안에서의 본 서신의 인정 등 이러한 점들이 히브리서의 신적 권위의 증거가 된다.

II. 본 서신의 기록자나 저자에 대해 우리는 확실히 알 수가 없다. 히브리서는 다른 서신들과 달리 그 앞 부분에서 기록자의 이름에 대한 어떤 언급을 전혀 하고 있지 않다. 그래서 그것에 대한 논의가 학자들 간에 끊임없이 계속되어 오고 있다. 히브리서의 저자가 로마의 클레멘스라고 하는 사람도 있다. 누가라고 하는 사람도 있다. 많은 사람이 바나바라고 하기도 한다. 바나바에 대한 지지가 많은 것은 히브리서의 표현 양식과 문체가 바나바의 드러난 열정적이고, 권위적이고, 다정다감한 성격에 아주 많이 일치하고 있다고 생각하기 때문이다. 본 서신의 기록에서 바나바에 대해 나타난 것이 사도행전의 기록에서도 나타나고 있다. 그리고 고대의 한 교부는 본 서신에서 바나바의 말로 생각되는 표현을 인용하고 있다. 그럼에도 불구하고 히브리서는 사도 바울이 기록한 것으로 일반적으로 인정되고 있다. 게다가 어떤 후대의 사본들과 역본들은 제목에 바울의 이름을 붙이고 있기도 하다. 초대 교회 시대에는 히브리서는 바울의 저작이라는 게 일반적인 정설이었다. 히브리서의 문체와 의도가 바울의 사상과 잘 어울렸다. 바울은 명석한 머리와 따뜻한 마음을 지닌 사람이었다. 바울의 주된 목적과 노력은 그리스도를 높이는 것이었다. 사도 베드로가 본 서신을 언급하면서 바울을 히브리서의 기록자라고 증언한다고 생각하는 사람도 있다. 우리가 사랑하는 형제 바울도 그 받은 지혜대로 너희에게 이같이 썼다(벧후 3:15). 우리는 이 서신 외에 다른 서신을 바울이 그들에게 썼다는 기록을 읽을 수가 없다. 바울이 그가 쓴 모든 서신들에 자신의 이름을 언급하고 있기 때문에 여기서도 그의 이름을 빠뜨리지 않았을 것이라는 점을 들어 히브리서를 바울이 기록했다는 것을 반대해온 사람들이 있었다. 이런 의견에 반하여 바울이 이방인들을 위한 사도였으므로 유대인들이 싫어하는 인물이었기 때문에 히브리서를 기록하면서 자신의 이름을 감추었을 것이라고 응수하는 사람들도 있다. 그것은 바울에 대한 유대인들의 편견이 히브리서를 읽지 못하게 하고 제대로 평가하지 못하게 하는 일이 없도록 하기 위한 것이었다.

Ⅲ. 본 서신의 의도와 구상에 대해 말한다면 히브리서는 율법을 능가하는 복음의 아주 분명한 탁월성을 히브리인들의 정신에 분명하게 전달해주고 히브리인들의 판단에 명백한 증거를 강하게 확증시켜 주고 있다. 그리고 히브리서는 유대인들이 아주 좋아하고 그것에 단단히 묶여있는 율법의 의식법에서 벗어나게 해주기 위한 것이다. 유대인들은 의식법을 맹목적으로 사랑했다. 그래서 그리스도인들은 유대인들의 이러한 케케묵은 옛날 누룩의 많은 부분을 억제할 필요가 있었고 옛날 누룩을 그리스도인들의 정신과 마음에서 깨끗이 씻어내야 했다.

이 히브리서의 의도는 히브리인들이 그리스도교 신앙을 지속적으로 믿도록 설득하고 그것을 강조하기 위한 것이었다. 그리고 그들이 그리스도교 신앙을 계속 믿게 됨으로써 겪게 되는 고난들이 있음에도 불구하고 그 신앙을 끝까지 가지고 견디게 하기 위한 것이다. 이러한 목적을 위하여 본 서신은 복음의 저자이신 영광스러우신 예수 그리스도의 초월성에 대해 많이 말한다. 히브리서 기자는 예수 그리스도의 영광을 내세우고 모든 다른 것들보다 예수를 정당하게 더 높인다. 히브리서 기자는 예수 그리스도를 만유 안의 만유로 표현하고 그 표현을 거룩한 수사학의 고아한 운율로 나타내고 있다. 본 서신에 나타나는 많은 사실들이 이해하기 어렵다는 사실은 인정해야 한다. 그러나 우리가 히브리서에서 발견하는 송이 꿀 같은 달콤함은 우리가 그것을 이해하기 위하여 감내해야 하는 모든 고통들을 많이 경감시키고 치료하여 줄 것이다. 더욱이 우리가 히브리서를 신약 성서의 모든 서신들과 비교한다면 우리는 이 서신보다 거룩한 하늘나라의 주제로 가득 넘치는 다른 서신을 발견하기 어려울 것이다.

제 1 장

개요

　본 장에는 이중의 비교가 진술되고 있다. I . 복음 시대와 율법 시대의 비교. 율법보다 뛰어난 복음의 탁월성을 주장하고 입증한다(1-3절). II. 그리스도의 영광과 가장 높은 피조물들인 천사들의 영광의 비교. 주 예수 그리스도의 초월성이 제시되고 있고 그것은 그리스도에게만 있음을 분명하게 증거한다(4-14절).

¹옛적에 선지자들을 통하여 여러 부분과 여러 모양으로 우리 조상들에게 말씀하신 하나님이 ²이 모든 날 마지막에는 아들을 통하여 우리에게 말씀하셨으니 이 아들을 만유의 상속자로 세우시고 또 그로 말미암아 모든 세계를 지으셨느니라 ³이는 하나님의 영광의 광채시요 그 본체의 형상이시라 그의 능력의 말씀으로 만물을 붙드시며 죄를 정결하게 하는 일을 하시고 높은 곳에 계신 지극히 크신 이의 우편에 앉으셨느니라

　　　사도는 여기서 복음 시대가 율법 시대보다 뛰어난 우월성을 나타내는 일반적인 선포로 시작한다. 그리고 그는 하나님이 사람들에게 하나님 자신과 하나님의 마음과 뜻을 전달하시고 교통하실 때 여러 가지 다른 방법과 모양을 사용하고 계심을 나타낸다. 이 두 경륜은 다 하나님의 것이고 아주 선하다. 그러나 이것들에서 하나님이 전달되는 방식과 모양은 아주 다르다. 여기서 다음의 사실들을 주목하라.

I . 구약 성서 시대에 하나님이 사람들에게 하나님 자신과 그의 뜻을 나타내시고 말씀하신 방법.　우리는 여기서 다음의 기사를 발견하게 된다.

　1. 하나님이 구약 성서 시대에 사람들에게 그의 생각과 뜻을 전달하기 위하여 사용하신 사람들은 바로 선지자들이었다. 다시 말해서 선지자들은 하나님의 뜻을 사람들에게 전달하고 계시하는 직분을 감당하기 위하여 하나님이 선택하시고 자격을 부여하신 사람들이었다. 그러나 어느 누구도 하나님의 부르

심을 받지 않고는 이 영광스러운 직분을 받을 수 없다.

2. 하나님이 선지자들을 통해 누구에게 말씀하셨는가? 조상들에게 말씀하셨다. 다시 말해서 하나님은 구약 시대에 살고 있던 모든 성도들에게 말씀하셨다. 하나님은 자연의 빛보다 훨씬 분명한 빛으로 그들에게 은총을 베푸시고 영화롭게 해주셨다. 반면에 나머지 세상 사람들은 자연의 빛 아래 살게 내버려 두셨다.

3. 복음 시대에 앞서 구약 시대에 하나님이 사람들에게 말씀하셨던 순서. 하나님은 옛적에 고대의 하나님의 백성들에게 여러 부분과 여러 모양으로 말씀하셨다.

(1) 여러 부분. 이 말씀이 의미하는 바는 구약 시대의 여러 세대를 뜻한다. 다시 말해서 족장 시대, 모세 율법 시대, 선지자 시대 등의 여러 세대를 의미할 수 있다. 그렇지 않으면 구세주에 관한 하나님의 뜻과 생각을 계시하는 점진적인 몇 단계의 개시(opening)들을 의미할 수도 있다. 아담 단계의 개시는 메시야가 여자의 후손이 되어야 한다는 것이었다. 아브라함 단계의 개시는 그가 그의 몸에서 날 자가 될 것이라는 것이었다. 야곱 단계의 개시는 그가 유다 족속에 속한 사람이 될 것이라는 것이었다. 다윗 단계의 개시는 그가 그의 가문의 사람이 될 것이라는 것이었다. 미가 단계의 개시는 그가 베들레헴에서 태어나시게 될 것이라는 것이었다. 이사야 단계의 개시는 그가 처녀에게서 나시게 될 것이라는 것이었다.

(2) 여러 모양으로. 하나님은 그의 선지자들에게 하나님의 뜻을 전달하기에 적합하다고 생각하신 여러 다른 방식을 따라서 말씀하셨다. 어떤 때는 하나님의 영으로, 어떤 때는 꿈으로, 어떤 때는 환상으로, 어떤 때는 들을 수 있는 소리로, 어떤 때는 하나님이 돌판에 십계명을 쓰신 것처럼 하나님 자신의 손으로 쓰신 읽을 수 있는 문자로 하나님의 생각과 뜻을 말씀하셨다. 하나님이 민수기 12장 6절에서 18절에 이러한 여러 다른 방법들 가운데 몇 가지를 말씀해 주셨다. 이르시되 내 말을 들으라 너희 중에 선지자가 있으면 나 여호와가 환상으로 나를 그에게 알리기도 하고 꿈으로 그와 말하기도 하거니와 내 종 모세와는 그렇지 아니하니 그는 내 온 집에 충성함이라 그와는 내가 대면하여 명백히 말하고 은밀한 말로 하지 아니하며 그는 또 여호와의 형상을 보거늘 너희가 어찌하여 내 종 모세 비방하기를 두려워하지 아니하느냐.

**Ⅱ. 신약 성서 시대에 하나님이 그의 백성에게 그의 생각과 뜻을 전달하신 방
법.** 이 신약 성서 시대가 이 모든 날 마지막이라고 불리고 있다. 이것은 세상
마지막을 나타내거나 유대 국가의 마지막을 의미할 수도 있다. 복음의 시대는
마지막 시대이고, 복음의 계시는 우리가 하나님께서 기대할 수 있는 마지막 계
시이다. 처음에는 세상에 자연 계시가 있었다. 그 다음 족장 시대에는 꿈과 환
상과 목소리를 통한 계시가 있었다. 그 다음 모세 시대에는 기록된 율법 안에
서의 계시가 있었다. 그 다음 선지자 시대에는 율법을 설명하고 그리스도를 더
분명하게 발견하게 해주는 예언들을 통한 계시가 있었다. 그러나 이제 우리는
어떤 새로운 계시를 기대해서는 절대 안 될 것이다. 그렇지만 이미 계시된 것
을 우리가 더 잘 이해할 수 있도록 도와주는 그리스도의 영은 더욱더 사모하고
기대해야 할 것이다. 율법 계시를 능가하는 복음 계시의 우월성은 두 가지 사
실에 근거하고 있다.

1. 복음 계시는 마지막이고 완성된 계시이다. 복음 계시는 마지막 날에 발표
된 신의 계시이다. 그것에다 무엇도 더해서는 안 되는 완성된 계시이다. 성서의
정경은 정착되고 봉인되었다. 그러므로 이제 사람들은 새로운 발견들을 기대
하느라 마음을 더 이상 졸일 필요가 없다. 오히려 사람들은 교훈적이고 섭리적
인 하나님의 뜻이 완전하게 계시된 것을 즐거워해야 할 것이다. 그 계시의 지
시와 위로를 위하여 알아야 할 필요가 있는 한에서는 하나님 뜻의 완전한 계시
를 기뻐해야 할 것이다. 왜냐하면 복음은 세상 마지막 날에 하나님의 교회에
임할 큰 사건들의 계시를 내포하고 있기 때문이다.

2. 복음 계시는 하나님이 그의 아들 예수 그리스도를 통하여 이루신 계시이
다. 그의 아들은 하나님이 이제까지 세상에 보내셨던 사자(使者)들 가운데 가장
뛰어난 사자이셨다. 그는 하나님이 이전 시대에 그의 백성에게 그의 뜻을 전달
하시기 위하여 사용하시고 보내셨던 모든 옛날의 족장들과 선지자들을 초월하
셨다. 여기서 우리는 우리 주 예수 그리스도의 영광에 관한 기사를 발견하게
된다.

(1) 그리스도의 직분의 영광, 그 영광이 다음과 같은 점들에서 드러난다.

[1] 하나님은 그리스도를 만유의 상속자로 임명하셨다. 하나님이신 그리스도는
아버지 하나님과 동등하시다. 그러나 하나님과 사람이시고 중보자이신 그리스
도는 아버지 하나님에 의해 만유의 상속자로 임명을 받으셨다. 다시 말해서 하

나님이 예수 그리스도를 만물의 주이시고, 모든 사람과 만물의 절대적인 감독자, 지도자, 통치자이시다(시 2:6, 7). 하늘과 땅의 모든 권세를 다 아들에게 주셨다. 심판을 다 아들에게 맡기셨다(마 28:18 ; 요 5:22).

[2] 그리스도를 통하여 하나님은 볼 수 없는 세상과 볼 수 있는 세상 즉 하늘나라와 땅을 만드셨다. 하나님은 그를 하나의 도구적인 원인으로서가 아니라 하나님의 본질적인 말씀과 지혜로서 그를 사용하셨다. 그리스도를 통하여 옛날에 하나님은 옛날 창조물을 이루셨고, 지금은 그리스도를 통하여 하나님은 새로운 피조물을 만드시고, 그리고 그리스도를 통하여 하나님은 옛날 창조물과 새로운 피조물을 다스리고 통치하신다.

[3] 하나님은 그의 권능의 말씀으로 만물을 지탱하신다. 하나님은 세상이 해체되지 않게 관리하시고 유지하신다. 그로 말미암아 모든 세계를 지으셨느니라. 전체 창조의 무게 중심이 그리스도에게 있다. 그리스도는 전체와 모든 부분들을 지탱하시고 유지하신다. 배교가 일어나서 세상이 하나님의 진노와 저주로 산산조각 나게 생겼을 때 하나님의 아들 예수 그리스도가 구속 사역을 이루심으로 세상이 다시 결속되게 되었고, 그리스도의 전능하신 권능과 선하심을 통하여 세상이 다시 바로 세워지게 되었다. 옛날 선지자들 가운데 이와 같은 직분을 맡아 수행한 적이 한 번도 없었다. 또한 그 누구도 그 일을 감당할 사람이 없었다.

(2) 이런 까닭에 사도는 그러한 직분을 수행할 수 있는 그리스도의 인격의 영광으로 관심을 옮긴다. 이는 하나님의 영광의 광채시요 그 본체의 형상이시라(3절). 이 말씀은 영광스러우신 구세주에 대한 아주 드높고 고상한 묘사이다. 이 말씀은 그리스도의 인격이 지닌 초월성을 잘 나타내주는 기록이다.

[1] 그리스도는 인격으로 즉 본체로는 하나님의 독생자 즉 하나님의 아들이시다. 그러나 그러한 인격으로서도 그리스도는 하나님과 동등하고 동일한 본성을 지니고 계시다. 이 인격의 특징은 언제나 하나이고 동일한 본성을 전제로 한다. 모든 인간의 아들은 인간이다. 그러나 만일 그 인간의 본성이 동일하지 않다면 그 세대는 기괴하고 어처구니없게 되고 말 것이다.

[2] 성자의 인격은 참으로 거룩한 광채를 발하는 성부 하나님의 영광이시다. 마치 광선이 빛의 아버지이고 원천인 태양이 내뿜는 눈부신 빛이듯이 예수 그리스도는 그의 인격 안에서 즉 그의 본체 안에서 몸으로 드러나신 하나님이시

다. 그리스도는 빛 가운데 빛이시며 참된 쉐키나(Shekinah) 즉 참된 하나님의 현현(顯現)이다.

[3] 성자 예수 그리스도의 인격은 성부 하나님의 인격의 참된 모양과 특성이시다. 동일한 본성을 지니고 계시므로 그리스도는 하나님과 동일한 모양과 형상을 나타내신다. 주 예수 그리스도의 능력과 지혜와 선하심을 바라봄으로써 우리는 하나님 아버지의 능력과 지혜와 선하심을 바라보게 된다. 왜냐하면 그리스도는 자신 안에 하나님의 본성과 완전하심을 지니고 계시기 때문이다. 나를 본 자는 아버지를 보았느니라. 다시 말해서 그리스도는 하나님 아버지와 동일한 본성을 지니고 계시다. 그러므로 성자 예수 그리스도를 안 사람은 성부 하나님을 아는 것이다(요 14:7-9). 그 이유는 성자는 성부 안에 계시고 성부는 성자 안에 계시기 때문이다. 인격의 차이는 다름 아닌 본질의 연합으로 일치하게 될 것이다. 이것이 그리스도의 인격의 영광이시다. 신성의 충만함이 예표적인 것이나 상징적인 것이 아니라 그리스도 안에서 실제로 거하고 있다.

(3) 히브리서 기자는 그리스도의 인격의 영광으로부터 그리스도의 은혜의 영광을 언급하기 위하여 진술을 발전시키고 있다. 그리스도의 겸손과 낮아지심 그 자체는 참으로 영광스러웠다. 그리스도가 당하신 고난들은 그의 백성들의 죄를 완전히 대속할 수 있을 정도로 그 자체로 이러한 위대한 영광을 지니고 있었다. 그리스도가 스스로 죄를 정결하게 하는 일을 하셨다고 하는 것은 그리스도의 죽으심과 피 흘리심의 고유하고 본질적인 공로를 통하여, 즉 그의 죽으심과 피 흘리심의 무한하고 본질적인 가치를 통하여 대속하셨다는 의미이다. 그리스도는 그 자신의 고난들을 통하여 속죄하셨다. 하나님의 영광과 본체이신 그리스도 자신이 하나님의 영광을 만족시키는 충분한 보상이 되고 가치를 지닌 고난들을 직접 당하셨다. 그리스도는 사람들의 죄로 말미암아 무한한 상처와 모욕을 당하셨다.

(4) 그리스도의 고난의 영광으로부터 우리는 그리스도의 높아지심의 영광을 길게 논의하는 진술로 나아가게 된다. 그의 능력의 말씀으로 만물을 붙드시며 죄를 정결하게 하는 일을 하시고 높은 곳에 계신 지극히 크신 이의 우편에 앉으셨느니라. 지극히 크신 이의 우편에 앉으셨다는 것은 하나님 아버지의 오른쪽에 앉으셨다는 것이다. 중보자와 구속자로서 그리스도는 그의 백성의 유익을 위하여 가장 높은 명예와 권위와 사역으로 자신을 바치셨다. 하나님 아버지는 이제 그

리스도를 통하여 모든 일들을 처리하시고 그의 백성들의 모든 봉사들을 그리
스도를 통하여 받아들이신다. 우리의 본성을 취하시고 땅에서 인간의 본성을
입고 고난당하심으로 그리스도는 하늘에 올라가시게 되었다. 그리고 하늘에서
그리스도는 하나님 다음으로 높은 영광을 받으시고 계시다. 바로 이것이 그리
스도의 겸손과 낮아지심의 보상이다.

그러므로 마지막 날에 인간들에게 말씀하셨다는 하나님이 다름 아닌 이 인
간의 본성을 지니신 그리스도이시다. 왜냐하면 전달자의 권위가 전달하는 내
용의 권위와 우월성을 부여해주기 때문이다. 그러므로 복음의 시대는 율법의
시대보다 뛰어날 뿐만 아니라 아니 비할 수 없이 뛰어나다는 사실은 두말 할
나위가 없다.

⁴그가 천사보다 훨씬 뛰어남은 그들보다 더욱 아름다운 이름을 기업으로 얻으심이
니 ⁵하나님께서 어느 때에 천사 중 누구에게 너는 내 아들이라 오늘 내가 너를 낳았
다 하셨으며 또 다시 나는 그에게 아버지가 되고 그는 내게 아들이 되리라 하셨느
냐 ⁶또 그가 맏아들을 이끌어 세상에 다시 들어오게 하실 때에 하나님의 모든 천사
들은 그에게 경배할지어다 말씀하시며 ⁷또 천사들에 관하여는 그는 그의 천사들을
바람으로, 그의 사역자들을 불꽃으로 삼으시느니라 하셨으되 ⁸아들에 관하여는 하
나님이여 주의 보좌는 영영하며 주의 나라의 규는 공평한 규이니이다 ⁹주께서 의를
사랑하시고 불법을 미워하셨으니 그러므로 하나님 곧 주의 하나님이 즐거움의 기
름을 주께 부어 주를 동류들보다 뛰어나게 하셨도다 하였고 ¹⁰또 주여 태초에 주께
서 땅의 기초를 두셨으며 하늘도 주의 손으로 지으신 바라 ¹¹그것들은 멸망할 것이
나 오직 주는 영존할 것이요 그것들은 다 옷과 같이 낡아지리니 ¹²의복처럼 갈아입
을 것이요 그것들은 옷과 같이 변할 것이나 주는 여전하여 연대가 다함이 없으리
라 하였으나 ¹³어느 때에 천사 중 누구에게 내가 네 원수로 네 발등상이 되게 하기
까지 너는 내 우편에 앉아 있으라 하셨느냐 ¹⁴모든 천사들은 섬기는 영으로서 구원
받을 상속자들을 위하여 섬기라고 보내심이 아니냐

사도는 선지자들보다 뛰어난 주 예수 그리스도의 탁월성에서 율법보
다 뛰어난 복음의 탁월성을 입증한 뒤에 그리스도가 선지자들뿐만 아니라 천
사들보다도 훨씬 뛰어나시다는 사실을 입증하기 위하여 논의를 발전시키고 있

다. 이 논의에서 히브리서 기자는 율법이 인간들에 의해 전달되었을 뿐만 아니라 천사들을 통하여서도(갈 3:9) 제정되었다고 유대교 열심당원들이 내세우는 반대를 미연에 회피하고 있다. 그들의 주장은 율법이 제정될 때 시중들었다는 것이다. 다시 말해서 하늘의 천군 천사들이 율법이 제정되는 그 놀라운 때에 주 여호와를 시중들기 위하여 앞에 서 있었다는 것이다. 그런데 천사들이란 아주 영광스러운 존재들이다. 그들은 인간들보다 훨씬 영광스럽고 우월하다. 그러므로 성경은 항상 모든 피조물 가운데 아주 우월한 존재들로 표현한다. 그래서 우리가 알기로는 천사들보다 더 높은 존재는 하나님 자신 밖에는 없다. 따라서 천사들이 제정한 율법을 당연히 크게 존경하고 떠받들어야 한다는 것이다. 이 논의에 대한 영향에서 벗어나기 위하여 히브리서 기자는 예수 그리스도와 거룩한 천사들 사이를 비교하는 진술로 나아가고 있다. 이 진술은 본성과 직분에서 예수 그리스도가 천사들보다 훨씬 우월하다는 사실을 입증하기 위한 것이다. 그가 천사보다 훨씬 뛰어남은 그들보다 더욱 아름다운 이름을 기업으로 얻으심이니. 여기서 다음의 사실들을 주목하라.

I. 그리스도의 초월적인 본성은 그의 초월적인 이름을 통해서도 입증이 된다. 성서는 본성에 있어서의 실제적인 기반과 이유가 없이는 높고 영광스러운 칭호를 부여하지 않는다. 또한 만일 그리스도가 이러한 말들이 의미하는 대로 위대하고 우월하지 않으셨다면 우리 주 예수 그리스도에게 그런 위대한 칭호들을 붙여 말하지 않았을 것이다. 그러나 그리스도가 천사들보다 훨씬 우월하시다고 말할 때 그가 천사들과 마찬가지로 단순한 피조물이셨다고 상상해서는 안 될 것이다. 헬라어 게노메노스라는 단어가 형용사와 결합하면 창조된다는 뜻으로 해석된 곳이 어디에도 없다. 본문에서는 수리아 역본이 한 것처럼 훨씬 뛰어남은 이라고 잘 번역하고 있다. 그러므로 본문에 대한 헬라어 문장은 그렇게 만들어진 것이 아니라 그렇게 된 것이라고 번역되어야 할 것이다.

II. 천사들보다 뛰어난 그리스도의 이름과 본성의 초월성이 성서에서 선포되고 있는데 거기서부터 그 유래를 더듬어 올라가야 할 것이다. 우리는 성서가 없이는 그리스도에 대해서나 천사들에 대해서나 거의 아는 게 없거나 전혀 모르게 될 것이다. 그러므로 우리는 그리스도와 천사들에 대한 우리의 개념들을 성서를 통해 확정해야 할 것이다. 이제 여기에 인용된 성서 몇 구절이 있다. 이 구절들에서 천사들에 대해서 결코 말하지 않았던 것을 그리스도에 대해 말하고 있다.

1. 그리스도에 대해 이렇게 말했다. 너는 내 아들이라 오늘 내가 너를 낳았다(시 2:7). 이 말씀은 그리스도의 영원하신 낳으심을 언급하는 것일 수도 있다. 또는 이 말씀이 그리스도의 부활이나 승천하시어 그의 영광스러운 나라에서의 그의 엄숙한 즉위와 하나님 아버지 오른편에 앉으심을 언급한 것일 수도 있다. 그런데 이것은 천사들에 대해 결코 언급된 적이 없었다. 그러므로 그리스도는 천사들보다 더 우월한 본성과 이름을 기업으로 얻으셨다.

2. 이 말씀은 그리스도에 관한 언급이지 천사들에 관한 언급이 아니다. 나는 그에게 아버지가 되고 그는 내게 아들이 되리라. 이 말씀은 사무엘하 7장 14절에서 인용된 것이다. 이 말씀의 의미는 다음과 같다. "나는 그의 아버지가 되고 그는 본성과 영원한 이름을 통해 그는 나의 아들이 된다. 게다가 나는 그의 아버지가 되고 그는 놀라운 잉태를 통하여 나의 아들이 될 것이다. 그리스도의 이 아들 신분이 나와 타락한 인간 사이의 모든 은혜로운 관계의 원천과 기반이 될 것이다."

3. 또 그가 맏아들을 이끌어 세상에 다시 들어오게 하실 때에 하나님의 모든 천사들은 그에게 경배할지어다 말씀하시며. 이것은 그리스도에 대한 언급이다. 다시 말해서 그리스도가 태어나시어 이 낮고 낮은 세상에 오실 때 천사들이 그를 시중들고 떠받들라고 말씀하셨다는 것이다. 또는 그가 승천하시어 중보자의 나라에 들어가시기 위하여 위의 세상으로 가실 때, 또는 그가 세상을 심판하시기 위하여 세상에 다시 오실 때, 가장 높은 피조물들이 그를 경배하라고 말씀하셨다는 것이다. 하나님은 하늘에서 계속하여 천사가 그리스도에게 복종하고 경배하게 하실 것이다. 그리고 그는 타락한 천사들과 사악한 인간들이 결국 그의 신성한 능력과 권위를 고백하고 그 앞에 엎드리게 하실 것이다. 그러나 그리스도의 지배를 받지 않는 사람들은 그 앞에 끌려나와 죽임을 당하게 될 것이다. 이 사실의 증거가 시편 97편 7절에 말씀되고 있다. 너희 신들아 여호와께 경배할지어다. 이 말씀은 이런 뜻이다. "인간들보다 우월한 너희 모두는 본성과 능력에 있어서 그리스도보다 못하다는 것을 스스로 인정하도록 하라."

4. 하나님은 그리스도에 관해 이렇게 말씀하셨다. 하나님이여 주의 보좌는 영영하며 주의 나라의 규는 공평한 규이니이다 주께서 의를 사랑하시고 불법을 미워하셨으니 그러므로 하나님 곧 주의 하나님이 즐거움의 기름을 주께 부어 주를 동류들보

다 뛰어나게 하셨도다 하였고 또 주여 태초에 주께서 땅의 기초를 두셨으며 하늘도 주의 손으로 지으신 바라 그것들은 멸망할 것이나 오직 주는 영존할 것이요 그것들은 다 옷과 같이 낡아지리니 의복처럼 갈아입을 것이요 그것들은 옷과 같이 변할 것이나 주는 여전하여 연대가 다함이 없으리라 하였으나(8-12절). 그러나 천사들에 관해서는 단지 7절에서 그는 그의 천사들을 바람으로 그의 사역자들을 불꽃으로 삼으시느니라 말씀하셨을 뿐이다. 이제 여기서 하나님이 천사들에게 말씀하신 것과 그리스도에게 말씀하신 것을 비교해볼 때 그리스도보다 천사들이 엄청나게 열등하다는 것이 분명하게 드러나게 될 것이다.

(1) 하나님이 여기서 천사들에 관해 무엇을 말씀하시는가? 그는 그의 천사들을 바람으로, 그의 사역자들을 불꽃으로 삼으시느니라. 이 말씀을 우리는 시편 106편 4절에서 발견하게 되는데 거기에서는 바람과 불꽃에 대한 아주 직접적인 언급인 것 같다. 그러나 그것이 여기서 천사들에 관해 적용되고 있다. 하나님의 섭리를 시행하는 천사의 매개물이 바람과 천둥과 번개가 사용되고 있다. 여기서 다음의 사실들을 주목하라.

[1] 천사들의 직분. 천사들은 하나님이 부리시는 사자들이다. 다시 말해 그들은 하나님의 뜻을 시행하는 종들이다. 그리스도가 그러한 종들을 가지고 계신 것은 하나님의 영광이다. 그러나 그리스도가 천사들을 필요로 하시지 않아도 하나님의 영광은 더욱 크게 드러나게 된다.

[2] 천사들은 이 일을 위한 자격이 어느 정도인가? 하나님은 천사들을 영과 불꽃으로 만드신다. 다시 말해서 하나님은 그의 뜻을 시행하기 위하여 천사들에게 빛과 열정과 행동과 능력과 준비와 의지를 베풀어 주신다. 천사들은 하나님을 위하여 존재하도록 하나님이 만드신 존재들이며 아버지 하나님뿐만 아니라 아들 하나님을 위해서도 일하는 종들이다. 여기서 다음의 사실들을 주목하라.

(2) 하나님 아버지가 그리스도에 관해 아주 놀라운 사실들을 말씀하신다. 본문에서 두 성경 구절이 인용되고 있다.

[1] 한 구절은 시편 45편 6절과 7절에서 인용된 것이다. 그 구절에서 하나님은 그리스도에 대해 선언하신다. 첫째, 하나님은 아주 기쁘고 사랑하는 마음으로 그리스도에게 아낌없이 영광을 주시면서 그리스도의 진실되고 참된 신성을 선포하신다. 하나님이여 주의 보좌는 영영하며. 여기서 한 위격이 다른 위격을 하나님, 하나님이여 라고 부른다. 그리고 만일 아버지 하나님이 그리스도를 그렇

다고 선언하신다면 그리스도는 실제로 참되게 그렇게 되셔야 할 것이다. 왜냐하면 하나님이 사람들과 사물들을 그들의 속성 그대로 부르시기 때문이다. 그러므로 이제 누가 본질적으로 하나님이신 그리스도를 부인할 것인가? 그리스도를 하나님으로 인정하고 공경하도록 하자. 왜냐하면 그리스도가 하나님이 아니셨다면 그는 중보자의 사역을 결코 감당하지 못하셨을 것이고 중보자의 면류관과 영광을 얻지 못하셨을 것이다. 둘째, 하나님은 그리스도가 보좌와 왕국과 왕의 홀을 가지신 그리스도의 권위와 지배를 선언하신다. 그리스도는 본성과 은혜와 능력을 지니신 하나님으로서 그리고 중보자로서 모든 권세와 지배권과 권위와 능력을 지니셨다. 그러므로 그리스도는 그의 중보자의 왕국의 모든 의도들과 목적들에 필요한 모든 것을 갖추고 계셨다. 셋째, 하나님은 그리스도의 지배와 권위의 영원한 기간을 선언하신다. 이것은 그리스도의 인격의 권위에 근거한 것이었다. 하나님이여 주의 보좌는 영영하며. 이것은 그리스도의 권위와 지배를 침해하고 뒤엎으려는 땅과 지옥의 모든 시도들에도 불구하고 모든 시대에 걸쳐 영원부터 영원까지 시간이 더 이상 존재하지 않게 될 때까지 주의 보좌는 계속 존재한다는 뜻이다. 이 사실은 그리스도의 보좌와 모든 지상의 보좌들을 구별해준다. 지상의 보좌들은 기우뚱거리고 결국 엎어질 것이다. 그러나 하늘이 영원한 것처럼 그리스도의 보좌는 영원할 것이다. 넷째, 하나님은 그의 나라의 모든 부분들에 걸쳐 그의 통치와 권력의 시행이 하나님과 완전히 동등하심을 그리스도에 관해 선언하신다. 그리스도는 왕국의 규를 의롭게 가지시게 되었고 그것을 완전히 의롭게 사용하신다. 그의 나라의 의는 그의 인격의 의에서 나온다. 그 의는 의의 본질적인 영원한 사랑과 불법에 대한 미움에서 나온다. 그것은 단순히 신중함이나 이익에 대한 고려에서 나오는 것이 아니라 영적이고 움직일 수 없는 원칙에서 나온다. 주께서 의를 사랑하시고 불법을 미워하셨으니(9절). 그리스도는 이 땅에 영원한 의를 전달해주시기 위하여 모든 의를 완전히 이루셨다. 그리고 그리스도는 모든 그의 방법들에서 의로우셨고 모든 그의 사역들에서 거룩하셨다. 그는 사람들에게 의를 권하셨고 사람들에게 그것을 회복시켜 주시어 가장 뛰어나고 아름다운 것이 되게 하셨다. 그리스도는 가증스럽고 상처를 주는 범죄와 죄를 끝내게 해주셨다. 다섯째, 하나님은 그리스도가 중보자의 직분에 아주 적임자이고 중보자의 직분이 어떻게 시작되고 확증되었는지를 선언하신다. 그러므로 하나님 곧 주의 하나님이 즐거움의 기름을 주께 부어 주를 동류들보다 뛰어나게 하셨도다(9절).

a. 그리스도는 기름 부음을 받으신 것으로 메시야란 이름을 가지시게 되었다. 하나님이 그리스도에게 기름을 부으신 것이 성령과 모든 은혜들을 지니신 중보자의 직분을 위한 자격이 있음을 의미한다. 그리고 그리스도가 기름 부음을 받으심으로써 선지자와 제사장과 왕의 직분에 그가 취임하셨음을 나타낸다. 하나님 곧 주의 하나님이 의미하는 것은 그리스도가 중보자의 직분을 맡으신 사실을 확증해준다. 그 직분은 아버지 하나님과 아들 하나님 사이에 맺은 구속과 화해의 언약에 의해 확증된다. 그리스도가 사람과 중보자이신 것처럼 하나님은 그리스도의 하나님이시다.

b. 그리스도의 이 기름 부음은 즐거움의 기름으로 이루어진 것이었다. 이 사실은 그리스도가 중보자의 직분을 즐거움과 기쁨으로 수행하신다는 것을 의미한다. 이것은 이 일에 그리스도가 절대적으로 적임자이심을 드러내준다. 또한 그것은 그리스도의 봉사와 고난의 보상으로 그에게 즐거움이 주어졌다는 것을 의미한다. 또한 그것은 죽음의 고난을 겪으신 뒤 영원히 쓰시게 될 영광과 즐거움의 면류관을 의미하기도 한다.

c. 그리스도의 이 기름 부음 받으신 것은 그의 동류들의 기름 부음 받은 것보다 훨씬 뛰어난 것이었다. 하나님 곧 주의 하나님이 즐거움의 기름을 주께 부어 주를 동류들보다 뛰어나게 하셨도다. 누가 그리스도의 동류들인가? 그리스도에게 어떤 동등한 존재들이 있으신가? 하나님으로서는 결코 없으시다. 다시 말해 아버지 하나님과 성령을 제외하고는 없으시다. 여기서 의미하는 것은 그러한 존재들이 아니다. 그러나 그리스도는 인간으로서는 동류들이 있으시다. 다시 말해 기름 부음 받은 인간으로서는 동류가 있을 수 있는 것이다. 그러나 그리스도의 기름 부음 받으신 것은 모든 인간들의 것들보다 훨씬 뛰어나다.

(a) 그리스도의 기름 부음 받으심은 천사들의 것보다 훨씬 뛰어나다. 천사들은 그리스도의 동류들이라고 할 수도 있다. 왜냐하면 천사들은 창조를 통해 하나님의 아들들이 되었기 때문이다. 그들은 하나님을 섬기는 일에 종사하는 하나님의 사자(使者)들이다.

(b) 지상에서 하나님을 섬기는 일에 종사하기 위하여 이제까지 기름 부음을 받은 모든 선지자들과 제사장들과 왕들보다 그리스도의 기름 부음 받으심이 훨씬 뛰어나다.

(c) 그의 기름 부음 받으심은 모든 성도들의 것보다 훨씬 뛰어나시다. 그들은 같은 아버지의 자녀들인 그의 형제들이다. 그리스도도 살과 피를 가진 그들과 함께 하는 사람이셨기 때문이다.

(d) 그의 기름 부음 받으심은 인간으로서 그와 관련된 모든 사람들보다 훨씬 뛰어나시다. 다시 말해서 모든 다윗 자손 사람, 모든 유다 지파 사람, 혈육에 속한 모든 그의 형제들과 친척들보다 훨씬 뛰어나시다. 모든 다른 기름 부음 받은 사람들은 어느 정도 성령만을 받았을 따름이다. 그러나 그리스도는 어떤 제한이 없이 측량할 수 없는 성령을 받으셨다. 그러므로 어느 누구도 그리스도가 하셨던 것처럼 그의 일을 완수하지 못하고, 어느 누구도 그리스도가 즐거워하시듯이 그 일을 즐거워하지 못한다. 왜냐하면 그리스도는 그의 동류들보다 뛰어난 즐거움의 기름으로 기름 부음을 받으셨기 때문이다.

[2] 천사들에 비해 그리스도의 초월성이 드러나는 다른 성서 구절은 시편 102편 10절에서 12절의 말씀에서 인용되고 있다. 그리고 그 말씀이 본문의 10절부터 12절까지 다시 인용되고 있다. 그 말씀에서 주 예수 그리스도의 전능하심이 세상을 창조하시고 그것을 변화시키실 때 나타나는 것으로 선언되고 있다.

첫째, 세상을 창조할 때 그리스도의 초월성이 드러난다. 또 주여 태초에 주께서 땅의 기초를 두셨으며 하늘도 주의 손으로 지으신 바라(10절). 주 예수 그리스도는 세상을 다스릴 수 있는 원초적인 권리를 가지고 계셨다. 왜냐하면 그리스도는 태초에 세상을 창조하셨기 때문이다. 중보자로서의 그의 권리는 아버지 하나님에 의해 위임되었다. 아버지와 함께 하는 하나님으로서의 그리스도의 권리는 그의 창조 능력에서 기인하는 절대적인 것이었다. 이 능력을 그리스도는 세상이 시작되기 이전에 가지고 계셨다. 그리고 그는 세상이 시작되고 존재하게 하는데 그 능력을 사용하셨다. 그러므로 그리스도는 세상의 어느 한 부분이 되실 수는 없다. 그 이유는 그리스도 자신이 세상을 시작하게 하셨기 때문이다. 그리스도는 헬라어로 프로 판톤, 다시 말해서 그가 만물보다 먼저 계시고 만물이 그 안에 함께 섰기 때문이다(골 1:17). 그리스도는 지위에 있어서 만물 위에 계셨을 뿐만 아니라 존재에 있어서도 만물 이전에 계셨다. 그러므로 그리스도는 하나님이시고 자존하심에 틀림이 없다. 그리스도는 땅의 기초들을 놓으셨다. 그는 새로운 형태를 존재 이전의 물질로 시작되게 하셨을 뿐만 아니라 무에서 세상의 기초들을 창조하셨다. 다시 말해서 그는 만물의 첫 원리들을 창조하셨다.

그리스도는 땅의 기초를 놓으셨을 뿐만 아니라 하늘도 그의 손으로 만드셨다. 그리고 그리스도는 하늘에 사는 것들과 땅에 사는 것들도 만드셨다. 그는 하늘의 천사들도 만드셨다. 그러므로 그리스도는 그것들보다 무한히 높으실 필요가 있다.

둘째, 그리스도가 세상을 변화시키셨다. 본문에서 세상의 가변성을 소개하기 위하여 그리스도의 불변성을 그 실례로 들고 있다. 여기서 다음의 사실들을 주목하라.

a. 이 세상은 모든 피조물의 속성이 그러하듯이 변하기 쉬운 가변성을 지니고 있다. 그래서 이 세상은 많은 변화들을 겪어왔고 앞으로도 더 많이 겪게 될 것이다. 모든 이러한 변화들은 세상을 창조하신 그리스도의 허락과 지시에 따라 다 이루어진다. 그것들은 멸망할 것이나 오직 주는 영존할 것이요 그것들은 다 옷과 같이 낡으리니 의복처럼 갈아입을 것이요 그것들은 옷과 같이 변할 것이나 주는 여전하여 연대가 다함이 없으리라 하였으나(11, 12절). 하늘과 땅의 이 가시적인 세계는 점점 나이를 먹어 늙어가고 있다. 사람과 짐승과 나무들이 늙어갈 뿐만 아니라 이 세상 자체도 늙어가고 있다. 만물이 그것의 해체를 향하여 서둘러 나아가고 있다. 세상은 옷처럼 변하고 낡아진다. 세상은 그 아름다움과 힘을 많이 잃어가고 있다. 세상은 최초의 배교에 때맞춰 늙고 낡아졌고 계속해서 점점 나이를 먹어가고 갈수록 약해졌다. 이것은 죽어가는 세상의 증상들이다. 그러나 세상의 해체가 세상의 온전한 파멸을 초래하는 것이 아니라 세상의 변화를 가져오게 될 것이다. 그리스도는 이 세상을 옷처럼 깔끔하게 개키어 바꾸실 것이다. 그것은 이 세상이 더 이상 남용되지 않도록, 다시 말해 본래의 창조된 모습으로 사용되도록 하기 위한 것이다. 그러므로 우리가 당연하다고 생각하는 것이 그렇게 되지 않는 것에 마음을 두어서는 안 될 것이다. 그리고 현재 존재하지만 그렇게 되지 않게 될 것에 마음을 두어서는 안 될 것이다. 죄가 이 세상을 크게 변화시켜 점점 더 나쁘게 만들었다. 그래서 그리스도가 세상을 크게 변화시켜 더 좋게 만드실 것이다. 의가 있는 곳인 새 하늘과 새 땅을 바라보도다(벧후 3:13). 이 말씀을 생각하는 것이 현재 세상에서 우리를 떠나게 해주고, 경계하게 해주고, 부지런하게 해주고, 더 나은 세상을 갈망하게 해줄 것이다. 그러므로 다가오고 있는 새 세상에 우리가 들어갈 수 있도록 우리를 변화시켜 주실 그리스도를 바라보고 기다리도록 하자. 우리가 새 피조물이 되지 않고는

새 세상으로 들어갈 수가 없다.

b. 그리스도는 불변하신다. 따라서 하나님 아버지가 그리스도에 대해 이렇게 증언하신다. 주는 여전하여 연대가 다함이 없으리라. 그리스도는 언제나 동일하시다. 그리스도는 어제나 오늘이나 영원히 동일하시다. 그리고 그리스도는 시대의 모든 것이 변할지라도 그의 백성들에게 언제나 동일하시고 변함이 없으시다. 이 사실이 그리스도 안에서 유익을 얻는 모든 사람들에게 도움을 줄 것이다. 다시 말해 그들이 세상에서 겪게 되고 그들 자신 속에서 느끼게 되는 모든 변화들 속에서도 그리스도의 불변하심을 통해 도움을 받게 될 것이다. 그리스도는 불변하시고 불멸하신다. 그리스도의 연대는 영원하고 다함이 없을 것이다. 그러나 우리의 날들은 종말을 향하여 서둘러 나아갈 것이다. 그리스도는 우리가 살아 있는 동안 살아 계시며 우리를 돌보아 주신다. 그리고 그리스도는 우리가 사라져도 살아 계셔서 우리를 돌보아 주신다. 그러므로 이 사실이 우리가 분명하고 확실하게 그리스도를 위하여 살도록 우리에게 활기와 원기를 불어넣어 주어야 할 것이다. 그것은 우리의 영적이고 영원한 생명이 하나님 안에서 그리스도와 함께 간직될 수 있도록 하기 위한 것이다.

III. 천사들보다 뛰어난 그리스도의 초월성이 하나님이 그리스도에 대해 말씀하신 것을 천사들에게 결코 말씀하신 적이 없다는 사실에서 드러난다(13, 14절).

1. 하나님이 그리스도에 대해 무엇을 말씀하셨는가? 하나님은 이렇게 말씀하셨다. "내가 네 원수들로 네 발판이 되게 하기까지 너는 내 오른쪽에 앉아 있으라(시 110:1). 너는 영광과 통치권과 평안을 얻으라. 그리고 모든 너의 적들이 회심하고 네 친구들이 되거나 네 발판이 될 때까지 네 중보 왕국을 다스리며 지내라." 여기서 다음의 사실들을 주목하라.

(1) 주 예수 그리스도는 그의 원수들을 가지고 계시다. 그들은 사람들 가운데 있다. 그들은 그리스도의 주권과 대의와 백성들에 대적하는 원수들이다. 그러나 그러한 원수들이 그들을 다스리시는 그리스도의 통치권을 막지 못할 것이다. 그러므로 우리가 원수들을 가지고 있다고 하더라도 이상하게 생각해서는 안 될 것이다. 그리스도는 사람들이 그의 원수가 될 일을 한 번도 하신 적이 없다. 그리스도는 모든 사람이 그의 친구가 되고 아버지 하나님의 친구들이 되게 하기 위한 일들을 아주 많이 하셨다. 그럼에도 불구하고 그리스도는 그를 대적

하는 원수들을 가지고 계시다.

(2) 그리스도의 모든 원수들은 그의 뜻에 따르는 겸손한 복종을 통해서든 또는 그의 발 앞에 엎드리거나 완전한 파멸을 통한 완전한 굴복을 통해서든 그의 발판이 될 것이다. 그리스도는 계속 고집을 부리고 저항하는 사람들을 짓밟으실 것이고 그들을 누르고 이기실 것이다.

(3) 하나님 아버지가 이것을 보증하셨고 이것이 이루어지는 것을 보시게 될 것이다. 더욱이 하나님 자신이 그 일을 행하실 것이다. 비록 그것이 현재 이루어지지 않고 있을지라도 그것은 확실히 이루어질 것이다. 그리고 그리스도가 그것을 기다리고 계시다. 그러므로 그리스도인들은 그들 안에서, 그들을 위하여, 그들을 통해 모든 그들의 일들을 이루시기까지 기다려야만 할 것이다.

(4) 그리스도는 이것이 이루어질 때까지 계속 다스리고 통치하실 것이다. 그리스도는 그의 위대한 계획들 가운데 어느 것 한 가지라도 이루어지지 않게 내버려두지 않으실 것이다. 그리스도는 계속해서 정복하고 계시고 앞으로도 계속 정복하실 것이다. 그래서 그의 백성 그리스도인들은 그가 그들에게 되라고 하신 대로 되고, 그가 그들에게 행하라고 하신 대로 행하고, 그가 그들에게 피하라고 하신 것을 피하고, 그가 그들에게 견디라고 하신 것을 견디기 위하여 그들의 의무를 계속 다하게 될 것이다. 그리스도인들은 그리스도가 그들의 모든 영적인 원수들을 누르고 정복자들 아니 그 이상이 되게 해주실 때까지 그들의 의무를 다해야 할 것이다.

2. 하나님이 천사들에게 무엇을 말씀하셨는가? 하나님은 그리스도에게 너는 내 우편에 앉아 있으라 말씀하셨듯이 천사들에게 말씀하신 적이 한 번도 없으시다. 그에 반하여 하나님은 본문에서 그들에 대해 다음과 같이 말씀하고 계시다. 모든 천사들은 섬기는 영으로서 구원받을 상속자들을 위하여 섬기라고 보내심이 아니냐. 여기서 다음의 사실들을 유의하라.

(1) 천사들의 본성에 관하여 본문은 무엇이라고 말하고 있는가? 천사들은 영이다. 그들은 몸을 가지고 있지 않고 그런 성향도 없지만 하나님이 원하시면 몸을 취할 수도 있고 몸으로 나타날 수도 있다. 천사들은 비물질적이고, 지성적이고, 활동적이고, 실재하는 영적 존재들이다. 그들은 지혜와 힘이 뛰어나다.

(2) 천사들의 직분은 무엇인가? 그들은 섬기는 영이다. 중보자로서 그리스도는 위대한 구속 사역에 있어서 하나님의 위대한 사역자이시다. 성령은 이 구속

을 적용하는 사역에 있어서 하나님과 그리스도의 위대한 사역자이시다. 천사들은 하나님의 뜻과 즐거움을 위하여 찬양받으실 삼위일체 하나님 치하에서 일하는 섬기는 영들이다. 다시 말해서 그들은 하나님의 섭리를 시행하는 사역자들이다.

(3) 천사들은 이 목적 즉 구원의 상속자들이 될 사람들을 섬기기 위하여 파송되는 사역자들이다. 여기서 우리는 다음의 사실들을 발견할 수 있다.

[1] 여기서 성도들에 대해 구원받을 상속자들이라고 표현되고 있다. 지금은 그들이 재산을 물려받은 후계자들이 된 것이 아니라 아직 나이가 차지를 않아서 법적 상속인들이다. 그들이 상속자들이 된 것은 그들이 하나님의 자녀들이기 때문이다. 자녀이면 또한 상속자 곧 하나님의 상속자요(롬 8:17). 우리가 양자 됨과 중생을 통하여 하나님의 자녀가 되었다는 사실을 확신하도록 하자. 그러므로 우리는 하나님과 우리 사이에 언약을 맺은 것을 증명하는 등기가 이루어지게 되므로 복음이 명하는 행동 양식을 따라 하나님 앞에서 행해야 할 것이다. 그러면 우리는 하나님의 상속자들이 되고 그리스도와 함께 공동 상속자들이 될 것이다.

[2] 성도들의 권위와 특권은 천사들이 그들을 섬기기 위하여 보내졌다는 사실에서 잘 드러난다. 이와 같이 천사들은 율법이 제정될 때, 성도들이 싸울 때, 성도들이 원수들을 쳐부술 때 시중들고 활약하는 일을 한다. 천사들은 악한 영들의 증오와 세력에 맞서 싸우는 일을 계속 도와준다. 그들은 성도들 주변에 계속 머물면서 그들을 보호하고 지켜준다. 그리고 천사들은 그리스도와 성령의 지시를 따라 성도들의 영혼을 가르치고, 소생시키고, 위로해준다. 그리고 천사들은 마지막 날에 모든 성도들을 함께 모으는 일을 담당할 것이다. 천사들의 섬기는 일을 인하여 하나님께 찬양을 돌리도록 하라. 그리고 하나님의 길을 지키고 하나님의 약속이 주는 위로를 받도록 하라. 하나님은 시편 91편 11절과 12절에서 이렇게 약속하신다. 그가 너를 위하여 그의 천사들을 명령하사 네 모든 길에서 너를 지키게 하심이라 그들이 그들의 손으로 너를 붙들어 발이 돌에 부딪히지 아니하게 하리로다.

제
— 2 —
장

개요

　　본 장에서 히브리서 기자는 다음의 사실들을 기술한다. I. 그리스도의 인격의 우월성에 관하여 앞 장에서 진술한 가르침을 권면과 논증의 방법으로 적용하고 있다(1-4절). II. 천사들보다 우월하신 그리스도의 탁월성에 대해 더 확대해 진술한다(5-9절). III. 고난의 부끄러움을 없애는 논의를 계속한다(10-15절). IV. 그리스도가 천사의 본성을 취하지 않고 아브라함의 자손으로 오신 그리스도의 성육신에 대해 논의하고 그 이유를 밝힌다 (16-18절).

¹그러므로 우리는 들은 것에 더욱 유념함으로 우리가 흘러 떠내려가지 않도록 함이 마땅하니라 ²천사들을 통하여 하신 말씀이 견고하게 되어 모든 범죄함과 순종하지 아니함이 공정한 보응을 받았거든 ³우리가 이같이 큰 구원을 등한히 여기면 어찌 그 보응을 피하리요 이 구원은 처음에 주로 말씀하신 바요 들은 자들이 우리에게 확증한 바니 ⁴하나님도 표적들과 기사들과 여러 가지 능력과 및 자기의 뜻을 따라 성령이 나누어 주신 것으로써 그들과 함께 증언하셨느니라

　　사도는 본 서신을 통하여 가르침과 논거와 사용 목적의 분명하고 유익한 방법을 계속 사용한다. 여기서 우리는 주장하고 입증하기에 앞서 진리들에 대한 적용을 발견하게 된다. 이것이 추론을 이끄는 문구 그러므로(therefore)를 통하여 제시되고 있다. 이 문구와 함께 본 장을 시작하고 이 문구가 본 장을 앞 장과 연결시켜 준다. 사도는 앞 장에서 율법이 제정될 때 시중들었던 천사들보다 우월하시므로 복음 시대가 율법 시대보다 훨씬 우월하다는 사실을 입증했다. 히브리서 기자는 이제 이 가르침을 권면과 논증의 방법을 통하여 적용하려고 한다. 여기서 다음의 사실들을 주목하라.

　I. 권면의 방법을 통한 적용.　그러므로 우리는 들은 것에 더욱 유념함으로 우리가 흘러 떠내려가지 않도록 함이 마땅하니라(1절). 이것이 바로 그것을 통해 우리

가 그리스도와 복음에 대한 존경을 나타내야 하는 첫 번째 방법 즉 권면의 방법이다. 복음에 따라서 사는 모든 사람이 가지는 큰 관심은 복음의 모든 발견들과 지시들에 아주 진지하게 주의를 기울이고, 아주 중요한 문제들에 대한 판단에 있어서 복음의 지시들을 아주 소중하게 여기는 것이다. 그리고 그의 관심은 복음을 위한 기회들이 생길 때마다 부지런히 복음의 지시들에 귀를 기울이고, 복음을 자주 읽고, 복음의 지시들을 깊이 묵상하고, 그리고 복음의 발견과 지시들을 믿음과 결합시키는 것이다. 우리는 우리의 마음과 감정에 복음의 지시들을 받아들여야 하고, 우리의 기억 속에 간직해야 하고, 그리고 마지막으로 우리의 말과 행동들을 복음의 지시들에 따라서 조절해야 한다.

Ⅱ. 논증의 방법을 통한 적용. 히브리서 기자는 권면을 강하게 주장하기 위하여 강한 동기들을 덧붙이고 있다.

1. 만일 우리가 들은 것들에 이런 진지한 주의를 기울이지 않는다면 우리는 큰 손실을 입게 될 것이다. 우리가 흘러 떠내려가지 않도록 함이 마땅하니라. 우리가 들은 것들이 새나갈 것이고, 우리의 머리와 입술과 생활에서 빠져나가 고갈이 될 것이다. 그리고 우리는 우리의 태만으로 인하여 큰 실패자들이 되고 말 것이다.

여기서 다음의 사실들을 배우도록 하라.

(1) 우리가 복음의 진리들을 마음속에 받아들였다면 우리는 그것들을 흘려보낼 위험에 빠지게 될 것이다. 우리의 마음과 기억들은 새는 구멍이 있는 그릇과 같다. 우리의 생각과 기억들은 많은 주의와 관심을 기울이지 않는다면 그 속에 담은 것을 간직할 수가 없을 것이다. 이것은 더 나아가 우리의 본성을 타락시키는 원인이 된다. 이것은 사탄의 증오와 간교함이 생기게 한다(사탄은 우리에게서 말씀을 훔쳐간다). 그리고 이것은 좋은 씨앗을 질식시키는 가시들인 분규와 유혹들을 낳는다.

(2) 이러한 사람들은 그들이 받았던 복음의 진리들을 그들의 마음에서 흘려보내는 엄청난 손실을 당하게 될 것이다. 그들은 수많은 금과 은보다 더 좋은 보물을 잃어버렸다. 복음의 씨앗을 잃어버리고, 들은 시간과 수고를 잃어버렸다. 복음을 잃어버린다면 모든 것을 잃어버린 것이다.

(3) 이 생각이 복음에 대한 우리의 관심과 복음에 대한 우리의 보존에 도움을 주는 강한 동기가 되어야 할 것이다. 그리고 참으로 우리가 아주 주의하지 않

는다면 우리는 하나님의 말씀을 오래 간직하지 못할 것이다. 부주의하게 듣는 사람들은 잘 잊어버리는 사람들이 될 것이다.

2. 또 다른 논증은 만일 우리가 이 의무를 지키지 않으면 우리가 당하게 될 무서운 형벌에서 이끌어내고 있다. 그 형벌은 율법을 무시하고 복종하지 않은 사람들이 당하게 될 형벌보다 훨씬 더 무서운 것이다(2, 3절). 여기서 다음의 사실들을 주목하라.

(1) 히브리서 기자는 율법을 이렇게 서술하고 있다. 율법은 천사들을 통하여 하신 말씀이고 견고하게 선포된 말씀이다. 다시 말해 율법은 천사들에 의해 전달된 말씀이다. 왜냐하면 말씀이 선포될 때 천사들이 시중을 들었기 때문이다. 그들은 나팔을 불고 하나님의 지시에 따라 말씀들을 전달했을 것이다. 그리고 하나님은 심판자로서 천사들이 두 번째 나팔을 불도록 그들을 사용하시고, 모든 사람을 그의 법정으로 불러 모으실 것이다. 그것은 사람들이 하나님의 법을 따랐는지 안 따랐는지를 심판하고 선고를 내리시기 위한 것이다. 그것은 견고하게 선포된 법이다. 이것은 그리스도 안에서 예가 되고 그러므로 아멘 하게 되는 하나님의 약속과 같다(고후 1:20). 그것은 진리이고 신실한 것이고, 사람들이 그것에 복종하든지 안 하든지 그 영향력을 계속 가지게 될 것이다. 모든 범죄함과 순종하지 아니함이 공정한 보응을 받았기 때문이다. 만일 사람들이 하나님의 법을 소홀히 여긴다고 할지라도 율법은 그들을 결코 소홀히 여기지 않을 것이다. 율법이 이전 세대들의 죄인들을 제어했었고, 그리고 모든 세대의 죄인들을 제어할 것이다. 의로운 통치자와 심판자이신 하나님은 율법을 제정하셨을 때 그것을 우습게 알고 어기는 사람들에게 형벌을 내리셨을 것이다. 그러나 하나님은 때때로 율법을 어기는 사람들을 처벌하시고, 그들의 불순종의 성격과 심한 정도에 따라서 그들에게 배상을 하게 하셨다. 여기서 다음의 사실들을 주목하라. 하나님이 죄인들에게 이제까지 내리신 가장 심한 형벌도 다름 아닌 죄에 상당한 값을 치르게 한 것이다. 다시 말해 그것은 공정한 보응이다. 형벌들은 공정하고 순종에 대한 보상만큼이나 죄에 대한 배상도 공정한 것이다. 오히려 불완전한 복종에 대한 배상보다 훨씬 더 공정한 보응이다.

(2) 히브리서 기자는 복음을 이렇게 서술하고 있다. 복음은 구원, 위대한 구원이다. 어떤 다른 구원도 복음과 비견될 수 없는 그런 위대한 복음이다. 어느 누구도 그것을 충분히 표현할 수 없을 정도로 위대하다. 또한 그것이 얼마나

위대한지 당신이 상상할 수 없을 정도이다. 그것은 복음이 발견한 위대한 복음이다. 왜냐하면 복음은 위대한 구세주를 발견하고 있기 때문이다. 그 위대한 구세주는 자신이 우리의 본성과 화해하셨고, 우리의 인격과 화해하실 수 있음을 하나님께 나타내셨다. 복음은 어떻게 우리가 아주 큰 죄와 큰 불행에서 구원받을 수 있고, 아주 큰 거룩함과 큰 행복으로 회복될 수 있는지를 보여준다. 복음은 우리가 구원의 자격을 갖추게 해주고 우리를 구세주에게 데려다주는 위대한 성령을 우리에게 밝혀준다. 복음은 은혜의 위대하고 우월한 섭리 즉 새 언약을 계시한다. 위대한 행위 헌장이 그 언약과 계약을 맺은 모든 사람들에게 양도되고 확보된다.

(3) 히브리서 기자는 복음을 거스르는 죄에 대해 이렇게 서술하고 있다. 그 죄가 이같이 큰 구원을 등한히 여기면 이라고 서술되고 있다. 그 죄는 그리스도 안에 있는 하나님의 구원의 은혜를 무시하고 경멸하는 것이다. 그 죄는 하나님의 구원의 은혜를 소홀히 여기고, 소중하게 생각하지 않는다. 또한 그 죄는 그것을 잘 알아야 할 가치가 있다고 생각하지를 않고, 복음의 은혜가 지닌 가치를 존중하지도 않는다. 또한 그 죄는 복음의 구원에 대한 필요성이나 그것이 없이는 파멸한 상태라는 사실을 인정하지 않는다. 그 죄는 복음의 진리를 알아보려고 노력하지도 않고, 복음의 진리에 동의하지도 않고, 복음의 유익과 선함을 깨달으려고 하지를 않는다. 또한 그 죄는 구원의 은혜를 인정하려고 하지 않고 적용하려고 하지 않는다. 이러한 일들에서 복음을 거스르는 죄가 어떻게 복음의 큰 구원을 등한히 여기고 있는지 분명하게 드러난다. 우리는 복음의 은혜를 등한히 여기는 이러한 악하고 비참한 사람들 가운데 들어가는 일이 없도록 아주 조심해야 할 것이다.

(4) 히브리서 기자는 그러한 죄인들이 얼마나 불행한지를 서술하고 있다. 그것이 도저히 피할 수 없는 것임을 선포하고 있다. 어찌 그 보응을 피하리요(3절). 이것은 다음의 사실들을 넌지시 내비친다.

[1] 이 구원을 무시하고 등한히 여기는 사람들은 이미 정죄를 받았다. 다시 말해서 그들은 이미 체포되고 공의로우신 손에 붙잡혔다. 그러므로 그들은 아담의 죄를 통해 정죄를 받았다. 그리고 그들의 개인적인 범죄들을 통하여 그들의 결속이 더 강화되었다. 요한복음 3장 18절에서 이렇게 말씀하고 있다. 믿지 아니하는 자는 하나님의 독생자의 이름을 믿지 아니하므로 벌써 심판을 받은 것이니라.

[2] 이 정죄의 상태에서 벗어날 수 있는 길은 복음 안에 계시된 큰 구원을 받아들임으로써 얻게 되는 구원 말고는 전혀 없다. 은혜의 구원을 등한히 여기는 사람들에 대해 말한다면 그들에게는 하나님의 진노가 임한다. 그 진노가 그들과 늘 함께 있게 된다. 그들은 그 저주에서 스스로 벗어날 수 없고, 빠져나올 수 없고, 자유롭게 될 수가 없다.

[3] 그리스도 안에 있는 하나님의 은혜를 무시하는 모든 사람들을 기다리고 있는 더 심한 저주와 정죄가 있다. 그리고 아주 무서운 이 저주를 그들은 도저히 벗어날 수 없다. 그들은 마지막 무서운 심판 날에 자신들의 몸을 숨길 수도 없고, 그 사실을 부인할 수도 없고, 심판관에게 뇌물을 줄 수도 없고, 그리고 감옥을 부술 수도 없다. 그들을 위해 열려 있는 자비의 문은 어디에도 없다. 죄를 속죄하는 희생이 더 이상 없게 될 것이다. 그들은 돌이킬 수 없는 상실과 파멸을 당하게 될 것이다. 그러한 사람들이 불가피하게 당하게 될 불행이 다음과 같은 질문의 형식을 통해 본문에서 진술되고 있다. 어찌 그 보응을 피하리요. 이 물음은 죄인들의 보편적인 이성과 양심에 대한 호소이다. 이 물음은 그들의 모든 능력과 방침에 대해 이의를 제기하는 것이고, 그들의 관심과 인척 관계에 대한 도전이다. 그들이 하나님의 징벌을 내리는 공의와 진노를 피할 수 있는 방법을 찾든지 못 찾든지 또는 강행 돌파를 할 수 있든지 없든지 관계없이 결국 멸망하게 될 것이다. 이 물음은 이 큰 구원을 등한히 여기는 사람들이 마지막 심판 날에 힘도 없을 뿐만 아니라 어떤 호소나 변명도 하지 못하고 버림을 받게 될 것이라는 사실을 넌지시 말해주고 있다. 그런데 만일 그들이 자신들에게 내려질 선고에 대해 할 말이 있으면 하라는 요청을 받게 된다면 그들은 할 말이 한 마디도 없을 것이다. 게다가 그들은 율법의 권위를 등한히 여긴 사람들이나, 또는 율법이 없이 죄를 범한 사람들에게 내려질 형벌들보다 더 심하고 무거운 형벌과 불행을 자신들에게 내려달라고 자신의 양심을 따라서 스스로 정죄할 것이다.

3. 이 권면을 강하게 권하기 위한 또 다른 논증은 이 복음을 처음 말씀하신 분의 인격이 지닌 권위와 우월성에서 취해지고 있다. 이 구원은 처음에 주로 말씀하신 바요(3절). 다시 말해서 복음을 처음 말씀하신 분은 바로 주 예수 그리스도이셨다. 그리스도는 여호와이시요, 생명과 영광의 주이시요, 만유의 주이시다. 그는 잘못이 없고 틀림이 없는 지혜를 지니고 계시고, 무한하고 다함이 없

는 선하심을 소유하고 계시고, 확실하고 변하지 않는 진실하심과 성실하심을 지니고 계시고, 절대적인 주권과 권위를 지니고 계시고, 그리고 거역할 수 없는 능력과 권세를 지니고 계시다. 만유의 주인이신 이 위대하신 주가 복음을 쉽고 분명하게 처음 말씀하셨다. 그리고 주는 그가 오시기 전에 그랬던 것처럼 예표나 전조를 사용하지 않고 복음을 알아듣기 쉽게 처음으로 말씀하시기 시작했다. 그러므로 이제 모든 사람이 이 주님을 경배하고, 어떤 사람도 그렇게 말한 적이 없는 것을 주가 처음 말씀하시기 시작한 복음을 주의하고 귀를 기울일 것이라는 사실을 분명히 기대할 수 있을 것이다.

4. 또 다른 논증은 그리스도와 복음에 대한 증인들이었던 사람들의 특성에서 취하고 있다. 들은 자들이 우리에게 확증한 바니 하나님도 표적들과 기사들과 여러 가지 능력과 및 자기의 뜻을 따라 성령이 나누어 주신 것으로써 그들과 함께 증언하셨느니라(3, 4절). 여기서 다음의 사실들을 주목하라.

(1) 전도자들과 사도들을 통해 그리스도에 대하여 들었던 사람들이 복음 전파를 계속했고 복음을 확증했다. 전도자들과 사도들은 그리스도가 행하시고 가르치신 것을 직접 보고 들은 사람들이었다(행 1:1). 이 증인들은 복음 전파를 위한 일을 하기 위하여 어떤 세상적인 목적이나 그들 자신의 이익을 구하는 일을 전혀 가질 수 없었다. 그들의 복음 증거를 막을 수 있는 것은 아무것도 없었다. 그들은 오직 구세주의 영광과 그들 자신의 구원과 다른 사람들의 구원만을 전파했다. 그들은 그들의 복음 증거로 말미암아 이 세상의 삶에서 그들에게 소중한 모든 것을 다 잃었다. 그리고 이들 증인들 가운데 많은 사람이 그들의 복음 전파를 그들의 피로 봉인하는 순교를 당했다.

(2) 하나님도 그들과 함께 증언하셨느니라. 이 말씀은 그리스도를 위하여 증인들이 되었던 사람들을 하나님 자신도 증언하셨다는 뜻이다. 하나님은 그들이 세상에 그리스도와 구원을 전파하도록 하나님을 통해 권한을 위임받고 파송 받았다는 사실을 증언하셨다. 그런데 하나님은 어떻게 그들을 증언하셨을까? 하나님은 증인들의 마음에 큰 평안을 주시고, 모든 그들의 고난들에 큰 인내와 이루 말할 수 없는 용기와 즐거움을 주심으로써 그들을 증언하셨다. 그 뿐만 아니라 하나님은 표적들과 기사들과 여러 가지 능력과 및 자기의 뜻을 따라 성령이 나누어 주신 것으로써 그들과 함께 증언하셨다.

[1] 하나님은 표적들로 그들을 증언하셨다. 그것은 하나님이 그들과 함께 하신

다는 그의 은혜로우신 임재와 그들을 통해 함께 일하신다는 그의 능력의 표적들이었다.

[2] 하나님은 기사들로 그들을 증언하셨다. 기사들은 자연의 힘을 훨씬 능가하고 자연의 행로에서 벗어난다. 놀라운 광경들로 채워진 그 기사들이 증인들의 마음을 분발시켜 전파된 복음의 가르침을 소중하게 간직하게 하고 그것을 탐구하게 만든다.

[3] 하나님은 여러 가지 능력들로 또는 여러 가지 기적들로 그들을 증언하셨다. 이 능력들에서 전능한 힘이 모든 이성적인 논의를 뛰어넘어 나타났다.

[4] 하나님은 성령이 나누어 주신 것으로 또는 성령의 은사들로 그들을 증언하셨다. 이것이 그들이 부름을 받은 일을 할 수 있도록 권한을 주고, 능력을 주고, 그리고 기운을 내게 해준다. 이 사실은 다음의 말씀을 예증해준다. 은사는 여러 가지나 성령은 같다(고전 12:4). 그리고 이 모든 일이 하나님 자신의 뜻을 따라 되어진 일이다. 우리가 복음을 받아들일 때 우리의 믿음을 위한 확실한 발판을 가져야 하고 우리의 소망을 위한 강한 기반을 가져야 한다는 것이 하나님의 뜻이다. 율법이 제정될 때 표적들과 이적들로 하나님이 율법의 권위와 우월성을 증거하셨던 것처럼 하나님은 더 많고 더 큰 기적들로 복음을 증거하셨다. 그것은 율법 시대보다 복음 시대가 더 우월하고 영속적이라는 것을 나타내시기 위한 것이었다.

[5]하나님이 우리가 말하는 바 장차 올 세상을 천사들에게 복종하게 하심이 아니니라 [6]그러나 누구인가가 어디에서 증언하여 이르되 사람이 무엇이기에 주께서 그를 생각하시며 인자가 무엇이기에 주께서 그를 돌보시나이까 [7]그를 잠시 동안 천사보다 못하게 하시며 영광과 존귀로 관을 씌우시며 [8]만물을 그 발 아래에 복종하게 하셨느니라 하였으니 만물로 그에게 복종하게 하셨은즉 복종하지 않은 것이 하나도 없어야 하겠으나 지금 우리가 만물이 아직 그에게 복종하고 있는 것을 보지 못하고 [9]오직 우리가 천사들보다 잠시 동안 못하게 하심을 입은 자 곧 죽음의 고난 받으심으로 말미암아 영광과 존귀로 관을 쓰신 예수를 보니 이를 행하심은 하나님의 은혜로 말미암아 모든 사람을 위하여 죽음을 맛보려 하심이라

사도는 천사들을 능가하는 그리스도의 인격이 지닌 우월성에 대한 가

르침을 어떻게 적용할지를 진지하게 논의한 뒤에 이제 다시 즐거운 주제로 돌아간다. 그리고 그는 그 논의를 더 발전시키고 있다. 하나님이 우리가 말하는 바 장차 올 세상을 천사들에게 복종하게 하심이 아니니라.

I. 여기서 사도는 긍정적인 명제를 포함하여 부정적인 명제를 진술한다. 여기서 장차 올 세상이라고 부르는 복음 시대의 교회의 지위는 천사들에게 복종하지 않지만 구세주 자신의 특별한 관리와 지시를 받게 된다. 다시 말해서 현재 교회의 지위가 천사들의 지배를 받게 되는 것이 아니다. 또한 이 세상의 군주가 쫓겨나고 땅의 왕국들이 그리스도의 왕국이 될 때 더 완전하게 회복이 될 장차 올 교회의 지위도 천사들의 지배를 받게 되는 것이 아니다. 그러나 예수 그리스도가 그의 큰 능력으로 다스리실 것이다. 하나님은 율법을 제정하실 때 사용하셨던 천사들의 시중을 복음에는 사용하지 않으신다. 천사들의 시중은 옛 세상의 지위에 속한 것이었다. 이 새 세상은 그리스도에게 위임되었고, 모든 영적이고 영원한 사항들에 있어서 오직 그리스도에게만 절대적인 복종을 하게 되었다. 그리스도는 복음 시대 교회의 통치권을 소유하고 계시다. 그것은 곧 그리스도의 영광과 교회의 평안과 안전을 나타낸다. 복음 교회의 최초의 탄생도, 그 이후의 교화나 통치도, 또한 교회의 마지막 심판이나 완성도 천사들에게 위임된 것이 아니라 그리스도에게 위임되었다. 하나님은 그토록 큰 위탁물을 그의 거룩한 천사들에게 맡기지 않으셨다. 그의 천사들은 그러한 책임을 맡기에는 너무 약한 존재들이었다.

II. 우리는 복음 시대의 세상이 예수에게 복종하게 된다는 찬양 받으실 예수에 관한 성서의 기록을 가지고 있다. 시편 8편 4절에서 6절에 이렇게 말씀하고 있다. 사람이 무엇이기에 주께서 그를 생각하시며 인자가 무엇이기에 주께서 그를 돌보시나이까? 그를 하나님보다 조금 못하게 하시고 영화와 존귀로 관을 씌우셨나이다. 주의 손으로 만드신 것을 다스리게 하시고 만물을 그의 발 아래 두셨다. 이 말씀은 일반적으로는 인간들에게 적용될 수 있고 본문에서는 특별하게 주 예수 그리스도에게 적용되는 것으로 이해되어야 할 것이다.

1. 일반적으로 인간들에게 적용될 수 있는 의미. 이 의미에서 우리는 인간의 아들들에게 베풀어 주시는 그의 놀라운 겸손과 호의에 관한 위대하신 하나님의 사랑에서 우러나온 고마운 충고를 발견하게 된다.

(1) 인간들이 그럴만한 존재가 아님에도 불구하고 하나님은 거룩한 사랑의

충고로 인간들을 기억하시거나 인간들을 생각해주신다. 인간들에 대한 하나님의 은총들은 그들을 위한 하나님의 자비로운 영원한 생각들과 목적들에서 다나온다. 마치 하나님에 관한 우리의 모든 충실한 존경들이 하나님에 대한 우리의 기억에서 나오는 것과 같다. 하나님은 언제나 우리를 생각해주신다. 그러므로 우리도 하나님을 언제나 잊지 않도록 하자.

(2) 인간들을 방문하심으로 하나님은 은총을 베푸신다. 하나님이 인간들을 위해 베푸시는 호의들의 목적은 그들에 대한 은혜로우신 방문들에 열매가 있게 하기 위한 것이다. 하나님은 우리를 살펴보시기 위하여 오신다. 다시 말해서 하나님은 우리가 어떻게 지내는지, 우리가 어디가 아픈지, 우리가 무엇을 원하는지, 우리가 어떤 위험들에 처해 있는지, 우리가 어떤 어려움들을 겪고 있는지 살펴보고 알아보시기 위하여 우리를 찾아오신다. 하나님의 방문을 통하여 우리의 영이 보호를 받게 된다. 그러므로 날마다 의무를 지키면서 하나님께 나아가기 위하여 그를 기억하도록 하자.

(3) 이 낮은 세계에서 인간을 모든 피조물들의 머리가 되게 하시고, 이 세상의 머릿돌이 되게 하시고, 땅 위의 하나님의 길들 가운데 제일 중요한 길이 되게 하시고, 지위에 있어서 천사들보다 조금 못하게 하시고, 몸에 대해서는 이 세상에 있지만 천사들처럼 되게 하시고, 의인의 부활 때에는 천사들과 동등되게 하심으로써 하나님은 인간들에게 은총을 베푸신다.

(4) 인간에게 영광과 존귀로 관을 씌우시고, 영혼의 숭고한 능력들과 기능들을 소유하는 영예를 주시고, 몸의 뛰어난 기관들과 역할들을 소유하는 영예를 주심으로써 하나님은 인간들에게 은총을 베푸신다. 그것으로 인간은 영의 세계와 육의 세계에 다같이 인연을 가지게 되고, 두 세계의 유익들을 다같이 섬길 수 있게 되고, 그리고 두 세계의 행복을 누릴 수 있게 된다.

(5) 하나님은 인간에게 하위 피조물들에 대한 권리와 지배권을 주심으로써 은총을 베푸신다. 그 권한은 인간이 하나님께 충성과 의무를 계속 이행하는 한 지속된다.

2. 주 예수 그리스도에게 적용될 수 있는 의미. 여기서 언급되고 있는 모든 것은 오직 그리스도에게만 적용될 수 있다(8, 9절). 그러므로 여기서 다음의 사실들을 발견할 수 있다.

(1) 하나님이 인간들을 위하여 그리스도를 통하여 인간들에게 나타내시는 모

든 호의의 동인은 무엇인가? 그것은 바로 하나님의 은혜이다. 사람이 무엇이기에 하나님이 은혜를 베풀어 주시는가?

(2) 우리를 위하여 우리에게 베풀어지는 그리스도의 은사에 관하여 하나님이 거저 주시는 은혜의 열매들은 무엇인가? 그것에 대한 성서의 증거는 다음과 같이 진술되고 있다.

[1] 하나님은 구속 언약을 통해 우리를 위하여 그리스도를 생각하셨다.

[2] 하나님은 우리 때문에 그리스도를 돌보셨다. 그 결론은 때가 차면 그리스도가 위대한 희생 제물의 예표로서 세상에 오셔야 한다는 것이었다.

[3] 하나님은 그리스도의 실재를 인간이 되게 하심으로 그를 천사보다 조금 못하게 하셨다. 그리고 그리스도가 죽기까지 고난당하시고 낮아지게 하셨다.

[4] 하나님은 그리스도의 인성에 영광과 존귀의 면류관을 씌우셨다. 그럼으로써 그의 실재는 완전히 거룩하게 되시고 측량할 수 없는 영을 가지게 되셨다. 그리고 삼위일체의 제이위 안에서 이루 형용할 수 없는 신성의 연합을 통하여 그의 몸에 신성이 충만하게 되었다. 그의 고난을 통하여 그리스도는 모든 인간을 위하여 죽음을 맛보심으로 대속을 이루셨다. 그리스도는 십자가의 수치스럽고, 고통스럽고, 저주스러운 죽음을 육체적으로 느끼시고 체험하셨다. 그로써 모든 인류가 새로운 상태의 재판을 받게 되었다.

[5] 죽음의 고난을 통한 그리스도의 낮아지심의 보상으로 그는 영광과 존귀의 면류관을 쓰시게 되었다. 그는 하늘에서 가장 높은 권위로 올라가시게 되었고, 만물을 지배하시는 절대적인 통치권을 소유하시게 되었다. 따라서 그리스도는 옛 성서의 예언을 그 안에서 이루시게 되었다. 그것은 이 땅에서 어떤 인간도 이룬 적이 없는 성취였다.

[10]그러므로 만물이 그를 위하고 또한 그로 말미암은 이가 많은 아들들을 이끌어 영광에 들어가게 하시는 일에 그들의 구원의 창시자를 고난을 통하여 온전하게 하심이 합당하도다 [11]거룩하게 하시는 이와 거룩하게 함을 입은 자들이 다 한 근원에서 난지라 그러므로 형제라 부르시기를 부끄러워하지 아니하시고 [12]이르시되 내가 주의 이름을 내 형제들에게 선포하고 내가 주를 교회 중에서 찬송하리라 하셨으며 [13] 또 다시 내가 그를 의지하리라 하시고 또 다시 볼지어다 나와 및 하나님께서 내게 주신 자녀라 하셨으니

그리스도의 죽으심을 언급한 뒤에 사도는 십자가의 수치를 막고 없애
는 진술을 여기서 계속하고 있다. 이것을 히브리서 기자는 그리스도가 고난을
받으심으로 어떻게 하나님이 되셨고 인간이 이 그리스도의 고난을 통하여 어
떻게 많은 유익을 얻게 되었는지를 제시함으로써 증거한다.

I. 그리스도가 고난을 받으심으로 어떻게 하나님이 되셨는가? 그러므로 만물
이 그를 위하고 또한 그로 말미암은 이가 많은 아들들을 이끌어 영광에 들어가게 하
시는 일에 그들의 구원의 창시자를 고난을 통하여 온전하게 하심이 합당하도다(10
절). 여기서 다음의 사실들을 발견할 수 있다.

1. 하나님이 만물의 마지막 목적과 제일 원인으로 서술되고 있다. 바로 그것
이 하나님이 하신 모든 일에서 하나님 자신의 영광을 확보하게 해주었다. 다시
말해서 하나님이 하신 일은 어떤 것도 하나님께 영광이 되지 않는 일은 없었을
뿐만 아니라 하나님은 모든 일에서 영광의 이득을 보셨다.

2. 하나님이 구속 사역의 목적과 수단의 선택에 관하여 이 영광스러운 특성
에 따라 행동하신 것으로 선포되고 있다.

(1) 구속 사역의 목적의 선택에서 드러난 하나님의 영광. 구속의 목적은 많은
하나님의 자녀들에게 영광을 전달해주고, 복음의 영광스러운 특권들을 향유할
수 있는 영광을 선물해주고, 하늘에서 받을 미래의 영광을 보여주기 위한 것이
었다. 그 영광은 영원하고 엄청난 값어치를 지닌 영광이 될 것이다. 여기서 다
음의 사실들을 발견할 수 있다.

[1] 우리는 먼저 양자 됨과 중생을 통해 하나님의 자녀들이 되어야 하늘의 영
광을 받을 수 있게 된다. 천국은 물려받게 되는 유산이다. 그러므로 하나님의
자녀가 된 사람들만이 유산 상속인들이 된다.

[2] 모든 참된 신자들은 하나님의 자녀들이다. 요한복음 1장 12절에 이렇게
말씀하고 있다. 영접하는 자 곧 그 이름을 믿는 자들에게는 하나님의 자녀가 되는 권
세를 주셨으니.

[3] 비록 하나님의 자녀들이 어느 한 장소와 어느 한 때에는 그 수가 적을 수
있다. 그러나 그들이 다 함께 모이게 되면 많은 사람들이 나타나게 될 것이다.
그리스도는 많은 형제들 가운데 첫째이시다.

[4] 하나님의 모든 자녀들이 아무리 그 수가 많을지라도, 또한 아무리 널리 퍼
져있고 나뉘어져 있을지라도 결국 다 함께 영광을 받게 될 것이다.

(2) 구원 사역 수단의 선택을 통해 드러나는 하나님의 영광.

[1] 우리의 구원의 창시자가 되셔야 할 분을 발견하게 될 때 하나님의 영광이 드러나게 된다. 구원받게 되는 사람들은 구원의 목적에 합당한 대장과 지도자의 인도를 받아 구원에 이르게 되어야 할 것이다. 그들은 모두 이 대장의 깃발 아래 싸우는 군사들로 등록이 된 사람들이 되어야 할 것이다. 그리고 그들은 그리스도의 좋은 군사들로서 어려움을 견디어야 할 것이다. 그들은 그들의 대장을 따라야만 하고, 그리고 그렇게 하는 사람들은 안전하게 병역 의무를 다 완수하고 큰 영광과 존귀함을 얻게 될 것이다.

[2] 우리의 구원의 창시자는 고난을 통하여 완전하게 되신다. 하나님 아버지는 주 예수 그리스도를 우리의 구원의 창시자가 되게 하셨다. 다시 말해서 하나님은 그리스도를 구원의 대장 직분에 봉헌하시고 임명하셨다. 하나님은 그리스도에게 그 직분을 위임하셨다. 그리고 하나님은 그리스도를 완전한 대장이 되게 해주셨다. 그러므로 그리스도는 측량할 수 없이 많이 가지신 성령을 통하여 완전한 지혜와 용기와 힘을 소유하게 되셨다. 그리스도는 고난들을 통하여 완전하게 되셨다. 다시 말해서 그리스도는 그의 귀하신 피를 흘리심으로써 우리의 구속 사역을 완성하셨다. 그리고 그는 그것을 통하여 하나님과 인간 사이의 중보자가 되실 수 있는 완전한 자격을 획득하시게 되었다. 그리스도는 십자가를 통하여 면류관을 받으실 수 있는 길을 발견하셨다. 그러므로 그의 백성들도 그리스도를 본받아야만 할 것이다. 탁월한 오웬 박사(Dr. Owen)는 다음과 같이 주장한다. "고난을 통하여 봉헌되시고 완전하게 되신 주 예수 그리스도는 주를 따르는 모든 사람들이 영광에 도달할 수 있도록 하기 위하여 고난의 길을 봉헌하셨다. 이 결과 신자들의 고난들이 필요하고 피할 수 없는 것이 되고, 그리고 영광스럽고, 유용하고, 유익한 것이 된다."

II. 히브리서 기자는 그리스도의 십자가와 고난이 신자들에게 얼마나 많은 유익을 주는지 진술한다. 하나님과 그리스도에게 합당하지 않은 것은 아무것도 없다. 그와 마찬가지로 그리스도의 고난들이 사람들에게 아주 많은 유익을 줄 것이다. 이 결과 신자들은 그리스도와 친밀한 연합을 이루게 되고, 그리고 아주 사랑스러운 관계를 맺게 될 것이다.

1. 친밀한 연합을 이루게 된다. 거룩하게 하시는 이와 거룩하게 함을 입은 자들이 다 한 근원에서 난지라 그러므로 형제라 부르시기를 부끄러워하지 아니하시고(11

절). 여기서 다음의 사실들을 주목하라. 그리스도는 거룩하게 하시는 분이시다. 그리스도는 거룩하게 하는 영을 획득하시고 보내주셨다. 주는 모든 거룩하게 하는 영향들의 근원이 되신다. 성령은 그리스도의 영처럼 성화시키고 거룩하게 한다. 참된 신자들은 거룩하게 함을 입은 사람들이고, 거룩한 원칙들과 능력들을 부여받은 사람들이고, 천하고 악한 용도에서 높고 거룩한 용도와 목적으로 사용되기 위해 구별된 사람들이다. 왜냐하면 신자들이 그렇게 된 뒤에야 영광을 받을 수 있게 되기 때문이다. 그러므로 이제 이 성화의 대리인이 되시는 그리스도와 이 성화를 받는 주체가 되는 그리스도인들은 다 한 근원에서 나온 한 형제들이 된다. 어떻게 그렇게 되고 왜 그렇게 되어야 하는가?

(1) 그리스도와 그리스도인들은 모두 다 하늘에 계신 한 아버지를 모시고 있다. 그 아버지는 바로 하나님이시다. 하나님은 영원한 발생(낳음)과 기적적인 잉태를 통하여 그리스도의 아버지가 되시고, 양자 삼음과 중생을 통하여 그리스도인들의 아버지가 되신다.

(2) 그리스도와 그리스도인들은 땅의 인간들의 조상인 아담이라는 한 아버지의 자손이다. 그리스도와 신자들은 동일한 인간 본성을 가지고 있다.

(3) 그리스도와 그리스도인들은 한 영을 가지고 있다. 그들은 같은 거룩하고 신성한 성향을 지니고 있다. 그리스도 안에 있는 그리스도인들에게는 그 분량이 같지는 않을지라도 같은 마음이 들어있다. 같은 영이 머리 되시는 그리스도와 지체되는 모든 그리스도인들에게 활기를 돋우어 주고 격려를 해준다.

2. 사랑스러운 관계를 맺게 된다. 이 관계가 연합을 낳는다. 그래서 본문에서 히브리서 기자는 먼저 이 관계가 무엇인지를 선포한다. 그 다음에 히브리서 기자는 그것을 설명하고 증명하기 위하여 구약 성서에서 세 구절을 인용한다.

(1) 히브리서 기자는 이 관계가 무엇인지를 선포한다. 그리스도와 신자들은 모두 다 한 근원에서 나왔다. 그러므로 그리스도는 신자들을 형제라 부르시기를 부끄러워하지 아니하신다. 여기서 다음의 사실들을 유의하라.

[1] 그리스도와 신자들은 형제들이다. 그들은 하늘에 있는 것과 땅에 있는 모든 피를 통하여 형제들이 된다. 다시 말해서 신자들은 그리스도의 뼈 중의 뼈요 살 중의 살일 뿐만 아니라 그리스도의 영 중의 영이기도 하다.

[2] 그리스도는 이 관계를 부끄러워 아니하신다. 그리고 그는 그들을 형제라 부르시는 것도 부끄러워하지 않으신다. 그 사실은 인간들의 본성이 지닌 비천

함과 죄로 인한 비열함을 생각할 때 그리스도의 놀라운 선하심과 겸손하심을 발견하게 된다. 그리스도는 그를 부끄러워하지 않는 어떤 사람도 결코 부끄러워하지 아니하실 것이다. 그리고 그는 자신과 그들 자신들에게 수치와 비난을 당하지 않게 하는 사람들을 돌보아 주실 것이다.

(2) 히브리서 기자는 구약 성서에서 세 구절을 인용하여 이 사실을 예증하고 있다.

[1] 첫 번째 예증은 시편 22장 22절에서 인용되고 있다. 내가 주의 이름을 형제에게 선포하고 회중 가운데에서 주를 찬송하리이다. 이 시편의 말씀은 그리스도에 관한 놀라운 예언이었다. 본 시편은 십자가 위에서 외치신 그리스도의 말씀들로 시작한다. 내 하나님이여 내 하나님이여 어찌 나를 버리셨나이까(시 22:1). 이제 이 말씀에서는 다음의 사실들을 예언하고 있다.

첫째, 그리스도가 이 세상에서 교회나 회중을 거느리신다는 사실을 예언하고 있다. 그들은 자유롭게 기쁨으로 그리스도를 따르는 자원하는 무리이다.

둘째, 이 신자들은 서로에게 형제들이 될 뿐만 아니라 그리스도 자신에게도 형제들이 된다는 사실을 예언하고 있다.

셋째, 그리스도가 그의 아버지의 이름을, 즉 하나님의 본성과 속성들을, 그리고 하나님의 생각과 뜻을 신자들에게 선포하실 것이라는 사실을 예언하고 있다. 이 일을 그리스도는 그 자신의 인격(위격) 안에서 행하셨다. 그러시는 한편 그리스도는 우리 가운데 계셨고, 그리고 그의 제자들이 한 세대에서 다른 세대로 세상 끝날까지 하나님을 전파할 수 있도록 그의 영을 그의 제자들에게 부어 주셨다.

넷째, 그리스도가 교회에서 그의 아버지를 찬양하실 것이라는 사실을 예언한다. 아버지의 영광은 그리스도가 직접 보신 것이었다. 그리스도의 마음은 하나님의 영광으로 채워져 있었고, 그리스도는 그것을 위하여 자신을 바치셨고, 그리고 그는 하나님의 영광 안에서 그의 백성들이 자신과 함께 연합하여 하나가 되기를 바라셨다.

[2] 두 번째 성구는 시편 18장 2절에서 인용되고 있다. 여호와는 나의 반석이시요 나의 요새시요 나를 건지시는 이시요 나의 하나님이시요 내가 그 안에 피할 나의 바위시요 나의 방패시요 나의 구원의 뿔이시요 나의 산성이시로다. 이 시편은 그리스도의 한 예표로서 다윗이 겪게 되는 어려움들을 진술하고 있다. 그리고 이

시편은 다윗이 그의 모든 어려움들에서 어떻게 하나님을 믿었는지를 진술하고 있다. 이제 이 시편은 그리스도가 아무런 도움을 필요로 하지 않는 그의 신성 이외에 그가 또 다른 본성을 가지고 계셨다는 사실을 제시하고 있다. 그 또 다른 본성은 하나님 이외에는 그 어떤 누구도 줄 수 없는 도움들을 필요로 했다. 그리스도는 우리의 대장과 지도자로서 고난당하셨고 믿으셨다. 탁월한 오웬 박사도 이렇게 덧붙여 말했다. "그러므로 그리스도의 형제들도 고난당해야 하고 믿어야 한다."

[3] 세 번째 성구는 이사야 8장 18절에서 인용되고 있다. 보라 나와 및 여호와께서 내게 주신 자녀들이 이스라엘 중에 징조와 예표가 되었나니 이는 시온 산에 계신 만군의 여호와께로 말미암은 것이니라. 이 말씀은 그리스도가 실제로 참된 인간이셨다는 사실을 입증해준다. 왜냐하면 부모와 자녀들이 동일한 본성을 지니고 있기 때문이다. 그리스도의 자녀들은 하나님 아버지가 그의 영원한 사랑의 회의를 통해 그에게 주셨다. 그 회의는 하나님과 그리스도 사이에 맺으신 평화의 언약이었다. 그들은 그들의 회심을 통해 그리스도에게 주어지게 된다. 그리스도의 자녀들이 그의 언약을 지킬 때 그리스도가 그들을 영접하시고, 그들을 다스리시고, 그들을 기뻐하시고, 그들의 모든 일들을 이루어주시고, 그들을 하늘에 올라가게 해주시고, 그리고 그들에게 그의 아버지를 선물로 주신다. 볼지어다 나와 및 하나님께서 내게 주신 자녀라 하셨으니(13절).

[14]자녀들은 혈과 육에 속하였으매 그도 또한 같은 모양으로 혈과 육을 함께 지니심은 죽음을 통하여 죽음의 세력을 잡은 자 곧 마귀를 멸하시며 [15]또 죽기를 무서워하므로 한평생 매여 종 노릇 하는 모든 자들을 놓아 주려 하심이니 [16]이는 확실히 천사들을 붙들어 주려 하심이 아니요 오직 아브라함의 자손을 붙들어 주려 하심이라 [17]그러므로 그가 범사에 형제들과 같이 되심이 마땅하도다 이는 하나님의 일에 자비하고 신실한 대제사장이 되어 백성의 죄를 속량하려 하심이라 [18]그가 시험을 받아 고난을 당하셨은즉 시험 받는 자들을 능히 도우실 수 있느니라

여기서 사도는 그리스도가 그에게 천사들의 속성들을 취하신 것이 아니라 아브라함의 자손으로서 참된 인간의 본성을 입으신 그리스도의 성육신을 계속해서 주장한다. 그리고 히브리서 기자는 그리스도의 성육신의 이유와 목

적을 설명한다.

I. 히브리서 기자는 그리스도의 성육신을 다음과 같이 설명해준다. 이는 확실히 천사들을 붙들어 주려 하심이 아니요 오직 아브라함의 자손을 붙들어 주려 하심이라(16절). 그리스도는 몸과 피를 취하셨다. 하나님으로서 그리스도는 영원 전부터 계셨지만 때가 되어 인성과 신성이 연합하여 실제로 참된 인간이 되셨다. 그는 천사들을 붙잡지 않고 아브라함의 자손을 붙잡으셨다. 천사들은 타락했고, 그리스도는 그들을 가게 내버려두셨다. 그래서 천사들은 소망이나 도움이 없이 버림받고, 더러워지고, 죄의 지배를 받게 되었다. 그리스도는 타락한 천사들의 구세주가 되실 계획이 전혀 없으셨다. 천사들의 계보가 타락했기에 그 계보는 타락한 그대로 있고 영원토록 그럴 것이 분명하다. 그러므로 그리스도는 천사들의 본성을 취하지 않으셨다. 천사들의 본성은 인간의 죄를 위한 속죄의 희생 제물이 될 수 없었다. 그래서 아브라함의 자손을 회복하고 그들의 타락한 상태에서 그들을 일으켜 세우기로 작정하신 그리스도는 아브라함의 허리에서 내려온 자손의 인성을 자신에게 취하셨다. 그것은 죄를 범했던 인간의 그 동일한 본성이 소망과 시련의 상태로 인성을 회복시킬 수 있고, 그리고 긍휼하심을 입은 모든 사람들을 특별한 은총과 구원의 상태로 회복시킬 수 있는 고난을 받기 위한 것이었다. 그래서 죄인들 가운데 대장 죄인이 그리스도 안에서 그리스도를 통하여 소망을 가지게 되고 도움을 받게 된다. 여기에 모든 사람에게 합당한 대속의 값어치가 있다. 왜냐하면 우리의 인간 본성을 통해 그 값을 지불했기 때문이다. 그러므로 우리 모두 우리를 찾아온 그 은혜의 날을 기억하도록 하자. 그리고 타락한 천사들이 아니라 타락한 인간들에게 내린 긍휼하심을 구별할 수 있기 위하여 우리의 믿음이 자라나게 하자.

II. 그리스도의 성육신의 이유와 계획이 선포되고 있다.

1. 자녀들은 혈과 육에 속하였으매 그도 또한 같은 모양으로 혈과 육을 함께 지니심은 죽음을 통하여 죽음의 세력을 잡은 자 곧 마귀를 멸하시며 또 죽기를 무서워하므로 한평생 매어 종 노릇 하는 모든 자들을 놓아 주려 하심이니(14, 15절). 왜냐하면 죄를 범했던 인성보다 더 높지도 않고 더 낮지도 않은 동일한 인성이 하나님의 공의를 만족시키고, 인간을 소망의 상태로 끌어올리고, 신자들을 하나님의 자녀들이 되게 하고, 그리고 그리스도의 형제들이 되게 해줄 수 있는 고난을 당할 수 있었기 때문이다.

2. 그리스도는 죽을 수 있기 위하여 인간이 되셨다. 하나님으로서 그리스도는 죽으실 수 없었다. 그러므로 그리스도는 또 다른 본성과 지위를 취하셨다. 여기서 하나님의 놀라우신 사랑이 나타났다. 그것은 그리스도가 이미 자신에게 인성을 취하셨지만 인간의 본성으로 어떤 고난을 받아야 하고, 그 본성 안에서 어떻게 죽어야 하는지를 아셨을 때였다. 하나님은 속죄 제물로 율법적인 희생 제물이나 예물들을 받으실 수 없었다. 그래서 그리스도에게 몸이 예비되었다. 그가 이렇게 말씀하셨다. 나의 하나님이여 내가 주의 뜻 행하기를 즐기오니 주의 법이 나의 심중에 있나이다(시 40:8).

3. 그도 또한 같은 모양으로 혈과 육을 함께 지니심은 죽음을 통하여 죽음의 세력을 잡은 자 곧 마귀를 멸하시기(14절) 위한 것이었다. 마귀는 첫 번째 죄인이었고 죄에 빠지게 한 첫 번째 유혹자이었다. 그 죄가 죽음의 원인이 되었다. 그러므로 마귀가 죽음의 권세를 가지고 있다고 말할 수도 있겠다. 왜냐하면 마귀는 인간들을 죄로 이끌어 들이기 때문이다. 인간이 죄를 짓게 만드는 수단으로 죽음이 사용된다. 마귀는 죽음의 두려움을 사용해 인간의 양심을 공포에 떨게 하는 권세를 허용받은 것처럼 행세한다. 또한 마귀는 그들의 몸에서 인간의 영혼을 하나님의 재판정으로 끌어내어 죄를 선고받고 형벌을 받게 하는 신의 집행자인 것처럼 행세했다. 마귀가 예전에 인간을 유혹했던 것처럼 말이다. 이러한 점들을 생각해볼 때 마귀는 죽음의 권세를 가진 것으로 말할 수도 있겠다. 그러나 이제 그리스도가 죽음의 권세를 가진 마귀를 멸하셨다. 그래서 마귀는 어느 누구도 영적인 죽음 아래 가두어 둘 수 없다. 또한 마귀는 어느 누구도 죄(죽음의 원인이 되는)로 이끌어 들일 수 없다. 또한 마귀는 몸에서 어느 사람의 영혼도 끌어낼 수 없다. 또한 마귀는 스스로 마귀의 노예가 되기로 작정하고 계속해서 하나님을 대적하는 사람들을 제외하고는 어느 누구에게도 죄의 선고를 집행할 수가 없다.

4. 그리스도의 성육신은 그의 백성이 종종 복종해야 되는 죽음의 비굴한 두려움에서 그리스도가 그들을 건져주시기 위한 것이었다. 이것이 영혼이 더 많은 속박을 받았던 구약 시대의 성도들을 언급한 것일 수도 있다. 왜냐하면 구약 시대는 지금의 복음 시대만큼 생명과 불멸이 충분히 알려지지 않았기 때문이다. 또한 이것이 하나님의 모든 백성을 언급한 것일 수도 있다. 그것이 구약 시대이든지 신약 시대이든지 사람들의 마음은 죽음과 영원에 대한 혼란스러운

290 매튜 헨리 주석 _ 히브리서

두려움을 가지고 있다. 그리스도는 영혼의 이러한 당혹감과 혼란들에서 사람들을 구원해주시기 위하여 인간이 되시고 죽으셨다. 그리스도는 죽음이 정복당한 적일 뿐만 아니라 화해를 한 친구라는 사실을 알게 해주셨다. 또한 그리스도는 죽음이 영혼에 상처를 주고, 또한 영혼을 하나님의 사랑에서 분리시키기 위한 것이 아니라 그들의 모든 한탄들과 불평들을 끝내게 하고 그들에게 영생과 축복의 통로를 주시기 위하여 보내진다는 사실을 알게 해주셨다. 그것은 이제는 죽음이 사탄의 손에 있는 것이 아니라 그리스도의 손에 있다는 사실을 그들에게 알려주기 위한 것이다. 다시 말해서 죽음은 사탄의 종이 아니라 그리스도의 종이다. 이제 죽음은 지옥을 소유하게 해주는 것이 아니라 그리스도 안에 있는 모든 사람들에게 천국을 소유하게 해준다.

5. 그리스도는 그의 형제들과 같은 모양을 가지셔야만 했다. 그것은 그리스도가 하나님의 공의와 영광에 관한 일들에 있어서 그리고 그의 백성의 유지와 위로에 있어서 자비로우시고 신실하신 대제사장이시라는 사실을 알려주시기 위한 것이었다.

(1) 하나님에 관한 일들은 그의 공의와 영광을 위한 것이다. 그리스도의 하나님에 관한 일들은 백성의 죄들을 속죄하여 하나님과 그의 백성을 화해하게 하고, 신성의 모든 속성들과 신성 안에 있는 모든 위격들이 인간의 회복에서 일치를 이루게 하고, 그리고 하나님과 인간 사이를 완전하게 회복시키는 것이다. 여기서 다음의 사실들을 주목하라. 죄로 말미암아 하나님과 인간 사이에 아주 심한 절교와 불화가 있었다. 그러나 그리스도가 인간이 되시고 죽으심으로써 그 불화의 대가를 다 갚아주시고, 그리고 하나님이 그리스도를 통하여 그에게 나아오는 모든 사람들에게 하나님의 은총을 받고 하나님과 친교를 나눌 수 있게 해주는 화해를 이루셨다.

(2) 하나님의 백성에 관한 그리스도의 일들은 그들을 도와주고 위로해주는 것이다. 그가 시험을 받아 고난을 당하셨은즉 시험 받는 자들을 능히 도우실 수 있느니라(18절). 여기서 다음의 사실들을 발견할 수 있다.

[1] 그리스도의 고난. 그리스도는 시험을 받아 고난을 당하셨다. 그리스도가 받으신 시험들은 그의 고난들 가운데 가장 작은 것들이 아니었다. 그리스도는 모든 일에 우리와 똑같이 시험을 받으신 이로되 죄는 없으시니라(히 4 : 15).

[2] 그리스도의 연민. 그리스도는 시험 받는 자들을 능히 도우실 수 있느니라. 그

리스도는 우리의 연약한 질병들을 불쌍히 여기는 친절하고 능숙한 의사로서 진단하신다. 그는 시험을 당하는 슬픈 영혼들을 다루는 방법을 알고 계신다. 왜냐하면 그는 죄가 아니라 영혼의 시험과 고통에 의한 질병을 똑같이 앓으셨기 때문이다. 그리스도는 자신이 겪으신 슬픔들과 시험들을 기억하심으로 그의 백성들의 시험들을 생각하시고 그들을 기꺼이 도와주시게 되었다. 여기서 다음의 사실들을 발견할 수 있다.

첫째, 아주 훌륭한 그리스도인들일지라도 시험들을 받게 되어 있었다. 이 세상에 살아 있는 동안에 많은 시험들을 그리스도인들은 겪어야 할 것이다. 그러므로 이 세상에서 시험들을 받지 않는 절대적인 자유를 얻으려고 생각해서는 결코 안 될 것이다.

둘째, 우리의 영혼들이 당하게 되는 시험들은 후원과 도움을 필요로 하는 고민과 위험이다.

셋째, 그리스도는 그에게 속한 사람들이 시험들을 당할 때 그들을 기꺼이 자발적으로 도와주신다. 그래서 그리스도는 인간이 되시고 시험을 당하셨다. 그것은 그리스도가 그의 백성을 도와주실 수 있는 모든 자격을 갖추시기 위한 것이었다.

— 제 3 장 —

개요

본 장에서 사도는 그리스도의 제사장직에 관해 앞 장에서 논의했던 것을 적용하고 있다. I. 신자들에게 계시되신 이 위대하신 대제사장을 신자들이 진지하게 생각할 수 있도록 하기 위하여 사도는 아주 감동적인 권면을 통해 적용하고 있다(1-6절). II. 그런 뒤 사도는 중요한 많은 권면들과 주의들을 덧붙여 말하고 있다(7-19절).

¹그러므로 함께 하늘의 부르심을 받은 거룩한 형제들아 우리가 믿는 도리의 사도이시며 대제사장이신 예수를 깊이 생각하라 ²그는 자기를 세우신 이에게 신실하시기를 모세가 하나님의 온 집에서 한 것과 같이 하셨으니 ³그는 모세보다 더욱 영광을 받을 만한 것이 마치 집 지은 자가 그 집보다 더욱 존귀함 같으니라 ⁴집마다 지은 이가 있으니 만물을 지으신 이는 하나님이시라 ⁵또한 모세는 장래에 말할 것을 증언하기 위하여 하나님의 온 집에서 종으로서 신실하였고 ⁶그리스도는 하나님의 집을 맡은 아들로서 그와 같이 하셨으니 우리가 소망의 확신과 자랑을 끝까지 굳게 잡고 있으면 우리는 그의 집이라

이 구절들에서 우리는 주 예수 그리스도에 관하여 제2장의 결말 부분에서 진술된 가르침에 대한 적용을 발견하게 된다. 여기서 다음의 사실들을 주목하라.

I. 사도는 아주 열정적이고 애정어린 태도로 그리스도인들이 이 위대하신 대제사장을 많이 생각하고, 그리고 그리스도를 그들의 가장 중요한 생각의 대상으로 삼을 것을 권면하고 있다. 땅이나 하늘 어디에서도 우리의 관심의 대상이 될 가치가 있는 분으로 그리스도만한 대상이 하나도 없다는 사실은 확실하다는 것을 바울은 확증한다. 이 권면은 더 확실한 효과를 위한 것이었다. 여기서 다음의 사실들을 주목하라.

1. 사도가 쓴 편지를 받는 사람들에게 존경스러운 경칭을 사용하고 있다. 함

께 하늘의 부르심을 받은 거룩한 형제들아.

(1) 여기서 사도가 말하는 형제들이란 자신의 형제들일 뿐만 아니라 그리스도의 형제들이기도 하다. 그리스도인들은 그리스도 안에서 모든 성도들에게 형제들이 된다. 하나님의 백성들은 모두 형제들이므로 형제들처럼 서로 사랑하고 살아야 한다.

(2) 거룩한 형제들. 그들은 신앙 고백과 호칭에서 뿐만 아니라 원칙과 일상생활의 습관, 마음과 생활에 있어서도 거룩하다. 이것을 경멸조로 바꾸어 해석하는 사람도 있다. 그런 사람은 이렇게 말한다. "이들이 거룩한 형제들이다." 이러한 위험한 칼 같은 도구를 가지고 농담을 하는 것은 위험하기 짝이 없다. 너희는 오만한 자가 되지 말라 너희 결박이 단단해질까 하노라(사 28:22). 이와 같은 경멸과 조롱을 받는 사람들은 진실로 거룩한 형제들이 되기 위하여 애를 써야 하고 하나님 앞에 그렇게 될 수 있도록 힘써 증명하도록 하자. 그러면 그들이 자신의 호칭을 부끄러워할 필요도 없고 또한 그러한 불경스러운 사람들의 조롱을 전혀 두려워할 필요가 없을 것이다. 이런 조롱과 비난의 용어를 자신들의 최대의 명예와 행복으로 생각하고 사용하는 사람들이 이 거룩한 형제들과 관계를 맺게 될 그 날이 다가오고 있다.

(3) 함께 하늘의 부르심을 받은. 이 말은 은혜를 함께 받은 것을 의미한다. 다시 말해서 그들은 하늘에서 내려온 은혜의 성령을 함께 받은 사람들이었다. 그것을 통해 그리스도인들은 어둠에서 효과적으로 불려나와 놀라운 빛으로 들어가게 될 것이다. 그 부르심은 사람들의 영혼에 천국을 가져다주고, 천국의 성격과 행위를 가질 수 있도록 그들을 성장시켜 주고, 천국에서 하나님과 함께 영원히 살 수 있도록 그들을 준비시켜 준다.

2. 사도가 그리스도에게 칭호들을 부여한다. 그것은 신자들이 그리스도를 다음과 같이 깊이 생각하게 하려고 하는 것이었다.

(1) 그리스도는 우리의 신앙 고백의 사도이시고, 복음 시대 교회의 통치자이시다. 그는 하나님이 인간들에게 가장 중요한 임무를 맡겨 파송하신 대표 사자이시다. 그는 우리가 지킨다고 고백하는 신앙과 우리가 가진다고 고백하는 소망의 위대한 계시자이시다.

(2) 그리스도는 우리의 신앙 고백의 사도이실 뿐만 아니라 대제사장이시기도 하다. 그는 구약 성서의 대표이실 뿐만 아니라 신약 성서의 대표이시기도 하다.

그는 모든 국가와 모든 시대의 교회의 머리이시다. 우리는 그의 대속과 중재를 통해 하나님에게 죄 사함을 받고 하나님께 받아들여지게 된다.

(3) 예수는 우리의 구세주와 치료자이시다. 그는 영혼의 위대한 의사이시다. 그것이 모세가 광야에서 쳐들었던 구리로 만든 놋뱀에 의해 예표가 되었다. 불뱀에 물렸던 사람들이 장대에 달린 놋으로 만든 뱀을 바라보면 나았듯이 죄인들이 그리스도를 바라보면 구원을 받게 될 것이다.

II. 우리는 이런 고귀하고 영광스러운 칭호를 지니신 그리스도에게 갚아야 될 은혜의 빚을 지고 있다. 그 빚은 그리스도를 이와 같은 특성을 지닌 분으로 깊이 생각해야 된다는 것이다. 그리스도는 스스로 계시고, 그는 우리를 위하여 계시고, 그리고 그는 내세에서 영원히 우리와 함께 계실 것이라는 것을 깊이 생각하라. 그리스도를 깊이 생각하라. 당신의 생각을 아주 주의 깊게 그에게 집중하라. 그리고 그를 따라서 행동하라. 예수를 네 믿음의 창시자와 완성자로 바라보라. 여기서 다음의 사실들을 발견할 수 있다.

1. 그리스도를 믿는다고 신앙을 고백하는 많은 사람들이 그를 위한 정당한 관심과 생각을 기울이지 않고 있다. 그리스도는 그에게서 구원을 기대하는 사람들에게서 그에게 걸맞고 그가 바라시는 만큼 생각을 받지 못하고 계시다.

2. 그리스도에 대한 깊고 진지한 생각은 그에 대한 우리의 지식이 늘어나고, 우리가 그를 사랑하게 되고, 그에게 복종하게 되고, 그리고 그를 의지하게 되는 큰 유익이 될 것이다.

3. 거룩한 형제들이고, 함께 하늘의 부르심을 받은 사람들조차도 그들이 생각하는 것보다도 더 많이 그리스도를 생각하고, 그들의 마음속에 그를 더 많이 담아두도록 서로를 격려해줄 필요가 있다. 그리스도의 백성들 가운데 가장 훌륭한 사람들조차도 그리스도에 관해 거의 생각을 하지 않거나 해도 아주 조금만 하는 것 같다.

4. 우리는 그가 성서에서 묘사되고 서술되고 있는 대로 그리스도에 관해 깊이 생각해야 한다. 그리고 우리는 성서를 통해 그리스도를 이해해야 한다. 그 생각은 우리 자신의 어떤 허망한 사상이나 공상에서 나온 것이어서는 안 된다.

III. 우리의 신앙 고백의 구주와 대제사장이신 그리스도를 깊이 생각하는 의무를 지키게 하기 위하여 주장하는 논증들을 몇 개 발견하게 된다.

1. 첫 번째 논증은 그리스도의 신실하심에서 나온다(2절). 그리스도는 모세가

자신의 온 집안에서 한 것과 같이 그리스도 자신과 자신을 세우신 하나님께 신실하셨다.

(1) 그리스도는 세우심을 받은 중보자이시다. 하나님 아버지가 그리스도를 그 직분을 맡도록 보내셨고 인준해주셨다. 그러므로 그의 중보는 아버지에게 인정을 받으신 것이다.

(2) 그리스도는 세우심 받으신 직분에 신실하셨다. 그는 자신이 맡으신 중보의 모든 규칙들과 질서들을 다 지키셨다. 그리고 그는 자신의 아버지와 자신의 백성이 자신에게 위임한 일을 완전하게 실행하셨다.

(3) 그리스도는 모세가 자기 집안에 그랬던 것처럼 자신을 임명하고 세워주신 분에게 신실하셨다. 모세는 구약 성서 시대의 유대 교회를 위하여 맡겨진 그의 직분을 이행함에 있어서 신실하였다. 그와 마찬가지로 그리스도도 신약 성서 시대의 교회를 위하여 신실하시다. 이것은 모세의 신실함을 높이 평가하고 있던 유대인들을 설득하기 위한 적절한 논증이었다. 그러나 모세의 신실함은 단지 그리스도의 신실하심을 예표하는 것일 따름이었다.

2. 또 다른 논증은 모세를 능가하는 그리스도의 영광과 존귀함을 다룬다(3-6절). 그러므로 유대인들은 그리스도를 더욱 깊이 생각해야 했다.

(1) 그리스도는 유대인 집안을 만드신 분이고 모세는 그 집안의 한 가족일 따름이다. 그 집을 통하여 우리는 하나님의 교회를 이해해야 할 것이다. 하나님의 교회는 하나님의 백성들이 그들의 창시자와 머리가 되시는 그리스도 아래로 함께 모여 이루어진 것이다. 그리고 그것은 그리스도를 섬기는 사역자들의 지도 아래 그리스도의 법을 따르고 제도들을 지키는 하나님의 백성으로 구성된 하나님의 교회이다. 그리스도는 모든 시대의 존재하는 교회로 이루어진 이 집의 창시자이시다. 모세는 하나님의 집을 섬기는 종이었다. 모세는 그 집을 다스리고 교화시키는 일을 하는 그리스도의 도구였다. 그러나 그리스도는 만물의 창조자이시다. 왜냐하면 그리스도는 하나님이시다. 그러므로 그는 교회를 세우실 수 있는 하나님이셨다. 그리스도가 교회의 기초와 상부 구조를 만드셨다. 교회를 만드는 데 필요한 힘이나 세상을 만드는 데 필요한 힘이 조금도 다를 것이 없었다. 세상은 무에서 창조되었다. 교회는 그 건물에 도무지 적합하지 않는 함께 뒤섞인 재료들로 만들어졌다. 하나님이신 그리스도가 교회의 설계도를 그리셨고, 재료들을 마련하셨고, 그리고 전능하신 능력으로 그 재료들이 교회

모양을 갖추도록 처리하셨다. 그리스도는 이 집을 그의 집으로 구성하고 연합시키셨다. 그는 교회의 제도들을 세우셨고, 그리고 그가 직접 임재하심으로 모든 것들을 완성하셨다. 그의 임재하심은 이 하나님의 집의 참된 영광이다.

(2) 그리스도는 이 집의 창시자이셨을 뿐만 아니라 이 집의 주인이셨다(5, 6절). 이 집은 하나님의 아들이신 그의 집에 맞게 지어졌다. 모세는 단지 이 집의 신실한 종일 따름이었다. 모세는 나중에 계시될 일들을 증언하기 위한 종이었다. 영원한 하나님의 아들이신 그리스도는 교회의 정당한 주인이시고 절대적인 통치자이시다. 모세는 단지 상징적인 지배자였을 따름이다. 그것은 성령에 의해 복음 안에서 교회에 관해 더욱 분명하고, 완전하고, 쉽게 계시될 모든 것들을 증언하기 위한 것이었다. 그러므로 그리스도는 모세보다 훨씬 높은 영광을 받으실 가치가 있으시다. 그리고 그는 더 큰 존경과 더 깊은 생각을 당연히 받으셔야 한다. 이 논증을 사도는 다음과 같이 마무리짓는다.

[1] 교회는 그리스도 자신과 모든 참된 신자들에게 편안한 집이다. 우리는 그의 집이라(6절). 우리 모두는 각자가 하나님의 집이다. 마치 우리가 성령의 전이 되고, 그리고 그리스도가 믿음 안에서 우리 안에 거하시듯이 우리 각자는 하나님의 집이고 그리스도의 집이다. 우리가 은혜를 통하여 연합되듯이 우리들 모두는 진리와 규례와 복음의 치리와, 헌신을 통하여 결합하고 하나가 된다.

[2] 이 집을 구성하는 사람들의 특성을 기술한다. 우리가 소망의 확신과 자랑을 끝까지 굳게 잡고 있으면. 다시 말해서 우리가 복음의 진리에 대한 담대하고 공개적인 신앙 고백을 굳게 지킨다면 우리가 그리스도의 집이 된다는 것이다. 그 위에다 우리는 은혜와 영광의 소망을 세우게 되고, 이 소망들을 따라 살게 될 것이다. 그것은 마지막까지 가지게 될 이 소망들 안에서 즐겁게 살기 위한 것이다. 그렇게 할 때 우리가 만나게 될 모든 어려움들에도 불구하고 우리는 즐겁게 우리의 신앙을 지키게 될 것이다. 그러므로 우리는 그리스도의 길 안에서 잘 출발해야 될 뿐만 아니라 끝까지 그리스도의 길을 굳게 붙잡고 견디며 앞으로 나아가야 할 것이다. 우리는 여기서 그리스도의 집안의 위엄과 특권들을 함께 받은 사람들이 따라야 될 지시를 발견하게 된다.

첫째, 신자들은 복음의 진리들을 그들의 머리와 마음에 담아두어야 한다.

둘째, 신자들은 이 진리들 위에 그들의 행복의 소망을 세워야 한다.

셋째, 신자들은 이 진리들의 솔직한 신앙 고백이 있어야 한다.

넷째, 신자들은 그들의 증거들을 분명하게 지키기 위하여 진리들을 따라서 살아야 한다. 그것은 그들이 소망 안에서 즐거워하고, 끝까지 견딜 수 있도록 하기 위한 것이다. 한 마디로 신자들은 복음을 믿고 실천하면서 항상 용기를 가지고 끈기 있게 살아야 한다. 그것은 그들의 주인이 오실 때 그들을 인정하고 승인할 수 있도록 하기 위한 것이다.

[7]그러므로 성령이 이르신 바와 같이 오늘 너희가 그의 음성을 듣거든 [8]광야에서 시험하던 날에 거역하던 것 같이 너희 마음을 완고하게 하지 말라 [9]거기서 너희 열조가 나를 시험하여 증험하고 사십 년 동안 나의 행사를 보았느니라 [10]그러므로 내가 이 세대에게 노하여 이르기를 그들이 항상 마음이 미혹되어 내 길을 알지 못하는도다 하였고 [11]내가 노하여 맹세한 바와 같이 그들은 내 안식에 들어오지 못하리라 하였다 하였느니라 [12]형제들아 너희는 삼가 혹 너희 중에 누가 믿지 아니하는 악한 마음을 품고 살아 계신 하나님에게서 떨어질까 조심할 것이요 [13]오직 오늘이라 일컫는 동안에 매일 피차 권면하여 너희 중에 누구든지 죄의 유혹으로 완고하게 되지 않도록 하라 [14]우리가 시작할 때에 확신한 것을 끝까지 견고히 잡고 있으면 그리스도와 함께 참여한 자가 되리라 [15]성경에 일렀으되 오늘 너희가 그의 음성을 듣거든 겪노하시게 하던 것 같이 너희 마음을 완고하게 하지 말라 하였으니 [16]듣고 겪노하시게 하던 자가 누구냐 모세를 따라 애굽에서 나온 모든 사람이 아니냐 [17]또 하나님이 사십 년 동안 누구에게 노하셨느냐 그들의 시체가 광야에 엎드러진 범죄한 자들에게가 아니냐 [18]또 하나님이 누구에게 맹세하사 그의 안식에 들어오지 못하리라 하셨느냐 곧 순종하지 아니하던 자들에게가 아니냐 [19]이로 보건대 그들이 믿지 아니하므로 능히 들어가지 못한 것이라

여기서 사도는 본 장의 마지막까지 그들에게 진지한 권면들과 주의들을 계속 주장한다. 그리고 사도는 시편 95장 7절에서 한 구절을 인용하고 있다. 그는 우리의 하나님이시요 우리는 그가 기르시는 백성이며 그의 손이 돌보시는 양이기 때문이라 너희가 오늘 그의 음성을 듣거든. 여기서 다음의 사실들을 주목하라.

I. 사도는 유대인 신자들에게 그리스도의 부르심에 빠르고 즉각적인 주의를 기울이도록 권고한다. 그러므로 성령이 이르신 바와 같이 오늘 너희가 그의 음성을 듣거든(7절). "하나님이 그리스도 안에서 너희에게 말씀하시는 것을 들을 때

그의 소리를 듣고, 동의하고, 인정하고, 그리고 깊이 생각하도록 하라. 그리고 그 말씀에 적절한 애정과 노력을 기울여 네 자신을 적용시키도록 하라. 그리고 오늘 당장 그 말씀을 실천하도록 하라. 왜냐하면 내일이면 너무 늦을 수도 있기 때문이다."

II. 사도는 유대인 신자들에게 그리스도의 부르심과 권고하심에 귀를 막고 마음을 완고하게 하지 말라고 주의를 준다. 광야에서 시험하던 날에 거역하던 것 같이 너희 마음을 완고하게 하지 말라(8절). 다시 말해서 이것은 다음과 같은 뜻이다. "그리스도가 너희에게 죄의 악함, 거룩함의 우월함, 그리스도를 믿음으로 너희 구주로 받아들이는 것의 필요성을 말씀하실 때 그리스도의 목소리에 귀를 막고 마음을 완고하게 갖지 않도록 하라." 우리의 마음을 완고하게 하는 것이 모든 다른 죄들의 근원이 된다는 사실을 주목하도록 하라.

III. 사도는 유대인 신자들에게 그들의 조상들의 본보기를 들어 경고한다. 거기서 너희 열조가 나를 시험하여 증험하고 사십 년 동안 나의 행사를 보았느니라(9절). 광야에서 이스라엘 자손의 조상들이 하나님을 진노하시게 하고 시험했다. 이것은 므리바 광야의 마사에서 일어났던 사건을 언급하고 있다(출 17:2-7). 여기서 다음의 사실들을 주목하라.

1. 시험하는 날이 종종 진노의 날이 된다.

2. 하나님이 우리를 시험하시고, 그리고 우리가 전적으로 하나님을 의지하고 하나님의 지시에 즉각적으로 따르며 살아가기를 우리에게 원하신다. 그런데 우리가 하나님을 거역하고 도발하는 것은 하나님을 확실히 진노하시게 만들 것이다.

3. 다른 사람들의 죄들, 특별히 우리의 친척들의 죄들은 우리에게 경고가 되어야 한다. 우리 조상들의 죄와 형벌들을 우리가 기억해야 한다. 그리고 그 기억이 그들의 악한 본보기들을 우리가 따르지 않게 해주어야 할 것이다. 이제 유대인의 조상들의 죄에 관하여 여기서 회고하고 있다. 다음의 사실들을 주목하라.

(1) 이 조상들이 죄를 범했을 때의 상황. 그들은 이집트에서 나왔지만 아직 가나안에는 들어가지 못하고 광야에 있었다. 그들은 이러한 형편을 생각하고 그들의 죄를 억제해야 했다.

(2) 유대인들이 저질렀던 죄. 그들은 하나님을 시험하고 진노하시게 했다. 그

3장 7절 - 19절

들은 하나님을 믿지 않았고, 모세에게 불평했고, 그리고 하나님의 목소리에 귀를 기울이지 않았다.

(3) 그들의 죄의 악화. 그들은 하나님을 더 의지했어야 할 광야에서 죄를 저질렀다. 그들은 하나님이 그들을 시험하셨을 때 죄를 저질렀다. 그들은 하나님의 행사들을 보았을 때 죄를 저질렀다. 하나님은 애굽에서 그들을 건져내시고 광야에서 날마다 그들을 도와주시고 먹이시기 위하여 놀라운 일들과 이적들을 행하셨다. 그럼에도 불구하고 그들은 사십 년 동안 하나님께 계속해서 죄를 저질렀다. 이 죄들은 가증스럽게 날이 갈수록 더 악화되었다.

(4) 그러한 악화된 죄들의 근원이 다음과 같이 진술되고 있다.

[1] 그들은 마음속에서 잘못을 저질렀다. 이 마음의 잘못들은 그들의 입술과 생활들에서 많은 다른 죄들을 낳았다.

[2] 그들은 하나님이 그들 앞에서 걸어가셨음에도 불구하고 하나님의 길을 몰랐다. 즉 그들은 하나님의 방법을 알지 못했다. 또한 그들은 하나님이 이러한 그의 섭리의 방법을 통해 그들을 향하여 다가가신다는 사실을 알지 못했다. 또한 이러한 하나님의 가르치심의 방법들을 통해 그들이 하나님께 나아간다는 사실을 알지 못했다. 그들은 하나님의 섭리이든 하나님의 규례이든 바른 태도로 주목하지 않고 지키지 않았다.

(5) 하나님은 그들의 죄에 상응하게 크게 진노하셨다. 그러나 하나님은 그들에게 오래 참으셨다. 그러므로 내가 이 세대에게 노하여(10절). 여기서 다음의 사실들을 주목하라.

[1] 모든 죄는, 특별히 하나님의 신앙 고백을 한 특권을 가진 백성이 범한 죄는 하나님을 진노하시게 하고 모욕할 뿐만 아니라 하나님을 근심하시게 만든다.

[2] 하나님은 그의 백성들의 죄 때문에 그들을 멸하시기를 싫어하신다. 하나님은 그들에게 은혜를 베푸시며 오래 기다리신다.

[3] 하나님은 사람들이 그에게 죄를 범하고 그들의 죄로 하나님을 슬퍼하시게 하는 시간을 정확하게 계산하시고 계시다. 그러나 사람들이 그들의 죄로 하나님의 영을 계속 슬퍼하시게 한다면 결국 그들의 죄가 그들 자신의 영혼을 심판의 방법을 통해서든 긍휼의 방법을 통해서든 슬퍼하게 만들 것이다.

(6) 그들의 죄에 대한 뒤집을 수 없는 판결이 결국 그들에게 내려졌다. 하나

님은 진노하시어 그들이 지상의 가나안의 안식이든 천국의 가나안의 안식이든 그의 안식에 결코 들어오지 못할 것이라고 다짐하셨다. 여기서 다음의 사실들을 주목하라.

[1] 오랫동안 계속 저질러진 죄는 하나님의 진노를 불붙게 할 것이고 그것이 죄인들을 불타게 할 것이다.

[2] 하나님의 진노는 회개하지 않는 자들을 파멸시키기 위하여 그 의로운 뜻을 나타낼 것이다. 하나님은 그의 진노를 경솔하게가 아니라 의롭게 나타내실 것을 다짐하신다. 그의 진노는 죄인들의 상태를 안식이 없는 상태로 만들 것이다. 하나님의 진노 아래에서는 어떠한 안식도 결코 자리잡을 수 없다.

IV. 사도는 그들의 무서운 본보기를 무슨 목적으로 사용하고 있는가? 그것은 사도가 히브리인들에게 적절한 주의를 주고, 그리고 그것을 애정어린 말로 지키게 하기 위한 것이다. 형제들아 너희는 삼가 혹 너희 중에 누가 믿지 아니하는 악한 마음을 품고 살아 계신 하나님에게서 떨어질까 조심할 것이요 오직 오늘이라 일컫는 동안에 매일 피차 권면하여 너희 중에 누구든지 죄의 유혹으로 완고하게 되지 않도록 하라(12, 13절).

1. 사도는 히브리인들에게 적절한 주의를 준다. 본문에서 조심하라는 말로 사용된 헬라어는 블레페테이다. 그것은 살펴보다는 뜻이다. 다시 말해서 본문은 다음과 같은 뜻을 지니고 있다. "너희를 살펴보라. 그리고 너희의 내부와 외부에 있는 적들을 경계하라. 조심하도록 하라. 너희는 네 조상들 가운데 많은 사람들이 가나안 땅에 들어가지 못하고 그들이 광야에서 쓰러져 시체들이 되었음을 보았다. 그러므로 너희도 동일한 죄를 범하고 무서운 판결을 받지 않도록 조심하라. 너희는 그리스도가 교회의 머리가 되시고, 그리고 모세보다 훨씬 위대하신 분이라는 사실을 알고 있다. 그리고 너희가 그리스도를 무시하는 것이 그들이 모세를 무시한 것보다 훨씬 큰 죄가 된다는 것을 너희가 알고 있다. 그러므로 너희는 너희 조상들보다 훨씬 심한 죄의 판결을 받을 위험에 처해 있다." 여기서 다음의 사실들을 주목하라. 다른 사람들의 파멸이 우리가 넘어지지 않게 조심하기 위한 경고가 되어야 할 것이다. 이스라엘 백성의 타락이 그들의 뒤를 따르는 모든 사람들에게 영원히 경고가 되어야 할 것이다. 그들에게 일어난 이런 일은 본보기가 되고 또한 말세를 만난 우리를 깨우치기 위하여 기록되었느니라(고전 10:11). 우리는 그들의 본보기를 반드시 기억해야 할 것이다. 조심하도

록 하라. 천국에 안전하게 들어가기를 바라는 모든 사람들은 자신들을 돌아보고 경계해야 할 것이다.

2. 사도는 애정어린 어조로 강하게 권고한다. "육체 안에서 뿐만 아니라 주 안에서도 피를 나눈 형제들아, 내가 사랑하고 잘 되기를 바라고 수고하는 형제들아 너희는 삼가 조심하라." 사도는 여기서 권면의 내용을 더 발전시켜 권고한다. 형제들아 너희는 삼가 혹 너희 중에 누가 믿지 아니하는 악한 마음을 품고 살아 계신 하나님에게서 떨어질까 조심할 것이요(12절). 여기서 다음의 사실들을 주목하라.

(1) 믿지 아니하는 마음은 악한 마음이다. 불신앙은 큰 죄악이다. 불신앙은 인간의 마음을 타락시킨다.

(2) 믿지 아니하는 악한 마음은 하나님을 떠나게 만드는 모든 죄의 밑바닥에 깔려 있다. 믿지 아니하는 마음이 배교에 이르는 주도적인 단계이다. 우리가 일단 하나님을 불신하게 된다면 우리가 하나님을 저버리게 되는 것은 시간문제일 따름이다.

(3) 그리스도인 형제들은 배교에 대해 주의를 기울여야 될 필요가 있다. 그런즉 선 줄로 생각하는 자는 넘어질까 조심하라(고전 10:12).

3. 사도는 주의에 곁들여 좋은 권면을 한다. 그는 그들에게 믿지 아니하는 악한 마음을 치료해 줄 권면을 한다. 오직 오늘이라 일컫는 동안에 매일 피차 권면하여 너희 중에 누구든지 죄의 유혹으로 완고하게 되지 않도록 하라(13절). 여기서 다음의 사실들을 주목하라.

(1) 우리는 함께 있는 동안 서로에게 할 수 있는 모든 유익을 행해야 한다. 우리가 함께 하는 시간이 짧고 불확실한 기간일지라도 말이다.

(2) 내일은 우리의 것이 아니기 때문에 우리는 오늘을 최대한 활용해야 할 것이다.

(3) 만일 그리스도인들이 날마다 서로를 권면하지 않는다면 그들은 죄의 거짓을 통하여 마음이 완고하게 될 위험에 빠지게 될 것이다. 여기서 다음의 사실들을 주의하도록 하라.

[1] 죄 속에는 거짓이 아주 많다. 죄가 겉으로는 공정한 것 같지만 속은 더럽다. 죄는 유쾌한 것 같지만 유해하다. 죄는 약속하는 것은 많지만 실행하는 것은 아무것도 없다.

[2] 죄의 거짓은 영혼을 완고하게 만드는 성질을 가지고 있다. 한 가지 죄를 허용하면 또 다른 죄가 뒤따르게 된다. 죄의 모든 행동 하나하나는 습관으로 굳어버린다. 양심을 거스르는 죄짓기는 양심을 마비시키는 습관이 된다. 그러므로 모든 사람마다 죄를 조심하도록 자신과 다른 사람들을 권면하기 위하여 많은 관심을 기울여야 한다.

4. 사도는 잘 시작했을 뿐만 아니라 잘 지키고 있고 끝까지 잘 지킬 사람들을 위로한다. 우리가 시작할 때에 확신한 것을 끝까지 견고히 잡고 있으면 그리스도와 함께 참여한 자가 되리라(14절). 여기서 다음의 사실들을 주목하라.

(1) 성도들의 특권. 성도들은 그리스도와 함께 참여한 사람들이 된다. 다시 말해서 그들은 그리스도의 영과 본성과 은혜들과 의와 생명에 함께 참여한 사람들이 된다. 성도들은 그리스도의 모든 것에 관심을 가지게 되고, 그리스도가 속한 모든 것에 속하게 되고, 그리스도가 행하셨거나 행하실 수 있는 모든 것에 함께 참여하는 사람들이 된다.

(2) 그들이 그 특권을 지키는 조건은 그리스도와 그리스도교에 대한 그들의 신앙 고백과 관습을 끝까지 견디고 지키는 것이다. 그들은 하나님의 전능하신 능력을 통하여 구원의 믿음을 끝까지 지키고 견딜 것이다. 그리고 그렇게 하도록 강조하는 것이 그리스도가 그의 백성이 견디도록 도와주시는 수단이 된다. 이것은 그들이 조심스럽고 부지런하게 해주고, 그리고 배교를 막아주는 성향을 지니고 있다. 여기서 다음의 사실들을 주목하라.

[1] 그리스도인들이 하나님의 길을 처음 출발할 때 가졌던 동일한 정신을 끝까지 유지하고 나타내야 할 것이다. 진지하게 시작하고, 그리고 활발한 애정과 거룩한 결단과 겸손한 신뢰를 가지고 출발한 사람들은 같은 정신으로 계속 앞으로 나아가야 할 것이다.

[2] 신앙 고백을 한 아주 많은 사람들이 처음에는 아주 큰 용기와 확신을 보여준다. 그러나 그것을 끝까지 굳게 지키는 사람은 많지 않다.

[3] 믿음을 지키는 인내가 우리의 믿음이 지닌 진지함을 나타내주는 가장 좋은 증거가 된다.

5. 사도는 시편 95장 7절에서 인용했던 것을 다시 말하고 있다. 그리고 그는 그것을 그 세대의 사람들에게 적절하게 적용하고 있다. 성경에 일렀으되 오늘 너희가 그의 음성을 듣거든 격노하시게 하던 것 같이 너희 마음을 완고하게 하지 말라

하였으니 듣고 격노하시게 하던 자가 누구냐 모세를 따라 애굽에서 나온 모든 사람이 아니냐(15, 16절). 이 말씀은 다음과 같이 해석될 수 있다. "성서에서 앞서 인용된 것은 앞의 세대에도 적용됐을 뿐만 아니라 지금 너희 세대와 너희 뒤의 모든 다음 세대에도 적용된다. 그러므로 너희가 동일한 정죄를 받지 않으려면 동일한 죄에 빠지지 않도록 조심해야 될 것이다." 사도는 하나님의 목소리를 들은 사람들 가운데 하나님을 격노하시게 한 사람들이 있긴 하지만 모든 사람이 다 그렇게 한 것은 아니었다는 것을 그들에게 말해주고 있다. 다음의 사실들을 주목하라.

(1) 하나님의 목소리를 들은 사람들 가운데 불신앙으로 하나님을 진노하시게 한 사람들이 많았지만 하나님의 말씀을 듣고 믿은 사람들도 있었다.

(2) 말씀을 듣는 것이 구원의 일반적인 수단이 된다. 그러나 그 들음이 경청한 것이 아니라면 오히려 사람들이 하나님을 더 진노하시게 하고 말 것이다.

(3) 하나님은 그의 음성에 순종할 사람들을 남겨두실 것이고 그 남은 자들을 돌보아 주시고 귀하게 여기실 것이다.

(4) 이러한 사람들도 일반적인 불행을 겪기는 하지만 결국에는 영원한 구원에 참여하게 될 것이다. 그러나 하나님의 음성을 듣고 불순종한 사람들은 영원히 멸망당하게 될 것이다.

6. 사도는 앞서 언급했던 말에 근거하여 다음과 같은 질문들을 던지고 있다. 또 하나님이 사십 년 동안 누구에게 노하셨느냐 그들의 시체가 광야에 엎드러진 범죄한 자들에게가 아니냐 또 하나님이 누구에게 맹세하사 그의 안식에 들어오지 못하리라 하셨느냐 곧 순종하지 아니하던 자들에게가 아니냐 이로 보건대 그들이 믿지 아니하므로 능히 들어가지 못한 것이라(17-9절).

여기서 다음의 사실들을 유의하라.

(1) 하나님께 죄를 범한 사람들이 계속해서 죄를 저지르는 것이 하나님을 슬프시게 한다.

(2) 한 민족 전체가 공개적으로 범하는 죄들이 대체로 하나님을 슬프시게 하고 진노하시게 한다. 죄가 전염병처럼 만연하게 될 때 그것은 아주 도발적인 것이 된다.

(3) 악함이 일반적으로 만연하게 될 때 하나님이 오래 슬퍼하시고 오래 참으실지라도 결국에는 공개적인 범죄자들을 공개적인 심판으로 정죄하심으로써

하나님 자신의 마음을 편하게 만드실 것이다.

(4) 불신앙(그 결과는 반역이다)은 세상 사람들의 죄이기도 하지만, 특별히 하나님의 생각과 뜻의 계시를 받은 사람들에게도 해당되는 가장 무서운 죄이다. 이 죄는 그들에게 하나님의 마음을 닫아 버리고, 천국의 문을 닫아 버리게 만든다. 이 죄는 그들을 하나님의 진노와 저주 아래 놓이게 만들고 그 상태에 계속 머물게 한다. 참되시고 공의로우신 하나님은 그들의 불신앙으로 말미암아 그들을 영원히 버려야만 하신다.

제 4 장

개요

앞 장에서 옛날 유대인들의 죄와 징벌을 진술한 사도는 이것을 본 장에서도 계속하고 있다. I. 모세 시대의 유대 교회의 특권들보다 훨씬 뛰어난 복음 시대의 그리스도로 말미암은 우리의 특권을 선포한다. 그것을 우리가 발전시켜야 할 이유로 선언한다(1-4절). II. 사도는 옛날 히브리인들이 그들의 특권으로 유익을 얻지 못했던 이유에 대해 진술한다(2절). III. 믿는 사람들의 특권은 확실하게 군어지고 계속 믿지 않는 사람들의 불행도 확실하게 군어진다(3-10절). IV. 믿음과 순종을 강조하는 적절하고 강력한 논증과 동기들로 마무리한다((11-16절).

¹그러므로 우리는 두려워할지니 그의 안식에 들어갈 약속이 남아 있을지라도 너희 중에는 혹 이르지 못할 자가 있을까 함이라 ²그들과 같이 우리도 복음 전함을 받은 자이나 들은 바 그 말씀이 그들에게 유익하지 못한 것은 듣는 자가 믿음과 결부시키지 아니함이라 ³이미 믿는 우리들은 저 안식에 들어가는도다 그가 말씀하신 바와 같으니 내가 노하여 맹세한 바와 같이 그들이 내 안식에 들어오지 못하리라 하셨다 하였으나 세상을 창조할 때부터 그 일이 이루어졌느니라 ⁴제칠일에 관하여는 어딘가에 이렇게 일렀으되 하나님은 제칠일에 그의 모든 일을 쉬셨다 하였으며 ⁵또 다시 거기에 그들이 내 안식에 들어오지 못하리라 하였으니 ⁶그러면 거기에 들어갈 자들이 남아 있거니와 복음 전함을 먼저 받은 자들은 순종하지 아니함으로 말미암아 들어가지 못하였으므로 ⁷오랜 후에 다윗의 글에 다시 어느 날을 정하여 오늘이라고 미리 이같이 일렀으되 오늘 너희가 그의 음성을 듣거든 너희 마음을 완고하게 하지 말라 하였나니 ⁸만일 여호수아가 그들에게 안식을 주었더라면 그 후에 다른 날을 말씀하지 아니하셨으리라 ⁹그런즉 안식할 때가 하나님의 백성에게 남아 있도다 ¹⁰이미 그의 안식에 들어간 자는 하나님이 자기의 일을 쉬심과 같이 그도 자기의 일을 쉬느니라

I. 여기서 사도는 복음 시대에 그리스도에 의한 우리의 특권들이 클 뿐만 아니라 모세의 율법의 사람들이 누리던 특권들보다 훨씬 크다는 사실을 선포한다. 사도는 우리가 하나님의 안식에 들어가게 해주는 약속을 가지고 있다는 사실을 상세히 설명한다. 다시 말해서 히브리서 기자는 우리가 그리스도와 언약 관계를 맺게 되고, 그리스도를 통하여 하나님과 교제를 나누게 되고, 그리고 우리가 완전한 영광에 이르게 되기까지 언약과 교제 안에서 자라게 된다는 것을 자세히 설명하고 있다. 우리는 이 하나님의 안식에 대한 계시들과 제안들을 발견하게 된다. 그리고 우리는 그것을 얻을 수 있는 방법에 대한 지시들을 발견하게 된다. 영적 안식에 대한 이 약속은 주 예수 그리스도가 그의 마지막 유언과 언약을 통해 우리에게 보배로운 유산으로 주시는 약속이다. 우리가 해야 할 일은 우리가 그 유산의 상속자들이라는 사실을 알아야 된다는 것이다. 그러므로 우리가 당연히 안식에 대한 우리의 주장을 요구해야 되고 죄와 사탄과 육체의 지배로부터 벗어나 자유로운 사람이 되었다는 사실을 알아야 한다. 죄와 사탄과 육체의 지배가 사람들의 영혼을 노예 상태에 빠져 허덕이게 하고 영혼의 참된 안식을 빼앗아간다. 그러나 우리가 그리스도로 말미암아 율법의 멍에와 율법의 모든 괴로운 의식들과 예식들에서 벗어나게 될 수 있다. 그리고 우리는 그리스도를 통하여 그의 규례들과 섭리와 우리 자신의 양심 안에서 하나님과 평화를 누릴 수 있게 되고 천국의 완전하고 영원한 안식에 대한 전망과 증거를 가질 수 있게 될 것이다.

II. 히브리서 기자는 우리가 그들만큼 큰 유익들을 가지고 있다는 것이 진실하다고 주장한다. 왜냐하면 사도가 이렇게 말하고 있기 때문이다. 그들과 같이 우리도 복음 전함을 받은 자이나 들은 바 그 말씀이 그들에게 유익하지 못한 것은 듣는 자가 믿음과 결부시키지 아니함이라(2절). 실제로 동일한 복음이 아주 분명하지는 않을지라도 구약과 신약에서 다같이 전파되었다. 물론 구약이 신약만큼 그렇게 충분한 방식으로 전파되지는 않았다. 옛날 유대인들이 가졌던 가장 좋은 특권들은 그들의 복음의 특권들이었다. 구약 성서의 희생 제사들과 의식들은 사실상 그 시대의 복음이었다. 그 속의 뛰어난 것들은 그것이 무엇이든 그리스도에 대한 복음을 지니고 있었다는 점이다. 이제 이것이 그들의 최고의 특권이었다면 우리가 그들보다 못할게 아무것도 없을 것이다. 왜냐하면 우리 역시 옛날 유대인들과 마찬가지로 복음을 소유하고 있고, 그리고 그들이 가졌던 것보다 훨씬 더 명료하고 분명하게 가졌기 때문이다.

III. 사도는 옛날 유대인들이 향유했던 그 시대의 복음의 유익을 얻은 사람이 아주 적었던 이유를 그들의 믿음이 부족했기 때문이라고 주장하고 있다. 그들과 같이 우리도 복음 전함을 받은 자이나 들은 바 그 말씀이 그들에게 유익하지 못한 것은 듣는 자가 믿음과 결부시키지 아니함이라(2절). 여기서 다음의 사실들을 주목하라.

1. 우리가 말씀의 유익을 얻고 그것을 통해 영적인 풍요로움을 누릴 수 있도록 하기 위하여 우리에게 말씀이 전파되고 있다. 복음이 보상으로 우리의 것이 된 것은 지혜를 얻고 영혼의 풍요로운 유산을 누리게 하기 위한 것이다.

2. 모든 시대마다 말씀을 듣고 유익을 얻지 못한 사람들이 아주 많이 있었다. 많은 설교들을 통해 하나님의 말씀을 들은 사람들 가운데 그들의 영혼에 아무 유익도 얻지 못한 사람들이 많다. 말씀을 듣고도 아무 유익을 얻지 못한 사람들은 크게 잃은 사람들이다.

3. 말씀을 통해 우리 모두가 전혀 이익을 얻지 못하는 것은 그 밑바닥에 우리의 불신앙이 깔려 있기 때문이다. 우리는 믿음을 들은 것과 결부시키지를 않는다. 말씀을 듣는 사람은 말씀의 생명이 있다는 것을 믿는다. 설교자가 복음을 믿고, 그의 설교를 믿음과 결부시키려고 노력하고, 그리고 그렇게 믿고 말했던 사람처럼 설교를 할지라도 그들의 영혼의 믿음을 말씀과 결부시키지 않는다면 그들은 결코 더 좋아지지 못할 것이다. 이 믿음은 말씀과 섞여야 하고, 우리가 들은 대로 행동하고 실행해야 할 것이다. 그리고 우리가 말씀을 들을 때 말씀의 진리에 동의하고, 그것을 인정하고, 제공된 긍휼을 받아들이고, 말씀을 애정을 가지고 우리 자신에게 적용시키면 우리는 전파된 말씀을 통해서 큰 유익과 이득을 얻게 될 것이다.

IV. 이러한 사항들에 근거해 사도는 그의 진지한 주의와 권면을 반복한다. 그는 그것을 통해 복음을 믿고 향유하는 사람들은 그들 자신들에 대한 거룩한 두려움과 경계심을 계속 가져야 한다고 일깨워준다. 그래야 잠재적인 불신앙이 그들에게서 말씀의 유익을 빼앗아가지 못하고, 복음 안에서 발견되고 제공되는 영적 안식의 유익을 빼앗아가지 못하게 된다고 사도는 주장한다. 그러므로 우리는 두려워할지니 그의 안식에 들어갈 약속이 남아 있을지라도 너희 중에는 혹 이르지 못할 자가 있을까 함이라(1절). 여기서 다음의 사실들을 주목하라.

1. 은혜와 영광을 복음을 통하여 모든 사람이 얻을 수 있다. 복음에는 제안을 받아들일 사람들에게 제공하는 제안과 약속이 들어있다.

2. 은혜와 영광을 얻을 수 있는 사람들도 안식에 이르지 못할 수도 있다. 믿음으로 구원에 도달할 수 있었던 사람들도 불신앙으로 도달하지 못하게 될 수도 있다.

3. 복음의 구원에 이르지 못하고 위로의 소망을 잃어버릴 것 같은 사람이 아주 많다는 것은 아주 무서운 일이다. 그리고 자신들의 신앙 고백의 명예를 잃어버릴 것 같이 보이는 사람도 아주 많다. 그러나 이 안식에 이르게 못할 것 같이 보이는 것이 두려운 일이라면 실제로 안식에 이르지 못하거나 들어가지 못하게 되는 것은 훨씬 더 무서운 일이 될 것이다. 그러한 실망은 아주 치명적인 것이 될 것이다.

4. 우리가 실제로 이르지 못하게 되거나 이르지 못하게 될 것 같은 것을 막는 한 가지 좋은 방법은 우리가 이르게 되지 못하게 되지나 않을까 무서워하는 거룩하고 신앙적인 두려움을 계속 가지는 것이다. 이 두려움이 우리를 조심하게 만들고 부지런하게 만들 것이다. 그리고 이것이 우리를 신중하고 진지하게 만들어 줄 것이다. 이 두려움은 우리가 자신의 믿음을 검증하게 하고 믿음을 실천하게 해줄 것이다. 반면에 오만은 파멸에 이르는 지름길이 될 것이다.

V. 사도는 복음을 진실하게 믿는 모든 사람들의 행복을 확증한다. 그는 이 확증을 다음과 같이 논증한다.

1. 사도는 그 자신과 다른 사람들의 경험을 통해 그 사실을 주장함으로써 확증하고 있다. 이미 믿는 우리들은 저 안식에 들어가는도다(3절). 우리는 그리스도를 통하여 그리스도와 축복 받은 연합에 들어가게 되고 하나님과 교제를 나누게 된다. 이 상태에서 우리는 죄 사함, 양심의 평안, 성령 안에서의 즐거움, 은혜의 증가, 영광의 증거들, 죄의 노역이 중지되는 등의 하나님과의 달콤한 교제를 실제로 많이 나누게 된다. 그리고 우리는 천국에서 하나님과 함께 안식하는 축복을 누리게 될 때까지 하나님 안에서 휴식하게 될 것이다.

2. 사도는 믿는 사람들이 행복하고 안식에 들어간다는 사실을 실례를 들어 설명하고 확증한다.

(1) 하나님이 그의 창조 사역을 마치시고 그의 안식에 들어가셨다(3, 4절). 그리고 하나님은 우리의 첫 부모에게 일곱째 날에 쉬고 하나님 안에서 안식하라

고 명령하셨다. 이제 하나님이 그의 일을 끝내신 뒤 일을 쉬시고 그것을 묵묵히 받아들이셨던 것처럼 그는 믿는 사람이 일을 마치고 그들의 안식을 즐기도록 해주실 것이다.

(2) 하나님이 안식일을 계속 지키신다. 하나님은 인간의 타락과 구세주의 계시 이후에도 안식일을 계속 지키신다. 그들은 일곱째 날을 주님을 위한 거룩한 안식일로 지켜야 했다. 그들은 거룩한 안식일에 창조의 능력으로 아무것도 없는 데서 그들을 일으켜 세워주셨던 그를 찬양하고, 은혜의 영으로 그들을 새롭게 창조해주실 하나님께 기도를 하고, 그리고 그들의 믿음을 약속된 구세주와 만물의 회복자에게 인도해주실 하나님께 기도해야 했다. 그 믿음으로 그들은 그들의 영혼에 안식을 얻게 될 것이다.

(3) 하나님이 믿는 유대인들에게 예표적인 안식으로 가나안을 제시하신다. 믿음을 가졌던 유대인으로 실제로 가나안에 들어갔던 사람들은 갈렙과 여호수아뿐이었다. 그와 마찬가지로 믿는 사람들은 안식에 들어갈 것이다.

(4) 일곱째 날 쉬는 안식 이외에 또 다른 안식을 하나님이 제정하셨고 타락 이전과 타락 이후에 다같이 지키셨다고 사도는 확실하게 주장한다. 그리고 대부분의 유대인들이 불신앙으로 가나안에 이르지 못했다. 왜냐하면 시편 기자가 다른 날과 다른 안식을 언급하고 있기 때문이다. 이 말씀에서 다음과 같은 사실이 분명하게 드러나게 된다. 여호수아가 유대인들이 들어가게 안내했던 안식보다 더 영적이고 뛰어난 안식일이 하나님의 백성에게 남아 있었다는 것이다(6-9절). 그리고 이 남겨진 안식은 다음과 같은 안식이다. [1] 이렇게 남아 있는 안식은 복음 안에서 받게 되는 은혜와 위로와 거룩함의 안식이다. 이것은 우리의 여호수아 되시는 주 예수가 지친 영혼들과 깨우친 양심들이 쉬도록 해주시는 안식이다. 그러므로 그 안식은 기운나게 해주고 새롭게 해준다. [2] 이것은 영광의 안식이고 천국의 영원한 안식일이다. 그 안식일에 자연과 은혜도 쉬고 완성이 된다. 그 날에 하나님의 백성이 그들의 믿음의 목적과 그들이 바라는 모든 소망의 대상들이 이루어지고 그것들을 향유하게 될 것이다.

(5) 이미 이 안식을 실제로 소유하신 영광스러운 선배들을 통하여 이 사실이 더욱 분명하게 입증이 되고 있다. 그 선배들은 하나님과 그리스도이시다. 하나님이 엿새 동안 세상을 창조하신 뒤에 그의 안식에 들어가셨다는 것은 분명하다. 그리고 그리스도는 우리의 구속 사역을 마치셨을 때 그의 안식에 들어가셨

다는 것은 분명하다. 그러나 하나님과 그리스도가 우리의 본보기들이 되실 수는 없지만 신자들도 그들의 안식에 들어갈 것이라는 증거들은 되실 수 있다. 이미 그의 안식에 들어간 자는 하나님이 자기의 일을 쉬심과 같이 그도 자기의 일을 쉬느니라(10절). 모든 진실한 신자는 그 자신의 죄의 일, 그 자신의 의의 일을 의지하는 것, 그리고 율법의 괴롭고 무거운 일들을 그만두고 쉬게 된다. 다시 말해서 그들은 하나님과 그리스도가 그들의 창조 사역과 구속 사역을 끝내시고 쉬셨던 것처럼 자신들의 일을 끝내고 쉬게 될 것이다.

Ⅵ. 사도는 믿지 않는 사람들의 불행을 확증한다. 믿지 않는 사람들은 현세에서의 은혜의 안식이든 내세의 영광의 안식이든 이 영적인 안식에 결코 들어가지 못할 것이다. 이것은 하나님의 말씀과 약속처럼 확실한 것이다. 분명히 하나님이 그의 안식에 들어가셨던 것처럼 완고한 불신자들은 이 안식에서 분명히 제외될 것이다. 분명히 믿지 않는 유대인들이 광야에서 쓰러지고 약속의 땅에 결코 들어가지 못했던 것처럼 분명히 불신자들은 멸망당하고 결코 천국에 들어가지 못할 것이다. 분명히 유대인들의 위대한 대장 여호수아가 그의 탁월한 용기와 인도에도 불구하고 유대인들에게 가나안 땅을 그들의 불신앙 때문에 줄 수 없었다. 그와 마찬가지로 분명히 우리의 구원의 대장이신 그리스도조차도 그의 속에 충만한 은혜와 힘을 지니고 계심에도 불구하고 영적인 안식이든 영원한 안식이든 끝까지 믿지 않는 사람들에게 주시지 않을 것이고, 그리고 주실 수 없을 것이다. 그것은 오직 하나님의 백성을 위해서만 남아 있다. 다른 사람들은 자신들의 죄로 말미암아 자신들을 영원히 쉬지 못하는 상태로 버려두게 될 것이다.

[11]그러므로 우리가 저 안식에 들어가기를 힘쓸지니 이는 누구든지 저 순종하지 아니하는 본에 빠지지 않게 하려 함이라 [12]하나님의 말씀은 살아 있고 활력이 있어 좌우에 날선 어떤 검보다도 예리하여 혼과 영과 및 관절과 골수를 찔러 쪼개기까지 하며 또 마음의 생각과 뜻을 판단하나니 [13]지으신 것이 하나도 그 앞에 나타나지 않음이 없고 우리의 결산을 받으실 이의 눈 앞에 만물이 벌거벗은 것 같이 드러나느니라 [14]그러므로 우리에게 큰 대제사장이 계시니 승천하신 이 곧 하나님의 아들 예수시라 우리가 믿는 도리를 굳게 잡을지어다 [15]우리에게 있는 대제사장은 우리의 연약함을 동정하지 못하실 이가 아니요 모든 일에 우리와 똑같이 시험을 받으신

이로되 죄는 없으시니라 ¹⁶그러므로 우리는 긍휼하심을 받고 때를 따라 돕는 은혜를 얻기 위하여 은혜의 보좌 앞에 담대히 나아갈 것이니라

　　　본 장의 후반에서 사도는 다음과 같이 결론을 내린다. 먼저 진지한 권면을 반복함으로 결론을 내린다. 그 다음에 적절하고 강력한 동기들을 제시함으로 결론을 내린다.

I. 여기서 우리는 진지한 권면을 발견하게 된다.　그러므로 우리가 저 안식에 들어가기를 힘쓸지니 이는 누구든지 저 순종하지 아니하는 본에 빠지지 않게 하려 함이라(11절). 여기서 다음의 사실들을 주목하라.

　1. 이 권면의 목적은 영적이고 영원한 안식에 들어가기를 힘쓰라는 것이다. 그것은 현세의 은혜의 안식이고 내세의 영광의 안식이다. 다시 말해서 그 안식은 땅에서는 그리스도 안에서 누리는 안식이고 하늘에서는 그리스도와 함께 누리는 안식이다.

　2. 이 목적을 달성하기 위한 방법은 들어가기를 힘쓰는 것이다. 즉 부지런히 노력하는 것이다. 이것이 안식에 이르는 유일한 방법이다. 현세에서 힘써 일하지 않는 사람들은 내세에서 안식하지 못할 것이다. 정당하고 부지런한 수고 뒤에 편안하고 만족스러운 안식이 뒤따르게 될 것이다. 현재의 수고가 때가 이르면 더 편안한 안식을 누리게 해줄 것이다. 노동자는 먹는 것이 많든지 적든지 잠을 달게 자거니와(전 5:12). 그러므로 일하고, 우리 모두 이 말씀에 동의하고, 서로 기운을 북돋워 주고, 이 안식을 위해 부지런히 힘써 얻도록 서로 권면하도록 하자. 우리가 동료 그리스도인들이 빈둥거리며 힘쓰지 않는 것을 볼 때 그들의 일에 전념하고 진지하게 힘을 다해 노력하라고 그들에게 권면하는 것은 가장 진실한 우정의 행위가 될 것이다. "우리 모두 일하러 가세. 왜 아무것도 하지 아니하고 앉아만 있는가? 어찌 빈둥거리고 있는가? 힘써 일하세. 지금은 우리가 일할 때이고 우리의 안식은 뒤에 남아 있네." 이렇게 그리스도인들은 자신과 서로를 위해 의무를 부지런히 지키자고 권면해야 할 것이다. 그러면 그럴수록 우리는 그 날이 다가오고 있는 것을 보게 될 것이다.

II. 여기서 우리는 권면을 효과적으로 만들어주는 적절하고 강력한 동기들을 발견하게 된다.　그것이 다음과 같이 진술되고 있다.

　1. 이미 불신앙 때문에 멸망당한 사람들의 무서운 본보기를 들어 권면한다.

그러므로 우리가 저 안식에 들어가기를 힘쓸지니 이는 누구든지 저 순종하지 아니하는 본에 빠지지 않게 하려 함이라(11절). 우리 앞의 많은 사람들이 멸망당한 것을 보는 것은 우리가 그것을 경고로 받아들이고 본보기로 삼지 않는다면 우리의 죄를 더 심하게 만들 것이다. 그들의 파멸이 우리에게 크게 소리친다면, 그들의 상실되고 안식 없는 영혼들이 괴로움으로 부르짖는 소리가 우리에게 들린다면 그들이 죄로 말미암아 불행하게 된 것처럼 우리는 우리 자신을 불행하게 만들지 않을 것이다.

2. 우리가 하나님의 말씀을 통해 우리의 믿음을 강하게 해주고 우리의 근면함을 일깨워주는 큰 도움과 유익을 받을 수 있다면 우리는 이 안식을 얻을 수 있을 것이다. 하나님의 말씀은 살아 있고 활력이 있어 좌우에 날선 어떤 검보다도 예리하여 혼과 영과 및 관절과 골수를 찔러 쪼개기까지 하며 또 마음의 생각과 뜻을 판단하나니(12절). 하나님의 말씀을 통해 우리는 가장 중요하고 근본적인 기록된 말씀을 이해할 수 있게 될 것이다. 그 근본적인 말씀이란 요한복음 1장 1절에 기록된 말씀이다. 태초에 말씀이 계시니라 이 말씀이 하나님과 함께 계셨으니 이 말씀은 곧 하나님이시니라. 진실로 이 말씀에서 말씀하고 있는 것은 하나님이신 주 예수 그리스도에 관한 것이다. 기록된 말씀 가운데 이 말씀이 이해해야 할 가장 중요한 말씀이다. 다시 말해서 하나님의 말씀인 성서들 가운데에서 이 말씀이 가장 중요한 말씀이다. 이제 이 말씀에 대해 다음과 같이 말하고 있다.

(1) 하나님의 말씀은 살아 있다. 하나님의 말씀은 진실로 살아 있고 활동을 한다. 그 모든 운동력 있는 활력을 통하여 하나님의 말씀은 죄인들의 양심을 사로잡고, 죄인의 마음을 쪼개고, 죄인을 위로하고, 그리고 상처받은 영혼들을 싸매어 준다. 하나님의 말씀을 모르는 사람들은 하나님의 말씀을 죽은 문자로 생각한다. 그러나 하나님의 말씀은 살아 있다. 하나님의 말씀은 빛과 같다. 빛보다 더 활력 있고 살아 있는 것은 아무것도 없다. 하나님의 말씀은 살아 있을 뿐만 아니라 생명과 활기를 불어넣어 준다. 하나님의 말씀은 생명을 주는 빛이다. 하나님의 말씀은 살아 있는 말씀이다. 성도들도 죽고, 죄인들도 죽는다. 그러나 하나님의 말씀은 살아 있다. 베드로전서 1장 24절과 25절에서 이렇게 말씀하고 있다. 그러므로 모든 육체는 풀과 같고 그 모든 영광은 풀의 꽃과 같으니 풀은 마르고 꽃은 떨어지되 오직 주의 말씀은 세세토록 있도다 하였으니 너희에게 전한 복음이 곧 이 말씀이니라. 스가랴 1장 5절과 6절에서 이렇게 말씀하고 있다. 너희 조

상들이 어디 있느냐 또 선지자들이 영원히 살겠느냐 내가 나의 종 선지자들에게 명령
한 내 말과 내 법도들이 어찌 너희 조상들에게 임하지 아니하였느냐 그러므로 그들이
돌이켜 이르기를 만군의 여호와께서 우리 길대로, 우리 행위대로 우리에게 행하시려
고 뜻하신 것을 우리에게 행하셨도다 하였느니라.

(2) 하나님의 말씀은 활력이 있다. 즉 하나님의 말씀은 능력이 있다. 하나님이
말씀을 그의 영으로 이해시키실 때 그 말씀은 활력 있게 설득하고, 활력 있게
회심시키고, 그리고 활력 있게 위로한다. 고린도후서 10장 4절과 5절에서 이렇
게 말씀하고 있다. 우리의 싸우는 무기는 육신에 속한 것이 아니요 오직 어떤 견고
한 진도 무너뜨리는 하나님의 능력이라 모든 이론을 무너뜨리며 하나님 아는 것을 대
적하여 높아진 것을 다 무너뜨리고 모든 생각을 사로잡아 그리스도에게 복종하게 한
다. 다시 말해서 하나님의 말씀은 강력한 요새를 무너뜨리고, 죽은 자를 일으키
고, 귀머거리를 듣게 하고, 눈먼 사람을 보게 하고, 벙어리를 말하게 하고, 그리
고 다리를 저는 사람을 걷게 할 정도로 강력하고 활력이 있다. 하나님의 말씀
은 사탄의 왕국을 산산이 부수고 그 무너진 터 위에 그리스도의 왕국을 세울
정도로 강력하고 활력이 있다.

(3) 하나님의 말씀은 좌우에 날선 어떤 검보다도 예리하다. 하나님의 말씀은 성
령의 검이다(엡 6:17). 하나님의 말씀은 그리스도의 입에서 나오는 좌우에 날선
검이다(계 1:16). 하나님의 말씀은 좌우에 날선 어떤 검보다 더 날카롭다. 왜냐
하면 하나님의 말씀은 다른 검이 결코 찌를 수 없는 곳을 찌를 수 있고 더욱 치
명적으로 가를 수 있기 때문이다. 하나님의 말씀은 좌우에 날선 어떤 검보다도 예
리하여 혼과 영과 및 관절과 골수를 찔러 쪼개기까지 하며 또 마음의 생각과 뜻을 판
단한다. 하나님의 말씀은 영혼과 그 속의 습관적이고 드센 성질을 찔러 쪼갠다.
하나님의 말씀은 오랜 세월 교만했던 정신을 겸손하게 만든다. 하나님의 말씀
은 완악하고 고집이 센 정신을 온유하고 순종하는 영혼으로 만든다. 그 영혼에
본래 있었던 것으로 생각할 정도가 되어버리고 그 영혼에 깊이 뿌리내리고, 한
행동 양식이 되어버린 죄의 오랜 습관들이 이 말씀의 칼에 의해 분리되고 갈라
지게 된다. 하나님의 말씀은 이해력에서 무지를 갈라내고, 의지에서 반항심을
갈라내고, 그리고 마음에서 증오심을 갈라낸다. 마음이 육체적일 때 하나님을
거스르는 증오심을 가지게 된다. 이 말씀은 관절과 골수를 쪼갠다. 이 부분은 신
체의 아주 은밀하고 깊은 곳에 있는 부분들이다. 이 칼은 몸의 정욕들뿐만 아

니라 마음의 정욕들도 찔러 쪼갤 수 있고, 그리고 사람들이 자발적으로 죄를 죽이기 위한 아주 날카로운 수술을 시행할 수 있게 해준다.

(4) 하나님의 말씀은 마음의 생각과 뜻을 판단한다. 하나님의 말씀은 사람들의 아주 은밀한 생각들과 계획들까지도 드러내고 판단한다. 하나님의 말씀은 사람들의 다양한 생각들과 목적들을 드러내준다. 하나님의 말씀은 사람들을 그에 따라 행동하게 하는 그들의 사악함과 나쁜 원리들을 밝히 드러낸다. 말씀은 죄인 속의 것을 밖으로 드러나게 하고, 그리고 죄인이 자신의 마음속에 든 것을 다 보게 한다. 그러므로 우리의 신앙과 순종에 가장 필요하고 도움이 되는 것은 바로 이러한 말씀이다.

3. 주 예수 그리스도는 그의 인격과 직분에 있어서 다같이 완전하시다.

(1) 그리스도의 인격. 특별히 그리스도의 전지하심. 지으신 것이 하나도 그 앞에 나타나지 않음이 없고 우리의 결산을 받으실 이의 눈 앞에 만물이 벌거벗은 것 같이 드러나느니라(13절). 이것은 그리스도가 요한계시록 2장 23절에서 그 자신에 대해 말씀하신 것과 일치한다. 모든 교회가 나는 사람의 뜻과 마음을 살피는 자인 줄 알지라. 어떤 피조물도 그리스도에게서 자신을 감출 수 있는 것은 하나도 없다. 하나님의 피조물이 아닌 것은 하나도 없다. 왜냐하면 그리스도는 모든 피조물을 만드신 창조자이시기 때문이다. 우리 자신의 것이라고도 할 수 있는 머리와 마음의 움직임과 일들까지도 그리스도에게 알려지지 않은 것은 하나도 없다. 우리의 모든 생각과 뜻이 다 그리스도에게 드러나고 알려져 있다. 그러므로 우리는 우리의 경배의 대상이시요 우리의 신앙 고백의 대제사장이신 그리스도를 섬겨야 할 것이다. 그리스도는 그의 전지하심을 통해서 우리가 그에게 드리는 희생 제물을 쪼개시고 아버지 하나님이 받아들이실 수 있게 해주신다. 이제 대제사장이 희생 제물로 바쳐진 짐승들의 내장이 건강한지를 알아보기 위해 척추를 가르고 모든 부분들을 쪼개 검사했던 것처럼 우리의 생각과 뜻이 우리의 대제사장이신 그리스도의 날카롭고 꿰뚫어보시는 눈 앞에 드러나게 된다. 그리고 우리의 희생 제물들을 지금 시험하시는 그리스도가 심판자로서 우리의 상태를 결국 판단하실 것이다. 우리는 우리의 영원한 지위를 결정하시는 그리스도와 관계를 가지게 될 것이다. 이 말씀을 그가 우리와 결산할 것이나 심판할 것이 있다고 해석하는 사람도 있다. 그리스도는 우리의 모든 것을 정확하게 계산하신다. 그리스도는 그를 믿는 모든 사람을 계산하신다. 그는 우리의 모든 것

을 계산하시고 심판하실 것이다. 우리의 계산서가 그리스도 앞에 제시된다. 그러므로 그리스도의 전지하심과 우리가 그에게 갚아야 될 계산서가 우리로 하여금 믿음과 순종으로 견디게 해줄 것이다. 그리스도가 우리의 모든 일들을 완전하게 이루어주시기까지 우리는 믿음과 순종 안에서 견디고 참아야 할 것이다.

(2) 우리는 그리스도의 직분에 대한 그리스도의 뛰어나심과 완전하심의 기록을 발견하게 된다. 그의 직분은 우리의 대제사장이신 특별한 직분이다. 사도가 그리스도인들에게 먼저 가르치는 것이 그들의 대제사장과 대제사장의 속성을 알라는 것이다. 사도가 그 다음에 가르치는 것이, 그리스도인들은 이것을 위하여 자신들의 의무를 생각하고 기억해야 한다는 것이다.

[1] 그리스도는 어떤 종류의 대제사장이신가? 우리에게 큰 대제사장이 계시니 승천하신 이 곧 하나님의 아들 예수시라(14절).

첫째, 그리스도는 큰 대제사장이시다. 그는 아론보다 훨씬 크신 대제사장이시고, 또한 제사장 반열의 그 어떤 제사장들보다 훨씬 위대하시다. 율법 아래서의 대제사장들은 아주 훌륭한 사람들로 존경을 받았다. 그러나 그들은 그리스도의 희미한 예표와 그림자에 지나지 않았다. 우리의 대제사장의 위대성이 다음과 같이 진술되고 있다.

a. 그리스도의 승천하심을 통해 그의 위대하심이 드러난다. 구약 시대의 대제사장은 일 년에 한 차례 사람들이 보지 못하는 성전 휘장 안으로 들어갔다. 그가 들어간 곳은 지성소였고 하나님의 임재를 나타내는 신성한 표시가 되는 곳이었다. 그러나 그리스도는 모든 사람을 위하여 단번에 천국에 들어가셨다. 그의 승천은 그가 모든 사람을 다스리고, 그의 백성을 위한 처소를 예비하기 위하여 성령을 보내주시고, 그리고 그의 백성을 위하여 중보해주시기 위한 것이다. 그리스도는 우리를 위하여 죽으심으로써 대제사장직의 한 역할을 담당하셨다. 그리고 그리스도의 대제사장직의 또 다른 역할은 그의 백성의 주장을 변호해주시고 그의 백성이 바친 예물들을 하나님이 받아들이시도록 중재하시기 위하여 하늘에서 담당하고 계시다.

b. 그리스도의 위대하심이 그의 이름 하나님의 아들 예수를 통해 드러나고 있다. 예수는 의사이시고, 구세주이시고, 신성을 가지신 분이시고, 그리고 영원히 하나님의 아들이시다. 그러므로 완전한 신성을 가지신 예수는 그를 통하여 하

나님께 나아오는 모든 사람들을 힘이 닿는 한 다 구원하실 수 있다.

둘째, 그리스도는 큰 대제사장이실 뿐만 아니라 은혜로우신 대제사장이시기도 하다. 그리스도는 그의 백성에게 자비로우시고, 연민을 보이시고, 그리고 동정을 베푸신다. 우리에게 있는 대제사장은 우리의 연약함을 동정하지 못하실 이가 아니요(15절). 그리스도는 아주 위대하시고 우리보다 훨씬 뛰어나심에도 불구하고 그는 우리에게 아주 친절하시고, 온유한 관심을 베풀어 주신다. 그리스도는 우리의 연약함을 어느 누구도 할 수 없는 방식으로 동정하신다. 왜냐하면 그리스도는 타락한 상태에 있는 우리의 본성에는 흔히 있는 모든 고난들과 어려움들을 몸소 겪으시고 시험당하셨다. 이 고난은 그리스도가 우리를 위하여 대속하시기 위한 것일 뿐만 아니라 우리를 동정하시기 위한 것이다.

셋째, 그리스도는 죄가 없는 대제사장이다. 그는 모든 일에 우리와 똑같이 시험을 받으신 이로되 죄는 없으시니라. 그리스도는 사탄에게 시험을 받으셨다. 그러나 그는 죄가 없이 치르셨다. 우리는 시험들을 어쩌다 겪게 된다. 그렇지만 그 시험들이 우리에게 어떤 충격을 주게 된다. 우리가 굴복은 하지 않더라도 움츠리는 경향이 있다. 그러나 우리의 큰 대제사장은 마귀와 만나셔도 죄가 없으셨다. 마귀는 그리스도에게서 어떤 죄도 발견할 수 없었고, 또한 그리스도에게 어떤 얼룩도 묻힐 수가 없었다. 하나님 아버지가 그리스도를 심하게 시험하셨다. 그리스도가 상하시는 것이 여호와를 만족시켰다. 그러나 그는 생각이나 말이나 행위에 있어서 그 어떤 것으로도 죄를 짓지 않으셨다. 그는 어떤 폭력도 행하지 않으셨고, 그의 입에 어떤 거짓도 없으셨다. 그는 거룩하셨고, 해가 없으셨고, 그리고 깨끗하셨다. 그러한 대제사장이 우리와 같은 인간이 되셨다. 이와 같이 우리의 대제사장이 어떤 분이신가를 우리에게 말한 뒤에 사도는 진술을 다음과 같이 발전시킨다.

[2] 우리가 그리스도에게 어떻게 처신해야 될 것인가를 사도는 진술한다. 여기서 다음의 사실들을 주목하라.

첫째, 그리스도를 믿는 우리의 신앙 고백을 굳게 잡도록 하자(14절). 사람들 앞에서 결코 그를 부인하거나 부끄러워하지 말도록 하자. 그리스도교의 깨우치는 가르침들을 우리의 머리에 굳게 담아두고, 그리스도교의 활기를 주는 원리들을 마음에 굳게 담아두고, 그리스도교의 솔직한 신앙 고백을 우리의 입술에 굳게 담아두고, 그리고 그리스도교에 대한 우리의 실천적이고 보편적인 순종을 우리의 생활에 굳게 잡아두도록 하자. 여기서 다음의 사실들을 주목하라.

a. 우리는 그리스도인 생활의 가르침들과 원리들과 관습을 소유해야 한다.

b. 우리가 그렇게 될 때조차도 우리는 우리의 마음의 타락과 사탄의 시험들과 이 악한 세상의 유혹들로부터 우리가 굳게 잡은 것을 잃어버리는 위험에 빠지게 될 수도 있다.

c. 우리가 믿는 뛰어나신 대제사장은 그리스도를 떠나는 배교를 가장 악하고 용서받을 수 없는 죄로 여기실 것이다. 그 배교는 가장 심한 어리석은 행위와 가장 비열한 배은망덕이 될 것이다.

d. 그리스도인들은 시작도 좋아야 될 뿐만 아니라 끝까지 견디고 잘 마치는 것도 좋아야 한다. 끝까지 견디는 사람들은 구원을 받게 될 것이지만 그렇지 않은 사람들은 결코 구원을 받지 못할 것이다.

둘째, 우리는 우리의 뛰어나신 대제사장을 통하여 은혜의 보좌에 담대히 나아갈 수 있도록 격려를 받아야 될 것이다. 그러므로 우리는 긍휼하심을 받고 때를 따라 돕는 은혜를 얻기 위하여 은혜의 보좌 앞에 담대히 나아갈 것이니라(16절). 여기서 다음의 사실들을 주목하라.

a. 예배의 통로인 은혜의 보좌가 세워져 있다. 거기에서 하나님은 불쌍한 죄인들을 영광스럽게 만나주시고, 그들을 대접하신다. 그러므로 죄인들이 회개하고 믿으면서 하나님께 소망을 가지고 가까이 나아갈 수 있다. 하나님은 엄격하고 냉혹한 공의를 시행하는 재판정을 세우실 수 있었다. 그리고 하나님은 그 재판정 앞에 모인 모든 사람들에게 죄의 삯인 죽음을 선고하실 수 있었다. 그러나 하나님은 은혜의 보좌를 세우기로 작정하셨다. 보좌는 권위를 말하고 두려움과 존경을 나타낸다. 은혜의 보좌는 죄인들의 괴수에게까지도 큰 위로와 격려를 말한다. 그 보좌에는 은혜가 통치하고, 그리고 주권적인 자유와 능력과 관대함으로 역사한다.

b. 우리가 우리의 의무인 개인적이고 공적인 모든 예배를 통하여 주님을 앙망하기 위하여 은혜의 보좌에 자주 나아가는 것은 우리의 의무와 유익이 된다. 은혜의 보좌에 서는 것은 우리에게 좋은 일이다.

c. 은혜의 보좌에서 우리의 할 일과 목적은 긍휼하심을 받고 때를 따라 돕는 은혜를 얻기 위한 것이다. 긍휼하심과 은혜는 우리가 원하고 필요로 하는 것들이다. 우리의 모든 죄를 용서받기 위해서는 긍휼하심이 필요하고 우리의 영혼을

깨끗하게 하기 위해서는 은혜가 필요하다.

d. 우리가 오늘 필요한 것들을 위하여 하나님을 날마다 의지하는 것 이외에도 우리가 하나님의 긍휼하심과 은혜를 아주 절실히 필요로 할 때도 있다. 그러므로 우리는 그러한 때를 대비하여 열심히 쌓아두어야 한다. 다시 말해서 그것이 역경을 통해서든 번영을 통해서든 시험의 때에 대비하여, 특별히 죽을 때에 대비하여 기도를 저축해두어야 할 것이다. 우리는 우리의 마지막 날에 긍휼하심을 받기 위한 청원의 기도를 날마다 쌓아야 할 것이다. 주님은 그 날에 주의 긍휼하심을 입게 해주실 것이다(딤후 1:18).

e. 우리가 긍휼을 입기 위하여 은혜의 보좌에 나아갈 때마다 정신의 자유와 말의 자유를 가지고 겸손한 자유와 담대함으로 나아가야 할 것이다. 그 때 우리는 아무것도 의심하지 말고 믿음으로 간구해야 할 것이다. 우리는 하나님 아버지와 화해를 나눈 자녀로서 양자의 영을 가지고 은혜의 보좌 앞으로 나아가야 할 것이다. 우리는 참으로 무서움과 깜짝 놀람이 아니라 경외와 경건한 두려움을 가지고 은혜의 보좌 앞으로 나아가야 할 것이다. 마치 우리가 공의의 재판정 앞에 끌려가는 것처럼 나아갈 것이 아니라 우리를 은혜로 다스리고 사랑으로 역사하는 은혜의 보좌에 친절하게 초대를 받은 사람처럼 나아가야 할 것이다.

f. 우리의 대제사장이신 그리스도의 직분이 우리 모두가 은혜의 보좌로 나아갈 수 있는 확신의 기반이 되어야 할 것이다. 우리에게 중보자가 없었다면 우리가 하나님께 담대하게 결코 나아갈 수 없었을 것이다. 왜냐하면 우리는 죄를 범하고 더럽혀진 피조물들이기 때문이다. 우리가 행하는 것은 모두 오염되어 있다. 우리는 혼자 힘으로는 하나님이 임재하신 곳으로 나아갈 수 없다. 우리는 중보자를 의지하여 나아가야만 한다. 그렇지 않으면 우리의 마음과 우리의 소망이 우리의 기대를 어길 것이다. 우리는 예수의 보혈을 의지하여 지성소로 들어갈 수 있는 용기와 담대함을 가지게 된다. 그리스도는 우리의 변호사이시다. 그리스도는 그의 백성을 위하여 변호해주신다. 그는 그의 손에 우리를 속량할 대가를 들고 변호하신다. 그의 희생의 대가로 그리스도는 우리의 영혼이 원하고 바랄 수 있는 모든 것을 사셨다.

— 제 5 장 —

개요

본 장에서 사도는 그리스도의 대제사장직에 대한 진술을 계속한다. 그것은 기분 좋은 주제이다. 그래서 이 주제를 사도는 너무 빨리 놓치고 싶지 않았을 것이다. 여기서 다음과 같이 진술한다. I. 사도는 대제사장직의 속성에 대해 일반적으로 설명한다(1-3절). II. 이 직분을 위해서는 적절하고 정규적인 부르심을 받아야 한다(4-6절). III. 이 일에 필요한 자질들(7-9절). IV. 그리스도의 대제사장직의 독특한 반차. 그리스도의 대제사장직의 반차는 아론의 것을 따른 것이 아니라 멜기세덱의 반차를 따른 것이었다(6, 7, 10절). V. 사도는 히브리인들이 성서의 심원하고 신비로운 부분들을 이해할 수 있기 위하여 성서의 지식을 향상시키지 않았다고 책망한다(11-14절).

¹대제사장마다 사람 가운데서 택한 자이므로 하나님께 속한 일에 사람을 위하여 예물과 속죄하는 제사를 드리게 하나니 ²그가 무식하고 미혹된 자를 능히 용납할 수 있는 것은 자기도 연약에 휩싸여 있음이라 ³그러므로 백성을 위하여 속죄제를 드림과 같이 또한 자신을 위하여도 드리는 것이 마땅하니라 ⁴이 존귀는 아무도 스스로 취하지 못하고 오직 아론과 같이 하나님의 부르심을 받은 자라야 할 것이니라 ⁵또한 이와 같이 그리스도께서 대제사장 되심도 스스로 영광을 취하심이 아니요 오직 말씀하신 이가 그에게 이르시되 너는 내 아들이니 내가 오늘 너를 낳았다 하셨고 ⁶또한 이와 같이 다른 데서 말씀하시되 네가 영원히 멜기세덱의 반차를 따르는 제사장이라 하셨으니 ⁷그는 육체에 계실 때에 자기를 죽음에서 능히 구원하실 이에게 심한 통곡과 눈물로 간구와 소원을 올렸고 그의 경건하심으로 말미암아 들으심을 얻었느니라 ⁸그가 아들이시면서도 받으신 고난으로 순종함을 배워서 ⁹온전하게 되셨은즉 자기에게 순종하는 모든 자에게 영원한 구원의 근원이 되시고

우리는 여기서 대제사장직의 일반적인 속성에 대한 기록을 발견하게 된다. 그것이 주 예수 그리스도에게 적용되고 있기는 할지라도 말이다. 여기서

다음의 사실들을 주목하라.

I. 대제사장이 지녀야 할 속성에 대해 사도는 진술한다. 대제사장은 사람들 가운데에서 뽑혀야 한다. 그는 우리와 같은 속성을 지닌 사람이어야 한다. 그는 우리의 뼈와 같은 뼈를, 우리의 살과 같은 살을, 우리의 정신과 같은 정신을 가진 사람이어야 한다. 그는 우리와 본성을 함께 나누고 수많은 사람들 가운데에서 택함을 받은 기수(旗手)이어야 한다. 이것은 다음과 같은 사실들을 암시해준다.

1. 인간이 죄를 범했다는 사실을 암시해준다.

2. 하나님은 사람들 가운데에서 택함을 받은 대제사장이 없이 죄인이 하나님께 혼자서 직접 나아오는 것을 허용하지 않으셨다는 사실을 암시해준다.

3. 하나님은 사람들 가운데에서 택함을 받은 사람을 통하여 사람들이 소망을 가지고 하나님께 나아오고, 그리고 하나님이 그들을 존귀하게 받아들이고 싶어하셨다는 사실을 암시해준다.

4. 이 대제사장을 통하여 하나님께 나아오는 모든 사람을 하나님이 이제는 영접하신다는 사실을 암시해준다.

II. 모든 대제사장이 누구를 위하여 세움을 받는가 하는 사실을 암시해준다. 하나님께 속한 일에 사람을 위하여 대제사장은 세움을 받게 된다. 다시 말해서 대제사장은 하나님과 사람 사이에 서서 하나님의 영광과 사람의 유익을 위하여 세움을 받는 것이다. 그리스도도 그와 마찬가지셨다. 그러므로 그리스도를 통하지 않고 하나님께 나아가는 시도를 하지 않도록 하자. 또한 그리스도를 통하지 않고 하나님께서 어떤 은총을 받을 수 있기를 기대해서도 안 될 것이다.

III. 모든 대제사장이 어떤 목적을 위하여 세움받았는지를 암시해준다. 대제사장마다 예물과 속죄하는 제사를 드리게 하나니.

1. 대제사장은 그에게 가져온 예물들을 하나님의 영광을 위하여 드리고 우리의 모든 것이 하나님의 것이고 하나님께서 받은 것이라는 사실을 인정하는 표시로 드렸다는 것을 암시한다. 우리는 하나님이 우리에게 주시기로 허락하신 것 이외에는 아무것도 가질 수가 없다. 우리가 하나님께 예물을 바치는 것은 우리가 하나님 자신의 것이라는 인정을 표시하는 봉헌 예물이다. 이것은 다음의 사실들을 암시한다.

(1) 우리가 하나님께 바치는 모든 것은 억지로 하는 것이 아니라 자유로운 것

이어야 한다는 것을 암시한다. 그것은 자유롭게 드리는 선물이어야 한다. 그것은 한번 바치면 다시 돌이키는 것이 되어서는 안 된다.

(2) 우리가 하나님께 바치는 모든 것은 대제사장의 손을 거쳐서 이루어져야 한다는 것을 암시한다. 대제사장은 하나님과 인간 사이를 연결하는 중요한 대리인이다.

2. 대제사장이 죄를 위하여 희생 제물을 바칠 수 있었다는 것을 암시한다. 속 죄를 위하여 바쳐진 제물들은 죄를 용서하고 죄인들을 하나님이 받아들일 수 있게 해주었다. 이와 같이 그리스도가 이러한 두 목적을 이루시기 위하여 대제사장으로 세우심을 받게 되었다. 우리의 선한 행위들은 우리 자신과 선행들이 받아들여질 수 있도록 하기 위하여 그리스도에 의해 드려져야 된다. 그리고 우리의 나쁜 행위들은 그것들이 우리를 정죄하고 멸망시키지 못하도록 하기 위하여 그리스도 자신의 희생을 통하여 속죄를 받아야 한다. 이제 우리는 믿음으로 우리의 크신 대제사장에게 전념해야 한다.

IV. 이 대제사장은 어떤 자격을 가져야 되는가를 암시한다(2절).

1. 대제사장은 두 종류의 사람들에게 연민을 가질 수 있는 사람이어야 한다.

(1) 무식한 사람에게 연민을 가질 수 있는 사람이어야 한다. 다시 말해 무식하여 죄를 범한 사람들을 불쌍히 여길 수 있는 사람이어야 한다. 그는 그들을 동정하는 마음을 가질 수 있는 사람이어야 한다. 그는 하나님께 그들을 중재할 수 있는 사람이어야 한다. 그는 이해가 더딘 사람들을 자진해서 가르쳐주기를 좋아하는 사람이어야 한다.

(2) 미혹된 자에게 연민을 가질 수 있는 사람이어야 한다. 그는 진리와 의무와 행복의 길에서 벗어나 미혹을 받은 사람을 불쌍히 여길 수 있는 사람이어야 한다. 그는 잘못과 죄와 불행의 샛길에서 바른 길로 그들을 되돌릴 수 있는 온유함을 가진 사람이어야 한다. 이것은 많은 인내와 연민을 필요로 한다. 이것은 심지어 하나님의 연민도 필요로 할 정도이다.

2. 그는 연약한 사람도 동정할 수 있어야 한다. 마찬가지로 그는 그 자신의 연약함에서 인간의 구조(체질)를 느낄 수 있어야 하고 우리를 동정할 수 있어야 한다. 이와 같이 그리스도는 자격을 갖추셨다. 그는 우리의 죄 없는 연약함을 자신에게 취하셨다. 이 사실은 우리가 고난을 당할 때마다 그에게 전념하도록 해주는 큰 격려가 된다. 왜냐하면 그의 백성이 당하는 모든 고난들에서 그

가 같이 고난을 당하시기 때문이다.

V. 이 대제사장이 어떻게 하나님의 부르심을 받게 되었는지를 암시해준다.
그는 그의 직분에 외적 부르심과 내적 부르심을 다같이 받았다. 이 존귀는 아무
도 스스로 취하지 못하고(4절). 다시 말해서 그것을 해야 할 사람이 하나도 없다.
그것을 합법적으로 할 수 있는 사람이 하나도 없다. 만일 어떤 사람이 그것을
행한다면 그는 당연히 찬탈자로 여김을 받게 될 것이다. 여기서 다음의 사실들
을 주목하라.

1. 대제사장의 직분은 아주 큰 명예였다. 하나님과 인간 사이에 서도록 세움
을 받는 것은 아주 명예로운 직분이었다. 대제사장은 한편으로는 하나님을 대
표해서 하나님의 뜻을 인간에게 전달한다. 또 다른 한편으로는 인간을 대표해
서 인간의 문제를 하나님께 전달한다. 대제사장은 그들 사이에서 아주 중요한
문제들을 처리한다. 그는 하나님의 영광과 인간의 행복을 다루는 일을 위임받
았다.

2. 대제사장직은 어떤 인간도 스스로 떠맡을 수 없는 직분이고 명예이다. 만
일 어떤 사람이 그렇게 한다면 그는 그 일의 성공을 결코 기대할 수 없을 것이
다. 또한 그 일로 어떤 보상도 받을 수 없을 것이다. 그러한 사람은 하나님의 부
르심을 받지 않은 침입자이다. 아론이 하나님의 부르심을 받았던 것처럼 그 사
람은 부르심을 받지 못한 것이다. 여기서 다음의 사실들을 주목하라.

(1) 하나님은 모든 명예의 근원이시다. 특별히 참된 영적인 영광의 근원은 하
나님이시다. 하나님은 참된 권위의 근원이시다. 하나님이 아론에게 하셨듯이
특별한 방식으로 어떤 사람을 제사장직에 부르시든지, 또는 아론의 후계자들
에게 하셨듯이 일반적인 방식으로 어떤 사람을 제사장직에 부르시든지 하나님
은 권위의 근원이시다.

(2) 부르심을 받은 사람들만이 하나님에게서 도움을 받을 수 있고, 하나님께
받아들여지게 되고, 하나님의 부르심을 받은 사람들에게 하나님의 임재와 축
복을 전달할 수 있다. 그렇지 않은 다른 사람들은 축복이 아니라 날벼락을 맞
을 수 있을 것이다.

**VI. 이 대제사장 직분을 어떻게 그리스도가 절실히 느끼게 되시고 그에게 어
떻게 적용이 되는가?** 또한 이와 같이 그리스도께서 대제사장 되심도 스스로 영광
을 취하심이 아니요(5절). 여기서 다음의 사실들을 주목하라. 그리스도가 대제사

장이 되시는 것을 그의 영광으로 생각하셨음에도 불구하고 그는 그 영광을 자신의 것으로 취하시지 않았다. 그는 진실로 이렇게 말하실 수 있었다. 나는 내 영광을 구하지 아니하나(요 8:50). 하나님으로서 생각해볼 때 그리스도는 어떤 부차적인 영광도 필요하지 않으셨다. 그러나 인간과 중보자로서 그는 보내심을 받지 않고는 대제사장이 되지 못하셨다. 그리고 만일 그가 대제사장이 되지 못하셨다면 다른 사람들이 그렇게 되기를 두려워했을 것이다.

Ⅶ. 사도는 부르심의 방식과 인격의 거룩함에 있어서 아론보다 그리스도를 더 높인다. 사도는 다음과 같이 높인다.

1. 하나님이 그리스도에게 말씀하셨던 부르심의 방식에서 그리스도를 더 높인다. 사도는 시편 2장 7절을 인용하면서 다음과 같이 진술한다. 너는 내 아들이니 내가 오늘 너를 낳았다(5절). 이 말씀은 하나님으로서 그리스도의 영원하심, 인간으로서 그리스도의 놀라운 잉태, 그리고 중보자로서 그리스도의 완전하신 자격을 선포한다. 이와 같이 하나님은 그리스도에 대한 그의 지극한 사랑, 중보자로 그리스도를 세우시는 하나님의 권위 있는 임명, 대제사장직의 그리스도의 취임과 승인, 그리스도에 대한 하나님의 받아들이심, 그리고 그리스도가 대제사장직을 수행하심에 있어서 행하셨거나 행하셔야 될 모든 일에 대해 엄숙하게 선언한다. 그러나 하나님은 아론에 대해 이렇게 말씀하신 적이 결코 없으셨다. 하나님이 그리스도의 부르심에 대해 사용하신 또 다른 표현은 시편 110장 4절에서 발견할 수 있다. 사도는 그 말씀을 인용한다. 네가 영원히 멜기세덱의 반차를 따르는 제사장이라(6절). 아버지 하나님은 그리스도를 아론의 반차보다 더 높은 반차를 따라 그리스도를 대제사장으로 세우셨다. 아론의 제사장직은 일시적이고 한정적인 것이었다. 그러나 그리스도의 제사장직은 영속적이고 무제한적인 것이었다. 아론의 제사장직은 조상에서 자손들로 내려가는 계승적인 것이었다. 그러나 멜기세덱의 반차를 따르는 그리스도의 제사장직은 그리스도만의 것이었고, 그리고 세습이 없는 영원한 대제사장 직분이었다. 그 직분은 시작도 없고 끝도 없는 것이었다. 이 문제가 제칠장에서 폭넓게 논의될 것이다.

2. 여기서 그리스도는 그의 인격의 거룩하심에 있어서 아론보다 더 높여지고 있다. 다른 제사장들은 다른 사람의 죄와 자신의 죄를 위하여 희생 제물을 드려야 했다. 백성을 위하여 속죄제를 드림과 같이 또한 자신을 위하여도 드리는 것이 마땅하니라(3절). 그러나 그리스도는 자신의 죄를 위하여 희생 제물을 드리실

필요가 없었다. 왜냐하면 그는 강포를 행하지 아니하였고 그의 입에 거짓이 없었기 때문이다(사 53:9). 그런데 그러한 대제사장이 우리와 같이 되셨다,

VIII. 우리는 그리스도의 대제사장 직분의 수행과 그 결과에 관한 기사를 발견하게 된다(7-9절).

1. 그리스도의 대제사장 직분의 수행. 그는 육체에 계실 때에 자기를 죽음에서 능히 구원하실 이에게 심한 통곡과 눈물로 간구와 소원을 올렸고 그의 경건하심으로 말미암아 들으심을 얻었느니라(7절). 여기서 다음의 사실들을 발견할 수 있다.

(1) 그리스도는 자신에게 육체를 취하시고 그리고 얼마 동안 그 육체 안에 임시로 거주하셨다. 그는 죽을 수밖에 없는 인간이 되셨다. 그리고 그는 자신의 날들을 낱낱이 세셨다. 이 점에서 그리스도는 우리가 자신의 날들을 어떻게 헤아려야 될지 본을 보여주셨다. 우리가 우리의 삶을 하루하루의 날들로 헤아린다면 그것은 우리가 그 삶 안에서 날마다의 일을 잘 해낼 수 있도록 활기를 불어넣어 주는 수단이 될 것이다.

(2) 그리스도는 육체 속에 머무르시는 동안에 죽음에 굴복하셔야 했다. 그는 굶주리셨고, 시험을 당하셨고, 피 흘리고 죽으셨다. 그의 몸은 지금 하늘에 계시지만 그것은 영적인 영광스러운 몸이시다.

(3) 하나님 아버지는 그리스도를 죽음에서 구원하실 수 있었다. 하나님 아버지는 그리스도의 죽으심을 막을 수 있었지만 하시지 않았다. 왜냐하면 그러면 하나님의 지혜와 은혜의 위대한 계획이 실패하기 때문이었다. 만일 하나님이 그리스도를 죽음에서 구원하셨다면 우리는 어떻게 되었을 것인가? 유대인들은 힐난조로 말했다. 그가 하나님을 신뢰하니 하나님이 원하시면 이제 그를 구원하실지라(마 27:43). 그러나 하나님 아버지가 그리스도가 고통을 받지 않으시게 고난의 쓴 잔을 그에게서 버리지 않게 하셨다는 것은 우리에게 은혜였다. 왜냐하면 그랬다면 우리가 그 잔의 찌꺼기를 마셔야 했을 것이고 영원히 비참하게 지내야 했을 것이다.

(4) 그리스도는 육체 안에 계실 때 그의 아버지에게 기도와 간구를 드리셨다. 그것은 그리스도가 하늘에서 우리를 위해 중재하시고 중보하시는 증거가 된다. 그리스도가 기도하신 실례는 아주 많다. 그리스도는 고난 가운데에서도 기도하시고(마 26:39 ; 27:46), 그리고 그의 고난 이전에도 그리스도는 그의 제자들과 그의 이름을 믿는 모든 사람들을 위해서도 기도하신 실례들이 있다(요 17

장).

(5) 그리스도가 드리신 기도와 간구들은 강한 부르짖음과 눈물이 섞여 있었다. 그리스도는 이 기도를 통해 기도를 해야 될 뿐만 아니라 뜨겁고 끈질기고 절박한 심령과 자세로 기도해야 된다는 모본을 제시해주셨다. 그럼에도 불구하고 우리가 하나님께 드리는 기도들 가운데 메마른 기도는 아주 많고 눈물에 젖은 기도는 아주 적다.

(6) 그리스도는 두려워하심으로 기도의 응답을 받으셨다. 그리스도가 즉각적인 도움으로 응답을 받으신 이유는 그가 번민하고 고뇌하는 기도를 드리시고, 죽으심으로 모든 것을 다 이루시고, 그리고 영광스러운 부활을 통해 죽음으로부터 구원받으셨기 때문이다. 그의 경건하심으로 말미암아 들으심을 얻었느니라(7절). 그리스도는 하나님의 진노와 죄의 무거운 짐에 대한 두려운 느낌을 가지셨다. 그리스도가 하나님의 도우심과 위로해주심을 받지 못했다면 그리스도의 인간의 본성이 침체되었을 것이다. 그러나 그리스도는 경건하심으로 말미암아 기도의 응답을 받으셨다. 그리스도는 죽음의 고난을 통하여 도움을 받으셨다. 그리스도는 죽음을 견디셨다. 그리스도의 죽으심에 실제적인 구원이 전혀 없었지만 그리스도는 그 죽음을 잘 견디셨다. 우리가 질병들에서 많이 나음을 받지만 우리가 죽음을 잘 견디지 않고는 죽음에서 결코 구원을 받지 못한다. 그리고 죽음에서 이렇게 구원을 받은 사람들은 결국 영광스러운 부활을 통하여 완전히 구원을 받게 될 것이다. 그 부활은 그리스도의 부활의 증거와 첫 열매의 결과이다.

2. 그리스도의 대제사장 직분의 수행의 결과들(8, 9절).

(1) 그가 아들이시면서도 받으신 고난으로 순종함을 배워서(8절). 여기서 다음의 사실들을 주목하라.

[1] 그리스도의 특권. 그리스도는 아들이셨다. 그는 하나님 아버지의 독생자이셨다. 이 특권이 그리스도의 고난을 면제해 줄 수 있었지만 그렇지 않았다. 그러므로 양자 삼음을 통해 하나님의 자녀가 된 사람들은 그 누구도 고난으로부터 절대적인 자유를 기대해서는 결코 안 될 것이다. 너희가 참음은 징계를 받기 위함이라 하나님이 아들과 같이 너희를 대우하시나니 어찌 아버지가 징계하지 않는 아들이 있으리요(히 12:7).

[2] 그리스도는 그의 고난을 통하여 발전하셨다. 그의 수동적인 순종을 통하

326 매튜 헨리 주석_ 히브리서

여 그리스도는 능동적인 순종을 배우셨다. 다시 말해서 그리스도는 이 위대한 교훈을 실천하셨다. 그는 그 실천을 통해 순종을 더 잘 배우시고 완전해지셨던 것 같다. 그리스도가 불순종했던 적은 없으셨지만 죽기까지 순종하시고, 즉 십자가의 죽음을 당하시기까지 따르는 그러한 순종을 실행하셨던 적은 없다. 이 순종을 통해 그리스도는 우리에게 순종의 모본을 제시해 주셨다. 그것은 우리가 모든 우리의 고난들을 통하여 하나님의 뜻에 따르는 겸손한 순종을 배워야 한다는 것이었다. 우리는 순종을 배우기 위하여 고난을 필요로 한다.

(2) 이 고난들을 통하여 그는 완전하게 되셨고, 그에게 순종하는 모든 사람들에게 구원의 근원이 되셨다(9절).

[1] 그리스도는 그의 고난들과 그 자신의 피를 통하여 그의 직분을 봉헌하셨다.

[2] 그의 고난을 통하여 그리스도는 땅에서 실행해야 될 그의 직분의 본분을 다 이루셨다. 그는 죄를 속죄하시고 하나님과 화해를 이루셨다. 이런 의미에서 그리스도는 온전하게 되셨다. 다시 말해서 완전한 속죄를 이루셨다.

[3] 이것을 통하여 그리스도는 인간들에게 영원한 구원의 근원이 되셨다. 그는 그의 고난들로 죄와 불행으로부터 완전한 구원을 획득하셨고, 그리고 그의 백성을 위한 거룩함과 행복을 완전하게 성취하셨다. 그는 복음을 통해 이 구원에 대해 예고하셨다. 그는 이 구원의 증거를 새 언약에서 나타내셨다. 그는 사람들이 이 구원을 받아들일 수 있도록 성령을 보내셨다.

[4] 그리스도에게 순종하는 사람이 아니고는 그 누구도 이 구원을 실제로 받을 수 없다. 우리가 그리스도를 교리적으로 알고, 그를 믿는 신앙 고백을 하는 것만으로는 충분하지가 않다. 우리는 그의 말씀을 경청하고 그에게 순종해야만 한다. 그는 우리를 다스리시는 왕이실 뿐만 아니라 우리를 구원하시는 구주가 되시기 위하여 높임을 받으셨다. 그는 그를 왕으로 모시고 그의 지배를 자발적으로 받는 사람들에게만 구주가 되실 것이다. 나머지 사람들을 그는 적으로 생각하시고 그렇게 대우하실 것이다. 그러나 그에게 순종하고, 그에게 헌신하고, 자신을 부인하고, 그리고 자신의 십자가를 지고 그를 따르는 사람들에게 그는 구원의 근원이 되실 것이다. 그리고 그들은 그리스도를 그들의 구주로 영원히 소유하게 될 것이다.

¹⁰하나님께 멜기세덱의 반차를 따른 대제사장이라 칭하심을 받으셨느니라 ¹¹멜기세
덱에 관하여는 우리가 할 말이 많으나 너희가 듣는 것이 둔하므로 설명하기 어려
우니라 ¹²때가 오래 되었으므로 너희가 마땅히 선생이 되었을 터인데 너희가 다시
하나님의 말씀의 초보에 대하여 누구에게서 가르침을 받아야 할 처지이니 단단한
음식은 못 먹고 젖이나 먹어야 할 자가 되었도다 ¹³이는 젖을 먹는 자마다 어린아이
니 의의 말씀을 경험하지 못한 자요 ¹⁴단단한 음식은 장성한 자의 것이니 그들은 지
각을 사용함으로 연단을 받아 선악을 분별하는 자들이니라

　　　　사도는 여기서 시편 110편의 말씀을 인용한 6절로 되돌아가 그리스
도의 제사장 직분의 특별한 반차에 대해 진술한다. 다시 말해서 멜기세덱의 반
차에 대해 진술한다. 우리는 여기서 다음의 사실들을 발견할 수 있다.

**Ⅰ. 사도는 멜기세덱이라고 하는 이 신비스러운 인물에 대해 유대인들에게 말
할 수 있는 게 많다고 선언한다.**　멜기세덱의 제사장직은 영원한 것이었으므
로 그것을 통하여 획득된 구원은 영원한 것이 되어야 한다는 사실을 사도는 선
언한다. 우리는 히브리서 7장에서 멜기세덱에 관한 더 상세한 기록을 발견하게
된다. 여기서 사도가 설명하기 어렵다고 말한 것의 의미가 멜기세덱에 관한 것
이라기보다는 멜기세덱이 예표하는 그리스도에 관한 것이었다고 생각하는 사
람도 있다. 확실히 이 사도는 아주 신비스럽고 설명하기 어려운 그리스도에 관
하여 할 말이 많이 있었다. 그리스도의 인격과 직분에는 많은 신비가 담겨져
있다. 그리스도교는 아주 큰 신비의 경건이다.

**Ⅱ. 사도는 우리의 멜기세덱이신 그리스도에 관한 모든 사실들을 다 말해야
되지만 하지 못하는 이유를 히브리인들이 듣는 것이 둔하기 때문이라고 한다.**
그래서 그가 설명하는 데 어려움을 겪는다고 설명한다. 너희가 듣는 것이 둔하므
로 설명하기 어려우니라(11절). 그리스도에 관한 사실들 자체도 어렵지만 그것
을 분명하게 전해야 하는 전도자들의 능력의 부족함도 있을 수 있다. 그러나
대체로 그 잘못은 듣는 사람들에게 있다. 듣는 것이 둔한 사람들은 복음 전파
를 어려운 것으로 만든다. 심지어 믿음을 가진 사람들 가운데에도 듣는 것이
둔하고, 이해하는 것이 더디고, 그리고 믿는 것이 느린 사람이 많다. 이해가 부
족한 사람은 영적인 것들을 깨닫지 못한다. 기억력이 약한 사람은 영적인 것들
을 간직하지를 못한다.

III. 사도는 그들의 잘못된 이러한 연약함을 지적한다. 그들의 연약함은 단순한 자연적인 연약함이 아니라 죄로 인한 연약함이었다. 그리고 그것이 다른 사람들보다도 유대인들에게 더 많은 이유는 그들이 그리스도에 관한 지식을 더 많이 향상시킬 수 있는 그들만의 뛰어난 장점을 가지고 있었기 때문이다. 때가 오래 되었으므로 너희가 마땅히 선생이 되었을 터인데 너희가 다시 하나님의 말씀의 초보에 대하여 누구에게서 가르침을 받아야 할 처지이니 단단한 음식은 못 먹고 젖이나 먹어야 할 자가 되었도다(12절). 여기서 다음의 사실들을 주목하라.

1. 이 히브리인들에게서 어떤 능숙함을 합리적으로 기대할 수 있었을까? 그것은 히브리인들이 다른 사람들을 가르칠 수 있는 선생들이 될 수 있을 정도로 복음의 가르침을 잘 배울 수 있었다는 기대이다. 여기서 다음의 사실들을 배울 수 있다.

(1) 하나님은 때를 중요하게 여기시고, 우리가 성서의 지식을 얻을 수 있는 도움을 주신다.

(2) 많이 얻은 사람에게서 많은 것을 기대하게 된다.

(3) 복음을 잘 이해하는 사람들은 다른 사람들을 가르치는 선생들이 되어야 할 것이다. 공적으로 되지 않는다면 사적인 지위라도 그렇게 되어야 한다.

(4) 아무나 다른 사람을 가르치는 선생이 되어서는 안 되고 영적인 지식이 잘 성장하는 사람들이 선생이 되어야 한다.

2. 기대를 받던 사람들의 아주 실망스러운 상태를 주목하라. 너희가 다시 하나님의 말씀의 초보에 대하여 누구에게서 가르침을 받아야 할 처지이니. 여기서 다음의 사실들을 주목하라.

(1) 하나님의 말씀에는 쉽게 이해해야 하고 배워야 될 필요가 있는 어떤 주요한 첫 번째 원리들인 말씀의 초보들이 있다.

(2) 심오하고 장엄한 신비들도 있다. 그 신비들은 하나님의 온전한 뜻을 완전하게 나타낼 수 있는 말씀의 초보들을 배운 사람들이 탐구해야 될 것들이다.

(3) 그리스도를 아는 지식이 자라고 발전하지를 않고 오래 전에 배운 말씀의 초보들을 잊어버리는 사람들도 있다. 그리고 진실로 은혜의 수단들을 통해 성장하지 않는 사람들은 멸망당하게 될 것이다.

(4) 나이가 들어 장성하고 교회에서 지위를 가지고 있는 사람의 이해력이 어린아이 수준에 머물고 있다는 것은 죄와 수치이다.

Ⅳ. 사도는 복음의 다양한 가르침들이 서로 다른 사람들에게 맞게 전달되어야 한다고 진술한다. 교회에는 어린아이들이 있고 장성한 사람들이 있다(12-14절). 그리고 복음에는 젖이 있고 단단한 음식이 있다. 다음의 사실들을 주목하라.

1. 의의 말씀에 어린아이들이고 미숙한 사람들은 젖을 먹어야 한다. 말씀에 어린 사람들은 아주 쉬운 진리들을 받아들여야 한다. 그리고 이 진리들을 아주 쉬운 방법으로 전달해야 한다. 대저 경계에 경계를 더하며 경계에 경계를 더하며 교훈에 교훈을 더하며 교훈에 교훈을 더하되 여기서도 조금, 저기서도 조금 하는구나 하는도다(사 28 : 10). 그리스도는 그의 어린아이들을 무시하지 않으신다. 그리스도는 그들에게 맞는 음식을 주신다. 그리스도 안에서 어린아이들이 되는 것은 좋지만 어린아이 상태에 계속 머물러 있는 것이 언제나 좋은 것만은 아니다. 우리는 어린아이 상태를 벗어날 수 있도록 노력해야 한다. 우리가 언제나 철없는 순진한 어린아이들로 머물러 있어서도 되겠지만 진리의 말씀을 이해하는 데 있어서는 장성한 사람으로 성장해야 될 것이다.

2. 장성한 사람은 단단한 음식을 먹어야 한다(14절). 신앙의 더 깊은 비밀들을 아는 사람들은 그리스도의 학교에서 상급반에 다니는 사람들이다. 그들은 말씀의 초보를 배우고 그것을 성장시키고 발전시켰다. 그래서 그들은 그들의 깨달음을 활용하여 선과 악, 의무와 죄, 진리와 잘못을 분별할 수 있다. 다음의 사실들을 주목하라.

(1) 그리스도교 안에는 어린아이들과 청년들과 부모들이 언제나 있다.

(2) 하나님께서 영적 생활의 원리를 배우는 모든 참된 그리스도인은 그 생활을 유지하고 지키기 위하여 음식물을 필요로 하게 된다.

(3) 하나님의 말씀은 은혜의 생활에 필요한 음식과 영양물이다. 갓난 아기들 같이 순전하고 신령한 젖을 사모하라 이는 그로 말미암아 너희로 구원에 이르도록 자라게 하려 함이라(벧전 2 : 2).

(4) 진리의 말씀을 각 사람의 분량에 맞게 나누어 주는 것은 목사들의 지혜이다. 다시 말해서 어린아이에게는 젖을 주고, 장성한 사람에게는 단단한 음식을 나누어 주는 것은 목사의 슬기로움이다.

(5) 자연적인 감각만이 아니라 영적인 감각도 있다. 즉 영적인 눈, 영적인 식욕과 욕구, 영적인 미각이 있다. 영혼은 몸과 마찬가지로 자체의 감각들을 가지

고 있다. 그러므로 영혼의 감각들이 죄로 말미암아 타락하고 상실되지만 은혜를 통하여 회복이 되기도 한다.

(6) 이 영적인 감각들은 사용과 실행을 통하여 발전이 되고 개선이 된다. 그것들이 지속적인 활용을 통하여 선하고 참된 것의 달콤함을 맛보고, 거짓되고 악한 것의 쓴 맛을 맛볼 수 있을 정도로 더 활발해지고 강해지게 된다. 이성과 믿음뿐만 아니라 영적인 감각과 깨달음도 하나님을 기쁘시게 하는 것과 진노하시게 하는 것, 그리고 우리 자신의 영혼에 도움이 되는 것과 해가 되는 것을 구별할 수 있도록 사람들을 가르쳐줄 것이다.

제
— 6 —
장

개요

　　본 장에서 사도는 히브리인들이 과거보다 그들의 신앙이 더 나아지고 성장하기를 계속 강권한다. 신앙의 성장이 배교를 예방하는 가장 좋은 수단이다. 사도는 그 죄의 무서운 속성과 결과들을 히브리인들에게 진지하게 경고하고 있다(1-8절). 그런 뒤 그는 히브리인들이 믿음과 거룩함으로 견딜 것이라는 그들에 대한 그의 좋은 소망을 나타낸다. 그리고 사도는 그들을 권면하고 하나님께서 그들이 받은 큰 위로를 그들에게 보여준다. 그 위로는 그들의 의무와 행복에 관한 것이다(9- 20절).

¹그러므로 우리가 그리스도의 도의 초보를 버리고 죽은 행실을 회개함과 하나님께 대한 신앙과 ²세례들과 안수와 죽은 자의 부활과 영원한 심판에 관한 교훈의 터를 다시 닦지 말고 완전한 데로 나아갈지니라 ³하나님께서 허락하시면 우리가 이것을 하리라 ⁴한 번 빛을 받고 하늘의 은사를 맛보고 성령에 참여한 바 되고 ⁵하나님의 선한 말씀과 내세의 능력을 맛보고도 ⁶타락한 자들은 다시 새롭게 하여 회개하게 할 수 없나니 이는 그들이 하나님의 아들을 다시 십자가에 못 박아 드러내 놓고 욕되게 함이라 ⁷땅이 그 위에 자주 내리는 비를 흡수하여 밭 가는 자들이 쓰기에 합당한 채소를 내면 하나님께 복을 받고 ⁸만일 가시와 엉겅퀴를 내면 버림을 당하고 저 주함에 가까워 그 마지막은 불사름이 되리라

　　우리는 여기서 사도가 히브리인들에게 어린아이 상태에서 벗어나 그리스도 안에서 장성한 새 사람으로 성장하기를 촉구하는 권면을 발견하게 된다. 사도는 히브리인들의 영적 성장을 도울 수 있는 일을 다 할 마음의 준비가 되어있음을 진술하고 있다. 히브리인들을 강하게 격려하기 위하여 사도는 자신도 그들과 함께 나아갈 것이라는 사실을 촉구하고 있다. 그러므로 우리가 나아갈지니라. 여기서 다음의 사실들을 주목하라. 자신의 성장을 위하여 그리스도인들은 그리스도의 도의 초보를 떠나야 한다. 그러면 어떻게 그리스도인들이 그

것을 떠나야 하는가? 그리스도인들은 그것을 잃어버려서는 안 된다. 그들은 그 것을 무시해서는 안 된다. 그들은 그것을 잊어서는 안 된다. 그들은 그것을 그 들의 마음속에 간직해야 한다. 그들은 그것을 모든 그들의 신앙 고백과 소망의 기초로 삼아야 한다. 그러나 그들은 그것에 계속 머물러 있어서는 안 된다. 그 들은 언제나 기초에 머물지만 말고 앞으로 나아가야 했고 그 위에 신앙을 세워 나가야 했다. 상부구조가 그 토대 위에 세워져야 했다. 왜냐하면 토대는 건물을 지탱하고 세우기 위한 목적으로 놓여진 것이기 때문이다. 여기서 다음과 같은 질문을 던질 수가 있다. 왜 사도는 히브리인들이 아직 어린아이들이라는 사실 을 알고 있으면서도 그들에게 단단한 음식을 주려고 마음을 먹게 되었는가? 그 대답은 다음과 같다.

1. 일부 히브리인들이 약하긴 했지만 다른 히브리인들은 아주 강했다. 그러 므로 강한 히브리인들은 거기에 걸맞게 음식을 공급받아야 했다. 장성한 그리 스도인들이 약한 그리스도인들을 위하여 전파된 아주 쉬운 진리들을 기꺼이 들어야 했던 것처럼 약한 그리스도인들도 강한 그리스도인들을 위하여 전파된 더 어렵고 신비스러운 진리들을 기꺼이 들어야 했다.

2. 사도는 그들이 그들의 영적인 힘과 크기가 성장해서 더 단단한 음식을 먹 고 소화시킬 수 있기를 바랐다.

I. 사도는 몇 가지 신앙의 기본 원리들을 언급한다. 그 기본 원리들은 먼저 잘 놓여져야 하고 그 다음에 그 위에 신앙이 세워져야 한다. 그러나 사도의 시 간이든지 그들의 시간이든지 이 기초들을 거듭 반복해서 놓는 일에 허비되어 서는 안 된다. 이 그리스도교의 초보인 신앙의 기초들은 여섯 가지이다.

1. 사망의 행실들로부터 돌아서는 회개. 다시 말해서 회심과 중생, 영적으로 죽은 상태와 행로로부터 돌아서는 회개. 마치 사도는 이렇게 말하는 것 같았다. "너희 영혼에서 은혜의 생활을 죽이는 것을 조심해라. 너희 마음은 회심으로 변화되었다. 너희 생활도 그렇게 변화되었다. 너희가 다시 죄의 생활로 돌아가 지 않도록 조심해라. 왜냐하면 그렇게 되면 너희는 다시 그리스도의 도의 초보 를 익혀야 할 것이기 때문이다. 즉 너희는 다시 기초를 쌓아야 할 것이다. 그러 면 두 번째 회심뿐만 아니라 죽은 행실들을 뉘우치는 두 번째 회개도 있어야 할 것이다." 여기서 다음의 사실들을 주목하라.

(1) 회심하지 않은 사람들의 죄는 죽은 행실들이다. 죽은 행실들은 영적으로

죽은 사람들에게서 생긴다. 그들은 영원한 죽음에 이르게 된다.

(2) 죽은 행실들을 위한 회개는 그것이 바르게 이루어진다면 죽은 행실들로부터의 회개이다. 그것은 마음과 생활의 전체적인 변화이다.

(3) 죽은 행위를 위한 회개와 죽은 행위로부터의 회개는 다시 반복되어서는 안 될 그리스도교의 기본 원리이고 그리스도의 도의 초보이다. 우리가 날마다 회개함으로 늘 새로워지긴 해야 하지만 말이다.

2. 하나님을 향한 믿음은 하나님의 존재와 본성과 속성을 믿는 견고한 신념, 본질의 연합에 의한 위격들의 삼위일체에 대한 믿음, 하나님의 말씀에 나타난 하나님의 온전하신 마음과 뜻을 믿는 신앙, 그리고 특별히 주 예수 그리스도와 관련된 말씀을 믿는 확신을 포함한다. 우리는 믿음으로 이러한 것들에 정통해야 한다. 우리는 그것들에 동의해야 하고, 그것들을 승인해야 하고, 그리고 적절한 애정과 행위로 그것들에 전념해야 한다. 다음의 사실들을 주목하라.

(1) 죽은 행실들로부터의 회개와 하나님을 향한 믿음은 연결되어 있고 항상 함께 간다. 그 둘은 떼어낼 수 없는 쌍둥이들이다. 그렇듯 회개는 믿음이 없이 살 수 없다.

(2) 회개와 믿음은 그리스도교의 기본 원리들, 다시 말해 그리스도의 도의 초보들이다. 그것들은 다시 놓을 필요가 없을 정도로 처음부터 기초를 잘 쌓아야지 허물거나 쌓기를 중지해서는 안 될 것이다. 우리는 불신앙으로 되돌아가서는 안 될 것이다.

3. 그리스도교에서 목사는 성부와 성자와 성령의 이름으로 물로 세례를 행한다. 그 세례 교리는 은혜의 언약을 받아들이게 되었음을 나타내는 초보적인 표시와 상징이다. 그것은 세례받은 사람이 새 언약을 잘 알게 만들고, 새 언약에 충성하게 만들고, 주의 성만찬을 먹을 때 새 언약을 새롭게 받아들일 각오를 가지게 해주고, 그것에 따라 살도록 진지하게 자신을 조절하게 해주고, 그 속에 담긴 축복들을 위하여 하나님의 진리와 신실하심을 의지하고 믿게 해준다. 그리고 내적 세례 교리는 칭의를 위해 믿는 사람의 영혼에 그리스도의 피를 뿌리고 성화를 위해 성령의 은혜를 베푸는 성령 세례에 대한 가르침이다. 이 세례 규례는 바르게 가르치고 배워야 되고 날마다 기억해야 되지만 다시 반복해서 시행할 수 없는 믿음의 기초이다.

4. 안수는 신자들을 세례를 통한 믿음의 초보 단계에서 더욱 굳건한 확신의

단계로 발전하게 해준다. 안수는 선한 양심을 따라 하나님께 돌아가게 해주고 주의 성만찬에 참여할 수 있게 해준다. 불완전한 교인 신분에서 완전한 교인 신분으로 되는 것은 안수를 통해서 이루어진다. 안수는 성령의 은사가 계속 전달되게 해준다. 이 안수는 한 번 받으면 받은 사람에게 내재하게 되므로 다시 받을 필요가 없다. 이것은 처음 받을 때와 같이 그리스도 안에서 계속 함께 하고 성장하게 된다. 또한 이 안수를 통하여 사람들이 목사 직분을 받고 세움을 받게 된다. 목사는 안수를 받음으로써 목사직의 자격을 정당하게 갖추게 된다. 이 목사직 안수는 노회의 안수를 통해 이루어지고 금식과 기도가 병행되었다. 이 목사직 안수는 한 번만 행해지는 (단회적) 것이다.

5. 죽은 자의 부활이란 죽은 몸이 다시 사는 것을 의미한다. 몸과 영혼의 재결합은 불행과 행복 어느 경우에도 함께 하는 영원한 동반자가 될 것이다. 그것은 사람들이 죽었을 때와 이 세상에서 살았을 때가 똑같은 상태로 되는 것을 의미한다.

6. 영원한 심판은 죽을 때 영혼이 몸을 떠나고 마지막 날 영혼과 몸이 재결합할 때 모든 사람의 영혼을 결정한다. 그 심판은 사람들의 영혼의 영원한 상태를 판결한다. 악인에게는 영원한 형벌을 내리고 의인에게는 영원한 생명을 부여한다.

이상의 것들은 목사들이 분명하고 확실하게 설명하고 열심히 적용해야 될 그리스도교의 중요한 기본 원리들이다. 이 기본 원리들을 사람들은 잘 배워야 하고 그 위에 믿음을 잘 세워야 한다. 그리고 신자들은 이 기본 원리들에서 결코 떠나서는 안 될 것이다. 이 기본 원리들이 없다면 신앙생활의 다른 요소들이 그것을 지탱해줄 기초를 결코 갖지 못하게 될 것이다.

Ⅱ. 사도는 히브리인들의 신앙이 완전해질 때까지 이 기초들 위에 그들의 신앙을 세우기 위하여 그들을 도와줄 마음의 준비와 결의를 가지고 있음을 선언한다. 하나님께서 허락하시면 우리가 이것을 하리라(3절). 사도는 그것으로 히브리인들에게 다음과 같은 가르침을 주고자 한다.

1. 신앙생활이 성장하고 발전하기 위해서는 올바른 결심이 필요하다는 사실을 가르친다.

2. 그 결심은 다음과 같은 결과를 낳기에 옳다는 사실을 가르친다. 그것은 우리의 심령을 진지하게 만들어줄 뿐만 아니라 하나님을 겸손하게 의지하고 신

뢰하게 해준다. 그 의지와 신뢰는 하나님으로부터 힘과 도움과 의로움과 영접과 때와 기회를 얻게 해준다.

3. 목사들은 사람들이 무엇을 해야 할 것인지를 가르쳐야 될 뿐만 아니라 의무의 길에 있어서 그들 앞에 서서 가야 하고 그들과 함께 가야 한다.

III. 사도는 이러한 영적 성장이 믿음에서 떠나게 하는 배교의 무서운 죄를 예방하는 가장 확실한 길이라는 사실을 가르친다. 여기서 다음의 사실들을 유의하라.

1. 어디까지 사람들이 신앙생활에 들어갈 수 있고, 그리고 결국 타락해서 영원히 멸망당할 수 있다는 사실을 사도는 보여준다(4, 5절).

(1) 사람들이 빛을 받을 수 있다. 옛날 사람들 가운데에는 이것을 세례를 받은 것으로 이해하는 사람도 있다. 그것은 오히려 사람들이 많이 가지기는 하지만 하늘에는 미치지 못하는 관념적인 지식과 일반적인 조명이나 깨우침으로 이해하는 것이 더 낫겠다. 발람은 눈을 뜬 사람이었다(민 24:3). 그러나 뜬 눈으로 그는 엎드려서 분명하지 않은 것을 말했다.

(2) 그들이 하늘의 은사를 맛볼 수 있다. 그들은 그의 영혼에 작용하시는 성령의 어떤 효력을 느낄 수 있다. 성령이 신앙생활의 어떤 것을 느끼게는 한다. 그러나 그들은 시장에 있는 사람들과 같다. 그들은 시장에서 물건의 맛을 보긴 하지만 값은 치르지 않는 사람들과 같다. 다시 말해서 그들은 하늘의 은사를 맛보긴 하지만 그것을 자기 것으로 만들지 않고 떠난다. 사람들은 종교와 신앙생활을 맛볼 수 있고 좋아할 수도 있다. 그것이 자기 자신을 부인하고 자기 십자가를 지고 그리스도를 따르지 않고 그들이 그냥 부담 없이 신앙생활을 할 수만 있다면 말이다.

(3) 그들이 성령에 참여한 사람들이 될 수도 있다. 다시 말해서 사람들이 성령의 뛰어나고 놀라운 은사들을 받는 사람들이 될 수 있다. 그들은 그리스도의 이름으로 귀신들을 쫓아낼 수 있고, 다른 많은 놀라운 일들을 행할 수 있다. 사도 시대에 그러한 은사들이 참된 구원의 신앙을 소유하지 않은 사람들에게도 때때로 주어지곤 했다.

(4) 그들은 하나님의 선한 말씀을 맛볼 수 있다. 복음의 가르침들 가운데 적은 양을 맛볼 수 있고, 즐겁게 말씀을 들을 수 있고, 많은 말씀을 기억할 수 있고, 그리고 말씀에 대해 많은 좋은 말을 할 수 있다. 그러나 그들은 말씀의 형태와

틀에 결코 들어가지 못하고, 또한 말씀이 그들 속에 풍성하게 거하지도 못한다.

(5) 그들은 내세의 능력을 맛볼 수도 있다. 그들은 천국과 지옥에 대해 강한 인상을 받을 수도 있고, 천국에 대한 어떤 갈망들을 느낄 수도 있고, 그리고 지옥에 들어가는 것을 두려워할 수도 있다. 이러한 수준의 위선자들은 타락하거나 결국 배교자들이 될 수도 있다. 여기서 다음의 사실들을 주목하라.

[1] 이러한 타락한 사람들에 대한 중요한 특성들이 여기서 언급되고 있다. 그러나 그러한 특성들이 참된 회심을 하거나 의롭다 인정을 받은 사람들에 대한 언급은 아니다. 여기서 배교자들에 대한 모든 언급보다 참된 구원의 은총에 대한 언급이 더 많다.

[2] 그러므로 이것은 참된 성도들의 마지막 배교에 대한 증거는 결코 아니다. 이것들은 사실 종종 부정하게 될 수는 있긴 하지만 그들이 하나님으로부터 완전히 돌아서지는 않을 것이다. 하나님의 목적과 능력, 그리스도의 대속과 중보 기도, 복음의 약속, 하나님이 그들과 맺으신 영원한 언약, 만물 속에 정돈되고 확실한 하나님의 섭리, 성령의 내재, 그리고 말씀의 영원한 씨앗 등이 그들의 담보물이다. 그러나 이러한 뿌리가 없는 나무는 견디지 못할 것이다.

2. 사도는 신앙 고백까지 한 뒤에 타락하는 무서운 경우를 들고 있다.

(1) 배교하는 죄의 심각성. 배교는 하나님의 아들을 다시 십자가에 못 박아 드러내 놓고 욕되게 함이라(6절). 그들은 유대인들이 그리스도를 십자가에 못을 박아 처형한 것을 인정하고, 그리고 그런 경우가 발생하고 자신들이 권한을 가지게 된다면 똑같은 일을 다시 즐겁게 되풀이할 것이라는 것을 선언하고 있다. 그들은 하나님의 아들을 그들의 힘껏 모욕했다. 그러므로 그들은 모든 사람이 하나님의 아들을 숭배하고, 그리고 그들이 하나님 아버지를 귀히 여기듯이 하나님의 아들을 귀히 여기기를 바라시는 하나님 자신을 모욕했다. 그들은 자신들 속에 그리스도와 그리스도교를 대표하는 것이 있는 것을 부끄러운 것으로 만들고 있다. 그리고 그들은 그리스도를 공개적으로 모욕하고 비난하고 그를 떠난다. 이것이 배교의 속성이다.

(2) 배교자들의 심각한 불행.

[1] 배교자들을 다시 회개하게 만드는 것은 불가능하다. 그것은 지극히 위험스러운 일이다. 타락한 사람들을 참된 회개에 이르게 하는 경우는 아주 드물다. 그러한 회개는 사실 영혼을 새롭게 만드는 것과 같다. 이렇게 하는 것을 성령

을 거스르는 죄라고 생각하는 사람도 있는데 사실 근거 없는 생각이다. 본문에서 언급하고 있는 죄는 단순히 그리스도의 진리와 길에서 떠나는 배교를 말한다. 하나님은 참된 회개에 이르도록 그들을 다시 고칠 수 있으시지만 하나님이 그렇게 하시는 일은 거의 없다. 게다가 사람들이 스스로 그렇게 된다는 것은 불가능하다.

[2] 배교자들의 불행이 적절한 비유를 통해 예증이 되고 있다. 그 비유는 많은 수고를 하여 땅을 갈았지만 가시와 엉겅퀴만 나온 땅의 경우이다. 만일 가시와 엉겅퀴를 내면 버림을 당하고 저주함에 가까워 그 마지막은 불사름이 되리라(8절). 이 사실을 더 강조하기 위하여 좋은 땅과 나쁜 땅의 차이를 예를 들어 설명한다. 이 두 예는 서로 모순되고 반대되지만 참된 신자들과 배교자들의 차이를 잘 설명해주고 있다.

첫째, 좋은 땅의 비유를 들어 설명한다. 좋은 땅은 그 위에 자주 내리는 비를 흡수한다(7절). 신자들은 하나님의 말씀을 맛볼 뿐만 아니라 그것을 마시기도 한다. 그리고 말씀을 먹고 마신 이 좋은 땅은 비용을 지불할 가치가 있는 열매를 생산해낸다. 그 열매는 그리스도의 영광이 되고, 그리고 그리스도의 지배를 받고 땅을 가는 농부의 일을 한 주님의 신실한 목사들의 위로가 된다. 그리고 이 열매를 내는 땅은 축복을 받는다. 하나님은 열매를 맺는 그리스도인들이 복을 받는다고 선언하시고, 모든 슬기롭고 좋은 사람들도 그들이 복을 받는다고 생각한다. 열매를 맺는 그리스도인들은 은혜가 늘어나는 복을 받게 되고, 그리고 더 나아가 바로 서게 되고 결국에는 영광에 이르게 되는 복을 받게 된다.

둘째, 나쁜 땅의 다른 경우를 들어 설명한다. 나쁜 땅은 가시와 엉겅퀴를 낸다. 나쁜 땅은 좋은 열매를 못 맺는 불모의 땅일 뿐만 아니라 설사 열매를 맺는다고 할지라도 나쁘거나 가시와 엉겅퀴 따위를 낼 뿐이다. 다시 말해서 나쁜 신자는 좋은 행실을 행하지는 않고 모든 사람에게 고통과 상처를 주는 죄와 악의 열매를 낼 뿐이다. 그리고 그들은 대개가 결국 죄인들이 되고 말 것이다. 따라서 그러한 땅은 결국 버림을 당하게 될 것이다. 하나님은 악한 배교자들에 대해 더 이상 관심을 기울이지 않으실 것이다. 하나님은 그들을 내버려 두시고 전혀 생각하지 않으실 것이다. 하나님은 더 이상 구름에게 명령하시어 그들에게 비를 내리게 하지 않으실 것이다. 하나님의 힘과 영향력이 억제될 것이다. 그리고 거기에서 끝나는 것이 아니라 그러한 나쁜 땅은 저주가 임박하게 될 것이다. 나쁜 땅은 축복에서 아주 멀어지게 될 것이다. 무서운 저주가 그 땅에 곧 임하게 될 것이다. 지금은 하나님이 참고 계시므로 그 저주가 완전하게 시행되고 있지는 않지만 곧 내리게 될 것이다.

셋째, 나쁜 땅의 종말은 불에 타는 저주를 받게 될 것이다. 배교는 영원한 불의 형벌을 당하게 될 것이다. 그 불은 결코 꺼지지 않는다. 이것은 배교자가 이르게 되는 슬픈 종말이다. 그러므로 그리스도인들은 은혜 안에서 앞으로 나아가야 되고 은혜 안에서 성장해야 될 것이다. 만일 그리스도인들이 앞으로 나아가지 않으면 그들은 뒤로 후퇴하게 될 것이다. 결국 그들은 이러한 무서운 죄와 불행의 종말에 이르게 될 때까지 뒷걸음질을 치게 될 것이다.

[9]사랑하는 자들아 우리가 이같이 말하나 너희에게는 이보다 더 좋은 것 곧 구원에 속한 것이 있음을 확신하노라 [10]하나님은 불의하지 아니하사 너희 행위와 그의 이름을 위하여 나타낸 사랑으로 이미 성도를 섬긴 것과 이제도 섬기고 있는 것을 잊어버리지 아니하시느니라 [11]우리가 간절히 원하는 것은 너희 각 사람이 동일한 부지런함을 나타내어 끝까지 소망의 풍성함에 이르러 [12]게으르지 아니하고 믿음과 오래 참음으로 말미암아 약속들을 기업으로 받는 자들을 본받는 자 되게 하려는 것이니라 [13]하나님이 아브라함에게 약속하실 때에 가리켜 맹세할 자가 자기보다 더 큰 이가 없으므로 자기를 가리켜 맹세하여 [14]이르시되 내가 반드시 너에게 복 주고 복 주며 너를 번성하게 하고 번성하게 하리라 하셨더니 [15]그가 이같이 오래 참아 약속을 받았느니라 [16]사람들은 자기보다 더 큰 자를 가리켜 맹세하나니 맹세는 그들이 다투는 모든 일의 최후 확정이니라 [17]하나님은 약속을 기업으로 받는 자들에게 그 뜻이 변하지 아니함을 충분히 나타내시려고 그 일을 맹세로 보증하셨나니 [18]이는 하나님이 거짓말을 하실 수 없는 이 두 가지 변하지 못할 사실로 말미암아 앞에 있는 소망을 얻으려고 피난처를 찾은 우리에게 큰 안위를 받게 하려 하심이라 [19]우리가 이 소망을 가지고 있는 것은 영혼의 닻 같아서 튼튼하고 견고하여 휘장 안에 들어가나니 [20]그리로 앞서 가신 예수께서 멜기세덱의 반차를 따라 영원히 대제사장이 되어 우리를 위하여 들어 가셨느니라

히브리인들의 열심을 촉구하고 그들의 배교를 예방하기 위하여 히브리인들이 두려워할 일들을 진술한 뒤에 사도는 이제 그들에게 소망을 주는 권

면을 하고 있다. 그리고 그는 그들에 관해 가지고 있는 자신의 좋은 소망을 솔직하게 말한다. 그것은 히브리인들이 잘 견디고 앞으로 나아갈 것이라는 소망이다. 그리고 사도는 히브리인들이 그들의 의무를 다하도록 촉구하는 강한 격려를 그들에게 제시하고 있다. 여기서 다음의 사실들을 주목하라.

I. 사도는 히브리인들이 끝까지 잘 견딜 것이라는 그들에 관한 좋은 소망을 자유롭고 거리낌 없이 진술하고 있다. 사랑하는 자들아 우리가 이같이 말하나 너희에게는 이보다 더 좋은 것 곧 구원에 속한 것이 있음을 확신하노라(9절). 여기서 다음의 사실들을 주목하라.

1. 구원에 수반하여 일어나는 일들이 있고, 구원과 결코 분리될 수 없는 일들이 있고, 그 인격이 구원의 상태에 있음을 나타내야 할 일들이 있고, 그리고 영원한 구원에 결국 이르게 하는 일들이 있다.

2. 구원에 수반하여 일어나는 일들은 위선자나 배교자가 즐겼던 어떤 일보다도 더 좋은 일들이다. 그 일들은 그 속성과 결과에 있어서 훨씬 낫다.

3. 전혀 구원의 소망이 없을 것 같은 사람들조차도 잘 되기를 바라는 것이 우리의 의무이다.

4. 목사들은 구원을 소유한 사람들에게 그들이 좋은 소망을 가지고 있다는 사실을 신중하게 종종 이야기해야 한다. 그리고 영원한 구원에 관한 좋은 소망을 가진 사람들은 만일 그들이 구원에 이르지 못하게 된다면 그 실망과 좌절이 얼마나 치명적인 것인지를 진지하게 생각해야 할 것이다. 따라서 구원의 소망을 가진 사람들은 그들의 구원을 두려움과 떨림으로 이루어 나가야 할 것이다.

II. 사도는 히브리인들에게 그들의 의무를 계속 지키라고 촉구하는 논증과 격려를 제공한다.

1. 하나님이 그들에게 거룩한 사랑의 원리를 일으켜 주셨다. 그 사랑은 적절한 행위들에서 나타나고 하나님이 잊어버리지 않으신다. 하나님은 불의하지 아니하사 너희 행위와 그의 이름을 위하여 나타낸 사랑으로 이미 성도를 섬긴 것과 이제도 섬기고 있는 것을 잊어버리지 아니하시느니라(10절). 사랑에서 비롯된 선한 행위와 수고는 하나님께 칭찬받을 만하다. 하나님의 이름을 위하여 어떤 사람에게 행한 것은 상을 받게 될 것이다. 성도들에게 행한 것을 하나님은 그 자신에게 행한 것으로 인정하신다.

2. 사랑의 수고에 대한 은혜로운 보상을 기대하는 사람들은 그들의 힘과 기

회가 닿는 한 사랑의 행위를 계속해야 할 것이다. 그의 이름을 위하여 나타낸 사랑으로 이미 성도를 섬긴 것과 이제도 섬기고 있는 것을 잊어버리지 아니하시느니라 우리가 간절히 원하는 것은 너희 각 사람이 동일한 부지런함을 나타내어 끝까지 소망의 풍성함에 이르는 것이다(10, 11절).

3. 그들의 의무를 끝까지 부지런하게 이행하는 사람들은 결국 소망의 풍성한 확신에 도달하게 될 것이다. 여기서 다음의 사실들을 주목하라.

(1) 풍성한 확신은 좀 더 높은 단계의 소망이다. 소망과 확신은 속성이 다른 것이 아니라 정도에서 차이가 날 따름이다.

(2) 풍성한 확신은 끝까지 노력하는 대단한 부지런함과 큰 인내를 통하여 도달할 수 있다.

Ⅲ. 사도는 그들이 끝까지 견디어 소망의 이 풍성한 확신에 어떻게 도달할지를 알려주는 경고와 권면을 그들에게 제공한다.

1. 그들은 게으름을 피워서는 안 된다. 게으름은 사람을 누더기를 걸치게 해 줄 것이다. 그들은 편안함을 사랑해서도 안 되고 또한 기회를 잃어서도 안 될 것이다.

2. 그들은 앞서 간 사람들의 좋은 모본을 본받아야 할 것이다. 게으르지 아니하고 믿음과 오래 참음으로 말미암아 약속들을 기업으로 받는 자들을 본받는 자 되게 하려는 것이니라(12절). 여기서 다음의 사실들을 배울 수 있다.

(1) 끝까지 소망의 풍성함에 이르러, 즉 확신을 통해 약속들을 기업으로 물려받는 사람들이 있다. 그들은 전에 그 약속들을 믿었고, 이제 그 약속들을 기업으로 물려받게 된 것이다. 다시 말해서 약속을 믿은 사람들은 안전하게 하늘나라에 이르렀다.

(2) 그들이 기업을 받게 된 방법은 믿음과 오래 참음을 통해서였다. 이 은혜들은 신자들의 영혼 속에 심어져 있고, 그리고 그들의 생활 속에서 실행과 실천을 통해 나타나게 된다. 우리도 그들처럼 물려받기를 기대한다면 우리도 그들을 본받아 믿음과 오래 참음을 통하여 받아야 될 것이다. 이와 같이 믿음과 오래 참음으로 그들을 본받는 사람들은 결국 그들을 따라잡게 될 것이고, 그리고 동일한 축복을 받는 사람들이 될 것이다.

Ⅳ. 사도는 13절에서 마지막 절까지 하나님의 약속들의 확실한 진리에 대해 명백하고 충분하게 진술하는 것으로 본 장을 마무리하고 있다. 그들은 하나

님의 맹세를 통해 모든 일의 확증을 받게 된다. 그들은 하나님의 영원한 계획 속에 모든 일의 근거를 두게 된다. 그러므로 그들은 하나님을 의지하고 신뢰할 수 있게 된다.

1. 그들은 하나님의 맹세를 통해 모든 일의 확증을 받게 된다. 하나님은 그의 백성들에게 그의 말씀과 그의 도우심과 보증의 표적을 주셨을 뿐만 아니라 그의 맹세도 주셨다. 히브리서 기자는 아브라함에게 하신 하나님의 맹세를 자세히 설명한다. 하나님은 모든 신자들의 조상이 되는 아브라함에게 맹세를 하셨다. 아브라함은 모든 참된 신자들에게 여전히 대단한 영향력이 있다. 하나님이 아브라함에게 약속하실 때에 가리켜 맹세할 자가 자기보다 더 큰 이가 없으므로 자기를 가리켜 맹세하셨다(13절). 다음의 사실들을 주목하라.

(1) 무슨 약속이었나? 내가 반드시 너에게 복 주고 복 주며 너를 번성하게 하고 번성하게 하리라(14절). 하나님의 축복은 그의 백성들을 복되게 하는 축복이다. 하나님이 축복하신 사람들을 그는 참으로 계속해서 복을 주실 것이고, 그리고 그들을 완전한 축복에 이르게 될 때까지 축복을 늘려 주실 것이다.

(2) 어떤 맹세를 통하여 이 약속이 비준되었는가? 하나님이 자기를 가리켜 맹세하셨다. 하나님은 그 약속에 하나님 자신의 속성과 축복을 걸고 맹세하셨다. 그것보다 더 안전한 보증을 받거나 바랄 수 없을 것이다.

(3) 어떻게 그 맹세가 성취되었는가? 때가 되자 아브라함은 약속을 받았다. 아브라함은 오래 참아 하나님의 약속이 이루어지는 것을 체험했다.

[1] 약속과 그것의 성취 사이에는 언제나 간격이 있고, 그리고 종종 그 간격이 오랜 세월이 되기도 한다.

[2] 그 간격은 신자들이 끝까지 견디는 인내를 가지고 있든지 안 가지고 있든지 그들에게 시련의 시기이다.

[3] 참을성 있게 견디는 사람들은 아브라함이 그랬던 것처럼 확실하게 약속이 성취되는 축복을 받게 될 것이다.

[4] 맹세의 목적과 계획은 약속을 확실하게 보증하고, 그리고 그 약속이 이루어질 때까지 인내하며 기다리는 사람들을 격려하기 위한 것이다. 사람들은 자기보다 더 큰 자를 가리켜 맹세하나니 맹세는 그들이 다투는 모든 일의 최후 확정이니라(16절). 사람들의 맹세는 확정을 위한 것이고 모든 분쟁을 끝내기 위한 것이다. 그러므로 사람들이 자기보다 더 큰 자를 가리켜 맹세하는 것이 맹세의 특

성과 목적이다. 사람들은 피조물을 가리켜 맹세하지 않고 주님 자신을 가리켜 맹세하는 것이다. 맹세는 문제가 되는 모든 논쟁을 끝내기 위한 것이다. 문제가 되는 논쟁은 우리 자신의 가슴에서 일어나는 논쟁들인 의심과 불신이든지 또는 다른 사람들과의 논쟁, 특별히 약속 당사자와의 논쟁 같은 것이다. 그러므로 만일 하나님이 자신을 낮추시어 그의 백성들에게 맹세를 하신다면 하나님은 그 맹세의 특성과 계획도 분명히 기억하실 것이다.

2. 하나님의 약속들은 모두 그의 영원한 경륜에 근거하고 있다. 그리고 하나님의 이 경륜은 변경할 수 없는 불변의 경륜이다.

(1) 하나님이 신자들에게 하신 축복의 약속은 아무렇게나 서둘러 하신 것이 아니라 하나님의 영원하신 목적과 뜻에 의한 결과이다.

(2) 하나님의 이 목적은 경륜에 따른 것이었고, 영원하신 성부와 성자와 성령 사이에 조정이 되고 확정이 되었다.

(3) 하나님의 이 경륜들은 결코 변경될 수 없다. 그것들은 불변의 것들이다. 하나님은 그의 경륜들을 바꾸실 필요가 절대 없다. 왜냐하면 처음부터 마지막까지 모든 것을 보고 계시는 하나님께 어떤 새로운 일이 결코 일어날 수 없기 때문이다.

3. 하나님의 이러한 불변의 경륜들에 근거하고 하나님의 맹세로 확정된 하나님의 약속들은 안심하고 믿을 수 있는 약속들이다. 왜냐하면 이 약속들에는 하나님의 계획과 맹세로 보장된 두 가지 불변의 보증들이 내포되어 있기 때문이다. 하나님은 그것들 때문에 그의 속성뿐만 아니라 그의 뜻에도 반대되는 거짓말을 하시는 것이 절대 불가능하다. 여기서 다음의 사실들을 주목하라.

(1) 하나님이 축복의 완전한 보장과 보증을 어떤 사람들에게 주시는가?

[1] 그들은 약속의 상속자들이다. 하나님은 기업으로 약속을 물려받고, 새로운 거듭남으로 그리스도와 연합한 사람들에게 약속의 보증을 주신다. 우리 모두는 본래 진노의 자식들이다. 그 저주는 우리가 태어날 때 물려받은 유산이다. 천국 백성으로 다시 새롭게 태어나는 사람은 누구든지 약속을 받는 상속자들이 된다.

[2] 그들은 자신들 앞에 놓여 있는 피할 수 있는 소망의 피난처를 가진 사람들이다. 율법 시대에 피의 복수자의 추격을 받는 사람들을 위하여 마련된 도피성들이 있었다. 지금은 복음에 의해 마련된 훨씬 더 좋은 도피처가 있다. 그것

은 그 곳으로 피할 마음을 가진 모든 죄인들을 위하여 마련된 도피처이다. 게다가 그들이 죄인 중의 괴수였을지라도 피할 수 있는 피난처이다.

(2) 그들에 대한 하나님의 계획 속에서 그들에게 그러한 보증들을 주시는 것은 그들이 큰 위로를 받게 하기 위한 것이었다. 다음의 사실들을 주목하라.

[1] 하나님은 신자들의 위로에도 관심을 기울이고 신자들의 성화에도 관심을 기울이신다. 하나님은 그의 백성들이 여호와를 경외하고 성령의 위로를 받으며 살기를 바라신다.

[2] 하나님의 위로는 그의 백성들이 아주 심한 시련들 속에서도 헤쳐 나갈 수 있도록 그들을 도와주는 강한 힘을 지니고 있다. 이 세상의 위로들은 너무 약해서 시험과 박해와 죽음을 당하는 영혼이 감당하고 견딜 수가 없다. 그러나 주님이 주시는 위로들은 적지도 않고 작지도 않다.

(3) 하나님의 백성들은 그들의 소망과 위로를 어떻게 사용해야 되는가? 하나님이 그들에게 주시는 영원한 축복의 아주 큰 원기를 주고 위로를 주는 소망을 그들은 어떻게 활용해야 할 것인가? 이 위로는 신자들의 영혼의 닻이 되어야 할 것이다. 우리가 이 소망을 가지고 있는 것은 영혼의 닻 같아서 튼튼하고 견고하여 휘장 안에 들어 가나니(19절). 여기서 다음의 사실들을 주목하라.

[1] 우리는 이 세상의 바다에 떠있는 한 척의 배와 같다. 우리는 이 세상의 파도에 따라 오르락내리락해야 하고 떠밀려 파선을 당할 수 있는 한 척의 배이다. 우리의 영혼은 작은 배이다. 우리의 영혼의 위로와 기대와 은혜와 행복은 이 배가 싣고 있는 귀중한 화물이다. 천국은 우리가 항해해서 가고 있는 항구이다. 우리가 만나고 겪는 시험들과 박해들과 어려움들은 우리의 파선을 위협하는 바람들과 파도들이다.

[2] 우리는 확실하고 움직이지 않게 우리를 지켜주거나 우리를 지속적인 위험에 빠지지 않게 지켜주는 닻을 필요로 한다.

[3] 복음의 소망은 우리의 닻이다. 우리가 싸울 때 복음의 소망은 우리의 투구가 된다. 그와 마찬가지로 우리가 이 세상의 험한 폭풍우 치는 바다를 지날 때 복음의 소망은 우리의 영혼의 닻이 된다.

[4] 복음의 소망은 확실하고 안정적이다. 그렇지 않으면 복음의 소망이 우리를 그렇게 안전하게 지켜줄 수 없었을 것이다.

첫째, 복음의 소망은 본질적으로 확실하다. 왜냐하면 그것은 우리의 영혼 속에서 작용하는 하나님의 특별한 역사이기 때문이다. 복음의 소망은 은혜로 말미암는 좋은 소망이다. 그것은 거미집 같이 실제보다 좋게 보이는 허울 좋은 소망이 아니다. 복음의 소망은 하나님의 참된 역사로 생긴 것이고 강하고 실제적인 것이다.

둘째, 복음의 소망은 그 목적만큼 안정적이고 변하지 않는다. 그것은 견고하게 붙잡아 주는 닻이다. 그것은 영혼의 닻 같아서 튼튼하고 견고하여 성소의 휘장 안으로 들어가게 해준다. 그것은 반석 위에 내린 닻이다. 다시 말해서 복음의 소망은 영원한 반석이신 그리스도 위에 내린 영혼의 닻이다. 그것은 모래 속에 내릴 곳을 찾지 않고 성소의 휘장 안으로 들어가 그리스도에게 닻을 내려 고정시킨다. 그리스도는 복음의 소망의 목적이시다. 그리스도는 신자들의 소망을 견고하게 붙잡아 주는 영혼의 닻이시다. 성소의 휘장 안의 보이지 않는 영광이 신자들이 바라는 소망이 되는 것처럼 휘장 안의 보이지 아니하시는 예수님이 신자들이 지니는 소망의 근거가 되신다. 하나님의 거저 주시는 은혜와 그리스도의 공로와 중보와 성령의 강력한 영향력은 신자의 소망의 근거들이다. 그러므로 복음의 소망은 견고하고 튼튼한 소망이다. 예수 그리스도는 몇 가지 점들에서 신자의 소망의 목적과 근거가 되신다. 그것들은 다음과 같다.

a. 그리스도는 하나님께 우리를 중재하시기 위하여 휘장 안으로 들어가셨다. 그리스도는 휘장 밖에서 우리를 위하여 자신을 희생 제물로 바치신 공로로 휘장 안으로 들어가셨다. 소망이 그리스도의 희생과 중재에 닻을 내려 붙들어 맨다.

b. 그리스도는 휘장 안으로 들어가신 그의 백성들을 대표하는 선구자이시다. 그것은 그의 백성들을 위한 처소를 예비하시고, 그리고 그들이 그리스도를 따르도록 그들에게 확신을 주시기 위한 것이다. 그리스도는 신자들이 간절히 바라는 부활과 승천의 첫 열매이시다.

c. 그리고 그리스도는 영원한 제사장 멜기세덱의 반차를 따른 대제사장으로 휘장 안에 계신다. 그리스도의 대제사장 직분은 그의 온전한 사역과 계획이 다 이루어지기까지 결코 끝나지 않고 중단되지 않을 것이다. 그리스도의 사역과 계획은 그리스도를 믿는 사람들의 완전하고 최종적인 행복이다. 그러므로 이 사실이 우리의 관심을 그리스도에게 집중할 수 있게 해주어야 한다. 우리는 우리를 위하여, 우리의 유익을 위하여, 우리의 보장과 안전을 위하여 휘장 안으로

들어가심으로써 우리의 선구자 되신 그리스도에게 우리의 소망을 고정시켜야 할 것이다. 그리스도는 휘장 안에서 우리에게 가장 큰 유익과 관심을 베풀어 주시기 위하여 항상 살피고 계신다. 그러므로 그리스도를 위하여 더욱 하늘나라를 사모하고, 그리고 그리스도와 함께 그 곳에 있게 될 날을 더욱 고대하도록 하자. 그 곳에서 우리는 영원히 안전하게 있게 될 것이고 영원한 행복과 만족을 누리게 될 것이다.

제 7 장

개요

그리스도의 제사장 직분에 대한 가르침은 그 자체로 아주 뛰어난 교리이다. 그 가르침은 그리스도교 신앙의 본질적인 요소이다. 그러므로 사도는 그 교리의 진술과 논증을 매우 좋아한다. 유대인들은 레위의 제사장 제도를 아주 좋아하고 숭배했다. 레위의 제사장 제도는 확실히 신성하고 아주 뛰어난 제도였다. 그러므로 다음과 같은 호세아서 3장 4절의 말씀은 유대인들에 대한 아주 무서운 경고와 위협이었다. 이스라엘 자손들이 많은 날 동안 왕도 없고 지도자도 없고 제사도 없고 주상도 없고 에봇도 없고 드라빔도 없이 지내야 하리라. 이제 사도는 유대인들이 주 예수 그리스도를 받아들임으로써 더 나은 대제사장을 가지게 될 것이라는 확신을 그들에게 심어주고 있다. 그 대제사장직은 더 높은 반차를 따른 것이므로 더 나은 제도이고 더 나은 언약이고 더 나은 율법이고 더 나은 계약이다. 이 사실을 사도는 본 장에서 진술한다. 여기서 다음의 사실들을 발견하게 된다. I. 멜기세덱에 대한 상세한 기사(1- 3절). II. 아론의 제사장직보다 뛰어난 멜기세덱의 제사장직의 우월성(4-10절). III. 모든 사실을 그리스도에게 귀결시키기 위하여 사도는 그리스도의 인격과 직분과 언약의 뛰어난 우월성을 제시한다(11-28절).

¹이 멜기세덱은 살렘 왕이요 지극히 높으신 하나님의 제사장이라 여러 왕을 쳐서 죽이고 돌아오는 아브라함을 만나 복을 빈 자라 ²아브라함이 모든 것의 십분의 일을 그에게 나누어 주니라 그 이름을 해석하면 먼저는 의의 왕이요 그 다음은 살렘 왕이니 곧 평강의 왕이요 ³아버지도 없고 어머니도 없고 족보도 없고 시작한 날도 없고 생명의 끝도 없어 하나님의 아들과 닮아서 항상 제사장으로 있느니라 ⁴이 사람이 얼마나 높은가를 생각해 보라 조상 아브라함도 노략물 중 십분의 일을 그에게 주었느니라 ⁵레위의 아들들 가운데 제사장의 직분을 받은 자들은 율법을 따라 아브라함의 허리에서 난 자라도 자기 형제인 백성에게서 십분의 일을 취하라는 명령을 받았으나 ⁶레위 족보에 들지 아니한 멜기세덱은 아브라함에게서 십분의 일을 취하고 약속을 받은 그를 위하여 복을 빌었나니 ⁷논란의 여지 없이 낮은 자가 높은

자에게서 축복을 받느니라 ⁸또 여기는 죽을 자들이 십분의 일을 받으나 저기는 산다고 증거를 얻은 자가 받았느니라 ⁹또한 십분의 일을 받는 레위도 아브라함으로 말미암아 십분의 일을 바쳤다고 할 수 있나니 ¹⁰이는 멜기세덱이 아브라함을 만날 때에 레위는 이미 자기 조상의 허리에 있었음이라

히브리서 6장은 앞서 시편 110편 4절에서 한 번 인용했던 말씀을 반복함으로 끝을 맺었다. 그리로 앞서 가신 예수께서 멜기세덱의 반차를 따라 영원히 대제사장이 되어 우리를 위하여 들어 가셨느니라(히 6 : 20). 이제 본 장은 그 본문에 대한 설교로 시작하고 있다. 여기서 사도는 앞서 이야기했던 더 단단한 음식을 유대인들에게 제시하고 있다. 사도는 유대인들이 더 부지런히 노력하여 그 음식을 소화할 수 있게 되기를 바라고 있다. 여기서 다음의 사실들을 주목하라.

I. 첫 번째 제기되는 중요한 문제는 이 멜기세덱은 누구였는가 이다. 우리가 구약 성서에서 멜기세덱에 대해 발견할 수 있는 모든 기사는 창세기 18장과 시편 110장 4절에 있는 것이 전부이다. 정말이지 우리는 멜기세덱에 대해 아는 것이 별로 없는 캄캄한 상태이다. 하나님은 우리를 그런 상태에 두는 것이 더 낫고 적합하다고 생각하셨다. 그래서 이 멜기세덱이 그 어떤 세대의 사람도 선포할 수 없었던 그리스도의 아주 생생한 예표가 될 수 있었다. 만일 사람들이 계시된 것으로 성에 차지 않는다면 멜기세덱이 천사라느니 성령이라느니 공상을 하며 끝임 없는 추측을 일삼으면서 어둠 속을 헤매야 할 것이다. 다음의 사실들을 주목하라.

1. 우리가 가장 좋다고 생각할 수 있는 멜기세덱에 관한 의견들은 다음 세 가지 것들이다.

(1) 유대의 율법 학자들과 대부분의 유대 저술가들은 멜기세덱이 노아의 아들 셈이었다고 생각한다. 그래서 그는 다른 족장들과 마찬가지로 그들의 조상들에게 왕과 제사장이었다는 것이다. 그러나 노아의 아들 셈이 멜기세덱이라는 이름을 바꾸었다는 것은 개연성이 없다. 더욱이 우리는 멜기세덱이 가나안 땅에 정착했다는 기록도 전혀 발견할 수가 없다.

(2) 많은 그리스도인 저술가들이 멜기세덱을 예수 그리스도 자신으로 생각해 왔다. 그들은 멜기세덱이 육체를 입고 특별한 신분과 권한을 가지고 아브라함

에게 나타났고, 멜기세덱이라는 이름으로 아브라함에게 알려졌던 인물이라고 생각했다. 그 이름은 그리스도와 아주 유사하고 요한복음 8장 56절에서 너희 조상 아브라함은 나의 때 볼 것을 즐거워하다가 보고 기뻐하였느니라 말씀하고 있다. 이 의견을 지지하고 3절에서 말씀하는 의미가 어떤 단순한 사람을 나타내는 것 같지는 않다고 생각하는 사람들이 많다. 그럼에도 불구하고 멜기세덱 자신을 그리스도의 예표로 보는 것은 어딘가 좀 이상하다.

(3) 가장 일반적인 의견은 멜기세덱이 살렘을 통치하고 참된 하나님을 믿고 경배한 가나안의 왕이었다는 사실이다. 그래서 멜기세덱이 그리스도의 예표가 될 수 있었고 그러한 점에서 아브라함의 경배를 받게 되었을 것이라는 의견이 합리적인 것 같다.

2. 그러나 이러한 추측들은 접어두고 우리가 할 수 있는 한 사도가 1절과 3절에서 그에 대해 말하고자 하는 것이 무엇이고 그것이 어떻게 그리스도를 나타내는지를 이해하려고 노력은 해야 할 것이다.

(1) 멜기세덱이 왕이었다는 사실이 그리스도를 예표한다. 그러므로 멜기세덱은 하나님의 기름 부음을 받은 왕이라는 점에서 주 예수 그리스도의 한 예표가 된다. 그의 어깨에는 정사를 메었고 그의 이름은 기묘자라, 모사라, 전능하신 하나님이라, 영존하시는 아버지라, 평강의 왕이라 할 것임이라(사 9:6).

(2) 멜기세덱이 의의 왕이었다는 사실이 그리스도를 예표한다. 멜기세덱이라는 이름은 의로운 왕이라는 뜻을 지니고 있다. 그리스도는 바르고 의로우신 왕이다. 그리스도는 그의 칭호에 있어서 바르시고 그의 통치에 있어서 의로우시다. 그리스도는 우리의 주이시고 우리의 의이시다. 그리스도는 모든 의를 이루셨다. 그는 영원한 의를 우리에게 베풀어 주셨다. 그는 의와 의로운 사람들을 사랑하신다. 그는 불의를 미워하신다.

(3) 그는 살렘의 왕이었다. 즉 그는 평화의 왕이었다. 그는 의와 평화의 첫 번째 왕이었다. 바로 우리 주 예수 그리스도도 그러하시다. 그리스도는 그의 의로 평화를 이루셨다. 의의 열매가 평화이다. 그리스도는 평화를 말씀하시고 평화를 창조하신다. 그리스도는 우리의 화해자이시다.

(4) 멜기세덱은 지극히 높으신 하나님의 제사장이었다. 그는 이방인들 가운데에서 아주 뛰어난 방식으로 제사장 자격과 기름 부음을 받았다. 주 예수 그리스도도 그러하시다. 그리스도는 지극히 높으신 하나님의 제사장이시다. 이방인

들이 그리스도를 통하여 하나님께 나아와야만 한다. 우리가 하나님과 화해할 수 있고 죄 사함을 받을 수 있는 것은 오직 그리스도의 제사장 직분을 통해서이다.

(5) 멜기세덱은 아버지도 없고 어머니도 없고 족보도 없고 시작한 날도 없고 생명의 끝도 없다(3절). 이 사실은 문자 그대로 이해해서는 안 된다. 그러나 성서는 멜기세덱을 족보가 없는 탁월한 사람으로 진술하고 있다. 그것은 멜기세덱이 아버지도 없으시고 어머니도 없으신 사람이 되신 그리스도의 아주 적절한 예표가 되게 하기 위한 것이다. 그리스도의 제사장 직분은 족보가 없다. 그의 제사장 직분은 다른 사람에게서 그에게 내려오지도 않았고 또한 그리스도에게서 다른 사람에게로 내려가지도 않았다. 그리스도의 제사장 직분은 그만의 특별한 개인적이고 영원한 것이다.

(6) 멜기세덱은 여러 왕을 쳐서 죽이고 돌아오는 아브라함을 만나 복을 빈 사람이었다(1절). 이 사건은 창세기 14장 18절에 기록이 되어있다. 멜기세덱은 아브라함과 그의 종들이 지쳐 돌아올 때 그들에게 빵과 포도주를 가지고 나와 기운을 돋우어 주었다. 멜기세덱은 왕으로서 빵과 포도주를 그들에게 주었고 제사장으로서 그들을 축복했다. 이와 같이 우리의 주 예수 그리스도도 그의 백성들이 영적인 갈등을 겪고 있을 때 만나주시고, 그들의 마음을 상쾌하게 해주시고, 그들의 힘을 새롭게 돋우어 주시고, 그리고 그들을 축복해주신다.

(7) 아브라함이 모든 것의 십분의 일을 그에게 나누어 주니라(2절). 사도는 이것을 설명할 때 모든 것의 십분의 일이라고 진술하는데 모든 전리품 가운데 십분의 일이었다. 그리고 이것을 아브라함은 멜기세덱이 그에게 베풀어준 것에 대한 감사의 표시로 드렸다. 그것은 왕으로서의 멜기세덱에 대한 아브라함의 경배와 복종의 표시였다. 그리고 제사장으로서의 멜기세덱을 통하여 하나님께 서원하고 바친 헌물이었다. 그러므로 이와 같이 우리도 주 예수 그리스도에게서 받은 모든 풍성하고 신실한 은혜에 대한 사랑과 감사의 모든 표시를 그리스도에게 바쳐야 할 것이다. 그것은 우리의 왕이신 그리스도에게 우리의 경배와 복종을 드리고, 그리고 그리스도를 통하여 주님 자신의 희생 제사의 분향으로 하나님 아버지에게 바치기 위한 것이다. 그래서 우리는 우리의 모든 헌물들을 그리스도의 손에 맡기는 것이다.

(8) 이 멜기세덱은 하나님의 아들과 닮아서 항상 제사장으로 있었다(3절). 멜기

세덱은 그의 경건과 권위에 있어서 하나님의 형상을 닮았고 영원한 제사장으로 기록이 되고 있다. 그러므로 멜기세덱은 하나님 아버지의 영원하신 외아들이시고 영원한 대제사장이신 그리스도의 가장 오래된 예표이다.

II. 이제 사도가 권면하고 있듯이 이 멜기세덱이 얼마나 위대한 인물이고, 그리고 그의 제사장 직분이 아론의 반차를 따른 제사장 직분보다 얼마나 더 뛰어나고 높은지를 생각해보도록 하자(4, 5절).　이 사람이 얼마나 높은가를 생각해보라. 이 사람의 위대성과 그의 제사장 직분의 위대성은 다음과 같은 사실들에서 나타난다.

1. 아브라함이 전리품으로 얻은 모든 것의 십분의 일을 멜기세덱에게 바치는 것에서 멜기세덱이 얼마나 높은지가 드러난다. 또한 레위가 아브라함을 통하여 멜기세덱에게 십분의 일을 바쳤다고 하는 데에서도 멜기세덱의 위대성이 잘 드러난다(9절). 그런데 레위는 하나님에게서 제사장 직분을 받았고, 하나님의 백성들에게서 십일조를 받았다. 그럼에도 불구하고 레위가 멜기세덱에게 십일조를 바쳤다고 하는 사실은 멜기세덱의 제사장 직분이 아론 자신의 것보다 더 크고 더 높았다는 것을 나타내준다. 그러므로 멜기세덱이 예표했던 분으로 나중에 나타나신 대제사장이 어떤 레위 지파의 제사장들보다 훨씬 우월하신 것은 당연한 일이다. 레위 자손 제사장들은 아브라함을 통하여 멜기세덱에게 십일조를 바쳤기 때문이다. 이 사람들이 그들의 선조의 전철과 맥을 이어가며 행한 권리와 위법행위를 다룬 이 논증을 통하여 우리가 아담 안에서 어떻게 죄를 범했고, 그리고 아담의 첫 범죄 안에서 어떻게 타락했는지를 알 수 있는 실례를 발견하게 된다. 우리는 아담이 범죄했을 때 아담의 허리 안에 있었다. 그리고 우리는 우리의 첫 부모들 안에 있던 인간 본성에 의해 관계를 가지게 된 죄와 타락을 정당하게 물려받게 된다. 다시 말해서 우리의 첫 부모에게서 자연적으로 내려온 모든 다른 사람들에게 동일한 본성이 전달되게 된다. 아담의 자손들은 아담의 타락한 본성을 당연히 가지게 된다. 그리고 그 본성이 영원히 제거되려면 은혜의 행위를 통해서 이루어져야 될 것이다.

2. 아브라함에 대한 멜기세덱의 축복에서 그의 위대성이 나타난다. 레위 족보에 들지 아니한 멜기세덱은 아브라함에게서 십분의 일을 취하고 약속을 받은 그를 위하여 복을 빌었나니 논란의 여지 없이 낮은 자가 높은 자에게서 축복을 받느니라(6, 7절). 여기서 다음의 사실들을 주목하라.

(1) 아브라함의 큰 위엄과 축복은 그가 약속을 받았다는 것이다. 아브라함은 하나님과 언약을 맺은 사람이었다. 하나님은 아브라함에게 엄청나게 크고 귀중한 약속들을 해주셨다. 하나님이 직접 서명하고 보증하는 증서와 채권으로 된 재산을 가진 사람은 정말 부유하고 행복한 사람이다. 이 약속들은 현세와 내세의 생명에 대한 것들이다. 이 존귀함은 주 예수 그리스도를 영접한 사람들은 다 받게 된다. 그들은 모든 약속들을 예와 아멘으로 받아들인다.

(2) 멜기세덱의 더 큰 존귀함은 아브라함을 축복할 수 있는 그의 지위와 특권에 있었다. 그러므로 낮은 자가 높은 자에게서 축복을 받는 것은 논란의 여지가 없는 명언이다(7절). 축복을 하는 사람이 축복을 받는 사람보다 훨씬 높고 크다. 따라서 멜기세덱의 원형이시고, 사람들의 자손들에게 내려지는 모든 축복들의 공로자와 중보자이신 그리스도가 아론의 반차를 따른 모든 제사장들보다 훨씬 크시다는 사실은 두말 할 나위가 없다.

[11]레위 계통의 제사 직분으로 말미암아 온전함을 얻을 수 있었으면 (백성이 그 아래에서 율법을 받았으니) 어찌하여 아론의 반차를 따르지 않고 멜기세덱의 반차를 따르는 다른 한 제사장을 세울 필요가 있느냐 [12]제사 직분이 바꾸어졌은즉 율법도 반드시 바꾸어지리니 [13]이것은 한 사람도 제단 일을 받들지 않는 다른 지파에 속한 자를 가리켜 말한 것이라 [14]우리 주께서는 유다로부터 나신 것이 분명하도다 이 지파에는 모세가 제사장들에 관하여 말한 것이 하나도 없고 [15]멜기세덱과 같은 별다른 한 제사장이 일어난 것을 보니 더욱 분명하도다 [16]그는 육신에 속한 한 계명의 법을 따르지 아니하고 오직 불멸의 생명의 능력을 따라 되었으니 [17]증언하기를 네가 영원히 멜기세덱의 반차를 따르는 제사장이라 하였도다 [18]전에 있던 계명은 연약하고 무익하므로 폐하고 [19](율법은 아무것도 온전하게 못할지라) 이에 더 좋은 소망이 생기니 이것으로 우리가 하나님께 가까이 가느니라 [20]또 예수께서 제사장이 되신 것은 맹세 없이 된 것이 아니니 [21](그들은 맹세 없이 제사장이 되었으되 오직 예수는 자기에게 말씀하신 이로 말미암아 맹세로 되신 것이라 주께서 맹세하시고 뉘우치지 아니하시리니 네가 영원히 제사장이라 하셨도다) [22]이와 같이 예수는 더 좋은 언약의 보증이 되셨느니라 [23]제사장 된 그들의 수효가 많은 것은 죽음으로 말미암아 항상 있지 못함이로되 [24]예수는 영원히 계시므로 그 제사장 직분도 갈리지 아니하느니라 [25]그러므로 자기를 힘입어 하나님께 나아가는 자들을 온전히 구원하

실 수 있으니 이는 그가 항상 살아 계셔서 그들을 위하여 간구하심이라 [26]이러한 대
제사장은 우리에게 합당하니 거룩하고 악이 없고 더러움이 없고 죄인에게서 떠나
계시고 하늘보다 높이 되신 이라 [27]그는 저 대제사장들이 먼저 자기 죄를 위하고 다
음에 백성의 죄를 위하여 날마다 제사 드리는 것과 같이 할 필요가 없으니 이는 그
가 단번에 자기를 드려 이루셨음이라 [28]율법은 약점을 가진 사람들을 제사장으로
세웠거니와 율법 후에 하신 맹세의 말씀은 영원히 온전하게 되신 아들을 세우셨느
니라

아론의 반차가 아니라 멜기세덱의 반차를 따라서 다른 제사장을 세워
야 될 필요성이 있었다는 사실에 주목하라. 그 제사장을 통해서 레위 자손 제
사장들이 이룰 수 없는 사역을 완전하게 이룰 수 있었다. 그러므로 제사장 제
도가 바뀌었기 때문에 율법도 완전히 바뀌는 것이 당연했다(11, 12절). 여기서
다음의 사실들을 주목하라.

**I. 사도는 구원 사역의 완성은 레위 계통의 제사장 직분과 율법을 통해서는
결코 이루어질 수 없다고 주장한다.** 레위 제사장 직분과 율법은 그것들을 통
해 하나님께 나아오는 사람들에게 그것들이 나타내고 지적하는 좋은 것들을
완전히 누리게 해줄 수 없었다. 레위 제사장 직분과 율법은 단지 그 길만을 가
르쳐줄 수 있었을 따름이다.

**II. 그러므로 멜기세덱의 반차를 따르는 다른 한 제사장을 세울 필요가 있었
다.** 그 제사장과 그의 믿음의 법을 통하여 그에게 순종하는 모든 사람들에게
온전함을 얻을 수 있게 해주었다. 그리고 우리는 복음을 따라 은혜의 언약 안
에서 그리스도를 통하여 완전한 거룩함과 완전한 행복을 가질 수 있게 됨을 하
나님께 찬양을 드려야 할 것이다. 왜냐하면 우리는 그리스도 안에서 완전하게
되기 때문이다.

**III. 사도는 제사장 직분이 바꾸어졌으니 율법도 반드시 바꾸어질 필요가 있
다고 주장한다.** 제사장 직분과 율법이 아주 밀접한 관계를 가지고 있으므로
다른 제사장 직분 아래에서는 그 법이 같을 수 없었다. 새 술은 새 부대에 담아
야 하듯이 새 제사장 직분은 새 제도를 통해 시행되어야 할 것이다. 다시 말해
서 새 제사장 직분은 그 특성과 반차에 따른 적절한 방법과 규칙들을 통해서
운영이 되어야 할 것이다.

IV. 제사장 직분과 율법이 바꾸어졌다는 사실을 사도는 주장할 뿐만 아니라 증명도 하고 있다(13, 14절). 온전함을 얻을 수 없는 제사장 직분과 율법은 폐지되고, 그리고 다른 한 제사장이 세워지고 다른 한 법이 제정된다. 그 새로운 제사장과 법을 통하여 참된 신자들은 온전함에 이를 수 있게 된다. 이제 그러한 변화는 돌이킬 수 없는 분명한 사실이다.

1. 제사장 직분이 세습되는 족속에 변화가 일어난다. 이전에는 레위 족속을 통해 제사장 직분이 이어져 내려왔다. 그러나 우리의 위대한 대제사장이 유다 족속에게서 나오셨다. 모세는 그 제사장 직분에 대해 아무것도 말하지 않았다(14절). 이 지파의 변화는 제사장 직분의 법에 대한 실제적인 변화를 나타내준다.

2. 제사장들을 세우는 형식과 반차에서도 변화가 일어난다. 이전에는 레위 지파의 제사장 직분에 있어서 제사장들이 육체적인 계명의 율법을 따라 세움을 받았다. 그러나 우리의 위대한 대제사장은 끝이 없는 영원한 생명의 능력을 따라 세움을 받으셨다. 옛날 율법은 제사장 직분이 아버지가 죽으면 육체적인 반차와 자연적인 세대를 따라 맏아들에게 세습되어야 한다고 명했다. 왜냐하면 옛날 율법 아래에서는 아버지와 어머니가 없거나 혈통과 세습이 없는 대제사장은 하나도 없었기 때문이다. 그들은 그들 스스로 생명을 가질 수 없었고 죽지 않을 수 없었다. 그들은 생명의 시작되는 날과 끝나는 날을 가지고 있었다. 따라서 육체적인 계명이나 장자 상속의 법은 일반 사회의 권리나 상속의 경우와 똑같이 제사장의 세습을 명령했다. 그러나 멜기세덱의 반차를 따라 대제사장이 되신 그리스도가 제정하신 법은 영원한 생명의 능력이었다. 그리스도가 스스로 가지신 생명과 불멸하심이 그 영원한 제사장 직분을 취하실 수 있는 권리와 칭호를 받으실 수 있게 했다. 다시 말해 그리스도의 대제사장 직분은 이전의 제사장으로부터 물려받은 것이 아니었다. 이 사실이 제사장 직분과 법에 있어서 큰 차이가 나게 해주고, 그리고 그리스도와 복음을 한없이 뛰어나게 해준다. 레위 지파의 제사장 직분을 제정한 율법은 제사장들이 약하고 무익하고 죽을 수밖에 없는 피조물들이라는 사실을 전제로 했다. 따라서 그들은 그들 자신의 자연적인 생명을 보존할 수 없었으므로 육체를 따른 그들의 후손을 통해 그들의 생명과 직분이 이어지는 것으로 만족하고 기뻐해야 했다. 하물며 그들이 가진 어떤 능력이나 권위로도 그들에게 나아오는 사람들에게 영적인

생명과 축복을 전달해줄 수 없었다. 그에 반하여 우리의 신앙 고백의 주가 되시는 대제사장은 그분 스스로 가지신 영원한 생명의 고유한 능력으로 스스로 영원히 그의 생명을 보존하실 수 있다. 그 뿐만 아니라 그는 그의 희생 제사와 중보를 정당하게 믿고 의지하는 모든 사람들에게 영적인 생명과 불멸의 생명을 전달해주실 수 있다. 육신에 속한 한 계명의 법이 성직 수임이나 죄를 정화하는 형식적인 의식들과 육체적인 예물들을 의미하는 것이라고 생각하는 사람들도 있다. 그러나 불멸의 생명의 능력은 복음에 고유한 영적인 살아있는 희생 제물을 의미하고, 그리고 그리스도를 통해 획득된 영적인 영원한 특권들을 의미한다. 그리스도는 한량없이 받으신 생명의 영원한 영을 통해 대제사장 직분을 받으셨다.

3. 제사장 직분의 효력에 변화가 있다. 레위 지파의 제사장 직분은 연약하고 무익하고 아무것도 온전하게 만들지 못했다. 반면에 그리스도의 제사장 직분은 우리에게 더 좋은 소망을 전달해주었다. 우리는 그것을 통하여 하나님께 가까이 나아가게 되었다(18, 19절). 레위 지파의 제사장 직분은 온전하게 해주는 것이 아무것도 없었다. 그것은 사람들을 죄로부터 의롭게 만들어 줄 수 없었다. 그것은 사람들을 내적인 오염으로부터 거룩하게 만들어줄 수 없었다. 그것은 예배자들의 양심을 죽은 행위들로부터 깨끗하게 씻어줄 수 없었다. 그것이 할 수 있는 모든 일은 사람들을 그것과 반대되는 예표로 인도해주는 것이었다. 그러나 그리스도의 제사장 직분은 그 속에 더 좋은 소망을 담고 있고, 그리고 그것을 통하여 언제나 더 좋은 소망을 전달해준다. 그것은 우리가 죄 사함과 구원을 위하여 하나님을 향하여 가지고 있는 모든 소망의 참된 기반을 우리에게 보여준다. 그것은 우리의 소망의 큰 목적들을 더욱 명확하게 드러내준다. 그것은 우리 속에서 하나님을 향한 더욱 강하고 생생한 소망을 가지도록 역사해준다. 이 소망을 통하여 우리는 하나님께 가까이 나아가고, 하나님과 언약을 맺어 연합하게 해주고, 그리고 하나님과 이야기를 나누고 교통하며 살 수 있는 격려를 받게 된다. 이제 우리는 그리스도의 제사장 직분을 통하여 악한 양심에서 깨끗하게 된 마음을 가지게 됨으로써 참된 마음과 확신을 가지고 하나님께 가까이 나아갈 수 있다. 반면에 레위 제사장 직분은 사람들을 하나님에게서 멀리 떨어져 있게 했고, 그리고 노예의 멍에를 짊어진 정신을 가지고 살게 했다.

4. 이 제사장 직분을 시행하는 하나님의 방법에 변화가 있다. 하나님은 그리

스도에게 맹세를 하셨다. 하나님은 아론의 반차를 따른 제사장 가운데 어느 누구에게도 맹세를 하신 적이 없었다. 하나님은 레위 지파의 제사장들에게 그들의 제사장 직분의 지속에 대한 확증을 해주신 적이 없었다. 하나님은 그들의 것이 영원한 제사장 직분이 될 것이라는 어떤 약속이나 맹세를 스스로 결코 하지 않으셨다. 그러므로 하나님은 그들의 제사장 직분의 영속성을 기대할 수 있는 어떤 근거를 하나도 주지 않으셨다. 오히려 하나님은 그것을 임시적인 법으로 생각하셨다. 그러나 그리스도는 하나님의 맹세로 제사장이 되셨다. 그들은 맹세 없이 제사장이 되었으되 오직 예수는 자기에게 말씀하신 이로 말미암아 맹세로 되신 것이라 주께서 맹세하시고 뉘우치지 아니하시리니 네가 영원히 제사장이라 하셨도다(21절). 하나님은 이 맹세를 통하여 그리스도의 제사장 직분의 불멸성과 우월성과 효력과 영원성을 선포하셨다.

5. 그리스도의 제사장 직분이 안전하고 확실한 제사장이라는 언약에 있어서 변화가 있다. 다시 말해서 언약의 섭리에 있어서 변화가 있다. 복음의 섭리는 율법의 섭리보다 더 완전하고, 자유롭고, 명료하고, 영적이고, 그리고 효과적이다. 그리스도는 이 복음의 언약 안에서 하나님에 대한 우리의 보증이 되고 우리에 대한 하나님의 보증이 되신다. 이것은 두 면에서 언약의 조항들이 실현되었음을 나타내준다. 다시 말해서 그리스도가 그 자신의 인격 안에 신성과 인성을 연합시킨 보증이 되신 것과 영원한 언약의 유대를 통해 하나님과 인간을 연합시킨 화해의 확증이 되셨음을 입증해준다. 그리스도는 하나님과 인간의 언약을 지킬 수 있도록 인간을 옹호하시고, 그리고 하나님이 인간들에 대한 하나님의 약속들을 이루실 것이라고 하나님을 옹호하신다. 하나님은 언제나 그의 위엄과 영광에 어울리는 방법으로 행하실 준비를 갖추고 계시다. 그 방법은 바로 중보자이신 그리스도를 통하여 하나님의 언약을 이루시는 것이다.

6. 이러한 다른 반차들을 따라 세움을 받은 제사장들의 수에 있어서 변화가 있다. 아론의 반차에는 많은 제사장들과 대제사장들이 한 번에가 아니라 계속 이어서 많이 있었다. 그러나 그리스도의 반차에는 오직 한 사람의 갈리지 않은 제사장이 있을 뿐이다. 그 이유는 단순하고 분명하다. 레위 지파의 제사장들이 많았던 까닭은 죽음으로 말미암아 항상 있지 못하기 때문이었다(23절). 그들의 직분이 아무리 높고 존경을 받는다고 할지라도 그들이 죽는 것을 막아줄 수가 없었다. 그러므로 한 제사장이 죽으면 다른 제사장이 뒤를 이어야 하고 또 잠시

뒤에 제3의 인물이 그 뒤를 이어야 할 것이다. 그러니 레위 지파의 제사장들의 수가 아주 많아질 수밖에 없었다. 그러나 우리의 대제사장이신 그리스도는 영원히 계시고, 그리고 그의 제사장 직분은 갈리지 않는 불멸의 직분이다. 다시 말해서 그리스도의 제사장 직분은 레위 지파의 제사장들이 했던 것처럼 한 사람에서 다른 사람으로 넘어가거나 세습되지를 않는다. 그 제사장 직분은 언제나 변함이 없다. 이 제사장 직분에는 공석이란 있을 수가 없다. 이 제사장이 없이 사람들이 하늘에서 그들의 영적인 문제들을 협의하는 경우는 단 한 시간도 있을 수 없고, 아니 단 일 분이나 일 초라도 있을 수 없다. 그러한 공석은 하나님의 백성들에게 아주 위험하고 불리하게 될 수도 있다. 그러므로 이 영원히 살아계신 대제사장이 그리스도를 통하여 하나님께 나아가는 모든 사람들을 힘을 다해 구원할 수 있으시다는 사실은 신자들의 보증과 행복이 된다. 다시 말해서 그가 어느 때든지 어느 경우든지 신자들을 구원하실 수 있다는 것은 신자들의 안전과 축복의 보증이 된다. 그러므로 자기를 힘입어 하나님께 나아가는 자들을 온전히 구원하실 수 있으니 이는 그가 항상 살아 계셔서 그들을 위하여 간구하심이라(25절). 따라서 많은 사람을 축복해주는 더 나은 소망을 위하여 제사장 직분에 분명한 변화가 생기게 된 것이다.

7. 제사장들의 도덕적 조건에 있어서 뚜렷한 차이가 있다. 아론의 반차를 따른 제사장들은 죽어야 될 사람들이었을 뿐만 아니라 죄인들이기도 했다. 그들은 죄가 있었고 자연적인 연약함도 지니고 있었다. 그들은 먼저 그들 자신의 죄를 위하여 희생 제물을 드려야 했고 그 다음에 백성들을 위하여 희생 제물을 드려야 했다. 그러나 하나님의 맹세의 말씀으로 세움을 받으신 우리의 대제사장은 백성들을 위하여 단번에 희생 제물을 드리셨을 뿐만 아니라 그 자신을 위해서는 한 번도 희생 제물을 드리실 필요가 결코 없었다. 왜냐하면 그리스도는 그의 제사장 직분에 변함 없는 영원한 세우심을 입었을 뿐만 아니라 그의 인격에 변함 없는 영원한 거룩함을 지니고 계시기 때문이다. 이러한 대제사장은 우리에게 합당하니 거룩하고 악이 없고 더러움이 없고 죄인에게서 떠나 계시고 하늘보다 높이 되신 이라 그는 저 대제사장들이 먼저 자기 죄를 위하고 다음에 백성의 죄를 위하여 날마다 제사 드리는 것과 같이 할 필요가 없으니 이는 그가 단번에 자기를 드려 이루셨음이라 율법은 약점을 가진 사람들을 제사장으로 세웠거니와 율법 후에 하신 맹세의 말씀은 영원히 온전하게 되신 아들을 세우셨느니라(26-28절). 여기서 다음

의 사실들을 주목하라.

(1) 죄인들인 우리의 경우는 우리를 위하여 대속과 중보를 해줄 대제사장을 필요로 했다.

(2) 우리를 위하여 하나님과 화해시켜줄 수 있는 적합하거나 온전한 제사장은 그 자신의 인격에 있어서 완전히 의로우신 분을 제외하고는 있을 수 없었다. 그는 스스로 의로우셔야 한다. 그렇지 않으면 그는 우리의 죄를 속죄해줄 수 없고 하나님 아버지에게 우리를 변호해줄 수가 없었을 것이다.

(3) 바로 주 예수 그리스도가 우리가 정확히 원한 그러한 대제사장이셨다. 왜냐하면 그리스도는 절대적으로 온전한 인격의 거룩함을 가지고 계시기 때문이다. 그리스도의 인격의 거룩함을 다양한 용어로 표현하는 서술에 대해 주목하라. 그 모든 용어들을 그리스도의 온전한 깨끗하심과 관련이 있는 것으로 생각하는 신학자들도 있다.

[1] 그리스도는 거룩하시다. 그는 죄의 모든 습관이나 행동 원리들에서 완전히 자유로우시다. 그는 그의 본성 속에 죄의 성향조차도 털끝만큼도 없으시다. 아주 훌륭한 그리스도인들일지라도 죄가 있지만 그리스도에게는 결코 죄가 없으시다. 그에게는 죄의 아주 적은 성향조차도 없으시다.

[2] 그리스도는 악이 없으시다. 그는 모든 실제적인 범죄에서 완전히 자유로우시다. 그는 결코 폭력을 사용하지 않으시고, 또한 그의 입에 거짓이 결코 없으시고, 또한 하나님이나 인간에게 극히 작은 잘못도 범하지 않으셨다.

[3] 그리스도는 더러움이 전혀 없으시다. 그는 다른 인간들의 죄들에 결코 종범이 되신 적이 없다. 가장 훌륭한 그리스도인들조차도 하나님이 다른 사람들의 죄들에 대한 그들의 방조를 용서해주시기를 기도해야 될 필요가 있다. 우리 스스로 깨끗해지기란 어려운 일이다. 우리가 스스로 다른 사람들의 죄의 범법 행위들에 참여하지 않거나, 어떤 방식으로든 그들의 죄에 기여하지 않거나, 또한 우리 스스로 그 죄들을 미리 막는 일을 할 수가 없다. 그리스도는 더러움이 없으셨다. 그리스도가 우리의 죄들을 그 자신에게 취하셨을지라도 그는 결코 그 죄들의 범법 행위와 잘못에 관련된 적이 없으시다.

[4] 그리스도는 그의 현재의 지위에서 뿐만 아니라(우리의 대제사장으로서 어떤 더러움도 침범할 수 없는 지성소로 들어가셨다) 그의 인격적인 청결함에서도 죄인들과 구별되신다. 그리스도는 자연적이든 계약에 의한 것이든 그에

게 원죄를 전가시킬 수 있는 그러한 연합을 죄인들과 하신 적이 없으시다. 이 원죄는 자연적이고 계약에 의한 첫 아담과의 연합을 통하여 우리에게 전가된다. 우리는 정상적인 방법으로 첫 아담으로부터 원죄를 물려받는다. 그러나 그리스도는 말로 나타낼 수 없는 신비한 동정녀 잉태를 통하여 죄인들과 구별되신다. 그리스도가 참된 인간의 본성을 취하셨음에도 불구하고 그는 기적적인 방법의 잉태를 통하여 모든 다른 인간들과 구별되셨다.

[5] 그리스도는 하늘보다 높이 되신 분이다. 대부분의 주석가들은 이것을 그리스도의 제사장 직분의 목적을 완성시키기 위하여 그리스도가 하늘나라에서 하나님의 오른편에 앉아 계시는 높아지신 신분에 관한 것으로 이해한다. 그러나 굿윈(Dr. Goodwin) 박사는 이것이 하늘에 있는 천군천사들의 거룩함보다 더 크고 더 완전한 그리스도의 인격적 거룩하심을 언급하는 것이라고 생각한다. 다시 말해서 죄는 없지만 스스로 모든 죄의 가능성에서 자유롭지 못한 거룩한 천사들보다 그리스도가 더 높으신 분이라는 것을 의미한다는 것이다. 그러므로 우리는 욥기 4장 18절에서 하나님은 그의 종이라도 그대로 믿지 아니하시며 그의 천사라도 미련하다 하시나니 라는 말씀을 발견하게 된다. 다시 말해서 천사들은 약점을 가지고 있고 죄를 범하기 쉬운 속성을 지니고 있다는 것이다. 그들은 많은 천사들이 그랬던 것처럼 천사들이 될 때도 있고 마귀들이 될 때도 있을 수 있다는 것이다. 그러나 타락하지 않을 거룩한 천사들은 본성의 완벽함에서 나오는 것이 아니라 하나님의 선택을 통해 나온다. 타락하지 않는 천사들은 선택받은 천사들이다.

그러나 하늘보다 높이 되신 이라는 말씀에 대한 이러한 해석은 너무 억지스럽다는 생각이 든다. 오히려 이 말씀은 그리스도의 인격의 완전한 거룩하심이 아니라 그리스도의 신분의 위엄으로 이해하는 것이 더 개연성이 높은 것 같다. 왜냐하면 그리스도가 게노메노스 즉 더 높이 되신 분이라고 언급되고 있기 때문이다. 높이 되신 이라는 뜻의 헬라어 게노메노스는 하나님은 참되시다 할지어다(롬 3:4)에서처럼 의미가 하나로 고정되지 않은 단어이다. 이 구절의 다른 특성은 거룩하신 그리스도의 인격적 완전하심이 분명하게 드러난다. 이 특성은 레위 지파의 제사장들이 지닌 죄의 약점들과 반대되는 특성이다. 이렇게 생각하는 것도 일리가 있는 것 같다. 27절에 언급된 그리스도의 대제사장 직분에 대한 정당성과 유효성이 그 직분의 공평함과 공명정대함을 내포하고 있기 때문에 그러한 의견이 더욱 일리가 있는 것 같다. 그리스도는 그 자신을 위하여 희생 제물을 드리실 필요가 없었다. 그것은 공평한 중보였다. 그는 다른 사람들의 긍휼을 위하여 중재하셨다. 그는 자신을 위해서는 그것이 필요 없으셨다. 만일 그리스도가 그것을 필요로 하셨다면 그는 한 쪽으로 치우치는 편파적일 수밖에 없으셨을 것이다. 따라서 그는 범죄자들을 위한 중보자가 되실 수 없었을 것이고, 그리고 죄인들을 위한 변호자가 되실 수 없었을 것이다. 따라서 그의 중보를 더욱 공명정대하게 하시기 위하여 그는 다른 사람들을 위하여 중보를 했던 그 은혜를 그 자신을 위해서는 필요하지 않으셨을 뿐만 아니라 그것을 위해 값을 지불해야 할 필요도 없으셨다. 그러나 그가 오늘은 그것을 필요로 하지 않지만 내일이나 장래에 그것이 필요할 수도 있는 그런 상황이 생길지도 모른다고 생각했다면 그 자신의 이익에 관심을 기울여야 하기에 공명정대하게 행동하실 수 없었을 것이다. 다시 말해서 그는 한편으로 하나님의 영광을 위하여 공평한 관심과 순수한 열정을 가지고 행동하고, 다른 한편으로는 불쌍한 죄인들을 위하여 부드럽고 순수한 연민을 가지고 중보하실 수가 없었을 것이다. 그러므로 자신을 위하여 은총과 자비를 받을 필요가 있는 모든 가능성을 초월하는 흠 없는 피조물은 하나도 없기 때문에 마땅히 중보자는 하나님이셔야 할 필요가 있다.

제
— 8 —
장

개요

본 장에서도 사도는 앞 장에서 논의한 그리스도의 제사장 직분을 계속 다룬다. I. 사도는 앞서 말한 것을 요약한다(1, 2절). II. 사도는 제사장 직분의 필요 요소들을 히브리인들에게 제시한다(3-6절). III. 그리스도의 제사장 직분의 우월성을 폭넓게 예증한다. 그것을 위해 그리스도가 중보자이신 새 언약의 우월성을 고찰한다(6-13).

¹지금 우리가 하는 말의 요점은 이러한 대제사장이 우리에게 있다는 것이라 그는 하늘에서 지극히 크신 이의 보좌 우편에 앉으셨으니 ²성소와 참 장막에서 섬기는 이시라 이 장막은 주께서 세우신 것이요 사람이 세운 것이 아니니라 ³대제사장마다 예물과 제사 드림을 위하여 세운 자니 그러므로 그도 무엇인가 드릴 것이 있어야 할지니라 ⁴예수께서 만일 땅에 계셨더라면 제사장이 되지 아니하셨을 것이니 이는 율법을 따라 예물을 드리는 제사장이 있음이라 ⁵그들이 섬기는 것은 하늘에 있는 것의 모형과 그림자라 모세가 장막을 지으려 할 때에 지시하심을 얻음과 같으니 이르시되 삼가 모든 것을 산에서 네게 보이던 본을 따라 지으라 하셨느니라

본 장에서 사도는 다음의 사실들을 진술한다.

I. 앞서 그리스도의 제사장 직분에 관한 언급을 다시 요약한다. 사도는 우리가 그리스도 안에 가지고 있는 것과 그리스도가 지금 계시는 곳과 그가 성소에서 섬기고 계시다는 것을 진술한다(1, 2절). 다음의 사실들을 주목하라.

1. 우리가 그리스도 안에 가지고 있는 것. 우리는 대제사장을 가지고 있다. 어느 누구도 가지지 못했고, 어떤 시대도 가지지 못했고, 이제까지 세워진 어떤 교회도 가지지 못했던 그러한 대제사장을 우리는 가지고 있다. 모든 다른 제사장들은 이 대제사장의 예표와 그림자들이었을 뿐이다. 그는 대제사장의 모든 계획들과 목적들에 아주 적합하고 절대적으로 완전하시다. 그 계획들과 목적들은 하나님의 영광과, 사람들과 하나님의 행복을 위한 것이다. 그는 그에게 관

심을 갖는 모든 사람들의 영광이 되신다.

2. 그가 지금 계시는 곳. 그는 하늘에서 지극히 크신 이의 보좌 우편에 앉으셨으니(1절). 다시 말해서 그는 하늘의 영광스러운 하나님의 보좌 우편에 앉아 계시다. 그 곳은 중보자가 계시는 곳이다. 그리고 그는 하늘과 땅의 모든 권위와 권세를 소유하고 계시다. 이것은 그리스도의 낮아지심의 보상이다. 이 권위를 그리스도는 그의 아버지 하나님의 영광과 그 자신의 명예와 그에게 속한 모든 사람들의 행복을 위하여 사용하신다. 그리스도는 그의 전능하신 능력으로 그리스도를 믿는 사람들을 한 사람씩 차례대로 하늘의 하나님 우편에 데려다 주실 것이다. 그들은 그리스도의 신비로운 몸의 지체들로 하나님의 우편에 서게 될 것이다. 그리스도가 계시는 그 곳에 그들도 신비의 몸으로 서게 될 수 있을 것이다.

3. 그리스도가 섬기는 성소는 무엇인가? 성소와 참 장막에서 섬기는 이시라 이 장막은 주께서 세우신 것이요 사람이 세운 것이 아니니라(2절). 장막을 치는 것은 하나님의 지시에 따라 사람이 했다. 사람들이 희생 제물들을 바친 곳은 성소 바깥에 있는 외소였다. 그 곳은 그리스도가 죽으신 곳을 예표했다. 성소에는 휘장이 쳐진 내소가 있었다. 그 곳은 그리스도가 하늘나라에서 백성들을 위하여 중보하시는 것을 예표했다. 그런데 이 장막에 그리스도가 들어가신 적은 없다. 그러나 참 장막이신 그 자신의 몸으로 대속 사역을 이루신 그리스도는 이제 지성소인 성소를 섬기고 계시다. 그 곳은 하늘에 있는 참 장막이다. 그리스도는 그 곳에서 그의 백성들의 일들을 돌보아 주시고, 그들을 위하여 하나님께 중보해주시고, 그리고 그리스도의 희생 제물의 공로를 통하여 그의 백성들의 죄가 용서를 받아 그들의 영혼과 봉사들이 하나님께 받아들여지게 해주고 계신다. 그리스도는 하늘나라에서 위대한 통치와 권위를 누리고 계실 뿐만 아니라 그의 교회의 대제사장으로서 전체 교인들 모두와 교인들 한 사람 한 사람을 위하여 이 직분을 수행하고 계시다.

Ⅱ. 사도는 그리스도의 제사장 직분의 필요 요소들을 히브리인들에게 진술한다. 그 직분에 속한 것들은 모든 대제사장이 세움을 받은 목적과 일치하는 것이었다. 대제사장마다 예물과 제사 드림을 위하여 세운 자니 그러므로 그도 무엇인가 드릴 것이 있어야 할지라 예수께서 만일 땅에 계셨더라면 제사장이 되지 아니하셨을 것이니 이는 율법을 따라 예물을 드리는 제사장이 있음이라(3, 4절). 여기서 다

음의 사실들을 주목하라.

1. 모든 대제사장은 예물과 제사 드림을 위하여 세운 자이다. 사람들이 하나님께 드리기 위하여 가져온 것이 무엇이든지, 즉 속죄 제물이든 화목제 예물이든 감사 예물이든 제사장은 그것을 하나님께 바쳐야 한다. 제사장은 희생 제물의 피를 통하여 예물을 바친 사람들의 범죄를 속죄하고 거룩한 분향을 통하여 그들의 예물들과 예배를 향기롭게 만들어 그들의 영혼들과 행위들이 상징적으로 하나님께 받아들여지게 하기 위하여 세움을 받았다. 그것은 그리스도를 예표하는 것이었다. 그러므로 그리스도의 제사장 직분에 필요한 것은 그리스도 역시도 무엇인가 드릴 것이 있어야 한다는 것이었다. 그리스도는 원래의 예표로서 그 자신을 드리셨다. 그는 모든 사람을 위하여 단번에 자범죄와 원죄를 끝내기 위한 위대한 속죄 희생제물로서 그의 신성의 제단 위에 그의 인성을 바치셨다. 그리고 그리스도는 모든 사람이 하나님께 받아들여질 만한 그 자신의 의의 향기로운 예물이 되셨다. 우리는 그리스도 안에서 그를 통하여 그의 공로와 중보를 의지하지 않고 감히 하나님께 직접 나아가거나 어떤 것을 바쳐서는 안 될 것이다. 왜냐하면 우리가 하나님께 받아들여진다면 그것은 하나님의 사랑하시는 자 안에서 이루어질 것이기 때문이다.

2. 이제 그리스도는 하늘에서 그의 제사장 직분을 수행하고 계시다. 그 곳은 주가 세우신 지성소이고 참 장막이다. 이와 같이 그 예표하는 것이 다 이루어졌다. 이 땅에서 대속 사역을 다 이루신 뒤 그리스도는 그의 의를 나타내시고 중보를 하시기 위하여 하늘나라로 들어가셨다. 그 이유는 다음과 같다.

(1) 예수께서 만일 땅에 계셨더라면 제사장이 되지 아니하셨을 것이니(4절). 그리스도의 하늘나라에서의 제사장 신분은 율법이나 레위 지파의 반차를 따라 된 것이 아니다. 그 제사장 직분이 존속하는 한 모든 하나님의 제도를 진정으로 존중해야 할 것이다.

(2) 율법 시대의 제사장이 행한 모든 의식과 봉사들은 하늘에 있는 것들에 대한 모형과 그림자들에 지나지 않았다. 그것은 시내 산에서의 모양을 따라 만들어진 장막의 모든 것과 마찬가지였다. 그들이 섬기는 것은 하늘에 있는 것의 모형과 그림자라 모세가 장막을 지으려 할 때에 지시하심을 얻음과 같으니 이르시되 삼가 모든 것을 산에서 네게 보이던 본을 따라 지으라 하셨느니라(5절). 그리스도는 의를 위한 율법의 실체와 완성이시다. 그러므로 그리스도의 제사장 직분에 어떤 것

이 있어야 했다. 그것은 대제사장이 백성을 하나님께 중보하기 위하여 휘장 안에 들어가게 해주는 것이다. 그것이 없이는 그는 완전한 제사장이 되실 수 없었다. 이것은 그의 백성의 기도들이 하나님께 받아들여지게 하고 그들의 주장을 옹호해주시기 위하여 그리스도가 하늘나라에 올라가시고 하나님 앞에 서시는 것이 아니고 무엇이겠는가? 그러므로 만일 그리스도가 계속해서 땅에 계셨다면 그는 완전한 대제사장이 되실 수 없었을 것이다. 그러나 그리스도는 불완전한 제사장이 되실 수 없었다.

⁶그러나 이제 그는 더 아름다운 직분을 얻으셨으니 그는 더 좋은 약속으로 세우신 더 좋은 언약의 중보자시라 ⁷저 첫 언약이 무흠하였더라면 둘째 것을 요구할 일이 없었으려니와 ⁸그들의 잘못을 지적하여 말씀하시되 주께서 이르시되 볼지어다 날이 이르리니 내가 이스라엘 집과 유다 집과 더불어 새 언약을 맺으리라 ⁹또 주께서 이르시기를 이 언약은 내가 그들의 열조의 손을 잡고 애굽 땅에서 인도하여 내던 날에 그들과 맺은 언약과 같지 아니하도다 그들은 내 언약 안에 머물러 있지 아니하므로 내가 그들을 돌보지 아니하였노라 ¹⁰또 주께서 이르시되 그 날 후에 내가 이스라엘 집과 맺을 언약은 이것이니 내 법을 그들의 생각에 두고 그들의 마음에 이것을 기록하리라 나는 그들에게 하나님이 되고 그들은 내게 백성이 되리라 ¹¹또 각각 자기 나라 사람과 각각 자기 형제를 가르쳐 이르기를 주를 알라 하지 아니할 것은 그들이 작은 자로부터 큰 자까지 다 나를 앎이라 ¹²내가 그들의 불의를 긍휼히 여기고 그들의 죄를 다시 기억하지 아니하리라 하셨느니라 ¹³새 언약이라 말씀하셨으매 첫 것은 낡아지게 하신 것이니 낡아지고 쇠하는 것은 없어져 가는 것이니라

이 단락에서 사도는 아론의 반차를 따른 제사장 직분보다 뛰어난 그리스도의 제사장 직분의 비교할 수 없는 우월성을 예증하고 확증한다. 언약의 우월성과 은혜 언약의 시행을 통하여 그리스도는 중보자가 되셨다. 그러나 이제 그는 더 아름다운 직분을 얻으셨으니 그는 더 좋은 약속으로 세우신 더 좋은 언약의 중보자시라(6절). 그리스도의 사역은 아주 우월하다. 그 우월한 사역을 통하여 그리스도는 더 좋은 언약의 중보자가 되신다. 아주 신성한 그 몸과 영혼도 두 언약 즉 행위 언약과 은혜 언약을 아주 적절하게 구별해준다. 다시 말해서 그리스도의 몸과 영혼은 은혜 언약의 두 법, 옛 언약과 새 언약을 잘 구별해주고

있다. 여기서 다음의 사실들을 주목하라.

I. 여기서 언급되고 있는 옛 언약, 또는 은혜 언약의 옛 법은 무엇인가? 이 언약에 대해 다음과 같이 언급되고 있다.

1. 옛 언약은 하나님이 시내 산에서 유대 민족의 조상들과 맺으신 언약이었다(9절). 그리고 모세가 그 언약의 중보자였다. 하나님이 그들의 열조의 손을 잡고 애굽 땅에서 인도하여 내셨다는 것은 유대 민족에 대한 하나님의 크신 사랑과 겸손하심과 친절하심을 나타내준다.

2. 이 언약은 흠이 있었다. 첫 언약이 무흠하였더라면 둘째 것을 요구할 일이 없었으려니와 그들의 잘못을 지적하여 말씀하시되 주께서 이르시되 볼지어다 날이 이르리니 내가 이스라엘 집과 유다 집과 더불어 새 언약을 맺으리라(7, 8절). 이것은 어둠과 두려움의 법이었다. 이것은 우리에게 멍에를 지우는 성향을 지니고 있었고, 그리고 우리를 그리스도에게로 인도하는 초등교사가 될 뿐이었다. 이 언약은 그 자체의 속성으로는 완전했고, 그리고 그 목적에 부합했다. 그러나 이 언약은 복음과 비교해서는 아주 불완전했다.

3. 이 언약은 확실하거나 확고하게 고정된 것이 아니었다. 또 주께서 이르시기를 이 언약은 내가 그들의 열조의 손을 잡고 애굽 땅에서 인도하여 내던 날에 그들과 맺은 언약과 같지 아니하도다 그들은 내 언약 안에 머물러 있지 아니하므로 내가 그들을 돌보지 아니하였노라(9절). 그들은 하나님께 감사하지 않았고, 거칠게 굴었다. 그래서 하나님은 그들에게 기분이 상하셨다. 하나님은 그들이 그의 언약 안에 머무는 사람들을 존중하시지만 그렇지 않은 사람들의 멍에를 벗겨주기를 거절하실 것이다.

4. 이 언약은 쇠퇴하고 낡아지고 없어지게 된다(13절). 해가 뜨면 촛불이 소용없듯이 이 언약은 복음 시대가 오자 낡고 구식이 되고 없어지게 되고 소용이 없어지게 된다. 이 독특한 언약이 예루살렘이 멸망할 때까지 전혀 쇠하지 않았다고 생각하는 사람도 있다. 이 율법이 그리스도의 죽으심으로 그 효력이 상실되고 낡게 되고 이제는 사라져 없어지게 되었는데도 말이다. 레위 지파의 반차를 따른 제사장 직분은 이 옛 언약과 함께 사라졌다.

II. 여기서 새 언약의 법에 대해 언급되고 있는 것은 그리스도의 사역의 뛰어난 우월성을 입증하기 위한 것이다. 다음과 같이 말씀되고 있다.

1. 새 언약은 더 좋은 언약이다(6절). 새 언약은 죄인들에게 하나님의 은혜의

더욱 분명하고 풍성한 섭리와 계시를 전달해준다. 그 언약은 죄인들의 영혼에 거룩한 빛과 자유를 전달해준다. 새 언약은 모든 면에서 잘 정돈이 되어 있고 흠이 없다. 새 언약은 실행할 수 있는 은혜의 약속들 이외에는 아무것도 규정하지 않는다. 그것은 경건한 신실함을 인정한다. 그것은 경건한 신실함을 복음의 이상으로 여긴다. 모든 범죄가 다 우리를 언약에서 쫓아내는 것은 아니다. 모든 사람이 새 언약을 통해 좋고 안전한 손에 맡겨지게 된다.

2. 새 언약은 더욱 분명하고, 정확하고, 더욱 영적이고, 더욱 절대적이고, 더욱 좋은 약속들 위에 세워져 있다. 영적인 영원한 축복들의 약속들은 이 실제적이고 절대적인 언약 속에 들어있다. 일시적이고 세속적인 약속들은 하나님의 영광과 그의 백성들의 유익을 위한다는 현명하고 친절한 조건이 따라 붙는다. 이 언약은 그 안에 받아들임의 의무와 도움의 약속들, 은혜와 거룩함을 통한 성장과 인내의 약속들, 하늘나라에서의 축복과 영광의 약속들을 담고 있다. 이 약속들은 하늘나라의 모형인 가나안 땅의 약속들을 통해 희미하게 나타나고 있다.

3. 이것은 새 언약이다. 하나님이 오래 전에 이스라엘의 집, 다시 말해 하나님의 모든 이스라엘 백성과 세우시겠다는 새 언약이다. 이 언약은 예레미야서 31장 31절과 32절에 약속이 되었고 그리스도를 통해 이루어졌다. 보라 날이 이르리니 내가 이스라엘 집과 유다 집에 새 언약을 맺으리라 이 언약은 내가 그들의 조상들의 손을 잡고 애굽 땅에서 인도하여 내던 날에 맺은 것과 같지 아니할 것은 내가 그들의 남편이 되었어도 그들이 내 언약을 깨뜨렸음이라 여호와의 말씀이니라(렘 31 : 31, 32). 이 언약은 언제나 새 언약이 될 것이다. 이 언약을 굳게 붙들고 믿는 사람들은 다 하나님의 권능에 의해 언제나 보호를 받게 될 것이다. 이 언약은 하나님의 언약이다. 그의 긍휼과 사랑과 은혜는 그 언약을 요구했다. 하나님의 지혜가 그 언약을 계획하셨다. 하나님의 아들이 그 값을 지불하고 사셨다. 하나님의 영이 이 새 언약 안으로 영혼들을 데려오고, 그리고 그 언약 안에서 그 영혼들을 세우고 자라게 한다.

4. 이 언약의 조항들은 아주 특별하다. 이 조항들은 세례와 성만찬을 통하여 하나님과 그의 백성 사이에 인증된다. 하나님의 백성들은 세례와 성만찬으로 그들의 본분을 다하겠다는 약속을 하게 되고, 그리고 하나님은 그의 본분을 지키실 것이라고 그들에게 약속을 하신다. 하나님의 본분이 주요한 본분이다. 하나님의 백성들은 그들의 본분을 지키기 위한 은혜와 힘을 얻기 위하여 하나님

의 본분을 의지한다. 여기서 다음의 사실들을 주목하라.

(1) 하나님은 그의 백성과 언약을 조목별로 맺으신다. 또 주께서 이르시되 그 날 후에 내가 이스라엘 집과 맺을 언약은 이것이니 내 법을 그들의 생각에 두고 그들의 마음에 이것을 기록하리라 나는 그들에게 하나님이 되고 그들은 내게 백성이 되리라(10절). 하나님은 옛날에 그의 법을 그의 백성들에게 써주셨다. 그러나 하나님은 이제는 그의 법을 그의 백성들 마음속에 써주실 것이다. 다시 말해서 하나님은 그의 백성들에게 그의 법을 알고 믿을 수 있는 깨달음을 주실 것이다. 하나님은 그들에게 그의 법을 간직할 수 있는 기억력을 주실 것이다. 하나님은 그들에게 그의 법을 사랑할 수 있는 마음과 인지할 수 있는 의식을 주실 것이다. 하나님은 그들에게 그의 법을 신앙 고백할 수 있는 용기와 실천할 수 있는 능력을 주실 것이다. 그의 백성들의 영혼의 온전한 기질과 구조가 하나님의 법을 기록한 서판과 사본이 될 것이다. 이것이 언약의 기초이다. 이 언약의 기초가 놓이게 되면 의무들이 현명하고, 진지하고, 즉각적이고, 용이하고, 확고하고, 지속적이고, 그리고 편안하게 시행될 것이다.

(2) 하나님은 그의 백성들이 하나님 자신과 가깝고 아주 영광스러운 관계를 가질 수 있도록 그들과 언약을 맺으신다.

[1] 그는 그들에게 하나님이 되실 것이다. 다시 말해서 그는 그들에게 되실 수 있는 모든 것이 되시고, 그리고 그들을 위하여 하실 수 있는 모든 것을 해주실 것이다. 나는 그들에게 하나님이 되고 라는 이 몇 마디 말씀 속에 담긴 의미는 천 권의 책으로도 다 설명할 수 없을 것이다.

[2] 그들은 하나님께 한 백성이 될 것이다. 하나님의 백성들은 모든 일들에서 하나님을 사랑하고, 존경하고, 그의 말을 듣고 복종할 것이다. 하나님의 백성들은 그의 경고들에 순응하고, 그의 명령들을 따르고, 그의 법들을 실천하고, 그의 모본을 본받고, 그의 호의에 만족할 것이다. 하나님을 모시고 믿는 사람들은 그들의 하나님을 위하여 이 언약을 실천해야 하고 실천할 것이다. 그들은 이것을 계약의 당사자로서 마땅히 행해야 할 의무가 있다. 그리고 그들은 이것을 행할 의지와 마음을 가지고 있을 것이다. 왜냐하면 하나님은 그들이 이 언약을 행하도록 해주실 수 있기 때문이다. 그것은 그가 그들의 하나님이 되시고 그들이 그의 백성이 된다는 증거가 된다. 왜냐하면 하나님 자신이 이 관계를 처음 세우신 분이고, 그 다음에 이 관계에 적절하고 충분한 은혜로 채우신 분이고,

그리고 이 관계에 그들의 분량대로 사랑과 의무로 채우도록 도와주시는 분이기 때문이다. 그러므로 하나님은 그 자신과 그의 백성들을 위하여 약속을 하신다.

(3) 하나님은 그의 백성들이 더욱 성장하고 그들의 하나님을 더 잘 알 수 있도록 하기 위하여 그들과 약속을 맺으신다. 또 각각 자기 나라 사람과 각각 자기 형제를 가르쳐 이르기를 주를 알라 하지 아니할 것은 그들이 작은 자로부터 큰 자까지 다 나를 앎이라(11절). 이 말씀은 한 이웃이 다른 이웃에게 하나님을 아는 지식을 가르칠 필요가 없을 정도가 되도록 하나님의 백성이 성장하여 하나님을 알게 된다는 것이다. 여기서 다음의 사실들을 주목하라.

[1] 더 좋은 가르침이 없을 때에는 그들이 그럴 능력과 기회가 있다면 한 이웃이 다른 이웃에게 주님을 알 수 있도록 가르쳐야 마땅할 것이다.

[2] 이 개인적인 가르침이 구약 시대에 그랬던 것처럼 신약 시대에는 그렇게 필요하지 않을 것이다. 옛 법은 희미하고, 어둡고, 의식적이고, 그리고 뜻이 분명하지가 않아 이해하기가 어려웠다. 구약 시대의 제사장들은 말씀을 전파하기는 했지만 아주 적었고 한 번 할 때의 그 말씀의 양도 몇 마디 되지 않았고, 그리고 하나님의 영도 아주 드물었다. 그러나 신약 시대에는 복음을 전하는 자격을 가진 공식적인 설교자들이 아주 많고, 그리고 엄숙한 회중들에게 규례들을 시행하는 사람들도 아주 풍성하다. 그리고 신약 시대에는 복음의 사역자들에게 사람들이 비둘기들처럼 떼를 지어 몰려오고, 복음 전파가 효과 있게 하기 위하여 하나님의 영이 풍성하게 쏟아질 것이다. 그리하여 온갖 부류와 남녀노소를 불문하고 사람들에게 그리스도교의 지식이 아주 많아지고 널리 퍼지게 될 것이다. 하나님의 손이 그의 사역자들에게 함께 하시어 많은 사람들이 믿고 주님께로 돌아설 수 있도록 이 약속이 우리 세대에 이루어지게 해주소서!

(4) 하나님은 그의 백성들의 죄 용서에 대해 그들과 언약을 맺으신다. 왜냐하면 그것은 하나님을 아는 참 지식에 언제나 수반되는 것이기 때문이다. 내가 그들의 불의를 긍휼히 여기고 그들의 죄를 다시 기억하지 아니하리라 하셨느니라(12절). 다음의 사실들을 주목하라.

[1] 거저 주시는 죄의 용서. 죄의 용서는 사람의 공로로 말미암는 것이 아니라 하나님의 긍휼을 통하여 받게 된다. 하나님은 그 자신의 이름을 위하여 죄를 용서해주신다.

[2] 완전한 죄의 용서. 이 죄의 용서는 그들의 불의와 죄와 부정을 다 포함한다. 그것은 아주 극악한 죄까지 포함하여 모든 종류의 죄들을 다 용서한다.

[3] 죄의 용서의 불변성. 이 죄의 용서는 하나님이 그들의 죄를 더 이상 기억하지 않으실 정도로 최종적이고 불변적이다. 하나님은 그의 용서를 다시 생각나게 하지 않으실 것이다. 하나님은 그들의 죄를 용서해주실 뿐만 아니라 잊어버리실 것이다. 하나님은 마치 그들의 죄를 옛날에 잊어버리셨던 것처럼 그들을 대하실 것이다. 이 용서의 자비하심은 모든 영적 자비들과 연관이 되어 있다. 용서받지 못한 죄는 자비를 가로막고 심판을 초래한다. 그러나 죄의 용서는 심판을 가로막고 모든 영적인 축복들의 문을 활짝 열어놓게 한다. 그 죄의 용서의 자비가 미치는 효력은 영원부터 시작되고, 그리고 그 자비의 증거는 영원까지 미칠 것이다. 이것이 새 언약의 우월성이다. 그리고 이러한 것들이 새 언약의 조항들이다. 그러므로 옛 언약이 낡아 없어지게 된다는 사실에 우리는 불평을 할 하등의 이유가 없다. 오히려 우리는 그 사실에 크게 기뻐해야 될 이유가 많다.

제
— 9 —
장

개요

　사도는 구약 시대가 낡아지고 쇠하고 없어졌다고 선언한다. 그런 뒤 그는 히브리인 들에게 옛 언약과 새 언약의 유사성이 있다는 사실을 계속 진술한다. 옛 언약의 우월성이 무엇이었든지 그것은 새 언약의 그림자와 예표였을 뿐이라는 사실을 진술한다. 그러므로 실체가 그림자보다 우월하듯이 새 언약이 옛 언약보다 훨씬 우월하다는 것을 입증한다. 구약은 구약 그대로 있기 위하여 의도된 것이 결코 아니었다. 그것은 복음의 제도들을 예비하기 위한 것이었다. 여기서 사도는 다음의 것들을 다루고 있다. Ⅰ. 예배드리는 장소인 장막에 대하여 진술한다(1-5절). Ⅱ. 장막에 들어가 섬기는 예식에 대하여 진술한다(6, 7절). Ⅲ. 사도는 참 장막의 영적인 의미와 주요 목적에 대해 진술한다(8-28절).

¹첫 언약에도 섬기는 예법과 세상에 속한 성소가 있더라 ²예비한 첫 장막이 있고 그 안에 등잔대와 상과 진설병이 있으니 이는 성소라 일컫고 ³또 둘째 휘장 뒤에 있는 장막을 지성소라 일컫나니 ⁴금 향로와 사면을 금으로 싼 언약궤가 있고 그 안에 만나를 담은 금 항아리와 아론의 싹 난 지팡이와 언약의 돌판들이 있고 ⁵그 위에 속죄소를 덮는 영광의 그룹들이 있으니 이것들에 관하여는 이제 낱낱이 말할 수 없노라 ⁶이 모든 것을 이같이 예비하였으니 제사장들이 항상 첫 장막에 들어가 섬기는 예식을 행하고 ⁷오직 둘째 장막은 대제사장이 홀로 일 년에 한 번 들어가되 자기와 백성의 허물을 위하여 드리는 피 없이는 아니하나니

　여기서 사도는 다음과 같은 사실들을 진술한다.

Ⅰ. 사도는 먼저 장막에 관한 기사를 진술한다. 　그것은 하나님이 땅에 쳐서 예배드리는 성소로 삼으라고 명하셨던 것이다. 그것을 세상에 속한 성소라고 부르고 있다. 다시 말해서 그것은 이 세상에 온전히 속한 것이다. 그것이 이 세상의 재료들로 만들어졌고, 부서지게 되어 있는 건축물이었기 때문이다. 그래서 그것을 세상에 속한 성소라고 부르는 이유는 그것이 이스라엘의 왕이 거하는 궁

전이었기 때문이다. 하나님은 이스라엘의 왕이셨다. 그러므로 하나님도 다른 왕들처럼 머무실 궁전을 가지셨다. 거기에 어울리는 시종들과 가구와 양식과 필요한 것들이 갖추어진 궁전을 하나님도 가지셨다. 우리가 출애굽기 25장에서 27장까지에서 그 모형을 발견하게 되는 장막은 전투하는 교회의 고정되지 않고 움직이는 상태를 예표한다. 그리고 이 장막은 그 안에 신성이 충만하게 육체적으로 거하는 주 예수 그리스도의 인성을 나타낸다. 이제 이 장막에 대한 진술이 두 부분으로 나뉘어 언급되고 있다. 한 부분을 첫 장막이라 하고 다른 부분을 둘째 장막이라고 한다. 장막은 외소인 성소와 내소인 지성소라고 하는 두 부분이 있다. 그것은 전투하는 교회와 승리하는 교회의 두 상태를 나타낸다. 그리고 그것은 그리스도의 두 속성인 신성과 인성을 나타낸다. 장막의 각 부분에 대해 다음과 같이 진술하고 있다.

1. 성소. 여기에는 몇 가지 물건들이 있는데 그 목록들은 다음과 같다.

(1) 등잔대. 이 등잔대는 비어 있거나 불을 밝히지 않은 경우가 없다. 등잔대는 언제나 등불이 불타고 있었다. 성소에는 등잔대가 늘 필요했다. 왜냐하면 그곳에는 창문이 하나도 없었기 때문이다. 이것은 유대인들에게 구약 시대의 어둠과 비밀에 쌓인 속성을 깨닫게 해주었다. 유대인들을 밝혀주는 불빛은 촛불뿐이었다. 의의 태양이신 그리스도가 그의 백성들에게 비추시고 전달하시는 충만한 빛과 비교해 볼 때 희미하기 그지없었다. 왜냐하면 우리가 받는 모든 빛은 빛의 근원되시는 그리스도로부터 나오기 때문이다.

(2) 상과 그 위에 놓인 진설병. 상은 등잔대가 있는 바로 맞은편에 있었다. 이 사실은 우리가 그리스도로부터 나오는 빛을 통해 그와 교통해야 되고 우리 서로가 교통해야 된다는 사실을 나타내준다. 우리는 어둠 속에서 그리스도의 상으로 나아가서는 안 된다. 우리는 그리스도에게서 나오는 빛을 통해 주님의 몸을 분별해야 될 것이다. 이 상 위에 이스라엘의 열두 지파를 위한 열두 개의 떡덩어리가 있었다. 떡 한 덩어리는 유다 족속 한 지파를 나타냈다. 그 떡덩이는 성소의 상 위에 안식일에서 안식일까지 있었다. 칠 일째 되는 그 날에 떡덩어리가 새로 바뀌었다. 이 진설병은 왕궁의 양식으로 생각될 수도 있다(이스라엘의 왕이신 하나님은 그것이 필요가 없으실지라도 지상의 왕들의 궁전들처럼 하나님의 궁전에서도 이 양식이 매주 상에 놓여야 했을 것이다). 또는 이 양식은 그의 백성의 영혼들을 위한 것이거나, 가난한 사람들을 위한 것일 수 있다.

그리고 그것은 그의 백성의 영혼들을 위로하기 위하여 그리스도 안에서 만들어진 것으로 생각될 수도 있다. 그리스도는 생명의 떡이시다. 우리의 하나님 아버지의 집에는 떡이 충분하고 남아돌아간다. 우리는 특별히 매주일마다 그리스도로부터 신선한 양식을 공급받을 수 있다. 이 외소를 성소라고 부르는 까닭은 거룩하신 하나님을 예배드리기 위하여 세워졌기 때문이다. 그것은 하나님의 백성들을 더욱 거룩하게 성장시키기 위하여 건립되었다. 그것은 거룩하신 예수님을 상징하고 거룩한 백성을 맞아들이기 위하여 건립되었다.

2. 우리는 성소의 내소에 대한 기록을 발견하게 된다. 그것은 둘째 휘장 안에 있었다. 그리고 그것을 지성소라고 부른다. 거룩한 곳인 성소와 가장 거룩한 곳인 지성소 사이를 가르는 이 둘째 휘장은 그리스도의 몸을 나타내는 예표였다. 지성소를 갈라 놓는 휘장의 목적일 뿐만 아니라 방법이기도 한 그것이 갈라짐으로써 하늘 그 자체를 예표하는 모든 것 가운데 가장 거룩한 지성소가 우리를 위하여 열리게 되었다. 이 지성소에는 다음과 같은 것들이 있었다.

(1) 금향로. 그것은 향을 담아놓기 위한 그릇이었거나 또는 향을 피우기 위해 세운 금 제단이었다. 전자이든 후자이든 그것은 하늘나라에서의 그리스도의 즐겁고 효과적인 중보를 나타내는 예표였다. 그 중보는 그리스도의 희생 제물의 공로와 대속에 근거한 것이었다. 우리는 하나님의 영접과 축복을 받기 위하여 그것을 의지해야 된다.

(2) 언약궤. 그것은 순금으로 사면이 도금되었다(4절). 이것은 율법에 대한 그리스도의 완전한 복종과 우리를 위한 모든 의의 성취를 나타내는 예표였다. 이제 언약궤 속에 무엇이 들어있었고 언약궤 위에 무엇이 있었는지를 고찰해보도록 하자.

[1] 언약궤 속에 무엇이 들어있었는가? 여기서 다음의 사실들을 주목하라.

첫째, 언약궤 안에는 만나를 담은 금 항아리가 들어 있었다. 이스라엘 백성들이 하나님의 명령을 어기고 만나를 그들 자신의 집에 보관했을 때 그것은 얼마 안 가 썩고 말았다. 그러나 이제 하나님의 지시에 따라 하나님의 전에 보관하자 그것이 썩지 않고 언제나 깨끗하고 향기롭게 보존되었다. 이 사실이 우리에게 교훈해주는 것은 오직 그리스도 안에서만 우리의 인격과 은혜와 행위들이 깨끗하고 순수하게 보존된다는 것이다. 또한 그것은 우리가 그리스도 안에서 받게 되는 생명의 떡을 나타내는 예표이기도 했다. 그 생명의 떡은 영생을 주는 참된 하나님의 양식이었다. 이것은 하나님이 그의 백성을 광야에서 기적적으로 먹이신 것을 기념하는 것이기도 했다. 그것은 하나님의 백성들이 하나님이 베푸신 그러한 은혜의 표징을 결코 잊어버리지 않고 언제나 하나님을 믿게 하기 위한 것이었다.

둘째, 언약궤 안에는 아론의 싹 난 지팡이가 들어있었다. 이것을 통해 하나님이 이스라엘의 모든 지파들 가운데에서 레위 지파를 선택해 하나님 앞에서 섬기도록 하셨다는 사실을 나타내주었다. 또한 그것은 이스라엘 백성들이 레위 지파에 대하여 원망하는 말을 그치게 하고 제사장의 직분을 침해하는 행위를 중단하게 하기 위한 것이었다. 내가 택한 자의 지팡이에는 싹이 나리니 이것으로 이스라엘 자손이 너희에게 대하여 원망하는 말을 내 앞에서 그치게 하리라(민 17:5). 이 지팡이는 모세와 아론이 이적들을 행했던 하나님의 지팡이였다. 이것은 싹이라 이름하는 사람이신 그리스도를 나타내는 예표였다. 말하여 이르기를 만군의 여호와께서 이같이 말씀하시되 보라 싹이라 이름하는 사람이 자기 곳에서 돋아나서 여호와의 전을 건축하리라(슥 6:12). 하나님은 싹이라 이름하는 사람을 통하여 그의 백성을 영적으로 구원하고 보호하고 도와주고, 그리고 그의 백성의 적들을 파멸시키기 위한 이적들을 행하셨다. 그것은 하나님의 공의를 나타내는 예표였다. 그 공의를 통하여 반석이신 그리스도가 내리쳐졌을 때 그에게서 시원한 생수가 우리의 영혼 속으로 흘러들어오게 되었다.

셋째, 언약궤 안에는 언약의 돌판들이 있었다. 그 돌판들에는 도덕법이 기록되어 있었다. 언약궤 안에 돌판들이 들어있다는 사실은 하나님이 그의 거룩한 법을 보존하시기 위하여 기울이시는 하나님의 배려와 우리가 하나님의 법을 지키기 위하여 가져야 되는 우리의 관심을 나타내준다. 우리는 이것을 오직 그리스도 안에서와 그리스도를 통해서만 할 수 있다. 우리는 그리스도가 주시는 힘을 통해서만 그것을 할 수 있다. 우리는 그리스도를 통하지 않고는 우리의 복종이 하나님께 받아들여질 수가 없다.

[2] 언약궤 위에는 무엇이 있었는가? 그 위에 속죄소를 덮는 영광의 그룹들이 있으니 이것들에 관하여는 이제 낱낱이 말할 수 없노라(5절).

첫째, 언약궤 위에는 속죄소가 있었다. 시은좌(mercy-seat)라고도 하는 이것은 언약궤의 덮개였다. 그것을 속죄소로 불렀다. 그것은 율법의 돌판들이 들어있는 언약궤의 넓이와 길이만큼 순금으로 도금이 되어 있었다. 속죄소는 그리스도를 나타내는 뛰어난 예표였다. 그것은 그의 완전한 의의 상징이었다. 그것은 언제나 하나님의 법의 특성에 어울리고, 우리의 모든 범죄들을 덮어주는 상징이었다. 그것은 하나님의 임재와 우리의 죄의 실패들을 중보해 주고 우리의 죄들을 덮어주는 상징이었다.

둘째, 언약궤 위에는 속죄소를 덮는 영광의 그룹들이 있었다. 그들은 하나님의 거룩한 천사들을 나타냈다. 그들은 그리스도가 우리를 구속하시는 위대한 사역을 들여다볼 수 있는 즐거움을 누렸다. 그들은 구원을 상속받은 사람들을 위하여 구세주의 지시에 따라 모든 좋은 일을 실행할 준비를 갖추고 있다. 천사들은 그리스도가 탄생하시고 시험받으시고 승천하실 때 시중을 들었고, 그리고 그리스도가 다시 오실 때에도 시중을 들 것이다. 천사들은 육체로 나타나신 하나님을 보았고, 축하했고, 방문했다.

II. 구약 시대의 예배 장소에 대한 서술을 통해 사도는 이 장소들에서 행해진 의무들과 봉사들에 대한 진술을 계속한다. 이 모든 것을 이같이 예비하였으니 제사장들이 항상 첫 장막에 들어가 섬기는 예식을 행하고(6절). 이와 같이 장막의 기구와 여러 부분을 갖춘 뒤에 거기에서 무엇을 행했을까?

1. 일반 제사장들은 하나님을 섬기기 위하여 첫째 장막에 언제나 들어갔다. 여기서 다음의 사실들을 주목하라.

(1) 오직 제사장들만이 장막의 첫째 부분에 들어갈 수 있었다. 이 사실은 자격이 없거나, 하나님의 소명을 받지 않은 사람들은 하나님을 섬기는 직분과 일을 맡아서는 안 된다는 것을 우리 모두에게 교훈해주고 있다.

(2) 일반 제사장들은 첫째 장막에만 들어갈 수 있었다. 그들이 지성소에 들어간다면 치명적인 오만을 저지르게 되고 말 것이다. 이 사실은 하나님을 섬기는 사역자들과 목사들일지라도 자신의 적절한 위치와 본분을 알고 지켜야 한다는 것을 우리에게 교훈해주고 있다. 그리고 그들이 그들 자신의 분향을 드리거나, 그리스도의 규례들에 그들 자신이 고안한 것들을 덧붙인다거나, 또는 사람들의 양심에 군림하거나 함으로써 그리스도의 특권을 침해하거나 찬탈하는 오만을 저질러서는 안 된다는 것을 우리에게 가르쳐주고 있다.

(3) 일반 제사장들은 언제나 첫째 장막에 들어갈 수 있었다. 다시 말해서 그들은 하나님을 예배하고 섬기는 일에 언제나 전념해야지 그 일을 한시라도 등한히 해서는 안 되었다. 그들은 맡은 일을 수행하기 위하여 항상 준비하고 대

기하고 있어야 했다. 그리고 그들은 언제나 정해진 시간에 그들의 직분을 수행해야 했다.

(4) 일반 제사장들은 하나님을 섬기는 일을 완수하기 위하여 첫째 장막에 들어가야 한다. 그들은 하나님의 일을 부분적으로 한다거나 대충 반만 한다거나 불완전하게 성의 없이 해서는 안 된다. 오히려 그들은 하나님의 일을 섬기는 일을 함에 있어서 시작도 잘 해야 될 뿐만 아니라 진행도 잘 해야 되고, 그들이 맡은 일을 완수할 때까지 끝까지 잘 견디어 하나님의 뜻과 지시를 항상 온전히 이루어야 할 것이다.

2. 둘째 장막 즉 지성소는 대제사장만이 들어갈 수 있었다. 오직 둘째 장막은 대제사장이 홀로 일 년에 한 번 들어가되 자기와 백성의 허물을 위하여 드리는 피 없이는 아니하나니(7절). 장막의 둘째 부분인 지성소는 그리스도가 승천하신 하늘나라의 상징이었다. 여기서 다음의 사실들을 주목하라.

(1) 지성소에는 대제사장 이외에는 어느 누구도 들어갈 수 없었다. 그러므로 그리스도 이외에는 그 자신의 이름과 그 자신의 권리와 그 자신의 공로로 하늘나라에 들어갈 수 있는 사람은 아무도 없었다.

(2) 지성소를 들어갈 때 대제사장은 먼저 외소인 첫째 장막을 통과해야 하고, 그 다음에 휘장을 통과해야 한다. 이 사실은 그리스도가 거룩한 삶과 격렬한 죽음을 거쳐 하늘나라에 들어가셨음을 나타내준다. 그리스도의 육체를 상징하는 휘장이 둘로 갈라져야 했다.

(3) 대제사장은 일 년에 한 차례만 지성소에 들어갔다. 이 부분에 있어서는 원형이 모형보다 뛰어나다(다른 것들에 있어서도 그렇긴 하지만). 왜냐하면 구약 시대의 대제사장은 일 년에 한 번만 지성소에 들어갔지만 그리스도는 복음의 전 시대에 걸쳐 모든 사람을 위하여 단 한 번만 들어가셨기 때문이다.

(4) 대제사장은 피 없이는 지성소에 들어갈 수 없었다. 이 사실은 그리스도가 우리를 위하여 대제사장 직분을 맡아 수행하실 때 우리를 대신하여 자신의 피를 흘리지 않고는 하늘나라에 들어가는 허락을 받으실 수 없었다는 것을 나타내준다. 그리고 이 사실은 우리가 그리스도의 피를 통하지 않고는 현세에서의 하나님의 은혜로운 임재나 내세에서의 하나님의 영광스러운 임재를 체험할 수 없다는 것을 의미하고 있다.

(5) 율법 시대의 대제사장은 지성소에 들어가서 먼저 그 자신과 그 자신의 잘

못들을 위하여 피 흘림의 제사를 드리고, 그 다음에 백성의 잘못들을 위하여 피 흘림의 제사를 드렸다. 오직 둘째 장막은 대제사장이 홀로 일 년에 한 번 들어가되 자기와 백성의 허물을 위하여 드리는 피 없이는 아니하나니(7절). 이 사실은 목사들이 그리스도의 이름으로 다른 사람들을 위하여 중보 기도를 할 때 그리스도의 피를 먼저 목사들의 죄 사함을 위하여 자신들에게 적용해야 한다는 것을 우리에게 가르쳐주고 있다.

(6) 율법 시대의 대제사장이 그 자신을 위하여 제사를 드렸을 때 그는 거기에서 끝나는 것이 아니라 백성의 허물을 위해서도 제사를 드려야 했다. 우리의 대제사장이신 그리스도는 그 자신을 위하여 제사를 드리실 필요가 전혀 없으시지만 그의 백성을 위하여 제사를 드리셔야 된다는 것을 잊지 않으신다. 그리스도는 지상에 사는 그의 백성의 유익을 위하여 그의 고난의 공로를 통하여 우리를 옹호해주신다. 여기서 다음의 사실들을 주목하라.

[1] 죄들은 판단과 행위에 있어서의 잘못들과 큰 잘못들이다. 우리가 하나님을 거스르는 죄를 범할 때 큰 잘못을 저지르게 된다. 그의 모든 잘못들과 허물들을 이해할 수 있는 사람은 누구인가?

[2] 그리스도의 피를 통하지 않고는 씻어낼 수 없는 양심에 남아있는 죄책들이 있다. 그러므로 제사장들과 백성들의 죄책들과 허물들은 모두 다 동일한 수단을 통하여 씻어내야 된다. 다시 말해서 그러한 죄책들과 허물들은 그리스도의 피 흘림의 적용을 통하여 깨끗이 씻어내야 된다. 우리는 그리스도가 우리를 위하여 하늘나라에서 변호하고 계시는 동안에 지상에서 그리스도의 피를 변호해야 할 것이다.

[8]성령이 이로써 보이신 것은 첫 장막이 서 있을 동안에는 성소에 들어가는 길이 아직 나타나지 아니한 것이라 [9]이 장막은 현재까지의 비유니 이에 따라 드리는 예물과 제사는 섬기는 자를 그 양심상 온전케 할 수 없나니 [10]이런 것은 먹고 마시는 것과 여러 가지 씻는 것과 함께 육체의 예법일 뿐이며 개혁할 때까지 맡겨 둔 것이니라 [11]그리스도께서는 장래 좋은 일의 대제사장으로 오사 손으로 짓지 아니한 것 곧 이 창조에 속하지 아니한 더 크고 온전한 장막으로 말미암아 [12]염소와 송아지의 피로 하지 아니하고 오직 자기의 피로 영원한 속죄를 이루사 단번에 성소에 들어가셨느니라 [13]염소와 황소의 피와 및 암송아지의 재를 부정한 자에게 뿌려 그 육체

를 정결하게 하여 거룩하게 하거든 ¹⁴하물며 영원하신 성령으로 말미암아 흠 없는 자기를 하나님께 드린 그리스도의 피가 어찌 너희 양심을 죽은 행실에서 깨끗하게 하고 살아 계신 하나님을 섬기게 하지 못하겠느냐

이 구절들에서 사도는 장소와 예배를 포함하여 장막과 율법 시대의 모든 규례들에 있어서 성령이 행하신 사역의 정신과 의미를 우리에게 전달해주고 있다. 구약 성서들은 성령의 감동을 받았다. 구약 시대의 거룩한 사람들이 성령이 그들에게 지시하시는 대로 하나님의 말씀을 전하고 기록했다. 그리고 이 구약 성서의 기록들은 처음에 그 말씀들을 받았던 사람들뿐만 아니라 그리스도인들에게조차도 대단히 유용하고 의미가 있었다. 그리스도인들은 레위 지파의 제사법의 규례들과 제도들을 읽는 것으로 만족해서는 안 된다. 오히려 그리스도인들은 그것들을 통하여 성령이 그들에게 전달해주시는 의미와 시사점들이 무엇인지를 깨우치고 배워야 한다. 이제 여기서 언급되고 있는 몇 가지 것들을 통하여 성령이 그의 백성들에게 의미하시고 확증하시는 것들이 무엇인지 알아보도록 하자.

I. 첫째 장막이 서 있을 동안에는 지성소로 들어가는 길이 명백하게 아직 드러나지 않았다는 사실을 성령이 그의 백성에게 알려주신다. 성령이 이로써 보이신 것은 첫 장막이 서 있을 동안에는 성소에 들어가는 길이 아직 나타나지 아니한 것이라(8절). 이 사실은 성령이 이러한 모형들을 통하여 우리에게 가르쳐주시는 한 가지 교훈이다. 구약 시대에는 신약 시대만큼 하늘나라에 이르는 길이 아직 아주 명백하고 분명하게 드러나지도 않았고 자주 언급되지도 않았다. 이제 생명과 영생이 밝히 드러나고 계시된 것은 그리스도와 복음의 영광이고, 그리고 그 계시 아래에서 사는 사람들의 행복과 축복이다. 옛날에는 하나님께 자유롭게 나아갈 수 없었지만 지금은 그렇지 않다. 하나님은 이제 더 넓은 문을 활짝 열어놓고 계시다. 그리고 하늘나라에는 그리스도를 통하여 하나님께 진실로 돌아서기를 바라는 수많은 사람들도 들어갈 수 있는 처소가 더 많이 있다.

II. 첫째 장막은 그 당시의 사람들에게 보여주기 위한 비유에 불과했다는 사실을 성령이 확증해준다. 이 장막은 현재까지의 비유니 이에 따라 드리는 예물과 제사는 섬기는 자를 그 양심상 온전하게 할 수 없나니(9절). 그 제도는 흐릿한 것이

었고 짧은 기간을 위한 것이었다. 그것은 그리스도와 복음의 위대한 진리들을 예표하고 상징할 따름이었다. 때가 되면 그리스도와 복음의 진리들이 찬란한 빛을 발하게 되고, 그리고 태양이 떠오르면 별들이 사라지듯이 모든 그림자들과 상징들과 모형들이 사라지게 될 것이다.

III. 첫째 장막에서 드려진 예물들과 희생 제사들은 바치는 사람의 양심을 온전하게 해줄 수 없었다. 이 장막은 현재까지의 비유니 이에 따라 드리는 예물과 제사는 섬기는 자를 그 양심상 온전하게 할 수 없나니(9절). 다시 말해서 첫 장막의 예물들과 제사들은 죄의 결함과 오염과 지배를 없애 줄 수 없었다. 그것들은 하나님의 진노하심에서 양심을 벗어나게 해줄 수 없었다. 심지어 그것들은 그 예식을 섬기는 사람의 죄의 부채를 면제해줄 수 없었고, 또한 그의 의심들을 해소해줄 수도 없었다. 어떤 사람이 몇 가지 의식을 통해 그것들을 다 시행하고 또 빈번한 반복을 통해 그것들을 평생에 걸쳐 시행할 수 있다. 그러나 그는 그러한 의식들의 시행을 통하여 양심의 평화나 청결을 얻을 수 없을 것이다. 그는 그것들을 지키지 않는 사람들에게 위협이 되는 육체적이고 일시적인 징벌들로부터 그것들을 통하여 구원받을 수 있을 따름이다. 그러나 그는 그리스도를 믿는 모든 사람들이 구원을 받는 것처럼 그 의식들을 통하여 죄나 지옥으로부터의 구원을 받을 수 없을 것이다.

IV. 여기서 성령을 통해 의미하는 것은 구약 시대의 제도들이 개혁이 이루어지기까지는 단지 형식적인 육체의 예법들일 뿐이었다는 것이다. 이런 것은 먹고 마시는 것과 여러 가지 씻는 것과 함께 육체의 예법일 뿐이며 개혁할 때까지 맡겨둔 것이니라(10절). 그 예법들은 세 가지 점에서 불완전하다.

1. 구약의 예법들의 속성. 그것들은 단지 형식적이고 육체적인 먹고 마시는 것과 여러 가지 씻는 것들뿐이었다. 이것들은 모두 육체의 연습들에 지나지 않았고 유익은 별로 없었다. 구약의 예법들은 육체를 만족시킬 수는 있었다. 그래서 그것들은 기껏해야 육체만을 깨끗하게 해줄 수 있을 따름이었다.

2. 구약의 예법들은 히브리인들이 사용하든지 안 하든지 그들을 내버려 두는 그러한 것이 아니었다. 그것들은 그들에게 아주 무거운 육체의 징벌들을 지워주었다. 이렇게 한 것은 히브리인들이 성경에 예언된 약속의 자손을 더욱 갈망하고 바라보게 하기 위한 것이었다.

3. 구약의 예법들은 결코 영구히 사용할 수 있는 영속물로 계획된 것들이 아

니었다. 그것들은 단지 새로운 약속과 예법으로 개혁될 때까지만 존속할 따름이었다. 다시 말해서 구약의 예법들은 더 좋은 것들로 대체될 때까지 실행되기 위한 것이었다. 복음의 시대가 개혁의 시대이고 마땅히 그렇게 되어야 할 것이다. 복음 시대에는 모든 것들에 더욱 분명한 빛이 비추어 아주 확실하게 알려지게 될 것이다. 아주 큰 사랑을 힘입어 우리 모두가 악의가 아니라 호의와 은총을 수여받게 될 것이다. 그리고 우리 모두가 하나님처럼 되어 만족하게 될 것이다. 우리 모두는 정신과 말에 있어서 아주 큰 자유를 누리게 되고, 복음의 규칙에 따라 아주 거룩한 삶을 살게 될 것이다. 우리는 히브리인들이 구약의 율법 아래에서 누린 것보다 더욱 큰 유익들을 복음 아래에서 누리게 될 것이다. 우리는 반드시 더 잘 되든지 더 나쁘게 되든지 할 것이다. 복음에 어울리는 생활양식은 아주 뛰어난 방식의 삶이다. 야비하고, 어리석고, 헛되고, 노예적인 어떠한 것도 복음과는 결코 어울릴 수가 없다.

V. 성령이 이것으로 우리에게 의미하시는 것은 우리가 구약의 모형들을 결코 바르게 사용하지 못한다는 것이다. 그러나 우리가 그 모형들을 원형들에 적용할 때 비로소 바르게 사용할 수 있다는 것이다. 우리가 그렇게 할 때마다 원형이 모형보다 훨씬 뛰어나다는 것이 아주 분명하게 드러나게 될 것이다. 이 사실은 성경에서 말씀된 모든 사실의 취지이고 목적이다. 그러므로 히브리서 기자가 그리스도가 오셨고 예수님이 바로 그 그리스도이셨다는 사실을 믿는 사람들에게 기록한 대로, 그는 예수 그리스도가 모든 율법을 따라 세워진 대제사장들보다 비할 데 없이 높으시다는 것을 아주 적절하게 추론하고 있다. 그리스도께서는 장래 좋은 일의 대제사장으로 오사 손으로 짓지 아니한 것 곧 이 창조에 속하지 아니한 더 크고 온전한 장막으로 말미암아 염소와 송아지의 피로 하지 아니하고 오직 자기의 피로 영원한 속죄를 이루사 단번에 성소에 들어가셨느니라(11, 12절). 그리고 히브리서 기자는 그 사실을 아주 완전하게 예증해주고 있다. 그 이유는 다음과 같다.

1. 그리스도께서는 장래 좋은 일의 대제사장으로 오신다. 이 말씀은 다음과 이해될 수도 있다.

(1) 옛날에는 모든 좋은 것들이 옛 언약에 따라 왔다. 그러나 지금은 모든 좋은 것들이 새 언약에 따라 오고 있다. 옛 언약의 성도들이 그들의 시대에 옛 법에 따라 받았던 모든 영적인 영원한 축복들은 그들이 믿던 장차 오실 메시야로

말미암은 것이었다. 옛 언약 즉 구약은 장차 이루어질 것의 그림자들을 통해 진술되고 있다. 새 언약 즉 신약은 구약의 성취와 완성이다.

(2) 장차 복음 시대에 누리게 될 모든 좋은 것들은 후세의 복음 교회에 대해 했던 약속들과 예언들이 성취될 때 이루어지게 될 것이다. 이것들은 모두 그리스도와 그의 대제사장 직분에 근거하여 이루어지게 될 것이다.

(3) 하늘나라에서 앞으로 받게 될 모든 좋은 것들은 구약과 신약을 온전히 성취하게 될 것이다. 마찬가지로 영광의 상태가 은혜의 상태를 온전히 성취하게 될 것이다. 이 상태는 신약이 구약을 성취하는 것보다 훨씬 더 높은 의미와 차원에서 신약을 성취하게 될 것이다. 여기서 다음의 사실들을 주목하라. 과거, 현재, 그리고 미래의 모든 것들은 다 그리스도의 대제사장 직분에 근거하고 있고 그것을 통해 이어져 내려오고 있다.

2. 그리스도께서는 더 크고 온전한 장막으로 말미암아 세움을 받으신 대제사장이시다. 그리스도께서는 장래 좋은 일의 대제사장으로 오사 손으로 짓지 아니한 것 곧 이 창조에 속하지 아니한 더 크고 온전한 장막으로 말미암아(11절). 그리스도께서는 장막과 같은 건물이 아니라 그 자신의 몸으로 세움을 받으신 대제사장이시다. 그는 축복받은 동정녀보다 더 중요한 성령으로 말미암아 잉태되신 인간의 본성을 지니신 장막이시다. 그리스도께서 세우신 이 장막은 새로운 건축물이었다. 이것은 새로운 반차를 따른 건물이었다. 이 건물은 장막과 성전을 포함하여 지상의 모든 건축 구조물보다 비할 데 없이 무한히 우월한 새로운 건축이었다.

3. 우리의 대제사장이신 그리스도께서는 하늘나라에 들어가셨다. 주님께서는 소와 염소의 피를 가지고 지성소에 들어가는 대제사장으로서가 아니라 그 짐승들의 피가 예표하는 그 자신의 피 흘리심으로 하늘나라에 들어가셨다. 그리스도의 피는 짐승들의 피에 비교할 수 없는 무한한 가치를 지녔다.

4. 구약의 율법을 따라 일 년마다 단 한 차례 지성소에 들어간 것은 그 제사장 직분의 불완전함을 나타내주었다. 그것은 일 년 간의 집행 유예나 특사를 상징적으로 나타내주었다. 그러나 우리의 대제사장이신 그리스도께서는 모든 사람을 위하여 단번에 하늘나라에 들어가셨다. 그리고 그리스도께서는 일 년의 집행 유예가 아니라 영원한 속죄를 획득하셨다. 그러므로 그리스도의 속죄는 매년 지성소에 들어갈 필요가 없다. 각 모형들은 그것이 모형이라는 사실을

드러내주었다. 그 모형들이 그리스도를 나타내는 원형을 닮긴 했지만 그것이 모형에 지나지 않음을 드러내주었고 원형에 미치지 못했다. 그러므로 모든 모형들이 결코 원형과 비교 대상이 될 수 없었다.

5. 더 나아가서 성령께서 구약의 희생 제사들이 지녔던 효력이 어느 정도였고 그것과 비교해서 그리스도의 피의 효력이 훨씬 우월하다는 것을 의미하고 나타내셨다.

(1) 율법을 따른 희생 제물들의 피가 지닌 효력은 육체를 깨끗하게 해주는 것이었다. 염소와 황소의 피와 및 암송아지의 재를 부정한 자에게 뿌려 그 육체를 정결하게 하여 거룩하게 하거든(13절). 율법의 희생 제물의 피는 의식적인 부정함에서 사람의 육체를 깨끗하게 해주거나 일시적인 징벌을 면하게 해주었다. 그리고 그것은 제물을 바친 사람에게 적절하고 합당한 어떤 외적인 특권들을 주었다.

(2) 히브리서 기자는 그리스도의 피의 효력이 지닌 아주 뛰어난 우월성을 아주 적절하게 나타내고 있다. 하물며 영원하신 성령으로 말미암아 흠 없는 자기를 하나님께 드린 그리스도의 피가 어찌 너희 양심을 죽은 행실에서 깨끗하게 하고 살아 계신 하나님을 섬기게 하지 못하겠느냐(14절). 여기서 다음의 사실들을 주목하라.

[1] 무엇이 그리스도의 피에 그러한 효력을 주었는가?

첫째, 그리스도의 피는 하나님께 그리스도 자신을 바치는 예물이었다. 그것은 그의 신성의 제단에 그의 인성을 바치는 예물이었다. 제사장과 제단과 희생 제물이 되신 그리스도의 신성이 제사장과 제단으로 섬기시고, 그리고 그의 인성이 희생 제물로 섬기신다. 그러므로 그러한 제사장과 제단과 희생 제물이 속죄를 할 수 없었겠는가.

둘째, 그리스도의 피는 영원하신 성령을 통하여 하나님께 그리스도 자신을 바치시는 그의 예물이었다. 그리스도의 피를 통한 속죄를 위하여 신성이 인성을 지원했을 뿐만 아니라 그리스도께서 무한히 가지시고 모든 일에 도움을 주시는 성령께서도 그리스도 자신을 바치시는 이 위대한 순종의 사역에 도움을 주셨다.

셋째, 그리스도의 피는 흠 없이 하나님께 자신을 드리신 그리스도의 예물이었다. 그것은 그리스도의 본성이나 생활에 있어서 어떤 죄의 티나 얼룩도 전혀 없는 예물이었다. 이 예물은 제사법을 충족시켰다. 제사법은 예물들이 흠이 없어야 한다고 규정했다. 이제 더욱 깊이 생각해보도록 하자.

[2] 그리스도의 피의 효력은 어느 정도인가? 그 효력은 아주 크다. 그 이유는 다음과 같다.

첫째, 그리스도의 피는 사람들의 양심을 죽은 행실에서 깨끗하게 씻어줄 정도로 충분하다. 그리스도의 피는 영혼과 양심에 바로 영향을 미친다. 죄로 더럽혀진 오염된 영혼은 죽은 행실이다. 그것은 영적 죽음에서 나오고 영원한 죽음에 이르게 하는 성향을 지니고 있다. 죽은 몸을 건드리는 것이 율법적인 부정함이 되었던 것처럼 죄를 건드리거나 접촉하는 것은 도덕적인 더러움과 실제적인 더러움을 초래한다. 그 더러움이 바로 영혼 속에 정착하게 된다. 그러나 그리스도의 피는 영혼의 더러움을 깨끗하게 씻어주는 효력을 지니고 있다.

둘째, 그리스도의 피는 살아 계신 하나님을 섬길 수 있게 해준다. 그리스도의 피는 하나님과 죄인들을 갈라 놓는 죄악을 깨끗하게 씻어줌으로써 살아 계신 하나님을 섬기게 해준다. 또한 그리스도의 피는 성령의 은혜로우신 영향을 통하여 영혼을 성화시키고 새롭게 해줌으로써 우리가 활기 넘치는 태도로 살아 계신 하나님을 섬길 수 있게 해준다. 이 목적을 위하여 그리스도께서 그의 피로 값을 지불하고 우리를 속량해주셨다.

[15]이로 말미암아 그는 새 언약의 중보자시니 이는 첫 언약 때에 범한 죄에서 속량하려고 죽으사 부르심을 입은 자로 하여금 영원한 기업의 약속을 얻게 하려 하심이라 [16]유언은 유언한 자가 죽어야 되나니 [17]유언은 그 사람이 죽은 후에야 유효한즉 유언한 자가 살았 있는 동안에는 효력이 없느니라 [18]이러므로 첫 언약도 피 없이 세운 것이 아니니 [19]모세가 율법대로 모든 계명을 온 백성에게 말한 후에 송아지와 염소의 피 및 물과 붉은 양털과 우슬초를 취하여 그 두루마리와 온 백성에게 뿌리며 [20]이르되 이는 하나님이 너희에게 명하신 언약의 피라 하고 [21]또한 이와 같이 피를 장막과 섬기는 일에 쓰는 모든 그릇에 뿌렸느니라 [22]율법을 따라 거의 모든 물건이 피로써 정결하게 되나니 피흘림이 없은즉 사함이 없느니라

이 구절들에서 사도는 유언이나 언약의 개념으로 복음을 고찰하고 있다. 즉 그리스도의 새 언약이나 마지막 유언의 개념으로 복음을 진술하고 있다. 이 진술은 그리스도의 피의 필요성과 효력이 이 복음의 언약을 유효하게 하고

효력을 발생시킨다는 사실을 나타낸다. 여기서 다음의 사실들을 주목하라.

I. 본문에서 복음은 우리의 주님이신 구세주 예수 그리스도의 새 언약과 마지막 유언으로 고찰되고 있다. 하나님과 인간 사이에 맺어지는 신성한 계약들을 본문에서 유언이라고 부르고 있다는 사실은 주목할 만하다. 이것을 종종 언약이라고 부른다. 언약은 두 사람이나 세 사람 이상의 이해당사자들 간에 약속하는 협정이다. 이 협정은 중재자가 있기도 하고 없기도 하다. 이것은 그것이 선언되는 시기와 방식에 따라 효력을 발생한다. 유언은 한 개인의 자의적인 행위이다. 그것은 유언자가 진술하고 서명한 대로 유산 상속인에게 유산을 물려주기 위한 것이다. 유언은 유언자가 죽을 때만 효력을 발생하게 되고 정당하게 시행되게 된다. 그리스도는 새 언약과 새 유언의 중보자이시다. 이로 말미암아 그는 새 언약의 중보자시니 이는 첫 언약 때에 범한 죄에서 속량하려고 죽으사 부르심을 입은 자로 하여금 영원한 기업의 약속을 얻게 하려 하심이라(15절). 그리스도께서 그렇게 되신 것은 몇 가지 목적을 이루시기 위한 것이다. 그 목적들이 다음과 같이 언급되고 있다.

1. 사람들이 율법과 첫 언약에 대해 범한 죄들을 속량하기 위한 것이다. 율법은 모든 범죄에 대해 자유를 박탈하고, 그리고 범죄를 저지른 사람들을 채무자들이나 노예들이나 죄수들로 만든다. 그러므로 그들은 속량을 받을 필요가 있다.

2. 실제로 하나님의 부르심을 받은 모든 사람들에게 영원한 기업의 약속을 물려받을 수 있는 자격을 주기 위한 것이다. 이 영원한 기업은 그리스도께서 그의 마지막 유언과 언약을 통해 규정한 유산 상속인들에 물려주신 위대한 유산이다.

II. 새 언약의 효력이 발생하기 위해서는 그리스도께서 죽으셔야 할 필요가 있었다. 유산은 죽음을 통하여 그 권리의 효력이 발생한다. 이 사실을 히브리서 기자는 두 논증을 통하여 증명하고 있다.

1. 모든 유언의 일반적인 속성을 통하여 증명한다. 유언은 유언한 자가 죽어야 되나니(16절). 유언이 실재하고 그 효력이 발생하기 위해서는 유언자가 죽어야만 한다. 그 때까지 재산은 계속해서 유언자의 손에 있게 되고 그가 원하는 대로 자신의 유언을 취소할 수도 있고 변경할 수도 있는 권한을 가지고 있다. 그러므로 유언자의 죽음이 그 유언을 변경할 수 없고 효력을 발생시킬 때까지는

어떤 재산이나 권리도 마음대로 양도될 수가 없다.

2. 모세가 첫 언약을 비준 받을 때 취했던 특별한 방법을 통하여 증명한다. 첫 언약도 피가 없이 세워질 수 없었다. 이러므로 첫 언약도 피 없이 세운 것이 아니니 모세가 율법대로 모든 계명을 온 백성에게 말한 후에 송아지와 염소의 피 및 물과 붉은 양털과 우슬초를 취하여 그 두루마리와 온 백성에게 뿌리며(18, 19절). 모든 사람이 죄로 말미암아 하나님 앞에 범죄하게 되었다. 따라서 그들은 기업과 자유를 박탈당하게 되었고, 그리고 생명까지도 박탈당하고 하나님의 공의의 손에 맡겨지게 되었다. 그러나 하나님께서 그의 크신 긍휼을 보여주시기를 원하셨다. 그래서 하나님께서는 은혜의 언약을 선포하시고, 그 은혜의 언약이 옛 언약 아래에서 예표적으로 시행되게 하셨다. 그러나 그것이 피조물의 피와 생명이 없이는 시행될 수 없었다. 하나님께서 수소와 염소의 피를 받아들이셨다. 그것은 그리스도의 피를 상징하고 예표했다. 이 수단을 통하여 은혜의 언약이 옛 율법 아래에서 인준이 되었다. 모세가 하나님의 지시를 따라서 시행한 방법이 여기서 상세하게 진술되고 있다.

(1) 모세는 율법에 따라서 모든 백성들에게 모든 계명을 말했다(19절). 모세는 백성들에게 언약의 취지, 요구되고 있는 의무들, 의무를 다한 사람들에게 약속된 보상들, 법을 어긴 사람들에 대한 징벌을 공포했다. 그리고 모세는 언약의 요구 사항들에 그들의 동의를 요구했다. 그리고 그는 이것을 분명한 태도로 공포했다.

(2) 그 다음에 모세는 송아지와 염소의 피를 물과 붉은 양털과 우슬초와 함께 취하고 그 피를 백성들에게 뿌렸다. 이 피와 물은 우리 구세주의 창에 찔리신 옆구리에서 나온 피와 물을 상징했다. 그 피와 물은 칭의와 성화를 위한 것이었다. 또한 이 피와 물은 신약의 두 성례들인 세례와 성만찬을 나타냈다. 붉은 양털은 우리가 입어야 하는 그리스도의 의를 의미하고 우슬초는 우리가 모든 일에 적용해야 하는 믿음을 상징한다. 모세는 이것들을 가지고 피를 뿌렸다.

[1] 율법 책과 언약에 피를 뿌린 것은 은혜 언약이 그리스도의 피를 통하여 확증되고 우리의 유익을 위하여 효력을 가지게 되었다는 것을 나타내준다.

[2] 그리스도의 피흘림을 암시하는 백성들에 대한 피 뿌림이 우리에게 적용되지 않는다면 우리에게 아무런 유익이 없을 것이다. 그리고 두루마리와 백성에 대한 피 뿌림은 언약을 맺은 양쪽 당사자들의 상호적인 동의를 상징했다.

다시 말해서 언약의 양쪽 당사자들인 하나님과 인간이 이 언약 안에서 그리스도를 통하여 상호 간에 맺은 약속들에 대한 상호적인 동의를 의미했다. 피를 뿌리는 동시에 모세는 이는 하나님이 너희에게 명하신 언약의 피라 하고(20절) 백성에게 공포하고 있다. 그리스도의 피를 예표하는 이 피는 모든 참된 신자들을 위한 은혜 언약을 비준하는 것이다.

[3] 모세는 장막과 그것을 섬기는 일에 쓰는 모든 그릇들에 피를 뿌렸다. 그것은 장막에서 드려진 모든 희생 제물들과 그 곳에서 시행된 모든 의식과 섬김이 그리스도의 피를 통해서만 받아들여졌다는 사실을 암시해준다. 그리스도의 피는 우리의 거룩한 것들에 들러붙어 있는 부정과 더러움을 깨끗하게 씻어준다. 그러한 죄와 더러움은 속죄의 피가 없이는 사해지거나 깨끗하게 씻겨질 수가 없었다.

[23]그러므로 하늘에 있는 것들의 모형은 이런 것들로써 정결하게 할 필요가 있었으나 하늘에 있는 그것들은 이런 것들보다 더 좋은 제물로 할지니라 [24]그리스도께서는 참 것의 그림자인 손으로 만든 성소에 들어가지 아니하시고 바로 그 하늘에 들어가사 이제 우리를 위하여 하나님 앞에 나타나시고 [25]대제사장이 해마다 다른 것의 피로써 성소에 들어가는 것 같이 자주 자기를 드리려고 아니하실지니 [26]그리하면 그가 세상을 창조한 때부터 자주 고난을 받았어야 할 것이로되 이제 자기를 단번에 제물로 드려 죄를 없이 하시려고 세상 끝에 나타나셨느니라 [27]한 번 죽는 것은 사람에게 정해진 것이요 그 후에는 심판이 있으리니 [28]이와 같이 그리스도도 많은 사람의 죄를 담당하시려고 단번에 드리신 바 되셨고 구원에 이르게 하기 위하여 죄와 상관없이 자기를 바라는 자들에게 두 번째 나타나시리라

본 장의 마지막 단락에서 사도는 성령께서 하늘에 있는 것들을 나타내는 율법의 모형들을 통하여 우리에게 의미하시는 바를 계속해서 말하고 있다. 그 모형들은 하늘에 있는 것들을 정결하게 하기 위하여 더 좋은 희생 제물들이 필요하다는 것을 암시해준다.

I. 하늘에 있는 것들의 모형들을 정결하게 해야 할 필요성. 그러므로 하늘에 있는 것들의 모형은 이런 것들로써 정결하게 할 필요가 있었으나 하늘에 있는 그것들은 이런 것들보다 더 좋은 제물로 할지니라(23절). 이 필요성은 다음의 두 가지 사

실에 기인하고 있다. 하나님의 명령은 항상 복종해야 한다는 사실, 그리고 그 명령을 현재 예표하고 있는 것들과 과거에 예표했던 것들 사이의 적절한 유사성이 보존되어야 할 이유가 있다는 사실이다. 여기서 주목할 만한 사실은 지상에 있는 하나님의 성소는 하늘의 모형이고, 그리고 그의 성소 안에서의 하나님과의 교통은 하나님의 백성과 땅 위의 하늘과의 교통을 나타낸다는 것이다.

Ⅱ. 하늘에 있는 것들이 황소와 염소들의 제물들보다 더 좋은 제물들로 정결하게 할 필요성. 실제의 것들이 모형들보다 더 좋다. 그러므로 하늘에 있는 것들은 더 좋은 희생 제물들로 정결하게 될 필요가 있다. 이 하늘에 있는 것들은 은혜로 시작되고 영광으로 완성이 되는 복음의 지위가 지닌 특권들이다. 이것들은 적절한 재가나 봉헌을 통하여 비준이 되어야 한다. 이것이 바로 그리스도의 피였다. 이제 그리스도의 희생 제물이 율법의 희생 제물들보다 무한히 더 좋다는 것은 다음의 사실들을 통해 아주 분명하게 드러나고 있다.

1. 율법 아래에서 드려진 희생 제물들의 장소와 복음 아래에서 드려진 희생 제물의 장소를 통해 그 사실이 드러나고 있다. 율법 아래에서 드려진 제물들의 장소는 손으로 만든 거룩한 장소들이었다. 그 장소는 참된 성소의 모형일 따름이다. 그리스도께서는 참 것의 그림자인 손으로 만든 성소에 들어가지 아니하시고 바로 그 하늘에 들어가사 이제 우리를 위하여 하나님 앞에 나타나시고(24절). 땅에서 드려지기는 했을지라도 그리스도의 희생 제물은 그분 자신에 의해서 직접 하늘로 올려졌다. 그리고 그 제물이 하늘에서 날마다 중보의 방법을 통해 드려지고 있다. 왜냐하면 그리스도께서는 우리를 위하여 하나님 앞에 날마다 나아가시기 때문이다. 그리스도께서 하늘에 올라가신 것은 안식을 누리시고 그에게 합당한 영광을 받으실 뿐만 아니라 우리를 위하여 날마다 하나님 앞에 나아가시기 위한 것이다. 그리스도께서 하나님 앞에 나아가시는 것은 우리의 인격과 행위들을 하나님께 드리고, 우리의 대적자와 고소자에게 대응하시고 책망하시고, 우리의 유익을 확보해 주시고, 우리의 모든 수고와 일들을 완성하여 주시고, 그리고 우리를 위한 처소를 준비해 주시기 위한 것이다.

2. 드려진 제물 그 자체를 통해서 그 사실이 명백하게 드러난다. 그리하면 그가 세상을 창조한 때부터 자주 고난을 받았어야 할 것이로되 이제 자기를 단번에 제물로 드려 죄를 없이 하시려고 세상 끝에 나타나셨느니라(26절). 율법 아래에서 드려진 제물들은 예물을 드리는 사람들과 다른 본성을 지닌 다른 피조물들의 생

명과 피였다. 다시 말해서 그것들은 짐승들의 피였고, 가치가 적은 것이었다. 그리고 그것이 그리스도의 피를 예표하는 것이 아니었다면 이러한 희생 제물의 문제에 있어서 어떤 가치나 의미가 전혀 없었을 것이다. 그러나 그리스도의 희생 제물은 그 자신을 바치는 봉헌이었다. 그리스도께서는 그 자신의 피를 바치셨다. 그 피는 삼위일체의 위격적 연합을 통하여 드려진 참으로 하나님의 피였다. 그러므로 그 피는 무한한 가치를 지닌 예물이었다.

3. 율법을 따라 드리는 제물들의 빈번한 반복을 통해서 그 사실이 명백하게 드러난다. 이 사실은 율법의 불완전성을 드러내주었다. 단 한 차례 드려졌다는 사실은 그리스도의 희생 제물의 영광과 완전성을 드러내준다. 그리스도의 제물은 모든 목적을 충족시키는 것이었다. 그렇지 않고 그 반대는 말이 안 되었을 것이다. 왜냐하면 그리스도께서는 지금도 죽으셔야 하고 다시 부활하셔야 하고, 그리고 다시 하늘에 올라가시고 다시 내려오셔서 죽으셔야 하는 것을 수도 없이 되풀이하셔야 할 것이기 때문이다. 그렇게 되면 위대한 구속 사역이 결코 완성되고 마쳐지지를 않고 언제나 되풀이되는 현재진행형이 되어야 할 것이다. 그러한 현상은 계시에 배치되고 그리스도의 인격의 위엄을 손상시키게 될 것이다. 이제 자기를 단번에 제물로 드려 죄를 없이 하시려고 세상 끝에 나타나셨느니라(26절). 복음은 인간들을 위해 베푸시는 하나님의 은혜의 최후의 섭리이다.

4. 율법에 따라 드리는 희생 제물들의 비효율성과 그리스도의 희생 제물의 효율성을 통해서 그 사실이 명백하게 드러난다. 율법의 희생 제물들은 죄를 없앨 수도 없었고, 죄의 용서나 죄에 대한 지배를 확보할 수도 없었다. 왜냐하면 죄가 여전히 우리를 억압하고 지배했을 것이기 때문이다. 그러나 예수 그리스도께서는 단 한 번의 희생 제물을 통해 죄의 권세를 끝내게 하셨다. 그리스도께서는 마귀의 사역들을 무너뜨리셨다.

III. 사도는 사람들에 관한 하나님의 약속을 통하여 논증의 예를 들어 설명한다(27, 28절). 그리고 그리스도에 관한 하나님의 약속 안에서 사람들에 관한 약속과 비슷한 것을 진술한다.

1. 사람들에 관한 하나님의 약속은 그 안에 두 가지 사실을 내포하고 있다.

(1) 사람들은 반드시 한 번 죽어야 한다. 그렇지 않으면 사람들은 최소한 죽음에 버금가는 어떤 변화를 겪어야 한다. 죽는다는 것은 두렵고 무서운 일이다.

그것은 생명의 매듭을 느슨하게 풀어놓거나 두동강으로 잘라버리는 것이다. 그리고 그것은 현세에서의 모든 관계를 단번에 끊어버리는 것이고, 우리의 집행 유예나 준비 단계를 끝장내고 다른 세계로 들어가는 것이다. 죽는 것은 큰 일이다. 그것은 한 번은 반드시 일어날 수 있는 일이므로 잘 치러야 될 필요가 있다. 경건한 신자들은 잘 죽을 것이고 단 한 번만 죽는다는 사실은 그들에게 위로의 문제가 된다. 그러나 믿지 않고 죄 안에서 죽은 악한 사람들은 큰일을 더 잘하기 위하여 다시 돌아올 수 없다는 사실이 공포의 문제가 된다.

(2) 사람들이 죽은 뒤에 심판을 받게 된다는 것은 사람들에게 정해진 일이다. 모든 사람이 죽은 뒤에 곧바로 한 사람씩 특별한 심판을 받게 될 것이다. 왜냐하면 영혼은 영원한 상태를 결정받기 위하여 재판장이신 하나님께 돌아갈 것이기 때문이다. 그리고 사람들은 세상 마지막 날에 전체 심판을 받게 될 것이다. 이것은 인간들에 대한 하나님의 변경할 수 없는 작정이다. 인간은 반드시 죽어야 하고, 그리고 그들은 반드시 심판을 받아야 될 것이다. 그것은 사람들에게 정해진 것이다. 그러므로 사람들은 그것을 믿어야 하고 심각하게 생각해야 될 것이다.

2. 그리스도에 관한 하나님의 약속은 인간에 대한 약속과 어떤 유사성을 지니고 있다.

(1) 그리스도께서는 하나님께서 그에게 맡기신 모든 사람들 가운데 많은 사람들의 죄를 담당하시기 위하여 단번에 희생 제물로 드려지셔야 했다. 그 사람들은 그리스도의 이름을 믿어야 한다. 그리스도께서는 그 자신의 어떤 죄를 위하여 제물로 드려지신 것이 아니었다. 그리스도께서는 우리의 범죄를 위하여 상처를 입으셨다. 하나님께서 모든 그의 백성의 불법과 부정을 그리스도에게 담당시키셨다. 이 사람들은 나머지 인류만큼 많지는 않더라도 많다. 그러나 그 사람들이 모두 그리스도 앞에 모이게 될 때 그가 많은 형제들 가운데 맏아들이 되실 것이다.

(2) 그리스도께서 그를 바라고 기다리는 사람들을 구원하시기 위하여 죄 없이 두 번째 나타나시도록 정해져 있다. 다음의 사실들을 주목하라.

[1] 그리스도께서 재림 때 죄 없이 나타나실 것이다. 그가 처음 임하셨을 때 그 자신의 죄는 전혀 없으셨지만 많은 사람들의 죄를 담당하셔야 했다. 그리스도께서는 하나님께서 그에게 세상 사람들의 죄를 짊어지게 한 하나님의 어린

양이셨다. 그리고 그 때 그리스도께서는 죄를 지닌 육체의 모양을 지니고 나타나셨다. 그러나 그리스도의 두 번째 나타나심은 그에게 어떤 그러한 부담이 없는 재림이 되실 것이다. 그리스도께서는 이미 앞서 충분히 그러한 부담을 이행하셨다. 그러므로 이제 그의 모습은 훼손되지 않으실 것이다. 오히려 그의 모습은 지극히 영광스럽게 나타나실 것이다.

[2] 이 재림은 그리스도를 바라고 기다리는 모든 사람의 구원이 될 것이다. 그 때 그는 그들의 거룩함과 행복을 완전하게 만들어 주실 것이다. 다음의 사실들을 주목하라. 그리스도를 바라는 사람들의 수는 그 때 완전하게 채워지고 그들의 구원은 완성될 것이다. 참된 신자들이 그리스도를 바라고 기다리는 것은 그들의 독특한 특성이다. 그들은 믿음으로 그리스도를 바라보아야 한다. 참된 신자들은 소망과 거룩한 갈망으로 그리스도를 바라보고 기다린다. 그들은 날마다 의무를 감당하고 규례를 지키고 조심하고 준비하며 그리스도를 바라본다. 그리고 그들은 그리스도의 두 번째 오심을 기대하고 그것을 위해 준비하고 있다. 그리스도의 다시 오심에 대한 전도를 비웃고 믿지 않는 여타 세상 사람들에게 갑작스러운 파멸이 임하게 되더라도, 그것을 바라고 기다리는 참된 신자들에게는 영원한 구원이 임하게 될 것이다.

제 10 장

개요

히브리서 기자는 자신이 편지를 쓴 히브리인들이 레위 지파의 율법을 이상할 정도로 좋아한다는 사실을 잘 알고 있었다. 그래서 그는 그들을 그것으로부터 떼어놓기 위한 논증들로 그의 입을 가득 채우고 있다. 사도는 그것을 본 장에서 차례대로 다음과 같이 진술하고 있다. I. 율법의 제사장 제도와 제사의 완전한 폐지를 진술한다(1-6절). II. 사도는 그리스도의 대제사장 직분을 아주 높이 찬양한다. 그래서 그는 히브리인들에게 그리스도와 그의 복음을 실제적으로 추천한다(7-18절). III. 사도는 신자들에게 그들이 누리는 신분의 명예와 위엄을 보여주고, 그리고 그들에게 그에 어울리는 적절한 의무들을 요구한다(19-39절).

¹율법은 장차 올 좋은 일의 그림자일 뿐이요 참 형상이 아니므로 해마다 늘 드리는 같은 제사로는 나아오는 자들을 언제나 온전하게 할 수 없느니라 ²그렇지 아니하면 섬기는 자들이 단번에 정결하게 되어 다시 죄를 깨닫는 일이 없으리니 어찌 제사 드리는 일을 그치지 아니하였으리요 ³그러나 이 제사들에는 해마다 죄를 기억하게 하는 것이 있나니 ⁴이는 황소와 염소의 피가 능히 죄를 없이 하지 못함이라 ⁵그러므로 주께서 세상에 임하실 때에 이르시되 하나님이 제사와 예물을 원하지 아니하시고 오직 나를 위하여 한 몸을 예비하셨도다 ⁶번제와 속죄제는 기뻐하지 아니하시나니

여기서 사도는 성령의 인도를 받아 레위 지파의 제사법 폐지를 선언하고 있다. 레위 지파의 제사법이 하나님의 명령을 따르고, 그리고 그 시대와 장소에는 아주 우월하고 유용한 것이기는 했다. 그러나 그리스도에게 하나님의 백성을 인도하기 위하여 계획된 그 제도(율법)가 그리스도와 비교하는 처지에 놓이게 되었을 때 그것의 약점과 불완전성을 진술하는 것은 아주 적절하고 필요한 일이었다. 사도는 그것을 몇 가지 논증을 통하여 효과적으로 진술하

고 있다. 그것들은 다음과 같다.

I. 율법은 장차 올 좋은 것들의 그림자일 뿐이었다. 아무리 그것이 좋은 것들의 그림자일지라도 도대체 그 그림자에 홀딱 빠져 있을 사람이 누가 있겠는가? 더군다나 그 그림자의 실체가 드러나고 임했을 때 어떤 사람이 그러고 있겠는가 말이다. 다음의 사실들을 주목하라.

1. 그리스도와 복음에 속한 것들은 좋은 것들이다. 그것들은 가장 좋은 것들이다. 그것들은 그 자체로도 가장 좋은 것들이지만 우리를 위해서도 가장 좋은 것들이다. 그것들은 아주 탁월한 특성을 지닌 실체들이다.

2. 이 좋은 것들은 구약 시대에 분명하게 드러나지 않았고 또한 충분히 누리지 못했을지라도 장차 올 좋은 것들이었다.

3. 구약 시대에 유대인들은 그리스도의 좋은 일들의 그림자만을 가지고 있었다. 그것은 그리스도의 좋은 일들을 어렴풋하게 보여주는 예시였을 뿐이다. 복음 시대에 살고 있는 우리는 좋은 일들의 실체를 소유하고 있다.

II. 율법은 장차 올 좋은 것들의 참 형상이 아니었다. 형상은 그것으로 나타내는 것의 정확한 밑그림과 같은 것이다. 율법은 참 형상이 아니었고 그림자일 뿐이었다. 그것은 사람의 형상이 벽에 어리는 그림자보다는 거울 속에서 더 완전한 모습이 보이는 것과 마찬가지이다. 율법은 하나님의 은혜의 위대한 계획을 나타내는 아주 거친 밑그림이었을 따름이다. 그러므로 율법에 정신없이 덮어놓고 빠져서는 안 될 것이다.

III. 해마다 드리는 율법의 희생 제사들은 예물 드리러 오는 사람들을 결코 완전하게 해줄 수 없었다. 그렇지 않았다면 그러한 제사 드리는 일을 그쳤을 것이다. 율법은 장차 올 좋은 일의 그림자일 뿐이요 참 형상이 아니므로 해마다 늘 드리는 같은 제사로는 나아오는 자들을 언제나 온전하게 할 수 없느니라 그렇지 아니하면 섬기는 자들이 단번에 정결하게 되어 다시 죄를 깨닫는 일이 없으리니 어찌 제사 드리는 일을 그치지 아니하였으리요(1, 2절). 그 제사들이 하나님이 원하시는 공의의 요구들을 만족시킬 수 있었고, 불법을 소멸시킬 수 있었고, 그리고 양심을 깨끗하게 하고 평화스럽게 해줄 수 있었다면, 그것들은 끝났을 것이다. 그것들은 더 이상 필요가 없게 되었을 것이다. 왜냐하면 예물과 제사를 드리는 사람들이 그들의 양심을 억누르는 죄를 더 이상 저지르지 않고 갖지 않게 되었을 것이기 때문이다. 그러나 구약의 제사는 그 경우에 해당되지 않았다. 속죄를 위

해 제사를 드린 날이 끝난 뒤 그 죄인은 다시 또 다른 잘못을 저지르게 될 것이
다. 그러면 또 다른 날 속죄를 위해 제사를 드려야 할 필요가 있을 것이다. 그리
고 그 죄인은 날마다 제사를 드리지 못하면 해마다 제사를 드려야 할 것이다.
그런 반면 복음 시대인 이제는 속죄가 완전하게 이루어졌으므로 반복될 필요
가 전혀 없다. 그러므로 한 번 죄 사함을 받은 죄인은 그의 지위와 신분에 대하
여 영원히 용서를 받게 된다. 용서를 받은 죄인은 단지 자신의 회개와 신앙을
날마다 새롭게 할 필요는 있다. 그것은 그가 지속적인 죄 사함의 충분한 의미
를 누릴 수 있게 하기 위한 것이다.

IV. 율법을 따른 희생 제사들은 그 자체로 죄를 없애 줄 수 없었다. 그 제사
들이 죄를 없이 한다는 것은 불가능이었다. 이는 황소와 염소의 피가 능히 죄를 없
이 하지 못함이라(4절). 구약의 제물들과 제사들에는 본질적인 결함이 있었다.
그것들은 다음과 같은 것들이 있었다.

1. 그 제물들은 죄를 범한 사람들과 동일한 본성을 지니고 있지 않았다.

2. 그 제물들은 하나님의 공의와 징벌을 위해 드린 죄인들을 속량할 수 있는
충분한 가치를 지니고 있지 못했다. 그것들은 죄를 범한 사람들과 동일한 본성
을 지니고 있지 못했기에 속죄 예물로 적당할 수 없었다. 더군다나 그 제물들
은 죄인들보다 더 못한 본성을 지니고 있었다. 그러므로 범죄를 한 사람과 같
은 본성만이 그 제물을 통하여 범죄자의 죄를 완전하게 속죄하게 해줄 수 있었
다.

3. 율법에 따라 바친 짐승들은 죄인이 있는 방과 장소에 들여놓을 수 없었다.
속죄의 희생 제물은 죄인과 일치할 수 있는 것이어야 할 것이고, 그리고 자발
적으로 죄인과 대체될 수 있는 것이어야 할 것이다. 바로 그리스도께서 그렇게
하셨다.

V. 위대하신 하나님께서 정하시고 예언하신 때가 있었다. 그리고 그 때가
이제 도래했다. 이 율법의 희생 제물들과 제사들을 더 이상 하나님께서 받아들
이지 않으시고 사람들에게 쓸모가 없게 된 때가 도래한 것이다. 하나님께서는
그러한 제물들과 제사들을 결코 원하지 않으셨다. 그래서 이제 하나님께서 그
것들을 폐지하셨다. 따라서 이제 율법의 제사들에 매달리고 따르는 것은 하나
님께 거역하고 하나님을 배척하는 것이 될 것이다. 레위 지파의 제사법이 폐지
되는 때를 다윗이 예언했다. 주께서 내 귀를 통하여 내게 들려주시기를 제사와 예

물을 기뻐하지 아니하시며 번제와 속죄제를 요구하지 아니하신지라 그 때에
내가 말하기를 내가 왔나이다 나를 가리켜 기록한 것이 두루마리 책에 있나이다(시
40 : 6, 7). 그리고 이 말씀이 이제 이루어진 것으로 다시 이야기되고 있다.

⁷이에 내가 말하기를 하나님이여 보시옵소서 두루마리 책에 나를 가리켜 기록된 것
과 같이 하나님의 뜻을 행하러 왔나이다 하셨느니라 ⁸위에 말씀하시기를 주께서는
제사와 예물과 번제와 속죄제는 원하지도 아니하고 기뻐하지도 아니하신다 하셨
고 (이는 다 율법을 따라 드리는 것이라) ⁹그 후에 말씀하시기를 보시옵소서 내가
하나님의 뜻을 행하러 왔나이다 하셨으니 그 첫째 것을 폐하심은 둘째 것을 세우
려 하심이라 ¹⁰이 뜻을 따라 예수 그리스도의 몸을 단번에 드리심으로 말미암아 우
리가 거룩함을 얻었노라 ¹¹제사장마다 매일 서서 섬기며 자주 같은 제사를 드리되
이 제사는 언제나 죄를 없게 하지 못하거니와 ¹²오직 그리스도는 죄를 위하여 한 영
원한 제사를 드리시고 하나님 우편에 앉으사 ¹³그 후에 자기 원수들을 자기 발등상
이 되게 하실 때까지 기다리시나니 ¹⁴그가 거룩하게 된 자들을 한 번의 제사로 영원
히 온전하게 하셨느니라 ¹⁵또한 성령이 우리에게 증언하시되 ¹⁶주께서 이르시되 그
날 후로는 그들과 맺을 언약이 이것이라 하시고 내 법을 그들의 마음에 두고 그들
의 생각에 기록하리라 하신 후에 ¹⁷또 그들의 죄와 그들의 불법을 내가 다시 기억하
지 아니하리라 하셨으니 ¹⁸이것들을 사하셨은즉 다시 죄를 위하여 제사 드릴 것이
없느니라

　　　　여기서 사도는 주 예수 그리스도를 아주 높이 찬양하고 있다. 그는 레
위 지파의 제사장 직분과 제도는 아주 낮게 여겼다. 히브리서 기자는 히브리인
들에게 그리스도를 참되신 대제사장이시고, 참된 속죄의 희생 제물이시고, 모
든 다른 예언의 원형이 되시는 분으로 추천한다. 사도는 이것을 다음과 같이
예증하고 있다.
　**I. 하나님의 두루마리 책에 자주 기록되고 있는 그리스도에 관한 하나님의
목적과 약속을 통해 사도는 그리스도의 뛰어나심을 예증하고 있다.** 　이에 내가
말하기를 하나님이여 보시옵소서 두루마리 책에 나를 가리켜 기록된 것과 같이 하나
님의 뜻을 행하러 왔나이다 하셨느니라(7절). 하나님께서는 그리스도께서 오시고
교회의 위대한 대제사장이 되시고, 그리고 완전한 희생 제사를 드리실 것이라

는 것을 명령하셨을 뿐만 아니라 모세와 선지자들을 통하여 선언도 하셨다. 하나님의 첫 번째 두루마리 책인 창세기에 그리스도에 관해 이렇게 기록되었다. 내가 너로 여자와 원수가 되게 하고 네 후손도 여자의 후손과 원수가 되게 하리니 여자의 후손은 네 머리를 상하게 할 것이요 너는 그의 발꿈치를 상하게 할 것이니라(창 3:15). 그리고 구약 성서에는 그리스도에 관한 예언이 아주 많이 담겨 있다. 이제 그리스도께서는 아주 자주 약속이 되신 분이시고, 아주 많이 언급되신 분이시고, 그리고 하나님의 사람들이 아주 오랫동안 소망하고 기다린 분이시기에 그는 마땅히 아주 큰 찬송과 감사를 받으셔야 할 것이다.

Ⅱ. 하나님께서 그리스도를 위한 몸(즉 인성)을 준비하시는 과정에서 행하셨던 일을 통하여 사도는 그리스도의 뛰어나심을 예증하고 있다. 그것은 그리스도께서 우리의 구주와 중보자가 되실 자격을 갖추실 수 있도록 하기 위한 것이었다. 그리스도 자신의 인격 속에 신성과 인성의 두 본성이 연합됨으로써 그는 하나님과 인간 사이를 중재하실 수 있는 적합한 중보자가 되실 수 있었다. 그리스도께서는 하나님과 인간 사이의 손을 잡고 있는 중보자, 하나님과 인간을 화해시키시는 화평하게 하시는 자, 그리고 하나님과 피조물을 결합시키는 영원한 끈이시다. 주께서 내 귀를 통하여 내게 들려주시기를 제사와 예물을 기뻐하지 아니하시며 번제와 속죄제를 요구하지 아니하신다 하신지라(시 40:6). 이와 같이 하나님에 의해 아주 뛰어난 방법으로 준비된 구주께서 마땅히 큰 사랑과 기쁨으로 영접을 받으셔야 할 것이다.

Ⅲ. 그리스도께서 다른 제사는 하나님께 받아들여지지 않는 것을 아셨다. 그래서 그리스도께서 이 속죄 사역을 담당하시려고 한 자발적인 준비를 통해 사도는 그리스도의 우월성을 예증한다(7-9절). 하나님의 공의를 온전히 만족시키는 제사가 바로 그리스도 자신의 희생 제사와 제물이라는 사실을 아시고 그리스도께서 이 속죄 사역을 자발적으로 담당하셨다. 그 때에 내가 말하기를 내가 왔나이다 나를 가리켜 기록한 것이 두루마리 책에 있나이다 나의 하나님이여 내가 주의 뜻 행하기를 즐기오니 주의 법이 나의 심중에 있나이다 하였나이다 (시 40:7,8). 이 말씀은 다음과 같은 뜻을 지니고 있다. "하나님이시여, 주의 저주는 내게 내리시고 주의 백성들에게는 내리지 마소서. 아버지여, 나는 주의 백성을 위하여 주의 권고를 따르기를 즐거워하며, 주와 맺은 나의 언약을 행하기를 기뻐하나이다. 나는 주의 모든 약속들을 실행하고 모든 예언들을 이루기를 즐거워하나

이다." 이 순종이 있기에 그리스도와 성경이 우리 모두의 사랑을 받게 되었을 것이다. 그러므로 그리스도 안에서 우리는 성서들의 성취와 완성을 발견하게 된다.

IV. 그리스도께서 오신 목적과 계획을 통해 사도는 그리스도의 우월성을 예증한다. 그리스도께서 오신 것은 하나님의 뜻을 따른 것이었다. 이것은 하나님의 뜻을 계시하기 위한 선지자로서, 하나님의 법을 집행하시기 위한 왕으로서, 그리고 하나님의 공의의 요구들을 충족시키고 모든 의를 이루시기 위한 제사장으로서의 그의 사명을 행하시기 위한 것이었다. 그리스도께서는 하나님의 뜻을 두 가지 요구를 통해 이루시기 위하여 오셨다.

1. 그리스도께서는 첫 번째 제사장 제도를 폐하기 위하여 오셨다. 그 제도를 하나님은 전혀 기뻐하지 않으셨다. 이것은 행위 언약의 저주를 없이하고, 우리를 죄인으로 고발하는 선고를 무효화시킬 뿐만 아니라 불완전한 상징적 제사장 제도를 폐지하고, 그리고 손으로 쓴 의식의 규례들을 지워버리고 그것을 그리스도의 십자가에 못 박아버리기 위한 것이었다.

2. 그리스도께서는 두 번째 제사장 제도를 세우심으로써 하나님의 요구를 이루셨다. 그리스도께서는 그 자신의 제사장 제도와 영원한 복음을 세우기 위하여 오셨다. 그것들은 가장 순수하고 완전한 섭리의 은혜 언약이다. 이것은 하나님이 영원 전부터 세우셨던 위대한 계획이다. 하나님의 뜻이 그 계획의 중심이고 끝이다. 하나님의 계획이 인간의 영혼에 유익이 되지 않는 것은 하나님의 뜻에도 맞지 않는다. 왜냐하면 하나님께서는 이 뜻을 통하여 우리가 유익을 얻기 바라시기 때문이다. 이 뜻을 따라 예수 그리스도의 몸을 단번에 드리심으로 말미암아 우리가 거룩함을 얻었노라(10절). 다음의 사실들을 주목하라.

(1) 그리스도께서 그의 백성을 위하여 일하셨다는 것이 모든 사역의 근본이다. 그것이 하나님의 주권적인 뜻과 은혜이다.

(2) 그리스도께서 우리를 위하여 행하신 것에 어떻게 우리가 참여하게 되는가? 그것은 성화되고, 회심하고, 실제적으로 부르심을 받음으로써 참여하게 된다. 그것을 통해 우리는 그리스도와 연합하게 되고, 그리고 그의 구속의 유익들에 참여하게 된다. 이 성화는 그리스도께서 하나님께 자신을 바치신 봉헌을 통하여 이루어지게 된다.

V. 그리스도의 제사장 직분의 완전한 효력을 통해 사도는 그리스도의 우월

성을 예증한다. 그가 거룩하게 된 자들을 한 번의 제사로 영원히 온전하게 하셨느니라(14절). 그리스도께서 자신에게 맡겨진 사람들을 죄의 모든 잘못과 권세와 징벌로부터 완전하게 구원하셨고 구원하실 것이다. 그리고 그리스도께서 구원받은 사람들이 완전한 거룩함과 더없는 행복을 확실하게 소유하게 해주실 것이다. 이것은 레위 지파의 제사장 제도가 결코 할 수 없었던 일이다. 만일 우리가 참으로 완전한 상태를 목표로 삼고 있다면 우리는 주 예수 그리스도를 그 상태로 우리를 인도해주실 수 있는 유일한 대제사장으로 받아들여야 할 것이다.

VI. 사도는 우리의 주 예수 그리스도께서 지금 높임을 받고 계신 장소를 통해 그리스도의 우월성을 예증한다. 예수님은 그 곳에서 영광을 받고 계시고 더 큰 영광을 받으시게 될 것이다. 오직 그리스도는 죄를 위하여 한 영원한 제사를 드리시고 하나님 우편에 앉으사 그 후에 자기 원수들을 자기 발등상이 되게 하실 때까지 기다리시나니(12, 13절). 여기서 다음의 사실들을 주목하라.

1. 인간과 중보자이신 그리스도는 어떤 영광으로 높임을 받으시는가? 그리스도께서는 하나님의 우편에 앉으시는 영광을 받으신다. 그 자리는 하나님의 권세와 은혜와 시행을 행사하는 곳이다. 하나님의 우편은 베푸는 자리이다. 하나님께서 그의 백성들에게 베푸시는 모든 은혜들이 그리스도를 통하여 그들에게 전달이 된다. 하나님의 우편은 받는 자리이다. 하나님께서 인간들에게서 받으시는 모든 의무들은 그리스도를 통하여 전달이 된다. 하나님의 우편은 일하는 자리이다. 섭리와 은혜에 속한 모든 일은 그리스도를 통하여 시행이 된다. 그러므로 이 자리는 영광의 가장 높은 지위이다.

2. 그리스도께서 어떻게 이 영광에 이르시게 되었는가? 그것은 단지 아버지 하나님의 뜻과 증여를 통해서만이 아니라 그리스도 자신의 고난의 보상으로 말미암은 공로와 대속을 통하여 영광을 얻으시게 되었다. 그리스도께서 그의 당연한 보수인 어떤 영광도 절대로 뺏기지 않으시는 것처럼 그는 그것을 결코 포기하지 않으실 것이고 또한 그의 백성의 유익을 위한 그것의 사용을 그만두지도 않으실 것이다.

3. 그리스도께서 이 영광을 어떻게 누리시는가? 그리스도께서는 이 영광을 가장 큰 만족과 안식으로 누리신다. 그리스도께서는 하나님 우편에 영원히 앉아계신다. 아버지 하나님께서 그리스도를 인정하시고 기뻐하신다. 그리스도께

서는 그의 아버지 하나님의 뜻과 임재 안에서 만족을 누리신다. 이것은 그리스도의 영원하신 안식이다. 이 안식에 그리스도께서는 영원히 거하실 것이다. 왜냐하면 그리스도께서 그것을 바라셨고 그만한 공로가 있으시기 때문이다.

4. 그리스도께서는 결코 실망하지 않으실 더 나은 기대들을 가지고 계시다. 왜냐하면 그 기대들은 아버지 하나님의 약속에 근거를 두고 있기 때문이다. 하나님 아버지께서 그리스도에게 말씀하셨다. 내가 네 원수들로 네 발판이 되게 하기까지 너는 내 오른쪽에 앉아 있으라 하셨도다(시 110 : 1). 그리스도께서는 지옥에 있는 원수들을 제외하고는 전혀 적이 없는 그런 분이라고 생각하는 사람도 있을 것이다. 그러나 그리스도께서는 지상에서 원수들을 가지고 계셨을 뿐만 아니라 그것도 아주 많고 아주 뿌리 깊은 적의를 품은 원수들을 가지고 계셨다. 그러므로 그리스도인들도 원수들을 가지고 있다고 해서 하등 이상하거나 의아하게 생각해서는 안 될 것이다. 그리스도인들이 모든 사람들과 더불어 평화스럽게 되기를 바라기는 할지라도 말이다. 그러나 그리스도의 원수들은 그의 발판이 될 것이다. 회심을 통해 그리스도를 믿는 사람도 있을 것이고 혼란을 통해 그리스도의 원수가 되는 사람도 있을 것이다. 무엇이 어찌됐든지 간에 그리스도께서는 영광을 받으시게 될 것이다. 이것을 그리스도께서는 확신하고 계시고, 이것을 그는 기대하고 계시다. 그러므로 그의 백성들은 그리스도께서 받으실 영광을 기대하는 가운데 즐거움을 누려야 할 것이다. 왜냐하면 그리스도의 원수들은 그리스도를 위하여 결국 굴복하게 될 것이기 때문이다.

VII. 사도는 성령께서 그리스도에 관하여 성서들에서 말씀하신 증언을 통해서 그리스도를 추천한다. 이 증언이 주로 그리스도의 낮아지심과 고난의 적절한 열매와 결과와 관련을 가지고 설명이 되고 있다. 이 결과는 일반적으로 그리스도의 대속과 피로 봉인된 새로운 은혜 언약에 근거를 두고 있다. 또한 성령이 우리에게 증언하시되(15절). 이 말씀은 하나님께서 약속하신 언약이 담겨 있는 예레미야 31장 31절에서 인용된 구절이다. 여기서 다음의 사실들을 주목하라.

1. 하나님께서 그의 백성들에게 그의 말씀을 순종할 수 있는 지혜와 의지와 능력을 부어주실 것이라는 것을 약속하신다. 주께서 이르시되 그 날 후로는 그들과 맺을 언약이 이것이라 하시고 내 법을 그들의 마음에 두고 그들의 생각에 기록하리라(16절). 이것이 그의 백성들이 행해야 할 의무를 분명하고 쉽고 즐겁게 만

들어 줄 것이다.

2. 그들의 죄와 불법들을 하나님께서 더 이상 기억하지 않으실 것이다(17절). 이 사실은 하나님 은혜의 풍성함과 다시 반복할 필요가 없는 그리스도의 대속의 완전함을 보여준다(18절). 왜냐하면 지금 참된 신자들을 부끄럽게 하거나 나중에 그들을 정죄할 죄에 대한 기억이 다시는 없을 것이기 때문이다. 이 사실이 레위 지파의 제사장 제도와 제사법이 미칠 수 있던 효과보다 훨씬 많은 효과를 미쳤다.

이제 우리는 본 서신의 교리적인 부분을 철저하게 고찰했다. 우리는 이 서신에서 이해하기 어렵고 분명하지 않은 많은 사실들을 만났다. 이것은 우리 자신의 정신이 약하고 둔한 탓으로 돌려야 할 것이다. 사도는 이제 이 위대한 가르침을 적용하기 위한 진술을 계속 진행하고 있다. 그것은 히브리인들의 애정을 끌어들이고 그들의 실천을 촉구하기 위한 것이다. 그러므로 사도는 히브리인들에게 당당한 복음의 존엄성과 의무들을 제시하고 있다.

[19]그러므로 형제들아 우리가 예수의 피를 힘입어 성소에 들어갈 담력을 얻었나니 [20]그 길은 우리를 위하여 휘장 가운데로 열어 놓으신 새로운 산 길이요 휘장은 곧 그의 육체라 [21]또 하나님의 집 다스리는 큰 제사장이 계시매 [22]우리가 마음에 뿌림을 받아 악한 양심으로부터 벗어나고 몸은 맑은 물로 씻음을 받았으니 참 마음과 온전한 믿음으로 하나님께 나아가자 [23]또 약속하신 이는 미쁘시니 우리가 믿는 도리의 소망을 움직이지 말며 굳게 잡고 [24]서로 돌아보아 사랑과 선행을 격려하며 [25]모이기를 폐하는 어떤 사람들의 습관과 같이 하지 말고 오직 권하여 그 날이 가까움을 볼수록 더욱 그리하자 [26]우리가 진리를 아는 지식을 받은 후 짐짓 죄를 범한 즉 다시 속죄하는 제사가 없고 [27]오직 무서운 마음으로 심판을 기다리는 것과 대적하는 자를 태울 맹렬한 불만 있으리라 [28]모세의 법을 폐한 자도 두세 증인으로 말미암아 불쌍히 여김을 받지 못하고 죽었거든 [29]하물며 하나님 아들을 짓밟고 자기를 거룩하게 한 언약의 피를 부정한 것으로 여기고 은혜의 성령을 욕되게 하는 자가 당연히 받을 형벌은 얼마나 더 무겁겠느냐 너희는 생각하라 [30]원수 갚는 것이 내게 있으니 내가 갚으리라 하시고 또 다시 주께서 그의 백성을 심판하리라 말씀하신 것을 우리가 아노니 [31]살아 계신 하나님의 손에 빠져 들어가는 것이 무서울진저 [32]전날에 너희가 빛을 받은 후에 고난의 큰 싸움을 견디어 낸 것을 생각하라 [33]혹 비

방과 환난으로써 사람에게 구경거리가 되고 혹은 이런 형편에 있는 자들과 사귀는 자가 되었으니 ³⁴너희가 갇힌 자를 동정하고 너희 소유를 빼앗기는 것도 기쁘게 당한 것은 더 낫고 영구한 소유가 있는 줄 앎이라 ³⁵그러므로 너희 담대함을 버리지 말라 이것이 큰 상을 얻게 하느니라 ³⁶너희에게 인내가 필요함은 너희가 하나님의 뜻을 행한 후에 약속하신 것을 받기 위함이라 ³⁷잠시 잠깐 후면 오실 이가 오시리니 지체하지 아니하시리라 ³⁸나의 의인은 믿음으로 말미암아 살리라 또한 뒤로 물러가면 내 마음이 그를 기뻐하지 아니하리라 하셨느니라 ³⁹우리는 뒤로 물러가 멸망할 자가 아니요 오직 영혼을 구원함에 이르는 믿음을 가진 자니라

　　　여기서 사도는 그리스도를 통한 신자들의 거룩해진 삶을 논증한다. 여기서 다음의 사실들을 주목하라.

I 사도는 복음의 존엄성들을 진술한다. 신자들이 그리스도께서 그들을 획득하신 명예들과 특권들을 알아야 한다는 것은 당연하고 적절하다. 신자들은 위로를 받고 그들은 그리스도에게 아주 지극한 영광을 바칠 수 있다. 그 특권들은 다음과 같다.

1. 담력을 얻어 지성소에 들어갈 수 있는 특권. 신자들은 하나님께 나아가고, 그들을 인도하는 빛을 얻고, 그리고 그 인도에 따르기 위한 영과 말의 자유를 얻게 된다. 신자들은 성소에 들어갈 수 있는 특권에 대한 권리를 가지게 되고, 그것을 위한 준비를 해야 하고, 그 특권의 사용과 개선의 도움을 받게 되고, 인정과 유익을 확증받게 된다. 신자들은 하나님께서 은혜롭게 임재하시는 성소로 들어갈 수 있다. 이것은 하나님의 거룩한 지성소, 규례들, 섭리, 언약, 그리고 하나님과의 교통 등을 통하여 이루어진다. 신자들은 성소에서 하나님에게서 나오는 말씀과 교통을 받게 된다. 신자들은 이것을 하늘나라에서 하나님의 영광스러운 존전 앞에 나아갈 때까지 계속하게 된다.

2. 하나님의 집을 관장하는 대제사장이신 영광과 찬양을 받으실 예수 그리스도께서 전투하는 교회를 다스리신다. 그리고 그는 지상에 있는 교회에 속한 모든 신자들을 관장하시고 하늘나라에 있는 승리의 교회도 관장하신다. 하나님께서는 지상에 있는 사람들과 함께 계시기를 좋아하신다. 그리고 하나님께서는 그의 백성들과 하늘나라에서 함께 사는 것도 좋아하신다. 그러나 타락한 사람은 현세에서 화해의 중보자이시고 내세에서 성취와 기쁨의 중보자이신 대제

사장이 없이는 하나님과 함께 살 수가 없다.

Ⅱ. 사도는 그리스도인들이 그러한 특권들을 누리는 방법과 수단을 우리에게 가르쳐준다. 그리고 사도는 그 방법이 예수의 피를 힘입어 되는 것이어야 한다고 선언한다. 다시 말해서 그러한 특권들을 누리는 방법이 그리스도께서 속죄 제물로 하나님께 바치신 그리스도의 피의 공로를 통한 수단이어야 한다는 것이다. 그리스도께서 그를 믿는 모든 사람들을 위하여 이 땅에서 그의 은혜의 규례들을 통해서, 그리고 하늘의 그의 영광의 나라에서 하나님께 자유롭게 나아가는 권리를 그의 피를 지불하고 사셨다. 신자들의 마음에 뿌려진 이 피는 신자들에게 노예의 두려움을 없애주고, 그리고 하나님의 존전에 나아갈 수 있는 하나님의 보증과 영접에 대한 확신을 전달해준다. 이제 우리가 하나님께 나아가는 일반적인 방법을 진술한 뒤에 사도는 그 방법에 대한 더 상세한 진술을 발전시키고 있다. 그 길은 우리를 위하여 휘장 가운데로 열어 놓으신 새로운 살 길이요 휘장은 곧 그의 육체니라(20절). 여기서 다음의 사실들을 주목하라.

1. 하나님께 나아가는 방법은 단 하나의 길뿐이다. 이 길 이외에는 어떤 다른 길이 전혀 없다. 생명 나무로 가는 첫 번째 길은 오래 전에 막혀 있다.

2. 이 길은 행위 언약과 구약의 낡아 빠진 법에 반대되는 새로운 길이다. 이 길은 사람들에게 언제나 열려 있는 마지막 길이다. 이 길을 통해 들어가지 않는 사람들은 영원히 배제될 것이다. 이 길은 언제나 효력이 있는 길이다.

3. 이 길은 살아 있는 길이다. 행위 언약의 길과 방법을 통해 하나님께 나아가려고 하는 시도는 죽음을 초래할 것이다. 그러나 이 길은 우리가 하나님께 나아갈 수 있게 해주고, 살 수 있게 해준다. 이 길은 죽으셨지만 살아 계신 산 구세주로 말미암는 길이다. 그리고 이 길은 이리로 들어가는 사람들에게 생명과 살아 있는 소망을 주는 길이다.

4. 이 길은 그리스도께서 우리를 위하여 휘장을 통하여, 즉 그의 육체를 통하여 봉헌하신 길이다. 장막과 성전 안의 휘장은 그리스도의 몸을 상징했다. 그리스도께서 죽으셨을 때 성전의 휘장이 찢어져 둘로 갈라졌다. 그리고 이것은 저녁 제사 시간에 이루어졌다. 이 사건은 지성소에 들어갔던 사람들이 이전에 한 번도 본 적이 없는 놀라운 광경이었다. 하늘에 이르는 우리의 길은 십자가에 못 박히신 구세주를 통한 길이다. 그리스도의 죽으심은 우리에게 생명의 길이 된다. 이 길을 믿는 사람들에게 그리스도는 보배로운 분이 되실 것이다.

Ⅲ. 히브리서 기자는 이 특권들로 말미암아 히브리인들이 감당해야 되는 의무들을 그들에게 제시한다. 이 특권들은 아주 놀라운 방법으로 얻게 되었다. 우리가 마음에 뿌림을 받아 악한 양심으로부터 벗어나고 몸은 맑은 물로 씻음을 받았으니 참 마음과 온전한 믿음으로 하나님께 나아가자 또 약속하신 이는 미쁘시니 우리가 믿는 도리의 소망을 움직이지 말며 굳게 잡고(22, 23절). 여기서 다음의 사실들을 주목하라.

1. 히브리인들은 하나님께 가까이 나아가야 하고, 그리고 그 나아감은 바른 길을 통해 나아가야 할 것이다. 히브리인들은 하나님께 나아가야만 한다. 하나님께 나아가고 하나님께 돌아오는 길은 언제나 열려 있기 때문에 계속해서 하나님과 멀리 떨어져 거리를 두고 있는 사람은 하나님과 그리스도를 아주 크게 무례하게 대하는 것이고 무시하는 행위를 저지르고 있는 것이다. 그들은 회심과 그의 언약의 군건한 믿음을 통하여 하나님께 가까이 나아가야 할 것이다 그들은 하나님과 동행한 에녹처럼 모든 거룩한 언어행실 속에서 하나님께 가까이 나아가야 한다. 그들은 그리스도의 발판에 엎드려 예배 드리는 겸손한 경배의 자세로 가까이 나아가야 할 것이다. 그들은 하나님에 대한 거룩한 의존을 통해, 그리고 그들을 위한 거룩한 행실의 엄격한 준수를 통해 하나님께 가까이 나아가야 한다. 그들은 하나님의 뜻에 일치하고, 하나님과 교통하고, 하나님의 축복의 영향 아래에서 살고, 하나님께 더 가까이 계속 나아가려는 노력을 통해 하나님께 가까이 나아가야 한다. 그들은 그러한 노력을 하나님 앞에서 살게 될 때까지 계속해야 할 것이다. 그러나 그들은 하나님께 가까이 나아가는 것이 바른 태도와 방법을 따른 것이어야 할 것이다. 여기서 다음의 사실들을 주목하라.

(1) 어떤 사악함이나 위선이 없는 참 마음을 가지고 하나님께 나아가야 한다. 하나님은 마음을 찾는 분이시다. 그래서 하나님께서는 내적 부분들 즉 마음과 정신의 진실을 요구하신다. 성실과 진실은 우리의 칭의의 의는 아닐지라도 우리의 복음의 이상이다.

(2) 믿음의 확신 속에서 즉 완전히 진리를 납득하고 이해하기까지 성장한 믿음을 가지고 하나님께 나아가야 한다. 우리가 그리스도를 통하여 하나님께 나아갈 때 우리는 하나님을 만날 수 있는 알현과 영접을 받게 될 것이다. 우리는 모든 죄의 불신앙을 버려야 한다. 믿음이 없이는 하나님을 기쁘시게 해드리는 것이 불가능하다. 우리의 믿음이 강해지면 강해질수록 우리는 하나님께 더 많

은 영광을 바치게 될 것이다.

(3) 악한 양심에 그리스도의 피를 뿌림으로 깨끗해진 마음을 가지고 하나님께 나아가야 한다. 다시 말해서 우리의 영혼에 그리스도의 피를 믿는 적용을 통해 하나님께 나아갈 수 있게 된다. 하나님께 나아가는 사람들은 그리스도의 피를 통하여 범죄, 더러움, 죄의 두려움과 고통, 하나님과 의무에 대한 모든 거역, 무지, 잘못, 미신, 그리고 모든 악들로부터 벗어날 수 있다. 그 악이 무엇이든 사람들의 양심은 죄로 말미암아 악에 굴복하게 된다.

(4) 깨끗한 물로 즉 세례를 통해 깨끗하게 씻긴 우리의 몸은 하나님께 나아갈 수 있게 된다. 세례를 통하여 우리는 그리스도의 제자들 가운데 이름이 기록되게 된다. 그리스도의 제자가 된다는 것은 그리스도의 신비의 몸의 지체가 된다는 것을 의미한다. 또한 우리의 언어행실뿐만 아니라 우리의 내적 구조까지도 새롭게 만들어주는 성령의 성화를 힘입어 하나님께 나아갈 수 있게 된다. 우리는 성령의 성화를 통하여 몸의 더러움뿐만 아니라 영의 더러움도 깨끗하게 씻기게 된다. 율법 시대의 제사장들은 여호와께 제사를 드리기 위하여 하나님의 존전에 나아가기 전에 몸을 씻어야 했다. 그와 마찬가지로 우리도 하나님께 나아가기 위해서는 적절한 준비를 마땅히 해야 할 것이다.

2. 사도는 신자들에게 그들의 신앙 고백을 굳게 잡으라고 권면한다. 또 약속하신 이는 미쁘시니 우리가 믿는 도리의 소망을 움직이지 말며 굳게 잡고(23절). 여기서 다음의 사실들을 주목하라.

(1) 의무의 본질. 신자들의 의무는 우리의 신앙 고백을 굳게 붙잡는 것이다. 그것은 복음의 모든 진리와 길들을 받아들이고 굳게 붙잡는 것이다. 그리고 그것은 모든 유혹과 반대에 대항하여 신앙을 굳게 지키는 것이다. 우리의 영적 원수들은 우리의 믿음과 소망과 거룩함과 위로를 억지로 빼앗으려고 기를 쓸 것이다. 그러나 우리는 우리의 신앙을 최고의 보배로 굳게 지키고 붙잡아야 할 것이다.

(2) 우리가 이 믿음을 굳게 붙잡아야 되는 태도는 어떠해야 되는가? 흔들림이 없어야 하고, 의심이 없어야 하고, 진리에 대한 논쟁이 없어야 하고, 그리고 유혹에 빠져 빈둥거리다 배교하는 일이 없어야 한다. 하나님과 우리의 영혼 사이에 이러한 중요한 일들이 일단 자리매김하고 나면 우리는 견고하고 흔들림이 없어야 한다. 그리스도교의 신앙과 실천의 문제들에 있어서 흔들리기 시작하

는 사람들은 신앙을 버리고 배교를 할 위험에 빠지게 된다.

(3) 이 의무를 지키게 하는 동기와 이유. 또 약속하신 이는 미쁘시니(23절). 하나님께서는 신자들에게 위대하고 고귀한 약속들을 해주셨다. 그리고 그는 신실하고 미쁘신 하나님이시고, 그의 말씀에 진실하신 하나님이시다. 하나님에게는 거짓이나 변덕이 결코 없으시다. 그러므로 하나님께서는 우리에게 결코 거짓이나 변덕을 부리지 않으실 것이다. 하나님의 신실하심은 우리가 신실해지도록 자극하고 격려해줄 것이다. 그러므로 우리는 하나님께 한 우리의 약속들보다 우리에게 해주신 하나님의 약속들을 더욱 의지해야 할 것이다. 그리고 우리는 은혜의 약속이 완전하게 이루어지도록 하나님께 간구해야 할 것이다.

IV. 우리는 우리의 배교를 예방하고, 우리의 충성과 인내를 장려하기 위하여 마련된 수단을 가지고 있다. 서로 돌아보아 사랑과 선행을 격려하며 모이기를 폐하는 어떤 사람들의 습관과 같이 하지 말고 오직 권하여 그 날이 가까움을 볼수록 더욱 그리하자(24, 25절). 다음의 사실들을 주목하라.

1. 우리는 서로 돌아보아야 한다. 그것은 사랑과 선행을 격려하기 위한 것이다. 그리스도인들은 서로를 위하여 온건하고 부드러운 관심과 배려를 가져야 한다. 신자들은 서로 애정을 가지고 돌아보아야 한다. 신자들은 무엇을 원하는지를, 어떤 약점을 가지고 있는지를, 그리고 어떤 시험들에 빠져 있는지를 서로 돌아보고 관심을 베풀어야 한다. 그러나 이렇게 할 때 서로 비방하거나 서로 화나게 해서는 안 될 것이다. 신자들은 서로 사랑하고, 서로에게 유익을 주고, 하나님과 그리스도를 더욱 사랑하기 위하여 서로 돌아보아야 한다. 그리고 신자들은 의무와 성결을 더욱 사랑하고, 그리스도 안에서 그들의 형제를 더욱 사랑하고, 그리고 서로의 몸과 영혼을 위하여 그리스도인의 애정을 가지고 모든 선한 일들을 행하도록 해야 할 것이다. 다른 사람들에게 베푼 좋은 모본은 사랑과 선행의 가장 크고 좋은 자극이 된다.

2. 모이기를 폐하는 어떤 사람들의 습관과 같이 하지 말고 오직 권하여 그 날이 가까움을 볼수록 더욱 그리하자(25절). 그리스도의 제자들이 함께 모이는 것은 그리스도께서 원하시는 것이다. 그들이 회의와 기도를 위하여 사적으로 모일 때도 있고, 복음이 선포되는 설교를 듣고 복음의 예배에서 시행되는 모든 규례들에 참여함으로써 공적으로 모일 때도 있는데 그것은 그리스도의 뜻이다. 사도시대에 그랬던 것처럼 그리스도인들은 어느 시대나 하나님께 예배드리고 신자

상호 간의 건덕을 위하여 함께 모여야 할 것이다. 그런데 그 당시에조차도 이러한 모임들을 버리고 신앙생활에서 떠나 배교를 하기 시작한 사람들이 있었던 것 같다. 성도들의 교제는 성도들 각자에게 큰 도움이 되고 큰 특권이기도 하다. 그리고 그것은 신앙을 굳게 지키게 해주고 세상의 어려움들을 믿음 안에서 견디고 인내하게 해준다. 이것을 통하여 신자들의 마음과 손들이 상호적으로 강해지고 굳건해지게 된다.

3. 서로 권면하기 위하여, 우리 자신과 서로를 권면하기 위하여, 우리 자신과 서로를 위하여 죄와 배교에 대해 경고하기 위하여, 우리 자신과 우리의 동료 그리스도인들에게 우리의 의무와 실패와 타락을 상기시켜 주기 위하여, 서로를 살펴볼 수 있도록 하기 위하여, 그리고 우리 자신과 서로 경건한 질투로써 서로 모이기를 힘써야 한다. 참된 복음의 정신으로 관리되고 운영되는 이러한 모임은 가장 좋은 충심에서 우러나온 우정을 쌓는 기회가 될 것이다.

4. 우리는 시련의 때가 다가옴을 주목하고, 그것을 통해 자극을 받아 더욱 근면해지도록 해야 한다. 그 날이 가까움을 볼수록 더욱 그리하자(25절). 그리스도인들은 하나님께서 예언하신 시대의 징조들을 주목해야 한다. 유대 국가에 무서운 날이 다가오고 있었다. 그 때 그들의 도시가 파괴될 것이고, 그들이 그리스도를 배척하는 것 때문에 하나님의 배척을 당하게 될 것이다. 이 때가 선택받은 남은 자들에게 흩어짐과 시험의 날이 될 것이다. 그러므로 사도는 히브리인들에게 무서운 날이 다가오고 있는 것을 알려주는 징조들을 주목하고 서로 만나고 서로 권면할 것을 항상 힘쓸 것을 촉구하고 있다. 그것은 그들이 그러한 날에 대비해 더욱 준비를 잘 할 수 있도록 하기 위한 것이었다. 우리 모두에게 한 시련의 날이 다가오고 있다. 그 날은 우리의 죽음의 날이 될 것이다. 그러므로 우리는 다가오고 있는 그 날의 모든 징조들을 주목하고, 그리고 더욱 경계하고 의무를 더욱 부지런히 행하는 기회로 활용해야 할 것이다.

V. 신앙생활을 굳게 다지는 수단들을 언급한 뒤에 사도는 본 장의 마지막 단락에서 그의 진술을 더욱 진전시키고 있다. 그것은 아주 무게 있는 많은 고찰들을 통해 사도의 권면들을 배교에 대비한 인내에 적용시키기 위한 것이었다. 우리가 진리를 아는 지식을 받은 후 짐짓 죄를 범한 즉 다시 속죄하는 제사가 없고 오직 무서운 마음으로 심판을 기다리는 것과 대적하는 자를 태울 맹렬한 불만 있으리라(26, 27절).

1. 사도는 배교의 죄를 진술함으로써 그의 권면의 적용을 강하게 촉구한다. 배교의 죄는 우리가 진리를 아는 지식을 받은 후 짐짓 죄를 범하는 것이다. 우리가 확신하는 증거를 체험하고 가지고 있는 진리를 거슬러 고의로 죄를 범하는 것은 신앙을 저버리는 행위이다. 이 본문의 말씀은 일부 은혜로운 영혼들에게는 아주 큰 슬픔과 고통을 안겨주는 계기가 될 것이다. 회개한 뒤에 진리를 아는 지식을 어기는 모든 고의적인 범죄는 용서받을 수 없는 죄이다. 그러나 이 죄는 사람들의 연약함과 잘못으로 말미암은 것이었다. 여기서 언급되고 있는 죄는 완전하고 최종적인 배교이다. 그 죄는 사람들이 아주 확고한 의지와 결단으로 유일한 구세주이신 그리스도를 멸시하고 배척할 때 범하게 된다. 그리고 이 죄는 유일한 성화자이신 성령을 무시하고 거역한다. 그리고 이 죄는 유일한 구원의 길이고 영원한 생명의 말씀들이 담겨있는 복음을 무시하고 저버린다. 게다가 이 죄는 그리스도교 신앙을 알고, 소유하고, 고백한 뒤에도 계속해서 아주 고집스럽고 사악하게 그리스도와 성령과 복음을 배척한다. 이 죄는 아주 큰 범죄이다. 사도는 율법에 기록된 주제넘은 죄인들에 관해 언급하고 있는 것 같다. 본토인이든지 타국인이든지 고의로 무엇을 범하면 누구나 여호와를 비방하는 자니 그의 백성 중에서 끊어질 것이라 그런 사람은 여호와의 말씀을 멸시하고 그의 명령을 파괴하였은즉 그의 죄악이 자기에게로 돌아가서 온전히 끊어지리라(민 15:30, 31). 그들은 이스라엘 회중에서 제외되고 죽임을 당해야 했다.

2. 그러한 배교자들은 무서운 심판과 징벌을 당하게 된다는 진술을 통하여 그의 권면의 적용을 강하게 촉구한다. 다음의 사실들을 주목하라.

(1) 그러한 죄에는 더 이상의 속죄하는 제사가 필요 없게 되고, 그러한 죄인들을 구원해주시는 그리스도가 전혀 필요 없게 된다. 배교자들은 최후의 수단과 치료를 거부하는 죄를 범한다. 율법 시대에 어떤 희생 제사도 해당되지 않는 죄들이 있었다. 그럼에도 불구하고 그러한 죄들을 범한 사람들이 참으로 회개했다면 그들이 일시적인 죽음은 면하지 못했을지라도 영원한 멸망은 면할 수 있었을 것이다. 왜냐하면 그리스도께서 오시어 속죄를 해주실 것이었기 때문이다. 그러나 이제 그들을 구원해주실 그리스도를 받아들이지 않는 복음 시대의 사람들은 어떠한 도피처도 발견하지 못하게 될 것이다.

(2) 배교자들에게는 심판을 두려운 눈으로 바라보는 것만이 남아 있게 될 것이다. 오직 무서운 마음으로 심판을 기다리는 것과 대적하는 자를 태울 맹렬한 불만

있으리라(27절). 이 말씀이 유대인의 교회와 국가의 무서운 멸망을 언급하는 것이라고 생각하는 사람들도 있다. 그러나 확실히 이 말씀은 모든 완악한 배교자들을 기다리고 있는 것은 완전한 파멸뿐이라는 사실을 언급하고 있기도 하다. 그것은 심판자이신 그리스도께서 배교자들에게 맹렬한 분노의 불을 일으키실 때 그 불이 대적자들을 집어삼킬 것이다. 배교자들은 소멸의 불과 영원히 타는 불에 넘겨지게 될 것이다. 하나님께서 땅에 있는 동안 악명 높은 이러한 죄인들에게 내리시는 파멸의 재앙 가운데에는 그들의 양심에 드리운 무서운 재앙의 전조가 있고, 그 재앙을 무서운 눈으로 바라보며 기다리는 것이 있다. 그러나 그러한 것들은 배교자들에게 그 재앙을 견딜 수 있거나 면할 수 있게 해주기에는 그 힘이 모자라는 절망과 자포자기만을 안겨줄 따름이다.

3. 모세의 율법을 무시했던 사람들에게 내렸던 하나님의 공의의 징벌의 방법들을 통해 사도는 그의 권면의 적용을 촉구한다. 광야에서 히브리인들은 모세의 권위와 위협과 권세를 무시하는 주제넘는 죄를 저질렀다. 이 사람들은 두세 증인의 고발로 말미암아 죽임을 당하게 되었다. 그들은 긍휼을 받지 못하고 육체의 죽임을 당했다. 지혜로운 통치자들은 주제넘게 범죄하는 사람들을 징벌함으로써 통치자들의 지배와 법의 권위의 신뢰를 지키는 데 세심한 주의를 기울여야 한다는 것을 주목하라. 그러한 사례들에서 그 사실의 좋은 증거를 발견하고 숙지해야 할 것이다. 따라서 하나님께서 모세의 법을 제정하셨다. 사도는 그리스도를 배척하고 떨어져 나간 배교자들에게 내릴 무서운 심판을 암시한다. 여기서 사도는, 그리스도를 알고 믿는다고 고백한 뒤에 그리스도를 멸시하고 배척하는 사람들이 얼마나 심하고 무서운 심판의 징벌을 당하게 될 것인지 히브리인들의 양심에 호소를 한다. 그들은 그 죄의 위중함을 통해서 그 징벌의 위중함을 판단할 수 있을 것이다. 다음의 사실들을 주목하라.

(1) 배교자들은 하나님의 아들을 짓밟았다(29절). 어떤 평범한 사람을 짓밟는 것은 도저히 참을 수 없는 모욕을 주는 행위이다. 하물며 명예와 지위가 있는 사람을 그런 사악한 태도로 대우하는 것은 도저히 참을 수 없는 모욕과 고통이 될 것이다. 그 자신이 하나님이신 하나님의 아들을 그와 같이 대우하는 것은 극에 달한 도발 행위이다. 그것은 그리스도의 인격을 짓밟고, 그리스도가 메시야이심을 부인하는 것이고, 그리스도의 권위를 짓밟는 것이고, 그리스도의 나라를 훼손하는 것이고, 그리스도의 지체들인 그의 백성들을 만물의 쓰레기로

짓밟는 것이고, 그리고 세상에 살 수 없는 폐물들로 여기는 것이다. 그러니 그러한 패역한 배교자들의 죄가 너무 커서 도대체 어떤 징벌이 내려야 하겠는가?

(2) 배교자들은 자기를 거룩하게 한 언약의 피를 부정한 것으로 여겼다(29절). 언약의 피는 그리스도의 피다. 그 언약은 그리스도의 피를 지불하고 사고, 그리고 그리스도의 피로 봉인된 것이었다. 그 피로 그리스도께서 자신을 희생 제물로 드리셨고, 그 피로 배교자들이 거룩하게 되었다. 다시 말해서 그리스도의 피를 통하여 배교자들이 세례를 받게 되었다. 이 세례를 통하여 가시적으로 새 언약이 시작되게 되었다. 그리고 세례를 통하여 주의 만찬 즉 성만찬에 사람들이 참여할 수 있게 되었다. 사람들이 참여는 하지만 여전히 타락에 머무르고 있는 성화의 종류도 있다는 사실을 주목하라. 그러한 사람들은 일반 은사들과 은혜들을 통해, 외적인 신앙 고백을 통해, 경건의 모양과 의무들의 수단을 통해, 일련의 특권들을 통해 그리스도인의 모양과 특성을 나타내고는 있지만 결국에는 타락하고 버림을 받을 수도 있다. 이전에 그리스도의 피를 아주 높이 존경하는 것 같던 사람들이 그 피를 부정한 것으로 여기게 될 수도 있다. 다시 말해서 그리스도의 피를 한 범죄자의 피 정도로 여기게 된다는 것이다. 그 피가 세상 사람들을 구원하기 위한 대속의 피였음에도 불구하고 말이다. 그래서 그 피 한 방울조차도 무한한 가치를 지니고 있음에도 말이다.

(3) 그들은 은혜의 성령을 욕되게 했다(29절). 사람들에게 은혜롭게 주어지고 은혜를 어디에서든지 일으키고 역사하는 성령은 가장 큰 관심을 가지고 숭배를 받으시고 섬김을 받으셔야 한다. 이 성령을 그들이 근심시켰고, 거역했고, 소멸시켰다. 더군다나 그들은 성령께 무례를 범했다. 그것은 극도로 나쁜 사악한 행위이고, 그리고 그러한 죄를 범한 죄인의 상황을 절망적인 상태로 만든다. 그러한 죄인은 그에게 적용되는 복음의 구원을 거부한다. 이제 히브리서 기자는 그러한 죄를 모든 사람들의 양심에 맡기고 있다. 그는 보편적인 이성과 공정함에 호소한다. 그러한 가증스러운 범죄는 그에 적당한 징벌을, 아니 자비를 받지 못하고 죽은 사람들보다 더 심한 징벌을 받아야 되지 않겠느냐고 사도는 호소하고 있다. 그런데 어떤 징벌이 자비가 없이 죽은 사람들보다 더 심한 것이 될 수 있겠는가? 그러한 죄인들이 무시한 자비와 은혜로 말미암아 죽는 것이 더 심한 징벌이다. 하나님의 공의뿐만 아니라 잘못 사용된 은혜와 자비가 복수를 요구하는 경우가 닥칠 때 그것이 얼마나 무서운 징벌이 될지를 생각해

보라!

4. 사도는 성경에 나타난 하나님의 징벌하시는 심판의 속성을 진술한다. 그리고 그 진술을 통해 사도는 그의 권면을 받아들이라고 주장한다. 원수 갚는 것이 내게 있으니 내가 갚으리라 하시고 또 다시 주께서 그의 백성을 심판하리라 말씀하신 것을 우리가 아노니(30절). 원수 갚는 것이 내게 있으니 라는 말씀을 발견하게 되는데 이것은 여호와여 복수하시는 하나님이여 복수하시는 하나님이여 빛을 비추어 주소서 라는 시편 94장 1절의 말씀을 인용한 것이다. 여호와께서 행하시는 무서운 일들의 공포는 계시와 이성을 통해 잘 알려져 있다. 징벌의 심판은 하나님의 무서운 속성을 드러내는 것이다 그러나 그것은 영광스러운 것이다. 그것은 하나님의 것이다. 그래서 하나님께서 그것을 사용하실 것이다. 하나님께서 그의 은혜를 멸시하는 죄인들의 머리 위에 징벌의 심판을 내리실 것이다. 하나님께서 배교자들에게 하나님과 성자와 성령과 언약을 위해 복수하실 것이다. 하나님의 징벌이 내릴 때 죄인들과 배교자들의 상황이 얼마나 무섭고 두려울 것인가! 또 다른 인용은 신명기 32장 36절의 참으로 여호와께서 자기 백성을 판단하시고 라는 말씀에서 나온 것이다. 주께서 그의 보이는 교회를 두루 살피고 시험하실 것이다. 그리고 주께서, 자신들이 유대인이라고 말하지만 참된 하나님의 백성이 아니라 사탄의 회중에 속한 사람들을 찾아내실 것이다. 그리고 주께서 귀한 자들과 악한 자들을 가려내시고 시온의 죄인들을 아주 엄중하게 징벌하실 것이다. 이제 원수 갚는 것이 내게 있으니 내가 갚으리라 말씀하신 하나님을 아는 사람들은 사도가 전해주고 있는 것처럼 살아 계신 하나님의 손에 빠져 들어가는 것이 무서울진저(31절)라는 말씀을 고백할 필요가 있을 것이다. 하나님의 은혜로 말미암는 기쁨을 아는 사람들은 이 말씀을 통해 하나님께서 내리시는 징벌의 진노가 지닌 힘과 무서움을 판단할 수 있다. 여기서 다음의 사실들을 주목하라. 회개하지 않는 죄인들과 배교자들이 당하게 될 영원한 불행은 어떤 것일까? 그들은 하나님의 손에 떨어지게 될 것이다. 그들의 징벌은 하나님의 손을 통해 직접 내리게 될 것이다. 하나님께서 그들을 그의 심판의 손에 올려놓으시고 징벌하실 것이다. 하나님께서 그들을 직접 다루실 것이다. 그들의 가장 큰 불행은 하나님께서 그의 진노를 그들의 영혼에 직접 각인시켜 주신다는 것이다. 주께서 피조물들을 통해 그들을 징벌하신다면 그 징벌의 도구가 때리는 힘을 어느 정도 완화시켜 줄 것이다. 그러나 주께서 그 징벌을 그 자신의

손으로 직접 하신다면 그것은 무한한 불행이 될 것이다. 이 징벌을 죄인들과 배교자들이 하나님의 손을 통해 직접 당하게 된다면 그들은 슬픔 속에 엎드러지고 말 것이다. 그들의 파멸은 하나님의 영광스러운 강한 임재를 통해 임하게 될 것이다. 그들은 자신의 무서운 재앙의 침상을 지옥에 두게 될 것이고, 거기에서 살아계시고 임재하신 하나님을 발견하게 될 것이고, 그리고 하나님의 임재가 그들의 가장 큰 공포와 괴로움이 될 것이다. 그러므로 여호와께서는 살아계신 하나님이시다. 주는 영원히 살아계시고, 그리고 영원히 징벌하실 것이다.

5. 사도는 그들이 옛날에 그리스도를 위하여 당한 고난을 상기시켜줌으로써 그들에게 인내를 권면한다. 전날에 너희가 빛을 받은 후에 고난의 큰 싸움을 견디어 낸 것을 생각하라(32절). 복음의 초기 시대에 그리스도교 신자들을 핍박하기 위하여 일어난 아주 심한 박해가 있었다. 그 때 믿는 히브리인 신자들이 박해를 겪었다. 사도는 그 사실을 히브리인들에게 상기시켜주고 있다. 다음의 사실들을 주목하라.

(1) 그들이 고난을 받은 시기는 언제였는가? 전날에 그들이 빛을 받은 후였다. 다시 말해서 하나님께서 그들의 영혼에 생명을 불어넣어 주시자마자 얼마 안 있어 그들은 박해를 겪게 되었다. 그들은 그들의 마음속에 솟아나는 하나님의 빛을 가지게 되고 하나님의 은혜와 언약 안에 들어간지 얼마 안 되어 어려움을 체험하게 되었다. 그 때는 땅과 지옥의 권세가 아주 강한 힘으로 결합해 그들을 심하게 핍박했다. 여기서 다음의 사실들을 주목하라. 자연의 상태는 어둠에 둘러싸인 상태이다. 그러므로 그 상태에 계속 머무르고 있는 사람들은 사탄과 세상으로부터 아무런 방해나 어려움을 받지 않게 된다. 그러나 은혜의 상태는 빛에 둘러싸인 상태이다. 그러므로 어둠의 세력들이 그 빛을 격렬하게 반대할 것이다. 그리스도 예수 안에서 경건하게 사는 사람들은 박해의 고난을 겪게 되어 있다.

(2) 그들은 어떤 고난을 받았나? 그들은 고난의 큰 싸움을 견디어 내었다. 그들이 견디어 낸 고난은 많았고 다양했다. 그러나 그들은 그 고난들에 맞서 큰 싸움을 해냈다. 많은 고난들이 의로운 사람들의 어려움들이 된다. 다음의 사실들을 주목하라.

[1] 그들은 직접 고난을 겪었다. 그들은 세상에 즉 천사들과 사람들에게 구경거리가 되었다(고전 5:33). 그들은 비방하는 사람들을 통해 이름과 평판에 손상

을 입고 어려움을 겪었다(33절). 그리스도인들은 자신의 평판을 지키고 높여야할 것이다. 그리스도인들은 종교의 평판이 관계가 되기 때문에 더욱 그래야 할 것이다. 이 평판이 비난을 큰 고난이 되게 한다. 그들은 재산 때문에 어려움을 겪었다. 그들은 벌금과 몰수를 통하여 재산을 빼앗겼다.

[2] 그들은 그들의 형제들의 고난 때문에 어려움을 겪었다. 혹은 이런 형편에 있는 자들과 사귀는 자가 되었으니(33절). 그리스도교의 정신은 동정하는 정신이다. 그 정신은 이기적인 정신이 아니라 불쌍히 여기는 정신이다. 그 정신은 모든 그리스도인의 고난을 우리 자신의 것으로 여기게 하고, 우리가 다른 사람들에게 동정을 가지게 만들고, 어려운 사람들을 찾아보게 하고, 그들을 도와주게 하고, 그리고 그들을 위하여 옹호하고 변명하게 해준다. 그리스도인들은 한 몸이다. 그들은 한 정신으로 활기를 얻는다. 그들은 하나의 공동의 대의와 이익을 위하여 관계를 가지고 일을 한다. 그리고 그리스도인들은 그의 백성들의 모든 고난들에 함께 고난을 당하시는 하나님의 자녀들이다. 몸의 한 지체가 고통을 당한다면 모든 나머지 지체도 그 지체와 함께 고통을 당하게 된다. 사도는 그들이 자신에게 보여준 동정에 대해 특별한 관심을 나타내고 있다. 너희가 갇힌 자를 동정했다(34절). 우리는 우리의 그리스도인 친구들이 우리가 고난을 당할 때 우리에게 보여주고 나타내준 동정을 감사함으로 인정해야 할 것이다.

(3) 그들은 어떻게 고난을 받았는가? 그들은 예전에 고난을 받았을 때 아주 강하게 버티었다. 그들은 그들의 고난들을 인내로 견디었다. 그리고 그들은 그렇게 했을 뿐만 아니라 그것을 즐겁게 받아들였다. 그들은 그것을 하나님께서 그들에게 베푸시는 은혜와 영광으로 여기고 즐겁게 견디었다. 그들은 그리스도를 위하여 비난을 받을 가치가 있다고 생각했다. 하나님께서는 그의 고난당하는 백성들에게 아주 강한 힘을 주실 수 있다. 그의 영광의 힘을 따라 모든 능력으로 능하게 하시며 기쁨으로 모든 견딤과 오래 참음에 이르게 해주신다(골 1:11).

(4) 무엇이 그들이 고난을 견딜 수 있게 해주었는가? 그들은 하늘에 더 낫고 영구한 소유를 가지고 있다는 것을 알고 있었다. 다음의 사실들을 주목하라.

[1] 하늘에서 누릴 성도의 행복은 실제의 무게와 가치를 지닌 어떤 실체이다. 이 땅에서 누리는 모든 것들은 다만 그림자들일 뿐이다.

[2] 그들이 이 땅에서 가질 수도 있고 잃을 수도 있는 어떤 것보다 더 낫고 좋은 실체이다.

[3] 그것은 영구한 소유와 실체이다. 그것은 시대를 초월한 것이고 영원과 나란히 가게 될 것이다. 그들은 그 소유와 실체를 결코 다 소비할 수가 없다. 그들의 원수들이 지상에서 그랬던 것처럼 그들에게서 결코 그것을 빼앗아갈 수가 없다.

[4] 이 소유는 그들이 이 땅에서 잃을 수도 있고 고통을 당할 수도 있는 모든 것을 바꾸고 대체하는 풍성한 실체가 될 것이다. 하늘에서 그들은 더 나은 생명과 더 나은 소유와 더 나은 자유와 더 나은 사회와 더 나은 마음과 더 나은 일을 가지게 될 것이다. 그들은 하늘나라에서 더 좋은 것을 모두 가지게 될 것이다.

[5] 그리스도인들은 이 사실을 기본적으로 알아야 한다. 그들은 그것을(성령께서 그들의 영으로 더불어 증언하신다) 기본적으로 확신해야 한다. 왜냐하면 이 사실을 확실하게 아는 것은 그들이 이 세상에서 겪을 수 있는 고난들과의 싸움을 견딜 수 있도록 도와줄 것이기 때문이다.

6. 사도는 모든 신실한 그리스도인들을 위한 상의 보상을 바라보고 견디라고 그들에게 강조한다. 그러므로 너희 담대함을 버리지 말라 이것이 큰 상을 얻게 하느니라(35절). 여기서 다음의 사실들을 주목하라.

(1) 사도는 그들에게 그들의 확신과 담대함을 버리지 말라고 권면한다. 즉 그들의 거룩한 용기와 담대함을 버리지 말고 이전에 그것을 위하여 아주 많은 고난을 겪고 잘 견디었던 신앙 고백을 굳게 잡으라고 권면한다.

(2) 사도는 그들의 거룩한 확신과 담대함의 상이 아주 크다는 사실을 그들에게 확신시킴으로써 그들을 격려한다. 그들의 거룩한 확신은 확신과 거룩한 평화와 기쁨을 통해 현세의 상을 전달해주고, 그리고 하나님의 임재와 능력이 그들에게 많이 머무르게 해준다. 그 확신과 담대함은 내세에 큰 보상을 받게 해줄 것이다.

(3) 사도는 우리의 현재 상태에 한 은혜 즉 인내의 은혜가 얼마나 필요한지를 히브리인들에게 진술한다. 너희에게 인내가 필요함은 너희가 하나님의 뜻을 행한 후에 약속하신 것을 받기 위함이라(36절). 여기서의 약속하신 것이라는 것은 약속된 상을 의미한다. 여기서 다음의 사실들을 주목하라. 성도들이 누리는 행복의 가장 큰 부분은 약속 안에 있다. 성도들은 그 약속을 받기 전에 먼저 하나님의 뜻을 행해야 한다. 그들이 하나님의 뜻을 행한 뒤에 그 약속이 이루어질 때

를 기다리기 위한 인내를 가져야 할 필요가 있다. 그들은 하나님께서 그들을
불러 데려가실 때까지 살 수 있는 인내를 가져야 할 필요가 있다. 그리스도인
들이 일을 다한 뒤에 불평 없이 살아야 하고, 그리고 하나님께서 그들에게 그
상을 주실 때가 올 때까지 그 상을 기다리는 것이 그리스도인들이 지녀야 할
인내의 시련이다. 우리는 더 이상 하나님의 일하는 종이 될 수 없을 때 하나님
의 뜻을 기다리는 종이 되어야 한다. 이미 많은 인내의 삶을 살아온 사람들도
죽을 때까지 더 인내하고 노력해야 할 것이다.

(4) 그들의 인내를 도와주기 위하여 사도는 그들을 구원하시고 상을 주시는
그리스도의 오심이 아주 가까이 다가왔음을 그들에게 확신시켜 주고 있다. 잠
시 잠깐 후면 오실 이가 오시리니 지체하지 아니하시리라(37절). 그리스도께서 성
도들의 임종 자리에 그들에게 곧 오시고, 모든 그들의 고통들을 끝내 주시고,
그리고 그들에게 생명의 면류관을 주실 것이다. 그리스도께서 심판하기 위하
여 곧 오시고, 모든 그의 신비의 몸인 전체 교회의 고난들을 끝내 주시고, 아주
공개적인 방법으로 그의 교회들에 풍성하고 영광스러운 상을 주실 것이다. 신
자와 교회를 위한 정한 때가 있고, 그리고 그리스도께서는 그 때를 넘기지 않
으시고 지체하지 않으실 것이다. 이 묵시는 정한 때가 있나니 그 종말이 속히 이르
겠고 결코 거짓되지 아니하리라 비록 더딜지라도 기다리라 지체되지 않고 반드시 응
하리라(합 2:3). 그리스도인이 현재 겪는 갈등과 싸움이 심하고 고통스러운 것
일 수 있지만 그것이 끝날 날이 곧 올 것이다.

7. 사도는 인내가 성도들의 독특한 특성이고 그들에게 행복을 안겨 주는 것
이 될 것이라고 말함으로써 그들에게 인내하라고 강조한다. 그에 반하여 배교
는 치욕의 근원이고, 그리고 파멸에 이르게 될 것이다. 배교를 범하는 사람들은
모두 멸망을 당하게 될 것이다(38, 39절). 나의 의인은 믿음으로 말미암아 살리라
(38절). 이 말씀에 대해 고찰해보도록 하자.

(1) 가장 어려운 고난의 때에 의인들이 믿음으로 살 수 있다는 것이 의인들의
명예로운 특성이다. 의인들은 하나님께서 약속하신 진리를 믿는 확신을 가지
고 살 수 있다. 믿음은 신자들에게 생명과 활기를 넣어준다. 성도들은 하나님을
신뢰할 수 있고, 하나님을 의지해 살 수 있고, 그리고 하나님의 때를 믿음으로
기다릴 수 있다. 성도들의 믿음이 현세에서의 그들의 영적 생명을 유지시켜주
듯이 그 믿음이 내세에서 그들에게 영생의 면류관을 씌워줄 것이다.

(2) 배교는 하나님이 전혀 기뻐하지 않으시는 사람들이 지닌 표시와 낙인이다. 배교는 하나님께서 아주 심하게 싫어하시고 진노하시는 원인이 된다. 하나님께서는 인내하지 못하는 사람들의 형식적인 신앙 고백과 외식적인 의무 이행과 봉사들을 결코 기뻐하지 않으신다. 하나님께서는 당시에 히브리인들의 마음속에 있는 외식을 보셨다. 그래서 하나님께서는 그들의 형식적인 신앙생활이 결국 신앙에서 떠나 명백한 배교로 끝나게 될 때 크게 진노하시게 될 것이다. 하나님께서는 배교자들을 아주 불쾌하게 여기신다. 배교자들은 하나님을 진노하시게 만든다.

(3) 사도는 그 자신과 이 히브리인들에 관한 자신의 좋은 소망을 선언함으로 말을 맺는다. 그 소망은 그들이 의인의 특성과 행복을 결코 빼앗기지 않을 것이고, 그리고 악인의 낙인이 찍히고 불행에 빠지는 일이 결코 없을 것이라는 것이다. 우리는 뒤로 물러가 멸망할 자가 아니요 오직 영혼을 구원함에 이르는 믿음을 가진 자니라(39절). 이 말씀을 사도는 이렇게 말했을 수도 있을 것이다. "우리가 뒤로 물러가는 사람들이 되지 않기를 나는 바란다. 이미 큰 시련들을 겪었고, 그 시련의 때에 우리의 믿음을 강하게 해주는 하나님의 은혜를 통하여 도움을 받았던 당신들과 내가 구원에 이르는 믿음을 통하여 하나님의 강력한 능력으로 하나님께서 우리를 지켜주시기를 나는 소망한다." 여기서 다음의 사실들을 주목하라. [1] 신앙 고백자들이 멸망의 큰 길로 나가 결국 신앙의 뒷걸음을 칠 수도 있다. 그러나 하나님에게서 멀어지는 이 뒷걸음질은 멸망으로 가는 길이다. 우리가 하나님에게서 멀어지면 멀어질수록 멸망으로 더 가까이 다가가고 있다. [2] 과거의 큰 시련들 속에서도 신실함과 믿음을 계속 지켜 온 사람들은 소망의 근거를 소유하게 될 것이다. 그 소망은 신실한 사람들이 믿음과 인내의 목적인 영혼의 구원을 받을 때까지 하나님의 은혜와 도움을 계속 바라게 해준다. 우리가 믿음으로 살고, 믿음 안에서 죽으면 우리의 영혼은 영원히 안전하게 될 것이다.

제 11 장

개요

앞 장의 마지막 단락에서 사도는 배교를 막는 가장 좋은 보호책으로 믿음의 은혜와 믿음의 생활을 추천했다. 그런 뒤 사도는 이제 본 장에서 이 뛰어난 믿음의 은혜가 지닌 속성과 열매들을 확대하여 설명하고 있다. I. 믿음으로 사는 사람들에게 나타나는 믿음의 속성과 믿음의 명예(1-3절). II. 구약 성서에서 믿음으로 살고, 이 믿음의 은혜로 아주 특별한 일들의 고난을 견딘 사람들에 대해 우리가 발견하게 되는 위대한 본보기들(4-38절). III. 구약 성서의 시대에 살던 사람들이 누렸던 유익들보다 더 뛰어난 유익들을 우리가 복음 안에서 누린다(39-40절).

¹믿음은 바라는 것들의 실상이요 보지 못하는 것들의 증거니 ²선진들이 이로써 증거를 얻었으니라 ³믿음으로 모든 세계가 하나님의 말씀으로 지어진 줄을 우리가 아나니 보이는 것은 나타난 것으로 말미암아 된 것이 아니니라

여기서 사도는 믿음의 속성을 정의한다. 여기서 다음의 사실들을 주목하라.

I. 믿음의 정의와 설명이 두 부분으로 진술되고 있다.

1.믿음은 바라는 것들의 실상이다. 믿음과 소망은 병행한다. 우리의 소망의 대상이 되는 것들과 같은 것들이 우리의 믿음의 대상이 된다. 믿음은 하나님께서 그리스도 안에서 우리에게 약속하신 모든 것을 이루실 것을 믿는 확고한 확신과 기대이다. 그러므로 이 확신은 바라는 것들에 대한 일종의 소유감과 현재적인 성취감을 줄 정도로 강하다. 그래서 그 확신은 영혼 속에 바라는 것들이 현재 존재하는 것으로 받아들이게 한다. 그 현존감은 바라는 것들의 첫 열매와 전조들을 통해서 맛볼 수 있게 된다. 그러므로 신자들은 믿음을 실천할 때 말할 수 없이 영광으로 가득 찬 기쁨으로 즐거워하게 된다(벧전 1:8). 그리스도께서 믿음을 통해 영혼 속에 거하시고, 그리고 그 영혼은 그 용량이 허용하는 한도까지

하나님으로 충만하게 된다. 그 신자는 믿음의 대상이 실제 이루어진 것으로 체험하게 된다.

2. 믿음은 보이지 않는 것들의 증거이다. 믿음은 육체의 눈으로 식별할 수 없는 것들의 실체를 마음의 눈으로 볼 수 있게 해준다. 믿음은 하나님의 계시와 그 계시의 모든 부분에 대한 영혼의 확고한 동의이다. 그리고 믿음은 하나님이 참되시다는 것을 인정하는 영혼의 날인이다. 믿음은 하나님께서 계시하신 모든 것을 거룩하고, 의롭고, 그리고 선한 것으로 받아들이는 완전한 시인이다. 믿음은 영혼이 모든 계시를 적절한 애정과 노력을 기울여 영혼 자체에 적용하도록 도움을 준다. 그러므로 믿음은 신자가 보지 않고도 믿을 수 있게 도움을 주게 되어 있고, 그리고 감각과 몸의 관계처럼 영혼이 보지 못하는 모든 것을 보도록 해준다. 믿음은 보지 못하는 것들을 영혼에게 실감하지 못하게 하는 의견이나 공상이 아니다. 믿음은 보지 못하는 것들의 속성과 중요성을 인지하고 그것들에 일치하여 행동하도록 영혼을 자극한다.

II. 믿음은 믿음을 실천하며 살아온 모든 사람들에 대한 명예의 기록을 기억하고 깊이 생각한다. 선진들이 이로써 증거를 얻었느니라(2절). 이 말씀에서의 선진들이란 세상의 초기에 살았던 고대의 신자들을 말한다. 다음의 사실들을 주목하라.

1. 참된 믿음은 예로부터 내려온 오래된 은혜이고, 그리고 옛날 사람들 즉 선진들을 아주 높이 여기고 그들에게 잘 물어보고 의견을 구한다. 참된 믿음은 새로운 발명이나 현대적인 공상의 산물이 아니다. 그것은 은혜의 언약이 세상에 공포된 이래로 언제나 인간의 영혼 속에 심어진 은혜이다. 참된 믿음은 계시가 시작된 때부터 실천이 되어왔다. 세상에 이제까지 실재해온 가장 나이 많고 선한 사람들이 신자들이었다.

2. 그들의 믿음은 선진들의 명예였다. 다시 말해서 참된 믿음은 선진들의 믿음에 기반을 둔 명예를 반영하고 존중했다. 선진들은 그들의 믿음의 명예가 되었다. 참된 믿음은 신자들에게 명예롭고 좋은 평판을 얻은 것들을 행하도록 자극한다. 하나님께서는 신자들이 이 은혜의 힘으로 행한 훌륭한 일들에 대한 기록과 평판이 지켜지도록 관심을 기울이신다. 믿음의 순수한 행위들은 보고되어야 할 것이고, 보고될 가치가 있고, 그리고 보고될 때 참된 신자들의 명예를 높이게 될 것이다.

Ⅲ. 우리는 본 단락에서 믿음의 최초의 행위들과 기사들 가운데 하나를 발견하게 된다. 이것은 나머지 모든 사람들에게 큰 영향을 끼치고 있다. 그리고 이 기사는 모든 시대와 세계 어느 지역에 사는 모든 신자들에게 공통되는 진리를 담고 있다. 다시 말해서 이 기사는 하나님의 말씀으로 지어진 모든 세계의 피조물에게 적용되는 진리이다. 세계의 창조는 창조 이전에 존재하는 물질로 된 것이 아니라 무에서 이루어졌다. 믿음으로 모든 세계가 하나님의 말씀으로 지어진 줄을 우리가 아나니 보이는 것은 나타난 것으로 말미암아 된 것이 아니니라(3절). 믿음의 은혜는 회상과 예상의 속성을 동시에 가지고 있다. 믿음은 세상의 종말을 예상할 뿐만 아니라 세상의 시작을 회상하기도 한다. 믿음으로 우리는 세계의 형성에 대해 예전에 자연 이성의 천진한 눈으로 이해할 수 있는 것보다 훨씬 많은 것을 이해한다. 믿음은 이해를 위한 어떤 힘이 아니라 이해를 돕는 친구와 보조자이다. 이제 믿음은 세계에 관하여 우리에게 무엇을 이해하게 해주는가? 다시 말해서 우주의 위와 가운데와 아래 부분에 관하여 믿음이 무엇을 이해하게 해주는가?

1. 이 세계는 영원하지도 않고 또한 스스로 존재하지도 않고 다른 것에 의해 만들어졌다는 사실을 이해하게 해준다.

2. 세계의 창조자는 하나님이시라는 사실을 이해하게 해준다. 하나님은 만물의 창조자이시다. 하나님 외에 누가 그렇게 할 수 있겠는가? 세계를 창조하는 자는 그가 누구이든 하나님이심에 틀림이 없을 것이다.

3. 하나님께서 세계를 아주 정밀하게 만드셨다는 사실을 이해하게 해준다. 세계의 창조는 구성하는 작업이었다. 모든 일에서 그 목적에 부합하고, 그리고 창조자의 완전성을 나타내기 위하여 적절하게 고치고 배치해야 하는 창조의 작업이었다.

4. 하나님께서 세계를 그의 말씀으로 만드셨다는 사실을 이해하게 해준다. 다시 말해서 세계의 창조는 하나님의 완전한 지혜와 영원한 성자 하나님과 하나님의 능동적인 의지를 통하여 이루어졌다. 그가 말씀하시니 그것이 이루어졌고, 그가 명령하시니 그것이 확고히 섰도다(시 33:9).

5. 이와 같이 세계가 무에서 만들어졌다는 사실을 이해하게 해준다. 세계는 이미 존재하는 물질로 만든 것이 아니었다. 이 사실은 "무에서 아무것도 만들어질 수 없다"는 기존의 격언에 배치되는 것이다. 이 격언이 피조물에 해당될

수 있는 말이긴 하다 그러나 보이는 것들은 나타나는 것들로 된 것이 아니니라(3절)라고 말씀하실 수 있고 그것들에게 존재하라고 명령하실 수 있는 하나님께는 전혀 적용할 수 없는 말이다. 이러한 것들을 우리는 믿음을 통하여 이해할 수 있다. 성경은 우리에게 만물의 기원에 대한 가장 진실하고 가장 정확한 기사를 전달해준다. 그러므로 우리는 그 기사를 믿어야 할 것이다. 그리고 성서의 창조 기사를 왜곡하거나 헐뜯어서는 안 될 것이다. 왜냐하면 성경의 기사는 우리 자신의 어떤 환상적인 가설들과 어울릴 수 없기 때문이다. 학식은 얼마간 있지만 자만에 빠진 사람들의 특성인 그러한 억지 주장은 불신앙에 이르는 확실한 첫 단계이다. 그리고 그러한 주장은 교만한 사람이 더 많은 잘못을 저지르게 만든다.

⁴믿음으로 아벨은 가인보다 더 나은 제사를 하나님께 드림으로 의로운 자라 하시는 증거를 얻었으니 하나님이 그 예물에 대하여 증언하심이라 그가 죽었으나 그 믿음으로써 지금도 말하느니라 ⁵믿음으로 에녹은 죽음을 보지 않고 옮겨졌으니 하나님이 그를 옮기심으로 다시 보이지 아니하였느니라 그는 옮겨지기 전에 하나님을 기쁘시게 하는 자라 하는 증거를 받았느니라 ⁶믿음이 없이는 하나님을 기쁘시게 하지 못하나니 하나님께 나아가는 자는 반드시 그가 계신 것과 또한 그가 자기를 찾는 자들에게 상 주시는 이심을 믿어야 할지니라 ⁷믿음으로 노아는 아직 보이지 않는 일에 경고하심을 받아 경외함으로 방주를 준비하여 그 집을 구원하였으니 이로 말미암아 세상을 정죄하고 믿음을 따르는 의의 상속자가 되었느니라 ⁸믿음으로 아브라함은 부르심을 받았을 때에 순종하여 장래의 유업으로 받을 땅에 나아갈새 갈 바를 알지 못하고 나아갔으며 ⁹믿음으로 그가 이방의 땅에 있는 것 같이 약속의 땅에 거류하여 동일한 약속을 유업으로 함께 받은 이삭 및 야곱과 더불어 장막에 거하였으니 ¹⁰이는 그가 하나님이 계획하시고 지으실 터가 있는 성을 바랐음이라 ¹¹믿음으로 사라 자신도 나이가 많아 단산하였으나 잉태할 수 있는 힘을 얻었으니 이는 약속하신 이를 미쁘신 줄 알았음이라 ¹²이러므로 죽은 자와 같은 한 사람으로 말미암아 하늘의 허다한 별과 또 해변의 무수한 모래와 같이 많은 후손이 생육하였느니라 ¹³이 사람들은 다 믿음을 따라 죽었으며 약속을 받지 못하였으되 그것들을 멀리서 보고 환영하며 또 땅에서는 외국인과 나그네임을 증언하였으니 ¹⁴그들이 이 같이 말하는 것은 자기들이 본향 찾는 자임을 나타냄이라 ¹⁵그들이 나온 바 본향을

생각하였더라면 돌아갈 기회가 있었으려니와 [16]그들이 이제는 더 나은 본향을 사모하니 곧 하늘에 있는 것이라 이러므로 하나님이 그들의 하나님이라 일컬음 받으심을 부끄러워하지 아니하시고 그들을 위하여 한 성을 예비하셨느니라 [17]아브라함은 시험을 받을 때에 믿음으로 이삭을 드렸으니 그는 약속들을 받은 자로되 그 외아들을 드렸느니라 [18]그에게 이미 말씀하시기를 네 자손이라 칭할 자는 이삭으로 말미암으리라 하셨으니 [19]그가 하나님이 능히 이삭을 죽은 자 가운데서 다시 살리실 줄로 생각한지라 비유컨대 그를 죽은 자 가운데서 도로 받은 것이니라 [20]믿음으로 이삭은 장차 있을 일에 대하여 야곱과 에서에게 축복하였으며 [21]믿음으로 야곱은 죽을 때에 요셉의 각 아들에게 축복하고 그 지팡이 머리에 의지하여 경배하였으며 [22]믿음으로 요셉은 임종시에 이스라엘 자손들이 떠날 것을 말하고 또 자기 뼈를 위하여 명하였으며 [23]믿음으로 모세가 났을 때에 그 부모가 아름다운 아이임을 보고 석 달 동안 숨겨 왕의 명령을 무서워하지 아니하였으며 [24]믿음으로 모세는 장성하여 바로의 공주의 아들이라 칭함 받기를 거절하고 [25]도리어 하나님의 백성과 함께 고난 받기를 잠시 죄악의 낙을 누리는 것보다 더 좋아하고 [26]그리스도를 위하여 받는 수모를 애굽의 모든 보화보다 더 큰 재물로 여겼으니 이는 상 주심을 바라봄이라 [27]믿음으로 애굽을 떠나 왕의 노함을 무서워하지 아니하고 곧 보이지 아니하는 자를 보는 것 같이 하여 참았으며 [28]믿음으로 유월절과 피 뿌리는 예식을 정하였으니 이는 장자를 멸하는 자로 그들을 건드리지 않게 하려 한 것이며 [29]믿음으로 그들은 홍해를 육지 같이 건넜으나 애굽 사람들은 이것을 시험하다가 빠져 죽었으며 [30]믿음으로 칠 일 동안 여리고를 도니 성이 무너졌으며 [31]믿음으로 기생 라합은 정탐꾼을 평안히 영접하였으므로 순종하지 아니한 자와 함께 멸망하지 아니하였도다

사도는 믿음의 은혜에 대한 아주 일반적인 기사를 우리에게 진술한다. 그런 뒤 그는 구약 시대의 믿음의 뛰어난 본보기들을 우리에게 제시한다. 이들 믿음의 본보기들은 두 부류로 나뉘어질 수 있다. 여기서 다음의 사실들을 주목하라.

1. 여기서 그 사람들의 이름이 언급되고 있고, 그들이 행했던 믿음의 특별한 실천과 행위들이 상술되고 있는 부류의 사람들.

2. 여기서 그 사람들의 이름이 거의 언급되고 있지 않지만 그들의 믿음의 공적들이 일반적인 기사에 언급되고 있는 부류의 사람들. 사도가 거룩한 이야기

속에 모아놓고 있는 특별한 사람들에게 어떤 믿음의 사람들을 적용시키는 것
은 독자들의 몫이다. 우리는 여기서 이름은 없지만 그들의 믿음의 특별한 시련
들과 행위들에 대한 보충적인 진술을 통해 믿음의 깨우침을 받게 된다. 여기서
다음의 사실들을 주목하라.

I. 여기서 기록되고 있는 믿음의 선도적인 실례와 본보기는 아벨의 믿음이다.
그런데 성령께서 여기서 우리의 최초의 조상인 아담과 하와의 믿음을 말씀하
시는 것이 적당하지 않다고 생각하셨다는 사실은 주목할 만하다. 그러나 하나
님의 교회는 하나님께서 은혜의 섭리를 아담과 하와에게 베푸셨다는 사실을
일반적으로 인정해오고 있다. 다시 말해서 하나님께서 아담과 하와를 회개하
게 하시고, 그들에게 약속의 자손을 믿고 소망하는 믿음의 은혜를 베풀어 주셨
고, 그리고 그들에게 희생 제사의 비밀을 가르쳐 주셨다. 그래서 그들이 그 은
혜와 비밀을 그들의 자녀들에게 가르쳐 주었다. 그리고 우리의 최초의 조상이
죄를 범함으로 그 자신들과 모든 그들의 자손을 파멸시킨 뒤에 하나님의 자비
를 힘입게 되었다. 이상의 사실들을 하나님의 교회는 인정해오고 있다. 그러나
하나님은 의문의 여지가 있는 문제를 남겨놓으셨다. 그것은 하나님이 이 축복
의 신앙 인명록 속에 우리의 최초의 부모들의 이름을 등록시키시지 않았다는
것이다. 하나님이 이렇게 하신 뜻은 큰 달란트와 큰 믿음을 받은 모든 사람들
이 불신앙에 빠지지 않도록 경고하시기 위한 것이었다. 그래서 이 신앙 인명록
은 최초의 성도들 가운데 한 사람인 아벨로 시작하고 있다. 아벨은 아담의 모
든 아들들 가운데에서 믿음을 위하여 죽은 최초의 순교자였고, 믿음으로 살았
던 사람이고, 그리고 믿음 안에서 죽은 사람이었다. 그러므로 아벨은 히브리인
들이 본받기에 적합한 믿음의 본보기였다. 여기서 다음의 사실들을 주목하라.

1. 아벨은 믿음으로 무엇을 했는가? 믿음으로 아벨은 가인보다 더 나은 제사를
하나님께 드렸다(4절). 그는 가인보다 더 충분하고 완전한 희생 제사를 드렸다.
여기서 다음의 사실들을 배울 수 있다.

(1) 결국 하나님께서 사람들의 자손들이 종교적인 예배를 통하여 하나님께
돌아올 수 있는 새로운 길을 열어주셨다는 사실을 배울 수 있다. 이것은 타락
한 사람들이 하나님께 예배드리는 것이 기록된 최초의 실례들 가운데 하나이
다. 하나님과 인간 사이의 모든 교제가 타락으로 단절되지 않았다는 것은 놀라
운 자비를 나타내주는 것이었다.

(2) 타락 이후에 하나님께서 희생 제사를 통해 예배를 받으셔야 했다. 그것은 희생 제물을 통해 죄의 고백을 전가하고, 죄를 버리고, 그리고 인간의 영혼을 위한 대속물이 되셔야 했던 구세주를 믿는 신앙을 고백하는 예배 방법이었다.

(3) 처음부터 예배를 드리는 사람들 사이에는 뚜렷한 차이가 있었다는 사실을 배울 수 있다. 지금 여기서 형제 사이인 두 사람이 하나님께 예배를 드렸다. 그런데 그 예배에는 아주 큰 차이가 있었다. 가인은 맏형이었지만 아벨이 더 사랑을 받는다. 사람을 진정으로 명예롭게 만드는 것은 출생의 순서나 나이의 많고 적음이 아니라 은혜로 말미암는다는 것이다. 그 차이가 예배드리는 사람들의 인격에 달려 있다는 것은 주목할 만하다. 아벨은 올바른 사람이었고, 의로운 사람이었고, 그리고 참된 신자였다. 그러나 가인은 내용보다는 형식을 중시하는 사람이었다. 그는 특별 은혜의 원리를 가지고 있지 않았다. 그 차이가 그들의 예배드리는 원리들에서 드러나는 사실은 주목할 만하다. 아벨은 믿음의 능력을 따라서 행동했다. 그러나 가인은 단지 교육의 영향이나 자연적인 양심을 따라서만 행동했을 따름이다. 또한 그들이 바친 희생 제물들에도 아주 분명한 차이가 있었다. 아벨은 속죄의 희생 제물을 가져왔다. 즉 그는 양 떼 가운데서 **첫배 새끼들을**(창 4:4) 가져왔다. 그것은 자기가 죽어 마땅한 죄인이라는 사실을 인정하고, 그리고 아주 귀중한 희생 제물을 통하여서만 자비를 받기를 바라는 것을 나타내는 것이었다. 반면에 가인은 결실을 감사하는 단순한 감사 예물인 **땅에서 나는 열매를 가져와서 주께 제물로 드렸다**(창 4:3). 그 예물은 순결한 가운데 바쳐야 할 예물이었다. 다시 말해서 가인의 예물에는 죄의 고백도 전혀 없었고, 그리고 죄를 용서 받는 대속에 대한 생각이 전혀 없었다. 이것은 가인의 예물이 내포하고 있는 본질적인 결함이었다. 참되신 하나님께 예배를 드리는 사람들 가운데에도 분명하게 구별이 되는 사람들이 섞여 있을 수 있다. 개중에는 거짓으로 하나님 주변을 맴맴 도는 사람들도 있을 것이고, 성도들의 본을 따라서 사는 신실한 사람들도 있을 것이다. 또는 바리새인처럼 그들 자신의 의를 의지하는 사람들도 있을 것이다. 또는 세리처럼 그들의 죄를 고백하고, 그리스도 안에서 하나님의 자비에 그들 자신을 내맡기는 사람들도 있을 것이다.

2. 아벨은 믿음으로 무엇을 얻었는가? 창세기 4장 4절의 원래 기록에는 이렇게 말씀하고 있다. 주께서 아벨과 그의 제물은 받으셨다. 먼저 아벨의 인격은 은혜로웠고, 그 다음에 그의 예물은 은혜를 통해 준비된 것이었다. 특별히 그의 예

물은 믿음의 은혜로 말미암은 것이었다. 여기서 우리는 아벨이 그의 믿음을 통해 어떤 특별한 유익들을 얻었다는 사실을 발견하게 된다. 여기서 다음의 사실들을 주목하라.

(1) 아벨은 의로운 자라 하시는 증거를 얻었다(4절). 아벨은 의롭고, 성화되고, 그리고 인정받는 사람이라는 증거를 받았다. 아벨이 드린 예물은 아마도 하늘에서 내려온 불을 통해 증거를 받았을 것이다. 하나님께서 불로 아벨의 제물을 불사르셨을 것이다.

(2) 하나님께서 아벨이 바친 예물들을 받아들이시는 증거를 주심으로써 아벨의 인격의 의로움에 대한 증거를 주셨다. 하나님의 공의의 한 상징인 불이 그 예물을 불살랐을 때 그것은 희생 제사를 위하여 하나님의 자비가 예물을 드리는 사람을 받아들이신 것을 나타내는 상징이었다.

(3) 그가 죽었으나 그 믿음으로써 지금도 말하느니라(4절). 아벨은 교훈적인 말을 하는 사례를 그의 뒤에 남기는 명예를 얻었다. 그것은 우리에게 무엇을 말해주는가? 우리는 그것을 통해 어떤 교훈을 받아야 하는가? 다음의 사실들을 주목하라.

[1] 타락한 사람도 하나님의 받아들이심의 소망을 가지고 하나님께 예배를 드릴 수 있게 허락을 받았다는 교훈을 받게 된다.

[2] 우리의 인격과 예물들이 받아들여진다면 그것은 메시야를 믿는 믿음을 통한 것이어야 한다는 교훈을 받게 된다.

[3] 하나님의 받아들이심은 특별한 은총이라는 교훈을 받게 된다.

[4] 하나님으로부터 이 은총을 받은 사람들은 세상 사람들의 시기와 증오를 예상해야 한다는 교훈을 받게 된다.

[5] 하나님께서 그의 백성들에게 상처를 입힌 사람들을 반드시 징벌하시고 그의 백성들의 고난을 반드시 보상하신다는 교훈을 받게 된다. 이것들은 아주 좋고 유용한 교훈들이다. 그러나 흩뿌려진 그리스도의 피가 아벨의 피보다 더 좋은 것들을 말한다.

[6] 하나님께서 아벨의 믿음이 그와 함께 죽어 사라지게 하시지 않고 같은 고귀한 믿음을 가질 다른 사람들을 모으실 것이라는 교훈을 받게 된다. 그래서 하나님께서 얼마 안 있어 믿음의 본을 보여줄 사람들을 모으셨다. 다음의 구절에서 그 사람들을 발견하게 된다.

II. 에녹의 믿음. 믿음으로 에녹은 죽음을 보지 않고 옮겨졌으니 하나님이 그를 옮기심으로 다시 보이지 아니하였느니라 그는 옮겨지기 전에 하나님을 기쁘시게 하는 자라 하는 증거를 받았느니라(5절). 에녹은 믿음을 통하여 좋은 평판을 얻은 선진들 가운데 두 번째 인물이다. 다음의 사실들을 주목하라.

1. 여기서 에녹에 대한 어떤 평판을 얻게 되는가? 여기서와 창세기 5장 22절에서 우리는 다음과 같은 사실들을 발견하게 된다.

(1) 에녹은 하나님과 동행했다(창 5:22). 에녹은 하나님을 따라서 사는 삶을 통하여 실제로, 뛰어나게, 능동적으로, 진취적으로, 그리고 변함없이 신앙생활을 했다. 그는 하나님과 교제를 나누었고 하나님을 기쁘시게 해드렸다.

(2) 믿음으로 에녹은 죽음을 보지 않고 옮겨졌으니 하나님이 그를 옮기심으로 다시 보이지 아니하였느니라(5절). 지상의 어디에서도 에녹을 발견할 수 없었다. 왜냐하면 하나님께서 에녹의 몸과 영혼을 하늘로 데려가셨기 때문이다. 그러므로 에녹은 주님의 재림 때 살아 있는 성도들 가운데에서 발견될 것이다.

(3) 그는 옮겨지기 전에 하나님을 기쁘시게 하는 자라 하는 증거를 받았느니라(5절). 에녹은 그 자신의 양심 속에 그 증거를 지니고 있었다. 그리고 성령께서 그의 영으로 증언하셨다. 죄로 가득 찬 세상에서 믿음으로 하나님과 동행하는 사람들은 하나님을 기쁘시게 하는 사람들이다. 그래서 하나님께서 그들에게 그의 은총의 표시들을 주시고, 그들을 명예롭게 해주실 것이다.

2. 여기서 에녹의 믿음에 대한 무엇을 말하고 있는가? 믿음이 없이는 하나님을 기쁘시게 하지 못하나니(6절)라고 말씀하고 있다. 다시 말해서 하나님과 동행할 수 있게 우리를 도와주는 그러한 믿음이 없이는 하나님을 기쁘시게 해드릴 수가 없다. 그 믿음은 능동적인 믿음이다. 만일 우리가 하나님이 계신 것을 믿지 않는다면 하나님께 나아갈 수 없을 것이다. 다음의 사실들을 주목하라.

(1) 신자는 하나님이 살아 계시고, 하나님은 스스로 계시는 분이고, 하나님은 성서 속에서 자신을 계시해오고 계시고, 그리고 성부와 성자와 성령의 세 위격 속에 연합해 계시는 무한히 완전하신 실재이심을 믿어야 한다. 여기서 다음의 사실들을 주목하라. 말씀 속에 계시된 대로 하나님의 실재를 믿는 실제적인 신앙은 우리의 영혼에 새겨진 강력한 낙인이 되고, 우리를 죄로부터 막아주고 억제하는 고삐가 되고, 그리고 복음의 모든 방식에 순종하도록 우리를 압박하는 박차가 될 것이다.

(2) 또한 그가 자기를 찾는 자들에게 상 주시는 이심을 신자는 믿어야 한다. 여기서 다음의 사실들을 주목하라.

[1] 타락으로 말미암아 우리는 하나님을 잃어버렸다. 다시 말해서 우리는 하나님의 빛과 생명과 사랑과 모양과 교제를 잃어버렸다.

[2] 하나님은 두 번째 아담이신 그리스도를 통하여 우리에게 다시 발견이 되신다.

[3] 하나님께서 그를 찾을 수 있는 방법과 수단을 규정하셨다. 다시 말해서 하나님의 계시에 대한 집중된 관심, 하나님이 제정하신 규례들의 실행, 자신의 의무들의 정당한 이행, 그의 백성들과의 교제, 하나님의 섭리의 인도를 따르는 것, 그리고 모든 일에 있어서 하나님의 은혜로우신 임재를 기다리는 겸손 등을 통해 우리는 하나님을 만날 수 있다.

[4] 하나님께서 정하신 방법들 속에서 그를 찾는 사람들은 그를 부지런히 찾아야 한다. 하나님을 찾는 사람들은 일찍이 진지하게 끈기 있게 찾아야 한다. 만일 마음을 다하고 뜻을 다하여 그를 찾으면 만나리라(신 4:29). 일단 그들이 그들과 화해하신 하나님을 찾으면 그들은 하나님을 찾느라 애쓴 고통들을 기억하거나 후회하는 일이 결코 없을 것이다.

Ⅲ. 노아의 믿음. 믿음으로 노아는 아직 보이지 않는 일에 경고하심을 받아 경외함으로 방주를 준비하여 그 집을 구원하였으니 이로 말미암아 세상을 정죄하고 믿음을 따르는 의의 상속자가 되었느니라(7절). 다음의 사실들을 주목하라.

1. 노아의 믿음의 근거. 노아는 하나님께서 아직 보이지 않는 일들에 대한 경고를 받았다. 노아는 하나님의 계시를 받고 믿었다. 그 계시가 하나님의 목소리를 통해서이든 환상을 통해서든 보이지는 않았다. 그러나 그 계시는 그 안에 그 자체의 증거를 내포하고 있는 그런 계시였다. 노아는 아직 보이지 않는 일에 경고하심을 받았다. 다시 말해서 노아는 세상 사람들이 이제까지 한 번도 본 적이 없는 그런 크고 무서운 심판에 대한 경고를 미리 받았다. 그리고 그 심판에 대한 두 번째 원인들이 진행되는 가운데 세상에는 그것에 대한 징조의 기미조차 없었다. 그 심판의 첫째 원인은 세상을 정죄하는 것이고 둘째 원인은 노아를 믿음의 상속자가 되게 하는 것이었다. 노아는 이 비밀스러운 경고를 세상 사람들에게 전달해주어야 했다. 세상 사람들은 노아와 그의 메시지를 노골적으로 경멸하고 무시했다. 하나님께서는 죄인들을 때리시기 전에 언제나 그들

에게 경고를 해주신다. 그러나 하나님의 경고들이 무시되는 곳에서는 하나님께서 매를 더욱 세게 때리실 것이다.

2. 노아의 믿음의 행위들과 믿음이 노아의 마음과 실천에 끼쳤던 영향. 다음의 사실들을 주목하라.

(1) 노아의 마음에 끼친 영향. 노아의 믿음은 하나님의 심판을 두려워하고 경외하는 마음을 갖도록 그의 영혼에 영향을 주었다. 노아는 경외함으로 마음의 감동을 받았다. 믿음은 먼저 우리의 감정에 영향을 미치고, 그 다음에 우리의 행동에 영향을 미친다. 그러므로 믿음은 계시된 내용에 적합하고 일치하는 감정에 근거하여 역사한다. 만일 그 계시의 내용이 좋은 일이라면 믿음은 사랑과 갈망을 자극하고 일으킬 것이다. 그러나 그 계시의 내용이 나쁜 일이라면 믿음은 두려움을 자극하고 일으킬 것이다.

(2) 노아의 믿음은 그의 실천에 영향을 미쳤다. 따라서 하나님의 경고를 믿음으로써 자극을 받은 노아의 믿음은 방주를 준비하도록 그의 마음을 움직였다. 그 일을 할 때 노아는 확실히 사악한 세대의 조롱과 멸시를 당했다. 그러나 노아는 이 일에 대해 하나님과 논쟁을 하지 않았다. 다시 말해서 노아는 왜 자기가 방주를 만들어야 하고, 또한 그 방주 속에 무엇을 어떻게 실을 수 있고, 또한 어떻게 그런 배가 아주 큰 폭풍우를 견디어 낼 수 있는지에 대해 하나님과 논쟁을 하지 않았다. 노아의 믿음은 모든 이의와 반대들을 잠재웠고, 묵묵히 자신의 일에 전념하게 해주었다.

3. 노아의 믿음이 가져온 축복의 열매들과 보상들. 다음의 사실들을 주목하라.

(1) 노아는 믿음의 순종을 통해 온 세상의 죄인들이 그들 주위에서 멸망당하고 있었을 때 그 자신과 그의 집안을 구원받게 하였다. 하나님께서 노아를 위하여 그의 가족을 구원하셨다. 그들이 노아의 아들들과 딸들이었다는 것은 그들에게는 천만다행이었다. 그리고 노아의 가족과 결혼한 여자들에게도 천만다행이었다. 그들이 다른 가족의 부유한 사람들과 결혼할 수도 있었을 것이다. 그러나 그랬다면 그들은 물에 빠져 죽고 말았을 것이다. 우리는 종종 이렇게 말하곤 한다. "부자와 친척이 되는 것이 좋다." 그러나 언약과 친척이 되는 것이 확실히 좋다.

(2) 그의 믿음으로 노아는 세상을 심판하고 정죄했다. 노아의 거룩한 두려움

과 경외가 세상 사람들의 안전과 헛된 자만심을 정죄했다. 노아의 믿음이 세상 사람들의 불신앙을 정죄했다. 노아의 순종이 세상 사람들의 경멸과 반역을 정죄했다. 좋은 모본들이 죄인들을 회개시키든지 아니면 정죄하든지 할 것이다. 아주 거룩한 삶과 하나님을 존중하는 삶에는 확신적이고 압도하는 어떤 것이 있다. 그러한 삶은 하나님 앞에서 모든 사람의 의식에 좋은 인상을 준다. 사람들은 삶을 통해 판단을 받게 된다. 이것이 하나님의 백성들이 악한 사람들을 정죄할 수 있는 가장 좋은 방법이다. 거칠고 비난하는 말을 통해서가 아니라 거룩한 모범적인 행동과 생활양식을 통해서 세상 사람들을 심판하고 정죄할 수 있다.

(3) 노아는 이로 말미암아 믿음을 따르는 의의 상속자가 되었다(7절). 다음의 사실들을 주목하라.

[1] 노아는 참된 올바른 의를 소유하고 있었다. 노아는 의의 상속자가 되었다.

[2] 노아의 상속권은 그리스도를 믿는 믿음을 통하여 가지게 되었다. 그는 그리스도의 지체와 하나님의 한 자녀로서 상속권을 가지게 되었다. 자녀라면 상속자가 될 것이다. 노아의 의는 그의 양자 됨으로 말미암는 상대적인 것이었다. 그 의는 약속의 자손을 믿는 믿음을 통하여 얻게 된다. 우리가 의롭게 되고 여호와의 크고 두려운 날에(욜 2:31) 구원을 받으려면 이제 방주를 준비하고, 그리스도를 통하여 유익을 얻도록 하자. 그리고 그 문이 닫히기 전에 언약의 방주 안에서 그리스도 안에서의 유익을 속히 얻도록 하자. 왜냐하면 어떤 다른 것을 통해서도 구원은 결코 받을 수 없기 때문이다.

IV. 아브라함의 믿음. 아브라함은 하나님의 친구이고, 믿는 사람들의 조상이다. 히브리인들은 아브라함을 자랑으로 생각했다. 히브리인들은 그들의 족보와 특권들을 아브라함에게 기원을 두고 있다. 그러므로 사도는 아브라함이 히브리인들에게 만족을 주고 유익을 줄 수 있다고 생각했다. 사도는 어떤 다른 족장에 대해서보다도 아브라함의 믿음을 통한 영웅적인 성취와 업적에 대해 더 상술하고 있다. 그리고 아브라함의 믿음에 대한 기사 중간에 사도는 사라의 믿음의 이야기를 삽입하고 있다. 계속해서 믿음 생활을 잘 하는 여인들은 사라의 믿음의 딸들이다. 다음의 사실들을 주목하라.

1. 아브라함의 믿음의 근거는 하나님의 부르심과 약속이었다. 믿음으로 아브라함은 부르심을 받았을 때에 순종하여 장래의 유업으로 받을 땅에 나아갈새 갈 바를

알지 못하고 나아갔다(8절). 다음의 사실들을 주목하라.

(1) 이 부르심은 그것이 시험적인 부름이기는 했을지라도 하나님의 부르심이었다. 그러므로 이 부르심은 순종의 믿음과 규칙을 위한 충분한 근거가 될 수 있었다. 아브라함이 부르심을 받은 방식이 스데반과 관련지어 사도행전 7장 2절과 3절에 설명이 되고 있다. 스데반이 이르되 여러분 부형들이여 들으소서 우리 조상 아브라함이 하란에 있기 전 메소보다미아에 있을 때에 영광의 하나님이 그에게 보여 이르시되 네 고향과 친척을 떠나 내가 네게 보일 땅으로 가라 하시니(행 7:2, 3). 이것은 실제적인 부르심이었다. 이 부르심을 통하여 아브라함은 그의 아버지 집안의 우상숭배에서 회심하게 되었다(창 12:1). 이 부르심은 하란에서 아브라함의 아버지가 죽은 뒤에 갱신되었다. 다음의 사실들을 주목하라.

[1] 하나님의 은혜는 절대적으로 자유롭고 편견이 없다. 아주 나쁜 사람을 취하여 아주 좋은 사람으로 만드는 것이 하나님의 은혜이다.

[2] 하나님께서는 우리가 하나님께 나아가기 전에 우리들에게 나아오신다.

[3] 죄인들을 부르시고 회심시키실 때 하나님께서는 영광의 하나님으로 나타나시고, 그 영혼 속에서 영광스럽게 역사하신다.

[4] 이 부르심은 우리들을 죄에서 떠나게 할 뿐만 아니라 죄의 무리에게서도 떠나도록 한다. 그리고 이 부르심은 우리가 하나님께 헌신하는데 부합되지 않는 것은 무엇이든지 버리고 떠나게 한다.

[5] 우리는 잘 출발하기 위해서 뿐만 아니라 계속 잘 가기 위해서도 부르심을 받아야 될 필요가 있다.

[6] 하나님께서는 그의 백성들이 하늘나라 가나안에 이르지 못하는 어떤 곳에서 멈추거나 쉬게 하지 않으실 것이다.

(2) 하나님의 약속. 하나님께서 아브라함이 부름 받아 가는 곳을 나중에 기업으로 받게 되고, 그리고 얼마 뒤에는 하늘나라 가나안을 기업을 받게 되고, 시간이 흐른 뒤에는 그의 자손이 지상의 가나안을 물려받게 될 것이라고 아브라함에게 약속하셨다. 여기서 다음의 사실들을 주목하라.

[1] 하나님께서는 그의 백성에게 기업을 물려주시기 위하여 부르신다. 하나님께서는 그의 실제적인 부르심을 통하여 그의 백성들을 자녀와 상속자로 삼으신다.

[2] 그들이 이 유업을 즉시 소유하는 것이 아니다. 그들은 그것을 물려받기 위

하여 얼마 동안 기다려야 한다. 그러나 그 약속은 확실한 것이고, 적절한 때가 되면 이루어지게 될 것이다.

[3] 부모의 믿음은 종종 그들 자녀의 축복이 된다.

2. 아브라함의 믿음의 실천. 아브라함은 하나님의 부르심에 무조건 따랐다. 다음의 사실들을 주목하라.

(1) 아브라함은 갈 바를 알지 못하고 나아갔다(8절). 아브라함은 자신을 하나님의 손에 완전히 맡겼다. 아브라함은 하나님께서 원하시는 곳이 어디든 보내시는 곳으로 나아갔다. 아브라함은 하나님의 지혜를 가장 적합한 지시로 믿고 따랐다. 그리고 아브라함은 하나님의 뜻을 자신에 관한 모든 일의 가장 적합한 결정으로 믿고 순종했다. 무조건적인 믿음과 순종은 하나님으로 말미암는 것이다. 아니 그것은 오직 하나님을 통해서만 가능하다. 실제적으로 하나님의 부르심을 받은 사람들은 모두 그들 자신의 의지와 지혜를 접어두고 하나님의 뜻과 지혜를 따른다. 그렇게 하는 것이 하나님의 부르심을 받은 사람들의 지혜이다. 비록 그들이 어느 길로 갈지 알지 못할지라도 그들은 자신들의 인도자를 알고 있다. 바로 이것이 그들을 만족시키고 기쁘게 해줄 것이다.

(2) 믿음으로 그가 이방의 땅에 있는 것 같이 약속의 땅에 거류했다(9절). 이것은 아브라함의 믿음의 실행이었다. 여기서 다음의 사실들을 주목하라.

[1] 어떻게 가나안이 약속의 땅이라고 불리게 되었는가? 그것은 그 땅이 약속은 되었지만 아직 소유하지는 못했기 때문이다.

[2] 어떻게 아브라함은 가나안에 살았는가? 그는 상속자와 소유자로서가 아니라 단지 잠시 머물고 있는 거류민으로 그 땅에 살았다. 아브라함은 원주민들의 소유권을 박탈하기 위하여 그들을 쫓아내지도 않았고 또한 그들과 전쟁을 벌이지도 않았다. 그는 나그네와 이방인으로 사는 것으로 만족했고 원주민들의 박대를 끈기 있게 견디었다. 그리고 그는 그들에게서 어떤 호의를 받게 되면 그것을 아주 감사하게 여겼다. 그는 자신의 마음을 자신의 본향인 하늘에 있는 가나안에 고정하고 소망 가운데 살았다.

[3] 아브라함은 이삭과 야곱과 함께 장막에서 살았다. 이삭과 야곱은 아브라함과 함께 동일한 약속을 받은 상속자들이었다. 아브라함은 날마다 이사를 갈 준비를 하면서, 언제나 이동 가능한 상태로 가나안의 장막에서 살았다. 우리들 역시 이 세상에서 그런 자세로 살아야 한다. 아브라함은 함께 지내는 좋은 동

료들이 있었다. 그 동료들은 가나안에서 나그네와 이방인 신분으로 거주하는 아브라함에게 큰 위로가 되어 주었다. 아브라함은 이삭이 일흔다섯 살이 되고 야곱이 열다섯 살이 될 때까지 살았다. 이삭과 야곱은 동일한 약속의 상속자들이었다. 왜냐하면 그 약속이 이삭에게 갱신되었고(창 26:3), 그리고 야곱에게 갱신되었기 때문이다(창 28:13). 모든 성도들은 동일한 약속의 상속자들이다. 그 약속은 신자들과 그 자녀들에게 상속이 되고, 그리고 여호와 하나님께서 부르실 모든 사람들에게 상속이 된다. 이 세상에서 하늘나라의 유업을 물려받을 상속자들로 함께 사는 것을 보는 것은 참으로 기쁜 일이다.

3. 아브라함의 믿음을 받쳐준 기반들. 이는 그가 하나님이 계획하시고 지으실 터가 있는 성을 바랐음이라(10절). 여기서 다음의 사실들을 주목하라.

(1) 하늘나라에 대한 특성이 진술이 되고 있다. 하늘나라는 성이다. 그 성은 잘 세워지고, 잘 방비가 되고, 잘 공급이 되는 질서 잡힌 사회이다. 그 성의 기반들은 하나님의 변함 없는 목적과 전능하신 능력, 주 예수 그리스도의 무한한 공로와 중보, 영원한 언약의 약속들, 그 성 자체의 순결함, 그리고 하늘나라 시민들의 완전함 등이다. 하늘나라는 하나님께서 세우시고 만드신 성이다. 하나님께서 그 성을 설계하셨다. 그리고 하나님께서 그 성으로 가는 새 생명의 길을 닦아놓으셨다. 하나님께서 그 성을 그의 백성을 위하여 예비하셨다. 하나님께서 그의 백성들이 그 성을 소유하게 하시고, 그들이 그 성에 사는 것을 좋아하시고, 그리고 하나님 자신이 바로 그 성의 실체와 축복이시다.

(2) 아브라함이 이 하늘에 있는 성에 가졌던 정당한 관심을 고찰해보자. 아브라함은 그 성을 바라고 소망했다. 그는 하늘에 나라가 있다고 믿었다. 그는 그 나라를 기다렸다. 그리고 그는 기다리는 동안에 믿음으로 그 나라의 주인과 성도들과 교류하며 지냈다. 아브라함은 하나님의 때가 되면 하나님의 방법을 통해 그 나라에 안전하게 들어가게 되리라는 소망을 찬양하고 즐거워했다.

(3) 이 소망이 아브라함의 현세의 행실에 미쳤던 영향. 그 소망은 그가 그의 거류민 신분과 상태에서 겪게 되는 모든 시련들을 견디는 버팀목이 되어 주고, 그 상태의 모든 불편함을 끈기 있게 참도록 도움을 주고, 그리고 끝까지 견뎌 그 나라에 들어가기까지 하늘나라의 모든 의무들을 능동적으로 이행하도록 해 주었다.

V. 아브라함의 기사 중간에 사도는 사라의 믿음의 이야기를 삽입한다. 여기

서 다음의 사실들을 주목하라.

1. 사라는 믿음을 확립하는데 아주 큰 어려움들 겪었다. 그 어려움들은 다음과 같다.

(1) 사라는 한때 불신앙의 지배를 받았다. 그녀는 이루어지기에는 불가능한 것으로 하나님의 약속을 웃어버린 적이 있었다.

(2) 사라는 불신앙으로 말미암아 자신의 의무의 정도에서 벗어나는 행동을 했다. 그녀는 그녀의 몸종 하갈을 남편과 잠자리를 함께 하도록 해 아브라함이 자손을 얻도록 했다. 이제 그녀가 저지른 이러한 죄들은 그녀가 나중에 믿음으로 해야 할 일들을 더 어렵게 만들었다.

(3) 사라가 아들을 낳을 것이라는 결코 있을 법하지 않은 약속을 우습게 여겼다. 당시에 그녀는 자연적으로 아이를 낳지 못하는 상태였다. 게다가 그녀는 아이를 낳을 수 있는 나이를 한참 넘긴 뒤였다.

2. 사라의 믿음의 행위들. 그녀의 불신앙은 용서를 받고 잊혀졌다. 그리고 이제는 그녀의 믿음이 그녀를 지배한다. 그녀에 대해 이렇게 기록하고 있다. 믿음으로 사라 자신도 나이가 많아 단산하였으나 잉태할 수 있는 힘을 얻었으니 이는 약속하신 이를 미쁘신 줄 알았음이라(11절). 사라는 그 약속을 하나님의 약속으로 받아들이고 믿었다. 그리고 그 약속을 확신하게 된 사라는 하나님께서 이성적으로 불가능하게 보일지라도 그 약속을 이루실 수 있고 실행하실 것이라고 확실하게 판단했다. 왜냐하면 하나님의 신실하심과 미쁘심이 그의 백성을 실망시키시거나 속이시는 일이 결코 없을 것이기 때문이다.

3. 사라가 가진 믿음의 열매들. 그 열매들은 다음과 같다.

(1) 그녀는 잉태할 수 있는 힘을 얻었다(11절). 은혜와 마찬가지로 자연의 힘도 하나님으로 말미암아 얻게 된다. 하나님께서 불모의 태와 마찬가지로 불모의 영혼이 열매를 맺을 수 있게 해주실 수 있다.

(2) 사라가 임신하고 하나님이 말씀하신 시기가 되어 노년의 아브라함에게 아들을 낳으니(창 21:2). 사라가 낳은 아들은 약속의 아이이고, 부모의 노년의 위로이고, 그리고 미래의 소망이었다.

(3) 아브라함과 사라가 낳은 이 아들을 통해서 수많은 자손이 나왔다. 그들은 뛰어난 인물들이었고 하늘의 허다한 별과 또 해변의 무수한 모래와 같이 많았다(12절). 이 자손은 세상의 모든 나머지 민족보다 뛰어난 크고 강력하고 유명한 민

족이 되었다. 이 민족은 성도들의 민족이고 하나님의 특별한 교회와 백성이다. 그리고 이 민족은 모든 민족들 가운데 최고의 명예와 상을 받았다. 이 민족이 받은 최고의 명예와 상은 육신으로 하면 그리스도가 그들에게서 나셨으니 그는 만물 위에 계셔서 세세에 찬양을 받으실 하나님이시니라(롬 9:5).

Ⅵ. 사도는 계속해서 다른 족장들의 믿음에 관해 언급을 하고 있다. 그들은 이삭과 야곱과 이 행복한 가족의 나머지 사람들이다. 이 사람들은 다 믿음을 따라 죽었으며 약속을 받지 못하였으되 그것들을 멀리서 보고 환영하며 또 땅에서는 외국인과 나그네임을 증언하였으니(13절). 여기서 다음의 사실들을 주목하라.

1. 그들의 믿음의 시련은 그들의 현재 상태가 불완전한 데 있다. 그들은 약속들을 받지 못했다. 다시 말해서 그들은 약속된 것들을 받지 못했다. 그들은 아직 가나안을 소유하지 못했고, 그들은 그들의 수많은 자손을 아직 보지 못했고, 그리고 그들은 육체를 입으신 그리스도를 보지 못했다. 다음의 사실들을 주목하라.

(1) 약속에 관계된 많은 사람들이 약속된 것들을 지금 받지 못하고 있다.

(2) 지상에 사는 성도들의 현재 상태의 불완전함은 그들의 행복이 실제적인 향유와 소유에 있기보다는 약속과 상속권에 더 많이 있다는 것을 의미한다. 복음의 상태는 족장 시대의 상태보다 훨씬 완전하다. 왜냐하면 약속들 가운데 더 많은 약속이 지금 이루어지고 있기 때문이다. 하늘나라의 상태는 모든 상태들 가운데 가장 완전할 것이다. 왜냐하면 하늘나라에서 모든 약속들이 전부 완전하게 성취될 것이기 때문이다.

2. 약속된 것들이 아직 이루어지지 않은 불완전한 상태의 기간 동안에 족장들의 믿음이 실행한 행위들. 비록 그들이 아직 약속들을 받지는 못했을지라도 믿음의 행위들을 실행했다. 그 행위들은 다음과 같다.

(1) 그들은 그것들을 멀리서 보았다(14절). 믿음은 분명하고 강한 눈을 가지고 있어서 아주 멀리 떨어져서도 약속된 자비들을 볼 수가 있다. 아브라함은 그 날이 아주 멀리 떨어져 있었음에도 기뻐하며 그리스도의 날을 보았다. 너희 조상 아브라함은 나의 때 볼 것을 즐거워하다가 보고 기뻐하였느니라(요 8:56).

(2) 그들은 그 약속들이 참되고 반드시 이루어질 것이라는 것을 확신했다. 믿음은 하나님이 참되시다는 것을 확증해준다. 믿음은 그 확증을 통해 영혼이 안정되고 만족하게 해준다.

(3) 그들은 그 약속들을 환영했다. 그들의 믿음은 동의하고 받아들이는 믿음이었다. 믿음은 긴 팔을 가지고 있다. 그래서 믿음은 아주 멀리서도 그 축복들을 거머쥘 수 있고, 그 축복들을 만지고 느껴볼 수 있고, 그 축복들을 사랑할 수 있고, 그리고 그 축복들을 즐거워할 수 있다. 이와 같이 그들은 믿음으로 약속된 축복들을 미리 바라볼 수 있었고 향유할 수 있었다.

(4) 그들은 땅에서는 외국인과 나그네임을 증언하였다(13절). 여기서 다음의 사실들을 주목하라.

[1] 그들의 처지. 그들은 외국인과 나그네 신분이었다. 그들은 고향이 하늘나라인 성도들로서 외국인들이다. 그들은 그 여행이 종종 초라하고 느리기는 하지만 고향으로 가고 있는 나그네들이다.

[2] 자신들의 처지에 대한 그들의 인정. 그들은 자신들의 처지를 인정하기를 부끄러워하지 않았다. 그들은 자신들의 입술과 생활로 자신들의 처지를 고백했다. 그들은 세상으로부터 별로 기대하는 것이 없었다. 그들은 세상일에 많이 매달리기를 원하지 않았다. 그들은 본향으로 가는 여행에 전념하려는 준비를 단단히 갖추고, 무거운 것들을 버려두고, 동료 나그네들과 보조를 맞추고, 어려움들을 예상하고, 그리고 그것들을 견디려고 노력했다.

(5) 자신들의 처지를 인정함으로써 그들은 그들 자신의 본향인 하늘나라인 다른 나라를 추구하고 있음을 분명하게 선언했다. 왜냐하면 그들의 영적 출생지는 하늘나라이고, 그 곳에 그들의 가장 좋은 친척들이 있고, 그리고 그 곳에 그들의 유업이 있기 때문이다. 이 하늘나라가 그들이 찾는 나라이다. 그들의 계획과 목적은 하늘나라를 위한 것이다. 그들의 갈망들은 하늘나라를 추구하는 것이다. 그들의 대화는 하늘나라에 대한 것이다. 그들은 하늘나라에 대한 권리를 해결하고, 하늘나라에 어울리는 성격을 소유하고, 하늘나라에 맞는 행실을 하고, 그리고 하늘나라에서의 삶을 향유하기 위하여 부지런히 노력한다.

(6) 그들은 그러한 고백을 통하여 자신들의 진지함을 완전하게 증거했다. 그 이유는 다음과 같다.

[1] 그들은 자신들이 나온 나라에 대해서는 전혀 마음이 없었다(15절). 그들은 떠나온 나라의 풍부함과 쾌락을 결코 동경하지 않았다. 또한 그들은 그 나라를 떠나온 것을 결코 후회하거나 뒤돌아보지 않았다. 그들은 떠나온 나라로 돌아갈 마음이 전혀 없었다. 여기서 다음의 사실들을 주목하라. 죄의 상태에서

실제적으로 구원의 부르심을 받은 사람들은 떠나온 나라로 다시 돌아갈 생각이 전혀 없다.

[2] 그들은 돌아갈 기회를 붙잡지 않았다. 그들은 그러한 기회를 잡을 수도 있었다. 그들은 돌아갈 시간이 충분히 있었다. 그들은 돌아갈 육체의 힘이 있었다. 그들은 그 길을 알고 있었다. 그들과 함께 살았던 사람들은 기꺼이 헤어지려고 했을 것이다. 그들의 옛 친구들은 그들을 받아들이기를 기뻐했을 것이다. 그들은 여행 경비를 충분히 감당할 수 있었다. 그리고 혈육과 타락한 조언자는 그들에게 종종 돌아갈 것을 권유했을 것이다. 그러나 그들은 하나님에게서 멀어지고 떠나게 하는 모든 좌절들과 유혹들의 상황 아래에서도 하나님을 계속 믿었고 의무를 다했다. 그러므로 우리는 모든 의무를 다해야 한다. 우리는 하나님께 반역하는 기회들을 원하지 않을 것이다. 그러나 우리는 하나님에 대한 우리의 변함없는 충성을 통하여 우리의 날이 다하는 날까지 믿음과 신앙 고백의 진리를 나타내야 할 것이다. 그들의 진지함은 그들의 옛날 나라로 돌아가지 않으려는 데서 뿐만 아니라 더 나은 나라 즉 하늘나라를 소망하고 갈망하는 데서도 나타났다. 여기서 다음의 사실들을 주목하라.

첫째, 하늘나라는 지상의 어떤 나라보다 더 좋고 낫다. 하늘나라는 위치가 더 낫고, 모든 좋은 것이 더 잘 갖추어져 있고, 모든 악한 것으로부터 더 안전하다. 하늘나라의 직업과 오락과 교제와 모든 것이 이 세상에서 가장 좋은 것보다 더 좋다.

둘째, 모든 참된 신자들은 더 좋은 이 하늘나라를 갈망한다. 참된 믿음은 진지하고 열렬한 갈망들을 이끌어낸다. 그리고 믿음이 강하면 강할수록 열망들도 더욱 뜨거워질 것이다.

(7) 그들은 이 약속들을 믿는 신앙 안에서 죽었다. 그들은 약속들의 믿음으로 살았을 뿐만 아니라 모든 약속들이 다 그들에게 이루어지고 그들의 것이 될 것이라는 완전한 확신 속에서 죽었다(13절). 그러한 믿음은 마지막까지 간다. 그들이 죽어가고 있을 때 믿음으로 그들은 속죄를 받았다. 그들은 하나님의 뜻을 묵묵히 따랐다. 그들은 마귀의 불화살들을 다 피했다. 그들은 죽음의 공포를 극복했고, 죽음의 화살을 무력화시켰고, 그리고 이 세상과 이 세상의 위로들과 십자가들과 즐거운 마음으로 작별을 고했다. 이러한 것들이 그들의 믿음의 행위들이었다. 이제 다음의 사실들을 주목하라.

3. 그들의 믿음에 대한 은혜로운 큰 보상. 하나님이 그들의 하나님이라 일컬음 받으심을 부끄러워하지 아니하시고 그들을 위하여 한 성을 예비하셨느니라(16절). 다음의 사실들을 주목하라.

(1) 하나님은 모든 참된 믿는 자들의 하나님이시다. 믿음은 그들에게 하나님과 모든 그의 충만 속에서 유익을 준다.

(2) 하나님은 그들의 하나님이라 일컬음을 받으신다. 하나님은 자신을 스스로 이렇게도 부르신다. 나는 네 조상의 하나님이니 아브라함의 하나님, 이삭의 하나님, 야곱의 하나님이니라(출 3:6). 하나님은 그들에게 자신을 그렇게 부르도록 허용하신다. 그리고 하나님은 그들에게 양자의 영을 주시어 그들이 하나님을 아빠 아버지라 부를 수 있게 하신다(막 14:36; 롬 8:15; 갈 4:6).

(3) 본성으로 말미암은 그들의 비천함, 죄로 말미암은 그들의 사악함, 그리고 그들의 외적 형편으로 말미암은 그들의 가난에도 불구하고 하나님은 그들의 하나님이라 일컬음 받으시기를 부끄러워하지 아니하신다. 그들을 위한 하나님의 겸손과 사랑이 그와 같다. 그러므로 하나님의 백성이라 일컬음 받기를 결코 부끄러워하지 않도록 하자. 또한 참으로 그렇게 불리는 사람들은 누구라도 이 세상의 멸시가 아무리 크더라도 하나님의 백성이라 일컬음 받기를 부끄러워하지 말도록 하자. 더욱이 그들이 그들의 하나님을 부끄러워하고 비난하고 하나님이 그들을 부끄러워하는 일이 생기지 않도록 조심해야 될 것이다. 반대로 하나님께 명예와 찬송과 영광을 돌려드릴 수 있도록 그들이 행동해야 할 것이다.

(4) 이것에 대한 증거로 하나님은 그들을 위하여 한 성을 준비하셨다. 그것은 하나님이 그들과 맺으신 관계에 어울리는 행복과 축복을 베풀어 주시기 위한 것이다. 왜냐하면 이 세상에는 하나님이 그의 백성의 하나님이 되시는 것 이외에 그들을 위한 하나님의 사랑에 상응하는 것이 하나도 없기 때문이다. 만일 하나님이 이 세상이 주는 것보다 더 좋은 어떤 것을 그의 백성에게 주실 수 없거나 주지 않으신다면 하나님은 그들의 하나님이라 일컬음 받으시는 것이 부끄럽게 되실 것이다. 만일 하나님이 그들과 그러한 관계를 맺으신다면 하나님은 그들을 위하여 적절하게 채워주시고 베풀어주실 것이다. 만일 하나님이 그들의 하나님의 칭호를 스스로 취하신다면 그는 그 칭호에 충분히 부응하시고 그 칭호에 걸맞게 역사하실 것이다. 그러므로 하나님은 그들을 위하여 하늘에 좋은 것을 마련해 두실 것이다. 그것은 하나님과 그의 백성 간의 특성과 관계

에 충분히 부응하는 것이 될 것이다. 따라서 하나님을 비난하고 부끄러워해서는 결코 안 될 것이다. 다시 말해서 하나님이 한 백성을 택하시고 자신의 자녀로 삼으신 뒤에 그들을 위한 적절한 공급을 해주기 위하여 관심을 전혀 베풀고 계시지 않는다는 비난을 해서는 안 될 것이다. 이 사실을 생각하면 하나님의 백성이 되기를 더욱 갈망하게 될 것이고 더욱 부지런히 노력하게 될 것이다. 하나님의 백성은 하나님이 그들을 위하여 예비해주신 하늘나라의 성을 바라고 소망하게 될 것이다.

Ⅶ. 이제 사도는 아브라함과 함께 다른 사람들의 믿음에 대한 기사를 진술한 뒤에 다시 아브라함에게로 돌아간다. 사도는 우리에게 믿음의 가장 큰 시험과 행위에 대한 실례를 제시한다. 그것은 성경 기록에서 믿는 자들의 아버지에 대한 것이든 또는 아브라함의 영적 자손에 대한 것이든 가장 뛰어난 기록이다. 바로 그 믿음의 시련과 행위는 자신의 아들 이삭을 제물로 바친 것이었다. 아브라함은 시험을 받을 때에 믿음으로 이삭을 드렸으니 그는 약속들을 받은 자로되 그 외아들을 드렸느니라(17절). 이 위대한 본보기에서 다음의 사실들을 주목하라.

1. 아브라함의 믿음의 시험과 실행들. 아브라함은 참으로 시험을 당했다. 그 시험에 대해 창세기 22장 1절에 말씀하고 있다. 하나님이 아브라함을 시험하시려고 그를 부르셨다. 아브라함이 시험을 받은 것은 죄 때문이 아니었다. 왜냐하면 하나님은 결코 그런 식으로 사람을 시험하지 않으시기 때문이다. 하나님이 그렇게 하신 것은 단지 하나님의 뜻에 대한 아브라함의 믿음과 순종을 시험하시기 위한 것이었다. 하나님은 이 시험 이전에도 아브라함의 믿음을 시험하셨던 적이 있으시다. 그것은 하나님이 아브라함을 그의 나라와 아버지의 집에서 떠나라고 부르셨을 때이다. 또 하나님이 기근으로 아브라함이 가나안을 떠나 이집트로 가지 않으면 안 되게 되었을 때 아브라함에게 시험이 되었다. 또 아브라함의 시험은 롯을 구하기 위하여 다섯 왕들과 싸우지 않으면 안 될 때였다. 아비멜렉이 사라를 아브라함에게서 취했을 때도 아브라함은 시험을 당했다. 그 외에도 다른 많은 실례들에서 아브라함은 이런저런 시험들을 겪었다. 그러나 이삭을 바치는 이 시험과 시련은 어떤 시련보다 훨씬 큰 시험이었다. 아브라함은 그의 외아들 이삭을 제물로 바치라는 명령을 받았다. 그 기사를 창세기 22장 2절에서 읽어보도록 하라. 그 기사에서 말씀 한 마디 한 마디가 전부 시

험이었다는 사실을 발견하게 될 것이다. "여호와께서 이르시되 네 아들 네 사랑하는 독자 이삭을 데리고 모리아 땅으로 가서 내가 네게 일러 준 한 산 거기서 그를 번제로 드리라." 하나님은 지금 아브라함에게 이렇게 명령하고 계시는 것이다. "짐승들이나 노예들 가운데 하나가 아니라 사라가 네게 낳은 네 외아들 이삭을 취하여 내게 제물로 바쳐라. 이삭이 네게 웃음을 주는 즐거움과 기쁨의 아이이고 네가 자신의 영혼처럼 가장 사랑하는 그 아들을 취하여 내가 네게 지시하는 멀리 떨어져 있는 사흘거리의 모리아 땅으로 데려가라. 그리고 이삭을 그 곳에 그냥 내버려 두는 것이 아니라 번제로 바쳐라." 세상의 어떤 피조물에게도 그렇게 큰 시험과 시련이 내렸던 적이 한 번도 없었다. 사도는 여기서 이 위대한 시련에 많은 의미를 더해주는 어떤 사실들을 언급한다. 여기서 다음의 사실들을 주목하라.

(1) 아브라함은 이삭이 자신의 집안을 세우고, 이삭을 통해 그의 자손이라 부르심을 받게 될 자가 나오고, 그가 메시야의 조상들 가운데 한 사람이 될 것이고, 그리고 모든 민족들이 그를 통해 축복을 받게 될 것이라는 약속을 이미 받은 뒤에 그러한 시험을 당하게 되었다. 그에게 이미 말씀하시기를 네 자손이라 칭할 자는 이삭으로 말미암으리라 하셨다(18절). 그러므로 아브라함은 자신의 외아들 이삭을 번제로 바치라는 부르심을 받게 됨으로써 아브라함은 그 자신의 가문을 파괴하고 단절시키는 부르심과 명령을 받는 것 같았다. 그것은 하나님의 약속들을 취소시키고, 그리스도의 오심을 가로막고, 온 세상을 파멸시키고, 아브라함 자신의 영혼과 구원의 소망들을 희생하고, 그리고 일격에 하나님의 교회를 말살하는 시험을 당하게 된 것이었다. 이 시험은 아주 무서운 시련이었다.

(2) 이 이삭은 아브라함의 아내 사라가 낳은 그의 외아들이었다. 아브라함이 사라를 통해 얻은 유일한 아들이었다. 그리고 이삭은 약속의 자손과 상속자가 되어야 할 단 하나의 아들이었다. 이스마엘은 지상에서 큰 자가 되도록 되어 있었다. 한 자손과 메시야에 대한 약속들은 이 외아들 이삭을 통해서 성취가 되든지 아니면 아주 취소되든지 해야 할 것이다. 그러므로 이 외아들에 대한 아브라함의 아주 각별한 사랑을 덮어두더라도, 이삭을 통해서 가져야 되는 모든 그의 기대들도 이삭이 없어진다면 그와 더불어 없어져야 되는 것이다. 만일 아브라함이 당시에 아주 많은 아들들이 있었다고 하더라도 이 아들은 약속된 축복을 모든 민족들에게 전달해줄 수 있는 유일한 아들이었다. 아브라함이 아

주 오랫동안 기다렸고, 아주 특별한 방법으로 얻었고, 그의 온 마음을 사로잡았던 이 아들을 자신의 손으로 잡아 희생 제물로 바치라는 명령을 받았을 때 그것은 참으로 엄청난 시련과 시험이었다. 그것은 이제까지 사람의 몸을 채웠던 아주 견고하고 강한 정신조차도 뒤집어엎었을 시련이었다.

2. 그렇게 큰 시련과 시험 속에서 행해진 아브라함의 믿음의 행위들. 아브라함은 하나님의 시험에 순종했다. 그는 이삭을 제물로 바쳤다. 아브라함은 순종적인 영혼을 통해서 하나님께 의지적으로 자신을 맡기고, 그리고 하나님의 명령에 따라서 믿음의 순종을 능동적으로 행할 준비가 되어 있었다. 아브라함은 믿음의 순종을 아주 위험한 순간까지도 행하려고 했다. 아브라함은 하나님이 그를 막지 않으셨다면 하나님의 명령을 끝까지 실행했을 것이다. 이삭의 다음과 같은 말보다 더 부드럽고 감동적인 말은 없을 것이다. 내 아버지여 하니 그가 이르되 내 아들아 내가 여기 있노라 이삭이 이르되 불과 나무는 있거니와 번제할 어린 양은 어디 있나이까(창 22:7). 이삭은 자신이 그 어린 양이라는 사실을 생각하지 않고 그런 말을 했던 것 같다. 그러나 아브라함은 그 사실을 알고 있었다. 그렇지만 그는 위대한 계획을 가지고 그 일을 멈추지 않았다.

3. 아브라함의 믿음을 지탱해준 것들. 믿음의 밑받침들은 큰 시험에 맞게 아주 커야 할 것이다. 그가 하나님이 능히 이삭을 죽은 자 가운데서 다시 살리실 줄로 생각한지라 비유컨대 그를 죽은 자 가운데서 도로 받은 것이니라(19절). 아브라함의 믿음은 하나님의 전능하신 능력에 대해 가졌던 의식을 통해 지탱이 되었다. 다시 말해서 하나님은 죽은 사람을 다시 살리실 수 있는 분이시라는 것을 아브라함은 확신했다. 아브라함은 스스로 이렇게 믿고 있었으므로 그의 모든 의심들을 해소할 수 있었다. 아브라함이 그의 외아들을 번제로 바치라는 하나님의 명령이 철회되거나 하나님이 그를 제지할 것이라고 기대했던 것 같지는 않다. 그러한 기대는 그의 믿음의 시험을 망칠 것이고 결과적으로 그의 믿음의 승리를 빼앗고 말 것이다. 그러나 아브라함은 하나님께서 이삭을 죽음에서 다시 살리실 수 있다는 사실을 알고 있었다. 그래서 그는 하나님이 그렇게 하실 것이라고 믿었다. 왜냐하면 이삭이 여분의 더 오랜 생명을 가지고 있지 않다면 자신의 아들에게 달려 있는 그러한 큰 일이 실패하고 말 것이기 때문이다. 여기서 다음의 사실들을 주목하라.

(1) 하나님은 죽은 자를 다시 살리실 수 있다. 즉 하나님은 죽은 몸을 다시 살

리실 수 있고, 죽은 영혼을 다시 살리실 수 있다.

(2) 이것을 믿는 신앙이 우리가 만날 수 있는 아주 큰 어려움들과 시험들을 우리가 극복할 수 있게 해줄 것이다.

(3) 하나님의 전능하신 능력을 생각함으로써 우리의 의심들과 두려움들을 가라앉히는 것은 우리의 의무이다.

4. 이 큰 시험을 통한 아브라함의 믿음의 보상. 그가 하나님이 능히 이삭을 죽은 자 가운데서 다시 살리실 줄로 생각한지라 비유컨대 그를 죽은 자 가운데서 도로 받은 것이니라(19절). 여기서 다음의 사실들을 주목하라.

(1) 아브라함은 그의 아들을 도로 받았다. 아브라함은 하나님께 이삭을 맡겼다. 그런데 하나님께서 아브라함에게 다시 이삭을 돌려주셨다. 우리의 즐거움을 위로로 향유하는 가장 좋은 방법은 즐거움을 하나님께 맡기는 것이다. 그러면 하나님이 같지는 않지만 친절하게 즐거움과 위로를 돌려주실 것이다.

(2) 아브라함은 이삭을 죽은 자 가운데서 도로 받았다. 왜냐하면 아브라함은 이삭을 죽이기 위해 포기했기 때문이다. 이삭은 아브라함에게 죽은 아이와 같았다. 그런데 그 아들이 아브라함에게 다시 돌아온 것은 다름 아닌 부활이었다.

(3) 이것은 미래의 어떤 것에 대한 하나의 비유였다. 이것은 그리스도의 희생 제물과 부활을 나타내는 비유였다. 이삭은 그리스도의 예표와 모형이었다. 이것은 모든 참된 신자들의 영광스러운 부활을 나타내는 비유와 전조였다. 신자들의 삶은 사라진 것이 아니라 하나님 안에서 그리스도와 더불어 감추어진 것이다. 이제 우리는 이름과 그들의 믿음의 특별한 시험들과 행위들을 통해 언급된 구약의 다른 성도들의 신앙으로 나아가게 된다.

VIII. 이삭의 믿음. 믿음으로 이삭은 장차 있을 일에 대하여 야곱과 에서에게 축복하였으며(20절). 우리는 이삭이 아브라함의 이야기와 엮이기 전에 그에 대해 약간 알고 있었다. 여기서 우리는 독특한 특성을 가진 어떤 것을 발견하게 된다. 이삭은 믿음으로 장차 있을 일에 대하여 두 아들 야곱과 에서에게 축복했다는 것이다. 여기서 다음의 사실들을 주목하라.

1. 이삭의 믿음의 행위들. 이삭은 장차 있을 일에 대하여 야곱과 에서에게 축복하였다. 이삭은 두 아들들을 축복했다. 다시 말해서 이삭은 그들을 언약 안에서 하나님께 맡겼다. 이삭은 그들에게 하나님과 신앙생활을 권했다. 그는 두 아들을 위하여 기도했고, 그리고 장차 그들과 그들의 자손에게 있게 될 상황에 대

해 그들에게 예언했다. 우리는 여기서 창세기 27장의 기사를 대하게 된다. 여기서 다음의 사실들을 주목하라.

(1) 야곱과 에서는 다같이 이삭의 자녀들로서 축복을 받았다. 최소한 지상의 좋은 것들에 관한 복은 둘 다 받았다. 그것은 좋은 부모를 둔 자손의 큰 특권이다. 좋은 부모 슬하의 사악한 자녀들이 그들의 부모덕에 종종 이 세상에서 더 나은 대접을 받기도 한다. 왜냐하면 현세의 일들도 언약 안에 있는 것들이기 때문이다. 그러나 그러한 현세의 것들은 최상의 것들은 아니다. 어떤 사람도 그러한 현세의 것들을 소유하거나 못 가지거나 함으로써 사랑이나 증오를 알지는 못한다.

(2) 야곱은 더 나은 축복을 받았다. 그 사실은 그 축복이 은혜와 중생이라는 사실을 나타내준다. 은혜와 중생을 받은 사람은 그들의 동료들보다 더 높임을 받게 되고, 그리고 가장 좋은 축복의 자격을 얻게 된다. 그리고 그러한 축복은 하나님의 절대적이고 자유로우신 은혜로 말미암아 받게 된다. 같은 가족 안에서도 하나님의 주권적인 은혜를 한 사람은 받고 다른 사람은 받지 못하고, 한 사람은 선택을 받게 되고 다른 사람은 버림을 받고, 한 사람은 사랑을 받고 다른 사람은 미움을 받기도 한다. 그 이유는 아담의 모든 족속이 본질적으로 하나님께 미움을 받게 되어 있기 때문이다. 이 세상에서 자신의 몫을 차지하는 사람이 있는가 하면, 더 나은 세상에서 자신의 몫을 차지하는 사람이 있다고 한다면 그 차이는 하나님으로 말미암은 것이다. 왜냐하면 하나님이 주시는 이 축복의 은혜와 즐거움이 인간의 자손들이 받는 어떤 것보다도 더 풍성하고 좋기 때문이다.

2. 이삭의 믿음이 헤치고 나아간 어려움들. 여기서 다음의 사실들을 주목하라.

(1) 이삭은 자신의 두 아들이 태어났을 때 하나님이 그들의 문제에 대해 어떻게 결정하셨는지를 잊어버렸던 것 같다. 여호와께서 그에게 이르시되 두 국민이 네 태중에 있구나 두 민족이 네 복중에서부터 나누이리라 이 족속이 저 족속보다 강하겠고 큰 자가 어린 자를 섬기리라 하셨더라(창 25:23). 이것은 이삭에게 언제나 잊어서는 안 되는 하나의 규칙이어야 했다. 그러나 자연적인 육신의 애정 탓으로 생각이 흔들렸던 것 같다. 게다가 그의 생각이 흔들린 것은 맏아들에게 갑절의 유산과 명예와 애정과 이익을 주는 당시의 일반적인 관습 탓이기도 했다.

(2) 이삭은 이 문제에 있어서는 마지못해서 행동을 했다. 축복을 선언하게 되었을 때 이삭이 심히 크게 떨었다(창 27:23). 그리고 이삭은 야곱이 형 에서의 축복을 간교하게 빼앗아 갔다고 그를 비난했다. 이삭이 심히 크게 떨며 이르되 그러면 사냥한 고기를 내게 가져온 자가 누구냐 네가 오기 전에 내가 다 먹고 그를 위하여 축복하였은즉 그가 반드시 복을 받을 것이니라 이삭이 이르되 네 아우가 와서 속여 네 복을 빼앗았도다(창 27:33,35). 그러나 이러한 모든 사실에도 불구하고 이삭의 믿음은 회복이 되었고 하나님의 야곱에 대한 축복을 인정했다. 그를 위하여 축복하였은즉 그가 반드시 복을 받을 것이니라. 이삭의 아내 리브가와 아들 야곱은 이 축복을 받기 위하여 그들이 사용했던 온당하지 못한 방법 때문에 정당화되지 못할 것이다. 그러나 하나님은 그의 영광의 목적을 위하여 일한 사람들의 죄조차 파기하시는 데에서 정당화 되실 것이다. 이제 이삭의 믿음은 이와 같이 자신의 불신앙을 뛰어넘게 되었다. 그것은 이삭의 하나님을 기쁘시게 해드렸다. 그래서 하나님은 이삭의 믿음의 약점을 너그럽게 봐주시게 되고, 그리고 그의 신앙의 진실함을 칭찬하시게 되었다. 그리고 하나님은 선진들이 이로써 증거를 얻었던(히 11:2), 즉 믿음으로 좋은 평판을 얻었던 신앙의 선조들과 장로들 가운데 이삭의 이름이 기록되게 하셨다. 이제 계속해서 다음의 사실들을 고찰해보도록 하자.

IX. 야곱의 믿음. 믿음으로 야곱은 죽을 때에 요셉의 각 아들에게 축복하고 그 지팡이 머리에 의지하여 경배하였다(21절). 야곱의 믿음의 실례들은 아주 많았다. 야곱의 삶은 믿음의 삶이었다. 그의 믿음은 많은 실천을 행했다. 그러나 이 족장의 믿음의 많은 실천들 가운데 하나님을 기쁘시게 해드렸던 것은 단 두 실례뿐이었다. 앞서 아브라함의 기사에서 언급했던 것을 제외하고 그렇다. 여기서 다음의 사실들을 주목하라.

1. 여기서 언급되고 있는 야곱의 믿음의 행위들은 다음의 두 가지이다.

(1) 야곱은 요셉의 각 아들에게 축복했다. 요셉의 두 아들은 에브라임과 므낫세였다. 야곱은 에브라임과 므낫세를 그 자신의 아들들의 수 가운데 넣었다. 그러므로 그들은 이집트에서 출생했음에도 불구하고 이스라엘의 회중에 들어가게 되었다. 신앙 고백과 은혜 안에서 하나님의 보이는 교회에 들어가게 되는 것은 분명히 큰 축복이다. 그러나 더 큰 축복은 영과 진리 안에서 그렇게 되는 것이다. 다음의 사실들을 주목하라.

[1]야곱은 요셉의 두 아들을 다른 지파의 우두머리로 삼았다. 그들이 야곱 자신의 직계 아들들인 것처럼 그렇게 했다.

[2]야곱은 그들이 다 하나님의 축복을 받기를 기도했다.

[3]야곱은 요셉의 두 아들이 반드시 축복을 받게 될 것이라고 예언했다. 그러나 이삭이 전에 그랬던 것처럼 이제 야곱도 요셉의 둘째 아들 에브라임을 더 좋아한다. 그래서 요셉이 자신의 아버지 야곱의 오른손이 큰 아들 므낫세의 머리 위에 얹게 하려고 두 아들의 위치를 바꾸었지만 야곱은 의식적으로 자신의 오른손을 둘째 아들 에브라임의 머리 위에 얹었다. 그런데 이 행위는 하나님의 지시에 따른 것이었다. 왜냐하면 야곱은 볼 수 없었기 때문이다. 이 사실은 둘째 아들 이방인의 교회가 첫째 아들인 유대인의 교회보다 더 풍성한 축복을 받게 될 것이라는 것을 나타낸다.

(2) 야곱은 그 지팡이 머리에 의지하여 **경배하였다**. 다시 말해서 야곱은 자신이 하나님을 위하여 행했던 일에 대하여 하나님을 찬양하고, 그리고 앞으로 다가올 축복의 전망을 위하여 하나님을 찬양했다는 것이다. 야곱은 떠나면서 뒤에 남겨두고 가는 사람들을 위하여 기도했다. 그 기도는 야곱이 죽고 난 뒤에도 그의 집안에 신앙생활이 살아있기를 비는 것이었다. 야곱은 지팡이 머리에 기대어 기도했다. 그것은 야곱이 자신의 지팡이 머리 위에 새겨진 하나님의 어떤 형상에 경배했다고 주장하는 로마 교황주의자들의 망상이 아니라 야곱의 자연적인 육신의 힘이 약해졌음을 암시해주는 것이었다. 다시 말해서 야곱은 침대에 앉아 있으려면 지팡이를 의지하지 않고는 스스로 지탱할 힘이 없었다. 그러나 그러한 육체적인 약함을 빌미로 야곱이 하나님을 경배하는 것을 소홀히 할 수는 없었다. 그래서 야곱은 마음 먹은 대로 할 수는 없었을지라도 그의 영혼은 물론이고 몸으로도 할 수 있는 최선을 다해 하나님께 예배드려야 했다. 야곱은 그럼으로써 하나님을 의지하는 자신의 **믿음**을 나타냈고, 그리고 지팡이를 가진 나그네로서의 이 땅에서의 자신의 처지를, 세상에서의 그의 피곤함을, 그리고 드디어 안식에 이르게 된 즐거움을 증언했다.

2. 야곱이 이와 같이 그의 믿음의 행위를 실행했던 시기와 때. 그것은 그가 죽을 때였다. 야곱은 믿음으로 살았고, 그리고 그는 믿음 안에서 믿음으로 죽었다. 여기서 다음의 사실들을 주목하라. 믿음의 은혜가 우리의 모든 생애를 통해서 보편적으로 사용되는 것이기는 하지만 특별히 우리가 죽을 때 그 믿음이 더

욱 요긴하게 사용이 된다. 믿음은 마지막에 가장 큰 일을 한다. 믿음은 신자들이 삶을 잘 마감할 수 있도록 도와주고, 주님에게 영광을 돌릴 수 있도록 하기 위하여 인내와 소망과 즐거움으로 주님을 위하여 죽을 수 있도록 해준다. 그것은 그들이 죽고 난 뒤에 하나님의 말씀의 진리와 하나님의 방법의 탁월함에 대한 증언을 남기기 위한 것이다. 그리고 그것은 그들이 죽을 때 그들의 임종을 지켜보고 있는 모든 사람들의 확신과 인정을 얻기 위한 것이기도 하다. 부모들이 그들의 삶의 행로를 마감하고 완성할 수 있는 가장 좋은 방법은 그들의 가족들을 축복하고 하나님을 경배하는 것이다. 이제 다음의 사실들을 고찰해보도록 하자.

X 요셉의 믿음(22절).   여기서도 우리는 다음의 사실들을 깊이 생각해볼 수 있다.

1. 요셉은 믿음으로 무엇을 행했는가? 믿음으로 요셉은 임종 시에 이스라엘 자손들이 떠날 것을 말하고 또 자기 뼈를 위하여 명하였다(22절). 본 구절은 창세기 50장 24절과 25절에서 나온 것이다. 요셉은 그의 나머지 형제들에게 도움을 주지는 못했지만 탁월한 믿음을 가지고 있었다. 요셉은 이집트로 팔렸다. 그는 유혹들과 죄와 박해로 말미암아 시험을 받았다. 그것은 요셉의 순전함을 정제하고 단련하기 위한 것이었다. 요셉은 파라오의 궁전에서 승진과 권력의 문제로 시험을 받았다. 그렇지만 요셉의 믿음은 끝까지 그를 지키고 견디게 해주었다.

(1) 요셉은 이스라엘 자손이 떠날 것을 믿음으로 예언했다. 그는 이스라엘 자손이 이집트에서 반드시 구원받게 되는 때가 올 것이라고 말했다. 요셉은 이것을 두 가지 목적으로 말했다. 한 가지 목적은 요셉은 이스라엘 자손이 이제는 그들에게 풍요롭고 편안한 장소가 된 이집트에 정착하게 될 것을 우려해 그들을 경고하기 위한 것이었다. 다른 한 가지 목적은 요셉이 예언한 재난들과 불행들이 이집트의 그들에게 다가오고 있는 것 때문에 그들의 실망이나 좌절을 막아주기 위한 것이었다. 요셉은 이스라엘 자손의 구원을 볼 수 있기까지 살지는 못하지만 그 구원에 대한 믿음 안에서 죽을 수 있는 것으로 위안을 삼을 수밖에 없었다.

(2) 요셉은 하나님께서 그들을 이집트의 노예생활에서 구원하시고 자신의 뼈를 가나안으로 가지고 가 그 곳에 둘 수 있을 때까지 이스라엘 자손이 자신의 뼈를 이집트에 묻지 말고 보존하고 있으라고 그들에게 명령했다. 신자들이 자

신들의 영혼에 주로 관심을 가지고 있지만 자신들의 몸에 대해서도 전적으로 무시할 수는 없다. 왜냐하면 신자들의 몸은 그리스도의 지체이기도 하고 그들 자신들의 지체이기도 하기 때문이다. 그 지체들은 결국 그 날에 부활해서 영원히 그들의 영화로운 영혼의 행복한 동반자가 될 것이다. 이제 요셉이 이 명령을 한 것은 자신이 이집트에 묻히는 것이 자신의 영혼에 손상을 주거나 자신의 몸이 부활을 하지 못하게 된다거나 하는 생각에서가 아니었다(가나안에 묻히지 못한 모든 유대인들은 다시 부활하려면 가나안으로 유해를 옮겨 매장해야 한다고 억측하는 랍비들도 있었다). 오히려 그 명령은 다음과 같은 사실들을 증언하기 위한 것이었다.

[1] 요셉이 이집트에 살다가 죽긴 했다. 그러나 그는 이집트인이 아니라 이스라엘인으로 살다가 죽은 것이었다.

[2] 요셉은 이집트에 웅장하고 화려하게 매장되기보다 가나안에서 의미 있는 매장을 더 좋아했다.

[3] 요셉은 자기가 원하는 대로 갈 수는 없지만 자기가 할 수 있는 한 이스라엘 백성이 가는 만큼 가려고 했다.

[4] 요셉은 육체의 부활을 믿었다. 그리고 그는 자신의 영혼이 현재 세상을 떠난 성도들과 교통하듯이 자신의 몸도 그들의 죽은 몸과 교통한다고 믿었다.

[5] 요셉은 하나님께서 이집트에서 그들과 함께 계시고, 그리고 하나님의 때와 방법을 통해 그들을 이집트에서 구원하실 것이라는 것을 이스라엘 자손에게 확신을 주려고 했다.

2. 요셉의 믿음이 이런 방식으로 나타난 것은 언제였는가? 그것은 야곱의 경우와 마찬가지로 요셉이 죽을 때였다. 하나님은 종종 그의 백성들에게 죽어가는 순간에 살아있는 위로들을 주신다. 하나님께서 그렇게 역사하실 때 그의 백성들이 하나님의 영광과 신앙의 명예와 그들의 형제들과 친구들의 유익을 위하여 그들의 주변 사람들에게 하나님의 살아있는 위로들을 전달하는 것은 할 수 있는 한 그들의 의무이다. 이제 더 나아가 다음의 사실들을 고찰해보도록 하자.

XI. 모세의 부모의 믿음. 이것은 출애굽기 2장 3절에서 인용된 것이다. 여기서 다음의 사실들을 주목하라.

1. 모세의 부모의 믿음의 행위. 그들은 그들의 아들 모세를 석 달간 숨겼다.

모세의 어머니가 성경에서 단 한 번 언급되고 있다. 그런데 여기서 언급되고 있는 말씀으로 판단하건대 모세의 아버지는 그의 아들을 숨기는 것을 찬성했을 뿐만 아니라 그 문제를 의논했던 것으로 보인다. 노예의 멍에를 같이 짊어진 동료가 하나님의 은혜의 상속자들로서 믿음의 멍에도 같이 짊어진다는 것은 행복한 일이다. 그리고 그들이 자신들의 자녀들의 유익을 위한 신앙적인 관심사를 의논하게 되었을 때 같은 의견을 가지게 된다는 것은 참으로 행복한 일이다. 이것은 그들의 자녀들의 생명을 없애려는 사람들뿐만 아니라 그들의 정신과 마음을 타락시킬 사람들로부터도 그들을 보호하고 지켜주기 위한 것이다. 여기서 다음의 사실들을 주목하라. 모세는 일찍이 박해를 당하게 되었고 그의 부모는 그를 숨겨야만 했다. 이 점에 있어서 모세는 그리스도의 예표였다. 그리스도께서는 태어나시자마자 거의 동시에 박해를 당하시게 되었고, 그의 부모는 그리스도를 지키기 위하여 이집트로 도망가야만 했다. 사악한 법이나 포고령에서 벗어나 자유로울 수 있다는 것은 큰 자비이다. 그러나 우리가 그렇지 못할 때 우리의 안전을 도모하기 위하여 모든 합법적인 수단을 사용해야만 할 것이다. 모세의 부모가 지닌 믿음 안에는 불신앙의 요소가 조금 섞여있었다. 그러나 하나님께서는 그것을 기꺼이 눈감아주셨다.

2. 모세의 부모가 그렇게 행동하게 된 이유들. 확실히 자연적인 애정은 부모의 마음을 감동시킬 수밖에 없었다. 그러나 부모의 마음을 그렇게 움직이게 한 데는 더 나은 어떤 이유가 있었다. 모세의 부모는 그들의 아들을 사도행전 7장 20절에 말씀하고 있듯이 하나님 보시기에 아름답고 잘 생긴 아이로 보고 석 달을 숨겼다(출 2:2). 그들은 그 아이를 경건한 아이로 보았던 것 같다. 모세에게는 어떤 범상하지 않은 어떤 점이 있었던 것 같다. 모세가 위대한 일들을 위하여 태어났다는 것을 나타내는 한 전조로 여호와의 아름다우심이 모세에게 어려 있었다. 그리고 하나님께서 모세와 더불어 대화를 나누심으로써 모세의 얼굴에 광채가 나게 해주셨다(출 34:29). 그것은 이스라엘 민족을 구원하기 위하여 모세가 행해야 할 빛나고 훌륭한 행위들을 나타내주고, 그리고 그의 이름이 성경의 기록에서 얼마나 빛나게 될지를 나타내주는 전조였다. 언제나 그런 것은 아닐지라도 때때로 얼굴 모습이 마음을 나타내는 거울이 되기도 한다.

3. 모세의 부모의 믿음이 그들의 두려움을 이겼다. 그들은 왕의 명령을 두려워하지 않았다. 바로가 그의 모든 백성에게 명령하여 이르되 아들이 태어나거든 너

희는 그를 나일 강에 던지고 딸이거든 살려두라 하였더라(출 1:22). 바로의 명령은 사악하고 아주 잔학한 포고령이었다. 이스라엘 자손 가운데 태어난 아이가 아들이면 다 죽이라고 명령한 것은 이스라엘의 이름을 땅에서 지워버리겠다는 의도였다. 그러나 모세의 부모는 자신들의 아이를 당장 포기하려는 두려움을 가지지 않았다. 그들은 그 문제를 깊이 생각했다. 만일 남자 아이들이 한 명도 살아남지 못한다면 하나님의 교회와 참된 종교는 지상에서 완전히 끝나게 될 것이었다. 그리고 현재 그들의 처지가 노예 상태와 압박을 당하는 상태에서는 사는 것보다는 차라리 죽는 것이 나을 것일 수도 있었다. 그러나 모세의 부모는 하나님께서 그의 백성을 보존해 주실 것임을 믿었다. 그리고 그들은 이스라엘인으로 살아 있는 것이 좋을 때가 반드시 오리라고 믿었다. 자신의 자녀들을 보존하기 위하여 자신들의 생명을 걸어야 하는 사람도 있어야 한다. 모세의 부모는 그런 사람이 되기로 결심했다. 모세의 부모는 이집트 왕의 명령이 본질적으로 악하고 하나님의 법과 자연법에 어긋나는 것으로 판단했다. 그러므로 그들은 그러한 명령은 따라야 할 권위도 전혀 없고 복종해야 할 의무도 전혀 없다고 생각했다. 믿음은 사람들의 죄로 말미암은 노예적인 두려움을 막아주는 예방의 힘이 아주 크다. 믿음은 영혼이 하나님을 보게 해주고, 그리고 피조물의 덧없음과 하나님의 뜻과 능력에 피조물이 복종해야 한다는 것을 보여준다. 사도는 다음과 같이 그의 진술을 더 나아가게 하고 있다.

XII. 모세 자신의 믿음. 믿음으로 모세는 장성하여 바로의 공주의 아들이라 칭함 받기를 거절하고 도리어 하나님의 백성과 함께 고난 받기를 잠시 죄악의 낙을 누리는 것보다 더 좋아하고(24, 25절). 여기서 다음의 사실들을 주목하라.

1. 세상을 이기는 모세의 믿음의 실례.

(1) 믿음으로 모세는 장성하여 바로의 공주의 아들이라 칭함 받기를 거절했다(24절). 모세는 바로의 공주가 주워 기른 아이였다. 공주는 모세를 사랑했다. 그녀는 그를 자신의 아들로 입양했다. 그러나 모세는 그것을 거부했다. 여기서 다음의 사실들을 주목하라.

[1] 모세는 아주 큰 유혹을 받았다. 바로의 공주는 왕의 유일한 아이였고 그녀 자신의 소생 자식이 없었다고 한다. 그녀는 강가에서 모세를 발견하고 그를 건졌다. 그녀는 그를 데려가 그녀의 아들로 키우기로 결심했다. 그러므로 모세는 때가 되면 왕이 될 수도 있는 아주 유리한 입장에 있었다. 그러면 모세는 그것

으로 이스라엘 자손에게 쓸모 있고 유익할 수도 있었을 것이다. 모세는 이 바로의 공주가 자신의 생명의 은인이었다. 그런데다 그가 그녀의 호의를 거절하는 것이 그녀에게 무례를 범하는 것처럼 보일 뿐만 아니라 모세 자신의 발전과 그의 형제들의 이익을 위하여 의도된 것 같은 하나님의 섭리까지도 소홀히 여기는 것처럼 보일 수도 있었다.

[2] 그토록 큰 시련 속에서 모세의 믿음의 승리는 아주 영광스러운 것이었다. 모세는 신자들의 조상 아브라함의 아들이 되는 더욱 참된 명예의 가치를 깎아 내리지 않기 위하여 바로의 공주의 아들이라 칭함 받기를 거절했다. 또한 모세는 자신의 신앙뿐만 아니라 이스라엘과 자신의 관계도 포기하는 것처럼 보이지 않도록 하기 위하여 바로의 공주의 아들이라 칭함 받기를 거절했다. 모세가 바로의 공주의 아들이 되는 명예를 받아들였다면 분명히 그 두 가지를 다 잃어버렸을 것이다. 그래서 모세는 그녀의 호의를 정중하게 거절했다.

(2) 모세는 도리어 하나님의 백성과 함께 고난 받기를 잠시 죄악의 낙을 누리는 것보다 더 좋아했다(25절). 그는 이 세상에서 하나님의 백성과 함께 고난을 받는 제비였을지라도 그 제비를 기꺼이 뽑아들었다. 그것은 바로의 궁전에서 모든 쾌락적인 죄악의 즐거움들을 누리는 것보다 차라리 내세에서 하나님의 백성과 함께 자신의 유업을 받을 수 있기 위한 것이었다. 바로의 궁전에서의 즐거움은 잠깐 동안이면 끝날 것이고 그 다음에는 영원한 불행과 고통으로 징벌을 당하게 될 것이기 때문이다. 이 사실로 미루어 모세는 이성적인 동시에 신앙적으로 행동했다. 그는 이전에 세상 권력에 대해 그랬었던 것처럼 세속적인 쾌락에 대한 유혹과 시험도 이겼다. 여기서 다음의 사실들을 주목하라.

[1] 죄악의 쾌락은 아주 순간적이고 손쉽게 끝이 나게 된다. 죄악의 쾌락들은 재빠른 후회나 재빠른 파멸로 끝이 나게 된다.

[2] 이 세상의 쾌락들은, 특별히 궁전의 쾌락들은 너무도 자주 죄악의 쾌락들이 된다. 그리고 그 쾌락들은 우리가 하나님과 그의 백성을 버리지 않고는 그것들을 즐길 수 없을 때 언제나 죄악으로 가득 찬 쾌락들이다. 참된 신자는 그러한 경우에 부닥치게 되면 그런 쾌락들을 멸시할 것이다.

[3] 아주 큰 고난 속에 있을 수 있는 것보다도 아주 작은 죄 속에 더 많은 악이 들어있다면 죄보다는 차라리 고난을 택해야 할 것이다.

[4] 우리가 동일한 목적과 유익 안에서 관계를 맺고 동일한 성령을 통하여 감

동을 받은 하나님의 백성과 함께 고난을 받게 된다면 고난의 괴로움이 크게 줄어들게 될 것이다.

(3) 모세는 그리스도를 위하여 받는 수모를 애굽의 모든 보화보다 더 큰 재물로 여겼다(26절). 모세가 그 문제들을 가늠하고 처리한 방법을 생각해보도록 하자. 그는 한 저울에다 신앙의 가장 나쁜 것 즉 그리스도를 위하여 받는 수모를, 그리고 다른 한 저울에다 세상의 가장 좋은 것 즉 애굽의 모든 보화를 올려놓고 재보았다. 믿음의 지시를 받은 그의 판단으로는 신앙의 가장 나쁜 것이 세상의 가장 좋은 것보다 저울 아래로 내려갔다. 즉 신앙의 가장 나쁜 것이 세상의 가장 좋은 것보다 더 무게가 나갔다. 하나님의 교회가 당하는 수모는 그리스도의 수모이다. 그리스도는 교회의 머리이시고 언제나 그러하시다. 이제 여기서 모세는 이전에 세상의 명예와 즐거움들을 극복했었던 것처럼 세상의 부귀를 극복했다. 하나님의 백성은 비난과 수모를 당하는 사람들이고 언제나 그래왔다. 그리스도는 신자들의 수모를 자신의 수모로 생각하신다. 이와 같이 그리스도께서 신자들의 수모에 관심을 가지고 계시므로 신자들이 부유하게 되고 세상의 가장 부유한 제국의 재화보다 더 부유한 재화를 소유하게 된다. 왜냐하면 그리스도는 그들에게 녹슬지 않고 사라지지 않을 영광의 면류관으로 보상해주실 것이기 때문이다. 믿음은 이것을 알아보고 그 판단에 합당한 결정을 하고 행동을 하게 된다.

2. 모세가 세상의 모든 명예와 쾌락들과 보화들을 믿음으로 이긴 때의 상황을 고찰해보도록 하자. 그것은 **모세가 장성했을 때였다**(24절). 모세가 장성했을 때의 나이가 마흔 살이었다. 그 나이 때는 판단이 서고 관록이 배어 있는 시기였다. 모세가 그 승리를 너무 늦은 마흔 살의 나이에 얻었다고 해서 그의 승리를 폄하하는 사람도 있다. 모세가 이 선택을 더 빨리 결정하지 못했기 때문에 그 가치가 희석된다고 생각하는 것이었다. 그러나 모세가 무엇을 하고 왜 했는지를 알 수 있는 판단과 경험이 무르익은, 장성했을 때 이 선택을 했다는 것은 세상에 대한 모세의 자기 부정과 승리의 명예를 오히려 훨씬 더 높여준다. 그것은 황금보다 판매대의 과자를 더 좋아하는 어린아이의 행동이 아니었다. 그러한 선택은 성숙한 숙고에서 나오는 것이었다. 그것은 세속적인 일과 즐김의 한창 때에 진지하게 신앙적이 될 수 있고, 그리고 세상의 맛을 알고 즐길 수 있을 때 세상을 멸시할 수 있는 사람들의 탁월한 행위이다.

3. 무엇이 모세의 믿음을 지탱해주고 강하게 해주어 모세가 세상에 대해 그러한 승리를 거둘 수 있게 해주었는가? 모세는 상 주심을 바라봄이라(26절). 이 상을 이집트에서의 구원이라고 해석하는 사람도 있다. 그러나 이 상은 분명히 더 깊은 의미를 지니고 있다. 그것은 다른 세상 즉 내세를 믿는 믿음과 충성의 영광스러운 상이다. 여기서 다음의 사실들을 주목하라.

(1) 하늘나라는 모든 우리의 가치 있는 것들뿐만 아니라 모든 우리의 개념들을 능가하는 아주 큰 상이다. 그것은 그 값을 지불한 그리스도의 피에 적합한 상이다. 그것은 하나님의 완전하심에 적합하고, 그리고 하나님의 모든 약속들에 완전히 응답하는 상이다. 하늘나라는 보상이다. 왜냐하면 의로우신 재판장이 은혜 언약의 의로운 규칙에 따라 그리스도의 의를 위하여 의로운 사람들에게 주시기 때문이다.

(2) 신자들은 이 보상에 대한 존중을 가질 수도 있고 또 가져야만 한다. 그들은 이 상에 익숙해져야 하고, 그것을 인정해야 하고, 그리고 그 상을 날마다 기쁘게 기대하며 살아야 할 것이다. 이와 같이 이 상은 신자들의 행로를 인도하는 경계표가 되고, 신자들의 마음을 잡아당기는 천연 자석이 되고, 신자들의 원수들을 이기는 칼이 되고, 신자들의 의무를 촉구하는 박차가 되고, 그리고 모든 어려운 일들을 행하고 견디게 해주는 강심제가 될 것이다.

4. 우리는 모세의 믿음의 또 다른 실례를 발견하게 된다. 즉 애굽을 떠나는데서 모세의 믿음이 드러난다. 모세는 믿음으로 애굽을 떠나 왕의 노함을 무서워하지 아니했다(27절). 여기서 다음의 사실들을 주목하라.

(1) 모세의 믿음의 산물. 그는 애굽을 떠났다. 그리고 그는 애굽의 모든 권력과 즐거움을 버렸다. 그리고 그는 애굽의 행위에서 떠나 이스라엘의 행위를 실행했다. 모세는 애굽을 두 번이나 떠났다. 그 경우는 다음과 같다.

[1] 범죄가 탄로났을 때 그는 애굽을 떠났다. 그것은 모세가 애굽인을 죽인 것 때문에 왕이 노했을 때였다(출 2:14,15). 출애굽기에서 모세가 두려워했다고 말씀하고 있는데 그것은 낙심에서 생겨난 두려움이 아니라 그의 생명을 구원하고자 하는 신중함에서 비롯된 두려움이었다.

[2] 하나님이 모세를 사용하시어 바로를 낮추시고 기꺼이 이스라엘 백성을 애굽에서 내보내게 하셨다. 그 뒤 모세는 여호와의 백성을 인도하는 지도자가 되어 애굽을 떠났다.

(2) 모세의 믿음의 힘. 모세의 믿음이 왕의 진노에 대한 두려움을 극복하게 해주었다. 모세는 왕의 진노가 아주 크고, 특별히 그 진노의 화살이 그에게 쏠려있고, 그리고 그를 잡으려고 추격해오는 수많은 군사들이 몰려오고 있음을 알았다. 그러나 그는 두려워하지 않았다. 그는 이스라엘 백성에게 말했다. 너희는 두려워 말고 가만히 서서 주께서 오늘 너희에게 보여 주실 주의 구원을 보라 (출 14:13). 애굽을 떠난 사람들은 사람들의 분노를 기대해야만 한다. 그러나 그들은 그것을 두려워할 필요는 없다. 왜냐하면 애굽을 떠난 사람들은, 인간의 분노를 하나님의 찬양으로 만드시고, 그리고 그 나머지 사람들을 억제하실 수 있는 하나님의 인도와 관리를 받게 되기 때문이다.

(3) 모세의 믿음이 근거한 원리는 다음과 같이 행동하게 했다. 모세는 보이지 아니하는 자를 보는 것 같이 하여 참았다(27절). 모세는 모든 위험 속에서도 불굴의 용기로 이겨냈고, 그리고 아주 큰 그의 피곤하고 지치게 하는 모든 것들을 견디고 참았다. 모세는 이 인내를 보이지 아니하시는 하나님을 봄으로써 해냈다. 여기서 다음의 사실들을 주목하라.

[1] 우리와 관계를 맺고 있으신 하나님은 보이지 않는 하나님이시다. 하나님은 우리의 감각으로 느낄 수 없으시고, 우리의 육신의 눈으로 볼 수 없으신 분이시다. 이 사실은 아무도 본 적이 없고 또한 볼 수 없는 하나님의 형상을 상상해서 만드는 사람들의 어리석음을 드러내준다.

[2] 믿음을 통해서 우리는 이 보이지 아니하시는 하나님을 볼 수도 있다. 우리는 하나님의 실재하심, 하나님의 섭리, 그리고 우리와 함께 하시는 하나님의 은혜로우시고 강력하신 임재하심을 완전하게 확신할 수도 있다.

[3] 그렇게 하나님을 보는 것이, 즉 믿음으로 하나님을 보는 것이 신자들이 사는 동안에 만날 수 있는 것이 무엇이든지 끝까지 견딜 수 있게 해준다.

5. 우리는 유월절과 피 뿌리는 예식을 정하는 데서 모세의 믿음의 또 다른 실례를 발견하게 된다(28절). 이것에 대한 기사를 우리는 출애굽기 12장 13-23절에서 발견하게 된다. 모든 이스라엘 백성이 이 유월절을 지키기는 했지만 하나님께서 유월절 제도를 전달해주신 것은 모세를 통해서였다. 그리고 아주 큰 신비였지만 모세는 믿음으로 백성에게 유월절을 전했고 모세가 머물던 집에서 그 밤에 유월절을 지켰다. 유월절은 구약의 가장 엄숙한 제도들 가운데 하나였다. 그 유월절은 그리스도를 나타내는 아주 의미 있는 예표였다. 유월절을 최초로

지킨 경우는 아주 특별한 때였다. 하나님께서 애굽 사람들의 맏아들을 죽이시는 같은 밤에 최초의 유월절을 지켰다. 이스라엘 백성이 애굽 사람들 가운데 살았지만 죽음의 천사가 이스라엘 백성의 집들은 넘어서 지나가고, 그리고 이스라엘 백성과 그들의 자녀들의 생명을 살려주었다. 그런데 이스라엘 백성에게 이 특별한 은총의 권리를 베풀어 주고, 그리고 그들을 선택하여 그 은총을 받게 하기 위해 어린 양 한 마리가 죽임을 당해야 한다. 그리고 어린 양의 피를 우슬초 묶음에 적셔 그 집들의 양쪽 문기둥과 문 윗 기둥에 발라야 한다. 어린 양의 고기는 불에 구워 그 날 밤 쓴 나물에 곁들여 다 함께 먹어야 한다. 그 어린 양의 고기를 먹을 때 취할 자세는 여행을 떠날 채비를 하는 사람처럼 해야 했다. 즉 허리끈을 동이고, 신발을 신고, 그리고 지팡이를 손에 쥐고 그 고기를 먹어야 했다. 이 유월절 예식이 합당하게 지켜졌다. 죽음의 천사가 이스라엘 백성의 집을 넘어가고, 그리고 애굽 백성의 처음 난 것들을 다 죽였다. 이 예식은 아브라함의 자손이 다시 약속의 땅으로 돌아갈 수 있는 길을 열어주었다. 이 유월절이 나타내는 예표의 적용은 아주 쉽다. 여기서 다음의 사실들을 주목하라.

(1) 그리스도는 유월절 예식의 어린 양이시다. 그는 우리의 유월절이시다. 그리스도께서 우리를 위하여 희생당하셨다.

(2) 그리스도의 피를 뿌려야 한다. 그것은 그 피의 구원의 유익을 얻는 사람들에게 적용이 되어야 한다.

(3) 그 피는 하나님의 선택 받은 백성인 이스라엘 백성에게만 실제적으로 적용이 된다.

(4) 우리가 하나님의 진노하심으로부터 구원을 받게 되는 것은 우리의 타고난 의로 말미암는 것이 아니다. 그것은 그리스도의 피와 그의 옮겨주시는 의를 통해서 받게 되는 것이다. 이스라엘 백성의 가족들 가운데 어떤 가족이 그 집의 문에 이 피를 바르는 것을 소홀히 하거나 무시했다면 그들이 그 밤을 새워 기도했다고 할지라도 죽음의 천사가 그 문을 뚫고 들어가 그들의 처음 난 것을 다 죽였을 것이다.

(5) 이 피를 적용하는 곳에서는 어디에서나 그 영혼이 믿음으로 그리스도를 온전히 받아들이고, 그리고 그리스도를 의지하여 살게 된다.

(6) 이 참된 믿음은 죄 사함과 속죄를 받아도 죄를 영혼에 쓰디쓴 것으로 받

아들인다.

(7) 우리의 지상에서의 모든 영적인 특권들은 우리가 하늘나라를 향해 가는 길을 일찍 출발해서 쉬지 않고 나아가도록 우리에게 힘을 주고 북돋우어 준다.

(8) 선택 받은 사람들은 거저 받은 특별한 은혜를 언제나 기억해야 하고 인정해야 한다.

XIII. 믿음의 다음의 실례는 이스라엘 백성이 그들의 지도자 모세의 인도를 받아 홍해를 건너간 믿음의 경우이다. 믿음으로 그들은 홍해를 육지 같이 건넜으나 애굽 사람들은 이것을 시험하다가 빠져 죽었으며(29절). 이 기사는 출애굽기 14장에 기록되어 있다. 다음의 사실들을 주목하라.

1. 홍해를 건너는 이스라엘 백성의 보존과 안전한 통행. 이스라엘 백성이 홍해를 건널 때는 그들을 맹렬히 바짝 추격해오고 있는 바로와 그의 군대를 피해 도망갈 수 있는 다른 길이 전혀 없었다. 여기서 우리는 다음의 사실들을 발견할 수 있다.

(1) 이스라엘 백성의 위험은 아주 컸다. 전차와 기마병을 거느린 분노에 찬 적이 이스라엘 백성의 뒤를 바짝 쫓아오고 있었다. 혼비백산한 이스라엘 백성의 양편에는 가파른 바위들과 산들이 서 있고, 앞에는 홍해가 넘실대고 있었다.

(2) 이스라엘 백성의 구원은 아주 영광스러운 것이었다. 믿음으로 이스라엘 백성은 홍해를 마른 땅 위를 걷는 것처럼 건넜다. 믿음의 은혜는 우리가 하늘나라로 가는 길에서 만나게 되는 모든 위험들을 통과할 수 있도록 우리를 도와줄 것이다.

2. 애굽 사람들의 멸망. 애굽 사람들은 홍해를 건너는 이스라엘 백성을 뒤쫓아가려는 오만한 시도를 했다. 이와 같은 오만에 눈이 멀고 마음이 완악해진 애굽 사람들은 파멸로 치달아 물에 빠져 죽고 말았다. 애굽 사람들의 무모함은 심히 컸고, 그리고 그들의 파멸도 아주 심한 것이었다. 하나님께서 심판하시면 완전히 뒤집고 이기실 것이다. 그러므로 죄인들의 멸망은 스스로 자초하는 것이라는 사실이 명백하다.

XIV. 믿음의 다음 실례는 이스라엘 백성이 그들의 지도자 여호수아의 인도 아래 여리고 성벽 앞에서 행한 것이다. 믿음으로 칠 일 동안 여리고를 도니 성이 무너졌으며(30절). 이 기사는 우리가 여호수아 6장 5절에서 발견하게 된다. 제사장들이 양뿔 나팔을 길게 불 때 너희가 그 나팔 소리를 들으면 모든 백성은 큰 소리를 지를지니라. 그리하면 그 성벽이 완전히 무너져 내리리니 백성들은 각기 자기 앞으로 곧장 올라갈지니라. 여기서 다음의 사실들을 주목하라.

1. 여리고 성벽을 무너져 내리게 하기 위해 하나님이 지시하신 방법. 이스라엘 백성이 하루 한 번씩 칠 일 동안 여리고 성을 돌고 마지막 날은 일곱 번 돌라는 명령을 받았다. 이스라엘 백성이 성을 돌 때 제사장들은 언약궤를 메고 숫양의 뿔로 만든 나팔을 불고, 그리고 마지막 일곱 째 날에는 이전보다 길게 양의 뿔 나팔을 불고, 그 뒤에 백성들은 일제히 소리를 외치면, 성벽이 무너질 것이라는 명령을 받았다. 여기서 이스라엘 백성의 믿음을 증명하는 큰 시험이 있었다. 하나님께서 지시하신 방법은 그러한 목적을 이루기에는 전혀 불가능한 것 같았다. 그래서 성벽을 날마다 도는 이스라엘 백성은 틀림없이 그들의 적들의 멸시를 받았을 것이다. 하나님의 언약궤도 위험에 빠질 수 있었을 것이다. 그러나 이것은 하나님이 이스라엘 백성에게 따르라고 명령하신 방법이었다. 그리고 하나님은 자신의 팔이 별로 능력이 없어 보일 수도 있는 작고 보잘 것없는 방법을 통해 큰 일들을 이루기를 좋아하신다.

2. 하나님이 지시하신 방법의 성공. 여리고 성벽이 이스라엘 백성 앞에서 무너져 내렸다. 이 성은 가나안 땅에 있는 국경 성읍이었고, 이스라엘 백성을 대항해 맞선 첫 번째 성이었다. 하나님은 이러한 놀라운 방법을 통해서 그 성을 무너뜨리기를 좋아하셨다. 그것은 자신의 영광을 드러내시고, 가나안 사람들을 두려움에 떨게 하시고, 이스라엘 백성의 믿음을 강하게 하시고, 인간들의 모든 자랑을 배제하시기 위한 것이었다. 하나님은 자신의 이익과 영광에 대한 모든 강력한 반대를 자신의 때와 방법을 통해 무너뜨리실 수 있고 확실히 그렇게 하실 것이다. 그리고 믿음의 은혜는 하나님을 통하여 강한 요새를 무너뜨릴 수 있을 정도로 강력해진다. 하나님은 그의 백성의 믿음 앞에서 바벨론을 망하게 하실 것이다. 그리고 하나님이 그의 백성을 위하여 어떤 큰 일을 행하셔야 할 때 그는 그들에게 크고 강한 믿음을 일으켜 주실 것이다.

XV. 다음의 믿음의 실례는 라합의 믿음이다. 믿음으로 기생 라합은 정탐꾼을 평안히 영접하였으므로 순종하지 아니한 자와 함께 멸망하지 아니하였도다(31절). 히브리서를 기록한 사도가 용감하게 정렬시키고 있는 믿음의 훌륭한 인물들의 고상한 무리 가운데 든 사람들일지라도 어느 면에서는 라합의 뒤에 서야 할 것이다. 다시 말해서 라합은 하나님은 사람의 외모를 보지 아니하신다(행 10:34)는 진리를 증언한 사람이었다. 여기서 다음의 사실들을 주목하라.

1. 이 라합은 누구였는가?

(1) 라합은 가나안 사람이었다. 그녀는 이스라엘 민족에게는 이방인이었다. 그러나 그녀는 믿음을 위해서는 별 도움을 주지는 못했지만 신자였다. 그녀에게는 은혜의 통상적인 방법이 없이 역사하게 될 때 나타나는 하나님의 은혜의 능력이 아주 크게 나타난 것 같다.

(2) 라합은 기생이었다. 그녀는 죄악의 생계 수단을 통해 먹고 살았다. 그녀는 누구나 드나드는 술을 파는 여인숙의 주인이었다. 그리고 그녀는 그 성읍의 일반 여인이기도 했다. 그러나 그녀는 참으로 회개만 한다면 아무리 큰 죄일지라도 하나님의 용서의 자비를 받는데 아무런 장애가 되지 않음을 믿었다. 그리스도께서도 죄인들의 괴수를 구원해주시지 않았는가! 죄가 더한 곳에 은혜가 더욱 넘쳤나니(롬 5:20).

2. 라합은 그녀의 믿음을 통해 무엇을 행했는가? 믿음으로 기생 라합은 정탐꾼을 평안히 영접하였다(31절). 그 사람들은 여호수아가 여리고를 정탐하라고 보낸 정탐꾼들이었다. 눈의 아들 여호수아가 싯딤에서 두 사람을 정탐꾼으로 보내며 이르되 가서 그 땅과 여리고를 엿보라 하매 그들이 가서 라합이라 하는 기생의 집에 들어가 거기서 유숙했다(수 2:1). 라합은 그들을 영접했을 뿐만 아니라 그들을 죽이려고 찾는 적들로부터 그들을 감추어 주었다. 그리고 그녀는 자신의 신앙을 훌륭하게 고백했다. 그들이 눕기 전에 라합이 지붕에 올라가서 그들에게 이르러 말하되 여호와께서 이 땅을 너희에게 주신 줄을 내가 아노라 우리가 너희를 심히 두려워하고 이 땅 주민들이 다 너희 앞에서 간담이 녹나니 이는 너희가 애굽에서 나올 때에 여호와께서 너희 앞에서 홍해 물을 마르게 하신 일과 너희가 요단 저쪽에 있는 아모리 사람의 두 왕 시혼과 옥에게 행한 일 곧 그들을 전멸시킨 일을 우리가 들었음이니라 우리가 듣자 곧 마음이 녹았고 너희로 말미암아 사람이 정신을 잃었나니 너희의 하나님 여호와는 위로는 하늘에서도 아래로는 땅에서도 하나님이시니라(수 2:8-11). 라합은 하나님께서 그들에게 은혜를 베푸실 때 그녀와 그녀의 일가친척에게도 은혜를 베풀어 줄 수 있는 맹세를 해달라고 두 정탐꾼에게 졸랐다. 그리고 그녀는 그 맹세의 증표를 그들에게 달라고 요청했다. 두 정탐꾼은 그들이 이 땅을 점령할 때 창문에 붉은 줄을 달아매라고 그녀에게 증표로 주었다. 그녀는 무사히 도망갈 수 있는 친절하고 사려 깊은 충고를 알려주고 그들을 안전하게

보내주었다. 여기서 다음의 사실들을 교훈 받도록 하자.

(1) 참된 믿음은 선한 일들을 통해, 특별히 하나님의 백성에 대한 선한 일들을 통해 그 본성을 드러낼 것이다.

(2) 믿음은 하나님의 뜻과 그의 백성을 위하여 모든 위험을 감수하고 감행할 것이다. 참된 신자는 하나님의 이익과 백성보다는 그 자신을 먼저 희생시킬 것이다.

(3) 참된 신자는 열망적인 특성을 지니고 있다. 그는 하나님과 언약을 맺고 싶어할 뿐만 아니라 하나님의 백성과도 교제를 나누고 싶어한다. 그리고 그는 생사고락을 기꺼이 하나님의 백성과 더불어 나누고 싶어한다.

3. 라합은 그녀의 믿음으로 무엇을 얻었는가? 그녀는 믿지 않는 사람들과 함께 멸망당하는 것을 모면했다. 여기서 다음의 사실들을 주목하라.

(1) 라합의 이웃들과 친구들과 동료 시민들의 대다수가 죽었다. 그 성읍에 철저한 파멸이 떨어졌다. 사람과 짐승이 죽임을 당했다.

(2) 여리고 성읍 사람들이 당한 파멸의 원인은 불신앙이었다. 그들은 이스라엘의 하나님이 참된 신이시고, 그리고 이스라엘이 하나님의 특별한 선택 받은 백성이라는 사실을 믿지 않았다. 이스라엘 백성이 하나님의 백성이라는 충분한 증거를 그들이 가지고 있었음에도 믿지 않았다.

(3) 라합의 증표에 의한 보존. 여호수아는 라합의 생명을 살려야 한다는 엄한 명령을 내렸다. 그러나 여호수아는 그녀와 그녀의 일가친척을 제외하고는 한 사람도 살려서는 안 된다고 명령했다. 붉은 끈의 증표를 받은 라합은 그것을 집 창문에 걸어야 했다. 그것은 그녀와 그녀의 일가친척이 자비를 얻고 죽임을 당하지 않게 되는 표시였다. 대다수의 사람들이 불신자들이었을 뿐만 아니라 신자들을 배척하고 대적했을 때 지킨 혼자만의 믿음은 공동의 재앙이 닥쳤을 때 혼자만 은총을 받는 보상을 받게 될 것이다.

[32]내가 무슨 말을 더 하리요 기드온, 바락, 삼손, 입다, 다윗 및 사무엘과 선지자들의 일을 말하려면 내게 시간이 부족하리로다 [33]그들은 믿음으로 나라들을 이기기도 하며 의를 행하기도 하며 약속을 받기도 하며 사자들의 입을 막기도 하며 [34]불의 세력을 멸하기도 하며 칼날을 피하기도 하며 연약한 가운데서 강하게 되기도 하며 전쟁에 용감하게 되어 이방 사람들의 진을 물리치기도 하며 [35]여자들은 자기의 죽

은 자들을 부활로 받아들이기도 하며 또 어떤 이들은 더 좋은 부활을 얻고자 하여 심한 고문을 받되 구차히 풀려나기를 원하지 아니하였으며 ³⁶또 어떤 이들은 조롱과 채찍질뿐 아니라 결박과 옥에 갇히는 시련도 받았으며 ³⁷돌로 치는 것과 톱으로 켜는 것과 시험과 칼로 죽임을 당하고 양과 염소의 가죽을 입고 유리하여 궁핍과 환난과 학대를 받았으니 ³⁸(이런 사람은 세상이 감당하지 못하느니라) 그들이 광야와 산과 동굴과 토굴에 유리하였느니라 ³⁹이 사람들은 다 믿음으로 말미암아 증거를 받았으나 약속된 것을 받지 못하였으니 ⁴⁰이는 하나님이 우리를 위하여 더 좋은 것을 예비하셨은즉 우리가 아니면 그들로 온전함을 이루지 못하게 하려 하심이라

히브리서를 기록한 사도는 이제까지 성경에 그 이름들이 언급되고, 그들의 믿음의 특별한 시험들과 행위들이 기록된 많은 탁월한 신자들의 부류를 우리에게 진술해주었다. 이제 사도는 또 다른 종류의 신자들에 대한 아주 요약된 기사로 그의 이야기를 마무리하고 있다. 이 이야기에서 사도는 믿음의 특별한 행위들이 이름을 가진 특별한 사람들에 대해 다루고 있지 않다. 여기서 언급되고 있는 이야기는 거룩한 이야기에 친숙한 사람들이 적용할 수 있는 여지를 사도는 남겨놓고 있다. 사도는 마치 신성한 웅변가처럼 점잖은 훈계의 어조로 말머리를 시작하고 있다. 내가 무슨 말을 더 하리요 내게 시간이 부족하리로다(32절). 이 말의 뜻은 마치 사도가 이렇게 말하고 있는 듯하다. "이 주제를 자세히 논하려고 시도하는 것은 헛된 일이다. 내가 나의 연필을 억제하지 않는다면 편지 분량을 훌쩍 넘겨버리고 말 것이다. 그러므로 나는 단지 몇 사람만 더 언급하려고 한다. 그들에 대한 더 자세한 것은 여러분의 처분에 맡기는 바이다." 다음의 사실들을 주목하라.

1. 우리 모두가 성서를 다 뒤져 연구한다고 해도 성서에는 여전히 믿음의 사람에 대해 배울 것이 무궁무진하다.

2. 우리는 하나님의 일들에 있어서 우리가 무엇을 말해야 될지를 잘 생각해야만 하고, 그리고 우리가 할 수 있는 한 때에 맞추어 그것을 잘 적용해야만 할 것이다.

3. 우리는 구약 시대에 믿음의 대상과 목적들이 충분히 계시되지 않았음에도 불구하고 위대한 신자들이 얼마나 많았고, 그들의 믿음이 얼마나 강했는지를 즐겨 생각해야 할 것이다.

4. 이제 우리는 믿음의 규칙이 아주 분명하고 완전한 복음의 시대에 신자들의 수가 아주 적고 그들의 믿음이 아주 약하다는 것을 애통해야만 할 것이다.

I. 이 압축된 기사에서 사도는 다음과 같은 사람들을 언급한다.

1. 기드온. 그의 이야기는 사사기 6장 11절 이하에서 발견할 수 있다. 기드온은 미디안 족속으로부터 이스라엘 백성을 구원하기 위하여 하나님이 세우신 탁월한 하나님의 도구와 사사였다. 그는 비천한 족속과 가문 출신이었다. 또 그는 비천한 직업에서 부르심을 받았다. 그는 밀을 타작하는 사람이었다. 하나님의 천사가 기드온에게 나타나 놀라운 태도로 인사를 했다. 큰 용사여 여호와께서 너와 함께 계시도다(삿 6:12). 기드온은 처음에는 그러한 명예를 감당할 수가 없었다. 그러나 그는 이스라엘 백성의 비참한 상태를 천사에게 겸손하게 간하고 있다. 여호와의 천사가 기드온에게 그의 임무를 전달하고, 그에게 성공을 확신시켜 준다. 그리고 천사는 성공의 표징으로 바위에서 불이 나오게 해 보여준다. 기드온은 희생 제물을 바치라는 지시를 받는다. 그가 예물을 가지고 와 바치자 바위에서 불이 나와 그것을 살랐다. 여호와의 천사가 기드온에게 그의 할 일을 지시한다. 그는 미디안 족속과 싸우기 위해 출전한다. 그 때 그의 군대는 삼만 이천 명에서 삼백 명으로 줄어든다. 그러나 횃불과 항아리를 든 이 삼백 용사로 하나님께서는 미디안 족속의 모든 군사를 혼란과 파멸에 빠뜨리신다. 기드온에게 아주 큰 용기와 명예를 준 그 믿음이 나중에 그의 형제들에게 아주 온유하고 겸손하게 대할 수 있게 해주었다. 바로 그러한 속성이 믿음의 은혜가 지닌 탁월한 점이다. 믿음의 은혜는 사람들이 큰 일을 행할 수 있도록 도움을 주는 한편 스스로 교만해지고 자만에 빠지지 않도록 지켜준다.

2. 바락. 그는 이스라엘 백성을 가나안 왕 야빈의 손에서 구원하기 위하여 하나님의 세우심을 받은 도구였다. 우리는 그에 관해 사사기 4장 6절 이하에서 발견하게 된다. 다음의 사실들을 주목하라.

(1) 바락은 군인이었을지라도 여호와의 여선지자 드보라에게서 그의 임무를 전달받게 된다. 바락은 그의 원정에 하나님의 계시를 받아야 한다고 주장했다.

(2) 바락은 그의 믿음으로 시스라의 모든 군대를 궤멸시키는 큰 승리를 거두었다.

(3) 바락의 믿음은 그에게 모든 찬양과 영광을 하나님께 돌려야 할 것을 가르쳐주었다. 바로 이것은 믿음의 본성이다. 믿음은 모든 위험들과 어려움들 속에

서 하나님을 의지하게 만들고, 그리고 위험과 어려움을 벗어난 뒤에는 모든 자
비와 구원에 대해 하나님께 감사의 보답을 돌려드리게 된다.

3. 삼손. 그는 이스라엘 백성을 블레셋 족속으로부터 구원하기 위하여 하나님
의 세우심을 받은 또 다른 도구였다. 삼손의 이야기는 사사기 13장에서 16장에
걸쳐 발견하게 된다. 그 이야기를 통해 우리는 믿음의 은혜가 위대한 일을 위
한 영혼의 힘이 된다는 것을 깨닫게 된다. 만일 삼손이 강한 팔뿐만 아니라 강
한 믿음도 없었다면 그는 그러한 위업을 결코 달성하지 못했을 것이다. 여기서
다음의 사실들을 주목하라.

(1) 믿음으로 하나님의 종들은 포효하는 사자조차도 이길 수 있을 것이다.

(2) 참된 믿음은 많은 실패들로 점철될 때조차도 인정을 받게 되고 영접을 받
게 된다.

(3) 신자의 믿음은 끝까지 견디고, 그리고 죽을 때 죽음과 모든 치명적인 적
들을 이기는 승리를 그에게 준다. 신자의 가장 위대한 승리와 정복은 죽음을
통해서 획득된다.

4. 입다. 우리는 그의 이야기를 사사기 11장에서 발견하게 된다. 그것은 삼손
의 이야기 앞에 나온다. 입다는 이스라엘 백성을 암몬 족속으로부터 구원하기
위하여 하나님의 세우심을 받았다. 여러 새로운 적들이 하나님의 백성을 괴롭
히기 위하여 일어날 때 여러 새로운 구원자들이 하나님의 백성을 위하여 세우
심을 받게 된다. 여기서 다음의 사실들을 주목하라.

(1) 하나님의 은혜는 아주 형편없고 가치 없는 사람들에게 종종 나타나고, 그
리고 그 은혜로 그들을 붙잡아 맨다. 그것은 하나님의 백성을 위하여 그들을
통하여 위대한 일들을 행하기 위한 것이다. 입다는 기생의 아들이었다.

(2) 믿음의 은혜가 있는 곳마다 사람들이 모든 그들의 길에서 행하고 겪은 것
들에 대해 하나님을 인정하고 찬양하는 말을 하게 할 것이다. 입다가 미스바에
서 자기의 말을 다 여호와 앞에 아뢰니라(삿 11:11).

(3) 믿음의 은혜는 좋은 목적과 대의를 위한 일에 용감하고 모험적이 되도록
사람들을 도와줄 것이다.

(4) 믿음은 사람들이 하나님께 서약을 하게 할 뿐만 아니라 자비를 받은 뒤에
그들의 서약을 하나님께 다시 아뢰게 할 것이다. 더욱이 신자들은 입다와 그의
딸의 경우처럼 그들 자신의 큰 슬픔과 상처와 상실에 대해 하나님께 하소연하

고 아뢰게 될 것이다.

5. **다윗.** 그는 하나님의 마음에 든 위대한 믿음의 사람이었다. 이제까지 소수의 사람들이 아주 큰 시험과 시련들을 겪었고, 그리고 소수의 사람들이 아주 생생한 믿음을 깨달았다. 다윗이 세상의 무대에 처음 모습을 드러낸 것은 그의 믿음의 큰 증거가 되었다. 어렸을 때 사자와 곰을 죽인 다윗의 하나님을 의지하는 믿음은 거인 골리앗을 대적할 수 있도록 다윗을 격려해주었고, 그리고 거인 골리앗을 이길 수 있도록 다윗을 도와주었다. 같은 믿음이 사울 왕의 종잡을 수 없는 무례한 증오와 총애를 끈기 있게 참을 수 있게 해주었고, 그리고 하나님께서 그에게 약속된 권력과 위엄을 주실 때까지 기다릴 수 있게 해주었다. 같은 믿음이 다윗을 아주 큰 성공과 승리의 군주가 되게 해주었다. 그리고 약간 잘못된 죄의 얼룩들이 있기는 할지라도 대체로 덕과 명예로 넘치는 오랜 삶을 산 뒤에 다윗은 믿음 안에서 죽었다. 다윗은 하나님께서 그와 그의 자손과 맺으셨던 영원한 언약을 의지하고 모든 일들을 확실하게 처리하고 죽었다. 다윗은 하나님의 백성이 아주 크게 높이고 자주 사용하는 시편들을 통해 믿음의 시련들과 행위들에 대한 탁월한 기록들을 뒤에 남겨놓았다.

6. **사무엘.** 그는 이스라엘 백성에게 하나님의 말씀을 전하는 여호와의 가장 뛰어난 선지자로 세우심을 받았다. 동시에 그는 이스라엘 백성을 다스리는 통치자이기도 했다. 하나님은 사무엘이 어린아이였을 때도 그에게 계시해주셨고, 그리고 사무엘이 죽을 때까지 계속해서 계시를 해주셨다. 사무엘의 이야기를 통해 다음의 사실들을 주목하라.

(1) 믿음의 실천을 일찍부터 시작한 사람들은 뛰어난 믿음의 사람들이 되기까지 성장하는 경향이 있다.

(2) 하나님의 생각과 뜻을 다른 사람들에게 계시해야 되는 일을 하는 사람들은 먼저 자신들의 신앙을 확고하게 잘 세워야 될 필요가 있다.

7. 사도는 사무엘에 이어 선지자들의 일을(32절) 덧붙여 말하고 있다. 선지자들은 구약 교회의 뛰어난 성직자들이었다. 하나님께서는 선지자들을 심판을 선포하기 위하여 사용하실 때도 있었고, 자비를 약속하고 죄를 비난하기 위하여 사용하실 때도 있었고, 그리고 하나님만 아시는 놀라운 사건들을 예언하기 위하여 사용하실 때도 있었다. 선지자들은 메시야에 대한 것들을 주로 예언했다. 그들은 메시야의 오심과 인격과 직분에 대해 예언을 했다. 왜냐하면 율법뿐

만 아니라 선지자들도 메시야에게 그 중심을 두고 있기 때문이다. 그러므로 참되고 강한 믿음은 이와 같은 그러한 직분을 올바르게 이행하기 위해서는 아주 필수적이었다.

II. 특별한 인물들의 이름을 언급한 뒤에 사도는 그들의 믿음을 통해 이루어진 일들을 이어서 우리에게 들려주고 있다. 사도는 거명한 사람들의 행위에 쉽게 적용할 수 있는 어떤 것들을 이어서 말해주고 있다. 그러나 사도는 여기서 언급되고 있는 어떤 인물에게 쉽게 적용할 수 없는 다른 것들도 언급하고 있다. 그러나 그런 것은 일반적인 추측이나 적용에 맡기는 수밖에 달리 도리가 없을 것이다.

1. 그들은 믿음으로 나라들을 이기기도 했다(33절). 이와 같이 다윗, 여호수아, 그리고 많은 사사들이 믿음으로 나라들을 이겼다. 여기서 다음의 사실들을 깨우치도록 하자.

(1) 왕들과 나라들의 이익들과 권세들이 하나님과 그의 백성에게 종종 대적된다.

(2) 하나님께서는 스스로 하나님께 대적하는 이러한 모든 왕들과 나라들을 쉽게 정복하실 수 있다.

(3) 믿음은 여호와의 전쟁에서 싸우는 사람들의 적절하고 두드러진 특성과 자격이다. 믿음은 하나님의 전사들을 의롭고 용감하고 슬기롭게 해준다.

2. 그들은 의를 행하기도 했다. 그들은 자신들의 공적이고 개인적인 일들을 행함에 있어서 언제나 의로웠다. 그들은 많은 사람들을 우상 숭배로부터 의의 길로 돌아서게 했다. 그들은 하나님을 믿었다. 그리고 그 믿음이 그들을 의롭게 해주었다. 그들은 하나님과 사람에 대하여 의로운 길을 걸었고 의롭게 행동했다. 이적들을 행하는 것보다 의를 행하는 것이 더 큰 명예와 축복이다. 믿음은 보편적인 의를 행하게 해주는 긍정적이고 능동적인 원리이다.

3. 그들은 약속을 받기도 했다. 다시 말해서 그들은 일반적인 약속과 특별한 약속을 다같이 받았다. 우리에게 약속들을 통해 유익을 주는 것은 바로 믿음이다. 우리가 약속들의 위로를 받게 되는 것도 믿음을 통해서이다. 그리고 우리가 준비를 하고 약속들을 기다리고 때가 되면 그것들을 받게 되는 것도 믿음을 통해서이다.

4. 그들은 사자들의 입을 막기도 했다(33절). 삼손이 이렇게 했다. 삼손이 그의 부

모와 함께 딤나에 내려가 딤나의 포도원에 이른즉 젊은 사자가 그를 보고 소리 지르는지라 여호와의 영이 삼손에게 강하게 임하니 그가 손에 아무것도 없이 그 사자를 염소 새끼를 찢는 것 같이 찢었으나 그는 자기가 행한 일을 부모에게 알리지 아니하였더라(삿 14:5,6). 다윗이 이렇게 했다. 다윗이 사울에게 말하되 주의 종이 아버지의 양을 지킬 때에 사자나 곰이 와서 양 떼에서 새끼를 물어가면 내가 따라가서 그것을 치고 그 입에서 새끼를 건져내었고 그것이 일어나 나를 해하고자 하면 내가 그 수염을 잡고 그것을 쳐죽였나이다(삼상 17:34, 35). 다니엘이 이렇게 했다. 나의 하나님이 이미 그의 천사를 보내어 사자들의 입을 봉하셨으므로 사자들이 나를 상해하지 못하였사오니 이는 나의 무죄함이 그 앞에 명백함이오며 또 왕이여 나는 왕에게도 해를 끼치지 아니하였나이다 하더라(단 6:22). 여기서 다음의 사실들을 깨달을 수 있다.

(1) 하나님의 능력은 피조물의 능력을 초월하신다.

(2) 믿음은 그것이 하나님의 영광을 위하게 될 때마다 그의 백성을 위한 하나님의 능력을 사용하여 잔인한 짐승들과 야수 같은 인간들을 이길 수 있다.

5. 그들은 불의 세력을 멸하기도 했다(34절). 모세가 기도를 통하여 이스라엘 백성에게 불붙으신 하나님의 진노의 불을 껐다. 여호와께서 들으시기에 백성이 악한 말로 원망하매 여호와께서 들으시고 진노하사 여호와의 불을 그들 중에 붙여서 진영 끝을 사르게 하시매 백성이 모세에게 부르짖으므로 모세가 여호와께 기도하니 불이 꺼졌더라(민 11:1, 2). 느부갓네살 앞에 선 세 청년들, 아니 세 용맹한 전사들도 불의 세력을 멸했다(단 3:17-27). 하나님을 믿는 사드락, 메삭, 아벳느고의 믿음은 금 신상에게 절하고 경배하기를 거부했다. 대신에 그들은 느부갓네살이 그들을 위하여 준비한 맹렬하게 타는 풀무불에 들어가게 되었다. 그러나 그들의 믿음이 풀무불 속에서 하나님의 능력과 임재를 힘입게 했다. 그래서 풀무불의 맹렬히 타는 불이 꺼졌다. 그 불이 그들을 태우기는커녕 그 불의 냄새조차도 그들을 스쳐 지나가지 못했다. 이들 세 아이들 즉 사드락, 메삭, 아벳느고가 체험했던 것보다 믿음의 은혜가 더 심하게 시험을 받았던 적이 없었고, 믿음의 은혜가 더 고상하게 사용되었던 적이 없었고, 그리고 믿음의 은혜가 더 영광스럽게 보상받았던 적이 없었다.

6. 그들은 칼날을 피하기도 하였다. 이와 같이 다윗은 골리앗의 칼날과 사울의 칼날을 피했다. 그리고 모르드개와 유대인들도 간악한 하만의 칼날을 이런 식

으로 피했다. 인간들의 칼은 하나님의 손에 달려 있다. 따라서 하나님께서 칼날을 무디게 할 수도 있으시고, 그리고 하나님이 원하시면 그 칼날의 방향을 그의 백성으로부터 돌려 그들의 대적에게로 향하게 할 수도 있으시다. 믿음은 인간들의 칼을 쥐고 계시는 하나님의 손을 굳게 잡는다. 그리고 하나님께서는 그의 백성의 믿음이 이기도록 하기 위하여 종종 하나님 스스로 고통을 감내하신다.

7. 그들은 연약한 가운데서 강하게 되기도 하였다. 유대인들은 종종 불신앙으로 말미암아 민족적으로 연약해지게 되었다. 그러나 그들의 믿음의 부흥에 힘입어 민족적인 연약함에서 벗어나 그들의 모든 이익과 하는 일들이 부흥되고 흥왕하게 되었다. 그리고 그들은 육체적인 연약함에서 믿음으로 육체적인 강함을 얻었다. 이와 같이 하나님의 말씀을 믿은 히스기야 왕은 치명적인 죽음의 병에서 회복되었다. 히스기야 왕은 그의 나음을 하나님의 약속과 능력의 공로로 돌렸다. 주께서 내게 말씀하시고 또 친히 이루셨사오니 내가 무슨 말씀을 하오리이까 내 영혼의 고통으로 말미암아 내가 종신토록 방황하리이다 주여 사람의 사는 것이 이에 있고 내 심령의 생명도 온전히 거기에 있사오니 원하건대 나를 치료하시며 나를 살려 주옵소서(사 38:15,16). 영적인 연약함에서 힘을 회복하고 새로워지도록 사람들을 도와주는 것도 바로 동일한 믿음의 은혜이다.

8. 그들은 전쟁에 용감하게 되었다. 여호수아와 사사들과 다윗이 전쟁에 용감했다. 참된 믿음은 가장 참된 용기와 인내를 준다. 참된 믿음이 하나님의 능력을 분별하는 것처럼 그것으로 모든 그의 적들의 약함도 분별한다. 그들은 용감했을 뿐만 아니라 성공을 거두었다. 그들의 믿음의 상과 격려가 되시는 하나님께서 이방 사람들의 진을 물리치게 해주신다. 여기서 말하는 이방 사람들이란 유대 국가에 이방인들이고 그들의 종교에 적들이었다. 하나님은 그 이방 사람들을 하나님의 신실한 종들 앞에서 도망가게 하시고 패배하게 하셨다. 믿고 기도하는 군대의 선두에 서서 믿고 기도하는 지휘관들은 하나님의 인정과 높임을 받게 되어 그들 앞에 서 있을 수 있는 것이 아무것도 없다.

9. 여자들은 자기의 죽은 자들을 부활로 받아들이기도 하였다(35절). 사르밧의 과부가 그랬다. 엘리야가 그 아이를 안고 다락에서 방으로 내려가서 그의 어머니에게 주며 이르되 보라 네 아들이 살아났느니라(왕상 17:23). 수넴 여인이 그랬다. 엘리사가 게하시를 불러 저 수넴 여인을 불러오라 하니 곧 부르매 여인이 들어가니 엘리사가

이르되 네 아들을 데리고 가라 하나라(왕하 4:36). 여기서 다음의 사실들을 주목하라.

(1) 너희는 남자나 여자나 다 그리스도 예수 안에서 하나이니라(갈 3:28). 더 약한 여성 가운데 많은 여성이 믿음 안에서 강했다.

(2) 은혜의 언약이 신자들의 자녀들을 받아들이고 보살펴준다고 할지라도 그 자녀들이 자연적인 죽음은 피할 수 없다.

(3) 가련한 어머니들은 죽음이 그 자녀들을 데려갔을지라도 그 자녀들에 대한 관심을 포기하기를 몹시 꺼려한다.

(4) 하나님은 슬픔에 잠긴 여인들의 여린 애정을 갚아주시기 위하여 그들의 죽은 자녀를 다시 살려주기까지 하실 때가 있었다. 이와 같이 그리스도께서도 나인 성의 과부를 불쌍히 여기시어 은총을 베풀어 주셨다. 성문에 가까이 이르실 때에 사람들이 한 죽은 자를 메고 나오니 이는 한 어머니의 독자요 그의 어머니는 과부라 그 성의 많은 사람도 그와 함께 나오거늘 주께서 과부를 보시고 불쌍히 여기사 울지 말라 하시고(눅 7:12 13).

(5) 이러한 이적은 전체적인 부활을 믿는 우리의 신앙을 확증시켜준다.

Ⅲ. 사도는 이 신자들이 믿음으로 인내했다고 우리에게 말해주고 있다. 다음의 사실들을 주목하라.

1. 그들은 심한 고문을 받되 구차히 풀려나기를 원하지 아니하였다(35절). 그들은 자신들이 믿는 하나님과 구세주와 종교를 포기하지 않는다고 고문을 당했다. 그들은 고문을 견디었고, 그리고 그러한 수치스러운 조건을 통해, 즉 믿음을 포기하는 조건으로 구차히 풀려나기를 원하지 않았다. 그리고 이와 같이 고통을 견딜 수 있도록 그들을 격려해주었던 것은 더 좋은 부활을 얻고자 하는 소망을 가지고 있었고, 그리고 더 명예로운 조건으로 풀려나기를 바라는 믿음의 인내가 있었기 때문이다. 이것은 외경 마카베오후서 7장에 있는 것을 언급하고 있는 것으로 생각된다.

2. 그들은 조롱과 채찍질뿐 아니라 결박과 옥에 갇히는 시련도 받았다(36절). 그들은 자신들의 평판이 조롱당하는 박해를 당했다. 그러한 박해는 순수하고 성실한 마음을 지닌 사람에게는 아주 잔인한 고문이다. 그들의 인격이 노예들이 징벌을 당하는 채찍질로 고문과 박해를 당했다. 그들의 자유가 결박과 옥에 갇히는 시련도 받았다. 여기서 다음의 사실들을 주목하라. 악인들이 의인들에게 갖는

증오가 얼마나 뿌리 깊고, 그 증오가 어디까지 가고, 그리고 의인들을 괴롭히기 위하여 갖가지의 잔학한 행위들을 고안하고 실행하는지를 말이다. 게다가 그들이 하나님을 믿는다는 이유를 빼놓고는 악인들이 의인들과 다투어야 할 하등의 이유가 없는 데도 말이다.

3. 그들은 가장 잔인한 방법으로 죽임을 당했다. 어떤 사람은 스가랴처럼 돌에 맞아 죽었다(대하 24:21). 어떤 사람은 므낫세가 이사야에게 가했던 것처럼 톱으로 잘려 죽임을 당했다. 어떤 사람은 시험을 당했다. 이 시험을 당했다는 말을 마카베오후서 7장 5절을 인용하여 불에 타 죽었다고 해석하는 사람도 있다. 그들은 칼로 죽임을 당했다. 온갖 종류의 죽음이 그들을 위해 마련되었다. 그들의 적들은 잔인함과 공포로 잘 꾸미고 죽음의 옷을 입고 모두 정렬하고 있었다. 그러나 의인들은 그 위협에 용감하게 맞섰고 그것을 견디었다.

4. 죽음을 피했던 사람들은 그들의 도피 생활에서 겪은 삶보다는 차라리 죽는 것이 나을 정도의 고난을 겪었다. 그들의 적들이 그들을 살려두기는 했다. 그러나 그것은 단지 그들의 괴로움을 연장시켜 주는 것일 뿐이었고 그들의 모든 인내를 소진시켰다. 왜냐하면 그들은 양과 염소의 가죽을 입고 유리하여 궁핍과 환난과 학대를 받았고, 광야와 산과 동굴과 토굴에 유리하였기 때문이다(37-38절). 그들은 생활에 필요한 편의 시설들을 다 빼앗겼고, 그리고 집과 안식처에서도 쫓겨났다. 그들은 입을 옷이 없었다. 그래서 그들은 어쩔 수 없이 죽인 짐승의 가죽으로 몸을 가려야 했다. 그들은 모든 인간 사회로부터 쫓겨났다. 그리고 그들은 들짐승들과도 사귀고 대화를 나누어야 하고, 동굴과 토굴에 숨어야 하고, 그리고 그들의 적들보다는 덜 냉혹한 바위들과 강물에 그들의 어려움을 하소연할 수밖에 없었다. 이와 같은 고난들을 그들은 자신들의 믿음을 위하여 견디고 참았다. 그리고 그들은 그러한 고난들을 믿음의 은혜가 주는 힘으로 견디었다. 그러므로 우리 모두는 어느 것을 더 소중하게 여겨야 하겠는가? 동료 인간에게 그러한 잔학한 행위들을 서슴없이 저지를 수 있는 인간 본성의 사악함인가, 아니면 그러한 잔혹한 행위들을 당하면서도 신실한 사람들이 견딜 수 있게 해주고, 모든 어려움들을 안전하게 이길 수 있게 해주는 거룩한 은혜의 탁월함인가?

IV. 그들은 자신들의 믿음으로 무엇을 얻었는가? 다음의 사실들을 주목하라.

1. 그들은 참된 재판장이시고 명예의 원천이신 하나님으로부터 가장 명예로운 평판과 칭찬을 들었다. 이런 사람은 세상이 감당하지 못하느니라(38절). 세상 사람들은 축복들을 받을 가치가 없다. 세상 사람들은 축복들의 가치를 몰랐고, 또한 그것들을 어떻게 사용할지도 몰랐다. 사악한 사람들이란 참으로 한심하기 짝이 없는 존재들이다! 의인들이 세상에서 사는 것은 합당하지가 않다. 하나님께서 세상은 의인들을 감당하지 못한다고 선언하신다. 세상 사람들이 판단에 있어서는 아주 다르긴 하지만 선한 사람들이 이 세상에서 그들의 여생을 보내야 한다는 것은 합당하지 않다는 데에는 의견이 일치한다. 그러므로 하나님께서 그들을 이 세상으로부터 건져내어 저 세상으로 받아들이신다. 그러나 그들이 들어간 저 세상은 그들에게 합당하긴 하지만 그들의 수고와 고난들의 공로를 훨씬 초과하는 축복의 보상이다.

2. 그들은 증거를 받았다(39절). 다시 말해서 그들은 모든 선한 사람들과 진리에 대한 증거를 받았다. 그리고 그들은 구약의 훌륭한 인물들을 수록한 이 거룩한 목록에 등재되는 명예를 얻었다. 다시 말해서 그들은 하나님의 증인들로 성경에 기록되는 명예를 얻게 되었다. 더군다나 그들은 자신들의 적들의 양심에도 자신들에 대한 증거를 심어두었다. 그들의 적들은 온갖 방법으로 그들을 학대하고 욕을 해댔지만 그들보다 더 의로운 사람들을 박해하는 것으로 인하여 가책을 받는 그들 자신의 양심을 통하여 그들은 스스로 정죄를 받았다.

3. 의인들은 약속들을 통하여 유익을 얻었다. 비록 그들이 그것들을 당장은 완전히 소유하지 못하고 있었을지라도 말이다. 그들은 약속된 큰 것들을 받지 못했을지라도 약속들에 대한 권리를 얻었다. 이것이 하늘나라 상태의 완전한 행복을 의미하지는 않는다. 왜냐하면 그들은 이것을 죽을 때 받기 때문이었다. 그것은 그들의 인격의 한 구성 요소이지만, 그것은 훨씬 더 나은 부분이다. 그러나 이것이 복음 상태의 축복을 의미하는 것이기는 하다. 그들은 모형들을 가지고 있었지만 원형을 가지고 있는 것이 아니었다. 다시 말해서 그들은 그림자들을 가지고 있었을 뿐이지 실체를 소유하고 있는 것이 아니었다. 그렇지만 이 불완전한 경륜 아래에서도 그들은 이러한 귀중한 믿음을 발견하고 소유했다. 사도는 이것이 그들의 믿음을 더욱 빛나게 만들어주고, 그리고 그리스도인들에게 거룩한 질투와 경쟁심을 유발시킨다고 주장한다. 그러므로 사도는 믿음에서 도움과 유익이 적었던 구약 시대의 사람들보다 그리스도인들이 더 못해

서는 안 된다고 주장한다. 사도는 하나님께서 그들을 위하여 더 좋은 것을 예비하셨다(40절)고 히브리인들에게 말하고 있다. 그러므로 사도는 최소한 그들에게서 좋은 것들을 기대하고 있다는 것을 그들에게 확신시키기 위하여 말하고 있다. 그리스도와 복음에 관련된 것 말고는 그다지 탁월함을 지니고 있지 못했던 구약의 목적과 이상이 복음이다. 그렇기 때문에 그리스도인들의 믿음은 구약 시대의 성도들의 믿음보다 훨씬 더 완전해지기를 기대한다고 사도는 히브리인들에게 말하고 있다. 왜냐하면 그리스도인들이 누리는 상태와 경륜이 구약 시대의 것보다 훨씬 더 완전하기 때문이다. 게다가 복음의 상태는 구약의 이상과 완성이었다. 복음의 교회가 없이는 구약의 교회는, 즉 유대인의 교회는 미완의 불완전한 상태에 머물러 있어야 할 것이다. 이 이유와 근거는 확실하고 강한 것이기에 우리들은 모두 실제로 이것을 깊이 믿고 널리 전해야 할 것이다.

제
— 12 —
장

개요

본 장에서 사도는 자신이 앞 장에서 집중적으로 논의했던 것을 적용하고 있다. 사도는 그것을 그리스도인의 믿음과 신분을 지키게 해주는 인내와 견인의 중요한 동기로 활용하고 있다. 사도는 그 논증을 차근차근 타이르듯이 진술하고 있다. I . 사도가 이제까지 언급했던 것보다 더 위대한 본보기이신 그리스도 자신을 직접 들어 이야기함으로써 자신의 논증을 진술한다(1-3절). II . 신자들이 그들의 그리스도인의 길을 걸으면서 겪고 인내했던 고난들에 대한 온당하고 은혜로운 특성을 이야기함으로써 사도는 자신의 논증을 진술한다(4-17절). III . 지상의 복음 교회의 상태와 하늘의 승리의 교회 사이의 교통과 일치를 이야기함으로써 사도는 자신의 논증을 진술한다(18-29절).

¹이러므로 우리에게 구름 같이 둘러싼 허다한 증인들이 있으니 모든 무거운 것과 얽매이기 쉬운 죄를 벗어 버리고 인내로써 우리 앞에 당한 경주를 하며 ²믿음의 주요 또 온전하게 하시는 이인 예수를 바라보자 그는 그 앞에 있는 기쁨을 위하여 십자가를 참으사 부끄러움을 개의치 아니하시더니 하나님 보좌 우편에 앉으셨느니라 ³너희가 피곤하여 낙심하지 않기 위하여 죄인들이 이같이 자기에게 거역한 일을 참으신 이를 생각하라

이 단락에서 주목할 것은 사도가 히브리인들에게 강하게 권하고, 그리고 그들이 따르기를 아주 크게 바라고 있는 것이 중요한 의무라는 사실이다. 다시 말해서 모든 무거운 것과 얽매이기 쉬운 죄를 벗어 버리고 인내로써 우리 앞에 당한 경주를 하자고 사도가 주장하고 있는 것은 우리의 중요한 의무라는 말이다. 이 의무는 두 부분으로 이루어져 있는데 한 부분은 예비의 의무이고 다른 한 부분은 완성의 의무이다. 그것들은 다음과 같다.

I . 예비의 의무. 모든 무거운 것과 얽매이기 쉬운 죄를 벗어 버리고 인내로써 우리 앞에 당한 경주를 하며(1절). 여기서 다음의 사실들을 주목하라.

1. 모든 무거운 것. 다시 말해서 이것은 육체와 현세의 삶과 세상에 대한 모든 부적절한 고통과 관심을 뜻한다. 현세의 삶에 대한 부적절한 관심이나 또는 그것에 대한 무조건적인 애착은 영혼에 쓸모없는 무거운 짐이 된다. 그러한 짐은 영혼이 위로 올라가야 할 때 아래로 잡아당긴다. 그리고 그것은 영혼이 앞으로 힘차게 나아가야 할 때 뒤로 잡아당긴다. 영혼의 그러한 쓸모없는 무거운 짐은 신자들이 실행해야 하고 극복해야 할 의무와 어려움들을 실제보다 훨씬 어렵고 무겁게 만든다.

2. 얽매이기 쉬운 죄. 죄는 우리가 처해 있는 상황, 우리의 체질, 그리고 우리의 교제 등을 통하여 우리에게 가장 큰 불이익을 주는 것이다. 이것은 불신앙의 파멸적인 죄를 의미할 수도 있다. 또는 이것이 유대인들의 애지중지하는 죄, 즉 그들 자신의 법과 제도에 대한 지나친 애착을 의미하는 것일 수도 있다. 어쨌든 그리스도인들은 모든 외적인 장애물들과 내적인 장애물들을 벗어버리도록 하자.

II. 완성의 의무. 인내로써 우리 앞에 당한 경주를 하며. 사도는 올림픽 경기와 다른 운동들에서 빌려온 체육 훈련 용어 양식으로 말하고 있다. 여기서 다음의 사실들을 주목하라.

1. 그리스도인들은 달려야 할 경주가 있다. 그것은 봉사의 경주이고, 그리고 고난들의 경주이다. 그것은 능동적이고 수동적인 순종의 진로를 달리는 경주이다.

2. 이 경주는 그들 앞에 놓여 있다. 그것은 그들을 위하여 계획된 것이다. 그것은 하나님의 말씀과 하나님의 신실한 종들의 본보기, 즉 그들을 둘러싸고 있는 구름 같은 허다한 증인들을 통하여 계획된 것이다. 이 경주는 지켜야 할 적절한 한계와 지시들에 따라 계획된 것이다. 그리스도인들이 향하여 달려가는 목표와 그들이 받으려고 달려가는 상이 그들 앞에 놓여 있다.

3. 이 경주는 인내와 끈기로 달려야 한다. 우리의 가는 길에는 많은 어려움들이 놓여 있다. 우리가 그 어려움들을 만났을 때 우리의 가야 할 길을 포기하거나 돌아서게 만드는 모든 유혹들과 시험들에 저항하고 극복하기 위하여 인내와 끈기를 가지고 있어야 할 필요가 있다. 믿음과 인내는 이기게 하는 은혜들이다. 그러므로 우리는 언제나 믿음과 인내를 활발하게 실행함으로써 개발하고 지켜야 할 것이다.

4. 그리스도인들은 그들의 그리스도교 신앙의 길을 걷는 진로에 그들을 자극하고 격려하는 아주 위대한 본보기를 소유하고 있다. 그 본보기는 이제까지 언급했던 어떤 것이나 어떤 인물보다 훨씬 위대하다. 그분은 바로 주 예수 그리스도이시다. 믿음의 주요 또 온전하게 하시는 이인 예수를 바라보자(2절). 여기서 다음의 사실들을 주목하라.

(1) 주 예수 그리스도께서는 그의 백성에게 무엇이 되시는가? 그는 그의 백성의 믿음의 주요 또 온전하게 하시는 이시다. 다시 말해서 그리스도는 그의 백성의 믿음의 창시자이시요, 완성자이시요, 그리고 보상자이시다. 다음의 사실들을 주목하라.

[1] 주 예수 그리스도는 그의 백성의 믿음의 창시자이시다. 그리스도는 그들의 믿음의 목적이실 뿐만 아니라 창시자이시기도 하다. 그리스도는 우리의 믿음의 위대한 지도자와 선봉장이시다. 그가 하나님을 신뢰하셨다(마 27:43). 그리스도는 믿음의 영을 사는 구매자이시요, 믿음의 규칙의 선포자이시요, 믿음의 은혜의 실제 원인이시다. 그리고 그리스도는 모든 면에 있어서 우리의 믿음의 주요 창시자이시다.

[2] 그리스도는 우리의 믿음을 온전하게 하시는 이시다. 그리스도는 성서의 모든 약속들과 예언들을 온전하게 하시고 이루시는 분이시다. 그는 성서의 정경을 완성하는 분이시다. 그리스도는 은혜를 온전하게 하시는 분이시다. 그리고 그는 그의 백성의 영혼에 능력으로 역사하는 믿음이 생기게 하시는 분이시다. 그리스도는 그의 백성의 믿음의 재판장과 보상자이시다. 그리스도께서 누가 그 경주의 목표에 도달하고, 그리고 누가 그리스도 안에서 그에게서 상을 받게 될지를 결정하신다.

(2) 그리스도는 그의 경주와 진로에서 어떤 시험들을 겪으셨는가? 다음의 사실들을 주목하라.

[1] 그리스도는 죄인들이 이같이 자기에게 거역한 일을 참으셨다(3절). 주님은 죄인들이 그에게 그들의 말과 행위로 반대하고 거역한 것을 견디셨다. 죄인들은 그리스도에게 끊임없이 거역하고, 주님의 위대한 계획들을 방해했다. 그리스도께서는 그들을 끽 소리 못하게 만들고 납작하게 깨뜨려 버릴 수 있으셨다. 그리고 주님은 그들에게 그의 능력의 본때를 보여줄 수 있으셨다. 그러나 그리스도는 죄인들의 악한 태도를 크신 인내로 참으셨다. 그들은 그리스도 자신을 대

놓고 겨누고 거역했고, 하나님과 인간으로서의 그의 인격을 반대했고, 그의 권위에 대항했고, 그의 선포에 거역했다. 그럼에도 불구하고 그리스도는 모든 것을 참으셨다.

[2] 그리스도는 십자가를 참으셨다. 그는 세상에서 만난 이러한 모든 고난들을 참으셨다. 왜냐하면 그리스도는 그의 십자가를 일찍이 택하시고, 그리고 마침내 십자가에 못 박히셨기 때문이다. 그는 고통스럽고, 수치스럽고, 저주받은 죽음을 견디셨다. 그 죽음을 통해 그리스도는 가장 비열한 죄인으로 여기심을 받았다. 그럼에도 불구하고 그는 이 모든 고난들을 불굴의 인내와 결의로 견디셨다.

[3] 그리스도는 부끄러움을 개의치 아니하셨다. 그의 삶과 죽음에 쏟아진 모든 비난들을 멸시하고 개의치 않으셨다. 그는 그것들을 전혀 아랑곳하지 않으셨다. 그리스도는 자신의 무죄하심과 고귀하심을 알고 계셨고 그를 멸시하고 조롱하는 사람들의 무지와 악의를 개의치 아니하셨다.

(3) 그리스도의 인간 본성의 영혼이 이러한 비할 바 없는 고난들을 견디시도록 지탱해준 것은 무엇이었나? 그것은 그리스도 앞에 있는 기쁨이었다. 그리스도는 그의 모든 고난들을 겪으시면서 미래의 어떤 것을 바라보셨다. 그것은 그를 기쁘시게 하는 것이었다. 그리스도는 그의 고난들을 통해 하나님의 상처 받은 공의를 위해 대속하시고, 그의 영광과 통치에 보증이 되셔야 한다는 것을 즐거워하셨다. 그리고 그는 하나님과 인간 사이를 화해시키셔야 하고, 은혜의 언약을 인증하시고 그 언약의 중보자가 되셔야 하는 것을 기뻐하셨다. 그리고 그는 죄인들의 괴수에게 구원의 길을 활짝 열어놓으셔야 하고 아버지 하나님께서 그에게 주신 모든 사람들을 구원하셔야 한다는 것을 기뻐하셨다. 그리고 그리스도는 하나님의 구원받은 많은 형제들 가운데 맏아들이 되심을 기뻐하셨다. 이러한 것들이 바로 그리스도 앞에 놓여 있던 기쁨이었다.

(4) 그리스도의 고난의 보상. 그는 하나님 보좌 우편에 앉으셨다. 그리스도는 중보자로서 최고의 명예와 최대의 권능과 영향력을 지니신 지위로 높아지셨다. 그는 하나님 아버지의 우편에 앉아 계신다. 그리스도로 말미암지 않고 하늘과 땅 사이를 다닐 수 있는 것은 아무것도 없다. 그리스도는 행해지는 모든 것을 다 중보하신다. 그가 항상 살아 계셔서 그들을 위하여 간구하심이라(히 7:25).

(5) 예수님에 관련하여 우리가 지켜야 할 의무는 무엇인가? 우리는 다음의 의

무들을 이행해야 한다.

[1] 예수를 바라보자. 다시 말해서 우리는 예수님을 우리의 본보기와 큰 격려의 대상으로 우리 앞에 항상 모시고 있어야 한다. 우리는 모든 우리의 고난들에서 지시와 도움과 인정을 받기 위하여 예수 그리스도를 바라보아야 한다.

[2] 우리는 예수님을 생각하고, 그를 많이 묵상하고, 그리고 주님의 사례를 통해 우리 자신의 사례를 판단할 수 있어야 한다. 우리는 생각하고 유추해야 한다. 다시 말해서 그리스도의 고난들에 우리 자신의 고난을 비교해보아야 한다. 그러면 우리는 그리스도의 고난들의 특성과 크기에 있어서 우리의 것을 훨씬 초과하는 것이라는 사실을 발견하게 될 것이다. 그와 마찬가지로 그리스도의 인내 역시 우리의 것을 훨씬 초월하는 것이므로 우리는 그것을 본받아야 할 우리의 완전한 모범으로 삼아야 할 것이다.

(6) 이렇게 예수님을 바라보고 생각함으로써 우리가 거둘 이익은 무엇인가? 우리가 피곤하여 낙심하지 않게 되는 것이다(3절). 여기서 다음의 사실들을 주목하라.

[1] 믿음이 아주 좋은 사람들에게도 그들의 시련들과 고난들을 당할 때에는 특별히 그것들이 아주 무겁고 오래 지속될 때 지치고 낙심하게 되는 경향이 있다. 이러한 현상은 은혜의 불완전함과 타락의 잔재로 말미암은 것이다.

[2] 이러한 현상을 막는 최상의 방법은 예수님을 바라보고, 그리고 예수님을 생각하는 것이다. 믿음과 명상은 새로운 힘과 위로와 용기를 가져다 줄 것이다. 왜냐하면 그리스도와 함께 참으면 또한 함께 왕 노릇 할 것이요(딤후 2:12)라고 신자들에게 확신을 주셨기 때문이다. 그러므로 이 소망이 신자들이 고난들에 맞서고 견디는 그들의 투구가 되어야 할 것이다.

⁴너희가 죄와 싸우되 아직 피흘리기까지는 대항하지 아니하고 ⁵또 아들들에게 권하는 것 같이 너희에게 권면하신 말씀도 잊었도다 일렀으되 내 아들아 주의 징계하심을 경히 여기지 말며 그에게 꾸지람을 받을 때에 낙심하지 말라 ⁶주께서 그 사랑하시는 자를 징계하시고 그가 받아들이시는 아들마다 채찍질하심이라 하였으니 ⁷너희가 참음은 징계를 받기 위함이라 하나님이 아들과 같이 너희를 대우하시나니 어찌 아버지가 징계하지 않는 아들이 있으리요 ⁸징계는 다 받는 것이거늘 너희에게 없으면 사생자요 친아들이 아니니라 ⁹또 우리 육신의 아버지가 우리를 징계하여도

공경하였거든 하물며 모든 영의 아버지께 더욱 복종하며 살려 하지 않겠느냐 [10]그들은 잠시 자기의 뜻대로 우리를 징계하였거니와 오직 하나님은 우리의 유익을 위하여 그의 거룩하심에 참여하게 하시느니라 [11]무릇 징계가 당시에는 즐거워 보이지 않고 슬퍼 보이나 후에 그로 말미암아 연단 받은 자들은 의와 평강의 열매를 맺느니라 [12]그러므로 피곤한 손과 연약한 무릎을 일으켜 세우고 [13]너희 발을 위하여 곧은 길을 만들어 저는 다리로 하여금 어그러지지 않고 고침을 받게 하라 [14]모든 사람과 더불어 화평함과 거룩함을 따르라 이것이 없이는 아무도 주를 보지 못하리라 [15]너희는 하나님의 은혜에 이르지 못하는 자가 없도록 하고 또 쓴 뿌리가 나서 괴롭게 하여 많은 사람이 이로 말미암아 더럽게 되지 않게 하며 [16]음행하는 자와 혹 한 그릇 음식을 위하여 장자의 명분을 판 에서와 같이 망령된 자가 없도록 살피라 [17]너희가 아는 바와 같이 그가 그 후에 축복을 이어받으려고 눈물을 흘리며 구하되 버린 바가 되어 회개할 기회를 얻지 못하였느니라

여기서 사도는 믿음의 히브리인들이 그리스도인의 가야할 행로를 걸으면서 겪고 견디게 되는 고난들이 그 정도가 지나치지 않고 은혜로운 특성도 지니고 있다는 논증을 통해 인내와 끈질김에 대한 위로의 권면을 강하게 주장한다. 여기서 다음의 사실들을 주목하라.

I. 신자들이 당하는 고난들이 지나치지 않은 정도를 통해 사도는 위로의 권면을 한다. 너희가 죄와 싸우되 아직 피흘리기까지는 대항하지 아니하고(4절). 다음의 사실들을 주목하라.

1. 사도는 신자들이 많은 고난을 받았다는 사실을 인정한다. 다시 말해서 그들이 죄에 대항하여 몸부림치며 싸웠다는 사실을 사도는 인정한다. 여기서 다음의 사실들을 주목하라.

(1) 그러한 싸움의 원인은 죄였다. 그러나 죄에 대항하여 싸우는 것은 좋은 대의와 뜻을 위한 싸움이다. 왜냐하면 죄는 하나님과 인간에게 다같이 가장 나쁜 적이기 때문이다. 우리의 영적인 싸움은 명예롭고 필요하다. 왜냐하면 우리는 우리를 파멸시키려고 하는 것이 우리를 정복하려고 한다면 그것에 맞서 우리 자신을 지켜야 할 것이기 때문이다. 우리는 우리의 삶을 위하여 우리의 힘을 다해 싸워야 한다. 그러므로 우리는 인내하고 굳세게 버텨야 할 것이다.

(2) 모든 그리스도인은 그리스도의 기치 아래 모여 싸우는 그리스도의 군사

이다. 그 싸움은 그리스도인 자신과 다른 사람들 속에 있는 죄에 대항하고, 죄악의 교리들에 대항하고, 죄악의 관례들에 대항하고, 그리고 죄악의 습관들과 관습들에 대항하기 위한 것이다.

2. 히브리서 기자는 신자들이 아주 많은 고난을 받았을 수도 있지만 다른 사람들이 받았던 만큼 받은 것은 아니라는 사실을 그들에게 상기시킨다. 왜냐하면 그들이 아직 피 흘리기까지는 대항하지 아니하였기 때문이다(4절). 그들이 그 시간이 언제일지 그것이 얼마나 빨리 닥칠지는 모르고 있지만 아직 순교의 부름을 받은 것은 아니었다. 여기서 다음의 사실들을 깨우치도록 하라.

(1) 우리의 구원의 창시자(히 2:10)와 대장이신 주 예수 그리스도는 그의 백성을 처음에는 가장 어려운 시험부터 당하게 하지 않으신다. 그리스도는 더 큰 시험과 시련을 준비시키기 위하여 조금 약한 시험들로 그들을 지혜롭게 훈련시키신다. 주님은 새 술을 약한 술 부대와 그릇들에 담지 않으신다. 그리스도는 온유한 목자이시므로 어린 양 떼를 심하게 몰지 않으신다.

(2) 그리스도인들은 그리스도의 온유함을 익혀 그들의 시험과 시련을 그들의 힘에 맞게 적응하고 순응해야 할 것이다. 신자들은 자신들의 고난들을 과장해서는 안 된다. 반대로 그들은 그 고난들에 뒤섞여 있는 자비를 주목해야 한다. 그들은 피 흘리기까지 저항할 정도의 극심한 시련을 당하는 사람들에게 동정을 베풀어야 할 것이다. 그들이 그렇게 저항한 것은 그들의 적들의 피를 흘리기 위해서가 아니라 그들 자신의 피로 그들의 증언을 인증하고 확증하기 위한 것이었다.

(3) 그리스도인들은 다른 신자들이 더 큰 시험을 견디고, 그리고 자신들도 더 큰 시험을 조만간에 당하게 될지도 모른다는 사실을 깨닫게 될 때 더 작은 시험으로 낙심하는 것을 부끄러워해야 할 것이다. 만일 우리가 보행자와 달려서 지친다고 한다면 어떻게 우리가 말과 달리기를 겨루겠는가? 만일 우리가 평화의 땅에서 지친다면 요단강의 굽이치는 파도들을 어떻게 견디겠는가(렘 12:5)?

Ⅱ. 사도는 하나님의 백성에게 닥친 이러한 시련들의 독특하고 은혜로운 특성을 논증한다. 하나님의 백성의 적들과 박해자들이 그들에게 그러한 고난들을 가하는 도구들이 될 수도 있다. 그렇지만 그 고난들은 하나님의 징벌들이다. 그들의 하나님 아버지께서 만물을 주관하신다. 하나님의 지혜로우신 목적은 만물을 통해 섬김을 받으시는 것이다. 사도는 이것에 대해 정당한 관심을 기울

이고 잊지 말 것을 권면하고 있다. 또 아들들에게 권하는 것 같이 너희에게 권면하신 말씀도 잊었도다 일렀으되 내 아들아 주의 징계하심을 경히 여기지 말며 그에게 꾸지람을 받을 때에 낙심하지 말라 (5절). 다음의 사실들을 주목하라.

1. 사람들이 관련이 된다면 진짜 박해가 될 수도 있는 이 고난들이 하나님께서 관련이 되신다면 하나님 아버지의 꾸지람과 징벌이 될 수도 있다. 신앙으로 인한 박해는 때때로 신앙 고백자들의 죄들에 대한 꾸지람과 징계가 된다. 사람들은 하나님의 백성이 종교적이고 신앙적이라는 이유로 그들을 박해한다. 하나님께서는 그들이 더 그렇지 못하기 때문에 그들을 징계하신다. 사람들은 그들이 그들의 신앙 고백을 포기하지 않기 때문에 그들을 박해한다. 하나님께서는 그들이 그들의 신앙 고백에 따라 살지 않기 때문에 그들을 징계하신다.

2. 하나님은 그의 백성이 당하는 모든 고난들에서 어떻게 행동해야 할지를 그들에게 지시해주셨다. 하나님의 백성은 많은 사람들이 달려 들어가는 극단적인 행위들을 피해야 한다. 다음의 사실들을 주목하라.

(1) 그들은 주의 징계하심을 무시해서는 안 된다. 그들은 고난들을 가볍게 여겨서도 안 되고, 그리고 그 고난들을 당할 때 어리석고 무감각해서도 안 된다. 왜냐하면 그 고난들이 죄를 나무라시는 하나님의 손과 막대기이고, 하나님의 꾸지람이기 때문이다. 그러므로 고난을 가볍게 여기는 사람들은 하나님을 가볍게 여기는 것이고 죄를 경시하는 것이다.

(2) 그들이 나무람을 받을 때 낙심해서는 안 된다. 그들은 시련을 당할 때 실망하거나 가라앉아서는 안 되고, 또한 걱정하거나 불평해서도 안 될 것이다. 오히려 그들은 믿음과 인내를 가지고 견디고 참아야 할 것이다.

(3) 그들이 이러한 극단적인 어떤 행위들에 빠진다면 그것은 그들이 하나님 아버지의 충고와 권면을 잊어버렸다는 표시이다. 그 권면은 하나님께서 그들에게 참되고 온유하신 애정에서 베풀어주신 것이다.

3. 고난들이 하나님의 불쾌하심으로 말미암은 것들이긴 할지라도 바르게 견딘 고난들은 그의 백성에 대한 그의 부성애와 관심을 나타내는 증거들이 된다. 주께서 그 사랑하시는 자를 징계하시고 그가 받아들이시는 아들마다 채찍질하심이라 하였으니 너희가 참음은 징계를 받기 위함이라 하나님이 아들과 같이 너희를 대우하시나니 어찌 아버지가 징계하지 않는 아들이 있으리요(6, 7절). 다음의 사실들을 주목하라.

(1) 하나님의 자녀들 가운데 가장 좋은 자녀는 징계를 필요로 한다. 그들은 고쳐야 될 허물들과 어리석음들을 지니고 있다.

(2) 하나님께서 다른 사람들은 그들의 죄에 그대로 머물게 내버려 두실 수 있을지도 모르겠다. 그러나 하나님은 자신의 자녀들의 죄는 고쳐주실 것이다. 그들은 하나님의 가족이다. 그러므로 하나님의 자녀들은 하나님의 꾸지람이 그들에게 필요할 때 절대로 그것을 피하려고 하지 않을 것이다.

(3) 하나님께서 이렇게 하실 때 아버지가 되신 것처럼 행동하시고 그들을 자녀들처럼 대하신다. 현명하고 좋은 아버지라면 남의 아이들에게 하는 것처럼 자신의 자녀의 잘못들을 눈감아 주고 못 본 체할 리가 없을 것이다. 하나님의 아버지 됨과 그의 애정이 다른 사람들의 자녀들이 아닌 자신의 자녀들의 잘못들에 더 많은 관심을 기울이게 할 것이다.

(4) 꾸지람이 없이 죄를 계속 짓도록 내버려둔다는 것은 하나님께서 멀어진 것을 나타내는 슬픈 징표이다. 그러한 자녀는 사생아지 친아들은 아니다. 그리스도인들은 하나님을 아버지라 부를 수 있다. 왜냐하면 그들은 교회의 울타리 안에서 태어났기 때문이다. 그러나 하나님의 자녀가 아닌 사람들은 다른 아버지의 서출들이다. 너희가 참음은 징계를 받기 위함이라 하나님이 아들과 같이 너희를 대우하시나니 어찌 아버지가 징계하지 않는 아들이 있으리요 징계는 다 받는 것이거늘 너희에게 없으면 사생자요 친아들이 아니니라(7, 8절).

4. 하늘에 계신 하나님 아버지의 징계를 못 참는 사람들은 그들의 땅에 있는 부모들에게 하는 것보다 훨씬 못하게 하나님께 행한다. 또 우리 육신의 아버지가 우리를 징계하여도 공경하였거든 하물며 모든 영의 아버지께 더욱 복종하며 살려 하지 않겠느냐 그들은 잠시 자기의 뜻대로 우리를 징계하였거니와 오직 하나님은 우리의 유익을 위하여 그의 거룩하심에 참여하게 하시느니라 (9, 10절). 여기서 다음의 사실들을 주목하라.

(1) 사도는 자녀들이 그들의 육신의 부모에 대해 행할 의무와 복종의 행위를 권한다. 우리는 육신의 부모가 우리를 징계할 때조차도 공경하였다. 자신의 부모의 정당한 명령에 순종의 공경을 하고, 그리고 그들이 그 명령에 순종하지 않았을 때 받게 되는 부모의 징계에 복종의 공경을 하는 것은 자녀의 의무이다. 부모는 그들의 자녀에게 정당하다면 징계를 할 수 있는 권위와 동시에 책임을 하나님으로부터 받았다. 하나님께서는 그러한 징계를 잘 받아들이도록

자녀들에게 명령하셨다. 따라서 정당한 징계에 복종하지 않고 불평하는 것은 이중의 큰 잘못을 범하는 것이다. 왜냐하면 그 징계는 부모의 명령권을 어긴 일차적인 잘못을 전제로 하고 있고, 그리고 하나님의 징계권을 어긴 이차적인 잘못을 추가하고 있기 때문이다.

(2) 사도는 우리의 하나님 아버지께서 징계를 내리실 때 겸손과 복종의 태도를 취할 것을 권면한다. 그리고 이 권면을 사도는 더 작은 논제에서 더 큰 논제로 발전하는 논증을 통해 권면하고 있다. 다음의 사실들을 주목하라.

[1] 우리의 지상의 아버지는 우리 육신의 아버지일 뿐이다. 그러나 하나님께서는 우리의 영의 아버지가 되신다. 땅에 있는 우리의 아버지들은 우리의 몸을 만든 도구가 되었다. 우리의 몸은 단지 육체 즉 살덩이일 뿐이다. 그것은 짐승들의 몸들과 마찬가지로 땅의 티끌로 만든 값어치 없고, 죽어야 하고, 하찮은 물질이고 살덩이일 따름이다. 그럼에도 불구하고 몸은 신비하게 만들어졌다. 그것은 우리 생명체의 구성 요소들을 이룬다. 그것은 영혼이 거하는 적절한 장막이 되고, 그것을 통해 행동하는 영혼의 기관이 된다. 그러므로 우리는 몸을 낳아준 도구가 된 부모에게 공경과 애정을 드리는 것은 당연한 일이다. 하물며 우리가 우리의 영의 아버지이신 하나님께는 더 많은 공경을 바치는 것이 당연하지 않겠는가? 우리의 영혼은 물질적인 실체가 아니라 가장 기묘하고 정밀한 종류의 실체이다. 영혼은 조롱의 대상이 될 수 없다. 영혼에 대한 그런 생각을 찬성한다는 것은 나쁜 철학인 동시에 더 나쁜 신학이나 그렇게 할 수 있을 것이다. 우리의 영혼은 하나님이 직접 만드신 산물이다. 하나님께서는 사람의 몸을 땅의 흙으로 만드셨다. 그러나 하나님께서 그 사람에게 생기를 불어넣으시자 그는 살아 있는 영혼이 될 수 있었다.

[2] 우리의 육신의 부모는 자기의 뜻대로 우리를 징계하였다(10절). 때때로 그들은 우리의 태도를 고치기보다는 오히려 그들의 감정을 만족시키기 위하여 자녀를 징계하였다. 이것은 우리 육신의 부모가 어쩔 수 없이 지니고 있는 약점이다. 그리고 이것은 그들이 조심해서 경계해야 하는 약점이다. 왜냐하면 이것으로 하나님이 그들에게 주신 부모의 권위가 불명예스럽게 되고 그들의 징계의 효과를 아주 많이 감소시키고 막기 때문이다. 그러나 우리의 영의 아버지께서는 사람들의 자녀도 그 마음을 아프게 하시는 법이 결코 없는데 하물며 하나님 자신의 자녀의 마음을 괴롭게 하실 일이 절대로 없다. 하나님의 징계는 언

제나 우리의 유익을 위한 것이다. 그리고 하나님은 그 징계로 의도하시는 것이 우리에게 유익을 주시기 위한 것이다. 그 유익은 다름 아닌 우리가 하나님의 거룩하심에 참여하게 되는 것이다. 하나님의 징계는 우리가 하나님을 싫어하고 닮지 않게 하는 죄악의 부조화들을 고치고 치료하고, 그리고 하나님의 형상을 닮은 우리 속에 있는 은혜들을 개선하고 증가시키기 위한 것이다. 그것은 우리가 우리의 하늘에 계시는 아버지를 더 많이 닮게 되고 하나님 같은 행동을 더 많이 할 수 있도록 하기 위한 것이다. 하나님은 할 수 있는 한 하나님의 자녀들이 하나님 자신을 닮게 하기 위하여 그의 자녀들을 사랑하신다. 그러므로 하나님께서는 이 목적을 위하여 그들에게 그것이 필요할 때 그들을 징계하신다.

[3] 우리의 육신의 아버지들은 우리의 어렸을 때 잠깐 동안 우리를 징계하였다. 그러나 당시에 우리가 약하고 투정부리는 상태와 시기였을지라도 우리는 육신의 부모를 공경해야 했다. 우리가 성숙하게 되면 우리는 더욱 부모를 사랑하고 높여야 했다. 현세에서의 우리의 전체 삶은 어린아이의 상태와 같고 불완전하다. 그러므로 우리는 그러한 상태에서 받는 징계에 복종해야만 한다. 우리가 완전한 상태에 이르게 될 때 우리는 지금의 우리 수준을 훨씬 뛰어넘는 하나님의 징계의 모든 조처들에 완전히 적응하고 순응하게 될 것이다.

[4] 하나님의 징계는 결코 정죄가 아니다. 하나님의 자녀들이 처음에는 고통이 무서운 목적으로 내리는 것이 아닌가 하여 두려워할 수 있다. 그래서 우리는 다음과 같이 울부짖게 된다. 나를 정죄하지 마시옵고 무슨 까닭으로 나와 더불어 변론하시는지 내게 알게 하옵소서(욥 10:2). 그러나 이것은 하나님 자신의 백성에 대한 하나님의 계획과는 아주 거리가 멀다. 그러므로 하나님께서 그의 자녀들을 지금 징계하시는 것은 다음과 같은 이유 때문이다. 우리가 판단을 받는 것은 주께 징계를 받는 것이니 이는 우리로 세상과 함께 정죄함을 받지 않게 하려 하심이라(고전 11:32). 하나님은 그의 자녀들의 영혼의 죽음과 파멸을 막으시기 위하여 징계를 하신다. 그것은 하나님의 자녀들이 하나님을 위하여 살고, 하나님처럼 되고, 그리고 영원히 하나님과 함께 있도록 하기 위한 것이다.

5. 하나님의 자녀들이 고난을 당할 때 그 고난에 대한 하나님의 처리를 현재 느끼는 감각으로 판단해서는 안 될 것이다. 그들은 그 의미를 이성과 믿음과 경험을 통해 판단해야 한다. 무릇 징계가 당시에는 즐거워 보이지 않고 슬퍼 보이

나 후에 그로 말미암아 연단 받은 자들은 의와 평강의 열매를 맺느니라(11절). 여기서 다음의 사실들을 주목하라.

(1) 이 고난에 있어서의 감각을 통한 판단. 고난은 감각에 고맙거나 좋은 것이 아니라 괴로운 것이다. 육체는 고난을 느끼고 괴로워하고 신음할 것이다.

(2) 믿음의 판단은 감각의 판단을 바로잡아 준다. 그리고 그 판단은 거룩하게 하는 고난이 의의 열매를 맺는다고 선언한다. 이 열매는 평강의 속성을 지니고 있다. 그 열매는 영혼을 평안하게 하고 위로하는 성향을 지니고 있다. 고난은 더욱 많은 의를 산출함으로써 평화를 낳는다. 왜냐하면 의의 열매는 평강이기 때문이다. 그리고 몸의 고통이 마음의 평화에 이와 같이 기여하고, 그리고 짧은 현재의 고난이 오래 지속되는 축복의 열매들을 맺는다고 한다면 하나님의 자녀들은 고난을 당할 때 걱정하거나 낙심할 이유가 전혀 없을 것이다. 그러나 그들의 중요한 관심사는 그들이 받는 징계를 인내로 참을 수 있고, 그리고 그것을 더 큰 거룩함으로 발전시킬 수 있는 것이 되어야 할 것이다. 여기서 다음의 사실들을 주목하라.

[1] 그들이 고난을 인내로 견딜 수 있다는 것을 사도는 주장한다. 그 주장이 사도가 이 주제에 대해 진술하는 주요한 흐름이다. 사도는 그러한 이유로 앞서의 진술로 돌아가 그들을 권면한다. 그것은 그들의 피곤한 손과 연약한 무릎을 일으켜 세우기(12절) 위한 것이다. 고난의 멍에가 그리스도인의 어깨를 늘어뜨리게 하고, 무릎이 풀리게 하고, 그리고 정신이 약해지고 낙심하게 만드는 성향이 있다. 그러나 그리스도인은 이것에 맞서 싸워야 한다. 그것은 다음의 두 이유 때문에 더욱 그러하다.

첫째, 그리스도인은 영적 경주와 진로를 더 잘 달릴 수 있도록 하기 위하여 맞서 싸워야 한다. 믿음과 인내와 거룩한 용기와 결단은 그리스도인이 흔들리고 방황하는 것을 막아주고 그의 길을 더욱 꾸준히 걷게 해주고, 더욱 바르게 걷게 해줄 것이다.

둘째, 그리스도인이 자신과 함께 같은 길을 걷는 다른 사람들을 격려하고 용기를 북돋워 줄 수 있도록 하기 위하여 맞서 싸워야 한다. 하늘나라를 향하여 걸어가고는 있지만 지치고 다리를 저는 사람들이 많이 있다. 그러한 사람들은 서로에게 실망을 안겨주고 서로에게 방해가 되는 성향이 있다. 그러나 하늘나라로 가는 길에서 전진하도록 서로에게 용기를 주고 믿음으로 행동하고 도움을 주는 것은 그리스도인의 의무이다.

[2] 하나님의 자녀들의 고난은 더 큰 거룩함으로 발전되고 성장할 수 있어야한다. 이것이 하나님의 계획이므로 그것이 그들의 계획과 관심이 되어야 한다. 그러므로 그들은 새로운 힘과 인내로 모든 사람과 더불어 화평함과 거룩함을 따를 수 있어야 한다(14절). 만일 하나님의 자녀들이 고난당함을 참지 못하게 된다면 그들은 사람들에게 온화하거나 평화스럽게 대하지 못하게 될 것이고, 또한 마땅히 해야 함에도 불구하고 하나님께 경건하게 대하지도 못할 것이다. 그러나 믿음과 인내는 그들이 평화와 거룩함을 따를 수 있게 해줄 것이다. 그것은 사람이 자신의 소명을 끊임없이 부지런히 즐겁게 따라야 되는 것과 같다. 여기서 다음의 사실들을 주목하라.

첫째, 그리스도인들의 의무는 고난을 받을 때조차도 모든 사람과 더불어 화평함을 따라야 한다는 것이다. 더욱이 그것이 그 사람들이 그리스도인들의 고난의 도구가 된 경우에도 그럴 수 있어야 한다는 것이다. 이것은 아주 따르기 어려운 교훈이고 아주 높은 목표이기는 하다. 그러나 그리스도께서 그의 백성을 부르신 것은 그들이 그렇게 하도록 하기 위해서였다. 고난들이 영혼을 메마르게 하고 고통을 더욱 날카롭게 만드는 성향이 있다. 그럼에도 불구하고 하나님의 자녀들은 모든 사람들과 화평함을 따를 수 있어야 한다.

둘째, 화평함과 거룩함은 서로 연결이 되어 있다. 거룩함이 없이는 참된 화평함이란 있을 수가 없다. 모든 사람에게 신중하고 사려 깊은 관용을 베풀 수 있고 우정과 호의를 나타낼 수 있다. 그러나 이 참된 그리스도인의 화평함은 거룩함과 떨어져서는 결코 찾을 수가 없다. 그러므로 우리는 모든 사람과 함께 화평하며 산다는 구실로 거룩함의 길을 떠나서는 결코 안 될 것이다. 오히려 우리는 거룩함의 길 안에서 화평함을 계발하고 발전시켜야 할 것이다.

셋째, 이것이 없이는 아무도 주를 보지 못하리라(14절). 하늘에 계시는 우리의 구주 하나님의 환상을 볼 수 있는 것은 우리의 거룩함의 보상으로 마련이 되어 있다. 그리고 평온한 화평함의 성격이 하늘나라를 위한 우리의 모임에 많은 기여를 할지라도 우리의 구원은 우리의 거룩함을 강조한다.

6. 그리스도를 위하여 당하는 고통들과 고난들을 사람들이 하나님 아버지의 징계로 생각하지 않는 곳에서는 그것들이 배교에 이르는 위험한 올무와 시험들이 될 것이다. 그러므로 모든 그리스도인은 그러한 것들을 아주 조심하고 경

계해야 할 것이다. 너희는 하나님의 은혜에 이르지 못하는 자가 없도록 하고 또 쓴 뿌리가 나서 괴롭게 하여 많은 사람이 이로 말미암아 더럽게 되지 않게 하며 음행하는 자와 혹 한 그릇 음식을 위하여 장자의 명분을 판 에서와 같이 망령된 자가 없도록 살피라(15, 16절). 여기서 다음의 사실들을 주목하라.

(1) 여기서 사도는 배교에 대한 심각한 경고를 시작하고 무서운 본보기로 그것을 보강한다.

[1] 사도는 배교에 대한 심각한 경고를 시작한다(15절). 여기서 여러분들은 다음의 사실들을 발견할 수 있다.

첫째, 배교의 본성. 배교는 하나님의 은혜에 이르지 못하는 자가 된다. 배교는 신앙생활에서의 파산이다. 왜냐하면 좋은 기반과 적절한 관심과 근면이 부족하게 되기 때문이다. 배교는 하나님의 은혜에 이르지 못하게 된다. 다시 말해서 배교는 은혜의 수단과 신앙 고백이 있음에도 불구하고 영혼 안에 참된 은혜의 원리가 부족하게 되는 형편에 이르게 된다. 그러므로 배교는 현세와 내세에서의 하나님의 사랑과 은총에 이르지 못하게 되는 것이다.

둘째, 배교의 결과들. 사람들이 하나님의 참된 은혜를 소유하지 못하게 될 때 쓴 뿌리가 솟아나오게 되고, 타락이 만연하고 판을 치게 될 것이다. 쓴 뿌리는 쓴 열매를 내서 자신과 다른 사람들을 괴롭게 할 것이다. 쓴 뿌리는 타락한 원리들을 열매 맺는다. 그것은 배교에 이르게 한다. 그 원리들은 배교에 의해 더 튼튼해지고 뿌리를 더 깊이 내리게 된다. 다시 말해서 타락한 원리들은 그리스도교 교회의 교리와 예배를 타락시키는 가증한 잘못들과 타락한 관행들을 낳는다. 배교자들은 일반적으로 점점 더 나빠지게 되어 아주 심한 사악함에 빠지게 된다. 그러한 사악함은 대개가 완전한 무신론이나 좌절로 끝나게 된다. 또한 그것은 다른 사람들과 이 사람들이 속한 교회들에 쓴 열매를 내게 된다. 그들의 타락한 원리들과 관행들로 많은 사람들이 괴로움을 당하게 되고, 교회의 평화가 깨어지게 되고, 사람들의 마음의 평화가 흔들리게 되고, 그리고 많은 사람이 이로 말미암아 더럽게 된다. 더럽게 된다는 것은 그들의 나쁜 원리들로 말미암아 오염이 되고 더러운 관행들에 빠지게 되는 것이다. 따라서 그것들로 인하여 교회들이 순결과 평화에 손상을 입게 된다. 그러나 배교자들 자신이 결국 가장 크게 고통받는 자들이 될 것이다.

[2] 사도는 무서운 본보기를 들어 본래의 경고로 돌아가고 있다. 다시 말해서

사도는 에서의 본보기를 들어 경고를 환기시키고 있다. 교회의 울타리 안에서 태어나고 장자의 상속권을 가지고 있고, 그리고 선지자와 제사장과 왕이 될 특권을 가지고 있을지라도 에서처럼 이러한 신성한 특권들을 가볍게 여기고 팥죽 한 그릇에 자신의 장자 상속권을 팔아넘기는 본보기를 들어 경고하고 있다. 여기서 다음의 사실들을 주목하라.

첫째, 에서의 죄. 에서는 자신의 장자 상속권을 불경스럽게 가볍게 여기고 거기에 수반된 모든 유익들을 포함해서 팔아버렸다. 배교자들도 에서처럼 한다. 배교자들은 박해를 모면하고 육체적인 안락과 쾌락을 즐기기 위하여 모든 권리들을 포기한다. 그들이 하나님의 자녀들이 지닌 특성을 가지고 있고, 그리고 하나님의 축복과 기업을 상속받는 가시적인 권리를 소유했음에도 불구하고 말이다.

둘째, 에서의 벌은 그의 죄에 받아 마땅한 것이었다. 에서의 양심은 자신의 죄와 어리석음을 자각했다. 비록 그것이 너무 늦기는 했을지라도 말이다. 그가 그 후에 축복을 이어받으려고 눈물을 흘리며 구하되 버린 바가 되어 회개할 기회를 얻지 못하였느니라(17절). 에서가 받은 징벌은 두 가지이다. 그것들은 다음과 같다.

a. 에서는 자신의 양심을 통해 정죄를 받았다. 에서는 이제야 가볍게 여겼던 자신의 축복이 많은 수고와 눈물을 흘려서라도 소유할 가치가 있고, 찾고 구할 귀한 가치를 지니고 있다는 것을 깨달았다.

b. 에서는 하나님의 버림을 받았다. 그는 하나님이나 자신의 육신의 아버지에게서 회개할 기회를 얻지 못하였다. 에서의 축복이 다른 사람에게 주어져 버렸다. 자신이 그것을 한 그릇 음식에 팔아버렸던 사람에게 가버렸다. 에서는 아주 사악하게도 장자의 상속권을 멸시하고 헐값으로 팔아버렸다. 그러므로 하나님께서는 의로우신 판단으로 에서의 사악함을 인정하고 확증하셨다. 그리고 하나님께서는 이삭이 그것을 바꾸지 못하게 하셨다.

(2) 우리는 여기서 다음의 사실들을 깨우칠 수 있다.

[1] 그리스도를 배신하는 배교는 하나님의 축복과 하늘나라의 유업보다 육체의 만족을 더 사랑하는 열매와 결과이다.

[2] 죄인들은 자신들이 지금 가지고 있는 하나님의 축복과 유업을 언제나 우습게 여기는 생각들을 가지고 있다. 그러나 잃어버린 축복을 다시 찾고 얻으려

고 아무리 노력해도 아무리 큰 고통을 겪어도 아무리 조바심을 쳐도 아무리 눈물을 흘려도 다 소용이 없는 그 때가 다가오고 있다.

[3] 은혜의 날이 끝나게 될 때(때로는 그것이 현세의 삶에서 그렇게 될 수도 있다) 하나님의 버림을 받은 사람들은 회개할 기회를 결코 얻지 못할 것이다. 그러한 사람들은 자신의 죄를 올바르게 회개할 수가 없다. 하나님께서는 자신이 그들의 죄로 그들에게 내리신 선고를 결코 후회하시지 않을 것이다. 그러므로 무엇보다도 그리스도인들은 그들의 아버지 하나님의 축복과 유업에 대한 권리와 소망을 결코 포기해서는 안 될 것이다. 그리고 그리스도인들은 고난을 회피하기 위하여 자신들이 거룩한 신앙 고백을 한 종교를 저버림으로써 하나님의 돌이킬 수 없는 진노와 저주를 자초하는 일이 있어서는 결코 안 될 것이다. 그리고 그리스도인들은 이 고난이 사악한 사람들이 그것에 관계되는 한 박해가 될 수도 있긴 하지만 그것이 하나님 아버지의 손에 달려있는 교화와 징계의 막대기일 뿐이라는 사실을 잊어서는 안 될 것이다. 그것이 하나님을 더 닮게 만들고 더 많은 교제를 나눌 수 있도록 그들을 하나님께 더 가까이 인도하기 위한 것임을 그리스도인들은 기억해야 할 것이다. 이것이 하나님의 백성이 당하는 고난들의 특성을 통해서 진술하고자 하는 사도의 논증의 강조점이다. 그리스도인들이 의를 위하여 고난을 당할 때조차도 그렇다는 것이 사도가 강조하는 주장이다. 그 이유는 아주 강하고 확실한 것이다.

[18]너희는 만질 수 있고 불이 붙는 산과 침침함과 흑암과 폭풍과 [19]나팔 소리와 말하는 소리가 있는 곳에 이른 것이 아니라 그 소리를 듣는 자들은 더 말씀하지 아니하시기를 구하였으니 [20]이는 짐승이라도 그 산에 들어가면 돌로 침을 당하리라 하신 명령을 그들이 견디지 못함이라 [21]그 보이는 바가 이렇듯 무섭기로 모세도 이르되 내가 심히 두렵고 떨린다 하였느니라 [22]그러나 너희가 이른 곳은 시온 산과 살아 계신 하나님의 도성인 하늘의 예루살렘과 천만 천사와 [23]하늘에 기록된 장자들의 모임과 교회와 만민의 심판자이신 하나님과 및 온전하게 된 의인의 영들과 [24]새 언약의 중보자이신 예수와 및 아벨의 피보다 더 나은 것을 말하는 뿌린 피니라 [25]너희는 삼가 말씀하신 이를 거역하지 말라 땅에서 경고하신 이를 거역한 그들이 피하지 못하였거든 하물며 하늘로부터 경고하신 이를 배반하는 우리일까보냐 [26]그 때에는 그 소리가 땅을 진동하였거니와 이제는 약속하여 이르시되 내가 또 한 번 땅만 아

니라 하늘도 진동하리라 하셨느니라 ²⁷이 또 한 번이라 하심은 진동하지 아니하는
것을 영존하게 하기 위하여 진동할 것들 곧 만드신 것들이 변동될 것을 나타내심
이라 ²⁸그러므로 우리가 흔들리지 않는 나라를 받았은즉 은혜를 받자 이로 말미암
아 경건함과 두려움으로 하나님을 기쁘시게 섬길지니 ²⁹우리 하나님은 소멸하는 불
이심이라

여기서 사도는 신앙 고백을 한 히브리인들이 그리스도인의 행로와 싸
움을 믿음으로 견디고 유대교로 다시 돌아가지 않기를 계속해서 권면하고 있
다. 이것을 위해 사도는 복음 교회의 상태와 유대 교회의 상태가 얼마나 많이
다르고, 그리고 복음 교회의 상태와 하늘나라 교회의 상태가 얼마나 많이 닮았
는지를 히브리인들에게 보여준다. 그리고 사도는 그 두 가지에 근거하여 우리
가 그리스도교에 더욱 열심을 내고 인내할 것을 요구하고 있다. 여기서 다음의
사실들을 주목하라.

**I. 사도는 복음 교회가 유대 교회와 얼마나 많이 다르고 얼마나 더 우월한지
를 진술하고 있다.** 우리는 여기서 모세 율법 아래에서의 교회의 상태에 대한
상세한 묘사를 발견하게 된다(18-21절). 그 상태는 다음과 같다.

1. 그 교회는 거친 느낌의 상태에 있었다. 유대 교회가 설립된 시내 산은 만질
수 있는 산이었다(18절). 그 산은 손으로 만질 수 있는 아주 거친 곳이었다. 그
율법도 그러했다. 그것은 아주 외형적이고 지상적이었고 그리고 아주 무거웠
다. 그러나 시온 산에 세워진 복음 교회의 상태는 더욱 영적이고 도리에 맞고,
그리고 편한 것이었다.

2. 그것은 어두운 시대였다. 시내 산 위에는 침침함과 흑암이 있었다. 그 교회
는 어두운 그림자들과 예표들로 덮여 있었다. 그러나 복음 교회의 상태는 훨씬
더 분명하고 밝다.

3. 그것은 두렵고 무서운 시대였다. 유대인들은 그것의 공포를 견딜 수가 없
었다. 우레와 번개가 우르르 쾅쾅대고 번쩍거리고, 나팔 소리가 들리고, 유대
백성에게 말씀하시는 하나님 자신의 음성이 그들을 공포로 몰아넣었다. 그 소
리를 듣는 자들은 더 말씀하지 아니하시기를 구하였을 정도로 유대인들은 공포에
떨었다(19절). 더군다나 모세 자신도 이렇게 말했다. 내가 심히 두렵고 떨린다(21
절). 지상의 사람들 가운데 가장 훌륭한 사람조차도 하나님과 그의 거룩한 천

사들과 직접 대화를 나누는 것은 감당할 수가 없었다. 그러나 복음 교회의 상태는 우리의 약한 본성과 구조가 받아들이기에 적합할 정도로 온화하고, 친절하고, 그리고 포용적이다.

4. 그것은 제한된 시대였다. 그 산에는 모든 사람이 다가갈 수 없었다. 단지 모세와 아론만 다가갈 수 있었을 뿐이다. 그러나 복음 아래에서는 우리 모두 담대히 하나님께 가까이 나아갈 수가 있다.

5. 그것은 아주 위험한 시대였다. 시내 산은 불이 타고 있었다. 그리고 사람이 든지 짐승이든지 그 무엇을 막론하고 그 산에 들어가면 돌에 맞아죽게 되어 있었다(20절). 무례하고 야만적인 죄인들이 하나님께 가까이 다가가는 것은 언제든지 위험을 당할 것이라는 것은 사실이다. 그러나 지금 본문에서 말하고 있듯이 그것이 직접적인 확실한 죽음을 항상 의미하는 것은 아니다. 이러한 것이 유대 교회의 상태와 형편이었다. 그러한 상태는 완악하고 고집이 센 마음을 가진 사람들을 위압하고 두려움에 사로잡히게 하는 데 맞는 것이었다. 그것은 하나님의 엄격하고 무서운 공의를 공포하고, 하나님의 백성을 그 법에서 멀어지게 하고, 그리고 복음 교회의 편하고 부드러운 법을 하나님의 백성이 기꺼이 받아들이고 믿게 하는데 아주 적합한 것이었다.

Ⅱ. 사도는 복음 교회가 하늘의 승리의 교회를 얼마나 많이 나타내고, 서로 어떤 교통을 하고 있는지를 진술한다. 복음 교회를 시온 산과 살아 계신 하나님의 도성인 하늘의 예루살렘이라고 부른다. 이것은 시내 산에 있는 것과 반대된다. 시내 산에 있는 교회를 종을 낳은 언약이라고 부른다(갈 4:24). 복음 교회가 선 시온 산은 하나님께서 그의 왕을 메시야로 세우신 산이었다. 이제 시온 산에 오르게 됨으로써 신자들은 하늘에 있는 하나님의 도성에 들어가게 되고 하늘 나라의 공동체에 들어가게 된다. 그들이 들어가는 공동체는 다음과 같다.

1. 하나님의 도성.

(1) 살아 계신 하나님의 도성. 하나님은 복음 교회 안에 그의 영광스러우신 거처를 정하셨다. 그러한 이유 때문에 복음 교회는 하늘나라의 상징이 된다. 거기에서 하나님의 백성은 그들을 다스리고, 인도하고, 거룩하게 하고, 그리고 위로하시는 하나님을 발견할 수 있다. 거기에서 하나님은 복음의 사역자들을 통해 그의 백성에게 말씀하신다. 거기에서 하나님의 백성은 기도로 하나님께 말을 하고, 그리고 하나님은 그들의 말을 들으신다. 거기에서 하나님은 그들을 하늘

나라에 맞게 훈련하시고, 그리고 그들에게 그들의 유업의 보증을 주신다.

(2) 하늘의 예루살렘. 이곳은 특별히 국적을 취득한 거류민으로 하나님의 백성이 태어나고 자란 곳이다. 여기서 신자들은 하늘나라에 대한 더욱 명백한 전망, 더욱 분명한 증거, 그리고 더 큰 모임과 더욱 천국적인 성격의 영혼을 가지게 된다.

2. 하늘의 모임. 여기서 다음의 사실들을 주목하라.

(1) 천만 천사. 이 천사들은 같은 가장 아래에서 성도들과 함께 사는 같은 가족의 구성원들이다 그들은 같은 일을 하기 위하여 아주 많은 수가 고용이 되었다. 그들은 신자들의 유익을 위하여 산자들을 섬기고, 신자들이 가는 길을 지켜주고, 그리고 그들의 장막을 쳐주어 있을 곳을 마련하는 일을 한다. 이 일을 하는 천사들의 수가 헤아릴 수 없이 많다. 그들은 서열과 연합의 성격을 지닌 무리이고, 그리고 영광스러운 존재이다. 믿음으로 복음 교회에 연합하게 된 사람들은 천사들과 연합하게 되고, 그리고 결국에는 그들처럼 되고 그들과 동등하게 될 것이다.

(2) 교회와 하늘에 기록된 장자들의 모임. 다시 말해서 이것은 세계에 흩어져 있는 보편 교회를 의미한다. 믿음으로 우리는 이 교회에 들어가게 된다. 이 교회에서 우리는 같은 지도자를 모시고 서로 교제를 나누게 된다. 우리는 같은 영을 통해서, 같은 축복의 소망 안에서, 같은 거룩함의 길을 걸으며 보편 교회의 회원들과 교제를 나눈다. 그리고 우리는 그 교회를 통해 같은 영적인 적들에 맞서 싸우고, 같은 안식과 승리와 영광스러운 개선을 누리게 된다. 여기서 장자의 모임 즉 장자의 총회는 옛날 성도들의 모임을 의미할 것이다. 그들은 복음의 약속들을 보기는 했지만 아직 받지는 못했던 성도들이었다. 또한 그들은 복음을 통해 약속들을 처음으로 받고 중생한 사람들이었다. 마찬가지로 그들은 복음 교회의 장자였고 첫 열매들이었다. 복음 교회를 통해 그들은 장자로서 세상의 다른 사람들보다 더 큰 영예와 특권들을 향하여 나아가게 되었다. 참으로 하나님의 모든 자녀들은 상속자들이다. 그리고 모든 자녀마다 장자의 특권들을 가지고 있다. 이 상속자들의 이름들이 하늘에 기록이 되어 있다. 그리고 그들의 이름들이 땅에서는 교회에 기록이 되어 있다. 그들은 하나님의 집에 이름이 있고, 예루살렘에서 살고 있는 사람들 가운데 등록이 되어 있다. 그들은 그들의 믿음과 충성의 좋은 평판을 가지고 있고, 그리고 시민들이 동업조합원 인

명부에 등록이 되는 것처럼 어린 양의 생명책에 등록이 된다.

(3) 만민의 심판자이신 하나님(23절). 위대한 하나님께서 유대인과 이방인이 처해 있는 법에 따라서 그들을 다같이 심판하실 것이다. 신자들은 지금은 믿음으로 하나님께 나아가고, 그들의 심판자에게 탄원을 하고, 복음 안에서 사면 선고를 받고, 그리고 그들의 양심의 법정에서 내세에 의롭게 되리라는 것을 알게 된다.

(4) 온전하게 된 의인의 영들. 이 세상에서 가장 훌륭한 부류의 사람들은 바로 의인들이다. 그들은 이웃들보다 더 뛰어난 사람들이다. 의인들의 가장 훌륭한 부분인 그들의 영에 하나님의 자녀들이 연합하게 된다. 그리고 가장 선한 상태의 이 영들과 연합하게 됨으로써 하나님의 자녀들의 영도 온전하게 된다. 신자들은 한 동일하신 머리와 성령 안에서 고인이 된 성도들과 연합이 되고, 동일한 유업의 상속자들이 된다. 지상의 의인들은 상속자들이고 하늘의 의인들은 소유자들이다.

(5) 새 언약의 중보자이신 예수와 및 아벨의 피보다 더 나은 것을 말하는 뿌린 피. 이것은 복음의 교회 안에서 인내해야 된다는 많은 격려들 가운데 가장 작은 것이 결코 아니다. 왜냐하면 이것은 새 언약의 중보자이신 그리스도와 교통하는 것이고, 그리고 아벨의 피보다 더 나은 것을 말하는 그리스도의 피와 교제하는 것이다. 여기서 다음의 사실들을 주목하라.

[1] 복음의 언약은 행위의 언약과 구별되는 새 언약이다. 그리고 지금 복음의 언약은 구약의 법과 섭리와 구별되는 하나님의 새 법과 섭리 아래 있다.

[2] 그리스도는 이 새 언약의 중보자이시다. 그리스도는 하나님과 인간의 양자 사이를 오가시는 중개인이시다. 주 예수 그리스도는 중보자로서 하나님의 백성을 이 새 언약으로 인도해주시고, 백성의 죄들과 그 죄들에 대한 하나님의 싫어하심에도 불구하고 함께 연합하게 해주시고, 우리의 기도를 하나님께 드리게 해주시고, 그리고 우리에게 하나님의 은혜들을 내려주게 해주신다. 중보자 그리스도는 우리를 위하여 하나님께 변호해주시고, 마침내 하나님의 백성을 하늘의 하나님께 인도해주시고, 그리고 하나님과 백성 사이의 결실의 중보자가 영원히 되어주신다. 그러므로 중보자 그리스도를 통하여 하나님의 백성은 그리스도 안에서 하나님을 바라보고 즐거워하게 되고, 그리고 하나님께서는 그리스도 안에서 하나님의 백성을 굽어보시고 축복해주시게 된다.

[3] 이 언약은 우리의 양심에 뿌려진 그리스도의 피로 인준이 된다. 그것은 희생 제물의 피가 제단과 제사에 뿌려졌던 것과 같다. 그리스도의 피는 하나님을 진정시켜 드리고 사람들의 양심을 정화시켜 준다.

[4] 이 뿌린 피는 말하는 피다. 그 피는 아벨의 피보다 더 나은 것을 말한다. 다음의 사실들을 주목하라. 첫째, 이 뿌린 피는 죄인들을 위하여 하나님께 말한다. 그 피는 아벨의 피가 그것을 흘리게 했던 사람에게 요구했던 것처럼 복수가 아니라 자비를 구한다. 둘째, 이 피는 하나님의 이름으로 죄인들에게 말한다. 그 피는 죄인들의 죄에 대한 용서를 말하고, 그들의 영혼에 평안을 말한다. 그리고 그 피는 그들의 아주 엄격한 복종과 최고의 사랑과 감사를 요구한다.

III. 복음 교회의 천국적인 특성에서 취한 인내에 대한 논증을 확대해 설명한 뒤에 사도는 그 중요성에 걸맞게 아주 엄중한 태도로 그 논증을 발전시켜 진술함으로써 본 장을 마무리하고 있다. 너희는 삼가 말씀하신 이를 거역하지 말라 땅에서 경고하신 이를 거역한 그들이 피하지 못하였거든 하물며 하늘로부터 경고하신 이를 배반하는 우리일까보냐(25절). 여기서 말씀하신 이는 자신의 피를 통해 말씀하시는 분을 말한다. 그것은 땅에서 외치는 아벨의 피와는 다른 방법으로 말씀하실 뿐만 아니라 하나님이 천사들을 통해 말씀하시거나 시내 산에서 모세를 통해 말씀하셨던 방법으로도 말씀하신다. 당시에 그는 땅에서 말씀하셨고, 지금은 하늘에서 말씀하신다. 여기서 다음의 사실들을 주목하라.

1. 하나님이 가장 뛰어나신 방식으로 사람들에게 말씀하실 때 그는 당연히 사람들에게 아주 엄격한 주의와 존중을 기대하신다. 이제 그것이 복음 안에서 이루어지고 있다. 하나님이 복음을 통해 사람들에게 아주 뛰어나신 방식으로 말씀하신다. 그 이유는 다음과 같다.

(1) 그는 지금 시내 산에서가 아니라 아주 높고 빛나는 영광의 보좌에서 말씀하신다. 다시 말해서 그는 지금 땅에서가 아니라 하늘에서 말씀하신다.

(2) 그는 지금 그의 영감을 받은 말씀과 그의 영을 통하여 더욱 가깝고 분명하게 말씀하신다. 그의 말씀과 그의 영은 그의 증인들이다. 그는 지금 사람들에게 어떤 새로운 것을 말씀하시는 것이 아니다. 그는 지금 그의 영을 통하여 변함이 없는 같은 말씀을 사람들의 양심에 간절히 말씀하고 계시다.

(3) 그는 지금 더욱 강력하고 효과적으로 말씀하신다. 당시에 그의 목소리는 참으로 땅을 뒤흔들었다. 그러나 지금 그는 복음의 교회를 소개하심으로써 땅

뿐만 아니라 하늘도 진동시키고 있으시다. 그는 언덕과 산들을 진동시키셨다. 또한 그는 사람들의 정신도 진동시키셨다. 그는 그의 백성에게 자리를 만들어 주기 위하여 가나안 땅의 왕국도 진동시키셨다. 그는 세상을 진동시키셨다. 그와 동시에 그는 유대 민족의 교회도 진동시키셨다. 다시 말해서 그는 그들의 교회 안에서 유대 민족을 진동시키셨다. 유대인의 교회는 구약 시대에 땅 위에 있는 하늘나라였다. 그는 지금 이 유대인의 하늘나라의 영적인 교회를 진동시키신다. 하나님께서 유대인의 국가와 교회를 해체시키기 위하여 진동시키셨던 것은 하늘에서 복음을 통해서 이다. 그리고 하나님은 새로운 교회를 소개해주셨다. 그 교회는 흔들릴 수 없고, 땅 위의 어떤 것으로도 결코 바뀔 수 없고, 하늘에서 온전해질 때까지 그대로 있을 것이다.

  2. 하나님이 가장 뛰어나신 방식으로 사람들에게 말씀하실 때 하나님을 거역하는 사람들의 죄는 아주 크다. 그러므로 그 죄인들의 징벌은 더욱 피할 수 없고 견딜 수 없는 것이 될 것이다. 그 벌은 도저히 피할 길이 없고 감당할 방법이 결코 없다(25절). 은혜의 방법 안에서 복음을 통해 사람들을 다루시는 하나님의 다른 방식은 복음을 멸시하는 사람들을 하나님이 다른 방법으로 다루실 것임을 우리에게 확신시켜 준다. 그 방식은 하나님이 심판의 방법으로 다른 사람들을 다루시는 것과 다르다. 우리의 주목과 관심을 크게 끌어야 될 복음의 영광은 다음의 세 가지 것들을 통해 나타난다.

  (1) 하나님의 교회의 옛 법과 섭리가 진동하게 된 것은 복음의 나팔소리를 통해서였다. 지난번 경륜과 하나님의 교회의 상태는 흔들리고 무너졌다. 우리는 아주 오래 서 있는 교회와 나라와, 하나님 자신의 건물의 교회와 나라를 허물어뜨리신 하나님의 목소리를 무시할 것인가?

  (2) 새 왕국이 세상에 하나님을 위하여 세워진 것은 복음의 나팔소리를 통해서였다. 이 새 나라는 결코 진동이 되거나 움직여질 수 없는 나라이다. 이것은 영원히 단 한 번만 있는 변화였다. 다시 말해서 이것은 영존하게 될 때까지 다른 변화가 일어나지 않을 것임을 의미한다. 우리는 지금 흔들리지 않는 나라를 받았다(28절). 이 나라는 결코 요동하지 않을 것이고, 어떤 다른 새 경륜에 결코 넘어가지 않게 될 것이다. 성서의 표준과 규범이 이제는 완전하다. 예언의 영이 그쳤다. 하나님의 비밀이 다 드러났다. 하나님이 계시를 직접 완성하셨다. 복음의 교회가 더 커질 수도 있고, 더 번성할 수도 있고, 물든 오염에서 더 정화될

수도 있다. 그러나 복음의 교회는 다른 경륜으로 결코 바뀌지 않을 것이다. 복음 아래에서 멸망한 사람들은 결코 회복되지 않는다. 그러므로 사도는 이 사실에서 다음과 같은 합당한 결론을 내리고 있다.

[1] 우리는 하나님을 기쁘시게 섬기기 위하여 하나님께서 은혜를 받는 것이 정말 필요하다. 우리가 이 복음의 섭리 아래에서 하나님을 받아들이지 않는다면 우리 역시 결코 하나님께 받아들여지지 못할 것이다. 그리고 우리가 하나님께 받아들여지지 못하게 된다면 우리의 모든 신앙생활의 수고는 다 헛것이 되고 말 것이다.

[2] 우리가 경건함과 두려움으로 하나님을 섬기지 않으면 하나님을 기쁘시게 해 드릴 수가 없고 영접을 받지 못하게 될 것이다.

[3] 하나님을 바른 태도로 예배드리고 섬길 수 있게 해주는 것은 오로지 하나님의 은혜뿐이다. 인간의 본성은 그렇게 될 수가 없다. 인간의 본성은 하나님이 기뻐하시고 받아들이시는 예배와 섬김에 필요한 귀중한 믿음이나 거룩한 두려움을 결코 만들어 내지 못한다.

[4] 복음 시대의 하나님은 율법 시대에 나타나셨던 변함이 없는 동일하신 그 하나님이시다. 다시 말해서 율법 시대의 하나님과 복음 시대의 하나님은 변함 없이 동일하시다. 하나님이 그리스도 안에서 우리의 하나님이 되시고, 그리고 지금 우리를 더욱 온유하시고 은혜로우신 방법으로 대하심에도 불구하고 하나님은 여전히 소멸하는 불이시다(29절). 다시 말해서 하나님은 엄격한 공의의 하나님이시다. 하나님은 그의 은혜를 무시하는 모든 사람들과 모든 배교자들에게 직접 복수를 하실 것이다. 복음 시대에 하나님의 공의는 율법 시대에 나타났던 것처럼 그렇게 감각적이지 않을지라도 더욱 무서운 방식으로 나타날 것이다. 왜냐하면 지금 우리는 주 예수 그리스도에게 가해진 하나님의 공의를 직시하게 되기 때문이다. 하나님의 공의는 그리스도를 대속의 화목 제물로 삼으시어 그의 영혼과 몸을 죄를 위한 예물이 되게 하셨다. 이것은 율법이 주어졌던 시내 산에서 보고 들은 것을 훨씬 뛰어넘는 하나님의 공의의 현시(顯示)이다.

제 13 장

개요

사도는 이제까지 그리스도, 믿음, 무상의 은혜 및 복음의 특권들을 폭넓게 다루고, 그리고 히브리인들에게 배교에 대해 경고를 했다. 그런 뒤 이제 사도는 모든 것을 마무리 하는 가운데 믿음의 합당한 열매들(1-17절)과 같은 몇 가지 뛰어난 의무들에 대해 그들에게 추천하고 있다. 그 다음 사도는 18절에서 마지막 절까지 그들에게 다음과 같은 말을 한다. 사도는 그들에게 자신을 위한 기도를 요청하고, 자신이 그들을 위해 하나님께 기도를 드리고 있고, 사도 자신과 디모데를 곧 볼 것이라는 소망을 그들에게 전하고, 그리고 모두를 향한 인사와 축도로 마감하고 있다.

¹형제 사랑하기를 계속하고 ²손님 대접하기를 잊지 말라 이로써 부지중에 천사들을 대접한 이들이 있었느니라 ³너희도 함께 갇힌 것 같이 갇힌 자를 생각하고 너희도 몸을 가졌은즉 학대 받는 자를 생각하라 ⁴모든 사람은 결혼을 귀히 여기고 침소를 더럽히지 않게 하라 음행하는 자들과 간음하는 자들을 하나님이 심판하시리라 ⁵돈을 사랑하지 말고 있는 바를 족한 줄로 알라 그가 친히 말씀하시기를 내가 과연 너희를 버리지 아니하고 너희를 떠나지 아니하리라 하셨느니라 ⁶그러므로 우리가 담대히 말하되 주는 나를 돕는 이시니 내가 무서워하지 아니하겠노라 사람이 내게 어찌하리요 하노라 ⁷하나님의 말씀을 너희에게 일러주고 너희를 인도하던 자들을 생각하며 그들의 행실의 결말을 주의하여 보고 그들의 믿음을 본받으라 ⁸예수 그리스도는 어제나 오늘이나 영원토록 동일하시니라 ⁹여러 가지 다른 교훈에 끌리지 말라 마음은 은혜로써 굳게 함이 아름답고 음식으로써 할 것이 아니니 음식으로 말미암아 행한 자는 유익을 얻지 못하였느니라 ¹⁰우리에게 제단이 있는데 장막에서 섬기는 자들은 그 제단에서 먹을 권한이 없나니 ¹¹이는 죄를 위한 짐승의 피는 대제사장이 가지고 성소에 들어가고 그 육체는 영문 밖에서 불사름이라 ¹²그러므로 예수도 자기 피로써 백성을 거룩하게 하려고 성문 밖에서 고난을 받으셨느니라 ¹³그런즉 우리도 그의 치욕을 짊어지고 영문 밖으로 그에게 나아가자 ¹⁴우리가 여기에

는 영구한 도성이 없으므로 장차 올 것을 찾나니 ¹⁵그러므로 우리는 예수로 말미암아 항상 찬송의 제사를 하나님께 드리자 이는 그 이름을 증언하는 입술의 열매니라 ¹⁶오직 선을 행함과 서로 나누어 주기를 잊지 말라 하나님은 이같은 제사를 기뻐하시느니라 ¹⁷너희를 인도하는 자들에게 순종하고 복종하라 그들은 너희 영혼을 위하여 경성하기를 자신들이 청산할 자인 것 같이 하느니라 그들로 하여금 즐거움으로 이것을 하게 하고 근심으로 하게 하지 말라 그렇지 않으면 너희에게 유익이 없느니라

우리를 위하여 자신을 내어주시는 그리스도의 계획은 모든 불법에서 우리를 속량하시고 우리를 깨끗하게 하사 선한 일을 열심히 하는 자기 백성(딛 2:14)으로 삼기 위하신 것이다. 이제 사도는 훌륭한 그리스도인들이 되게 하는 몇 가지 뛰어난 의무들을 믿는 히브리인들에게 요청하고 있다. 그것들은 다음과 같다.

I. 사도는 형제의 사랑을 요청한다. 형제 사랑하기를 계속하라(1절). 이 요청으로 사도는 모든 사람들에 대한 일반적인 애정을 의미할 뿐만 아니라 하나님의 자녀들 사이에 마땅히 있어야 될 특별하고 영적인 애정도 의미하고 있다. 일반적인 애정이란 같은 부모 소생의 사람들에게 해야 되는 것과 같은 그런 아주 제한적인 사랑뿐만 아니라 같은 피를 가진 본질적으로 우리의 형제들인 모든 사람들에 대한 사랑이다. 그리고 특별하고 영적인 애정이란 같은 믿음을 가진 형제들에 대한 사랑이다. 여기서 다음의 사실들을 주목하라.

1. 여기서 전제가 되고 있는 것은 히브리인들이 서로 이 사랑을 가져야 한다는 것이었다. 비록 당시에 종교와 나라에 대해서 히브리 민족이 불행하게 나뉘고 분열되었을지라도 그리스도를 믿는 사람들 사이에는 참된 형제의 사랑이 있었다. 이 사랑이 오순절 날 성령이 임하신 뒤에 나타났다. 그 때 그들은 모든 것을 통용했고, 그리고 그들의 소유를 팔아 어려운 형제들의 생계를 도와주기 위한 일반 기금으로 내놓았다. 그리스도교의 정신은 사랑의 정신이다. 믿음은 사랑을 통해 역사한다. 참된 종교는 우정의 가장 강한 결속과 유대이다. 그렇지 않다면 그 종교는 아무 소용이 없는 허울뿐일 것이다.

2. 박해 때 이 형제의 사랑이 상실될 위험에 빠지게 되었다. 그런데 이 사랑이 가장 필요할 때가 박해를 받을 때였다. 그런데 모세의 율법의 의식들을 계

속해서 지켜야 되는지에 대해 논란이 히브리인들 사이에 일어났을 때 이 형제 애가 없어질 위기에 빠지게 되었다. 신앙생활에 관한 논쟁은 너무도 자주 그리 스도인의 사랑을 쇠퇴하게 만든다. 그러므로 이것을 아주 경계해야 한다. 형제 의 사랑을 지키고 보존하기 위하여 모든 조처와 수단을 강구해야 될 것이다. 그리스도인들은 언제나 형제들처럼 서로 사랑하고 살아야 할 것이다. 그리고 그리스도인들이 그들의 하늘에 계신 아버지이신 하나님에 대한 경건하고 헌신 적인 사랑 안에서 자라면 자랄수록 그들은 하나님을 위하여 그리스도인들 서 로를 위하고 도와주는 사랑을 더욱 키우고 더욱 많이 베풀게 될 것이다.

II. 사도는 환대와 대접을 요청한다. 손님 대접하기를 잊지 말라 이로써 부지중 에 천사들을 대접한 이들이 있었느니라(2절). 우리는 형제의 친절한 자선을 더하 여 베풀어야 한다. 여기서 다음의 사실들을 주목하라.

1. 손님 접대의 의무는 필수적인 것이다. 여기서 나그네들과 손님들이 의미 하는 것은 이스라엘 백성에게 손님과 나그네가 되는 사람들과 신자들에게 손 님과 나그네가 되는 사람들을 뜻한다. 특별히 자신들이 이 땅에서 나그네들인 것을 알고 다른 나라를 찾고 있는 사람들이다. 이러한 사실은 하나님의 백성에 해당하는 경우이기도 하지만 사실 그 당시에 그리스도인들의 형편 또한 그러 했다. 믿는 유대인들은 절망적이고 고통스러운 상황에 처해 있었다. 그러나 사 도는 그와 같은 나그네와 손님들에 대해 말하고 있는 것 같다. 우리가 그들이 누구이고, 또한 어디서 온 사람들인지 모른다. 그럼에도 불구하고 그들이 어떤 확실한 거처가 없는 사람들이었다는 사실을 이해하는 것만으로도 우리는 그들 에게 우리의 마음을 열고 우리의 집으로 맞아들여야 할 것이다. 우리가 그럴 기회와 능력을 가지고 있는 한 그렇게 해야 할 것이다.

2. 손님을 접대해야 되는 동기. 이로써 부지중에 천사들을 대접한 이들이 있었느 니라. 아브라함이 그랬고(창 18장), 롯이 그랬다(창 19장). 아브라함이 접대했던 사람들 가운데 한 사람은 하나님의 아들이셨다. 이러한 일이 우리의 경우가 된 다고 전제할 수는 없지만 어쨌든 우리는 나그네들을 접대해야 할 것이다. 이것 은 하나님께 순종하는 행위이다. 그러므로 하나님은 그 행위를 하나님 자신에 게 베푼 것으로 인정하시고 보상을 해주실 것이다. 내가 주릴 때에 너희가 먹을 것을 주었고 목마를 때에 마시게 하였고 나그네 되었을 때에 영접하였다(마 25:35). 하나님은 부지중에 그를 대접하는 그의 종들에게 종종 명예와 은총을 베풀어

주셨다.

Ⅲ. 사도는 그리스도인의 동정을 요청한다. 너희도 함께 갇힌 것 같이 갇힌 자를 생각하고 너희도 몸을 가졌은즉 학대 받는 자를 생각하라(3절). 여기서 다음의 사실들을 주목하라.

1. 동정의 의무. 갇힌 자를 생각하고 학대 받는 자를 생각하는 것은 그리스도인의 의무이다.

(1) 어떤 그리스도인들과 교회들은 어려움에 처해 있는 반면 다른 그리스도인들과 교인들은 평화와 자유를 누리고 있으므로 하나님은 종종 동정을 베풀기를 명령하신다. 모든 사람이 동시에 피 흘리기까지 저항하도록 부름을 받은 것은 아니다.

(2) 자유로운 사람들은 갇혀 있고 어려움에 처해 있는 사람들을 동정해야 한다. 마치 자신들이 동일한 사슬에 얽매여 고통당하는 것처럼 그런 사람들을 동정해야 할 것이다. 그리스도인들은 그들의 형제들의 고통들을 느낄 수 있어야만 할 것이다.

2. 동정을 베푸는 의무의 이유. 너희도 몸을 가졌은즉. 우리들은 자연적인 몸을 가지고 있을 뿐만 아니라 자칫하면 같은 고난과 어려움을 당할 수도 있다. 그러므로 우리는 지금 고통당하는 사람들을 동정해야만 한다. 그러면 우리가 시련을 당하게 될 때 다른 사람들도 우리를 동정하게 될 것이다. 우리는 같은 한 머리 아래 같은 신비의 몸 안에 있는 여러 지체들 가운데 한 지체이다. 만일 한 지체가 고통을 받으면 모든 지체가 함께 고통을 받고 한 지체가 영광을 얻으면 모든 지체가 함께 즐거워하느니라(고전 12:26). 따라서 그리스도인들이 다른 형제들의 멍에와 무거운 짐을 나 몰라라 하고 나누어지지 않는 것은 자연스럽지 못한 일이다.

Ⅳ. 사도는 순결과 정절의 의무를 요청한다. 모든 사람은 결혼을 귀히 여기고 침소를 더럽히지 않게 하라 음행하는 자들과 간음하는 자들을 하나님이 심판하시리라(4절). 여기서 다음의 사실들을 주목하라.

1. 하나님의 결혼 규례에 대한 권면. 결혼은 모든 사람에게 귀한 것이다. 다시 말해서 결혼은 모든 사람에게 명예롭고 고귀한 것이므로 모든 사람이 그것을 존중해야 한다. 하나님이 결혼을 부인하지 않았는데 사람들이 그것을 부인해서는 안 될 것이다. 하나님이 낙원에서 사람을 위하여 결혼을 제정하셨으므로

고귀한 것이다. 하나님은 사람이 홀로 사는 것이 좋지 않은 것으로 여기셨다. 하나님은 인류 최초의 부모가 된 최초의 한 쌍을 부부로 결혼시키고 축복해주셨다. 그것은 모든 사람들이 결혼에 대해 큰 관심을 가지게 해주고, 그리고 주 안에서 짝을 지어 결혼을 하게 해주었다. 그리스도께서도 결혼식에 참여하시고 그의 첫 번째 이적을 행하심으로써 결혼을 고귀하게 여기심을 보여주셨다. 결혼은 부정과 간음을 막는 수단으로서도 귀한 가치를 지니고 있다. 사람들이 다같이 순결하고 정절을 지키고, 그리고 불법적이고 부적절한 애정 관계들을 통하여 결혼생활을 더럽히지 않을 때 그 결혼이 귀한 것이 되고 행복을 누리게 될 것이다.

2. 부정과 음행에 대한 무섭고 정당한 비난. 음행하는 자들과 간음하는 자들을 하나님이 심판하시리라. 여기서 다음의 사실들을 주목하라.

(1) 하나님은 누가 그러한 죄를 범하는지를 다 아신다. 그러한 죄인들을 하나님으로부터 감추어 줄 수 있는 어둠은 이 세상에 결코 없다.

(2) 하나님은 그러한 죄들을 거기에 적합한 이름들로 부르실 것이다. 하나님은 그것들을 사랑이니 로맨스니 하는 그럴듯한 명칭들이 아니라 음행과 간음이라고 직설적인 지칭을 하신다. 음행은 독신 상태에서의 부정이고 간음은 결혼한 상태에서의 부정이다.

(3) 하나님은 부정과 음행을 저지른 사람들을 심판하실 것이다. 하나님은 그들을 이 땅에서는 그들의 양심들을 통해서 우선 심판하실 것이다. 그들이 양심의 깨우침을 받게 되면 심한 가책을 느끼게 될 것이다. 그리고 하나님은 그들의 죄를 그들 앞에 낱낱이 드러내실 것이다(시 50:21). 죄인들은 심한 굴욕과 창피를 당하게 될 것이다. 또한 하나님은 그들이 죽을 때든지 아니면 마지막 심판 날에 그의 재판정에서 그들을 심판하실 것이다. 하나님은 그들에게 죄를 자각하게 하시고, 그들의 죄를 정죄하시고, 그리고 그들을 영원한 형벌에 버려 두실 것이다. 하나님은 죄인들이 회개하지 않고 이 죄를 짊어지고 그대로 죽는다면 그들을 그렇게 심판하실 것이다.

V. 사도는 그리스도인의 자족을 요청한다. 돈을 사랑하지 말고 있는 바를 족한 줄로 알라 그가 친히 말씀하시기를 내가 과연 너희를 버리지 아니하고 너희를 떠나지 아니하리라 하셨느니라 그러므로 우리가 담대히 말하되 주는 나를 돕는 이시니 내가 무서워하지 아니하겠노라 사람이 내게 어찌하리요 하노라(5,6절). 여기서 다

음의 사실들을 주목하라.

1. 이 은혜와 의무를 거스르는 죄는 탐욕이다. 탐욕이란 이 세상의 부에 대한 너무 지나친 욕망이다. 이것은 자신보다 더 많이 가진 사람을 시기한다. 우리는 이 죄가 우리의 신앙생활에 끼어들 틈을 결코 허용해서는 안 될 것이다. 왜냐하면 이 탐욕이 마음속에 잠복해 있는 은밀한 욕망일지라도 우리의 신앙생활에 그것을 어쩔 수 없이 들여놓게 된다면 그것이 활개를 쳐대는 우리의 모습을 발견하게 될 것이기 때문이다. 우리는 이 죄를 억제하려고 노력해야 될 뿐만 아니라 우리의 영혼에서 그것을 뿌리 뽑으려고 힘써야 할 것이다.

2. 탐욕을 거스르는 은혜와 의무는 있는 바를 족한 줄로 알고 기뻐하는 것이다. 우리는 현재의 것들을 과거의 것들로 되돌릴 수가 없다. 그리고 미래의 것들은 오로지 하나님의 손 안에 들어 있다. 하나님이 날마다 우리에게 주시는 것을 우리는 만족해야만 한다. 비록 그것이 이제까지 우리가 받고 누려온 것에 훨씬 미치지 못한다고 할지라도 말이다. 더 나아가서 그것이 미래에 대한 우리의 기대들에 이르지 못한다고 할지라도 말이다. 우리는 현재의 우리의 몫에 만족해야 한다. 우리는 현재의 처지에 우리의 마음을 맞추어야 한다. 그리고 이렇게 하는 것이 만족에 이르는 확실한 방법이다. 그렇게 할 수 없는 사람들은 하나님께서 그들의 형편과 처지를 그들의 마음의 수준까지 올려주신다고 할지라도 결코 만족하지 못할 것이다. 왜냐하면 그들의 마음의 수준이 그 형편과 처지보다 더 올라갈 것이기 때문이다. 하만은 거대한 제국의 아하수에로 왕의 총애를 크게 받아 그 지위가 더 올라갈 데가 없을 때까지 높임을 받았다. 그러나 그는 만족을 몰랐다. 왕좌에 오른 아합 역시 만족하지 못했다. 아담은 아무 부족함이 없는 낙원에 살았지만 만족하지 않았다. 더욱이 하늘에 있는 천사들조차도 만족하지 않았다. 그러나 사도 바울은 아주 낮아지고 아무것도 가진 것이 없었지만 만족했다. 어떠한 형편에든지 나는 자족하기를 배웠노니 나는 비천에 처할 줄도 알고 풍부에 처할 줄도 알아 모든 일 곧 배부름과 배고픔과 풍부와 궁핍에도 처할 줄 아는 일체의 비결을 배웠노라(빌 4:11,12).

3. 어떤 이유로 그리스도인들은 자신들의 형편과 몫에 만족해야 하는가? 다음의 근거들을 주목하라.

(1) 돈을 사랑하지 말고 있는 바를 족한 줄로 알라 그가 친히 말씀하시기를 내가 과연 너희를 버리지 아니하고 너희를 떠나지 아니하리라 하셨느니라 그러므로 우리가

담대히 말하되 주는 나를 돕는 이시니 내가 무서워하지 아니하겠노라 사람이 내게 어찌하리요(5,6절). 이 말씀은 하나님께서 여호수아에게 해주셨던 것이다(수 1:5). 그러나 이 말씀은 하나님의 모든 신실한 종들이 간직해야 될 것이다. 구약의 약속들은 신약의 성도들에게도 적용이 될 수 있다. 내가 과연 너희를 버리지 아니하고 너희를 떠나지 아니하리라 말씀하신 하나님의 이 약속은 성서의 모든 약속들을 압축해 놓은 총체이고 실체이다. 부정을 나타내는 부사들이 아무리 많아도 이 말씀에 담긴 약속의 확증을 결코 부정할 수 없을 것이다. 그러므로 참되고 진실한 신자는 살아 있을 때나 죽을 때나 언제든지 영원히 그와 함께 해주시는 하나님의 은혜로우신 임재를 소유하게 될 것이다.

(2) 이 포괄적인 약속을 통해서 신자들은 하나님이 베풀어 주시는 도움을 스스로 확신할 수 있어야 할 것이다. 그러므로 우리가 담대히 말하되 주는 나를 돕는 이시니 내가 무서워하지 아니하겠노라 사람이 내게 어찌하리요(6절). 사람들이 하나님에 맞서 아무것도 할 수 없다. 그러나 하나님께서는 사람들이 그의 백성에게 행한 모든 악을 선으로 바꾸실 수 있다.

Ⅵ. 사도는 그리스도인들이 고인이 되었거나 현재 살아 있는 그들의 목사와 사역자의 신세를 갚아야 할 의무를 요청한다.

1. 고인이 된 목사들에 대한 의무. 하나님의 말씀을 너희에게 일러주고 너희를 인도하던 자들을 생각하라(7절). 여기서 다음의 사실들을 주목하라.

(1) 고인이 된 목사들에 대한 진술. 그 목사들은 그들을 인도하고, 그리고 하나님의 말씀을 전달해주던 사역자들이었다. 그 목사들은 그들에게 하나님의 말씀을 들려주었던 그들의 인도자와 감독자들이었다. 여기에는 그 목사들이 앞서 보여주었던 위엄과 기품이 있다. 그들은 자신들의 의지에 따라서가 아니라 하나님의 뜻과 말씀에 따라서 백성의 지도자들과 인도자들이 되었다. 그들은 이 특성을 적절한 의무로 채웠다. 그들은 멀리서 지도하지 않았다. 그들은 다른 사람들을 통해서 지도하지 않았다. 반대로 그들은 인격적으로 가까이에서 함께 하고 하나님의 말씀을 따라서 인격적인 가르침으로 지도했다.

(2) 그 목사들이 고인이 되었음에도 불구하고 그들에게 진 신세를 갚아야 할 의무가 있다. 그 의무들은 다음과 같다.

[1] 너희를 인도하던 자들을 생각하라. 그들의 설교, 그들의 기도, 그들의 개인적인 권면, 그리고 본보기를 기억하고 생각하라.

[2] 그들의 믿음을 본받으라. 그들이 설교하고 전파했던 신앙 고백을 굳건하게 따르고, 그리고 그들이 그것을 통해 아주 훌륭하게 살고 죽었던 믿음의 은혜를 따라 행한 수고를 변함없이 본받으라. 그들의 행실의 결말을 주의하라. 믿음의 본이 된 목사들이 얼마나 신속하게, 얼마나 편안하게, 얼마나 즐겁게 그들의 믿음의 행로를 이루고 마쳤는지를 주의하여 생각해보라. 이제 그들이 가르쳤던 같은 참된 믿음을 지키고 따르는 이 의무를 사도는 더 확대하여 히브리인들에게 진지하게 권면한다. 고인이 된 신실한 인도와 지도를 기억해야 된다는 논증을 통해서 뿐만 아니라 몇 가지 다른 동기들도 통해서 사도는 그들에게 진지하게 권면하고 있다. 그 동기들은 다음과 같다.

첫째, 주 예수 그리스도의 불변성과 영원성을 통해 권면한다. 그들의 목사들이 죽은 사람들도 있고, 죽어가고 있는 사람들도 있다. 그러나 교회의 위대하신 머리가 되시고 대제사장이시고 그들의 영혼의 감독이신 주 예수 그리스도는 언제나 살아계시고 영원토록 동일하시다. 그러므로 신자들은 그리스도를 본받아 굳건하고 흔들림이 없어야 한다. 그리고 신자들은, 그리스도의 진리를 충실하게 믿는 그들의 신실한 충성을 살피시고 보상하시고, 그리고 그리스도를 떠난 죄인들의 배신을 살피시고 징벌하시기 위하여 언제나 그가 살아계심을 기억하고 생각해야 한다. 그리스도는 구약 시대에도 동일하신 하나님이시고 복음 시대에도 동일하신 하나님이시고, 그리고 영원토록 그의 백성에게 변함이 없으시고 동일하실 것이다.

둘째, 히브리인들이 빠질 위험이 있는 잘못된 교훈들의 특성과 성향을 통해 권면한다. 그 특성들은 다음과 같다.

a. 그 교훈들은 잡다하고 다양한 다른 교훈들이었다(9절). 그 교훈들은 히브리인들이 그들의 이전의 신실한 선생들로부터 받았던 것과 달랐고, 그리고 그것들은 그 자체들끼리도 앞뒤가 맞지를 않았다.

b. 그 교훈들은 이상한 가르침들이었다. 잘못된 교훈들이 가르치는 것들은 복음에 낯설고 복음의 교회가 익숙하지 않은 것이었다.

c. 그 교훈들은 어지럽히고 미혹시키는 특성을 지니고 있다. 그것들은 배를 요동시키고, 배를 고정시킨 닻에서 떨어져 나가는 위험에 빠뜨리고, 그리고 암초에 부딪쳐 배를 산산조각 내게 하는 바람과 같다. 그 교훈들은, 마음을 안정시키고 세워주는 하나님의 은혜와 정반대되는 특성을 지녔다. 하나님의 은혜

는 그러한 아주 뛰어난 특성을 지니고 있다. 반대로 이러한 이상한 교훈들은 마음을 언제나 요동치게 하고 어지럽게 하는 특성을 지니고 있다.

d. 그 교훈들이 다루는 주제의 수준은 보잘것없고 낮은 것들이었다. 그것들은 외적이고, 사소하고, 유익이 거의 없고, 멸망을 초래하는 것들이었다. 그것들은 술과 고기와 같이 유익을 얻지 못하는 것들이었다.

e. 그 교훈들은 무익한 것들이었다. 잘못된 그런 교훈들에 끌리고 사로잡힌 사람들은 대개가 그것들을 통해 자신들의 영혼에 실제적인 유익을 전혀 얻지 못했다. 그 잘못된 교훈들은 그것들에 빠진 사람들을 더 거룩하게도 못하고, 더 겸손하게도 못하고, 더 감사하게도 못하고, 그리고 더 경건하게도 못했다.

f. 그 교훈들은 그것들을 받아들인 사람들을 그리스도인의 제단이 주는 특권들에서 배제시키게 했다. 우리에게 제단이 있는데(10절). 우리에게 제단이 있다는 말은 상당히 중요한 논증이다. 그러므로 사도는 그것에 대해 상당히 길게 주장하고 있다. 다음의 사실들을 주목하라.

(a) 그리스도교 교회는 자체의 제단을 가지고 있다. 이것은 초대 그리스도교 모임들에서 어떤 제단도 가지고 있지 않았다는 사실을 들어 초대 그리스도인들이 이것을 반대했다고 주장하는 사람도 있다. 그러나 그것은 사실이 아니었다. 우리에게 제단이 있는데 라고 한 것은 물질적이고 외형적인 제단이 아니라 인격적인 제단을 말하고 있는 것이다. 다시 말해서 그 제단은 바로 그리스도이시다. 그리스도는 우리의 제단이신 동시에 우리의 희생 제물이시기도 하다. 그리스도는 그 예물을 거룩하게 해주신다. 율법 아래에서의 제단들은 그리스도를 나타내는 예표들이었다. 구약 시대의 희생 제물을 바치는 놋 제단은 그리스도의 중보의 황금 제단을 나타내는 모형이었다.

(b) 이 제단은 참된 신자들을 위한 연회를 제공한다. 그 연회는 희생 제사의 연회이다. 그것은 기름진 것의 연회이다. 만군의 여호와께서 이 산에서 만민을 위하여 기름진 것과 오래 저장하였던 포도주로 연회를 베푸시리니(사 25:6). 이 기름진 것으로 제공되는 연회는 영적인 힘과 성장을 주고, 거룩한 기쁨과 즐거움을 안겨 준다. 주님의 성만찬 상은 우리의 제단이 아니다. 성만찬 상은 제단에서 제공되는 음식으로 마련되는 연회이다. 우리의 유월절 양 곧 그리스도께서 희생되셨느니라(고전 5:7). 그리고 이 말씀에 이어서 이러므로 우리가 명절을 지키자(고전 5:8)라는 말씀이 진술되고 있다. 주님의 성만찬은 복음의 유월절을 기리

는 연회와 명절이다.

(c) 장막 즉 성막에서 섬기는 사람들이나 레위 제사법을 따르는 사람들과 다시 그 상태로 돌아가는 사람들은 이 제단의 특권들에서 배제된다. 다시 말해서 그런 사람들은 그리스도께서 획득하신 유익들을 얻지 못하게 된다. 그들이 성막을 섬긴다면 그들은 낡아 못쓰게 된 의식들과 예식들에 복종하고, 그리스도교의 제단에 대한 그들의 권리를 포기하는 결정을 내려야 할 것이다. 논증의 이 부분을 사도는 먼저 증명한 뒤에 더 발전시키고 있다. 여기서 다음의 사실들을 주목하라.

[a] 사도는 유대교 의식에 대한 이 비굴한 충성이 복음의 제단이 주는 특권들을 막는 장애가 된다는 것을 증명한다. 그리고 사도는 그것을 다음과 같이 논증한다. 유대 율법 아래에서는 속죄 예물은 어떤 부분도 먹지 못했다. 속죄 예물은 바치는 사람들이 성막에 머무는 동안에 진 밖에서 다 태워야만 했다. 그리고 속죄 예물을 바치는 사람들이 성 안에 머무르고 있을 때에는 성문 밖에서 다 태워야만 했다. 그러므로 이제 히브리인들이 그 율법을 계속해서 따라야 한다면 그들은 복음의 제단에서는 먹을 수 없을 것이다. 왜냐하면 그 제단에서 먹을 것을 제공하시는 분이 바로 그리스도이시기 때문이다. 그리스도는 위대한 속죄 예물이시다. 그러나 교황주의자들이 주장하는 것처럼 그것이 실제의 속죄 예물 그 자체인 것은 아니다. 왜냐하면 당시에도 속죄 예물은 다 태워서 없애야지 먹을 수는 없었기 때문이다. 그러나 복음의 연회는 그 희생 제사의 열매와 결실이다. 그러나 그 희생 제사 자체를 인정하지 않는 사람들에게는 그 열매를 먹을 수 있는 권리가 주어지지 않는다. 그리고 그리스도께서 실제로 속죄 예물의 원형이실 수 있었다. 그리고 속죄 예물로서 그리스도께서 그 자신의 피로 그의 백성을 거룩하게 하고 깨끗하게 해주실 수 있었다. 그리스도는 성문 밖에서 고난당하심으로써 자신을 그 예표에 일치시키셨을 수 있다. 이것은 그리스도의 낮아지심을 나타내는 놀라운 표본이었다. 마치 그리스도께서 신성한 모임이든지 일반적인 공동체든지 그 어디에도 적합하지 않으신 것처럼 되셨으니 말이다! 그러므로 이것은 그리스도의 고난의 가치 있는 원인이었던 죄가 모든 신성한 권리와 일반적인 권리들을 다 어떻게 몰수해가는지를 나타내준다. 그리고 하나님께서 부정과 불법의 한계를 엄격하게 정하시기로 한다면 죄인이 어떻게 모든 사회에 일반적인 전염병과 골칫거리가 되는지를 이 그리스도의

낮아지심과 굴욕이 보여준다. 레위의 제사법에 대한 충성이 그 자체의 규칙들을 따른다고 할지라도 그리스도교의 제단으로부터 사람들을 막는 장애가 될 것이라고 증명한 뒤에 사도는 앞으로 더 나아가고 있다.

[b] 사도는 적절한 권면들을 통하여 자신의 논증을 발전시키고 있다(13-15절). 그 권면들은 다음과 같다.

첫째, 그런즉 우리도 영문 밖으로 그에게 나아가자(13절). 그리스도가 우리를 부르실 때 제사법으로부터, 죄로부터, 세상으로부터, 우리 자신 즉 우리의 몸으로부터 벗어나 그에게 나아가자.

둘째, 우리도 기꺼이 그의 치욕을 짊어지도록 하자. 이 말은 우리를 모든 것으로부터 버림받은 폐물로 여기고, 살 가치도 없는 존재로 여기고, 평범한 죽음을 죽을 가치도 없는 존재로 여기도록 하자는 것이다. 이러한 것이 바로 그리스도께서 당하신 치욕이었다. 그러므로 우리도 이 치욕을 당해야 할 것이다. 게다가 우리가 이 치욕을 당할 더 많은 이유가 있다. 왜냐하면 우리가 이 세상에서 벗어나 그리스도에게로 가든지 가지 않든지 간에 우리는 얼마 안 있어 죽음으로써 반드시 그에게 나아가야 하기 때문이다. 더욱이 여기에는 영구한 도성이 없다(14절). 그래서 우리 모두는 장차 올 것을 찾고 있는 것이다. 죄, 죄인, 죽음 등이 우리가 여기서 오래 계속 살도록 해주지를 않는다. 그러므로 우리는 이제 믿음으로 나아가야만 할 것이다. 그리고 우리는 이 세상이 우리에게 결코 줄 수 없는 안식과 정착을 그리스도 안에서 찾아야 할 것이다. 우리가 여기에는 영구한 도성이 없으므로 장차 올 것을 찾나니(14절).

셋째, 이 제단을 바르게 사용하도록 하자. 이 제단의 특권들에 참여할 뿐만 아니라 그리스도께서 이 제단을 섬기게 해주신 제사장들로서 제단의 의무들도 실행하도록 하자. 이 제단에 우리의 제사를 드리도록 하자. 우리의 대제사장이신 그리스도에게도 우리의 제사를 드리도록 하자. 그리고 그 제물들을 그리스도를 통하여 바치도록 하자(15,16절). 이제 우리가 이 제단이신 그리스도에게 가져와 드려야 하는 제물들은 무엇인가? 그것은 어떤 속죄 제물들이 아니다. 이 제단에는 그런 제물들이 전혀 필요 없다. 그리스도께서 위대한 속죄 제물을 드리셨다. 우리의 것은 단지 그리스도의 것을 인정하는 제사들일 뿐이다. 그 제사는 다음과 같은 것들이다. ① 하나님에 대한 찬양의 제사. 우리는 이 제사를 하나님께 끊임없이 드려야 한다. 이 찬양의 제사 안에 모든 경배와 기도와 동시에 감사가 들어 있다. 이 제사는 우리의 입술의 열매이다(호 14:2). 우리는 반드시 거짓이 없는 입술에서 하나님의 찬양들이 나와야 한다. 이 제사는 오로지 하나님께만 드려야 한다. 이것을 천사들이나 성인들이나 어떤 피조물에게도 드려서는 안 된다. 이것은 오직 하나님의 성호에만 바쳐져야 한다. 그리고 이 찬양의 제사는 그리스도의 고귀한 대속과 중보를 의뢰하는 믿음 안에서 그리스도를 통하여 바쳐져야 할 것이다. ② 구제 행위와 그리스도교 자선의 제사. 오직 선을 행함과 서로 나누어 주기를 잊지 말라 하나님은 이같은 제사를 기뻐하시느니라(16절). 우리는 자신의 능력에 맞추어 사람들의 영혼과 몸들에 필요한 것들을 서로 교통하고 나누어 주기를 해야 한다. 우리는 입술의 제사나 단순한 말의 제사를 드리는 것에 만족하지 말고 선한 행위의 제사를 드리도록 해야 한다. 그리고 이 제사들을 우리는 이 복음의 제단 위에서 드려야 할 것이다. 우리는 자신의 선한 행위들의 공로를 의지하지 말고 우리의 위대하신 대제사장 주 예수 그리스도를 의지해서 제사를 드려야 한다. 경배와 자선과 함께 드려지는 이와 같은 제사들을 하나님이 기뻐하신다. 하나님은 이러한 예물들을 기쁨으로 받아들이신다. 하나님은 그리스도를 통하여 예물을 드린 사람들을 받아들이시고 축복해주실 것이다.

2. 세상을 떠나 고인이 된 목사들의 고마움을 갚기 위해 그들의 신앙을 본받고 그 신앙을 굳게 잡아야 된다는 그리스도인의 의무를 진술한 뒤에 사도는 살아 있는 목사들의 은혜와 신세도 보답을 해야 하는 의무가 있다고 권면한다. 너희를 인도하는 자들에게 순종하고 복종하라 그들은 너희 영혼을 위하여 경성하기를 자신들이 청산할 자인 것 같이 하느니라 그들로 하여금 즐거움으로 이것을 하게 하고 근심으로 하게 하지 말라 그렇지 않으면 너희에게 유익이 없느니라(17절). 그 의무의 이유는 다음과 같은 것들이 있다.

(1) 살아 있는 목사들에 대한 신자의 의무. 그 의무는 목사들에게 순종하고 복종하는 것이다. 여기서 요구되고 있는 것은 한정된 복종이 아니라 절대적인 순종이다. 물론 그 절대적인 순종의 의무는 하나님의 말씀에 계시된 하나님의 생각과 뜻에 일치되는 경우에 한정된 것이다. 진실로 그러한 복종과 순종은 하나님께만 아니라 목회 사역의 권위에도 제공되어야 한다. 목회 사역에 속한 모든 일들은 분명히 하나님의 일이다. 그것은 부모의 권위나 세상 권력자들의 권위가 그 고유의 영역에 있어서 하나님의 일인 것과 마찬가지이다. 그리스도인

들은 그들의 목사들의 가르침에 순종해야 한다. 그리스도인들은 자신들이 너무 지혜롭고, 너무 선하고, 너무 대단해서 목사들로부터 배울 수 없다고 생각해서는 안 된다. 그리스도인들은 목사의 가르침들이 기록된 말씀에 일치하는 것을 발견할 때 목사들에게 순종해야 할 것이다.

(2) 이 의무의 동기들. 여기서 다음의 사실들을 주목하라.

[1] 목사들은 신자들을 다스리고 인도하는 권한이 있다. 목사들의 직분은 고압적인 것이 아니라 참으로 권위적이다. 목사들은 백성 위에 군림하는 권위를 가진 것이 결코 아니다. 목사들은 신자들에게 하나님의 말씀을 알려주고 가르쳐줌으로써, 하나님의 말씀을 설명해줌으로써, 그리고 하나님의 말씀을 신자들의 개별 형편과 경우들에 적용하게 함으로써 그들을 하나님의 길로 인도하는 권위를 가지고 있다. 목사들은 그들 자신의 법을 만드는 것이 아니라 하나님의 법을 해석하고 설명하는 권위를 가지고 있다. 또한 목사들의 해석을 검증을 거치지 않고 바로 받아서는 안 될 것이다. 신자들은 목사들의 해석이 하나님의 생각과 뜻에 맞는지 성서를 찾아보아야 한다. 그래서 그들의 목사의 가르침들이 성서의 규칙에 일치하는 경우에 한해서 그들은 그 가르침들을 받아들여야 할 것이다. 이러므로 우리가 하나님께 끊임없이 감사함은 너희가 우리에게 들은 바 하나님의 말씀을 받을 때에 사람의 말로 받지 아니하고 하나님의 말씀으로 받음이니 진실로 그러하도다 이 말씀이 또한 너희 믿는 자 가운데에서 역사하느니라(살전 2:13).

[2] 목사들은 신자들의 영혼들을 유혹하기 위해서가 아니라 구원하기 위해서 돌보고 지켜준다. 목사들이 신자들을 늘리는 것은 자신들을 위한 것이 아니라 그리스도를 위한 것이다. 목사들이 신자들을 돌보는 것은 신자들을 지혜와 믿음과 거룩함으로 세우고 성장시키기 위한 것이다. 목사들은 사람들의 영혼들에 상처를 줄 지도 모르므로 모든 일에 조심하고 경계를 해야 할 것이다. 그리고 목사들은 위험스러운 잘못들, 사탄의 계획들, 그리고 다가오는 심판 등에 대한 경고를 그들에게 들려주어야 한다. 목사들은 하늘나라로 가는 길에 앞으로 나아가도록 사람들을 도와줄 수 있는 모든 기회들을 항상 살펴야 할 것이다.

[3] 목사들은 신자들이 어떻게 의무를 실천할 것인지를 설명해 주어야 한다. 그리고 목사들은 신자들의 영혼에 위탁되고 위임된 것이 무엇인지를 가르쳐주어야 한다. 목사들의 태만으로 상실되는 사람들도 있을 것이고 그들의 목회 사

역을 통해 믿음이 서고 성장하는 사람들도 있을 것이다. 그럴지라도 목사들은 그들에게 의무와 책임을 가르쳐 주어야 한다.

[4] 목사들은 그들의 말을 듣는 사람들에게 훌륭하게 설명하고 이야기하는 것을 즐거워해야 할 것이다. 그러므로 목사들이 그들 자신의 충성과 성공을 잘 이야기할 수 있다면 그것을 듣는 사람들에게도 기쁨과 즐거움을 안겨주게 될 것이다. 그들의 목회 사역을 통해 회심하고 확신을 얻은 사람들의 영혼들은 주 예수의 날에 그들의 기쁨과 그들의 면류관이 될 것이다.

[5] 만일 목사들이 근심으로 하나님의 말씀을 전하는 그들의 설명과 이야기를 포기한다면 그것은 그들 자신들에게만 아니라 신자들에게도 손해가 될 것이다. 목사들이 신자들에게 전하는 말씀의 설명과 이야기가 근심이 아니라 기쁨으로 전달되는 것은 신자들의 유익이 된다. 신실한 목사들이 성공하지 못한다면 근심은 목사들의 것이 될 것이고, 그리고 손해는 신자들의 것이 될 것이다. 신실한 목사들은 그들 자신의 영혼들을 구원한다. 그러나 열매가 없고 믿음이 없는 사람들의 피와 파멸은 그 사람들 자신의 머리로 돌아갈 것이다.

[18]우리를 위하여 기도하라 우리가 모든 일에 선하게 행하려 하므로 우리에게 선한 양심이 있는 줄을 확신하노니 [19]내가 더 속히 너희에게 돌아가기 위하여 너희가 기도하기를 더욱 원하노라 [20]양들의 큰 목자이신 우리 주 예수를 영원한 언약의 피로 죽은 자 가운데서 이끌어 내신 평강의 하나님이 [21]모든 선한 일에 너희를 온전하게 하사 자기 뜻을 행하게 하시고 그 앞에 즐거운 것을 예수 그리스도로 말미암아 우리 가운데서 이루시기를 원하노라 영광이 그에게 세세무궁토록 있을지어다 아멘 [22]형제들아 내가 너희를 권하노니 권면의 말을 용납하라 내가 간단히 너희에게 썼느니라 [23]우리 형제 디모데가 놓인 것을 너희가 알라 그가 속히 오면 내가 그와 함께 가서 너희를 보리라 [24]너희를 인도하는 자들과 및 모든 성도들에게 문안하라 이달리야에서 온 자들도 너희에게 문안하느니라 [25]은혜가 너희 모든 사람에게 있을지어다

I. 여기서 사도는 그 자신과 그와 함께 고난당하는 사람들을 위하여 기도해 달라고 히브리인들에게 부탁하고 있다. 우리를 위하여 기도하라(18절). 여기서 우리를 위하여 기도하라는 말에서의 우리는 23절에서 언급된 대로 사도 자신인

나와 디모데를 뜻한다. 그리고 이 말은 복음 사역을 위하여 수고하는 우리와 같은 모든 사람들을 의미하기도 한다. 여기서 다음의 사실들을 주목하라.

1. 이 기도하는 것은 사람들이 그들의 목사에게 갚아야 될 의무의 한 요소이다. 목사들은 사람들의 기도를 필요로 한다. 신자들이 그들의 목사를 위하여 기도를 많이 하면 할수록 목사들이 그들의 목회 사역을 통해서 더 많은 유익을 거두어들일 수가 있을 것이다. 신자들은 하나님께서 그들을 가르쳐야 되는 사람들을 가르쳐 주시기를 기도해야 한다. 신자들은 하나님께서 목사들이 주의 깊고, 현명하고, 열정적이고, 그리고 잘 되도록 해주시기를 기도해야 한다. 다시 말해서 하나님께서 목사들의 모든 수고를 도와주시고, 그들의 모든 짐을 견딜 수 있게 해주시고, 그리고 그들의 모든 시험들을 이길 수 있는 힘을 주시기를 신자들은 기도해야 한다.

2. 신자들이 그들의 목사들을 위하여 기도를 해야 하는 합당한 이유들이 있다. 사도는 두 가지 이유를 말한다.

(1) 우리가 모든 일에 선하게 행하려 하므로 우리에게 선한 양심이 있는 줄을 확신하노니(18절). 사도 바울을 나쁘게 생각하는 유대인들이 많이 있었다. 왜냐하면 히브리인 중의 히브리인인 바울이 레위 지파의 율법을 버리고 그리스도를 전파했기 때문이다. 이제 바울은 여기서 자신의 순수성을 온건하게 주장하고 있다. 우리가 모든 일에 선하게 행하려 하므로 우리에게 선한 양심이 있는 줄을 확신한다. 사도가 이 말을 통해 의미하는 것은 우리는 안다 이다. 그러나 사도는 겸손한 방식을 택해 말하고 있다. 그것은 우리 자신들을 너무 자만하지 말고 우리 자신들의 심령에 경건한 경계심을 항상 간직하라고 우리 모두에게 가르쳐 주기 위한 것이다. 그가 말하고자 하는 바는 다음과 같다. "우리는 선한 양심을 가지고 있다고 믿는다. 그 양심은 분명하고 잘 아는 양심이고, 깨끗하고 순수한 양심이고, 온유하고 신실한 양심이고, 우리를 반대하는 것이 아니라 우리를 위하여 증언하는 양심이다. 그 양심은 모든 일에 선한 양심이다. 그 양심은 하나님과 인간에 대한 하나님의 백성의 의무가 기록된 십계명의 첫째 돌판과 둘째 돌판의 의무들을 선하게 행하려는 선한 양심이다. 그리고 특별히 우리의 목회 사역에 관한 모든 일들을 선하게 행하려는 선한 양심을 가지고 있다. 그러므로 우리는 모든 일들을 정직하고 진지하게 행할 것이다." 여기서 다음의 사실들을 주목하라.

[1] 선한 양심은 하나님의 모든 명령들과 우리의 모든 의무를 존중한다.

[2] 이러한 선한 양심을 가지고 있는 사람들일지라도 다른 사람들의 기도를 필요로 한다.

[3] 양심적인 목사들은 일반 국민을 위한 공공의 축복들이므로 사람들의 기도를 받을 가치가 있다.

(2) 사도가 신자들의 기도를 바라는 또 다른 이유는 그 기도를 힘입어 그들에게 더 빨리 돌아가기를 소망했기 때문이다(19절). 이것은 그가 예전에 그들과 함께 있었다는 사실을 암시한다. 이제 사도는 그들과 떨어져 있다. 그래서 그는 다시 그들에게 돌아가고 싶은 소망이 아주 컸다. 그들에게 돌아가고 싶은 사도의 소망을 손쉽게 해주고 자신과 그들에게 자비를 얻게 해주는 가장 좋은 방법은 다름 아닌 그들의 기도였다. 목사들이 기도의 응답으로 신자들에게 나아가게 될 때 목사들 자신들은 더 큰 만족을 얻게 될 것이고, 신자들은 성공을 얻게 될 것이다. 우리는 기도를 통해 모든 필요한 자비들을 얻어야 될 것이다.

Ⅱ. 사도는 신자들을 위하여 하나님께 자신의 기도를 드리고 있다. 사도는 자신이 바라는 대로 신자들이 자신을 위하여 해주었듯이 그 자신도 신자들을 위한 일을 기꺼이 하고 있다. 양들의 큰 목자이신 우리 주 예수를 영원한 언약의 피로 죽은 자 가운데서 이끌어 내신 평강의 하나님이 모든 선한 일에 너희를 온전하게 하사 자기 뜻을 행하게 하시고 그 앞에 즐거운 것을 예수 그리스도로 말미암아 우리 가운데서 이루시기를 원하노라(20, 21절). 이 뛰어난 기도에서 다음의 사실들을 주목하라.

1. 하나님에 대한 칭호. 평강의 하나님께서 하나님 자신과 죄인들 사이의 평화와 화해를 가질 수 있는 방법을 찾아내셨다. 그리고 평강의 하나님께서는 지상의 평화와 특별히 하나님의 교회들의 평화를 사랑하신다.

2. 위대한 일을 하나님께서 행하셨다. 다시 말해서 평강의 하나님께서 우리 주 예수를 죽은 자 가운데서 이끌어 내셨다. 예수님께서 그 자신의 능력으로 죽음에서 일어나셨다. 그러나 하나님 아버지께서도 이 일에 관련이 있으셨다. 이 일을 통해서 하나님의 공의가 충족되었고 율법이 이행되었다. 그리스도께서 우리의 의를 위하여 다시 살아나셨다. 그리스도를 다시 살리신 하나님의 능력이 우리에게 필요한 모든 일을 우리를 위하여 해줄 수 있다.

3. 그리스도에게 부여된 칭호들. 우리의 주 예수, 우리의 통치자, 우리의 구세

주, 그리고 양 떼의 위대한 목자. 목자 칭호는 이사야서 40장 11절에 약속이 되어 있다. 그는 목자같이 양 떼를 먹이며 어린 양을 그 팔로 모아 품에 안으시며 젖 먹이는 암컷들은 온순히 인도하시리로다. 그리고 그리스도 자신도 자신을 요한복음 10장 14절과 15절에서 그렇게 선언하셨다. 나는 선한 목자라 나는 내 양을 알고 양도 나를 아는 것이 아버지께서 나를 아시고 내가 아버지를 아는 것 같으니 나는 양을 위하여 목숨을 버리노라. 목사들은 작은 목자들이고 그리스도는 큰 목자이시다. 이 칭호는 그의 백성에 대한 주님의 관심을 드러낸다. 그의 백성은 그리스도의 초장에서 풀을 뜯고, 그리스도가 사랑과 관심으로 돌보아주시는 양 떼이다. 그리스도는 그들을 먹이시고, 인도하시고, 그리고 지켜주신다.

4. 하나님께서 화해하시고 그리스도를 죽음에서 일으키신 방법. 영원한 언약의 피로 하나님은 그렇게 하셨다. 그리스도의 피는 하나님의 공의를 만족시켰고, 그리고 그리스도를 무덤의 감옥에서 풀어주셨다. 아버지 하나님과 아들 하나님 사이에 맺으신 영원한 언약에 따라서 우리가 갚아야 할 빚을 이 언약의 피를 통해 그리스도께서 갚아주셨다. 이 피는 하나님과 그의 백성 사이의 영원한 언약을 인정하는 재가와 인(印)이다.

5. 기도로 구하는 자비. 모든 선한 일에 너희를 온전하게 하사 자기 뜻을 행하게 하시고 그 앞에 즐거운 것을 예수 그리스도로 말미암아 우리 가운데서 이루시기를 원하노라(21절). 여기서 다음의 사실들을 주목하라.

(1) 모든 선한 일들에서 성도들이 온전하게 되는 것은 성도들을 위하여 성도들이 갈망해야 되는 중요한 일이다. 그러한 갈망은 성도들이 현세에서 믿음의 순전함, 맑은 정신, 깨끗한 마음, 생동하는 감정, 일정하고 확고한 의지, 성도들이 지금 부름을 받은 모든 선한 일에 필요한 적절한 힘, 그리고 하늘나라의 축복과 사역을 위하여 성도들이 적합할 정도의 온전함을 받을 수 있도록 하기 위한 것이다.

(2) 하나님께서 그의 백성을 온전하게 만드시는 방법. 그 방법은 하나님이 보시기에 즐거우신 것을 그의 백성 가운데에서 언제나 이루시는 것이다. 하나님은 그것을 영원히 영광을 받으실 예수 그리스도를 통하여 하신다. 다음의 사실들을 주목하라.

[1] 하나님의 역사가 없이는 우리에게 선한 일이 결코 일어나지 못한다. 하나님은 우리가 어떤 선한 일에 합당하게 되기 이전에 우리 속에서 역사하신다.

[2] 하나님께서는 그 자신과 그의 영을 위하여 예수 그리스도를 통하지 않고서는 우리 속에 선한 일을 결코 역사하지 않으신다.

[3] 그러므로 영원한 영광이 그리스도에게 돌아가야 하는 것이 당연하다. 그리스도는 우리 속에 일어나는 모든 선한 원리들의 원인이시고 우리가 행하는 모든 선한 일들의 원인이시다. 우리 모두는 이 일에 감사하고 아멘을 해야 할 것이다.

Ⅲ. 사도는 히브리인들에게 디모데가 풀려나 자유가 된 것과 얼마 안 있으면 디모데와 함께 그들을 보게 되기를 바라는 사도의 소망을 알려주고 있다. 우리 형제 디모데가 놓인 것을 너희가 알라 그가 속히 오면 내가 그와 함께 가서 너희를 보리라(23절). 이 말씀을 미루어 보건대 디모데가 감옥에 갇혔던 것 같다. 분명히 디모데는 복음 때문에 감옥에 갇혔다가 지금 풀려나 자유의 몸이 되었던 모양이다. 신실한 사역자들이 감옥에 갇힘은 그들의 명예가 되고, 그들이 감옥에서 풀려남은 신자들에게 즐거움을 주는 사건이 된다. 사도는 사랑하는 디모데를 보게 될 뿐만 아니라 그와 더불어 히브리인 신자들도 보게 된다는 소망에 마음이 기뻤다. 신실한 사역자들은 그리스도의 교회들에 편지를 쓰고 소식을 전하는 기회들을 갈망하고 있고 그 일은 그들에게 기쁨이 된다.

Ⅳ. 사도는 자신의 편지가 짧막하다는 사실에 대해 신자들의 양해를 구한 뒤에(22절) 문안 인사와 함께 짧지만 엄숙한 축도로 글을 마치고 있다.

1. 문안 인사.

(1) 사도는 신자들을 인도하는 모든 사역자들과 모든 성도들을 향한 문안 인사를 전하고 있다. 다시 말해서 사도는 주의 말씀을 전하는 모든 사역자들과 모든 신자들에게 문안 인사를 전한다.

(2) 이달리야에서 온 그리스도인들이 히브리인 신자들에게 문안 인사를 전한다. 그리스도인들의 마음속에 서로를 향한 거룩한 사랑과 친절의 법이 새겨져 있다는 것은 좋은 일이다. 종교는 사람들에게 가장 진실한 예의와 좋은 교양을 가르친다. 종교와 신앙생활은 까다롭고 침울한 것이 아니다.

2. 짧지만 엄숙한 축도. 은혜가 너희 모든 사람에게 있을지어다(25절). 이 축도가 의미하는 바는, 하나님의 자비가 너희에게 있고, 그의 은혜가 너희 속에서 항상 역사하고, 그리고 영광의 첫 열매인 거룩함의 열매들을 맺음으로 하나님의 은혜가 너희와 함께 있기를 기원하는 것이다. 하나님의 백성이 말이나 글로

서로 대화를 나누고 교제를 하게 되었을 때 그 글이나 말을 기도로 마치는 것
이 좋을 것이다. 그 기도는 찬양의 세계에서 그들이 서로 다시 만날 수 있도록
하나님의 은혜로우신 임재가 서로에게 항상 함께 하기를 바라고 비는 것이다.

야고보서

서론

이 서신의 저자는 세베대의 아들 요한의 형제 야고보가 아니었다(마 4:21). 왜냐하면 그 야고보는 헤롯왕에 의해 죽임을 당했기 때문이다(행 12장). 그가 죽은 시기가 지금 본 서신에서 언급되고 있듯이 흩어진 유대인들 사이에서 그리스도교가 아주 많은 기반을 가지기 이전이었다. 이 야고보는 그 야고보와 동명이인이었다. 이 야고보는 알패오의 아들 야고보였다. 그는 그리스도의 사촌이었고, 열두 제자 가운데 한 사람이었다(마 10:3). 이 야고보를 기둥이라고 불렀다(갈 2:9). 그러므로 이 서신의 저자가 야고보라는 사실은 논란의 여지가 있을 수 없다. 그것은 초석을 빼놓지 않고는 불가능한 일이다.

이 서신을 공동 서신이라고 부른다. 그 이유는 이 서신이 어떤 특정한 사람이나 교회에 보낸 것이 아니기 때문이다. 우리는 이 서신을 그러한 이유로 해서 두루 돌려보는 회람용 서신이라고 부른다. 그런가하면 이 서신을 공동 서신이라고 부르는 것은 이그나티우스, 바나바, 폴리캅, 그리고 초대 교회의 다른 유명한 교부들의 편지들과 구별하기 위해서 그런 것이라고 생각하는 사람들도 있다. 왜냐하면 그러한 편지들은 지금 이 야고보서와 같이 교회에 일반적으로 받아들여지지도 않았고 정경으로 인정되지 못했기 때문이라는 것이다. 역사가 유세비우스는 그의 「교회사」에서 이렇게 말하고 있다. "이 서신이 다른 공동 서신들과 함께 교회들에서 일반적으로 읽히고 있었다."

본 서신의 저자 야고보는 그의 큰 신앙심과 경건함 때문에 의인이라고 불렸다. 야고보는 자신이 다른 사람들에게 주장하고 권면하는 이 은혜들의 아주 뛰어난 본보기였다. 야고보는 그의 올바름, 절제, 헌신으로 아주 크게 존경을 받았다. 야고보의 그러한 특성은 유대인 역사가 요세푸스가 예루살렘 멸망의 원인들 가운데 하나로 그것을 기록할 정도였다. 요세푸스는 이렇게 말하고 있다. "성 야고보는 그의 의로움 때문에 순교를 당했다." 이러한 사실이 언급되고 있는 것은 그렇게 거룩하고 훌륭한 사람에 의해 이 서신이 기록이 되었으니 크게 존중하기를 바라는 희망에서이다.

이 서신이 기록된 시기는 확실하지가 않다. 이 서신의 목적은 믿음과 생활태도가 크게 타락한 그리스도인들을 책망하고, 그리고 모든 실제적인 경건함의 파멸을 초래할 수 있는 이러한 방탕한 가르침들이 널리 퍼지는 것을 예방하기 위한 것이었다. 또한 이 서신의 저자가 바라는 특별한 의도는 유대 민족에게 임박한 큰 심판이 다가오고 있다는 것을 알려주고 일깨워주기 위한 것이었다. 그리고 야고보 사도는 모든 참된 그리스도인들이 만나고 겪게 될지도 모르는 재난들과 핍박들 아래에서 그들의 의무를 다하는 본분에서 벗어나지 않고 그 시험들을 극복하는 것을 도와주기 위해서 이 서신을 기록했다. 본 서신에 기록된 진리들은 언제나 간직해야 될 아주 중요하고 필요한 것들이다. 본 서신에서 진술되고 있는 신앙생활의 실천 규칙들은 과거 시대에 그랬던 것처럼 우리의 시대와 미래 시대에도 지켜야 될 것들이다.

제 1 장

개요

헌사와 문안 인사를 한 뒤(1절) 시험 받을 때 그리스도인들이 어떻게 행동해야 될지를 가르쳐 주고 있다. 몇 가지 은혜와 의무들을 권면한다. 지금 야고보 사도가 지시하고 있듯이 시련과 고난들을 견딘 사람들은 축복과 영광스러운 보상을 받게 될 것이라는 확신을 주고 있다(2-12절). 그러나 고난들을 초래하는 이러한 죄들이나 또는 사람들이 고통의 원인으로 돌릴 수 있는 약함이나 잘못들의 책임을 결코 하나님께 전가시킬 수 없다. 왜냐하면 하나님은 죄를 만드신 분이 아니라 모든 선을 만드신 분이기 때문이다(13-18절). 모든 정욕과 성급한 분노와 악한 감정들을 억제해야만 한다. 우리는 하나님의 말씀을 깊이 연구해야 한다. 우리는 하나님의 말씀을 듣고 아는 것을 실천해야 한다. 그렇지 않으면 우리의 신앙생활은 헛것이 되고 말 것이다. 야고보서 저자는 이 권면들에 덧붙여 순수한 신앙생활의 경건에 대해 진술한다(19-27절).

¹하나님과 주 예수 그리스도의 종 야고보는 흩어져 있는 열두 지파에게 문안하노라

우리는 이 말씀에서 세 가지 주요한 요소들로 이루어진 본 서신의 헌사를 대하게 된다. 그것들은 다음과 같다.

I. 본 서신의 저자 야고보 사도가 알려지기를 바라는 자신의 특성을 이 말씀에서 밝히고 있다. 하나님과 주 예수 그리스도의 종 야고보. 야고보 사도는 그리스도의 왕국에서 총리 급의 사도였음에도 불구하고 그는 자신을 단지 종이라고 부르고 있다. 여기서 다음의 사실들을 주목하라. 그리스도의 교회에서 직분이나 업적에 있어서 가장 높은 사람들일지라도 그들은 종일 뿐이다. 그러므로 그러한 사람들은 주인이 아니라 섬기는 자로 행동해야 할 것이다. 더욱이 야고보가 우리의 주 예수 그리스도의 형제 복음 전도자로 불리고 있는 것도 자신이 육체를 따라 주님의 친척임을 자랑하는 것이라기보다는 영적으로 그리스도를 섬기는 것이 야고보의 영광이었다는 사실을 드러내주고 있다. 여기서 우리는

세상의 그 어떤 것보다도 하나님과 주 예수 그리스도의 종 이 칭호가 가장 소중하다는 사실을 깨우치도록 하자. 또한 야고보가 스스로 하나님과 주 예수 그리스도의 종으로 고백하고 있는 것이 우리의 모든 봉사들에 있어서 성부 하나님뿐만 아니라 성자 그리스도도 바라보고 섬겨야 한다는 사실을 우리에게 가르쳐 주고 있다. 만일 우리가 성자 그리스도의 종들이 되지 않는다면 성부 하나님을 마음에 들게 섬길 수 없을 것이다. 하나님의 뜻은 다음의 말씀에 잘 나타나 있다. 이는 모든 사람으로 아버지를 공경하는 것 같이 아들을 공경하게 하려 하심이라 아들을 공경하지 아니하는 자는 그를 보내신 아버지도 공경하지 아니하느니라(요 5:23). 이것은 하나님의 백성이 그리스도에게 영접을 받고, 그리스도에게서 도움을 받고, 그리고 그리스도에게 모두 순종하게 하기 위한 것이다. 이와 같이 하나님께서는 모든 입으로 예수 그리스도를 주라 시인하여 하나님 아버지께 영광을 돌리게 하신다(빌 2:11).

Ⅱ. 야고보 사도는 여기서 자신의 편지를 받은 사람들의 형편을 언급하고 있다. 흩어져 있는 열두 지파. 이것을 스데반이 박해를 받을 때 유대인들이 흩어진 것으로 이해하는 사람들도 있다(행 8장). 그런데 그 때는 그 흩어진 범위가 유대와 사마리아 지역뿐이었다. 그런가하면 이 흩어진 유대인들이 전쟁들로 말미암아 끌려갔던 앗수르, 바벨론, 애굽 및 다른 나라들에 살던 유대인들이었다고 이해하는 사람들도 있다. 그런데 열두 지파 가운데 열 지파에 속한 사람들이 아주 많이 포로 때 정말로 없어졌다. 그렇지만 각 지파의 일부는 보존이 되었다. 남아 있는 그 사람들은 지금도 열두 지파의 옛날 방식의 존경과 대우를 받고 있다. 어쨌든 이 사람들은 흩어지고 퍼졌다. 여기서 다음의 사실들을 주목하라.

1. 열두 지파의 사람들은 자비로 흩어지게 되었다. 구약 성서를 가진 유대인들이 하나님의 섭리로 하나님의 계시의 빛을 퍼뜨리기 위하여 여러 나라들로 흩어지게 되었다.

2. 그들은 이제 진노로 흩어지기 시작했다. 유대 국가는 여러 당파와 파벌로 갈라졌다. 많은 유대인들이 자신의 나라를 떠나지 않으면 안 되었다. 그 나라의 사정이 너무 어렵고 괴롭게 되어 그들이 견딜 수가 없었다. 유대인들 가운데 선한 사람들까지도 공동의 재난을 나누어 가지게 되었다.

3. 이 흩어진 유대인들은 그리스도교 신앙을 받아들인 사람들이었다. 그들은

박해를 받게 되어 다른 나라들에서 피난처를 찾지 않을 수 없게 되었다. 이방인들이 유대인들보다 그리스도인들에게 훨씬 친절하게 대해 주었다. 여기서 다음의 사실들을 주목하라. 하나님 자신의 지파들조차도 해외로 흩어져야 될 때가 종종 있다. 하나님의 백성이 다 함께 모이는 날은 세상 끝날로 예정이 되어 있다. 하나님의 모든 흩어진 자녀들이 그 날이 되면 그들의 머리가 되시는 그리스도 앞에 다 함께 모이게 될 것이다. 하나님의 지파들이 해외에 흩어져 있는 동안 하나님은 그들을 돌보고 보살펴주실 것이다. 지금 한 사도가 흩어진 하나님의 지파들에게 편지를 쓰고 있다. 하나님의 성전에서 쫓겨났을 때 겉으로는 하나님이 그들을 못 본 체하신 것 같았지만 하나님께서 그들에게 편지를 보내셨다. 여기서 에스겔 선지자의 말을 적용해보도록 하자. 그런즉 너는 말하기를 주 여호와의 말씀에 내가 비록 그들을 멀리 이방인 가운데로 쫓아내어 여러 나라에 흩었으나 그들이 도달한 나라들에서 내가 잠깐 그들에게 성소가 되리라 하셨다 하라(겔 11:16). 하나님께서는 쫓겨난 사람들에게 특별한 관심을 베푸신다. 이사야 선지자는 이렇게 말하고 있다. 너는 방도를 베풀며 공의로 판결하며 대낮에 밤 같이 그들을 지으며 쫓겨난 자들을 숨기며 도망한 자들을 발각되게 하지 말며 나의 쫓겨난 자들이 너와 함께 있게 하되 너 모압은 멸절하는 자 앞에서 그들에게 피할 곳이 되라 대저 토색하는 자가 망하였고 멸절하는 자가 그쳤고 압제하는 자가 이 땅에서 멸절하였다(사 16:3,4). 하나님의 지파들이 흩어질 수도 있다. 그러므로 우리는 외적인 특권들에 너무 많은 가치를 두어서는 안 된다. 그리고 반대로 우리는 외적인 재난들을 만나게 됐을 때 낙담하거나 스스로 버림받았다고 생각해서는 안 될 것이다. 왜냐하면 하나님께서 그의 흩어진 백성을 기억하시고 위로해 주실 것이기 때문이다.

Ⅲ. 야고보는 여기서 하나님께서 흩어진 사람들에게조차도 베풀어주셨던 관심과 배려를 보여주고 있다. 문안하노라. 이 말의 의미는 그들에게 평화와 구원이 있기를 바라면서 그들에게 문안인사를 보낸다는 것이다. 참된 그리스도인들은 자신들이 겪는 어려움들을 과소평가해서는 안 될 것이다. 사도는 흩어진 사람들이 위로를 받을 수 있기를 간절히 바랐다. 다시 말해서 사도는 흩어진 사람들이 잘 되고 잘 대접을 받을 수 있고, 그리고 어려움 속에서도 기뻐할 수 있기를 바랐다. 하나님의 백성은 언제 어디서나 기뻐할 수 있는 이유를 가지고 있다. 다음의 말씀에서 기뻐할 수 있는 이유를 풍성하게 발견할 수 있게

될 것이기 때문이다

²내 형제들아 너희가 여러 가지 시험을 만나거든 온전히 기쁘게 여기라 ³이는 너희 믿음의 시련이 인내를 만들어 내는 줄 너희가 앎이라 ⁴인내를 온전히 이루라 이는 너희로 온전하고 구비하여 조금도 부족함이 없게 하려 함이라 ⁵너희 중에 누구든지 지혜가 부족하거든 모든 사람에게 후히 주시고 꾸짖지 아니하시는 하나님께 구하라 그리하면 주시리라 ⁶오직 믿음으로 구하고 조금도 의심하지 말라 의심하는 자는 마치 바람에 밀려 요동하는 바다 물결 같으니 ⁷이런 사람은 무엇이든지 주께 얻기를 생각하지 말라 ⁸두 마음을 품어 모든 일에 정함이 없는 자로다 ⁹낮은 형제는 자기의 높음을 자랑하고 ¹⁰부한 자는 자기의 낮아짐을 자랑할지니 이는 그가 풀의 꽃과 같이 지나감이라 ¹¹해가 돋고 뜨거운 바람이 불어 풀을 말리면 꽃이 떨어져 그 모양의 아름다움이 없어지나니 부한 자도 그 행하는 일에 이와 같이 쇠잔하리라 ¹² 시험을 참는 자는 복이 있나니 이는 시련을 견디어 낸 자가 주께서 자기를 사랑하는 자들에게 약속하신 생명의 면류관을 얻을 것이기 때문이라

우리는 이제 본 서신의 주제를 고찰하게 된다. 여기서 다음의 사실들을 주목하라.

I. 이 세상에서 그리스도인들이 당하는 고난의 상태가 진술되고 있다. 우리가, 간단명료하고 논리적으로 암시되고 있지만 동시에 충분하게 설명되고 있는 것에 주의를 기울인다면 바른 깨우침을 받게 될 것이다. 여기서의 진술은 아주 교훈적인 방식으로 표현되고 있는데 다음의 사실들을 주목하라.

1. 먼저 본 단락에서 아주 선한 그리스도인들일지라도 당할 수 있는 고통들과 어려움들이 암시되고 있다. 이 그리스도인들이 스스로 좋다고 생각하고 좋은 소망을 가질 수 있는 아주 합당한 이유를 가지고 있을지라도 말이다. 아주 크게 기뻐할 칭호를 가진 그러한 사람들인 그리스도인들이 아주 심한 고난들을 겪게 될 지도 모른다. 선한 사람들이 흩어지지 않으면 안 되는 때가 있다. 마찬가지로 그들이 어려움들을 만나게 될지라도 그것을 이상하다고 생각해서는 안 될 것이다.

2. 이러한 외적인 고난들과 어려움들은 그리스도인들에게 시험이 된다. 마귀는 고난들과 고통들을 통해 사람들을 죄에 빠지게 하고, 의무를 이행하지 못하

게 막고, 그리고 그들을 의무에 적합하지 않게 만든다. 그러나 우리의 고난들 역시 하나님의 손에 달려 있기에 그 고난들 역시 우리에게 은혜들을 베풀어주시기 위한 시험과 수단이 된다. 금은 용광로에 들어가야 정련이 되고 순금이 된다.

3. 이러한 시험들이 많고 다양할 수도 있다. 야고보 사도가 말하고 있는 것처럼 여러 가지 시험이 있을 수 있다. 우리가 겪는 시련들은 그 수가 많고 그 종류도 가지각색이다. 그러므로 우리는 하나님의 전신갑주를 입어야 될 필요가 있다(엡 6:11). 우리는 모든 방면에서 무장을 해야 한다. 왜냐하면 시험들이 사방에 널려 있기 때문이다.

4. 선한 사람이 당하는 시련들은 그 사람이 스스로 그것을 만든 것도 아니고 또한 그의 죄 때문에 당하게 되는 것들도 아니다. 시험들이란 선한 사람이 살다보면 빠지게 되거나 만나게 될 수도 있는 것들이다. 이러한 이유 때문에 선한 사람은 그러한 시험들을 잘 견디고 감당하게 된다.

II. 시련과 고난의 상태에서 받게 되는 은혜들과 이행해야 되는 의무들이 여기서 진술되고 있다. 우리는 이 시험들을 감당할 수 있고, 감당해야 한다면 그것들을 통하여 어떻게 성장할 수 있겠는가? 다시 말해서 우리의 고난을 어떻게 우리를 위한 선으로 바꿀 수 있겠는가? 여기서 다음의 사실들을 주목하라.

1. 실행되어야 할 그리스도인의 한 가지 은혜는 기뻐하는 것이다. 내 형제들아 너희가 여러 가지 시험을 만나거든 온전히 기쁘게 여기라(2절). 우리는 마음이 슬프고 위안이 없는 상태로 빠져 들어가서는 안 된다. 그러한 상태는 시련을 당하는 우리를 지치게 만들 것이다. 반대로 우리의 정신을 지키고, 더 넓어지게 하고, 더 깊어지게 북돋워야 한다. 그렇게 함으로써 우리의 고난당하는 형편과 경우의 참된 의미를 더 잘 깨우칠 수 있게 하고, 더 나아가서 그것을 최대한 활용하여 우리에게 큰 유익이 되게 해야 할 것이다. 사람들이 어려움을 당할 때 철학이 사람들에게 평정을 유지하는 법을 가르쳐줄 수도 있을 것이다. 그러나 그리스도교는 고난을 당하는 사람들에게 기뻐하라고 가르친다. 그 이유는 그러한 훈련은 하나님의 분노가 아니라 하나님의 사랑으로부터 나오기 때문이다. 고난 속에서의 그러한 기쁨의 실천을 통하여 우리는 우리의 머리 되시는 그리스도와 일치할 수 있게 된다. 그리고 그 기쁨의 실천은 우리가 하나님의 양자됨의 증표가 된다. 의의 길을 걸으며 당하는 고난을 통하여 우리는 사람들

516 매튜 헨리 주석_야고보서

가운데 세워져 있는 그리스도의 나라의 유익을 위하여 봉사하게 되고, 그리스도의 몸을 세우는 일에 기여를 하게 된다. 그리고 우리의 시련들이 지금은 우리가 받은 은혜들을 빛나게 해줄 것이고 나중에는 우리가 받을 면류관을 빛나게 해줄 것이다. 그러므로 우리의 의무를 이행하는 길에서 시련들과 어려움들을 당하게 될 때 우리는 그것들을 온전히 기뻐해야 할 이유가 있는 것이다. 그리고 이것은 순전히 신약 성서의 어떤 역설이 아니다. 구약 성서의 욥의 경우에도 이렇게 말씀이 되었다. 볼지어다 하나님께 징계 받는 자에게는 복이 있나니 그런즉 너는 전능자의 징계를 업신여기지 말지니라(욥 5:17). 만일 우리가 다른 은혜들을 고난을 통하여 향상시키려고 생각한다면 그 고난은 더 기뻐해야 할 이유가 될 것이다.

2. 믿음의 한 표현은 전제를 말하는 은혜이고, 다른 한 표현은 실행을 요구하는 은혜이다. 전제를 말하는 은혜의 표현은 3절의 말씀이다. 이는 너희 믿음의 시련이 인내를 만들어 내는 줄 너희가 앎이라. 실행을 요구하는 은혜의 표현은 6절의 말씀이다. 오직 믿음으로 구하고 조금도 의심하지 말라. 그리스도인의 믿음에는 그리스도교의 위대한 진리들을 믿는 건전하고 온전한 신뢰가 있어야만 하고, 시련을 당할 때 그 진리들을 지키는 확고한 고수가 있어야만 한다. 여기서 언급되고 있는 고난을 통해 단련되고 시험받는 믿음은 하나님의 권능과 말씀과 약속을 신뢰하는 신념에 있고, 그리고 주 예수 그리스도에 대한 충성과 변하지 않는 지조에 있다.

3. 믿음에는 인내가 있어야만 한다. 이는 너희 믿음의 시련이 인내를 만들어 내는 줄 너희가 앎이라. 한 은혜의 시험은 또 다른 은혜를 만들어 낸다. 그리스도인의 고난받는 은혜들이 더 많이 실행되면 될수록 그 은혜들은 더욱 강하게 자랄 것이다. 우리가 환난 중에도 즐거워하나니 이는 환난은 인내를, 인내는 연단을, 연단은 소망을 이루는 줄 앎이로다(롬 5:3,4). 그러므로 우리가 그리스도인의 인내를 바르게 실천하기 위해서는 우리는 다음의 사실들을 주목해야 할 것이다.

(1) 인내를 이루도록 하라. 인내는 어리석은 것이 아니라 적극적인 것이다. 스토아 철학의 무관심과 그리스도인의 인내는 아주 다르다. 무관심을 통하여 사람들은 자신들의 고난들에 대하여 어느 정도 무감각해질 수는 있다. 그러나 인내를 통하여 사람들은 그 고난들을 이기고 극복하게 된다. 시련을 당할 때 고난이 아니라 인내가 우리 속에서 역사할 수 있게 주의하도록 하자. 무슨 말을

하든지 무슨 일을 하든지 하여튼 인내가 말하고 인내가 행동하도록 하자. 우리가 고난에 빠져 허덕임으로써 인내의 작용과 훌륭한 효과들을 방해하거나 막지 않게 하도록 하자. 어려움을 당할 때 인내가 역사하게 하라. 그러면 인내가 놀라운 열매들을 만들어 내게 될 것이다.

(2) 우리는 인내가 온전히 작용할 수 있도록 해야 할 것이다. 인내를 제한하는 일은 어떤 것도 하지 말고 또한 그것을 약하게 만드는 일도 결코 하지 마라. 그것이 그 힘을 한껏 발휘하게 하라. 만일 고난의 뒤를 이어 또 다른 고난이 줄을 잇는다면, 즉 일련의 고난들이 계속해서 일어나고 우리를 옥죈다면 인내가 그 일을 이룰 때까지 계속 힘을 발휘하게 해야 할 것이다. 우리가 하나님께서 명하신 모든 것을 견디고, 겸손한 순종의 눈으로 하나님을 바라본다면 인내가 그 일을 온전하게 이룰 것이다. 그리고 우리가 어려움들을 견딜 뿐만 아니라 그 어려움들 속에서 기뻐하기까지 한다면 인내가 그 일을 더욱 온전하게 이룰 것이다.

(3) 인내하는 일이 완전하게 된다면 그리스도인은 그 때 비로소 온전하게 되고, 부족한 것이 전혀 없게 될 것이다. 인내는 그리스도인의 경주와 싸움에 필요한 모든 것을 다 제공해주고, 마지막까지 우리가 견딜 수 있게 해주고, 그 일을 마치고 영광의 면류관을 받을 수 있게 해줄 것이다. 우리가 다른 은혜들을 풍성히 받고 난 뒤에도 우리는 인내를 필요로 한다. 너희에게 인내가 필요함은 너희가 하나님의 뜻을 행한 후에 약속하신 것을 받기 위함이라(히 10:36). 이제 우리는 더 나아가서 인내를 온전하게 이루어야 할 것이다. 인내를 온전히 이루라 이는 너희로 온전하고 구비하여 조금도 부족함이 없게 하려 함이라(4절).

4. 기도는 고난받는 그리스도인들에게도 권장되는 의무이다. 여기서 야고보 사도는 다음의 것들을 진술하고 있다.

(1) 우리가 기도로 더욱 간구해야 될 것은 지혜이다. 너희 중에 누구든지 지혜가 부족하거든 모든 사람에게 후히 주시고 꾸짖지 아니하시는 하나님께 구하라 그리하면 주시리라(5절). 우리는 고난이 제거되기를 바라서라기보다는 고난을 올바르게 활용할 수 있는 지혜를 구하기 위하여 기도해야 할 것이다. 어떤 큰 시련을 당하고 있거나 해결해야 할 과제가 있을 때 일들에 대한 자신의 판단을 인도해주고, 자신의 정신과 성격을 조절해주고, 그리고 그 사건들에 대처하기 위한 지혜가 부족하지 않을 사람이 누가 있겠는가? 시험을 당할 때 현명해지는

것은 하나님의 특별한 은사이고 선물이다. 그러므로 우리는 하나님께 지혜를 구해야 할 것이다.

(2) 어떤 방법으로 지혜를 얻어야 하는가? 그 방법은 청원하고 요청하는 것이다. 어리석은 사람은 은혜의 보좌 앞에서 거지들이 된다. 그렇지만 어리석은 사람들도 지혜롭게 될 수 있는 가망이 충분히 있다. 성경은 지혜를 사람에게 구하라고 말씀하고 있지 않다. 아니 어떤 사람에게든지 지혜를 구할 수는 없다. 그러나 성경은 지혜를 하나님께 구하라고 말씀하고 있다. 하나님은 지혜를 구하는 그 사람을 만드셨고, 그리고 처음에 그에게 하나님의 총명과 이해력을 주셨다. 하나님께는 지혜와 지식의 모든 보화들이 담겨 있다. 따라서 우리는 우리의 지혜의 부족을 하나님께 고백하고 날마다 지혜를 하나님께 구하도록 하자.

(3) 우리는 이 지혜를 하나님께 감히 구할 수 있는 아주 큰 격려를 받게 된다. 모든 사람에게 후히 주시고 꾸짖지 아니하시는 하나님께 구하라 그리하면 주시리라. 더욱이 구하는 지혜를 주시리라고 분명하게 말씀하고 있다(5절). 이 말씀에는 우리가 자신의 약함과 어리석음을 깨닫고 지혜를 구하기 위하여 하나님께 나아갈 때 용기를 잃고 실망하는 마음의 모든 성향을 잠재워주는 어떤 응답과 해결이 담겨 있다. 하나님은 우리에게 지혜를 주시기 위하여 우리를 하나님께 나아가게 하시고, 우리에게 확신을 주신다. 하나님은 주기를 좋아하는 성품을 지니고 계시고, 구하는 사람들에게 구하는 것을 베풀어주고 싶어하시는 분이시다. 또한 여기에는 하나님에 대한 어떤 두려움도 존재하지 않는다. 하나님이 어떤 사람을 배제하거나, 겸손하게 청원하는 어떤 영혼을 제외시키기 위하여 구하는 사람들에게 어떤 제한을 두시지나 않을까 하는 두려움을 전혀 가질 필요가 없다. 왜냐하면 하나님은 모든 사람에게 주시기 때문이다. 만일 당신이 많은 지혜를 원한다고 말한다면 적은 몫이 당신의 차지가 되지 않을 것이다. 왜냐하면 야고보 사도는 하나님이 후히 주신다고 확증하고 있기 때문이다. 그래도 혹시 당신이 하나님께 별로 좋지 않은 때에 찾아간 것은 아닌지, 또는 당신의 어리석음 때문에 하나님께 면박이나 당하면 어쩌나 하는 걱정을 덜어주기 위하여 야고보 사도는 꾸짖지 아니하시는 하나님이시라고 덧붙여 말해주고 있다. 당신이 원하면 아무 때고 하나님께 요청하라. 당신이 원하면 몇 번이고 하나님께 구하라. 그래도 당신은 결코 꾸지람이나 타박을 당하지 않을 것이다. 혹 어떤 사람은 이렇게 말할지도 모른다. "다른 사람의 경우에는 그렇게 될 수도 있겠

지. 그렇지만 지혜를 구하는 내 경우는 다른 사람이 그랬던 것처럼 잘 되지 않을까봐 두렵네." 그런 사람은 하나님의 약속이 얼마나 상세하고 분명한지를 생각해보도록 하라. 하나님께 구하라 그리하면 주시리라. 만일 지혜를 구해도 얻을 수 없다고 한다면 당연히 바보들은 자신들의 어리석음으로 다 멸망하고 말 것이다. 그리고 당연히 바보들이나 어리석은 사람들은 지혜를 구하기 위하여 하나님께 결코 기도하지 않을 것이다.

(4) 우리가 구할 때 반드시 주목해야 할 사실이 한 가지가 있다. 즉 우리가 구할 때 변함이 없는 믿는 마음으로 해야 된다는 것이다. 오직 믿음으로 구하고 조금도 의심하지 말라 의심하는 자는 마치 바람에 밀려 요동하는 바다 물결 같으니(6절). 지금 이 약속의 말씀은 아주 확실한 것이다. 그런데 이 약속에는 단서가 하나 언제나 붙어 있다. 즉 하나님은 바보를 지혜롭게 만드실 수 있고, 그리고 하나님의 말씀을 자신에게 적용하는 사람들을 유익하게 해주시는 하나님의 신실하심을 믿는다는 조건으로 하나님께 구하는 사람들은 지혜를 얻게 될 것이다. 이 단서는 주님에게 낫기를 바라고 찾아온 사람들을 다루실 때 그리스도께서 주장하셨던 조건이기도 했다. 내가 능히 이 일 할 줄을 믿느냐(마 9:28). 우리가 하나님께 구할 때는 불신앙으로 말미암아 하나님의 약속을 의심하는 흔들림이나 망설임이 있어서는 안 될 것이다. 또는 우리 자신 쪽의 손해를 생각함으로써 그렇게 되어서도 안 될 것이다. 그러므로 여기서 우리는 다음의 사실들을 발견하게 된다.

5. 고난받을 때 요구되는 또 다른 의무는 목적의 단일성과 진실성, 그리고 마음의 확고함이다. 의심하는 자는 마치 바람에 밀려 요동하는 바다 물결 같으니. 믿음으로 한껏 올라갔다가 불신앙으로 다시 폭삭 가라앉을 때가 있다. 영광과 명예와 영생을 얻기 위하여 하늘로 올라갔다가 육체의 안락함이나 이 세상의 쾌락들을 구하기 위하여 다시 땅으로 내려올 때가 있다. 이러한 현상을 바다의 일렁이는 파도에 비유하는 것은 아주 적절하고 격조 높은 표현이다. 파도가 바람에 밀려 올라갔다가 떨어지고, 부풀었다가 가라앉고, 이리저리 요동치거나 오르락내리락 하듯이 우리의 신앙이 종종 그럴 때가 있다. 믿음의 영적이고 영원한 유익에 대한 단순하고 단호한 관심을 가지고 있고, 하나님을 향한 그 목적이 변함이 없는 마음은 고난들을 통해 지혜롭게 성장할 것이고, 헌신의 뜨거움을 계속 간직할 것이고, 그리고 모든 시련들과 반대들을 극복할 것이다. 이제

흔들리는 정신과 약한 믿음을 바로잡기 위하여 야고보 사도는 이러한 현상들이 지닌 나쁜 영향과 결과들을 진술하고 있다. 여기서 다음의 사실들을 주목하라.

(1) 의심과 불신앙으로 말미암아 기도가 응답을 받지 못하게 된다. 이런 사람은 무엇이든지 주께 얻기를 생각하지 말라(7절). 이러한 믿지 못하고, 흔들리고, 불안한 사람은 당연히 소중히 여겨야 되는 하나님의 은총을 귀하게 여기지 않게 될 성향을 가지게 된다. 그러므로 그러한 사람은 하나님의 은총을 받으려는 기대를 가질 수가 없다. 신성한 하늘나라의 지혜를 구함에 있어서 우리가 그 지혜를 보석들보다 귀하게 여기고 이 세상의 가장 중요한 것들보다 더 소중하게 여기는 마음을 가지지 않는다면 그 지혜를 결코 얻을 수 없을 것이다.

(2) 흔들리는 믿음과 정신은 우리의 행실들에 나쁜 영향을 끼친다. 두 마음을 품어 모든 일에 정함이 없는 자로다(8절). 우리의 믿음과 마음들이 세상의 시험들로 요동을 치게 되면 우리의 모든 대화와 행위들이 심하게 흔들리게 될 것이다. 이러한 현상은 종종 사람들로 하여금 세상의 비웃음을 사게 만들 것이다. 게다가 그러한 태도는 하나님을 기쁘시게 해 드릴 수도 없고, 또한 우리에게 결국 아무런 유익도 줄 수 없을 것이다. 우리가 신뢰해야 할 한 하나님만 모시고 있고, 우리를 다스릴 한 하나님만 모시고 있을 때 우리는 평온하고 안정될 것이다. 다시 말해서 이 흔들림 없는 믿음만이 우리를 불안과 흔들림에서 지켜줄 것이다. 파도처럼 안정되지 못한 사람은 시험들을 이길 수 없을 것이고 구하는 것을 얻을 수 없을 것이다.

III. 높아지거나 낮아졌을 때 지녀야 할 그리스도인의 거룩한 겸손의 성격이 묘사되고 있다. 그리고 부자와 가난한 사람이 어떤 근거 위에서 기쁨과 위로를 얻어야 될 지를 지시하고 있다(9-11절). 여기서 우리는 다음의 사실들을 발견하게 된다.

1. 낮아진 사람들도 형제들임을 잊어서는 안 된다. 낮은 형제는 자기의 높음을 자랑하고(9절). 가난이 그리스도인들 사이의 관계를 깨뜨리지 못한다.

2. 선한 그리스도인들도 세상에서 부유하게 될 수 있다(10절). 은혜와 부유함은 완전히 일치하지 않는 것은 아니다. 믿는 자들의 조상 아브라함은 은과 금이 많은 부자였다.

3. 부자나 가난한 자나 다같이 기뻐해야 한다. 생활의 어떤 형편과 조건도 하

나님 안에서 즐거워할 수 있는 능력을 빼앗아갈 수 없다. 우리가 하나님을 언제나 즐거워하지 않는다면 그것은 우리 자신의 잘못 때문이다. 가난하고 낮은 사람이 믿음으로 부유하게 되고 하나님 나라의 상속자로 높임을 받게 된다면 그들도 즐거워할 수 있을 것이다. 그리고 부한 자는 낮아지고 겸손한 마음을 가지게 하는 하나님의 겸손하게 해주시는 섭리 안에서 즐거워할 수 있을 것이다. 하나님께서는 낮아지고 겸손한 마음을 아주 귀하게 여기신다. 어떤 사람이든지 의를 위하여 가난하게 되는 경우에는 바로 그 가난이 그의 높임이 될 것이다. 이것은 그리스도를 위하여 불명예를 당하게 되는 명예이다. 그리스도를 위하여 너희에게 은혜를 주신 것은 다만 그를 믿을 뿐 아니라 또한 그를 위하여 고난도 받게 하려 하심이라(빌 1:29). 낮은 사람들과 그리고 은혜로 말미암아 낮아지게 된 사람들은 모두 하늘나라에서 결국 높아지게 될 소망을 가지고 즐거워하게 될 것이다.

4. 부유한 사람들이 그들의 부유함에도 불구하고 스스로 낮아지고 겸손하게 되는 이유가 무엇인지를 주목하라. 그 이유는 그 사람들과 그들의 부유함이 다 같이 사라질 것이기 때문이다. 부한 자는 자기의 낮아짐을 자랑할지니 이는 그가 풀의 꽃과 같이 지나감이라(10절). 부한 사람과 그의 재산이 그와 함께 없어지게 될 것이다. 해가 돋고 뜨거운 바람이 불어 풀을 말리면 꽃이 떨어져 그 모양의 아름다움이 없어지나니 부한 자도 그 행하는 일에 이와 같이 쇠잔하리라(11절). 여기서 세상의 부란 시들어가는 것임을 유의하라. 부라고 하는 것들은 너무도 불확실하고, 너무도 보잘것없는 것들이라 우리의 마음을 크게 바꾸거나 바르게 바꿔줄 수가 없다. 꽃이, 작열하는 태양의 모든 것을 그슬리게 하는 뜨거운 열로 시드는 것처럼 부한 자도 그 행하는 일에 이와 같이 쇠잔하리라. 이 세상을 지향하는 부자의 계획들과 의논들과 경영들이 그 행하는 일들로 불리고 있다. 부자는 이러한 일(길)에서 사라지게 되고 쇠잔하게 될 것이다. 이러한 이유 때문에 부한 자가 기뻐해야 할 것이다. 다시 말해서 부한 자는 자신을 부자로 만들어준 하나님의 섭리보다는 오히려 자신을 낮아지고 겸손하게 해준 하나님의 은혜를 더 즐거워하고 기뻐해야 한다는 것이다. 그러므로 신자들은 하나님 안에서 하나님으로부터 받게 되는 하나님의 축복과 행복을 구하도록 가르쳐주는 이러한 시련들과 훈련들을 기뻐하고 즐거워해야 할 것이다. 반대로 신자들은 이 세상의 멸망을 가져오는 쾌락들로부터 얻는 행복을 추구해서는 안 될 것이다.

IV. 시련과 훈련을 견딘 사람들이 받게 되는 축복이 진술되고 있다. 시험을 참는 자는 복이 있나니 이는 시련을 견디어 낸 자가 주께서 자기를 사랑하는 자들에게 약속하신 생명의 면류관을 얻을 것이기 때문이라(12절). 여기서 다음의 사실들을 주목하라.

1. 단지 고난을 당하기만 하는 사람이 축복을 받게 되는 것이 아니라 인내와 지조로 견딘 사람이 축복을 받게 된다는 것이다. 다시 말해서 고난을 당할 때 자신의 의무를 성실히 행함으로써 모든 어려움들을 헤치고 나아가는 사람이 축복을 받게 된다.

2. 그것이 우리 자신의 잘못 때문이 아니라면 고난이 우리를 결코 불행하게 만들 수 없을 것이다. 축복이 그 고난들로부터 나올 수도 있고, 그리고 우리가 그 고난들로 축복을 받을 수도 있다. 고난들이 선한 사람의 축복과 행복을 빼앗아 가기는커녕 오히려 그 고난들이 축복과 행복을 실제로 늘려주게 될 것이다.

3. 고난과 시험들은 영원한 축복에 이르는 길이 된다. 사람이 시험을 받을 때 생명의 면류관을 얻을 것이다. 사람이 시험을 받을 때, 즉 사람이 검증을 받게 될 때 그가 받은 은혜들이 참되고 가장 귀한 것임을 알게 될 것이다. 마치 금속들이 그 질을 높이기 위하여 불로 단련을 받고 정제가 되어야 하는 것과 마찬가지이다. 그리고 그의 믿음의 순전함과 진실함이 드러나게 되면 위대하신 재판장이신 하나님의 인정을 받게 될 것이다. 여기서 다음의 사실들을 주목하라. 하나님의 인정을 받게 되는 것은 그리스도인이 겪는 자신의 모든 시련들에서 얻고자 하는 중요한 목적이다. 그리고 그가 생명의 면류관을 받게 될 때 그것은 결국 그의 축복이 될 것이다. 연단과 시험을 받는 그리스도인은 결국 면류관의 상을 받게 될 것이다. 그리고 그가 쓰게 될 면류관은 생명의 면류관이 될 것이다. 그 면류관은 그에게 생명과 축복이 될 것이고 영원히 변함이 없게 될 것이다. 우리는 다만 십자가를 잠깐 동안 질 따름이지만 생명의 면류관은 영원히 쓰게 될 것이다.

4. 생명의 면류관에 포함되어 있는 이 축복은 의로운 고난을 받는 사람에게 약속된 것이다. 그러므로 그 축복은 우리가 아주 확실하게 믿을 수 있는 것이다. 왜냐하면 하늘과 땅은 없어지게 될지라도 하나님의 이 말씀은 완전히 다 이루어질 것이기 때문이다. 더욱이 우리가 장래 받게 될 보상이 빚이 아니라

은혜로운 약속으로 말미암아 받게 된다는 것을 명심해야 할 것이다.

5. 우리가 시험들을 견디는 것이 하나님과 우리 주 예수 그리스도에 대한 사랑의 원리에서 비롯된 것이어야 한다. 그렇지 않으면 우리는 이 약속에 흥미를 잃게 되고 관계가 없어지게 되고 말 것이다. 시험을 참는 자는 복이 있나니 이는 시련을 견디어 낸 자가 주께서 자기를 사랑하는 자들에게 약속하신 생명의 면류관을 얻을 것이기 때문이라(12절). 사도 바울은 사람의 신앙이 내 몸을 불사르게 내어주게 되는 정도까지 이를 수도 있지만 하나님과 사람에 대한 진실한 사랑이 부족해서 하나님을 기쁘시게 해 드리지도 못하고 하나님께 인정을 받지도 못한다고 말하고 있다. 내가 내게 있는 모든 것으로 구제하고 또 내 몸을 불사르게 내어 줄지라도 사랑이 없으면 내게 아무 유익이 없느니라(고전 13:3).

6. 생명의 면류관은 위대하고 뛰어난 믿음의 성도들뿐만 아니라 마음을 하나님의 사랑으로 가득 채운 모든 사람들을 위해서도 약속이 되었다. 하나님을 진실하게 사랑하는 모든 영혼은 이 세상의 모든 시련들을 견디게 될 것이다. 그리고 그들은 하나님의 사랑이 온전히 이루어지게 되는(요일 4:12) 하늘의 저 세상에서 온전히 보상을 받게 될 것이다.

[13]사람이 시험을 받을 때에 내가 하나님께 시험을 받는다 하지 말지니 하나님은 악에게 시험을 받지도 아니하시고 친히 아무도 시험하지 아니하시느니라 [14]오직 각 사람이 시험을 받는 것은 자기 욕심에 끌려 미혹됨이니 [15]욕심이 잉태한즉 죄를 낳고 죄가 장성한즉 사망을 낳느니라 [16]내 사랑하는 형제들아 속지 말라 [17]온갖 좋은 은사와 온전한 선물이 다 위로부터 빛들의 아버지께로부터 내려오나니 그는 변함도 없으시고 회전하는 그림자도 없으시니라 [18]그가 그 피조물 중에 우리로 한 첫 열매가 되게 하시려고 자기의 뜻을 따라 진리의 말씀으로 우리를 낳으셨느니라

여기서 사도는 시험의 속성을 진술한다. 여기서 다음의 사실들을 주목하라.

I. 우리는 여기서 하나님이 인간의 어떤 죄도 만드신 분이 아니라는 사실을 깨닫게 된다. 사람들을 박해하는 사람들이 누구든지, 그리고 사람들을 박해할 때 그들이 어떤 불의와 죄들을 범하든지 하나님은 그 일에 아무런 책임이 없으시다. 그리고 선한 사람들이 시험과 고난들을 통해 어떤 죄들을 유발시키든지

하나님은 그 죄들의 원인이 결코 아니시다. 어떤 신앙 고백자들이 시험을 당할 때 실족할 수도 있고, 타락할 수도 있고, 나쁜 길로 접어들 수도 있고, 불의를 저지를 수도 있다는 것을 본 단락에서 추론하고 있는 것 같다. 그러나 그럴 수도 있고, 그 사람들의 의무를 다하지 않은 태만이 자신들의 잘못을 하나님께 떠넘기려고 시도할 수도 있지만 그들의 잘못된 행위에 대한 비난의 책임은 전적으로 그들 자신에게 있다. 그 이유는 다음과 같다.

1. 하나님의 본성에는 사람들이 비난할 수 있는 것이 전혀 없다. 사람이 시험을 받을 때에 어떤 나쁜 길에 빠지게 되거나 또는 어떤 악한 일을 하게 되면 내가 하나님께 시험을 받는다 하지 말라. 왜냐하면 하나님은 악에게 시험을 받지도 아니하시고 친히 아무도 시험하지 아니하시기 때문이다. 모든 도덕적 악은 비난받아 마땅한 어떤 혼란과 장애에 그 원인이 있다. 즉 그러한 악은 지혜가 부족하다거나, 능력이 부족하다거나, 예의 바르지 못하다거나, 그리고 의도가 순수하지 못하다거나 하는 데 기인한다. 그런데 그러한 부족과 결핍이 인간의 실제적인 본질인데 어떤 사람이 그런 것에 대해 하나님을 비난할 수 있겠는가? 하나님 자신을 불명예스럽게 하거나 부인하기 위하여 하나님을 시험할 수 있는 절박한 일들도 결코 있을 수 없다. 그러므로 하나님은 악에게 결코 시험을 받으실 수가 없다.

2. 어떤 사람이 지은 죄에 대해 비난할 수 있는 것이 하나님의 섭리에 전혀 존재하지 않는다. 하나님은 친히 아무도 시험하지 아니하시느니라(13절). 하나님이 악에게 친히 시험을 받으실 수 없는 것처럼 하나님 자신이 다른 사람들의 유혹자가 되실 수도 없다. 하나님은 자신의 본성에 맞지 않는 것을 조장하는 분이 되실 수도 없다. 세속적인 마음은 자신의 죄에 대한 비난을 하나님께 전가시키는 성향이 있다. 이 성향에는 유전적인 어떤 것이 배어 있다. 우리의 첫 아버지 아담은 하나님께 말한다. 하나님이 주셔서 나와 함께 있게 하신 여자 그가(창 3:12) 나를 유혹했습니다. 따라서 아담은 이렇게 말함으로써 실제로는 하나님께 비난의 화살을 쏘고 있다. 다시 말해서 아담은 하나님이 유혹의 당사자라고 비난하고 있는 것이다. 어떤 사람도 이런 식으로 말해서는 안 될 것이다. 그것은 아주 나쁜 죄이다. 우리가 실수와 잘못을 해놓고 그 비난과 책임을 하나님께 전가시키는 것은 아주 나쁘고 악하기 그지없다. 자신의 죄에 대한 비난을 자신의 성격 탓으로 돌리거나, 세상에서의 자신의 형편 탓으로 돌리거나, 또는

어쩔 수 없이 죄를 짓게 되었다고 둘러대는 사람들은 마치 하나님이 죄를 만드신 분이기라도 하는 양 하나님을 탓한다. 하나님이 주신 고난들은 우리의 타락을 늘리기 위한 것이 아니라 우리의 은혜들을 늘리기 위한 것이다.

Ⅱ. 우리는 악의 진정한 원인이 어디에 있고, 비난을 해야 될 곳이 어디인지를 배우게 된다. 오직 각 사람이 시험을 받는 것은 자기 욕심에 끌려 미혹됨이니(14절). 성서의 다른 곳들에서는 마귀를 시험하는 자(마 4:3)라고 부르고 있다. 때로는 다른 것들이 서로 힘을 합쳐 우리를 시험하기도 한다. 그러나 마귀든지 또는 어떤 사람이든지 또는 어떤 사물이든지 우리 자신의 잘못에 대한 비난의 대상이 될 수 있는 것은 아무것도 없다. 왜냐하면 악과 시험의 진짜 원조는 우리 자신의 마음속에 있기 때문이다. 어떤 외적인 원인들이 우리 마음속의 격정의 불꽃을 훨훨 타오르게 할 수는 있겠지만 불쏘시개 같은 격하기 쉬운 성질은 우리 속에 있다. 그러므로 네가 만일 지혜로우면 그 지혜가 네게 유익할 것이나 네가 만일 거만하면 너 홀로 해를 당하리라(잠 9:12). 여기서 다음의 사실들을 주목하라.

1. 진행되면서 나타나는 죄의 방법. 먼저 죄는 살며시 가까이 다가선 다음에 마음을 꾀어 유혹한다. 거룩함은 두 가지 요소로 되어 있다. 거룩함은 악한 것을 멀리하고 선한 것을 가까이한다. 그러나 죄는 그 반대로 선한 것을 멀리하고 악한 것을 가까이한다. 죄를 짓는 마음은 선한 것에서 멀어지고 악한 것에 끌려 미혹을 당하게 된다. 마음이 먼저 타락한 성향을 따르게 되거나, 정욕에 이끌리게 되거나, 그리고 육체적인 것이나 세속적인 것을 탐하여 눈이 멀게 됨으로써 하나님의 생명의 길에서 떠나 멀어지게 되고 그 다음에 죄의 길로 확실하게 접어들게 된다.

2. 따라서 우리는 여기서 죄의 능력과 수단을 발견하게 된다. 본문에서 끌려라고 번역된 단어는 억지로 끌려가게 되거나 강제로 하지 않을 수 없게 되는 것을 의미한다. 그리고 미혹됨이니 라고 번역된 단어는 감언이설의 유혹과 사실에 대한 기만적인 왜곡을 통하여 꼬임을 당하게 되거나 속아 넘어가게 되는 것을 의미한다. 타락의 힘이 양심과 마음을 많이 왜곡시키고 비뚤어지게 한다. 죄의 그럴듯한 감언이설은 그 이익들에 우리의 마음이 쏠리게 만든다. 죄의 힘과 능력은 간교한 속임수가 없다면 결코 성공을 거둘 수가 없다. 멸망으로 달려가는 죄인들은 자신들의 파멸을 획책하는 감언이설과 입발림에 넘어가고 미

혹을 받는다. 이 사실은 스스로 파멸을 초래한 그들의 영원한 멸망에 있어서 하나님의 정당하심을 증명해줄 것이다. 그들의 죄가 그들을 덮치려고 그들 자신의 문에 웅크리고 있다. 따라서 그들은 욕심의 격정에 사로잡히게 될 것이다.

3. 타락한 마음의 결과. 욕심이 잉태한즉 죄를 낳고 죄가 장성한즉 사망을 낳느니라(15절). 다시 말해서 죄는 우리의 마음속에 욕망들이 일어나도록 만든다. 그것은 얼마 안 있어 그 마음이 자라나 욕망의 욕심에 이끌리게 만든다. 이러한 현상을 여기서 욕심이 잉태했다고 말하고 있다. 죄라고 하는 것은 태아 상태이기는 할지라도 사실 우리의 마음에 실재하고 있다. 그리고 마음속에서 그것이 다 자라게 되면 그 죄가 밖으로 나와 실제로 활동을 하게 될 것이다. 그러므로 죄의 싹들이 자라지 못하게 하자. 그렇지 않으면 죄가 낳은 모든 악들이 우리를 철저히 공격하고 그 책임을 온전히 우리에게 덮어씌울 것이다.

4. 죄의 마지막 열매는 무엇이고 어떻게 끝나는가? 죄가 장성한즉 사망을 낳느니라. 죄가 실제의 범행을 저지른 뒤에는, 죄를 만들어 내거나 죄를 키우는 것이 빈번한 실행을 통해서 습관으로 자리잡게 된다. 그러므로 사람들의 불법들이 이와 같이 찰 대로 차게 되면 사망을 낳게 된다. 영혼에 죽음이 깃들고 죽음이 몸에 찾아든다. 게다가 죽음에는 영적인 죽음과 일시적인 현세의 죽음이 있다. 또한 죄의 삯인 영원한 죽음도 있다. 그러므로 죄가 장성하기 전에 죄를 뉘우치고 버리도록 하라. 이스라엘 족속아 돌이키고 돌이키라 너희 악한 길에서 떠나라 어찌 죽고자 하느냐(겔 33:11). 하나님은 당신의 죄에 아무런 관련이 없으신 것처럼 당신의 죽음도 전혀 좋아하지 않으신다. 그러나 죄와 불행은 다 당신 자신의 탓이다. 당신 자신의 마음의 정욕과 타락이 바로 당신의 유혹자이다. 정욕과 타락이 당신에게서 하나님을 점차 빼앗아가고, 당신을 죄의 힘과 지배를 받게 만들어 놓은 뒤 당신을 파멸시키고 말 것이다.

III. 우리는 더 발전된 견해를 배우게 된다. 우리 스스로 자신들에 대한 모든 죄와 불행들의 제조자들과 전달자들임에 반하여 하나님은 온갖 좋은 은사의 아버지와 원천이시다(16, 17절). 우리는 하나님에 대해 잘못 알지 않도록 조심해야 한다. 내 사랑하는 형제들아 속지 말라. 이 말은 빗나가지 말라는 뜻이기도 하다. 다시 말해서 하나님의 말씀에서 빗나가지 말라는 것이다. 잘못된 의견들에 빠져 헤매지 말고 진리의 표준에서 벗어나지 말라. 그리고 당신이 주 예수 그리스도와 성령을 통하여 받은 것들에서 떠나지 말라. 시몬(행 8:3,13)과 니골라

당(계 2:6,15)의 신뢰할 수 없는 사상들을 아주 특별히 조심하라고 야고보 사도가 여기서 말하고 있는 것 같다. 나중에 이들에게서 이원론적이고 가장 세속적이고 타락한 이단 사상을 가진 영지주의자들이 나왔다. 이러한 사상들에 대해 더 알고 싶은 사람들은 이레나이우스가 이단들에 대해 저술한 첫 번째 책을 참고하면 될 것이다. 타락한 사람들은 예수 그리스도에 대항하고 진리를 자기 마음대로 왜곡하는 잘못된 사상들에 과감히 뛰어든다. 그러나 하나님은 악한 것은 어떤 것이든지 만들지도 않으시고 그러한 것의 후원자가 되실 수도 없다. 오히려 하나님은 모든 선한 것의 원인과 원천이심을 인정해야 할 것이다. 온갖 좋은 은사와 온전한 선물이 다 위로부터 빛들의 아버지께로부터 내려오나니 그는 변함도 없으시고 회전하는 그림자도 없으시니라(17절). 여기서 다음의 사실들을 주목하라.

1. 하나님은 빛들의 아버지이시다. 태양과 천체들의 가시적인 빛은 하나님으로부터 나온다. 하나님께서 말씀하셨다. 빛이 있으라 하시니 빛이 있었다(창 1:3). 이와 같이 하나님은 태양의 창조자로 기술이 되는 동시에 어떤 점들에 있어서는 태양에 비유되시기도 한다. "태양은 그 본질과 영향에 있어서 변함이 없다. 땅과 구름들이 종종 겹쳐지고, 해가 뜨고 지고 함으로써 생기는 태양의 다른 모습들로 말미암아, 또는 태양이 완전히 짐으로써 생기는 현상으로 변화가 있는 것처럼 보이기는 하다. 그러나 실제로 태양 그 자체는 결코 변화가 없다. 하나님도 그와 마찬가지이시다. 하나님은 전혀 변함이 없으시다. 우리의 변화들과 우리의 그림자들은 하나님의 변덕이나 그림자 같은 변화들로 말미암은 것이 아니라 우리 자신들로 말미암은 것이다"(백스터). 빛들의 아버지에게는 변함도 없으시고 회전하는 그림자도 없으시다. 태양이 자연 속에 있는 것 같이 하나님은 은혜와 섭리와 영광 가운데 계시다. 하나님은 태양보다 더욱 변함이 없으시고 무한히 더욱 밝으시다.

2. 모든 선한 은사는 하나님으로 말미암는다. 빛들의 아버지이신 하나님은 이성의 빛을 주신다. 전능자의 숨결이 사람에게 깨달음을 주시나니(욥 32:8). 하나님은 지식과 배움의 빛도 주신다. 자연의 지식, 통치의 기술, 그리고 자신의 모든 지식의 진보 등에 대한 솔로몬의 지혜는 다 하나님의 것이다. 하나님의 계시의 빛은 위에서 곧바로 내려오는 것이다. 믿음의 빛, 순결의 빛, 그리고 모든 형식의 위로는 하나님에게서 오는 것이다. 그러므로 하나님에게서 받지 아니

하고는 우리는 어떤 선한 것도 가질 수가 없다. 하나님이 우리에게 주신 것이나 하나님을 통해 우리가 행한 것에는 어떤 악이나 죄도 존재하지 않는다. 그러나 우리 자신이나 우리의 행함에 있는 죄나 악은 우리 자신들 탓이다. 우리는 피조물의 모든 능력들과 장점들의 창조자로 하나님을 인정해야 하고, 이 능력들과 장점들을 통하여 우리가 얻는 모든 유익들을 주시는 수여자로 인정해야 한다. 그러나 피조물의 어둠들이나 단점들이나 나쁜 행위들 가운데 빛들의 아버지에게 책임을 돌릴 수 있는 것은 하나도 없다. 현세와 내세에 속한 모든 선하고 완전한 은사는 다 하나님으로부터 내려온다.

3. 모든 선한 은사가 하나님으로부터 내려오는 것 같이 특별히 우리의 본성의 다시 바꾸기, 우리의 거듭남, 그리고 중생의 거룩하고 행복한 결과들은 하나님의 것이 되어야 할 것이다. 그가 그 피조물 중에 우리로 한 첫 열매가 되게 하시려고 자기의 뜻을 따라 진리의 말씀으로 우리를 낳으셨느니라(18절). 여기서 다음의 사실들을 주목하라.

(1) 참된 그리스도인은 새롭게 다시 태어난 피조물이다. 그리스도인은 하나님의 은혜로 새롭게 되기 이전의 옛날 상태와 다른 사람이 된다. 마치 그는 다시 만든 사람처럼 새롭게 태어나게 된다.

(2) 이 선한 일의 기원이 여기서 선언되고 있다. 중생은 하나님 자신의 뜻을 따라 된 것이다. 그것은 우리의 기술이나 의지에 의한 것이 아니다. 그것은 우리의 본성이나 우리의 행위에 의해 예견된 어떤 선한 것에서 나온 것이 아니다. 거듭남은 순전히 하나님의 선하신 뜻과 은혜로 말미암은 것이다.

(3) 이것에 영향을 미친 수단이 지적되고 있다. 그 수단은 진리의 말씀이다. 즉 우리를 낳은 수단은 복음이다. 사도 바울이 고린도전서 4장 15절에서 더욱 분명하게 진술하고 있다. 그리스도 안에서 일만 스승이 있으되 아비는 많지 아니하니 그리스도 예수 안에서 내가 복음으로써 내가 너희를 낳았음이라. 이 복음은 진실로 진리의 말씀이다. 그렇지 않다면 복음은 그렇게 실제적이고, 그렇게 지속적이고, 그렇게 위대하고, 그렇게 고귀한 결과와 열매를 절대로 만들어 낼 수 없었을 것이다. 그러므로 우리는 복음을 확실히 믿을 수 있고 우리의 영생을 복음에 과감히 맡길 수가 있다. 그리고 우리는 복음을 우리의 성화의 수단이라는 것을 알게 될 것이다. 왜냐하면 복음은 진리의 말씀이기 때문이다. 그들을 진리로 거룩하게 하옵소서 아버지의 말씀은 진리니이다(요 17:17).

(4) 중생의 은혜를 주시는 하나님의 계획과 목적이 여기서 진술이 되고 있다. 그 피조물 중에 우리로 한 첫 열매가 되게 하시려고. 이 말씀이 의미하는 것은 우리가 하나님의 분깃과 보물이 된다는 것이다. 첫 열매들이 그런 것처럼 우리가 하나님의 아주 특별한 소유가 된다는 것이다. 그리고 첫 열매가 하나님께 봉헌되는 것처럼 우리가 주님에게 봉헌되는 거룩한 것이 되어야 한다는 것이다. 그리스도는 그리스도인들의 첫 열매이시고, 그리고 그리스도인들은 피조물들의 첫 열매들이다.

[19]내 사랑하는 형제들아 너희가 알지니 사람마다 듣기는 속히 하고 말하기는 더디 하며 성내기도 더디 하라 [20]사람이 성내는 것이 하나님의 의를 이루지 못함이라 [21] 그러므로 모든 더러운 것과 넘치는 악을 내버리고 너희 영혼을 능히 구원할 바 마음에 심어진 말씀을 온유함으로 받으라 [22]너희는 말씀을 행하는 자가 되고 듣기만 하여 자신을 속이는 자가 되지 말라 [23]누구든지 말씀을 듣고 행하지 아니하면 그는 거울로 자기의 생긴 얼굴을 보는 사람과 같아서 [24]제 자신을 보고 가서 그 모습이 어떠한 것을 곧 잊어버리거니와 [25]자유롭게 하는 온전한 율법을 들여다보고 있는 자는 듣고 잊어버리는 자가 아니요 실천하는 자니 이 사람은 그 행하는 일에 복을 받으리라 [26]누구든지 스스로 경건하다 생각하며 자기 혀를 재갈 물리지 아니하고 자기 마음을 속이면 이 사람의 경건은 헛것이라 [27]하나님 아버지 앞에서 정결하고 더러움이 없는 경건은 곧 고아와 과부를 그 환난 중에 돌아보고 또 자기를 지켜 세속에 물들지 아니하는 그것이니라

우리는 본 단락에서 다음과 같은 지시를 받게 된다.

I. 격한 감정과 정욕의 일들을 자제하라는 지시를 받게 된다. 우리는 이 교훈을 고난을 당할 때 배워야 한다. 그리고 우리가 진실로 진리의 말씀으로 다시 태어나게 된다면 우리는 이 교훈을 배우게 될 것이다. 왜냐하면 이것들은 서로 관련이 있기 때문이다. 성내고 성급한 마음은 이내 나쁜 감정들을 일으키기 때문이다. 그리고 잘못되고 나쁜 생각들은 우리 자신의 악하고 교만한 감정들이 저지른 일들을 내내 지배하게 되기 때문이다. 그러나 하나님의 새롭게 하는 은혜와 복음의 말씀은 이렇게 하라고 우리에게 가르쳐준다. 내 사랑하는 형제들아 너희가 알지니 사람마다 듣기는 속히 하고 말하기는 더디 하며 성내기도 더디

하라(19절). 이 말씀은 다음의 사실들을 의미하는 것일 수 있다.

1. 이 말씀이 앞 절에서 언급한 진리의 말씀을 의미하는 것일 수 있다. 여기서 우리는 다음과 같은 사실을 발견할 수 있다. 우리 자신의 공상들이나 사람들의 의견에 따라서 말하고, 그리고 그 말로 말미암아 격노와 격정에 서둘러 사로잡히기보다는 오히려 하나님의 말씀을 듣고 그 말씀을 우리의 마음에 적용하고 그것을 깨닫는 것이 우리의 의무이다. 당신의 성급함과 성냄으로 저지르게 된 죄들을 하나님 탓으로 돌리는 잘못들을 범하지 말고 언제나 그러한 모든 경우에 우리를 가르쳐주는 하나님의 말씀에 귀를 기울이고 듣고 깊이 생각하는 습관을 가져야 할 것이다.

2. 이 말씀을 본 장의 서두에서 언급했던 고난들과 시험들에 적용할 수 있을 것이다. 우리는 여기서 다음의 사실들을 발견할 수 있다. 우리는 다윗처럼 놀라서 내가 끊어졌다(시 31:22) 하고 성급하게 말하기보다는 오히려 하나님께서 그의 섭리들과 법들을 어떻게 설명해주시고, 그리고 하나님이 그것들을 통해 무엇을 계획하시는지를 귀담아 듣는 것이 우리의 의무이다. 또는 요나 선지자가 내가 성내어 죽기까지 할지라도 옳으니이다(욘 4:9) 하고 하나님께 성급하게 대답했던 것처럼 하기보다는 하나님의 말씀을 듣고 생각해보는 것이 좋을 것이다. 우리가 시련을 겪을 때 하나님 탓을 하기보다는 우리의 마음과 귀를 활짝 열고 하나님이 우리에게 무슨 말씀을 하시는가를 귀담아 듣도록 하자.

3. 이 말씀을 그리스도인들이 시련을 당할 때 스스로 서둘러 빠지게 되는 논쟁들과 분쟁들을 경계하기 위해 언급하는 것으로 이해할 수도 있다. 그러므로 이 단락은 앞의 단락과 어떤 연관을 지어 생각하지 않고는 고찰할 수가 없을 것이다. 이 사실에서 우리는 다음의 사실들을 발견할 수 있다. 즉 논쟁과 불화의 일들이 그리스도인들 사이에 일어날 때마다 각 그리스도인은 다른 그리스도인의 말을 먼저 귀담아 들으려는 마음을 가져야 할 것이다. 사람들은 자신들의 생각과 의견을 완강하게 고집 부리기 때문에 자신들에게 적대적인 의견을 말하는 다른 사람들의 말을 듣고 싶어하지 않는다. 그러나 이러한 습관을 막기 위하여 우리는 모든 편의 말을 듣기는 빨리 하고 어떤 것이든 말하기는 더디 해야 할 것이다. 그리고 우리가 말할 때 결코 화를 내서는 안 될 것이다. 왜냐하면 부드러운 대답은 분노를 가라앉히고 몰아내주기 때문이다. 본 서신은 그리스도인들 사이에 실제로 있었던 다양한 불화들과 혼란들을 바로 잡기 위하여

계획된 것이다. 따라서 듣기는 속히 하고 말하기는 더디 하며 성내기도 더디 하라 하는 이 말씀은 그 다음 말씀의 설명에 따라서 아주 잘 해석이 될 수 있을 것이다. 그리고 우리는 이것을 통해 더 발전된 의미를 발견할 수 있을 것이다. 만일 사람들이 자신들의 혀를 조절하고 지배한다면 사람들은 자신들의 격정들과 욕정들을 분명히 조절하고 다스릴 수 있을 것이다. 모세는 백성들의 거역에 마음에 화가 치밀었을 때 그의 입술로 망령되이 말하였다(시 106:33). 만일 우리가 말하기를 더디 한다면 우리는 화내는 것도 분명히 더디 하게 될 것이다.

Ⅱ. 분노를 억제해야 되는 아주 좋은 이유가 제시되고 있다. 사람이 성내는 것이 하나님의 의를 이루지 못함이라(20절). 이것은 마치 야고보 사도가 이렇게 말하고 있는 것 같다. "사람들이 자신들의 격노와 격정을 하나님과 그의 영광을 위한 열정인 듯이 왕왕 둘러대지만 하나님께서는 어떤 사람의 격정도 필요로 하지 않으신다는 사실을 알아야 할 것이다. 하나님의 뜻과 대의는 분노와 격정보다는 온유함과 부드러움을 통해 더 잘 이루어지게 된다." 솔로몬은 이렇게 말하고 있다. 조용히 들리는 지혜자들의 말들이 우매한 자들을 다스리는 자의 호령보다 나으니라(전 9:17). 맨턴 박사(Dr. Manton)는 이 말씀을 이렇게 적용해서 해석하고 있다. "만일 우리가 언제나 우리의 모임들에서 말하려고 준비를 하고 있는 것처럼 듣기를 빨리 한다면 화를 낼 일은 아주 적어질 것이고 유익은 더 많아질 것이다. 어떤 마니교 신자가 아우구스티누스와 논쟁을 벌이게 되었다. '내 말을 들어보시오! 내 말을 들어보라니까!' 라고 그는 아주 끈질기게 아우성을 쳐댔다. 그러자 아우구스티누스 교부가 조심스러운 어조로 이렇게 대답했다. '내가 당신 말을 들을 것이 아니라 또한 당신이 내 말을 들을 것이 아니라 우리 두 사람 다 사도의 말씀을 듣도록 합시다.'" 우리가 종교나 신앙의 토론에서 일으킬 수 있는 가장 나쁜 일은 화를 내는 것이다. 화를 내면 그 주장이 아무리 정당하고 옳은 것이고, 그리고 관심을 끌기 위하여 아무리 목청을 돋우어 외쳐대도 신뢰를 받지 못할 것이다.

성내는 것은 인간적인 일이다. 그리고 인간의 성냄은 하나님의 의를 거스르게 된다. 화를 내면서 하나님의 뜻을 이루기 위하여 노력한다고 주장하는 사람들은 사실은 그들이 하나님도 잘 모르고 있고 하나님의 뜻도 잘 모르고 있음을 그 화를 통하여 드러내주고 있다. 우리가 하나님의 말씀을 들을 때 우리는 이런 성내는 격정을 특별히 경계하고 조심해야 할 것이다. 그러므로 모든 악독과 모든 기만과 외식과 시기와 모든 비방하는 말을 버리고 갓난 아기들 같이 순전하고 신령한 젖을 사모하라 이는 그로 말미암아 너희로 구원에 이르도록 자라게 하려 함이라(벧전 2:1,2).

III. 우리는 성급하게 성내는 것뿐만 아니라 다른 타락하고 잘못된 감정들도 억제해야 될 필요가 있다. 모든 더러운 것과 넘치는 악을 내버리라(21절). 여기서 더러운 것이라고 번역된 단어는 아주 심한 비열함과 육욕을 지니고 있는 욕정과 욕망들을 의미한다. 그리고 넘치는 악으로 번역된 단어들은 악의가 지나치게 넘치는 것이거나 어떤 다른 영적인 사악함이 넘치는 것으로 이해할 수도 있다. 이것을 통해 우리가 교훈을 받을 수 있는 것은 그리스도인들은 인격을 더럽게 지배하는 거칠고 육체적인 성향들과 감정들뿐만 아니라 하나님의 말씀과 길을 굽게 하는 타락한 마음의 모든 무질서들도 다 경계하고 버려야 한다는 것이다. 여기서 다음의 사실들을 주목하라.

1. 죄는 더러운 것이다. 죄 그 자체를 부정한 것이라고 한다.

2. 우리 속에는 경계해야 할 악한 것이 아주 많다. 다시 말해서 우리에게는 넘치는 악이 있다.

3. 악한 감정들을 억제하는 것만으로는 충분하지 않다. 모든 더러운 것과 넘치는 악을 내버려야 한다. 또 너희가 너희 조각한 우상에 입힌 은과 부어 만든 우상에 올린 금을 더럽게 하여 불결한 물건을 던짐 같이 던지며 이르기를 나가라 하리라(사 30:22).

4. 이 억제는 외적인 죄들과 아주 심하게 혐오스러운 것들뿐만 아니라 말과 습관을 비롯하여 생각과 감정의 모든 죄까지도 포함되어야 한다. 타락하고 죄를 낳는 모든 것을 버려야 한다.

5. 본 장의 앞 단락에서 살펴보았듯이 모든 더러운 것을 버리는 것은 시험과 고난이 따르게 되고, 그리고 잘못을 피하고 진리의 말씀을 바르게 받고 증진시킬 필요가 있다. 그 이유를 생각해보도록 하자.

IV. 우리는 여기서 하나님의 말씀을 듣는 것에 관하여 간략하지만 충분한 교훈을 받게 된다.

1. 우리는 하나님의 말씀을 들을 준비를 해야 한다(21절). 그것은 모든 타락한 감정과 모든 편견과 선입관에서 벗어나고, 그리고 판단을 왜곡시키고 마음을 흐리게 하는 죄들을 버리기 위한 것이어야 한다. 앞서 설명했듯이 모든 더러

운 것과 넘치는 악을 특별한 방법을 통하여 억제하고 버려야 한다. 특별한 방법이란 복음의 말씀을 경청함으로써 얻게 되는 모든 것을 말한다.

2. 우리는 하나님의 말씀을 경청하는 방법을 알아야 한다. 너희 영혼을 능히 구원할 바 마음에 심어진 말씀을 온유함으로 받으라.

(1) 하나님의 말씀을 들을 때 우리는 그 말씀의 법에 동의하기 위하여 말씀을 받아야 한다. 즉 하나님의 말씀의 진리들을 따르기 위하여 받아야 할 것이다. 나무줄기에 접붙이기를 하듯이 하나님의 말씀을 받아야 한다. 그리고 그 접붙이기는 메마른 나무줄기의 본성에 따른 것이 아니라 우리의 영혼에 이식된 복음의 말씀의 본성에 따른 열매를 맺는 것이어야 할 것이다.

(2) 그러므로 우리는 하나님의 말씀에 아주 순종적이고, 겸손하고, 그리고 유순한 태도와 마음으로 스스로 굴복하고 따라야 할 것이다. 이러한 태도가 바로 말씀을 온유함으로 받는 것이다. 바로 이러한 태도가 말씀을 통해 우리의 잘못들을 기꺼이 들을 수 있게 하고, 끈기 있게 말씀의 권면을 따르게 한다. 그와 동시에 이러한 말씀의 경청 태도가 복음의 가르침들과 명령들에 따라서 우리 자신들을 바꾸고 고치는 것을 감사하면서 갈망하게 한다.

(3) 우리는 하나님의 말씀을 경청함으로써 우리 영혼의 구원을 목적으로 삼아야 한다. 하나님의 말씀의 계획과 목적은 우리가 구원에 이르는 지혜를 가지게 하는 데 있다. 어떤 저속하고 낮은 목적들에 자신을 바치는 사람들은 그러한 일들을 통하여 복음의 명예와 영광을 가리게 되고 자신들의 영혼을 실망시키고 낙담하게 만든다. 우리는 하나님의 말씀을 읽고 들음으로 하나님의 말씀 앞에 나아가 무릎을 꿇어야 할 것이다. 이 복음은 모든 믿는 자에게 구원을 주시는 하나님의 능력이 됨이라(롬 1:16).

3. 우리는 하나님의 말씀을 들은 뒤에 무엇을 해야 할지를 배우게 된다. 너희는 말씀을 행하는 자가 되고 듣기만 하여 자신을 속이는 자가 되지 말라(22절). 여기서 다음의 사실들을 주목하라.

(1) 듣는 것은 행하기 위해서이다. 우리가 하나님의 말씀을 실천하는 사람들이 되지 않는다면 하나님의 말씀을 아주 주의 깊게 듣고 자주 듣는다고 하더라도 우리에게 아무 소용이 없을 것이다. 설령 우리가 매 주일마다 설교를 듣고, 그리고 설교자가 하늘에서 내려온 천사라고 하더라도 우리가 하나님의 말씀을 계속 건성으로 듣기만 한다면 그러한 들음이 우리를 결코 하늘나라로 인

도해 줄 수 없을 것이다. 백스터는 이렇게 말하고 있다. "하나님의 말씀을 들음에는 반드시 명상의 내적인 실천 습관이 있어야 하고 복종의 외적인 실천 습관이 뒤따라야 할 것이다." 우리가 들은 것을 기억하고, 그것을 암송할 수 있고, 그것을 증거하고, 그것을 권하고, 그것을 기록하고, 그리고 우리가 기록한 것을 보존하는 것만으로는 충분하지가 않다. 우리가 하나님의 말씀을 듣는 모든 목적은 우리가 말씀을 실행하는 사람들이 되기 위한 것이다. 그래야 다른 나머지 것들도 이루어지게 될 것이다.

(2) 하나님의 말씀을 건성으로 듣기만 하는 사람들은 자신을 속이는 사람들이다. 자신을 속이는 사람으로 번역된 헬라어 원어는 **파라로기조메노이**인데 자신에게 궤변을 늘어놓는 사람이라는 뜻을 지니고 있다. 자신을 속이는 사람들의 변명과 이유는 자신들의 의무를 일부분만 행하고서도 머릿속은 그 정도면 충분하다는 생각으로 차 있을 때 그들의 기만과 그릇됨이 명백하게 드러나게된다. 그들의 마음에는 선한 감정과 의지는 텅 비어있고, 그들의 생활에는 열매가 하나도 없음에도 불구하고 말이다. 자신을 속이는 것은 결국 가장 나쁜 기만이 될 것이다.

4. 야고보 사도는 하나님의 말씀의 올바른 사용이 어떤 것인지를 진술해준다. 야고보 사도는 그들이 마땅히 따라야 하는 하나님의 말씀을 사용하지 않는 사람들과 하나님의 말씀을 바르게 사용하는 사람들이 누구인지를 설명해준다 (23-25절). 이 사람들을 각각 분명하게 고찰해보도록 하자.

(1) 우리가 하나님의 말씀을 사용하는 것이 거울을 보는 사람의 비유를 통해 설명이 되고 있다. 사람은 거울을 통해 자기의 생긴 얼굴을, 즉 자신의 타고난 본래의 모습을 볼 수 있다. 거울을 보는 것은 우리의 얼굴에 있는 티와 더러움들을 보고 그것들을 고치고 씻을 수 있다. 그와 마찬가지로 하나님의 말씀도 우리에게 우리의 죄들을 보여주고 우리가 그 죄들을 회개하고 용서 받을 수 있게 해준다. 하나님의 말씀은 잘못된 것을 우리에게 보여주고 우리가 그것을 고칠 수 있게 해준다. 사람들에게 아첨을 하는 거울들도 있다. 그러나 진실로 참된 하나님의 말씀에는 아첨을 하는 거울이 결코 없다. 만일 당신이 자신에게 아첨을 한다면 그것은 당신 자신의 잘못이다. 진리가 예수 안에 있는 것 같이(엡 4:21). 예수 안에 있는 진리는 결코 아첨을 하지 않는다. 진리의 말씀을 신중하게 경청하도록 하라. 그러면 그 말씀이 당신 앞에 당신의 타락한 본성과 당신

의 마음과 생활의 무질서들을 보여줄 것이다. 진리의 말씀은 당신이 누구이고 무엇인지를 당신에게 분명하게 말씀해 줄 것이다. 사도 바울은 율법의 거울 안에서 자신의 모습을 보고 나서야 비로소 자신의 타락한 본성을 깨닫게 되었다고 진술하고 있다. "전에 율법을 깨닫지 못했을 때에는 내가 살았더니 계명이 이르매 죄는 살아나고 나는 죽었도다(롬 7:9). 다시 말해서 나는 내게 정당하다고 생각되는 것은 다 취했고, 그리고 내 자신이 깨끗할 뿐만 아니라 대부분의 세상 사람들과 비교해서 선하다고 생각했다. 그러나 내게 계명이 이르매 즉 내가 율법의 거울을 들여다보게 되자 죄는 살아나고 나는 죽었다. 나는 자신의 허물들과 결함들을 보게 되었다. 그리고 나는 전에 알지 못했던 내 자신의 잘못을 깨닫게 되었다. 그리고 이전에는 알지 못했던 율법의 힘과 죄의 힘을 깨닫고 나서야 비로소 내 자신이 사망과 저주의 상태에 있다는 사실을 발견하게 되었다." 이와 같이 우리가 하나님의 말씀을 경청하게 될 때 우리는 하나님의 말씀의 거울을 통하여 우리 자신의 본성을 깨닫게 되고, 우리의 참된 상태와 형편을 알게 되고, 잘못된 것을 교정하게 되고, 그리고 우리 자신을 새롭게 하고 단장하게 된다. 바로 이것이 하나님의 말씀을 올바르게 사용하는 것이다.

(2) 우리는 여기서 거울을 올바르게 사용하지 못하는 사람들에 대한 설명을 발견하게 된다. 제 자신을 보고 가서 그 모습이 어떠한 것을 곧 잊어버린다(24절). 이러한 상태가 바로 하나님의 말씀을 듣고 행하지 않는 사람들의 모습이다. 사람들이 앉아서 말씀을 들을 때 죄의 악함과 그리스도의 필요성을 인정하면서 그들 자신의 죄악과 불행과 위험에 대해 감동을 받는 사람들이 아주 많다. 그러나 말씀을 듣는 것이 끝나면 홍수가 휩쓸고 지나간 것처럼 뉘우침도 사라지고, 좋은 감정도 온데간데없고, 모든 것을 다 잊어버리고 만다. 그는 곧 잊어버린다. 맨턴 박사는 이렇게 말한다. "하나님의 말씀은 우리의 죄를 없앨 수 있는 방법을 계시해준다. 그리고 하나님의 말씀은 우리의 영혼이 예수 그리스도의 의를 힘입게 되는 방법을 우리에게 가르쳐준다. 우리의 죄는 율법이 드러내주는 우리의 허물들이다. 그리스도의 피는 복음이 보여주는 우리의 죄를 씻어내는 물두멍이다." 그러나 우리가 하나님의 말씀을 듣고 복음의 거울을 들여다보고 발견한 우리의 허물들과 죄들을 씻어내지 않고 그냥 가서 다 잊어버린다면, 그리고 말씀의 치료법을 우리에게 적용하지를 않고 잊어버린다면 말씀을 듣고 복음을 들여다본 것이 다 헛것이 되고 말 것이다. 바로 이러한 상태가 마땅히

경청해야 할 하나님의 말씀을 듣지 않은 사람들의 경우이다.

(3) 또한 여기서 하나님의 말씀을 제대로 경청하고, 하나님의 말씀의 거울을 올바르게 사용해서 축복을 받게 되는 사람들에 대해 진술이 되고 있다. 자유롭게 하는 온전한 율법을 들여다보고 있는 자는 듣고 잊어버리는 자가 아니요 실천하는 자니 이 사람은 그 행하는 일에 복을 받으리라(25절). 여기서 다음의 사실들을 주목하라.

[1] 복음은 자유의 법이다. 백스터 씨는 복음을 해방이라고 표현하고 있다. 즉 복음은 우리를 유대 율법에서 구원해주고, 그리고 죄와 범죄와 진노와 죽음으로부터 해방시켜준다. 구약의 의식과 제사법은 속박의 멍에였다. 그러나 그리스도의 복음은 자유의 법이다.

[2] 복음은 완전한 법이다. 복음에 덧붙일 수 있는 것은 하나도 없다.

[3] 말씀을 들을 때 우리는 이 완전한 법을 자세히 들여다보게 된다. 우리는 위로와 지도를 받기 위해 복음의 권면을 구한다. 우리가 복음을 자세히 들여다보면 그것을 통해 삶의 방법들을 얻을 수 있다.

[4] 그러므로 우리는 자유롭게 하는 법을 계속해서 들여다보아야 한다. 백스터 씨는 이렇게 말하고 있다. "우리는 복음이 우리의 영혼 속에 이식되고 흡수될 때까지 복음을 계속 들여다보고 연구해야 한다." 우리는 복음을 잊어버리지 말고 우리의 일과 사업처럼 그것을 실천해야 할 것이다. 그리고 우리는 복음을 항상 우리 눈 앞에 두고 우리의 언어와 행위의 변함없는 규칙으로 삼아야 할 것이다. 또한 우리는 복음을 항상 생각하고 들여다보고 복음으로 우리의 마음과 성격의 모본으로 삼아야 할 것이다.

[5] 하나님의 법과 말씀을 이와 같이 행하고 계속 들여다보는 사람들은 그 행하는 일에 복을 받으리라. 시편 기자가 첫 번째 시편에서 말하고 있듯이 그들이 하는 모든 일이 다 형통할 것이다. 여기서 야고보 사도가 시편을 암시하고 있다고 생각하는 사람들도 있다. 시편 기자는 이렇게 말하고 있다. 오직 여호와의 율법을 즐거워하여 그의 율법을 주야로 묵상하는도다 그는 시냇가에 심은 나무가 철을 따라 열매를 맺으며 그 잎사귀가 마르지 아니함 같으니 그가 하는 모든 일이 다 형통하리로다(시 1:2,3). 야고보 사도는 자유롭게 하는 온전한 율법을 들여다보고 있는 자는 듣고 잊어버리는 자가 아니요 실천하는 자니 이 사람은 그 행하는 일에 복을 받으리라고 진술하고 있다. 그런데 로마 가톨릭 교황주의자들은 이 본문이 우리가

우리의 선한 행위의 공로로 복을 받게 되는 것을 입증하는 분명한 성경 말씀이라고 주장한다. 그런 엉뚱한 잘못된 주장에 대한 응답으로 맨턴 박사는 성경 구절의 차이들에 대해 설명한다. 야고보 사도가 여기서 말하고 있는 것은 어떤 사람이든 그의 행위 때문이(for) 아니라 그의 행위 안에서(in) 복을 받게 된다는 사실이다. 다시 말하면, 행위는 우리가 축복을 분명하게 받게 되는 방법이지 원인이 되는 것은 아니다. 이 축복은 하나님의 뜻을 아는 데 있는 것이 아니라 하나님의 뜻을 행하는 데 있다. 너희가 이것을 알고 행하면 복이 있으리라(요 13:17). 우리를 하늘나라로 인도하는 것은 말에 있는 것이 아니라 행하는 데 있다.

V. 야고보 사도는 다음 단락에서 무익한 신앙생활과 순수하고 하나님의 인정을 받는 신앙생활의 차이를 구별하는 방법을 우리에게 알려주고 있다. 세상에서 이 논제에 대한 아주 크고 뜨거운 논란들이 있다. 어떤 신앙생활이 거짓된 것이고 어떤 신앙생활이 참되고 순수한 것인지에 대한 논쟁이 아주 격렬하다. 나는 사람들이 이 단락에서 그 문제를 결정해 주는 성서에 동의하기를 바란다. 여기서 그 판단이 분명하고 단호하게 선언이 되고 있다. 다음의 사실들을 주목하라.

1. 어떤 신앙생활이 헛되고 무익한가? 누구든지 스스로 경건하다 생각하며 자기 혀를 재갈 물리지 아니하고 자기 마음을 속이면 이 사람의 경건은 헛것이라(26절). 여기에는 우리가 주목할 세 가지 사실이 있다.

(1) 헛되고 무익한 신앙생활에는 겉치레가 많다. 그래서 다른 사람들이 보기에는 그것이 신앙적이고 경건한 것처럼 생각하게 만든다. 생각하며(seem)라는 단어에 우리의 생각을 고정시켜야 한다. 사람들이 실제로 경건하고 신앙적이 되기보다는 겉으로 경건한 것 같이 보이는 것에 더 많은 관심을 보이게 되면 그것은 그들의 신앙생활과 경건은 단지 헛되고 무익할 따름이라는 표시가 된다. 경건과 신앙생활 그 자체가 헛된 것이 아니다. 사람들이 경건의 모양은 가지고 있지만 경건의 능력은 가지고 있지 않을 때 경건을 헛된 것으로 만드는 사람들에게는 그것이 가능하다.

(2) 헛된 경건과 신앙생활에는 다른 사람들을 비평하고, 욕하고, 명예를 손상시키는 일이 비일비재하다. 지금 본문에서 말하고 있는 재갈 물리지 않은 혀가 의미하는 것은 혀의 이러한 악들을 억제하라는 것만이 아니다. 우리가 사람들

이 다른 사람들의 잘못들을 즐겨 말하거나, 다른 사람들의 추문들을 비난하거나, 그들 주변의 사람들의 지혜와 경건을 손상시키는 중상을 하면서 자신들이 스스로 그 사람들보다 더 똑똑하고 더 나은 체하는 말을 듣게 될 때 그것은 그 사람들이 단지 헛된 경건과 신앙생활을 소유하고 있음을 나타내주는 징표가 된다. 남을 중상하는 혀를 가진 사람은 참으로 겸손한 은혜로운 마음을 결코 소유할 수가 없다. 자신의 이웃에게 상처를 주는 것을 즐기는 사람은 하나님을 사랑한다고 헛되이 꾸미고 있을 따름이다. 그러므로 다른 사람을 비방하는 혀는 그 사람이 위선자라는 사실을 드러내주는 증거가 될 것이다. 비난하고 험담하는 것은 지극히 본성을 만족시켜주는 즐거운 죄이다. 그러므로 그러한 비평과 험담은 그 사람이 자연적인 상태의 본성을 지니고 있음을 분명하게 드러내준다. 혀가 저지르는 이러한 죄들은 야고보 사도가 글을 쓰던 당시에는 아주 큰 죄들이었다. 그 사실이 본 서신의 다른 부분들에서도 분명하게 드러나고 있다. 그리고 남을 욕하는 것은 헛된 경건과 무익한 신앙생활을 나타내주는 강한 징표가 된다. 그것은 그 시대의 악에 빠지게 만든다. 이 죄는 언제나 위선자들의 대표적인 죄였다. 위선자들이 더 잘 보이려고 허세를 부리는 야망을 더 많이 가지면 가질수록 더욱 거침없이 다른 사람들을 비난하고 깎아내리는 험담을 하게 된다. 혀와 마음 사이에는 재빠른 교감이 이루어진다. 그래서 혀는 마음의 생각을 드러내준다. 이러한 이유들로 해서 야고보 사도는 재갈 물리지 않은 제멋대로의 혀가 헛된 경건의 아주 확실한 증거가 된다고 주장했다. 자신의 혀에 재갈을 물릴 수 없고 조절할 수 없는 사람의 경건과 신앙생활에는 어떤 힘도 없고 어떤 능력도 나타나지 않는다.

(3) 헛된 경건에 머무는 사람은 그 자신의 마음을 속인다. 그 사람은 계속해서 다른 사람들을 험담하고 중상하는 행태에 머물게 되고, 스스로 무엇이라도 된 양 잘난 체를 하고, 그리고 결국에는 그의 경건의 허영은 그 자신의 영혼까지 속이게 됨으로써 그 절정에 이르게 된다. 한번 경건이 헛되고 무익한 것에 이르게 되면 그 허영과 덧없음은 얼마나 클 것인가!

2. 참된 경건과 신앙생활이 어디에 근거하고 있는지를 여기서 분명하고 단호하게 선언이 되고 있다. 하나님 아버지 앞에서 정결하고 더러움이 없는 경건은 곧 고아와 과부를 그 환난 중에 돌아보고 또 자기를 지켜 세속에 물들지 아니하는 그것이니라(27절). 여기서 다음의 사실들을 주목하라.

(1) 경건의 자랑거리는 깨끗하고 더러움이 없는 것이다. 그러기 위해서는 인간의 꾸며낸 허망한 이야기들에 물들지 않고 세상 사람들의 타락에 오염되지 않아야 한다. 그릇된 경건은 그 불순함과 무절제를 통해 알 수 있다. 요한 사도는 그것에 대해 이렇게 진술하고 있다. 이러므로 하나님의 자녀들과 마귀의 자녀들이 드러나나니 무릇 의를 행하지 아니하는 자나 또는 그 형제를 사랑하지 아니하는 자는 하나님께 속하지 아니하니라(요일 3:10). 그러나 반대로 거룩한 생활과 자선을 행하는 사랑의 마음은 참된 경건을 드러내준다. 우리의 경건과 신앙생활은 의식들로 꾸며지는 것이 아니라 정결함과 자선으로 장식이 된다. 그리고 깨끗한 경건은 계속해서 더러워지지 않도록 조심해야 한다.

(2) 참된 경건은 하나님 아버지 앞에서 정결하고 더럽지 않은 신앙생활이다. 참된 경건은 하나님이 보시기에 바르고, 그리고 그 주된 목표는 하나님의 인정을 받는 것이다. 참된 경건은 우리가 행하는 모든 일을 하나님 앞에서 하라고 우리에게 가르친다. 그러므로 진실된 경건은 하나님의 은총을 구하고, 우리의 모든 행위들을 통해 하나님을 기쁘시게 해드리려고 연구하고 노력한다.

(3) 가난하고 어려움을 당하는 사람들에게 베푸는 동정과 자선은 참된 경건의 아주 중요하고 필수적인 요소에서 나오는 열매이다. 고아와 과부를 그 환난 중에 돌아보고. 여기서 돌아보고 라는 말은 우리가 다른 사람들에게 베풀 수 있는 모든 방식의 위로와 도움을 의미한다. 여기서 고아와 과부들이 특별히 언급되고 있는 것은 그 사람들이 일반적으로 가장 무시를 당하고 괴로움을 겪는 성향이 있기 때문이다. 그러나 그러한 사람들을 통하여 우리는 어려움을 당하는 모든 사람들이 우리의 자선의 대상임을 깨달아야 할 것이다. 만일 경건의 총체를 두 마디로 요약한다면 이럴 것이다. 즉 경건은 사랑하고 구제하는 것이다. 여기서 다음의 사실들을 주목하라.

(4) 흠 없는 생활은 꾸밈없는 사랑과 자선이 뒤따라야만 한다. 자기를 지켜 세속에 물들지 아니하는 그것이니라. 세상은 영혼을 더럽히고 오점을 입히는 성향을 지니고 있다. 영혼이 세상 속에서 살고 세상과 관계를 맺고 있으면서 더러워지지 않는다는 것은 쉽지가 않다. 그럼에도 불구하고 더러워지지 않기 위해서 우리는 끊임없이 노력을 아끼지 말아야 할 것이다. 바로 이러한 것이 정결하고 더러워지지 않은 참된 경건이다. 만일 우리가 세속의 것들과 너무 많이 사귀게 된다면 세상의 것들이 실제로 우리의 정신들을 아주 많이 오염시키게

될 것이다. 게다가 세상의 죄들과 탐욕들은 실제로 아주 저주스럽게 우리의 정신과 영혼들을 손상시키고 더럽게 할 것이다. 사도 요한은 우리가 세상에 살면서 사랑해서는 안 될 것들을 세 가지로 요약해 들려주고 있다. 이는 세상에 있는 모든 것이 육신의 정욕과 안목의 정욕과 이생의 자랑이니 다 아버지께로부터 온 것이 아니요 세상으로부터 온 것이라(요일 2:16). 그러므로 우리는 이러한 모든 정욕들로부터 우리 자신들을 물들지 않게 하기 위하여 스스로 세상의 더러움들로부터 자신들을 지켜야 할 것이다. 하나님이시여, 당신의 은혜로 우리의 마음과 생활들을, 세속을 사랑하지 않게 해주시고, 사악한 세상 사람들의 유혹들로부터 깨끗하게 지켜주시옵소서.

제 2 장

개요

　　본 장에서 야고보 사도는 부자에 대한 잘못된 존중과 가난한 사람에 대한 그릇된 무시를 비난한다. 야고보 사도는 이런 잘못을 편견과 불의의 탓으로 돌리고 있다. 이러한 행태는 하나님의 뜻을 거스르는 행위라는 사실을 사도는 지적한다. 하나님은 가난한 사람들을 선택하시고, 그리고 부자들이 가난한 사람들의 이익을 종종 억압하고 하나님의 이름을 모독한다는 사실을 진술하고 있다(1-7절). 야고보 사도는 우리가 율법을 온전히 이루어야 하고, 공의뿐만 아니라 자비도 뒤따라야 한다는 것을 진술하고 있다(8-13절). 사도는 행함이 없는 믿음을 자랑하는 사람들의 잘못과 어리석음을 적나라하게 드러낸다. 야고보 사도는 행함이 없는 믿음은 죽은 믿음이라고 우리에게 말한다. 즉 그러한 믿음은 아브라함의 믿음이나 기생 라합의 믿음에 속한 것이 아니라 마귀가 가지고 있는 것과 같은 그러한 믿음이라고 질타한다(11-26절).

¹내 형제들아 영광의 주 곧 우리 주 예수 그리스도에 대한 믿음을 **너희**가 가졌으니 사람을 차별하여 대하지 말라 ²만일 **너희** 회당에 금 가락지를 끼고 아름다운 옷을 입은 사람이 들어오고 또 남루한 옷을 입은 가난한 사람이 들어올 때에 ³**너희**가 아름다운 옷을 입은 자를 눈여겨 보고 말하되 여기 좋은 자리에 앉으소서 하고 또 가난한 자에게 말하되 **너는** 거기 서 있든지 내 발등상 아래에 앉으라 하면 ⁴**너희끼리** 서로 차별하며 악한 생각으로 판단하는 자가 되는 것이 아니냐 ⁵내 사랑하는 형제들아 들을지어다 하나님이 세상에서 가난한 자를 택하사 믿음에 부요하게 하시고 또 자기를 사랑하는 자들에게 약속하신 나라를 상속으로 받게 하지 아니하셨느냐 ⁶**너희**는 도리어 가난한 자를 업신여겼도다 부자는 **너희**를 억압하며 법정으로 끌고 가지 아니하느냐 ⁷그들은 **너희**에게 대하여 일컫는 바 그 아름다운 이름을 비방하지 아니하느냐

　　야고보 사도는 이 단락에서 심하게 타락한 관습을 비난하고 있다. 야

고보 사도는 사람을 차별하는 죄가 얼마나 많은 해악을 끼치는지를 설명하고 있다. 내 형제들아 영광의 주 곧 우리 주 예수 그리스도에 대한 믿음을 너희가 가졌으니 사람을 차별하여 대하지 말라(1절). 사람을 차별하는 관행은 예나 지금이나 그리스도교 교회들 안에서 늘어가는 죄였던 것 같다. 이 죄는 그리스도교 국가들과 사회들을 비참하게 타락시키고 분열시켜 왔다. 여기서 다음의 사실들을 주목하라.

I. 사람을 차별하는 죄에 대한 주의가 개괄적으로 진술이 되었다. 내 형제들아 영광의 주 곧 우리 주 예수 그리스도에 대한 믿음을 너희가 가졌으니 사람을 차별하여 대하지 말라. 이 말씀에서 우리는 다음의 사실들을 깨닫게 된다.

1. 그리스도인들의 특성이 적절하게 암시되고 있다. 그리스도인들은 우리 주 예수 그리스도를 믿는 신앙을 가지고 있는 사람들이다. 그리스도인들은 그 믿음을 신봉한다. 그리스도인들은 그 믿음을 받아들인다. 그리스도인들은 그 믿음으로 자신들을 통제한다. 그리스도인들은 그리스도의 가르침을 즐겁게 맞아들이고, 그리고 그리스도의 법과 지배에 순종한다. 그리스도인들은 그 믿음을 그리스도께서 맡기신 신탁 재산으로 여긴다. 그리스도인들은 그 믿음을 보물로 여긴다.

2. 야고보 사도는 예수 그리스도께서 얼마나 영광스러운 분이시지에 대해 진술한다. 야고보 사도는 주 예수 그리스도를 영광의 주라고 부르고 있다. 왜냐하면 그리스도께서는 하나님의 영광의 광채시요 그 본체의 형상이시기(히 1:3) 때문이다.

3. 영광의 주이신 그리스도의 존재는 그리스도인들을 어떤 세상적인 것으로 인하여 차별하지 말고 그리스도에 대한 관계와 순응에 기준하여 대접하고 존중해야 한다는 것을 우리에게 가르쳐 준다. 우리 주 예수 그리스도의 영광을 믿는다고 신앙을 고백하는 사람들은 사람들의 외적이고 세속적인 유익들을 사람들을 대접하는 기준으로 삼아서는 안 될 것이다. 그리스도를 믿는 신앙은 부자나 가난한 사람이나 동등하게 가질 수 있다. 이 믿음에 있어서 세상적인 것은 다 무익한 헛것일 뿐이다. 우리 주 예수 그리스도를 믿는 신앙을 고백하는 우리 그리스도인들이 사람 차별을 해서 우리의 영광스러우신 주님의 영광을 흐리게 하거나 감소시키는 일을 해서는 안 된다. 그럴 수도 있지 하고 생각하는 그리스도인들이 있겠지만 사람을 차별하는 것은 분명히 가증스러운 죄이

다.

Ⅱ. 사람을 차별하는 죄를 실례를 들어 설명하고 주의를 주고 있다. 만일 너희 회당에 금가락지를 끼고 아름다운 옷을 입은 사람이 들어오고 또 남루한 옷을 입은 가난한 사람이 들어올 때에 너희가 아름다운 옷을 입은 자를 눈여겨보고 말하되 여기 좋은 자리에 앉으소서 하고 또 가난한 자에게 말하되 너는 거기 서 있든지 내 발등상 아래에 앉으라 하면(2, 3절). 여기서의 회당은 교회의 회원들에게 일어난 차별의 문제들에 대해 어떤 권징을 언제 내려야 할지를 결정하기 위한 모임들을 의미하는 것일 수도 있다. 그러므로 여기서 사용된 헬라어 단어 쉬나고게는 유대인들이 재판하기 위해 모일 때 사용하는 유대교 회당과 같은 곳에서 총회로 모이는 것을 의미한다. 마이모니데스(Maimonides)는 이렇게 말하고 있다. "유대인의 헌법은 부자와 가난한 사람이 함께 변론을 하게 될 때 부자는 앉아 있고 가난한 사람은 서 있거나 더 나쁜 자리에 앉게 해서는 안 되고, 그 경우에 서면 똑같이 두 사람 다 서고, 앉으면 똑같이 두 사람 다 앉아야 된다고 분명하게 규정했다." 야고보 사도가 진술하고 있는 이 말씀은 유대인의 헌법의 규정과 어떤 관련성이 있는 것 같다. 그러므로 여기서 언급되고 있는 회당은 유대인들이 변론을 듣고 심리하고 재판할 때 모이는 회당에서의 모임과 같은 회의를 의미한다. 유대인의 그러한 회의에 그리스도교 회중의 재판과 권징의 회의를 비유하고 있다.

그러나 우리는 여기서 언급되고 있는 것을 일반 예배 모임에 적용을 하는 일이 없도록 조심해야 할 것이다. 왜냐하면 죄와 상관없는 이러한 회합들에서는 사람들의 지위와 신분에 따라 각기 다른 장소가 지정될 수도 있기 때문이다. 이렇게 생각하는 사람들은 본문에서 이 관습에 대해 엄하게 말하고 있는 야고보 사도를 이해하지 못한다. 그러한 사람들은 4절에 언급된 판단하는 자라는 말을 참작하지 못한다. 또한 그들은 9절에 말씀하고 있듯이 사람들을 차별한다면 자신들이 율법을 어긴 범법자들로 정죄를 당하게 된다는 것을 고려하지 못한다. 다음과 같은 경우를 경고하고 있는 것이다. "만일 너희 회의에(회당에서의 회의와 같은 성격의 모임을 가질 때) 잘 차려 입은 지체 높은 사람이 들어오거나, 그리고 남루한 옷을 입은 가난한 사람이 들어온다면 부자가 가난한 사람보다 외모가 더 낫다거나 지체가 더 높다거나 하는 이유로 너희는 편파적으로 행동하거나 그릇된 결정이나 판결을 내리게 될 것이다." 너희끼리 서로 차별하며 악한 생각으로 판단하는 자가 되는 것이 아니냐(4절). 여기서 다음의 사실들을 주목하라.

1. 하나님은 모든 종류의 사람들 가운데, 부드럽고 화려한 옷을 입은 사람들 가운데, 그리고 남루하고 거친 옷을 입은 사람들 가운데 하나님의 남은 자들을 두고 계시다.

2. 신앙의 문제에 있어서는 부자나 가난한 사람이 다같이 평등하고 같은 자리에 앉거나 선다. 부자라고 해서 하나님께 더 가까이 갈 수 있는 사람은 하나도 없다. 마찬가지로 가난하다고 해서 하나님께서 멀리 떨어질 수 있는 사람은 하나도 없다. 이는 하나님께서 외모로 사람을 취하지 아니하심이라(롬 2:11). 그러므로 양심과 신앙의 문제에 있어서는 어떤 사람에게도 차별이 있어서는 안 될 것이다.

3. 세상적인 신분의 높음이나 부유함에 대한 모든 부당한 높은 대접을 그리스도인 공동체 안에서는 각별히 조심하고 경계해야 할 것이다. 그렇다고 해서 야고보 사도가 여기서 무례함이나 무질서를 권하고 있는 것은 아니다. 마땅히 사회적인 존경은 존중되고 행해져야 한다. 그리고 신분의 차이에 따른 대접과 존중도 우리의 태도에서 나타나야 할 것이다. 그러나 이러한 존중이 그리스도인 공동체 내에서 교회의 직분들을 맡기거나, 교회의 권징을 시행하거나, 또는 순전히 신앙생활에 관한 문제들을 처리할 때 영향을 미치는 차별의 잣대가 되어서는 안 될 것이다. 여기서 우리는 어떤 사람도 육체를 따라 판단을 해서는 안 될 것이다. 그의 눈은 망령된 자를 멸시하며 여호와를 두려워하는 자들을 존대하며 그의 마음에 서원한 것은 해로울지라도 변하지 아니하는(시 15:4) 것이 시온 백성의 특성이다. 만일 가난한 사람이 선한 사람이라면 우리는 그의 가난 때문에 그 사람을 조금이라도 무시해서는 안 될 것이다. 그러나 만일 부자가 나쁜 사람이라면 그의 부유함 때문에 그 사람을 조금이라도 더 존중해서는 결코 안 될 것이다. 그 사람이 아무리 화려한 옷을 걸치고 그럴듯한 신앙 고백을 할지라도 말이다.

4. 중요한 것은 우리가 사람들을 판단할 때 규칙의 적용을 신중하게 사용해야 한다는 것이다. 만일 우리가 겉으로 드러난 외모로 사람들을 판단한다면 종교적인 모임들에서도 우리의 행동과 생각에 아주 많은 영향을 끼치게 될 것이다. 세상에서는 지체 높은 사람일지라도 그의 사악함으로 인하여 비천한 대접

과 멸시를 받아 마땅한 사람들이 많다. 그와 반대로 옷은 남루하게 입었지만 겸손하고, 경건하고, 선한 그리스도인이 많다. 그러므로 가난하다는 것 때문에 그 사람에게 더 나쁜 대접을 해서는 안 되고 또한 그 사람이 믿는 그리스도교가 별 볼일 없다고 생각해서는 안 될 것이다.

III. 우리는 이 죄가 크다는 사실을 발견하게 된다. 너희끼리 서로 차별하며 악한 생각으로 판단하는 자가 되는 것이 아니냐 내 사랑하는 형제들아 들을지어다 하나님이 세상에서 가난한 자를 택하사 믿음에 부요하게 하시고 또 자기를 사랑하는 자들에게 약속하신 나라를 상속으로 받게 하지 아니하셨느냐(4, 5절). 사람을 차별하는 죄는 아주 크게 편파적이다. 그 죄는 불공정하다. 그 죄는 우리가 하나님을 대적하게 만든다. 하나님은 가난한 사람들을 선택하시고 그들이 선하다면 높이시고 귀하게 여기신다. 하나님은 가난한 사람을 무시하는 사람들을 멸시하실 것이다. 다음의 사실들을 주목하라.

1. 사람을 차별하는 이 죄에는 수치스러운 편파심이 있다. 너희끼리 서로 차별하며 악한 생각으로 판단하는 자가 되는 것이 아니냐? 여기서 제기되는 물음은 모든 사람이 진지한 양심으로 대답해야 할 것이다. 이 본문을 원문에 근거하여 엄격하게 번역한다면 이 물음의 뜻은 다음과 같이 생각될 수 있을 것이다. "너희가 차별을 해오고 있지 않느냐? 그 차별에서 너희가 잘못된 규칙과 맞지 않는 잣대로 판단하지 않느냐? 그리고 너희를 온전히 정죄하는 율법으로 편파적인 판결을 내리고 있지 않느냐? 너희 양심이 자신들에게 잘못을 저지르고 있다고 말하고 있지 않느냐?" 우리가 그 사람들이 아주 심하게 타락한 상태에 있다고 할지라도 신앙 고백과 같은 문제들에 관계하게 될 때 양심에 호소해서 판단하는 것이 아주 유리할 것이다.

2. 사람을 차별하는 죄는 악하고 불공정한 생각에서 비롯된다. 성격과 행동과 처리가 편파적이면 그 마음과 생각에서 나오는 것 역시 다 악하다. "너희끼리 서로 차별하며 악한 생각으로 판단하는 자가 되는 것이 아니냐. 다시 말해서 너희가 너희 자신의 성격이 된 타락한 생각과 불공정한 평가에 따라서 판단하는 자들이 되지 않았느냐? 너희의 편견 밑으로 흐르고 있는 감춰진 생각들이 드러나게 되고, 그리고 그것들이 심히 악한 것임을 알게 될 때까지 너희의 편견을 철저히 조사해보아라. 너희는 내적인 은혜보다 외적인 화려함을 은밀히 더 좋아하고, 보이지 않는 것들보다 보이는 것들을 더 좋아한다." 우리의 생각 속에

자리잡은 악함이 다 드러나지 않고는 죄의 보기 흉한 결함의 온전한 모습을 절
대로 알 수 없을 것이다. 게다가 우리의 성격과 생활을 더 심하게 악화시키는
것도 바로 이것이다. 여호와께서 사람의 죄악이 세상에 가득함과 그의 마음으로 생
각하는 모든 계획이 항상 악할 뿐임을 보시고(창 6:5).

3. 이 사람들을 차별하는 것은 가증스러운 죄이다. 왜냐하면 하나님께 반대
되는 우리의 성향을 가장 여실하게 드러내주기 때문이다. "하나님이 세상에서
가난한 자를 택하사 믿음에 부요하게 하시고 또 자기를 사랑하는 자들에게 약속하신
나라를 상속으로 받게 하지 아니하셨느냐 너희는 도리어 가난한 자를 업신여겼도다
부자는 너희를 억압하며 법정으로 끌고 가지 아니하느냐(5, 6절). 하나님은 너희가
전혀 존중하지 않는 사람들을 하늘나라의 상속자들로 삼으셨고, 그리고 너희
가 좋은 말 한 마디나 고운 눈길 한번 주지 않는 사람들에게 아주 크고 영광스
러운 약속들을 주셨다. 그런데 사람을 차별하는 이 죄는 자칭 하나님의 자녀들
이고 하나님을 닮았다고 주장하는 너희들의 괴이한 불의가 아니겠느냐? 내 사
랑하는 형제들아 들을지어다. 내가 너희에게 주는 모든 사랑과 너희가 내게 행하
는 모든 존경으로 너희가 이것들을 깊이 생각하기를 부탁한다. 이 세상의 가난
한 사람들 가운데 많은 사람들이 하나님의 자녀들임을 명심하여라. 그들이 하
나님의 자녀가 되는 데 그들의 가난이 아무런 방해를 하지 못한다. 그들의 가
난이 그들의 하나님의 선택받은 자녀가 되는 데 전혀 손해를 주거나 불리한 것
이 되지를 않는다. 가난한 자에게 복음이 전파된다 하라(마 11:5)."

하나님은 그의 거룩한 종교를 외적인 화려하고 허식적인 유익들이 아니라
그 종교의 본질적인 가치와 우월함을 통해서 사람들의 존경과 애정을 받을 수
있도록 계획하셨다. 그러므로 하나님은 이 세상의 가난한 사람들을 선택하셨
다. 또한 세상의 많은 가난한 사람들이 믿음에 부요한 사람들임을 주목하라. 이
와 같이 가장 가난한 사람이 부유하게 될 수도 있다. 그러므로 가난한 사람들
은 그렇게 되기를 갈망하는 소원을 특별히 가져야 할 것이다. 그리고 재산과
재물을 가진 사람들은 선행에 부요해지기를 바란다.왜냐하면 그들이 더 많이
가지면 가질수록 그들은 더욱 많은 선행을 행할 수 있기 때문이다. 반면에 세
상에서 가난한 사람들은 믿음에 부요해지기를 바란다. 왜냐하면 더 적게 가지
면 가질수록 그들은 더 나은 세상의 더 나은 것들을 기대하는 믿음을 가지고
살아야 하기 때문이다. 믿음을 가진 그리스도인들은 권리에 있어서 부유하고,

그리고 하늘나라의 상속자들이 되는 데에 부유하다는 사실을 더욱 유념하라. 비록 가난한 사람들이 현세의 재산에 있어서는 아주 빈곤할지라도 말이다. 가난한 사람들에게 지금 맡겨진 것은 아주 적은 것이기는 하다. 그러나 그들을 위하여 준비된 것은 말할 수 없이 부유하고 크다. 믿음이 부요한 곳에서는 어디든지 하나님의 사랑도 항상 함께 있을 것이다. 사랑으로 역사하는 믿음은 아주 큰 영광을 상속하게 될 것이라는 사실도 주목하라. 게다가 천국은 한 나라이고, 그리고 하나님을 사랑하는 사람들에게 약속된 나라라는 사실을 다시 한 번 유념하도록 하라. 우리는 앞 장에서 하나님을 사랑하는 사람들에게 면류관이 약속되었음을 읽었다. 시험을 참는 자는 복이 있나니 이는 시련을 견디어 낸 자가 주께서 자기를 사랑하는 자들에게 약속하신 생명의 면류관을 얻을 것이기 때문이라(약 1:12). 우리는 여기서 하나님을 사랑하는 사람들에게 나라도 준비되어 있음을 발견하게 된다. 그리고 면류관이 생명의 면류관이듯이 그 나라도 영원한 나라가 될 것이다. 이 세상에서 가난한 사람들이 믿음에 부요하기만 하다면 현세에서 아주 높게 영광을 얻게 되고, 그리고 내세에서 하나님에 의해 고귀하게 될 것이다. 그러니 결과적으로 가난한 사람들을 멸시하는 사람들에게 사람을 차별하는 것이 얼마나 큰 죄가 되겠는가! 이와 같은 사실들을 고찰해보면 다음의 비난은 정말 가슴을 칼로 도려내듯 엔다. 너희는 도리어 가난한 자를 업신여겼도다 부자는 너희를 억압하며 법정으로 끌고 가지 아니하느냐(6절).

4. 이러한 의미에서 부유함이나 외적인 신분의 높음이나 화려함으로 인하여 사람을 차별하는 것은 아주 큰 죄임을 알 수 있다. 왜냐하면 그 해악들의 원인은 세속적인 부유함과 높은 신분을 과시하며 하나님과 가난한 사람들을 무시하고 멸시하는 어리석음에 있기 때문이다. "너희는 도리어 가난한 자를 업신여겼도다 부자는 너희를 억압하며 법정으로 끌고 가지 아니하느냐(6절)? 그들은 너희에게 대하여 일컫는 바 그 아름다운 이름을 비방하지 아니하느냐(7절)? 부유함이 얼마나 일반적 사악함과 손해와 신성 모독과 박해의 원인들이 되는지를 깊이 생각해보도록 하라. 부자들과 권세 있는 자들이 너희의 신앙과 하나님께 얼마나 많은 재난들과 비난들을 초래하고 있는지를 생각해보라. 이것은 너희의 죄가 심히 악하고 어리석음을 드러내주게 될 것이다. 그 죄는 너희가 세운 것을 무너지게 하고, 너희가 만든 모든 것을 파괴하고, 그리고 너희를 부르는 고귀한 이름을 불명예스럽게 만들 것이다." 그리스도의 이름은 고귀한 이름이다. 그리스

도의 이름은 그리스도의 영광을 반사하고, 그리스도의 이름을 힘입는 사람들에게 고귀함을 더해준다.

[8]너희가 만일 성경에 기록된 대로 네 이웃 사랑하기를 네 몸과 같이 하라 하신 최고의 법을 지키면 잘하는 것이거니와 [9]만일 너희가 사람을 차별하여 대하면 죄를 짓는 것이니 율법이 너희를 법법자로 정죄하리라 [10]누구든지 온 율법을 지키다가 그 하나를 범하면 모두 법한 자가 되나니 [11]간음하지 말라 하신 이가 또한 살인하지 말라 하셨은즉 네가 비록 간음하지 아니하여도 살인하면 율법을 법한 자가 되느니라 [12]너희는 자유의 율법대로 심판 받을 자처럼 말도 하고 행하기도 하라 [13]긍휼을 행하지 아니하는 자에게는 긍휼 없는 심판이 있으리라 긍휼은 심판을 이기고 자랑하느니라

야고보 사도는 사람들을 부당하게 차별하는 사람들의 죄를 비난하고, 그리고 이 죄의 해악이 얼마나 큰지를 그들에게 충분히 납득을 시킨 뒤에 이제 그 문제를 해결할 수 있는 방법을 제시해주고 있다. 잘못된 죄의 문제를 비난하고 경고할 뿐만 아니라 그것을 고칠 수 있도록 가르치고 지도하는 것도 복음 사역의 일이다. 골로새서 1장 28절에서 사도 바울은 이렇게 말하고 있다. 우리가 그를 전파하여 각 사람을 권하고 모든 지혜로 각 사람을 가르침은 각 사람을 그리스도 안에서 완전한 자로 세우려 한다. 여기서 다음의 사실들을 주목하라.

I. 우리는 사람들을 대하는 태도에 대해 우리를 지도해주는 일반적으로 제시된 법을 가지고 있다. 너희가 만일 성경에 기록된 대로 네 이웃 사랑하기를 네 몸과 같이 하라 하신 최고의 법을 지키면 잘하는 것이거니와(8절). 야고보 사도는 가난한 사람들이 부자들을 멸시하도록 조장했다고 생각하는 사람이 혹시 있을까 하여 자신이 어느 누구에게도 부적절한 행동을 하도록 부추기는 의도가 전혀 없었음을 지금 밝히고 있다. 부자들이 가난한 사람들을 무시해서는 안 되듯이 가난한 사람들이 부자들을 미워해서도 안 되고 부자들에게 무례하게 굴어서도 안 될 것이다. 우리는 성경이 우리의 모든 이웃들을 사랑하라고 가르쳐주고 있는 것처럼 부자든 가난한 사람이든 서로 자기 몸처럼 사랑해야 할 것이다. 이 규례를 꾸준히 잘 지키면 우리가 잘 하는 것이다. 여기서 다음의 사실들을 주목하라.

1. 그리스도인들이 따라야 할 규례는 성경에 기록되어 있다. 성경대로(고전 15:3, 4). 우리가 인도를 받아야 되는 것은 세상의 위대한 사람들이나 세속적인 부나 신앙 고백자들 사이의 타락한 관습들이 아니라 진리의 성경이다.

2. 성경은 우리 이웃을 우리 자신 같이 사랑하라는 것을 법으로 우리에게 명령한다. 이 법은 지금도 계속해서 온전하게 유효하고, 그리고 그 법의 효력이 우리에게 감소되기는커녕 그리스도에 의해 그 효력이 더욱 발전되고 강화되었다.

3. 이 법은 왕이 명령한 법이다. 이 사랑의 법은 왕 중 왕으로 말미암은 법이다. 그런 까닭에 이 법 자체의 가치와 권위는 마땅히 높임을 받을 가치가 있다. 모든 그리스도인들은 그 법의 권위 안에서 자유의 신분을 누리게 되고, 그리고 이 법에 의해 노예가 되지 않고 억압을 받지 않게 된다. 그러므로 모든 그리스도인들은 이 왕의 법을 통해 서로에 대한 행위를 조절하고 지배를 받게 된다.

4. 이 왕의 법을 편파적으로 해석해서 거짓으로 지키는 것은 어떤 부당한 변론으로도 변명이 되지 못할 것이다. 여기서 암시되고 있는 것은 어떤 사람들은 부자들에게 아첨을 하고 편파적으로 대하려고 한다는 것이다. 왜냐하면 그 사람들이 같은 처지에 처하게 되면 부자들이 자신들에게 같은 대접을 당연히 해 줄 것이라고 기대하기 때문이다. 또는 그 사람들이 하나님께서 그의 섭리를 통하여 세상에서 높은 지위와 신분을 가지게 된 사람들에게 남다른 대접을 하는 것이 옳아서 하는 것일 뿐이라고 자신들을 옹호할 수 있기 때문이다. 그러므로 야고보 사도는 그 사람들이 십계명의 두 번째 돌판의 의무들을 지키려고 해서 존경할 자를 존경하는 것은 잘하는 일이라고 진술하고 있다. 모든 자에게 줄 것을 주되 조세를 받을 자에게 조세를 바치고 관세를 받을 자에게 관세를 바치고 두려워할 자를 두려워하며 존경할 자를 존경하라(롬 13:7). 그러나 이 공정하게 보이는 꾸밈의 위선은 사람들에게 부당한 차별을 저지르는 그들의 비난받아 마땅한 죄를 감추지 못할 것이다.

II. 이 보편적인 법은 세부적인 시행 조항의 법과 같이 고려되어야 할 것이다. 만일 너희가 사람을 차별하여 대하면 죄를 짓는 것이니 율법이 너희를 범법자로 정죄하리라(9절). 이 법 중의 법인 네 이웃 사랑하기를 네 몸과 같이 하고, 그리고 대접을 받고자 하는 대로 사람들을 대접한다고 할지라도 사람들의 외적 조건에 따라서 교회의 치리를 시행하는 잘못의 변명거리가 되지는 못할 것이다. 그런데 여기서 너희는 하나님께서 다른 사람에게 주신 이 법의 세부시행 조항도 함께 참조해야 할 것이다. 그것은 야고보 사도가 너희를 비난하는 죄를 너희에게 온전히 납득하게 해줄 것이다. 너희는 재판할 때에 불의를 행하지 말며 가난한 자의 편을 들지 말며 세력 있는 자라고 두둔하지 말고 공의로 사람을 재판할지라(레 19:15). 그렇다. 바르게 해석된 이 왕의 법이 사람들을 차별하는 죄를 깨닫게 해줄 것이다. 왜냐하면 이 법이 부자들이든 가난한 사람들이든 누구나 평등하게 대해야 한다고 사람들에게 가르쳐주고 있기 때문이다. 야고보 사도는 여기서 이야기를 더 발전시키고 있다.

Ⅲ. 야고보 사도는 이 법의 시행 범위와 순종의 한계를 제시한다. 그리스도인들은 이 왕의 법을 따라야 하고, 서로 존중해야 한다. 그러나 그들이 어떤 다른 특별한 행동들에 대한 변명의 구실로 그 법을 그릇되게 위선적으로 주장한다면 그 법이 그들에게 도움과 유익이 되지 못할 것이다. 누구든지 온 율법을 지키다가 그 하나를 범하면 모두 범한 자가 되나니(10절). 이것을 다음과 같이 생각할 수도 있을 것이다.

1. 야고보 사도가 주장하는 경우에 대한 언급일 수도 있다. 다시 말해서 너희가 너희 몸 같이 너희 이웃을 사랑한다는 구실로 부자를 더 존중하는 것을 변명하고 있는 것이지 않느냐 라는 질책을 야고보 사도가 말하는 것일 수 있다. 그리고 너희가 너희 이웃을 너희 몸 같이 사랑해야 한다고 말하면서 어찌하여 가난한 사람들에게는 그와 똑같은 대접과 존경을 보여주지 않는 것이냐고 야고보 사도는 되묻고 있는 것일 수 있다. 또한 율법의 한 가지 점을 어기는 너희의 죄가 모든 율법을 다 지키고 있다는 너희의 허울뿐인 위선을 망치고 말 것이다. 누구든지 온 율법을 지키다가 그 하나를 고의적으로 공공연하게 계속해서 범하면 다른 법들을 지키고 있으니까 이것 하나쯤이야 하고 변명할 수 있겠지만 사실은 모두 범한 자가 되고 말 것이다. 다시 말해서 열 가지 계명 가운데 아홉을 지켰을지라도 하나를 어기면 열 계명을 어긴 것과 똑같은 벌을 율법은 선고하게 될 것이다. 이것이 의미하는 바는 모든 죄가 똑같다는 것이 아니라 모든 죄가 율법을 주신 하나님의 권위를 똑같이 무시한다는 것이다. 그래서 온 율법을 지키다가 그 하나를 어기면 그러한 똑같은 형벌을 당하게 되는 것이다. 이 사실은 우리의 선행들이 우리의 악행들을 보상해줄 것이라고 생각하고 어떤 다른 속죄 방법을 찾는 것이 얼마나 무익하고 헛된 것인지를 드러내준다.

2. 앞서 언급했던 것과 다른 경우를 통해서 이 사실이 더 자세하게 예증이 되고 있다. 간음하지 말라 하신 이가 또한 살인하지 말라 하셨은즉 네가 비록 간음하지 아니하여도 살인하면 율법을 범한 자가 되느니라(11절). 형편에 따라서는 어떤 사람은 간음을 심각하게 생각하거나 육체를 타락시키는 그러한 일들을 아주 나쁘게 생각할 수도 있다. 그러나 그런 사람이 다른 사람의 생명을 죽이는 것이나, 건강을 해치거나, 마음을 상하게 하거나, 생활을 파멸시키는 것은 그다지 심각하게 생각하지 않는 경향이 있을 수도 있다. 또 다른 사람은 살인은 엄청나게 무서워하면서 간음은 아주 쉽게 생각하는 경향이 있을 수도 있다. 반면에 계명의 문제보다는 율법을 주신 하나님을 더 중요시하는 사람은 간음이든 살인이든 하나님께서 똑같이 정죄하시는 이유를 깨달을 것이다. 그러므로 순종은 모든 것이 하나님의 뜻에 따라 행해질 때 인정을 받을 수 있게 될 것이다. 그러나 불순종은 어떤 경우에도 하나님의 권위를 무시하기에 정죄를 받게 될 것이다. 그런 이유 때문에 우리가 하나님의 법을 한 가지라도 어기게 되면 우리는 모든 법을 주신 하나님의 권위를 무시하게 되므로 모든 법을 어긴 결과를 낳게 될 것이다. 따라서 너희가 옛 율법을 의지하고 기대한다면 너희는 여전히 정죄 아래 있게 될 것이다. 무릇 율법 행위에 속한 자들은 저주 아래에 있나니 기록된 바 누구든지 율법 책에 기록된 대로 모든 일을 항상 행하지 아니하는 자는 저주 아래에 있는 자라 하였음이라(갈 3:10).

IV. 야고보 사도는 그리스도인들이 더욱 특별하게 그리스도의 법으로 자신들을 조절하고 행동하도록 권면하고 있다. 너희는 자유의 율법대로 심판 받을 자처럼 말도 하고 행하기도 하라(12절). 이 말씀은 우리가 가난한 사람들에게 공정하고 공평해야 될 뿐만 아니라 아주 온정적이고 자비로워야 한다는 것을 가르쳐 준다. 이 말씀은 부자들에 대한 모든 치사스럽고 부당한 존중과 대접으로부터 우리를 완전하게 벗어나게 해줄 것이다. 여기서 다음의 사실들을 주목하라.

1. 복음을 율법이라고 부르고 있다. 복음은 율법의 모든 필수 요소들을 다 지니고 있다. 상벌에 대한 계명들이 부가되어 있다. 그것은 위로뿐만 아니라 의무도 규정하고 있다. 그리고 그리스도께서는 우리를 다스리는 왕이시기도 하고, 우리를 가르치는 선지자이시기도 하고, 우리를 위하여 희생 제사를 드리고 중보하는 제사장이시기도 하다. 우리는 그리스도의 율법 아래에 있는 자이다(고전

9:21).

2. 복음은 자유의 율법이다. 그리고 복음은 우리가 멍에나 무거운 짐으로 불평할 하등의 이유가 없는 율법이다. 왜냐하면 복음에 따라서 하나님을 섬기는 일은 완전한 자유이기 때문이다. 복음은 이 세상의 사람들이나 사물들에 대한 모든 노예적인 비굴한 존중에서 우리를 자유롭게 만들어 준다.

3. 우리는 이 자유의 율법으로 모든 사람이나 모든 사물을 판단해야 할 것이다. 사람들의 외적인 조건이 복음에 따라서 결정이 될 것이다. 이 복음은 우리가 심판의 보좌 앞에 서게 될 때 완전하게 계시될 책이다. 복음이 정죄하는 사람들에게는 어떤 위로도 없을 것이고, 또한 복음이 의롭게 여기는 사람들에게는 어떤 정죄도 없을 것이다.

4. 그러므로 복음은 우리가 이 자유의 율법으로 얼마 안 있어 심판을 받게 될 사람인 것처럼 지금 말하고 행동하라고 우리에게 권면한다. 다시 말해서 이 규칙으로 우리가 심판을 받을 것이기 때문에 우리는 복음의 기준에 부응해야 되고, 복음의 의무들에 따른 양심을 가져야 하고, 복음의 성품을 가져야 하고, 그리고 우리의 생활양식이 복음의 생활양식이 되어야 할 것이다.

5. 복음으로 우리가 심판을 받게 된다는 생각은 우리가 가난한 사람들에 대해 더욱 각별하게 자비로워야 됨을 깨우쳐 주어야 할 것이다. 긍휼을 행하지 아니하는 자에게는 긍휼 없는 심판이 있으리라 긍휼은 심판을 이기고 자랑하느니라(13절). 여기서 다음의 사실들을 주목하라.

(1) 결국 회개하지 않는 죄인들에게 내릴 판결은 긍휼이 없는 심판이 될 것이다. 회개하지 않는 사람들이 찌끼까지 마셔야 되는 진노와 전율의 잔에는 그들의 고통을 덜어줄 것이 한 방울도 섞여 있지 않을 것이다.

(2) 긍휼을 베풀지 않는 그러한 사람들은 심판 날에 결코 긍휼을 얻지 못할 것이다. 반면에 우리는 여기서 다음의 사실들을 주목할 수 있겠다.

(3) 심판 날에 긍휼의 기쁨을 누리게 될 사람들도 있을 것이다. 긍휼을 입은 사람들은 심판을 이기고 기뻐하고 자랑할 것이다. 마지막 날에 사람들의 모든 자녀들은 진노의 그릇이 되든지 긍휼의 그릇이 되든지 할 것이다(롬 9:22, 23). 복음은 모든 사람이 긍휼의 그릇 가운데에서 발견되기를 바라고 생각하기를 권면한다. 긍휼히 여기는 자는 복이 있나니 그들이 긍휼히 여김을 받을 것임이요(마 5:7).

¹⁴내 형제들아 만일 사람이 믿음이 있노라 하고 행함이 없으면 무슨 유익이 있으리요 그 믿음이 능히 자기를 구원하겠느냐 ¹⁵만일 형제나 자매가 헐벗고 일용할 양식이 없는데 ¹⁶너희 중에 누구든지 그에게 이르되 평안히 가라, 덥게 하라, 배부르게 하라 하며 그 몸에 쓸 것을 주지 아니하면 무슨 유익이 있으리요 ¹⁷이와 같이 행함이 없는 믿음은 그 자체가 죽은 것이라 ¹⁸어떤 사람은 말하기를 너는 믿음이 있고 나는 행함이 있으니 행함이 없는 네 믿음을 내게 보이라 나는 행함으로 내 믿음을 네게 보이리라 하리라 ¹⁹네가 하나님은 한 분이신 줄을 믿느냐 잘하는도다 귀신들도 믿고 떠느니라 ²⁰아아 허탄한 사람아 행함이 없는 믿음이 헛것인 줄을 알고자 하느냐 ²¹우리 조상 아브라함이 그 아들 이삭을 제단에 바칠 때에 행함으로 의롭다 하심을 받은 것이 아니냐 ²²네가 보거니와 믿음이 그의 행함과 함께 일하고 행함으로 믿음이 온전하게 되었느니라 ²³이에 성경에 이른 바 아브라함이 하나님을 믿으니 이것을 의로 여기셨다는 말씀이 이루어졌고 그는 하나님의 벗이라 칭함을 받았나니 ²⁴이로 보건대 사람이 행함으로 의롭다 하심을 받고 믿음으로만은 아니니라 ²⁵또 이와 같이 기생 라합이 사자들을 접대하여 다른 길로 나가게 할 때에 행함으로 의롭다 하심을 받은 것이 아니냐 ²⁶영혼 없는 몸이 죽은 것 같이 행함이 없는 믿음은 죽은 것이니라

본 장의 후반부에서 야고보 사도는 그리스도교 신앙의 알맹이가 없는 신앙 고백에 머무르고 있는 사람들의 잘못을 지적한다. 그들은 그러한 신앙이 자신들을 구원해줄 것처럼 자만하면서도 마음의 성품과 생활 방식은 자신들이 고백한 거룩한 신앙생활과는 아주 거리가 멀다. 그러므로 그들이 자신들의 소망의 기초로 삼은 것이 얼마나 보잘것없는 것인지를 보도록 하자. 이 단락에서 사람이 의롭게 되는 것은 행위가 아니라 믿음에 의해서라는 것이 입증되고 있다. 여기서 다음의 사실들을 주목하라.

I. 이 단락에서 아주 큰 문제가 제기된다. 다시 말해 바울과 야고보를 어떻게 조화시키느냐 하는 것이다. 바울 사도는 그가 쓴 로마서와 갈라디아서에서 여기서 야고보 사도가 진술하고 있는 것과 정면으로 배치되는 주장을 하고 있는 것 같다. 바울 사도는 사람이 의롭다 하심을 얻는 것은 율법의 행위에 있지 않고 믿음으로 되는 줄 우리가 인정하노라(롬 3:28) 하는 말씀을 아주 크게 강조해서 종종 진술한다. 성서에는 겉보기에 차이들이 있음에도 불구하고 성서의 이 부

분과 저 부분이 아주 잘 맞는 말씀들이 있다. 그리고 말씀에 설령 차이들이 있을지라도 그리스도인들에게는 그 말씀이 아주 쉽게 조화를 이루고 일치하게 된다. 이에 대해 백스터는 이렇게 말하고 있다. "바울 서신의 분명한 취지와 의미에 대한 사람들의 오해를 제외하고는 바울 사도와 야고보 사도를 조화시키는데 어려운 문제는 하나도 없다." 반(反)율법주의자들의 일반적인 견해가 백스터의 부연 설명에서 나타나고 있다. 두 사도들을 일치시키기 위하여 학자들이 고안해낸 이런저런 방식의 주장들을 많이 살펴볼 수도 있다. 그러나 다음의 몇 가지 것들을 훑어보는 것만으로도 충분할 것 같다. 여기서 다음의 사실들을 주목하라.

1. 사도 바울이 사람이 의롭다 하심을 얻는 것은 율법의 행위에 있지 않고 믿음으로 된다(롬 3:28)고 말할 때 바울은 야고보 사도가 말하는 것과는 또 다른 종류의 행위에 대해 분명하게 말하고 있는 것이다. 그러나 바울은 또 다른 종류의 믿음에 대해 말하고 있는 것이 아니다. 바울은 모세의 율법에 복종하여 일어난 행위를 말하고 있는 것이다. 바울이 말하는 것은 사람들이 복음의 믿음을 받아들이기 이전에 일어난 행위에 대해 말하고 있는 것이다. 게다가 바울은 이러한 행위들을 아주 높이 여기므로 복음을 배척한 사람들을 다루어야 했다. 이러한 사실이 로마서 10장 초두에 아주 분명하게 나타나고 있다. 그에 반하여 야고보 사도는 복음에 순종하여 일어난 행위들에 대해 말하고 있다. 야고보 사도가 말하는 행위는 그리스도 예수를 믿는 온전한 믿음으로 말미암은 적절하고 필요한 결과들과 열매들로서의 행위이다. 그러므로 두 사도의 관심은 복음의 믿음만이 우리를 구원할 수 있고 우리를 의롭게 할 수 있다는 것을 주장하기 위하여 복음의 믿음을 극대화시키는 것이었다. 바울은 믿음에 앞서, 예수 그리스도에 의한 칭의 교리에 반대되는 율법의 어떤 행위들에 대한 불충분함을 보여줌으로써 복음의 믿음을 강조하고 있다. 그러나 야고보는 믿음의 순수하고 필요한 산물들과 작용들이 무엇인지를 보여줌으로써 복음의 믿음을 강조하고 있다.

2. 바울 사도는 야고보 사도가 주장하는 것과 다른 행위들에 대해 말하고 있는 동시에 여기서 강조하고 의도하는 선행들에 대한 다른 용도에 대해서도 말하고 있다. 바울은 하나님 앞에서 행한 행위들의 공로를 의지하는 사람들을 대해야 했다. 그래서 바울은 그 행위들을 야고보처럼 중요시 여기는 방식으로 말

하지 않았다. 반면에 야고보는 믿음을 입으로는 외치지만 행위들을 믿음의 증거들로 사용하지 않는 사람들을 대해야 했다. 야고보가 대하는 사람들은 그들을 의롭게 하기에 충분한 증거로 단지 입으로만 말하는 공허한 신앙 고백만을 의지했다. 그래서 야고보는 이러한 사람들에게 선행들의 필요성과 중요성을 강조해서 말했을 수도 있다. 마치 우리가 십계명의 한 돌판을 다른 돌판에 감히 부딪쳐 부수듯이 율법과 복음을 서로 충돌하게 하여 산산이 조각내서도 안 될 것이다. 복음을 외치면서 율법을 한 쪽으로 제쳐놓는 사람들이나, 그리고 율법을 외치면서 복음을 한쪽으로 제쳐놓는 사람들이나 다같이 잘못이다. 왜냐하면 우리는 우리 앞에 우리의 행위를 앞세워야 하기 때문이다. 다시 말해 우리에게는 예수 그리스도를 의지하는 믿음과 믿음의 열매인 선행들이 같이 있어야 하기 때문이다.

3. 바울이 말하는 의롭다 하심은 야고보가 말하는 것과 다르다. 바울은 하나님 앞에서 의롭다 하심을 받은 우리의 인격에 대해 말하고 있고, 야고보는 사람들 앞에서 의롭다 함을 받은 우리의 믿음에 대해 이야기하고 있다. 야고보는 이렇게 말하고 있다. "네 믿음을 네 행함으로 내게 보이라. 네 행위들을 통해 너를 보는 사람들의 눈 앞에 네 믿음을 내놓아 의롭다 함을 받으라." 그러나 바울은 오직 예수 그리스도만을 믿고, 그리고 순전히 예수 그리스도 안에 있는 구속만을 의지하는 사람들을 의롭다 하시는 하나님 앞에 의롭다 하심을 받는 것에 대해 말하고 있다. 이와 같이 우리는 우리의 인격들이 믿음을 통해 하나님 앞에 의롭다 하심을 받게 되지만 우리의 믿음은 행위들을 통하여 사람들 앞에 의롭다 함을 받게 된다는 사실을 알게 된다. 야고보 사도는 바울이 다른 여러 곳들에서 행함이 있는 믿음과 사랑으로 역사하는 믿음에 대해서 말하고 있는 것을 다만 확증하고 있을 따름이다(갈 5:6; 살전 1:3; 딛 3:8 등등). 바로 이것이 야고보 사도가 말하고자 하는 분명한 의도와 계획이다.

4. 바울이 말한 것은 아직 완전하지 않은 초기 단계의 의롭다 하심에 대해 이야기하고 있지만 야고보는 완전한 의롭다 하심에 대해 이야기하고 있는 것으로 이해할 수도 있다. 우리가 의롭다 하심을 받게 되는 것은 오직 믿음을 통해서 뿐이다. 그러나 우리의 의롭다 하심을 완성하기 위해서는 마지막 심판 날까지 선행들을 계속 행해야 한다. 내가 주릴 때에 너희가 먹을 것을 주었고 목마를 때에 마시게 하였고 나그네 되었을 때에 영접하였고 헐벗었을 때에 옷을 입혔고 병들었

을 때에 돌보았고 옥에 갇혔을 때에 와서 보았느니라(마 25:35, 36).

Ⅱ. 성경의 이 부분이 다른 부분과 어긋나지 않는다는 것이 분명하게 드러났다. 이제 야고보 사도의 이 탁월한 진술 단락에서 교훈받을 수 있는 것을 더 자세히 살펴보도록 하자. 우리는 여기서 다음의 사실들을 배울 수 있다.

1. 행함이 없는 믿음은 우리에게 유익이 되지도 못하고 우리를 구원할 수도 없다는 것을 배울 수 있다. 내 형제들아 만일 사람이 믿음이 있노라 하고 행함이 없으면 무슨 유익이 있으리요 그 믿음이 능히 자기를 구원하겠느냐(4절). 여기서 다음의 사실들을 주목하라.

(1) 우리를 구원하지 못하는 믿음은 실제로 우리에게 유익을 주지 못할 것이다. 행함이 없는 신앙 고백도 때로는 진실로 선한 사람들의 좋은 평판을 얻기에 유익이 될 수 있는 것 같이 보이고, 그리고 세속적인 좋은 것들을 얻을 수 있는 것 같이 보일 때도 있다. 그러나 이 세상을 얻고 자신의 영혼을 잃는다면 도대체 이런 믿음이 무슨 유익이 있겠는가? 사람이 믿음이 있노라 하고 행함이 없으면 무슨 유익이 있으리요? 그 믿음이 능히 자기를 구원하겠느냐? 그러므로 우리는 모든 일들을 판단할 때 그것들이 우리의 영혼의 구원을 촉진시키느냐 방해가 되느냐에 따라 우리에게 유익이 되는지 안 되는지를 결정해야 할 것이다. 그리고 무엇보다도 그 믿음이 우리에게 유익도 주지 못하고 우리를 구원하지도 못하면서 결국 우리의 정죄와 파멸을 악화시키는 것이라면 우리는 그 믿음을 심각하게 생각하고 돌아보아야 할 것이다.

(2) 믿음이 있는 사람과 믿음이 있다고 말하는 사람은 두 가지가 다르다. 야고보 사도는 만일 사람이 행함이 없는 믿음이 있노라 말하고 있지 않다. 왜냐하면 그렇게 말하는 것은 가정할 수 있는 경우가 되지 못하기 때문이다. 이 성서 구절의 취지는 행함이 없다면 믿음이 아니라는 의견 내지는 어림짐작을 분명하게 보여주기 위한 것이다. 그래서 사도는 이렇게 사람이 믿음이 있노라 하고 말하고 있는 것이다. 사람들은 다른 사람들에게 그런 신앙을 자랑할 수도 있다. 그러나 그들은 실제로는 믿음이 없으면서 자만에 빠져 그렇게 떠벌리는 것이다.

2. 사랑이나 자선이 실천하는 원리인 것 같이 믿음도 그러하다. 그렇지 않다면 믿음이나 사랑은 어떤 것에도 유익하지 못하다는 것을 배울 수 있다. 자선은 결코 행하지 않으면서도 자신이 아주 자선적인 사람이라고 허세를 부리는

사람을 통하여 믿음의 적절하고 필요한 열매들이 없는 가식적이고 위선적인 믿음의 실상을 발견할 수 있다. "만일 형제나 자매가 헐벗고 일용할 양식이 없는데 너희 중에 누구든지 그에게 이르되 평안히 가라, 덥게 하라, 배부르게 하라 하며 그 몸에 쓸 것을 주지 아니하면 무슨 유익이 있으리요 이와 같이 행함이 없는 믿음은 그 자체가 죽은 것이라(15-17절). 도대체 그저 입에만 발린 말뿐인 이런 믿음이 너희와 가난한 사람들에게 무슨 소용과 유익이 있겠는가? 너희가 이러한 사람들처럼 자선을 하나도 행하지 않고 빈손으로 하나님 앞에 나아가겠다는 것이냐? 너희는 믿음의 신앙 고백이 경건함과 순종의 행함이 없이도 하나님 앞에서 버티고 서 있을 수 있다고 생각하는 것처럼 너희의 사랑과 자선이 긍휼의 행함이 없이도 하나님의 시험을 견딜 수 있다고 허세를 부릴 수도 있을 것이다. 이와 같이 행함이 없는 믿음은 그 자체가 죽은 것이라(17절)." 우리는 믿음의 열매 없는 신앙 고백에 안주하면서 이것이 우리를 구원해 줄 것이라고 생각하는 경향이 있다. 그러나 그것은 이렇게 말하는 값싸고 손쉬운 신앙생활이다. "우리는 그리스도교 신앙의 조항들을 믿는다." 그러나 이것이 우리를 하늘나라로 충분히 데려다주겠지 하고 상상하는 것은 아주 심한 망상이다. 이와 같이 주장하는 사람들은 하나님을 잘못 생각하고 있는 것이고 자신들의 영혼들을 속이고 있는 것이다. 거짓 믿음은 거짓 자선과 마찬가지로 가증스러운 것이고, 그리고 둘 다 모든 실제의 경건함에 대해 마음이 죽어 있다. 마치 하나님께서 행함이 없는 죽은 믿음을 보시는 것처럼 너희도 얼마 안 있어 영혼도 감각도 움직임도 없는 죽은 몸을 보게 될 것이다.

3. 행함이 없이 떠벌리는 믿음과 행함의 증거를 가진 믿음을 비교함으로써 배울 수 있다. 두 믿음을 비교해봄으로써 우리의 마음에 어떤 영향을 미치는지를 알 수 있을 것이다. 어떤 사람은 말하기를 너는 믿음이 있고 나는 행함이 있으니 행함이 없는 네 믿음을 내게 보이라 나는 행함으로 내 믿음을 네게 보이리라 하리라(18절). 그러므로 참된 신자가 떠벌리는 위선자에게 이와 같이 말하는 것을 상상해보도록 하자. "너는 신앙 고백을 했다. 너는 믿음이 있다고 말한다. 나는 그런 자랑을 결코 하지 못한다. 대신에 내 행위들이 나를 위해 말하게 해다오. 그러니 너도 할 수 있다면 행함이 없이 믿는다고 고백한 네 믿음의 증거를 내게 보여다오. 그러면 나도 어떻게 내 행위들이 믿음에서 흘러나오고, 그리고 내 행위들이 실재하는 믿음의 확실한 증거들이 되는지를 지체 없이 네게 보여주겠

다." 성서가 언제나 사람들에게 가르치고 있는 것이 바로 이것이다. 즉 사람들이 그 자신들과 다른 사람들을 판단할 때 그 증거를 보고 판단해야 된다는 것이다. 그리스도께서도 심판 날에 이 증거를 근거로 재판하실 것이다. 또 내가 보니 죽은 자들이 큰 자나 작은 자나 그 보좌 앞에 서 있는데 책들이 펴 있고 또 다른 책이 펴졌으니 곧 생명책이라 죽은 자들이 자기 행위를 따라 책들에 기록된 대로 심판을 받으니(계 20:12). 그러므로 증명할 수 없는 믿음을 자랑하는 사람들이나, 또는 경건함과 긍휼의 행위들이 아닌 다른 것으로 믿음을 증명하려고 허둥대는 사람들의 그 때 그 모습이 어떤 모양이겠는가!

4. 열매 없는 추측과 지식의 믿음은 마귀의 믿음으로 간주된다는 것을 배울 수 있다. 네가 하나님은 한 분이신 줄을 믿느냐 잘하는도다 귀신들도 믿고 떠느니라 (19절). 야고보 사도가 이 구절에서 선택해서 언급하고 있는 실례는 모든 종교의 첫 번째 원리이다. "네가 무신론자들과 달리 신이 계시고 하나님이 한 분이심을 믿는다. 네가 잘하는 것이다. 이제까지는 모든 것이 바르다. 그러나 여기에 머무는 것은 보잘것없는 상태이다. 즉 하나님에 대해 좋은 생각을 가지고 있고, 단순히 하나님이 계시다는 것을 믿는 정도에 머무르고 마는 것은 올바른 믿음을 가지고 있다고 볼 수가 없다. 그런 정도라면 귀신들도 믿고 떠느니라. 만일 네가 신앙의 조항들과 신조들의 이론들에 단순히 입으로만 동의하는데 그친다면 거기까지는 마귀들도 할 것이다. 그러므로 귀신들의 하나님에 대한 믿음과 지식이 두려움을 일으키는 정도에 머물고 마는 것과 같이 네 믿음과 지식도 얼마 안 있어 그렇게 되고 말 것이다." 떤다는 말이 일반적으로 믿음에 좋은 영향을 미치는 것으로 생각되고 있다. 그렇지만 여기서 떤다는 말이 귀신에게 적용이 될 경우에는 그 말이 오히려 나쁜 영향을 나타내는 것으로 생각할 수 있다. 마귀들이 떠는 것은 그들이 믿는 한 분 하나님을 존경해서가 아니라 증오하고 반대하기 때문이다. 그러므로 우리가 전능하사 천지를 만드신 하나님 아버지를 내가 믿사오며 라고 우리의 사도신경의 조항을 암송하는 것이 결국에는 우리를 마귀들과 구별해주지 못할 것이다. 그러나 우리가 마귀들이 하지 않고 할 수도 없는 행위를 행한다면 마귀들과 구별될 것이다. 다시 말해서 우리가 복음이 지시하는 대로 우리 자신을 하나님께 맡기고, 하나님을 사랑하고, 하나님 안에서 즐거워하고, 하나님을 섬긴다면 마귀들과 달라질 것이다.

5. 행함이 없는 믿음을 자랑하는 사람은 현재 어리석고 정죄받은 사람으로

간주된다는 것을 배울 수 있다. 아아 허탄한 사람아 행함이 없는 믿음이 헛것인 줄을 알고자 하느냐(20절)? 허탄한 사람이라고 번역된 원어들은 안스로페 케네인데 마태복음 5장 22절에 사용된 라가라는 말과 같은 의미를 지니고 있다. 라가라는 말은 개인적인 용도로 결코 사용해서는 안 되는 말인데 분노하거나 성내는 것을 나타낸다. 그러나 여기서 사용되고 있는 것은 선한 행함은 하나도 없으면서도 자신들의 믿음은 자랑하고 떠벌리는 그런 사람들에 대해 마땅히 느끼는 혐오스러움을 나타내기 위한 것일 수도 있다. 그리고 그러한 사람들은 하나님 보시기에 어리석고 버림받은 사람들이라는 것을 분명하게 성경은 선언하고 있다. 행함이 없는 믿음은 죽은 것이라고 성경은 말씀하고 있다. 행함이 없는 믿음은 영적인 생활의 증거들이 되는 믿음의 이러한 모든 효과들이 나타나지 않을 뿐만 아니라 영생에도 아무런 효력을 미칠 수가 없다. 믿음의 열매가 없고 행함이 없는 신앙 고백에 머무르고 있는 그런 신자들은 살았으나 죽었다(딤전 5:6).

6. 의롭다 하심을 받는 믿음은 행함이 없이는 이루어질 수 없다는 것을 배울 수 있다. 그것에 대한 두 실례가 아브라함과 라합의 경우이다. 여기서 다음의 사실들을 주목하라.

(1) 첫 번째 실례는 아브라함의 행함이 있는 믿음이다. 아브라함은 믿는 자들의 조상이고, 의롭다 하심을 입은 자의 대표적인 본보기이다. 유대인들은 아브라함을 특별하게 존경했다. 우리 조상 아브라함이 그 아들 이삭을 제단에 바칠 때에 행함으로 의롭다 하심을 받은 것이 아니냐(21절). 반면에 바울은 로마서 4장 3절에서 성경이 무엇을 말하느냐 아브라함이 하나님을 믿으매 그것이 그에게 의로 여겨진 바 되었느니라 말하고 있다. 그러나 이 말씀들은 히브리서 11장의 말씀과 비교해서 살펴보면 더 잘 어울린다. 히브리서 11장은 아브라함과 라합의 믿음이 야고보 사도가 말하는 선행의 열매들이 있는 그러한 것이고, 그리고 믿음에서 의롭게 되는 것과 구원받게 되는 것은 분리할 수 없는 것이었음을 보여준다. 아브라함이 행했던 것을 통해서 보건대 그는 진실로 믿었던 것 같다. 이것을 토대로 생각해볼 때 하나님 자신의 말씀들이 이 문제를 분명하게 확증해주고 있다. 여호와께서 이르시기를 내가 나를 가리켜 맹세하노니 네가 이같이 행하여 네 아들 네 독자도 아끼지 아니하였은즉 내가 네게 큰 복을 주고 네 씨가 크게 번성하여 하늘의 별과 같고 바닷가의 모래와 같게 하리니 네 씨가 그 대적의 성문을 차지하

리라(창 22:16, 17). 이와 같이 아브라함의 믿음은 행함으로 일하는 믿음이었다. 네가 보거니와 믿음이 그의 행함과 함께 일하고 행함으로 믿음이 온전하게 되었느니라(22절). 이 말씀을 통하여 당신은 아브라함이 하나님을 믿으니 이것을 의로 여기셨다는(23절) 성경 말씀의 참된 의미를 이해할 수 있을 것이다. 그리고 아브라함은 이렇게 하여 하나님의 벗이 되었다. 이런 행함을 낳는 믿음을 가진 사람은 하나님께 사랑을 받게 되고, 하나님의 특별한 은총과 친밀함을 받아 높임을 받게 된다. 아브라함이 하나님의 친구라고 불리게 되고 여김을 받게 되는 것은 그에게 아주 큰 영광이다. 당신은 그 다음에, 어떻게 사람이 행함으로 의롭다 하심을 받고(하나님의 은총을 받고 하나님과 친분을 나누는 신분을 가지게 된다), 그리고 의롭다 하심을 받는 것이 믿음으로만은 아니라고 하는 사실을 발견하게 된다. 의롭다 하심을 받는 것은 공허한 의견이나 말뿐인 신앙 고백이나 순종이 없는 믿음으로가 아니라 선행을 낳는 그러한 믿음을 가짐으로써 이루어지게 된다. 이제 이 구절의 설명과 실례들 이외에도 야고보 사도가 주장하는 논증을 설명해주고 지지해주는 다른 유용한 교훈들이 많이 있다. 아브라함에 대한 교훈들을 생각해보도록 하자. 다음의 사실들을 주목하도록 하라.

[1] 아브라함의 축복들을 받을 사람들은 아브라함의 믿음을 정신을 바짝 차리고 본받아야 한다. 아브라함의 자손이라고 자랑하는 것은 그가 행했던 그대로 믿지 않는다면 어떤 사람에게도 전혀 도움이 되지 못할 것이다.

[2] 참된 믿음을 증명하는 행위들은 자기 부정의 행위들이어야 한다. 다시 말해서 참된 믿음의 행위들은 아브라함이 자기의 외아들 이삭까지도 바치는 것처럼 하나님의 명령을 따르는 그러한 행위이어야 한다. 그리고 그 행위들은 인간의 살과 피를 만족시키거나, 우리의 이익에 도움을 주거나, 또는 우리의 상상과 고안의 단순한 결실들이거나 하는 것들이 되어서는 안 된다.

[3] 우리가 하나님을 위해서 일하고 행하기로 경건하게 의도하고 진지하게 결심하는 것은 실제로 행하기만 하면 다 하나님의 인정을 받게 될 것이다. 이와 같이 아브라함은 실제로 자기의 아들을 희생 제물로 바치게 되지는 않았을지라도 자기의 아들까지도 기꺼이 바치려고 했다. 그것은 아브라함의 마음과 정신과 의지 속에서 행해진 일이었다. 그러나 하나님께서는 아브라함의 그 일을 실제로 완전히 실행되고 이루어진 것처럼 받아들이고 인정해주신다.

[4] 믿음의 진리가 그 믿음을 행동하게 만드는 것과 같이 믿음의 행위들은 그

믿음을 점점 자라게 하여 온전하게 만든다.

[5] 그러한 행함이 있는 믿음은 아브라함과 마찬가지로 다른 사람들도 하나님의 친구들이 되게 해줄 것이다. 따라서 그리스도께서도 그의 제자들에게 이렇게 말씀하신다. 이제부터는 너희를 종이라 하지 아니하리니 종은 주인이 하는 것을 알지 못함이라 너희를 친구라 하였노니 내가 내 아버지께 들은 것을 다 너희에게 알게 하였음이라(요 15:15). 하나님과 참된 믿음의 영혼 사이의 모든 계약과 거래는 편안하고, 신나고, 그리고 즐겁다. 즉 하나님과 참된 신자 사이의 관계에는 한 뜻과 한마음이 있을 뿐이고, 그리고 상호 간의 유익과 만족이 있을 뿐이다. 하나님은 진실하게 믿는 사람들을 기뻐하시고 그들에게 은혜를 베푸시기를 즐거워하신다. 마치 신랑이 신부를 기뻐함 같이 네 하나님이 너를 기뻐하시리라(사 62:5). 그리고 참된 신자들도 하나님을 기뻐하고 즐거워할 것이다.

(2) 믿음 그 자체와 우리들을 의롭게 하고 행함으로 의롭다 하심을 받은 믿음의 두 번째 본보기는 라합이다. 또 이와 같이 기생 라합이 사자들을 접대하여 다른 길로 나가게 할 때에 행함으로 의롭다 하심을 받은 것이 아니냐(25절). 아브라함의 실례는 그의 평생 동안 그의 믿음으로 유명해진 본보기였다. 이 라합의 실례는 죄로 유명해진 사람의 본보기였다. 라합의 믿음은 아주 비천하고 매우 수준이 낮은 정도의 믿음이었다. 아주 강한 믿음이든 아주 낮은 믿음이든 행함이 없이는 하나님의 인정을 받을 수 없다는 사실을 아브라함과 라합의 본보기가 보여주고 있다. 여기서 기생(또는 창기)이라고 번역된 단어가 라합의 본래 이름이었다고 말하는 사람도 있다. 또는 그 단어가 접대부 내지는 여관을 운영하는 여주인을 의미한다고 말하는 사람도 있다. 그래서 라합의 집에 첩자들이 묵을 수 있었다는 것이다. 어쨌든 이런저런 정황으로 미루어보건대 그녀의 특성은 좋은 평판을 지니지 못했던 것 같다. 평판이 좋지 못한 본보기를 언급하고 있는 것은 믿음은 적절한 행위들을 통해 증명이 되면 가장 나쁜 사람조차도 구원할 것이라는 사실을 보여주기 위한 것이다. 그러나 하나님이 요구하시는 그러한 행함이 없다면 그 믿음은 가장 좋은 사람조차도 구원하지 못할 것이다. 이 비천한 라합은 하나님이 이스라엘에게 강력하게 함께 해주신다는 소문을 듣고 믿었다. 그러나 그녀의 믿음이 진지하고 진실했다는 것은 자신의 생명이 위험함에도 불구하고 이스라엘 첩자들에 대한 행동을 통해 입증되었다. 기생 라합이 사자들을 접대하여 다른 길로 나가게 했다. 여기서 다음의 사실들을 주목하라.

[1] 믿음의 놀라운 능력은 죄인들을 변화시키고 바꾼다.

[2] 행함이 있는 믿음은 하나님이 존중하시고 긍휼과 은총을 베풀어 주신다.

[3] 큰 죄가 용서를 받으려면 자기 부정의 큰 행함이 있어야 한다. 라합은 그녀 자신의 나라의 보존보다 하나님의 영광과 하나님의 백성의 유익을 더 좋아하고 선택을 해야 했다. 그녀의 이전의 친분 관계를 버려야 하고, 그녀의 이전의 생활 습관을 완전히 포기해야 하고, 그리고 그녀는 자신이 의롭다 하심을 받은 신분을 누릴 수 있기 전에 그 증거를 외적으로 나타내 보여야 했다. 그렇지만 그녀가 의롭게 된 뒤에도 자신의 이전 성격은 기억하고 있어야 할 것이다. 그것은 그녀의 수치스러움을 기억하기 위한 것이 아니라 하나님의 풍성하신 은혜와 긍휼을 기억하기 위한 것이다. 의롭게 되었음에도 불구하고 그녀는 여전히 기생 라합이라고 불리고 있다.

7. 이제 야고보 사도는 전체 문제에 대해 다음과 같은 결론을 이끌어내고 있다. 영혼 없는 몸이 죽은 것 같이 행함이 없는 믿음은 죽은 것이니라(26절). 이 말씀을 다르게 해석할 수도 있다. 호흡이 없는 몸이 죽은 것 같이 행함이 없는 믿음도 죽은 것이다. 그러므로 이 말씀이 의미하는 바는 호흡이 생명의 동반자인 것 같이 행위들도 믿음의 동반자라는 것이다. 본문의 말씀이 의미하는 바는, 영혼이 떠나가면 몸은 행동도 없고 아름다움도 없고 다만 역겨운 시체가 되고 마는 것과 마찬가지로 행함이 없는 공허한 신앙 고백은 아무 쓸모가 없고, 역겹고, 불쾌한 것이 되고 만다는 것이다. 그러므로 우리 모두 이러한 경우의 극단으로 치닫게 되지 않도록 조심해야 될 것이다. 그 이유는 다음과 같다.

(1) 가장 좋은 행위들도 믿음이 없다면 죽은 것이다. 마치 뿌리가 죽으면 푸른 잎도 내지 못하고 탐스러운 열매도 맺지 못하게 되는 것과 같다. 선한 행위들은 뿌리와 원리를 필요로 한다. 우리가 무엇을 행하든지 그것이 실제로 선하게 되는 것은 믿음을 통해서이다. 우리가 하나님께 순종하여 행하는 것은 하나님 앞에 보여 드리기 위한 것이고, 우리의 행함의 주요 목적은 하나님의 인정을 받기 위한 것이다.

(2) 아주 그럴듯한 신앙 고백조차도 행함이 없다면 죽은 것이다. 뿌리가 푸른 잎도 내지 못하고 아무 열매도 맺지 못한다면 그것은 죽은 것과 마찬가지이다. 믿음은 뿌리이고, 선한 행위들은 열매들이다. 그러므로 우리는 그 두 가지를 다 가지고 있는지 항상 살펴보아야 할 것이다. 우리는 어느 것 하나만 가지면 다

른 것이 없어도 우리가 의롭다 하심을 받고 구원받게 될 것이라고 생각해서는 안 될 것이다. 다시 말해서 믿음이나 선행 가운데 하나만 가지고서는 의롭게 되지도 못하고 구원도 받지 못하게 될 것이라는 것이다. 우리가 행함이 있는 믿음 안에 있고, 계속 거하게 되는 것은 바로 하나님의 은혜이다.

— 제 3 장 —

개요

　여기서 야고보 사도는 야심과 교만한 혀에 대해 꾸짖는다. 그리고 야고보는 불행을 초래하는 힘을 가진 혀를 조절해야 될 의무와 유익을 권면한다. 신앙을 고백하는 사람들은 특별히 혀를 다스려야만 한다(1-12절). 참된 지혜는 사람들을 온유하게 만들고, 분쟁과 시기심을 피하게 만든다. 그리고 이것을 통하여 참된 지혜는 세속적이고 위선적인 지혜와 구별되게 된다(13-18절).

¹내 형제들아 너희는 선생된 우리가 더 큰 심판을 받을 줄 알고 선생이 많이 되지 말라 ²우리가 다 실수가 많으니 만일 말에 실수가 없는 자라면 곧 온전한 사람이라 능히 온 몸도 굴레 씌우리라 ³우리가 말들의 입에 재갈 물리는 것은 우리에게 순종하게 하려고 그 온 몸을 제어하는 것이라 ⁴또 배를 보라 그렇게 크고 광풍에 밀려가는 것들을 지극히 작은 키로써 사공의 뜻대로 운행하나니 ⁵이와 같이 혀도 작은 지체로되 큰 것을 자랑하도다 보라 얼마나 작은 불이 얼마나 많은 나무를 태우는가 ⁶혀는 곧 불이요 불의의 세계라 혀는 우리 지체 중에서 온 몸을 더럽히고 삶의 수레바퀴를 불사르나니 그 사르는 것이 지옥 불에서 나느니라 ⁷여러 종류의 짐승과 새며 벌레와 바다의 생물은 다 사람이 길들일 수 있고 길들여 왔거니와 ⁸혀는 능히 길들일 사람이 없나니 쉬지 아니하는 악이요 죽이는 독이 가득한 것이라 ⁹이것으로 우리가 주 아버지를 찬송하고 또 이것으로 하나님의 형상대로 지음을 받은 사람을 저주하나니 ¹⁰한 입으로 찬송과 저주가 나는도다 내 형제들아 이것이 마땅하지 아니하니라 ¹¹샘이 한 구멍으로 어찌 단 물과 쓴 물을 내겠느냐 ¹²내 형제들아 어찌 무화과 나무가 감람 열매를, 포도 나무가 무화과를 맺겠느냐 이와 같이 짠 물이 단 물을 내지 못하느니라

　앞의 두 장에서는 행함이 없는 믿음은 어떻게 무익하고 죽은 믿음인지를 진술했다. 그러나 본 장에서 먼저 말하고 있는 것은 그러한 믿음은 사람

들의 성격과 말을 자만하고 거만하게 만드는 성향이 있다는 것을 분명하게 암시하고 있다. 앞 장에서 비난하는 방식의 믿음을 내세우는 사람들은 본 장에서 비난하는 혀가 저지르는 죄에 빠지는 성향이 아주 강하다. 그러므로 혀의 명령하고, 비판하고, 해를 끼치는 사용을 자제하기 위하여 많은 주의를 기울일 필요가 있다. 그러므로 우리는 여기서 다음의 사실들을 배우게 된다.

I. 다른 사람들 위에 군림하기 위하여 혀를 사용하지 않도록 주의해야 한다.
내 형제들아 너희는 선생된 우리가 더 큰 심판을 받을 줄 알고 선생이 많이 되지 말라(1절). 이 말씀은 우리가 다른 사람들의 의무에 대하여 그들을 지도하고 가르쳐 주는 것이나 잘못한 것에 대하여 그리스도교의 방법으로 그들을 나무라기 위하여 할 수 있는 것을 못하게 금지하는 것이 아니다. 그러나 이렇게 할 때 우리는 계속해서 의장석에 앉아 있는 사람들 같이 뻐기면서 말하고 행동해서는 안될 것이다. 우리는 모든 다른 사람들에게 우리의 생각을 표준으로 삼게 하기 위하여 서로 명령하거나 강요해서는 안 될 것이다. 왜냐하면 하나님께서는 사람들에게 다양한 은사들을 주시고, 그리고 하나님이 주신 빛의 분량에 따라서 그 은사를 발휘하도록 각 사람에게서 기대하시기 때문이다. 또한 이렇게 해석하는 사람도 있다. "그러므로 주인들이 많이 되지 말라." 이 말씀의 의미는 이럴 수가 있다. "선생이나 지도자나 심판관의 자세를 취하지 말라. 오히려 배우는 사람의 겸손함과 정신을 가지고 말하도록 하라. 마치 당신의 표준을 모든 사람에게 전달해야 직성이 풀리는 사람처럼 서로 비판하지 말라." 다음의 두 가지 이유 때문에 이것을 우리가 따라야 한다.

1. 이와 같이 재판관과 검열관의 자세를 취하는 사람들은 더 큰 심판을 받을 것이기 때문이다. 우리가 다른 사람들을 판단함으로써 우리 자신이 더 엄격하고, 더 심하게 판단받게 만들 뿐이다. 비판을 받지 아니하려거든 비판하지 말라 너희가 비판하는 그 비판으로 너희가 비판을 받을 것이요 너희가 헤아리는 그 헤아림으로 너희가 헤아림을 받을 것이니라(마 7:1, 2). 다른 사람들의 흠을 엿보기를 좋아하고, 그리고 다른 사람들을 거만하게 비판하는 사람들이 기대할 수 있는 것은 하나님께서 그들이 말하고 잘못한 것을 낱낱이 기록해 두실 것이라는 사실이다.

2. 그러한 선생이나 주인 행세를 하지 말아야 되는 또 다른 이유는 우리가 모두 죄인들이기 때문이다. 우리가 다 실수가 많으니(2절). 만일 우리가 우리 자신

이 저지른 실수들과 잘못들을 더 많이 생각한다면 우리는 다른 사람들을 더욱 덜 판단하게 될 것이다. 우리가 다른 사람들의 잘못들에 대해서는 아주 심하게 비난을 하면서도 우리 자신의 잘못들에 대해서는 별로 생각하지 않는 성향이 있다. 자신을 정당화시키는 사람들은 대체로 자신을 속이는 사람들이다. 우리는 모두 하나님 앞에서 잘못을 저지른 죄인들이다. 다른 사람들의 과실들과 단점들에 대해서 떠벌리는 사람들은 자신들이 얼마나 많은 잘못들을 저지르는지에 대해서는 거의 생각하지 않는다. 그런 사람들은 한술 더 떠서 그들의 고압적인 태도와 험담을 일삼는 혀를 통하여 그들이 비난하는 다른 사람들의 어떤 잘못들보다 더 나쁜 잘못들을 저지를 수도 있다. 그러므로 자신들을 판단하는 데는 심하게 하지만 다른 사람들을 판단하는 데는 자비로울 수 있도록 깨우치자.

Ⅱ. 우리는 온전하고 올바른 사람이 되기 위하여 우리의 혀를 다스려야 한다는 것을 배우게 된다. 혀를 다스리는 사람이 자신을 온전히 다스리고 조절하는 사람이 된다. 만일 말에 실수가 없는 자라면 곧 온전한 사람이라 능히 온 몸도 굴레 씌우리라. 이 말씀이 암시하는 바는 그 양심이 혀의 죄들을 통해 영향을 받고, 그리고 혀의 죄들을 피하기 위해 조심하는 사람은 올바른 사람이고 참된 은혜의 확실한 징표를 가지고 있는 사람이다. 그러나 반대로 누구든지 스스로 경건하다 생각하며 자기 혀를 재갈 물리지 아니하고 자기 마음을 속이면 이 사람의 경건은 헛것이라(약 1:26). 다시 말해서 그 사람이 어떤 신앙 고백을 하든지 자신의 혀를 다스리지 못하면 그의 믿음은 무익하고 헛된 것이다. 더 나아가서 말로 실수하지 않는 사람은 자신이 진실한 그리스도인임을 증명할 뿐만 아니라 그 신앙이 아주 많이 발전되고 성숙한 그리스도인임을 보여주는 것이다. 왜냐하면 자신의 혀를 다스릴 수 있게 해주는 지혜와 은혜는 그 사람의 모든 행동들도 다스릴 수 있게 해줄 것이기 때문이다. 이것이 다음의 두 비유들을 통해서 예증이 되고 있다.

1. 말(馬)의 모든 움직임을 다스리고 지시하는 것은 말의 입에 들어 있는 재갈을 통해서이다. 우리가 말들의 입에 재갈 물리는 것은 우리에게 순종하게 하려고 그 온 몸을 제어하는 것이라(3절). 우리들에게는 야만적인 사나움과 음탕함이 아주 많이 들어있다. 혀가 이 속성을 많이 드러내주고 있다. 그러므로 혀를 재갈 물려야 하는 것이다. 시편 39장 1절은 이렇게 말씀하고 있다. 내가 말하기를 나

의 행위를 조심하여 내 혀로 범죄하지 아니하리니 악인이 내 앞에 있을 때에 내가 내 입에 재갈을 먹이리라 하였도다. 혀가 빨라지고 활발해지면 활발해질수록 우리는 더욱더 조심해서 혀를 다스려야 할 것이다. 그렇지 아니하면 통제되지 않는 말이 그 위에 사람을 태우고 아무데나 마구 달리다가 그 사람을 땅바닥에 내동댕이치는 것과 마찬가지로 재갈 물리지 않은 혀도 그것을 다스리지 못하는 사람들을 그런 식으로 만들고 말 것이다. 그러므로 하나님의 은혜의 영향 아래에서 굳은 결심과 경계심을 가지고 혀에 재갈을 물려서 혀를 다스리도록 하자. 그러면 온 몸의 모든 움직임들과 행동들을 쉽게 조절하고 다스릴 수 있게 될 것이다.

2. 배의 항해는 키를 올바르게 관리함으로써 이루어진다. 또 배를 보라 그렇게 크고 광풍에 밀려가는 것들을 지극히 작은 키로써 사공의 뜻대로 운행하나니 이와 같이 혀도 작은 지체로되 큰 것을 자랑하도다(4, 5절). 키가 배의 아주 작은 부분인 것과 같이 혀도 몸의 아주 작은 부분이다. 키나 조타 장치를 정확하고 바르게 사용할 때 사공이 원하는 대로 배를 몰게 될 것이다. 마찬가지로 혀를 올바르게 사용하고 관리할 때 온 몸을 제어하고 조절하게 될 것이다. 이 비유들은 어떻게 아주 작은 것들이 크게 사용될 수 있는지를 적절하게 잘 보여주고 있다. 그러므로 우리는 이 사실에서 우리의 혀를 적절하게 사용하고 관리할 수 있기 위하여 더 배워야 된다는 것을 깨우치게 된다. 왜냐하면 혀가 아주 작은 지체이기는 하지만 우리에게 많은 유익을 주게도 할 수 있고 많은 해를 주게도 할 수 있기 때문이다. 그러므로 다음의 사실들을 깨닫도록 하자.

III. 우리는 조절되지 않은 혀가 아주 해로운 악들 가운데 하나라는 두려움을 가져야 할 것이다. 조절되지 않은 혀가, 작은 불이 곧 큰 불길로 일어나 그 앞의 모든 것들을 사르는 큰 화염으로 비유되고 있다. 즉 작은 불이 많은 나무를 태우는 것으로 비유가 되고 있다. 이와 같이 혀도 작은 지체로되 큰 것을 자랑하도다 보라 얼마나 작은 불이 얼마나 많은 나무를 태우는가 혀는 곧 불이요 불의의 세계라 혀는 우리 지체 중에서 온 몸을 더럽히고 삶의 수레바퀴를 불사르나니 그 사르는 것이 지옥 불에서 나느니라(5, 6절). 혀는 불의의 세계라 부를 정도의 그런 엄청난 죄를 그 속에 지니고 있다. 혀는 얼마나 많은 것들을 더럽게 하는가! 혀는 그 앞의 모든 것들을 사르는 얼마나 크고 무서운 불길들이 되는가! 혀는 우리 지체 중에서 온 몸을 더럽힌다. 그러므로 혀가 저지르는 죄들 가운데에는 사람들을 오염시키고 더럽게 하는 아주 큰 죄가 있다. 이 조절되지 않은 지체인 혀는 더럽히는 욕망들을 일어나게 하고, 토해내게 하고, 그리고 애지중지하게 만든다. 그래서 혀가 온 몸을 죄에 빠지게 하고 죄를 범하게 만드는 경우가 많다. 그러므로 솔로몬 왕이 이렇게 말하고 있다. 네 입으로 네 육체가 범죄하게 하지 말라(전 5:6). 혀가 사람들을 때때로 빠지게 하는 함정들은 그들 자신들을 견딜 수 없게 만들고 다른 사람들을 파멸시킨다. 혀는 삶의 수레바퀴를 불사르고 만다. 인간과 사회의 일들이 혼란 속으로 빠져들게 되고, 모든 것이 불길에 휩싸이게 되는 것은 사람들의 혀들을 통해서이다. 그래서 이 말씀을 이렇게 번역하는 사람도 있다. 모든 세대가 혀로 말미암아 불타게 된다. 이 사례에서 벗어날 수 있는 세대는 세상에 하나도 없다. 그 삶의 조건이 개인적이든 공적이든 간에 혀의 불길을 피할 수 있는 세대는 결코 세상에 존재하지 않는다.

그 사르는 것이 지옥 불에서 나느니라. 여기서 다음의 사실들을 주목하라. 지옥은 사람들이 일반적으로 알고 있는 것보다도 훨씬 많이 혀의 불을 일으키고 있다. 혀의 불이 악마적인 시험과 유혹들에서 나온다. 그리고 혀의 불은 마귀의 계획과 목적들을 도와준다. 마귀는 분명히 거짓말쟁이이고, 살인자이고, 형제들의 비난자이다. 그리고 사람들의 혀들이 이런 식으로 사용이 될 때마다 그 혀들은 지옥에서 나온 불에 활활 타오르게 된다. 성령께서는 참으로 불의 혀처럼 갈라진(행 2:3) 모양으로 단 한 번 내려오셨다. 이와 같이 혀가 하늘에서 내려온 불을 통해 조절을 받고 움직이게 되는 곳에서는 좋은 생각들과 거룩한 사랑들과 열렬한 헌신들이 불타오르게 된다. 그러나 혀가 지옥에서 올라온 불에 타오르게 될 때는 모든 적절하지 못한 열기가 그렇듯이 분노와 증오를 낳는 마귀적인 감정들이 일어나게 된다. 그런데 이러한 것들은 마귀의 목적들에 기여하게 된다. 그러므로 당신은 불과 화염들을 두려워하는 것과 마찬가지로 말다툼들, 욕설들, 험담들, 거짓말들, 그리고 당신 자신의 정신이나 다른 사람들의 정신에 분노의 불을 활활 타오르게 하는 모든 것을 두려워해야 할 것이다.

IV. 우리는 다음 단락에서 혀를 다스리는 것이 얼마나 어려운 일인지를 배우게 된다. 여러 종류의 짐승과 새며 벌레와 바다의 생물은 다 사람이 길들일 수 있고 길들여 왔거니와 혀는 능히 길들일 사람이 없나니 쉬지 아니하는 악이요 죽이는 독이 가득한 것이라(7, 8절). 마치 야고보 사도는 이것을 이렇게 말하려고 했던 것 같다. "아주 힘이 세고 덩치가 큰 말들과 낙타들과 다른 짐승들뿐만 아니라 사자들과 아주 사나운 야수들도 사람들이 길을 들여왔고 관리를 받아 왔다. 새들도 그들의 야생과 소심함과 사람들의 손을 벗어나려고 하는 그들의 끊임없는 날갯짓에도 불구하고 인간들의 길들임을 받았다. 심지어는 독을 품고 있고 아주 영리한 뱀조차도 인간들과 친해지고 해를 주지 않게 되었다. 그리고 바다에 사는 생물들도 인간들에게 길들여졌고 도움을 주게 되었다. 그리고 여기서 말하고 있는 바는 이러한 짐승들이 기적이 아니고는 복종시키지 못한다거나 길들이지 못하는 것이 아니라는 것이다. 그것은 특별한 경우가 아니라 일반적인 경우이다. 물론 기적적으로 사자들이 다니엘을 집어삼키는 대신에 그의 옆에 엎드린다거나, 까마귀가 엘리야에게 먹을 것을 날라다 준다거나, 또는 큰 물고기가 요나를 깊은 바다를 헤치고 육지로 날라다 준다든지 하는 경우가 있기도 하지만 말이다. 어쨌든 사람은 짐승들을 길들여 왔고 지금도 길들이고 있다. 그러나 인간의 혀는 이 짐승들보다 훨씬 어렵다. 인간의 혀는 이것들을 길들이는데 도움을 주는 능력과 기술로는 길들일 수가 없다. 어떤 사람도 초자연적인 은혜와 도움을 받지 아니하고는 결코 혀를 길들일 수가 없다."

여기서 야고보 사도는 혀를 길들이는 것이 불가능하다는 것을 말하려고 하는 것이 아니다. 그는 사람의 혀를 길들이는 것이 아주 어려운 일이라는 것을 말하려고 하는 것이다. 그러므로 혀를 적절하게 조절하기 위해서는 많은 조심과 수고와 기도가 필요하다는 것을 사도는 말하고 있다. 왜냐하면 혀는 쉬지 아니하는 악이요 죽이는 독이 가득한 것이기 때문이다.

야수들은 일정한 경계 안에 가두어 둘 수가 있다. 야수들은 어떤 규칙들로 다스리고 관리할 수도 있다. 심지어는 뱀조차도 독으로 해를 끼치지 못하게 훈련할 수도 있다. 그러나 혀는 모든 경계들과 규칙들을 철저하게 넘어서고 어기기 일쑤이다. 그리고 혀는 아주 조심함에도 불구하고 불쑥불쑥 여기저기에다 독을 내뱉는 일이 비일비재하다. 그러므로 길들이지 않은 야수나 독을 품은 생물들만큼 혀도 경계하고 지키고 다스려야 될 뿐만 아니라 많은 조심과 수고를 기울여야 할 것이다. 그래야 혀의 유해한 돌발적인 분출과 영향들을 억제할 수 있을 것이다.

V. 우리는 신앙생활과 하나님을 섬기는 일에서 혀의 사용에 대해 생각할 것을 배우게 된다. 그러한 헤아림은 혀가 저주하고 비난하는 것을 막아주고, 혀가 다른 경우들에서 악하게 되는 모든 것을 막아줄 것이다. 이것으로 우리가 주

아버지를 찬송하고 또 이것으로 하나님의 형상대로 지음을 받은 사람을 저주하나니 한 입으로 찬송과 저주가 나는도다 내 형제들아 이것이 마땅하지 아니하니라(9, 10절). 자신들의 혀를 사용해서 기도하고 찬양하는 사람들이 또 그 혀로 저주를 퍼붓고, 험담을 해대고, 온갖 몹쓸 말을 내뱉는다는 것은 얼마나 어리석은 일인가! 만일 우리가 하나님을 우리의 아버지로 찬양한다면 하나님의 형상을 닮은 모든 사람들에게도 좋은 말을 하고 친절하게 대해야 한다는 것을 우리에게 가르쳐줄 것이다. 하나님께 존경을 나타내는 혀가 아주 심하게 잘못되지 않고서야 돌변해서 자신의 동료 인간들에게 거친 욕설을 퍼부어댈 수는 없을 것이다. 성경에서도 더 큰 힘과 능력을 가진 천사들도 주 앞에서 그들을 거슬러 비방하는 고발을 하지 아니하느니라(벧후 2:11) 말하고 있다.

그러므로 사람이 사람을 비난하는 것은 자연적인 능력에 있어서 하나님의 형상을 닮은 피조물을 비난하는 것일 뿐만 아니라 복음의 은혜로 하나님의 형상으로 새롭게 된 귀한 피조물을 비난하는 것이다. 다시 말해서 그러한 행위는 위대하신 창조주를 경배하는 척하는 그들의 모든 위선들에 반하는 아주 수치스러운 모순과 자가당착이 아닐 수 없다. 이것이 마땅하지 아니하니라. 그러한 헤아림이 항상 가까이에 있다면 확실히 그것은 쓸모 없지는 않을 것이다. 만일 자선이 따르지 않는다면 경건함의 모든 겉치레는 체면이 서지 않게 될 것이다. 한편으로는 하나님의 속성을 찬양하고 모든 영광을 하나님께 돌리는 척하면서 다른 한편으로는 선한 사람들을 비난하는 스스로 자가당착에 빠지게 된다. 그 입을 사용해서 하는 말이 같은 말이나 같은 표현이 아니라면 자기모순에 처하고 말 것이다.

더욱이 이 생각을 확실히 입증하기 위하여 야고보 사도는 동일한 원인들로부터 모순된 결과들이 나온다는 것은 어처구니없는 일이라는 것을 예증한다. 그러한 일은 자연 속에서도 일어날 수 없는 일이기에 은혜와도 일치될 수 없다는 것이다. 샘이 한 구멍으로 어찌 단 물과 쓴 물을 내겠느냐 내 형제들아 어찌 무화과 나무가 감람 열매를, 포도 나무가 무화과를 맺겠느냐 이와 같이 짠 물이 단 물을 내지 못하느니라(11,12절). 참된 종교와 신앙은 모순을 용인하지 않을 것이다. 그리고 참으로 신앙적인 사람은 자신의 말이나 행동에서 생기는 어떤 모순도 결코 허용할 수 없을 것이다. 얼마나 많은 죄들이 언제나 말과 행동을 일치시키려고 하고, 그리고 모순에서 벗어나려고 노력하는 사람들을 방해하고 막고 있는지 모른다.

¹³**너희 중에 지혜와 총명이 있는 자가 누구냐 그는 선행으로 말미암아 지혜의 온유함으로 그 행함을 보일지니라 ¹⁴그러나 너희 마음 속에 독한 시기와 다툼이 있으면 자랑하지 말라 진리를 거슬러 거짓말하지 말라 ¹⁵이러한 지혜는 위로부터 내려온 것이 아니요 땅 위의 것이요 정욕의 것이요 귀신의 것이니 ¹⁶시기와 다툼이 있는 곳에는 혼란과 모든 악한 일이 있음이라 ¹⁷오직 위로부터 난 지혜는 첫째 성결하고 다음에 화평하고 관용하고 양순하며 긍휼과 선한 열매가 가득하고 편견과 거짓이 없나니 ¹⁸화평하게 하는 자들은 화평으로 심어 의의 열매를 거두느니라**

앞서 정죄를 당한 죄들은 다른 사람들보다 더 지혜롭다고 뻐기고, 그리고 다른 사람들보다 더 많은 지식을 겸비하고 있다고 우쭐대는 위선에서 비롯되는 것인데, 그와 마찬가지로 사도는 이 단락에서 지혜롭다고 꾸미는 것과 실제로 지혜로운 것의 차이를 보여주고, 그리고 밑에서(땅이나 지옥에서) 올라온 지혜와 위에서 내려온 지혜의 차이를 예증한다.

I. 우리는 여기서 독특한 표시들과 열매들을 가진 참된 지혜에 대한 기사를 발견하게 된다. 너희 중에 지혜와 총명이 있는 자가 누구냐 그는 선행으로 말미암아 지혜의 온유함으로 그 행함을 보일지니라(13절). 참으로 지혜로운 사람은 정말 아는 것이 많은 사람이다. 그는, 지식을 상당히 많이 축적해놓지 않고 지혜롭다는 평판에 안주하지 않는다. 그리고 지혜로운 사람은, 그 지식을 올바르게 사용하고 적용할 수 있는 지혜를 가지고 있지 않다면 단순히 사물들을 알고 있다는 것만으로 자신을 높이거나 내세우지 않을 것이다. 그러므로 참된 지혜의 가치를 인정받기 위해서는 이 두 가지 것들, 즉 지식의 상당한 축적과 올바른 적용을 함께 가지고 있어야 할 것이다. 누가 지혜롭고, 지식을 겸비하고 있는가? 따라서 이러한 축복 받은 경우에는 다음의 것들이 뒤따르게 될 것이다.

1. 선한 대화. 만일 우리가 다른 사람들보다 더 지혜롭다면 그 대화의 무례함이나 허식을 통해서가 아니라 우리의 대화의 선함을 통해 그 지혜를 증명해야 할 것이다. 활기를 돋우어주고, 치유해주고, 선한 말을 하는 것이 지혜의 표시들이다. 이러한 표시들이 없는 것들은 위대하게 보일지라도 우리 자신들이나 다른 사람들에게 해를 끼치는 악의 경우들이다.

2. 참된 지혜는 그 행동들을 통해서 알 수가 있다. 여기서 말하는 대화 (conversation)는 사람들이 하는 말들을 포함하여 모든 실행들을 언급하는 것이다. 그래서 본문에서 자신의 선행을 행동들을 통해 보이라고 말하고 있는 것이다. 참된 지혜는 선한 개념이나 상상에 있는 것이 아니라 선하고 유익한 행동들에 있다. 성서에서 인정하는 지혜로운 사람은 생각을 잘 하거나, 말을 잘 하거나 하는 사람이 아니다. 지혜로운 사람은 생각은 물론이고 바르게 살고 잘 행동하는 사람이다.

3. 참된 지혜는 온유한 정신과 성격을 통해서 드러나게 된다. 그는 선행으로 말미암아 지혜의 온유함으로 그 행함을 보일지니라. 우리 자신의 분노를 신중하게 제어하고 다른 사람들의 분노를 끈기 있게 견디고 참는 것이 지혜의 중요한 실례이다. 그리고 지혜가 온유함으로 그 지혜를 증명하는 것처럼 온유함도 지혜의 아주 좋은 친구가 될 것이다. 왜냐하면 열정과 마찬가지로, 우리가 현명하게 행동하는 데 필요한 정상적인 이해, 건전한 판단, 그리고 공평한 생각을 방해하거나 막을 수 있는 것은 아무것도 없기 때문이다. 우리가 부드럽고 평온할 때 우리는 이성에 가장 잘 귀를 기울일 수 있게 되고, 그리고 이성을 가장 잘 말할 수 있게 된다. 지혜는 온유함을 낳고, 그리고 온유함은 지혜를 증가시킨다.

II. 우리는 지금 언급한 반대의 성격을 지닌 사람들, 즉 온유함이 없는 사람들은 자랑하지 말라는 지적을 대하게 된다. 그런 사람들의 지혜는 그 자랑과 결실들에서 드러난다. "그러나 너희 마음 속에 독한 시기와 다툼이 있으면 자랑하지 말라 진리를 거슬러 거짓말하지 말라 이러한 지혜는 위로부터 내려온 것이 아니요 땅 위의 것이요 정욕의 것이요 귀신의 것이니 시기와 다툼이 있는 곳에는 혼란과 모든 악한 일이 있음이라(14-16절). 당신이 아주 지혜롭다고 우기고 지혜로운 듯이 생각할지라도 당신이 사랑과 화평은 나 몰라라 하고 아주 독한 시기와 다툼을 일삼는다면 당신의 자랑을 그만두어야 할 이유가 아주 많은 셈이다. 진리나 정통 교리에 대한 당신의 열정과 다른 사람들보다 더 많이 안다는 당신의 자랑을 다른 사람들을 해롭게 하는 데만 쓰고, 그리고 그들에 대한 당신 자신의 악의와 뒤틀린 심사를 나타내는 데만 사용한다면 당신이 믿는다고 고백한 그리스도교에 수치를 안겨주고, 그리스도교에 노골적인 반대를 드러내게 될 것이다. 이와 같이 진리에 거스르는 거짓말을 하지 않도록 하라." 여기서 다음의 사실들을 주목하라.

1. 시기와 다툼은 지혜의 온유함에 반대되는 것들이다. 마음은 시기와 다툼의 온상이다. 그러나 시기와 지혜는 같은 마음에 함께 있을 수가 없다. 거룩한 열정과 독한 시기는 천사의 화염과 지옥의 불만큼이나 다르다.

2. 여기서 일들이 발생하는 순서가 진술되고 있다. 시기와 다툼이 있는 곳에는 혼란과 모든 악한 일이 있음이라 (16절). 이 말씀대로 먼저 시기가 생긴다. 그 다음에 시기가 다툼을 부추기고 일으킨다. 다툼은 무익한 자랑과 거짓말을 통해 그 구실을 찾는다. 그리고 그것으로 말미암아 그 다음에는 혼란과 모든 악한 일이 뒤따르게 된다. 악의와 시기와 다툼 가운데 사는 사람들은 혼란 가운데 살게 되고, 그리고 어떤 악한 일을 일으키기가 쉽고 악한 일을 서두르게 된다. 그러한 무질서들은 많은 유혹들을 낳게 되고, 유혹들을 강하게 만들게 되고, 사람들을 많은 죄에 연루시키고 빠뜨리게 된다. 한 가지 죄는 또 다른 죄를 낳는다. 그래서 얼마나 많은 어려움이 생기게 될지를 도저히 상상할 수가 없다. 즉 그런 경우에는 모든 악한 일이 뒤따르게 되기 때문이다. 그런데 이러한 결과들을 낳을 뿐인 그러한 지혜를 자랑한다는 말인가? 이러한 자랑은 그리스도교를 믿는다고 거짓말을 하지 않고는 할 수가 없는 일이다. 그리고 이러한 지혜는 실제로는 없는 것을 있다고 거짓 자랑하는 것이다. 여기서 다음의 사실들을 주목하라.

3. 이러한 어디에서 오는가? 이러한 지혜는 위로부터 내려온 것이 아니요 땅 위의 것이요 정욕의 것이요 귀신의 것이니(15절). 이러한 지혜는 세속적인 원리들에서 나오고, 세속적인 동기들에서 행동하게 되고, 그리고 세속적인 목적들을 추구하는데 여념이 없다. 그것은 육체에 탐닉하고 육체의 정욕과 욕망들을 채우려고 안달을 하는 정욕에 속한 지혜이다. 헬라어 원어 프시케에 따르면 그것은 동물이나 인간에 속하는 지혜이다. 그것은 어떤 초자연적인 조명을 받지 못하는 자연적인 이성의 작용만 행할 따름이다. 그리고 이러한 지혜는 귀신의 것이다. 그것은 마귀들의 지혜이다. 그것은 불안을 낳고 해를 끼친다. 그리고 그것은 마귀들의 부추김을 받게 된다. 마귀들이 받는 정죄는 교만이다(딤전 3:6). 다른 성경 구절에는, 화를 내고, 형제들에게 욕하고 저주하는 것도 귀신의 것이라고 말씀한다. 그러므로 이러한 지혜를 자랑하는 사람들은 마귀가 받는 정죄에 빠지게 될 것이 분명하다.

Ⅲ. 우리는 아주 충분하게 진술되고 있는 위에서 내려온 지혜의 아름다운 묘사를 발견하게 된다. 이 지혜는 아래에서 올라온 지혜와 반대된다. 오직 위로부터 난 지혜는 첫째 성결하고 다음에 화평하고 관용하고 양순하며 긍휼과 선한 열매가 가득하고 편견과 거짓이 없나니 화평하게 하는 자들은 화평으로 심어 의의 열매를 거두느니라(17, 18절). 여기서 다음의 사실들을 주목하라. 참된 지혜는 하나님의 선물과 은사이다. 참된 지혜는 사람들과의 대화나 교제를 통해서 얻어지는 것도 아니고, 또한 어떤 사람들이 이야기하고 생각하듯이 세상의 지식을 통해서 획득되는 것도 아니다. 참된 지혜는 위로부터 내려온다. 참된 지혜는 몇 가지 요소들로 이루어져 있다.

1. 참된 지혜는 그 가치를 떨어뜨리게 될 격언들이나 목적들과 혼합되지 않은 순수한 것이다. 참된 지혜는 부정과 더러움들이 없고, 기존의 어떤 죄들도 허용하지를 않고, 마음과 생활의 성결함을 유지하려고 애쓴다.

2. 위로부터 내려오는 지혜는 화평하다. 화평은 성결을 따르고, 성결을 의지한다. 참으로 지혜로운 사람들은 화평을 보존할 수 있는 것을 행하여 화평이 깨지지 않게 한다. 그리고 화평을 이루기 위하여 노력한다. 그들은 화평이 없는 곳에 화평을 만들어 낸다. 나라들에서, 가정들에서, 교회들에서, 모든 사회들에서, 그리고 모든 대화들과 거래들에서 하늘의 지혜는 사람들을 화평하게 만든다.

3. 위로부터 난 지혜는 관용적이다. 그것은 재산 문제들에 있어서 극단적인 권리를 주장하지 않고 온유하다. 그리고 위로부터 난 지혜는 어떤 것에 대해 말하거나 행할 때 비난의 관점에서 엄격하게 하지 않는다. 그것은 부드럽게 말하고 부드럽게 행동한다. 또한 위로부터 난 지혜는 의견들을 내세움에 있어서 격렬하게 하거나 무섭게 몰아치지도 않는다. 그것은 그들의 의도와 달리 우리를 반대하는 사람들에 대해서도 우리 자신의 의견을 관철시키기 위하여 우기거나 몰아붙이지 않는다. 그리고 그것은 대화에 있어서도 무례하거나 위압적이지 않고, 또한 성질에 있어서도 거칠거나 사납지 않다. 이와 같이 온유함은 아래에서 난 지혜의 모든 속성들과 반대된다.

4. 위에서 난 하늘의 지혜는 양순하다. 그것은 이르는 말을 아주 잘 듣는다. 약하고 잘못된 양순함도 있다. 그러나 하나님의 말씀의 권면들과 우리의 동료들이 정당하고 합리적으로 하는 모든 위로들이나 요청들에 다 잘 따르는 것은 비

난할 수 있는 양순함이 아니다. 그러나 논쟁을 해야 될 합당한 이유가 있는 것 같고, 또 그 논쟁으로 대답을 잘 할 수 있을 것 같은 경우에는 논쟁을 포기하지 말아야 할 것이다.

5. 위로부터 난 지혜는 긍휼과 선한 열매들이 아주 많다. 그것은 내적으로 모든 일에 있어서 친절하고 선한 성향을 지니고 있다. 그 지혜는 어려운 사람들을 도와주고, 잘못을 범한 사람들을 용서해주고, 그리고 적절한 기회가 있을 때마다 실제로 선행을 행한다.

6. 위로부터 난 지혜는 편견이 없다. 이 말의 원어 아디아크리토스는 의심이 없는 것을 의미한다. 그 말은 부당한 추측으로 판단하지 않거나, 또는 우리의 행위에서 한 사람을 다른 사람보다 낮게 여기거나, 낮게 여기는 사람 차별을 하지 않는 것을 의미한다. 난외주는 이 말을 말다툼이 없다고 해석하기도 한다. 이러한 해석이 의미하는 것은 분파적인 당을 만들지 않고 단지 한 당파만을 위하여 논쟁하지 않는 것이다. 또한 그것은 순전히 우리와 다르다는 이유만으로 비난하지 않는 것을 의미한다. 아주 지혜로운 사람들은 비난자나 논쟁자가 되더라도 그 범위를 아주 최소화시키기를 좋아한다.

7. 위로부터 난 지혜는 위선이 없다. 그 지혜는 위장이나 기만이 전혀 없다. 그 지혜는 세상 사람들이 영리하다고 생각하는 경영과 수완들에 결코 빠지지 않는다. 그러한 것들은 교활하고 음험하다. 그러나 위로부터 난 지혜는 진실하고 열려 있고, 변함이 없고 한결같고, 그리고 모순이 없다. 우리 모두 언제나 이러한 지혜의 인도를 받도록 하자! 우리도 바울 사도 같이 말할 수 있도록 하자. 우리가 세상에서 특별히 너희에 대하여 하나님의 거룩함과 진실함으로 행하되 육체의 지혜로 하지 아니하고 하나님의 은혜로 행함은 우리 양심이 증언하는 바니 이것이 우리의 자랑이라(고후 1:12). 이제 마지막으로 참된 지혜는 화평함으로 의의 열매들을 계속해서 거두게 될 것이다. 따라서 참된 지혜는 세상에 화평을 심어 세상을 화평하게 만들 것이다. 화평하게 하는 자들은 화평으로 심어 의의 열매를 거두느니라(18절). 화평으로 심은 것은 기쁨의 열매들을 거두게 될 것이다. 다른 사람들은 다툼의 열매들을 심게 하여 그들이 바라는 모든 이익들을 그 다툼들을 통하여 얻도록 내버려 두자. 그러나 우리는 의의 씨앗들을 뿌리고 심어 계속해서 화평함을 거두고, 그리고 우리의 모든 수고가 헛되게 되지 않도록 위로부터 난 지혜를 의지하도록 하자. 의인을 위하여 빛을 뿌리고 마음이 정직한 자

를 위하여 기쁨을 뿌리시는도다(시 97:11). 공의의 열매는 화평이요 공의의 결과는 영원한 평안과 안전이라(사 32:17).

제 4 장

개요

본 장에서 우리는 다음의 사실들을 깊이 생각하라는 지시를 받게 된다. I. 앞 장에서 언급한 이유들 이외에도 다툼의 원인들이 더 있는데 그것들을 경계해야 한다(1-3절). II. 우리는 하나님께 온전히 순종하고 따르기 위하여 이 세상과의 우정을 포기해야 한다(4-10절). III. 다른 사람들에 대한 비난들과 성급한 판단은 신중하게 피해야 한다(11, 12절). IV. 우리는 하나님의 섭리를 통한 결과들에 대하여 변함없는 존중을 간직해야 하고, 힘을 다해 복종하고 따라야 한다(13-17절).

¹너희 중에 싸움이 어디로부터 다툼이 어디로부터 나느냐 너희 지체 중에서 싸우는 정욕으로부터 나는 것이 아니냐 ²너희는 욕심을 내어도 얻지 못하여 살인하며 시기하여도 능히 취하지 못하므로 다투고 싸우는도다 너희가 얻지 못함은 구하지 아니하기 때문이요 ³구하여도 받지 못함은 정욕으로 쓰려고 잘못 구하기 때문이라 ⁴간음한 여인들아 세상과 벗된 것이 하나님과 원수됨을 알지 못하느냐 그런즉 누구든지 세상과 벗이 되고자 하는 자는 스스로 하나님과 원수 되는 것이니라 ⁵너희는 하나님이 우리 속에 거하게 하신 성령이 시기하기까지 사모한다 하신 말씀을 헛된 줄로 생각하느냐 ⁶그러나 더욱 큰 은혜를 주시나니 그러므로 일렀으되 하나님이 교만한 자를 물리치시고 겸손한 자에게 은혜를 주신다 하였느니라 ⁷그런즉 너희는 하나님께 복종할지어다 마귀를 대적하라 그리하면 너희를 피하리라 ⁸하나님을 가까이 하라 그리하면 너희를 가까이 하시리라 죄인들아 손을 깨끗이 하라 두 마음을 품은 자들아 마음을 성결하게 하라 ⁹슬퍼하며 애통하며 울지어다 너희 웃음을 애통으로, 너희 즐거움을 근심으로 바꿀지어다 ¹⁰주 앞에서 낮추라 그리하면 주께서 너희를 높이시리라

앞 장은 분쟁과 다툼을 크게 일으키는 서로 시기하는 것에 대해서 말하고 있다. 본 장은 세속적인 것들을 추구하느라 일어나는 정욕에 대해서 말하

고 있다. 그리고 본 장은 다툼과 싸움의 원인이 되는 수치스러운 세상의 쾌락
들과 교제들을 지나치게 중시하는 풍조를 지적하고 있다. 여기서 다음의 사실
들을 주목하라.

**I. 야고보 사도는 여기서 유대인 그리스도인들의 싸움에 대해 나무라고 있고,
그 싸움의 원인이 그들의 정욕 때문이라는 것을 지적하고 있다.** 너희 중에 싸
움이 어디로부터 다툼이 어디로부터 나느냐 너희 지체 중에서 싸우는 정욕으로부터
나는 것이 아니냐(1절). 유대인들은 매우 선동적인 사람들이었다. 그러므로 그들
은 로마인들과 싸움이 잦았다. 그리고 유대인들은 패를 갈라서 싸우기를 매우
좋아하는 사람들이었다. 그래서 유대인들은 자기들끼리도 종종 싸웠다. 그리고
야고보 사도가 글을 쓰고 있는 사람들의 악들과 잘못들을 그리스도인들 가운
데에도 범한 사람들이 많았던 것 같다. 다시 말해서 많은 그리스도인들도 싸움
을 통상적으로 했던 모양이다. 그래서 야고보 사도는 그들의 싸움들의 원인이
나라와 하나님의 영광을 위한 참된 열정(그들은 그런 척하지만)에 있는 것이
아니라 그들의 억제할 길 없는 정욕에 있다고 말한다. 다시 말해서 그들의 싸
움의 모든 원인은 사실 그들의 정욕이었다. 하나님의 영광과 종교를 위한다는
그럴듯한 구실에는 사람들의 교만과 악의와 탐욕과 야망과 복수심이 감춰진
경우가 많다. 유대인들은 완전히 멸망하기 이전에 로마 세력과 싸움을 많이 했
다. 유대인들은 종종 로마인들과 불필요한 문제를 일으키고 다투었다. 그리고
유대인들은 그들의 공동의 적들과 싸우는 여러 다른 방법들을 놓고 파당과 파
벌을 지어 자기들끼리 불화하고 다투기까지 했다. 유대인들의 대의가 좋았다
고 생각할 수도 있지만 그 대의를 위한 운영과 관리는 나쁜 원리에서 나왔다.
유대인들의 세속적이고 육체적인 정욕과 욕망들은 전쟁과 다툼을 일으켰다.
그러나 어떤 사람은 이러한 정욕들을 억제하기 위하여 여기서 충분히 논의되
고 있다고 생각할 것이다.

　1. 유대인들은 외부로는 싸우고 내부로는 다투고 있다. 격렬한 열정과 욕망
들이 먼저 그들의 지체들 가운데에서 다툼을 일으키고, 그 다음에는 그들의 나
라 안에 불화가 일어난다. 양심과 타락 사이에 다툼이 있고, 그리고 하나의 타
락과 다른 타락 사이에도 다툼이 일어난다. 그리고 그들 자체 안에서의 이러한
다툼들로부터 서로 간의 싸움들이 일어났다. 이것을 개인적인 경우들에 적용
해보라. 그러면 우리는 친족과 이웃들끼리 다투는 싸움들과 분쟁들이 지체 중

에서 싸우는 정욕들로부터 나온 것이 아니라고 말할 수 있겠는가? 권력과 지배의 욕망, 쾌락의 욕망, 부의 욕망, 그리고 여타의 이런저런 욕망들로부터 세상의 모든 불화들과 다툼들이 일어난다. 그리고 모든 다툼들과 싸움들이 우리 자신의 마음의 타락에서 비롯된다. 그러므로 다툼의 해결을 위한 올바른 방법은 그 뿌리에 도끼를 대는 것이다. 즉 다툼을 종식시킬 수 있는 좋은 방법은 지체 중에서 싸움을 일으키는 이러한 욕망들과 정욕들을 억제하는 것이다.

2. 그들이 겪게 될 실망을 생각해보고 욕망들을 죽여야 할 것이다. "너희는 욕심을 내어도 얻지 못하여 살인하며 시기하여도 능히 취하지 못하므로 다투고 싸우는도다 너희가 얻지 못함은 구하지 아니하기 때문이요(2절). 너희들은 너희 자신들을 위해서 많은 것들을 욕심을 내고, 그리고 너희가 로마인들을 이김으로써 그것들을 얻을 수 있다고 생각한다. 또는 너희가 너희들 가운데 있는 이 당이나 저 당을 억누름으로써 너희가 욕심내는 것들을 얻을 수 있다고 생각한다. 너희는 너희 스스로 큰 쾌락들과 행복들을 얻을 수 있다고 생각한다. 너희는 그것들을 너희의 열렬한 갈망들을 가로막는 것들을 뒤집어엎음으로써 얻으려고 한다. 그러나 얼마나 안타까운 일인가! 너희는 너희의 힘든 수고와 귀한 피를 헛되게 하고 말았다. 너희가 원하는 것들을 얻을 수 있다고 생각해서 서로 죽이기까지 했는데도 말이다." 부적절한 욕망들은 완전히 실망스럽게 될 것이다. 또한 설사 그러한 바라는 것들을 얻는다고 할지라도 욕망이 가라앉거나 마음이 만족을 얻지도 못할 것이다. 여기서 얻지 못하여 라고 번역된 말들은 추구하고 갈망하는 행복을 결코 얻을 수 없다는 것을 의미한다. 그러므로 여기서 다음의 사실들을 주목하라. 세속적이고 육체적인 욕망들은 마음의 만족을 결코 허용하지 않는 병이다.

3. 죄의 갈망들과 감정들은 대개 기도를 배제하고, 하나님을 향한 우리의 갈망들이 바라고 행동하는 것을 막는다. 다시 말해서 이것은 다음과 같이 말하고 있는 것과 같다. "너희는 욕심을 내어도 얻지 못하여 살인하며 시기하여도 능히 취하지 못하므로 다투고 싸우는도다 너희가 얻지 못함은 구하지 아니하기 때문이요. 너희는 싸운다. 그러나 너희는 이기지 못한다. 왜냐하면 너희가 기도하지 않기 때문이다. 너희는 일을 할 때마다 그것을 하나님이 허락하실지 안 하실지를 알기 위하여 하나님과 의논을 하지 않는다. 그리고 너희는 너희의 길을 하나님께 맡기지 않고, 너희가 원하는 것들을 하나님께 알리지도 않는다. 반대로 너희는

너희 자신의 타락한 생각들과 기분들을 쫓아간다. 그러므로 너희는 계속해서 실망하게 되고 좌절하게 되는 것이다."

4. "너희의 정욕들이 너희 기도들을 망치게 된다. 그리고 너희가 그것들을 위해 하나님께 채워 달라고 기도할 때마다 받을 수 없는 것은 그것들이 하나님의 기분을 상하시게 만들기 때문이다. 구하여도 받지 못함은 정욕으로 쓰려고 잘못 구하기 때문이라(3절)." 또 이것은 이렇게 말하는 것이었을 수도 있다. "너희가 때로는 너희 적들을 이기기 위하여 기도할 수도 있지만 그 기도의 목적이 너희가 얻는 유익들을 개선하기 위한 것이 아니다. 다시 말해서 너희의 기도의 목적이 너희 자신들과 다른 사람들을 위한 참된 경건과 신앙생활을 발전시키기 위한 것이 아니다. 반대로 너희의 성공과, 기도를 통하여 너희의 교만과 허영과 사치와 욕정을 채우려는 것이다. 너희가 바라는 것은 큰 권력과 부를 가지고 흥청망청 주색에 빠져 놀고 질탕한 육욕에 젖어 살고 싶은 것이다. 이와 같이 너희는 더럽고 비열한 목적 때문에 하나님에 대한 헌신을 진창에 빠뜨리게 하고 하나님의 영광을 가리고 부끄럽게 만들었다. 그래서 너희의 기도들이 하나님께 버림을 받는 것이다."

그러므로 우리는 여기서 세속적인 일들의 경영과 그 일들의 성공을 위하여 하나님께 기도를 드릴 때 우리의 목적이 올바른 것인지를 살펴보아야 된다는 교훈을 받도록 하자. 사람들이 세속적인 사업과 일을(상인과 농부의 경우) 추구하고 하나님께 축복과 번영을 간구할 때 간구하는 것을 받지 못하는 것은 그들의 목적과 의도가 잘못되었기 때문이다. 사람들은 자신들의 직업과 하는 일들의 성공을 달라고 하나님께 간구한다. 사람들은 하나님 아버지를 찬양하고 영광스럽게 하고, 그리고 그들의 소유로 선행을 베풀기 위하여 간구하지 않는다. 반대로 그들은 정욕으로 쓰려고 하나님께 간구한다. 다시 말해서 사람들은 더 좋은 고기를 먹을 수 있고, 더 좋은 술을 마실 수 있고, 더 좋은 옷을 입을 수 있고, 그들의 교만과 허영과 육욕을 만족시키기 위하여 하나님께 간구한다. 그러나 만일 우리가 이 세상의 것들을 이런 식으로 구한다면 하나님께서 그러한 것들을 거부하시는 것이 정당할 것이다. 반면에 우리가 하나님을 그것으로 섬길 수 있기 위하여 어떤 것을 구한다면 하나님께서 우리가 구하는 것을 주실 것이라고 기대할 수 있을 것이다. 또는 하나님께서 우리의 구하는 것이 없이도 자족할 수 있는 마음을 주시거나, 또는 어떤 다른 방법으로 하나님을 섬기고 영광스럽게 할 수 있는 기회들을 주실 것이라고 기대할 수 있을 것이다. 여기서 다음의 사실들을 기억하도록 하자. 즉 우리가 기도할 때 성공하지 못하는 것은 잘못 구하기 때문이다. 우리가 올바른 목적을 위하여 간구하지 않거나, 올바른 태도로 간구하지 않거나, 믿음으로 간구하지 않거나, 자주 간구하지 않는 것은 하나님의 응답을 받지 못할 것이다. 믿음이 없고 뜨겁지 않은 갈망들도 마찬가지로 하나님께서 거부하실 것이다. 그리고 이것을 우리가 명심하도록 하자. 우리가 기도할 때 은혜의 말들이 아니라 정욕의 말들로 한다면 아무것도 받지 못하게 될 것이다.

II. 우리는 이제 이 세상과 잘못된 모든 죄의 관계들을 피해야 한다는 정당한 경고를 대하게 된다. 간음한 여인들아 세상과 벗된 것이 하나님과 원수됨을 알지 못하느냐 그런즉 누구든지 세상과 벗이 되고자 하는 자는 스스로 하나님과 원수 되는 것이니라(4절). 이 말씀에서 세속적인 사람들을 간음한 사람들과 간음한 여인들이라고 부르고 있다. 그 이유는 하나님께 그들은 불신앙과 배신을 자행하면서 세상에 대해서는 그들의 가장 좋은 애정을 바치고 있기 때문이다. 다른 경우에 탐욕을 우상숭배라고 부르고 있다. 그런데 여기서는 그것을 간음한 여인들이라고 부르고 있다. 왜냐하면 탐욕은 우리가 헌신하기로 약속하고 결혼한 신랑 되시는 하나님을 저버리고 세상의 다른 것들에 마음을 주고 사랑하기 때문이다. 세상을 사랑하는 마음, 즉 하나님을 적대시하는 마음에는 간음한 여인이라는 불명예스러운 낙인이 찍히게 된다. 사람이 현세의 좋은 것들을 상당히 많이 가지고 있다고 할지라도 하나님에 대한 사랑을 계속해서 마음속에 간직할 수가 있다. 그러나 마음을 세상에 두고, 세상에서 행복을 찾고, 세상을 닮고 싶어하고, 그리고 세상과의 친분을 잃지 않으려고 무슨 일이든 하려고 하는 사람은 하나님의 원수가 될 것이다. 우리의 마음속에 있는 하나님의 보좌 위에 세상을 올려놓는 것은 하나님에 대한 적극적인 반역과 배신행위이다. 그런즉 누구든지 세상과 벗이 되고자 하는 자는 스스로 하나님과 원수 되는 것이니라. 세상을 사랑하는 이 원리에 따라 행동하고, 세상을 향해 계속 미소를 보내고, 세상과 계속 우정을 나누는 사람은 자신의 정신과 행위들을 통해 자신이 하나님을 반대하는 원수라는 사실을 드러내지 않을 수가 없을 것이다. 한 사람이 두 주인을 섬기지 못할 것이니 혹 이를 미워하고 저를 사랑하거나 혹 이를 중히 여기고 저를 경히 여김이라 너희가 하나님과 재물을 겸하여 섬기지 못하느니라(마 6:24). 그러므로 싸움과 다툼이 일어나는 것은 이 세상과 간음적인 사랑을 행하고, 이 세상에게 우상숭배적인 존경을 보내고, 이 세상을 충성되게 섬기기 때문이다. 도대체 하나님께 적대적인 행위를 하는 곳에서 사는 사람들 사이에 무슨 평화가 있을 수 있겠는가? 또한 하나님과 싸우면서 어떤 사람이 번성할 수 있겠는가?

"너희가 스스로 세상의 정신이 무엇인지를 진지하게 생각해보아라. 그러면 대다수의 세상 사람들이 그렇듯이 너희가 마음속에 시기심과 악한 생각들로 가득 채우지 않고는 세상과 친구가 될 수 없음을 알게 될 것이다. 너희는 하나님이 우리 속에 거하게 하신 성령이 시기하기까지 사모한다 하신 말씀을 헛된 줄로 생각하느냐(5절)." 인간의 타고난 마음에 대한 성경의 진술은 악하다는 것이다. 사람의 죄악이 세상에 가득함과 그의 마음으로 생각하는 모든 계획이 항상 악할 뿐이다(창 6:5). 자연적인 타락이 나타나는 것은 주로 시기하는 것을 통해서이다. 그리고 그러한 성향이 지속적으로 나타나게 된다. 사람 속에 자연적으로 있는 시기하는 정신은 언제나 이런저런 악한 생각을 낳는다. 그리고 그러한 성향은 우리가 보고 대화하는 것들과 언제나 겨루게 하고, 그리고 세상 사람들이 가지고 있고 즐기고 있는 것들을 추구하게 만든다. 그러므로 사치와 쾌락을 좋아하게 하고 이것들을 위해 다툼과 싸움들에 빠지게 만드는 이 세상의 방법은 세상과 친하게 지내는 것을 보여주는 분명한 결과들이다. 왜냐하면 정신이 하나가 되지 않고서는 친분을 나눌 수 없기 때문이다. 그러므로 그리스도인들은 다툼을 피하기 위해서 세상과 친하게 지내는 것을 피해야 한다. 그리고 그리스도인들은 세상의 것보다 더 고상한 원칙들을 따라서 행동하고 있고, 그들 속에는 좀 더 고상한 정신과 영이 내재하고 있다는 것을 보여주어야 한다. 그 이유는 우리가 하나님의 것이라면 하나님은 대다수의 세상 사람들이 하는 것 같이 살고 행동하지 않도록 더 많은 은혜를 주실 것이기 때문이다. 세상 사람들의 정신은 사람들이 구두쇠가 되라고 가르친다. 그러나 하나님께서는 사람들이 활수하고 관대해야 한다고 가르친다. 세상의 정신은 우리 자신들을 위하여 저축하거나 다른 사람들을 때려눕히고, 우리 자신의 생각에 따라서 살라고 가르친다. 그러나 하나님께서는 우리의 능력에 따라서 다른 사람들의 필요한 것들을 기꺼이 나누어주고, 다른 사람들을 위로해주고, 우리 주변의 모든 사람들에게 선을 행하도록 우리들을 가르치신다. 하나님의 은혜는 세상의 정신과 반대된다. 그러므로 우리가 하나님의 친구라고 주장한다면 세상과 친하게 지내는 것은 피해야 할 것이다. 그 뿐 아니라 하나님의 은혜는 우리들 속에 자연히 있는 정신을 바로잡아 주고 치료해줄 것이다. 하나님께서 은혜를 베풀어 주시는 경우에는 세상의 정신이 아닌 또 다른 정신과 영을 베풀어 주실 것이다.

III. 우리는 여기서 하나님께서 교만과 겸손함을 구별하시는 차이를 배우게 된다. 그러나 더욱 큰 은혜를 주시나니 그러므로 일렀으되 하나님이 교만한 자를 물리치시고 겸손한 자에게 은혜를 주신다 하였느니라(6절). 지금 이 말씀은 구약 성서의 언어로 표현이 되고 있다. 그 이유는 시편에 이렇게 선언이 되고 있기 때문이다. 주께서 곤고한 백성은 구원하시고 교만한 눈은 낮추시리이다(시 18:27). 잠언에서는 이렇게 말씀하고 있다. 진실로 그는 거만한 자를 비웃으시며 겸손한 자에게 은혜를 베푸시나니(잠 3:34). 여기서 두 가지 사실을 주목하라.

1. 교만한 사람은 수치를 당하게 된다. 하나님께서는 교만한 사람들을 배척 하신다. 안티타스세타이라는 원어는 하나님께서 교만한 사람들에게 전투 대형 으로 공격하시는 것 같이 대하신다는 것을 의미한다. 하나님께서 어떤 사람을 그의 왕관과 권위에 항거하는 폭도로, 원수로, 그리고 반역자로 선언하시는 것 보다 더 큰 수치는 있을 수 없을 것이다. 그리고 그런 식으로 하나님께 계속 대 항하는 것보다 더 큰 수치가 있을 수 있겠는가? 교만한 사람은 하나님께 저항 한다. 그런 사람은 자신의 이해 안에서 하나님의 진리들을 배척한다. 그런 사람 은 자신의 의지 안에서 하나님의 법들을 배척한다. 그런 사람은 자신의 감정 안에서 하나님의 섭리를 배척한다. 그러므로 하나님께서 교만한 사람들에게 전투 대형의 자세로 대하시고 물리치시는 것이 하등 이상할 것이 없다. 교만한 사람들은 이 말씀을 듣고 떨지어다. 하나님이 교만한 자를 물리치신다. 하나님을 자신의 원수로 삼은 사람들의 비참한 상태를 누가 묘사할 수 있겠는가? 하나님 께서 그 마음을 교만으로 가득 채운 사람들의 얼굴들에 틀림없이 수치로 가득 채워주실 것이다. 그러므로 우리는 하나님께서 우리를 물리치시지 않게 하려 면 우리의 마음속에 자리잡고 있는 교만을 물리쳐야 할 것이다.

2. 하나님께서는 겸손한 사람들에게 영예와 도움을 베풀어 주신다. 수치에 반대되는 은혜는 영예이다. 이것을 하나님께서 겸손한 사람에게 베풀어 주신 다. 그리고 하나님께서 겸손해지는 은혜를 주시는 경우에 하나님은 다른 은혜 들도 다 주실 것이다. 6절 서두에서 말씀하고 있듯이 하나님은 더 크고 더 많은 은혜를 주실 것이다. 하나님께서 참된 은혜를 주시는 곳마다 그는 더 많은 은

혜를 주실 것이다. 왜냐하면 하나님께서는, 가지고 있고, 또한 가지고 있는 것을 바르게 사용하는 자에게 더 많이 주실 것이기 때문이다. 하나님은 겸손한 사람들에게 특별히 더 많은 은혜를 주실 것이다. 그 이유는 은혜의 필요성을 깨달은 겸손한 사람들이 은혜를 위해 기도하고 은혜에 대해 감사할 것이기 때문이다. 그러므로 겸손한 사람들이 은혜를 더 많이 받게 될 것이다. 그 이유는 다음과 같다.

IV. 우리는 하나님께 완전히 복종해야 된다는 것을 배우게 된다. 그런즉 너희는 하나님께 복종할지어다 마귀를 대적하라 그리하면 너희를 피하리라(7절). 그리스도인들은 세상과 벗된 것을 버려야 하고, 자연인의 속에 가득 들어있는 시기심과 교만을 경계해야 하고, 하나님에 대한 복종 안에서 영예를 얻게 되는 것을 은혜를 통하여 배워야 할 것이다. "의무 안에서 신하들이 그들의 군주에게 복종하듯이 너희들도 하나님께 복종하라. 그리고 사랑 안에서 한 친구가 다른 친구를 사랑하듯이 너희들도 하나님을 사랑하라. 너희의 이해력을 하나님의 진리들에 복종시켜라. 너희의 의지를 하나님의 뜻과 하나님의 계명의 뜻과 하나님의 섭리의 뜻에 복종시켜라." 우리는 하나님께 복종해야 되는 신하들이다. 우리는 두려움을 통해서 뿐만 아니라 사랑을 통해서도 하나님께 복종해야 한다. 그러므로 복종하지 아니할 수 없으니 진노 때문에 할 것이 아니라 양심을 따라 할 것이라(롬 13:5). "너희가 하나님께 복종해야 하는 방법이 얼마나 많은지를 생각하고, 그리고 너희가 그 복종을 통해 얻을 유익이 무엇인지를 생각하고 하나님께 스스로 복종하도록 하라. 왜냐하면 하나님께서는 너희에 대한 그의 지배를 통해서 너희에게 해를 주시는 것이 아니라 유익을 주실 것이기 때문이다."

그러므로 마귀가 방해하려고 가장 열심히 애를 쓰는 것이 바로 하나님에 대한 이 복종과 굴복이다. 그와 마찬가지로 우리들도 마귀의 제안들을 물리치기 위하여 꾸준히 많은 관심과 노력을 기울여야 할 것이다. 만일 마귀가 하나님의 뜻과 섭리를 따르는 유순한 복종을 재앙을 초래하고 멸시와 불행을 당하게 되는 것으로 설명을 한다면 우리는 이러한 제안들을 두려워하며 단호히 물리쳐야 할 것이다. 만일 마귀가 하나님에 대한 우리의 복종을 우리의 외적인 편안함이나 세속적인 출세에 방해가 되는 것으로 주장한다면 우리는 이러한 교만한 제안들을 물리쳐야 할 것이다. 만일 마귀가 우리가 겪게 되는 불행과 십자가와 고난 가운데 어떤 것을 하나님의 섭리의 탓으로 돌리면서 그 어려움들을 피하려면 하나님보다는 마귀의 지시에 따르라고 우리를 시험한다면 우리는 불평하지 말라 오히려 악을 만들 뿐이라(시 37:8)라고 화를 내면서 이러한 도발들을 물리쳐야 할 것이다. "이런 제안들이나 이와 유사한 시도들을 통해 마귀가 너희들을 이기지 못하게 하라. 반대로 마귀를 대적하라 그리하면 너희를 피하리라." 만일 우리가 비열하게 마귀의 유혹들에 굴복하게 된다면 마귀는 우리를 끊임없이 쫓아 다닐 것이다. 그러나 만일 우리가 마귀의 간계를 능히 대적하기 위하여 하나님의 전신 갑주를 입는다면(엡 6:11) 마귀는 우리를 피해 도망갈 것이다. 단단한 결의가 마귀의 시험을 막아주는 문을 닫아주고 빗장을 걸게 해줄 것이다.

V. 우리가 하나님께 복종하게 되려면 어떻게 행동해야 되는지에 대한 가르침을 여기서 받게 된다. 하나님을 가까이 하라 그리하면 너희를 가까이 하시리라 죄인들아 손을 깨끗이 하라 두 마음을 품은 자들아 마음을 성결하게 하라 슬퍼하며 애통하며 울지어다 너희 웃음을 애통으로, 너희 즐거움을 근심으로 바꿀지어다 주 앞에서 낮추라 그리하면 주께서 너희를 높이시리라(8-10절). 여기서 다음의 사실들을 주목하라.

1. 하나님을 가까이 하라. 반역하는 마음을 하나님의 발 앞에 갖다 놓아야 한다. 하나님과 교제하고 대화를 나누는 생활에서 소원해지고 멀어진 정신이 하나님과 친해져야 한다. 다시 말해서 "하나님께서 너희에게 요구하시는 예배와 규례들과 모든 의무들을 통하여 하나님을 가까이 하라."

2. 손을 깨끗이 하라. 하나님께 나아오는 사람은 깨끗한 손을 가져야 한다. 그러므로 바울 사도는 분노와 다툼이 없이 거룩한 손을 들어 기도하라(딤전 2:8) 지시한다. 이 기도하는 손은 피를 묻히지 않고, 뇌물을 받지 않고, 불의하거나 잔인한 모든 것을 행하지 않고, 그리고 죄의 모든 더러움에서 자유로워야 한다. 하나님께 복종하지 않는 사람은 죄의 종이다. 하나님께 복종하는 사람의 손은 믿음과 회개와 갱신을 통하여 깨끗해져야 한다. 그렇지 않으면 우리가 하나님께 기도를 통하여 가까이 나아가는 것이 무익한 것이 되고 말 것이다. 또한 헌신을 통한 모든 행위들도 헛것이 되고 말 것이다.

3. 두 마음을 품은 사람들은 마음을 성결하게 해야 한다. 하나님과 세상 사이에서 망설이고 있는 사람들이 여기서 말하고 있는 두 마음을 품은 사람이다. 마음을 성결하게 하는 것이 진실한 것이어야 하고, 그리고 이 세상에서 어떤 것을 추구하기 위한 것이 아니라 오히려 하나님을 즐겁게 해 드리기 위한 단순한 목

적과 원칙을 따라 행동하는 것이어야 한다. 위선은 불결한 마음이다. 그러나 하나님께 스스로 복종하는 사람들은 곧바로 손을 깨끗하게 하고 마음도 성결하게 해야 할 것이다.

4. 슬퍼하며 애통하며 울지어다. "하나님이 보내시는 고난들은 무엇이든지 하나님이 너희를 만나시려고 하는 것으로 받아들이도록 하고, 그리고 그 고난들을 정당하게 분별하도록 하라. 너희에게 보낸 고난들을 당하게 될 때 슬퍼하도록 하고 그 고난들을 무시하지 않도록 하라. 또한 고난을 당하는 사람들을 동정하여 같이 슬퍼하도록 하고, 하나님의 교회가 당하는 재난들에 마음을 같이하여 크게 슬퍼하도록 하라. 너희 자신들의 죄와 다른 사람들의 죄를 위하여 애통하며 울도록 하라. 다툼과 분쟁의 때는 애통해야 할 때이다. 그리고 전쟁과 싸움을 일으키는 죄들을 위해서도 애통해야 할 것이다. 너희 웃음을 애통으로, 너희 즐거움을 근심으로 바꿀지어다."

이것을 슬픔을 예고하는 것으로 받아들이든지 또는 진지하고 진실해지라는 명령으로 받아들이든지 하라. 사람들은 슬픔을 무시해야 된다고 생각한다. 그럼에도 불구하고 하나님께서는 사람들에게 슬픔을 주실 수 있다. 진심으로 웃을 수 있는 사람은 아무도 없다. 그러나 하나님은 사람들의 웃음을 애통으로 바꾸실 수 있다. 그러므로 야고보 사도가 이것을 경고하기 위하여 편지를 보낸 무사태평한 그리스도인들이 이러한 경우를 당하게 될 것이다. 그러므로 그들은 최악의 일들을 당하기 전에 경건한 슬픔과 회개의 눈물에 깊이 잠기기 위하여 헛된 환락과 육욕적인 쾌락을 멀리하라는 지시에 따라야 할 것이다.

5. "주 앞에서 낮추라. 영혼의 내적 행위들을 앞에서 언급했던 비탄과 고난과 슬픔을 나타내는 모든 외적인 표현들에 어울릴 수 있게 하라." 이 말씀에서 요구하고 있는 것은 수치스러워하고 낮아지는 정신이다. 왜냐하면 하나님께서는 사람들의 정신들을 주로 보시기 때문이다. "악한 모든 것을 위하여 몹시 슬퍼하며 철저하게 부끄러워하고 낮아지도록 하라. 선한 일을 행할 때 아주 낮아진 자세와 태도로 행하는 겸손이 있도록 하라. 네 스스로 낮추라."

VI. 우리는 이와 같이 하나님께 행하라는 큰 격려를 받게 된다. 하나님을 가까이 하라 그리하면 너희를 가까이 하시리라(8절). 주 앞에서 낮추라 그리하면 주께서 너희를 높이시리라(10절). 의무의 방법을 통해 하나님께 가까이 나아가는 사람들은 긍휼의 방법을 통해 그들에게 가까이 다가오시는 하나님을 발견하게 될 것이다. 믿음과 신뢰와 복종 안에서 하나님께 가까이 나아가라. 그러면 하나님께서 너희를 구원해주시기 위하여 너희에게 가까이 다가오실 것이다. 만일 하나님과 우리 사이에 밀접한 교통이 이루어지지 않는다면 그것은 우리의 잘못이지 하나님의 잘못이 아니시다. 주 앞에서 낮추라 그리하면 주께서 너희를 높이시리라. 더욱이 우리의 주님 자신께서도 누구든지 자기를 높이는 자는 낮아지고 누구든지 자기를 낮추는 자는 높아지리라(마 23:12) 선언하셨다. 만일 우리가 하나님께서 불쾌해하시는 기미를 알아차리고 진실로 회개하고 우리 자신을 낮춘다면 우리는 얼마 안 있어 하나님의 은총이 베풀어 주시는 유익들을 체험하게 될 것이다. 하나님은 우리를 들어올리시어 세상에서 영예롭고 안전해지도록 해주실 것이다. 또한 하나님은 우리의 길에서 우리를 들어올리시어 하늘나라로 인도해 주실 것이다. 그리고 하나님은 우리의 마음과 감정을 들어올리시어 세상을 이기게 해주실 것이다. 지극히 존귀하며 영원히 거하시며 거룩하다 이름하는 이가 이같이 말씀하시되 내가 높고 거룩한 곳에 있으며 또한 통회하고 마음이 겸손한 자와 함께 있나니 이는 겸손한 자의 영을 소생시키고 통회하는 자의 마음을 소생시키려 함이라(사 57:15). 주는 겸손한 자의 소원을 들으시리라(시 10:17). 그리고 하나님께서는 자신을 낮추는 사람들을 들어올리시어 결국 영광에 이르게 해주실 것이다. 겸손은 존귀의 길잡이니라(잠 15:33). 하늘나라에서 가장 높은 영예를 받는 것이 땅에서 가장 낮은 자의 보상이 될 것이다.

11형제들아 서로 비방하지 말라 형제를 비방하는 자나 형제를 판단하는 자는 곧 율법을 비방하고 율법을 판단하는 것이라 네가 만일 율법을 판단하면 율법의 준행자가 아니요 재판관이로다 12입법자와 재판관은 오직 한 분이시니 능히 구원하기도 하시며 멸하기도 하시느니라 너는 누구이기에 이웃을 판단하느냐 13들으라 너희 중에 말하기를 오늘이나 내일이나 우리가 어떤 도시에 가서 거기서 일 년을 머물며 장사하여 이익을 보리라 하는 자들아 14내일 일을 너희가 알지 못하는도다 너희 생명이 무엇이냐 너희는 잠깐 보이다가 없어지는 안개니라 15너희가 도리어 말하기를 주의 뜻이면 우리가 살기도 하고 이것이나 저것을 하리라 할 것이거늘 16이제도 너희가 허탄한 자랑을 자랑하니 그러한 자랑은 다 악한 것이라 17그러므로 사람이 선을 행할 줄 알고도 행하지 아니하면 죄니라 여기서 다음과 같은 사실들을 주목하라.

I. 우리는 악하게 말하는 비방의 죄에 대한 주의를 듣게 된다. 형제들아 서로 비방하지 말라(11절). 여기서 사용된 헬라어 단어 카타라레이테는 다른 사람에게 상처를 주거나 손해를 끼치기 위하여 어떤 것을 말하는 것을 의미한다. 우리는 그것들이 사실이라고 할지라도 다른 사람들에 대해 나쁜 것들을 말해서는 안 될 것이다. 우리가 부득이하게 그것을 증언해야 되는 소환을 받게 된다든지 하는 그런 불가피한 경우를 제외하고는 남을 비방해서는 안 될 것이다. 그리고 그러한 불가피한 경우에도 그 사실들이 잘못된 것들이거나, 또는 우리가 알고 있는 한에 있어서 잘못될 수 있을 때조차도 나쁜 사실들에 대해 훨씬 적게 말해야 할 것이다. 우리의 입술은 진리와 공의의 법은 물론이고 자비의 법을 통해서도 인도를 받아야 할 것이다. 솔로몬은 덕 있는 현숙한 여인이 지녀야 할 성격의 필요 요소로 이것을 꼽고 있다. 입을 열어 지혜를 베풀며 그의 혀로 인애의 법을 말하며(잠 31:26). 참된 모든 그리스도인들의 성격도 혀로 인애의 법을 말하는 것을 필수 요소로 지녀야 할 것이다. 서로 비방하지 말라.

1. 너희가 서로 비방해서는 안 되는 까닭은 너희가 형제들이기 때문이다. 야고보 사도가 여기서 사용하는 호칭은 논쟁을 불러일으킨다. 그리스도인들은 형제들이므로 서로 모욕하거나 비방해서는 안 된다. 우리는 우리의 형제들의 좋은 평판에 마음을 쓰고 잘 배려를 해주어야 한다. 우리가 잘 말할 수 없을 때는 악한 말을 하는 것보다는 차라리 아무 말도 하지 않는 것이 훨씬 낫다. 우리는 다른 사람들의 잘못들을 소문내고, 감춰진 일들을 들춰내는 일들을 즐겨서는 안 된다. 또한 우리는 다른 사람들의 비밀들을 아무렇지 않게 까발리거나 잘못들을 실제보다 더 부풀려서 말해서도 안 된다. 더욱이 우리는 무죄한 사람들에 대해서 잘못되고 그릇된 이야기들을 만들어 내거나 퍼뜨리는 일을 결코 해서는 안 될 것이다. 우리는 그들이 우리 자신과 동일한 이해관계를 가지고 있기 때문에 그들과 같은 배를 탈 수밖에 없다 그런데 우리가 형제들인 그들을 비방하는 일은 결국 그들에 대한 세상 사람들의 증오와 박해만 일으킬 뿐이지 다른 쓸 데가 어디 있겠는가? "너희가 형제들임을 잊지 말고 명심하라."

2. 너희가 서로 비방해서 안 되는 이유는 그러한 행위가 바로 율법을 판단하는 것이 되기 때문이다. 형제들아 서로 비방하지 말라 형제를 비방하는 자나 형제를 판단하는 자는 곧 율법을 비방하고 율법을 판단하는 것이라 네가 만일 율법을 판단하

면 율법의 준행자가 아니요 재판관이로다. 모세의 율법은 이렇게 말씀하고 있다. 너는 네 백성 중에 돌아다니며 사람을 비방하지 말며 네 이웃의 피를 흘려 이익을 도모하지 말라(레 19:16). 그리스도의 법은 이렇게 말씀하고 있다. 비판을 받지 아니하려거든 비판하지 말라(마 7:1). 두 말씀의 요체와 핵심은 사람들이 서로 사랑해야 한다는 것이다. 그러므로 비방하는 혀는 하나님의 법을 비난하는 것이고, 그리고 그 비방이 이웃의 명예를 훼손하게 된다면 그리스도의 계명도 비난하는 것이 될 것이다. 하나님의 계명들을 어기는 것은 실제로 그 계명들을 비방하는 것이고, 그리고 하나님의 계명들이 너무 엄격해서 우리를 너무 억압하는 것처럼 그 계명들을 판단하게 될 것이다. 야고보 사도가 글을 쓰고 있는 그리스도인들은 서로 하기가 매우 어려운 말들을 쉽게 하는 성향들이 있었다. 그 이유는 사도 바울이 로마서 14장에서 지적하고 있듯이 어떤 음식을 먹으며 어떤 날을 지킬 것인가 하는 대수롭지 않고 아무래도 좋은 문제들을 놓고 의견들이 서로 달라 티격태격하기 때문이었다. 그래서 야고보 사도는 다음과 같이 단호하게 말하고 있는 것 같다. "그러므로 하나님의 율법이 전혀 관심을 보이고 있지 않는 것들에 대한 의견이 다르다고 서로 비방을 하고 정죄를 하는 것은 바로 그 행위로 율법을 비방하고 정죄하는 것이다. 마치 율법이 그러한 문제들에 무관심이라도 하는 듯이 율법을 비방하는 것이 될 것이다. 하나님의 말씀에 확실한 언급이 되어 있지 않는 어떤 사소한 것들 때문에 자신의 형제와 다투고 싸우는 사람은 하나님의 말씀이 완전한 규칙이 아니라서 그렇기라도 한 양 하나님의 말씀에 핑계를 대고 비난을 퍼붓는다. 율법을 판단하는 일에 조심해야 할 것이다. 그 이유는 여호와의 율법은 완전하기 때문이다. 만일 사람들이 율법을 어긴다면 율법이 그 사람들을 판단하게 내버려두어라. 그러나 사람들이 율법을 어기지 않는다면 우리가 그 사람들을 판단해서는 안 될 것이다." 우리가 형제를 비방하는 것은 아주 가증스러운 악이다. 왜냐하면 그러한 행위는 우리가 율법을 행하는 사람들이 되어야 마땅한 우리의 처지와 본분을 망각한 처사이기 때문이다. 다시 말해서 그러한 행위는 마치 우리가 율법을 판단하는 재판관이라도 된 것처럼 스스로 율법 위에 올라서는 것이기 때문이다. 여기서 주의하라는 죄를 범하는 사람은 율법을 행하는 사람이 아니라 판단하는 재판관이다. 그 사람은 자기의 것이 아닌 직분과 지위를 주제넘게 사칭하고 있는 것이다. 그는 결국 자신의 오만방자한 행위로 반드시 고통을 당하게 될 것이다. 율법을 판단하는 재판관이 되기를 좋아하는 사람들은 대체로 율법에 복종하기를 싫어한다.

3. 그 이유는 율법을 주신 입법자 하나님께서 모든 사람들에 대한 마지막 심판을 내리는 권세를 유보하고 계시기 때문이다. 입법자와 재판관은 오직 한 분이시니 능히 구원하기도 하시며 멸하기도 하시느니라 너는 누구이기에 이웃을 판단하느냐(12절)? 여기서 말씀하고 있는 바가 군주들과 나라들이 법을 만들어서는 안 된다는 것을 의미하는 것은 아니다. 또한 모든 사람들이 인간의 법에 복종해서는 안 된다고 부추기고 있는 것도 아니다. 그러나 이 말씀이 의미하는 바는 하나님을 초월적인 입법자로 인정해야 한다는 것이다. 다시 말해서 하나님만이 양심에 법을 주실 수 있으므로 모든 양심이 하나님께만 복종해야 한다는 것이다. 법을 제정하시는 하나님의 권리는 논의의 여지가 없다. 왜냐하면 하나님께서는 그 법들을 시행하실 수 있는 권세를 지니고 계시기 때문이다. 입법자와 재판관은 오직 한 분이시니 능히 구원하기도 하시며 멸하기도 하시느니라. 그러므로 그렇게 할 수 있는 사람은 아무도 없다. 하나님께서는 하나님의 법의 순종에 상을 주시고 하나님의 법의 모든 불순종에 징벌하시는 완전한 권세를 지니고 계시다. 하나님은 영혼을 구원하실 수 있다. 하나님은 영혼이 영원히 행복하도록 복을 주실 수 있다. 그리고 하나님은 영혼을 멸하신 뒤에 영원히 지옥에 던지실 수 있다. 그러므로 위대한 입법자이신 하나님을 두려워하고 복종하도록 하고 모든 심판을 하나님께 맡기도록 하자. 입법자는 오직 한 분이시므로 세상의 어떤 사람이나 어떤 집단이 양심을 구속할 수 있는 법을 직접 줄 수 없음을 우리는 알 수 있다. 왜냐하면 그것은 오직 하나님의 전유물이기 때문이다. 어떤 것도 그 권한을 침해할 수 없다. 야고보 사도가 많이 선생들과 주인들이 되는 것에 대해 앞서 경고했던 것과 마찬가지로 그는 여기서 많이 재판관들이 되는 것에 대해 주의를 주고 있다. 우리의 형제들에게 지시하거나 명령하지 않도록 하라. 마찬가지로 우리의 형제들을 비난하거나 판단하지 않도록 하라. 그러므로 우리가 하나님의 법을 가지고 있는 것으로 충분하다. 하나님의 율법은 우리 모두를 위한 규칙이다. 따라서 우리가 우리를 위하여 다른 법들을 세워서는 안 될 것이다. 다시 말해서 우리 자신의 특별한 이념들이나 의견들을 우리 모두의 규칙으로 세우는 오만을 부려서는 안 될 것이다. 그 이유는 입법자는 오직 한 분이시기 때문이다.

**II. 우리는 우리의 삶이 계속 이어질 것이라는 주제넘은 확신을 주의해야 한
다.** 그리고 삶의 지속에 근거한 우리의 계획들이 성공할 것이라는 건방진 확
신을 경계해야 된다(13,14절). 야고보 사도는 율법의 재판관이 되는 사람들을
비난한 뒤에 지금은 하나님의 섭리를 무시하는 행태를 나무라고 있다. 야고보
사도는 주의를 집중시키기 위하여 들으라 하는 전통적인 방식으로 말을 시작
하고 있다. 이 말의 헬라어는 자 여기를 보라 하는 말로 번역이 될 수도 있다. 즉
보고 생각해 보라는 것이다. 야고보 사도는 말한다. "들으라 너희 중에 말하기를
오늘이나 내일이나 우리가 어떤 도시에 가서 거기서 일 년을 머물며 장사하여 이익을
보리라 하는 자들아 내일 일을 너희가 알지 못하는도다 너희 생명이 무엇이냐 너희는
잠깐 보이다가 없어지는 안개니라. 그러니 이제 이런 생각과 말을 잠시 생각해 보
아라. 그런 다음에 네 자신에게 그 생각을 설명해 보아라." 우리의 말들과 행동
방식들에 대한 진지한 생각은, 우리가 부주의함으로 쉽게 빠지고 그 속에서 계
속 허우적거리는 많은 잘못들과 악들을 우리에게 보여줄 것이다. 야고보 사도
는 이렇게 말하고 있는 것이다. 지금도 마찬가지이지만 옛날에 이렇게 말하는
사람들이 많았다. 우리가 여기저기 다니며 이런저런 일을 얼마동안 하리라. 이런
말을 하고 이렇게 행동하는 것은, 아주 진지하게 생각하고 존중해야 되는 하나
님의 섭리에 따른 처분들을 무시하는 건방진 처사라는 것이 사도가 말하고자
하는 것이다. 여기서 다음의 사실들을 주목하라.

　1. 세속적이고 야심만만한 사람들은 그들의 계획에서 하나님을 도외시하고
배제하기가 아주 쉽다는 사실에 대해 주의를 주고 있다. 사람들이 세속적인 것
들을 추구하는 곳에서는 그 계획들이 마음의 생각을 사로잡는 이상한 힘을 지
니고 있다. 그러므로 우리는 현세적인 우리의 어떤 추구들에 내포되어 있는 의
도나 열심이 점점 커지는 것을 조심해야 할 것이다.

　2. 세속적인 행복들은 사람들이 이전에 자신에게 한 약속들에 많이 근거하고
있다는 사실에 대해 주의를 주고 있다. 세속적인 사람들의 머리에는 가까운 장
래에 그들이 무엇을 할 것인지, 무엇이 될 것인지, 그리고 무엇을 즐길 것인지
에 대한 좋은 환상들로 가득 차 있다. 그러나 그들이 자신에게 약속한 때도 확
실히 알 수가 없고, 또한 기대한 이익들 가운데 어떤 것을 얻을 수 있을지도 확
신할 수 없는 데도 말이다. 그러므로 다음의 사실들을 주목하라.

　3. 하나님의 섭리와 일치하지 않고 장래에 어떤 좋은 것을 기대한다는 것이

아주 헛되다는 것에 대해 주의를 주고 있다. 사람들이 말한다. 우리가 어떤 도시에 가리라. 사람들이 당시에 상업과 교역으로 번성했던 안디옥이나 다메섹이나 알렉산드리아에 갔을 것이다. 그 곳은 큰 도시들이었다. 그러나 그들이 길을 떠날 때 이 도시들에 도착할 수 있으리라고 어떻게 확신할 수 있겠는가? 그들이 가는 길을 어떤 것이 가로막을 지도 모르고, 또한 다른 곳으로 불려갈지도 모르고, 또는 생명의 끈이 끊어질지도 모르잖은가? 여행을 떠난 많은 사람들이 그들의 영원한 고향으로 가게 되어 그들의 여행 목적지에 도착하지 못하는 경우가 허다했다. 그러나 그들이 계획을 했던 어떤 도시에 도착했다고 하더라도 그들이 그 곳에 계속 있어야만 된다는 사실을 어떻게 알았겠는가? 어떤 일이 그들을 돌아가게 할는지, 또는 다른 곳으로 그들이 불려가게 될지, 또는 그들의 체재가 짧아질 것인지 누가 알겠는가? 또는 그들이 작정했던 정한 기간을 다 있게 된다고 하더라도 그들이 그 곳에서 사고팔고 하는 일을 하게 되리라는 보장이 어디에 있는가? 그들이 그 곳에서 병들지도 모르고, 또는 그들이 기대했던 거래와 장사를 못하게 될지도 모르는 일이다. 어쨌든 그들이 작정했던 도시에 가서 일 년을 계속 머물면서 장사를 했다고 하자. 그렇다고 하더라도 기대했던 이익을 얻을 수 있다는 보장이 어디에 있는가? 그들은 손해를 볼지도 모른다. 백보 양보해서 기껏해야 이 세상에서 이익을 본다는 것이 고작인데 그것조차도 불확실한 것에 지나지 않는다. 그리고 그들은 아마 이익은 고사하고 밑지는 장사를 하게 되어 손해를 많이 보게 될지도 모를 일이다.

그러므로 이러한 것들, 즉 인생의 덧없음과 짧음과 불확실함이 장래를 위해 그러한 계획을 세운 사람들의 헛되고 오만한 자신감을 막아주어야 할 것이다. 내일 일을 너희가 알지 못하는도다 너희 생명이 무엇이냐 너희는 잠깐 보이다가 없어지는 안개니라(14절). 지혜로우신 하나님께서는 미래의 사건들에 관해 우리가 모르게 하셨고, 그리고 생명 그 자체의 기간에 대해서조차도 전혀 모르게 하셨다. 우리는 내일 일을 알지 못한다. 그러나 우리는 무엇을 하고 무엇이 되려고 작정하는지는 알 수 있다. 그러나 우리는 얼마나 많은 일들이 발생해서 우리의 계획과 생각을 가로막을지 전혀 알 수가 없다. 우리는 생명 그 자체도 확신할 수가 없다. 왜냐하면 생명이란 안개나 수증기 같은 덧없는 것이기 때문이다. 생명은 보기에는 존재하는 어떤 모양이 있는 것 같이 보이지만 사실은 고정되거나 확실한 것이 전혀 아니다. 그것은 쉽사리 스러지고 사라지는 안개와 같은 것일 따름이다. 우리는 내일 몇 시 몇 분에 태양이 뜨고 지는 것을 정할 수는 있다. 그러나 우리는 안개가 스러지는 시간을 정할 수는 없다. 우리의 생명이 바로 그러한 안개이다. 너희는 잠깐 보이다가 없어지는 안개니라. 그러나 그것이 이 세상에서는 사라지지만 다른 세상에서는 계속 존재하게 될 생명이다. 이 현세의 생명이란 것이 그토록 불확실한 것이기 때문에 우리 모두가 내세의 생명을 위하여 준비하고 잘 간수해 두어야 할 것이다.

III. 우리는 생명이 하나님의 뜻에 달려 있다는 사실을 항상 염두에 두고 우리의 행동들과 즐거움들을 하나님의 뜻에 따르고 맞추어야 한다. 너희가 도리어 말하기를 주의 뜻이면 우리가 살기도 하고 이것이나 저것을 하리라(15절). 야고보 사도는 그들이 잘못한 것을 나무란 뒤에 이제 그들이 더 나아지게 되고 더 좋은 행동을 하게 되는 방법을 지시하고 있다. 사도가 말하고자 하는 바는 다음과 같은 것이다. "너희는 마음과 혀로, 그리고 너희의 끊임없는 기도와 헌신을 통하여 언제나 이렇게 말해야 한다. 주께서 너희에게 허락하시고, 너희를 인정하시고, 그리고 너희를 축복하신다면 너희는 이런저런 일들을 계획하게 되고 그 가운데 어떤 것들을 이루게 될 것이다." 이 말의 의미는 우리가 말하거나 기도하는 것을 아무렇지 않게 형식적이거나 관례적인 어투나 방식으로 하지 말고 깊이 생각하고 말하고, 하나님을 경외하고 진실한 태도로 말하고 기도해야 한다는 것이다. 우리가 다른 사람들을 대하게 될 때 이와 같이 말하는 것이 좋을 것이다. 더욱이 이러한 태도는 우리가 교제하는 모든 사람들과 수고하는 모든 일에 없어서는 안 될 필수요소이다. 헬라인들을 무슨 일이든 시작할 때 순데오, 즉 신의 허락과 축복으로 라고 말했다고 한다. 다음의 사실들을 주목하라.

1. 주의 뜻이면 우리가 살기도 하고. 우리는 우리의 삶의 시간이 우리 자신의 손에 달려 있는 것이 아니라 하나님의 뜻에 달려 있다는 사실을 명심해야 할 것이다. 우리는 하나님이 지정하시고 허락하시는 때까지만 살 수 있다. 그러므로 우리는 생명 그 자체에 대해서까지도 하나님께 복종해야만 한다. 그런 뒤에 우리는 여기서 다음의 사실들을 명심해야 할 것이다.

2. 주의 뜻이면 이것이나 저것을 하리라. 우리의 모든 계획들과 행동들은 다 하나님의 주관 아래 놓여 있다. 우리의 머리가 관심들과 생각들로 가득 차 있을 수 있다. 우리가 자신들이나 가족들이나 친구들을 위해서 이런저런 일들을 계획할 수도 있고 제안할 수도 있다. 그러나 하나님의 섭리가 때때로 우리의 모

든 조치들을 산산이 부숴버리기도 하고, 우리의 계획들을 혼란에 빠뜨리기도 한다. 그러므로 행동을 위한 우리의 계획들과 우리의 실행을 전적으로 하나님께 맡겨야 한다. 우리의 모든 계획과 모든 행동을 하나님의 뜻에 맞추고 따르는 복종의 믿음을 가져야 할 것이다.

IV. 우리는 무익한 자랑을 피하고 그것을 악한 것으로 생각해야 한다. 이제도 너희가 허탄한 자랑을 자랑하니 그러한 자랑은 다 악한 것이라(16절). 사람들은 하나님을 전혀 염두에 두지 않고 세상에서의 삶과 번성과 큰 일들을 스스로 계획하고 약속을 했다. 그런 다음에 사람들은 이러한 것들을 떠벌렸다. 그러한 행태는 세상 사람들이 즐겨하는 것이다. 세상 사람들은 자신들의 모든 성공들을 보란 듯이 뻐기며 자랑을 한다. 심지어 그들은 그 성공 여부를 아직 알 수 없는 계획들까지도 종종 자랑을 한다. 허영과 교만에서 나오는 허울 좋은 명예 말고는 전혀 내세울 게 없는 것들을 자랑하고 떠벌리는 것이 사람들의 일반적인 행태이다. 그래서 야고보 사도는 그러한 자랑은 다 악한 것이라 말한다. 그러한 자랑은 어리석은 일이고 해로운 일이다. 왜냐하면 사람들이 계획을 세우기 전에 먼저 자신을 낮추는 의무들을(8-10절) 이행해야 할 때 세속적인 일들과 대망의 계획들을 자랑하는 행위는 아주 악한 일이기 때문이다. 그러한 행태는 하나님 보시기에 큰 죄이다. 그러한 자랑은 아주 큰 실망을 안겨 줄 것이다. 그러한 자랑은 결국 그들의 파멸로 끝나게 될 것이다. 만일 우리가 우리의 때가 모두 하나님의 손에 달려 있고, 모든 사건들이 하나님의 섭리에 좌우되고, 그리고 하나님은 언약 안에서 우리의 하나님이 되신다는 사실을 믿고 하나님을 즐거워한다면 그러한 즐거움은 선하고 좋은 것이 될 것이다. 그러면 하나님의 지혜와 능력과 섭리가 합력하여 우리의 모든 일들에서 우리의 유익과 선을 이루어 줄 것이다. 그러나 만일 우리가 우리 자신의 헛된 자만심과 교만을 즐거워하고 자랑한다면 그러한 것은 악한 것이 될 것이다. 그러므로 지혜롭고 선한 사람들은 모두 그러한 악을 조심해서 피해야 할 것이다.

V. 우리는 하나님에 대해서든지 사람들에 대해서든지 우리의 모든 행위들에서 믿음에 따라 행동해야 하고, 우리의 지식에 반대되는 행위를 결코 해서는 안된다는 것을 명심해야 할 것이다. 그러므로 사람이 선을 행할 줄 알고도 행하지 아니하면 죄니라(17절). 선을 알고도 행하지 않는 행위는 하나님을 진노하시게 하는 죄이다. 그러한 행위는 분명히 죄를 짓는 것이다. 자신의 양심을 어기고

죄를 범하는 사람은 자신에게 가장 나쁜 증거와 증인을 지니게 될 것이다. 다음의 사실들을 주목하라.

1. 이러한 행위는 주의 뜻이면 이것이나 저것을 하리라 하는 말씀의 분명한 교훈과 직접적인 관련을 가지고 있다. 사람들은 이렇게 말할 수도 있었을 것이다. "이러한 일이야 아주 자명한 일이 아니겠는가. 우리 모두가 만민에게 생명과 호흡과 만물을 친히 주시는(행 17:25) 전능하신 하나님을 의뢰하고 믿어야 한다는 사실을 누가 모르겠느냐?' 너희가 이런 사실을 알고 있다면 너희가 그러한 의뢰와 믿음에 어긋나게 행동할 때마다 이 말씀을 명심해야 할 것이다. 사람이 선을 행할 줄 알고도 행하지 아니하면 죄니라. 그것도 아주 큰 죄라는 것을 잊지 말도록 하라.

2, 알고도 행하지 않는 부작위의 죄도 마음을 먹고 행한 작위의 죄와 마찬가지로 심판을 받게 될 죄이다. 선을 행해야 된다는 것을 알면서 행하지 않는 사람은 악을 행해서는 안 된다는 것을 알면서도 행하는 사람과 마찬가지로 정죄를 당하게 될 것이다. 그러므로 우리는 양심이 먼저 바르게 알게 하고, 그 다음에 그 양심에 순응하여 신실하고 변함없이 행동하도록 조심해야 할 것이다. 그 이유는 다음과 같다. 사랑하는 자들아 만일 우리 마음이 우리를 책망할 것이 없으면 하나님 앞에서 담대함을 얻을 것이다(요일 3:21). 그러나 우리가 본다고 말하면서 본 대로 적절하게 행동하지 않는다면 죄를 범하는 것이다. 예수께서 이르시되 너희가 맹인이 되었더라면 죄가 없으려니와 본다고 하니 너희 죄가 그대로 있느니라 (요 9:41).

제 — 5 — 장

개요

본 장에서 야고보 사도는 가난한 사람들을 억압하는 부자들이 하나님의 심판을 받을 것이라고 비난한다. 부자들의 죄는 하나님 보시기에 아주 크고 어리석다. 하나님이 그들에게 내리실 심판은 아주 고통스러운 것이다(1-6절). 그러므로 모든 신실한 사람들은 시련과 고난들을 인내해야 한다고 권면한다(7-11절). 맹세하는 죄에 대해서도 경고하고 있다(12절). 우리가 어려움을 당할 때와 잘될 때 어떻게 처신해야 될지를 가르쳐주고 있다(13절). 병자를 위해 기도하고 병자에게 기름을 발라주라고 지시한다(14, 15절). 그리스도인들은 자신들의 잘못을 인정해야 하고, 서로를 위해 기도해야 한다. 그리고 기도의 효력이 제시되고 있다(16-18절). 마지막으로, 진리의 길에서 벗어나 방황하고 있는 사람들을 돌아오게 할 수 있도록 노력하라고 권면한다(19, 20절).

¹들으라 부한 자들아 너희에게 임할 고생으로 말미암아 울고 통곡하라 ²너희 재물은 썩었고 너희 옷은 좀 먹었으며 ³너희 금과 은은 녹이 슬었으니 이 녹이 너희에게 증거가 되며 불 같이 너희 살을 먹으리라 너희가 말세에 재물을 쌓았도다 ⁴보라 너희 밭에서 추수한 품꾼에게 주지 아니한 삯이 소리 지르며 그 추수한 자의 우는 소리가 만군의 주의 귀에 들렸느니라 ⁵너희가 땅에서 사치하고 방종하여 살륙의 날에 너희 마음을 살찌게 하였도다 ⁶너희는 의인을 정죄하고 죽였으나 그는 너희에게 대항하지 아니하였느니라 ⁷그러므로 형제들아 주께서 강림하시기까지 길이 참으라 보라 농부가 땅에서 나는 귀한 열매를 바라고 길이 참아 이른 비와 늦은 비를 기다리나니 ⁸너희도 길이 참고 마음을 굳건하게 하라 주의 강림이 가까우니라 ⁹형제들아 서로 원망하지 말라 그리하여야 심판을 면하리라 보라 심판주가 문 밖에 서 계시니라 ¹⁰형제들아 주의 이름으로 말한 선지자들을 고난과 오래 참음의 본으로 삼으라 ¹¹보라 인내하는 자를 우리가 복되다 하나니 너희가 욥의 인내를 들었고 주께서 주신 결말을 보았거니와 주는 가장 자비하시고 긍휼히 여기시는 이시니라

야고보 사도는 여기서 먼저 죄인들에게 권면하고 그 다음에 성도들에게 권면하고 있다. 여기서 다음의 사실들을 주목하라.

I. 죄인들에 대한 권면을 생각해 보도록 하자. 여기서 우리는 야고보 사도가 그의 위대하신 주님께서 말씀하신 것을 지지하고 있음을 발견하게 된다. 화 있을진저 너희 부요한 자여 너희는 너희의 위로를 이미 받았도다(눅 6:24). 이 경고의 말씀의 대상이 된 부자들은 그리스도교 신앙을 믿는다고 고백한 사람들이 아니었다. 그들은 의인을 정죄하고 죽였다고 언급이 되고 있는 세속적이고 믿음이 없는 유대인들이었다. 그리스도인들은 그런 일을 할 수 없었다. 이 서신이 신자들을 위하여 기록이 되었고, 그리고 주로 신자들에게 보낸 것이기는 했다. 그러나 야고보 사도가 들으라 부한 자들아 하는 돈호법의 수사를 사용해서 믿지 않는 유대인들을 언급했다고 추측할 수도 있을 것이다. 그러한 유대인들은 말씀을 듣지 않았기 때문에 그들이 읽을 수 있게 글을 보내게 된 것이다. 야고보 사도는 본 서신의 머리말에 사도 바울처럼 그리스도 예수 안에 있는 신실한 자들에게 편지하노니(엡 1:1)라는 형식으로 신자들에게 한정시키지 않고 흩어져 있는 열두 지파에게 문안하노라(약 1:1) 하는 일반적인 모든 사람들에게 보내는 어구를 사용하고 있다. 그리고 야고보 사도는 인사말도 바울 같이 하나님 우리 아버지와 주 예수 그리스도로부터 은혜와 평강이 너희에게 있을지어다(엡 1:2) 하는 문구를 사용하고 있지 않고 단순히 문안하노라 하는 어구를 사용하고 있다. 유대인들 가운데 가난한 사람들이 복음을 받아들였다. 그리고 그들 가운데 많은 사람들이 믿었다. 그러나 부자들 가운데 대다수가 그리스도교를 거부했다. 그리고 그들은 불신앙으로 완악해진 마음으로 그리스도를 믿는 사람들을 증오하고 박해했다. 야고보 사도는 본 서신의 처음 여섯 구절을 할애해 바로 이러한 믿음없고 박해를 일삼는 부유한 유대인들에 대한 진술을 하고 있다. 여기서 다음의 사실들을 주목하라.

1. 야고보 사도는 그들에게 하나님의 심판이 내릴 것이라고 예언한다(1-3절). 그들은 그들에게 임할 불행들을 반드시 겪게 될 것이다. 그 불행들은 그들이 울고 통곡해야 하는 그런 무서운 것들이다. 게다가 그 불행은 그들이 행복을 구하고 있는 바로 그 대상들로부터 발생한다. 이것들을 통해 이루어진 불행은 결국 그들의 완전한 파멸을 낳게 된다. 그래서 그들은 그 문제를 아주 심각하게 생각해야 하고, 그리고 하나님 앞에서 심판을 받게 될 것이라는 사실을 깨

닫고 정신을 차리라는 권면을 야고보 사도가 하고 있는 것이다. 들으라 부한 자들아. 여기서 다음의 사실들을 주목하라.

(1) "너희는 아주 무서운 재앙들이 너희에게 내릴 것이라는 사실을 확실히 알아야 한다. 그 재앙들은 어떤 도움도 받지 못하고 어떤 위로도 소용이 없는 것들이다. 그 재앙은 모든 불행을 포함하고 있다. 즉 현세의 불행과 내세의 불행까지 포함된 재앙이다. 외적인 고통을 주는 불행과 내적인 고통으로 괴로워하는 마음의 불행과 이 세상의 불행과 지옥의 불행까지 망라한 재앙을 겪게 될 것이다. 너희는 한 가지 불행만이 아니라 모든 불행들을 겪게 될 것이다. 너희 교회와 국가의 불행이 임박해 있다. 부유함이 아무런 유익과 도움을 주지 못하게 되고 악인들이 멸망당하게 될 진노의 날이 임하게 될 것이다."

(2) 그들에게 임할 불행들을 실제로 두려워하는 것이 그들을 울고 애통하게 만들 것이다. 부유한 사람들은 평안히 쉬고 먹고 마시고 즐거워하자(눅 12:19) 말하기를 좋아한다. 그러나 하나님께서는 울고 통곡하라 말씀하신다. 울고 회개하라고 하는 말씀이 없다. 왜냐하면 야고보 사도는 그들에게서 이것을 기대하지 않기 때문이다. 그래서 야고보는 권면하는 방식이 아니라 비난하는 방식으로 말하고 있는 것이다. 이 말씀은 이런 의미를 지니고 있다. "울고 통곡하라. 너희의 무서운 재앙이 임하게 될 때 울며 이를 갈게 되는(마 8:12) 것 말고는 아무것도 하지 못하게 될 것이기 때문이다." 야수들 같이 사는 사람들은 짐승처럼 울부짖어야 할 것이다. 공개적인 재앙들은 안락한 생활을 즐기고, 안전한 생활을 누리고, 쾌락적인 생활을 향유한 부자들에게 아주 극심한 슬픔을 안겨주게 될 것이다. 그러므로 부유한 사람들은 자신들에게 내린 불행들 때문에 다른 일반 사람들보다 더 많이 울고 부르짖게 될 것이다.

(3) 부유한 사람들의 불행은 그들이 자신들의 행복을 누렸던 바로 그것들로부터 일어나게 될 것이다. "타락과 부패와 부식과 황폐함이 너희의 모든 좋은 것들에 임하게 될 것이다. 너희 재물은 썩었고 너희 옷은 좀 먹었으며 너희 금과 은은 녹이 슬었으니 이 녹이 너희에게 증거가 되며 불 같이 너희 살을 먹으리라(2, 3절). 너희에게 지금 무절제하게 영향을 주고 있는 이러한 것들이 나중에 너희에게 견딜 수 없을 정도로 상처를 입히게 될 것이다. 다시 말해서 그것들이 너희에게 아무런 가치가 없고, 그리고 아무 짝에 쓸모 없는 것이 되는 것이 아니라 그 반대로 많은 근심으로써 자기를 찌르는(딤전 6:10) 것이 될 것이다." 그 이유는

다음과 같다.

(4) "너희 금과 은은 녹이 슬었으니 이 녹이 너희에게 증거가 되며 불 같이 너희 살을 먹으리라(3절)." 생명 없는 것들이 성경에서는 자주 악인들을 증거하는 것으로 표현이 된다. 하늘, 땅, 들판의 돌들, 땅의 소산물, 그리고 부당하게 얻고 부당하게 간직하고 있는 보물들과 재화들을 부식시키고 부패시키는 녹과 좀 등이 믿음이 없는 불경건한 부자들을 증거하고 나타내는 것으로 말씀이 되고 있다. 믿음이 없는 부자들은 그들의 뒷날을 위해서 재물을 쌓아두어야 노년에 편안하고 풍족하게 살게 될 것이라고 생각한다. 그러나 안타깝게도 부자들은 단지 다른 사람들에게 노략질의 대상이 되게 하기 위하여 재물들을 쌓아두고 있을 따름이다. 실제로 로마인들은 유대인들로부터 그들의 재물들을 탈취했다. 게다가 그 재물들은 결국 진노만을 초래하는 재물들이 되고 말 것이다. 진노의 날 곧 하나님의 의로우신 심판이 나타나는 그 날에 임할 진노를 네게 쌓는도다(롬 2:5). 그리고 그들의 부정들은 그들의 징벌 곧 불 같이 그들의 살을 먹을 징벌이 될 것이다. 예루살렘이 멸망할 때 수많은 사람들이 불에 타 죽었다. 마찬가지로 마지막 심판 날에 악인들은 마귀와 그 사자들을 위하여 예비된 영영한 불에 들어가게(마 25:41) 될 것이다. 주께서는 사악한 부자들의 불행으로부터 우리를 구원해주신다. 그러므로 우리는 이것을 위하여 그들이 저지르는 죄에 빠지지 않도록 조심해야 할 것이다.

2. 야고보 사도는 부자들이 저지르는 어떤 죄들이 그러한 불행들을 초래하게 되는지를 보여주고 있다. 그토록 비참한 상태에 처하게 되는 것은 분명히 아주 가증스러운 죄 때문일 것이다. 다음의 사실들을 주목하라.

(1) 이 부유한 사람들의 죄과는 탐욕이다. 그들은 좀을 키워서 그들의 옷들을 먹게 될 때까지 그 옷들을 간직해 두었다. 그들은 그들의 금과 은이 녹이 슬고 부식될 때까지 쌓아 놓고 있었다. 이런 것들은 자체 안에 자신들을 부패시키고 소진시키는 원소들을 지니고 있다는 사실은 참으로 수치스러운 일이다. 다시 말해서 옷은 그것을 먹어들 때까지 좀을 키우고, 금과 은은 그것을 부식시킬 때까지 녹을 키운다. 그런데 부패시키고 좀먹고 부식시킬 때까지 이런 것들을 애지중지 쌓아 두고 갈무리해 두는 사람들에게는 가장 큰 수치가 임하게 될 것이다. 하나님이 우리에게 세상의 재물들을 주시는 것은 우리가 하나님을 영화롭게 하고 사람들에게 선을 행할 수 있게 하기 위해서이다. 그러나 이렇게 하

지를 않고 우리가 그 재물들을 부당하게 사랑하고 미래에 있을 하나님의 섭리를 불신함으로써 그것들을 애지중지 쌓아 두는 죄를 범한다면 이것은 아주 가증스러운 죄가 될 것이다. 그리고 이러한 행위는 그 쌓아둔 재물과 함께 간직하고 있는 바로 그 녹과 좀을 통해서 그것이 얼마나 무익하고 역겨운 범죄 행위인지를 알게 될 것이다.

(2) 야고보 사도가 비난하는 부자들의 또 다른 죄는 직권 남용죄이다. 보라 너희 밭에서 추수한 품꾼에게 주지 아니한 삯이 소리 지르며 그 추수한 자의 우는 소리가 만군의 주의 귀에 들렸느니라(4절). 손에 돈을 쥔 사람들은 그들의 손에 권력도 쥐게 된다. 따라서 그런 사람들은 자신들의 영향 아래 놓이게 된 사람들에게 그 권력을 남용하여 학대하고 싶은 유혹을 느끼게 된다. 여기서 부자들은 가난한 사람들을 고용하고 있다. 부자들은 가난한 사람들이 부자들에게서 삯을 필요로 하는 만큼 가난한 품꾼들을 필요로 한다. 가난한 사람들은 품삯을 받지 못하면 형편이 여의치 않게 된다. 그러나 이러한 사정을 아랑곳하지 않는 부자들은 손에 쥔 권력을 휘두르고 싶은 유혹에 품꾼들의 받을 돈을 제때 주지 않고 질질 끈다. 그리고 부자들은 분명히 가난한 사람들과의 거래 조건을 할 수 있는 한 박하고 까다롭게 할 것이다. 심지어 그들은 계약이 끝난 뒤에도 마땅히 이행해야 될 거래 조건을 선뜻 이행하지 않을 것이다. 바로 이러한 행태가 사람들의 원성을 사는 죄이다. 이러한 죄는 하나님의 귀에까지 들릴 정도로 억울한 사람들이 부르짖는 불의이다. 이러한 경우에 하나님께서 만군의 주가 되시어 그런 부르짖음에 반드시 귀를 기울이신다. 보라 너희 밭에서 추수한 품꾼에게 주지 아니한 삯이 소리 지르며 그 추수한 자의 우는 소리가 만군의 주의 귀에 들렸느니라(약 5:4). 구약 성경에서 만군의 주라는 구절이 사용될 경우가 종종 있다. 그것은 하나님의 백성들이 무방비 상태에 놓이게 되어 보호를 필요로 할 때와 그들의 적들이 너무 많고 강력해서 이길 수 없을 때 종종 사용이 된다. 모든 지위의 사람들과 피조물들을 다스리시고 심판하시는 만군의 주께서 하나님의 백성이 압제자들의 학대와 불의에 못 견디고 부르짖을 때 그들의 소리를 들으신다. 그리고 만군의 주께서 부리시는 이러한 만군들(천사들, 마귀들, 폭풍우, 질병들 등등의 것들)에게 명령을 내리시어 불의하고 무자비하게 학대를 당한 사람들에게 잘못을 저지르는 자들에게 보복을 해주실 것이다. 그러므로 속이고 억누르는 죄를 범하지 않도록 조심을 하고 그러한 죄가 발생하는 상황을 피

하도록 하라.

(3) 여기서 언급하는 부자들의 또 다른 죄는 사치와 방종이다. 너희가 땅에서 사치하고 방종하여 살륙의 날에 너희 마음을 살찌게 하였도다(5절). 하나님은 우리가 즐겁게 지내는 것을 금하지 않으신다. 그러나 우리가 아무 유익이 없는 쾌락에 젖어 사는 것은 하나님의 분노를 아주 크게 사는 죄이다. 우리가 이방인들과 나그네들로 있는 곳이고, 우리가 잠시 있을 곳이고, 그리고 영원을 위해서 준비를 해야 될 곳인 이 땅에서 그렇게 쾌락에 빠져 사는 것은 방탕의 죄를 더 악화시키게 될 것이다. 호세아 선지자가 지적하고 있듯이 사치는 사람을 방탕하게 만들고 믿음을 떠나게 만든다. 그들이 먹여 준 대로 배가 불렀고 배가 부르니 그들의 마음이 교만하여 이로 말미암아 나를 잊었느니라(호 13:6). 사치와 방탕은 일반적으로 아주 크게 부요하고 풍요한 생활에서 비롯되는 결과들이다. 많은 재산을 가지고 있는 사람이 육욕적이고 관능적인 쾌락들에 깊이 빠지지 않기란 어려운 일이다. "너희가 땅에서 사치하고 방종하여 살륙의 날에 너희 마음을 살찌게 하였도다. 너희는 날마다 희생 제사를 지내고 축제를 즐기는 것처럼 살고 있다. 이런 생활들로 너희 마음들이 살이 찌고 비둔해져서 어리석게 되고, 무뎌지게 되고, 교만해지게 되고, 그리고 다른 사람들의 궁핍과 어려움들에 무감각해지게 되었다." 이렇게 말하는 사람도 있을 수 있다. "사람들이 가진 것 이상으로 낭비하지 않는다면 도대체 자기 것으로 좀 즐겁게 지내기로서니 누구에게 무슨 해가 된다는 말인가?" 이게 무슨 망발인가! 자선과 동정을 베푸는 일은 나 몰라라 하고 자기들 배나 채우고 쾌락에나 전념하는 것이 사람들에게 아무런 해가 없다니 말이나 되는 소리인가? 영혼에는 전혀 마음을 쓰지 않고 몸의 정욕에나 탐닉하는 것이 사람들에게 아무런 해가 없다니 말이나 되는 소리인가? 소돔성에 유황불이 떨어지게 하고, 부유한 사람들이 울고 애곡하는 이러한 불행들에 빠지게 한 것은 분명히 가증스러운 죄악이었다. 교만과 게으름과 배부름은 살륙의 날에 마음을 살찌게 하는 것처럼 쾌락에 젖어 살고, 방탕하게 사는 것과 같은 것을 의미한다.

(4) 부자들이 저지르고 여기서 비난받고 있는 또 다른 죄는 박해이다. 너희는 의인을 정죄하고 죽였으나 그는 너희에게 대항하지 아니하였느니라(6절). 이 죄는 부자들이 저지르는 부정의 분량을 가득 채우게 된다. 부자들은 재산을 늘리기 위하여 불의하게 박해를 하고 행동을 한다. 그들이 재물을 가지게 되었을 때

그들은 다른 사람들의 필요한 것이나 고난에 무감각해질 때까지 사치와 쾌락에 빠졌다. 그런 뒤 그들은 아무런 양심의 가책이나 후회가 없이 가난한 사람들을 박해하고 죽인다. 그들은 참으로 합법적으로 행동하는 것처럼 가장하고, 사람들을 정죄한 뒤에 죽인다. 그러나 그들이 법의 어떤 허울을 뒤집어쓰고 꾸미든지 간에 그들의 불의한 박해들은 하나님께서 피 흘림에 대해 엄한 심사를 하실 때 대학살이나 명백한 살인과 같은 심판을 선고받게 될 것이다. 의인이 정죄를 받고 죽임을 당할 수도 있음을 주목하라. 또한 그러한 고통을 당하게 될 때 압제자들의 불의한 선고에 아무런 저항을 하지 않고 견딘다는 사실도 주목하라. 하나님은 이것을 고통당하는 자에게는 명예로 기록하시고 박해자들에게는 불명예로 기록해 두실 것이다. 이 사실은 심판이 임박했음을 보여준다. 그래서 우리는 심판 날에 박해를 당한 사람들은 상을 받고, 박해를 가한 사람들은 산산이 부서지는 형벌을 받게 될 것이라는 결론을 내릴 수가 있다. 여기까지는 죄인들에 대한 진술이다.

II. 우리는 다음에 성도들에 대한 진술을 대하게 된다. 목사들이 죄인들에게 이 말씀을, 성도들에게 저 말씀을 전할 때 전도 방식을 깔보거나 비난하려 드는 사람들이 있다. 그러나 지금 본문에서 야고보 사도가 취하고 있는 방법을 통해 생각해 보건대 우리는 이러한 전도 방식이 하나님의 진리 말씀을 바르게 전하는 데 가장 좋은 것이라는 결론에 도달하게 된다. 악하고 핍박하는 부자들에 대한 말씀을 통해서 하나님의 고난당하는 백성들에게 다음과 같은 위로를 전하는 것은 아주 좋은 기회이다. "그러므로 인내하라. 왜냐하면 하나님은 악인들에게도 그러한 불행들을 내리실 것이기 때문에 너희의 의무가 무엇이고, 너희의 가장 큰 위로와 격려가 어디에 있는지를 이해할 수 있을 것이다." 여기서 다음의 사실들을 주목하라.

1. 너희의 의무를 명심하라. 길이 참으라(7절). 마음을 굳건하게 하라(8절). 형제들아 서로 원망하지 말라(9절). 이제 세 구절의 말씀들을 깊이 생각해 보도록 하자.

(1) "길이 참으라. 너희 어려움들을 불평하지 말고 참으라. 너희 상처들을 앙갚음하지 말고 참으라. 하나님이 너희에게 곧바로 어떤 표시를 보여주지 않으실지라도 하나님을 기다리라. 이 묵시는 정한 때가 있나니 그 종말이 속히 이르겠고 결코 거짓되지 아니하리라 비록 더딜지라도 기다리라 지체되지 않고 반드시 응하

리라(합 2:3). 그러므로 너희 오랜 고난이 다할 때까지 너희의 인내를 늘리고 늘려 견디도록 하여라." 여기서 길이 참으라는 말의 원어는 겸손하게 순종하라는 뜻을 지니고 있다. 우리가 일을 할 때는 보상이 주어질 때까지 기다리며 참을 필요가 있다. 이 그리스도인의 인내는 어떤 철학자들이 가르치는 도덕적 인내와 같은 단순한 복종이 아니라 미래의 영광스러운 상을 바라보며 하나님의 지혜와 뜻을 겸손하게 인정하고 묵묵히 따르는 것이다. 주께서 강림하시기까지 길이 참으라. 이 말씀은 아무리 힘들고 어려워도 그리스도인들이 반드시 따라야 하는 교훈이기 때문에 8절에서 또 반복이 되고 있다. 너희도 길이 참으라.

(2) "마음을 굳건하게 하라. 다시 말해서 많은 고난과 시험들이 있을지라도 머뭇거리거나 흔들리지 말고 너희 믿음을 굳건하게 하라. 끊임없이 계속해서 선한 것을 실행하고, 피곤하고 낙심이 되어도 지치지 말고, 하나님과 하늘나라에 너희 뜻을 확고하게 세우도록 하라." 악인들의 번성과 의인들의 고난은 모든 시대에 걸쳐 하나님의 백성의 믿음에 아주 큰 시련을 안겨주었다. 다윗은 우리에게 이런 말씀을 들려주고 있다. "나는 거의 넘어질 뻔하였고 나의 걸음이 미끄러질 뻔하였으니 이는 내가 악인의 형통함을 보고 오만한 자를 질투하였음이로다" (시 73:2, 3). 또한 다윗은 이어서 이런 말씀을 우리에게 전해준다. "내가 어쩌면 이를 알까 하여 생각한즉 그것이 내게 심한 고통이 되었더니 하나님의 성소에 들어갈 때에야 그들의 종말을 내가 깨달았나이다" (시 73:16, 17). 야고보 사도가 분명히 비틀거리는 상황에 처한 그리스도인들에게 글을 썼다고 생각하는 사람들도 있다. 그래서 그들이 마음을 굳게 다잡아야 한다고 야고보 사도가 권면을 하고 있다. 믿음과 인내는 마음을 굳세게 세워준다.

(3) 서로 원망하지 말라. 이 말은 서로 신음소리를 내지 말라는 의미이다. 다시 말해서 이 말씀은 이런 뜻을 지니고 있다. "너희가 당하고 있는 어려운 일로 괴로워 내는 불평의 신음소리로, 너희가 앞으로 당할 수도 있는 일에 대한 불신의 신음소리로, 너희에게 고난을 안겨준 도구들에 대한 복수의 신음소리로, 또한 너희가 당하고 있는 재난들을 겪지 않는 사람들에 대한 질투의 신음소리로 서로를 불편하게 하지 말라. 이와 같이 서로 괴로워하는 신음소리와 애곡하는 소리로 네 자신을 불편하게 하지 말고 서로를 불편하게 하지 말라." 이 말씀에 대해 맨턴 박사는 이렇게 말하고 있다. "야고보 사도는 지금 내게 이렇게 말하고 있는 것 같다. 당시의 그리스도인들은 할례자인지 무할례자인지를 따지며 편

을 갈라 서로 비방하고 서로 원망하면서 서로에게 상처를 입히고 적의를 퍼붓고 있다. 그러므로 그리스도인들은 부유한 압제자들에게 핍박을 당하고 있을 뿐만 아니라 거룩한 신앙을 믿는다고 함께 고백한 형제들끼리도 서로 상처를 입히는 사람들이 많았다." 공동의 적들에 둘러싸여 있고 고난의 상황에 처한 사람들이 서로 불평하거나 원망하지 않도록 아주 각별하게 조심해야 할 것이다. 그렇지 않으면 심판이 다른 사람들과 마찬가지로 그리스도인들에게도 내릴 것이다. 그러한 원망과 불평이 많아지면 많아질수록 더욱 그들이 심판에 가까워졌음을 알아야 할 것이다.

2. 그리스도인들은 길이 참아야 되고, 마음을 굳게 세워야 되고, 그리고 서로 원망하지 말아야 된다는 격려가 어떤 의미가 있는지를 생각해보자.

(1) "농부의 본보기를 보라. 농부가 땅에서 나는 귀한 열매를 바라고 길이 참아 이른 비와 늦은 비를 기다리나니. 너희가 곡식의 씨앗을 땅에 심는다면 이른 비와 늦은 비를 여러 달 기다려야 하고, 너희가 땀 흘려 수고한 결실을 거두는 추수 때까지 기꺼이 기다려야 할 것이다. 하물며 너희가 하늘나라와 영원한 행복을 바라고 있다면 몇 차례의 거센 비바람을 견뎌야 하고, 그리고 잠시 동안 참아야 되지 않겠는가? 농부가 곡식 열매를 바라고 기다리는 것을 생각해보라. 하물며 너희가 영광의 면류관은 더욱 기다려야 하지 않겠는가? 너희가 농부가 기다리는 것보다 좀 더 오래 기다리라는 명령을 받는다고 하더라도 더 크고 더 영원한 가치를 지닌 어떤 것을 위해서는 당연히 그 가치에 비례해서 더 오래 기다려야 하지 않겠는가?"

(2) 그러나 "너희가 기다리는 것이 아주 짧아질 수도 있다는 가능성을 생각해보라. 너희도 길이 참고 마음을 굳건하게 하라 주의 강림이 가까우니라(8절). 형제들아 서로 원망하지 말라 그리하여야 심판을 면하리라 보라 심판주가 문 밖에 서 계시니라(9절). 성급하게 굴지 말라. 서로 다투지 말라. 위대하신 심판주께서 너희 모두를 바르게 심판하실 것이다. 악인에게는 징벌을 내리시고 의인에게는 상을 내리실 그 날이 가까이 왔다. 바로 그 심판주께서 지금 너희 집 문을 두드리고 계신다고 생각해야 할 것이다." 그러므로 야고보 사도가 이 서신을 쓸 때 사악한 유대인들을 징벌하시기 위한 주의 강림이 아주 임박해 있었다. 하나님의 백성의 인내와 은혜들이 특별한 방식으로 시험을 받게 될 때마다 그리스도께서 심판주로 강림하시는 것의 확실함과 임박함을 생각하고 하나님의 백성들은

마음을 다잡아야 할 것이다. 심판주는 지금 아주 가까이 와 계시다. 세상을 심판하기 위한 주님의 오심이 야고보 사도가 이 서신을 기록했던 때보다 천칠백년 이상이나 더 가까워졌다. 그러므로 우리는 이 사실을 깊이 생각하고 더욱 우리의 마음을 굳게 다잡아야 될 것이다.

(3) 심판주께서 강림하실 때 우리가 정죄당할 수도 있는 위험성이 앞서 기록한 말씀대로 우리의 의무에 대해 더욱 주의를 기울이게 해줄 것이다. 형제들아 서로 원망하지 말라 그리하여야 심판을 면하리라. 하나님의 공정하신 심판은 우리의 초조함과 불만을 다 드러내실 것이다. 그리고 우리는 우리의 불평하고, 불신하고, 시기하는 신음과 원망 때문에 우리가 알고 있는 것보다 더 많은 재앙들을 자초하게 될 것이다. 우리가 이러한 악들을 피하고 시련들을 잘 견딘다면 하나님께서 우리를 정죄하지 않으실 것이다. 이 사실을 생각하고 힘을 내도록 하자.

(4) 선지자들의 본을 생각하고 위로를 받고 참아야 할 것이다. 형제들아 주의 이름으로 말한 선지자들을 고난과 오래 참음의 본으로 삼으라(10절). 이 말씀에서 여기서 다음의 사실들을 주목하라. 하나님께서 아주 크게 높여 주시고, 그리고 아주 큰 은혜를 주신 선지자들도 대부분 극심한 고난을 당했다. 아주 훌륭한 사람들조차도 이 세상에서 심한 대우를 받았다는 사실을 우리가 생각할 때 우리는 그것을 통해 위로와 만족을 얻어야 할 것이다. 고난을 당하는 위대한 본보기들이 되었던 사람들은 또한 인내의 훌륭한 본보기들이기도 했다. 우리가 환난 중에도 즐거워하나니 이는 환난은 인내를, 인내는 연단을, 연단은 소망을 이루는 줄 앎이로다(롬 5:3, 4). 이것에 근거하여 야고보 사도는 인내를 신자들의 상식으로 여기고 있다. 인내하는 자를 우리가 복되다 하나니. 다시 말해서 우리 그리스도인들은 의롭게 인내하며 고난받는 사람들을 가장 행복한 사람들로 여긴다. 야고보서 1:2-12에 대한 설명을 참조하도록 하라.

(5) 욥 역시도 고난을 당하는 사람들에게 위로가 되는 본보기로 생각할 수 있다. 너희가 욥의 인내를 들었고 주께서 주신 결말을 보았다(11절). 욥의 경우에 너희는 다양한 불행들의 실례를 발견할 수 있다. 욥의 경우는 아주 심한 것들이었다. 그러나 이러한 심한 모든 고난들을 당하면서도 욥은 하나님을 찬양할 수 있었다. 그리고 그의 정신의 일반적인 성향도 참을성과 겸손을 지닌 사람이었다. 그러면 욥은 결국 어떻게 되었는가? 참으로 하나님께서 욥에게 다음의 말씀

을 분명하게 증명해주는 일들을 이루어 주셨고 베풀어 주셨다. 주는 가장 자비하시고 긍휼히 여기시는 이시니라. 고난을 견디고 참는 가장 좋은 방법은 그것들의 종말을 바라보는 것이다. 일단 하나님의 목적들이 이루어지게 되면 지체하지 않고 하나님은 긍휼을 베풀어 주시어 고난이 끝나게 해주실 것이다. 하나님의 온유하신 자비는 하나님의 백성들이 당하는 모든 고통과 고난을 바꾸어 풍성한 은혜들로 채워주실 것이다. 하나님의 그릇들이 하나님의 백성들이 고난을 받는 동안에 그들을 위하여 움직여 나중에 풍성한 사랑을 베풀어 주실 것이다. 그러므로 마지막에 모두가 면류관을 받게 될 사람들답게 우리의 주님을 섬기고, 우리의 시련들을 견디도록 하자.

[12]내 형제들아 무엇보다도 맹세하지 말지니 하늘로나 땅으로나 아무 다른 것으로도 맹세하지 말고 오직 너희가 그렇다고 생각하는 것은 그렇다 하고 아니라고 생각하는 것은 아니라 하여 정죄 받음을 면하라 [13]너희 중에 고난 당하는 자가 있느냐 그는 기도할 것이요 즐거워하는 자가 있느냐 그는 찬송할지니라 [14]너희 중에 병든 자가 있느냐 그는 교회의 장로들을 청할 것이요 그들은 주의 이름으로 기름을 바르며 그를 위하여 기도할지니라 [15]믿음의 기도는 병든 자를 구원하리니 주께서 그를 일으키시리라 혹시 죄를 범하였을지라도 사하심을 받으리라 [16]그러므로 너희 죄를 서로 고백하며 병 낫기를 위하여 서로 기도하라 의인의 간구는 역사하는 힘이 큼이니라 [17]엘리야는 우리와 성정이 같은 사람이로되 그가 비가 오지 않기를 간절히 기도한즉 삼 년 육 개월 동안 땅에 비가 오지 아니하고 [18]다시 기도하니 하늘이 비를 주고 땅이 열매를 맺었느니라 [19]내 형제들아 너희 중에 미혹되어 진리를 떠난 자를 누가 돌아서게 하면 [20]너희가 알 것은 죄인을 미혹된 길에서 돌아서게 하는 자가 그의 영혼을 사망에서 구원할 것이며 허다한 죄를 덮을 것임이라

　　　　이제 본 서신이 끝날 때가 다 되었다. 따라서 야고보 사도는 한 주제에서 다른 주제로 아주 재빠르게 바꾸어 이야기하고 있다. 왜냐하면 다른 주제들이 이들 몇 구절들에서 논의가 되고 있기 때문이다. 여기서 다음의 사실들을 주목하라.

I. 맹세하는 죄에 대해 주의를 준다. 내 형제들아 무엇보다도 맹세하지 말지니 하늘로나 땅으로나 아무 다른 것으로도 맹세하지 말라(12절). 이 말씀을 너무 엄격

하게 생각하고 해석하는 사람들도 있다. 마치 이 말씀이 다음과 같은 뜻을 지닌 것처럼 해석을 한다. "너희를 박해하는 사람들에 대하여 맹세하지 말라. 너희를 욕하고 박해하고 거짓으로 너희를 거슬러 모든 악한 말을 하는 사람들에 대하여(마 5:11) 맹세하지 말라. 너희의 박해자들이 너희에게 행하는 상처들 때문에 감정에 사로잡혀 맹세하지 않도록 하라." 본문에서 이러한 맹세를 금하고 있는 것은 분명하다. 화가 나서 맹세를 하는 죄를 범하는 사람들은 이 말씀이 변명의 구실이 되지 못할 것이다. 알지 못하고 맹세를 하는 경우에도 마찬가지이다. 그러나 야고보 사도가 그러한 죄에 대해 경고하고 있는 것은 이러한 경우를 포함하여 다른 경우들까지도 확대해서 적용하고 있다. 본문에서 사용된 아무 다른 것으로도 라는 말의 원어는 말하는 모든 것으로 라는 의미를 지니고 있다. 그러므로 이 말씀의 의미는 우리가 말하는 모든 것으로도, 즉 흔히 하는 일반 대화에서도 도무지 맹세를 해서는 안 된다는 것이다. 여기서 말하고 있는 것은 분명히 모든 습관적인 불필요한 맹세를 금하고 있는 것이다. 게다가 이 죄를 성경에서도 언제나 아주 심한 죄로 정죄한다. 불경스러운 맹세가 유대인 사이에 습관적으로 행해졌다. 본 서신이 흩어져 있는 열두 지파에게 라고 전체 유대인에게 지시하고 있기 때문에 우리는 이 권면이 믿지 않는 사람들에게도 보내진 것이라는 결론을 내릴 수가 있다. 맹세하는 것이 하나님의 자녀들의 허물이 될 수도 있다고 전제하는 것은 어렵지 않을 것 같다. 왜냐하면 베드로 사도가 그리스도의 제자라는 비난을 받고 그 혐의를 반박하기 위해 저주하고 맹세를 하면서 부인을 했기 때문이다. 그리고 그것으로 베드로는 자신이 결코 예수의 제자가 아니라는 것을 그것을 듣는 사람들에게 납득시킬 수 있는 가장 효과적인 수단으로 생각했다. 이것은 어떠한 경우에도 맹세해서는 안 된다는 사실을 드러내주는 아주 잘 알려진 경우이다. 그리스도인들은 여기서 비난하고 있는 다른 죄들 가운데에서도 이 죄를 범하는 가능성이 많을 수 있다. 그리스도인으로서 명망이 높은 사람들조차도 만년에 이러한 죄를 범하게 되어 수치를 당하게 되는 경우가 더러 있다. 비국교도들에게서 맹세를 하는 죄를 범하는 경우를 발견하기란 아주 드물긴 하다. 그러나 국교회에서 유명인사들에게서는 아주 일반적이라고 말할 수 있다. 진실로 아주 진지하고 진실한 그리스도인들의 귀와 마음에 날마다 상처를 주는 아주 밉살스러운 맹세와 저주의 말들이 그치지 않고 있다. 이것에 대해 야고보 사도는 이렇게 권면하고 있다.

1. 내 형제들아 무엇보다도 맹세하지 말지니. 그러나 무엇보다도 이것을 가장 하찮게 여기고, 일반적인 불경한 맹세를 아무렇지 않게 생각하는 사람들이 얼마나 많은지 모르겠다! 그러나 여기서 무슨 이유로 무엇보다도 맹세하는 것을 금하고 있는 것인가? 그 이유는 다음과 같다.

(1) 그 이유는 맹세하는 행위가 하나님의 명예를 아주 대놓고 공격하게 되고 하나님의 이름과 권위를 아주 내놓고 무시하기 때문이다.

(2) 그 이유는 이 맹세하는 죄가 모든 다른 죄들보다 가장 쉽게 빠질 수 있는 시험이기 때문이다. 이 맹세하는 것이 사람을 끌어들일 수 있는 유익이나 기쁨이나 명성이 하나도 없음에도 불구하고 죄를 범하게 되는 무리와 억지를 부리게 하고 하나님께 불필요한 적의를 드러내게 되기 때문이다. 그들이 주를 대하여 악하게 말하며 주의 원수들이 주의 이름으로 헛되이 맹세하나이다(시 139:20). 이 맹세하는 행위는 사람들이 대개 하나님의 이름으로 한다고 주장하고, 때로는 예배의 행위들로 하나님께 아첨을 나타내기도 하지만 하나님의 적이라는 증거만 드러낼 따름이다.

(3) 그 이유는 맹세하는 행위가 사람들이 한 번 그것을 익히게 되면 그 습관을 떠나기가 아주 어렵기 때문이다. 그러므로 무엇보다도 맹세하는 행위를 조심하고 경계해야 한다.

(4) "무엇보다도 맹세하지 말지니. 너희가 다른 때에는 하나님의 이름을 모독하고 가지고 놀기도 하면서 너희가 어려움에 빠지면 하나님의 이름이 너희를 지켜주는 강한 탑이 될 것이라고 어떻게 기대할 수 있겠는가? 그렇기 때문에 너희가 맹세해서는 안 될 것이다." 그러나 백스터 씨가 주장하고 있듯이 "이러한 모든 이유가 그 맹세들을 확증하고 정당한 존중을 표시하며 간직하기 위한 필요한 맹세들을 아주 금하는 것은 아니다." 그런 다음에 백스터 씨는 더 나아가서 다음과 같은 설명을 한다. "맹세의 참된 속성은 우리가 하는 말을 통해서 확실한 것을 확증하기 위하여 어떤 확실한 것이나 중요한 것의 명예를 걸고 맹세하는 것이다." 그런데 야고보 사도가 언급하고 있는 하늘로나 땅으로나 아무 다른 것으로도 맹세하는 것은 당시에 일반적으로 사용되고 있었다. 유대인들은 키엘로아 즉 하나님의 이름으로 큰 맹세만 하지 않으면 안전하다고 생각했다. 그러나 유대인들은 피조물들로 맹세하는 것조차도 그것들이 하나님이기라도 한 것처럼 불경스러운 맹세를 점점 더 많이 하게 되었다. 다시 말해서 그들이

걸고 맹세하는 피조물들이 하나님의 자리를 차지하게 된 것이었다. 그런 반면 하나님의 이름으로 일반적으로 불경스럽게 맹세를 하는 사람들은 하나님을 아주 일반적인 대상으로 끌어내리는 짓을 자행했다.

2. 오직 너희가 그렇다고 생각하는 것은 그렇다 하고 아니라고 생각하는 것은 아니라 하여 정죄 받음을 면하라. 이 말씀은 이렇게 생각할 수 있다. "기회가 되는 대로 어떤 사실을 긍정하거나 부정하는 것으로 충분하다. 너희가 거짓되다는 의심을 받지 않도록 말을 확실하게 하고 진실되게 하도록 하라. 그러면 너희가 성급하고 무모한 맹세로 말한 것이나 약속한 것을 지키지 못해 받는 비난을 받지 않게 될 것이다. 그리고 너희 자신들을 정당화시키기 위하여 하나님의 이름을 모독하게 되는 일을 당하지 않게 될 것이다. 사람들이 맹세를 하게 되면 거짓말을 한다는 의심을 받게 된다. 너희가 하는 말이 사실이고 확실하다는 것을 알려주도록 하라. 그러면 그것으로 너희가 말한 것에 대해 맹세까지 하지 않아도 될 것이다. 이렇게 하여 너희는 제3계명에 분명하게 부기되어 있는 정죄를 당하지 않게 될 것이다. 너는 네 하나님 여호와의 이름을 망령되게 부르지 말라 여호와는 그의 이름을 망령되게 부르는 자를 죄 없다 하지 아니하리라(출 20:7)."

II. 그리스도인들로서 우리는 섭리의 뜻에 우리 자신들을 맞추어야 한다. 너희 중에 고난 당하는 자가 있느냐 그는 기도할 것이요 즐거워하는 자가 있느냐 그는 찬송할지니라(13절). 이 세상에서 사는 우리의 처지와 형편은 제각각이다. 그러므로 우리의 지혜는 각기 그 형편에 따르고 순응해야 하고, 그리고 잘될 때나 어려울 때나 그 상황에 맞추어 행동하고 처신해야 한다. 우리는 슬퍼할 때도 있고 기뻐할 때도 있다. 하나님은 이 슬픈 일들과 기쁜 일들이 교차되게 하신다. 그것은 우리가 하나님이 명하시는 몇 가지 의무들을 더 잘 지킬 수 있게 하고, 그리고 우리의 열정과 감정들에 새겨진 인상들이 우리의 헌신들에 도움이 될 수 있게 하기 위한 것이다. 고난들은 우리가 기도할 수 있게 해주고, 번영은 우리가 하나님을 찬양할 수 있게 해준다. 기도는 어려울 때에만 국한해서 해서도 안 되고 또한 즐거울 때에만 찬송을 해야 하는 것도 아니다. 그러나 이러한 몇몇 의무들은 그러한 때나 경우들에 특별한 유익과 아주 행복한 목적들을 위하여 실행할 수도 있을 것이다. 여기서 다음의 사실들을 주목하라.

1. 고난을 당할 때에는 기도보다 더 적절한 것은 아무것도 없다. 고난당하는 사람은 자신을 위한 다른 사람들의 기도도 물론 필요하겠지만 무엇보다도 그

자신의 기도가 더욱 필요하다. 고난을 당할 때는 몇 배 더 열심히 기도해야 한다. 이 목적을 이루기 위하여 하나님은 고난을 보내신다. 고난을 통하여 우리는 하나님을 일찍부터 열심히 찾게 되고, 그리고 다른 때에는 하나님을 전혀 생각하지 않고 무시했던 사람들도 고난당하면 하나님을 아주 간절히 찾게 될 수 있다. 그 때는 정신이 아주 겸손해지게 되고, 단단했던 마음은 깨져서 부드러워지게 된다. 하나님은 통회하는 겸손한 마음에서 우러나온 기도를 간절히 할 때 가장 잘 받아주신다. 고난을 당하게 될 때 자연히 하소연들이 튀어나오게 된다. 그러면 우리가 하소연을 할 때 기도를 통해 하나님께 토해놓지 않고 누구에게 할 수 있겠는가? 고난을 당할 때 믿음과 소망을 가지고 행동하는 것이 필요하다. 그리고 고난을 당할 때 우리에게 필요한 이러한 은혜들을 얻을 수 있고 늘릴 수 있는 정해진 수단이 바로 기도이다. 너희 중에 고난 당하는 자가 있느냐 그는 기도할 것이요.

2. 기쁘고 잘될 때에는 시편을 노래하고 찬송하는 것이 아주 적절하고 온당하다. 찬송할지니라로 번역된 원어는 본래 시나 어떤 다른 말을 덧붙이지 않고 그냥 노래한다는 뜻이다. 초대 그리스도교의 몇몇 문서들을 통해 보면 초대 교회 교인들은 예배를 드릴 때 성서에서 따온 가사를 붙인 찬송가를 부르거나 개인적으로 작곡한 노래들을 불렀다고 한다. 바울 사도가 에베소 교인들과 골로새 교인들에게(엡 5:19; 골 3:16) 시와 찬송과 신령한 노래들로 서로 화답하며 라고 권면하고 있는 것은 단지 성서 안에 있는 것만을 의미한다고 생각하는 사람들도 있다. 시와 찬송과 신령한 노래들이 히브리어로는 수림, 테힐림, 미즈모림이라고 구별되는 다윗의 시편들을 의미한다. 이 시편들은 지금 야고보 사도가 말하고 있는 찬송과 정확하게 일치하고 있다. 어쨌든 시편을 노래하는 것이 복음이 지시하는 규례이고, 그리고 우리의 기쁨이 하나님께 바치는 거룩한 기쁨이 되어야 한다는 것을 명심해야 될 것이다. 여기서 찬송하라고 지시하고 있는 것은 누구든지 기쁘고 행복한 경우에 처하면 혼자 있을 때조차도 자신의 기쁨을 하나님을 즐거워하는 이 찬양에 맞춰야 한다는 것을 지시하기 위한 것이다. 거룩한 기쁨은 공동 모임들에서와 마찬가지로 가족들과 있을 때나 혼자 쉬고 있을 때도 나타낼 수 있다. 그러한 경우에 우리의 노래와 찬송은 주님을 찬양하는 우리의 마음에서 우러나온 선율이 되어야 할 것이다. 그러면 하나님께서 이러한 종류의 헌신을 분명히 기뻐하실 것이다.

Ⅲ. 우리는 병자들을 위한 특별한 지시를 여기서 발견하게 된다. 여기서 지시를 따르는 것은 죄 사함의 치료와 약속된 긍휼을 구하기 위한 것이다. 너희 중에 병든 자가 있느냐. 그러면 다음과 같이 하라고 지시하고 있다.

1. 교회의 장로들을 청할 것이요(14, 15절). 여기서의 장로들은 교회의 사역자들과 목사들을 의미한다. 병자는 목사들을 청하고 그들의 도움과 기도를 받는 것이 의무로 규정되고 있다.

2. 목사들이 이와 같은 요청을 받으면 병자를 위하여 기도하는 것이 그들의 의무이다. 그를 위하여 기도할지니라. 목사들의 기도는 병자의 경우에 적합해야 한다. 그리고 목사의 중보기도는 고난을 당하는 사람들의 상황에 어울려야 한다.

3. 기적적인 치료가 필요할 때에는 병자는 주의 이름으로 기름을 발라야 할 것이다. 기적을 일으키는 효험을 지니고 있는 것으로 주석가들은 일반적으로 이 기름 바르는 것에 국한시키고 있다. 그러나 기적들이 중단되었다면 이 제도도 중단되는 것이 마땅할 것이다. 마가복음에서 우리는 제자들이 많은 병든 자들에게 기름을 바르고 고친 사람이 많았다는 사실을 발견하게 된다. 많은 귀신을 쫓아내며 많은 병자에게 기름을 발라 고치더라(막 6:13). 그리고 우리는 이 기름 바르는 관행이 그리스도 이후 이백 년 동안 시행된 기록들을 발견하게 된다. 당시에 신유의 은사도 기름 바르는 것과 병행되었다. 그러나 치료하는 은사가 그치자 이 의식도 중단되었다. 그러나 교황주의자들은 이 기름 바르는 관행을 성례로 만들었다. 그들은 그것을 종부성사라고 한다. 교황주의자들이 그것을 사용하고 있는 까닭은 병든 자를 치료하기 위해서가 아니라 사도들이 그것을 사용했기 때문이다. 그러나 교황주의자들이 일반적으로 그들의 교회 규례들에서 성서를 거스르고 있듯이 그들은 이 관행에 있어서도 사람이 죽는 바로 그 순간에 시행해야 된다고 규정하는 잘못을 저지르고 있다. 지금 야고보 사도가 병든 자에게 기름을 바르라고 지시하는 것은 병을 치료하기 위해서였다. 그러나 교황주의자들이 행하는 기름 바름은 죄의 잔재를 제거해서 영혼이 공중의 권세 잡은 자(엡 2:2)와 더 잘 싸울 수 있도록 하기 위한 것이라고 허풍을 떤다. 그러나 그리스도께서 이 의식을 계속 시행하는 것을 인정하신다는 것을 어떤 보이는 효과들로 입증할 수 없을 때조차도 보이지 않는 효과들이 아주 놀랍다는 어처구니없는 주장을 사람들이 믿어야 한다고 우긴다. 그러나 이 기름 바르

는 관행을 성서에서 말씀하고 있는 목적들과는 정반대되는 방향으로 바꾸어 사용하기보다는 이 관행을 폐지하는 것이 훨씬 나을 것이다. 이 기름 바르는 것은 그리스도께서 제정하신 것이 아니라 단지 허용하시거나 인정만 하신 것으로 생각하는 개신교 학자들도 있다. 그러나 야고보 사도가 여기서 말하고 있는 것은 그것을 치료를 바라는 믿음이 있는 경우들에 한해서 시행하라는 권면이었다고 생각해야 될 것 같다. 이러한 견해에 이의를 제기하는 개신교 학자들도 있다. 그렇지만 기름 바르는 관행은 사도 시대조차도 일반적으로 사용된 것은 아니었다. 그리고 병든 자에게 기름 바르는 관행이 어떤 시대에도 완전히 배제된 적은 없다고 주장하는 사람들도 있다. 그러나 그 경우에도 아주 믿음 뛰어난 사람들의 경우에만 기름을 발랐다. 그리고 병자를 위한 이 지시를 따라 기름을 바른 사람에게 뛰어난 축복이 나타나기도 했다. 아무리 그러한 사례가 있긴 할지라도 여기서 아주 신중하게 유의해야 할 한 가지 사실은 병든 자를 구원하고 치료하는 것이 기름을 바르는 것에 있는 것이 아니라 기도에 있다는 것이다. 믿음의 기도는 병든 자를 구원하리니 주께서 그를 일으키시리라 혹시 죄를 범하였을지라도 사하심을 받으리라(15절).

4. 병든 자를 위한 기도는 반드시 살아 있는 믿음에서 우러나온 것이어야 한다. 병자를 위한 기도는 반드시 살아 있는 믿음이 수반되어야 한다. 다시 말해서 기도를 하는 사람과 기도를 받는 사람에게 다같이 믿음이 있어야 한다. 아플 때 미지근하고 틀에 박힌 기도는 효력이 없고 믿음의 기도가 효력이 있고 기적을 일으킨다.

5. 우리는 기도의 성공을 주목해야 한다. 주께서 그를 일으키시리라. 다시 말해서 기도하는 사람이 구원을 받을 수 있는 능력과 자격을 갖춘 사람이라면, 그리고 하나님께서 그러한 사람을 위해서 세상에서 어떤 것을 행하기를 좋아하시면 주님이 병든 자를 일으키실 것이다. 혹시 죄를 범하였을지라도 사하심을 받으리라(15절). 다시 말해서 질병이 어떤 특별한 죄에 대한 징벌로 발생한 경우에 그 죄가 용서를 받게 되고, 그리고 그 표시로 질병이 낫게 될 것이라는 것이다. 그리스도께서 허약한 사람에게 "보라 네가 나았으니 더 심한 것이 생기지 않게 다시는 죄를 범하지 말라"(요 5:14) 말씀하셨을 때 어떤 특별한 죄가 그 사람의 질병의 원인이 되었음을 암시해준다. 그러므로 우리가 병에 걸렸을 때 우리 자신들과 다른 사람들을 위하여 하나님께 간구해야 될 가장 큰 것은 죄의 용서이

다. 죄는 질병의 뿌리이고 질병을 쏘는 독침이다. 죄가 용서를 받게 되면 긍휼을 통하여 고통이 사라지게 될 것이다. 또는 우리가 고통을 계속 겪게 될지라도 그 속에서 나타나는 하나님의 긍휼을 발견하게 될 것이다. 치료가 죄 사함에 달려 있는 경우에 우리는 히스기야가 했던 것 같이 우리도 말할 수 있을 것이다. 보옵소서 내게 큰 고통을 더하신 것은 내게 평안을 주려 하심이라 주께서 내 영혼을 사랑하사 멸망의 구덩이에서 건지셨고 내 모든 죄를 주의 등 뒤에 던지셨나이다 (사 38:17). 너희가 병에 들거나 고통에 처하게 될 경우에 가장 손쉽고 일반적인 해결책은 이렇게 기도하고 부르짖어 간구하는 것이다. 내게 평안을 주소서! 건강을 회복시켜 주소서! 그러나 그렇게 기도하는 것보다 더 나은 해결책은 이렇게 기도하는 것일 것이다. 오 하나님이시여 청하오니 지금 내 죄를 사해주소서 (삼상 15:25).

IV. 그리스도인들은 서로 죄를 고백하고 함께 기도해야 한다고 야고보 사도가 지시하고 있다. 그러므로 너희 죄를 서로 고백하며 병 낫기를 위하여 서로 기도하라 의인의 간구는 역사하는 힘이 큼이니라(16절). 어떤 주석가들은 이 말씀을 14절과 연결시키기도 한다. 병든 사람들이 목사들에게 그들을 위한 기도를 청해야 하는 것과 마찬가지로 서로 잘못한 것들을 서로 고백해야 한다는 것이다. 어떤 사람이 참으로 자신의 질병이 어떤 특별한 죄로 인한 보응의 징벌이라고 생각하고, 그리고 그러한 죄의 사함을 위하여 하나님께 특별하게 간구하지 않고는 그들의 질병이 나을 수 없다고 생각한다면 그를 위하여 기도하는 사람들이 그를 위하여 바르게 간구할 수 있도록 자신의 사정과 형편을 그들에게 고백하고 말하는 것이 올바른 태도일 수도 있을 것이다. 그러나 여기서 요구되고 있는 고백은 교황주의자들이 주장하는 것처럼 사제에게 하는 것이 아니라 그리스도인들 서로에게 하는 것이다. 사람들이 서로 상처를 입혔을 경우에 그들이 잘못을 범한 사람들에게 불의한 행동들을 고백해야만 할 것이다. 사람들이 서로 시험에 들게 했거나 죄를 짓게 했거나, 또는 같은 악한 행위들에 뜻을 같이 했을 경우에 자신들의 잘못들을 스스로 깨닫고 서로 회개를 권해야 할 것이다. 공개적인 범죄를 하고 공개적인 악행을 저질렀을 경우에 관계된 모든 사람들이 알 수 있도록 하기 위하여 아주 공개적으로 고백을 해야 할 것이다. 때로 신중한 목사나 기도 친구에게 우리의 잘못들을 고백하는 것도 아주 좋을 수 있을 것이다. 그러면 목사나 기도 친구가 하나님의 긍휼과 용서를 받도록 우리를 위해 빌어주고 도와줄 수 있을 것이다. 그렇다고 해서 야고보 사도가 우리가 자신에게나 다른 사람에게 잘못한 것을 전부 다 말하라고 주장한다고 생각해서는 안 될 것이다. 그러나 불화로 인해서 화해를 위해 고백이 필요하다거나, 또는 잘못에 대한 보상을 위해서라거나, 양심상 알아야 할 것이 있다거나, 또는 우리의 정신을 진정시키고 편안하게 해주는 경우에 한해서 우리는 기꺼이 우리의 잘못들을 고백해야 할 것이다. 그리고 때로는 아주 친밀하고 우정이 있고, 그리고 서로를 위한 기도를 통해서 죄 사함과 병을 고치는 능력들을 얻는데 도움이 될 경우에 자신의 약점과 병들을 공개하는 것이 그리스도인들에게 아주 유용할 때도 있다. 자신의 잘못들을 서로 고백하는 사람들은 함께 기도해야 하고 서로를 위해서 간구해야 할 것이다. 너희 중에 고난당하는 자가 있느냐 그는 기도할 것이요. 13절은 자신을 위해 기도해야 될 사람들에 대한 지시이다. 너희 중에 병든 자가 있느냐 그는 교회의 장로들을 청할 것이요. 14절은 목사의 도움과 기도를 청해야 될 사람들에 대한 지시이다. 너희 죄를 서로 고백하며 병 낫기를 위하여 서로 기도하라. 16절은 서로를 위해 기도해야 되는 개별적인 그리스도인들을 위한 지시이다. 여기서 우리는 모든 종류의 기도들, 즉 목회자의 기도, 공동의 기도, 개인적인 기도 등에 관한 권면과 지시를 발견하게 된다.

V. 기도의 큰 유익과 효력이 진술되고 입증이 된다. 엘리야는 우리와 성정이 같은 사람으로되 그가 비가 오지 않기를 간절히 기도한즉 삼 년 육 개월 동안 땅에 비가 오지 아니하고 다시 기도하니 하늘이 비를 주고 땅이 열매를 맺었느니라(17-18절). 기도하는 사람은 반드시 의로운 사람이어야 한다. 그러나 이 의로움은 절대적인 의미에서가 아니라 복음적인 의미에서의 의로움이다. 왜냐하면 지금 본보기로 우리에게 언급되고 있는 이 엘리야 선지자도 절대적인 의미에서의 의로운 사람이 아니었기 때문이다. 그러나 여기서 말하는 의인은 기존의 어떤 불의나 부정을 사랑하지도 않고 인정하지도 않는 사람이다. 내가 나의 마음에 죄악을 품었더라면 주께서 듣지 아니하시리라(시 66:18). 더욱이 기도 그 자체는 뜨겁고, 지속적이고, 아주 공들인 것이어야 한다. 기도는 하나님께 마음을 쏟아놓는 것이어야 한다. 그리고 기도는 거짓 없는 믿음에서 우러나온 것이어야 한다. 그러한 기도는 역사하는 힘이 아주 크다. 그러한 기도는 우리 자신들에게 큰 유익을 많이 준다. 그러한 기도는 우리의 친구들에게도 아주 많은 유익을 준다. 그리고 그러한 기도는 반드시 하나님이 받아주시고 들어주신다. 하나님 보시

기에 유익하고 힘 있는 기도를 하는 친구들을 가지고 있는 것은 좋은 일이다. 여기서 기도의 능력이 엘리야의 성공을 통해 증명이 되고 있다. 엘리야가 우리와 성정이 같은 사람이었다는 사실을 염두에 둔다면 이 실례는 우리와 같은 일반적인 경우의 기도를 하는 사람들에게도 격려가 될 것이다. 엘리야는 열정적인 좋은 사람이고 아주 위대한 사람이었지만 결점들을 지니고 있었고, 다른 사람들과 마찬가지로 감정에 휩싸여 정상을 잃기도 하였다. 기도를 통해서 우리는 사람의 장점과 공로를 바라보는 것이 아니라 하나님의 은혜를 바라보는 것이다. 우리는 엘리야가 기도의 본래 속성대로 간절히 기도했던 것만을 본받아야 할 것이다. 기도를 말하는 것으로는 충분하지가 않고 반드시 기도 안에서 기도를 해야만 한다. 우리의 생각들은 집중이 되어야 하고, 우리의 소원들은 확고하고 뜨거워야 하고, 그리고 우리의 장점들을 단련하고 발휘해야 한다. 우리가 이와 같이 기도를 통해 간구를 할 때 기도의 성공을 거두게 될 것이다. 엘리야가 비가 오지 않기를 간절히 기도했다. 하나님께서 하나님의 백성을 박해하고 우상을 섬기는 나라에 대해 간구하는 엘리야의 기도를 들어주셨다. 그래서 삼 년 육 개월 동안 땅에 비가 오지 아니했다. 다시 기도하니 하늘이 비를 주고 땅이 열매를 맺었다. 이와 같이 기도는 하늘 문을 열기도 하고 닫기도 하는 열쇠가 된다는 사실을 명심해야 한다.

이 사실을 간접적으로 증명하는 말씀이 요한계시록 11장 3-6절에 두 증인이 권능을 가지고 하늘을 닫아 그 예언을 하는 날 동안 비가 오지 못하게 했다고 기록되어 있다. 기도의 뛰어난 효력을 입증하는 이 실례는 일반 그리스도인이 기도를 할 때 절박하고 간절하게 해야 한다는 것을 장려하기 위해서 기록이 된 것이다. 하나님은 야곱의 자손 누구에게도 내 얼굴을 찾으면 헛되리라 말씀하신 적이 한 번도 없다. 만일 엘리야가 기도를 통해 그러한 위대하고 놀라운 일들을 행할 수 있었다면 의로운 사람들의 기도는 반드시 보상과 응답을 받게 될 것이다. 하나님께서 우리의 기도들에 응답하실 때 기적이 많이 있어야 하기보다는 은혜가 많이 있어야 할 것이다.

VI. 본 서신은 우리가 다른 사람들이 회심하고 구원받을 수 있도록 우리의 처지에서 최선을 다해야 한다는 격려로 마무리하고 있다. 내 형제들아 너희 중에 미혹되어 진리를 떠난 자를 누가 돌아서게 하면 너희가 알 것은 죄인을 미혹된 길에서 돌아서게 하는 자가 그의 영혼을 사망에서 구원할 것이며 허다한 죄를 덮을 것임이라(19-20절). 이 구절들이 야고보 사도가 유대인 그리스도인들의 많은 실수와 잘못들을 분명하고 통렬하게 비난해야만 되는 자신의 입장을 변증하고 변호하는 것이라고 해석하는 사람들도 있다. 야고보 사도는 유대인 그리스도인들의 잘못들을 바로잡기 위해서 많은 배려를 하지 않으면 안 되는 아주 합당한 이유를 제시하고 있다. 왜냐하면 이렇게 함으로써 야고보 사도는 영혼들을 구원해야 되고, 그리고 그들의 허다한 죄들을 덮고 감추어주어야 하기 때문이다. 그러나 우리는 야고보 사도가 진리에서 떠난 그러한 사람들을 회심시키려고 하는 이러한 입장을 억제해서는 안 될 것이다. 다른 목회적인 시도와 노력들에서도 마찬가지이다. 왜냐하면 본문의 말씀은 이렇게 말하고 있는 것이기 때문이다. "만일 어떤 사람이 진리에서 벗어나 잘못을 하고 있고, 그리고 그러한 사람을 회심시키려고 한다면 서로를 위해 자신의 처지와 직무를 잘 활용하도록 하라. 그러면 그 사람은 분명히 한 영혼을 사망에서 구원하는 도구가 될 것이다."

야고보 사도가 여기서 형제들이라고 부르고 있는 사람들은 잘못과 실수를 범하기 쉬운 사람들이라는 사실을 전제로 하고 있다. 자신이 잘못이나 실수가 없다고 자랑하거나, 또는 자신이 잘못을 저지르게 되었을 때 그 사실을 인정하기를 거부하는 사람은 지혜롭거나 거룩한 사람의 표지를 전혀 가지고 있지 못하다. 그러나 아주 훌륭한 사람들인데 잘못을 범하는 사람이 있다면 그 사람들에게 그들의 잘못을 지적하는 것을 두려워해서는 안 될 것이다. 또한 아주 약하고 보잘것없는 사람들이라고 할지라도 너희보다 그 사람들이 더 지혜롭고 더 훌륭할 수 있다는 사실을 무시해서는 안 될 것이다. 만일 그 사람들이 진리에서 떠나 잘못을 범한다면, 다시 말해서 복음(진리의 중요한 규칙과 표준)에서 떠나 그리스도를 따르지 않는다면, 그것이 의견이든 행동이든 간에, 그들이 다시 그 진리의 규칙으로 돌아오도록 권면하고 노력해야 할 것이다. 판단의 잘못들과 생활의 잘못들은 대개 함께 간다. 모든 실제적인 실패와 잘못의 근저에는 어떤 교리적 오해가 있다. 체질적이거나 타고난 잘못이란 없다. 단지 어떤 잘못된 원리 때문에 잘못이 생기는 것이다. 그러므로 그러한 사람들을 회심시키는 것은 그들의 잘못을 줄이고, 그들이 이제까지 빠져 있던 악들에서 떠나도록 교화시키는 것이다. 우리는 잘못을 하고 있는 형제를 당장 비난하거나 잘못을 소리쳐 알려주거나 책망거리를 찾을 것이 아니라 그들의 마음을 회심시키도록 해야 한다. 그들을 회심시키기 위한 우리의 모든 노력들이 그들을 회심시킬 수 없다고 할지라도 우리가 그들을 박해하거나 망하게 할 수 있는 권한을 어디에서도 받을 수 없다. 그러나 우리가 어떤 사람을 돌아서게 하는 도구로 사용이 된다면 이 일이 전적으로 하나님의 역사이기는 할지라도 우리가 그 사람을 회심시켰다고 말을 하게 될 것이다. 만일 우리가 죄인들을 회심시키는 일에 아무것도 할 수 없다고 할지라도 하나님의 은혜와 성령이 그들을 회심시켜 주기를 바라는 기도는 할 수 있을 것이다. 다른 사람들을 회심시키는 일에 종사하는 사람들은 다음의 사실들을 알면 좋을 것이다. 즉 그들이 현재 그 일을 통해 위로와 기쁨을 얻을 수 있을 것이고 결국에는 그들이 면류관의 상을 받게 될 것이라는 것이다. 19절에서는 진리를 떠난(err from the truth) 자라고 말하고 있는 사람을 20절에서는 미혹된 길(from the error of his way)에 있는 자라고 말하고 있다. 우리가 그들의 길을 바꾸고 돌아서게 할 수 없다면 단순히 그들의 생각이나 의견을 바꾸는 것만으로는 어떤 사람도 회심시켰다고 말할 수는 없을 것이다. 회심이란 죄인을 잘못된 길에서 돌아서게 하는 것이다. 죄인을 이 파에서 저 파로 옮기게 하거나, 또는 이 사상에서 저 사상으로 바꾸게 하거나, 또는 이 교회에서 저 교회로 가게 하는 것이 회심이 아니다. 잘못된 길이나 진리에서 떠난 자를 이와 같이 회심시키는 사람은 그의 영혼을 사망에서 구원할 것이다. 사실 문제의 본질은 영혼에 있다. 그러므로 영혼의 구원을 위하여 하는 일은 반드시 복을 받게 되고 유익을 얻게 될 것이다. 인간의 가장 주요한 요소인 영혼을 구원하는 것은 단지 영혼만을 구원하는 것이 아니라 전인(全人)의 구원이 포함되는 것이다. 영은 지옥에서 구원받을 것이고, 몸은 무덤에서 다시 살아날 것이고, 그리고 둘 다 영원한 죽음에서 구원받게 될 것이다. 그러므로 마음과 생활을 돌아서게 하는 그러한 회심은 허다한 죄를 덮을 것이다. 성경에서 가장 큰 위로가 되는 말씀은 바로 이것이다. 우리는 이 사실을 통해 우리의 죄가 많이 있을지라도, 아니 허다하다고 할지라도 감추어질 수 있고 용서받을 수 있다는 것을 깨닫게 된다. 그리고 죄에서 벗어나고 돌아서게 된다면 그것은 덮여서 우리의 심판 때 결코 나타나지 않게 될 것이다. 자신이 저지른 죄를 감추려고 하거나 변명하려고 하는 사람들은 죄를 버리거나 떠나지 않고는 결국에는 감추거나 정당화시킬 수 있는 방법이 결코 없다는 사실을 명심해야 할 것이다. 이 본문의 말씀이 의미하는 바가 회심이 허다한 죄를 막아줄 것이라고 해석하는 사람도 있다. 그러나 논란의 여지가 없는 사실은 잘못된 길에서 돌아선 당사자에게는 많은 죄들이 예방이 된다는 것이다. 또한 그 사람이 영향을 미칠 수 있거나, 교제하는 다른 사람들에게도 많은 죄가 예방될 수 있다. 모든 것을 종합해 볼 때 우리가 죄인들의 회심을 위해서 할 수 있는 한 힘을 다해 얼마나 많은 관심을 기울여야 할지를 생각해 보아야 될 것이다. 물론 그 관심은 회심자의 행복과 구원을 위한 것이어야 할 것이다. 그것은 많은 불행을 막아줄 것이고, 그리고 세상에서 퍼지고 늘어나는 많은 죄를 막아줄 것이다. 그것은 하나님을 영광스럽게 하고 높이게 될 것이다. 그것은 반드시 심판 날에 우리의 위로가 되어 돌아올 것이고 우리를 명예롭게 해줄 것이다. 그러한 일에 힘쓰고 도움을 아끼지 않는 사람들은 이렇게 될 것이다. 많은 사람을 옳은 데로 돌아오게 한 자는 별과 같이 영원토록 빛나리라(단 12:3).

베드로전서

서론

　성서의 거룩한 정경에 포함된 이 두 서신들을 베드로 사도가 기록했다. 베드로는 예수 그리스도의 아주 뛰어난 사도였다. 그의 성격은 사복음서와 사도행전에 서술하고 있듯이 아주 찬란하다. 그러나 교황주의자들과 터무니없는 작가들이 이 서신들에 덧붙여 말하고 꾸며 이야기하고 있는 것처럼, 이 서신은 아주 강한 자긍심과 야심을 지닌 한 인물의 성격을 드러내고 있다. 이 서신은 예수 그리스도께서 제자로 부르셨던 사람들 가운데 제일 먼저 부르심을 받은 시몬 베드로가 기록한 성서가 분명하다. 베드로는 타고난 재능과 은혜로운 은사들을 지닌 인물이었다. 그는 뛰어난 재능들을 소유했고 특별히 임기응변에도 능했다. 그는 이해력이 빠르고 자신이 해야 할 의무라고 생각되면 과감히 실행하는 실천력도 지니고 있었다. 그리스도께서 사도들을 부르시고 그들에게 임무를 맡기셨을 때 주님은 베드로를 선임자로 세워주셨다. 베드로는 주님에 대한 그의 행동들을 통해서 열두 사도들 가운데 단연 두각을 나타냈다. 베드로는 주님의 사랑을 많이 받았다. 주님이 이 땅에 계실 때와 부활하신 이후에 베드로에게 베풀어주신 주님의 사랑과 관심의 많은 실례들이 성경에 기록되어 있다. 그렇지만 이 거룩한 사람에 대해 확증하고 있는 것들 가운데에는 아주 잘못된 것들도 많다. 그 잘못된 것들로는 다음과 같은 것들을 들 수 있겠다.

　첫째, 베드로가 다른 사도들을 다스리는 수위권을 가졌다. 이것이 의미하는 바는 베드로가 다른 제자들과 사도들보다 훨씬 높았다는 것이다. 즉 그는 사도들의 왕이고 지배자였다. 그래서 베드로는 예컨대 추기경단과 같은 전체 사도단에 대한 사법권을 행사했다.

　둘째, 더욱이 베드로는 모든 그리스도교 교계를 관할하는 전 세계의 유일한 지도자였다. 따라서 베드로는 지상에서 그리스도의 유일한 대리인이었다. 베드로는 이십 년 이상 로마의 감독으로 재직했다. 그러므로 로마의 교황들은 사도 베드로를 승계했고, 그리고 지상의 모든 교회들과 그리스도인들에 대한 지배권과 사법권을 베드로에게서 물려받았다. 이 모든 것은 우리 주님께서 세우시고 지시하신 것이었다.

그러나 실제는 이러한 주장과 정반대이다. 주 예수 그리스도께서 그러한 종류의 어떤 수위권도 베드로에게 주신 적이 없었다. 주님은 오히려 그러한 것을 적극적으로 금하셨고 그와 정반대의 계명들을 주셨다. 다른 사도들은 그런 터무니없는 주장에 결코 동의한 적이 없었다. 사도 바울은 나는 지극히 크다는 사도들보다 부족한 것이 조금도 없는 줄로 생각하노라(고후 11:5; 12:11) 선언하고 있다. 베드로가 수위권을 지녔다는 것도 예외가 있을 수 없다. 바울은 베드로를 비난할 자유가 있었다. 심지어 바울은 게바가 안디옥에 이르렀을 때에 책망받을 일이 있기로 내가 그를 대면하여 책망하였노라(갈 2:11) 말하고 있기까지 하다. 그리고 베드로 자신도 결코 그런 생각을 가져본 적이 없었다. 오히려 베드로는 자신을 예수 그리스도의 사도라고 겸손하게 자신을 낮추어 부르고 있다. 그리고 베드로는 교회의 장로들에게 글을 보낼 때 자신을 겸손하게 낮추어 장로들과 같은 반열에 놓고 이야기하고 있다. 너희 중 장로들에게 권하노니 나는 함께 장로된 자요 그리스도의 고난의 증인이요 나타날 영광에 참여할 자니라(벧전 5:1).

베드로가 이 베드로전서를 기록한 목적은 다음과 같다. Ⅰ. 베드로는 새로 믿게 된 유대인들에게 그리스도교의 가르침들을 좀 더 자세하게 설명하기 위하여 이 서신을 기록했다. Ⅱ. 베드로는 새 신자들에게 모든 개인적인 의무들과 관계적인 의무들을 신실하게 이행할 때 가지게 되는 거룩한 교제와 생활양식을 지시하기 위해 이 서신을 기록했다. 이러한 의무들을 통하여 새 신자들은 평화를 얻게 될 것이고 그들을 중상하고 비난하는 적들에게 효과적으로 반박하고 대응할 수 있게 하기 위한 것이다. Ⅲ. 베드로는 새 신자들에게 고난을 준비시키기 위하여 이 서신을 기록했다. 고난을 대비하게 하는 것이 베드로의 주요 의도였던 것 같다. 왜냐하면 베드로는 매 장마다 이 목적이 담긴 어떤 것을 진술하고 있기 때문이다. 그리고 베드로는 아주 다양한 논증들을 통해서 믿음의 인내를 그들이 가질 수 있도록 권면하고 있다. 그것은 그들에게 닥칠 핍박들과 비참한 재난들이 그들을 억눌러서 그들이 못 견디고 그리스도와 복음에서 떠나지 않도록 하기 위한 것이었다. 그러나 당신은 이 서신들에서 교황의 정신이나 자만의 기미가 배어있는 말을 한 마디도 찾아내지 못하는 사실에 놀라게 될 것이다.

제
— **1** —
장

개요

베드로 사도는 자신의 편지를 받는 사람들에 대해 서술하고 그들에게 인사를 한다 (1, 2절). 그는 그들이 거듭나고 산 소망을 가지게 해주신 하나님을 찬양한다(3-5절). 이 구원의 소망 가운데에서 그들이 잠시 동안 어려움과 고난을 겪을지라도 그것이 크게 기뻐할 원인이 될 것이라고 베드로는 권면한다. 그리고 믿음의 시련은 말할 수 없는 영광스러운 즐거움으로 기뻐하게 해준다(6-9절). 이것이 옛날 선지자들이 예언하고 천사들이 갈망하던 바로 그 구원이다(10-12절). 베드로는 그들에게 인간의 구원에 무한한 가치를 지닌 예수님의 피를 생각하고 절제와 성결의 생활을 살도록 권면한다(13-21절). 그리고 베드로는 그들의 거듭남과 그들의 영적 신분의 우월함을 생각하고 형제를 사랑하라고 권면한다(22-25절).

¹예수 그리스도의 사도 베드로는 본도, 갈라디아, 갑바도기아, 아시아와 비두니아에 흩어진 나그네 ²곧 하나님 아버지의 미리 아심을 따라 성령이 거룩하게 하심으로 순종하고 예수 그리스도의 피 뿌림을 얻기 위하여 택하심을 받은 자들에게 편지하노니 은혜와 평강이 너희에게 더욱 많을지어다

본 인사말에서 우리는 세 가지 요소를 발견하게 된다. 그것들은 다음과 같다.

I. 본 서신의 저자는 다음의 것들을 기술하고 있다.

1. 저자의 이름은 베드로이다. 그의 첫 이름은 시몬이었다. 그런데 예수 그리스도께서 그에게 베드로라는 별명을 지어주셨다. 이 이름은 반석을 의미하는데 그의 믿음을 칭찬하기 위한 것이었다. 또한 이 이름을 주신 것은 베드로가 교회의 중요한 기둥이 되어야 한다는 것을 의미했다. 또 기둥같이 여기는 야고보와 게바와 요한도 내게 주신 은혜를 알므로(갈 2:9).

2. 저자의 직분은 예수 그리스도의 사도이다. 이 말은 보내심을 받은 자라는

뜻이다. 다시 말해서 사도는 그리스도의 이름과 그리스도의 일을 위하여 보냄을 받은 공식 사절이나 메신저를 의미한다. 더 엄격하게 말하면 사도는 그리스도 교회의 가장 높은 직분을 나타낸다. 하나님이 교회 중에 몇을 세우셨으니 첫째는 사도요(고전 12:28). 사도의 권위와 뛰어남은 다음의 사실들에 근거하고 있다. 그리스도께서 직접 사도들을 선택하셨다. 사도들은 그리스도의 부활을 목격한 최초의 증인들이었고 그 다음에는 그리스도의 부활을 전한 최초의 전파자들이었다. 사도들은 복음 시대 전체에 걸쳐 복음을 전한 전도자들이었다. 사도들의 은사들은 뛰어나고 특별했다. 사도들은 항상은 아니라도 그리스도께서 원하시면 이적들을 행하는 능력이 있었다. 사도들은 모든 진리의 본이 되었고, 예언의 영을 받았고, 그리고 모든 다른 사람들을 인도하고 지도하는 능력과 권한을 가졌다. 모든 사도는 모든 교회들과 모든 사역자들의 세계 감독이었다. 베드로는 이 사실을 겸손한 태도로 다음과 같이 기술하고 있다.

(1) 베드로는 자신의 신분을 사도로 내세우고 있다. 여기서 다음의 사실들을 배우게 된다. 하나님의 은사들과 은혜들을 받은 사람들은 그 사실을 정당하게 고백해야 하고, 그리고 때로는 주장도 해야 한다. 그러나 우리가 받지 않고 가지고 있지 않은 것을 주장하는 것은 위선이다. 그러나 우리가 가지고 있는 것을 부인하는 것은 배은망덕이다.

(2) 베드로는 이 서신을 쓰는 자신의 정당성과 소명을 나타내기 위해 자신의 사도 직분을 언급한다. 자신의 일이 하나님의 보증과 소명을 받은 사실을 생각하는 것은 모든 사람에게 관계되고 중요한 일이지만 특별히 목사들에게는 더욱 그러하다. 이 사실은 다른 사람들에게 사역자들의 정당성을 인정받게 해주고, 모든 위험과 좌절의 때에 그들에게 내적인 도움과 위로를 준다.

II. 이 서신을 받는 사람들이 기술이 되고 있다.

1. 수신자들의 외적인 형편이 기술이 되고 있다. 그들은 본도, 갈라디아, 갑바도기아, 아시아와 비두니아에 흩어진 나그네이다. 그들은 주전 200년경 시리아의 왕 안티오쿠스의 명에 따라 바빌론에서 이주해 소아시아의 여러 도시들에 정착한 유대인들이 대부분이었다. 베드로 사도가 그 사람들 가운데 있으면서 할례를 받은 사람들의 사도가 되기 위하여 그들에게 전도하고 회심시켰을 가능성이 있다. 그리고 나중에 베드로 사도가 그 당시에 대다수의 유대 민족이 남아있던 바빌론에서 이 서신을 그들에게 보냈을 가능성도 있다. 어쨌든 그들의

현재 형편은 가난하고 어려웠다. 여기서 다음의 사실들을 주목하라.

(1) 하나님의 종들 가운데 가장 훌륭한 종들이 시대와 섭리의 어려움들을 통하여 자신의 고향을 떠나지 않으면 안 되고 사방으로 흩어져야만 했을 수도 있다. 세상이 감당하지 못하는 이 사람들은 광야와 산과 굴에 흩어져 살아야만 했다(히 11:38).

(2) 우리는 흩어져 고난당하는 하나님의 종들에게 특별한 관심을 기울여야 한다. 이러한 사람들이 베드로 사도가 각별한 관심과 연민을 가진 대상들이었다. 우리는 성도들의 뛰어남에는 존경을 표시하고 성도들의 필요한 것에는 관심을 나타내야 할 것이다.

(3) 선하고 훌륭한 사람들의 가치를 현재의 외적인 형편과 처지로 판단하고 평가해서는 안 될 것이다. 개중에는 하나님의 사랑을 받고 있는 특출한 사람들이 있을 수 있다. 그들이 지금은 세상에서 흩어지고 가난한 나그네들일지라도 말이다. 하나님의 눈이 흩어져 있는 그들을 항상 보고 살피고 계셨다. 베드로 사도는 그들의 나아갈 길을 지시하고 위로하기 위하여 아주 세심하고 부드러운 애정을 기울여 그들에게 글을 썼다.

2. 서신을 받는 사람들의 영적 상황이 기술되고 있다. 그들은 하나님 아버지의 **미리 아심을 따라** 택하심을 받은 자들이었다. 이 사람들은 세상에서 핍박을 당하고 멸시를 당하는 나그네들이었다. 그럼에도 불구하고 위대하신 하나님께서 현세에서 그들을 아주 귀히 여기시고 아주 명예로운 신분을 주셨다. 그 이유는 다음과 같다.

(1) 하나님 아버지의 미리 아심을 따라 택하심을 받은 자들이었기 때문이다. 선택을 받는 것은 하나의 직분이나 공직을 맡는 것이다. 그러므로 사울은 여호와의 택하심을 받아 왕이 되었다(삼상 10:24). 주 예수 그리스도께서도 사도들에게 내가 너희 열둘을 택하지 아니하였느냐(요 6:70)라고 말씀하신다. 이것은 특권들을 향유하는 교회 국가에도 적용이 된다. 그래서 이스라엘은 하나님의 택한 백성이었다. 너는 여호와 네 하나님의 성민이라 네 하나님 여호와께서 지상 만민 중에서 너를 자기 기업의 백성으로 택하셨나니(신 8:6). 주께서 사랑하시는 형제들아 우리가 항상 너희에 관하여 마땅히 하나님께 감사할 것은 하나님이 처음부터 너희를 택하사 성령의 거룩하게 하심과 진리를 믿음으로 구원을 받게 하심이니(살전 2:13). 여기서 언급하고 있는 선택은 적절한 수단으로, 즉 그리스도를 통하여 어떤 사람

을 구원해서 영원한 생명에 이르게 하기 위한 하나님의 은혜로우신 작정과 뜻을 의미한다.

[1] 이 선택을 하나님 아버지의 미리 아심을 따라 된 것이라고 말씀하고 있다. 미리 아심을 두 가지로 해석할 수 있다. 첫째, 그 일이 일어나기 전에 그렇게 될 것을 아는 선견지명이나 단순한 이해를 의미할 수 있다. 수학자가 일식이나 월식이 일어나는 때를 계산해 분명하게 미리 아는 것과 같은 것을 나타낼 수도 있다. 이러한 종류의 미리 아심이 하나님께도 있으시다. 하나님의 위풍당당하신 조망은 만물의 과거와 현재와 미래를 내다보신다. 그러나 그러한 예지는 어떤 것이 무엇이 되는 것의 존재이유나 발생이유가 되지는 못한다. 그것이 어떤 사건을 통해 그렇게 된다고 할지라도 말이다. 마치 일식과 월식을 미리 아는 수학자가 그것으로 일식이나 월식이 일어나는 원인을 일으킬 수 없는 것처럼 말이다. 둘째, 미리 아심이 경륜, 지정, 허가 등을 의미할 때도 있다. 그가 하나님께서 정하신 뜻과 미리 아신 대로 내준 바 되었거늘 너희가 법 없는 자들의 손을 빌려 못 박아 죽였으나(행 2:23). 20절에서 말씀하고 있듯이 그리스도의 죽음은 미리 알았을 뿐만 아니라 미리 정해진 것이기도 했다. 그러므로 그것이 의미하는 바는 다음과 같다. 하나님의 경륜과 명령과 거저 주시는 은혜를 따라 선택하셨다.

[2] 하나님 아버지의 미리 아심을 따라 선택이 되었다. 여기서 아버지라는 말씀을 통해 우리가 이해하는 바는 영광스러운 삼위일체의 제1위이다. 높고 낮음을 나타내는 것은 아닐지라도 삼위 사이에도 서열이 있다. 세 위는 권능과 영광에 있어서 동등하시고, 사역에 있어서도 동일하게 섭리하신다. 이와 같이 사람의 구원에 있어서도 선택은 성자 하나님의 화해와 성령 하나님의 성화와 같은 아버지 하나님의 뛰어나신 방법을 통해서 이루어진 것이다. 그리고 각 위가 하시는 일에 있어서도 나머지 두 위가 배제되는 것이 아니다. 이렇게 함으로써 삼위의 각 위들이 우리에게 아주 분명하게 드러나게 되신다. 그리고 우리는 각 위에게 어떤 은혜를 입고 있는지를 확실히 깨닫게 된다.

(2) 그들은 성령이 거룩하게 하심으로 순종하고 예수 그리스도의 피 뿌림을 얻기 위하여 택하심을 받은 자들이다. 선택의 목적과 마지막 결과는 영생과 구원이다. 그러나 이것이 성취되기 위해서는 모든 선택받은 사람이 성령을 통하여 거룩하게 되어야 하고 예수 그리스도의 피를 통하여 의롭게 되어야 한다. 인간의 구원을 위한 하나님의 뜻은 언제나 성령의 성화와 예수의 피를 통하여 효력을

발생한다. 여기서 성령의 거룩하게 하심이 의미하는 것은 그것이 약속을 이루기 위한 성화일 뿐만 아니라 중생으로 시작되는 실제적인 성화라는 것이다. 우리는 중생을 통해 하나님의 형상으로 다시 새롭게 되고 새로운 피조물들이 된다. 그리고 우리는 중생을 통해 우리의 죄들을 더욱 억제하고 그리스도인의 삶의 모든 의무들을 행하며 하나님을 위해 살게 됨으로써 날마다 거룩함을 실천하게 된다. 그러한 삶이 그리스도교의 모든 의무들을 함축하고 있는 순종하고라는 한 마디 말로 여기서 요약이 되고 있다. 여기서 성화의 주제를 다루고 있기 때문에 성령이 성화된 인간의 영을 (베드로 사도가) 의미하고 있다고 주장하는 사람들도 있다. 율법적이거나 예표적인 성화는 육체만을 깨끗하게 하는 작용을 하지만 그리스도교의 제도는 인간의 정신과 영혼에 영향을 미치고 그것을 깨끗하게 한다. 그리고 지금 번역된 그대로, 거룩하게 하심의 주체이신 성령을 나타낸다고 더 나은 근거를 가지고 주장하는 사람들이 많다. 성령은 우리의 정신을 새롭게 하시고, 우리의 죄를 죽이시고(롬 8:13), 그리스도인들의 마음들에 성령의 놀라운 열매들을 맺게 해주신다(갈 5:22-23). 성령의 거룩하게 하심은 수단의 사용을 암시한다. 그들을 진리로 거룩하게 하옵소서 아버지의 말씀은 진리니이다(요 17:17). 순종하고. 이 말이 의미하는 바는 우리의 번역에서 지적하고 있듯이 거룩하게 하심의 목적과 결과를 나타낸다. 다시 말해서 성령의 거룩하게 하심의 목적은 반항적인 죄인들을 그리스도의 진리와 복음에 다시 순종하게 하는 것이다. 그 순종은 보편적인 것이다. 너희가 진리를 순종함으로 너희 영혼을 깨끗하게 하여(22절).

(3) 또한 그들은 그리스도의 피 뿌림을 얻기 위하여 택하심을 받은 자들이다. 그들은 성령에 의해 거룩하게 되도록 하나님의 뜻에 따라 계획이 되었고, 그리고 그리스도의 공로와 피에 의해 깨끗하게 되도록 계획이 되었다. 여기서 사용된 말은 구약 시대의 예표적이고 상징적인 피 뿌림을 분명하게 암시하고 있다. 이 말은 회심한 유대인들이 아주 잘 아는 용어이다. 희생 제물들의 피는 흘려야 될 뿐만 아니라 흩뿌려야 된다. 그것은 그것을 통한 유익들이 제물을 바친 사람들에게 적용이 되고 전가되는 것을 나타내기 위한 것이다. 그러므로 율법의 희생 제물들이 예표하고 모든 것을 충족하는 위대한 그리스도의 피도 흘려야 될 뿐만 아니라 뿌려져야 했다. 그것은 선택받은 모든 그리스도인들에 그 효력을 적용시키고 전달하기 위한 것이다. 이 예수를 하나님이 그의 피로써 믿음으로

말미암아 화목제물로 세우셨으니 이는 하나님께서 길이 참으시는 중에 전에 지은 죄를 간과하심으로 자기의 의로우심을 나타내려 하심이니(롬 3:25). 이 피 뿌림은 하나님 앞에서 의롭다 하심을 받게 하고(롬 5:9), 성만찬이 상징하는 하나님과 우리 사이의 언약을 인증해주고(눅 22:20), 우리를 모든 죄에서 깨끗하게 해주고(요일 1:7), 우리가 하늘나라에 들어가게 해준다(히 10:19). 여기서 다음의 사실들을 주목하라.

[1] 하나님은 어떤 사람은 영생에 이르게 선택하셨고 어떤 사람은 영원한 형벌에 이르게 선택하셨다. 이 선택은 자격이 아니라 무조건적으로 사람을 택하신 것이다.

[2] 구원의 목적인 영생에 이르도록 선택받은 모든 사람들은 구원의 방법인 순종을 하도록 선택되었다.

[3] 만일 어떤 사람이 성령으로 거룩하게 되지 않고 예수의 피로 깨끗하게 되지 않는다면 생활 속에서 참된 순종이 결코 없을 것이다.

[4] 인간을 구원하는 일에는 삼위의 모든 위격들의 합의와 협력이 있고, 그들의 행하심은 서로 상응한다. 아버지 하나님께서 누구를 선택하시든지 성령 하나님께서는 거룩하게 하시어 순종하게 하고, 그리고 성자 하나님께서는 그의 피로 구속하시고 그의 피를 뿌려 깨끗하게 하신다.

[5] 삼위일체의 교리는 모든 계시된 신앙의 기반이 되고 있다. 만일 당신이 성자와 성령의 고유한 신성을 부인한다면 당신은 성자의 구속과 성령의 은혜로우신 사역들을 무효로 만들 것이다. 그리고 당신은 이렇게 함으로써 당신 자신의 안전과 위로의 기반을 파괴하고 말 것이다.

III. 구원의 결과로 다음의 것들이 이어지게 된다. 은혜와 평강이 너희에게 더욱 많을지어다. 그들이 갈망하는 축복은 은혜와 평강이다. 여기서 다음의 사실들을 주목하라.

1. 은혜. 하나님의 거저 주시는 은총은 죄를 사해주고, 치료해주고, 도와주고, 그리고 구원해주는 고유한 효과들을 지니고 있다.

2. 평강. 여기서 평강이 의미하는 바는 모든 종류의 평화이다. 다시 말해서 가정의 평화, 사회생활의 평화, 교회생활의 평화, 그리고 하나님과 더불어 사는 영적인 평화를 포함하는데 그것은 우리 자신의 양심 속에서 느끼고 누릴 수 있는 평화이다.

3. 이 축복들과 관련해서 요구 사항이 있고 기도해야 할 의무가 있다. 즉 그 축복들을 더 많아지게 늘려야 한다. 이 사실이 암시하는 바는 회심한 유대인들이 이미 그 축복들을 어느 정도 소유했다는 것이다. 그러나 베드로 사도는 그들이 그 축복들을 지속시키고, 증가시키고, 완전하게 하기를 바라고 있다. 여기서 다음의 사실들을 깨우칠 수 있다.

(1) 자신의 영혼에 영적인 축복들을 소유한 사람들은 다른 사람들에게 동일한 은혜들을 나누어주고 싶어한다. 하나님의 은혜는 이기적인 원리가 아니라 너그러운 원리이다.

(2) 우리가 자신이나 다른 사람들을 위해서 바랄 수 있는 가장 좋은 축복들은 더욱 많아지는 은혜와 평강이다. 그러므로 사도들은 그들의 서신의 시작과 마무리에 들어있는 그들의 기도에 늘 이 축복을 간구하고 있다.

(3) 견고한 평강은 참된 은혜가 없는 곳에서는 결코 누릴 수가 없다. 먼저 은혜가 있고 그 다음에 평강이다. 은혜가 없는 평강은 단지 어리석어 보일 뿐이다. 그러나 잠시 실제적인 평강이 없는 곳에서조차도 은혜는 여전히 실재할 수 있다. 헤만이 공포로 괴로움을 당하고, 그리스도께서 고뇌로 고통을 겪으셨을지라도 그 가운데에는 하나님의 은혜가 실재해 있었다.

(4) 은혜와 평강이 더 많아지는 것은 처음에 은혜가 그랬던 것처럼 하나님으로 말미암는다. 하나님께서 참된 은혜를 주신다면 그는 더 많은 은혜도 주실 것이다. 그리고 모든 선한 사람은 자신과 다른 사람들이 받은 이 축복들이 더 많아지기를 간절히 바랄 것이다.

[3]우리 주 예수 그리스도의 아버지 하나님을 찬송하리로다 그의 많으신 긍휼대로 예수 그리스도를 죽은 자 가운데서 부활하게 하심으로 말미암아 우리를 거듭나게 하사 산 소망이 있게 하시며 [4]썩지 않고 더럽지 않고 쇠하지 아니하는 유업을 잇게 하시나니 곧 너희를 위하여 하늘에 간직하신 것이라 [5]너희는 말세에 나타내기로 예비하신 구원을 얻기 위하여 믿음으로 말미암아 하나님의 능력으로 보호하심을 받았느니라

우리는 이제 본 서신의 본론을 다루게 된다. 이것은 다음의 진술로 시작한다.

I. 하나님께 감사를 드리는 형식으로 이 신자들이 누리게 된 명예와 행복에 대해 축사하고 있다. 고린도후서 1장 3절과 에베소서 1장 3절에서 보듯이 다른 서신들도 이런 방식으로 축사를 하고 있다. 여기서 다음의 사실들을 주목하라.

1. 신자가 실천해야 할 의무는 하나님을 찬송하는 것이다. 누구든지 하나님의 뛰어나심과 축복을 정당하게 인정함으로 하나님을 찬송해야 한다.

2. 하나님과 예수 그리스도의 관계를 통해 찬송의 대상이 서술되고 있다. 우리 주 예수 그리스도의 아버지 하나님. 하나님의 삼중의 직분을 나타내는 세 위격과 칭호들이 기술되고 있다. 다음의 사실들을 주목하라.

(1) 그는 주이시다. 그는 전 세계의 왕이시며 절대자이시다.

(2) 예수님은 제사장이시며 구세주이시다.

(3) 그리스도는 성령의 기름 부음을 받으신 선지자이시다. 그는 그의 교회를 가르치고, 인도하고, 구원하시는 모든 은사들을 지니고 계시다. 이렇게 찬송을 받으시는 이 하나님께서는 그의 인성을 따라서는 하나님의 그리스도이시고, 그의 신성을 따라서는 그의 아버지의 아들이시다.

3. 우리가 하나님을 찬송해야 되는 이유들은 그의 많으신 긍휼에 있다. 우리의 모든 찬송들은 인간의 공로 때문이 아니라 하나님의 긍휼을 힘입은 중생 덕이다. 하나님은 우리를 거듭나게 하셨다. 이것은 우리가 마땅히 하나님께 감사드려야 할 일이다. 특별히 우리가 그 열매가 우리에게 일어나고 있다고 생각한다면 더욱 하나님께 감사드려야 할 것이다. 중생의 열매는 하나님의 놀라운 은혜이다. 그 열매는 소망의 놀라운 은혜이다. 그것은 세상 사람들과 위선자들의 것과 같은 무익하고, 열매가 없고, 소멸하는 소망이 아니라 살아 있는 소망이다. 그 산 소망은 견고하고, 활발하고, 그리고 오래 견디는 소망이다. 예수 그리스도를 죽은 자 가운데서 부활하게 하신 것과 같은 그러한 견고한 기반을 가지기 위해서는 그러한 소망이 반드시 필요하다. 여기서 다음의 사실들을 깨우치도록 하라.

(1) 하나님을 계속해서 찬송해야 되는 큰 이유를 가진 좋은 그리스도인에게는 그렇게 하지 못할 나쁜 환경이란 결코 있을 수 없다. 죄인이 번창하고 있음에도 불구하고 언제나 애통해야 할 이유가 있는 것처럼 좋은 사람들도 겹겹의 어려움들에 둘러싸여 있음에도 불구하고 여전히 하나님을 즐거워하고 찬송해야 할 이유들이 있다.

(2) 우리의 기도들과 찬양들을 통하여 우리는 하나님을 우리 주 예수 그리스도의 아버지 하나님으로 고백해야 한다. 왜냐하면 오직 우리 주 예수 그리스도를 통해서만 우리와 우리의 기도들이 하나님께 받아들여지기 때문이다.

(3) 가장 훌륭한 사람들조차도 그들의 가장 좋은 찬송을 마땅히 하나님의 풍성하신 긍휼의 은혜로 돌려야 할 것이다. 세상의 모든 악한 것은 사람의 죄에서 나온다. 그러나 세상의 모든 선한 것은 하나님의 긍휼로부터 나온다. 거듭나는 것은 분명히 하나님의 풍성한 은혜 덕이다. 우리가 받는 다른 축복도 마찬가지이다. 우리는 전적으로 하나님의 긍휼에 힘입어 살아가고 있다. 거듭나는 것의 본질에 대해서는 요한복음 3장 3절의 설명을 참조하도록 하라.

(4) 거듭나는 것은 영생의 산 소망을 낳는다. 회심하지 않은 모든 사람은 소망이 없는 피조물에 불과하다. 회심하지 않은 사람이 그러한 종류의 소망을 가지고 있다고 주장하는 것은 그것이 무엇이든지 다 자만과 오만의 소산이다. 올바른 그리스도인의 소망은 사람이 하나님의 성령으로 말미암아 다시 태어나게 되어 가지게 된다. 중생은 자연히 생기는 것이 아니라 하나님의 거저 주시는 은혜로 말미암는다. 새로운 영적 생명으로 다시 태어난 사람들은 새로운 영적 소망을 가지게 된다.

(5) 그리스도인의 소망은 이 뛰어난 축복을 소유하는 것이다. 그것은 바로 산 소망이다. 참된 그리스도인에게 있는 영생의 소망은 그를 살아있게 하고, 그를 활기 있게 하고, 그를 도와주고, 그리고 그를 하늘나라로 인도하는 소망이다. 소망은 영혼의 원기를 북돋워 주고 활기를 불어넣어 주어 행동하게 하고, 인내하게 하고, 용기를 일으켜 주고, 그리고 끝까지 견디게 해준다. 거듭나지 못한 사람들의 망상적인 소망들은 무익하고, 소멸하는 것들이다. 위선자와 그의 소망은 다 함께 사라지고 죽어 없어지게 될 것이다. 불경건한 자가 이익을 얻었으나 하나님이 그의 영혼을 거두실 때에는 무슨 희망이 있으랴(욥 27:8).

(6) 예수 그리스도를 죽은 자 가운데서 부활하게 하신 하나님의 은혜가 그리스도인의 소망의 근거와 기초이다. 그리스도의 부활은 심판자로서의 아버지 하나님의 사역과 죄와 사망의 정복자로서의 성자 하나님의 사역이다. 그리스도의 부활은 아버지 하나님께서 그리스도의 죽음을 우리의 죄의 대속을 완전하게 이행한 것으로 인정하셨다는 사실을 나타낸다. 그리스도는 죽음과 무덤과 우리의 모든 영적 원수들을 이기신 것을 하나님께서 인정하셨다. 또한 그 사실

에 대한 하나님의 인정은 우리 자신의 부활에 대한 확증의 표시이기도 하다. 그리스도와 그의 백성 사이는 아무리 해도 떼어 놓을 수 없는 관계를 맺고 있다. 그리스도의 백성은 심판자로서의 그리스도의 권능이 아니라 오히려 그들의 머리로서의 그리스도의 부활을 힘입어 다시 살아나게 된다. 그러므로 너희가 그리스도와 함께 다시 살리심을 받았으면 위의 것을 찾으라 거기는 그리스도께서 하나님 우편에 앉아 계시느니라(골 3:1). 이 모든 사실을 종합해 볼 때 그리스도인들은 자신의 영생의 소망을 중생과 부활의 이 두 가지 견고한 확실한 기반 위에 세워야 할 것이다.

Ⅱ. **유대인 그리스도인들에게 다시 새롭게 태어난 것과 영생의 소망을 가지게 된 것을 축사한 뒤에 베드로 사도는 그들이 유업을 잇는삶을 생각하고 살 것을 계속해서 진술하고 있다.** 베드로 사도는 이것을 아주 적절한 방법으로 그들에게 이야기한다. 왜냐하면 이 유대인 그리스도인들이 가난하고 핍박을 받고, 그리고 그들의 본래 유업(기업)에서 쫓겨났을 것이기 때문이다. 이러한 불만을 덜어주기 위하여 베드로 사도는 그들이 잃어버린 것보다 비할 수 없이 더 좋은 새로운 유업을 잇기 위하여 새로 태어났다고 그들을 위로해주고 있다. 더욱이 그들은 대개가 유대인들이었다. 그래서 그들은 물려받은 그들의 유업의 땅인 가나안 땅을 대단히 사랑했다. 그 땅은 하나님께서 정착하게 해주신 약속의 땅이었다. 그런데 그들이 여호와께서 주신 유업의 땅에서 살지 못하고 쫓겨나게 된 것은 심한 심판을 받은 것으로 생각되었다. 그들이 여호와 앞에 저주를 받으리니 이는 그들이 이르기를 너는 가서 다른 신들을 섬기라 하고 오늘 나를 쫓아내어 여호와의 기업에 참여하지 못하게 함이니이다 하니라(삼상 26:19). 이런 형편에 처해 있는 그들을 위로해주기 위하여 그들을 위하여 하늘나라에 훨씬 좋은 유업이 마련되어 있다는 것을 그들에게 상기시켜 주고 있다. 가나안 땅과 같은 그러한 유업은 하늘나라의 유업과 비교할 때 그림자에 불과한 것이었다. 여기서 다음의 사실들을 주목하라.

1. 하늘나라는 하나님의 모든 자녀들이 물려받게 될 확실한 유업이다. 거듭난 사람들은 모두 사람이 자신의 자식을 상속자로 삼는 것처럼 하늘나라의 유업을 물려받기 위해 태어난 것이다. 바울 사도는 이렇게 주장한다. 자녀이면 또한 상속자 곧 하나님의 상속자요 그리스도와 함께 한 상속자니(롬 8:17). 하나님께서는 그의 은사들을 모든 사람들에게 베풀어주시지만 유업은 하나님의 자녀들

에게만 주신다. 중생과 입양으로 하나님의 아들들과 딸들이 된 사람들은 영원한 유업의 약속을 받게 된다. 이로 말미암아 그는 새 언약의 중보자시니 이는 첫 언약 때에 범한 죄에서 속량하려고 죽으사 부르심을 입은 자로 하여금 영원한 기업의 약속을 얻게 하려 하심이라(히 9:15). 이 기업은 우리가 산 것이 아니라 하나님 아버지께서 주신 선물 즉 은사이다. 그 기업은 우리가 일한 삯이 아니며, 우리가 먼저 하나님의 자녀들이 된 다음에 견고하고 변함 없는 언약으로 우리에게 약속된 이 기업을 물려받게 되는 은혜의 결과이다.

2. 이 유업의 비할 수 없이 뛰어난 장점은 네 가지이다. 그것들은 다음과 같다.

(1) 이 유업은 썩어지지 아니하는 하나님(롬 1:23)이신 유업의 창조자처럼 썩지 않는다. 모든 썩는 것은 더 나은 상태에서 더 나쁜 상태로 변하는 것이다. 그러나 하늘나라는 변하지도 않고 끝나지도 않는다. 하늘나라에 있는 집은 영원하므로 그 집을 소유한 사람들도 영원히 살게 될 것이다. 이 썩을 것이 반드시 썩지 아니할 것을 입겠고 이 죽을 것이 죽지 아니함을 입으리로다(고전 15:53).

(2) 이 유업은 지금 하늘나라의 이 집을 소유하고 계신 거룩하고 악이 없고 더러움이 없는(히 7:26) 위대하신 대제사장처럼 더러워지지 않는다. 이 세상을 크게 더럽히는 것이 두 가지가 있는데 그것은 죄와 불행이다. 죄와 불행은 세상의 아름다움을 해친다. 그러나 그런 것들이 하늘나라에는 있을 곳이 전혀 없다.

(3) 이 유업은 쇠하지 않는다. 이것은 그 활력과 아름다움을 항상 간직하고 있고, 그리고 그 유업을 소유한 성도들을 언제나 환대하고 즐겁게 해주기 위하여 이 유업은 시들거나 쇠하지 않고 언제나 그대로 있다. 그것은 호리라도 싫증나거나 염증을 느낄 일이 결코 없다.

(4) "너희를 위하여 하늘에 간직하신 것이라." 이 말씀은 우리에게 다음과 같은 가르침을 주고 있다.

[1] 이것은 영광스러운 유업이다. 왜냐하면 그것이 하늘나라에 있고, 그리고 그 곳에 있는 모든 것은 다 영광스럽기 때문이다. 너희 마음의 눈을 밝히사 그의 부르심의 소망이 무엇이며 성도 안에서 그 기업의 영광의 풍성함이 무엇이며 그의 힘의 위력으로 역사하심을 따라 믿는 우리에게 베푸신 능력의 지극히 크심이 어떠한 것을 너희로 알게 하시기를 구하노라(엡 1:18-19).

[2] 이 유업은 내세에 받을 확실한 상속권이다. 그것은 우리가 소유하게 될 때

까지 하늘나라에 안전하게 간직되고 보존되어 있을 것이다.

[3] 간직되어 있는 그 유업을 받게 될 사람들의 명단은 그들의 이름들로 등재되어 있는 것이 아니라 그들의 성품으로 등재되어 있을 것이다. 그 이유는 우리를 거듭나게 하사 산 소망이 있게 하시기 위하여 이다. 이 유업은 바로 다른 사람들이 아니라 거듭난 사람들을 위하여 간직되어 있다. 거듭나지 않은 사람들은 다 하늘나라의 그 집에 들어가지 못하고 영원히 쫓겨나게 될 것이다.

III. 이 유업은 미래에 받을 것으로 기술되어 있다. 그것은 시간과 공간이 멀리 떨어져 있는 곳에 있다. 그래서 베드로 사도는 이 유대인 신자들이 하늘나라로 가는 길에서 혹시나 탈락되지나 않을까 염려하는 그들의 의심이나 불안을 헤아리고 이런 말을 하고 있는 것이다. "하늘나라에 안전하게 행복과 축복이 간직되어 있을지라도 우리는 아직 이 땅에 살고 있다. 그러므로 우리가 많은 시험들과 불행들과 질병들을 겪을 수가 있다. 그러나 우리는 하늘나라로 확실히 가게 될 안전한 상태에 있으니 염려할 것이 무엇이냐?" 베드로 사도는 그들이 하늘나라로 갈 때까지 안전하게 보호를 받고 인도를 받게 될 것이라고 권면하고 있다. 그러므로 그들은 영원한 생명의 나라에 무사히 도달하게 되는 것을 방해할 수 있는 모든 파멸적인 시험들과 상해들로부터 반드시 보호를 받게 될 것이다. 지상의 재산 상속권은 상속자가 살아서 그것을 반드시 누릴 수 있다는 확실한 보장이 결코 없다. 그러나 하늘나라의 상속자들은 그것을 확실하게 물려받고 누릴 수 있을 때까지 안전하게 인도를 받게 될 것이다. 여기에 약속된 축복은 보호이다. 너희는 보호하심을 받았느니라. 보호의 주체는 하나님이시다. 그 목적을 위하여 우리가 사용하는 수단은 우리 자신의 믿음과 관심이다. 우리가 보호를 받는 목적은 구원을 얻기 위한 것이다. 우리가 이 모든 것의 보장과 결과를 보게 될 때는 마지막 때 말세이다. 여기서 다음의 사실들을 주목하라.

1. 그러한 보호는 하나님의 백성들에 대한 하나님의 온유하신 보살핌과 관심에서 비롯된 것이다. 하나님께서는 그의 백성들에게 은혜를 베풀어 주실 뿐만 아니라 영광에 이를 때까지 그들을 보호도 해주신다. 하나님의 백성들이 위험에서 보호를 받고 구원을 받게 된다는 것은 그들이 공격을 받을 수는 있지만 그 공격이 하나님의 백성을 이길 수는 없다는 사실을 암시해주고 있다.

2. 영생에 이르도록 거듭난 사람을 보호하는 것은 하나님의 권능의 영향이

다. 보호하는 일의 막중함, 많은 원수들, 그리고 우리 자신의 허약함으로 말미암아 전능하신 권능이 아니고는 영혼을 온전히 구원할 수가 없다. 그러므로 성경은 인간의 구원을 하나님의 권능의 영향이라고 종종 말씀한다. 이는 내 능력이 약한 데서 온전하여짐이라 하신지라 그러므로 도리어 크게 기뻐함으로 나의 여러 약한 것들에 대하여 자랑하리니 이는 그리스도의 능력이 내게 머물게 하려 함이라 (고후 12:9). 그가 서 있는 것이나 넘어지는 것이 자기 주인에게 있으매 그가 세움을 받으리니 이는 그를 세우시는 권능이 주께 있음이라(롬 14:4).

3. 하나님의 권능에 의한 보호와 보존이 인간의 노력을 소용없게 하지를 않는다. 그것은 인간 자신의 구원에 관심을 갖고 돌보게 한다. 하나님의 권능과 인간의 믿음이 구원을 얻게 한다. 이것은 구원에 대한 간절한 열망, 하나님의 부르심과 약속에 따라 그리스도를 의지하고, 하나님을 기쁘시게 하는 것은 부지런히 다 행하고, 하나님이 싫어하시는 것은 무엇이든지 다 피하고, 유혹들은 혐오하고, 보상을 귀히 여기고, 그리고 부지런히 기도하는 것을 당연히 수반한다. 그러한 끈기 있고 실천하고 이기는 믿음을 통해 우리는 하나님의 은혜의 도움을 받게 되고 구원에 이르기까지 보호하심을 받게 된다.

4. 이 구원은 말세에 나타내기로 예비하신 구원이다. 성도들의 구원에 대한 세 가지 사실들이 여기서 기술되고 있다. 그것들은 다음과 같다.

(1) 이 구원은 성도들을 위하여 이미 하늘나라에 준비되어 있다.

(2) 이 구원이 이미 준비되어 있는 것이긴 할지라도 그것을 도무지 찾지 않는 무식하고 눈이 먼 세상 사람들에게 뿐만 아니라 구원받을 상속자들에게조차도 아직은 상당 부분이 감추어져 있고 드러나 있지 않다. 사랑하는 자들아 우리가 지금은 하나님의 자녀라 장래에 어떻게 될지는 아직 나타나지 아니하였으나 그가 나타나시면 우리가 그와 같을 줄을 아는 것은 그의 참 모습 그대로 볼 것이기 때문이니 주를 향하여 이 소망을 가진 자마다 그의 깨끗하심과 같이 자기를 깨끗하게 하느니라 (요일 3:2-3).

(3) 이 구원은 최후의 심판 날이나 말세에 완전하게 드러나게 될 것이다. 이제는 우리 구주 그리스도 예수의 나타나심으로 말미암아 나타났으니 그는 사망을 폐하시고 복음으로써 생명과 썩지 아니할 것을 드러내신지라(딤후 1:10). 그러나 이 생명은 영혼이 그리스도 앞에 나아가 그리스도의 영광을 바라보게 되는 때인 죽음을 통해 더욱 영광스럽게 드러나게 될 것이다. 그러나 이 계시보다 더 충분

하고 뛰어난 최종적인 계시가 마지막 날에 드러나게 될 것이다. 마지막 날에 성도들이 받을 축복에 대한 계시는 성도들의 몸이 부활하여 그들의 영혼과 다시 결합하게 되고, 천사들과 사람들을 심판하게 되고, 그리고 그리스도께서 모든 세상 사람들 앞에서 그의 종들을 공개적으로 높이시고 칭찬하시고 상을 주실 때 더 완전하고 분명하게 드러나게 될 것이다.

⁶그러므로 너희가 이제 여러 가지 시험으로 말미암아 잠깐 근심하게 되지 않을 수 없으나 오히려 크게 기뻐하는도다 ⁷너희 믿음의 확실함은 불로 연단하여도 없어질 금보다 더 귀하여 예수 그리스도께서 나타나실 때에 칭찬과 영광과 존귀를 얻게 할 것이니라 ⁸예수를 너희가 보지 못하였으나 사랑하는도다 이제도 보지 못하나 믿고 말할 수 없는 영광스러운 즐거움으로 기뻐하니 ⁹믿음의 결국 곧 영혼의 구원을 받음이라

첫 번째 단어 그러므로(wherein)는 베드로 사도가 성도들의 현재의 뛰어난 신분과 장래의 큰 소망에 대해 앞서 주장한 것들을 요약해 말하고 있다. "이러한 상황에서 너희가 크게 기뻐하는도다. 그러나 잠깐 동안이기는 할지라도 필요하다면 너희가 이제 여러 가지 시험으로 말미암아 근심하게 되지 않을 수 없으리라"(6절).

I 베드로 사도는 유대인 신자들이 큰 어려움에 처해 있다는 것을 전제하고 그들의 슬픔을 덜어줄 수 있는 몇 가지 제안들을 제시하고 있다. 여기서 다음의 사실들을 주목하라.

1. 모든 건전한 그리스도인은 어떠한 일에서든지 크게 기뻐할 수 있는 무언가를 언제나 가지고 있다. 크게 기뻐하는 것은 마음의 내적인 잔잔한 평온함이나 안락한 기분보다 훨씬 나은 것을 내포하고 있다. 크게 기뻐하는 것은 용모와 행동에서도 드러나지만 특별히 찬양과 감사에서 더욱 분명하게 드러날 것이다.

2. 선한 그리스도인의 대표적인 기쁨은 영적이고 하늘의 것들에서 나오고, 그리고 하나님과 하늘나라에 대한 그의 관계에서 생겨난다. 이러한 것들을 통하여 모든 건전한 그리스도인은 크게 기뻐한다. 그의 기쁨은 아주 귀하고 명예로운 확실한 그의 천국 보물을 통해서 일어난다.

3. 아주 훌륭한 그리스도인들조차도, 즉 크게 기뻐할 이유들을 가진 사람들조차도 여러 가지 시험들을 통하여 큰 어려움에 빠질 수도 있다. 온갖 종류의 역경들은 믿음과 인내와 지조를 흔드는 유혹들이거나 시련들이다. 그런데 이러한 시험들은 하나씩 나타나는 법이 좀처럼 없다. 여러 가지 시험들이 동시에 나타나고, 각기 다른 방향에서 튀어나온다. 그래서 그 시험들의 영향은 아주 클 수밖에 없다. 인간으로서 우리들은 개인과 가정적인 슬픔들을 겪을 수밖에 없다. 그리스도인으로서 하나님에 대한 우리의 의무도 우리로 하여금 자주 슬픔에 젖게 만든다. 그리고 불쌍한 사람들에 대한 우리의 동정, 하나님께 행한 불명예, 하나님의 교회의 재난들, 그리고 인간들 자신의 어리석음과 하나님의 징벌로 말미암은 인간의 멸망 등이 경건하고 자비로운 사람의 마음에 언제나 슬픔이 일어나게 한다. 내가 그리스도 안에서 참말을 하고 거짓말을 아니 하노라 나에게 큰 근심이 있는 것과 마음에 그치지 않는 고통이 있는 것을 내 양심이 성령 안에서 나와 더불어 증거하노니(롬 9:1-2).

4. 선한 사람들의 고통과 슬픔들은 잠시 동안 뿐이다. 그것들은 일시적일 뿐이다. 그것들이 아프게 타격할 수도 있지만 잠깐일 뿐이다. 인생 자체도 잠깐일 뿐인데 인생의 슬픔과 고통들이 인생보다 더 오래 갈 수는 없는 법이다. 어떤 고통이든 그 짧음이 그 고통의 무거움과 어려움을 많이 누그러뜨려준다.

5. 심한 어려움이 그리스도인의 유익을 위해 필요할 때도 가끔 있다. 잠깐 근심하게 되지 않을 수 없으나 오히려 크게 기뻐하는도다. 하나님께서는 그의 백성을 일부러 괴롭히는 법이 없으시다. 그러나 하나님은 우리의 필요에 따라 적절하게 판단하시어 처리를 하신다. 오히려 하나님의 처리에는 우리의 절대적인 필요에 따른 형편과 적절함이 언제나 존재한다. 잠깐 근심하게 되지 않을 수 없으나라는 표현이 그것을 의미한다. 그러므로 이것은 아무도 이 여러 환난 중에 흔들리지 않게 하고 우리가 이것을 위하여 세움 받은 줄을 너희가 친히 알게 하기 위한 것이다(살전 3:3). 따라서 이러한 심한 어려움들은 우리에게 필요하지 않으면 절대 닥치는 법이 없다. 그리고 그 고통이나 어려움이 설사 필요하다고 하더라도 그것이 필요 이상으로 우리에게 머무는 법이 없다.

II. 베드로 사도는 그들이 겪는 어려움들의 목적과 그 가운데에서 행하는 그들의 기쁨의 근거를 진술한다. 너희 믿음의 확실함은 불로 연단하여도 없어질 금보다 더 귀하여 예수 그리스도께서 나타나실 때에 칭찬과 영광과 존귀를 얻게 할 것이니라(7절). 선한 사람들이 겪는 고난의 목적은 그들의 믿음을 연단하기 위한 것이다. 이 연단의 본질은 불로 연단하여도 없어질 금보다 더 귀하게 만들기 위한 것이다. 이 연단의 효과는 예수 그리스도께서 나타나실 때에 칭찬과 영광과 존귀를 얻게 하는 것이다. 여기서 다음의 사실들을 주목하라.

1. 신실한 그리스도인들의 고난은 그들의 믿음을 연단하기 위한 것이다. 그의 백성을 고난당하게 하시는 하나님의 계획은 그들을 파멸시키는 것이 아니라 그들의 믿음을 검증하기 위한 것이다. 다시 말해서 그것은 그들을 망하게 만들기 위한 것이 아니라 유익을 주기 위한 것이다. 연단이란 그 단어가 의미하는 그대로 어떤 사람의 믿음의 가치와 힘을 증명하기 위하여 그에게 시험을 거치게 함으로써 그를 검증하고 조사하는 것이다. 이 연단은 어떤 다른 은혜보다도 주로 믿음을 대상으로 한다. 왜냐하면 이 믿음의 연단이 실제로 우리의 모든 선한 것을 단련하게 되기 때문이다. 우리가 믿는 그리스도교는 우리의 믿음을 근거로 한다. 만일 이 믿음이 부족하게 되면 우리에게 영적으로 선한 것은 하나도 존재하지 않게 될 것이다. 그리스도는 베드로 사도의 믿음이 떨어지지 않도록 그를 위하여 기도하신다(눅 22:32). 그러한 도움을 받게 된다면 모든 다른 사람들도 견고하게 견디게 될 것이다. 선한 사람들의 믿음이 연단을 받는 것은 그들 자신들이 그 믿음의 위로를 받고, 그 믿음으로 하나님을 영화롭게 하고, 그리고 다른 사람들에게 그 믿음의 유익을 나눠주기 위한 것이다.

2. 연단을 받은 믿음은 불로 연단을 받은 금보다 훨씬 귀하다. 여기에는 이중의 비교가 표현되고 있다. 즉 금의 연단과 믿음의 연단이 비교되고 있다. 금은 모든 금속 가운데 가장 값이 비싸고, 순수하고, 유용하고, 그리고 내구성이 강하다. 그리스도인의 덕 가운데 믿음도 그와 같다. 믿음은 그 영혼이 하늘나라에 들어갈 때까지 지속이 된다. 그 다음에는 그 믿음이 영원히 하나님의 영광스러운 열매를 맺게 된다. 믿음의 연단은 금의 연단보다 말할 수 없이 훨씬 귀하다. 믿음과 금은 다 같이 연단을 통해 순화되고, 찌꺼기가 분리되고, 그리고 순수하고 좋은 것이 발견되게 된다. 금은 불의 연단을 통해 그것이 늘어나거나 불어나지는 않는다. 오히려 금은 연단할수록 더 줄어든다. 그러나 믿음은 역경과 고난들의 연단을 통해 굳건하게 서게 되고, 성장이 되고, 그리고 커지게 된다. 금은 결국 없어지게 되어 있다. 그러나 믿음은 결코 없어지지 않을 것이다. 내가 너를 위하여 네 믿음이 떨어지지 않기를 기도하였다(눅 22:32).

3. 믿음의 연단은 칭찬과 영광과 존귀를 얻게 될 것이다. 존귀는 사람이 다른 사람을 정당하게 존경하고 귀하게 여기는 것이다. 마찬가지로 하나님과 사람들이 성도들을 존귀하게 여길 것이다. 칭찬은 존경을 나타내는 표현이거나 선언하는 것이다. 그와 마찬가지로 그리스도께서도 그의 백성들을 마지막 그 날에 내 아버지의 복을 받을 자들아 이리로 오라 말씀하시며 칭찬하실 것이다. 영광은 존귀하게 되고 칭찬을 받은 사람이 하늘나라에서 빛을 발하게 되는 광채를 의미한다. 선을 행하는 사람에게는 영광과 존귀와 평강이 있으리니(롬 2:10). 만일 연단을 받은 믿음이 칭찬과 존귀와 영광을 얻게 된다면 그 믿음이 고난들로 말미암아 공격을 받고 시험을 당하게 될지라도 이 믿음이 금보다 말할 수 없이 귀한 것이라고 너희에게 권하고 추천할 것이다. 만일 너희가 믿음과 금에 대한 평가를 지금 적용하든 마지막 날에 적용하든지 한다면 세상 사람들이 아무리 그것을 믿을 수 없는 역설이요 모순이라고 할지라도 이것은 사실로 드러나 너희가 칭찬과 존귀와 영광을 얻게 될 것이다.

4. 예수 그리스도는 영광 가운데 다시 나타나실 것이다. 그리고 그리스도께서 나타나실 때 성도들도 그와 더불어 나타나게 될 것이고, 그리고 그들의 받은 은혜들이 찬란하게 빛을 발하게 될 것이다. 그러므로 성도들이 연단을 많이 받으면 받을수록 그들이 나타날 때 더욱 빛을 발하게 될 것이다. 연단은 얼마 안 있어 끝나게 될 것이다. 그러나 영광과 존귀와 칭찬은 영원히 지속될 것이다. 이 사실이 너희가 지금 당하는 고난들을 견디게 해주게 될 것이다. 우리가 잠시 받는 환난의 경한 것이 지극히 크고 영원한 영광의 중한 것을 우리에게 이루게 함이니 우리가 주목하는 것은 보이는 것이 아니요 보이지 않는 것이니 보이는 것은 잠깐이요 보이지 않는 것은 영원함이라(고후 4:17-18).

Ⅲ. 베드로 사도는 초대 그리스도인들의 믿음을 두 가지 면에서 칭찬하고 있다. 그것들은 다음과 같다.

1. 믿는 대상이 보이지 아니하시는 예수님이라는 사실을 칭찬한다. 베드로 사도는 주님을 육체로 직접 보았다. 그러나 이 흩어져 있는 유대인들은 예수님을 한 번도 본 적이 없었다. 그럼에도 불구하고 그들은 예수님을 믿었다. 예수를 너희가 보지 못하였으나 사랑하는도다 이제도 보지 못하나 믿고 말할 수 없는 영광스러운 즐거움으로 기뻐하니(8절). 믿음의 일면은 하나님의 존재나 그리스도의 존재를 믿는 것이다(마귀들도 이렇게 믿는다). 믿음의 또 다른 면은 하나님의 가

치를 믿는 것이다. 이 믿음은 하나님께 복종하고, 하나님을 의지하고, 그리고 하나님이 약속하신 모든 좋은 것을 기대하는 것을 의미한다.

2. 그들의 믿음이 발생시키는 두 가지 두드러진 열매와 영향은 사랑하고 기뻐하는 것이다. 이 기쁨은 말로 다 표현할 수 없는 큰 기쁨이다. 믿고 말할 수 없는 영광스러운 즐거움으로 기뻐하니. 여기서 다음의 사실들을 깨우치도록 하라.

(1) 그리스도인의 믿음은 계시된 것들에 대해 철저하게 아는 것이지 보는 것이 아니다. 감각은 느낄 수 있고 실재하는 것들을 교감한다. 이성은 더 높은 안내자이다. 확실한 연역적 추론을 통해 이성은 원인의 발생과 사건들의 객관적인 확실성을 추리할 수 있다. 그러나 믿음은 더 높이 올라간다. 믿음은 감각과 이성이 결코 발견할 수 없는 계시에 근거한 아주 특별한 것들을 확신할 수 있게 해준다. 믿음은 바라는 것들의 실상이요 보지 못하는 것들의 증거이다(히 11:1).

(2) 참된 믿음은 결코 외롭지 않다. 참된 믿음은 예수 그리스도에 대한 강한 사랑을 일으킨다. 참된 그리스도인들은 예수님을 신실하게 사랑한다. 왜냐하면 그들이 예수님의 가치와 인격을 믿기 때문이다. 이 사랑은 예수님에 대한 최고의 존경, 그를 갈망하는 깊은 열망, 주님과 하나가 되려는 의지, 주님을 생각하는 즐거움, 봉사와 고난을 통한 기쁨 등을 스스로 발생시킨다.

(3) 그리스도에 대한 참된 믿음과 사랑이 있는 곳에는 말할 수 없는 영광스러운 즐거움으로 기쁨이 넘치게 된다. 이 기쁨은 말로 표현할 수 없는 지극한 즐거움이다. 이 기쁨이 실제적인 체험을 통해 발견할 수 있는 최상의 것은 충만한 영광이다. 그 영광은 하늘나라에 충만하다. 성장하는 그리스도인들의 현재의 기쁨 속에는 장차 받을 축복과 영광이 많이 들어있다. 그리스도인들의 믿음은 슬픔의 원인들을 제거해주고, 그리고 기뻐할 수 있는 가장 좋은 이유들을 제공해준다. 선한 사람들이 어둠의 길을 걸을 때도 있지만 그것은 종종 그들 자신의 실수나 무지 때문이다. 또는 그들이 헤매게 되는 것은 두려워하는 성격이나 우울증 때문일 수도 있다. 또는 그러한 것이 최근에 저지른 어떤 죄의 행위나 섭리에 의한 서글픈 심판 때문일 수도 있다. 그러나 참된 신자들은 현재 위로 받을 일이 없지만 주 안에서 기뻐해야 할 이유와 그들의 구원의 하나님을 즐거워해야 할 이유를 발견하게 된다. 비록 무화과나무가 무성하지 못하며 포도나무에 열매가 없으며 감람나무에 소출이 없으며 밭에 먹을 것이 없으며 우리에 양이 없으며 외양간에 소가 없을지라도 나는 여호와로 말미암아 즐거워하며 나의 구원의 하나님

으로 말미암아 기뻐하리로다(합 3:18). 이들 초대 교회 그리스도인들은 말할 수 없는 기쁨으로 즐거워할 수가 있었다. 그 이유는 그들이 날마다 믿음의 결국 곧 영혼의 구원을 받기 때문이다(9절). 여기서 다음의 사실들을 주목하라.

[1] 그들이 받은 축복은 영혼의 구원이었다. 그 구원을 여기서 믿음의 결국이라고 부르고 있다. 그것은 영혼의 구원이 믿음의 목적이라는 것이다. 믿음이 끝나는 목적지는 영혼의 구원이다. 믿음은 영혼의 구원에 도움을 준다. 그리고 믿음은 영혼의 구원을 이루고 난 뒤에 영원히 멈춘다.

[2] 베드로 사도는 현재의 구원의 상태에 대해 이야기하고 있다. 너희가 실제로 지금 너희 믿음의 목적과 결국을 받고 있다.

[3] 여기서 사용되고 있는 말은 승리자가 이기면 심판관으로부터 면류관이나 상을 받는 경기장의 모습을 연상시킨다. 영혼의 구원도 그와 마찬가지이다. 이 그리스도인들이 찾고 있는 상이 영혼의 구원이었다. 그들이 얻으려고 애를 썼던 면류관이 바로 영혼의 구원이었다. 그들이 날마다 다가가려고 힘을 기울이던 그 목적지가 점점 가까이 다가오고 있었다. 여기서 다음의 사실들을 깨우치도록 하라.

첫째, 모든 신실한 그리스도인은 자신의 영혼의 구원을 날마다 받고 있다. 구원은 영원한 것이다. 구원은 현세에서 시작되지만 죽음으로 중단되지 않고 영원까지 지속된다. 이 유대인 신자들은 거룩한 마음과 생활 가운데 천국 생활이 시작되었다. 그들은 신앙의 의무들을 행하고, 하나님과 교통하고, 천국 기업의 보증을 확신하고, 그리고 성령의 증언을 통하여 천국 백성으로 살기 시작했다. 사도는 이 슬픔에 빠진 백성들에게 이 사실을 적절하게 권면했다. 그들은 세상에서 지는 쪽에 서 있었고 어려움을 겪고 있었다. 그러나 사도는 그들이 지금 받고 있는 것을 상기시켜 주고 있다. 그들이 세상의 것을 잃는다고 할지라도 그들 모두는 영혼의 구원을 내내 받고 있는 것이다.

둘째, 그리스도인이 자신의 영혼의 구원을 목적으로 삼는 것은 합법적이다. 우리가 규칙적으로 하나님의 영광을 구한다면 우리는 반드시 하나님의 축복을 받게 될 것이다. 그러므로 하나님의 영광과 우리 자신의 축복은 아주 밀접하게 연관되어 있다.

[10]이 구원에 대하여는 너희에게 임할 은혜를 예언하던 선지자들이 연구하고 부지런

히 살펴서 ¹¹자기 속에 계신 그리스도의 영이 그 받으실 고난과 후에 받으실 영광을 미리 증언하여 누구를 또는 어떠한 때를 지시하시는지 상고하니라 ¹²이 섬긴 바가 자기를 위한 것이 아니요 너희를 위한 것임이 계시로 알게 되었으니 이것은 하늘로부터 보내신 성령을 힘입어 복음을 전하는 자들로 이제 너희에게 알린 것이요 천사들도 살펴보기를 원하는 것이니라

베드로 사도는 자신의 편지를 받은 사람들을 서술하고 그들이 처한 아주 유리한 조건들을 주장한다. 그런 뒤에 그는 그들에게 자신들이 구원받은 보증이 무엇인지를 보여주고 있다. 그들이 유대인들이고, 그리고 구약 성서를 깊이 존경하고 있었기 때문에 베드로 사도는 선지자들의 권위를 의지하여 예수 그리스도를 믿음으로 받는 구원의 교리가 전혀 새로운 가르침이 아니라 오히려 옛날 선지자들이 부지런히 연구하고 찾던 것과 같은 가르침이라는 사실을 유대인들에게 납득시키고 있다. 여기서 다음의 사실들을 주목하라.

I. 누가 이 구원을 부지런히 연구하고 찾았나? 그들은 선지자들이었다. 선지자들은 그들 자신의 연구나 능력의 한계를 벗어난 놀라운 일들을 하나님의 감동을 받아 행하거나 말하는 사람들이었다. 선지자들은 성령의 지시와 인도를 받아 하나님의 뜻을 계시하고 미래의 일들을 예언하는 사람들이었다.

II. 선지자들이 찾는 대상. 그것은 영혼의 구원이었고 너희에게 임할 하나님의 은혜였다. 예수 그리스도를 통한 모든 민족의 일반적인 구원, 그리고 특별히 유대인들에게 부여된 구원은 이스라엘 집의 잃어버린 양 외에는 다른 데로 보내심을 받지 아니한(마 15:24) 그리스도로부터 그들에게 임할 구원이었다. 선지자들은 복음 시대가 되면 보고 들을 수 있기를 갈망하는 빛과 은혜와 위로를 앞서 보았다. 그것들은 교회에 임하고 있는 것들이었다.

III. 선지자들이 연구하는 태도. 선지자들이 연구하고 부지런히 살폈다. 이 말들은 강하고 뚜렷하다. 이 말들의 느낌은 땅 밑을 파고 들어가 흙과 바위를 깨부수고 광석에 도달하려고 애를 쓰는 광부들을 연상시킨다. 마찬가지로 이 거룩한 선지자들도 메시야 시대에 계시될 하나님의 은혜를 알고 싶은 뜨거운 갈망이 있었고, 그리고 그것을 찾기 위해 부지런히 노력했다. 하나님의 영의 영감을 받은 선지자들은 근면하게 연구해야만 했다. 왜냐하면 그들이 하나님의 뛰어난 도움을 받기는 했지만 지혜와 지식을 향상시키기 위한 모든 일반적인

방법들을 다 사용해야만 했기 때문이다. 다니엘은 하나님께 크게 사랑을 받고 감동을 받은 사람이었다. 그럼에도 불구하고 다니엘이 책을 통해 여호와께서 말씀으로 선지자 예레미야에게 알려 주신 그 연수를 깨달았다(단 9:2). 선지자들이 받은 계시조차도 그들의 부지런한 연구와 명상과 기도를 필요로 했다. 왜냐하면 많은 예언들이 이중의 의미를 지니고 있었기 때문이다. 그래서 선지자들이 일차적으로 알고자 했던 예언의 의미는 어떤 사람이나 임박한 어떤 사건에 관한 것이었다. 그러나 선지자들의 궁극적인 목적은 그리스도의 인격과 고난과 왕국을 설명하기 위한 것이었다. 여기서 다음의 사실들을 주목하라.

1. 예수 그리스도를 통한 인간 구원의 교리는 가장 위대하고 가장 현명한 사람들의 연구와 존경의 대상이었다. 그들은 그 고상한 주제에 대해 아주 깊은 관심과 진지함을 가지고 열심히 연구했다.

2. 선한 사람은 자신뿐만 아니라 다른 사람들에게도 하나님의 은혜와 자비를 전달해주기를 사랑하고 기뻐한다. 선지자들은 그리스도의 강림에 대해 유대인들과 이방인들에게 보여주는 하나님의 예언의 전망들을 전파하기를 아주 좋아했다.

3. 이 위대한 구원과 그 속에서 빛나는 하나님의 은혜를 잘 알기를 바라는 사람들은 그것을 더 자세히 알기 위하여 연구하고 부지런히 노력해야만 할 것이다. 하나님의 영감을 받은 선지자들도 그렇게 할 필요가 있었다면 우리처럼 허약하고 지각 없는 사람들은 무엇을 더 말할 수 있겠는가!

4. 복음을 통해 임한 은혜는 그 이전에 임했던 모든 은혜보다 훨씬 뛰어난 것이었다. 복음의 시대는 그 이전에 있었던 어떤 시대보다도 훨씬 빛나고, 분명하고, 알기 쉽고, 드넓고, 효과적이고, 실제적이다.

Ⅳ. 옛날 선지자들이 주로 연구했던 특별한 문제들이 11절에 기술이 되고 있다. 예수 그리스도는 선지자들의 연구의 주된 주제였다. 그러므로 그리스도에 대한 계시를 통해 선지자들이 아주 깊이 연구한 주제는 다음과 같은 것들이었다.

1. 그리스도의 낮아지심과 죽으심, 그리고 그리스도의 대속의 영광스러운 결과들. 그리스도의 영이 그 받으실 고난과 후에 받으실 영광. 이 주제의 연구는 선지자들이 복음의 전체 전망을 바라보게 해주었다. 즉 그 연구를 통해 선지자들이 예수는 우리가 범죄한 것 때문에 내줌이 되고 또한 우리를 의롭다 하시기 위하여 살

아나셨느니라(롬 4:25)는 복음의 총체를 바라보고 예언하게 했다.

2. 선지자들의 예언에 메시야의 나타나실 때와 방법이 예언이 되고 있다. 확실히 이 거룩한 예언들에는 인자의 시대를 보고 싶어하는 간절한 갈망이 배어 있었다. 그러므로 자연히 그들의 마음은 그 다음으로 인자의 시대가 이루어지는 시대에 집중이 되었다. 그들은 그리스도의 영이 그들 속에 머무는 한 그리스도의 임재에 관한 어떤 것을 예언하고 나타냈었다. 그리스도의 임재 시대의 속성도 그들의 깊은 관심의 대상이었다. 그 시대가 평온한 시대일지 요란한 시대일지 평화의 시대일지 전쟁의 시대일지 그들은 알려고 상당히 노력했다. 여기서 다음의 사실들을 깨우치도록 하라.

(1) 예수 그리스도는 성육신하시기 전에도 실재하셨다. 왜냐하면 그리스도의 영이 그 당시에도 선지자들 속에 계셨기 때문이다. 그러므로 선지자들 당시에 영을 가지셨기 때문에 그리스도는 반드시 실재하셨음이 분명하다.

(2) 삼위일체 교리는 구약 시대의 신자들에게 전적으로 안 알려진 것은 아니었다. 선지자들은 그들 속에 임재하신 영의 영감을 받고 있다는 사실을 알고 있었다. 선지자들은 이 영을 그리스도의 영으로 알고 있었다. 따라서 그들은 그리스도의 영과 그리스도 자신을 분명하게 구별해서 알고 있었음이 분명하다. 여기서도 복수 인격이 사용되고 있다. 삼위일체를 추론할 수 있는 말씀들이 구약의 여러 곳에서 나타나고 있다.

(3) 여기서 성령이 하시는 사역을 말씀하는 내용을 보면 성령이 하나님이심을 증명하고 있다. 성령께서 수백 년 전에 다른 부대 사항들과 함께 그리스도의 고난을 선지자들에게 알려주시고, 찾게 해주시고, 그리고 나타내주셨다. 그리고 성령께서 증언도 하셨다. 성령께서 그 사건의 확실성에 대한 증거와 증언을 미리 주셨다. 성령께서 선지자들을 그 증언으로 감동시키어 그것을 계시하게 하고, 그것의 확증을 위하여 이적들이 일어나게 하고, 그리고 신자들이 그것을 믿을 수 있게 하셨다. 이러한 일들이 그리스도의 영이 바로 하나님이심을 증명해준다. 왜냐하면 성령께서 전능하신 권능과 무한하신 지혜를 지니고 계시기 때문이다.

(4) 예수 그리스도의 본을 통해서 너희가 영광을 받기 전에 섬기는 때와 고난받는 때가 있음을 깨우치도록 하라. 예수 그리스도께서도 섬기셨고 고난을 당하셨다. 제자가 그 선생보다, 또는 종이 그 상전보다 높지 못하나니(마 10:24)라

고 말씀하고 있는데 하물며 우리가 섬기고 고난받는 것이 당연하지 않겠는가! 게다가 고난의 시기는 짧지만 영광의 시기는 영원하다. 고난의 때가 아주 통렬하고 심할지라도 우리가 받을 영광을 막지 못할 것이다. 우리가 잠시 받는 환난의 경한 것이 지극히 크고 영원한 영광의 중한 것을 우리에게 이루게 함이니(고후 4:17).

V. 선지자들의 연구는 결국 성공으로 마감되었다. 선지자들이 알리려 애쓴 거룩한 노력들은 하찮은 것들이 아니었다. 왜냐하면 하나님께서 선지자들의 마음을 평온하고 위로해주시기 위하여 그들에게 만족할 만한 계시를 내려주셨기 때문이다. 선지자들은 이러한 것들이 그들 자신의 시대에 이루어지지 않지만 그 모든 것들이 확실하고 변함없는 것들이고, 그리고 사도 시대에 이루어지게 될 것이라는 사실을 계시 받아 알고 있었다. 자기를 위한 것이 아니요 너희를 위한 것임이 계시로 알게 되었다"(11절). 그러므로 우리도 이 사실들을 성령의 무오한 지시를 받아 온 세계에 전해야 할 것이다. 이 사실들은 천사들도 살펴보기를 원하는 것이다.

우리는 여기서 예수 그리스도를 통한 인간의 구원에 대한 위대한 사건을 연구하는 세 종류의 연구자들이나 탐구자들을 발견하게 된다. 그들은 다음과 같다.

1. 첫 번째 연구자는 선지자들이다. 그들은 인간의 구원을 부지런히 연구했다.

2. 두 번째 연구자는 사도들이다. 그들은 모든 예언들을 상고했고, 그 예언들의 성취를 증언했고, 그리고 그들이 알고 있는 모든 것을 다른 사람들에게 복음 전도를 통해 전했다.

3. 세 번째 연구자는 천사들이다. 그들은 이 주제들을 아주 주의 깊게 살펴보았다. 여기서 다음의 사실들을 깨우치도록 하라.

(1) 그리스도를 알고 우리의 의무를 행하려고 부지런히 노력하는 사람은 좋은 결과로 확실한 응답을 받게 될 것이다. 선지자들은 계시로 응답을 받았다. 다니엘은 계시를 연구하고 정보를 얻었다. 베뢰아 교인들은 성경을 간절히 연구하고 확증을 얻었다.

(2) 아주 거룩하고 좋은 사람들조차도 그들의 합법적이고 경건한 물음들이 거부될 때도 있었다. 이 선지자들이 그리스도께서 세상에 임하실 때를 알도록

허용된 것보다 더 많이 알기를 열망하는 것이 합법적이고 경건한 것이었음에도 불구하고 거부를 당했다. 선한 부모들이 자신의 허약한 자녀들을 위하여 기도하고, 가난한 사람들을 위하여 가난을 벗어나도록 기도하고, 그리고 선한 사람을 위하여 죽지 않게 해달라고 기도하는 것이 합당하고 경건한 것임에도 불구하고 그것들이 종종 거부되었다. 이러한 정직한 요청들이 합당하고 경건한 것임에도 종종 거부된다. 하나님께서는 우리의 요청들과 물음들보다 필요한 것들에 응답해주시기를 더 좋아하신다.

(3) 많은 경우에 자신보다는 다른 사람들을 유익하게 하는 것이 그리스도인의 명예와 의무이다. 선지자들은 자신들을 위해서가 아니라 다른 사람들을 위해서 섬겼다. 우리 중에 누구든지 자기를 위하여 사는 자가 없고 자기를 위하여 죽는 자도 없도다(롬 14:7). 인간이 그 자신의 목적을 위해서 살거나 그 자신을 위해서 사는 것보다 그리스도인의 삶의 원리에 더 배치되는 것은 없다.

(4) 점진적으로 한 덩어리씩 전달되기는 했을지라도 그의 교회들에 내려주신 하나님의 계시들은 모두 완전한 일관성을 지니고 있다. 선지자들의 가르침과 사도들의 가르침들이 동일하신 하나님의 영으로부터 내려온 그대로 정확하게 일치한다.

(5) 복음 사역의 효력은 하늘로부터 내려오시는 성령에 달려 있다. 복음은 성령의 사역이다. 복음 사역의 성공은 성령의 역사와 축복에 달려 있다.

(6) 복음의 신비들과 인간 구원의 방법들은 너무도 영광스러운 것이어서 복된 천사들도 그것들을 살펴보기를 간절히 바라고 있다. 천사들은 그것들을 끈기 있고 세밀하게 열심히 살펴보고 싶어한다. 천사들은 깊은 관심과 높은 존경심을 가지고 인간 구원의 전체 계획을 상고하고 있다. 그들은 특별히 사도가 논의하고 있는 사항들에 많은 관심을 가지고 있다. 속죄소를 덮는 영광의 그룹들이(히 9:5) 했던 것처럼 천사들이 복음의 신비들과 인간의 구원 방법들을 굽어보고 살펴보기를 원한다.

¹³그러므로 너희 마음의 허리를 동이고 근신하여 예수 그리스도께서 나타나실 때에 너희에게 가져다주실 은혜를 온전히 바랄지어다 ¹⁴너희가 순종하는 자식처럼 전에 알지 못할 때에 따르던 너희 사욕을 본받지 말고 ¹⁵오직 너희를 부르신 거룩한 이처럼 너희도 모든 행실에 거룩한 자가 되라 ¹⁶기록되었으되 내가 거룩하니 너희도 거

록할지어다 하셨느니라 ¹⁷외모로 보시지 않고 각 사람의 행위대로 판단하시는 이를 너희가 아버지라 부른즉 너희가 나그네로 있을 때를 두려움으로 지내라 ¹⁸너희가 알거니와 너희 조상이 물려준 헛된 행실에서 대속함을 받은 것은 은이나 금 같이 없어질 것으로 된 것이 아니요 ¹⁹오직 흠 없고 점 없는 어린 양 같은 그리스도의 보배로운 피로 된 것이니라 ²⁰그는 창세 전부터 미리 알린 바 되신 이나 이 말세에 너희를 위하여 나타내신 바 되었으니 ²¹너희는 그를 죽은 자 가운데서 살리시고 영광을 주신 하나님을 그리스도로 말미암아 믿는 자니 너희 믿음과 소망이 하나님께 있게 하셨느니라 ²²너희가 진리를 순종함으로 너희 영혼을 깨끗하게 하여 거짓이 없이 형제를 사랑하기에 이르렀으니 마음으로 뜨겁게 서로 사랑하라 ²³너희가 거듭난 것은 썩어질 씨로 된 것이 아니요 썩지 아니할 씨로 된 것이니 살아 있고 항상 있는 하나님의 말씀으로 되었느니라

여기서 베드로 사도는 앞서 이야기했던 영광스러운 상태에 대한 권면으로 시작한다. 이 권면을 통해 그리스도교는 경건에 따르는 가르침의 종교이므로 우리를 지혜롭게 만들어줄 뿐만 아니라 더 선하게 만들어준다는 사실을 우리는 교훈 받게 된다. 여기서 다음의 사실들을 주목하라.

I. 베드로 사도는 근신과 거룩함에 대해 신자들에게 권면한다.

1. 그러므로 너희 마음의 허리를 동이고 근신하여(13절). 이 말씀을 통해 베드로 사도는 이렇게 말했던 것 같다. "그러므로 다시 말해서 너희가 하늘에 있는 것처럼 아주 귀하고 특별하기에 너희 마음의 허리를 동이고 있어라. 너희는 가야 할 여행길이 남아있고, 달려야 할 경주가 있고, 이겨야 할 싸움이 있고, 그리고 해야 할 큰 일이 있다. 너희는 나그네처럼, 경주자처럼, 전사처럼, 그리고 일꾼처럼 길고 느슨한 옷을 걸어 올리고 질끈 동이고 일을 언제라도 기민하게 할 수 있어야 할 것이다. 그와 마찬가지로 너희의 마음과 속사람도 그렇게 되어야 할 것이다. 마음의 허리를 동이고, 너희를 느슨하게 만들고 게으르게 만들지 않도록 하라. 사치와 무절제를 억제하라. 그리고 마음의 허리와 힘과 활기를 추슬러 의무를 실행하도록 하라. 너희를 방해하는 세상의 헛된 것들을 벗어버리고 마음을 단단히 먹고 하나님의 뜻을 따르도록 하라. 근신하여. 모든 영적인 위험들과 적들을 계속 경계하고, 먹는 것과 마시는 것과 입는 것과 오락과 일과 너희의 모든 행동에 언제나 절제하고 조절하도록 하라. 더 나아가서 실천뿐만 아

니라 의견과 생각과 판단에 있어서도 근신해야 할 것이다." 예수 그리스도께서
나타나실 때에 너희에게 가져다주실 은혜를 온전히 바랄지어다. 베드로 사도가 그
들의 소망을 예수 그리스도의 마지막 나타나실 때에 맞추라고 지시하는 것처
럼 생각되어 이 말씀을 마지막 심판 때를 나타낸다고 해석하는 사람들도 있다.
그러나 이 말씀을 다음과 같이 해석하는 것도 괜찮을 것 같다. "예수 그리스도
의 계시를 통하여 너희에게 임할 은혜를 간절히 소망하라. 다시 말해서 복음으로써
생명과 썩지 아니할 것을 드러내시는(딤후 1:10) 것을 바라라." 여기서 다음의 사
실들을 깨우치도록 하라.

(1) 그리스도인의 중요한 일은 자신의 마음과 생각을 올바르게 관리하는데
있다. 그러므로 베드로 사도의 첫 번째 지시가 마음의 허리를 동이라는 것이다.

(2) 아주 훌륭한 그리스도인들도 근신하라는 권면을 받아들일 필요가 있다.
이러한 뛰어난 그리스도인들은 다음의 사실들을 가슴에 새겨둘 필요가 있다.
그리스도인에게는 감독의 자질과 직무가 요구된다(딤전 3:2). 늙은 남자로는
절제하며 경건하며 신중하며 믿음과 사랑과 인내함에 온전하게 하고 늙은 여
자로는 이와 같이 행실이 거룩하며 모함하지 말며 많은 술의 종이 되지 말며
선한 것을 가르치는 자들이 되어야 한다(딛 2:2-3). 좋은 그리스도인들은 젊은
여자들이 그 남편과 자녀를 사랑하며 신중하며 순전하며 집안 일을 하며 선하
며 자기 남편에게 복종하게 하고, 그리고 젊은 남자들이 신중하게 처신하도록
가르치고 권면해야 할 것이다(딛 2:4-6).

(3) 그리스도인의 의무는 은혜의 상태에 이르자마자 끝나는 것이 아니다. 그
리스도인은 더 많은 은혜를 받기 위하여 계속해서 노력하고 애를 써야 할 것이
다. 그리스도인이 좁은 문으로 들어갔으면(마 7:13) 계속해서 좁은 길을 걸어야
하고, 그러기 위하여 마음의 허리를 질끈 동이고 길을 가야 할 것이다.

(4) 하나님의 은혜를 믿는 강하고 온전한 신뢰는 우리의 의무를 행하기 위해
최선을 다하는 노력들과 실제로 일치하게 되어 있다. 우리는 온전하게 소망해
야 하고, 우리의 허리를 질끈 동여야 하고, 우리가 해야 할 일에 전념해야 할 것
이다. 우리는 예수 그리스도의 은혜를 통해 격려를 받고 이 모든 일을 실행해
야 할 것이다.

2. 너희가 순종하는 자식처럼 전에 알지 못할 때에 따르던 너희 사욕을 본받지 말
고(14절). 이 말씀은 거룩한 생활의 규칙이 되어야 할 것이다. 이 권면은 이런

뜻으로 말하는 것 같다. 긍정적인 의미는 다음과 같다. "너희는 순종하는 자식처럼 살아야 한다. 하나님께서 그의 가족으로 입양시켜 주시고 그의 은혜로 다시 태어나게 해주신 사람들처럼 살아야 한다." 부정적인 의미는 다음과 같다. "너희는 전에 알지 못할 때에 따르던 너희 사욕을 본받지 말고 살아야 한다." 또는 이 말씀은 그들이 과거에 모르고 정욕에 사로잡혀 살았던 것을 본받지 말고 그들의 현재 신분이 하나님의 순종하는 자녀임을 생각하고 거룩한 삶을 살라는 논증으로 받아들여야 할 것이다. 여기서 다음의 사실들을 깨우치도록 하라.

(1) 하나님의 자녀들은 하나님에 대한 그들의 순종을 통하여 하나님의 자녀들임을 증명해야 할 것이다. 그들은 현재의 변함 없는 다방면의 순종으로 하나님의 자녀임을 입증해야 할 것이다.

(2) 하나님의 훌륭한 자녀들도 모르고 정욕에 사로잡혀 살았던 시절이 있었다. 그 시절은 그들의 삶의 모든 계획과 방법과 습관이 하나님과 그리스도와 복음을 잘 모르고 그들의 부정한 욕망과 타락한 욕구를 만족시키기 위하여 살았던 때였다.

(3) 회심을 하면 사람들은 옛날과 엄청나게 달라진다. 그들은 과거의 자신과 아주 다른 습관과 태도를 지닌 사람들로 변한다. 그들의 정신과 행동과 말과 교제가 과거에 했던 것과 전혀 다르게 된다.

(4) 죄인들의 사리사욕과 무절제한 방종은 그들의 무지를 드러내는 열매와 표시들이 된다.

3. 오직 너희를 부르신 거룩한 이처럼 너희도 모든 행실에 거룩한 자가 되라 기록되었으되 내가 거룩하니 너희도 거룩할지어다 하셨느니라(15-16절). 이 말씀에는 강한 논증으로 주장하는 고상한 규칙이 들어있다. 너희도 모든 행실에 거룩한 자가 되라. 어떤 사람이 이 말씀에 합당하겠는가? 그럼에도 불구하고 강한 어조로 그것을 요구하고 있다. 이것을 주장하는 근거는 세 가지이다. 우리를 부르시는 하나님의 은혜와 기록된 하나님의 명령과 내가 거룩하니 너희도 거룩할지어다 하신 하나님의 본보기를 통한 세 가지 근거에 의거하여 우리에게 따를 것을 요구하고 있다. 여기서 다음의 사실들을 깨우치도록 하라.

(1) 죄인을 부르시는 하나님의 은혜는 거룩함으로 인도하는 강력한 초청이다. 하나님의 은혜는 죄와 불행의 상태에서 벗어나 새 언약의 모든 축복들을 소유할 수 있도록 효과적으로 부르시고 초청하시는 큰 은총이다. 큰 은총은

큰 책임이다. 큰 은총은 또한 거룩해지도록 만든다.

(2) 완전한 거룩함은 모든 그리스도인의 소망과 의무이다. 거룩함에는 이중의 규칙이 들어있다. 그것은 다음과 같다.

[1] 거룩함의 범위는 아주 넓다. 우리는 거룩해져야 하되 모든 행실에 거룩한 자가 되어야 한다. 우리는 모든 사회적인 일들과 신앙적인 일들에서 하나님을 본받아 거룩해야 한다. 우리는 모든 형편에서, 즉 잘될 때나 어려울 때나 하나님을 본받아야 한다. 우리는 모든 사람들에게, 즉 친구들과 적들에게 다같이 거룩해야 한다. 우리는 모든 관계와 일들에 있어서 항상 거룩해야 한다.

[2] 거룩함의 방식이 하나님과 같아야 한다. 우리는 하나님이 거룩하신 것처럼 거룩해야 한다. 우리는 하나님과 결코 같아질 수 없다고 할지라도 하나님을 본받아야 한다. 하나님은 완전하시고, 변함이 없으시고, 영원히 거룩하시다. 그러므로 우리도 그러한 상태에 이르도록 열망하고 따라야 할 것이다. 하나님의 거룩하심에 대한 생각이 우리가 도달할 수 있는 최고의 상태에 이르기까지 순종할 수 있게 해주어야 할 것이다.

(3) 하나님의 기록된 말씀은 그리스도인의 생활을 위한 가장 확실한 규칙이다. 그리고 이 규칙을 통하여 우리는 거룩한 모든 길로 가도록 지시를 받게 된다.

(4) 구약 성서의 계명들은 신약시대에도 연구하고 순종해야 할 하나님의 말씀이다. 그래서 베드로 사도는 모세가 몇 차례 전달해준 계명에 의거하여 모든 그리스도인들에게 거룩함을 요구하고 있다.

4. 외모로 보시지 않고 각 사람의 행위대로 판단하시는 이를 너희가 아버지라 부른즉 너희가 나그네로 있을 때를 두려움으로 지내라(17절). 이 말씀에서 베드로 사도는 이 그리스도인들이 그들의 하나님 아버지를 부르긴 하지만 이 땅에서 머무는 동안에 두려움 가운데 지내게 될 것인지 아닌지에 대한 어떤 의심을 표현하고 있는 것은 아니다. 이 말씀은 이런 뜻을 지니고 있다. "너희가 위대하신 하나님을 아버지와 재판장으로 인정한다면 너희는 이 땅에서 사는 동안에 하나님을 경외하며 살아야 할 것이다." 여기서 다음의 것들을 깨우치도록 하라.

(1) 모든 선한 그리스도인들은 이 세상에서 사는 동안에 자신들을 나그네와 이방인들로 생각해야 한다. 즉 그들은 먼 나라에서 나그네들로 지내다가 다른 나라들을 지나서 본래 고향으로 돌아가는 사람들인 것이다. 나는 주와 함께 있는

나그네이며 나의 모든 조상들처럼 떠도나이다(시 39:12). 그것들을 멀리서 보고 환영하며 또 땅에서는 외국인과 나그네임을 증언하였으니(히 11:13).

(2) 그리스도인들은 이 땅에서 나그네로 머무는 모든 기간을 하나님을 두려워하며 살아야 할 것이다.

(3) 하나님을 진실로 아버지로 부를 수 있는 사람들이 하나님을 심판장으로 생각하는 것은 전혀 부적절한 것이 아니다. 하나님을 아버지로 믿는 거룩한 확신과 하나님을 심판장으로 믿고 하나님을 두려워하는 경외심은 서로 잘 일치한다. 하나님을 심판장으로 존중하는 것은 우리가 하나님을 아버지로 사랑하게 하는 뛰어난 방법이다.

(4) 하나님의 심판은 인격을 고려하지 않으실 것이다. 하나님은 각 사람의 행위대로 판단하실 것이다. 하나님과의 외적 관계가 어떤 사람도 보호해주지 못할 것이다. 유대인들이 하나님을 아버지라 부르고 아브라함을 그들의 조상이라고 부를 수 있다. 그러나 하나님은 그들의 인격들을 존중하지 않으시고, 그리고 그들의 인척 관계를 고려하여 은총을 베푸시는 것이 아니라 그들의 행위에 따라 그들을 심판하실 것이다. 사람들의 행위는 마지막 심판 날에 자신들의 인격을 발견하게 될 것이다. 하나님은 사람들이 그들의 행위들을 통하여 하나님의 백성이 된다는 사실을 모든 세상 사람들에게 알게 해주실 것이다. 우리는 믿음과 거룩함과 순종을 가져야 할 것이다. 그러나 우리의 행위가 우리가 의무를 따랐는지 안 따랐는지의 증거가 될 것이다.

5. 베드로 사도는 유대인 그리스도인들에게 하나님을 아버지라고 부르게 된 것을 생각하고 나그네로 있을 때를 두려움으로 지내라 위로를 한다. 그런 다음에 두 번째 권면을 하고 있다. 너희가 알거니와 너희 조상이 물려준 헛된 행실에서 대속함을 받은 것은 은이나 금 같이 없어질 것으로 된 것이 아니요(18절). 이 말씀을 통해 베드로 사도는 그들에게 다음의 사실들을 깨우치게 해주고 있다.

(1) 그들은 하나님 아버지에게 지불된 대속을 통하여 구원을 받게 되었다.

(2) 그들의 구원을 위하여 지불된 대속금은 무엇이었나? 그것은 은이나 금 같이 없어질 것으로 된 것이 아니요 그리스도의 보배로운 피로 된 것이었다.

(3) 그들은 무엇에서 구원을 받았는가? 그들은 조상이 물려준 헛된 행실에서 구원을 받았다.

(4) 그들은 이 사실을 알고 있었다. 너희가 알거니와 라고 말하고 있듯이 그들

은 이 중요한 사실을 전혀 모르는 척할 수가 없었다. 여기서 다음의 사실들을 깨우치도록 하라.

[1] 우리가 받은 구속을 생각하고 언제나 그것이 우리를 거룩하게 하고 하나님을 두려워하게 하는 강력한 자극제와 동기가 되어야 할 것이다.

[2] 하나님은 그리스도인이 자신이 알고 있는 것에 부응하는 삶을 살기를 기대하신다. 그러므로 우리는 자신이 알고 있는 것을 항상 기억해야 될 필요가 대단히 많다. 여호와여 나의 종말과 연한이 언제까지인지 알게 하사 내가 나의 연약함을 알게 하소서(시 39:4).

[3] 은이나 금이나 이 세상의 썩어 없어질 어떤 것은 한 영혼일지라도 구원할 수 없다. 그 반대로 이 세상의 것들은 인간의 구원에 오히려 올무나 시험이나 장애들이 되기가 일쑤다. 이 세상의 것들은 결코 구원을 살 수 있거나 얻을 수 없다. 이 세상의 것들은 썩어 없어질 것들이기에 썩지 않고 영원한 영혼을 구원할 수 없다.

[4] 예수 그리스도의 피는 인간의 구원에 필요한 유일한 속전(贖錢)이다. 인간의 구원은 비유적인 것이 아니라 실제적인 것이다. 우리를 값을 주고 산 것이 구원이다. 그 값은 매입가와 같다. 왜냐하면 그 값이 그리스도의 보배로운 피이기 때문이다. 속전은 무죄한 사람의 피다. 그것은 흠이 없는 어린 양의 피다. 그것은 유월절 어린 양과 죄 없는 사람을 나타낸다. 그것은 하나님의 아들의 피다. 그러므로 그 피를 하나님의 피라고 한다(행 6:8).

[5] 자신의 보배로운 피를 흘리신 그리스도의 목적은 내세에서의 영원한 불행으로부터 구원하기 위한 것일 뿐만 아니라 현세에서의 헛된 행실에서도 구원하기 위한 것이다. 현세의 세속적인 행실은 공허하고, 변덕스럽고, 부질없고, 그리고 하나님의 명예에 아무런 도움이 되지 않는 헛된 것이다. 그리고 그것은 신앙생활의 명예와 불신자들의 죄의 자각과 인간 자신의 위로와 만족에 아무런 도움을 주지 못하는 헛된 것이다. 우리의 행실이 나타내는 노골적인 사악함과 허영과 무익함은 아주 위험스러운 것이다.

[6] 인간의 행실이 하나님을 위한 헌신의 모양을 겉으로는 가질 수 있지만 옛날 생활양식과 습관과 전통을 버리지 못할 수 있다. 결국 그러한 것들은 모두 아무 짝에 쓸모 없는 헛된 행실이 되고 말 것이다. 유대인들은 모든 그들의 예식에 대해 이 주제들을 가지고 할 말이 많았다. 그렇지만 그들의 행실은 아무

소용이 없는 헛된 것이고 오직 그리스도의 피만이 그들을 조상의 헛된 행실에서 구원해 줄 수 있었다. 옛날 습관이나 전통은 결코 참된 어떤 규칙이 될 수도 없고 지혜로운 해결책이 될 수도 없다. "내 조상들이 그렇게 했으니 나도 그렇게 살다가 죽겠다" 고 하는 말과 행실은 참으로 헛된 것이 아닐 수 없다.

6. 구원의 대속 값을 언급하면서 베드로 사도는 구주와 구원받은 사람들과 관련 있는 것들을 진술한다. 오직 흠 없고 점 없는 어린 양 같은 그리스도의 보배로운 피로 된 것이니라 그는 창세 전부터 미리 알린 바 되신 이나 이 말세에 너희를 위하여 나타내신 바 되었으니 (19-20절). 여기서 다음의 사실들을 주목하라.

(1) 구주는 더 상세히 설명이 되고 있다. 구주는 흠 없고 점 없는 어린 양일 뿐만 아니라 다음과 같은 속성을 지니신 분으로 설명이 되고 있다.

[1] 그는 창세 전부터 미리 알린 바 되신 이셨다. 구주는 미리 지정이 되고 미리 알려지셨다. 미리 아는 예지가 하나님의 것이 될 경우에 그것은 단순한 예상이나 추측 이상의 어떤 것을 암시한다. 미리 안다는 것은 이루어질 일의 어떤 결정 즉 의지의 실행을 의미한다(행 2:21). 하나님은 그의 아들이 인간을 위하여 죽으셔야 하고, 그리고 하나님의 그 뜻이 세상이 창조되기 이전에 결정되었다는 것을 미리 아셨을 뿐만 아니라 결정하시고 작정하셨다. 시간과 세상은 함께 시작되었다. 시간이 시작되기 이전에 세상에는 영원만이 존재했다.

[2] 구주는 이 말세에 너희를 위하여 나타내신 바 되었다. 그는 하나님이 미리 아셨던 구주가 되시기 위하여 나타나셨다. 구주는 그의 태어나심을 통해, 그의 아버지의 증언을 통해, 구주 자신의 행위들을 통해, 그리고 특별히 죽음에서의 그의 부활을 통해 나타나시고 선포되었다. "성결의 영으로는 죽은 자들 가운데서 부활하사 능력으로 하나님의 아들로 선포되셨으니 곧 우리 주 예수 그리스도시니라"(롬 1:4). 이 말씀은 이런 뜻이다. "이것은 신약과 복음의 마지막 때에 너희들과 너희 유대인들과 너희 죄인들과 너희 고통 받는 자들을 위하여 이루어졌다. 너희가 그를 믿으면 너희가 그리스도의 선포와 나타나심을 보게 될 것이다."

[3] 구주는 그에게 영광을 주신 하나님 아버지를 통해 죽음에서 살아나셨다. 권능의 행위로 여겨지는 그리스도의 부활은 삼위의 공동 작업이다. 그러나 성부 하나님께 심판의 행위는 독특한 것이다. 심판주로서 성부 하나님은 그리스도를 사면하셨고, 무덤에서 살리셨고, 영광을 주셨고, 죽음에서 부활하심으로 모든 세상 사람들에게 하나님의 아들로 선포하셨고, 하늘로 올리셨고, 영광과

존귀의 면류관을 씌워주셨고, 하늘과 땅의 모든 권세를 주셨고, 그리고 그리스도가 세상이 창조되기 이전에 하나님과 함께 가지고 계셨던 영광으로 영화롭게 해주셨다.

(2) 구원받은 사람들의 믿음과 소망에 대해서도 여기서 설명이 되고 있다. "너희는 그를 죽은 자 가운데서 살리시고 영광을 주신 하나님을 그리스도로 말미암아 믿는 자니 너희 믿음과 소망이 하나님께 있게 하셨느니라(21절). 즉 너희는 너희 믿음의 창조주이시고, 격려자이시고, 지원자이시고, 그리고 완성자이신 그리스도로 말미암아 믿게 되었다. 그래서 너희의 믿음과 소망이 중보자이신 그리스도를 힘입어 너희와 화해하게 되신 하나님께 있게 되었다."

(3) 이 모든 사실들을 통해 우리는 다음과 같은 교훈들을 받을 수 있다.

[1] 그리스도를 중보자로 보내시기로 한 하나님의 정하신 뜻은 영원부터 있었고, 그리고 공의롭고 자비로운 뜻이었다. 이 하나님의 정하신 뜻이 인간이 그리스도를 십자가에 못 박아 죽으시게 한 인간의 죄에 대한 변명이 될 수 없다(행 2:23). 하나님은 그의 백성들에게 은혜를 나타내 베푸시기 훨씬 오래 전에 그들에 대한 특별한 은총을 베푸실 계획과 목적을 가지고 계셨다.

[2] 세상 사람들이 이전에 누렸던 행복과 비교할 때 마지막 때에 누릴 행복은 이루 말할 수 없이 크다. 밝은 빛, 믿음의 유지, 규례들의 효력, 그리고 위로의 크기 등이 예전보다 그리스도가 나타나신 이후 더 크고 많아졌다. 그러므로 그러한 은혜에 우리의 감사와 헌신이 부응해야 마땅할 것이다.

[3] 그리스도의 구속은 참된 신자들만의 것이다. 일반적인 탄원은 일부만이 할 수 있고, 다른 사람들에게는 거부된다. 그러나 모든 사람의 구원을 위한 그리스도의 죽으심은 일반적으로 적용되는 것이 아니다. 그리스도의 죽으심의 대속에도 불구하고 위선자들과 불신자들은 멸망을 받게 될 것이다.

[4] 그리스도 안에서의 하나님이 그리스도인의 믿음의 궁극적인 대상이다. 그 믿음은 그리스도의 부활과 뒤따른 영광을 통해 지탱이 된다.

Ⅱ. 베드로 사도는 유대인 신자들에게 형제의 사랑을 권면한다.

1. 베드로 사도는 그들이 성령을 통하여 복음에 순종했을 때 복음이 이미 그들에게 그들의 영혼을 깨끗하게 하고, 그리고 거짓이 없이 형제를 사랑하기에 이르렀다는 그러한 효과를 끼쳤다는 사실을 전제로 하고 있다. 그러므로 그는 그들이 더 높은 차원의 사랑을 계속 지녀야 한다고 주장한다. 너희가 진리를 순종

함으로 너희 영혼을 깨끗하게 하여 거짓이 없이 형제를 사랑하기에 이르렀으니 마음
으로 뜨겁게 서로 사랑하라(22절). 여기서 다음의 사실들을 교훈 받을 수 있다.

(1) 모든 신실한 그리스도인은 자신의 영혼이 깨끗하게 되었다는 사실을 의
심해서는 안 될 것이다. 베드로 사도는 이것을 당연한 것으로 생각한다. 영혼을
깨끗하게 하는 것은 그것을 오염시킨 큰 더러움이나 부정이 있었고, 그리고 이
더러움이 제거되었다는 것을 전제로 한다. 율법 시대의 레위 제사법의 정결법
이나 외식적인 인간의 위선적인 정결 행위들이 결코 영혼을 깨끗하게 하는 영
향을 미칠 수 없다.

(2) 하나님의 말씀은 죄인들을 깨끗하게 하는 아주 중요한 도구이다. 너희가
진리를 순종함으로 너희 영혼을 깨끗하게 하여. 예표들과 그림자들과 잘못된 것과
거짓된 것과 달리 복음은 진리라고 한다. 이 진리는 그것을 믿을 경우 영혼을
깨끗하게 하는 효력이 있다. 그들을 진리로 거룩하게 하옵소서 아버지의 말씀은 진
리니이다(요 17:17). 진리를 듣는 사람들이 많지만 영혼이 깨끗하게 씻기지 못
하고 있다. 그 이유는 그 사람들이 진리에 복종하지도 않고 따르지도 않기 때
문이다.

(3) 하나님의 영은 인간의 영혼을 깨끗하게 하는 위대한 대행자이시다. 성령
은 영혼이 그 부정함을 깨닫게 해주시고, 믿는 사람들을 꾸미고 깨끗하게 하는
덕과 은혜들을 베풀어주신다. 그것들은 믿음(행 15:9), 소망(요일 3:3), 하나님
에 대한 경외(시 34:9), 그리고 예수 그리스도의 사랑이다. 성령은 우리의 노력
을 자극하고, 그 노력들이 열매를 맺게 해주신다. 성령의 도우심은 우리 자신
의 근면함과 노력을 결코 대신하거나 막지 않으신다. 이 사람들은 자신들의 영
혼을 깨끗하게 했지만 그것은 성령으로 말미암아 이루어진 것이었다.

(4) 그리스도인들의 영혼은 서로 거짓 없이 사랑할 수 있게 될 때까지 깨끗해
져야 한다. 인간의 본성 속에는 탐욕과 편견이 들어 있어서 하나님의 은혜가
없이는 하나님을 사랑할 수도 없고 우리가 마땅히 해야 할 그리스도인들끼리
서로 사랑하는 것도 어렵다. 순수하고 깨끗한 마음에서 나오지 않고는 사랑이
란 결코 존재할 수 없다.

(5) 진실하고 뜨겁게 서로 사랑하는 것은 모든 그리스도인들이 따라야 될 의
무이다. 서로 사랑하는 우리의 애정은 진실하고 실제적이어야 한다. 그리고 그
사랑은 동시에 뜨거워야 하고, 변함이 없어야 하고, 포용적이어야 한다.

2. 베드로 사도는 더 나아가서 그리스도인들이 그들의 영적인 관계를 고려해서 깨끗한 마음으로 서로 뜨겁게 사랑하라고 강하게 권면한다. 너희가 거듭난 것은 썩어질 씨로 된 것이 아니요 썩지 아니할 씨로 된 것이니 살아 있고 항상 있는 하나님의 말씀으로 되었느니라(23절). 여기서 우리는 다음의 사실들을 깨달을 수 있다.

(1) 모든 그리스도인들은 거듭난 사람들이다. 베드로 사도는 거듭남을 모든 진실한 그리스도인들에게 공통적인 것이고, 그리고 이 거듭남을 통해 그리스도인들이 서로 새롭고 가까운 관계가 된다는 것을 이야기한다. 다시 말해서 그리스도인들은 그들의 거듭남을 통해 형제들이 된다.

(2) 하나님의 말씀은 중생의 중요한 수단이다. 그가 그 피조물 중에 우리로 한 첫 열매가 되게 하시려고 자기의 뜻을 따라 진리의 말씀으로 우리를 낳으셨느니라(약 1:18). 거듭남의 은혜는 복음을 통해 전달이 된다.

(3) 이 새로운 두 번째 태어남은 첫 번째 태어남보다 훨씬 더 바람직하고 뛰어난 태어남이다. 베드로 사도는 이 사실을 썩지 아니할 씨가 썩어질 씨보다 더 낫다고 가르친다. 썩어질 씨를 통해 우리는 인간의 자녀가 되고 썩지 아니할 씨를 통해 지극히 높으신 하나님의 자녀가 된다. 하나님의 말씀을 씨앗에 비유하여 우리에게 다음과 같은 교훈을 주고 있다. 씨앗이 겉보기에 적은 것이기는 할지라도 그 작용은 실로 엄청나다. 씨앗이 땅에 묻혀 있는 동안에도 그것은 자라고 결국에는 놀라운 열매를 맺는다.

(4) 거듭난 사람들은 순수하고 깨끗한 마음을 가지고 뜨겁게 서로 사랑해야 한다. 형제들이란 본래 서로 사랑해야 마땅하다. 그러나 영적인 관계를 가진 형제들의 사랑하는 의무는 갑절이 된다. 거듭난 그리스도인 형제들은 동일한 통치를 받고, 동일한 특권들에 참여하고, 그리고 동일한 목적과 이익을 위하여 일한다.

(5) 하나님의 말씀은 살아 있고 영원하다. 이 말씀은 살아 움직이는 말씀이다. 하나님의 말씀은 살아 있고 활력이 있어 좌우에 날선 어떤 검보다도 예리하여 혼과 영과 및 관절과 골수를 찔러 쪼개기까지 하며 또 마음의 생각과 뜻을 판단하나니(히 4:12). 하나님의 말씀은 영적 생활의 도구가 된다. 하나님의 말씀은 영적 생활을 시작하게 하고, 유지하게 하고, 그리고 우리의 의무를 다하도록 자극하고 활기를 준다. 하나님의 말씀은 우리가 영원한 생명에 이르기까지 영적 생활에

영향을 미친다. 하나님의 말씀은 영원히 진실하고, 그리고 거듭난 사람의 마음 속에 영원히 머무른다.

²⁴**그러므로 모든 육체는 풀과 같고 그 모든 영광은 풀의 꽃과 같으니 풀은 마르고 꽃은 떨어지되** ²⁵**오직 주의 말씀은 세세토록 있도다 하였으니 너희에게 전한 복음 이 곧 이 말씀이니라**

베드로 사도는 썩어질 씨가 아니라 썩지 않을 씨로 거듭난 새로 중생한 영적인 사람의 뛰어남을 진술한 뒤에 자연인의 헛됨을 말한다. 거듭나지 못한 자연인이 지닌 모든 장식들과 유익들이 얼마나 허망한 것인지를 이야기한다. 모든 육체는 풀과 같고 그 모든 영광은 풀의 꽃과 같다. 인간을 견고한 실재로 만들 수 있는 것은 이 세상에 아무것도 없다. 그러나 썩지 않는 씨앗인 하나님의 말씀으로 거듭나는 것은 인간을 아주 뛰어난 피조물로 변화시켜 줄 것이다. 거듭난 피조물의 영광은 꽃처럼 시들지 아니하고 천사처럼 빛나게 될 것이다. 그리고 이 말씀은 복음의 선포를 통해 날마다 우리에게 전달이 된다. 여기서 다음의 사실들을 깨닫도록 하라.

1. 아주 찬란하고 영광스러운 지위에 오른 인간조차도 여전히 시들고, 마르고, 죽을 수밖에 없는 피조물에 지나지 않는다. 인간을 따로따로 놓고 보면 모든 육체는 한 포기 풀에 지나지 않는다. 인간이 세상에 태어나고 살고 죽어가는 것을 볼 때 인간은 풀과 비슷하다. 여인에게서 태어난 사람은 생애가 짧고 걱정이 가득하며 그는 꽃과 같이 자라나서 시들며 그림자 같이 지나가며 머물지 아니하거늘(욥 14:1-2). 말하는 자의 소리여 이르되 외치라 대답하되 내가 무엇이라 외치리이이까 하니 이르되 모든 육체는 풀이요 그의 모든 아름다움은 들의 꽃과 같으니 풀은 마르고 꽃이 시듦은 여호와의 기운이 그 위에 붊이라 이 백성은 실로 풀이로다(사 40:6-7). 인간의 모든 영광으로도 인간은 풀의 꽃과 같은 존재일 따름이다. 인간의 지성, 아름다움, 힘, 열정, 재산, 명예 등은 곧 시들고 말라 사라지게 될 풀의 꽃과 같을 뿐이다.

2. 이 소멸하는 피조물을 견고하고 썩지 않을 것으로 변화시킬 수 있는 유일한 길은 인간이 하나님의 말씀을 받아들이고 영접하는 것이다. 왜냐하면 하나님의 말씀은 영원한 진리이기 때문이다. 그래서 하나님의 말씀을 받아들이고

믿으면 하나님의 말씀이 그 사람이 영생에 이르도록 지켜주고 보호해주고 영원히 그 사람과 함께 거하게 될 것이다.

3. 선지자들과 사도들은 동일한 가르침을 선포했다. 이사야와 다른 선지자들이 구약 성경에서 전한 하나님의 말씀은 사도들이 신약 성경에서 선포한 하나님의 말씀과 동일하다.

제
— 2 —
장

개요

거룩함에 대한 일반적인 권면이 계속 이어진다. 그러나 이 권면은 그리스도인들의 믿음의 터전이신 예수 그리스도, 그리고 그리스도 안에 있는 그리스도인들의 영적인 축복들과 특권들을 통해 얻어낸 몇 가지 이유들을 들어 더 강화되고 있다. 거룩함에 이르고 얻는 수단은 하나님의 말씀이 추천되고, 그리고 그 반대의 모든 속성들은 다 정죄되고 있다(1-12절). 그리고 신하들이 권력자들에게, 종들이 주인들에게 그리스도를 본받아 잘 인내하며 복종하는 방법에 대해 상세하게 지시되고 있다(13-25절).

¹그러므로 모든 악독과 모든 기만과 외식과 시기와 모든 비방하는 말을 버리고 ²갓난 아기들 같이 순전하고 신령한 젖을 사모하라 이는 그로 말미암아 너희로 구원에 이르도록 자라게 하려 함이라 ³너희가 주의 인자하심을 맛보았으면 그리하라

이제까지 베드로 사도는 그리스도인의 상호적인 사랑을 권하고, 썩지 아니할 씨인 하나님의 말씀의 우월성을 진술하고, 그리고 하나님의 말씀이 살아 있고 영원히 항상 있다고 이야기했다. 베드로 사도는 그의 강론을 계속한 뒤 다음과 같은 권면을 적절하게 이야기한다. 그러므로 모든 악독과 모든 기만과 외식과 시기와 모든 비방하는 말을 버리라. 이것들은 사랑을 파괴하고, 말씀의 효력을 가로막고, 그리고 우리의 거듭남을 방해한다.

I. 베드로 사도의 권면은 악한 것은 버리고, 낡고 헌 옷을 벗어버리는 것처럼 벗으라는 것이다. 그의 권면은 이렇게 말하는 것이다. "악한 것을 화를 내며 벗어버리고 다시는 그것을 입지 말라."

1. 벗어버리거나 버려야 될 죄들은 이러한 것들이다.

(1) 악독. 이 죄는 야고보서 1장 21절과 고린도전서 5장 8장에서 말씀하고 있듯이 모든 종류의 사악한 것보다 더 나쁜 것을 말하는 것일 수도 있다. 그러나 그 의미를 더 압축해보면 악독이란 어리석은 사람들의 마음 밑바닥에 깔려 있

는 분노이다. 그 분노는 해악을 계획하고, 해악을 실행하고, 그리고 해악을 당하는 사람의 괴로움을 보고 즐거워하게 될 때까지 가슴속에 자리를 잡고 크게 자라게 된다.

(2) 기만. 말로 하는 사기. 기만은 아첨, 거짓말, 그리고 미혹 등을 망라한다. 이것은 다른 사람에게 손해를 끼치기 위하여 그 사람의 무지나 약점을 이용하는 교활함이다.

(3) 외식. 본문에서 사용되는 이 단어의 복수형은 모든 종류의 위선과 외식을 의미한다. 신앙적인 문제에서의 외식이란 허울만의 거짓 경건이다. 사회생활에 있어서의 외식은 허울만의 거짓 우정을 의미한다. 이것을 사회적 지위와 명망이 높은 사람들이 많이 사용한다. 그들은 믿지 않는 것을 그럴듯하게 말하고, 전혀 그럴 의도가 없는 것을 약속하고, 그리고 마음속에는 해악을 품고 있으면서도 우정을 가장한다.

(4) 시기. 시기와 질투라고 부를 수 있는 모든 것을 의미한다. 이것은 다른 사람의 좋은 점이나 잘 되는 것을 배아파하고 가슴아파하는 것이다. 다시 말해서 이것은 다른 사람들의 능력, 번영, 명성, 그리고 성공적인 노력들을 눈 뜨고 못 보아주는 질투심이다.

(5) 비방하는 말. 이것은 다른 사람에 대해 나쁘게 말하거나 그의 명예를 깎아내려 말하는 욕이나 비난이다. 그것을 고린도후서 12장 20절과 로마서 1장 30절에서도 언급하고 있다.

2. 여기서 다음과 같은 교훈을 얻을 수 있다.

(1) 아주 훌륭한 그리스도인들도 악독과 외식과 시기와 비방과 같은 아주 나쁜 죄들을 주의하고 경계할 필요가 있다. 그들은 부분적으로 성화가 될 뿐이지 언제나 시험에 빠지게 될 위험의 소지를 늘 안고 있다.

(2) 하나님을 위한 우리의 아주 훌륭한 봉사와 헌신도 이웃에 대한 우리의 의무들에 힘을 기울이지 않는다면 하나님을 기쁘시게 하지도 못하고 우리를 이롭게 하지도 못할 것이다. 여기서 언급되고 있는 죄들은 십계명의 둘째 돌판에 새겨진 계명을 어기는 범죄들이다. 이러한 죄들을 마땅히 버려야만 한다. 그렇지 않으면 우리는 마땅히 실행하고 따라야 할 하나님의 말씀을 받아들일 수 없게 될 것이다.

(3) 모든 악독과 모든 기만이 무엇이든지 간에 그 죄를 버리지 못하면 우리는

우리의 영적인 유익과 영원한 축복을 받아 누리는데 장애를 받게 될 것이다.

(4) 모든 악독과 모든 기만과 외식과 시기와 모든 비방하는 말 같은 죄들은 대체로 늘 함께 다닌다. 비방하거나 나쁘게 말하는 것은 악독과 기만이 마음속에 자리잡고 있다는 것을 나타내는 표시가 된다. 그리고 그러한 죄들은 모두 결합해서 우리가 하나님의 말씀을 통해서 유익을 얻지 못하게 방해한다.

II. 베드로 사도는 지혜로운 의사처럼 권면을 한다. 그는 악독한 기질들을 깨끗하게 없애는 처방을 내린 뒤에 이어서 온전하고 규칙적인 음식을 통해 영혼이 건강하게 성장할 수 있는 치료법을 지시한다. 사도가 따르기를 권면하는 의무는 하나님의 말씀을 항상 간절하게 갈망하라는 것이다. 하나님의 말씀을 여기서 신령한 젖이라고 부르고 있다. 영어 번역으로 적당한 우유(reasonable milk)라고 한 말은 적절하지가 못한 것 같다. 이 말은 말씀의 우유(milk of the word)라고 번역하는 것이 더 적절한 것 같다. 말씀의 우유라는 말의 뜻은 영혼에 적절한 음식으로 이해될 수 있을 것이다. 이 음식을 통해 마음이 영양 공급을 받고 건강하게 힘을 얻을 수 있을 것이다. 이 말씀의 젖은 인간의 혼합물들로 섞이지 않은 순전한 것이 되어야 한다. 인간의 혼합물은 종종 하나님의 말씀을 왜곡시킬 때가 있다. 우리는 수많은 사람들처럼 하나님의 말씀을 혼잡하게 하지 아니하고 곧 순전함으로 하나님께 받은 것 같이 하나님 앞에서와 그리스도 안에서 말하노라(고후 2:17). 사람들이 이 순전하고 신령한 젖을 갈망하는 태도가 다음과 같이 진술되고 있다. 갓난 아기들 같이 사모하라. 베드로 사도는 유대인 신자들에게 그들의 거듭남을 상기시켜주고 있다. 새 생명은 거기에 적당한 음식을 필요로 한다. 새로 갓 태어난 그들은 말씀의 젖을 사모하고 갈망해야 한다. 갓난 아기들은 일반적인 젖을 갈망한다. 그 젖에 대한 갓난 아기들의 갈망은 뜨겁고 빈번하다. 그러한 그들의 갈망이 배고픔을 참지 못하게 만들고, 그리고 모든 힘을 다해 그것을 채우고자 애쓰게 만든다. 그러한 사모와 갈망이 하나님의 말씀을 향한 그리스도인의 사모와 갈망이 되어야 할 것이다. 하나님의 말씀으로 성장할 수 있는 이 목적을 달성하기 위하여 우리는 은혜 안에서 성장하고 우리의 구주를 아는 지식을 향상시켜야 할 것이다. 오직 우리 주 곧 구주 예수 그리스도의 은혜와 그를 아는 지식에서 자라 가라(벧후 3:18). 여기서 다음과 같은 교훈을 받을 수 있다.

1. 하나님의 말씀에 대한 강한 갈망과 애정은 거듭난 사람의 확실한 증거이

다. 사람들이 갓난 아기가 젖을 사모하는 것처럼 그렇게 갈망한다면 거듭난 사람이라는 사실을 입증하게 될 것이다. 그 증거가 아주 낮은 것이기도 할지라도 확실한 증거이다.

2. 지혜와 은혜에 있어서의 성장과 발달은 모든 그리스도인의 목적과 갈망이다. 모든 영적인 수단들은 영성의 함양과 발달을 위한 것이다. 바르게 사용된 하나님의 말씀은 그 사람을 처음 그대로 두는 것이 아니라 더 발전시키고 더 좋게 만들어 준다.

III. 베드로 사도는 자신의 체험에서 우러나온 주장을 덧붙이고 있다. 너희가 주의 인자하심을 맛보았으면 그리하라(3절). 사도는 어떤 의심을 나타내고 있는 것이 아니라 선한 그리스도인들이 하나님의 선하심과 인자하심을 체험하고 맛보았다는 사실을 확증하고 있다. 그래서 사도는 그들에게 다음과 같이 권면을 하고 있는 것이다. "너희는 이러한 사악한 죄들을 버려야 한다(1절). 너희는 하나님의 말씀을 사모해야 한다. 너희는 하나님의 말씀을 먹고 자라야 한다. 왜냐하면 그렇게 해야 너희가 주의 인자하심을 체험하고 맛볼 수 있기 때문이다." 그 다음 구절은 여기서 말하는 주가 바로 주 예수 그리스도이심을 확증한다. 여기서 다음의 사실들을 배울 수 있다.

1. 우리의 주 예수 그리스도는 그의 백성에게 아주 은혜로우시다. 그리스도는 본성상 무한히 선하시다. 그는 불쌍한 죄인들에게 아주 인자하시고, 아낌 없으시고, 그리고 자비로우시다. 그는 그럴 가치가 전혀 없는 사람들에게 동정을 베푸시고 선하게 대하신다. 그는 자신 속에 은혜를 충만히 가지고 계시다.

2. 구주의 은혜로우심은 그것을 체험적으로 맛본 사람이 가장 잘 안다. 우리가 맛을 보려면 그 대상에 맛을 보는 기관을 직접 대보아야만 한다. 우리가 듣고 보고 냄새 맡는 것처럼 멀리 떨어져서는 맛을 볼 수가 없다. 그리스도의 은혜로우심을 맛보기 위해서는 우리가 믿음으로 그리스도와 연합이 되어야 한다. 그런 뒤에 우리가 그리스도의 모든 섭리, 우리의 모든 영적 관심사, 우리의 모든 두려움과 시험들, 그리고 그의 말씀과 경배를 통해서 날마다 그의 선하심을 맛볼 수 있다.

3. 하나님의 아주 훌륭한 종들일지라도 현세에서는 단지 그리스도의 은혜를 맛만 볼 수 있을 따름이다. 맛을 보는 것은 아주 적은 양이다. 맛을 보는 것은 기갈도 아니지만 배부르게 되는 것도 아니다. 이 세상에서 우리가 체험하게 되

는 하나님의 위로들도 마찬가지이다.

4. 하나님의 말씀은 중요한 도구이다. 하나님은 그것으로 사람들을 찾아내시고 사람들에게 그의 은혜를 전달해주신다. 말씀의 신령한 젖을 먹는 사람들은 그리스도의 은혜를 대부분 맛보고 체험하게 된다. 하나님의 말씀에 부응하는 우리의 행실을 통하여 우리는 그리스도의 은혜를 더욱더 이해하고 체험하도록 언제나 노력해야 한다.

⁴사람에게는 버린 바가 되었으나 하나님께는 택하심을 입은 보배로운 산 돌이신 예수께 나아가 ⁵너희도 산 돌 같이 신령한 집으로 세워지고 예수 그리스도로 말미암아 하나님이 기쁘게 받으실 신령한 제사를 드릴 거룩한 제사장이 될지니라 ⁶성경에 기록하였으되 보라 내가 택한 보배로운 모퉁잇돌을 시온에 두노니 그를 믿는 자는 부끄러움을 당하지 아니하리라 하였으니 ⁷그러므로 믿는 너희에게는 보배이나 믿지 아니하는 자에게는 건축자들이 버린 그 돌이 모퉁이의 머릿돌이 되고 ⁸또한 부딪치는 돌과 걸려 넘어지는 바위가 되었다 하였느니라 그들이 말씀을 순종하지 아니하므로 넘어지나니 이는 그들을 이렇게 정하신 것이라 ⁹그러나 너희는 택하신 족속이요 왕 같은 제사장들이요 거룩한 나라요 그의 소유가 된 백성이니 이는 너희를 어두운 데서 불러내어 그의 기이한 빛에 들어가게 하신 이의 아름다운 덕을 선포하게 하려 하심이라 ¹⁰너희가 전에는 백성이 아니더니 이제는 하나님의 백성이요 전에는 긍휼을 얻지 못하였더니 이제는 긍휼을 얻은 자라 ¹¹사랑하는 자들아 거류민과 나그네 같은 너희를 권하노니 영혼을 거슬러 싸우는 육체의 정욕을 제어하라 ¹²너희가 이방인 중에서 행실을 선하게 가져 너희를 악행한다고 비방하는 자들로 하여금 너희 선한 일을 보고 오시는 날에 하나님께 영광을 돌리게 하려 함이라

I. 베드로 사도는 여기서 예수 그리스도를 산 돌에 비유하고 있다. 비기독교적인 사람에게는 이 표현이 거칠고 낯설다. 그러나 유대인들에게는 이 표현이 아주 우아하고 적절한 묘사이다. 왜냐하면 유대인들은 자신들의 신앙생활을 웅장한 성전에 아주 많이 의존하고 있고, 그리고 예언적인 문체를 잘 아는 유대인들은 메시야를 반석이라고 부르는 표현에 익숙하기 때문이다(사 8:14; 28:16).

1. 예수 그리스도에 대한 이 비유적인 표현에서 주님이 돌로 호칭되고 있다.

그것은 그리스도의 무적의 힘과 영속성을 나타내고, 주님이 그의 종들의 보호와 안전이 되어 주시고, 그들이 터전으로 삼는 기반이 되시고, 그리고 그들의 모든 적들에 대항하는 그들의 공격의 반석이 되어주심을 그의 종들에게 가르쳐주기 위한 것이다. 그리스도는 살아 있는 돌이시다. 그는 그 자신 안에 영원한 생명을 지니고 계시고, 그리고 모든 그의 백성에게 생명의 주인이 되신다. 그리스도가 하나님과 인간으로서 가지고 계신 명예와 영광은 아주 다르다. 그리스도는 인간들에게 환영을 받지 못하셨고, 그 자신의 동포인 유대인들에게 배척을 받으셨고, 그리고 모든 인류에게도 버림을 받으셨다. 그러나 그리스도는 하나님께 선택을 받으셨고, 교회의 기반이 되시기 위하여 하나님으로부터 분리되시고 베드로전서 1장 20절에서 말씀하고 있듯이 미리 정해지시고 알려지신 바 되셨다. 그러므로 그리스도는 하나님이 보시기에, 그리고 그를 믿는 모든 사람들이 판단하기에 아주 귀하고 영광스럽고 빼어나신 분이시다. 우리가 이 분에게 나아가지 않을 수 없다는 사실이 진술이 되고 있다. 예수께 나아가(4절). 이것은 장소적인 움직임을 통해서 예수께 나아간다는 의미가 아니다. 그리스도가 승천하신 이후 장소적인 접근은 불가능하다. 예수께 나아가는 것은 믿음을 통해서 가능하다. 믿음을 통해 우리는 먼저 그리스도와 연합하게 되고, 그 다음에 그에게 가까이 나아갈 수 있다. 여기서 다음의 사실들을 깨우치도록 하라.

(1) 예수 그리스도는 우리의 모든 소망과 행복의 참된 초석이 되신다. 그리스도는 하나님을 아는 참된 지식을 우리에게 전달해주신다. 내 아버지께서 모든 것을 내게 주셨으니 아버지 외에는 아들을 아는 자가 없고 아들과 또 아들의 소원대로 계시를 받는 자 외에는 아버지를 아는 자가 없느니라(마 11:27). 그리스도를 통하여 우리는 하나님께 나아갈 수 있다. 예수께서 이르시되 내가 곧 길이요 진리요 생명이니 나로 말미암지 않고는 아버지께로 올 자가 없느니라(요 14:6). 그리스도를 통하여 우리는 모든 영적인 축복들에 참예할 수 있다. 찬송하리로다 하나님 곧 우리 주 예수 그리스도의 아버지께서 그리스도 안에서 하늘에 속한 모든 신령한 복을 우리에게 주시되(엡 1:3).

(2) 일반적으로 인간들은 예수 그리스도를 영접하지 않고 배척한다. 그들은 성경이 말씀하고 경험이 나타내주고 있는 것처럼 그를 멸시하고, 그를 싫어하고, 그를 반대하고, 그리고 그를 거부한다. 그는 멸시를 받아 사람들에게 버림받았

으며 간고를 많이 겪었으며 질고를 아는 자라 마치 사람들이 그에게서 얼굴을 가리는 것같이 멸시를 당하였고 우리도 그를 귀히 여기지 아니하였도다(사 53:3).

(3) 감사하지 않는 세상 사람이 그리스도를 영접하지 않을 수 있음에도 불구하고 그리스도는 하나님의 택함을 받으신 분이고, 그리고 하나님이 보시기에 보배로우신 분이다. 그리스도는 우주의 주인이 되시고, 교회의 머리가 되시고, 그의 백성의 구주가 되시고, 그리고 세상의 심판자가 되시기 위하여 여호와 하나님께 선택을 받으시고 정해지셨다. 그리스도는 그의 본성의 뛰어나심, 그의 직분의 위엄, 그리고 그의 봉사의 영광 등에 있어서 보배로우시다.

(4) 이 은혜로우신 구주에게서 자비를 기대하는 사람들은 그에게 나아가야만 한다. 그 나아감은 하나님의 은혜이기는 할지라도 우리의 행위이다. 그 행위는 몸의 행위가 아니라 영혼의 행위이다. 그 행위는 열매가 없는 소원이 아니라 실제적인 열매가 있는 노력의 행위이다.

2. 그리스도를 모퉁잇돌로 묘사한 뒤에 베드로 사도는 그리스도 위에 세워진 구조물인 상부 구조에 대해 계속 이야기한다. 너희도 산 돌 같이 신령한 집으로 세워지고 예수 그리스도로 말미암아 하나님이 기쁘게 받으실 신령한 제사를 드릴 거룩한 제사장이 될지니라(5절). 베드로 사도는 이 흩어진 유대인들에게 그리스도인의 교회와 조직을 추천하고 있다. 그리스도인의 교회가 영광스러운 성전을 전혀 가지고 있지 않았고, 또한 제사장 제도와 법이 없었다는 사실에 이의를 제기하는 것은 유대인들에게 자연스럽고 당연한 것이었다. 그러나 그리스도교 교회의 법은 별 것이 없었고, 그 예식과 예배는 유대교의 법이 지닌 화려함과 웅장함을 전혀 가지고 있지 못했다. 이러한 사실에 대해 베드로 사도는 그리스도교 교회는 유대교 성전보다 훨씬 고상한 구조를 가지고 있다고 대답한다. 그리스도교의 교회는 죽은 재료들로 만들어진 구조물이 아니라 살아 있는 부속들로 이루어진 살아 있는 성전이라고 사도는 유대인들에게 깨우쳐준다. 모퉁잇돌이신 그리스도는 살아 있는 돌이시다. 그리스도인들은 살아 있는 돌들이고, 이 돌들이 영적인 신령한 집을 이루고, 그리고 그리스도인들은 거룩한 제사장이다. 그리스도인들은 짐승들을 바치는 피 흘리는 희생 제사가 전혀 없지만 더 낫고 더 유익한 제사를 가지고 있다. 그리고 그리스도인들은 그들의 예물들을 바칠 수 있는 제단도 가지고 있다. 왜냐하면 그리스도인들은 예수 그리스도를 통하여 하나님께 받아들여지는 영적인 제사들을 드리기 때문이다. 여기서

다음의 사실들을 깨우치도록 하라.

(1) 모든 신실한 그리스도인들은 그들의 머리 되시는 그리스도로부터 그들에게 전달된 영적인 삶의 원리를 그들 속에 가지고 있다. 그러므로 그리스도를 산 돌이라고 부르는 것처럼 그리스도인들도 살아 있는 돌들이라고 한다. 그리스도인들은 허물과 죄들 속에서 죽은 것이 아니라 성령으로 말미암은 거듭남과 성령의 작용을 통하여 하나님 안에서 살아 있게 된다.

(2) 하나님의 교회는 신령한 집이다. 그리스도는 모퉁잇돌이시다. 너희는 사도들과 선지자들의 터 위에 세우심을 입은 자라 그리스도 예수께서 친히 모퉁잇돌이 되셨느니라(엡 2:20). 건축자들은 목사들이다. 내게 주신 하나님의 은혜를 따라 내가 지혜로운 건축자와 같이 터를 닦아 두매 다른 이가 그 위에 세우나 그러나 각각 어떻게 그 위에 세울까를 조심할지니라(고전 3:10). 그 곳에 사는 분은 하나님이시다. 너희도 성령 안에서 하나님이 거하실 처소가 되기 위하여 예수 안에서 함께 지어져 가느니라(엡 2:22). 교회는 모든 그리스도인들의 힘, 아름다움, 다양한 지체들, 그리고 유익을 위한 집이다. 교회는 그 초석이신 그리스도 안에 있는 신령한 집이다. 다시 말해서 교회는 그것의 건축 재료들에 있어서 신령한 사람들이고, 그 가구에 있어서 성령의 은혜들이고, 그 연결들에 있어서 성령과 공동의 한 신앙에 의해 함께 결합되어 있고, 그리고 신령한 일인 교회의 용도에 있어서 영적인 제사들을 드리는 신령한 집이다. 이 집은 날마다 세워지고, 교회의 부속인 모든 지체가 발전하고, 그리고 날마다 새로운 개체들이 더해짐으로써 모든 시대에 공급되는 온전한 하나의 집이다.

(3) 모든 선한 그리스도인들은 거룩한 제사장이다. 베드로 사도는 여기서 그리스도인들의 보편성에 대해 말하고, 그리고 그들이 왕 같은 거룩한 제사장이라는 사실을 이야기한다. 그리스도인들은 모두 선택받은 사람들이고, 하나님께 바쳐진 거룩한 사람들이고, 다른 사람들을 위해 봉사하는 사람들이고, 천국의 은사들과 은혜들을 물려받은 사람들이고, 그리고 그것들을 잘 활용하고 있는 사람들이다.

(4) 이 거룩한 제사장직은 하나님께 신령한 제사들을 드려야 하고 그렇게 될 것이다. 그리스도인들이 드리는 신령한 제물과 제사들은 그들의 몸, 영혼, 감정, 기도, 찬양, 자선, 그리고 다른 의무들이다.

(5) 아주 훌륭한 사람들의 매우 신령한 제물들과 제사들일지라도 예수 그리

스도를 통하지 않고는 하나님께 받아들여질 수가 없다. 그리스도는 유일한 위대하신 대제사장이시다. 그러므로 그리스도를 통하지 않고는 우리와 우리의 제사들이 받아들여질 수가 없다. 우리는 모든 우리의 예물들을 하나님께 가져와서 그리스도를 통하여 하나님께 바쳐야 할 것이다.

Ⅱ. 베드로 사도는 그리스도가 산 돌이심을 주장했던 것을 이사야 28장 16절에 근거하여 확증하고 있다. 베드로 사도의 성경을 인용하는 태도를 주목해보라. 그는 성경을 책의 몇 장 몇 절로 인용하고 있지 않다. 그 당시에는 이러한 구별들이 없기는 했다. 그러나 어떤 특정한 시편을 사도행전 13장 33절에서 단 한 번 언급했던 적을 제외하고는 성경을 모세의 글이니, 다윗의 글이니, 또는 선지자들의 글이라고 언급한 적이 없었던 것처럼 성경을 구체적으로 언급하지 않았다. 그들은 성경을 인용함에 있어서 오히려 선지자들이 지금 나타나서 말하는 것으로 성경의 말씀들을 받아 전하는 태도를 견지했다. 베드로 사도는 히브리어 성경이나 헬라어 70인역을 인용하고 있는 것이 아니고 문자 그대로가 아니라 단순하고 진실되게 인용하고 있을 따름이다. 성경의 참된 의미는 바로 성경의 단어 외에 다른 표현으로 정당하고 충분하게 나타날 수 있다. 성경에 기록하였으되(It is contained). 여기서 사용된 동사는 능동형이다. 그러나 번역자들은 수동형으로 번역하고 있다. 그것은 그 동사의 주격을 찾는 어려움을 피하기 위한 것이었다. 많은 번역자들과 해석자들이 그것 때문에 혼란을 겪기도 했었다. 인용 구절의 주제는 바로 이것이다. 보라 내가 택한 보배로운 모퉁잇돌을 시온에 두노니.

1. 우리는 신앙생활의 중요한 문제들에 있어서 성경의 증거를 온전히 의지해야 한다. 그리스도와 그의 사도들은 모세, 다윗, 그리고 옛날 선지자들에게 호소했다. 하나님의 말씀은 하나님이 우리에게 주신 유일한 규칙이다. 하나님의 말씀은 완전하고 충분한 규칙이다. 그리고 하나님의 말씀은 알기 쉽고, 명료하고, 확실한 규칙이다.

2. 하나님이 성경 속에서 그의 아들 예수 그리스도에 관해 우리에게 주신 기사들은 우리의 엄격한 관심을 요구하는 것들이다. 보라 내가 택한 보배로운 모퉁잇돌을 시온에 두노니. 요한 사도도 비슷한 관심을 요구하고 있다. 이튿날 요한이 예수께서 자기에게 나아오심을 보고 이르되 보라 세상 죄를 지고 가는 하나님의 어린 양이로다(요 1:29). 그리스도에 대한 이러한 관심의 요구는 이 문제의 우수성,

중요성 및 우리의 미련함과 둔함을 나타내준다.

3. 예수 그리스도를 교회의 머리로 임명하신 것은 하나님의 뛰어나신 작품이다. 내가 시온에 두노니. 교회의 머리로 교황을 세우는 것은 인간의 고안물이고 주제넘은 교만한 짓이다. 그리스도만이 하나님의 교회의 기초이고 머리이시다.

4. 예수 그리스도는 하나님이 그의 신령한 집에 두신 첫 번째 모퉁잇돌이시다. 모퉁잇돌은 건물과 분리될 수 없고, 건물을 떠받치고, 건물과 결합하고, 그리고 건물을 장식한다. 하나님의 거룩한 교회와 신령한 집에 그리스도가 그와 같은 역할을 담당하신다.

5. 예수 그리스도는 다른 사람이 아니라 그의 신실한 백성을 위한 지원과 구원을 위한 모퉁잇돌이 되신다. 하나님의 백성은 시온에 사는 사람들이다. 그들은 시온의 백성이다. 예수 그리스도는 바벨론을 위한 분도 아니고 그의 적들을 위한 분도 아니시다.

6. 예수 그리스도를 믿는 참된 신앙은 인간의 철저한 혼란을 막아주는 유일한 방법이다. 인간을 크게 혼란에 빠뜨리는 것이 세 가지 것들이 있는데 낙심과 죄와 심판이다. 믿음은 이 모든 것들을 막아준다. 믿음은 그러한 것들 하나하나를 다 치료해주는 해결책이다.

III. 베드로 사도는 여기서 한 중요한 추론을 이끌어낸다. 그러므로 믿는 너희에게는 보배이나 믿지 아니하는 자에게는 건축자들이 버린 그 돌이 모퉁이의 머릿돌이 되고(7절). 여기서 사도는 예수 그리스도를 모퉁이의 머릿돌이라고 한다. 여기서 사도는 선한 사람들에 관하여 추론을 한다. "그러므로 믿는 너희들에게 그리스도는 보배로우시고 영광스러우신 분이다. 그리스도는 그리스도인의 면류관과 영광이다. 믿는 너희들은 그리스도로 말미암아 부끄러움을 당하지 않게 될 것이다. 너희들은 영원히 그리스도로 말미암아 자랑스럽게 되고 영광스럽게 될 것이다." 악인들에 대해서는 이렇게 말하고 있다. 말씀에 순종하지 아니하는 사람들은 계속해서 예수 그리스도를 배척하고 거부할 것이다. 그러나 하나님은 모든 반대에도 불구하고 예수 그리스도를 모퉁이의 머릿돌이 되도록 정하셨다. 여기서 다음의 사실들을 깨우치도록 하라.

1. 성경에서 추론된 정당하고 필요한 결론이 무엇이든지 간에 그 결론은 성경의 분명한 말씀들에 내포된 것과 같은 확실성을 지니고 있다고 할 수 있겠다. 베드로 사도는 선지자의 증언에서 한 추론을 이끌어내고 있다. 선지자는 분

명하게 그렇게 말한 것은 아니었다. 그렇지만 사도는 그 말씀을 통해 그 결과가 피할 수 없는 것이라는 사실을 이끌어냈다. 우리의 구주는 그들에게 성서들을 살펴보라고 명령하신다. 왜냐하면 성서들이 그리스도에 관해 증언했기 때문이다. 그러나 이 성서들의 어디에도 나사렛의 예수가 메시야라고 그들에게 말해주고 있지 않다. 그러나 이 성서들은 홀이 유다를 떠나기 전인 두 번째 성전과 다니엘의 칠십 년(단 9:2) 이후 사이에 동정녀에게서 출생하실 분이 메시야이셨다는 것을 말씀하고 있다. 바로 그분이 예수 그리스도이셨다. 이러한 결론에 도달하기 위하여 어떤 사람이든 이성과 역사와 통찰력과 경험을 활용해야 할 것이다. 그럼에도 불구하고 예수가 메시야라는 사실은 한 점의 오류도 없는 성경의 결론이다.

2. 신실한 목사의 과업은 일반적인 진리들을 하나님의 말씀을 듣는 사람들의 개별적인 조건과 상황에 적용해주는 것이다. 베드로 사도는 선지자를 통해서 한 구절(6절)을 인용하고, 그 말씀을 선한 사람과 악한 사람 각각에게 적용하고 있다. 이러한 일은 지혜와 용기와 신실성을 필요로 한다. 그러나 그 일은 말씀을 듣는 사람들에게 아주 많은 유익을 줄 수 있을 것이다.

3. 예수 그리스도는 모든 신자에게 지극히 보배로우시다. 그리스도의 위격의 주권과 장엄하심, 그의 직분의 위엄, 그의 가까운 관계, 그의 놀라운 사역들, 그의 엄청난 사랑 등의 모든 것이 신자가 예수 그리스도를 경배하고 존경하게 만든다.

4. 불순종하는 사람들은 참된 믿음을 전혀 가지고 있지 않다. 불순종하는 사람들은 고집이 세고, 의심이 많고, 그리고 회개하지 않는 사람들이다. 이러한 사람들도 어떤 바른 사상을 가지고 있을 수는 있지만 확고한 믿음은 결코·없다.

5. 그리스도의 교회의 건축자들이 되어야 하는 사람들이 그리스도가 세상에서 만나신 최악의 적들이 될 때도 종종 있다. 구약 성경에서 거짓 선지자들이 아주 심한 해악을 끼쳤다. 신약 성경에서 그리스도가 겪으셨던 가장 큰 반대와 잔혹함이 서기관들, 바리새인들, 제사장들, 그리고 교회를 세우고 돌본다고 가장하는 사람들을 통해서 나왔다. 더욱이 예수 그리스도와 그의 대의에 반대한 세상의 가장 큰 적은 로마 가톨릭의 고위 성직 계급이었다.

6. 하나님은 거짓 친구들의 그릇됨과 그의 가장 큰 적들의 반대에도 불구하

고 세상에서 예수 그리스도의 대의를 위하여 지원하시고 하나님 자신의 일을 계속 수행하실 것이다.

IV. 베드로 사도는 돌의 비유를 계속 유지하면서 진술을 더 발전시키고 있다. 또한 부딪치는 돌과 걸려 넘어지는 바위가 되었다 하였느니라 그들이 말씀을 순종하지 아니하므로 넘어지나니 이는 그들을 이렇게 정하신 것이라(8절). 이 말씀은 이사야서 8장 13절과 14절에서 인용한 것이다. 만군의 여호와 그를 너희가 거룩하다 하고 그를 너희가 두려워하며 무서워 할 자로 삼으라 그가 성소가 되시리라 그러나 이스라엘의 두 집에는 걸림돌과 걸려 넘어지는 반석이 되실 것이며 예루살렘 주민에게는 함정과 올무가 되시리니. 그러므로 이 말씀에서 예수 그리스도가 만군의 여호와이시고 가장 높으신 하나님이시라는 사실이 분명하게 드러난다. 여기서 다음의 사실들을 주목하라.

1. 교회를 세우는 건축자들과 제사장들이 그리스도를 거부했고, 그리고 백성은 그들의 지도자들을 따랐다. 그러므로 그리스도는 그들에게 부딪치는 돌과 걸려 넘어지는 바위가 되셨다. 사람들은 그 돌에 걸려 넘어졌고 다쳤다. 그 답례로 그리스도는 그들에게 아주 강한 돌로 떨어지셨고, 그리고 그들에게 파멸의 벌을 내리셨다. 이 돌 위에 떨어지는 자는 깨지겠고 이 돌이 사람 위에 떨어지면 그를 가루로 만들어 흩으리라(마 21:44). 여기서 다음의 사실들을 깨우치도록 하라.

(1) 불순종하는 사람들은 모두 하나님의 말씀에 걸려 넘어지게 된다. 그들이 말씀을 순종하지 아니하므로 넘어지나니. 불순종하는 사람들은 그리스도 자신에게 대들고, 그의 가르침을 어기고, 그리고 그의 계명들의 순수성을 부인한다. 그래서 유대교의 박사들이 그리스도의 모습의 초라하심과, 하나님 앞에서의 칭의를 위하여 그리스도만 의지해야 된다는 제안에 더욱 많이 걸려 넘어졌다. 그들은 믿음으로 의롭게 되는 것을 구하지 않았고 율법의 행위로 의롭게 되는 것을 구했다. 어찌 그러하냐 이는 그들이 믿음을 의지하지 않고 행위를 의지함이라 부딪칠 돌에 부딪쳤느니라(롬 8:32).

(2) 어떤 사람에게는 구원의 주가 되시는 동일하신 찬양받으실 예수님이 다른 사람들에게는 그들의 죄와 파멸의 경우가 된다. 이는 이스라엘 중 많은 사람을 패하거나 흥하게 하며 비방을 받는 표적이 되기 위하여 세움을 받았다(눅 2:24). 그리스도는 그들의 죄의 조성자는 아니시지만 그 죄의 원인은 되신다. 그들 자신의 불순종은 그들이 그리스도에 걸려 넘어지게 만들고 그리스도를 배척하게

만든다. 그리스도는 심판자로서 그들의 그러한 죄를 파멸로 벌하신다. 구주이신 그리스도를 배척하는 사람들은 바위이신 그리스도에게 부딪쳐 깨어질 것이다.

(3) 하나님은 말씀을 순종하지 아니하므로 넘어지는 모든 사람들에게 영원한 파멸을 정하셨다. 계속해서 복음을 완고하게 믿지 않고 무시하는 사람들은 모두 영원한 파멸을 당하도록 정해져 있다. 그리고 하나님은 영원부터 그들이 누구인지를 아신다.

(4) 일반적으로 유대인들이 그리스도를 배척하고, 그리고 모든 세대의 많은 사람들이 그리스도를 무시하는 것을 보게 되는 것이 주님에 대한 우리의 사랑과 의무를 꺾는 실망을 안겨주어서는 안될 것이다. 왜냐하면 오래 전에 선지자들이 이 사실을 예언했었고, 그리고 이 사실이 성경과 메시야를 믿는 우리의 신앙을 확증해주기 때문이다.

2. 그리스도를 영접한 사람들은 아주 귀중한 특권을 받았다. 그러나 너희는 택하신 족속이요 왕 같은 제사장들이요 거룩한 나라요 그의 소유가 된 백성이니 이는 너희를 어두운 데서 불러내어 그의 기이한 빛에 들어가게 하신 이의 아름다운 덕을 선포하게 하려 하심이라(9절). 유대인들은 자신들의 옛날 특권들에 지극히 민감했다. 그 특권들은 하나님의 유일한 백성이 되고, 하나님과 특별한 언약을 맺고, 그리고 다른 세상 사람들과 분리된 신분을 가지게 되는 것이었다. 유대인들은 이렇게 말한다. "이제 우리가 복음의 제도와 법에 복종한다면 우리는 이 모든 특권을 상실하게 되고, 그리고 이방인들과 똑같은 신분으로 떨어지게 될 것이다."

(1) 이러한 반대에 베드로 사도는 이렇게 대답한다. 그들이 복음에 복종하지 않는다면 망하게 될 것이다(7-8절). 그러나 그들이 복음에 복종한다면 실제로 아무런 손해를 보지 않게 되고, 그들이 바라던 대로 택하신 족속과 왕 같은 제사장 신분을 계속해서 누리게 될 것이다. 여기서 다음의 사실들을 깨우치도록 하라.

[1] 모든 참된 그리스도인들은 택하신 족속이다. 그들은 모두 한 가족이 된다. 그들은 일반 세상 사람들과 다른 종류의 백성이 된다. 그들은 그리스도 안에서 그러한 백성이 되도록 선택받지 않고 성령에 의해 성화되지 않았다면 결코 될 수 없는 다른 정신과 원리와 관습을 지닌 백성이 된다.

[2] 그리스도의 모든 참된 종들은 왕 같은 제사장이다. 그들은 하나님 및 그리스도와의 관계와 권능에 있어서 왕족이고, 그리고 그 자신들과 그들의 모든 영적인 적들에 대해서 왕족이다. 그들은 자신의 영혼들의 향상과 장점에 있어서, 그리고 그들의 소망과 기대들에 있어서 왕자들이다. 그들은 죄와 죄인들과 구별되고, 하나님께 바쳐지고, 하나님께 영적인 예배들과 예물들을 바치고, 그리고 예수 그리스도를 통하여 하나님께 받아들여지는 왕 같은 제사장들이다.

[3] 그들이 어디에 있든지 모든 그리스도인들은 한 거룩한 민족을 이룬다. 그들은 한 머리 아래 모이고, 동일한 생활 태도와 관습들에 일치하고, 그리고 동일한 법의 지배를 받는 한 민족이다. 그들은 하나님께 바쳐지고, 하나님께 헌신하고, 그리고 성령을 통해 다시 새롭게 되고 성화되기에 거룩한 민족이고 거룩한 나라이다.

[4] 그리스도의 종들이 하나님의 특별한 백성이 되는 것은 그들의 영광이다. 그들은 하나님의 인정을 받고, 선택을 받고, 돌봄을 받고, 기뻐하시는 백성들이다. 모든 순수한 그리스도인들의 이 네 가지 특권들과 위엄들은 그들에게 자연적인 것이 아니다. 왜냐하면 그들의 처음의 상태는 무서운 어둠의 상태이기 때문이다. 그러나 그들은 어둠의 상태에서 놀라운 빛과 기쁨과 즐거움과 번영의 상태로 효과적으로 부름을 받게 되었다. 이것을 생각하고 그들은 자신들을 불러주신 그리스도의 은혜와 찬양을 말과 행동을 통해 나타내야 할 것이다.

(2) 이 사람들을 만족시키고, 그리고 복음이 그들에게 베풀어 준 큰 자비들과 위엄들을 감사하게 하기 위하여 사도 베드로는 그들에게 그들의 이전 상태와 현재 상태를 비교해보라고 권면한다. 그들이 백성도 아니었고, 또한 그들이 자비도 받지 못했을 때 그들은 엄숙하게 버림을 받았고 이혼을 당했다(렘 3:8; 호 1:6-9). 그러나 그들이 지금은 다시 하나님의 백성으로 택함을 받게 되고, 자비를 받게 되었다. 여기서 다음의 사실들을 깨우치도록 하라.

[1] 아주 선한 사람들일지라도 자신들의 과거를 종종 뒤돌아보아야 한다.

[2] 하나님의 백성은 세상에서 가장 가치 있는 사람들이다. 나머지 다른 사람들은 모두 하나님의 백성이 아니고 아무런 가치가 없는 사람들이다.

[3] 하나님의 백성의 수에 들어가게 되는 것은 아주 큰 은혜이고 얻을 수 있는 은혜이다.

V. 베드로 사도는 그들에게 육체의 정욕을 조심하라고 경고한다. 사랑하는

자들아 거류민과 나그네 같은 너희를 권하노니 영혼을 거슬러 싸우는 육체의 정욕을 제어하라(11절). 택하신 족속이요 하나님의 백성인 아주 선한 사람일지라도 아주 나쁜 죄들을 억제하라는 권면을 받을 필요가 있다. 베드로 사도는 여기서 그들에게 아주 진지하고 애정어린 어조로 권면을 계속하고 있다. 어려움은 알고 있지만 그 의무의 중요성 때문에 베드로 사도는 그들에 대한 자신의 절절한 심정을 토로하고 있다. 사랑하는 자들아 거류민과 나그네 같은 너희를 권하노니. 그 의무는 인간의 첫 번째 성향인 육체의 정욕을 제어하고 억누르는 것이다. 육체의 정욕 가운데 많은 성향이 인간 본성의 타락에서 나오고 있고, 그리고 그 성향들의 실행은 육체를 의지한다. 따라서 그것은 어떤 관능적인 욕구나 육체의 부적절한 성향을 만족시키는 데 골몰한다. 그리스도인들은 다음의 사실들을 유념하고 이러한 성향들을 피해야 한다. 유념할 사실들은 다음과 같다.

1. 그리스도인들은 하나님 및 선한 사람들과 관계가 있는 사람들이다. 그리스도인들은 아주 큰 사랑을 받는 사람들이다.

2. 세상에서의 그들의 상태는 거류민과 나그네들이다. 그러므로 그들은 지나가는 나라의 사악함과 정욕들에 빠지는 잘못을 범하게 됨으로써 그들의 본향 천국으로 가는 여행을 방해받아서는 안 될 것이다.

3. 이러한 죄들은 불행과 위험을 낳게 된다. "그리스도인은 영혼을 거슬러 싸우는 사람들이다. 그러므로 너희들의 영혼도 육체의 정욕들을 거슬러 싸워야 할 것이다." 여기서 다음의 사실들을 깨우치도록 하라.

(1) 죄가 인간에게 끼치는 큰 불행은 영혼을 거슬러 싸우게 하는 것이다. 죄는 영혼의 도덕적 자유를 파괴한다. 죄는 영혼의 기능들을 손상시킴으로써 영혼을 약하게 만들고 무능하게 만든다. 죄는 영혼의 안락과 평화를 빼앗아간다. 죄는 영혼의 위엄을 좀먹고 파괴한다. 죄는 영혼의 현재 잘 되고 있는 건강한 상태를 방해하고, 영혼을 영원한 불행에 빠뜨린다.

(2) 모든 종류의 죄 가운데 육체의 정욕만큼 영혼에 더 해를 끼치는 것은 없다. 육욕의 욕구들, 추잡함, 음탕함 등은 하나님이 혐오하는 것들이고 인간의 영혼을 파괴하는 것들이다. 죄는 영혼들이 버림받게 되는 극심한 심판이 된다.

VI. 베드로 사도는 더 나아가서 정직한 행실을 통해서 그들의 신앙을 단장하라고 그들에게 권면한다. 그리스도인들의 행실은 그들의 삶의 모든 전환기와 모든 경우와 모든 행동에 있어서 정직해야만 한다. 다시 말해서 그리스도인의 행실은 선하고, 사랑이 배어 있고, 점잖고, 친절해야 하고, 그리고 흠이 없어야 한다. 그리스도인들은 이방인들과, 그리스도인들이 악을 행하는 사람들인 것처럼 언제나 온갖 험담을 퍼붓는 뿌리 깊은 적대감을 가진 타 종교인들 속에 섞여 살고 있기에 정직해야 한다. "깨끗하고, 바르고, 선한 행실은 이방인들의 입을 막아줄 수도 있을 뿐만 아니라 이방인들이 하나님을 찬양하는 수단을 제공해줄 수도 있다. 그리고 이방인들이 그리스도인이 선한 행실들에 있어서 모든 다른 사람들보다 더 뛰어난 것을 보게 되면 너희들을 칭찬하게 될 수도 있을 것이다. 이방인들과 세상 사람들이 너희를 지금은 악을 행하는 자들로 부르고 있다. 그러므로 너희 자신들을 선한 행실들을 통해 증명해 보이도록 하라. 그러면 이 행실이 이방인들을 납득시키는 방법이 될 수도 있다. 이것이 하나님이 그들에게 찾아오시는 기회를 제공하게 된다. 그 때 하나님이 말씀으로 그들을 부르시고 은혜로 회개시키실 수도 있다. 그러면 너희들의 훌륭한 행실 때문에 그들이 하나님을 찬양하게 되고, 너희들을 칭찬하게 될 것이다. 찬송하리로다 주 이스라엘의 하나님이여 그 백성을 돌아보사 속량하시며(눅 1:68). 복음이 그들에게 임하게 되어 효력을 나타내게 될 때 선한 행실이 이방인들의 회심에 도움을 주게 될 것이다. 그러나 악한 행실은 그것을 가로막게 될 것이다." 여기서 다음의 사실들을 주목하라.

1. 그리스도인의 신앙은 반드시 정직한 행실이 뒤따라야만 한다. 끝으로 형제들아 무엇에든지 참되며 무엇에든지 경건하며 무엇에든지 옳으며 무엇에든지 정결하며 무엇에든지 사랑 받을 만하며 무엇에든지 칭찬 받을 만하며 무슨 덕이 있든지 무슨 기림이 있든지 이것들을 생각하라(빌 4:8).

2. 아무리 훌륭한 그리스도인일지라도 악인들의 악한 말을 들어야 하는 것은 어쩔 수 없는 그리스도인의 공통된 십자가이다.

3. 하나님의 은혜로우신 방문을 받는 사람들은 지체하지 않고 선한 사람들에 대한 자신들의 생각을 바꾸게 된다. 그들은 하나님을 찬양하게 되고, 그들이 악을 행하는 자들이라고 비방했던 사람들(그리스도인)을 칭찬하게 된다.

[13]인간의 모든 제도를 주를 위하여 순종하되 혹은 위에 있는 왕이나 [14]혹은 그가 악행하는 자를 징벌하고 선행하는 자를 포상하기 위하여 그의 보낸 총독에게 하라 [15] 곧 선행으로 어리석은 사람들의 무식한 말을 막으시는 것이라 [16]너희는 자유가 있

으나 그 자유로 악을 가리는 데 쓰지 말고 오직 하나님의 종과 같이 하라 [17]뭇 사람을 공경하며 형제를 사랑하며 하나님을 두려워하며 왕을 존대하라 [18]사환들아 범사에 두려워함으로 주인들에게 순종하되 선하고 관용하는 자들에게만 아니라 또한 까다로운 자들에게도 그리하라 [19]부당하게 고난을 받아도 하나님을 생각함으로 슬픔을 참으면 이는 아름다우나 [20]죄가 있어 매를 맞고 참으면 무슨 칭찬이 있으리요 그러나 선을 행함으로 고난을 받고 참으면 이는 하나님 앞에 아름다우니라 [21]이를 위하여 너희가 부르심을 받았으니 그리스도도 너희를 위하여 고난을 받으사 너희에게 본을 끼쳐 그 자취를 따라오게 하려 하셨느니라 [22]그는 죄를 범하지 아니하시고 그 입에 거짓도 없으시며 [23]욕을 당하시되 맞대어 욕하지 아니하시고 고난을 받으시되 위협하지 아니하시고 오직 공의로 심판하시는 이에게 부탁하시며 [24]친히 나무에 달려 그 몸으로 우리 죄를 담당하셨으니 이는 우리로 죄에 대하여 죽고 의에 대하여 살게 하심이라 그가 채찍에 맞음으로 너희는 나음을 얻었나니 [25]너희가 전에는 양과 같이 길을 잃었더니 이제는 너희 영혼의 목자와 감독 되신 이에게 돌아왔느니라

그리스도인의 행실의 일반적인 규칙은 이렇다. 그리스도인의 행실은 반드시 정직해야만 한다. 모든 관계의 의무들에 있어서 양심적인 실행이 뒤따르지 않으면 그 행실은 그리스도인의 행실이 될 수 없다. 베드로 사도는 여기서 이 사실을 아주 분명하게 다루고 있다.

I. 신민들의 경우. 그리스도인들은 종교에 있어서 유명한 혁신자들이었을 뿐만 아니라 국가에 있어서도 기존의 제도를 뒤흔들어놓는 혁명가들이었다. 그러므로 베드로 사도는 세속 관리에게 그리스도인들이 따라야 할 복종의 규칙들과 범위를 정립해주어야 될 큰 필요성을 지니고 있었다. 여기서 그는 그 규칙들과 의무들을 다음과 같이 진술하고 있다.

1. 그리스도인에게 요구되는 의무는 순종이다. 순종은 그리스도인의 상관들인 사람들에 대한 충성과 존경으로 이루어지고, 정당한 법과 명령에 복종해야 되고, 그리고 법률이 정한 형벌들에 순종해야 되는 것이다.

2. 이러한 순종을 정당하게 바쳐야 되는 사람들과 대상들에 대해 다음과 같이 진술하고 있다.

(1) 아주 일반적인 의무. 인간의 모든 제도에 순종하는 의무. 세속 권력은 분명

히 하나님의 권한에 속한다. 그러나 정부의 특정한 형식, 세속 권력자의 권력, 그리고 이 권한을 시행하는 사람들은 인간의 제도에 속해 있고, 각 특정한 나라의 법과 조직의 지배를 받아야 한다. 이것이 모든 나라들에 구속력 있는 일반적인 규칙이다. 그러므로 정부의 확립된 제도가 그 뜻대로 시행하는 것에 따라야 할 것이다.

(2) 특별한 의무. 위에 있는 왕에 순종하는 의무. 위엄에 있어서 첫째이고 계급에 있어서 가장 뛰어난 권력자에게 순종해야 한다. 왕은 폭군이 아니라 합법적인 사람이다. 또한 총독들, 지방의 통치자들 등은 하나님의 보내심을 받은 자들이다. 즉 하나님이 그들에게 통치하도록 위임하신 것이다.

3. 이 의무를 지켜야 하는 이유들은 다음과 같다.

(1) 주를 위하여. 주님이 인간의 유익을 위하여 통치자를 임명하셨다. 그러므로 인간은 그들에게 복종해야 한다. 각 사람은 위에 있는 권세들에게 복종하라 권세는 하나님으로부터 나지 않음이 없나니 모든 권세는 다 하나님께서 정하신 바라 그러므로 권세를 거스르는 자는 하나님의 명을 거스름이니 거스르는 자들은 심판을 자취하리라(롬 13:1-2). 하나님의 명예가 주권자들에 대한 신하들의 의무적인 행위와 관련이 있다.

(2) 통치자의 직분을 세우고 활용하는 이유는 악을 행하는 자들을 징벌하고, 선을 행하는 자들을 칭찬하고 격려하기 위한 것이다. 통치자들은 사회의 유익을 위하여 세워졌다. 이러한 목적을 따르지 않는 그 잘못은 제도나 법에 있는 것이 아니라 사람들의 준행 여부에 달려 있다. 여기서 다음의 사실들을 주목하라.

[1] 참된 종교는 시민 정부를 가장 잘 섬긴다. 그것은 주와 양심을 위하여 정부에 대한 순종을 요구한다.

[2] 모든 징벌들과 세상의 모든 통치자들은 악을 행하는 자들을 억제할 수 있다.

[3] 통치자가 자신의 의무를 이행하고 세상을 바로잡을 수 있는 가장 좋은 방법은 상을 잘 주고 벌을 잘 내리는 것이다. 즉 상벌의 시행이 공정할 때 통치자는 자신의 의무를 가장 잘 시행할 수 있게 된다.

(3) 그리스도인들이 세상 권력자들에게 순종해야 되는 또 다른 이유는 그것이 하나님의 뜻이기 때문이다. 따라서 그것은 그리스도인들의 당연한 의무이다.

그리고 그것은 무식하고 어리석은 사람들의 악의적인 비방을 침묵시키는 방법이 되기도 한다. 곧 선행으로 어리석은 사람들의 무식한 말을 막으시는 것이라(15절). 여기서 다음의 사실들을 깨우치도록 하라.

[1] 하나님의 뜻은 선한 사람을 위한 것이다. 그 뜻은 어떤 의무이든 그것을 위한 가장 강한 기반과 근거가 된다.

[2] 통치자들에 대한 순종은 그리스도인의 의무의 무시할 수 없는 부분이다.

[3] 그리스도인은 아주 무식하고 어리석은 사람들의 얼토당토않은 비방을 침묵시키기 위하여 모든 관계들에 있어서 삼가 조심하고 선행을 행하도록 노력해야만 한다.

[4] 종교를 비방하고 신앙적인 사람을 욕하는 사람들은 무식하고 어리석다.

(4) 베드로 사도는 그리스도인의 자유의 영적인 특성에 대해 상기시킨다. 유대인들은 신명기 17장 15절의 네 위에 왕을 세우려면 네 형제 중에서 한 사람을 할 것이요 네 형제 아닌 타국인을 네 위에 세우지 말 것이며 라는 말씀에 근거하여 그들이 복종해야 할 통치자가 절대 없다는 결론을 내렸다. 그래서 회심한 유대인들도 그리스도와의 관계로 말미암아 통치자에게 복종해야 할 의무가 없다고 생각했다. 이러한 잘못된 생각들을 바로잡기 위하여 사도 베드로는 그리스도인들이 자유롭기는 하지만 무엇으로부터 자유로워야 되는지를 그들에게 말해 주고 있다. 세상 통치자에 대한 순종을 요구하는 하나님의 법에 대한 복종이나 의무에서 자유로운 사람은 아무도 없다. 그리스도인들은 죄와 사탄의 멍에와 의식법으로부터 영적으로 자유롭다. 그러나 그리스도인들은 그들의 자유를 어떤 악을 변호하거나 회피하는 도구로 삼아서는 안 된다. 또한 그 자유가 하나님에 대한 의무나 그들의 윗사람들에 대한 복종에 대한 태만의 빌미가 되어서는 안 된다. 그리스도인들은 언제나 자신들이 하나님의 종들이라는 사실을 잊어서는 안 된다. 여기서 다음의 사실들을 깨우치도록 하라.

[1] 그리스도의 모든 종들은 자유인들이다. 종은 영원히 집에 거하지 못하되 아들은 영원히 거하나니 그러므로 아들이 너희를 자유롭게 하면 너희가 참으로 자유로우리라(요 8:36). 그리스도인들은 사탄의 지배, 율법의 정죄, 하나님의 진노, 의무의 근심 및 죽음의 공포 등으로부터 자유롭다.

[2] 예수 그리스도의 종들은 자신들의 그리스도인의 자유를 남용하지 않도록 매우 신중하고 조심해야만 한다. 그리스도인들은 하나님을 거스르는 어떤 악

이나 통치자들에 대한 불순종에 대한 가리개나 빌미가 되어서는 안 된다.

4. 베드로 사도는 신하들의 의무에 관한 강론을 네 개의 감탄할 만한 계명들로 마무리한다. 여기서 다음의 사실들을 주목하라.

(1) 뭇 사람을 공경하라. 모든 사람을 정당하게 존경해야 할 것이다. 가난한 사람들을 멸시해서는 안 된다. 가난한 자를 조롱하는 자는 그를 지으신 주를 멸시하는 자요(잠 17:5). 악인들도 그들의 악함 때문이 아니라 그들의 다른 특질들, 예컨대 기지, 신중함, 용기, 뛰어난 경영, 백발 등에 대해서는 존경을 해야 할 것이다. 아브라함, 야곱, 사무엘, 선지자들, 그리고 사도들은 나쁜 사람들에게 정당한 존경을 나타내는 것을 결코 주저하지 않았다.

(2) 형제를 사랑하라. 모든 그리스도인들은 머리 되시는 그리스도와 연합된 형제 사이이다. 그들은 같은 기질과 특성을 지니고 있고, 같은 목적을 가지고 있고, 서로 교통하고, 그리고 같은 본향으로 가고 있는 형제들이다. 그러므로 그들은 각별한 애정을 가지고 서로 사랑해야 한다.

(3) 하나님을 두려워하라. 그리스도인들은 지극한 존경과 충성과 순종으로 하나님을 섬기고 두려워해야 한다. 하나님을 경외하는 이것이 결여된다면 그리스도인들이 마땅히 행해야 하는 다른 세 가지 의무들도 결코 실행하지 못하게될 것이다.

(4) 왕을 존대하라. 그리스도인들은 만인 위에 군림하는 왕에게 특별한 존경을 지극하게 표해야 할 것이다.

Ⅱ. 사환들의 경우. 그것은 신민들의 경우와 마찬가지로 사도의 결정을 필요로 하는 사안이었다. 왜냐하면 사환들도 그들의 그리스도인의 자유가 믿지 않는 잔인한 주인들로부터 해방시켜 준다고 생각했기 때문이다. 이러한 생각에 대해 베드로 사도는 이렇게 대답해주고 있다. 사환들아 범사에 두려워함으로 주인들에게 순종하되 선하고 관용하는 자들에게만 아니라 또한 까다로운 자들에게도 그리하라(18절). 사환들이라는 말을 통해 사도는 고용된 사람들, 돈을 주고 산 사람들, 또는 전쟁에서 포로로 사로잡힌 사람들, 그 집에서 종으로 태어난 사람들, 또는 계약에 의해 도제들처럼 일정 기간 일하는 사람들을 망라해서 의미하고 있다. 여기서 다음의 사실들을 주목하라.

1. 베드로 사도는 그들에게 순종하라 명령한다. 사도는 그들에게 신실하고 정직하게 임무를 다하고, 마땅히 아랫사람으로서 존경과 애정을 가지고 처신하

고, 그리고 어려운 일과 불편한 일들을 잘 참고 순종하라고 권면한다. 그들은
이러한 복종을 그들의 주인들에게 바쳐야 한다. 그들의 주인들은 당연히 그들
의 봉사를 받을 권리가 있다. 그리고 그러한 순종과 봉사를, 그들에게 잘 해주
고 일을 덜어주는 선하고 온유한 주인들에게만 아니라 전혀 좋아할 줄 모르는
고약하고 까다로운 주인들에게도 바쳐야 할 것이다. 여기서 다음의 사실들을
깨우치도록 하라.

(1) 사환들은 그들의 주인들에게 순종해야 하고, 그리고 그들의 기분을 상하
게 할까 두려워해야 한다.

(2) 주인의 잘못된 행위가 사환의 죄의 행위에 대한 구실이 되지 못한다. 사
환은 주인이 고약하고 제멋대로일지라도 주인의 행위에 관계없이 자신의 의무
를 다해야 한다.

(3) 선한 사람들은 자신들의 아랫사람들에게 온유하고 관용한다. 베드로 사
도는 높은 사람에 대해서와 마찬가지로 불쌍한 사환들에 대해서도 사랑과 관
심을 나타내고 있다. 여기서도 베드로 사도는 자기보다 낮은 다른 모든 사역자
들의 본이 되어야 했다. 다른 사역자들 역시 자기보다 낮거나 젊거나 가난한
처지의 신자들에게 자신들의 권면들을 분명하게 적용하고 보여주어야 했다.

2. 순종하라고 그들에게 권면을 한 뒤 베드로 사도는 겸손히 그 이유를 설명
해준다. 그것들은 다음과 같다.

(1) 만일 그들이 부당한 대우를 받고 믿음이 없고 까다로운 주인들에게 의무
를 다하면서 어려움을 견딘다면 하나님이 그들을 받아들이시고, 하나님을 위
하여 양심을 지킨 모든 사람들에게 상을 주실 것이다. 그러나 그들이 벌을 받
아 마땅한 일을 하고 인내한다고 할지라도 그러한 행위는 전혀 칭찬받을 일이
없을 것이다. 부당하게 고난을 받아도 하나님을 생각함으로 슬픔을 참으면 이는 아
름다우나 죄가 있어 매를 맞고 참으면 무슨 칭찬이 있으리요 그러나 선을 행함으로
고난을 받고 참으면 이는 하나님 앞에 아름다우니라(19-20절). 여기서 다음의 사실
들을 깨우치도록 하라.

[1] 처지가 너무 비참하고 형편없어서 사람이 살면서 양심을 지킬 수 없거나
하나님께 영광을 돌릴 수 없는 생활이란 결코 있을 수 없다. 아주 비천한 종조
차도 양심을 지키고 하나님께 영광을 돌리며 살 수 있다.

[2] 아주 양심적인 사람들일지라도 아주 큰 고통을 당하는 처지가 되는 경우

가 아주 비일비재하다. 부당하게 고난을 받아도 하나님을 생각함으로 슬픔을 참으면 이는 아름다우나. 이러한 종류의 고난을 받는 사람들은 칭찬받을 만하다. 그들은 하나님과 신앙생활에 명예로운 일을 하고, 그리고 하나님이 그들을 인정하시고 받아들이신다. 이것은 그들이 받을 수 있는 가장 큰 도움이고 행복이다.

[3] 받아 마땅한 고난들은 인내로 견뎌야 한다. 죄가 있어 매를 맞고 참으면 무슨 칭찬이 있으리요 그러나 선을 행함으로 고난을 받고 참으면 이는 하나님 앞에 아름다우니라. 이 세상에서 당하는 고난들은 반드시 우리가 장차 누리게 될 행복의 담보물이 되는 것은 아니다. 자녀들이나 종들이 무례하고 신실하지 않다면 그것으로 인하여 고난을 당하게 된다고 하더라도 하나님이 그것을 인정하지도 않으시고 사람들이 그것을 칭찬하지도 않을 것이다.

(2) 베드로 사도는 그리스도인 종들이 부당한 고난들에 인내해야 되는 많은 이유들을 제시한다. 이를 위하여 너희가 부르심을 받았으니 그리스도도 너희를 위하여 고난을 받으사 너희에게 본을 끼쳐 그 자취를 따라오게 하려 하셨느니라(21절). 여기서 다음의 사실들을 주목하라.

[1] 그리스도인의 소명과 신앙 고백이 고난을 참아야 할 이유이다. 이를 위하여 너희가 부르심을 받았으니.

[2] 우리를 위하여 고난을 받으신 그리스도의 본을 따르는 것이 고난을 참아야 할 이유이다. 그러므로 우리가 그 자취를 따라가기 위하여 그리스도를 우리의 본으로 삼아야 한다. 여기서 다음의 사실들을 배울 수 있다.

첫째, 선한 그리스도인들은 고난받는 사람들이 되기 위하여 부르심을 받은 한 부류의 백성이다. 그러므로 그리스도인들은 마땅히 고난을 기대해야 한다. 그리스도교를 위하여 그들은 자신을 부인하고 십자가를 짊어져야 한다. 그리스도인들은 그리스도의 명령과 섭리의 경륜과 하나님의 은혜의 예비를 통해서 부름을 받았다. 그러므로 예수 그리스도의 본보기를 따라서 그리스도인들은 고난을 위하여 부름을 받게 될 때 고난을 견뎌야 한다.

둘째, 예수 그리스도는 너희를 위하여 고난을 받으셨다. 그리스도는 우리를 위하여 고난을 받으셨다. 하나님 아버지는 고난을 받지 않으셨다. 그러나 하나님 아버지는 그리스도가 고난받으시는 것을 재가하셨고, 그리고 그 목적을 위하여 그리스도를 이 세상에 보내셨다. 그리스도의 몸과 영혼이 다같이 고난을 받으셨다. 그리고 그는 우리 대신 그 고난을 우리의 유익을 위하여 받으셨다. 친히 나무에 달려 그 몸으로 우리 죄를 담당하셨으니 이는 우리로 죄에 대하여 죽고 의에 대하여 살게 하려 하심이라(24절).

셋째, 그리스도의 고난은 우리가 세상에서 만나게 되는 아주 부당하고 가혹한 고난들을 견디게 하는 위로와 격려가 되어야 한다. 그리스도는 자신을 위해서가 아니라 우리를 위하여 자원하여 고난을 받으셨다. 그리스도는 모든 방면에서 최상의 준비와 완전한 인내로 그 고난을 받으셨다. 그리스도는 신인(神人)이셨음에도 이 모든 것을 행하셨다. 그러니 최악의 벌과 고난을 받아 마땅한 우리 같은 죄인들이 이 세상의 가벼운 고난들을 받아야 한다는 것은 내세에 받게 될 말할 수 없는 유익들로 보상이 되지 않겠는가?

3. 그리스도의 복종과 인내의 본보기는 여기서 아주 간단하게 진술이 되고 있다. 그리스도도 너희를 위하여 고난을 받으사. 여기서 다음의 사실들을 주목하라.

(1) 그리스도는 아무 까닭 없이 그릇되게 고난을 당하셨다. 왜냐하면 그리스도는 죄를 범하지 아니하셨기 때문이다(23절). 그는 강포를 행하지 아니하였다(사 53:9). 그는 어느 누구에게도 부정이나 잘못을 결코 범하지 않으셨다. 그는 그것이 무엇이든 어떤 종류의 잘못도 범하신 적이 없었다. 그리스도는 입에 거짓도 없으셨다. 그는 행위뿐만 아니라 말씀에도 아주 신실하시고, 공정하시고, 바르셨다.

(2) 그리스도는 끈기 있게 고난을 견디셨다. 욕을 당하시되 맞대어 욕하지 아니하시고 고난을 받으시되 위협하지 아니하셨다(23절). 사람들이 그리스도를 모욕하고, 조롱하고, 잘못된 이름들로 불렀을 때 잠잠히 있으셨고, 입을 열지 않으셨다. 사람들이 더 나아가서 실제로 그리스도를 때리고, 치고, 그의 머리에 가시 면류관을 씌우는 등 상해를 입혔을 때도 그는 위협하지 아니하셨다. 그리스도는 오직 공의로 심판하시는 이에게 부탁하셨다. 그는 때가 되면 그의 무죄를 입증해주시고, 그리고 그의 적들에게 원수를 갚아주실 하나님께 맡기셨다. 여기서 다음의 사실들을 깨우치도록 하라.

[1] 우리의 찬양받으실 구주는 완전하게 거룩하셨고, 전혀 죄가 없으셨다. 그러므로 그것이 무엇이든 그를 화나시게 하거나 시험에 빠뜨릴 수 있게 하거나 아주 사소한 죄의 말이나 무례한 말을 하게 하는 어떤 유혹이나 도발이 있을 수 없었다.

[2] 죄에 대한 도발들이 죄의 범행을 결코 정당화시킬 수 없다. 적들의 무례함과 잔인함과 부당함이 욕하거나 복수하는 그리스도인들을 정당화시켜 주지 않을 것이다. 죄의 이유들이 아무리 크더라도 죄를 저지르는 근거가 절대로 될 수는 없다. 우리는 언제나 죄를 피할 수 있는 더 강한 이유들을 가져야 할 것이다.

[3] 하나님의 심판이 모든 사람과 모든 원인을 정당하게 판단하실 것이다. 그러므로 우리는 인내와 끈기를 가지고 하나님의 심판에 우리를 맡겨야 할 것이다.

4. 21-23절에서 말씀하고 있는 것이 그리스도의 죽으심이 단순히 고난의 인내만을 위한 본보기로 생각하지 않을까 하여 베드로 사도는 그 죽으심의 영광스러운 목적과 효과를 덧붙이고 있다. 친히 나무에 달려 그 몸으로 우리 죄를 담당하셨으니(24절). 여기서 다음의 사실들을 주목하라.

(1) 고난을 받으신 분은 바로 예수 그리스도이시다. 친히 그 몸으로 그리스도는 고난을 받으셨다. 친히 라는 표현은 강조하는 말이다. 그것은 그리스도가 옛날의 모든 예언들을 확증하셨음을 나타내기 위한 것이다. 그것은 그리스도와 레위 제사장들을 구별하기 위한 것이다. 레위 제사장들은 다른 제물들의 피를 흘렸지만 그리스도는 친히 죄를 정결하게 하는 일을 하셨다(히 1:3). 그리고 친히 라는 표현은 인간의 구원 사역에 있어서 그리스도 이외의 다른 모든 것들을 배제하기 위한 것이다. 그 표현에 그 몸으로 라는 말이 덧붙여지고 있다. 이 말씀은 그리스도가 그의 영혼 안에서 고난당하셨다는 것이 아니다(마 26:38). 영혼의 고난은 내적이고 감추어졌다는 것을 의미한다. 몸의 고난이 고난당하는 종들의 생각에 더욱 가시적이고 분명하기 때문이었다. 왜냐하면 이 본보기는 그들을 위하여 이루어진 것이기 때문이다.

(2) 그리스도가 겪으셨던 고난들은 매를 맞으시고, 상처들을 입으시고, 십자가의 죽으심이었다. 이것들은 굴욕스럽고 치욕스러운 징벌들이었다.

(3) 그리스도가 고난을 받으신 이유들. 그리스도는 우리 죄를 담당하셨다. 이 사실은 우리에게 다음과 같은 교훈을 준다.

[1] 그리스도는 그의 고난들을 통해 우리의 죄들을 담당하셨다. 그는 우리의 죄들을 없애기 위하여 자신을 희생 제물로 바치셨다. 우리는 다 양 같아서 그릇 행하며 각기 제 길로 갔거늘 여호와께서는 우리 모두의 죄악을 그에게 담당시키셨도

다(사 53:6).

　[2] 그리스도는 우리 모두가 받아야 할 징벌을 짊어지셨고, 그리고 그렇게 하심으로써 하나님의 공의를 만족시키셨다.

　[3] 고난을 통해 그리스도는 우리의 죄들을 없애주시고, 그리고 그 죄들을 우리에게서 옮겨주신다. 염소가 머리에 백성의 죄를 상징적으로 짊어지고 광야로 놓여났던 것처럼(레 16:21-22) 하나님의 어린 양이 우리의 죄를 그 자신의 몸에 대신 짊어지고 세상의 죄를 없애주신다(요 1:29).

　(4) 그리스도의 고난이 거둔 열매는 다음과 같은 것들이 있다.

　[1] 죄의 억제와 죽음으로 이루어지는 우리의 성화와 의의 새로운 거룩한 생활에 대한 본보기와 강력한 동기와 능력을 그리스도의 죽음과 부활을 통해 가지게 된다.

　[2] 우리의 칭의. 그리스도는 대속의 희생 제물로 찢기시고 십자가의 고난을 당하셨다. 그러나 우리는 그가 채찍에 맞음으로 나음을 얻게 되었다. 여기서 우리는 다음의 사실들을 깨우칠 수 있다.

　첫째, 예수 그리스도는 그의 모든 백성의 죄를 짊어지셨다. 그리고 그는 십자가 위에서 죽으심으로 그들을 대속해주셨다.

　둘째, 어느 누구도 죄에 죽고 의로 살아나게 될 때까지는 죄를 짊어지시고 대속해주신 그리스도를 안전하게 의뢰할 수가 없다.

　5. 베드로 사도는 그리스도인 종들에게 그들의 과거 상태와 현재 상태의 차이를 되새겨줌으로써 그들에 대한 그의 권면을 마무리한다. 너희가 전에는 양과 같이 길을 잃었더니 이제는 너희 영혼의 목자와 감독 되신 이에게 돌아왔느니라(25절). 그들은 과거에 길을 잃은 양들이었다. 이 말은 다음의 사실들을 나타낸다.

　(1) 인간의 죄. 인간은 길을 잃고 이리저리 헤맨다. 죄는 인간 자신의 행위이다. 인간은 내몰려서 억지로 죄를 짓는 것이 아니다.

　(2) 인간의 불행. 인간은 자발적으로 이리저리 헤맨다. 인간은 푸른 초장과 목자와 양 떼를 떠나서 스스로 헤맨다. 그리고 인간은 그렇게 함으로써 수많은 위험에 자신을 노출시킨다.

　(3) 회심을 통해 사람들은 회복된다. 이제는 너희 영혼의 목자와 감독 되신 이에게 돌아왔느니라. 이 말은 원문에서 수동형으로 진술이 되었는데 죄인의 회복은 하나님의 은혜의 결과라는 사실을 나타낸다. 이 회복은 그들의 모든 잘못들과

방황들로부터 그리스도에게로 돌아오는 것이다. 그리스도는 그의 양들을 사랑하시고, 그들을 위하여 자신의 생명을 내어주시고, 가장 주의 깊은 목자이시고, 그리고 영혼의 감독이시다. 여기서 다음의 사실들을 깨우치도록 하라.

[1] 회심하기 이전의 죄인들은 언제나 길을 잃고 헤맨다. 그들의 생활은 잘못의 연속이다.

[2] 예수 그리스도는 그의 양 떼와 항상 함께 계시고 그들을 살피고 돌보아주시는, 영혼들의 최고의 목자와 감독이시다.

[3] 온 세계를 다스리시는 이 목자의 사랑과 돌봄을 기대하고 바라는 사람들은 그리스도께 돌아와야 하고, 죄에 대해서는 죽어야 하고, 그리고 의와 함께 살아야 한다.

$$— 3 —$$

제
3
장

개요

본 장에서 베드로 사도는 남편과 아내의 서로에 대한 의무에 대해 진술한다. 먼저 아내의 의무를 먼저 진술한다(1-7절). 사도는 그리스도인들에게 연합하고, 사랑하고, 동정하고, 화평하고, 그리고 고난을 인내하라고 권면한다. 그는 적들의 비방에 대항하기 위하여 악을 악으로 갚지 말고, 욕을 욕으로 갚지 말고, 복을 빌어줌으로 그들을 이기라고 권면한다. 그리고 그는 그들에게 믿음과 소망에 대한 이유를 언제라도 말할 수 있도록 준비하고, 선한 양심을 지킴으로 적들을 부끄럽게 하라고 권면한다(8-17절). 이것을 위해 그들을 격려하기 위해 사도는 불의에 의를 위해 고난당하신 그리스도를 본받으라고 권면한다. 그리스도는 노아 시대에 그들의 불신앙 때문에 옛 세상을 징벌하셨지만 신실한 몇 사람을 구원하셨던 사실을 그들에게 일깨워준다(18-22절).

¹아내들아 이와 같이 자기 남편에게 순종하라 이는 혹 말씀을 순종하지 않는 자라도 말로 말미암지 않고 그 아내의 행실로 말미암아 구원을 받게 하려 함이니 ²너희의 두려워하며 정결한 행실을 봄이라 ³너희 단장은 머리를 꾸미고 금을 차고 아름다운 옷을 입는 외모로 하지 말고 ⁴오직 마음에 숨은 사람을 온유하고 안정한 심령의 썩지 아니할 것으로 하라 이는 하나님 앞에 값진 것이니라 ⁵전에 하나님께 소망을 두었던 거룩한 부녀들도 이와 같이 자기 남편에게 순종함으로 자기를 단장하였나니 ⁶사라가 아브라함을 주라 칭하여 순종한 것 같이 너희는 선을 행하고 아무 두려운 일에도 놀라지 아니하면 그의 딸이 된 것이니라 ⁷남편된 자들아 이와 같이 지식을 따라 너희 아내와 동거하고 그를 더 연약한 그릇이요 또 생명의 은혜를 함께 이어받을 자로 알아 귀히 여기라 이는 너희 기도가 막히지 아니하게 하려 함이라

사도는 주권자들에 대한 신민들의 의무와 주인들에 대한 사환들의 의무를 진술한 뒤에 이어서 남편과 아내의 의무에 대해서 진술한다. 여기서 다음의 사실들을 주목하라.

I. 그리스도인 부인들이 그리스도에게로 돌아선 그들의 회심과 그리스도인의 모든 특권들에 대한 그들의 관심이 그들의 이방인 남편이나 유대교 남편들에 대한 **복종의 의무를 다하지 않아도 된다고 생각할까봐 베드로 사도는 그들에게 권면을 한다.**

1. 아내의 의무는 다음의 것들로 이루어져 있다.

(1) 자기 남편에게 순종하는 것. 이것은 정당한 권위나 자신의 남편의 뜻에 순종하거나 애정어린 복종을 의미한다. 복종과 순종의 행위는 하나님의 말씀을 배척했거나 말씀의 진리에 전혀 관심을 보이지 않던 불순종하고 믿지 않는 남편들의 마음을 얻을 수 있는 가능성이 가장 높은 방법이다. 그들은 바로 자신들의 아내들의 신중하고, 화평하고, 모범적인 행실을 보고 말씀을 받아들이고 진리의 증거를 발견하게 된다. 여기서 다음의 사실들을 깨우치도록 하라.

[1] 모든 별개의 분명한 관계는 각자의 개별적인 의무 사항을 가지고 있다. 목사들은 그것을 신자들에게 설교하고 가르쳐야 하고, 그리고 신자들은 그것을 잘 납득해야만 한다.

[2] 즐겁고 기꺼운 순종과 애정이 깃든 상호 존중의 존경은 그리스도인 아내들이 그 남편들이 좋든지 나쁘든지 그들에게 표시해야 하는 의무들이다. 이러한 의무들은 타락 이전에도 하와가 아담에게 표시해야 했던 것처럼 지금도 요구되고 있는 의무 사항들이다. 그 의무들이 이전에 비해 많이 달라지기는 했을지라도 그 본질은 같다. 또 여자에게 이르시되 내가 네게 임신하는 고통을 크게 더하리니 네가 수고하고 자식을 낳을 것이며 너는 남편을 원하고 남편은 너를 다스릴 것이니라(창 3:16). 여자는 일체 순종함으로 조용히 배우라(딤전 2:11).

[3] 복음의 말씀의 목적과 계획이 영혼들을 그리스도에게로 돌려 얻고자 하는 것임에도 불구하고 말씀으로 얻지 못하는 너무 고집스러운 사람들이 많다.

[4] 하나님의 말씀에 버금가는 것으로 사람들을 얻는 강력한 수단으로 좋은 행실과 관계의 의무들을 신중히 이행하는 것만한 것이 없다.

[5] 무종교와 불신앙은 세속의 관계들을 끊지도 못하고 그 의무들을 면제하지도 못한다. 아내는 그 남편이 말씀을 순종하지 않더라도 자기 남편에게 순종하는 의무를 다해야 한다.

(2) 두려워하며. 아내는 자기 남편을 존경하고 두려워해야 한다. 그러나 너희도 각각 자기의 아내 사랑하기를 자신 같이 하고 아내도 자기 남편을 존경하라(엡

5:33).

(3) 정결한 행실. 믿지 않는 남편들은 그들의 믿음을 가진 아내들의 행실을 정확하게 관찰하고 주목한다. 여기서 다음의 사실들을 주목하라.

[1] 믿음이 없는 악한 사람들은 종교를 믿는 신앙 고백자들의 행실을 엄격하게 관찰하고 비판한다. 그들의 호기심, 시기심, 그리고 질투심이 그들로 하여금 선한 사람들의 행실과 삶을 편협한 눈으로 바라보게 만든다.

[2] 서로에 대한 정당한 존경과 마땅한 배려가 수반된 정결한 행실은 믿지 않는 남편들을 복음의 믿음으로 인도하고 말씀에 순종하게 하는 아주 뛰어난 수단이 된다.

(4) 몸을 치장하고 꾸미는 것보다 마음을 단장하는 것이 더 낫다. 여기서 다음의 사실들을 주목하라.

[1] 베드로 사도는 신앙을 가진 여인들의 복장에 관한 규칙을 진술한다. 너희 단장은 머리를 꾸미고 금을 차고 아름다운 옷을 입는 외모로 하지 말고(3절). 여기서 세 종류의 금지된 치장이 진술되고 있다. 머리를 꾸미고. 이것은 절대적으로 금지된 것이 아니다. 그 당시에 머리를 땋아 치장하는 것은 추잡한 여인들이 일반적으로 하는 유행이었다. 금을 차고. 금으로 된 장신구들은 리브가와 에스더와 다른 신앙적인 여인들도 사용했다. 그러나 나중에 주로 창녀들과 질이 안 좋은 여인들이 즐겨하는 복장이 되었다. 아름다운 옷을 입는. 이것 역시 절대적으로 금지된 것이 아니다. 다만 옷차림이 너무 눈에 띄고 사치스러운 것을 금하고 있는 것이다. 여기서 다음의 사실들을 깨우치도록 하라.

첫째, 신앙적인 사람들은 그들의 모든 외적인 행위가 그들이 믿는 그리스도교의 신앙에 부합할 만한 것이 되도록 조심해야 한다. 오직 너희를 부르신 거룩한 이처럼 너희도 모든 행실에 거룩한 자가 되라(벧전 1:15).

둘째, 몸의 눈에 보이는 치장은 지나치게 육감적이 되거나 지나치게 사치하게 되는 경향이 비일비재하다. 실례로 옷차림이 부적절하게 될 때, 그리고 세상에서의 자신의 형편이나 신분에 지나치게 될 때 그러한 경우에 해당하게 된다. 그리고 사람들이 자신의 옷차림을 자랑하고, 다른 사람들을 유혹하거나 시험에 빠뜨리려는 의도를 가지고 있고, 옷차림이 너무 비싸고, 너무 호기심을 자극하고, 너무 불필요하게 사치스럽고, 옷차림이 아주 조잡한 사람들의 경솔함과 허영을 흉내내서 너무 유행을 따르고, 그리고 영 품위가 없고 방종하게 보이게

될 때 더욱 신앙과 일반적인 덕에 어울리지 않게 된다. 매춘부의 요란한 성장
은 정결한 그리스도인 부인이 결코 본받아서는 안 되고 흉내를 내어서도 안 된
다.

[2] 몸의 외양을 꾸미는 대신에 베드로 사도는 그리스도인 아내들에게 더 낫
고 아름다운 단장을 하라고 권면한다. 오직 마음에 숨은 사람을 온유하고 안정한
심령의 썩지 아니할 것으로 하라 이는 하나님 앞에 값진 것이니라(4절). 여기서 다음
의 사실들을 주목하라.

첫째, 단장해야 할 부분은 마음이다. 마음에 숨은 사람. 이것은 영혼을 가리킨
다. 다시 말해서 마음에 숨은 사람은 속사람, 인간의 내면을 의미한다. 몸을 꾸
미고 단장하는 것보다 영혼을 꾸미고 아름답게 단장하라는 것이다.

둘째, 장신구는 일반적으로 썩지 아니할 것이어야 한다고 규정하고 있다. 그
장신구는 영혼을 아름답게 꾸며준다. 그것은 하나님의 성령의 은혜들과 덕들
이다. 몸의 장신구들은 좀먹게 되고 쓰다보면 낡아지고 못쓰게 된다. 그러나 하
나님의 은혜는 쓰면 쓸수록 더 오래가고, 더 빛나게 되고, 더 좋아지게 된다. 그
리스도인 여인들의 가장 좋은 장신구는 온유하고 안정한 심령이다. 이러한 심령
은 정욕, 교만, 무절제한 분노 등이 없는 유순한 성격의 마음이다. 그리스도인
여인들은 그들의 남편들과 가족들에게 조용하고 유순한 순종의 행실을 나타내
야 한다. 남편이 거칠고, 신앙생활을 싫어하고 반대한다면 그 사람을 얻을 수 있
는 방법은 얌전하고 온유한 행실만한 것이 없을 것이다. 베드로 사도는 바로
그러한 사람들을 얻기 위하여 선한 아내들에게 이 권면을 한다. 하여튼 온유한
심령은 자신에게도 편안한 선한 여인으로 만들어 줄 것이다. 그것은 다른 사람
들에게도 좋은 인상을 주게 되고 세상 사람들이 보기에도 사랑스럽게 보이는
장신구가 될 것이다.

셋째, 이 장신구의 장점. 이것은 하나님 앞에서의 온유하고 안정한 심령이
다. 온유하고 안정한 심령은 사람이 보기에 아주 귀하고 유쾌한 것이고, 하
나님이 보시기에 값진 것이다.여기에서 다음의 사실들을 깨우치도록 하라.
a.참된 그리스도인의 주된 관심은 자심의 심령을 바르게 잡고 조절하는 데
있다. 그러므로 위선자가 그러한 일을 포기하는 곳에서 참된 그리스도인의
일이 시작된다. b.보이지 않는 속사람을 꾸미는 은사들이 그리스도인의 주
요한 장신구들이다. 특별히 침착하고, 평온하고, 조용한 심령은 남자든 여

자든 아름답고 사랑스럽게 만들어 준다.

2. 그리스도인 아내들의 의무는 본질적으로 어려운 것들이라 베드로 사도는 실례를 들어 그들에게 강하게 권한다. 그 실례들은 다음과 같다.

(1) 하나님을 믿었던 옛날의 거룩한 부녀들의 본보기. 전에 하나님께 소망을 두었던 거룩한 부녀들도 이와 같이 자기 남편에게 순종함으로 자기를 단장하였나니(5절). 이 말씀을 통해 사도는 이렇게 말하고 있다. "너희들은 여성의 약함을 평계하지 말고 옛날 신앙의 여인들을 본받도록 하라. 그 여인들은 옛날 구약 시대에 살았다. 그들은 자신들을 깨우쳐줄 지식이 별로 없었고 격려를 받을 본보기도 별로 없었다. 그러나 언제나 그 여인들은 이 의무를 실천하고 실행했다. 그들은 하나님을 믿은 거룩한 부녀들이었다. 그러므로 그 여인들의 본보기는 의무적인 것이다. 그들은 하나님을 믿었고 하나님께 소망을 두었다. 그럼에도 그들은 남편에 대한 그들의 의무를 게을리하지 않았다. 그러므로 지금 너희들에게 온유한 심령을 가지고 남편들에게 순종하라고 권하는 의무들은 전혀 새로운 것이 아니다. 이 의무들은 옛날부터 지금까지 세상에서 가장 훌륭하고 선한 여인들이 실천해온 것들이다."

(2) 사라의 본보기. 사라는 그녀의 남편에게 순종했고, 그리고 아브라함이 갈대아 우르에서 나아갈 때 갈 바를 알지 못하고 나아갔던(히 11:8) 아브라함을 주라 칭하여 순종하고 따라갔다. 그 행위를 통해 사라는 남편에게 존경을 나타냈고 자기보다 남편을 더 높이 여겼다. 그리고 그녀는 이 모든 행위를 통하여 그녀의 이름이 바뀌게 되었고, 하나님으로부터 높임을 받게 되었다. "그의 딸이 된 너희들은 사라의 믿음과 선한 행위들을 본받도록 하라. 그리고 너희 남편들을 두려워하고 존경함으로써 너희가 믿는다고 고백한 진리를 포기하지 않도록 하고 남편들에 대한 너희의 의무를 소홀히 여기지 않도록 하라. 언제나 너희의 의무를 무서워서 하거나 억지로 하지 않고 하나님을 향한 양심에서 우러나오고 남편들에 대한 의무감에서 우러나와 행하도록 하라." 여기서 다음의 사실들을 깨우치도록 하라.

[1] 하나님은 세상에 사는 모든 남자들과 여자들의 행위들을 낱낱이 살피시고 세밀하게 기록하신다.

[2] 자기 남편들에 대한 아내들의 순종은 모든 세대의 거룩한 부녀들이 보편적으로 지키고 행해온 의무이다.

[3] 어떤 남자나 여자의 가장 큰 명예는 하나님의 섭리가 그들에게 맡겨준 관계나 처지에 맞추어 겸손하고 신실하게 처신한 품행에 있다.

[4] 하나님은 그의 종들이 행하는 선행을 명예롭게 하시고 상을 주시기 위하여 눈여겨보신다. 하나님은 그의 종들의 많은 실패들을 막아주시기 위하여 항상 살피신다. 하나님은 사라의 덕들을 높이실 때 그녀의 경솔한 불신앙과 코웃음을 눈감아 주셨다.

[5] 그리스도인들은 서로에게 지켜야 할 의무를 무서워서 하거나 억지로 해서는 안 된다. 그리스도인들은 자신들의 의무를 자원하는 마음과 하나님의 명령에 순종하여 행해야 한다. 아내들은 무섭거나 놀라서가 아니라 선행을 하고 하나님을 기쁘시게 해 드리기를 바라는 마음에서 거칠고 자신들의 무뚝뚝한 남편들에게 순종해야 할 것이다.

II. 아내들에 대한 남편들의 의무를 고찰해보도록 하자.

1. 남편들이 행해야 할 의무의 세부 사항들은 다음과 같다.

(1) 공동생활. 이 의무는 불필요한 별거를 금지한다. 이 의무는 남편과 아내가 서로 기쁘게 한 마음으로 물건과 인격을 상호 교통하는 것을 의미한다.

(2) 지식을 따라 아내와 동거하라. 남편은 짐승들처럼 정욕을 따라 아내와 동거해서는 안 된다. 마귀들처럼 격정을 따라 아내와 동거해서는 안 된다. 반대로 하나님의 말씀을 알고 자신의 의무를 아는 지혜롭고 올바른 사람들처럼 지식과 지혜를 따라 아내와 동거해야 한다.

(3) 아내를 귀히 여기라. 남편은 아내에게 정당한 존경을 나타내야 하고, 아내의 권위를 인정해야 하고, 아내의 인격을 지켜주어야 하고, 아내의 신용을 뒷받침해주어야 하고, 아내의 행실을 즐거워해야 하고, 아내에게 상당한 생활비를 제공해야 하고, 그리고 아내에게 정당한 믿음과 신뢰를 두어야 한다.

2. 남편들이 지켜야 할 의무들의 근거들은 다음과 같다. 왜냐하면 여자는 본성과 체질적으로 더 연약한 그릇이기 때문에 보호를 받아야 한다. 그럼에도 불구하고 다른 면과 더 차원 높은 면들에 있어서는 남편과 동등하다. 그들은 생명의 은혜를 함께 이어받을 자들이다. 그들은 현세와 내세의 모든 축복들을 함께 물려받을 상속자들이다. 그러므로 남편과 아내들은 서로 화목하고 평온하게 살아야 한다. 그들이 그렇게 살지 못하면 서로를 위한 그들의 기도들이 방해를 받고 막히게 될 것이다. 그래서 서로 이렇게 말하게 될 것이다. "당신은 기도를

전혀 하지 않는 모양이에요. 기도를 한다고 해도 마음이 안정되지 못하고 중언부언하는 기도를 하는 것 같아요. 그러니 기도가 잘 될 리가 없어요." 여기서 다음의 사실들을 깨우치도록 하라.

(1) 여성의 연약함은 차별이나 멸시의 정당한 근거가 되지 못하고 오히려 존경과 칭찬의 근거가 된다. 그를 더 연약한 그릇이요 또 생명의 은혜를 함께 이어받을 자로 알아 귀히 여기라.

(2) 생명의 은혜를 물려받게 될 모든 상속자들에게는 당연한 명예가 있다.

(3) 모든 결혼한 사람들은 서로 사랑하고 화목하게 지낼 수 있도록 주의해야 한다. 그렇지 않으면 그들의 말다툼이 그들의 기도가 성공하지 못하게 가로막을 수도 있을 것이다.

[8]마지막으로 말하노니 너희가 다 마음을 같이하여 동정하며 형제를 사랑하며 불쌍히 여기며 겸손하며 [9]악을 악으로, 욕을 욕으로 갚지 말고 도리어 복을 빌라 이를 위하여 너희가 부르심을 받았으니 이는 복을 이어받게 하려 하심이라 [10]그러므로 생명을 사랑하고 좋은 날 보기를 원하는 자는 혀를 금하여 악한 말을 그치며 그 입술로 거짓을 말하지 말고 [11]악에서 떠나 선을 행하고 화평을 구하며 그것을 따르라 [12]주의 눈은 의인을 향하시고 그의 귀는 의인의 간구에 기울이시되 주의 얼굴은 악행하는 자들을 대하시느니라 하였느니라 [13]또 너희가 열심으로 선을 행하면 누가 너희를 해하리요 [14]그러나 의를 위하여 고난을 받으면 복 있는 자니 그들이 두려워하는 것을 두려워하지 말며 근심하지 말고 [15]너희 마음에 그리스도를 주로 삼아 거룩하게 하고 너희 속에 있는 소망에 관한 이유를 묻는 자에게는 대답할 것을 항상 준비하되 온유와 두려움으로 하고

베드로 사도는 여기서 특별한 권면에서 좀 더 일반적인 권면으로 옮겨간다.

I. 사도는 그리스도인들과 친구들이 서로 어떻게 대해야 할지를 우리에게 가르쳐준다. 그는 그리스도인들에게 다 마음을 같이하라 권면한다. 그는 그리스도인들이 같은 믿음을 믿는 신념을 다같이 가져야 하고, 그리고 같은 신앙의 의무들을 다같이 행해야 한다고 권면한다. 그러나 그리스도인들 중 그 당시에 고난을 당하는 사람들이 많이 있었다. 그래서 베드로 사도는 그리스도인들에

게 고난을 당하는 사람들에게 동정하며 형제를 사랑하며 불쌍히 여기며 겸손하라고 강한 어조로 당부한다. 여기서 다음의 사실들을 깨우치도록 하라.

1. 그리스도인들은 모두가 믿음의 중요한 요소들과 실제적인 사랑의 실천과 그리스도교의 의무의 실행에 있어서 한마음을 가지도록 서로 격려해야 할 것이다. 다시 말해서 그리스도인들은 인내와 위로의 하나님이 너희로 그리스도 예수를 본받아 서로 뜻이 같게 하여 주사 한마음과 한 입으로 하나님 곧 우리 주 예수 그리스도의 아버지께 영광을 돌리게 되어야 할 것이다(롬 15:5-6). 그러나 그리스도인들은 이렇게 할 때 인간의 생각이나 즐거움을 따라서가 아니라 하나님의 말씀에 따라서 행해야 할 것이다.

2. 그리스도인들이 같은 마음을 정확하게 가질 수 없다고 할지라도 서로 불쌍히 여기고 동정해야 하고, 그리고 형제들로서 서로 사랑해야 한다. 그리스도인들은 서로 핍박하거나 미워해서는 안 될 것이다. 그리스도인들은 일반적인 애정보다 더 크고 더 많이 서로 사랑해야 한다. 그들은 서로 형제들로서 사랑해야 한다.

3. 그리스도교는 고통을 당하고 슬픔을 당하는 사람들을 불쌍히 여기고, 그리고 모든 사람들에게 예의바르고 겸손하게 대하라고 요구한다. 정중한 예의를 갖추어서는 안 될 대상의 사람은 극악한 죄인이거나 사악한 배교자이어야 마땅할 것이다. 이제 내가 너희에게 쓴 것은 만일 어떤 형제라 일컫는 자가 음행하거나 탐욕을 부리거나 우상 숭배를 하거나 모욕하거나 술 취하거나 속여 빼앗거든 사귀지도 말고 그런 자와는 함께 먹지도 말라 함이라(고전 5:11).

II. 베드로 사도는 원수들에게 어떻게 대처해야 될지를 가르쳐준다. 사도는 그리스도인들이 그리스도를 위하여 모든 사람들에게서 미움을 받게 되고 핍박을 당하게 되리라는 사실을 알고 있었다. 그래서 사도는 다음과 같이 권면한다.

1. 베드로 사도는 그리스도인들에게 악을 악으로, 욕을 욕으로 갚지 말라고 강한 어조로 권면을 한다. 반대로 다음과 같이 하라고 가르친다. "너희 대적들과 원수들이 너희에게 욕하고 악하게 굴 때 맞대응하지 말고 오히려 복을 빌어주라. 너희 원수들이 너희에게 악한 말들을 퍼부을 때 너희는 그들에게 좋은 말들을 해주어라. 왜냐하면 그리스도는 너희를 저주하는 사람들을 축복해주시기 위하여 주님의 말씀과 본보기로 너희를 부르셨고, 그리고 너희가 그럴 만한 가치가 없음에도 너희가 영원한 기업을 물려받을 수 있는 축복을 너희에게 정해

주셨기 때문이다." 너희 원수들의 악한 말들을 인내하며 듣고, 너희 대적들을 축복하는 것은 하나님이 약속하신 이 축복을 받을 수 있는 방법이 된다. 여기서 다음의 사실들을 깨우치도록 하라.

(1) 악을 악으로, 욕을 욕으로 갚는 것은 비그리스도교적인 죄악의 관행이다. 세상 통치자들이 악을 행하는 사람들을 징벌할 수도 있고, 그리고 개인들이 잘못에 연루되게 될 때 법적인 해결책을 찾을 수도 있다. 그러나 결투를 한다거나, 욕을 퍼붓는다거나, 또는 은밀한 해악을 획책한다거나 함으로써 개인적인 복수를 하는 것은 금지되어 있다(잠 20:22; 눅 6:27; 롬 12:17; 살전 5:15). 욕을 하는 것은 다른 사람에게 모질고, 호되고, 비난하는 말들을 사용해 욕설을 퍼붓는 행위이다. 그러나 목사들에 있어서 그 시대의 죄와 악에 대해 날카롭게 비난하고, 간절하게 설교하는 것은 욕을 하는 것이 아니다. 모든 선지자들과 사도들은 그러한 비난과 설교를 행해왔다(사 56:10; 습 3:3; 행 20:29).

(2) 그리스도의 법은 욕을 하지 말고 대신에 복을 빌어주라고 우리에게 명령한다. 나는 너희에게 이르노니 너희 원수를 사랑하며 너희를 핍박하는 자를 위하여 기도하라(마 5:44). 이 말씀은 이렇게 말하고 있는 것이다. "너희는 너희 원수들을 위하여 공의가 요구하고 자비가 명령하는 것을 전부 행해야 한다." 우리는 우리를 욕하고 우리에게 악하게 행하는 자들을 위하여 동정하고, 기도하고, 그리고 사랑해야 한다.

(3) 그리스도인의 소명이 그리스도인들에게 영광스러운 특권들을 부여해주는 것처럼 그것은 우리에게 어려운 의무들도 실행하라고 요구한다.

(4) 하나님의 모든 참된 종들은 틀림없이 축복을 물려받게 될 것이다. 그들은 이미 그 축복을 상당히 많이 소유하고 있지만 그 축복의 완전한 소유는 내세에서 이루어지게 될 것이다.

2. 베드로 사도는 이 다툼을 일삼고 심술궂은 세상에서 편안하고 행복한 생활을 살아갈 수 있는 탁월한 처방을 내려주고 있다. 그러므로 생명을 사랑하고 좋은 날 보기를 원하는 자는 혀를 금하여 악한 말을 그치며 그 입술로 거짓을 말하지 말고 악에서 떠나 선을 행하고 화평을 구하며 그것을 따르라(10-11절). 이 말씀은 시편 34:12-14에서 인용한 것이다. 이 말씀은 이런 뜻을 지니고 있다. "너희의 삶이 오래가고, 그리고 너희의 날들이 화평하고 잘되기를 간절히 바란다면 혀를 조심해서, 욕하지 말고, 악한 말을 하지 말고, 중상을 하지 말라. 그리고 입

술을 조심해서 거짓말하지 말고, 속이지 말고, 시치미를 떼지 말라. 너희 이웃에게 어떤 실제적인 손해나 상처를 입히지 않도록 하라. 그 반대로 언제나 선을 행하려고 하고 선으로 악을 이기도록 하라. 모든 사람과 화평하게 지내도록하라. 그리고 화평이 네게서 멀어질지라도 그 화평을 추구하도록 하라. 이렇게하는 것이 사람들이 당신에 대해 좋게 말하고, 당신과 화평하게 지내게 하는 가장 좋은 방법이 될 것이다." 여기서 다음의 사실들을 깨우치도록 하라.

(1) 구약과 신약 시대의 선한 사람들은 동일한 도덕적 의무들을 실천해야 하는 요구를 받았다. 네 혀를 악에서 금하며 네 입술을 거짓말에서 금하는 것은(시 34:13) 다윗 시대의 의무였을 뿐만 아니라 지금 우리의 의무이기도 하다.

(2) 현세의 이익들을 신앙생활의 동기들과 격려들로 삼고 활용하는 것은 합당하다.

(3) 신앙생활의 실천, 특별히 혀를 적절히 관리하고 통제하는 것이 현세의 삶을 안락하고 번영을 누리며 살 수 있는 가장 좋은 방법이다. 진실하고, 해가 되지 않고, 신중한 혀는 우리가 험난한 세상을 평화롭고 안락하게 살 수 있게 해주는 아주 뛰어난 방법이 된다.

(4) 악을 피하고 선을 행하는 것이 현세와 내세에서 만족과 행복을 누릴 수 있는 방법이 된다.

(5) 화평이 주어질 때 그것을 받아들이는 것이 그리스도인의 의무일 뿐만 아니라 화평이 없을 때에는 그것을 구하고 추구하는 것도 그리스도인의 의무이다. 분열과 분쟁에 반대하고 사회와 화평할 뿐만 아니라 모든 사람들과도 화평하게 지내라고 하는 것이 본문에서 의도하고 있는 것이다.

3. 베드로 사도는 그리스도인들이 그렇게 하도록 지시를 받는 인내의 행위가 그들의 적들의 잔인성을 자극하고 부추기게 되지나 않을까 하는 걱정을 하지 않아도 된다고 권면한다. 왜냐하면 하나님이 그러한 행위를 통해 그들의 편을 들어주실 것이기 때문이다. 주의 눈은 의인을 향하시고 그의 귀는 의인의 간구에 기울이시되 주의 얼굴은 악행하는 자들을 대하시느니라 하였느니라(12절). 하나님은 그리스도인들에게 특별한 관심을 기울여주시고, 그들을 변함 없는 섭리로 돌보아주시고, 그리고 그들을 각별하게 존중하시고 사랑해주신다. 그의 귀는 의인의 간구에 기울이신다. 그러므로 그리스도인들이 어떤 손해나 상처들을 당하게 된다면 그들은 이러한 해결책을 가지게 되고, 그리고 그들의 하나님 아버지

께 그들의 어려움과 고통을 하소연할 수 있을 것이다. 하나님 아버지는 언제나 어려움에 처한 그의 종들의 기도에 관심과 귀를 기울이시고, 그리고 그들의 불의한 적들을 대항하고 이길 수 있도록 그들을 확실하게 도와주실 것이다. 주의 얼굴은 악행하는 자들을 대하시느니라. 주의 분노와 화내심과 복수가 그들의 원수들에게 퍼부어질 것이다. 왜냐하면 하나님은 그 누구보다도 사악한 박해자들을 더욱 미워하시기 때문이다. 여기서 다음의 사실들을 주목하라.

(1) 우리는 모든 경우에 성경의 특수한 말씀들을 고수하려고 해서는 안 되고 그 말씀들의 의미와 뜻을 연구해서 적용해야 한다. 그렇지 않으면 우리는 하나님의 뜻을 그르치는 잘못과 어리석음을 범하게 될 것이다. 우리는 하나님이 귀와 눈과 얼굴을 가지고 계시다고 상상해서는 안 된다. 비록 이러한 표현들이 성경의 특수한 말씀들이기는 할지라도 말이다.

(2) 하나님은 그의 모든 의로운 백성에게 특별한 관심과 부모의 감정을 가지고 계시다.

(3) 하나님은 신자들의 기도들을 언제나 들으신다(요 4:31; 요일 5:14; 히 4:16).

(4) 하나님이 무한히 선하실지라도 그는 회개하지 않는 죄인들을 아주 미워하시고, 악을 행하는 사람들에게 그의 진노를 쏟아 부으실 것이다. 하나님은 의를 드러내실 것이고, 모든 세상 사람들에게 공의를 시행하실 것이다. 그렇게 하시는 데 있어서 하나님의 선하심이 아무런 장애가 되지 않는다.

4. 그리스도인들의 이러한 끈기 있는 겸손한 행위는 두 가지 사항을 고려하여 더욱 권장되고 있다.

(1) 이러한 행위가 고난을 예방하는 가장 좋고 가장 확실한 방법이다. 왜냐하면 너희가 열심으로 선을 행하면 누가 너희를 해하리요(13절)라고 말씀하고 있기 때문이다. 이 말씀은 박해의 고난을 받을 때가 아니라 일반적인 처지에 있는 그리스도인들에게 말하고 있는 것이라고 나는 생각한다. "일반적으로 너희들처럼 아주 순수하고 유용하게 사는 사람들에게 해를 끼칠 정도로 사악하고 불경한 사람은 얼마 안 될 것이다."

(2) 이러한 행위는 고난을 개선하는 방법이 된다. "너희가 열심으로 선을 행하다가 고난을 받을 수도 있을 것이다. 그러나 이것은 의를 위한 고난이 될 것이다(14절). 그리고 이 고난은 그리스도께서 축복을 약속해주신 것처럼 너희의

영광과 행복이 될 것이다. 의를 위하여 핍박을 받은 자는 복이 있나니 천국이 그들의 것임이라(마 5:10)." 여기서 다음의 사실들을 주목하도록 하라.

[1] "너희는 그들이 너희를 공포에 떨게 하기 위하여 무슨 짓을 하더라도 두려워할 필요가 전혀 없다. 또한 너희는 너희 원수들의 분노나 세력을 고민하거나 신경을 쓸 필요도 전혀 없다." 여기서 다음의 사실들을 깨우치도록 하라.

첫째, 선한 것을 언제나 따르는 것은 우리가 손해의 길에서 벗어나는 가장 좋은 방법이다.

둘째, 의를 위하여 고난을 받는 것은 그리스도인의 명예와 행복이 된다. 진리와 선한 양심과 그리스도인의 어떤 의무를 위하여 고난을 받는 것은 아주 큰 영광이다. 의를 위한 고난의 기쁨은 고문보다 더 크고, 명예는 수치보다 더 크고, 그 이익은 손실보다 더 크다.

셋째, 그리스도인들은 그들의 원수들의 위협이나 분노를 두려워할 이유가 하등 없다. "너희 원수들은 하나님의 원수들이다. 그러므로 주의 얼굴은 악행하는 자들을 대하시느니라. 하나님의 권능은 너희 원수들의 것을 훨씬 능가하신다. 그들은 하나님의 저주의 대상들이다. 그리고 너희 원수들은 하나님의 허락이 없이는 너희에게 아무것도 행할 수 없다. 그러므로 너희 원수들에 관해 전혀 두려워하거나 신경쓰지 말도록 하라."

[2] 사람들의 두려움을 무서워하지 말고 너희 마음에 그리스도를 주로 삼아 거룩하게 하도록 하라(15절). 이 백성이 반역자가 있다고 말하여도 너희는 그 모든 말을 따라 반역자가 있다고 하지 말며 그들이 두려워하는 것을 너희는 두려워하지 말며 놀라지 말고 만군의 여호와 그를 너희가 거룩하다 하고 그를 너희가 두려워하며 무서워할 자로 삼으라(사 8:12-13). 내가 내 친구 너희에게 말하노니 몸을 죽이고 그 후에는 능히 더 못하는 자들을 두려워하지 말라 마땅히 두려워할 자를 내가 너희에게 보이리니 곧 죽인 후에 또한 지옥에 던져 넣는 권세 있는 그를 두려워하라 내가 참으로 너희에게 이르노니 그를 두려워하라(눅 12:4-5). 우리가 주 하나님을 진실하고 뜨겁게 경배하고, 우리의 생각이 주 하나님을 두려워하고 존경하고, 하나님의 권능을 의지하고, 그리고 하나님의 가장 빛나는 완전하심에 마땅한 영광을 그에게 바치게 될 때 우리는 주 하나님을 우리 마음속에 거룩하게 모시고 있게 된다. 우리의 품행이 다른 사람들이 하나님을 영광스럽게 하고 명예스럽게 하도록 자극하고 격려하는 그러한 것이 될 때 우리는 다른 사람들 앞에서 하나님을 거룩

하게 만든다. 이것을 위해 두 가지가 요구된다. 모세가 아론에게 이르되 이는 여호와의 말씀이라 이르시기를 나는 나를 가까이 하는 자 중에서 내 거룩함을 나타내겠고 온 백성 앞에서 내 영광을 나타내리라 하셨느니라(레 10:3). "이 원리가 너희 마음속에 깊이 자리잡게 되면 그 다음에 할 일은 사람들에게 **대답할 것을 항상 준비**하는 것이다. 다시 말해서 너희가 고백하는 믿음을 사람들에게 변호하거나 옹호할 수 있어야 하고 그럴 마음을 항상 가져야 한다는 것이다. 그리고 너희는 너희 속에 있는 소망에 관한 이유를 묻는 자에게 항상 대답할 수 있어야 한다. 너희는 다른 사람들에게 너희가 어떤 종류의 소망을 가지고 있고, 그리고 너희가 세상에서 겪는 고난과 어려움이 무엇을 위해서 그러는 것인지를 사람들에게 대답할 준비를 항상 해야 한다." 여기서 다음의 사실들을 깨우치도록 하라.

첫째, 하나님의 완전하신 속성들에 대한 경외심은 고난의 두려움에 대한 가장 좋은 해독제가 된다. 우리가 하나님을 두려워하면 두려워할수록 우리는 확실히 사람들을 덜 무서워하게 될 것이다.

둘째, 그리스도인의 소망과 믿음은 모든 세상 사람들을 향하여 옹호할 수 있다. 신앙생활과 종교를 위한 합당한 이유가 있을 수 있다. 비참한 죄인들의 모든 필요성에 적합하고, 그리고 예수 그리스도를 통하여 하나님을 전적으로 영광스럽게 하기 위하여 공상이 아니라 합리적이고 온당한 계획이 하늘에서 계시된다.

셋째, 모든 그리스도인은 자신 속에 있는 소망에 대하여 대답할 수 있고 옹호할 수 있어야 한다. 그리스도인들은 자신들의 믿음의 행위가 어리석음이나 공상으로 말미암은 것이 아니라는 것을 나타낼 수 있기 위하여 그리스도교에 대한 합당한 이유와 근거를 항상 가지고 있어야 한다. 이 옹호와 변호는 한두 번이 아니라 더 많이 필요할 수 있다. 그러므로 그리스도인들은 언제 어디서나 그것을 말할 수 있는 준비가 되어 있어야 한다. 그리스도인은 세상 지도자가 요구하든, 또는 자신의 정보나 발전을 위하여 그것을 알기를 갈망하는 탐구적인 진지한 신자가 요구하든 언제라도 그 믿음과 소망의 근거와 이유를 말할 수 있어야 한다.

넷째, 우리의 이러한 신앙 고백들은 온유와 두려움으로 행해야 한다. 우리의 종교와 신앙생활을 위한 변증들은 하나님에 대한 경외와 자신에 대한 경계심과 우리보다 높은 사람들에 대한 존경심을 가지고 겸손과 온유함으로 행해야 할 것이다.

¹⁶선한 양심을 가지라 이는 그리스도 안에 있는 너희의 선행을 욕하는 자들로 그 비방하는 일에 부끄러움을 당하게 하려 함이라 ¹⁷선을 행함으로 고난 받는 것이 하나님의 뜻일진대 악을 행함으로 고난 받는 것보다 나으니라

그리스도인의 믿음의 고백은 여기서 규정하고 있는 두 수단이 아니고는 확실하게 뒷받침될 수가 없다. 그것들은 선한 양심과 선행이다. 양심은 잘 작용이 되고, 순수하고 타락하지 않고, 그리고 죄에서 깨끗할 때 좋은 것이다. 그러면 사람들이 너희를 비난할지라도 양심이 너희를 정당화시켜 줄 것이다. 그리스도 안에 있는 선한 행실은 그리스도의 가르침과 본보기를 따른 거룩한 생활이다. "너희의 양심과 선한 행실을 잘 살펴라. 그러면 사람들이 너희에 대해 나쁘게 말하고, 그리고 너희를 악행자로 그릇되게 비난할지라도 너희가 스스로 깨끗해지고 그들을 부끄럽게 만들 것이다. 너희가 선행을 하고, 양심과 선한 행실을 계속 행했음에도 고난을 당하는 것이 견디기 힘들다고 생각할 수도 있을 것이다. 그러나 실망하지 말도록 하라. 왜냐하면 너희가 악행 때문이 아니라 선행 때문에 고난을 당하는 것이 너희에게 더 좋은 일이기 때문이다. 너희 원수들에게는 더 나쁘게 되는 것이기는 할지라도 말이다." 여기서 다음의 사실들을 깨닫도록 하라.

1. 아주 양심적인 사람들도 악한 사람들의 비난과 중상을 모면할 수는 없다. 악한 사람들은 양심적인 사람들을 악을 행하는 사람들이라고 악평하고, 그리고 그들의 진실한 영혼들이 아주 싫어하는 범죄들로 그들을 모함한다. 그리스도와 그의 사도들도 그와 똑같은 처지를 당했다.

2. 선한 양심과 선한 행실은 선한 이름을 확보하는 가장 좋은 수단이 된다. 이것들은 견고한 명성과 지속적인 평판을 가지게 해준다.

3. 그릇된 비난은 결국 비난자의 무분별, 불의, 거짓 및 무자비함 등이 드러남으로써 일반적으로 비난한 당사자에게 수치를 안겨주게 된다.

4. 선한 사람이 선행과 정직함과 신앙 때문에 고난을 당하게 되는 것이 때때로 하나님의 뜻이 될 때도 있다.

5. 선을 행하는 것이 때로는 선한 사람을 고난으로 내모는 경우가 있는 것처

럼 악을 행하는 것 역시 악한 사람을 고난으로부터 빠져나오지 못하게 해줄 것이다. 사도가 여기서 전제하고 있는 것은 선한 사람이든 악한 사람이든 사람이란 고난을 당할 수밖에 없는 존재라는 것이다. 선행 때문에 선한 사람들이 당하는 고난들이 그토록 심할진대 도대체 악행 때문에 악한 사람들이 당하는 고난은 어느 정도이겠는가? 죄와 고난이 동시에 함께 만나 어우러진다면 그 사람의 형편은 얼마나 슬픈 것이 되겠는가. 죄는 고난을 극심하게 만들고, 무익하게 하고, 위로가 없게 하고, 그리고 파멸하게 만든다.

[18]그리스도께서도 단번에 죄를 위하여 죽으사 의인으로서 불의한 자를 대신하셨으니 이는 우리를 하나님 앞으로 인도하려 하심이라 육체로는 죽임을 당하시고 영으로는 살리심을 받으셨으니 [19]그가 또한 영으로 가서 옥에 있는 영들에게 선포하시니라 [20]그들은 전에 노아의 날 방주를 준비할 동안 하나님이 오래 참고 기다리실 때에 복종하지 아니하던 자들이라 방주에서 물로 말미암아 구원을 얻은 자가 몇 명뿐이니 겨우 여덟 명이라

I. 베드로 사도는 여기서 고난을 당할 때 견디는 인내의 논거로 그리스도의 본보기를 제안한다. 우리가 이 말씀들 속에 담겨진 몇 가지 논점들을 생각한다면 그 본보기의 힘을 깨달을 수 있을 것이다. 그러므로 다음의 사실들을 주목하라.

1. 예수 그리스도 자신도 이 세상의 삶에서 겪게 되는 고난들을 면제받지 못하셨다. 그리스도가 아무런 죄도 없으셨고, 그가 원하기만 하시면 모든 고난을 안 받으실 수 있었음에도 고난을 받으셨다.

2. 그리스도가 고난받으신 이유나 공로의 원인은 인간의 죄 때문이었다. 그리스도께서도 단번에 죄를 위하여 죽으사. 그리스도가 받으신 고난들은 참되고 고유한 징벌이었다. 이 징벌은 죄를 대속하고 속죄하기 위하여 고난을 당하신 것이었다. 그리고 이 대속은 모든 죄를 망라한다.

3. 우리의 주님이 고난을 받으신 경우는 의인이 불의한 자를 위해 고난받은 것이었다. 그리스도는 우리를 대신하여 자신을 바치셨고, 그리고 우리의 불의를 담당하셨다. 전혀 죄를 모르시는 주님이 전혀 의를 모르는 사람들을 대신하여 고난을 당하셨다.

4. 그리스도의 희생 제사의 공로와 완전함은 그의 고난이 단번에 드려지는 것으로 충분할 정도였다. 율법의 희생 제사들은 날마다 반복되었고, 해마다 되풀이되었다. 그러나 단 한 번 드려진 그리스도의 희생 제사는 죄를 깨끗이 없애주었다(히 7:27 ; 9:26-28; 10:10,12,14).

5. 우리의 주님이 받으신 고난들의 축복의 목적이나 계획은 우리를 하나님께 인도하고, 우리를 하나님과 화해하게 하고, 우리를 하나님께 가까이 나아가게 하고, 우리와 우리의 봉사들을 하나님이 받아들이게 해주고, 그리고 우리를 영원한 영광으로 인도해주기 위한 것이었다(엡 2:13,18; 3:12; 히 10:21,22).

6. 그리스도가 받으신 고난의 결과와 수확은 그의 인성 안에서 죽으셨지만 성령에 의해 다시 살아나신 것이었다. 그런데 그리스도가 고난을 면제받지 못하셨는데 어찌하여 우리가 그것을 기대할 수 있다는 말인가? 죄를 대속하시기 위하여 그리스도가 고난을 받으셨다면 우리가 받는 고난들이 속죄를 위한 것이 아니라 시련과 교정을 위한 것인데도 어찌하여 우리가 만족할 수 없다는 말인가? 완전히 의로우심에도 불구하고 그리스도가 고난을 받으셨는데 모두 범죄자들인 우리가 어찌하여 고난을 받지 못한다는 말인가? 그리스도가 단번에 고난을 받으신 뒤에 영광에 들어가셨다면 우리는 잠시 고난을 당하고 주님을 따라 영광에 들어가게 될 터인데 우리가 어찌 고난을 인내하지 못하겠는가? 그리스도께서도 단번에 죄를 위하여 죽으사 우리를 하나님 앞으로 인도하려 하셨다면 우리가 고난과 어려움들을 당하지 못하겠는가? 왜냐하면 그 고난들이 우리의 활기를 되살려주어 우리를 하나님께 돌아서게 하고, 하나님을 위한 우리의 의무를 실행할 수 있도록 우리에게 힘을 줄 것이기 때문이다.

II. 베드로 사도는 그리스도의 본보기에서 옛 세상의 본보기로 옮겨가고 있다. 사도는 편지를 보내고 있는 유대인들에게 그리스도를 믿고 순종한 사람들과 노아가 전하는 말을 계속해서 따르지 않고 믿지 않던 사람들의 서로 다른 사건을 제시한다. 이것을 통해 사도는 유대인들에게 그들이 똑같은 경우와 판결에 처해 있다는 것을 암시해주고 있다. 하나님이 이제 더 이상 그들을 기다려주지 않으실 것이다. 그런 그들에게 이제 긍휼이 제안되었다. 그것을 받아들이는 사람들은 구원을 받게 될 것이다. 그러나 그리스도를 배척하고 복음을 부인하는 사람들은 노아 시대에 순종하지 않았던 사람들이 예전에 그랬던 것처럼 확실히 멸망당하게 될 것이다. 여기서 다음의 사실들을 주목하라.

1. 이 사건에 대한 해설을 통해 우리는 다음의 사실들을 발견할 수 있다.

(1) 선포자는 예수 그리스도이시다. 예수 그리스도는 아담에게 처음 약속이 되신 이래로 교회와 세상의 일들에 직접 관심을 가져오시고 관여해오셨다(창 3:15). 예수 그리스도는 하나님으로서 장소적인 움직임으로가 아니라 특별한 작용으로써 움직이시고 활동하신다고 빈번하게 언급이 되고 있다(창 11:5; 호 5:15; 미 1:3). 그가 또한 영으로 가서 선포하시니라. 예수 그리스도는 에녹과 노아에게 영감을 주시고 능력을 주심으로써 유대인들과 변론하게 하고, 그리고 베드로후서 2:5에서 말씀하고 있듯이 그들에게 의를 전파하게 하기 위하여 애쓰셨다.

(2) 선포를 듣는 사람들은 영적으로 죽은 사람들이었다. 사도가 그들에 관해 말할 때 그들은 이미 죽은 사람들이었기 때문에 사도는 그들을 옥에 있는 영들이라 부르고 있다. 이것은 그리스도가 그들에게 선포하셨을 때 그들이 감옥에 갇혀 있었다는 것을 말하는 것이 아니다. 조악한 라틴어 번역본과 교황주의자들의 주석가들이 거짓말하고 있기는 할지라도 말이다.

(3) 이 사람들의 죄는 복종하지 아니하는 것이었다. 다시 말해서 그들은 그 단어가 의미하고 있듯이 반항적이고, 완악하고, 믿지 않았다. 그들의 이러한 죄는 하나님의 인내와 오래 참으심으로 악화되고 있다. 하나님의 인내는 노아가 방주를 준비하는 동안인 120년을 기다렸다. 하나님은 오래 기다리셨을 뿐만 아니라 그의 선포를 통해 그들에게 무엇이 닥치고 있는지를 공정하게 알려주시고 경고해주셨다.

(4) 모든 사람들이 당한 결과는 파멸이었다. 그들의 몸은 물에 빠졌고, 그리고 그들의 영은 지옥에 떨어졌다. 이 상태를 감옥에 갇힌 것이라고 하고 있다(마 5:25; 벧후 2:4, 5). 그러나 하나님의 선포된 말씀을 믿고 순종했던 노아와 그의 가족은 방주에서 물로 말미암아 구원을 얻었다.

2. 우리는 모든 사건을 통해 다음과 같은 교훈을 얻게 된다.

(1) 하나님은 모든 세대의 사람들이 영혼의 구원을 위하여 가졌던 모든 수단들과 편의들을 예의 주시하시고 아주 중요하게 여기신다. 그래서 그리스도가 그들에게 그의 도우심을 제안하셨고, 그들에게 노아를 통해 공정한 경고를 해주셨고, 그리고 그들이 마음을 바로잡고 돌아서기를 오래 기다리셨다는 구약의 기사가 인용되고 있다.

(2) 하나님의 인내가 죄인들을 오래 참으시고 기다리셨지만 결국에는 끝나게 된다. 사람을 헛되이 마냥 기다리시는 것은 위대하신 하나님의 위엄에 어울리지 않으신다.

(3) 순종하지 않는 죄인들의 영들은 몸에서 분리되자마자 곧바로 지옥의 감옥에 갇히게 된다. 그 곳에는 일체의 구원이란 없다.

(4) 아주 많은 사람이 가는 길이 따라가야 할 가장 좋은 것도 아니고, 가장 현명한 것도 아니고, 가장 쉬운 길도 아니다. 홍수로 물에 빠져 죽고 지옥에 떨어진 팔백만의 사람들보다는 방주 안의 여덟 사람의 본을 따르는 것이 더 나은 길이다.

²¹물은 예수 그리스도께서 부활하심으로 말미암아 이제 너희를 구원하는 표니 곧 세례라 이는 육체의 더러운 것을 제하여 버림이 아니요 하나님을 향한 선한 양심의 간구니라 ²²그는 하늘에 오르사 하나님 우편에 계시니 천사들과 권세들과 능력들이 그에게 복종하느니라

물로 말미암아 방주 안에서 구원받은 노아와 그 가족은 세례로 말미암아 교회 안에서 구원받는 모든 선한 그리스도인들을 예시해 주었다. 방주에 의한 일시적인 구원은 세례를 통한 신자들의 외적인 구원을 나타내는 하나의 예표 내지는 원형이었다. 그것에 대해 오해하는 것을 막기 위하여 사도는 다음과 같은 진술을 선언한다.

I. 사도는 구원의 세례를 통해 의미하고자 하는 것을 선언한다. 물로 씻어내는 외적인 의식인 세례 그 자체는 고작 육체의 더러움만을 씻어낼 따름이다. 그러나 그 세례에는 의지적인 선한 양심의 신실한 응답 내지는 결의가 담겨있다. 다시 말해서 세례에는 성부 하나님과 성자 하나님과 성령 하나님을 믿고 완전히 헌신하고, 그리고 그와 동시에 육체와 세상과 마귀를 떠나겠다는 선한 양심을 가진 그리스도인의 다짐과 결의가 담겨 있다. 다짐을 하고 지켜지는 세례의 언약은 우리를 확실히 구원해줄 것이다. 씻는다는 것은 가시적인 표시이다. 이 씻어내는 표시는 의미하는 것의 실체이다.

II. 베드로 사도는 구원하는 세례의 효력이 그리스도의 행하신 사역이 아니라 그의 죽으심을 전제로 하는 그리스도의 부활에 달려 있다는 사실을 주장한

다. 그리스도의 부활은 우리의 믿음과 소망의 근거이다. 우리는 죄에 대하여 죽음으로써 그리스도의 부활에 일치하게 되고, 그리고 거룩하고 새로운 생명으로 다시 태어나게 된다. 여기서 다음의 사실들을 깨우치도록 하라.

1. 올바르게 받은 세례의 성례식은 구원의 보증과 수단이 된다. 세례는 이제 우리를 구원한다. 하나님은 그의 규례들을 통해서 우리에게 그의 축복들을 전달해주기를 좋아하신다(행 2:38; 22:16).

2. 세례의 외적인 참여는 그것에 일치하는 선한 양심과 행실이 없이는 아무도 구원할 수 없을 것이다. 세례에는 하나님을 향한 선한 양심의 응답이 있어야 한다. 유아들은 그러한 응답을 할 수가 없으므로 유아들은 세례를 받아서는 안 된다는 반대 의견이 있다. 그러나 참된 할례는 마음과 영에 받는 것이므로 유아들도 세례를 받을 수 있다(롬 2:29). 그러나 유아들이 이러한 대답을 할 수 없는 것과 마찬가지로 어린애들도 할 수가 없다. 그럼에도 불구하고 유대 유아들은 난지 팔 일만에 할례를 받는 것이 허용되었다. 그러므로 그리스도교 교회의 유아들도 유대교의 유아들과 마찬가지 이유로 세례의 규례를 받을 수 있다. 그리스도가 어떤 분명한 금지 사항을 들어 유아 세례를 금하지 않으셨다면 말이다.

III. 그리스도의 죽음과 부활을 언급한 뒤에 베드로 사도는 이어서 그리스도의 승천과 하나님 아버지 우편에 앉아 계심을 진술한다. 이 주제는 고난을 당하는 신자들의 형편에서 그들의 위로를 위하여 생각하기에 알맞은 주제이다. 그는 하늘에 오르사 하나님 우편에 계시니 천사들과 권세들과 능력들이 그에게 복종하느니라(22절). 만일 그의 깊은 낮아지심 이후 그리스도의 높아지심이 아주 영광스러운 것이었다면 그를 따르는 사람들은 실망하지 말도록 하라. 왜냐하면 그리스도를 따르는 사람들도 짧은 고난을 받은 뒤에 높아져서 엄청난 기쁨과 영광을 누릴 것이라는 기대를 할 수 있기 때문이다. 여기서 다음의 사실들을 깨우치도록 하라.

1. 지상에서 수고와 고난을 마치신 뒤에 예수 그리스도는 승리하시고 의기양양하게 하늘로 올라가셨다(행 1:9-11; 막 16:19). 예수 그리스도는 그 자신이 획득하신 면류관과 영광을 받으시고(요 17:5), 지상에서 이룰 수 없는 중보 사역의 역할을 완수하시고, 그의 백성을 중보하시기 위하여 하늘로 올라가셨다. 예수 그리스도는 그의 대속의 성취를 나타내시기 위하여, 그의 백성을 위한 몫을

마련하시기 위하여, 그의 백성을 위하여 하늘에 처소를 준비하시기 위하여, 그리고 보혜사 성령을 보내주시기 위하여 하늘로 올라가셨다. 이것들은 그의 중보의 첫 열매들이었다(요 16:7).

2. 하늘로 올라가신 그리스도는 하나님 아버지 오른편에 앉으셨다. 하늘 나라 보좌에 앉으신 그리스도의 실재는 더 이상의 수고와 고난을 그치고 절대적인 안식을 취하고 계시고, 최고의 위엄과 통치권을 가지고 계시다.

3. 천사들과 권세들과 능력들이 모두 그리스도 예수께 복종한다. 명령하고, 법을 제정하고, 규칙들을 정하고, 그리고 최종적인 판결을 내리는 하늘과 땅의 모든 권세와 능력은 하나님이며 인간이신 예수님께 위임되어 있다. 그리스도의 적들은 영원한 슬픔과 혼란 속에서 그것을 발견하고 고통을 받게 될 것이다. 그러나 그리스도의 종들은 영원한 기쁨과 만족 가운데 그것을 발견하고 누리게 될 것이다.

제 4 장

개요

    그리스도인의 사역은 이중적이다. 그것은 하나님의 뜻을 실행하고 자신의 즐거움을 억제하는 것이다. 본 장은 두 방면에서 우리에게 교훈한다. 우리가 이행하도록 여기서 권면을 받는 의무들은 죄를 죽이고, 하나님을 위하여 살고, 절제하고, 기도하고, 사랑하고, 대접하고, 그리고 우리의 은사들을 잘 개발하는 것 등이다. 사도가 그리스도인들에게 그들의 죄로 말미암아 잃어버린 시간과 만물의 마지막이 다가오고 있는 것을 생각하여 이 의무들을 행하라고 강하게 권한다(1-11절). 사도는 고난을 당할 때 놀랄 것이 아니라 오히려 그것을 즐거워하라고 지시한다. 악을 행하는 자들은 고난을 당하지 않으려고 기를 쓴다. 사도는 그들의 시련이 임박했고, 그들의 몸뿐 아니라 그들의 영혼도 위험에 처해 있고, 그들의 영혼을 잘 보존하는 최선의 방법은 그것을 하나님께 맡기는 것이라는 사실을 암시한다(12-19절).

    ¹그리스도께서 이미 육체에 고난을 받으셨으니 너희도 같은 마음으로 갑옷을 삼으라 이는 육체의 고난을 받은 자는 죄를 그쳤음이니 ²그 후로는 다시 사람의 정욕을 따르지 않고 하나님의 뜻을 따라 육체의 남은 때를 살게 하려 함이라 ³너희가 음란과 정욕과 술취함과 방탕과 향락과 무법한 우상 숭배를 하여 이방인의 뜻을 따라 행한 것은 지나간 때로 족하도다

    사도는 여기서 그리스도의 고난들에 대한 고찰을 통해 새로운 추론을 이끌어낸다. 사도가 전에는 고난의 인내를 설득하기 위하여 그리스도의 고난을 사용했던 것처럼 여기서는 죄의 억제를 설득하기 위하여 그것을 사용하고 있다. 여기서 다음의 사실들을 주목하라.

I. 어떻게 이 권면이 진술되고 있는가? 선례 내지는 전제는 그리스도께서 이미 육체에 고난을 받으셨다는 것이다. 이 말은 그리스도가 그의 인성에 고난을 받으셨다는 것이다. 그 결과 내지는 추론은 너희도 같은 마음으로 갑옷을 삼으라

이다. 즉 같은 마음으로 용기와 결의로 자신을 무장하라는 것이다. 1절 전반부에서 육체라는 말은 그리스도의 인성을 나타낸다. 그러나 후반부에서 육체라는 말은 인간의 타락한 본성을 나타낸다. 그러므로 그 의미는 다음과 같다. "그리스도께서 그의 인성으로 고난을 당하신 것처럼 너희도 너희의 세례 서원과 신앙 고백에 따라서 너희의 타락한 본성을 억제하고 그치도록 하라. 죄의 몸을 죽이고 자기를 부인하고 금욕함으로써 너희도 고난을 받도록 하라. 왜냐하면 너희도 이와 같이 고난을 받으면 너희도 죽으시고 부활하신 그리스도를 본받게 되고, 그리고 죄를 그치게 될 것이기 때문이다." 여기서 다음의 사실들을 깨우치도록 하라.

1. 모든 종류의 죄에 대한 가장 강하고 가장 좋은 논증들 가운데 일부는 그리스도의 고난들에서 추론되고 있다. 만일 너희가 죄를 버리지 않는다면 고난을 받으신 그리스도에 대한 동정과 애정이 생기지 않게 될 것이다. 그리스도는 죄를 파멸시키기 위하여 죽으셨다. 그리고 그리스도께서 최악의 고난들에 기꺼이 복종하실 수 있었음에도 불구하고 그는 죄에는 눈곱만큼도 복종하지 않으셨다.

2. 모든 참된 금욕의 시작은 육체의 참회와 고행에 있는 것이 아니라 마음에 있다. 인간의 마음은 적의로 가득 찬 육욕 덩어리이다. 그들의 총명이 어두워지고 그들 가운데 있는 무지함과 그들의 마음이 굳어짐으로 말미암아 하나님의 생명에서 떠나 있도다(엡 4:18). 인간이란 진실하고 순수한 피조물이 아니다. 인간은 하나님의 중생의 은혜를 받고 새로 태어나고 성화되기 전에는 그러한 존재가 될 수 없다.

II. 어떻게 이 권면이 더 상세히 설명이 되고 있는가? 그 후로는 다시 사람의 정욕을 따르지 않고 하나님의 뜻을 따라 육체의 남은 때를 살게 하려 함이라(2절). 베드로 사도는 죄에 대해 죽고 죄를 그치게 된다는 말을 통해 이 권면에 대한 부정적인 의미와 긍정적인 의미를 설명한다. 부정적인 의미는 그리스도인은 다시 사람의 정욕을 따르지 않고 살아야 한다는 것이다. 다시 말해서 그리스도인은 육욕적인 사악한 인간들의 죄의 정욕들과 타락한 욕망들을 따라 살아서는 안 된다는 것이다. 반대로 긍정적인 의미는 그리스도인은 거룩하신 하나님의 계시된 뜻에 자신을 일치시켜 살아야 한다는 것이다. 여기서 다음의 사실들을 깨우치도록 하라.

4절 1절 - 3절 707

1. 인간들의 정욕은 그들의 모든 사악함의 근원이 된다. 사람이 시험을 받을 때에 내가 하나님께 시험을 받는다 하지 말지니 하나님은 악에게 시험을 받지도 아니하시고 친히 아무도 시험하지 아니 하시느니라 오직 각 사람이 시험을 받는 것은 자기 욕심에 끌려 미혹됨이니(약 1:13, 14). 인간들은 타락으로 인하여 자신들이 원해서 극복할 수 없는 시험들을 왕왕 당한다.

2. 모든 선한 그리스도인들은 자신들의 생활과 행위의 규칙으로 그들 자신의 정욕이나 욕망들이 아니라 하나님의 뜻을 따른다.

3. 진실한 회심은 그것에 참여하는 사람의 마음과 생활에 놀라운 변화를 일으킨다. 참된 회심은 사람을 그의 모든 즐거워하고 따르던 정욕들에서 떠나게 하고, 그리고 세상의 일반적인 방식들과 악들로부터 떠나 하나님의 뜻으로 인도한다. 회심은 그것을 체험한 모든 사람의 마음, 판단, 감정, 방법, 그리고 행실 등을 변화시킨다.

III. 어떻게 이 권면이 강하게 주장되고 있는가? 너희가 음란과 정욕과 술취함과 방탕과 향락과 무법한 우상 숭배를 하여 이방인의 뜻을 따라 행한 것은 지나간 때로 족하도다(3절). 여기서 베드로 사도는 공평함으로 논증을 시작한다. "너희가 이제까지 과거의 옛 생활에서 죄와 사탄을 섬기고 살았던 것처럼 이제는 너희가 살아계신 하나님을 섬기고 살아야 한다는 것은 공정하고, 공평하고, 합리적일 따름이지 하등 이상할 것이 없다."

사도가 편지를 보낸 사람들이 유대인들이었음에도 불구하고 그들이 이방인들 가운데 섞여 살았기 때문에 그들의 관습을 배웠었다. 여기서 다음의 사실들을 주목하라.

1. 인간이 참으로 회심하게 되면 자신이 살았던 과거의 삶이 자신에게 얼마나 가혹하고 고통스러운 것이었는지를 생각하게 된다. 그가 오랫동안 빠져 헤매었던 위험, 그가 다른 사람들에게 행했던 해악, 하나님께 끼쳤던 불명예, 그리고 그가 이제까지 입었던 손실 등이 그에게 엄청난 괴로움을 안겨준다.

2. 사람의 의지가 성화되지 않고 타락한 상태로 있는 동안 그는 계속해서 악한 길을 걸어간다. 그는 악행을 원하고 즐거워서 행하는 본업으로 삼는다. 그래서 그는 자신의 상태를 날마다 더 나쁘게 만든다.

3. 한 죄를 허용하면 또 다른 죄를 이끌어 들인다. 여섯 가지 이름을 가진 죄가 있는데 그것들은 서로 연관을 가지고 있다. 그것들은 다음과 같다.

(1) 음란. 이 죄는 외모와 몸짓과 행동에서 나타난다. 낮에와 같이 단정히 행하고 방탕하거나 술 취하지 말며 음란하거나 호색하지 말며 다투거나 시기하지 말고 (롬 13:13).

(2) 정욕. 이 죄는 매음이나 간음과 같은 행위이다.

(3) 술 취하는 것. 이 죄는 주정뱅이는 아닐지라도 건강이나 사업에 해가 될 정도로 술을 지나치게 먹는 것이다.

(4) 방탕 또는 사치스러운 잔치. 이 죄는 너무 호사스러운 잔치를 너무 자주 벌이는 행위이다.

(5) 향락. 이 죄는 음식을 너무 지나치게 많이 먹는 행위이다.

(6) 가증스러운 우상 숭배. 이방인들의 우상 숭배는 방탕, 술 취함, 탐식, 그리고 온갖 종류의 야만적이고 잔인한 행위들이 수반되었다. 그러므로 이러한 타락한 이방인들 가운데에서 오랫동안 살았던 유대인들은 일부라도 자연히 그들의 관습에 물들어 방탕하고 타락할 수밖에 없었다.

4. 그리스도인의 의무는 아주 심한 죄도 억제해야 되지만 일반적으로 아무렇지 않게 습관적으로 행해지는 죄도 짓지 말아야 하고 악의 모양이라도 피해야 한다. 술을 지나치게 먹거나 무절제한 잔치도 금해야 하지만 방탕과 우상 숭배도 피해야 한다.

⁴이러므로 너희가 그들과 함께 그런 극한 방탕에 달음질하지 아니하는 것을 그들이 이상히 여겨 비방하나 ⁵그들이 산 자와 죽은 자를 심판하기로 예비하신 이에게 사실대로 고하리라 ⁶이를 위하여 죽은 자들에게도 복음이 전파되었으니 이는 육체로는 사람으로 심판을 받으나 영으로는 하나님을 따라 살게 하려 함이라

I. 여기서는 앞 절에서 과거에 아주 악하게 살았던 사람들에게 가시적인 변화가 일어난 것을 발견하게 된다. 그들은 이제 더 이상 과거에 했던 대로 옛날의 잘못된 길에 빠져 헤매지 않고 잘못된 친구들과 지내지 않는다. 이로 말미암아 그들의 악한 친구들이 변한 그들을 어떻게 대하는지를 주목해보라.

1. 그들의 악한 친구들은 그들과 함께 그런 극한 방탕에 달음질하지 아니하는 것을 그들이 이상히 여겼다. 그들은 그것에 놀라고 이상하게 생각했다. 그들은 그것을 엉뚱한 새로운 것을 보는 것처럼 어리둥절했다. 그들의 옛날 친구들이 너

무 변한 것에 그들은 당황했다. 그들은 그들의 옛 친구들이 전에 같이 게걸스럽게 정신없이 술에 취해 바보 같이 굴던 방탕과 사치를 끝낸 것을 도무지 이해할 수 없었다. 옛 친구들은 이제 그들과 함께 그런 극한 방탕에 달음질하지 아니했다.

2. 그들은 그것을 비방했다. 악한 친구들의 놀라움은 변한 친구들을 비방하게 만들었다. 그들은 변한 친구들의 인격과 행동과 신앙생활과 하나님에 대해 비방했다. 여기서 다음의 사실들을 깨우치도록 하라.

(1) 일단 참으로 회심한 사람들은 그들의 예전 생활 습관으로 돌아가지 않을 것이다. 비록 그들이 계속해서 다른 사람들이 비웃기도 하고 비위를 맞추면서 옛날로 돌아가자고 아주 많은 유혹을 받기는 하겠지만 말이다. 그러나 어떤 설득이나 비방도 그들을 옛 생활 습관으로 되돌려놓지는 못할 것이다.

(2) 참된 그리스도인들의 성격과 행위는 불신자들에게는 아주 이상하게 보인다. 그 이유는 그리스도인들이 모든 사람이 좋아하는 것을 멸시하고, 다른 사람들이 도저히 믿을 수 없는 것들을 믿고, 다른 사람들이 넌더리내고 싫어하는 것을 즐거워하고, 다른 사람들이 보기에 전혀 이득이 없는 것을 위해 열심히 섬기고, 그리고 불신자들이 도저히 납득할 수 없는 것을 의지하고 소망하기 때문이다.

(3) 신앙인들의 선한 행위들은 믿음이 없는 사람들의 비방과 중상을 모면할 수가 없다. 선한 사람이 큰 고통과 위험과 자기 부인을 지불하는 그러한 선한 행위들이 무자비하고 고약한 세상 사람들의 심한 비난을 받게 될 것이다. 믿음이 없는 세상 사람들은 선한 그리스도인들을 욕하고 중상할 것이다. 그러나 그리스도인들은 그들이 행한 자선과 경건과 선행의 열매들을 풍성히 거두게 될 것이다.

II. 하나님의 종들에 대한 위로가 여기서 덧붙여지고 있다. 여기서 다음의 사실들을 주목하라.

1. 모든 악한 사람들은, 특별히 그들처럼 나쁘지 않은 선한 사람들을 비방하는 사람들은 실은 자신들의 잘못을 하나님께 사실대로 고하게 될 것이다. 다시 말해서 악한 사람들은 선한 사람들을 비방하는 행위를 통해서 권능과 위엄을 지니고 심판하려고 준비하고 계신 하나님께 자신들의 잘못을 낱낱이 고하는 것이 될 것이다. 그들은 오래지 않아서 살아 있을 모든 사람들과 죽었지만 다

시 살아날 모든 사람들을 심판하시고 선고를 내리실 하나님께 자신들이 저지른 일들을 고하고 있는 것이다(약 5:8, 9; 벧후 3:7).

여기서 다음의 사실들을 주목하라. 악한 세상 사람들은 얼마 안 있어 하나님의 백성들에게 퍼부은 자신들의 모든 악한 말들에 대해 위대하신 하나님께 낱낱이 고하게 될 것이다. 아담의 칠대 손 에녹이 이 사람들에 대하여도 예언하여 이르되 보라 주께서 그 수만의 거룩한 자와 함께 임하셨나니 이는 뭇 사람을 심판하사 모든 경건하지 않은 자가 경건하지 않게 행한 모든 경건하지 않은 일과 또 경건하지 않은 죄인들이 주를 거슬러 한 모든 완악한 말로 말미암아 그들을 정죄하려 하심이라 하였느니라(유 14, 15). 악한 사람들은 하나님의 신실한 백성들에게 퍼부은 그들의 모든 저주들, 어리석은 조롱들, 중상모략들과 거짓말들에 대하여 서글픈 보고를 낱낱이 고하기 위하여 부름을 받게 될 것이다.

2. 이를 위하여 죽은 자들에게도 복음이 전파되었으니 이는 육체로는 사람으로 심판을 받으나 영으로는 하나님을 따라 살게 하려 함이라(6절). 이 구절을 다음과 같이 어렵게 이해하는 사람도 있다. 즉 이를 위하여 지금은 그리스도 안에서 죽은 모든 옛날 신자들에게도 복음이 전파되었다. 그것을 통해 신자들은 인간들의 분노가 그들에게 육체로는 고통스럽게 하지만 영으로는 하나님을 따라 살게 하는, 악인들의 불의한 판단과 박해들을 참고 인내하도록 하는 교훈과 위로를 받을 수 있다. 그런가하면 다른 사람들은 이 표현을 이렇게 해석하는 사람도 있다. 그들이 육체로는 사람으로 심판을 받을 수 있다. 그러나 그들이 영적으로는 다음과 같이 될 수 있다. 즉 그들이 이방인의 관습이나 단순한 자연인의 본성을 따라 사는 동안에는 그들의 본성의 타락과 그들의 삶의 악함으로 말미암아 복음이 그들에게 전파되고, 그들을 심판하고, 그들을 정죄하고, 그리고 그들을 책망했다. 이렇게 함으로써 그들은 죄를 억제하고 하나님을 따라서 새로운 영적 삶을 살 수 있게 되었다. 여기서 다음의 사실들을 깨우치도록 하라.

(1) 우리의 죄들을 억제하고 하나님을 따라서 사는 것은 우리에게 전파된 복음의 예상된 결과들이다.

(2) 하나님은 복음을 받았지만 그것을 통해 열매들을 거두지 못한 모든 사람들과 확실하게 계산하실 것이다. 하나님은 그의 복음을 헛되이 받고 아무 열매가 없는 사람들을 전부 심판하실 것이다.

(3) 우리가 육체로는 사람들의 심판을 아무리 받는다고 하더라도 우리는 영

으로는 하나님을 따라 살아야 할 것이다.

⁷만물의 마지막이 가까이 왔으니 그러므로 너희는 정신을 차리고 근신하여 기도하라 ⁸무엇보다도 뜨겁게 서로 사랑할지니 사랑은 허다한 죄를 덮느니라 ⁹서로 대접하기를 원망 없이 하고 ¹⁰각각 은사를 받은 대로 하나님의 여러 가지 은혜를 맡은 선한 청지기 같이 서로 봉사하라 ¹¹만일 누가 말하려면 하나님의 말씀을 하는 것 같이 하고 누가 봉사하려면 하나님이 공급하시는 힘으로 하는 것 같이 하라 이는 범사에 예수 그리스도로 말미암아 하나님이 영광을 받으시게 하려 함이니 그에게 영광과 권능이 세세에 무궁하도록 있느니라 아멘

　　　　우리는 여기서 이 말씀에서 이끌어낸 그들이 처한 무서운 상태를 깨우쳐 주는 가르침과 추론을 발견하게 된다. 그들이 처한 상태는 만물의 마지막이 가까이 온 때이다. 우리의 구주께서 예언하신 유대 교회와 국가의 비참한 파멸은 이제 아주 가깝다. 따라서 그들이 행하는 핍박과 너희들이 당하는 고난들의 기간이 실제로 얼마 남지 않았다.
　너희 자신의 생명과 너희 원수들의 생명이 얼마 안 있어 끝나게 될 것이다. 더욱이 세상 그 자체도 얼마 못 갈 것이다. 큰 환난이 그것을 모두 끝내게 될 것이다. 그리고 모든 것들이 끝이 없는 영원 속으로 빠져들게 될 것이다. 이 논증과 추론은 일련의 권면들로 이어지게 된다.
　1. 정신을 차리고 경계하라. 그러므로 너희는 정신을 차리고 근신하여 기도하라(7절). 마지막이 가까웠으니 너희 마음의 기분과 기질을 진중하고, 변함 없고, 그리고 견고하게 가지도록 하라. 세속적인 모든 향락들을 사용함에 있어서 엄격하게 절제하고 정신을 차리고 경계하도록 하라. 너희가 방황하던 예전의 죄들과 유혹에 사로잡혀 고통당하지 않도록 조심하라. 너희가 음란과 정욕과 술 취함과 방탕과 향락과 무법한 우상 숭배를 하여 이방인의 뜻을 따라 행한 것은 지나간 때로 족하도다(3절). 시험에 빠지지 않기 위하여 근신하여 기도하라. 기도하기에 알맞은 평온하고 맑은 정신과 마음을 계속 유지하기 위하여 조심하도록 하라. 그 마지막 날이 너희에게 부지중에 임할지 모르니 깨어 자주 기도하도록 하라(눅 21:34; 마 26:40, 41).

여기서 다음의 사실들을 깨우치도록 하라.

(1) 우리에게 임박한 종말을 생각하면 모든 세속적인 일들에 정신을 번쩍 차리게 해주고, 그리고 우리의 신앙생활에 관계된 일들에 진지해지고 힘을 내게 만들어 줄 것이다.

(2) 목적을 이루기 위하여 기도하는 사람들은 근신하여 기도해야 한다. 기도하는 사람들은 그들 자신의 정신을 살펴야 하고, 모든 적절한 기회들을 살펴야 하고, 그리고 그들이 할 수 있는 최선의 태도로 의무를 다해야 한다.

(3) 몸의 올바른 조절과 균형은 영혼의 유익을 증진시키는데 굉장히 유용하다. 몸의 욕구와 성향들은 하나님의 말씀과 진실한 이성에 의해 지배를 받아야 한다. 그리고 몸의 관심들은 영혼의 관심들과 필요성에 순응해야 한다. 그렇게 할 때 몸은 영혼의 적이 아니라 영혼의 친구와 조력자가 된다.

2. 사랑하라. 무엇보다도 뜨겁게 서로 사랑할지니 사랑은 허다한 죄를 덮느니라(8절). 이 말씀에는 그리스도교의 고상한 규칙이 담겨 있다. 그리스도인들은 서로 사랑해야 한다. 이 사랑은 서로의 인격에 대한 애정, 서로의 행복을 위한 갈망, 그리고 그 행복을 증진시키려는 마음에서 우러나온 노력 등을 내포한다. 이 상호적인 애정은 차가워서는 안 되고 뜨거워야 한다. 그리스도인들이 서로 사랑하는 것은 진지하고, 강하고, 변함이 없어야 한다. 이런 종류의 진지한 사랑이 무엇보다도 중요하다고 권장하고 있는 것은 그것의 중요성을 나타내준다. 이 모든 것 위에 사랑을 더하라(골 3:14). 사랑은 믿음과 소망보다 더 중요하다. 그런즉 믿음, 소망, 사랑 이 세 가지는 항상 있을 것인데 그 중의 제일은 사랑이라 (고전 13:13). 사랑이 지닌 한 가지 뛰어난 효력은 허다한 죄를 덮는 것이다. 여기서 다음의 사실들을 깨우치도록 하라.

(1) 모든 그리스도인들은 다른 사람들보다 그리스도인 서로에 대해 더 뜨겁게 사랑해야 한다. 무엇보다도 뜨겁게 서로 사랑할지니. 베드로 사도는 이방인들이나 우상 숭배자들이나 배교자들에게 말하고 있는 것이 아니라 그리스도인들에게 말하고 있는 것이다. 형제 사랑하기를 계속하라(히 13:1). 모든 진실한 그리스도인들 사이에는 특별한 관계가 있다. 그들은 특별한 애정을 필요로 하는 그들 간의 특별한 사랑과 유익을 가지고 있다.

(2) 그리스도인들은 악의를 견디거나 서로 일반적인 존경을 하는 것만으로는 충분하지가 않다. 그리스도인들은 서로 강하고 뜨겁게 사랑해야만 한다.

(3) 참된 사랑의 특성은 허다한 죄를 덮어주는 것이다. 사랑은 다른 사람들의 죄를 더 나쁘게 하고 퍼뜨리기보다는 자신들에게 끼친 다른 사람들의 죄를을 용서하고 잊어버리고, 그리고 덮어주고 감춰주는 성향을 지니고 있다. 이 말씀은 약한 사람들을 사랑해주고, 그리고 회심하기 이전에 많은 악한 잘못을 범한 사람들을 용서해주고 사랑해주라고 우리에게 가르쳐주고 있다. 사랑은 다른 사람들을 용서한 자들을 용서해주시겠다고 약속하신 하나님의 처분에 맡기고 하나님의 자비를 구한다(마 6:14).

3. 대접하라. 서로 대접하기를 원망 없이 하라(9절). 여기서 권하고 있는 대접은 나그네들과 여행자들을 너그럽고 친절하게 환대하는 것이다. 그리스도인이 대접하는 고유한 대상들은 서로를 위해야 하는 그리스도인 자신들이다. 그들 관계의 가까움과 박해와 고난에 처한 그들의 상황의 절박함이 그리스도인들에게 서로를 접대하지 않을 수 없게 만들었다. 때때로 그리스도인들은 그들이 가진 모든 것을 빼앗겼고, 그리고 안전을 위하여 먼 나라로 피해야만 했다. 이러한 경우에 그들은 동료 그리스도인들이 그들을 받아들이지 않았다면 굶어죽고 말았을 것이다. 그러므로 사도가 여기서 제시하고 있는 규칙은 참으로 지혜롭고 필요한 것이었다. 다른 성경 구절에서도 그것을 명령하고 있다(히 13:1, 2; 롬 12:13). 이 의무를 실행하기 위한 태도는 다음과 같다. 대접할 때 경비나 수고에 대한 불평이나 원망 없이 편안하고, 친절하고, 너그러운 태도로 해야 한다. 여기서 다음의 사실들을 깨우치도록 하라.

(1) 그리스도인들은 서로 사랑해야 될 뿐만 아니라 대접도 해야 한다.

(2) 그리스도인이 사랑의 방법을 통해서나 대접의 방법을 통해서 무엇을 하든 간에 그것을 즐겁고 원망 없이 해야 할 것이다. 너희가 거저 받았으니 거저 주어라(마 10:8).

4. 은사를 개발하라. 각각 은사를 받은 대로 하나님의 여러 가지 은혜를 맡은 선한 청지기 같이 서로 봉사하라 만일 누가 말하려면 하나님의 말씀을 하는 것 같이 하고 누가 봉사하려면 하나님이 공급하시는 힘으로 하는 것 같이 하라(10, 11절). 여기서 다음의 사실들을 주목하라.

(1) 그 은사가 일반적인 은사든 특별한 은사든, 무슨 힘이나 능력이나 선행이든지 그것을 행하는 규칙은 하나님의 여러 가지 은혜를 맡은 선한 청지기 같이 서로 봉사하고 섬기는 것이다. 여기서 다음의 사실들을 깨우치도록 하라.

[1] 우리가 선행을 할 수 있는 무슨 능력을 가지고 있든지 우리는 그것을 하나님의 은사로 말미암은 것이라고 생각하거나 하나님의 은혜로 돌려야 할 것이다.

[2] 우리가 무슨 은사들을 받았든지 그것들은 서로를 위하여 사용하려고 받은 것으로 생각해야 할 것이다. 우리는 그 은사들을 우리의 것으로 생각해서도 안 되고, 또한 손수건 안에 감추어 두어서도 안 되고, 은사들로 우리가 할 수 있는 최선을 다해 서로를 위해 봉사해야 할 것이다.

[3] 하나님의 다양한 은사들을 받고 사용할 때 우리는 자신들을 청지기들로 생각해야 될 뿐만 아니라, 그리고 거기에 맞게 행동해야 할 것이다. 우리가 위임을 받은 은사들은 우리 주님의 것들이므로 주님이 지시하시는 대로 사용해야만 한다. 청지기에게 필요한 것은 신실함과 충성이다.

(2) 베드로 사도는 은사들에 대한 그의 지시를 두 가지 항목으로 예증한다. 그것들은 말하는 것과 봉사하는 것이다. 베드로 사도는 그것들에 관한 규칙을 다음과 같이 제시한다.

[1] 만일 누가 즉 공적인 모임에서 목사이든 또는 사적인 모임에서 그리스도인 신자이든지 말하거나 가르치려면, 그는 그것이 그의 말하는 주제에 관하여 지시해주는 하나님의 말씀을 하는 것 같이 해야 할 것이다. 그리스도인들이 공적인 모임이나 사적인 모임에서 가르치고 말하는 것은 하나님의 순수한 말씀과 계시들이어야 할 것이다. 말하는 태도에 관해 말한다면 거룩하고 신성한 계시들에 어울리게 진지하고, 존경스럽고, 엄숙해야 할 것이다.

[2] 만일 누가 봉사하려면, 즉 교회의 자선 헌금을 나눠준다거나 가난한 사람들을 돌보는 집사로 봉사하든가 또는 자선과 기부금을 통해 개인 자격으로 봉사하려면 하나님이 공급하시는 힘으로 하는 것 같이 하라. 하나님으로부터 풍부와 능력을 받은 사람은 풍부하게 봉사해야 하고 그의 능력에 따라 봉사해야 할 것이다. 이 규칙들은 하나님의 영광을 위하여 시행되어야 할 것이다. 다시 말해서 이는 범사에, 즉 모든 너희의 은사들과 봉사들에서 예수 그리스도로 말미암아 하나님이 영광을 받으시게 하기 위한 것이다. 예수 그리스도는 이 은사들을 조달하셔서 사람들에게 나눠주셨다(엡 4:8). 그리고 하나님은 우리와 우리의 봉사들을 오로지 예수 그리스도를 통해서만 받으신다(히 13:15). 그들로 너희 착한 행실을 보고 하늘에 계신 너희 아버지께 영광을 돌리게 하라(마 5:16). 그러므로 우리

는 예수로 말미암아 항상 찬송의 제사를 하나님께 드리자 이는 그 이름을 증언하는 입술의 열매니라(히 13:15). 그에게 영광과 권능이 세세에 무궁하도록 있느니라 아멘. 여기서 다음의 사실들을 깨우치도록 하라.

첫째, 공적인 목사들뿐만 아니라 사적인 평신도 그리스도인들의 의무도 하나님의 일들을 서로 말하는 것이다(말 3:16; 엡 4:29; 시 145:10-12).

둘째, 복음을 전하는 모든 전도자들의 지대한 관심사는 하나님의 말씀을 엄격하게 지키고 그 말씀을 하나님의 계시로 여기는 것이다.

셋째, 그리스도인들은 자신의 위치에서 자신의 의무를 지켜야 할 뿐만 아니라 그 의무를 그들의 최선의 능력을 다해 열심히 실행해야 할 것이다. 숭고하고 어려운 일인 기독교 사역의 특성, 주님의 선하심과 인자하심, 그리고 뛰어난 보상 등은 모두 우리의 노력을 요구한다. 그 노력은 진실하고 활기에 찬 것이어야 한다. 그리고 우리가 하나님의 영광과 다른 사람들의 유익을 위하여 부름을 받아 해야 하는 일이 무엇이든지 우리는 힘을 다해 그 일을 해야 할 것이다.

넷째, 생활의 모든 의무들과 봉사들을 행할 때 우리는 하나님의 영광을 우리의 주요 목표로 삼아야 할 것이다. 모든 다른 견해는 이 목적에 부속되어야 할 것이다. 하나님의 영광을 위하는 우리의 목적은 우리의 일반적인 행위들과 일들을 거룩하게 해줄 것이다(고전 10:31).

다섯째, 우리가 무엇을 하든지 그것을 예수 그리스도의 중보와 공로를 통해서 하나님께 바치지 않는다면 그것으로 하나님을 영화롭게 하지 못하게 될 것이다. 범사에 예수 그리스도로 말미암아 하나님이 영광을 받으시게 하려 함이다. 예수 그리스도는 하나님 아버지에게 받아들여지고 하나님을 영광스럽게 하는 유일한 길이다.

여섯째, 예수 그리스도에 대한 사도의 경배와, 예수님에게 무한하고 영원한 찬양과 권능을 돌리는 것은 예수 그리스도가 영원히 모두의 찬양을 받으실 지존하신 하나님이시라는 사실을 입증해준다. 아멘.

¹²사랑하는 자들아 너희를 연단하려고 오는 불 시험을 이상한 일 당하는 것 같이 이상히 여기지 말고 ¹³오히려 너희가 그리스도의 고난에 참여하는 것으로 즐거워하라 이는 그의 영광을 나타내실 때에 너희로 즐거워하고 기뻐하게 하려 함이라 ¹⁴너희가 그리스도의 이름으로 치욕을 당하면 복 있는 자로다 영광의 영 곧 하나님의 영

이 너희 위에 계심이라 [15]너희 중에 누구든지 살인이나 도둑질이나 악행이나 남의 일을 간섭하는 자로 고난을 받지 말려니와 [16]만일 그리스도인으로 고난을 받으면 부끄러워 말고 도리어 그 이름으로 하나님께 영광을 돌리라 [17]하나님의 집에서 심판을 시작할 때가 되었나니 만일 우리에게 먼저 하면 하나님의 복음을 순종하지 아니하는 자들의 그 마지막은 어떠하며 [18]또 의인이 겨우 구원을 받으면 경건치 아니한 자와 죄인은 어디에 서리요 [19]그러므로 하나님의 뜻대로 고난을 받는 자들은 또한 선을 행하는 가운데에 그 영혼을 미쁘신 창조주께 의탁할지어다

　　　　본 서신의 모든 장에서 고난받는 사람들로 생각되는 그리스도인들에 대한 권면과 위로가 빈번하게 반복해서 나타나고 있다. 이것은 이 새로운 회심 자들이 그리스도교를 믿기로 한 것 때문에 일어난 박해로 말미암아 아주 큰 위험에 노출되었음을 드러내준다. 고난을 당하고 있을 때 그리스도인들이 선한 행위를 한다는 것은 그들의 의무의 아주 어려운 부분이었을 것이다. 그럼에도 불구하고 선행은 그리스도의 영광과 그들 자신의 위로를 위하여 필요한 것이었다. 그러므로 베드로 사도는 본 장의 앞 부분에서 그들에게 금욕의 중요한 의무를 권한 뒤 여기서는 고난을 참는 인내의 필수적인 의무를 지시한다. 금욕과 절제가 없는 영혼은 시련을 견디기가 아주 어렵다. 여기서 다음의 사실들을 주목하라.

Ⅰ. 사도는 여기서 이들 가난한 천덕꾸러기 그리스도인들에게 친절한 태도로 권면한다.　그들은 사도의 사랑하는 형제들이었다. 사랑하는 자들아 (12절).

Ⅱ. 이 어려운 그리스도인들에게 고난과 관련하여 사도는 다음과 같이 권면한다.

1. 그들은 고난을 그들에게 기대하지 않은 사건이 닥친 것으로 이상하게 생각하거나 놀랄 것이 아니라고 사도는 권면한다. 그 이유는 다음과 같다.

(1) 그들이 모질고 격렬한 시련을 겪고 있긴 하지만 그것은 그들을 파멸시키기 위한 것이 아니라 단지 그들을 연단하기 위한 것일 따름이다. 그 시련은 그들의 진지함, 힘, 인내, 그리고 하나님을 믿는 신앙을 연단하기 위한 것이다. 그러므로 오히려 그들은 고난을 받을 때 즐거워해야 한다. 왜냐하면 그들의 고난이 그리스도의 고난에 참여하기 위하여 부름받은 것일 수도 있기 때문이다. 그들은 그리스도와 동일한 고난을 받고 있는 것이고, 그리고 동일한 대의를 위하

여 그리스도의 고난에 참여하고 있는 것이다. 그 시련들은 우리를 그리스도와 닮게 해준다. 그리스도께서 그 시련들 속에서 고난을 당하시고 우리의 연약함을 느끼신다. 그리고 우리가 그리스도의 고난의 참여자들이 되면 우리는 그리스도의 영광의 참여자들이 될 것이다. 그리고 그리스도가 그의 적들을 심판하시고 그의 종들에게 면류관을 주시기 위하여 나타나실 때 우리는 기뻐 뛰며 그를 만나게 될 것이다. 환난을 받는 너희에게는 우리와 함께 안식으로 갚으시는 것이 하나님의 공의시니 주 예수께서 자기의 능력의 천사들과 함께 하늘로부터 불꽃 가운데에 나타나실 때에 하나님을 모르는 자들과 우리 주 예수의 복음에 복종하지 않는 자들에게 형벌을 내리시리니(살후 1:7, 8). 여기서 다음의 사실들을 깨우치도록 하라.

[1] 참된 그리스도인들은 그들의 가장 낮고 가장 어려운 처지에서 하나님의 자녀들을 사랑하고 하나님의 자녀들임을 인정한다. 사도는 이 불쌍한 고난의 그리스도인들을 인정하고 그들을 그의 사랑하는 자들이라고 부른다. 참된 그리스도인들은 그들의 역경 속에서 서로를 더 사랑하고 아낀다.

[2] 그리스도인들은 세상 사람들의 불친절과 핍박들을 이상하다고 생각하거나 놀랄 이유가 하나도 없다. 왜냐하면 그러한 일들이 그리스도인들에게 미리 경고되었기 때문이다. 그리스도 자신도 그것들을 겪으시고 견디셨다. 모든 것을 포기하고 자신을 부인하는 것은 그리스도가 우리를 그의 제자로 받아들이시는 조건들이다.

[3] 그리스도인들은 그리스도를 위하여 아주 모질고 심한 고난을 받게 될 때 인내해야 될 뿐만 아니라 즐거워해야 한다. 왜냐하면 그 고난이 하나님의 은총의 표시가 되기 때문이다. 그 고난은 복음을 장려하고 영광을 준비해준다. 그리스도를 위하여 자신의 고난을 즐거워하는 사람들은 그리스도와 더불어 영광 가운데 영원히 승리하고 즐거워하게 될 것이다.

(2) 베드로 사도는 격렬한 시험에서 더 낮은 차원의 핍박으로 내려가 이야기한다. 그것은 중상과 비방에 의한 혀의 시험이다. 너희가 그리스도의 이름으로 치욕을 당하면 복 있는 자로다 영광의 영 곧 하나님의 영이 너희 위에 계심이라(14절). 사도는 이러한 종류의 고난이 그리스도인들에게 닥칠 것이라는 것을 전제하고 있다. 그들은 그리스도를 위하여 욕을 먹게 되고, 악평을 듣게 되고, 그리고 중상을 당하게 될 것이다. 그러한 경우를 당하면 사도는 복 있는 자로다 하고 주장

한다. 그 이유는 다음과 같다. "왜냐하면 너희는 너희와 함께 하는 하나님의 영을 가지고 있기 때문이다. 하나님의 영은 너희를 강하게 하고 위로해주신다. 그리고 하나님의 영은 영광의 영이시기도 하다. 영광의 영은 너희가 모든 것을 이기게 해주고, 고난을 훌륭하게 해치우게 해주고, 그리고 영원한 영광에 이르도록 준비해주고 보증해주실 것이다. 이 영광의 영은 너희 위에 계시고, 너희와 함께 계시고, 너희 속에 거하시고, 너희를 도와주시고, 그리고 너희와 더불어 즐거워하신다. 이것이야말로 말로 형용할 수 없는 영광과 특권이 아니겠는가? 고난을 받을 때 보여준 너희의 인내와 용기, 하나님의 약속을 의지하는 너희의 믿음, 그리고 성령이 계시해주신 말씀에 대한 충성 등으로 말미암아 영광의 영 곧 하나님의 영이 너희 위에 계시게 되리라. 그러나 너희가 당하는 멸시와 비난들로 말미암아 하나님의 영 자신도 욕을 당하시고 모독을 당하시게 될 것이다." 여기서 다음의 사실들을 깨우치도록 하라.

[1] 아주 훌륭한 사람들과 아주 좋은 것들도 세상 사람들에게 비난을 받게 되는 경우가 종종 있다. 예수 그리스도와 그의 제자들, 하나님의 영과 복음이 모두 욕을 당했다.

[2] 선한 사람들의 행복은 그들이 당하는 고난들과 함께 있을 뿐만 아니라 그 고난들로부터도 흘러나온다. 너희가 그리스도의 이름으로 치욕을 당하면 복 있는 자로다.

[3] 자신 위에 머물고 계시는 하나님의 영을 소유한 사람은 결코 비참해질 수가 없다. 그러므로 자신의 고난들을 언제나 아주 소중하게 여기도록 하라. 너희는 복 있는 자로다. 왜냐하면 하나님의 영이 너희 위에 계시기 때문이다.

[4] 악한 사람들이 선한 사람들에게 퍼붓는 모독과 비방들은 하나님의 영에 의해 자신에게 퍼부어진 것처럼 받아들여지게 될 것이다. 하나님의 영도 그들 편에서 치욕을 당하시게 될 것이다.

[5] 선한 사람들이 그리스도의 이름으로 치욕을 당하면 그의 성령이 그들 가운데에서 영광을 받으시게 될 것이다.

2. 그들은 악한 사람들처럼 고난을 받지 않도록 조심해야 한다. 너희 중에 누구든지 살인이나 도둑질이나 악행이나 남의 일을 간섭하는 자로 고난을 받지 말려니와(15절). 어떤 사람은 훌륭한 그리스도인들은 그런 조심스러움이 필요 없다고 생각할 수도 있다. 그러나 그들의 적들은 이런저런 더러운 죄들을 뒤집어 씌워

그리스도인들을 비난했다. 그래서 사도는 그리스도인의 신앙생활의 규칙들을 정할 때 이러한 조심과 경계들이 필요하다고 생각했다. 사도는 모든 그리스도인은 다른 사람의 생명이나 재산을 해치지 못하게 금하고, 어떤 종류의 악도 행하지 못하게 하고, 요청이나 필요 없이 다른 사람의 일을 책임지는 감독 노릇을 하지 말고, 그리고 남의 일을 간섭하는 자로 괜히 분주하지 말라고 권면했다. 이 경계에 덧붙여 사도는 그리스도교를 위하여 어떤 사람이 고난을 받고, 그리고 그리스도인의 인내의 정신으로 그 고난을 견디면 그는 그것을 수치스럽게 생각할 것이 아니라 하나님께 영광을 돌리라고 지시하고 있다. 이와 같이 하나님을 높이는 사람은 하나님을 영광스럽게 할 것이다. 만일 그리스도인으로 고난을 받으면 부끄러워 말고 도리어 그 이름으로 하나님께 영광을 돌리라(16절). 여기서 다음의 사실들을 깨우치도록 하라.

(1) 아주 훌륭한 사람들도 가장 나쁜 죄들에 대해 경계하고 조심할 필요가 있다.

(2) 우리가 자신의 죄와 어리석음 때문에 고난을 당하게 되면 그 고난들에서 아주 적은 위로밖에 받지 못하게 된다. 순교자가 되는 것은 고난을 받는다고 되는 것이 아니라 대의를 위하여 고난을 받을 때 순교자가 될 수 있다.

(3) 만일 하나님이 우리를 그의 진리와 복음을 위하여 불러내시고, 그리고 그리스도교의 가르침이나 의무들에 대한 충성을 위하여 고난 받게 하신다면 우리는 그 명예를 인하여 하나님께 감사 드릴 이유를 가지게 될 것이다.

3. 이제 그들의 심판이 임박했다. 그러므로 그들은 준비를 하고 서 있어야 할 것이다. 하나님의 집에서 심판을 시작할 때가 되었나니 만일 우리에게 먼저 하면 하나님의 복음을 순종하지 아니하는 자들의 그 마지막은 어떠하며 또 의인이 겨우 구원을 받으면 경건치 아니한 자와 죄인은 어디에 서리요(17, 18절).

(1) 사도는 그들에게 하나님의 집에서 심판을 시작할 때가 되었다 말한다. 섭리가 행해지는 통상적인 방법은 다음과 같다. 하나님이 온 민족들에게 큰 재난들과 심한 심판들을 내리실 때 하나님은 먼저 자신의 백성부터 시작하신다(사 10:12; 렘 25:29; 겔 9:6). "그러한 전 세계적인 재난의 때가 이제 임박했다. 우리의 구주가 그것을 앞서 예언하셨다(마 24:9, 10). 앞서의 모든 권면들은 바로 이것을 너희에게 말하기 위해 필요한 것들이다. 이제 너희가 도움을 받기 위하여 생각해야 될 두 가지 사항들이 있다."

[1] "하나님의 집과 가족에 속한 너희들부터 먼저 하는 이 심판들은 곧 끝날 것이다. 너희의 시련들과 징계들은 오래가지 않을 것이다."

[2] "너희가 당하는 고난들은 나중에 악한 세상 사람들, 너희의 동포 유대인들, 그리고 너희 가운데 살고 있는 불신자들과 우상 숭배자들에게 닥칠 고난들에 비하면 가볍고 짧은 것들이다. 하나님의 복음을 순종하지 아니하는 자들의 그 마지막은 어떠하겠는가?" 여기서 다음의 사실들을 깨우치도록 하라.

첫째, 하나님 자신의 가족인 하나님의 종들 가운데 가장 훌륭한 사람들도 하나님이 때로는 그의 심판들로 징계하시고 징벌하시는 것이 필요하고 적당할 때가 있는 것처럼 그들이 그 심판들로 잘못될 경우도 있다.

둘째, 하나님의 가족이 된 사람들은 현세에서 가장 나쁜 것들을 겪을 수도 있다. 그러나 그들의 가장 나쁜 상황은 견딜 만한 것이고 곧 끝나게 될 것이다.

셋째, 하나님의 복음에 순종하지 않는 사람들이나 사회들은 하나님의 교회와 집에 속한 것이 아니다. 아무리 그들이 그런 척 큰 소리로 외쳐댈지라도 말이다. 사도는 불순종하는 사람들을 하나님의 집과 따로 떼어놓고 있다.

넷째, 현세에서 겪게 되는 선한 사람들의 고난들은 불순종하고 믿지 않는 사람들에게 임하게 될 말로 다할 수 없는 고통들의 시범에 지나지 않는다. 하나님의 복음을 순종하지 아니하는 자들의 그 마지막은 어떠하겠는가? 복음을 순종하지 아니하는 사람들의 두려운 종말이 어떻게 될지 누가 표현하거나 말할 수 있겠는가?

(2) 사도는 악인들의 돌이킬 수 없는 멸망을 암시한다. 의인이 겨우 구원을 받으면 경건치 아니한 자와 죄인은 어디에 서리요(18절). 이 구절은 잠언 11장 31절에서 인용한 것이다. 보라 의인이라도 이 세상에서 보응을 받겠거든 하물며 악인과 죄인이리요. 이 말씀을 칠십인 역이 베드로가 여기서 하고 있듯이 아주 정확하게 번역하고 있다. 여기서 우리는 다음과 같은 교훈을 받을 수 있다.

[1] 현세에서 선한 사람들이 당하는 쓰라린 고난들은 회개하지 않는 죄인들에게 임하게 될 훨씬 위중한 심판들의 통탄할 전조들일 뿐이다.

[2] 자신의 영혼의 구원을 확보하는 것이 사실상 가장 선한 사람이 할 수 있는 일이다. 의인들이 구원받기 위하여 사실상 할 수 있는 일은 아주 많은 고난들과 시험들과 어려움들을 극복해야 하고, 그리고 아주 많은 죄들을 억제해야 한다. 생명으로 인도하는 구원의 문은 좁고 길은 협착하다. 구원의 절대적인 필

요성이 구원의 어려움을 상쇄하게 하라. 다음의 사실들을 고찰해보도록 하라. 너희가 처음에 겪게 되는 어려움들은 아주 크다. 그래서 하나님이 은혜와 도움을 베풀어 주신다. 시험은 오래가지 않을 것이다. 그러므로 죽기까지 충성하도록 하라. 그리하면 내가 생명의 관을 네게 주리라(계 2:10).

[3] 경건하지 못한 사람들과 죄인들은 분명히 저주의 상태에 놓여 있다. 경건치 아니한 자와 죄인은 어디에 서리요? 어떻게 그런 사람들이 그들의 심판자 앞에 설 수 있겠는가? 어디라고 그들이 감히 머리를 들고 나타날 수 있겠는가? 의인이 겨우 구원을 받으면 악인들은 반드시 멸망할 것이다.

4. 하나님의 뜻대로 그리스도인들이 고난을 받기 위하여 부름을 받게 될 때 그들은 영혼의 안전을 주로 염려해야 할 것이다. 그들의 영혼들이 고난으로 위험에 빠지게 되고, 그리고 그 영혼을 미쁘신 창조주께 의탁하지 아니하면 안전을 지킬 수 없을 것이기 때문이다. 우리가 하나님께 우리의 영혼의 안전을 맡긴다면 하나님은 맡아서 책임을 져 주실 것이다. 왜냐하면 하나님은 그 영혼들의 창조주이시고, 그리고 전적인 은혜의 발로에서 그 영혼들의 영원한 구원에 관한 많은 종류의 약속들을 그들에게 해주셨기 때문이다. 그 약속들을 통해 하나님은 자신의 신실하심과 진실하심을 보여주실 것이다(19절). 여기서 다음의 사실들을 깨우치도록 하라.

(1) 선한 사람들에게 닥치는 모든 고난들은 하나님의 뜻에 따라서 그들에게 임하게 된다.

(2) 모든 그리스도인들이 고난들을 당할 때 몸의 보존보다 영혼을 지키는 데 더 많은 관심을 기울이는 것이 그리스도인들의 의무이다. 영혼이 가장 귀한 가치를 지니고 있기에 고난을 받을 때 가장 큰 위험에 빠지게 된다. 외부로부터 온 고난이 불안과 분노를 일으키고, 내부로부터 다른 죄악의 정욕들이 괴롭게 한다면 영혼은 가장 큰 고통을 받게 될 것이다. 영혼을 잘 지키지 못한다면 핍박이 사람들을 배교로 몰아갈 것이다(시 125:3).

(3) 영혼을 잘 보존하는 유일한 방법은 그것을 미쁘신 하나님께 맡기는 것이다. 너희 영혼을 진지한 헌신, 기도, 끈기 있는 선행 등을 통하여 하나님께 맡기도록 하라. 하나님께서 각 사람에게 그 행한 대로 보응하시되 참고 선을 행하여 영광과 존귀와 썩지 아니함을 구하는 자에게는 영생으로 하시고(롬 2:6, 7).

(4) 선한 사람들은 고난을 당하게 될 때 그들의 영혼을 하나님께 의탁할 수

있는 아주 큰 위로와 격려를 받게 된다. 왜냐하면 하나님은 그의 모든 약속들에 미쁘신 창조주이기 때문이다.

제
— 5 —
장

개요

　　사도는 여기서 특별한 지시들을 한다. 먼저 장로들에게 그들의 양 무리를 치는 방법을 지시한다(1-4절). 사도는 그 다음에 젊은 사람들이 장로들에게 순종하고, 매사에 겸손하고, 그리고 모든 염려를 하나님께 맡기라고 지시한다(5-7절). 사도는 모두에게 근신하고, 시험들을 경계하고, 그리고 진실하게 기도함으로 믿음을 굳게 하라고 권면한다. 그리고 사도는 엄숙한 찬양, 문안 인사, 그리고 그의 사도적인 축도로 본 서신을 마무리한다(8-14절).

¹너희 중 장로들에게 권하노니 나는 함께 장로 된 자요 그리스도의 고난의 증인이요 나타날 영광에 참여할 자니라 ²너희 중에 있는 하나님의 양 무리를 치되 억지로 하지 말고 하나님의 뜻을 따라 자원함으로 하며 더러운 이득을 위하여 하지 말고 기꺼이 하며 ³맡은 자들에게 주장하는 자세를 하지 말고 양 무리의 본이 되라 ⁴그리하면 목자장이 나타나실 때에 시들지 아니하는 영광의 관을 얻으리라

　　여기서 우리는 다음의 사실들을 발견하게 된다.

Ⅰ. 이 권면을 받는 사람들은 장로들과 목자들이다.　사도가 편지를 보내고 있는 그들은 나이가 아니라 직분으로 장로들이고, 그리고 교회들을 돌보는 목사들이다.

Ⅱ. 이 권면을 하는 사람은 사도 베드로이다.　나는 권하노니. 이 권면을 강조하기 위하여 사도는 자신도 그들과 같은 동료 장로이므로 그들에게 무엇을 강요하는 것이 아니라 자신도 실행하려고 하는 것이라고 말한다. 그는 또한 그리스도의 고난의 증인이기도 했다. 그는 겟세마네 동산에서 주님과 함께 있었고, 대제사장의 궁전까지 주님을 따라 갔었다. 그리고 그는 주님이 십자가에서 고난을 당하셨을 때 멀리 군중 속에 섞여 구경하고 있었을 것이다. 생명의 주를 죽였도다 그러나 하나님이 죽은 자 가운데서 그를 살리셨으니 우리가 이 일에 증인이라

(행 3:15). 또한 베드로 사도는 변화산에서 얼마간 계시되었던 영광에 참여할 자이고, 그리고 예수 그리스도의 재림 때 완전하게 그것을 누리게 될 것이라는 것을 덧붙여 말한다(마 18:1-3). 여기서 다음의 사실들을 깨우치도록 하라.

1. 다른 사람들을 가르치는 직분을 가진 장로들은 사람들을 가르치는 것뿐만 아니라 자신들의 의무도 세심하게 연구해야 한다.

2. 사도 베드로의 정신과 태도는 그의 후계자들이라고 속이는 교황들의 것과 얼마나 다른가! 베드로 사도는 명령하고 권력을 휘두르고 있는 것이 아니라 권면하고 있다. 그는 모든 목자들과 교회들을 지배하는 통치권을 주장하지 않고, 또한 사도들의 왕이니, 그리스도의 대리자니, 교회의 머리라고 자칭하지 않는다. 베드로 사도는 자신을 장로라고 생각한다. 모든 사도들은 다 장로들이었다. 물론 모든 장로가 다 사도인 것은 아니었지만 말이다.

3. 그리스도의 고난들을 목격했던 증인이라는 것은 베드로의 특별한 명예였다. 그 증인들은 그리 많지가 않았다. 그러나 앞으로 나타날 영광의 참여자들이 되는 것은 모든 참된 그리스도인들의 특권이다.

III. 여기서 목자의 의무와 그 의무를 실천하는 태도가 기술되고 있다. 목자의 의무는 세 가지이다.

1. 첫째 의무는 양 무리를 치는 것이다. 양 무리를 치고 먹이는 것은 하나님의 진실한 말씀을 양 무리에게 선포하고, 그리고 하나님의 말씀이 규정하고 있는 지시들과 계율에 따라서 양 무리를 다스리고 지도하는 것이다. 양 무리를 치라 하는 표현에 이러한 두 가지 의미가 들어있다.

2. 둘째 의무는 교회의 목자들은 교회를 관리하고 돌보아야 한다(한글 개역 개정판에는 관리하고 돌본다는 뜻의 take the oversight thereof 부분의 번역이 생략되어 있다). 장로들은 감독들의 직무를 행하라고 권면을 받는다. 장로들은 그들의 관리와 책임에 맡겨진 모든 양 무리를 돌보고 살펴야 한다.

3. 셋째 의무는 목자들은 양 무리의 본이 되어야 한다. 목자들은 그들의 신자들에게 설교하고 권하는 성결, 자기 부인, 금욕, 그리고 그리스도인의 모든 다른 의무들을 실천해야 한다. 이 의무들을 억지로 하지 말고 자원함으로 실천해야 한다. 다시 말해서 이 의무들을 행할 때 세상의 권력의 강제 때문이 아니라, 무서워서가 아니라, 수치를 당할까 해서가 아니라, 그 일을 즐거워하는 자원하는 마음으로 행해야 할 것이다.

그리고 이 의무들을 행할 때 더러운 이득을 위하여 하지 말고 기꺼이 행해야 할 것이다. 다시 말해서 양 무리의 본이 되기 위하여 의무들을 행할 때 자신이 맡고 있는 지위에 따르는 어떤 수당이나 이득 때문이 아니라, 자신의 직무에 속한 부수입 때문이 아니라 기꺼이 행해야 한다. 목자들은 이득이 되는 양털 때문이 아니라 양 떼를 더 사랑하고 존중해서 하나님의 교회를 진실하고 즐겁게 섬겨야 한다. 그리고 목자들은 양 무리를 칠 때 주장하는 자세를 하지 말고 섬기는 자세로 행해야 한다. 다시 말해서 목자들은 강제나 고압적인 힘으로 양 무리를 다스리려고 해서는 안 된다. 목자들은 성경이 지시하는 필요한 의무를 행하지 않고 비성경적이고 인간적인 고안물들로 하나님의 백성들을 지배하려고 해서는 안 될 것이다(마 20:25, 26; 고후 1:24). 여기서 다음의 사실들을 깨우치도록 하라.

(1) 하나님의 교회의 뛰어난 위엄과 그 교회의 모든 참된 교인들. 이들 가난하고 흩어지고 고난당하는 그리스도인들은 하나님의 양 무리였다. 나머지 세상 사람들은 짐승 떼이다. 이들은 질서가 있는 무리이고, 위대한 목자에 의해 하나님께 속량된 자들이고, 그리고 하나님의 뜻을 따라 서로 사랑하고 교통하며 사는 거룩한 무리이다. 그들은 또한 하나님의 유산을 맡은 자라는 칭호로 불리는 자들이다. 그들은 하나님의 백성이 되기 위하여 많은 민족 가운데에서 선택된 백성이고 하나님의 특별한 몫을 소유하고 있는 하나님의 백성이다. 그들은 또한 하나님의 백성으로서 하나님의 특별한 은총을 누리고 하나님께 특별한 봉사를 한다. 신약 성서에서 그 말은 결코 신앙적 봉사자들에 국한된 것이 아니다.

(2) 교회의 목사들은 그들의 신자들을 하나님의 양 무리와 하나님의 유산을 맡은 자들로 생각해야 하고, 그리고 그들을 거기에 걸맞게 대우해야 할 것이다. 하나님의 백성은 목사들이 마음 내키는 대로 지배하고 군림하는 목사들의 백성이 아니다. 그들은 하나님의 백성이다. 그러므로 그들은 그들을 소유하신 하나님을 위하여 사랑과 온유함과 인자함으로 대해야 한다.

(3) 필요에 의해 목회 사역을 억지로 하거나 더러운 이익에 이끌려 목회하는 목사들은 그들의 마땅한 의무를 결코 실천할 수 없을 것이다. 왜냐하면 그러한 사역자들은 목회 사역을 자원하는 마음이나 기꺼운 마음으로 하지 않기 때문이다.

(4) 목사가 교인을 존중하며 사역에 전념할 수 있는 가장 좋은 방법은 자신이 할 수 있는 최선의 태도로 교인들 가운데에서 자신의 의무를 이행하고, 그리고 그들 모두에게 모범적으로 자신의 선행을 보여주는 것이다.

IV. 목자의 직무를 이행하는 주요 동기. 더러운 이익을 탐해서 하는 것에 반대하여 사도는 위대한 목자 예수 그리스도께서 모든 신실한 그의 사역자들을 위하여 예비하신 영광의 면류관을 그들에게 제시해준다. 여기서 다음의 사실들을 깨우치도록 하라.

1. 예수 그리스도는 하나님의 모든 양 무리와 유산을 맡으신 목자장이시다. 그리스도는 그들을 값을 주고 사셨으므로 그들을 다스리신다. 그리스도는 그들을 영원히 지켜주시고 구원해주신다. 또한 그리스도는 모든 목자들을 다스리는 목자장이시다. 목자들은 그들의 권위를 그리스도에게서 가져오고, 그의 이름으로 사역하고, 그리고 마지막에 그에게 보고하고 설명해야 할 의무가 있다.

2. 이 목자장이 모든 사역자들과 목자들을 심판하기 위하여 오실 것이다. 그리고 그가 오셔서 그들이 앞서 말한 지시들에 따라서 공적인 면과 개인적인 면에서 다같이 그들의 의무를 신실하게 이행했는지 결산하실 것이다.

3. 그들의 의무를 이행한 사람들은 세상의 이익보다 무한히 더 좋은 것을 상으로 받게 될 것이다. 위대하신 목자장께서 그들에게 시들지 아니하는 영광의 관을 주실 것이다.

[5]젊은 자들아 이와 같이 장로들에게 순종하고 다 서로 겸손으로 허리를 동이라 하나님은 교만한 자를 대적하시되 겸손한 자들에게는 은혜를 주시느니라 [6]그러므로 하나님의 능하신 손 아래에서 겸손하라 때가 되면 너희를 높이시리라 [7]너희 염려를 다 주께 맡기라 이는 그가 너희를 돌보심이라

목자들의 의무와 교회의 영적인 지침들을 제시하고 설명한 뒤에 사도는 이제 양 무리를 가르치려고 한다. 여기서 다음의 사실들을 주목하라.

I. 사역자들과 신자들 서로에 대한 신자들의 처신 방법을 교훈한다. 사도는 신자들을 젊은 자들이라고 부른다. 그들이 일반적으로 근엄한 목자들보다 더 젊고, 그리고 그들의 신앙의 연조가 어리다는 것을 염두에 두고 사도는 그렇게

부르고 있다. 젊은 자라는 용어를 우리의 구주께서 낮은 자라는 의미로 사용하고 계시다(눅 22:26). 베드로 사도는 젊은 자들이 장로들에게 순종하고, 그들에게 마땅한 존경을 표시하고, 그들의 충고와 경책과 권위에 복종하고, 그리고 하나님의 말씀이 요구하는 것을 장로들이 명령하고 지시하는 것을 따르라고 권면한다(히 13:17). 신자들 간에는 서로 겸손으로 허리를 동이고 순종하는 것이 규칙이다. 신자들끼리 서로 책망하고 조언하는 것을 겸손하게 받아들이고, 기꺼이 짐을 서로 지고(갈 6:2), 그리고 서로를 위해 우정과 사랑의 의무를 실천해야 한다. 그리고 개개인은 전체 공동체의 지시들에 복종해야 한다(엡 5:21; 약 5:16). 나이나 직분에 있어서 더 높은 사람들에게 순종하고 신자들 상호 간에 겸손해야 하는 이러한 의무들은 인간들의 교만한 본성과 이기심에 반하는 것들이다. 베드로 사도는 신자들에게 서로 겸손으로 허리를 동이라고 권면한다. 사도는 이 말을 이런 뜻으로 하고 있다. "너희의 마음, 행동, 옷차림, 그리고 전체 모습을 겸손으로 꾸미도록 하라. 왜냐하면 그렇게 하는 것이 너희가 할 수 있는 가장 아름다운 습관이 되기 때문이다. 이 겸손이 너희의 순종과 의무를 쉽고 즐겁게 해줄 것이다. 그러나 너희가 불순종하고 교만하다면 하나님이 너희를 대적하시고 깨뜨리실 것이다. 왜냐하면 하나님은 교만한 자를 대적하시되 겸손한 자들에게는 은혜를 주시기 때문이다." 여기서 다음의 사실들을 주목하라.

1. 겸손은 모든 그리스도인의 교회들과 공동체들에 화평과 질서를 지켜주는 아주 중요한 보존자이다. 그러나 교만은 그리스도인의 교회들과 공동체들을 교란시키고 갈라지게 하는 아주 큰 방해자와 분리자이다.

2. 하나님과 교만한 자는 서로 상극이다. 이 말씀이 의미하는 바가 바로 그것이다. 교만한 자들은 하나님을 대적한다. 그리고 하나님은 교만한 자들을 비웃으신다. 하나님은 교만한 자를 대적하신다. 왜냐하면 교만한 자들은 하나님과 인간들 가운데 있는 하나님의 나라에 대적하는 원수들인 마귀들을 닮았기 때문이다. 진실로 그는 거만한 자를 비웃으시며 겸손한 자에게 은혜를 베푸시나니(잠 3:34).

3. 하나님이 겸손해지도록 은혜를 주실 경우 하나님은 더 많은 은혜를 주실 것이고, 그리고 그에 더하여 더 많은 지혜와 믿음과 거룩함과 겸손을 베풀어 주실 것이다. 그래서 사도는 덧붙여 말하고 있다. 그러므로 하나님의 능하신 손 아래에서 겸손하라 때가 되면 너희를 높이시리라(6절). "하나님은 교만한 자들을

대적하시지만 겸손한 자들에게는 은혜를 베풀어 주신다. 그러므로 너희들은 서로에게 뿐만 아니라 위대하신 하나님께도 겸손하도록 하라. 하나님의 심판은 세상 사람에게 다가오고 있는데 먼저 하나님의 집부터 시작될 것이 분명하다(벧전 4:17). 하나님의 손은 전능하시다. 그러므로 너희가 교만하면 너희를 쉽게 납작하게 하실 수 있고, 너희가 겸손하면 너희를 높여주실 수 있다. 이 일은 반드시 이루어질 것이다. 하나님이 그것이 너희를 위해 가장 좋다고 생각하시면 현세에서도 이루어질 수 있거나 아니면 최후의 심판 날에 그것이 이루어질 것이다." 여기서 다음의 사실들을 깨우치도록 하라.

(1) 하나님의 전능하신 손에 대한 생각이 하나님이 우리에게 주시는 모든 일들에서 하나님께 겸손하고 순종하게 해주어야 한다.

(2) 우리가 하나님의 손 아래에서 하나님께 겸손해지는 것은 구원을 받고 높아지게 되는 가장 가까운 길이다. 하나님의 징벌들을 받을 때 인내하고, 하나님의 뜻에 순종하고, 회개하고, 기도하고, 하나님의 긍휼을 바라는 것이 적당한 때에 하나님의 도우심과 구원을 받게 해줄 것이다(약 4:7, 10).

II. 이들 그리스도인들이 이미 아주 어려운 처지 아래 있다는 것을 알고 있는 사도는 더 큰 어려움들을 예언했었던 것을 적절하게 전제하고 있다. 사도는 미래의 어려움이 그들을 고난에 대해 더 많은 걱정과 두려움에 싸이게 해줄 수 있고, 그리고 그 고난들이 그들 자신과 가족들과 하나님의 교회에 임하게 될 것이라고 예언했었던 것을 그들에게 상기시켜주고 있다. 이러한 걱정스러운 염려가 감당하기 어려운 무거운 짐과 괴로운 시험들이 되리라는 것을 예견하고 있는 사도는 그들에게 설득력 있는 논증을 들어 아주 훌륭한 조언을 해준다. 사도의 조언은 너희 염려를 다 주께 맡기라 이다. 사도의 이 조언은 이런 뜻을 지니고 있다. "분열시키고 갈피를 못 잡게 하고, 너희 영혼들에 상처를 주고, 그리고 너희 마음들에 고통을 주는 염려와 걱정들을 지혜로우시고 은혜로우신 하나님의 섭리에 맡기도록 하라. 그리고 확고한 마음으로 하나님을 신뢰하도록 하라. 왜냐하면 하나님이 너희를 돌보아주시기 때문이다. 하나님은 기꺼이 너희의 염려에서 너희를 풀어주시고, 그리고 직접 너희를 돌보아주실 것이다. 하나님은 너희가 두려워하는 것을 피하게 해주시거나, 두려워 떨고 있는 너희를 도와주실 것이다. 하나님은 너희를 위한 하나님의 부성적인 사랑과 인자하심을 너희에게 확신시켜 주시기 위하여 너희에게 일어난 모든 사건들을 바로잡아 주실 것이다. 그리하여 모든 일이 정리되어 너희는 아무런 해도 입지 아니하고 유익을 얻게 될 것이다(마 6:25; 시 84:11; 롬 8:28)." 여기서 다음의 사실들을 깨우치도록 하라.

1. 아주 훌륭한 그리스도인도 마음을 졸이는 지나친 염려에 눌려 애를 태울 수가 있다. 사도는 그것을 모든 너희 염려라 부른다. 그것은 그리스도인들의 염려들이 다양하고 여러 종류라는 사실을 암시해준다. 개인적인 염려들, 가족의 염려들, 현재에 대한 염려들, 미래에 대한 염려들, 자신을 위한 염려들, 다른 사람들을 위한 염려들, 그리고 교회를 위한 염려들 등등 염려도 여러 가지이다.

2. 선한 사람들조차도 그 염려들이 아주 무거운 짐이 되어 종종 죄를 짓게 될 때도 있다. 그 염려들이 불신앙과 불확신에서 일어나게 될 때, 그 염려들이 마음을 고문하고 흩뜨릴 때, 우리의 입장에서 해야 하는 의무들을 감당하지 못하게 하고 하나님을 섬기는 일을 방해할 때, 그 염려들은 실제적인 죄들이 된다.

3. 절제가 되지 않는 염려에 대한 최선의 치료책은 우리의 염려를 하나님께 맡기는 것이다. 그리고 하나님의 지혜로우시고 은혜로우신 결정에 모든 일을 맡기고 기다리는 것이 염려에서 벗어날 수 있는 상책이다. 하나님의 뜻과 권고를 정직하게 믿는 확고한 신앙은 사람의 정신과 마음을 평온하게 해준다. 그가 권함을 받지 아니하므로 우리가 주의 뜻대로 이루어지이다 하고 그쳤노라(행 21:14).

⁸근신하라 깨어라 너희 대적 마귀가 우는 사자 같이 두루 다니며 삼킬 자를 찾나니 ⁹너희는 믿음을 굳건하게 하여 그를 대적하라 이는 세상에 있는 너희 형제들도 동일한 고난을 당하는 줄을 앎이라

여기서 사도는 세 가지 사실을 진술한다. 그것들은 다음과 같다.

I. 사도는 가장 나쁜 사람들보다 더 무자비하고 잔인한 원수로 말미암은 위험이 그들에게 닥칠 것이라고 말한다. 사도는 그 원수를 다음과 같이 설명한다.

1. 그의 특성과 이름으로 그 원수를 설명한다.

(1) 그는 대적이다. "그는 너희 대적이다. 그는 일반적인 대적이 아니라 위대한 대의를 믿는 너희를 고소하고 고발하고, 그리고 너희 영혼을 곧바로 노리는

원수이다."

(2) 그는 마귀이다. 이 칭호는 꿰뚫다, 찌르다를 의미하는 단어에서 나왔다. 마귀는 악의로 우리의 본성을 찌르고, 우리의 영혼에 독을 주입시킨다. 마귀가 고난당하는 사람들에게 울화와 불평으로 칠 수 있었다면, 마귀는 이 사람들을 배교와 파멸로 이끌 수 있었을 것이다.

(3) 그는 우는 사자이다. 그는 굶주리고, 흉포하고, 강하고, 잔인한, 으르렁거리며 돌아다니는 사자이다. 그는 영혼을 삼키려고 혈안이 된 아주 사납고 게걸스러운 사냥꾼이다.

2. 그의 하는 일로 그 원수를 설명한다. 그는 두루 다니며 삼킬 자를 찾는다. 이 목적을 위하여 그는 악의에 찬 노력을 지침이 없이 쉬지도 않고 행한다. 왜냐하면 그는 영원한 파멸로 옭아맬 수 있는 사람들을 언제나 밤낮을 가리지 않고 찾으며 두루 돌아다니기 때문이다.

II. 이러한 이유 때문에 베드로 사도는 신자들의 의무를 진술한다.

1. 근신하라. 절제와 겸손함과 금욕의 규칙들로 자신의 겉사람과 속사람을 다스리도록 하라.

2. 깨어라. 안도하거나 방심하지 말고 언제나 이 영적인 적 마귀로 말미암는 위험을 주의하라. 그리고 마귀의 획책을 저지하고 우리의 영혼을 구하기 위하여 염려함으로 부지런히 경계하도록 하라.

3. 믿음을 굳건하게 하라. 사탄이 노리는 것은 신자들의 믿음이었다. 사탄이 신자들의 믿음을 뒤집어놓고 그들을 배교하게 한다면, 그는 그들의 영혼들을 파멸시킬 수 있는 핵심을 꿰뚫고 있었다. 그러므로 그들의 믿음을 파멸시키기 위하여 마귀는 아주 혹독한 박해들을 일으키고, 세상의 권력자들이 신자들을 대적하게 한다. 신자들은 이러한 강한 시련과 시험을 뿌리가 튼튼하고, 결의에 차고, 확고한 믿음으로 저항하고 견뎌야 한다.

III. 베드로 사도는 신자들의 경계와 조심이 이상한 것이 아니라고 그들에게 말한다. 왜냐하면 신자들은 세상의 모든 지역들에 사는 그들의 형제들도 같은 고난을 당하고, 그리고 하나님의 모든 백성들은 이 싸움에 있어서 같은 동료 군인들이라는 사실을 알고 있었기 때문이다. 여기서 다음의 사실들을 깨우치도록 하라.

1. 세상에 이제까지 일어난 모든 큰 박해들은 마귀가 일으키고, 부추기고, 그

리고 주도했다. 마귀는 형제들을 속이는 자와 비방자이면서 가장 큰 박해자이다. 사람들은 마귀가 마음대로 부리는 악의적인 도구들이다. 그러나 마귀는 그리스도와 그의 백성들과 싸우는 가장 큰 대적이다(창 3:15; 계 12:12).

2. 하나님의 신실한 종들에 대한 박해를 일으키는 사탄의 목적은 그들의 고난을 통해서 그들을 배교하게 만들고 그들의 영혼들을 파멸시키는 것이다.

3. 근신과 경계는 언제나 지니고 있어야 할 덕목들이지만 고난과 박해의 때에는 더욱 필요한 덕목들이다. "너희는 세속적인 것들에 대한 너희의 애착과 감정을 절제해야만 한다. 그렇지 않으면 사탄이 너희를 곧 집어삼키게 될 것이다."

4. "너희가 유혹자와 비방자와 박해자인 사탄을 이기려면 너희는 믿음을 굳건하게 하여 사탄을 대적해야만 할 것이다. 너희의 믿음이 무너지면 너희는 지고 말 것이다. 그러므로 모든 것 위에 믿음의 방패를 가지고 마귀를 대적해야 한다" (엡 6:16).

5. 다른 사람들이 고난당하는 것에 대한 생각은 어떤 고난에서든 우리 자신의 몫을 견디게 해주는 격려가 된다. 이는 세상에 있는 너희 형제들도 동일한 고난을 당하는 줄을 앎이라(9절).

[10]모든 은혜의 하나님 곧 그리스도 안에서 너희를 부르사 자기의 영원한 영광에 들어가게 하신 이가 잠깐 고난을 당한 너희를 친히 온전하게 하시며 굳건하게 하시며 강하게 하시며 터를 견고하게 하시리라 [11]권능이 세세무궁하도록 그에게 있을지어다 아멘 [12]내가 신실한 형제로 아는 실루아노로 말미암아 너희에게 간단히 써서 권하고 이것이 하나님의 참된 은혜임을 증언하노니 너희는 이 은혜에 굳게 서라 [13]택하심을 함께 받은 바벨론에 있는 교회가 너희에게 문안하고 내 아들 마가도 그리하느니라 [14]너희는 사랑의 입맞춤으로 서로 문안하라 그리스도 안에 있는 너희 모든 이에게 평강이 있을지어다

우리는 이제 본 서신의 결론에 이르게 되었다. 여기서 다음의 사실들을 주목하라.

I. 사도는 아주 중요한 기도로 시작한다. 그는 이 기도에서 하나님을 모든 은혜의 하나님으로 진술한다. 하나님은 모든 하늘의 은사와 성품의 창조자와 완

성자이시다. 하나님은 그의 백성들을 위하여 영원한 영광의 참여자들이 되도록 이미 그들을 부르셨다. 하나님은 그것을 직접 약속하셨고, 예수 그리스도의 공로와 중보를 통하여 그것이 그들에게 이루어지도록 정하셨다. 여기서 다음의 사실들을 주목하라.

1. 사도가 그들을 위하여 기도하는 내용. 신자들이 고난을 면할 수는 없지만 그 고난들이 참을 만하고 짧다는 것을 사도는 말한다. 잠깐 고난을 당한 뒤에 하나님이 그들을 안정되고 평화로운 상태로 회복시켜 주시고, 그리고 그 고난들을 통해 하나님의 일을 이루신다는 것을 사도는 말한다. 즉 하나님은 믿음이든 의무이든 흔들리지 않게 그들을 세워주시고, 약한 사람들을 강하게 해주시고, 그들을 그리스도의 터 위에 확고하게 세워주시고, 그들을 영원히 분리될 수 없게 그리스도와 연합시켜 주실 것이라는 것이다. 여기서 다음의 사실들을 깨우치도록 하라.

(1) 모든 은혜는 하나님으로 말미암는다. 하나님은 그의 은혜로 사람들을 억제시키시고, 회심시키시고, 위로하시고, 그리고 구원하신다.

(2) 은혜의 상태 안으로 부름을 받는 사람들은 다 영원한 영광과 행복의 참여자들이 된다.

(3) 예수 그리스도를 통하여 영원한 생명의 상속자들로 부름을 받는 사람들은 이 세상에서 고난을 받아야 하지만 그 고난은 오래가지 않을 것이다.

(4) 선한 사람들을 은혜 안에서 완전하게 하고, 확고하게 세워주고, 강하게 해주고, 그리고 고난을 견디고 인내하게 해주는 것은 모든 은혜의 하나님만이 이루실 수 있는 아주 어려운 일이다. 그러므로 사도 베드로는 끊임없이 기도하고 하나님의 약속들을 믿고 의지하라고 간절하게 기도한다.

2. 사도의 송영. 권능이 세세무궁하도록 그에게 있을지어다 아멘(11절). 이 송영을 통해 우리는 모든 은혜의 하나님에게서 은혜를 받은 사람들이 하나님께 영원히 영광과 권능을 돌려야 한다는 사실을 깨우치게 된다.

II. 사도 베드로는 그들에게 본 서신을 보내는 목적을 다시 요약해준다. 내가 신실한 형제로 아는 실루아노로 말미암아 너희에게 간단히 써서 권하고 이것이 하나님의 참된 은혜임을 증언하노니 너희는 이 은혜에 굳게 서라(12절). 여기서 다음의 사실들을 주목하라.

1. 사도가 설명했고 그들이 받아들였던 구원의 가르침이 선지자들에 의해 예

언되고 예수 그리스도를 통하여 공포된 하나님의 은혜였다. 그 진리를 그들에게 증언하고 확신시키기 위해 사도는 이 서신을 힘 있는 어조로 썼다.

2. 본 서신의 목적은, 유혹자들의 간교함과 원수들의 박해들이 있긴 하지만 그들이 복음을 믿기로 하고 받아들였듯이 계속해서 그 믿음에 굳건하게 서 있기를 그들에게 간절히 권면하기 위한 것이다. 여기서 다음의 사실들을 깨우치도록 하라.

(1) 목사들이 그들의 목회 사역에서 집중해야 할 주요한 일은 그리스도교 신앙의 확실함과 뛰어남을 신자들에게 확신시켜 주는 것이다. 사도들은 바로 이것을 모든 힘을 다해 권면하고 증언했다.

(2) 우리가 천국에 이르는 참된 길에 서 있음을 믿는 확신은 그 믿음 안에 견고하게 서 있게 해주고, 그 믿음을 지키게 해주는 가장 좋은 동기가 될 것이다.

Ⅲ. 베드로 사도는 실루아노를 추천한다. 그는 이 짧은 서신을 신자들에게 전달해주기 위해 파송을 받은 사람이다. 사도는 실루아노를 신실한 형제로 여기고 그들이 친절히 대해주라고 말한다. 사도는 그들도 그를 그렇게 생각해주기를 바랐다. 실루아노는 할례 받지 않은 사람들을 위한 사역자이긴 했지만 유대인 신자들이 그를 잘 대해주기를 바랐다. 사역자들에 대한 이러한 명예로운 존경이 사역자들의 사역이 성공하는데 많은 도움을 주는 경향이 있다. 우리가 사역자들이 신실하다고 확신할 때 그들의 목회 사역과 봉사들을 통해 더 많은 유익을 얻게 될 것이다. 이들 유대인 신자들 가운데 일부는 이방인들의 사역자인 실루아노를 탐탁지 않게 생각했다. 그러나 그들이 실루아노가 신실한 형제라는 사실을 일단 납득하고 확신하게 되면 그들의 편견들도 곧 사라지게 될 것이다.

Ⅳ. 사도 베드로는 문안과 엄숙한 축도로 본 서신을 마무리한다. 여기서 다음의 사실들을 주목하라.

1. 베드로는 이 서신을 쓰고 있던 당시에 앗시리아의 바벨론에 있었다. 베드로는 할례 받은 사람들의 사도로서 그 곳에 있는 교회를 방문하기 위해 여행했을 것이다. 그 교회는 흩어진 유대인들이 세운 대표적인 교회였다. 사도는 이 교회의 인사를 자기가 편지를 보내는 다른 교회들에게 보내고 있다. 택하심을 함께 받은 **바벨론에 있는 교회가 너희에게 문안하고 내 아들 마가도 그리하느니라**(13절). 사도는 하나님이 세상에서 바벨론의 그리스도인들을 택하셨다고 그들

에게 말한다. 즉 하나님이 그들을 택하신 것은 그들을 하나님의 교회가 되게 하시고, 그들과 모든 다른 그리스도인들이 함께 예수 그리스도를 통하여 영원한 구원의 참여자들이 되게 하시기 위한 것이다. 곧 하나님 아버지의 미리 아심을 따라 성령이 거룩하게 하심으로 순종하고 예수 그리스도의 피 뿌림을 얻기 위하여 택하심을 받은 자들에게 편지하노니 은혜와 평강이 너희에게 더욱 많을지어다(벧전 1:2). 이 문안 인사에서 베드로는 특별히 전도자 마가가 함께 있음을 언급한다. 마가는 그 때 베드로와 함께 있었고, 그리고 영적인 의미에 있어서 베드로의 아들이었다. 왜냐하면 마가는 베드로를 통하여 그리스도교를 받아들이고 다시 태어나게 되었기 때문이다. 여기서 다음의 사실들을 주목하라. 예수 그리스도의 모든 교회들은 서로 애정이 깃든 관심을 가져야 한다. 그들은 서로를 위하여 사랑하고 기도해야 한다. 그리고 그들은 할 수 있는 힘을 다해 서로 도와주어야 한다.

2. 사도는 서로 뜨겁게 사랑하고 자선을 베풀라고 그들에게 권면한다. 사도는 이것을 사랑의 입맞춤으로 표현한다(14절). 이 입맞춤은 그 당시의 나라들과 시대의 일반적인 관습에 따른 것이었다. 그는 이제 축도로 본 서신을 마무리한다. 그는 이 축도를, 믿음으로 그리스도와 연합이 되고, 그리스도의 신비한 몸의 온전한 지체들이 된 그리스도 안에 있는 사람들로 한정시키고 있다. 사도가 유대인 신자들에게 선포하는 축복은 평강이다. 이것으로 사도는 모든 필요한 유익과 모든 형식의 번영을 의미한다. 이것에 더하여 사도는 아멘을 덧붙이고 있다(개역개정판에는 이 아멘이 생략되어 있다). 이 말은 평강의 축복이 모든 신자들의 것이 될 것이라는 사도의 간절한 소원과 확실한 기대를 나타내는 표시로 사용되고 있다.

베드로후서

서론

본 서신의 저자는 앞의 서신을 썼던 사람과 동일하다는 것이 분명하게 드러나고 있다. 일부 학자들이 본 서신의 문체와 앞의 서신의 문체를 구별하는 차이가 무엇이든 예루살렘 교회에서 야고보 사도의 뒤를 이었던 시몬이 본 서신을 썼다는 주장은 충분한 논거가 될 수 없는 것 같다. 본 서신을 쓴 사람이 자신을 **사도인 시몬 베드로**(1절)라고 부르고 있고, 그리고 자신이 그리스도가 변화되실 때 같이 있었던 세 사도들 가운데 한 사도였다고 말하고(18절), 그리고 자신이 앞의 서신을 그들에게 분명히 썼다(3:1)고 분명하게 말하는 한, 베드로 사도가 아닌 다른 사람이 본 서신을 썼다는 주장은 힘이 없는 것 같다. 이 두 번째 서신의 목적은 본 서신의 3장 1절에서 분명하게 드러나고 있듯이 첫 번째 서신과 같다. 그러므로 우리는 여기서 하나님의 일들에 관해 경계에 경계를 더하며 교훈에 교훈을 더하며(사 28:10) 살펴볼 필요가 있고, 아주 작은 것까지도 기억해야 할 것이다. 더욱이 이 말씀들은 우리가 아주 신실하게 마음에 새기고 자주 기억해야 할 것들이다.

제
— 1 —
장

개요

본 서신에서 우리는 다음의 것들을 발견하게 된다. I. 서문. 사도들은 이 서문을 통해 자신들이 나아갈 주요 목적을 밝힌다(1-4절) II. 그리스도인의 모든 은혜들을 향상시키고 발전시키라는 권면(5-7절). III. 이 권면을 실행하고 신자들이 그것에 순응하여 진심으로 지키게 하기 위하여 사도는 다음의 사실들을 덧붙인다. 1. 이 권면을 지킴으로 그들에게 생기는 아주 큰 유익을 진술한다(8-11절). 2. 사도는 이 좋은 일을 손쉽게 하고 촉진시키기 위하여 할 수 있는 가장 좋은 도움의 약속을 진술한다(12-16절). 3. 신자들이 복음의 은혜 안에서 믿음을 키우고 고난을 견디라고 권면하고, 그리스도의 복음의 확실한 진리와 신적 기원에 대해 선포한다(17-21절).

¹예수 그리스도의 종이며 사도인 시몬 베드로는 우리 하나님과 구주 예수 그리스도의 의를 힘입어 동일하게 보배로운 믿음을 우리와 함께 받은 자들에게 편지하노니 ²하나님과 우리 주 예수를 앎으로 은혜와 평강이 너희에게 더욱 많을지어다 ³그의 신기한 능력으로 생명과 경건에 속한 모든 것을 우리에게 주셨으니 이는 자기의 영광과 덕으로써 우리를 부르신 이를 앎으로 말미암음이라 ⁴이로써 그 보배롭고 지극히 큰 약속을 우리에게 주사 이 약속으로 말미암아 너희가 정욕 때문에 세상에서 썩어질 것을 피하여 신성한 성품에 참여하는 자가 되게 하려 하셨느니라

사도 베드로는 유대교에서 그리스도를 믿는 믿음으로 돌아선 유대인들에게 성령의 감동을 받아 다시 한 번 글을 쓴다. 그는 이 서신을 인사로 시작한다. 이 인사에서 그는 앞의 서신의 서문에서 인사했던 동일한 사람들에게 동일한 축복이 임하기를 바라는 소망을 표현한다. 그렇긴 하나 본 서신에서는 자세히 보면 약간 다른 내용들이 첨가되거나 변형된 것을 발견하게 된다. 이 서문은 세 부분으로 되어 있다.

I. 우리는 여기서 본 서신을 쓴 사람에 대한 진술을 발견하게 된다. 그의 이

름은 시몬 베드로이고, 직함은 그리스도의 종이면서 사도이기도 하다. 두 서신에 다같이 언급되고 있는 베드로라는 이름은 자주 사용되고 있는데 사도가 가장 좋아한 이름이었던 것 같다. 베드로가 예수님을 그리스도시요 살아 계신 하나님의 아들이시니이다(마 16:16)라고 고백한 뒤 주님께서 그에게 그 이름을 주셨다. 이 이름은 그 위에 모든 것이 세워져야 될 기초 신조, 즉 반석이 될 진리를 의미하고 인증하는 칭호이다. 그런데 시몬이라는 이름이 앞의 서신에서는 생략되었지만 본 서신에서는 언급이 되고 있다. 그것은 할례를 받을 때 그에게 주어진 그 이름을 완전히 삭제해버리면 율법을 열렬히 사모하는 유대교 신자들이 사도가 마치 할례를 부인하고 무시하는 것처럼 보여서 사도에게 분개하게 될까 염려해서였다. 사도는 여기서 자신을 예수 그리스도의 종이라 부른다. 이렇게 함으로써 다윗이 한 것처럼 사도가 영광을 받을 수도 있게 된다(시 116:16). 그리스도의 종이 되는 것은 최고의 명예에 이르는 길이다. 사람이 나를 섬기려면 나를 따르라 나 있는 곳에 나를 섬기는 자도 거기 있으리니 사람이 나를 섬기면 내 아버지께서 그를 귀히 여기시리라(요 12:26). 그리스도 자신이 만왕의 왕이시며 만주의 주이시다. 그리스도는 모든 그의 종들을 하나님을 위하여 왕과 제사장으로 삼아주신다(계 1:6). 이 위대하신 주님의 종들이 된다는 것은 얼마나 큰 명예이고 영광인가! 이것은 우리가 죄가 없다면 전혀 부끄러워할 수 없는 일이다. 그리스도의 종이 됨으로써 의기양양해하는 것은 다른 사람들을 하나님을 섬기게 하는 일에 힘을 쓰는 사람들에게는 아주 당연한 것이다.

II. 우리는 여기서 편지를 받는 사람들에 대한 기사를 발견하게 된다. 그 사람들이 베드로전서에서 하나님 아버지의 미리 아심을 따라 택하심을 받은 자들로 표현되어 있고, 여기서는 구주 예수 그리스도의 의를 힘입어 보배로운 믿음을 받은 자들로 묘사되고 있다. 여기서 언급되고 있는 믿음은 이단의 그릇된 믿음, 위선자의 거짓 믿음, 그리고 아무리 정통주의자라고 해도 형식적인 신앙 고백자의 열매 없는 믿음 등과 아주 크게 다르다. 이 믿음은 하나님이 택하신 자들의 믿음(딛 1:1)이다. 이 믿음은 효력 있는 부르심 안에서 하나님의 영을 통해 생기는 것이다. 여기서 다음의 사실들을 주목하라.

1. 참된 구원의 믿음은 보배로운 믿음이다. 그 믿음은 아주 일반적이지 않은 것일 뿐만 아니라 보이는 교회 안에서도 아주 희귀하다. 보이는 신앙 고백자들은 그 수가 아주 많지만 이 참된 구원의 믿음을 가진 사람은 그 수가 아주 적다

(마 22:14). 그러나 참된 믿음은 그것을 가진 사람들에게 아주 크게 유용하고 유익하다. 의인은 믿음으로 말미암아 살리라(롬 1:17). 이 믿음의 삶은 참으로 거룩한 영적인 삶이다. 믿음은 이 뛰어난 삶의 모든 필요한 도움들과 위로들을 조달해준다. 믿음은 그리스도에게로 가서 포도주와 젖을 값없이 사게 한다(사 55:1). 이 포도주와 젖은 새로운 피조물의 고유한 자양물이다. 믿음은 풍요롭게 하는 천국 보물인 단련된 금을 사고 부유하게 된다. 믿음은 왕들이 입는 흰 옷을 입혀준다(계 3:18). 여기서 다음의 사실들을 주목하라.

2. 믿음은 그리스도인 개인과 사도에게도 마찬가지로 보배로운 것이다. 믿음은 직분에 상관없이 누구에게나 똑같은 귀한 효과를 낳는다. 믿음은 약한 신자를 그리스도와 연합시킨다. 믿음은 실제로 약한 자를 강하게 해주고, 약한 자의 마음을 그리스도의 마음처럼 진실하게 만들어 준다. 모든 진실한 신자는 믿음으로 하나님 앞에서 의롭게 되고 모든 죄를 용서받게 된다(행 13:39). 믿음은 그것이 누구에게 있든지 동일한 보배로우신 구주를 소유하게 해주고, 그리고 동일한 보배로운 약속들을 사용하게 해준다.

3. 이 보배로운 믿음은 하나님을 통해 얻게 된다. 믿음은 예수 그리스도를 죽음에서 일으켜주신 성령에 의해서 생기는 하나님의 선물이다.

4. 믿음을 얻게 되는 것과 마찬가지로 믿음의 귀중성도 그리스도의 의를 통해 획득된다. 그리스도의 대속의 가치 있는 의와 순종은 모든 그 가치와 귀중함을 믿음에 전달해준다. 그리스도의 의는 믿음으로 그것을 받는 사람들에게 무한한 가치를 지닌 것이 될 수 있다. 그 이유는 다음과 같다.

(1) 이 예수 그리스도께서는 하나님이시다. 더욱이 그는 원문에 나와 있듯이 우리의 하나님이시다. 그는 진실로 하나님이시다. 그는 이 의로움을 만드신 무한한 존재이시므로 그의 의는 무한한 가치를 지니고 있음이 분명하다.

(2) 그는 믿는 자들의 구주시다(딤전 4:10). 그리스도는 믿는 자들의 구주로서 고귀한 순종을 하셨다. 그러므로 그 순종은 믿는 자들에게 아주 큰 유익을 주게 된다. 왜냐하면 그리스도는 보증과 구주로서 그들을 대신하여 이 의를 이루셨기 때문이다.

Ⅲ. 사도가 신자들에게 하나님의 은총이 배가되고, 그들 안에서 은혜의 사역이 성장하고, 그리고 하나님과 그들 자신의 양심 사이의 화평이(이것은 은혜가 없이는 이루어질 수 없다) 그들 안에서 풍성해질 수 있기를 바라는 **사도의 축**

도를 여기서 발견하게 된다. 이것은 앞의 서신에 있는 축도와 아주 똑같은 것이다. 그런데 사도가 여기서는 다음의 사실들을 덧붙이고 있다.

1. 축도는 은혜와 평강이 더욱 많아지게 하는 수단이 된다. 그것은 하나님과 우리 주 예수를 앎으로 이루어지게 된다. 이 앎이나 유일한 살아계신 하나님과 그가 보내신 예수 그리스도를 믿는 것이 영적 삶을 크게 발전시킨다. 그러나 그것이 영생의 수단이 될 수는 없다. 영생은 곧 유일하신 참 하나님과 그가 보내신 자 예수 그리스도를 아는 것이니이다(요 17:3).

2. 축도는 은혜의 증가를 요구하는 사도의 믿음의 근거가 되고, 그리고 은혜의 증가를 바라는 그리스도인의 소망의 근거가 된다. 우리가 이미 받은 것이 우리에게 더 많은 것을 요구하도록 격려한다. 은혜의 사역을 시작하신 분이 그것을 완전하게 이루실 것이다. 여기서 다음의 사실들을 주목하라.

(1) 모든 영적인 축복의 근원은 예수 그리스도의 신성한 권능이다. 그리스도는 하나님과 동시에 인간이 아니셨다면 중보자의 모든 직무를 이행하실 수 없었을 것이다.

(2) 참된 영적인 삶인 경건의 삶과 능력에 어떤 관계가 있고 영향력이 있는 것들은 모두 예수 그리스도에게서 나온다. 모든 충만은 그리스도 안에 있고, 그리고 우리는 그것을 그리스도에게서 받는다. 우리가 다 그의 충만한 데서 받으니 은혜 위에 은혜러라(요 1:16). 심지어 은혜와 평강을 보존하고, 향상시키고, 완전하게 하는데 필요한 모든 것조차도 어떤 주석가들에 따르면 3절에서 생명과 경건이라고 부르는 것이다.

(3) 하나님을 알고 그리스도를 믿는 것이 우리가 모든 영적인 도움들과 위로들을 받는 통로가 된다. 그러나 그럴 경우 우리는 우리의 효력 있는 부르심의 주체로 하나님을 인정해야만 한다. 왜냐하면 하나님이 여기서 그렇게 묘사되고 계시기 때문이다. 영광과 덕으로써 우리를 부르신 이를 앎으로 말미암음이라(3절). 여기서 다음의 사실을 주목하라. 사람들을 부르시고 회심시키시는 하나님의 목적은 그들에게 영광과 덕을 주시기 위한 것이다. 어떤 사람들은 영광과 덕을 평강과 은혜로 이해하기도 한다. 그러나 많은 사람들이 영광과 덕으로써 라는 난외의 번역을 더 좋아한다(한글 개역개정판도 이 번역을 따름.KJV에는, "영광과 덕으로 우리를 부르신"으로 번역함). 그러므로 우리는 효력 있는 부르심을 영광과 덕의 사역으로 생각하거나 또는 골로새서 1장 11절에 말씀하고 있

는 대로 하나님의 영광의 힘으로 이해할 수도 있을 것이다. 죄인들을 회심시키는 것은 하나님의 능력의 영광이다. 다시 말해서 이것은 하나님의 성소에서 나타나고 체험하게 되는 하나님의 권능과 영광이다. 내가 주의 권능과 영광을 보기 위하여 이와 같이 성소에서 주를 바라보았나이다(시 63:2). 이 권능이나 덕은 어두운 데서 불러내어 그의 기이한 빛에 들어가게 된(벧전 2:9) 모든 사람들이 찬양해야 할 것이다.

(4) 4절에서 사도는 은혜와 평강의 배가를 바라는 신자들의 믿음과 소망을 계속하여 격려한다. 왜냐하면 우리의 효력 있는 부르심에서 사용된 복음의 약속들을 전달하고 증거하는 데도 동일한 영광과 덕이 사용되고 있기 때문이다. 여기서 다음의 사실들을 주목하라.

[1] 복음의 약속들이 전달해주는 좋은 것들은 심히 많고 크다. 죄의 용서는 여기서 의도되고 있는 축복들 가운데 하나이다. 하나님의 진노의 능력이 어떤지를 아는 모든 사람들은 이 죄 사함의 축복이 얼마나 큰지를 즉시 고백할 것이다. 그리고 주의 큰 권능을(민 14:17) 베풀어 주기 위하여 약속된 은총들 가운데 하나가 바로 이 죄 사함의 은총이다. 많고 악독한 죄들을(하나님의 진노와 저주를 영원히 받아 마땅한 모든 죄) 용서받는 것은 놀라운 일이다. 내 눈을 열어서 주의 율법에서 놀라운 것을 보게 하소서(시 119:18).

[2] 복음의 약속된 축복들은 아주 보배롭다. 구약의 위대한 약속은 여자의 후손 메시야였다(히 11:39). 마찬가지로 신약의 위대한 약속은 성령이다(눅 24:49). 소생시키시고, 깨우쳐주시고, 거룩하게 해주시는 성령은 얼마나 보배로우신가!

[3] 복음의 약속을 받은 사람들은 신성한 성품에 참여하는 자가 된다. 그들은 하나님의 형상을 따라 지식과 의와 거룩함에 이르기까지 새롭게 하심을 입은 자들이다(참조. 골 3:10). 그들의 마음은 하나님과 그의 봉사를 위하여 열려 있다. 그들은 영혼의 신성한 성품과 기질을 지니고 있다. 율법은 죽음의 직분이다. 그러나 복음은 생명의 직분이다(고후 3:7). 영은 본래 죄와 허물 안에서 죽은 사람들을 살린다(참조. 요 6:63).

[4] 영이 신성한 성품을 생기게 하는 사람들은 타락의 멍에에서 풀려나게 된다. 은혜의 영에 의해 마음의 영이 새롭게 된 사람들은 하나님의 자녀들의 자유로 옮겨지게 된다. 그 바라는 것은 피조물도 썩어짐의 종 노릇 한 데서 해방되어 하나님

의 자녀들의 영광의 자유에 이르는 것이라(롬 8:21). 왜냐하면 타락과 썩어짐이 지
배하는 것은 세상 사람들이기 때문이다. 하나님 아버지가 아니라 세상에 속한
사람들은 죄의 권세 아래 놓여 있다. 또 아는 것은 우리는 하나님께 속하고 온 세
상은 악한 자 안에 처한 것이다(요일 5:19). 죄가 세상에 속한 사람들에게 가지고
있는 지배권은 정욕을 통해 생긴다. 세상 사람들의 욕망들이 정욕을 낳으므로
정욕이 그들을 지배하게 된다. 죄가 우리를 다스리는 지배권은 우리가 죄 안에
서 누리는 즐거움에 따른 것이다.

⁵그러므로 너희가 더욱 힘써 너희 믿음에 덕을, 덕에 지식을, ⁶지식에 절제를, 절제
에 인내를, 인내에 경건을, ⁷경건에 형제 우애를, 형제 우애에 사랑을 더하라 ⁸이런
것이 너희에게 있어 흡족한즉 너희로 우리 주 예수 그리스도를 알기에 게으르지
않고 열매 없는 자가 되지 않게 하려니와 ⁹이런 것이 없는 자는 맹인이라 멀리 보
지 못하고 그의 옛 죄가 깨끗하게 된 것을 잊었느니라 ¹⁰그러므로 형제들아 더욱 힘
써 너희 부르심과 택하심을 굳게 하라 너희가 이것을 행한즉 언제든지 실족하지
아니하리라 ¹¹이같이 하면 우리 주 곧 구주 예수 그리스도의 영원한 나라에 들어감
을 넉넉히 너희에게 주시리라

　　　여기서 사도는 본 서신의 주제를 진술한다. 그것은 은혜와 거룩함에
있어서 성장하도록 신자들을 격려하고 실천하게 하는 것이다. 신자들은 이미
보배로운 믿음을 가지고 있고 신성한 성품에 참여하는 자들이 되었다. 이것은
아주 좋은 시작이다. 그러나 이미 우리가 완전해지기라도 한 것처럼 그 상태에
안주해서는 안 된다. 사도는 은혜와 평강이 그들에게 배가되기를 기도했었다.
그래서 그는 지금 더 많고 더 큰 은혜를 받기 위하여 앞으로 나아가라고 그들
을 권면한다. 우리는 기회가 되는 대로 우리가 위해서 기도하는 사람들을 권면
하고 격려해야 한다. 그래서 우리가 하나님이 그들에게 베풀어 주시기를 바라
는 것을 얻기 위한 모든 적절한 수단을 그들이 활용하게 해야 한다. 신앙생활
에서 어떤 진전을 할 사람들은 아주 부지런하고 근면하게 노력해야만 할 것이
다. 더욱 힘써 부지런히 노력하지 않고는 거룩함에 이르는 어떤 기반도 얻지
못할 것이다. 신앙생활에 게으른 사람들은 거룩함을 전혀 이루지 못하게 될 것
이다. 좁은 문으로 들어가기를 힘쓰라 내가 너희에게 이르노니 들어가기를 구하여도

못하는 자가 많으리라(눅 13:24). 여기서 다음의 사실들을 주목하라.

I. 여기서 우리는 신자의 가는 길이 한 걸음 한 걸음 어떻게 표시되는지를 발견하게 된다.

1. 신자는 덕을 가져야 한다. 이것을 어떤 사람들은 공의로 이해하기도 한다. 그 다음에 신자는 지식과 절제와 인내를 가져야 한다. 이것들은 연합하여 이어지게 된다. 사도는 이 네 가지 주요한 덕들이나 네 요소들이 모든 개개의 덕과 덕행에 어우러져 나타나야 한다고 주장한다. 그러나 이 말이 미쁘도다 원하건대 너는 이 여러 것에 대하여 굳세게 말하라 이는 하나님을 믿는 자들로 하여금 조심하여 선한 일을 힘쓰게 하려 함이라 이것은 아름다우며 사람들에게 유익하니라(딛 3:8)라는 말씀을 근거로 생각해보건대 여기서 사용된 덕이라는 말을 힘과 용기로 이해할 수도 있다. 힘과 용기가 없다면 신자는 그 일들에 압도당하여 선행들을 감당할 수가 없을 것이다. 의인은 사자 같이 담대해야 한다(잠 28:1). 복음의 가르침들을 믿는다고 고백하거나 복음의 의무들을 실천하기를 두려워하는 소심한 그리스도인은 그리스도께서 다른 날 그를 부끄럽게 하실 것이라는 것을 생각해야 할 것이다. "너희 마음이 악한 날에 너희를 약해지지 않게 하라. 오히려 모든 반대에 굳세게 맞서고, 그리고 모든 적, 세상, 육체, 마귀, 그리고 죽음에도 힘있게 저항하는 용기를 보여주도록 하라." 우리는 살아 있는 동안 덕을 가질 필요가 있다. 그리고 그 덕은 우리가 죽을 때 크게 유용하게 될 것이다.

2. 신자는 자신의 덕에 지식을 더해야 한다. 즉 이것은 용기에 신중함을 더해야 한다는 것을 의미한다. 우리는 믿기에 앞서 하나님의 이름을 알아야 한다. 여호와여 주의 이름을 아는 자는 주를 의지하오리니 이는 주를 찾는 자들을 버리지 아니하심이니이다(시 9:10). 그러므로 우리는 하나님의 이름을 알기 전에는 하나님의 선하시고, 의로우시고, 완전하신 뜻을 받아들일 수가 없다. 그리고 우리가 알고 지켜야 될 의무에 적합한 상황들이 있다. 우리는 지정된 수단을 사용해야 하고, 그리고 합당한 때를 주목해야 한다. 그리스도인의 신중함은 우리가 관계를 가지고 있는 사람들을 존중하고 우리가 속해 있는 지위와 친구를 존중한다. 모든 신자는 지식과 지혜를 얻기 위하여 힘을 써야 한다. 지식과 지혜는 모든 그리스도인의 의무들을 실행하기 위한 적절한 방법과 규칙과 태도를 지시해주는데 아주 유익하다.

3. 우리는 우리의 지식에 절제를 더해야 한다. 우리는 현세의 좋은 것들을 사

랑하고 활용하는 우리의 감정을 냉정하게 하고 절제해야 한다. 우리가 외적인 즐거움들에 대한 올바른 이해와 지식을 가지게 되면 그 가치와 유용함이 영적인 행복의 가치와 유용함에 비해 훨씬 못하다는 사실을 깨닫게 될 것이다. 육체적인 운동과 육체적인 특권들은 약간의 유익이 있으므로 존중하고 활용하기는 해야 한다. 복음은 신중함과 의로움과 경건함을 가르친다(딛 2:12). 우리는 먹고, 마시고, 입고, 잠자고, 놀고, 사고 파는 것과 같은 자연 생활의 좋은 것들을 바라고 활용하는데 절제해야 한다. 이러한 것들을 추구하는 무절제한 욕망은 하나님과 그리스도를 추구하는 진실한 욕망과 어긋나게 된다. 그러므로 이러한 자연적이고 육체적인 것들을 정도 이상으로 아주 강하게 바라는 사람들은 하나님과 이웃에 대한 당연한 사랑과 관심을 나타낼 수가 없다.

4. 우리는 절제에 인내를 더해야 한다. 인내는 완전하게 이루어야 한다. 그렇지 않으면 우리는 아무런 부족함이 없는 완전하고 온전한 사람이 될 수가 없다. 인내를 온전히 이루라 이는 너희로 온전하고 구비하여 조금도 부족함이 없게 하려 함이라(약 1:4). 왜냐하면 우리는 고난을 받기 위해 태어났기 때문이다 그러므로 우리는 천국에 들어가기 위하여 많은 고난들을 겪어야만 한다. 인내를 이루는 것은 고난이다(롬 5:3). 다시 말해서 고난은 이 인내의 은혜를 연습하고 단련할 것을 요구하고 이 인내의 은혜를 키워주는 원인이 된다. 이 인내를 통하여 우리는 모든 재난들과 십자가들을 침묵과 순종으로 감당하게 된다. 우리는 이 인내의 은혜로 말미암아 하나님께 불평하지 않는다. 오히려 우리는 우리에게 모든 고난을 주시는 하나님을 옳게 여기고, 우리의 고난들이 우리의 죄들이 받아 마땅한 것보다 훨씬 적은 것을 인정하고, 그리고 우리가 필요로 하는 것보다 그 고난들이 더 많지 않다는 것을 믿는다.

5. 우리는 인내에 경건을 더해야 한다. 이 경건은 인내를 통해 생기는 것이다. 왜냐하면 인내는 체험과 연단을 가지게 해주기 때문이다(롬 5:4). 그리스도인들이 고난들을 인내로 감당할 때 하나님의 사랑과 인자에 대한 체험적인 지식을 가지게 된다. 내가 회초리로 그들의 죄를 다스리며 채찍으로 그들의 죄악을 벌하리로다 그러나 나의 인자함을 그에게서 다 거두지는 아니하며 나의 성실함도 폐하지 아니하리라(시 89:32,33). 그리고 이러한 체험과 연단을 통하여 그리스도인들은 그 속에 참된 경건이 들어있는 어린아이 같은 두려움과 존경어린 사랑을 하나님에 대해 가지게 될 것이다.

6. 우리는 경건에 형제 우애를 더해야 한다. 이것은 우리의 모든 동료 그리스도인들에게 인자한 애정을 가지는 것이다. 그들은 같은 아버지 하나님의 자녀들이고, 같은 주인의 종들이고, 같은 가족의 구성원들이고, 같은 나라로 여행하는 사람들이고, 그리고 같은 유업을 물려받을 상속자들이다. 그러므로 그리스도인들은 순수한 마음으로 서로 뜨겁고 정겹게 사랑해야 한다. 그리스도인들은 서로 특별하게 가까운 사이이므로 서로를 각별하게 즐거워하고 좋아해야 한다. 땅에 있는 성도들은 존귀한 자들이니 나의 모든 즐거움이 그들에게 있도다(시 16:3).

7. 그리스도인들은 하나님의 자녀들인 형제들을 기쁘게 사랑하는 것에 모든 인류를 선의로 대하는 사랑을 더해야 한다. 하나님은 모든 민족들을 한 핏줄로 만드셨다. 그러므로 인간의 모든 자녀들은 동일한 본성을 지니고 있고, 모두가 동일한 인정들을 베풀 수 있고, 그리고 동일한 감정들을 나타낼 수가 있다. 그러므로 영적인 면에서 그리스도인들이 그리스도를 믿지 않는 사람들보다 더 낫고 훌륭함에도 불구하고 고난들을 당하게 되는 다른 그리스도인들에게 동정을 베풀어야 하고, 그들의 필요한 것들을 채워주어야 하고, 그리고 몸과 영혼에 다같이 도움을 주어야 할 것이다. 그들이 기회가 닿는 대로 말이다. 이렇게 함으로써 그리스도를 믿는 모든 신자들이, 모든 사람들에게 좋으시지만 이스라엘 백성에게 더욱 좋으신 하나님의 자녀들임을 증명하게 될 것이다.

II. 앞서 언급한 모든 은혜들을 가져야 할 것이다. 그렇지 않으면 우리가 모든 선한 일을 행할 능력을(딤후 3:17) 갖추지 못하게 될 것이다. 즉 앞서 언급한 것들이 없으면 십계명의 첫째 판과 둘째 판의 의무들, 적극적이고 소극적인 순종, 우리가 하나님께 복종해야 되는 동시에 하나님을 본받아야 될 봉사들 등을 행할 능력을 갖추지 못하게 될 것이다. 그러므로 우리가 그 은혜들을 부지런히 추구하게 하기 위하여 사도는 이런 것이 흡족한 사람들에게 돌아갈 유익들을 8절로 11절까지에서 진술한다. 이것들을 다음과 같이 제안한다.

1. 좀 더 일반적인 제안. 이런 것이 너희에게 있어 흡족한즉 너희로 우리 주 예수 그리스도를 알기에 게으르지 않고 열매 없는 자가 되지 않게 하려니와(8절). 이 은혜들을 소유하는 것이 유익이 되고 열매를 맺는 사람이 될 것이다. 우리는 성령의 방식을 따라서 여기서 표현된 것보다 더 많은 것을 이해해야 한다. 왜냐하면 유다의 모든 왕들 가운데 가장 가증한 아하스에 관하여 그의 하나님 여호와

께서 보시기에 정직히 행하지 아니했다(왕하 16:2)라고 말할 때 그의 삶에 대한 다음 기사에서 나타나듯이 마치 아하스가 가장 가증스러운 행위를 저질렀다는 것처럼 이해해야 되기 때문이다. 그와 마찬가지로 여기서 모든 그리스도인의 은혜들이 우리에게 흡족하게 있어서 우리가 게으르지 않고 열매 없는 자가 되지 않는다고 말할 때 우리는 그것을 이렇게 이해해야 할 것이다. 즉 우리가 이 은혜들을 가지게 되면 모든 그리스도교의 실천들에 있어서 열렬하고 활기에 차 실행하게 되고, 그리고 의의 행위들에 있어서 많은 열매를 거두게 될 것이다. 이 은혜들은 사람들에게 많은 열매를 전달해줌으로써 하나님께 많은 영광을 돌리게 해줄 것이다. 그리고 이 은혜들은 우리 주 예수 그리스도를 알거나 인정하는데 열매가 있게 해줄 것이다. 그 열매를 통해 우리는 예수 그리스도를 주님으로 인정하게 되고 주님이 우리에게 행하라고 하신 일들에서 주님의 종임을 사람들에게 증거를 하게 될 것이다. 이것은 한 은혜에 다른 은혜를 더함으로써 얻게 되는 당연한 결과와 열매이다. 왜냐하면 모든 그리스도인의 은혜들이 마음속에 있는 경우에는 그리스도인들이 서로 도와주고 힘을 주고, 격려하고 사랑하기 때문이다. 그러므로 사도가 8절에 암시하고 있듯이 그리스도인들은 모두 힘을 다해 노력하고 성장해야 한다. 은혜가 풍성한 곳은 어디든지 선행이 풍성하게 될 것이다. 사도가 증언하는 그러한 경우가 된다는 것은 얼마나 바람직한 일인가! 이런 것이 없는 자는 맹인이라 멀리 보지 못하고 그의 옛 죄가 깨끗하게 된 것을 잊었느니라(9절). 이러한 활기를 주고 열매를 맺게 해주는 은혜들이 없다면 얼마나 비참한 일인가! 앞서 언급한 은혜들이 없는 사람은 그것들을 가지고 있는 것처럼 아무리 꾸며도 그 은혜들을 실행하거나 발전시키지 못한다. 왜냐하면 그는 맹인이기 때문이다. 다시 말해서 그는 영적인 것과 천국의 일들에 관해 알지 못하고 보지 못하는 장님이기 때문이다. 9절에서 설명해주고 있듯이 그는 멀리 보지 못한다. 이 악한 현재 세상을 그는 볼 수 없다. 그는 그것을 맹목적으로 사랑한다. 그는 다가오는 미래의 세상의 일을 하나도 분별하지 못한다. 그는 내세의 영적인 특권들과 천국의 축복들에 전혀 애착과 관심이 없다. 그리스도교의 우월한 장점들을 이해하는 사람은 영광과 명예와 영생을 얻는데 절대 필요한 이 모든 은혜들을 추구하는 노력들을 부지런히 힘써야 한다. 그러나 이 은혜들이 없거나 추구하는 노력도 없는 곳에서는 사람들이 실제로 아주 가까이 있는 것들을 바라볼 수가 없다. 외관상에 있어서나 이해에 있어서

일지라도 그들은 아주 멀리 떨어져 있다. 왜냐하면 그들이 영적인 일들과 천국의 일들을 멀리했기 때문이다. 이와 같이 내세의 아주 위대한 일들에 대해 장님이 된 그들의 형편은 얼마나 비참한 것인가! 그들은 하나님이 의인들에게 주실 실제적이고 확실한 어떤 것과 영광스러운 보상들의 위대함과 가까움을 볼수가 없다. 더욱이 그들은 하나님이 경건하지 않은 자들에게 내리실 무서운 징벌을 볼 수가 없다. 그러나 이것이 믿음에 덕을, 덕에 지식을, 지식에 절제를, 절제에 인내를, 인내에 경건을, 경건에 형제 우애를, 형제 우애에 사랑을 더하지 않은 사람들의 모든 불행이 아니다. 그들은 앞을 내다볼 수 없는 것처럼 뒤돌아볼 수도 없다. 그들의 기억은 불안정해서 지나간 일들을 저장할 수가 없다. 왜냐하면 그들의 시력이 짧고 무엇이 미래인지를 분별할 수 없기 때문이다. 그들은 자신이 세례를 받았다는 사실도 잊어버리고, 그리고 마음과 생활의 성결의 의무들을 가지고 있다는 사실도 기억하지 못한다. 세례를 통해 우리는 죄에 맞서 거룩한 싸움을 하고 있고, 그리고 육체와 세상과 마귀와 싸워야 한다. 너희의 하는 일을 주님의 일이 되게 하고, 그리고 육과 영의 온갖 더러운 것을(고후 7:1) 깨끗하게 씻을 수 있는 너희의 특별한 유익들과 격려들을 자주 되새기고, 진지하게 명상하라.

2. 사도는 그리스도인의 일과 의무를 부지런히 행하면 뒤따르는 두 가지 특별한 유익들을 제안한다. 그것은 은혜의 안정성과 영원한 나라의 승리의 입성이다. 이것들을 사도는 앞서의 그의 권면을 다시 말함으로써 소개한다. 왜냐하면 5절에서 더욱 힘써 너희 믿음에 덕을 이라고 표현한 것을 10절에서 더욱 힘써 너희 부르심과 택하심을 굳게 하라 라고 표현하고 있다. 여기서 다음의 사실들을 주목하라.

(1) 자신의 택하심을 굳게 하는 것은 신자들의 의무이다. 그들이 하나님의 택하심을 받은 백성이라는 사실을 확실하게 하는 것은 신자들의 의무이다.

(2) 자신의 영원한 택하심을 굳게 하는 방법은 자신의 효력 있는 부르심을 이루고 증명하는 것이다. 하나님의 영원하신 계획과 뜻이 기록된 책을 들여다 볼수 있는 사람은 아무도 없다. 그러나 우리가 효력 있게 부르심을 받았음을 알수 있다면, 하나님이 또 미리 정하신 그들을 또한 부르신(롬 8:30) 한은 우리가 구원을 받도록 택하심을 받았다는 결론을 내릴 수 있을 것이다.

(3) 우리의 부르심과 택하심을 확신하고 굳게 하는 것은 아주 많은 노력을 필

요로 한다. 그것을 굳게 하는 데는 우리 자신에 대한 아주 철저한 검증을 필요로 한다. 다시 말해서 우리는 철저하게 회심했는지, 우리의 마음이 깨우쳤는지, 우리의 의지가 새롭게 되었는지, 그리고 우리의 온 영혼의 성향과 기질이 하나님의 부르심과 택하심에 맞게 바뀌었는지를 아주 철저하게 조사하고 엄격하게 살펴볼 필요가 있다. 이런 굳건한 확실함에 도달하기 위해서는 아주 대단한 노력을 필요로 하고, 그리고 우리가 시편 139장 23절과 로마서 8장 16절에서 배울 수 있듯이 하나님의 도움이 없이는 그것을 획득하고 지킬 수 없다. "그러나 그 노력이 아무리 클지라도 그것을 대단하게 여기지 말라. 왜냐하면 너희가 그것을 통해 얻는 이익이 더 크기 때문이다." 그 이유는 다음과 같다.

[1] "이 노력으로 너희는 실족하지 않게 되고, 그리고 언제나 시험을 당하는 순간에도 너희는 땅 위에 굳게 발을 딛고 서 있게 될 것이다." 다른 사람들이 악하고 수치스러운 죄에 빠져 넘어질 때도 부지런히 노력하는 사람들은 자신의 길을 조심스럽게 걸을 수 있을 것이고 의무를 계속 행할 수 있을 것이다. 그리고 많은 사람들이 실족해 쓰러질 때도 노력하는 사람들은 믿음을 온전하게 지킬 것이고, 그리고 하나님의 모든 뜻 안에 흔들림 없이 똑바로 서 있을 것이다.

[2] 신앙생활에 열심히 노력하는 사람들은 영광스러운 영원한 나라에 승리의 입성을 하게 될 것이다. 아주 적은 수가 하늘나라에 가지만 그 중에서도 구원받을 사람은 극히 적다. 또 의인이 겨우 구원을 받으면 경건치 아니한 자와 죄인은 어디에 서리요(벧전 4:18). 게다가 그 구원은 아주 어렵기 그지없다. 구원을 받되 불 가운데서 받은 것 같으리라(고전 3:15). 은혜 안에 성장하고 주의 일에 힘쓰는 사람들은 주님의 즐거움에 참여하게 될 것이다(참조. 마 25:21). 더 나아가서 그들은 그리스도가 다스리시는 영원한 나라에 들어가게 되고, 그리고 그들은 그리스도와 더불어 영원히 왕 노릇 하게 될 것이다(참조. 계 20:6).

¹²그러므로 너희가 이것을 알고 이미 있는 진리에 서 있으나 내가 항상 너희에게 생각나게 하려 하노라 ¹³내가 이 장막에 있을 동안에 너희를 일깨워 생각나게 함이 옳은 줄로 여기노니 ¹⁴이는 우리 주 예수 그리스도께서 내게 지시하신 것 같이 나도 나의 장막을 벗어날 것이 임박한 줄을 앎이라 ¹⁵내가 힘써 너희로 하여금 내가 떠난 후에라도 어느 때나 이런 것을 생각나게 하려 하노라

I. 은혜와 성결 안에서 성장하고 견디는 신앙생활의 중요성과 유익이 베드로 사도로 하여금 그리스도를 섬기는 일을 아주 부지런히 열심히 하게 만들었다. 사도는 그 일을 통해서 신자들이 그리스도인의 의무를 열심히 할 수 있도록 격려하고 도와줄 수 있었다. 목사들이 자신들의 사역에 태만하다면 신자들이 자신들의 일을 부지런히 할 수 있기를 기대하기가 어려울 것이다. 그러므로 베드로는 게으르지 않고 열매 없는 자가 되지 않기 위하여 노력할 것이다. 다시 말해서 그는 언제 어디에서이든, 그것이 무슨 일이든, 그 역할이 무엇이든 부지런히 힘을 다해 일할 것이다. 게다가 베드로 사도는 부지런히 열심히 일하고 봉사하는 데 모범적이 될 것이다. 그리고 그는 이런 모범적인 신앙생활을 생각나게 해주는 사람으로서도 모범이 되고 최선을 다할 것이다. 이것은 사도들도 물론이지만 가장 좋은 목사들의 직무이기도 하다. 목사들은 여호와의 기억하시게 하는 자들(사 62:6)이다. 목사들은 하나님의 약속들을 특별히 언급해야 하고, 그리고 하나님의 백성에게 선을 행하시는 하나님이 생각나게 해주어야 한다. 그리고 목사들은 하나님의 백성들에게 기억하게 해주는 사역자들이다. 그들은 신자들에게 하나님의 계명들을 이야기하고, 그리고 그리스도의 가르침들과 의무들을 생각나게 해줌으로써 신자들이 하나님의 계명들을 기억하고 실행할 수 있게 한다. 그래서 이것이 부질없고 필요 없다고 생각하는 사람도 있지만 사도는 이 일을 행하고 있다. 신자들이 베드로가 쓰고 있는 것을 이미 알고 있고, 그리고 사도가 주장하는 것이 이미 확립된 명백한 진리일지라도 사도는 계속해서 부지런히 신자들에게 그것을 기억하게 하고 생각하게 해주고 있다. 여기서 다음의 사실들을 주목하라.

1. 우리는 이미 알고 있는 것을 잊어버리지 않기 위해서, 우리의 지식을 발전시키기 위해서, 그리고 그것의 실천력을 떨어뜨리지 않기 위해서 그것을 생각하고 기억할 필요가 있다.

2. 우리는 교리의 모든 풍조에 의해 흔들리지 않기 위해서 진리를 굳게 믿는 믿음을 확립해야 한다. 우리는 특별히 현재 널리 통용되는 진리에 대한 믿음을 확립할 필요가 있다. 우리가 당대의 시대를 알 수 있게 해주는 그러한 진리를 알 필요가 있다. 더욱이 우리의 평화와 관련이 있고 우리의 시대에 반대되는 진리를 더욱 바로 알고 그 믿음을 확립할 필요가 있다. 복음의 위대한 가르침들은 다음과 같다. 예수님은 그리스도이시다. 예수 그리스도는 죄인들을 구원하시

려고 세상에 임하셨다. 주 예수 그리스도를 믿는 사람들은 구원을 받을 것이다. 하나님을 믿는 사람들은 다 선한 일을 계속 힘써야 한다. 이 가르침들은 사도들이 그들 당대에 주장하고 전파했던 진리들이다. 이 가르침들은 그리스도교 교회의 모든 시대에 모든 사람이 받아들일 가치가 있고 믿을 만한 말씀들이다. 미쁘다 이 말이여 모든 사람들이 받을 만하도다(딤전 4:9). 그리고 복음의 전도자들이 이 가르침들을 계속해서 확증했던 것처럼(딛 3:8), 사람들도 이것들을 통해 가르침을 잘 받아서 믿음을 굳게 세워야 할 것이다. 그리고 신자들은 진리를 다 알게 된 뒤에도 그 가르침들을 분명하게 알고 확고하게 믿을 수 있도록 항상 생각하고 기억해야 할 것이다. 아주 크게 성장한 그리스도인들일지라도 이 세상에 살고 있는 동안에는 성경의 규례들을 뛰어넘을 수 없고, 또한 하나님이 지정해주시고 제공해주신 믿음의 수단들을 뛰어넘을 필요가 없다. 그리고 사람들이 육체 안에 있을 동안에 가르침과 권면을 필요로 한다면 목사들이 이 장막에 있을 동안에 사람들을 가르치고, 권면하고, 그리고 사람들이 이미 예전에 들었던 이러한 진리들을 기억나게 해주어야 하는 것은 아주 적당하고 합당한 일이다. 이렇게 하는 것이 신자들이 복음을 따르는 행로를 부지런히 활기 있게 걸을 수 있게 격려해주는 적절한 수단이 될 것이다.

Ⅱ. 이 사역을 행하면서 사도는 자신이 이 일에 열심을 내게 만든 것이 무엇인지를 우리에게 말한다. 이는 우리 주 예수 그리스도께서 내게 지시하신 것 같이 나도 나의 장막을 벗어날 것이 임박한 줄을 앎이라(14절). 베드로 사도는 자신이 이 세상의 장막을 벗어나야만 된다는 것이 확실할 뿐만 아니라 얼마 안 있어 떠나야만 된다는 사실을 알고 있었기 때문이다. 여기서 다음의 사실들을 주목하라.

1. 몸은 단지 영혼의 장막일 뿐이다. 몸이란 그리 대단하지 않은 움직일 수 있는 구조에 지나지 않는다. 장막의 말뚝들은 쉽게 옮겨질 수 있고 줄들은 곧 끊어질 것이다.

2. 이 장막은 반드시 벗겨질 것이다. 우리는 이 땅의 집에서 언제까지나 계속해서 살 수는 없다. 밤이 되면 우리는 옷을 벗어 옆에 개켜 놓는다. 그와 마찬가지로 죽으면 우리는 우리의 몸을 벗어야 하고, 부활의 아침이 올 때까지 그 몸을 무덤 속에 넣어두어야 할 것이다.

3. 사도가 생명을 구원하는 일에 부지런히 힘쓰게 만든 것은 죽음의 임박함

이다. 우리의 주 예수 그리스도는 베드로가 떠날 시간이 임박했음을 보여주셨다. 그래서 베드로 사도는 그 시간이 얼마 남지 않았기 때문에 더욱 분발해서 아주 뜨겁게 부지런히 일을 한다. 사도는 편지를 보내고 있는 사람들에게서 얼마 안 있으면 떠나야만 한다. 그래서 사도가 바라는 소원은 자신이 그들에게 이전에 전파하고 가르쳤던 가르침을 그가 떠난 뒤 그들이 기억하게 하는 것이었다. 그것을 위해 사도는 지금 그들에게 편지를 쓰고 있다. 사도는 구전 전승을 그다지 높이 평가하지 않았다. 구전으로 전하는 방법은 사도가 추구하는 목적을 이루기에는 적절한 수단이 되지 못했다. 사도는 신자들이 이 가르침들을 항상 기억하게 하려는 것이었다. 사도는 신자들이 이 가르침들을 생각하고 기억하게 할 뿐만 아니라 그 가르침들의 본래 의미도 말하려고 했다. 주를 경외하는 사람들은 그의 이름을 말하고, 그리고 주님의 사랑과 인자를 이야기한다. 이렇게 하는 것은 주님의 지식을 전파하는 방법이 된다. 사도는 이 사실을 마음속에 새기고 있었다. 하나님의 기록된 말씀을 가진 사람들은 그것으로 하나님의 말씀을 전할 수 있는 능력을 가지게 된다.

16우리 주 예수 그리스도의 능력과 강림하심을 너희에게 알게 한 것이 교묘히 만든 이야기를 따른 것이 아니요 우리는 그의 크신 위엄을 친히 본 자라 17지극히 큰 영광 중에서 이러한 소리가 그에게 나기를 이는 내 사랑하는 아들이요 내 기뻐하는 자라 하실 때에 그가 하나님 아버지께 존귀와 영광을 받으셨느니라 18이 소리는 우리가 그와 함께 거룩한 산에 있을 때에 하늘로부터 난 것을 들은 것이라

여기서 우리는 앞서의 권면을 아주 열심히 진지하게 전하는 이유를 발견하게 된다. 이것들은 게으른 이야기들도 아니고 무익한 것도 아니다. 이것들은 아주 확실한 진리이고 지대한 관심이 배인 권면들이다. 복음은 교묘히 만든 이야기들이 아니다. 이것들은 귀신 들린 사람의 말들도 아니고 또한 간교함으로 속이려고 하는 많은 어떤 사람들이 꾸며낸 이야기들도 아니다. 예수 그리스도를 통한 구원의 방법은 하나님의 뛰어나신 계획이다. 그것은 무한히 지혜로우신 여호와의 가장 뛰어난 고안품이다. 예수 그리스도를 통해 죄인들을 구원하는 이 방법을 고안하신 분은 하나님이셨다. 예수 그리스도의 능력과 임재는 복음에 진술되어 있다. 사도의 전파는 이것들을 알리기 위한 것이었다. 여기

서 다음의 사실들을 주목하라.

1. 복음의 전파는 그리스도를 통해 하나님께 나아오는 모든 사람들을 그리스도가 구원하실 수 있는 능력을 알리는 것이다. 그리스도는 전능하신 하나님이시다. 그러므로 그는 죄와 죄의 더러움으로부터 구원하실 수 있다.

2. 그리스도의 세상에 오심도 복음의 전파를 통해 알려진다. 인간의 타락 이후 때가 되면 한 여인에게서 태어나실 것이라고 곧바로 약속되었던 분이 이제 육체를 입고 오셨다. 이 사실을 부인하는 사람은 누구든지 적그리스도이다. 예수를 시인하지 아니하는 영마다 하나님께 속한 것이 아니니 이것이 곧 적그리스도의 영이니라 오리라 한 말을 너희가 들었거니와 지금 벌써 세상에 있느니라(요일 4:3). 그리스도를 부인하는 사람은 적그리스도의 영에게 자극을 받고 영향을 받은 것이다. 그러나 그리스도의 참된 사도들과 사역자들이 된 사람들은, 그리고 그리스도의 영의 지시와 인도를 받은 사람들은 그리스도께서 약속에 따라 오셨다는 것을 증언한다. 그 약속은 구약 시대의 모든 신자들이 그것을 믿고 죽었던 것이다(히 11:39). 이 그리스도의 오심을 복음은 아주 분명하고 상세하게 진술하고 있다. 그런데 복음에는 주님의 다시 오심도 진술되어 있다. 복음을 전하는 목사들도 주님의 다시 오심을 알려야 한다. 그리스도가 다시 오실 때 그의 모든 거룩한 천사들을 데리고 하나님 아버지의 영광 속에 임하실 것이다. 왜냐하면 그리스도는 산 자와 죽은 자를 다같이 심판하시는 재판장으로 임명되셨기 때문이다. 그리스도는 영원한 복음의 의로 세상을 심판하시기 위하여 오실 것이다. 그리고 그는 우리가 육체로 있을 때 행한 모든 일들을 선한 것이든 악한 것이든 다 정산하기 위하여 우리 모두를 부르실 것이다.

3. 사도 베드로의 후계자들로 자칭하는 비열한 작자들 가운데 하나가 그리스도의 이 복음을 꾸며낸 이야기라고 참람하게 주장했다. 그러나 우리의 사도 베드로는 이 복음이 가장 확실하고 진실하다고 증언한다. 우리의 찬양 받으실 구주께서 이 땅에 계셨을 때 그는 종의 형태와 인간의 모양을 취하셨다. 그리스도는 때로 하나님으로 자신을 나타내셨다. 그는 특별히 베드로와 세베대의 두 아들들에게 그렇게 하셨다. 그들은 그리스도의 신성한 위엄을 목격한 증인들이었다. 그들 앞에서 변형되사 그 얼굴이 해 같이 빛나며 옷이 빛과 같이 희어졌더라(마 17:2). 이들 베드로, 요한, 야고보는 그리스도의 변화된 영광스러운 모습을 직접 본 증인들이었다. 그래서 그들은 증언할 수 있었고 해야만 했다. 그들이

눈으로 직접 보고 귀로 직접 들은 것들을 증언한다면 확실히 그들의 증언은 진실할 것이다. 왜냐하면 그리스도가 이 땅에서 입으셨던 가시적인 영광 말고도 하늘로부터 들을 수 있는 소리가 들렸기 때문이다. 여기서 다음의 사실들을 주목하라.

(1) 아주 은혜로운 선언이 있었다. 이는 내 사랑하는 아들이요 내 기뻐하는 자니 너희는 그의 말을 들으라(마 17:5). 이 소리는 이제까지 하늘에서 지상에 들린 것 가운데 가장 훌륭한 소리였다. 하나님은 그리스도를 아주 기뻐하신다. 그리고 하나님은 그리스도 안에서 우리와 함께 하신다. 이 분이 바로 성경에 약속되었던 메시야 즉 구주이시다. 그를 믿는 사람들은 모두 그를 통하여 하나님께 받아들여지고 구원을 받게 된다.

(2) 이 선언은 하나님 아버지가 하신 것이다. 하나님 아버지는 이 선언을 통해 공개적으로 자신의 아들을 인정하신다. 그리스도가 종의 모양으로 낮아지신 신분의 상태에 계심에도 하나님은 그를 자신의 아들로 인정하신다. 하나님 아버지는 그를 자신의 사랑하는 아들로 선언하신다. 그리스도의 낮아지신 신분과 처지가 그에 대한 하나님 아버지의 사랑을 누그러뜨린 것이 아니라 하나님 아버지의 사랑을 받게 되는 특별한 이유가 된다고 말씀하고 있다. 내가 내 목숨을 버리는 것은 그것을 내가 다시 얻기 위함이니 이로 말미암아 아버지께서 나를 사랑하시느니라(요 10:17).

(3) 이 소리의 목적은 그리스도가 이 땅에 낮은 신분으로 계실 때 우리의 구주에게 단 하나의 뛰어난 영광을 돌려드리기 위한 것이었다. 그가 하나님 아버지께 존귀와 영광을 받으셨느니라(17절). 이것은 하나님이 그의 위격을 존귀하게 하기를 기뻐하신 것이다. 하나님은 우리가 그의 아들을 구주로 고백함으로써 그의 아들에게 존귀와 영광을 드리기를 우리에게 요구하신다. 그와 마찬가지로 하나님은 그를 자신의 아들이라 선언하심으로써 우리의 구주에게 존귀와 영광을 베풀어주신다.

(4) 이 소리가 하늘에서 들렸다. 여기서 이것을 큰 영광이라고 한다. 그것은 우리의 찬양 받으실 구주에게 아주 큰 영광을 계속 비춘다. 이 선언은 존귀의 원천이신 하나님에게서 나오고, 그리고 영광의 보좌인 하늘에서 내려온다. 그 보좌는 하나님이 가장 영광스럽게 앉아 계신 곳이다.

(5) 이 소리는 베드로와 요한과 야고보가 듣고 이해했다. 그들은 그 소리를

한 번밖에 안 들었지만 그 의미를 이해했다. 그러나 그들 곁에 있던 사람들은 그 소리를 듣긴 했지만 잘 알아듣지는 못했다(요 12:28, 29). 하나님은 그의 뜻을 알기를 바라는 그의 백성들에게는 귀와 마음을 열어주시어 하나님의 말씀을 듣고 이해하게 해주신다. 그러나 다메섹으로 가던 바울의 동료들은 하늘에서 들리는 말씀의 소리를 듣기는 했지만 그 의미를 알지는 못했다(행 9:7). 그러므로 바울은 같이 갔던 사람들이 자기에게 말씀했던 주님의 소리를 듣지 못했다고 말한다(행 22:9). 들을 뿐만 아니라 이해하는 사람들은 복이 있는 사람들이다. 그리고 이것들을 증언하는 사도처럼 진리를 믿고 하늘로부터 들리는 소리의 능력을 느끼는 사람들은 복이 있는 사람들이다. 우리는 이 증언을 받아들여야 할 세상의 온갖 이유를 다 가지고 있다. 하기야 베드로 사도가 우리에게 말하는 하늘의 소리에 대한 이 기사처럼 아주 상세하게 기록된 것을 누가 믿지 못하겠는가.

(6) 거룩한 산에서 그 소리가 들렸다. 언제 그들이 예수님과 함께 있었는가? 하나님이 어떤 특별한 은혜의 계시를 하시는 곳은 그 장소가 그것으로 거룩하게 된다. 그러나 그것은 그 장소가 본래 거룩한 곳이라서가 아니라 하나님이 나타나신 곳이기 때문이다. 하나님이 모세에게 나타나셨던 땅이 거룩해진 것처럼(출 3:5), 그 산은 성전이 세워져서 거룩한 산이 되었다(시 87:1). 그러한 장소들은 상대적이지 절대적으로 거룩한 곳이 아니다. 그 곳들은 말씀의 보증, 신앙적인 기대, 그리고 거룩하시고 영광스러우신 하나님의 특별한 임재와 영향 등으로 거룩한 곳으로 인식되게 된 것이다.

[19]또 우리에게는 더 확실한 예언이 있어 어두운 데를 비추는 등불과 같으니 날이 새어 샛별이 너희 마음에 떠오르기까지 너희가 이것을 주의하는 것이 옳으니라 [20]먼저 알 것은 성경의 모든 예언은 사사로이 풀 것이 아니니 [21]예언은 언제든지 사람의 뜻으로 낸 것이 아니요 오직 성령의 감동하심을 받은 사람들이 하나님께 받아 말한 것임이라

여기서 사도는 복음의 진리와 실체를 증명하기 위한 다른 논증을 진술한다. 사도는 이 두 번째 논증이 첫 번째 논증보다 더 강하고 설득력 있음을 암시한다. 우리 주 예수 그리스도의 권능과 오심이 단순한 우화나 사람들의 교

묘하게 꾸며낸 이야기가 아니라 거룩하시고 은혜로우신 하나님의 지혜로우시고 놀라우신 계획임을 그는 아주 확고하게 논증한다. 실은 구약의 선지자들과 저자들이 이것을 예언하고 있다. 그들은 하나님의 영의 영감을 받고 지시를 따라서 말하고 기록했다. 여기서 다음의 사실들을 주목하라.

I. 구약 성서들에 대해 진술된 표현은 다음과 같다. 구약 성서들을 더 확실한 예언이라 부른다.

1. 그 예언은 우리 구주의 권능과 오심, 신성과 성육신에 대한 예언적 선포이다. 그것들을 우리가 구약 성서에서 발견할 수 있다. 구약 성서에 여자의 후손은 뱀의 머리를 상하게 할 것이요(창 3:15)라고 예언이 되었다. 마귀와 그의 일들을 파멸시키는 그리스도의 권능과 여자에게서 태어나는 그의 실재 등이 구약 성서에 예언되었다. 구약 성서의 하나님의 위대하시고 놀라우신 이름인 여호와는 단지 그는 있을 것이다(He will be)를 의미할 따름이다. 출애굽기 3장 14절에 나오는 하나님의 이름은 많은 사람들이 스스로 있는 자(He will be that He will be)로 번역한다. 이와 같이 이해하는 사람들은 장래 하나님의 백성의 구속과 구원을 위하여 하나님의 실재를 인간화시키는 성향이 있다. 그러나 신약은 구약이 예언하는 것의 한 역사이다. 모든 선지자와 율법이 예언한 것은 요한까지니(마 11:13). 그리고 복음전도자들과 사도들은 이전에 예언으로 전달된 것의 역사를 기록했다. 실은 신약에 의한 구약의 성취, 그리고 구약에 대한 신약의 일치는 두 성서의 진리를 완전하게 증명해 보여준다. 구약을 그리스도를 예언하는 것으로 읽도록 하라. 그리고 신약을 구약의 가장 좋은 해설서로 부지런히 감사하면서 읽도록 하라.

2. 구약은 더 확실한 예언이다. 유대인들은 구약을 하나님의 말씀으로 받아들이고 믿었다. 뒤를 잇는 선지자들은 선배 선지자들이 전했던 것을 확증했다. 이 예언들은 분명한 명령에 따라 기록이 되고, 특별한 관리로 보존이 되고, 그리고 하나님의 놀라운 섭리로 성취된 것이 많았다. 그러므로 구약 성경을 처음부터 내내 받아들이고 읽은 사람들에게는 베드로 사도가 하늘에서 들은 소리를 기록한 것보다 더 확실하게 생각되었을 것이다. 모세와 선지자들은 유대인들에게 있어서 어떤 이적들보다 더 강력한 설득력을 가지고 있었다. 모세와 선지자들에게 듣지 아니하면 비록 죽은 자 가운데서 살아나는 자가 있을지라도 권함을 받지 아니하리라(눅 16:31). 그렇게 확실한 말씀에 믿음의 근거를 두는 사람들과 같은

믿음을 우리가 가지게 된다면 그 믿음은 얼마나 확고하고 확실하겠는가! 구약 성경의 모든 예언들은 그 예언들의 가장 정확하고 세세한 성취의 역사인 신약 성경을 가진 우리들에게는 더 확실한 말씀이다.

Ⅱ. 사도는 우리에게 성경을 연구하라고 권면한다. 베드로 사도는 우리가 이 것을 주의하는 것이 옳으니라 말한다. 다시 말해서 이 확실한 말씀의 의미를 이 해하기 위해서 우리의 마음에 물어보고, 그 진리를 믿기 위해서 우리의 정신에 적용해보고, 그리고 그 말씀에 우리 자신을 복종시켜보라. 그러면 우리는 그 말 씀을 따라 형성되고 변형될 수 있을 것이다. 말씀은 우리가 따라야 될 교훈의 본이다(롬 6:17). 그리고 말씀은 우리가 그것으로 우리의 생각과 감정, 우리의 말과 회개, 우리의 모든 생활과 행실을 그것에 맞게 조절해야 하는 지식과 진 리의 모본이고 처방집이다(롬 2:20). 이와 같이 우리 자신을 하나님의 말씀에 적응시킨다면 우리는 모든 면에서 확실히 좋아질 것이고, 하나님을 기쁘시게 해드릴 것이고, 그리고 우리 자신에게 많은 유익이 될 것이다. 이것을 위해 우 리는 하나님의 사자와 계시를 존중해야 할 것이다. 말씀에 주의를 기울이게 하 기 위하여 사도는 어떤 선한 목적을 위해 성경에 귀를 기울이는 사람들에게 말 씀의 독특한 활용법을 제안한다. 여기서 다음의 사실들을 주목하라.

1. 신자들은 성경을 빛으로 생각하고 활용해야 한다. 성경은 하나님이 온 땅 의 어둠을 몰아내기 위하여 세상에 보내어 비추게 하신 빛이다. 말씀은 그것을 올바르게 사용하는 사람들의 발을 비추어주는 등불이다. 이 성경의 등불은 인 생의 길을 걸어가야 하는 사람들에게 그 길을 밝혀주고 안내해준다. 이 등불은 우리가 생명의 길을 알게 해주는 수단이 된다.

2. 신자들은 그들 자신의 어둠을 인정해야 한다. 이 세상은 잘못과 무지로 가 득 차 있다. 그러므로 이 세상을 사는 사람은 모두 영생을 얻는데 필요한 성경 지식이 본래 없다.

3. 사람들이 구원의 지식과 지혜를 가지려면 그들의 마음에 하나님의 말씀의 빛이 비추어야 한다. 하나님에 대한 자연적인 생각들로 타락한 사람들이 하나 님과 구원을 알기에는 턱없이 모자란다. 타락한 사람은 하나님을 많이 알려고 아무리 애를 써도 별로 효과를 얻지 못한다. 그러나 타락한 사람은 아담이 계 속 무지한 상태에서 했던 것보다 하나님을 절대적으로 더 많이 알아야 할 필요 가 있다.

4. 하나님의 성령을 통해 성경의 빛이 눈이 먼 마음과 어두운 이해력에 비추면 날이 새어 샛별이 마음에 떠오르게 되는 것처럼 영혼이 밝아지고 하나님을 알게 될 것이다. 어둡고 어리석은 마음에 빛이 비추는 것은 새벽 동이 터 그 빛이 점점 퍼져 한낮 같이 되듯이 온 영혼을 밝혀주게 될 것이다. 의인의 길은 돋는 햇살 같아서 크게 빛나 한낮의 광명에 이르거니와(잠 4:18). 하나님을 아는 것은 성장하는 지식이다. 이 길을 발견하고 깨우친 사람들은 그것을 확실히 알 때까지 자신이 충분히 알고 있다고 결코 생각하지 않는다. 이 빛에 주의하기 위해서는 그리스도인의 모든 유익과 의무에 반드시 충실해야만 한다. 진리를 믿고 행하는 사람들은 모두 이 빛을 받게 될 것이다. 반대로 악인들은 그 빛에서 멀어지게 될 것이다.

Ⅲ. 사도는 우리가 성경을 통해 이 빛에 주의하고 유익을 얻기 전에 먼저 알아야 할 필요한 한 가지를 진술한다. 그것은 모든 예언은 신적인 기원을 가지고 있다는 사실을 알아야 한다는 것이다. 이제 베드로 사도는 이 중요한 진리를 주장만 하는 것이 아니라 증명도 한다. 여기서 다음의 사실들을 주목하라.

1. 성경의 예언은 사사로이 해석해서는 안 된다. 다시 말해 성경을 인간 자신의 생각이나 마음으로 설명하거나 해설해서는 안 된다. 반드시 성경은 하나님의 계시를 받은 마음과 정신으로 풀어야 된다. 바로 이것에서 하나님의 편에 선 의로운 선지자들과 세상 편에 선 그릇된 선지자들의 차이가 드러나게 된다. 하나님의 선지자들은 모세 같이 자신의 생각은 어떤 것이든지 말하지도 않았고 행하지도 않았다. 대표적인 선지자인 모세는 분명하게 말한다. 여호와께서 나를 보내사 이 모든 일을 행하게 하신 것이요 나의 임의로 함이 아닌 줄을 이 일로 말미암아 알리라(민 16:28). 모세는 어떤 규례나 규칙이든지 자기 마음대로 해석해서 전달하지 않았다. 그러나 그릇된 선지자들은 그렇지 않다. 그들이 말한 묵시는 자기 마음으로 말미암은 것이요 여호와의 입에서 나온 것이 아니다(렘 23:16). 성경의 선지자들과 기록한 사람들은 하나님의 뜻을 말하고 기록했다. 그들은 하나님이 그들에게 말씀하시고 기록하게 한 것들을 성령의 감동과 인도를 받아 알리고 기록했다. 성경은 인간의 생각이나 성향이 주입된 기록이 아니라 하나님의 마음과 뜻을 기록한 계시이다. 그러므로 모든 사람마다 성경을 연구해야 하고, 그 뜻과 의미를 이해해야 한다.

2. 예언의 확실한 말씀에 주의하는 모든 사람들은 하나님의 감동을 받은 성

경의 중요한 진리를 알고 인정해야 한다. 성경 속에 담긴 것은 인간의 생각이 아니라 하나님의 뜻이다. 성경이 하나님의 말씀이라는 사실은 참된 그리스도인의 신앙의 한 조항일 뿐만 아니라 학문이나 지식의 연구 주제이기도 하다. 어떤 사람이든지 자신의 친구가 지닌 성격과 특성을 잘 알게 되면 그를 솔직하게 믿고 신뢰하게 된다. 마찬가지로 그리스도인도 성령의 감동을 받은 책의 특성들을 잘 알게 되면 그 책이 하나님의 말씀이라는 사실을 알고 믿게 된다. 그는 하나님의 감동을 받은 말씀에서 달콤함을 맛보게 되고, 권능을 느끼게 되고, 그리고 영광을 발견하게 된다.

3. 사람들은 성경을 유익하게 활용하고 성경에 주의하기 이전에 성경이 지닌 신성을 먼저 알고 인정해야 한다. 다른 모든 저서들로부터 이 세상에서 유일하게 확실하고 무오한 규칙인 성경으로 우리의 마음을 돌려 주의를 기울여야 될 것이다. 이것은 성경이 하나님의 감동을 받아 기록되고, 하나님의 참된 생각과 뜻을 지니고 있다는 확신을 요구한다.

IV. 사람들이 성경이 성령의 감동을 받은 사실에 대한 절대적인 확신이 필요하다는 것을 사도는 깨달았다. 그래서 그는 구약이 어떻게 편찬되었는지를 21절에서 말한다. 예언은 언제든지 사람의 뜻으로 낸 것이 아니요 오직 성령의 감동하심을 받은 사람들이 하나님께 받아 말한 것임이라.

1. 부정적인 진술. 예언은 언제든지 사람의 뜻으로 낸 것이 아니요. 구약의 기록들과 내용들은 사람들의 생각이 담긴 것이 아니다. 또한 그것은 성경의 선지자들이나 기록자들의 뜻을 내포하고 있지도 않다. 바로 그러한 점이 성경의 정경을 정하는 규칙과 근거였다.

2. 긍정적인 진술. 오직 성령의 감동하심을 받은 사람들이 하나님께 받아 말한 것임이라. 여기서 다음의 사실들을 주목하라.

(1) 구약의 선지자들과 기록자들은 성령의 감동하심을 받은 거룩한 사람들이었다. 그들은 우리가 하나님의 말씀으로 받아들인 책을 위해 사용된 하나님의 거룩한 사람들이다. 하나님의 감동을 받은 거룩함이 결여된 발람이나 가야바나 여타의 사람들도 때로는 예언의 영을 받기도 했다. 그러나 그러한 사람들은 하나님의 교회가 사용하는 성경의 어떤 부분도 기록하도록 사용된 적이 결코 없다. 성경의 기록자들은 모두 하나님의 감동을 받은 거룩한 사람들이다.

(2) 이 거룩한 사람들은 성령의 감동하심을 받은 사람들이었다. 그들은 자신들

이 받은 것을 하나님의 뜻과 생각으로 전달했다. 하나님의 말씀을 전하는 최고의 대행자는 성령이시고 거룩한 사람들은 그 도구들일 뿐이다. 여기서 다음의 사실들을 주목하라.

[1] 그들이 하나님의 생각과 뜻을 전하도록 그들을 감동시키고 인도한 것은 성령이셨다.

[2] 성령은 그들을 강력하고 효과적으로 감동시켜 그가 그들의 입에 넣어준 말씀을 그들이 말하게 하셨다.

[3] 성령은 그들이 그에게서 받은 것을 전달할 때 그들을 아주 지혜롭고 세심하게 도와주시고 인도해주셨다. 그래서 그들이 계시 받은 것을 알릴 때 호리의 실수도 범하지 않게 효과적으로 보호를 받았다. 그러므로 성경의 모든 말씀은 실제로 성령의 말씀들이다. 그리고 성경의 모든 말씀과 분명함과 평이함, 모든 권능과 덕, 그리고 성경의 말씀과 표현이 지닌 우아함과 적절함은 하나님으로 말미암은 것들이라고 생각해야 한다. 따라서 믿음을 당신이 성경에서 발견한 것과 어울리게 하라. 성경을 성령의 감동과 도움을 받은 거룩한 사람들이 기록한 책으로 존경하고 귀하게 여기도록 하라.

— 제 2 장 —

개요

앞 장에서 사도는 신자들에게 그리스도인의 경주를 계속 나아가라고 권면했다. 이제 사도는 관심을 돌려 그들이 그의 권면에 따를 수 없을 것이라는 우려를 나타낸다. 그러므로 그는 그들에게 거짓 선지자들에 대한 경고를 한다. 거짓 선지자들은 신자들을 유혹해 위험에 빠뜨릴 것이다. 이것을 막기 위해 사도는 다음과 같은 권면을 한다. I. 사도는 이 유혹자들을 믿음이 없고 다른 사람들에게 해를 끼치는 자들로 묘사한다(1-3절). II. 사도는 신자들에게 그들이 당하게 될 징벌을 납득시킨다(3-6절). III. 사도는 하나님이 불의한 자와 경건한 자를 다루시는 방법이 어떻게 다른지를 이야기한다(7-9절). IV. 그는 본 장의 나머지에서도 이들 유혹자들을 경계하라고 더 자세히 이야기한다(10-22절).

¹그러나 백성 가운데 또한 거짓 선지자들이 일어났었나니 이와 같이 너희 중에도 거짓 선생들이 있으리라 그들은 멸망하게 할 이단을 가만히 끌어들여 자기들을 사신 주를 부인하고 임박한 멸망을 스스로 취하는 자들이라 ²여럿이 그들의 호색하는 것을 따르리니 이로 말미암아 진리의 도가 비방을 받을 것이요 ³그들이 탐심으로써 지어낸 말을 가지고 너희로 이득을 삼으니-

 I. 앞 장의 마지막에서 사도는 구약 시대에 살면서 하나님의 계시들을 기록하는 성령의 기록자들로 사용된 거룩한 사람들을 언급했다. 그러나 본 장의 서두에서 사도는 그 당시에도 교회 안에 참된 선지자들뿐 아니라 거짓 선지자들도 있었다는 것을 우리에게 말한다. 모든 시대의 교회에 하나님이 참된 선지자들을 보내실 때 마귀는 유혹하고 속이기 위하여 구약 시대에는 거짓 선지자들을 보내고, 그리고 신약 시대에는 거짓 메시야들, 거짓 사도들, 거짓 선생들을 보낸다. 이들에 관해 다음의 사실들을 주목하라.

 1. 거짓 선지자들의 일은 파멸의 잘못들과 멸망하게 할 이단들을 전하는 것이다. 그러나 하나님이 보내신 참된 선생들의 일은 영생에 이르는 진리의 길을

보여주는 것이다. 거짓 선지자들의 일에는 멸망하게 할 관습들도 있고 멸망하게 할 이단들도 있다. 거짓 선생들은 해로운 악들을 전하기 위해 혈안이 되어 있다.

2. 멸망하게 할 이단들은 진리의 탈을 쓰고 몰래 가만히 들어온다.

3. 멸망하게 할 이단들을 끌어들이는 사람들은 자기들을 사신 주를 부인한다. 그들은 하나님이 보내신 위대한 스승의 가르침을 듣고 배우기를 배척하고 부인한다. 그 스승이 세상의 모든 죄인들을 구속하기 위하여 충분한 값을 지불하신 인간들의 유일한 구주와 구속자이실지라도 말이다.

4. 다른 사람들을 파멸시킬 잘못들을 퍼뜨리는 자들은 곧 닥칠 멸망을 스스로 취하는 자들이다. 자신의 파멸을 자초하는 자들은 곧 멸망할 것이다. 다른 사람들을 파멸시킬 잘못들을 퍼뜨리는 무정한 사람들은 얼마 안 있어 확실히 멸망할 것이다. 그리고 그 멸망은 결코 회복되지 않을 것이다.

II. 사도는 다른 사람들의 결말에 관한 진술을 우리에게 계속 이야기한다(2절). 여기서 우리는 다음과 같은 사실들을 깨달을 수 있다.

1. 타락한 지도자들은 많은 사람들이 그들을 추종하게 하는데 좀처럼 실패하는 법이 없다. 그 잘못된 길이 아주 해로운 길임에도 많은 사람들이 기꺼이 그 길을 걸으려고 한다. 많은 사람이 불의를 물 같이 마시고, 그리고 잘못에 빠져 사는 것을 즐긴다. 선지자들은 거짓을 예언하며 제사장들은 자기 권력으로 다스리며 내 백성은 그것을 좋게 여기니 마지막에는 너희가 어찌하려느냐(렘 5:31).

2. 잘못을 퍼뜨리는 것은 진리의 도가 비방을 받게 만들 것이다. 다시 말해서 길이요 진리요 생명이신(요 14:6) 예수 그리스도에 의한 구원의 도를 비방을 받게 할 것이다. 그리스도교는 삶의 시작이신 진리의 하나님으로부터 생겨나고, 삶의 목적이신 참된 하나님을 즐거워하는 참된 행복으로 인도하고, 그리고 하나님을 기꺼이 섬기는 수단인 마음에 진리가 생기게 한다. 그럼에도 이 진리의 도가 멸망하게 할 잘못들을 받아들이고 전하는 자들로 말미암아 비방을 받고 모욕을 당하게 된다. 이것을 사도가 확실하게 일어날 일로 예언하고 있다. 우리 시대에 이런 일을 당하게 되더라도 감정을 상하게 하지 말라. 오히려 우리의 적들이 우리의 거룩한 이름을 모욕하거나, 또는 우리가 소망하는 구원의 도가 비방을 받는 빌미를 주지 않도록 조심하라.

III. 그 다음에 유혹자들이 그들의 추종자를 이끌어내는 방법에 주목하도록

하라. 그들은 지어낸 말을 가지고 유혹한다. 다시 말해서 그들은 입에 발린 아첨을 한다. 그들은 각종 좋은 말들과 멋있는 말들로 어리석은 사람들의 마음을 속이고 홀린다. 그렇게 해서 유혹자들은 그런 사람들을 자신들의 퍼뜨리는 생각에 완전히 빠지게 만든다. 어리석고 단순한 사람들은 이들 거짓 선생들의 가르침과 지배를 받아들인다. 거짓 선생들은 그들을 자신의 개종자들로 삼아 자신들을 섬기게 하고 그들에게서 이득을 얻는다. 왜냐하면 이 모든 것은 자신의 추종자들의 숫자를 늘림으로써 더 많은 돈, 더 많은 명예, 더 많은 칭찬을 얻으려는 욕망과 의도를 가진 탐심에서 비롯된다. 사람들에게 진리의 길을 가르치는 그리스도의 신실한 목사들은 자신들의 이익이 아니라 그들을 따르는 사람들의 이익을 바란다. 그들은 따르는 사람들이 구원받을 수 있기를 바란다. 그러나 이 유혹하는 거짓 선생들은 그들 자신의 현세의 이익과 세속적인 영광을 갈망하고 도모한다.

³ -그들의 심판은 옛적부터 지체하지 아니하며 그들의 멸망은 잠들지 아니하느니라 ⁴하나님이 범죄한 천사들을 용서하지 아니하시고 지옥에 던져 어두운 구덩이에 두어 심판 때까지 지키게 하셨으며 ⁵옛 세상을 용서하지 아니하시고 오직 의를 전파하는 노아와 그 일곱 식구를 보존하시고 경건하지 아니한 자들의 세상에 홍수를 내리셨으며 ⁶소돔과 고모라 성을 멸망하기로 정하여 재가 되게 하사 후세에 경건하지 아니할 자들에게 본을 삼으셨으며

사람들은 형을 일시 연기하는 집행 유예가 죄 사함의 전조라고 생각하는 경향이 있다. 다시 말해서 판결이 신속하게 그것을 시행하지 않으면 그것이 확실히 번복이 되거나 파기될 것이라고 생각하는 경향이 있다. 그러나 거짓 선지자들이 아무리 성공하고 잘되고 있다고 하더라도 그들의 심판은 지체하지 아니하고 얼마 안 있어 시행될 것이라고 사도는 말한다. 하나님은 거짓 선지자들과 거짓 선생들을 어떻게 처리하실지를 오래 전에 결정하셨다. 다른 사람들을 믿음에서 떠나게 열심히 획책하는 그런 불신자들은 이미 하나님의 저주를 받았다. 그리고 하나님의 진노가 그들 위에 머물고 있다. 의로우신 심판장이 신속하게 복수를 하실 것이다. 그들의 재앙의 날이 임박해 있고, 그리고 그들에게 닥칠 무서운 일들이 빠르게 다가오고 있다. 이 주장을 증명하기 위하여 하나님

의 의로운 심판의 몇 가지 실례들이 제시되고 있다. 죄인들에게 복수하시는 하나님의 심판은 우리에게 심각한 생각거리를 제공해준다. 여기서 다음의 사실들을 주목하라.

I. 하나님이 죄를 범한 천사들을 어떻게 다루셨는지를 살펴보라.

1. 아무리 신분이 높아도 죄인은 징벌을 결코 면할 수 없다. 힘과 지식에 있어서 우리보다 훨씬 월등한 천사들이 하나님의 법을 어긴다고 할지라도 법이 정한 판결이 그들에게 가차 없이 엄격하게 시행이 될 것이다. 왜냐하면 하나님이 그들을 용서해주시지 않았기 때문이다. 여기서 다음의 사실들을 주목하라.

2. 범죄자가 뛰어나고 훌륭할수록 그 징벌은 더 가혹하다. 본성의 위엄이 인간들보다 훨씬 나았던 천사들은 곧바로 징벌을 받았다. 그들에게는 단 며칠의 여유도 주지 않았고 은총도 전혀 없었고 사정도 전혀 봐주지 않았다.

3. 죄는 그것을 범한 인격의 품위를 떨어뜨리고 타락시킨다. 하늘의 천사들이 불순종으로 인하여 높은 지위에서 아래로 떨어지고, 그들의 모든 영광과 위엄을 빼앗겼다. 하나님께 죄를 범하는 사람은 누구든지 손해와 고통을 자초하게 된다.

4. 하늘의 하나님께 거역하는 사람들은 다 지옥으로 떨어지게 될 것이다. 영광의 하늘과 불행의 심연 사이에는 그들이 쉴 수 있는 곳이 한 군데도 없다. 피조물들이 하늘나라에서 죄를 짓는다면 지옥으로 떨어져 고통을 받아야 될 것이다.

5. 죄는 어둠의 일이다. 어둠은 죄의 삯이다. 불행과 고통의 어둠은 죄의 어둠을 따라다닌다. 하나님의 빛과 지시를 따르지 않는 사람들은 하나님의 얼굴에서 나는 빛과 하나님이 함께 해주시는 위로들을 빼앗기게 된다.

6. 죄가 인간을 징벌 위에 꼼짝못하게 묶어 놓는 것처럼 불행과 고통은 인간을 징벌 아래에서 허덕이게 만든다. 하나님을 거역하는 자들의 불행이 되는 어둠은 그들을 고통에서 헤어나지 못하게 가둬둔다.

7. 고통의 마지막 단계는 최후의 심판 날까지 연기된다. 죄를 범한 천사들은 이미 지옥에 있지만 최후 심판 때까지 마지막 징벌이 유예되고 있다.

II. 하나님은 죄를 범한 천사들을 처리하신 것과 마찬가지로 옛 세상을 어떻게 처리하셨는지를 살펴보도록 하자. 하나님은 옛 세상도 사정을 봐주지 않으셨다. 여기서 다음의 사실들을 주목하라.

1. 범죄자들의 신분과 마찬가지로 그 세력이 어떤 은총을 받게 해주지 못한다. 죄가 일반적이라면 그 징벌 또한 모두에게 미치게 될 것이다. 예외적인 경우도 있다. 그것은 다음과 같은 경우이다.

2. 세상에 소수의 의인만 있다고 할지라도 그들은 멸망하지 않고 구원받게 될 것이다. 하나님은 선한 사람을 악한 사람과 함께 멸망시키지 않으신다.

3. 온 세상이 타락하고 부패한 세대에 생명의 말씀을 굳게 잡고 흠이 없고 모범적인 행실로 의를 전파하는 사람들은 모두가 멸망당할 때에 보존을 받게 될 것이다.

4. 하나님은 피조물들을 그의 복수의 도구들로 사용하실 수 있다. 하나님은 그들의 봉사와 유익을 위하여 먼저 만드시고 임명하셨던 천사들이 타락하자 그 범죄자들을 징벌하실 때 그렇게 하셨다. 하나님은 온 세상을 물로 멸망시키셨다. 5절에 경건하지 아니한 자들의 세상에 홍수를 내리셨다고 하나님이 그 이유를 말씀하고 있다. 경건하지 않은 것은 사람들에게서 하나님의 보호를 앗아가고, 사람들을 완전한 멸망에 이르게 한다.

III. 하나님이 소돔과 고모라를 어떻게 처리하셨는지를 살펴보자. 소돔과 고모라는 여호와의 동산 같은 지역에 있었다. 그렇지만 그 비옥한 흙 속에 죄가 넘친다면 하나님은 조만간에 비옥한 땅을 메마른 땅으로 바꾸시고, 그리고 관개가 잘된 땅을 먼지와 재로 만드실 것이다. 여기서 다음의 사실들을 주목하라.

1. 죄를 범한 백성의 징벌을 면해 줄 수 있는 정치적인 연합이나 연맹은 하나도 없다. 천사들이 그들의 위엄으로도 안전하지 못했듯이 또한 옛 세상이 그 많은 수로 안전하지 못했듯이 소돔과 이웃 도시들도 그들의 조직적인 정부를 통해 안전을 보장받지 못했다.

2. 하나님은 어쩔 수 없는 죄인들을 징벌하기 위하여 반대의 피조물들을 사용하실 수 있다. 하나님은 옛 세상을 물로 멸망시키신다. 그리고 하나님은 소돔과 고모라를 불로 멸망시키신다. 물과 불에서 그의 백성을 보호하시는 하나님은 그의 적들을 멸망시키기 위하여 물이나 불을 사용하실 수 있다. 네가 물 가운데로 지날 때에 내가 함께 할 것이라 강을 건널 때에 물이 너를 침몰하지 못할 것이며 네가 불 가운데로 지날 때에 타지도 아니할 것이요 불꽃이 너를 사르지도 못하리니(사 43:2). 그러므로 죄를 범한 자들은 절대로 안전하지 못하다.

3. 아주 가증스러운 죄는 아주 무서운 심판을 받게 된다. 가증스러운 악을 범

했던 자들은 남다른 재앙들을 만났다. 여호와 보시기에 극심한 죄를 범하는 자들은 아주 무서운 복수를 기대해야만 할 것이다.

4. 옛 세대의 죄인들이 받은 징벌은 다음 세대의 사람들에게 본을 보여주기 위한 목적을 가지고 있다. "살아 있는 사람들의 시대뿐만 아니라 살아 있는 사람들의 행실도 본받도록 하라." 경건하지 않게 사는 사람들이 그런 행실을 계속해서 유지한다면 그에 합당한 결과를 반드시 보게 될 것이다. 그러므로 우리를 권면하고 우리의 안전을 지켜주기 위하여 성경에 기록된 하나님의 징벌의 모든 실례들을 통해 경고를 받도록 하라. 우리가 죄의 길을 계속 가고 있을지라도 말이다.

[7]무법한 자들의 음란한 행실로 말미암아 고통 당하는 의로운 롯을 건지셨으니 [8](이는 의인이 그들 중에 거하여 날마다 저 불법한 행실을 보고 들음으로 그 의로운 심령이 상함이라) [9]주께서 경건한 자는 시험에서 건지실 줄 아시고 불의한 자는 형벌 아래에 두어 심판 날까지 지키시며

하나님이 경건하지 아니한 자들에게 멸망을 보내실 때 의로운 사람들에게는 구원을 명령하신다. 하나님이 악한 자들에게 불과 유황을 쏟아 부으신다면 진노의 날에 의로운 사람들의 머리는 가려주시고 안전한 곳에 숨겨주실 것이다. 이것을 우리는 하나님이 롯을 보호해주시는 실례에서 발견하게 된다. 여기서 다음의 사실들을 주목하라.

1. 롯의 성격. 롯은 의로운 사람이라고 한다. 이것은 롯의 일반적인 성향과 주요한 행실에 대한 표현이었다. 하나님은 사람들의 단순한 한 가지 행위가 아니라 삶의 모든 행실을 통해 의로운 사람인지 불의한 사람인지를 판단하신다. 지금 여기서 말하는 의로운 사람은 모든 선이 사라지고 일반적으로 아주 타락하고 방탕한 세대 한가운데서 의롭게 살고 있는 사람을 나타낸다. 그는 악을 행하는 다수를 따르지는 않지만 불의가 횡행하는 도시에서 아주 올곧게 살지는 못하고 있다.

2. 이 표현은 다른 사람들의 죄가 이 의로운 사람에게 영향을 미쳤다는 것을 나타낸다. 죄인이 자신의 악을 즐길지라도 그것이 의로운 사람의 영혼에는 비탄과 고뇌를 자아낸다. 나쁜 친구와 함께 있으면 우리는 죄의식이나 비탄에서

도저히 벗어날 수가 없다. 다른 사람의 죄가 우리에게는 괴로움이 되어야 할 것이다. 그렇지 않으면 그 죄가 우리를 더럽게 할 것이다.

3. 여기에 이 선한 사람의 비탄과 고뇌의 기간과 지속에 대한 특별한 언급이 있다. 이 선한 사람은 날마다 슬퍼하고 고통을 당해야 했다. 의로운 사람이 다른 사람들의 사악함을 보고 참는 것에 익숙해지는 것이 그 악을 따르게 되는 것도 아니지만 그렇다고 해서 그 악이 주는 공포를 누그러뜨려 주지도 못한다. 하나님이 의로운 사람의 주위의 모든 사람을 파멸시키는 무서운 심판에서 그를 보호하시는 것은 바로 이러한 이유에서이다. 이 실례를 통해 우리는 하나님이 어떻게 그의 백성을 구원하시고 그의 적들을 징벌하시는지를 배워야 한다. 의로운 사람은 시험과 시련을 반드시 겪게 된다는 것을 여기서 진술하고 있다. 마귀와 그의 도구들은 의로운 사람들을 쓰러뜨리기 위하여 강하게 칠 것이다. 그러나 우리가 하늘나라에 가려면 반드시 많은 시련과 시험들을 거쳐야 할 것이다. 그러므로 그 시련들과 시험들을 기대하고 대비하는 것은 신자들의 의무이다. 여기서 다음의 사실들을 주목하라.

(1) 주께서 자기 백성을 아신다(딤후 2:19). 하나님은 경건한 자를 구별하신다. 다섯 도시에 하나님의 백성이 한 사람만 있을지라도 하나님은 그 사람을 아신다. 아무리 그 수가 많이 있는 곳에서도 하나님은 그 가운데 있는 하나님의 백성은 어느 누구도 무시하거나 모른 체하지 않으신다.

(2) 하나님의 지혜는 그의 백성을 구원하는 방법이나 길을 몰라 쩔쩔매는 경우란 결코 없으시다. 하나님의 백성이 완전히 길을 잃고 헤매는 경우가 가끔 있다. 그러나 하나님은 그의 백성을 구원하기 위한 많은 길을 찾으실 수 있다.

(3) 경건한 자의 구원은 하나님의 일이시다. 하나님은 그의 백성을 시험에서 건지시는 구원의 방법을 생각하는 지혜와 구원을 실행하는 능력을 지니고 계시다. 하나님의 구원은 하나님의 백성이 죄에 빠져 넘어지지 않게 해주고 고난으로 망하지 않도록 해준다. 확실히 하나님이 시험에서 구원해주실 수 있다면 시험에 넘어지지 않게도 해주실 수 있을 것이다. 하나님은 시련들이 필요하다고 생각하지 않으신다면 시련들도 주지 않으실 것이다.

(4) 하나님은 경건한 자와 악한 자를 아주 다르게 다루신다. 하나님이 그의 백성을 파멸에서 구원하실 때 그의 적들을 당연한 파멸로 넘겨주신다. 불의한 자는 하나님이 의로운 자를 위하여 실행하시는 구원의 몫이 전혀 없다. 악한

자들은 형벌 아래에 두어 심판 날까지 지키신다. 여기서 다음의 사실들을 주목하라.

[1] 심판 날이 있다. 하나님은 세상을 심판할 날을 작정하셨다(참조. 행 17:31).

[2] 회개하지 않는 죄인들을 지키는 것은 하나님의 의로우신 심판의 날까지 그들의 징벌을 유예하는 것일 따름이다.

[10]특별히 육체를 따라 더러운 정욕 가운데서 행하며 주관하는 이를 멸시하는 자들에게는 형벌할 줄 아시느니라 이들은 당돌하고 자긍하며 떨지 않고 영광 있는 자들을 비방하거니와 [11]더 큰 힘과 능력을 가진 천사들도 주 앞에서 그들을 거슬러 비방하는 고발을 하지 아니하느니라 [12]그러나 이 사람들은 본래 잡혀 죽기 위하여 난 이성 없는 짐승 같아서 그 알지 못하는 것을 비방하고 그들의 멸망 가운데서 멸망을 당하며 [13]불의의 값으로 불의를 당하며 낮에 즐기고 노는 것을 기쁘게 여기는 자들이니 점과 흠이라 너희와 함께 연회할 때에 그들의 속임수로 즐기고 놀며 [14]음심이 가득한 눈을 가지고 범죄하기를 그치지 아니하고 굳세지 못한 영혼들을 유혹하며 탐욕에 연단된 마음을 가진 자들이니 저주의 자식이라 [15]그들이 바른 길을 떠나 미혹되어 브올의 아들 발람의 길을 따르는도다 그는 불의의 삯을 사랑하다가 [16]자기의 불법으로 말미암아 책망을 받되 말하지 못하는 나귀가 사람의 소리로 말하여 이 선지자의 미친 행동을 저지하였느니라 [17]이 사람들은 물 없는 샘이요 광풍에 밀려 가는 안개니 그들을 위하여 캄캄한 어둠이 예비되어 있나니 [18]그들이 허탄한 자랑의 말을 토하며 그릇되게 행하는 사람들에게서 겨우 피한 자들을 음란으로써 육체의 정욕 중에서 유혹하는도다 [19]그들에게 자유를 준다 하여도 자신들은 멸망의 종들이니 누구든지 진 자는 이긴 자의 종이 됨이라 [20]만일 그들이 우리 주 되신 구주 예수 그리스도를 앎으로 세상의 더러움을 피한 후에 다시 그 중에 얽매이고 지면 그 나중 형편이 처음보다 더 심하리니 [21]의의 도를 안 후에 받은 거룩한 명령을 저버리는 것보다 알지 못하는 것이 도리어 그들에게 나으니라 [22]참된 속담에 이르기를 개가 그 토하였던 것에 돌아가고 돼지가 씻었다가 더러운 구덩이에 도로 누웠다 하는 말이 그들에게 응하였도다

사도는 우리가 유혹자들을 경계하고 대비하라고 권면한 뒤 유혹자들에 대해 아주 상세하게 진술한다. 사도는 그들의 성격과 행위를 기술한다. 그의

진술은 세상의 심판 날까지 유혹자들의 아주 무거운 징벌을 유예하시는 의로 우신 심판자의 정당성을 입증해준다. 가인이 하나님의 아주 가혹한 징벌을 받을 때까지 특별한 보호를 받았던 것처럼 말이다. 그런데 무슨 이유로 하나님은 이들 거짓 선생들을 이와 같이 다루시는 것일까? 이것을 사도는 다음과 같이 진술한다.

Ⅰ. 유혹자들은 육체를 따라 산다. 유혹자들은 마음의 생각과 욕망을 따라 산다. 그들은 육체적인 마음이 원하는 행위에 자신을 내맡긴다. 그들은 이성을 하나님의 계시에 복종시키기를 거부한다. 즉 그들은 모든 생각을 사로잡아 그리스도에게 복종하게 하기를 거부한다(고후 10:5). 그들은 하나님의 의로운 계명에 정면으로 배치되는 삶을 산다. 그들은 타락한 본성이 이끄는 대로 산다. 악한 생각들은 악한 습관들을 낳기 일쑤다. 잘못된 생각과 죄를 전파하고 오염시키는 사람들은 악을 키우려고 애를 쓴다. 그들은 자신들이 도달한 불의의 수준에 결코 만족하지 않는다. 또한 그들은 자신들이 이미 저지른 악을 유지하고 지키는 것으로는 결코 속이 차지 않는다. 그들은 육체를 따라 산다. 그들은 죄의 행로를 계속 답습한다. 그들은 점점 더 불경건해지고, 더욱더 불순해지고 더러워진다. 그들은 또한 하나님이 권위를 주시고 영광을 주신 사람들을 무시하고 경멸한다. 그러므로 이 유혹자들은 하나님의 규례와 법도 무시한다. 그러한 현상은 하등 놀랄 만한 일이 못된다. 왜냐하면 그들은 무모하고 고집이 세고 다루기 힘든 사람들이기 때문이다. 그들은 마음속에 하나님과 주의 종들에 대한 멸시를 담고 있을 뿐만 아니라 입으로 온갖 비방과 욕을 퍼부어댄다.

Ⅱ. 사도는 더 나은 피조물들인 천사들의 아주 다른 행위를 진술함으로써 이러한 현상에 대해 더욱 분개한다. 여기서 다음의 사실들을 주목하라.

1. 천사들은 더 큰 힘과 능력을 가진 자들이다. 천사들은 사람들 가운데에서 권위와 권력을 가진 자들보다 더 큰 힘과 능력을 가지고 있다. 그들은 세상의 권력자들을 비방하는 이들 거짓 선생들보다 월등 더 뛰어나다. 선한 천사들은 자연적인 본성과 도덕적인 덕과 힘과 지혜와 거룩함 등에 있어서 우리보다 훨씬 뛰어나다.

2. 선한 천사들은 그들과 같은 종류의 천사들이든 인간들이든 죄를 범한 피조물들을 고발한다. 하나님의 얼굴을 볼 수 있고 하나님의 보좌 앞에 서는 자들은 하나님의 영광에 열심을 나타낸다. 또 그들은 하나님의 영광을 가리고 무

시하는 자들을 비방하고 고발한다.

3. 천사들은 주 앞에서 그들을 고발한다. 천사들은 그들의 잘못을 공표하지 않는다. 천사들은 동료 피조물들에게 중상과 비방의 방법으로 그들의 범죄를 공표하지 않는다. 그러나 그들은 주 앞에서 그렇게 한다. 주는 심판자이시고, 그리고 모든 불경건과 불신앙과 불의의 징벌자이시다.

4. 선한 천사들은 아주 악한 범죄자들을 고발하거나 비난할 때 아주 심한 욕이나 비방을 결코 섞지 않는다. 우리는 하나님의 뜻이 하늘에서 이루어진 것 같이 땅에서도 이루어지기를 기도하자. 그리고 우리는 천사들의 이 점을 본받자. 우리가 악인들에 대해 불평하려고 한다면 하나님께 하도록 하자. 그리고 그렇게 할 때 분노와 욕을 섞어 할 것이 아니라 동정하고 평온한 마음으로 해야 할 것이다. 그렇게 하면 우리가 온유하고 자비로우신 하나님의 사람이라는 사실을 드러내고 증명하게 될 것이다.

III. 사도는 천사들이 유혹하는 거짓 선생들과 달리 얼마나 더 우월한 피조물들인지를 제시한 뒤에 그들이 아주 열등한 피조물들과 얼마나 많이 닮았는지를 진술한다(11-12절). 그들은 이성이 없는 말과 노새 같다. 그들은 본래 잡혀 죽기 위하여 난 이성 없는 짐승 같다. 죄의 권세 아래 있는 사람들은 하나님의 계시를 지키기는커녕 그것을 이해할 수 있는 이성도 행사할 수 없고, 그 계시의 지시에 따라서 행동할 수도 없다. 그러한 사람들은 보는 것으로 행하고 믿음으로 행하지 아니한다(참조 고후 5:7). 그들은 감각에 따라서 사물들을 판단한다. 이렇게 감각을 따르는 쾌락들을 그들은 존중하고 좋아한다. 야수들은 욕망의 본능을 따른다. 죄인은 마음의 정욕적인 성향을 따른다. 이들은 하나님이 그들에게 주신 이지와 이성을 사용하지 않는다. 그러므로 그들은 자신들이 알 수 있고 알아야 할 것에 대해 무지하게 된다. 여기서 다음의 사실들을 주목하라.

1. 무지는 악한 말의 원인이 된다.

2. 무지의 결과는 멸망이다. 이러한 사람들은 자신의 타락 가운데 완전히 멸망당하게 될 것이다. 그들의 악들이 내세에서 그들에게 하나님의 진노를 받게 할 뿐만 아니라 현세에서도 종종 그들을 불행과 파멸로 인도하게 될 것이다. 수치를 자랑으로 삼고 죄를 드러내놓고 행하는 그러한 낯두꺼운 범죄자들은 확실히 죄의 쾌락을 더 늘리기를 좋아한다. 그러므로 그들은 현세의 모든 재앙들과 내세의 극심한 고통들을 받아 싸다. 그들이 무엇을 겪게 되든지 간에 그

것은 그들의 불의의 정당한 값이다. 불행 속에서 좋다고 농탕치고 있는 그러한 죄인들은 그들 자신들을 기만하고 그들의 가진 모든 것을 수치스럽게 만든다. 왜냐하면 그들은 한 종류의 죄로 또 다른 종류의 죄를 지을 준비를 끊임없이 하기 때문이다. 그들의 사치스러운 연회들과 먹고 마시는 그들의 무절제는 온갖 추잡하고 음란한 짓들을 자행하게 만든다. 따라서 그들의 눈은 음심으로 가득하다. 그들의 방탕한 외모는 자신들의 불순한 욕정을 드러내고 다른 사람들도 자기들과 같이 되도록 부추기고 획책한다. 그들이 그러한 짓들을 그만 둘 수 없는 까닭은 바로 이러한 성향 때문이다. 마음은 정욕에 늘 배가 고프고, 눈은 불순한 욕망을 채워줄 수 있는 것을 끊임없이 두리번거리며 찾는다. 죄를 끊임없이 저지르는 고집 세고 교만한 사람들은 다른 사람들을 속이는 일에 부지런하고 종종 성공을 거두기도 한다. 그리고 그들은 다른 사람들을 무절제한 방탕으로 이끌어 들인다. 그러므로 다른 사람들을, 죄와 불신앙에 빠지는 아주 큰 위험으로 인도하는 사람들을 조심하도록 하라. 마음이 은혜로 굳게 세워지지 못한 사람들은 죄의 길에 쉽게 빠져들게 된다. 그러한 정욕적인 불쌍한 사람들은 욕정들을 이길 수가 없을 것이다. 왜냐하면 이러한 사람들은 방탕하고 음탕할 뿐만 아니라 탐욕스럽기까지 하기 때문이다. 그리고 이러한 사람들은 그러한 습관들에 젖어있기 때문이기도 하다. 그들은 부자들을 동경한다. 그들의 영혼이 갈망하는 것은 이 세상의 부이다. 세상의 부를 얻기 위하여 애쓰고 머리 쓰는 것이 그들의 하는 일의 상당한 부분을 차지한다. 그들의 마음은 이 생각으로 가득 차 있고 그 계획으로 늘 분주하다. 사람들이 모든 종류의 정욕에 자신을 내맡긴다면 사도가 그러한 사람들을 저주의 자식이라고 부르는 것에 놀랄 이유가 하나도 없다. 왜냐하면 그들은 그러한 불경건하고 불의한 사람들을 비난하시는 하나님의 저주를 받아 마땅하기 때문이다. 그들은 그들의 말에 청종하고 추종하는 모든 사람들에게 저주를 가져다 줄 것이다.

IV. 사도는 그들이 저주의 자식이라는 것을 논증한다(15-16절). 그는 심지어 그들을 하나님이 가증하게 여기시는 탐욕스런 자들이라고 한다. 여기서 다음의 사실들을 주목하라.

1. 그들은 바른 길을 떠났다. 그러한 이기주의자들이 자기를 부인하고 버려야 되는 바른 길에서 떠나는 것은 당연하다.

2. 그들은 잘못된 길로 빠졌다. 그들은 생명의 길에서 벗어나 딴 길로 들어섰

다. 그들은 사망으로 인도하고 지옥을 차지하는 길로 접어들었다. 베드로 사도는 이러한 상태를 브올의 아들 발람의 길을 따르는 것으로 묘사한다. 여기서 다음의 사실들을 주목하라.

(1) 발람의 길은 사람들이 불의의 삯을 받게 만드는 불의의 길이다.

(2) 세속적이고 외적인 좋은 것들은 죄인들이 기대하고 소망하는 보상이요 대가이다. 그들이 실망하게 되는 경우가 비일비재하지만 말이다.

(3) 현세의 좋은 것들을 지나치게 사랑하는 것은 내세의 말할 수 없이 더 좋은 것들로 인도하는 길에서 사람들이 벗어나게 만든다. 부와 명예의 사랑은 발람을 자신의 의무를 망각하고 다른 길로 접어들게 만들었다. 게다가 그는 자신이 택한 그 길이 하나님을 불쾌하게 만들 것이라는 사실을 알고 있었음에도 말이다.

(4) 악명 높은 죄인들과 같은 원칙으로 같은 죄를 범하는 사람들은 하나님의 심판을 받게 된다. 그런 악한 범죄자들을 따르는 사람들은 결국 하나님의 심판을 받아 마땅히 그들이 가야 할 곳으로 가게 될 것이다. 그들은 이런 잘못을 본뜬 사람들과 함께 내세에서 그들의 분깃을 받게 될 것이다.

(5) 사악하고 고집불통의 죄인들은 그들의 불의로 말미암아 비난을 받을 때가 있다. 하나님은 악인들을 그들의 길에서 멈추게 하시고 양심의 눈을 뜨게 해주신다. 또한 하나님은 어떤 놀라운 섭리로 그들을 놀라게 하시고 두려워하게 하신다.

(6) 어떤 놀라운 비난이나 책망이 죄의 길에서 용감한 사람들을 일시적으로 겁을 먹게 할 수 있고, 정신없이 앞으로 나아가는 것을 중단시킬 수 있다. 그러나 그것이 악인들을 불의의 길을 버리고 거룩함의 길로 접어들게 해주지는 못할 것이다. 불의를 행하는 죄인을 책망하는 것이 인간을 올바른 길로 돌아서게 해준다면 발람의 책망도 분명히 이러한 효과를 거두었을 것이다. 왜냐하면 발람의 경우에 놀라운 이적이 일어났기 때문이다. 어느 누구도 기대할 수 없는 일이 발람에게 일어났다. 자기의 불법으로 말미암아 책망을 받되 말하지 못하는 나귀가 사람의 소리로 말하여 이 선지자의 미친 행동을 저지하였느니라(16절). 말할 수 없는 나귀가 인간의 목소리로 자기 주인에게 말을 하고 책망을 했다. 발람은 선지자이기도 했다. 왜냐하면 하나님이 그에게 가끔 나타나시고 말씀을 하셨기 때문이다. 그가 감으로 말미암아 하나님이 진노하시므로 여호와의 사자가 그

772 매튜 헨리 주석 _ 베드로후서

를 막으려고 길에 서니라 발람은 자기 나귀를 탔고 그의 두 종은 그와 함께 있더니 나귀가 여호와의 사자가 칼을 빼어 손에 들고 길에 선 것을 보고 길에서 벗어나 밭으로 들어간지라 발람이 나귀를 길로 돌이키려고 채찍질하니(민 22:23-24). 유다가 예수 그리스도의 사도들 가운데 한 사도였던 것처럼 발람도 정말 하나님의 선지자들 가운데 한 사람이었다. 나귀가 자기 주인의 미친 행동을 지적하고 가는 길을 가로막았다. 그러나 모든 게 소용없는 일이었다. 일상적인 방법으로 하는 책망을 듣지 않는 사람들은 기적적인 놀라운 방법으로 보여주어도 그 때뿐이지 그들의 행동에 별 영향을 받지 않는다. 그러한 이적이 악인들의 악한 길을 돌이키지 못한다. 발람이 하나님의 백성을 저주하는 것을 실제로 자제하기는 했다. 그러나 자신에게 약속된 명예와 부에 눈이 어두워 발람은 자신이 갈 수 있는 데까지 갔다. 그는 억제하기는 했지만 부와 명예를 얻기 위하여 할 수 있는 노력은 다했다.

V. 사도는 유혹하는 거짓 선생들에 대한 진술을 더 상세하게 한다. 이 사람들은 물 없는 샘이요 광풍에 밀려 가는 안개니 그들을 위하여 캄캄한 어둠이 예비되어 있나니(17절).

1. 이 사람들은 물 없는 샘이요. 여기서 다음의 사실들을 주목하라.

(1) 목사들은 우물이나 샘 같이 되어야 한다. 즉 목사들은 사람들이 가르침과 안내와 위로를 받을 수 있는 샘이 되어야 한다.

(2) 그러나 거짓 선생들은 그들에게 의논을 하는 사람들에게 이러한 것을 하나도 줄 수가 없다. 진리의 말씀은 생명의 물이다. 생명의 물은 그것을 마시는 영혼을 시원하게 해주고 원기를 준다. 그러나 이들 사기꾼들은 오류만 퍼뜨리고 조장한다. 그러므로 그들의 주장은 공허하고 아무런 유익이 없다. 왜냐하면 그들에게는 진리가 전혀 없기 때문이다. 무지하고 무익한 사람들을 통해 지식과 이해를 얻으려는 우리의 모든 기대는 아무런 소득을 얻지 못하게 된다.

2. 이 사람들은 광풍에 밀려가는 구름(개역개정판에는 안개로 번역됨)과 같다. 우리가 구름을 볼 때 시원한 소나기를 기대한다. 그러나 이들 거짓 선생들은 결코 비를 내리지 않는 구름들이다. 왜냐하면 그들은 성령이 아니라 바람에 밀려 이리저리 떠다니는 사람들이기 때문이다. 그들은 자신의 야망과 탐심으로 꽉 찬 폭풍에 밀려다니는 사람들이다. 그들은 자신들이 갈채를 받고 이익을 얻을 생각들을 지지하고 전한다. 구름들이 햇빛을 가리고 어둡게 하듯이 그들은

무식한 말로 하나님의 뜻을 어둡게 한다. 그들이 하는 말들에는 진리가 하나도 없다. 이 사람들이 현세에서 어둠을 조장하는 것을 볼 때 내세에서 받을 그들의 분깃이 어둠의 안개가 되리라는 것은 아주 정당하고 의심의 여지가 없는 것이다. 마귀에게는 완전한 어둠이 마련되어 있다. 마귀는 위대한 사기꾼이다. 마귀가 사람들을 진리에서 돌이키는 도구들로 사용한 그의 종들에게도 영원한 어둠이 준비되어 있다. 지옥의 불은 영원히 타오르고, 밑이 없는 구덩이에서 끊임없이 연기가 올라올 것이다. 하나님이 그들에게 그렇게 하시는 것은 공정하다. 그 이유는 다음과 같다.

(1) 그들은 관계하는 사람들을 유혹하여 죽음의 올가미로 몰아넣는다. 마치 사람들이 그물로 고기를 잡듯이 한다.

(2) 그들이 하는 말들은 부풀린 허탄한 자랑의 말이다. 그들의 말은 소리는 아주 크지만 의미는 별로 없다.

(3) 그들이 하는 일은 사람들에게 즐거움과 유익이 된다고 떠벌리며 사실은 타락과 육체의 정욕을 조장한다.

(4) 거짓 선생들은, 손해와 파멸을 낳는 잘못과 죄들을 받아들이고 전하는 사람들을 실제로 피하고 그들과 거리를 두고 있는 사람들을 유혹한다. 여기서 다음의 사실들을 주목하라.

[1] 부지런한 적용을 통해 사람들은 잘못을 전하는 일에 능숙해지게 된다. 거짓 선생들은 어부들이 날마다 고기잡이를 해서 능숙해지듯이 사람들을 유혹하는 일에 능숙해진다. 이러한 사람들의 일은 사람들을 자신들의 제자들로 만드는 것이다. 그들이 사용하는 방법과 관리에 우리가 주목할 만한 것들이 있다. 그들이 잡으려고 하는 사람들에게 어떻게 미끼를 던지는지를 살펴볼 필요가 있다.

[2] 거짓 선생들은 사람들을 사로잡는 독특한 장점을 지니고 있다. 왜냐하면 그들은 사람들이 좋아하는 육체의 정욕과 쾌락으로 유혹하기 때문이다. 그러나 그리스도의 종들은 사람들이 자기를 부인하게 만들고 다른 사람들이 좋아하고 즐기는 정욕들을 죽이게 한다. 그러므로 진리가 널리 전파되지 않고 악이 횡행하게 되는 것을 전혀 이상하게 생각하지 말라.

[3] 잠시 진리를 받아들이고 죄와 잘못들에서 깨끗하게 된 사람들이 유혹자들의 끈질긴 간교함에 속아 간신히 빠져나온 죄와 잘못으로 다시 빠져들게 된

다. "그러므로 항상 경계하고, 경건한 열심을 품고, 성경을 탐구하고, 진리를 깨
닫고 그 안에 확고하게 서게 해달라고 성령에게 기도하고, 하나님과 함께 겸손
하게 행하고, 그리고 하나님이 너희에게 화를 내시어 너희를 떠나실 수 있게
하는 모든 것을 경계하도록 하라. 그러면 너희가 거짓 선생들의 그럴듯한 속임
수들에 넘어가지 않게 될 것이다. 거짓 선생들은 그들의 말을 듣는 모든 사람
들에게 자유를 주겠다고 약속한다. 그러나 그 약속은 하나님을 섬기는 참된 그
리스도인의 자유가 아니라 마음의 생각과 욕망들을 따라가게 하는 죄의 방종
을 주겠다는 것이다." 이 사람들이 개종자들을 변절시키는 것을 막기 위하여
사도는 아주 적절한 표현의 진술을 한다. 즉 사람들이 자유를 얻는다고 하더라
도 사실은 가장 더럽고 비천한 노예들에 지나지 않게 된다는 것이다. 왜냐하면
그들은 타락의 종들이기 때문이다. 그들 자신의 정욕들이 그들을 완전히 이긴
다. 따라서 그들은 실제로 그 정욕들에 얽매이는 종들이 된다. 그들은 육체를
좇게 되고, 정욕을 채우게 되고, 육체의 지시를 따르고, 육체의 명령에 복종한
다. 그들의 정신과 마음은 타락하고 부패해져서 자신들에게 부과된 일을 행할
수 있는 힘이나 의지를 상실하게 된다. 그들은 자신들의 영적인 적들에게 정복
당하고 사로잡히게 된다. 그리고 그들은 불의의 종들이 된다. 그리고 아주 부끄
럽게도 그들은 타락의 종과 그들 자신의 정욕의 노예들이 되고 만다. 이것을
생각하는 것이 우리가 이들 유혹자들에게 넘어가지 않게 막아 줄 것이다. 사도
는 이 권면에 또 다른 권면을 덧붙인다. 만일 그들이 우리 주 되신 구주 예수 그리
스도를 앎으로 세상의 더러움을 피한 후에 다시 그 중에 얽매이고 지면 그 나중 형편
이 처음보다 더 심하리니(20절). 죄의 노예들인 자들에게 유혹을 받고 마귀의 포
로가 되어 휘둘리는 것은 수치와 모욕이다. 또한 그렇게 되는 것은, 잘못과 죄
에 빠져 사는 사람들에게서 벗어나 깨끗해진 사람들에게 실제로 큰 손해가 된
다. 왜냐하면 이렇게 됨으로써 그들의 나중 결말이 처음보다 훨씬 더 나빠질
것이기 때문이다. 여기서 다음의 사실들을 주목하라.

　첫째, 세상의 오염을 피하고, 수치스러운 죄에서 떠나는 것은 어쨌든 유익이
된다. 비록 사람들이 철저하게 회심하고 완전하게 변해서 구원에 이르게 되지
는 못했을지라도 말이다. 왜냐하면 이렇게 함으로써 우리는 참으로 진실한 사
람들을 슬프지 않게 하고, 그리고 드러내놓고 불경스러운 사람들에게 용기를
주지 않게 된다. 반대로 우리가 다른 사람들과 함께 무절제한 방탕에 빠져 지

내고 그 시대의 죄에 젖어버린다면 복음에 따라 살려고 노력하는 사람들에게 고통을 주고 상심하게 만들 것이다. 그리고 우리가 그렇게 잘못 살게 되면 지존하신 하나님을 노골적으로 거역하고 이미 하나님의 진노를 산 자들의 손을 더 강하게 해주게 될 것이다.

둘째, 어떤 사람들은 잠시 우리 주 되신 구주 예수 그리스도를 앎으로 세상의 더러움을 피한다. 그러나 그러한 사람들이 그들의 마음이 거듭나고 구원을 받은 것은 아니다. 종교 교육이 하나님의 은혜로 거듭나지 않은 사람들을 많이 억제해오고 있다. 우리가 진리의 빛을 받고, 우리 머리에 그리스도를 아는 추상적인 지식이 생긴다면 그것이 우리에게 현재 어떤 유익이 될 수도 있을 것이다. 그러나 우리는 진리의 사랑을 받아야 하고, 마음에 하나님의 말씀을 간직해야 할 것이다. 그렇지 않으면 그 지식이 우리를 거룩하게 하지도 못하고 구원하지도 못할 것이다.

셋째, 세상의 오염과 더러움들을 잠시 피한 사람들은 애초 거짓 선생들로 말미암아 유혹을 받아 잘못된 일들에 얽혀들게 되었다. 거짓 선생들은 복음의 진리들에 반하는 그럴듯하고 허울 좋은 어떤 대상들을 가지고 사람들을 먼저 혼란에 빠뜨린다. 그래서 사람들이 이 유혹을 통해 마음이 점점 더 갈피를 못잡고 흔들리게 되고, 급기야 그들이 받아들인 가르침들의 진리를 의심하기 시작하게 된다. 왜냐하면 그 사람들이 이들 유혹자들로 말미암은 모든 어려움들을 해결할 수도 없고, 또한 모든 이의들에 대답을 할 수도 없기 때문이다.

넷째, 이전에 한 번 유혹을 받아본 사람들은 그것을 쉽게 극복할 수가 있다. 그러므로 그리스도인들은 하나님의 말씀을 늘 가까이 해야 하고, 그리고 그들을 혼란스럽고 당황스럽게 만들려고 애쓰는 사람들을 경계해야 한다. 그것은 만일 그들이 세상의 더러움을 피한 후에 다시 그 중에 얽매이고 지면 그 나중 형편이 처음보다 더 심하게 될 것이기 때문이다.

VI. 사도는 본 장의 마지막 두 구절에서 배교의 상태가 무지의 상태보다 훨씬 더 나쁘다는 것을 논증한다. 그 까닭은 배교는 의의 도를 저버리는 것이기 때문이다. 사람들이 의의 도를 어느 정도 알고 좋아한다고 말한 뒤에 그 도를 저버린다면, 그것을 몰랐던 것이 더 낫다. 그렇게 하는 것은 의의 도에 어떤 불의가 들어 있고 진리의 말씀에 어떤 거짓이 들어 있음을 발견했다고 스스로 선언하는 셈이 되기 때문이다. 그러므로 하나님의 선한 도에 대한 그러한 악평과 진리의 도에 대한 그러한 거짓 비난을 하는 행위는 반드시 가장 무거운 형벌을 받게 될 것이다. 그리스도와 그의 복음을 떠나는 그러한 배교자들의 불행은 다른 범죄자들이 당하는 것보다 훨씬 더 돌이킬 수 없고 참을 수 없는 것이 될 것이다. 그 이유는 다음과 같다.

1. 하나님은 율법에 복종하지 않는 사람들에게도 진노하신다. 그러나 하나님은 복음을 무시하고, 하나님과 그의 은혜를 비난하고 경멸하는 행위를 저지르는 사람들에게는 더욱 심하게 진노하신다.

2. 마귀는 자기가 다시 끌어들인 사람들을 더 심하게 지키고 더 꼼짝 못하게 가두어 놓는다. 그들은 예전에 주 예수 그리스도의 제자들이 되겠다고 믿음을 고백했다가 그리스도를 떠난 사람들이다. 이에 가서 저보다 더 악한 귀신 일곱을 데리고 들어가서 거하니 그 사람의 나중 형편이 전보다 더욱 심하게 되느니라 이 악한 세대가 또한 이렇게 되리라(마 12:45). 그들은 전보다 더 마귀의 무서운 경계를 받게 된다. 그러므로 그러한 사람들이 그 토하였던 것을 다시 핥아 먹게 된다고 해서 놀라거나 이상하게 여길 일이 전혀 못된다. 그들은 이전에 버렸고 꺼렸던 동일한 잘못들과 경건하지 않은 것들로 다시 돌아간다. 그들은 그들이 이전에 실제로 깨끗하게 씻었던 더러움에 빠져 다시 뒹굴게 된다. 성경이 이 두 구절에서 한편으로는 그리스도교에 대해 진술하고 다른 한편으로는 죄에 대해 진술한다면, 우리는 분명히 전자의 진술을 더 높이 인정하고 그 안에서 인내해야 할 것이다. 그것은 그 진술이 의의 도이고, 거룩한 계명이기 때문이다. 그리고 그것이 가장 불쾌하고 가증한 것으로 여겼던 죄에서 가장 멀리 떨어져 있게 해주기 때문이다.

개요

사도는 그의 두 번째 서신의 결론을 향해 나아간다. Ⅰ. 그는 이 마지막 장을 유대인 신자들에게 두 번째 편지를 보내는 이유를 밝히는 것으로 시작한다(1-2절). Ⅱ. 그는 이어서 이 서신을 쓰게 된 또 한 가지 이유가 조롱하는 자들이 오게 된 것이라고 말한다(3-7절). Ⅲ. 그는 우리 주 예수 그리스도가 심판하러 오신다는 것을 그들에게 가르치고 확증한다(8-10절). Ⅳ. 사도는 그리스도인들이 그리스도의 다시 오심을 바라보고 그 은혜와 지식에서 자라갈 것을 권면하고, 그리고 그 때 세상이 불에 풀리고 녹아져서 새 하늘과 새 땅이 임하게 될 것을 설명한다(11-18절).

¹사랑하는 자들아 내가 이제 이 둘째 편지를 너희에게 쓰노니 이 두 편지로 너희의 진실한 마음을 일깨워 생각나게 하여 ²곧 거룩한 선지자들이 예언한 말씀과 주 되신 구주께서 너희의 사도들로 말미암아 명하신 것을 기억하게 하려 하노라

사도는 본 서신의 목적을 아주 적절하게 표현한다. 그것은 신자들에게 복음의 가르침을 신앙적이고 실제적으로 기억시키기 위한 것이다. 여기서 다음의 사실들을 주목하라.

1. 사도는 그들을 사랑하는 자들이라고 부름으로써 그들에 대한 자신의 각별한 사랑과 관심을 나타낸다. 이것을 통해 그는 경건에 형제 우애를, 형제 우애에 사랑을 더하라(1:7)고 한 자신의 권면을 확증하고 있다. 목사들은 생활과 행실은 물론이고 사랑과 배려의 본보기도 되어야 한다.

2. 사도는 그것이 말이 다르긴 하지만 같은 내용의 반복을 통해 신자들에 대한 자신의 진실한 사랑과 마음에서 우러나온 관심을 분명하게 표명한다. 같은 주제를 쓰고, 같은 목적을 추구하는 것이 신자들에게도 편안하고 사도 자신에게도 부담이 되지 않을 것이다. 그리고 그것이 성공하기가 더 용이할 것이다.

3. 주제를 더 잘 권면하기 위하여 그는 그들에게 말했던 것을 기억하라고 다

시 말해주고 있다. 여기서 다음의 사실들을 주목하라.

(1) 기억할 것은 거룩한 선지자들이 예언한 말씀이다. 선지자들은 성령의 감동으로 계시를 받고 거룩하게 된 사람들이었다. 이 선지자들의 마음이 같은 성령의 성화 작용으로 깨끗하게 된 것을 보면 신자들도 거룩한 선지자들을 통해 하나님의 말씀을 더 잘 받고 더 잘 간직할 수 있을 것이다.

(2) 기억할 것은 주 되신 구주께서 너희의 사도들로 말미암아 명하신 것이다. 그러므로 그리스도의 제자들과 종들은 그가 보내신 사람들이 그들의 주님의 뜻을 그들에게 선포한 것을 존중해야 한다. 하나님이 구약의 선지자들을 통해 말씀하신 것과 그리스도가 신약의 사도들을 통해 명하신 것을 자주 기억하고 생각해야만 한다. 이것들을 생각하고 묵상하는 사람들은 그 속에 담긴 활기와 생기를 주는 은혜와 능력들을 느끼고 체험하게 될 것이다. 이것들을 통해 그리스도인들의 순수한 마음이 자극과 활기를 얻어야 될 것이다. 그러면 그들이 거룩한 길을 걸을 때 적극적이고 활기 있게 걸을 수 있게 될 것이고, 하늘나라로 가는 길을 지치지 않고 열심히 가게 될 것이다.

[3]먼저 이것을 알지니 말세에 조롱하는 자들이 와서 자기의 정욕을 따라 행하며 조롱하여 [4]이르되 주께서 강림하신다는 약속이 어디 있느냐 조상들이 잔 후로부터 만물이 처음 창조될 때와 같이 그냥 있다 하니 [5]이는 하늘이 옛적부터 있는 것과 땅이 물에서 나와 물로 성립된 것도 하나님의 말씀으로 된 것을 그들이 일부러 잊으려 함이로다 [6]이로 말미암아 그 때에 세상은 물이 넘침으로 멸망하였으되 [7]이제 하늘과 땅은 그 동일한 말씀으로 불사르기 위하여 보호하신 바 되어 경건하지 아니한 사람들의 심판과 멸망의 날까지 보존하여 두신 것이니라

하나님이 선지자들과 사도들을 통하여 우리에게 계시해주신 것을 우리가 진지하게 생각하고 확고하게 믿을 수 있는 활기와 자극을 주기 위하여 사도는 조롱하는 자들을 조심하라고 권면한다. 조롱하는 자들은 죄를 조롱하고 죄에서의 구원을 조롱하는 사람들이다. 예수 그리스도를 통한 하나님의 죄인들의 구원 방법을 사람들이 조롱한다. 그리고 사람들은 복음 아래서 말세에 임할 심판도 조롱한다. 구약보다 더 영적이고 하나님의 본성에 더 일치하는 은혜 언약의 신약 시대가 조롱을 받고 비난을 받는다는 것은 참으로 이상하게 생각

될 수도 있다. 그러나 신약 예배의 영성과 단순성은 인간의 정욕과 직접적으로 배치되고, 그리고 사도가 여기서 암시하고 있는 것에 대한 진술들과도 정반대 된다. 그러므로 조롱하는 자들은 이전보다 말세에 더 많아지고 더 대담해지게 될 것이다. 모든 세대에 육체를 따라 태어나고 육체를 따라 사는 사람들은 영 을 따라 태어나고 영을 따라 사는 사람들을 핍박했고, 욕을 했고, 비난을 했다. 그렇지만 말세에는 진실한 경건을 조롱하는 기술과 뻔뻔스러움이 훨씬 발전하 게 될 것이다. 그리고 말세에는 복음이 명하는 신중함과 자기 부인을 확고하게 믿고 실천하는 사람들을 조롱하는 방법이 더욱 발전하게 될 것이다. 이것은 모 든 그리스도인들이 잘 알고 있는 내용에 대한 언급이다. 그러므로 그리스도인 들은 그것을 당연한 것으로 여겨야만 한다. 그리스도인들은 마치 어떤 이상한 일이 자신들에게 일어나기라도 한 것처럼 놀라거나 무서워해서는 안 될 것이 다. 그러나 이러한 조롱하는 사람들의 공격을 받게 될 때 참된 그리스도인들이 지거나 넘어지지 않도록 하기 위하여 사도는 다음과 같은 권면을 한다.

I. 조롱하는 자들은 어떤 종류의 사람들인가? 그들은 자기의 정욕을 따라 행하며 사는 사람들이다. 그들은 자신의 마음의 생각과 욕망을 따라 산다. 그들은 육체 의 타락한 감정들을 따라 산다. 그들은 바른 이성과 깨우침을 받은 명철한 판 단을 따라 행하지 않는다. 이것을 그들은 자신들의 행실을 따라 행한다. 그들은 마음이 원하는 대로 따라 산다. 그들은 마음이 하고 싶은 대로 말을 한다. 그러 한 행태는 하나님께 악하고 하나님을 거스르는 그들의 속마음이다. 그것은 모 든 중생하지 못한 죄인의 마음과 같다. 육신의 생각은 하나님과 원수가 되나니 이 는 하나님의 법에 굴복하지 아니할 뿐 아니라 할 수도 없음이라(롬 8:7). 그러한 마 음은 하나님께 낯설고, 하나님을 전혀 모르고, 하나님을 거스르는 마음이다. 그 뿐만 아니라 그들은 악이 자랄 대로 자라 육체적인 다른 사람들이 마음속으로 생각하는 것을 드러내놓고 떠들고 내세운다. 그들은 이렇게 말한다. "우리의 혀 도 우리 것이고, 힘도 우리 것이고, 시간도 우리 것이다. 누가 우리를 지배하느 냐? 누가 우리를 반박하고 조절하느냐? 어느 누가 우리가 말하거나 행한 것을 설명하라고 요구하겠느냐?" 그들은 자신들의 행실이 하나님의 어떤 법으로든 제한받게 되는 것을 조롱한다. 마찬가지로 그들은 하나님의 계시가 그들에게 믿어야 할 것을 명령하거나 규정하는 것도 결코 참지 못할 것이다. 그들은 자 신의 방식대로 살고 자신의 어법대로 말한다. 마찬가지로 그들은 자신의 마음

대로 생각도 하고 자신의 원칙대로 원칙을 정한다. 언제나 그들이 고려하고 염두에 두는 것은 자기의 정욕이다. 여기서 진술되고 있듯이 그런 낙인이 찍힌 방탕에 찌든 사람들이 아닌 이상 그런 조롱하는 자의 자리를 차지할 수는 없을 것이다. 어떻든 신자들은 조롱하는 자의 자리와 교만한 자의 자리에는 앉을 수 없다. 복 있는 사람은 악인들의 꾀를 따르지 아니하며 죄인들의 길에 서지 아니하며 오만한 자들의 자리에 앉지 아니하고(참조. 시 1:1). "이것으로 너희가 조롱하는 자와 오만한 자를 알게 될 것이다. 그러면 너희가 그들을 더 잘 경계할 수 있을 것이다."

II. 조롱하는 자들이 어디까지 나아갈 것인지를 통해 우리 역시도 미리 경고를 받게 된다. 그들은 우리를 흔들고 어지럽게 만들 것이다. 그들은 우리가 믿는 그리스도의 재림까지도 뒤흔들려고 할 것이다. 그들은 코웃음치며 말할 것이다. 주께서 강림하신다는 약속이 어디 있느냐(4절)? 이것 말고도 그리스도교 신앙의 모든 다른 신조들도 별 대단치 않은 시시한 것인 양 조롱하고 무시할 것이다. 그러나 이런 모든 사람들에게 최후의 일격을 가할 사건이 남아있다. 그것은 약속의 메시야가 오시는 것이다. 그는 육신이 되어 우리 가운데 거하셨던(요 1:14) 분이다. 약속의 메시야는 앞서 요한복음에서 진술된 그런 분이시고, 그리고 앞서 고찰했던 우리를 위하여 약속이 됐던 모든 것을 이행하신 그런 분이시다. 그리스도교를 대적하는 적들이 이러한 원리들을 언제나 뒤엎으려고 애를 써오고 있다. 그러나 이러한 원리들이 전부 이미 과거가 돼버린 사실들에 근거하고 있고, 베드로 사도와 다른 사도들이 이 원리들에 대해 아주 확실하고 만족스러운 증거를 우리에게 제시해주고 있다. 그러므로 적그리스도들이 그리스도교의 진리들에 대한 그들의 반대를 하다하다 지쳐 결국 나가떨어지고 말 것이다. 게다가 우리가 믿는 신앙의 대표적인 진리 하나가 아직 남아있다. 그것은 우리의 믿음이 근거하고 있는 약속이다. 현세에서는 적그리스도들이 세상 끝나는 날까지 우리를 계속해서 공격할 것이다. 우리의 주님이 오실 때까지 그들은 그가 오시리라는 것을 결코 믿지 않을 것이다. 오히려 그들은 주님이 두 번째 다시 오시는 것을 입에 담는 것조차도 비웃고 조롱할 것이다. 그리고 그들은 주님의 재림을 진실하게 믿고 기다리는 사람들을 당황하게 하고 어렵게 만들기 위하여 온갖 짓을 자행할 것이다. 그러므로 이 논점이 신자들 쪽과 이들 유혹자들 쪽에 각각 어떻게 영향을 미치는지를 살펴보도록 하자. 신자는 주님이 오실 수 있기를 바랄 뿐만 아니라 주님이 오실 것이라고 말씀하신 약속도 믿는다. 그 약속은 주님이 직접 하시고 반복해서 말씀하신 것이다. 그리고 그 약속은 신실한 증인들이 받아들여 믿고 전한 것이다. 그리고 그 약속은 확실한 기록에 기록되어 있는 것이다. 그러므로 신자는 주님이 오실 것이라는 것을 확실하고 완전하게 받아들이고 믿는다. 반대로 이들 유혹자들은 주님이 오시기를 결코 바라지 않기에 주님이 결코 오시지 않을 것이라고 자신들 스스로를 속이고 다른 사람들을 꼬드긴다. 설령 그들 적그리스도들이 그 약속이 있다는 것을 부인할 수 없다고 할지라도 그들은 그 진실한 약속 자체를 비웃고 무시할 것이다. 그들은 더 나아가서 아주 지독한 불신앙과 경멸의 태도로 말을 내뱉는다. 주께서 강림하신다는 약속이 어디 있느냐?

III. 이들 유혹자들이 주장하는 논법을 주의하라고 사도는 경고를 한다.

왜냐하면 그들은 한편으로는 조롱하고 비웃으면서 다른 한편으로는 토론하고 논증하는 척하기 때문이다. 이 목적을 위해 그들은 진리를 비웃으면서도 조상들이 잔 후로부터 만물이 처음 창조될 때와 같이 그냥 있다(4절) 하는 말을 덧붙이고 있다. 이것은 견고한 형식의 논증은 아닐지라도 간교한 말이다. 이러한 방식의 말은 약한 마음을 가진 사람이나, 특별히 사악한 정신을 가진 사람들에게 영향을 미치기가 쉽다. 악한 일에 관한 징벌이 속히 실행되지 아니하므로 그들이 심판은 결코 일어나지 않을 것이라고 우쭐거린다. 그래서 그들이 악을 행하는 데에 마음이 담대해지게 된다(전 8:11). 그들은 스스로도 이와 같이 행동을 하고 다른 사람들도 그렇게 하라고 꼬드긴다. 그래서 본문에서 그들은 이렇게 말하고 있다. "조상들이 잔다. 약속을 받은 사람들이 다 죽었다. 그 약속이 조상들 때에 이루어지지 않았다. 마찬가지로 지금도 그 약속이 언제 이루어질 것이라는 가망은 전혀 없다. 왜 우리가 그런 문제로 고민을 해야 되느냐? 너희가 말하는 그 약속에 어떤 진리나 어떤 확실성이 있다고 한다면 그것에 대한 무언가가 지금 이전에 확실히 있었어야 할 것이고, 그리스도의 오심에 대한 어떤 징조가 있었어야 할 것이고, 그것이 이루어지기 위한 어떤 예비적인 것이 나타났어야 할 것이다. 그런데 우리는 지금까지도 만물이 처음 창조될 때와 같이 그냥 있지 않느냐. 즉 창조 때부터 오늘날까지 아무런 변화가 전혀 없지 않느냐. 도대체 바뀐 것이 무엇이냐. 세상이 수천 년 동안 아무런 변화가 없는데 종말이 오기라도 한 것처럼 무서워 떨고 난리를 피워야 하는가?" 이들 조롱하는 자들은 이와 같이 논증을 편다. 그들은 아무런 변화도 보지 못하기에 하나님을 두려워하지 아니하고 경외하지 아니한다(참조 시 55:19). 그들은 하나님을 두려워하지도 않고 하나님의 심판도 무서워하지 않는다. 그들의 생각에는 하나님이 이제까지 아무런 일도 하지 않으셨으니 하나님이 앞으로도 무슨 일을 결코 하실 수 없고 또한 아무런 일도 하지 않으실 것이라는 결론이다.

IV. 바로 여기서 그들의 논증의 허위가 감지된다. 그들이 처음 창조부터 아무런 변화가 없었다고 확실하게 주장했다. 그러나 사도는 이미 과거에 한 변화가 있었다는 사실을 우리에게 회상시켜주고 있다. 그 변화란 노아 당시에 세상이 홍수로 물에 잠긴 사건이었다. 이 사실을 이들 조롱하는 자들이 간과했다. 그들은 그 사실에 전혀 관심을 기울이지 않았다. 그들이 그 사실을 알았을 수도 있고 당연히 알아야 했지만 그들이 일부러 잊으려 했다(5절). 즉 그들은 고의적으로 그 사실을 모른 척했던 것이다. 그들은 그 사실을 묵묵부답으로 넘기려고 작정을 했다. 마치 그들이 그 사실을 들은 적도 없고 알지도 못했던 것처럼 시치미를 뚝 떼고 있었다. 설령 그들이 그 사실을 알았다고 하더라도 그들은 굳이 그것을 그들의 머리나 지식 속에 담아두기를 좋아하지 않았을 것이다. 그들은 이 진리를 받아들여 사랑하기는 고사하고 인정하려고 하지도 않았다. 여기서 다음의 사실을 주목하라. 진리를 찾으려는 마음이 전혀 없는 사람들을 믿도록 설득한다는 것은 참으로 어려운 일이다. 그러한 사람들은 많은 경우들에 있어서 무식하기 이를 데 없다. 그 이유는 그들이 무식해지려고 작정을 하고 있기 때문이기도 하다. 그리고 그들은 알려고 하는 관심이 전혀 없기 때문에 모르기도 하다. 그러나 죄인들은 이와 같은 무지가 어떤 죄를 저지르든 그 변명이나 구실이 될 수 있을 것이라고 생각해서는 안 될 것이다. 그리스도를 십자가에 못 박은 사람들은 그가 누구이신 줄을 몰랐다. 이 지혜는 이 세대의 통치자들이 한 사람도 알지 못하였나니 만일 알았더라면 영광의 주를 십자가에 못 박지 아니하였으리라(고전 2:8). 그러나 몰랐다고 하더라도 그들에게 죄가 없는 것은 아니었다. 그들의 무지 그 자체도 죄였다. 그것은 고의적인 무지였다. 한 죄가 다른 죄의 변명거리가 될 수 없다. 그것은 이 경우에도 마찬가지이다. 하나님이 온 세상의 불쌍한 경건하지 않은 사람들을 단번에 쓸어버리시는 무서운 징벌을 이 무지한 사람들이 알았다면 말세에 임할 무서운 심판에 대한 하나님의 경고들을 분명히 조롱하지 않았을 것이다. 그러나 본문에서 그들은 일부러 알려고 하지 않았다. 그들은 하나님이 행하신 일을 알려는 마음을 전혀 갖지 않았기에 그것을 전혀 몰랐다. 그러므로 이제 우리는 사도가 본문에서 물에 의한 옛 세상의 멸망과 나중에 불에 의한 말세의 대재앙에 대해 진술하는 표현을 더 깊이 생각해보도록 하자. 사도가 물에 의한 멸망을 하나님이 행하신 것으로 언급하고 있는 것은 우리에게 나중에 임하게 될 불에 의한 대재앙을 믿도록 우리를 납득시키고 설득시키기 위한 것이다. 여기서 다음의 것들을 생각해보도록 하자.

1. 먼저 이미 세상에 임했던 멸망에 대한 사도의 진술부터 생각해보도록 하자. 이는 하늘이 옛적부터 있는 것과 땅이 물에서 나와 물로 성립된 것도 하나님의 말씀으로 된 것을 그들이 일부러 잊으려 함이로다 이로 말미암아 그 때에 세상은 물이 넘침으로 멸망하였으되(5-6절). 본래 세상이 그렇지 않았으면 그대로 있었을 것이다. 창조 때 물들이 아주 지혜롭게 둘로 나뉘어졌는데 우리에게 아주 큰 유익이었다. 창세기 1장 8절에 기록하고 있듯이 어떤 물은 하늘이라고 하는 궁창 위에 보관이 되었다. 그리고 다른 물은 궁창 아래의 물이라고 하여 한 곳에 모아두었다. 그래서 세상에 바다와 육지가 생기게 되었다. 그것은 인간들을 위한 널찍하고 편리한 거주지가 되었다. 그런데 온 세상을 뒤덮는 대홍수가 일어났을 때 상황이 이상하게 바뀌게 되었다. 하나님이 예전에 갈라 편리한 그릇에 담아놓으셨던 물들을 진노하시어 이제는 한꺼번에 땅에 쏟아 부으신다. 그 날에 큰 깊음의 샘들이 터지며 하늘의 창문들이 열려 사십 주야를 비가 땅에 쏟아졌더라(창 7:11,12). 이 비로 온 땅이 물로 뒤덮이고 아주 높은 산 위의 봉우리까지 하나도 남김이 없이 물에 잠겼다. 그 물이 불어서 십오 규빗이나 되었다(창 7:20). 이와 같이 하나님은 그의 무서운 권능과 그의 격렬한 진노를 단번에 나타내셨고 온 세상은 단번에 멸망당했다. 이로 말미암아 그 때에 세상은 물이 넘침으로 멸망하였으되(6절). 이것은 변화이고, 그것도 아주 무서운 변화가 아닌가! 그리고 이 모든 것이 하나님의 말씀으로 말미암은 사실이라는 것을 주목할 필요가 있다. 세상이 처음에 만들어진 것도 하나님의 말씀에 의한 것이었다. 그리고 세상이 편리하고 아름다운 구조와 질서를 가지게 된 것도 하나님의 말씀으로 말미암은 것이었다. 믿음으로 모든 세계가 하나님의 말씀으로 지어진 줄을 우리가 아나니 보이는 것은 나타난 것으로 말미암아 된 것이 아니니라(히 11:3). 하나님이 이르시되 물 가운데에 궁창이 있어 물과 물로 나뉘라 하시고 하나님이 궁창을 만드사

궁창 아래의 물과 궁창 위의 물로 나뉘게 하시니 그대로 되니라(창 1:5,6). 하나님이 이르시되 천하의 물이 한 곳으로 모이고 뭍이 드러나라 하시니 그대로 되니라 하나님이 뭍을 땅이라 부르시고 모인 물을 바다라 부르시니 하나님이 보시기에 좋았더라(창 1:9,10). 이와 같이 하나님은 말씀하셨고 그것이 이루어졌다. 그가 말씀하시매 이루어졌으며 명령하시매 견고히 섰도다(시 33:9). 그런 까닭에 사도는 이렇게 말하고 있는 것이다. 하늘이 옛적부터 있는 것과 땅이 물에서 나와 물로 성립된 것도 하나님의 말씀으로 된 것이다. 그 하늘은 처음 창조 때의 것이었고 그 땅은 처음 창조 때의 물과 육지로 된 지구였다. 또한 그것은 하나님의 말씀으로 된 세상의 최초의 구조와 질서일 뿐만 아니라 그 땅에 사는 모든 것들이 완전하게 멸망당하게 되는 나중의 세상의 혼란과 파멸도 같은 하나님의 말씀으로 말미암은 것이었다. 하늘들을 펴시고 땅의 기초를 놓으신 하나님이 아닌 이상 그 누가 단번에 그토록 광대한 구조의 세상을 파멸시키고 뒤엎을 수 있겠는가. 이것은 하나님의 권능의 말씀으로 이루어진 일이었다. 그것은 또한 하나님의 약속의 말씀을 따라 이루어진 것이기도 했다. 하나님은 땅 위의 육체를 가진 것들을 다 멸망시키고, 그리고 그것을 땅에 물을 범람하게 하여 파멸시킬 것이라고 말씀하셨다(참조. 창 6:7,13,17). 이것이 하나님이 옛날에 세상에 내리신 변화였다. 이 사실은 조롱하는 자들이 무시하는 것이었다. 이제 다음의 사실을 고찰해 보도록 하자.

2. 사도는 앞으로 땅에 임하게 될 멸망의 변화에 대해 진술한다. 이제 하늘과 땅은 그 동일한 말씀으로 불사르기 위하여 보호하신 바 되어 경건하지 아니한 사람들의 심판과 멸망의 날까지 보존하여 두신 것이니라(7절). 여기서 우리는 세상의 마지막 해체에 대한 무서운 진술을 대하게 된다. 이것을 좀 더 깊이 생각해보도록 하자. 물을 통해 세상과 그 거주자들에게 임했던 멸망을 우리가 지금 관심을 가지고 읽고 듣고 생각하고 있다. 그런데 물로 멸망을 당했던 사람들은 우리가 전혀 모르는 사람들이었다. 여기서 언급되고 있는 심판은 장차 임할 것이고 확실하게 닥칠 것이다. 그러나 우리는 그것이 언제 어떻게 어떤 사람들에게 임하게 될지를 전혀 모른다. 그러므로 우리는 그것이 우리 시대에 일어나지 않을 수도 있다고 장담해서도 안 되고 장담할 수도 없다. 그런데 그 당시의 사람들이 모든 다른 면에서 동일했음에도 불구하고 그 홍수 심판을 피했던 사람이 아주 소수이기는 하지만 몇 사람이라도 있었는데 이 불 심판을 피할 수 있는

사람은 한 사람도 없다는 것이다. 이것은 아주 큰 차이가 있다. 더욱이 우리는 전자의 재난에 들어있지 않았다. 그러나 우리가 앞으로 후자의 재난에 들어있지 않을 것이라고 지금은 장담하지 못한다. 그러므로 이제 우리가 속하고 있는 세상이 한 번 멸망했던 사실을 이해하도록 하자. 그것은 한 개인이나 한 가족이나 한 민족뿐만 아니라 온 세상이 함께 멸망당한 것이었다. 누구에게나 닥친 멸망을 피할 방주를 준비하지 않았거나 가능한 다른 도피 수단을 마련하지 못한 사람들은 그 누구든 다 단번에 물에 가라앉고 말았다. 예전의 멸망과 미래의 멸망에는 차이가 있다. 예전의 것은 이미 과거이다. 그것은 우리에게 다시는 되풀이되지 않는다. 왜냐하면 하나님이 그 사실을 분명하게 말씀해주셨기 때문이다. 내가 너희와 언약을 세우리니 다시는 모든 생물을 홍수로 멸하지 아니할 것이라 땅을 멸한 홍수가 다시 있지 아니하리라(창 9:11).

　불 심판은 아직 이루어지지 않은 미래의 일이다. 그것은 진리처럼 확실한 것이다. 그리고 하나님의 권능은 그것을 이루실 수 있다. 홍수 심판은 세상에 점진적으로 임했다. 그것은 세상에 사는 모든 것들을 완전히 멸망시키기까지 사십 일이 걸렸다(창 7:12,17). 그러나 불 심판은 그들에게 일순간 단번에 임하게 될 것이다(벧후 2:1). 게다가 앞서 이야기했듯이 물 심판에 의한 멸망에는 몇 사람이라도 피할 수 있었다. 그러나 장차 우리에게 임할 미래의 불 심판의 멸망은 모든 사람에게 임하는 절대적인 심판이 될 것이다. 그 심판에는 삼키는 불이 세상의 모든 것을 집어삼킬 것이다. 어느 한 부분도 온전하지 못할 것이다. 세상의 그 누구도 피할 수 있는 성소는 한 군데도 없을 것이다. 세상의 어느 곳도 안전하게 피할 수 있는 곳은 한 점이라도 있을 수 없다. 따라서 옛 세상의 멸망과 지금 여기서 언급되고 있는 이 세상의 멸망의 차이들이 무엇이든지 그것들은 다가오고 있는 미래의 심판이 가장 무서운 심판이라는 것을 진실로 나타내고 있다. 그러나 전 세계적인 대홍수로 세상이 예전에 멸망당했다는 사실은 이 세상이 전 세계적인 불 심판으로 다시 멸망당할 수도 있다는 사실에 더욱 신빙성을 더해준다. 그러므로 우리의 주님이 심판하시러 다시 오신다는 것을 조롱하는 사람들도 어쨌든 그 일이 있을 수도 있다는 정도는 생각하지 않을 수 없을 것이다. 그것에 대한 하나님의 말씀은 일체 없으시다. 다만 그 일이 하나님의 권능에 속한 것이라는 언급을 빼놓고는 말이다. 그들이 여전히 비웃을지라도 그들이 우리를 결코 부끄럽게 하지 못할 것이다. 우리는 그 일이 이루어질 것이라는 사실을 더욱 확신하게 된다. 왜냐하면 하나님께서 그것을 말씀하셨고, 우리는 하나님의 약속을 믿고 의지하기 때문이다. 그러나 그들은 성경도, 하나님의 능력도 알지 못하는 고로 오해하였다(마 22:19). 우리는 성경도 알고 하나님의 권능도 안다. 그러므로 우리는 성경과 하나님의 권능에 따라 행해야 하고 의지해야 한다. 그런데 하나님이 말씀하신 것과 하나님이 반드시 그 말씀을 이행하실 내용인즉 이렇다. 이제 하늘과 땅은 그 동일한 말씀으로 불사르기 위하여 보호하신 바 된다는 것이다. 다시 말해서 그것이 종말에 불 심판으로 멸망당할 때까지 우리가 보는 이 세상의 아름다움과 질서가 그대로 존속되고, 우리를 위한 유용성이 그대로 유지될 것이다. 하나님이 그의 목적을 이루시기 위하여 그것을 안전하게 보호해주시고 보존해주실 것이다. 그것은 하나님이 경건하지 아니한 사람들의 심판과 멸망의 날까지 보존하여 두신 것이다. 결론적으로, 그들이 불로 심판당할 때까지 보존될 것이다.

여기서 다음의 사실을 주목하라. 하나님의 미래의 심판은 앞서 있었던 물 심판보다 훨씬 무서운 것이 될 것이다. 옛 세상은 물로 멸망당했다. 그러나 지금 이 세상은 불로 심판당하기까지 보존된다. 마지막 날에 그 불이 악한 자들을 태울 것이다. 이것이 늦어지는 것처럼 보이기는 한다. 그러나 이 악한 세상이 하나님의 말씀으로 지탱이 되고 있기는 하다. 그러나 그것은 단지 하나님의 징벌을 받아 마땅한 자들을 위하여 보존되고 있을 따름이다. 하나님은 마지막 심판 날에 그들의 공과에 따라 경건하지 않은 세상 사람들을 처리하실 것이다. 왜냐하면 심판 날은 경건하지 아니한 사람들의 심판과 멸망의 날이기 때문이다. 이제 미래의 심판을 조롱하고 무시하는 사람들은 그 날이 징벌과 완전한 멸망의 날임을 알게 될 것이다. "그러므로 이들 조롱하는 자들 가운데 있게 될까봐 조심하고 경계하라. 주의 날이 오리라는 사실을 결코 의심하지 말라. 따라서 그리스도 안에 있으려고 부지런히 노력하라. 그러면 너희는 경건하지 아니한 세상에 임할 분노와 진노의 날에 새롭게 되고 구원을 받게 될 것이다."

⁸사랑하는 자들아 주께는 하루가 천 년 같고 천 년이 하루 같다는 이 한 가지를 잊지 말라

사도는 그리스도인들에게 주님의 재림의 진리를 가르치고 확고하게

세워주기 위하여 이 말씀을 전하고 있다. 우리는 사랑하는 자들이라고 부르는 사도의 말에서 신자들에 대한 사도의 친절과 애정을 분명하게 감지할 수 있다. 사도는 하나님의 계시를 믿지 않는 경건하지 아니한 불쌍한 사람들에 대한 동정어린 관심과 선의의 사랑을 가지고 있었다. 또한 사도는 참된 신자들에 대한 각별한 관심도 가지고 있다. 그리고 그 신자들에게 있는 여전한 무지와 약함에 대한 사도의 염려가 그를 안타깝게 한다. 그래서 그는 그들에게 주의를 준다. 여기서 다음의 사실들을 주목하라.

Ⅰ. 사도가 주장하는 진리는 이것이다.　주께는 하루가 천 년 같고 천 년이 하루 같다. 인간들에게는 하루와 일 년은 많은 차이가 있다. 더욱이 하루와 천 년은 엄청난 차이가 있다. 그러나 영원 속에 머무시는 하나님께는 하루나 천 년이나 차이가 없다. 영원은 이어짐도 없고 끊어짐도 없다. 과거, 현재, 미래의 모든 것이 하나님 앞에 언제나 존재한 것들이기 때문이다. 그러므로 하나님께 천 년의 늦어짐이라는 것은 인간의 하루나 한 시간의 연기나 다를 바 없는 것이다.

Ⅱ. 이 진리는 중요하다.　이것은 사도가 우리가 잊지 않기를 바라는 이 한 가지이다. 하나님에 대한 거룩한 두려움과 숭배의 무서움은 우리가 하나님을 경배하고 찬양하는데 필요하다. 하나님과 우리 사이에 아주 상상할 수 없을 정도의 거리가 있다는 사실을 믿는 신앙은 주님에 대한 경외심을 가지게 해주고 유지시켜 준다. 주님을 경외하는 것이 바로 지혜의 시작이다. 이것은 우리에게 평화를 주는 진리이다. 그러므로 사도는 우리가 하나님을 경외하는 눈을 뜨기를 바라고 있다. 이 한 가지를 잊지 말라는 원래의 뜻은 이 한 가지가 너희에게 감춰지지 않게 하라이다. 사람들이 영원하신 하나님을 모르거나 믿지 않는다면 하나님을 그들과 같은 그러한 분으로 생각하기가 쉽다. 영원을 생각하기란 얼마나 어려운 일인가! 그러므로 하나님을 아는 그러한 지혜에 도달하는 것은 결코 쉬운 일이 아니다. 그러나 그것은 절대적으로 필요한 일이다.

[9]주의 약속은 어떤 이들이 더디다고 생각하는 것 같이 더딘 것이 아니라 오직 주께서는 너희를 대하여 오래 참으사 아무도 멸망하지 아니하고 다 회개하기에 이르기를 원하시느니라 [10]그러나 주의 날이 도둑 같이 오리니 그 날에는 하늘이 큰 소리로 떠나가고 물질이 뜨거운 불에 풀어지고 땅과 그 중에 있는 모든 일이 드러나리로다

우리는 여기서 하나님이 더디지 않으시다는 말을 듣게 된다. 하나님은 약속 시간을 절대 미루지 않으신다. 하나님은 이스라엘을 애굽에서 건져내시겠다고 정해진 그 때에서 하루도 늦추지 않으셨다. 하나님은 이스라엘 자손이 애굽에 거주한지 사백삼십 년이라 사백삼십 년이 끝나는 그 날에 여호와의 군대가 다 애굽 땅에서 나왔다(출 12:40,41). 그와 마찬가지로 주님은 세상을 심판하시기 위하여 오시는 정해진 그 때를 반드시 지키실 것이다. 하나님이 하시는 계산과 인간이 하는 계산에는 엄청난 차이가 있다! 선한 사람들도 하나님이 정해진 때를 지체하신다고 생각하기가 쉽다. 즉 선한 사람들 자신과 교회의 구원을 위하여 그들이 정한 때에서 늦어진다고 생각한다. 그러나 그들은 그들 나름의 때를 정하고 하나님은 다른 때를 정하셨다. 하나님은 자신이 정하신 날과 때를 반드시 지키실 것이다. 경건하지 아니한 사람들은 하나님이 미루신다고 말도 안 되는 괘씸한 비난을 하나님께 감히 해댄다. 마치 하나님이 오실 때를 놓치신 나머지 오실 생각을 아예 제쳐 놓으신 것처럼 비난을 한다. 그러나 사도는 우리에게 다음과 같은 사실들을 확신시켜 주고 있다.

I. 사람들이 더디다고 생각하는 것은 사실은 주께서 우리를 위해 오래 참으시는 것이다. 그것은 하나님이 창세 전에 택하신 하나님 자신의 백성들을 위하여 더 많은 시간을 주기 위한 것이다. 그것은 그들 가운데 아직 회심하지 않은 사람들을 위한 것이다. 하나님의 은혜와 호의를 받은 상태에 있는 사람들이 하나님을 더 알고 더 거룩해지기 위한 시간을 더 갖기 위한 것이다. 그리고 그것은 하나님의 백성들이 믿음과 인내를 더 실천하게 하고, 선행을 더 많이 행하게 하고, 그들이 부름 받은 것을 더 많이 행하고 견디게 하기 위한 것이다. 그래서 그들이 하나님의 영광에 이를 수 있게 되고, 그리고 하늘나라에 합당하게 될 때까지 성장하게 하기 위한 것이다. 왜냐하면 하나님은 그의 백성들 가운데 어떤 사람도 멸망당하기를 바라지 않으시기 때문이다. 그리고 하나님은 그들 모두가 회개할 수 있기를 바라신다. 여기서 다음의 사실들을 주목하라.

1. 회개는 구원을 받기 위해서는 절대적으로 필요하다. 너희도 만일 회개하지 아니하면 다 이와 같이 망하리라(눅 13:3,5).

2. 하나님은 죄인들의 죽음을 결코 기뻐하지 않으신다. 죄인들의 징벌이 하나님의 피조물들에게 고통이 되기에 자비로우신 하나님은 그것을 결코 즐거워하지 않으신다. 하나님이 오래 참으시는 주요 목적은 하나님이 처음부터 택한

사람들을 성령의 거룩하게 하심과 진리를 믿음으로 구원을 받게 하시기 위한 것이다(살후 2:13). 그래서 하나님의 선하심과 참으심은 그들의 본성 안에서 초청하시고 부르시어 그것에 응한 사람들을 다 회개시키시기 위한 것이다. 그러나 하나님이 회개의 기회를 주심에도 사람들이 계속해서 회개하지 아니한다면 하나님은 그들을 아주 혹독하게 다루실 것이다. 주님이 그의 오심을 서두르지 아니하시는 가장 중요한 이유는 그가 선택하신 사람들의 수가 아직 다 차지 않았기 때문이다. "그러므로 하나님의 인내하심과 오래 참으심을 너희 자신을 경건하지 않은 길에 버려둠으로써 남용하지 말라. 무모하게 죄인들의 길을 계속 가지 말고 또한 회개하지 않은 자의 자리에 마음 놓고 앉아 있지 말라. 그것은 악한 종이 마음에 생각하기를 주인이 더디 오리라 하여(마 24:48) 마음 놓고 악행을 저지르고 있다가 주인이 갑자기 들이닥쳐 놀란 악한 종처럼 너희가 되지 않도록 하기 위한 것이다." 그 이유는 다음과 같다.

Ⅱ. 주의 날이 도둑 같이 오리니(10절).   여기서 다음의 사실들을 주목하라.

1. 주의 날은 확실하게 임한다. 본 서신이 기록된 지 이천 년이나 되었지만 아직도 그 날은 임하지 않았다. 그렇지만 그 날은 확실히 올 것이다. 하나님은 세상을 의로 심판하실 날을 정하셨다. 하나님은 그의 약속을 반드시 지키실 것이다. 한 번 죽는 것은 사람에게 정해진 것이요 그 후에는 심판이 있으리니(히 9:27). "그러므로 주의 날이 확실히 임할 것이고, 그리고 선하든 악하든 육체로 살 때 행한 모든 일들은 반드시 심판받게 될 것이라는 사실을 마음속에 분명하게 담아두도록 하라. 그리고 하나님 앞에서 바르게 행하고, 네 자신을 자주 돌아보고, 많은 사람들이 전혀 심판이 없는 것처럼 살 때 미래의 심판에 대한 너희 확실한 믿음의 증거를 보여주도록 하라."

2. 주의 날은 돌연히 임한다. 주의 날이 도둑 같이 오리니. 그 날은 사람들이 안심하고 자고 있을 때 임한다. 주의 날은 전혀 걱정하지 않고 기대하지 않을 때 찾아온다. 그 날은 사람들이 전혀 기대하지 않고 깊이 잠든 어둡고 조용한 밤에 도둑이 침입하듯이 갑작스럽게 임할 것이다. 밤중에 소리가 나되 보라 신랑이로다 맞으러 나오라 하매(마 25:6). 그 때 어리석은 처녀들뿐 아니라 지혜로운 처녀들도 졸려서 자고 있었다. 주님은 우리가 생각하지 않은 날이나 사람들이 알지 못하는 날에 오실 것이다. 사람들이 부적절하고 아니라고 생각하는 때나 가장 안전하다고 마음을 놓고 있는 날이 바로 주님이 임하시는 날이 될 것이다. 그러

므로 우리의 생각과 공상이 그 날을 얼마나 까마득하게 잊어버리게 하는지를 알고 주의하도록 하자. 오히려 그 날이 실제로 아주 가까이 있다고 생각하도록 하라. 경건하지 않은 세상 사람들의 생각에는 그 날이 아주 멀리 떨어져 있는 것이기는 하지만 말이다.

3. 주님의 오심은 엄숙한 것이다. 여기서 다음의 사실들을 주목하라.

(1) 그 날에는 하늘이 큰 소리로 떠나가고. 주님이 영광 가운데 오실 때, 거하실 수 없는 보이는 하늘은 사라질 것이다. 하늘은 완전히 바뀔 것이다. 이 변화는 아주 갑작스럽게 이루어질 것이다. 아주 큰 구조물이 부서지고 무너질 때 그러는 것처럼 아주 큰 소리가 나며 하늘이 사라질 것이다.

(2) 물질이 뜨거운 불에 풀어지고. 주님이 오실 때 아주 큰 광풍이 일으키는 것 같은 요란하고 맹렬한 소리와 함께 하늘이 사라질 것이다. 또한 그 때 불이 나와서 피조물들을 이루고 있는 물질들을 녹여버릴 것이다.

(3) 땅도 불 탈 것이다. 땅의 모든 것들도 함께 불 탈 것이다. 땅과 거기에 거주하는 모든 것들과 거기에 세워진 모든 가공물들이 — 자연적인 것이든 인공적인 것이든 — 다 불에 타 파멸될 것이다. 웅장한 궁전들과 정원들, 세상 사람들이 추구하고 그들의 행복을 두는 모든 욕망하는 것들, 모든 세상 사람들이 다 타서 없어질 것이다. 하나님이 만드신 온갖 종류의 피조물들, 사람들의 모든 가공물들이 불에 타 사라질 것이다. 그 불은 죄가 세상에 가져온 모든 것을 집어삼키고 태우는 불이다. 그러나 그 불이 하나님의 손이 만드신 피조물들을 단련하고 정제하는 불이 될 수도 있다. 그래서 창조의 거울이 더 밝게 되어 성도들이 주님의 영광을 더 잘 식별할 수 있게 해줄 것이다.

그러므로 그리스도의 초림과 재림이 어떤 차이가 있는지를 누가 알 수 있겠는가! 그래서 그 날을 여호와의 크고 두려운 날(말 4:5)이라고 한다. 심판을 하기 위한 이 재림은 얼마나 무서운 날인가! 우리가 지혜롭게 그 날을 준비하여 그 날이 우리에게 징벌과 파멸의 날이 되게 하지 않도록 하자. 이 모든 것들이 불에 타 없어질 것이라는 걸 알면서도 이 땅을 사랑하고 우리의 분깃으로 삼는다면 우리는 어떻게 될 것인가? 그러므로 모든 것이 불에 녹아서 없어질 이 보이는 세상 너머에 있는 행복과 축복을 추구하고 확신하도록 하자.

11이 모든 것이 이렇게 풀어지리니 너희가 어떠한 사람이 되어야 마땅하냐 거룩한 행실과 경건함으로 ¹²하나님의 날이 임하기를 바라보고 간절히 사모하라 그 날에 하늘이 불에 타서 풀어지고 물질이 뜨거운 불에 녹아지려니와 ¹³우리는 그의 약속대로 의가 있는 곳인 새 하늘과 새 땅을 바라보도다 ¹⁴그러므로 사랑하는 자들아 너희가 이것을 바라보나니 주 앞에서 점도 없고 흠도 없이 평강 가운데서 나타나기를 힘쓰라 ¹⁵또 우리 주의 오래 참으심이 구원이 될 줄로 여기라 우리가 사랑하는 형제 바울도 그 받은 지혜대로 너희에게 이같이 썼고 ¹⁶또 그 모든 편지에도 이런 일에 관하여 말하였으되 그 중에 알기 어려운 것이 더러 있으니 무식한 자들과 굳세지 못한 자들이 다른 성경과 같이 그것도 억지로 풀다가 스스로 멸망에 이르느니라 ¹⁷그러므로 사랑하는 자들아 너희가 이것을 미리 알았은즉 무법한 자들의 미혹에 이끌려 너희가 굳센 데서 떨어질까 삼가라 ¹⁸오직 우리 주 곧 구주 예수 그리스도의 은혜와 그를 아는 지식에서 자라 가라 영광이 이제와 영원한 날까지 그에게 있을지어다

사도는 그리스도의 재림에 가르침을 통해 신자들을 가르친 뒤 권면을 계속한다. 여기서 다음의 사실들을 주목하라.

I. 사도는 그들에게 모든 행실에 순결과 경건함을 힘쓰라고 권면한다.

성경에 계시된 모든 진리들은 우리의 실제적인 경건함의 성장을 위하여 더 잘 이해가 되어야 할 것이다. 이것은 지식이 반드시 낳게 되는 결과이다. 그렇지 않으면 우리는 성경의 진리들을 더 잘 알 수가 없을 것이다. 너희가 이것을 알고 행하면 복이 있으리라(요 13:17). 이 모든 것이 이렇게 풀어지리니 너희가 어떠한 사람이 되어야 마땅하냐(11절). 즉 이것을 확신하는 사람은 죄에서 떠나고 죄에 대해 죽게 된다. 모든 보이는 세상 것에 타락하고 더러워진 사람은 진리를 풀어 알아야 될 절대적인 필요가 있다. 인간의 사용을 위하여 만들어진 모든 것은 인간의 죄로 말미암아 헛것이 될 수밖에 없다. 만일 인간의 죄가 저주받은 보이는 하늘과 땅과 물질들에 애착을 갖게 했다면 죄란 얼마나 가증스러운 악이고, 우리가 얼마나 많이 증오해야 할 대상인가! 죄가 전달해준 것들은 해체되지 아니하고는 결코 거기에서 헤어날 수 없는 저주받은 것들이다. 이 해체가 세상의 원래 아름다움과 장점을 회복시키기 위한 것이라면 우리는 아주 깨끗해지고 거룩해져야 할 것이다. 그것은 의가 있는 곳인 새 하늘과 새 땅을 바라보고 사는 데 합당하게 되기 위한 것이다. 사도가 권면하고 있는 아주 실제적이

고 보편적인 거룩함은 어떤 낮은 차원의 것에 근거한 것이 아니라 일반적인 수준을 뛰어넘을 수 있는 정도까지 노력해서 성취되는 것이다. 그것은 하나님의 집과 우리 자신의 집 안에서의 거룩함, 하나님에 대한 우리의 경배와 인간에 대한 우리의 행실에 있어서의 거룩함을 말한다. 그 신분이 높든지 낮든지, 부유하든지 가난하든지, 선하든지 나쁘든지, 친구이든지 적이든지 그들에 대한 우리의 모든 교제와 대화는 거룩해야만 할 것이다. 우리는 세상에서 흠 없이 살 수 있도록 세상 사람들과의 모든 교제에 있어서 자신을 거룩하게 지켜야 할 것이다. 우리는 하나님을 경외하는 데 거룩해야 하고, 그리고 하나님을 사랑하는 데도 거룩해야 한다. 우리는 모든 종류의 경건에 이르도록 연습해야 한다. 우리는 경건의 모든 부분들에 있어서 하나님만을 믿고 하나님만을 기쁘시게 해드리도록 해야 한다. 하나님은 모든 보이는 피조물들이 불에 타서 풀어지고 해체될 때도 여전히 같은 분이시다. 그러므로 우리는 영원하신 하나님을 섬기는 일에 헌신해야 하고, 하나님을 영광스럽게 하고 기쁘게 해 드리기 위한 삶의 목적을 가지고 살아야 한다. 우리가 지금 보고 있는 이러한 것들은 얼마 안 있어 사라지고 지금 있는 곳에 더 이상 존재하지 않게 될 것들이다. 그러므로 영원히 존재하고 계속 이어지는 것을 바라보고 찾도록 하자. 그것이 지금은 존재하지 않고 보이지 않을지라도 그것은 확실하고 멀리 떨어져 있는 것이 아니다.

　하나님의 날이 임하기를 바라보고 간절히 사모하는 이 소망은 사도가 우리에게 제시하는 권면들 가운데 하나이다. 그것은 우리를 모든 행실에 있어서 거룩하고 경건하게 만들기 위한 것이다. "너희가 확고하게 믿는 하나님의 날이 반드시 오고, 너희가 간절히 바라는 것이 이루어지리라는 것을 소망하고 바라보라." 하나님의 날이 임하는 것은 모든 그리스도인이 간절히 소망하고 기대해야 하는 것이다. 왜냐하면 그 날은 그리스도가 아버지의 영광으로 나타나시고, 그리고 그리스도를 단순한 한 사람으로 생각했던 사람들에게도 그리스도의 신성과 하나님 되심을 증거하실 것이기 때문이다. 우리 주 예수 그리스도의 초림 때 그는 종의 형상을 입고 나타나셨다. 그것은 하나님의 백성들이 간절히 기다리고 소망했던 것이었다. 그리스도의 그 오심은 이스라엘의 위로를 위한 것이었다(참조. 눅 2:25). 하나님의 백성은 그리스도의 재림을 아주 많은 기대와 간절함을 가지고 기다려야 할 것이다. 그리스도의 다시 오심은 하나님의 백성이 완전히 구원받는 날이 될 것이다. 그리고 그 날은 그리스도가 가장 영광스럽게 나타나시는 날이 될 것이다. 그 때 그리스도는 그의 성도들에게서 영광을 받으시고 모든 믿는 자들에게서 놀랍게 여김을 얻으시게 될 것이다(살후 1:10). 지금 보이는 하늘들이 다 불길에 휩싸이고 모든 물질들이 녹아 없어지게 되는 것을 보는 것이 불신자와 경건하지 아니한 자들에게는 두려움의 대상이 될 수밖에 없다. 그럼에도 불구하고 보이지 아니하는 것들의 증거가 되는 믿음을 가진 신자들은 그것을 기뻐하고 즐거워할 수 있을 것이다. 왜냐하면 세상의 지금 보이는 것들이 그 무서운 불로 녹아 버린 뒤에 더 빛나는 하늘을 보게 되고, 이 모든 보이는 피조물의 더러움이 다 타서 없어지고 정제된 것을 볼 수 있다는 소망 때문에 신자들은 오히려 기뻐할 수 있는 것이다. 여기서 다음의 사실들을 주목하라.

1. 참된 그리스도인들이 바라보는 것은 무엇인가. 그들은 새 하늘과 새 땅을 바라본다. 새 하늘과 새 땅에서 우리의 위대하신 하나님과 구주 예수 그리스도의 이루 형용할 수 없이 위대한 지혜와 권능과 선하심을 더욱 분명하게 볼 수 있게 될 것이다. 지금 우리가 보고 있는 것들에서 볼 수 있는 것보다 비할 데 없이 나은 것들을 훨씬 분명하게 보게 될 것이다. 왜냐하면 이 새 하늘과 새 땅에는 이전의 세상이 가질 수밖에 없고 오염될 수밖에 없는 덧없음과 허식과 죄가 없이 오직 의만 존재하기 때문이다. 이 곳은 의를 행하고 죄의 영향과 더러움이 없는 의인들이 사는 곳이 될 것이다. 모든 악인은 지옥에 떨어질 것이다. 그리스도의 의로움으로 옷을 입고 성령으로 거룩하게 된 사람들만이 이 거룩한 곳, 새 하늘과 새 땅에 거할 수 있는 허락을 받게 될 것이다.

2. 이 기대와 소망의 근거는 무엇인가. 그것은 하나님의 약속이다. 하나님이 약속하시지 않은 어떤 것을 바라고 구하는 것은 오만이고 주제넘은 짓이다. 그러나 우리의 기대들이 하나님의 약속에 따르고 일치하는 것이라면 우리가 바라는 것들과 그것들이 이루어지는 때와 방법에 대해 어느 것 하나도 결코 실망할 수 없게 될 것이다. 왜냐하면 하나님은 약속을 하신 것에 신실하시고 미쁘시기 때문이다. "그러므로 너희는 이루어지는 모든 위대한 일들에 대한 너희의 기대와 소망들을 하나님의 말씀에 따라 일으키기도 하고 조절하기도 해야 된다는 것을 이해하라. 모든 것은 하나님의 말씀에 따라 이루어지기 때문이다. 새 하늘과 새 땅에 대해서도 우리는 하나님이 성경에서 지시하시고 허용하신 대로 기대하고 소망해야 할 것이다. 사도는 지금 이사야 45장17절과 22절에 대한 말씀을 빗대어 생각하는 것일 수도 있다."

Ⅱ. 사도는 하늘과 땅이 불에 타서 풀어질 것을 생각하고 거룩해지라고 권면한다(11절). 마찬가지로 그는 14절에서 하늘과 땅이 다시 새로워질 것을 생각하고 깨끗해지라고 권면한다. "우리 주 예수 그리스도가 영광스러운 위엄 가운데 나타나시고, 이 하늘과 땅이 풀어지고 녹아 깨끗하고 정제되고, 새 하늘과 새 땅이 다시 세워지게 되는 하나님의 날을 소망하고 그리스도를 만날 준비를 하도록 하라. 너희는 모든 세상의 심판장께서 인간들을 심판하실 때 너희에게 어떤 선고가 내려질 것인지를 알아야 될 필요가 있다. 그리고 너희는 사람들에 대한 하나님의 확정된 판결이 영원한 것이라는 사실을 알아야 된다. 이 재판정에서 우리의 위대하신 재판장이 어떤 판결을 내리시든지 결코 돌이킬 수가 없다. 이 재판정에는 이의를 제기할 수 있는 항소가 전혀 존재하지 않는다. 그러므로 그리스도의 심판대 앞에 설 준비를 단단히 해야 한다." 여기서 다음의 사실들을 주목하라.

1. "너희가 평강 가운데서 주 앞에 나타나기를 힘써야 한다. 다시 말해서 너희는 그리스도를 통하여 하나님과 평화롭게 지내고 화해한 상태로 주 앞에 서야 한다. 오직 그리스도만이 세상을 하나님과 화해시킬 수가 있다. 그리스도 밖에 있는 자들은 다 하나님과 대적하는 상태에 놓여 있다. 그러므로 주님과 그의 기름 부음 받은 종들을 배척하고 반대하는 자들은 모두 주의 얼굴과 그의 힘의 영광을 떠나 영원한 멸망의 형벌을 받을 것이다(살후 1:9). 죄를 용서받고 하나님과 화해를 한 사람들만이 안전하고 행복하다. 그러므로 하나님과의 평화를 추구하고 모든 다른 사람들과도 평화롭게 지내도록 하라." 여기서 다음의 사실들을 주목하라.

(1) 하나님과의 평화는 우리 주 예수 그리스도를 통하여 이루어진다.

(2) 은혜의 영을 통한 우리 자신의 양심 안에서의 평화는 우리가 하나님의 자녀라는 사실을 우리의 영혼에게 증거한다.

(3) 이웃 사람들과의 평화는 우리 속에 생긴 평온하고 평화로운 성질을 통해 이루어진다. 그 성질은 우리의 찬양받으실 주님의 성품을 닮게 해준다.

2. 주 앞에서 점도 없고 흠도 없이 평강 가운데서 나타나기를 힘쓰라. 평강뿐만 아니라 거룩함도 힘써야 한다. 점도 없고 흠도 없는 완전한 거룩함이다. 우리는 하나님의 자녀들에게 어울리지 않는 모든 점과 흠들을 조심해야 한다. 또한 우리는 그리스도 앞에서도 흠이 없어야 한다. 우리는 점 없는 순결함, 즉 절대적

인 완전함에 이르기 위하여 노력해야 한다. 그리스도인들은 완전히 거룩해져야 한다. 그래야 그리스도인들은 사람들 앞에서 흠이 없을 뿐만 아니라 하나님이 보시기에도 그렇게 될 것이다. 그러나 이 모든 것은 아주 많은 노력을 필요로 한다. 또 그것은 그럴 만한 가치가 있다. 이 일을 부지런히 노력하는 사람은 결코 거룩해지지 않을 수가 없다. "너희가 지금 살고 있는 너희의 날에 게으름이나 피우고 나태하게 지낸다면 하나님의 날에 평강을 얻을 생각이나 기대는 아예 하지 말아야 될 것이다. 우리는 이 땅에 살고 있는 동안에 우리에게 맡겨진 성화의 일을 완수해야 한다. 오직 부지런한 그리스도인만이 주의 날에 행복을 맛볼 그리스도인이 될 것이다. 우리의 주님은 우리에게 갑작스럽게 찾아오실 것이다. 우리는 얼마 안 있어 주님의 부르심을 받게 될 것이다. 그런데도 너희가 주 앞에서 게으름을 피우며 살려고 하는가?"

여호와의 일을 게을리 하는 자는 저주를 받을 것이라(렘 48:10)는 말씀을 잊어버리지 말라. 천국은 우리가 수고한 모든 부지런함과 근면함에 대한 충분한 보상이 될 것이다. 그러므로 주의 일에 힘쓰고 수고하도록 하자. 우리가 주가 맡기신 일에 부지런하다면 주는 반드시 우리에게 보상을 해주실 것이다. 그러므로 너희는 주의 오래 참으심이 구원이 될 줄로 알기에 주의 일에 부지런해야 한다. "너희의 주님이 오심을 지체하시는가? 이것이 너희의 정욕으로 인하여 준비할 시간을 더 주기 위한 것으로 생각하지 않느냐? 주님의 이 지체하심은 너희가 회개하고 너희의 구원을 이룰 충분한 시간을 주기 위한 것이다. 그것은 주의 고난당하는 종들에 대한 배려나 관심이 부족해서 그런 것도 아니고, 또한 경건하지 않은 세상 사람들의 체면을 봐주거나 힘을 북돋워 주기 위한 것도 아니다. 그것은 사람들에게 영원을 위한 준비를 할 시간을 주기 위한 것이다. 그러므로 오심을 늦추고 계시는 주님의 오래 참으심과 인내하심을 바르게 활용할 수 있는 깨우침을 받도록 하라. 평화와 거룩함을 따르고 추구하라. 그렇지 않으면 그의 임재가 너희에게 두려운 것이 될 것이다."

사람들이 하나님의 인내하심을 바르게 사용하고, 바르게 발전시키는 것이 어렵기 때문에 사도는 하나님의 관용을 선용하라고 지시하는 바울 사도의 진술을 인용한다. 두 사도는 입과 붓으로 이 진리를 확증한다. 우리는 여기서 베드로 사도가, 전에 공개적으로 참으시고 가슴이 에이듯 책망하셨던 주님에 대해 얼마나 큰 존경과 애정을 가지고 말하고 있는지를 발견하게 된다. 만일 어떤 의로운 사람이 참으로 신앙적인 사람의 양심을 찌른다면 그 일은 친절한 행위로 여겨질 것이다. 그러므로 선한 사람이 실수할 때 그를 책망하도록 하라. 그러면 그 책망은 선한 사람을 부드럽게 해주고 온화하게 해주는 놀라운 기름과 약이 될 것이다. 모든 사람 앞에서 그를 책망했던 바로 그 사람, 바울을 이 할례 받은 사람들의 사도가 얼마나 대단한 존경심을 가지고 언급하고 있는가! 바울은 베드로를 복음의 진리에 따라 바르게 행하지 않는다고 책망했다. 여기서 다음의 사실들을 주목하라.

(1) 베드로는 자기를 비난한 바울을 형제라고 부른다. 이것으로 베드로는 바울이 동료 그리스도인이고(데살로니가전서 5:27에서 같은 의미로 형제라는 단어를 사용하고 있다), 동료 전도자(골로새서 1:1에서 바울은 전도자 디모데를 형제라고 부른다)라는 것을 의미한다. 또한 베드로는 그 말로 바울이 동료 사도라는 것도 의미한다. 사도는 그리스도에게서 직접 받은 뛰어난 직분이다. 사도는 땅 끝까지 이르러 복음을 전파하고 모든 민족을 제자로 삼는 사명을 위임받은 직분이다. 미혹하는 많은 거짓 선생들이 바울의 사도권을 부인했다. 그럼에도 불구하고 베드로는 바울이 사도임을 인정하고 있다.

(2) 베드로는 바울을 형용사 **사랑하는** 을 덧붙여 부른다. 베드로와 바울은 똑같은 사명을 위임받았고, 같은 주님을 섬기기 위하여 힘을 합쳤다. 만일 그들이 서로 사랑하는 애정이 없이 힘을 합쳤다면 그러한 말의 사용은 전혀 적절하지 않았을 것이다. 그들은 사랑으로 힘을 합쳤기에 서로의 손을 붙잡고 힘을 북돋워 줄 수 있었고, 서로의 성공을 갈망하고 기뻐할 수 있었다.

(3) 베드로는 바울을 뛰어난 지혜를 가진 사도로 언급한다. 바울은 복음의 비밀들을 아는 뛰어난 지식을 가진 사람이었다. 그리고 바울은 모든 다른 사도들 가운데 아무런 자격이 없음에도 맨 마지막으로 사도가 된 사람이었다. 같은 복음을 전파하는 사람들이 베드로가 여기서 진술하고 있는 방식을 따라서 서로를 대접한다는 사실은 얼마나 바람직스러운가! 복음을 전하는 사역자들의 유용함을 가로막는 모든 편견들을 예방하거나 없애기 위하여 사역자들이 적절한 방법들로 노력하는 것은 그들의 의무이다. 그리고 신자들의 마음속에 사역자들에 대한 존경심을 심어주고 키우기 위하여 노력하는 것도 그들의 사역이 성공을 거두는 데 도움을 줄 수 있을 것이다. 여기서 다음의 사실들을 주목하라.

[1] 바울에게 있었던 뛰어난 지혜가 받은 것이라고 언급되고 있다. 복음을 전

하는 사람들에게 필요한 깨달음과 지혜는 하나님의 선물이요 은사다. 우리는 지혜를 구해야 한다. 그리고 우리는 깨달음을 얻기 위하여 애써야 한다. 우리는 그것을 위로부터 받을 수 있기를 바라는 한편 그것을 얻기 위한 적절한 수단을 부지런히 활용해야 한다.

[2] 사도는 자신이 하나님께서 받았던 것을 그대로 사람들에게 전달한다. 사도는 자신이 복음의 비밀들을 알게 된 데까지 다른 사람들을 인도하고 안내한다. 사도는 자신이 보지 못한 것이나 완전히 확신하지 못하는 것들에 끼어들어 이러쿵저러쿵하는 무뢰한이 아니다. 사도는 하나님의 온전하신 뜻을 선포하고 전하는 일을 게을리 하거나 실수해서는 안 된다. 이는 내가 꺼리지 않고 하나님의 뜻을 다 여러분에게 전하였음이라(행 20:27).

[3] 이방인들의 사도 바울이 그리스도를 믿는 이들 이방인들에게 쓴 서신들은 유대인들 가운데에서 그리스도를 믿게 된 사람들도 가르치고 교화시키기 위한 것이다. 그 까닭은 여기서 암시되고 있는 내용이 로마서에 들어있는 내용이라는 것이 일반적인 생각이기 때문이다. 혹 네가 하나님의 인자하심이 너를 인도하여 회개하게 하심을 알지 못하여 그의 인자하심과 용납하심과 길이 참으심이 풍성함을 멸시하느냐(롬 2:4). 모든 바울 서신들에서도 베드로가 본 장과 앞 장에서 언급한 주제들 가운데 어떤 것들이 나타나고 있기는 하다. 그러나 일반적인 같은 목적을 추구하는 사람들이 그들의 서신들에서 같은 사실들이나 주제들을 다루고 주장한다고 해서 하등 이상할 것은 없다.

베드로 사도는 바울 서신들에서 발견하게 되는 이러한 주제들을 우리에게 계속해서 말을 한다. 바울 서신들에서 주장하는 어떤 것들은 이해하기가 어려운 것들도 있다. 성경에서 다루어지는 다양한 주제들 가운데에는 이해하기가 쉽지 않은 것들도 있다. 그 까닭은 예언들과 같은 애매모호한 주제들을 담고 있기 때문이다. 다른 한편으로 성경의 뛰어난 특성과 장엄함 때문에 이해하기가 용이하지 않은 면도 있다. 신비가 담긴 교리들이 그러한 경우다. 그리고 성경을 이해하기 어려운 또 다른 경우로는 인간의 정신이 약하고 둔한 까닭을 들 수 있겠다. 하나님의 영에 관한 것들이 그러한 경우에 속한다고 볼 수 있겠다. 육에 속한 사람은 하나님의 성령의 일들을 받지 아니하나니 이는 그것들이 그에게는 어리석게 보임이요, 또 그는 그것들을 알 수도 없나니 그러한 일은 영적으로 분별되기 때문이라(고전 2:14). 그래서 본문에서 베드로 사도는 이해하기 어려운 말씀을 가지고 불행한 일을 저지르는 사람들에 대해 진술한다. 그들은 무식한 자들과 굳세지 못한 자들이다. 그들은 성령이 의도하지 않은 것을 자신들에게 맞게 말하기 위해서 성경 말씀들을 가지고 옥신각신하고 억지로 비틀기 때문에 불행에 빠지게 된다. 진리를 제대로 교육받지 못하고, 진리 안에서 세움을 제대로 받지 못한 사람들은 하나님의 말씀을 왜곡하는 엄청난 위험에 빠지게 된다. 하나님 아버지에 대해 듣고 배운 사람들은 하나님의 말씀의 어떤 부분도 그릇되게 알고 잘못 적용하는 법이 잘 없다. 하나님의 진리로 바르게 세워주는 동시에 깨우쳐주는 하나님의 능력이 있는 곳에는 사람들이 실제로 잘못에 빠지지 않게 보호를 받게 된다. 무식하고 굳세지 못한 사람들이 빠지게 되는 잘못들이 낳는 치명적인 결과, 심지어 멸망당하기까지 하는 결과를 우리가 알게 되는 것은 얼마나 큰 축복인지 모른다. 하나님의 거룩하심과 공의에 대해 잘못 아는 실수들로 망한 사람들이 아주 많다. 그러므로 진리 안에서 우리를 깨우쳐달라고 하나님의 영에게 간절히 기도하도록 하자. 그러면 우리는 진리를 예수 안에 있는 그대로 알게 되고, 우리의 마음이 은혜로 굳세게 될 것이다. 그리하여 우리는 다른 사람들이 세상의 잘못된 가르침에 이리 밀려다니고 저리 밀려다닐 때 아주 드센 폭풍 속에서도 흔들리지 않고 굳세게 서 있을 수 있을 것이다.

III. 사도는 신자들에게 주의를 당부한다. 그러므로 사랑하는 자들아 너희가 이것을 미리 알았은즉 무법한 자들의 미혹에 이끌려 너희가 굳센 데서 떨어질까 삼가라 오직 우리 주 곧 구주 예수 그리스도의 은혜와 그를 아는 지식에서 자라 가라 영광이 이제와 영원한 날까지 그에게 있을지어다(17-18절). 여기서 다음의 사실들을 주목하라.

1. 사도는 이것들에 대해 알고 있는 우리의 지식이 두 가지 위험을 안고 있기에 우리를 아주 신중하고 조심스럽게 만들어주어야 한다는 사실을 암시한다. 너희가 이것을 미리 알았은즉 무법한 자들의 미혹에 이끌려 너희가 굳센 데서 떨어질까 삼가라(17절).

(1) 우리는 미혹을 받아 진리에서 돌아설 큰 위험에 처해 있다. 무식하고 굳세지 못한 자들이 수는 아주 많지만 대체로 성경을 억지로 해석하고 푼다. 성경을 가지고 읽는 사람들이 읽은 것을 이해하지 못하는 사람들이 많다. 말씀의 올바른 의미를 이해하는 사람들 가운데에도 진리를 믿는 신앙에 바로 서지 못한 사람들이 많다. 이러한 사람들이 다 잘못에 빠지기가 쉽다. 그리스도교의 가

르침을 바로 알고 깨우친 사람은 아주 적다. 더욱이 진리에 입각한 경건을 실천하는 사람은 더욱 적다. 경건을 실천하는 길은 좁은 길이다. 그러나 그 길만이 생명으로 인도한다. 그 길은 많은 자기 부정과 의심을 요구한다. 그 길은 우리의 위대한 선지자 예수 그리스도의 권위에 복종할 것을 요구한다. 그래야 우리가 비로소 복음의 모든 진리들을 진심으로 받아들일 수 있게 된다. 그렇지 않으면 우리는 진리를 부인하는 위험에 빠지게 된다.

(2) 우리는 미혹을 받을 위험에 처해 있다. 그 이유는 다음과 같다.

[1] 우리가 진리에서 돌아서면 참된 축복의 길에서 돌아서게 될 것이다. 진리를 벗어난 길은 멸망으로 인도하는 길이다. 만일 사람들이 하나님의 말씀을 왜곡한다면 그들 자신의 철저한 파멸을 초래하게 될 것이다.

[2] 사람들이 하나님의 말씀과 승강이를 하고 억지로 푼다면 악인들의 잘못에 빠지게 될 것이다. 악인들은 법이 없는 사람들이고, 어떤 규칙도 지키지 않는 사람들이고, 일종의 자유 사상가들이다. 그들은 시편 기자가 아주 혐오하는 사람들이다. 내가 두 마음 품는 자들을 미워하고 주의 법을 사랑하나이다(119:113). 사람들의 의견과 생각이 무엇이든지 그것이 하나님의 말씀에 일치하지 않고, 하나님의 말씀으로 보증되지 않는다면 믿음의 선한 사람은 그것을 부인하고 혐오할 것이다. 악인들의 생각과 의견들은 하나님의 법을 떠난 경건하지 아니한 자들의 오만과 계획들이다. 그런데 우리가 그들의 의견과 생각들을 받아들이면 그들의 행동들과 습관들을 곧 모방하게 될 것이다.

[3] 성경을 잘못 알고 진리에서 멀어진 자들은 굳센 데서 떨어지게 된다. 그들은 완전히 어지럽고 불안한 사람들이다. 그들은 어디에서 쉬고 머물지를 모른다. 그들은 바다의 파도처럼 이리저리 밀려다니는 아주 불확실한 사람들이다. 그러므로 그 위험이 얼마나 큰지를 깨닫고 우리의 경계심을 바싹 조여야 할 필요가 있다.

2. 사도는 우리가 그러한 위험을 더 잘 피할 수 있는 방법을 지시한다. 오직 우리 주 곧 구주 예수 그리스도의 은혜와 그를 아는 지식에서 자라 가라(18절). 여기서 다음의 사실들을 주목하라.

(1) 우리는 은혜 안에서 자라야 한다. 사도는 본 서신의 서두에서 한 은혜에 다른 은혜를 더하라고 우리에게 권면했다. 그런데 여기서 사도는 모든 은혜 안에서, 믿음과 덕과 지식에서 자라야 한다고 충고한다. 은혜가 우리 안에서 많이

자라면 자랄수록 우리는 진리 안에 더욱 견고하게 서게 될 것이다.

(2) 우리는 우리 주 곧 구주 예수 그리스도를 아는 지식에서 자라야 한다. "주님을 알기 위하여 계속 노력하라. 주님을 더욱 분명하고 더욱 완전하게 알려고 애를 써라. 우리는 그리스도를 더 많이 닮고 그리스도를 더 잘 사랑하기 위하여 그리스도를 더 많이 알고 그리스도의 뜻에 더 잘 맞추어 살도록 힘을 써야 한다." 바로 이러한 경지가 사도 바울이 도달하려고 추구하고 노력했던 그리스도를 아는 지식이다. 내가 그리스도와 그 부활의 권능과 그 고난에 참여함을 알고자 하여 그의 죽으심을 본받아 어떻게 해서든지 죽은 자 가운데서 부활에 이르려 하노니 내가 이미 얻었다 함도 아니요 온전히 이루었다 함도 아니라 오직 내가 그리스도 예수께 잡힌 바 된 그것을 잡으려고 달려가노라(빌 3:10-12). 그리스도를 아는 그러한 지식이 우리에게 그리스도를 더욱 확증해주고, 그리스도를 더욱 사랑하게 해준다. 그리고 그러한 지식이 우리에게 크게 유용해야 하고, 모두가 실족하여 배교하는 때에 우리를 보존해주어야 한다. 주님에게서 그러한 은혜를 받고, 구주 예수 그리스도를 아는 지식의 효력을 체험한 사람들은 그리스도께 감사와 찬양을 드리게 되고, 사도가 영광이 이제와 영원한 날까지 그에게 있을지어다라고 말하는 영광에 참여하게 될 것이다. 아멘.

요한일서

서론

교회의 계속된 전통은 시종 본 서신의 저자가 사도 요한이라는 사실을 확증한다. 그러나 우리는 그 전통의 확실성을 확증해줄 또 다른 증거를 발견하게 된다. 어떤 사람은 이 증거가 더 중요하다고 주장하기도 한다. 본 서신의 저자는 사도단의 한 사람이었던 것 같다. 그것은 본 저자가 인성을 지니신 그리스도의 위격에 대한 진리를 오감으로 느낄 수 있는 분명한 확신을 통해 진술해주고 있기 때문이다. 태초부터 있는 생명의 말씀에 관하여는 우리가 들은 바요 눈으로 본 바요 자세히 보고 우리의 손으로 만진 바라(1절). 저자는 여기서 주님이 도마에게 보여주셨던 그의 부활의 증거를 활용해 진술한다. 주님은 도마에게 십자가에 달리실 때 당하셨던 못 자국과 창 자국을 만져보라고 요청하셨다. 요한 사도가 그것을 생생하게 기록하고 있다. 그리고 본 서신의 저자는 주님이 죽음에서 살아나신 바로 그 날 나타나셔서 주님의 손과 허리를 제자들에게 보여주신 자리에 있던 제자들 가운데 한 사람이었음이 분명하다. 이 날 곧 안식 후 첫날 저녁 때에 제자들이 유대인들을 두려워하여 모인 곳의 문들을 닫았더니 예수께서 오사 가운데 서서 이르시되 너희에게 평강이 있을지어다 이 말씀을 하시고 손과 옆구리를 보이시니 제자들이 주를 보고 기뻐하더라(요 20:19-20).

본 서신의 어법이나 논증의 방식이나 기질에 대한 비평이나 적절한 판단의 근거가 거의 없는 실정이긴 하다. 그럼에도 불구하고 우리는 본 서신의 저자가 사도였다는 사실을 확신할 수가 있다. 그리고 본 서신을 읽어보면 그것이 사도 요한의 이름으로 기록된 복음서의 것이라는 생각이 들 것이다. 본 서신의 저자와 요한복음의 저자는 구세주의 칭호들과 특성들을 진술하는 데 있어서 놀라울 정도로 똑같다. 말씀, 빛, 생명 등에 대한 주님의 칭호가 일치한다. 그 이름은 하나님의 말씀이라 칭하더라(계 19:13). 요일 1:1; 요일 5:7을 요 1:1; 계 19:13과 비교해 보라. 그들은 우리에게 베푸신 하나님의 사랑에 대한 찬양에 대한 진술(요일 3:1;4:9; 요 3:16), 그리고 우리의 중생과 하나님께로부터 난 자에 대한 진술(요일 3:1; 4:7; 5:1; 요 3:5-6) 등에서도 일치한다. 이제 본 서신과 요한복음을 비교함으로써 쉽게 발견할 수 있는 실례들을 더 이상 덧붙이지 않겠다. 마지막으로 본 서신과 요한복음은 구세주의 창에 찔리신 허리에서 나온 물과 피를 진술하는(이것은 요한복음에서만 나타난다) 구절의 암시와 적용에서 일치 한다. 이는 물과 피로 임하신 이시니 곧 예수 그리스도시라 물로만 아니요 물과 피로 임하셨고 증언하는 이는 성령이시니 성령은 진리니라(요일 5:6). 이와 같이 본 서신은 요한복음을 진술했던 똑같은 저자의 붓으로 분명하게 진술이 되고 있다. 어떤 복음서라도 요한이 하고 있는 것과 같이 그 저자나 기록자를 확실하게 알려주는 책은 없다. 요한복음 21:14에는 거룩한 기록자가 자신을 스스로 밝히고 있다. 이 일을 증언하고 이 일을 기록한 제자가 이 사람이라 우리는 그의 증언이 참된 줄 아노라. 그러면 이 제자는 누구인가? 이 제자는 베드로가 돌이켜 보니 주님의 품에 기대면서 주님에게 주님을 파는 자가 누구오니까라고 물었던 사람이라고 밝히고 있다. 그리고 그 물음에 대한 주님의 대답에 대해 그는 이렇게 기록했다. 내가 올 때까지 그를 머물게 하고자 할지라도 네게 무슨 상관이냐 너는 나를 따르라(요일 21:22). 그리고 그 제자의 세 가지 특성을 요한복음 21:20에서 표현한다.

1. 그는 예수께서 사랑하시는 제자이다. 즉 그는 주님이 각별히 아끼시는 친구이다.

2. 그는 만찬석에서 예수의 품에 의지했던 제자이다.

3. 그는 예수님에게 주님 주님을 파는 자가 누구오니이까 묻던 제자였다. 그러므로 이 제자가 바로 요한이었음을 확실히 알 수 있다. 따라서 교회 역시도 요한일서와 요한복음이 주님이 사랑하시는 요한을 통해 기록되었음을 확증한다.

본 서신은 어떤 특정한 교회에 보낸 것이 아니라 전체 교회에 보낸 것이다. 다시 말해서 본 서신은 여러 교회들을 위한 회람용 서신이었다. 그것은 그 교회의 신자들이 주 예수 그리스도께 변함없이 충성하게 하고, 거짓 선생들과 미혹자들을 경계하여 그리스도의 인격과 직분에 관한 거룩한 가르침들을 깨우쳐주기 위한 것이었다. 그리고 그것은 신자들이 하나님이며 인간이신 그리스도를 사랑하게 하고, 특별히 하나님의 자녀들이고 형제들인 신자들 서로가 사랑하게 하고, 교회의 머리 되시는 그리스도 안에서 신자들이 연합하여 하나 되게 하고, 그리고 같은 영생을 위해 하늘나라로 여행하면서 서로 돕고 의지하게 하기 위한 것이었다.

제
— 1 —
장

개요

사도는 여기서 다음의 내용들을 교회들에 권면한다. I .그리스도의 인격과 위엄에 대한 증거가 진술된다(1-2절). 그리스도를 아는 지식이 하나님및 그리스도와 교제하게 해주고(3절), 즐거움을 나누게 해준다(4절). II. 하나님의 속성(5절)에 대한 진술. 하나님의 속성에 따른 우리의 행동 방법에 대한 진술(6절). 그러한 행동과 실천이 주는 유익에 대한 진술(7절). III. 우리의 죄를 부인하는 악과 죄 사함의 방법에 대한 진술(8-10절).

¹태초부터 있는 생명의 말씀에 관하여는 우리가 들은 바요 눈으로 본 바요 자세히 보고 우리의 손으로 만진 바라 ²이 생명이 나타내신 바 된지라 이 영원한 생명을 우리가 보았고 증언하여 너희에게 전하노니 이는 아버지와 함께 계시다가 우리에게 나타내신 바 된 이시니라 ³우리가 보고 들은 바를 너희에게도 전함은 너희로 우리와 사귐이 있게 하려 함이니 우리의 사귐은 아버지와 그의 아들 예수 그리스도와 더불어 누림이라 ⁴우리가 이것을 씀은 우리의 기쁨이 충만하게 하려 함이라

사도는 히브리서의 저자와 마찬가지로 그것이 겸손에서 비롯된 것이든 또는 고의적인 것이든 자신의 이름과 신분을 밝히지 않고 있다. 그것은 본 서신을 읽는 그리스도인 독자들이 권면을 하는 저자의 이름보다는 오히려 기록된 사실들의 빛과 중요성에 더 많은 영향을 받게 하기 위한 배려였다. 사도는 자신의 서신을 그렇게 시작한다. 여기서 다음의 사실들을 주목하라.

I. 사도는 중보자의 인격이 지니신 특성을 진술하는 것으로 시작한다.
중보자는 복음의 위대한 주제이고, 우리의 믿음과 소망의 기반과 목적이고, 우리를 하나님께 연합시키는 끈과 접착제이다. 우리는 중보자를 잘 알아야 한다. 여기서 중보자는 다음과 같이 묘사되고 있다.

1. 그리스도는 생명의 말씀이시다(1절). 복음서에서 생명과 말씀은 따로따로 떼어 묘사가 된다. 먼저 그리스도는 말씀으로 불리신다. 태초에 말씀이 계시니라

이 말씀이 하나님과 함께 계셨으니 이 말씀은 곧 하나님이시니라(요 1:1). 그 다음에 그는 생명으로 불리신다. 더욱이 이것은 그가 영적인 생명이심을 암시하기도 한다. 그 안에 생명이 있었으니 이 생명은 사람들의 빛이라(요 1:4). 그것이 지금 본문에서는 생명의 말씀으로 결합이 되어 있다. 그것은 생명의 원천을 이루는 중요한 말씀이다. 그 속에서 그는 말씀이시다. 그것은 그리스도가 어떤 인격을 지니신 말씀이심을 암시한다. 그 말씀은 하나님이시고, 심지어 아버지 하나님이시기도 하다. 그는 하나님의 말씀이시다. 그가 하나님 아버지에게서 나오신 것으로 암시되고 있듯이 진실로 그는 말씀하시는 분에게서 나온 말씀이시기도 하다. 그러나 그는 단순한 음성적인 말이 아니라 생명의 원천이 되는 말씀이시다. 다시 말해서 그는 생명의 말씀이시다. 즉 그는 살아 있는 말씀이시다.

2. 그리스도는 영원한 생명이시다. 그의 사시는 기간은 그의 뛰어나심을 나타내준다. 그는 영원부터 계셨다. 그리고 성경의 기록에 의하면 그는 창조되지 않은 절대 필요한 본질적인 생명이시다. 사도는 그리스도의 영원을 태초부터 있는 것으로 이야기한다. 그리스도가 영원부터 계셨다는 표현은 그가 과거에 처음부터 계셨다는 것을 의미한다. 그는 우리에게 나타나시기 전에 하나님 아버지와 함께 계셨다. 더욱이 그것은 만물이 만들어지기 이전이었다. 그가 태초에 하나님과 함께 계셨고 만물이 그로 말미암아 지은 바 되었으니 지은 것이 하나도 그가 없이는 된 것이 없느니라(요 1:2,3). 그러므로 그는 영원히 살아 계시는 하나님 아버지의 영원하시고, 생명을 주시고, 지혜로우신 말씀이시다.

3. 그리스도는 나타내신 바 된 생명이시다(2절). 그는 육체를 입으시고 우리에게 나타나셨다. 영원한 생명이 죽음을 면할 수 없는 생명을 취하셨고, 육체와 피를 지니셨고, 완전한 인간 본성을 취하셨고, 그리고 우리 가운데 거하시며 우리와 대화를 나누셨다. 말씀이 육신이 되어 우리 가운데 거하시매 우리가 그의 영광을 보니 아버지의 독생자의 영광이요 은혜와 진리가 충만하더라(요 1:14). 여기에는 진실로 겸손하심과 인자하심이 있었다. 영원한 생명(영원한 본질적 생명의 한 인격)이 죽을 수밖에 없는 인생들을 찾아오셨고, 그 인생들을 위해 영원한 생명을 획득하기 위하여 오셨고, 그리고 그들에게 그것을 전달해주셨다.

Ⅱ. 사도와 그의 형제들이 이 세상에서의 중보자의 임재와 교제에 대해 겪었던 증거들과 설득력 있는 확신들을 진술한다. 그리스도가 이 땅에 계실 때 그의 실재를 통해 그의 인격의 뛰어난 장점과 위엄이 충분하게 드러나고 나타났

다. 생명, 생명의 말씀, 영원한 생명 등과 같은 그러한 것들은 보거나 만질 수가 없는 것들이었다. 그러나 나타난 생명은 보고 만질 수가 있었고 또 그렇게 되었다. 그 생명은 육체를 입고 나타나셨고, 비천한 인간의 본성을 지닌 신분과 습성을 취하셨다. 그리고 그러한 것들을 취하신 생명은 이 땅에서의 그 실존과 사역들에 대한 느낄 수 있는 분명한 증거들을 제시해주었다. 신성한 생명 내지는 성육신하신 말씀은 사도들이 직접 실제로 느낄 수 있는 실체로 임재하셨고, 분명하게 나타나셨다. 여기서 다음의 사실들을 주목하라.

1. 그 생명과 그 말씀은 사도들이 귀로 들을 수 있게 나타나셨다. 우리가 들은 바요(1,3절). 그 생명은 그리스도가 생명의 말씀들을 말하실 수 있도록 입과 혀를 취하셨다. 사도들은 그리스도에 대해 들었을 뿐만 아니라 그분의 말씀을 직접 듣기도 했다. 사도들은 삼 년이 넘게 그리스도의 사역을 옆에서 보며 도울 수 있었고, 그의 공개적인 설교들을 들을 수 있었고, 그 설교들에 대한 그의 개인적인 해설들을 들을 수 있었고, 전무후무한 그의 말씀들에 매료될 수도 있었다. 그 누구도 그분처럼 말한 적이 이제까지 한 번도 없었다. 하나님의 말씀은 귀를 사용하실 것이다. 그리고 말씀을 들은 그 귀는 생명의 말씀에 헌신해야 할 것이다. 그리스도를 본받고 세상에 그리스도를 전하는 사람들이 되었던 자들이 개인적으로 그리스도의 사역들을 접할 수 있고 잘 알 수 있는 곳이 바로 그의 말씀이었다.

2. 그 생명과 그 말씀은 사도들의 눈이 볼 수 있게 나타나셨다. 태초부터 있는 생명의 말씀에 관하여는 우리가 들은 바요 눈으로 본 바요(1-3절). 말씀을 보게 된다. 말씀을 들을 수 있을 뿐만 아니라 볼 수도 있다. 말씀을 개인적으로도 볼 수 있고 공개적으로도 볼 수 있고, 멀리서도 볼 수 있고, 아주 가까이에서도 볼 수 있다. 이것이 눈으로 본 바요 라는 표현에서 암시되고 있다. 우리는 우리의 눈을 아주 유용하게 사용해 말씀을 보게 된다. 우리는 그리스도를 그의 삶과 사역을 통해 보았다. 우리는 산에서 그리스도의 변화된 모습을 보았다. 우리는 십자가 위에 달리시고, 피 흘리시고, 고통당하시고, 죽으신 것을 보았다. 그리고 우리는 무덤에서 죽은 자 가운데서 다시 살아나시어 활동하신 것을 보았다. 그리스도의 사도들은 그리스도에 관한 귀로 들은 증거자들인 동시에 눈으로 본 증거자들이 되어야 했다. 이러하므로 요한의 세례로부터 우리 가운데서 올려져 가신 날까지 주 예수께서 우리 가운데 출입하실 때에 항상 우리와 함께 다니던 사람 중에 하나

를 세워 우리와 더불어 예수께서 부활하심을 증언할 사람이 되게 하여야 하리라(행 1:21,22). 우리 주 예수 그리스도의 능력과 강림하심을 너희에게 알게 한 것이 교묘히 만든 이야기를 따른 것이 아니요 우리는 그의 크신 위엄을 친히 본 자라(벧후 1:16).

3. 그 생명과 그 말씀은 사도들의 내적인 의식, 그들의 마음의 눈이 볼 수 있게 나타나셨다. 그러므로 다음 절을 이렇게 해석할 수도 있을 것이다. 우리가 찾고 알아본 것을 증언한다. 이러한 해석은 눈으로 본 앞의 인식과 다를 수 있고 구별될 수 있을 것이다. 이것은 사도가 그의 요한복음에서 말한 것과 같은 것일 수 있다. 말씀이 육신이 되어 우리 가운데 거하시매 우리가 그의 영광을 보니 아버지의 독생자의 영광이요 은혜와 진리가 충만하더라(요 1:14). 그 말씀은 눈으로 직접 본 대상이 아니라 사도들이 본 것에서 이성적으로 간추려 모아놓은 것이다. "우리가 이 생명의 말씀에 대해 잘 분별하고, 생각하고, 관찰한 것을, 그리고 우리가 잘 깨달은 것을 너희에게 전한다." 감각은 정신의 전달자들이 되어야 한다.

4. 그 생명과 말씀은 사도들의 손과 촉감이 느낄 수 있게 나타나셨다. 생명의 말씀에 관하여는 우리의 손으로 만진 바라. 이것은 우리의 주님이 죽음에서 부활하신 뒤에 그의 몸의 실체와 견고함과 구조를 그의 사도들에게 확실하게 믿게 해주셨음을 분명하게 언급한다. 주님이 사도들에게 그의 손과 옆구리를 보여주셨을 때 그들이 주님의 몸을 만지게 허용하셨을 것이다. 어쨌든 주님은 도마가 주님이 죽으실 때 당하신 상처 자국과 흔적들을 확인하기 전에는 믿지 못할 것이라는 사실을 알고 계셨다. 그래서 주님은 도마에게 사도들이 한자리에 모인 그 다음 모임 때 도마의 반신반의하는 호기심을 채워주기 위하여 그의 손의 못 자국과 허리의 창 자국을 보여주시고 만져보게 허용하셨다. 아마 개중에는 도마처럼 따라 했을 사도들도 있었을 것이다. 우리의 손으로 생명의 말씀을 만진 바라. 볼 수 있는 생명과 말씀에 대한 감각의 증언을 무시하거나 경멸할 사람은 하나도 없었다. 감각 역시 인간의 정보를 위해 본래 하나님이 정하신 수단이고, 그리고 주 예수 그리스도가 사용하신 수단이다. 주님은 그의 사도들의 모든 감각들을 채워주시기 위하여 신경을 쓰셨다. 그래서 사도들이 세상 사람들에게 그리스도의 더 권위 있는 증거자들이 될 수 있었다. 이러한 모든 감각을 복음을 듣는 데만 활용하는 사람들은 그들의 깨우침과 암송의 이성뿐만 아니라 여기서 언급된 다양한 감각들과 적절한 표현력을 상실하게 된다. 우리가 보고 들

은 바를 너희에게도 전한다(3절). 사도들은 그들의 다양한 감각의 오랜 사용에 틀림이 있을 수가 없었다. 감각은 이성과 판단에 도움이 되어야만 한다. 이성과 판단은 주 예수 그리스도와 그의 복음을 받아들이는 데 도움이 되어야만 한다. 그리스도교 계시를 거부하는 것은 결국 계시의 의미를 거부하는 결과를 낳게 될 것이다. 그 후에 열한 제자가 음식 먹을 때에 예수께서 그들에게 나타나사 그들의 믿음 없는 것과 마음이 완악한 것을 꾸짖으시니 이는 자기가 살아난 것을 본 자들의 말을 믿지 아니함일러라(막 16:14).

Ⅲ. 그리스도교 진리와 가르침에 대한 근거들과 증거들을 엄숙하게 주장하고 증언한다. 사도들은 우리를 만족시켜 주기 위하여 이 확증들을 다음과 같이 공포한다. 이 생명이 나타내신 바 된지라 이 영원한 생명을 우리가 보았고 증언하여 너희에게 전하노니 이는 아버지와 함께 계시다가 우리에게 나타내신 바 된 이시니라 우리가 보고 들은 바를 너희에게도 전한다(2-3절). 사도들은 자신들이 받았던 증거를 제자들에게 알려주었고, 그리고 자신들의 이성으로 깨우쳤던 그리스도교 가르침을 세상에 공포하고 전파했다. 지혜와 순전함이 사도들로 하여금 세상 사람들에게 복음의 진리를 전하게 했다. 그들이 전한 것은 개인이 꾸며낸 공상이나 교묘하게 지어낸 우화가 아니었다. 분명한 진리가 사도들의 입을 열게 만들었고, 그 진리를 믿는다는 공개적인 신앙 고백을 하게 만들었다. 우리는 보고 들은 것을 말하지 아니할 수 없다 하니(행 4:20). 제자들이 받아들였던 그리스도교 제도의 진리를 분명하게 확신하는 것은 그들에게 아주 중요하다. 그들은 자신들의 거룩한 신앙생활의 증거들을 이해해야만 한다. 진리는 빛을 두려워하지 않고 또한 아주 철저한 검사도 두려워하지 않는다. 진리는 마음과 양심의 이성적인 확신과 견고한 이해를 제공해줄 수 있다. 내가 너희와 라오디게아에 있는 자들과 무릇 내 육신의 얼굴을 보지 못한 자들을 위하여 얼마나 힘쓰는지를 너희가 알기를 원하노니 이는 그들로 마음에 위안을 받고 사랑 안에서 연합하여 확실한 이해의 모든 풍성함과 하나님의 비밀인 그리스도를 깨닫게 하려 함이니(골 2:1-2).

Ⅳ. 사도는 거룩한 믿음의 개요를 전파하고 주장하는 근거와 간략한 증거를 진술한다. 이 근거는 두 가지다.

1. 이 믿음을 가진 신자들은 사도들과 더불어 같은 행복과 기쁨을 누릴 수 있다. 우리가 보고 들은 바를 너희에게도 전함은 너희로 우리와 사귐이 있게 하려 함이니 우리의 사귐은 아버지와 그의 아들 예수 그리스도와 더불어 누림이라(3절). 사도

가 여기서 의미하는 바는 같은 교회 안에서의 개인적인 친교나 제휴가 아니다. 그것은 서로 멀리 떨어져 있지만 생각과 뜻이 일치하는 그러한 교제를 뜻한다. 다시 말해서 그것은 하늘나라와 교통하는 것이다. 그쪽에서 오고 그쪽으로 가는 교통과 교제이다. "이 진리를 우리가 선포하고 증언하는 것은 너희가 우리의 특권들과 축복들을 함께 나누게 하기 위한 것이다." 복음을 믿는 사람들은 다른 사람들 역시 행복해지기를 몹시 열망한다. 그러므로 우리 역시 하나님의 모든 교회에 교제와 교통이 있기를 바란다. 교인들 간에는 어떤 차이나 특성들이 있을 수는 있다. 그러나 모든 성도들에게 속한 교통에는 가장 높은 사도로부터 가장 낮은 신도에 이르기까지 차이가 전혀 없다. 성도의 특권이나 권위에 대한 일반적인 참여에도 마찬가지이다. 이 교통에는 같은 고귀한 믿음이 있는 것처럼 그 믿음을 고귀하게 하고 명예롭게 하는 같은 고귀한 약속들이 있고, 이 약속들을 풍성하게 하고 채워주는 같은 고귀한 축복들과 영광들이 있다. 그러므로 신자들이 이 교통을 갈망할 수 있고, 그러한 교통의 수단이 되는 믿음을 가질 수 있고, 같은 교통을 나눌 수 있도록 도와줌으로써 신자들에 대한 사도들의 사랑을 나타낸다. 이러한 특성들은 교통의 속성과 상태를 표시한다. 우리의 사귐은 아버지와 그의 아들 예수 그리스도와 더불어 누림이라. 우리는 아버지와 교제를 나누게 되고 아버지의 아들과 교제를 나누게 된다. 요한2서 3절에서 예수 그리스도가 아버지의 아들이라는 그 관계를 아주 강조하는 호칭으로 불리신다. 우리는 성부 하나님 및 성자 하나님과 행복한 관계를 가지게 되고, 그들로부터 축복들을 받게 되고, 그리고 그들과 영적인 대화와 교제를 나누게 된다. 우리는 하나님과 주 예수 그리스도와 그러한 초자연적인 대화를 나누게 된다. 그것은 우리가 장차 하늘나라에서 영광 가운데 영원히 누리게 될 축복들을 미리 맛보는 것이다. 복음의 계시는 우리가 죄와 현세를 훨씬 뛰어넘을 수 있게 해주고, 성부 및 성자와 복된 교통을 나눌 수 있게 해준다. 영원한 생명이 육신이 되신 것은 무슨 목적을 위한 것이었나? 그것은 우리가 성부 하나님 및 그리스도와 교통하는 가운데 영원한 생명에 이르게 하기 위한 것이었다. 그리스도교의 믿음과 제도의 위엄과 유익과 목적에 훨씬 미치지 못하고, 성부와 그의 아들 예수 그리스도와 영적인 축복의 교통을 나누지 못하고 사는 사람들은 하늘나라에서 얼마나 멀리 떨어져 살고 있는가.

2. 거룩한 기쁨이 신자들을 충만하게 하고 성장시킬 수 있다. 우리가 이것을

씀은 우리의 기쁨이 충만하게 하려 함이라(4절). 복음의 섭리는 두려움과 슬픔과 공포의 섭리가 아니라 평화와 기쁨의 섭리이다. 공포와 놀라움은 시내 산에서 넘쳐났지만 환희와 기쁨이 시온 산을 채울 것이다. 시온 산에서는 우리의 육체로 임재하신 영원한 말씀과 영원한 생명이 나타나신다. 그리스도교 신앙의 신비는 죽을 수밖에 없는 인생들의 기쁨을 위하여 계획된 것이다. 영원하신 성자가 우리를 찾아 구원하시기 위하여 세상에 오시고, 우리의 죄를 위하여 완전히 대속하시고, 그리스도가 죄와 죽음과 지옥을 정복하시고, 그리스도가 성부 하나님에 대한 우리의 중보자와 옹호자로 사시고, 그리고 그리스도가 그의 인내하는 신자들을 완전하게 해주시고 영화롭게 해주시기 위하여 다시 오실 것이라는 사실이 우리의 기쁨이 되어야 할 것이다. 그러므로 그리스도교 계시의 사용과 목적을 모르는 사람들은 영적인 기쁨으로 충만해 있지 않다. 신자들은 하나님과 가지게 되는 그들의 행복한 관계를 즐거워해야 한다. 신자들은 하나님의 자녀들과 상속자들이고, 하나님의 사랑하는 입양된 자녀들이다. 신자들은 성부의 아들과의 그들의 행복한 관계를 즐거워해야 한다. 신자들은 하나님의 사랑하는 성자의 몸의 지체들이고 성자와 공동 상속자들이다. 신자들은 그들의 죄사함과 그들의 양자 됨, 교회의 머리로 다시 돌아오실 주님과 하늘나라에서 만나게 되는 은혜와 영광의 소망을 즐거워해야 한다. 신자들이 믿음 안에서 확증을 한다면 얼마나 그들은 기뻐해야 될 것인가! 그 기쁨은 아주 충만한 것일 것이다. 제자들은 기쁨과 성령이 충만하니라(행 13:52).

[5]우리가 그에게서 듣고 너희에게 전하는 소식은 이것이니 곧 하나님은 빛이시라 그에게는 어둠이 조금도 없으시다는 것이니라 [6]만일 우리가 하나님과 사귐이 있다 하고 어둠에 행하면 거짓말을 하고 진리를 행하지 아니함이거니와 [7]그가 빛 가운데 계신 것 같이 우리도 빛 가운데 행하면 우리가 서로 사귐이 있고 그 아들 예수의 피가 우리를 모든 죄에서 깨끗하게 하실 것이요

사도는 여기서 복음의 주제가 지닌 진리와 위엄을 선포한다. 그런 뒤 사도는 주님에게서 받은 메시지에서 이 영광스러운 복음을 받아들이고 믿는 신앙 고백자들의 보상과 확신에 맞는 합당한 결론을 이끌어내고 있다. 여기서 다음의 사실들을 주목하라.

I. 여기에는 사도가 주 예수 그리스도에게서 받아 증언하는 메시지와 소식이 있다. 우리가 그에게서 듣고 너희에게 전하는 소식은 이것이니(5절). 본문에서의 그에게서는 하나님의 아들 예수 그리스도를 의미한다. 그리스도가 사도들을 파송하신 분이셨기에 지금 이 본문이나 앞 절에서 언급되고 있는 그 역시도 그리스도이시다. 사도들과 복음의 사역자들은 주 예수의 메신저 즉 전령들이다. 세상 사람들과 교회들에 그리스도의 뜻과 메시지를 전달하는 것이 그들의 명예이고 그들의 해야 될 주된 일이다. 우리 같은 사람들을 사용하여 우리에게 주님의 메시지를 보내주시는 것은 주 예수 그리스도가 현세에서 보여주는 슬기로우신 섭리다. 인성을 취하신 그리스도는 흙으로 만든 그릇들인 인간들에게 영광을 베풀어 주실 것이다. 사도들이 갈망하는 것은 그들이 맡은 심부름과 복음의 메시지를 신실하게 수행하고 전달하는 것이었다. 그들은 전달받은 것을 전달하려고 간절히 소망했다.

우리가 그에게서 듣고 너희에게 전하는 소식은 이것이니. 우리는 생명의 말씀, 영원하신 말씀이 전하는 소식을 기쁘게 받아야 한다. 우리가 지금 받는 메시지는 하나님의 속성에 관한 것이다. 그것은 우리가 섬겨야 하고 모든 사람이 교제하기를 아주 열망하는 하나님의 속성이다. 곧 하나님은 빛이시라 그에게는 어둠이 조금도 없으시다는 것이니라(5절). 이 소식은 하나님의 속성의 뛰어난 특성을 주장한다. 하나님은 우리에게 빛으로 표현되실 수 있는 모든 아름다움과 완전함의 표상이시다. 하나님은 자존하시는 영이시다. 그는 순수하시고 지혜로우시고 거룩하시고 영광스러우시다. 그는 절대적이고 완전한 탁월함과 덕을 지니신 분이다. 그에게는 어떤 흠이나 불완전함도 없으시다. 그에게는 절대적인 탁월함에 배치되거나 이상한 것은 하나도 없으시다. 그에게는 불변성이나 능력을 감소시킬 수 있는 것이 하나도 없으시다. 그에게는 어둠이 조금도 없으시다. 또한 이 소식은 일반적으로 신성의 도덕적 완전성이라고 하는 것과 직접적인 관련을 가지고 있다. 그것은 우리가 본받아야 되는 속성이다. 그것은 우리가 복음의 사역을 행할 때 우리에게 직접적인 영향을 미치는 속성이다. 그 속성은 하나님의 거룩하심, 하나님의 본성과 뜻의 절대적인 순수하심, 하나님의 통찰하시는 특별히 마음을 꿰뚫어보시는 지혜, 아주 밝고 격렬한 불꽃처럼 타오르는 질투와 공의로우심이 포함되어 있다. 위대하신 하나님이 순수하고 완전한 빛으로 표현되시는 것은 이 어두운 세상에 아주 어울린다. 측량할 수 없는 하나님의 이름과 속성을 우리에게 가장 잘 알게 해주는 것은 주 예수 그리스도이시다. 본래 하나님을 본 사람이 없으되 아버지 품속에 있는 독생하신 하나님이 나타내셨느니라(요 1:18). 주 예수 그리스도는 찬양 받으실 하나님에 대한 가장 고상하고 가장 존엄하고 가장 적합한 설명을 우리에게 해주는 그리스도교 계시의 유일한 대상이다. 그는 이성의 빛에 가장 적합하고 가장 분명한 분이시고, 우리를 위한 하나님의 하시는 일들이 나타내는 위엄을 가장 잘 드러내주는 분이시다. 그는 세상을 지배하시고 관리하시고 심판하시는 하나님의 속성과 직무를 우리에게 가장 잘 보여주시는 분이시다. 하나님은 빛이시라 그에게는 어둠이 조금도 없으시다는 이 한 마디 말씀보다 하나님의 완전한 속성을 나타내는 말이 어디에 또 있겠는가? 여기서 다음의 사실들을 주목하라.

Ⅱ. 이 복음을 받아들이고 믿은 신앙 고백자들의 보상과 확신을 위한 합당한 결론을 이 메시지와 소식에서 이끌어낼 수 있다. 이 결론은 두 가지로 나뉜다.

1. 하나님과 참된 사귐이 없는 신앙 고백자들에 대한 결론. 만일 우리가 하나님과 사귐이 있다 하고 어둠에 행하면 거짓말을 하고 진리를 행하지 아니함이거니와. 성경 기록에서 행하거나 걷는다고 하는 것은 도덕 생활의 방향과 행동을 나타내기 위한 것이다. 다시 말해서 그것은 하나님의 법에 복종하거나 따르는 생활을 나타내기 위한 표현이다. 어둠에 행한다고 하는 것은 우리의 거룩한 신앙생활의 기본적인 명령들에 배치되는 무지와 잘못과 그릇된 관습에 따라 살고 행동하는 것이다. 신앙생활을 아주 잘하는 것처럼 허세를 부리는 사람이 있을 수 있다. 그들은 하나님과 교통하고 사귀고 있다고 고백할 수도 있다. 그렇지만 그들의 삶은 신앙적이지 못하고, 도덕적이지 못하고, 불순할 수 있다. 그래서 그러한 사람들에게 사도는 아무런 거리낌 없이 거짓말하고 있다고 질책한다. 하나님과 사귐이 있다 하고 어둠에 행하면 거짓말을 하고 진리를 행하지 아니한다. 그들은 하나님께 거짓말을 한다. 하나님은 거룩하지 않은 영혼들하고는 어떠한 교제나 사귐도 갖지 아니하시기 때문이다. 어떻게 빛과 어둠이 교제를 나눌 수 있겠는가? 그들은 자기 자신에게도 거짓말을 한다. 그들은 하나님과 대화를 나눈 적도 없고, 하나님과 교제를 나눈 적도 없고, 하나님을 가까이 한 적도 없기 때문이다. 그들의 신앙생활이나 습관에는 전혀 진실이 없다. 또한 그러한 생활은 그들의 습관과 가식들에 거짓을 더해주고 그들의 어리석음과 거짓을 드러내준다.

2. 하나님을 가까이 지내는 사람들에 대한 결론. 그가 빛 가운데 계신 것 같이 우리도 빛 가운데 행하면 우리가 서로 사귐이 있고 그 아들 예수의 피가 우리를 모든 죄에서 깨끗하게 하실 것이요(7절). 찬양받으실 하나님이 무한히 영원하신 빛이시고, 하나님으로 말미암으신 중보자가 세상의 빛이신 것처럼 그리스도교도 우리의 영역을 밝히고, 해처럼 이 세상을 비추는 위대한 발광체이다. 정신과 행동에 있어서 그리스도교에 일치시키는 삶은 하나님과의 교제와 교통을 나타내준다. 그렇게 행동하는 사람들은 그들의 하나님을 아는 지식을 나타내고, 그들의 성령 받은 것을 드러내고, 그들의 영혼에 새겨진 하나님의 모습과 형상을 보여준다. 그리고 우리가 하나님의 빛을 받아 살면 우리가 서로 사귐이 있다. 즉 우리가 하나님과의 축복의 사귐을 가지게 되면 그 교제 안에서 신자들과 사귐을 갖게 되고 신자들이 우리와 사귐을 갖게 된다. 하나님의 아들의 피와 대속의 죽음의 공로와 효력이 우리에게 적용되고 전가가 된다.

그 아들 예수의 피가 우리를 모든 죄에서 깨끗하게 하실 것이요. 영원한 생명이시고 영원한 아들이신 하나님이 육체와 피를 취하시고 예수 그리스도가 되셨다. 예수 그리스도는 우리를 위하여 그의 피를 흘리셨고, 그의 피로 우리의 죄에서 우리를 깨끗하게 씻어주시기 위하여 죽으셨다. 그리스도의 피가 모든 죄의 죄책에서 우리를 벗어나게 해주었다. 그 죄 사함은 원죄와 실제 행한 범죄를 다 씻어주는 것이다. 우리가 하나님 보시기에 의롭고 올바르면 죄 사함을 받게 된다. 그 뿐만 아니라 그리스도의 피는 우리에게 거룩한 영향도 미친다. 그 영향을 통해 우리는 죄가 완전히 없어질 때까지 죄에서 점점 멀어지게 된다. 그리스도께서 우리를 위하여 저주를 받은 바 되사 율법의 저주에서 우리를 속량하셨으니 기록된 바 나무에 달린 자마다 저주 아래에 있는 자라 하였음이라 이는 그리스도 예수 안에서 아브라함의 복이 이방인에게 미치게 하고 또 우리로 하여금 믿음으로 말미암아 성령의 약속을 받게 하려 함이라(갈 3:13,14).

8만일 우리가 죄가 없다고 말하면 스스로 속이고 또 진리가 우리 속에 있지 아니할 것이요 9만일 우리가 우리 죄를 자백하면 그는 미쁘시고 의로우사 우리 죄를 사하시며 우리를 모든 불의에서 깨끗하게 하실 것이요 10만일 우리가 범죄하지 아니하였다 하면 하나님을 거짓말하는 이로 만드는 것이니 또한 그의 말씀이 우리 속에 있지 아니하니라 여기서 사도는 거짓 신앙 고백자들의 위선을 강하게 질책한다. 여기서 다음의 사실들을 주목하라.

I. 하나님과 교제를 나누는 사람들조차도 죄를 범할 수 있다는 전제하에 사도는 여기서 그 전제의 정당성을 논증한다. 사도는 그 사실을 부인하는 무서운 결과들을 보여줌으로써 그 전제를 논증한다. 사도는 그것을 두 항목으로 나누어 진술한다.

1. 만일 우리가 죄가 없다고 말하면 스스로 속이고 또 진리가 우리 속에 있지 아니할 것이요(8절). 우리는 자신의 죄를 부인하거나 변명함으로써 우리 자신을 속이지 않도록 조심해야 한다. 우리는 죄를 이해하면 이해할수록 더욱 그 해결책을 존중하고 귀하게 생각하게 된다. 만일 우리가 죄가 없다고 말하면 진리가 우리 속에 있지 아니할 것이요. 진리는 죄를 부인하는 그러한 거짓말과 상극이다. 자신의 죄를 부인하면 신앙의 진리가 우리 속에 있지 못하게 된다. 그리스도인의 종교는 죄인들의 종교이다. 사람들에게는 어느 정도 늘 죄가 있기 마련이다. 그리스도인의 삶은 계속 죄를 회개하고, 죄를 부끄러워하고, 죄를 억제하는 삶이다. 그리스도인의 삶은 구세주를 계속 믿고, 구세주에게 계속 감사하고, 구세주를 계속 사랑하는 삶이다. 그리스도인의 삶은 영광스러운 구원의 날을 소망하는 즐거운 기대를 안고 사는 삶이다. 그 날에 신자는 최종적으로 완전하게 죄 사함을 받게 되고 죄가 영원히 없어지게 될 것이다.

2. 만일 우리가 범죄하지 아니하였다 하면 하나님을 거짓말하는 이로 만드는 것이니 또한 그의 말씀이 우리 속에 있지 아니하니라(10절). 우리가 자신의 죄를 부인하는 것은 자신을 속이는 것일 뿐만 아니라 하나님의 영광을 가리게 될 것이다. 그러한 행위는 하나님의 신실하심에 도전하고 의심하는 짓이다. 하나님은 세상의 죄에 대해 많이 증언하시고 말씀하셨다. 여호와께서 그 중심에 이르시되 내가 다시는 사람으로 말미암아 땅을 저주하지 아니하리니 이는 사람의 마음이 계획하는 바가 어려서부터 악함이라(창 8:21). 그러나 하나님은 죄를 속하기 위한 실제적인 희생 제사를 마련하심으로써 세상의 계속적인 죄와 불의에 대해 증언해오셨다. 그 희생 제사는 모든 세대에 필요한 것이다. 신자들의 계속적인 죄가 그들의 계속적인 죄의 고백을 요구하고 믿음으로 희생 제물의 피에 계속 죄를 씻을 것을 요구한다. 그러므로 우리가 죄를 범하지 않았다거나 죄가 없다고 말한다면 하나님의 말씀이 우리 속에 있지 않게 될 것이다. 또한 그렇게 되면 잘 알

아야 될 우리의 정신 속에 하나님의 말씀이 없게 될 것이고, 실제적인 영향을 끼쳐야 될 우리의 마음속에 하나님의 말씀이 없게 될 것이다.

Ⅱ. 사도는 신자에게 계속적으로 죄 사함을 받는 방법에 대해 교훈한다. 여기서 다음의 사실들을 주목하라.

1. 죄 사함을 받기 위한 신자의 의무와 절차. 만일 우리가 우리 죄를 자백하면(9절). 회개의 고백과 죄의 인정은 신자의 당연한 의무이다. 그것은 범죄를 용서받고 구원받는 길이다.

2. 죄 사함 받는 일에 대한 사도의 격려와 행복한 결말의 확신을 촉구하는 권면. 이것은 하나님의 진실하심, 의로우심, 자비로우심의 열매이다. 죄인은 하나님께 이렇게 고백해야 한다. 만일 우리가 우리 죄를 자백하면 그는 미쁘시고 의로우사 우리 죄를 사하시며 우리를 모든 불의에서 깨끗하게 하실 것이요(9절). 하나님은 자신의 언약과 말씀에 신실하시다. 하나님은 언약과 말씀을 통해 죄를 고백하고 회개하는 신자들을 용서해주신다고 약속하셨다. 하나님은 스스로에게 의로우시고, 죄의 용서를 약속하신 희생 제사에 하나님의 영광을 드러내신다. 그 희생 제사를 통해 하나님은 죄인들을 의롭게 여기시고 자신의 의로우심을 선포하신다. 하나님은 자신의 아들에게 의로우시고 정당하시다. 하나님은 그 아들을 죄인들을 위한 희생으로 세상에 보내셨을 뿐만 아니라 그 아들을 통해 하나님께 나아오는 사람들은 그 아들의 공로로 죄 사함을 받게 될 것이라고 그 아들에게 약속하셨다. 그가 자기 영혼의 수고한 것을 보고 만족하게 여길 것이라 나의 의로운 종이 자기 지식으로 많은 사람을 의롭게 하며 또 그들의 죄악을 친히 담당하리로다(사 53:11). 또한 하나님은 자비로우시고 은혜로우시다. 그러므로 하나님은 자신의 모든 죄를 낱낱이 울며 회개하는 고백자를 용서해주시고, 모든 불의한 범죄를 깨끗하게 해주시고, 때가 되면 죄의 영향과 습관에서 완전하게 건져주실 것이다.

제 2 장

개요

여기서 사도는 의지가 약해서 저지르는 죄에 대해 권면한다(1-2절). 사도는 하나님을 참되게 알고 진실로 사랑하는 것에 대해 권면한다(3-6절). 사도는 형제 사랑의 계명을 갱신한다(7-11절). 사도는 다양한 세대의 그리스도인들에게 권면한다(12-14절). 사도는 세상을 사랑하는 것을 경고한다(15-17절). 사도는 미혹하는 자들을 경계하고 조심할 것을 권면한다(18-19절). 사도는 참된 그리스도인들의 안전을 권면한다(20-27절). 사도는 그리스도 안에 사는 삶이 지니는 축복을 진술한다(28-29절).

¹나의 자녀들아 내가 이것을 너희에게 씀은 너희로 죄를 범하지 않게 하려 함이라 만일 누가 죄를 범하여도 아버지 앞에서 우리에게 대언자가 있으니 곧 의로우신 예수 그리스도시라 ²그는 우리 죄를 위한 화목 제물이니 우리만 위할 뿐 아니요 온 세상의 죄를 위하심이라

이 구절은 앞 장의 결론 부분의 주제와 관련이 있다. 앞 장에서 사도는 현실을 사는 그리스도인의 죄에 대한 전제를 진술했다. 여기서 사도는 신자들에게 죄를 떠나라고 간곡하게 권면하고 그들을 위한 돕는 분이 있다고 격려한다. 여기서 다음의 사실들을 주목하라.

I. 간곡한 권면. 사도는 죄에 대해서는 전혀 양보가 없다. "나의 자녀들아 내가 이것을 너희에게 씀은 너희로 죄를 범하지 않게 하려 함이라(1절). 본 서신의 목적이나 계획은, 즉 내가 하나님과의 교제에 대해 말하고 신앙적이지 못한 행동으로 그것을 뒤엎는 것에 대해 말했던 의도는 너희들을 죄에서 제발 떠나게 하기 위한 것이다." 지금 사도가 권면을 하면서 사용하고 있는 호칭의 애정어린 표현을 눈여겨보라. 사도가 사용하고 있는 나의 자녀들아 라는 말은 복음으로 낳은 자녀들을 의미한다. 자녀들이란 표현은 사도보다 나이나 경륜에 있어서 아래인 사람들을 뜻한다. 그러나 나의 자녀들이란 표현은 복음의 유대로 맺어

818 매튜 헨리 주석_디모데전서

진 아주 가까운 사이라는 것을 드러낸다. 확실히 그러한 목회자적인 사랑이 넘칠 때와 그 사랑이 넘치는 곳에서 복음은 가장 많이 전파되고 크게 역사한다. 혹은 사려 분별이 있는 독자는 이 간곡한 권면이나 경고에서 나타나는 사도의 의미하는 바가 다음과 같다고 생각할 여지가 많이 있다. 내가 이것을 너희에게 씀은 너희로 죄를 범하지 않게 하려 함이라. 이 말씀은 앞서 죄 사함에 관해 확실하게 말했던 것을 되돌아보는 것일 것이다. 하나님은 미쁘시고 의로우사 우리 죄를 사하시며 우리를 모든 불의에서 깨끗하게 하실 것이요(9절). 또한 이 말씀은 그러한 은총과 죄 사함의 특권에 대한 모든 남용을 막기 위한 것이다. 사도는 지금 이런 의미로 말하고 있다. "통회하는 고백자들이 죄들을 용서받는다고 할지라도 내가 부득이 이 글을 쓰는 것은 너희가 죄 짓는 것을 격려하기 위한 것이 아니라 다른 이유 때문이다." 또한 이 절은 사도가 죄인들을 변호해주실 대언자에 대해 말하려고 하는 것을 미리 나타내는 것일 수 있다. 그것은 실수나 남용을 미리 예상하거나 막기 위한 것이다. 내가 이것을 너희에게 씀은 너희로 죄를 범하지 않게 하려 함이라. 또한 이것은 너희의 죄에 대한 해결책을 제시하기 위한 것이기도 하다. 1절 하반절의 만일 누가 죄를 범하여도 앞에는 반의 접속사 그러나 라는 말을 붙여 해석하는 것이 더 나을 것 같다. 여기서 다음의 사실들을 주목하라.

Ⅱ. 죄를 범할 경우 신자가 받을 수 있는 도움과 구제를 사도는 진술한다.
만일 누가 죄를 범하여도 아버지 앞에서 우리에게 대언자가 있으니 곧 의로우신 예수 그리스도시라(1절). 신자들 스스로 행복한 복음의 경지까지 도달한 사람들일지라도 여전히 죄를 지을 수 있다. 그러므로 세상에 사는 죄인들 사이에도 아주 큰 차이가 있다. 그리스도의 신비의 몸이나 영적인 몸과 연합하지는 않았을지라도 그리스도인화 된 죄인들이 있다. 그런가하면 그리스도인화 되지 않은 회심한 죄인들과 회심하지 않은 죄인들이 있다. 실제로 죄를 짓고 있기는 하지만 다른 사람들과 비교해서 죄를 짓지 않는다고 말하는 사람들이 있기도 하다. 하나님께로부터 난 자마다 죄를 짓지 아니하나니 이는 하나님의 씨가 그의 속에 거함이요 그도 범죄하지 못하는 것은 하나님께로부터 났음이라(요일 3:9). 신자들은 대속의 은혜로 죄 사함과 칭의의 상태에 들어가게 된다. 그와 마찬가지로 신자들은 하늘나라에 갈 때까지 하늘에 그들을 위한 변호자를 소유하게 되고, 지속적인 죄 사함을 받게 된다. 이러한 상태는 신자들이 죄를 짓는 경우에도 그들에게 도움이 되고, 속량이 되고, 피난처가 된다. 우리에게 대언자가 있으니. 이 명칭은 원래 성령에게 종종 붙여지기도 하고, 보혜사로 번역이 되기도 한다. 그는 우리 안에서 활동하신다. 그는 우리의 마음과 입에 변증과 변론을 넣어주신다. 우리를 중재하시기 위하여 우리를 가르쳐주심으로써 그는 우리의 변호자와 대언자가 되신다. 그런데 지금 여기서 언급되고 있는 대언자는 우리 외부에 계시는, 즉 하늘나라에 하나님 아버지와 함께 계시는 분이시다. 대언자 즉 변호사의 고유한 직무와 업무는 재판과 관련된 일이다. 그리스도는 하나님 아버지 옆에서 소송 의뢰인의 소송 사건을 변호하는 변호사처럼 우리를 옹호해주신다. 우리를 변호하는 대언자의 변론을 들으시는 재판장은 하나님 아버지이시다. 하나님 아버지는 그리스도의 아버지도 되시고, 우리의 아버지도 되신다. 율법 법정에서 우리의 재판장이셨던 하나님 아버지께서 복음 법정에서도 우리의 아버지가 되신다. 복음 법정은 하늘나라와 은혜의 법정이다. 하나님의 보좌와 재판석은 속죄소이기도 하다. 그러므로 우리의 아버지 되시는 그분께서는 우리의 재판장이시기도 하지만 우리의 신분과 형편, 우리의 생명과 죽음, 우리의 한시적 삶과 영원한 삶을 결정하시는 최고의 대법관이시기도 하다. 그는 하늘에 기록된 장자들의 모임과 교회와 만민의 심판자이신 하나님이시다(히 12:23). 신자들이 그들의 재판이 잘될 것이라는 소망을 가질 수 있는 것은 그들의 재판장이 자신들의 아버지로 표현되고 있기 때문이다. 그와 마찬가지로 신자들의 대언자와 변호사로 그들에게 추천이 되고 있는 분은 다음과 같이 표현이 된다. 여기서 다음의 사실들을 주목하라.

1. 대언자의 인격과 이름. 그는 하나님의 아들 예수 그리스도시다. 그는 온전한 중보의 직무를 위하여 아버지 하나님에 의해 기름부음을 받으셨다. 중보의 직무는 중재와 변호의 직무를 위한 것이다.

2. 대언자의 직분의 특성. 그는 의로우신 예수 그리스도시다. 그는 재판정에서 의로우신 대언자이시고 재판장 앞에서 의롭고 공정하신 변호사이시다. 이러한 특성은 다른 변호사에게도 필요한 것은 아니다. 다른 변호사는 그 자신 불의할 수도 있다. 그러나 그 재판은 공정하고 의로울 수 있다. 그러나 여기서 이 경우의 소송 의뢰인들은 범죄자들이다. 따라서 그러한 범죄자들의 무죄와 법률적인 정당함과 의로움이 변호될 수는 없다. 당연히 그들의 죄는 고백되어져야 하고 전제되어야 한다. 대언자가 범죄자들을 위하여 옹호하고 변호해야 하는

것은 그 자신의 의로움 때문이다. 그는 그의 죽음에 의로우셨고, 그들을 위하여 의로우셨다. 그는 영원한 의를 이루셨다. 이 공로를 재판장은 부인하지 않으실 것이다. 그는 이 공로에 근거하여 소송 의뢰인들의 죄가 그들에게 전가되지 않도록 하기 위하여 변호하신다.

3. 그의 변호의 근거와 기반. 그는 우리 죄를 위한 화목 제물이니(2절). 그는 자신의 위엄과 법과 지배를 어긴 우리의 모든 범죄들을 위하여 재판장이신 하나님 아버지에게 드려진 화목의 속죄 제물이시다. 로마 가톨릭은 구속의 변호와 중재의 변호를 구분하는데 이는 헛된 일이다. 중재의 중보자 즉 우리를 위한 대언자는 우리의 죄를 속죄하신 구속의 중보자이시다. 그의 변호는 그의 속죄다. 그가 피를 흘리신 이후 하늘에서 그 피를 인정하지 않았다면 그 가치와 효력이 상실되었을 것이다. 그러나 그의 피가 하나님의 교회를 위한 위대한 대언자의 중재로 계속해서 나타나고 있기 때문에 그의 피가 하늘나라에서 존중되고 있음을 알 수 있다. 그러므로 자기를 힘입어 하나님께 나아가는 자들을 온전히 구원하실 수 있으니 이는 그가 항상 살아 계셔서 그들을 위하여 간구하심이라(히 7:25).

4. 그의 변호의 정도와 속죄의 범위. 그의 변호와 속죄는 어느 한 민족이나 한 국가에 국한되지 않는다. 더욱이 그것은 하나님의 옛날 이스라엘 백성에만 특별히 국한되는 것은 아니다. 그는 우리만 위할 뿐 아니요 온 세상의 죄를 위하심이라(2절). 그의 속죄는 유대인들의 죄뿐만 아니라 육체로는 아브라함의 자손인 우리들의 죄를 위한 것이기도 하다. 다시 말해서 그의 속죄는 과거와 현재의 신자들뿐만 아니라 그를 통하여 하나님을 믿고 하나님께 나아오는 미래의 모든 신자들을 위한 것이기도 하다. 중보자의 죽음의 정도와 범위는 모든 족속, 모든 민족, 모든 나라에 미친다. 그가 유일한 중보자이신 것처럼 그는 모든 사람을 구원받게 하고, 하나님께 나아가게 하고, 하나님의 은총과 죄 사함을 받게 하는 온 세상의 속죄와 화목 제물이시다.

³우리가 그의 계명을 지키면 이로써 우리가 그를 아는 줄로 알 것이요 ⁴그를 아노라 하고 그의 계명을 지키지 아니하는 자는 거짓말하는 자요 진리가 그 속에 있지 아니하되 ⁵누구든지 그의 말씀을 지키는 자는 하나님의 사랑이 참으로 그 속에서 온전하게 되었나니 이로써 우리가 그의 안에 있는 줄을 아노라 ⁶그의 안에 산다고 하

는 자는 그가 행하시는 대로 자기도 행할지니라

이 구절들은 앞 장의 7절과 관련이 있는 것 같다. 그가 빛 가운데 계신 것 같이 우리도 빛 가운데 행하면 우리가 서로 사귐이 있고 그 아들 예수의 피가 우리를 모든 죄에서 깨끗하게 하실 것이요(1:7). 그 절과 이 절들 사이에서 신자의 의무와 죄를 지었을 때의 위로에 관한 부차적인 강론이 있었다. 그리고 신자의 특권 하나가 언급되었다. 그것은 중보자의 피로 죄가 깨끗하게 되는 것이다. 1장 7절에서 사도는 유익한 결과를 낳는 지시를 한다. 우리도 빛 가운데 행하면 유익한 열매를 얻게 된다는 것이다. "우리가 서로 사귐이 있다. 우리가 빛 가운데 걸으면 그리스도의 교회의 특권인 신자들과의 교제와 하나님과의 교통을 나누게 된다." 이제 여기서 우리의 빛과 우리의 사랑에 대한 시험과 검증을 이어서 진술한다. 여기서 다음의 사실들을 주목하라.

I. 우리가 지닌 빛에 대한 시험. 우리가 그의 계명을 지키면 이로써 우리가 그를 아는 줄로 알 것이요(3절). 거룩한 빛과 지식은 정신을 아름답게 하고 성장시킨다. 중보자를 따르는 제자들은 지혜와 총명을 가진 인격들을 가지게 된다. 젊은 그리스도인들은 자신들의 새로운 빛을 과장하고 자신들의 지식을 내세우는 경향이 있다. 특별히 그들이 갑자기 믿게 되었거나 짧은 시간에 하나님과 교통하는 체험을 했다면 더욱 그러한 경향이 있다. 그러나 나이든 그리스도인들은 자신들의 지식의 충족성과 완전성을 의심하는 경향이 있다. 그렇지만 그들은 자신들이 하나님을 알고, 그리스도를 알고, 그의 복음의 풍성한 내용들을 알고 있는 사실을 더 이상 애석해하지 않는다. 우리의 지식이 우리로 하여금 계속해서 하나님의 계명을 지키게 하면 그것은 우리의 지식이 건전하고 온전하다는 증거가 될 것이다. 그의 속성의 완전하심은 그의 권위에 복종하게 해준다. 그의 권면, 그의 은혜의 풍성하심, 그의 행위들의 위대하심은 그의 법과 지배를 따르게 해준다. 그의 계명에 대한 양심적이고 신중한 복종은 이것들에 대한 이해와 지식이 그 영혼에 은혜롭게 새겨져 있다는 사실과 증거를 드러내준다. 그 반대는 당연히 다음과 같은 결론을 낳게 될 것이다. 그를 아노라 하고 그의 계명을 지키지 아니하는 자는 거짓말하는 자요 진리가 그 속에 있지 아니하되(4절). 진리를 믿는 신앙 고백자들이 그들의 무지로 수치를 당할 때가 종종 있다. 그들은 하나님의 거룩한 신비들을 아는 지식이 상당한 수준에 도달한 것처럼 꾸밀 때가 아주 빈

번하다. 유대인이라 불리는 네가 율법을 의지하며 하나님을 자랑하며 율법의 교훈을 받아 하나님의 뜻을 알고 지극히 선한 것을 분간하며 맹인의 길을 인도하는 자요 어둠에 있는 자의 빛이요 율법에 있는 지식과 진리의 모본을 가진 자로서 어리석은 자의 교사요 어린아이의 선생이라고 스스로 믿으니 그러면 다른 사람을 가르치는 네가 네 자신은 가르치지 아니하느냐(롬 2:17-21). 그러나 하나님을 아는 어떤 지식이 그에게 아주 완전하고 강한 복종을 나타내게 하지 않을 수 있겠는가? 그러므로 하나님을 보고 안다고 할지라도 그 마음이 언제나 하나님께 복종하지 않는다면 그 지식은 얼마나 무익하고 피상적인 것인가! 복종하지 않는 삶은 거짓된 종교 지식을 드러내는 것이고 수치스러운 것이다. 믿음과 지식을 자랑하는 허풍과 위선은 거짓을 드러내는 것이다. 그리고 그러한 허풍과 위선 속에는 신앙도 없고 정직도 없다는 것을 나타내는 것이다.

II. 우리가 행하는 사랑에 대한 시험. 누구든지 그의 말씀을 지키는 자는 하나님의 사랑이 참으로 그 속에서 온전하게 되었나니 이로써 우리가 그의 안에 있는 줄을 아노라(5절). 하나님의 말씀이나 그리스도의 말씀을 지키는 것은 삶의 모든 행위와 활동도 거룩하게 뒤따르게 될 것이다. 그렇게 행하는 사람 안에는 완전하신 하나님의 사랑이 있게 된다. 아마도 여기서 우리에 대한 하나님의 사랑으로 이해하는 사람도 있을 수 있다. 확실히 우리에 대한 그의 사랑은 우리가 그의 말씀을 실제로 따르고 복종하지 않는다면 완전하게 될 수가 없다. 또한 그러한 실천이 없이는 하나님의 사랑의 완전한 목적과 열매에 참여할 수 없을 것이다. 우리는 하나님 앞에서 사랑으로 거룩해지고 흠 없이 되기 위하여 선택을 받았다. 그가 우리를 대신하여 자신을 주심은 모든 불법에서 우리를 속량하시고 우리를 깨끗하게 하사 선한 일을 열심히 하는 자기 백성이 되게 하려 하심이라(딛 2:14). 우리가 죄 사함을 받고 의롭게 된 것은 성화시키시는 성령의 사역에 크게 참여하기 위한 것이다. 우리가 거룩하게 된 것은 거룩함과 복종의 길을 걷기 위한 것이다. 우리가 하나님의 말씀에 거룩하게 따르지 않는다면 그 영향과 열매를 얻게 해주는 하나님의 사랑의 역사를 결코 얻지 못하게 될 것이다. 더욱이 다음의 구절은 하나님에 대한 우리의 사랑을 나타낸다. 이 세상이나 세상에 있는 것들을 사랑하지 말라 누구든지 세상을 사랑하면 아버지의 사랑이 그 안에 있지 아니하니(15절). 누가 이 세상의 재물을 가지고 형제의 궁핍함을 보고도 도와 줄 마음을 닫으면 하나님의 사랑이 어찌 그 속에 거하겠느냐(3:17). 이제 빛이 사랑에 불을 지펴주게 될 것이다. 사랑은 하나님의 말씀을 지켜야 하고 지키게 해줄 것이다. 빛은 사랑받는 사람이 즐거워하며 섬기는지를 묻고 조사한다. 그리고 빛은 사랑받는 사람이 그의 선포된 뜻을 지킴으로써 그렇게 하는지를 알아본다. 빛은 하나님의 말씀과 뜻을 따르는 실천을 하게 한다. 거기에 사랑이 나타나게 된다. 사랑은 완전한 실천과 기쁨을 낳는다. 하나님의 뜻이나 그리스도의 뜻을 신실하게 따르는 실천을 통해 우리가 그의 안에 있는 줄을 알게 된다(5절). 우리는 그것을 통해 우리가 그리스도의 것이라는 사실을 알게 된다. 그리고 그것으로 우리는 이 순종을 가지도록 우리를 격려하고 도와주시는 성령을 통하여 그리스도와 연합하게 된다는 사실을 알게 된다. 우리가 그리스도와의 관계를, 그리스도와의 연합을 인정한다면 그것이 우리에게 하나님의 뜻을 따르도록 지속적인 영향을 미쳐야 될 것이다.

그의 안에 산다고 하는 자는 그가 행하시는 대로 자기도 행할지니라(6절). 주 예수 그리스도는 이 세상에 살았던 한 사람이셨고, 이 땅을 걸어 다니셨다. 이 세상에서 그는 하나님에 대한 절대적인 순종의 빛나는 한 본보기를 보여주셨다. 그리스도를 믿고, 그와 함께 산다고 고백하는 사람들은 그리스도와 함께 걸어야 하고, 그의 본보기를 본받고 따라야 할 것이다. 고대 철학자들의 몇몇 학파들에 속한 지지자들은 그들의 존경하는 선생들이나 종파 지도자들의 지시들과 관습을 아주 존중하고 따랐다. 하물며 그리스도 안에 있고 그리스도와 함께 살고 따른다고 고백하는 그리스도인이 그의 무오하신 주인과 머리 되시는 주님을 닮도록 더 노력해야 하고, 그의 가신 길과 명령들을 따르도록 더 노력해야 되지 않겠는가! 너희는 내가 명하는 대로 행하면 곧 나의 친구라(요 15:14).

7사랑하는 자들아 내가 새 계명을 너희에게 쓰는 것이 아니라 너희가 처음부터 가진 옛 계명이니 이 옛 계명은 너희가 들은 바 말씀이거니와 8다시 내가 너희에게 새 계명을 쓰노니 그에게와 너희에게도 참된 것이라 이는 어둠이 지나가고 참빛이 벌써 비침이니라 9빛 가운데 있다 하면서 그 형제를 미워하는 자는 지금까지 어둠에 있는 자요 10그의 형제를 사랑하는 자는 빛 가운데 거하여 자기 속에 거리낌이 없으나 11그의 형제를 미워하는 자는 어둠에 있고 또 어둠에 행하며 갈 곳을 알지 못하나니 이는 그 어둠이 그의 눈을 멀게 하였음이라

7절은 바로 앞서 언급한 것을 돌아보기 위한 것일 수도 있다. 앞서 그가 행하시는 대로 자기도 행할지니라 말한 것이 여기서는 지금 새 계명이 아니라 옛 계명이니 라고 표현이 되고 있다. 사도들이 그리스도의 복음을 전하는 곳마다 그들이 반복해서 가르치는 것이 바로 믿고 실천하라는 그것이다. 지금 요한 사도가 권하려고 하는 것도 바로 그 내용이다. 그것은 형제 사랑의 법이다. 이것은 처음부터 들은 메시지이다. 우리는 서로 사랑할지니 이는 너희가 처음부터 들은 소식이라(3:11). 서로 사랑하자 이는 새 계명같이 네게 쓰는 것이 아니요 처음부터 우리가 가진 것이라(요이 5). 사도는 그러한 실천을 권하는 한편 그의 애용하는 호칭을 통해 실례를 제시한다. "형제들아, 사랑의 띠로 하나가 된 사랑하는 너희에게 내가 부탁한다." 그래서 사도는 형제 사랑의 계명을 권하고 있다. 여기서 다음의 사실들을 주목하라.

I. 옛 계명. 사랑하는 자들아 내가 새 계명을 너희에게 쓰는 것이 아니라 너희가 처음부터 가진 옛 계명이니 이 옛 계명은 너희가 들은 바 말씀이거니와(7절). 사랑의 계명은 인간의 본성만큼 오래된 것이다. 그러나 그것은 다양한 법령과 시행령과 동기들을 가지고 있다. 인간이 무죄한 상태에서 번식을 했다면 인간들은 한 혈통을 가진 형제들로 분명히 서로 사랑했을 것이고, 하나님의 형상을 닮은 자녀들로 이 땅에서 잘 살았을 것이다. 죄를 범하고 회복의 약속을 바라고 사는 상태에서도 인간은 서로 사랑해야 한다. 왜냐하면 인간은 조물주 하나님께서 빚은 같은 피조물들로서 같은 혈통을 가지고 있고, 서로 같은 소망을 가지고 사는 동반자들이기 때문이다. 히브리인들이 특별하게 그리스도인들이 되었다고 할지라도 그들은 이제 히브리인의 특권을 가진 백성들로서 그리스도인들이 되었기에 서로 사랑을 해야 했을 것이다. 그들은 하나님과 언약을 맺고 하나님의 양자가 되었다. 그들의 민족 가운데에서 교회의 머리가 되시는 구세주가 나오셨다. 그러나 이제 하나님의 새 이스라엘 백성과 복음의 교회에 새로운 의무 조항들이 제정된 동시에 사랑의 법도 전달되었다. 그러므로 옛 계명은 복음의 이스라엘 자녀들이 처음부터 들어온 바로 하나님의 그 말씀이다(7절).

II. 새 계명. "너희가 이 의무를 더 잘 지키게 하기 위해 다시 내가 새 계명을 너희에게 쓰는 것이다. 이것은 새 사회의 법이고 그에게와 너희에게도 참된 것이다. 이것은 그리스도인 공동체를 위한 것이다. 무엇보다도 이것은 그리스도인 공동체의 머리와 주가 되시는 분에 관해 참되다. 이 새 계명의 진리는 처음부터 있던 것이었고 그리스도 안에 풍성하게 있었다. 그리스도께서 교회를 사랑하시고 그 교회를 위하여 자신을 주셨다(엡 5:25). 이 계명은 너희 안에서도 참되다. 이 법은 어느 정도 너희 마음속에 새겨져 있다. 너희가 하나님께 서로 사랑하라고 배웠으니 그렇게 하라. 어둠이 지나갔다. 너희가 유대인이든 이방인이든 회심하지 않은 타락하고 비뚤어진 마음의 어둠은 이제 지나갔다. 너희가 하나님과 그리스도를 모르는 비난받아 마땅한 무지는 이제 지나가고 사라졌다. 그것은 과거다. 참 빛이 벌써 비침이니라(8절). 복음을 계시하는 그 빛은 너희 마음속에 생명과 능력으로 계속 비추었다. 그러므로 너희가 그리스도인이 행하는 사랑의 우월함을 항상 보았고 그 기본적인 의무를 통해 은혜도 계속 체험했다."

그러므로 우리 역시 그리스도교의 기본 진리들을 옛 계명이나 새 계명에서 똑같이 발견하게 된다. 개혁 교회들의 개혁 교리나 신앙 교리는 새 계명과 옛 계명이다. 오랫동안 옛 계명의 어둠이 가르쳐진 뒤에 새 계명이 종교개혁의 빛을 통해 나타났다. 새 계명이 로마 가톨릭의 거짓과 불의에서 벗어나 깨끗하게 되었다. 그러나 옛 계명 역시 처음부터 배워왔고 들어왔던 계명이다. 우리는 그 계명의 은혜와 덕이 그리스도 안에서 참되었던 것처럼 우리 안에서도 참되다는 것을 이해해야 할 것이다. 우리는 우리의 머리 되시는 주님을 닮고 따라야 한다. 우리의 어둠이 더 많이 사라지면 사라질수록, 그 어둠이 지나가면 지나갈수록, 복음의 빛이 우리 마음속에 더 많이 비추면 비출수록 주님의 명령과 계명들에 대한 우리의 복종은 더욱 깊어지게 될 것이다. 그 계명과 명령이 옛 것이든 새 것이든 말이다. 빛은 적절한 열을 자아내기 마련이다. 따라서 바로 이점에 우리 그리스도인들의 빛이 치러야 될 또 다른 시험과 검증이 있다. 이전에는 그것이 하나님에 대한 순종으로 입증이 되었다. 그러나 여기서는 그것이 그리스도인의 사랑으로 입증이 되고 드러나야 한다. 여기서 다음의 사실들을 주목하라.

1. 경솔하게 함부로 그러한 사랑을 원하는 사람은 빛을 가장한다. 빛 가운데 있다 하면서 그 형제를 미워하는 자는 지금까지 어둠에 있는 자요(9절). 진실한 그리스도인들은 하나님이 그들의 영혼을 위하여 행해 오신 일을 인정하고 감사하는 것이 당연한 일이다. 그러나 보이는 지상 교회에는 자신들이 참되고, 자신들이 빛 가운데 있고, 자신들의 마음과 영혼에 하나님의 계시를 받았다고 주제넘

게 말들은 해대면서 자신들의 그리스도인 형제들은 증오하고 적대하는 어둠 속을 걷고 있는 사람들이 비일비재하다. 이러한 사람들은 그들의 형제들에 대한 그리스도의 사랑의 의미에 눈 하나 까딱하지 않는다. 그러므로 그들은 계속 그들의 어둠에 머물러 있다. 그들이 그리스도교를 믿는다는 것은 거짓 고백이고 거짓 회심이다.

2. 그러한 사랑의 지배를 받는 사람은 자신의 선하고 순수한 빛을 드러낸다. 그의 형제를 사랑하는 자는 빛 가운데 거하여(10절). 그는 그리스도 안에서 그의 형제를 사랑한다. 그러한 사람은 기독교적 사랑의 근거와 이유를 이해한다. 그는 기독교적 구속의 중요성과 가치를 인식한다. 그는 그리스도가 사랑하신 사람들을 우리가 마땅히 사랑해야 하는 것이 얼마나 온당한 것인지를 이해한다. 그리하여 그의 형제를 사랑하는 자는 빛 가운데 거하여 자기 속에 거리낌이 없게 될 것이다(10절). 그는 결코 물의를 일으키거나 창피스러운 일을 하지 않을 것이다. 그는 그의 형제들에게 결코 걸림돌이 되지 않을 것이다. 그는 그의 형제를 죄에 끌어들이거나 신앙의 길에서 벗어나게 유혹해서는 안 된다는 것을 양심적으로 잘 알고 조심할 것이다. 그리스도인의 사랑은 우리 형제의 영혼을 아주 고귀하게 여기게 만들고, 형제의 순진함과 평온함을 해치는 일은 무엇이든 조심하게 될 것이다.

3. 증오는 영적 어둠의 표시이다. 그의 형제를 미워하는 자는 어둠에 있고(11절). 영적인 빛은 성령의 은혜를 통해 스민다. 성령의 열매들 가운데 하나는 사랑이다. 오직 성령의 열매는 사랑과 희락과 화평과 오래 참음과 자비와 양선과 충성과 온유와 절제니 이같은 것을 금지할 법이 없느니라(갈 5:22-23). 그리스도인 형제를 미워하는 악의에 사로잡힌 사람은 영적인 빛이 결여되어 있는 것이 분명하다. 그 결과 그는 어둠에 있게 된다. 그는 어두운 마음과 양심에 어울리는 생활을 하게 된다. 그는 또 어둠에 행하며 갈 곳을 알지 못한다. 그는 이 어두운 영혼이 그를 어디로 데려가는지를 모른다. 특별히 그는 그 어둠이 그를 완전히 어두운 세계로 끌고 간다는 사실을 전혀 모른다. 이는 그 어둠이 그의 눈을 멀게 하였음이라(11절). 악의와 증오의 정신으로 드러나는 거듭나지 못한 어둠은 생명의 빛에 어긋난다. 어둠이 있는 곳에는 마음, 판단, 양심이 어두워지게 된다. 그러므로 어두운 영혼은 길을 잘못 들어 하늘나라의 영원한 생명에 이르는 길에서 벗어나게 될 것이다. 여기서 우리가 주목해야 할 것이 있다. 즉 우리의 사도가 그

의 과거의 뜨겁고 불 같은 성격을 이제는 고쳤다는 사실을 아주 실제적으로 보여주고 있다는 사실이다. 한때 요한 사도는 그들을 받아들이지 않는 불쌍하고 무지한 사마리아인들에게 하늘에서 불을 내려 죽이자고 한 적이 있었다. 사자들을 앞서 보내시매 그들이 가서 예수를 위하여 준비하려고 사마리아인의 한 마을에 들어갔더니 예수께서 예루살렘을 향하여 가시기 때문에 그들이 받아들이지 아니하는지라 제자 야고보와 요한이 이를 보고 이르되 주여 우리가 불을 명하여 하늘로 부터 내려 저들을 멸하라 하기를 원하시나이까(눅 9:52-54). 그러나 주님은 허락하지 않고 그런 그를 꾸짖으셨다. 주님은 요한이 자신을 잘 모르고 있고, 그러한 정신이 그를 어디로 인도할지를 모르고 있다는 사실을 보여주신 것이었다. 이제 그리스도의 영을 더 많이 받아들이게 된 요한 사도는 인간에게 선의를 내보이고, 모든 형제들에 대한 사랑을 나타내고 있다. 주 예수 그리스도는 바로 사랑의 위대한 주인이시다. 그리스도의 학교는 바로 사랑의 학교이다. 주의 제자들은 사랑의 제자들이다. 주의 가족은 사랑의 가족이다.

[12]자녀들아 내가 너희에게 쓰는 것은 너희 죄가 그의 이름으로 말미암아 사함을 받았음이요 [13]아비들아 내가 너희에게 쓰는 것은 너희가 태초부터 계신 이를 알았음이요 청년들아 내가 너희에게 쓰는 것은 너희가 악한 자를 이기었음이라 [14]아이들아 내가 너희에게 쓴 것은 너희가 아버지를 알았음이요 아비들아 내가 너희에게 쓴 것은 너희가 태초부터 계신 이를 알았음이요 청년들아 내가 너희에게 쓴 것은 너희가 강하고 하나님의 말씀이 너희 안에 거하시며 너희가 흉악한 자를 이기었음이라 [15]이 세상이나 세상에 있는 것들을 사랑하지 말라 누구든지 세상을 사랑하면 아버지의 사랑이 그 안에 있지 아니하니 [16]이는 세상에 있는 모든 것이 육신의 정욕과 안목의 정욕과 이생의 자랑이니 다 아버지께로부터 온 것이 아니요 세상으로부터 온 것이라 [17]이 세상도, 그 정욕도 지나가되 오직 하나님의 뜻을 행하는 자는 영원히 거하느니라

거룩한 사랑의 이 새 계명을 다시 격려의 동기에서 여러 등급의 제자들에게 지시한다. 전 세계 교회의 그리스도교 대학을 다닌 졸업생들은 거룩한 사랑의 띠로 단단하게 결속이 되어야 한다. 그것이 반드시 따라야 되는 아주 중요한 간언과 충고라고 할지라도 하나님 사랑과 형제 사랑 안에서 생명력 있

는 신앙생활로 지키지 않는다면 그것은 존속할 수가 없다. 그래서 사도는 그리스도교 학교에 다니는 여러 학년의 학생들을 가르치듯이 신자들의 등급을 나누어 엄숙한 권면의 형식으로 말하고 있다. 그리스도교 학교의 아이들, 청년들, 성인들, 노인들은 세상을 사랑해서는 안 된다는 사실을 명심하도록 하라. 여기서 다음의 사실들을 주목하라.

I. 우리는 여기서 그리스도의 교회 안에 있는 여러 계층의 신자들에게 하는 권면을 대하게 된다. 모든 그리스도인들은 지위나 형편이 동일하지 않다. 그리스도 안에 아이들도 있고, 한참 자라는 청년들도 있고, 나이든 제자들도 있다. 이들이 모두 자신들의 독특한 형편과 지위들에 있는 것처럼 그들은 또한 자신들의 의무들도 가지고 있다. 그럼에도 불구하고 그들 모두가 순종해야 되는 공통의 계명들이 있는데 그것은 서로 사랑하고 세상을 무시하는 것이다. 또한 우리는 현명한 목사들이 신자들에게 생명의 말씀을 적절하게 나누어 줄 것이라는 사실을 안다. 우리는 지혜로운 목사들이 그리스도의 가족 각자에게 합당한 몫을 나누어 준다는 사실도 잘 알고 있다. 자녀들아, 청년들아, 아비들아 내가 너희에게 쓰는 것은. 이러한 말씀의 배분을 통해 사도는 그들에게 권면한다. 여기서 다음의 사실들을 주목하라.

1. 그리스도교 학교의 가장 낮은 사람들에 대한 권면. 자녀들아 내가 너희에게 쓰는 것은(12절). 신앙의 초보자들이 있다. 그들은 그리스도 안에서 어린아이들이다. 그들은 그리스도교 신앙과 경건의 기초 원리들을 배우고 있는 사람들이다. 사도는 그들에게 먼저 권면을 통해 그들을 격려하고 있는 것 같다. 초보자들에게 말하는 것을 듣는 것이 좀 더 숙달된 사람들에게도 유익할 수가 있다. 중요한 원리들을 반복해서 듣는 것은 아주 유용하다. 초보 원리들은 모든 사람에게 필요한 기초와 기반이다. 사도는 그리스도교 안에서의 자녀들에게 두 가지 사실을 권면한다.

(1) 아이들이 죄 사함을 받은 이유. 너희 죄가 그의 이름으로 말미암아 사함을 받았음이요(12절). 가장 어린 진실한 제자일지라도 죄 사함을 받는다. 성도의 교제는 죄 사함이 수반된다. 죄가 용서되는 것은 하나님의 이름을 위해서이고, 하나님의 이름을 찬양하기 위해서이고, 그리스도의 이름을 위해서이다. 그리고 죄 사함은 그리스도 안에 있는 구속을 통해 받게 된다. 하나님께서 용서를 받은 사람들은 이 세상을 포기해야 한다. 세상은 하나님의 사랑을 가로막는다.

(2) 아이들이 하나님을 아는 이유. 아이들아 내가 너희에게 쓴 것은 너희가 아버지를 알았음이요(14절). 아이들은 그 누구보다도 아버지를 빨리 아는 것이 습관이다. 그리스도교 안에서의 아이들은 아버지 하나님을 알아야 한다. 또 각각 자기 나라 사람과 각각 자기 형제를 가르쳐 이르기를 주를 알라 하지 아니할 것은 그들이 작은 자로부터 큰 자까지 다 나를 앎이라(히 8:11). 그리스도교 안에서의 아이들은 하나님이 그들의 아버지이심을 알아야 한다. 슬기로운 아이는 자기 아버지를 안다고 한다. 이 아이들은 그들의 아버지를 알 수밖에 없다. 그들은 아버지의 능력을 힘입어 거듭나게 되고 그의 은혜로 하나님의 양자가 되었기 때문이다. 하나님 아버지를 아는 사람들은 이 세상에 대한 사랑에서 어렵지 않게 떠날 수 있을 것이다. 사도는 이어서 말하고 있다.

2. 가장 높은 지위와 등급의 신자들, 그리스도교 안의 연장자들에게 하는 권면. 사도는 그들에게 존경스러운 호칭을 사용한다. 아비들아 내가 너희에게 쓰는 것은 너희가 태초부터 계신 이를 알았음이요(13, 14절). 한 오랜 제자 구브로 사람 나손을 데리고 가니(행 21:16). 요한 사도는 맨 아래 등급의 학교에서 맨 위 등급의 학교로 즉시 옮기고 있다. 중간 등급의 학생들인 청년들은 아이와 아비에게 하는 두 교훈을 다 들을 수 있다. 아비들은 배운 것을 기억할 수 있고 그들이 알아야 하고 도달해야 하는 것을 인식할 수 있다. 아비들아 내가 너희에게 쓰는 것은 너희가 태초부터 계신 이를 알았음이요. 그리스도의 학교를 가장 오래 다닌 사람들은 권면과 교훈을 더 받아야 될 필요가 있다. 가장 오랜 제자는 손에 성경을 들고 가장 높은 대학인 천국 대학교에 들어가야만 한다. 아비들은 글을 읽어야 하고 설교를 들어야 한다. 나이가 많아서 배울 수 없는 사람은 하나도 없다. 요한 사도는 나이든 제자들에게 그들의 지식의 근거를 설명해준다. 아비들아 내가 너희에게 쓰는 것은 너희가 태초부터 계신 이를 알았음이요(13, 14절). 나이든 사람들은 지식과 경험을 가지고 있고, 존경을 바란다. 사도는 오랜 그리스도인들의 지식을 인정하고, 그것을 칭찬할 마음을 가지고 있다. 그들은 주 예수 그리스도를 안다. 특별히 그들은 1장 1절의 말씀처럼 태초부터 있는 생명의 말씀, 그리스도에 관하여 알고 있었다. 그리스도는 처음과 나중이신 알파와 오메가이시므로 그리스도는 우리의 지식의 처음과 마지막이 되어야 한다. 무엇이든지 내게 유익하던 것을 내가 그리스도를 위하여 다 해로 여길 뿐더러 또한 모든 것을 해로 여김은 내 주 그리스도 예수를 아는 지식이 가장 고상하기 때문이라(빌 3:7-8). 이

세상이 만들어지기 전 태초부터 계셨던 그리스도를 아는 사람들은 그 지식으로 말미암아 이 세상을 잘 포기할 수 있다.

3. 청년 그리스도인들에게 하는 권면. 청년들은 한창 피어나고 성숙해지는 시기에 있다. 청년들아 내가 너희에게 쓰는 것은(13,14절). 청년은 예수 그리스도 안에서 성인이다. 그들은 강한 정신과 의식을 가지고 있고, 옳고 그름을 구분할 수 있는 사람들이다. 사도는 다음의 사실들에 근거하여 그들에게 권면한다. 여기서 다음의 사실들을 주목하라.

(1) 사도는 청년들의 전쟁 공훈에 근거하여 권면한다. 그들은 그리스도의 진영에 속한 유능한 군사들이다. 청년들아 내가 너희에게 쓰는 것은 너희가 악한 자를 이기었음이라(13절). 하나님을 믿는 영혼들에 계속 싸움을 거는 악한 자들이 있다. 그들은 특별히 그리스도를 따르는 제자들을 대적한다. 그러나 그리스도의 학교에서 공부를 잘 하고 잘 배운 사람들은 그들의 무기를 잘 다룰 수 있고 악한 자들을 너끈히 물리칠 수 있다. 악한 자를 물리칠 수 있는 사람들은 세상도 물리칠 수 있다. 세상은 마귀가 사용하는 아주 중요한 무기와 도구다.

(2) 사도는 청년들의 성취에서 발견할 수 있는 강한 힘에 근거하여 권면한다. 청년들아 내가 너희에게 쓴 것은 너희가 강하고 … 너희가 흉악한 자를 이기었음이라(14절). 청년들은 그들의 강함을 자랑하는 습관이 있다. 그리스도 안에서 강하고, 그리스도의 은혜 안에서 튼튼한 것이 젊은 사람들의 자랑이 될 것이다. 그리스도 안에서 강한 것이 그들의 자랑이 되고, 악을 이기기 위하여 그들의 힘을 사용해야 될 것이다. 청년들이 마귀를 이길 만큼 강하지 않다면 마귀가 그들에게 아주 강한 존재가 될 것이다. 강하고 용감한 그리스도인들은 세상을 이기고 정복하는데 그들의 힘을 사용하도록 하라. 즉 마귀를 이기는데 사용한 그 힘을 세상을 이기는데도 발휘해야 할 것이다.

(3) 사도는 청년들이 하나님의 말씀을 잘 아는 것에 근거하여 권면한다. 청년들아 내가 너희에게 쓴 것은 … 하나님의 말씀이 너희 안에 거하시며(14절). 성인 제자들 안에는 하나님의 말씀이 거해야 한다. 하나님의 말씀은 그들에게 영양물이 되고 힘을 공급해준다. 그들이 악한 자를 이기기 위하여 사용하는 무기가 바로 하나님의 말씀이다. 청년들은 성령의 검으로 마귀가 쏘는 불화살을 소멸시킨다. 그 속에 하나님의 말씀이 거하는 사람들은 세상을 정복할 수 있는 무기를 잘 갖추고 있는 것이다.

Ⅱ. 우리는 이제 활기가 넘치는 실천적인 신앙생활에 기본이 되는 간곡한 권면의 경고를 대하게 된다. "이 세상이나 세상에 있는 것들을 사랑하지 말라(15절). 세상을 십자가에 못 박아라. 세상의 것들을 억제하라. 세상의 즐거운 일들과 쾌락들을 버리도록 하라." 어떤 등급의 그리스도인들이든 다같이 세상에 대해 죽는 일을 통해 하나가 되어야 한다. 그리스도인들이 이와 같이 하나가 되지 않는다면 그들은 얼마 안가 진리를 떠나는 다른 일들로 하나가 되고 말 것이다. 그리스도인들의 사랑은 하나님을 위하여 비축이 되어야 한다. 그들의 사랑을 세상에 던져서는 안 될 것이다. 이제 여기서 우리는 이 간곡한 권면과 경고의 이유들을 발견하게 된다. 제자들과 논쟁하고 간곡하게 권하여 세상을 사랑하는 것을 단념시키는 것은 쉬운 일이 아니다. 그 이유들은 다음과 같다.

1. 세상을 사랑하는 것과 하나님을 사랑하는 것의 불일치에 그 이유가 있다. 이 세상이나 세상에 있는 것들을 사랑하지 말라 누구든지 세상을 사랑하면 아버지의 사랑이 그 안에 있지 아니하니(15절). 인간의 마음이란 좁아서 하나님 사랑과 세상 사랑을 한꺼번에 다 담을 수가 없다. 세상을 사랑하는 것은 하나님께서 사람들의 마음을 빼앗아 하나님을 사랑하는 것을 줄어들게 한다. 세상을 더 많이 사랑하면 할수록 그만큼 하나님을 사랑하는 것이 더 줄어들고 약해지게 된다.

2. 세속적인 사랑이나 정욕은 하나님에게서 나온 것이 아니기에 그것을 금하는 이유가 있다. 세상을 사랑하는 것이나 정욕은 하나님이 제정하신 것이 아니다. 이는 세상에 있는 모든 것이 육신의 정욕과 안목의 정욕과 이생의 자랑이니 다 아버지께로부터 온 것이 아니요 세상으로부터 온 것이라(16절). 이 세상 사랑이나 정욕은 하나님에게서 나온 것이 아니다. 그것은 세상으로부터 나온 것이다. 세상은 우리의 사랑을 빼앗는 찬탈자이다. 이제 여기서 우리는 세상에 대한 정당한 평가와 개념을 발견하게 된다. 이것에 따르면 세상은 버려야 하는 대상이고, 십자가에 못 박아야 하는 것이다. 자연적으로 생각하면 세상은 선한 것이고, 하나님의 작품으로 존중되어야 하는 것이고, 그 속에서 하나님의 완전하심이 빛나는 거울이다. 그러나 그것을 지금 타락한 상태에 있는 우리와 관련하여 생각해야 한다. 그럴 때 세상은 우리의 약점에 영향을 미치고, 우리의 악한 감정들을 나쁘고 악한 쪽으로 선동하고 불붙게 한다. 이 세상과 육체 간에는 아주 많은 유사성과 끈끈한 유대감이 있다. 이 세상은 육체를 간섭하고 잠식한다. 그렇게 함으로써 세상은 육체를 하나님을 대적하는 한 패거리로 만든다. 그러므로 세

상에 속한 것들은 세 부류로 분류될 수 있다. 즉 세상에 속한 것들은 타락한 본
성의 세 가지 주요 성향들로 분류할 수 있다. 그것들은 다음과 같다.

(1) 먼저 육신의 정욕이 있다. 여기서 육신이란 안목과 이생과 구별되는 몸을
의미한다. 육신의 정욕은 주관적으로는 육체적인 쾌락들에 탐닉하는 기질과
성향이다. 정욕이란 객관적으로는 육신의 쾌락들을 자극하고 선동하는 일체의
것들을 말한다. 이 정욕을 일반적으로 향락이라고도 한다.

(2) 그 다음에 안목의 정욕이 있다. 안목 즉 눈은 재물을 좋아한다. 사치스러운
눈은 부와 소유를 탐하고 갈망한다. 이 안목의 정욕은 탐심의 정욕이다.

(3) 마지막으로 이생의 자랑이 있다. 허영에 찬 마음은 헛된 영광스러운 생활
을 과시하는 장엄함과 수행원과 화려함을 열망한다. 이것은 야망이고 교만이
다. 이 자랑하고 교만한 욕망은 명예와 찬양을 목마르게 갈망한다. 이 욕망의
일부는 귀의 질병이기도 하다. 왜냐하면 이 욕망은 숭배와 찬양의 아첨을 들어
야 직성이 풀리기 때문이다. 이러한 성향들과 기질들을 버리고 포기해야 한다.
이러한 성향들은 감정과 욕망을 속박하고 열중하게 만들기 때문에 다 아버지께
로부터 온 것이 아니요 세상으로부터 온 것이다(16절). 하나님 아버지는 그러한 성
향들을 허용하지 않으신다. 그러나 세상은 그 성향들을 지키고 장려한다. 이러
한 것들을 추구하는 욕망이나 성향은 억제하고 버려야 한다. 그러므로 그러한
것들은 하나님 아버지에게서 나온 것이 아니라 유혹하는 세상에 의해 모르는
사이에 슬금슬금 자리잡게 된 것들이다.

3. 세상적인 것들과 그것들의 향유가 헛되고 덧없다는 데 그 이유가 있다. 이
세상도, 그 정욕도 지나가되 오직 하나님의 뜻을 행하는 자는 영원히 거하느니라(17
절). 세상에 속한 것들은 재빨리 사라지고 죽는다. 정욕과 그 쾌락도 시들고 쇠
퇴한다. 욕망 자체도 얼마 안가 고갈되고 끝난다. 정욕이 그치리니 이는 사람이
자기의 영원한 집으로 돌아가고 조문객들이 거리로 왕래하게 됨이니라(전 12:5). 지
금 무덤 속에 누워 썩고 흙이 되어가고 있는 모든 사람들의 그 모든 화려함과
쾌락은 다 어떻게 되었는가? 그들은 흙이기에 흙으로 돌아갔을 따름이다.

4. 하나님을 사랑하는 자의 불멸성에 그 이유가 있다. 오직 하나님의 뜻을 행하
는 자는 영원히 거하느니라(17절). 하나님의 뜻을 행하는 것은 하나님을 사랑하
는 사람의 특성이다. 그러나 그 특성은 이 세상을 사랑하는 사람과는 반대된다.
하나님을 사랑하는 사람의 목적과 대상은 영원하다. 그러나 세상을 사랑하는

사람들의 것은 곧 사라지고 소멸한다. 하나님을 사랑하는 사람의 거룩한 열정
이나 감정은 영원하다. 그러나 정욕을 사랑하는 사람의 열망이나 탐심은 곧 시
들고 없어진다. 사랑은 결코 다함이 없을 것이다. 하나님을 사랑하는 자는 영생
을 얻는 상속자가 될 것이고, 때가 되면 하늘나라로 옮겨지게 될 것이다.

이 전체 구절들을 통해 우리는 사도가 가르치는 교리의 순수성과 영성에 주
목해야 한다. 동물적인 본능을 추구하는 삶을 거룩한 삶으로 바꾸고 하나님의
뜻을 따라야 한다. 몸의 욕정들을 영혼에 복종시켜야 한다. 경건한 신앙생활이
나 하나님을 사랑하는 승리의 삶이 영혼을 지배해야 한다.

¹⁸아이들아 지금은 마지막 때라 적그리스도가 오리라는 말을 너희가 들은 것과 같
이 지금도 많은 적그리스도가 일어났으니 그러므로 우리가 마지막 때인 줄 아노라
¹⁹그들이 우리에게서 나갔으나 우리에게 속하지 아니하였나니 만일 우리에게 속하
였더라면 우리와 함께 거하였으려니와 그들이 나간 것은 다 우리에게 속하지 아니
함을 나타내려 함이니라

여기서 다음의 사실들을 주목하라.

Ⅰ. 마지막 때에 대한 도덕적 예언.　마지막이 다가오고 있다. 아이들아 지금은
마지막 때라(18절). 요한 사도는 여기서 그리스도교 학교의 일학년 학생들에게
다시 권면하고 있다. 하급 학생들은 꼬임에 넘어가기가 아주 쉽다. 그래서 사도
는 그들에게 다시 권면한다. "아이들아, 신앙생활에 초년생인 너희들은 타락하
지 않도록 아주 조심하도록 하라." 그러나 그 호칭이 모든 그리스도인들에게
경고를 전달하기 위한 일반적인 호칭일 수도 있다. "아이들아 지금은 마지막 때
라. 교회와 나라 안의 우리 유대인 정치 제도가 지금 마지막을 향해 서둘러 가
고 있다. 모세 율법의 제도와 계율이 지금 사라져가고 있다. 다니엘 선지자가
예언한 이레가 지금 끝나가고 있다. 히브리 도시와 성소의 멸망이 가까워오고
있다. 예순두 이레 후에 기름 부음을 받은 자가 끊어져 없어질 것이며 장차 한 왕의
백성이 와서 그 성읍과 성소를 무너뜨리려니와 그의 마지막은 홍수에 휩쓸림 같을 것
이며 또 끝까지 전쟁이 있으리니 황폐할 것이 작정되었느니라(단 9:26)." 제자들이
임박한 종말에 대해 경고를 받고, 그 날이 선지자가 예언한 시기일 수도 있다
는 사실을 통고받아야 되는 것은 당연한 일이다.

II. 이 마지막 때의 징조 지금도 많은 적그리스도가 일어났으니 그러므로 우리가 마지막 때인 줄 아노라(18절). 그리스도의 인격과 가르침과 나라를 반대하는 적그리스도가 많다. 적그리스도가 허용된다는 사실은 하나님의 섭리의 신비로운 부분이다. 그러나 적그리스도들이 나타났을 때 제자들에게 그들의 출현이 통고된다는 사실은 다행이고 안심이다. 목사들은 이스라엘 족속에게 파수꾼들이 되어야 한다. 그러한 적그리스도의 존재 사실이 그리스도인 제자들에게 아주 큰 죄의 원인이나 손실이 되어서는 안 될 것이다. 여기서 다음의 사실들을 주목하라.

1. 한 가지 중요한 사실이 줄곧 예언되었다. 적그리스도가 오리라는 말을 너희가 들은 것과 같이(18절). 대다수 교회가 그리스도와 그의 교회에 대항하는 끈질기고 치명적인 대적자가 반드시 있을 것이라는 것을 줄곧 계시 받아왔다. 그 때에 불법한 자가 나타나리니 주 예수께서 그 입의 기운으로 그를 죽이시고 강림하여 나타나심으로 폐하시리라 악한 자의 나타남은 사탄의 활동을 따라 모든 능력과 표적과 거짓 기적과 불의의 모든 속임으로 멸망하는 자들에게 있으리니 이는 그들이 진리의 사랑을 받지 아니하여 구원함을 받지 못함이라(살후 2:8-10). 그러므로 큰 적그리스도가 오기 전에 작은 적그리스도들이 많다는 사실은 하등 놀랄 만한 일이 못된다. 지금도 많은 적그리스도가 일어났으니. 적그리스도의 불법 활동이 이미 시작되었다.

2. 적그리스도들은 이 마지막 때의 한 징조로 예언되었다. 거짓 그리스도들과 거짓 선지자들이 일어나 큰 표적과 기사를 보여 할 수만 있으면 택하신 자들도 미혹하리라(마 24:24). 이러한 징조들은 유대인 국가와 민족과 종교가 와해되는 전조들이었다. 지금도 많은 적그리스도가 일어났으니 그러므로 우리가 마지막 때인 줄 아노라(18절). 그리스도교 세계 안에 미혹하는 자들이 늘 있어 왔다는 예언이 우리를 강하게 만들어 그들의 유혹에 맞서 싸우자.

III. 사도는 이들 유혹자들과 적그리스도들에 대해 진술한다. 여기서 다음의 사실들을 주목하라.

1. 그들도 한때는 사도의 가르침을 받아들이고 믿음을 고백한 사람들이었다. "그들이 우리에게서 나갔으나(19절). 즉 그들은 우리의 모임에서 나가고 교제를 중단했다." 그들은 아마 예루살렘 교회에서 나간 사람들이거나 유대의 다른 교회들에서 나간 사람들이었을 수 있다. 사도행전 15장 1절에서 어떤 사람들이 유

대로부터 내려와서 형제들을 가르치되 너희가 모세의 법대로 할례를 받지 아니하면 능히 구원을 받지 못하리라 하니 라고 언급하고 있듯이 말이다. 아주 순수한 교회들에도 배교자들이 있을 수 있다. 사도의 가르침이 그 진리를 납득한 사람들을 다 회심시킨 것은 아니었다.

2. "유혹자들은 내적으로 우리와 같지 않았다. 그들이 우리에게 속하지 아니하였나니. 그들은 그들에게 전달된 온전한 가르침을 마음으로 복종하지 않았다. 그들은 머리 되시는 그리스도와 연합하지 않았다." 여기서 다음의 사실들을 주목하라.

(1) 그들이 우리에게 속하지 않았다는 결론의 근거는 그들이 거짓이 아니었다면 우리에게 속했을 것이라는 것이다. 그것이 그들의 실제적인 변절이다. "왜냐하면 만일 우리에게 속하였더라면 우리와 함께 거하였을 것이다(19절). 거룩한 진리가 그들 마음속에 뿌리를 내렸다면 그 진리가 그들을 우리와 함께 있도록 했을 것이다. 그들이 위로부터 성령의 기름 부음을 받았다면 그것이 그들을 진실한 그리스도인들로 만들었을 것이다. 그리고 그들이 적그리스도들로 변절하지 않았을 것이다." 신앙을 떠나 배교한 사람들은 이전에 그들이 믿음 생활에서 위선자들이었다는 사실을 여실히 드러내준다. 복음 진리의 영을 들이마신 사람들은 멸망의 잘못을 막아주는 좋은 예방약을 가지고 있는 셈이다.

(2) 이와 같이 그들이 사도의 가르침과 교제에서 떨어져나가게 된 이유는 그들의 불성실과 위선 때문이다. 이렇게 함으로써 즉 그들이 나간 것은 우리에게 속하지 아니함을 나타내려 함이다. 교회는 누가 좋은 교인이고 아닌지를 잘 알지 못한다. 그러므로 내적으로 성화된 교회는 보이지 않는 교회라고 불릴 수 있을 것이다. 어떤 위선자들은 이 땅에서 드러나야 한다. 그것이 그들의 수치가 될 수도 있고, 진리로 회심하는 그들의 유익이 될 수도 있다. 그들이 죽음에 이르는 죄를 짓지 않았다면 다른 사람들에게 두려움과 경고를 주기 위해서도 그들의 위선이 드러날 필요가 있다. 그러므로 사랑하는 자들아 너희가 이것을 미리 알았은즉 무법한 자들의 미혹에 이끌려 너희가 굳센 데서 떨어질까 삼가라 오직 우리 주 곧 구주 예수 그리스도의 은혜와 그를 아는 지식에서 자라 가라 영광이 이제와 영원한 날까지 그에게 있을지어다(벧후 3:17-18).

[20]너희는 거룩하신 자에게서 기름 부음을 받고 모든 것을 아느니라 [21]내가 너희에게

쓰는 것은 너희가 진리를 알지 못하기 때문이 아니라 알기 때문이요 또 모든 거짓은 진리에서 나지 않기 때문이라 ²²거짓말하는 자가 누구냐 예수께서 그리스도이심을 부인하는 자가 아니냐 아버지와 아들을 부인하는 그가 적그리스도니 ²³아들을 부인하는 자에게는 또한 아버지가 없으되 아들을 시인하는 자에게는 아버지도 있느니라 ²⁴너희는 처음부터 들은 것을 너희 안에 거하게 하라 처음부터 들은 것이 너희 안에 거하면 너희가 아들과 아버지 안에 거하리라 ²⁵그가 우리에게 약속하신 것은 이것이니 곧 영원한 생명이니라 ²⁶너희를 미혹하는 자들에 관하여 내가 이것을 너희에게 썼노라 ²⁷너희는 주께 받은 바 기름 부음이 너희 안에 거하나니 아무도 너희를 가르칠 필요가 없고 오직 그의 기름 부음이 모든 것을 너희에게 가르치며 또 참되고 거짓이 없으니 너희를 가르치신 그대로 주 안에 거하라

여기서 사도는 적그리스도에 대해 더 상세하게 진술한다. 여기서 다음의 사실들을 주목하라.

I. 사도는 이 위험한 시기에 살고 있는 제자들에게 격려의 말을 한다. 너희는 거룩하신 자에게서 기름 부음을 받고 모든 것을 아느니라(20절). 우리는 여기서 다음의 사실들을 발견하게 된다.

1. 그 축복으로 그들이 지식이 풍성하게 되었다. 그들은 하늘로부터 기름 부음을 받았다. 너희는 거룩하신 자에게서 기름 부음을 받았다. 진실한 그리스도인들은 기름 부음을 받은 사람들이다. 그리스도인이라는 이름이 그 사실을 암시한다. 그리스도인들은 은혜의 기름으로 부음을 받았다. 그들은 은혜의 성령을 통해 은사들과 영적 재능들로 기름 부음을 받았다. 그리스도인들은 성령의 기름 부음을 받고 그리스도의 직분들인 선지자직과 제사장직과 왕의 직분을 받아 하나님을 위해 봉사하게 된다. 성령은 불과 물로 비유되기도 하고, 기름으로 비유되기도 한다. 성령의 구원의 은총의 교통이 우리의 기름 부음이다.

2. 이 축복은 거룩하신 자에게서 내려온다. 즉 이 축복은 성령을 통해 내려오기도 하고 주 예수 그리스도를 통해 내려오기도 한다. 주 예수 그리스도는 거룩하심으로 빛나신다. 주 예수 그리스도는 성령의 은혜들을 섭리하신다. 그는 제자들이 주님처럼 되도록 기름을 부어 주신다. 주님은 그의 목적과 계획을 위하여 그들을 보호해주신다.

3. 이 기름 부음은 눈을 밝게 해주고 뜨게 해주는 안약의 효력을 지니고 있

다. 기름 부음은 이해의 눈을 뜨게 해주고 강하게 해준다. "기름 부음을 받고 모든 것을 아느니라. 성령의 기름 부음을 받게 되면 그리스도와 그의 종교에 관한 모든 것을 알게 된다. 그 목적을 위하여 기름 부음이 너희에게 약속되었고 베풀어졌다." 보혜사 곧 아버지께서 내 이름으로 보내실 성령 그가 너희에게 모든 것을 가르치고 내가 너희에게 말한 모든 것을 생각나게 하리라(요 14:26). 주 예수 그리스도는 신앙을 고백한 주님의 모든 제자들을 똑같이 다루지 아니 하신다. 어떤 사람은 다른 사람보다 기름 부음을 더 많이 받기도 한다. 그 은사 받음이 신자들 사이에도 각기 차이가 있을 수 있다. 그러나 이와 같이 기름 부음을 받지 않은 사람들은 마땅히 그리스도에게 진실해지는 것은 고사하고 그 반대로 그리스도의 인격과 왕국과 영광을 대적하는 적그리스도들로 바뀌고 적대자들이 될 위험이 크다.

Ⅱ. 사도는 자신이 그들에게 쓰고 있는 권면의 목적과 의미를 명료하게 보여준다. 여기서 다음의 사실들을 주목하라.

1. 사도는 반증의 방법으로 진술한다. 복음의 위대한 진리에 대한 그들의 지식을 의심하거나 그들의 무지를 전제하지 않고 그는 권면한다. "내가 너희에게 쓰는 것은 너희가 진리를 알지 못하기 때문이 아니다(21절). 내가 진리 안에 확실하게 거하고 있는 너희를 못 미더워해서도 아니고 너희가 위로부터 기름 부음 받은 것을 칭찬할 마음이 없어서도 아니다." 우리의 그리스도인 형제들에 관해 좋게 추측하거나 생각하는 일은 좋은 습관이다. 우리는 확실한 증거가 우리의 추측이나 생각을 뒤집어엎을 때까지 그렇게 해야 한다. 신앙생활을 하는 사람들에 대한 공정한 판단이나 신뢰는 믿는 사람들의 충성을 격려하고 고취시킬 수 있다.

2. 사도는 신자들의 판단을 존중하고 인정하는 태도로 권면한다. 모든 거짓은 진리에서 나지 않기 때문이라. 즉 너희는 예수 안에 진리가 있음을 알고 있다. 어떤 면에서든지 진리를 아는 사람들은 그 진리에 무엇이 반대되고 일치하지 않는 것인지를 언제든 분별할 수 있다. 직선은 어느 선이 굽었는지도 보여준다는 속담이 있다. 진리와 거짓은 잘 섞일 수도 없고 함께 잘 어울리기도 어렵다. 그리스도교 진리를 잘 아는 사람들은 그 지식으로 적그리스도적인 오류와 망상에 잘 대항할 수 있을 것이다. 어떤 거짓도 종교에 속할 수가 없다. 그 종교가 자연종교이든 계시종교이든 거짓은 결코 허용될 수가 없다. 사도들은 무엇보

다도 거짓들을 정죄하고 비난한다. 사도들은 그들의 가르침과 거짓이 일치할 수 없음을 누누이 주장했다. 만일 사도들이 거짓으로 진리를 전파했다면 그들은 스스로 자신을 가장 심하게 정죄한 사람들이었을 것이다. 그리스도교는 그 기반인 자연종교와도 잘 양립하고, 그 원리와 기본 가르침들을 담고 있는 유대교와도 아주 잘 조화될 수 있다는 것이 그 장점이다. 모든 거짓은 진리에서 나지 않기 때문이라. 그러므로 거짓과 사기는 진리를 지탱하고 전파하는 데 아주 부적당한 수단들이다. 그러한 것들은 결코 사용하지 않았어야만 신앙 상태에 더 나았을 것이라고 나는 생각한다. 그러나 거짓과 사기를 사용한 결과 우리 시대에 배교와 불신앙이 나타나게 된 것이다. 옛날에 사용된 종교적인 거짓과 계략들이 속속 나타나게 된 것이 우리 시대를 무신론과 불신앙으로 범람하게 만들었다. 그럼에도 불구하고 그리스도교 계시를 위하여 분투하는 위대한 사역자들과 고난받는 자들이 거짓은 진리에서 나지 않는다는 사실을 우리에게 확신시켜 줄 것이다.

Ⅲ. 사도는 새로 일어난 이들 유혹자들을 비난하고 규탄한다. 여기서 다음의 사실들을 주목하라.

1. 그들은 거짓말하는 자들이다. 유혹자들은 거룩한 하나님의 진리를 터무니없이 반대하는 자들이다. 거짓말하는 자가 누구냐 예수께서 그리스도이심을 부인하는 자가 아니냐. 거짓들의 아비와 거짓말쟁이들의 아비가 세상에 떠벌리고 다니는 가장 해로운 거짓말들은 옛날부터 있었던 것이고, 언제나 그리스도의 인격에 관한 거짓들과 잘못들이 대부분이다. 그리스도의 인격만큼 그토록 신성하고 충분하게 입증된 진리가 전혀 없음에도 불구하고 그 진리를 반박하거나 부인하는 자들이 있다. 나사렛의 예수가 하나님의 아들이셨고 그리스도이셨다는 사실은 하늘과 땅에 지옥을 통해 입증이 됐었다. 그러나 하나님의 무서운 심판으로 말미암아 진리를 부정하는 강한 망상에 빠지고 잠기는 사람들이 있다는 사실은 안타까운 일인 것 같다.

2. 진리를 부인하는 그러한 사람들은 주 예수 그리스도뿐만 아니라 하나님께 대놓고 대항하는 적들이다. 아버지와 아들을 부인하는 그가 적그리스도니(22절). 그리스도를 대적하는 자는 하나님 아버지의 증언과 증거를 부인한다. 그는 하나님 아버지가 그의 아들을 인치신 것도 부인한다. 인자는 아버지 하나님께서 인치신 자니라(요 6:27). 주 예수 그리스도에 관한 아버지 하나님의 증언과 증거를

부인하는 자는 하나님이 주 예수 그리스도의 아버지이시라는 사실을 부인한다. 따라서 그는 그리스도 안에서 하나님을 아는 지식을 포기한다. 그는 그리스도를 통한 하나님의 전체 계시를 버린다. 특별히 그는 하나님께서 그리스도 안에 계시사 세상을 자기와 화목하게 하시는(고후 5:19) 하나님을 부인하고 떠난다. 그러므로 사도가 아들을 부인하는 자에게는 또한 아버지가 없다(23절)고 진술하는 것은 정당한 주장이다. 그리스도와 진리를 부인하는 자는 아버지 하나님을 아는 참된 지식이 없다. 왜냐하면 아들 하나님이 아버지 하나님을 가장 잘 계시하셨기 때문이다. 그러한 사람은 아버지 하나님, 하나님의 은총, 하나님의 은혜, 하나님의 구원에 대해 전혀 관심이 없다. 왜냐하면 예수께서 이르시되 내가 곧 길이요 진리요 생명이니 나로 말미암지 않고는 아버지께로 올 자가 없느니라(요 14:6) 말씀하셨기 때문이다. 어떤 사본에는 이 말씀에 아들을 시인하는 자에게는 아버지도 있느니라(23절)가 덧붙여진 것도 있다. 아버지 하나님과 아들 하나님이 밀접한 관계가 있는 것처럼 아버지 하나님과 아들 하나님의 가르침과 지식과 목적에도 신성불가침의 연합이 존재한다. 그래서 아들 하나님에 대한 지식과 권리를 가진 사람은 아버지 하나님에 대한 지식과 권리도 가지게 된다. 그리스도교의 계시를 믿고 따르는 사람들은 동시에 자연종교의 빛과 유익도 소유하게 된다.

IV. 여기에 잇따라 사도는 제자들에게 처음 전달됐던 옛 가르침을 계속 따르라고 권면하고 설득한다. 너희는 처음부터 들은 것을 너희 안에 거하게 하라(24절). 진리는 잘못보다 더 오래간다. 처음부터 성도들에게 전달된 그리스도에 관한 진리는 새로운 것들로 바뀔 수가 없다. 사도들은 자신들이 그리스도에 관해 전했던 진리를 확신했다. 사도들은 그리스도에게서 들은 진리를 확실히 알고 있었다. 그들은 온갖 어려움과 고난을 겪을지라도 그 진리를 포기할 마음이 전혀 없었다. 그리스도교의 진리는 옛 것을 옹호할 수 있고, 그것으로 그 진리를 전할 수 있다. 이 권면이 다음의 사항들을 통해 강하게 주장된다.

1. 처음부터 받은 진리와 믿음을 지키고 믿음으로써 얻게 되는 거룩한 유익을 들어 강하게 권면한다. 여기서 다음의 사실들을 주목하라.

(1) 신자들은 그것을 통해 하나님 및 그리스도와 거룩한 연합을 하게 된다는 것을 들어 강하게 권면한다. 처음부터 들은 것이 너희 안에 거하면 너희가 아들과 아버지 안에 거하리라(24절). 우리가 죄에서 끊어지고 하나님의 아들과 연합하

게 만드는 수단은 바로 우리 안에 거하는 그리스도의 진리이다. 너희는 내가 일러 준 말로 이미 깨끗하여졌으니 내 안에 거하라 나도 너희 안에 거하리라 가지가 포도나무에 붙어 있지 아니하면 스스로 열매를 맺을 수 없음 같이 너희도 내 안에 있지 아니하면 그러하리라(요 15:3,4). 아들 하나님은 우리가 아버지 하나님과 연합하게 되는 중보자와 수단이 되신다. 그러므로 우리가 복음의 진리를 얼마나 소중하고 귀하게 여겨야 되겠는가!

(2) 신자들은 그것을 통해 영원한 생명의 약속을 확보하게 된다는 사실을 들어 강하게 권면한다. 그가 우리에게 약속하신 것은 이것이니 곧 영원한 생명이니라(25절). 하나님이 그의 충성스러운 신자들에게 하신 약속은 아주 크고 중요한 것이다. 그 약속은 하나님 자신의 위대하심과 권능과 선하심에 어울리는 것이다. 하나님이 아니고는 어느 누구도 영원한 생명을 줄 수 없다. 영광의 하나님은 그의 아들을 아주 소중하게 여기신다. 하나님은 그의 아들과 관련된 진리를 아주 귀하게 여기신다. 그래서 하나님은 그 진리 안에 거하는 사람들에게 영원한 생명을 주신다는 약속을 기꺼이 하신다. 이어서 앞서 언급한 권면을 강하게 주장한다.

2. 사도가 이 서신을 쓰고 있는 목적을 들어 강하게 권면한다. 이 편지는 그 시대의 미혹하는 자들에 대항하는 신자들을 강하게 만들어 주기 위한 것이다. "너희를 미혹하는 자들에 관하여 내가 이것을 너희에게 썼노라(26절). 그러므로 너희가 처음부터 들은 것을 너희 안에 거하게 하지 아니하면 내가 이 글을 쓰는 수고와 봉사가 다 헛된 것이 될 것이다." 그러므로 우리는 사도의 편지들이, 더욱이 하나님의 성경이 전부 우리에게 의미가 없고 열매가 없는 것이 되지 않도록 조심해야 할 것이다. 내가 그를 위하여 내 율법을 만 가지로 기록하였으나 그들은 이상한 것으로 여기도다(호 8:12).

3. 신자들이 하늘로부터 받았던 교훈의 축복을 들어 강하게 권면한다. 너희는 주께 받은 바 기름 부음이 너희 안에 거하나니(27절). 참된 그리스도인들은 그들이 줄곧 받아들이고 믿어온 하나님의 진리에 대한 내적인 확신을 가지고 있다. 성령이 그들의 정신과 마음에 그 진리를 계속 각인시켜 주셨다. 그리고 주 예수 그리스도가 그의 제자들의 마음속에 변함없는 증거를 계속 심어주신다. 신실한 제자들에게 내리는 은혜의 은사들이 내리는 기름 부음은 그리스도의 진리와 가르침에 대한 보증의 인침이다. 왜냐하면 하나님이 아니시고는 아무도

그러한 보증의 인침을 할 수 없기 때문이다. 우리를 너희와 함께 그리스도 안에서 굳건하게 하시고 우리에게 기름을 부으신 이는 하나님이시니 그가 또한 우리에게 인치시고 보증으로 우리 마음에 성령을 주셨느니라(고후 1:21-22). 이 거룩한 기름 부음은 다음과 같은 속성을 지니고 있다.

(1) 이 기름 부음은 지속적이다. 기름이나 연고는 물처럼 곧 마르지 않는다. 기름 부음이 너희 안에 거하나니(27절). 확신과 확증을 주기 위한 하나님의 조명과 계시는 지속적이거나 변함없는 것이어야만 할 것이다. 시험과 함정과 유혹들이 늘 생긴다. 그러므로 기름 부음 역시 늘 있어야만 할 것이다.

(2) 기름 부음은 인간의 가르침보다 훨씬 낫다. 사도가 말하고자 하는 것은 이렇다. "아무도 너희를 가르칠 필요가 없다(27절). 이 기름 부음은 정해진 사역자가 없이 너희를 가르친다는 것이 아니다. 물론 하나님이 그렇게 하시기를 원하신다면 그렇게 하실 수도 있을 것이다. 그러나 그렇게 하는 것이 우리가 할 수 있는 것보다 더 낫다고 할지라도 하나님은 그렇게 하시지 않는다. 아무도 너희를 가르칠 필요가 없다(27절). 너희는 기름 부음을 받기 전에는 우리에게 가르침을 받았다. 그러나 이제 우리의 가르침은 기름 부음 받은 것에 비하면 아무것도 아니다. 하나님은 그의 권능으로 높이 계시나니 누가 그같이 교훈을 베풀겠느냐(욥 36:22)." 하나님의 기름 부음은 사역자의 가르침을 대신하는 것이 아니라 그것을 능가하는 것이다.

(3) 기름 부음은 진리를 증거하고 그것이 가르치는 것은 전부 결코 잘못이 없는 진리이다. 그의 기름 부음이 모든 것을 너희에게 가르치며 또 참되고 거짓이 없다(27절). 성령은 진리의 영이셔야 한다. 그는 진리의 영이라 세상은 능히 그를 받지 못하나니 이는 그를 보지도 못하고 알지도 못함이라 그러나 너희는 그를 아나니 그는 너희와 함께 거하심이요 또 너희 속에 계시겠음이라(요 14:17). 성령이 주시는 가르침과 깨우침은 진리 안에 있어야 하고 진리에 대한 것이어야 한다. 진리의 영은 거짓을 말하지 않으신다. 성령은 모든 것을 가르치신다. 그 가르침은 하나님이 현재 섭리하시는 것에 대한 모든 것이다. 그 가르침은 그리스도 안에서 하나님을 아는 지식과 복음 안에서 드러나는 하나님의 영광을 아는데 필요한 모든 것들이다.

(4) 기름 부음은 진리를 보존하는 능력을 부여한다. 기름 부음은 그 안에 거하는 사람들을 미혹하는 사람들과 그들의 미혹으로부터 지키고 보호해줄 것이

다. "너희를 가르치신 그대로 주 안에 거하라(27절). 기름 부음은 너희가 그리스도 안에 계속 거하기를 가르친다. 기름 부음이 너희를 가르치듯이 그 가르침은 너희를 보호해줄 것이다. 기름 부음은 너희의 정신과 마음을 억제해 하나님을 거역하지 않게 해줄 것이다. 우리를 너희와 함께 그리스도 안에서 굳건하게 하시고 우리에게 기름을 부으신 이는 하나님이시니 그가 또한 우리를 인치시고 보증으로 우리 마음에 성령을 주셨느니라(고후 1:21-22)."

[28]자녀들아 이제 그의 안에 거하라 이는 주께서 나타내신 바 되면 그가 강림하실 때에 우리로 담대함을 얻어 그 앞에서 부끄럽지 않게 하려 함이라 [29]너희가 그가 의로우신 줄을 알면 의를 행하는 자마다 그에게서 난 줄을 알리라

이어서 사도는 거룩한 기름 부음의 축복에 대한 권면에서 그리스도 안에서 그리스도와 함께 항상 거하는 것에 대한 권면으로 옮기고 있다. 자녀들아 이제 그의 안에 거하라(28절). 사도는 그의 다정하고 친절한 자녀들아 라는 호칭을 반복한다. 나는 이 호칭이 그들에 대한 애칭을 나타내기보다는 사도의 애정을 나타낸다고 생각한다. 그래서 나는 이 호칭을 사랑하는 자녀들아 라고 번역하는 것이 낫다고 생각한다. 사도는 이성으로도 설득하고 사랑으로도 설득한다. "그리스도에 대한 사랑뿐만 아니라 너희를 향한 사랑도 우리로 하여금 너희의 인내를 반복해서 가르치게 만든다. 그것은 너희를 그의 안에 거하게 하기 위한 것이다. 그것은 그리스도의 인격에 관한 진리 안에 있게 하고, 그리스도와 연합하게 하고, 그리스도에게 충성하게 하기 위한 것이다." 복음의 특권들은 복음의 의무에 필수적이다. 주 예수 그리스도에 의해 기름 부음을 받은 사람들은 그것을 방해하는 대적들이 무엇이든 그것에 대항하기 위해 그리스도와 연합해야 한다. 시련의 시대를 사는 신자들의 인내와 충성의 의무가 다음 두 사항들에 근거하여 강하게 주장이 된다.

1. 사도는 심판의 날에 그리스도의 재림을 생각하고 인내하고 충성할 것을 권면한다. 이는 주께서 나타내신 바 되면 그가 강림하실 때에 우리로 담대함을 얻어 그 앞에서 부끄럽지 않게 하려 함이라(28절). 주님의 재림은 의심의 여지가 없는 사실이다. 처음부터 들었던 진리에 바로 이것에 대한 것도 들어 있었다. 그리스도가 다시 오실 때 그는 모든 사람들에게 공개적으로 나타나실 것이다. 그리스

도가 이 땅에 예전에 오셨을 때는 재림과 비교할 때 공개적으로 드러나지 않게 오셨다. 그리스도는 여인의 몸을 통해 마구간에서 태어나셨다. 그러나 그리스도가 다시 오실 때 그는 환히 열린 하늘에서 오실 것이고 모든 사람의 눈이 그를 보게 될 것이다. 그러므로 온갖 시련들을 통해 항상 그리스도와 함께 거하는 사람들은 그를 볼 것이라는 소망 가운데 확신과 기쁨을 가지게 될 것이다. 그러한 사람들은 그리스도가 오실 때 그와 더불어 완전한 구원을 받게 된다는 사실을 알고 이루 형용할 수 없는 승리를 맛보게 될 것이다. 반대로 그리스도를 떠난 사람들은 그 앞에서 부끄러움을 당하게 될 것이다. 그리스도를 떠난 사람들은 스스로 부끄럽고, 자신들의 불신앙과 소심함과 무례함과 무모한 행위와 어리석음으로 영광의 구세주 앞에서 부끄러움을 당하게 될 것이다. 그러한 사람들은 자신들의 소망과 기대와 위선으로 부끄러움을 당하게 될 것이다. 그리고 그들은 그리스도를 떠나게 만든 모든 불의의 삯으로 부끄러움을 당하게 될 것이다. 그가 강림하실 때에 우리로 담대함을 얻어 그 앞에서 부끄럽지 않게 하려 함이라(27절). 요한 사도도 자신을 그 수에 포함시키고 있다. "너희가 너희 자신에게 부끄러움이 되지 않아야 되는 것처럼 우리도 너희에게 부끄럽게 되지 않아야 될 것이다." 그가 강림하실 때에 우리로 담대함을 얻어 그 앞에서 부끄럽지 않게 하려 함이라(27절). 그리스도가 공개적으로 나타나실 때 그는 그를 떠난 사람들을 부끄럽게 하실 것이고, 그들과의 모든 교제를 끊으실 것이고, 그들을 수치와 혼란으로 가득 차게 하실 것이고, 그들을 어둠과 마귀와 끝없는 절망에 던지실 것이다. 누구든지 이 음란하고 죄 많은 세대에서 나와 내 말을 부끄러워하면 인자도 아버지의 영광으로 거룩한 천사들과 함께 올 때에 그 사람을 부끄러워하리라(막 8:38). 사도는 같은 권면을 계속 이어간다.

2. 사도는 그리스도와 자신의 신앙을 계속 떠나지 않은 사람들의 품위와 의에 대해 권면한다. 너희가 그가 의로우신 줄을 알면 의를 행하는 자마다 그에게서 난 줄을 알리라(29절). 여기서 가정의 접속사로 번역된 불변화사가 이유나 원인의 접속사로 번역된다면 뜻이 더 명료하게 드러날 것이다. 너희가 그가 의로우신 줄을 알기 때문에 의를 행하는 자마다 그에게서 난 줄을 알리라. 여기서 의를 행하는 자는 그리스도 안에 거하는 자라고 생각할 수도 있겠다. 왜냐하면 그리스도 안에 거하는 자는 그리스도의 법과 사랑 안에 거하는 자이기 때문이다. 결과적으로 그러한 사람은 그리스도에게 충성하고 복종하는 자다. 그러한 사람은 의

를 행하고 실천해야 한다. 그는 거룩한 복음의 본분들을 실천해야 한다. 그러한 사람은 반드시 그리스도에게서 나야 한다. 그러한 사람은 그리스도의 영에 의해 그리스도의 모양대로 다시 태어나야 한다. 우리는 그가 만드신 바라 그리스도 예수 안에서 선한 일을 위하여 지으심을 받은 자니 이 일은 하나님이 전에 예비하사 우리로 그 가운데서 행하게 하려 하심이니라(엡 2:10). "너희가 그가 의로우신 줄을 알기 때문에 너희가 그를 모를 수가 없다. 고린도전서 1:30에서 말씀하고 있듯이 주님은 우리의 의가 되시고, 우리를 거룩하게 해주신다. 그리스도교의 의무를 계속 행하는 사람은 그리스도 안에 있는 사람이고 그리스도에게서 난 사람이다." 영적인 새 본성은 주 예수 그리스도에게서 나온다. 어려운 시기에 계속 신앙을 실천하는 사람은 그가 위로부터 나고 주 예수 그리스도에게서 난 사람이라는 좋은 증거를 제시한다. 주 그리스도는 영원한 아버지이시다. 그리스도에게서 나는 것은 큰 특권과 명예가 된다. 영접하는 자 곧 그 이름을 믿는 자들에게는 하나님의 자녀가 되는 권세를 주셨으니(요 1:12). 이 말씀은 다음 장의 내용을 소개한다.

제 ─ 3 ─ 장

개요

사도는 여기서 우리를 양자 삼아 주신 하나님의 사랑을 찬미한다(1-2절). 사도는 거룩함을 강조한다(3절). 사도는 죄를 비난한다(4-10절). 사도는 형제 사랑을 강조한다(11-18절). 사도는 하나님 앞에서 우리의 마음을 강하게 하는 방법을 권면한다(19-23절). 사도는 믿음의 계명을 진술한다(23절). 사도는 순종의 유익을 권면한다(24절).

¹보라 아버지께서 어떠한 사랑을 우리에게 베푸사 하나님의 자녀라 일컬음을 받게 하셨는가, 우리가 그러하도다 그러므로 세상이 우리를 알지 못함은 그를 알지 못함이라 ²사랑하는 자들아 우리가 지금은 하나님의 자녀라 장래에 어떻게 될지는 아직 나타나지 아니하였으나 그가 나타나시면 우리가 그와 같을 줄을 아는 것은 그의 참 모습 그대로 볼 것이기 때문이니 ³주를 향하여 이 소망을 가진 자마다 그의 깨끗하심과 같이 자기를 깨끗하게 하느니라

사도는 그리스도의 신실한 제자들의 품위를 보여준 뒤 그들이 그리스도에게서 태어나고, 그 태어남을 통해 하나님과 결합이 된다고 진술한다.

I. 놀라운 사랑을 베풀어주는 샘이 되는 은혜에 대한 감사의 탄성이 나온다. 보라 아버지께서 어떠한 사랑을 우리에게 베푸사 하나님의 자녀라 일컬음을 받게 하셨는가! 아버지 하나님은 아들 하나님께 속한 사람들을 다 자녀들로 삼으신다. 아들 하나님은 진실로 그들을 부르시고, 그들을 그의 형제들로 삼으신다. 그렇게 함으로써 주님은 그들에게 하나님의 자녀들이 지니는 능력과 품위를 수여하신다. 우리가 그렇게 하나님의 자녀들이 되는 것은 영원하신 아버지 하나님의 놀랍게 겸손하신 사랑이다. 우리는 본성으로 죄의 자녀들이고, 하나님의 저주의 대상들이다. 우리는 실제 행동으로도 타락과 불순종과 무례함의 자녀들이다! 거룩하신 하나님이 우리의 아버지라 불리시고, 우리를 그의 자녀들이라 부르는 것을 부끄럽게 여기지 않으시는 것은 참으로 이해하기 힘든 일이다!

그래서 사도는 다음과 같이 진술한다.

Ⅱ. 신자들의 명예와 영광이 세상 사람들의 이해와 인식을 훨씬 뛰어넘는다.
믿지 않는 사람들은 그리스도인들에 대해 거의 알지 못한다. 그러므로 세상이
우리를 알지 못한다(1절). 세상 사람들은 그리스도의 순수한 제자들이 누리는 성
장과 축복을 거의 인식하지 못한다. 그리스도인들도 현세에서 땅과 시대가 겪
는 일반적인 재난들을 겪을 수밖에 없다. 다른 사람들과 마찬가지로 신자들도
모든 일들을 똑같이 당한다. 아니 오히려 신자들은 세상 사람들보다 더 큰 슬
픔과 고통을 견뎌야만 한다. 왜냐하면 그리스도인들은 이렇게 말할 수밖에 없
는 이유들을 가지고 있기 때문이다. 만일 그리스도 안에서 우리의 바라는 것이 다
만 이 세상의 삶뿐이면 모든 사람 가운데 우리가 더욱 불쌍한 자이리라(고전 15:19).
그러므로 믿지 않는 세상 사람들은 눈에 보이는 것을 좇아 살고, 그들이 손에
쥐고 있는 그들의 품위와 특권들과 즐거움들을 모른다. 또한 그들은 자신들이
어떤 권리와 명예를 부여받았는 지도 전혀 모른다. 세상 사람들은 이들 가난하
고, 비천한 그리스도인들이 하늘나라의 은총들을 받고 있고, 얼마 안 있어 하늘
나라에서 살게 될 것이라는 사실을 잘 알지 못하고 생각도 거의 하지 않는다.
그러나 그리스도인들은 그들의 주님을 세상 사람들과 마찬가지로 현세에서 잘
모른다고 할지라도 그들의 형편을 더 잘 견딜 수 있는 것은 그런 축복을 소유
하고 있고 알고 있기 때문이다.

세상이 우리를 알지 못함은 그를 알지 못함이라(1절). 믿지 않는 세상 사람들은
이 땅에 얼마나 위대하신 분이 거주하신 적이 있는지 거의 생각하지 않는다.
그들은 이 세상의 창조자가 이 세상에 거하신 적이 있었다는 사실을 별로 생각
하지 않는다. 믿지 않는 유대인들은 아브라함과 이삭과 야곱의 하나님이 그들
의 혈통을 가지시고 그들의 땅에 같이 거하신 적이 있다는 사실을 거의 몰랐고
거의 생각하지 않았다. 그가 자신이 만드신 세상에 오셨는데 그 세상은 주인이
요 창조자이신 그를 받아들이지 않았다. 그가 자신의 세상에 오셨는데 그 세상
은 그를 십자가에 못 박았다. 이 지혜는 이 세대의 통치자들이 한 사람도 알지 못하
였나니 만일 알았더라면 영광의 주를 십자가에 못 박지 아니하였으리라(고전 2:8).
그리스도를 따르는 사람들은 이 땅에서 당하는 어려운 대접을 감수해야 한다.
왜냐하면 그리스도인들은 이방인들의 땅에 살고 있고, 그들을 잘 모르는 이방
인들 가운데 살고 있고, 그들의 주님 역시 그들보다 먼저 그러한 대접을 받으

셨기 때문이다. 사도는 이어서 다음과 같은 진술을 한다.

Ⅲ. 사도는 그리스도를 따르는 사람들이 그들의 지위와 품위에 대한 확실한 계시를 믿고 소망하는 가운데 고난을 견디는 것을 칭찬한다. 여기서 다음의 사실들을 주목하라.

1. 사도는 제자들이 현재 누리는 영광스러운 관계를 주장한다. 사랑하는 자들아 우리가 지금은 하나님의 자녀라(2절). 우리는 거듭남을 통해 하나님의 자녀들이 된다. 우리는 양자 됨을 통해 하나님의 자녀가 가지게 되는 상속의 칭호와 영과 권리를 가지게 된다. 이런 영광은 그의 모든 성도에게 있도다(시 149:9).

2. 이 관계에 속하고 이 관계에 어울리는 축복을 아직은 볼 수가 없다. 장래에 어떻게 될지는 아직 나타나지 아니하였으나(2절). 하나님의 자녀 신분과 양자 됨에 속한 영광은 내세를 위하여 연기되고 보류되어 있다. 그것이 현세에서 나타나게 될 때는 현재 계속되고 있는 일들의 흐름이 멈추게 될 것이다. 하나님의 자녀들은 믿음으로 걸어야 하고, 소망으로 살아야 한다.

3. 하나님의 자녀들이 그들의 합당한 지위와 영광 속에서 계시를 받게 될 때는 정해져 있다. 그 때는 그들의 맏형 되시는 주님이 그들 모두를 함께 불러 모이게 할 것이다. 그가 나타나시면 우리가 그와 같을 줄을 알게 될 것이다. 여기서 가정법 접속사로 번역되고 있는 헬라어 불변화사 에안이 시간 접속사로 번역이 되도 괜찮을 것이다(한글 개역개정판은 다 가정법 접속사로 번역을 했다). 가서 너희를 위하여 거처를 예비하면 내가 다시 와서 너희를 내게로 영접하여 나 있는 곳에 너희도 있게 하리라(요 14:3). 이것을 다시 번역하면 이렇게 될 것이다. 내가 가서 거처를 준비하게 될 때 내가 다시 와서 너희를 내게로 맞아들이게 될 것이다. 그 때는 내가 너희와 함께 있고 너희도 내가 있는 곳에 있게 될 것이다. 교회의 머리되시고 아버지 하나님의 외아들이신 그리스도가 나타나실 때 그의 지체들이요 하나님의 입양된 자녀들인 신자들도 그리스도와 함께 나타나게 될 것이다. 그러므로 신자들은 주 예수 그리스도의 나타나실 때를 위하여 믿음과 소망과 간절한 갈망 안에서 기다려야 할 것이다. 피조물조차도 하나님의 자녀들이 완전하게 되는 때를 기다린다. 피조물이 고대하는 바는 하나님의 아들들이 나타나는 것이니(롬 8:19). 하나님의 자녀들은 그들의 머리 되시는 주님처럼 나타나게 되고 주님처럼 될 것이다. 그들은 명예와 권능과 영광에 있어서 그와 같이 될 것이다. 그가 나타나시면 우리가 그와 같을 줄을 아는 것은 그의 참 모습 그대로 볼 것

이기 때문이니. 그들의 하찮은 몸이 주님의 영광스러운 몸 같이 될 것이다. 그리스도인들은 그리스도로부터 생명과 빛과 축복을 받아 충만하게 될 것이다. 우리 생명이신 그리스도께서 나타나실 그 때에 너희도 그와 함께 영광 중에 나타나리라 (골 3:4).

4. 신자들이 그리스도처럼 되는 것은 그들이 그를 보게 되는 모습을 알게 될 것이다. 우리가 그와 같을 줄을 아는 것은 그의 참 모습 그대로 볼 것이기 때문이니(2절). 신자들의 모습은 그와 같이 될 것이다. 참으로 모두가 그리스도를 보게 될 것이다. 그 모습은 그들과 다를 것이다. 하늘에 있는 자들도 그의 참 모습을 볼 것이다. 악인들도 눈살을 찌푸리고 계시는 그리스도를 보게 될 것이다. 악인들은 그리스도의 위엄과 복수의 위용에 떨면서 그를 보게 될 것이다. 그러나 하나님의 자녀들은 미소를 띠시고 아름다우신 그의 얼굴을 보게 될 것이다. 그들은 그리스도의 영광에 같이 휩싸이고, 그리스도의 복된 모습과 같이 되어 그를 보게 될 것이다. 그들의 같은 모습은 찬양 받으실 주님이 하늘에서 계시고 행하시는 모습 그대로 그를 볼 수 있게 해줄 것이다. 또한 그를 보게 되는 것이 그들이 그와 같이 되는 기회와 원인이 될 것이다. 그 때 변화의 모습을 보게 될 것이다. 그들은 그의 아름다우신 복된 모습을 보고 그와 같은 형상으로 변화될 것이다. 사도는 이어서 하나님의 자녀들이 해야 할 일을 진술한다.

IV. 사도는 이들 하나님의 자녀들의 일이 거룩함을 실천하는 것이라고 주장한다. 주를 향하여 이 소망을 가진 자마다 그의 깨끗하심과 같이 자기를 깨끗하게 하느니라(3절). 하나님의 자녀들은 그들의 주님이 거룩하시고 순결하시다는 사실을 안다. 주님은 어떤 불결함이나 불순함도 받아들일 수 없는 아주 순수하고 깨끗한 마음과 눈을 가지고 계시다. 그러므로 그리스도와 함께 살기를 바라는 사람들은 세상에서 가장 순결한 것과, 육체와 죄를 살피고 조사해야 한다. 그러한 사람들은 은혜와 거룩함 안에서 성장해야 한다. 그들에게 그렇게 하도록 명령하는 것은 주님뿐만 아니다. 그들의 거듭난 새 본성도 그렇게 하게 하는 성향이 있다. 더욱이 그들이 바라는 천국의 소망이 그들에게 그렇게 하도록 명령하고 시킨다. 그들은 그들의 대제사장이 거룩하시고, 악의가 없으시고, 정결하시다는 것을 알고 있다. 그들은 그들의 하나님과 아버지가 높으시고 거룩하신 분이라는 사실을 알고 있다. 그들은 그들의 모든 공동체가 순수하고 거룩하고, 그들의 유업이 빛 가운데 사는 성도들의 유업이라는 사실을 알고 있다. 그러한 소망을 가지고 사는 사람들이 죄와 더러움에 탐닉하는 것은 모순되고 어울리지 않는 일이다. 그러므로 우리가 믿음으로 거룩하게 되는 것처럼 우리는 소망으로도 거룩하게 되어야 할 것이다. 우리는 소망으로 구원받게 될 수 있듯이 우리는 소망으로 깨끗하게 되어야 할 것이다. 불순한 욕망과 정욕의 만족을 추구하는 것은 하나님의 자녀들이 바라는 소망이 아니라 위선자들이 바라는 소망이다.

⁴죄를 짓는 자마다 불법을 행하나니 죄는 불법이라 ⁵그가 우리 죄를 없애려고 나타나신 것을 너희가 아나니 그에게는 죄가 없느니라 ⁶그 안에 거하는 자마다 범죄하지 아니하나니 범죄하는 자마다 그를 보지도 못하였고 그를 알지도 못하였느니라 ⁷자녀들아 아무도 너희를 미혹하지 못하게 하라 의를 행하는 자는 그의 의로우심과 같이 의롭고 ⁸죄를 짓는 자는 마귀에게 속하나니 마귀는 처음부터 범죄함이라 하나님의 아들이 나타나신 것은 마귀의 일을 멸하려 하심이라 ⁹하나님께로부터 난 자마다 죄를 짓지 아니하나니 이는 하나님의 씨가 그의 속에 거함이요 그도 범죄하지 못하는 것은 하나님께로부터 났음이라 ¹⁰이러므로 하나님의 자녀들과 마귀의 자녀들이 드러나나니 무릇 의를 행하지 아니하는 자나 또는 그 형제를 사랑하지 아니하는 자는 하나님께 속하지 아니하니라

천국의 소망을 위하고, 그리스도가 나타나시는 날 영광의 그리스도와 교통하기 위해 깨끗해져야 하는 신자의 의무를 주장한 뒤 사도는 죄에 대해 논박한다. 이제 사도는 죄와 어둠의 무익하고 불순한 행위들과의 모든 교류를 강하게 논박한다. 사도는 그 이유와 논거들을 다음과 같이 진술한다.

I. 사도는 죄의 본성과 악의 본질을 들어 논박한다. 죄는 하나님의 법에 모순되고 반대된다. 죄를 짓는 자마다 불법을 행하나니 죄는 불법이라(4절). 죄를 범하는 자는 누구든지 불법을 범하는 것이고, 세상의 법과 하나님의 법에서 벗어나는 것이다. 죄는 하나님의 법과 일치하지 않는 결핍 내지는 결여이다. 하나님의 법은 하나님의 속성과 순결을 기록한 사본이다. 이 하나님의 법에는 세상을 다스리시는 하나님의 뜻이 담겨 있다. 하나님의 법은 이성과도 어울릴 수 있다. 그 법은 세상의 선을 위하여 제정되었다. 그 법은 인간에게 행복과 평화의 길을 보여주고, 인간의 본성과 그 법을 만드신 창조주에게 인간을 안내한다. 현세

에서의 죄는 하나님의 법을 부인하는 것이다. 이러한 죄는 하나님의 권위를 거부하는 것이고, 결과적으로 하나님 자신을 부인하고 배척하는 행위이다.

II. 사도는 이 세상을 위한 이 세상에서의 주 예수 그리스도의 계획과 사명이 죄를 없애는 것이라는 사실을 들어 죄를 논박한다. 그가 우리 죄를 없애려고 나타나신 것을 너희가 아나니 그에게는 죄가 없느니라(5절). 하나님의 아들이 인간의 본성을 취하시고 세상에 나타나셨고 알려지셨다. 그는 하나님의 법을 옹호하시고 높이시기 위하여 세상에 오셨다. 그는 하나님의 계명에 복종하시고, 징벌의 고난을 당하시고, 율법의 저주를 짊어지시기 위하여 세상에 오셨다. 그러므로 그는 우리의 죄를 없애기 위하여 오셨다. 그는 자신을 희생 제물로 바치심으로써 우리의 죄의 죄책을 없애주셨다. 그는 우리 속에 새 본성을 심어주심으로써 우리의 죄를 없애주셨다. 왜냐하면 우리는 그의 죽으심의 공로를 힘입어 거룩하게 되기 때문이다. 그는 그 자신의 모범을 통하여 우리가 죄를 단념하게 만들고 우리를 죄에서 구원하여 주셨다. 그에게는 죄가 없느니라(5절). 주님은 죄를 없애주시고 우리를 그와 같게 만드신다. 그래서 그에게는 죄가 없는 것이다. 하늘에 계시는 그리스도와 교통하기를 기대하는 사람들은 가장 깨끗한 상태에서 현세에서 주님과의 친교를 연구해야 한다. 기독교인들은 이 땅에 하나님의 아들이 오신 위대한 목적을 알아야 하고 깊이 생각해야 한다. 그 목적은 우리의 죄를 없애기 위한 것이었다. 그가 우리 죄를 없애려고 나타나신 것을 너희가 안다. 이 진리를 아는 지식은 깊고 실제적인 것이어야 한다.

III. 사도는 주 그리스도와 가지게 되는 실제적인 연합 혹은 주 그리스도에 대한 충성과 죄가 양립할 수 없는 반대되는 것이라는 사실을 들어 죄를 논박한다. 그 안에 거하는 자마다 범죄하지 아니하나니(6절). 본문에서 범죄한다고 말하는 것은 죄를 범하고 저지르는 것을 의미한다. 죄를 범하는 것은 죄를 실행하는 것이다. 그리스도 안에 거하는 자는 죄를 계속 행하지 않는다. 주 예수와 실제로 연합한다고 하는 것은 마음과 본성 안에서 죄의 세력을 부숴버려야 되는 것을 의미한다. 마찬가지로 죄 속에 계속 머무르는 것은 주 예수에게 속한 생명과 행동의 지배와 효력을 가로막고 방해한다. 본문에서 부정적인 표현을 사용하는 것은 긍정적인 의미를 강조하기 위한 것이다. 범죄하지 아니하는 사람은, 즉 하나님께 순종하는 사람은 그의 계명을 지킨다. 그러한 사람은 생명의 길을 바르고 진실하게 간다. 그리고 22절에서 말씀하듯이 그 앞에서 기뻐하시는 것을 행한다. 그리스도 안에 거하는 사람들은 그리스도와 맺은 언약 안에 거한다. 따라서 그런 사람들은 그 언약에 반대되는 죄에 대해 경계한다. 그리스도 안에 거하는 사람들은 그리스도의 능력의 빛과 지식 안에 거한다. 그러므로 범죄하는 자마다(눈에 띄게 죄의 지배를 받고 행하는 자) 그를 보지도 못하였고(그를 알아보는 복음의 분별력을 마음에 갖지 못한 자) 그를 알지도 못하였느니라(그를 전혀 체험해보지 못한 자). 죄를 실제로 버리고 포기하는 것이 주님 그리스도와 영적인 연합을 하고, 주 안에 계속 거하고, 주님의 구원의 지식을 아는 중요한 증거가 된다.

IV. 사도는 의의 실행과 의의 상태 사이의 관계를 들어 죄를 논박한다. 동시에 그는 죄의 실행과 의롭게 된 상태가 일치하지 않는 것을 암시한다. 그 논박을 반대 명제에 대한 추측이 엄청난 거짓이라는 가설로 시작한다. "자녀들아 아무도 너희를 미혹하지 못하게 하라. 너희의 새로운 빛을 찬미하고 그리스도교를 환대할 사람들이 있을 것이다. 그러면서 너희의 지식, 신앙 고백, 세례가 세심하고 정확한 그리스도인의 삶을 살지 않아도 괜찮다고 너희로 하여금 믿게 할 사람들이 있을 것이다. 그러나 그러한 자기기만을 조심하도록 하라. 의를 행하는 자는 그의 의로우심과 같이 의롭다." 의를 위하여 핍박을 받은 자는 복이 있나니 천국이 그들의 것임이라(마 5:10)는 말씀처럼 의는 당연히 신앙생활로 번역될 수 있는 성경 구절들이 몇 군데 있다. 그러나 의를 위하여 고난을 받으면 복 있는 자니(벧전 3:14). 모든 성경은 하나님의 감동으로 된 것으로 교훈과 책망과 바르게 함과 의로 교육하기에 유익하니 이는 하나님의 사람으로 온전하게 하며 모든 선한 일을 행할 능력을 갖추게 하려 함이라(딤후 3:16-17). 다시 말해서 의로 교육하기에 라는 것은 철저하고 근본적인 신앙생활로 교육하기 위한 것이라는 의미이다. 그러므로 의를 행하는 것은, 특별히 죄를 행하고 죄를 범하는 것에 반대되는 의를 실행하는 것은 신앙생활을 실천하고 실행하는 것이다. 따라서 신앙생활을 실천하고 실행하는 사람은 의로운 사람이고 의롭다. 그는 모든 점에서 의로운 사람이다. 그는 하나님 앞에서 진실하고 올바르다. 신앙생활의 실천은 성실함과 양심의 원칙을 지키지 않고는 있을 수가 없다. 믿음을 실천하는 사람은 중보자의 의로우심의 전가를 통해 얻게 되는 죄 사함과 생명의 권리에 있는 의로움을 지니고 있다. 그는 의로우신 재판장이 그의 언약과 약속에 따라서 주의 나타나심을 사모하는 모든 자에게 주실 의의 면류관을 받을 수 있는 권리를 소유하게 된다. 이제 후로는 나를 위하여 의의 면류관이 예비되었으므로 주 곧 의로우신 재판장이 그날에 내게 주실 것이며 내게만 아니라 주의 나타나심을 사모하는 모든 자에게도니라(딤후 4:8). 의를 행하고 믿음을 실천하는 사람은 하나님의 법에 따라 그리스도와 교통하고 교제를 나눈다. 그는 그리스도처럼 의를 실행한다. 이제 그는 의롭게 된 상태에서 그리스도와 교통하고, 그리스도와 함께 의로운 생활을 하며 살게 된다.

V. 사도는 죄인과 마귀의 관계를 들어 죄를 논박한다. 또한 사도는 마귀에 대한 주 그리스도의 계획과 직무를 들어 죄를 논박한다. 여기서 다음의 사실들을 주목하라.

1. 사도는 죄와 마귀의 관계를 들어 죄를 논박한다. 죄인들과 성도들은 어디에서나 드러나고 구별된다. 성도들이 죄인들이라고 불리는 곳이라고 할지라도 말이다. 그러므로 죄를 짓는다고 여기서 말하는 것은 죄인들이 실제로 죄를 범하는 것을 말한다. 그것은 성도들과 구별되는 것이다. 그것은 죄의 세력과 지배 아래 사는 것이다. 그렇게 살고 행하는 사람은 마귀에게 속한 것이다. 그러한 사람의 죄의 본성은 마귀가 충동한 것이고, 마귀가 좋아하는 것이다. 죄를 짓는 사람은 마귀와 한패이고, 마귀의 목적을 위하고, 마귀의 나라에 속한 사람이다. 마귀는 죄의 조성자이고 후원자이다. 마귀는 죄를 시작한 존재였다. 마귀는 세상이 시작될 때부터 죄의 유혹자와 선동자였다. 이에 근거하여 사도가 죄를 어떻게 논박하는지를 주목해보라.

2. 사도는 마귀에 대한 주 그리스도의 계획과 직무를 들어 죄를 논박한다. 하나님의 아들이 나타나신 것은 마귀의 일을 멸하려 하심이라(8절). 마귀는 이 세상에서 하나님의 일을 파멸시키기 위하여 획책하고 노력했다. 하나님의 아들은 마귀와 거룩한 전쟁을 치르러 오셨다. 하나님의 아들이 마귀를 정복하고 마귀의 일들을 멸하기 위하여 세상에 오셨고, 인간의 육체를 입고 나타나셨다. 하나님의 아들이 마귀의 일을 완전히 멸하실 때까지 죄는 점점 느슨해지고 힘을 잃게 될 것이다. 그러므로 하나님의 아들이 멸하려고 오셨던 일을 도와주거나 그 일에 몰두하지 말도록 하자.

VI. 사도는 중생과 죄의 포기를 들어 죄를 논박한다. 하나님께로부터 난 자마다 죄를 짓지 아니하나니(9절). 하나님께로부터 난 것은 내적으로 새로 태어나는 것이고, 성령의 권능에 의해 거룩한 진실과 정직한 본성을 회복하게 되는 것이다. 그러한 사람은 죄를 짓지 않는다. 그러한 사람은 불의를 행하지 아니하고 불순종하지 않는다. 그러한 행위는 중생한 사람의 새 본성과 중생한 기질에 맞지 않고 반대되는 것이다. 왜냐하면 사도가 하나님의 씨가 그의 속에 거함이요라고 말하고 있듯이 빛나고 강력한 하나님의 말씀이 계속 중생한 사람의 속에 있기 때문이다. 너희가 거듭난 것은 썩어질 씨로 된 것이 아니요 썩지 아니할 씨로 된 것이니 살아 있고 항상 있는 하나님의 말씀으로 되었느니라(벧전 1:23). 거룩함과 성결의 씨앗인 영적인 원리가 중생한 사람 속에 계속 있게 된다. 새롭게 하는 중생의 은혜는 지속적인 원리이다. 은혜의 샘이 되는 신앙생활은 획득할 수 있거나 숙달할 수 있는 기술이나 기교가 아니라 새로운 본성이다. 그런 까닭에 결론은 중생한 사람은 죄를 범할 수 없다. 그가 범할 수 없는 것은 죄의 행위라고 해석하는 것은 현명한 판단이 아니라고 나는 생각한다. 이러한 해석은 1장 9절의 말씀과 배치된다. 1장 9절에서 우리가 죄를 자백하는 것은 우리의 의무이고, 그것으로 우리의 죄가 사함 받는 것은 우리의 특권이라고 진술되고 있다. 그러므로 사도가 그도 범죄하지 못한다 말하는 것은 중생한 사람은 죄를 지을 수 없다는 의미이다. 중생한 사람은 죄의 행로와 습관에 계속 머물러 있을 수 없다. 중생한 사람은 하나님의 성도나 종에 어울리지 않고 반대되는 죄인이 되기 위하여 죄를 지을 수 없다. 또한 그는 하나님께로부터 나기 이전에 자신이 했던 것과 비교해서 죄를 지을 수 없고, 중생하지 않은 다른 사람들과 비교해서 죄를 지을 수도 없다. 그 이유는 그가 하나님께로부터 났기 때문이다. 이 금지와 억제는 하나님으로부터 거듭난 모든 사람들에게 해당이 된다.

1. 하나님으로부터 거듭난 사람의 정신과 마음속에는 죄의 사악함과 악의를 보여주는 빛이 들어있다.

2. 하나님으로부터 거듭난 사람의 마음의 성향은 죄에 진저리를 치고 그것을 미워하는 경향이 있다.

3. 하나님으로부터 거듭난 사람에게는 죄의 행위의 힘을 깨뜨리는 영적인 씨앗의 원리와 기질이 있다. 악한 행위들은 믿음이 없는 다른 사람들이 하는 것처럼 타락의 영향으로 생기는 것도 아니고, 마음과 정신과 의지에서 비롯되는 것도 아니다. 성령은 육체를 거스르나니(갈 5:17). 그러므로 죄에 관해서는 이렇게 말할 수 있겠다. 내가 원하는 바 선은 행하지 아니하고 도리어 원하지 아니하는 바 악을 행하는도다 만일 내가 원하지 아니하는 그것을 하면 이를 행하는 자는 내가

아니요 내 속에 거하는 죄니라(롬 7:19-20). 마음과 정신의 성향과 구조가 그 마음과 정신을 거스르는 것은 그 사람의 정신과 마음 때문이 아니라 그 사람 안에 있는 죄 때문이라고 복음은 분명하게 말한다.

4. 죄를 범했을 때 죄를 수치스럽게 생각하고 후회하는 성향이 있다. 하나님께로부터 난 자마다 죄를 짓지 아니한다. 여기서 우리는 본성의 무능력과 도덕적 무능력의 일반적인 차이를 상기할 수도 있다. 중생하지 않은 사람은 신앙적으로 선한 것을 행할 수가 없다. 중생한 사람은 다행히 죄를 행할 수가 없다. 중생한 사람에게는 죄의 성향과 힘을 억제하고 금지하는 성향과 힘이 있다. 중생한 사람은 죄에 대해 침착하고 신중하게 대응한다. 그래서 우리는 성실하고 진실한 사람에게 언제나 이렇게 말하곤 한다. "그 사람은 거짓말도 못하고, 남을 속이지도 못하고, 다른 악한 죄들은 엄두도 내지 못하는 사람이야." 그런즉 내가 어찌 이 큰 악을 행하여 하나님께 죄를 지으리이까(창 39:9)! 그러므로 죄의 생활을 끈질기게 고수하는 사람들은 그들이 하나님께로부터 난 사람들이 아니라는 사실을 만천하에 공포하고 드러내는 것이다.

VII. 사도는 하나님의 자녀들과 마귀의 자녀들의 차이를 들어 죄를 논박한다. 그들은 그들 나름의 특성들이 있다. 이러므로 하나님의 자녀들과 마귀의 자녀들이 드러나나니(10절). 세상에는 옛날의 차이에 따른다면 하나님의 씨가 있고 뱀의 씨가 있다. 뱀의 씨는 두 가지 표징으로 드러난다.

1. 신앙생활을 태만히 하는 것으로 드러난다. 무릇 의를 행하지 아니하는 자는 하나님께 속하지 아니하니라. 이것은 하나님의 정당하신 권리들을 무시하는 행위이다. 왜냐하면 신앙생활은 하나님을 향한 우리의 의를 나타내는 것일 뿐만 아니라 하나님께 그의 정당한 권리를 돌려드리는 행위이다. 이것을 의식적으로 행하지 않는 자는 하나님께 속한 것이 아니라 반대로 마귀에게 속한 자이다. 마귀는 의롭지 않고 경건하지 않은 영혼들의 아비이다.

2. 형제 그리스도인들을 사랑하지 않음으로 드러난다. 그 형제를 사랑하지 아니하는 자는 하나님께 속하지 아니하니라. 참된 그리스도인들은 하나님과 그리스도를 위하여 서로 사랑해야 한다. 형제 그리스도인들을 사랑하지 않는 그리스도인들은 형제들을 멸시하고, 미워하고, 핍박하는 것이다. 그러한 사람들의 그 행위는 아직도 그들 속에 뱀의 속성이 남아있음을 드러내고 있는 것이다.

¹¹우리는 서로 사랑할지니 이는 너희가 처음부터 들은 소식이라 ¹²가인 같이 하지 말라 그는 악한 자에게 속하여 그 아우를 죽였으니 어떤 이유로 죽였느냐 자기의 행위는 악하고 그의 아우의 행위는 의로움이라 ¹³형제들아 세상이 너희를 미워하여도 이상히 여기지 말라

사도는 마귀의 자녀들의 한 표징이 형제를 사랑하지 않는 것이라고 진술한 뒤 그것을 근거로 다음과 같은 권면을 한다.

I. 사도는 그리스도인의 형제애를 권하기 위하여 그것과 관련된 가장 오래된 첫 번째 명령을 상기시키고 있다. 우리는 서로 사랑할지니 이는 너희가 처음부터 들은 소식이라(11절). 우리는 주 예수 그리스도를 사랑해야 하고, 주님의 사랑을 귀하게 여겨야 한다. 우리는 주님이 사랑하시는 대상들을 모두 사랑해야 한다. 그러므로 우리는 그리스도 안에 있는 우리의 모든 형제들도 사랑해야 한다.

II. 형제를 사랑하지 않고 아주 나쁜 감정을 가지고 형제를 미워하는 것을 막기 위하여 사도는 가인의 실례를 들고 있다. 가인의 질투와 악의에 차서 저지른 행위는 우리가 그와 같은 감정을 품지 않도록 도움을 줄 것이다. 여기서 다음의 사실들을 주목하라.

1. 이 실례는 가인이 뱀의 첫 번째 태어난 씨였다는 사실을 보여주었다. 첫 인간 아담의 맏아들 가인조차도 악한 자에게 속한 자였다. 가인은 최초의 악한 자, 마귀를 닮은 자였다.

2. 가인의 악의는 도저히 억제할 길 없는 것이었다. 그 악의는 갈 데까지 가 동생 살인을 꾸미고 그 계획을 이루었다. 사람도 얼마 되지 않고 사람을 채우기도 힘든 세상의 초기에 그것도 아주 가까운 형제를 살해했다. 그는 악한 자에게 속하여 그 아우를 죽였다(12절). 죄에 한번 빠지면 이와 같이 그 끝은 헤아릴 길 없다.

3. 가인의 악의는 갈 데까지 가 그 속이 마귀로 가득 차게 되었다. 가인은 결국 동생이 신앙생활을 잘 하고 의롭다는 이유로 살해했다. 가인은 아벨의 제사가 자신의 것보다 더 낫다는 사실에 분개했다. 가인은 아벨이 하나님께 사랑을 받고 인정을 받는 것을 시샘했다. 이런 이유들로 해서 가인은 자신의 동생을 살해했다. 어떤 이유로 죽였느냐 자기의 행위는 악하고 그의 아우의 행위는 의로움이라(12절). 악의는 우리가 높이고 본받아야 될 것을 미워하고 보복하게 만든

다.

Ⅲ. 사도는 선한 사람들이 그런 악한 대접을 받는다고 해서 하등 놀랄 일이 아니라고 권면한다. 형제들아 세상이 너희를 미워하여도 이상히 여기지 말라(13절). 뱀의 본성은 세상에 계속 남아있다. 큰 뱀은 스스로 이 세상의 신으로 군림한다. 그러므로 뱀에 속한 세상이 뱀의 머리를 상하게 할 여인의 씨에 속한 너희들을 미워하고 야유하고 위협하는 것은 너무도 당연한 일이다.

[14]우리는 형제를 사랑함으로 사망에서 옮겨 생명으로 들어간 줄을 알거니와 사랑하지 아니하는 자는 사망에 머물러 있느니라 [15]그 형제를 미워하는 자마다 살인하는 자니 살인하는 자마다 영생이 그 속에 거하지 아니하는 것을 너희가 아는 바라 [16]그가 우리를 위하여 목숨을 버리셨으니 우리가 이로써 사랑을 알고 우리도 형제들을 위하여 목숨을 버리는 것이 마땅하니라 [17]누가 이 세상의 재물을 가지고 형제의 궁핍함을 보고도 도와 줄 마음을 닫으면 하나님의 사랑이 어찌 그 속에 거하겠느냐 [18]자녀들아 우리가 말과 혀로만 사랑하지 말고 행함과 진실함으로 하자 [19]이로써 우리가 진리에 속한 줄을 알고 또 우리 마음을 주 앞에서 굳세게 하리니

사랑의 사도는 거룩한 사랑에 대한 언급은 거의 손을 댈 수가 없다. 그러나 사도는 거룩한 사랑에까지 이르도록 그 범위를 넓혀야만 한다. 그래서 그는 여기서 다양한 논증들과 동기들을 통해 그 범위를 넓히고 있다. 여기서 다음의 사실들을 주목하라.

Ⅰ. 형제를 사랑하는 것은 복음의 의를 나타내는 한 표시이다. 그리고 그것은 사망에서 생명의 상태로 옮겨졌다는 표시이기도 하다. 우리는 형제를 사랑함으로 사망에서 옮겨 생명으로 들어간 줄을 안다(14절). 우리는 본질상 진노의 자식들이고 죽음의 상속자들이다. 복음(복음의 약속이나 언약)을 통해 내세에 대한 우리의 상태는 변화되게 된다. 우리는 사망에서 생명으로, 죽음의 죄에서 생명의 권리로 옮겨지게 된다. 이 옮겨짐은 주 예수 그리스도를 믿는 우리의 믿음에 달려 있다. 아들을 믿는 자에게는 영생이 있고 아들을 순종하지 아니하는 자는 영생을 보지 못하고 도리어 하나님의 진노가 그 위에 머물러 있느니라(요 3:36). 이제 이 행복한 상태의 변화를 우리는 확신할 수 있게 된다. 우리는 형제를 사랑함으로 사망에서 옮겨 생명으로 들어간 줄을 알거니와. 우리는 그리스도를 믿는 증거들을

3장 14절 - 19절

통해 그 사실을 알 수 있다. 그 증거들 가운데 하나가 우리의 형제들을 사랑하는 것이다. 이 사랑의 특성은 우리의 의의 상태를 나타내는 한 표시가 된다. 이 형제 사랑은 같은 종교를 믿는 한 동아리에 대한 열정이 아니다. 또한 그것은 같은 교파에 속한 사람들에 대한 애정이나 감정도 아니고, 우리 자신들에 대한 다정다감한 감상도 아니다. 이 사랑은 다음과 같은 것이다.

1. 이 형제 사랑은 인류에 대한 일반적인 사랑을 전제로 한다. 그리스도교 공동체 안에서 행하는 기독교적 사랑의 법은 인류 공동체 안의 보편적인 법에 근거하고 있다. 네 이웃을 네 자신과 같이 사랑하라(마 19:19). 인류는 주로 다음 두 가지 면에서 사랑을 해야 한다.

(1) 인간이 서로 사랑하는 것은 하나님의 놀라운 작업이다. 그것은 하나님이 만드셨고, 놀라울 정도로 하나님을 닮았다. 하나님이 살인자에게 어떤 형벌을 내리시는 이유는 인간 형제에 대한 우리의 증오를 싫어하시기 때문이다. 그러므로 그 이유는 우리가 인간들을 사랑해야 되는 이유가 된다. 다른 사람의 피를 흘리면 그 사람의 피도 흘릴 것이니 이는 하나님이 자기 형상대로 사람을 지으셨음이니라(창 9:6).

(2) 이 사랑은 확실히 그리스도 안에서 서로 사랑하는 것이다. 전체 인류는 타락한 천사들과 구별해서 구원받은 민족으로 생각해야 할 것이다. 왜냐하면 하나님이 그들을 위하여 거룩한 구세주를 계획하고, 준비하고, 보내주셨기 때문이다. 하나님이 세상을 이처럼 사랑하사 독생자를 주셨으니 이는 그를 믿는 자마다 멸망하지 않고 영생을 얻게 하려 하심이라(요 3:16). 따라서 이처럼 하나님의 사랑을 받은 세상은 우리의 사랑을 받아 마땅하다. 이 사랑은 아직 부름받지 못한 채 어둠에 갇혀 사는 세상의 회심과 구원을 위한 간절한 간구와 기도와 노력들을 통해 나타나고 베풀어져야 할 것이다. 형제들아 내 마음에 원하는 바와 하나님께 구하는 바는 이스라엘을 위함이니 곧 그들로 구원을 받게 함이라(롬 10:1). 그러므로 이 사랑은 원수들에 대한 모든 정당한 사랑도 포함될 것이다.

2. 이 형제 사랑은 그리스도교 공동체의 독특한 사랑이다. 이 사랑은 전 세계 교회, 그 교회의 머리 되시는 주님을 위한 특별한 사랑이다. 이 사랑은 그리스도 안에서 그리스도를 통해 주님의 지체가 된 존재, 구원받고 의롭게 되고 거룩하게 된 존재의 독특한 사랑이다. 이 사랑은 우리가 개인적으로 익히 알게 될 기회를 가졌거나 확실한 소식통을 통해 알게 된 세계 교회에 속한 사람들에

게 특별하게 실행하고 작용하는 사랑이다. 세계 교회 사람들은 그들 자신 때문에 사랑을 받는 것이라기보다는 그들을 사랑하신 하나님과 그리스도 때문에 사랑을 받는다. 그 사랑은 하나님과 그리스도의 것이다. 너희가 사랑한다고 할지라도 그 사랑은 하나님의 사랑이고 그리스도의 은혜이다. 그 사랑은 하나님과 그리스도 안에서 하나님과 그리스도를 향해 사랑하게 되고 그 가치를 인정받게 된다. 그러므로 이 사랑은 그리스도를 믿는 믿음의 열매와 결과이다. 그리고 그것은 우리가 사망에서 생명으로 옮겨졌다는 것을 나타내는 표시이다.

II. 그 반대로 우리의 형제들을 미워하는 것은 우리가 죽어 있는 상태를 나타내는 표시다. 그것은 우리가 율법의 사망 선고 아래 계속 놓여 있다는 것을 나타내는 표시다. 형제를 사랑하지 아니하는 자는 사망에 머물러 있느니라(14절). 형제를 미워하는 자는 계속해서 율법의 저주와 징벌 아래 놓여 있는 것이다. 이 상태를 사도는 명쾌한 삼단 논법으로 논증한다. "너희는 어떤 살인자도 그 안에 영원한 생명이 없다는 사실을 안다. 그런데 자기 형제를 미워하는 자는 살인자다. 그러므로 너희는 자기 형제를 미워하는 자는 그 속에 영원한 생명이 없다는 것을 알 수밖에 없다." 우리는 형제를 사랑함으로 사망에서 옮겨 생명으로 들어간 줄 알거니와 사랑하지 아니하는 자는 사망에 머물러 있느니라 그 형제를 미워하는 자마다 살인하는 자니 살인하는 자마다 영생이 그 속에 거하지 아니하는 것을 너희가 아는 바라(14-15절). 왜냐하면 사람을 미워하는 것은 그 감정이 힘을 받는 동안은 생명과 행복을 미워하게 되고, 자연히 그 생명과 행복이 소멸되기를 바라는 성향이 있기 때문이다. 가인은 자기 형제를 미워했고, 그 다음에 살해했다. 미움은 불쌍한 형제들에게서 연민의 마음을 닫아버리게 할 것이고, 그것으로 그 형제들이 죽음의 슬픔을 겪게 할 것이다. 형제들을 미워하는 행태는 각종 나쁜 이름은 다 가지고 어느 시대나 있었던 것 같다. 즉 그 미움은 가증한 인물들과 중상모략들을 통해 그리스도인 형제들을 박해하고 칼로 억압했다. 그러므로 인간의 마음을 꽤 정통하게 알고 있거나, 그것을 완전히 아는 사람을 통해 배웠거나, 사악하고 포악한 감정들의 자연적인 성향과 결과를 알고 있거나, 동시에 하나님의 법을 완전히 알고 있는 사람이 자기 형제를 미워하는 자는 살인하는 자라고 선언하는 것은 하등 놀랄 만한 것이 못된다. 이제 마음의 구조와 기질이 살인자의 성향을 가지고 있는 자는 영생이 그 속에 거할 수가 없다. 왜냐하면 그러한 성향을 가진 사람은 육욕적인 마음을 가지고 있음이 분명하기 때문이다. 육신의 생각은 사망이요 영의 생각은 생명과 평안이니라(롬 8:6). 사도는 영생이 우리 속에 거한다는 표현을 통해 구세주의 은혜인 영원한 생명의 내적인 원리를 소유하고 있는 것을 의미하는 것일 수도 있다. 내가 주는 물을 마시는 자는 영원히 목마르지 아니하리니 내가 주는 물은 그 속에서 영생하도록 솟아나는 샘물이 되리라(요 4:14). 주님이 주시는 진리의 물을 마시는 자는 그것이 결코 모자라게 되지 않을 것이다. 이것에 근거하여 어떤 사람은 사망에서 생명으로 옮긴 것이(14절) 생명의 의를 통해 이루어진 관계의 변화를 의미하는 것이 아니라 생명의 거듭남으로 이루어진 실제적인 변화를 의미한다고 추측할 수도 있다. 따라서 14절에 언급된 사망 안에 거하는 것은 영적인 죽음의 상태가 지속되는 것을 의미한다. 그것을 대개 타락으로 말미암은 자연적인 죽음의 기질이라고 한다. 그러나 지금 이 구절들은 그 판결이 사망이든 생명이든 영적으로 죽어 있는 사람의 상태를 아주 자연스럽게 나타내주고 있다. 마찬가지로 사망에서 생명으로의 관계적인 변화와 이동이 영생의 내적인 원리의 소유 여부를 아주 잘 입증할 수도 있고 반증할 수도 있다. 왜냐하면 죄의 범죄 행위가 깨끗하게 씻겨지는 것은 죄의 더러움과 세력으로부터 벗어나는 것과 뗄 수 없는 연관을 가지고 있기 때문이다. 너희 중에 이와 같은 자들이 있더니 주 예수 그리스도의 이름과 우리 하나님의 성령 안에서 씻음과 거룩함과 의롭다 하심을 받았느니라(고전 6:11).

Ⅲ. 하나님과 그리스도의 본보기가 우리의 마음에 이 거룩한 사랑을 불붙게 해야 한다. 그가 우리를 위하여 목숨을 버리셨으니 우리가 이로써 사랑을 알고 우리도 형제들을 위하여 목숨을 버리는 것이 마땅하니라(16절). 위대하신 하나님이 우리를 위하여 하나님의 아들을 사망에 내어주셨다. 그러나 이 요한 사도가 말씀이 하나님이셨고, 그가 우리를 위하여 육신을 입으셨다고 선포한 이래 우리가 하나님의 이 사랑을 어찌해서 말씀으로 해석하지 않는지를 나는 이해하지 못한다. 여기에 하나님 자신의 사랑이 있다. 그 자신의 인격 속에 하나님이 실재하시는 그분의 사랑이 실재한다. 비록 그분이 아버지 하나님은 아니실지라도 그는 인간의 한 생명을 취하셨고, 그는 우리를 위하여 그 생명을 바치셨다! 여기에 그의 낮아지심과 이적과 하나님 사랑의 신비가 있다. 그 사랑은 하나님이 그 자신의 피로 교회를 구원하시기 위한 것이었다. 확실히 우리도 하나님이 사랑하셨고, 그토록 사랑하셨던 사람들을 사랑해야만 할 것이다. 우리가 하나님

을 위한 어떤 사랑을 가지게 된다면 확실히 우리 역시 그렇게 사랑하게 될 것이다.

IV. 사도는 이 억제할 길 없는 뜨거운 사랑의 본보기와 그 동기를 제시한 뒤에 그리스도인의 사랑의 기질과 효과에 대해 진술한다. 여기서 다음의 사실들을 주목하라.

1. 그리스도인의 사랑은 교회의 유익과 사랑하는 형제들의 안전과 구원을 위하여 죽을 수 있을 정도로 아주 뜨거워야 한다. 그가 우리를 위하여 목숨을 버리셨으니 우리가 이로써 사랑을 알고 우리도 형제들을 위하여 목숨을 버리는 것이 마땅하니라(16절). 우리는 그들을 위한 사역과 봉사를 위해서도 죽을 수 있어야 한다. 만일 너희 믿음의 제물과 섬김 위에 내가 나를 전제로 드릴지라도 나는 기뻐하고 너희 무리와 함께 기뻐하리니(빌 2:17). 즉 이 말씀의 의미는, 나는 너희의 천국의 복을 축하할 것이다 하는 말이다. 이 형제 사랑은 우리가 영광 받기 위한 것이 아니다. 이것은 하나님의 영광을 위하고 교회의 덕을 세우는 일에 더 봉사할 수 있는 사람들의 안전과 보호를 위하여 부름받게 되었을 때 우리는 기꺼이 위험을 감수하는 것이다. 그들은 내 목숨을 위하여 자기들의 목까지도 내어 놓았나니 나뿐 아니라 이방인의 모든 교회도 그들에게 감사하느니라(롬 16:4). 그리스도인들은 이렇게 살기 위하여 얼마나 절제하고 억제해야 하는가! 그것을 감당하기 위하여 그리스도인들은 얼마나 준비를 해야 하는가! 그리스도인들은 그렇게 사랑하기 위해서 얼마나 더 잘 알고 확신을 해야 하는가!

2. 그 다음 단계는 형제들의 필요한 것들과 부족한 것들을 위해 동정하고, 관대하고, 대화를 나누는 것이 필요할 것이다. 누가 이 세상의 재물을 가지고 형제의 궁핍함을 보고도 도와 줄 마음을 닫으면 하나님의 사랑이 어찌 그 속에 거하겠느냐(17절). 형제를 사랑하고 도와주는 것은 하나님을 기쁘시게 해드리는 일이다. 그리스도인 형제들 가운데 일부는 가난할 수 있다. 그것은 부유한 그리스도인들에게 자선과 사랑을 베풀 기회를 주기 위한 것이다. 그리스도인 형제들에게 이 세상의 물건과 좋은 것을 나누어 주는 것 역시 하나님을 기쁘시게 해 드리는 일이다. 그것은 그리스도인들이 가난한 성도들과 교제하고 교통하는데 그들의 은혜와 덕을 나타낼 수 있는 기회이다. 이 세상의 좋은 것을 가진 사람들은 선하신 하나님을 더 많이 사랑해야 하고, 그들의 선한 형제들을 더 많이 사랑해야 하고, 그들을 위하여 그것을 기꺼이 언제라도 나눌 수 있어야 한다. 형

제들에 대한 이 사랑은 하나님의 사랑에 뿌리를 두고 있다. 그래서 사도는 그 것을 이렇게 표현하고 있다. 하나님의 사랑이 어찌 그 속에 거하겠느냐? 형제들에 대한 이 사랑은 그 형제들 안에서 하나님을 사랑하는 것이다. 그러므로 형제를 사랑하지 않는 곳에는 하나님에 대한 참된 사랑도 결코 존재하지 않는다.

3. 나는 그 다음 구절이 형제 사랑의 가장 낮은 세 번째 단계를 의미하고 있 다고 생각했다. 그러나 사도는 그런 나를 가로막았다. 즉 이 마지막 구절의 능 력 있는 사람들의 자선을 베푸는 사랑이 가장 낮은 단계의 사랑이고 하나님의 사랑과 일치할 수 있다는 것이다. 그러나 그것이 이 사랑의 다른 열매들일 수 도 있다. 따라서 사도는 형편이 허락하는 한 무엇보다 이 사랑이 거짓이 없어 야 되고 실천이 되어야 한다고 바란다. 자녀들아 우리가 말과 혀로만 사랑하지 말 고 행함과 진실함으로 하자(18절). 입에 발린 칭찬과 아첨으로는 그리스도인이 되지 못한다. 진정한 그리스도인이 되는 것은 거룩한 감정의 진솔한 표현들과 사랑의 봉사와 수고를 통해서이다.

V. 이 사랑은 신앙생활에 있어서의 우리의 진실함과 성실함을 나타낼 것이 고, 우리에게 하나님을 향한 소망을 가지게 해줄 것이다. 이로써 우리가 진리에 속한 줄을 알고 또 우리 마음을 주 앞에서 굳세게 하리니(19절). 신앙생활에서 우리 의 신실함을 확신한다는 것은 아주 큰 축복이고 행복이다. 그렇게 확신하는 사 람들은 하나님을 향한 거룩한 담대함이나 확신을 가질 수가 있다. 그러한 사람 들은 세상의 비난과 저주를 받을 때 하나님께 호소할 수가 있다. 그리스도교 안에서 우리 자신의 진리와 의를 아는 지식에 도달하고, 우리의 내적인 평화를 확보하는 길은 사랑이 많아지게 하고, 그리스도인 형제들을 위해 사랑을 실천 하는 것이다.

[20]이는 우리 마음이 혹 우리를 책망할 일이 있어도 하나님은 우리 마음보다 크시고 모든 것을 아시기 때문이라 [21]사랑하는 자들아 만일 우리 마음이 우리를 책망할 것 이 없으면 하나님 앞에서 담대함을 얻고 [22]무엇이든지 구하는 바를 그에게서 받나 니 이는 우리가 그의 계명을 지키고 그 앞에서 기뻐하시는 것을 행함이라

사도는 우리들 가운데에도 하나님 앞에 담대히 설 수 있는 마음의 확 신이나 온전한 신념과 같은 그러한 특권과 은전이 있을 수 있다는 사실을 넌지

시 비추면서 다음과 같이 말을 계속한다.

I. 그 확신은 양심의 법정을 세우고 그 권위를 주장하기 위한 것이다.

이는 우리 마음이 혹 우리를 책망할 일이 있어도 하나님은 우리 마음보다 크시고 모든 것을 아시기 때문이라(20절). 여기서 말하는 우리의 마음은 자기 자신을 비추는 사법권이다. 그 훌륭한 능력을 통해 우리는 우리 자신, 우리의 정신, 우리의 기질, 우리의 행위를 인식할 수 있다. 그 인식에 따라서 우리는 하나님에 대한 우리의 상태를 가늠할 수 있다. 그러므로 마음이란 양심과 같은 것이고, 도덕적 자기의식의 능력과 같은 것이기도 하다. 이 능력은 증인, 재판관, 판결 집행관으로 행동할 수 있다. 마음의 능력은 비난하기도 하고, 변명하기도 하고, 정죄하기도 하고, 정당화하기도 한다. 마음의 이러한 직무는 하나님이 직접 정해주신 것이다. 사람의 영혼은 여호와의 등불이라 사람의 깊은 속을 살피느니라(잠 20:27). 양심은 하나님의 대리인이다. 양심은 하나님의 이름으로 법정을 소집하고, 하나님을 위하여 행동한다. 하나님을 향한 선한 양심의 간구니라(벧전 3:21). 하나님은 법정의 재판장이시다. 우리 마음이 혹 우리를 책망할 일이 있어도 하나님은 우리 마음보다 크시고 모든 것을 아신다. 하나님은 능력과 판단에 있어서 우리를 초월하신다. 그러므로 양심의 법정의 결의와 판결은 하나님의 결의와 판결이다. 여기서 다음의 사실들을 주목하라.

1. 양심이 우리를 정죄한다면 하나님도 역시 그렇게 하신다. 이는 우리 마음이 혹 우리를 책망할 일이 있어도 하나님은 우리 마음보다 크시고 모든 것을 아시기 때문이라(20절). 하나님은 우리의 양심보다 훨씬 크신 증인이다. 하나님은 우리의 양심이 아는 것보다 우리에 대해 훨씬 많이 아신다. 하나님은 우리 마음보다 크시고 모든 것을 아신다. 하나님은 양심보다 더 크신 재판관이다. 왜냐하면 하나님은 초월하시기 때문에 그의 판결은 유효해서 최종적으로 완전하게 시행될 것이다. 내가 자책할 아무것도 깨닫지 못하나 라고 바울 사도가 말할 때 그 의도도 이와 같은 것 같다. 즉 그런 경우에 다른 사람이 나를 비난할 것이다. 바울 사도는 이렇게 말하고 있다. "나는 내 자신의 청지기 직분이나 사역에 있어서 어떤 기만도 알지 못하고 불성실함도 전혀 인정할 수 없다. 그러나 이로 말미암아 의롭다 함을 얻지 못한다. 내가 궁극적으로 서든지 넘어지든지 해야 하는 것은 내 자신의 양심을 통해서가 아니다. 내 양심이나 자의식의 의로움이나 의로운 판결은 너희와 나 사이의 논쟁을 종결시키지 못할 것이다. 너희가 그 양심

의 선고에 상소하지 않는 것처럼 너희는 그 결정에도 따르지 않을 것이다. 다만 나를 심판하실 이는 주시니라. 즉 주님이 주권적이고 최종적으로 나를 심판하실 것이다. 너희와 나를 그 판결로 판단하실 이는 주시니라." 내가 자책할 아무것도 깨닫지 못하나 그러나 이로 말미암아 의롭다 함을 얻지 못하노라 다만 나를 심판하실 이는 주시니라(고전 4:4).

2. 양심이 우리를 무죄로 판결한다면 하나님도 역시 그렇게 하신다. 사랑하는 자들아 만일 우리 마음이 우리를 책망할 것이 없으면 하나님 앞에서 담대함을 얻고(21절). 그러면 우리는 하나님이 우리를 받아주시고, 그 심판 날에 우리를 무죄로 용서해주실 것이라는 확신을 가지게 될 것이다. 그러나 필시 어떤 오만한 영혼은 이렇게 말할지도 모른다. "나는 이 말이 마음에 들어. 나의 마음은 나를 정죄하지 않아. 그러므로 나는 하나님도 나를 정죄하지 않으신다고 생각을 하지." 그러나 그 반대로 이 말씀을 보고 이렇게 외치며 두려워 떨 경건한 영혼도 있을 것이다. "하나님이여 그리 마옵소서. 내 양심은 나를 정죄합니다. 그러면 나는 꼭 하나님의 정죄를 받아야 합니까?" 그런데 이 경우에 법원의 판결에 증인의 잘못이 계산되고 있지 않음을 알도록 하자. 무지, 잘못, 편견, 오만함이 마음의 법원 관리들의 잘못들이라고 할 수 있다. 그러한 잘못들은 정신, 의지, 성향, 열정, 감각적 기질, 혼란스러운 두뇌와 같은 배석 판사들에게도 해당이 된다. 또는 판사가 아니라 그릇된 평결을 내리는 배심원의 잘못들일 수도 있다. 양심은 당연히 자의식이다. 무지하고 잘못된 판결들은 자의식의 판결들이 아니라 어떤 잘못된 영향력의 판결들이다. 양심의 법정은 그 소송 절차가 하나님의 헌법인 계명에 따라서 진행되는 것으로 여기서 묘사되고 있다. 양심과 관련된 것은 하늘나라와 관련된 것이니 하나님의 계명에 따라서 소송 절차가 진행된다. 그러므로 양심의 소리를 듣고, 잘 깨닫고, 부지런히 양심의 소리에 따르도록 하자.

Ⅱ. 확신은 하나님 앞에서 선한 양심을 가진 사람들의 특권을 나타내주기 위한 것이다. 선한 양심을 가진 사람들은 하늘나라와 그 곳의 법정에 관심이 있다. 그들의 청원은 하늘에서 받아 심리한다. 무엇이든지 구하는 바를 그에게서 받나니(22절). 그러나 청원자들이 법정의 명예와 영광에 배치되는 것은 어떤 것이든지 바랄 수도 없고, 그럴 의도를 가질 수도 없다는 것은 당연한 전제조건이다. 청원자들이 구하는 것은 그들 자신의 영적 유익이어야 한다. 그래야 그들은

그들의 자격과 실천이 참작되어 자신들이 구하는 좋은 것들을 받을 수 있을 것이다. 무엇이든지 구하는 바를 그에게서 받나니 이는 우리가 그의 계명을 지키고 그 앞에서 기뻐하시는 것을 행함이라(22절). 하나님의 계명에 순종하는 영혼들에게는 축복들이 예비되어 있고, 하나님을 알현할 수 있는 약속을 얻게 될 것이다. 그러나 하나님을 불쾌하게 하는 일들을 범하는 자들은 그들의 기도가 받아들여지고 응답되리라는 기대를 할 수가 없다. 내가 나의 마음에 죄악을 품었더라면 주께서 듣지 아니하시리라(시 66:18). 사람이 귀를 돌려 율법을 듣지 아니하면 그의 기도도 가증하니라(잠 28:9).

²³그의 계명은 이것이니 곧 그 아들 예수 그리스도의 이름을 믿고 그가 우리에게 주신 계명대로 서로 사랑할 것이라 ²⁴그의 계명을 지키는 자는 주 안에 거하고 주는 그의 안에 거하시나니 우리에게 주신 성령으로 말미암아 그가 우리 안에 거하시는 줄을 우리가 아느니라

사도는 하나님의 계명을 지키고 하나님을 기쁘시게 하는 것을 하늘나라에서의 청원자들의 효과적인 자격으로 언급한 뒤 다음과 같은 진술로 본 장을 적절하게 마무리한다.

I. 이 계명들의 개략적인 주요한 내용은 다음과 같다. 이 계명들은 이중적인 의미를 지니고 있다. 그의 계명은 이것이니 곧 그 아들 예수 그리스도의 이름을 믿고 그가 우리에게 주신 계명대로 서로 사랑할 것이라(23절). 하나님의 아들 예수 그리스도의 이름을 믿는 것은 다음과 같은 의미를 지니고 있다.

1. 그리스도의 이름에 의해 그의 속성을 분별하게 되고, 하나님의 아들이신 그의 인격과 직분에 대한 지성적인 견해를 가지게 되고, 기름 부음 받으신 세상의 구세주이심을 알게 된다. 내 아버지의 뜻은 아들을 보고 믿는 자마다 영생을 얻는 이것이니(요 6:40).

2. 우리의 판단과 양심 안에서 그리스도를 인정하게 되고, 우리의 처지를 회개하고 자각하게 되고, 영원한 구원의 온전한 사역에 적합한 구세주로 지혜롭고 놀랍게 예비된 분으로 인식하게 된다.

3. 그리스도를 우리의 구주로 받아들이고 우리를 하나님께 회복시켜 주시는 분으로 동의하고 따르게 된다.

4. 그리스도를 구원의 직무를 최종적으로 완전하게 이행하시는 분으로 믿고 의지하게 된다. 여호와여 주의 이름을 아는 자는 주를 의지하오리니 이는 주를 찾는 자들을 버리지 아니하심이니이다(시 9:10). 이로 말미암아 내가 또 이 고난을 받되 부끄러워하지 아니함은 내가 믿는 자를 내가 알고 또한 내가 의탁한 것을 그 날까지 그가 능히 지키실 줄을 확신함이라(딤후 1:12). 이 믿음은 하나님께 드리는 청원들이 받아들여질 사람들에게는 절대 필요하다. 왜냐하면 우리가 하나님 아버지께 나아갈 수 있는 것은 그리스도를 통해서 가능하기 때문이다. 그리스도의 은혜와 의를 통하여 우리의 인격이 아버지 하나님께 인정받고 받아들여지게 된다. 이는 그의 사랑하시는 자 안에서 우리에게 거저 주시는 바 그의 은혜의 영광을 찬송하게 하려는 것이라(엡 1:6). 그리스도의 구속을 통하여 우리가 바라는 축복들을 받아야 되고, 그리스도의 중보를 통하여 우리의 기도들이 응답되어야 한다. 바로 이것이 하나님께 인정받을 수 있는 경배자들이 지켜야 될 하나님의 계명의 첫 번째 요소이다. 이 계명의 두 번째 요소는 우리가 서로 사랑하는 것이다. 그가 우리에게 주신 계명대로 서로 사랑할 것이라(23절). 그리스도의 계명은 우리의 눈 앞에서 계속 지켜져야 한다. 우리가 기도로 하나님께 나아갈 때 그리스도인의 사랑이 우리의 영혼을 사로잡아야 한다. 이 목적을 위하여 우리는 우리의 주님이 우리에게 명령하시는 것을 명심하고 기억해야 한다. 여기서 다음의 사실들을 주목하라.

(1) 우리는 우리를 못살게 구는 사람들을 용서해야 한다. 너희가 사람의 잘못을 용서하면 너희 하늘 아버지께서도 너희 잘못을 용서하시려니와 너희가 사람의 잘못을 용서하지 아니하면 너희 아버지께서도 너희 잘못을 용서하지 아니하시리라(마 6:14-15).

(2) 우리는 우리를 못살게 굴고 감정을 상하게 했던 사람들과 화해해야 한다. 그러므로 예물을 제단에 드리려다가 거기서 네 형제에게 원망들을 만한 일이 있는 것이 생각나거든 예물을 제단 앞에 두고 먼저 가서 형제와 화목하고 그 후에 와서 예물을 드리라(마 5:23-24). 사람들을 호의로 대하라고 하나님이 명령하셨다. 그러므로 사람들을 선하게 대하고, 특별히 그리스도인 형제들에게 호의를 베풀고 선대하는 것은 하나님께 나아가고 하늘나라에 갈 사람들이 마음에 담아두고 반드시 지켜야 할 의무이다.

Ⅱ. 이 계명들을 순종하고 지키는 사람들은 축복을 받게 된다. 순종하는 사

람들은 하나님과 교제를 나누고 교통하는 축복을 누리게 된다. 그의 계명을 지키는 자는 주 안에 거하고 주는 그의 안에 거하시나니(24절). 특별히 믿고 사랑을 행하는 사람은 주 안에 거하고 주는 그 사람 안에 거하게 된다. 우리는 하나님의 아들 그리스도를 통하여 하나님과 축복의 관계와 영적인 연합을 맺고 하나님 안에 거하게 된다. 우리는 그리스도와의 거룩한 사귐을 통하여 하나님 안에 거하게 된다. 하나님은 그의 말씀을 통하여 우리 안에 거하신다. 하나님은 그리스도에게 고정된 우리의 믿음을 통하여 우리 안에 거하신다. 하나님은 성령의 작용을 통하여 우리 안에 거하신다. 하나님의 내재가 우리 속에 일어나게 된다. 우리에게 주신 성령으로 말미암아 그가 우리 안에 거하시는 줄을 우리가 아느니라(24절). 하나님이 우리에게 주신 영혼의 기질과 성향을 통하여 우리는 우리 속에 하나님의 내재하심을 알게 된다. 하나님과 그리스도를 믿는 정신을 가지게 되고, 하나님과 사람을 사랑하는 정신을 가지게 되는 것은 하나님께 속해 있다는 사실을 드러내준다.

제
— 4 —
장

개요

　　본 장에서 사도는 영들을 시험하고 분별하라고 권면한다(1절). 사도는 영들을 분별하는 표지들을 가르쳐준다(2-3절). 사도는 누가 세상에 속한 사람들이고, 누가 하나님께 속한 사람들인지를 보여준다(4-6절). 사도는 사랑에 대한 다양한 고찰을 통하여 그리스도인들의 사랑을 고취한다(7-16절). 사도는 우리에게 하나님에 대한 사랑을 촉구하고, 그 결과를 보여준다(17-21절).

¹사랑하는 자들아 영을 다 믿지 말고 오직 영들이 하나님께 속하였나 분별하라 많은 거짓 선지자가 세상에 나왔음이라 ²이로써 너희가 하나님의 영을 알지니 곧 예수 그리스도께서 육체로 오신 것을 시인하는 영마다 하나님께 속한 것이요 ³예수를 시인하지 아니하는 영마다 하나님께 속한 것이 아니니 이것이 곧 적그리스도의 영이니라 오리라 한 말을 너희가 들었거니와 지금 벌써 세상에 있느니라

　　사도는 하나님이 우리 안에 거하시고 우리와 함께 계신다는 사실을 우리에게 주신 성령으로 말미암아 알 수 있음을 진술했다. 그런 뒤 사도는 그 성령이 세상에서 나타나는 다른 영들과 구별되고 분별될 수 있음을 우리에게 가르쳐준다. 여기서 다음의 사실들을 주목하라.

I. 사도는 제자들에게 권면한다.　　사도는 자신이 글을 보내는 제자들과 신자들에게 세상에 일어나 횡행하는 영들과 자칭 신령한 신앙 고백자들을 경계하고 분별하라고 타이른다.

　1. 사도는 그들을 경계하고 다 믿지 말라고 권면한다. "사랑하는 자들아 영을 다 믿지 말라. 하나님의 영을 받은 것처럼 꾸미는 사람을 다 존중하지 말고, 믿지 말고, 따르지 말라. 또한 하나님의 환상을 보았다거나, 하나님의 영감을 받았다거나, 하나님으로부터 계시를 받았다고 주장하는 사람을 다 믿지 말라." 진리는 모조품과 위조품의 기반이 된다. 진리는 하나님의 영과 실제적인 교통

을 통하여 이루어졌다. 그러므로 다른 거짓 선생들은 그런 척 거짓말하고 속인다. 하나님은 그것이 그릇 사용될 수 있을지라도 하나님 자신의 지혜와 선하심을 나타내시는 방법을 고수하실 것이다. 하나님은 세상에 영감을 받은 선생들을 보내셨다. 하나님은 우리들에게 초자연적인 계시를 전달해주셨다. 설령 다른 사람들이 그 계시를 악하게 사용하고 같은 진리를 받은 양 뻔뻔하게 거짓말을 할지라도 말이다. 하나님의 영이나 성령을 받았다고 거짓으로 주장하거나 영감을 받았다고 속이거나 뛰어난 계시를 받았다고 꾸미는 것을 다 믿어서는 안 된다. 하나님의 영에 대해 허풍을 떨고 떠들어대는 영적인 사람이 미쳤던 때가 있었다. 형벌의 날이 이르렀고 보응의 날이 온 것을 이스라엘이 알지라 선지자가 어리석었고 신에 감동하는 자가 미쳤나니 이는 네 죄악이 많고 네 원한이 큼이니라(호 9:7).

2. 영을 받았다고 말하는 사람들의 주장을 주의하고 조사하고 분별해야 한다. 오직 영들이 하나님께 속하였나 분별하라(1절). 하나님은 세상의 이 마지막 세대들에 그의 영을 계속해서 주셨다. 그렇지만 그것을 받았다고 주장하는 사람들에게 다 주신 것은 아니었다. 하나님은 신앙생활에 관련된 일들을 위해 믿고 의지할 수 있는 분별력을 제자들에게 베풀어주신다. 그것을 주시는 한 가지 이유는 거짓 영들을 가려내기 위한 것이다. 많은 거짓 선지자가 세상에 나왔음이라(1절). 유대인들은 이스라엘의 구세주가 세상에 오실 것이라는 기대와 소망을 오랫동안 가지고 있었다. 그러나 구세주의 낮아지심과 영적인 개혁과 고난들이 주님에 대한 유대인들의 편견과 오해를 낳았다. 그래서 구세주 예언에 따라서 다른 사람들을 이스라엘의 선지자들과 메시야들로 세우는 유혹을 받게 되었다. 그 때에 사람이 너희에게 말하되 보라 그리스도가 여기 있다 혹은 저기 있다 하여도 믿지 말라 거짓 그리스도들과 거짓 선지자들이 일어나 큰 표적과 기사를 보여 할 수만 있으면 택하신 자들도 미혹하리라(마 24:23-24). 그러므로 교회 안에 거짓 선생들이 스스로 나타나 거짓 주장들을 펴는 것은 하등 이상할 것이 못된다. 그러한 현상은 사도 시대에도 마찬가지였다. 사람들이 미혹의 영에 사로잡히는 것은 치명적이다. 결코 아님에도 불구하고 자신들이 선지자들이고 영감을 받은 전도자들이라고 허풍을 떠는 것은 참으로 서글픈 일이다.

II. 사도는 제자들이 이들 거짓 영들을 분별할 수 있는 판별법을 제시한다.
이들 거짓 영들은 종교에 있어서 선지자들이고, 박사들이고, 실력자들이라고 스스로 내세운다. 그러므로 그들은 그들의 가르침에 의해 시험되고 증명되어야 했다. 즉 요한 사도 당시의 세상에서 시험을(왜냐하면 여러 시대와 여러 교회들마다 그 시험들이 달랐기 때문이다) 받은 영들은 이런 영들이어야 했다. 이로써 너희가 하나님의 영을 알지니 곧 예수 그리스도께서 육체로 오신 것을 시인하는 영마다 하나님께 속한 것이요(2절). 예수 그리스도는 태초부터 하나님과 함께 계셨던 하나님의 아들과 영원하신 생명과 말씀으로 고백되어야 한다. 하나님의 아들이 인간 본성을 취하시고 이 땅에 오셨다. 하나님의 아들이 이 땅 예루살렘에서 고난을 받으시고 죽으셨다. 이 사실을 고백하고 전파하는 사람은 하나님의 영의 감동을 받아 그렇게 할 수 있다. 그 사람의 정신은 초자연적으로 가르침을 받고 깨우침을 받게 된다. 하나님은 그 깨우침과 조명의 조성자이시다. 그 반대의 경우도 존재한다. "예수를 시인하지 아니하는 영마다 하나님께 속한 것이 아니니 (3절). 하나님은 지금은 하늘에 계시지만 육체를 입고 세상에 오신 예수 그리스도에 대해 많이 증언하셨다. 이 증언과 배치되는 어떤 충동이나 거짓 영감은 하늘나라와 하나님과는 거리가 멀다는 사실을 당신은 확신할 수 있을 것이다." 계시 종교의 총체는 그리스도와 그의 인격과 직분에 관한 가르침을 통해 이해되어야 할 것이다.

그러나 우리는 그리스도와 그 가르침을 조직적으로 반대하는 가증스러운 것을 발견하게 된다. 예수를 시인하지 아니하는 영마다 하나님께 속한 것이 아니니 이것이 곧 적그리스도의 영이니라 오리라 한 말을 너희가 들었거니와 지금 벌써 세상에 있느니라(3절). 하나님은 적그리스도가 일어날 것을 미리 알고 계셨다. 하나님은 적그리스도의 영들이 그의 영과 진리를 반대하리라는 것을 미리 알고 계셨다. 그리고 하나님은 뛰어난 적그리스도가 하나 일어나 하나님의 그리스도에 대적하고, 세상에 세워진 그의 제도와 영광과 나라에 대항해 길고 끈질긴 전쟁을 벌일 것이라는 사실도 미리 알고 계셨다. 이 큰 적그리스도는 인간의 마음에 적그리스도를 따르는 마음을 집어넣어주는 그의 부하 적그리스도들과 거짓 영들을 통해 그 길이 평탄하게 준비되고, 그 일어남이 용이하게 될 것이다. 적그리스도의 영은 사도 시대조차도 그들이 행동하기에 알맞은 시기였다. 하나님의 심판은 두렵고 측량할 수가 없다. 사람들이 적그리스도의 영에 넘어가고, 하나님의 아들에게 대항하는 어둠과 망상에 사로잡혀 하나님의 아들에게 대적하고, 아버지가 아들에게 주신 모든 증언을 부정하는 적그리스도에 속한 자들에 대한 심판은 아주 무섭고 헤아릴 수가 없다. 그러나 우리는 그러한 반대가 일어날 것이라는 경고를 받았다. 그러므로 우리는 죄를 저지르는 것을 그쳐야 한다. 우리가 그리스도의 말씀을 많이 지키면 지킬수록 우리는 그 진리 안에서 더욱더 확신하게 될 것이다.

⁴자녀들아 **너희는** 하나님께 속하였고 또 그들을 이기었나니 이는 너희 안에 계신 이가 세상에 있는 자보다 크심이라 ⁵그들은 세상에 속한 고로 세상에 속한 말을 하매 세상이 그들의 말을 듣느니라 ⁶우리는 하나님께 속하였으니 하나님을 아는 자는 우리의 말을 듣고 하나님께 속하지 아니한 자는 우리의 말을 듣지 아니하나니 진리의 영과 미혹의 영을 이로써 아느니라

이 구절들에서 요한 사도는 적그리스도의 미혹하는 영의 두려움과 위험에 대항하는 제자들을 격려한다. 사도의 격려 방법들은 다음과 같다.

1. 사도는 제자들에게 그들 안에 아주 거룩한 하나님의 원리가 있음을 확신시켜 주고 있다. 자녀들아 너희는 하나님께 속하였고(4절). 우리는 하나님께 속하였으니(6절). 우리는 하나님에게서 났고, 하나님에게 가르침을 받았고, 하나님에게 기름 부음을 받았다. 그러므로 우리는 치명적인 전염병의 망상과 미혹으로부터 보호를 받게 된다. 하나님은 그의 선택받은 백성을 치명적인 미혹을 받지 않게 해주신다.

2. 사도는 승리의 소망을 심어준다. "또 그들을 이기었나니(4절). 너희는 지금까지 이들 사기꾼들에게 속아 넘어가지 않았고, 그들의 유혹들을 극복했다. 너희가 계속해서 그들을 이길 소망의 근거가 있다. 그 근거는 두 가지이다."

(1) "너희 속에는 강한 보호자가 계시다. 이는 너희 안에 계신 이가 세상에 있는 자보다 크심이라(4절). 하나님의 영이 너희 안에 거하신다. 그 영은 사람들이나 마귀들보다 훨씬 강하시다." 성령의 영향 아래 있다는 것은 아주 큰 축복이다.

(2) "너희는 이들 사기꾼들과 같은 기질을 지니고 있다. 하나님의 영은 너희 마음을 하나님과 하늘나라에 맞게 만드셨다. 그들은 세상에 속한 사람들이다. 그들을 지배하는 영이 그들을 이 세상으로 인도한다. 그들의 마음은 이 세상에 중독되어 있다. 그들은 허세, 쾌락, 세상의 이익을 연구하고 추구한다. 그러므로 그들은 세상에 속한 말을 한다. 그들은 세상의 메시야를 자칭한다. 그들은 세상

의 왕국과 지배를 꿈꾼다. 그들은 세상의 소유와 재물들에 몰두하고, 참된 구세주의 나라가 이 세상에 속한 것이 아니라는 사실을 잊어버린다. 예수께서 대답하시되 내 나라는 이 세상에 속한 것이 아니니라 만일 내 나라가 이 세상에 속한 것이었더라면 내 종들이 싸워 나로 유대인들에게 넘겨지지 않게 하였으리라 이제 내 나라는 여기에 속한 것이 아니니라(요 18:36). 그들은 이 세상의 목적을 추구하는 개종자들이 된다. 세상에 속한 말을 하매 세상이 그들의 말을 듣느니라(5절). 그들은 서로의 말을 듣고 서로 따르게 된다. 세상은 세상에 속한 사람들을 사랑할 것이고, 세상에 속한 사람들은 세상을 사랑할 것이다. 그러나 이 유혹하는 세상을 사랑으로 이긴 사람들은 해로운 유혹들을 극복할 수 있는 바른 길을 걸을 것이다."

3. 요한 사도는 제자들에게 그들의 무리가 더 적을지라도 그것이 더 낫다는 것을 진술한다. 하나님께 속한 사람들이 더 신성하고 거룩한 지식을 소유했다. "하나님을 아는 자는 우리의 말을 듣는다. 하나님의 순수하심과 거룩하심, 하나님의 사랑과 은혜, 하나님의 진실하심과 신실하심, 하나님의 표징들과 증거들을 아는 사람은 하나님이 우리와 함께 해주심을 알아야 한다. 이 진리를 아는 사람은 우리의 말을 듣고 우리와 함께 있을 것이다." 자연 종교를 아주 잘 아는 사람은 그리스도교를 더욱 신실하게 믿을 것이다. 하나님을 아는 자는 우리의 말을 듣는다(6절). 그 반대의 경우는 이렇다. "하나님께 속하지 아니한 자는 우리의 말을 듣지 아니한다. 하나님을 모르는 자는 우리를 존중하지 않고, 우리에게 관심도 없다. 하나님에게서 나지 아니한 자(자연 본성에 따라 행동하는 사람)는 우리와 함께 걷지 않는다. 하나님에게서 난 사람은 누구든지 그리스도에게서 난 사람이고 그리스도의 신실한 종들이다. 이 세상에 더 많이 중독된 사람일수록 그리스도교의 정신에서 더욱더 멀어지게 된다. 이와 같이 너희는 우리와 다른 사람들을 구별한다. 진리의 영과 미혹의 영을 이로써 아느니라(6절). 너희를 세상으로부터 하나님께로 인도하는 구세주의 인격에 관한 이 가르침은 미혹의 영에 반대되는 진리의 영의 특징이다. 어떤 가르침이든 순수하면 순수할수록, 거룩하면 거룩할수록 그것은 더욱더 하나님을 닮고 하나님께 속한 것이 된다."

[7]사랑하는 자들아 우리가 서로 사랑하자 사랑은 하나님께 속한 것이니 사랑하는 자마다 하나님으로부터 나서 하나님을 알고 [8]사랑하지 아니하는 자는 하나님을 알지 못하나니 이는 하나님은 사랑이심이라 [9]하나님의 사랑이 우리에게 이렇게 나타난

바 되었으니 하나님이 자기의 독생자를 세상에 보내심은 그로 말미암아 우리를 살리려 하심이라 [10]사랑은 여기 있으니 우리가 하나님을 사랑한 것이 아니요 하나님이 우리를 사랑하사 우리 죄를 속하기 위하여 화목 제물로 그 아들을 보내셨음이라 [11]사랑하는 자들아 하나님이 이같이 우리를 사랑하셨은즉 우리도 서로 사랑하는 것이 마땅하도다 [12]어느 때나 하나님을 본 사람이 없으되 만일 우리가 서로 사랑하면 하나님이 우리 안에 거하시고 그의 사랑이 우리 안에 온전히 이루어지느니라 [13] 그의 성령을 우리에게 주시므로 우리가 그 안에 거하고 그가 우리 안에 거하시는 줄을 아느니라

진리의 영을 가르침으로 알 수 있는 것처럼 그것을 사랑으로도 마찬가지로 알 수 있다. 그러므로 여기서 거룩한 그리스도인의 사랑에 대해 강하고 뜨거운 권면이 이어지고 있다. 사랑하는 자들아 우리가 서로 사랑하자(7절). 사도는 그들이 연합해서 서로 사랑할 수 있도록 그들을 그의 사랑으로 연합시킬 것이다. "사랑하는 자들아 부탁하노니 내가 너희에게 보이는 사랑으로 서로 거짓 없는 사랑을 하라." 이 권면을 다양한 논증을 들어 역설하고 주장한다. 여기서 다음의 사실들을 주목하라.

I. 높은 하늘에서 내려오는 사랑으로 사랑하자.   사랑은 하나님께 속한 것이다. 하나님은 사랑의 원천이시다. 하나님은 사랑의 창조자이시고, 부모이시고, 지휘관이시다. 사랑은 하나님의 법과 복음의 총체이다. 사랑하는 자마다 하나님으로부터 난다(7절). 하나님의 영은 사랑의 영이다. 하나님의 자녀들의 새 본성은 하나님의 사랑의 소산이고 열매이다. 성령의 열매는 사랑이다(갈 5:22). 사랑은 하늘로부터 내려온다.

II. 사랑은 하나님의 속성을 참되고 바르게 이해하게 해준다.   사랑하는 자마다 하나님으로부터 나서 하나님을 알고(7절). 사랑하지 아니하는 자는 하나님을 알지 못하나니(8절). 하나님의 엄위하신 속성 가운데 세상 어디에서나 하나님의 선으로 아주 영롱하게 빛나는 것은 사랑이다. 광대한 창조의 지혜, 위대함, 조화, 유용함은 하나님의 속성을 완전하게 드러내는 동시에 하나님의 사랑을 나타내고 증명한다. 가장 완전한 절대적인 존재의 속성과 장점을 추론하는 자연 이성은 하나님이 가장 선하시다는 사실을 추론하고 발견해야만 할 것이다. 사랑하지 아니하는 자는 하나님을 알지 못한다. 사랑이신 하나님을 아는 지식으로 사랑

의 활기를 얻지 못하는 사람은 하나님을 모르는 것이다. 사랑하지 아니하는 그러한 영혼에는 하나님을 아는 온전하고 정당한 지식이 없다는 것은 잘못을 자각하게 하고 설득력 있는 증거가 된다. 하나님의 사랑이 그의 아주 빛나는 속성들 가운데에서 빛나지 않을 수가 없다. 이는 하나님은 사랑이심이라(8절). 하나님의 본성과 본질은 사랑이다. 하나님의 뜻과 행위들은 주로 사랑이다. 이것은 우리가 하나님에 대해 가져야 되는 유일한 개념이나 이해가 아니다. 우리는 하나님이 사랑이신 동시에 하나님은 빛이시라(1:5)는 사실도 발견하게 된다. 하나님은 원칙적으로 사랑이시다. 하나님은 그의 절대적인 존재, 장점, 영광을 나타내는 절대적인 사랑으로 말미암은 완전한 속성들을 지니고 계시다. 사랑은 하나님의 위엄을 나타내는 자연적이고 본질적인 속성이다. 하나님은 사랑이시다. 하나님이 사랑을 나타내시는 것으로 그 증거가 드러난다. 여기서 다음의 사실들을 주목하라.

1. 하나님은 보잘것없는 우리를 계속 사랑하셨다. 하나님의 사랑이 우리에게 이렇게 나타난 바 되었으니(9절). 하나님은 죽을 수밖에 없는 존재들인 우리를, 은혜를 모르는 무례한 폭도들 같은 우리를 사랑해주셨다. 우리가 아직 죄인 되었을 때에 그리스도께서 우리를 위하여 죽으심으로 하나님께서 우리에 대한 자기의 사랑을 확증하셨느니라(롬 5:8). 하나님이 우리와 같은 더럽고, 무익하고, 야비하고, 먼지와 재들에 불과한 존재들을 사랑하셔야 했다는 사실은 참으로 이상하기 그지없다.

2. 하나님은 그런 우리를 그토록 사랑해주셨다. 하나님은 우리에게 비할 바 없는 사랑을 베풀어주셨다. 하나님은 우리를 위하여 하나님 자신의 사랑하는 하나밖에 없는 아들을 주셨다. 하나님이 자기의 독생자를 세상에 보내심은 그로 말미암아 우리를 살리려 하심이라(9절). 바로 이 분은 어떤 면에서 아주 독특하게 하나님의 아들이시다. 그는 독생자이시다. 그가 피조물이시거나 만들어진 존재로 태어나셨다고 가정한다면 그는 독생자가 아니시다. 그가 아버지 하나님의 영광이나 영광스러운 실재나 실체로부터 자연적으로 절대적 발현이 되었다고 가정한다면 그는 독생자가 분명하시다. 그러한 아들을 우리를 위하여 이 세상에 보내셨다고 하는 사실은 하나님의 사랑의 신비이고 기적이 될 것이다. 그러므로 아주 놀랍고, 믿을 수 없게도, 하나님이 세상을 이처럼 사랑하셨다 말할 수 있겠다.

3. 하나님이 먼저 우리를 사랑하셨다. 그래서 우리는 그 사랑의 상황에 놓이게 되었을 따름이다. 사랑은 여기 있으니 우리가 하나님을 사랑한 것이 아니요 하나님이 우리를 사랑하사(10절). 우리가 그를 전혀 사랑하지 않았을 때 하나님이 우리를 사랑하셨다. 우리가 죄와 불행과 정욕에 빠져 있었을 때 하나님이 우리를 사랑하셨다. 우리가 가치가 없었을 때 하나님이 우리를 사랑하셨다. 우리가 더럽고 오염되었을 때 하나님이 우리를 사랑하셨다. 우리가 우리의 죄들을 거룩한 피로 씻기기를 원했을 때 하나님이 우리를 사랑하셨다.

4. 하나님은 그러한 목적과 그러한 봉사를 위하여 우리에게 그의 아들을 주셨다. 여기서 다음의 사실들을 주목하라.

(1) 하나님은 그러한 봉사 즉 우리 죄를 속하기 위하여 그의 아들을 주셨다. 결과적으로 하나님은 그의 아들을 우리를 위하여 죽으시고, 하나님의 법과 저주 아래 죽으시게 하기 위하여 우리에게 주셨다. 하나님이 그의 아들을 우리에게 주신 것은 우리를 위하여 십자가에 달려 죽으시고, 우리의 죄를 속죄하기 위하여 그의 몸으로 짊어지게 하시고, 그의 영혼이 상처를 입으시고, 죽어 매장되시게 하기 위한 것이었다.

(2) 그러한 목적을 위하여 즉 우리에게 선하고 유익한 목적을 위하여 하나님은 그의 아들을 우리에게 주셨다. 그것은 그로 말미암아 우리를 살리려 하심이다(9절). 그것은 그로 말미암아 우리가 영원히 살게 하기 위한 것이다. 그것은 그로 말미암아 우리가 하늘나라에서 하나님과 함께 살게 하기 위한 것이다. 그것은 우리가 그로 말미암아 그와 함께 영원한 영광과 축복 속에서 살게 하기 위한 것이다. 이 사랑은 얼마나 대단한 것인가! 여기서 다음의 사실들을 주목하라.

III. 하나님의 사랑은 우리에게 형제 사랑을 요구한다. 사랑하는 자들아 하나님이 이같이 우리를 사랑하셨은즉 우리도 서로 사랑하는 것이 마땅하도다(11절). 이 권면은 거역하거나 논박할 수 없는 논증이다. 하나님의 사랑의 본보기를 우리는 따라야 한다. 우리는 그의 사랑하는 자녀들처럼 그를 따르고 본받는 자들이 되어야 한다. 하나님의 사랑의 대상들이 우리의 대상들이 되어야 한다. 하나님이 계속 사랑하신 사람들을 우리가 어떻게 사랑하지 않을 수 있단 말인가? 우리들은 하나님의 사랑의 숭배자들이 되어야 하고, 그의 사랑을 사랑하는 자들이 되어야 한다. 따라서 우리들은 하나님이 사랑하신 사람들을 사랑하는 사람들이 되어야 할 것이다. 세상에 대한 하나님의 일반적인 사랑은 인간 사이의 보편적인 사랑이 되어야 한다. 이같이 한 즉 하늘에 계신 너희 아버지의 아들이 되리니 이는 하나님이 그 해를 악인과 선인에게 비추시며 비를 의로운 자와 불의한 자에게 내려주심이라(마 5:45). 교회와 성도들에 대한 하나님의 특별한 사랑은 결과적으로 교회에서 성도들에 대한 특별한 사랑을 낳는 원인이 되어야 할 것이다. 사랑하는 자들아 하나님이 이같이 우리를 사랑하셨은즉 우리도 서로 사랑하는 것이 마땅하도다.

IV. 그리스도인의 사랑은 하나님의 내재하심의 확신이고 증언이다. 만일 우리가 서로 사랑하면 하나님이 우리 안에 거하시고(12절). 이제 하나님은 우리 안에 거하신다. 그 내재는 우리 눈이 볼 수 있는 어떤 가시적인 임재나 직접적인 나타나심을 통해서가 아니다. 어느 때나 하나님을 본 사람이 없다(12절). 그것은 하나님의 영을 통해서 이루어진다(13절). "어느 때나 하나님을 본 사람이 없다. 하나님은 이 세상에서 우리 눈이나 감각이 직접 보거나 느낄 수 있게 현현하지 아니하신다. 그러므로 하나님은 우리의 사랑을 이런 식으로 요구하거나 강요하지 아니하신다. 그러나 하나님은 자신이 그것을 요구하기에 합당하다고 생각하시는 방법으로 우리의 사랑을 요구하고 기대하신다. 그 방법은 하나님이 전세계 교회와 특별히 그 교회의 회원들인 형제들에게 그 자신과 그의 사랑을 보여주신 실례와 예증에 있다. 그들 속에 계시고, 그리고 그들을 위하고 그들과 함께 하시는 하나님의 임재가 하나님의 사랑이시다. 따라서 만일 우리가 서로 사랑하면 하나님이 우리 안에 거하신다. 형제들에게 거룩한 사랑을 베푸는 사람들은 하나님의 성전들이다. 하나님의 위엄은 사랑을 베푸는 사람들 속에 거처를 정하신다."

V. 하나님의 사랑은 우리 속에서 그 목적과 성취를 상당히 많이 이루게 된다. "그의 사랑이 우리 안에 온전히 이루어지느니라(12절). 하나님의 사랑은 우리 안에서 그 완성을 달성하게 된다. 하나님의 사랑이 우리에게 효과를 거두지 못하거나 우리 속에서 열매를 맺지 못할 일이란 있을 수가 없다. 그 사랑의 순수한 목적과 결과가 그 의도를 달성하게 될 때 하나님의 사랑이 온전히 이루어졌다고 할 수 있을 것이다. 그러므로 믿음은 그 행위를 통해서 온전히 이루어진다. 그리고 사랑은 그 작용을 통해서 온전히 이루어지게 된다. 하나님의 사랑이 우리에게 일어나 동일한 형상의 인간을 사랑하게 하고, 하나님을 사랑하게 하고,

하나님의 자녀들인 형제들을 사랑하게 했을 때 그 사랑이 온전하게 이루어지게 되고 완성이 되게 된다. 비록 우리의 이 사랑이 현재는 완전하지 못하고, 우리에 대한 하나님의 궁극적이고 완전한 사랑에 비할 바는 못될지라도 말이다." 그리스도인의 이러한 형제 사랑을 우리가 하게 될 때 그것은 얼마나 대단한 것이 되겠는가! 하나님은 우리에 대한 그 자신의 사랑이 그것을 통해 이루어진다고 생각하신다.

요한 사도는 우리 안에 거하시는 하나님의 높으신 은총을 언급한 뒤에 그 특징과 특성을 덧붙인다. 그의 성령을 우리에게 주시므로 우리가 그 안에 거하고 그가 우리 안에 거하시는 줄을 아느니라(13절). 확실히 이 상호적인 내재와 거주는 우리가 잘 알고 있는 것보다도 훨씬 고상하고 위대한 어떤 것이다. 하나님이 우리 안에 거하시고 우리가 하나님 안에 거한다고 말하는 것이 유한한 인간들에게 너무 수준 높은 말을 사용하는 것이 아니냐고 생각할 수도 있을 것이다. 하나님이 우리보다 먼저 우리 속에 거하지 아니하신다면 말이다. 이 내재가 의미하는 바는 3장 24절에서 간략하게 설명한 바 있다. 이것의 완전한 의미는 축복의 다음 세계의 계시로 미루는 게 좋을 것 같다. 그러나 우리가 아는 이 상호적인 내재를 사도는 하나님이 그의 성령을 우리에게 주시기 때문이라고 말한다. 하나님은 우리의 마음속에 그의 영의 형상과 열매를 심어놓으셨다. 그가 우리에게 주시는 성령은 하나님의 것이다. 왜냐하면 그것은 하나님을 위한 열정과 너그러움을 주는 능력의 영이기 때문이다. 그리고 그것은 하나님과 인간을 사랑하게 만드는 사랑의 영이다. 그것은 하나님과 신앙생활과 인간들 속의 하나님 나라의 일들을 잘 알게 해주는 이해의 영이고 온전한 마음의 영이다. 하나님이 우리에게 주신 것은 두려워하는 마음이 아니요 오직 능력과 사랑과 절제하는 마음이다(딤후 1:7).

[14]아버지가 아들을 세상의 구주로 보내신 것을 우리가 보았고 또 증언하노니 [15]누구든지 예수를 하나님의 아들이라 시인하면 하나님이 그의 안에 거하시고 그도 하나님 안에 거하느니라 [16]하나님이 우리를 사랑하시는 사랑을 우리가 알고 믿었노니 하나님은 사랑이시라 사랑 안에 거하는 자는 하나님 안에 거하고 하나님도 그의 안에 거하시느니라

그리스도를 믿는 믿음은 하나님에 대한 사랑을 일으킨다. 그리고 하나님에 대한 사랑은 형제들에 대한 사랑을 일으켜야 한다. 그러므로 사도는 그러한 사랑의 기반으로 그리스도인 신앙의 가장 중요한 조항을 여기서 확증한다. 여기서 다음의 사실들을 주목하라.

I. 사도는 그리스도교의 기본 조항을 선언한다. 그것은 하나님의 사랑으로 대표되는 조항이다. 아버지가 아들을 세상의 구주로 보내신 것을 우리가 보았고 또 증언하노니(14절). 우리는 여기서 다음의 사실들을 발견하게 된다.

1. 하나님과 주 예수 그리스도의 관계는 부자지간이시다. 주 예수 그리스도는 아버지 하나님께 아들이 되신다. 세상 어디에도 그분과 같은 아들은 없다. 그리고 그분은 아버지와 더불어 하나님이 되신다.

2. 우리에 대한 그분의 관계와 직무는 세상의 구주이시다. 그는 그의 죽으심으로 우리를 구원하신다. 그는 우리의 구원의 적들에 대항하여 모본, 중보, 영, 능력을 통해 우리를 구원하신다.

3. 그가 그렇게 되신 근거는 그에게 맡겨진 사명을 통해서이다. 아버지가 아들을 세상의 구주로 보내셨다. 하나님은 아들의 동의를 얻어 이 곳에 그의 오심을 명령하고 작정하셨다.

4. 사도는 이 사실을 확증한다. 사도와 그의 형제들은 그것을 보았다. 그들은 인간의 본성을 취하신 하나님의 아들을 보았다. 그들은 그의 거룩한 담화와 행위들, 산에서의 그의 변화, 십자가 위에서의 그의 죽으심, 사망으로부터 일어나는 그의 부활하심, 하늘나라로 올라가심을 보았다. 그들은 그렇게 그를 보았고 그가 은혜와 진리가 충만하신 하나님의 아들이심을 확신하게 되었다. 말씀이 육신이 되어 우리 가운데 거하시매 우리가 그의 영광을 보니 아버지의 독생자의 영광이요 은혜와 진리가 충만하더라(요 1:14).

5. 사도는 그러한 증거에 근거하여 이 사실을 증언한다. "우리가 보았고 또 증언하노니. 이 진리의 중요성이 우리로 하여금 그것을 증언하게 만든다. 세상의 구원은 그 진리에 근거하고 있다. 그 진리의 증거는 우리의 증언을 보증한다. 우리의 눈과 귀와 손이 그것을 보았다." 이것에 근거하여 사도는 다음과 같은 진술을 한다.

II. 사도는 이 진리를 정당하게 받아들이고 인정하는 것에 따르는 뛰어난 특권을 진술한다. 누구든지 예수를 하나님의 아들이라 시인하면 하나님이 그의 안에 거하시고 그도 하나님 안에 거하느니라(15절). 이 고백은 그 진리에 근거한 마음의 믿음, 하나님과 그리스도의 영광을 인정하는 입의 고백, 생활과 행위의 신앙 고백을 포함하는 것 같다. 이 신앙 고백은 세상의 입에 발린 거짓 아첨들과 진리를 인정하지 않는 불찬성에 반대되는 것이다. 그러므로 내가 너희에게 알리노니 하나님의 영으로 말하는 자는 누구든지 예수를 저주할 자라 하지 아니하고 또 성령으로 아니하고는 누구든지 예수를 주시라 할 수 없느니라(고전 12:3). 누구든지 예수를 주라 고백할 수 있는 것은 성령의 외적인 증언과 내적인 감동으로 말미암은 것이다. 그러므로 이와 같이 그리스도를 고백하고, 그리스도 안에서 하나님을 받아들이는 사람은 하나님의 영에 의해 풍성하게 되고 하나님의 영을 소유하게 된다. 그리고 그러한 사람은 하나님에 대한 만족할 만한 지식을 가지게 되고 하나님과 거룩한 교제를 나누게 된다.

III. 사도는 거룩한 사랑을 촉구하기 위하여 이 진리를 적용한다. 이와 같이 하나님의 사랑이 그리스도 예수 안에서 나타나고 영향을 미친다. 하나님이 우리를 사랑하시는 사랑을 우리가 알고 믿었노니(16절). 우리에게 아주 소중한 그리스도교의 계시는 하나님의 사랑을 나타내는 계시이다. 우리의 계시된 신조들은 아주 많은 조항들이 있지만 하나님의 사랑과 관계된 것들이다. 주 예수 그리스도의 역사는 우리에 대한 하나님의 사랑의 역사이다. 하나님의 아들 안에서 하나님의 아들과 함께 맺은 하나님의 모든 언약들은 우리에 대한 하나님의 사랑의 증언들이고, 하나님의 사랑을 우리가 받을 수 있게 해주는 방법들을 알려주는 증언들이다. 곧 하나님께서 그리스도 안에 계시사 세상을 자기와 화목하게 하시며 그들의 죄를 그들에게 돌리지 아니하시고 화목하게 하는 말씀을 우리에게 부탁하셨느니라(고후 5:19). 여기서 우리는 다음과 같은 사실들을 깨우칠 수 있다.

1. 하나님은 사랑이시라(16절). 하나님은 본질적으로 무한한 사랑이시다. 하나님은 이 세상의 우리들을 위하여 말로 다 할 수 없는 사랑을 베풀어주신다. 하나님은 그 사랑을 그의 사랑하는 아들의 사명과 중보 안에서 나타내셨다. 하나님의 사랑이 우리를 위하여 하나님의 영원히 사랑하는 아들을 주실 정도로 이상해서 헤아릴 수 없다는 사실이 그리스도교의 계시에 대한 주요한 반대와 편견이 된다. 하나님이 그토록 위대하신 분을 우리를 위하여 주셨다는 사실이 아들의 영원성과 신성에 대해 많은 사람들이 가지는 편견이다. 그것은 도저히 이해할 수 없고 헤아릴 길 없는 신비이다. 그것은 그리스도 안에 있는 측량할 수 없

는 풍성함이다. 모든 성도 중에 지극히 작은 자보다 더 작은 나에게 이 은혜를 주신 것은 측량할 수 없는 그리스도의 풍성함을 이방인에게 전하게 하시고(엡 3:8). 하나님의 드넓으신 사랑이 그 사랑의 계시와 신앙에 대한 편견이 된다는 사실은 참으로 슬픈 일이다. 그러나 하나님이 그의 사랑을 완전하게 나타내시기로 계획하셨다면 무엇이 하나님의 뜻을 막을 수 있겠는가? 하나님이 그의 능력과 지혜를 어느 정도 보여주셨을 때 그는 이와 같은 세상을 만드셨다. 하나님이 그의 위엄과 영광을 더 많이 보여주셨을 때 하나님 보좌 앞에서 섬기는 영들을 위하여 하늘을 만드셨다. 그러므로 하나님이 그의 사랑을 나타내시기로 작정하시면 하시지 못할 일이 무엇이 있겠는가? 그 자신이 사랑이시기도 한 하나님이 원하시면 어떠한 사랑이든지 나타내지 못하실 것이 없다. 사랑은 그의 무한하신 본성의 가장 밝고, 사랑스럽고, 초월적이고, 영향력 있는 장점들 가운데 하나다. 이 사랑은 우리에게 나타났을 뿐만 아니라 천사들의 세계에도 나타났다. 이 사랑은 권세 잡은 자들에게도 나타났다. 이 사랑은 잠깐 우리를 놀라게 하기 위한 것이 아니다. 이것은 영원토록 우리의 경배와 찬양과 충성을 위한 것이다. 그러므로 무엇이 하나님의 뜻을 막겠는가? 분명히 우리를 위하여 영원하신 아들을 주신 하나님의 사랑의 목적과 위엄과 충만함에 더욱 순응하고 따라야 하지 않겠는가?

하나님은 아들을 우리의 위로의 대상으로 삼지 않으셨다. 자연적이고, 본질적이고, 영원하신 아들을 우리를 위하여 우리에게 주신 그러한 섭리를 통해 하나님은 우리에게 그의 사랑을 진실로 권하신다. 하나님이 그의 사랑을 베풀고 맡기기로 계획하실 때 무엇이 사랑의 하나님을 막겠는가? 그리고 하나님이 하늘과 땅에 지옥을 염두에 두시고 그의 사랑을 권하시면 무엇이 하나님을 막겠는가? 하나님이 우리의 최고의 확신과 애정을 위하여 사랑 그 자체이신 하나님 자신을 우리에게 권하시고 주시면 무엇이 그것을 막겠는가? 신성한 사랑이, 특별히 그리스도 안에서 하나님의 사랑이 결국 마지막 날에 나타난다면 그것은 하늘의 영광들의 기초가 되지 않겠는가? 하늘은 지금 섬기는 영들이 그 영광에 어울리게 행동하며 누리는 곳이다. 또한 그것은 이 세상의 구원과 지옥의 고통들의 기초가 되지 않겠는가? 이 종말은 아주 기묘한 것이 될 것이다. 그러나 하나님은 그 날에 그 자신의 법과 통치와 사랑과 영광을 옹호하시기 위하여 구원받는 자들에게 사랑으로 나타나실 것이다. 그와 동시에 그 날에 하나님은 멸망당하는 자들에게는 징벌과 저주로 나타나실 것이다. 그러면 큰 일이 아니겠는가? 그 이유는 다음과 같다.

(1) 그 이유는 멸망당하는 자들이 이미 나타나고 드러난 하나님의 사랑을 멸시하고 거부했기 때문이다.

(2) 그 이유는 멸망당하는 자들이 사랑을 받기로 오래 전에 계획되고 약속된 것을 믿기를 거부했기 때문이다.

(3) 그 이유는 멸망당하는 자들이 하나님의 만족과 기쁨의 대상들이 되기 위하여 합당한 행동을 하지 않았기 때문이다. 저주받은 사람들의 양심이 이러한 일들을 행하는 그들을 비난하고, 특별히 하나님의 지고한 사랑을 거부하는 것을 비난했다면 그들은 달라졌을지도 모른다. 그리고 지성을 가진 대부분의 피조물이 하나님의 사랑의 지고한 실례를 통하여 영원히 축복을 받는다면 하나님의 모든 피조물의 마음과 정신에 하나님은 사랑이시다 라는 진리가 깊이 새겨질 것이다.

2. 사랑 안에 거하는 자는 하나님 안에 거하고 하나님도 그의 안에 거하시느니라(16절). 사랑의 하나님과 사랑을 받는 영혼 사이에는 아주 큰 교통과 교제가 있다. 다시 말해서 하나님의 사랑 안에 거하는 사람은 하나님의 피조물을 사랑하는 사람이고, 하나님의 인정을 받는 사람이고, 하나님 안에서 유익을 얻는 사람이다. 거룩한 사랑 안에 거하는 사람은 하나님의 사랑이 그의 마음에 널리 퍼져 있고, 그의 영혼에 하나님의 인상이 새겨져 있고, 그를 성화시키고 인증하는 하나님의 영을 가지고 있는 사람이다. 그리고 그는 하나님의 사랑을 생각하고 그리워하고 맛보는 삶을 살고, 얼마 안 있어 하나님과 더불어 영원히 살기 위하여 하늘나라로 갈 사람이다.

[17]이로써 사랑이 우리에게 온전히 이루어진 것은 우리로 심판 날에 담대함을 가지게 하려 함이니 주께서 그러하심과 같이 우리도 이 세상에서 그러하니라 [18]사랑 안에 두려움이 없고 온전한 사랑이 두려움을 내쫓나니 두려움에는 형벌이 있음이라 두려워하는 자는 사랑 안에서 온전히 이루지 못하였느니라 [19]우리가 사랑함은 그가 먼저 우리를 사랑하셨음이라 [20]누구든지 하나님을 사랑하노라 하고 그 형제를 미워하면 이는 거짓말하는 자니 보는 바 그 형제를 사랑하지 아니하는 자는 보지 못하는 바 하나님을 사랑할 수 없느니라 [21]우리가 이 계명을 주께 받았나니 하나님을 사

랑하는 자는 또한 그 형제를 사랑할지니라

　사도는 그 사랑이 하나님 안에 거하는 것이고, 그 사랑의 위대한 모본과 동기에서 우러난 거룩한 사랑을 자극하고 권한 뒤 이어서 더 발전된 생각을 권면한다. 사도는 그 사랑의 가지를 하나님에 대한 사랑과 형제 사랑이나 그리스도인 이웃에 대한 사랑으로 넓혀 권면한다. 여기서 다음의 사실들을 주목하라.

　I. 하나님에 대한 사랑.　하나님은 모든 아름다움, 모든 미덕, 모든 사랑스러움을 그 자신 속에 가지고 계시다. 하나님은 그 모든 장점의 합류점이고 집합점이시다. 하나님은 선하고 온화한 속성은 무엇이든지 다 지니고 계시다. 하나님에 대한 사랑은 여기서 다음과 같은 근거들로 권면이 되고 있는 것 같다.

　1. 하나님을 사랑하는 것은 가장 필요할 때에 우리에게 정신의 평안과 만족을 줄 것이다. 그 때 그것은 우리에게 가장 큰 기쁨과 축복이 될 것이다. 이로써 사랑이 우리에게 온전히 이루어진 것은 우리로 심판 날에 담대함을 가지게 하려 함이니(17절). 반드시 전 세계의 심판 날이 닥칠 것이다. 그 날에 심판장 앞에서 거룩한 믿음의 담대함을 가지고 설 사람들은 얼마나 행복하겠는가! 그 날에 하나님이 자신의 친구와 옹호자가 되심을 알고 하나님 앞에서 고개를 들고 하나님의 얼굴을 똑바로 쳐다볼 수 있는 사람은 얼마나 축복받은 사람들이겠는가! 그 마지막 심판 날을 예상하는 가운데 거룩한 담대함과 확신을 가지고, 그 날을 소망하며 기다리고, 심판장의 인정을 확신하는 사람들은 얼마나 행복하겠는가! 그러므로 하나님을 사랑하고 사랑할 수 있는 사람들이 되도록 하자. 하나님에 대한 그들의 사랑은 그들에 대한 하나님의 사랑을 그들에게 확신시켜 줄 것이다. 그리고 그 사랑은 그들에게 하나님 아들의 우정도 확증시켜 줄 것이다. 우리가 우리의 친구를 사랑하면 할수록, 특별히 하나님이 그 사실을 아심을 확신할 때, 우리는 더욱더 하나님의 사랑을 신뢰할 수 있을 것이다. 하나님이 그의 약속에 선하시고 온유하시고 신실하신 것처럼 우리 역시 하나님의 사랑을 쉽게 확신할 수 있고, 그의 사랑의 즐거운 열매들도 확실하게 기대할 수 있다. 우리가 주님 모든 것을 아시오매 내가 주님을 사랑하는 줄을 주님께서 아시나이다(요 21:17) 말할 수 있을 때 하나님의 사랑을 확신할 수 있을 것이다. 소망이 우리를 부끄럽게 하지 아니할 것이라고(롬 5:5) 말할 수 있을 때 우리는 하나님의 사랑과 그 열매들을 확신할 수 있을 것이다. 하나님의 사랑을 확신함으로 가지게 되는

우리의 소망은 우리를 결코 실망시키지 않을 것이다. 왜냐하면 우리에게 주신 성령으로 말미암아 하나님의 사랑이 우리 마음에 부은 바 되었기 때문이다(롬 5:5). 아마도 여기서 하나님의 사랑으로 의미하는 것은 성령으로 말미암아 우리 마음에 부어진 하나님에 대한 우리의 사랑일 수도 있다. 이 사랑은 우리의 소망의 근거가 된다. 또한 이 사랑은 우리의 소망이 결국 선한 열매를 거두게 될 것이라는 우리의 확신의 근거가 될 것이다. 만일 하나님의 사랑으로 여기서 뜻하는 바가 우리에 대한 하나님의 사랑의 의미와 이해라고 한다면 이것은 우리가 하나님을 사랑하는 사람들이라는 전제가 반드시 되어야 할 것이다. 참으로 우리에 대한 하나님의 사랑의 의미와 증거는 우리의 마음에 부어진 하나님에 대한 사랑이다. 그 결과 우리는 하나님에 대한 확신을 가지게 되고 하나님 안에서 평안과 기쁨을 누리게 된다. 하나님은 주님의 나타나심을 사랑하는 모든 사람들에게 의의 면류관이 되실 것이다. 그리고 우리는 그리스도와 같이 될 것이기 때문에 그리스도에 대한 담대함을 가지게 될 것이다. 주께서 그러하심과 같이 우리도 이 세상에서 그러하니라(17절). 사랑은 우리가 그리스도를 닮게 만든다. 그리스도가 하나님과 인간을 가장 크게 사랑하는 분이신 것처럼 그리스도는 우리도 그렇게 되도록 우리를 가르치셨다. 그리스도는 그 자신의 형상을 닮은 것을 결코 부인하지 않으실 것이라는 것을 우리에게 가르치셨다. 사랑은 고난에 있어서도 닮을 것을 우리에게 가르쳐준다. 우리는 그리스도를 위하여 그와 함께 고난을 받게 된다. 그러므로 우리 역시 그리스도와 더불어 영광을 받게 되리라는 사실을 소망하고 믿을 수밖에 없다. 참으면 또한 함께 왕 노릇 할 것이요 우리가 주를 부인하면 주도 우리를 부인하실 것이라(딤후 2:12).

2. 하나님에 대한 사랑은 비굴한 두려움이 낳는 불편한 결과와 열매를 막아주거나 제거해줄 것이다. 사랑 안에 두려움이 없다(18절). 사랑이 강하면 두려움은 끝난다. 우리는 여기서 두려움과 무서워하게 되는 것을 구별해야 한다. 이 경우에 하나님에 대한 두려움 즉 하나님을 경외하는 것과 하나님을 무서워하는 것을 구별해야 한다. 하나님에 대한 두려움과 경외는 종종 신앙생활의 핵심으로 언급되거나 명령되고 있다. 뭇 사람을 공경하며 형제를 사랑하며 하나님을 두려워하며 왕을 존대하라(벧전 2:17). 그가 큰 음성으로 이르되 하나님을 두려워하며 그에게 영광을 돌리라 이는 그의 심판의 시간이 이르렀음이니 하늘과 땅과 바다와 물들의 근원을 만드신 이를 경배하라 하더라(계 14:7). 그러므로 이것의 의미는 하나

님과 그의 권위와 통치에 대해 높은 존중과 경배를 가져야 되는 것을 뜻한다. 그러한 두려움은 사랑과 일치한다. 더욱이 그러한 두려움은 천사들의 경우와 마찬가지로 완전한 사랑과 일치한다. 그러나 하나님을 무서워하게 되는 경우도 있다. 그것은 죄의식에서 발생한다. 그것은 하나님의 징벌의 심판에 대한 관점에서 일어난다. 하나님의 징벌의 심판의 관점에서 볼 때 하나님은 소멸하는 불로 나타나신다. 그러므로 여기서의 두려움은 공포로 번역될 수도 있을 것이다. 사랑에는 공포가 없다. 사랑은 그 대상을 선하고, 훌륭하고, 온유하고, 사랑받을 가치가 있는 것으로 생각한다. 그러므로 사랑은 하나님을 가장 선하시고, 그리스도 안에서 우리를 가장 많이 사랑해주시고, 두려움을 없애주시고, 그리스도 안에서 즐거워하게 해주시는 분으로 생각하고 믿게 해준다. 사랑이 자라는 것처럼 기쁨도 자란다. 온전한 사랑이 두려움을 내쫓나니 두려움에는 형벌이 있음이라. 하나님을 온전하게 사랑하는 사람들은 하나님의 속성과 권면과 언약을 통해서 하나님의 사랑을 온전히 확신하게 된다. 따라서 그러한 사람들은 하나님의 징벌의 능력과 정의에 대한 어둡고 무서운 의심들로부터 온전히 자유롭게 될 것이다. 그러한 사람들은 하나님이 그들을 사랑하시고, 그들이 그의 사랑 안에서 승리하게 될 것이라는 사실을 아주 잘 안다. 사도는 온전한 사랑이 두려움을 내쫓는다고 진술함으로 아주 분별 있게 논증한다. 불안한 괴로움을 몰아내는 온전한 사랑은 두려움이나 공포를 멀리 몰아낸다. 두려움에는 형벌이 있음이라(18절). 두려움은 불안한 괴로운 감정이라고 한다. 특별히 그러한 두려움은 징벌하시는 전능한 하나님을 무서워한다. 그러나 온전한 사랑은 괴로움을 몰아낸다. 왜냐하면 온전한 사랑은 사랑받는 자의 온전한 동의와 만족을 마음속에 자리잡게 해주기 때문이다. 그러므로 온전한 사랑이 두려움을 내쫓는다. 그것은 여기서 두려워하는 자는 사랑 안에서 온전히 이루지 못하였느니라 (18절)는 말씀과 같은 뜻을 지닌 말씀이다. 두려움이 있다는 것은 우리의 사랑이 온전하지 못하다는 표시가 된다. 왜냐하면 하나님에 대한 우리의 의심들, 두려움들, 음울한 염려들이 너무 많기 때문이다. 온전한 사랑의 세계를 대망하고 그 세계로 서둘러 나아가자. 그 세계에서 우리는 하나님 안에 거하며 우리의 온전한 사랑과 같은 온전한 평안과 기쁨을 누리게 될 것이다.

3. 그러한 온전한 사랑이 일어나는 원천은 우리를 먼저 사랑하신 하나님의 선행적인 사랑이다. 우리가 사랑함은 그가 먼저 우리를 사랑하셨음이라(19절). 하

나님의 사랑은 우리의 자극제가 되고 동기가 되고 도덕적 원인이 된다. 그러므로 우리는 아주 선하신 하나님을 사랑하지 않을 도리가 없다. 하나님은 먼저 사랑을 시작하고 베풀어주셨다. 하나님은 우리가 사랑받을 가치가 전혀 없었을 때 우리를 사랑해주셨다. 하나님은 우리의 사랑을 권유하기 위하여 그의 아들의 피로 값을 지불할 정도로 그렇게 크게 우리를 사랑해주셨다. 하나님의 아들은 우리를 하나님과 화해시키기 위하여 이 땅에 오시고 죽으실 정도로 낮아지셨다. 하늘과 땅도 그러한 사랑에 놀란다. 하나님의 사랑은 우리의 사랑이 생기는 원천과 원인이다. 그가 그 피조물 중에 우리로 한 첫 열매가 되게 하시려고 자기의 뜻을 따라 진리의 말씀으로 우리를 낳으셨느니라(약 1:18). 우리가 알거니와 하나님을 사랑하는 자 곧 그의 뜻대로 부르심을 입은 자들에게는 모든 것이 합력하여 선을 이루느니라(롬 8:28). 하나님을 사랑하는 사람들은 하나님의 뜻에 따라 부르심을 받았다는 사실이 이 말씀의 다음 절에서 충분하게 드러나고 있다. 하나님이 미리 아신 자들을 또한 그 아들의 형상을 본받게 하기 위하여 미리 정하셨으니 이는 그로 많은 형제 중에서 맏아들이 되게 하려 하심이니라(롬 8:29). 다시 말해서 하나님의 아들의 형상을 닮도록 하나님의 미리 정하신 뜻에 따라서 부르심을 입은 자들은 실제로 회복이 된다. 그 하나님의 사랑이 우리의 영혼에 사랑을 새겨 넣었다. 주님이시여, 우리의 마음을 하나님의 사랑 안으로 계속해서 더 깊이 들어가도록 인도해주소서! 주께서 너희 마음을 인도하여 하나님의 사랑과 그리스도의 인내에 들어가게 하시기를 원하노라(살후 3:5).

Ⅱ. 그리스도 안에서 우리의 형제와 이웃에 대한 사랑. 그리스도 안에서 형제를 사랑해야 되는 이유들은 다음과 같다.

1. 형제 사랑은 우리 그리스도인의 신앙 고백에 적합하고 일치한다. 그리스도교의 신앙 고백에서 우리는 신앙의 뿌리로 하나님을 사랑한다고 고백한다. "누구든지 하나님을 사랑하노라 하고 그 형제를 미워하면 이는 거짓말하는 자다(20절). 내가 하나님을 사랑한다고 말한다면 그것은 하나님의 이름과 집과 예배를 사랑하는 것이다. 그러나 하나님을 위하여 사랑해야 할 형제를 미워한다면 그는 거짓말쟁이다. 그 사람은 그렇게 함으로써 자신의 신앙 고백을 거짓말로 만든다." 그러한 사람은 하나님을 사랑하지 않는다는 사실을 사도는 안 보이는 것보다는 보이고 나타나는 사랑의 일상적인 기능을 통해 입증한다. 보는 바 그 형제를 사랑하지 아니하는 자는 보지 못하는 바 하나님을 사랑할 수 없느니라(20절).

눈은 마음에 영향을 미치는 성향을 지니고 있다. 보이지 않는 것들은 정신을 잘 사로잡지 못한다. 마음은 보이는 것에 영향을 받는다. 하나님을 잘 이해하지 못하는 아주 많은 원인이 하나님을 볼 수 없다는데 있다. 그리스도의 지체는 그 안에 하나님을 볼 수 있는 형상을 많이 가지고 있다. 그러므로 하나님의 보이는 형상을 미워하는 사람이 보이지 아니하시는 원래의 하나님, 볼 수 없는 하나님 자신을 어떻게 사랑하는 척 할 수 있겠는가?

2. 형제 사랑은 하나님의 명시된 법에 적합하고 그 법의 정당한 이유가 된다. 우리가 이 계명을 주게 받았나니 하나님을 사랑하는 자는 또한 그 형제를 사랑할지니라(21절). 하나님이 그의 본성과 은혜 안에서 그의 형상을 계속 전달해주셨듯이 그는 우리의 사랑도 적절하게 나누어지도록 해주실 것이다. 우리는 하나님을 무엇보다도 근본적으로 제일 사랑해야 한다. 우리는 그 다음에 하나님 안에서 다른 사람들을 사랑해야 한다. 다른 사람들을 사랑하는 것은 그들이 하나님에게서 나왔고, 하나님이 그들을 받아들이셨고, 그들에게 관심을 가지시기 때문이다. 이제 우리 그리스도인 형제들은 하나님으로부터 새 본성과 뛰어난 특권들을 소유하게 되었다. 하나님은 우리에게서 뿐만 아니라 그들에게서도 영광을 받으시게 된다. 따라서 하나님을 사랑하는 자는 또한 그 형제를 사랑하는 것은 우리의 자연스럽고 적절한 의무가 아닐 수 없다.

$$— \ 5 \ —$$

제 장

개요

사도는 본 장에서 다음과 같은 주장을 한다. I. 사도는 신자들의 품위를 권면한다(1절). II. 사도는 신자들의 사랑의 의무와 사랑의 시험을 진술한다(1-3절). III. 사도는 신자들의 승리를 확증한다(4-5절). IV. 사도는 신자들의 믿음의 신뢰성과 확증을 주장한다(6-10절). V. 사도는 신자들의 믿음의 유익은 영원하다고 격려한다(11-13절). VI. 사도는 신자들이 하는 기도들의 응답을 받는다는 확신을 심어준다. 즉 죽음에 이르는 죄를 범하지 않는 사람들에게는 하나님이 그 기도를 들어주신다고 사도는 격려한다(14-17절). VII. 사도는 죄와 마귀로부터 신자들은 보호를 받는다는 위로를 전한다(18절). VIII. 사도는 신자들은 세상 사람들과 구별된다는 사실을 강하게 깨우쳐준다(19절). IX. 사도는 하나님에 대한 신자들의 참된 지식을 강조한다(20절). 그 지식에 근거해 사는 신자들은 우상숭배를 하지 않는다는 사실을 사도는 권면한다(21절).

[1]예수께서 그리스도이심을 믿는 자마다 하나님께로부터 난 자니 또한 낳으신 이를 사랑하는 자마다 그에게서 난 자를 사랑하느니라 [2]우리가 하나님을 사랑하고 그의 계명들을 지킬 때에 이로써 우리가 하나님의 자녀를 사랑하는 줄을 아느니라 [3]하나님을 사랑하는 것은 이것이니 우리가 그의 계명들을 지키는 것이라 그의 계명들은 무거운 것이 아니로다 [4]무릇 하나님께로부터 난 자마다 세상을 이기느니라 세상을 이기는 승리는 이것이니 우리의 믿음이니라 [5]예수께서 하나님의 아들이심을 믿는 자가 아니면 세상을 이기는 자가 누구냐

사도는 앞 장의 결론에서 그리스도인의 신앙 고백에 적합하고, 하나님의 계명에 적합한 두 이유에서 그리스도인의 사랑을 강조한 뒤에 지금 5장에서는 그 사랑의 세 번째 이유를 덧붙여 진술한다. 여기서 다음의 사실들을 주목하라.

I 그러한 사랑은 신자들이 하나님과 맺은 특별한 관계에 비추어 생각할 때

정말 적합하고 필요한 것이다. 우리의 그리스도인 형제들이나 동료 신자들은 하나님과 관계를 맺고 있다. 그들은 하나님의 자녀들이다. 예수께서 그리스도이심을 믿는 자마다 하나님께로부터 난 자니(1절). 여기서 그리스도인 형제가 다음과 같이 서술되고 있다.

1. 그리스도인 형제는 그의 믿음으로 나타난다. 예수께서 그리스도이심을 믿는 사람, 즉 예수 그리스도가 메시야이심을 믿는 사람은 하나님의 자녀가 된다. 하나님의 자녀는 예수 그리스도는 그 본성과 직분에 있어서 하나님의 아들이시고, 모든 기름 부음 받은 자들의 주이시고, 모든 제사장들과 선지자들과 왕들의 주이심을 믿는다. 제사장과 선지자와 왕은 모두 예전에 하나님을 위하여 하나님을 통해 기름 부음을 받고 세움을 받은 사람들이었다. 하나님의 자녀는 예수가 영원한 구원 사역을 위하여 준비되었던 분으로 믿는다. 따라서 그들은 그리스도의 보살핌과 지시에 자신을 맡기고 따른다. 예수는 다음과 같은 분으로 서술된다.

2. 예수는 그의 낮아지심과 세상에 오심으로 영광을 받으신다. 그는 하나님께로부터 난 자니(1절). 이 믿음의 원리와 믿음으로 말미암는 새 본성은 하나님의 영에 의해 생겨난다. 그러므로 하나님의 자녀 신분과 양자 결연은 이제 육체를 따른 아브라함의 씨에 해당되는 것은 아니다. 즉 하나님의 자녀가 되는 것은 하나님의 옛날 이스라엘의 전유물이 아니다. 모든 신자들은 본래 이방인들의 죄인들일지라도 영적으로 하나님에게서 난 자들이다. 따라서 그들은 하나님의 사랑을 받게 된다. 거기에 또 다른 사랑이 추가된다. 또한 낳으신 이를 사랑하는 자마다 그에게서 난 자를 사랑하느니라(1절). 아버지 하나님을 사랑하는 사람은 그 자녀들을 사랑하는 것이 당연한 일이다. 그리고 하나님 아버지를 닮은 것에 비례하여 그들을 사랑하는 것도 당연한 일인 것 같다. 그러므로 우리는 무엇보다도 먼저 아버지의 아들 예수를 사랑해야 한다. 그는 하나님 아버지의 독생자이시고 하나님의 사랑하시는 아들이시다. 그러므로 은혜의 영에 의해 하나님의 자녀가 되고 새롭게 된 사람들은 하나님의 아들을 사랑하고 그 자녀들도 사랑해야 한다. 은혜와 긍휼과 평강이 하나님 아버지와 아버지의 아들 예수 그리스도께로부터 진리와 사랑 가운데서 우리와 함께 있으리라(요이 3).

II 사도는 여기서 사랑과 계명의 관계에 대해 진술한다. 여기서 다음의 사실들을 주목하라.

1. 사도는 진리를 분별하고, 거듭난 사람들에 대한 우리의 사랑이 지닌 참된 복음적 본성을 분별하는 방법을 진술한다. 우리의 사랑의 기반은 하나님을 사랑하는 것이어야 한다. 우리가 하나님을 사랑하고 그의 계명들을 지킬 때에 이로써 우리가 하나님의 자녀를 사랑하는 줄을 아느니라(2절). 하나님의 자녀에 대한 우리의 사랑은 그들을 세속적인 이유에서가 아니라 하나님의 자녀들이기 때문에 사랑할 때 온전하고 순수한 사랑이 될 것이다. 다시 말해서 우리가 그들이 부자이거나, 학식이 있거나, 우리에게 친절하게 대하거나, 같은 교파의 교인들이라는 이유에서가 아니라 그들에게 하나님의 중생의 은혜가 나타나고, 그들에게 하나님의 형상이 드러나고, 하나님의 사랑이 그들에게 나타나기 때문에 사랑해야 할 것이다. 이와 같이 우리는 형제를 사랑하는 것이 본 서신에서 아주 크게 강조되고 있음을 발견하게 된다. 우리는 그들이 하나님의 자녀들이고, 주 예수 그리스도의 양자 결연으로 맺어진 형제들이기에 그들을 사랑해야 한다.

2. 사도는 하나님에 대한 우리의 사랑의 진실을 알 수 있는 방법을 진술한다. 하나님을 사랑하는 것은 우리의 거룩한 의무이다. 우리가 하나님을 사랑하고 그의 계명들을 지킬 때에(2절). 그러므로 우리가 하나님의 계명들을 지킬 때 우리는 복음적인 근거에서 참으로 하나님을 사랑하게 된다. 하나님을 사랑하는 것은 이것이니 우리가 그의 계명들을 지키는 것이라(3절). 하나님의 계명들을 지키는 것은 그 계명들을 따르고 즐거워하는 마음과 정신을 필요로 한다. 그의 계명들은 무거운 것이 아니로다(3절). 또한 하나님을 사랑하는 것은 이것이다. 우리가 하나님을 사랑함으로 하나님의 계명들에 순종하고 지키게 된다. 그와 마찬가지로 그의 계명들을 지키는 것은 그 사랑을 통해 어렵지 않게 되고 즐겁게 된다. 하나님을 사랑하는 사람은 이렇게 말한다. "주께서 내 마음을 넓히시면 내가 주의 계명들의 길로 달려 가리이다(시 119:32). 하나님이 사랑이나 성령으로 내 마음을 넓혀주시면 내 마음에서 사랑이 샘솟게 될 것입니다."

3. 거듭나게 된 결과와 열매는 이 세상을 지성적으로 영적으로 이기는 것이다. 무릇 하나님께로부터 난 자마다 세상을 이기느니라(4절). 하나님에게서 난 자는 하나님을 위하여 태어난 것이므로 내세를 위해서 태어난 자이기도 하다. 하나님을 사랑하는 사람은 좀 더 높고 좀 더 좋은 세계를 좋아하고 추구하는 성향과 기질을 지니고 있다. 하나님을 사랑하는 사람은 이 세상을 물리치고 이길 수 있는 무기로 무장되어 있다. 세상을 이기는 승리는 이것이니 우리의 믿음이니

라(4절). 믿음은 우리가 이 세상을 대항해 싸워 이길 수 있는 승리의 원인이 되고 도구가 되고 무기가 된다. 믿음은 우리의 영적인 무기이다. 그 이유는 다음과 같다.

(1) 우리가 그리스도와 굳게 결합되는 믿음 안에서 믿음을 통해 이 세상을 무시하게 되고, 대항하게 된다.

(2) 믿음은 하나님과 그리스도 안에서 역사하고, 하나님과 그리스도를 사랑함으로써 힘을 발휘하게 된다. 믿음은 우리가 세상을 사랑하지 않게 해준다.

(3) 믿음은 마음을 거룩하게 해주고 씻어준다. 믿음은 세상이 그것을 통해 영혼을 사로잡고 지배하는 정욕들을 마음에서 제거해주고 씻어준다.

(4) 믿음은 믿는 대상인 하나님의 아들로부터 세상의 거부와 거짓 아첨을 이기는 힘을 얻는다.

(5) 믿음은 복음의 약속을 통해 은혜의 영이 함께 있는 권리를 얻게 된다. 은혜의 영이 그 안에 거하는 사람은 세상의 영이 그 속에 거하는 사람보다 훨씬 강하고 귀하다.

(6) 믿음은 보이지 않는 세계를 가까이에서 볼 수 있게 해준다. 우리는 그 믿음의 눈을 통해 보이는 이 세상이 보이지 않는 세상과 비교해 가치가 없는 사실을 깨닫게 된다. 그리고 믿음은 그 믿음 안에 거하는 영혼은 언제나 보이지 않는 세계에 들어갈 준비가 되어 있어야 한다고 가르쳐준다. 여기서 다음의 사실들을 주목하라.

Ⅲ. 사도는 참된 그리스도인은 세상의 참된 정복자라는 결론을 내린다.
예수께서 하나님의 아들이심을 믿는 자가 아니면 세상을 이기는 자가 누구냐(5절)? 하늘나라로 가는 우리의 길을 가로막고, 하늘나라로 들어가는 것을 크게 방해하는 것이 바로 세상이다. 그러나 예수가 하나님의 아들이심을 믿는 사람은 예수가 세상의 구주가 되시기 위하여 하나님으로부터 오셨음을 믿는다. 그리고 그러한 믿음의 소유자는 예수가 우리를 세상으로부터 하늘나라와 하나님께로 강력하게 인도해주시고, 우리가 하늘나라에서 온전히 즐겁고 행복하게 살게 해주시기 위하여 이 세상에 오셨음을 믿는다. 그러므로 그렇게 믿는 사람은 그 믿음으로 이 세상을 이겨야만 할 것이다. 그 이유는 다음과 같다.

1. 예수를 믿는 사람은 이 세상이 그의 영혼, 그의 거룩함, 그의 구원, 그의 축복을 가로막고 해치는 가증스러운 적이라는 사실을 명심해야 한다. 이는 세상에

있는 모든 것이 육신의 정욕과 안목의 정욕과 이생의 자랑이니 다 아버지께로부터 온 것이 아니요 세상으로부터 온 것이라(요일 2:16).

2. 예수를 믿는 사람은 그를 이 세상의 악과 죄로부터 건져주는 것이 구세주의 중요한 사역과 임무임을 깨닫는다. 그리스도께서 하나님 곧 우리 아버지의 뜻을 따라 이 악한 세대에서 우리를 건지시려고 우리 죄를 대속하기 위하여 자기 몸을 주셨으니(갈 1:4).

3. 예수를 믿는 사람은 이 세상을 버리고 이길 수 있는 것이 주 예수 그리스도 안에서 살고 그 삶의 행위를 통해서 가능하다는 사실을 깨닫는다.

4. 예수를 믿는 사람은 주 예수 그리스도가 그 자신을 위해서 뿐만 아니라 그를 따르는 제자들을 위해서도 세상을 정복하셨다는 사실을 인정하고 인식한다. 그러므로 그리스도를 믿고 따르는 제자들은 주님의 승리에 동참하는 참여자들이 되기 위하여 노력하고 연구해야 한다. 이것을 너희에게 이르는 것은 너희로 내 안에서 평안을 누리게 하려 함이라 세상에서는 너희가 환난을 당하나 담대하라 내가 세상을 이기었노라(요 16:33).

5. 예수를 믿는 사람은 주 예수 그리스도의 죽으심을 통하여 이 세상을 극복하고 십자가에 못 박을 수 있음을 배우고 영향을 받게 된다. 그러나 내게는 우리 주 예수 그리스도의 십자가 외에 결코 자랑할 것이 없으니 그리스도로 말미암아 세상이 나를 대하여 십자가에 못 박히고 내가 또한 세상을 대하여 그러하니라(갈 6:14).

6. 예수를 믿는 사람은 예수 그리스도의 죽음에서 살아나신 부활을 통해 하늘에 있는 축복의 세상에 대한 산 소망을 가지게 된다. 우리 주 예수 그리스도의 아버지 하나님을 찬송하리로다 그의 많으신 긍휼대로 예수 그리스도를 죽은 자 가운데서 부활하게 하심으로 말미암아 우리를 거듭나게 하사 산 소망이 있게 하시며(벧전 1:3).

7. 예수를 믿는 사람은 구주 예수가 하늘로 올라가셨고, 거기에 그의 진실한 신자들을 위한 거처를 마련해 놓으셨음을 안다. 내 아버지 집에 거할 곳이 많도다 그렇지 않으면 너희에게 일렀으리라 내가 너희를 위하여 거처를 예비하러 가노니(요 14:2).

8. 예수를 믿는 사람은 구주 예수가 하늘에서 다시 오시고, 이 세상을 멸망시키시고, 이 세상에 사는 사람들을 심판하시고, 그의 신자들이 주님의 임재와 영광을 받게 해주실 것이다. 가서 너희를 위하여 거처를 예비하면 내가 다시 와서 너

희를 내게로 영접하여 나 있는 곳에 너희도 있게 하리라(요 14:3).

9. 예수를 믿는 사람은 이 세상으로 만족할 수 없는 성향과 기질을 소유하고 있다. 예수를 믿는 사람은 이 세상 너머에 있는 하늘나라를 사모하고, 그것을 얻으려고 노력하고, 그 나라를 향해 계속해서 열심히 나아간다. 참으로 우리가 여기 있어 탄식하며 하늘로부터 오는 우리 처소로 덧입기를 간절히 사모하노라(고후 5:2). 그러므로 그 신자들에게 하늘나라를 주는 것은 바로 그리스도교이다. 세상을 이기는 중요한 수단이 되고, 아주 순수하고 평화롭고, 영원한 축복을 받는 또 다른 세계, 즉 하늘나라를 얻게 해주는 수단이 되는 것은 바로 그리스도교의 계시이다. 그 계시를 통해 우리는 거룩하신 하나님과 이 반역적인 세상 사이의 싸움과 다툼의 이유와 근거가 무엇인지를 발견하게 된다. 우리가 거룩한 하나님의 가르침을 만나게 되는 곳도 바로 계시 안에서다. 그 가르침은 영적이고 실제적이다. 이 가르침은 이 세상의 기질과 성향에 정반대다. 그 가르침을 통해 세상의 영보다 우월하고 세상의 영과 반대되는 영과 교통하게 되고 그 영을 전달받게 된다. 그 가르침에서 우리는 구주 자신이 이 세상에 속하지 않으셨음을 안다. 그 가르침에서 우리는 주님의 왕국이 이 세상에 속하지 않았음을 안다. 그 가르침에서 주님의 나라는 세상과 분리되어야 하고, 하늘나라와 하나님을 위하여 모인 자들로 이루어진다는 것을 안다. 또한 우리는 그 가르침을 통해 주님의 구원받은 백성들이 받게 되는 기업이 이 세상의 것이 아님을 안다. 구세주가 하늘나라에 올라가셨다. 그런데 주님은 그 목적이 그의 신자들에게 하늘나라에 거처를 마련하시기 위하여 그 곳에 가셨음을 그들에게 확신시켜 주신다. 주님은 신자들이 그 곳에서 주님과 함께 살기를 바라신다. 주님은 신자들의 소망이 이 세상에 있는 것이고, 이 세상뿐이라면 그들이 얼마나 불쌍한지를 깨우쳐주신다. 우리가 사랑하고 추구해야 될 세상으로 영원한 축복의 하늘나라가 아주 분명하게 계시되고 제안되는 것은 그 가르침에서이다. 세상의 공격들과 획책들에 대항하는 가장 좋은 무기와 장비는 주님의 가르침에 있다. 우리가 그 가르침에서 세상이 자기의 화살로 자기를 쏘게 만들고, 자기의 무기로 자기를 공격하게 만들 수 있는 방법을 배울 수 있다. 세상의 반대와 충돌과 박해들이 이 세상에 대항하는 우리의 싸움에 도움이 될 수 있게 하는 방법을 배우는 것도 그 가르침을 통해서이다. 더 높은 하늘나라를 사모하게 하는 동기를 가지게 되고 올라갈 수 있는 방법을 배우는 곳도 그 가르침에 있다. 그

가르침에서 우리는 구름같이 허다한 거룩한 군사들의 무리를 통해 격려를 받게 된다. 진실된 그리스도인은 세상을 이기고 최후의 승리를 쟁취하고 누리게 되는 영웅이 된다. 예수를 믿는 사람은 세상에 정복할 다른 나라가 없다고 한탄하지 않는다. 왜냐하면 그리스도인은 헬라 제국보다 더 큰 나라를 소유하고 있기 때문이다. 그리스도인은 생명의 영원한 나라를 굳게 영원히 소유하게 된다. 어떤 거룩한 의미에서는 그리스도인은 하늘나라를 힘으로 빼앗아 차지한다. 그러므로 예수 그리스도를 믿는 신자가 아니고 세상의 누가 이와 같이 세상을 이길 수 있겠는가?

⁶이는 물과 피로 임하신 이시니 곧 예수 그리스도시라 물로만 아니요 물과 피로 임하셨고 증언하는 이는 성령이시니 성령은 진리니라 ⁷증언하는 이가 셋이니 ⁸성령과 물과 피라 또한 이 셋은 합하여 하나이니라 ⁹만일 우리가 사람들의 증언을 받을진대 하나님의 증거는 더욱 크도다 하나님의 증거는 이것이니 그의 아들에 대하여 증언하신 것이라

이와 같이 그리스도인 신자의 강력하고 승리적인 믿음은 주 예수 그리스도의 거룩하신 사명, 권위, 직분에 관한 분명하고 신성한 증거로 기초가 잘 다져지고 무장될 필요가 있다. 그것은 이와 같은 것이다. 그리스도는 자신이 오실 때 가져오신 자신의 신임장을 신자들에게 같은 방법으로 전달해 믿게 해주시고, 주님을 증거하는 증언을 해주신다. 여기서 다음의 사실들을 주목하라.

I 주님이 오신 방법. 예수 그리스도가 세상에 오신 방법에 대해 알려진 것은 거의 없다. 주님이 오심으로 세상의 구주로 나타나시고 활동하셨다. 이는 물과 피로 임하신 이시니(6절). 예수 그리스도는 우리의 죄에서 우리를 구하시고, 우리에게 영원한 생명을 주시고, 우리를 하나님께 인도하시기 위하여 세상에 오셨다. 예수 그리스도가 물과 피로 임하신 것은 이 일을 더욱 확실하게 행하시기 위한 것이었다. 예수 그리스도조차도 이렇게 오셨다. 다른 분이 아니라 바로 예수 그리스도가 그렇게 하셨다. 거듭 이야기하지만 물로만 오신 것이 아니라 물과 피로 오셨다(6절). 예수 그리스도가 물과 피로 임하신 것은 그가 세상의 참된 구주시라는 사실을 드러내는 표시들이다. 예수 그리스도가 물과 피로 임하신 것은 우리를 치료하고 구원하시기 위한 수단들이다. 이와 같이 예수 그리스

도가 그의 구원 사역을 위해 오신 것은 우리에게 다음의 사실들을 회상시켜준다.

1. 우리는 내적으로도 오염되고 외적으로도 더러워져 있다. 여기서 다음의 사실들을 주목하라.

(1) 우리의 본성은 죄의 힘과 오염을 통해 내적으로 더러워져 있다. 이 오염으로부터 우리를 깨끗하게 씻기 위하여 우리는 영적인 물이 있어야 한다. 그러한 영적인 물은 영혼과 죄의 영향들에 그 힘을 미칠 수가 있다. 따라서 예수 그리스도 안에 거듭남의 씻음과 성령의 새롭게 함이 있다. 그리고 예수 그리스도를 통해 그것이 가능하다. 주님이 제자들의 발을 씻어주셨을 때 그들에게 이 사실을 암시해주셨다. 주님은 발 씻기를 사양하는 베드로에게 말씀하셨다. 내가 너를 씻어 주지 아니하면 네가 나와 상관이 없느니라(요 13:8).

(2) 우리는 죄를 범하고 우리 인격에 죄의 저주를 받아 외적으로도 더러워져 있다. 이것 때문에 우리는 하나님과 분리되고 하나님에게서 멀어지게 되었고, 하나님의 은총을 못 받게 되었고, 하나님의 은혜로우신 축복의 임재에 참여하지 못하게 되었다. 우리는 이것을 대속의 피를 통하여 씻음을 받아야 한다. 율법을 따라 거의 모든 물건이 피로써 정결하게 되나니 피 흘림이 없은즉 사함이 없느니라(히 9:22). 이것이 율법이고 하늘나라의 결정이다. 그러므로 구세주가 죄를 씻어내시기 위하여 피로 오셔야만 했다.

2. 이들 죄와 더러움을 씻는 방법들은 하나님의 옛날 제사 의식 제도들을 통해 나타났다. 사람들과 물건들이 물과 피로 씻겨야 했다. 이런 것은 먹고 마시는 것과 여러 가지 씻는 것과 함께 육체의 예법일 뿐이며 개혁할 때까지 맡겨 둔 것이니라(히 9:10). 염소와 황소의 피와 및 암송아지의 재를 부정한 자에게 뿌려 그 육체를 정결하게 하여 거룩하게 하거든(히 9:13). 이에 정결한 자가 암송아지의 재를 거두어 진영 밖 정한 곳에 둘지니 이것은 이스라엘 자손 회중을 위하여 간직하였다가 부정을 씻는 물을 위해 간직할지니 그것은 속죄제니라(민 19:9). 율법을 따라 거의 모든 물건이 피로써 정결하게 되나니 피 흘림이 없은즉 사함이 없느니라(히 9:22). 이러한 것들이 우리의 이중적인 오염을 드러내주듯이 그 방법들은 구세주의 이중의 속죄를 나타내준다.

3. 예수 그리스도가 십자가에서 죽으실 때 그의 옆구리가 병사의 창에 찔려 그 상처에서 물과 피가 흘러나왔다. 이것을 주님의 사랑을 받은 사도는 보았다.

그래서 사도는 그 광경에 깊은 감명을 받았던 것 같다. 요한 사도만 이 사실을 기록하고 있다. 그것은 요한 사도에게 어떤 신비스러운 의미가 있을 것이라는 영감을 주었던 것 같다. 이를 본 자가 증언하였으니 그 증언이 참이라 그가 자기의 말하는 것이 참인 줄 알고 너희로 믿게 하려 함이니라(요 19:35). 요한 사도는 그 중 한 군인이 창으로 옆구리를 찌르니 곧 피와 물이 나오더라(요 19:35)를 믿게 하기 위한 것이었다. 그러므로 이 물과 피는 우리의 구원에 필요한 효과를 미치는 모든 것으로 이해되어야 할 것이다. 그 물로 우리의 영혼이 하늘나라와 빛나는 성도들의 영역에 들어가고 속하기 위하여 씻어지고 거룩하게 된다. 그 피로 하나님이 영광을 받으시고, 하나님의 법이 지켜지게 되고, 하나님의 징벌의 공의가 드러나게 된다. 이 예수를 하나님이 그의 피로써 믿음으로 말미암아 화목제물로 세우셨으니 이는 하나님께서 길이 참으시는 중에 전에 지은 죄를 간과하심으로 자기의 의로우심을 나타내려 하심이니 곧 이 때에 자기의 의로우심을 나타내사 자기도 의로우시며 또한 예수를 믿는 자를 의롭다 하려 하심이라(롬 3:25-26). 그리스도가 흘리신 그 피를 통해 우리는 의롭게 되고, 하나님과 화해하게 되고, 하나님 앞에 의롭게 나아가게 된다. 그 피를 통해 율법의 저주가 채워지게 되고, 우리의 본성의 내부를 씻어주는 성결의 영을 받게 된다. 그리스도께서 우리를 위하여 저주를 받은 바 되사 율법의 저주에서 우리를 속량하셨으니 기록된 바 나무에 달린 자마다 저주 아래에 있는 자라 하였음이라 이는 그리스도 예수 안에서 아브라함의 복이 이방인에게 미치게 하고 또 우리로 하여금 믿음으로 말미암아 성령의 약속을 받게 하려 함이라(갈 3:13-14). 희생 제물이 되신 구세주의 옆구리에서 물도 나오고 피도 쏟아졌다. 그 물과 그 피는 우리의 구원에 필요한 모든 것을 내포하고 있다. 그 물과 그 피는 하나님이 우리의 구원을 위한 그 위대한 목적에 필요해 제정하시고 이용하시는 모든 것을 정결하게 하고 거룩하게 했다. 남편들아 아내 사랑하기를 그리스도께서 교회를 사랑하시고 그 교회를 위하여 자신을 주심 같이 하라 이는 곧 물로 씻어 말씀으로 깨끗하게 하사 거룩하게 하시고 자기 앞에 영광스러운 교회로 세우사 티나 주름 잡힌 것이나 이런 것들이 없이 거룩하고 흠이 없게 하려 하심이라(엡 5:25-27). 그 물과 그 피로 오신 분이 바로 완전하신 구세주이시다. 예수 그리스도가 바로 이 물과 피를 흘리기 위하여 오셨다! 이와 같이 우리는 예수 그리스도가 어떤 방법으로 오시고, 어떤 도구들을 가지고 오셨는지를 살펴보았다. 이제 그리스도가 받으신 신임장과 증언을 더 살펴보도록 하자.

Ⅱ 예수 그리스도를 증언하시는 이는 성령이시다.   성령은 하나님의 사역들을 이루는 속성을 지니시고 있다. 증언하는 이는 성령이시니 성령은 진리니라(6절). 세상을 구원하는 사명을 받은 구세주가 자신의 일을 도와주고 그를 세상에 증언해주는 변함없는 대리인이 있어야 하는 것은 당연했다. 하나님의 능력이 예수 그리스도를 증언하고, 그의 복음을 증언하고, 그의 종들을 도와주는 것은 당연했다. 성령과 주님이 세상에 오신 사명과 직무는 하나님의 뜻과 진리를 세상에 알리기 위한 것이었다. 주님과 성령을 보낸 권위는 구세주 자신의 예언에 따라 하나님의 영 안에서 하나님의 영에 의한 것이었다. "그가 내 영광을 나타내리니 내 것을 가지고 너희에게 알리시겠음이라(요 16:14). 내가 사람들에게 배척을 당하고 십자가에 달려 죽을지라도 하나님은 내 것을 인정하시고 받아들이실 것이다. 하나님은 나의 직무를 인정하시고 받아들이실 것이다. 하나님은 너희를 위하여 나를 다시 죽이지 않으시고 나를 다시 살리지 않으실 것이다. 그는 내 것을, 내가 놓은 기반 위에서 계속 일을 해나가실 것이고, 나의 제도와 진리와 대의를 받아들이실 것이다. 그리고 하나님은 내 것을 가지고 너희에게 알리실 것이다. 그리고 하나님은 너희를 통해 내 것을 세상에 알리실 것이다."

그런 다음 사도는 이 증언의 인정받을 조건을 덧붙여 진술한다. 성령은 진리니라(6절). 성령은 하나님의 영이시므로 거짓말을 할 수가 없다. 이것을 다음과 같이 해석하는 사본도 있다. 왜냐하면 그리스도가 진리이시기 때문이다. 그러므로 이 증언은 성령이 증거하시는 내용을 지시한다. 다시 말해 성령이 증언하는 내용은 그리스도의 진리이다. 성령은 그리스도가 진리시라는 것을 증언한다. 따라서 그리스도교는 그 시대의 진리이고 하나님의 진리이다. 그러나 한두 개의 사본들이 이 본문을 바꾸는 것은 온당하지가 않다. 우리가 지금 가지고 있는 본문의 해석은 아주 합당한 것이기에 우리가 그것을 받아들이고 있다. 성령은 진리니라. 성령은 진실로 진리의 영이시다. 그는 진리의 영이라 세상은 능히 그를 받지 못하나니 이는 그를 보지도 못하고 알지도 못함이라 그러나 너희는 그를 아나니 그는 너희와 함께 거하심이요 또 너희 속에 계시겠음이라(요 14:17). 성령이 진리이시고, 모든 사람이 받아들이고 믿을 수 있는 증인이시라는 것은 그가 하늘나라의 증인이시라는 것을 입증한다. 그 사실은 성령이 하늘나라에서 그리스도의 진리와 권위에 관해 증언하는 증인들 가운데 한 분이심을 증명한다. 증언하는 이가 셋이니 성령과 물과 피라 또한 이 셋은 합하여 하나이니라. 그러므로 7절은 성령의 증언이 지니는 권위를 입증해준다. 성령은 참되셔야 하고 진리 그 자체이셔야 한다. 만일 성령이 하늘나라에 계시는 한 증인이실 뿐만 아니라 아버지 하나님과 말씀과 함께 계시는 한 분이시라면 그는 바로 진리이셔야 할 것이다. 여기서 다음의 사실들을 주목하라.

1. 우리는 7절의 순수성에 관해 논란을 하지 말아야 할 것이다. 옛날 헬라어 사본들 가운데 이 본문을 가지고 있지 않은 것들이 많다는 주상이 있다. 그렇지만 우리는 여기서 그러한 논쟁에 휘말려서는 안 될 것이다. 비평가들도 어떤 사본이 이 본문을 안 가지고 있는지에 대해 의견의 일치를 보지 못하고 있다. 또한 비평가들은 자신들이 열심히 들여다보는 사본들의 순수성과 정당성에 대한 정보를 우리에게 충분히 제시하지 못하고 있다. 사본들 가운데는 잘못되고 결함이 있는 것들이 많이 있을 수 있다. 옛날에 만들어진 헬라어 성서 사본들은 결함이 많이 있기 때문에 어떤 비평도 다양한 다른 문장을 하나로 확실하게 통일시키지 못할 것이라고 생각하는 사람들도 있다. 그러므로 그런 일은 사본들을 대조하고 조사하는 현명한 사람들에게 맡기도록 하자. 우리는 지금 해석된 본문의 의미를 아는데 충실하도록 하자. 그리고 현재의 본문과 해석을 지지하고 받아들이는 합리적인 학자들과 비평가들도 있다. 여기서 다음의 사실들을 주목하라.

(1) 만일 8절을 7절에 포함시킨다면 6절의 내용을 다음과 같이 단순히 반복하는 것에 지나지 않게 될 것이다. 이는 물과 피로 임하신 이시다. 그는 물로만 아니라 물과 피로도 임하신 이시다. 증언하는 이는 성령이시다. 증언하는 이가 셋이니 성령과 물과 피다. 이러한 해석은 현재의 해석에도 미치지 못하고 이들 세 증인들을 소개하는 데도 적합하지 않다.

(2) 많은 사본들이 이 독특한 구절을 땅에(upon the earth)라고 해석한다. 그러면 그 해석은 이렇게 된다. 땅에 기록한 이는 셋이다. 이러한 해석은 다른 곳에 있는 어떤 증인들이나 증인에 명백하게 반대하는 것이다. 그러므로 이 본문을 반대하는 사람들이 이 7절을 빼버린 사본들이 많다고 주장하는 말을 듣게 된다. 6절을 생각해보자. 이는 물과 피로 임하신 이시니 곧 예수 그리스도시라 물로만 아니요 물과 피로 임하셨고 증언하는 이는 성령이시니 성령은 진리니라. 그런데 여기에다 땅에 기록한 이가 셋이니 라는 말을 덧붙이는 것은 자연스럽지 않고 적절하지 않다. 만일 사도가 여기서 말하는 증인들이 다 땅에 있는 존재들이라고

우리에게 말해주고 있다고 가정하지 않는다면 말이다. 지금 사도는 그 증인이
절대적으로 참되고, 진리 그 자체라고 우리에게 확증하고 있는데 말이다.

(3) 헬라어 역본에서조차도 7절을 다양하게 해석하고 있다. 증언하는 이가 하
나라고 해석하는 역본도 있고, 셋이 하나가 되었다고 해석하는 역본도 있다.

(4) 7절은 사도 요한의 문체와 신학에 아주 일치한다. 여기서 다음의 사실들
을 주목하라.

[1] 요한 사도는 아버지 칭호로 하나님만을 나타내든지 아들과 구별된 신성을
나타내든지 어쨌든 그는 그 칭호를 즐겨 사용한다. 나와 아버지는 하나이니라(요
10:30). 내가 혼자 있는 것이 아니라 아버지께서 나와 함께 계시느니라(요 16:32). 내
가 아버지께 구하겠으니 그가 또 다른 보혜사를 너희에게 주사 영원토록 너희와 함께
있게 하리니(요 14:16). 누구든지 세상을 사랑하면 아버지의 사랑이 그 안에 있지 아
니하니(요일 2:15). 은혜와 긍휼과 평강이 하나님 아버지와 아버지의 아들 예수 그리
스도께로부터 진리와 사랑 가운데서 우리와 함께 있으리라(요이 3).

[2] 말씀 칭호는 요한 사도의 독특성을 나타내는 것으로 알려져 있다. 그 칭호
는 이 사도의 전유물이다시피 하다. 이 본문을 다른 사람이 기록했다면 세례
형식의 용어나 교회의 일반적인 용어를 사용해 더 쉽고 분명했을지도 모른다.
그랬다면 말씀 칭호 대신에 아들 칭호를 사용했을 것이다. 테르툴리아누스와
키프리아누스가 본 구절을 언급할 때 아들 칭호를 사용하고 있다. 그들이 그
칭호를 사용하기 때문에 그들의 해석을 반대하는 사람들도 있다. 그러나 키프
리아누스의 표현은 다른 교부 파쿤두스(Facundus)의 인용을 통해 아주 분명하
게 드러나고 있다. 그의 인용은 다음과 같다. "카르타고 감독이며 순교자인 고
귀한 키프리아누스는 삼위일체에 관한 그의 글에서 사도 요한의 것으로 생각
되는 아버지, 아들, 성령에 대해 진술한다. 키프리아누스는 이렇게 진술하고 있
다 : 주께서 말씀하시기를 나와 아버지는 하나이니라. 다시 말하노니 기록된 바 아버
지와 아들과 성령은 하나이니라. 그리고 이들 셋은 하나이니라." 그런데 이 셋이 하
나라고 기록한 곳은 이 7절 말고는 성경 어디에도 없다. 당시에 키프리아누스
가 기억에 의지해서든 말씀보다 아들이라는 교회의 더 일반적인 용어를 사용
해서든 그의 의도는 말이 아니라 어떤 사실을 상기시키거나, 이름보다는 사람
을 상기시키려고 했을 가능성이 있다. 키프리아누스가 성령과 물과 피가 진실
로 아버지와 말씀과 성령을 의미하는 것이었고, 요한 사도가 말한 대로 이 셋

이 하나임을 의미하는 것이었다는 파쿤두스의 가정을 받아들이는 사람이 있다면 그는 자기만족에 빠진 것일 수 있다. 그 이유는 다음과 같다.

첫째, 파쿤두스의 가정을 받아들이는 사람은 키프리아누스가 이름들을 다 바꿨을 뿐만 아니라 요한 사도가 말한 순서도 다 바꿨다는 것을 가정해야 한다. 피를 아들로 바꿨고 키프리아누스는 그것을 두 번째에 두고, 사도 요한은 마지막에 두고 있기 때문이다.

둘째, 파쿤두스의 가정을 받아들이는 사람은 아들의 옆구리에서 나온 피를 사도가 아들로 의미한 것으로 키프리아누스가 생각했다고 가정해야 한다. 물로도 아들을 나타냈을 수도 있다. 그 물도 아들의 옆구리에서 나왔는데 사도는 그것으로 성령의 인격을 나타냈다. 6절에서는 성령을 진리라고 말하고 있고, 복음서에서는 진리의 영이라고 한다. 사도는 그것으로 아버지의 인격을 의미했다. 요한 사도가 아들과 성령을 함께 언급할 때 어디에서도 그렇게 부르지는 않고 있지만 말이다. 우리는 카르타고의 교부 키프리아누스가 사도 요한을 그렇게 이해할 수 있었다는 합당한 증거를 필요로 한다. 사도 요한을 그렇게 이해하는 사람은 아버지와 아들과 성령이 땅에 있는 세 증인들이라고 말하는 것도 믿어야 할 것이다.

셋째, 파쿤두스는 키프리아누스가 이 셋이 하나다라고 말한 것을 인정한다. 그러므로 이 말은 8절에 속한 것이 아니라 7절에 속한 것이다. 이 말은 즉 성령과 물과 피는 땅에 있는 세 증인들에 관해 사용된 것이 아니다. 7절이 의미하는 것은 하늘에 계시는 아버지와 말씀과 성령에 관한 것이다(KJV에는 그렇게 되어 있음). 그러므로 우리는 키프리아누스가 헬라어 사본들과 고대 역본들을 따라서 사도 요한의 말을 인용하고 있다고 그의 동시대인들이 하는 말을 듣게 된다. 키프리아누스는 이렇게 말한다. "요한은 그의 서신에서 우리의 주님에 관해 이렇게 말한다. 이는 물과 피로 임하신 이시니 곧 예수 그리스도시라 물로만 아니요 물과 피로 임하셨고 증언하는 이는 성령이시니 성령은 진리니라 증언하는 이가 셋이니 성령과 물과 피라 또한 이 셋은 하나 안에서 일치한다." 만일 모든 헬라어 사본들과 고대 역본들이 성령과 물과 피에 관해 이 셋은 하나 안에서 일치한다 말한다고 해도 그것은 키프리아누스가 말했던 성령과 물과 피가 아니었다. 키프리아누스 당시의 사본에는 이 셋은 합하여 하나이니라 고 되어있다 당시의 사본들에 어떤 차이가 있을 수도 있지만 말이다. 그러므로 키프리아누스의 말들은 7

절을 확고하게 지지하는 증언인 것 같다. 그리고 본문을 잘못 해석한 사람이, 사도의 호칭인 하늘나라의 두 번째 증인을 지칭하는 말씀을 정확하게 맞출 리가 없다는 것을 암시하는 것 같다.

[3] 오직 이 요한 사도만이 구세주의 옆구리에서 나온 물과 피의 역사를 기록하고 있다. 또한 주님을 영화롭게 하고, 주님을 증거하고, 요한복음에서 기록하고 있듯이 세상의 불신앙과 주님의 의에 대해 세상 사람들에게 믿게 하기 위하여 성령이 오신다는 구세주의 약속과 예언을 우리에게 전해주는 것도 오직 요한 사도뿐이다(요 14:16,17; 15:26; 16:7-15). 그러므로 성령을 예수 그리스도를 증언하는 증인으로 언급하는 것이 이 요한 사도의 어법이나 요한복음에 가장 어울린다고 생각할 수 있겠다.

(5) 성경 사본 필사가가 어떤 쪽수의 맨 위나 맨 아래 글자가 지워지고 손상을 입었거나, 고대 사본들의 기록이 흐려져 알아볼 수 없거나 할 때 개찬자처럼 그것을 고치거나 다른 글자를 써넣기보다는 지워진 부분이나 사본의 애매한 부분을 그대로 두고 눈을 돌리기가 더 쉬웠을 것이다. 그런 성경 사본 필사가가 그래도 괜찮을 것이라는 대담함과 무모함을 지니고 있었음이 분명하다. 더욱이 신성한 하나님의 말씀에 감히 가필을 하는 불경스러운 필사가도 있었다.

(6) 사도가 세상을 이기는 그리스도인의 믿음을 서술하고, 그 믿음의 기반을 예수 그리스도를 의지하고 신뢰하는데 두고, 세상에 임하신 예수 그리스도에 관한 많고 다양한 증언을 진술할 때 그 사도가 그리스도를 증거하는 신성한 증언을 생략했다고 상상하거나 가정하는 것은 거의 불가능하다. 특별히 사도 자신이 9절에서 한 진술을 생각할 때 더욱 그러한 상상은 불가능하다. 만일 우리가 사람들의 증언을 받을진대 하나님의 증거는 더욱 크도다 하나님의 증거는 이것이니 그의 아들에 대하여 증언하신 것이라(9절). 그러므로 땅의 세 증인들 가운데에는 하나님의 증인들도 하나도 없고, 또한 진실로 하나님이신 어떤 증인도 없다. 본문에 대한 삼위일체 반대자들은 성령이나 물이나 피가 하나님이시라는 것을 부인할 것이다. 그러나 현재의 본문의 번역에 근거해 생각할 때 본문에는 주 예수 그리스도의 진리와 그의 제도의 신성함을 지지하는 몇몇 증인들과 증언들을 나타내는 고상한 목록들이 계시되고 있다. 이 본문에는 그리스도를 믿는 믿음의 동기들, 구세주가 가져오신 신임장들, 그리스도교의 증거들에 대한 요

약이 들어있다. 내 생각에 이 본문은 삼위일체 교리에 대한 적용은 잠시 미룬다고 하더라도 성경에서 모든 사람이 받아들일 만한 가르침을 아주 짧게 요약해주고 있다.

2. 사도는 그리스도를 증거하는 성령이 진리라고 진술한 뒤에 그 사실을 우리에게 확증시켜준다. 사도는 그리스도가 하늘에 계시고, 그리스도와 함께 합력하여 증언하고, 진실할 수밖에 없고 진리 그 자체이기도 한 다른 존재들도 있다는 확증을 통해 주 예수 그리스도가 진리시라는 것을 입증한다. (개역개정판은 7절을 증언하는 이가 셋이니라고 아주 짤막하게 번역하고 있다. 그런데 KJV는 이렇게 번역한다. For there are three that bear record in heaven, the Father, the Word, and the Holy Ghost: and these three are one. 하늘에서 증언하는 셋이 있으시다. 이들은 아버지와 말씀과 성령이시다. 이들 셋은 하나이시다.)

(1) 하늘에는 삼위일체의 세 증인들이 계시다. 그들은 주 예수 그리스도의 직분과 자격의 진실과 권위를 세상에 증언하고 보증한다. 여기서 다음의 사실들을 주목하라.

[1] 서열상 먼저 아버지가 나타나신다. 아버지는 주 예수 그리스도가 이 땅에 계시는 동안 맡으신 모든 직무를 보증하시고 인치신다. 아버지는 그 보증을 아주 특별하게 나타내신다.

첫째, 하나님 아버지는 그리스도가 세례 받으실 때 그를 공식적으로 인정하시고 증언하신다. 하늘로부터 소리가 있어 말씀하시되 이는 내 사랑하는 아들이요 내 기뻐하는 자라 하시니라(마 3:17).

둘째, 하나님 아버지는 변화산에서 그를 공식적으로 인정하시고 증언하신다. 말할 때에 홀연히 빛난 구름이 그들을 덮으며 구름 속에서 소리가 나서 이르시되 이는 내 사랑하는 아들이요 내 기뻐하는 자니 너희는 그의 말을 들으라 하시는지라(마 17:5).

셋째, 그리스도의 놀라운 능력과 행사들에서 아버지의 임재와 증언이 나타난다. 만일 내가 내 아버지의 일을 행하지 아니하거든 나를 믿지 말려니와 내가 행하거든 나를 믿지 아니할지라도 그 일은 믿으라 그러면 너희가 아버지께서 내 안에 계시고 내가 아버지 안에 있음을 깨달아 알리라 하시니(요 10:37-38).

넷째, 그리스도가 죽으실 때 그가 아버지 하나님의 아들이심을 증언하고 보증하는 일들이 일어난다. 백부장과 및 함께 예수를 지키던 자들이 지진과 그 일어난 일들을 보고 심히 두려워하여 이르되 이는 진실로 하나님의 아들이었도다 하더라(마 27:54).

다섯째, 그리스도가 부활하시고 하나님의 영광을 받으실 때 아버지의 아들임을 증언한다. 의에 대하여라 함은 내가 아버지께로 가니 너희가 다시 나를 보지 못함이요(요 16:10). 성결의 영으로는 죽은 자들 가운데서 부활하사 능력으로 하나님의 아들로 선포되셨으니 곧 우리 주 예수 그리스도시니라(롬 1:4).

[2] 두 번째 증인은 말씀이시다. 이 호칭은 신비스러운 이름이다. 이 이름은 구주 예수 그리스도의 지고하신 속성이 암시되어 있다. 그 말씀 안에서 그리스도는 세상이 있기 전에 계셨고, 그 말씀으로 그리스도는 세상을 만드셨고, 그 말씀으로 그리스도는 하나님 아버지와 함께 진실로 하나님이셨다. 아버지 하나님은 예수 그리스도 안에서 예수 그리스도를 통해 인간들을 구속하고 구원하기 위하여 인성을 지니신 예수 그리스도, 즉 인간 예수 그리스도를 증언하고 확증하셔야만 한다. 여기서 다음의 사실들을 주목하라.

첫째, 그가 행하신 강력한 일들을 통해 그가 말씀이심이 증명된다. 예수께서 그들에게 이르시되 내 아버지께서 이제까지 일하시니 나도 일한다 하시매(요 5:17).

둘째, 그리스도가 변화 산에서 하나님의 영광을 받으실 때 그가 말씀이심이 증명된다. 말씀이 육신이 되어 우리 가운데 거하시매 우리가 그의 영광을 보니 아버지의 독생자의 영광이요 은혜와 진리가 충만하더라(요 1:14).

셋째, 아버지 하나님이 그리스도를 죽음에서 일으키실 때 그가 말씀이심이 증명된다. 예수께서 대답하여 이르시되 너희가 이 성전을 헐라 내가 사흘 동안에 일으키리라(요 2:19).

[3] 세 번째 증인은 성령이시다. 성령은 거룩함을 소유하시고 주관하시고 만드신 분을 나타내는 존엄한 호칭이다. 거룩하신 성령은 그의 신성하신 보증과 증언이 진실하고 신실하셔야 한다. 그러므로 성령은 그리스도교의 머리 되시는 그리스도를 그렇게 증언하셨다. 그 실례들은 다음과 같다.

첫째, 처녀의 몸에서 흠 없는 인성을 지니신 예수의 기적적인 잉태에서 성령의 증언과 간섭이 드러난다. 이는 그가 주 앞에 큰 자가 되며 포도주나 독한 술을 마시지 아니하며 모태로부터 성령의 충만함을 받아(눅 1:35).

둘째, 그리스도가 세례 받으실 때 성령이 내려오신 것을 통해 성령의 증언을 나타낸다. 성령이 비둘기 같은 형체로 그의 위에 강림하시더니 하늘로부터 소리가 나기를 너는 내 사랑하는 아들이라 내가 너를 기뻐하노라 하시니라(눅 3:22).

셋째, 지옥과 어둠의 영들을 실제로 이기심을 통해 성령의 도우심이 드러난 다. 그러나 내가 하나님의 성령을 힘입어 귀신을 쫓아내는 것이면 하나님의 나라가 이미 너희에게 임하였느니라(마 12:28).

넷째, 사도들이 그리스도가 하늘나라로 올라가신 뒤 그리스도와 그의 복음을 전파하는 능력과 은사들로 무장시키기 위해 사도들에게 임한 성령의 가시적 강림을 통해 성령의 증언과 역사를 나타낸다. 사도와 함께 모이사 그들에게 분부 하여 이르시되 예루살렘을 떠나지 말고 내게서 들은 바 아버지께서 약속하신 것을 기 다리라 요한은 물로 세례를 베풀었으나 너희는 몇 날이 못되어 성령으로 세례를 받으 리라 하셨느니라(행 1:4-5). 홀연히 하늘로부터 급하고 강한 바람 같은 소리가 있어 그들이 앉은 온 집에 가득하며 마치 불의 혀처럼 갈라지는 것들이 그들에게 보여 각 사람 위에 하나씩 임하여 있더니 그들이 다 성령의 충만함을 받고 성령이 말하게 하 심을 따라 다른 언어들로 말하기를 시작하니라(행 2:2-4).

다섯째, 그리스도의 이름과 복음과 이익을 위해 돕는 일에서, 제자들과 교회 들에서 행하신 이적의 은사들과 행사들을 통해 성령의 증언이 나타난다. 각 사 람에게 성령을 나타내심은 유익하게 하려 하심이라(고전 12:7). 이들이 바로 하늘 에 계시는 증인들이다. 이 증인들은 하늘에서 증언하신다. 이 증인들은 증언뿐 만 아니라 더 높은 차원과 원인에서도 하나이시다. 이 증인들은 그들의 천국의 실재와 본질에 있어서도 하나이시다. 만일 이 증인들이 하나님과 하나라면 그 들은 한 하나님이심이 분명하다.

(2) 그들이 하나로 연합되어 계실지라도 이 증인들에게도 다른 것이 있다. 그 것은 땅에서의 그들의 증언들에 있어서 그렇다. 성령과 물과 피라 또한 이 셋은 합하여 하나이니라(8절). (지금 한글 개정개역판 번역과 KJV의 번역이 좀 다르 다. 흠정역은 이렇게 번역하고 있다. And there are three that bear witness in earth, the spirit, and the water, and the blood; and these three agree in one. 또 땅 에서 증거하는 것도 셋이니, 영과 물과 피요, 이 셋은 하나 안에서 일치하느니라.) 여 기서 다음의 사실들을 주목하라.

[1] 이 세 증인들 가운데 첫째는 영이다. 이 영은 하늘에 계시는 성령의 인격 과 다른 영임이 분명하다. 우리는 육으로 난 것은 육이요 영으로 난 것은 영이니 (요 3:6)라고 구주와 함께 말해야 한다. 다른 사람들과 마찬가지로 구세주의 제

자들도 육체를 따라 태어났다. 그들은 하나님을 대적하는 타락한 육체의 본성을 가지고 세상에 태어났다. 이 성향과 본성은 절제되고 없어져야 한다. 새 본성을 전달받아야 한다. 옛 본성의 정욕들과 타락한 성향들은 소멸되어야 한다. 참된 제자는 새로운 피조물이 되어야 한다. 영혼이 거듭나거나 새롭게 되는 것은 구세주를 증언하는 것이다. 그 구원이 초기 단계일지라도 그것은 영의 실제적인 증언이고 사역이다. 그것은 땅에서의 증언이다. 왜냐하면 그 증언은 교회와 함께 계속되는 것이고, 하늘나라에서 이루어지는 상징들인 눈에 띄는 놀라운 방법으로 행해지는 것이 아니기 때문이다. 교인의 중생과 회심 역시 이 영의 사역이다. 그 뿐만 아니라 교인의 점진적인 성화, 세상을 이기는 승리의 생활, 교회의 평화, 교회의 사랑, 교회의 기쁨, 교회가 빛의 성도들의 유업을 위하여 마땅히 받게 해주어야 하는 모든 은혜도 이 영의 사역이다.

[2] 두 번째 증인은 물이다. 이것은 앞서 구원의 수단으로 생각되었다. 그러나 지금은 구세주 자신에 대한 증언으로 생각되고 있다. 이것은 구세주의 정결하심과 정결하게 하는 능력을 나타낸다. 물을 그렇게 이해해야 하는 이유는 다음과 같다.

첫째, 세상에서의 구세주 자신의 속성과 행위가 정결하다. 이러한 대제사장은 우리에게 합당하니 거룩하고 악이 없고 더러움이 없고 죄인에게서 떠나 계시고 하늘보다 높이 되신 이라(히 7:26).

둘째, 세례 요한의 증언은 그리스도를 증거했고, 사람들에게 그리스도를 준비하게 만들었고, 그들에게 그리스도를 소개했다. 나는 너희에게 물로 세례를 베풀었거니와 그는 너희에게 성령으로 세례를 베푸시리라(막 1:7).

셋째, 구세주 자신의 가르침은 정결하다. 그 가르침을 통해 영혼들이 정결하게 되고 깨끗하게 된다. 너희는 내가 일러 준 말로 이미 깨끗하여졌으니(요 15:3).

넷째, 구세주의 제자들은 실제로 정결하고 거룩하다. 그리스도의 몸은 거룩한 보편 교회이시다. 너희가 진리를 순종함으로 너희 영혼을 깨끗하게 하여 거짓이 없이 형제를 사랑하기에 이르렀으니 마음으로 뜨겁게 서로 사랑하라(벧전 1:22).

다섯째, 그리스도의 제자들의 입회를 위하여 그는 세례를 제정하셨다. 물은 예수 그리스도께서 부활하심으로 말미암아 이제 너희를 구원하는 표니 곧 세례라 이는 육체의 더러운 것을 제하여 버림이 아니요 하나님을 향한 선한 양심의 간구니라(벧전 3:21).

[3] 세 번째 증인은 피다. 이 피는 그리스도가 흘리셨다. 이 피는 우리의 대속을 위한 것이었다. 이 피는 예수 그리스도를 증언한다. 여기서 다음의 사실들을 주목하라.

첫째, 이 피를 통해 구약의 희생 제사들이 봉인되었고 완성되었다. 우리의 유월절 양 곧 그리스도께서 희생되셨느니라(고전 5:7).

둘째, 이 피를 통해 그리스도는 그 자신의 예언들을 확증하셨고, 그의 모든 사역과 가르침에 관한 진리를 확증하셨다. 빌라도가 이르되 그러면 네가 왕이 아니냐 예수께서 대답하시되 네 말과 같이 내가 왕이니라 내가 이를 위하여 태어났으며 이를 위하여 세상에 왔나니 곧 진리에 대하여 증언하려 함이로라 무릇 진리에 속한 자는 내 소리를 듣느니라 하신대(요 18:37).

셋째, 이 피를 통해 하나님을 위한 비할 바 없는 주님의 사랑이 나타났다. 이 피를 그리스도는 하나님의 명예와 영광을 위해 죽으셨음을 나타냈다. 이 피를 통해 그리스도는 세상의 죄를 대속하는 속죄를 나타내셨다. 이 후에는 내가 너희와 말을 많이 하지 아니하리니 이 세상의 임금이 오겠음이라 그러나 그는 내게 관계할 것이 없으니 오직 내가 아버지를 사랑하는 것과 아버지께서 명하신 대로 행하는 것을 세상이 알게 하려 함이로라 일어나라 여기를 떠나자 하시니라(요 14:30-31).

넷째, 이 피를 통해 우리를 위한 주님의 지극한 사랑이 나타났다. 주님이 온전히 사랑하는 사람들을 어느 누구도 속이지 못할 것이다. 너희가 내 이름으로 무엇을 구하든지 내가 행하리니 이는 아버지로 하여금 아들로 말미암아 영광을 받으시게 하려 함이라 내 이름으로 무엇이든지 내게 구하면 내가 행하리라 너희가 나를 사랑하면 나의 계명을 지키리라(요 14:13-15).

다섯째, 이 피를 통해 어떤 세속적인 이익에 대해서도 주 예수 그리스도가 초연하심이 나타났다. 자신을 스스로 낮춰 멸시를 당하고, 가혹한 죽음을 자초할 사기꾼은 이 세상에 하나도 없다. 예수께서 대답하시되 내 나라는 이 세상에 속한 것이 아니니라 만일 내 나라가 이 세상에 속한 것이었더라면 내 종들이 싸워 나로 유대인들에게 넘겨지지 않게 하였으리라 이제 내 나라는 여기에 속한 것이 아니니라(요 18:36).

여섯째, 이 피를 통해 그리스도의 제자들은 주님을 위하여 고난을 당하고 죽어야 되는 의무를 짊어지게 된다. 주 예수 그리스도가 감당하셨던 것만큼의 의무를 자기 제자들에게 요청할 수 있는 사기꾼은 이 세상에 하나도 없다. 사람들이 너희를 출교할 뿐 아니라 때가 이르면 무릇 너희를 죽이는 자가 생각하기를 이것이 하나님을 섬기는 일이라 하리라(요 16:2). 그리스도는 그의 제자들에게 그와 같은 고난을 함께 받자고 자주 요청하신다. 그런즉 우리도 그의 치욕을 짊어지고 영문 밖으로 그에게 나아가자(히 13:13). 이 사실은 그리스도도 그의 나라도 전혀 세상에 속하지 않았음을 드러내준다.

일곱째, 그리스도의 피를 통해 확보된 유익들은 그리스도가 바로 세상의 구주시라는 사실을 직접적으로 나타내준다.

여덟째, 그리스도의 피를 통해 얻게 되는 유익들은 그 자신의 성만찬 제도에서 인증되고 봉인되었다. 이것은 죄 사함을 얻게 하려고 많은 사람을 위하여 흘리는 바 나의 피 곧 언약의 피니라(마 26:28). 바로 이 언약의 피가 신약을 인준한다. 이러한 것들이 땅에서의 증인들이다. 그리스도교의 창시자에 대한 증언들은 그토록 다양하다. 만일 이 증거를 모두 부인하는 사람은 하나님의 영을 모독한 죄로 정죄를 받을 것이고, 죄 사함을 받지 못하고 멸망당하게 될 것이다. 이들 세 증인들이 하나가 되기 위한 하나라고 말하는 것은 적절하지가 않다. 이 세 증인들은 하늘에서 증언하는 분들과 똑같은 증언을 하기 위하여 동일한 하나가 된 것이다.

Ⅲ. 사도는 다음과 같은 정당한 결론에 도달한다. 만일 우리가 사람들의 증언을 받을진대 하나님의 증거는 더욱 크도다 하나님의 증거는 이것이니 그의 아들에 대하여 증언하신 것이라(9절). 여기서 다음의 사실들을 주목하라.

1. 좋은 전제에 기초한 가설. 하나님의 증거는 이것이니. 그 증거로 하나님은 그의 아들을 증언하셨다. 그것은 확실히 대놓고 반박할 수 없는 증언이고, 자신의 아들에 관한 아버지의 증언이다. 하나님 아버지는 스스로 세상에 자신의 아들을 선언하시고 인정하셨다.

2. 하나님의 증언의 권위와 인정. 만일 우리가 사람들의 증언을 받을진대 하나님의 증거는 더욱 크도다(9절). 하나님의 증언은 가장 권위가 높고, 가장 의심의 여지가 없고, 가장 잘못이 없는 진리 그 자체이다.

3. 현재 상황에 대한 그 규칙의 적용. 하나님의 증거는 이것이니. 이 말씀의 뜻은 이것이 하나님의 증거이기 때문이라는 것이다. 이 증언은 말씀과 성령의 증거일 뿐만 아니라 하나님의 증거이기도 하다. 그의 아들에 대하여 증언하신 것이라. 즉 하나님의 증거는 그의 아들에 관하여 증언하는 것이기 때문에 하나님은

거짓말하실 수가 없으시다. 하나님은 예수 그리스도가 하나님의 아들이시고, 그의 사랑의 아들이시고, 세상을 하나님과 화해하게 하고 회복시키는 그의 직분을 통해서도 그의 아들이시라는 사실을 세상에 충분한 확증을 주셨다. 그러므로 하나님의 아들은 그리스도교의 진리와 신성한 기원을 증언하셨다. 그 증언은 우리를 하나님께로 인도하는 확실하게 약속된 방법과 수단이다.

[10]하나님의 아들을 믿는 자는 자기 안에 증거가 있고 하나님을 믿지 아니하는 자는 하나님을 거짓말하는 자로 만드나니 이는 하나님께서 그 아들에 대하여 증언하신 증거를 믿지 아니하였음이라 [11]또 증거는 이것이니 하나님이 우리에게 영생을 주신 것과 이 생명이 그의 아들 안에 있는 그것이라 [12]아들이 있는 자에게는 생명이 있고 하나님의 아들이 없는 자에게는 생명이 없느니라 [13]내가 하나님의 아들의 이름을 믿는 너희에게 이것을 쓰는 것은 너희로 하여금 너희에게 영생이 있음을 알게 하려 함이라

여기서 다음의 사실들을 주목하라.

I 참된 그리스도인의 특권과 영속성. 하나님의 아들을 믿는 자는 자기 안에 증거가 있다(10절). 하나님의 아들을 믿는 사람은 구원을 위하여 그리스도를 믿는 진실한 확신을 계속 가지고 있다. 그러한 사람은 다른 사람들이 가진 외적 증거뿐만 아니라 자신의 마음속에 예수 그리스도에 대한 내적 증거도 가지고 있다. 하나님의 아들을 믿는 사람은 그리스도와 그의 진리가 자신의 영혼에 어떤 역사를 일으켰고, 그가 그리스도 안에서 무엇을 이해하고 무엇을 발견했는지를 확실하게 주장할 수 있다. 여기서 다음의 사실들을 주목하라.

1. 하나님의 아들을 믿는 사람은 자신의 죄, 잘못, 불행을 깊이 통찰하고, 자신이 구세주를 얼마나 절실하게 필요로 하는지를 뼈저리게 느낀다.

2. 하나님의 아들을 믿는 사람은 하나님의 아들의 미덕, 아름다움, 직분을 이해한다. 그는 자신의 모든 영적인 결핍과 슬픈 형편에 구주가 얼마나 적절하게 도움이 되는지를 절감하고 통감한다.

3. 하나님의 아들을 믿는 사람은 자신을 죄와 지옥에서 구원하고, 죄 사함을 받게 하고, 하나님과 화해하고 교제를 나누게 하기 위하여 그 구주를 준비하고 보내주신 하나님의 지혜와 사랑을 깊이 깨닫고 감탄하게 된다.

4. 하나님의 아들을 믿는 사람은 자신의 영혼을 아프게 하고, 낮아지게 하고, 낮게 하고, 소생시키고, 위로하는 그리스도의 말씀과 가르침의 능력을 발견하고 깨닫게 된다.

5. 하나님의 아들을 믿는 사람은 그리스도의 계시가 하나님의 사랑을 드러내는 가장 위대한 발견과 나타냄이라는 사실을 발견한다. 그와 마찬가지로 그는 그리스도의 계시가 찬양받으실 거룩한 하나님에 대한 사랑을 불붙게 하고, 조장하고, 뜨겁게 하는 가장 적절한 방법과 강력한 수단이 된다는 사실을 확실히 알게 된다.

6. 하나님의 아들을 믿는 사람은 새 본성과 새 마음을 가지게 된다. 그는 새로운 사랑과 기질과 즐거움을 지니게 된다. 그는 예전의 사람을 벗어버리고 새사람이 된다.

7. 하나님의 아들을 믿는 사람은 새 사람이 되었음에도 불구하고 죄와 싸우고, 육체와 싸우고, 세상과 싸우고, 보이지 않는 악한 세력들과 계속해서 싸우고 갈등을 빚는 자신을 발견하게 된다.

8. 하나님의 아들을 믿는 사람은 자신이 세상을 무시하고 이길 수 있고, 더 나은 세상을 향해서 나아갈 수 있는 소망과 힘이 그리스도를 믿는 믿음을 통해서 얻게 된다는 사실을 확실하게 발견하게 된다.

9. 하나님의 아들을 믿는 사람은 그리스도의 뜻에 따라 그리스도의 중보를 통해 그리스도의 이름으로 하늘에 올린 기도들이 응답되고 이루어지는 사실을 체험하고 깨닫게 된다. 그는 그 체험을 통해 하늘에 계시는 중보자가 자신에게 어떤 유익과 은혜를 베풀어 주는지를 발견하게 된다.

10. 하나님의 아들을 믿는 사람은 생명의 소망, 하나님 안에서의 거룩한 확신을 가지게 되고, 하나님의 호의와 사랑을 받고 다시 태어나게 된다. 그는 양심의 두려움들을 이기고, 죽음과 지옥의 무서움을 이기고, 생명과 영생의 편안한 소망을 가지는 기분 좋은 승리를 누리게 된다. 그는 성령의 증거로 풍성하게 되고, 구원의 날에 구원받게 되는 인침을 받게 된다. 그러한 확신은 복음적인 신자를 만든다. 그는 자신 안에 증인을 가지고 있다. 그리스도가 그 사람 안에 자리잡게 된다. 그는 하늘에 계시는 그리스도의 완전하시고, 충만하신 덕과 완전하신 형상을 닮기 위하여 날마다 성장하게 된다.

II 믿지 않는 사람의 죄, 불신앙의 죄는 점점 나빠지게 된다. 하나님을 믿지 아니하는 자는 하나님을 거짓말하는 자로 만드나니(10절). 하나님을 믿지 아니하는 자는 실제로 하나님을 거짓말쟁이로 만든다. 왜냐하면 그는 하나님께서 그아들에 대하여 증언하신 증거를 믿지 아니하기 때문이었다(10절). 하나님을 믿지아니하는 자는 하나님이 우리에게 다양한 증거를 주셨음에도 불구하고 그의아들을 세상에 보내지 않으셨다고 믿어야 하고 우겨야만 한다. 또한 하나님을믿지 아니하는 자는 그리스도로 시작해서 그리스도로 끝나는 모든 관련된 증거들에도 불구하고 예수 그리스도가 하나님의 아들이 아니라고 믿고 우겨야만한다. 또한 하나님을 믿지 아니하는 자는 하나님이 세상을 속이고 세상을 죄와불행으로 인도하기 위하여 그의 아들을 보내셨다고 믿어야 직성이 풀린다. 하나님을 믿지 아니하는 자는 하나님이 인간들에게 모든 면에서 순수하고, 거룩하고, 신성하고, 흠이 없는 제도를 가진, 사람들이 받아들일 만한 종교를 창안하도록 허용하셨다고 우겨야만 한다. 또한 하나님을 믿지 아니하는 자는 그럼에도 그것이 망상이고 거짓에 지나지 않는다고 주장한다. 또한 하나님을 믿지아니하는 자는 그러한 망상과 거짓을 세상에 강요하기 위하여 하나님의 영과능력을 인간들에게 부여한다고 우긴다. 그러한 생각은 하나님 아버지를 거짓말의 창시자와 선동가로 몰아버린다.

Ⅲ. 예수 그리스도에 관한 이 신성한 증언의 실체와 본질. 또 증거는 이것이니 하나님이 우리에게 영생을 주신 것과 이 생명이 그의 아들 안에 있는 그것이라(11절). 이 내용은 복음의 총체다. 이 사실은 앞서 언급한 모든 여섯 증인들이 우리에게 증언했던 전체 증거의 총체와 축도다. 여기서 다음의 사실들을 주목하라.

1. 하나님이 우리에게 영생을 주신 것(11절). 하나님은 그의 영원한 목적 안에서 우리에게 영생을 주실 계획을 하셨다. 하나님은 우리가 영생에 이를 수 있는 모든 수단들을 예비하셨다. 하나님은 그것을 약속과 언약을 통해서 준비해 놓으셨다. 그는 실제로 하나님의 아들을 믿고 받아들이는 모든 사람들에게 영생의 권리와 자격을 주신다.

2. 이 생명이 그의 아들 안에 있는 그것이라(11절). 하나님의 아들은 생명이시다. 영원한 생명이 그리스도 자신의 본질과 인격 안에 들어있다. 그 안에 생명이 있었으니 이 생명은 사람들의 빛이라(요 1:4). 이 생명이 나타내신 바 된지라 이 영원한 생명을 우리가 보았고 증언하여 너희에게 전하노니 이는 아버지와 함께 계시다가 우리에게 나타내신 바 된 이시니라(요일 1:2). 하나님의 아들은 우리에게 영생이 되

시고, 우리의 영적이고 영광스러운 생명의 원천이 되신다. 우리 생명이신 그리스도께서 나타나실 그 때에 너희도 그와 함께 영광 중에 나타나리라(골 3:4). 그리스도로부터 이 땅에서와 하늘에서 우리에게 생명이 전달된다. 여기서 다음의 사실들을 주목하라.

(1) 하나님의 아들이 있는 자에게는 생명이 있고(12절). 하나님의 아들과 연합하는 사람은 생명과 연합하게 된다. 하나님의 아들과 연합하는 자격을 가진 사람은 생명과 영생에 대한 자격을 가지게 된다. 그러한 명예는 아버지 하나님이 아들에게 주신 것이다. 우리 역시 그러한 명예를 그리스도께 드려야 할 것이다. 우리는 아들에게 가서 입 맞추어야 할 것이다. 그러면 우리는 영생을 받게 될 것이다.

(2) 하나님의 아들이 없는 자에게는 생명이 없느니라(12절). 하나님의 아들을 믿지 않는 자는 계속해서 율법의 정죄 아래 있다. 아들을 믿는 자에게는 영생이 있고 아들을 순종하지 아니하는 자는 영생을 보지 못하고 도리어 하나님의 진노가 그 위에 머물러 있느니라(요 3:36). 하나님의 아들이 없는 자는 생명 그 자체이시고, 생명의 전달자이시고, 생명에 이르는 길이신 그리스도를 부인한다. 믿음이 없고 주님을 부인하는 자는 하나님의 진노를 사 영원한 죽음을 당하게 될 것이다. 왜냐하면 그러한 사람은 하나님을 거짓말하는 분으로 만들기 때문이다. 그러한 사람이 그렇게 되는 것은 하나님이 그의 아들에 관하여 증언하신 것을 믿지 않는 탓이다.

Ⅳ. 요한 사도가 이것을 신자들에게 전하는 목적과 이유는 다음과 같다.

1. 신자들을 격려하고 위로하기 위한 것이다. 내가 하나님의 아들의 이름을 믿는 너희에게 이것을 쓰는 것은 너희로 하여금 너희에게 영생이 있음을 알게 하려 함이라(13절). 이 모든 증거와 이들 증인들을 의지하여 생각할 때 하나님의 아들의 이름을 믿는 사람들에게 영생이 있는 것은 정당하고 당연하다. 그래서 하나님은 신자들의 수를 늘리신다! 세상이 그것을 받아들이게 하기 위하여 하늘에서 얼마나 많이 증언했는가! 세상은 하늘의 세 증인들에게 해명해야 될 책임이 있다. 신자들에게는 영생이 있다. 신자들은 복음의 언약 안에서 영생을 소유하게 된다. 신자들은 그들 안에 영생의 시작과 첫 열매되시는 그들의 주님 안에서 영생을 소유하게 된다. 이 신자들은 자신들이 영생을 소유하고 있음을 알 수 있다. 그들은 영생의 소망 안에서 활기를 얻고, 격려를 받고, 위로를 받아야

한다는 것을 알고 있다. 신자들은 성경을 소중하게 여겨야 한다. 성경은 신자들의 위로와 구원을 위하여 기록된 책이다.

2. 요한 사도의 목적은 신자들이 거룩한 믿음 안에서 확증을 얻고 그 믿음이 성장하고 발전하게 하기 위한 것이다. 내가 하나님의 아들의 이름을 믿는 너희에게 이것을 쓰는 것은 너희로 하여금 너희에게 영생이 있음을 알게 하려 함이라(13절). 신자들은 하나님의 아들을 계속 믿을 수 있어야 한다. 신자들은 인내하고 견뎌야만 한다. 그렇지 않으면 그들은 아무것도 할 수 없고 아무것도 얻을 수 없다. 하나님의 아들을 믿는 것을 그만 두는 것은 영생을 포기하는 것이고, 멸망하고 지옥에 떨어지는 행위이다. 그러므로 신앙생활의 증거들과 믿음의 유익이 신자들에게 제시되어야 한다. 그것은 신자들이 끝까지 견디고 인내할 수 있도록 원기를 북돋우고 격려하기 위한 것이다.

14그를 향하여 우리가 가진 바 담대함이 이것이니 그의 뜻대로 무엇을 구하면 들으심이라 15우리가 무엇이든지 구하는 바를 들으시는 줄을 안즉 우리가 그에게 구한 그것을 얻은 줄을 또한 아느니라 16누구든지 형제가 사망에 이르지 아니하는 죄 범하는 것을 보거든 구하라 그리하면 사망에 이르지 아니하는 범죄자들을 위하여 그에게 생명을 주시리라 사망에 이르는 죄가 있으니 이에 관하여 나는 구하라 하지 않노라 17모든 불의가 죄로되 사망에 이르지 아니하는 죄도 있도다

사도는 신자들을 격려하기 위하여 여기서 기도의 응답에 관해 권면한다. 여기서 다음의 사실들을 주목하라.

I 그리스도를 믿는 믿음에 속한 특권 하나는 기도의 응답이다. 그를 향하여 우리가 가진 바 담대함이 이것이니 그의 뜻대로 무엇을 구하면 들으심이라(14절). 주 예수 그리스도는 어떤 환경 속에서도 우리가 하나님께 나아가 무엇이든지 간구하고 요청할 수 있는 용기를 불어넣어 주신다. 그리스도를 통하여 우리가 드리는 청원들이 하나님께 허용되고 받아들여지게 된다. 우리가 기도하는 내용은 하나님의 선포된 뜻에 맞아야 된다. 우리가 우리의 유익을 위하여 하나님의 위엄과 영광을 거스르는 것을 요청하는 것은 온당하지 않다. 우리의 기도는 하나님의 뜻에 일치해야 하고 그리스도를 의뢰해야 한다. 그렇게 할 때 우리는 믿음의 기도가 하늘에서 응답될 것이라는 확신을 가질 수 있을 것이다.

Ⅱ. 그러한 특권이 우리에게 주는 유익은 기도를 통해 구한 것을 얻게 되는 것이다. 우리가 무엇이든지 구하는 바를 들으시는 줄을 안즉 우리가 그에게 구한 그 것을 얻은 줄을 또한 아느니라(15절). 거룩한 청원자가 얻는 구원과 자비와 축복들은 아주 크다. 자신들의 청원들과 간구들을 하늘에서 듣고 받아들인다는 사실을 아는 것은 기도들이 응답되는 것을 아는 것만큼 좋고 유익하다. 그러므로 그리스도 안에서 구하는 사람은 하나님이 불쌍히 여기시고, 용서해주시고, 지혜를 주시고, 거룩하게 해주시고, 도와주시고, 구원해주신다. 믿음 안에서 하나님께 구하는 기도는 응답을 받고 구하는 것을 얻게 된다.

Ⅲ. 사도는 다른 사람들의 죄와 관련하여 기도하는 것에 대해 권면한다. 누구든지 형제가 사망에 이르지 아니하는 죄 범하는 것을 보거든 구하라 그리하면 사망에 이르지 아니하는 범죄자들을 위하여 그에게 생명을 주시리라 사망에 이르는 죄가 있으니 이에 관하여 나는 구하라 하지 않노라(16절). 여기서 다음의 사실들을 주목하라.

1. 우리는 우리 자신들뿐만 아니라 다른 사람들을 위해서도 기도해야 한다. 그것은 우리 주위의 믿음이 없는 형제들이 깨우침을 받고, 회심하고, 구원받게 하기 위한 것이다. 또한 그것은 신앙 고백을 한 우리 믿음의 형제들도 예수 그리스도 안에서 신실해지고, 죄 사함을 받게 되고, 악한 세력들로부터 구원을 받게 되고, 하나님의 징벌을 받지 않게 되고, 믿음의 인내를 감당하도록 하기 위한 것이다.

2. 죄에도 질과 정도의 차이가 아주 크다. 사망에 이르는 죄가 있으니(16절). 사망에 이르지 아니하는 죄도 있도다(17절). 여기서 다음의 사실들을 주목하라.

(1) 사망에 이르는 죄가 있다. 모든 죄는 그것의 율법적 시비곡직과 판결은 죽음이다. 죄의 삯은 사망이다(롬 6:23). 무릇 율법 행위에 속한 자들은 저주 아래에 있나니 기록된 바 누구든지 율법 책에 기록된 대로 모든 일을 항상 행하지 아니하는 자는 저주 아래에 있는 자라 하였음이라(갈 3:10). 그런가하면 그러한 사망에 이르는 죄와 반대로 사망에 이르지 아니하는 죄도 있다.

(2) 사망에 이르지 아니하는 죄도 있다. 이러한 경우는 하나님의 법이나 인간의 법이나 똑같이 죽음에 해당되지 않는다. 차이가 있다면 인간의 법은 일시적이고 육체적인 생명에 관계된 것이지만 하나님의 법은 육체의 생명과 영적인 복음의 생명에 관계된 것이다.

[1] 인간의 공의로운 법으로 사망에 해당되지 않는 죄들이 있다. 죽지 않고 보상될 수 있는 다양한 불의들이 있다. 이러한 것과 반대로 의로운 법에 의해 생명을 몰수당하는 사망에 이르는 죄들도 있다. 그러한 죄들을 '죽을 죄(대죄)' 라고 한다.

[2] 하나님의 법에 의해 사망에 해당하는 죄들이 있다. 그것이 육체적인 죽음이든 정신적이고 복음적인 죽음이든 하나님의 법으로 죽음의 판결을 받는 죄들이 있다. 여기서 다음의 사실들을 주목하라.

첫째, 그러한 죄들은 육체적 사망에 이르게 된다. 그러한 실례로 아나니아와 삽비라와 같은 위선자들의 죄를 들 수 있겠다. 잘은 모르지만 그리스도인 형제들 가운데에도 이러한 경우가 있는 것 같다. 그래서 사도 바울도 고린도 교회의 죄를 범한 신자들에 대해 말하고 있다. 그러므로 너희 중에 약한 자와 병든 자가 많고 잠자는 자도 적지 아니하니(고전 11:30). 세상의 정죄를 받지 않을 수도 있는 사람들 가운데에도 육체적 사망에 이르는 죄를 범할 수가 있다. 그러한 죄가 육체적 사망일 수 있다. 복음에서의 하나님의 형법은 그리스도의 지체들이 저지른 가시적인 죄들에 확정적이고 최종적으로 사망을 선고하지 않고, 복음적인 징벌만을 내릴 따름이다. 주께서 그 사랑하시는 자를 징계하시고 그가 받아들이시는 아들마다 채찍질하심이라 하였으니(히 12:6). 징벌을 당하게 되거나 채찍질 당하게 될 때까지 이르게 되는 복음의 가혹한 심판조차에도 하나님의 지혜와 선하심의 여유가 담겨져 있다. 그러나 그러한 죄일지라도 때로는 사망에 이르게 될 수도 있다고 말할 수 있다. 그것은 다른 사람들에게 경고를 주기 위한 것일 수도 있다.

둘째, 하나님의 법에 의해 영적이고 복음적인 사망에 이르게 되는 죄들이 있다. 그것은 영적이고 복음적인 생명과 반대되고 일치하지 않는 것이다. 영적이고 복음적인 생명은 영혼 속에 영적인 생명과 복음적인 생명의 의를 지닌 생명이다. 그러한 영적인 사망은 현세에 있는 동안 전적으로 회개하지 아니하고 믿지 않는다. 끝까지 회개하지 아니하고 믿지 않는 것은 반드시 영원한 사망에 이르게 된다. 그러한 죄는 하나님이 그리스도와 그의 복음에 대해 증언하신 증거를 믿지 않고 거부하는, 하나님의 영을 모독하는 죄를 범한 것과 같다. 그러한 죄는 그리스도교의 명백하고 설득력 있는 증거를 믿지 않고 부정하는 철저한 배교다. 이러한 죄들이 영원한 사망에 이르는 죄를 범한 경우에 해당되는 것들이다.

IV. 죄의 다른 종류에 따라서 기도의 적용에 대한 권면도 차이가 있다.

먼저 생명에 이르는 기도가 있다. 누구든지 형제가 사망에 이르지 아니하는 죄 범하는 것을 보거든 구하라 그리하면 사망에 이르지 아니하는 범죄자들을 위하여 그에게 생명을 주시리라(16절). 생명은 하나님께 구해야 된다. 하나님은 생명의 하나님이시다. 하나님은 기뻐하실 때 하나님이 기뻐하시는 사람에게 생명을 주신다. 그러나 하나님은 그것이 합당하다고 생각하시면 하나님의 법이나 섭리로 생명을 거두어 가신다. 사망에 이르지 아니하는 형제의 죄의 경우에 우리는 믿음과 소망으로 그를 위하여 기도할 수 있다. 그 기도는 몸과 영혼의 생명을 위한 것이다. 그러나 앞에서 언급한 대로 사망에 이르는 죄의 경우에는 우리가 기도할 수 있는 참작의 여지는 전혀 없다. 아마 사도가 사망에 이르는 죄가 있으니 이에 관하여 나는 구하라 하지 않노라(16절) 말한 것이 바로 그러한 의미에서 한 것일 수도 있다. 다시 말해서 그는 이렇게 말한 것일 수도 있다. "그러한 경우에 내가 약속할 수 있는 것은 아무것도 없다. 사망에 이르는 죄에는 믿음의 기도를 위한 근거가 전혀 없다." 여기서 다음의 사실들을 주목하라.

1. 인간의 공동 안전과 유익을 위하여 공의의 형법은 시행되어야 한다. 그러한 경우의 죄를 범한 형제는 공적인 정의에도 맡겨야 하고, 그와 동시에 하나님의 자비에도 맡겨야 한다. 공적인 정의도 그 기반은 하나님의 법에 두고 있다.

2. 복음적 형벌들의 면제 내지는 죽음 방지는 단지 조건적이거나 일시적으로 기도해야 할 사안이다. 즉 그러한 사안은 그것이 하나님의 지혜와 뜻과 영광에 일치하는 조건에서 가능하다. 특별히 그러한 죽음을 면제하는 경우에는 더욱 그러하다.

3. 회개하지 아니하고 믿지 아니하는 사람들의 죄들이 계속 그러한 상태에 있는데 용서를 받아야 한다는 기도를 할 수는 없다. 또한 그들이 계속 그러한 상태에 있는데 죄 사함을 전제로 하거나 가정해서 생명이나 영혼에 자비를 베풀어달라고 기도할 수는 없다고 본다. 그러나 우리가 그들의 회개를 위해, 그리스도를 믿는 믿음의 축복을 위해, 다른 모든 구원의 자비를 위해 기도할 수는 있다.

4. 어떤 사람이 성령을 거스르는 용서받을 수 없는 죄를 범한 경우에, 그리고

그리스도교의 분명한 계시의 능력을 전적으로 부정하는 배교의 죄를 범한 경우에는 그들을 위해 전혀 기도할 수가 없는 것 같다. 왜냐하면 성경이 그렇게 말씀하고 있기 때문이다. 오직 무서운 마음으로 심판을 기다리는 것과 대적하는 자를 태울 맹렬한 불만 있으리라(히 10:27). 지금 이 말씀을 통해 바울 사도가 의미하는 바도 사망에 이르는 죄를 말하는 것으로 보인다.

5. 그 다음에 사도는 사망에 이르지 아니하는 죄가 있다고 진술한다. 모든 불의가 죄로되(17절). 만일 모든 불의가 사망에 이르는 죄가 된다면 우리 모두는 절대적으로 죽어야만 할 것이다. 그러나 그것이 그렇지 않기 때문에 사망에 이르지 아니하는 죄도 있어야 할 것이다. 용서받을 수 있는 가벼운 죄가 아님에도 불구하고 용서받을 수 있는 죄가 있다. 즉 큰 죄일지라도 영원한 사망에 이르는 절대적인 책임이 따르는 죄에 포함되지 않는 죄가 있을 수 있다는 것이다.

[18]하나님께로부터 난 자는 다 범죄하지 아니하는 줄을 우리가 아노라 하나님께로부터 나신 자가 그를 지키시매 악한 자가 그를 만지지도 못하느니라 [19]또 아는 것은 우리는 하나님께 속하고 온 세상은 악한 자 안에 처한 것이며 [20]또 아는 것은 하나님의 아들이 이르러 우리에게 지각을 주사 우리로 참된 자를 알게 하신 것과 또한 우리가 참된 자 곧 그의 아들 예수 그리스도 안에 있는 것이니 그는 참 하나님이시요 영생이시라 [21]자녀들아 너희 자신을 지켜 우상에서 멀리하라

사도는 여기서 하나님께 속한 자와 세상에 속한 자의 차이를 진술한다. 여기서 다음의 사실들을 주목하라.

I 사도는 건전한 그리스도인 신자들의 특권과 유익들에 대한 요점을 다시 개괄한다.

1. 그리스도인들은 죄로부터 안전하다. 그리스도인들은 죄의 완전한 지배나 범죄로부터 안전하다. 하나님께로부터 난 자는 다 범죄하지 아니하는 줄을 우리가 아노라(18절). 그 안에 거하는 자마다 범죄하지 아니하나니 범죄하는 자마다 그를 보지도 못하였고 그를 알지도 못하였느니라(3:6). 하나님께로부터 난 자마다 죄를 짓지 아니하나니 이는 하나님의 씨가 그의 속에 거함이요 그도 범죄하지 못하는 것은 하나님께로부터 났음이라(3:9). 따라서 그리스도인들은 다른 사람들의 죄들에 수반

되는 범죄들로 넘치게 되지 아니한다. 그러므로 하나님께로부터 난 그리스도인은 불가피하게 사망에 이르는 죄로부터 보호를 받고 안전하다. 또한 그리스도인은 영원한 사망의 삯을 반드시 받게 되어있는 죄인으로부터도 안전하다. 하나님의 영의 내재를 통하여 새 본성을 가지게 된 그리스도인은 그러한 용서받을 수 없는 죄에 이르지 않게 된다.

2. 하나님께 속한 그리스도인들은 마귀의 파괴적인 계책과 공격들로부터 보호를 받게 된다. 하나님께로부터 난 자는 다 범죄하지 아니하는 줄을 우리가 아노라(18절). 다시 말해서 하나님께 속하지 않은 악인은 그리스도인을 건드릴 수도 없고, 사망에 이르게 할 수도 없다. 이것은 거듭난 사람의 의무나 실천에 대한 진술이 아닌 것 같다. 이것은 그리스도인들이 중생을 힘입어 가지게 되는 그들의 능력을 나타내는 것으로 보인다. 그리스도인들은 중생을 통하여 악한 자의 치명적인 공격과 쏘는 것에 대한 각오가 되어있고 믿음으로 무장되어 있다. 악인은 그리스도인들의 영혼을 건드리지 못하므로 다른 사람들에게 하는 것처럼 그리스도인들에게 그의 독물과 악의를 주입시키지 못하고, 그의 독약에 해독제가 되는 중생의 원리를 몰아내지 못하고, 영원한 사망에 이르는 죄를 짓게 하지 못한다. 악한 자는 그리스도인들을 어느 정도 이길 수 있고 어떤 죄들에 빠지게 할 수는 있다. 그러나 여기서 사도가 의미하는 바는 그리스도인들의 중생이 그들을 마귀의 공격들로부터 지켜주고, 마귀의 실제적인 저주로부터 보호해준다는 것이다.

3. 그리스도인들은 하나님의 편에 속한 자이고 하나님의 관심의 대상이다. 그것은 세상에 속한 자들의 상태와 반대다. 또 아는 것은 우리는 하나님께 속하고 온 세상은 악한 자 안에 처한 것이며(19절). 인간은 크게 두 부류로 나뉜다. 하나는 하나님께 속한 부류이고 다른 하나는 악한 자에게 속한 부류이다. 그리스도인들은 하나님께 속한다. 그리스도인들은 하나님께로부터 난 자들이다. 그리스도인들은 하나님을 위한 자들이다. 그들은 하나님의 백성인 옛날 이스라엘의 권리와 기업과 능력을 이어받는다. 여호와의 분깃은 자기 백성이라 야곱은 그가 택하신 기업이로다(신 32:9). 반대로 하나님께 속하지 않은 세상의 나머지 상당한 부분이 악한 자와 그 세력에 속해 있다. 실제로 하늘이나 영계에도 악한 자들과 악한 영들이 많이 있다. 그러나 그 악한 자들은 모두 악한 본성과 악한 정책과 악한 원리로 결합되어 있다. 그 악한 자들은 또한 한 머리 안에, 한 지도자 밑에

결합되어 있다. 마귀들에게도 왕이 있고 마귀의 왕국에도 군주가 있다. 악의와 악한 세계에도 머리가 있다. 악한 자는 이 세상의 신이라고 불릴 정도로 이 세상에서 지배력과 통치권을 가지고 있다. 그런데 참으로 이상한 것은 그토록 아는 것이 많고 능력 있는 영이 사사건건 전능자에게 도저히 화해할 수 없는 분노를 일으킨다는 것이다. 마귀 자신이 결국 망하고 영원한 진노를 벗어날 수 없다는 사실을 익히 알고 있으면서도 말이다. 악한 자에 대한 하나님의 심판이 얼마나 크고 무섭겠는가! 그리스도인 세계의 하나님이시여, 이 세상에서 마귀의 세력과 지배를 소멸시켜주시고, 영혼들을 하나님의 사랑하시는 아들의 나라로 옮겨주소서!

4. 그리스도인들은 참되고 영원하신 하나님을 아는 깨우침을 받게 된다. "또 아는 것은 하나님의 아들이 이르러 우리에게 지각을 주사 우리로 참된 자를 알게 하신 것과 또한 우리가 참된 자 곧 그의 아들 예수 그리스도 안에 있는 것이니 그는 참 하나님이시요 영생이시라(20절). 하나님의 아들이 우리의 세상에 오셨고, 우리가 그를 보았고, 이미 전달된 모든 증거를 통해 그를 알았다. 하나님의 아들은 우리에게 참된 하나님을 계시해주셨다. 본래 하나님을 본 사람이 없으되 아버지 품 속에 있는 독생하신 하나님이 나타내셨느니라(요 1:18). 그리스도는 우리의 마음을 열어주시어 그 계시를 이해하게 해주셨고, 우리의 총명에 내적인 빛을 주셨고, 그로 말미암아 우리가 참 하나님의 영광들을 분별할 수 있게 해주셨다. 그러므로 우리는 하나님의 아들이 우리에게 계시해주셨던 것이 바로 참 하나님이시라는 것을 확신한다. 그리스도는 이방인들의 모든 신들보다 그 순수함과 능력과 완전하심에 있어서 비할 바 없이 우월하시다. 그리스도는 살아 계시고 참되신 하나님의 모든 덕과 능력과 풍성하심을 다 지니고 계시다. 그는 모세의 기록에 따라 하늘과 땅을 만드셨던 바로 그 하나님이시다. 그는 우리의 믿음의 조상 족장들과 직접 언약을 맺으셨던 바로 그 하나님이시다. 그는 우리 믿음의 선조들을 이집트에서 이끌어내셨던 바로 그 하나님이시다. 그는 시내 산에서 율법을 주셨던 바로 그 하나님이시다. 그는 우리에게 거룩한 계시들을 주시고, 이방인들을 불러 회심시키겠다고 약속하셨던 바로 그 하나님이시다. 그의 위로와 행사들을 통해, 그의 사랑과 은혜를 통해, 그의 경고와 심판들을 통해 우리는 그가, 그만이 그의 완전하신 실재에 있어서 살아계시고 참되신 하나님이시라는 것을 안다." 참되신 하나님을 알고, 그리스도 안에서 하나님을 아는 것

은 큰 행복이요 축복이다. 그것은 영생이다. 영생은 곧 유일하신 참 하나님과 그가 보내신 자 예수 그리스도를 아는 것이니이다(요 17:3). 참되신 하나님에 대한 가장 좋은 증거를 우리에게 주고, 살아계시고 참되신 하나님을 알아볼 수 있는 가장 좋은 안약을 우리에게 처방해주는 것은 그리스도교 계시의 영광이요 빛이다.

5. 그리스도인들은 하나님과 그의 아들과 행복한 연합을 이룬다. "또한 우리가 참된 자 곧 그의 아들 예수 그리스도 안에 있는 것이니 그는 참 하나님이시요 영생이시라(20절). 그 아들이 우리를 그 아버지에게로 인도해주신다. 우리는 그 아들과 그 아버지 안에서, 그 아들과 그 아버지의 사랑과 은총 안에서, 그 두 분과 맺은 언약과 연합 안에서, 성령의 내재와 작용을 통해 그 두 분과의 영적 결합 안에서 그들과 하나가 된다. 이것은 너희가 얼마나 큰 영광과 축복을 받게 된 것인지를 알게 하기 위한 것이다. 그러므로 너희는 이 참되신 분이 바로 참 하나님이시요 영생이심을 기억해야 한다." 또한 이것은 이런 말일 수도 있다. 바로 이 하나님의 아들 자신이 참 하나님이시요 영생이시다. 태초에 말씀이 계시니라 이 말씀이 하나님과 함께 계셨으니 이 말씀은 곧 하나님이시니라(요 1:1). 이 생명이 나타내신 바 된지라 이 영원한 생명을 우리가 보았고 증언하여 너희에게 전하노니 이는 아버지와 함께 계시다가 우리에게 나타내신 바 된 이시니라(1:2). 그러므로 우리는 어느 한 분과의 연합을 통해서든, 더 나아가서 두 분과의 연합을 통해서든 우리는 참되신 하나님과 영생과 연합하여 하나가 된다.

II 사도의 마무리 권면. 자녀들아 너희 자신을 지켜 우상에게서 멀리하라(21절). 너희가 참되신 하나님을 알고, 하나님 안에 있으므로 하나님을 반대하고 하나님과 싸우는 모든 것에 대항하기 위하여 너희의 빛과 사랑으로 너희 자신을 무장하고 지키도록 하라. 이방 세계의 거짓 신들을 멀리하라. 그것들은 너희를 소유하시고 너희의 섬김을 받으시는 하나님과 비교할 수가 없다. 너희 하나님을 어떤 상이든지 모양을 새기거나 그려서 섬기지 말라. 너희의 하나님은 이해하거나 파악할 수 없는 영이시고, 그런 비천한 형상들과 모습들로는 하나님을 모욕할 따름이다. 우상을 섬기고 숭배하는 이교도 이웃들과는 교류하거나 교제하지 말라. 너희 하나님은 질투하시는 하나님이시다. 그러므로 하나님은 너희를 우상 숭배하는 자들에게서 나오게 하실 것이고, 그들과 갈라놓으실 것이다. 육체를 죽이고, 육체를 세상에 못 박아 오직 하나님만의 것인 마음속의 보좌를 세상이 빼앗아가지 못하게 하라. 너희가 알고 있는 그 하나님은 너희를 만드시고, 그의 아들을 통하여 너희를 구원하시고, 너희에게 그의 복음을 전하기 위하여 그를 보내시고, 너희의 죄들을 용서해주시고, 너희를 그의 영으로 거듭나게 해 하나님께로 인도해주시고, 너희에게 영생을 주신 분이시다. 믿음 안에서 그 하나님께 충성하고, 사랑하고, 언제나 복종하라. 너희 정신과 마음을 하나님에게서 멀어지게 하는 모든 것들을 다 멀리하고 버리도록 하라. 살아계시고 참되신 하나님께 영원히 영광과 권세가 있사옵나이다. 아멘.

요한이서

서론

여기서 우리는 본 서신의 수신인의 이름에 남성만이 아닌 여성도 포함되어 있음을 발견하게 된다. 여성이 포함되는 것은 당연하다. 복음의 구원과 특권과 품위에는 남자나 여자가 없다. 남자나 여자나 다 그리스도 예수 안에서 하나다. 우리의 주님 스스로도 사마리아 여인과 대화를 나누시기 위하여 끼니도 거르셨다. 그것은 그 여자에게 생명의 원천을 보여주시기 위한 것이었다. 십자가 위에서 마지막 숨이 가물거릴 때 그리스도는 기력이 소진된 창백한 입술로 사랑하는 제자에게 자신의 어머니를 돌보아 달라고 유언하셨다. 주님은 그 유언을 통해 그의 사랑하시는 제자에게 장차 여성 제자들을 존중할 것을 교훈하셨다. 주님은 무덤에서 살아나신 뒤에 먼저 만나신 것도 여성이었고, 그녀를 보내 다른 제자들에게 그의 부활 소식을 알리게 하셨다. 우리는 나중에 그리스도인 형제들을 위하여 헌신한 믿음이 뜨거운 브리스길라를 발견하게 된다. 그녀는 사도 바울을 돕기 위하여 위험한 일도 마다하지 않았다. 브리스길라는 그녀의 남편 아굴라보다 먼저 자주 언급이 된다. 그녀는 바울 사도에게만 아니라 모든 이방인 교회들에도 널리 알려졌다. 바울 사도와 교인들은 다같이 그녀를 인정하고 고마워했다. 하나님의 섭리로 명예롭게 되고 하나님의 은혜로 뛰어나게 된 그리스도교의 여성 영웅이 사도의 서신을 통해 존경을 받게 되는 것은 하등 놀랄 만한 일이 아니다.

제 1 장

개요

사도는 여기서 존경스러운 부인과 그 자녀들에게 인사한다(1-3절). 사도는 그들에게 믿음과 사랑을 권면한다(5-6절). 사도는 그들에게 미혹하는 자들을 조심하라고 경고한다(8절). 그리스도의 가르침을 전하지 아니하는 선생들을 조심하라고 사도는 경고한다(10-11절). 사도는 다른 것들을 개인적인 이야기와 함께 본 서신을 마무리한다(12-13절).

¹장로인 나는 택하심을 받은 부녀와 그의 자녀들에게 편지하노니 내가 참으로 사랑하는 자요 나뿐 아니라 진리를 아는 모든 자도 그리하는 것은 ²우리 안에 거하여 영원히 우리와 함께 할 진리로 말미암음이로다 ³은혜와 긍휼과 평강이 하나님 아버지와 아버지의 아들 예수 그리스도께로부터 진리와 사랑 가운데서 우리와 함께 있으리라 ⁴너의 자녀들 중에 우리가 아버지께 받은 계명대로 진리를 행하는 자를 내가 보니 심히 기쁘도다

오랜 옛날의 서신들은 여기서처럼 문안 인사와 기원을 비는 말로 시작했다. 그리스도교는 옛 형식들을 할 수 있는 한 신성하게 만들어 생명과 사랑의 실제적인 표현들로 바꾸어 문안 인사로 사용한다. 여기서 다음의 사실들을 주목하라.

Ⅰ 문안 인사를 하는 사람이 이름을 직접 말하지는 않지만 어떤 특정한 인물로 소개되고 있다. 그는 장로다. 여기서 사용되고 있는 표현과 문체와 사랑은 본 서신의 저자가 앞의 서신과 같은 사람이라는 것을 드러내준다. 그는 이제 자신의 신분을 강조하기 위하여 장로임을 알린다. 이것은 당시 살아 있는 사도들 가운데 가장 나이가 많은 사도였고, 하나님의 교회의 대표 장로임을 밝히는 것이다. 옛날 이스라엘 집안의 연장자와 원로는 존경의 대상이었다. 더욱이 하나님의 복음의 이스라엘인 교회 안에서 연장자인 장로는 더욱 존경해야 하고 존경을 받아야 될 어른이다. 나이든 제자는 존경스럽다. 나이든 사도이고 제자

들의 지도자도 마찬가지로 많은 존경을 받아야 될 것이다. 이제 요한 사도는 거룩한 사역과 경험을 통해 나이를 먹고 늙었다. 그는 하늘나라에 대한 것을 많이 보았고 맛보았고 체험했다. 그는 이제 그가 처음에 믿었을 때보다 하늘나라에 훨씬 가까워졌다.

Ⅱ. 사도의 문안 인사를 받는 사람들은 기품 있는 그리스도인 부인과 그녀의 자녀들이다. 택하심을 받은 부녀와 그의 자녀들에게(1절). (한글 개역개정판이 부녀로 번역한 lady는 원래 귀부인에 사용되는 단어이다.) 귀부인은 출생과 교육과 소유에 있어서 남다른 특성을 지닌 사람이다. 복음이 그러한 귀부인을 갖는 것은 당연하다. 군주들과 귀부인들이 주 예수 그리스도와 그리스도교를 잘 알지 못하고 좋은 관계를 맺지 못하는 것은 안타까운 일이다. 그들은 다른 사람들이 하는 것보다도 그리스도의 은혜를 더 많이 갚아야 될 책임이 있다. 비록 문벌 있고 귀한 사람들 가운데 하나님의 부르심을 받은 사람들이 많지는 않지만 말이다. 형제들아 너희를 부르심을 보라 육체를 따라 지혜로운 자가 많지 아니하며 능한 자가 많지 아니하며 문벌 좋은 자가 많지 아니하도다(고전 1:26). 여기서 지체 있는 여성들의 귀감이 되는 본보기가 소개되고 있다.

택하심을 받은 부녀. 이 귀부인은 세상에서 선택을 받은 특별한 신분의 사람일 뿐만 아니라 하나님의 선택을 받은 사람이기도 하다. 귀부인들이 하나님의 선택을 받은 것을 드러내는 거룩한 걸음을 걷는 것을 보는 것은 참으로 사랑스럽고 아름다운 일이다. 그의 자녀들. 아마 이 귀부인은 과부였던 것 같다. 부녀와 그의 자녀들은 그 당시에 가족의 주요 구성원이다. 그러므로 이 표현은 말을 아껴 쓰는 서신의 형식과 문체에 맞춘 것이다. 가족들에게 편지들을 쓰는 것이 좋다. 그것은 가족들의 가정적인 사랑과 질서와 의무들을 권장하기 위한 것이다. 자녀들은 그리스도인의 서신들에서 그러한 것들을 발견할 수 있어야 하고 또 그것들을 당연히 알아야 한다. 편지는 그들을 격려하고 경계시키는 데 유익할 수 있다. 그 가족들을 사랑하고 칭찬하는 사람은 당연히 그들의 안부를 물을 수 있을 것이다. 이 귀부인과 그녀의 자녀들은 사도의 사랑과 배려로 귀히 여김을 받고 있다. 여기서 다음의 사실들을 주목하라.

1. 사도 자신의 관심과 사랑을 그들에게 나타낸다. 내가 참으로 사랑하는 자요(1절). 사도는 그들을 진리 안에서 진심으로 사랑한다. 주님의 사랑받는 제자였던 요한 사도는 사랑을 나타내고 행하는 방법을 배우고 터득했었다. 그래서 사

도는 자신을 사랑하는 사람들을 특별히 사랑했다. 그는 자신을 사랑해주셨던 주님을 더욱 사랑했다.

2. 사도는 이 부인의 모든 그리스도인 친구, 그녀를 아는 모든 신앙인들이 그녀를 사랑한다는 사실을 진술한다. 나뿐 아니라 진리를 아는 모든 자도 그리하는 것은(1절). 어떤 높이 올라간 영역 안에 있는 덕과 선함은 밝게 빛나기 마련이다. 진리는 인정받기를 요구한다. 순수한 신앙생활의 증거들을 발견하는 사람들은 그것들을 인정하고 증거를 해야 한다. 다른 사람들의 신앙생활을 사랑하고 높이 여기고 귀하게 여기는 것은 그리스도인의 좋은 표시이고 아주 중요한 의무이다. 이와 같이 이 부인과 그 자녀들에게 나타내는 사랑과 관심의 근거와 이유는 진리에 대한 그들의 관심과 사랑이었다. 우리 안에 거하여 영원히 우리와 함께 할 진리로 말미암음이로다(2절). 그리스도인의 사랑은 활기 넘치는 신앙생활의 표현에 근거한다. 좋아하는 것은 애정을 낳아야 한다. 자신 안의 진리와 경건을 사랑하는 사람들은 다른 사람들 안에 있는 진리와 경건도 사랑해야 하고 또한 그것으로 말미암아 다른 사람들도 사랑해야 한다. 사도와 다른 그리스도인들은 이 부인을 사랑했다. 그러나 그들은 그 부인의 명예가 아니라 그 부인의 거룩함을 사랑하고, 그 부인의 풍부함과 활수함이 아니라 그 부인의 진실한 그리스도교 신앙을 사랑한 것이었다. 신앙생활은 문득 생각난 듯이 산발적으로 한다거나 기분에 따라서 하거나 안 하거나 해서는 안 된다. 그 반대로 신앙생활은 항상 우리 안에 자리 잡고 있어야 한다. 신앙생활은 우리의 정신과 마음속에, 우리의 믿음과 사랑 속에 항상 일정하게 자리잡고 있어야 한다. 그리고 소망스러운 사실은 일단 신앙생활이 우리 속에 정말 자리를 잡게 되면 그것은 영원히 있게 된다는 것이다. 그리스도교의 영은 절대로 소멸되지 않을 것이다. 우리 안에 거하여 영원히 우리와 함께 할 진리로 말미암음이로다(2절).

Ⅲ. 본 서신의 안부 인사는 진실로 사도가 비는 축도다. 은혜와 긍휼과 평강이 하나님 아버지와 아버지의 아들 예수 그리스도께로부터 진리와 사랑 가운데서 우리와 함께 있으리라(3절). 거룩한 사랑이 이 존경스러운 가족에게 축복들을 쏟아 붓는다. 거룩한 사랑이 많은 축복을 받을 사람들에게 더 많은 축복을 기원한다. 여기서 다음의 사실들을 주목하라.

1. 누구로부터 이 간절히 갈망하는 축복들을 받게 되는가?

(1) 이 축복들은 하나님 아버지께로부터 받는다. 하나님 아버지는 모든 은혜의

하나님이시다. 하나님은 축복의 근원이시고, 우리에게 전달되는 모든 축복들은 하나님께로부터 말미암는다.

(2) 이 축복들은 예수 그리스도께로부터 받는다. 주 예수 그리스도는 이 하늘의 축복들의 창조자와 전달자이시다. 그리스도는 이 독특한 속성으로 구별되신다. 아버지의 아들. 그와 같은 아들은 그 외에 존재할 수 없다. 이 생명이 나타내신 바 된지라 이 영원한 생명을 우리가 보았고 증언하여 너희에게 전하노니 이는 아버지와 함께 계시다가 우리에게 나타내신 바 된 이시니라(요일 1:2).

2. 사도가 하나님에게서 바라는 것들은 무엇인가?

(1) 은혜 – 모든 좋은 것들의 원천이 은혜인데 이것은 하나님의 호의와 은총이다. 죽어야 할 죄인들에게 어떤 영적인 축복이 베풀어지는 것은 참으로 은혜다.

(2) 긍휼 – 이것은 거저 받는 죄 사함과 용서다. 은혜로 이미 풍성하게 된 사람들도 지속적인 죄 사함을 필요로 한다.

(3) 평강 – 영혼의 고요함과 양심의 평온함은 하나님과의 확실한 화해를 통해 얻게 된다. 이것이 평강이다. 이것은 동시에 외적인 번영도 보호해주고 보장해준다. 문안 인사를 하는 사람은 진실하고 뜨거운 애정으로 이러한 축복들이 임하기를 바란다. 사도는 믿음과 사랑 안에서 이 축복들이 하나님 아버지와 아버지의 아들 예수 그리스도께로부터 그들에게 베풀어지기를 기도한다. 마찬가지로 인사를 받는 사람들은 변하지 않는 진리와 사랑의 산물로 이러한 축복들을 받게 될 것이다. 이 축복들은 택하심을 받은 부녀와 그의 자녀들 안에 있는 참된 믿음과 사랑을 끝까지 보존할 것이다.

Ⅳ. 사도는 이 훌륭한 부인의 자녀들의 모범적인 행위를 보고 칭찬을 아끼지 않고 축하를 보낸다. 그토록 신앙적인 자녀를 많이 둔 행복한 부모는 축복을 많이 받은 것이다. 너의 자녀들 중에 우리가 아버지께 받은 계명대로 진리를 행하는 자를 내가 보니 심히 기쁘도다(4절). 아마 이 부인의 아들들은 세상을 익히고 알기 위해서 해외로 두루 여행을 했던 것 같다. 또는 그들은 사업상 목적이나 가족의 일 때문에 여행을 했을지도 모른다. 그 여행 중에 그들은 에베소에 들렀을런지도 모른다. 그 곳은 당시 요한 사도가 머물고 있던 곳이었다. 그래서 그 곳에서 이 귀부인의 아들들은 사도를 만나 즐겁게 이야기를 나누었을 것이다. 이것은 그들이 어릴 때 신앙생활 훈련을 얼마나 잘 받았는지를 보여준다. 신앙

생활이 교육에 절대적으로 근거하고 있지는 않다. 그러나 교육이 불신앙적인 오염과 감염에 대해 젊은이를 무장시켜준다. 그리고 그것이 종종 축복이 되기도 한다. 그러므로 젊은 여행자들이 믿음을 가지고 여행을 다니게 해야 한다. 그래야 그들이 믿음을 집에 두고 여행을 떠나지 않게 되고, 가는 지방들이나 나라들의 나쁜 관습들을 배우고 물지 않게 될 것이다. 때때로 하나님의 택하심이 직계 혈통으로 이어지는 것을 보게 된다. 여기서 우리는 택하심을 받은 부녀와 그의 자녀들을 발견하게 된다. 자녀들이 부모의 덕으로 하나님의 사랑을 받게 될 수도 있다. 그러나 부모나 그 자녀는 사실 하나님의 거저 주시는 은혜를 힘입어 하나님의 사랑과 택하심을 받게 된다. 지금 사도의 기뻐하는 모습에서 우리는 그 자녀들이 그 부모들의 신앙을 이어받아 그 길을 따르고 있는 것을 보는 게 얼마나 기쁜 일인지를 발견하게 된다. 이러한 본을 보이는 자녀들은 그것으로 그들의 부모들을 아주 높이고 아주 즐겁게 해드리게 된다. 그리고 그것은 하나님에 대한 그들의 감사를 일깨워주고, 그들의 큰 평안과 큰 축복이 된다. 하늘나라와 하나님을 위하여 많은 자녀들을 키운 이런 부인은 얼마나 행복하겠는가! 자녀들이 그렇게 좋은 평판을 얻게 아주 잘 양육한 부인은 그 기쁨이 얼마나 크겠는가! 더 나아가서 우리는 이러한 사례를 나이든 훌륭한 목사들에게서 발견한다. 그들을 통해 하나님의 제자들이 된 사람들이 하나님을 잘 섬기고 교회를 봉사하는 것을 볼 때 얼마나 기쁘겠는가! 그들이 세상을 떠났을 때에도 그 제자들이 그들의 뒤를 이어 신앙의 본을 보이는 것은 얼마나 기쁜 일인가! 우리는 여기서 신앙의 참된 행함과 걸음의 규칙을 발견하게 된다. 그것은 아버지께 받은 계명이다. 따라서 우리가 참되게 걷게 되고, 바르게 행동하게 되는 것은 하나님의 말씀을 힘입을 때이다.

⁵부녀여, 내가 이제는 네게 구하노니 서로 사랑하자 이는 새 계명같이 네게 쓰는 것이 아니요 처음부터 우리가 가진 것이라 ⁶또 사랑은 이것이니 우리가 그 계명을 따라 행하는 것이요 계명은 이것이니 너희가 처음부터 들은 바와 같이 그 가운데서 행하라 하심이라

우리는 이제 본 서신의 목적과 주제로 들어간다.

I 사도의 부탁.　부녀여, 내가 이제는 네게 구하노니(5절). 사도가 부탁하는 내

용을 생각하면 그의 권면의 방법이 아주 독특하다. 그 부탁은 자신을 위한 어떤 이익이나 보상이 아니다. 그것은 신자 모두에게 공통되는 하나님의 계명에 대한 의무와 준수다. 이 때 사도는 명령할 수도 있고 강요할 수도 있다. 그러나 좀 더 부드럽고 온건한 것이 아주 강한 조치들보다 더 효력이 있다. 그러한 조치들은 불필요하게 사태를 더 악화시킬 따름이다. 그리스도의 보내심을 받은 사도의 정신은 다른 무엇보다도 아주 부드러운 온유와 사랑이다. 요한 사도는 이 부인을 존경하는 뜻에서이든 사도적인 온유함에서이든 아니면 그 둘 다에서이든 자신을 낮추고 부탁하는 자세를 취한다. 내가 이제는 네게 구하노니(5절). 요한 사도는 바울 사도가 어떤 주인에게 보내는 편지에서 그의 종에 대해 말한 것처럼 말을 하고 있는 것일 수 있다. 이러므로 내가 그리스도 안에서 아주 담대하게(그리스도가 내게 위임해주신 권한으로) 네게 마땅한 일로 명할 수도 있으나 나이가 많은 나 바울은 도리어 사랑으로써 간구하노라(몬 1:8-9). 사랑은 권위가 힘을 쓰지 못할 곳에서도 효력을 발휘할 것이다. 권위가 많이 나타나면 나타날수록 그만큼 그 힘이 적어지는 것을 종종 발견하게 된다. 사도적인 목회 사역은 친구들을 사랑하는 것이고 그 친구들에게 의무를 강요하거나 명령하는 것이 아니라 부탁하는 것이다.

II. 부녀와 그의 자녀들에게 요청하는 것은 그리스도인의 거룩한 사랑이다. 서로 사랑하자 (5절). 형제 사랑에 관하여는 너희에게 쓸 것이 없음은 너희들 자신이 하나님의 가르치심을 받아 서로 사랑함이라 너희가 온 마게도냐 모든 형제에 대하여 과연 이것을 행하도다 형제들아 권하노니 더욱 그렇게 행하고(살전 4:9,10).

1. 이 사랑을 다음과 같은 이유에서 권면한다.

(1) 이 사랑은 의무에서 비롯된 것이다. 이 사랑은 계명을 지키는 것이다. 하나님의 명령이 우리의 마음과 정신을 지배해야 한다.

(2) 이 사랑은 처음부터 들은 오래된 계명이다. 이는 새 계명같이 네게 쓰는 것이 아니요 처음부터 우리가 가진 것이라(5절). 그리스도인의 상호 사랑에 대한 이 계명은 주 예수 그리스도가 새로 제정하시고 인가하셨다는 점에서는 새 계명이라고 말할 수 있다. 그러나 상호적인 사랑에 대한 문제에 있어서 그것은 자연 종교나 유대교나 그리스도교나 할 것 없이 다 오래된 계명이다. 이 계명은 그리스도교가 전해지는 곳은 어디에서나 시행이 되어야 한다. 그리스도교의 제자들은 서로 사랑해야 한다.

2. 이 사랑은 그 열매의 속성을 통해 나타난다. 이는 새 계명같이 네게 쓰는 것이 아니요 처음부터 우리가 가진 것이라(5절). 이것은 하나님에 대한 우리의 사랑을 시험하는 것이다. 이것은 하나님에 대한 우리의 복종을 시험하는 것이다. 우리가 하나님의 계명들에 복종하여 지키는 것은 우리 자신을 사랑하는 것이고, 우리 자신의 영혼을 사랑하는 것이다. 이것은 서로 사랑하는 것이고, 서로 거룩한 길을 걸어가는 것이다. 이것을 지킴으로 상이 크니이다(시 19:11). 이것은 우리의 진실하고 상호적인 그리스도인 사랑을 나타내는 증거이다. 우리가 서로 사랑하는 것은 하나님의 계명을 따르는 것이다. 신앙적이지 않고 그리스도교의 것이 아닌 상호 사랑이 있을 수도 있다. 전 인류의 보편적인 복종은 기독교의 덕들이 지닌 선함과 진실함을 나타내는 증거가 된다. 어쨌든 계명에 복종하는 그리스도인이 되려고 목표로 하는 사람들은 그리스도인의 상호 사랑을 반드시 실천해야 할 것이다. 이 서로 사랑하는 것은 복음의 대헌장이다. 또 사랑은 이것이니 우리가 그 계명을 따라 행하는 것이요 계명은 이것이니 너희가 처음부터 들은 바와 같이 그 가운데서 행하라 하심이라(6절). 계명을 지키는 것은 이 사랑을 행하는 것이다. 다른 배교와 마찬가지로 이 사랑이 쇠퇴하는 것을 내다본 사도는 이 의무와 처음부터 들은 원래 계명을 반복해서 가르치고 있다. 그러한 가르침은 더 많이 가르치면 가르칠수록 더욱더 진지하고 진실해지게 된다.

7미혹하는 자가 세상에 많이 나왔나니 이는 예수 그리스도께서 육체로 오심을 부인하는 자라 이런 자가 미혹하는 자요 적그리스도니 8너희는 스스로 삼가 우리가 일한 것을 잃지 말고 오직 온전한 상을 받으라 9지나쳐 그리스도의 교훈 안에 거하지 아니하는 자는 다 하나님을 모시지 못하되 교훈 안에 거하는 그 사람은 아버지와 아들을 모시느니라

본 서신의 주요한 부분에서 우리는 다음을 발견하게 된다.

I 이 귀부인에게 나쁜 소식이 전해진다. 그 소식은 미혹하는 자들이 세상에 널려 있다는 것이다. 미혹하는 자가 세상에 많이 나왔나니(7절). 이 소식이 다음과 이유로 소개된다. "너희는 계속 사랑을 해야 할 필요가 있다. 왜냐하면 세상에는 그 사랑을 파괴하려고 하는 자들이 있기 때문이다. 믿음을 뒤엎는 자들은 사랑을 파괴한다. 공유하는 같은 믿음은 공유하는 같은 사랑의 한 기반이 된

다." 또는 이 소식의 소개는 이런 의미일 수도 있다. "너희는 하나님의 계명에 따라 너희 걸음과 너희 행함을 지켜야 한다. 이것이 너희를 안전하게 지켜줄 것이다. 너희 안정과 안전이 시험을 받을 수 있다. 그 이유는 미혹하는 자가 세상에 많이 나왔기 때문이다(7절)." 슬픈 소식이 그리스도인 친구들에게 전해지고 있다. 그것은 우리가 그들을 애석하게 여기고 그들을 사랑해야 된다는 것이 아니다. 미리 경고하는 것은 그들을 시련에 대비해 미리 무장시키기 위한 방법이다. 여기서 다음의 사실들을 주목하라.

1. 미혹하는 자와 그의 속임에 대한 진술. 이는 예수 그리스도께서 육체로 오심을 부인하는 자라(7절). 미혹하는 자는 주 예수 그리스도의 인격에 관하여 잘못된 것을 전하거나 거짓된 것을 전한다. 미혹하는 자는 예수 그리스도가 우리와 같은 인격이심을 믿지 않는다. 미혹하는 자는 나사렛의 예수가 그리스도이셨고, 하나님의 기름 부음 받으신 분이셨음을 믿지 않는다. 미혹하는 자는 이스라엘의 구원을 위하여 옛날에 약속된 메시아이셨음을 믿지 않는다. 미혹하는 자는 약속의 메시야와 구세주가 육체를 입고 우리의 본성을 가지고 세상에 오셨음을 믿지 않는다. 그러한 자는 그렇게 믿고 바라는 척 꾸미고 속인다. 주 예수 그리스도가 하나님의 아들이시고 세상의 구세주이심을 증거를 보거나 듣고도 그것을 믿지 못하는 사람이 있다는 것은 참으로 이상하다.

2. 더 나쁜 경우에 대한 진술. 그러한 자는 미혹하는 자요 적그리스도다(7절). 미혹하는 자는 믿는 영혼들을 조롱하고 주 예수 그리스도의 나라와 영광을 해친다. 미혹하는 자는 협잡꾼이고, 고의적인 사기꾼이다. 그는 주 예수 그리스도에 관한 모든 계시와 증거를 보고 들은 뒤에도 진실을 속이고 부인한다. 미혹하는 자는 하나님이 그의 아들에 관해 하신 모든 증언을 부인한다. 그는 주 예수 그리스도의 인격과 명예와 목적을 고의적으로 반대하는 자이다. 그는 주 예수 그리스도가 다시 오실 때에도 그러한 짓을 계속하고 있을 것이다. 그러므로 주 예수 그리스도의 이름과 권세를 지금 반대하고 속이는 자들이 있다는 사실을 이상히 여기지 말자. 왜냐하면 그러한 자들은 옛날에도 있었고, 심지어 사도들 당시에도 그러했기 때문이다.

II. 하나님의 택하심을 받은 이 가정에 대한 권면. 이 가정에도 주의와 경계가 필요하다. 너희는 스스로 삼가라(8절). 미혹하는 자들과 사기꾼들이 세상에 많아지면 많아질수록 제자들은 더욱 경계하고 조심을 해야 한다. 하나님의 택하심을 받은 사람들을 위험에 빠지게 할 수 있는 그러한 속임과 미혹들이 세상에 횡행한다. 그러한 미혹들을 두 가지 사실에서 주의하고 경계해야 한다. 여기서 다음의 사실들을 주목하라.

1. 우리가 일한 것을 잃지 말고(8절). 그 미혹으로 그들이 이제까지 행해온 것이나 얻었던 것을 잃을 수도 있다. 신앙적인 노력과 수고가 헛된 것이 된다는 것은 참으로 안타까운 일이다. 시작은 잘 해놓고 나중에 그들의 수고와 노력들을 다 잃어버리는 사람들이 있다. 주님을 찾아와서 어려서부터 십계명을 다 지켰다고 고백한 전도양양한 지체 높은 젊은이가 세상을 좀 덜 사랑하고 주 예수 그리스도를 좀 더 사랑하지 않음으로 해서 모든 것을 다 잃고 말았다. 그리스도를 믿는다고 신앙을 고백한 사람들은 자신들이 이제까지 얻고 획득한 것을 상실하지 않도록 조심하고 경계해야 한다. 신앙생활의 좋은 평판을 얻은 사람들이 많이 있다. 게다가 그 사람들이 지각도 많이 있고, 죄의 악도 많이 회개하고, 세상의 헛됨도 알고, 신앙생활의 덕도 가지고 있고, 하나님의 말씀의 능력도 체험하고 가지고 있다. 다시 말해서 그들은 내세의 능력을 맛보았다(히 6:5). 그리고 그들은 성령의 은사들도 체험하고 소유했다. 그럼에도 불구하고 그들은 결국 모두 다 잃고 말았다. 너희가 달음질을 잘하더니 누가 너희를 막아 진리를 순종하지 못하게 하더냐(갈 5:7).

2. 그들은 한때 그들이 잘 획득한 상급과 명예와 칭찬을 어느 누구도 결코 빼앗지 못한다는 사실을 굳게 믿어야 한다. 오직 온전한 상을 받으라(8절). "하나님의 교회 안에 들어있는 사람은 누구든지 받는 온전한 상을 잃지 않게 지키도록 하라. 영광의 정도와 차이들은 있을지라도 너희가 더 높은 단계의 은혜를 받도록 준비시켜주는 은혜와 계시와 사랑과 평화를 아무도 빼앗지 못할 것이다. 네가 가진 것을(믿음과 소망과 선한 양심 안에서) 굳게 잡아 아무도 네 면류관을 빼앗지 못하게 하라(계 3:11)." 온전한 상을 받는 방법은 마지막까지 그리스도 안에 진실되게 거하고, 계속해서 믿음 안에서 신앙생활을 하는 것이다.

Ⅲ. 사도가 권면하는 이유와 그들이 스스로 조심하고 경계해야 되는 이유는 두 가지이다. 여기서 다음의 사실들을 주목하라.

1. 복음의 빛과 계시에서 떠나는 것은 위험하고 악한 것이다. 그렇게 되면 실제로 하나님을 떠나게 된다. 지나쳐 그리스도의 교훈 안에 거하지 아니하는 자는 다 하나님을 모시지 못한다(9절). 우리를 하나님께로 인도하도록 정해진 것이 바

로 그리스도의 가르침이다. 하나님이 영혼들을 이끌어내시어 구원에 이르게 하고 하나님께 나아오게 하는 것은 그리스도의 가르침을 통해서이다. 그러므로 그리스도의 가르침을 거부하고 거역하는 사람들은 하나님을 거역하는 것이다.

2. 그리스도교의 진리에 대한 믿음을 굳게 지킴으로써 얻게 되는 유익과 축복. 그 믿음은 우리를 그리스도(진리의 목적과 대상)와 연합시키고, 그것으로 말미암아 하나님 아버지와도 연합하게 된다. 왜냐하면 그리스도와 하나님은 하나이시기 때문이다. 교훈 안에 거하는 그 사람은 아버지와 아들을 모시느니라(9절). 그리스도의 가르침과 교훈을 통해 우리는 하나님 아버지와 아들을 아는 지식과 깨우침을 받게 된다. 그리스도의 가르침으로 우리는 하나님 아버지와 아들을 위하여 깨끗하게 되고 거룩하게 된다. 우리는 그 가르침을 통해 하나님 아버지와 아들을 거룩하게 사랑하게 된다. 우리는 그 가르침으로 말미암아 하나님 아버지와 아들을 영원히 즐거워하게 된다. 너희는 내가 일러 준 말로 이미 깨끗하여졌으니(요 15:3). 이 깨끗함이 하늘나라에 합당하게 만들어준다. 위대하신 하나님이 그리스도의 가르침을 보증하고 증언해주시는 것처럼 그 가르침의 가치도 인정해주신다. 우리는 거룩한 주님의 가르침을 믿음과 사랑 안에 간직해야 한다. 그것은 우리가 하나님 아버지 및 아들과 축복의 교통과 교제를 나누게 해준다.

[10]누구든지 이 교훈을 가지지 않고 너희에게 나아가거든 그를 집에 들이지도 말고 인사도 하지 말라 [11]그에게 인사하는 자는 그 악한 일에 참여하는 자임이라

여기서 사도는 아주 강한 경계의 권면을 한다. 여기서 다음의 사실들을 주목하라.

I 미혹하는 자들에 대한 정당한 경고를 통해 사도는 그러한 자들을 다루고 대하는 방법을 지시해준다. 미혹하는 자들을 그리스도의 사역자들로 대접해서는 안 된다. 주 예수 그리스도는 주의 제자들과 그들을 구분하실 것이다. 그리스도는 주의 제자들만을 그 밑에 두시려 할 것이다. 사도 요한의 권면은 부정적인 지시다. 여기서 다음의 사실들을 주목하라.

1. "미혹하는 자들을 도와주지 말라. 누구든지 이 교훈을 가지지 않고 너희에게

나아가거든 그를 집에 들이지도 말라(10절)." 이 교훈은 그리스도에 관한 것이다. 그리스도는 하나님의 아들이시고, 우리의 구속과 구원을 위한 메시야와, 하나님의 기름 부음 받은 자이시다. 아마도 이 부인은 우리가 다음 서신에서 읽게 될 가이오와 같았던 것 같다. 그녀는 가이오 같이 여행하는 주의 종들과 그리스도인들을 환대하고 대접하는 넉넉한 마음의 가정주부였을 것이다. 그러므로 이 미혹하는 자들 역시 다른 사람들과 함께 같은 대접을 받았을 것이다. 어쩌면 그들은 극진한 대접을 받았을 것이다.

그러나 사도는 이러한 대접을 금하고 있다. "그러한 사람들을 너희 집에 맞아들이지 말고 환대하지 말라." 확실히 그러한 나그네 대접과 환대는 여행하는 사람들의 절실히 필요한 것들에 도움을 주었을 수 있지만, 나쁜 대접을 받았다고 해서 실망하지도 않았을 것이다. 믿음을 부인하는 자들은 영혼을 파괴하는 자들이다. 그러므로 부인들도 신앙생활의 일들에 있어서 잘 이해하고 있을 필요가 있었다.

2. "그들의 일들을 축복하지 말라. 그들의 성공을 빌지 말라. 인사도 하지 말라(10절). 너희의 기도나 좋은 기원으로 그들의 일들을 돕지 말라." 좋지 않은 일에 하나님의 축복을 빌거나 기도해주어서는 안 된다. 하나님은 거짓과 미혹과 죄를 결코 후원해주시지 않을 것이다. 우리는 복음 전도의 사역에 하나님의 도우심과 축복이 함께 해주시기를 기도하고 기원해야 할 것이다. 그러나 치명적인 잘못을 전파하는 일을 막지는 못해도 도와주는 일을 해서는 안 될 것이다.

Ⅱ. 사도가 지금 미혹하는 자의 일을 돕고 후원하는 일에 나서지 말라고 그러한 지시를 하는 까닭이 있다. 그에게 인사하는 자는 그 악한 일에 참여하는 자임이라(11절). 미혹하는 자에게 후원과 애정을 베푸는 자는 그 죄에 참여하는 자가 되고 만다. 우리가 그들의 불의를 함께 나누는 사람들이 되고 마는 것이다. 그리스도인이 된다고 하는 것은 얼마나 슬기롭고 얼마나 신중해야 되는지 모른다. 다른 사람들의 저지른 죄들에 동참하게 되는 방법과 기회가 아주 많다. 그러한 일은 비난받아 마땅한 죄에 대한 침묵, 태만, 무관심, 개인적인 후원과 지원, 내적인 찬동, 공개적인 변호와 옹호를 통해 이루어질 수도 있다. 주님이시여, 다른 사람들의 죄들에 동참하는 우리의 잘못들을 용서해주소서!

¹²내가 너희에게 쓸 것이 많으나 종이와 먹으로 쓰기를 원하지 아니하고 오히려 너

희에게 가서 대면하여 말하려 하니 이는 너희 기쁨을 충만하게 하려 함이라 ¹³택하심을 받은 네 자매의 자녀들이 네게 문안하느니라

사도는 이 서신을 보고 싶고 만나고 싶은 간절한 소망을 담아 마무리한다.

1. 사도는 개인적으로 직접 만나 이야기할 것을 바라면서 많은 것들을 뒤로 미룬다. 내가 너희에게 쓸 것이 많으나 종이와 먹으로 쓰기를 원하지 아니하고 오히려 너희에게 가서 대면하여 말하려 하니 이는 너희 기쁨을 충만하게 하려 함이라(12절). 지금 이 말은 어떤 일은 글로 쓰는 것보다는 만나서 말로 하는 것이 더 나을 수 있다는 의미이다. 붓과 먹을 사용해서 소식을 전하는 것이 고맙고 즐거운 일일 수도 있다. 그러나 직접 만나서 이야기를 나누는 것이 훨씬 더 고맙고 즐거울 수 있다. 사도는 아직 여행을 하지 못할 정도로 나이가 든 것은 아니었다. 그러므로 그는 여행을 하면서 복음 사역을 감당하지 못할 이유도 없었다. 성도의 교제와 교통은 할 수 있는 한 모든 방법을 통해 계속 유지되고 이루어져야 한다. 그리고 성도의 교제는 서로에게 기쁨과 즐거움을 주는 성향이 있다. 뛰어난 사역자들은 자신들의 그리스도인 친구들을 통해 자신들의 즐거움과 기쁨을 증진시킬 수 있어야 한다. 이는 곧 내가 너희 가운데서 너희와 나의 믿음으로 말미암아 피차 안위함을 얻으려 함이라(롬 1:12).

2. 사도는 이 부인에게 그녀의 가까운 친척들의 문안을 전하는 말로 이 서신을 마무리한다. 택하심을 받은 네 자매의 자녀들이 네게 문안하느니라(13절). 이 가정에 은혜가 넘쳤다. 여기에 택하심을 받은 두 자매와 그들의 택하심을 받은 자녀들이 소개되고 있다. 그들은 이 하늘나라의 은혜를 얼마나 사모하고 그리워할 것인가! 사도는 조카딸들의 안부를 그들의 숙모에게 자신의 서신에 끼워 넣어 겸손하게 전해주고 있다. 손아래 친척들의 손윗사람들에 대한 존경 표시는 소중한 것이다. 확실히 사도는 이 부인의 자녀들뿐만 아니라 조카딸들에게도 접근하기가 쉬웠을 것이다. 그래서 사도는 이 부인의 기쁨을 높여주기 위하여 그녀의 자녀들과 조카딸들의 안부를 전해주려고 했던 것 같다. 이러한 은혜로운 자녀들과 친척들을 즐거워할 수 있는 이와 같은 은혜로운 부인들이 많아지게 하소서! 아멘.

요한삼서

서론

서신을 통해 행해지는 그리스도인의 교제와 교통은 소중한 것이다. 그리스도인들은 그리스도의 복음에 순종하는 실제적인 증거를 통해 칭찬을 받아야한다. 다른 사람들에게 활기를 주고 도움을 아끼지 않는 관대하고 너그러운 성격의 사람들은 많은 사람들에게 선행을 베푼다. 사도는 이 목적을 위하여 그의 친구 가이오에게 격려의 편지를 보내고 있다. 이 서신에서 사도는 전혀 반대의 정신을 지닌 어떤 사역자에 대한 불평을 토로한다. 또한 사도는 더 많이 본받아야 될 만한 다른 사람의 좋은 평판에 대해서도 칭찬하고 확증한다.

제 — 1 — 장

개요

본 서신에서 사도는 가이오의 영혼이 잘 되고 있음을 칭찬하고 범사에 잘 되기를 기원한다(1-2절). 사도는 가이오의 믿음이 다른 훌륭한 그리스도인들 가운데에서도 뛰어남에 대해서도 칭찬한다(3-4절). 사도는 가이오가 그리스도의 사역자들에게 베푼 사랑과 자선을 칭찬한다(5-6절). 사도는 야심만만한 디오드레베의 비열한 처신에 대해 비난한다(9-10절). 반대로 사도는 데메드리오는 추천한다(12절). 사도는 조만간에 가이오를 방문하고 싶다는 소망을 피력한다(13-14절).

¹장로인 나는 사랑하는 가이오 곧 내가 참으로 사랑하는 자에게 편지하노라 ²사랑하는 자여 네 영혼이 잘됨같이 네가 범사에 잘되고 강건하기를 내가 간구하노라

여기서 우리는 다음의 사실들을 발견하게 된다.

I 이 서신을 기록하고 보낸 거룩한 저자는 여기서 그 이름이 명시되고 있지 않다. 그러나 저자의 일반적인 특성은 드러나고 있다. 그는 장로다. 그는 나이로도 연로하고 직무로도 연수가 오래된 사람이다. 그러한 사람에게는 마땅히 명예와 존경이 뒤따라야 한다. 이 서신의 저자가 요한 사도임을 의심하는 사람도 있고 그렇지 않은 사람도 있다. 그러나 이 서신에는 사도 요한의 문체와 특성이 잘 드러나고 있다. 그리스도에게 사랑을 받은 사람들은 주님을 위하여 형제들도 사랑할 것이다. 가이오는 이 편지가 누구에게서 왔는지 의심할 수 없었다. 사도는 다른 더 높은 지위들을 가지고 있었을 것이다. 그러나 화려한 칭호들을 과시한다고 해서 그리스도의 사역자들이 되는 것은 아니다. 사도는 자신을 일반 교회의 목회자 수준으로 낮추고 있다. 그는 자신을 장로라 부른다. 아마도 뛰어난 사역자들 가운데 가장 뛰어난 사역자인 사도들은 이제 대부분 죽었다. 아직 생존해 있는 이 거룩한 사도는 계속해서 현직 목회 사역을 도왔을 것이다. 그는 그 사실을 아주 일반적인 직위의 호칭인 장로를 사용함으로써 암

시하고 있다. 너희 중 장로들에게 권하노니 나는 함께 장로 된 자요 그리스도의 고난의 증인이요 나타날 영광에 참여할 자니라(벧전 5:11).

Ⅱ. 본 서신이 문안하고 높이는 사람은 누구인가? 요한이서에서는 하나님의 택하심을 받은 부인이었다. 본 서신에서는 훌륭한 신사다. 이러한 사람들은 존경받을 만하고 그 가치를 인정받을 만하다. 그 신사는 이렇게 소개되고 있다.

1. 그의 이름은 가이오다. 우리는 그 이름에 대해 몇 번 읽게 된다. 사도 바울이 고린도에서 세례를 베푼 사람이 가이오라는 이름이었다. 이 사람은 고린도에서 사도 바울을 대접하고 환대한 사람이었을 수도 있다. 나와 온 교회를 돌보아 주는 가이오도 너희에게 문안하고 이 성의 재무관 에라스도와 형제 구아도도 너희에게 문안하느니라(롬 16:23). 만일 여기서 말하는 가이오가 로마서에서 말하는 그가 아니라면 이름과 지위와 성격으로 미루어 보건대 그의 형제일 것이다.

2. 사도가 그에게 사용하는 친절한 표현을 통해 사도와 그의 관계가 드러난다. 내가 참으로 사랑하는 자(1절). 사랑을 표현하고 나타내는 것이 사랑에 불을 붙이는 성향이 있다. 여기서 표현되는 사랑은 사도의 사랑의 진실성이나 진리를 사랑하는 신앙생활의 진실성을 나타내는 것 같다. 사도의 사랑의 진실성을 나타내는, 내가 참으로 사랑하는 자라는 표현은 내가 진실로 마음을 다해 너를 사랑한다는 것을 나타낸다. 진리를 사랑하는 신앙생활의 진실성을 나타내는 경우의 뜻은 이렇다. 내가 참으로 사랑하는 자라는 표현은 내가 예수 그리스도 안에 있는 진리 안에 계속 거하고 진리 안에서 계속 걸으면서 진리를 위하여 너를 사랑한다는 것을 의미한다. 진리를 위하여 우리의 믿음의 친구들을 사랑하는 것은 참된 사랑이고, 신앙적인 복음의 사랑이다.

Ⅲ. 애정이 가득 담긴 호칭에 문안 인사가 곁들여진 기도가 들어있다.
사랑하는 자여. 이것은 그리스도 안에서 사랑하는 자라는 뜻이다. 신자들의 사랑을 얻으려고 하는 목사는 자신이 먼저 사랑을 보여주어야 한다. 여기서 다음의 사실들을 주목하라.

1. 사도가 그의 친구에게 바라는 것은 그의 영혼이 잘 되는 것이다. 영혼이 잘 되는 것은 아주 큰 축복이다. 이것은 거듭남을 전제로 한다. 영혼이 잘 되는 것은 영적 생활의 내적 자원이다. 이 자원은 늘어난다. 영적 재원이 늘어가고 있으면서 영혼은 영광의 나라로 가는 좋고 바른 길을 걷고 있는 것이다.

2. 친구에 대한 사도의 좋은 소원은 그의 영혼이 잘됨같이 그가 범사에 잘되고

강건하기를 간구하는 것이다(2절). 은혜와 건강은 부유한 두 동료들이다. 은혜는 건강을 증진시킬 것이다. 건강은 은혜를 활용할 것이다. 건강한 영혼이 약한 몸에 있게 되는 불일치도 종종 일어난다. 은혜는 그러한 상태를 완화시키고 해소시키기 위하여 나타날 수 있다. 우리는 영혼이 잘 되는 사람들이, 즉 건강한 영혼을 가진 사람들이 건강한 몸도 가질 수 있기를 바라고 기도할 수 있다. 그 사람들이 받은 은혜는 좀 더 넓은 활동 영역에서 빛나게 될 것이다.

³형제들이 와서 네게 있는 진리를 증언하되 네가 진리 안에서 행한다 하니 내가 심히 기뻐하노라 ⁴내가 내 자녀들이 진리 안에서 행한다 함을 듣는 것보다 더 기쁜 일이 없도다 ⁵사랑하는 자여 네가 무엇이든지 형제 곧 나그네 된 자들에게 행하는 것은 신실한 일이니 ⁶그들이 교회 앞에서 너의 사랑을 증언하였느니라 네가 하나님께 합당하게 그들을 전송하면 좋으리로다 ⁷이는 그들이 주의 이름을 위하여 나가서 이방인에게 아무것도 받지 아니함이라 ⁸그러므로 우리가 이같은 자들을 영접하는 것이 마땅하니 이는 우리로 진리를 위하여 함께 일하는 자가 되게 하려 함이라

사도는 진리 안에서 믿음을 실천하는 사람을 칭찬한다. 여기서 우리는 다음의 사실들을 발견하게 된다.

I 사도가 그의 친구에 관한 좋은 평판을 듣게 된다. 형제들이 와서 네게 있는 진리를 증언하되(3절). 그들이 교회 앞에서 너의 사랑을 증언하였느니라(6절). 여기서 다음의 사실들을 주목하라.

1. 가이오에 관한 증언. 가이오에게는 진리가 있었다. 가이오는 자신 안에 믿음의 실체, 신앙생활의 진실성, 하나님을 위한 헌신을 지니고 있었다. 이것은 가이오의 자선으로 분명하게 드러났다. 이 자선에는 형제들에 대한 그의 사랑, 가난한 사람들에 대한 친절, 그리스도인 나그네들에 대한 접대, 복음을 위하여 언제라도 그들에게 숙소를 제공해주려는 마음의 준비가 포함되어 있다. 믿음은 사랑으로 역사해야 한다. 믿음이 사랑으로 나타나야 한다. 믿음은 사랑의 실천을 통해 빛이 난다. 믿음은 다른 사람들에게 그 믿음의 진실함과 고결함을 칭찬하고 권하게 만든다. 그것이 사랑으로 나타나게 된다.

2. 가이오의 믿음을 증언한 증인들은 형제들이었다. 가이오가 있는 곳에서 온 그들은 가이오에 대해 증언하고 칭찬했다. 좋은 평판은 은혜를 입고 신세를

진 사람들에게서 나오기 마련이다. 좋은 이름이 값비싼 봉사에 비하면 작은 보상이긴 할지라도 좋은 이름이 좋은 기름보다 낫다(전 7:1). 즉 좋은 평판은 물질적인 좋은 보상보다 훨씬 나은 것이다. 그리고 진실하고 신앙적인 사람들은 좋은 이름을 원할 것이다.

3. 가이오의 믿음과 사랑에 대한 보고와 증언의 청취와 판단이 교회 앞에서 이루어졌다. 이 교회는 사도가 당시에 맡고 있던 교회였던 것 같다. 이 교회가 어떤 교회였는지 우리는 확실히 알지 못한다. 어떤 이유로 가이오의 믿음과 사랑에 대한 증언과 보고를 교회 앞에서 했는지 우리는 모른다. 아마 가이오에 대한 것이 마음에 가득 차서 넘치기 때문에 입에서 그에 대한 칭찬과 증언이 나오지 않을 수 없었는지도 모른다. 그리스도인 형제들은 자신들의 눈으로 보고 느낀 것을 증언하지 않고는 못 배겼을 것이다. 그래서 교인들은 그러한 후원과 자선이 계속되도록 가이오의 영혼이 잘됨같이 그가 범사에 잘되고 강건하기를 바라는 기도를 교회에서 했을 것이다.

II. 사도 자신도 거듭해서 사랑하는 자라는 칭호를 사용함으로써 가이오에 대해 증언한다. 사랑하는 자여 네가 무엇이든지 형제 곧 나그네 된 자들에게 행하는 것은 신실한 일이니(5절). 여기서 다음의 사실들을 주목하라.

1. 가이오는 이방인 형제들과 나그네들에게 접대와 선행을 베풀었다. 그러므로 그리스도에게 속한 가이오의 집안에 대해 사람들마다 칭찬하는 것은 당연한 일이었다. 또한 가이오는 교회의 같은 형제들에게도 접대와 선행을 베풀었다. 그는 멀리서 그를 찾아온 사람들에게도 접대와 선행을 베풀었다. 그러므로 믿음의 집안에 속한 사람들은 모두 가이오의 환대를 받았다.

2. 가이오는 편견이 없는 넓은 정신의 소유자였던 것 같다. 그래서 그는 진실한 그리스도들 사이의 사소한 차이들을 무시할 수 있었고, 그리스도의 형상을 닮고 그리스도의 일을 하는 모든 사람들과 격의 없는 교제를 나눌 수 있었던 것 같다.

3. 가이오는 무슨 일을 하든 양심적이었다. "네가 무엇이든지 행하는 것은 신실한 일이니(5절). 너는 그 일을 신실한 종처럼 행하고, 너는 주 예수 그리스도로부터 기업의 상을 받을 소망을 가지고 그 일을 행한다." 그러한 신실한 영혼은 자신을 과시하지 않고도 칭찬을 들을 수 있다. 우리가 행한 선한 일에 대한 칭찬은 우리의 교만을 위한 것이 아니라 계속해서 선행을 행하고 발전시키라는

뜻에서 우리를 격려하고 북돋워주기 위한 것이다.

Ⅲ. 사도는 선행에 대한 좋은 평판과 선행의 기반을 기뻐한다. 형제들이 와서 네게 있는 진리를 증언하되 네가 진리 안에서 행한다 하니 내가 심히 기뻐하노라(3절). 그리스도인들이 그리스도교의 법과 규칙들을 따라 사는 것은 사람들의 기쁨과 칭찬의 근거가 된다. 내가 내 자녀들이 진리 안에서 행한다 함을 듣는 것보다 더 기쁜 일이 없도다(4절). 우리가 진리를 소유하고 있음을 나타내는 가장 좋은 증거는 진리 안에서 걷고 행하는 것이다. 선한 사람들은 다른 사람들의 영혼이 잘 되고 건강한 것을 크게 기뻐할 것이다. 선한 사람들은 다른 사람들이 은혜를 받고 잘 되는 소식을 듣는 것을 즐거워한다. 나로 말미암아 하나님께 영광을 돌리니라(갈 1:24). 사랑은 다른 사람들을 시기하지 아니하고, 다른 사람들의 좋은 이름과 평판을 즐거워한다. 자신들의 자녀들이 신앙생활의 신실함을 나타내고 신앙 고백을 실천하는 증거를 보게 될 때 좋은 부모들과 좋은 목사들은 기뻐하고 즐거워할 것이다.

Ⅳ. 사도가 가이오와 함께 있던 형제들에 대한 접대에 대해 더 자세히 지시한다. 네가 하나님께 합당하게 그들을 전송하면 좋으리로다(6절). 이 당시에는 여행하는 전도자들과 그리스도인들을 접대하고 어느 기간 머물게도 하고 시중들어주는 것이 사랑을 베푸는 관습이었던 것 같다. 혹 너희와 함께 머물며 겨울을 지낼 듯도 하니 이는 너희가 나를 내가 갈 곳으로 보내어 주게 하려 함이라 이제는 지나는 길에 너희 보기를 원하지 아니하노니 이는 만일 주께서 허락하시면 얼마 동안 너희와 함께 머물기를 바람이라(고전 16:6-7). 나그네들에게 길을 안내해주는 친절을 베풀고, 그들의 여행에 적절한 동행들을 묶어주는 배려도 여행하는 사람들에게는 참으로 고마운 일들이었을 것이다. 이러한 일이 하나님께 합당하게 행하는 일이었을 수도 있다. 이러한 선행은 하나님의 뜻에 맞는 행함이었고, 우리가 하나님을 경외하고 하나님께 속한 것을 증언하는 일이다. 그리스도인들은 자신들이 무엇을 해야 하는지를 생각해야만 한다. 그와 동시에 그리스도인들은 자신들이 무엇을 할 수 있는지, 어떤 일이 가장 명예롭고 칭찬받을 수 있는 일인지도 생각해야만 한다. 존귀한 자는 존귀한 일을 계획하나니 그는 항상 존귀한 일에 서리라(사 32:8). 그리스도인들은 생활의 일반적인 일들에서도 하나님의 뜻을 따라 하나님께 합당하게 하나님을 섬기고 하나님의 영광을 위해서 행동해야 할 것이다.

V. 사도가 이러한 지시를 내리는 이유는 두 가지다. 그것들은 다음과 같다.

1. 첫 번째 이유는 그들이 주의 이름을 위하여 나가서 이방인에게 아무것도 받지 아니하기 때문이다(7절). 이들은 전도자들이었던 것으로 보인다. 그들은 밖으로 다니면서 복음을 증거하고 그리스도교를 전파했다. 아마도 그들은 이 사도의 파송을 받은 사람들이었을 수도 있다. 그들은 이방인들을 회심시키기 위하여 밖으로 나가 여행했다. 이러한 일은 하나님을 섬기는 아주 훌륭한 일이었다. 그 전도자들은 하나님과 그의 이름을 위하여 나가서 복음을 전하고 여행했다. 이 것은 전도자의 가장 높은 목적이다. 그리스도의 이름을 위하여 사람들을 모으고 세우는 일이 전도자의 사역의 가장 주요한 목적이고 동기다. 전도자들은 그들 주변의 사람들에게 복음을 거저 나눠주고, 어디를 가든 부담 없이 복음을 전파하기 위하여 밖으로 나가 여행했다. 이방인에게 아무것도 받지 아니함이라(7절). 이것은 이중의 명예를 지닌 귀한 일이었다. 또한복음을 전하는 일에 도움을 주고 기여는 하지만 직접 복음을 전파하는 소명을 받지 않은 사람들이 있다. 복음은 처음 듣는 사람들에게 부담 없이 전파되어야 한다. 복음을 모르는 사람들은 복음의 가치도 전혀 알 수가 없다. 교회들과 열심 있는 그리스도인들은 이교도의 나라들과 지방들에 나가 거룩한 복음의 신앙의 전파를 돕는 일에 협력하고 힘을 아끼지 말아야 한다. 일반 신자들은 그들의 힘과 능력에 따라서 협력해야 한다. 그리스도의 복음을 거저 나눠주고 전하는 사람들은 돈주머니로 협력할 수 있는 사람들의 도움을 받아야 한다.

2. 그러므로 우리가 이같은 자들을 영접하는 것이 마땅하니 이는 우리로 진리를 위하여 함께 일하는 자가 되게 하려 함이라(8절). 진리를 위한다는 것은 참된 종교 그리스도교를 위한다는 뜻이다. 그리스도의 제도는 참된 신앙이고 참된 종교다. 그리스도교는 하나님이 증언하시고 세우신 종교다. 그리스도교를 진실하게 믿는 사람들은 세상에 그리스도교와 그 진리가 널리 전파되기를 간절히 바라고, 기도하고, 힘을 아끼지 않고 협력할 것이다. 이 진리를 전파하기 위하여 후원하고 도울 수 있는 방법이 많다. 자신들이 직접 나가서 복음을 전할 수 없는 사람들은 복음을 전하는 사람들에게 도움을 주고 후원을 하고 협력하는 사람이 될 수가 있다.

⁹내가 두어 자를 교회에 썼으나 그들 중에 으뜸되기를 좋아하는 디오드레베가 우리

를 맞아들이지 아니하니 ¹⁰그러므로 내가 가면 그 행한 일을 잊지 아니하리라 그가 악한 말로 우리를 비방하고도 오히려 부족하여 형제들을 맞아들이지도 아니하고 맞아들이고자 하는 자를 금하여 교회에서 내쫓는도다 ¹¹사랑하는 자여 악한 것을 본받지 말고 선한 것을 본받으라 선을 행하는 자는 하나님께 속하고 악을 행하는 자는 하나님을 뵈옵지 못하였느니라

사도는 여기서 본이 되지 못하는 악한 거짓 신자에 대해 진술한다. 여기서 다음의 사실들을 주목하라.

I 여기에는 아주 다른 본보기와 인물이 소개된다. 그는 교회의 직분자이고 목회자다. 그는 일반 그리스도인들보다 훨씬 못하고, 아주 인색하고, 편협하고, 폐쇄적이다. 목회자들이 때로는 더 뛰어나거나 더 출중하지 못할 수도 있다. 이 목회자와 관련하여 다음의 사실들을 발견하게 된다.

1. 그의 이름은 이방인 이름이다. 그의 이름은 디오드레베이다. 그 이름은 비기독교적인 정신이 배어 있다.

2. 그의 성격과 정신은 교만과 야망으로 가득 차 있다. 이러한 기질은 나서기를 좋아한다. 디오드레베는 그들 중에 으뜸되기를 좋아한다. 이러한 성격은 그리스도의 종들에게 어울리지 않는 나쁜 성격이다. 하나님의 교회에서 으뜸되기를 좋아하고 하나님의 교회에서 으뜸되기를 사랑하고 주재권이나 수위권을 좋아하는 것은 목회자에게 적합하지 않다.

3. 디오드레베는 사도의 권위와 편지와 친구들을 모욕한다. 여기서 다음의 사실들을 주목하라.

(1) 디오드레베는 사도의 권위를 모욕한다. 내가 가면 그 행한 일을 잊지 아니하리라(10절). 그가 행한 일들은 사도의 지시를 거스른다. 그가 악한 말로 우리를 비방한다(10절). 발 없는 그 모욕이 그렇게 빨리 달린다는 것은 참으로 기묘하다! 그러나 야망은 그것을 반대하는 사람들에 대한 증오와 악의를 낳는다. 마음속의 증오와 악의는 입술로 토해내는 성향이 있다. 그러므로 마음과 입을 둘 다 조심하고 경계해야 한다.

(2) 디오드레베는 사도의 편지를 모욕한다. "내가 두어 자를 교회에 썼으나(9절). 다시 말해서 사도는 편지로 이런저런 형제들을 추천했다. 그러나 디오드레베가 우리를 맞아들이지 아니했다. 디오드레베는 우리의 편지와 증언을 인정하지

아니한다." 이 사실은 가이오가 그 교회의 회원이었다는 것을 나타내준다. 복음의 교회는 서로 편지를 주고받아 교제를 나누는 공동체였던 것 같다. 복음의 교회들은 그 교회들에 들어가기를 바라는 나그네들에게 추천서들을 써주었을 수 있다. 그래서 사도가 이러한 형제들에게 편지를 써주었던 것 같다. 그러나 야심에 눈이 어두운 디오드레베는 사도의 권위와 편지를 별 대수롭지 않게 여겼다.

(3) 디오드레베는 사도의 친구들을 모욕한다. 그들은 사도가 편지로 추천한 형제들이었다. 오히려 부족하여 형제들을 맞아들이지도 아니하고 맞아들이고자 하는 자를 금하여 교회에서 내쫓는도다(10절). 유대인 그리스도인들과 이방인 그리스도인들 사이에는 어떤 차이들이 있었고 관습적인 차이들도 있었을 수 있다. 목회자들은 어떤 차이들을 받아들여야 할 것인지를 심사숙고해야 한다. 목회자는 하나님의 양 떼와 유산을 마음대로 할 수 있는 절대적인 권한이나 자유를 가지고 있지 않다. 우리 스스로 아무런 좋은 일을 하지 않는 것은 나쁘다. 그러나 좋은 일을 하려고 하는 사람들을 방해하고 가로막는 것은 더 나쁘다. 교회의 권세와 교회의 권징들이 종종 남용되기도 한다. 교회에서 칭찬과 환영을 받아야 될 사람들이 오히려 교회에서 쫓겨난 사람들이 많다. 주 예수 그리스도가 자신의 공동체와 나라에 받아들이실 형제들을 쫓아내는 자들에게 화가 있으리라!

4. 함부로 권력을 휘두르는 이 교만한 자에게 사도가 경고한다. 그러므로 내가 가면 그 행한 일을 잊지 아니하리라(10절). 이 경고는 그의 잘못된 행위들을 반드시 기억해서 견책할 것이라는 의미이다. 이 경고는 사도의 권위를 나타내는 것 같다. 그러나 사도는 디오드레베를 소환하기 위하여 교회 법정을 소집한 것 같지는 않다. 그러나 디오드레베는 이 사건이 교회 내부에서 처리되어야 할 교회의 관할 사안이라는 것을 알게 될 것이다. 교회의 권한을 함부로 전횡하거나 휘두르는 행위는 반드시 비난받아야 한다. 그 권세를 가진 사람들에게 더 선하게 잘할 수 있는 지혜를 주소서!

II. 여기서 사도는 다른 성격의 권면을 한다. 이것은 악한 것은 따르지 말고 선한 것은 본받으라는 간곡한 부탁이다. 사랑하는 자여 악한 것을 본받지 말고 선한 것을 본받으라(11절). 그리스도교에 속하지 않은 해로운 악을 본받지 말라. 반대로 지혜와 순결과 평화와 사랑 안에서 선을 추구하고 본받으라. 선한 일을 이미 하고 있고 이미 선한 사람들이라고 할지라도 주의와 권면이 필요하다. 이러한 주의들과 권면들은 사랑이 곁들여질 때 받아들이기가 더 쉬운 것 같다. 사랑하는 자여 악한 것을 본받지 말라. 이 주의와 권면에는 제각각 첨부되어야 할 이유가 하나씩 있다. 그것들은 다음과 같다.

　1 선한 것을 본받으라는 권면에 대한 이유는 선을 행하는 자는 하나님께 속하기 (11절) 때문이다. 즉 선을 행하는 사람은 하나님에게서 난 사람이기 때문이다. 선의 실천은 우리가 하나님과 자녀된 축복의 관계를 맺고 있다는 증거가 된다.

　2. 악한 것을 본받지 말라는 경고에 대한 이유는 악을 행하는 자는 하나님을 뵈옵지 못하였기 (11절) 때문이다. 악을 행하는 것은 하나님의 거룩한 속성과 뜻을 제대로 알고 있지 못한 것이다. 악을 행하는 자들은 하나님을 잘 알고 있는 것처럼 헛되이 가장하고 있거나 허풍을 떨고 있는 것이다.

[12]데메드리오는 뭇 사람에게도, 진리에게서도 증거를 받았으매 우리도 증언하노니 너는 우리의 증언이 참된 줄을 아느니라 [13]내가 네게 쓸 것이 많으나 먹과 붓으로 쓰기를 원하지 아니하고 [14]속히 보기를 바라노니 또한 우리가 대면하여 말하리라 [15]평강이 네게 있을지어다 여러 친구가 네게 문안하느니라 너는 친구들의 이름을 들어 문안하라

　　　사도는 본 서신을 마무리하면서 다음의 사실들을 진술한다.

I 사도는 여기서 데메드리오라는 사람의 성격에 대해 진술한다. 데메드리오에 대해 알려진 것은 많지 않다. 그러나 성경에 기록된 그의 이름은 영원할 것이다. 복음에 기록된 이름과 교회들에 알려진 평판은 자녀들에 대한 평판보다 훨씬 중요하다. 그의 성격이 그를 증언하는 칭찬이었다.

　1. 그에 대한 일반적인 증언. 데메드리오는 뭇 사람에게도 증거를 받았으매(12절). 모든 사람들의 칭찬을 듣는 사람은 아주 적다. 그렇게 되는 것이 나쁠 때도 있다. 그러나 보편적인 진실함과 선함은 보편적인 칭찬을 받는 길이 된다.

　2. 칭찬을 받을 만하고 기초가 잘 다져진 증거. 데메드리오는 진리에게서도 증거를 받았으매(12절). 평판이 좋은 사람이 있긴 하지만 진리에 대해 평판이 좋은 사람은 많지 않다. 자신의 정신과 행위가 하나님과 사람들 앞에서 칭찬을 받고 증거를 받는 사람들은 행복하다.

3. 사도의 증언과 그의 친구들의 증언이 그에 대해 증언한다. 우리도 증언하노니(12절). 그리고 가이오 자신의 지식에도 호소한다. 너는 우리의 증언이 참된 줄을 아느니라. 아마도 이 데메드리오는 옛날에는 가이오가 맡고 있었고 지금은 사도가 맡고 있는 교회에도 알려진 인물이었을 것이다. 평판이 좋다는 것은 좋은 일이다. 우리는 좋은 사람들에게 우리 자신을 증언할 준비를 언제라도 하고 있어야 한다. 칭찬을 받는 사람들에게는, 그들을 칭찬하는 사람들이 그들을 가장 잘 아는 사람들의 양심에 호소할 수 있을 때가 좋다.

II. 본 서신의 결론에서 우리는 다음과 같은 사실들을 발견하게 된다.

1. 사도는 개인적인 면담을 언급한다. 내가 네게 쓸 것이 많으나 먹과 붓으로 쓰기를 원하지 아니하고 속히 보기를 바라노니 또한 우리가 대면하여 말하리라(13,14절). 많은 일들이 직접 만나서 대화를 나누는 것이 편지로 이야기하는 것보다 훨씬 좋을 수 있다. 잠깐 직접 만나서 이야기를 나누는 것이 많은 편지들을 통해 의견을 왕래하는 것보다 시간과 오해와 다툼을 더 많이 절약해줄 것이다. 좋은 그리스도인들은 서로 만나서 보고 교제를 나누는 것이 더 즐거울 수 있을 것이다.

2. 사도는 축복한다. 평강이 네게 있을지어다(15절). 모든 복이 네게 있기를 빈다. 자신들이 선하고 행복한 사람들은 다른 사람들도 그렇게 되기를 바란다.

3. 사도는 가이오에게 여러 사람의 안부를 전한다. 여러 친구가 네게 문안하느니라(15절). 전도자는 여러 사람의 안부를 받을 만하다. 안부를 전하는 이들 경건한 사람들은 가이오에게만 아니라 그리스도교에 대해서도 친분을 나타낸다.

4. 사도는 가이오의 교회와 그 인근에 있는 그리스도인들에게 개별적인 안부를 전한다. 너는 친구들의 이름을 들어 문안하라(15절). 개인적으로 사도의 문안을 받아야 될 친구들이 아주 많지 않았을 것이다. 그러나 여기서 사도의 사랑뿐 아니라 겸손도 배워야 할 것이다. 그리스도의 교회에서 가장 낮은 사람에게도 인사와 안부를 전해야 마땅하다. 그리고 이 땅에서 서로 인사를 잘 나눌 수 있는 사람들은 하늘나라에서 함께 살기를 바라는 사람들이다. 그러므로 그리스도의 가슴에 기댔던 사도는 이제 그의 마음속에 그리스도의 친구들을 담고 있다.

유다서

서론

이 서신은 전체 교회에 보내는 형식을 취하고 있다. 그 이유는 이 서신이 어떤 특정한 사람, 가족, 교회를 직접 지칭하지 않고 그 당시의 전체 그리스도인 공동체에게 보내졌기 때문이다. 이 공동체는 유대교인이든 이교도이든 최근에 그리스도 신앙을 받아들이고 회심한 사람들로 이루어져 있다. 이 서신 역시 그리스도교가 존속하는 만큼 존속할 것이고, 교회 안에서 특별하게 사용될 것이다. 본 서신의 전체 목적은 베드로후서 2 장과 거의 대동소이하다. 이것은 이미 말한 바 있기 때문에 여기서 더 이상 말할 필요가 없을 것이다.

본 서신은 미혹하는 자들과 그들의 미혹에 대해 경고하고, 우리에게 따뜻한 사랑을 고취시키고, 진리(명백하고 중요한 진리)에 진실한 관심을 가지게 하기 위한 의도로 기록되었다. 그리고 본 서신은 거룩함과 가장 밀접한 관련을 가진 사랑과 자선에 대해 강조한다. 이 사랑은 어떤 편견이 없는 진실한 형제 사랑이다. 이것은 그리스도교의 가장 본질적인 성격이고 분리할 수 없는 부분이다. 우리는 진리를 굳게 잡아야 한다. 우리는 다른 사람들이 진리를 잘 알 수 있게 하고 진리에서 떨어져 나가지 않도록 노력해야 한다.

이 진리는 두 가지 특성을 지니고 있다. 한 가지 특성은 그것이 예수 안에 있는 진리와 같다(엡 4:21)라는 것이다. 다른 한 특성은 그것이 경건함에 속한 진리(딛 1:1)라는 것이다. 복음은 그리스도의 복음이다. 그리스도는 복음을 우리에게 계시해주셨다. 그리스도는 복음의 주제이시다. 그러므로 우리는 복음을 통하여 그리스도의 인격, 속성들, 직분들을 배워야 한다. 이 복음에 대한 무관심은 그리스도인이라 불리는 사람은 누구든지 변명의 여지가 없다. 우리는 어떤 원천을 통하여 구원의 모든 필요한 지식을 다 얻을 수 있는지를 안다. 더욱이 복음은 경건의 가르침이기도 하다. 인간의 타락한 정욕들에 호의를 보이는 가르침들이 무엇이든 그것은 하나님께 속한 것일 수 없다. 그것을 위한 변명은 내버려두라. 인간의 영혼에 위험한 잘못된 것들은 교회 안에서 곧 그 모습을 드러내게 될 것이다. 사람들이 잘 때에 그 원수가 와서 곡식 가운데 가라지를 덧뿌리고 갔다(마 13:25). 그러나 그런 잘못들이 당시에 고개를 디밀고 나타나기 시작했다. 사도들 가운데 살아 있는 사도가 그것들을 논박하고 다른 사람들에게 그 잘못들에 대해 경고했다. 우리가 그 당시에 살았다면 미혹하는 자들의 궤계들과 공격들에 대비해 많은 무장을 하고 담을 높이 쌓아야 했다고 생각하기 쉽다. 그러나 우리는 사도들의 증언과 주의들을 충분히 가지고 있다. 만일 우리가 사도들의 글들을 믿지 않는다면, 설령 우리가 사도들과 더불어 살면서 그들과 개인적으로 대화를 나누었다고 할지라도 우리는 그들의 말도 믿지 않고 존중하지 않았을 것이다.

$$
\begin{array}{c}
\text{제} \\
- 1 - \\
\text{장}
\end{array}
$$

개요

우리는 본 서신에서 다음의 것들을 발견하게 된다. I. 사도는 본 서신의 저자에 대한 소개, 교회의 속성, 축복의 공동체의 축복들과 특권들을 진술한다(1-2절). II. 사도는 본 서신을 기록한 이유를 밝힌다(3절). III. 사도는 초대 교회의 유아기에 나타난 악하고 완고한 사람들에 대해 진술한다. 그는 나중에 악한 영과 시험하는 자가 다른 유혹하는 자들의 뒤를 이어 나타나는 사실을 경고한다(4절). IV. 사도는 악한 자들과 유혹하는 자들의 말을 듣고 따라다니는 것, 출애굽한 뒤 믿음이 없는 불평을 하는 이스라엘 백성들에게 진노하신 하나님의 가혹한 형벌, 타락한 천사들, 소돔과 고모라의 죄와 징벌에 대한 실례들을 통해 신자들에게 주의를 환기시킨다(5-7절). V. 사도는 미혹하는 자들을 이러한 이스라엘 백성들과 타락한 천사들과 소돔과 고모라에 비유하여 경고하고 있다(8-13절). VI. 그 다음 사도는 그의 논증에 아주 적절하게 미래의 심판을 예언하고 서술하기 위하여 에녹의 옛날 예언을 인용한다(14-15절). VII. 사도는 그 이야기를 발전시켜 미혹하는 자들의 특성을 밝히고 정직한 사람들이 그러한 일들에 빠지기 쉬움을 경고한다. 사도는 그것이 오래 전에 예언되었던 것임을 예증한다(16-19절). VIII. 사도는 신자들에게 견고한 믿음, 뜨거운 기도, 타락에 대한 경계, 하나님에 대한 변함없는 사랑, 영원한 삶에 대한 살아있는 소망을 가지고 견디고 인내할 것을 권면한다(20-21절). IX. 사도는 잘못된 자들과 부끄러운 자들에 대한 대처 방법을 신자들에게 지시한다(22-23절). X. 사도는 마지막 두 구절에서 아주 감동적인 찬양으로 본 서신을 마무리한다(24-25절).

¹예수 그리스도의 종이요 야고보의 형제인 유다는 부르심을 받은 자 곧 하나님 아버지 안에서 사랑을 얻고 예수 그리스도를 위하여 지키심을 받은 자들에게 편지하노라 ²긍휼과 평강과 사랑이 너희에게 더욱 많을지어다

여기서 우리는 본 서신의 서론을 대하게 된다. 여기서 다음의 사실들을 주목하라.

I 우리는 여기서 본 서신의 저자에 대한 진술을 발견하게 된다. 그는 유다다. 그 이름은 그의 조상들 가운데 한 사람인 야곱 족장의 아들의 이름을 딴 것이었다. 야곱의 아들 유다는 맏아들은 아니었지만 가장 뛰어난 인물이었다. 유다의 혈통을 통해 메시야가 오셨다. 유다라는 이 이름은 귀하고 뛰어나고 명예로운 이름이었다. 여기서 다음의 사실들을 주목하라.

1. 뛰어난 이름이기도 했지만 본 서신의 저자는 악한 사람의 이름을 딴 것이기도 했다. 예수님의 열두 제자들 가운데 성이 가룟인 유다가 있었다. 이 유다의 성은 그의 출신지를 나타내는 것이었다. 이 유다는 그 자신의 주님과 우리의 주님을 배신한 악한 제자였다. 같은 이름이지만 가장 좋은 사람의 이름이 되기도 하고 가장 나쁜 사람의 이름이 되기도 한다. 아주 훌륭한 사람들의 이름을 따라 이름을 짓는 것이 교훈적인 것이 될 수 있기는 하다. 그러나 우리가 그 이름에서 추론할 수 있는 것은 아무것도 없다. 우리가 그 이름을 가지고 어떤 부모인지 어떤 조상인지는 알 수 있겠지만 말이다.

2. 지금 본서의 저자 유다는 전혀 다른 인물이었다. 그는 가룟 유다와 마찬가지로 한 사람의 사도였다. 그러나 이 유다는 그리스도의 진실한 제자였지만 다른 유다는 그렇지 않았다. 이 유다는 예수 그리스도의 신실한 종이었지만 다른 유다는 예수 그리스도를 배신하고 죽인 자였다. 그러므로 지금 여기서 이 유다와 다른 유다를 아주 세심하게 구별해야 한다. 하나님은 그의 신실하고 유용한 종의 좋은 이름은 아주 귀하게 여기시고 유념하신다. 하나님이 그러실진대 하물며 우리가 무슨 이유로 우리 자신이나 다른 사람의 평판이나 유익함을 함부로 쓸데없이 낭비해서야 되겠는가? 지금 이 사도는 자신을 예수 그리스도의 종이라고 부른다. 그것은 아주 명예로운 칭호이다. 아무리 힘이 세고 번성해도 세상의 왕이 되기보다는 그리스도의 신실하고 유용한 종이 되는 것이 훨씬 명예롭다. 본서의 저자 유다는 육체의 혈통을 따라 말한다면 그리스도의 친척이라고 주장할 수도 있었다. 그러나 그는 그렇게 하지 않고 그리스도의 종이 되는 것을 더 영광스럽게 생각했다. 여기서 다음의 사실들을 주목하라.

(1) 육체를 따라서 그리스도와 가까운 친척이 되는 것보다는 예수 그리스도의 신실한 종이 되는 것이 실제로 훨씬 더 큰 명예를 얻게 될 것이다. 그리스도의 친척은 물론이고 그의 조상들 가운데도 멸망당한 사람들이 많았다. 그들이 멸망한 것은 인간이신 그리스도에 대한 자연적인 애정이 부족해서가 아니라

그들 자신의 불충성과 완고함 때문이었다. 진실하고 모범적인 경건을 지닌 아주 훌륭한 사람들의 자손이 되거나 가까운 친척이 된 것이 경건한 열심을 가지고 열심을 내는 경건을 가지게 해주어야 할 것이다. 내가 하나님의 열심으로 너희를 위하여 열심을 내노니(고후 11:2). 노아의 아들들 가운데 한 아들이 일시적인 파멸의 홍수에서는 구원받을 수는 있었다. 그러나 그 아들은 결국 하나님의 진노가 넘치는 홍수로 멸망당하고 말았다. 그는 영원한 불의 형벌을 받았다(7절). 그리스도 자신이 누구든지 하늘에 계신 내 아버지의 뜻대로 하는 자가 내 형제요 자매요 어머니이니라(마 12:50)고 우리에게 가르쳐주신다. 다시 말해서 주님의 말씀은, 육체를 따라서 그의 가장 사랑스럽고 가까운 친척이 되는 것보다도 하나님의 말씀 안에서 영적으로 그리스도와 관계를 맺는 것이 더 명예롭고 유익하다는 것이다. 예수께서 무리에게 말씀하실 때에 그의 어머니와 동생들이 예수께 말하려고 밖에 섰더니 한 사람이 예수께 여짜오되 보소서 당신의 어머니와 동생들이 당신께 말하려고 밖에 서 있나이다 하니 말하던 사람에게 대답하여 이르시되 누가 내 어머니며 내 동생들이냐 하시고 손을 내밀어 제자들을 가리켜 이르시되 나의 어머니와 나의 동생들을 보라 누구든지 하늘에 계신 내 아버지의 뜻대로 하는 자가 내 형제요 자매요 어머니이니라 하시더라(마 12:46-50).

(2) 여기서 유다 사도는 그리스도의 왕국의 위엄 있는 신하 신분인 사도임에도 불구하고 자신을 낮추어 스스로 종이라 부르고 있다. 유다가 예수 그리스도의 종이라는 사실은, 가장 낮은 사역자가 주님의 종이 된다는 것은 아주 큰 영광과 명예가 아닐 수 없다. 사도들은 사도이기 이전에도 종들이었을 따름이고, 지금도 여전히 종들일 뿐이었다. 그러므로 종일 뿐인 그리스도의 사역자들에게 맡겨진 양 떼들이나 사역자들 서로에게 주인의 자세로 군림하는 태도를 그리스도의 사역자들은 버리도록 하라. 우리의 사랑스러우신 구세주의 태도를 실제적인 관점에서 본받도록 하자. 예수께서 제자들을 불러다가 이르시되 이방인의 집권자들이 그들을 임의로 주관하고 그 고관들이 그들에게 권세를 부리는 줄을 너희가 알거니와 너희 중에는 그렇지 않아야 하나니 너희 중에 누구든지 크고자 하는 자는 너희를 섬기는 자가 되고 너희 중에 누구든지 으뜸이 되고자 하는 자는 너희의 종이 되어야 하리라(마 20:25-27). 우리는 실제로 섬기는 자가 되고 봉사하는 종이 되어야 한다. 여기서 야고보의 형제라고 소개되고 있는 야고보는 유대 역사가 요세푸스에 따르면 예루살렘의 초대 감독이었다. 요세푸스는 야고보의 성품과

순교를 언급하는 가운데, 예루살렘 성이 처절하게 파괴되고 민족이 잔인하게 도륙을 당하게 된 주요 원인들 가운데 하나가 의인 야고보의 순교였다고 주장했다. 어쨌든 이 유다는 야고보의 형제였다. 유다는 자신이 그러한 사람의 형제였다는 사실을 명예롭게 생각했던 것 같다. 우리는 나이나 은사나 은혜나 지위에 있어서 우리보다 나은 사람들을 존경하고 높여야 한다. 우리는 그들을 시기해서도 안 되고, 그들에게 입에 발린 아첨을 해서도 안 되고, 그들이 잘못하고 있다고 생각함에도 불구하고 그들의 본보기를 그냥 따라서도 안 된다. 그래서 사도 바울은 그의 동료이고 선배 사도인 베드로에게 대놓고 반대의사를 밝혔다. 바울 사도가 베드로 사도를 아주 높이 존경하고 깊이 사랑했음에도 불구하고 베드로가 잘못하고 있고 비난받을 일을 하고 있음을 보았을 때 바울은 베드로의 잘못을 솔직하게 지적했다. 실제로 베드로 사도는 비난받을 만한 일을 한 것도 사실이었다. 게바가 안디옥에 이르렀을 때에 책망 받을 일이 있기로 내가 그를 대면하여 책망하였노라(갈 2:11).

II. 우리는 여기서 이 편지가 어떤 사람들에게 보내졌는지를 듣게 된다.
부르심을 받은 자 곧 하나님 아버지 안에서 사랑을 얻고 예수 그리스도를 위하여 지키심을 받은 자들에게 편지하노라(1절). 부르심을 받은 자는 그리스도인으로 불리기 위하여 부르심을 받은 자들이다. 부르심을 받은 자는 우리의 판단이나 생각이 정당하고 의로워서라기보다는 사랑과 자선의 행위로 그리스도인이라 불려야 한다. 왜냐하면 나타나지 않은 것은 우리의 모든 관계들을 설명해줄 수가 없고, 서로의 비난들에 대한 이유들이나 근거들이 될 수 없기 때문이다. 교회는 비밀이나 감춰진 것들을 판단하지 않는다. 그것은 우리의 성급하고 어리석은 열정이 유익이 되기보다는 해를 더 많이 끼치지 않도록 하기 위한 것이다. 주인이 이르되 원수가 이렇게 하였구나 종들이 말하되 그러면 우리가 가서 이것을 뽑기를 원하시나이까 주인이 이르되 가만 두라 가라지를 뽑다가 곡식까지 뽑을까 염려하노라 둘 다 추수 때까지 함께 자라게 두라 추수 때에 내가 추수꾼들에게 말하기를 가라지는 먼저 거두어 불사르게 단으로 묶고 곡식은 모아 내 곳간에 넣으라 하리라(마 13:28-30). 그러므로 주님 자신이 때가 되면 적절한 도구들로 가라지와 알곡들을 갈라놓으실 것이다. 우리는 할 수 있는 한 모든 사람에 대해 나쁜 것이 드러날 때까지는 가장 좋은 것을 생각하고 말해야 한다. 우리 형제들에게 불이익이 되는 것이라면 듣거나 알게 된 것을 말하거나 전파해서는 안 되고, 하물며 꾸며내는 일은 더더욱 안 될 것이다. 바로 이러한 일은 사도 바울의 고린도전서 13장에서의 사랑에 대한 폭넓고 뛰어난 진술을 우리가 실천할 수 있는 최소한도의 일이다. 이것을 우리는 양심에 따라 실천해야 한다. 우리가 그렇게 할 때까지 교회는 시기와 다툼과 혼란과 모든 악한 일로 가득 차게 될 것이다. 이러한 불행한 사태는 오늘날까지도 그러하다. 시기와 다툼이 있는 곳에는 혼란과 모든 악한 일이 있음이라(약 3:16). 또는 유다 사도는 지금 말씀의 전파를 통하여 그리스도인으로 일컬음을 받게 되는 것에 대해 말하고 있는 것일 수도 있다. 그리스도인들은 말씀을 기쁘게 받아들이고, 말씀을 믿기로 진심으로 고백한다. 그렇게 함으로써 그리스도인들은 그리스도가 머리이시고 신자들은 지체인 교회의 회원으로 받아들여지게 되고 교제를 나누게 된다. 진정한 신자들은 실제로 그 믿음을 눈에 보이게 고백하고 증언하는 신자들이다. 다음의 사실을 주목하라. 그리스도인들은 부름을 받은 자들이다. 그리스도인들은 세상과 악한 영과 그 유혹자로부터 세상 위의 더 높고 더 좋은 것들이 있고, 보이지 않고 영원한 하늘나라로 부름을 받은 자들이다. 그리스도인들은 죄로부터 그리스도에게로 부름을 받은 자들이다. 그리스도인들은 헛된 것으로부터 참된 것으로 부름을 받은 자들이다. 그리스도인들은 더러운 것으로부터 거룩한 것으로 부름을 받은 자들이다. 이것은 하나님의 뜻과 은혜를 따라 이루어진 것이다. 또 미리 정하신 그들을 또한 부르시고 부르신 그들을 또한 의롭다 하시고 의롭다 하신 그들을 또한 영화롭게 하셨느니라(롬 8:30). 이와 같이 부르심을 받은 자들은 다음과 같은 특성을 지니게 된다.

1. 부르심을 받은 자는 거룩하게 된다. 하나님 아버지로 말미암아 거룩하게 된 자(11절, 개역개정판에는 이 부분의 번역이 생략되어 있다). 일반적으로 성경에서 말하는 성화는 성령의 사역이다. 그런데 여기서는 그것이 하나님 아버지의 사역으로 언급되고 있다. 왜냐하면 영은 그 일을 아버지의 영과 아들의 영으로 행하기 때문이다. 다음의 사실을 주목하라. 효력 있는 부르심을 받은 사람들은 거룩하게 된다. 신성한 성품에 참여하는 자가 되게 하려 하셨느니라(벧후 1:4). 모든 사람과 더불어 화평함과 거룩함을 따르라 이것이 없이는 아무도 주를 보지 못하리라(히 12:14). 우리가 거룩하게 되는 것은 우리 자신의 일이 아니다. 어떤 사람이 거룩하게 된다면 하나님 아버지에 의해 거룩하게 되는 것이다. 그렇다고 아들 하나님이나 성령 하나님이 제외되시는 게 아니다. 왜냐하면 그분들은 하나이

시고 한 하나님이시기 때문이다. 그러나 우리가 타락하고 오염되는 것은 우리 자신의 일이다. 반대로 우리가 거룩하게 되고 새롭게 되는 것은 하나님과 그의 은혜로 말미암는 것이다. 그러므로 우리가 자신의 불의로 말미암아 멸망당한다면 우리는 비난을 받아 마땅하다. 그러나 우리가 거룩하게 되고 영화롭게 된다면 모든 명예와 영광은 하나님께만 돌려야 마땅할 것이다. 이것을 아주 분명하고 명확하게 설명하기는 어렵지만 그렇다고 해서 없어서는 안 될 진리를 부정하거나 무시해서는 안 될 것이다. 왜냐하면 그 진리가 없이는 성화가 지닌 여러 요소들을 서로 융화시킬 수 없기 때문이다. 그 전제하에 우리 가운데 어떤 사람이 우리를 현재 있는 곳에서 한 발자국이라도 움직일 수 있게 할 수 있다는 사실을 부인할 수 있을 것이다. 왜냐하면 우리는 전적으로 하나님께 의지하는 삶을 살기 때문이다. 비록 우리가 날마다 매시간 그와 반대되는 사실을 목격하고 있을지라도 말이다.

2. 부르심을 받고 거룩하게 된 자는 예수 그리스도를 위하여 지키심을 받은 자들이 된다. 사람들의 영혼들 속에서 은혜의 사역을 시작하시는 이는 하나님이시다. 그와 마찬가지로 그 일을 계속하시고 그 일을 완성시키시는 이도 하나님이시다. 하나님이 시작하신 일은 하나님이 완성을 하실 것이다. 우리가 변덕을 부리고 왔다 갔다 할지라도 하나님은 여전하시고 변함이 없으시다. 여호와께서 나를 위하여 보상해 주시리이다 여호와여 주의 인자하심이 영원하오니 주의 손으로 지으신 것을 버리지 마옵소서(시 138:8). 그러므로 우리는 자신을 믿지도 말고, 이미 받아 저축해둔 은혜도 믿지도 말아야 한다. 우리 자신을 지키기 위하여 오직 하나님만 믿고 모든 적절한 수단과 정해진 방법으로 계속 노력하도록 하라. 우리는 언제나 하나님이 우리를 지켜주실 것이라는 소망을 가져야 할 것이다. 여기서 다음의 사실들을 주목하라.

(1) 신자들은 지옥의 문에서 보호 받고 하늘나라의 영광에 이르게 될 것이다.

(2) 보호 받은 사람들은 예수 그리스도 안에서 지켜질 것이다. 예수 그리스도 안에서 신자들은 그들을 지켜주고 보호해줄 성채와 요새를 발견하게 된다. 이제는 신자들이 그리스도 안에 거하는 것이 아니라 그리스도와 연합함으로써만 보호를 받게 된다.

Ⅲ 우리는 사도의 축복을 발견하게 된다. 긍휼과 평강과 사랑이 너희에게 더욱 많을지어다(2절). 우리가 받는 모든 위로, 이생에서 우리의 모든 삶의 실제적

인 향유, 더 좋은 내세를 바라는 우리의 모든 소망은 다 하나님의 자비와 은혜와 사랑으로부터 흘러나온다. 여기서 다음의 사실들을 주목하라.

1. 하나님의 긍휼은 우리가 가지고 있거나 바라는 모든 선한 것의 원천과 샘이다. 긍휼은 비참한 사람들을 위한 것일 뿐만 아니라 죄를 범한 사람들을 위한 것이기도 하다.

2. 긍휼을 받은 다음에 우리가 누리게 되는 것은 평강이다. 우리는 예수 그리스도를 통하여 하나님과 화해하지 않고는 참되고 지속적인 평강을 결코 가질 수 없다.

3. 긍휼로부터 평강이 흘러나오는 것처럼 평강으로부터 사랑이 흘러나온다. 그 사랑은 우리를 위한 하나님 사랑, 하나님을 위한 우리의 사랑, 우리의 서로를 위한 형제의 사랑이다. 이 사랑들이 많기를 사도는 축도한다. 그것은 그리스도인들이 사랑의 조각들로 만족하는 일이 없도록 하기 위한 것이다. 사도가 기도하는 것은 영혼들과 교회들에 그 사랑들로 넘치는 것이다. 하나님은 언제라도 우리에게 모든 은혜를 다 주시려고 한다. 하나님은 그 은혜가 가득 넘치기를 바라신다. 우리가 좁아진다면 우리가 그리스도 안에서 좁아지는 것이 아니라 우리 자신 안에서 좁아지고 괴로움을 당하게 될 것이다.

[3]사랑하는 자들아 우리가 일반으로 받은 구원에 관하여 내가 너희에게 편지하려는 생각이 간절하던 차에 성도에게 단번에 주신 믿음의 도를 위하여 힘써 싸우라는 편지로 너희를 권하여야 할 필요를 느꼈노니 [4]이는 가만히 들어온 사람 몇이 있음이라 그들은 옛적부터 이 판결을 받기로 미리 기록된 자니 경건하지 아니하여 우리 하나님의 은혜를 도리어 방탕한 것으로 바꾸고 홀로 하나이신 주재 곧 우리 주 예수 그리스도를 부인하는 자니라 [5]너희가 본래 모든 사실을 알고 있으나 내가 너희로 다시 생각나게 하고자 하노라 주께서 백성을 애굽에서 구원하여 내시고 후에 믿지 아니하는 자들을 멸하셨으며 [6]또 자기 지위를 지키지 아니하고 자기 처소를 떠난 천사들을 큰 날의 심판까지 영원한 결박으로 흑암에 가두셨으며 [7]소돔과 고모라와 그 이웃 도시들도 그들과 같은 행동으로 음란하며 다른 육체를 따라 가다가 영원한 불의 형벌을 받음으로 거울이 되었느니라

사도는 여기서 믿음의 싸움에 대해 권면한다.

I 최근에 회심한 유대인들과 이방인들에게 이 서신을 쓰는 사도의 목적은 그들의 믿음을 세워주기 위한 것이었다. 그리고 사도는 그들에게 그 믿음에 참으로 합당한 행실을 가지게 하고, 아주 간교한 미혹이나 아주 잔인하고 비인간적인 박해 때 믿음을 공개적으로 담대하게 고백하는 믿음을 확고하게 세워주기 위한 것이었다. 그런데 우리가 믿고, 고백하고, 전파하고, 그것을 위하여 싸우는 것이 실제로 그리스도교의 믿음인지 아주 조심스럽게 살펴보아야 될 필요가 있다. 그것은 이 파냐 저 파냐 아니면 우리 편이냐 다른 편이냐 하는 깃발이나 표지를 알아보고 구별하기 위한 것이 아니다. 또한 이것은 거룩한 전도자들과 사도들의 영감을 받은 기록들이 그 저작 시기가 언제냐는 것을 따지기 위한 것이 아니다. 여기서 다음의 사실들을 주목하라.

1. 복음의 구원은 누구에게나 적용되는 일반적인 구원이다. 복음은 그것을 접했을 때 주목하는 모든 사람들에게 아주 진실하고 가장 온건하게 제시되고 전달된다. 왜냐하면 그렇게 하는 것이 복음의 사명이기 때문이다. 너희는 온 천하에 다니며 만민에게 복음을 전파하라 믿고 세례를 받는 사람은 구원을 얻을 것이요 믿지 않는 사람은 정죄를 받으리라(막 16:15-16). 확실히 하나님의 말씀의 의미는 이렇다. 하나님은 인간이 무엇을 하든지 우리를 헛된 말씀으로 조롱하지 않으신다. 그러므로 이 은혜로운 제안과 초청에서 제외될 사람은 하나도 없다. 그러나 고집을 부리고 회개하지 않는 사람들은 결국 제외될 것이다. 듣는 자도 오라 할 것이요 목마른 자도 올 것이요 또 원하는 자는 값없이 생명수를 받으라 하시더라(계 22:17). 하나님 말씀은 그러한 사람들뿐만 아니라 모든 신자들에게도 적용이 된다. 하나님의 말씀은 약한 자는 물론이요 강한 자에게도 적용이 된다. 하나님의 말씀을 사람들이 잘 몰라도, 또 그 말씀과 아무런 관계가 없어도 말씀의 감춰진 뜻 때문에 실망할 필요가 전혀 없다. 하나님의 명령과 뜻은 어렵지만 하나님의 언약은 쉽고 분명하다. "모든 선한 그리스도인들은 모든 사람의 머리 되시는 그리스도 안에서 모이고, 같은 한 영을 따라 움직이고, 한 규칙을 따라 인도를 받고, 이생의 은혜의 한 보좌인 교회에서 만나고, 얼마 안 있어 내세에서 공동의 유업을 받게 된다는 한 소망을 가진다." 우리가 영광스러운 존재가 되는 것은 확실하다. 그러나 그것이 무엇이 어떻게 된 영광스러운 존재인지는 알 수가 없다. 또한 우리는 지금은 그것을 알 필요도 없다. 그렇지만 그것은 분명히 우리가 지금 가지고 있는 소망이나 기대를 훨씬 뛰어넘는 아주 큰

것일 것이다.

2. 이 일반적인 구원은 모든 성도들의 믿음의 주제다. 이 구원의 가르침은 모든 성도들이 다 진심으로 동의하는 것이다. 성도들은 그 가르침을 미쁘다 모든 사람이 받을 만한 이 말(딤전 1:15) 즉 믿고 받아들일 만한 말이라고 생각한다. 이 가르침은 성도들의 구원을 위하여 성도에게 단번에 주신 믿음의 도다(3절). 이 말씀에 더하거나 빼거나 바꾸어서는 절대 안 된다. 이 말씀과 믿음의 도에 우리가 거해야 된다. 이 믿음의 도 안에서 우리가 안전하다. 우리가 이 믿음의 도에서 한 발짝 앞으로 더 나가면 우리는 위험해지거나 미혹에 빠지게 되고 말 것이다.

3. 사도들과 전도자들이 모두 우리에게 이 일반적인 구원에 관하여 기록했다. 그들의 글들을 주의 깊게 읽어본 사람들은 이 진리를 부인하거나 의심할 수 없다. 그들이 주로 기록했던 것들이 특별한 계획들과 목적들을 주장하기 위한 것이었다는 사실을 생각할 때 누구든지 놀라지 않을 수가 없다. 더욱이 그 사실들이 자신들이 할 수가 없고 생각할 수 없는 것들이었다는 것을 생각할 때 더욱더 그러하다. 그들이 성령의 감동을 받아 우리에게 완전하게 선포해준 것이 모든 사람이 믿고 행하는데 필요한 모든 것을 담고 있다. 그들이 전해준 가르침은 일반적인 구원을 받은 사람이 개인적 이익을 얻게 하기 위한 것이다.

4. 일반적인 구원에 관해 기록하거나 전한 사람들은 그 일을 아주 부지런히 감당해야 했다. 그들은 하나님을 위해서든 백성들을 위해서든 자신들을 드리고 헌신하는 일에 아무런 대가나 희생이나 고통을 치르지 않고 하려는 생각이 결코 없었다. 왕이 아라우나에게 이르되 그렇지 아니하다 내가 값을 주고 네게서 사리라 값 없이는 내 하나님 여호와께 번제를 드리지 아니하리라 하고 다윗이 은 오십 세겔로 타작 마당과 소를 사고 그 곳에서 여호와를 위하여 제단을 쌓고 번제와 화목제를 드렸더니 이에 여호와께서 그 땅을 위한 기도를 들으시매 이스라엘에게 내리는 재앙이 그쳤더라(삼하 24:24-25). 대가를 치르지 않는 태도는 하나님을 존경하지 않는 것이었고, 인간을 부당하게 대하는 것이었다. 사도는 영감을 받았음에도 불구하고 일반적인 구원에 관해 쓰려고 아주 애를 썼다. 그러나 영감을 받지도 않았고 아무런 노력도 하지 않은 사람들이 하나님의 이름으로 말들은 번들하게 했다. 성경 말씀을 전하면서 해석이나 적용을 신경도 쓰지 않고 말이다. 신성한 사실들을 말하는 사람들은 항상 아주 극진한 경외심과 조심스러움과 열

심을 가지고 그 사실들에 대해 말을 해야 한다.

5. 이 일반적인 구원에 대한 가르침을 받은 사람들은 그 가르침을 위하여 열심히 노력하고 분투해야만 한다. 그 노력은 격렬하게 하는 것이 아니라 진실하게 열심히 하는 것이다. 그리스도인의 믿음을 위하여 분투하는 사람들이나 그리스도인의 길을 열심히 걷는 사람들은 합법적으로 노력하고 싸워야 한다. 그렇지 않으면 그들의 노력이 수포로 돌아가고 말 것이다. 또는 그들의 면류관을 잃어버릴 아주 큰 위험에 봉착하게 되고 말 것이다. 경기하는 자가 법대로 경기하지 아니하면 승리자의 관을 얻지 못할 것이다(딤후 2:5). 내 사랑하는 형제들아 너희가 알지니 사람마다 듣기는 속히 하고 말하기는 더디 하며 성내기도 더디 하라 사람이 성내는 것이 하나님의 의를 이루지 못함이라(약 1:19-20). 진리를 위한다고 거짓말하는 것은 나쁜 것이다. 진리를 위한다고 꾸짖는 것도 그다지 좋은 것이 못된다. 여기서 다음의 사실을 주목하라. 진리를 받고 믿는 사람들은 그것을 위하여 분투해야 한다. 그러면 어떻게 싸울 것인가? 사도들이 했던 것처럼 해야 한다. 사도들은 진리를 위하여 받게 되는 고난을 끈기 있게 견디었고 그것을 위하여 용감하게 싸웠다. 만일 사도들이 우리가 지금 믿음이라고 부르거나 기본적인 진리라고 부르고 싶어하는(증명되었든지 안 되었든지) 모든 생각과 가르침을 받아들이고 믿지 않았다면 그들도 다른 사람들을 위하여 고난을 겪으려고 하지 않았을 것이다. 우리들을 속이려고 마음먹고 노리고 있는 어떤 사람들의 간사함이나 그럴듯한 거짓말들로 인해 그리스도교의 기본 신조를 빼앗기지 않도록 애를 써야 한다. 이는 우리가 이제부터 어린아이가 되지 아니하여 사람의 속임수와 간사한 유혹에 빠져 온갖 교훈의 풍조에 밀려 요동하지 않게 하려 함이라(엡 4:14). 사도 바울은 그가 많은 **싸움** 중에 복음을 전했다(전한 것이 복음이었음을 유념하라)는 사실을 우리에게 말해주고 있다. 너희가 아는 **바와 같이 우리가 빌립보에서 고난과 능욕을 당하였으나 우리 하나님을 힘입어 많은 싸움 중에 하나님의 복음을 너희에게 전하였노라**(살전 2:2). 다시 말해서 이 말의 의미는 바울이 복음을 성공적으로 전파하기 위하여 온 마음과 뜻을 다하여 아주 열심히 노력하고 싸웠다는 것이다. 그러나 그 싸움을 말씀을 일반적으로 받아들이게 하기 위한 것으로 이해한다면 사도가 싸웠던 사람들이 누구였고 어떻게 싸웠는지를 편견 없이 생각해야만 할 것이다. 여기서 그것을 부연해서 왈가왈부하는 것은 적당하지 않은 것 같다. 다음의 사실들을 주목하도록 하라.

II. 사도가 이 목적을 위하여 글을 쓰지 않을 수 없었던 상황은 아주 좋지 않았다. 악한 관습이 좋은 법을 거슬러 횡행하고 위험한 잘못들과 거짓들이 중요한 진리들의 정당한 옹호를 위협했다. 여기서 다음의 사실들을 주목하라.

1. 경건하지 않은 사람들은 그리스도의 믿음과 교회의 평화에 아주 큰 적들이다. 그리스도의 믿음을 부인하거나 변질시키고 교회의 평화를 해치는 사람들은 경건하지 아니한 사람들이라고 여기서 분명하게 이름하고 있다. 가장 바람직한 일이긴 하지만 교역자나 교회가 없이도 진리를 편안하게 가질 수도 있을 것이다. 그러나 이런 경우에 하늘나라까지 이르는 축복을 받는 경우는 거의 없다. 경건하지 아니한 사람들은 진리에 대해 망설이게 하고, 의심하게 하고, 분규를 일으키고, 불화하게 하고, 이기적이 되게 하고, 야심적이 되게 하고, 질투하게 만드는 원인을 제공한다. 이러한 양상은 과거의 모든 교회들에 재앙이 되었다. 게다가 미래를 포함해 어느 세대고 시간이 존재하고 지속되는 한 그러한 경건하지 아니한 사람들과 관습들로부터 자유롭지 못할 것이다. 주목하라. 우리를 교회로부터 단절시키거나 그리스도로부터 끊어놓을 수 있는 것은 아무것도 없다. 다시 말해서 불신앙과 경건하지 않은 것이 우리를 결코 지배하지 못할 것이다. 우리는 어떤 특정한 파나 사람들에게 이러한 성격의 낙인을 찍는 행위는 아주 조심하고 꺼려야 할 것이다. 특별히 어떤 확실한 증거가 없이는 더욱 그러한 일은 삼가야 할 것이다. 그러한 일이 심심치 않게 일어나고 있듯이 그러한 기미가 희미하게만 보여도 발작적으로 그러한 낙인을 찍는 관행은 아주 삼가야 될 것이다. 경건하지 않은 사람들은 바로 세상에서 소망이 없고 하나님도 없는 자들이다(엡 2:12). 그들은 하나님과 양심을 전혀 존중하지 않는다. 이러한 사람들을 무서워해야 되고 피해야 될 사람들이다. 그들은 적극적인 죄를 저지르는 악한 자들이고, 소극적인 죄를 아무렇지 않게 저지르는 경건하지 아니한 자들이다. 예를 들어 그들은 하나님 앞에서 드려야 하는 기도는 억제하고, 가진 자의 의무를 감당하지 않는 부자는 감히 비난하지 못한다. 그들이 부자에 대해 그러한 태도를 취하는 것은 부자의 호의를 잃게 되거나 부자에게서 받을 이익을 잃을까 겁을 내서이다. 그러므로 그들은 주의 일을 힘쓰지 않고 게을리하는 자들이다.

2. 경건하지 않은 사람들이 저지르는 최악의 일은 우리 하나님의 은혜를 도리어 방탕한 것으로 바꾸는(4절) 것이다. 그들이 아주 대담하게 죄를 부추기고 선

동하는 이유는 하나님의 은혜가 넘치기 때문이다. 그런데 아주 놀랍게도 그들은 복음의 은혜가 많고 넘칠수록 그들의 경건하지 않음이 더 굳어진다. 복음의 은혜의 목적은 사람들을 죄로부터 끌어내어 하나님께로 인도하는 것이다. 그러므로 아주 큰 은혜를 받고도 멋대로 굴고, 그 은혜를 탐욕으로 더러워지는 기회로 삼고, 우리를 그런 길에 빠지게 하는 것이 경건하지 않은 사람들이다. 그러나 바로 그 은혜가, 우리를 가장 더럽고 나쁘고 희망 없는 그런 죄인들이 되게 하는 상태에서 회심시키고 건져내는 아주 강력한 수단이다.

3. 하나님의 은혜를 방탕한 것으로 바꾸는 사람들은 실제로 홀로 하나이신 주재 곧 우리 주 예수 그리스도를 부인하는 자들이다(4절). 다시 말해서 그들은 자연 종교와 계시 종교를 다 부인하는 것이다. 그들은 자연 종교의 기반을 공격한다. 왜냐하면 그들은 홀로 하나이신 주재 하나님을 부인하는 것이기 때문이다. 그리고 그들은 계시 종교의 모든 구조를 뒤집어엎는 것이다. 왜냐하면 그들은 주 예수 그리스도를 부인하기 때문이다. 그러므로 세상에 계시 종교를 세우기 위한 주님의 위대하신 계획은 우리를 하나님께 인도하는 것이었다. 우리 주 예수 그리스도를 부인하는 사람들은 실제로 홀로이신 여호와 하나님을 부인하는 것이다. 계시 종교를 부인하는 것은 실제로 자연 종교를 뒤집어엎는 것이다. 왜냐하면 자연 종교와 계시 종교는 둘 다 함께 서거나 넘어지기 때문이다. 그 둘은 서로 상호적으로 빛을 주고 힘을 주기 때문이다. 복음의 빛 한가운데 살고 있는 현대의 자연신교 신봉자들은 이것을 진지하게 생각하고, 그들이 복음을 받아들이는 것을 방해하는 것이 무엇인지를 주의 깊고, 부지런하고, 공정하게 조사해야 될 것이다. 그럼에도 그들은 자연 종교의 모든 원리들과 의무들을 완전히 믿는다고 고백을 한다. 이 자연 종교와 계시 종교의 두 짝들은 서로 아주 잘 들어맞는다. 마찬가지로 두 짝 가운데 어느 하나는 받아들이고 다른 하나는 부인한다는 것은 아주 어리석은 것처럼 보인다. 차라리 받아들이려면 둘 다 받아들이고 아니면 둘 다 부인하는 것이 더 합당한 방법이라고 생각하는 사람도 있을 것이다. 특별히 이 시대에 더 설득력 있는 방법은 경건하지 아니하는 사람들이 하는 역할을 따라 하는 것이기는 하겠지만 말이다.

4. 하나님의 은혜를 방탕한 것으로 바꾸는 사람들은 결국 심판 받도록 정해져 있다. 그러한 사람들은 최후의 가장 위대하고 가장 완전한 해결책을 거부하는 죄를 범한다. 그러므로 그러한 사람들은 변명의 여지가 없다. 이와 같이 죄

를 범하는 사람들은 그들의 상처로 죽어야 되고, 그들의 질병으로 죽어야 되고, 심판을 받도록 옛적부터 정해져 있다. 그 표현이 의미하는 것이 무엇이든 말이다. 그러나 우리의 성경 번역자들이 지금 이 말들을 옛적에 미리 기록된 이라고 번역하는 것이 적절하다고 생각했다면 어떻게 됐을까(지금 매튜 헨리의 견해 대로한글 개역개정판은 그렇게 번역되어 있다. KJV역본은 옛적에 미리 기록된 (번역)이 아니라 옛적에 미리 정해진(번역)을 따른다:역자 주). 그랬으면 사람들이 그들 자신의 죄와 어리석음 때문에 이 판결의 당연한 주인공들이 되었을 것이다. 그리고 평범한 그리스도인들은 하나님께 버림 받는 유기에 관한 어둡고, 의심스럽고, 당혹스러운 사상으로 어려움을 겪게 되지는 않았을 것이다. 그러나 그러한 미혹하는 자들과 악한 자들이 나중에 일어날 것이고, 모든 신자는 미리 경고를 받고 그러한 자들에 대비해 미리 무장을 해야 됨을 영감을 받은 성경 기록자들이 일찍이 권고해주었다는 사실로 충분하지 않겠는가?

5. 우리는 가만히 들어와 믿음을 변질시키거나 왜곡시키려고 하는 자들에 반대하여 믿음을 위한 싸움을 열심히 싸워야 한다. 그러한 자들은 비열한 성격을 가진 자들이다. 그들은 약하고 어리석은 사람들에게 가만히 접근해 속이고 유혹해 그들의 제자들과 숭배자들로 만든다. 확실히 신실하고 겸손한 목사들과 사역자들은 신자들의 기쁨과 평화와 위로를 위해 도움을 주는 사람이다. 목사들은 신자들의 믿음의 주인들이 아니다. 믿음을 변질시키려고 하는 사람은 누구든지 간에 우리는 대항해 열심히 싸워야 한다. 사탄의 도구들과 꼭두각시들이 우리를 진리에서 강탈하려고 바쁘면 바쁠수록 간교하면 간교할수록 우리는 진리를 더욱더 굳게 쥐어야 할 것이다. 우리가 사람들이나 종파들이나 생각들에 있어서 잘못된 쪽에 매달리게 되지 않으려면 진리를 굳게 쥐고 있어야 할 것이다.

III. 사도는, 그리스도의 이름으로 거룩한 신앙을 고백하고, 나중에 그 신앙을 버리고 잘못된 사람들에게 합당한 권면과 경고를 한다(5-7절). 우리는 여기서 하나님이 죄인들에게 예전에 내리셨던 심판들에 대한 진술을 발견하게 된다. 그것은 본 서신에서 경고를 하고 있는 사람들에게 깨우침과 두려움을 주기 위한 것이다. 다음의 사실을 주목하라. 하나님의 심판은 죄인들에 대한 하나님의 직접적인 진노에서 비롯된 것이라기보다는 종종 다른 사람들을 경계하고 경고하기 위해 선고되고 시행된다. 다시 말해서 하나님의 심판은 죄인들에게 노해서 내리시는 것이 아니라 오히려 현재의 다른 사람들과 마찬가지로 그 죄인들도 그 심판을 모면하게 하기 위한 것이다. 내가 너희로 다시 생각나게 하고자 하노라(5절). 우리는 이미 알고 있는 것을 다시 기억하고 생각할 필요가 있다. 그러므로 그리스도교 교회에는 항상 상주하는 담임 목사가 있어야 하고 담임 목사를 활용할 필요가 있다. 비록 믿음의 모든 가르침들이 분명한 말씀들에 아주 명백하고 쉽게 계시되어 있어 그것을 읽고 쉽게 이해할 수 있을지라도 말이다. 하나님의 말씀에는 무오한 해석자가 결코 필요하지 않다. 이런 제안을 하는 사람도 있다. "만일 성경이 구원에 필요한 모든 것을 아주 분명하고 쉽게 담고 있다면 도대체 담임 목사가 왜 있어야 하고 왜 활용해야 하는가? 왜 우리는 그냥 집에서 성경을 읽고 묵상하면 안 되는가?" 영감을 받은 사도가 지금 이 본문에서 완전하지는 않을지라도 충분하게 이러한 이의에 대답을 해주었다. 말씀 선포와 설교는 그 때마다 우리에게 어떤 새로운 것을 가르쳐주기 위한 것이 아니다. 즉 설교는 이전에 전혀 몰랐던 어떤 것을 알게 해주거나 가르쳐주기 위한 것이 아니다. 그것은 우리로 하여금 다시 생각나게 하기 위한 것이다. 즉 설교는 우리가 잊어버렸던 것들을 생각나게 해주고, 기억하게 해주고, 일깨워주고, 우리의 열정을 돋우어주고, 우리의 결의를 촉구하고 다져주어 우리의 삶이 우리의 믿음에 부응할 수 있고 일치할 수 있게 해주기 위한 것이다. 너희가 이것들을 알고 있지만 더 잘 알게 하기 위한 것이니라. 우리가 예전에 알았지만 안타깝게도 잊어버리고 있는 것들이 많이 있다. 그런데 그러한 것들을 다시 새롭게 일깨워주고 생각나게 해주는 것이 아무런 소용이 없다는 말인가?

그렇다면 이제 그리스도인들이 다시 기억하고 생각해야 할 것들이 무엇이 있는지를 생각해보도록 하자.

1. 믿음이 없는 이스라엘 족속은 광야에서 멸망했다. 주께서 백성을 애굽에서 구원하여 내시고 후에 믿지 아니하는 자들을 멸하셨으며(5절). 바울 사도는 이 사실을 고린도 교인들에게 상기시킨다. 그러나 그들의 다수를 하나님이 기뻐하지 아니하셨으므로 그들이 광야에서 멸망을 받았느니라 이러한 일은 우리들의 본보기가 되어 우리로 하여금 그들이 악을 즐겨한 것 같이 즐겨하는 자가 되지 않게 하려 함이니(고전 10:5-6). 이와 같이 고린도전서 10장의 전반 열 구절은 이 유다서 5절의 가장 좋은 해석이다. 그러므로 누구든지 자신들의 특권을 함부로 남용하지 말아야 한다. 왜냐하면 연속적으로 일어난 놀라운 이적들로 말미암아 애굽에서

구원받은 사람들이 많았지만 불신앙 탓으로 광야에서 멸망당했기 때문이다. 옳도다 그들은 믿지 아니하므로 꺾이고 너는 믿으므로 섰느니라 높은 마음을 품지 말고 도리어 두려워하라(롬 11:20). 그러므로 우리는 두려워할지니 그의 안식에 들어갈 약속이 남아 있을지라도 너희 중에는 혹 이르지 못할 자가 있을까 함이라(히 4:1). 이스라엘 백성은 많은 이적을 겪었다. 그들은 행군하는 황량한 광야에서 날마다 일용할 양식을 공급받았다. 그럼에도 불구하고 그들은 광야에서 멸망을 당했다. 우리는 이스라엘 백성이 누렸던 것보다 훨씬 더 많은 유익과 은혜들을 받고 있다. 그러니 이스라엘 백성의 잘못이 우리의 무서운 경고와 경계로 삼도록 하자.

2. 우리는 이 본문에서 천사들의 타락을 생각하게 된다. 또 자기 지위를 지키지 아니하고 자기 처소를 떠난 천사들을 큰 날의 심판까지 영원한 결박으로 흑암에 가두셨으며(6절). 자리를 지켜야 할 자신들의 처소를 떠난 천사들이 많았다. 그들은 우주의 지존하신 통치자가 천사들에게 맡긴 지위와 자리들에 만족하지 않았다. 그들은 우리 시대의 불만족하는 목사들처럼, 아니 모든 시대의 만족이 없는 목사들처럼 자신들이 더 나은 지위와 대접을 받아야 마땅하다고 생각했다. 그들은 섬기는 자의 신분으로 주인 행세를 했을 것이다. 더 나아가서 그들은 실제로 그들의 주인 되시는 하나님이 그들의 종이 되어야 한다고 생각했을 것이다. 이와 같은 교만이 그들이 타락하게 되는 주된 원인과 직접적인 이유가 되었을 것이다. 따라서 그 천사들은 자기 지위와 자리를 떠나고, 그들의 창조자이시요 지배자이신 하나님께 반역했다. 그러나 하나님은 그들을 내버려 두시지 않았다. 하나님은 그들에게 허리를 굽히지 않으셨다. 하나님은 그들을 내치셨다. 현명하고 훌륭한 군주가 이기적이고 속이는 신하를 벌하는 것처럼 하나님은 그들을 벌하셨다. 위대하시고, 전지하신 하나님은 아주 현명하고 선한 지상의 군주들도 그러는 것처럼 반역하는 천사들이 무슨 꿍꿍이를 꾸미고 있는지를 모르실 수 없었다. 결국 그들은 어떻게 되었는가? 그들은 전능자에게 감히 대들었고 용감하게 도전했다고 생각했었을 것이다. 그러나 하나님은 그들을 아주 혹독하게 다루셨다. 하나님은 그들을 지옥으로 내치셨다. 자신의 조물주를 섬기는 종들이 되지 않고, 자신의 처지와 지위에서 먼저 하나님의 뜻을 따르지 않는 자들은 하나님의 공의의 심판을 받았다. 그리고 그러한 자들은 큰 날의 심판까지 영원한 결박으로 흑암에 갇혔다. 여기서 타락한 천사들의 형편을 발

견하게 된다. 그들은 결박으로 묶이고, 하나님의 권능과 공의 아래 놓이고, 큰 날의 심판까지 갇혀 있게 된다. 그들은 빛의 천사들임에도 불구하고 흑암에 갇혀 있게 된다. 그들은 하나님과의 싸움에서 이길 수도 있다는 한 가닥 희망을 가지고 그 무서운 어둠 속에서도 하나님께 계속해서 대든다. 얼마나 무섭고 비참한 집념인가! 빛과 자유가 잘 어울리고 일치하듯이 결박과 어둠은 또 얼마나 서로 잘 어울리고 일치하는가! 한때는 천사들이었던 마귀들도 결박당해 갇혔다. 이것으로 미루어 생각하건대 장차 심판이 있다는 사실은 의심의 여지가 없다. 타락한 천사들이 큰 날의 심판까지 영원한 결박으로 흑암에 갇혀 있다. 그런데 타락한 사람들이 그 심판을 면할 수 있겠는가? 반드시 그렇지 않을 것이다. 이것을 읽는 신자는 모두 머지않아 이 심판이 있게 되리라는 사실을 항상 잊지 말아야 할 것이다. 그들이 묶인 결박이 영원한 것이라고 하는 것은 그들이 그 결박을 결코 끊어버릴 수 없고, 그것으로부터 절대로 벗어날 수 없기 때문이다. 타락한 천사들은 그 결박에 아주 단단하고 견고하게 묶여 있다. 하나님의 명령과 심판과 진노가 타락한 천사들을 아주 견고하게 묶어놓고 있는 결박들이다. 죽을 수밖에 없는 죄악된 인간들이여, 이 말씀을 듣고 하나님을 두려워하도록 하라!

3. 사도는 여기서 소돔과 고모라의 멸망을 상기시켜준다. 소돔과 고모라와 그 이웃 도시들도 그들과 같은 행동으로 음란하며 다른 육체를 따라 가다가 영원한 불의 형벌을 받음으로 거울이 되었느니라(7절). 이것은 아마 소돔과 고모라, 이웃의 세 도시를 포함한 다섯 도시가 불과 유황으로 멸망당한 것을 암시하는 것 같다. 그 도시들은 아주 가증스러운 죄들을 범했다. 그 죄가 무엇인지를 구체적으로 이름을 댈 수는 없지만 아주 극악하고 혐오스러운 죄였을 것이다. 이 도시들의 멸망은 다음의 말씀을 들어야 될 모든 사람들에게 특별한 경고를 주기 위한 것이다. 사랑하는 자들아 거류민과 나그네 같은 너희를 권하노니 영혼을 거슬러 싸우는 육체의 정욕을 제어하라(벧전 2:11). "이러한 육체의 정욕들이 소돔 사람들을 하늘에서 내려온 불이 태웠다. 그리고 이제 그들은 영원한 불의 형벌로 계속해서 고통당하고 있다. 그러므로 이 경고의 말씀을 잘 듣고 그들의 죄들을 본받지 말아야 한다. 그렇지 않으면 그들과 마찬가지로 너희들에게도 똑같은 재앙이 닥칠 것이다. 하나님은 그 때와 마찬가지로 지금도 똑같이 거룩하시고, 공의로우시고, 진실하신 절대자이시다. 그러니 한순간의 짐승 같은 정욕의 쾌락들을 위하여 영원한 불의 형벌을 너희의 것으로 만들고 그 고통을 영원히 겪고

견딜 수 있겠는가? 너희는 떨며 범죄하지 말지어다(시 4:4)."

⁸그러한데 꿈꾸는 이 사람들도 그와 같이 육체를 더럽히며 권위를 업신여기며 영광을 비방하는도다 ⁹천사장 미가엘이 모세의 시체에 관하여 마귀와 다투어 변론할 때에 감히 비방하는 판결을 내리지 못하고 다만 말하되 주께서 너를 꾸짖으시기를 원하노라 하였거늘 ¹⁰이 사람들은 무엇이든지 그 알지 못하는 것을 비방하는도다 또 그들은 이성 없는 짐승 같이 본능으로 아는 그것으로 멸망하느니라 ¹¹화 있을진저 이 사람들이여, 가인의 길에 행하였으며 삯을 위하여 발람의 어그러진 길로 몰려 갔으며 고라의 패역을 따라 멸망을 받았도다 ¹²그들은 기탄 없이 너희와 함께 먹으니 너희의 애찬에 암초요 자기 몸만 기르는 목자요 바람에 불려가는 물 없는 구름이요 죽고 또 죽어 뿌리까지 뽑힌 열매 없는 가을 나무요 ¹³자기 수치의 거품을 뿜는 바다의 거친 물결이요 영원히 예비된 캄캄한 흑암으로 돌아갈 유리하는 별들이라 ¹⁴아담의 칠대 손 에녹이 이 사람들에 대하여도 예언하여 이르되 보라 주께서 그 수만의 거룩한 자와 함께 임하셨나니 ¹⁵이는 뭇 사람을 심판하사 모든 경건하지 않은 자가 경건하지 않게 행한 모든 경건하지 않은 일과 또 경건하지 않은 죄인들이 주를 거슬러 한 모든 완악한 말로 말미암아 그들을 정죄하려 하심이라 하였느니라

사도는 여기서 그리스도를 따르는 제자들을 — 그리스도의 거룩한 가르침의 신앙 고백과 실천으로부터 — 미혹하는 사기꾼들을 비난한다. 사도는 그들을 꿈꾸는 더러운 자들이라 부른다. 잘못된 생각이 꿈이기 때문에 꿈은 각양 더러운 것의 시작 내지는 입구가 된다. 죄는 더러운 것이다. 죄는 사람들을 가장 거룩하신 하나님 앞에서 악취가 나게 하고 하나님 보시기에 가장 더러운 것으로 만든다. 그리고 죄는 사람들을 스스로 보기에도 혐오스럽게 만들고, 다른 모든 사람들이 보기에도 악하게 보인다. 이들 꿈꾸는 더러운 자들은 바보의 지상낙원을 꿈꾸고, 결국에는 진짜 지옥으로 들어가고 만다. 그러한 자들의 성격과 행로와 결국을 우리에게 필요한 적절하고 충분한 경고로 삼도록 하자. 또한 죄는 마찬가지로 형벌과 불행을 만들어낼 것이다. 여기서 다음의 사실들을 주목하라.

Ⅰ 사도는 이들 사기꾼들의 성격을 다음과 같이 기술한다.

1. 꿈꾸는 사기꾼들은 육체를 더럽힌다. 육체나 몸은 많은 무서운 오염들의 직접적인 대상이다. 그것은 종종 초조하게 하거나 노하게 하는 원인이 되기도 한다. 그러나 이러한 오염들이 몸 안이나 몸에 대해 이루어지는 것임에도 불구하고 영혼을 크게 더럽히고, 심하게 망쳐놓고, 상처를 입힌다. 영혼을 거슬러 싸우는 육체의 정욕을 제어하라(벧전 2:11). 그런즉 사랑하는 자들아 이 약속을 가진 우리는 하나님을 두려워하는 가운데서 거룩함을 온전히 이루어 육과 영의 온갖 더러운 것에서 자신을 깨끗하게 하자(고전 7:1). 우리는 이 두 구절들에서 육과 영의 더러움이 서로 다른 종류임에도 불구하고 전인을 더럽게 하는 것을 읽게 된다.

2. 꿈꾸는 사기꾼들은 권위를 업신여기며 영광을 비방한다(8절). 그들은 방해하는 마음과 미혹하는 영을 지니고 있다. 그들은 권세는 하나님으로부터 나고 모든 권세는 다 하나님께서 정하신 것이라(롬 13:1)는 사실을 기억하지 못한다. 하나님은 아무도 비방하지 말며 다투지 말며 관용하며 범사에 온유함을 모든 사람에게 나타낼 것을 요구하신다(딛 3:2). 그러나 우리가 권력자들을 겨냥해서 말할 때 악하게 말하고 비방하는 것은 아주 큰 죄이다. 왜냐하면 하나님이 우리를 지배하는 권위 위에 세워주신 사람들을 비난하고 악하게 말하는 것은 결국 하나님 자신을 모독하는 것이기 때문이다. 우리가 그 사실을 이해한다면 이 낮은 세상을 지배하는 권세를 가진 종교에 관하여 비방하는 자들은 양심의 지배를 무시하는 것이고 양심을 희롱하는 것이고, 세상에서 양심을 몰아내는 것이라는 것을 알 수 있을 것이다. 그리고 더 나아가서 그러한 자들은 하나님의 말씀에 관해서도 양심의 규칙인 그것을 경멸하고 무시한다. 그들은 하나님의 뜻이 드러나고 명시된 계시들을 하찮게 생각한다. 하나님의 계시는 믿음과 행동의 규칙이다. 그러나 그 계시들이 그들에게 설명이 되고 그 의미가 그들에게 온전하게 전달되기까지는 그 계시가 그들에게는 믿음과 행동의 규칙이 되지 못한다. 본 구절의 의미를 다음과 같이 생각하는 사람들도 있다. 즉 그들은 여기서 언급되고 있는 권위가 아주 특별하게 하나님의 백성을 의미한다고 생각한다. 이러한 생각은 시편 기자의 말을 따른 것이다. 나의 기름 부은 자를 손대지 말며 나의 선지자들을 해하지 말라(시 105:15). 그러한데 꿈꾸는 이 사람들도 그와 같이 육체를 더럽히며 권위를 업신여기며 영광을 비방하는도다(8절). 신앙과 그것을 믿는 진실한 고백자들은 항상 어디서나 비방을 받았다. 신앙에는 아주 선하고 최고의 존경을 받을 가치가 있는 것 말고는 아무것도 없지만 늘 비방을 받아왔다. 종교

의 그러한 본질은 우리의 본성을 완전하게 만들어주고, 우리의 가장 참되고 가장 높은 유익을 베풀어줌에도 불구하고 언제나 비방을 받았다. 우리의 이 종교와 신앙을 반대하는 자들이 늘 다음과 같이 말하기를 좋아한다. 이에 우리가 너의 사상이 어떠한가 듣고자 하니 이 파에 대하여는 어디서든지 반대를 받는 줄 알기 때문이라 하더라(행 28:22). 사도는 미가엘 천사장을 예를 들어 이 경우를 설명한다. 천사장 미가엘이 모세의 시체에 관하여 마귀와 다투어 변론할 때에 감히 비방하는 판결을 내리지 못하고 다만 말하되 주께서 너를 꾸짖으시기를 원하노라 하였거늘(9절). 성경 해석자들은 본문에서 언급되고 있는 모세의 시체에 관하여 라는 말이 무엇을 의미하는지에 대해 당혹감을 금하지 못한다. 이것을 마귀가 모세가 훌륭한 장례식을 치를 수 있느냐 없느냐를 놓고 다투었다고 생각하는 사람도 있다. 그런가 하면 모세가 묻힌 곳으로 일반적으로 알려진 장소를 놓고 마귀가 다툰 것으로 생각하는 사람도 있다. 마귀는 이러한 논쟁을 통해 이스라엘 백성을 아주 자연스럽게 새로운 우상숭배로 이끌어가려고 했다는 것이다. 스코트 박사는 모세의 시체를 마귀가 그 파멸을 위해 애를 쓴 유대인 교회로 이해해야 한다고 생각한다. 마치 그리스도인의 교회가 신약의 양식을 따르면 그리스도의 몸으로 부르는 것처럼 모세의 몸을 유대인의 교회로 보는 것이다. 여기서 일일이 다 들 수는 없지만 이러한 견해 말고도 다른 해석을 하는 사람들도 많이 있다. 어쨌든 이 다툼이 아주 격렬하고 진지했지만 이 논쟁에서 미가엘 천사가 이겼다. 그러나 미가엘 천사는 마귀를 감히 비방하는 판결을 내리지 못했다. 미가엘 천사는 이 싸움에서 전혀 무기가 필요 없는 좋은 대의와 이유를 알고 있었다. 그럼에도 그는 감히 마귀를 대놓고 비방하지 못했다고 한다. 무슨 이유로 그는 감히 그러지 못했을까? 미가엘 천사는 마귀를 두려워하지 않았지만 만일 그러한 논쟁에서 그가 겁 없이 대놓고 비방하는 그러한 식으로 처신한다면 하나님이 진노하시게 될 것이라고 믿었을 것이다. 미가엘 천사는 하나님과 인간의 큰 적을 다룰 때 대놓고 비방하거나 욕을 퍼부어 대는 것은 마귀보다 못하다고 생각했다. 모든 논쟁자들에게 중요한 규약은 논쟁을 할 때 결코 비난을 퍼부어서는 안 된다는 것이다. 진리는 거짓이나 험한 말의 도움을 전혀 필요로 하지 않는다. 미가엘 천사가 마귀에게 비방하는 무기를 사용하는 것은 그에게 너무 가혹하다는 것을 미리 알고 비방을 하지 않았을 것이라고 말하는 사람도 있다. 또는 사도가 여기서 우리가 아는 놀라운 민수기 20:7-14의 신 광야에서 이스라엘 백성이 물 때문에 겪은 기사를 언급하고 있다고 말하는 사람도 있다. 사탄은 불리한 상황의 모세를 대표했을 것이다. 그 당시 온유한 모세이긴 했지만 물 때문에 불평하는 백성들에 대해 아주 심하게 처리할 수도 있었다. 이제 미가엘 천사는 이 기사를 따른다면 모세를 옹호하고 있는 입장이다. 그래서 미가엘 천사는 올바르고 대담한 정신의 열정을 가지고 사탄에게 주께서 너를 꾸짖으시기를 원하노라(9절) 말하고 있다. 그는 마귀와 논쟁을 계속하지 않았고, 특별한 대의의 공로에 대한 논쟁에 돌입하지 않았다. 그는 모세가 하나님을 섬기는 동료 종이었고 하나님의 사랑을 받는 사람이었음을 알고 있었다. 그리고 그는 마귀 대장에게 모세가 모욕을 당하는 고통을 당하지 않게 될 것이라는 사실을 알고 있었다. 그러나 그는 의로운 분노에서 주께서 너를 꾸짖으시기를 원하노라 외치고 있다. 우리의 주님도 그렇게 하셨다. 이에 예수께서 말씀하시되 사탄아 물러가라 기록되었으되 주 너의 하나님께 경배하고 다만 그를 섬기라 하였느니라(마 4:10). 모세는 위대하신 하나님의 사랑과 은혜를 입는 고위 지도자였다. 그래서 미가엘 천사장은 비열한 배교의 영이 그토록 높은 존재를 함부로 다루지 못할 것이라고 생각했다. 그러므로 이 본문에서의 교훈은 우리도 하나님이 인정하시는 사람들을 옹호하는 쪽에 서야 한다는 것이다. 사탄과 그의 괴뢰들이 그들과 그들의 행위를 아무리 혹독하게 비난할지라도 말이다. 의로운 지도자들을 사사건건 비난하는 사람들은 주께서 너를 꾸짖으시기를 원하노라 하는 말을 듣게 될 수도 있다. 지금 경솔한 죄인들이 생각하고 있는 것보다 하나님의 비난과 심판은 참고 견디기가 아주 어려울 것이다.

3. 이 사람들은 무엇이든지 그 알지 못하는 것을 비방하는도다(10절). 여기서 다음의 사실을 주목하라. 믿음과 경건을 비방하는 사람들은 무엇이든지 그 알지 못하는 것을 비방하는 것이다. 왜냐하면 그러한 사람들이 신앙과 경건을 알았다면 그것들에 대해 좋게 말했을 것이기 때문이다. 선하고 아주 좋기만 하기 때문에 참으로 믿음에 대해 좋은 말 이외에는 할 말이 없을 것이다. 그러나 그들이 믿음을 고백한 사람들에게 전혀 다르거나 반대되는 말을 해대는 것은 참으로 딱한 노릇이다. 신앙생활은 가장 안전하고, 행복하고, 편안하고, 값지고, 명예로운 삶이다. 더욱이 사람들이란 자신들이 별로 잘 알지 못하는 사람들과 일들에 대해 악담하고 이러쿵저러쿵 말하기를 무척 좋아한다. 그러한 사람들이 좀 더 잘 알았다면 비방하는 혀로 많은 사람들에게 고통을 안겨주는 일은 결코 없었을

것이다. 그 반대로 은거 생활은 그러한 비난은 물론이고 정당한 비난조차도 받지 않게 해준다. 또 그들은 이성 없는 짐승 같이 본능으로 아는 그것으로 멸망하느니라(10절). 그리스도교를 반대하는 완고한 적들에게서 자연 종교의 원리들에 맞게 사는 것을 찾는다는 것은 불가능하지는 않다고 할지라도 아주 어려운 일이다. 이렇게 말하는 것을 너무 심하다고 생각할 사람도 있을 것이다. 그러나 하나님의 의로우신 심판이 나타나는 그 날에(롬 2:5) 그것이 너무도 분명하게 드러나게 될 것이다. 사도는 그러한 사람들을 이성 없는 짐승에 비유한다. 짐승들이 아주 지혜롭지는 않을지라도 생각도 하고 자신을 내세울 줄도 알지만 인간의 아주 지혜로운 부분에는 훨씬 미치지 못한다. 그들은 본능으로 아는 그것으로 멸망하느니라. 다시 말해 그들은 본성적인 타고난 이성과 양심이 알 수 있는 아주 단순하고, 아주 본성적이고, 아주 기본적인 것들만 아는 수준에서 타락하고 멸망한다. 심지어 그들은 그러한 것들로 자신을 타락시키고 비열하게 만들고 더러워지게 한다. 그것이 무엇이든 그 잘못과 그릇됨이 그들의 이해력에 있는 것이 아니라 그들의 타락한 의지와 혼란스러운 욕망과 감정에 있다. 그들은 더 잘 행동할 수 있고 더 잘 할 수도 있었다. 그러나 그들은 그 더러운 것들을 절제하고 죽이기보다는 오히려 만족을 얻기 위해 고집스럽게 선택한 이런 더러운 감정들에 맹렬하게 집착했다.

4. 11절에서 사도는 그러한 사람들을 가인을 따르는 자들이라고 표현한다. 그리고 12절과 13절에서 사도는 그들을 무신론자들이요 하나님을 모독하는 자들이라고 규정한다. 그러한 사람들은 하나님이나 내세에 대해 별로 생각하지도 않고, 많이 믿지도 않는다. 그들은 탐욕스럽고 욕심이 많아서 다가올 내세는 전혀 관심도 없고 현세의 눈앞에 보이는 이익에만 눈이 먼 사람들이다. 그러한 사람들은 출애굽기의 욕심에 눈이 먼 고라가 했던 것처럼 스스로 확실하게 멸망당하는 길로 뛰어든다. 그러한 자들에 대해 사도는 더 자세히 말한다. 다음의 것들을 주목하라.

(1) 그들은 기탄없이 너희와 함께 먹으니 너희의 애찬에 암초요(12절). 그러한 사람들이 그것이 기회가 됐든 불운이 됐든 그리스도인들 가운데 우연히 끼기는 했지만 그들을 가로막는 암초들이요 그들을 더럽히는 흠들이요 오점들이다. 그것이 부당하고 우발적인 것이기는 할지라도 그러한 사람들이 신앙을 고백하고 그 신앙의 아주 엄숙하고 신성한 의식에 참여하는 것은 그 신앙에 큰 비난

거리가 되고 흠이 된다. 그러한 사람들은 마음과 생활에 있어서 그 신앙에 어울리지 않고, 심지어 그 신앙에 정반대가 되기까지 한다. 이들은 암초들이요 흠들이다. 그러나 이 지상에 있는 모든 그리스도인 공동체들에서 기대하는 바는 아니겠지만 그러한 흠들은 아주 일반적인 것이다. 아주 유감스러운 일이지만 어쩌겠는가! 주님이 그의 적당한 때와 방법으로 그것을 바로잡아 주실 것이다. 그 일은 인간의 눈이 멀고 미련한 방법으로는 되지 않는다. 인간의 방법이란 알곡을 가라지와 함께 뽑아버리는 우를 범하기 일쑤이다. 그러나 우리가 기다리고, 소망하고, 준비하는 하늘나라에서는 이런 정신 나간 일이 전혀 일어나지 않고, 이런 혼란스러운 일이 결코 없다.

(2) 그들은 기탄없이 너희와 함께 먹으니(12절). 그들은 소문난 대식가들이었을 것이다. 그들은 맛좋은 진미와 풍성한 요리로 식성만 채우는 일에 마음을 쏟는 사람들이었을 것이다. 그들은 솔로몬의 경고와 주의에 전혀 관심을 두지 않았다. 네가 만일 음식을 탐하는 자이거든 네 목에 칼을 둘 것이니라(잠 23:2). 일반적인 먹고 마시는 일에도 경건한 두려움을 갖는 것이 필요하다. 하물며 잔치에서는 그러한 두려움이 더 많이 필요한 것이 사실이다. 우리가 어떤 때는 잔치에서 먹는 것보다 평상시 음식을 먹을 때 무심코 더 많이 먹는 경우가 있기는 하지만 말이다. 왜냐하면 그런 일반적인 경우에 우리가 경계심이 풀려 더 많이 먹게 되는 경우가 있기 때문이다. 어쨌든 어떤 사람들에게는 잔치가 해독제가 되기도 하고 또 어떤 사람에게는 그것이 위험한 덫이 될 수도 있다.

(3) 바람에 불려가는 물 없는 구름이요(12절). 물 없는 구름은 가뭄 때에 비를 약속하지만 지키는 것은 하나도 없다. 그러한 존재가 바로 형식적인 신앙 고백자들이다. 그러한 사람들은 이른 봄에 일찍 꽃이 피는 나무들처럼 처음에는 아주 많은 약속을 해대지만 나중에는 열매가 별로 없거나 하나도 맺지 못한다. 그러한 사람들은 바람에 불려가는 알맹이 없는 검불 같은 존재들이다. 그들은 가볍고 속이 텅 비어 있다. 그래서 그들은 쉽게 이리저리 휩쓸리고 밀려다닌다. 그들은 바람이 부는 대로 흔들리고 움직인다. 그러한 사람들은 믿음이 알차지 못하고 껍데기뿐인 뿌리가 없는 신앙 고백자들이 된다. 그들은 미혹하는 자가 건드리기만 하면 넘어가는 손쉬운 먹이가 된다. 그들은 잘 모르거나 전혀 모르는 아주 많은 일들에 대해 자신만만한 말을 스스럼없이 많이 하는 것을 들을 때 놀라지 않을 수가 없다. 그렇지만 그들은 자신들이 알고 있는 것이 얼마나

별 볼일 없는지를 분별하고 깨달을 수 있는 지혜와 겸손함을 가지고 있지 않다. 사람들이 그러한 사람들이 알고 있는 것이 얼마나 별 볼일 없는 것인지를 아주 많이 알거나 실제적으로 안다면 우리의 세상이 참으로 행복한 세상이 될 것이다!

(4) 그들은 죽고 또 죽어 뿌리까지 뽑힌 열매 없는 가을 나무요(12절). 그러한 사람들은 나무들이다. 왜냐하면 그들은 주님의 포도밭에 심겨진 포도나무이기 때문이다. 그러나 그들은 열매가 없는 포도나무들이다. 다음의 사실을 주목하라. 시들거나 말라비틀어진 열매를 맺는 사람들은 열매가 없는 나무들이라고 말해도 맞다. 좋은 나무가 결코 별 볼일 없는 열매를 맺지 않는 것처럼 더 좋은 나무는 더 좋은 열매를 맺게 되어 있다. 사람들이 영으로 시작해서 육으로 마치는 것은 참으로 슬픈 일이다. 그러나 이러한 현상은 아주 무서운 일이기는 하지만 일반적인 일이라는 데 그 심각성이 더하다. 본문은 그러한 사람들을 죽고 또 죽어 두 번 죽은 자들이라고 말한다. 죽는 것은 한 번으로 충분하다고 생각하는 사람들이 있다. 그러나 우리도 은혜가 우리를 새로 태어나게 할 때까지는 예외가 아니었다. 한 번 죽는 것이 모든 사람에게 정해진 것이기는 할지라도 은혜로 말미암아 다시 새롭게 되고 다시 태어나게 된다. 우리는 예전보다 더 높은 사랑과 성격을 지니고 새로운 삶을 살게 된다. 사람이 죽고 또 죽는다는 이 두 번 죽음의 의미는 무엇인가? 그러한 사람들은 그들의 본성적이고, 타락하고, 정도에서 벗어난 상태로 일단 한 번 죽었다. 그런데 그들이 그리스도교의 믿음을 고백했을 때 마치 기절했던 사람이 다시 깨어나는 것처럼 다시 살아났던 것 같다. 그러나 이제 그들이 다시 죽게 된 것은 그들의 신앙 고백이 위선이었음을 나타내는 명백한 증거가 된다. 그들이 겉으로 어떤 모양을 꾸몄든 그들은 그 위선과 겉치레 속에서 진실로 활기와 생명을 얻은 것은 결코 아니었다. 그들은 진실로 뿌리까지 뽑힌 나무였다. 그런데도 우리는 늘상 아무런 열매도 기대할 수 없는 죽은 나무들을 섬기고 그냥 살고 있다. 그들은 죽고 또 죽어 뿌리까지 뽑힌 열매 없는 가을 나무다. 그들은 아무 짝에 쓸모없는 나무들이다. 포도원지기에게 이르되 내가 삼 년을 와서 이 무화과나무에서 열매를 구하되 얻지 못하니 찍어버리라 어찌 땅만 버리게 하겠느냐(눅 13:7). 그들은 도끼에 찍혀 불에 던져질 나무들이다.

(5) 그들은 자기 수치의 거품을 뿜는 바다의 거친 물결이다(13절). 그들은 아주

시끄럽고 소란스럽고 수선스럽다. 그들은 말이 많고 혼란스럽고 정신이 없다. 그러면서도 그들은 그런 소란스러움과 수다에는 의미도 별로 없고 느낌조차도 그다지 없다. 그들은 자기 수치의 거품을 뿜는다. 그들은 아주 의식이 있고 매우 평온한 성격의 사람들을 많이 불편하게 만든다. 그런데 그 불편함이 결국 그들 자신들의 큰 수치와 받아 싼 비난을 낳고 만다. 시편 기자의 기도가 항상 모든 선하고 정직한 사람의 기도가 되어야 할 것이다. "내가 주를 바라오니 성실과 징직으로 나를 보호하소서(시 25:21). 그렇지 않으면 내가 보호를 받지 못할 것입니다." 정직함이 현재 별 의미가 없다고 할지라도 속임수와 부정행위는 얼마 안 있어 훨씬 더 의미가 없어지게 되고 아주 큰 수치를 당하게 될 것이다. 거품을 뿜는 거센 파도들은 항해하는 여행객들에게 공포를 안겨준다. 그러나 그들이 항구에 도달하게 되면 언제 그랬느냐는 듯이 그 파도들을 잊어버리게 된다. 그 거센 물결과 파도들의 소란스러움과 무서움이 영원히 끝나게 될 것이다.

(6) 그들은 영원히 예비된 캄캄한 흑암으로 돌아갈 유리하는 별들이다(13절). 그들은 궤도가 정해지지 않은 변덕스러운 위성들이다. 그들은 그 움직임이 일정하지가 않고 정해진 규칙적인 항로가 없다. 그리고 그들의 정거장들도 자주 바뀌고 그들이 어디에 머물지를 알 수 있는 사람이 없다. 이 은유는 그릇된 거짓 선생들에 대한 아주 생생한 묘사다. 그들은 동에 번쩍, 서에 번쩍 나타난다. 그러므로 그들이 어디에 머물지 알 사람도 없고 그들을 어떻게 붙잡아 둘 지도 알 사람이 없다. 최소한 주요한 일들에 있어서는 안정되고 일정한 어떤 것이 있어야 할 것이다. 그리고 이것은 우리 같은 불쌍한 인간들에게 잘못이 없거나 어떤 가식이 없는 것이어야 할 것이다. 종교와 정치에 있어서 현재 논란이 되고 있는 중요한 문제들과 주제들에는 사람들이 동의할 수 있는 현명하고, 선하고, 정직하고, 공정한 어떤 힘이 있다. 그것은 사람들의 마음을 괴롭고 슬프게 하지 않고, 사람들의 감정을 분노로 몰아가지 않고, 도대체 무슨 말이고 무슨 주장인지 모를 소리를 해대는 것이 아닌 어떤 힘을 지니고 있다.

II. 이러한 악한 사람들의 파멸을 사도는 영원히 예비된 캄캄한 흑암으로 돌아갈것이라고 선언한다. 거짓 선생들은 현세와 내세에서 가장 나쁜 형벌을 받기로 되어 있다. 정작 진리가 아닌 것을 가르치는 사람은 다 실수가 아니다. 적당히 얼버무리고, 시치미 떼고, 태연하게 속이는 사람은 다 다른 사람들을 샛길이나 잘못된 길로 빠지게 한다. 그들이 그렇게 하는 것은 사람들을 상품으로 만들어 이용해먹고 이득을 얻거나 사람들의 것을 그냥 빼앗기 위한 것이다. 그러므로 그런 그들에 대해 베드로 사도는 이렇게 선언한다. 그들이 탐심으로써 지어낸 말을 가지고 너희로 이득을 삼으니 그들의 심판은 옛적부터 지체하지 아니하며 그들의 멸망은 잠들지 아니하느니라(벧후 2:3). 이만 해두도록 하자. 영원히 예비된 캄캄한 흑암에 대해 말한다면 그 말의 의미는 다만 아주 무서운 표현이라는 것과 거짓 선생들에 관한 것이다. 거짓 선생들은 하나님의 말씀을 혼잡하게 하고 인간의 영혼을 팔아먹는 자들이다. 만일 이 말씀이 목사들과 신자들에게 다같이 경계심을 갖게 해주지 않는다면 앞으로 무슨 일이 일어날지 나도 모르겠다.

14절과 15절에서의 에녹의 예언에 대해 우리는 성경의 다른 곳에서 언급한 부분이나 암시가 된 곳을 전혀 발견할 수가 없다. 그렇지만 이제 바로 그러한 예언이 있는 것은 성경이다. 성경의 한 구절은 그것이 어디에 있든 특별히 어떤 사실과 관련하여 우리가 믿어야 할 어떤 사안일 때 그 구절은 충분한 증거가 된다. 그러나 구원의 믿음에 필요한 믿음의 문제들에 있어서 하나님은 우리를 거기까지 시험하는 것은 적당하지 않다고 생각하신다. 참으로 그리스도교의 기본 신조라고 할 수 있는 것은 신약 성서에서 반복해서 가르쳐지고 있다. 그 신조의 가르침을 통해 성령이 역사하시는 것이 무엇이고, 성령이 가장 강조하시는 우리의 해야 할 것이 무엇인지를 알게 된다. 이 에녹의 예언이 유대 교회 안에서 전승으로 보존되고 구전되었다고 말하는 사람이 있다. 유다 사도가 그것을 알아보고 곧바로 영감을 받아 기록했다고 말하는 사람도 있다. 그럴 수도 있겠지만 그러나 확실한 것은 아주 옛날 구약 교회에서 오랫동안 보편적으로 받아들인 그러한 예언이 있었다는 사실이다. 바로 그러한 예언이 우리 신약 성서의 신조의 주요한 계시다. 여기서 다음의 사실들을 주목하라.

1. 심판하기 위한 그리스도의 오심이 족장 시대 중반에 계시되었고, 그 계시가 그 당시에조차도 진리로 인정받았다. 주께서 그 수만의 거룩한 자와 함께 임하셨나니(14절). 주님이 천사들과 완전해진 수많은 의인들의 영들을 거느리고 임하실 때 얼마나 찬란하고 영광스럽겠는가! 주님이 천군천사들을 대동하고 임하시는 것이다. 주님의 오심이 뭇 사람을 심판하고 그들을 정죄하기 위한 목적을 가지고 있다는 사실을 듣게 될 때 그것은 얼마나 두렵고 무서운 일인가!

2. 주님의 오심이 오래 전부터 임박한 것이라고 말해왔다. "보라 주께서 오신다. 주님은 지금 오고 계시다. 주님은 너희가 알아차릴 새 없이 너희에게 임하

실 것이다. 만일 너희가 아주 주의하고 깨어 부지런하지 않다면 너희가 편안히 주님을 영접하러 나오기 전에 주님은 임하실 것이다." 주님은 오신다. 여기서 다음의 사실들을 주목하라.

(1) 주님이 오시는 것은 악한 자들을 심판하시기 위한 것이다.

(2) 주님이 오시는 것은 악인들과 죄인들을 정죄하시기 위한 것이다. 그러나 그리스도는 판결 없이 아무도 정죄하지 않으신다. 주님의 정죄와 판결은 악인들과 죄인들에게 할 말이 없게 할 것이다. 악인들과 죄인들은 감히 이러고저러고 변명할 수 있는 핑곗거리를 결코 찾을 수 없을 것이다. 우리가 알거니와 무릇 율법이 말하는 바는 율법 아래에 있는 자들에게 말하는 것이니 이는 모든 입을 막고 온 세상으로 하나님의 심판 아래에 있게 하려 함이라(롬 3:19). 재판장과 그의 선고가 인정과 찬양을 받게 될 것이다. 심지어 정죄를 받은 죄인들도 아무런 할 말을 잃게 될 것이다. 비록 지금은 그들이 노골적이고 그럴듯한 변명을 필요로 하지 않더라도 말이다. 그들은 그러한 변명들을 아주 자신 있고 확신 있게 말하고 다닐 것이다. 그렇지만 분명한 사실은 감옥에 갇힌 죄수들이 재판정에 서기 전에는 그것을 비웃고 편안하게 지낼 수 있을지 몰라도 얼마 안 있어 재판장 앞에 서면 상황은 전혀 달라질 것이다. 그들의 자신만만한 태도가 재판장 앞에 서는 날 정반대가 되어 부들부들 무서워 떨게 될 것이다.

15절의 경건하지 않은 이라는 말을 그냥 지나칠 수가 없다. 그 말이 자주 매우 강하게 네 차례나 강조가 되고 있다. 경건하지 않은 자, 경건하지 않게 행한 일, 모든 경건하지 않은 일, 또 경건하지 않은 죄인들 등으로 언급이 되고 있다. 경건하다거나 경건하지 않다는 것의 의미는 오늘날 사람들이 그것을 비웃지 않는다고 할지라도 그다지 중요하지 않을 것이다. 그러나 성령의 말씀 속에서는 그렇지 않다. 적극적인 죄뿐만 아니라 소극적인 죄도 심판을 받아야 한다는 사실을 주목하라. 특별히 잘못된 근거를 가지고 서로에게 심한 말들을 해대는 것은 큰 심판의 날에 아주 확실하게 심판을 받게 될 것이다. 우리도 머지않아 심판을 받게 될 터이니 조심하도록 하자.

옛날 훌륭한 청교도 한 분이 이런 말을 했다. "만일 분리주의자(이단이라고 잘못 불렸지만)를 친다면, 하나님은 진짜 성도가 피를 흘리는 것을 보시게 될 것이다. 그런데 그런 너를 하나님이 물으신다면 너는 무엇이라고 대답하겠느냐?" 그러나 천사 앞에서 그것이 잘못이었다고 말하기에는 너무 늦을 수도 있다. 네 입으로 네 육체가 범죄하게 하지 말라 천사 앞에서 내가 서원한 것이 실수라고 말하지 말라 어찌 하나님께서 네 목소리로 말미암아 진노하사 네 손으로 한 것을 멸하시게 하랴(전 5:6). 여기서 내가 감히 말하고자 하는 것은 영감을 받은 성경 기자의 그러한 표현에 대해 다만 암시 정도만 말할 수 있을 따름이다.

[16]이 사람들은 원망하는 자며 불만을 토하는 자며 그 정욕대로 행하는 자라 그 입으로 자랑하는 말을 하며 이익을 위하여 아첨하느니라 [17]사랑하는 자들아 너희는 우리 주 예수 그리스도의 사도들이 미리 한 말을 기억하라 [18]그들이 너희에게 말하기를 마지막 때에 자기의 경건하지 않은 정욕대로 행하며 조롱하는 자들이 있으리라 하였나니 [19]이 사람들은 분열을 일으키는 자며 육에 속한 자며 성령이 없는 자나라 [20]사랑하는 자들아 너희는 너희의 지극히 거룩한 믿음 위에 자신을 세우며 성령으로 기도하며 [21]하나님의 사랑 안에서 자신을 지키며 영생에 이르도록 우리 주 예수 그리스도의 긍휼을 기다리라 [22]어떤 의심하는 자들을 긍휼히 여기라 [23]또 어떤 자를 불에서 끌어내어 구원하라 또 어떤 자를 그 육체로 더럽힌 옷까지도 미워하되 두려움으로 긍휼히 여기라 [24]능히 너희를 보호하사 거침이 없게 하시고 너희로 그 영광 앞에 흠이 없이 기쁨으로 서게 하실 이 [25]곧 우리 구주 홀로 하나이신 하나님께 우리 주 예수 그리스도로 말미암아 영광과 위엄과 권력과 권세가 영원 전부터 이제와 영원토록 있을지어다 아멘

여기서 사도는 경건하지 아니한 자과 미혹하는 자들의 성격에 대해 자세하게 진술한다. 여기서 다음의 사실들을 주목하라.

Ⅰ 이 사람들은 원망하는 자며 불만을 토하는 자며 그 정욕대로 행하는 자라 그 입으로 자랑하는 말을 하며 이익을 위하여 아첨하느니라(16절). 이 사람들은 원망하고 불평을 늘어놓는 성격을 지니고 있다. 그들은 집착하고 급하다. 그들은 사람들이 나쁜 성격을 가지게 만든다. 그러한 사람들은 실제로 아주 약한 자들이고, 대부분 아주 악하다. 그들은 하나님과 그의 섭리를 원망하고, 사람들과 그들의 행위를 비방하고 불평한다. 그들은 세상에서 누리고 있는 그들 자신의 지위와 형편을 결코 만족해하는 법이 없다. 그것이 그들에게는 아주 좋고 흡족한 것임에도 불구하고 말이다. 그러한 자들은 그 정욕대로 행하는 자들이다. 그들의 의지, 그들의 욕구, 그들의 취향이 그들의 유일한 규칙이고 법이다. 죄

의 정욕들을 좋아하고 즐기는 사람들은 제어할 수 없는 제멋대로의 열정들에 사로잡히기가 아주 십상이다.

II. 유다 사도는 지금 기술하고 있는 그러한 사람들에 대한 주의를 계속 말하고 자신의 글을 읽을 사람들에게 권면을 계속한다(17-23절). 여기서 다음의 사실들을 주목하라.

1. 사도는 그들이 경고 받았던 것을 어떻게 기억해야 되는지 권면한다. 사랑하는 자들아 너희는 우리 주 예수 그리스도의 사도들이 미리 한 말을 기억하라(17절). "앞서 기술했던 미혹하는 사람들과 같은 사람들을 이상하지 않게 생각하는 것을 조심하고 기억하라. 그리고 그러한 사람들이 그리스도교 교회 안에 일어날 것이라는 사실을 알고 조심하고 경계해야 한다. 우리 주 예수 그리스도의 사도들이 이 모든 것을 다 경고했다. 따라서 그것이 이루어지는 날에 믿음이 흔들리지 말고 너희 믿음을 확실하게 세우는 기회로 삼도록 하라." 여기서 다음의 사실들을 주목하라.

(1) 설득을 할 사람들은 그들이 설득할 사람들을 진실하게 사랑하는 증거를 보여주어야 한다. 혹독한 말과 어려운 용어는 사람들을 결코 깨닫게 하지 못했고 또한 앞으로도 결코 깨닫게 하지 못할 것이다. 하물며 심한 말로 어떤 사람을 설득한다는 것은 있을 수 없다.

(2) 영감을 받은 사람들이 기록하고 전한 말들은 당연히 기억하고 깊이 생각해야 한다. 그러면 그 말씀들은 우리가 위험한 잘못들에 빠지지 않도록 가장 잘 지켜주게 될 것이다. 이것은 사람들이 말씀을 배워 하나님보다 말을 더 잘하게 될 때까지 항상 그렇게 우리를 지켜주고 보호해줄 것이다.

(3) 이단들과 박해들이 그리스도교 교회 안에 일어나서 혼란스럽게 할지라도 우리는 마음이 상해서는 안 된다. 이것은 예언되었다. 그러므로 우리는 그러한 사태가 이루어지는 것을 볼 때 그것들이 그리스도의 인격, 가르침, 십자가를 더 나쁘게 만든다고 생각해서는 안 된다. 그러나 성령이 밝히 말씀하시기를 후일에 어떤 사람들이 믿음에서 떠나 미혹하는 영과 귀신의 가르침을 따르리라 하셨으니(딤전 4:1). 너는 이것을 알라 말세에 고통하는 때가 이르리라(딤후 3:1). 먼저 이것을 알지니 말세에 조롱하는 자들이 와서 자기의 정욕을 따라 행하며 조롱하여 이르되 주께서 강림하신다는 약속이 어디 있느냐 조상들이 잔 후로부터 만물이 처음 창조될 때와 같이 그냥 있다 하니(벧후 3:3-4). 우리는 이단과 박해가 일어나는 것을 이상하다

고 생각해서는 안 된다. 이러한 모든 혼란 가운데에서도 그리스도가 그의 교회를 지키고 보호해주실 것이고, 내가 이 반석 위에 내 교회를 세우리니 음부의 권세가 이기지 못하리라(마 16:18)고 베드로에게 말씀하신 그의 약속을 지키고 이루어주실 것이다.

(4) 그리스도교가 조롱과 박해를 많이 받으면 받을수록 우리는 우리의 믿음과 교회를 더욱더 굳게 잡고 지켜야 할 것이다. 미리 경고를 받았으므로 우리는 미리 무장을 하고 대비를 하고 있음을 나타내 보여야 할 것이다. 그리고 우리는 그러한 시련을 받을 때에 믿음을 견고하게 지키고, 굳게 서서, 영으로나 또는 말로나 또는 우리에게서 받았다 하는 편지로나 주의 날이 이르렀다고 해서 쉽게 마음이 흔들리거나 두려워하거나 하지 말아야 한다(살후 2:2).

2. 사도는 미혹하는 자들의 역겨운 특성을 더 상세히 진술함으로써 신자들에게 경고를 한다. 이 사람들은 분열을 일으키는 자며 육에 속한 자며 성령이 없는 자니라(19절). 여기서 다음의 사실들을 주목하라.

(1) 쾌락주의자들은 가장 나쁜 분리주의자들이다. 그들은 경건하지 않은 행동들과 악한 습관들을 통해 자신들을 하나님과 그리스도와 그의 교회로부터 분리시키고 떨어져나가 마귀와 세상과 육체와 결합한다. 이러한 행태는 어떤 특별한 외적인 정치형태나 예배 형식이나 교리에 대한 견해들로 말미암은 유형 교회에서의 어떤 형태의 분리보다도 더 나쁜 분리다. 게다가 많은 사람들이 그러한 경건하지 않은 자들의 행태를 인내를 가지고 견디고 있음에도 불구하고 그들은 외적인 행태의 교회의 분리를 아주 심하게 끊임없이 비방한다. 마치 정죄 받아야 될 죄가 종파 분리밖에는 없는 것처럼 말이다.

(2) 관능과 정욕에 젖어 사는 사람들은 영을 가지고 있지 못하다. 다시 말해서 그러한 자들은 하나님과 그리스도의 영, 거룩함의 영, 성령이 없다. 만일 너희 속에 하나님의 영이 거하시면 너희가 육신에 있지 아니하고 영에 있나니 누구든지 그리스도의 영이 없으면 그리스도의 사람이 아니라(롬 8:9).

(3) 다른 사람들이 나빠지면 나빠질수록 우리는 우리 자신을 다잡아 더욱 좋게 발전시키고 더 나아진 모습을 나타내 보여야 할 것이다. 사탄과 그의 주구들이 다른 사람들의 판단이나 행동을 타락시키고 나쁜 길로 인도하기 위하여 혈안이 되어 바빠질수록 우리는 온전한 가르침과 선한 행실을 더욱 굳고 끈기 있게 붙잡아야 할 것이다. 미쁜 말씀의 가르침을 그대로 지켜야 하리니 이는 능히

바른 교훈으로 권면하고 거슬러 말하는 자들을 책망하게 하려 함이라(딛 1:9). 깨끗한 양심에 믿음의 비밀을 가진 자라야 할지니(딤전 3:9).

3. 사도는 신자들에게 항상 진리와 거룩함에 거하고 진리와 거룩함을 지키라고 권면한다. 여기서 다음의 사실들을 주목하라.

(1) 사랑하는 자들아 너희는 너희의 지극히 거룩한 믿음 위에 자신을 세우며(20절). 우리의 신앙 고백을 굳건하게 지킬 수 있는 방법은 그것을 붙잡고 늘어지는 것이다. 즉 믿음을 굳게 지키는 방법은 그 믿음을 계속 주장하고 나타내는 것이다. 우리의 믿음의 기반을 건전하고 온전한 신앙과 진실하고 올바른 마음에 두기 위해서는 우리를 그 믿음 위에 세우고 계속해서 성장시켜야 할 것이다. 그러므로 우리는 믿음 위에 세울 건물을 어떤 재료들로 만들지를 조심해야될 것이다. 즉 그 재료들을 금과 은으로 해야지 불에 견디지 못할 나무나 풀이나 짚으로 해서는 안 될 것이다. 만일 누구든지 금이나 은이나 보석이나 나무나 풀이나 짚으로 이 터 위에 세우면 각 사람의 공적이 나타날 터인데 그 날이 공적을 밝히리니 이는 불로 나타내고 그 불이 각 사람의 공적이 어떠한 것을 시험할 것임이라(고전 3:12-13). 올바른 원칙들과 균형 잡히고 정연한 대화는 맹렬한 불의 시련의 시험일지라도 견딜 것이다. 그러나 우리가 주요 가르침들에서 진실하다고 할지라도 그것이 무엇이든 순도가 낮거나 질이 안 좋은 것으로 혼합하게 된다면 우리는 그것으로 손해를 입게 되고 고통을 겪게 될 것이다. 그리고 우리의 인격들이 구원을 받게 될지라도 우리가 한 일의 모든 부분이 불타 없어지게 될 것이다. 설사 우리가 생명은 건져 빠져나온다고 할지라도 사방에서 타오르는 불길에 휩싸인 집에서 도망쳐 나온 것처럼 우리가 잘못된 이단 사상에 물든다는 것은 그만큼 위험하고 고통스러운 일이다.

(2) 성령으로 기도하며(20절). 여기서 다음의 사실들을 주목하라.

[1] 기도는 믿음의 젖을 먹여주는 유모다. 지극히 거룩한 믿음 위에 자신을 세우는(20절) 방법은 기도에 항상 힘쓰는(롬 12:12) 것이다. [2] 그러므로 우리가 하는 기도들은 성령 안에서 기도할 때 가장 힘이 있다. 다시 말해서 성령의 인도를 받고 성령의 도움을 받을 때 그 기도가 가장 효력이 있다. 우리의 기도가 하나님의 말씀의 규칙에 따라서 믿음으로 뜨겁고 끈질기게 부르짖을 때 가장 힘 있다. 이러한 기도가 바로 성령 안에서 하는 기도이다. 그 기도가 어떤 정해진 일정한 형식을 따르든 그렇지 않든 그것은 문제가 되지 않는다.

(3) 하나님의 사랑 안에서 자신을 지키며(21절). 이 말씀은 다음과 같은 의미를 지니고 있다. [1] 영혼 속의 사랑의 활발한 활동과 실천을 통해 하나님에 대한 사랑의 은혜를 계속 간직하고 키우도록 하라. [2] 너희를 향한 하나님의 사랑에서 떠나지 않도록 주의하라(행 4:12). 그 사랑을 즐거워하고 기뻐하고 기운차게 나타내도록 힘쓰라. 그리고 하나님의 사랑 안에 계속 거하기를 원한다면 하나님의 길을 떠나지 말고 그 길을 계속 지키도록 하라.

(4) 영생에 이르도록 우리 주 예수 그리스도의 긍휼을 기다리라(21절). [1] 영생은 오로지 긍휼을 통해서만 기다리고 바라보아야 한다. 긍휼은 우리의 공로가 아니라 다만 청원 드려야만 할 따름이다. 또한 그 공로가 우리의 공로가 아니라 우리를 위해 수고한 다른 사람의 공로라고 한다면 우리는 아무런 주장을 하거나 요구할 권한이 하등 없다. 또한 우리는 아무런 소망의 근거도 가질 수 없을 것이다. 그러므로 우리는 다만 긍휼을 청원 드릴 수 있을 따름이다. [2] 그 공로를 힘입게 되는 것은 우리의 창조주이신 하나님의 긍휼을 통해서뿐만 아니라 우리의 구세주이신 주 예수 그리스도의 긍휼을 통해서도 가능하다. 다른 이로써는 구원을 받을 수 없나니 천하 사람 중에 구원을 받을 만한 다른 이름을 우리에게 주신 일이 없음이라(행 4:12). 구원은 오직 주 예수 그리스도를 통해서만 얻을 수 있다. 너희와 모든 이스라엘 백성들은 알라 너희가 십자가에 못 박고 하나님이 죽은 자 가운데서 살리신 나사렛 예수 그리스도의 이름으로 이 사람이 건강하게 되어 너희 앞에 섰느니라(행 4:10). [3] 영생을 믿고 기다리는 소망은 죄의 올무와 함정에 빠지지 않도록 우리를 무장시키고 지켜줄 것이다. 그러므로 사랑하는 자들아 너희가 이것을 바라보나니 주 앞에서 점도 없고 흠도 없이 평강 가운데서 나타나기를 힘쓰라(벧후 3:14). 축복 받은 소망의 살아 있는 믿음은 우리의 저주 받은 정욕들을 억제하고 죽이도록 우리를 도와줄 것이다.

4. 사도는 잘못을 범한 형제들을 처리하고 대해야 하는 방법을 신자들에게 권면한다. 어떤 의심하는 자들을 긍휼히 여기라 또 어떤 자를 불에서 끌어내어 구원하라 또 어떤 자를 그 육체로 더럽힌 옷까지도 미워하되 두려움으로 긍휼히 여기라(22-23절). 여기서 다음의 사실들을 주목하라.

(1) 우리는 마귀의 올가미에서 다른 사람들을 구원하기 위하여 할 수 있는 일은 다 해야 한다. 우리는 다른 사람들이 위험한 이단 사상들과 유해한 관습들에서 빠져나올 수 있도록 노력해야 한다. 우리는 하나님 보호 아래 우리 자신

들을 지키는 사람들일 뿐만 아니라 형제를 지키는 사람도 되어야 한다. 그러나 사악한 가인만은 여기서 예외였다. 여호와께서 가인에게 이르시되 네 아우 아벨이 어디 있느냐 그가 이르되 내가 알지 못하나이다 내가 내 아우를 지키는 자니이까(창 4:9). 우리는 서로를 지켜주어야 한다. 우리는 신실하지만 신중하게 상대방을 지적해주어야 하고, 우리 주위의 모든 사람들에게 모범을 보여주어야 한다.

(2) 우리는 구별하는 일을 연민과 긍휼을 가지고 행해야 한다. 그러면 구체적으로 어떻게 할 것인가? 우리는 약한 자와 순종하지 아니한 자를 구별해야 한다. [1] 우리가 긍휼히 여기고, 아주 부드럽게 대해 주어야 될 사람들이 있다. 우리는 온유한 심령으로 그러한 자를 바로잡기 위하여(갈 6:1) 연민을 가지고 대해야 한다. 우리는 그러한 사람들과 그들의 행위들을 지적하는 일에 불필요하게 거칠게 대하고 심하게 대해서는 안 된다. 또한 우리는 그들에게 거만하고 뽐내는 태도를 취해서도 안 된다. 우리는 그들을 무자비하게 다뤄 돌이킬 수 없게 해서도 안 되고, 그들과 화해할 수 없는 막다른 길로 몰거나 몰아쳐서도 안 된다. 우리는 그들이 진실한 회개의 소망스러운 강한 증거를 표시할 때 예전의 관계를 회복할 수 있게 원만한 관계를 유지하고 있어야 한다. 만일 하나님이 그들을 용서하신다면 우리가 무슨 이유로 그들을 용서하지 못하겠는가? 우리는 사실 그들보다도 하나님의 용서를 더 많이 필요로 하는 사람들이 아닌가? 우리나 그들도 이 사실을 충분히 인식하고 있지 못한다고 할지라도 말이다. [2] 두려움으로 구원해야 될 사람들이 있다. 그러한 사람들에게는 주의 두려움을 증거하고 보여주어야 한다. "그러한 사람들이 자신의 죄들에서 벗어날 수 있도록 놀라게 해주어야 한다. 그러한 사람들에게는 지옥과 징벌이 있음을 전해주어야 한다." 그러나 아주 정당하고 심한 비난을 해야 되는 경우에도 아주 신중하고 조심스러운 태도로 해야 된다는 것이 지금 본문에서 암시되고 있다. 사도는 지금 본문에서 이런 뜻으로 말하고 있는 것 같다. "너희 자신의 좋은 의도와 정직한 계획이 무모하고 성급한 처리로 망치지 않을까 두려워하도록 하라. 그러므로 너희는 아주 혹독한 비난이 절대 필요한 경우에도 교화하는 자세로 하고, 강한 태도를 취해서도 안 될 것이다." 우리는 정직하게 말하는 것이 적당하다고 생각할 때조차도 종종 지나치기가 쉽다. 주요한 부분에 있어서는 우리가 옳다고 생각할 때조차도 자주 정도를 넘어서기가 쉽다. 그러나 실제로 가장 나쁜 것은, 우리의 태만으로 말미암아 그들의 마음이 더 굳어지지 않도록, 불필요하

게, 분별 없이, 극단적으로, 성내지 않는 것이다. "그 육체로 더럽힌 옷까지도 미워하되 라는 것은 악한 것이나 악의 모양으로부터 아주 멀리 떨어져 있어야 한다는 것이다. 즉 악은 그 모양이라도 피해야 한다는 것이다. 다른 사람들이 그렇게 하려고 획책하고 힘쓰는 근처에는 아예 얼씬도 말고 피해야 한다. 죄로 인도하거나 죄의 모양을 닮은 것 근처로 데려가는 모든 것을 피해야 한다." 악은 어떤 모양이라도 버리라(살전 5:22).

Ⅲ. 사도는 위대하신 하나님께 엄숙한 영광송으로 이 서신을 마무리한다. 능히 너희를 보호하사 거침이 없게 하시고 너희로 그 영광 앞에 흠이 없이 기쁨으로 서게 하실 이 곧 우리 구주 홀로 하나이신 하나님께 우리 주 예수 그리스도로 말미암아 영광과 위엄과 권력과 권세가 영원 전부터 이제와 영원토록 있을지어다 아멘(24-25절). 여기서 다음의 사실들을 주목하라.

1. 우리가 이제까지 다뤄왔던 주제나 논증이 무엇이든 간에 하나님께 영광을 돌리는 것은 본 서신의 마무리에 가장 적합한 것 같다.

2. 하나님은 전능하시므로 그가 원하시는 대로 무엇이든 하실 수 있다. 하나님은 능히 우리를 보호하사 거침이 없게 하시고 그 영광 앞에 흠이 없이 기쁨으로 서게 하실 수 있으시다. 하나님은 사람들을 결코 잘못을 범한 적이 없는 사람들로 세워 주시는 것이 아니라 그들의 잘못이 그들의 파멸로 전가되지 않는 사람들로 세워 주신다. 하나님의 자비와 구세주의 공로에 힘입어 그들이 하나님 앞에 정당하게 서 있을 수 있게 해주신다. 하나님은 능히 우리를 그 영광 앞에 흠이 없이 기쁨으로 서게 하실 수 있으시다. 여기서 다음의 사실들을 주목하라.

(1) 주의 영광이 얼마 안 있어 임하게 될 것이다. 지금은 그 영광을 멀리서 바라보고 있고, 그것을 불확실하게 바라보는 사람이 아주 많다. 그러나 주님의 재림이 임할 것이고, 그 영광이 곧 분명하게 드러나게 될 것이다. 볼지어다 그가 구름을 타고 오시리라 각 사람의 눈이 그를 볼 것이다(계 1:7). 이것은 이제 우리의 믿음의 목적과 대상이지만 나중에는 그것이 우리의 감각의 대상이 될 것이다(벧전 1:8). 우리가 지금은 주님을 믿고 있지만 얼마 안 있어 우리는 주님을 보게 될 것이다. 우리는 주님을 말할 수 없는 기쁨과 위로로 볼 수 있게 되고, 한편으로는 이루 형용할 수 없는 두려움과 놀라움을 안고 주님을 보게 될 것이다. 예수를 너희가 보지 못하였으나 사랑하는도다 이제도 보지 못하나 믿고 말할 수 없는 영광스러운 즐거움으로 기뻐하니 믿음의 결국 곧 영혼의 구원을 받음이라(벧전 1:8-

9).

(2) 모든 진실한 신자들은 구주가 오시면 그 앞에 서게 될 것이다. 그들의 영광스러운 머리이신 구주를 통하여 신자들은 하나님의 인정과 영접과 보상을 받기 위하여 하나님 앞에 나아가 서게 될 것이다. 그들은 하나님 아버지가 주님께 주셨던 사람들이었다. 그러므로 그들은 아버지께서 내게 주신 자 중에서 하나도 잃지 아니하였사옵나이다(요 18:9)라는 주님의 말씀의 성취를 증거하는 자들이다. 주님은 단 한 영혼이라도 잃지 않으실 것이다. 더 나아가서 주님은 하나님이 맡기신 그들 모두를 완전히 거룩하고 복되게 하나님 아버지 앞에 서게 하실 것이다. 주 예수 그리스도는 그의 중보의 나라를 그의 하나님과 우리의 하나님이시요 그의 아버지와 우리의 아버지이신 하나님께 바치실 때 모든 신실한 신자들을 하나님 앞에 어엿이 서게 해주실 것이다. 나를 보내신 이의 뜻을 행하려 함이니라 나를 보내신 이의 뜻은 내게 주신 자 중에 내가 하나도 잃어버리지 아니하고 마지막 날에 다시 살리는 이것이니라(요 6:39). 그 후에는 마지막이니 그가 모든 통치와 모든 권세와 능력을 멸하시고 나라를 아버지 하나님께 바칠 때라(고전 15:24).

(3) 신자들이 흠 없이 그 영광 앞에 서게 될 때 그 기쁨이 이루 형용할 수 없게 될 것이다. 그러나 슬프게도 우리가 저지른 잘못들이 우리를 두려움과 의심과 슬픔으로 가득 차게 할 것이다. 그러나 기뻐하고 즐거워하라. 우리가 진실하다면 우리는 기뻐하게 될 것이고, 우리의 사랑하는 구세주도 우리를 즐겁게 해주실 것이고, 우리는 그 영광 앞에 흠이 없이 기쁨으로 서게 될 것이다. 죄가 없는 곳에는 슬픔도 없게 될 것이다. 완전한 거룩함이 있는 곳에는 완전한 기쁨이 있게 될 것이다. 확실히 이 모든 것을 하실 수 있고 반드시 이 모든 것을 행하실 하나님은 영광과 위엄과 권력과 권세를 영원 전부터 이제와 영원토록 받으실 만한 분이시다! 그러므로 우리도 사도의 이 영광송에 우리의 진심에서 우러나온 아멘을 덧붙여 찬송하도록 하자. 아멘.

요 한 계 시 록

서론

이 성경의 신뢰성과 권위에 대해 어떤 편견도 가져서는 안 된다. 케르돈 (Cerdon)과 마르키온(Marcion)과 같은 타락하고 잘못된 사상을 가진 사람들이 이 성경을 줄곧 배척했고, 그들보다 더 나은 인격을 가진 인물들도 의심을 했다. 이는 성경의 다른 부분의 운명이기도 했고, 성경의 신적 저자의 운명이기도 했다. 이 책의 상징과 표제가 참으로 거룩하고 신성하다. 이 책의 주제는 다른 예언서들과 일치하는 것이 많은데 특별히 에스겔서와 다니엘서가 그러하다. 하나님의 교회는 일반적으로 이 책을 성경으로 인정해왔고, 이 책에서 좋은 권면과 큰 위로를 받아왔다. 처음부터 하나님의 교회는 예언의 축복을 받았다. 뱀의 머리를 상하게 하는 영광스러운 예언은 족장 시대의 지주와 버팀대였다. 오실 메시야에 관한 영광스러운 많은 예언들은 구약 성서의 복음이었다. 그리스도 자신이 예루살렘의 멸망을 예언하셨다. 그것이 이루어지는 시기에 대해서 그리스도는 이 계시록과 함께 사도 요한에게 맡기셨다. 그것은 마지막 심판 때에 일어날 아주 중요한 사건들을 예언을 통해 교회에 전달하기 위한 것이었다. 왜냐하면 그 예언은 주님의 백성들의 믿음을 지탱하게 해주고, 그들의 소망을 인도해주기 때문이다. 이 책을 계시록이라고 부르는 것은 하나님이 이 성경에서 계시하시는 것들을 인간의 이성으로는 결코 이해하거나 분별할 수가 없기 때문이다. 하나님의 영이 아니고는 하나님의 심오한 일들을 인간은 결코 알지 못한다. 그러나 하나님은 그러한 것들을 그의 백성에게 계시해주신다.

제 1 장

개요

본 장은 본 계시록 전체의 서문이다. 본 장에는 다음과 같은 내용들이 담겨 있다. I. 이 성경의 표제와 기원과 목적을 선언한다(1-2절). II. 이 성경의 내용들에 정당한 관심을 나타내는 모든 사람들에게 사도가 축복을 선언한다(3-8절). III. 주 예수 그리스도가 사도 요한에게 이 계시를 전해주셨을 때 나타난 환상과 주님의 현현(9-20절).

¹예수 그리스도의 계시라 이는 하나님이 그에게 주사 반드시 속히 일어날 일들을 그 종들에게 보이시려고 그의 천사를 그 종 요한에게 보내어 알게 하신 것이라 ²요한은 하나님의 말씀과 예수 그리스도의 증거 곧 자기가 본 것을 다 증언하였느니라

여기서 우리는 다음의 사실들을 발견하게 된다.

I 이 책의 계보라고 할 수 있는 내용이 진술된다.

1. 이 책은 예수 그리스도의 계시다(1절). 물론 전체 성경이 예수 그리스도의 계시다. 왜냐하면 모든 계시는 그리스도를 통해서 나오고, 모든 계시는 그리스도에 중심을 두기 때문이다. 이 모든 날 마지막에는 하나님이 아들을 통하여 우리에게 말씀하셨다(히 1:2). 특별히 하나님은 그의 아들에 관하여 말씀하셨다. 그의 교회의 왕이신 그리스도는 이제까지 그의 교회가 그의 통치에서 나타날 규칙들과 방법들을 알기를 원하시고 좋아하셨다. 교회의 선지자이신 그리스도는 나중에 나타날 일들을 우리에게 알려주셨다.

2. 이 성경은 하나님이 그에게 주신 계시다. 그리스도 자신이 하나님이시고, 자신 속에 빛과 생명을 지니고 계실지라도 그는 하나님 아버지에게서 가르침들을 받으신다. 그리스도의 인성은 최고의 총명과 판단과 통찰력을 부여받으셨을지라도 이성의 방법으로는 이 중요한 일들과 사건들을 계시할 수 없으셨다. 그 일들과 사건들은 자연적인 원인들로 생겨난 것이 아니었다. 그것들은 전적

으로 하나님의 뜻에 따라 이루어진 것들이므로 하나님의 전지로만 인식될 수 있는 대상들이었다. 그러므로 그 사건들을 피조된 정신이 이해할 수 있는 것은 오직 계시를 통해서만 가능했다. 주 예수 그리스도는 하나님의 계시를 위임 받으신 위대한 신탁자이시다. 우리가 하나님께서 기대할 수 있는 것이 무엇이고 하나님이 우리에게서 기대하시는 것이 무엇인지를 우리가 알 수 있게 되는 것은 그리스도의 덕이다.

3. 이 계시는 그리스도가 그의 천사를 그 종 요한에게 보내어 알게 하신 것이다. 여기서 하나님의 계시의 놀라운 순서를 눈여겨보라. 하나님은 그리스도에게 계시를 주셨다. 그리스도는 천사를 사용하여 교회들에 그 계시를 전달하게 하셨다. 천사들은 하나님의 전령들이다. 천사들은 구원의 상속자들을 돕고 섬기는 영들이다. 천사들은 그리스도의 종들이다. 권세자들과 권력자들도 그리스도에게 복종해야 한다. 하나님의 천사들은 모두 그리스도를 섬겨야 한다.

4. 그의 천사를 그 종 요한에게 보내어 알게 하신 것이라(1절). 천사들이 그리스도의 사자들인 것처럼 목사들은 교회의 사자들이다. 목사들은 하늘에서 받은 것을 교회들에 전달한다. 요한은 하늘의 계시를 전하는 이 일을 위하여 선택된 사도였다. 요한이 그들의 계약을 피로 봉인한 사람들 가운데 유일한 생존자였다고 생각하는 사람도 있다. 이 성경은 하나님의 계시를 전하는 마지막 성경이었다. 그러므로 이 마지막 성경을 사도들 가운데 유일하게 살아있는 마지막 사도가 교회에 알리고 전달하게 되었다. 요한은 주님의 사랑을 받은 제자였다. 요한은 다니엘 선지자가 구약시대에 그랬던 것처럼 신약시대에 큰 은총을 받은 사람이었다(단 10:19). 요한은 그리스도의 종이었다. 그는 사도였고, 전도자였고, 선지자였다. 요한은 교회의 뛰어난 세 직분들을 다 봉직하며 그리스도를 섬겼다. 야고보는 사도였지만 선지자도 아니었고, 전도자도 아니었다. 마태는 사도와 전도자였지만 선지자는 아니었다. 누가는 전도자였지만 사도도 아니었고 선지자도 아니었다. 그러나 요한은 이 세 직무를 다 수행했다. 그러므로 그리스도는 요한을 아주 뛰어난 의미로 그 종 요한이라고 부르신다.

5. 요한은 교회와 주님의 모든 종들에게 전해야 했다. 왜냐하면 계시는 그리스도의 뛰어난 종이나 목사들만 사용하기 위하여 계획된 것이 아니라 교회의 지체들인 주님의 모든 종들을 위하여 계획된 것이었기 때문이다. 주의 종들은 하나님의 신탁들과 계시들을 받고 전할 권한이 있고, 모든 종들이 하나님의 신

탁들과 계시들에 관계가 있다.

Ⅱ. 여기서 우리는 이 계시의 주제를 발견하게 된다. 즉 계시의 주제는 반드시 속히 일어날 일들에 대한 것이다. 복음 전도자들은 지나간 일들에 대한 기사를 우리에게 전달해준다. 그러나 예언은 앞으로 일어날 일들에 대한 기사를 우리에게 전달해준다. 이들 미래의 사건들은 하나님이 그 사건들을 예정하신 대로 아주 분명한 빛 속에서 보이는 것이 아니라 하나님이 가장 적절하다고 여기신 그러한 빛 속에서 나타나게 된다. 그 빛과 계시는 하나님의 지혜로우시고 거룩하신 목적들을 가장 잘 드러내게 될 것이다. 만일 그 사건들이 하나님이 계시하신 그대로 모든 상황 속에서 분명하게 예언이 되었다면 그 예언은 그 이루어짐이 방해를 받았을 수도 있었을 것이다. 그러나 좀 더 모호하고 흐릿하게 예언이 된 것은 우리가 성경을 존중하고, 성경에 관심을 기울이고, 우리의 성경 연구와 탐구를 자극하기 위한 것이다. 우리는 이 계시 안에서 교회에서의 하나님의 섭리와 통치의 방법들에 대한 일반적인 생각을 발견하게 된다. 그리고 우리는 이 계시를 통해 좋은 가르침들을 많이 받게 된다. 이들 사건들은 반드시 일어날 뿐만 아니라 속히 일어날 그러한 일들이었다. 다시 말해서 그 사건들은 얼마 안 있어 속히 시작되겠지만 그것들이 모두 이루어지는 것은 아주 짧은 시간에 일어날 것이다. 지금은 세상의 마지막 시대이다.

Ⅲ. 여기서 사도는 예언의 증언을 진술한다. 요한은 하나님의 말씀과 예수 그리스도의 증거 곧 자기가 본 것을 다 증언하였느니라(2절). 요한이 알게 한 것은 하나님의 말씀을 기록하는 것이었고, 예수 그리스도를 증언하는 것이었고, 그가 본 것들을 다 예언하고 알리는 것이었다. 여기서 우리가 주목할 사실은 구약의 역사서들이 그것을 기록한 역사가의 이름을 그 책들 앞에 붙이지 않았다는 것이다. 사사기와 열왕기와 역대기에서의 경우에서 우리가 볼 수 있는 것처럼 말이다. 그러나 예언서들에서는 이사야와 예레미야의 경우처럼 그 기록자들이 항상 붙어있다. 그와 마찬가지로 신약에서도 요한 사도가 자신의 이름을 그의 첫 번째 서신에는 붙이지 않았을지라도 이 예언서에는 자신의 이름을 붙이고 있다. 그것은 이 예언의 진실성을 보증하고 답변할 준비를 항상 갖추고 있었음을 나타낸다. 요한은 여기서 자신의 이름뿐만 아니라 그의 직분에 대해서도 알려준다. 요한은 일반적으로는 하나님의 말씀을 기록하는 사람이었고, 특별하게는 예수 그리스도를 증언하는 것이었고, 그가 본 모든 것들을 다 알려

주는 것이었다. 이 계시에는 요한 자신이 꾸민 이야기나 상상이 전혀 기록되거나 포함되지 않았다. 이 계시에 기록된 것은 모두 하나님의 기록이었고 예수 그리스도의 증언이었다. 요한 사도가 거기에 덧붙인 것은 아무것도 없었다. 그와 마찬가지로 요한 사도는 하나님이 권면하신 것들을 어느 것 하나도 감추거나 빼지 않았다.

[3]이 예언의 말씀을 읽는 자와 듣는 자와 그 가운데에 기록한 것을 지키는 자는 복이 있나니 때가 가까움이라 [4]요한은 아시아에 있는 일곱 교회에 편지하노니 이제도 계시고 전에도 계셨고 장차 오실 이시며 그의 보좌 앞에 있는 일곱 영과 [5]또 충성된 증인으로 죽은 자들 가운데에서 먼저 나시고 땅의 임금들의 머리가 되신 예수 그리스도로 말미암아 은혜와 평강이 너희에게 있기를 원하노라 우리를 사랑하사 그의 피로 우리 죄에서 우리를 해방하시고 [6]그의 아버지 하나님을 위하여 우리를 나라와 제사장으로 삼으신 그에게 영광과 능력이 세세토록 있기를 원하노라 아멘 [7]볼지어다 그가 구름을 타고 오시리라 각 사람의 눈이 그를 보겠고 그를 찌른 자들도 볼 것이요 땅에 있는 모든 족속이 그로 말미암아 애곡하리니 그러하리라 아멘 [8]주 하나님이 이르시되 나는 알파와 오메가라 이제도 있고 전에도 있었고 장차 올 자요 전능한 자라 하시더라

우리는 여기서 하나님의 이 계시에 정당한 관심과 존경을 나타낼 사람들에게 내리는 사도의 축복을 발견하게 된다. 사도가 행하는 이 축복은 아주 일반적이고 아주 특별하다. 여기서 다음의 사실들을 주목하라.

I 요한 사도는 이 축복을 아주 보편적으로 하고 있다. 그는 이 예언의 말씀들을 읽거나 듣는 사람들 모두에게 축복을 한다. 이 축복은 우리가 이 성경을 연구하도록 장려하고, 그 속에 담긴 많은 일들의 기록이 모호하고 잘 알지 못해도 그것을 연구하고 살피는 일에 지치지 않도록 하기 위한 의도인 것 같다. 이 계시를 부지런히 주의 깊게 읽고 연구하는 사람의 수고와 노력은 반드시 보상을 받게 될 것이다. 여기서 다음의 사실들을 주목하라.

  1. 하나님의 계시들을 읽고 즐거워하는 것은 축복을 받은 특권이다. 이 특권은 이방인들이 누릴 수 없는 유대인의 주요한 유익들 가운데 하나였다.

  2. 성경을 읽고 연구하는 것은 복된 일이다. 하나님께 헌신을 잘 하고 하나님

의 쓰임을 잘 받는 사람들은 성경을 읽고 연구하는 사람들이다.

3. 성경을 우리 스스로 읽는 것도 특권이지만 성경을 읽고 그 의미를 우리에게 전달해주고 이해하게 해주는 자격을 가진 다른 사람들의 가르침과 해석을 듣는 것도 우리의 특권이다.

4. 우리가 성경을 읽고 듣는 것만으로는 우리의 축복이 충분하지가 않다. 우리의 축복이 충분하고 온전해지기 위해서는 우리가 성경에 기록된 것들을 지키고 따라야만 한다. 우리가 성경의 기록된 말씀들을 우리의 기억 속에, 우리의 마음속에, 우리의 감정 속에, 우리의 생활 습관 속에 언제나 간직하고 있어야 한다. 그래야 우리가 그 행위를 통해 축복을 받게 될 것이다.

5. 우리가 성경 계시의 성취에 가까이 가면 갈수록 우리가 성경 말씀을 더욱 크게 존중하고 더욱 많이 따르게 될 것이다. 그 때가 가까워 오고 있다. 우리는 그 날이 다가오고 있음을 볼수록 성경에 더 많이 관심을 기울이고 읽고 연구해야 할 것이다.

Ⅱ 사도는 아시아 일곱 교회들에 아주 특별한 축복을 한다. 요한은 아시아에 있는 일곱 교회에 편지하노니 이제도 계시고 전에도 계셨고 장차 오실 이시며 그의 보좌 앞에 있는 일곱 영과(4절). 이 일곱 교회의 이름들이 11절에 기록되어 있다. 그리고 요한 사도는 다음 장들에서 이들 일곱 교회에 각각 특별한 메시지를 전달한다. 사도 요한이 이들 교회들에 아주 분명하게 보내는 이유는 지금 밧모 섬에 있는 그에게서 그 교회들이 가장 가까이에 있었기 때문이다. 아마 요한은 그 교회들에 특별한 관심을 가지고 있고 그 교회들을 감독하고 있었을 것이다. 그리고 그것은 남아있는 사도들 가운데 누군가 살아있다면 그들 가운데 누구라도 배제하고 싶은 마음이 요한 사도에게 없었기 때문일 것이다. 여기서 다음의 사실들을 주목하라.

1. 요한 사도가 이들 교회들의 모든 신자들에게 선포하는 축복의 내용은 다음과 같다. 은혜와 평강이 너희에게 있기를 원하노라(5절). 은혜는 우리를 향한 하나님의 호의이고, 우리 속에서 역사하시는 하나님의 좋은 일이다. 평강은 이 은혜가 임한 즐거운 증거와 확증이다. 참된 은혜가 없는 곳에는 참된 평강과 평화란 결코 있을 수가 없다. 그러므로 은혜가 앞서 가고 그 뒤를 평강이 따른다.

2. 이 축복은 어디에서 오는가? 사도는 누구의 이름으로 그 교회들을 축복하는가? 사도는 삼위일체이신 하나님의 이름으로 축복한다. 왜냐하면 이것은 경

배의 행위이고, 오직 하나님만이 그 경배의 고유한 대상이시기 때문이다. 하나님의 종들은 하나님의 이름이 아닌 그 어떤 이름으로도 하나님의 백성을 결코 축복해서는 안 된다. 여기서 다음의 사실들을 주목하라.

(1) 아버지가 먼저 거명이 된다. 아버지 하나님은 처음 거명될 수밖에 없다. 왜냐하면 아버지 하나님은 본질적으로 하나님이시기 때문이다. 그리고 아버지 하나님이 처음 거명될 수밖에 없는 것은 인격적으로 영원히 찬양받으실 삼위일체의 제일위이시고, 주 예수 그리스도의 아버지이신 하나님이시기 때문이다. 아버지 하나님은 이제도 계시고 전에도 계셨고 장차 오실 여호와로 진술이 된다. 아버지 하나님은 구약 교회에도 계셨고, 신약 교회에도 계시고, 앞으로 임하게 될 승리의 교회에도 계실 영원하시고, 변함 없으시고, 동일하신 하나님이시다.

(2) 지금 본문에서 일곱 영이라고 하는 성령은 수에 있어서 일곱이 아니고, 본성에 있어서 일곱이 아니라 하나님의 무한히 온전하신 영이시다. 하나님의 영은 다양한 은사들과 능력들이 있다. 하나님의 영은 보좌 앞에 있다. 왜냐하면 창조주로서 하나님은 그의 영을 통하여 만물을 다스리시고 섭리하신다.

(3) 주 예수 그리스도. 요한 사도는 그리스도를 하나님의 영 다음에 언급한다. 왜냐하면 사도 요한은 그리스도의 인격에 대해 상술하고 싶었기 때문이다. 요한 사도는 육체로 나타나셨던 하나님이셨고, 이전에 지상에 계실 때 요한이 보았고, 영광스러운 모습으로 다시 보았던 하나님으로 그리스도를 자세히 설명하고자 했기 때문이다. 여기서 그리스도에 대한 특별한 기사를 주목하도록 하라.

[1] 그리스도는 충성된 증인이시다(5절). 그리스도는 영원부터 하나님의 모든 뜻에 증인이셨다(요 1:18). 그리스도는 하나님의 계시된 뜻에 언제나 신실한 증인이셨다. 하나님은 그의 아들을 통해 우리에게 줄곧 말씀해오셨다. 우리는 그리스도의 증언을 안전하게 믿고 의지할 수 있다. 왜냐하면 그리스도는 우리가 속일 수 없고, 우리를 속이실 수 없는 신실한 증인이시기 때문이다.

[2] 그리스도는 죽은 자들 가운데에서 먼저 나셨다. 즉 그는 부활한 자들의 첫 부모와 첫 머리가 되셨다. 그리스도는 그 자신의 능력으로 다시 살아나신 최초의 부활자이셨다. 그리스도는 같은 능력으로 그의 백성을 무덤에서 영원한 영광으로 다시 살려 일으키신다. 왜냐하면 그리스도는 죽은 자들 가운데에서 부활하심으로써 그의 백성들을 산 소망으로 다시 태어나게 하셨기 때문이다.

[3] 그리스도는 땅의 임금들의 머리가 되신다. 그리스도는 지상의 왕 중 왕이시다. 그리스도에게서 왕들의 권위가 나온다. 그리스도에 의해 왕들의 권세가 제한되고 왕들의 진노가 억제된다. 그리스도가 왕들의 뜻을 지배하신다. 왕들은 그리스도에게 책임이 있다. 이것은 교회에 좋은 소식이다. 이것은 그리스도의 신성에 대한 좋은 증거가 된다. 그리스도는 왕 중 왕이시고 만주의 주이시다.

[4] 그리스도는 그의 교회와 그의 백성의 위대한 친구이시다. 그리스도는 그의 교회와 백성들을 위하여 위대한 일들을 행하시고 이루셨다. 이것은 그리스도의 순수한 애정에서 비롯되었다. 그리스도는 그들을 사랑하셨다. 그리스도는 그 영원한 사랑에 따라서 그의 교회와 백성들을 위하여 몇 가지 일을 이루셨다. 그것들은 다음과 같다.

첫째, 그리스도는 그의 피로 우리 죄에서 우리를 해방하셨다(5절). 죄는 영혼에 더러움과 얼룩을 남긴다. 그것은 범죄와 오염의 얼룩과 더러움이다. 이 얼룩을 씻어낼 수 있는 것은 그리스도의 피 이외에는 아무것도 없다. 더욱이 그 더러움을 씻어내기 위해서가 아니라 그리스도는 죄인들을 위하여 죄의 용서와 청결함의 대가로 그 자신의 피를 기꺼이 흘리셨다.

둘째, 그리스도는 우리를 나라와 제사장으로 삼으셨다(6절). 죄인들을 의롭게 하고 거룩하게 하기 위하여 그리스도는 그들을 왕들로 삼아 그의 아버지 하나님께 바치셨다. 다시 말해서 그들을 그의 아버지 하나님의 이익, 그의 아버지의 인정, 그의 아버지의 영광을 위하여 그들을 왕과 제사장으로 삼으셨다. 왕들이 된 그들은 세상을 이기고, 죄를 억제하고, 그들 자신의 영을 지배하고, 사탄을 정복하고, 기도를 통해 하나님의 권세와 능력을 소유하게 되고, 세상을 심판하게 될 것이다. 그리스도는 죄인들을 제사장들로 삼아 하나님께 가까이 나아갈 수 있게 하고, 지성소에 들어갈 수 있게 하고, 하나님이 받으시는 영적인 제물들을 바칠 수 있게 해주신다. 그리고 그리스도는 이 직분과 특성에 맞는 기름 부음을 그들에게 베풀어 주신다. 이러한 고귀한 명예와 은총들을 받은 것에 감사하여 그들은 그리스도에게 권세와 영광을 영원히 돌려드려야 한다.

[5] 그리스도는 세상의 심판자가 되실 것이다. 볼지어다 그가 구름을 타고 오시리라 각 사람의 눈이 그를 보리라(7절). 이 성경, 계시록은 주 예수 그리스도의 재림의 예언으로 시작해서 재림의 예언으로 끝낸다. 우리 역시 그리스도의 재림을 자주 묵상해야 하고, 그것을 우리 믿음과 소망의 눈으로 계속 바라볼 수 있

어야 한다. 요한 사도는 마치 그 날을 직접 본 것처럼 말을 한다. "볼지어다 그가 구름을 타고 오시리라. 너희가 너희 눈으로 직접 보았듯이 확실히 그가 오시는 것을 보게 될 것이다. 구름은 그리스도의 마차와 천막이다. 그리스도는 만인이 볼 수 있게 오실 것이다. 각 사람의 눈이 그를 보리라. 그리스도의 백성의 눈이, 그의 적들의 눈이, 모든 눈이, 너희의 눈과 나의 눈이 그리스도가 오시는 것을 보리라." 그리스도는 그를 찌르고, 회개하지 않았던 자들이, 또 그리스도를 떠나는 배교로 새로이 그에게 상처를 입히고, 그를 십자가에 못 박는 자들이 무서워 떨고, 이방 세계가 깜짝 놀라도록 오실 것이다. 왜냐하면 그리스도는 그리스도의 복음에 순종하지 않는 자들뿐만 아니라 하나님을 모르는 자들을 징벌하기 위하여 오시기 때문이다.

[6] 그리스도에 대한 이 기사는 그 자신에 의해 직접 인준이 되고 확증이 되고 있다. 주 하나님이 이르시되 나는 알파와 오메가라 이제도 있고 전에도 있었고 장차 올 자요 전능한 자라 하시더라(8절). 여기서 주 예수 그리스도는 아버지 하나님께 있는 동일한 영광과 권능을 정당하게 주장하신다(4절). 그리스도는 시작과 마지막이시고 알파와 오메가이시다. 만물이 그리스도에게서 나오고 그리스도를 위하여 존재한다. 그리스도는 전능하시다. 그리스도는 언제나 영원하시고 변함이 없으신 하나님이시다. 그러므로 그리스도의 이름이 지닌 이 속성을 감히 빼려고 하는 사람은 누구든지 그 이름이 하나님의 생명책에서 삭제될 것이다. 그리스도를 높이고 존귀하게 여기는 사람들을 그리스도는 높이고 귀하게 만들어주실 것이다.

9나 요한은 너희 형제요 예수의 환난과 나라와 참음에 동참하는 자라 하나님의 말씀과 예수를 증언하였음으로 말미암아 밧모라 하는 섬에 있었더니 10주의 날에 내가 성령에 감동되어 내 뒤에서 나는 나팔 소리와 같은 큰 음성을 들으니 11이르되 네가 보는 것을 두루마리에 써서 에베소, 서머나, 버가모, 두아디라, 사데, 빌라델비아, 라오디게아 등 일곱 교회에 보내라 하시기로 12몸을 돌이켜 나에게 말한 음성을 알아보려고 돌이킬 때에 일곱 금 촛대를 보았는데 13촛대 사이에 인자 같은 이가 발에 끌리는 옷을 입고 가슴에 금띠를 띠고 14그의 머리와 털의 희기가 흰 양털 같고 눈 같으며 그의 눈은 불꽃 같고 15그의 발은 풀무불에 단련한 빛난 주석 같고 그의 음성은 많은 물 소리와 같으며 16그의 오른손에 일곱 별이 있고 그의 입에서 좌우에 날선 검이 나오고 그 얼굴은 해가 힘있게 비치는 것 같더라 [17]내가 볼 때에 그의 발 앞에 엎드러져 죽은 자 같이 되매 그가 오른손을 내게 얹고 이르시되 두려워하지 말라 나는 처음이요 마지막이니 [18]곧 살아 있는 자라 내가 전에 죽었었노라 볼지어다 이제 세세토록 살아 있어 사망과 음부의 열쇠를 가졌노니 [19]그러므로 네가 본 것과 지금 있는 일과 장차 될 일을 기록하라 [20]네가 본 것은 내 오른손의 일곱 별의 비밀과 또 일곱 금 촛대라 일곱 별은 일곱 교회의 사자요 일곱 촛대는 일곱 교회니라

우리는 이제 사도 요한이 주 예수 그리스도에 대하여 보았던 영광스러운 환상을 대하게 된다. 사도 요한은 이 환상을 그리스도가 그에게 이 계시를 전달하려고 임하셨을 때 보았다. 여기서 다음의 사실들을 주목하라.

I 이 환상을 받은 사람에 대한 기사가 기록되어 있다.

1. 요한 사도는 먼저 자신의 지위와 형편에 대해 진술한다. 요한은 너희 형제요 예수의 환난과 나라와 참음에 동참하는 자였다(9절). 요한은 그 당시에 진실한 그리스도인들 가운데 남은 자였다. 그는 그리스도를 믿고 충성하는 것 때문에 유배를 당하거나 감옥에 갇힌 자였을 것이다. 요한은 사도였을지라도 그 남은 자들의 형제이기도 했다. 요한은 교회 안에서의 자신의 권위보다는 교회에 대한 자신의 관계를 더 중요시 여기고 귀하게 여겼던 것 같다. 가룟 유다가 한 사람의 사도였을런지는 몰라도 하나님의 가족에 속한 한 사람의 형제는 아니었다. 요한은 그들의 동료이기도 했다. 하나님의 자녀들은 서로 교제를 나누고 모이기를 좋아해야 한다. 요한은 주의 형제들이 환난을 당할 때 같이 동참한 그들의 동료였다. 하나님의 종들이 박해를 받게 되면 그들은 절대 혼자 고통을 당하지 않았다. 늘 그 시련과 고난들에는 동참하는 다른 형제들이 있었다. 요한은 고난뿐 아니라 인내에 있어서도 그들의 동료였다. 요한은 고난의 상황과 형편들에서 형제들과 고난을 함께 나누었을 뿐만 아니라 고난의 은혜들에서도 함께 나누는 동참자였다. 우리가 성도의 인내를 가지고 있다면 형제들의 고난과 시련들을 함께 나누기를 꺼려하거나 주저해서는 안 될 것이다. 요한은 예수의 나라와 참음에 동참하는 자였다. 요한은 그리스도의 뜻과 대의를 위하여 고난을 받는 자였다. 요한은 교회와 세상에 대한 그리스도의 왕권을 주장하고 그 왕권을 뒤집어엎고 빼앗으려고 하는 모든 세력에 대항하고 그 왕권에 충성하

기 위하여 고난을 기꺼이 받는 자였다. 이 기사를 통하여 요한은 자신의 현재 형편을 알려주고, 고난당하는 형제들과 마음을 같이 한다는 자신의 동참을 고백하고, 어려움을 당하고 있는 형제들에게 조언과 위로를 전하고, 형제들이 주 예수 그리스도가 그들에게 말씀하신 것에 좀 더 주의를 기울일 것을 당부한다.

2. 사도 요한은 이 계시와 환상을 받았던 장소에 대해 진술한다. 요한은 밧모라 하는 섬에 있었다. 요한은 자신이 그 곳으로 유배를 당했다고 말하지 않는다. 그리스도인들이 자신이 겪고 있는 고난들에 대해 말을 아끼고 겸손하게 말하는 것이 그리스도인답다. 밧모라는 섬은 에게 해에 있는 섬이라고 한다. 그 섬은 키클라데스(Cyclades)라고 하는 군도 가운데 있는 한 섬이다. 그 섬은 둘레가 56킬로미터 가량 되는 곳이었다. 그러나 이 답답한 섬에 갇혀 지내는 상황 속에서도 요한 사도는 자신이 악을 행한 자로서 고난을 겪는 것이 아니라 예수 그리스도를 증언하기 위하여 고난을 받는다는 사실에 위로를 받았다. 왜냐하면 임마누엘 되시고 구세주 되시는 그리스도를 증거하는 것은 영광이기 때문이다. 이것은 받을 만한 가치가 있는 고난이었다. 그러므로 영광의 영과 하나님의 영이 박해를 받고 있는 이 사도에게 머물렀다.

3. 요한 사도가 이 환상을 보았던 때는 주의 날이었다. 주의 날은 그리스도가 주님 자신을 위하여 분리하고 따로 떼어놓은 날이었다. 마치 성찬식을 주의 만찬이라고 부르는 것처럼 말이다. 확실히 이 날을 그리스도인의 안식일이라고 할 수 있을 것이다. 이 주의 날은 주간의 첫 번째 날이고 주님의 부활을 기념하기 위하여 지켜야 될 날이다. 우리는 우리 주라고 부르는 그분을 그 자신의 날에 존귀하게 여기고 경배하도록 하자. 우리는 주님이 제정하신 주의 날을 기뻐하고 즐거워해야 할 것이다.

4. 사도 요한이 환상을 보던 때의 상태는 성령에 감동되어 있었다. 요한은 환상을 보았을 때 황홀경에 빠져 있었다. 그 상태는 환상을 보기 이전에도 그랬다. 그 당시 요한은 엄숙하고, 신성하고, 영적인 상태에 있었다. 그것은 하나님의 영의 은혜로운 힘의 영향을 받는 상태였다. 주의 날에 하나님과의 교통을 누리는 사람들은 육체와 육적인 것들로 말미암은 생각들과 감정들을 억누르고 없애도록 노력해야 하고, 영적인 것들로 온전히 그 마음과 몸을 채울 수 있도록 힘써야 한다.

II. 사도는 성령에 감동되어 들었던 것을 진술한다. 경보가 울리듯 나팔 소리가 들렸다. 그 뒤 사도는 큰 음성을 들었다. 이것은 앞에서 진술한 알파와 오메가라 말씀하신 그리스도의 속성을 나타내는 그리스도의 음성이었다. 이 음성이 사도에게 지금 계시 받고 있는 것들을 기록하고 그것을 곧바로 아시아의 일곱 교회에 보내라고 명령한다. 그리고 그 이름들이 구체적으로 언급이 된다. 이와 같이 우리 구원의 대장이신 주 예수 그리스도가 사도에게 나팔 소리와 함께 임하실 주님의 영광스러운 나타나심에 대해 알려주셨다.

Ⅲ 우리는 사도 요한이 본 것에 대한 기사도 발견하게 된다. 요한은 그에게 말한 음성을 알아보려고 돌이켰다. 그것은 그 음성이 누구의 것이고 어디에서 들리는지를 알아보기 위한 것이었다. 그 다음에 환상을 보게 되는 놀라운 광경이 요한에게 펼쳐졌다.

1. 요한은 일곱 금 촛대 상징을 통해 교회의 표상을 보게 되었다. 이것은 본 장 마지막 절에 설명되어 있다. 일곱 촛대는 일곱 교회니라(20절). 교회들을 촛대에 비유한다. 왜냐하면 교회들은 복음의 빛을 비추어 은혜를 나누어주기 때문이다. 그러나 교회들이 초들은 아니다. 그리스도만이 우리의 빛이시다. 그리스도의 복음은 우리의 등이다. 교회들은 그 빛을 그리스도와 복음으로부터 받아 다른 사람들에게 비추어준다. 교회들은 금 촛대들이다. 왜냐하면 교회들은 순금에 비교될 수 있을 정도로 고귀하고 순수해야 하기 때문이다. 그러므로 목사들뿐만 아니라 교인들도 그렇게 되어야 할 것이다. 다른 사람들이 그 빛을 보고 하나님께 영광과 찬송을 돌리도록 하기 위하여 목사들과 교인들의 빛이 사람들 앞에서 그렇게 빛나야 할 것이다.

2. 요한은 금 촛대들 가운데에서 주 예수 그리스도의 표상을 보았다. 왜냐하면 그리스도는 세상 끝날까지 항상 그의 교회들과 함께 해주겠다고 약속하셨기 때문이다. 그리스도는 교회들을 빛과 생명과 사랑으로 넘쳐나게 채워주신다. 왜냐하면 그리스도는 교회의 생기와 활기를 불어넣어주는 영이시기 때문이다. 여기서 다음의 사실들을 주목하라.

(1) 그리스도가 나타나신 영광의 형태는 몇 가지 특성을 지니고 있다.

[1] 그리스도는 발에 끌리는 옷을 입고(13절) 계셨다. 그런 옷은 왕의 옷이거나 제사장의 옷이다. 그런 발에 끌리는 긴 옷은 의와 명예를 나타낸다.

[2] 그리스도는 가슴에 금띠를 띠고(13절) 있었다. 그것은 대제사장의 흉패였다. 그 흉패에는 백성들의 이름이 새겨 있다. 그리스도는 구세주의 일을 다 수

행하시기 위하여 허리띠를 졸라매고 준비하고 계셨다.

[3] 그의 머리와 털의 희기가 흰 양털 같고 눈 같았다(14절). 그는 옛적부터 항상 계신 이셨다(단 7:9). 그의 나이 먹어 하얗게 된 머리털은 늙거나 쇠함의 표시가 아니라 진실로 영광의 면류관이었다.

[4] 그의 눈은 불꽃같았다(14절). 이것은 사람들의 깊은 속마음과 혈관 속까지 꿰뚫어보고, 그리스도를 대적하는 자들이 무서워 산산이 흩어져 도망가게 한다.

[5] 그의 발은 풀무 불에 단련한 빛난 주석 같았다(15절). 그리스도의 발은 견고하고 든든해서 그의 대의를 지지하고, 그의 적들을 굴복시키고, 적들을 밟아 가루로 만든다.

[6] 그의 음성은 많은 물소리와 같았다(15절). 많은 물소리는 강들이 한꺼번에 몰려 폭포처럼 떨어지는 소리다. 그리스도는 가까이에 있는 사람들뿐만 아니라 멀리 떨어져 있는 사람들도 그의 소리를 들을 수 있게 하고 듣게 하실 것이다. 그리스도의 복음은 무한한 지혜와 지식의 원천에서 물을 공급받는 풍족하고 강한 강이다.

[7] 그의 오른손에 일곱 별이 있었다(16절). 일곱 개 별은 일곱 교회들의 목회자들을 나타낸다. 그들은 모두 그리스도의 지시와 감독을 받고, 그리스도로부터 모든 빛과 힘을 공급받고, 그리스도에 의해 안전하게 보호를 받는다.

[8] 그의 입에서 좌우에 날선 검이 나왔다(16절). 그리스도의 말씀은 오른쪽으로 죄를 쳐서 상처를 내기도 하고, 왼쪽으로 아픈 곳을 어루만져 치료하기도 한다.

[9] 그 얼굴은 해가 힘있게 비치는 것 같았다(16절). 그 얼굴빛이 너무 밝고 부셔서 죽을 인생들의 눈으로는 바라볼 수가 없다.

(2) 그리스도의 이 모습은 사도 요한에게 깊은 인상과 큰 감동을 주었다. 내가 볼 때에 그의 발 앞에 엎드러져 죽은 자 같이 되매(17절). 요한은 그리스도가 나타나셨을 때 나타난 아주 큰 찬란함과 영광에 압도되었다. 요한이 그리스도를 이전부터 아주 잘 알고 친숙했음에도 그러했다. 하물며 우리와 같은 사람들에게 그리스도가 말씀하시면 우리가 어떻게 되겠는가? 그 두려움이 우리를 얼마나 무서워 떨게 할 것인가! 왜냐하면 하나님의 얼굴을 보고 살아 있을 수 있는 사람은 하나도 없기 때문이다.

(3) 주 예수 그리스도는 그의 제자에게 겸손하고 친절하신 은혜를 베풀어주

셨다. 그가 오른손을 내게 얹으셨다(17절). 그리스도는 엎드려 있는 요한을 일으
켜 세우셨다. 그리스도는 그의 제자에게 강하게 타이르지를 않으셨다. 오히려
주님은 그의 제자에게 힘을 넣어주시고, 친절한 말씀들을 다정하게 해주셨다.
여기서 다음의 사실들을 주목하라.

[1] 주님은 그의 제자에게 두려워하지 말라 하시면서 위로와 격려의 말씀을 해
주셨다. 그리스도는 그의 제자들에게 노예와 종의 두려움을 버리라고 명하셨
다.

[2] 이와 같이 요한에게 나타나신 분이 예전의 그리스도이셨음을 주님은 요
한에게 자세히 말씀으로 가르쳐주신다. 그것들은 다음과 같다.

첫째, 그리스도는 제자에게 그의 신성을 가르쳐주신다. 나는 처음이요 마지막
이니(17절).

둘째, 그리스도는 제자에게 이전에 당하신 고난을 상기시켜 주신다. 내가 전
에 죽었었노라(18절). 그리스도는 인간들의 죄를 위하여 십자가 위에서 죽으셨
을 때 그의 제자들이 보았던 모습과 똑같은 주님이셨다.

셋째, 그리스도는 제자에게 그의 부활과 영생에 대해 가르쳐주신다. 내가 이
제 세세토록 살아 있어(18절). 그리스도는 죽음을 정복하셨고, 무덤을 여셨고, 영
원한 생명의 참여자가 되셨다.

넷째, 그리스도는 제자에게 그의 직분과 권위에 대해 가르쳐주신다. 내가 사
망과 음부의 열쇠를 가졌다(18절). 그리스도는 보이지 않는 세계에 대한 절대적
권한을 가지고 계시다. 그리스도가 죽음의 문을 닫으시면 아무도 열 수가 없고,
그 문을 여시면 아무도 닫을 수가 없다. 영원한 세계의 문도 마찬가지이다. 주
님이 원하시는 대로 된다. 불행이나 행복이 주님의 원하시는 대로 결정된다. 그
리스도는 만유의 심판자이시다. 주님의 선고와 판결에는 항소나 상소가 없다.

다섯째, 그리스도는 제자에게 그의 뜻과 원하는 것을 말씀하신다. 그러므로 네
가 본 것과 지금 있는 일과 장차 될 일을 기록하라(19절).

여섯째, 그리스도는 제자에게 일곱 개 별과 일곱 개 촛대의 의미를 가르쳐주
신다. 일곱 별은 일곱 교회의 사자요 일곱 촛대는 일곱 교회니라(20절). 그리스도는
이제 사도 요한을 통해 특별하고 적절한 메시지를 그 사자들과 그 교회들에 보
내신다.

─ 제 2 장 ─

개요

　　사도 요한은 앞 장에서 자신이 보았던 것들을 기록한 뒤 이제는 하나님의 명령에 따라서(1:19) 그의 말씀들을 계속 기록한다. 그 내용은 아시아에 있는 일곱 교회들의 현재 상태에 관한 것들이다. 그리스도는 그 교회들에 대해 잘 알고 계셨다. 왜냐하면 그리스도는 그 교회들에게 아주 각별하고 부드러운 관심을 가지고 계셨기 때문이다. 요한은 그 교회들의 형편과 상황에 따라서 각 교회에 대한 글을 기록해서 각 교회의 사자에게 보내라는 명령을 받았다. 여기서 사자라고 부르는 것은 사람들에게 하나님의 말씀을 전하는 하나님의 전령들이기 때문이다. 본 장에서 우리는 다음과 같은 내용들을 발견하게 된다. I. 에베소 교회에 보내는 메시지(1-7절). II. 서머나 교회에 보내는 메시지(8-11절). III. 버가모 교회에 보내는 메시지(12-17절). IV. 두아디라 교회에 보내는 메시지(18-29절).

¹에베소 교회의 사자에게 편지하라 오른손에 있는 일곱 별을 붙잡고 일곱 금 촛대 사이를 거니시는 이가 이르시되 ²내가 네 행위와 수고와 네 인내를 알고 또 악한 자들을 용납하지 아니한 것과 자칭 사도라 하되 아닌 자들을 시험하여 그의 거짓된 것을 네가 드러낸 것과 ³또 네가 참고 내 이름을 위하여 견디고 게으르지 아니한 것을 아노라 ⁴그러나 너를 책망할 것이 있나니 너의 처음 사랑을 버렸느니라 ⁵그러므로 어디서 떨어진 것을 생각하고 회개하여 처음 행위를 가지라 만일 그리하지 아니하고 회개하지 아니하면 내가 네게 가서 네 촛대를 그 자리에서 옮기리라 ⁶오직 네게 이것이 있으니 네가 니골라 당의 행위를 미워하는도다 나도 이것을 미워하노라 ⁷귀 있는 자는 성령이 교회들에게 하시는 말씀을 들을지어다 이기는 그에게는 내가 하나님의 낙원에 있는 생명나무의 열매를 주어 먹게 하리라

　　우리는 여기서 에베소 교회의 형편을 자세히 발견하게 된다. 여기서 다음의 사실들을 주목하라.

I 메시지의 표제가 진술되어 있다. 에베소 교회의 사자에게 편지하라(1절).

1. 이들 서신들 가운데 첫 번째 서신의 수신자가 지정된다. 그것은 에베소 교회이다. 이 교회는 사도 바울이 심고, 나중에 요한이 물을 주어 양육하고 관리한 유명한 교회다(행 19:1-5). 사도 요한은 에베소 교회에 아주 많이 머물렀었다. 그러므로 우리는 이 에베소 교회의 사자가 바로 디모데였거나 그 당시 그 교회의 유일한 목자나 감독이었다고 생각하기는 어려울 것이다. 어쨌든 에베소 교회의 사자가 아주 뛰어난 정신의 소유자였고 그 교인들의 영혼을 아주 잘 돌보았다. 그럼에도 불구하고 그 교회의 목회 사역에 있어서 그 사자는 비난받을 수밖에 없는 태만한 점이 있었다. 여기서 다음의 사실을 주목하라.

2. 이 에베소 교회에 서신을 보내는 분이 누구였는지 나타난다. 여기서 우리는 앞 장에서 요한에게 주님이 나타나셨을 때 그리스도에게 붙여진 칭호들 가운데 하나를 발견하게 된다. 촛대 사이에 인자 같은 이가 발에 끌리는 옷을 입고 가슴에 금띠를 띠고(1:13). 그의 오른손에 일곱 별이 있고 그의 입에서 좌우에 날선 검이 나오고 그 얼굴은 해가 힘있게 비치는 것 같더라(1:16). 이 칭호는 두 부분으로 되어 있다.

(1) 그의 오른손에 일곱 별을 붙잡고 있는 분. 그리스도의 사역자들은 그리스도의 특별한 돌보심과 보호를 받는다. 주님이 별들의 숫자를 알고 계시고, 그 별들의 이름을 하나하나 다 부르실 수 있는 것은 하나님의 영광이다. 네가 묘성을 매어 묶을 수 있으며 삼성의 띠를 풀 수 있겠느냐 너는 별자리들을 각각 제 때에 이끌어 낼 수 있으며 북두성을 다른 별들에게로 이끌어 갈 수 있겠느냐(욥 38:32). 별들이 세상에 복을 주는 것보다 교회에 더 큰 축복들을 주는 복음의 사역자들이 주님의 지시와 지배에 따른다는 것은 주 예수 그리스도의 영광이다. 주 예수 그리스도는 그의 사역자들의 모든 움직임을 지시하고 인도하신다. 주님은 그들 각자의 궤도와 활동 범위를 정해주신다. 주님은 그들의 활동에 빛과 힘으로 채워주신다. 주님은 그의 사역자들의 궤도를 지탱해주신다. 그렇지 않으면 그들은 곧 궤도를 이탈해 떨어지는 별들이 되고 말 것이다. 주의 사역자들은 주의 손에 들린 도구들이다. 그들이 행하는 모든 선한 일은 그들을 거들어주시는 주님의 도우심과 손을 통해서 이루어지는 것이다.

(2) 일곱 금 촛대 사이를 거니시는 이. 이 금 촛대는 별이 주님과 사역자의 관계를 나타내듯이 주님과 교회의 관계를 암시해준다. 그리스도는 친밀하게 나타나시어 그의 교회들과 대화를 나누신다. 그리스도는 그 교회들의 형편을 알고

살피고 계시다. 그리스도는 인간이 정원을 거닐며 즐거워하는 것처럼 교회들을 살피는 것을 좋아하신다. 그리스도가 하늘에 계실지라도 그는 지상에 있는 교회들 사이를 거니신다. 그는 그렇게 하시면서 교회들에 적합하지 않은 것이 무엇이고, 부족한 것이 무엇인지를 살피신다. 주님의 이러한 섭리는 교회를 돌보는 사람들에게 큰 위로가 된다. 주 예수 그리스도는 그의 손바닥으로 그의 사역자들을 어루만져 주신다.

II. 이 서신의 내용은 다음과 같다.

1. 그리스도는 이 교회, 사자, 교인들을 칭찬하셨다. 그리스도는 그들의 행위들을 아신다는 말로 항상 칭찬을 시작하신다. 그러므로 주님의 칭찬과 비난은 다같이 아주 존중되어야 한다. 왜냐하면 그리스도는 되는대로 말씀하시는 법이 결코 없기 때문이다. 주님은 아시는 것을 말씀하신다. 이제 에베소 교회의 칭찬에 대해 알아보도록 하자.

(1) 에베소 교회는 의무에 충실한 것 때문에 칭찬을 받았다. 내가 네 행위와 수고와 네 인내를 안다(2절). 이 말씀은 이 교회의 목회 사역에 대한 아주 직접적인 진술일 수 있다. 에베소 교회는 열심이었고 부지런했다. 품위는 의무를 요구한다. 그리스도의 손이 쥐고 있는 별들이 된 사람들은 그들 주변의 사람들에게 빛을 나눠주기 위하여 항상 부지런히 움직여야 했다. 네가 참고 내 이름을 위하여 견디고 게으르지 아니한 것을 아노라(3절). 그리스도는 그의 종들이 그를 위하여 날마다 일하고, 매시간 일한 것을 다 계산하시고 기록하신다. 그러므로 내 사랑하는 형제들아 견실하며 흔들리지 말며 항상 주의 일에 더욱 힘쓰는 자들이 되라 이는 너희 수고가 주 안에서 헛되지 않은 줄을 앎이라(고전 15:58).

(2) 에베소 교회는 고난을 견딘 인내 때문에 칭찬을 받았다. 네 수고와 네 인내를(2절). 우리가 부지런하다는 것만으로는 충분하지가 않다. 우리는 부지런함은 물론이고 그리스도의 좋은 군사로서 고난도 인내해야 하고, 어려움도 견디어야 한다. 목사들은 강한 인내력을 소유해야 하고, 인내를 많이 해야 한다. 인내가 없이는 그리스도인이 결코 될 수가 없다. 그리스도인이 되기 위해서는 인간들의 모욕과 상처들을 견디어야 하고 하나님의 나무라심도 참아야 한다. 그리스도인들이 하나님의 뜻을 행할 때 하나님의 약속을 받기 위해서는 반드시 기다리는 인내가 있어야만 한다. 또 네가 참고 내 이름을 위하여 견디고 게으르지 아니한 것을 아노라(3절). 우리는 가는 길과 하는 일에서 어려움들을 계속 만나

게 될 것이다. 그러므로 우리의 길을 계속 가고 우리의 일을 계속 해서 그것을 마치려면 반드시 인내를 해야만 할 것이다.

(3) 에베소 교회는 악한 것을 경계하고 용납하지 않은 열정 때문에 칭찬을 받았다. 악한 자들을 용납하지 아니한 것(3절). 죄를 없애는 것뿐 아니라 죄를 허용하지도 않는 것은 그리스도인의 인내에 아주 잘 어울린다. 우리가 사람들을 아주 온유하게 대해야 하지만 사람들의 죄를 반대하는 정당한 열정 역시 보여주어야 한다. 에베소 교회의 이러한 열정이 아주 크게 칭찬을 받은 이유는 악한 사람들의 거짓들, 그릇된 행동 관습들, 잘못된 사상들로 말미암은 이전의 시련을 통해 얻은 분별력 있는 열정 때문이었다. 자칭 사도라 하되 아닌 자들을 시험하여 그의 거짓된 것을 네가 드러낸 것을 아노라(2절). 참된 열정은 분별력에서 나온다. 시험하여 판명이 될 때까지는 어느 누구도 쫓아내는 일이 있어서는 안 될 것이다. 이 에베소 교회에서는 일반 사역자들이 아니라 자칭 사도들이라고 거짓말하는 사람들이 생겼었다. 그러나 에베소 교회는 그러한 사람들의 가장을 조사해 그것이 전혀 근거가 없고 거짓이었음을 밝혀냈다. 진리를 치우침이 없이 탐구하고 추구하는 사람들은 그러한 지혜에 이르게 된다.

2. 에베소 교회가 비난을 받았다. 그러나 너를 책망할 것이 있나니(4절). 좋은 것을 많이 가지고 있는 사람들도 잘못된 것이 있을 수 있다. 편견과 치우침이 없으신 주인이시고 재판장이신 우리의 주 예수 그리스도는 사람들의 장점과 단점을 다 보신다. 예수님이 처음에는 좋은 것을 눈여겨보시고 언제라도 그것을 말하려고 하시지만 잘못된 것도 보시고 그것을 신실하게 나무라실 것이다. 그리스도가 이 에베소 교회를 나무라시는 죄는 거룩한 사랑과 열정이 식었다는 것이었다. 너의 처음 사랑을 버렸느니라(4절). 에베소 교회가 그 사랑의 대상을 떠나지도 않았고 버리지도 않았다. 그러나 그들은 처음에 보였던 그 사랑의 열렬함을 잃었다. 여기서 다음의 사실들을 주목하라.

(1) 그리스도와 거룩함과 하늘나라에 대한 첫 사랑과 첫 감정은 언제나 활기가 넘치고 뜨겁기 마련이다. 하나님은 이스라엘의 결혼 서약을 기억하셨다. 그때 이스라엘은 하나님이 어디로 가시더라도 하나님을 따르겠노라고 서약했다.

(2) 이러한 활기 넘치는 애정들도 잘 돌보지 않고 큰 관심을 기울이지 않으면 약해지고 식게 될 것이다. 그리고 그 감정이 항상 그대로 유지되고 보존되도록 부지런히 사용하지 않는다면 차갑게 식고 말 것이다.

(3) 그리스도는 그의 백성들이 주님에 대해 점점 태만해지고 냉담해지는 것을 보실 때 안타까워하시고 가슴 아파하신다. 그래서 주님은 그들이 그 사실을 알 수 있도록 이런저런 방법을 쓰실 것이다.

3. 그리스도가 사랑이 식은 그들에게 충고하고 권면하신다. 그러므로 어디서 떨어진 것을 생각하고 회개하여 처음 행위를 가지라 만일 그리하지 아니하고 회개하지 아니하면 내가 네게 가서 네 촛대를 그 자리에서 옮기리라(5절).

(1) 첫 사랑을 잃은 사람들은 그들이 어디서 떨어졌는지를 생각해야 한다. 그러한 사람들은 자신들의 현재 상태와 이전 상태를 비교해야 한다. 그리고 그들은 지금보다 그 때가 얼마나 더 좋았는지를 생각해야 한다. 또한 그들은 첫 사랑을 잃어버림으로써 얼마나 많은 평화와 힘과 순수함과 즐거움을 잃어버렸는지를 생각해야 한다. 우리는 첫 사랑의 열정이 식고 그 사랑을 떠남으로써 우리가 어떻게 변했는지를 생각해야 한다. 우리가 첫 사랑을 가지고 뜨거웠을 때 어떠했는지를 생각해야 한다. 밤에 눕고 자는 것이 얼마나 더 편안하고 아늑했는지를, 아침에 얼마나 더 상쾌하고 개운하게 일어날 수 있었는지를, 고난을 얼마나 더 잘 견딜 수 있었는지를, 섭리의 은총들을 얼마나 더 잘 즐길 수 있었는지를, 죽음을 생각하고 죽음이 닥쳐도 얼마나 더 편안했는지를, 하늘나라에 대한 갈망과 소망이 얼마나 더 강했는지를 생각해야 한다.

(2) 첫 사랑을 잃은 사람들은 회개해야 한다. 그들은 자신들의 죄스러운 타락을 가슴 깊이 슬퍼하고 부끄러워해야 한다. 그들은 하나님 앞에서 그 죄를 겸손히 고백하고, 스스로 잘못을 판단하고 자신을 정죄해야 한다.

(3) 첫 사랑을 잃은 사람들은 자신들의 첫 행위로 돌아가야 한다. 그들은 그것을 처음처럼 다시 시작해야 한다. 그들은 한 걸음씩 돌아가서 첫 걸음을 잘못 내디딘 지점까지 가야 한다. 그들은 자신들의 처음 열정과 부드러움과 진지함을 되찾아야 한다. 그들은 하나님의 길을 처음 출발했을 때처럼 간절하게 기도해야 하고, 부지런히 살펴야 한다.

4. 주님은 이 좋은 권면을 더 강하게 주장한다. 여기서 다음의 사실들을 주목하라.

(1) 이 권면을 태만히 하면 안 된다는 것을 아주 무서운 경고로 알린다. 만일 그리하지 아니하고 회개하지 아니하면 내가 네게 가서 네 촛대를 그 자리에서 옮기리라(5절). 그리스도의 은혜와 성령의 임재를 무시한다면 우리는 그리스도의 분

노를 초래하게 될 것이다. 그리스도는 심판하기 위하여 오실 것이다. 주님은 회개하지 않는 교회들과 죄인들에게 갑자기 깜짝 놀라게 임하실 것이다. 그리스도는 그들에게서 교회의 특권을 빼앗으실 것이고, 그들로부터 주의 복음과 주의 종들과 주의 규례들을 거두어 가실 것이다. 도대체 복음이 없어진다면 교회들이나 교회의 사자들은 어떻게 되겠는가?

(2) 주님은 그들에게 아직 좋은 것이 있다는 격려를 해주신다. 오직 네게 이것이 있으니 네가 니골라 당의 행위를 미워하는도다 나도 이것을 미워하노라(6절). "네가 좋은 것에 대한 사랑이 식긴 했을지라도 네게는 아직 악한 것에 대한 미움이 남아있다. 특별히 네게는 아주 더럽고 나쁜 것에 대한 미움이 있다." 니골라당은 그리스도교의 이름을 내세워 자신들을 감추고 활동한 정신이 이상한 종파였다. 니골라당은 가증스러운 교리들을 주장했고, 그리스도와 진실한 그리스도인들에게 혐오스럽고 가증스러운 행위들을 저질렀다. 에베소 교회가 이들의 사악한 교리들과 관습들을 미워했던 것으로 칭찬을 받고 있다. 진리와 잘못, 선과 악을 무시하는 정신이 사랑이 있다거나 온유하다고 할 수 있을지도 모르겠다. 그러나 분명한 것은 그리스도가 그러한 것을 싫어하신다는 것이다. 우리의 구세주는 그의 권면을 더 효과 있게 하기 위하여 그의 무서운 경고에 이러한 친절한 칭찬을 덧붙여 말씀하신다.

Ⅲ. 우리는 이 서신의 결론을 발견하게 된다. 여기서 다음의 사실들을 주목하라.

1. 주님이 주의를 환기시키신다. 귀 있는 자는 성령이 교회들에게 하시는 말씀을 들을지어다(7절). 이 말씀에서 다음의 것들을 발견하게 된다.

(1) 성경에 기록된 것은 하나님의 영이 말씀하시는 것이다.

(2) 어느 한 교회에 말씀한 것은 모든 곳 모든 시대의 모든 교회들에 관계된 말씀이다.

(3) 우리가 청각 기능을 이용하여 하나님의 말씀을 잘 듣기 위해서는 귀를 기울여 경청하는 방법밖에는 다른 도리가 있을 수 없다. 만일 우리가 이 목적을 위하여 우리의 청각 기능을 사용하지 않는다면 당연히 그 기능을 잃어버리게 될 것이다. 지금 하나님의 부르심을 들으려고 하지 않는 사람들은 전혀 어떤 것도 들을 수 없게 되었을 때에야 비로소 하나님의 말씀을 듣고 싶어 하게 될 것이다.

2. 이기는 사람들을 위한 큰 긍휼의 약속이 제시된다. 그리스도인의 삶은 죄, 사탄, 세상, 육체에 맞서 싸우는 전투이다. 우리가 그 전투에 참여하는 것만으로는 충분하지가 않다. 우리는 끝까지 그 전투를 싸워야 한다. 우리는 결코 우리의 영적 적들에 굴복해서는 안 된다. 우리는 승리를 얻을 때까지 전투를 잘 싸워야 한다. 잘 견디는 그리스도인들은 이길 것이다. 전투와 승리가 영광스러운 개선식과 상을 받게 될 것이다. 승리한 사람들에게 여기서 약속된 것은 이기는 자들이 하나님의 낙원에 있는 생명나무의 열매를 먹게 되리라(7절)는 것이다. 이기는 사람들은 완전한 거룩함과 완전한 확증을 받게 될 것이다. 그것들은 아담이 자신의 시험을 잘 견디었다면 받았을 것들이다. 그랬다면 아담은 하나님의 낙원 가운데 있는 생명나무의 열매를 먹게 되었을 것이다. 그리고 이것은 아담에게 그의 거룩하고 행복한 상태를 보장하고 확증하는 안수 예식이 되었을 것이다. 그와 마찬가지로 그리스도인의 시련과 전투를 잘 견디는 사람들은 모두 생명나무의 열매를 받아먹게 되는 것처럼 하나님의 낙원에서 누리게 되는 완전하고 확실한 거룩함과 행복을 그리스도에게서 얻게 될 것이다. 이 낙원은 지상에 있는 것이 아니라 하늘나라에 있는 것이다. 또 그가 수정 같이 맑은 생명수의 강을 내게 보이니 하나님과 및 어린 양의 보좌로부터 나와서 길 가운데로 흐르더라 강 좌우에 생명나무가 있어 열두 가지 열매를 맺되 달마다 그 열매를 맺고 그 나무 잎사귀들은 만국을 치료하기 위하여 있더라(22:1-2).

[8]서머나 교회의 사자에게 편지하라 처음이며 마지막이요 죽었다가 살아나신 이가 이르시되 [9]내가 네 환난과 궁핍을 알거니와 실상은 네가 부요한 자니라 자칭 유대인이라 하는 자들의 비방도 알거니와 실상은 유대인이 아니요 사탄의 회당이라 [10]너는 장차 받을 고난을 두려워하지 말라 볼지어다 마귀가 장차 너희 가운데에서 몇 사람을 옥에 던져 시험을 받게 하리니 너희가 십 일 동안 환난을 받으리라 네가 죽도록 충성하라 그리하면 내가 생명의 관을 네게 주리라 [11]귀 있는 자는 성령이 교회들에게 하시는 말씀을 들을지어다 이기는 자는 둘째 사망의 해를 받지 아니하리라

우리는 이제 앞 구절에서와 마찬가지로 아시아에 있는 교회들 가운데 다른 교회에 보내는 두 번째 서신을 대하게 된다. 여기서 다음의 사실들을 주

목하라.

I 이 구절에서의 머리말은 두 부분으로 되어있다.

1. 이 머리말의 첫 부분에 나타나는 수취인 이름은 이 서신을 누구에게 보내는지를 아주 분명하게 알려준다. 서머나 교회의 사자에게 편지하라(8절). 서머나는 그 당시의 상인들에게는 아주 유명한 도시였다. 그 곳은 무역이 크게 성행하고 많은 돈이 움직이는 상업 도시였다. 아마 아시아의 일곱 도시들 가운데 같은 이름으로 아직까지 남아있는 유일한 도시일 것이다. 그러나 이슬람교도의 영향으로 그리스도교 교회의 옛 모습이나 옛 영광은 찾아보기 힘들다.

2. 이 머리말의 두 번째 부분에는 우리 주 예수 그리스도의 영광스러운 칭호가 나타난다. 처음이며 마지막이요 죽었다가 살아나신 이가 이르시되(8절). 이 칭호는 1장 17절과 18절에서도 나타난다. 여기서 다음의 사실들을 주목하라.

(1) 예수 그리스도는 처음이며 마지막이시다. 이 세상에서 우리에게 허용된 시간은 아주 잠깐에 불과하다. 그럼에도 불구하고 우리의 구세주이신 예수 그리스도는 처음이요 마지막이시다. 예수 그리스도는 처음이시다. 왜냐하면 만물이 그리스도를 통하여 만들어졌기 때문이다. 그리고 그리스도는 만물이 있기 전에 하나님과 함께 계셨고, 그 자신이 하나님이셨다. 그리스도는 마지막이시다. 왜냐하면 만물이 주님을 위하여 만들어졌고, 그리스도가 만물의 심판자가 되실 것이기 때문이다. 확실히 이 칭호는 영원부터 영원까지 하나님의 칭호이다. 그리고 이 칭호는 하나님과 인간 사이의 변함없는 중보자이신 분의 칭호이다. 예수 그리스도는 어제나 오늘이나 영원토록 동일하시니라(히 13:8). 예수 그리스도는 처음이셨다. 왜냐하면 그리스도가 교회의 기초를 족장 시대에 놓으셨기 때문이다. 예수 그리스도는 마지막이시다. 왜냐하면 그리스도가 최상단에 얹을 돌을 가져오셔서 마지막 날에 놓으실 것이기 때문이다.

(2) 그리스도는 죽었다가 살아나신 이다(8절). 그리스도는 죽은 이셨다. 그는 우리의 죄를 위하여 죽으셨다. 그러나 그는 살아계시다. 왜냐하면 그리스도는 우리의 의를 위하여 다시 살아나셨고, 우리를 위한 중보를 계속 하시기 위하여 언제나 살아계신다. 그리스도는 죽은 이셨다. 그가 죽으심으로 우리의 구원을 위한 값을 지불하셨다. 그리스도는 살아계시다. 그의 생명이 우리에게 구원이 된다. 우리가 원수 되었을 때에 그의 아들의 죽으심으로 말미암아 하나님과 화목하게 되었은즉 화목하게 된 자로서는 더욱 그의 살아나심으로 말미암아 구원을 받을 것

이니라(롬 5:10). 그러므로 그리스도의 죽으심을 우리는 매 성례 때마다 기념한다. 그리고 그리스도의 부활하심과 살아계심은 매 주일마다 기념한다.

II. 서머나 교회에 보내는 서신의 주제는 그리스도의 전지하심이다. 그리스도는 인간들의 모든 행위들과 특별히 그의 교회들의 모든 행위들과 형편들을 온전하게 아신다. 그리스도는 다음과 같은 것들을 살피신다.

1. 그리스도는 그의 교회들이 이룬 영적 상태의 발전을 살피신다. 이것이 짧은 삽입구로 언급되지만 아주 두드러진다. 실상은 네가 부요한 자니라(9절). 즉 세속적인 것들에서는 가난하지만 영적인 것들에서는 부유하다는 것이다. 이 말을 바꾸어 말하면 정신에 있어서는 가난하지만 은혜에 있어서는 부유하다는 것이다. 서머나 교회 교인들의 영적인 부유함은 그들의 외적인 가난함에 의해 돋보이게 된다. 세속적인 것들에 부유한 많은 사람들이 영적인 것들에서는 가난하다. 이와 같은 상태는 라오디게아 교회가 그러했다. 외적으로 가난하지만 내적으로 부유한 사람들이 있다. 즉 세속적으로는 가난하지만 믿음과 선행들에 있어서는 부유하고, 영적인 특권들에 있어서는 부유하고, 은사의 행위들에 있어서는 부유하고, 소망에 있어서는 부유하고, 하늘나라의 상속권에 있어서는 부유한 사람들이 있다. 영적인 부유함은 대체로 믿음의 대단한 부지런함과 성실함의 보상이다. 게으른 자는 마음으로 원하여도 얻지 못하나 부지런한 자의 마음은 풍족함을 얻느니라(잠 13:4). 영적인 풍족함이 있으면 외적인 가난함을 더 잘 견딜 수 있다. 하나님의 백성들이 그리스도와 선한 양심을 위하여 세속적인 것들에 궁핍할 때 하나님은 그들을 영적인 풍족함으로 가득 채워주시어 훨씬 더 만족스럽고 인내하는 생활을 감당할 수 있게 해주신다.

2. 그리스도는 그들의 고난들을 살피신다. 내가 네 환난과 궁핍을 알거니와(9절). 그들은 고난을 당했다. 그들은 그들의 재산까지 다 빼앗기는 어려움을 겪었다. 그리스도를 신실하게 믿고 따르는 사람들은 많은 어려움과 시련들을 당할 각오와 준비를 해야만 한다. 그러나 예수 그리스도는 신자들의 당하는 모든 고난들을 특별하게 살펴주신다. 신자들이 당하는 모든 고난들에서 그리스도도 함께 고난을 겪으신다. 그리고 그리스도는 그의 백성들을 괴롭게 한 자들에게는 환난으로 갚아주시고, 괴로움을 당하는 그의 백성들에게는 안식으로 갚아주실 것이다.

3. 그리스도는 그의 백성들을 대적하고 괴롭히는 적들의 사악함과 거짓됨을

아신다. 자칭 유대인이라 하는 자들의 비방도 알거니와 실상은 유대인이 아니라는
것을 나는 안다(9절). 다시 말해서 그리스도는 하나님이 유대인들을 버리신 뒤
에도 유대인들이 스스로 하나님의 유일한 선민이라고 내세우고 자랑하듯이 자
신들이 하나님의 특별한 언약의 백성이라고 거짓 행세하는 자들을 아신다. 또
한 그리스도는 지금은 낡아서 못쓰게 되었을 뿐만 아니라 폐기된 유대교의 의
식들과 예식들을 세우려고 하는 자들도 알고 계신다. 이들이 자신들의 교회가
세상에서 유일한 하나님의 교회라고 말들은 해대지만 실상은 사탄의 모임에
지나지 않는다는 사실을 주님은 알고 계시다. 실상은 유대인이 아니요 사탄의 회
당이라(9절). 여기서 다음의 사실들을 주목하라.

(1) 그리스도가 하나님의 영적 이스라엘인 교회를 세상에 가지고 계시는 것
처럼 마귀도 그의 회당을 가지고 있다. 이들 모임들은 복음의 진리를 반대하기
위하여 세워진 것들이다. 사탄의 회당들은 복음 경배의 순수성과 영성을 반대
하는 것들이다. 이들 모임들은 인간들의 헛된 꾸며낸 이야기들과 하나님의 생
각에 전혀 맞지 않는 의식들과 예식들을 장려하고 전파하기 위한 것들이다. 사
탄의 회당들은 하나님의 참된 경배와 예배드리는 자들을 비방하고 박해하기
위하여 세워진 것들이다. 이러한 것들은 모두 사탄의 회당들이다. 사탄은 그러
한 모임들을 주관한다. 사탄은 그 모임들 안에서 행세한다. 그러한 모임들은 사
탄의 사리사욕을 위해 봉사한다. 사탄은 그 모임들로부터 무서운 숭배와 명예
를 받는다.

(2) 자칭 교회라거나 하나님의 이스라엘이라고 주장하는 사탄의 회당들은 다
름 아닌 신성모독이다. 하나님은 그의 이름이 사탄의 이익을 장려하거나 후원
하는 일에 사용될 때 크게 불명예스럽게 되신다. 그래서 하나님은 이 모독에
아주 크게 분노하신다. 하나님은 그런 행위를 계속 하는 자들에게 정당한 징벌
을 내리실 것이다.

4. 그리스도는 그의 백성들이 겪게 될 미래의 시련들을 미리 아신다. 그리스
도는 그들에게 그 시련들을 미리 경고하시고, 그 시련들에 대비해 그의 백성들
을 미리 무장시키신다. 여기서 다음의 사실들을 주목하라.

(1) 그리스도는 그의 백성들에게 미래의 시련들을 미리 경고하신다. 너는 장
차 받을 고난을 두려워하지 말라 볼지어다 마귀가 장차 너희 가운데에서 몇 사람을
옥에 던져 시험을 받게 하리니(10절). 하나님의 백성은 이 세상에서 당하게 될 일

련의 시련들을 예상해야 한다. 그들이 당하게 될 시련들은 대체로 점점 더 거세질 것이다. 하나님의 백성은 앞서 겪은 시련들로 약하게 되고 가난하게 되었다. 그럼에도 그들은 이제 감옥에 갇혀야만 한다. 마귀의 주구들인 악한 사람들이 하나님의 백성을 박해하도록 선동하는 것은 바로 마귀의 짓이다. 폭군들과 박해자들은 마귀의 꼭두각시들이다. 그들이 자신들의 죄악의 적의를 만족시킨다고 좋아하지만 사실은 자신들이 마귀의 악의에 의해 움직여지고 있다는 것을 모르고 있다.

(2) 그리스도는 이러한 다가오는 시련들에 대비해 하나님의 백성들을 미리 무장시키신다. 그 방법들은 다음과 같다.

[1] 그리스도는 그의 권면으로 그의 백성을 미리 무장시키신다. 너는 장차 받을 고난을 두려워하지 말라(10절). 이 권면은 명령의 말씀이기도 하지만 효력 있는 권면이기도 하다. 이 권면의 말씀은 노예의 두려움을 금하고 있을 뿐만 아니라 그 두려움을 극복하고 그 영혼을 힘과 용기로 무장시켜주고 있다.

[2] 그리스도는 그들의 고난들을 완화시키고 줄이는 방법을 가르쳐주심으로써 그의 백성을 미리 무장시키신다.

첫째, 그 고난들은 일반적이지 않다. 감옥에 갇히는 사람들이 있겠지만 모든 사람이 그렇게 되는 것은 아니다. 감옥에 갇히는 사람들은 그 고난을 잘 견딜 수 있고 옥에 갇히지 않은 나머지 사람들의 방문을 받고 위로를 받을 수 있을 것이다.

둘째, 고난을 당하고 감옥에 갇힌 사람들이 오랜 시간 막막하게 갇혀 지내는 것이 아니라 정해진 시간, 그것도 아주 짧은 시간 그렇게 될 것이다. 너희가 십 일 동안 환난을 받으리라(10절). 그 고난은 오랜 시간 지속되는 고난이 아니다. 택하신 자들을 위하여 그 날들을 감하시리라(마 24:22).

셋째, 그 고난은 하나님의 백성을 시험하고 단련하기 위한 것이지 멸망시키기 위한 것이 아니다. 그 고난은 하나님의 백성의 믿음, 인내, 용기를 증명하고 발전시키고, 명예와 영광을 얻을 수 있도록 하기 위한 것이다.

[3] 그리스도는 그의 백성의 충성에 영광스러운 보상을 제안하고 약속하심으로써 그들을 미리 무장시키신다. 네가 죽도록 충성하라 그리하면 내가 생명의 관을 네게 주리라(10절). 여기서 다음의 사실들을 주목하라.

첫째, 그리스도는 확실한 보상을 약속하신다. 내가 네게 주리라. 그리스도는 하실 수 있는 것을 늘 말씀하셨다. 그리스도는 하시겠다고 말씀하신 것을 늘 실행하셨다. 그의 백성은 그리스도 자신의 손에서 직접 그 상을 받게 될 것이다. 그리스도의 손에서 그것을 빼앗아 갈 수 있는 자가 아무도 없다.

둘째, 그리스도는 적절한 보상을 약속하신다. 주님이 주시는 관, 즉 왕관은 그의 백성의 궁핍, 충성, 투쟁에 대한 보상이다. 생명의 관은 죽기까지 믿고 충성한 사람들에 대한 보상이다. 그들은 죽을 때까지 믿음을 지키고 그리스도에게 충성하기 위하여 목숨까지 바친 사람들이기에 생명의 관을 보상받아 마땅하다. 지치지 않고 주님을 섬기고, 주님의 대의를 위하여 바친 그 생명은 영원히 지속될 다른 더 나은 생명으로 보상을 받게 될 것이다.

Ⅲ. 이 메시지의 결론.

1. 모든 사람들, 모든 세상 사람들은 그리스도와 그의 교회들 사이에 무슨 말이 오가는지를 귀 기울여 들어야 된다는 요청이 이 메시지의 결론이다. 즉 어떻게 그리스도가 그의 교회들을 칭찬하시는지, 어떻게 그리스도가 그의 교회들을 위로하시는지, 어떻게 그리스도가 그의 교회들의 실패들을 나무라시는지, 어떻게 그리스도가 그의 교회들의 충성에 보상하시는지를 들어야 된다는 것이다. 이 메시지는 하나님이 그의 백성들에게 어떻게 섭리하시는지를 세상의 모든 사람들이 주목해 보라는 요청이다. 모든 세상 사람들은 이 메시지를 통해 교훈과 지혜를 배울 수 있게 하기 위한 것이다.

2. 이기는 그리스도인에게 은혜로운 약속이 있다. 이기는 자는 둘째 사망의 해를 받지 아니하리라(11절). 여기서 다음의 사실들을 주목하라.

(1) 첫째 죽음도 있지만 둘째 죽음도 있다. 몸이 죽은 뒤에도 죽는 사망이 있다.

(2) 이 둘째 사망은 첫째 사망보다도 훨씬 나쁜 죽음이다. 두 죽음 다 그 순간에 고통과 괴로움이 있다. 둘째 사망은 영원한 죽음이다. 그 죽음은 항상 죽어있는 것이다. 이 죽음을 당하는 사람들은 모두 참으로 가슴 아프고 안타깝다.

(3) 이 해롭고, 이 파멸적인 사망에서 그리스도가 그의 모든 신실한 종들을 구원해주실 것이다. 둘째 사망이 첫째 부활에 참여하는 사람들에게는 아무런 힘을 쓰지 못하게 될 것이다.

¹²버가모 교회의 사자에게 편지하라 좌우에 날선 검을 가지신 이가 이르시되 ¹³네가 어디에 사는 것을 내가 아노니 거기는 사탄의 권좌가 있는 데라 네가 내 이름을 굳게 잡아서 내 충성된 증인 안디바가 너희 가운데 곧 사탄이 사는 곳에서 죽임을 당할 때에도 나를 믿는 믿음을 저버리지 아니하였도다 ¹⁴그러나 네게 두어 가지 책망할 것이 있나니 거기 네게 발람의 교훈을 지키는 자들이 있도다 발람이 발락을 가르쳐 이스라엘 자손 앞에 걸림돌을 놓아 우상의 제물을 먹게 하였고 또 행음하게 하였느니라 ¹⁵이와 같이 네게도 니골라 당의 교훈을 지키는 자들이 있도다 ¹⁶그러므로 회개하라 그리하지 아니하면 내가 네게 속히 가서 내 입의 검으로 그들과 싸우리라 ¹⁷귀 있는 자는 성령이 교회들에게 하시는 말씀을 들을지어다 이기는 그에게는 내가 감추었던 만나를 주고 또 흰 돌을 줄 터인데 그 돌 위에 새 이름을 기록한 것이 있나니 받는 자 밖에는 그 이름을 알 사람이 없느니라

　　　　여기서 우리는 버가모 교회에 대한 형편을 대하게 된다. 우리는 다음의 것들을 고찰하게 될 것이다.

I 이 메시지의 표제에서 다음의 사실들을 주목하라.

1. 이 메시지를 받는 자는 버가모 교회의 사자였다(12절). 이 버가모가 옛날 트로이의 유적에서 다시 세워진 도시였는지 아니면 같은 이름의 어떤 다른 도시였는지는 확실하지도 않고 구체적이지도 않다. 그러나 그 곳은 그리스도가 말씀을 효력 있게 하신 그의 복음과 그의 영의 은혜를 전파하심으로써 복음 교회를 세우신 곳이었다.

2. 이 메시지를 버가모 교회에 보낸 사람은 누구였는가? 여기서 좌우에 날선 검을 가지신 이(12절)로 묘사되고 있는 분은 그의 입에서 좌우에 날선 검이 나오는 (1:16) 분으로 묘사된 예수님과 동일하시다. 몇 편의 서신들 앞에 붙은 그리스도의 칭호들에서 이들 교회들의 적합한 상황과 형편을 발견하는 사람들도 있다. 에베소 교회의 경우를 예로 든다면, 오른손에 있는 일곱 별을 붙잡고 일곱 금촛대 사이를 거니시는 분으로서 그리스도가 말씀하신다는 것보다 활기 없고 쇠퇴하는 교회를 일깨우고 회복시키기 위해 무엇이 더 적절하겠는가? 버가모 교회는 타락한 정신을 가진 사람들로 득시글거렸다. 그들은 버가모 교회의 믿음과 관습들을 변질시키고 타락시킬 수 있는 짓들을 행했다. 그러므로 그의 말씀의 검으로 그들과 싸우시기로 작정하신 그리스도가 좌우에 날선 검을 가지신 이

로 자신의 칭호를 취하신다. 여기서 다음의 사실들을 주목하라.

(1) 하나님의 말씀은 검이다. 하나님의 말씀은 공격하는 무기도 되고 방어하는 무기도 된다. 하나님의 말씀은 하나님의 손에 들린 칼이 되어 죄와 죄인들을 죽일 수 있다.

(2) 하나님의 말씀은 날선 검이다. 하나님의 날선 검인 말씀은 아무리 단단한 마음이라도 벨 수 있다. 그 날선 검은 아무리 단단하게 묶인 매듭이라도 끊을 수 있다. 날선 검인 하나님의 말씀은 심령골수를 쪼갤 수 있다. 다시 말해 하나님의 말씀은 영혼과 죄의 습관들을 두 동강 낼 수 있다. 죄의 습관들은 죄인들의 습관을 통해 또 다른 영혼이 되거나 그 영혼의 본질적인 것이 되고 만다.

(3) 하나님의 말씀은 좌우에 날선 검이다. 이 검은 좌우에 칼날이 있기 때문에 어느 방향으로든 베는 것이 가능하다. 하나님의 섭리를 어긴 범죄자들에 대한 율법의 칼날이 있고, 하나님의 섭리를 멸시하는 사람들에 대한 복음의 칼날이 있다. 좌우에 날선 칼날이 있는 하나님의 말씀은 죄를 징계하기 위하여 상처를 내는 칼날도 있고, 치료하기 위하여 곪은 상처를 도려내는 칼날도 있다. 이 검의 칼날을 피할 수 있는 것은 아무것도 없다. 당신이 오른쪽으로 돈다면 그 칼날은 오른쪽으로 향할 것이다. 당신이 왼쪽으로 돈다면 그 쪽에서 그 칼날을 만나게 될 것이다. 좌우에 날선 검인 하나님의 말씀은 어느 방향으로든 돈다.

II. 우리는 이제 표제에서 이 서신의 내용으로 나아가게 된다. 여기서의 전개 방법은 나머지 서신들의 것과 대동소이하다. 여기서 다음의 사실들을 주목하라.

1. 그리스도는 교회가 겪는 시련들과 어려움들을 살피신다. 네 행위들과(개역개정판에는 빠져 있음) 네가 어디에 사는 것을 내가 아노니(13절). 하나님의 종들이 행하는 행위들은 그들이 그 행위를 한 상황들을 적합하게 고려할 때 가장 잘 드러나게 된다. 그러므로 이 버가모 교회의 선행들을 아주 많이 빛나게 해주는 것은 바로 그 교회가 세워진 곳의 상황이었다. 그 곳은 사탄의 권좌가 있는 데였다(13절). 우리의 위대하신 주님이 우리가 거하는 곳에 함께 계시면서 우리의 의무를 감당하기 위한 모든 유익들과 기회들을 살피시고 알고 계시다. 그와 마찬가지로 그리스도는 우리가 거하는 곳들에서 만나게 되는 모든 유혹들과 실망들도 살피시고, 합력하여 선을 이루게 해주신다. 이 버가모 교인들이 거하는 곳은 사탄의 권좌가 있는 곳이었다. 그리스도는 그 곳에 그의 법정을 계속

두고 계셨다. 그리스도는 전 세계를 순회하신다. 그리스도의 보좌는 사악함과 잘못과 잔악함으로 악명이 높은 곳들에도 있다. 이 사탄의 권좌를 이 도시에 상주하던 로마 총독으로 그리스도인들을 심하게 박해한 아주 잔악한 적이었다고 생각하는 사람들도 있다. 어쨌든 박해와 핍박의 권좌는 사탄의 권좌이다.

2. 그리스도는 그들의 변함없는 충성을 칭찬하신다. 네가 내 이름을 굳게 잡아서 나를 믿는 믿음을 저버리지 아니하였도다(13절). 본문의 두 표현은 의미가 아주 똑같다. 네가 내 이름을 굳게 잡아서 라는 표현은 원인이나 수단을 의미하는 것일 수 있다. 반면에 나를 믿는 믿음을 저버리지 아니하였도다라는 표현은 결과를 의미하는 것일 수 있다. 여기서 다음의 사실들을 주목하라.

(1) "네가 내 이름을 굳게 잡아서(13절). 너는 나와의 관계를 부끄러워하지 않는다. 너는 네 이름으로 내 이름을 가지게 된 것을 네 명예로 생각한다. 마치 아내가 남편의 이름을 따르게 된 것을 자랑스럽게 여기듯이 말이다. 그와 마찬가지로 너도 내 이름을 따라 불리게 된 것과 네 명예와 특권으로 여기고 자랑스러워한다."

(2) "이와 같이 너를 줄곧 신실하게 만든 것은 믿음의 은혜이다. 다시 말해서 너는 복음의 위대한 진리들을 저버리지 아니하였다. 너는 그리스도교의 믿음에서 떠나지 아니하였다. 그리고 그렇게 함으로써 너는 네 믿음과 신실함을 계속 지켰다." 우리의 믿음은 우리의 신실함과 충성에 아주 큰 영향을 미치게 될 것이다. 그리스도의 믿음을 부인하고 저버리는 사람들도 하나님과 양심에 대한 그들의 진지함과 신실함을 아주 크게 떠벌릴 수는 있다. 그러나 참된 믿음을 그리스도에 대한 충성으로 성장시킨 사람들에게 그러한 사람들이 알려진 경우는 거의 없다. 그리스도를 부인하는 믿음을 가지고 결코 하나님을 믿을 수 없다. 대체로 암초에 걸려 믿음이 파선한 사람들은 그들의 선한 양심 역시 파선하고 만다. 여기서 우리의 찬양받으실 주님이 이 버가모 교회가 거하는 곳에서와 마찬가지로 그 시대의 상황들에서도 이 교회의 충성과 신실함을 더 강하게 만들어 주신다. 버가모 교회는 충성된 증인 안디바가 너희 가운데 곧 사탄이 사는 곳에서 죽임을 당할 때에도(13절) 믿음을 지키고 충성했다. 본문에서 언급하는 안디바라는 인물이 누구인지는 그 신비스러운 이름 이외에는 확실하게 알 수 있는 기록이 전혀 없다. 그럼에도 불구하고 우리가 알 수 있는 것은 안디바는 그리스도의 신실한 제자였고, 그리스도를 위하여 순교의 고난을 겪었고, 사탄

이 거하는 곳에서 그의 피로 그리스도에 대한 그의 믿음과 충성을 증명했다는 것이다. 그리고 나머지 신자들이 이 순교 사실을 알았고, 이 순교를 직접 보았다. 그렇지만 남은 신자들은 실망해서 기운을 잃거나 그들의 믿음과 충성을 저버리지 않았다. 이러한 것이 버가모 교회에 덧붙여진 명예로 언급되고 있다.

3. 그리스도는 버가모 교회의 죄스러운 실패들 때문에 그들을 책망하신다. 그러나 네게 두어 가지 책망할 것이 있나니 거기 네게 발람의 교훈을 지키는 자들이 있도다 발람이 발락을 가르쳐 이스라엘 자손 앞에 걸림돌을 놓아 우상의 제물을 먹게 하였고 또 행음하게 하였느니라(14절). 우상들에 제사 드렸던 것들을 먹어도 합법적이고, 단순한 우상 숭배도 전혀 죄가 될 수 없다고 가르친 사람들이 있었다. 그러한 가르침을 전하는 자들은 불순한 경배를 통해 사람들을 불순한 관습들로 끌어들였다. 발람이 이스라엘 백성을 그렇게 했던 것처럼 말이다. 여기서 다음의 사실들을 주목하라.

(1) 영의 더러움과 육체의 더러움은 종종 같이 간다. 타락한 가르침들과 타락한 경배는 종종 타락한 행실로 이끈다.

(2) 그러므로 어떤 이단의 지도자들의 이름을 그들을 따르는 사람들에게 붙이는 것은 아주 당연하고 올바르다. 그렇게 하는 것이 우리가 의미하는 사람이 누구인지를 알려주는 첩경이 될 것이다.

(3) 타락한 원리들과 관습들을 가진 사람과 교제를 계속하는 것은 하나님이 기뻐하시지 않는 일이고, 건전한 공동체에 죄와 허물을 안겨주게 된다. 그들은 다른 사람들의 죄에 동참하게 된다. 교회가 그와 같은 사람들을 이단이나 부도덕으로 징벌할 수 있는 권한은 없지만 그들을 교회의 친교로부터 제외시킬 수 있는 권한은 있다. 그리고 만일 그렇게 하지 않는다면 교회의 머리되시고 입법자이신 그리스도가 그러한 일을 아주 싫어하시게 될 것이다.

4. 그리스도는 버가모 교회에 회개를 요청하신다. 그러므로 회개하라 그리하지 아니하면 내가 네게 속히 가리라(16절). 여기서 다음의 사실들을 주목하라.

(1) 회개는 죄인들과 마찬가지로 성도들의 의무이기도 하다. 회개하는 것은 복음의 의무이다.

(2) 회개는 특정한 개인들의 의무이기도 하지만 교회들과 공동체들의 의무이기도 하다. 여럿이 함께 죄를 범한 사람들은 함께 회개해야 한다.

(3) 다른 사람들의 죄를 회개시키는 것은 그리스도인 공동체들의 의무이다.

그 사람들이 그 공동체 회원들이고 그 공동체에 종속된 사람들이라면 그들의 죄를 못 본 체하거나 묵과해서는 안 될 것이다.

(4) 하나님이 교회의 타락한 교인들을 징벌하러 오실 때 교회가 그들을 그 안에서 계속 친교를 나누도록 허용한 것을 책망하실 것이고, 전체 공동체에 호된 징벌을 내리실 것이다.

(5) 그리스도의 입에서 나오는 칼처럼 아주 깊이 찌르고 치명적인 상처를 입히는 칼은 하나도 없다. 말씀의 경고들을 죄인의 양심에 차분히 호소해서 깊이 이해시키도록 하라. 그러면 그 죄인이 스스로 곧 두려움에 떨게 될 것이다. 이 말씀의 경고들이 그대로 시행되게 하라. 그러면 그 죄인은 말씀의 칼에 찔려 완전히 제거되고 멸망하게 될 것이다.

III. 우리는 이 서신의 결론을 대하게 된다. 통상적인 주의 환기를 요청한 뒤 이기는 사람들에게 아주 큰 은총의 약속이 제시된다. 이기는 그에게는 내가 감추었던 만나를 주고 또 흰 돌을 줄 터인데 그 돌 위에 새 이름을 기록한 것이 있나니 받는 자 밖에는 그 이름을 알 사람이 없느니라(17절). 여기서 다음의 사실들을 주목하라.

1. 감추었던 만나는 때때로 하늘에서 영혼 속으로 내려와 그리스도와 교통하게 되는 그리스도의 영의 영향들과 위로들을 의미한다. 그것은 그리스도의 영의 도움으로 성도들과 천사들이 하늘에서 어떻게 사는지 그 일면을 맛볼 수 있도록 하기 위한 것이다. 이것은 나머지 세상 사람들에게는 감추어진 것이다. 이 방인은 이 기쁨에 감히 참여할 수가 없다. 이 만나는 지성소 안에 있는 언약궤이신 그리스도 안에 들어있다.

2. 새 이름이 새겨진 흰 돌은 죄 사함을 의미한다. 이것은 재판을 면제 받은 사람들에게는 흰 돌을 주고 정죄를 받은 사람들에게는 검은 돌을 주던 고대의 관습을 암시하고 있다. 새 이름은 양자 입양이 되어 새로 받은 이름이다. 입양이 된 사람들은 그들을 입양한 가족의 이름을 따랐다. 양자 입양이 된 증거는 본인 이외에는 아무도 읽을 수가 없다. 본인도 그 증거를 항상 읽을 수가 없다. 그러나 그 사람이 끝까지 견딘다면 그는 자녀의 신분과 상속권이 기록된 증거를 다 소유하게 될 것이다.

¹⁸두아디라 교회의 사자에게 편지하라 그 눈이 불꽃같고 그 발이 빛난 주석과 같은

하나님의 아들이 이르시되 ¹⁹내가 네 사업과 사랑과 믿음과 섬김과 인내를 아노니 네 나중 행위가 처음 것보다 많도다 ²⁰그러나 네게 책망할 일이 있노라 자칭 선지자라 하는 여자 이세벨을 네가 용납함이니 그가 내 종들을 가르쳐 꾀어 행음하게 하고 우상의 제물을 먹게 하는도다 ²¹또 내가 그에게 회개할 기회를 주었으되 자기의 음행을 회개하고자 하지 아니하는도다 ²²볼지어다 내가 그를 침상에 던질 터이요 또 그와 더불어 간음하는 자들도 만일 그의 행위를 회개하지 아니하면 큰 환난 가운데에 던지고 ²³또 내가 사망으로 그의 자녀를 죽이리니 모든 교회가 나는 사람의 뜻과 마음을 살피는 자인 줄 알지라 내가 너희 각 사람의 행위대로 갚아 주리라 ²⁴두아디라에 남아 있어 이 교훈을 받지 아니하고 소위 사탄의 깊은 것을 알지 못하는 너희에게 말하노니 다른 짐으로 너희에게 지울 것은 없노라 ²⁵다만 너희에게 있는 것을 내가 올 때까지 굳게 잡으라 ²⁶이기는 자와 끝까지 내 일을 지키는 그에게 만국을 다스리는 권세를 주리니 ²⁷그가 철장을 가지고 그들을 다스려 질그릇 깨뜨리는 것과 같이 하리라 나도 내 아버지께 받은 것이 그러하니라 ²⁸내가 또 그에게 새벽 별을 주리라 ²⁹귀 있는 자는 성령이 교회들에게 하시는 말씀을 들을지어다

각 서신의 형식은 아주 많이 똑같다. 나머지 서신과 마찬가지로 이 서신에서도 우리는 표제와 내용과 결론을 고찰하게 될 것이다.

I 이 서신의 표제.

1. 두아디라 교회의 사자에게 편지하라(18절). 두아디라는 북쪽으로는 무시아(Mysia)를 경계로 하고 남쪽으로는 루디아(Lydia)를 경계로 하는 아시아의 로마 식민지 총독이 주재하는 도시였다. 루디아는 상업이 성한 도성이었는데 사도행전에 이 도성의 이름을 가진 옷감 장사 여인이 있었다. 그녀는 마게도냐의 빌립보에 있을 때 사도 바울을 통해 하나님의 부르심을 받았던 것 같다. 두아디라 시에 있는 자색 옷감 장사로서 하나님을 섬기는 루디아라 하는 한 여자가 말을 듣고 있을 때 주께서 그 마음을 열어 바울의 말을 따르게 하신지라 그와 그 집이 다 세례를 받고 우리에게 청하여 이르되 만일 나를 주 믿는 자로 알거든 내 집에 들어와 유하라 하고 강권하며 머물게 하니라(행 16:14-15). 그녀는 바울과 실라를 자기 집에 머물게 하고 대접했다. 그녀가 자신이 살던 도시인 두아디라에 복음을 전했는지의 여부는 확실하지가 않다. 그러나 두아디라에는 복음이 있었고, 그 곳에 세워진 복음의 교회는 아주 성공적인 교회였다는 사실을 이 서신이 우리에게 확

실하게 증거해준다.

2. 누가 이 서신을 보냈는가? 그는 하나님의 아들이셨다. 그는 여기서 그 눈이 불꽃같고 그 발이 빛난 주석과 같은 분으로 묘사되고 있다. 그의 일반적인 칭호는 여기서 하나님의 아들이시다. 이 칭호는 그가 하나님의 영원하시고 하나 밖에 없는 아들이심을 나타낸다. 이것은 그가 아버지 하나님과 동일한 속성을 가지고 계시지만 다른 구별된 실재이심을 나타낸다. 여기서 그에 대한 묘사는 그가 두 가지 특성을 지니고 계신 것으로 나타나 있다. 그것들은 다음과 같다.

(1) 그의 눈이 불꽃과 같으시다. 이것은 그가 모든 사람과 모든 사물을 꿰뚫어 완전한 지혜와 완전한 통찰력을 지니신 분이라는 것을 의미한다. 그는 사람의 뜻과 마음을 살피는 자이시다(23절). 또한 그는 모든 교회들이 그가 그렇게 하시는 분이심을 알게 하시는 분이시다.

(2) 그의 발이 주석과 같으시다. 이것은 그의 섭리와 심판이 한결같고, 장엄하고, 아주 순수하고, 아주 거룩하다는 것을 나타낸다. 그가 완전한 지혜로 심판하시는 것처럼 그는 완전한 힘과 확고함으로 행하신다.

Ⅱ 이 서신의 내용과 주제.

1. 그리스도는 이 교회와 사역과 교인들의 귀한 성격을 말씀하시고 칭찬하신다. 이 말씀과 칭찬을 하시는 분은 이 교회에 전혀 낯선 분이 아니었다. 그는 이 교회의 형편과 사정을 아주 꿰뚫고 계셨고, 그들이 어떤 원칙들을 가지고 행동했는지도 잘 알고 계셨다. 이제 그리스도가 이 교회에 대해 말씀하시는 귀한 성격이 무엇인지를 생각해보자.

(1) 그리스도는 그들의 사랑을 칭찬하신다. 좀 더 일반적인 의미의 이 사랑은 모든 사람들에게 선한 일을 행하는 성질이다. 좀 더 특별한 의미의 이 사랑은 믿음의 가족에게 선한 일을 하는 성질이다. 사랑이 없는 곳에는 종교도 없고 신앙도 없다.

(2) 그리스도는 그들의 섬김을 칭찬하신다. 이것은 주로 교회 사역자들에게 해당이 된다. 그들은 말씀과 교리를 가르치느라 수고했었다.

(3) 그리스도는 그들의 믿음을 칭찬하신다. 이것은 그들의 사랑과 섬김을 포함하여 모든 다른 덕을 실행시키는 은혜였다.

(4) 그리스도는 그들의 인내를 칭찬하신다. 왜냐하면 다른 사람들에게 아주 많은 사랑을 베풀고, 그들의 처지에서 아주 부지런하고, 아주 신실한 사람들은

그들의 인내를 실천해야만 될 일들을 만나게 될 것이기 때문이다.

(5) 그리스도는 그들의 점점 늘어나는 열매를 칭찬하신다. 그들의 나중 행위들이 처음 행위들보다 훨씬 낫고 좋다. 이것은 아주 훌륭한 성격이다. 다른 사람들이 그들의 처음 사랑을 버리고, 처음 열정을 잃어버렸을 때 이 두아디라 교회 사람들은 점점 더 지혜로워지고, 더 좋아지고, 더 선해지고, 더 강해졌다. 나중 행위들이 가장 좋은 행위들이 될 수 있고, 날마다 점점 더 좋아질 수 있고, 결국에는 가장 좋아질 수 있는 것이 모든 그리스도인들의 목표와 간절한 소망이 되어야 할 것이다.

2. 그리스도는 그들이 잘못한 것에 대해 신실한 책망을 하신다. 이 책망은 직접적으로 두아디라 교회에 대한 것이 아니라 그 교회 안에서 가증한 짓을 자행하는 사악한 미혹하는 자들에 대한 것이다. 두아디라 교회의 잘못은 그러한 잘못된 자들을 너무 많이 눈감아 주고 묵인하는 처사였다. 여기서 다음의 사실들을 주목하라.

(1) 이들 사악한 미혹하는 자들이 이세벨에 비유된다. 이세벨은 아합 왕의 왕비로 하나님의 선지자들을 박해한 여자였다. 그녀는 우상숭배자들과 거짓 선지자들의 큰 후원자였다. 이들 미혹하는 자들의 죄는 하나님의 종들이 하나님을 떠나 행음하게 하고, 우상들에게 제사를 드리고 제물을 바치게 한 것이었다. 이 미혹하는 자들은 자칭 선지자들이라고 주장했다. 그래서 그들은 두아디라 교회의 사역자들보다 더 높은 권위와 존경을 요구했다. 정신과 목적이 하나가 되어 마치 한 인격처럼 이구동성으로 말하는 이들 미혹하는 자들의 죄를 더 악화시킨 것은 두 가지였다.

[1] 이들 미혹하는 자들은 하나님의 가르침과 경배의 진리를 반대하기 위하여 하나님의 이름을 이용했다. 이것이 그들의 죄를 아주 많이 악화시켰다.

[2] 이들 미혹하는 자들은 하나님의 참으심을 남용해 자신들의 사악함을 더 굳게 만들었다. 하나님은 그들에게 회개의 시간과 여유를 주셨다. 그러나 그들은 결코 회개하지 않았다. 여기서 다음의 사실들을 주목하라.

첫째, 회개는 죄인의 파멸을 막아주는 절대 필요한 것이다.

둘째, 회개는 시간을 필요로 한다. 회개는 어느 정도의 과정과 형편에 맞는 시간이 필요하다. 회개는 시간이 걸리는 아주 큰일이다.

셋째, 하나님이 회개의 시간을 주실 때 하나님은 회개에 합당한 열매들을 바라신다.

넷째, 회개의 시간을 잃어버리게 될 때 죄인은 이중의 파멸로 망하게 될 것이다.

(2) 그런데 두아디라 교회가 이세벨의 악으로 책망을 받는 이유가 무엇인가? 그 이유는 두아디라 교회가 그 도시 사람들을 미혹하도록 이세벨을 그냥 두고 보았기 때문이다. 도대체 교회가 어떻게 그런 일을 도울 수 있었나? 교회는 이세벨을 그 도시에서 추방하거나 감옥에 가둘 수 있는 세속권이 없었다. 그러나 두아디라 교회는 이세벨을 비난하고 출교할 수 있는 치리권은 가지고 있었다. 교회의 그러한 권한의 사용을 게을리 한 것은 그들이 그녀의 죄에 동참했기 때문이었을 수도 있다.

3. 그리스도는 이 미혹하는 자, 이세벨의 징벌을 말씀하신다(22-23절). 이 징벌의 말씀에는 바빌론 멸망의 예언이 깔려있다(참조. 14:8).

(1) 내가 그를 침상에 던질 터이요(22절). 이 침상은 즐거움의 침상이 아니라 고통의 침상이다. 그리스도는 이 미혹하는 자를 불타는 침상에 던지실 것이다. 이세벨과 음행의 죄를 범한 자들은 그녀와 함께 고통을 당하게 될 것이다. 그러나 회개하면 이 징벌을 피할 수 있다.

(2) 내가 사망으로 그의 자녀를 죽이리니(23절). 이 사망은 둘째 사망이다. 이 둘째 사망은 미래의 소망이 전혀 없다. 이 둘째 사망으로 죽은 사람들은 결코 부활의 소망이 없다. 그들에게는 오직 수치와 영원한 멸시밖에 없다.

4. 이들 사악한 유혹자들의 멸망을 통한 그리스도의 목적은 다른 사람들에게 교훈을 주기 위한 것이었다. 그리스도는 이 징벌을 통해 특별히 그의 교회들에 교훈을 주시고자 했다. 모든 교회가 나는 사람의 뜻과 마음을 살피는 자인 줄 알지라 내가 너희 각 사람의 행위대로 갚아 주리라(23절). 그가 시행하시는 심판들을 통해 사람들이 하나님을 알게 된다. 미혹하는 자들에게 내리시는 하나님의 이러한 복수를 통하여 하나님이 사람들에게 알려지시게 된다. 여기서 다음의 사실들을 주목하라.

(1) 하나님은 사람들의 마음, 사람들의 추구하는 원리들, 계획들, 구조, 성질을 정확하게 알고 계시다. 또한 하나님은 우상숭배자들을 특징짓는 그들의 외식, 그들의 무관심, 그들의 비밀스러운 성향들을 정확하게 알고 계시다. 그러한 하나님의 아심을 통해 사람들이 하나님을 알게 된다.

(2) 각 사람의 행위대로 갚아 주시는 하나님의 공정한 심판을 통해 사람들이 하나님을 알게 된다. 죄와 죄인들에게 그리스도인이라는 이름이 전혀 보호막이 되지 못하고, 교회가 전혀 피난처가 되지 못한다.

5. 그리스도는 순수함과 정결함을 지키는 사람들에게 격려하신다. 두아디라에 남아 있어 이 교훈을 받지 아니하고 소위 사탄의 깊은 것을 알지 못하는 너희에게 말하노니 다른 짐으로 너희에게 지울 것은 없노라(24절). 여기서 다음의 사실들을 주목하라.

(1) 이들 미혹하는 자들은 그들의 교리를 깊은 것이라 불렀다. 그들은 사람들의 환심을 사고, 사람들을 미혹하기 위하여 자신들이 가르치는 것들을 심오한 신비라고 불렀다. 그들은 자신들의 사역자들이 실제 도달한 것보다 훨씬 깊은 신앙의 통찰력을 가지고 있다는 듯이 허풍을 떨고 거짓말을 했다.

(2) 그리스도는 이들 미혹하는 자들을 사탄의 깊은 것을 아는 자들이라고 부르셨다. 사탄의 깊은 것이란 사탄이 지어낸 망상들이나 고안물들이고, 사악한 마귀의 신비들이다. 왜냐하면 사탄의 깊은 것에는 경건의 큰 비밀도 있지만 동시에 불의의 비밀도 있기 때문이다. 그것은 하나님의 비밀을 무시하는 위험한 것이다. 그러므로 하나님의 비밀을 무시하는 행위도 사탄의 비밀들을 받아들이는 것만큼이나 위험하다.

(3) 그리스도는 그의 종들에게 아주 온유하게 대하신다. "다른 짐으로 너희에게 지울 것은 없노라 다만 너희에게 있는 것을 내가 올 때까지 굳게 잡으라(24, 25절). 나는 너희의 믿음에 어떤 다른 비밀들을 더하여 과중한 짐을 지우지 않을 것이다. 또한 나는 너희의 양심에 어떤 새로운 법들을 더하여 과중한 짐을 지우지 않을 것이다. 내가 너희에게 요구할 것은 다만 너희가 받은 것에 관심을 기울이라는 것뿐이다. 다만 너희에게 있는 것을 내가 올 때까지 굳게 잡으라. 나는 더 이상 바라는 것이 아무것도 없다." 그리스도는 그의 백성들의 모든 유혹들과 시험들을 끝내기 위하여 오고 계시다. 그의 백성들이 그가 오실 때까지 믿음과 선한 양심을 굳게 쥐고 있다면 모든 어려움과 위험이 끝나게 될 것이다.

Ⅲ.이 메시지의 결론(26-29절). 여기서 다음의 사실들을 주목하라.

1. 그리스도는 끝까지 견딘 승리의 신자에게 분명한 보상을 약속하신다. 그 약속은 두 부분으로 되어 있다.

(1) 세상을 지배하는 아주 큰 권세. 만국을 다스리는 권세를 주리니(26절). 이

권세는 로마 제국이 그리스도교 국가로 변하는 시대를 언급하는 것일 수도 있고, 세상이 콘스탄티누스 대제 시대처럼 그리스도인 황제의 통치를 받게 되는 시대를 언급하는 것일 수도 있다. 또는 신자들이 심판의 보좌에 앉으신 그리스도와 함께 앉아 그리스도와 교회의 적들을 심리하고, 정죄하고, 징벌하는 다른 세상의 시대를 언급하는 것일 수도 있다. 의인은 아침에 다스리게 되리라.

(2) 그리스도는 이기는 자에게 그러한 권세에 적합한 지식과 지혜를 주신다. 내가 또 그에게 새벽 별을 주리라(28절). 그리스도는 새벽 별이시다. 그리스도는 이기는 자의 영혼에 은혜의 빛과 영광의 빛을 비추어주신다. 그리스도는 그의 백성에게 완전한 빛과 지혜를 주실 것이다. 그 빛과 지혜는 그의 백성들이 부활의 아침에 가지게 될 위엄과 권세의 지위에 필요하다.

2. 이 서신은 통상적인 주의를 요구하는 것으로 마무리한다. 귀 있는 자는 성령이 교회들에게 하시는 말씀을 들을지어다(29절). 앞에서는 이 주의를 요구하는 것이 결론적인 약속 앞에 왔다. 그러나 이 서신에서는 모든 것을 다 말한 뒤 마지막에 이 주의를 요구한다. 이 사실은 우리가 그리스도가 교회들에 주시는 계명들뿐만 아니라 약속들에도 언제나 관심과 주의를 기울여야 한다는 것을 우리에게 시사해준다.

제 3 장

개요

여기서 우리는 교회들에 보내는 그리스도의 서신들을 세 편 더 대하게 된다. I. 사데 교회에 보내는 서신(1-6절). II.빌라델비아 교회에 보내는 서신 (7-13절). III. 라오디게아 교회에 보내는 서신(14-22절).

¹사데 교회의 사자에게 편지하라 하나님의 일곱 영과 일곱 별을 가지신 이가 이르시되 내가 네 행위를 아노니 네가 살았다 하는 이름은 가졌으나 죽은 자로다 ²너는 일깨어 그 남은 바 죽게 된 것을 굳건하게 하라 내 하나님 앞에 온전한 것을 찾지 못하였노니 ³그러므로 네가 어떻게 받았으며 어떻게 들었는지 생각하고 지켜 회개하라 만일 일깨지 아니하면 내가 도둑 같이 이르리니 어느 때에 네게 이를는지 네가 알지 못하리라 ⁴그러나 사데에 그 옷을 더럽히지 아니한 자 몇 명이 네게 있어 흰 옷을 입고 나와 함께 다니리니 그들은 합당한 자인 연고라 ⁵이기는 자는 이와 같이 흰 옷을 입을 것이요 내가 그 이름을 생명책에서 결코 지우지 아니하고 그 이름을 내 아버지 앞과 그의 천사들 앞에서 시인하리라 ⁶귀 있는 자는 성령이 교회들에게 하시는 말씀을 들을지어다

여기서 그리스도는 사데 교회에 서신을 보내 책망하시고 권면하신다. 여기서 다음의 사실들을 주목하라.

I 이 서신의 머리말은 수신인을 알려준다.

1. 이 편지의 수신인은 사데 교회의 사자(1절)다. 사데(Sardis)는 루디아(Lydia)의 고대 도시다. 이 도시는 티몰루스 산의 강변에 있다. 이 도시는 한때 소아시아의 주요한 도시였고, 요한 사도의 전도로 회심한 그 지역의 첫 번째 도시였다고 한다. 그런가하면 그리스도교를 저버리고 반란을 일으켜 파멸한 첫 번째 도시였다고 말하는 사람도 있다. 그 도시에는 지금까지도 어떤 교회나 목사도 없다고 한다.

2. 이 메시지를 보내신 분은 주 예수 그리스도이셨다. 그리스도는 여기서 자신을 하나님의 일곱 영과 일곱 별을 가지신 이로 말씀하신다. 이 칭호는 1장 3절의 그의 보좌 앞에 있는 일곱 영에서 비롯된 것이다. 여기서 다음의 사실들을 주목하라.

(1) 그리스도는 일곱 영을 가지고 계시다. 즉 그리스도는 다양한 능력들과 은혜들과 작용들이 있는 성령을 소유하고 계시다. 그리스도는 기능적으로는 여럿이고 다양할지라도 인격적으로 한 분이시다. 그러나 교회들의 숫자와 교회들의 사자들의 숫자가 일곱이라 여기서 일곱 영을 소유하신 이라고 말할 수도 있다. 이것은 각 사역자와 각 교회에 유익을 주기 위한 영의 분배와 분량을 보여주기 위한 것이다. 영을 소유하는 것은 그 교회와 사역자가 성장하기 위한 영적 영향력의 자원이 된다. 영의 분량은 그들이 성장하지 않음으로써 그것을 빼앗길 때까지는 통상적으로 결코 그들에게서 떠나지 않는다. 교회들도 특별한 신자들과 마찬가지로 그들의 영적 자원과 자본을 가지고 있다. 그런데 지금 이 서신은 쇠약해진 교회와 사역자에게 보내지고 있다. 그들은 그리스도는 일곱 영을 가지신 분이심을 기억해야 한다. 그리스도는 한도가 없고 완전한 영을 소유하고 계시다. 그들은 그들 가운데에서 그리스도의 일을 부활시키기 위하여 그 영에 열심히 매달려야 할 것이다.

(2) 그리스도는 일곱 별을 가지고 계시다. 별은 교회의 사자를 의미한다. 교회의 사자들은 그리스도에 의해 자리가 정해지고, 그리스도에게 책임이 있다. 이것이 그들을 신실하고 열성적이게 만든다. 그리스도는 사용할 사역자들을 가지고 계시고, 그의 교회의 유익을 위하여 그들과 교통할 수 있는 영적 영향력을 가지고 계시다. 성령은 대체로 목사를 통해 일하신다. 그러므로 목사는 성령이 없이는 어떤 일도 결코 효력을 보거나 열매를 거두지 못하게 될 것이다. 동일하신 하나님의 손이 그 영도 목사도 다같이 붙잡으신다.

Ⅱ. 이 서신의 내용. 이 서신에는 주목할 만한 내용을 담고 있다. 다른 서신들에서는 그리스도가 교회들의 좋은 점을 칭찬하시는 것으로 시작하신 다음에 이어서 잘못한 것을 책망하신다. 그러나 이 서신에서는 책망으로 시작하신다. 여기서 다음의 사실들을 주목하라.

1. 그리스도는 책망으로 시작하시는데 그것도 아주 심한 책망이다. 내가 네 행위를 아노니 네가 살았다 하는 이름은 가졌으나 죽은 자로다(1절). 위선과 통탄스러

운 신앙의 쇠퇴가 이 교회가 받는 책망이다. 이 교회를 잘 알고 계시고, 이 교회
의 하는 일들을 모두 알고 계시는 바로 그분이 이 교회를 책망하신다.

(1) 이 교회는 아주 명성이 높았다. 이 교회는 번창하는 교회로, 아주 활기 넘
치는 신앙생활로, 교리의 순수함으로, 교인들 간의 든든한 유대로, 예배와 품위
와 질서의 일치로 이름이 크게 나 있었다. 우리는 그들 사이에 불행한 분열이
나 다툼이 있었다는 기미를 전혀 발견하지 못한다. 만사가 겉보기에는 잘 되어
가는 것 같이 보였다. 어쨌든 사람들의 눈에는 그렇게 보였다.

(2) 이 교회는 그 명성과 실제는 달랐다. 그들은 살았다 하는 이름은 가지고
있었지만 실제로 죽어 있었다. 경건의 모양은 있었지만 경건의 능력은 없었다.
살았다 하는 이름은 가졌으나 삶의 원칙이 없었다. 이 교회는 생명이 전혀 없는
것은 아니었을지라도 그들의 영혼과 봉사에 있어서 아주 크게 죽어 있었다. 그
들은 그들의 사역자들의 영혼, 그들의 사역들, 그들의 기도, 그들의 설교, 그들
의 대화, 그들의 신앙생활에 있어서 아주 많이 죽어 있었다. 그들에게 아직 조
금 남아있는 생명은 곧 숨이 넘어갈 듯했다.

2. 주 예수 그리스도는 이 퇴보해가고 타락해가는 교회에 가장 잘 맞는 권면
을 해주신다. 너는 일깨어 그 남은 바 죽게 된 것을 굳건하게 하라(2절). 여기서 다
음의 사실들을 주목하라.

(1) 그리스도는 사데 교회에 미혹하는 자들을 경계하라고 권면하신다. 그들
의 죄스러운 죽음과 쇠퇴의 원인은 그들이 경계를 무시한 탓이었다. 경계를 늦
추거나 하지 않을 때마다 우리는 기반을 잃게 된다. 그러므로 우리는 다시 믿
음으로 돌아가서 죄와 사탄을 경계해야 한다. 우리는 경건의 생명과 능력을 파
괴하는 것은 무엇이든지 눈을 크게 뜨고 경계하는 믿음의 자세로 돌아가야 한
다.

(2) 그리스도는 사데 교회에 아직 남아있기는 하지만 숨이 넘어가려고 하는
것들을 강하게 하라고 권면하신다. 이것들을 사람들이라고 이해하는 사람도
있다. 그들은 믿음의 순결함을 가지고 있었지만 죽어가는 나머지 사람들과 함
께 쇠퇴할 위험에 처한 몇 안 되는 사람들이었다. 믿음의 죽음과 타락이 우리
주변에 보편적으로 만연되어 있을 때 경건의 생명과 능력을 우리 스스로 지킨
다는 것은 어려운 일이다. 또는 이것들을 다음과 같이 행동 습관들로 이해할
수도 있을 것이다. 내 하나님 앞에 온전한 것을 찾지 못하였노니(2절). (지금 개역

개정판에서는 흠정역과 달리 네 행위들이(thy works)가 빠져 있다:역자 주) 즉 흠정역을 따르면 나는 하나님 앞에서 네 행위들이 온전한 것을 찾지 못했다 이다. 사데 교회에는 부족한 무엇인가가 있다. 사데 교회에는 알맹이는 없고 껍질만 있다. 다시 말해 사데 교회에는 그림자는 있는데 실체는 없는 것이다. 내적인 것이 결여되어 있으므로 외적인 행위들이 불성실한 허울만 있고 공허한 것이다. 기도가 거룩한 갈망들로 채워져 있지 않다. 구제 행위가 참된 사랑으로 채워져 있지 않다. 안식일이 하나님을 향한 영혼의 적절한 헌신으로 채워져 있지 않다. 사데 교회에는 외적인 행위들과 표현들에 어울리는 내적인 사랑과 감정이 결여되어 있다. 그러므로 정신이 결여되면 형식은 오래 지속될 수가 없다.

(3) 그리스도는 사데 교회에 스스로 생각해 보라고 권면하신다. 네가 어떻게 받았으며 어떻게 들었는지 생각하고(3절). 그들이 받고 들은 것이 무엇인지, 그들이 하나님께서 어떤 메시지를 받았는지, 그들을 위한 하나님의 자비와 은총의 표시들이 무엇이었는지, 그들이 어떤 설교들을 들었는지를 기억해야 한다. 그뿐 아니라 그들이 받고 들은 것을 어떻게 받았고, 하나님의 자비와 사랑을 처음 받았을 때 그들의 영혼에 어떤 인상들이 새겨졌는지, 하나님의 말씀과 규례들을 따르며 일했을 때 그들이 어떤 감정들을 느꼈는지, 하나님과 맺어질 때 사랑의 감정을 어떻게 느꼈는지, 그들이 복음과 하나님의 은혜를 처음 받았을 때 그것들을 어떻게 영접했는지도 기억하고 생각해야 한다. 너희의 복이 지금 어디 있느냐 내가 너희에게 증언하노니 너희가 할 수만 있었더라면 너희의 눈이라도 빼어 나에게 주었으리라(갈 4:15).

(4) 그들이 받았던 것을 굳게 잡기 위해서는, 그들이 모든 것을 다 잃지 않기 위해서는 그들이 신앙생활의 생명을 아주 많이 상실했고, 모든 것을 잃을 위험 속을 계속 달렸다는 것을 진실로 회개해야 한다.

3. 그리스도는 그의 권면을 무시하고 회개하지 않을 경우에 당하게 될 무서운 경고를 강하게 말씀하신다. 만일 일깨지 아니하면 내가 도둑 같이 이르리니 어느 때에 네게 이를는지 네가 알지 못하리라(3절). 여기서 다음의 사실들을 주목하라.

(1) 그리스도가 사람들에게서 그의 은혜로우신 임재를 거두시면 그 뒤에는 심판으로 그들에게 임하실 것이다. 그리스도의 심판의 임재는 그의 은혜로우신 임재를 저버리고 떠나는 죄를 범한 사람들에게 아주 무서운 일이 될 것이

다.

(2) 다 죽어가고 있고 타락한 사람들에게 다가오는 그리스도의 심판의 임재는 아주 놀라운 것이 될 것이다. 그들의 죽음의 상태는 그들을 견고하게 가두어둘 것이다. 그들은 회개는커녕 어떤 변화도 하려고 들지 않을 것이다. 그러면 그리스도의 분노의 임재가 그들에게 닥칠 것이다. 그들의 죽음의 상태는 그리스도의 심판의 임재를 알지도 못하고 준비하지도 못하게 할 것이다.

(3) 그리스도의 심판의 임재는 그들의 멸망과 슬픔이 될 것이다. 그리스도는 도둑 같이 임하실 것이다. 그러면 그리스도는 숨이 넘어가면서도 아직도 그들에게 남아있는 즐거움들과 자비들을 그들에게서 빼앗으실 것이다. 그들은 그리스도에게 받았던 모든 것을 거짓말이 아니라 공의와 의로움으로 다 몰수당하게 될 것이다.

4. 주 예수 그리스도는 어떤 위로나 격려가 없이 이러한 죄스러운 사람들조차도 떠나시는 법이 없다. 심판 중에도 그리스도는 자비를 생각하신다. 여기서 다음의 사실들을 주목하라.

(1) 그리스도는 사데 교회에 얼마 안 되긴 하지만 남아있는 신실한 사람들을 귀하게 여기시고 말씀하신다. 그러나 사데에 그 옷을 더럽히지 아니한 자 몇 명이 네게 있어(4절). 이 남아있는 신실한 사람들은 그들이 살던 시대와 장소에 만연한 타락들과 오염에 물들지 않았었다. 하나님은 그 수가 아무리 적을지라도 하나님과 함께 사는 사람들을 살피시고 주목하신다. 그 수가 적으면 적을수록 그들은 하나님 보시기에 더욱 귀하게 된다.

(2) 그리스도는 그러한 남은 자들에게 은혜로운 약속을 해주신다. 흰 옷을 입고 나와 함께 다니리니 그들은 합당한 자인 연고라(4절). 이 흰 옷은 의롭고 하나님의 양자가 되고 하나님의 위로를 받는 사람들이 입는 옷이다. 또한 이 흰 옷은 내세에서 입는 명예와 영광을 나타내는 의상이다. 그들은 하늘의 낙원에서 그리스도와 함께 즐거운 산책을 하게 될 것이다. 그리스도와 그들이 낙원을 함께 산책할 때 그들은 얼마나 즐거운 대화를 서로 주고받으며 나누게 될 것인가! 이것은 믿음을 지킨 그들의 순결함과 충성에 어울리는 영광이다. 이 명예와 영광은 믿음을 지킨 사람들을 위하여 예비되었다. 그리스도가 이러한 명예와 영광을 그들에게 수여해주시는 것은 그에게 어울리는 일이다. 그들에게 그러한 명예가 주어지는 것은 율법적이지는 않지만 복음의 가치에는 합당한 것이다.

그것은 공로에 의한 것이 아니라 그리스도의 은혜에 의한 것이다. 실제적인 거룩함의 깨끗한 옷을 입고 그리스도와 함께 걷고, 세상에 물들지 않고 자신을 흠 없이 깨끗하게 지킨 사람들은 하늘나라에서 명예와 영광의 흰 옷을 입고 그리스도와 더불어 걷게 될 것이다. 이것은 믿음을 지킨 사람들에게 합당한 보상이다.

III 우리는 이제 이 서신의 결론에 도달했다. 앞의 서신과 마찬가지로 이 서신에서도 다음과 같은 결론의 내용들을 발견하게 된다.

1. 그리스도는 이기는 그리스도인에게 큰 보상을 약속하신다. 이 약속은 앞서 말씀하신 것과 아주 유사하다. 이기는 자는 이와 같이 흰 옷을 입을 것이요(5절). 받은 은혜를 순결하게 지킨 사람은 완전히 순결한 영광으로 보상을 받게 될 것이다. 거룩함은 완전하게 될 때 보상을 받게 될 것이다. 영광은 은혜가 완전하게 되는 것이다. 그 완전함은 종류가 달라지는 것이 아니라 정도가 달라지는 것이다. 이제 이 약속에다 그러한 경우에 합당한 또 다른 약속이 덧붙여진다. 내가 그 이름을 생명책에서 결코 지우지 아니하고 그 이름을 내 아버지 앞과 그의 천사들 앞에서 시인하리라(5절). 여기서 다음의 사실들을 주목하라.

(1) 그리스도는 생명책을 가지고 계시다. 그의 생명책은 영원한 생명을 물려받게 될 모든 사람들을 기록해놓은 명부이고 두루마리다. 이 생명책의 특성은 다음과 같다.

[1] 이 생명책은 영원한 선택을 기록한 책이다.

[2] 이 생명책은 악한 시대에 하나님을 위하여 살고, 경건의 생명과 능력을 지킨 모든 사람들을 기억하기 위한 책이다.

(2) 그리스도는 그의 택함 받은 신실한 사람들의 이름들을 이 생명책에서 결코 지우지 않으실 것이다. 사람들이 세례를 받고, 신앙 고백을 하고, 믿음대로 산다는 이름을 가지고 교회 교인 명부에 그 이름이 등록될 수는 있다. 그러나 그 이름이 살았다는 이름만 가지고 있지 실제는 영적 생명이 없는 이름으로 판명이 될 때는 그리스도의 생명책에서 지워질 수도 있을 것이다. 자신들이 죽기 전에 자신의 이름이 생명책에서 지워지는 사람이 비일비재하다. 하나님을 스스로 떠난 사람들은 자신들의 추잡하고 노골적인 사악함으로 자신들의 이름이 생명책에서 삭제를 당한다. 그러나 믿음을 지키고 세상을 이긴 사람들의 이름은 생명책에서 결코 지워지지 않을 것이다.

(3) 그리스도는 이 생명책을 꺼내 드시고, 하나님과 모든 천사들 앞에 서 있는 모든 신실한 자들의 이름들을 시인하실 것이다. 그리스도는 생명책을 펼치실 때 심판주로서 이 일을 행하실 것이다. 그리스도는 모든 신실한 자들을 하늘나라로 당당하게 인도하고, 아버지 하나님께 그들을 알현시키기 위하여 그들의 대장과 머리로서 이 일을 행하실 것이다. 나와 아버지께서 내게 주신 자녀들을 보소서. 이 영광과 상은 얼마나 크겠는가!

2. 일반적인 주의 요구로 이 메시지를 마무리한다. 하나님에게서 나오는 모든 말씀은 사람들이 당연히 주의를 기울여야 한다. 하나님의 말씀에 더 특별한 관심을 가지고 주의를 기울이는 사람이 모든 사람에게 교훈을 주는 그 말씀에 담긴 어떤 은혜를 더 깨우치고 받게 되는 것 같다.

[7]빌라델비아 교회의 사자에게 편지하라 거룩하고 진실하사 다윗의 열쇠를 가지신 이 곧 열면 닫을 사람이 없고 닫으면 열 사람이 없는 그가 이르시되 [8]볼지어다 내가 네 앞에 열린 문을 두었으되 능히 닫을 사람이 없으리라 내가 네 행위를 아노니 네가 작은 능력을 가지고서도 내 말을 지키며 내 이름을 배반하지 아니하였도다 [9]보라 사탄의 회당 곧 자칭 유대인이라 하나 그렇지 아니하고 거짓말하는 자들 중에서 몇을 네게 주어 그들로 와서 네 발 앞에 절하게 하고 내가 너를 사랑하는 줄을 알게 하리라 [10]네가 나의 인내의 말씀을 지켰은즉 내가 또한 너를 지켜 시험의 때를 면하게 하리니 이는 장차 온 세상에 임하여 땅에 거하는 자들을 시험할 때라 [11]내가 속히 오리니 네가 가진 것을 굳게 잡아 아무도 네 면류관을 빼앗지 못하게 하라 [12]이기는 자는 내 하나님 성전에 기둥이 되게 하리니 그가 결코 다시 나가지 아니하리라 내가 하나님의 이름과 하나님의 성 곧 하늘에서 내 하나님께로부터 내려오는 새 예루살렘의 이름과 나의 새 이름을 그이 위에 기록하리라 [13]귀 있는 자는 성령이 교회들에게 하시는 말씀을 들을지어다

우리는 이제 아시아의 교회들에 보낸 여섯 번째 서신에 이르게 되었다. 여기서 다음의 사실들을 주목하라.

I 이 서신의 표제는 다음의 사실들을 알려준다.

1. 이 서신의 직접적인 수신인은 빌라델비아 교회의 사자였다. 이 도시도 소아시아에 있는 도시였다. 그 곳은 무시아와 루디아의 경계에 있었다. 이 도시의

이름은 형제의 사랑이라는 뜻인데 그 이름으로 아주 유명한 도시였다. 이 도시의 이름이 그리스도교를 받아들인 뒤에 붙여진 것이었는지, 아니면 한 아버지의 자녀들이고 그리스도의 형제들인 모든 신자들이 서로 가지고 있고 가져야 되는 형제애에서 비롯되어 그렇게 불리게 되었는지 확실하게 알 수가 없다. 오히려 그 이름은 이 도시의 시민들이 시민의 우애로 다른 사람에게 나타냈던 사랑과 친절로 말미암아 얻게 된 오래된 이름이었을 것이다. 이러한 사랑은 아주 뛰어난 정신이었다. 이 사랑이 복음의 은혜로 성화되자 빌라델비아 사람들을 아주 뛰어난 교회로 만들어 주었을 것이다. 진실로 빌라데비아 교회는 아주 훌륭했다. 왜냐하면 이 교회에서 잘못이나 흠을 발견할 수 있는 사람은 하나도 없기 때문이다. 굳이 잘못을 들추어낸다면 누구에게나 있는 결점 정도이다. 그러나 사랑은 그러한 잘못과 결점들을 덮는다.

2. 이 서신은 누가 서명을 했는가? 모든 교회의 유일한 공동 머리이신 예수 그리스도가 이 서신을 서명하셨다. 그리스도는 여기서 이 교회에 자신을 나타내시기 위하여 어떤 칭호를 선택하시는가? 그리스도는 자신을 거룩하고 진실하사 다윗의 열쇠를 가지신 이(7절)로 말씀하신다. 당신도 주님의 인격적인 성품을 지니고 있다. 거룩하고 진실하신 그리스도는 본성이 거룩하시다. 그러므로 그리스도는 그의 말씀에 진실하실 수밖에 없으시다. 왜냐하면 그리스도는 그의 거룩하심 안에서 줄곧 말씀하셨기 때문이다. 그리고 당신도 주님의 다스리는 성품을 지니고 있다. 그리스도는 다윗의 열쇠를 가지신 이 곧 열면 닫을 사람이 없고 닫으면 열 사람이 없는(7절) 분이시다. 그리스도는 다윗 집의 열쇠를 가지고 계시다. 이 열쇠는 교회를 다스리는 통치와 권위를 상징하는 열쇠다. 여기서 다음의 사실들을 주목하라.

(1) 여기서 그리스도의 통치하시는 행위들이 나타난다.

[1] 그리스도는 여신다. 그리스도는 그의 교회들에 행운의 문을 열어주신다. 그리스도는 그의 사역자들에게 말문을 열어주신다. 그리스도는 마음의 문을 열어주신다. 그리스도는 지상의 보이는 교회로 들어가는 입구의 문을 열어주신다. 그리스도는 하늘의 승리의 교회로 들어가는 입구의 문을 열어주신다. 그리스도는 자신이 정하신 구원의 규정과 약속에 따라서 그렇게 하신다.

[2] 그리스도는 문을 닫으신다. 그리스도는 원하시면 행운의 문을 닫으시고 말문을 닫으신다. 그리스도는 고집이 센 죄인들이 자신들의 굳은 마음속에 갇

혀 지내게 하신다. 그리스도는 믿지 않는 사람들과 세속적인 사람들에게 교회 친교의 문을 닫으신다. 그리스도는 신랑을 맞이해야 할 그들의 은혜의 날에 잠에 곯아떨어진 어리석은 처녀들과 불의한 일꾼들에게 하늘나라의 문을 닫으신다. 그들은 얼마나 무익하고 자만에 빠진 처녀들과 일꾼들인가!

(2) 그리스도가 이러한 행위들을 실행하시는 방법과 태도는 인간들의 뜻과는 아무 상관이 없고, 인간들의 힘으로는 결코 거역할 수 없는 절대적인 주권을 나타낸다. 그리스도는 열면 닫을 사람이 없고 닫으면 열 사람이 없는 분이시다. 그리스도는 원하시는 대로 일하시고 하고자 하시는 대로 행하신다. 그리스도가 일하실 때 어느 누구도 가로막을 수 없고 방해할 수가 없다. 이러한 것들은 그리스도의 고유한 속성들이었다. 거룩하시고 진실하신 그리스도를 닮으려고 노력했었고, 그리스도의 돌보심과 다스림을 받고 자유와 행운의 열린 문을 한껏 누렸던 한 교회에 그리스도가 말씀하실 때 이 속성들이 나타났다.

Ⅱ. 이 서신의 주제는 다음과 같다.

1. 그리스도는 그가 그들을 위하여 행하셨던 것을 그들에게 상기시켜 주신다. 내가 네 앞에 열린 문을 두었으되 능히 닫을 사람이 없으리라(8절). 많은 적들이 있음에도 불구하고 내가 그 문을 열었고, 그 문을 열린 채로 그대로 두었다. 여기서 다음의 사실들을 깨우치도록 하라.

(1) 그리스도는 그의 교회들이 누리는 모든 자유와 행운의 창조자이심을 인정해야 한다.

(2) 그리스도는 그의 교회들을 위하여 베풀어주신 그들의 자유들과 특권들을 얼마나 오래 참고 견디셔야 하는지를 늘 살피시고 계산하신다.

(3) 악한 자들은 하나님의 백성이 그들의 자유의 열린 문을 누리는 것을 시기하고, 하나님의 백성에게 그 문이 닫히는 것을 아주 즐거워할 것이다.

(4) 우리가 이 자유와 행운의 문이 닫히게 그리스도를 화나시게 하지 않는다면 사람은 그 누구도 이 문을 닫을 수 없을 것이다.

2. 이 교회는 그리스도의 칭찬을 듣는다. 내가 네 행위를 아노니 네가 작은 능력을 가지고서도 내 말을 지키며 내 이름을 배반하지 아니하였도다(8절). 이 칭찬에는 부드러운 책망도 들어있는 것 같다. "네가 작은 능력을 가지고 있다. 너는 은혜를 조금밖에 받지 않았다. 비록 네 힘이 내가 네게 열어준 행운의 넓은 문에 비할 바가 못 되지만 어쨌든 참된 은혜가 네게 있고, 너를 신실하게 지키게 해주긴

했다." 약하긴 할지라도 참된 은혜는 아주 높은 정도의 일반 은혜보다 훨씬 더 힘이 있을 것이다. 왜냐하면 그 참된 은혜가 그리스도인으로 하여금 그리스도의 말씀을 지킬 수 있게 해주고 그리스도의 이름을 부인하지 않을 수 있게 해주기 때문이다. 복종, 충성, 그리스도의 이름을 믿는 자유로운 신앙 고백은 참된 은혜의 열매들이고, 그리스도를 기쁘게 해드리는 것들이다.

3. 여기에 하나님이 이 빌라델비아 교회에 주시는 큰 은총의 약속이 있다(9, 10절). 이 은총에는 두 가지 것이 들어있다. 그것들은 다음과 같다.

(1) 그리스도는 이 교회의 적들을 그 교회에 굴복하게 해주실 것이다. 여기서 다음의 사실들을 주목하라.

[1] 이 적들은 자칭 유대인이라 하나 그렇지 아니하고 거짓말하는 자들(9절)로 묘사되고 있다. 그러나 그들은 자신들을 하나님의 유일한 특별한 백성이라고 거짓 주장하는 자들이다. 그들은 실제로는 사탄의 회당이었다. 영과 진리로 하나님께 예배드리는 모임들이 하나님의 이스라엘 백성이다. 거짓 신들에게 예배드리는 모임들이든, 거짓된 태도로 참되신 하나님께 예배드리는 모임들이든 다 사탄의 회당들이다. 그들이 하나님의 유일한 백성들이라고 고백할지라도 그들의 신앙 고백은 거짓말이다.

[2] 교회에 그들이 굴복하게 된다는 사실이 진술되어 있다. 그들로 와서 네 발 앞에 절하게 하리라(9절). 그들은 교회 자체나 그 교회의 사역자에게 신앙적인 존경은 결코 나타내지 않는다. 그러나 그들은 자신들이 잘못된 편에 계속 서 있었고, 교회는 바른 편에 있고 그리스도의 사랑을 받고 있다는 사실을 깨닫게 될 것이다. 그래서 그들은 교회와 교제를 나누고 같은 방법으로 같은 하나님께 예배드릴 것을 바라게 될 것이다. 이런 큰 변화가 어떻게 일어나게 되는가? 그러한 변화는 하나님의 적들의 마음에 역사하시는 하나님의 능력에 의해 일어나게 된다. 그리고 그러한 변화는 하나님의 적들이 하나님의 교회에 베푸시는 그의 특별한 은총이 나타나는 표시들을 발견함으로써 일어나게 된다. 그들로 와서 내가 너를 사랑하는 줄을 알게 하리라. 여기서 다음의 사실들을 주목하라.

첫째, 어떤 교회든지 누릴 수 있는 가장 큰 명예와 행복은 그리스도의 특별한 사랑과 은총에 있다.

둘째, 그리스도가 그의 백성에게 베푸신 그의 은총에서 이 사랑을 발견하실 수 있는 방법으로 교회의 적들도 그것을 보게 될 것이고, 그 사실을 인정하지 않을 수 없게 될 것이다.

셋째, 그리스도의 은혜로 말미암은 이 사랑은 교회의 적들의 마음을 부드럽게 만들 것이고, 그의 백성들과의 교제를 허용받고 싶어하게 할 것이다.

(2) 그리스도가 이 빌라델비아 교회에 약속하시는 은총의 또 다른 실례는 가장 힘든 시련의 시기에 인내의 은혜로 견딘 것이다. 이것은 그들이 옛날에 지킨 충성의 보상이다. 네가 나의 인내의 말씀을 지켰은즉 내가 또한 너를 지켜 시험의 때를 면하게 하리니(10절). 여기서 다음의 사실들을 주목하라.

[1] 그리스도의 복음은 그의 인내의 말씀이다. 그리스도의 복음은 죄악으로 가득한 세상에 대한 하나님의 인내로 맺어진 열매다. 복음은 사람들을 위하여 그리스도가 당하신 모든 고난들을 통해 그리스도가 견디신 인내의 모본으로 사람들 앞에 제시되는 것이다. 그리스도의 복음은 그것을 받아들인 사람들에게 그리스도를 따라서 인내를 실천하도록 요청한다.

[2] 복음을 즐거워하는 사람들은 모두 이 복음을 조심스럽게 지켜야 한다. 그들은 믿음이 계속 자라도록 해야 하고, 복음에 규정된 대로 실천해야 하고, 그리스도를 경배해야 한다.

[3] 인내의 날이 지난 뒤 우리는 시험의 시간을 기대하고 준비해야 한다. 복음의 평화와 자유의 날은 하나님의 인내의 날이다. 마땅히 그렇게 되리라 기대하고 생각한 대로 잘 되는 날은 아주 드물다. 그러므로 시험과 유혹의 시간이 종종 뒤따르게 되는 것이다.

[4] 그 시련이 훨씬 일반적이고 보편적일 때가 있다. 시련이 모든 세상에 임하게 된다. 그 시련이 아주 일반적일 때 그 시련은 대체로 아주 짧다.

[5] 평화의 때에 복음을 지키는 사람들은 시험의 때에도 그리스도로 말미암아 복음을 지키게 될 것이다. 복음을 지킴으로써 그들은 시련에 대한 준비를 하게 되고 무장을 하게 된다. 평화의 때에 그들이 믿음의 열매를 맺을 수 있게 해주신 하나님의 같은 은혜가 박해의 때에도 그들이 열매를 맺을 수 있게 해주실 것이다.

4. 그리스도는 이 교회가 할 수 있게 해주겠다고 앞서 약속하셨던 그 의무를 빌라델비아 교회에 요청하신다. 그것은 인내하라는 것이다. 네가 가진 것을 굳게 잡고 견디라.

(1) 의무는 믿음을 지키고 견디는 것이다. '네가 가진 것을 굳게 잡아라. 네가

가진 그 믿음, 그 진리, 그 은혜의 힘, 그 열정, 형제들을 위한 그 사랑을 굳게 잡고 지켜라. 너는 이 귀중한 보물을 가졌으니 그것을 굳게 잡고 지켜라."

(2) 그것을 굳게 잡고 지킬 수 있는 동기는 그리스도의 신속한 오심에서 비롯된다. "내가 속히 오리니(11절). 나는 시련을 당하는 그들을 구원하고, 그들의 충성에 상을 주고, 믿음을 저버린 자들을 징벌하기 위하여 지금 오고 있는 중이다. 나를 떠난 자들은 그들이 한때 생명의 면류관을 받을 권리가 있는 것 같았고, 그들이 받기를 간절히 바랐고, 그것을 생각하고 좋아했던 그 면류관을 잃어버리게 될 것이다. 그러나 견디고 인내하고 이기는 그리스도인은 한때 평판이 좋았던 배교한 신앙 고백자들로부터 그 상을 빼앗아 차지하게 될 것이다."

Ⅲ. 이 서신의 결론.　이기는 자는 내 하나님 성전에 기둥이 되게 하리니 그가 결코 다시 나가지 아니하리라 내가 하나님의 이름과 하나님의 성 곧 하늘에서 내 하나님께로부터 내려오는 새 예루살렘의 이름과 나의 새 이름을 그이 위에 기록하리라 귀 있는 자는 성령이 교회들에게 하시는 말씀을 들을지어다(12-13절). 여기서 다음의 사실들을 주목하라.

1. 그의 통상적인 방법으로 구세주는 믿음으로 이긴 신자들에게 보상을 약속하신다. 이 보상의 약속은 두 가지로 되어 있다.

(1) 이기는 자는 하나님 성전에 기둥이 될 것이다. 그는 성전을 지탱하는 기둥이 되는 것이 아니다. 그는 하나님의 강력한 은혜를 기록하는 기념비가 될 것이다. 이 기념비는 결코 표면이 마멸되거나 제거되지 않을 것이다. 이제까지 로마의 황제들과 장군들을 기념하여 세워진 많은 웅장한 기둥들이 그랬던 것처럼 되지 않을 것이다.

(2) 이 기념비 기둥에 명예로운 이름들이 새겨지게 될 것이다.

[1] 먼저 하나님의 이름이 새겨진다. 이기는 자는 하나님의 대의를 위해 일했고, 하나님을 섬겼다. 이기는 자는 하나님을 위하여 이 믿음의 싸움에서 고난을 겪었다. 그 다음에 하나님의 성의 이름이 새겨진다. 하나님의 성은 하나님의 교회이고, 하늘에서 내 하나님께로부터 내려오는 새 예루살렘이다. 이 기둥에 신자가 하나님을 위하여 행했던 모든 봉사들이 기록될 것이다. 이 기둥에 신자가 어떻게 교회의 권리들을 주장했고, 교회의 경계들을 확장했고, 교회의 순결함과 명예를 지켰는지를 다 기록하게 될 것이다. 이것은 아시아를 평정했다고 붙여진 아시아티쿠스나 아프리카를 정복했다고 명명된 아프리카누스니 하는 로마의 명

장들보다 더 위대한 이름이 될 것이다. 그는 교회를 위해 싸우는 전투들에서 하나님의 군사로 싸웠다. 이 기념비 기둥에 새로운 이름이 새겨지게 된다. 그것은 그리스도의 이름이다.

[2] 그리스도의 새 이름. 중보자이시고, 구세주이시고, 우리 구원의 대장이신 그리스도의 이름이 그 기념비에 새겨지게 된다. 이 기록을 통해 이 승리의 신자가 누구의 깃발 아래 싸웠는지, 그가 누구의 행위를 본받아 행동했는지, 그가 누구의 본보기를 따라 격려를 받았는지, 그가 누구의 영향 아래 선한 싸움을 싸웠는지, 그가 누구의 도움으로 승리를 거두었는지가 드러나게 될 것이다.

2. 이 서신은 예의 주의의 요구로 마무리된다. 귀 있는 자는 성령이 교회들에게 하시는 말씀을 들을지어다(13절). 어떻게 그리스도는 그의 신실한 백성을 사랑하시고 귀하게 여기시는지, 어떻게 칭찬하시는지, 어떻게 그들의 충성에 보상을 하시는지 교회들과 교인들은 귀담아 들어야 할 것이다.

[14]라오디게아 교회의 사자에게 편지하라 아멘이시요 충성되고 참된 증인이시요 하나님의 창조의 근본이신 이가 이르시되 [15]내가 네 행위를 아노니 네가 차지도 아니하고 뜨겁지도 아니하도다 네가 차든지 뜨겁든지 하기를 원하노라 [16]네가 이같이 미지근하여 뜨겁지도 아니하고 차지도 아니하니 내 입에서 너를 토하여 버리리라 [17]네가 말하기를 나는 부자라 부요하여 부족한 것이 없다 하나 네 곤고한 것과 가련한 것과 가난한 것과 눈 먼 것과 벌거벗은 것을 알지 못하는도다 [18]내가 너를 권하노니 내게서 불로 연단한 금을 사서 부요하게 하고 흰 옷을 사서 입어 벌거벗은 수치를 보이지 않게 하고 안약을 사서 눈에 발라 보게 하라 [19]무릇 내가 사랑하는 자를 책망하여 징계하노니 그러므로 네가 열심을 내라 회개하라 [20]볼지어다 내가 문 밖에 서서 두드리노니 누구든지 내 음성을 듣고 문을 열면 내가 그에게로 들어가 그와 더불어 먹고 그는 나와 더불어 먹으리라 [21]이기는 그에게는 내가 내 보좌에 함께 앉게 하여 주기를 내가 이기고 아버지 보좌에 함께 앉은 것과 같이 하리라 [22]귀 있는 자는 성령이 교회들에게 하시는 말씀을 들을지어다

우리는 이제 아시아의 일곱 교회들 가운데 마지막 교회이자 가장 나쁜 교회를 대하게 된다. 이 교회는 빌라델비아 교회와 정반대이다. 왜냐하면 빌라델비아 교회에서는 책망이라고 할 수 있는 게 하나도 없었다. 그러나 이 라

오디게아 교회는 칭찬은 하나도 없다. 그렇지만 이 교회도 일곱 금 촛대들 가운데 한 촛대이기는 했다. 왜냐하면 타락한 교회일지라도 교회는 교회이기 때문이다. 여기서 우리는 앞에서와 마찬가지로 다음과 같은 사실들을 발견하게 된다.

I 누가 이 서신을 누구에게 보낸 것을 알려주는 표제가 있다.

1. 이 서신의 수신인은 누구인가. 라오디게아 교회의 사자에게 편지하라(14절). 리쿠스 강 근처에 있던 이 도시는 한때 유명한 도시였다. 이 도시는 거대한 성벽으로 둘러싸여 있었고, 대리석으로 지은 세 개의 연극장들이 있었다. 그리고 이 도시는 로마 같이 일곱 개의 언덕들 위에 세워졌다. 이 도시에 복음을 심는데 사도 바울이 많은 기여를 했던 것으로 보인다. 사도 바울은 이 도시에서 편지를 하나 썼다. 그는 그 사실을 골로새서 마지막 장에서 언급하고 있다. 그는 거기에서 라오디게아 교회에 안부를 전한다. 라오디게아는 골로새에서 32 킬로미터 정도 떨어져 있었다. 이 도시에서 4세기에 공의회가 한 번 열렸다. 그러나 이 도시는 파괴되었고 오늘날까지도 그 유적이 남아있다. 이것은 어린 양의 진노가 이루어진 무서운 기념비다.

2. 이 메시지를 누가 보냈는가? 여기서 주 예수 그리스도가 자신을 아멘이시요 충성되고 참된 증인이시요 하나님의 창조의 근본이신 이(14절)라고 부르신다. 여기서 다음의 사실들을 주목하라.

(1) 아멘이시요. 그리스도는 그의 모든 목적들과 약속들에서 일정하시고 변함이 없으신 분이시다. 그러므로 그리스도는 그의 목적들과 약속들에 언제나 예와 아멘이시다.

(2) 충성되고 참된 증인이시요. 인간들에게 하나님을 증거하는 그리스도의 증언은 받아들이고 완전히 믿어야 할 증언이다. 그리고 하나님께 인간들을 증거하는 그리스도의 증언 역시 완전히 믿고 존중될 것이다. 그리스도의 증언은 무관심하고 미적지근한 모든 신앙 고백자들에 대해서도 신속하지만 참된 증언이 될 것이다.

(3) 하나님의 창조의 근본이시다. 그리스도는 최초의 창조에 참여하신 분이시다. 그러므로 그리스도는 알파이시고 처음이시다. 다시 말해서 그리스도는 창조의 제일 원인이시고, 창조자이시고, 창조 세계의 통치자이시다. 또한 그리스도는 두 번째 창조인 교회의 창조자이시다. 그러므로 그리스도는 몸인 교회의

머리이시다. 또 그리스도는 충성된 증인으로 죽은 자들 가운데에서 먼저 나시고 땅의 임금들의 머리가 되신다(1:5). 그리스도의 이러한 칭호들이 이 말씀에서 비롯되었다. 그리스도 자신의 신성한 능력으로 다시 살아나신 그리스도는 새로운 세상의 머리가 되시고, 죽은 영혼들을 다시 살려 살아있는 성전과 교회가 되게 하신다.

II. 이 서신의 주제에서 우리는 다음과 같은 사실들을 발견하게 된다.

1. 이 교회를 그들 자신들보다도 더 잘 아시는 분이 이 교회와 사역자들과 교인들에게 심한 책망을 하신다. 내가 네 행위를 아노니 네가 차지도 아니하고 뜨겁지도 아니하도다 네가 차든지 뜨겁든지 하기를 원하노라(15절). 신앙생활에 있어서 미지근하거나 무관심한 것보다 세상에서 더 나쁜 성질은 없다. 만일 그 종교가 진실하고 가장 훌륭한 것이라면 그것을 받아들이고 믿는 우리는 그 신앙생활에 있어서 아주 열심이고 선해야 할 것이다. 그러나 그 종교가 진실한 것이 아니고, 아주 비열한 사기라면 우리는 그것을 반대하는데 열심이어야 할 것이다. 만일 그 종교가 가치 있는 어떤 것이고, 모든 것을 가치 있게 만든다면 그 종교에 대한 냉담함이나 무관심은 변명의 여지가 없는 죄다. 엘리야가 모든 백성에게 가까이 나아가 이르되 너희가 어느 때까지 둘 사이에서 머뭇머뭇하려느냐 여호와가 만일 하나님이면 그를 따르고 바알이 만일 하나님이면 그를 따를지니라 하니 백성이 말 한 마디도 대답하지 아니하는지라(왕상 18:21). 신앙생활에 있어서 중립이나 어정쩡한 중간이 차지할 자리는 결코 없다. 차라리 공개적인 적이 불성실하고 어정쩡한 중립주의자보다는 더 좋은 자리를 차지할 것이다. 오히려 그러한 미지근한 자들보다는 이방인이 더 소망적일 수 있다. 그리스도는 사람들이 주님을 찬성해서 열심을 내든지 아니면 주님을 반대하든지 분명하게 자신들의 입장을 표명하기를 바라신다.

2. 그리스도는 라오디게아 교회에 심한 징벌을 경고하신다. 네가 이같이 미지근하여 뜨겁지도 아니하고 차지도 아니하니 내 입에서 너를 토하여 버리리라(16절). 미지근한 물이 위로 돌아가 입으로 토하게 되는 것처럼 차지도 뜨겁지도 않은 미지근한 신앙 고백자들은 그리스도의 마음이 그들에게서 돌아서게 한다. 그리스도는 그러한 사람들을 역겨워하시고, 그들을 더 이상 견디실 수 없을 것이다. 그러한 사람들은 자신들의 미지근함을 인자, 온유함, 관용, 넓은 영혼 등의 말들로 둘러댈 수도 있을 것이다. 그러나 그러한 상태는 그리스도에게 역겨운 것

이다. 그들은 버림받게 될 것이다. 그들은 결국 그리스도의 내침을 당하게 될 것이다. 왜냐하면 거룩하신 예수님에게서 멀어지는 것은 결국 버림받게 되는 쪽으로 돌아가는 것이기 때문이다.

3. 우리는 신앙생활에 있어서의 이러한 무관심과 모순의 한 원인이 자만 내지는 자기기만임을 알게 된다. 신앙생활이 미지근한 사람들은 자신들이 이미 충분한 믿음의 경지에 이르렀기 때문에 더 이상 성장할 생각도 없거나 전혀 필요하지도 않다고 생각한다. 네가 말하기를 나는 부자라 부요하여 부족한 것이 없다 하나(17절). 여기서 우리가 알 수 있는 사실은 그러한 사람들이 자신들에 대해 가지고 있는 생각과 그리스도가 그들에 대해 가지신 생각이 아주 큰 차이가 있었다는 것이다. 여기서 다음의 사실들을 주목하라.

(1) 그들은 교만했다. 네가 말하기를 나는 부자라 부요하여 부족한 것이 없다 하나 (17절). 그들은 자신들이 지금 현재 부유하고 점점 더 부유해지고 있기 때문에 더 이상 부족한 것이 없고, 그럴 가능성조차도 결코 없다고 말한다. 아마도 그들은 자신들의 육체에 대해서는 준비를 잘 해놓았던 것 같다. 이러한 태도가 그들의 영혼에 필요한 것들에 대해서는 무시하게 만들었던 것 같다. 또한 그들은 자신들의 영혼에 대한 준비도 잘 해놓았다고 생각했다. 그들은 학식과 지성이 있었다. 그들은 그러한 것을 신앙생활로 생각했다. 그들은 은사들이 있었고 재능들이 있었다. 그들은 그것들을 은혜로 생각했다. 그들은 재치가 있었다. 그들은 그것을 참된 지혜로 생각했다. 그들은 규례들을 지켰다. 그들은 신앙생활의 자리에 하나님 대신에 그 규례들로 채우고 하나님을 예배하는 것이 아니라 그 규례들을 신봉했다. 우리가 우리 자신의 영혼을 스스로 속이고 기만하지 않기 위하여 얼마나 주의하고 신중해야 하는가!

(2) 그리스도는 그러한 사람들을 천하게 여기셨다. 그리스도는 결코 실수가 없으셨다. 그들은 모르고 있었을지라도 그리스도는 훤히 알고 계셨다. 그들은 자신들이 곤고한 것과 가련한 것과 가난한 것과 눈 먼 것과 벌거벗은 것을 알지 못했다. 그들의 형편은 실상은 비참한 것이었다. 그들은 다른 사람들의 동정과 연민을 받아야 될 처지였다. 그럼에도 그들은 뻐기고 으스댔다. 그러나 그들의 형편을 잘 아는 사람들은 그들을 불쌍히 여겼다. 그 이유는 다음과 같다.

[1] 그들이 스스로 부자라고 말하고 생각했지만 실상은 그들이 가난한 사람들이었다. 그들은 자신들의 영혼의 삶에 필요한 양식을 전혀 준비하지 않았다.

그들의 영혼은 그들의 부요함과 풍족함 속에서 굶주리고 있었다. 그들은 하나님께 많은 빚을 지고 있었지만 한푼도 갚지 않고 있었다.

[2] 그들은 눈이 멀었다. 그들은 자신들의 형편도, 자신들의 가는 길도, 자신들의 처한 위험도 눈이 멀어 볼 수 없었다. 그들은 자신들의 내면을 들여다볼 수 없었다. 그들은 자신들 앞에 있는 것을 전혀 볼 수 없었다. 그들은 장님이었다. 그러나 그들은 자신들이 본다고 생각했다. 그들 속에 있는 빛이라고 하는 것은 실상 어둠이었다. 그러니 그 어둠이 얼마나 깊고 컸겠는가! 그들은 그 앞에 분명하게 나타나셨어도 그리스도를 볼 수 없었다. 그래서 그들은 그리스도를 그들의 앞에 놓고 십자가에 못 박았다 그들은 하나님이 그들 가운데 늘 함께 계셨어도 그 하나님을 믿음으로 볼 수 없었다. 그들은 죽음이 그들 코 앞에 있는데도 그 죽음을 결코 볼 수 없었다. 그들은 그 언저리에 계속해서 서 있음에도 불구하고 영원을 결코 내다볼 수 없었다.

[3] 그들은 벌거벗었다. 그들은 자신들의 영혼을 위해서는 걸칠 옷 한 벌도 없고, 집 한 채도 없고, 그 어디에도 머물 수 있는 항구나 안식처가 없었다. 그들은 걸칠 옷도 없고, 의의 옷도 없고, 거룩함의 옷도 없었다. 그들의 죄와 더러움으로 벌거벗은 것은 그것을 가려주고 덮어줄 수 있는 것이 아무것도 없다. 그들은 언제나 죄와 수치로 벌거벗겨져 있다. 그들은 더러운 누더기만 걸치고 있었을 따름이다. 그것은 누더기들이었다. 누더기들이 더러운 누더기들을 가려준들 그 더러움이 가려지겠는가! 더 더러워질 뿐이다. 그들은 집도 없고 안식처도 없는 데다 벌거벗기까지 했다. 왜냐하면 그들은 하나님이 없었기 때문이다. 하나님은 모든 시대에 언제나 그의 백성들의 거처이셨다. 인간의 영혼은 오로지 하나님 안에서만 안식과 안전과 모든 필요한 것들을 찾을 수 있다. 육체의 풍족함이 영혼을 풍족하게 해주지 못할 것이다. 육체의 시력이 영혼을 밝게 해주지 못할 것이다. 육체를 위한 가장 편리한 집이 영혼에 안식도 주지 못하고 안전도 보장해주지 못할 것이다. 영혼은 육체와 다른 것이다. 그러므로 영혼은 그 본성에 맞고 적합한 시설을 가져야만 한다. 그렇지 않으면 육체적으로 풍요로운 가운데에서도 그 영혼은 비참하고 불행해질 것이다.

4. 그리스도는 이 죄악의 백성들에게 좋은 권면을 해주신다. 그 권면은 그들이 자신들에 대해 가졌던 무익하고 거짓된 생각을 버리고, 실제로 그들에게 좋은 생각을 갖도록 노력하라는 것이다. 내가 너를 권하노니 내게서 불로 연단한 금

을 사서 부요하게 하고 흰 옷을 사서 입어 벌거벗은 수치를 보이지 않게 하고 안약을 사서 눈에 발라 보게 하라(18절). 여기서 다음의 사실들을 주목하라.

(1) 주 예수 그리스도는 그의 권면들을 등 뒤로 던지고 따르지 않는 사람들에게 계속해서 좋은 권면을 해주신다.

(2) 죄인들의 상태는 그들이 그리스도의 은혜로우신 요청과 권면들을 좋아하기만 하면 절대로 절망적이지 않다.

(3) 주 예수 그리스도는 상담자이시고, 언제나 죄인들의 형편과 경우에 가장 알맞는 최상의 권면을 해주신다. 여기서 다음의 사실들을 주목하라.

[1] 이러한 사람들은 사실 가난했다. 그리스도는 그들에게 불 속에서 정제된 금이신 주님을 사라고 권면하신다. 그래야 그들이 부유해질 수 있기 때문이다. 그리스도는 그들이 참된 부유함을 어디에서 얻을 수 있고, 그 부유함을 어떻게 가질 수 있는지를 그들에게 알게 해주신다.

첫째, 그들이 그 부유함을 어디에서 얻을 수 있는가? 그것은 바로 그리스도 자신으로부터다. 그리스도는 그들을 금광으로 보내시는 것이 아니다. 그리스도는 그들을 귀한 보석이신 그리스도 자신에게로 초청하신다.

둘째, 그들은 이 진짜 금을 그리스도에게서 어떻게 가질 수 있는가? 그들은 그 금을 사야만 한다. 이 말은 언뜻 보기에 도대체 말이 안 되는 것 같다. 가난한 사람들이 어떻게 금을 살 수 있다는 말인가? 말이나 되는 소리인가? 그러나 그들은 그것을 살 수 있다. 그들은 이사야 선지자가 말하듯이 돈 없이, 값 없이 포도주와 젖을 사는 것과 똑같은 방법으로 그리스도를 살 수 있다. 오호라 너희 모든 목마른 자들아 물로 나아오라 돈 없는 자도 오라 너희는 와서 사 먹되 돈 없이, 값 없이 와서 포도주와 젖을 사라(사 55:1). 참된 부유함을 얻기 위해서는 실제로 어떤 것이든 내놓을 수 있어야 한다. 참된 부유함에는 가치 있다고 생각할 만한 것이 아무것도 없다. 그래야만 참된 부유함을 얻을 수 있는 공간과 여유가 생기게 될 것이다. "죄와 자아의 부유함과 풍요로움을 버리라. 그리고 가난하고 빈 마음으로 그리스도에게 와서 그의 감추어진 보물로 가난하고 텅 빈 너를 채우도록 하라."

[2] 이 사람들은 벌거벗었다. 그리스도는 그들이 어디에서 옷을 구할 수 있고, 벌거벗은 그들의 수치를 가릴 수 있는지를 그들에게 말씀하신다. 이 옷을 그들은 그리스도에게서 얻을 수 있다. 그들은 주님이 그들을 위하여 값주고 사신

흰 옷을 입기 위하여 자신들의 더러운 누더기들을 벗어버려야 한다. 그 흰 옷은 죄인들을 의롭게 해주기 위하여 그리스도 자신의 의를 전가시켜 주는 옷이다. 즉 그 흰 옷은 거룩함과 의의 옷이다.

[3] 그들은 눈이 멀었다. 그래서 그리스도는 그들에게 안약을 사서 눈에 발라 보게 하라 권면하신다. 그들은 하나님께 속한 것들을 보지 못하는 그들 자신의 지혜와 이성을 버려야 한다. 그들은 하나님의 말씀과 영에 그들 자신들을 맡겨야 한다. 그러면 그들의 눈이 열려 자신들의 가는 길과 목적지, 자신들의 의무와 참된 유익을 볼 수 있을 것이다. 그 뒤 그들의 영혼에 새롭고 영광스러운 광경이 열리게 될 것이다. 새로운 세계가 아주 아름답고 훌륭한 것들로 채워져 찬란한 모습을 그들의 영혼에 보여줄 것이다. 이 빛은 어둠의 세계에서 이제 막 벗어나 구원받은 사람들에게는 아주 놀랍고 기이하게 보일 것이다. 바로 이것이 그리스도가 부주의한 영혼들에게 주시는 현명하고 좋은 권면이다. 그들이 그 권면을 따르면 그리스도는 그것을 귀하게 여기시고 효과를 보게 해주실 것이다.

5. 여기서 그리스도는 이 죄인들에게 그 권면에다 은혜로운 큰 격려를 더해 주신다. 무릇 내가 사랑하는 자를 책망하여 징계하노니 그러므로 네가 열심을 내라 회개하라 볼지어다 내가 문 밖에 서서 두드리노니 누구든지 내 음성을 듣고 문을 열면 내가 그에게로 들어가 그와 더불어 먹고 그는 나와 더불어 먹으리라(19-20절). 그리스도는 그들에게 이렇게 권면하신다.

(1) 그들에 대한 주님의 격려는 진실하고 부드러운 사랑이 깃들어 있다. "무릇 내가 사랑하는 자를 책망하여 징계하노니. 내가 너희에게 심한 말과 호된 책망을 한다고 생각할런지도 모른다. 그러나 그것은 다 너희 영혼들을 사랑해서 그런 것이다. 내가 너희 영혼을 진실로 사랑하지 않았다면 나는 이렇게 노골적으로 너희의 미지근함과 자만을 나무라거나 고치려고 하지 않았을 것이다. 만일 내가 너희를 미워했다면 나는 너희가 망할 때까지 죄에 젖어 살도록 너희를 그냥 내버려두었을 것이다." 죄인들은 하나님이 말씀과 지팡이로 하시는 책망들을 들어 마땅하다. 그것은 그들의 영혼들을 위한 하나님의 호의의 표시이다. 그들은 그 책망을 듣고 진심으로 회개하고, 그들을 때리시고 책망하시는 하나님께 돌아가야 한다. 적이 입에 발린 소리로 아첨하는 것보다는 친구가 이맛살을 찡그리게 하고 가슴에 상처를 주는 쓴 소리가 훨씬 낫다.

(2) 만일 그들이 주님의 권면들을 따른다면 그리스도는 언제라도 그들의 영혼에 유익을 주실 준비가 되어 있으시다. 내가 문 밖에 서서 두드리노니 누구든지 내 음성을 듣고 문을 열면 내가 그에게로 들어가 그와 더불어 먹고 그는 나와 더불어 먹으리라(20절). 여기서 다음의 사실들을 주목하라.

[1] 그리스도는 그의 말씀과 영으로 죄인들의 마음의 문으로 들어가셔서 은혜를 나누어주기를 좋아하신다. 그리스도는 긍휼을 통해서 그들에게 가까이 다가가시기를 좋아하시고, 언제라도 그들에게 은혜를 베풀어주시기 위하여 친절한 방문을 마다하지 않으신다.

[2] 그리스도는 이 죄인들의 마음의 문이 주님에게 닫힌 것을 발견하신다. 인간의 마음은 본성적으로 그 무지와 불신앙과 죄스러운 편견들로 말미암아 그리스도에게 마음의 문을 닫아 놓고 지낸다.

[3] 그리스도는 죄인들의 마음의 문이 닫혀 있는 것을 발견하실 때 그는 그 즉시 뒤로 물러서지 않으신다. 그리스도는 그의 머리가 이슬에 흠뻑 젖을 때까지 문 밖에 서서 기다리신다.

[4] 그리스도는 문을 닫아 잠그고 자고 있는 죄인들을 깨우고, 주님에게 문을 열게 하시기 위하여 모든 수단을 강구하신다. 그리스도는 그의 말씀으로 부르시기도 하고, 그들의 양심을 그의 영의 충격으로 두드리시기도 한다.

[5] 그리스도에게 마음의 문을 여는 사람들은 그리스도의 함께 하시는 임재를 누리게 되고, 주님의 큰 위로와 유익을 얻게 된다. 그리스도는 그들과 더불어 식사를 하실 것이다. 그리스도는 그들 속에 있는 좋은 것으로 대접을 받으실 것이다. 그리스도는 그의 좋아하시는 열매를 드실 것이다. 그리고 그리스도는 그 대접에 가장 좋은 선물을 전달해주실 것이다. 만일 그리스도가 발견하신 것이 아주 초라한 식사 자리였다고 할지라도 그는 그 부족한 것을 채워주실 것이다. 그리스도는 그 부족한 식사 자리에 신선한 것들로 채워주시고, 은혜들과 위로들을 베풀어주실 것이다. 그리고 그리스도는 그것들을 통해 그들에게 믿음과 사랑과 기쁨의 새로운 행동들을 북돋워 주실 것이다. 이 모든 것을 통해 그리스도와 그의 회개하는 사람들은 모두가 함께 즐겁게 먹고 즐겁게 교제를 나누게 될 것이다. 그러나 안타깝게도 그리스도에게 마음의 문을 열기를 한사코 거부하는 경솔하고 고집 센 죄인들은 얼마나 많은 것을 잃게 될 것인가!

Ⅲ. 우리는 이 서신의 결론에 대하게 된다. 여기서 우리는 앞에서와 같이 다

음과 같은 사실들을 발견하게 된다.

1. 그리스도는 이기는 신자에게 약속을 주신다. 그 약속은 다음과 같은 의미를 지니고 있다.

(1) 이 라오디게아 교회에 미지근함과 자만이 넘쳐나기는 했지만 그리스도의 책망과 권면을 통해 그들이 새로운 열정과 활기로 넘치게 되고, 영적인 전쟁에서 승리자가 될 수도 있었을 것이다.

(2) 만일 그들이 그렇게 했다면 그들의 예전의 모든 잘못들은 용서를 받고, 큰 상을 받아야 했을 것이다. 그러면 그 상이 무엇이었을까? 이기는 그에게는 내가 내 보좌에 함께 앉게 하여 주기를 내가 이기고 아버지 보좌에 함께 앉은 것과 같이 하리라(21절). 이것은 다음의 사실들을 암시해준다.

[1] 그리스도 자신도 시험들과 투쟁들을 겪으셨음을 암시한다.

[2] 그리스도는 그 시험들을 다 이기고, 승리자 이상이 되셨음을 암시한다.

[3] 그리스도의 투쟁과 승리의 보상으로 그리스도는 그의 보좌에 아버지 하나님과 함께 앉으셨고, 영원부터 아버지와 함께 가지셨던 영광을 소유하게 되셨음을 암시한다. 그러나 그는 지상에서는 그 사실을 감추기를 좋아하셨고, 그것을 아버지에게 맡겨놓으셨다. 그렇게 맡기심은 그리스도가 구세주의 일을 다 마치신 후에 다시 그 명시된 영광을 차지하시겠다는 보증이었다. 그리스도가 이렇게 하신 것은 그의 거룩한 영광이 아버지 하나님과 같음을 나타내준다.

[4] 그리스도의 시련들과 승리에 있어서 그를 닮으려고 하는 사람들은 그리스도의 영광에 있어서도 그를 닮게 될 것임을 암시한다. 그들은 그의 보좌에 주님과 함께 앉게 될 것이고, 세상 마지막 날에는 그의 심판의 보좌에 함께 앉게 될 것이며, 영원토록 그의 영광의 보좌에 앉게 될 것이다. 그리고 그리스도가 그 머리이신 신비의 몸으로 그들과 그리스도가 함께 연합하게 될 때 그리스도의 영광의 빛들이 찬란하게 빛나게 될 것이다.

2. 일반적인 주의의 요구로 모두 마무리된다. 귀 있는 자는 성령이 교회들에게 하시는 말씀을 들을지어다(22절). 이 요구의 말씀은 이 서신들을 읽는 모든 사람들에게 이 서신들 속에 담긴 내용을 사사로이 해석해서는 안 된다는 사실을 환기시켜 준다. 또한 이 서신들이 이들 특정한 교회들만의 가르침과 책망과 징계를 위한 것일 뿐만 아니라 세계의 모든 시대와 모든 지역에 있는 모든 그리스도 교회들도 위한 것임을 환기시켜 준다. 이들 교회들의 뒤를 잇는 모든 교회

들도 그 은혜들과 죄들에 있어서는 그 전철을 밟게 될 것이다. 그와 동시에 그
들은 하나님이 이들 교회들을 다루셨던 것처럼 그들도 다루실 것이라고 생각
할 수 있을 것이다. 이것은 모든 시대에 적용되는 모범과 양식들이다. 즉 신실
하고 열매가 있는 교회들은 하나님에게서 상을 받게 될 것이고, 신실하지 못한
교회들은 하나님에게서 책망과 징계를 받게 될 것이다. 더욱이 그의 교회들에
대한 하나님의 처리는 나머지 세상 사람들에게 유용한 교훈이 될 수도 있을 것
이다. 세상 사람들에게 다음의 말씀을 깊이 생각하게 만들어 줄 것이다. 하나님
의 집에서 심판을 시작할 때가 되었나니 만일 우리에게 먼저 하면 하나님의 복음을
순종하지 아니하는 자들의 그 마지막은 어떠하며 또 의인이 겨우 구원을 받으면 경건
치 아니한 자와 죄인은 어디에 서리요(벧전 4:17, 18). 이와 같이 서한체 형식으로
된 아시아의 교회들에 보내는 그리스도의 메시지들이 마무리된다. 우리는 이
제 예언적 부분으로 들어가게 된다.

제
— 4 —
장

개요

　　본 장에서 계시의 예언이 전개된다. 서한체 부분이 그리스도의 환상으로 시작했던 것처럼(1장) 이 예언 부분도 위대하신 하나님의 영광스러운 나타나심으로 시작이 된다. 하나님의 보좌는 하늘에 있고, 그 보좌 주위에는 이십사 장로들이 둘러서 있다. 이 계시가 요한에게 임했다. 요한은 본 장에서 다음의 것들을 기록한다. I. 사도 요한은 그가 본 하늘나라의 광경을 기록한다(1-7절). II. 사도 요한은 그가 들었던 하늘나라의 노래들을 기록한다(8-11절).

¹이 일 후에 내가 보니 하늘에 열린 문이 있는데 내가 들은 바 처음에 내게 말하던 나팔 소리 같은 그 음성이 이르되 이리로 올라오라 이 후에 마땅히 일어날 일들을 내가 네게 보이리라 하시더라 ²내가 곧 성령에 감동되었더니 보라 하늘에 보좌를 베풀었고 그 보좌 위에 앉으신 이가 있는데 ³앉으신 이의 모양이 벽옥과 홍보석 같고 또 무지개가 있어 보좌에 둘렸는데 그 모양이 녹보석 같더라 ⁴또 보좌에 둘려 이십사 보좌들이 있고 그 보좌들 위에 이십사 장로들이 흰 옷을 입고 머리에 금관을 쓰고 앉았더라 ⁵보좌로부터 번개와 음성과 우렛소리가 나고 보좌 앞에 켠 등불 일곱이 있으니 이는 하나님의 일곱 영이라 ⁶보좌 앞에 수정과 같은 유리 바다가 있고 보좌 가운데와 보좌 주위에 네 생물이 있는데 앞뒤에 눈들이 가득하더라 ⁷그 첫째 생물은 사자 같고 그 둘째 생물은 송아지 같고 그 셋째 생물은 얼굴이 사람 같고 그 넷째 생물은 날아가는 독수리 같은데 ⁸네 생물은 각각 여섯 날개를 가졌고 그 안과 주위에는 눈들이 가득하더라

　　우리는 여기서 사도 요한이 하나님의 은혜로 받았던 두 번째 환상의 기사를 대하게 된다. 이 일 후에 라는 말은 다음과 같은 뜻을 지니고 있다. 즉 "내가 일곱 금 촛대 사이를 걸으시는 그리스도의 환상을 본 뒤 또 다른 환상을 보게 되었다." 또는 이런 의미일 수도 있다. "내가 그리스도의 입에서 이 메시

지를 받고, 주님의 명령에 따라 기록하고, 몇 교회들에 보낸 뒤 나는 또 다른 환상을 보았다." 그들이 이미 하나님에게서 받은 계시들을 잘 발전시킨 사람들은 그것으로 더 많은 것을 위하여 준비하게 되고, 그것들을 바랄 수 있다. 여기서 다음의 사실들을 주목하라.

I 사도가 이 환상을 받기 위한 준비 단계가 진술되어 있다.

1. 하늘에 열린 문이 있는데(1절). 여기서 우리는 다음의 사실들을 깨우칠 수 있다.

(1) 땅에서 집행되는 것은 무엇이든지 먼저 하늘에서 계획되고 정해진 것이다. 하늘에는 하나님이 하시는 모든 일들의 모형이 있다. 그러므로 그 일들은 모두 하나님의 눈 앞에 있다. 하나님은 하늘에 사는 사람들에게 그 일들이 그들에게 적합한지를 살펴보게 하신다.

(2) 우리는 하나님이 우리에게 계시해주기를 원하시는 것 말고는 미래의 사건들에 대해 아무것도 알 수가 없다. 미래의 사건들은 하나님이 그 문을 열어주시기까지는 베일에 가려 있다.

(3) 그러므로 하나님이 우리에게 그의 계획들을 계시해주실 때 비로소 우리는 그 계시들을 받을 수가 있다. 우리가 그렇게 계시를 받아야만 하는데 계시받은 것 이상으로 아는 척해서는 안 된다.

2. 요한에게 계시 받을 준비를 시키기 위하여 나팔 소리가 들렸다. 요한은 장차 이루어질 일들을 보기 위하여 하늘로 올려갔다. 요한은 세 번째 하늘로 불려갔다. 여기서 다음의 사실들을 주목하라.

(1) 하늘에는 지성소로 들어가는 길이 있다. 하나님의 자녀들이 지금은 믿음과 거룩한 감정으로 그 곳에 들어갈 수 있다. 하나님의 자녀들은 죽을 때 그들의 정신이 거룩하게 되고, 마지막 날에 온 인격이 거룩해지게 된다.

(2) 우리는 하나님의 임재의 비밀에 함부로 끼어들어서는 안 된다. 우리는 하나님이 임재하신 곳으로 부름을 받을 때까지 기다려야 한다.

3. 이 환상을 받을 준비를 하기 위하여 사도는 성령에 감동되었다(2절). 요한 사도는 앞에서처럼 성령에 감동되어 황홀한 상태에 있었다(1:10). 그 상태는 자신이 몸 안에 있는지 몸 밖에 있는지를 알 수 없다. 요한 사도도 그랬을 것이다. 그렇지만 모든 육체적인 행동들과 감각들은 일시적으로 정지되었다. 그리고 요한 사도의 정신은 예언의 영에 사로잡히고 전적으로 성령의 영향 아래 있었

다. 우리가 모든 육체적인 것들에서 우리 자신을 멀리하면 멀리할수록 우리는 하나님과 교통하는데 더욱더 적합하게 된다. 육체는 하나님과 교제를 나누는 데 있어서 정신을 가리는 휘장이고, 구름이고, 장애물이다. 사실상 우리는 의무적으로 주님 앞에 나아갈 때 육체를 잊어버려야 하고, 기꺼이 육체를 버려야 한다. 그래야 우리는 하늘에 계시는 주님에게 올라갈 수 있을 것이다. 이러한 상태가 환상을 받기 위한 장치였다. 여기서 다음의 사실들을 주목하라.

Ⅱ 이제 우리는 사도가 받은 환상을 직접 대하게 된다. 이 환상은 사도가 본 이상한 광경들로 시작한다. 이 광경들은 다음과 같다.

1. 사도 요한은 하늘에 보좌가 있는 것을 보았다. 이 보좌는 영광과 권위와 심판의 자리이다. 하늘은 하나님의 보좌이다. 하나님은 하늘에 영광 가운데 거하고 계시다. 하나님은 하늘에서 교회와 모든 세상에 법을 주신다. 모든 지상의 보좌들은 하늘에 있는 이 보좌의 관할 아래 있다.

2. 사도 요한은 그 보좌에 앉으신 영광스러운 분을 보았다. 이 보좌는 비어있지 않았다. 그 자리를 차지하고 계신 분은 바로 하나님이셨다. 여기서 하나님이 이 세상에서 가장 보기 좋고 고귀한 것들로 묘사되신다. 앉으신 이의 모양이 벽옥과 홍보석 같고 또 무지개가 있어 보좌에 둘렸는데 그 모양이 녹보석 같더라(3절). 여기서 하나님이 어떤 인간의 모습으로 묘사되시지 않는다. 그것은 하나님을 어떤 형상으로 나타내기 위하여 하나님의 초월적인 찬란하심으로만 묘사되고 있을 따름이다. 벽옥은 투명한 보석이다. 이 보석은 눈에 아주 생생한 색채들을 다양하게 비춰준다. 이것은 하나님의 완전하신 영광을 나타내기 위한 것이다. 홍보석은 붉다. 이것은 하나님의 공의를 나타낸다. 하나님의 공의는 하나님의 본질적인 속성이다. 하나님은 어떤 것에 치우치시어 자신에게서 벗어나시는 법이 절대 없다. 하나님은 세상을 통치하시는데 그 공의를 영광스럽고 찬란하게 행사하신다. 하나님은 특별히 주 예수 그리스도를 통하여 교회를 다스리시는데도 그 공의를 영광스럽게 행사하신다. 이 속성은 죄인들을 용서하시는 일에, 징벌하시는 일에, 구원하시는 일에, 파멸시키시는 일에 다같이 나타난다.

3. 요한 사도는 보좌에 둘렸는 무지개가 있는 것을 보았다(3절). 무지개는 섭리 언약의 보증과 상징이었다. 그 언약은 하나님이 노아와 그의 자손과 함께 맺으신 것이었다. 그 언약은 하나님이 교회의 머리이신 그리스도와, 그리스도를 믿는 모든 그의 백성과 맺으신 약속의 적절한 상징이다. 이 무지개는 녹보석 같이

보였다. 보석의 가장 뛰어난 색은 상쾌한 녹색이었다. 이것은 새 언약의 되살리고 새롭게 하는 속성을 나타내기 위한 것이다.

4. 요한 사도는 보좌 주위에 둘러 앉아 있는 이십사 장로들을 보았다. 이 보좌는 둘레가 비어있는 것이 아니라 이십사 장로들로 채워져 있었다. 이 장로들은 아마도 하나님의 전체 교회를 나타내는 것으로 보인다. 구약 시대와 신약 시대의 모든 하나님의 교회를 나타내는 것이다. 그러나 이 장로들은 교회의 사역자들을 나타내는 것이 아니라 오히려 교인들을 대표하는 것으로 보인다. 이 장로들이 앉아 있는 것은 그들의 명예와 안식과 만족을 나타낸다. 그들이 보좌 주변에 앉아 있는 것은 그들과 하나님의 관계를 나타낸다. 그것은 그들과 하나님의 가까움, 그들이 하나님을 가까이에서 보는 즐거움, 하나님에 대한 그들의 끊임없는 경배를 나타낸다. 이십사 장로들이 흰 옷을 입고 있었다(4절). 이것은 그리스도로부터 전가받고 고유한 성도들의 의를 상징한다. 그들은 머리에 금관을 쓰고 앉아 있었다. 이것은 하나님이 그들에게 베풀어주신 명예와 권위를 나타내준다. 그리고 이것은 그들이 하나님과 함께 누리는 영광을 보여준다. 모든 이러한 것들은 좀 더 낮은 의미에서 지상의 복음 교회와 그 교회의 예배드리는 회중들에게 적용될 수 있는 것들이다. 좀 더 높은 의미에서는 하늘의 승리의 교회에 적용될 수 있는 것들이다.

5. 요한 사도는 보좌에서 나오는 번개와 음성과 우렛소리가 나는(5절) 것을 감지했다. 다시 말해서 사도는 하나님이 그의 절대적인 뜻과 원하시는 것을 그의 교회에 전하시는 무서운 선언들을 들었다. 이와 같이 하나님은 시내 산에서도 율법을 주셨다. 복음은 율법에 비해 훨씬 영적인 속성을 지니고는 있지만 그렇다고 해서 율법보다 더 낮은 영광과 권위를 가지고 있는 것은 아니다.

6. 요한 사도는 보좌 앞에 켠 등불 일곱(5절)을 보았다. 이것은 하나님의 영이 그리스도의 교회들에 역사하시는 다양한 은사들과 은혜들과 작용들을 나타낸다. 이것들은 다 보좌에 앉으신 분의 뜻과 원에 따라서 분배가 된다.

7. 요한 사도는 보좌 앞에 수정과 같은 유리 바다가 있는(6절) 것을 보았다. 성전에 물로 채워진 큰 놋그릇이 있었다. 그 놋그릇의 물로 제사장들이 하나님을 섬기러 들어갈 때 손을 씻었다. 이것을 바다라고 불렀다. 그와 마찬가지로 복음의 교회에서도 정결하게 하기 위한 바다나 놋대야가 바로 주 예수 그리스도의 피다. 주 예수 그리스도는 모든 죄들을 씻어주시고, 심지어 성소의 죄들도 씻어

주신다. 지상에서든지 하늘에서든지 하나님의 은혜로우신 임재 안으로 들어갈
수 있으려면 모두가 이 피에 씻김을 받고 깨끗해져야 한다.

8. 요한 사도는 보좌 가운데와 보좌 주위에 네 생물이 있는(6절) 것을 보았다. 그
생물들은 하나님의 보좌와 그 보좌를 둘러싼 장로들 사이에 있었다. 즉 그 생
물들은 하나님과 백성들 사이에 서 있었다. 이 생물들은 복음의 사역자들, 즉
목사들을 상징하는 것 같다. 그 이유는 그들이 서 있는 위치가 하나님께 더 가
까이 있기 때문이다. 그들은 하나님과 장로들, 또는 하나님과 그리스도인들의
대표자들 사이에 서 있기 때문이다. 그리고 또 다른 이유는 그들이 그 사람들
보다 수가 훨씬 적기 때문이다. 그들이 여기서 다음과 같이 묘사되고 있다.

(1) 총명, 경계, 신중함을 나타내는 이 생물들의 많은 눈들로 그들이 복음의
사역자들이요 목사들임을 나타낸다.

(2) 그들의 사자 같은 용기, 그들의 소 같은 큰 수고와 부지런함, 그들의 사람
같은 신중함과 분별력, 그들의 하늘로 날아가는 독수리 같은 숭고한 감정들과 생
각들로 그들이 복음의 사역자들이요 목사들임을 나타낸다. 그 날개 안과 주위
에 눈들이 가득한 날개들은 그들의 묵상들과 목회 사역들에 있어서 그들이 지
혜를 가지고 행동해야 하고, 특별히 그들 자신들과 자신들의 영혼의 상태를 잘
알아야 하고, 중요한 교리들과 신앙생활의 의무들에 대한 그들 자신의 관심을
이해해야 하고, 교인들의 영혼들뿐만 아니라 그들 자신의 영혼들도 항상 살펴
야 한다는 것을 나타낸다.

(3) 그들의 밤낮 쉬지 않는 끊임없는 사역을 통해 그들이 복음의 사역자들이
요 목사들임을 나타낸다. 그들은 계속해서 하나님을 찬양하고, 그 찬양을 밤에
도 하고 낮에도 하고 쉬지 않고 한다. 장로들은 앉아서 섬김을 받는다. 그러나
이들은 서 있고 봉사한다. 그들은 밤에도 쉬지 않고 낮에도 쉬지 않는다. 이 사
실은 이제 우리를 다른 부분의 상징으로 안내한다.

[8] -그들이 밤낮 쉬지 않고 이르기를 거룩하다 거룩하다 거룩하다 주 하나님 곧 전
능하신 이여 전에도 계셨고 이제도 계시고 장차 오실 이시라 하고 [9]그 생물들이 보
좌에 앉으사 세세토록 살아 계시는 이에게 영광과 존귀와 감사를 돌릴 때에 [10]이십
사 장로들이 보좌에 앉으신 이 앞에 엎드려 세세토록 살아 계시는 이에게 경배하
고 자기의 관을 보좌 앞에 드리며 이르되 [11]우리 주 하나님이여 영광과 존귀와 권능

을 받으시는 것이 합당하오니 주께서 만물을 지으신지라 만물이 주의 뜻대로 있었고 또 지으심을 받았나이다 하더라

우리는 사도가 하늘에서 본 광경들을 고찰했다. 이제 사도가 들은 노래들을 살펴보도록 하자. 왜냐하면 하늘에서는 거룩한 눈을 아주 즐겁게 해주는 것을 볼 수 있을 뿐만 아니라 거룩한 귀를 아주 기쁘게 해주는 소리도 들을 수 있기 때문이다. 이것은 지상 위에 있는 하늘나라라고 할 수 있는 이 세상의 그리스도의 교회에서도 그러한데 하늘들의 하늘에 있는 완전한 하늘나라의 교회에서는 그것이 더욱 뛰어나고 훌륭할 것이다. 여기서 다음의 사실들을 주목하라.

I 사도 요한은 교회의 사역자들인 네 생물들의 노래를 들었다. 이것은 이사야 선지자의 환상에 대한 언급이다. 웃시야 왕이 죽던 해에 내가 본즉 주께서 높이 들린 보좌에 앉으셨는데 그 옷자락은 성전에 가득하였고 스랍들이 모시고 섰는데 각기 여섯 날개가 있어 그 둘로는 자기의 얼굴을 가리었고 그 둘로는 자기의 발을 가리었고 그 둘로는 날며 서로 불러 이르되 거룩하다 거룩하다 거룩하다 만군의 여호와여 그의 영광이 온 땅에 충만하도다 하더라(사 6:1-3).

1. 그들은 한 하나님, 오직 전능하신 여호와 하나님만을 경배한다. 그들은 변함이 없으시고 영원하신 하나님만을 경배하고 찬양한다.

2. 그들은 이 한 하나님 안에서 세 거룩하신 분들, 거룩하신 아버지, 거룩하신 아들, 거룩하신 영을 경배한다. 이 세 거룩하신 분들은 무한히 거룩하시고 영원하신 한 실재이시다. 이 실재는 보좌에 앉아 계시고, 세세토록 살아 계신다(10절). 이 영광과 찬양 가운데 예언자 요한은 그리스도를 보았고, 주님에 관해 이야기했다.

II 사도 요한은 그리스도인들을 나타내는 이십사 장로들이 경배를 드리는 소리를 들었다. 하나님을 찬양하면서 목사들이 인도했고 사람들이 따랐다. 이십사 장로들이 보좌에 앉으신 이 앞에 엎드려 세세토록 살아 계시는 이에게 경배하고 자기의 관을 보좌 앞에 드리며 이르되 우리 주 하나님이여 영광과 존귀와 권능을 받으시는 것이 합당하오니 주께서 만물을 지으신지라 만물이 주의 뜻대로 있었고 또 지으심을 받았나이다 하더라(10-11절). 여기서 다음의 사실들을 주목하라.

1. 그들이 경배하는 대상은 목사들이 경배하는 대상과 같았다. 그들이 경배

하는 대상은 보좌에 앉으신 이, 영원히 살아계신 하나님이시다. 하나님의 참된 교회는 경배의 대상이 하나이고 동일하다. 협력적이든지 종속적이든지 경배의 다른 두 대상들은 경배를 혼란스럽게 만들 것이고, 경배 드리는 자들을 갈라지게 만들 것이다. 경배 드리는 대상을 착각하거나 여러 대상들에 경배 드리는 사람들과 같이 하나님께 경배를 드리는 것은 부당하다. 지상의 교회와 천상의 교회가 경배를 드려야 될 분은 오직 한 하나님뿐이시다. 그분만이 유일한 하나님이시다.

2. 그들이 경배 드리는 행위들은 지극히 엄숙하고 헌신적이었다. 여기서 다음의 사실들을 주목하라.

(1) 그들은 보좌에 앉으신 이 앞에 엎드려(10절) 경배했다. 그들은 가장 깊은 겸손과 경배와 경건한 두려움을 발견하고 실천했다.

(2) 그들은 자기의 관을 보좌 앞에 드리며(10절) 경배했다. 그들은 하나님이 지상에서 그들의 영혼에 관을 씌워주셨던 거룩함의 영광과, 하늘에서 그들에게 관을 씌워주신 명예와 행복의 영광을 하나님께 바쳤다. 그들이 받은 모든 은혜들과 모든 영광들은 다 하나님의 은혜와 덕이다. 그들은 하나님의 왕관이 그들의 것보다 무한히 영광스러운 것이고, 하나님께 영광을 돌리고 하나님을 찬양하는 것이 그들의 영광이라는 사실을 인정하고 고백한다.

3. 그들이 경배 드리는 말들은 지극히 겸손하고 신앙적이다. 그들은 이렇게 말했다. 우리 주 하나님이여 영광과 존귀와 권능을 받으시는 것이 합당하오니 주께서 만물을 지으신지라 만물이 주의 뜻대로 있었고 또 지으심을 받았나이다(11절). 여기서 다음의 사실들을 주목하라.

(1) 그들은 이렇게 말하지 않는다: 우리가 주께 영광과 존귀와 권능을 드리나이다. 어떻게 지음을 받은 피조물이 창조주 하나님께 무엇을 드린다고 감히 주제넘게 말할 수 있겠는가? 그래서 그들은 이렇게 말한다:주 하나님이여 영광과 존귀와 권능을 받으시는 것이 합당하나이다(11절).

(2) 이 말을 통해 그들은 하나님이 모든 찬양과 찬송보다 더 높은 경배와 찬송을 받으셔야 한다는 사실을 재치 있게 인정하고 고백한다. 하나님은 영광과 찬양을 받으시는 것이 마땅하고 합당하다. 그러나 그들은 하나님의 무한히 뛰어나신 영광들에 맞는 찬양을 드릴 만한 자격도 못됐고, 그런 찬양을 드릴 수 있는 능력도 없었다.

4. 우리는 그들의 경배의 근거와 이유를 발견하게 된다. 그것은 세 가지 근거를 가지고 있다. 여기서 다음의 사실들을 주목하라.

(1) 하나님은 만물의 창조자이시다. 하나님은 만물의 제일 원인이시다. 그러므로 경배를 받으셔야 될 분은 만물의 창조주 이외에는 하나도 없다. 만들어지거나 피조된 것은 그것이 무엇이든 종교적 경배의 대상이 결코 될 수 없다.

(2) 하나님은 만물의 보존자이시다. 하나님의 보존은 계속적인 창조의 일환이다. 만물은 하나님의 보존하시고 유지하시는 능력에 의해 계속해서 창조가 된다. 하나님을 제외한 모든 존재들은 하나님의 뜻과 권능을 의지한다. 그러므로 어떤 의존적인 존재도 종교적 경배의 대상으로 세워서는 안 된다. 가장 훌륭한 의존적인 존재들의 본분은 경배를 받는 것이 아니라 경배하는 자들이 되는 것이다.

(3) 하나님은 만물의 궁극적인 원인이시다. 만물이 주의 뜻대로 있었고 또 지으심을 받았나이다(11절). 만물을 창조한 것은 하나님의 뜻이었고 기쁨이었다. 하나님은 다른 존재의 뜻을 따라 창조를 실행하지 않으셨다. 다른 존재의 뜻과 힘에 의해 행동하는 종속적인 창조자란 있을 수가 없다. 그랬다면 하나님은 당연히 경배를 받으실 수 없었을 것이다. 하나님이 그의 좋아하시는 뜻에 따라 만물을 만드셨듯이 하나님은 그의 기쁨을 위하여 그들을 만드셨다. 그러므로 하나님은 그가 좋아하시고 원하시는 대로 그들을 처리하실 수 있고, 이런저런 방법으로 그들이 하나님을 영광스럽게 하고 찬양할 수 있게 하실 수 있다. 하나님은 죄인들의 죽음을 기뻐하시지 않고 그들이 회개하고 돌아서서 살기를 바라신다. 여호와께서 온갖 것을 그 쓰임에 적당하게 지으셨나니 악인도 악한 날에 적당하게 하셨느니라(잠 16:4). 그러므로 하나님께만 고유한 이 이유들이 신앙적인 경배를 위한 참되고 충분한 근거들이 된다면 그리스도는 하나님이심이 분명할 것이다. 그리스도는 아버지와 성령과 하나이시고, 한 하나님이시므로 하나님으로 경배를 받으셔야 마땅할 것이다. 왜냐하면 우리는 그리스도에게서도 아버지 하나님과 동일한 인과 관계를 발견하게 되기 때문이다. 만물이 그에게서 창조되되 하늘과 땅에서 보이는 것들과 보이지 않는 것들과 혹은 왕권들이나 주권들이나 통치자들이나 권세들이나 만물이 다 그로 말미암고 그를 위하여 창조되었고 또한 그가 만물보다 먼저 계시고 만물이 그 안에 함께 섰느니라(골 1:16-17).

제
— 5 —
장

개요

앞 장에서 예언의 장면이 요한 사도의 눈과 귀를 통하여 전개되었다. 사도는 세상의 창조자와 통치자이시고 교회의 위대한 왕이신 하나님에 대한 환상을 보았다. 사도는 영광과 통치의 보좌에 앉아 계시고, 그 보좌를 둘러싸고 있는 거룩한 사람들이 드리는 경배를 받으시는 하나님을 보았다. 이제 오른손에 두루마리를 드신 하나님의 권면들과 명령들이 사도에게 제시된다. 이 두루마리 책이 나타내는 것은 다음과 같다. I. 이 두루마리는 하나님이 직접 인으로 봉하신 책이다(1-9절). II. 이 두루마리 책이 구세주이신 그리스도에게 넘겨져 인을 떼고 펼쳐진다(10-14절).

¹내가 보매 보좌에 앉으신 이의 오른손에 두루마리가 있으니 안팎으로 썼고 일곱 인으로 봉하였더라 ²또 보매 힘있는 천사가 큰 음성으로 외치기를 누가 그 두루마리를 펴며 그 인을 떼기에 합당하냐 하나 ³하늘 위에나 땅 위에나 땅 아래에 능히 그 두루마리를 펴거나 보거나 할 자가 없더라 ⁴그 두루마리를 펴거나 보거나 하기에 합당한 자가 보이지 아니하기로 내가 크게 울었더니 ⁵장로 중의 한 사람이 내게 말하되 울지 말라 유대 지파의 사자 다윗의 뿌리가 이겼으니 그 두루마리와 그 일곱 인을 떼시리라 하더라

이제까지 사도 요한은 만물의 통치자이신 하나님만을 보았다. 이제 그는 다른 환상을 보게 된다. 여기서 다음의 사실들을 주목하라.

I 사도는 하나님의 통치의 모본과 방법들에 대한 환상을 보게 된다. 그 모본과 방법들이 하나님의 오른손에 들고 계신 두루마리 책에 다 기록되어 있다. 이제 우리는 이것이 하나님의 손으로 닫혀지고 인봉이 된 사실을 고찰하게 될 것이다. 여기서 다음의 사실들을 주목하라.

1. 이 두루마리 책에 교회와 세상을 다스리는 하나님의 섭리의 계획들과 방법들이 진술되어 있고 정해져 있다. 그것들은 이 책에 기록된 대로 결정되고

합의되었다. 모든 계획이 세워지고, 모든 부분이 조화되고, 모든 것이 결정되고, 모든 것이 작정되고, 모든 것이 기록되었다. 이 두루마리 책의 원본과 초본은 하나님의 개인 금고인 하나님의 마음속에 보관되어 있는 하나님의 작정의 책이다. 그런데 이 원본과 똑같은 사본이 하나 있다. 일반적으로 알려야 될 필요가 있는 내용이 담긴 성경이 그 사본이다. 특별한 내용이 담긴 부분의 사본은 예언서다. 특별히 이 예언에 상세하게 기록되어 있다.

2. 하나님은 이 두루마리 책을 오른손에 쥐고 계시다. 그것은 그 책의 권위를 나타내고, 그 책의 내용들을 언제라도 시행할 수 있는 준비와 결의가 되어 있음을 알리고, 그 책에 기록된 모든 권면들과 목적들을 전달하기 위한 것이다.

3. 하나님의 손에 들린 이 두루마리 책은 닫히고 봉인되어 있다. 하나님이 그 책을 펴도록 허락하실 때까지는 하나님 자신 이외에는 그 누구도 그 책을 읽을 수가 없고 알 수가 없다. 세상이 있을 때부터 모든 그의 행사들은 하나님만 아신다. 예로부터 이것을 알게 하시는 주의 말씀이라(행 15:18). 그러나 그가 원하시는 것을 감추는 것도 하나님의 영광이다. 큰 사건들의 때와 시기는 언제나 하나님의 손과 권세 안에 있었다.

4. 이 두루마리 책은 일곱 인으로 봉해졌다(1절). 이 사실은 하나님의 뜻과 계획들은 아주 불가사의한 비밀로 보관되어 있다는 사실을 우리에게 알려준다. 하나님의 권면들은 피조물의 눈과 이성으로는 도저히 이해할 수 없는 비밀이다. 또한 이 책이 일곱 인으로 봉함이 되어있다는 사실은 하나님의 뜻과 목적이 담긴 이 책이 일곱 부분으로 되어있음을 우리에게 말해준다. 이 책의 각 부분이 각자의 특별한 인으로 봉해져 있는 것 같다. 그래서 이 책을 열 때 각 부분의 고유한 사건들이 드러나는 것 같다. 이 일곱 부분은 한 번에 인을 떼고 개봉되는 것이 아니다. 이것들은 하나씩 차례차례 인을 떼고 하나씩 차례차례 개봉이 된다. 그래서 하나님의 섭리의 내용이 하나씩 이어서 계시가 될 것이다. 인을 뗀 한 부분이 다른 부분을 소개하고, 이어서 그것이 다음 부분을 설명해 줄 것이다. 이것은 하나님의 뜻과 행위가 완전히 세상에서 이루어질 때까지 계속될 것이다.

II. 사도는 이 봉인된 책에 관해 외치는 선언 소리를 들었다. 여기서 다음의 사실들을 주목하라.

1. 이 외치는 자는 힘있는 천사였다. 하늘에 있는 천사들 가운데에는 약한 천

사는 하나도 없다. 교회의 천사들, 사자들 가운데에는 약한 사자들이 많지만 말
이다. 이 천사가 나온 것은 외치는 자로서만이 아니라 투사로서도 목적이 있는
것 같다. 그것은 하나님의 뜻을 펼치는 데 지혜의 힘을 겨루기 위하여 어떤 다
른 천사들이나 모든 피조물들에게 도전장을 내기 위한 것이다. 한 투사로서 이
천사는 모든 피조물이 들을 수 있게 큰 소리로 외쳤다.

  2. 그 도전의 외침은 다음과 같은 말을 선언했다. "누가 그 두루마리를 펴며 그
인을 떼기에 합당하냐(2절). 하나님의 뜻을 설명하거나 시행하는데 자신의 능력
이 된다고 생각하는 피조물은 누구든지 앞으로 나서서 한번 해봐라."

  3. 하늘에 있는 것이든 땅에 있는 것이든 그 도전을 받아들이고 그 일을 해볼
수 있는 존재가 하나도 없었다. 하늘에 있는 어느 누구도, 하나님의 보좌 앞에
있고, 그의 섭리와 통치를 돕는 사역자들인 거룩한 천사들 가운데 어떤 천사도
그 일을 해보겠다고 나서지 않았다. 모든 지혜가 출중한 천사들이 하나님의 뜻
과 법을 연구해서 펼쳐 보이겠다고 하나도 나서지를 않았다. 땅 위에 있는 인간
들 가운데 한 사람도 나서지 않았다. 가장 지혜로운 사람이든 가장 훌륭한 사
람이든 그 누구도 나서지 않았다. 마술사들과 점쟁이들 가운데 한 사람도 나서
지 않았다. 정작 하나님의 생각과 뜻을 계시 받는 하나님의 선지자들 가운데
한 사람도 나서지 않았다. 땅 아래에 있는 타락한 천사들 가운데 한 천사도, 죽
은 사람들의 영혼들 가운데 한 영혼도 나서지 않았다. 이 책을 펼칠 수 있는 존
재는 하나도 없다. 아주 간교한 사탄 자신도 이 일을 할 수가 없다. 피조물들은
이 책을 펼칠 수도 없고, 볼 수도 없다. 피조물들은 이 책을 읽을 수도 없다. 오
직 하나님만이 그 일을 하실 수 있다.

  Ⅲ. 사도는 이 문제에 대해 깊은 관심을 가지게 되었다. 사도는 크게 울었다
(4절). 그 두루마리를 펴거나 볼 자가 아무도 없다는 사실이 사도에게 큰 실망
을 안겨주었다. 사도는 보좌에 앉으신 이를 봄으로써 하나님의 생각과 뜻을 보
고 알 수 있기를 아주 갈망했다. 이 갈망이 당장 채워질 수 없음을 알게 되었을
때 사도는 슬픔이 가득 차게 되었고, 그의 눈에서는 많은 눈물이 펑펑 쏟아졌
다. 여기서 다음의 사실들을 주목하라.

  1. 이 세상에서 하나님을 본 사람들은 거의가 더 많이 볼 수 있기를 갈망한
다. 하나님의 영광을 본 사람들은 하나님의 뜻을 알 수 있기를 갈망한다.

  2. 선한 사람들은 너무 간절하고 너무 서두른 나머지 하나님이 행하시는 일

의 비밀들을 볼 수가 없다.

3. 당장 이루어지지 않는 그러한 갈망들은 비탄과 슬픔으로 바뀌게 되고 만다. 소망이 더디 이루어지면 그것이 마음을 상하게 하거니와 소원이 이루어지는 것은 곧 생명나무니라(잠 13:12).

IV. 그렇지만 사도는 이 봉인된 책이 열리게 될 것이라는 소망을 가지고 위로와 격려를 받았다. 여기서 다음의 사실들을 주목하라.

1. 누가 그러한 암시를 요한 사도에게 주었는가? 그는 장로 중의 한 사람이었다(5절). 하나님은 그의 교회에 그것을 계시해주셨다. 만일 천사들이 교회로부터 배우기를 거부하지 않는다면 목사들도 교회에서 배우는 것을 무시해서는 안 될 것이다. 하나님은 원하시면 그의 백성이 그들의 선생들에게 그것을 가르쳐 줄 수 있게 하실 수 있다.

2. 누가 그 일을 할 수 있었는가? 그는 유대 지파의 사자 다윗의 뿌리(5절)라고 불리는 주 예수 그리스도이셨다. 그리스도는 그의 인성을 따라서는 유대 지파의 사자이시다. 이것은 야곱의 예언을 암시해준다. 규가 유다를 떠나지 아니하며 통치자의 지팡이가 그 발 사이에서 떠나지 아니하기를 실로가 오시기까지 이르리니 그에게 모든 백성이 복종하리로다(창 49:10). 그리고 그리스도는 그의 신성을 따라서는 다윗의 뿌리이시다. 다윗의 가지가 육체를 따른 것이기는 할지라도 말이다. 하나님과 인간으로서 두 인격을 가지시고, 하나님과 인간 사이의 중보자의 직분을 맡으신 그리스도는 인간들에 대한 하나님의 모든 계획들과 뜻들을 계시하고 시행할 수 있는 최적임자이시다. 그리스도는 이 일을 중보자의 지위와 능력을 가지고 실행하실 때 다윗의 뿌리와 유대 지파의 자손으로서, 하나님의 이스라엘 백성의 왕과 머리로서 행하신다. 주 예수 그리스도는 모든 하나님의 백성의 위로와 기쁨을 위하여 그 일을 행하실 것이다.

[6]내가 또 보니 보좌와 네 생물과 장로들 사이에서 한 어린 양이 서 있는데 일찍이 죽임을 당한 것 같더라 그에게 일곱 뿔과 일곱 눈이 있으니 이 눈들은 온 땅에 보내심을 받은 하나님의 일곱 영이더라 [7]그 어린 양이 나아와서 보좌에 앉으신 이의 오른손에서 두루마리를 취하시니라 [8]그 두루마리를 취하시매 네 생물과 이십사 장로들이 그 어린 양 앞에 엎드려 각각 거문고와 향이 가득한 금 대접을 가졌으니 이 향은 성도의 기도들이라 [9]그들이 새 노래를 불러 이르되 두루마리를 가지시고 그

인봉을 떼기에 합당하시도다 일찍이 죽임을 당하사 각 족속과 방언과 백성과 나라 가운데에서 사람들을 피로 사서 하나님께 드리시고 ¹⁰그들로 우리 하나님 앞에서 나라와 제사장들을 삼으셨으니 그들이 땅에서 왕 노릇 하리로다 하더라 ¹¹내가 또 보고 들으매 보좌와 생물들과 장로들을 둘러 선 많은 천사의 음성이 있으니 그 수 가 만만이요 천천이라 ¹²큰 음성으로 이르되 죽임을 당하신 어린 양은 능력과 부와 지혜와 힘과 존귀와 영광과 찬송을 받으시기에 합당하도다 하더라 ¹³내가 또 들으 니 하늘 위에와 땅 위에와 땅 아래와 바다 위에와 또 그 가운데 모든 피조물이 이 르되 보좌에 앉으신 이와 어린 양에게 찬송과 존귀와 영광과 권능을 세세토록 돌 릴지어다 하니 ¹⁴네 생물이 이르되 아멘 하고 장로들은 엎드려 경배하더라

　　　여기서 사도는 어린 양이신 주 예수 그리스도의 환상을 보게 된다. 여 기서 다음의 사실들을 주목하라.

I 사도는 이 두루마리 책을 보좌에 앉으신 이의 오른손에서 주 예수 그리스 도의 손으로 옮겨지는 환상을 본다(7절).　이것은 그 두루마리 책이 주 예수 그리스도에 의해 인이 떼어지고 펼쳐지기 위한 것이다. 여기서 그리스도는 다 음과 같이 묘사되고 있다.

　1. 그리스도가 계신 자리와 지위가 묘사되고 있다. 그리스도는 보좌와 네 생물 과 장로들 사이에 서 계셨다. 그리스도는 아버지와 함께 같은 보좌에 앉아 계셨 다. 그리스도는 교회의 장로들이나 목사들보다도 하나님 아버지의 곁에 더 가 깝게 계셨다. 인간과 중보자로서 그리스도는 아버지 하나님보다 낮은 자리에 계신다. 그러나 그리스도는 그 어떤 피조물들보다 하나님 아버지 곁에 더 가까 이 계신다. 그 안에는 신성의 모든 충만이 육체로 거하신다(골 2:9). 목사들이 하나 님과 백성들 사이에 서 있다. 그리스도는 하나님과 목사들과 백성들 사이에 중 보자로서 서 계신다.

　2. 그리스도가 나타나신 모습은 어떠했는가? 그리스도는 앞에서 사자(5절)로 불리셨고, 지금 여기서는 죽임을 당한 어린 양(6절)의 모습으로 나타나신다. 그 리스도는 사탄을 이기신 사자이시고, 하나님의 공의를 만족시킨 어린 양이시 다. 그리스도는 하늘에서도 그의 대속의 공로를 중재하시는 것을 보여주시기 위하여 그가 겪으신 고난의 표시들을 지닌 모습으로 나타나신다. 그리스도는 일곱 뿔과 일곱 눈이 있는 한 어린 양으로 나타나신다. 이 일곱 뿔과 일곱 눈이 있는

모습은 하나님의 모든 뜻을 실행할 수 있는 완전한 능력, 하나님의 뜻을 다 이해할 수 있고 그것을 가장 효과적인 방법으로 실행할 수 있는 완전한 지혜를 의미한다. 왜냐하면 그리스도는 온 땅에 보내심을 받은 하나님의 일곱 영을(6절) 가지고 계시기 때문이다. 그리스도는 한량없는 성령을 받으셨다. 그러므로 그리스도는 빛과 생명과 권능이 완전하신 성령을 통해 땅의 모든 족속들을 가르치실 수 있고, 세상의 모든 지역들을 다스리실 수 있으시다.

3. 그리스도의 행동과 행위는 어떻게 묘사되고 있는가? 그리스도는 보좌에 앉으신 이의 오른손에서 두루마리를 취하셨다(7절). 그리스도는 그것을 폭력이나 기만으로 뺏으신 것이 아니라 그의 공로와 자격으로 얻으셨다. 그리스도는 아버지 하나님의 권위와 아버지 하나님의 지시에 의해 그것을 취하시게 되었다. 하나님은 그의 영원한 뜻들과 계획들이 담긴 그 두루마리 책을 그리스도의 손에 기꺼이 정당하게 넘겨주셨다. 왜냐하면 그리스도는 아버지 하나님의 뜻을 계시하고 행하기를 좋아하시기 때문이다.

Ⅱ 사도는 주님의 이 두루마리 책을 취하신 일로 하늘과 땅을 가득 채운 온 우주의 환호와 감사를 발견한다. 그리스도가 아버지 하나님의 손에서 이 책을 받으시자마자 천사들과 인간들의 경배를 받으시는 것은 물론이고 참으로 모든 피조물들의 환호와 경배를 받으셨다. 하나님이 절대적인 권세와 엄격한 공의로 인간들을 다루시지 않고 구세주를 통하여 은혜와 인자로 다루시는 것을 보는 것은 모든 세상 사람들에게 아주 즐거움을 주는 주제이다. 하나님은 단순히 창조주와 율법 제정자로서 지배하시는 것이 아니라 우리의 하나님과 구세주로서 다스리신다. 모든 세상 사람들은 이것을 즐거워해야 할 이유가 있다. 지금 여기서 어린 양에게 드리는 찬양은 세 부분으로 되어 있다. 첫째 부분은 교회의 찬양이고, 둘째 부분은 교회와 천사들의 찬양이고, 셋째 부분은 모든 피조물의 찬양이다.

1. 교회는 찬양을 시작한다. 왜냐하면 교회는 그 두루마리 책에 아주 많은 관심을 가지고 있기 때문이다. 그 두루마리를 취하시매 네 생물과 이십사 장로들이 그 어린 양 앞에 엎드려 각각 거문고와 향이 가득한 금 대접을 가졌으니 이 향은 성도의 기도들이라 그들이 새 노래를 불러 이르되 두루마리를 가지고 그 인봉을 떼기에 합당하시도다(8-9절). 목사들을 상징하는 네 생물들과 교인들을 상징하는 이십사 장로들이 그들의 목사의 인도 아래 합창을 한다. 여기서 다음의 사실들을 주목

하라.

(1) 그들이 경배하는 대상은 어린 양, 주 예수 그리스도이시다. 모든 사람들은 하나님 아버지에게 경배를 드리듯이 아들에게도 경배를 드려야 하는 것은 하나님의 선포된 뜻이다. 왜냐하면 아들도 하나님과 동일한 속성을 지니고 계시기 때문이다.

(2) 그들이 경배하는 자세는 아주 진지하고 엄숙했다. 그들은 그 어린 양 앞에 엎드렸다. 그들은 주 예수 그리스도에게 어떤 낮은 종류의 경배를 드리지 않았다. 그들은 아주 심오한 경배를 그리스도에게 드렸다.

(3) 그들은 도구들을 사용해 경배를 드렸다. 그들의 도구는 거문고와 향이 가득한 금 대접(8절)이었다. 거문고는 찬양의 도구였다. 금 대접은 향이 가득 들어 있는 도구였다. 그것은 성도의 기도들을 상징한다. 기도와 찬양은 항상 함께 해야 한다.

(4) 그들이 찬양하는 주제는 교회의 새로운 지위에 합당한 것이었다. 그 지위는 하나님의 아들, 주 예수 그리스도에 의해 제정된 복음의 지위이다. 새 노래는 이 지위를 찬양한다. 여기서 다음의 사실들을 주목하라.

[1] 그들은 하나님의 뜻과 목적들을 계시하고 시행하는 위대한 사역에 대한 주 예수 그리스도의 무한한 적합성과 고귀함을 인정하고 찬양한다. 그들이 새 노래를 불러 이르되 두루마리를 가지시고 그 인봉을 떼기에 합당하시도다(9절). 그리스도가 행하시는 모든 방법은 그 일에 합당하고 고귀했다.

[2] 그들은 이 일이 지닌 가치의 이유와 근거들을 말한다. 그들이 하나님으로서의 그의 인격의 권위를 배제하고 있지는 않다. 이 권위가 없이는 그리스도도 그 일에 합당하지 못하셨다. 어쨌든 그들은 그들을 위하여 그리스도가 견디셨던 그의 고난들의 공로를 주로 찬양한다. 이것이 그들의 영혼에 감동을 주어 감사와 기쁨이 넘치게 했다. 여기서 다음의 사실들을 주목하라.

첫째, 그들은 주님의 고난을 언급한다. "그리스도는 희생 제물로서 죽임을 당하셨다 (9절). 주님이 피를 흘리셨다."

둘째, 주님의 고난들은 열매들이 있었다. 그 열매들은 다음과 같다. 먼저 그리스도는 하나님께 죄인들을 위한 대속을 하셨다. 그리스도는 하나님의 백성을 죄와 범죄와 사탄의 멍에로부터 대속하여 구원하셨다. 그리스도의 대속을 통하여 하나님의 백성들은 자유롭게 하나님을 섬기고 하나님을 즐거워할 수 있게 되었다. 그 다음에 그리스도는 하나님의 백성을 아주 높여주셨다. 그들로 우리 하나님 앞에서 나라와 제사장들을 삼으셨으니 그들이 땅에서 왕 노릇 하리로다 (10절). 몸값이 지불된 모든 노예가 직접 귀하게 되는 것이 아니다. 노예는 자유를 찾게 되는 것이 큰 호의라고 생각한다. 그러나 하나님의 택함 받은 백성이 죄와 사탄으로 말미암아 노예가 되었을 때 그리스도는 세상 모든 나라에서 그들을 위하여 그들의 자유를 값을 주고 사주셨을 뿐만 아니라 그들에게 가장 훌륭한 명예와 지위도 베풀어주셨다. 그들을 나라의 왕들과 제사장들을 삼으셨다. 그리스도가 그 죄인들을 왕들로 삼으신 것은 그들이 자신의 영들을 다스리고, 세상과 마귀를 이길 수 있는 왕들로 삼으신 것이다. 그리스도가 그 죄인들을 제사장들로 삼으신 것은 그들이 하나님과 주님에게 나아올 수 있게 하고, 영적 희생 제물들과 제사들을 직접 드릴 수 있는 자유를 주신 것이다. 그들이 땅에서 왕 노릇 하리로다(10절). 더 나아가서 그들은 마지막 날에 그리스도와 함께 세상을 심판하게 될 것이다.

2. 이와 같이 교회가 시작한 찬양을 천사들이 이어받아 계속한다. 천사들은 교회와 함께 두 번째 찬양을 한다. 내가 또 보고 들으매 보좌와 생물들과 장로들을 둘러 선 많은 천사의 음성이 있으니 그 수가 만만이요 천천이라(11절). 그들의 수가 만만이요 천천이라 헤아릴 수 없이 많다고 한다. 하나님의 보좌에서 시중들고 교회를 지키는 천사들이 헤아릴 수 없이 많다. 천사들은 그들 자신들에게 구주는 필요하지 않았음에도 죄인들의 대속과 구원을 기뻐하고, 죄인들을 위해 죽으신 주 예수 그리스도의 무한하신 공로를 인정하고 교회와 함께 찬양한다. 그리스도는 능력과 부와 지혜와 힘과 존귀와 영광과 찬송을 받으시기에 합당하시다 (12절). 여기서 다음의 사실들을 주목하라.

(1) 주 예수 그리스도는 가장 큰 능력과 지혜, 가장 큰 자원, 모든 장점을 필요로 하는 직분과 권위를 합당하게 가지고 계시기에 그것들을 올바르게 사용하실 수 있다.

(2) 주 예수 그리스도는 그 직분에 적합하시고 그 직분에 신실하시기 때문에 모든 명예와 영광과 찬양을 받으시기에 합당하시다.

3. 교회가 시작하고 천사들이 이어 받아 계속 부르는 이 찬양을 모든 피조물이 되받아 부른다. 내가 또 들으니 하늘 위에와 땅 위에와 땅 아래와 바다 위에와 또 그 가운데 모든 피조물이 이르되 보좌에 앉으신 이와 어린 양에게 찬송과 존귀와 영

광과 권능을 세세토록 돌릴지어다 하니(13절). 하늘과 땅이 구주를 소리 높여 찬양한다. 모든 피조물이 그리스도를 더 훌륭하게 대접하고 높인다. 그가 만물보다 먼저 계시고 만물이 그 안에 함께 섰느니라(골 1:17). 모든 피조물은 인간의 타락으로 말미암아 하나님의 저주의 멍에를 짊어지고 신음하는 피조물을 구원해 주신 구세주를 저마다 자신의 의미와 언어로 찬양한다. 그러므로 모든 피조물을 위하여 의인법을 활용하여 만들어진 찬양이 바로 찬송과 존귀와 영광과 권능(13절)의 노래이다. 여기서 다음의 사실들을 주목하라.

(1) 이 모든 피조물들의 찬양은 보좌에 앉으신 이에게 드리는 것이다. 즉 그들의 찬양은 삼위일체의 제일위이시고 우리의 구원의 섭리에 있어서 첫째이신 하나님 아버지를 위한 노래이다.

(2) 이 모든 피조물들의 찬양은 어린 양에게 드리는 것이다. 즉 그들의 찬양은 삼위일체의 제이위이시고, 새 언약의 중보자이신 그리스도를 위한 노래이다. 어린 양에게 드려진 모든 피조물의 경배가 낮은 성질의 경배라는 것을 의미하지는 않는다. 왜냐하면 모든 피조물이 하는 찬양은 보좌에 앉으신 이와 어린 양에게 같은 언어로 같은 존귀와 영광을 돌리는 것이기 때문이다. 그들이 부르는 찬양의 본질은 똑같은 것이다. 그러나 피조물의 찬양과 우리의 찬양은 구원의 부분에 있어서는 분명히 다르다. 피조물은 하나님의 능력을 단순하게 찬양하지만 우리는 우리의 창조와 우리의 구속을 위하여 동일하신 한 하나님을 경배하고 찬양한다.

하늘과 땅이 합창으로 부른 하늘의 찬송가를 시작한 교회가 그들의 찬양을 어떻게 끝내는지를 우리는 발견하게 된다. 그들은 그들의 찬양을 전부 아멘으로 마무리한다. 그들은 찬양을 시작할 때 했던 그대로 영원하신 하나님 앞에 엎드려 경배하는 자세로 끝을 맺는다. 이렇게 해서 이 봉인된 두루마리 책이 창조주 하나님의 손에서 구세주의 손으로 옮겨지게 되는 광경을 이제까지 보았다.

제
— 6 —
장

개요

하나님의 뜻이 담긴 이 두루마리 책이 그리스도의 손으로 옮겨가게 되자 그는 지체하지 않으신다. 그리스도는 곧바로 그 책의 인을 떼고 그 내용을 알리시는 일을 시작하신다. 그러나 그리스도가 이렇게 하심에도 불구하고 여전히 이 책의 예언들은 심원하고 어려워서 이해할 수 없는 방법으로 이 일이 진행된다. 이제까지는 에스겔의 환상대로 성전의 물이 단지 발목까지 차거나, 무릎까지 차거나, 최소한 허리까지 차는 단계였다. 그러나 여기서는 그 물이 도저히 건널 수 없는 강물이 되고 있다. 사도 요한이 앞의 두 장들에서 아시아의 일곱 교회들에 보내는 서신들, 찬양 노래들에 대해 본 환상들은 이해하기가 애매하고 어려운 어떤 부분들이 있었다. 그러나 그 환상들은 강한 성인들을 위한 고기라기보다는 어린아이들을 위한 젖이었다. 그러나 이제 우리는 깊은 바다 속으로 들어가야만 할 것이다. 그리고 그러한 우리의 일은 그 깊은 바다의 깊이를 재고 헤아리기 위한 것이라기보다는 오히려 그 바다에 그물을 내려 한 그물의 고기라도 잡기 위한 것이 되어야 할 것이다. 우리는 아주 분명한 것 같은 것에 대한 암시정도만 얻을 수 있을 것이다. 이 책의 예언들은 일곱 인을 떼는 것, 일곱 나팔 소리가 들리는 것, 일곱 금 대접이 쏟아지는 것으로 나누어져 있다. 일곱 인을 떼는 것은 우리의 구세주 예수 그리스도의 승천부터 콘스탄티누스 대제의 통치까지 1세기부터 3세기에 이르는 교회에 관한 하나님의 뜻들을 계시하는 것으로 생각된다. 이것은 이 두루마리 책이 둘둘 말린 책으로 표현되고 있고, 몇 군데 봉인이 된 것으로 나타난다. 그래서 그 봉인된 인이 하나씩 떼질 때마다 거기까지만 그 책을 읽을 수 있다. 그것은 그 인을 계속 떼내 다 떼질 때에야 비로소 그 책이 다 펼쳐지고 드러나게 될 것이다. 그러나 우리가 여기서 알고자 하는 것은 그 책에 무엇이 기록되어 있느냐가 아니라 수수께끼 같고 상징적인 형상들을 통해 사도 요한이 무엇을 보았나 하는 것이다. 하나님이 정하신 때와 시기를 주제넘게 알려고 하는 것은 우리가 할 일이 아니다. 이 장에서 일곱 개의 인 가운데 여섯 개가 떼어지게 된다. 그 인이 떼어질 때마다 그와 관련된 환상이 계시된다. 첫째 인은 1-2절에서 떼어진다. 둘째 인은 3-4절에서 떼어진다. 셋째 인은 5-6절에서 떼어진다. 넷째 인은 7-8절에서 떼어진다. 다섯째 인은

9-11절에서 떼어진다. 여섯째 인은 12-13절에서 떼어진다.

¹내가 보매 어린 양이 일곱 인 중의 하나를 떼시는데 그 때에 내가 들으니 네 생물 중의 하나가 우렛소리 같이 말하되 오라 하기로 ²이에 내가 보니 흰 말이 있는데 그 탄 자가 활을 가졌고 면류관을 받고 나아가서 이기고 또 이기려고 하더라

　　　여기서 사도는 어린 양이 인을 떼는 환상을 본다. 여기서 다음의 사실들을 주목하라.

1. 어린 양이신 그리스도는 여기서 첫째 인을 떼신다. 그리스도는 이제 하나님의 뜻과 목적들을 교회와 세상에 알리고 이루시는 위대한 사역을 시작하신다.

2. 교회의 네 사역자들 가운데 한 사람이 우레 같은 소리로 가까이 와서 무엇이 나타나는지를 보라고 사도를 부른다.

3. 우리는 여기서 그 환상을 대하게 된다. 이에 내가 보니 흰 말이 있는데 그 탄 자가 활을 가졌고 면류관을 받고 나아가서 이기고 또 이기려고 하더라(2절). 여기서 다음의 사실들을 주목하라.

(1) 주 예수 그리스도가 흰 말을 타고 나타나신다. 흰 말들은 일반적으로 전쟁에 적합하지 않다고 한다. 그 이유는 흰 말을 탄 사람이 전쟁터에서 적의 표적이 되게 하기 때문이다. 그러나 우리의 주 예수 구세주는 영광스러운 승리를 확신하셨다. 그래서 그리스도는 세상 곳곳을 아주 빨리 다니기 위하여 복음의 순수한 흰 말을 타신다.

(2) 그리스도는 그의 손에 활을 가지셨다. 하나님의 말씀으로 감동을 받아 뉘우치는 회개는 날카로운 화살이다. 그 활은 멀리까지 쏜다. 말씀을 전하는 목사들이 활을 되는대로 쏘아대지만 하나님은 그 활로 갑옷의 이음새를 정확하게 맞추실 수 있다. 그리스도의 손에 들린 이 활은 강하고, 요나단의 활처럼 목표물을 맞추지 못하고 헛되이 돌아오는 법이 없다. 죽은 자의 피에서, 용사의 기름에서 요나단의 활이 헛되이 돌아가지 아니하였다(삼하 1:22).

(3) 그리스도가 면류관을 받았다는 것은 복음을 받은 사람들은 모두 그리스도를 왕으로 모셔야 하고, 그의 충성스럽고 복종하는 신하들이 되어야 한다는 것을 의미한다. 그리스도는 복음의 성공으로 영광과 찬송을 받으실 것이다. 그리스도가 전쟁에 나가실 때 투구가 면류관보다 더 적절하다고 생각할 수 있는 사

람들도 있다. 그러나 그리스도에게 면류관을 드렸다고 하는 것은 승리를 나타
내는 보증과 상징이다.

(4) 그리스도는 나아가서 이기고 또 이기셨다(2절). 교회가 계속 있는 한 싸우
시는 그리스도는 계속 이기실 것이다. 그리스도가 한 시대에 그의 적들을 이기
시면 그는 또 다른 시대에 새로운 적들을 만나시게 될 것이다. 사람들은 계속
대적할 것이고, 그리스도는 계속 이기실 것이다. 그리스도가 이기신 예전의 승
리들은 미래의 승리들에 대한 담보와 보증이 될 것이다. 그리스도는 그의 백성
안에 있는 그의 적들을 정복하신다. 그의 백성의 죄들은 그들의 적들이기도 하
고 그리스도의 적들이기도 하다. 그리스도가 그의 백성들의 영혼 속에 능력으
로 임하실 때 그는 이 적들을 정복하기 시작하시고, 완전한 승리를 얻을 때까
지 그는 성화의 점진적인 싸움에서 계속 이기신다. 그리스도는 세상에서의 그
의 적들과 악인들을 정복하시고 그들을 발 밑에 두기도 하시고, 발판으로 만들
기도 하실 것이다. 이 인을 떼기 시작할 때 다음과 같은 일들이 일어나게 된다.

[1] 세상에서 그리스도의 복음이 성공적으로 발전하는 것은 선한 사람이 이
세상에서 볼 수 있는 영광스러운 광경이고, 가장 즐겁고 멋있는 광경이다.

[2] 세상의 나라들과 왕국들에서 어떤 변혁이나 혁명이 일어나든지 간에 그
리스도의 나라는 모든 반대와 대적에도 불구하고 더 확고해지고 확장될 것이
다.

[3] 기회의 아침은 대체로 재앙의 밤 앞에 나타난다. 그래서 복음은 재앙이 쏟
아 부어지기 전에 전파된다.

[4] 그리스도의 하시는 사역은 단번에 모든 게 이루어지는 것이 아니다. 복음
이 선포될 때 그것이 모든 세상 사람들에게 전달이 되어야 하지만 그것은 종종
반대를 만나게 되고, 천천히 나아갈 것이라는 사실을 우리는 항상 생각해야 할
것이다. 그럼에도 불구하고 그리스도는 그 자신의 때와 방법으로 그의 일을 효
과적으로 수행하실 것이다.

³둘째 인을 떼실 때에 내가 들으니 둘째 생물이 말하되 오라 하니 ⁴이에 다른 붉은
말이 나오더라 그 탄 자가 허락을 받아 땅에서 화평을 제하여 버리며 서로 죽이게
하고 또 큰 칼을 받았더라 ⁵셋째 인을 떼실 때에 내가 들으니 셋째 생물이 말하되
오라 하기로 내가 보니 검은 말이 나오는데 그 탄 자가 손에 저울을 가졌더라 ⁶내가

네 생물 사이로부터 나는 듯한 음성을 들으니 이르되 한 데나리온에 밀 한 되요 한 데나리온에 보리 석 되로다 또 감람유와 포도주는 해치지 말라 하더라 ⁷넷째 인을 떼실 때에 내가 넷째 생물의 음성을 들으니 말하되 오라 하기로 ⁸내가 보매 청황색 말이 나오는데 그 탄 자의 이름은 사망이니 음부가 그 뒤를 따르더라 그들이 땅 사분의 일의 권세를 얻어 검과 흉년과 사망과 땅의 짐승들로써 죽이더라

첫째 인을 뗀 다음의 세 개의 인은 하나님이 영원한 복음을 거부하거나 남용한 자들을 징벌하시는 무서운 심판들의 비참한 전망을 보여준다. 이것들을 그리스도의 교회에 닥칠 핍박들로 보는 사람들도 있고, 유대인의 멸망으로 보는 사람들도 있기는 하지만 하나님의 무서운 징벌들로 보는 것이 더 일반적인 것 같다. 하나님은 그의 언약을 무시하는 자들에게 그 징벌들로 복수하신다. 여기서 다음의 사실들을 주목하라.

I 둘째 인을 뗄 때 사도 요한은 앞의 말과 색깔이 다른 붉은 말에 주목하게 된다. 이에 다른 붉은 말이 나오더라 그 탄 자가 허락을 받아 땅에서 화평을 제하여 버리며 서로 죽이게 하고 또 큰 칼을 받았더라(4절). 이것은 처참한 심판의 전쟁을 의미한다. 이 붉은 말을 탄 이는 땅에서 화평을 제하여 버리고, 땅의 거민들을 서로 죽이게 하는 권세를 가지고 있었다. 붉은 말을 탄 이는 누구였나? 그가 만군의 여호와이신 그리스도 자신이신지 아니면 그리스도가 전쟁을 일으키기 위해 사용하시는 도구들인지는 확실하지가 않다. 그러나 확실한 것은 다음의 것들이다.

1. 복음의 활을 맞고 쓰러져 복종하지 않는 자들은 하나님의 공의의 칼로 조각조각 잘라지게 된다는 것은 분명하다.

2. 예수 그리스도가 은혜의 왕국뿐만 아니라 섭리의 왕국도 다스리시고 명령하신다는 것은 분명하다.

3. 전쟁의 칼은 무서운 심판이라는 것은 분명하다. 전쟁의 칼은 가장 큰 축복들 가운데 하나인 평화를 땅에서 빼앗아 가 버린다. 전쟁의 심판은 사람들이 서로 죽이게 만든다. 서로 사랑하고 서로 도와야 될 사람들이 전쟁의 와중에 서로 죽이게 된다.

II. 셋째 인을 뗄 때 앞의 말과 다른 검은 말을 탄 이를 보게 된다. 이것은 무서운 심판인 기근을 상징한다. 셋째 인을 떼실 때에 내가 들으니 셋째 생물이 말하

되 오라 하기로 내가 보니 검은 말이 나오는데 그 탄 자가 손에 저울을 가졌더라(5 절). 이것은 사람들이 성경에 예언된 대로 그들의 빵을 무게로 달아 먹어야 한 다는 것을 의미한다. 내가 너희가 의뢰하는 양식을 끊을 때에 열 여인이 한 화덕에 서 너희 떡을 구워 저울에 달아 주리니 너희가 먹어도 배부르지 아니하리라(레 26:26). 다음에는 음성이 들렸다. 한 데나리온에 밀 한 되요 한 데나리온에 보리 석 되로다 또 감람유와 포도주는 해치지 말라(6절). 이 예언이 기근의 환상이 아니라 풍년의 환상이라고 해석하는 주석가들도 있다. 그러나 이 예언 당시의 무게 단 위와 돈의 단위를 생각한다면 이 예언에 대한 반대 의견이 사라질 것이다. 지 금 본문에서 언급하는 무게의 단위나 돈의 단위가 현재의 단위로 환산한다면 상당한 분량이고 상당한 액수이다. 어쨌든 이 기근은 가난한 사람들에게 아주 혹독하게 닥쳤던 것 같다. 반면에 부자들의 기호품인 감람유와 포도주는 피해 가 없었다. 그러나 생명의 양식인 밀과 빵이 피해를 입게 되면 기호품들이 그 자리를 메우지는 못할 것이다. 여기서 다음의 사실들을 주목하라.

1. 사람들이 자신들의 영적인 양식을 싫어하게 되면 하나님은 그들에게서 그 들의 일용할 양식을 당연히 빼앗아 버리실 것이다.

2. 어떤 심판이든지 혼자 오는 법이 거의 없다. 전쟁의 심판 뒤에는 자연히 기근의 심판이 뒤따르기 마련이다. 한 심판으로 자신을 낮추지 않는 사람들은 더 큰 다른 심판을 맞을 준비를 해야 할 것이다. 왜냐하면 하나님과 싸우면 당 연히 하나님이 이기실 것이기 때문이다. 빵과 곡식의 기근은 무서운 심판이다. 그러나 말씀의 기근은 더 무서운 심판이다. 부주의한 죄인들이 그 사실을 깨닫 거나 느끼지 못할지라도 말이다.

III. 넷째 인을 뗄 때 사도 요한은 보라는 명령을 받고 창백한 색깔의 청황색 말을 보게 된다. 여기서 다음의 사실들을 주목하라.

1. 그 말을 탄 자의 이름은 **사망**이다. 사망은 두려움의 왕이다. 사망은 그 제국 에 전염병을 가지고 있다. 사망은 말을 타고 새로운 정복 대상을 찾아서 매 시 간 여기저기 분주히 다닌다.

2. 이 두려움의 왕 사망의 뒤를 따르는 신하는 음부 곧 지옥이다. 음부는 그들 의 죄 가운데 죽은 모든 사람들이 영원한 불행 가운데 거하게 되는 곳이다. 사 람들이 일반적으로 죽게 되면 많은 사람들이 아무런 준비 없이 사망의 골짜기 로 내려가게 된다. 그것은 생각만 해도 아주 두려운 일이다. 회개하지 않은 죄

인에게 죽자마자 그 즉시 영원한 저주와 징벌이 따른다는 것은 모든 세상 사람들을 두려워 떨게 만들기에 충분하다. 여기서 다음의 사실들을 주목하라.

(1) 한 심판과 또 다른 심판 사이의 관계는 사법적일 뿐 아니라 자연적이기도 하다. 전쟁은 모든 것을 황폐하게 만드는 재앙이다. 전쟁은 식량 부족과 기근이 뒤따르게 한다. 전쟁은 사람들이 적절한 생활 유지를 못하게 만들고 그들이 가진 모든 것을 빼앗아 간다. 전쟁은 종종 전염병까지 유발한다.

(2) 하나님의 화살 통은 화살이 가득하다. 하나님은 악한 사람들을 징벌하시는 방법이나 수단을 한 번도 실수하신 적이 없다.

(3) 하나님의 뜻이 담긴 책 속에 하나님은 회개하고 돌아오는 죄인들을 위한 긍휼도 담겨 있지만 하나님의 경고를 비웃고 회개하지 않는 자들을 위한 심판과 징벌도 준비해 놓으셨다.

(4) 성경에 하나님은 의인들을 위한 약속도 말씀하시고 악한 자들에 대한 경고도 선언하셨다.

Ⅳ. 이 인들을 뗀 후 심판이 온다.　그것에 대한 기록에서 우리는 다음과 같은 분명한 계시를 발견하게 된다. 그들이 땅 사분의 일의 권세를 얻어 검과 흉년과 사망과 땅의 짐승들로써 죽이더라(8절). 하나님이 그들에게 권세를 주셨다. 다시 말해서 하나님은 그의 분노나 심판의 도구들을 그들에게 주셨다. 손에 바람을 쥔 자는 재난을 마음대로 부리고 조정할 수 있다. 전쟁과 기근과 전염병의 가장 큰 세 심판들 외에 여기서 땅의 짐승들이 하나 더 추가된다. 그것은 에스겔서에 기록된 하나님의 또 다른 무서운 심판이다. 주 여호와께서 이같이 이르시되 내가 나의 네 가지 중한 벌 곧 칼과 기근과 사나운 짐승과 전염병을 예루살렘에 함께 내려 사람과 짐승을 그 중에서 끊으리니 그 해가 더욱 심하지 아니하겠느냐(겔 14:21). 그런데 여기서 이 사나운 짐승의 심판이 마지막으로 언급된 것은 다음과 같은 이유 때문일 것이다. 즉 한 나라가 칼과 기근과 전염병으로 많은 사람들이 죽게 될 때 짐승이 울부짖는 황량하고 쓸쓸한 광야에 살아남은 얼마 되지 않는 남은 자들이 사나운 야수들의 공격을 받게 되고 그들은 손쉬운 먹이가 되고 말 것이기 때문이다. 이 짐승들을, 다른 사람들을 파멸시키는 도구로 사용되기를 좋아하고 모든 인간성이 말살된 야수적이고, 잔인하고, 야만적인 사람들로 이해하는 사람들도 있다.

⁹다섯째 인을 떼실 때에 내가 보니 하나님의 말씀과 그들이 가진 증거로 말미암아 죽임을 당한 영혼들이 제단 아래에 있어 ¹⁰큰 소리로 불러 이르되 거룩하고 참되신 대주재여 땅에 거하는 자들을 심판하여 우리 피를 갚아 주지 아니하시기를 어느 때까지 하시려 하나이까 하니 ¹¹각각 그들에게 흰 두루마기를 주시며 이르시되 아직 잠시 동안 쉬되 그들의 동무 종들과 형제들도 자기처럼 죽임을 당하여 그 수가 차기까지 하라 하시더라 ¹²내가 보니 여섯째 인을 떼실 때에 큰 지진이 나며 해가 검은 털로 짠 상복 같이 검어지고 달은 온통 피 같이 되며 ¹³하늘의 별들이 무화과나무가 대풍에 흔들려 설익은 열매가 떨어지는 것 같이 땅에 떨어지며 ¹⁴하늘은 두루마리가 말리는 것 같이 떠나가고 각 산과 섬이 제 자리에서 옮겨지매 ¹⁵땅의 임금들과 왕족들과 장군들과 부자들과 강한 자들과 모든 종과 자유인이 굴과 산들의 바위 틈에 숨어 ¹⁶산들과 바위에게 말하되 우리 위에 떨어져 보좌에 앉으신 이의 얼굴에서와 그 어린 양의 진노에서 우리를 가리라 ¹⁷그들의 진노의 큰 날이 이르렀으니 누가 능히 서리요 하더라

　　　　　이 6장의 남은 부분에서 우리는 다섯째 인과 여섯째 인을 떼는 것을 대하게 된다. 여기서 다음의 사실들을 주목하라.

I 다섯째 인.　여기서는 사도에게 환상을 와서 보라고 명령하는 어떤 존재에 대한 언급이 전혀 없다. 그것은 아마 이 환상을 보는 형식이 이미 지켜졌기 때문일 수도 있고, 아니면 네 생물들이 모두 그렇게 명령하는 감독자의 의무를 앞서 다 이행했기 때문일 수도 있다. 또는 여기서 계시되는 사건들이 앞서의 것들을 펼치기 때문이거나 시간을 훌쩍 뛰어넘어 교회의 당시의 사역자들을 나타내는 것이기 때문이었을 수도 있다. 지금 이 계시가 어떤 미래 사건들에 대한 새로운 예언을 전혀 내포하고 있지 않다. 그러나 이 계시는 그리스도와 복음을 위하여 큰 환난과 시련을 당했었고, 계속해서 겪고 있던 사람들을 위한 도움과 위로의 원천을 밝혀주고 있다. 여기서 다음의 사실들을 주목하라.

1. 다섯째 인을 뗄 때 사도 요한이 본 환상은 아주 감동적인 광경이었다. 다섯째 인을 떼실 때에 내가 보니 하나님의 말씀과 그들이 가진 증거로 말미암아 죽임을 당한 영혼들이 제단 아래에 있었다(9절). 사도 요한은 순교자들의 영혼들을 보았다. 여기서 다음의 사실들을 주목하라.

(1) 요한이 그 영혼들을 본 곳은 제단 아래였다. 그 곳은 가장 거룩한 곳의 분

향 제단 아래였다. 다시 말해 요한 사도는 그 영혼들이 하늘에 계시는 그리스도의 발 밑에 있는 것을 보았다. 여기서 다음의 사실들을 주목하라.

[1] 박해자들은 단지 몸만을 죽일 수 있을 따름이다. 박해자들이 그 뒤에 하나님의 백성에게 더 이상 할 수 있는 것은 아무것도 없다. 하나님의 백성은 몸은 죽었어도 그 영혼은 계속 살아있다.

[2] 하나님은 죽기까지 충성하고 땅에는 더 이상 있지 못하게 된 영혼들을 위하여 더 나은 세상에 좋은 처소를 예비해두셨다.

[3] 거룩한 순교자들은 하늘나라에서 그리스도와 가장 가까이 있게 되고, 그들은 하늘나라에서 아주 높은 지위를 차지하게 된다.

[4] 그들이 하늘나라에 들어갈 수 있게 되고, 하늘나라에서 상을 받게 되는 것은 그들 자신의 죽음 때문이 아니라 그리스도의 희생 제사 때문이다. 그들은 그들 자신의 피가 아니라 어린 양의 피로 그들의 옷을 깨끗하게 씻었다.

(2) 그들이 고난을 받은 원인은 무엇이었는가? 그들은 하나님의 말씀과 그들이 가진 증거로 말미암아 고난을 받았다. 그들은 하나님의 말씀을 믿고, 그 진리를 증언하고 고백하는 것 때문에 고난을 받고 죽게 되었다. 그들의 이러한 신앙 고백은 그것 때문에 죽게 될지라도 변하거나 흔들리지 않는 확고한 것이었다. 어떤 사람이 자신의 생명을 바칠 수 있는 가장 선하고 고상한 대의는 하나님의 말씀을 믿고 그 믿음을 고백하는 것이다.

2. 요한은 소리를 들었다. 그것은 큰 소리였다. 그 소리는 그들의 적들에 대한 공의의 심판이 오래 지체되는 것에 대한 조심스러운 물음이 담겨 있었다. 거룩하고 참되신 대주재여 땅에 거하는 자들을 심판하여 우리 피를 갚아 주지 아니하시기를 어느 때까지 하시려 하나이까(10절). 여기서 다음의 사실들을 주목하라.

(1) 온전하게 된 의인의 영들(히 12:23)조차도 그들의 잔인한 적들이 그들에게 가했던 잘못에 대한 적절하고 합당한 분노를 지니고 있다. 그들이 그리스도가 하셨던 것처럼 하나님이 그 박해자들을 용서해주시기를 기도하면서 긍휼 가운데 죽을지라도 그들이 간절히 바라는 것이 있다. 그것은 하나님과 그리스도와 복음을 위하여, 그리고 다른 사람들의 두려움과 회개를 위하여 하나님이 박해의 죄에 대해 징벌해주시고 복수해주시기를 그들은 간절히 바란다. 비록 하나님이 박해자들을 용서해주시고 구원해주실지라도 말이다.

(2) 그들은 박해자들에 대한 복수를 하나님의 손에 맡긴다. 신자들은 복수를

직접 하는 것이 아니라 모든 것을 하나님께 맡긴다.

(3) 다른 죄인들이 회개할 때와 마찬가지로 그리스도와 그리스도교에 용서할 수 없는 죄악을 저지른 잔인한 적들이 멸망당할 때도 그랬다고 한다. 바빌론이 멸망할 때 하늘에서는 기뻐하고 환호할 것이다. 하늘과 성도들과 사도들과 선지자들아, 그로 말미암아 즐거워하라 하나님이 너희를 위하여 그에게 심판을 행하셨음이라 하더라(18:20).

3. 사도 요한은 하나님의 오래 참으심을 묻는 이 부르짖음에 대한 친절한 응답으로 그들에게 주시는 것과 그들에게 말하시는 것을 보게 된다. 각각 그들에게 흰 두루마기를 주시며 이르시되 아직 잠시 동안 쉬되 그들의 동무 종들과 형제들도 자기처럼 죽임을 당하여 그 수가 차기까지 하라 하시더라(11절). 여기서 다음의 사실들을 주목하라.

(1) 무엇을 그들에게 주셨나? 그것은 흰 두루마기, 흰 법복이었다. 이 옷은 승리와 명예를 나타내는 예복이었다. 의인들의 현재 누리는 행복은 그들이 과거에 겪은 고난들의 풍성한 보상이었다.

(2) 그들에게 무슨 말을 하셨나? 그것은 만족하고 편하게 지내라는 말이었다. 왜냐하면 오래지 않아 그들의 동무 종들과 형제들도 자기처럼 죽임을 당하여 그 수가 차게 될 것이기 때문이었다. 이 말은 하늘에 있는 의인들의 완전한 상태보다 이 세상에 있는 성도들의 불완전한 상태에 더 적합했다. 그러므로 하늘에서는 전혀 서두를 필요도 없고, 전혀 불편해할 일도 없고, 더 이상의 위로도 필요 없다. 그러나 이 세상에서는 아주 큰 인내가 필요하다. 여기서 다음의 사실들을 주목하라.

[1] 하나님이 알고 계시는 그리스도인들의 수가 있다. 하나님은 그의 증인들이 될 박해받는 사람들의 수를 정하셨다.

[2] 박해자들의 죄의 정도가 다 차야 되는 것처럼 그리스도의 박해받고 순교하는 종들의 수도 채워져야 한다.

[3] 이 수가 다 채워지게 될 때 하나님은 잔인한 박해자들에게 공의로우시고 영광스러우신 복수와 징벌을 내리실 것이다. 하나님은 하나님의 백성을 괴롭힌 자들에게 환난으로 갚아주실 것이다. 하나님은 박해자들에게 끊임없이 쉬지 못하는 괴로움과 징벌을 내리실 것이다.

Ⅱ. 우리는 여기서 여섯째 인이 떼어지는 것을 발견하게 된다. 내가 보니 여섯

째 인을 떼실 때에 큰 지진이 나며 해가 검은 털로 짠 상복 같이 검어지고 달은 온통 피 같이 되며(12절). 이 예언을 콘스탄티누스 황제 때 로마 제국에서 이교도 사상의 몰락을 가져온 큰 변혁들로 이해하는 사람도 있다. 또는 이것을 일반적인 심판의 상징으로 예루살렘의 멸망을 나타내고, 세상 종말에 임할 악한 자들의 멸망을 예언하는 것으로 이해하는 사람도 있다. 진실로 이 사건의 무서운 성격들은 구주 예수 그리스도가 예루살렘 멸망의 전조로 예언하신 것들과 아주 똑같다. 어떤 사람은 이 사건이 이미 지나간 과거의 것이라고 생각하기도 하지만 두 군데 말씀에서 언급되고 있는 같은 내용의 사건을 의심하기는 어려운 것 같다. 그 날 환난 후에 즉시 해가 어두워지며 달이 빛을 내지 아니하며 별들이 하늘에서 떨어지며 하늘의 권능들이 흔들리리라 그 때에 인자의 징조가 하늘에서 보이겠고 그 때에 땅의 모든 족속들이 통곡하며 그들이 인자가 구름을 타고 능력과 큰 영광으로 오는 것을 보리라(마 24:29-30). 여기서 다음의 사실들을 주목하라.

1. 무서운 사건들이 빠르게 진행되었다. 여기서 일어나고 있는 일련의 몇 개의 사건들은 그 날이 아주 무서운 날임을 알게 해준다.

(1) 큰 지진이 났다(12절). 이것은 정치적인 의미로 해석될 수도 있다. 다시 말해서 이 큰 지진은 유대교와 유대 국가의 실제 기반들이 심하게 흔들리게 되는 것을 의미하는 것일 수 있다. 비록 그것들이 겉보기에는 땅만큼 견고하고 안정되게 보이기는 했을지라도 말이다.

(2) 해가 검은 털로 짠 상복 같이 검어졌다(12절). 이것은 자연적으로 일식에 의한 것을 나타내는 것일 수도 있고, 또는 정치적으로 그 땅의 주요 지도자나 통치자가 몰락하게 되는 것을 나타내는 것일 수도 있다.

(3) 달은 온통 피 같이 되었다(12절). 이것은 왕보다 낮은 관리나 장군들이 그들 자신의 피 속에서 허우적거리며 뒹굴고 있는 모습을 나타낼 수 있다.

(4) 하늘의 별들이 무화과나무가 대풍에 흔들려 설익은 열매가 떨어지는 것 같이 땅에 떨어질 것이다(13절). 별들은 영향력 있는 모든 사람들을 나타내는 것일 수도 있다. 좀 더 낮은 영역에 영향을 미치는 활동이기는 할지라도 말이다. 그 곳에는 황폐함이 있게 될 것이다.

(5) 하늘은 두루마리가 말리는 것 같이 떠나갈 것이다(14절). 이것은 영향력 있는 사람들의 교회에서의 지위가 영원히 끝나게 되는 것을 의미할 수 있다.

(6) 각 산과 섬이 제 자리에서 옮겨질 것이다(14절). 유대 국가의 멸망은 그 주변

국가들을 두려워하게 만들 것이다. 그리고 유대 국가의 멸망은 스스로 가장 안전하다고 생각하고 있던 사람들에게 큰 두려움을 안겨주게 될 것이다. 그리고 그것은 모든 세상을 깜짝 놀라게 할 심판이 될 것이다. 이 사실은 다음과 같은 사실을 깨닫게 해준다.

2. 이 크게 무서운 진노의 날에는 모든 종류의 사람들이 두려움과 공포에 사로잡혀 떨게 될 것이다. 그들의 진노의 큰 날이 이르렀으니 누가 능히 서리요 하더라(15절). 그 때에는 어떤 권위도, 어떤 위엄도, 어떤 부도, 어떤 용맹도, 어떤 힘도 사람을 결코 도와줄 수 없을 것이다. 더욱이 아무런 가진 게 없어서 전혀 두려워할 것이 없다고 생각할 수 있는 아주 가난한 종들일지라도 그 날에는 놀라움과 두려움에 사로잡히게 될 것이다. 여기서 다음의 사실들을 주목하라.

(1) 그들의 무서움과 두려움은 어느 정도인가? 그들은 절망에 빠져 갈피를 못잡는 사람들처럼 그들의 상상을 초월하는 두려움에 빠지게 될 것이다. 그들은 산들과 바위에게 말하되 우리 위에 떨어져 보좌에 앉으신 이의 얼굴에서와 그 어린 양의 진노에서 우리를 가리라(16절) 말할 것이다. 그렇게 되면 그들은 더 이상 보이지 않게 되어서 잘됐다고 좋아할 것이다. 그러나 그 날에는 그들을 가려줄 수 있는 것이 이 세상에 어떤 것도 존재하지 않을 것이다.

(2) 그들이 두려워하는 원인은 무엇인가? 그것은 보좌에 앉으신 이의 얼굴과 그 어린 양의 진노 때문이다. 여기서 다음의 사실들을 주목하라.

[1] 그리스도를 화나시게 하는 문제는 하나님도 화나시게 하는 것이다. 다시 말해서 그리스도를 기쁘시게 하거나 화나게 하시는 것은 무엇이든지 전적으로 하나님을 기쁘시게 하거나 화나게 하시는 것이다.

[2] 하나님이 보이지 아니하실지라도 하나님은 이 세상 사람들이 하나님의 무서운 찡그리신 표정을 볼 수 있게 하실 수 있다.

[3] 그리스도는 어린 양이실지라도 그리스도는 화도 내실 수 있고, 진노까지 할 수 있다. 그러므로 그 어린 양의 진노는 아주 두렵고 무서운 것이 될 것이다. 왜냐하면 하나님의 진노를 달래시고 누그러뜨릴 수 있는 구주가 우리를 대적하시는 진노의 적이 되신다면 도대체 우리가 어디에서 우리를 변호해줄 친구를 찾을 수 있겠는가? 구주의 진노로 말미암아 멸망당하게 될 사람들은 구제책이 전혀 없이 멸망당하게 될 것이다.

[4] 사람들이 그들의 기회의 날과 은혜의 시기를 가지게 되는 것처럼 하나님

은 그의 진노의 날을 가지시게 될 것이다. 그 날이 임하게 될 때 아주 마음이 강한 죄인들일지라도 하나님 앞에 제대로 서 있을 수가 없게 될 것이다. 이 모든 무서운 일들이 유대와 예루살렘의 모든 죄인들에게 그들의 멸망의 날에 실제로 떨어졌다. 그리고 그 무서운 일들이 회개하지 않은 죄인들에게 마지막 심판의 날에 몽땅 떨어지게 될 것이다.

제 7 장

개요

본 장에 담긴 내용들은 여섯 째 인을 뗀 뒤에 일어난 것들이다. 이 일들은 세상에 닥칠 큰 재앙들을 예언했다. 이 예언들은 일곱 나팔 소리가 들리기 전까지 일어난 일들이 었다. 이 나팔 소리는 교회에 일어날 큰 타락들을 경고하는 소리이다. 일반적인 재난의 때에 하나님의 백성이 받게 될 은혜와 위로들을 확실하게 전달해주는 이 편안한 장을 통해 우리는 다음의 사실들을 발견하게 된다. I. 네 천사가 바람을 붙잡아 억제하고 있는 것이 기록되어 있다(1-3절). II 하나님의 종들의 이마에 인치는 것이 기록되어 있다(4-8절). III. 하나님의 종들이 인침을 받을 때 천사들과 성도들이 노래한다(9-12절). IV. 그리스도를 신실하게 섬기고, 그리스도를 위하여 고난을 받은 사람들이 누리게 될 영광과 행복이 기록되어 있다(13-17절).

¹이 일 후에 내가 네 천사가 땅 네 모퉁이에 선 것을 보니 땅의 사방의 바람을 붙잡아 바람으로 하여금 땅에나 바다에나 각종 나무에 불지 못하게 하더라 ²또 보매 다른 천사가 살아 계신 하나님의 인을 가지고 해 돋는 데로부터 올라와서 땅과 바다를 해롭게 할 권세를 받은 네 천사를 향하여 큰 소리로 외쳐 ³이르되 우리가 우리 하나님의 종들의 이마에 인치기까지 땅이나 바다나 나무들을 해하지 말라 하더라 ⁴ 내가 인침을 받은 자의 수를 들으니 이스라엘 자손의 각 지파 중에서 인침을 받은 자들이 십사만 사천이니 ⁵유다 지파 중에 인침을 받은 자가 일만 이천이요 르우벤 지파 중에 일만 이천이요 갓 지파 중에 일만 이천이요 ⁶아셀 지파 중에 일만 이천이 요 납달리 지파 중에 일만 이천이요 므낫세 지파 중에 일만 이천이요 ⁷시므온 지파 중에 일만 이천이요 레위 지파 중에 일만 이천이요 잇사갈 지파 중에 일만 이천이 요 ⁸스불론 지파 중에 일만 이천이요 요셉 지파 중에 일만 이천이요 베냐민 지파 중에 인침을 받은 자가 일만 이천이라 ⁹이 일 후에 내가 보니 각 나라와 족속과 백성과 방언에서 아무도 능히 셀 수 없는 큰 무리가 나와 흰 옷을 입고 손에 종려 가지를 들고 보좌 앞과 어린 양 앞에 서서 ¹⁰큰 소리로 외쳐 이르되 구원하심이 보좌에

앉으신 우리 하나님과 어린 양에게 있도다 하니 ¹¹모든 천사가 보좌와 장로들과 네 생물의 주위에 서 있다가 보좌 앞에 엎드려 얼굴을 대고 하나님께 경배하여 ¹²이르되 아멘 찬송과 영광과 지혜와 감사와 존귀와 권능과 힘이 우리 하나님께 세세토록 있을지어다 아멘

여기서 다음의 사실들을 주목하라.

I 네 천사가 바람을 붙잡아 억제한다. 이 바람으로 우리가 생각할 수 있는 것은 하나님의 교회에 많은 어려움과 불행을 가져다주는 원인이 되는 신앙생활의 잘못들과 타락들에 대한 의미이다. 때때로 성령이 바람에 비유되기도 한다. 그러나 여기서는 악한 영들이 사방의 바람에 비유되고 있다. 이 사방의 네 바람은 서로에게 마주쳐 불어 서로를 반대하고, 교회에 많은 해를 끼치는 악하고 그릇된 영들이다. 이 네 바람은 하나님의 정원이요 포도원인 교회에 하나님이 심어놓으신 포도나무의 가지들을 부러뜨리고 그 열매들을 마르게 하고 결딴낸다. 그래서 마귀를 공중의 권세 잡은 자라고 부른다. 그 때에 너희는 그 가운데서 행하여 이 세상 풍조를 따르고 공중의 권세 잡은 자를 따랐으니 곧 지금 불순종의 아들들 가운데서 역사하는 영이라(엡 2:2). 마귀는 아주 큰 바람을 일으켜 욥의 큰 아들의 집을 뒤집어엎었다. 잘못들은 바람과 같다. 그 바람으로 말미암아 불안정한 사람들은 이리저리 흔들리게 된다. 이는 우리가 이제부터 어린아이가 되지 아니하여 사람의 속임수와 간사한 유혹에 빠져 온갖 교훈의 풍조에 밀려 요동하지 않게 하려 함이라(엡 4:14). 여기서 다음의 사실들을 주목하라.

1. 이 바람들을 땅의 사방의 바람이라고 부르는 이유는 땅 가까이에 있는 좀 더 낮은 지역들로만 불기 때문이다. 하늘은 언제나 맑고 바람이 없다.

2. 바람은 천사들의 사역으로 억제가 된다. 네 천사가 땅 네 모퉁이에 선 것을 보니 땅의 사방의 바람을 붙잡아 바람으로 하여금 땅에나 바다에나 각종 나무에 불지 못하게 하더라(1절). 이것은 그릇된 영이 하나님이 허락하시는 때 나아갈 수 있고, 천사들은 교회의 적들을 억제함으로써 교회의 유익을 위하여 봉사한다는 사실을 암시해준다.

3. 천사들의 억제는 단지 임시적인 것일 뿐이었다. 그들의 억제는 하나님의 종들의 이마에 인치기까지 지탱하는 일시적인 것이었다. 하나님은 시험과 타락의 때에 그 자신의 종들에게 각별한 관심을 기울이신다. 하나님은 그의 종들을 일

반적인 오염에서 지킬 수 있는 방법을 가지고 계시다. 하나님은 먼저 그의 종들을 세우신다. 그 다음에 하나님은 그의 종들을 시험하신다. 하나님은 그들의 시련의 시간과 정도를 직접 조절하신다.

II. 하나님의 종들을 인치는 기사에서 다음의 사실들을 주목하라.

1. 이 일은 다른 천사에게 맡겨졌다. 어떤 천사들은 사탄과 그의 졸개들을 억제하고 막는 일을 맡은 반면 다른 천사는 하나님의 신실한 종들을 표시하고 구별하는 일을 맡았다.

2. 하나님의 종들은 어떻게 구별되었는가? 하나님의 종들의 이마에 하나님의 인을 쳤다. 그들의 이마에 새겨진 이 표시는 아주 분명하게 구별되고 드러날 것이다. 이 표시로 하나님의 종들은 구별되어 가장 어려운 시기에 하나님의 긍휼과 보호를 받게 되었다.

3. 그들의 인침을 받은 수에서 다음의 사실들을 주목하라.

(1) 이스라엘의 열두 지파의 인침을 받은 사람들의 수가 상세하게 언급된다. 각 지파에서 일만 이천 명씩 인침을 받았다. 그래서 전체 인침을 받은 수가 십사만 사천이었다. 이 목록에서 단 지파의 수는 빠져 있다. 아마 그 이유는 단 지파가 우상숭배에 아주 크게 빠졌기 때문이었을 것이다. 열두 지파의 순서와 서열이 바뀌고 있는 것은 하나님에 대한 충성도의 많고 적음에 따르고 있는 것 같다. 열두 지파의 이 숫자를 예루살렘 멸망 때 하나님의 긍휼을 받은 유대인들의 선택받은 수로 생각하는 사람들도 있다. 반면에 그 때가 지나갔으므로 그 숫자가 세상에서 하나님의 선택된 남은 자들에게 일반적으로 적용돼야 한다고 생각하는 사람들도 있다. 그러나 만일 예루살렘의 멸망이 아직 끝나지 않았다면 이스라엘 지파의 이 숫자를 하나님이 은혜의 선택에 따라서 남겨둔 남은 자로 이해하는 것이 더 일반적인 것 같다.

(2) 다른 나라들에서 구원을 받은 사람들의 전체 수는 헤아릴 수 없이 많았다. 각 나라와 족속과 백성과 방언에서 아무도 능히 셀 수 없는 큰 무리가 나왔다(9절). 이들이 인침을 받았다는 언급은 없을지라도 하나님은 그들을 모든 나라들로부터 선택하시고, 그의 교회로 인도하셨다. 그들이 하나님의 선택을 받아 하나님의 보좌 앞에 서게 되었다. 여기서 다음의 사실들을 주목하라.

[1] 하나님은 유대인들 가운데에서보다도 이방인들 가운데에서 영혼들을 더 많이 추수하실 것이다. 잉태하지 못하며 출산하지 못한 너는 노래할지어다 산고를

겪지 못한 너는 외쳐 노래할지어다 이는 홀로 된 여인의 자식이 남편 있는 자의 자식
보다 많음이라 여호와께서 말씀하셨느니라(사 54:1).

[2] 하나님은 그의 백성이 누구인지를 알고 계시다. 하나님은 위험한 시련의
때에 그의 백성을 안전하게 지켜주실 것이다.

[3] 하나님의 교회는 악한 세상 사람들에 비교하면 그 수가 아주 적은 무리이
지만 무시받을 공동체가 결코 아니다. 하나님의 교회는 실제로 큰 공동체이고,
계속해서 더욱 확장되고 커질 것이다.

Ⅲ. 우리는 여기서 성도들과 천사들이 나와서 부르는 찬양을 발견하게 된다
(9-12절).

1. 이방인 신자로 보이는 성도들이 부르는 찬양은 유대인들 가운데 남은 자
를 많이 남겨주시고, 그들을 불신앙과 파멸에서 구원해주신 하나님의 돌보심
과 사랑을 노래한다. 유대인 교회는 이방인들이 회심하기 이전에 그들을 위하
여 기도했다. 그러므로 이방인 교회들도 아주 많은 유대인들에 대한 하나님의
두드러진 긍휼을 찬양해야 마땅할 것이다. 여기서 다음의 사실들을 주목하라.

(1) 이들 찬양하는 성도들의 자세. 그들은 보좌 앞과 어린 양 앞에 서 있었다(9
절). 그들은 창조주와 중보자 앞에 서 있었다. 신앙적인 예배 행위들을 행할 때
우리는 하나님께 가까이 나아가야 하고, 하나님의 특별한 임재를 알현하는 것
으로 생각해야 한다. 우리는 그리스도를 통하여 하나님께 나아가야 한다.

(2) 이들 찬양하는 성도들의 습관. 그들은 흰 옷을 입고 손에 종려 가지를 들고
있었다(9절). 그들은 의와 거룩함과 승리의 예복을 입고 있었고, 손에는 종려나
무 가지를 들고 있었다. 그 모습은 정복자들이 그들의 승리를 축하하기 위하여
나타날 때 사용하던 관습이었다. 그러한 영광스러운 모습으로 나타나는 것은
하나님의 신실한 종들이 선한 싸움을 싸우고 달려갈 길을 마치고(딤후 4:7) 하나
님 앞에 서는 마지막 날 이루어지게 될 것이다.

(3) 이들 찬양하는 성도들의 사역. 그들은 큰 소리로 외쳐 이르되 구원하심이 보
좌에 앉으신 우리 하나님과 어린 양에게 있도다 했다(10절). 이 찬양은 교회와 세상
에서 하나님과 그리스도의 관심이 잘 이루어지기를 바라는 호산나 찬송으로
이해할 수도 있고, 또는 하나님과 어린 양에게 위대한 구원의 찬양을 바치는
것으로 이해할 수도 있을 것이다. 이 찬양들에서는 아버지 하나님과 아들 하나
님이 같이 하나가 되어 찬송과 경배를 받고 계시다. 아버지 하나님이 이 구원

을 계획하셨고, 아들 하나님이 이 구원을 죽음으로 사서 이루셨다. 그러므로 이 구원을 향유하는 사람들은 여호와 하나님과 어린 양을 찬양해야 하고, 반드시 찬양할 것이다. 그리고 그들은 이 찬양을 공개적으로 할 것이고, 거기에 어울리는 열정을 가지고 뜨겁게 찬양할 것이다.

2. 여기에는 천사들의 찬양도 있다. 모든 천사가 보좌와 장로들과 네 생물의 주위에 서 있다가 보좌 앞에 엎드려 얼굴을 대고 하나님께 경배하여 이르되 아멘 찬송과 영광과 지혜와 감사와 존귀와 권능과 힘이 우리 하나님께 세세토록 있을지어다 아멘(11-12절). 여기서 다음의 사실들을 주목하라.

(1) 천사들이 있는 위치. 그들은 하나님의 보좌 앞에 서서 하나님께 시중을 들고, 성도들 주위에서 성도들을 도우려는 자세를 갖추고 있었다.

(2) 천사들의 자세. 그들은 아주 겸손한 자세를 취한다. 그들은 하나님께 최고의 경배를 나타낸다. 천사들은 보좌 앞에 엎드려 얼굴을 대고 하나님께 경배했다(11절). 모든 피조물들 가운데 가장 뛰어난 존재이고, 죄를 한 번도 범한 적이 없고, 하나님 앞에 늘 모시고 서 있는 천사들이 하나님 앞에서 자신들의 얼굴을 가릴 뿐만 아니라 얼굴을 땅에 대고 엎드리는 자세를 보라! 우리와 같이 비천하고 연약하고 보잘것없는 피조물들이 하나님이 계시는 보좌 앞에 나아갈 때 본받아야 될 얼마나 겸손한 자세이고 얼마나 깊은 경배의 자세인가! 우리는 하나님 앞에서 얼굴을 땅에 대고 엎드려야 할 것이다. 하나님께 드리는 우리의 모든 경배들과 찬양들에서 지극히 깊은 경배의 정신과 겸손한 행위가 나타나야 할 것이다.

(3) 천사들의 찬양. 천사들은 성도들의 찬양에 동참했고, 성도들과 아멘을 함께 외쳤다. 하늘에서 천사들과 성도들 사이에 완전한 화음과 화합이 이루어지고 있다. 거기에다 천사들은 자신들의 찬양을 덧붙이고 있다. 찬송과 영광과 지혜와 감사와 존귀와 권능과 힘이 우리 하나님께 세세토록 있을지어다 아멘(12절). 여기서 다음의 사실들을 주목하라.

[1] 천사들은 하나님의 영광스러운 속성들을 인정한다. 그들은 하나님의 지혜와 권능과 힘을 찬양한다.

[2] 천사들은 하나님이 찬양받으셔야 될 하나님의 거룩하고 완전한 속성들이 영원토록 찬양과 영광을 받으셔야 된다는 것을 선언한다. 천사들은 그 사실을 그들의 아멘으로 확증한다. 우리는 여기서 하늘의 일이 무엇인지를 발견하게

된다. 우리는 우리의 행복뿐 아니라 찬양도 완전하게 될 하늘나라에 우리의 마음을 맞추고, 하늘나라를 많이 사랑하고, 하늘나라를 간절히 갈망하기 위하여 하늘나라의 그 일을 지금 시작해야만 할 것이다.

¹³장로 중 하나가 응답하여 나에게 이 흰 옷 입은 자들이 누구며 또 어디서 왔느냐 ¹⁴내가 말하기를 내 주여 당신이 아시나이다 하니 그가 나에게 이르되 이는 큰 환난에서 나오는 자들인데 어린 양의 피에 그 옷을 씻어 희게 하였느니라 ¹⁵그러므로 그들이 하나님의 보좌 앞에 있고 또 그의 성전에서 밤낮 하나님을 섬기매 보좌에 앉으신 이가 그들 위에 장막을 치시리니 ¹⁶그들이 다시는 주리지도 아니하며 목마르지도 아니하고 해나 아무 뜨거운 기운에 상하지도 아니하리니 ¹⁷이는 보좌 가운데에 계신 어린 양이 그들의 목자가 되사 생명수 샘으로 인도하시고 하나님께서 그들의 눈에서 모든 눈물을 씻어 주실 것임이라

여기서 우리는 주 예수 그리스도를 신실하게 섬기고, 그리스도를 위하여 고난을 받은 사람들의 명예와 축복에 대한 묘사를 발견하게 된다. 여기서 다음의 사실들을 주목하라.

I 장로들 가운데 한 사람이 자신이 알기 위해서가 아니라 사도 요한을 가르쳐주기 위해서 물음을 던진다. 목사들도 교인들에게서 배울 수 있다. 특별히 나이 들고 경험이 많은 그리스도인들을 통해 목사들은 교훈을 얻을 수가 있다. 하늘에서는 가장 낮은 성도일지라도 세상에서 가장 위대한 사도보다 더 많이 안다. 그런데 이 물음은 두 부분으로 이루어져 있다. 그것들은 다음과 같다.

1. 이 흰 옷 입은 자들이 누구냐?
2. 이 흰 옷 입은 자들이 어디서 왔느냐? 이 물음은 아가서에서와 같이 감탄 형식으로 표현이 되고 있는 것 같다. 몰약과 유향과 상인의 여러 가지 향품으로 향내 풍기며 연기 기둥처럼 거친 들에서 오는 자가 누구인가(아 3:6). 신실한 그리스도인들은 우리의 주목과 존경을 받을 가치가 있다. 우리 역시 정직하고 의로운 자의 표가 나타나야 할 것이다.

II 사도가 이 물음에 대답했다. 요한 사도는 이 대답에서 자신의 무지를 넌지시 인정하고, 그 장로에게 가르쳐달라고 부탁한다. 당신이 아시나이다(15절). 지식을 얻고 알기를 바라는 사람들은 자신의 무지를 인정하는 것을 부끄럽게

여겨서도 안 되고, 또한 그 무지를 깨우쳐줄 수 있는 사람이면 어떤 사람에게 서든 배우고 싶어하는 갈망을 수치스럽게 여겨서도 안 된다.

Ⅲ. 흰 옷을 입고 하나님의 보좌 앞에 서 있는 순교자들의 거룩한 무리에 관한 기록을 사도가 우리에게 전달해준다. 그들의 손에는 승리의 종려나무 가지가 들려 있었다. 여기서 다음의 사실들을 주목하라.

1. 그들은 예전에 비천하고 외로운 상태에 있었다. 그들은 큰 환난을 당하고, 사람들에게 핍박을 당하고, 사탄에게 유혹과 시험을 당하고, 때로는 그들 자신의 영으로 괴로움을 당하기도 했다. 그들은 재산을 빼앗기고, 감옥에 갇히고, 생명까지 잃는 고난을 당했다. 하늘로 가는 길은 많은 고난과 시험들을 통과해서 가는 길이다. 그러나 그 고난들이 아무리 크고 힘들지라도 우리를 하나님의 사랑에서 끊어놓지 못할 것이다. 높음이나 깊음이나 다른 어떤 피조물이라도 우리를 우리 주 그리스도 예수 안에 있는 하나님의 사랑에서 끊을 수 없으리라(롬 8:39). 잘 견디고 통과하면 고난은 하늘에서 더 많은 환영과 더 많은 영광을 얻게 해줄 것이다.

2. 그들이 그 고난의 방법을 통해 준비했던 큰 명예와 축복을 이제는 누리고 있다. 그들은 어린 양의 피에 그 옷을 씻어 희게 하였다(14절). 죄를 깨끗이 없앨 수 있고, 하나님 보시기에 순결하고 청결한 영혼을 만들 수 있는 것은 어린 양의 피가 아니고는 되지 않는다. 순교자들이 자신들의 피로 자신들을 결코 깨끗하게 만들 수 없다. 다른 피는 얼룩만 남긴다. 어린 양의 피만이 성도들의 옷을 희고 깨끗하게 만들어줄 수 있다.

3. 그들은 이제 지금까지 준비해왔던 축복을 누리고 있다. 여기서 다음의 사실들을 주목하라.

(1) 그들은 행복한 상태에 있다. 왜냐하면 그들은 밤낮 하나님 앞에 있기 때문이다. 그리고 하나님이 그들 가운데 거하시기 때문이다. 그들은 하나님이 임재하신 곳에 살고 있다. 그 곳은 기쁨이 가득한 곳이다.

(2) 그들은 일에서도 행복하다. 왜냐하면 그들은 날마다 아프지 않고, 졸지 않고, 지치지 않고 계속해서 하나님을 섬기기 때문이다. 하늘나라는 고통은 없을지라도 봉사하는 곳이다. 하늘나라는 게으름을 피울 수는 없을지라도 안식이 있는 곳이다. 그 안식은 기쁨이 충만한 찬양의 안식이다.

(3) 그들은 현세의 모든 불편함에서 벗어난 자유 속에 행복하다. 여기서 다음

의 사실들을 주목하라.

[1] 그들은 모든 부족함과 결핍에서 벗어나는 자유를 누린다. 그들이 다시는 주리지도 아니하며 목마르지도 아니한다(16절). 그들의 부족하고 필요로 하는 모든 것이 채워지고 공급된다. 그리고 그들은 배고픔과 목마름으로 야기되는 모든 불편함이 없어지는 행복을 누리게 된다.

[2] 그들은 모든 질병과 고통에서 벗어나 행복을 누린다. 그들은 결코 쇠약하게 되지 않을 것이다. 그들은 해나 아무 뜨거운 기운에 상하지도 아니하리라(16절).

(4) 그들은 주 예수 그리스도의 사랑과 보살핌 속에 행복하게 지낸다. 그리스도가 그들을 먹여주시고, 그들의 목자가 되사 생명수 샘으로 인도해주실 것이다(17절). 그리스도는 그들에게 그들의 영혼을 즐겁게 하고 원기를 북돋워 주는 모든 것을 공급해주실 것이다. 그러므로 그들은 다시는 주리지도 아니하며 목마르지도 아니하게 될 것이다.

(5) 그들은 모든 슬픔과 그 원인으로부터 벗어나 행복을 누린다. 하나님께서 그들의 눈에서 모든 눈물을 씻어 주실 것이다(17절). 그들은 예전에 많은 슬픔들을 겪었고, 죄와 고난으로 인하여 많은 눈물을 흘렸다. 그러나 하나님이 직접 그의 부드러우시고 은혜로우신 손으로 그들의 눈물을 씻어주실 것이다. 그래서 그들은 다시는 옛날로 영원히 돌아가지 않게 될 것이다. 그들은 하나님이 닦아주신 이 눈물들을 다시는 흘리지 않게 될 것이다. 이렇게 하실 때 하나님은 그의 사랑하는 아들이 울고 있는 것을 발견한 자애로운 아버지처럼 그들을 대해주신다. 하나님은, 그의 아들을 다독여주고, 눈물을 닦아주고, 슬픔을 기쁨으로 바꿔주는 자애로운 아버지처럼 그들을 대해주신다. 이 사실은 현재 고난당하고 있는 그리스도인의 슬픔을 덜어줄 것이고, 모든 어려움과 괴로움들을 견딜 수 있도록 그를 도와줄 것이다. 왜냐하면 눈물을 흘리며 씨를 뿌리는 자는 기쁨으로 거두리로다 울며 씨를 뿌리러 나가는 자는 반드시 기쁨으로 그 곡식 단을 가지고 돌아올 것이기(시 126:5-6) 때문이다.

제 8 장

개요

우리는 이제까지 여섯째 인을 뗄 때 일어나는 일들을 보았다. 이제 우리는 일곱 나팔 소리가 들리면서 일곱째 인을 떼는 시점에 이르렀다. 이제 무서운 광경이 전개된다. 대부분의 성경 주석가들은 일곱 인이 사도 시대와 콘스탄티누스 황제의 통치 시대 사이의 기간을 나타낸다는 데 의견을 같이한다. 그리고 일곱 나팔이 로마 제국이 그리스도교 국가가 된 이후 얼마 동안 적그리스도가 나타날 것을 예언하는 것이라는 데도 그들은 동의한다. 이 장에서 우리는 다음의 사실들을 발견하게 된다. Ⅰ. 일곱 나팔 소리의 전주곡(1-6절). Ⅱ. 넷째 천사가 부는 나팔 소리(7-13절).

¹일곱째 인을 떼실 때에 하늘이 반 시간쯤 고요하더니 ²내가 보매 하나님 앞에 일곱 천사가 서 있어 일곱 나팔을 받았더라 ³또 다른 천사가 와서 제단 곁에 서서 금 향로를 가지고 많은 향을 받았으니 이는 모든 성도의 기도와 합하여 보좌 앞 금 제단에 드리고자 함이라 ⁴향연이 성도의 기도와 함께 천사의 손으로부터 하나님 앞으로 올라가는지라 ⁵천사가 향로를 가지고 제단의 불을 담아다가 땅에 쏟으매 우레와 음성과 번개와 지진이 나더라 ⁶일곱 나팔을 가진 일곱 천사가 나팔 불기를 준비하더라

이 구절들에서 우리는 일곱 부분으로 된 나팔 소리의 전주곡을 대하게 된다. 여기서 다음의 사실들을 주목하라.

Ⅰ 마지막 일곱째 인을 뗄 때 일련의 새로운 예언적인 사건들과 상징들이 나타난다. 여기에는 서로 맞물려 이어진 섭리의 사슬이 꿰어져 있다. 한 부분이 다른 부분과 연결되고, 처음과 마지막이 연결되어 있다. 그 부분들이 그 성격과 그 시점이 다르긴 할지라도 하나님의 손에 의해 잘 연결되고, 잘 조화되고, 잘 연합이 되고 있다.

Ⅱ 하늘에서 깊은 침묵이 흘렀다. 하늘이 반시간 쯤 고요했다(1절). 이 침묵은

다음과 같이 이해될 수도 있다.

1. 평온한 침묵. 이 시간 동안은 만군의 여호와 하나님의 귀에 어떠한 하소연도 상달되지 않게 된다. 교회에서도 모든 것이 평온하고 잘 되고 있었다. 그러므로 하늘에서도 조용했다. 왜냐하면 압제에 시달리며 교회가 땅에서 부르짖을 때마다 그 부르짖음은 하늘에 올라가게 되고 하늘에서 응답하게 된다.

2. 기대의 침묵. 섭리의 수레바퀴에 아주 큰일들이 돌아가고 있었다. 그러므로 하늘과 땅의 하나님의 교회는 스가랴 선지자의 말을 따르듯이 조용히 침묵하면서 하나님이 무슨 일들을 하실 것인지를 보고 있었다. 모든 육체가 여호와 앞에서 잠잠할 것은 여호와께서 그의 거룩한 처소에서 일어나심이니라 하라 하더라(슥 2:13). 우리는 다른 곳에서도 하나님의 이러한 요청을 발견하게 된다. 너희는 가만히 있어 내가 하나님 됨을 알지어다(시 46:10).

III. 나팔들이 그것을 부는 천사들에게 전달됐다. 그 천사들은 하나님의 섭리를 전하는 지혜롭고 자발적인 천사들로 사용이 된다. 그들은 구세주 하나님으로부터 그들에게 필요한 모든 재료들과 가르침을 제공받는다. 교회들의 천사들이 복음의 나팔 소리를 울리듯이 하늘의 천사들은 섭리의 나팔을 분다. 모든 천사마다 각자 맡은 역할이 있다.

IV. 이 일을 준비하기 위하여 또 다른 천사가 먼저 분향을 해야 한다. 또 다른 천사가 와서 제단 곁에 서서 금향로를 가지고 많은 향을 받았으니 이는 모든 성도의 기도와 합하여 보좌 앞 금 제단에 드리고자 함이라(3절). 이 다른 천사는 바로 교회의 대제사장이신 주 예수 그리스도이실 가능성이 아주 높다. 그리스도는 여기서 제사장직을 맡고 계신 분으로 묘사되고 있다. 그는 금향로와 많은 향을 가지고 계시다. 그리스도는 그 자신의 영광스러운 인격 속에 공로로 가득 넘치신다. 그는 이 향을 모든 성도의 기도와 합하여 보좌 앞 금 제단에 드리고자 하셨다(3절). 금 제단은 그리스도의 신성을 나타낸다. 여기서 다음의 사실들을 주목하라.

1. 모든 성도들은 기도하는 사람이다. 하나님의 자녀들 가운데 벙어리로 태어난 사람은 하나도 없다. 은혜의 영은 언제나 양자의 영이고 간구의 영이기에 우리에게 아빠 아버지라고 부르짖게(롬 8:15) 가르쳐주신다. 이로 말미암아 모든 경건한 자는 주를 만날 기회를 얻어서 주께 기도할지라(시 32:6).

2. 위험의 때는 기도의 때가 되어야 한다. 마찬가지로 큰 소망의 때 역시 기

도의 때가 되어야 한다. 우리의 두려움과 우리의 소망은 우리가 기도에 매달리고 기도를 의지하게 해주어야 한다. 하나님의 교회의 이익이 크게 걸려 있는 문제는 하나님의 백성의 마음들이 기도에 많은 힘을 쏟게 만든다.

3. 성도들의 기도는 하나님께 받아들여지고 효과를 거두기 위해서는 그리스도의 분향과 중보를 필요로 한다. 그 목적을 위하여 그리스도는 준비하고 계신다. 그래서 그리스도는 그의 향, 그의 향로, 그의 제단을 가지고 계시다. 그리스도는 그의 백성을 위하여 자신의 모든 것을 바치신다.

4. 성도들이 하는 기도들은 분향 연기에 섞여 하나님 앞에 올라간다. 이렇게 드려진 기도는 하나님이 듣지 않으시거나 받아들이지 않으시는 법이 결코 없다.

5. 이렇게 하늘에 받아들여진 기도들이 응답이 될 때 땅에서 큰 변화들을 일으킨다. 자신의 향로에 성도들의 기도들을 담아 분향을 드리는 그 천사가 자신의 그 향로 속에다 제단의 불을 담아다가 땅에 쏟았다(5절). 이것은 당장 큰 소동을 일으켰다. 우레와 음성과 번개와 지진이 났다. 이것들은 성도들의 기도들에 주신 하나님의 응답들이었다. 이 현상들은 하나님이 세상에 분노하시는 표시들이고, 하나님이 그 자신과 그의 백성의 적들에게 크게 복수하실 것을 나타내는 상징들이었다. 그러므로 이와 같이 모든 준비를 마친 천사들이 그들의 의무를 이행하게 된다.

[7]첫째 천사가 나팔을 부니 피 섞인 우박과 불이 나와서 땅에 쏟아지매 땅의 삼분의 일이 타 버리고 수목의 삼분의 일도 타 버리고 각종 푸른 풀도 타 버렸더라 [8]둘째 천사가 나팔을 부니 불붙는 큰 산과 같은 것이 바다에 던져지매 바다의 삼분의 일이 피가 되고 [9]바다 가운데 생명 가진 피조물들의 삼분의 일이 죽고 배들의 삼분의 일이 깨지더라 [10]셋째 천사가 나팔을 부니 횃불같이 타는 큰 별이 하늘에서 떨어져 강들의 삼분의 일과 여러 물샘에 떨어지니 [11]이 별 이름은 쑥이라 물의 삼분의 일이 쑥이 되매 그 물이 쑥 물이 됨으로 많은 사람이 죽더라 [12]넷째 천사가 나팔을 부니 해 삼분의 일과 달 삼분의 일과 별들의 삼분의 일이 타격을 받아 그 삼분의 일이 어두워지니 낮 삼분의 일은 비추임이 없고 밤도 그러하더라 [13]내가 또 보고 들으니 공중에 날아가는 독수리가 큰 소리로 이르되 땅에 사는 자들에게 화, 화, 화가 있으리니 이는 세 천사들이 불어야 할 나팔 소리가 남아 있음이로다 하더라

여기서 천사들이 나팔을 불 때마다 무서운 일들이 벌어진다. 여기서 다음의 사실들을 주목하라.

I. 첫째 천사가 나팔을 부니 아주 황량하고 무서운 사건들이 연이어 일어났다. 피 섞인 우박과 불이 나와서 땅에 쏟아지매 땅의 삼분의 일이 타 버리고 수목의 삼분의 일도 타 버리고 각종 푸른 풀도 타 버렸다(7절). 무서운 폭풍우가 휘몰아쳤다. 그것이 이단들의 폭풍우이든 괴이한 잘못들의 혼합물이든 엄청난 이단 사상이 교회를 휘몰아쳤다. 그 당시에는 아리우스주의가 횡행했었다. 또한 전쟁의 폭풍우와 우박이 그 나라를 휩쓸었다. 성경 주석가들이 이 문제에 대해서는 의견이 일치하지 않는다. 미드(Mede) 씨 같은 성경 주석가는 이 사건이 395년에 로마 제국에 일어났던 고트족 침입으로 해석한다. 같은 해에 테오도시우스 황제가 죽었다. 그 때 고트족 왕 알라리쿠스(Alaricus)의 영도 아래 북쪽 지역의 부족들이 로마 제국의 서부 지역을 침략했다. 어쨌든 여기서 다음의 사실들을 주목하라.

1. 그것은 아주 무서운 폭풍우였다. 불과 우박과 피가 뒤섞인 아주 괴이한 재난이었다.

2. 그 재난의 한계. 그것이 땅에 쏟아지매 땅의 삼분의 일이 타 버리고 수목의 삼분의 일도 타 버리고 각종 푸른 풀도 타 버렸다(7절). 이것을 성직자의 삼분의 일과 평신도의 삼분의 일이 죽었다고 해석하는 사람도 있다. 또는 그 재난이 일반 나라에 떨어져서 그 나라의 높은 사람들의 삼분의 일이 죽고, 일반 사람들의 삼분의 일이 죽은 것으로 해석하는 사람들도 있다. 또는 그 재난이 그 당시 알려진 세계의 삼분의 일이었던 로마 제국 자체에 떨어졌거나, 아니면 로마 제국의 삼분의 일에 떨어졌다고 해석하는 사람들도 있다. 어쨌든 아무리 혹독한 재난들일지라도 위대하신 하나님에 의해 그 경계와 한계가 정해진다.

II. 둘째 천사가 나팔을 부니 첫째 나팔 소리의 경우처럼 경고 소리에 뒤이어 무서운 사건들이 이어졌다. 불붙는 큰 산과 같은 것이 바다에 던져지매 바다의 삼분의 일이 피가 되었다(8절). 이 큰 산을 이단의 지도자나 지도자들로 해석하는 사람들도 있다. 그런가 하면 미드 씨처럼 이 산을 로마 시로 이해하는 사람들도 있다. 로마 시는 137년에 걸쳐 다섯 차례나 고트족과 반달족의 약탈을 당했다. 첫 번째 약탈은 410년에 알라리쿠스(Alaricus)에 의해 대량 학살과 야만 행위가 자행되었다. 이러한 재난들로 그 백성 삼분의 일이 멸절당했다. 여기서도 삼분의 일의 제한이 있었다. 왜냐하면 하나님은 심판 가운데에서도 긍휼을 생각하시기 때문이다. 이 폭풍우는 로마 제국의 해상 무역과 상업 도시들과 지방들을 무섭게 강타했다.

III. 셋째 천사가 나팔을 불었다(10절).　앞에서와 마찬가지로 경계경보와 같은 효과를 자아냈다. 횃불같이 타는 큰 별이 하늘에서 떨어졌다(10절). 이 별을 정치적인 큰 인물로 생각하는 사람들도 있다. 그렇게 해석하는 사람들은 이 큰 별을 로마 황제 아우구스툴루스(Augustulus)에 비긴다. 아우구스툴루스는 430년에 오도아케르(Odoacer)에게 강제로 로마 제국을 양도했던 인물이다. 반면에 이 별을 횃불같이 타는 등에 비교하여 교회 안의 큰 인물로 보는 사람들도 있다. 그렇게 해석하는 사람들은 그 인물을 펠라기우스(Pelagius)에 비긴다. 펠라기우스는 그 당시 교회 안에서 각광받는 떨어지는 별이었다. 그는 그리스도의 교회들을 크게 타락시켰다. 여기서 다음의 사실들을 주목하라.

1. 이 큰 별이 떨어진 곳은 어디였나? 이 별은 강들의 삼분의 일과 여러 물 샘에 떨어졌다(10절).

2. 이 별은 떨어진 곳에 어떤 영향을 미쳤나? 이 별은 샘들과 강들에 떨어져 쓴 쑥으로 변했다. 이 쓴 쑥은 그 물들을 쓴 물로 만들었다. 사람들이 그 물을 마시고 중독이 되었다. 또는 시민의 자유와 재산과 안전을 지켜주는 샘물과 강물인 법이 독재 권력에 의해 변질되고 나쁘게 적용되었다. 또는 인간의 영혼에 영적 생명과 원기와 활기를 주는 샘물인 복음의 가르침들이 위험한 그릇된 사상들의 혼합으로 말미암아 변질되고 쓰게 되고 타락하게 되었다. 인간의 영혼들이 원기를 얻기 위해 찾았던 곳에서 그들의 파멸을 발견하게 되었다. 그 물이 쓴 물이 됨으로 많은 사람이 죽더라(11절).

IV. 넷째 천사가 나팔을 불었다(12절).　앞서와 마찬가지로 경계경보가 울리고 재난들이 뒤따랐다. 여기서 다음의 사실들을 주목하라.

1. 이 재난의 본성은 무엇이었나? 그것은 어둠이었다. 그것은 세상에 빛을 주는 하늘의 큰 발광체들인 해와 달과 별들에 떨어졌다. 그래서 해 삼분의 일과 달 삼분의 일과 별들의 삼분의 일이 타격을 받아 그 삼분의 일이 어두워졌다(12절). 이 해와 달과 별들은 교회의 지도자나 국가의 지도자들을 나타낸다. 그들은 일반 백성들보다 더 높은 궤도 위에 있고 높은 자리에 있기 때문에 백성들에게 빛을 나누어주고 자비로운 영향력을 미치게 된다.

2. 이 재난도 그 한계를 지니고 있었다. 그것은 이 발광체들의 삼분의 일에만 타격을 줄 수 있었다. 그러므로 이 재난이 닥쳐도 낮에도 해가 빛이 있었고 밤에도 달과 별에 빛이 남아 있었다. 이 재난도 역시 앞의 재난들이 그랬듯이 그 영향력이 삼분의 일뿐이었다. 이 문제에 대한 학자들 간의 논점이 무엇이든 간에 우리는 다음과 같은 명백하고 실제적인 점들을 생각하는 게 더 나을 것 같다는 생각이 든다.

(1) 복음을 어떤 백성에게 전하지만 냉담한 대접을 받을 뿐이고, 그들의 마음과 생활에 적절한 영향을 미치지 못하는 곳에서는 대체로 무서운 심판들이 뒤따르게 된다.

(2) 하나님은 사람들에게 그 심판들을 내리시기 전에 경고를 주신다. 하나님은 기록된 말씀을 통해, 목사들을 통해, 인간들 자신의 양심들을 통해, 그 시대의 징조들을 통해 사람들에게 경계경보를 들려주신다. 그러므로 어떤 백성이 심판을 받고 놀라게 되면 그것은 그들 자신의 잘못이다.

(3) 백성에 대한 하나님의 진노는 그 백성에게 무서운 일이 일어나게 된다. 하나님의 진노는 그들의 모든 즐거운 일들을 쓰디쓴 것으로 만들고, 심지어 생명 그 자체도 아주 쓰고 괴로운 것으로 만들고 말 것이다.

(4) 하나님은 그의 모든 진노를 이 세상에 내리지 않으신다. 하나님은 아주 무서운 심판의 경계와 한계를 정하시고 내리신다.

(5) 교회 안의 가르침과 예배의 타락과 변질은 그 자체가 큰 심판들이고, 사람들에게 내릴 다른 심판들의 통상적인 원인과 표시들이 된다.

V. 여기서는 다른 세 나팔 소리들이 울리기 전에 엄숙한 경고를 세상에 전하고 있다. 이 경고는 세 나팔 소리가 들린 뒤에 임하게 될 재난들이 얼마나 무서운 것들이고, 그 재난들이 떨어질 시대와 장소는 얼마나 큰 불행과 어려움을 겪게 될지를 알려준다. 내가 또 보고 들으니 공중에 날아가는 독수리가 큰 소리로 이르되 땅에 사는 자들에게 화, 화, 화가 있으리니 이는 세 천사들이 불어야 할 나팔 소리가 남아 있음이로다 하더라(13절).

1. 이 경고를 알리는 전달자는 공중에 날아가는 천사였다(13절, 영어역본들에는 천사로 번역되어 있는데 개역개정판에는 이것이 독수리로 번역이 되었다). 그는 무서운 사명을 띠고 소식을 전해야 되는 전령처럼 서둘러 날아왔다.

2. 그 소식은 세상이 이제까지 겪었던 것보다 훨씬 크고 혹독한 재난과 불행

을 전하는 탄핵 선고였다. 이 재앙들은 세 가지이다. 그 소식은 앞으로 닥칠 이 재난들이 이미 겪었던 재난들보다 얼마나 더 극심한 것인지를 알려주기 위한 것이었다. 또한 그 소식은 각기 다른 그 재난들이 임할 때마다 나팔 소리가 어떻게 들리게 될지도 암시해주고 있다. 그래서 그것보다 더 약한 심판들이 내려서 별 효과가 없고, 교회와 세상이 그 심판들로 오히려 더 나빠지기만 한다면 교회와 세상은 더 크고 혹독한 심판이 내릴 것이라는 걸 예상해야 할 것이다. 하나님이 시행하시는 심판들로 말미암아 세상은 하나님을 알게 될 것이다. 하나님이 세상을 징벌하러 오실 때 세상 사람들은 하나님 앞에서 두려워 떨게 될 것이다.

— 제 9 장 —

개요

  본 장에서 우리는 다섯째 나팔 소리와 여섯째 나팔 소리, 그 소리에 뒤이은 환상들, 일련의 사건들에 대한 기사를 대하게 된다. 다섯째 나팔 소리의 기사(1-12절). 여섯째 나팔 소리의 기사(13-21절).

¹다섯째 천사가 나팔을 불매 내가 보니 하늘에서 땅에 떨어진 별 하나가 있는데 그가 무저갱의 열쇠를 받았더라 ²그가 무저갱을 여니 그 구멍에서 큰 화덕의 연기 같은 연기가 올라오매 해와 공기가 그 구멍의 연기로 말미암아 어두워지며 ³또 황충이 연기 가운데로부터 땅 위에 나오매 그들이 땅에 있는 전갈의 권세와 같은 권세를 받았더라 ⁴그들에게 이르시되 땅의 풀이나 푸른 것이나 각종 수목은 해하지 말고 오직 이마에 하나님의 인침을 받지 아니한 사람들만 해하라 하시더라 ⁵그러나 그들을 죽이지는 못하게 하시고 다섯 달 동안 괴롭게만 하게 하시는데 그 괴롭게 함은 전갈이 사람을 쏠 때에 괴롭게 함과 같더라 ⁶그 날에는 사람들이 죽기를 구하여도 죽지 못하고 죽고 싶으나 죽음이 그들을 피하리로다 ⁷황충들의 모양은 전쟁을 위하여 준비한 말들 같고 그 머리에 금 같은 관 비슷한 것을 썼으며 그 얼굴은 사람의 얼굴 같고 ⁸또 여자의 머리털 같은 머리털이 있고 그 이빨은 사자의 이빨 같으며 ⁹또 철 호심경 같은 호심경이 있고 그 날개들의 소리는 병거와 많은 말들이 전쟁터로 달려 들어가는 소리 같으며 ¹⁰또 전갈과 같은 꼬리와 쏘는 살이 있어 그 꼬리에는 다섯 달 동안 사람들을 해하는 권세가 있더라 ¹¹그들에게 왕이 있으니 무저갱의 사자라 히브리어로는 그 이름이 아바돈이요 헬라어로는 그 이름이 아볼루온이더라 ¹²첫째 화는 지나갔으나 보라 아직도 이후에 화 둘이 이르리로다

  다섯째 천사가 나팔을 불자 사건들이 연이어 일어났다. 여기서 다음의 사실들을 주목하라.

1. 하늘에서 땅에 떨어진 별 하나가 있었다(1절). 이 별이 그리스도교 교회 안의 어떤 저명한 감독을 나타낸다고 해석하는 사람들도 있다. 그 이유는 교회를 하늘이라고 부르고 목사들을 별들이라고 말하는 관행이 교회 안에 있기 때문이었다. 그러나 이 인물이 누구인지에 대해서는 성경 주석가들의 의견이 일치하지 않는다. 어떤 사람은 그 인물이 로마의 삼대 감독이었던 보니파키우스(Boniface)라고 생각하는 사람들도 있다. 전 세계를 대표하는 로마 감독의 자리를 차지한 보니파키우스는 포카스(Phocas) 황제의 총애를 받은 인물이었다. 포카스 황제는 로마 제국의 황제 자리를 찬탈하고 폭정을 휘두른 독재자가 된 인물이었다. 그는 입에 발린 아첨을 잘하는 보상으로 보니파키우스에게 로마 감독 자리를 차지하게 해주었다.

2. 이 땅에 떨어진 타락한 별은 무저갱의 열쇠를 받았다. 이제 그리스도의 종의 신분과 지위를 그만둔 그는 적그리스도가 된다. 그는 마귀의 종이 된다. 그리스도의 허락을 받아 그리스도에게서 교회의 열쇠를 받았던 그가 이제는 마귀의 감옥 열쇠를 맡은 감옥지기가 되었다. 그는 그가 맡은 마귀의 감옥 열쇠로 지옥의 권세를 풀어 교회에 대적하게 만든다.

3. 그 밑이 한없는 무저갱이 열리자 그 구멍에서 큰 화덕의 연기 같은 연기가 올라왔다(2절). 그 연기는 해와 공기를 어두워지게 만들었다. 마귀들은 어둠의 권세들이다. 지옥은 어둠의 처소이다. 마귀는 자신의 계획들을 실행하기 위하여 인간들의 눈을 멀게 하고, 이성의 빛과 지성의 빛을 꺼버리고, 무지와 잘못을 조장한다. 마귀는 먼저 인간들을 속인 다음에 그들을 파멸시킨다. 불행한 영혼들은 어둠 속에서 마귀를 뒤따른다. 그 영혼들은 감히 마귀를 따르지 않을 엄두조차 내지 못한다.

4. 이 어두운 연기에서 메뚜기 떼가 몰려나온다. 이것은 모세가 애굽에서 행했던 열 가지 재앙 가운데 하나이다. 이것은 적그리스도가 지휘하는 마귀의 사자들이다. 적그리스도적인 명령을 따른 모든 소동들과 폭도들은 미신, 우상숭배, 잘못, 잔혹함을 조장하고 장려하기 위한 것이다. 이러한 것들은 하나님의 정당한 허락을 받아 이마에 하나님의 표시를 가지고 있지 않은 자들을 해칠 수 있는 권한을 가졌다.

5. 마귀의 종들인 이 메뚜기 떼들은 사람들에게 육체적인 해를 가하는 것이 아니라 영적인 해를 입힌다. 그들은 군사적인 방법으로 칼과 불로 모든 것을

파멸시키는 것이 아니다. 나무와 풀은 하나도 건드리지 않는다. 그들이 해를 입히는 자들은 죽임을 당하지 않는다. 그것은 박해가 아니라 사람들의 영혼에 은밀한 중독과 감염으로 해를 입힌다. 그러한 은밀한 중독과 감염은 사람들에게서 순결함을 강탈하고, 나중에는 사람들의 평화를 빼앗아 간다. 이단은 영혼을 서서히 은밀하게 좀먹지만 결국에는 파멸시키는 영혼의 중독이다.

6. 마귀의 종들인 이 메뚜기 떼들은 이마에 하나님의 인을 친 표시가 있는 사람들은 해치지 못한다. 하나님의 선택하시고, 효력 있게 하시고, 구별하시는 은혜는 그의 백성을 완전한 타락과 배교에서 지켜주시고 보호해주실 것이다.

7. 이들 지옥의 관리인들에게 주어진 권한은 시간의 제한이 있다. 그러나 그들을 죽이지는 못하게 하시고 다섯 달 동안 괴롭게만 하게 하신다(5절). 이 기간이 어떤 일정한 기간이기는 하지만 짧다. 그것이 얼마나 짧은지는 말할 수 없지만 말이다. 복음이 전파되는 기간도 그 시한이 있고, 미혹의 기간도 그 시한이 있다.

8. 그 기간이 짧고, 또는 아주 짧다고 할지라도, 자신의 양심과 영혼에 이 중독의 해악을 느끼게 된 사람들은 죽고 싶을 정도로 넌더리를 치게 될 것이다. 그 날에는 사람들이 죽기를 구하여도 죽지 못하고 죽고 싶으나 죽음이 그들을 피하리로다(6절). 사람의 심령은 그의 병을 능히 이기려니와 심령이 상하면 그것을 누가 일으키겠느냐(잠 18:14).

9. 이들 메뚜기 떼들은 그 크기와 모양이 괴물 같다. 황충들의 모양은 전쟁을 위하여 준비한 말들 같고 그 머리에 금 같은 관 비슷한 것을 썼으며 그 얼굴은 사람의 얼굴 같고 또 여자의 머리털 같은 머리털이 있고 그 이빨은 사자의 이빨 같다(7-8절). 이 메뚜기 떼들도 전쟁에 나가는 말들처럼 그들의 일을 위한 장비를 갖추고 있다. 여기서 다음의 사실들을 주목하라.

(1) 그들은 큰 권위를 가장하고 있었는데 그것은 그들의 승리가 확실한 것처럼 보이게 하기 위한 것이었다. 그들은 그 머리에 금 같은 관 비슷한 것을 썼다(7절). 그러나 그 관은 진짜가 아니라 가짜 권위를 위장하기 위한 것이다.

(2) 그들은 지혜와 총명함을 가진 것처럼 위장했다. 그 얼굴은 사람의 얼굴 같지만 마귀의 영을 가지고 있었다.

(3) 그들은 사람들의 마음을 미혹하고 더럽히기 위하여 아름다운 겉모습을 가지고 온갖 교태들을 부렸다. 그들은 여자의 머리털 같은 머리털을 가지고 있었

다. 그들이 예배드리는 방법은 아주 번지르르하고 아주 호사스러웠다.

(4) 그들이 겉으로는 부드러운 여인의 모습으로 나타날지라도 그 속내는 사자의 이빨을 가지고 있었다. 그들의 본색은 실제로 잔인한 야수였다.

(5) 그들은 지상의 권세의 보호를 받았다. 그들은 가슴을 막아주는 강철로 만든 호심경을 가지고 있었다.

(6) 그들은 세상에서 아주 시끄러운 소리를 내고 다녔다. 그들은 이 나라 저 나라로 바쁘게 날아다녔다. 그들이 움직이면서 내는 소리는 병거와 말들을 가진 군대가 움직이는 소리와 같았다.

(7) 그들이 처음에는 보기 좋은 모습으로 사람들에게 구슬리고 아첨을 하지만 그 이면에는 쏘는 독가시가 들어있다. 혐오로 가득 찬 그들의 잔은 처음에는 달콤하지만 결국에는 뱀처럼 물고, 살모사처럼 쏘는 독이 들어있다.

(8) 이 소름 끼치는 날아다니는 무리의 왕과 지휘관이 여기서 이렇게 묘사되고 있다.

[1] 그들에게 왕이 있으니 무저갱의 사자라(11절). 여기서 그 왕이 사자 즉 천사로 묘사되고 있다. 그는 본래 천사였다. 그는 예전에 하늘의 천사들 가운데 한 천사였다.

[2] 그는 무저갱의 사자였다. 그는 여전히 사자 즉 천사이긴 하지만 무저갱으로 떨어진 타락한 천사이다. 무저갱은 아주 크고 한이 없이 깊어서 그 어떤 것도 거기에서 결코 빠져나오지 못한다.

[3] 이 지옥에서 그는 일종의 왕이고 통치자이다. 그는 자신이 다스리고 명령하는 어둠의 권세를 가지고 있다.

[4] 그의 진짜 이름은 아바돈이요 헬라어로는 그 이름이 아볼루온이다(11절). 그 이름의 뜻은 파괴자이다. 왜냐하면 파괴하는 것이 마귀의 일이고 목적이기 때문이다. 그는 그 일들에 아주 열심이고 부지런하다. 그는 그 일들에서 아주 성공적이다. 그는 그 일들을 통해 소름끼치는 즐거움을 얻는다. 마귀는 인간의 영혼을 파괴하기 위하여 그의 부하들과 군대를 보내는 일에 늘 골몰한다. 이제 우리는 여기서 한 재앙이 끝나는 것을 보게 된다. 그러나 한 재앙의 끝은 다른 재앙의 시작이라는 사실도 발견하게 된다.

¹³여섯째 천사가 나팔을 불매 내가 들으니 하나님 앞 금 제단 네 뿔에서 한 음성이

나서 ¹⁴나팔 가진 여섯째 천사에게 말하기를 큰 강 유브라데에 결박한 네 천사를 놓아 주라 하매 ¹⁵네 천사가 놓였으니 그들은 그 년 월 일 시에 이르러 사람 삼분의 일을 죽이기로 준비된 자들이더라 ¹⁶마병대의 수는 이만 만이니 내가 그들의 수를 들었노라 ¹⁷이같은 환상 가운데 그 말들과 그 위에 탄 자들을 보니 불빛과 자줏빛과 유황빛 호심경이 있고 또 말들의 머리는 사자 머리 같고 그 입에서는 불과 연기와 유황이 나오더라 ¹⁸이 세 재앙 곧 자기들의 입에서 나오는 불과 연기와 유황으로 말미암아 사람 삼분의 일이 죽임을 다하니라 ¹⁹이 말들의 힘은 입과 꼬리에 있으니 꼬리는 뱀 같고 또 꼬리에 머리가 있어 이것으로 해하더라 ²⁰이 재앙에 죽지 않고 남은 사람들은 손으로 행한 일을 회개하지 아니하고 오히려 여러 귀신과 또는 보거나 듣거나 다니거나 하지 못하는 금, 은, 동과 목석의 우상에게 절하고 ²¹또 그 살인과 복술과 음행과 도둑질을 회개하지 아니하더라

여기서 우리는 이 환상에 대한 시작의 말이 있은 뒤에 본 환상이 전개되는 것을 발견하게 된다. 이 환상의 시작은 다음과 같다.

Ⅰ 이 환상에 대한 시작의 말. 여섯째 천사가 나팔을 불매 내가 들으니 하나님 앞 금 제단 네 뿔에서 한 음성이 나서 나팔 가진 여섯째 천사에게 말하기를 큰 강 유브라데에 결박한 네 천사를 놓아 주라 하매(13-14절). 여기서 다음의 사실들을 주목하라.

1. 교회를 대적하는 원수들의 권세는 하나님이 그 사용을 자유롭게 허락하시는 말씀이 떨어지기까지는 억제가 된다.

2. 나라들이 그 악이 무르익어 징벌을 받을 때가 되면 하나님의 진노를 위해 사용하실 도구들이 자유롭게 풀려나게 된다. 네 천사를 놓아 주라 하매 네 천사가 놓여났다(14-15절).

3. 하나님이 어떤 백성을 징벌하기 위해 사용하시려는 도구들이 그들로부터 종종 아주 멀리 떨어져 있을 수도 있다. 그래서 그들이 전혀 위험을 느끼지 못할 수도 있다. 하나님의 심판에 사용될 이 네 천사들도 유럽 국가들에서 아주 멀리 떨어진 유브라데 강에 결박당해 있었다. 이때 터키의 세력도 일어나고 있었는데 아마 그것이 이 환상의 중심 내용일지도 모른다.

Ⅱ 본 환상. 네 천사가 놓였으니 그들은 그 년 월 일 시에 이르러 사람 삼분의 일을 죽이기로 준비된 자들이더라 마병대의 수는 이만 만이니 내가 그들의 수를 들었노

라(15-16절). 여기서 다음의 사실들을 주목하라.

1. 그들의 군사 작전 실시 시간은 그 년 월 일 시(15절) 즉 모년 모월 모일 모시로 못 박혀 정해져 있다. 때를 나타내는 예언적 부호들이나 기호들을 우리가 이해하기는 거의 어렵다. 그런데 우리가 대체로 알 수 있는 것은 그 때가 시작하고 마칠 때가 한 시간으로 정해져 있다는 것이다. 이 군사 작전의 실행 범위는 땅에 사는 사람들의 삼분의 일이다. 하나님은 인간의 진노를 하나님 찬양으로 바꾸신다. 하나님은 나머지 진노는 억제하게 하신다.

2. 이 큰 사명을 실행해야 되는 군대는 소집이 되는데, 그 기병대의 수가 이만만이다(16절) 하는 것은 알 수 있다. 그러나 우리는 보병대의 수는 추측만 해야 한다. 일반적으로 이것은 마호메트 제국의 군대가 아주 많다는 사실을 우리에게 알려준다. 그 군대가 그랬다는 것은 확실하다.

3. 그들의 무서운 말과 그 위에 탄 자들의 모습. 이 같은 환상 가운데 그 말들과 그 위에 탄 자들을 보니 불빛과 자줏빛과 유황빛 호심경이 있고 또 말들의 머리는 사자 머리 같고 그 입에서는 불과 연기와 유황이 나오더라(17절). 말들이 싸움터로 돌진하려는 사자들처럼 아주 사납고 맹렬하게 소리를 지르고 콧김을 뿜어내고 있었다. 그와 마찬가지로 그 말에 탄 자들도 빛나고 찬란한 갑옷을 입고 호전적인 용기와 열정과 결의로 아주 단단히 넘치고 있었다.

4. 그들은 이제 적그리스도가 된 로마 제국에 엄청난 파괴와 황폐를 가했다. 로마 제국의 삼분의 일이 살육을 당했다. 그러나 그들은 자신들이 맡은 임무의 한도까지만 갔다. 그 이상은 갈 수가 없었다.

5. 그들이 살육을 자행했던 무기는 불과 연기와 유황인데 말의 입에서 나오는 것들이다. 쏘는 것은 그들의 꼬리에 있었다. 그런데 이것이 그렇게 엄청난 파괴를 하는 잔인한 도구들이 대포의 예언이라는 것이 미드 씨의 의견이다. 터키족이 콘스탄티노플을 포위 공격할 때 처음 사용했던 무기가 이러한 것들이었다고 미드 씨는 주장한다. 이 새롭고 이상한 무기는 그 파괴력이 아주 엄청나고 무서웠다. 그러나 여기서는 앞의 환상에서 언급된 것에 대한 암시를 하는 것 같다. 즉 적그리스도가 영적인 힘을 가지고 전갈들처럼 죄와 우상숭배로 사람들의 정신을 중독시키는 것처럼 적그리스도의 배교를 징벌하기 위하여 일어난 터키족이, 아주 많은 영혼들을 살해했던 자들의 몸들을 해치고 죽이는 전갈들과 쏘는 것들을 가지고 있었다는 것을 암시하고 있는 것 같다.

6. 이 무서운 심판들을 당하고서도 그리스도를 믿지 않는 세대가 회개하지 않는 것을 주목해보라. 이 재앙에 죽지 않고 남은 사람들은 손으로 행한 일을 회개하지 아니했다(20절). 재앙에 용케 살아남은 사람들이 회개를 하지 않았다. 그들은 계속해서 여러 가지 죄를 범했다. 하나님은 그 죄들 때문에 그들을 아주 혹독하게 징벌하셨다. 그 죄들은 다음과 같다.

(1) 그들은 우상숭배를 했다. 그들은 그 우상과 신상들이 그들에게 아무런 유익을 줄 수 없음에도 그것들을 버리지 못했다. 그것들은 보거나 듣거나 다니거나 할 수가 없었다.

(2) 그들은 살인을 했다. 그들은 그리스도의 종들과 성도들을 살해했다. 로마 가톨릭은 피에 굶주린 잔인한 종교다. 그 종교는 계속해서 그렇게 하기로 마음을 단단히 먹은 것 같다.

(3) 그들은 복술, 즉 점술을 했다. 그들은 주문을 외우고, 마술을 행하고, 귀신을 쫓아내는 의식을 행하고, 그리고 다른 여러 가지 해괴한 짓들을 행했다.

(4) 그들은 음행을 저질렀다. 그들은 영과 육체의 죄의 더러움을 다 허용한다. 그들은 그것을 자신들에게 조장하고 다른 사람들에게도 장려한다.

(5) 그들은 도둑질을 했다. 그들은 부당한 수단을 사용해 막대한 부를 축적했다. 그러나 그들은 가족들, 도시들, 군주들, 나라들을 가난하게 만들고, 그들에게 손해를 입혔다. 이러한 짓들이 적그리스도와 그의 부하들이 저지른 극악무도한 범죄들이다. 하나님이 그들을 치는 진노를 하늘로부터 계시해주셨음에도 불구하고 그들은 여전히 고집을 부리고, 마음을 단단하게 만들고, 회개하지 않고, 천벌을 받는 것을 개의치 않는다. 왜냐하면 그들은 파멸당해야 되기 때문이다.

Ⅲ. 여섯째 나팔을 통해 우리는 다음의 사실들을 깨우치게 된다.

1. 하나님은 교회의 어떤 적을 이용하여 다른 적을 응징하는 채찍과 재앙이 되게 하신다.

2. 만군의 주이신 하나님은 그의 명령에 따르고, 그의 목적을 위해 섬기는 많은 군사들을 가지고 계시다.

3. 아주 무서운 권세들일지라도 그 한계가 정해져 있고, 그들이 그 한계를 결코 침범하거나 어길 수가 없다.

4. 하나님의 심판이 땅에 임할 때 하나님은 그 땅의 거민들이 죄를 회개하고

의를 깨우치기를 바라신다.

5. 하나님의 심판을 받고도 회개하지 않는 것은 죄인들의 파멸을 자초하는 죄악이다. 왜냐하면 하나님이 심판하실 때는 그가 반드시 이기실 것이기 때문이다.

제 10 장

개요

　본 장은 요한 계시록의 예언들이 담긴 후반부에 대한 서론이다. 본 장과 11장 15절의 일곱째 나팔을 부는 사이에 담긴 내용은 다른 예언과 뚜렷하게 다른 예언이다. 이 예언은 다른 예언들에 담긴 주요한 내용보다 좀 더 일반적인 내용을 계시한다. 호기심이 많은 탐구자들은 이 심오한 기록들에 대해 이런저런 논란을 많이 한다. 그러나 우리는 여기서 다음과 같은 사실들을 발견하게 된다. I. 그의 손에 펼친 책을 들고 있는 아주 영광스러운 천사에 대한 놀라운 묘사(1-3절). II. 이 영광스러운 천사의 외침에 반향으로 들리는 일곱 우레 소리를 사도가 들었다. 그 소리를 사도가 기록하려 하자 허락을 받지 못한다(4절). III. 손에 책에 든 천사가 엄숙한 맹세를 한다(5-7절). IV. 사도가 지켜야 될 의무를 받는다(8-11절).

¹내가 또 보니 힘 센 다른 천사가 구름을 입고 하늘에서 내려오는데 그 머리 위에 무지개가 있고 그 얼굴은 해 같고 그 발은 불기둥 같으며 ²그 손에는 펴 놓인 작은 두루마리를 들고 그 오른 발은 바다를 밟고 왼 발은 땅을 밟고 ³사자가 부르짖는 것 같이 큰 소리로 외치니 그가 외칠 때에 일곱 우레가 그 소리를 내어 말하더라 ⁴일곱 우레가 말을 할 때에 내가 기록하려고 하다가 곧 들으니 하늘에서 소리가 나서 말하기를 일곱 우레가 말한 것을 인봉하고 기록하지 말라 하더라 ⁵내가 본 바 바다와 땅을 밟고 서 있는 천사가 하늘을 향하여 오른손을 들고 ⁶세세토록 살아 계신 이 곧 하늘과 그 가운데에 있는 물건이며 땅과 그 가운데에 있는 물건이며 바다와 그 가운데에 있는 물건을 창조하신 이를 가리켜 맹세하여 이르되 지체하지 아니하리니 ⁷일곱째 천사가 소리 내는 날 그의 나팔을 불려고 할 때에 하나님이 그의 종 선지자들에게 전하신 복음과 같이 하나님의 그 비밀이 이루어지리라 하더라

　여기서 우리는 여섯째 나팔과 일곱째 나팔 사이에 사도가 받은 또 다른 환상을 발견하게 된다. 여기서 다음의 사실들을 주목하라.

I 사도가 받은 이 계시에 깊은 관심을 보였던 분은 하늘에서 내려온 천사였다. 그는 힘 센 다른 천사였다. 그는 누구든지 바로 이분이 우리의 주이시고 우리의 구주 예수 그리스도이심을 생각할 수 있게 나타나신다! 여기서 다음의 사실들을 주목하라.

1. 그는 구름을 입고 하늘에서 내려오셨다(1절). 그는 자신의 영광을 가리신다. 왜냐하면 그 영광이 너무 커서 인간이 그것을 바라볼 수 없기 때문이다. 그래서 그는 그의 임재 때마다 그것을 가리신다. 그가 현현하실 때 언제나 구름과 어둠이 그의 주위에 있다. 그가 흑암을 그의 숨는 곳으로 삼으사 장막 같이 자기를 두르게 하심이여 곧 물의 흑암과 공중의 빽빽한 구름으로 그리하시도다(시 18:11).

2. 그 머리 위에 무지개가 있었다(1절). 그는 언제나 그의 언약을 기억하시고 생각하신다. 그래서 그의 행위가 아주 신비스러울 때조차도 그 행위는 언제나 완전히 의롭고 신실하다.

3. 그 얼굴은 해 같았다(1절). 그의 얼굴은 언제나 아주 밝고, 아주 빛나고, 위엄이 넘치신다. 그 얼굴은 해가 힘있게 비치는 것 같더라(1:16).

4. 그 발은 불기둥 같았다(1절). 모든 그의 길과 은혜와 섭리는 순수하고 변함이 없다.

II 그의 지위와 자세. 그는 그 오른 발은 바다를 밟고 왼 발은 땅을 밟고 있었다(2절). 이 모습은 그가 세상에 대해 가진 절대적인 권한과 지배권을 나타내준다. 그리고 그는 그 손에는 펴 놓인 작은 두루마리를 들고 있었다(2절). 이 두루마리 책은 아마도 앞서 인봉이 되었던 바로 그 책과 같을 것이다. 그런데 지금 그 책이 펼쳐졌다. 그리고 그가 점진적으로 그것을 이루어 가실 것이다.

III 그의 두려운 목소리. 그는 사자가 부르짖는 것 같이 큰 소리로 외쳤다(3절). 그의 두려운 목소리가 일곱 우레 소리로 메아리가 되어 들려왔다. 이것은 하나님의 뜻과 생각을 계시해주는 일곱 가지 엄숙하고 무서운 방법을 의미한다.

IV 사도가 받은 금지 명령. 일곱 우레가 말한 것을 인봉하고 기록하지 말라(4절). 사도는 이 환상들을 통해 보고 들은 모든 것을 보존하고 공포해야 했지만 그 때가 아직 되지 않았다.

V 이 힘센 천사가 맹세를 했다. 여기서 다음의 사실들을 주목하라.

1. 그의 맹세의 방식. 바다와 땅을 밟고 서 있는 천사가 하늘을 향하여 오른손을 들고 세세토록 살아 계신 이를 가리켜 맹세했다(5-6절). 그는 창조주 하나님을 향

해 맹세하고 계시지만 이제 그 스스로 주로, 구세주로, 세상의 통치자로 나타나고 계시다.

2. 맹세의 내용. 지체하지 아니하리라(6절). 여기서 다음의 사실들을 주목하라.

(1) 그가 한 맹세는 이 책에 기록된 예언들이 마지막 천사가 나팔을 불 때까지 이상은 더 지체되지 않고 이루어질 것이라는 것이다. 그 때는 모든 일이 신속하게 실행될 것이다. 하나님의 그 비밀이 이루어지리라(7절).

(2) 하나님의 이 비밀이 이루어질 때는 그 시간도 더 이상 지체하지 않게 될 것이고, 변하기 쉬운 상태에 있는 것들도 더 이상 변하지 못하게 될 것이다. 그 때는 모든 것이 결국 영원토록 확정될 것이고, 시간 역시 영원 속으로 빨려 들어가게 될 것이다.

[8]하늘에서 나서 내게 들리던 음성이 또 내게 말하여 이르되 네가 가서 바다와 땅을 밟고 서 있는 천사의 손에 펴 놓인 두루마리를 가지라 하기로 [9]내가 천사에게 나아가 작은 두루마리를 달라 한즉 천사가 이르되 갖다 먹어 버리라 네 배에는 쓰나 네 입에는 꿀 같이 달리라 하거늘 [10]내가 천사의 손에서 작은 두루마리를 갖다 먹어 버리니 내 입에는 꿀 같이 다나 먹은 후에 내 배에서는 쓰게 되더라 [11]그가 내게 말하기를 네가 많은 백성과 나라와 방언과 임금에게 다시 예언하여야 하리라 하더라

여기서 우리는 하나님의 말씀을 먹을 때 일어나는 효과를 대하게 된다. 여기서 다음의 사실들을 주목하라.

I 사도는 여기서 엄격한 지시를 받는다. 그 지시는 다음과 같다.

1. 사도는 앞에서 언급된 바다와 땅을 밟고 서 있는 천사의 손에 펴 놓인 두루마리를 가지라 하는 지시를 받는다. 사도는 이 지시를 땅을 밟고 서 있던 그 천사에게서 직접 받는 것이 아니었다. 사도는 그 지시를 하늘에서 들리는 소리를 통해 받았다. 그 지시는 4절에서 사도가 일곱 우레 소리를 통해 알게 된 것을 기록하지 말라고 명령했던 같은 소리가 내리는 것이었다.

2. 사도는 그 책을 먹으라는 지시를 받는다. 갖다 먹어 버리라(9절). 이 부분의 지시는 힘센 천사가 직접 했다. 이것은 사도가 계시 받은 것을 공포하기 전에 그 자신이 먼저 그 예언들을 철저하게 이해하고 자신에게 적용시켜야 한다는 사실을 암시해주고 있다.

Ⅱ. 사도가 그 책을 먹었을 때 느끼게 되는 맛은 어떤가? 처음에는 그 맛이 입에는 꿀 같이 달다(10절). 모든 사람들이 미래의 사건들을 바라보거나 예언을 들을 때 기쁨을 느낀다. 그리고 모든 선한 사람들은 아무리 그 의미를 몰라도 하나님으로부터 말씀을 받기를 사랑한다. 그러나 이 책의 예언은 사도가 더 철저하게 이해하면 할수록 그 내용들이 더욱더 쓰게 될 것이다. 이 예언들의 내용은 하나님의 백성들에 대한 아주 심한 핍박들과, 그 땅에 휘몰아칠 황폐함과 파괴들과 같은 무섭고 두려운 심판들에 대한 것이다. 그러므로 그러한 끔찍한 사건들을 미리 보고 미리 안다는 것은 즐거운 일이 아니라 사도의 마음과 정신에 깊은 고통을 안겨주는 일이 될 것이다. 에스겔 선지자의 예언도 에스겔에게 처음에는 마찬가지였다. 내게 이르시되 인자야 내가 네게 주는 이 두루마리를 네 배에 넣으며 네 창자에 채우라 하시기에 내가 먹으니 그것이 내 입에서 달기가 꿀 같더라(겔 3:3).

Ⅲ. 사도는 지시받은 의무를 이행했다. 내가 천사의 손에서 작은 두루마리를 갖다 먹어 버리니 내 입에는 꿀 같이 다나 먹은 후에 내 배에서는 쓰게 되더라(10절). 사도는 천사에게 들었던 대로 그 맛이 처음에는 달고 나중에는 쓴 것을 알게 되었다. 여기서 우리는 다음과 같은 교훈을 깨우치게 된다.

1. 하나님의 종들은 하나님의 이름으로 다른 사람들에게 전달하는 메시지들을 그들 자신의 영혼들 속에서 소화시키고 이해한 뒤에 자신들에게 그 메시지들을 적절하게 적용해야 된다.

2. 하나님의 종들은 책임 맡은 모든 메시지를 그것이 사람들에게 즐거운 것이든 그렇지 않은 것이든 사람들에게 전달해야 된다. 약간이라도 즐거운 메시지는 아주 큰 유익이 될 수도 있을 것이다. 그렇지만 하나님의 메시지를 전하는 사자들은 하나님의 뜻을 어느 것 한 가지라도 빠뜨려서는 안 된다.

Ⅳ. 사도가 깨달은 것. 사도는 자신이 지금 받아먹었던 이 예언의 책이 단순히 자신의 호기심을 채우거나 자신만 즐겁거나 고통스러운 맛을 맛보기 위한 것이 아니라 자신이 그것을 세상에 전달해야 한다는 사실을 알게 되었다. 여기서 사도의 예언적인 사명이 다시 갱신이 되는 것 같다. 사도는 또 다른 임무를 준비하라는 명령을 받는다. 그 명령은 하나님의 생각과 뜻을 사람들에게 전달하라는 것이다. 그것은 모든 세상 사람들에게 아주 중요한 것들이고, 세상의 높고 위대한 사람들에게도 아주 중요한 것들이다. 그러므로 이것은 많은 언어들

로 기록되어 읽혀야 할 중요한 계시이다. 이 계시가 바로 거기에 해당되는 중요한 것이다. 우리는 그 계시들을 우리의 언어로 읽어야 하고, 그것들을 모두 실행해야 하고, 그 속에 담긴 의미들을 겸손히 탐구해야 하고, 그것이 때가 되면 모두 이루어질 것을 확고하게 믿어야 할 것이다. 이 예언들이 이루어지게 될 때 그것들의 의미와 진실이 드러나게 될 것이고, 위대하신 하나님의 전지하심과 능력과 신실하심이 경배와 찬양을 받게 될 것이다.

— 11 — 제 장

개요

　본 장에서 우리는 다음과 같은 기사를 발견하게 된다. I. 사도는 갈대로 된 자를 받고 성전의 크기를 측량한다(1-2절). II. 예언하는 두 증인이 나타난다(3-13절). III. 일곱째 나팔 소리가 울리고, 하늘의 성전이 계시된다(14-19절).

¹또 내게 지팡이 같은 갈대를 주며 말하기를 일어나서 하나님의 성전과 제단과 그 안에서 경배하는 자들을 측량하되 ²성전 바깥 마당은 측량하지 말고 그냥 두라 이것은 이방인에게 주었은즉 그들이 거룩한 성을 마흔 두 달 동안 짓밟으리라

　성전을 측량하는 이 예언 구절은 우리가 에스겔이 본 환상에서 발견할 수 있는 것에 대한 단순한 언급이다. 나를 데리시고 거기에 이르시니 모양이 놋 같이 빛난 사람 하나가 손에 삼줄과 측량하는 장대를 가지고 문에 서 있더니(겔 40:3). 그러나 요한의 예언이든 에스겔의 예언이든 그것을 이해할 수 있는 방법은 그다지 쉽지가 않다. 요한의 경우에 성전을 측량하는 목적이 성전을 다시 건축하기 위한 것이었던 것 같다. 이 측량의 목적은 다음과 같은 뜻이었을 수 있다.

　1. 여기서의 측량은 성전의 보존을 위한 것이다. 공적인 위험과 재난이 닥쳤을 때에 성전을 보호하기 위하여 예언이 되고 있다.

　2. 여기서의 측량은 성전의 시험에 대비하기 위한 것이다. 이것은 성전의 표준과 양식이 하늘나라의 성전과 얼마나 일치하는지를 보기 위한 것일 수 있다.

　3. 여기서의 측량은 성전의 갱신을 위한 것이다. 이 성전의 무엇이 지나치고, 모자라고, 변했는지를 참된 모본에 맞추어 재는 것일 수 있다. 여기서 다음의 사실들을 주목하라.

I 성전의 무엇을 측량해야 되는가?

　1. 성전. 일반적으로 그것이 세워진 것이든 조직된 것이든 복음의 교회는 성

전이다. 따라서 복음의 교회도 복음의 규칙과 잣대의 규정에 따라서 그 길이 너무 작은지 또는 너무 큰지, 그 문이 너무 넓은지 또는 너무 좁은지 측량이 되어야 할 것이다.

2. 제단. 예배의 가장 신성한 행위가 이루어지는 장소가 제단이었다. 일반적으로 그 곳에서 종교적인 예배를 드리기 때문이다. 그러므로 그 교회가 그 실체와 위치에 있어서 참된 제단을 가지고 있는지의 여부가 측량이 되어야 할 것이다. 그 실체에 있어서 그 교회가 그들의 제단을 위해 그리스도를 모시고 있고, 그 제단에 그들의 모든 예물들을 드리고 있는지의 여부가 측량이 되어야 할 것이다. 그 위치에 있어서 그 교회가 그 제단을 지성소에 모시고 있는지, 다시 말해서 그 교회가 하나님을 영과 진리 안에서 예배 드리고 있는지의 여부가 측량이 되어야 할 것이다.

3. 예배를 드리는 사람들도 측량을 받아야 할 것이다. 그들이 그들의 모든 행위에 있어서 하나님의 영광을 그들의 목적으로 삼고, 하나님의 말씀을 그들의 규칙으로 삼고 있는지의 여부가 측량이 되어야 할 것이다. 그리고 그들이 거기에 합당한 애정을 가지고 하나님께 나아오는지, 그리스도의 복음에 합당하게 생활하는지(빌 1:27)의 여부가 측량이 되어야 할 것이다.

Ⅱ 무엇을 측량해서는 안 되고, 왜 내버려 두어야 하는가? 성전 바깥 마당은 측량하지 말고 그냥 두라 이것은 이방인에게 주었은즉 그들이 거룩한 성을 마흔 두 달 동안 짓밟으리라(2절). 여기서 다음의 사실들을 주목하라.

1. 무엇을 측량해서는 안 되는가? 성전 바깥 마당은 측량하지 말고 그냥 두라. 헤롯이 기존의 성전에 더하여 성전 바깥 마당을 만들고 이방인들의 마당이라고 불렀다고 말하는 사람들도 있다. 또 아드리아누스 황제(Adrian)가 성과 바깥 마당을 만들고 그것을 아일리아(Aelia)라고 명명하고 그것을 이방인들에게 주었다고 말하는 사람들도 있다.

2. 왜 바깥 마당은 측량하지 않고 내버려 두어야 하는가? 이 바깥 마당은 솔로몬 성전이나 스룹바벨의 성전 모형에 따르면 성전에 속한 부분이 아니었다. 그러므로 하나님은 그것을 중요시 여기지 않으셨다. 하나님은 그것을 보호를 위해 구별하지도 않으셨다. 그러나 그 바깥 마당은 이교도의 의식들과 관습들을 행하도록 이방인들을 위하여 계획된 것이었다. 그래서 그리스도는 이방인들이 좋아하고 원하는 대로 사용하도록 성전 바깥 마당을 이방인들에게 내버

려두셨다. 성전 바깥 마당과 그 성은 이방인들에게 마흔 두 달 동안 짓밟혔다. 이 것이 적그리스도의 전체 통치 기간이 될 것이라고 주장하는 사람들도 있다. 그 러므로 성전 바깥 마당에서 예배를 드리는 사람들은 그릇된 방식으로 예배를 드리는 사람이든지 아니면 위선적인 마음을 가지고 예배를 드리는 사람들이 다. 하나님은 이러한 사람들을 배척하실 것이고, 그들은 하나님의 적들이 되고 말 것이다.

3. 전체를 통해 다음의 사실들을 주목하라.

(1) 하나님은 세상 마지막 때까지 세상에 성전과 제단을 가지고 계실 것이다.

(2) 하나님은 이 성전을 아주 엄격하게 살피시고, 그 안에서 어떻게 모든 일 이 이루어지는지 주시하실 것이다.

(3) 성전 바깥 마당에서 예배를 드리는 사람들은 배척을 받을 것이고, 성전 휘장 안에서 예배를 드리는 사람들만을 하나님이 받아들이실 것이다.

(4) 거룩한 성, 보이는 교회는 세상에서 아주 많이 짓밟히게 될 것이다.

(5) 그러나 교회가 황폐하게 되고 파괴당하는 것은 제한된 기간에 아주 짧은 기간에 이루어질 것이다. 그리고 교회는 모든 핍박과 어려움들로부터 구원을 받게 될 것이다.

³내가 나의 두 증인에게 권세를 주리니 그들이 굵은 베옷을 입고 천이백육십 일을 예언하리라 ⁴그들은 이 땅의 주 앞에 서 있는 감람나무와 두 촛대니 ⁵만일 누구든지 그들을 해하고자 하면 그들의 입에서 불이 나와서 그들의 원수를 삼켜 버릴 것이 요 누구든지 그들을 해하고자 하면 반드시 그와 같이 죽임을 당하리라 ⁶그들이 권 능을 가지고 하늘을 닫아 그 예언을 하는 날 동안 비가 오지 못하게 하고 또 권능 을 가지고 물을 피로 변하게 하고 아무 때든지 원하는 대로 여러 가지 재앙으로 땅 을 치리로다 ⁷그들이 그 증언을 마칠 때에 무저갱으로부터 올라오는 짐승이 그들과 더불어 전쟁을 일으켜 그들을 이기고 그들을 죽일 터인즉 ⁸그들의 시체가 큰 성 길 에 있으리니 그 성은 영적으로 하면 소돔이라고도 하고 애굽이라고도 하니 곧 그 들의 주께서 십자가에 못 박히신 곳이라 ⁹백성들과 족속과 방언과 나라 중에서 사 람들이 그 시체를 사흘 반 동안을 보며 무덤에 장사하지 못하게 하리로다 ¹⁰이 두 선지자가 땅에 사는 자들을 괴롭게 한 고로 땅에 사는 자들이 그들의 죽음을 즐거 워하고 기뻐하여 서로 예물을 보내리라 하더라 ¹¹삼 일 반 후에 하나님께로부터 생

기가 그들 속에 들어가매 그들이 발로 일어서니 구경하는 자들이 크게 두려워하더라 ¹²하늘로부터 큰 음성이 있어 이리로 올라오라 함을 그들이 듣고 구름을 타고 하늘로 올라가니 그들의 원수들도 구경하더라 ¹³그 때에 큰 지진이 나서 성 십분의 일이 무너지고 지진에 죽은 사람이 칠천이라 그 남은 자들이 두려워하여 영광을 하늘의 하나님께 돌리더라

이 짓밟히는 기간에 하나님은 그의 신실한 증인들을 남겨두신다. 그 증인들은 하나님의 말씀, 예배, 하나님의 길의 우월성이 지닌 진리를 확실하게 증언할 것이다. 여기서 다음의 사실들을 주목하라.

I 이 증인들의 수. 그 수가 적기는 하지만 충분하다. 여기서 다음과 같은 교훈을 얻게 된다.

1. 두 증인의 수는 적다. 많은 사람들이 번영의 때에 그리스도를 고백하고 인정하지만 박해의 때에는 그리스도를 버리고 부정한다. 대의가 시련에 처하게 될 때 한 사람의 증인은 다른 때의 많은 증인들보다 가치가 있고 귀하다.

2. 두 증인은 충분한 숫자다. 왜냐하면 두 증인의 입을 통해 모든 대의가 확고하게 세워질 것이기 때문이다. 그리스도는 그의 제자들을 둘씩 짝을 지어 보내고, 복음을 전파하게 하셨다. 이 두 증인이 잠시 동안 땅으로 돌아온 에녹과 엘리야라고 주장하는 사람들도 있다. 그런가 하면 이 두 증인이 그리스도를 믿는 유대인의 교회와 이방인의 교회라고 주장하는 사람들도 있다. 그것보다는 두 증인이 최악의 시기에도 그리스도교를 계속 믿는다고 고백할 뿐만 아니라 그것을 전파하는 하나님의 뛰어난 신실한 종들이라고 생각하는 게 오히려 나을 것 같다.

II. 그들이 하나님의 뜻을 예언하는 기간. 혹은 그리스도를 위하여 증언하는 기간은 얼마 동안인가? 그들이 천이백육십 일을 예언하리라(3절). 다시 말해서 이 기간은 많은 사람들이 생각하듯이 적그리스도의 지배 기간이다. 그래서 만일 이 기간의 시작하는 날을 알 수 있다면 이 예언의 날수들을 하루를 일 년으로 환산해서 그 끝 날을 예상할 수 있을 것이다.

III. 두 증인의 습관과 자세. 그들은 굵은 베옷을 입고 예언을 한다. 그들은 세상에서 교회들의 고난받는 어려운 상태와 그리스도의 대의에 깊은 감동을 받은 사람들의 자세로 예언을 한다.

Ⅳ. 이 두 증인은 그들의 중요하고 어려운 임무를 이행하는 동안 어떻게 도움을 받았는가? 그들은 온 땅의 하나님 앞에 서 있었고, 하나님은 그들에게 예언의 권세를 주셨다. 하나님은 그들을 스룹바벨과 여호수아처럼 만드셨고, 스가랴의 환상 속에 나타나는 감람나무와 등잔대로 세우셨다. 그가 내게 묻되 네가 무엇을 보느냐 내가 대답하되 내가 보니 순금 등잔대가 있는데 그 위에는 기름 그릇이 있고 또 그 기름 그릇 위에 일곱 등잔이 있으며 그 기름 그릇 위에 있는 등잔을 위해서 일곱 관이 있고 그 등잔대 곁에 두 감람나무가 있는데 하나는 그 기름 그릇 오른쪽에 있고 하나는 그 왼쪽에 있나이다(슥 4:2,3). 하나님은 그들에게 거룩한 열정과 용기와 힘과 위로의 기름을 주셨다. 하나님은 그들을 감람나무로 만드셨다. 하나님은 그들을 하나님에게서 받은 영적인 은혜의 원리들로 만들어진 기름으로 계속 불타는 신앙 고백의 등잔대로 세우셨다. 그들은 그들의 등잔에 기름을 가지고 있었을 뿐만 아니라 그들의 기름 그릇 속에 영적인 생명과 빛과 열정도 가지고 있었다.

Ⅴ. 그들이 예언하는 동안 그들은 보호를 받았다. 만일 누구든지 그들을 해하고자 하면 그들의 입에서 불이 나와서 그들의 원수를 삼켜 버릴 것이요 누구든지 그들을 해하고자 하면 반드시 그와 같이 죽임을 당하리라(5절). 이것이 엘리야가 그를 잡으려고 온 군사들과 그 대장들을 하늘에서 불을 요청해 불태워 죽인 사건을 암시한다고 주장하는 사람들도 있다. 엘리야가 그들에게 대답하여 이르되 내가 만일 하나님의 사람이면 불이 하늘에서 내려와 너와 너의 오십 명을 사를지로다 하매 하나님의 불이 곧 하늘에서 내려와 그와 그의 군사 오십 명을 살랐더라(왕하 1:12). 하나님은 선지자 예레미야에게 약속하셨다. 그러므로 만군의 하나님 여호와께서 이와 같이 말씀하시니라 너희가 이 말을 하였은즉 볼지어다 내가 네 입에 있는 나의 말을 불이 되게 하고 이 백성을 나무가 되게 하여 불사르리라(렘 5:14). 그들의 기도와 말씀전파를 통해서, 고난을 견디는 용기를 통해서 그들은 많은 박해하는 자들의 마음과 양심을 비벼서 쑤시게 하고 상하게 할 것이다. 그들의 박해자들은 자신들을 스스로 정죄하게 되고 두려움에 쌓이게 될 것이다. 이 박해자들은 예레미야 선지자가 예언한 바스훌처럼 될 것이다. 다음날 바스훌이 예레미야를 목에 씌우는 나무 고랑에서 풀어 주매 예레미야가 그에게 이르되 여호와께서 네 이름을 바스훌이라 아니하시고 마골밋사빕이라 하시느니라 여호와께서 이와 같이 말씀하시되 보라 내가 너로 너와 네 모든 친구에게 두려움이 되게 하리니(렘 20:3-4). 두 증인

은 하나님께 자유롭게 가까이 나아갈 수 있고, 하나님과 관계를 가지게 되고, 그들의 기도에 하나님은 그들의 적들에게 재앙과 징벌을 내리실 것이다. 하나님은 그들의 기도와 요청에 따라 바로에게 하셨던 것처럼 그들의 강과 시내를 피로 변하여 그들로 마실 수 없게 하실 것이다(시 78:44). 또 하나님은 엘리야의 기도에 따라 하셨던 것처럼 하늘의 이슬들을 내리지 못하게 하시고, 하늘 문을 닫으시고 수 년 동안 비 한 방울도 내리지 못하게 하실 것이다(왕상 17:1). 하나님은 그의 진노의 화살들을 박해자들에게 겨누고 계시다. 하나님은 박해자들이 그의 백성을 괴롭히는 동안에 그들에게 종종 재앙을 내리신다. 박해자들은 가시채를 뒷발질하기가 고생(행 26:14)이고, 공연히 대항하여 상처받는 것이 얼마나 무익한 일인지 알게 될 것이다.

VI. 증인들의 살해. 그들의 증언을 더 강하게 하기 위하여 증인들은 자신들의 피로 그 증언을 인쳐야 한다. 여기서 다음의 사실들을 주목하라.

1. 언제 그들은 죽임을 당하는가? 그들이 그 증언을 마칠 때이다(7절). 증인들은 그들의 일을 다 마칠 때까지 불사신이고 무적이다. 그들이 굵은 베옷을 입고 1260년의 가장 중요한 부분을 예언했을 때 비로소 그들은 적그리스도의 악의에 찬 마지막 일격을 느끼게 될 것이다.

2. 증인들을 이기고 죽일 적은 누구인가? 그 적은 무저갱으로부터 올라오는 짐승이다(7절). 마귀의 중요한 도구인 적그리스도는 증인들과 전쟁을 벌여야 한다. 그런데 그들의 싸우는 무기는 간교하고 교활한 지성의 무기도 있지만 주된 무기는 노골적인 무력과 폭력이다. 하나님은 그의 적들에게 그의 증인들을 잠시 이기도록 허용하실 것이다.

3. 적그리스도는 이들 죽인 증인들을 야만적으로 이용한다. 적들은 증인들의 피와 죽음으로 만족하지 않고 그들의 시체들에도 만행을 저지른다. 여기서 다음의 사실들을 주목하라.

(1) 적들은 죽은 증인들에게 평온한 무덤을 허용하지 않는다. 그들의 시체는 길거리에 내버려진다. 그 길거리는 바벨론으로 가는 큰 길이거나 큰 성으로 가는 길이다. 이 성은 영적으로 소름끼치는 사악함으로 이름난 소돔이라고 불리는 성이고, 우상숭배와 폭정으로 악명 높은 애굽이라고 불리는 성이다. 이곳에서 그리스도는 그의 신비의 몸 안에서 세상 어떤 곳에서보다도 더 많은 고난을 당하셨다.

(2) 증인들의 시체는 땅에 사는 자들에게 모욕을 당했다. 그들의 시체는 적그리스도의 세상에는 기쁨과 환호의 노리개가 되었다. 이 두 선지자가 땅에 사는 자들을 괴롭게 한 고로 땅에 사는 자들이 그들의 죽음을 즐거워하고 기뻐하여 서로 예물을 보내리라 하더라(10절). 세상 사람들은 그 증인들의 지긋지긋한 증언들에서 벗어났다고 기뻐 뛰며 춤을 추었다. 이 증인들은 그들의 가르침과 본보기로 그들의 적들의 양심을 찌르고, 두렵게 하고, 고문했다. 이 증인들의 영적인 무기는 악한 사람들의 마음을 도려냈다. 괴로움을 당한 악한 사람들은 신실한 증인들에 대한 최악의 분노와 증오로 그 마음이 들끓었다.

VII. 이 증인들의 부활과 그 결과들. 여기서 다음의 사실들을 주목하라.

1. 이 증인들은 언제 다시 부활하는가? 그들은 죽고 나서 삼 일 반 후에(11절) 다시 일어서게 된다. 그들이 죽어 있는 기간은 그들이 예언했던 기간에 비하면 정말 아주 짧은 기간이다. 이것은 부활이요 생명이신(요 11:25) 그리스도의 부활에 대한 언급일 수도 있다. 주의 죽은 자들은 살아나고 그들의 시체들은 일어나리이다 티끌에 누운 자들아 너희는 깨어 노래하라 주의 이슬은 빛난 이슬이니 땅이 죽은 자를 내어 놓으리로다(사 26:19). 또는 이것이 죽은지 나흘 만에 다시 살아난 나사로에 대한 언급일 수도 있다. 예수께서 와서 보시니 나사로가 무덤에 있은 지 이미 나흘이라(요 11:17). 그 당시 사람들은 나사로가 다시 살아난다는 일은 불가능하다고 생각했다. 예수께서 이르시되 돌을 옮겨 놓으라 하시니 그 죽은 자의 누이 마르다가 이르되 주여 죽은 지가 나흘이 되었으매 벌써 냄새가 나나이다(요 11:39). 그러나 그리스도가 죽은 나사로에게 외치시자 그가 다시 살아났다. 죽은 자가 수족을 베로 동인 채로 나오는데 그 얼굴은 수건에 싸였더라 예수께서 이르시되 풀어 놓아 다니게 하라 하시니라(요 11:44). 하나님의 증인들이 죽임을 당할 수는 있다. 그러나 그들은 다시 살아나게 될 것이다. 그러나 그들이 다시 살아나는 것은 그들 개개인이 아니라 전체 부활이 이루어질 때까지는 그들의 뒤를 이은 후계자들 속에서 다시 살아나게 될 것이다. 하나님은 세상이 보기에 죽은 것 같은 그 때에 그의 일을 다시 부활시키실 것이다.

2. 그들이 무슨 힘으로 다시 일어서게 되었나? 하나님께로부터 생기가 그들 속에 들어가매 그들이 발로 일어섰다(11절). 하나님은 그들에게 생명도 주시고 용기도 주셨다. 하나님은 마른 뼈들을 살아나게 할 수 있으시다. 죽은 영혼에 생기를 불어넣어 주는 것은 하나님에게서 나오는 생명의 영이다. 하나님의 생명의

영이 그의 백성의 죽은 몸들에 생기를 불어넣어 줄 것이고, 세상에서 하나님의 죽어가는 대의를 다시 살리실 것이다.

3. 이 증인들의 부활은 그들의 적들에게 어떤 영향을 미치는가? 그들의 적들이 크게 두려워하게 된다(11절). 하나님의 일이 다시 시작되고 증인들이 다시 일어서게 되는 것은 하나님의 적들의 영혼 속에 두려움을 일으키게 될 것이다. 범죄가 있는 곳에 두려움이 있다. 박해하는 영은 잔인하지만 용감한 영이 아니라 비겁하고 소심한 영을 가지고 있다. 헤롯왕도 세례 요한을 두려워했다.

VIII. 증인들이 하늘로 올라가는 것과 그 결과들. 하늘로부터 큰 음성이 있어 이리로 올라오라 함을 그들이 듣고 구름을 타고 하늘로 올라가니 그들의 원수들도 구경하더라 그 때에 큰 지진이 나서 성 십분의 일이 무너지고 지진에 죽은 사람이 칠천이라 그 남은 자들이 두려워하여 영광을 하늘의 하나님께 돌리더라(12-13절). 여기서 다음의 사실들을 주목하라.

1. 증인들이 하늘로 올라가는 것. 우리가 하늘로 올라간다는 말로 이해할 수 있는 것이 몇 가지가 있다. 즉 이 세상의 은혜의 왕국인 교회의 아주 높은 어떤 지위로 올라가거나, 또는 하늘에 있는 영광의 왕국의 어떤 높은 장소로 올라가는 것을 생각할 수 있다. 여기서 하늘로 올라간다는 의미는 증인들이 이 세상의 교회에서 높은 지위에 올라가 존경을 받게 될 것을 나타내는 것 같다. 그들이 듣고 구름을 타고 하늘로 올라가니(문자적인 의미가 아니라 비유적인 의미로) 그들의 원수들도 구경하더라(12절). 이것은 박해자들에게 적지 않은 징벌과 괴로움을 안겨 주게 될 것이다. 이 세상에서도 심판 날에도 하나님의 신실한 종들이 아주 큰 명예와 영광을 받고 높이 올라가게 되는 것을 바라보게 된다는 것은 박해자들에게 참으로 가슴 찢어지는 고통과 괴로움이 아닐 수 없을 것이다. 박해자들은 이 영광에 올라가려고 마음도 먹지 않았다. 하나님이 그들을 부르시고 이리로 오라고 말씀하셨음에도 불구하고 말이다. 주님의 증인들은 하나님이 그들을 부르실 때까지 교회와 하늘에서 그들의 올라갈 때를 기다려야 한다. 하나님의 증인들은 고난과 봉사로 지쳐서는 안 된다. 또한 그들은 그 보상을 잡으려고 너무 서둘러서도 안 된다. 그들의 주님이 그들을 부르실 때까지 조용히 기다려야 한다. 그러면 그들은 주님에게 기쁨에 넘쳐 올라가게 될 것이다.

2. 증인들이 높이 올라가게 된 것이 미치는 결과들. 적그리스도의 제국에 강력한 충격과 큰 소동이 일어나고, 성 십분의 일이 무너진다(13절). 이것을 로마

가톨릭으로부터 교회의 개혁을 일으킨 종교개혁의 시작에 대한 예언으로 해석하는 사람들도 있다. 이 때 세상의 많은 군주들과 나라들이 로마의 복속으로부터 떨어져 나왔다. 이러한 아주 큰 일은 아주 큰 반대를 만나게 된다. 모든 서방 세계가 아주 크게 진동했다. 적그리스도의 이익이 아주 큰 타격을 받았고, 많은 기반과 이익을 상실했다. 여기서 다음의 사실들을 주목하라.

(1) 전쟁의 칼이 그들을 쳤다. 적그리스도의 깃발 아래 싸운 사람들이 그 전쟁으로 목숨을 많이 잃었다.

(2) 성령의 칼이 그들을 쳤다. 하나님의 두려움이 그들에게 임했다. 그들은 그들의 잘못들, 미신, 우상숭배를 확실히 깨닫게 되었다. 그리고 그들은 참된 회개를 하고, 진리를 받아들이고 믿음으로써 영광을 하늘의 하나님께 돌렸다(13절). 이와 같이 하나님의 일과 증인들이 다시 일어서게 될 때 마귀의 일과 증인들은 하나님 앞에 엎드러지게 될 것이다.

[14]둘째 화는 지나갔으나 보라 셋째 화가 속히 이르는도다 [15]일곱째 천사가 나팔을 불매 하늘에 큰 음성들이 나서 이르되 세상 나라가 우리 주와 그의 그리스도의 나라가 되어 그가 세세토록 왕 노릇 하시리로다 하니 [16]하나님 앞에서 자기 보좌에 앉아 있던 이십사 장로가 엎드려 얼굴을 땅에 대고 하나님께 경배하여 [17]이르되 감사하옵나니 옛적에도 계셨고 지금도 계신 주 하나님 곧 전능하신 이여 친히 큰 권능을 잡으시고 왕 노릇 하시도다 [18]이방들이 분노하매 주의 진노가 내려 죽은 자를 심판하시며 종 선지자들과 성도들과 또 작은 자든지 큰 자든지 주의 이름을 경외하는 자들에게 상 주시며 또 땅을 망하게 하는 자들을 멸망시키실 때로소이다 하더라 [19]이에 하늘에 있는 하나님의 성전이 열리니 성전 안에 하나님의 언약궤가 보이며 또 번개와 음성들과 우레와 지진과 큰 우박이 있더라

우리는 여기서 마지막 일곱째 나팔을 부는 것을 대하게 된다. 이 나팔 소리는 통상적인 경고와 주의 요청을 위한 것이다. 둘째 화는 지나갔으나 보라 셋째 화가 속히 이르는도다 일곱째 천사가 나팔을 불었다. 이 나팔 소리는 잠시 뜸을 들인 뒤에 들렸다. 그것은 사도가 아주 중요하고 주목할 가치가 있는 일련의 사건들을 잘 알 수 있는 여유를 주기 위한 것이었다. 그런 뒤 그는 앞서 기대했던 것을 이제 듣게 된다. 그것은 일곱째 천사가 부는 나팔 소리였다. 여기서 이

나팔 소리의 영향과 결과들을 살펴보도록 하자.

Ⅰ 이 때 하늘에서 성도들과 천사들의 우렁차고 즐거운 환호 소리가 울렸다. 여기서 다음의 사실들을 주목하라.

1. 그들이 경배하는 방식과 자세. 그들은 자기 자리에서 일어나 엎드려 얼굴을 땅에 대고 하나님께 경배했다(16절). 그들은 존경과 겸손을 가지고 하나님께 경배를 드렸다.

2. 그들이 경배를 드리는 대상.

(1) 그들은 우리의 하나님과 구세주가 온 세상을 바르게 다스리고 통치하시는 것을 감사히 인정한다. 세상 나라가 우리 주와 그의 그리스도의 나라가 되어 그가 세세토록 왕 노릇 하시리로다(15절). 그들은 항상 창조와 구속의 제목을 가지고 하나님을 찬양하고 경배했다.

(2) 그들은 하나님이 실제로 자신들을 소유하시고, 지배하시는 것을 감사히 여긴다. 그들이 하나님께 감사를 드리는 이유는 하나님이 그의 크신 권능들을 그리스도에게 주시고, 그리스도의 권리들을 주장하게 하시고, 그리스도의 능력을 행사하게 하시고, 권리를 소유로 바꾸어 주셨기 때문이다.

(3) 그들은 하나님의 통치가 결코 끝나지 않을 것을 기뻐한다. 그가 세세토록 왕 노릇 하시리로다(15절). 하나님은 모든 적들이 그의 발 아래 엎드릴 때까지 영원히 다스리실 것이다. 하나님의 손에서 그의 통치의 홀을 뺏을 수 있는 자는 영원히 아무도 없을 것이다.

Ⅱ 하나님의 권능을 이렇게 정당하게 행사하시는 것에 대해 세상은 분노한다. 이방들이 분노했다(18절). 이방 나라들은 그렇게 하나님께 감히 분노했었을 뿐만 아니라 지금까지도 여전히 그 모양이다. 그들의 마음이 하나님을 대적해 분을 냈다. 그들은 자신들의 분노로 하나님의 진노를 사게 되었다. 바로 그러한 때가 하나님이 그의 백성을 괴롭히던 자들에게 재난으로 갚아주시고, 그의 백성을 대적하는 자들에게 보복하실 때다. 바로 그러한 때가 하나님이 그의 백성의 신실한 봉사와 고난들에 보상을 해주기 시작하실 때다. 하나님의 백성을 대적한 자들은 배가 뒤틀려 그러한 일을 참을 수가 없었고, 하나님께 맞서 안달을 했고, 점점 죄를 더 범했고, 그들의 파멸을 자청해서 재촉했다.

Ⅲ 또 다른 결과는 하늘에 있는 하나님의 성전을 열어 보여주신 것이었다. 이것이 의미하는 것은 이제는 하늘과 땅 사이의 더욱 자유스러운 교통이 이루

어지고, 기도와 찬양들이 더욱 자유롭고 빈번하게 하늘로 올라가고, 은혜들과 축복들이 더욱 풍성하게 내려오게 된다는 것이다. 그러나 이것보다 더 나은 의미는 지상에 있는 하나님의 교회를 하늘의 성전으로 바꾸려고 하는 의도인 것 같다. 이것은 제1 성전 시대에 일어난 여러 가지 일들에 대한 암시다. 우상을 숭배하고 사악한 군주들 치하에서는 성전이 폐쇄되고 아무도 찾는 사람 없이 방치되었다. 그러나 신앙적이고 개혁적인 군주들 치하에서는 성전이 개방되고 사람들의 출입이 잦았다. 그러므로 적그리스도가 권세를 부리는 기간에는 하나님의 성전이 폐쇄됐을 것이고, 그것도 아주 심하게 그랬을 것이다. 그런데 이제 하나님의 성전이 다시 열렸다. 하나님의 성전이 열렸을 때 어떤 일이 일어났는지를 주목해보라.

1. 하나님의 성전이 열렸을 때 보인 것은 하나님의 언약궤였다(19절). 하나님의 언약궤는 지성소 안에 있었다. 이 언약궤 안에는 율법의 돌판들이 들어 있었다. 요시야 왕이 이전에 잃어버렸던 하나님의 율법을 찾았다. 그런 뒤 적그리스도의 치세에 하나님의 율법이 방치되었고, 유대인들의 전통들과 규례들로 대체되고 말았다. 하나님의 말씀이 기록된 성서들은 사람들의 마음에서 멀어졌다. 사람들은 하나님의 말씀과 계시들을 찾지 않았다. 이제 그것들이 활짝 열려 계시가 되고, 모든 사람들이 그것을 볼 수 있게 되었다. 이것은 말로 다 할 수 없고 그 가치를 가늠할 수 없는 특권이었다. 성전이 열린 것은 언약궤와 마찬가지로 하나님의 임재가 그의 백성에게 다시 돌아왔고, 예수 그리스도 안에서 속죄함을 받은 그의 백성에 대한 하나님의 은총이 임했음을 알리는 표시였다.

2. 하나님의 성전이 열렸을 때 무슨 소리가 들리고 무엇을 감지할 수 있었는가? 번개와 음성들과 우레와 지진과 큰 우박이 있더라(19절). 종교개혁의 가장 큰 축복은 하나님의 아주 엄위한 섭리들이 동반되었다는 것이었다. 의의 두려운 일들을 통해서 하나님은 그의 거룩한 성전 안에서 드린 기도들에 응답하셨고, 이제 그것을 열어 보여주셨다. 세상의 모든 위대한 혁명들은 다 하늘에서 만들어지고, 성도들이 드린 기도들이 응답되고 이루어진 것들이다.

— 제 12 장 —

개요

본 장과 다음 두 장에서 읽게 되는 이야기는, 즉 일곱째 나팔 소리가 들리는 데서부터 금 대접을 쏟는 데까지의 이야기가 미래의 일들에 대한 예언이 아니라 과거의 일들에 대한 개괄과 설명이라는 데 저명한 주석가들의 의견이 대체로 일치한다. 하나님이 사도에게 미래까지 미리 알게 하셨던 것처럼 하나님이 이제 과거의 일들을 다시 검토하고 개관하게 하시는 것은 다음과 같은 목적을 위한 것이었다. 즉 하나님이 이렇게 하시는 것은 사도가 그 일들에 대한 생각을 더 완전하게 마음에 새기고, 예언과 언제나 성경에서 이루어지고 있는 하나님의 섭리가 일치하고 있는 사실을 알 수 있게 하기 위한 것이다. 본 장에서 우리는 교회와 적그리스도, 여자의 후손과 뱀의 후손 사이의 싸움에 관한 기사를 발견하게 된다. I. 하늘에서 시작된 싸움(1-11절). II. 광야에서 계속된 싸움(12-17절).

¹하늘에 큰 이적이 보이니 해를 옷 입은 한 여자가 있는데 그 발 아래에는 달이 있고 그 머리에는 열두 별의 관을 썼더라 ²이 여자가 아이를 배어 해산하게 되매 아파서 애를 쓰며 부르짖더라 ³하늘에 또 다른 이적이 보이니 보라 한 큰 붉은 용이 있어 머리가 일곱이요 뿔이 열이라 그 여러 머리에 일곱 왕관이 있는데 ⁴그 꼬리가 하늘의 별 삼분의 일을 끌어다가 땅에 던지니라 용이 해산하려는 여자 앞에서 그가 해산하면 그 아이를 삼키고자 하더니 ⁵여자가 아들을 낳으니 이는 장차 철장으로 만국을 다스릴 남자라 그 아이를 하나님 앞과 그 보좌 앞으로 올려가더라 ⁶그 여자가 광야로 도망하매 거기서 천이백육십 일 동안 그를 양육하기 위하여 하나님께서 예비하신 곳이 있더라 ⁷하늘에 전쟁이 있으니 미가엘과 그의 사자들이 용과 더불어 싸울새 용과 그의 사자들도 싸우나 ⁸이기지 못하여 다시 하늘에서 그들이 있을 곳을 얻지 못한지라 ⁹큰 용이 내쫓기니 옛 뱀 곧 마귀라고도 하고 사탄이라고도 하며 온 천하를 꾀는 자라 그가 땅으로 내쫓기니 그의 사자들도 그와 함께 내쫓기니라 ¹⁰내가 또 들으니 하늘에 큰 음성이 있어 이르되 이제 우리 하나님의 구원과 능력과 나라와 또 그의 그리스도의 권세가 나타났으니 우리 형제들을 참소하던 자 곧 우

리 하나님 앞에서 밤낮 참소하던 자가 쫓겨났고 "또 우리 형제들이 어린 양의 피와 자기들의 증언하는 말씀으로써 그를 이겼으니 그들은 죽기까지 자기들의 생명을 아끼지 아니하였도다

　　　여기서 우리는 하나님이 일찍이, 내가 너로 여자와 원수가 되게 하고 네 후손도 여자의 후손과 원수가 되게 하리니 여자의 후손은 네 머리를 상하게 할 것이요 너는 그의 발꿈치를 상하게 할 것이니라(창 3:15) 말씀하셨던 예언이 아주 훌륭하게 이루어진 사실을 발견하게 된다. 여기서 다음의 사실들을 주목하라.

I 사탄과 그의 부하들은 여자가 낳은 아이를 집어삼킴으로써 교회가 확장되는 것을 방해하려고 획책한다. 　용이 해산하려는 여자 앞에서 그가 해산하면 그 아이를 삼키고자 했다(4절). 이러한 아주 적절한 환상을 통해 우리는 교회의 성장과 발전을 막으려는 사탄의 계책에 대한 아주 생생한 묘사를 발견하게 된다.

1. 이 환상에서 나타나는 교회의 모습은 다음과 같다.

(1) 교회가 한 여자로 비유된다. 여자로 비유되는 교회는 세상에서 아주 약한 존재이지만 그리스도의 신부이고 성도들의 어머니이다.

(2) 교회가 해를 옷 입은 모습으로 비유된다. 이것은 주 예수 그리스도의 전가된 의를 나타낸다. 공의로운 해(말 4:2) 이신 그리스도를 옷 입은 교회는 그리스도와의 관계를 통해서 영광스러운 권리들과 특권들을 받게 되고, 그리스도의 빛으로 환하게 빛나게 된다.

(3) 교회가 그 발 아래에 달이 있는 모습으로 비유된다. 여기서 달은 세상을 의미한다. 교회가 서 있는 곳은 세상 위지만 사는 곳은 그 세상 너머다. 교회의 마음과 소망은 지상의 것들에 있는 것이 아니라 하늘에 있는 것들에 있다. 하늘은 그녀의 머리가 있는 곳이다. 즉 하늘에는 교회의 머리 되시는 그리스도가 계시는 곳이다.

(4) 교회가 그 머리에는 열두 별의 관을 쓰고 있는 모습으로 비유된다. 이것은 열두 사도들이 전파한 복음의 가르침을 의미한다. 복음의 가르침은 모든 참된 신자들이 그 머리에 쓰는 영광의 면류관이다.

(5) 교회가 아이를 배어 해산하게 되매 아파서 애를 쓰며 부르짖는 모습으로 비유된다. 그녀는 임신을 했고, 이제 그리스도의 거룩한 자식을 낳으려는 출산의 고통을 겪고 있다. 그녀는 죄인들의 회개로 시작된 것이 죄인들의 회심으로 끝

나게 되고, 아이들이 태어나게 될 때 출산할 수 있는 힘이 있고, 그녀의 영혼의
노고를 볼 수 있기를 간절히 바라면서 산고를 겪고 있다.

2. 교회의 큰 적은 어떻게 비유되고 있는가?

(1) 교회의 큰 적은 한 큰 붉은 용으로 비유되고 있다. 이것은 힘과 공포의 용
이다. 이 붉은 용은 격렬하고 잔인하다.

(2) 교회의 큰 적은 머리가 일곱으로 비유되고 있다. 이것은 로마가 일곱 개의
언덕 위에 세워진 성인 것처럼 이 용은 일곱 개의 언덕 위에 있는 것을 의미한
다. 그러므로 이것은 여기서 이교도 로마를 의미하는 것일 수도 있다.

(3) 교회의 큰 적은 뿔이 열로 비유되고 있다. 이것은 아우구스투스 황제가 로
마를 열 개 주로 분할한 것을 의미한다.

(4) 교회의 큰 적은 그 여러 머리에 일곱 왕관이 있는 것으로 비유되고 있다. 이
것은 나중에 일곱 왕들로 해석이 된다. 지혜 있는 뜻이 여기 있으니 그 일곱 머리
는 여자가 앉은 일곱 산이요 또 일곱 왕이라 다섯은 망하였고 하나는 있고 다른 하나
는 아직 이르지 아니하였으나 이르면 반드시 잠시 동안 머무르리라(17:9-10).

(5) 교회의 큰 적은 그 꼬리가 하늘의 별 삼분의 일을 끌어다가 땅에 던지는 것으
로 비유되고 있다. 이것은 그리스도교를 믿는 목사들과 신앙 고백자들을 그 지
위와 특권들을 박탈하고 그들을 약하고 쓸모없게 만드는 것을 의미한다. 마귀
가 할 수 있는 힘을 다해서 말이다.

(6) 교회의 큰 적은 해산하려는 여자 앞에서 그가 해산하면 그 아이를 삼키고자
하는 용으로 비유되고 있다. 이것은 이 용이 교회를 그 시작부터 부수려고 아주
열심이었고, 세상에서 교회의 성장과 유지를 막으려고 온 힘을 쏟았다.

II. 교회를 적대하는 이러한 시도들은 성공을 하지 못한다. 그 이유는 다음
과 같다.

1. 여자가 안전하게 아들을 낳는다(5절). 이 아들을 그리스도로 이해하는 사람
들도 있고, 콘스탄티누스 황제로 이해하는 사람들도 있다. 그러나 대다수의 사
람들이 참된 신자들의 종족이라고 이해한다. 이 종족은 그리스도를 닮고, 그리
스도의 인도 아래 장차 철장으로 만국을 다스리기 위하여(5절) 계획된 강하고 통
일된 그리스도의 백성이다. 다시 말해서 이 백성은 현재는 그들의 가르침과 삶
으로 세상을 다스리고, 마지막 심판 날에 배석 판사로 그리스도와 함께 세상을
심판할 종족이다.

2. 이 아이는 하나님의 보살핌을 받게 된다. 그 아이를 하나님 앞과 그 보좌 앞으로 올려가더라(5절). 이 아이는 하나님의 특별하고, 강력하고, 직접적인 보호를 받게 된다. 그리스도교는 그 유아기부터 위대하신 하나님과 우리 주 예수 그리스도의 특별한 보살핌과 보호를 받아왔다.

3. 그 아이도 하나님의 보살핌을 받고 마찬가지로 그 어머니도 하나님의 보살핌을 받는다. 그 여자가 광야로 도망하매 거기서 천이백육십 일 동안 그를 양육하기 위하여 하나님께서 예비하신 곳이 있더라(6절). 하나님이 예비하신 그 곳은 그녀의 안전과 생계를 보장해주는 안전한 곳이다. 교회는 그 앞날이 암담하고, 궁벽한 곳에 뿔뿔이 흩어진 상태에 있었다. 그런데 이러한 상태가 하나님의 섭리의 보살핌을 통하여 교회의 안전이 되어 주었다. 이러한 교회의 암담하고 흩어진 상태는 제한된 기간 동안의 일이었지 언제까지나 지속될 일은 아니었다.

Ⅲ. 교회를 적대하는 용의 계책들은 성공을 거두지도 못했고, 그 자신의 일들에도 치명적인 손해가 되었다. 왜냐하면 여자가 낳은 아들을 집어삼키려고 획책할 때 용은 그에 대항하는 하늘의 모든 세력들과 싸움을 벌이게 되었다. 하늘에 전쟁이 있었다(7절). 하늘은 교회의 싸움을 후원하고 도울 것이다. 여기서 다음의 사실들을 주목하라.

1. 이 싸움의 장소는 하늘에 있었다. 다시 말해서 교회에 싸움이 있었다. 교회는 지상에 있는 하늘나라이다. 교회는 하늘의 보호와 보살핌을 받고 같은 목적을 가지고 있다.

2. 싸움의 당사자들은 한편은 미가엘과 그의 사자들이고, 다른 한편은 용과 그의 사자들이다. 한편은 언약의 위대한 사자이신 그리스도와 그의 신실한 백성들이고, 다른 한편은 사탄과 그의 모든 도구들과 부하들이다. 사탄과 그의 부하들 편이 그 수와 외적인 힘에 있어서 그리스도와 그의 편에 비해 훨씬 우세하다. 그러나 교회의 힘은 구원의 대장이신 주 예수 그리스도를 소유한데 있다.

3. 이 싸움을 어느 편이 이기는가? 용과 그의 사자들도 싸우나 이기지 못한다. 양자 간에 큰 싸움이 벌어졌다. 그러나 승리는 그리스도와 그의 편에게 돌아갔다. 용과 그의 세력은 싸움에 졌을 뿐만 아니라 내쫓겼다. 마귀들을 숭배하던 이교도의 우상숭배가 콘스탄티누스 황제 시대에 로마 제국에서 뿌리째 뽑히게 되었다.

4. 이 때 승리의 노래가 작곡이 되고 사용이 되어 우렁차게 울려 퍼졌다(10-

11절). 여기서 다음의 사실들을 주목하라.

(1) 승리자를 어떻게 경배하는가? 이제 우리 하나님의 구원과 능력과 나라와 또 그의 그리스도의 권세가 나타났도다(10절). 이제 하나님은 자신이 강력한 하나님 이심을 보여주셨다. 이제 그리스도도 자신이 강력한 구세주이심을 보여주셨다. 그리스도 자신의 팔이 구원을 베풀어 주셨다. 이제 그리스도의 나라가 더 크게 넓혀지고 더 굳건하게 서게 될 것이다. 교회의 구원과 힘이 모두 교회의 왕이 시요 머리이신 그리스도에게 속하게 된다.

(2) 교회의 적이 어떻게 패배하게 되었나? 여기서 다음의 사실들을 주목하라.

[1] 그의 악의로 말미암아 패배하게 된다. 그는 형제들을 참소하던 자 곧 우리 하나님 앞에서 밤낮 참소했다(10절). 그는 교회의 대적자로 하나님 앞에 나타났다. 그는 진실이든 거짓이든 가리지 않고 하나님의 백성을 고발하고 비방했다. 이런 식으로 그는 욥을 참소했고, 대제사장 여호수아도 고발했다. 대제사장 여호수아는 여호와의 천사 앞에 섰고 사탄은 그의 오른쪽에 서서 그를 대적하는 것을 여호와께서 내게 보이시니라(슥 3:1). 마귀는 하나님 앞에 서는 것을 질색하지만 하나님의 백성을 고발하고 비난하는 일을 위해서면 언제라도 하나님 앞에 기꺼이 서기를 서슴지 않는다. 그러므로 우리는 마귀에게 비난거리의 빌미를 주지 않도록 조심하고 경계해야 한다. 우리가 죄를 범했을 때 즉시 주님 앞에 나아가서 우리 자신의 죄를 내어놓고 정죄하고, 우리의 소송을 우리의 변호사와 옹호자이신 그리스도에게 맡겨야 한다.

[2] 마귀는 좌절하고 패배하게 된다. 마귀와 그의 모든 비난들은 버림을 받게 되고, 고발들은 기각이 되고, 고소를 한 자는 야단을 맞고 법정에서 쫓겨나게 된다.

(3) 어떻게 승리를 얻게 되었나? 하나님의 종들이 사탄을 이겼다.

[1] 하나님의 종들은 어린 양의 피를 힘입어 이겼다(11절). 이것은 그리스도의 공로를 힘 입은 것이다. 그리스도는 죽음을 통하여 죽음의 세력을 잡은 자 곧 마귀를 멸하셨다(히 2:14).

[2] 하나님의 종들은 자기들의 증언하는 말씀으로써 그를 이겼다(11절). 마귀와 싸울 때 가장 좋은 무기는 성령의 검 곧 하나님의 말씀(엡 6:17)이다. 하나님의 종들은 마귀와 싸울 때 영원한 복음의 확고하고 강력한 전파를 통해 이기게 될 것이다. 우리의 싸우는 무기는 육신에 속한 것이 아니요 오직 어떠한 진도 무너뜨리

는 하나님의 능력이라(고후 10:4). 그리고 하나님의 종들은 고난들 속에서 그들의 용기와 인내로 마귀와 싸워 이긴다. 그들은 죽기까지 자기들의 생명을 아끼지 아니하였도다(11절). 생명에 대한 사랑과 그리스도에 대한 충성 사이에서 갈등할 때 하나님의 종들은 생명을 포기했다. 그들은 그리스도에게 충성하기 위하여 생명을 버리고 오히려 죽음을 택했다. 하나님의 종들은 그리스도의 대의를 위하여 자신들의 목숨까지 바칠 수 있었다. 그들 자신의 생명에 대한 사랑은 다른 것에 대한 더 강한 사랑으로 인하여 극복되었다. 하나님의 종들의 이러한 용기와 열정은 그들의 적들을 혼란에 빠뜨렸고, 많은 구경꾼들을 깨우치게 만들었고, 신실한 영혼들에게 확신을 심어주었고, 마귀와의 싸움을 승리로 이끄는데 아주 큰 기여를 했다.

[12]그러므로 하늘과 그 가운데에 거하는 자들은 즐거워하라 그러나 땅과 바다는 화 있을진저 이는 마귀가 자기의 때가 얼마 남지 않은 줄 알므로 크게 분내어 너희에게 내려갔음이라 하더라 [13]용이 자기가 땅으로 내쫓긴 것을 보고 남자를 낳은 여자를 박해하는지라 [14]그 여자가 큰 독수리의 두 날개를 받아 광야 자기 곳으로 날아가 거기서 그 뱀의 낯을 피하여 한 때와 두 때와 반 때를 양육 받으매 [15]여자의 뒤에서 뱀이 그 입으로 물을 강 같이 토하여 여자를 물에 떠내려가게 하려 하되 [16]땅이 여자를 도와 그 입을 벌려 용의 입에서 토한 강물을 삼키니 [17]용이 여자에게 분노하여 돌아가서 그 여자의 남은 자손 곧 하나님의 계명을 지키며 예수의 증거를 가진 자들과 더불어 싸우려고 바다 모래 위에 서 있더라

우리는 여기서 하늘과 교회에서 아주 잘 마무리가 된 이 싸움에 대한 이야기를 대하게 된다. 이 이야기가 광야에서 다시 새롭게 반복되었다. 이 광야는 교회가 도망간 곳이었다. 그녀는 그 곳에서 얼마 동안 하나님과 구세주의 특별한 보살핌과 보호를 받으며 지내게 되었다. 여기서 다음의 사실들을 주목하라.

I 마귀의 진노와 분노로 말미암아 온 세상에 사는 사람들에게 닥치게 될 불행과 재난에 대한 경고가 여기서 주어진다. 왜냐하면 마귀의 악의가 주로 하나님의 종들에게 쏠린 것이기는 할지라도 그는 그와 마찬가지로 모든 인류의 적이고 증오자이기도 하기 때문이다. 교회를 대적하는 그의 계책들이 실패를

하게 된 마귀는 온 세상에 그가 할 수 있는 모든 소동과 소란을 피우려고 작정을 했다. 땅과 바다는 화 있을진저(12절). 사탄의 분노는 시간과 장소에 제한을 받을수록 더욱 커지게 된다. 사탄이 광야에 갇히게 되고, 그 곳을 짧은 시간밖에 다스리지 못하게 되자 그는 더욱 크게 진노하고 분노하게 된다.

Ⅱ. 이제 교회에 대적하는 마귀의 두 번째 시도가 광야에서 있게 된다.
용이 남자를 낳은 여자를 박해하는지라(13절). 여기서 다음의 사실들을 주목하라.

1. 하나님은 그의 교회를 보살펴주셨다. 하나님은 그녀를 독수리의 날개에 태워 그녀를 위해 예비된 안전한 곳으로 데려다 주셨다. 그 곳에서 그녀는 얼마 동안 계속 있게 되고, 다니엘서에 예언된 말씀처럼 한 때와 두 때와 반 때를 웅크리고 숨어 지내야 될 것이다. 그가 장차 지극히 높으신 이를 말로 대적하며 또 지극히 높으신 이의 성도를 괴롭게 할 것이며 그가 또 때와 법을 고치고자 할 것이며 성도들은 그의 손에 붙인 바 되어 한 때와 두 때와 반 때를 지내리라(단 7:25).

2. 교회를 대적하는 용의 적의와 악의는 계속 된다. 교회가 궁벽한 곳으로 피한 것이 모든 적으로부터 그녀를 보호해줄 수는 없었다. 먼저는 낙원에 숨어 있었던 간교한 옛 뱀이 이제는 교회를 뒤따라 광야로 들어왔다. 그리고 여자의 뒤에서 뱀이 그 입으로 물을 강 같이 토하여 여자를 물에 떠내려가게 하려고 했다(15절). 이것은 죄와 거짓과 이단의 홍수를 의미하는 것으로 생각이 된다. 이런 잘못된 이단 사상들을 아리우스(Arius), 네스토리우스(Nestorius), 펠라기우스(Pelagius) 같은 인물들과 다른 많은 사람들이 퍼뜨렸다. 하나님의 교회가 이런 이단의 홍수로 말미암아 물에 빠져 떠내려가고 있었다. 하나님의 교회는 박해자들을 통해서보다도 이단들을 통해서 더 많은 위험에 빠지게 된다. 이단들은 공공연한 폭력과 폭행과 마찬가지로 마귀에게서 나오는 것이 분명하다.

3. 이런 위험한 위기의 때에 교회를 위해 준비된 적절한 도움이 하나님의 섭리를 통해 오게 된다. 땅이 여자를 도와 그 입을 벌려 용의 입에서 토한 강물을 삼켰다(16절). 어떤 사람들은 이것을 로마 제국을 침범한 고트족과 반달족의 경우를 의미하는 것이라고 생각한다. 다시 말해서 고트족과 반달족이 로마 제국을 침범해서 아리우스주의를 따르는 통치자들과 아리우스주의 지도자들을 일소했다는 것이다. 그렇지 않았으면 그 아리우스주의자들이 이교도가 그랬던 것처럼 교회의 아주 심한 박해자들이 되었을 것이라는 것이다. 게다가 그들은 이미 교회에 엄청난 잔혹한 행위들을 저질렀던 터였다. 그런데 하나님이 전쟁이

발발하게 하셨고, 그 전쟁의 물결이 그 이단들을 집어삼켰고, 그로 말미암아 교회는 어느 정도 중간 휴식을 취하게 되었다는 것이다. 하나님은 종종 그의 교회의 싸움을 종식시키기 위하여 전쟁을 일으키신다. 사람들이 새로운 신을 선택하고 섬기게 될 때 그들의 코 앞에 전쟁의 위험이 닥치게 된다. 내부의 싸움과 분규들은 종종 공동의 적의 침입으로 끝이 나게 된다.

4. 이와 같이 모든 교회에 대적하는 그의 계획들이 실패로 돌아가게 되자 마귀는 이제 그의 분노를 특정한 사람들과 장소들로 바꿔 쏟게 된다. 광야에 있는 여자에 대한 마귀의 분노와 적의는 그 여자의 남은 자손 곧 하나님의 계명을 지키며 예수의 증거를 가진 자들과 더불어 싸우려는(17절) 전쟁으로 자신을 몰아간다. 어떤 사람들은 이것을 알비파(Albigenses)를 의미하는 것이라고 생각한다. 이 알비파는 처음에는 디오클레티아누스 황제에 의해 프랑스 남부의 황량한 불모의 산악지대로 추방을 당했고, 몇 세대에 걸쳐 교황 세력의 잔혹한 핍박을 받았다. 그러다 그들이 결국에는 13세기 무렵 교황 인노켄티우스 3세의 진노를 사 잔인하게 전멸을 당했다. 어쨌든 용이 여자의 남은 후손을 적대하고 핍박하는 이유는 그들이 하나님의 계명을 지키며 예수의 증거를 가지고 있다는 사실 이외에는 아무것도 없다. 가르침과 예배와 생활 습관을 통해 하나님과 그리스도를 섬기는 그들의 충성이 사탄과 그의 부하들의 분노를 사게 만들었다. 그러한 충성은 마지막 적이 멸절되는 세상 끝날까지 사람들을 계속해서 많든 적든 사탄의 분노를 사게 만들 것이다.

제 13 장

개요

　우리는 본 장에서 교회의 적들에 대한 더 상세한 계시와 묘사를 발견하게 된다. 그들은 앞서 언급했던 다른 적들이 아니라 또 다른 방식으로 묘사된 교회의 적들이다. 여기서 그들의 적의가 나타나는 방법들이 더 자세하게 계시될 것이다. 그들은 두 짐승으로 비유가 된다. 첫 번째 짐승에 대한 기사(1-10절). 두 번째 짐승에 대한 기사(11-18절). 첫 번째 짐승을 로마 제국의 이교도로 이해하고, 두 번째 짐승을 로마 가톨릭으로 생각하는 사람들이 있다. 그러나 이 두 짐승을 다 로마 가톨릭으로 이해해서 첫 번째 짐승을 로마 가톨릭의 세속 권력을, 두 번째 짐승을 로마 가톨릭의 교회 권력으로 해석하는 사람들도 있다.

¹내가 보니 바다에서 한 짐승이 나오는데 뿔이 열이요 머리가 일곱이라 그 뿔에는 열 왕관이 있고 그 머리들에는 신성 모독 하는 이름들이 있더라 ²내가 본 짐승은 표범과 비슷하고 그 발은 곰의 발 같고 그 입은 사자의 입 같은데 용이 자기의 능력과 보좌와 큰 권세를 그에게 주었더라 ³그의 머리 하나가 상하여 죽게 된 것 같더니 그 죽게 되었던 상처가 나으매 온 땅이 놀랍게 여겨 짐승을 따르고 ⁴용이 짐승에게 권세를 주므로 용에게 경배하며 짐승에게 경배하여 이르되 누가 이 짐승과 같으냐 누가 능히 이와 더불어 싸우리요 하더라 ⁵또 짐승이 과장되고 신성 모독을 말하는 입을 받고 또 마흔두 달 동안 일할 권세를 받으니라 ⁶짐승이 입을 벌려 하나님을 향하여 비방하되 그의 이름과 그의 장막 곧 하늘에 사는 자들을 비방하더라 ⁷또 권세를 받아 성도들과 싸워 이기게 되고 각 족속과 백성과 방언과 나라를 다스리는 권세를 받으니 ⁸죽임을 당한 어린 양의 생명책에 창세 이후로 이름이 기록되지 못하고 이 땅에 사는 자들은 다 그 짐승에게 경배하리라 ⁹누구든지 귀가 있거든 들을지어다 ¹⁰사로잡힐 자는 사로잡혀 갈 것이요 칼에 죽을 자는 마땅히 자기도 칼에 죽을 것이니 성도들의 인내와 믿음이 여기 있느니라

우리는 여기서 첫 번째 짐승의 출현, 모양, 거동에 대한 기사를 대하게 된다. 여기서 다음의 사실들을 주목하라.

1. 사도는 이 괴물을 어떤 상황에서 보게 되었나? 사도는 그것이 환상 가운데 이루어지는 일이기는 할지라도 바다에, 즉 해변에 서 있었던 것 같다. 사도 자신은 밧모라 하는 섬에 있었다(1:9)라고 주장했다. 그것이 몸 안에서 이루어진 일인지 몸 밖에서 이루어진 일인지 딱 잘라 말할 수는 없었지만 말이다.

2. 이 짐승은 어디에서 나타났나? 이 짐승은 바다에서 나왔다(1절). 그렇지만 이 짐승의 모양에 대한 묘사는 바다보다는 땅에 사는 괴물에 더 가까웠던 것 같다. 이 짐승에 대한 모든 것이 더욱 흉측하면 흉측할수록 그 짐승의 불의와 포학행위의 비밀을 나타내는데 더욱 잘 어울리는 상징이었던 것 같다.

3. 이 짐승은 어떤 모습과 형상이었나? 이 짐승의 전체적인 모습은 표범과 비슷했다. 그러나 그 발은 곰의 발 같고 그 입은 사자의 입 같았다. 게다가 이 짐승은 뿔이 열이요 머리가 일곱이었다. 더욱 해괴한 것은 이 짐승은 그 머리들에 신성 모독 하는 이름들이 새겨 있었다. 이 얼마나 소름끼치고 흉측스러운 짐승인가! 여기서 표현되고 있는 이 묘사의 어떤 부분은 다니엘이 예언한 네 왕국들을 상징하는 네 짐승들에 대한 환상과 비슷한 데가 있다. 다니엘이 진술하여 이르되 내가 밤에 환상을 보았는데 하늘의 네 바람이 큰 바다로 몰려 불더니 큰 짐승 넷이 바다에서 나왔는데 그 모양이 각각 다르더라(단 7:2-3). 여기서 말하는 이 짐승의 한 부분은 사자 같았고, 다른 한 부분은 곰 같았고, 나머지 전체적인 부분은 표범 같았다. 이 짐승은 이들 짐승들이 한데 섞인 일종의 혼합체였다. 그것은 이들 짐승들의 맹렬함과 힘과 기민함을 다 갖춘 짐승을 나타내준다. 그리고 일곱 머리와 열 뿔은 이 짐승의 몇 가지 권세를 나타내기 위한 의도인 것 같다. 열 왕관은 공물을 바치는 군주들의 수를 나타내준다. 그 이마에 신성 모독 하는 말이 있다고 하는 것은 우상숭배를 조장함으로써 하나님의 영광에 대한 직접적인 적의와 반대를 선포하는 의도이다.

4. 이 짐승의 권위의 원천은 용이다. 용이 자기의 능력과 보좌와 큰 권세를 그에게 주었더라(2절). 이 짐승은 마귀에 의해 세움을 받았다. 마귀는 이 짐승이 마귀의 일을 하고 마귀의 목적을 위하여 섬기도록 도움을 주었다. 마귀는 할 수 있는 모든 힘을 다해서 이 짐승을 지원했다.

5. 이 짐승이 치명적인 상처를 입었지만 놀랍게 치료가 되었다. 그의 머리 하

나가 상하여 죽게 된 것 같더니 그 죽게 되었던 상처가 나으매 온 땅이 놀랍게 여겼다 (3절). 이 머리에 상처를 입게 된 것을 이교도의 우상숭배가 폐기된 것으로 이해하는 사람들도 있다. 그리고 머리의 상처가 나은 것은 로마 가톨릭 교황의 우상숭배가 도입된 것으로 이해한다. 이 우상숭배는 옷만 새로 바꿔입었을 따름이지 이교도의 우상숭배와 그 본질에 있어서 하나도 차이가 없다. 실제로 이 교황의 우상숭배는 마귀의 계획이 이루어진 것으로 보아도 무방하다.

6. 사람들이 이 극악무도한 괴물을 따르고, 그에게 경배했다. 온 땅이 놀랍게 여겨 짐승을 따르고 짐승에게 경배하였다. 세상 사람들이 모두 그의 권세, 정책, 성공에 감탄하고 놀랐다. 용이 짐승에게 권세를 주므로 온 땅이 용에게 경배했다. 또 그들은 짐승에게도 경배했다. 온 세상 사람들이 마귀와 그의 도구들에게 섬기고 복종했고, 어떤 권세도 그들에게 저항할 수 없다고 생각했다. 세상의 어둠과 타락과 광기가 아주 극심했다.

7. 그는 자신의 지옥의 권세와 수단을 어떻게 사용했는가? 그는 과장되고 신성모독을 말하는 입을 받고 또 마흔두 달 동안 일할 권세를 받으니라 짐승이 입을 벌려 하나님을 향하여 비방하되 그의 이름과 그의 장막 곧 하늘에 사는 자들을 비방하더라 또 권세를 받아 성도들과 싸워 이기게 되고 각 족속과 백성과 방언과 나라를 다스리는 권세를 받았다. 그래서 그는 세상에서 일종의 전 세계적인 제국을 얻게 되었다. 그의 적의는 주로 하늘의 하나님과 그의 종들을 겨누고 있다. 그는 보이지 아니하시는 하나님의 형상들을 만들어 놓고, 그것들에게 경배하게 함으로써 하나님을 대놓고 모독한다. 그의 적의는 하나님의 성막, 즉 주 예수 그리스도의 인성을 모독한다. 그는 하나님이 성막 안에서처럼 그 안에 거하신다고 주장한다. 이러한 모독은 그들의 화체설 교리에서 잘 드러나고 있다. 화체설 교리는 그리스도의 몸을 기념하는 떡을 모든 사제의 능력으로 그리스도의 몸으로 바꿀 수 있다고 주장한다. 그는 하늘에 사는 자들을 비방했다(6절). 그는 영화롭게 된 성도들을 이교도가 섬기는 귀신들의 자리에 갖다 놓고, 그들을 향해 기도하게 함으로써 그들을 모독했다. 그들은 그런 식으로 그릇되고 수치스럽게 대접을 받는다는 사실에 격분할 것이다. 이와 같이 마귀는 하늘과 그 거룩한 백성들에게 노골적인 적의를 드러낸다. 이러한 짓들은 그의 권세의 한계를 벗어나는 일이다. 그가 모든 힘을 다해 하고자 하는 것은 그들을 모독하는 것이다. 그러나 지상의 성도들은 그의 잔혹함에 더 많이 노출되게 된다. 그는 종종 성도

들을 이기고 짓밟게 된다.

8. 마귀의 권세와 성공에는 한계가 있고, 때와 사람에 대한 것도 마찬가지다. 그는 때와 기간에 있어서 한계와 제한이 있다. 그의 통치 기간은 마흔두 달 동안이다(5절). 이것은 적그리스도의 통치 기간에 대한 다른 예언의 숫자들과도 어울린다. 그는 또한 온전히 그의 뜻과 권세에 복종할 사람들과 백성에 대해서도 한계가 있다. 마귀가 마음대로 할 수 있는 자들은 죽임을 당한 어린 양의 생명책에 창세 이후로 이름이 기록되지 못한 자들에게만(8절) 한정될 것이다. 그리스도는 남은 자를 선택하셨다. 그들은 그리스도의 피로 구속을 받고, 그의 생명책에 기록이 되고, 그의 영으로 인침을 받았다. 마귀와 적그리스도가 그리스도의 선택된 자들의 육체적인 힘을 이기고, 그들의 자연적인 생명을 빼앗아 갈 수 있을지라도 마귀와 적그리스도는 그들의 영혼을 결코 정복할 수 없고, 또한 그들의 구주를 결코 포기하지 못하게 할 것이다. 또한 그들은 주의 선택받은 자들이 주님의 적들에게 용감하게 맞서 싸우는 것을 막지도 못할 것이다.

9. 이제 교회의 큰 고난들과 어려움들에 대한 계시에 주의를 기울일 것을 요구하고 있다. 그리고 하나님이 시온 산에서 그의 일을 이루셨을 때 주신 확증에 관심을 기울일 것을 요구하고 있다. 하나님은 그의 손을 드시어 그의 백성의 적들을 치실 것이고, 칼로 그의 백성을 죽인 자들을 칼로 치실 것이고, 그의 백성을 포로가 되게 한 자들을 포로가 되게 하실 것이다. 사로잡힐 자는 사로잡혀 갈 것이요 칼에 죽을 자는 마땅히 자기도 칼에 죽을 것이니 성도들의 인내와 믿음이 여기 있느니라(10절). 이제 여기서 성도들의 인내와 믿음이 적절하게 활용이 될 것이다. 그 인내는 그러한 큰 고난들을 예상하고 견디는 인내이고, 그 믿음은 그러한 영광스러운 구원을 예상하고 확신하는 믿음이다.

[11]내가 보매 또 다른 짐승이 땅에서 올라오니 어린 양 같이 두 뿔이 있고 용처럼 말을 하더라 [12]그가 먼저 나온 짐승의 모든 권세를 그 앞에서 행하고 땅과 땅에 사는 자들을 처음 짐승에게 경배하게 하니 곧 죽게 되었던 상처가 나은 자라 [13]큰 이적을 행하되 심지어 사람들 앞에서 불이 하늘로부터 땅에 내려오게 하고 [14]짐승 앞에서 받은 바 이적을 행함으로 땅에 거하는 자들을 미혹하며 땅에 거하는 자들에게 이르기를 칼에 상하였다가 살아난 짐승을 위하여 우상을 만들라 하더라 [15]그가 권세를 받아 그 짐승의 우상에게 생기를 주어 그 짐승의 우상으로 말하게 하고 또 짐

승의 우상에게 경배하지 아니하는 자는 몇이든지 다 죽이게 하더라 ¹⁶그가 모든 자 곧 작은 자나 큰 자나 부자나 가난한 자나 자유인이나 종들에게 그 오른손에나 이마에 표를 받게 하고 ¹⁷누구든지 이 표를 가진 자 외에는 매매를 못하게 하니 이 표는 곧 짐승의 이름이나 그 이름의 수라 ¹⁸지혜가 여기 있으니 총명한 자는 그 짐승의 수를 세어 보라 그것은 사람의 수니 그의 수는 육백육십육이니라

첫 번째 짐승을 로마 제국의 이교도를 의미한다고 생각하는 사람들은 두 번째 짐승은 로마 가톨릭을 의미한다고 이해한다. 로마 가톨릭의 교황 제도는 우상숭배와 폭정을 조장하면서도 겉모습은 아주 부드럽고 어린 양 같은 태도를 취한다. 첫 번째 짐승을 교황 제도의 세속 권력으로 이해하는 사람들은 두 번째 짐승을 교황 제도의 영적 권력과 교회의 권력을 의미한다고 생각한다. 이 권력은 인간의 영혼들을 속이기 위한 종교와 사랑의 탈을 쓰고 행세한다. 여기서 다음의 사실들을 주목하라.

I 이 두 번째 짐승의 모양과 형상은 어떤가? 그는 어린 양 같이 두 뿔이 있고, 그러나 그 입은 용처럼 말을 했다. 이 짐승이 종교의 탈을 쓰고 사람들의 영혼을 속이는 어떤 위대한 사기꾼이라는 사실에는 모든 사람들이 의견을 같이한다. 로마 가톨릭의 교황주의자들은 이 짐승이 아폴로니우스 티아나이우스(Apollonius Tyanaeus)라고 주장한다. 그러나 모어(Dr. More) 박사는 그 의견에 반대했다. 그리고 그는 이 짐승이 교황 제도의 교회 권력을 의미하는 것으로 못을 박아 주장했다. 교황은 지상에서 그리스도의 대리인인양 위장하기 위하여 어린 양의 뿔들이 달린 관을 쓰고 있다. 또 교황은 자신의 권세와 권위를 과시하기 위하여 화려한 제복(祭服)을 차려 입고 있다. 그러나 교황의 말은 자신의 본색을 드러낸다. 왜냐하면 그는 자신이 용에게 속해 있고 어린 양에게 속해 있지 않음을 나타내는 거짓 교리들과 잔인한 교서들을 발표하기 때문이다.

II 이 두 번째 짐승이 행사하는 권세는 무엇인가? 그는 먼저 나온 짐승의 모든 권세를 그 앞에서 행하는(12절) 자이다. 이 두 번째 짐승은 첫 번째 짐승과 똑같은 주장을 전파하고, 본질적으로 똑같은 계획을 추구한다. 그의 계획은 사람들을 참되신 하나님을 경배하는 데서 이끌어내어 본질적으로 전혀 신들이 아닌 것을 경배하게 만들고, 사람들의 영혼과 양심을 하나님의 뜻을 거스르는 인간의 의지와 권위에 복종하게 만드는 것이다. 이러한 계획을 이교 사상도 조장하

고 전파하지만 로마 가톨릭의 교황 제도도 마찬가지이다. 그리고 세속 세력의 무력과 마찬가지로 교황권의 간교한 술책들도 모양은 다를지 몰라도 똑같이 마귀의 목적과 이익을 섬긴다.

III. 어떤 수단들을 이용해 이 두 번째 짐승은 마귀의 이익과 계획들을 실행하나? 세 종류의 수단이 있다. 그것들은 다음과 같다.

1. 이 두 번째 짐승은 기적들을 위장한 거짓 이적들을 이용한다. 이 거짓 이적들로 그는 사람들을 속이고, 이제 마귀를 위하여 만든 새로운 형상과 모습으로 첫 번째 짐승을 경배하게 만든다. 그는 엘리야가 했던 것처럼 불이 하늘에서 땅으로 내려오는 시늉을 한다. 그리고 하나님도 가끔씩 애굽의 마술사들에게 하셨던 것 같이 하나님의 적들에게도 아주 놀랍게 보이는 일들을 행할 수 있게 해주신다. 그리고 경솔하고 부주의한 사람들은 그런 일에 현혹될 수도 있다. 교황의 왕국이 오랫동안 거짓 이적들로 지탱이 되어왔다는 사실은 아주 잘 알려진 일이다.

2. 로마 가톨릭은 파문, 저주, 혹독한 견책을 사용해 사람들을 그리스도로부터 잘라내어 마귀의 권세에 빠뜨리는 것처럼 꾸민다. 그러나 실상은 그렇게 함으로써 이 두 번째 짐승은 사람들을 세속 권력에 넘겨주어 죽임을 당할 수도 있게 만들고 있다. 로마 가톨릭의 사악한 위선에도 불구하고 그들이 타락시킬 수 없는 사람들을 죽이는 짓을 당당하게 행하고 있다.

3. 로마 가톨릭은 자연권, 시민권, 자치권 등의 권한 박탈을 통하여 교황 짐승, 즉 이교도 짐승의 성상에게 경배하지 않는 사람들에게는 그 누구라도 그 권한을 사용하지 못하게 한다. 이 짐승은 이자와 대부를 거래하는 장소뿐만 아니라 사고파는 자연권도 제한하는 권한을 행사한다. 그래서 사람들이 그 자격을 얻기 위해서는 이 두 번째 짐승에게서 표를 받아야 한다. 그가 모든 자 곧 작은 자나 큰 자나 부자나 가난한 자나 자유인이나 종들에게 그 오른손에나 이마에 표를 받게 하고 누구든지 이 표를 가진 자 외에는 매매를 못하게 한다(16절). 사람들이 받게 되는 이 표는 곧 짐승의 이름이나 그 이름의 수다(17절). 이것은 다 같은 것을 의미할 수 있다. 즉 사람들이 교황의 권세에 대한 충성과 복종을 공개적으로 고백하는 것이 이마에 표를 받는 것이다. 그리고 이마에 표를 받은 사람들이 교황의 권위를 신장시키기 위하여 그들의 모든 이익과 능력과 노력을 바치게 만드는 것이 오른손에 표를 받는 것이다. 교황 마르티누스 5세(Martin V)가 콘

스탄스 공의회(the council of Constance)에 보내는 그의 교서에서, 어떠한 이단자들이든지 그들의 나라들에서 거주를 한다거나, 거래를 한다거나, 상업을 한다거나, 어떤 공직을 맡는다거나 하는 일들을 금지시켰다. 이러한 작태는 바로 이 예언을 아주 극명하게 설명해주고 있다.

Ⅳ. 우리는 여기서 짐승의 수를 발견하게 된다.   이것을 나타내는 방법은 하나님의 무한하신 지혜를 드러내주고, 인간의 지혜와 정확함을 충분히 행사할 수 있게 해준다. 그 수는 짐승의 수이다. 사람들의 통상적인 방법으로 계산된 수는 666이다. 이 수가 로마 가톨릭 안에 들어있는 이단들의 수인지, 또는 이 짐승의 출현에서 몰락까지를 나타내는 햇수인지 분명하지가 않다. 하물며 이 예언의 수가 어떤 기간을 나타내는 것인지는 더욱 알 수 없는 노릇이다. 이 난해한 주제에 대한 가장 존경할 만한 연구 논문은 포터 박사(Dr. Porter)의 것이다. 그의 논문을 통해 호기심이 많은 사람들은 충분한 즐거움을 얻을 수 있을 것이다. 내 생각으로는 이것이 하나님이 그 자신의 권능 안에 보관해 놓으신 시기들 가운데 하나일 것이라는 것이다. 다만 이 수를 통해 우리가 알 수 있는 것은 하나님이 그의 모든 적들에게 메네 메네 데겔 우바르신이라는 글자를 써놓으셨다는 사실 정도이다. 다시 말해서 하나님은 그들의 날수가 계수되었고, 그들이 끝나게 될 것이지만 하나님 자신의 나라는 영원히 계속될 것이라는 것을 그 수가 알려준다는 사실이다. 기록된 글자는 이것이니 곧 메네 메네 데겔 우바르신이라 그 글을 해석하건대 메네는 하나님이 이미 왕의 나라의 시대를 세어서 그것을 끝나게 하셨다 함이요 데겔은 왕을 저울에 달아보니 부족함이 보였다 함이요(단 5:25-27).

제 14 장

개요

하나님의 종들이 겪고 견디었던 큰 시련과 고난들에 대한 기사를 이제까지 살펴보았다. 이제는 우리가 아주 보기 좋은 광경이 전개되는 것을 보게 된다. 이제 날이 새기 시작한다. 이 장에서 우리는 다음의 것들을 발견하게 된다. I. 주님의 신실한 제자들의 머리이신 주 예수 그리스도(1-5절). II. 세 천사들이 바벨론의 멸망과 아주 큰 사건에 앞서 일어날 일들과 그 결과를 알리기 위하여 계속해서 파송된다(6-13절). III. 천사가 낫으로 거두어 드리는 추수의 환상(14-20절).

¹또 내가 보니 보라 어린 양이 시온 산에 섰고 그와 함께 십사만 사천이 서 있는데 그들의 이마에는 어린 양의 이름과 그 아버지의 이름을 쓴 것이 있더라 ²내가 하늘에서 나는 소리를 들으니 많은 물 소리와도 같고 큰 우렛소리와도 같은데 내가 들은 소리는 거문고 타는 자들이 그 거문고를 타는 것 같더라 ³그들이 보좌 앞과 네 생물과 장로들 앞에서 새 노래를 부르니 땅에서 속량함을 받은 십사만 사천 밖에는 능히 이 노래를 배울 자가 없더라 ⁴이 사람들은 여자와 더불어 더럽히지 아니하고 순결한 자라 어린 양이 어디로 인도하든지 따라가는 자며 사람 가운데에서 속량함을 받아 처음 익은 열매로 하나님과 어린 양에게 속한 자들이니 ⁵그 입에 거짓말이 없고 흠이 없는 자들이더라

여기서 우리는 이 세상에서 볼 수 있는 가장 즐거운 광경들 가운데 하나를 발견하게 된다. 그것은 주님의 신실한 종들과 제자들의 머리가 되시는 주 예수 그리스도의 모습이다. 여기서 다음의 사실들을 주목하라.

1. 어떻게 그리스도가 나타나시는가? 그리스도는 시온 산에 서신 어린 양의 모습으로 나타나신다. 시온 산은 복음의 교회이다. 그리스도는 교회와 함께 계시고, 교회의 모든 고난들 속에서도 교회 가운데 계신다. 그러므로 교회는 소멸되지 않는다. 교회가 견디고 인내하도록 지켜주는 것이 바로 그리스도의 함께 해

주시는 임재이다. 그리스도는 어린 양, 참되신 어린 양, 하나님의 어린 양으로 나타나신다. 마지막 장에서 거짓 어린 양이 땅에서 일어나는 것으로 언급되고 있는데 그것은 사실 용이었다. 여기서 그리스도는 참 유월절 어린 양으로 나타나고 계신다. 그것은 그리스도의 중보의 통치가 그의 고난의 열매이고, 그의 백성의 안전과 충성을 위한 것임을 보여주기 위한 것이다.

2. 어떻게 그리스도의 백성은 나타나는가? 그리스도의 백성은 아주 영광스러운 모습으로 나타난다. 그 모습은 다음과 같다.

(1) 우선 그들의 수가 아주 많다. 그들은 모두 인침을 받은 사람들이다. 그 인침을 받은 사람들 가운데에는 그들이 겪었던 모든 환난들에서 실족한 사람이 한 사람도 없었다.

(2) 그들은 뛰어난 표지를 가지고 있었다. 그들은 그들의 이마에 어린 양의 이름과 그 아버지의 이름을 가지고 있었다. 그들은 하나님과 그리스도를 믿는 신앙고백을 언제 어디서나 담대하고 분명하게 고백을 했다. 그리고 그들은 그 신앙고백에 어울리는 행동들을 했다. 그러므로 그들은 하나님의 인정과 사람들의 칭찬을 받았다.

(3) 그들은 감사하고 찬양했다. 이것은 구원받은 사람들의 특성이다. 그들의 찬양은 큰 우렛소리와도 같이 우렁찼고, 많은 물소리와도 같이 맑고, 거문고를 타는 것 같이 선율이 아름다웠다. 그들은 하나님의 보좌 앞 하늘나라에 있었다. 그들이 부르는 찬양은 새 노래였다. 그것은 새 언약에 적합한 찬양이었다. 그 찬양은 그들이 이제 새롭게 살게 된 하나님 나라의 새롭고 은혜로운 시대에 어울리는 새 노래였다. 그들의 노래는 다른 사람들에게는 비밀이었다. 그들이 새 노래를 부르니 능히 이 노래를 배울 자가 없더라. 그들 이외의 다른 사람들이 그 노래의 가사를 되풀이할 수 있을지는 몰라도 그 노래의 참된 의미와 정신은 도저히 이해할 수가 없었다.

(4) 그들의 특성이 어떻게 묘사되고 있는가?

[1] 그들은 정결함과 순결함의 특성을 지니고 있다. 이 사람들은 여자와 더불어 더럽히지 아니하고 순결한 자라(4절). 그들은 육체적으로든 영적으로든 어떠한 간음도 범하지 않고 순결했다. 그들은 적그리스도의 세대의 혐오스러운 것들에 휩쓸리지 않고 자신들을 깨끗하게 지켰다.

[2] 그들은 그리스도에 대한 충성과 믿음을 변함이 없이 지켰다. 이 사람들은

어린 양이 어디로 인도하든지 따라갔다(4절). 그들은 그리스도의 말씀, 영, 섭리를 따라 행동했다. 그들은 그리스도가 원하시는 대로 어떤 의무들과 어떤 어려움들도 마다하거나 피하지 않았다. 그들은 주님이 인도하시는 대로 따라갔다.

[3] 그들은 예전의 명칭과 임명으로 지금의 이 명예를 얻게 되었다. 이 사람들은 사람 가운데에서 속량함을 받아 처음 익은 열매로 하나님과 어린 양에게 속한 자들이다(4절). 여기에는 특별한 구속의 분명한 증거가 나타나고 있다. 그들은 사람 가운데에서 속량함을 받은 자들이었다. 인간의 자녀들 가운데에는 구속의 자비를 통해 다른 사람들과 구별되는 사람들이 있다. 그들은 하나님과 어린 양에게 속한 처음 익은 열매들이었다. 그들은 그리스도의 제자들 가운데에서도 모든 은혜에 있어서도 뛰어나고, 그 열정에 있어서도 탁월한 그리스도의 선택받은 최상의 종들이었다.

[4] 그들은 일반적인 고결함과 성실함을 지니고 있었다. 그들은 그 입에 거짓말이 없고 흠이 없는 자들이었다(5절). 그들은 어떤 두드러진 간교함이나 잘못이 일체 없었다. 그들의 마음은 하나님 보시기에도 바르고 곧았다. 그들의 인간적인 결점들조차도 그리스도 안에서 거저 사유함을 받았다. 바로 이것이 주 예수 그리스도를 그들의 머리와 주인으로 모시고 섬기는 축복받은 남은 자들의 모습이다. 그리스도는 그들 안에서 영광을 받으시고, 그들은 그리스도 안에서 영광을 받게 된다.

[6]또 보니 다른 천사가 공중에 날아가는데 땅에 거주하는 자들 곧 모든 민족과 종족과 방언과 백성에게 전할 영원한 복음을 가졌더라 [7]그가 큰 음성으로 이르되 하나님을 두려워하며 그에게 영광을 돌리라 이는 그의 심판의 시간이 이르렀음이니 하늘과 땅과 바다와 물들의 근원을 만드신 이를 경배하라 하더라 [8]또 다른 천사 곧 둘째가 그 뒤를 따라 말하되 무너졌도다 무너졌도다 큰 성 바벨론이여 모든 나라에게 그의 음행으로 말미암아 진노의 포도주를 먹이던 자로다 하더라 [9]또 다른 천사 곧 셋째가 그 뒤를 따라 큰 음성으로 이르되 만일 누구든지 짐승과 그의 우상에게 경배하고 이마에나 손에 표를 받으면 [10]그도 하나님의 진노의 포도주를 마시리니 그 진노의 잔에 섞인 것이 없이 부은 포도주라 거룩한 천사들 앞과 어린 양 앞에서 불과 유황으로 고난을 받으리니 [11]그 고난의 연기가 세세토록 올라가리로다 짐승과 그의 우상에게 경배하고 그의 이름 표를 받는 자는 누구든지 밤낮 쉼을 얻지 못하

리라 하더라 ¹²성도들의 인내가 여기 있나니 그들은 하나님의 계명과 예수에 대한 믿음을 지키는 자니라

이 단락에서 우리는 하늘에서 파송을 받은 세 천사들에 대한 기사를 대하게 된다. 그들은 바벨론의 멸망을 알리고, 그 큰 사건을 전후해서 일어날 일들을 선포하기 위해 파송을 받는다. 여기서 다음의 사실들을 주목하라.

Ⅰ 그 사건에 앞서 파송을 받은 첫 번째 천사는 땅에 거주하는 자들 곧 모든 민족과 종족과 방언과 백성에게 전할 영원한 복음을 가지고 있었다(6절). 여기서 다음의 사실들을 주목하라.

1. 복음은 영원한 복음이다. 복음은 그 본질에 있어서도 영원하고, 그 결과들에 있어서도 그러할 것이다. 모든 육체가 풀처럼 될지라도 주님의 말씀은 영원할 것이다.

2. 이 영원한 복음을 전하는 일은 천사에게 합당한 일이다. 복음을 전하는 일은 위엄 있는 일이다. 그러므로 그 일에는 어려움도 따른다. 우리는 우리의 보잘것없는 질그릇 속에 이 보물을 담아 가지고 있다.

3. 영원한 복음은 모든 세상 사람들의 큰 관심의 대상이다. 복음은 모든 사람이 관심을 가지고 있으므로 그것을 들을 수 있도록 모든 사람에게 알려야 할 것이다. 땅에 거주하는 자들 곧 모든 민족과 종족과 방언과 백성에게 복음을 전파하고 알려야 한다.

4. 복음은 사람들이 하나님을 두려워하게 되고, 하나님께 영광을 돌리게 되는 수단이 된다. 자연 종교는 하나님 경외를 계속 유지하게 해주기에는 충분하지가 못하다. 또한 자연 종교는 사람들이 하나님께 영광을 돌리게 해주지도 못한다. 하나님 경외를 소생시켜주고, 세상에서 하나님께 영광을 회복시켜주는 것은 복음이다.

5. 우상숭배가 하나님의 교회 안으로 슬며시 들어오게 될 때 사람들을 우상들로부터 살아계신 하나님을 섬기도록 변화시키는 것은 성령의 능력이 수반된 복음의 전파이다. 복음의 전파는 사람들을 우상숭배에서 하늘과 땅과 바다와 물들의 근원을 만드신(7절) 창조주 하나님을 경배하도록 변화시킨다. 세상을 창조하신 하나님 이외에 다른 어떤 신을 경배하는 것은 우상숭배다.

Ⅱ 첫 번째 천사를 이어서 두 번째 천사는 바벨론의 실제적인 멸망을 선포한

다. 영원한 복음의 전파는 세상에 있는 적그리스도 사상의 기반들을 뒤흔들어놓았고, 그 몰락을 재촉했다. 바벨론은 일반적으로 로마로 이해가 되고 있다. 예전에는 그것이 소돔과 애굽으로 불리었다. 그것은 사악함과 잔인함의 상징이었다. 그것이 여기서는 처음으로 **바벨론**이라고 불리고 있는데 교만과 우상숭배의 상징이다. 여기서 다음의 사실들을 주목하라.

1. 하나님이 미리 정하시고 미리 알려주시는 것은 그것이 이미 이루어진 것이나 다름없는 것처럼 반드시 이루어질 것을 의미한다.

2. 교황이 자랑하는 바벨론의 위대함은 그 몰락을 막을 수 없고, 그것이 얼마나 무섭고 분명한지를 드러내게 될 것이다.

3. 주변 나라들을 타락시키고, 방탕하게 하고, 중독을 시키는 바벨론의 사악함은 그 멸망을 정당하게 만들 것이고, 그 완전한 폐허더미를 통해 하나님의 의로우심을 선포하게 될 것이다(8절). 바벨론의 범죄들이 그 멸망의 정당한 원인으로 열거가 된다.

III. 두 번째 천사를 이어서 세 번째 천사는 이와 같이 하나님이 그 멸망을 선포하신 이후에도 적그리스도의 이익을 완고하게 추종하고 신봉하는 모든 자들을 뒤엎으실 엄중한 징벌을 모든 사람에게 경고한다(9-10절). 만일 이 경고(바벨론의 멸망을 경고하고, 이미 일부는 시행이 되고 있다)를 받은 뒤에도 누구든지 이 짐승에게 복종을 고백하고 그의 주장을 전파하기를 계속 고집피우면 하나님의 진노의 포도주를 마셔야 될 것이다(10절). 그러한 사람들은 몸과 영혼이 영원한 불행에 빠져 괴로움을 당하게 될 것이다. 예수 그리스도는 그들에게 이 징벌을 내리실 것이다. 거룩한 천사들이 그것을 보고 찬성할 것이다. 우상숭배는 그것이 로마 가톨릭이든 이교도이든 본질적으로 저주받은 죄이고, 하나님의 말씀으로 상당한 경고를 받은 뒤에도 우상숭배를 계속 고집피우는 사람들은 치명적인 해를 당하게 될 것이다. 요청을 받았을 때 바벨론에서 빠져나오기를 거부하고, 그 죄에 동참하기로 작정한 사람들은 바벨론의 재난들을 당해야만 할 것이다. 그러한 어쩔 수 없는 우상숭배자들의 범죄와 파멸은 성도들의 인내와 순종의 훌륭한 점을 두드러지게 하는데 도움을 줄 것이다. 이 믿음과 순종의 은혜들은 구원과 영광으로 보상을 받게 될 것이다. 다른 사람들의 배신과 반역은 영원한 파멸로 징벌을 받게 될 것이다. 그러나 신실한 자에게는 영광과 명예가 뒤따르게 될 것이다. 성도들의 인내가 여기 있나니 그들은 하나님의 계명과 예수에 대한 믿음을 지키는 자니라(12절). 너희가 이전에 성도들의 인내가 실천되는 것을 보았고, 이제는 너희가 성도들이 상을 받게 되는 것을 본다.

¹³또 내가 들으니 하늘에서 음성이 나서 이르되 기록하라 지금 이후로 주 안에서 죽는 자들은 복이 있도다 하시매 성령이 이르시되 그러하다 그들이 수고를 그치고 쉬리니 이는 그들의 행한 일이 따름이라 하시더라 ¹⁴또 내가 보니 흰 구름이 있고 구름 위에 인자와 같은 이가 앉으셨는데 그 머리에는 금 면류관이 있고 그 손에는 예리한 낫을 가졌더라 ¹⁵또 다른 천사가 성전으로부터 나와 구름 위에 앉은 이를 향하여 큰 음성으로 외쳐 이르되 당신의 낫을 휘둘러 거두소서 땅의 곡식이 다 익어 거둘 때가 이르렀음이니이다 하니 ¹⁶구름 위에 앉으신 이가 낫을 땅에 휘두르매 땅의 곡식이 거두어지니라 ¹⁷또 다른 천사가 하늘에 있는 성전에서 나오는데 역시 예리한 낫을 가졌더라 ¹⁸또 불을 다스리는 다른 천사가 제단으로부터 나와 예리한 낫 가진 자를 향하여 큰 음성으로 불러 이르되 네 예리한 낫을 휘둘러 땅의 포도송이를 거두라 그 포도가 익었느니라 하더라 ¹⁹천사가 낫을 땅에 휘둘러 땅의 포도를 거두어 하나님의 진노의 큰 포도주 틀에 던지매 ²⁰성 밖에서 그 틀이 밟히니 틀에서 피가 나서 말 굴레에까지 닿았고 천육백 스다디온에 퍼졌더라

여기서 우리는 엄숙한 머리말과 더불어 시작되는 곡식 추수와 포도 수확에 대한 환상을 대하게 된다. 여기서 다음의 사실들을 주목하라.

Ⅰ 머리말. 또 내가 들으니 하늘에서 음성이 나서 이르되 기록하라 지금 이후로 주 안에서 죽는 자들은 복이 있도다 하시매 성령이 이르시되 그러하다 그들이 수고를 그치고 쉬리니 이는 그들의 행한 일이 따름이라 하시더라(13절). 이 머리말에는 다음과 같은 뜻이 담겨 있다.

1. 추수에 관한 이 예언이 어디에서 왔나? 이 예언은 하늘에서 내려왔다. 이 예언은 사람에게서 나온 것이 아니었다. 그러므로 이 예언은 확실한 진리와 큰 권위를 지니고 있다.

2. 이 예언은 어떻게 보존되어야 하고, 선포되어야 했는가? 이 예언은 기록으로 보존이 되어야 했다. 이 예언은 하나님의 백성이 모든 경우에 도움과 위로를 받기 위하여 의지할 수 있게 기록이 되어야 했다.

3. 이 예언의 주요 목적은 무엇이었는가? 이 예언은 하나님의 모든 신실한 성

도들과 종들의 죽음 안에서와 죽음 이후에 받게 될 축복을 보여주기 위한 것이
었다. 지금 이후로 주 안에서 죽는 자들은 복이 있도다. 여기서 다음의 사실들을 주
목하라.

(1) 축복을 받은 사람들과 축복을 받게 될 사람들에 대한 묘사. 그러한 축복
을 받은 사람들은 주 안에서 죽은 사람들, 즉 그리스도의 대의 안에서 죽었거
나, 그리스도와 실제적인 연합을 이룬 상태 안에서 죽었거나, 죽음이 찾아왔을
때 그리스도 안에서 주님을 믿게 된 사람들이다.

(2) 이 축복의 결과의 증거. 그들이 수고를 그치고 쉬리니 이는 그들의 행한 일이
따름이라. 여기서 다음의 사실들을 주목하라.

[1] 주 안에서 죽는 자들은 편히 쉬는 안식의 축복을 받게 된다. 그들은 모든
죄, 시험, 슬픔, 박해에서 벗어나 쉬게 된다. 거기서는 악한 자가 소요를 그치며 거
기서는 피곤한 자가 쉼을 얻으리라(욥 3:17).

[2] 주 안에서 죽는 자들은 보상의 축복을 받게 된다. 그들의 행한 일이 따름이
라. 그들이 행한 일들이 주 안에서 죽는 자들의 권리, 대가, 연줄로 그들 앞에서
가는 것이 아니라 그들이 주 안에서 살았고, 주 안에서 죽었다는 증거로 그들
뒤를 따라가게 된다. 그들이 행한 일들을 회상하는 것은 즐거운 일이 될 것이
고, 모든 그들의 봉사와 고난의 공로를 훨씬 뛰어넘는 영광스러운 보상을 받게
될 것이다.

[3] 주 안에서 죽는 자들은 그들의 죽음의 순간에 행복을 맛보게 될 것이다.
그 때 그들은 자신들이 하나님의 대의를 부활시키고, 교회의 화평을 회복시키
고, 하나님의 진노가 우상숭배를 하는 잔인한 적들에게 떨어지는 것을 보기 위
하여 살아온 보람을 맛보게 될 것이다. 그러한 때는 주 안에서 죽기에 좋은 때
이다. 그들은 아기 예수님을 안고 즐거워하던 시므온의 소원을 맛보게 될 것이
다. 주재여 이제는 말씀하신 대로 종을 평안히 놓아 주시는도다 내 눈이 주의 구원을
보았사오니(눅 2:29-30). 이 모든 일이 그들의 영들과 기록된 말씀으로 증언하시
는 성령의 증거를 통해 인준되고 확증된다.

**Ⅱ. 우리는 이제 곡식 추수와 포도 수확으로 비유되는 환상을 직접 대하게 된
다.** 여기서 다음의 사실들을 주목하라.

1. 추수(14,15절)를 통한 상징이 때로는 그 악이 무르익어 파멸을 당할 때가
되어 하나님의 심판으로 악한 자들을 베어 쓰러뜨리는 것을 의미할 때가 있다.

그런가 하면 그 상징이 때로는 그 선이 무르익어 하늘의 상급을 받을 때가 되어 하나님의 자비로 의인들을 모아들이는 것을 의미할 때도 있다. 여기서는 이 추수가 오히려 악인들에 대한 하나님의 심판을 비유하는 것으로 보인다. 여기서 다음의 사실들을 주목하라.

(1) 추수의 주님. 여기서 추수하시는 분이 인자와 같은 이라고 묘사되고 있다. 이분은 바로 주 예수 그리스도이시다. 주님을 다음과 같이 묘사하고 있다.

[1] 그가 타고 계셨던 마차로 그가 주 예수 그리스도이심을 알 수 있다. 그가 흰 구름 위에 앉아 계셨다. 구름은 주님이 타시는 마차다. 구름의 밝은 부분은 교회로 향해 있고 어두운 부분은 악인들에게 향해 있다.

[2] 그의 권세의 기장으로 그가 주 예수 그리스도이심을 알 수 있다. 그 머리에는 금 면류관이 있었다(14절). 이것은 주님이 행하셨던 모든 일을 행할 수 있고, 그가 하시고자 하는 것은 무엇이든지 행할 수 있는 권위를 나타낸다.

[3] 그의 통치의 도구로 그가 주 예수 그리스도이심을 알 수 있다. 그 손에는 예리한 낫을 가지고 있었다(14절).

[4] 그가 이 위대한 일을 실행하시도록 청원하는 성전에서 나온 간구들로 그가 주 예수 그리스도이심을 알 수 있다. 그가 행하셨던 일은 그의 백성이 간절히 원하는 것이었다. 주님이 그 일을 하시려고 작정하셨어도 이 일에 대한 그의 백성의 간구를 듣기를 원하시고, 그들의 기도의 응답으로 이 일을 행하기를 원하신다.

(2) 추수하는 일은 곡식에 낫을 대는 일이고, 밭의 작물을 거두어들이는 일이다. 이 낫은 하나님의 공의의 칼이다. 밭과 들은 세상이다. 수확하는 것은 땅에 사는 사람들을 베어 쓰러뜨리고 땅에서 밀어내는 일이다.

(3) 추수의 때. 곡식이 여물고, 사람들의 죄의 정도가 찰 때까지 차고, 사람들이 막 파멸하려고 기를 쓸 때가 바로 하나님의 추수의 때이다. 그리스도와 그의 교회의 가장 완강하고 뿌리 깊은 적들은 그들의 죄로 말미암은 파멸의 때가 무르익지 않고는 멸망하지 않을 것이다. 그러나 그 때가 되면 그리스도는 더 이상 그들을 내버려 두지 않으실 것이다. 그는 그의 낫을 휘두르실 것이고, 땅의 곡식이 거둬질 것이다.

2. 포도 수확으로 그가 주 예수 그리스도이심을 알 수 있다. 이 곡식 추수와 포도 수확이 동일한 심판의 다른 상징들일 뿐이라고 생각하는 사람들도 있다.

반면에 이 두 가지가 만물의 종말 이전에 있을 섭리의 다른 사건들을 언급한다고 생각하는 사람들도 있다. 여기서 다음의 사실들을 주목하라.

(1) 이 포도 수확이 누구에게 맡겨졌나? 이 일이 한 천사에게 맡겨졌다. 그는 하늘에 있는 성전에서 나온 다른 천사였다(17절). 다시 말해서 그는 하늘에 있는 지성소에서 나온 천사였다.

(2) 이 포도 수확이 누구의 요청으로 이루어졌나? 그것은 앞에서와 마찬가지로 성전으로부터 나온 다른 천사가 외치는 큰 음성의 요청으로 이루어졌다. 다시 말해 이것은 지상에 있는 하나님의 목사들과 교회들의 부르짖음을 의미한다.

(3) 포도 수확은 두 부분으로 이루어져 있다. 그것들은 다음과 같다.

[1] 낫을 휘둘러 포도송이들을 거두어들이는 일. 천사가 낫을 땅에 휘둘러 땅의 포도를 거두어들였다(18절). 이제 그 포도가 익어 거두어들일 때가 되었다.

[2] 이 거두어들인 포도들을 포도주 틀에 던진다(19절). 여기서 우리가 주목해야 될 사실들이 있다.

첫째, 포도주 틀이란 무엇이었나? 그것은 하나님의 진노였다. 포도주 틀은 하나님의 진노의 불, 어떤 무서운 재앙, 악인들의 피를 흘릴 무서운 칼을 의미할 수 있다.

둘째, 포도주 틀이 있는 장소는 어디였나? 그 장소는 성 밖에 있었다. 그 곳은 군대가 바벨론을 치려고 주둔하고 있는 장소였다.

셋째, 포도주의 양은 얼마였나? 이 포도주의 양은 이 심판으로 쏟아지게 될 피의 양을 의미한다. 그 깊이가 말굴레에까지 닿았고, 즉 말고삐가 있는 데까지 닿을 정도였다. 그리고 그 넓이와 길이는 천육백 스다디온, 다시 말해서 대략 320킬로미터에 달했다(20절). 이 길이는 성지의 길이에 버금간다. 그런데 이것은 로마 시에 둘러싸인 로마 가톨릭의 교황령을 의미하는 것일 수도 있다. 그러나 이 문제에 대해 확실하지 않은 추측은 삼가는 게 나을 것 같다. 이 큰 사건이 아직 이루어지지는 않았지만 이 환상이 이루어지는 때가 확정된 것은 분명하다. 이 묵시는 정한 때가 있나니 그 종말이 속히 이르겠고 결코 거짓되지 아니하리라 비록 더딜지라도 기다리라 지체되지 않고 반드시 응하리라(합 2:3). 그러므로 이것은 더디기는 할지라도 우리는 그것이 이루어질 날을 기다려야 할 것이다. 슬프다 하나님이 이 일을 행하시리니 그 때에 살 자가 누구이랴(민 24:23).

— 제 15 장 —

개요

지금까지는 아주 탁월한 주석가들의 판단에 따르면 하나님이 그의 종 요한에게 다음의 것들을 보여주셨다. I. 여섯 인을 떼는 동안의 이교도 세력 아래 고난을 겪는 교회의 상태를 보여주셨다. II. 일곱 째 인을 뗄 때 여섯 나팔 소리가 울리는 동안 로마 가톨릭의 교황 세력 아래 고난을 겪는 교회의 상태를 보여주셨다. 그 다음에 다음의 기사가 삽입되어 있다. III. 작은 책 안에 기록된 교회의 과거, 현재, 미래의 상태에 대한 아주 일반적이고 간략한 기사를 보여주셨다. 하나님은 이어서 요한에게 다음의 것들을 계시해주신다. IV. 하나님은 일곱 개 대접들의 환상을 통해 어떻게 적그리스도가 멸망당하고, 그 멸망은 어떤 단계들을 거쳐 이루어지게 될지를 사도에게 계시해주신다. 본 장에는 하나님의 진노가 담긴 대접들을 쏟아 붓기 위한 무서운 준비 단계의 내용이 담겨 있다. 여기서 우리는 다음과 같은 계시들을 보게 된다. 1. 이 일을 실행하려고 하는 하늘의 일곱 천사들의 모습과 하늘의 수많은 성도들이 이 큰 일의 계획을 찬양하고 즐거워하는 환호의 광경이 계시된다(1-4절). 2. 천사들이 쏟아 부을 대접들을 받기 위하여 하늘에서 나오는 광경, 이것으로 말미암아 세상에 일어난 큰 소동들에 대한 광경이 계시된다(5-8절).

¹또 하늘에 크고 이상한 다른 이적을 보매 일곱 천사가 일곱 재앙을 가졌으니 곧 마지막 재앙이라 하나님의 진노가 이것으로 마치리로다 ²또 내가 보니 불이 섞인 유리 바다 같은 것이 있고 짐승과 그의 우상과 그의 이름의 수를 이기고 벗어난 자들이 유리 바다 가에 서서 하나님의 거문고를 가지고 ³하나님의 종 모세의 노래, 어린 양의 노래를 불러 이르되 주 하나님 곧 전능하신 이시여 하시는 일이 크고 놀라우시도다 만국의 왕이시여 주의 길이 의롭고 참되시도다 ⁴주여 누가 주의 이름을 두려워하지 아니하며 영화롭게 하지 아니하오리까 오직 주만 거룩하시니이다 주의 의로우신 일이 나타났으매 만국이 와서 주께 경배하리이다 하더라

여기서 우리는 일곱 개의 대접들을 쏟아 붓기 위한 일들의 준비 단계

를 보게 된다. 그 일들은 일곱 천사들에게 맡겨졌다. 하늘에 있는 이 천사들이 사도에게 어떻게 보였나를 눈여겨보도록 하라. 그것은 놀라운 방식으로 계시가 되었다. 사도는 그 계시를 다음과 같이 기록했다. 여기서 다음의 사실들을 주목하라.

1. 이 천사들이 해야 될 일은 적그리스도를 파멸시키는 일을 마무리하는 것이었다. 하나님은 이제 적그리스도를 파멸시키기 위하여 그의 마지막 일곱 재앙들을 쏟아 부으시려고 했다. 바벨론이 저지른 죄들의 양이 다 찼기 때문에 그들은 이제 하나님의 징벌이 가득 찬 진노를 마땅히 받아야 할 것이다.

2. 이 천사들이 맡은 일을 구경하고 증언하는 자들이 있었다. 그들은 짐승과 그의 우상과 그의 이름의 수를 이기고 벗어난 자들이었다(2절). 이들은 이 세상을 비유하는 유리 바다 가에 서 있었다. 어떤 사람들이 생각하듯이 이 세상은 유리 바다처럼 부서지기 쉬운 덧없고 무상한 것이다. 또는 이 유리 바다가 성전 안에 있는 놋 바다를 암시하는 복음의 언약이라고 생각하는 사람들도 있다. 이 놋 바다는 제사장들이 손을 씻는 성전의 기구였다. 하나님의 신실한 종들은 그리스도의 의의 기반인 복음의 언약 위에 서 있다. 또는 이 유리 바다가 홍해를 의미한다고 생각하는 사람들도 있다. 홍해는 이스라엘 백성이 건널 때 얼어붙은 것처럼 양쪽으로 갈라져 응결된 채 서 있었다. 그 때 불기둥이 홍해의 물결들 위에 반사되고 있었다. 그 광경은 마치 불이 바닷물에 섞인 것처럼 보였을 것이다. 이 불빛은 바로와 그의 말들과 병거들에 대한 하나님의 진노의 불이 이 응결된 바다의 물들을 녹여서, 그것으로 바로와 그 군사들을 파멸시키려는 것을 보여주기 위한 것이었다. 그러므로 여기서 하나님의 종 모세의 노래를 불렀다는 것은 그 사건을 암시해주고 있는 것으로 보인다. 여기서 다음의 사실들을 주목하라.

(1) 그들은 하나님이 하시는 일들의 위대하심을 찬양하고, 하나님이 사용하시는 수단들의 의로우심과 진실하심을 노래한다. 하나님은 그의 백성을 구원하시고, 그의 적들을 파멸시키실 때 똑같이 그러하시다. 그들은 그 일이 아직 이루어지지는 않았을지라도 이 일이 머지않은 장래에 이루어질 것을 바라는 소망으로 즐거워했다.

(2) 그들은 모든 민족과 나라들이 주의 진실하심과 공의로우심을 보았으니 하나님을 두려워하고, 영화롭게 하고, 경배할 것을 요청한다. 주여 누가 주의 이

름을 두려워하지 아니하리이까(4절).

⁵또 이 일 후에 내가 보니 하늘에 증거 장막의 성전이 열리며 ⁶일곱 재앙을 가진 일곱 천사가 성전으로부터 나와 맑고 빛난 세마포 옷을 입고 가슴에 금 띠를 띠고 ⁷네 생물 중의 하나가 영원토록 살아 계신 하나님의 진노를 가득히 담은 금 대접 일곱을 그 일곱 천사들에게 주니 ⁸하나님의 영광과 능력으로 말미암아 성전에 연기가 가득 차매 일곱 천사의 일곱 재앙이 마치기까지는 성전에 능히 들어갈 자가 없더라

여기서 우리는 하늘에 성전이 열리는 것을 발견하게 된다. 여기서 다음의 사실들을 주목하라.

I 어떻게 이 천사들이 나타났나? 그들은 그들의 임무를 수행하기 위하여 하늘에서 나왔다. 하늘에 증거 장막의 성전이 열렸다(5절). 이것은 성막과 성전의 지성소를 의미한다. 그 곳은 증거궤를 덮고 있는 속죄소가 있는 곳이었다. 그 곳에서 대제사장이 중보 기도와 속죄 기도를 하고, 하나님은 그의 백성과 교통하시고, 그들의 기도를 들으셨다. 여기서 우리는 다음과 같은 사실들을 이해할 수 있다.

1. 하늘에 증거 장막의 성전이 열렸다는 것은 하나님이 적그리스도의 세력을 처단하시는 심판들에서 그의 말씀과 언약의 예언들과 약속들을 이루고 계셨다는 사실을 나타내준다. 그 예언과 약속들은 언제나 하나님이 미리 생각하시고 염두에 두고 계신 일들이었다.

2. 이것은 이 일을 통해 하나님은 백성의 기도들에 응답해주고 계셨다는 사실을 나타내준다. 그 기도들은 그들의 위대한 대제사장이신 예수 그리스도를 통하여 하나님께 드려진 것들이었다.

3. 하나님은 이 지성소에서 그의 아들 우리의 구주 예수 그리스도를 대적해 싸우는 적그리스도와 그의 부하들을 징계하고 계셨다는 사실을 나타내준다. 적그리스도와 그의 부하들은 그리스도의 직분들과 권위를 찬탈하고, 그의 이름을 불명예스럽게 하고, 그의 죽음의 위대한 목적과 계획을 반대했다.

4. 하나님이 그의 백성에게 그들의 적들을 두려워하지 않고 수많은 사람들이 모여 하나님을 경배드릴 수 있도록 성전의 문을 아주 활짝 열어주셨다는 사실

을 나타내준다.

Ⅱ. 이 천사들은 그들의 일을 위하여 어떤 준비를 했는가? 여기서 다음의 사실들을 주목하라.

1. 천사들은 옷을 차려입었다. 그들은 맑고 빛난 세마포 옷을 입고 가슴에 금 띠를 띠었다(6절). 이 옷차림은 대제사장들이 하나님께 물으러 지성소에 들어갈 때, 하나님께서 대답을 듣고 나올 때 옷을 입던 관습이었다. 이 사실은 이 천사들이 모든 일들을 하나님의 명령과 지시에 따라 행했음을 보여준다. 또한 이것은 하나님의 큰 잔치(19:17)라고 부르는 하나님께 바치는 희생제사도 그렇게 준비했음을 보여준다. 천사들은 하나님의 공의를 시행하는 사역자들이다. 그러므로 그들은 모든 일을 순결하고 거룩한 태도로 행한다.

2. 천사들이 사용할 대포는 무엇이고, 어디에서 그것을 받았는가? 그들의 대포는 살아 계신 하나님의 진노를 가득히 담은 금 대접 일곱이었다(7절). 이 천사들은 하나님의 적들을 공격하기 위하여 하나님의 진노가 장전된 무기로 무장했다. 아주 미천한 피조물일지라도 하나님의 진노가 서린 무기로 무장하게 되면 세상의 그 누구도 당할 수가 없을 것이다. 그런데 하나님의 천사가 그렇게 무장하게 되면 도대체 어떻게 되겠는가? 하나님의 이 진노가 한 번에 다 쏟아 부어지는 것이 아니라 일곱 차례로 나뉘어 처리되었다. 적그리스도의 도당은 하나님의 진노를 연이어서 맞아야만 했다. 이 천사들은 이 금 대접들을 누구에게서 받았는가? 네 생물들 가운데 하나로부터, 즉 참된 교회의 목사들 가운데 하나로부터 그것을 받았다. 이것은 목사들과 하나님의 백성의 기도들의 응답을 의미한다. 그들의 주장을 이루는 일에 천사들이 자발적으로 일을 한다.

Ⅲ. 이 일들은 성전 가까이 서 있던 자들에게 어떤 인상을 주었는가? 그들은 사실상 모두 성전을 가득 채운 연기에 둘러싸여 하나님의 영광스럽고 강력한 임재를 볼 수 없었다. 그러므로 그들은 그 일이 완전히 마치기까지는 성전에 능히 들어갈 자가 없었다(8절). 적그리스도의 이익들은 세상 나라들의 이익들과 서로 얽혀 있어서 온 세상에 큰 충격을 주지 않고는 적그리스도를 파멸시킬 수 없었다. 하나님의 백성은 이 큰 일이 행사이기 때문에 하나님 앞에 다 모여서 쉬거나 한가하게 보낼 여유나 짬은 별로 없을 것이다. 현재로서는 당분간 그들의 안식도 중단되고, 공식 예배의 규례들도 중단되고, 모든 일도 일반적으로 뒤죽박죽이 될 것이다. 하나님 자신도 지금 의의 무서운 일들로 교회와 온 세상

에 이 일을 전파하고 계시다. 그러나 이 일이 다 이루어지고 나면 교회들이 안식을 가지게 될 것이고, 성전 문이 열리게 될 것이고, 품성이 더 좋아지고 더 많아진 거룩한 백성이 총회로 다 같이 모이게 될 것이다. 교회의 가장 큰 구원들이 하나님의 섭리의 무섭고 놀라운 단계들을 통해 하나씩 다 이루어지게 될 것이다.

$$제$$
$$- 16 -$$
$$장$$

개요

　　본 장에서 우리는 하나님의 진노로 가득 채워진 대접들이 쏟아 부어지는 기사를 대하게 된다. 그 대접들에 가득 담긴 하나님의 진노가 온 적그리스도의 제국과 거기에 딸린 모든 것 위에 쏟아졌다. I. 땅에 쏟아진 대접(2절). II. 바다에 쏟아진 대접(3절). III. 강과 물의 근원들에 쏟아진 대접(4절). 여기서 물을 차지한 천사가 하나님의 심판의 의로우심을 선포하고 찬양한다(5-7절). IV. 네 번째 대접이 해에 쏟아 부어졌다(8-9절). V. 다섯 번째 대접이 짐승의 보좌에 쏟아 부어졌다(10-11절). VI. 여섯 번째 대접이 큰 강 유브라데에 쏟아 부어졌다(12-16절). VII. 일곱 번째 대접이 공중에, 각 나라들의 성에, 하나님이 기억하신 큰 바벨론에 쏟아 부어졌다(17-21절).

¹또 내가 들으니 성전에서 큰 음성이 나서 일곱 천사에게 말하되 너희는 가서 하나님의 진노의 일곱 대접을 땅에 쏟으라 하더라 ²첫째 천사가 가서 그 대접을 땅에 쏟으매 짐승의 표를 받은 사람들과 그 우상에게 경배하는 자들에게 악하고 독한 종기가 나더라 ³둘째 천사가 그 대접을 바다에 쏟으매 바다가 곧 죽은 자의 피 같이 되니 바다 가운데 모든 생물이 죽더라 ⁴셋째 천사가 그 대접을 강과 물 근원에 쏟으매 피가 되더라 ⁵내가 들으니 물을 차지한 천사가 이르되 전에도 계셨고 지금도 계신 거룩하신 이여 이렇게 심판하시니 의로우시도다 ⁶그들이 성도들과 선지자들의 피를 흘렸으므로 그들에게 피를 마시게 하신 것이 합당하니이다 하더라 ⁷또 내가 들으니 제단이 말하기를 그러하다 주 하나님 곧 전능하신 이시여 심판하시는 것이 참되시고 의로우시도다 하더라

　　우리는 앞 장에서 하나님의 진노의 대접들을 쏟아 붓기 위하여 대단히 엄숙하게 준비하는 것을 보았다. 이제 우리는 그 일이 실행되는 것을 대하게 된다. 여기서 다음의 사실들을 주목하라.

I 모든 준비가 완전하게 갖추어지기는 했을지라도 하나님께서 직접적인 명

령이 떨어지기 전에는 아무것도 시행될 수 없었다. 하나님은 그의 백성의 기도에 응답하시고, 그들의 싸움을 징벌하시기 위하여 성전에서 이 명령을 내리셨다.

II. 하나님의 명령이 떨어지자마자 즉각 시행이 되었다. 한순간의 지체도 없었고 한 마디의 반대도 없었다. 우리는 모세와 예레미야 같은 아주 훌륭한 사람들조차도 그들에게 일을 맡기시는 하나님의 부르심과 요청에 즉각 달려 나와 응하지 않았던 것을 보게 된다. 이에 반하여 하나님의 천사들은 하나님의 뜻을 행할 수 있는 힘에서도 뛰어났지만 그것을 행하고자 하는 신속함에 있어서도 탁월했다. 하나님이 너희는 가서 일곱 대접을 땅에 쏟으라 말씀하시자 즉시 그 일이 시행되기 시작했다. 이 사실에서 우리는 하나님의 뜻이 하늘에서 이루어진 것처럼 땅에서도 이루어질 수 있기를 기도해야 된다는 교훈을 받게 된다. 이제 우리는 하나님의 섭리가 이루어지는 아주 무서운 일련의 시행들을 대하게 된다. 이 시행들에서 어떤 분명한 의미나 특별한 적용을 찾기란 쉽지 않은 것 같다. 그러나 그것을 전체적으로 개관해 볼 만한 가치는 있는 것 같다는 생각이다. 여기서 다음의 사실들을 주목하라.

1. 여기서 우리는 애굽의 재앙들 가운데 몇 가지 재앙에 대한 언급이나 암시를 발견하게 된다. 물이 피로 변한다든지, 부스럼과 종기로 사람들을 치는 것 같은 재앙들이 그런 경우이다. 그들의 죄가 비슷했기에 그 당하는 징벌들도 비슷했다.

2. 이 진노가 담긴 대접들은 적그리스도가 일어나는 것을 비유하는 일곱 나팔들과 분명한 관계가 있는 것으로 보인다. 그러므로 우리는 여기서 교회의 적들의 몰락이 그들의 번성과 어떤 유사성을 가지고 있음을 깨닫게 된다. 하나님이 교회의 적들을 일으켜 번성하게 하셨던 그런 방법으로 그들을 몰락시킬 수 있다는 것이다. 그러나 적그리스도의 몰락은 점진적으로 이루어지게 될 것이다. 로마가 하루아침에 세워지지 않았던 것처럼 로마의 멸망도 하루아침에 이루어지지 않았다. 로마의 멸망이 점진적으로 이루어졌던 것처럼 적그리스도의 몰락도 그렇게 될 것이다. 그리고 다시는 일어설 수 없는 몰락을 하게 될 것이다.

3. 적그리스도의 세력의 몰락은 전 세계에 걸쳐 이루어지게 될 것이다. 적그리스도에게 속한 것은 무엇이든 토지와 그 부속물들을 망라해 그들에게 도움

이 될 수 있는 것은 무엇이든 파멸 집행 명령장에 명기되어 집행될 것이다. 그들의 땅, 그들의 공중, 그들의 바다, 그들의 강들, 그들의 도시들이 그 백성의 사악함으로 인하여 모두 멸망당하게 될 것이고, 모두 저주를 받게 될 것이다. 이와 같이 사람들의 죄로 인하여 피조물이 신음하고 고통을 당하게 될 것이다. 여기서 더 나아가 고찰을 해보도록 하자.

(1) **첫째 천사가 가서 그 대접을 땅에 쏟았다**(2절). 여기서 다음의 사실들을 주목하라.

[1] 그것을 어디에 쏟았는가? 땅에 쏟았다. 이것이 일반 사람들에게 쏟아진 것이라고 생각하는 사람들도 있다. 그런가하면 로마 가톨릭의 성직자에게 쏟아진 것이라고 주장하는 사람들도 있다. 그들은 로마 교황권의 기반이고, 지상에서 해야 할 모든 계획들을 실행하는 중추였다.

[2] 무슨 일이 일어났는가? 짐승의 표를 받은 사람들과 그 우상에게 경배하는 자들에게 악하고 독한 종기가 났다(2절). 그들은 그들의 죄로 표를 받았다. 이제 하나님이 그의 심판으로 그들의 표를 지워버리신다. 이 피부병이 그들의 지위와 이익을 치는 하나님의 징벌의 일차 징후들 가운데 하나로 생각하는 사람들도 있다. 이것은 짐승의 표를 받은 사람들에게 아주 큰 불편함을 주었을 것이다. 그것은 그들의 내적 불안과 병을 드러내주었고 더 많은 악의 표시가 되었다. 재앙의 표시들이 그들에게 나타났던 것이다.

(2) **둘째 천사가 그 대접을 바다에 쏟았다**(3절). 여기서 우리는 다음의 사실들을 발견하게 된다.

[1] 그것을 어디에 쏟았는가? 바다에 쏟았다. 이것이 교황권의 관할 지역과 지배 지역에 쏟아진 것으로 생각하는 사람들도 있다. 그런가하면 로마 가톨릭의 거짓 교리들, 왜곡된 성경 해석들, 미신적인 의식들, 우상숭배를 일삼는 예배, 신성모독의 죄 사함, 날강도 같은 면죄부, 온갖 사악한 날조들과 제도들이 결집된 총체적 악의 화신인 로마 가톨릭의 전체 체계와 구조에 하나님의 진노의 대접이 쏟아 부어진 것으로 해석하는 사람들도 있다. 로마 가톨릭은 이러한 날조된 미끼와 거짓된 수단들을 이용해 자신들에게는 이익이 되지만 그들과 거래하거나 관계를 가지는 사람들에게는 모두 손해를 끼치는 장사와 거래를 계속한다.

[2] 무슨 일이 일어났는가? 바다가 피로 변했다. 바다가 곧 죽은 자의 피 같이 되

니 바다 가운데 모든 생물이 죽었다(3절). 하나님은 그들 종교의 허식과 거짓뿐만 아니라 그 종교의 유해하고 치명적인 속성도 발견하셨다. 그들은 사람들의 영혼을 확실하게 구원하는 수단이 되는 것처럼 위장함으로써 사람들의 영혼을 중독시켰다.

(3) 셋째 천사가 그 대접을 쏟아 부었다. 여기서 우리는 다음과 같은 사실들을 발견하게 된다.

[1] 그것을 어디에 쏟았는가? 셋째 천사는 그것을 강과 물 근원에 쏟았다(4절). 아주 학문이 깊은 사람들 가운데 이것을 로마 가톨릭의 사절들, 특별히 예수회 수사들에게 떨어진 것으로 생각하는 사람들이 있다. 그들은 강물처럼 로마 가톨릭의 거짓과 우상숭배를 물 근원으로부터 땅으로 전달하고 흘려보냈다.

[2] 무슨 일이 일어났는가? 그것이 피가 되었다. 이것을 그리스도인 군주들을 부추겨서 세상을 큰 불길에 휩싸이게 했고, 군대와 순교자들의 피를 많이 흘리게 했던 자들에게 정당하게 응징한 것으로 생각하는 사람들도 있다. 그 다음에 이어지는 찬송은 이 의미를 뒷받침해준다. 하나님이 이 일에 사용하시는 도구를 여기서 물을 차지한 천사라고 부르고 있다. 이 물의 천사가 이렇게 응징하시는 하나님의 의를 높이고 찬양한다. 전에도 계셨고 지금도 계신 거룩하신 이여 이렇게 심판하시니 의로우시도다 그들이 성도들과 선지자들의 피를 흘렸으므로 그들에게 피를 마시게 하신 것이 합당하니이다(5,6절). 이 찬송에 또 다른 천사가 완전히 동의하는 응답을 한다. 그러하다 주 하나님 곧 전능하신 이시여 심판하시는 것이 참되시고 의로우시도다 하더라(7절).

⁸넷째 천사가 그 대접을 해에 쏟으매 해가 권세를 받아 불로 사람들을 태우니 ⁹사람들이 크게 태움에 태워진지라 이 재앙들을 행하는 권세를 가지신 하나님의 이름을 비방하며 또 회개하지 아니하고 주께 영광을 돌리지 아니하더라 ¹⁰또 다섯째 천사가 그 대접을 짐승의 왕좌에 쏟으니 그 나라가 곧 어두워지며 사람들이 아파서 자기 혀를 깨물고 ¹¹아픈 것과 종기로 말미암아 하늘의 하나님을 비방하고 그들의 행위를 회개하지 아니하더라

이 구절들에서 우리는 정해진 순서에 따라 사건이 진행되는 것을 발견하게 된다. 넷째 천사가 그의 대접을 쏟아 붓자 그것이 해에 떨어졌다. 이것

이 로마 가톨릭의 완전한 몰락이 있기 조금 전에 그들의 거짓 종교를 버린 어떤 탁월한 군주에게 떨어진 것으로 생각하는 사람들도 있다. 그 군주가 독일의 황제일 것이라고 소망 섞인 해석을 하는 사람도 있다. 어쨌든 이것은 어떤 영향을 미치는가? 이전에는 로마 가톨릭에 아주 따뜻하고 자비로운 후원을 아끼지 않던 그 해가 이제는 이 우상숭배자들에게 아주 뜨거운 해로 바뀌어 그들을 불사르게 된다. 군주들은 그들의 세력과 권위를 사용하여 로마 가톨릭을 억누르게 될 것이다. 그렇지만 그 억압이 로마 가톨릭을 회개하게 만들기는커녕 하나님과 그들의 왕을 저주하고 욕을 퍼부어대게 만든다. 그들은 하늘을 올려다보고 하늘의 하나님을 거스르고 모독하는 온갖 말들을 쏟아낸다. 그로 말미암아 그들은 자신들의 파멸을 더욱 단단하게 굳히게 될 것이다. 다섯째 천사가 그의 대접을 쏟아 부었다. 또 다섯째 천사가 그 대접을 짐승의 왕좌에 쏟으니 그 나라가 곧 어두워지며 사람들이 아파서 자기 혀를 깨물었다(10절). 여기서 다음의 사실들을 주목하라.

1. 그것을 어디에 쏟았는가? 그 대접이 짐승의 왕좌에 쏟아졌다. 이것은 정신적 상징의 바벨론이고, 적그리스도의 제국의 우두머리인 로마 자체에 떨어졌다.

2. 무슨 일이 일어났는가? 그 짐승의 온 나라가 곧 어두워지고, 고통을 겪게 되었다. 로마 그 도시 자체는 그들의 정치의 보좌이고, 모든 학문의 원천이고, 모든 지식의 보고이고, 모든 사치와 쾌락의 중심지인데 이제 어둠과 고통과 고뇌의 원천이 되고 말았다. 어둠은 애굽에 내린 열 재앙들 가운데 하나였다. 어둠은 빛과 명예를 가리게 되고, 적그리스도의 세력이 당하게 될 멸시와 비웃음의 전조가 된다. 어둠은 지혜와 통찰력을 가리게 되고, 우상숭배자들이 그 때 발견해야 했던 혼란과 어리석음의 전조가 된다. 어둠은 즐거움과 기쁨을 막게 되고, 고뇌와 분노의 정신에 사로잡히게 될 전조가 된다. 이와 같이 그 재앙들이 그들에게 떨어지게 됐을 때 그들은 그러한 고통들에 시달리게 되었다. 그러나 그들은 회개하지 않았다.

[12]또 여섯째 천사가 그 대접을 큰 강 유브라데에 쏟으매 강물이 말라서 동방에서 오는 왕들의 길이 예비되었더라 [13]또 내가 보매 개구리 같은 세 더러운 영이 용의 입과 짐승의 입과 거짓 선지자의 입에서 나오니 [14]그들은 귀신의 영이라 이적을 행하여 온 천하 왕들에게 가서 하나님 곧 전능하신 이의 큰 날에 있을 전쟁을 위하여

그들을 모으더라 [15]보라 내가 도둑 같이 오리니 누구든지 깨어 자기 옷을 지켜 벌거
벗고 다니지 아니하며 자기의 부끄러움을 보이지 아니하는 자는 복이 있도다 [16]세
영이 히브리어로 아마겟돈이라 하는 곳으로 왕들을 모으더라

　　　여기서 우리는 여섯째 천사가 그 대접을 쏟아 붓자 일어나게 되는 일
들을 발견하게 된다. 여기서 다음의 사실들을 주목하라.

I 그것을 어디에 쏟았는가? 여섯째 천사가 그 대접을 큰 강 유브라데에 쏟았다
(12절). 이것이 문자적으로 이해해야 한다고 주장하는 사람들이 있다. 즉 그 대
접이 실제로 유브라데 강에 쏟아 부어졌다는 것이다. 왜냐하면 터키의 세력과
제국이 시작된 곳이 바로 유브라데 강이었기 때문이다. 그래서 이렇게 주장하
는 사람들은 이것이 터키 왕국과 그 우상숭배의 멸망을 예언한 것이라고 생각
한다. 또한 그들은 그것이 터키의 멸망과 동시에 또 다른 적그리스도인 로마
가톨릭 교황 세력의 멸망도 예언하는 것이라고 추측한다. 그리고 이것으로 말
미암아 유대인들이 동방의 군주들에게 오가며 장사할 수 있는 길이 열리게 되
는 유익을 얻게 될 것이라고 그들은 생각한다. 그런가하면 이것을 티베르
(Tiber) 강이라고 생각하는 사람들도 있다. 왜냐하면 로마가 바벨론의 정신적인
상징이듯이 티베르 강은 유브라데 강의 정신적인 상징이기 때문이다. 그러므
로 로마가 멸망당하게 될 때 그 강과 상업이 그 도시와 함께 고통을 당하게 될
것이다.

II 이 대접은 무슨 일이 일어나게 했는가? 여기서 다음의 사실들을 주목하
라.

1. 강물이 말랐다. 이 강은 그 도시의 부와 식량과 온갖 종류의 편의를 공급
해주었다.

2. 이것으로 동방에서 오는 왕들의 길이 예비되었다(12절). 즉 동방과의 교역로
가 뚫리게 되었다. 로마 교회의 우상숭배는 유대인들과 이방인들의 전도와 회
심에 큰 장애거리였다. 유대인들은 오랫동안 그들의 우상숭배 성향을 고쳐왔
으므로 로마 가톨릭의 우상숭배를 보고 질색을 할 수밖에 없었다. 그리고 이방
인들은 이른바 그리스도인들이라고 하는 사람들 가운데에서 그토록 많은 상징
들과 성상들이 있는 것을 보고는 아연실색을 했다. 그리고 그것에 힘을 얻어
이방인 자신들의 우상숭배를 더욱 확고하게 다졌다. 그러니 로마 교회가 그들

의 회심에 큰 걸림돌이 되지 않을 수가 없었다. 따라서 로마 교황의 몰락은 이러한 장애들이 제거되는 것이므로 유대인과 다른 동방 나라 민족들이 그리스도의 교회로 올 수 있는 길이 하나 열리게 될 것이다. 그리고 만일 마호메트의 회교도가 로마 가톨릭과 동시에 몰락한다고 가정한다면 동양 국가들과 서양 국가들 사이에 아주 자유롭고 폭넓은 교류가 이루어질 것이다. 이러한 일은 유대인들의 회심을 용이하게 해주고, 이방인의 충만한 수가 채워지는 것을 더 쉽게 해줄 수 있을 것이다. 형제들아 너희가 스스로 지혜 있다 하면서 이 신비를 너희가 모르기를 내가 원하지 아니하노니 이 신비는 이방인의 충만한 수가 들어오기까지 이스라엘의 더러는 우둔하게 된 것이라(롬 11:25). 하나님의 이 일이 나타나게 되고, 이루어지게 될 때 그것이 또 다른 결과의 원인이 된다고 해서 하등 놀라운 일이 아닐 것이다. 그것은 다음과 같다.

3. 큰 용의 마지막 발악. 용은 세상에서 행한 자신의 일들의 파괴적인 상태를 가능하다면 만회하기 위하여 또 다른 필사의 공격을 하기로 작정을 한다. 그는 이제 모든 것을 다 잃기 전에 한 번의 필사적인 돌격을 감행하기 위하여 그의 세력들을 다시 규합하고, 모든 그의 영들을 다시 불러 모은다. 이러한 일이 여섯째 대접을 쏟아 부음으로 일어나게 된다. 여기서 다음의 사실들을 주목하라.

(1) 이 용이 그의 대의와 싸움에서 지상의 세력들을 투입하기 위하여 사용하는 도구들은 무엇인가? 그것들은 세 가지 더러운 영들이다. 첫째 더러운 영은 용의 입에서 나온다. 둘째 더러운 영은 짐승의 입에서 나온다. 셋째 더러운 영은 거짓 선지자의 입에서 나온다. 지옥, 적그리스도의 세속 권력, 적그리스도의 교회 권력이 한데 어울려 그들의 몇 가지 도구들을 그들의 마지막 싸움에 내보낸다. 그 도구들은 흉악한 적의, 세속적인 정책, 종교적 거짓과 사기로 무장되어 있다. 이 꼭두각시들은 최후의 필사적인 공격을 위하여 마귀의 세력들을 규합할 것이다.

(2) 이 꼭두각시들이 사용하는 수단들은 이 싸움에서 땅의 세력들을 활용할 것이다. 그들은 거짓 이적들을 일으킬 것이다. 그것은 마귀의 케케묵은 전략이다. 악한 자의 나타남은 사탄의 활동을 따라 모든 능력과 표적과 거짓 기적과 불의의 모든 속임으로 멸망하는 자들에게 있으리니 이는 그들이 진리의 사랑을 받지 아니하여 구원함을 받지 못함이라(살후 2:9,10). 이것이 적그리스도가 멸망하기 전에 잠시 로마교황의 거짓 능력이 되살아나게 되고, 세상을 즐겁게 하고 기만하게 될

것을 의미하는 것이라고 생각하는 사람들도 있다.

(3) 전쟁터는 어디인가? 이 마귀의 최후의 일전이 벌어질 장소는 아마겟돈이라 하는 곳이다(16절). 이 장소가 므깃도 산이라고 주장하는 사람들도 있다. 이 므깃도 근처에 그 산에서 흘러나오는 시냇물이 하나 있다. 바락이 이 곳에서 시스라와 그와 연합한 왕들을 격파했다. 왕들이 와서 싸울 때에 가나안 왕들이 므깃도 물가 다아낙에서 싸웠으나 은을 탈취하지 못하였도다(삿 5:19). 그리고 이 므깃도 골짜기에서 요시야가 살해당했다. 이 장소는 아주 성질이 다른 두 가지 사건들로 유명한 곳이었다. 한 사건은 하나님의 교회에 아주 행복한 사건이었다. 그러나 다른 한 사건은 아주 불행했다. 그러나 이제 그 곳이 교회가 싸우게 되고, 승리를 거두게 될 마지막 전쟁터가 될 것이다. 이 싸움은 그것을 위한 준비의 시간을 필요로 하는 전쟁이다. 그러므로 이 싸움에 대한 더 자세한 이야기는 19장까지 미뤄야 될 것 같은 생각이다.

(4) 하나님은 그의 백성이 이 싸움을 준비하게 하기 위하여 가장 크고 결정적인 시련에 대한 경고를 하신다. 보라 내가 도둑 같이 오리니 누구든지 깨어 자기 옷을 지켜 벌거벗고 다니지 아니하며 자기의 부끄러움을 보이지 아니하는 자는 복이 있도다(15절). 이 일은 갑작스럽고 예기치 않게 일어나게 될 것이다. 그러므로 그리스도인들은 놀라고 수치를 당하는 일이 없도록 옷을 단정하게 입고, 무장을 하고, 그 일에 언제나 대비를 하고 있어야 할 것이다. 하나님의 대의가 시험을 받게 되고 하나님을 위하여 싸워야 할 때 하나님의 백성은 모두 하나님의 목적과 뜻을 위하여 분연히 일어나서 싸울 준비를 해야 할 것이고, 하나님을 섬기는 일에 신실하고 용감해야 할 것이다.

[17]일곱째 천사가 그 대접을 공중에 쏟으매 큰 음성이 성전에서 보좌로부터 나서 이르되 되었다 하시니 [18]번개와 음성들과 우렛소리가 있고 또 큰 지진이 있어 얼마나 큰지 사람이 땅에 있어 온 이래로 이같이 큰 지진이 없었더라 [19]큰 성이 세 갈래로 갈라지고 만국의 성들도 무너지니 큰 성 바벨론이 하나님 앞에 기억하신 바 되어 그의 맹렬한 진노의 포도주 잔을 받으매 [20]각 섬도 없어지고 산악도 간 데 없더라 [21]또 무게가 한 달란트나 되는 큰 우박이 하늘로부터 사람들에게 내리매 사람들이 그 우박의 재앙 때문에 하나님을 비방하니 그 재앙이 심히 큼이러라

여기서 우리는 마지막 일곱째 천사가 그의 대접을 쏟아 붓는 기사를 대하게 된다. 이 천사의 일은 바벨론의 멸망이 이루어지게 하는 데 기여를 하게 된다. 이것은 바벨론에 결정적인 타격을 주었다. 앞서와 마찬가지로 여기서도 다음의 사실들을 주목하라.

I 어디에 이 재앙이 떨어졌는가? 일곱째 천사가 그 대접을 공중에 쏟았다(17절). 이것은 공중의 권세를 잡은 군주에게 이 재앙이 떨어진 것을 의미한다. 이 군주는 바로 마귀다. 그의 권세들은 제한을 받게 되고, 그의 정책들은 혼선과 혼란을 빚게 될 것이다. 마귀는 하나님의 사슬에 결박을 당하게 된다. 하나님의 칼이 그의 눈을 찌르고, 그의 팔을 벤다. 왜냐하면 지상의 권세들뿐만 아니라 마귀도 하나님의 전능하신 권능에 굴복해야 되기 때문이다. 마귀는 적그리스도의 세력을 지키고, 바벨론의 멸망을 막기 위하여 온갖 가능한 수단을 다 썼다. 마귀는 자신이 사람들의 마음과 정신을 미혹시키기 위하여 했던 모든 힘과 영향력을 발휘했다. 그것은 사람들의 판단을 어둡게 하고 왜곡시키고, 사람들의 마음을 굳어지게 하고, 할 수 있는 한 최대로 복음에 적대하게 만드는 것이었다. 그러나 이제 마귀의 왕국에 하나님의 진노가 가득 담긴 대접이 쏟아 부어지게 된다. 그러므로 이제 마귀는 그의 기울어져 비틀거리는 대의와 세력을 더 이상 지탱할 수가 없게 된다.

II 이 재앙은 무슨 일이 일어나게 했는가? 여기서 다음의 사실들을 주목하라.

1. 이제 이 일이 다 되었다고 선포하는 감사의 큰 소리가 하늘에서 들렸다. 하늘의 승리의 교회는 그 일이 이루어지는 것을 보았고, 그것을 즐거워했다. 그리고 지상의 전투하는 교회도 그것을 보았고, 승리하게 되었다. 그 일이 다 이루어지고 끝이 났다.

2. 땅에 아주 강력한 동요가 일어났다. 그것은 지진이었다. 세상에서 이제까지 겪은 적이 없던 큰 지진이 일어났다. 그것은 땅의 깊은 중심을 뒤흔들었다. 이 지진이 일어나기에 앞서 우렛소리와 번개들이 엄청난 소리들로 지축을 뒤흔들었다.

3. 여기서 만국의 성들(19절)이라고 불리는 바벨론의 멸망은 세 부분으로 나뉘어 진행되었다. 만국을 지배하고, 만국의 우상숭배를 받아들이고, 유대교의 일부를 자기의 종교에 받아들여 혼합하고, 이교 신앙의 일부를 받아들여 병합

하고, 그리스도교의 일부를 받아들여 취합한 바벨론은 한 성 안에 세 성이 있는 도시가 되었다. 하나님은 이제 이 크고 사악한 성을 기억하셨다. 얼마 동안 하나님이 그 성의 우상숭배와 잔혹함을 잊으신 것 같았다. 그러나 하나님은 결코 잊지 않으셨다. 하나님은 이제 바벨론에 그의 맹렬한 진노의 포도주 잔을(19절) 내리신다. 이 멸망은 적그리스도의 본거지보다 더 멀리 확대되었다. 그것은 그 중심지에서 그 주변 지역에까지 미쳤다. 더욱이 가장 안전한 것으로 생각되는 자연과 지역의 모든 섬과 모든 산조차도 이 멸망의 홍수에 휩쓸려 사라졌다.

Ⅲ. 이 진노의 대접이 적그리스도의 도당에게 어떤 영향을 미쳤나? 그 재앙이 성의 돌들을 공중에 날려 올릴 것 같은 무서운 폭풍우가 그들의 머리 위에 무게가 한 달란트나 되는 우박들을 퍼부었다. 그럼에도 불구하고 그들은 잘못을 회개하기는커녕 오히려 그들에게 이런 징벌을 내리신 하나님을 모독하고 비방했다. 이러한 사실은 어떤 심판보다도 더 무섭고 파멸적인 심판이 바로 영적인 심판이라는 것을 깨우치게 해준다. 즉 가장 무서운 심판은 마음의 재앙이다. 여기서 다음의 사실들을 주목하라.

1. 인간들에게 닥치는 가장 큰 재앙은 함께 역사하는 하나님의 은혜가 없어 그들이 회개하지 못하게 되는 것이다.

2. 하나님의 심판으로 더 나아지지 않는 사람들은 그들을 언제나 더 나쁘게 만들고 만다.

3. 하나님의 심판을 통해 재난을 겪고도 하나님을 거스르는 죄와 적의로 마음이 더 굳어지는 것은 완전한 멸망의 분명한 징후다.

$$— \; 제 \; 17 \; 장 \; —$$

개요

　　본 장은 적그리스도의 사악함과 파멸에 관해 앞서 계시됐던 것들을 다르게 비유하고 있다. 앞서 이 적그리스도가 짐승으로 비유되었는데 여기서는 큰 음녀로 묘사되고 있다. Ⅰ. 사도가 이 수치스러운 여자를 와서 보라는 요청을 받는다(1-2절). Ⅱ. 사도는 이 음녀가 어떤 모습인지 우리에게 알려준다(3-6절). Ⅲ. 천사가 사도에게 그 비밀을 설명해준다(7-13절). Ⅳ. 그녀의 멸망이 예언된다(14-18절).

¹또 일곱 대접을 가진 일곱 천사 중 하나가 와서 내게 말하여 이르되 이리로 오라 많은 물 위에 앉은 큰 음녀가 받을 심판을 네게 보이리라 ²땅의 임금들도 그와 더불어 음행하였고 땅에 사는 자들도 그 음행의 포도주에 취하였다 하고 ³곧 성령으로 나를 데리고 광야로 가니라 내가 보니 여자가 붉은 빛 짐승을 탔는데 그 짐승의 몸에 하나님을 모독하는 이름들이 가득하고 일곱 머리와 열 뿔이 있으며 ⁴그 여자는 자주 빛과 붉은 빛 옷을 입고 금과 보석과 진주로 꾸미고 손에 금 잔을 가졌는데 가증한 물건과 그의 음행의 더러운 것들이 가득하더라 ⁵그의 이마에 이름이 기록되었으니 비밀이라, 큰 바벨론이라, 땅의 음녀들과 가증한 것들의 어미라 하였더라 ⁶또 내가 보매 이 여자가 성도들의 피와 예수의 증인들의 피에 취한지라 내가 그 여자를 보고 놀랍게 여기고 크게 놀랍게 여기니

　　여기서 우리는 새로운 환상을 대하게 된다. 그러나 이 환상은 새로운 계시에 대한 것이 아니다. 왜냐하면 이 환상이 마지막 세 대접들로 이루어졌던 사건과 동시에 일어난 것이기 때문이다. 여기서 다음의 사실들을 주목하라.

　　1. 여기서 사도는 계시로 비유되는 것을 와서 보라는 천사의 요청을 받는다. 이리로 오라 많은 물 위에 앉은 큰 음녀가 받을 심판을 네게 보이리라(1절). 창녀는 아주 불명예스러운 이름이다. 본문에서의 음녀는 결혼을 했고, 남편의 침대에서 음행을 저질렀고, 그녀의 청춘의 반려자를 저버렸고, 하나님의 언약을 깨뜨

렸다. 그녀는 땅의 왕들에게 매음을 했다. 땅의 왕들은 그녀의 음행의 포도주에 취하였다(2절).

2. 이 음녀는 어떻게 생겼나? 그러한 종류들이 늘 그렇듯이 그녀는 겉모습이 화려하고 번지르르했다. 그 여자는 자주 빛과 붉은 빛 옷을 입고 금과 보석과 진주로 꾸미고 있었다(4절). 이러한 화려하고 방자한 모습의 세속적인 명예와 부의 유혹들은 관능적이고 세속적인 사람들의 마음을 사로잡기에 충분하다.

3. 이 음녀가 주로 있는 자리와 거처는 어디인가? 그녀는 일곱 머리와 열 뿔이 있는 붉은 빛 짐승(3절) 위에 자리잡고 있었다. 다시 말해서 그녀의 거처는 로마였다. 일곱 언덕을 가진 로마는 우상숭배, 폭정, 신성모독으로 악명 높은 도시였다.

4. 이 음녀는 그의 이마에 이름이 기록되었다(5절). 오가는 모든 사람들이 무엇이 있는지 다 알 수 있게 이름이 적힌 간판을 내걸고 장사를 하는 것이 뻔뻔스러운 창녀들의 관습이었다. 이제 이 사실에서 다음의 것들을 주목하라.

(1) 그녀는 자신이 거하는 곳의 이름을 따르고 있다. 그녀의 이름은 큰 바벨론이다(5절). 그러나 우리가 여기서 옛 바벨론의 이름을 문자적으로 받아들이지 않도록 그 이름에 비밀이라는 명칭이 하나 더 붙어있다. 그러므로 그것은 옛 바벨론을 닮은 어떤 다른 큰 도시를 나타내고 있다.

(2) 그녀는 악명 높은 방식과 관습에서 따온 이름을 지니고 있다. 그녀는 자신이 창녀일 뿐만 아니라 창녀들을 키우는 창녀들의 어머니이기도 하다. 그녀는 그들에게 우상숭배와 모든 종류의 음탕함과 사악함을 가르치고 훈련시키는 음녀들의 어머니다. 그녀는 모든 거짓 신앙과 더러운 행실의 모태와 양육자다.

5. 그녀는 무엇을 먹고 사나? 그녀는 성도들의 피와 예수의 증인들의 피로(6절) 배를 불린다. 그녀는 취할 정도로 그들의 피를 게걸스럽게 퍼마셨다. 그녀는 그들의 피를 마시는 것이 너무 즐거운 일이라서 아무리 배가 터지도록 먹고 마셔도 성이 차지를 않았다. 그녀는 배가 부르고 취했지만 결코 만족하지 않았다.

⁷천사가 이르되 왜 놀랍게 여기느냐 내가 여자와 그가 탄 일곱 머리와 열 뿔 가진 짐승의 비밀을 네게 이르리라 ⁸네가 본 짐승은 전에 있었다가 지금은 없으나 장차 무저갱으로부터 올라와 멸망으로 들어갈 자니 땅에 사는 자들로서 창세 이후로 그 이름이 생명책에 기록되지 못한 자들이 이전에 있었다가 지금은 없으나 장차 나올

짐승을 보고 놀랍게 여기리라 9지혜 있는 뜻이 여기 있으니 그 일곱 머리는 여자가
앉은 일곱 산이요 10또 일곱 왕이라 다섯은 망하였고 하나는 있고 다른 하나는 아직
이르지 아니하였으나 이르면 반드시 잠시 동안 머무르리라 11전에 있었다가 지금
없어진 짐승은 여덟째 왕이니 일곱 중에 속한 자라 그가 멸망으로 들어가리라 12네
가 보던 열 뿔은 열 왕이니 아직 나라를 얻지 못하였으나 다만 짐승과 더불어 임금
처럼 한동안 권세를 받으리라 13그들이 한 뜻을 가지고 자기의 능력과 권세를 짐승
에게 주더라

　　　여기서 우리는 이 환상의 비밀이 설명되는 것을 대하게 된다. 사도는
이 음녀를 보고 놀란다. 천사가 사도에게 이 환상을 풀어 설명해준다. 이 설명
은 앞의 환상들을 이해할 수 있는 열쇠가 된다. 천사는 사도에게 그 여자가 앉
아 있는 짐승이 무슨 의미인지를 말해준다. 그러나 이 천사의 설명은 더 자세
한 설명을 필요로 한다. 여기서 다음의 사실들을 주목하라.
　1. 이 짐승은 이전에 있었다가 지금은 없으나 장차 나올 짐승이다(8절). 다시 말
해서 이 짐승은 우상숭배와 박해의 본거지였다. 지금은 없다(and is not)는 말은
이 짐승이 이교도의 것이었던 옛날 형식을 가지고 있지 않다는 것이다. 그러나
있다(yet is; 이 말이 개역개정판에는 장차 나올 이라고 번역됨)라는 말은 이 짐
승이 또 다른 종류와 형식의 것이기는 할지라도 이제는 진짜 우상숭배와 폭정
의 본거지가 되었다는 뜻이다. 이 짐승은 무저갱으로부터 올라온다(8절). 본디
우상숭배와 잔인함은 지옥의 열매와 산물이다. 그리고 이 짐승은 다시 그 곳으
로 돌아가 영원한 멸망으로 들어가게 될 것이다.
　2. 이 짐승은 일곱 머리를 가지고 있다. 이 말은 이중의 의미를 지니고 있다. 그
것은 다음과 같다.
　(1) 이 말은 일곱 산(9절)을 의미한다. 다시 말해 이것은 로마가 서 있는 일곱
언덕을 의미한다.
　(2) 이 말은 일곱 왕(10절)을 의미한다. 다시 말해 이것은 일곱 가지 종류의 통
치 형태를 나타낸다. 로마는 왕(king), 집정관(consul), 호민관(tribune), 십인 호
민관(decemviri), 독재 집정관(dictator), 이교도 황제(emperor), 그리스도인 황제
등 일곱 가지 통치 형태를 가지고 있었다. 이 예언이 기록될 때 이들 가운데 다
섯 종류는 없어졌다. 남아 있는 것 가운데 그 당시에 있던 하나는 이교도 황제

였다. 그리고 다른 하나가 바로 그리스도인 황제인데 아직 이르지 아니하였다(10
절). 그리고 이 짐승, 즉 교황은 여덟 번째 통치자인데 우상숭배를 다시 일으켜
세운다.

 3. 이 짐승은 열 개의 뿔을 가지고 있었다. 이 열 뿔이 여기서 아직 나라를 얻
지 못한 열 왕으로 언급되고 있다. 이들은 로마 제국이 산산조각이 날 때까지는
나라를 얻지 못할 것이다. 그러나 적그리스도의 통치가 끝날 무렵까지 권세를
얻지 못하다가 짐승과 더불어 임금처럼 한동안 권세를 받게(12절) 될 것이다. 그들
은 교황을 까닭 없이 맹신적으로 좋아한 나머지 그들의 특권들과 소득들을 다
내팽개치고 그 기간 동안 일치단결해서 교황의 목적과 이익을 위하여 아주 죽
기 살기로 매달릴 것이다.

¹⁴그들이 어린 양과 더불어 싸우려니와 어린 양은 만주의 주시요 만왕의 왕이시므
로 그들을 이기실 터이요 또 그와 함께 있는 자들 곧 부르심을 받고 택하심을 받은
진실한 자들도 이기리로다 ¹⁵또 천사가 내게 말하되 네가 본 바 음녀가 앉아 있는
물은 백성과 무리와 열국과 방언들이니라 ¹⁶네가 본 바 이 열 뿔과 짐승은 음녀를
미워하여 망하게 하고 벌거벗게 하고 그의 살을 먹고 불로 아주 사르리라 ¹⁷이는 하
나님이 자기 뜻대로 할 마음을 그들에게 주사 한 뜻을 이루게 하시고 그들의 나라
를 그 짐승에게 주게 하시되 하나님의 말씀이 응하기까지 하심이라 ¹⁸또 네가 본 그
여자는 땅의 왕들을 다스리는 큰 성이라 하더라

　　여기서 우리는 바벨론의 멸망에 대한 기사를 대하게 된다. 이것은 다
음 장에서 더 상세하게 묘사가 될 것이다. 여기서 다음의 사실들을 주목하라.
 **Ⅰ 이 단락에서 짐승과 그의 추종자들과, 어린 양과 그의 제자들 사이에 벌어
진 전쟁이 나온다.** 짐승과 그의 군대는 육체의 눈으로 보기에는 어린 양과 그
의 군대보다 훨씬 강하게 보인다. 사람들은 어린 양이 거느리는 군대가 그 큰 붉
은 용에 맞서 싸워 도저히 이길 수 없을 것이라고 생각할 것이다. 그러나 사실
은 정반대이다.
 Ⅱ 어린 양이 승리를 얻는다. 어린 양은 만주의 주시요 만왕의 왕이시므로 그들
을 이기실 터이요(14절). 그리스도는 모든 원수를 그 발 아래에 둘 때까지 반드시
왕 노릇 하실(고전 15:25) 것이다. 그리스도는 분명히 많은 적들을 만나시고, 많

은 반대를 받으실 것이다. 그러나 그는 반드시 승리도 쟁취하실 것이다.

Ⅲ. 여기서 그리스도의 승리의 근거를 계시해준다. 그것은 다음과 같은 사실에서 유추되고 있다. 여기서 다음의 사실들을 주목하라.

1. 어린 양의 속성에서 승리의 근거를 유추한다. 어린 양은 만주의 주시요 만왕의 왕이시다(14절). 그리스도는 그의 본성과 직분으로 만물을 다스리시는 초월적인 지배권과 권세를 가지고 계시다. 땅과 지옥의 모든 권세들은 그리스도의 제어와 조절을 따라야 한다.

2. 그리스도의 제자들의 속성에서 승리의 근거를 유추한다. 그리스도의 제자들은 부르심을 받고 택하심을 받은 진실한 자들이다(14절). 그들은 이 전쟁에 참여하기 위하여 임무를 받고 부르심을 받은 자들이다. 그들은 그 싸움을 위하여 선택되고, 그 싸움에 합당한 자들이다. 그리고 그들은 그 싸움에서 끝까지 신실하게 충성을 다할 것이다. 그러한 지휘관의 지휘를 따르는 그러한 군대는 결국 그들 앞에 있는 모든 세상에 맞서 이길 것이다.

Ⅳ. 그 승리는 당연히 위대한 것이다. 그 이유는 다음과 같다.

1. 이 짐승과 이 음녀에게 복종하고 충성한 자들이 엄청나게 많았기 때문에 그 승리는 위대한 것이다. 이 음녀는 많은 물 위에 앉아 있었다. 이 물들은 모든 언어들의 사람들과 나라들이었다. 더욱이 그녀는 왕국들뿐만 아니라 왕들도 지배를 했다. 그 왕국들과 왕들은 다 이 음녀의 속국들이고 신하들이었다. 음녀가 앉아 있는 물은 백성과 무리와 열국과 방언들이니라(15절). 그 여자는 땅의 왕들을 다스리는 큰 성이다(18절). 이렇게 많은 왕들과 나라들을 거느린 음녀를 이기니 그 승리는 위대하다.

2. 하나님이 큰 자들의 마음을 지배하신 그의 권능으로 말미암아 그 승리가 위대한 것임을 알 수 있다. 세상에서 높고 큰 자들의 마음이 하나님의 손 안에 들어 있었다. 하나님은 원하시는 대로 그들의 마음을 바꾸셨다. 여기서 다음의 사실들을 주목하라.

(1) 그들이 한 뜻을 이루어 그들의 나라를 그 짐승에게 주게 하신(17절) 것은 하나님의 뜻을 이루기 위하여 하나님이 하신 일이었다. 그들은 판단이 어두워지고 마음이 완악해져서 그렇게 하게 되었다.

(2) 나중에 그들의 마음이 변해 음녀를 미워하여 망하게 하고 벌거벗게 하고 그의 살을 먹고 불로 아주 사르게 하는 것이 하나님이 하신 일이다. 그들은 마침내

자신들의 어리석음을 알게 되었고, 어떻게 교황이 그들을 홀리고 노예로 삼았는지를 깨닫게 되었다. 그들은 크게 분노하게 되어 로마 가톨릭에서 떨어져 나올 뿐만 아니라 로마 가톨릭을 멸망시키는데 하나님의 섭리의 도구들로 사용이 될 것이다.

제
— 18 —
장

개요

여기서 우리는 다음의 사실들을 대하게 된다. Ⅰ. 바벨론의 멸망을 선포하는 천사(1-2절). Ⅱ. 바벨론 멸망의 원인들(3절). Ⅲ. 하나님께 속했던 모든 사람에게 그녀에게서 떠나라는 경고가 제시되고(4-5절), 그녀를 멸망시키는 일을 거들라는 지시가 전달된다(6-8절). Ⅳ. 그녀와 거래를 해서 죄악의 쾌락들과 이익을 많이 나눠 가졌던 자들이 크게 애통해한다(9-19절). Ⅴ. 그녀가 돌이킬 수 없는 멸망을 당하는 광경을 보고 크게 기뻐하게 될 것이다(20-24절).

¹이 일 후에 다른 천사가 하늘에서 내려 오는 것을 보니 큰 권세를 가졌는데 그의 영광으로 땅이 환하여지더라 ²힘찬 음성으로 외쳐 이르되 무너졌도다 무너졌도다 큰 성 바벨론이여 귀신의 처소와 각종 더러운 영이 모이는 곳과 각종 더럽고 가증한 새들이 모이는 곳이 되었도다 ³그 음행의 진노의 포도주로 말미암아 만국이 무너졌으며 또 땅의 왕들이 그와 더불어 음행하였으며 땅의 상인들도 그 사치의 세력으로 치부하였도다 하더라 ⁴또 내가 들으니 하늘로부터 다른 음성이 나서 이르되 내 백성아, 거기서 나와 그의 죄에 참여하지 말고 그가 받을 재앙들을 받지 말라 ⁵그의 죄는 하늘에 사무쳤으며 하나님은 그의 불의한 일을 기억하신지라 ⁶그가 준 그대로 그에게 주고 그의 행위대로 갑절을 갚아 주고 그가 섞은 잔에도 갑절이나 섞어 그에게 주라 ⁷그가 얼마나 자기를 영화롭게 하였으며 사치하였든지 그만큼 고통과 애통함으로 갚아 주라 그가 마음에 말하기를 나는 여왕으로 앉은 자요 과부가 아니라 결단코 애통함을 당하지 아니하리라 하니 ⁸그러므로 하루 동안에 그 재앙들이 이르리니 곧 사망과 애통함과 흉년이라 그가 또한 불에 살라지리니 그를 심판하시는 주 하나님은 강하신 자이심이라

여기서 우리는 바벨론의 몰락과 멸망이 하나님의 섭리 안에서 아주 확고하게 결정된 사건이고, 그로 말미암는 하나님의 이익과 영광이 무엇인지

를 대하게 된다. 이것에 관한 환상과 예언들이 반복이 된다. 여기서 다음의 사실들을 주목하라.

1. 여기서 하늘에서 보낸 또 다른 천사가 나타난다. 그는 큰 능력과 빛을 지니고 있다. 이 일 후에 다른 천사가 하늘에서 내려오는 것을 보니 큰 권세를 가졌는데 그의 영광으로 땅이 환하여지더라(1절). 그는 스스로 빛을 내고, 자신이 예언한 진리를 분별도 하고, 큰 사건에 대해 세상에 알려주고 깨우쳐주기도 한다. 이 천사는 그 사건을 분별하는 빛도 가지고 있고, 그것을 이루는 능력도 지니고 있다.

2. 이 천사는 바벨론의 멸망을 이미 이루어진 일로 선포한다. 그는 이 선포를 아주 강한 목소리로 외친다. 그래서 모두가 그 외침을 들을 수 있고, 그 소식을 전하는 사자 역할을 이 천사가 얼마나 즐겁게 잘하는지도 볼 수가 있다. 이 선포에는 이교도 바벨론의 멸망에 대한 암시도 곁들여 있는 것으로 보인다. 보소서 마병대가 쌍쌍이 오나이다 하니 그가 대답하여 이르시되 함락되었도다 함락되었도다 바벨론이여 그들이 조각한 신상들이 다 부서져 땅에 떨어졌도다 하시도다(사 21:9). 즉 이사야의 함락되었도다 함락되었도다 바벨론이여 라는 말이 여기서 무너졌도다 무너졌도다 큰 성 바벨론이여 라고 반복되고 있다. 이것이 이중적인 몰락의 의미를 지니고 있다고 생각하는 사람들도 있다. 즉 먼저는 바벨론의 배교를 의미하고, 그 다음은 바벨론의 파멸을 의미한다는 것이다. 이렇게 해석하는 사람들은 바로 그 다음에 이어지는 말이 그들의 의견을 뒷받침해주고 있다고 생각한다. 귀신의 처소와 각종 더러운 영이 모이는 곳과 각종 더럽고 가증한 새들이 모이는 곳이 되었도다(2절). 그러나 이것도 역시 이사야 21장 9절에서 차용해온 것이고, 우상들을 받아들인 바벨론의 죄를 말하고 있는 것이라기보다는 바벨론의 징벌에 대해 묘사하고 있는 것으로 보인다. 흉측하고 가증한 새들이 폐허가 된 성이나 집들에 날아다니곤 하는 것처럼 더러운 영들도 마찬가지라는 것이 일반적인 통념이다.

3. 이 멸망의 원인이 선포된다. 그 음행의 진노의 포도주로 말미암아 만국이 무너졌으며 또 땅의 왕들이 그와 더불어 음행하였으며 땅의 상인들도 그 사치의 세력으로 치부하였도다(3절). 하나님이 그의 하시는 일들에 대해 어떤 설명을 반드시 해주셔야 되는 것은 아니다. 그러나 하나님은 그렇게 하기를 좋아하신다. 특별히 이와 같이 아주 무섭고 엄청난 섭리를 시행하는 일들에 있어서는 더욱 그렇다.

바벨론의 사악함은 아주 컸다. 왜냐하면 바벨론은 참되신 하나님을 저버리고 우상들을 선택했을 뿐만 아니라 온갖 종류의 사람들을 아주 간교하고 아주 열심히 영적 간음에 끌어들였고, 그녀의 부와 사치로 사람들을 홀려 그녀의 이익을 위하여 그들을 악용했기 때문이다.

4. 하나님께서 자비를 기대하는 사람들은 모두 그녀에게서 나와야 될 뿐만 아니라 그녀를 파멸시키는 일을 거들어야 한다는 경고가 주어진다(4-5절). 여기서 다음의 사실들을 주목하라.

(1) 하나님은 바벨론에 있는 사람들 가운데에도 은혜의 선택을 받은 사람이 있게 하실 수 있다.

(2) 하나님의 백성은 바벨론에서 나오라는 효력 있는 부름을 받게 될 것이다.

(3) 악인들의 죄에 같이 동참하기로 마음을 먹은 사람들은 악인들의 재앙들도 같이 받아야 할 것이다.

(4) 어떤 백성의 죄가 하늘 위에까지 닿게 되면 하나님의 진노가 땅 아래까지 닿게 될 것이다.

(5) 사사로운 개인적인 보복은 금지되어 있다. 그러나 그것이 필요할 때는 하나님과 그의 백성들의 뿌리 깊고 도저히 화해할 수 없는 적들을 멸망시키는 일에 하나님은 그의 백성이 그의 지시에 따라 참여하게 하실 것이다. 그가 준 그대로 그에게 주고 그의 행위대로 갑절을 갚아 주고 그가 섞은 잔에도 갑절이나 섞어 그에게 주라(6절).

(6) 하나님은 죄인들의 사악함과 교만과 방심의 정도에 비례하여 그들에게 징벌을 내리실 것이다.

(7) 멸망이 어떤 백성에게 갑자기 내리게 될 때 그 놀라움은 그들이 당하는 불행을 훨씬 크게 악화시킬 것이다. 그러므로 하루 동안에 그 재앙들이 이르리니 곧 사망과 애통함과 흉년이라(8절).

⁹그와 함께 음행하고 사치하던 땅의 왕들이 그가 불타는 연기를 보고 위하여 울고 가슴을 치며 ¹⁰그의 고통을 무서워하여 멀리 서서 이르되 화 있도다 화 있도다 큰 성, 견고한 성 바벨론이여 한 시간에 네 심판이 이르렀다 하리로다 ¹¹땅의 상인들이 그를 위하여 울고 애통하는 것은 다시 그들의 상품을 사는 자가 없음이라 ¹²그 상품은 금과 은과 보석과 진주와 세마포와 자주 옷감과 비단과 붉은 옷감이요 각종 향

목과 각종 상아 그릇이요 값진 나무와 구리와 철과 대리석으로 만든 각종 그릇이요 [13]계피와 향료와 향과 향유와 유향과 포도주와 감람유와 고운 밀가루와 밀이요 소와 양과 말과 수레와 종들과 사람의 영혼들이라 [14]바벨론아 네 영혼이 탐하던 과일이 네게서 떠났으며 맛있는 것들과 빛난 것들이 다 없어졌으니 사람들이 결코 이것들을 다시 보지 못하리로다 [15]바벨론으로 말미암아 치부한 이 상품의 상인들이 그의 고통을 무서워하여 멀리 서서 울고 애통하여 [16]이르되 화 있도다 화 있도다 큰 성이여 세마포 옷과 자주 옷과 붉은 옷을 입고 금과 보석과 진주로 꾸민 것인데 [17]그러한 부가 한 시간에 망하였도다 모든 선장과 각처를 다니는 선객들과 선원들과 바다에서 일하는 자들이 멀리 서서 [18]그가 불타는 연기를 보고 외쳐 이르되 이 큰 성과 같은 성이 어디 있느냐 하며 [19]티끌을 자기 머리에 뿌리고 울며 애통하여 외쳐 이르되 화 있도다 화 있도다 이 큰 성이여 바다에서 배 부리는 모든 자들이 너의 보배로운 상품으로 치부하였더니 한 시간에 망하였도다 [20]하늘과 성도들아 사도들과 선지자들아, 그로 말미암아 즐거워하라 하나님이 너희를 위하여 그에게 심판을 행하셨음이라 하더라 [21]이에 한 힘 센 천사가 큰 맷돌 같은 돌을 들어 바다에 던져 이르되 큰 성 바벨론이 이같이 비참하게 던져져 결코 다시 보이지 아니하리로다 [22]또 거문고 타는 자와 풍류하는 자와 퉁소 부는 자와 나팔 부는 자들의 소리가 결코 다시 네 안에서 들리지 아니하고 어떠한 세공업자든지 결코 다시 네 안에서 보이지 아니하고 또 맷돌 소리가 결코 다시 네 안에서 들리지 아니하고 [23]등불 빛이 결코 다시 네 안에서 비치지 아니하고 신랑과 신부의 음성이 결코 다시 네 안에서 들리지 아니하리로다 너의 상인들은 땅의 왕족들이라 네 복술로 말미암아 만국이 미혹되었도다 [24]선지자들과 성도들과 및 땅 위에서 죽임을 당한 모든 자의 피가 그 성 중에서 발견되었느니라 하더라

여기서 우리는 바벨론의 멸망에 대한 상세한 묘사를 대하게 된다.

I 바벨론의 친구들이 그녀의 멸망을 슬프게 애도한다. 여기서 다음의 사실들을 주목하라.

1. 애통하는 자들은 누구인가? 그들은 바벨론의 간음에 홀리고, 바벨론의 육욕의 쾌락을 함께 나누고, 바벨론의 부와 거래를 통해 이득을 얻었던 자들이다. 그들은 땅의 왕들과 상인들이다. 바벨론은 땅의 왕들을 치켜세워 우상숭배를 하게 만들었다. 바벨론은 그들에게 그들의 신하들과 백성을 마음대로 다스리고

폭정을 일삼는 독재권을 허락했다. 그 대가로 땅의 왕들은 바벨론에게 비굴하게 아첨하며 굽실거렸다. 땅의 상인들은 면죄부, 교황의 대사(大赦), 교황의 특면, 승진 등을 바벨론과 뒷거래하던 자들이다. 아 땅의 왕들과 상인들이 그들에게 부를 안겨주었던 그들의 생업을 잃게 되어 슬퍼하며 애통했다. 우리의 풍족한 생활이 이 생업에 있다(행 19:25).

2. 그들은 어떤 태도로 애통했는가? 여기서 다음의 사실들을 주목하라.

(1) 그들은 멀찍이 떨어져 서 있었다. 그들은 감히 바벨론에 가까이 다가갈 엄두를 내지 못했다. 바벨론의 친구들조차도 그녀의 멸망을 멀리 떨어져 서서 바라보게 될 것이다. 그들이 바벨론의 죄들과 죄의 쾌락들과 이익들에 함께 동참하고 함께 나누었던 자들이지만 바벨론의 재앙들을 함께 나눌 마음은 전혀 없다.

(2) 그들은 비탄에 젖어 외쳤다. 그들은 멀리 서서 화 있도다 화 있도다 큰 성, 견고한 성 바벨론이여(10절)라고 슬피 울며 외쳤다.

(3) 그들은 티끌을 자기 머리에 뿌리고 울며 애통했다(19절). 죄의 쾌락들은 잠깐일 뿐이다. 그러나 그 쾌락들은 비참한 슬픔으로 끝나게 될 것이다. 교회를 대적하는 적들의 성공을 즐거워하는 자들은 모두 그 적들의 멸망을 같이 나누게 될 것이다. 교만과 쾌락에 아주 깊이 탐닉했던 자들은 재난들을 조금도 견딜 수 없을 것이다. 그들의 슬픔은 옛날에 누리던 쾌락과 환락보다 훨씬 크고 깊게 될 것이다.

3. 그들의 애통의 원인은 무엇이었나? 그들이 애통하는 까닭은 그들의 죄가 아니라 그들의 징벌에 있었다. 그들은 우상숭배와 사치와 박해를 일삼은 자신들의 타락을 슬퍼한 것이 아니라 파멸을 당한 자신들의 몰락을 슬퍼했다. 그들이 슬퍼한 것은 그들의 생업을 잃게 되고 그들의 부와 권력을 상실하게 된 것 때문이었다. 적그리스도의 영은 세속적인 영이다. 그러므로 그들의 슬픔은 단지 세속적인 슬픔에 지나지 않는다. 그들은 지금 그들에게 떨어진 하나님의 진노 때문에 애통했던 것이 아니다. 반대로 그들은 그들의 외적인 생활의 즐거움들을 상실하게 된 것 때문에 애통했다. 우리는 이 도시의 부와 상업 규모를 나타내는 엄청난 물품 목록과 재고 목록을 발견하게 된다. 그런데 이것들이 갑자기 사라지게 되고(12, 13절), 회복불가능하게 없어지게 된다. 바벨론아 네 영혼이 탐하던 과일이 네게서 떠났으며 맛있는 것들과 빛난 것들이 다 없어졌으니 사람들이

결코 이것들을 다시 보지 못하리로다(14절). 하나님의 교회는 잠시 넘어질 수는 있지만 다시 일어나게 될 것이다. 그러나 바벨론이 넘어지는 것은 소돔과 고모라처럼 완전히 엎어지게 될 것이다. 경건한 슬픔은 환난 속에서도 어떤 도움을 주지만 단지 세속적인 슬픔은 재앙을 더하게 될 따름이다.

Ⅱ. 바벨론의 돌이킬 수 없는 멸망에 하늘과 땅에서 기뻐하고 환호하는 기사를 사도는 전한다. 바벨론의 백성은 그녀로 말미암아 통곡하고, 하나님의 종들은 그녀로 말미암아 즐거워한다. 하늘과 성도들아 사도들과 선지자들아, 그로 말미암아 즐거워하라 하나님이 너희를 위하여 그에게 심판을 행하셨음이라(20절). 여기서 다음의 사실들을 주목하라.

1. 이 기쁨은 우주적인 것이었다. 하늘과 땅에서 천사들과 성도들이 바벨론의 멸망을 즐거워했다. 이 세상에서 하나님의 종들에게 즐거움의 대상이 되는 일은 하늘의 천사들에게도 즐거움의 대상이 된다.

2. 이 기쁨은 정당하고 사리에 맞는 것이었다. 그 이유는 다음과 같다.

(1) 왜냐하면 바벨론의 멸망은 하나님의 공의로우신 징벌의 심판이었기 때문이다. 하나님은 그 때 그의 백성을 위하여 징벌하셨다. 하나님의 백성은 복수하시는 하나님께 그들의 대의를 맡겼다. 이제 그 보상의 때가 시온의 대적들에게 임했다. 여호와여 복수하시는 하나님이여 복수하시는 하나님이여 빛을 비추어 주소서(시 94:1). 하나님의 백성이 다른 사람의 불행들을 기뻐할 수는 없었지만 하나님의 영광스러운 심판의 발견들은 기뻐할 이유가 당연히 있었다.

(2) 왜냐하면 바벨론의 멸망은 돌이킬 수 없는 파멸이었기 때문이다. 이 원수는 이제 하나님의 백성을 더 이상 괴롭히지 못할 것이다. 이 사실을 하나님의 백성은 아주 확실한 표시를 통해 확신하게 되었다. 그들은 하늘에서 한 힘 센 천사가 큰 맷돌 같은 돌을 들어 바다에 던져 이르되 큰 성 바벨론이 이같이 비참하게 던져져 결코 다시 보이지 아니하리로다(21절)라고 한 말씀을 통해 그 사실에 대한 확증을 얻었기 때문이다. 바벨론은 더 이상 인간이 살 수 없는 곳이 될 것이다. 그 곳은 인간이 아무것도 하지 못하고, 어떤 즐거움도 누리지 못하고, 어떤 빛도 없게 될 것이다. 그 곳에는 다만 바벨론의 큰 악의 보답으로 완전한 어둠과 황폐함만 있게 될 것이다. 바벨론의 첫째 악은 그녀의 복술로 말미암아 만국이 미혹을 당한 것이었고, 둘째 악은 그녀가 속일 수 없는 사람들을 파멸시키고 살해한 것이었다(24절). 그러한 가증한 죄들은 그토록 큰 파멸을 당해 마땅했다.

제 19 장

개요

본 장에서 우리는 다음의 사실들을 발견하게 된다. I. 바벨론의 멸망으로 말미암아 천사들과 성도들이 승리의 노래를 부른다(1-4절). II. 그리스도와 교회의 결혼이 선포되고 거행된다(5-10절). III. 교회의 영광스러운 머리와 남편의 전쟁 원정(11-21절).

¹이 일 후에 내가 들으니 하늘에 허다한 무리의 큰 음성 같은 것이 있어 이르되 할렐루야 구원과 영광과 능력이 우리 하나님께 있도다 ²그의 심판은 참되고 의로운 지라 음행으로 땅을 더럽게 한 큰 음녀를 심판하사 자기 종들의 피를 그 음녀의 손에 갚으셨도다 하고 ³두 번째로 할렐루야 하니 그 연기가 세세토록 올라가더라 ⁴또 이십사 장로와 네 생물이 엎드려 보좌에 앉으신 하나님께 경배하여 이르되 아멘 할렐루야 하니

앞 장에서 바벨론의 멸망은 확정되고, 종결되고, 돌이킬 수 없는 것으로 선포되었다. 본 장은 바벨론을 이긴 거룩한 승리를 찬양하는 개선식으로 시작한다. 이것은 앞서 말씀이 된 명령을 따라 거행된 것이다. 하늘과 성도들아 사도들과 선지자들아, 그로 말미암아 즐거워하라(18:20). 그들은 이제 그 요청에 즐겁게 응답한다. 여기서 우리는 다음과 같은 사실들을 대하게 된다.

1. 그들의 감사를 표현하는 형식. 그들은 감사를 가장 거룩하고 함축적인 언어인 할렐루야로 시작하고, 그 말로 이어가고, 그 말로 끝을 맺는다(4절). 그들의 기도는 이제 찬양으로 바뀐다. 그들의 호산나가 할렐루야로 끝을 맺는다.

2. 그들의 감사의 주제. 그들은 특별히 이 큰 사건, 즉 바벨론의 멸망에서 나타난 하나님의 말씀의 진리, 그의 섭리를 행하시는 행위의 의로우심을 인하여 하나님을 찬양한다. 바벨론은 우상숭배와 음탕함과 잔인함의 어머니이고 유모이고, 온상이었다. 그의 심판은 참되고 의로운 지라 음행으로 땅을 더럽게 한 큰 음녀를 심판하사 자기 종들의 피를 그 음녀의 손에 갚으셨도다(2절). 그들은 하나님의

의로우신 심판의 본보기로 인하여 하나님께 구원과 영광과 존귀와 권세를 돌린다.

3. 그들의 찬양의 효력. 천사들과 성도들이 할렐루야를 외칠 때 음녀를 더 거세게 태우게 되고, 음녀를 태우는 연기가 세세토록 올라가게 된다(3절). 우리의 구원을 유지시키고 완성시키는 가장 확실한 방법은 하나님이 우리를 위하여 행하신 일로 하나님께 영광을 돌리는 것이다. 우리가 가지고 있는 것을 감사해서 하나님을 찬양하는 것이 장차 우리에게 이루어질 일을 위한 가장 효력 있는 기도의 방법이다. 성도들이 하는 찬양은 공동의 적에 대한 하나님의 진노의 불이 더 거세지게 한다.

4. 이 승리의 노래에서 나타나는 그들의 복된 화음(4절). 교회들과 목사들이 천사들의 선율과 행동을 따라한다. 그들이 엎드려 보좌에 앉으신 하나님께 경배하여 이르되 아멘 할렐루야 하고 외친다.

⁵보좌에서 음성이 나서 이르시되 하나님의 종들 곧 그를 경외하는 너희들아 작은 자나 큰 자나 다 우리 하나님께 찬송하라 하더라 ⁶또 내가 들으니 허다한 무리의 음성과도 같고 많은 물 소리와도 같고 큰 우렛소리와도 같은 소리로 이르되 할렐루야 주 우리 하나님 곧 전능하신 이가 통치하시도다 ⁷우리가 즐거워하고 크게 기뻐하며 그에게 영광을 돌리세 어린 양의 혼인 기약이 이르렀고 그의 아내가 자신을 준비하였으므로 ⁸그에게 빛나고 깨끗한 세마포 옷을 입도록 허락하셨으니 이 세마포 옷은 성도들의 옳은 행실이로다 하더라 ⁹천사가 내게 말하기를 기록하라 어린 양의 혼인 잔치에 청함을 받은 자들은 복이 있도다 하고 또 내게 말하되 이것은 하나님의 참되신 말씀이라 하기로 ¹⁰내가 그 발 앞에 엎드려 경배하려 하니 그가 나에게 말하기를 나는 너와 및 예수의 증언을 받은 네 형제들과 같이 된 종이니 삼가 그리하지 말고 오직 하나님께 경배하라 예수의 증언은 예언의 영이라 하더라

　　　승리의 찬양이 끝나고 결혼 축시 혹은 결혼 축송이 시작된다(6절). 여기서 다음의 사실들을 주목하라.

Ⅰ 하늘 음악 연주회. 합창대는 수가 많고 소리가 우렁찼다. 허다한 무리의 음성과도 같고 많은 물소리와도 같고 큰 우렛소리와도 같은 소리로 노래했다(5절). 하늘에서는 일체의 불협화음이나 불화가 없다. 계명성이 다 같이 노래한다. 하늘 음악 연주회는 현이 튀거나 듣기 싫은 소리를 내는 법이 없고, 음조가 안 맞는

일이 없다. 맑고 완벽한 선율만이 흐른다.

Ⅱ. 이 노래를 부르는 이유. 자기 피로 교회를 사셨고(행 20:28), 지금은 아주 공개적인 방법으로 그 교회와 약혼하신 전능하신 하나님의 통치와 지배를 찬양하기 위한 것이다. 이것이 바벨론의 멸망에 뒤이은 유대인의 회심을 의미한다고 생각하는 사람들도 있다. 그런가하면 이것이 전체의 부활을 의미한다고 생각하는 사람들도 있다. 앞의 생각이 더 가능성이 많다는 생각이 든다. 여기서 다음의 사실들을 주목하라.

1. 여기서 묘사되고 있는 신부의 모습. 음녀들의 어머니의 음탕하고 야한 차림이 아니라 빛나고 깨끗한 세마포 옷을 입었다(8절). 이 옷은 성도들의 옳은 행실을 나타낸다. 성도들이 입는 옷은 칭의가 전가되고 성화를 나누어 받은 그리스도의 의의 옷이다. 다시 말해서 이 옷은 죄 사함, 양자 입양, 자유를 의미하는 흰 옷이고, 순결과 거룩함을 나타내는 깨끗한 세마포 옷이다. 신부는 어린 양의 피에 그 옷을 씻어 희게 하였다(7:14). 신부는 이러한 혼례 의복과 장신구들을 그녀 자신의 돈으로 산 것이 아니라 그녀의 복되신 주님에게서 선물로 받았다.

2. 혼인 잔치. 마태복음(마 22:4)에서처럼 상세하게 서술되고 있지 않지만 이 잔치에 초청받은 사람들이 다 행복하고 복되다는 정도로 서술되고 있다. 복음의 약속들 즉 하나님의 참되신 말씀으로 이루어진 잔치에 참석하는 요청과 부름을 받은 사람들은 복 받은 사람들이다. 거룩한 성만찬 규례들을 통해 하나님의 영이 계시하고, 적용하고, 인증하고, 보증하는 이 복음의 약속들이 바로 혼인 잔치다. 이 잔치에 참여하는 모든 사람들의 몸의 전체 집합이 바로 신부 곧 어린 양의 아내다. 일곱 대접을 가지고 마지막 일곱 재앙을 담은 일곱 천사 중 하나가 나아와서 내게 말하여 이르되 이리 오라 내가 신부 곧 어린 양의 아내를 네게 보이리라(21:9). 그들은 한 몸을 먹고, 한 영을 마신다. 그들은 단순한 구경꾼들이나 손님들이 아니라 그리스도와 결혼한 연합체이고 그리스도의 신비의 몸이다.

3. 사도가 이 환상에서 느낀 기쁨의 도취. 사도는 그 발 앞에 엎드려 경배하려 했다(10절). 이 사실은 이 천사가 피조물 이상의 존재였음을 시사해준다. 또는 사도가 너무 강한 감정에 사로잡힌 나머지 그렇게 생각했을 수도 있다. 여기서 다음의 사실들을 주목하라.

(1) 사도는 그 천사를 어떻게 높였나? 사도는 그 발 앞에 엎드려 경배하려 했다(10절). 이 엎드리는 부복의 자세는 예배 형식의 한 요소이기도 하고, 경배의 고

유한 자세이기도 했다.

(2) 어찌해서 그 천사는 사도가 엎드리는 것을 거부하고, 그것이 화낼 만한 일이었나? 그 천사의 말은 이런 의미가 있었다. "삼가 그리하지 말라(10절). 네게 그렇게 하는 것을 조심해라. 너는 지금 잘못을 범하고 있다."

(3) 그 천사는 자신의 거부에 대한 아주 합당한 이유를 댄다. "나는 너와 및 예수의 증언을 받은 네 형제들과 같이 된 종이다(10절). 나는 본성은 다를지라도 너와 같은 피조물이고, 직분도 같은 처지이다. 나 역시도 너와 마찬가지로 예수의 증언을 받은 하나님의 천사와 사자다. 나는 예수 그리스도를 위한 증인이 되어야 하고 그에 관해 증언해야 하는 임무를 받았다. 그리고 나는 너처럼 한 사도로서 같은 증언을 전해야 하는 예언의 영을 받았다. 그러므로 우리는 이 형제들이나 동료 종들과 같다."

(4) 그 천사는 신앙적인 경배를 드려야 하는 참되고 유일한 대상은 오직 한 분 하나님뿐이라고 사도에게 가르쳐준다. "오직 하나님께 경배하라." 이 말은 빵과 포도주의 성물들, 성자들, 천사들을 경배하는 로마 가톨릭의 관습을 정죄하고, 그리스도가 참되시고 본래 하나님이신 것을 믿지 않지만 그리스도에게 신앙적인 예배는 드리는 소키누스주의자들(Socinians)과 아리우스주의자들(Arians)을 비난하는 것이다. 이것은 열매는 없고 잎사귀만 무성한 무화과 같은 사람들이 온갖 변명들과 구실들을 들어 자신들의 주장을 옹호하는 것이 얼마나 비참한 것인지를 보여준다. 그러한 자들은 하늘의 사자를 통해 우상숭배의 죄를 깨닫게 된다.

[11]또 내가 하늘이 열린 것을 보니 보라 백마와 그것을 탄 자가 있으니 그 이름은 충신과 진실이라 그가 공의로 심판하며 싸우더라 [12]그 눈은 불꽃 같고 그 머리에는 많은 관들이 있고 또 이름 쓴 것 하나가 있으니 자기밖에 아는 자가 없고 [13]또 그가 피 뿌린 옷을 입었는데 그 이름은 하나님의 말씀이라 칭하더라 [14]하늘에 있는 군대들이 희고 깨끗한 세마포 옷을 입고 백마를 타고 그를 따르더라 [15]그의 입에서 예리한 검이 나오니 그것으로 만국을 치겠고 친히 그들을 철장으로 다스리며 또 친히 하나님 곧 전능하신 이의 맹렬한 진노의 포도주 틀을 밟겠고 [16]그 옷과 그 다리에 이름을 쓴 것이 있으니 만왕의 왕이요 만주의 주라 하였더라 [17]또 내가 보니 한 천사가 태양 안에 서서 공중에 나는 모든 새를 향하여 큰 음성으로 외쳐 이르되 와서

하나님의 큰 잔치에 모여 [18]왕들의 살과 장군들의 살과 장사들의 살과 말들과 그것을 탄 자들의 살과 자유인들이나 종들이나 작은 자나 큰 자나 모든 자의 살을 먹으라 하더라 [19]또 내가 보매 그 짐승과 땅의 임금들과 그들의 군대들이 모여 그 말 탄 자와 그의 군대와 더불어 전쟁을 일으키다가 [20]짐승이 잡히고 그 앞에서 표적을 행하던 거짓 선지자도 함께 잡혔으니 이는 짐승의 표를 받고 그의 우상에게 경배하던 자들을 표적으로 미혹하던 자라 이 둘이 산 채로 유황불 붙는 못에 던져지고 [21]그 나머지는 말 탄 자의 입으로부터 나오는 검에 죽으매 모든 새가 그들의 살로 배불리더라

그리스도와 그의 교회의 결혼이 유대인의 회심으로 장엄하게 치러지자마자 교회의 영광스러운 머리와 남편이 새로운 일의 원정을 떠나게 된다. 이것은 16장 16절에서 예언된 아마겟돈에서 싸워야 되는 큰 전쟁터로 원정 가는 것으로 보인다. 여기서 다음의 사실들을 주목하라.

I 위대한 대장에 대한 묘사. 그것은 다음과 같다.

1. 그의 제국의 소재지를 통해 그가 묘사가 된다. 그의 나라는 하늘이다. 그의 보좌는 하늘에 있다. 그의 권세와 권위는 하늘에 속해 있고 신성하다.

2. 그의 장비. 그는 다시 백마를 탄 자로 묘사되고 있다. 이것은 이 싸움에 대한 대의의 정당성과 성공의 확실성을 보여준다.

3. 그의 속성들. 그는 그의 언약과 약속에 신실하고 진실하다. 그는 모든 그의 재판과 군사적 처리들에 공의로우시다. 그는 그의 적들의 모든 힘과 전략들을 꿰뚫어 보는 통찰력을 지니고 계시다. 그는 드넓은 통치권과 많은 왕관들을 가지고 계시다. 왜냐하면 그는 만왕의 왕이시고, 만군의 주이시기 때문이다(16절). 기약이 이르면 하나님이 그의 나타나심을 보이시리니 하나님은 복되시고 유일하신 주권자이시며 만왕의 왕이시며 만주의 주시요(딤전 6:15).

4. 그의 무기. 그것은 피 뿌린 옷(13절)이다. 그가 사용하는 무기는 그 자신의 피다. 그 피로 그는 그의 중보의 권세와 그의 적들의 피를 사셨다. 그는 이 무기로 그의 적들을 언제나 이기셨다.

5. 그의 이름. 그 이름은 하나님의 말씀이라 칭하더라(13절). 그를 가장 완전하게 드러내주는 이름은 바로 이 이름뿐이다. 이 말씀이 육신이 되어 나타나신 하나님이셨다(참조, 요 1:14). 그러나 어떤 피조물도 그의 이름이 아니고는 그의 완전

하신 속성들을 결코 이해할 수가 없다.

Ⅱ. 그가 지휘하시는 군대는 많은 군대들로 이루어진 아주 큰 군대다. 천사들과 성도들이 그의 지휘를 따르고, 그가 탄 말을 타고, 그의 순결과 의의 무기로 무장했다. 그 군대는 그가 선택하시고, 부르셨다. 그 군대는 그에게 신실하고 충성했다.

Ⅲ. 그의 전투 무기들. 그의 입에서 나온 예리한 검(15절)이 그가 사용하시는 무기다. 이 검으로 그는 만국을 치신다. 그가 지금 사용하고 계시는 무기는 기록된 말씀의 경고들이다. 또는 지금 그가 그를 따르는 자들에게 요청하는 명령의 말씀은 그와 그들의 적들에게 정당한 응징을 내려 하나님의 진노의 포도주 틀에 그들을 넣고 발로 짓밟으라는 것이다.

Ⅳ. 그의 권위의 깃발은 그의 갑옷이다. 그 옷과 그 다리에 이름을 쓴 것이 있으니 만왕의 왕이요 만주의 주라 하였더라(16절). 싸움을 지휘하는 그가 입으신 옷에 그의 권위와 권세를 나타내고 그 싸움의 대의를 선언하는 이름이 새겨져 있다.

Ⅴ. 공중에 나는 모든 새들에게 요청하는 초청. 이것은 새들이 이 전투를 와서 보고, 전쟁터에 널린 전리품을 나눠 가지라는 요청이다. 한 천사가 태양 안에 서서 공중에 나는 모든 새를 향하여 큰 음성으로 외쳐 이르되 와서 하나님의 큰 잔치에 모여 왕들의 살과 장군들의 살과 장사들의 살과 말들과 그것을 탄 자들의 살과 자유인들이나 종들이나 작은 자나 큰 자나 모든 자의 살을 먹으라 하더라(17-18절). 이것은 이 큰 결전이 교회의 적들을 새들의 먹이를 위한 잔치가 되게 할 것이라는 사실을 암시한다. 또한 이것은 모든 세상 사람들이 그 결과를 보고 기뻐할 수 있는 근거를 가지게 될 것이라는 사실을 드러내준다.

Ⅵ. 이 전투에 참여한 연합 세력. 그 짐승과 땅의 임금들이(19절) 주축이 된 적들의 연합 세력이 참패한다. 땅과 지옥의 세력들이 한데 모여 필사적으로 달려들지만 힘없이 무너지고 만다.

Ⅶ. 교회의 위대하시고 영광스러우신 머리가 얻은 승리. 적그리스도 군대의 대장들인 짐승이 잡히고 그 앞에서 표적을 행하던 거짓 선지자도 함께 잡혔다(20절). 권세로 땅과 지옥의 세력들을 이끌던 짐승도 사로잡히고, 술수와 거짓으로 그들을 이끌던 거짓 선지자도 사로잡혔다. 이들이 사로잡혀 산 채로 유황불 붙는 못에 던져졌다. 교회의 적들이 이제는 더 이상 하나님의 교회를 괴롭히지 못하

게 되었다. 그들을 따르던 자들은 장교이든 일반 병사이든 다 쓰러지고 공중을
나는 새들의 잔치 음식이 되고 말았다. 하나님의 징벌이 주로 그 짐승과 거짓 선
지자에게 떨어졌지만 그들의 지도자들을 따르고 명령에 복종하여 그들의 깃발
아래서 싸운 자들도 하나님의 징벌을 면할 변명의 여지는 하나도 없다. 왜냐하
면 그들이 그들의 지도자들을 위하여 싸웠기 때문에 그들 역시 그들의 우두머
리들과 함께 쓰러지고 멸망당해야만 할 것이다. 그런즉 군왕들아 너희는 지혜를
얻으며 세상의 재판관들아 너희는 교훈을 받을지어다 여호와를 경외함으로 섬기고
떨며 즐거워할지어다 그의 아들에게 입 맞추라 그렇지 아니하면 진노하심으로 너희
가 길에서 망하리니 그의 진노가 급하심이라 여호와께 피하는 모든 사람은 다 복이
있도다(시 2:10-12).

제 20 장

개요

이 계시록에서 본 장이 가장 어렵고 어두운 부분이라고 생각하는 사람들이 있다. 본 장에 담긴 내용들이 아직 이루어지지 않은 것들이라 그러지 않나 싶다. 그러므로 이 내용을 아주 자세하게 해석하려고 하기보다는 일반적인 개괄 정도로 만족하는 게 좋을 것 같다는 생각이다. 여기서 우리는 다음과 같은 기사들을 대하게 된다. I. 사탄의 천 년 동안의 결박(1-3절). II. 그리스도와 함께 성도들의 천 년 동안의 통치(4-6절). III. 사탄이 풀려나고, 곡과 마곡에서 교회와 싸우는 전투(7-10절). IV. 심판의 날(11-15절).

¹또 내가 보매 천사가 무저갱의 열쇠와 큰 쇠사슬을 그의 손에 가지고 하늘로부터 내려와서 ²용을 잡으니 곧 옛 뱀이요 마귀요 사탄이라 잡아서 천 년 동안 결박하여 ³무저갱에 던져 넣어 잠그고 그 위에 인봉하여 천 년이 차도록 다시는 만국을 미혹하지 못하게 하였는데 그 후에는 반드시 잠깐 놓이리라 ⁴또 내가 보좌들을 보니 거기에 앉은 자들이 있어 심판하는 권세를 받았더라 또 내가 보니 예수를 증언함과 하나님의 말씀 때문에 목 베임을 당한 자들의 영혼들과 또 짐승과 그의 우상에게 경배하지 아니하고 그들의 이마와 손에 그의 표를 받지 아니한 자들이 살아서 그리스도와 더불어 천 년 동안 왕 노릇 하니 ⁵(그 나머지 죽은 자들은 그 천 년이 차기까지 살지 못하더라) 이는 첫째 부활이라 ⁶이 첫째 부활에 참여하는 자들은 복이 있고 거룩하도다 둘째 사망이 그들을 다스리는 권세가 없고 도리어 그들이 하나님과 그리스도의 제사장이 되어 천 년 동안 그리스도와 더불어 왕 노릇 하리라 ⁷천 년이 차매 사탄이 그 옥에서 놓여 ⁸나와서 땅의 사방 백성 곧 곡과 마곡을 미혹하고 모아 싸움을 붙이리니 그 수가 바다의 모래 같으리라 ⁹그들이 지면에 널리 퍼져 성도들의 진과 사랑하시는 성을 두르매 하늘에서 불이 내려와 그들을 태워버리고 ¹⁰또 그들을 미혹하는 마귀가 불과 유황 못에 던져지니 거기는 그 짐승과 거짓 선지자도 있어 세세토록 밤낮 괴로움을 받으리라

여기서 우리는 사탄의 결박과 성도들의 부활에 대한 기사를 대하게
된다. 여기서 다음의 사실들을 주목하라.

I 일정 기간 동안의 사탄의 결박에 대한 예언. 이 예언을 통해 사탄은 예전
보다 그 권세가 더 많이 줄어들고, 교회는 예전보다 그 평화가 더 많이 늘어나
는 것을 발견하게 된다. 사탄의 권세는 세상에 복음의 왕국이 세워지게 됨으로
써 일부 무너졌다. 사탄의 권세는 로마 제국이 그리스도교 국가가 됨으로써 더
줄어들었다. 사탄의 권세는 그것의 정신적 상징인 바벨론의 멸망으로 더 무너
졌다. 그럼에도 불구하고 여전히 이 뱀은 여러 개의 머리를 가지고 있기 때문
에 하나가 부상을 당하면 다른 머리가 그것을 대신해 살아서 움직였다. 여기서
우리는 사탄의 권세의 더 많은 제한과 더 많은 감소를 발견하게 된다. 여기서
다음의 사실들을 주목하라.

1. 사탄을 결박하는 이 일은 누구에게 맡겨졌는가? 그 일은 하늘로부터 내려온
한 천사에게 맡겨졌다. 이 천사는 다름 아니라 주 예수 그리스도이실 가능성이
아주 높다. 왜냐하면 이 천사에 대한 묘사가 어떤 다른 존재와 관련해서는 잘
들어맞지를 않기 때문이다. 그는 강한 자를 결박할 수 있고, 그를 내쫓을 수 있고,
그의 소유를 빼앗을 수 있는 권세를 가지신 분이시다. 그러므로 이 천사는 마귀보
다 더 강한 존재이심이 분명하다.

2. 이 일을 하는데 사용하는 그의 도구는 무엇인가? 그는 열쇠와 큰 쇠사슬을
그의 손에 가지고 있었다(1절). 큰 쇠사슬은 사탄을 결박하기 위한 것이고 열쇠는
사탄을 가두어 놓을 감옥의 열쇠다. 그리스도는 사탄의 권세를 부수기 위한 더
나은 권세와 도구들을 결코 필요로 하지 않으신다. 왜냐하면 그리스도는 하늘
의 권세와 지옥의 열쇠를 가지고 계시기 때문이다.

3. 이 천사는 이 일을 실행한다(2-3절). 여기서 다음의 사실들을 주목하라.

(1) 그는 용을 잡으니 곧 옛 뱀이요 마귀요 사탄이다(2절). 용의 힘이든 뱀의 간
교함이든 그리스도의 손을 결코 벗어날 수 없다. 그리스도는 그 누구든 붙잡을
수 있고, 그 잡은 것을 결코 놓치지 않으신다.

(2) 그는 사탄을 무저갱에 던져 넣으셨다(3절). 그는 사탄을 힘과 정당한 징벌
로 사탄이 본래 있어야 할 고향인 무저갱의 감옥으로 던져 넣으셨다. 사탄은
교회들을 미혹하고 열국들을 속이기 위하여 허락을 받고 그 감옥에서 잠시 풀
려나 있었다. 이제 다시 사탄은 자기 거처 무저갱의 감옥으로 돌아가서 사슬에

묶여 지내야 한다.

(3) 그는 사탄을 무저갱에 던져 넣어 잠그고 그 위에 인봉했다(3절). 그리스도가 닫으면 누구도 그것을 열지 못한다. 그리스도가 그의 권세로 닫아 잠그시고, 그의 권위로 인봉하신다. 그리스도의 잠금과 인봉은 마귀들조차도 결코 깨뜨릴 수가 없다.

(4) 우리는 여기서 사탄의 감금 기간을 발견하게 된다. 사탄은 천 년 동안 갇혀 있게 된다. 그 후에 사탄은 그 감옥에서 다시 놓여나게 되는데 아주 잠깐 그렇게 될 것이다. 교회는 상당한 기간 동안 평화와 번영을 누리게 될 것이지만 아직 교회의 모든 시련이 다 끝난 것은 아니었다.

II 사탄이 감금되어 있는 같은 기간 동안 성도들이 다스리게 된다(4-6절). 여기서 다음의 사실들을 주목하라.

1. 그러한 명예를 가지게 되는 사람들은 누구인가? 그들은 그리스도를 위하여 고난을 당하고, 그리스도에게 죽기까지 충성했던 사람들이다. 그들은 짐승의 표를 받지도 않았고, 그의 우상을 경배하지도 않았던 사람들이다. 그들은 모두 이교도와 교황의 우상숭배로부터 자신들을 지켰던 사람들이다.

2. 그들에게 어떤 명예가 주어졌나?

(1) 그들은 죽은 자 가운데에서 일어나 다시 살아났다. 이것은 문자적으로 해석될 수도 있고 비유적으로 해석될 수도 있다. 그들은 사회적 정치적 의미에서 죽었다가 정치적인 부활을 하게 된 사람들이었다. 그들은 그들의 자유와 특권들이 회복되고 되살아나게 된 사람들이었다.

(2) 그들은 보좌들과 심판하는 권세를 받았다(4절). 그들은 큰 명예와 이익과 권위를 소유하게 되었다. 내 생각에 이것들은 세속적인 성격의 것이라기보다는 영적인 성격의 것이다.

(3) 그들은 그리스도와 더불어 천 년 동안 왕 노릇 할 것이다(4절). 그리스도와 더불어 고난을 당한 사람들은 그리스도와 더불어 왕 노릇하게 될 것이다. 그들은 그의 영적인 하늘 나라에서 그리스도와 더불어 왕 노릇하게 될 것이다. 그들은 예전에 세상에서 알았던 모든 것을 뛰어넘는 지혜와 의와 거룩함으로 그리스도와 같이 영광스럽게 왕 노릇 하게 될 것이다. 이것을 **첫째 부활**이라고 한다. 이것은 그리스도를 섬기고 그리스도를 위하여 고난을 받았던 사람들만 받게 된다. 악인들의 경우 그들은 결코 다시 일어서지 못하고 다시 그들의 권세를 결

코 회복하지 못하게 될 것이다. 사탄이 잠시 다시 풀려나게 될 때까지는 말이다. 유대인의 회심을 죽은 자 가운데서 살아났다고 하는 것처럼 그리스도의 백성이 이렇게 다시 일어서게 되는 것을 부활이라고 한다.

3. 이들 하나님의 종들의 행복이 선포된다. 여기서 다음의 사실들을 주목하라.

(1) 그들은 복이 있고 거룩한 사람들이다(6절). 거룩해지지 않고 행복해질 수 있는 사람은 아무도 없다. 거룩해지는 사람은 모두 행복해질 것이다. 이들은 이 영적 부활에 있어서 하나님께 일종의 첫 번째 열매와 같은 거룩한 사람들이었고, 하나님의 복을 받은 사람들이었다.

(2) 그들은 둘째 사망의 권세로부터 보호를 받게 된다. 첫째 사망이 무엇이고, 그것이 얼마나 무서운 것인지를 우리는 안다. 그러나 우리는 이 둘째 사망이 무엇인지는 모른다. 둘째 사망이 아주 무서운 것이라는 사실은 분명하다. 그것은 하나님으로부터 영원히 격리되는 영혼의 죽음이다. 주님이시여, 우리가 경험으로 그 둘째 사망이 무엇인지를 알지 못하게 해주소서. 영적 부활을 체험해 본 사람들은 둘째 사망의 권세에서 구원받게 된다.

III. 교회의 고난이 다시 시작되고, 짧지만 격렬하고 결정적인 또 다른 싸움도 부활된다. 여기서 다음의 사실들을 주목하라.

1. 사탄의 오랜 구금이 드디어 풀리게 된다. 이 세상이 지속되는 한 이 세상 속에서의 사탄의 권세가 완전하게 파멸되지는 않을 것이다. 그 힘이 제한되고 줄어들기는 하겠지만 사탄은 하나님의 백성을 흔들고 괴롭히는 약간의 힘은 계속해서 가지고 있게 될 것이다.

2. 사탄이 무저갱의 감옥에서 풀려나자마자 그는 만국을 미혹하는 자신의 옛일을 다시 시작할 것이다. 사탄은 만국을 선동해 하나님의 성도들과 종들과 싸움을 붙일 것이다. 사탄이 그들을 먼저 미혹하지 않았다면 그들은 그 싸움을 결코 일으키지 않았을 것이다. 만국은 그들의 싸움의 대의와 결과에 다 속게 될 것이다. 만국은 그 싸움이 진실로 나쁜 것임에도 그 대의가 좋다고 믿는다. 그들은 이길 것이라고 생각하지만 그 날 반드시 지게 될 것이다.

3. 사탄의 마지막 노력들이 아주 대단한 것처럼 보인다. 그리고 사탄에게 허용된 힘은 옛날에 비해 훨씬 무제한적인 것처럼 보일 수 있다. 사탄은 이제 땅의 사방 백성 가운데에서 지원병을 소집할 수 있는 자유를 가지게 되었다. 사탄

은 이제 그 수가 바다의 모래 같은 막강한 군대를 일으키게 되었다(8절).

4. 우리는 용의 휘하에 모인 이 군대의 주요 사령관들의 이름을 발견하게 된다. 그들의 이름은 곡과 마곡이다. 이 이름들이 어떤 특정한 세력을 지칭하는 것인지에 대해 너무 깊이 파고들 필요는 없는 것 같다. 왜냐하면 이 군대는 세상의 모든 나라들에서 소집되었기 때문이다. 이 이름들은 성경의 다른 곳에서도 나온다. 마곡에 대해서는 창세기 10장 2절에 나와 있다. 그는 야벳의 아들들 가운데 한 아들이었다. 그로부터 시리아라고 하는 나라가 시작되었다. 그 자손들은 다른 많은 지역들로 퍼져나갔다. 곡과 마곡이 함께 나오는 곳은 에스겔 38장 2절뿐이다. 계시록은 거기서 이 예언을 빌려와 많은 상징의 의미로 활용하고 있다.

5. 우리는 이 막강한 군대의 행진과 군사 작전과 군대 배치를 발견하게 된다. 그들이 지면에 널리 퍼져 성도들의 진과 사랑하시는 성을 포위했다(9절). 이 사탄의 군대가 포위한 성은 영적 예루살렘이다. 이 성에는 하나님의 백성들이 가장 고귀하게 여기는 대의와 이익이 있다. 그래서 하나님의 백성에게 이 성은 사랑하는 성이다. 성도들의 군대는 그 성을 지키기 위하여 성벽 아래 진을 치고 있다. 성도들의 군대는 예루살렘 근처에 진을 치고 있었다. 그러나 적의 군대는 교회의 군대보다 훨씬 월등해서 그 군대와 성을 다 에워쌌다.

6. 이 전쟁의 전투 상황과 결과에 대한 기사. 하늘에서 불이 내려와 그들을 태워버렸다(9절). 이와 같이 곡과 마곡의 멸망도 에스겔서에 예언이 되고 있다. 내가 또 전염병과 피로 그를 심판하며 쏟아지는 폭우와 큰 우박 덩이와 불과 유황으로 그와 그 모든 무리와 그와 함께 있는 많은 백성에게 비를 내리듯 하리라(겔 38:22). 하나님은 그의 백성을 위하여 아주 뛰어나고 즉각적인 방법으로 이 최후의 결전을 싸우실 것이다. 그 승리는 완벽하게 이루어지게 될 것이고 하나님께 그 영광이 돌아가게 될 것이다.

7. 큰 적 마귀의 멸망과 징벌. 마귀는 폭정과 우상숭배의 화신이고 마귀의 가장 중요한 두 신하들인 짐승과 거짓 선지자와 함께 지옥에 내던져지게 된다. 이번에 마귀와 그 일행이 지옥에 떨어져 갇히게 되는 것은 어떤 기간이 정해진 것이 아니다. 그들은 거기에서 세세토록 밤낮 괴로움을 받게 될 것이다(10절).

¹¹또 내가 크고 흰 보좌와 그 위에 앉으신 이를 보니 땅과 하늘이 그 앞에서 피하여

간 데 없더라 ¹²또 내가 보니 죽은 자들이 큰 자나 작은 자나 그 보좌 앞에 서 있는데 책들이 펴 있고 또 다른 책이 펴졌으니 곧 생명책이라 죽은 자들이 자기 행위를 따라 책들에 기록된 대로 심판을 받으니 ¹³바다가 그 가운데에서 죽은 자들을 내주고 또 사망과 음부도 그 가운데에서 죽은 자들을 내주매 각 사람이 자기의 행위대로 심판을 받고 ¹⁴사망과 음부도 불못에 던져지니 이것은 둘째 사망 곧 불못이라 ¹⁵누구든지 생명책에 기록되지 못한 자는 불못에 던져지더라

마귀 왕국의 완전한 멸망은 아주 적절하게 심판의 날의 기사로 이끌어간다. 심판의 날은 모든 사람의 영원한 상태를 결정해줄 것이다. 따라서 우리는 이 세상 임금이 심판을 받게 되는 것을(요 16:11) 보게 될 때 이 세상에 심판이 있을 것이라고 확신할 수 있게 될 것이다. 이 심판 날은 큰 날이 될 것이다. 모든 사람이 그리스도의 심판대 앞에 서는 심판의 큰 날이 임할 것이다. 주님은 장차 임할 이 심판의 교리를 확고하게 믿도록 우리에게 도움을 주신다. 이 심판 교리는 벨릭스를 두려워 떨게 만들었던 교리다. 바울이 의와 절제와 장차 오는 심판을 강론하니 벨릭스가 두려워하여 대답하되 지금은 가라 내가 틈이 있으면 너를 부르리라(행 24:25). 여기서 우리는 심판 교리에 대한 진술을 발견하게 된다. 여기서 다음의 사실들을 주목하라.

1. 우리는 여기서 보좌를 보게 된다. 그 보좌는 심판의 판사석이다. 이 심판석은 크고 희다. 그것은 아주 영화롭고 완전히 공정하고 공의로운 것을 나타낸다. 불의한 재판관은 법을 빙자해 악을 행한다. 그러나 이 공의로운 법정과 재판관은 악과는 아무런 관계가 없다.

2. 재판장의 모습은 바로 주 예수 그리스도이시다. 그리스도는 위엄과 두려움을 주는 모습을 갖추고 계시므로 땅과 하늘이 그 앞에서 피하여 간 데 없더라(11절). 자연의 전체 구조가 그 날 다 해체될 것이다. 그러나 주의 날이 도둑 같이 오리니 그 날에는 하늘이 큰 소리로 떠나가고 물질이 뜨거운 불에 풀어지고 땅과 그 중에 있는 모든 일이 드러나리로다(벧후 3:10).

3. 심판 받게 될 사람들. 죽은 자들이 큰 자나 작은 자나(12절) 심판을 받게 된다. 다시 말해 남녀노소, 빈부귀천에 관계없이 다 심판을 받게 될 것이다. 이 법정의 심판을 피할 수 있는 사람은 그 누구를 막론하고 없다. 큰 자든 가장 낮은 자든 다 심판을 받아야 한다. 그리스도가 임하실 때 살아 있는 사람들뿐만 아

니라 이전에 죽은 사람들도 다 그리스도의 심판을 받아야 한다. 무덤도 열려 그 시체들을 드러낼 것이고, 지옥도 악인의 영혼을 내놓을 것이고, 바다도 그 속에서 사라진 시체들을 토해 놓을 것이다. 이 모든 것들이 다 하나님의 감옥들이다. 그래서 하나님은 그 감옥들이 가두어 놓고 있는 죄수들을 그 문들을 열고 내어놓게 하실 것이다.

4. 확정된 심판의 규칙. 책들이 펴 있었다(12절). 이 책들은 어떤 책들인가? 하나님의 전지하심의 책이다. 하나님은 우리의 의식을 초월하시고, 우리의 좋은 것이든 나쁜 것이든 모든 것을 다 아신다. 그리고 이 책은 죄인의 양심에 관한 책이다. 이 책을 통해 예전에는 비밀이라고 생각했던 일들이 다 드러나게 될 것이다. 또 다른 책이 펴지게 될 것이다(12절). 다시 말해 이 책은 성경이다. 이 책은 하늘의 율례와 생명의 규례가 기록된 책이다. 이 책이 인간의 마음과 삶이 시험을 받기 위한 시금석이 될 율법을 펼쳐보이게 될 것이다. 이 책은 옳고 그름의 문제를 심판한다. 다른 책은 사실의 문제들에 대한 증거를 제시해줄 것이다. 생명책이라고 불리는 다른 책이 하나님의 영원하신 경륜이 기록된 책이라고 생각하는 사람들도 있다. 어쨌든 이 다른 책은 심판의 문제를 다루는 책은 아닌 것 같다. 영원한 선택과 예정에 있어서 하나님은 사법적인 판단에 따라 행동하시는 것이 아니라 절대적인 자유 주권에 따라 행동하신다.

5. 심판을 받아야 되는 이유. 인간들은 자기 행위를 따라 책들에 기록된 대로 심판을 받아야 된다. 사람들은 그것이 좋은 것이든 나쁜 것이든 그들이 행한 모든 것을 심판 받아야 한다. 그들의 행위로 사람들은 의롭게 되든지 정죄를 받게 되든지 할 것이다. 하나님은 사람들의 형편과 행동 원리를 다 알고 계시고, 보고 계신다. 천사들과 사람들에게 공의로우신 하나님으로 인정받으시는 하나님은 사람들의 행위에서 그들의 행동 원리를 심판하실 것이다. 하나님이 말씀하시면 공의로우시고, 하나님이 심판하시면 명백하게 될 것이다.

6. 시험과 심판의 결과. 이 심판은 사실의 증거와 심판의 규례에 따라서 이루어질 것이다. 사망과 더불어 언약을 세우고, 지옥과 더불어 언약을 맺은 사람들은 심판 날에 그들의 극악무도한 패거리들과 정죄를 당하고, 함께 불 연못에 던져지게 될 것이다. 너희가 사망과 더불어 세운 언약이 폐하며 스올과 더불어 맺은 맹약이 서지 못하여 넘치는 재앙이 밀려올 때에 너희가 그것에게 밟힘을 당할 것이라(사 28:18). 그들은 성경에 기록된 생명의 규례에 따라서 영원한 생명을 얻지 못하

게 될 것이다. 그러나 이 책에 그 이름들이 적혀 있는 사람들은 재판장에게 의롭다는 인정을 받고 심판을 받지 않고 영원한 생명에 들어가게 될 것이다. 그들은 이제 더 이상 죽음이나 지옥이나 악인에 대해 두려움을 갖지 않아도 된다. 왜냐하면 이들은 모두 다 같이 멸망을 당하기 때문이다. 그러므로 우리는, 지금 우리를 의롭다고 하는지 아니면 정죄하는지를 알려주는 성경의 규례에 우리의 관심을 집중하도록 하자. 왜냐하면 모든 사람을 심판하시는 재판장이 성경의 규례에 따라 처리하실 것이기 때문이다. 곧 나의 복음에 이른 바와 같이 하나님이 예수 그리스도로 말미암아 사람들의 은밀한 것을 심판하시는 그 날이라(롬 2:16). 복음에 기록된 바에 따라서 자신들의 대의와 심판이 주님의 큰 날에 의롭다고 인정을 받게 될 사람들은 얼마나 행복한 사람들인가!

— 제 21 장 —

개요

여기까지 이 책의 예언은 빛과 그늘, 번영과 역경, 긍휼과 심판이 아주 적절하게 어우러져 이 세상에 있는 교회를 위한 하나님의 섭리의 행위를 통해 계시되었다. 이제 모든 것이 끝날 무렵이 되자 날이 새고 어둠이 사라진다. 이제 새로운 세상이 나타나고, 옛 세상은 온데간데없이 사라진다. 이 마지막 두 장에서 언급되는 것이 모두 나중에 영광을 얻게 될 지상의 교회의 상태에 대한 예언이라고 생각하는 사람들도 있다. 그런가하면 이 두 장의 환상과 계시가 하늘에 있는 교회의 완전한 승리의 상태를 묘사하는 것이라고 주장하는 사람들도 있다. 승리의 교회에 대한 이 후자의 주장이 더 개연성이 높은 것 같다. 그러나 하나님의 신실한 성도들과 종들은 잠시만 더 기다리도록 하자. 그러면 그들은 하늘나라의 완전한 거룩함과 행복을 보게 될 뿐만 아니라 누리게 될 것이다. 이 장에서 우리는 다음과 같은 사실들을 발견하게 될 것이다. I. 새 예루살렘의 환상에 대한 서론(1-9절). II. 새 예루살렘의 환상에 대한 본론(10-27절).

¹또 내가 새 하늘과 새 땅을 보니 처음 하늘과 처음 땅이 없어졌고 바다도 다시 있지 않더라 ²또 내가 보매 거룩한 성 새 예루살렘이 하나님께로부터 하늘에서 내려오니 그 준비한 것이 신부가 남편을 위하여 단장한 것 같더라 ³내가 들으니 보좌에서 큰 음성이 나서 이르되 보라 하나님의 장막이 사람들과 함께 있으매 하나님이 그들과 함께 계시리니 그들은 하나님의 백성이 되고 하나님은 친히 그들과 함께 계셔서 ⁴모든 눈물을 그 눈에서 닦아 주시니 다시는 사망이 없고 애통하는 것이나 곡하는 것이나 아픈 것이 다시 있지 아니하리니 처음 것들이 다 지나갔음이러라 ⁵보좌에 앉으신 이가 이르시되 보라 내가 만물을 새롭게 하노라 하시고 또 이르시되 이 말은 신실하고 참되니 기록하라 하시고 ⁶또 내게 말씀하시되 이루었도다 나는 알파와 오메가요 처음과 마지막이라 내가 생명수 샘물을 목마른 자에게 값없이 주리니 ⁷이기는 자는 이것들을 상속으로 받으리라 나는 그의 하나님이 되고 그는 내 아들이 되리라 ⁸그러나 두려워하는 자들과 믿지 아니하는 자들과 흉악한 자들과

살인자들과 음행하는 자들과 점술가들과 우상 숭배자들과 거짓말하는 모든 자들은 불과 유황으로 타는 못에 던져지리니 이것이 둘째 사망이라

우리는 여기서 장차 하나님의 교회가 누리게 될 축복에 대한 아주 일반적인 기사를 대하게 된다. 이 기사를 통해 우리는 가장 믿을 수 있는 천국의 모습과 상황을 이해할 수 있는 것 같다. 여기서 다음의 사실들을 주목하라.

I 새로운 세상이 우리 앞에 전개된다. 또 내가 새 하늘과 새 땅을 보니(1절). 사도 요한의 눈에 새 우주가 열린다. 왜냐하면 하늘과 땅으로 이루어진 세상을 상상하게 되기 때문이다. 새 땅으로 우리는 인간의 영혼을 위한 하늘과 마찬가지로 인간의 몸을 위한 새로운 상태도 이해할 수 있을 것이다. 이 세상은 지금 새롭게 창조된 것이 아니지만 새롭게 열리게 되고, 그 상속자들이었던 모든 사람들로 채워지게 된다. 그러므로 새 하늘과 새 땅은 별개의 다른 세상이 아닐 것이다. 성도들의 바로 그 땅, 즉 성도들의 영화롭게 된 그 몸들이 영적이고 하늘의 것이 될 것이고, 이 순결하고 빛나는 집들에 어울리게 될 것이다. 새 세상이 시작되는 길을 내기 위하여 옛 세상이 그 모든 괴로움들과 소요들과 함께 없어졌다.

II 이 새 세상에서 사도는 거룩한 성 새 하나님께로부터 하늘에서 내려오는 것을 보았다(2절). 이것은 그 본래 모습 그대로 위치적인 의미로 내려오는 것이 아니다. 이 새 예루살렘은 새롭고 완전한 상태의 하나님의 교회다. 이것은 신부가 남편을 위하여 단장한 것 같이(2절) 준비된 것이었다. 이것은 모든 온전한 지혜와 거룩함으로 아름답게 단장한 하나님의 교회다. 이것은 영광 가운데 계시는 주 예수 그리스도의 완전한 성취에 합당한 교회다.

III 하나님이 그의 백성과 함께 영광스럽게 임재하시는 것이 선포되고 찬양된다. 내가 들으니 보좌에서 큰 음성이 나서 이르되 보라 하나님의 장막이 사람들과 함께 있으매 하나님이 그들과 함께 계시리니 그들은 하나님의 백성이 되고 하나님은 친히 그들과 함께 계시게 될 것이다(3절). 여기서 다음의 사실들을 주목하라.

1. 교회와 함께 해주시는 하나님의 임재는 교회의 영광이다.

2. 거룩하신 하나님이 사람의 자녀 가운데 누군가와 항상 함께 계셔 주신다는 사실은 참으로 놀라운 일이다.

3. 하나님이 하늘에서 그의 백성과 함께 계시는 임재는 땅에서처럼 중단되는

것이 아니라 영원히 계속될 것이다.

4. 이제 하나님과 그의 백성 사이의 언약, 이익, 관계는 하늘에서 채워지게 되고 완전하게 될 것이다. 그들은 하나님의 백성이 되리라(4절). 그들의 영혼은 하나님께 동화되고, 하나님이 그들과의 관계에서 요구하시는 하나님 안의 사랑과 존귀와 기쁨으로 가득 채워지게 될 것이다. 이것이 그들의 완전한 거룩함을 이루게 될 것이다. 그리고 하나님은 그들의 하나님이 되실 것이다. 하나님은 친히 그들과 함께 계실 것이다(3절). 하나님의 백성과 함께 계시는 하나님의 직접적인 임재, 그들에게 충분하게 나타나는 하나님의 사랑, 그들에게 베풀어지는 하나님의 영광은 그들의 완전한 축복과 행복이 될 것이다. 그러므로 하나님의 백성이 그들의 본분을 다하는 것과 마찬가지로 하나님도 그의 속성에 맞는 응답을 완전하게 해주실 것이다.

IV. 이 새로운 축복의 상태는 모든 괴로움과 슬픔을 없애줄 것이다. 그 이유는 다음과 같다.

1. 예전의 괴로움을 주던 모든 영향들이 사라지게 될 것이다. 하나님의 백성이 죄와 고난과 교회의 재난들로 말미암아 종종 눈물을 흘렸다. 그러나 이제는 하나님이 모든 눈물을 그 눈에서 닦아 주실 것이다(4절). 이제는 예전의 슬픔의 흔적이나 기억은 하나도 남아있지 않게 될 것이다. 그들이 현재 누리는 큰 행복을 더 크게 해주는 것이 아니고는 그 어느 것도 존재하지 않게 될 것이다. 그들의 자상하신 아버지이신 하나님이 손수 그의 따뜻한 손으로 그의 자녀들의 눈물을 그 눈에서 닦아 주실 것이다. 하나님이 오셔서 눈물을 닦아 주시므로 그들은 눈물을 흘리지 않고 살게 될 것이다.

2. 미래의 슬픔의 원인들은 모두 영원히 제거될 것이다. 다시는 사망이 없고 아픈 것이 다시 있지 아니하리라(4절). 그러므로 애통하는 것이나 곡하는 것이 다시는 없게 될 것이다. 이러한 것들은 그들이 옛날에 겪었던 상태에서 일어났던 일들이다. 그러나 이제는 처음 것들이 다 지나갔다(4절).

V. 이 복된 상태의 진실과 확실성이 하나님의 말씀과 약속으로 확증이 된다. 하나님은 이것을 영원한 기록으로 보존하기 위하여 기록하라고 명령하셨다. 보좌에 앉으신 이가 이르시되 보라 내가 만물을 새롭게 하노라 하시고 또 이르시되 이 말은 신실하고 참되니 기록하라(5절). 이 환상의 주제는 위대한 것이고, 하나님의 교회와 백성에게는 아주 중요한 것이다. 그래서 하나님은 그들이 이것을 완전

히 확신할 필요가 있기 때문에 기록하라고 명령하신 것이다. 하나님은 그것을 하늘에서 반복하시고 그 진실함을 확증하신다. 더욱이 이 환상이 계시되고 그 것이 성취되기까지 많은 세월이 흘러가야 하고, 그 사이에 큰 시련들이 많이 일어나게 될 것이다. 그러므로 하나님은 이 환상을 그의 백성이 영원히 기억하고, 그것을 항상 활용할 수 있게 하기 위하여 기록하라고 명령하셨다. 여기서 다음의 사실들을 주목하라.

1. 하나님의 약속의 확실함이 확증된다. 이 말은 신실하고 참되다(5절). 그 다음에 바로 이어 이루었도다(5절)라고 선포된다. 이것은 이 말씀이 이미 이루어진 것이나 진배없는 확실한 약속이라는 것을 확증하기 위한 것이다. 우리는 하나님의 약속을 즉각적인 현재의 성취로 믿고 받아들여야 할 것이다. 하나님은 언제나 내가 만물을 새롭게 하고 이루었다 말씀하셨다.

2. 하나님은 그 약속의 완전한 실행의 보증 혹은 담보로 그의 존귀한 칭호들까지 주신다. 심지어 하나님은 알파와 오메가요 처음과 마지막이라는 그의 칭호까지도 우리에게 약속의 담보물로 제공하신다. 하나님이 세상과 교회를 시작하게 하신 것은 하나님의 영광이었고, 시작된 일을 마치시는 것은 하나님의 영광이 될 것이다. 하나님은 약속하신 일을 결코 미완인 채로 두지 않으신다. 하나님의 권능과 뜻은 만물의 첫째 원인이었고, 하나님의 즐거움과 영광은 그의 마지막 목적이다. 그러므로 하나님은 그의 계획과 목적을 놓치거나 잊어버리시는 일이 결코 없을 것이다. 왜냐하면 만일 그런 일이 생긴다면 하나님은 더 이상 알파와 오메가가 되실 수 없기 때문이다. 사람들은 자신들이 결코 이룰 수 없는 계획들을 시작할 수 있다. 사람의 마음에는 많은 계획이 있어도 오직 여호와의 뜻만이 완전히 서리라(잠 19:21). 그러므로 하나님은 언제나 자신이 원하시고 좋아하시는 일은 다 행하고 이루실 것이다.

3. 이 축복의 상태를 향한 하나님의 백성의 소망들이 하나님의 약속의 진실함과 확실함에 대한 또 다른 증거를 제공해준다. 하나님의 백성은, 죄가 전혀 없고 하나님과 끊임없이 사귀는 완전한 상태를 갈망하고 꿈꾼다. 그러므로 하나님은 그의 백성에게 이 간절한 소망들을 이루어주셨다. 이 소망들은 어떤 것으로도 채워질 수 없는 것이다. 만일 그들이 실망하게 된다면 그 영혼의 괴로움은 이루 말할 수 없게 될 것이다. 그리고 하나님의 백성의 영혼에 거룩하고 신성한 소망들이 생기게 하고, 그 다음에 그들의 소망이 채워지지 못하게 하는

것은 그의 백성에 대한 하나님의 선하심과 사랑에 배치되고 모순되는 일이 될 것이다. 그러므로 하나님이 생명수 샘물을 목마른 자에게 값없이 주시리라(6절)는 사실을 하나님의 백성은 그들의 현재 당하는 어려움들을 이겼을 때 비로소 확신할 수 있을 것이다.

VI. 이 미래의 축복에 대한 귀중함이 선포되고 예증이 된다. 여기서 다음의 사실들을 주목하라.

1. 이 축복이 거저 베풀어진다는 사실을 통해 그 귀중함이 예증이 된다. 이 축복은 하나님이 무상으로 주시는 선물이다. 내가 생명수 샘물을 목마른 자에게 값없이 주리니(6절). 이 무상으로 주어진다는 사실이 그의 백성의 무한한 감사를 전혀 줄어들게 하지 못할 것이다.

2. 이 축복의 완전함을 통해 그 귀중함이 예증이 된다. 하나님의 백성은 모든 축복의 근원지에 있게 된다. 그들은 만물을 상속으로 받게 될 것이다. 그들은 하나님을 즐거워하게 됨으로써 모든 것들을 향유하고 누리게 될 것이다. 하나님은 만유 안의 만유이시다.

3. 그들이 이 축복을 누리는 소유권과 권리를 통해 그 귀중함이 예증이 된다. 그것은 하나님의 아들들로서의 상속권을 통해 이 축복을 누리게 된다. 이것은 모든 다른 권리들 가운데 가장 귀하고 명예로운 권리다. 이것은 하나님과의 아주 가깝고 사랑스러운 관계로 말미암아 얻게 된 권리다. 이 권리는 가장 확실하고 실현 가능한 것이기 때문에 그 관계를 끊을 수 있는 것은 아무것도 없다.

4. 악인들의 아주 다른 상태를 통해 이 축복의 귀중함이 예증이 된다. 그들의 불행은 성도들의 영광과 축복을 예증해주는 도움을 준다. 악인들의 불행은 성도들에 대한 하나님의 선하심을 확연하게 구별해주는 도움을 준다. 그러나 두려워하는 자들과 믿지 아니하는 자들과 흉악한 자들과 살인자들과 음행하는 자들과 점술가들과 우상 숭배자들과 거짓말하는 모든 자들은 불과 유황으로 타는 못에 던져지리라(8절). 여기서 다음의 사실들을 주목하라.

(1) 멸망당할 자들의 죄들은 무엇인가? 그 죄들 가운데 가장 먼저 언급되는 죄가 두려움과 불신앙이다. 두려워하는 자들은 악인 목록의 맨 앞자리를 차지한다. 두려워하는 자들은 신앙의 어려움들을 감히 맞설 엄두도 내지 못한다. 그들의 노예근성의 두려움과 비겁은 사실 그들의 불신앙에서 나온 것이다. 두려움과 겁이 많은 사람들은 그리스도의 십자가를 감히 짊어지거나 그리스도에 대

한 의무를 이행할 생각 같은 것은 아예 꿈도 꾸지 못한다. 그렇지만 그들은 온갖 가증한 악이란 악은 기를 쓰고 달려든다. 즉, 살인, 음행, 점술, 우상숭배, 거짓말 같은 것들이다.

(2) 멸망당할 자들의 징벌은 무엇인가? 그들은 불과 유황으로 타는 못에 던져지리니 이것이 둘째 사망이라(8절). 여기서 다음의 사실들을 주목하라.

[1] 악인들은 그리스도를 위해서는 불탈 수는 없지만 죄 때문에 지옥 불에는 불타야 할 것이다.

[2] 악인들은 자연적인 죽음을 죽고 난 뒤에도 또 다른 죽음을 한 번 더 죽어야 할 것이다. 첫째 사망의 괴로움들과 무서움들이 그들을 영원한 사망의 더 큰 괴로움들과 두려움들을 알게 해줄 것이다. 이 둘째 사망, 즉 영원한 죽음은 죽고 언제나 죽어 있는 죽음이다. 거기에는 부활의 소망이 전혀 없다.

[3] 이 불행은 그들의 당연한 몫이 될 것이다. 그들은 그들의 죄들로 말미암아 당연히 이 둘째 사망을 받아야 될 것이다. 그들은 이것을 자신들이 선택하고, 준비한 것이다. 이와 같이 정죄 당한 자들의 불행은 구원받은 사람들의 축복을 잘 예증해줄 것이다. 그러나 구원받은 사람들의 축복은 정죄 당한 자들의 불행을 더 악화시킬 것이다.

⁹일곱 대접을 가지고 마지막 일곱 재앙을 담은 일곱 천사 중 하나가 나아와서 내게 말하여 이르되 이리 오라 내가 신부 곧 어린 양의 아내를 네게 보이리라 하고 ¹⁰성령으로 나를 데리고 크고 높은 산으로 올라가 하나님께로부터 하늘에서 내려오는 거룩한 성 예루살렘을 보이니 ¹¹하나님의 영광이 있어 그 성의 빛이 지극히 귀한 보석 같고 벽옥과 수정 같이 맑더라 ¹²크고 높은 성곽이 있고 열두 문이 있는데 문에 열두 천사가 있고 그 문들 위에 이름을 썼으니 이스라엘 자손 열두 지파의 이름들이라 ¹³동쪽에 세 문, 북쪽에 세 문, 남쪽에 세 문, 서쪽에 세 문이니 ¹⁴그 성의 성곽에는 열두 기초석이 있고 그 위에는 어린 양의 열두 사도의 열두 이름이 있더라 ¹⁵내게 말하는 자가 그 성과 그 문들과 성곽을 측량하려고 금 갈대자를 가졌더라 ¹⁶그 성은 네모가 반듯하여 길이와 너비가 같은지라 그 갈대 자로 그 성을 측량하니 만 이천 스다디온이요 길이와 너비와 높이가 같더라 ¹⁷그 성곽을 측량하매 백사십사 규빗이니 사람의 측량 곧 천사의 측량이라 ¹⁸그 성곽은 벽옥으로 쌓였고 그 성은 정금인데 맑은 유리 같더라 ¹⁹그 성의 성곽의 기초석은 각색 보석으로 꾸몄는데 첫째

기초석은 벽옥이요 둘째는 남보석이요 셋째는 옥수요 넷째는 녹보석이요 ²⁰다섯째는 홍마노요 여섯째는 홍보석이요 일곱째는 황옥이요 여덟째는 녹옥이요 아홉째는 담황옥이요 열째는 비취옥이요 열한번째는 청옥이요 열두째는 자수정이라 ²¹그 열두 문은 열두 진주니 각 문마다 한 개의 진주로 되어 있고 성의 길은 맑은 유리 같은 정금이더라 ²²성 안에서 내가 성전을 보지 못하였으니 이는 주 하나님 곧 전능하신 이와 및 어린 양이 그 성전이심이라 ²³그 성은 해나 달의 비침이 쓸 데 없으니 이는 하나님의 영광이 비치고 어린 양이 그 등불이 되심이라 ²⁴만국이 그 빛 가운데로 다니고 땅의 왕들이 자기 영광을 가지고 그리로 들어가리라 ²⁵낮에 성문들을 도무지 닫지 아니하리니 거기에는 밤이 없음이라 ²⁶사람들이 만국의 영광과 존귀를 가지고 그리로 들어가겠고 ²⁷무엇이든지 속된 것이나 가증한 일 또는 거짓말하는 자는 결코 그리로 들어가지 못하되 오직 어린 양의 생명책에 기록된 자들만 들어가리라

우리는 앞서 새 예루살렘의 환상에 대한 서론을 통해 천국의 일반적인 상태를 고찰했다. 이제 우리는 환상에 대한 본론을 대하게 된다. 여기서 다음의 사실들을 주목하라.

Ⅰ 누가 이 환상을 사도에게 계시해주는가? 그는 일곱 대접을 가지고 마지막 일곱 재앙을 담은 일곱 천사 중 하나였다(9절). 하나님은 그의 거룩한 천사들에게 다양한 일과 직무를 맡기신다. 천사들이 때로는 하나님의 섭리를 알리는 나팔을 불어서 방심하고 있는 세상에 경고를 전달해야 할 때도 있다. 천사들이 때로는 회개하지 않는 죄인들에게 하나님의 진노가 가득 담긴 대접들을 쏟아 부을 때도 있다. 천사들이 때로는 구원의 상속자들이 될 사람들에게 하늘나라의 속성을 드러내는 것들을 계시해주어야 될 때도 있다. 천사들이 때로는 하나님에게서 받은 모든 명령을 즉시 실행해야 할 때도 있다. 그리고 이 세상이 끝나게 될지라도 위대하신 하나님은 천사들에게 하나님이 원하시고 좋아하시는 일을 계속해서 맡기고 영원히 부리실 것이다.

Ⅱ 사도가 이 영광스러운 광경과 전망을 어디에서 받았나? 사도는 황홀 가운데 크고 높은 산으로 올라가(10절) 보게 되었다. 그러한 상황에서 사람들은 대개 인접 도시들의 아주 뚜렷한 광경을 보게 된다. 그와 마찬가지로 하늘나라의 분명한 광경을 보려는 사람들은 할 수 있는 한 하늘에 가까운 곳으로 가야 한

다. 그러한 사람들은 환상의 산, 명상과 믿음의 산으로 올라가야 한다. 그 곳에서 그들은 모세가 비스가 산꼭대기에서 약속의 땅 가나안 땅을 바라보았던 것처럼 하늘의 가나안 땅, 경건한 자들의 땅을 바라볼 수 있을 것이다.

Ⅲ. 이 환상의 주제는 무엇이었나? 그것은 신부 곧 어린 양의 아내(9절)였다. 이 환상의 주제는 바로 하나님의 교회였다. 그것은 그 빛이 찬란하게 빛나는 하나님의 영광을 지닌 예루살렘을 닮아 영광스럽고, 완전하고, 승리의 상태에 있는 하나님의 교회였다. 그것은 그녀의 남편 곁에 아름다운 옷을 입고 아름다운 모습으로 서 있는 신부였다. 그리스도와의 관계로 영광스러워지고, 이제 그리스도의 형상으로 완전하게 되고, 그리스도의 은혜와 사랑으로 빛나는 모습을 지닌 신부가 바로 하나님의 교회다. 이제 우리는 이 세상의 모든 도시들의 부와 화려함을 훨씬 능가하는 한 성의 상징을 통해 묘사되는 승리의 교회의 장대한 서술을 대하게 된다. 여기서 우리는 새 예루살렘 성의 외부와 내부의 묘사를 비유를 통해 생생하게 접하게 된다.

1. 새 예루살렘 성의 외부는 어떤 모습인가? 그것은 크고 높은 성곽이 있고 열두 문이 있다(12절). 성곽은 성의 안전을 위한 것이고 문은 출입을 위한 것이다. 여기서 다음의 사실들을 주목하라.

(1) 안전을 위한 성곽. 하늘나라는 안전한 나라이다. 하늘나라에 있는 사람들은 그들을 모든 악과 적들로부터 격리시키고 안전하게 막아주는 성곽에 둘러싸이게 된다. 이제 우리는 이 성곽에 대한 기사를 접하게 된다. 여기서 다음의 사실들을 주목하라.

[1] 성곽의 높이. 이 성곽은 아주 높다. 그 높이가 **백사십사 규빗**인데 현대 길이 단위로 64미터 정도이다. 이 정도 높이는 외견이나 안전에도 충분하다.

[2] 성곽의 재료. 이 성곽은 지극히 귀한 보석 같고 벽옥과 수정 같은(11절) 것으로 만들어졌다. 이 성곽은 아주 귀한 돌들로 만들어져서 견고하고 그 빛이 휘황찬란했다. 이 성은 고귀할 뿐만 아니라 난공불락의 견고함도 갖추고 있었다.

[3] 성곽의 모양. 이 성곽은 네모난 정사각형 모양이었다. 그 성은 네모가 반듯하여 길이와 너비가 같은지라(16절). 새 예루살렘 성에서는 순결과 완전함에 있어서 다 평등하고 똑같이 될 것이다. 승리의 교회에서는 모든 것이 절대적으로 통일되고 똑같을 것이다. 그것은 우리가 땅에서 원하고 바라는 것이다. 그러나 그것은 하늘나라에 가기 전까지는 도저히 기대할 수 없는 것이다.

[4] 성곽의 크기. 너비와 길이가 각각 같아서 대략 2400킬로미터에 달했다. 여기에는 하나님의 모든 백성이 다 머물 수 있는 방이 충분하게 있다. 내 아버지 집에 거할 곳이 많도다 그렇지 않으면 너희에게 일렀으리라 내가 너희를 위하여 거처를 예비하러 가노니 가서 너희를 위하여 거처를 예비하면 내가 다시 와서 너희를 내게로 영접하여 나 있는 곳에 너희도 있게 하리라 (요 14:2-3).

[5] 성곽의 기초. 하늘나라는 기초석이 있는 성이다 (19절). 하나님의 약속과 권능, 그리스도의 구속은 교회의 안전과 행복의 강한 기초석이다. 여기서 성곽의 기초석의 수와 재료가 서술이 된다. 그것들은 열두 개다. 이것은 열두 사도를 암시한다. 그 성의 성곽에는 열두 기초석이 있고 그 위에는 어린 양의 열두 사도의 열두 이름이 있더라 (14절). 열두 사도가 전한 복음의 가르침들은 교회가 세워진 기초석이다. 그리스도 자신은 모퉁잇돌이시다. 이 기초석의 재료는 다양하고 값진 열두 종류의 보석들이다. 이것은 복음의 가르침들이 지닌 다양성과 탁월성을 나타내준다. 또한 이것은 성령의 은사의 다양성과 탁월성을 암시하고 주 예수 그리스도의 인격이 지닌 여러 탁월성을 의미한다.

(2) 성 출입문. 하늘나라는 들어가기가 어려운 곳이 아니다. 그 곳에는 지성소로 들어가는 길이 하나 있다. 그 곳은 거룩하게 된 사람들은 모두 자유롭게 들어갈 수 있는 곳이다. 그들에게는 그 문이 늘 열려 있고 닫혀 있지 않다. 여기서 다음의 사실들을 주목하라.

[1] 성문의 수. 그것은 열두 문이 있다. 이것은 이스라엘의 열두 지파를 의미한다. 이스라엘의 모든 지파가 지상의 예루살렘 성에 들어갔던 것처럼 하나님의 참된 이스라엘이 모두 새 예루살렘으로 들어갈 것이다.

[2] 성문의 경비병. 새 예루살렘에는 열두 문이 있는데 문에 열두 천사가 있다 (12절). 이 성문을 지키는 경비병들은 열두 천사들이다. 그들은 영적 이스라엘의 각 지파들이 각각 자기 문으로 들어오게 하고 다른 지파들이 자기 문이 아닌 곳으로 못 들어오게 통제한다.

[3] 성문의 이름. 열두 문이 있는데 문에 열두 천사가 있고 그 문들 위에 이름을 썼으니 이스라엘 자손 열두 지파의 이름들이라 (12절). 이것은 그들이 생명나무를 먹을 수 있고, 그 문들을 통해 그 성으로 들어갈 수 있는 권한이 있음을 나타내준다.

[4] 성문의 위치. 성이 세상의 네 방위 동서남북에 맞춰 네 개의 성벽들이 있

던 것처럼 각 성벽에 세 개의 문들이 있었다. 이것은 땅의 모든 방면에서 사람들이 하늘나라에 안전하게 오고 하늘나라에 들어올 수 있음을 나타내준다. 세상 어디에서 온 사람이든 하늘나라에 자유롭게 들어올 수 있다는 것이다. 너희는 유대인이나 헬라인이나 종이나 자유인이나 남자나 여자나 다 그리스도 예수 안에서 하나이니라(갈 3:28). 그리스도를 믿는 모든 나라 사람들과 모든 언어들을 사용하는 사람들이 현세에서는 그리스도를 통해 은혜 안에서 하나님께 나아가고, 내세에서는 영광 속에 하나님께 나아가게 될 것이다.

[5] 성문의 재료. 성문은 모두 진주들로 만들어졌는데 아주 다양하다. 그 열두 문은 열두 진주니 각 문마다 한 개의 진주로 되어 있다(21절). 이 진주는 하나가 아주 크거나 한 종류의 진주일 것이다. 그리스도는 아주 귀한 진주이시다. 그리스도는 하나님께 나아가는 우리의 길이시다. 이 세상에는 하늘나라의 영광을 완전하게 나타낼 수 있는 훌륭한 것이 하나도 없다. 우리가 여기서 묘사되고 있는 이 새 예루살렘 성의 그 외부를, 그 성곽과 성문과 같은 것들을 아무리 강한 상상의 창으로 꿰뚫어 본다고 할지라도 그 성이 얼마나 놀랍고, 얼마나 영광스러운지를 전망할 수 있겠는가! 여기서의 묘사는 하늘나라의 진면목을 알기에는 아직 희미하고 어렴풋한 비유에 지나지 않는다.

2. 새 예루살렘의 내부(22-27절). 우리는 이제까지 그 성의 강한 성곽, 웅장한 문, 영광스러운 경비병들을 살펴보았다. 이제 우리는 그 성문을 지나 그 성 안으로 들어가게 된다. 먼저 우리는 그 성의 길의 찬란함에 놀라지 않을 수 없다. 성의 길은 맑은 유리 같은 정금이더라(21절). 하늘에 있는 성도들은 금으로 된 길을 걷는다. 새 예루살렘은 길이 몇 개가 있다. 하늘나라에서는 질서가 아주 정연하다. 모든 성도는 다 자기 집을 가지고 있다. 하늘나라에는 교제가 있다. 성도들은 그 곳에서 안식을 누린다. 그러나 그 안식이 수동적이거나 소극적인 의미의 쉬기만 하는 것이 아니다. 잠이나 자고 아무 활동도 하지 않는 상태의 것이 아니다. 그것은 즐거운 활동이 있는 안식이다. 만국이 그 빛 가운데로 다닌다(24절). 그들은 빛나는 흰 옷을 입고 그리스도와 함께 밝게 걷는다. 그들은 하나님과도 교제를 나눌 뿐만 아니라 그들끼리도 서로 교제를 나눈다. 그들의 모든 걸음걸음은 든든하고 분명하다. 그들은 맑은 유리 같은 정금처럼 순결하고 깨끗하다. 여기서 다음의 사실들을 주목하라.

(1) 새 예루살렘의 성전은 솔로몬이나 스룹바벨 같은 인간의 손으로 만들어

진 물질적인 성전이 아니다. 그 성전은 영적이기도 하고 신성한 것이기도 하다. 이는 주 하나님 곧 전능하신 이와 및 어린 양이 그 성전이심이라(22절). 그 곳에서는 성도들이 규례들이 전혀 필요하지 않다. 왜냐하면 그 규례들은 하늘나라를 예비하는 수단들이었기 때문이다. 그 목적이 달성되면 그 수단은 더 이상 쓸모가 없게 된다. 하나님과 나누는 완전하고 직접적인 교제는 복음의 규례나 관습들이 차지하는 자리보다 더 많은 자리를 차지하게 될 것이다.

(2) 새 예루살렘의 빛. 빛이 없는 곳에는 영광이나 즐거움이 있을 수가 없다. 하늘나라는 빛 가운데서 성도의 기업의 부분을 얻기에 합당하게 하신(골 1:12) 곳이다. 그런데 이 빛은 어떤 빛인가? 하늘나라는 그 곳을 비추는 해나 달이 없는 곳이다. 그 성은 해나 달의 비침이 쓸 데 없다(23절). 빛이란 아주 유쾌하고 기분 좋은 것이다. 해를 바라보는 것은 참으로 즐거운 일이다. 그런데 햇빛이 없다면 그 곳은 얼마나 어두운 세상이겠는가! 그렇다면 하늘나라에서는 그 빛의 부족을 무엇이 채워주는가? 그런데 그 곳에는 빛이 전혀 필요 없는 곳이다. 왜냐하면 그 곳에서는 하나님의 영광이 비치고 어린 양이 그 등불이 되시기(23절) 때문이다. 그리스도 안에서 하나님은 하늘의 성도들에게 지식과 즐거움의 영원한 원천이 되실 것이다. 그렇다면 하늘나라에서는 해나 달이 전혀 필요하지 않을 것이다. 우리는 이 세상에서 해가 쩅쩅 그 빛을 내리쬐는 대낮에도 촛불을 켜야 될 때가 있는데 말이다.

(3) 새 예루살렘의 주민. 그들에 대한 묘사가 여기서 몇 가지 방법으로 되고 있다. 그것들은 다음과 같다.

[1] 그들의 수. 그들은 구원받은 영혼들의 전 백성들이다. 그들은 이 나라 저 나라에서 얼마씩 구원받은 사람들이 모인 것이다. 땅에서 인침을 받았던 사람들이 모두 하늘에서 구원을 받는다.

[2] 그들의 위엄. 구원받은 영혼들 가운데에는 땅의 왕들도 있고 군주들도 있다. 그들은 큰 왕들이다. 하나님은 하늘나라의 집들을 채우기 위하여 높은 낮든 가리지 않고 모든 지위와 신분의 사람들을 다 구원하실 것이다. 위대한 왕들이 하늘나라에 오게 되면 그들은 자신들의 옛날의 존귀와 영광이 아주 엄청난 하늘나라의 영광에 무색하게 됨을 발견하게 될 것이다.

[3] 그들은 이 성을 언제나 들어올 수가 있다. 성문들을 도무지 닫지 아니하리니(25절). 그 곳에는 밤이 없다. 그러므로 문을 닫을 필요가 전혀 없다. 시간마다

순간마다 사람들이 계속해서 들어온다. 거룩한 사람들은 언제나 그 성문이 열려 있음을 발견하게 된다. 그들은 하늘나라에 항상 들어갈 수 있다.

(4) 이 새 예루살렘의 시설. 사람들이 만국의 영광과 존귀를 가지고 그리로 들어가겠고(26절). 이 세상에서 훌륭하고 귀한 것은 무엇이든지 하늘나라에서 더 좋은 것으로 다듬어질 것이고, 그 질이 말로 형용할 수 없을 정도로 높아지고 귀하게 될 것이다. 더 빛나는 왕관들, 더 좋고 오래가는 물건, 더 유쾌하고 만족스러운 잔치들, 더 영광스러운 수행원, 더욱 참된 의미의 영광스럽고 존귀한 지위, 더욱 영광스러운 성격의 마음, 이 세상의 어떤 것보다 훨씬 영광스러운 모습이 될 것이다.

(5) 새 예루살렘에 들어갈 사람들은 그 순결함에 한 점의 티도 없다. 무엇이든지 속된 것이나 가증한 일 또는 거짓말하는 자는 결코 그리로 들어가지 못하리라(27절). 여기서 다음의 사실들을 주목하라.

[1] 새 예루살렘에서는 성도들이 그들에게 한 점의 불순한 것이 남아있어서는 안 된다. 죽는 순간에 성도들은 더러운 성질의 것은 모두 다 깨끗이 씻길 것이다. 현세에서는 그들은 슬프게도 자신이 받은 은혜들에 타락한 것이 조금이라도 섞이게 되면 그것이 하나님을 섬기는 일을 방해하고, 그들의 얼굴에서 빛을 빼앗아가는 것을 느끼게 된다. 그러나 그들이 지성소에 들어갈 때는 그리스도의 피가 담긴 물두멍에서 손을 깨끗이 씻고, 하나님 아버지 앞에 흠 없이 나아가야 할 것이다.

[2] 새 예루살렘에서는 성도들이 불결한 인격을 지니지 못한다. 지상의 예루살렘에서는 아무리 주의를 해도 깨끗한 것과 더러운 것이 뒤섞인 교제를 나눌 수밖에 없을 것이다. 어떤 쓴 뿌리들이 올라와서 그리스도인 공동체를 괴롭게 하고 더럽게 할 것이다. 그러나 새 예루살렘에서는 완전히 깨끗한 공동체만이 존재한다. 여기서 다음의 사실들을 주목하라.

첫째, 새 예루살렘에서는 세속적이고 불경스러운 것은 존재하지 못한다. 가증한 일을 하는 사람은 하늘나라에 결코 들어가지 못한다. 지상에 있는 교회들에서는 때로 가증한 일들이 행해지기도 하고, 악한 사람들이 세속적인 목적을 위하여 신성한 규례들을 모독하고 더럽히기도 한다. 그러나 그러한 일들이 하늘나라에서는 결코 용납되지 않는다.

둘째, 새 예루살렘에서는 위선자들이 없다. 실제로는 아니면서 유대인이라고 말하는 사람들처럼 거짓말을 일삼는 위선자들이 발붙일 곳이 거기에는 한 군데도 없다. 이러한 거짓말쟁이들과 위선자들이 지상에 있는 그리스도의 교회들 안으로 몰래 기어들어갈 수 있다. 그리고 그들은 오랫동안 그 교회 안에서 숨어 지낼 수가 있다. 아니 그들이 평생 동안 그럴 수도 있을 것이다. 그러나 그러한 자들은 새 예루살렘으로는 결코 침입할 수가 없다. 새 예루살렘은 하나님의 부름을 받고, 선택을 받고, 신실한 사람들만을 위해 마련된 곳이다. 이들은 모두 지상에 있는 보이는 교회의 교인 명부에도 기록이 되어 있고, 어린 양의 생명책에도 기록되어 있는 사람들이다. 무엇이든지 속된 것이나 가증한 일 또는 거짓 말하는 자는 결코 그리로 들어가지 못하되 오직 어린 양의 생명책에 기록된 자들만 들어가리라(27절).

$$제\ 22\ 장$$

개요

이제 마지막 장에 이르렀다. 본 장에서 우리는 하늘나라의 교회와 성도의 상황을 더 자세하게 대하게 된다. I. 천국 교회의 묘사(1-5절). II. 본 장의 환상과 이 책의 다른 모든 환상들에 대한 확증(6-19절). III. 결론(20-21절).

¹또 그가 수정 같이 맑은 생명수의 강을 내게 보이니 하나님과 및 어린 양의 보좌로 부터 나와서 ²길 가운데로 흐르더라 강 좌우에 생명나무가 있어 열두 가지 열매를 맺되 달마다 그 열매를 맺고 그 나무 잎사귀들은 만국을 치료하기 위하여 있더라 ³다시 저주가 없으며 하나님과 그 어린 양의 보좌가 그 가운데에 있으리니 그의 종들이 그를 섬기며 ⁴그의 얼굴을 볼 터이요 그의 이름도 그들의 이마에 있으리라 ⁵다시 밤이 없겠고 등불과 햇빛이 쓸 데 없으니 이는 주 하나님이 그들에게 비치심이라 그들이 세세토록 왕 노릇 하리로다

앞 장에서 하늘나라의 상태가 새 예루살렘이라는 한 성으로 묘사되었다. 지금 이 마지막 장에서는 그것이 낙원으로 묘사되고 있다. 이것은 첫 아담의 범죄로 잃었던 지상 낙원을 암시해준다. 여기서는 둘째 아담에 의해 회복된 또 다른 낙원이 묘사되고 있다. 이 낙원은 한 성 안에 있는 낙원이거나 낙원 안에 온 성이 있는 것일 수도 있다. 첫 번째 낙원에서는 오직 두 사람만이 그 낙원의 아름다움을 보고 그 즐거움을 맛보고 누렸을 따름이다. 그러나 이 두 번째 낙원에서는 온 성들과 나라들과 민족들이 풍성한 기쁨과 만족을 누리게 될 것이다. 여기서 다음의 사실들을 주목하라.

I 낙원에 흐르는 강. 지상의 낙원에서도 물이 잘 흐르고 넉넉하게 공급이 되었다. 물이 없는 곳은 즐거움도 없고 열매의 결실도 있을 수 없다. 이 낙원에 흐르는 강이 다음과 같이 묘사되고 있다.

1. 이 강의 수원지는 어디인가? 그것은 하나님과 및 어린 양의 보좌이다(1절).

우리가 받는 은혜와 위로와 영광의 모든 수원지는 하나님 안에 있다. 그리고 하나님으로부터 나와 흐르는 우리의 모든 물줄기는 어린 양의 중보를 통과한다.

2. 그 강의 수질은 어느 정도인가? 그 물은 수정 같이 맑다(1절). 지상에 흐르는 모든 위로의 시냇물들은 탁하고 흐리다. 그러나 이 낙원의 강물은 해맑고, 그 물을 마시는 사람들에게 건강을 주고, 원기를 주고, 생명을 주고, 생명을 보존해준다.

II. 이 낙원에 있는 생명나무는 어떤 나무인가? 그러한 나무가 지상의 낙원에서도 한 그루 있었다. 여호와 하나님이 그 땅에서 보기에 아름답고 먹기에 좋은 나무가 나게 하시니 동산 가운데에는 생명나무와 선악을 알게 하는 나무도 있더라(창 2:9). 그러나 지금 이 생명나무가 그 생명나무보다 훨씬 월등한 나무다. 이 나무에 대해 생각해보도록 하자.

1. 이 생명나무는 어디에 있나? 강 좌우에 생명나무가 있다(2절). 이 강 좌우에 라는 말은 낙원의 길과 강의 중간에 라고 해석되는 것이 더 나을 것 같다. 이 생명나무는 하나님의 보좌에서 나오는 깨끗하고 맑은 물을 먹고 산다. 하나님의 임재와 은혜들이 하늘나라의 영광과 축복을 공급해준다.

2. 이 생명나무의 열매들은 무엇인가? 여기서 다음의 사실들을 주목하라.

(1) 이 생명나무는 여러 종류의 열매들을 맺는다. 열두 가지 열매가(2절) 열리는데 모든 성도들의 세련된 입맛에 다 맞는다.

(2) 이 생명나무는 항상 열매가 열린다. 이것은 달마다 그 열매를 맺는다(2절). 이 나무는 열매가 열리지 않은 적이 없고, 열매를 맺지 못하는 법이 없다. 이 나무에는 언제나 열매가 주렁주렁 달려 있다. 하늘에서는 순수하고 행복한 즐거움이 다양하게 있을 뿐만 아니라 그 즐거움들이 끊임이 없고 늘 신선하고 새롭다.

(3) 이 생명나무의 열매는 유쾌하기도 하지만 유익하기도 하다. 하늘나라에서 하나님의 임재는 성도들의 건강과 행복이 된다. 그 곳에서 성도들은 예전의 모든 질병들에 대한 치료를 하나님에게서 발견하게 된다. 그리고 그들은 하나님을 통해 가장 건강하고 활기찬 상태로 보호를 받게 된다.

III. 이 낙원은 악으로부터 완전히 자유롭다. 이 하늘의 낙원에서는 다시 저주가 없을 것이다(3절). 여기서는 저주 받은 자가 하나도 없을 것이다. 여기서는 지상에 있었던 낙원과 달리 뱀도 한 마리 없을 것이다. 이 하늘의 낙원은 아주 훌륭한 곳이다. 마귀가 여기서는 아무런 힘을 쓰지 못하고 아무것도 하지 못한다. 마귀는 옛날에 우리의 첫 조상들에게 했던 것처럼 성도들을 속이고 꾀어 하나님을 섬기지 못하게 하고 마귀에게 복종하게 하는 짓을 여기서는 결코 저지를 수가 없다. 또한 마귀는 하나님을 섬기고 경배하는 성도들을 방해하거나 막을 수도 없다.

Ⅳ. 이 낙원에서 성도들이 누리게 될 최고의 행복은 어떤 것인가? 그 행복은 다음과 같은 것들이다.

1. 이 낙원에서 성도들은 하나님의 얼굴을 보게 될 것이다. 거기서 성도들은 행복에 넘치는 광경을 누리게 될 것이다.

2. 하나님은 성도들의 이마에 찍힌 인침과 이름을 알아보시고 그들을 인정하실 것이다.

3. 그들이 세세토록 왕 노릇 할 것이다(5절). 그 곳에서 성도들이 행하는 일과 섬기는 일은 자유로울 뿐만 아니라 존귀와 권세도 누리게 될 것이다.

4. 이 모든 일이 완전한 지혜와 기쁨으로 즐기는 일이 될 것이다. 성도들은 주님의 빛 안에서 계속 걷고 행하게 되므로 지혜와 위로와 보람이 넘치게 될 것이다. 더욱이 이것은 잠시 동안이 아니라 세세토록 영원히 계속 될 것이다.

[6]또 그가 내게 말하기를 이 말은 신실하고 참된지라 주 곧 선지자들의 영의 하나님이 그의 종들에게 반드시 속히 되어질 일을 보이시려고 그의 천사를 보내셨도다 [7]보라 내가 속히 오리니 이 두루마리의 예언의 말씀을 지키는 자는 복이 있으리라 하더라 [8]이것들을 보고 들은 자는 나 요한이니 내가 듣고 볼 때에 이 일을 내게 보이던 천사의 발 앞에 경배하려고 엎드렸더니 [9]그가 내게 말하기를 나는 너와 네 형제 선지자들과 또 이 두루마리의 말을 지키는 자들과 함께 된 종이니 그리하지 말고 하나님께 경배하라 하더라 [10]또 내게 말하되 이 두루마리의 예언의 말씀을 인봉하지 말라 때가 가까우니라 [11]불의를 행하는 자는 그대로 불의를 행하고 더러운 자는 그대로 더럽고 의로운 자는 그대로 의를 행하고 거룩한 자는 그대로 거룩하게 하라 [12]보라 내가 속히 오리니 내가 줄 상이 내게 있어 각 사람에게 그가 행한 대로 갚아 주리라 [13]나는 알파와 오메가요 처음과 마지막이요 시작과 마침이라 [14]자기 두루마기를 빠는 자들은 복이 있으니 이는 그들이 생명나무에 나아가며 문들을 통하

여 성에 들어갈 권세를 받으려 함이로다 ¹⁵개들과 점술가들과 음행하는 자들과 살인자들과 우상 숭배자들과 및 거짓말을 좋아하며 지어내는 자는 다 성 밖에 있으리라 ¹⁶나 예수는 교회들을 위하여 내 사자를 보내어 이것들을 너희에게 증언하게 하였노라 나는 다윗의 뿌리요 자손이니 곧 광명한 새벽 별이라 하시더라 ¹⁷성령과 신부가 말씀하시기를 오라 하시는도다 듣는 자도 오라 할 것이요 목마른 자도 올 것이요 또 원하는 자는 값없이 생명수를 받으라 하시더라 ¹⁸내가 이 두루마리의 예언의 말씀을 듣는 모든 사람에게 증언하노니 만일 누구든지 이것들 외에 더하면 하나님이 이 두루마리에 기록된 재앙들을 그에게 더하실 것이요 ¹⁹만일 누구든지 이 두루마리의 예언의 말씀에서 제하여 버리면 하나님이 이 두루마리에 기록된 생명나무와 및 거룩한 성에 참여함을 제하여 버리시리라

우리는 여기서 이 책에 담긴 내용들에 대한, 특별히 이 마지막 환상에 대한 엄숙하고 신성한 인준을 발견하게 된다. 이것이 이 계시록뿐만 아니라 신약 전체 더 나아가서 전체 성경을 인준하는 것이라고 주장하는 사람들도 있다. 이것이 성서의 정경을 완성하고 확증하는 것이라고 생각하는 사람들도 있다. 여기서 우리는 다음과 같은 기사들을 대하게 된다.

1. 이 환상이 이 계시들을 주신 하나님의 이름과 권위로 확증이 된다. 그는 신실하고 참되신 하나님이시다. 그러므로 그의 모든 말씀들도 신실하고 참되다.

2. 이 계시들을 세상에 계시하기 위하여 하나님이 선택하신 사자들을 통해 이 계시들이 확증이 된다. 거룩한 천사들이 하나님의 거룩한 사람들에게 이것들을 보여주었다. 하나님은 세상을 속이는 일에 그의 성도들과 천사들을 사용하지 않으신다.

3. 이 계시들은 그 성취를 통해 곧 확증이 될 것이다. 그 일들은 속히 이루어져야 될 일들이다. 그리스도는 서둘러 속히 오실 것이고 모든 의심들을 깨끗이 풀어주실 것이다. 이러한 일들이 주님의 말씀들을 믿고 지킨 지혜롭고 복 받은 사람들에게 증거가 될 것이다.

4. 이 환상들에서 사도의 인도자와 해설자가 되었던 이 천사의 신실함을 통해 이 계시들이 확증이 된다. 이 신실함은 사도 요한의 엎드려 절하려는 신앙적 경배를 거절하게 했을 뿐만 아니라 그 일로 인하여 다시 한 번 더 요한을 나무라게 만들었다. 하나님의 명예에 아주 민감하고, 하나님께 잘못하는 것을 아

주 싫어하는 자는 하나님의 백성을 하나님의 이름으로 허망한 꿈과 망상으로 인도하는 일에 나서는 일은 결코 없을 것이다. 사도 요한이 다시 잘못을 범하게 된 자신의 죄와 어리석음을 고백하고, 이 사실을 영원한 기록에 스스로 남기는 것은 그의 진실함을 아주 강하게 확증해준다. 이 사실은 사도 요한이 신실하고 공정한 기록자라는 사실을 보여준다.

5. 펼쳐진 예언의 책을 기록하라는 명령을 통해 확증이 된다. 그것은 모든 사람이 읽고 생각하고, 사람들이 그것을 이해하려고 노력하고, 사람들이 그 책에 대한 반대에 이의를 제기할 수 있고, 이 예언과 일어난 사건들을 비교해 볼 수 있도록 하기 위한 것이다. 하나님은 이 환상과 예언에서 모든 것을 자유롭고 공개적으로 다루신다. 하나님은 몰래 말씀하시지 않는다. 하나님은 이 계시에서 이루어진 선언들을 증언하라고 모든 사람에게 요청하신다. 또 내게 말하되 이 두루마리의 예언의 말씀을 인봉하지 말라 때가 가까우니라(10절).

6. 이렇게 펼쳐진 이 책은 사람들에게 미치는 효과를 통해 확증이 된다. 더럽고 불의한 사람들은 이 책에서 더 더러워지고 불의해질 빌미를 찾을 것이다. 그러나 하나님 앞에서 의로운 사람들은 더 거룩하게 될 이유와 근거를 발견하게 될 것이다. 이 예언의 책이 어떤 사람들에게는 생명의 향기가 될 것이고, 또 다른 사람들에게는 죽음의 향기가 되기도 할 것이다. 그러므로 사람들이 행한 그 모습대로 하나님 앞에 서게 될 것이다. 보라 내가 속히 오리니 내가 줄 상이 내게 있어 각 사람에게 그가 행한 대로 갚아 주리라(12절).

7. 큰 심판의 날에 각 사람에게 그가 행한 대로 갚아 주시는 것이 그리스도의 심판의 기준이 될 것이다. 그리스도는 사람들이 하나님의 말씀에 따라 행했는지 거슬러 행동했는지를 보시고 상과 벌을 내리실 것이다. 그러므로 우리는 하나님의 말씀에 신실하고 진실해야 될 필요가 있다.

8. 이 예언의 책은 세상의 창조자이시고, 세상의 완성자이시고, 그의 백성의 믿음과 거룩함에 상을 주시는 분의 말씀이다. 나는 알파와 오메가요 처음과 마지막이요 시작과 마침이라 자기 두루마기를 빠는 자들은 복이 있으니 이는 그들이 생명나무에 나아가며 문들을 통하여 성에 들어갈 권세를 받으려 함이로다(13-14절). 그리스도는 처음과 마지막이요 처음부터 마지막까지 동일하고 변함이 없으신 분이다. 그의 말씀 역시 그러하다. 그리스도는 이 말씀에 따라 산 그의 백성에게 이 말씀을 통해 생명나무에 나아가고 하늘나라에 들어갈 권세를 주실 것이다.

이 예언의 책은 그의 말씀의 진실과 권위를 완전하게 확증해줄 것이다. 왜냐하면 이 예언의 책은 주님의 백성을 위하여 하늘나라에 남겨둔 거룩함과 행복의 확증된 상태를 입증하는 권리와 증거를 담고 있기 때문이다.

9. 이 예언의 책은 모든 악하고 불의한 사람들을 정죄하고 하늘에서 추방하는 책이다. 이 예언의 책은 특별히 거짓말을 좋아하며 지어내는 자들을(15절) 싫어하고 정죄하기 때문에 이 책 자체가 결코 거짓말이 될 수가 없다.

10. 이 예언의 책은 예언의 영이신 예수의 증언(19:10)을 통해 확증이 된다. 그리고 하나님으로서는 이 예수님이 다윗의 뿌리(16절)이시다. 그러나 인간으로서는 이 예수님은 다윗의 자손이시다. 그리스도의 한 인격 속에 모든 창조되지 않은 장점들과 모든 창조된 장점들이 한데 어울려 있다. 그러므로 그리스도는 너무 위대하시고 너무 선하셔서 그의 교회들과 세상을 속이실 수가 없다. 그리스도는 모든 빛의 근원이시다. 그리스도는 광명한 새벽 별이시다(16절). 그러므로 그러한 빛나는 새벽 별 되신 그리스도는 다가오는 완전한 날의 빛을 확신시켜 주기 위하여 이 예언의 아침빛을 그의 교회들에 늘 비춰주셨다.

11. 이 예언의 책은 생명수가 철철 넘쳐흐르는 강인 복음의 약속들과 특권들을 모든 사람들이 와서 받으라고 부르는 공개적이고 일반적인 초청을 통해 확증이 된다. 이 복음의 약속과 특권들은 이 세상의 무엇으로도 해갈시킬 수 없는 영혼의 목마름을 느끼는 모든 사람에게 위로와 시원함을 준다.

12. 이 예언의 책은 하나님의 영, 그리고 하나님의 교회의 모든 참된 신자들에게 있는 은혜의 영의 공동 증언을 통해 확증이 된다. 성령과 신부가(17절) 복음의 진리와 은혜를 함께 증언한다.

13. 이 예언의 책은 하나님의 말씀에 더하거나 뺀다든지 함으로써 하나님의 말씀을 감히 왜곡시키거나 변질시키는 모든 사람들을 정죄하고 저주하는 아주 엄숙한 제재 조항을 통해 확증이 된다. 내가 이 두루마리의 예언의 말씀을 듣는 모든 사람에게 증언하노니 만일 누구든지 이것들 외에 더하면 하나님이 이 두루마리에 기록된 재앙들을 그에게 더하실 것이요 만일 누구든지 이 두루마리의 예언의 말씀에서 제하여 버리면 하나님이 이 두루마리에 기록된 생명나무와 및 거룩한 성에 참여함을 제하여 버리시리라(18-19절). 다시 말해서 하나님의 말씀에 무엇을 더하는 사람은 이 책에 기록된 재앙들을 받게 될 것이다. 그리고 하나님의 말씀에서 무엇을 제하는 사람은 이 책에 기록된 모든 약속들과 특권들에서 제함을 받는 징벌

을 받게 될 것이다. 이 제재는 성경을 세속적이고 신성모독을 하는 손들로부터 보호하고 지키는 화염검이다. 이와 같은 보호 장치를 하나님은 율법에 대해서도 세우셨다. 내가 너희에게 명령하는 말을 너희는 가감하지 말고 내가 너희에게 내리는 너희 하나님 여호와의 명령을 지키라(신 4:2). 그리고 그와 같은 담을 하나님은 전체 구약 성경에 대해서도 세우셨다. 너희는 내가 호렙에서 온 이스라엘을 위하여 내 종 모세에게 명령한 법 곧 율례와 법도를 기억하라(말 4:4). 이제 하나님은 가장 엄숙한 방식으로 전체 성경에 대한 보호 장치를 말씀하신다. 그것은 이 예언의 책이 아주 거룩한 본성과 신성한 권위를 지닌 책이고, 그리고 중요한 마지막 책이므로 위대하신 하나님의 각별한 돌보심을 받는다는 사실을 우리에게 확신시켜 주기 위한 것이다.

[20]이것들을 증언하신 이가 이르시되 내가 진실로 속히 오리라 하시거늘 아멘 주 예수여 오시옵소서 [21]주 예수의 은혜가 모든 자들에게 있을지어다 아멘

　　　　우리는 이제 전체의 결론에 이르게 되었다. 이 결론은 세 가지로 진술이 된다. 그것들은 다음과 같다.

I 그의 교회에 대한 그리스도의 작별 인사.　　그리스도는 지상에 있는 그의 백성에게 이 예언의 말씀들을 계시해주신 뒤 이제 그들을 떠나 하늘나라로 돌아가시려고 하는 것 같다. 그러나 그리스도는 아주 큰 친절을 베풀어주시고, 얼마 안 있어 그들에게 다시 돌아오실 것이라고 다짐하신다. 내가 진실로 속히 오리라(20절). 그리스도가 부활하신 뒤 하늘나라로 올라가실 때 그는 그의 은혜로운 임재를 약속해주셨다. 그와 마찬가지로 여기서는 그리스도가 신속한 재림을 약속하신다. 그런데 "도대체 이 약속이 기록되고 나서도 아주 많은 세월이 흘렀는데 그가 오신 곳이 어디에 있느냐?"라고 반문할 사람도 있을 수 있다. 그런 사람들은 그리스도는 그의 백성에게는 결코 미루거나 늦지 않으실 것이고, 그의 적들에는 오래 참고 계신다는 사실을 알아야 할 필요가 있다. 그리스도의 오심이 그의 적들에게는 알아차릴 새도 없이, 준비할 겨를도 없이, 소망을 가질 여유도 없이 이루어질 것이다. 그러나 그리스도의 오심이 그의 백성에게는 때에 맞춰 알맞게 이루어질 것이다. 이 환상은 정해진 때가 있지만 결코 지체되지 않을 것이다. 그리스도는 속히 오실 것이다. 이 말씀이 언제나 우리 귀에 쟁쟁

울리도록 하자. 그래서 우리가 주 앞에서 점도 없고 흠도 없이 평강 가운데서 나타나기를(벧후 3:14) 열심히 힘써야 할 것이다.

Ⅱ. 교회는 그리스도의 약속에 진심어린 응답을 한다. 여기서 다음의 사실들을 주목하라.

1. 교회는 그리스도의 약속에 확고한 믿음을 선언한다. 아멘 주 예수여 오시옵소서(20절). 교회는 그리스도의 약속이 그대로 이루어질 것을 믿는다고 고백한다.

2. 교회는 그리스도의 약속에 간절한 소망을 나타낸다. 아멘 주 예수여 오소서(20절). 내 사랑하는 주님이시여, 베데르 산의 노루와 어린 사슴 같이 속히 오소서(아 2:17). 이와 같이 그리스도의 약속은 교회의 맥박을 고동치게 하고, 그리스도의 신비의 몸에 활기를 주고 깨우침을 주는 은혜의 영으로 교회가 호흡하게 한다. 그러므로 우리는 우리 속에서 호흡하는 그러한 영을 발견할 때까지는 결코 자만하거나 만족해서는 안 될 것이다. 우리는 복스러운 소망과 우리의 크신 하나님 구주 예수 그리스도의 영광이 나타나심을 기다리게 해주는(딛 2:13) 영이 우리 속에 내재할 때까지 열심히 노력해야 할 것이다. 이것이 처음 태어난 교회의 언어다. 그러므로 우리는 그리스도의 약속을 종종 상기하고 기억함으로써 그 약속과 결합되고 하나가 되어야 할 것이다. 약속을 통해 하늘에서 내려오는 것은 기도를 통해 하늘로 돌려보내야 할 것이다. "주 예수여 오소서. 죄와 슬픔과 유혹에 허덕이는 이 상태를 끝내주소서. 주님의 백성을 악한 이 세상에서 구원해 주시어 하늘로 데려가주소서. 그리하여 그들이 완전히 순결하고 평화롭고 즐겁게 하늘에서 살게 해주소서. 주님이여, 오셔서 주님이 당신의 백성에게 소망을 갖도록 해주신 모든 말씀을 이루소서."

Ⅲ. 사도의 축도. 사도는 이 마지막 예언의 장을 축도로 마무리한다. 주 예수의 은혜가 모든 자들에게 있을지어다 아멘(21절). 여기서 다음의 사실들을 주목하라.

1. 성경은 그리스도의 하나님 되심에 대한 명백한 증거로 끝을 맺는다. 왜냐하면 하나님의 영이 사도에게 그리스도의 이름으로 하나님의 백성을 축복하고, 그리고 그들을 위하여 그리스도에게서 축복을 구하라고 가르쳐주시기 때문이다. 이 축복하고 축복을 구하는 행위는 예배의 고유하고 마땅한 행위이다.

2. 그리스도의 은혜가 이 세상에서 우리와 함께 해주어 우리가 저 세상에서

그리스도의 영광을 위하여 살 수 있는 준비를 하게 해주는 소망보다 더 좋은 것이 이 세상에는 하나도 없어야 할 것이다. 우리가 그리스도의 영광의 소망을 즐겁게 계속 간직하고, 그의 영광에 합당하게 준비를 하고, 그의 영광을 위하여 보호를 받는 것은 그리스도의 은혜로 말미암는 것이다. 그리스도의 영광스러우신 나타나심은 그의 은혜와 호의를 이 세상에서 받은 사람들에게는 반갑고 즐거운 일이 될 것이다. 그러므로 요한 사도가 하고 있는 이 함축적인 축복의 기도에 우리 모두 진실하고 간절한 마음으로 아멘 해야 할 것이다. 이제 우리는 찬양 받으실 주 예수 그리스도의 은혜와 권능이 우리 영혼 속에 차고 넘치고, 은혜로우신 임재가 우리와 함께 해주시기를 타는 목마름으로 간절히 바라고 소망해야 할 것이다. 그 소망은 그리스도의 영광이 우리를 위한 그리스도의 모든 은혜를 완전하게 해줄 때까지 계속 간직되어야 할 것이다. 왜냐하면 여호와 하나님은 해요 방패이시라 여호와께서 은혜와 영화를 주시며 정직하게 행하는 자에게 좋은 것을 아끼지 아니하실 것이기(시 84:11) 때문이다.

● **독자 여러분들께 알립니다!**

'CH북스'는 기존 **'크리스천다이제스트'**의 영문명 앞 2글자와
도서를 의미하는 **'북스'**를 결합한 출판사의 새로운 이름입니다.

매튜 헨리 주석전집 21

매튜 헨리 주석 디모데전서-계시록

1판 1쇄 발행 2007년 8월 15일
1판 중쇄 발행 2021년 12월 7일

발행인 박명곤 **CEO** 박지성 **CFO** 김영은
기획편집 채대광, 김준원, 박일귀, 이은빈, 김수연
디자인 구경표, 한승주
마케팅 임우열, 유진선, 이호, 김수연
펴낸곳 CH북스
출판등록 제406-1999-000038호
전화 070-4917-2074 **팩스** 031-944-9820
주소 경기도 파주시 회동길 37-20
홈페이지 www.hdjisung.com **이메일** main@hdjisung.com
제작처 영신사 월드페이퍼

ⓒ CH북스 2007

'그리스도와 그의 나라를 위하여'
CH북스는 여러분의 의견 하나하나를 소중히 받고 있습니다.
원고 투고, 오탈자 제보, 제휴 제안은 main@hdjisung.com으로 보내 주세요.